How to use the dictionary

All **entries** (words, abbreviations, compounds, variant spellings, cross-references) appear in alphabetical order and are printed in bold type.

English phrasal verbs come directly after the base verb and are signalled by ◆.

Arabic superscripts indicate **homographs** (identically spelt words with different meanings).

The IPA (International Phonetic Alphabet) is used for all **phonetic transcriptions, including American pronunciations.**

Angle brackets are used to show **irregular plural forms** and, **forms of irregular verbs and adjectives.**

Feminine forms of nouns and adjectives are shown unless they are identical to the masculine form. Spanish nouns are followed by their gender.

Roman numerals are used for the **grammatical divisions** of a word, and Arabic numerals for **sense divisions.**

The **swung dash** represents the entry word in examples and idioms.

Various kinds of **meaning indicators** are used to guide users to the required translation:

- **areas of specialization**

- **definitions** or **synonyms,** typical **subjects** or **objects** of the entry

- **Regional vocabulary and variants** are shown both as headword and translations

- **Language registers**

When a word or expression has no direct translation, there is an **explanation** or a **cultural equivalent** (≈). Where a translation may be unclear, it is followed by an explanation in brackets.

s. a. and *v.t.* invites the reader to consult a **model entry** for further information.

DICCIONARIO

Cambridge
Klett
Pocket

Español – Inglés
English – Spanish

CAMBRIDGE
UNIVERSITY PRESS

PUBLISHED BY THE PRESS SYNDICATE OF THE UNIVERSITY OF CAMBRIDGE
The Pitt Building, Trumpington Street, Cambridge, United Kingdom

CAMBRIDGE UNIVERSITY PRESS

The Edinburgh Building, Cambridge CB2 2RU, UK
40 West 20th Street, New York NY10011-4211, USA
477 Williamstown Road, Port Melbourne, VIC 3207, Australia
Ruiz de Alarcón 13, 28014 Madrid, Spain
Dock House, The Waterfront, Cape Town 8001, South Africa

http://www.cambridge.org

First published 2002

Printed in Germany at Clausen & Bosse, Leck

Typeface: Weidemann, Stone Sans

A catalogue record for this book is available from the British Library

Library of Congress Cataloguing in Publication data applied for

ISBN 0521 753007 flexicover

ISBN 0521 802997 paperback

The contents of this book are based on the **Diccionario Cambridge Klett Compact
(Español-Inglés/English-Spanish)**

Editorial Management: María Teresa Gondar Oubiña

Contributors: Sonia Aliaga López, Alexander Burden, Majka Dischler, Tim Gutteridge,
Yolanda Madarnás Aceña, Josep Ràfols i Ventosa, James Robert Gurney Salter,
Stephen Alan Trott

Typesetting: Dörr und Schiller GmbH, Stuttgart
Data processing: Andreas Lang, conTEXT AG für Information und
Kommunikation, Zürich
Illustrations: Terry McKenna, Anthony Morris
Maps: Klett-Perthes, Justus Perthes Verlag, Gotha

El *Diccionario Cambridge Klett Pocket* es un diccionario bilingüe completamente nuevo destinado a estudiantes de inglés de habla española y a estudiantes de español de habla inglesa. Ha sido diseñado con el objetivo de satisfacer especialmente las necesidades de los estudiantes con un nivel intermedio y en su confección y edición ha participado un gran número de hablantes nativos de ambas lenguas, lo que lo convierte en una herramienta lingüística amplia y actualizada.

En el diccionario se halla reflejado tanto el inglés británico como el inglés americano y proporciona, de esta manera, una guía fiable del inglés como lengua internacional. Al mismo tiempo ofrece una amplia cobertura tanto del español peninsular como del español de América Latina y constituye, por tanto, una herramienta útil de aprendizaje para cualquier estudiante de español en cualquier país de lengua española.

El diccionario incluye, además, una ayuda complementaria para el aprendizaje de aquellos aspectos que acostumbran a resultar más dificultosos a los estudiantes; por ejemplo, modelos de conjugaciones de los dos idiomas y un gran número de páginas a todo color para facilitar el estudio de vocabularios específicos.

Le deseamos que la consulta de este diccionario y el aprendizaje del nuevo idioma le reporten unos momentos agradables.

Si desea obtener más información, visítenos en nuestra dirección:

dictionary.cambridge.org

The *Diccionario Cambridge Klett Pocket* is a completely new bilingual dictionary for Spanish-speaking learners of English and English-speaking learners of Spanish. It has been specially designed so that it meets the needs of intermediate-level learners and it has been written and edited by a large team of native speakers of both languages so that it provides an up-to-date and comprehensive language tool.

It covers British English and American English, so that it provides a reliable guide to English as an international language. It also has good coverage of the Spanish from Spain and Spanish from Latin America so that for learners of Spanish it can help them in all of the Spanish-speaking world.

The dictionary provides extra help with many areas that learners find difficult. For example, there is full information about the verb patterns of the the two languages and there are full-colour pages to help you learn the vocabulary from particular language areas.

We hope that you enjoy using this book and that you enjoy learning your new language.

You can also find out more information on our website at:

dictionary.cambridge.org

▶ LA PRONUNCIACIÓN DEL ESPAÑOL SPANISH PRONUNCIATION

Remarkable differences can be observed in Spanish pronunciation, both within the various regions of the Iberian Peninsula and also in the individual countries where Spanish is spoken. Contrary to general opinion, these differences are stronger within Spain than between the various Spanish-speaking countries in America. In bilingual regions of the Iberian Peninsula like Catalonia, Valencia, the Balearic Islands, the Basque Provinces and Galicia, the pronunciation of Spanish is strongly influenced by the native languages of these areas. In other regions, on the other hand, the phonetic features of a range of dialects have been mixed into spoken Spanish. A particularly characteristic and autonomous note is evident in Andalusian pronunciation, for instance in the case of this dialect's own special **ceceo: s**, **z** and **c** are pronounced with an interdental fricative /th/ (**káza**, as opposed to *casa* **kása**).

Generally, Castilian pronunciation is considered the standard pronunciation as it represents the closest approximation to the written form. This is also the pronunciation on which the following descriptions are based.

▶ Vowels

Symbol	Graphic representation	Examples
[a]	a	san, a**cc**ión
[e]	e	pez, sab**e**r
[i]	i	sí, m**i**rar
[o]	o	con
[u]	u	tú, dib**u**jo

▶ Semi-vowels resp. semi-consonants

Symbol	Graphic representation	Examples	Notes
[i̯]	i, y	baile, hoy, despreciéis	*occurs in the diphthongs **ai, ei, oi** resp. **ay, ey, oy** and as the final element in triphthongs*
[j]	i	bieldo, apreciáis	*when **i** is pronounced as the first element in diphthongs and triphthongs*

| [u̯] | u | auto, causa | *occurs in the diphthongs **au, eu, ou*** |
| [w] | u | bueno, cuerda | *when **u** is pronounced as the first element in diphthongs or triphthongs* |

▶ Consonants

Symbol	Graphic representation	Examples	Notes
[p]	p	pato	
[b]	b, v	vacío, hombre	*plosive: pronounced in the absolute initial sound after a pause and in the medial after a preceding nasal*
[β]	b, v	objeto, pueblo	*fricative: pronounced when it does not occur in the absolute initial sound or after **m, n**.*
[m]	m, n	mamá, convivir	*every non-word-final **m** and **n** before [p] [b]*
[mg]	n	enfermo, infusión	*every **n** which comes before **f***
[n]	n	nadie, entre	
[n̦]	n	quince, conciencia	***n** together with a following [θ]*
[n̪]	n	condenar, cantar	*dentalised **n:** together with a following [t] or [d]*
[ŋ]	n	cinco, fingir	*syllable-final **n** together with a following velar consonant*
[ɲ]	ñ, n	viña, concha	***ñ** in the initial sound of the syllable and in syllable-final **n** before a palatal consonant*
[f]	f	café	
[k]	k, c, q	kilo, casa, que, actor	*occurs in the groupings **c + a,o,u** and **qu + e,i** and with syllable-final **c***
[g]	g, gu	garra, guerra,	*plosive: occurs in the absolute initial sound or in the medial sound with preceding nasal in the groupings **g + a,o,u** and **gu + e,i***

[x]	j, g	rojo, girar, gente	equivalent to *j* and to the groupings *g* + *e,i*
[ɣ]	g, gu	agua, alegre, estigma	fricative: occurs in the groupings *g* + *a,o,u* and *gu* + *e,i*, when it does not come in the absolute initial sound or follow *n*
[t]	t	letra, tío	plosive: equivalent to *d* in the absolute initial sound or after *n* or *l*
[d]	d	dedo, conde, caldo	plosive: equivalent to *d* when it occurs in the absolute initial sound or follows *n* or *l*
[ð]	d,t	cada, escudo, juventud	fricative: equivalent to *d* when it does not occur in the absolute initial sound or follow *n* or *l*
[θ]	c, z	cero, zarza, cruz	occurs in the groupings *c* + *e,i* and *z* + *a,o,u* and in the final sound
[l]	l	libro, bloque, sal	
[l̪]	l	alce	interdental *l*: occurs together with a following [θ]
[l̪]	l	altura, caldo	dental *l*: occurs together with a following [t] or [d]
[ʎ]	ll, l	llueve, colcha	equivalent to *ll* and syllable-final *l* before a palatal consonant
[s]	s	así, coser	
[r]	r	caro, prisa	equivalent to the letter *r* when it occurs at the beginning of a word or follows *n, l, s*
[rr]	r, rr	roca, honrado	equivalent to *-rr-* and *r-, -r-* at the beginning of a word or at the beginning of a syllable after *n, l, s*
[tʃ]	ch	chino	
[ɟ]	y, hi	cónyuge, inyección, yunque	palatal affricate: fricative when *y, hi* occurs in the initial sound of a syllable
[ʃ]	sh	shock	like English **shock, sh**ow

Hispano-American pronunciation bears the closest similarity to that of the Andalusian region. Among the phonetic peculiarities to be encountered in the Hispano-American linguistic areas, the following phenomena are the most prominent:

yeísmo

The **ll** is pronounced like a **y** (**yovér**, as opposed to *llover* **llovér**). This phonetic phenomenon is usual not only in Spanish-speaking areas of America but also in various regions of Spain like Andalusia, the Canary Islands, Extremadura, Madrid and Castilian subregions. The assumption that the **yeísmo** is a phonetic feature of all Hispano-American countries is false. The standard pronunciation of **ll** is maintained in subregions of Chile, Peru, Columbia and Ecuador.

A further peculiarity is the pronunciation of **y** as a dʒ (**adʒér**, as opposed to *ayer* aɟér) in Argentina, Uruguay and subregions of Ecuador and Mexico.

seseo

z and **c** (θ) are pronounced like **s** (**sínko**, as opposed to *cinco* θínko). This dialectal peculiarity is widespread not only in Hispano-America but also in subregions of Andalusia and on the Canary Islands.

In the vernacular pronunciation of some areas of Spain and Hispano-America, one also encounters aspiration of the **s** in the final sound (**lah kása**, as opposed to *las casas* – **las kásas**), which may even disappear altogether (**mímo**, as opposed to *mismo* **mísmo**). Both phenomena are considered vulgar and should therefore be avoided.

► SÍMBOLOS FONÉTICOS DEL INGLÉS
ENGLISH PHONETIC SYMBOLS

[ɑ:]	plant, farm, father	[l]	lamp, oil, ill
[aɪ]	life	[m]	man, am
[aʊ]	house	[n]	no, manner
[æ]	man, sad	[ɒ]	not, long
[b]	been, blind	[ɔ:]	law, all
[d]	do, had	[ɔɪ]	boy, oil
[ð]	this, father	[p]	paper, happy
[e]	get, bed	[r]	red, dry
[eɪ]	name, lame	[s]	stand, sand, yes
[ə]	ago, better	[ʃ]	ship, station
[ɛ:]	bird, her	[t]	tell, fat
[eə]	there, care	[tʃ]	church, catch
[ʌ]	but, son	[ʊ]	push, look
[f]	father, wolf	[u:]	you, do
[g]	go, beg	[ʊə]	poor, sure
[ŋ]	long, sing	[v]	voice, live
[h]	house	[w]	water, we, which
[ɪ]	it, wish	[z]	zeal, these, gaze
[i:]	bee, me, beat, belief	[ʒ]	pleasure
[ɪə]	here	[dʒ]	jam, object
[j]	youth	[θ]	thank, death
[k]	keep, milk		

A, **a** *f* A, a; **~ de Antonio** A for Andrew *Brit,* A for Abel *Am*

a *prep* **1.** (*dirección*) to; **ir ~ Barcelona** to go to Barcelona; **llegar ~ Madrid** to arrive in Madrid **2.** (*posición*) at; **~ la mesa** at the table; **~ la derecha** on the right **3.** (*distancia*) **~ 10 kilómetros de aquí** 10 kilometres (away) from here **4.** (*tiempo*) at; (*hasta*) until; **~ las tres** at three o'clock; **~ mediodía** at noon **5.** (*modo*) **~ pie** on foot; **ir ~ pie** to walk; **~ mano** by hand; **~ oscuras** in the dark **6.** (*precio*) **¿~ cómo está?** how much is it?; **~ 2 euros el kilo** (at) 2 euros a kilo **7.** (*relación*) **dos ~ dos** two all **8.** (*complemento*) **oler ~ gas** to smell of gas; **he visto ~ tu hermano** I've seen your brother **9.** (*con infinitivo*) **empezó ~ correr** he/she began to run **10.** (*+ que*) **¡~ que llueve mañana!** I bet it'll rain tomorrow!

> ⚠ **a** in combination with the masculine definite article 'el' becomes 'al': "Mañana voy al teatro con algunos amigos; Segovia está al norte de Madrid."

abad(esa) *m(f)* abbot *m,* abbess *f*
abadía *f* abbey
abajo *adv* **1.** (*movimiento*) down; **calle ~** down the street; **de arriba ~** from top to bottom **2.** (*estado*) down (*below*); (*en casa*) downstairs; **hacia ~** down, downwards; **el ~ firmante** the undersigned; **de veinte para ~** twenty or under; **véase más ~** see below
abalanzarse <z→c> *vr* **~ a la ventana** to dash (over) to the window; **~ sobre algo** to pounce on sth
abandonado, -a *adj ser* (*descuidado*) neglected; (*desaseado*) slovenly
abandonar I. *vi* DEP to withdraw **II.** *vt* **1.** (*dejar*) to leave; (*niño*) to abandon; (*fuerzas*) to desert **2.** (*renunciar*) to give up **3.** INFOR (*interrumpir*) to leave **III.** *vr:* **~se** to give oneself over

abandono *m* **1.** (*abandonamiento*) abandonment **2.** (*renuncia*) renunciation; (*de una idea*) giving-up **3.** (*descuido*) neglect
abanicar <c→qu> *vt* to fan
abanico *m* fan; (*de posibilidades*) range
abaratar I. *vt* (*precios*) to lower; (*costes*) to cut **II.** *vr:* **~se** to become cheaper
abarcar <c→qu> *vt* **1.** (*comprender*) to include; **~ con la vista** to take in; **quien mucho abarca poco aprieta** don't bite off more than you can chew **2.** (*contener*) to contain
abarrotado *adj* completely full; (*de gente*) crowded
abastecer *irr como crecer vt* **~ de** [*o* con] **algo** to provide with sth; COM to supply with sth
abastecimiento *m* supply
abasto *m* supply; **no dar ~ con algo** to be unable to cope with sth
abatido, -a *adj* dejected
abatimiento *m* dejection
abatir I. *vt* (*casa*) to demolish; (*árbol*) to fell, to chop down *Am;* (*avión*) to shoot down; (*respaldo*) to recline **II.** *vr:* **~se 1.** (*desanimarse*) to become dejected **2.** (*precipitarse*) **~se sobre algo** to pounce on sth
abdicación *f* abdication
abdicar <c→qu> *vt* **1.** (*monarca*) to abdicate **2.** (*ideales*) to renounce
abdomen *m* abdomen
abdominal I. *adj* abdominal **II.** *m* DEP press-up *Brit,* sit-up *Am*
abecedario *m* alphabet
abedul *m* birch
abeja *f* bee
abejorro *m* bumblebee
aberración *f* aberration
abertura *f* **1.** (*acción*) opening **2.** (*hueco*) hole **3.** (*franqueza*) openness
abeto *m* fir

abierto, -a I. *pp de* **abrir** II. *adj* **1.** (*cosa*) open; **en campo** ~ in the open country **2.** (*persona*) open--minded

abigarrado, -a *adj* many-coloured *Brit,* many-colored *Am*

abismal *adj* enormous

abismo *m* abyss

abjurar *vi, vt* ~ (**de**) **algo** to renounce sth

ablandar I. *vt* **1.** (*poner blando*) to soften **2.** (*calmar*) to soothe II. *vr:* ~**se** **1.** (*ponerse blando*) to soften **2.** (*persona*) to relent

abnegación *f* self-denial

abnegado, -a *adj* selfless

abocado, -a *adj* (*vino*) smooth

abochornar I. *vt* **1.** (*calor*) to oppress; **estoy abochornado** I'm stifled **2.** (*avergonzar*) to embarrass II. *vr* ~**se de** [*o por*] **algo** to be embarrassed by sth

abofetear *vt* to slap

abogacía *f* legal profession

abogado, -a *m, f* **1.** JUR lawyer; (*en tribunal*) barrister, attorney *Am;* ~ **defensor** defense lawyer **2.** (*defensor*) advocate

abogar <g→gu> *vi* ~ **por algo** to advocate sth

abolengo *m* ancestry

abolición *f* abolition

abolir *irr vt* to abolish

abolladura *f* dent

abollar *vt* to dent

abominable *adj* abominable

abominación *f* abomination

abonado, -a *m, f* (*a revistas*) subscriber; (*a electricidad*) customer

abonar I. *vt* **1.** (*garantizar*) to guarantee **2.** (*pagar*) to pay; ~ **en cuenta** to credit to an account **3.** (*terreno*) to fertilize II. *vr:* ~**se** to subscribe

abono *m* **1.** (*metro*) *t.* TEAT season ticket **2.** PREN subscription **3.** (*pago*) payment; ~ **en cuenta** credit **4.** (*fertilizante*) fertilizer, manure

abordar *vt* **1.** (*barco*) to board **2.** (*persona*) to approach **3.** (*tema*) to discuss; (*problema*) to tackle

aborigen I. *adj* aboriginal II. *mf* aborigine

aborrecer *irr como crecer vt* to loathe

abortar I. *vi* **1.** (*provocado*) to have an abortion **2.** (*espontáneo*) to have a miscarriage **3.** (*fracasar*) to fail II. *vt* to abort

aborto *m* **1.** (*provocado*) abortion **2.** (*espontáneo*) miscarriage

abota(r)gado, -a *adj* bloated

abotonar *vt* to button up

abovedar *vt* to vault

abrasar I. *vi* (*sol*) to scorch; (*comida*) to be burning hot II. *vt* **1.** (*quemar*) to burn **2.** (*plantas*) to dry up

abrazadera *f* **1.** TIPO bracket **2.** TÉC clamp

abrazar <z→c> I. *vt* **1.** (*persona*) to embrace **2.** (*abarcar*) to take in; (*religión*) to adopt II. *vr:* ~**se** to embrace (each other)

abrazo *m* embrace; **dar un** ~ **a alguien** to give sb a hug

abrebotellas *m inv* bottle opener

abrecartas *m inv* letter opener

abrelatas *m inv* tin opener, can opener *Am*

abreviar *vt* (*palabras*) to abbreviate; (*texto*) to abridge

abreviatura *f* abbreviation

abridor *m* opener

abrigar <g→gu> I. *vt* **1.** (*del viento*) to protect **2.** (*cubrir*) to cover **3.** (*tener*) to hold; (*esperanzas*) to cherish; (*proyectos*) to harbour *Brit,* to harbor *Am* II. *vr:* ~**se** to wrap up (warm)

abrigo *m* coat; **al** ~ **de** protected by

abril *m* April; *v.t.* **marzo**

abrillantar *vt* to polish

abrir *irr* I. *vt* **1.** (*algo cerrado*) to open; (*paraguas*) to put up; (*grifo*) to turn on; (*con la llave*) to unlock; (*luz*) to turn on; **a medio** ~ (*puerta*) half-open **2.** (*canal, túnel*) to dig; (*agujero*) to bore **3.** (*perspectivas, mercado*) to open up II. *vr:* ~**se** **1.** (*puerta, herida*) to open **2.** (*confiar*) to confide **3.** *inf* (*irse*) to beat it

abrochar *vt* (*con broches*) to fasten; (*con botones*) to button (up)

abrumar *vt* **1.** (*agobiar*) to over-

whelm **2.**(*con elogios*) to wear out
abrupto, **-a** *adj* **1.**(*camino*) steep
2.(*carácter*) abrupt
absceso *m* abscess
absentismo *m* absenteeism
absolución *f* **1.**JUR acquittal **2.**REL
absolution
absoluto, **-a** *adj* absolute; **en ~** not at
all
absolver *irr como volver* *vt* **1.**JUR to
acquit **2.**REL to absolve
absorbente *adj* **1.**(*esponja*) absorbent **2.**(*trabajo*) demanding
absorber *vt* **1.** *t.* FÍS to absorb **2.**(*empresa*) to take over
absorción *f* **1.**(*de líquidos*) *t.* FÍS absorption **2.**ECON takeover
absorto, **-a** *adj* **1.**(*pasmado*) amazed
2.(*entregado*) absorbed
abstención *f* *t.* POL abstention
abstenerse *irr como tener* *vr* *t.* POL to
abstain; (*del tabaco*) to refrain
abstinencia *f* abstinence
abstracción *f* abstraction
abstracto, **-a** *adj* abstract
abstraer *irr como traer* **I.** *vt* to abstract **II.** *vr* ~**se en algo** to be absorbed in sth
abstraído, **-a** *adj* lost in thought
absurdo, **-a** *adj* absurd
abuchear *vt* to boo; (*silbando*) to
hiss
abuelo, **-a** *m*, *f* grandfather *m*,
grandmother *f*; **los ~s** the grandparents
abulense *adj* of/from Avila
abulia *f* apathy
abúlico, **-a** *adj* weak-willed
abultado, **-a** *adj* bulky; (*labios*) thick
abultar *vt* **1.**(*aumentar*) to increase
2.(*exagerar*) to exaggerate
abundancia *f* abundance; **vivir en
la ~** to be affluent
abundante *adj* abundant; (*lluvia*)
heavy; (*cosecha*) plentiful
abundar *vi* to abound; **~ en algo** to
be rich in sth
aburrido, **-a** *adj* **1.**estar (*harto*)
bored **2.**ser (*pesado*) boring
aburrimiento *m* **1.**(*tedio*) boredom
2.(*fastidio*) bore
aburrir **I.** *vt* **1.**(*hastiar*) to bore

2.(*fastidiar*) to weary **II.** *vr*: ~**se** to
be bored
abusar *vi* **1.**(*usar indebidamente*) ~
de algo to misuse sth **2.**(*aprovecharse*) ~ **de alguien** to take advantage of sb
abusivo, **-a** *adj* improper; (*precios*)
outrageous
abuso *m* misuse
abyecto, **-a** *adj* wretched
a.C. *abr de* **antes de Cristo** AD
acá *adv* here
acabado, **-a** *adj* **1.**(*completo*) finished **2.**(*salud*) ruined
acabar **I.** *vi* **1.**(*terminar*) to end; ~
bien/mal to turn out well/badly; ~
de hacer algo to have just done sth;
ella acaba de llegar she's just arrived **2.**(*destruir*) ~ **con algo** to finish sth off; ~ **con alguien** to put paid
to sb **II.** *vt* **1.**(*terminar*) to finish
2.(*consumir*) to finish off **III.** *vr*: ~**se**
to come to an end; **se ha acabado**
there's no left; **todo se acabó** it's all
over
acábose *m inf* ¡**esto es el ~!** that
really is the limit!
acacia *f* acacia
academia *f* **1.**(*corporación*) academy **2.**(*colegio*) (private) school
académico, **-a** *adj* academic
acaecer *irr como crecer* *vi* to happen
acallar *vt* **1.**(*hacer callar*) to silence
2.(*apaciguar*) to pacify
acalorado, **-a** *adj* heated
acalorarse *vr* **1.**(*sofocarse*) to get
hot **2.**(*enfadarse*) to get angry
acampar *vi* to camp
acanalar *vt* to furrow
acantilado *m* cliff
acantilado, **-a** *adj* steep
acaparar *vt* **1.**(*objetos*) to hoard
2.(*miradas*) to captivate
acariciar *vt* **1.**(*persona*) to caress
2.(*plan*) to toy with
acarrear *vt* **1.**(*transportar*) to transport **2.**(*ocasionar*) to cause
acaso **I.** *m* chance **II.** *adv* maybe; **por
si ~** (*en caso de*) in case; (*en todo
caso*) just in case
acatamiento *m* **1.**(*respeto*) respect
2.(*de las leyes*) compliance

acatar vt **1.**(respetar) to respect **2.**(obedecer) to obey

acatarrarse vr to catch a cold

acaudalado, -a adj well-off

acaudillar vt to lead

acceder vi **1.**(consentir) to agree **2.**(tener acceso) to gain access **3.**(ascender) to accede

accesible adj **1.**(persona) approachable **2.**(lugar) accessible **3.**(precios) affordable

acceso m t. INFOR access

accesorio m accessory

accidentado, -a I. adj **1.**(terreno) rugged **2.**(difícil) difficult **II.** m, f injured person

accidental adj **1.**(no esencial) incidental **2.**(casual) casual

accidentarse vr to have an accident

accidente m **1.**(de tráfico) accident **2.**(desnivel) unevenness

acción f **1.**(acto) act **2.** t. MIL, JUR (influencia) action **3.** FIN share

accionar vt TÉC to operate

accionista mf shareholder, stockholder

acebo m holly

acecho m **estar al** ~ to lie in wait

aceite m oil

aceitera f **1.**(recipiente) oil-can **2.** pl (vinagreras) cruet

aceitoso, -a adj oily

aceituna f olive

aceitunado, -a adj olive(-green)

acelerador m AUTO accelerator Brit, gas pedal Am

acelerar vt to accelerate; ~ **el paso** to walk faster

acelga f chard

acento m **1.**(prosódico) stress **2.**(pronunciación) accent **3.**(énfasis) emphasis

acentuar <1. pres: acentúo> vt **1.**(al pronunciar) to stress; (al escribir) to write with an accent **2.**(resaltar) to highlight

acepción f sense, meaning

aceptación f **1.**(aprobación) approval **2.** COM, JUR acceptance

aceptar vt **1.**(recibir) to accept **2.**(conformarse) to agree

acequia f irrigation ditch

acera f pavement Brit, sidewalk Am

acerado, -a adj **1.**(de acero) steel **2.**(mordaz) biting

acerbo, -a adj **1.**(gusto) sharp **2.**(despiadado) cruel; (crítica, tono) harsh

acerca prep ~ **de** (sobre) about; (en relación a) concerning

acercar <c→qu> **I.** vt **1.**(poner más cerca) to bring nearer **2.**(traer) to bring over **II.** vr: ~**se 1.**(aproximarse) ~ **se a alguien/algo** to approach sb/sth **2.**(ir) to come round

acerico m pincushion

acero m steel

acérrimo, -a I. superl de **acre¹ II.** adj (defensor) staunch; (enemigo) bitter

acertado, -a adj **1.**(correcto) correct **2.**(atinado) accurate **3.**(conveniente) apt

acertar <e→ie> vt **1.**(dar en el blanco) to hit **2.**(encontrar) to find; ~ **con algo** to come across sth **3.**(conseguir) ~ **a** to manage to **4.**(adivinar) to get right

acertijo m riddle

acervo m store; ~ **cultural** cultural heritage

achacar <c→qu> vt to attribute

achacoso, -a adj sickly

achaque m ailment

achicar <c→qu> **I.** vt **1.**(empequeñecer) to make smaller **2.**(intimidar) to intimidate **3.**(agua) to bale out **II.** vr: ~**se 1.**(ropa) to shrink **2.**(acoquinarse) to take fright

achicharrar I. vt **1.**(calor) to scorch **2.**(comida) to burn **II.** vr: ~**se** to be sweltering

achicoria f chicory

aciago, -a adj ill-fated

acicalarse vr to get dressed up

acicate m **1.**(espuela) spur **2.**(estímulo) stimulus

acidez f acidity

ácido m acid

ácido, -a adj sour

acierto m **1.**(en el tiro) accuracy **2.**(éxito) success; (en la lotería) right number **3.**(habilidad) skill

aclamación f applause; **por** ~ by acclamation

aclamar *vt* **1.**(*vitorear*) to cheer **2.** POL to acclaim

aclaración *f* **1.**(*clarificación*) clarification **2.**(*explicación*) explanation

aclarar I. *vt* **1.**(*hacer más claro*) to lighten; (*voz*) to clear **2.**(*un líquido*) to thin (down) **3.**(*explicar*) to explain **4.**(*crimen*) to solve II. *vr:* ~**se** **1.**(*problema*) to be clarified **2.** *inf* (*entender*) to catch on

aclaratorio, -a *adj* explanatory

aclimatación *f* acclimatization *Brit*, acclimation *Am*

aclimatar I. *vt* to acclimatize *Brit*, to acclimate *Am* II. *vr:* ~**se** to get acclimatized

acné *m o f sin pl* acne

acobardar I. *vt* to frighten; (*con palabras*) to intimidate II. *vr:* ~**se** **1.**(*desanimarse*) to flinch from **2.**(*intimidarse*) to be frightened

acogedor(a) *adj* welcoming, inviting

acoger <g→j> I. *vt* to welcome; (*recibir*) to receive II. *vr:* ~**se** **1.**(*refugiarse*) to take refuge **2.**(*ampararse*) to shelter **3.**(*basarse*) to resort

acogida *f* welcome; (*recibimiento*) reception; **tener una buena** ~ (*persona*) to be well received; (*proyecto*) to meet with approval

acolchar *vt* to quilt

acometer *vt* **1.**(*embestir*) to attack **2.**(*emprender*) to undertake

acometida *f* **1.**(*embestida*) attack **2.** TÉC connection

acomodado, -a *adj* **1.**(*cómodo*) comfortable **2.**(*rico*) well-off, reasonable

acomodador(a) *m(f)* TEAT, CINE usher

acomodar I. *vt* **1.**(*adaptar*) to adapt **2.**(*colocar*) to place **3.**(*albergar*) to accommodate II. *vr:* ~**se** to adapt oneself, to put up with everything

acomodaticio, -a *adj* **1.**(*adaptable*) adaptable **2.** *pey* (*oportunista*) opportunistic

acompañante *mf* **1.**(*de una dama*) escort **2.**(*en el coche*) passenger

acompañar *vt* **1.**(*ir con*) *t.* MÚS ~ a accompany **2.**(*hacer compañía*) ~ a alguien to keep sb company **3.**(*adjuntar*) to enclose

acomplejar I. *vt* to give a complex II. *vr:* ~**se** to get a complex

acondicionar *vt* **1.**(*preparar*) to prepare **2.**(*climatizar*) to air-condition

acongojar *vt* to distress

aconsejar *vt* to advise

acontecer *irr como crecer vi* to happen

acontecimiento *m* event

acopio *m* store; **hacer** ~ **de algo** to stock up with sth

acoplamiento *m* coupling

acoplar *vt* **1.**(*ajustar*) to adjust **2.** FERRO to fit together **3.** ELEC to connect

acorazar <z→c> I. *vt* to armourplate *Brit*, to armorplate *Am* II. *vr:* ~**se** to arm oneself

acordar <o→ue> I. *vt* **1.**(*convenir*) to agree **2.**(*decidir*) to decide II. *vr* ~**se de** to remember

acorde I. *adj* **1.**(*conforme*) agreed; **estar** ~ **con** to be in agreement with **2.** MÚS harmonious II. *m* MÚS chord

acordeón *m* accordion

acordonar *vt* **1.**(*botas*) to lace up **2.**(*un sitio*) to cordon off

acorralar *vt* **1.**(*ganado*) to round up **2.**(*intimidar*) to intimidate

acortar I. *vt* to shorten; (*duración*) to cut down II. *vr:* ~**se** to become shorter

acosar *vt* **1.**(*perseguir*) to hound **2.**(*asediar*) to harass; (*con preguntas*) to pester

acoso *m* relentless pursuit; ~ **sexual** sexual harassment

acostar <o→ue> I. *vt* to put to bed II. *vr:* ~**se** **1.**(*descansar*) to lie down **2.**(*ir a la cama*) to go to bed

acostumbrado, -a *adj* accustomed; **mal** ~ spoilt

acostumbrar I. *vi* ~ **a hacer algo** to be used to doing sth II. *vr:* ~**se a algo** to get accustomed to sth

acotación *f* **1.**(*nota*) margin note **2.** TEAT stage direction **3.**(*cota*) elevation mark

acre[1] *adj* <acérrimo> **1.**(*áspero*) bitter **2.**(*ácido*) sour **3.**(*mordaz*) scathing

acre² *m* acre

acrecentar <e→ie> *vt,* **acrecer** *irr como crecer vt* to increase

acreditar I. *vt* 1. (*atestiguar*) to vouch for 2. (*autorizar*) to authorize 3. (*diplomático*) to accredit 4. FIN to credit II. *vr:* ~**se** to get a reputation

acreedor(a) I. *adj* ~ **a** [*o* **de**] **algo** worthy of sth II. *m(f)* FIN creditor

acribillar *vt* 1. (*abrir agujeros*) to riddle 2. (*a preguntas*) to pester

acróbata *mf* acrobat

acta *f* 1. (*de una reunión*) minutes *pl;* **levantar ~ de algo** to draw up a document of sth 2. (*certificado*) certificate 3. JUR act

actitud *f* 1. (*corporal*) posture 2. (*disposición*) attitude 3. (*comportamiento*) behaviour *Brit,* behavior *Am*

activar *vt* 1. (*avivar*) to stimulate 2. QUÍM, FÍS, INFOR to activate; (*bomba*) to detonate

actividad *f* (*general*) activity; **volcán en ~** active volcano

activo *m* FIN assets *pl*

activo, -a *adj* active

acto *m* 1. (*acción*) action; ~ **seguido...** immediately after ...; **en el ~** immediately, on the spot 2. (*ceremonia*) ceremony 3. TEAT act

actor, actriz *m, f* TEAT, CINE actor *m,* actress *f*

actuación *f* 1. (*conducta*) conduct 2. (*actividad*) activity 3. TEAT, MÚS performance; ~ **en directo** live performance 4. *pl* JUR legal proceedings *pl*

actual *adj* 1. (*de ahora*) present 2. (*corriente*) current

actualidad *f* present; **en la ~** at present; **ser de gran ~** to be topical

actualizar <z→c> *vt* to bring up to date

actualmente *adv* at the moment, currently

actuar < 1. pres: actúo> *vi* 1. (*hacer*) to work; ~ **sobre algo** to have an effect on sth 2. TEAT to act; ~ **en directo** to perform live

acuarela *f* watercolour *Brit,* watercolor *Am*

acuario *m* aquarium

Acuario *m* Aquarius

acuático, -a *adj* aquatic; **parque ~** waterpark

acuchillar *vt* 1. (*herir*) to knife 2. (*parqué*) to sand down; (*muebles*) to scrape

acuciar *vt* to hurry up

acudir *vi* 1. (*ir*) to go 2. (*recurrir*) to turn to

acuerdo *m* 1. (*convenio*) t. POL agreement; **¡de ~!** I agree!, OK!; **de ~ con** in accordance with 2. (*decisión*) decision

acumular *vt* 1. (*reunir*) to collect 2. (*amontonar*) t. ELEC to accumulate

acuñar *vt* 1. (*monedas*) to mint 2. (*palabras*) to coin

acuoso, -a *adj* watery

acupuntura *f* acupuncture

acurrucarse <c→qu> *vr* to curl up; (*agacharse*) to crouch

acusación *f* accusation; JUR charge

acusar *vt* 1. (*culpar*) to accuse 2. (*en juicio*) to charge 3. (*en la escuela*) to tell on 4. ECON to confirm

acuse *m* ~ **de recibo** acknowledgement of receipt

acústico, -a *adj* acoustic

adagio *m* 1. (*proverbio*) adage 2. MÚS adagio

adaptable *adj* adaptable

adaptación *f* adaptation

adaptador *m* TÉC adapter

adaptar I. *vt* 1. *t.* CINE (*acomodar*) to adapt 2. (*edificio*) to convert 3. (*ajustar*) to adjust II. *vr:* ~**se** to adapt

adecuado, -a *adj* 1. (*apto*) appropriate 2. (*palabras*) fitting

adecuar *vt, vr:* ~**se** to adapt

a. de (J)C. *abr de* **antes de (Jesu)cristo** BC

adelantado, -a *adj* advanced; **por ~** in advance

adelantamiento *m* 1. (*avance*) advance 2. (*del coche*) overtaking *Brit,* passing *Am*

adelantar I. *vi* 1. (*reloj*) to be fast 2. (*progresar*) to progress 3. (*coche*) to overtake *Brit,* to pass *Am* II. *vt*

1. (*reloj*) to put forward **2.** (*avanzar*) to move forward **3.** (*coche*) to overtake *Brit,* to pass *Am* **4.** (*viaje*) to bring forward **5.** (*paga*) to advance **6.** (*ganar*) to gain **III.** *vr:* ~**se 1.** (*reloj*) to be fast **2.** (*avanzarse*) to go forward **3.** (*llegar antes*) to get ahead **4.** (*anticiparse*) to anticipate

adelante *adv* forward, ahead *Am;* ¡~! come in!; **seguir** ~ to go (straight) on

adelanto *m* **1.** (*progreso*) progress **2.** (*anticipo*) advance

adelgazar <z→c> **I.** *vi, vr:* ~**se** to lose weight **II.** *vt* (*peso*) to reduce

ademán *m* **1.** (*gesto*) gesture **2.** (*actitud*) attitude

además *adv* besides, moreover

adentrarse *vr* **1.** (*entrar*) to go into **2.** (*estudiar*) to study thoroughly

adentro *adv* inside; **mar** ~ out to sea; **tierra** ~ inland

adentros *mpl* **para sus** ~ inwardly

aderezar <z→c> *vt* (*condimentar*) to season; (*ensalada*) to dress

aderezo *m* (*condimentación*) seasoning; (*de, para una ensalada*) dressing

adeudar **I.** *vt* (*deber*) to owe; (*en cuenta*) to debit **II.** *vr:* ~**se** to run into debt

adherir *irr como sentir* **I.** *vt* (*sello*) to stick **II.** *vr:* ~**se 1.** (*pegarse*) to adhere **2.** (*a una opinión*) to support **3.** (*a un partido*) to join

adhesión *f* **1.** (*adherencia*) adhesion **2.** (*a una opinión*) support

adicción *f* addiction

adición *f t.* MAT addition

adicionar *vt* to add

adicto, -a **I.** *adj* addicted **II.** *m, f* addict

adiestrar *vt* to train

adinerado, -a *adj* wealthy

adiós *interj* **1.** (*despedida*) goodbye, bye **2.** (*al pasar*) hello, hi

aditivo *m* additive

aditivo, -a *adj* additional

adivinanza *f* riddle

adivinar *vt* **1.** (*el futuro*) to foretell **2.** (*conjeturar*) to guess

adjetivo *m* adjective

adjudicación *f* **1.** (*de un premio*) award(ing) **2.** (*en una subasta*) sale

adjudicar <c→qu> **I.** *vt* **1.** (*premio*) to award **2.** (*en una subasta*) to knock down *Brit,* to sell at auction *Am* **II.** *vr:* ~**se** (*apropiarse*) to appropriate

adjuntar *vt* to enclose

adjunto, -a *adj* **1.** (*junto*) enclosed **2.** (*auxiliar*) assistant

administración *f* **1.** (*dirección*) administration; **la** ~ **española** the Spanish authorities; ~ **municipal** town/city council **2.** (*de sacramentos*) administering

administrador(a) *m(f)* administrator; (*gerente*) manager

administrar *vt* administer

administrativo, -a **I.** *adj* administrative **II.** *m, f* clerk

admirable *adj* admirable

admiración *f* **1.** (*respeto*) admiration **2.** (*signo*) exclamation mark

admirar *vt* **1.** (*adorar, apreciar*) to admire **2.** (*asombrar*) to amaze

admisible *adj* admissible

admisión *f* admission, acceptance

admitir *vt* **1.** (*en universidad*) to admit, to accept **2.** (*aceptar*) to accept **3.** (*reconocer*) to recognize **4.** (*permitir*) to permit

admonición *f* warning

ADN *m abr de* **ácido desoxirribonucleico** DNA

adobar *vt* **1.** (*con salsa*) to marinade **2.** (*piel*) to tan

adobe *m* adobe

adoctrinar *vt* to indoctrinate

adolecer *irr como crecer* *vi* to suffer

adolescencia *f* adolescence

adolescente **I.** *adj* adolescent **II.** *mf* teenager, teen *Am, inf*

adonde *adv* (*relativo*) where

adónde *adv* (*interrogativo*) where

adopción *f* adoption

adoptar *vt* to adopt

adoptivo, -a *adj* **1.** (*personas*) adoptive, foster *Am* **2.** (*cosas*) adopted, foster *Am*

adoquín *m* cobblestone

adorar *vt* to adore; (*idolatrar*) to worship

adormecer *irr como crecer* **I.** *vt* to

make sleepy **II.** *vr:* ~**se** to fall asleep

adornar *vt* to adorn

adorno *m* adornment; (*decoración*) decoration

adosado, -a *adj* **casa adosada** semidetached house

adquirir *irr vt* **1.**(*conseguir*) to acquire **2.**(*comprar*) to purchase

adquisición *f* acquisition; (*de una empresa*) takeover

adrede *adv* on purpose

Adriático *m* Adriatic

adscribir *irr como escribir vt* **1.**(*atribuir*) to assign **2.**(*destinar*) to appoint

aduana *f* **1.**(*tasa*) customs duty; **sin** ~ duty-free **2.**(*oficina*) customs office

aduanero, -a I. *adj* customs **II.** *m, f* customs officer

aducir *irr como traducir vt* (*razón, motivo*) to put forward; (*prueba*) to provide

adueñarse *vr* to take possession

adulación *f* flattery

adular *vt* to flatter

adulterar *vt* to adulterate

adulterio *m* adultery

adúltero, -a I. *adj* adulterous **II.** *m, f* adulterer

adulto, -a I. *adj* adult **II.** *m, f* adult

adusto, -a *adj* **1.**(*persona*) stern **2.**(*región*) austere

advenedizo, -a I. *adj* upstart **II.** *m, f pey* upstart

advenimiento *m* advent

adverbio *m* adverb

adversario, -a *m, f* opponent

adversidad *f* **1.**(*contrariedad*) adversity **2.**(*desgracia*) setback

adverso, -a *adj* adverse

advertencia *f* **1.**(*amonestación*) warning **2.**(*indicación*) advice

advertir *irr como sentir vt* **1.**(*reparar*) to notice **2.**(*indicar*) to point out **3.**(*avisar*) to warn

adviento *m* Advent

adyacente *adj* adjacent

aéreo, -a *adj* aerial; (*tráfico*) air; **compañía aérea** airline (company); **por vía aérea** (by) airmail

aeróbic *m* aerobics

aerodeslizador *m* hovercraft

aerodinámico, -a *adj* aerodynamic

aeromodelismo *m* construction of model airplanes

aeronáutica *f* aeronautics

aeronave *f* airship

aeroplano *m* aeroplane *Brit,* airplane *Am*

aeropuerto *m* airport

aerosol *m* **1.**(*suspensión*) aerosol **2.**(*espray*) spray

aerotrén *m* aerotrain

afabilidad *f* affability

afable *adj* affable

afamado, -a *adj* famous

afán *m* **1.**(*ahínco*) eagerness; **con** ~ eagerly **2.**(*anhelo*) longing

afanar I. *vi* to work hard **II.** *vr:* ~**se** to toil (away)

afanoso, -a *adj* **1.**(*trabajoso*) laborious **2.**(*persona*) industrious

afear *vt* to disfigure

afección *f* **1.** MED condition **2.**(*inclinación*) inclination

afectación *f* affectation

afectado, -a *adj* affected

afectar I. *vt* **1.**(*influir*) to concern **2.**(*dañar*) to harm; MED to attack **3.**(*impresionar*) to affect **II.** *vr:* ~**se** *AmL* to fall ill

afectísimo, -a *adj* **suyo** ~ yours truly

afectivo, -a *adj* affective

afecto *m* ~ **a algo/alguien** affection for sth/sb

afecto, -a *adj* ~ **a algo/alguien** inclined towards sth/sb

afectuoso, -a *adj* affectionate

afeitadora *f* ~ **eléctrica** electric razor

afeitar I. *vt* (*persona*) to shave; **máquina de** ~ (safety) razor **II.** *vr:* ~**se** to shave

afeminado, -a *adj* effeminate

aferrar I. *vt* to grasp **II.** *vr* ~**se a algo** to cling on sth

Afganistán *m* Afghanistan

afgano, -a *adj, m, f* Afghan

afianzamiento *m* **1.**(*sujeción*) fastening **2.**(*aseguramiento*) securing

afianzar <z→c> **I.** *vt* **1.**(*sujetar*) to fasten **2.**(*dar firmeza*) to strengthen; (*asegurar*) to secure **II.** *vr:* ~**se** to be-

A
a

come established

afiche *m AmL* poster

afición *f* **1.** (*inclinación*) liking; **tener una ~ hacia algo** to be fond of sth **2.** (*pasatiempo*) hobby **3.** (*hinchada*) fans *pl*

aficionado, -a I. *adj* amateur **II.** *m, f* **1.** (*entusiasta*) lover; DEP fan **2.** (*no profesional*) amateur

aficionar I. *vt* **~ a alguien a algo** to get sb interested in sth **II.** *vr* **~se a algo** to take a liking to sth

afilado, -a *adj* (*cuchillo*) sharp; (*nariz*) pointed; (*cara*) thin

afilar I. *vt* to sharpen **II.** *vr:* **~se** (*cara*) to grow thin

afín *adj* related

afinar I. *vi* to play in tune **II.** *vt* **1.** (*hacer más fino*) to refine **2.** MÚS to tune

afincarse <c→qu> *vr* to become established

afinidad *f* **1.** (*semejanza*) similarity **2.** (*por parentesco*) relationship

afirmación *f* affirmation

afirmar I. *vt* **1.** (*decir sí*) to affirm **2.** (*aseverar*) to state **II.** *vr:* **~se** to reaffirm

afirmativo, -a *adj* affirmative; **en caso ~** if so

aflicción *f* grief

afligir <g→j> **I.** *vt* **1.** (*apenar*) to upset **2.** (*atormentar*) to afflict **II.** *vr:* **~se** to get upset

aflojar I. *vt* **1.** (*nudo*) to loosen **2.** (*cuerda*) to slacken (off) **3.** (*velocidad*) to reduce **II.** *vr:* **~se** to slacken

aflorar *vi* to come to the surface; (*agua subterránea*) to emerge

afluente *m* tributary

afluir *irr como huir* *vi* **1.** (*río*) to flow into **2.** (*gente*) to flock

afónico, -a *adj* hoarse

aforo *m* **1.** (*en un estadio*) capacity **2.** TÉC gauging

afortunado, -a *adj* fortunate

afrenta *f* insult

África *f* Africa

africano, -a *adj, m, f* African

afrontar *vt* to face up to; (*problema*) to tackle

afuera *adv* outside; ¡**~!** *inf* get out of here!

afueras *fpl* outskirts *pl*

agachar I. *vt* (*cabeza*) to lower **II.** *vr:* **~se** **1.** (*encogerse*) to crouch **2.** AmL (*ceder*) to give in

agalla *f* (*de un pez*) gill; **tener ~s** *fig* to have guts

agarrado, -a *adj* stingy

agarrar I. *vi* **1.** (*echar raíces*) to take root **2.** (*coche*) to grip the road **II.** *vt* **1.** (*tomar*) to take **2.** (*asir*) to grasp **3.** (*delincuente*) to seize **4.** (*enfermedad*) to catch **III.** *vr:* **~se** **1.** (*asirse*) to hold on **2.** (*reñir*) to have a fight **3.** (*comida*) to stick **4.** AmL (*coger*) to catch

agarrotar I. *vt* **1.** (*entumecer*) to stiffen up **2.** (*atar*) to tie tight **II.** *vr:* **~se** (*entumecerse*) to go numb

agasajar *vt* **1.** (*recibir*) to receive in great style **2.** (*con comida*) to wine and dine

agencia *f* **1.** (*empresa*) agency; **~ inmobiliaria** estate agency; **~ de viajes** travel agency **2.** (*sucursal*) branch

agenciar I. *vt inf* to get **II.** *vr:* **~se** to get hold of

agenda *f* **1.** (*calendario*) diary, engagement book *Am* **2.** (*cuaderno*) notebook

agente *mf* **1.** (*representante*) representative; (*de un artista*) agent; **~ de bolsa** stockbroker **2.** (*funcionario*) **~ de aduanas** customs officer; **~ de policía** policeman

ágil *adj* **1.** (*de movimiento*) agile **2.** (*mental*) alert, quick-witted

agilidad *f* **1.** (*física*) agility **2.** (*mental*) acumen

agilizar <z→c> *vt* to speed up

agitación *f* **1.** (*movimiento*) movement; (*de un líquido*) stirring **2.** *t.* POL (*intranquilidad*) agitation

agitar I. *vt* **1.** (*mover*) to move; (*bandera*) to wave; (*botella*) to shake **2.** (*intranquilizar*) to worry **II.** *vr:* **~se** **1.** (*moverse*) to move about **2.** (*excitarse*) to get excited; (*preocuparse*) to get upset

aglomeración *f* agglomeration

aglomerarse *vr* to crowd (together)

agnóstico, -a *adj, m, f* agnostic
agobiar I. *vt* **1.** (*abrumar*) to overwhelm **2.** (*calor*) to suffocate **II.** *vr:* ~**se 1.** (*sentirse abatido*) to feel overwhelmed **2.** (*angustiarse*) to be weighed down
agolparse *vr* to crowd (together)
agonía *f* **1.** (*del moribundo*) death throes *pl* **2.** (*angustia*) anguish
agonizar <z→c> *vi* to be dying
agosto *m* August; **hacer su** ~ to make a killing; *v.t.* **marzo**
agotado, -a *adj* **1.** (*producto*) out of stock **2.** (*persona*) exhausted
agotamiento *m* exhaustion
agotar I. *vt* **1.** (*existencias*) to use up **2.** (*mercancía*) to deplete **3.** (*paciencia*) to exhaust **4.** (*cansar*) to tire (out) **II.** *vr:* ~**se 1.** (*mercancía*) to run out **2.** (*pilas*) to run down [*o* out *Am*]
agraciado, -a *adj* **1.** (*bien parecido*) attractive **2.** (*afortunado*) lucky
agraciar *vt* **1.** (*conceder*) to award **2.** (*vestido*) to enhance
agradable *adj* pleasant
agradar *vi* to please; **me agrada oír música** I like listening to music
agradecer *irr como crecer vt* to thank; **les agradezco que...** I'm grateful to you for ...; **le** ~**ía mucho si** +*subj* I'd be very grateful if
agradecido, -a *adj* grateful
agradecimiento *m* gratitude
agrado *m* **1.** (*afabilidad*) affability **2.** (*complacencia*) willingness; **esto no es de mi** ~ this isn't to my liking
agrandar *vt* **1.** (*hacer más grande*) to make bigger **2.** (*exagerar*) to exaggerate
agrario, -a *adj* agrarian; **población agraria** rural population
agravante I. *adj* aggravating **II.** *m o f* aggravating factor
agravar I. *vt* (*enfermedad*) to make worse, to aggravate **II.** *vr:* ~**se** (*situación*) to worsen
agraviar *vt* to offend
agravio *m* (*ofensa*) offence *Brit,* offense *Am*
agredir *vt* to attack

agregado *m* aggregate
agregado, -a *m, f* **1.** (*diplomático*) attaché **2.** UNIV assistant professor *Brit,* associate professor *Am*
agregar <g→gu> **I.** *vt* **1.** (*añadir*) to add **2.** (*persona*) to appoint **II.** *vr:* ~**se** to join
agresión *f* aggression
agresivo, -a *adj* aggressive
agriar I. *vt* to sour **II.** *vr:* ~**se** to turn sour
agrícola *adj* agricultural
agricultor(a) *m(f)* farmer
agricultura *f* agriculture
agridulce *adj* bittersweet; GASTR sweet-and-sour
agrietarse *vr* to crack; (*piel*) to become chapped
agrimensor(a) *m(f)* surveyor
agrio, -a *adj* bitter
agronomía *f* agronomy
agropecuario, -a *adj* agricultural, farming
agroturismo *m* agrotourism
agrupación *f* **1.** (*agrupamiento*) grouping **2.** (*conjunto*) group
agrupar I. *vt* to group (together) **II.** *vr:* ~**se** to form a group
agua *f* **1.** (*líquido*) water; ~ **de colonia** eau de cologne; ~ **con gas** sparkling water; ~ **del grifo** tap water; ~ **potable** drinking water; ~**s residuales** sewage; **caer mucha** ~ to rain a lot; **como** ~ **de mayo** *fig* very welcome; **estoy con el** ~ **hasta el cuello** *fig* I'm up to my neck in it; **¡hombre al** ~**!** man overboard! **2.** *pl* (*mar*) waters *pl*; ~**s abajo/arriba** downstream/upstream; ~**s menores** urine; **estar entre dos** ~**s** *fig* to be sitting on the fence

---

⚠ With words like **agua** which begin with a stressed a- or ha- the masculine singular article is used even though these words are feminine: "el agua sucia; las aguas del mar Mediterráneo". Other examples include: "el águila, el ala, el alma, el ama, el área, el arte, el aula, el hacha, el hada, el hambre".

aguacate *m* avocado, alligator pear *Am*

aguacero *m* downpour

aguado, -a *adj* watered-down; (*fruta*) tasteless

aguafiestas *mf inv, inf* spoilsport, party pooper *Am*

aguafuerte *m* etching

aguanieve *f* sleet

aguantar I. *vt* 1.(*sostener*) to hold; (*sujetar*) to hold tight; (*risa*) to hold back 2.(*soportar*) to bear, to stand II. *vr:* ~**se** 1.(*contenerse*) to restrain oneself 2.(*soportar*) to put up with it; (*tener paciencia*) to be patient 3.(*sostenerse*) to support oneself

aguante *m* 1.(*paciencia*) patience 2.(*resistencia*) endurance

aguar <gu→gü> *vt* to water (down)

aguardar *vt* to wait for

aguardiente *m* brandy

aguarrás *m* turpentine

agudeza *f* 1.(*del cuchillo*) sharpness 2.(*ingenio*) wittiness

agudizar <z→c> I. *vt* 1.(*hacer agudo*) to sharpen 2.(*agravar*) to make worse II. *vr:* ~**se** to worsen

agudo, -a *adj* 1.(*afilado*) sharp 2.(*ingenioso*) witty; (*mordaz*) scathing 3.(*dolor*) acute 4.(*sonido*) piercing

agüero *m* de mal ~ ill-omened; **ser de buen** ~ to augur well

aguijón *m* 1.ZOOL, BOT sting, stinger *Am* 2.(*estímulo*) stimulus

águila *f* 1.(*animal*) eagle 2.(*persona*) very clever

aguileño, -a *adj* aquiline; **rostro** ~ angular face

aguinaldo *m* tip (*given at Christmas*)

aguja *f* 1.(*general*) needle 2.(*del reloj*) hand; (*de otros instrumentos*) pointer 3.FERRO point

agujerear *vt* to make holes in; (*orejas*) to pierce

agujero *m* hole; ~ (**en la capa**) **de ozono** hole in the ozone layer

agujetas *fpl* stiffness

aguzar <z→c> *vt* 1.(*afilar*) to sharpen 2.(*atención*) to heighten; (*sentidos*) to sharpen

ahí I. *adv* (*lugar*) there; ~ **está** there he/she/it is; **me voy por** ~ I'm going that way II. *conj* **de** ~ **que...** that is why ...

ahijado, -a *m, f* 1.(*del padrino*) godchild 2. *fig* protégé *m*, protégée *f*

ahínco *m* 1.(*afán*) zeal 2.(*empeño*) effort

ahogar <g→gu> I. *vt* 1.(*en el agua*) to drown 2.(*estrangular*) to strangle 3.(*asfixiar*) to suffocate II. *vr:* ~**se** 1.(*en el agua*) to drown 2.(*asfixiarse*) to suffocate

ahogo *m* 1.(*sofocación*) breathlessness 2.(*asfixia*) asphyxiation

ahondar I. *vi* ~ **en algo** to go deeply into sth II. *vt* to deepen

ahora *adv* now; (*dentro de poco*) very soon; ~ **bien** now then; **de** ~ **en adelante** from now on; **hasta** ~ up to now; **por** ~ for the present; ~ **mismo vengo** I'm just coming; **acaba de salir** ~ **mismo** he/she has just gone out; **¿y** ~ **qué?** what now?

ahorcar <c→qu> I. *vt* to hang II. *vr:* ~**se** to hang oneself

ahorita *adv AmL* (*ahora*) right away

ahorrar I. *vt* 1.(*dinero, fuerzas*) to save; (*explicaciones*) to spare 2.(*economizar*) to economize II. *vr:* ~**se** to save oneself

ahorro *m* saving

ahuecar <c→qu> I. *vt* to hollow out II. *vr:* ~**se** 1.(*ave*) to ruffle (up) its feathers 2.(*envanecerse*) to give oneself airs

ahumado, -a *adj* 1.(*color*) smoky; (*cristal*) tinted 2.(*salmón*) smoked

ahumar I. *vi* to smoke II. *vt* 1.GASTR to smoke 2.(*llenar de humo*) to fill with smoke III. *vr:* ~**se** to become blackened

ahuyentar *vt* 1.(*espantar*) to frighten off 2.(*dudas*) to dispel

airar *irr* I. *vt* to anger II. *vr:* ~**se** to get angry

airbag *m* airbag

aire *m* **1.** (*atmósfera*) air; **al ~ libre** in the open air; **tomar el ~** to go for a stroll **2.** (*viento*) wind; **corriente de ~** draught *Brit*, draft *Am* **3.** (*aspecto*) appearance **4.** (*garbo*) elegance

airear **I.** *vt* to air **II.** *vr:* **~se 1.** (*ventilarse*) to air **2.** (*coger aire*) to get some fresh air

airoso, -a *adj* graceful

aislado, -a *adj* isolated

aislar **I.** *vt* **1.** (*general*) to isolate **2.** TÉC to insulate **II.** *vr:* **~se** to isolate oneself

ajar *vt* to wear out

ajardinado, -a *adj* landscaped

ajedrez *m sin pl* DEP chess

ajeno, -a *adj* **1.** (*de otro*) somebody else's; **la felicidad ajena** other people's happiness **2.** *ser* (*impropio*) inappropriate **3.** *estar* (*ignorante*) ignorant **4.** (*carente*) **~ a** [*o* **de**] lacking

ajetreo *m* bustle

ají *m AmS, Ant* **1.** (*arbusto*) pepper (plant) **2.** (*pimentón*) chilli *Brit*, chili *Am*

ajo *m* garlic; **estar en el ~** *inf* to be mixed up in it; **tieso como un ~** *inf* stuck-up

ajuar *m* **1.** (*de la novia*) trousseau **2.** (*de una casa*) furnishings *pl*

ajustado, -a *adj* **1.** (*ropa*) tight **2.** (*adecuado*) fitting

ajustar **I.** *vi* to fit **II.** *vt* **1.** (*adaptar*) t. TÉC to adjust; (*vestido*) to take in **2.** (*una pieza en otra*) to fit **III.** *vr:* **~se 1.** (*acordar*) to come to an agreement **2.** (*adaptarse*) to adapt; **~se a la verdad** to stick to the truth

ajuste *m* **1.** (*adaptación*) adjustment **2.** (*graduación*) graduation **3.** (*encaje*) fitting **4.** (*acuerdo*) compromise

al = **a** + **el** *v.* **a**

ala *f* wing; (*de hélice*) propeller blade; (*de sombrero*) brim; (*del tejado*) eaves *pl*; **dar ~s a alguien** to encourage sb; **estar tocado del ~** *inf* to be crazy

Alá *m* Allah

alabanza *f* praise

alabar *vt* to praise

alacena *f* larder

alacrán *m* scorpion

alado, -a *adj* winged

alambicado, -a *adj* subtle

alambique *m* still

alambrada *f* (*valla*) wire fence

alambre *m* wire

alameda *f* **1.** (*lugar*) poplar grove **2.** (*paseo*) avenue

álamo *m t.* BOT poplar; **~ temblón** aspen

alarde *m* show

alargar <g→gu> **I.** *vt* **1.** (*la extensión*) to lengthen; (*pierna*) to stretch; (*cuello*) to crane; (*mano*) to hold out **2.** (*la duración*) to prolong **3.** (*retardar*) to delay **II.** *vr:* **~se 1.** (*en la extensión*) to lengthen **2.** (*retardarse*) to be delayed

alarido *m* shriek

alarma *f* alarm; **dar la ~** to raise the alarm

alarmar **I.** *vt* to alarm **II.** *vr:* **~se** to get worried

alavés, -esa *adj* of/from Álava

alba *f* dawn

albacea *mf* executor

albaceteño, -a *adj* of/from Albacete

albahaca *f* basil

albanés, -esa *adj, m, f* Albanian

Albania *f* Albania

albañil *mf* **1.** (*constructor*) builder **2.** (*artesano*) bricklayer

albarán *m* delivery note, invoice

albaricoque *m* apricot

albedrío *m* whim; **libre ~** free will

alberca *f* reservoir

albergar <g→gu> **I.** *vt* to house **II.** *vr:* **~se** to lodge

albergue *m* (*refugio*) refuge; (*alojamiento*) lodging; **~ juvenil** youth hostel

albóndiga *f* meatball

albornoz *m* bathrobe

alborotar **I.** *vi* to make a racket; (*niños*) to romp about **II.** *vt* **1.** (*desordenar*) to agitate **2.** (*sublevar*) to stir up **III.** *vr:* **~se** to get excited

alboroto *m* **1.** (*vocerío*) racket **2.** (*bulla*) uproar

alborozar <z→c> I. *vt* to delight II. *vr:* ~**se** to be overjoyed

alborozo *m* joy

albricias *fpl inf* ¡~! good news!

álbum *m* <álbum(e)s> album

albumen *m* albumen

alcachofa *f* 1.BOT artichoke 2.(*de ducha*) shower head

alcalde(sa) *m(f)* mayor

alcaldía *f* 1.(*oficio*) post of mayor 2.(*oficina*) mayor's office

alcance *m* 1.(*distancia*) range; **al ~ de la mano** within reach; **dar ~ a alguien** to catch up with sb; **estar al ~** to have within one's grasp 2.(*importancia*) importance 3.(*déficit*) deficit

alcancía *f* money box *Brit,* piggy bank *Am*

alcantarilla *f* 1.(*cloaca*) sewer 2.(*sumidero*) drain

alcanzar <z→c> I. *vi* to reach II. *vt* 1.(*dar alcance*) to catch up (with) 2.(*llegar*) to reach; ~ **fama** to become famous 3.(*entender*) to grasp

alcaparra *f* caper

alcatraz *m* ZOOL gannet

alcaucil *m* artichoke

alcázar *m* MIL fortress

alcoba *f* bedroom

alcohol *m* alcohol; **bebida sin ~** non-alcoholic drink

alcohólico, -a *adj, m, f* alcoholic

alcoholismo *m sin pl* alcoholism

alcornoque *m* 1.BOT cork oak 2.(*persona*) idiot

alcurnia *f* ancestry

aldaba *f* doorknocker

aldea *f* small village

aldeano, -a I. *adj* village II. *m, f* villager

aleación *f* alloy

aleatorio, -a *adj* random, fortuitous

aleccionar *vt* to instruct

alegación *f* 1.JUR (*declaración*) declaration; (*escrito*) statement 2.*pl* (*objeciones*) objections *pl*

alegar <g→gu> I. *vt* to cite; (*pruebas*) to produce II. *vi AmL* (*discutir*) to argue

alegato *m* 1.(*escrito*) bill of indictment; (*oral*) plea 2.*AmL* (*disputa*) argument

alegoría *f* allegory

alegrar I. *vt* to make happy II. *vr:* ~**se** 1.(*sentir alegría*) ~**se de** [*o* **con**] **algo** to be glad about sth; **me alegro de...** I'm pleased ... 2.(*beber*) to get tipsy

alegre *adj* 1.(*contento*) happy; (*color*) bright; (*habitación*) pleasant 2.(*frívolo*) frivolous 3.*inf* (*achispado*) merry; **estar ~** to be tipsy

alegría *f* 1.(*gozo*) happiness 2.(*buen humor*) cheerfulness

alegrón *m inf* thrill; **llevarse un ~** to have been thrilled

alejamiento *m* removal; *fig* aloofness

alejar I. *vt* 1.(*distanciar*) to remove 2.(*ahuyentar*) to drive away II. *vr:* ~**se** to move away; (*retirarse*) to withdraw

aleluya I. *interj* hallelujah II. *m o f* REL hallelujah

alemán *m* (*lengua*) German

alemán, -ana *adj, m, f* German

Alemania *f* Germany

alentar <e→ie> *vt* to encourage

alergia *f* allergy; ~ **a la primavera** hay fever

alero *m* 1.ARQUIT eaves *pl* 2.AUTO wing, fender *Am* 3.DEP winger

alerta I. *adj* alert II. *f* alert; **dar la ~** to give the alarm

aleta *f* 1.(*general*) wing 2.(*de un buzo*) flipper; (*de un pez*) fin

aletargar <g→gu> I. *vt* to become drowsy II. *vr:* ~**se** to get drowsy

aletear *vi* 1.(*ave*) to flutter 2.(*pez*) to wriggle 3.*inf* (*cobrar fuerza*) to regain one's strength

alevín *m* fry, young fish

alevosía *f* treachery

alfabeto *m* alphabet

alfalfa *f* alfalfa, lucerne

alfarería *f* pottery

alfarero, -a *m, f* potter

alféizar *m* windowsill

alférez *m* MIL second lieutenant

alfil *m* (*en ajedrez*) bishop

alfiler *m* 1.(*aguja*) pin; **no caber un ~** *fig* to be bursting at the seams 2.(*broche*) brooch

alfiletero *m* needle case

alfombra *f* carpet

alfombrar *vt* to carpet

alfombrilla *f* 1.(*estera*) mat; ~ **de baño** bath mat 2.INFOR mousemat *Brit,* mousepad *Am*

alforja *f* saddlebag

alga *f* alga

algarabía *f* uproar

algarroba *f* 1.BOT carob 2.(*fruto*) carob bean

algarrobo *m* carob tree

algazara *f* clamour *Brit,* clamor *Am;* (*de alegría*) jubilation

álgebra *f* MAT algebra

álgido, -a *adj* 1.(*culminante*) **el período** ~ the high point 2.(*muy frío*) freezing

algo I. *pron indef* (*en frases afirmativas*) something; (*en negativas, interrogativas*) anything; ~ **es** ~ it's better than nothing; **¿quieres** ~? do you want anything?; **me suena de** ~ it seems familiar to me; **se cree** ~ he/she thinks he/she is something II. *adv* a little; ~ **así como** something like

algodón *m* 1.(*planta, tejido*) cotton 2.(*cosmético*) cotton wool *Brit,* cotton *Am*

algodonero, -a I. *adj* cotton II. *m, f* cotton grower

alguacil *m* bailiff

alguien *pron indef* (*en frases afirmativas*) somebody, someone; (*en interrogativas*) anybody, anyone; **¿hay** ~ **aquí?** is anybody there?; ~ **me lo ha contado** somebody told me

algún *adj v.* **alguno¹**

alguno, -a¹ *adj* <algún> 1.(*antepuesto*) some; (*en frases negativas e interrogativas*) any; **¿alguna pregunta?** any questions?; **de alguna manera** somehow; **en algún sitio** somewhere; **alguna vez** sometimes; **algún día** some day 2.(*postpuesto: ninguno*) no, not any; **en sitio** ~ nowhere

alguno, -a² *pron indef* somebody, someone; ~**s ya se han ido** some have already gone; **¿tienes caramelos? – sí, me quedan** ~**s** do you have any sweets? – yes, I still have some left

alhaja *f* piece of jewellery [*o* jewelry *Am*]; (*de bisutería*) costume jewellery [*o* jewelry *Am*]

alhelí *m* <alhelíes> wallflower

alheña *f* 1.BOT privet 2.(*polvo*) henna

aliado, -a I. *adj* allied II. *m, f* ally

alianza *f* 1.(*pacto*) alliance 2.(*anillo*) wedding ring

aliar <1. *pres:* alío> I. *vt* to ally II. *vr:* ~**se** to ally oneself

alias *adv* alias

alicantino, -a *adj* of/from Alicante

alicates *mpl* pliers *pl*

aliciente *m* incentive

alienación *f* alienation

aliento *m* 1.(*respiración*) breath; **sin** ~ out of breath 2.(*ánimo*) courage; **dar** ~ **a alguien** to encourage sb

aligerar *vt* 1.(*cargas*) to lighten 2.(*aliviar*) to alleviate 3.(*acelerar*) to quicken

alimaña *f* pest

alimentación *f* 1.(*nutrición*) food; (*acción*) feeding 2.(*de un horno*) stoking; (*de una máquina*) feeding; ~ **de papel** INFOR sheetfeed

alimentador *m* TÉC feeder; ~ **de hojas sueltas** INFOR cut-sheet feed

alimentar I. *vt* 1.(*nutrir*) to feed 2.TEC to stoke; (*máquina*) to feed 3.INFOR to feed II. *vr* ~**se de algo** to live on sth

alimenticio, -a *adj* nourishing; **productos** ~**s** foodstuffs *pl*

alimento *m* 1.(*sustancia*) food; **los** ~**s** foodstuffs *pl* 2.(*alimentación*) nourishment

alineación *f,* **alineamiento** *m* 1.(*general*) alignment 2.DEP line-up

alinear I. *vt* 1.(*poner en línea*) to line up; **país no alineado** POL non-aligned country 2.DEP to select; (*para un partido*) to field II. *vr:* ~**se** to line up

aliñar *vt* to season; (*ensalada*) to dress

aliño *m* seasoning; (*para ensalada*) dressing

alisar *vt* (*superficie*) to smooth down; (*terreno*) to level (off); (*pelo*) to smooth

aliso *m* alder

alistar **I.** *vt* **1.** (*inscribir*) to enrol **2.** (*enumerar*) to list **3.** MIL to recruit **II.** *vr:* ~**se** MIL to enlist

aliviar *vt* **1.** (*carga*) to lighten **2.** (*de una preocupación*) to relieve **3.** (*dolor*) to alleviate

alivio *m* **1.** (*aligeramiento*) relief; **ser de ~** *inf* to be horrible **2.** (*de una enfermedad*) recovery; (*mejoría*) improvement

aljibe *m* cistern

allá *adv* **1.** (*dirección*) there; **el más ~** REL the hereafter; **ponte más ~** move further over; **¡~ tú!** *inf* that's your problem! **2.** (*tiempo*) back; **~ por el año 1964** round about 1964

allanamiento *m* levelling *Brit,* leveling *Am;* **~ de morada** JUR breaking and entering

allanar **I.** *vt* **1.** (*terreno*) to level (out); **~ una casa** JUR to break into a house **2.** (*dificultades*) to remove **II.** *vr:* ~**se** to agree

allegado, -a **I.** *adj* close **II.** *m, f* relative

allí *adv* over there; **¡~ viene!** he's/she's just coming!; **hasta ~** as far as that

alma *f* **1.** (*espíritu*) soul; **lo siento en el ~** I'm terribly sorry; **~ de cántaro** simpleton; **~ en pena** lost soul; **estar con el ~ en un hilo** *inf* to have one's heart in one's mouth **2.** (*ánimo*) spirit **3.** TÉC core

almacén *m* **1.** (*depósito*) warehouse; **tener en ~** to have in stock **2.** (*tienda*) **grandes almacenes** department store

almacenaje *m,* **almacenamiento** *m t.* INFOR storage

almacenar *vt t.* INFOR to store

almanaque *m* almanac

almeja *f* clam

almendra *f* almond

almendro *m* almond tree

almeriense *adj* of/from Almería

almíbar *m* syrup

almidón *m* starch; (*cola*) paste

almidonar *vt* to starch

almirantazgo *m* admiralty

almirante *m* admiral

almirez *m* mortar

almizcle *m* musk

almohada *f* (*cojín*) cushion; (*de la cama*) pillow

almohadilla *f* small cushion; **~ de tinta** inkpad

almohadón *m* cushion

almorranas *fpl* piles *pl*

almorzar *irr como forzar* **I.** *vi* to have lunch **II.** *vt* to have for lunch

almuerzo *m* lunch

alocado, -a *adj* **1.** (*loco*) crazy **2.** (*imprudente*) reckless

alojamiento *m* **1.** (*lugar*) accommodation **2.** (*acción*) housing

alojar **I.** *vt* **1.** (*albergar*) to accommodate **2.** (*procurar alojamiento*) to house **3.** (*cosa*) to lodge **II.** *vr:* ~**se** **1.** (*hospedarse*) to stay **2.** (*meterse*) ~**se en algo** to put up at sth

alondra *f* lark

alpaca *f* (*tela*) *t.* ZOOL alpaca

alpargata *f* espadrille

Alpes *mpl* **los ~** the Alps

alpinismo *m sin pl* mountaineering, mountain climbing

alpinista *mf* mountaineer, mountain climber

alpino, -a *adj* Alpine

alpiste *m* **1.** BOT canary grass **2.** (*para pájaros*) birdseed; **le gusta mucho el ~** *inf* he's/she's a boozer

alquilar *vt* **1.** (*dejar*) to rent (out), to let **2.** (*tomar en alquiler*) to rent; **se alquila** to let *Brit,* for rent *Am*

alquimia *f* alchemy

alquitrán *m* tar

alrededor *adv* around; **~ de** (*aproximadamente*) around

alrededores *mpl* surroundings *pl*

Alsacia *f* Alsace

alta *f* **1.** (*documento*) (certificate of) discharge; **dar de ~ del hospital** to discharge from hospital **2.** (*inscripción*) registration; (*ingreso*) membership; **darse de ~** (*en una ciudad*) to register as being resident; (*en asociación*) to become a member

altanería *f* arrogance, haughtiness

altanero, -a *adj* arrogant, haughty
altar *m* altar
altavoz *m* (loud)speaker
alteración *f* **1.** (*de planes*) alteration **2.** (*perturbación*) disturbance
alterar I. *vt* **1.** (*cambiar*) to alter **2.** (*perturbar*) to disturb **II.** *vr:* ~se (*aturdirse*) to get upset; (*irritarse*) to be irritated
altercado *m* argument
alternar I. *vi* **1.** (*turnarse*) to alternate **2.** (*tratar*) ~ **con alguien** to associate with sb **3.** (*en un club nocturno*) to go clubbing **II.** *vr* ~se **en algo** to take turns at sth
alternativa *f* alternative
alternativo, -a *adj* **1.** (*opcional*) alternative **2.** (*con alternación*) alternating
alterno, -a *adj* alternate
alteza *f* highness
altibajos *mpl* ups *pl* and downs
altiplanicie *f,* **altiplano** *m* high plateau
altisonante *adj* high-flown
altitud *f* height, altitude
altivo, -a *adj* arrogant, haughty
alto I. *interj* halt **II.** *m* **1.** (*descanso*) stop **2.** (*altura*) height; **medir 8 metros de** ~ to be 8 metres high **3.** (*collado*) hill **III.** *adv* high (up); **pasar por** ~ to ignore; **por todo lo** ~ splendidly
alto, -a *adj* **1.** (*en general*) high; **un ~ cargo** a high-ranking position; **alta calidad** high-quality; **a altas horas de la noche** late at night **2.** (*persona*) tall; (*edificio*) high, tall **3.** (*arriba*) upper; **clase alta** upper class **4.** (*río*) in spate *Brit,* swollen *Am* **5.** (*sonido*) loud; **en voz alta** loudly
altoparlante *m AmL* loudspeaker
altramuz *m* lupin
altruismo *m sin pl* altruism
altura *f* **1.** (*estatura*) height; **de gran** ~ high; **de poca** ~ low; **a estas ~s** at this point **2.** (*de un sonido*) pitch **3.** *pl* (*cielo*) heaven
alubia *f* bean
alucinación *f* hallucination
alucinante *adj inf* **1.** (*estupendo*) fantastic **2.** (*increíble*) incredible

alucinar I. *vi inf* **1.** (*hablando*) to hallucinate **2.** (*quedar fascinado*) to be fascinated **II.** *vt inf* **1.** (*pasmar*) to amaze **2.** (*fascinar*) to fascinate
alud *m* avalanche
aludir *vi* (*referirse*) to allude; **darse por aludido** to take it personally
alumbrado *m* lighting
alumbramiento *m* **1.** (*iluminación*) lighting **2.** (*parto*) childbirth
alumbrar I. *vi* **1.** (*iluminar*) to give off light **2.** (*parir*) to give birth **II.** *vt* **1.** (*iluminar*) to light (up) **2.** (*parir*) to give birth to
aluminio *m* aluminium *Brit,* aluminum *Am*
alumno, -a *m, f* (*de escuela*) pupil; (*de universidad*) student
alusión *f* **1.** (*mención*) ~ **a algo** mention of sth **2.** (*insinuación*) allusion
alusivo, -a *adj* ~ **a algo** regarding sth, about sth
aluvión *m* **1.** (*inundación*) *t. fig* flood **2.** (*sedimento*) alluvium
alza *f* **1.** (*elevación*) rise **2.** (*de un zapato*) raised insole
alzamiento *m* uprising
alzar <z→c> **I.** *vt* **1.** (*levantar*) to lift (up); (*precio, voz*) to raise **2.** (*mesa*) to put away; (*campamento*) to break **3.** (*construir*) to erect **4.** AGR (*cosecha*) to gather in **II.** *vr:* ~se **1.** (*levantarse*) to rise (up) **2.** JUR to appeal **3.** *AmL* (*animales*) to become wild **4.** *AmL* (*sublevarse*) to revolt
ama *f* (*dueña*) mistress; (*propietaria*) owner; ~ **de casa** housewife; ~ **de cría** wet nurse
amabilidad *f* kindness
amable *adj* kind
amaestrar *vt* (*animales*) to train; (*caballos*) to break in
amagar <g→gu> *vt* to threaten
amago *m* **1.** (*amenaza*) threat **2.** DEP feint
amainar I. *vi* to abate **II.** *vt* NÁUT to shorten
amalgama *f* amalgam
amalgamar *vt* TÉC to amalgamate
amamantar *vt* (*bebé*) to breastfeed; (*cachorro*) to suckle

amanecer I. *vimpers* to dawn; **está amaneciendo** it's getting light **II.** *irr como crecer vi* to wake up **III.** *m* dawn

amanecida *f AmL* dawn

amanerado, -a *adj* affected

amansar I. *vt* **1.** (*animal*) to tame **2.** (*persona*) to subdue **II.** *vr:* ~**se** to become tame

amante I. *adj* **ser** ~ **de algo** to like doing sth **II.** *mf* lover

amapola *f* poppy

amar *vt* to love

amargar <g→gu> **I.** *vt* to make bitter **II.** *vr:* ~**se** to become bitter

amargo, -a *adj* bitter

amarillento, -a *adj* yellowish; (*fotografía, papel*) yellowed

amarillo, -a *adj* **1.** (*color*) yellow **2.** (*pálido*) pale

amarra *f* **1.** NÁUT hawser **2.** *pl* (*apoyo*) connections *pl*

amarrar I. *vt* **1.** (*atar*) to tie up **2.** NÁUT to moor **II.** *vr:* ~**se** *AmL* to get married

amartillar *vt* to cock

amasar *vt* **1.** (*masa*) to knead **2.** (*fortuna*) to amass

amasijo *m* **1.** (*acción*) kneading **2.** *inf* (*mezcla*) mixture

amateur *adj, mf* <amateurs> amateur

amatista *f* amethyst

amazona *f* amazon; DEP rider

ámbar *adj inv, m* amber

Amberes *m* Antwerp

ambición *f* ambition; ~ **de poder** hunger for power

ambicionar *vt* to aspire to

ambicioso, -a *adj* ambitious

ambientación *f* **1.** CINE, LIT setting **2.** (*ambiente*) atmosphere

ambientador *m* air freshener

ambientar I. *vt* **1.** (*novela*) to set **2.** (*fiesta*) to enliven **II.** *vr:* ~**se 1.** (*aclimatarse*) to adjust **2.** (*en una fiesta*) to get into the mood

ambiente *m* **1.** (*aire*) air **2.** (*medio*) surroundings *pl;* **medio** ~ environment **3.** (*atmósfera*) atmosphere

ambigüedad *f* ambiguity

ambiguo, -a *adj* ambiguous

ámbito *m* area; ~ **nacional** national level

ambos, -as *adj* both

ambulancia *f* ambulance

ambulante *adj* walking; **circo** ~ travelling circus; **venta** ~ peddling

ambulatorio *m* outpatient department

ameba *f* amoeba *Brit,* ameba *Am*

amedrentar *vt* **1.** (*asustar*) to scare **2.** (*intimidar*) to intimidate

amén I. *m* amen; **decir** ~ **a todo** to agree to everything **II.** *prep* ~ **de** except for

amenaza *f* **1.** (*intimidación*) threat **2.** (*peligro*) menace

amenazar <z→c> *vt, vi* to threaten

amenidad *f* **1.** (*lo agradable*) pleasantness **2.** (*entretenimiento*) entertainment

amenizar <z→c> *vt* **1.** (*hacer agradable*) to make pleasant **2.** (*entretener*) to entertain

ameno, -a *adj* **1.** (*agradable*) pleasant **2.** (*entretenido*) entertaining

América *f* America; ~ **Central** Central America; ~ **Latina** Latin America; ~ **del Norte/del Sur** North/South America

---

? Many Spaniards emigrated to Latin America in the 19th and 20th centuries. The expression "hacer **las Américas**" refers directly to this fact and more or less means to make one's fortune in the Americas.

---

americana *f* jacket

americano, -a *adj, m, f* (*de América del Sur*) South American; (*estadounidense*) American

amerindio, -a *adj, m, f* Amerindian

amerizar <z→c> *vi* to land on water

ametralladora *f* machine gun

amianto *m* asbestos

amigable *adj* friendly

amígdala *f* tonsil

amigo, -a I. *adj* **es muy amiga mía**

she's a good friend of mine; **somos (muy) ~s** we've been close friends; **ser ~ de algo** to be fond of sth; **¡y tan ~s!** and that's that! II. *m, f* friend; **~ por correspondencia** penfriend *Brit,* penpal *Am;* **hacerse ~ de alguien** to make friends with sb

amilanar *vt* **1.** (*intimidar*) to intimidate **2.** (*desanimar*) to discourage

aminorar I. *vi* to diminish II. *vt* to reduce

amistad *f* **1.** (*entre amigos*) friendship **2.** *pl* (*amigos*) friends *pl*

amistoso, -a *adj* friendly, amicable; **partido ~** friendly match

amnesia *f sin pl* amnesia

amnistía *f* amnesty

amo *m* **1.** (*propietario*) owner **2.** (*patrón*) boss

amodorrarse *vr* to become drowsy

amoldar I. *vt* **1.** (*moldear*) to mould *Brit,* to mold *Am* **2.** (*acomodar*) to adapt II. *vr:* **~se** to adapt oneself

amonestación *f* **1.** (*advertencia*) warning; **tarjeta de ~** DEP yellow card **2.** (*de los novios*) marriage banns *pl*

amonestar *vt* **1.** (*advertir*) to warn **2.** (*los novios*) to publish the banns

amoníaco *m* ammonia

amontonar I. *vt* **1.** (*tierra*) to pile up **2.** (*dinero*) to accumulate II. *vr:* **~se** **1.** (*cosas*) to pile up **2.** (*personas*) to crowd together **3.** (*noticias*) to accumulate

amor *m* love; **hacer el ~** to make love; **hacer algo con ~** to do sth lovingly; **¡por ~ de Dios!** for God's sake!

amoratado, -a *adj* purple; (*ojo*) black; (*labios*) blue

amordazar <z→c> *vt* to gag

amorfo, -a *adj* shapeless, amorphous

amorío(s) *m(pl) pey* love affair

amoroso, -a *adj* **1.** (*de amor*) loving **2.** (*cariñoso*) affectionate

amortiguador *m* AUTO shock absorber

amortiguar <gu→gü> *vt* (*sonido*) to muffle; (*golpe*) to cushion

amortización *f* repayment

amortizar <z→c> *vt* **1.** (*deuda*) to pay off **2.** (*inversión*) to recover

amotinar I. *vt* to stir up II. *vr:* **~se** to rebel

amparar I. *vt* to protect II. *vr:* **~se** to seek protection

amparo *m* protection

amperio *m* amp

ampliación *f* **1.** (*engrandecimiento*) enlargement; (*de un territorio*) expansion; (*de un edificio*) extension **2.** (*de un sonido*) amplification; **~ de RAM** INFOR RAM expansion

ampliar <*1. pres:* amplió> *vt* **1.** (*hacer más grande*) to enlarge; (*territorio*) to expand; (*edificio*) to extend **2.** (*conocimientos*) to broaden **3.** (*sonido*) to amplify

amplificador *m* amplifier

amplificar <c→qu> *vt* to amplify

amplio, -a *adj* **1.** (*casa*) spacious; (*parque*) extensive **2.** (*vestido*) loose-fitting **3.** (*informe*) detailed; (*experiencia*) wide-ranging

amplitud *f* **1.** (*extensión*) extent; (*de conocimientos*) range; (*de un informe, parque*) extensiveness **2.** (*de una casa*) roominess **3.** FÍS amplitude

ampolla *f* **1.** (*en la piel*) blister; **levantar ~s** *fig* to get people's backs up **2.** (*para inyecciones*) ampoule *Brit,* ampule *Am*

ampuloso, -a *adj* pompous

amputar *vt* to amputate

amueblar *vt* to furnish

amuleto *m* amulet

amurallar *vt* to wall

anabolizante *m* anabolic steroid

ánade *mf* duck

anagrama *m* anagram

anales *mpl* HIST annals *pl*

analfabetismo *m sin pl* illiteracy

analfabeto, -a *m, f* illiterate (person)

analgésico *m* painkiller

análisis *m inv* **1.** (*general*) *t.* MAT analysis; **~ de sistemas** INFOR systems analysis **2.** MED test; **~ de sangre** blood test

analista *mf* **1.** (*de anales*) chronicler **2.** (*que analiza*) analyst; **~ de siste-**

mas INFOR systems analyst
analizar <z→c> *vt t.* MED to analyse *Brit,* to analyze *Am*
analogía *f* analogy
análogo, -a *adj* analogous
ananá(s) *m CSur* pineapple
anaquel *m* shelf
anarquía *f* anarchy
anarquismo *m sin pl* anarchism
anarquista *adj, mf* anarchist
anatomía *f* anatomy
anca *f* **1.** (*de animal*) haunch; **~s de rana** frogs' legs **2.** *pl, inf* (*nalgas*) backside
ancestral *adj* ancestral
ancho *m* width; **~ de vía** AUTO, FERRO gauge *Brit,* gage *Am*
ancho, -a *adj* (*vasto*) wide; (*vestidos*) loose-fitting; **~ de espaldas** broad-shouldered; **estar a sus anchas** to feel at ease
anchoa *f* anchovy
anchura *f* width; (*de un vestido*) looseness
ancianidad *f* old age
anciano, -a I. *adj* old **II.** *m, f* old man
ancla *f* anchor
ancladero *m* anchorage
anclar *vi, vt* to anchor
Andalucía *f* Andalusia
andaluz(a) *adj, m(f)* Andalusian
andamiaje *m,* **andamio** *m* scaffolding
andar *irr* **I.** *vi* **1.** (*caminar*) to walk; (*a caballo*) to ride; **~ a gatas** to go on all fours; (*bebés*) to crawl **2.** (*reloj, coche*) to go *Brit,* to run *Am;* (*máquina*) to work **3.** (*tiempo*) to pass **4.** (*estar*) **~ atareado** to be busy; **~ mal de dinero** to be short of money; **~ por los 30** to be about 30; **~ a la que salta** to seize the opportunity **II.** *m* walk, gait
andariego, -a I. *adj* fond of travelling **II.** *m, f* wanderer
andén *m* **1.** FERRO platform **2.** (*de muelle*) quayside
Andes *mpl* **los ~** the Andes + *pl vb*
Andorra *f* Andorra

? **Andorra** is a small democratic state (only 467 square kilometres in area) that has a parliamentary principality as its form of government. It borders France to the north and east and Spain to the west and south.

andorrano, -a *adj, m, f* Andorran
andrajo *m* rag
andrajoso, -a *adj* ragged
andurrial(es) *m(pl)* godforsaken place
anécdota *f* anecdote
anegar <g→gu> **I.** *vt* **1.** (*inundar*) to flood **2.** (*ahogar*) to drown **II.** *vr:* **~se 1.** (*campo*) to flood **2.** (*ahogarse*) to drown
anejo *m* **1.** (*edificio*) annexe *Brit,* annex *Am* **2.** (*carta, libro, revista*) supplement; (*en un libro*) appendix
anejo, -a *adj* (*a edificios*) joined; (*a cartas*) enclosed
anemia *f sin pl* anaemia *Brit,* anemia *Am*
anestesia *f* anaesthesia *Brit,* anesthesia *Am*
anestesiar *vt* to anaesthetize *Brit,* to anesthetize *Am*
anexión *f* annexation
anexionar *vt* to annex
anexo *m v.* **anejo**
anexo, -a *adj v.* **anejo, -a**
anfibio *m* ZOOL (*t. vehículo*) amphibian
anfibio, -a *adj* amphibious
anfiteatro *m* amphitheatre *Brit,* amphitheater *Am*
anfitrión, -ona *m, f* host *m,* hostess *f*
ánfora *f* amphora
ángel *m* angel; **tener mucho ~** *fig* to be very charming
angelical *adj* angelic(al); **rostro ~** angelic face
angina *f* **~ de pecho** angina (pectoris); **~s** sore throat
anglicismo *m* anglicism
angoleño, -a *adj, m, f* Angolan
angosto, -a *adj* narrow
anguila *f* **1.** ZOOL eel **2.** NÁUT slipway
angula *f* elver

ángulo *m* **1.** MAT angle; **en ~** angled **2.** (*rincón*) corner **3.** (*arista*) edge

angustiar I. *vt* **1.** (*acongojar*) to distress **2.** (*afligir*) to worry **II.** *vr:* **~se** to get worried

anhelante *adj* longing

anhelar I. *vi* to pant **II.** *vt* to long for

anhelo *m* **~ de algo** longing for sth

anidar I. *vi* **1.** (*hacer nido*) to nest **2.** (*morar*) to live **II.** *vt* to take in

anilla *f* ring; (*de puro*) band; **~s** DEP rings *pl*

anillo *m* ring; **venir como ~ al dedo** *fig* to be just right

ánima *f* soul

animación *f* **1.** (*acción*) *t.* CINE, INFOR animation **2.** (*viveza*) liveliness

animado, -a *adj* **1.** (*persona*) in high spirits **2.** (*lugar*) busy **3.** (*actividad*) lively; **~ por ordenador** INFOR computer-animated

animador(a) *m(f)* **1.** (*artista*) entertainer **2.** (*presentador*) presenter

animadversión *f* hostility

animal I. *adj* **1.** (*de los animales*) animal **2.** (*grosero*) rude **II.** *m* **1.** ZOOL animal; **~es de caza** game; **~ de compañía** pet **2.** *pey* (*ignorante*) fool; (*bruto*) brute

animar I. *vt* **1.** (*infundir vida*) to liven up **2.** (*alentar*) to encourage **3.** (*persona triste*) to cheer up **4.** (*economía*) to stimulate **II.** *vr:* **~se 1.** (*cobrar vida*) to liven up **2.** (*atreverse*) to dare **3.** (*decidirse*) to decide; **¿te animas?** will you have a go? **4.** (*alegrarse*) to cheer up

ánimo *m* **1.** (*espíritu*) spirit; **no estoy con ~s de...** I don't feel like ... **2.** (*energía*) energy; **cobrar ~** to take heart; **dar ~** to encourage; **¡~!** cheer up! **3.** (*intención*) intention; **sin ~ de lucro** non-profit-making

animoso, -a *adj* (*valeroso*) brave

aniquilar *vt* to annihilate; (*esperanzas*) to destroy

anís <anises> *m* **1.** (*planta*) anise **2.** (*licor*) anisette

aniversario *m* anniversary

anoche *adv* last night

anochecer I. *irr como crecer vimpers* **anochece** it's getting dark **II.** *m* nightfall

anodino, -a *adj* **1.** (*cosa*) insipid **2.** (*persona*) bland

anomalía *f* anomaly

anonadar *vt* to astound

anonimato *m* anonymity

anónimo *m* **1.** (*autor*) anonymous author; (*escrito*) anonymous work **2.** (*anonimato*) anonymity

anónimo, -a *adj* anonymous

anorak <anoraks> *m* anorak

anorexia *f* anorexia

anormal *adj* (*no normal*) abnormal

anotación *f* **1.** (*acción de anotar*) annotation; (*en un registro*) record **2.** (*nota*) note

anotar *vt* (*apuntar*) to note (down); (*en un registro*) to record

anquilosamiento *m* paralysis

anquilosar I. *vt* to paralyze **II.** *vr:* **~se 1.** (*las articulaciones*) to get stiff **2.** (*paralizarse*) to become paralyzed

ansia *f* **1.** (*angustia*) anguish **2.** (*intranquilidad*) anxiety

ansiar <*1. pres:* ansío> *vt* to long for; **el momento ansiado** the long- -awaited moment

ansiedad *f* anxiety

ansioso, -a *adj* **1.** (*intranquilo*) anxious **2.** (*anheloso*) eager

antagónico, -a *adj* **1.** (*opuesto*) opposed **2.** (*rival*) antagonistic

antagonista *mf* antagonist

antaño *adv* long ago

antártico, -a *adj* Antarctic; **el polo ~** the South Pole

Antártida *f* Antarctica

ante I. *m* **1.** ZOOL elk **2.** (*piel*) suede **II.** *prep* **1.** (*posición*) before **2.** (*en vista de*) in view of **3.** (*adversario*) faced with

anteanoche *adv* the night before last

anteayer *adv* the day before yesterday

antebrazo *m* ANAT forearm

antecedente I. *adj* foregoing **II.** *m pl* history; (*de una persona*) background; **~s penales** JUR criminal record; **estar en ~s** to be well informed

anteceder *vt* to precede

antecesor(a) *m(f)* predecessor

antedicho, -a *adj* aforementioned

antelación f con ~ in advance
antemano adv de ~ in advance
antena f 1.(de telecomunicaciones) t. ZOOL antenna; ~ **colectiva** communal aerial; **estar en** ~ TV to be on the air 2. NÁUT lateen yard
anteojo m 1.(catalejo) telescope 2.pl (gemelos) opera glasses pl; (prismáticos) binoculars pl
antepasado, -a m, f ancestor
antepecho m (de ventana) window--sill
anteponer irr como poner vt 1.(poner delante) ~ **algo a algo** to place sth in front of sth 2.(dar preferencia) to give priority to
anteproyecto m draft
anterior I. adj previous; **la noche** ~ the night before II. prep ~ **a** prior to
anterioridad prep con ~ **a** prior to, before
antes I. adv 1.(de tiempo) before; (hace un rato) just now; (antiguamente) formerly; (primero) first; **poco** ~ shortly before; **cuanto** ~ as soon as possible; ~ **de nada** first of all; ~ **que nada** above all 2.(comparativo) rather II. prep ~ **de** before III. conj (temporal) before
antesala f anteroom
antiaéreo, -a adj MIL anti-aircraft
antibiótico m antibiotic
anticiclón m anticyclone
anticipación f anticipation; con ~ (pago) in advance
anticipado, -a adj (elecciones) early; **pagar por** ~ to pay in advance
anticipar I. vt 1.(fecha) to bring forward Brit, to move up Am 2.(suceso) to anticipate 3.(dinero) to advance II. vr ~**se a alguien** to beat sb to it
anticipo m 1.(del sueldo) advance 2.(de un pago) advance payment
anticonceptivo m contraceptive
anticongelante m antifreeze
anticuado, -a adj old-fashioned
anticuario, -a m, f (vendedor) antique dealer
anticuerpo m antibody
antídoto m antidote
antiestético, -a adj unattractive

antifaz m mask
antigualla f pey 1.(objeto) piece of junk 2.(costumbre, estilo) relic
antiguamente adv once, long ago
antigüedad f 1.(edad antigua) antiquity 2.(objeto) antique 3.(en una empresa) seniority
antiguo, -a adj <antiquísimo> 1.(objeto) old; (relación) long--standing 2.(anticuado) antiquated 3.(de la antigüedad) ancient 4.(anterior) former
antílope m antelope
antinatural adj unnatural
antipatía f antipathy; ~ **a** [o contra] **alguien** antipathy for sb
antipático, -a adj unpleasant
antiquísimo, -a adj superl de **antiguo**
antirrobo m anti-theft device
antiséptico, -a adj antiseptic
antiterrorista adj antiterrrorist; **lucha** ~ fight against terrorism
antítesis f inv antithesis
antojadizo, -a adj capricious
antojarse vimpers 1.(encapricharse) **se le antojó hacer algo** he/she took it into his/her head to do sth; **hace lo que se le antoja** he/she does as he/she pleases 2.(tener la sensación) **se me antoja que...** I've a feeling that …
antojo m 1.(capricho) whim; **a mi** ~ as I please 2.(de una embarazada) craving
antología f anthology; **de** ~ (memorable) excellent
antonomasia f **por** ~ par excellence
antorcha f torch
antro m pey (local) dive
antropófago, -a m, f cannibal
antropología f anthropology
antropólogo, -a m, f anthropologist
anual adj annual
anualidad f annuity; ~ **vitalicia** life annuity
anualmente adv annually, yearly
anuario m yearbook
anudar I. vt 1.(hacer un nudo) to knot 2.(juntar) to join II. vr: ~**se** to become knotted
anulación f 1.(de una ley) repeal

2. (*de una sentencia*) overturning **3.** (*de un matrimonio*) annulment **4.** (*de un contrato*) cancellation
anular I. vt **1.** (*ley*) to repeal **2.** (*sentencia*) to overturn **3.** (*matrimonio*) to annul **4.** (*contrato*) to cancel **5.** (*tren, autobús*) to cancel **6.** DEP (*gol*) to disallow **II.** adj **1.** (*relativo al anillo*) annular **2.** (*de forma de anillo*) ring-shaped
anunciación f announcement
anunciar vt **1.** (*dar noticia*) to announce **2.** (*dar publicidad*) to advertise **3.** (*presagiar*) to herald
anuncio m **1.** (*de una noticia*) announcement **2.** (*publicidad: en la TV*) advertisement, commercial *Am;* (*en un periódico*) advertisement, ad *inf*
anzuelo m **1.** (*para pescar*) (fish-)hook **2.** *inf* (*aliciente*) bait; **morder el** ~ to take the bait
añadidura f addition; **por** ~ in addition
añadir vt **1.** (*agregar*) to add **2.** (*alargar*) to lengthen
añejo, -a adj old; (*vino*) mature
añicos mpl fragments pl; **hacer algo** ~ to smash sth up
añil m **1.** BOT indigo **2.** (*color*) indigo blue
año m year; ~ **natural** calendar year; ~ **nuevo** New Year; **cumplir** ~s to have a birthday; **cumplir 60** ~s to turn sixty; **¿cuántos** ~s **tienes?** how old are you?; **a mis** ~s at my age; **los** ~s **60** the sixties; **en el** ~ **1960** in 1960
añoranza f yearning; (*morriña*) homesickness
añorar vt to yearn for; (*tener morriña*) to be homesick for
aorta f aorta
apabullar vt *elev* to crush; **me quedé apabullado al oírlo** I was devastated when I heard it
apacentar <e→ie> vt, vr: ~se to graze
apacible adj **1.** (*persona*) placid **2.** (*tiempo*) mild **3.** (*viento*) gentle
apaciguar <gu→gü> **I.** vt (*persona*) to calm down; (*dolor*) to ease

II. vr: ~**se** to calm down
apadrinar vt **1.** (*ser padrino*) ~ **a alguien** to be sb's godfather **2.** (*patrocinar*) to sponsor
apagado, -a adj **1.** (*volcán*) extinct **2.** (*sonido*) muffled **3.** (*persona*) lifeless **4.** (*color*) dull
apagar <g→gu> **I.** vt **1.** (*luz, fuego*) to put out; **estar apagado** *fig* (*person*) to not be in form **2.** (*sed*) to quench **3.** (*hambre*) to satisfy **4.** (*radio*) to switch off **5.** (*vela*) to snuff **II.** vr: ~**se 1.** (*fuego, luz*) to go out **2.** (*sonido*) to die away **3.** (*color*) to fade
apagón m blackout; ELEC power cut
apaisado, -a adj landscape; **formato** ~ landscape format
apalabrar vt to arrange
apalear vt to thrash, to beat
apañado, -a adj skilful *Brit,* skillful *Am;* **estar** ~ **si...** to be quite mistaken if …
apañar I. vt (*remendar*) to mend; **¡ya te** ~**é yo!** I'll give you what for! **II.** vr: ~**se 1.** (*darse maña*) to contrive to **2.** (*arreglárselas*) to manage
aparador m **1.** (*mueble*) sideboard **2.** (*escaparate*) shop window
aparato m **1.** (*utensilio*) t. DEP apparatus; ~ **de televisión** television set **2.** TEL receiver; **estar al** ~ to be on the phone **3.** ANAT system; ~ **digestivo** digestive system **4.** (*ostentación*) pomp
aparatoso, -a adj **1.** (*ostentoso*) spectacular **2.** (*desmedido*) excessive
aparcamiento m **1.** (*acción*) parking **2.** (*lugar*) car park *Brit,* parking lot *Am*
aparcar <c→qu> vt to park
aparear I. vt **1.** (*animales*) to mate **2.** (*formar un par*) to pair **II.** vr: ~**se 1.** (*animales*) to mate **2.** (*formar un par*) to form a pair
aparecer irr como crecer **I.** vi to appear; (*algo inesperado*) to turn up **II.** vr: ~**se** to appear
aparejado, -a adj (*adecuado*) suitable; **llevar** [o **traer**] ~ to entail
aparejador(a) m/f foreman builder m, forewoman builder f

aparejo m **1.** (*arnés*) harness **2.** (*poleas*) block and tackle **3.** (*jarcia*) tackle **4.** pl (*utensilios*) equipment

aparentar vt to feign; **trata de ~ que es...** he/she tries to make out that ...; **~ estar enfermo** to pretend to be ill

aparente adj **1.** (*que parece y no es*) apparent **2.** (*de buen aspecto*) attractive

aparición f **1.** (*acción*) appearance **2.** (*visión*) apparition

apariencia f appearance; **las ~s engañan** appearances can be deceptive

apartado m paragraph; **~ de Correos** ADMIN post office box

apartado, -a adj **1.** (*lugar*) isolated **2.** (*persona*) unsociable

apartamento m apartment, flat *Brit*

apartamiento m (*separación*) separation

apartar I. vt **1.** (*separar*) to separate **2.** (*poner a un lado*) to put aside **3.** (*de un cargo*) to remove **4.** (*disuadir*) to dissuade **5.** (*la vista*) to avert **6.** (*la atención*) to divert II. vr: **~se 1.** (*separarse*) to separate **2.** (*de un camino*) to turn off; **¡apártate!** get out of the way! **3.** (*del tema*) to deviate

aparte I. adv (*en otro sitio*) apart II. prep **1.** (*separado*) **él estaba ~ del grupo** he was separated from the group **2.** (*además de*) **~ de** apart from; **~ de mala está fría** besides tasting bad, it is cold as well III. m (*de un escrito*) paragraph; **punto y ~** new paragraph IV. adj inv separate

apasionado, -a I. adj **1.** (*con pasión*) passionate **2.** (*entusiasta*) enthusiastic II. m, f enthusiast

apasionante adj exciting

apasionar I. vt to fill with enthusiasm II. vr: **~se 1.** (*por algo*) to become enthusiastic **2.** (*por alguien*) to fall passionately in love with

apatía f apathy

apático, -a adj apathetic

apátrida adj stateless

Apdo. abr de **Apartado de Correos** PO Box

apeadero m FERRO halt

apearse vr (*de un vehículo*) to get out; (*de un caballo*) to dismount

apechugar <g→gu> vi **~ con** to put up with

apedrear vt to throw stones at; (*lapidar*) to stone (to death)

apegarse <g→gu> vr to become attached

apego m **tener ~ a algo** to be attached to sth

apelación f JUR (*recurso*) appeal **2.** fig remedy

apelar vi **1.** t. JUR (*invocar*) to appeal; (*referirse*) to refer **2.** (*recurrir: a alguien*) to turn; (*a algo*) to resort

apellidar I. vt to name II. vr **se apellida Martínez** his/her surname is Martínez

apellido m surname; **~ de soltera** maiden name

> **?** Every Spaniard has two surnames (**apellidos**): the first one is the father's name and the second is the mother's. If, for example, Señora Iglesias Vieira and Señor González Blanco were to become parents, the child's surname would be González Iglesias.

apenas I. adv **1.** (*casi no*) hardly; **~ había nadie** there was hardly anybody there **2.** (*tan solo*) just; (*escasamente*) barely; **~ hace un mes** just a month; **~ hace una hora** barely an hour ago II. conj (*tan pronto como*) as soon as

apéndice m t. ANAT appendix

apendicitis f inv appendicitis

apercibir I. vt **1.** (*preparar*) to prepare **2.** (*avisar*) to warn II. vr **~se de algo** to notice sth

aperitivo m **1.** (*bebida*) aperitif **2.** (*comida*) appetizer

apertura f **1.** (*reunión*) opening **2.** (*testamento*) reading

apesadumbrar I. vt to sadden II. vr **~se por algo** to grieve over sth

apestar I. vi **~ a algo** to stink of sth II. vt **~ algo** to stink sth out

apetecer *irr como crecer vi* to feel like; **¿qué te apetece?** what would you like?; **me apetece un helado** I feel like an ice cream; **una copa de vino siempre apetece** a glass of wine is always welcome; **este libro me apetece más** this book appeals to me more

apetecible *adj* attractive

apetito *m* **1.** (*de comida*) appetite; **abrir el ~** to whet one's appetite **2.** (*deseo*) desire

apetitoso, -a *adj* **1.** (*que abre el apetito*) appetizing **2.** (*sabroso*) tasty

apiadarse *vr* ~ **de** to take pity on; **¡Dios, apiádate de nosotros!** may God have mercy on us!

ápice *m* **1.** (*punta*) apex **2.** (*nada*) iota; **no ceder un ~** not to yield an inch; **no entender un ~** not to understand the slightest thing

apilar **I.** *vt* to pile up **II.** *vr:* ~**se** to pile up

apiñar **I.** *vt* **1.** (*cosas*) to cram **2.** (*personas*) to crowd together **II.** *vr:* ~**se** to crowd together

apio *m* celery

apisonadora *f* steamroller

aplacar <c→qu> **I.** *vt* **1.** (*persona*) to calm down **2.** (*dolor*) to soothe **3.** (*hambre*) to satisfy; (*sed*) to quench **II.** *vr:* ~**se** to calm down

aplanar **I.** *vt* **1.** (*allanar*) to level **2.** (*aplastar*) to flatten **II.** *vr:* ~**se** to get discouraged

aplastar *vt* **1.** (*chafar*) to flatten **2.** (*con la mano*) to squash; (*cigarrillo*) to stub out **3.** (*con el pie*) to crush

aplaudir *vi, vt* to applaud

aplauso *m* applause; **salva de ~s** storm of applause

aplazamiento *m* postponement

aplazar <z→c> *vt* **1.** (*posponer*) to postpone; (*decisión*) to defer **2.** *AmL* (*suspender*) to fail

aplicación *f* application

aplicado, -a *adj* (*trabajador*) hard-working

aplicar <c→qu> **I.** *vt* **1.** (*pintura*) to apply; (*lazo*) to sew **2.** (*utilizar*) to use; (*tipo de interés*) to apply; ~ **una**

sanción *JUR* to impose **II.** *vr:* ~**se** **1.** (*esforzarse*) to apply oneself **2.** (*emplearse*) to be used

aplique *m* wall lamp, sconce

aplomo *m* self-confidence, composure

apocamiento *m* timidity

apocarse <c→qu> *vr* to lose heart

apodar *vt* to nickname

apoderado, -a *m, f* **1.** *JUR* proxy **2.** *COM* agent

apoderar **I.** *vt* **1.** (*en general*) to authorize **2.** *JUR* to grant power of attorney to **II.** *vr:* ~**se** to take possession

apodo *m* nickname

apogeo *m* **1.** *ASTR* apogee **2.** (*cumbre*) summit

apolillarse *vr* to get moth-eaten

apología *f* defence *Brit*, defense *Am*

apoltronarse *vr* to get lazy

apoplejía *f* stroke

apoquinar *vt inf* to fork out

aporrear *vt* **1.** (*dar golpes*) to beat; (*piano, puerta*) to bang on **2.** (*molestar*) to bother

aportación *f* **1.** (*contribución*) contribution **2.** (*donación*) donation **3.** *ECON* (*capital*) investment

aportar **I.** *vt* **1.** (*contribuir*) to contribute **2.** (*información, pruebas*) to provide **3.** (*traer*) to bring **II.** *vi* to reach port

aposentar *vt* to lodge, to put up

aposento *m* **1.** (*hospedaje*) lodging; **nos dieron ~** they put us up **2.** (*cuarto*) room

apósito *m* (*vendaje*) dressing

aposta *adv* on purpose

apostar <o→ue> **I.** *vi* ~ **por algo/ alguien** to back sth/sb **II.** *vt, vr:* ~**se** to bet; **¿qué apostamos?** what much shall we bet?; **¿qué te apuestas a que no lo hace?** I bet you he/ she won't do it

a posteriori *adv* with hindsight

apostilla *f* marginal note

apóstol *m* apostle

apóstrofo *m* *LING* apostrophe

apoyacabezas *m inv* headrest

apoyar **I.** *vt* **1.** (*colocar sobre*) to rest; (*contra*) to lean **2.** (*fundar*) to base;

(*con pruebas*) to support **3.** (*patrocinar*) to back; (*ayudar*) to stand by **II.** *vi* ARQUIT to rest **III.** *vr:* ~**se 1.** (*descansar sobre*) to rest; ~**se en** [*o* contra] **algo** to lean on sth **2.** (*fundarse*) to be based

apoyo *m* **1.** (*sostén*) support **2.** (*respaldo*) backing; (*ayuda*) help; **cuenta con mi** ~ you can rely on me; **en** ~ **de** in support of

apreciable *adj* **1.** (*observable*) noticeable **2.** (*considerable*) considerable

apreciación *f* **1.** (*juicio*) assessment **2.** ECON appreciation **3.** (*de una casa*) valuation **4.** (*del tamaño*) estimation

apreciado, -a *adj* (*en cartas*) ~**s Sres** Dear Sirs

apreciar *vt* **1.** (*estimar*) to appreciate; **aprecio los perros** I like dogs; **aprecio la libertad** I value my liberty **2.** ECON to appreciate **3.** (*una casa*) to value **4.** (*tamaño, distancia*) to estimate **5.** (*captar*) to detect **6.** (*valorar*) to assess

aprecio *m* **1.** (*afecto*) affection; **te tengo un gran** ~ I'm very fond of you **2.** (*estima*) esteem; **gran** ~ high opinion **3.** ECON valuation

aprehender *vt* **1.** (*coger*) to apprehend; (*botín*) to seize **2.** (*percibir*) to perceive

aprehensión *f* **1.** (*acción de coger*) apprehension; (*del botín*) seizure **2.** (*percepción*) perception **3.** (*comprensión*) understanding

apremiante *adj* pressing

apremiar **I.** *vt* to urge (on) **II.** *vi* (*urgir*) to be urgent

apremio *m* urgent situation

aprender *vt* to learn; ~ **a leer** to learn to read; ~ **de memoria** to learn by heart; **siempre se aprende algo nuevo** you live and learn

aprendiz(a) *m(f)* apprentice

aprendizaje *m* **1.** (*acción de aprender*) learning; ~ **en línea** online training **2.** (*formación profesional*) apprenticeship

aprensión *f* **1.** (*recelo*) apprehension; **me da** ~ **decírtelo** I daren't tell you **2.** (*asco*) disgust; **he cogido**

~ **a la leche** I've taken a strong dislike to milk **3.** (*temor*) fear; **tener la** ~ **de que...** +*subj* (*temer*) to be afraid that ...; (*creer*) to have the impression that ...; **son aprensiones suyas** (*figuración*) those are just his/her strange ideas

aprensivo, -a *adj* overanxious

apresar *vt* **1.** (*hacer presa*) to seize **2.** (*delincuente*) to capture

aprestar **I.** *vt* **1.** (*preparar*) to prepare **2.** (*telas*) to size **II.** *vr:* ~**se** to prepare

apresurado, -a *adj* hurried, hasty

apresuramiento *m* hurry, haste

apresurar **I.** *vt* **1.** (*dar prisa*) to hurry **2.** (*acelerar*) to speed up; ~ **el paso** to quicken one's step **II.** *vr:* ~**se** to hurry; **¡no te apresures!** take your time!

apretado, -a *adj* (*vestido, tornillo*) tight; (*cinta, cuerda*) taut; **estar** ~ **de dinero/de tiempo** to be short of money/of time

apretar <e→ie> **I.** *vi* **1.** (*calor*) to become oppressive; (*dolor*) to become intense **2.** (*vestido*) to be too tight **3.** (*problemas*) ~ **a alguien** to weigh heavily on sb **4.** (*esforzarse*) to make more of an effort **5.** (*exigir*) to demand **II.** *vt* **1.** (*presionar: botón*) to press; (*el tubo de la pasta*) to squeeze; (*acelerador*) to step on **2.** (*estrechar: nudo, tornillo*) to tighten; (*dientes*) to grit; (*manos*) to clasp; (*puño*) to clench **III.** *vr:* ~**se 1.** (*estrecharse*) to become narrower; ~**se el cinturón** to tighten one's belt **2.** (*agolparse*) to crowd together

apretón *m* **1.** (*presión*) squeeze **2.** (*sprint*) sprint

aprieto *m* jam, fix; ~ **económico** financial difficulties; **estar en un** ~ to be in a jam

a priori *adv* a priori

aprisa *adv* quickly

aprobación *f* approval; (*de una ley*) passing

aprobado *m* ENS pass

aprobar <o→ue> **I.** *vt* **1.** (*decisión*) to approve; (*ley*) to pass **2.** (*examen*) to pass **II.** *vi* ENS to pass

apropiación *f* appropriation; ~ **in-debida** misappropriation

apropiado, -a *adj* **1.** (*adecuado*) ~ **para** suitable for **2.** (*oportuno*) appropriate

apropiar *vr* ~**se de algo** to appropriate sth

aprovechado, -a *adj* **1.** (*alumno, trabajador*) hardworking **2.** (*calculador*) opportunistic

aprovechamiento *m* exploitation; ~ **del tiempo libre** use of one's leisure time

aprovechar I. *vi* to be of use; **¡que aproveche!** enjoy your meal! **II.** *vt* to make good use of; (*abusar*) to exploit; ~ **una idea** to exploit an idea **III.** *vr:* ~**se 1.** (*sacar provecho*) ~**se de algo** to profit by sth **2.** (*abusar*) to take advantage **3.** (*explotar*) to exploit

aproximación *f* **1.** (*acercamiento*) approach **2.** (*en una lotería*) consolation prize

aproximado, -a *adj* approximate

aproximar I. *vt* to bring nearer; (*opiniones*) to bring closer **II.** *vr:* ~**se** to approach; ~**se a los 50** to be getting on for 50

aptitud *f* **1.** (*talento*) aptitude **2.** (*conveniencia*) suitability; ~ **para algo** fitness for sth

apto, -a *adj* suitable; ~ **para menores** suitable for minors

apuntador(a) *m(f)* TEAT prompter

apuntalar *vt* to prop up

apuntar I. *vi* to appear; (*día*) to break **II.** *vt* **1.** (*con un arma*) ~ **a algo** to aim at sth **2.** (*con el dedo*) ~ **a algo** to point at sth **3.** (*anotar*) to note (down) **4.** (*inscribir*) to enroll; (*en una lista*) to enter **5.** (*dictar*) to dictate; TEAT to prompt **6.** (*insinuar*) to hint at **7.** (*indicar*) to point out; **todo apunta en esta dirección** everything points in this direction **III.** *vr:* ~**se 1.** (*inscribirse*) ~**se a algo** to enrol in sth; (*en una lista*) to enter one's name in sth; (*a un club*) to join **2.** (*victoria*) to achieve

apunte *m* **1.** (*escrito*) note **2.** (*bosquejo*) sketch **3.** FIN entry

apuñalar *vt* to stab

apurado, -a *adj* **1.** (*falto*) ~ **de dinero** hard up; ~ **de tiempo** short of time **2.** (*dificultoso*) difficult; **verse** ~ to be in a fix **3.** AmL (*apresurado*) hurried

apurar I. *vt* **1.** (*vaso*) to drain; (*plato*) to finish off **2.** (*paciencia*) to exhaust; **¡no me apures, mi paciencia tiene un límite!** don't hassle me, my patience is limited! **3.** (*investigación*) to examine thoroughly **4.** (*avergonzar*) to embarrass **5.** AmL (*dar prisa*) to hurry **II.** *vr:* ~**se 1.** (*preocuparse*) to worry **2.** AmL (*darse prisa*) to hurry up

apuro *m* **1.** (*aprieto*) fix; (*dificultad*) difficulty; **estar en un** ~ to be in a fix; **poner en** ~ to put in an awkward position **2.** (*estrechez*) financial need **3.** (*vergüenza*) embarrassment; **me da** ~**...** it's embarrassing for me ... **4.** AmL (*prisa*) hurry

aquejado, -a *adj* ~ **de** afflicted by

aquejar *vt* to grieve; (*enfermedad*) to afflict

aquel, -ella I. *adj dem* <aquellos, -as> that, those *pl* **II.** *pron dem v.* **aquél, aquélla, aquello**

aquél, aquélla, aquello <aquéllos, -as> *pron dem* that (one), those (ones); **¿qué es aquello?** what's that?; **como decía** ~ as the former said; **esta teoría se diferencia de aquélla** this theory differs from that one; **oye, ¿qué hay de aquello?** *inf* hey, how about it?

aquí *adv* **1.** (*lugar*) here; (**por**) ~ **cerca** around here; ~ **dentro** in here; **éste de** ~ this fellow here; **¡ah, ~ estás!** oh, there you are!; **mira** ~ **dentro** look in here; **mejor ir por** ~ it's better to go this way **2.** (*de tiempo*) **de** ~ **en adelante** from now on; **de** ~ **a una semana** a week from now

aquietar I. *vt* to calm (down) **II.** *vr:* ~**se** to calm down

ara[1] *f* altar; **en** ~**s de la paz** *fig* in the interests of peace

ara[2] *m* AmL parrot

árabe I. *adj* **1.** (*país*) Arab **2.** (*palabra*) Arabic **3.** (*península*) Arabian **4.** (*de los moros*) Moorish II. *mf* **1.** (*de un país árabe*) Arab **2.** (*lengua*) Arabic

Arabia *f* Arabia; ~ **Saudita** Saudi Arabia

arado *m* plough *Brit,* plow *Am*

Aragón *m* Aragon

aragonés, -esa *adj, m, f* Aragonese

arancel *m* (*tarifa*) tariff; (*impuesto*) duty

arandela *f* TÉC washer

araña *f* **1.** ZOOL spider **2.** (*candelabro*) chandelier

arañar *vt* **1.** (*rasguñar*) to scratch **2.** *inf* (*reunir*) to scrape together **3.** (*tocar*) to play

arañazo *m* scratch; **dar un ~** to scratch

arar *vt* to plough *Brit,* to plow *Am*

arbitraje *m* **1.** (*juicio*) arbitration **2.** DEP refereeing

arbitrar I. *vt* **1.** (*disputa*) ~ **algo** to arbitrate in sth **2.** (*medios*) to provide **3.** DEP to referee II. *vi* JUR to adjudge

arbitrariedad *f* **1.** (*cualidad*) arbitrariness **2.** (*acción*) arbitrary act

arbitrario, -a *adj* arbitrary

arbitrio *m* **1.** (*de un juez*) adjudication **2.** (*voluntad*) free will; **dejar algo al ~ de alguien** to leave sth to sb's discretion **3.** *pl* (*impuesto*) ~**s municipales** municipal taxes

árbitro, -a *m, f* **1.** (*mediador*) arbitrator **2.** (*fútbol*) referee; (*tenis*) umpire

árbol *m* **1.** BOT tree **2.** TÉC (*eje*) shaft **3.** NÁUT mast

arbolado *m,* **arboleda** *f* woodland

arbusto *m* shrub, bush

arca *f* chest; (*para dinero*) safe; **las ~s del estado** the treasury; ~ **de Noé** Noah's Ark

arcada *f* **1.** ARQUIT arcade **2.** *pl* (*náusea*) retching

arcaico, -a *adj* archaic

arce *m* maple

arcén *m* edge; (*de carretera*) hard shoulder *Brit,* shoulder *Am*

archipiélago *m* archipelago

archivador *m* **1.** (*mueble*) filing cabinet **2.** (*carpeta*) file

archivar *vt* (*documentos*) to file; INFOR to store; (*asunto*) to put on file

archivo *m* **1.** (*lugar*) archive(s); ~ **fotográfico** picture library **2.** *pl* (*documentos*) archives *pl* **3.** INFOR file

arcilla *f* clay

arco *m* **1.** ARQUIT, MAT arc; ~ **iris** rainbow **2.** (*arma*) *t.* MÚS bow **3.** *AmL* DEP goal

arder *vi* to burn; ~ **con fuerza** to blaze; ~ **sin llama** to smoulder; ~ **de rabia** to be mad with rage; **estoy que ardo** (*enfadado*) I'm furious

ardid *m* ruse

ardiente *adj* **1.** (*pasión*) burning **2.** (*persona*) passionate **3.** (*color*) bright

ardilla *f* squirrel

ardor *m* **1.** (*calor*) heat; ~ **de estómago** heartburn **2.** (*fervor*) ardour *Brit,* ardor *Am*

ardoroso, -a *adj* ardent

arduo, -a *adj* arduous

área *f* *t.* MAT area; ~ **de descanso** AUTO lay-by *Brit,* rest stop *Am;* ~ **de castigo** DEP penalty area

arena *f* **1.** (*materia*) sand **2.** (*escenario*) arena

arenal *m* sandy area

arengar <g→gu> *vt* to harangue

arenoso, -a *adj* sandy

arenque *m* herring; ~**s ahumados** kippers *pl*

argamasa *f* mortar

Argel *m* Algiers

Argelia *f* Algeria

argelino, -a *adj, m, f* Algerian

Argentina *f* Argentina

> **Argentina** (official title: **República Argentina**) lies in the southern part of South America. It is the second largest country in South America after Brazil. The capital of Argentina is **Buenos Aires**. The official language of the country is Spanish and the monetary unit is the **peso argentino**.

argentino, -a *adj, m, f* Argentinian
argolla *f* ring
argot <argots> *m* slang
argucia *f* **1.** (*falacia*) fallacy **2.** (*truco*) trick
argüir *irr como huir* **I.** *vt* **1.** (*alegar*) to argue **2.** (*deducir*) to deduce **3.** (*probar*) to prove **II.** *vi* to argue
argumentación *f* line of argument
argumentar *vi, vt* to argue
argumento *m* **1.** (*razón*) argument; (*razonamiento*) reasoning **2.** LIT, CINE, TEAT plot **3.** *AmL* (*discusión*) discussion
aria *f* aria
aridez *f t. fig* aridity
árido, -a *adj* (*terreno*) arid, dry; (*tema*) dry
Aries *m inv* Aries
ariete *m* **1.** MIL battering ram **2.** DEP striker
ario, -a *adj, m, f* Aryan
arisco, -a *adj* (*persona*) surly, unfriendly; (*animal*) skittish
aristocracia *f* aristocracy
aristócrata *mf* aristocrat
aritmética *f* arithmetic
arma *f* **1.** (*instrumento*) weapon, arm; ~ **blanca** knife; ~ **de fuego** firearm; ¡**apunten** ~**s!** take aim!; ¡**descansen** ~**s!** order arms!; **ser un** ~ **de doble filo** to be a double-edged sword; **ser de** ~**s tomar** to be bold **2.** (*del ejército*) arm **3.** *pl* (*blasón*) arms *pl*
armadillo *m* armadillo
armado, -a *adj* armed
armador(a) *m(f)* shipowner
armadura *f* **1.** (*de caballero*) armour *Brit*, armor *Am* **2.** (*de gafas*) frame; (*de edificio*) framework
armamento *m* (*de una persona*) arms *pl*; (*de un país*) armaments *pl*
armar **I.** *vt* **1.** (*ejército*) to arm **2.** (*embarcación*) to fit out **3.** TÉC to assemble; ~**la** *inf* to start a row; ~ **un Cristo** *inf* to kick up a stink **II.** *vr* ~**se de paciencia** to muster one's patience; ~**se de valor** to pluck up courage
armario *m* cupboard
armatoste *m* monstrosity

armazón *m o f* (*armadura*) frame; (*de edificio*) skeleton
Armenia *f* Armenia
armenio, -a *adj, m, f* Armenian
armiño *m* **1.** (*animal*) stoat **2.** (*piel*) ermine
armisticio *m* armistice
armonía *f* harmony
armónica *f* harmonica, mouth organ
armonioso, -a *adj* harmonious
armonizar <z→c> *vi, vt* to harmonize
arnés *m* **1.** (*armadura*) armour, armor *Am* **2.** *pl* (*caballería*) harness
aro *m* **1.** (*argolla*) ring; (*para jugar*) hoop; **pasar por el** ~ *inf* to knuckle under **2.** *AmL* (*anillo de boda*) wedding ring
aroma *m* aroma
aromático, -a *adj* aromatic
aromatizar <z→c> *vt* **1.** (*perfumar*) to scent **2.** GASTR to flavour *Brit*, to flavor *Am*
arpa *f* harp
arpía *f t. fig* harpy
arpón *m* harpoon
arquear **I.** *vt* **1.** (*doblar*) to bend; (*espalda*) to arch **2.** (*cejas*) to raise **II.** *vr:* ~**se** to bend
arqueo *m* **1.** (*de espalda*) *t.* ARQUIT arching **2.** NÁUT capacity
arqueología *f* archaeology, archeology *Am*
arqueólogo, -a *m, f* archaeologist, archeologist *Am*
arquero, -a *m, f* archer
arquetipo *m* archetype
arquitecto, -a *m, f* architect; ~ **interiorista** interior designer
arquitectura *f* architecture
arrabal *m* (*periferia*) suburb; (*barrio bajo*) slum area
arraigado, -a *adj* deep-rooted
arraigar <g→gu> *vi, vr:* ~**se** *t. fig* to take root
arraigo *m t. fig* rooting; **de mucho** ~ deep-rooted
arrancar <c→qu> **I.** *vt* **1.** (*planta*) to pull up **2.** (*pegatina*) to tear off; (*página*) to tear out **3.** (*muela*) to extract; (*clavo*) to pull (out) **4.** (*quitar*) to snatch (away); **le** ~**on el**

arma they wrenched the weapon from him/her; **el ladrón le arrancó el bolso** the thief snatched her handbag **5.** (*motor*) to start **6.** (*conseguir: aplausos*) to draw; (*promesa*) to force; (*victoria*) to snatch **II.** *vi* **1.** (*motor*) to start **2.** (*persona*) to start; ~ **a cantar** to burst out singing **3.** (*provenir*) to stem; (*comenzar*) to begin

arranque *m* **1.** (*comienzo*) start **2.** AUTO starting; ~ **automático** self-starter **3.** (*arrebato*) outburst **4.** (*prontitud*) promptness **5.** ARQUIT base **6.** INFOR start-up

arrasar I. *vt* (*edificios*) to demolish; (*región*) to devastate **II.** *vi* to triumph; POL to sweep the board **III.** *vr*: ~**se** (*ojos*) to fill with tears

arrastrado, -a *adj* poor, wretched

arrastrar I. *vt* **1.** (*tirar de*) to pull; (*algo pesado*) to drag **2.** (*impulsar*) ~ **a alguien a hacer algo** to lead sb to do sth **3.** (*producir*) to cause **II.** *vi* (*vestido*) to trail on the ground **III.** *vr*: ~**se 1.** (*reptar*) to crawl **2.** (*humillarse*) to grovel

arrastre *m* (*de objetos*) dragging; (*en pesca*) trawling; **estar para el ~** *inf* (*cosa*) to be ruined; (*persona*) to be a wreck

arre *interj* gee up *Brit*, giddap *Am*

arrear *vt* **1.** (*ganado*) to drive **2.** *inf* (*golpe*) to give

arrebatado, -a *adj* **1.** (*alocado*) hasty **2.** (*impetuoso*) rash

arrebatar I. *vt* **1.** (*arrancar*) to snatch (away) **2.** (*extasiar*) to captivate **3.** (*conmover*) to move **II.** *vr*: ~**se** (*exaltarse*) to get carried away

arrebato *m* **1.** (*arranque*) outburst **2.** (*éxtasis*) ecstasy

arrecife *m* reef

arredrar I. *vt* to drive back **II.** *vr*: ~**se 1.** (*ante algo*) to draw back; (*ante alguien*) to shrink (away) **2.** (*asustarse*) to get scared

arreglado, -a *adj* **1.** (*ordenado*) tidy; (*cuidado*) neat; **¡estamos ~s!** *inf* now we're in trouble! **2.** (*elegante*) smart **3.** (*moderado: precio*) reasonable

arreglar I. *vt* **1.** (*reparar*) to repair; (*ropa*) to mend; **¡ya te ~é yo!** *inf* I'll sort you out! **2.** (*ordenar*) to tidy up **3.** (*preparar*) to get ready **4.** (*pelo*) to do **5.** (*resolver: asunto*) to sort out **6.** (*acordar*) to arrange **7.** MÚS to arrange **II.** *vr*: ~**se 1.** (*vestirse, peinarse*) to get ready **2.** (*componérselas*) to manage **3.** (*ponerse de acuerdo*) to come to an agreement; (*solucionarse*) to work out; **al final todo se arregló** everything worked out all right in the end **4.** (*mejorar*) to get better

arreglo *m* **1.** (*reparación*) repair **2.** (*solución*) solution **3.** (*acuerdo*) agreement; **con ~ a lo convenido** as agreed **4.** MÚS arrangement

arrellanarse *vr* to settle comfortably; ~ **en algo** to settle oneself in sth

arremangar <g→gu> *vt, vr*: ~**se** to roll up

arremeter *vi* **1.** (*criticar*) to attack **2.** (*embestir*) to charge

arrendador(a) *m(f)* landlord *m*, landlady *f*

arrendamiento *m* **1.** (*alquiler*) rent; (*de negocio*) lease **2.** (*contrato*) contract

arrendar <e→ie> *vt* (*propietario*) to rent, to let; (*inquilino*)

arrendatario, -a *m*, *f* tenant

arreos *mpl* harness

arrepentido, -a *adj* **1.** REL repentant; **estar ~ de algo** to regret sth **2.** (*delincuente*) reformed

arrepentimiento *m* (*lamento*) regret; REL repentance

arrepentirse *irr como sentir vr* (*lamentar*) to regret

arrestar *vt* to arrest

arresto *m* **1.** (*detención*) arrest **2.** (*reclusión*) imprisonment **3.** *pl* (*arrojo*) daring; **tener ~s** to be bold

arriar <1. *pres*: arrío> *vt* **1.** (*bandera*) to lower **2.** (*cabo, cadena*) to loosen

arriba *adv* **1.** (*posición*) above; (*en una casa*) upstairs; **más ~** higher up; **el piso de ~** (*el último*) the top floor; **de ~ abajo** from top to bottom; (*persona*) from head to foot;

¡**manos** ~! hands up! **2.** (*dirección*) up, upwards; **río** ~ upstream **3.** (*cantidad*) **tener de 60 años para** ~ to be over 60

arribar *vi* **1.** NÁUT to reach port **2.** *AmL* (*llegar*) to arrive

arribista *mf* arriviste; (*en sociedad*) social climber

arriendo *v.* **arrendamiento**

arriesgado, -a *adj* **1.** (*peligroso*) risky **2.** (*atrevido*) daring

arriesgar <g→gu> **I.** *vt* **1.** (*vida*) to risk **2.** (*en el juego*) to stake **II.** *vr:* ~**se** to take a risk

arrimar I. *vt* to bring closer **II.** *vr:* ~**se 1.** (*acercarse*) to come close(r) **2.** (*apoyarse*) to lean against

arrinconar I. *vt* **1.** (*objeto*) to put in a corner **2.** (*enemigo*) to corner **II.** *vr:* ~**se** to withdraw from the world

arroba *f* INFOR at

arrobarse *vr* to become entranced

arrodillarse *vr* to kneel (down)

arrogancia *f* arrogance

arrogante *adj* arrogant

arrojar I. *vt* **1.** (*lanzar*) to throw **2.** (*emitir*) to emit, to give off **3.** (*expulsar*) to throw out **4.** *AmL, inf* (*vomitar*) to throw up **5.** (*un resultado*) to produce; (*beneficios*) to yield **II.** *vr:* ~**se** to throw oneself; ~**se al agua** to jump into the water

arrojo *m* daring

arrollador(a) *adj* **1.** (*mayoría*) overwhelming **2.** (*carácter*) irresistible

arrollar *vt* **1.** (*enrollar*) to roll up **2.** (*atropellar*) to run over **3.** DEP (*derrotar*) to crush **4.** (*riada*) to sweep away

arropar I. *vt* to wrap up **II.** *vr:* ~**se** to wrap oneself up

arrostrar *vt* to face up to

arroyo *m* **1.** (*riachuelo*) stream **2.** (*cuneta*) gutter

arroz *m* rice

arrozal *m* ricefield

arruga *f* **1.** (*en la piel*) wrinkle **2.** (*tela*) crease

arrugar <g→gu> **I.** *vt* **1.** (*piel*) to wrinkle **2.** (*tela*) to crease **II.** *vr:* ~**se 1.** (*piel*) to get wrinkled **2.** (*tela*) to get creased

arruinar I. *vt* to ruin; (*plan*) to wreck **II.** *vr:* ~**se** to be ruined

arrullar I. *vt* to lull to sleep **II.** *vi* (*paloma*) to coo

arsenal *m* **1.** MIL arsenal **2.** NÁUT dockyard

arsénico *m* arsenic

arte *m o f* (*m en sing, f en pl*) **1.** (*disciplina*) art; ~**s y oficios** arts and crafts; **bellas** ~**s** fine arts; **el séptimo** ~ the cinema *Brit,* the movies *Am;* **como por** ~ **de magia** as if by magic; **no tener** ~ **ni parte en algo** to have nothing whatsoever to do with sth **2.** (*habilidad*) skill

artefacto *m* (*aparato*) appliance; (*mecanismo*) device

arteria *f* ANAT artery

arterio(e)sclerosis *f inv* arteriosclerosis

artesanía *f* **1.** (*arte*) craftsmanship **2.** (*obras*) handicrafts *pl*

artesano, -a *m, f* artisan, craftsman *m,* craftswoman *f*

ártico *m* **1.** (*océano*) Arctic Ocean **2.** (*región*) Arctic

ártico, -a *adj* Arctic

articulación *f* **1.** ANAT joint **2.** LING articulation

articulado, -a *adj* articulated

articular *vt* **1.** TÉC to join together **2.** LING to articulate

articulista *mf* feature writer

artículo *m* **1.** (*objeto*) article; COM commodity; ~**s de consumo** consumer goods **2.** PREN, LING article **3.** (*en un diccionario*) entry

artífice *mf* **1.** (*artista*) artist **2.** *fig* architect

artificial *adj* artificial

artificio *m* (*habilidad*) skill; (*truco*) trick

artillería *f* artillery

artillero *m* gunner

artilugio *m* gadget

artimaña *f* (sly) trick

artista *mf* **1.** (*de bellas artes*) artist **2.** (*de circo, teatro*) artist(e) *m(f)*

artístico, -a *adj* artistic

artritis *f inv* arthritis

arzobispo *m* archbishop

as *m t. fig* ace
asa *f* handle
asado *m* GASTR roast
asador *m* **1.**(*pincho*) spit **2.**(*aparato*) spit roaster
asadura *f* offal
asalariado, -a I. *adj* wage-earning **II.** *m, f* wage earner
asaltante *mf* attacker; (*de banco*) raider
asaltar *vt* **1.**(*fortaleza*) to storm; (*banco*) to break into, to raid **2.**(*persona*) to attack, to assault
asalto *m* **1.**(*a una fortaleza*) storming **2.**(*a un banco*) raid
asamblea *f* assembly; (*reunión*) meeting
asar I. *vt* **1.** GASTR to roast; **~ a la parrilla** to grill **2.**(*a preguntas*) to pester **II.** *vr:* **~se** to roast
asbesto *m* asbestos
ascendencia *f* **1.**(*linaje*) ancestry; **de ~ escocesa** of Scottish descent **2.**(*antepasados*) ancestors *pl*
ascender <e→ie> **I.** *vi* **1.**(*subir*) to rise; DEP to go up **2.**(*escalar*) to climb **3.**(*de empleo*) to be promoted **II.** *vt* to promote
ascendiente[1] *mf* ancestor
ascendiente[2] *m* influence
ascensión *f* **1.**(*subida*) ascent **2.**(*de Cristo*) Ascension
ascenso *m* **1.**(*de precio*) rise **2.**(*a una montaña*) ascent **3.**(*de equipo*) promotion
ascensor *m* lift *Brit,* elevator *Am*
ascético, -a *adj* ascetic
asco *m* **1.**(*sensación*) disgust, loathing; **dar ~** (*olor*) to make feel sick; (*comida*) to loathe; (*persona*) to detest **2.**(*situación*) **estar hecho un ~** (*lugar*) to be a mess; (*persona*) to feel low
ascua *f* ember; **arrimar el ~ a su sardina** *fig* to feather one's nest; **en ~s** on tenterhooks
aseado, -a *adj* (*limpio*) clean; (*arreglado*) smart
asear I. *vt* to clean up **II.** *vr:* **~se** to tidy oneself up
asediar *vt* **1.** MIL to besiege **2.**(*importunar*) to bother

asedio *m* **1.** MIL siege **2.**(*fastidio*) nuisance
asegurado, -a *adj, m, f* insured
asegurador(a) *m(f)* insurance agent
aseguradora *f* (*empresa*) insurance company
asegurar I. *vt* **1.**(*fijar*) to secure **2.**(*afirmar*) to affirm **3.**(*prometer*) to assure; (*garantizar*) to ensure **4.**(*con un seguro*) to insure **II.** *vr:* **~se 1.**(*comprobar*) to make sure **2.**(*con un seguro*) to insure oneself
asemejarse *vr* to be alike
asentado, -a *adj* **1.**(*juicioso*) sensible **2.**(*estable*) settled
asentar <e→ie> **I.** *vt* **1.**(*poner*) to place **2.**(*sentar*) to seat **3.**(*población*) to found **II.** *vr:* **~se** to settle
asentir *irr como sentir vi* to agree
aseo *m* **1.**(*estado*) cleanliness; **~ personal** personal hygiene **2.** *pl* (*servicios*) toilets *pl Brit,* restrooms *pl Am*
aséptico, -a *adj* aseptic
asequible *adj* **1.**(*precio*) reasonable; (*plan*) feasible **2.**(*persona*) approachable
aserradero *m* sawmill
aserrar <e→ie> *vt* to saw
asesinar *vt* to murder; POL (*personaje público*) to assassinate
asesinato *m* murder; POL assassination
asesino, -a I. *adj t. fig* murderous **II.** *m, f* murderer; POL assassin
asesor(a) I. *adj* advisory **II.** *m(f)* **1.**(*consejero*) adviser, consultant **2.** JUR assessor
asesoramiento *f* advice
asesorar I. *vt* to advise **II.** *vr* **~se en algo** to take advice about sth
asesoría *f* **1.**(*oficio*) consultancy **2.**(*oficina*) consultant's office
asestar *vt* (*propinar*) to deal; (*puñalada*) to stab; (*tiro*) to fire
asfaltar *vt* to asphalt
asfalto *m* asphalt
asfixia *f* suffocation, asphyxia
asfixiar *vt* (*persona*) to suffocate; (*humo*) to asphyxiate
así I. *adv* **1.**(*de este modo*) in this way; **¡~ es!** that's right!; **¿no es ~?**

isn't it? **2.** (*ojalá*) ¡~ **revientes!** I hope you die! **3.** (*de esta medida*) ~ **de grande** this big **II.** *adj inv* like this, like that

Asia *f* Asia

asiático, -a *adj, m, f* Asian, Asiatic

asidero *m* handle

asiduidad *f* frequency

asiduo, -a *adj* frequent

asiento *m* **1.** (*silla*) seat **2.** (*sitio*) site **3.** (*en una cuenta*) entry

asignación *f* **1.** *t.* INFOR assignment; (*de recursos*) allocation **2.** FIN allowance

asignar *vt t.* INFOR to assign; (*recursos*) to allocate

asignatura *f* subject

asilado, -a *m, f* POL political refugee

asilo *m* **1.** POL asylum **2.** (*refugio*) refuge **3.** (*de ancianos*) (old people's) home

asimilación *f* assimilation

asimilar *vt t.* BIO to assimilate

asimismo *adv* likewise, also

asir *irr* **I.** *vt* (*sujetar*) to seize **II.** *vr* ~**se a algo** to seize sth

asistencia *f* **1.** (*presencia*) attendance **2.** (*ayuda*) assistance, help; ~ **médica** medical care

asistenta *f* cleaning woman

asistente *mf* assistant; ~ **social** social worker

asistido, -a *adj* assisted; ~ **por ordenador** computer-assisted

asistir **I.** *vi* **1.** (*ir*) ~ **a algo** to attend sth **2.** (*estar presente*) to be present; ~ **a algo** to witness sth **II.** *vt* **1.** (*estar presente en*) to attend **2.** (*ayudar*) to help, assist

asma *m sin pl* asthma

asno *m* **1.** ZOOL donkey, ass **2.** *inf* (*persona*) ass

asociación *f* association

asociado, -a **I.** *adj* associate **II.** *m, f* **1.** (*socio*) associate **2.** COM partner

asociar **I.** *vt* **1.** *t.* POL to associate **2.** (*juntar*) to join **3.** COM to take into partnership **II.** *vr:* ~**se** to associate; COM to become partners

asolar <o→ue> *vt* (*destruir*) to devastate

asomar **I.** *vt* **1.** (*mostrar*) to show **2.** (*cabeza*) to put out **II.** *vi* (*verse*) to show; (*aparecer*) to appear **III.** *vr:* ~**se** **1.** (*mostrarse*) to show up **2.** (*cabeza*) to put out

asombrar **I.** *vt* (*pasmar*) to amaze **II.** *vr:* ~**se** to be amazed

asombro *m* amazement

asombroso, -a *adj* amazing

asomo *m* hint

aspa *f* **1.** (*figura*) cross **2.** (*de molino*) sail

aspaviento *m* fuss

aspecto *m* **1.** (*apariencia*) appearance **2.** (*punto de vista*) aspect

áspero, -a *adj* **1.** (*superficie*) rough **2.** (*persona*) harsh **3.** (*clima*) tough

aspersión *f* sprinkling

aspersor *m* sprinkler

aspiración *f* **1.** (*inspiración*) breathing in **2.** (*pretensión*) aspiration

aspiradora *f* vacuum cleaner, hoover *Brit;* **pasar la** ~ to vacuum

aspirante *mf* aspirant

aspirar **I.** *vt* **1.** (*inspirar*) to breathe in **2.** (*aspirador*) to suck in **II.** *vi* **1.** (*inspirar*) to breathe in **2.** (*pretender*) to aspire

aspirina® *f* aspirin®

asquear **I.** *vt* to disgust **II.** *vr:* ~**se** to feel disgusted

asqueroso, -a *adj* disgusting; (*sucio*) filthy

asta *f* **1.** (*mango*) handle; **a media** ~ at half mast **2.** (*cuerno*) horn

asterisco *m* asterisk

asteroide *m* asteroid

astilla *f* **1.** (*esquirla*) splinter; **clavarse una** ~ to get a splinter **2.** *pl* (*para fuego*) firewood

astillero *m* shipyard

astro *m t. fig* star

astrología *f* astrology

astrólogo, -a *m, f* astrologer

astronauta *mf* astronaut

astronave *f* spaceship

astronomía *f* astronomy

astronómico, -a *adj t. fig* astronomical

astrónomo, -a *m, f* astronomer

astucia *f* **1.** (*sagacidad*) astuteness **2.** (*ardid*) trick

Asturias *f* Asturias

astuto, -a *adj* astute

asueto *m* time off; (**día de**) ~ day off

asumir *vt* **1.** (*responsabilidad*) to assume; (*cargo*) to take over **2.** (*suponer*) to assume

asunción *f* assumption

asunto *m* **1.** (*cuestión*) matter; **ir al** ~ to get to the point **2.** (*negocio*) business **3.** (*amorío*) affair

asustar I. *vt* to frighten **II.** *vr:* ~**se** to be frightened

atacar <c→qu> **I.** *vt* **1.** (*agredir*) to attack **2.** (*problema*) to tackle **II.** *vi t.* DEP to attack

atadura *f* tie, bond

atajar I. *vi* to take a short cut **II.** *vt* **1.** (*detener*) to stop **2.** (*discurso*) to interrupt

atajo *m* short cut

atañer <*3. pret:* atañó> *vimpers* **eso no te atañe** that doesn't concern you

ataque *m* attack; ~ **al** [*o* **de**] **corazón** heart attack; ~ **de nervios** nervous breakdwon

atar I. *vt* to tie (up) **II.** *vr:* ~**se** to do up; (*zapatos*) to lace up

atardecer I. *irr como crecer vimpers* **atardece** it's getting dark **II.** *m* dusk

atareado, -a *adj* busy

atascar <c→qu> **I.** *vt* to block **II.** *vr:* ~**se 1.** (*cañería*) to get blocked (up) **2.** (*coche*) to get stuck **3.** (*mecanismo*) to jam

atasco *m* **1.** (*de una cañería*) blockage **2.** (*de un mecanismo*) blocking **3.** (*de tráfico*) traffic jam

ataúd *m* coffin

ataviar <*1. pres:* me atavío> *vt, vr:* ~**se** to dress up

atavío *m* attire

atemorizar <z→c> **I.** *vt* to scare, to frighten **II.** *vr:* ~**se** to get scared

Atenas *f* Athens

atención *f* **1.** (*interés*) attention; **¡~, por favor!** your attention please!; **llamar la** ~ **a alguien** to rebuke sb; **prestar** ~ **a algo** to pay attention to sth; (*escuchar*) to listen to sth **2.** (*cuidado*) attention, care; ~ **médica** medical care **3.** (*en cartas*) **a la** ~ **de...** for the attention of …

4. (*cortesía*) kindness

atender <e→ie> **I.** *vt* **1.** (*prestar atención a*) to pay attention to; (*escuchar*) to listen to **2.** (*consejo*) to heed; (*deseo*) to comply with **3.** (*cuidar*) ~ **a alguien** to care for sb **4.** (*tratar*) to treat **5.** (*despachar*) to serve; **¿lo atienden?** are you being served? **6.** (*llamada*) to answer **II.** *vi* **1.** (*prestar atención*) to pay attention; (*escuchar*) to listen **2.** (*tener en cuenta*) ~ **a algo** to take sth into account

atenerse *irr como tener vr* ~ **a** (*reglas*) to abide by; (*lo dicho*) to stand by, to keep to

atentado *m* (*ataque*) attack; (*crimen*) crime

atentamente *adv* (*final de carta*) (**muy**) ~ yours sincerely *Brit,* sincerely yours *Am*

atentar *vi* ~ **contra alguien** to make an attempt on sb's life

atento, -a *adj* **1.** (*observador*) attentive **2.** (*cortés*) kind

atenuantes *f pl* JUR extenuating circumstances *pl*

atenuar <*1. pres:* atenúo> *vt* **1.** to attenuate; (*dolor*) to ease **2.** JUR to extenuate

ateo, -a I. *adj* atheistic **II.** *m, f* atheist

aterciopelado, -a *adj* velvety

aterirse *irr como abolir vr* to become numb; **quedarse aterido** to be stiff with cold

aterrador(a) *adj* terrifying

aterrar I. *vt* (*atemorizar*) to terrify; (*sobresaltar*) to startle **II.** *vr:* ~**se** (*sobresaltarse*) to be startled; (*tener miedo*) to be afraid

aterrizaje *f* landing

aterrizar <z→c> *vi* to land

aterrorizar <z→c> *vt* **1.** POL, MIL to terrorize **2.** (*causar terror*) to terrify

atesorar *vt* **1.** (*tesoros*) to store up **2.** ECON to hoard

atestado *m* ~ (**policial**) statement

atestar *vt* **1.** JUR to attest **2.** (*llenar*) to pack

atestiguar <gu→gü> *vt* to testify to

atiborrar I. *vt* to stuff **II.** *vr:* ~**se** to

stuff oneself

ático *m* attic; (*de lujo*) penthouse

atildado, -a *adj* elegant

atildar I. *vt* to tidy (up) **II.** *vr:* ~**se** to dress up

atinado, -a *adj* accurate

atinar *vi* **1.** (*acertar*) to hit on sth **2.** (*al disparar*) to hit the target

atípico, -a *adj* atypical

atisbar *vt* to spy on

atizar <z→c> *vt* **1.** (*fuego*) to poke **2.** (*pasión*) to rouse **3.** (*bofetada*) to give

atlántico, -a *adj* Atlantic

Atlántico *m* **el** ~ the Atlantic

atlas *m inv* atlas

atleta *mf* athlete

atlético, -a *adj* athletic

atletismo *m sin pl* athletics

atmósfera *f* atmosphere

atolladero *m* **estar en un** ~ to be in a fix

atolondrado, -a *adj* bewildered

atolondramiento *m* **1.** (*de los sentidos*) bewilderment **2.** (*irreflexión*) thoughtlessness

atómico, -a *adj* atomic

atomizador *m* spray

átomo *m* atom

atónito, -a *adj* amazed

atontado, -a *adj* **1.** (*tonto*) stupid **2.** (*distraído*) inattentive

atontar I. *vt* to stun **II.** *vr:* ~**se** to be stunned

atormentar *vt* **1.** (*torturar*) to torture **2.** (*molestar*) to harass

atornillador *m* screwdriver

atornillar *vt* to screw down, to screw on

atosigar <g→gu> *vt* to harass

atracador(a) *m(f)* bank robber

atracar <c→qu> **I.** *vi* NÁUT to berth **II.** *vt* NÁUT to moor **2.** (*asaltar*) to hold up **III.** *vr inf* ~**se** to stuff oneself

atracción *f t.* FÍS attraction; **parque de atracciones** amusement park

atraco *m* hold-up; ~ **a un banco** bank robbery

atracón *m inf* **darse un** ~ to stuff oneself

atractivo *m* attraction

atractivo, -a *adj* attractive

atraer *irr como* traer **I.** *vt* to attract **II.** *vr:* ~**se** (*ganarse*) to win

atragantarse *vr* ~ **con algo** to choke on sth

atrancar <c→qu> *vt* to bolt

atrapar *vt* to trap; (*ladrón*) to catch

atrás *adv* **1.** (*hacia detrás*) back, backwards; **ir marcha** ~ to reverse *Brit,* to back up *Am;* **volver** ~ to go back; **¡~!** get back! **2.** (*detrás*) back, behind; **rueda de** ~ rear wheel; **sentarse** ~ to sit at the back **3.** (*de tiempo*) **años** ~ years ago

atrasado, -a *adj* **1.** (*en el estudio*) behind; (*país*) backward **2.** (*pago*) overdue

atrasar I. *vt* **1.** (*aplazar*) to postpone **2.** (*reloj*) to put back **II.** *vr:* ~**se** **1.** (*quedarse atrás*) to remain behind **2.** (*retrasarse*) to be late

atraso *m* **1.** (*de un tren*) delay **2.** (*de un país*) backwardness **3.** *pl* FIN arrears *pl*

atravesar <e→ie> **I.** *vt* **1.** (*calle*) to cross; (*río*) to swim across **2.** (*con aguja*) to pierce; (*taladrando*) to bore through **3.** (*poner de través*) to lay across **II.** *vr:* ~**se** **1.** (*ponerse entremedio*) to get in one's way **2.** (*en una conversación*) ~**se en algo** to butt into sth

atrayente *adj* attractive

atreverse *vr* to dare

atrevido, -a *adj* **1.** (*valiente*) daring **2.** (*insolente*) insolent

atrevimiento *m* **1.** (*audacia*) boldness **2.** (*descaro*) cheek *Brit,* nerve *Am*

atribución *f* **1.** (*de un hecho*) attribution **2.** (*competencia*) authority

atribuir *irr como* huir *vt* **1.** (*hechos*) to attribute; (*culpa*) to blame **2.** (*funciones*) to confer

atributo *m* attribute

atril *m* **1.** MÚS music stand **2.** (*de mesa*) lectern

atrincherar *vt, vr:* ~**se** to entrench (oneself)

atrocidad *f* atrocity

atropellar I. *vt* **1.** (*vehículo*) to run over **2.** (*derribar*) to knock down **3.** (*agraviar*) to insult **II.** *vr:* ~**se** to rush

atropello _m_ **1.** (_accidente_) accident **2.** (_empujón_) push; (_derribo_) knocking down **3.** (_insulto_) insult

atroz _adj_ atrocious

atuendo _m_ outfit

atún _m_ tuna (fish)

aturdir **I.** _vt_ **1.** (_los sentidos_) to stupefy **2.** (_pasmar_) to stun **II.** _vr:_ **~se** _t. fig_ to be stunned

atusar _vt_ **1.** (_el peinado_) to smooth **2.** (_la barba_) to trim

audacia _f_ boldness, audacity

audaz _adj_ bold, audacious

audible _adj_ audible

audición _f_ **1.** (_acción_) hearing **2.** (_concierto_) concert **3.** TEAT audition

audiencia _f_ **1.** TEL audience **2.** JUR court

audífono _m_ hearing aid

auditivo, -a _adj_ ANAT hearing

auditor(a) _m(f)_ ECON, FIN auditor

auditorio _m_ **1.** (_público_) audience **2.** (_sala_) auditorium

auge _m_ **1.** (_cumbre_) peak; (_de una época_) heyday **2.** (_mejora_) improvement

augurar _vt_ to predict

augurio _m_ prediction

aula _f_ classroom

aullar _irr vi_ to howl

aullido _m_ howl

aumentar **I.** _vi, vt_ **1.** (_en general_) to increase; (_precios_) to rise **2.** (_en extensión_) to extend **II.** _vr:_ **~se** **1.** (_en cantidad_) to increase **2.** (_en extensión_) to extend

aumentativo _m_ LING augmentative

aumento _m_ increase

aun _adv_ even; **~ así** even so

aún _adv_ still; **~ más** even more

aunar _irr como aullar vt, vr:_ **~se** to unite

aunque _conj_ even though; **~ es viejo, aún puede trabajar** although he's old, he can still work; **la casa, ~ pequeña, está bien** the house is nice, even if it's small

aúpa _interj_ up, up you get

aura _f_ (_atmósfera_) aura; **tiene una ~ misteriosa** he/she has a mysterious

aura

aureola _f_ halo

auricular _m_ **1.** TEL receiver **2.** _pl_ (_de música_) headphones _pl_

aurora _f t. fig_ dawn

auscultar _vt_ to sound

ausencia _f_ absence

ausentarse _vr_ (_irse_) to go away; **~ de la ciudad** to leave town

ausente _adj_ **1.** (_no presente_) absent **2.** (_distraído_) distracted

auspicios _mpl_ **1.** (_protección_) protection **2.** (_patrocinio_) auspices _pl_

austeridad _f_ austerity

austero, -a _adj_ austere

austral _adj_ southern

Australia _f_ Australia

australiano, -a _adj, m, f_ Australian

Austria _f_ Austria

austriaco, -a, austríaco, -a _adj, m, f_ Austrian

auténtico, -a _adj_ authentic

auto _m_ **1.** (_resolución_) decision **2.** _pl_ JUR (_actas_) proceedings _pl_ **3.** AUTO car

autoadhesivo, -a _adj_ self-adhesive

autobús _m_ bus

autocar <autocares> _m_ coach _Brit,_ bus _Am_

autóctono, -a _adj_ indigenous

autodefensa _f_ self-defence _Brit,_ self-defense _Am_

autoescuela _f_ driving school

autoestop _m_ **hacer ~** to hitch-hike

autogestión _f_ self-management

autógrafo _m_ autograph

autómata _m_ automaton

automático _m_ press stud _Brit,_ snap fastener _Am_

automático, -a _adj_ automatic

automatización _f_ automation

automotivarse _vr_ to motivate oneself

automóvil _m_ car

automovilismo _m_ DEP motoring

automovilista _mf_ motorist, driver

automovilístico, -a _adj_ car

autonomía _f_ **1.** (_de una persona_) autonomy **2.** (_territorio_) autonomous region

autonómico, -a _adj_ autonomous; **política autonómica** regional policy

autónomo, -a _adj_ **1.** POL autonomous

2. (*trabajador*) self-employed

autopista *f* motorway *Brit,* freeway *Am;* ~ **de datos** INFOR data highway; ~ **de la información** INFOR information highway

autopsia *f* MED autopsy

autor(a) *m(f)* **1.** (*de una obra*) author **2.** (*de un atentado*) assassin

autoridad *f* **1.** (*en general*) authority **2.** (*pl*) (*policía*) authorities *pl*

autoritario, -a *adj* authoritarian

autorización *f* authorization

autorizado, -a *adj* **1.** (*facultado*) authorized **2.** (*oficial*) official

autorizar <z→c> *vt* **1.** (*consentir*) to approve **2.** (*facultar*) to authorize **3.** (*dar derecho*) to entitle

autorretrato *m* self-portrait

autoservicio *m* self-service

autostop *m* **hacer** ~ to hitch-hike

autostopista *mf* hitch-hiker

autosuficiencia *f* self-sufficiency; *pey* smugness

autosuficiente *adj* self-sufficient; *pey* smug

autosugestión *f* autosuggestion

autovía *f* dual carriageway *Brit,* divided highway *Am*

auxiliar¹ **I.** *mf* assistant **II.** *vt* to help

auxiliar² *m* LING auxiliary verb

auxilio *m* help

avalancha *f* avalanche

avance *m* **1.** *t.* MIL advance **2.** (*presupuesto*) estimate **3.** CINE trailer

avanzado, -a *adj* advanced

avanzar <z→c> *vi t.* MIL to advance

avaricia *f* **1.** (*codicia*) greed **2.** (*tacañería*) avarice

avaricioso, -a *adj,* **avariento, -a** *adj* **1.** (*codicioso*) greedy **2.** (*tacaño*) avaricious

avaro, -a **I.** *adj* miserly **II.** *m, f* miser

avasallar *vt* to subjugate

Avda. *abr de* **Avenida** Av(e).

ave *f* bird

AVE *m abr de* **Alta Velocidad Española** high-speed train

avecinarse *vr* to approach

avellana *f* hazelnut

avellano *m* hazel (tree)

avemaría *f* Hail Mary

avena *f* oats *pl*

avenida *f* avenue

avenir *irr como venir* **I.** *vt* to reconcile **II.** *vr:* ~**se 1.** (*entenderse*) to get on **2.** (*ponerse de acuerdo*) to agree on

aventajado, -a *adj* outstanding

aventajar *vt* to surpass

aventura *f* **1.** (*extraordinaria*) adventure **2.** (*amorosa*) affair

aventurado, -a *adj* risky

aventurero, -a *adj* adventurous

avergonzar *irr* **I.** *vt* to shame **II.** *vr:* ~**se** to be ashamed of

avería *f* **1.** AUTO breakdown **2.** NÁUT average

averiar <*1. pres:* averío> **I.** *vt* to damage **II.** *vr:* ~**se 1.** AUTO to break down **2.** TÉC to fail

averiguación *f* **1.** (*haciendo pesquisas*) inquiry **2.** (*al dar con*) discovery

averiguar <gu→gü> *vt* **1.** (*inquiriendo*) to inquire into **2.** (*dar con*) to discover

aversión *f* aversion

avestruz *m* ostrich

aviación *f* **1.** AERO aviation **2.** MIL air force

aviador(a) *m(f)* aviator

aviar <*1. pres:* avío> **I.** *vt* (*maleta*) to pack; (*comida*) to prepare; (*mesa*) to set **II.** *vr:* ~**se** to get ready

avícola *adj* poultry

avicultura *f* poultry farming

avidez *f* eagerness

ávido, -a *adj* eager

avilés, -esa *adj* of/from Ávila

avinagrarse *vr* to turn sour

avío *m* preparation; ~**s de coser** sewing things

avión *m* AERO aeroplane *Brit,* airplane *Am*

avioneta *f* light aircraft

avisar *vt* **1.** (*dar noticia*) to notify **2.** (*advertir*) to warn **3.** (*llamar*) to call

aviso *m* **1.** (*notificación*) notification; (*en una cartelera*) notice; (*por el altavoz*) announcement; **sin previo** ~ without notice **2.** (*advertencia*) warning; ~ **de bomba** bomb warning **3.** (*consejo*) advice **4.** (*pruden-*

cia) prudence

avispa *f* wasp

avispado, -a *adj* sharp

avispero *m* wasps' nest

avispón *m* hornet

avistar *vt* to sight

avituallar *vt* to supply with food

avivar *vt* to enliven; (*fuego*) to stoke; (*color*) to brighten

axila *f* armpit

axioma *m* axiom

ay *interj* **1.** (*de dolor*) ouch **2.** (*de pena*) oh **3.** (*de miedo*) oh, my God

ayer *adv* yesterday; ~ **(por la) noche** last night

ayo, -a *m, f* tutor

ayuda *f* help; **perro de** ~ watchdog

ayudante *mf* **1.** (*que ayuda*) helper **2.** (*cargo*) assistant

ayudar *vt* to help

ayunar *vi* to fast

ayunas *adv* **estar en** ~ to not have eaten anything

ayuno *m* fast

ayuntamiento *m* **1.** (*de una ciudad*) town/city council **2.** (*edificio*) town/city hall

azada *f* hoe

azafata *f* AERO air hostess; ~ **de congresos** conference hostess

azafrán *m* saffron

azahar *m* orange blossom

azalea *f* azalea

azar *m* **1.** (*casualidad*) chance; **al** ~ at random; **por** ~ by chance **2.** (*imprevisto*) misfortune

Azerbaiyán *m* Azerbaijan

azogue *m* mercury

azoramiento *m* **1.** (*nerviosismo*) excitement **2.** (*turbación*) confusion

azorar I. *vt* **1.** (*poner nervioso*) to excite **2.** (*turbar*) to confuse **II.** *vr:* ~**se** to get upset

Azores *fpl* **las** ~ the Azores

azotar *vt* (*con un látigo*) to whip; (*con la mano*) to thrash, to spank

azote *m* **1.** (*látigo*) whip **2.** (*golpe*) lash

azotea *f* terrace roof

azteca *adj, mf* Aztec

azúcar *m* sugar

[?] The Indian tribe of the **aztecas** built up a vast and powerful empire between the 14th and 16th centuries in the southern and central part of Mexico, which was conquered by the Spanish in 1521. The language of the **aztecas** was **náhuatl**.

azucarar I. *vt* to sugar **II.** *vr:* ~**se** to crystallize

azucarero *m* sugar basin, sugar bowl *Am*

azucena *f* Madonna lily

azufre *m* sulphur, sulfur *Am*

azul *adj* blue; ~ **celeste** sky blue; ~ **marino** navy blue

azulejo *m* (glazed) tile

azuzar <z→c> *vt* to incite

B, b *f* B, b; ~ **de Barcelona** B for Benjamin *Brit,* B for Baker *Am*

baba *f* **1.** (*de la boca*) spittle **2.** (*del caracol*) slime

babear *vi* to dribble, to drool

babel *m o f* bedlam

babero *m* bib

babor *m* NÁUT port; **a** ~ on the port side

baboso, -a *adj* **1.** (*con baba*) slimy **2.** *AmL* (*tonto*) silly

babucha *f* slipper

baca *f* roof rack

bacalao *m* **1.** (*pescado*) cod; **cortar el** ~ *fig* to run the show **2.** MÚS techno music

bachata *f* RDom, PRico party

bache *m* **1.** (*en la calle*) pothole **2.** (*psíquico*) bad patch

bachillerato *m* high school education for 14–17-year-olds

backup *m* <backups> INFOR backup

bacteria *f* bacteria

bacteriológico, -a *adj* bacteriological

bacteriólogo, -a *m, f* bacteriologist

báculo *m* crosier

badajocense *adj* of/from Badajoz

bádminton *m* DEP badminton

bafle *m* (loud)speaker

bagaje *m* **1.** MIL baggage **2.** (*saber*) knowledge

bagatela *f* trifle

Bahamas *fpl* **las** (**islas**) ~ the Bahamas

bahía *f* bay

bailador(a) *m(f)* dancer (of flamenco)

bailar *vi, vt* **1.** (*danzar*) to dance **2.** (*objetos*) to move; (*peonza*) to spin

bailarín, -ina *m, f* dancer; (*de ballet*) ballet dancer

baile *m* **1.** (*danza*) dance **2.** (*fiesta*) dance party; (*de etiqueta*) ball

baja *f* **1.** (*disminución*) decrease; (*de precio*) drop **2.** (*laboral*) vacancy; ~ **por maternidad** maternity leave; **dar de** ~ **a alguien** to expel sb **3.** (*documento*) discharge certificate; (*del médico*) sick note **4.** MIL casualty **5.** FIN slump

bajada *f* **1.** (*descenso*) descent; (*de intereses*) fall **2.** (*camino*) way down **3.** (*pendiente*) slope

bajamar *f* low tide

bajar I. *vi* **1.** (*ir hacia abajo*) to go down, to come down **2.** (*de un caballo*) to get down; (*de un coche*) to get out of **3.** (*las aguas*) to fall **4.** (*disminuir*) to decrease; (*temperatura*) to drop; (*hinchazón*) to go down II. *vt* **1.** (*transportar*) to bring down, to take down **2.** (*persiana, voz*) to lower; (*radio*) to turn down **3.** (*ojos*) to drop

bajeza *f* **1.** (*acción*) vile act **2.** (*carácter*) baseness

bajo I. *m* **1.** (*instrumento*) bass **2.** (*persona*) bass player **3.** *pl* (*piso*) ground floor *Brit,* first floor *Am* II. *adv* **1.** (*posición*) below **2.** (*voz*) quietly III. *prep* **1.** (*colocar debajo*)

below **2.** (*por debajo de*) underneath

bajo, -a <más bajo *o* inferior, bajísimo> *adj* **1.** estar (*en lugar inferior*) low **2.** ser (*de temperatura*) low; (*de estatura*) short **3.** (*voz*) low; (*sonido*) soft **4.** (*color*) pale **5.** (*metal*) base **6.** (*comportamiento*) mean **7.** (*clase social*) humble **8.** (*calidad*) poor

bajón *m* **1.** (*descenso*) decline; (*de precios*) drop **2.** (*de la salud*) worsening

bakalao *m* MÚS techno music

bala *f* bullet; ~ **de fogueo** blank cartridge; **como una** ~ *fig* like a flash

balacear *vt AmL* (*herir o matar*) to shoot; (*disparar contra*) to shoot at

baladí *adj* <baladíes> trivial, worthless

balance *m* **1.** COM (*resultado*) balance; **hacer un** ~ to draw up a balance **2.** (*comparación*) comparison

balancear I. *vt* **1.** (*mecer*) to sway **2.** (*equilibrar*) to balance II. *vr:* ~**se** to swing

balanceo *m* swaying

balanza *f* **1.** (*pesa*) scales *pl* **2.** COM balance

Balanza *f* ASTR Libra

balar *vi* to bleat

balaustrada *f* balustrade

balazo *m* shot

balbucear *vi, vt v.* **balbucir**

balbuceo *m* stammering

balbucir *vi, vt* to stammer

Balcanes *mpl* **los** ~ the Balkans

balcón *m* balcony

baldar *vt* to disable

balde *m* bucket; **de** ~ for nothing; **en** ~ in vain

baldío *m* AGR wasteland

baldío, -a *adj* **1.** (*terreno*) uncultivated **2.** (*en balde*) vain

baldosa *f* floor tile

baldosín *m* tile

balear *AmL* I. *vt* ~ **a alguien** to shoot at sb II. *vr:* ~**se** to exchange shots

Baleares *fpl* **las** (**islas**) ~ the Balearics

balido *m* bleat

balística *f sin pl* ballistics
baliza *f* buoy
balizar <z→c> *vt* **1.** (*con boyas*) to mark with buoys **2.** (*iluminar*) to light
ball *f AmL* **1.** (*balón*) ball **2.** (*proyectil*) shell
ballena *f* whale
ballesta *f* HIST crossbow
ballet <ballets> *m* ballet
balneario *m* spa, health resort
balón *m* ball; **echar balones fuera** *fig* to evade the question
baloncesto *m* basketball
balonmano *m* handball
balonvolea *m* volleyball
balsa *f* **1.** (*charca*) pool; (*estanque*) pond **2.** (*plataforma*) raft
bálsamo *m* balm
baluarte *m* bastion
bambolearse *vr* to swing, to sway
bambú *m* bamboo
banalidad *f* banality
banalizar <z→c> *vt* to trivialize
banana *f AmL* banana
banano *m AmL* banana tree
banca *f* **1.** *AmL* (*asiento*) bench **2.** FIN banking; ~ **electrónica** electronic banking **3.** (*en juegos*) bank
bancario, -a *adj* bank(ing); **cuenta bancaria** bank account
bancarrota *f* bankruptcy
banco *m* **1.** (*asiento*) bench **2.** FIN bank; ~ **en casa** home banking; **Banco Mundial** World Bank; ~ **de datos** INFOR databank; ~ **de sangre** bloodbank **3.** TÉC bench, work table **4.** (*de peces*) shoal
banda *f* **1.** (*cinta*) band; ~ **sonora** CINE soundtrack **2.** (*pandilla*) gang; ~ **terrorista** terrorist group **3.** (*de música*) band **4.** (*insignia*) sash
bandada *f* (*de pájaros*) flock; (*de peces*) shoal
bandazo *m* **dar** ~**s** to roll from side to side
bandeja *f* tray; ~ **de entrada** in-tray; **servir en** ~ to hand on a plate
bandera *f* flag; **estar hasta la** ~ *fig* to be packed full
banderilla *f* **1.** TAUR banderilla (*short decorated lance*) **2.** (*tapa*) cocktail snack on a stick
banderín *m* small flag
banderola *f* MIL pennant
bandido, -a *m, f* bandit
bando *m* edict
bandolera *f* bandoleer
bandolero, -a *m, f* bandit
banquero, -a *m, f* banker
banqueta *f* **1.** (*taburete*) stool; (*para los pies*) footstool **2.** *AmC* (*acera*) pavement *Brit*, sidewalk *Am*
banquete *m* banquet
banquillo *m* **1.** (*banco*) bench; (*para pies*) footstool **2.** JUR dock
bañador *m* (*de mujer*) swimming costume *Brit*, swimsuit *Am*; (*de hombre*) swimming trunks
bañar **I.** *vt* **1.** (*lavar*) to bath *Brit*, to bathe *Am* **2.** (*en el mar*) to bathe **3.** (*recubrir*) to coat **II.** *vr*: ~**se** **1.** (*lavarse*) to have a bath *Brit*, to bathe *Am* **2.** (*en el mar*) to bathe, to have a swim
bañera *f* bath, bathtub *Am*
bañero, -a *m, f* (swimming) pool attendant
bañista *mf* bather
baño *m* **1.** (*acto*) bathing; ~ **de sangre** bloodbath; ~**s termales** hot springs **2.** (*cuarto*) bathroom; **ir al** ~ to go to the toilet **3.** (*de pintura*) coat
baptista *mf* REL Baptist
baqueta *f* drumstick
bar *m* (*café*) café; (*tasca*) bar
barahúnda *f* uproar
baraja *f* pack [*o* deck *Am*] of cards
barajar *vt* **1.** (*naipes*) to shuffle **2.** (*posibilidades*) to consider **3.** *CSur* (*detener*) to catch
baranda *f*, **barandilla** *f* handrail
baratijas *fpl* cheap goods *pl*; *pey* junk
baratillo *m* **1.** (*tienda*) junk shop **2.** (*artículos*) junk
barato *adv* cheap(ly)
barato, -a *adj* cheap
barba *f* **1.** (*mentón*) chin **2.** (*pelos*) beard; **por** ~ per head
barbacoa *f* barbecue
barbaridad *f* **1.** (*crueldad*) barbarity; **¡qué** ~! how terrible! **2.** (*disparate*) nonsense

barbarie *f* savagery
bárbaro, -a I. *adj* 1. (*cruel*) savage 2. *inf* (*estupendo*) tremendous II. *m, f* 1. (*grosero*) brute 2. HIST barbarian
barbecho *m* fallow (land)
barbería *f* barber's (shop)
barbero *m* barber
barbilla *f* chin
barbitúrico *m* barbiturate
barbo *m* barbel
barbudo, -a *adj* bearded
barca *f* 1. (*embarcación*) (small) boat 2. *pl* (*columpio*) swing boat
barcaza *f* barge
Barcelona *f* Barcelona
barcelonés, -esa *adj* of/from Barcelona
barco *m* ship; ~ **de pasajeros** passenger ship; ~ **de vapor** steamer
baremo *m* table; (*de tarifas*) price list
barítono *m* MÚS baritone
barman *m* <bármanes> barman
barniz *m* polish; (*para madera*) varnish
barnizar <z→c> *vt* to put a gloss on; (*madera*) to varnish
barómetro *m* barometer
barón, -onesa *m, f* baron *m*, baroness *f*
barquero, -a *m, f* boatman *m*, boatwoman *f*
barquillo *m* wafer
barra *f* 1. (*pieza larga*) bar; (*de cortina*) rail; ~ **de labios** lipstick 2. INFOR ~ **de comandos** taskbar; ~ **espaciadora** space bar; ~ **de desplazamiento** scroll bar 3. (*de pan*) loaf; (*de chocolate*) bar 4. (*en un bar*) bar 5. *AmL* (*pandilla*) gang
barraca *f* 1. (*choza*) hut 2. *AmL* MIL barracks 3. *AmL* (*almacén*) storage shed
barranco *m* cliff
barrena *f* drill
barrenar *vt* to drill
barrendero, -a *m, f* sweeper
barrer *vt* to sweep; (*un obstáculo*) to sweep aside; ~ **para** [*o* **hacia**] **dentro** *fig* to look after number one
barrera *f* 1. (*barra*) barrier 2. (*valla*) fence 3. DEP wall 4. TAUR barrier

barriada *f* 1. (*barrio*) district 2. *AmL* (*barrio pobre*) shanty town
barricada *f* barricade
barriga *f* 1. (*vientre*) belly 2. (*de una pared*) bulge
barrigón, -ona *adj* pottbellied
barril *m* barrel; **cerveza de ~** draught beer
barrio *m* district, neighbourhood *Brit*, neighborhood *Am*; ~ **chino** red-light district; ~ **comercial** business quarter
barro *m* 1. (*lodo*) mud 2. (*arcilla*) clay; **de ~** earthenware
barroco *m sin pl* baroque
barrote *m* (heavy) bar; **entre ~s** *fig* behind bars
barruntar(se) *vt, vr* to conjecture
bartola *f inf* **tumbarse a la ~** to be idle
bártulos *mpl* belongings *pl*
barullo *m* *inf* 1. (*ruido*) din 2. (*desorden*) confusion
basalto *m* basalt
basar I. *vt* 1. (*asentar*) to base 2. (*fundar*) to ground II. *vr* ~**se en algo** to be based on sth
basca *f* 1. (*espasmo*) nausea; **tener ~s** to feel sick 2. *inf* (*gentío*) gang
báscula *f* scales *pl*
base *f* 1. (*lo fundamental*) basis; ~ **de datos** INFOR database; **a ~ de algo** on the basis of sth; **a ~ de bien** *inf* really well 2. ARQUIT, MIL, DEP base 3. POL rank and file
básico, -a *adj* (*t. quím*) basic
Basilea *f* Basle, Basel
basílica *f* basilica
basket *m sin pl* basketball
bastante I. *adj* enough; **tengo ~ frío** I'm quite cold II. *adv* (*suficientemente*) sufficiently; (*considerablemente*) rather; **con esto tengo ~** this is enough for me
bastar I. *vi* to be enough; **¡basta!** that's enough! II. *vr* ~**se** (**uno**) **solo** to be self-sufficient
bastardilla *f* TIPO italics *pl*
bastardo, -a *adj, m, f* bastard
bastidor *m* TÉC frame(work); (*de coche*) chassis *inv*; (*de ventana*) frame

basto, -a *adj* **1.** (*grosero*) rude; (*vulgar*) coarse **2.** (*superficie*) rough

bastón *m* stick; (*de esquí*) ski pole

bastoncillo *m dim de* **bastón** ~ **de algodón** cotton bud *Brit,* Q-tip® *Am*

basura *f* rubbish *Brit,* garbage *Am*

basurero *m* **1.** (*vertedero*) rubbish dump *Brit,* garbage dump *Am* **2.** (*recipiente*) dustbin *Brit,* trashcan *Am*

bata *f* **1.** (*albornoz*) dressing gown **2.** (*guardapolvos*) overalls *pl Brit,* coverall *Am* **3.** (*de laboratorio*) lab coat

batalla *f* **1.** MIL battle **2.** (*lucha*) struggle

batallar *vi* to fight

batallón *m* MIL battalion

batata *f* sweet potato; ~ **de la pierna** *AmL* calf

bate *m* DEP bat

bateador(a) *m(f)* DEP batter

batería¹ *f* **1.** *t.* TÉC battery; ~ **de cocina** pots and pans **2.** MÚS (*en conjunto*) drums *pl*

batería² *mf,* **baterista** *mf* drummer

batida *f* **1.** (*de cazadores*) beat **2.** (*de policía*) raid **3.** *AmL* (*paliza*) thrashing

batido *m* milk shake

batidora *f* (*de mano*) whisk; (*eléctrica*) mixer, blender

batir I. *vt* **1.** (*golpear, récord*) to beat; ~ **palmas** to clap **2.** (*enemigo*) to defeat **3.** (*un terreno*) to comb **II.** *vr:* ~**se 1.** (*combatir*) to fight **2.** (*en duelo*) to fight a duel

baturro, -a *m, f* Aragonese peasant

batuta *f* MÚS baton; **llevar la** ~ to be in charge

baúl *m* **1.** (*mueble*) trunk **2.** *AmL* (*portamaletas*) boot *Brit,* trunk *Am*

bautismo *m* baptism; ~ **de sangre** first combat

bautizar <z→c> *vt* REL to baptize; (*nombrar*) to christen

bautizo *m* baptism; (*ceremonia*) christening

bayeta *f* washing-up cloth, dish cloth

bayoneta *f* bayonet

baza *f* (*naipes*) trick; **meter** ~ **en algo** *inf* to butt in on sth; **sacar** ~ **de algo** to profit from sth

bazar *m* bazaar

bazo *m* ANAT spleen

bazofia *f* **1.** (*comida*) pigswill **2.** (*cosa*) filthy thing

be *f letter* B

beatificar <c→qu> *vt* to beatify

beato, -a *adj* **1.** (*piadoso*) devout **2.** (*feliz*) blessed

bebé *m* baby

bebedero *m* drinking trough

bebedor(a) *m(f)* drinker

bebé-probeta *m* <bebés-probeta> test-tube baby

beber I. *vi, vt* to drink; (*a sorbos*) to sip; (*de un trago*) to gulp **II.** *vr:* ~**se** to drink up

bebida *f* drink, beverage *form*

bebido, -a *adj* (*borracho*) drunk

beca *f* (*de estudios*) grant; (*por méritos*) scholarship

becar <c→qu> *vt* to award a grant to

bedel(a) *m(f)* beadle, proctor

beduino, -a *adj* Bedouin

befarse *vr* to jeer

beicon *m sin pl* bacon

beige *adj* beige

béisbol *m sin pl* DEP baseball

beldad *f elev* beauty

Belén *m* Bethlehem

belga *adj, mf* Belgian

Bélgica *f* Belgium

Belgrado *m* Belgrade

Belice *m* Belize

bélico, -a *adj* warlike

belicoso, -a *adj* aggressive

beligerante *adj* belligerent

bellaco, -a I. *adj* cunning **II.** *m, f* rascal

bellaquería *f* dirty trick

belleza *f* beauty

bello, -a *adj* beautiful

bellota *f* acorn

bemol *m* MÚS flat; **tener** ~**es** *fig* to be difficult

bencina *f* benzine

bendecir *irr como decir vt* to bless; ~ **la mesa** to say grace

bendición *f* blessing

bendito, -a *adj* **1.** REL blessed; (*agua*) holy; ¡~ **sea!** *inf* thank God! **2.** (*dichoso*) lucky

benedictino, -a *m, f* REL Benedictine
beneficencia *f* charity
beneficiar I. *vt* 1. (*favorecer*) to benefit 2. *AmL* (*animal*) to slaughter II. *vr:* ~**se** 1. (*sacar provecho*) ~**se de algo** to benefit from sth 2. *pey* (*enriquecerse*) ~**se de algo** to take advantage of sth
beneficiario, -a *m, f* beneficiary; (*de un crédito*) assignee
beneficio *m* 1. (*bien*) good 2. (*provecho*) *t.* FIN profit; **a ~ de** for the benefit of 3. *AmL* (*matanza*) slaughter
beneficioso, -a *adj* 1. (*favorable*) beneficial 2. (*útil*) profitable
benéfico, -a *adj* charitable
benévolo, -a *adj* (*clemente*) indulgent
benigno, -a *adj* 1. (*persona*) kind 2. (*clima*) mild 3. MED benign
beodo, -a *adj* drunk
berberecho *m* cockle
berenjena *f* aubergine *Brit,* eggplant *Am*
Berlín *m* Berlin
berlinés, -esa I. *adj* Berlin II. *m, f* Berliner
bermejo, -a *adj* red
bermudas *mpl* Bermuda shorts *pl*
Berna *f* Berne
berrear *vi* 1. (*animal*) to bellow 2. (*llorar*) to howl 3. (*chillar*) to screech
berrido *m* 1. (*de animales*) bellow 2. (*lloro*) howl 3. (*chillido*) screech
berrinche *m* *inf* rage
berro *m* watercress
berza *f* cabbage
besar *vt* to kiss
beso *m* kiss
bestia[1] *mf* 1. (*bruto*) brute 2. (*ignorante*) ignoramus
bestia[2] *f* (wild) beast
bestial *adj* 1. (*salvaje*) bestial 2. *inf* (*muy intensivo*) tremendous; (*muy grande*) huge
bestialidad *f* 1. (*cualidad*) bestiality 2. *inf* (*gran cantidad*) huge amount
best seller *m* *inv,* **bestséller** *m* *inv* bestseller
besugo *m* bream; **ojos de ~** *inf* bulg-

ing eyes
besuquear *vt* to cover with kisses
betún *m* 1. QUÍM bitumen 2. (*para el calzado*) shoe polish
biberón *m* feeding bottle
Biblia *f* Bible
bibliografía *f* bibliography
biblioteca *f* 1. (*local*) library; **~ de consulta** reference library 2. (*mueble*) bookcase
bibliotecario, -a *m, f* librarian
bicarbonato *m* bicarbonate
bíceps *m* *inv* ANAT biceps *inv*
bicho *m* 1. (*animal*) (small) animal; (*insecto*) bug 2. TAUR bull 3. *inf* (*persona*) **~ raro** weirdo; **mal ~** rogue
bici *f* *inf* *abr de* **bicicleta** bike
bicicleta *f* bicycle; **~ de carreras** racing bike; **~ de montaña** mountain bike
bidé *m* <bidés>, **bidet** *m* <bidets> bidet
bidón *m* steel drum
Bielorrusia *f* Belorussia
bielorruso, -a *adj, m, f* Belorussian
bien I. *m* 1. (*bienestar*) well-being 2. (*bondad moral*) good 3. (*provecho*) benefit 4. *pl* ECON goods *pl;* ~**es inmuebles** real estate II. *adv* 1. (*de modo conveniente*) properly; (*correctamente*) well; ¡~! well done!; **~ mirado** well thought of; **estar (a) ~ con alguien** to get on well with sb; **hacer algo ~** to do sth well; **¡pórtate ~!** behave yourself!; **te está ~** *inf* that serves you right; **ahora ~** however 2. (*con gusto*) willingly 3. (*seguramente*) surely 4. (*muy*) very; (*bastante*) quite 5. (*asentimiento*) all right; **¡está ~!** OK! III. *conj* 1. (*aunque*) **~ que** although; **si ~** even though 2. (*o ... o*) **~ ... ~ ...** either ... or ...

> ⚠ **bien** is an adverb and qualifies the verb: "Mi tío cocina muy bien." **bueno** is an adjective and qualifies a noun: "Él tiene siempre buenas ideas."

bienal *adj* biennial

bienaventurado *adj* **1.** REL blessed **2.** (*feliz*) fortunate

bienestar *m* **1.** (*estado*) well-being **2.** (*riqueza*) prosperity; **estado del** ~ welfare state

bienhechor(a) **I.** *adj* beneficent **II.** *m(f)* benefactor

bienvenida *f* welcome; **dar la** ~ **a alguien** to welcome sb

bienvenido, -a *interj* welcome; **¡~ a casa!** welcome home!; **¡~ a España!** welcome to Spain!

bies cortar al ~ to cut on the bias

bife *m CSur* steak

bifocal *adj* bifocal

bifurcación *f* **1.** (*de un camino*) fork **2.** INFOR branch

bifurcarse <c→qu> *vr* to fork

bigamia *f* bigamy

bígamo, -a **I.** *adj* bigamous **II.** *m, f* bigamist

bigote *m* **1.** (*de hombre*) moustache, mustache *Am* **2.** *pl* (*de animal*) whiskers *pl*

bigotudo, -a *adj* with a big moustache

bikini *m* bikini

bilateral *adj* bilateral

bilingüe *adj* bilingual

billar *m* **1.** (*juego*) billiards; ~ **americano** pool **2.** (*mesa*) billiard table

billete *m* **1.** (*pasaje*) ticket; ~ **de ida y vuelta** return ticket *Brit,* roundtrip ticket *Am* **2.** FIN note *Brit,* bill *Am* **3.** (*de lotería*) ticket

billetera *f,* **billetero** *m* wallet *Brit,* billfold *Am*

billón *m* billion *Brit,* trillion *Am*

bimensual *adj* twice-monthly

bimotor *m* twin-engined plane

bingo *m* (*juego*) bingo; (*sala*) bingo hall

binóculo *m* pince-nez

bioactivo, -a *adj* bioactive

biobasura *f* biorefuse

biodegradable *adj* biodegradable

biodiversidad *f* biodiversity

bioenergía *f* bioenergy

biogenética *f* biogenetics

biografía *f* biography

biógrafo *m CSur* (*cine*) cinema

biógrafo, -a *m, f* (*persona*) biographer

biología *f* biology

biólogo, -a *m, f* biologist

biombo *m* (folding) screen

biopsia *f* biopsy

biosfera *f* biosphere

biquini *m* bikini

birlar *vt inf* to pinch *Brit,* to swipe *Am*

Birmania *f* Burma

birome *m o f CSur* ballpoint ben, biro® *Brit*

birra *f inf* beer

birria *f* **1.** (*persona*) drip **2.** (*objeto*) rubbish, trash

bis **I.** *m* MÚS encore **II.** *adv* **1.** MÚS bis **2.** (*piso*) **7** ~ 7A

bisabuelo, -a *m, f* great-grandfather *m,* great-grandmother *f*

bisagra *f* hinge

bisbis(e)ar *vt inf* to mutter

bisexual *adj* bisexual

bisiesto *adj* **año** ~ leap year

bisnieto, -a *m, f* great-grandson *m,* great-granddaughter *f*

bisonte *m* bison

bisté *m* <bistés>, **bistec** *m* <bistecs> steak

bisturí *m* scalpel

bisutería *f* costume jewellery [*o* jewelry *Am*]

bit *m* <bits> INFOR bit

bizco, -a *adj* cross-eyed

bizcocho *m* GASTR sponge cake

biznieto, -a *m, f v.* **bisnieto**

bizquear *vi* to squint

blanca *f* MÚS minim *Brit,* half note *Am;* **estar sin** ~ to be broke

blanco *m* **1.** (*color*) white; **noche en** ~ sleepless night **2.** (*diana*) target; **dar en el** ~ *fig* to hit the mark

blanco, -a **I.** *adj* **1.** (*de tal color*) white **2.** (*tez*) pale **II.** *m, f* white man *m,* white woman *f*

blancura *f* whiteness

blandir **I.** *vt* to brandish **II.** *vi, vr:* ~**se** to wave about

blando, -a *adj* **1.** (*objeto*) soft **2.** (*carácter*) mild; ~ **de corazón** soft-hearted **3.** (*constitución*) weak

blandura *f* **1.** (*de una cosa*) softness **2.** (*del carácter*) mildness

blanquear *vt* **1.**(*pintar*) to whiten; (*pared*) to whitewash **2.**(*dinero*) to launder **3.**(*tejido*) to bleach

blanquecino, -a *adj* whitish

blanqueo *m* **1.**(*de una pared*) whitewashing **2.**(*de dinero*) laundering

blasfemar *vi* **1.** REL to blaspheme **2.**(*maldecir*) ~ **de algo** to swear about sth

blasfemia *f* **1.** REL blasphemy **2.**(*injuria*) insult **3.**(*taco*) swearword

blasfemo, -a *m, f* blasphemer

blasón *m* **1.**(*escudo*) coat of arms **2.**(*honor*) honour *Brit*, honor *Am*

blasonar **I.** *vt* to emblazen **II.** *vi* ~ **de algo** to boast about sth

bledo *m* **(no) me importa un** ~ I couldn't care less

blindado *m* MIL armour-plated *Brit*, armor-plated *Am*; **puerta blindada** reinforced door

blindaje *m* armour (plating) *Brit*, armor (plating) *Am*

bloc *m* <blocs> **1.**(*cuaderno*) notepad **2.**(*calendario*) calendar pad

bloque *m* **1.** INFOR block **2.** POL bloc

bloquear **I.** *vt* **1.**(*cortar el paso*) to block **2.**(*aislar*) to cut off **3.** TÉC to jam **4.** MIL (*asediar*) to blockade **5.** FIN to freeze **II.** *vr:* ~**se 1.**(*cosa*) to jam **2.**(*persona*) to have a mental block

bloqueo *m* **1.**(*de un paso*) blocking; ~ **comercial** COM trade embargo **2.**(*aislamiento*) cutting off **3.** TÉC (*de un mecanismo*) jamming **4.** MIL blockade

blusa *f* blouse

boa *f* boa

bobada *f* silly thing; **decir** ~**s** to talk nonsense

bobina *f* **1.** ELEC coil **2.**(*de papel*) reel

bobo, -a **I.** *adj* **1.**(*tonto*) silly **2.**(*simple*) simple **II.** *m, f* fool

boca *f* **1.** ANAT mouth; ~ **abajo** face down(ward); ~ **arriba** face up(ward); **con la** ~ **abierta** dumbfounded; **a pedir de** ~ perfectly **2.** MÚS mouthpiece **3.** INFOR slot

bocacalle *f* street entrance

bocadillo *m* sandwich

bocado *m* **1.**(*mordisco*) mouthful **2.**(*freno*) bit

bocajarro *adv* **a** ~ (*tirar*) point-blank

bocanada *f* **1.**(*de humo*) puff **2.**(*de comida, bebida*) mouthful

boceto *m* sketch

bocha *f* (*bola*) bowl; **las** ~**s** bowls, bowling *Am*

bochinche *m* uproar

bochorno *m* **1.** METEO sultry weather **2.**(*vergüenza*) shame; **me da** ~ **que…** +*subj* it embarrasses me that …

bochornoso, -a *adj* **1.** METEO sultry **2.**(*vergonzoso*) shameful

bocina *f* **1.**(*de auto*) horn; **tocar la** ~ to blow the horn **2.** MÚS trumpet

boda *f* **1.**(*ceremonia*) wedding **2.**(*fiesta*) wedding reception

bodega *f* **1.**(*de vino*) wine cellar **2.**(*tienda*) wine shop; (*taberna*) bar **3.**(*en un buque*) hold

bodegón *m* ARTE still life

BOE *m abr de* **Boletín Oficial del Estado** ≈ Hansard *Brit*, ≈ The Congressional Record *Am*

bofe *m* lung; **echar los** ~**s** *inf* to slog one's guts out

bofetada *f* cuff, smack *Am*; **dar una** ~ **a alguien** to slap sb

boga *f* **estar en** ~ to be in vogue

bogar <g→gu> *vi* **1.**(*remar*) to row **2.**(*navegar*) to sail

bogavante *m* lobster

Bohemia *f* Bohemia

bohemio, -a *adj, m, f* bohemian

boicot <boicots> *m* boycott

boicotear *vt* to boycott

boicoteo *m* boycott

boina *f* beret

bola *f* **1.**(*pelota*) ball; ~ **de nieve** snowball; **en** ~**s** *inf* naked **2.**(*canica*) marble **3.** *inf* (*mentira*) fib

bolchevique *adj, mf* POL Bolshevik

boleadoras *fpl AmS* bolas *pl*

bolera *f* bowling alley

bolero *m* MÚS bolero

boleta *f* **1.**(*entrada*) ticket **2.** *AmL* (*documento*) permit **3.** *AmL* (*para votar*) ballot (paper)

boletería *f AmL* TEAT box office

boletín *m* **1.**(*publicación*) bulletin **2.**(*informe*) report

boleto *m* *AmL* (*entrada, billete*) ticket

boli *m inf abr de* **bolígrafo** (ballpoint) pen, biro®

boliche *m* **1.**(*bola*) jack **2.**(*juego*) bowls; (*de bolos*) skittles **3.***AmL* (*establecimiento*) grocery shop

bólido *m* **1.**ASTR meteorite **2.**AUTO racing car

bolígrafo *m* (ballpoint) pen, biro®

bolívar *m* bolivar

Bolivia *f* Bolivia

? **Bolivia** is the fifth largest country in South America. Although **Sucre** is the capital, the seat of government is in **La Paz**, the largest city in the country. In addition to Spanish, the official languages of Bolivia are **quechua** and **aimara** (also known as **aimará**). The monetary unit is the **boliviano**.

---

boliviano *m* (*moneda*) boliviano

boliviano, -a *adj, m, f* Bolivian

bollo *m* **1.**(*panecillo*) bun; (*pastelillo*) cake **2.**(*abolladura*) dent

bolo *m* **1.**DEP skittle **2.**(*píldora*) large pill

bolsa *f* **1.**(*saco*) bag **2.**(*bolso*) handbag, purse *Am* **3.**(*pliegue*) crease **4.**FIN stock exchange **5.***AmL* (*bolsillo*) pocket

bolsillo *m* pocket; **de ~** pocket; **rascarse el ~** *inf* to fork out

bolsista *mf* FIN stockbroker

bolso *m* bag; (*de mujer*) handbag, purse *Am*

bomba I.*f* **1.** *t.* MIL bomb; **a prueba de ~s** bomb-proof **2.**TÉC pump **3.***AmL* (*bola*) ball **4.***AmL, inf* (*borrachera*) **pegarse una ~** to get drunk II. *adj inf* astounding; **pasarlo ~** to have a great time

bombardear *vt* **1.**MIL to bomb **2.**FÍS to bombard

bombardeo *m* **1.**MIL bombing **2.**FÍS bombardment

bombardero *m* (*avión*) bomber

bombero *m* **1.**(*oficio*) fireman **2.** *pl* (*cuerpo*) fire brigade; **coche de ~s** fire engine

bombilla *f* ELEC (light)bulb

bombín *m* bowler hat

bombo *m* **1.**MÚS bass drum **2.**(*en un sorteo*) drum

bombón *m* chocolate; **ser un ~** *inf* to be gorgeous

bombona *f* cylinder

bonachón, -ona *adj* **1.**(*buenazo*) kindly **2.**(*crédulo*) naive

bonaerense *adj* of/from Buenos Aires

bonanza *f* **1.**NÁUT calm conditions *pl* **2.**(*prosperidad*) prosperity

bondad *f* **1.**(*de bueno*) goodness **2.**(*amabilidad*) kindness

bondadoso, -a *adj* good-natured

bonito I. *m* ZOOL bonito II. *adv AmL* nicely

bonito, -a *adj* pretty

bono *m* **1.**(*vale*) voucher **2.**COM bond

bonoloto *f* state-run lottery

boquear I. *vi* to gape II. *vt* to utter

boquerón *m* (fresh) anchovy

boquiabierto, -a *adj* astonished

boquilla *f* **1.**MÚS mouthpiece **2.**(*de cigarrillos*) cigarette holder **3.**TÉC nozzle

borbotón *m* **salir a borbotones** to gush out

borda *f* NÁUT gunwale; **echar algo por la ~** *t. fig* to throw sth overboard

bordado *m* embroidery

bordar *vt* to embroider

borde I. *adj inf* (*persona*) difficult, stroppy II. *m* **1.**(*de camino*) verge; (*de mesa*) edge **2.**(*de río*) bank

bordear I. *vt* **1.**(*ir por el borde*) to skirt **2.**(*estar en el borde*) to border on II. *vi* NÁUT to tack

bordillo *m* kerb *Brit,* curb *Am*

bordo *m* NÁUT board; **ir a ~** to go on board

borla *f* tassel

borrachera *f* drunkenness; **agarrar una ~** to get drunk

borracho, -a *adj, m, f* drunk

borrador *m* **1.** (*escrito*) rough draft **2.** (*cuaderno*) scribbling pad **3.** (*trapo*) duster

borrar I. *vt* **1.** (*con goma*) to rub out, to erase; (*con esponja*) to wipe off **2.** INFOR to delete **3.** (*huellas*) to remove **II.** *vr:* ~**se 1.** (*difuminarse*) to blur **2.** (*retirarse*) ~**se de algo** to resign from sth

borrasca *f* (*temporal*) squall; (*tempestad*) storm

borrico, -a *m, f* donkey

borrón *m* (*mancha*) stain; **hacer ~ y cuenta nueva** to wipe the slate clean

borroso, -a *adj* **1.** (*escritura*) unclear **2.** (*foto*) blurred

Bósforo *m* Bosphorus

Bosnia Herzegovina *f* Bosnia and Herzegovina

bosnio, -a *adj, m, f* Bosnian

bosque *m* wood

bosquejar *vt* to sketch

bostezar <z→c> *vi* to yawn

bostezo *m* yawn

bota *f* **1.** (*calzado*) boot **2.** (*cuba*) large barrel

botánica *f sin pl* botany

botánico, -a I. *adj* botanical **II.** *m, f* botanist

botar I. *vi* **1.** (*pelota*) to bounce **2.** (*persona*) to jump **II.** *vt* **1.** (*lanzar*) to throw; (*la pelota*) to bounce **2.** NÁUT (*barco*) to launch **3.** *AmL* (*expulsar*) to fire; (*del colegio*) to expell

bote *m* **1.** (*golpe*) blow; **a ~ pronto** (*adj*) sudden; (*adv*) suddenly **2.** (*salto*) jump; **pegar un ~** to jump **3.** (*de pelota*) bounce **4.** (*vasija*) jar **5.** (*en la lotería*) jackpot **6.** NÁUT boat

botella *f* bottle; ~ **de cerveza** bottle of beer; **cerveza de ~** bottled beer

botica *f* pharmacy, chemist's *Brit,* drugstore *Am*

boticario, -a *m, f* chemist *Brit,* druggist *Am*

botijo *m* **1.** (*vasija*) earthenware drinking jug **2.** (*tren*) excursion train

botín *m* high shoe

botiquín *m* **1.** (*en casa*) medicine chest **2.** (*de emergencia*) first-aid kit

botón *m* **1.** (*en vestidos*) button **2.** ELEC knob; ~ **de opciones** INFOR option button **3.** (*en instrumento*) key

botones *m inv* bellboy

boxeador(a) *m(f)* boxer

boxear *vi* to box

boxeo *m* boxing

boya *f* buoy

boyante *adj* **1.** (*flotante*) buoyant; (*barco*) high in the water **2.** (*próspero*) prosperous

bozal *m* muzzle

bracear *vi* **1.** (*mover los brazos*) to swing one's arms **2.** (*nadar*) to swim

bracero *m* labourer *Brit,* laborer *Am*

braga *f* **1.** (*de bebé*) nappy *Brit,* diaper *Am* **2.** *pl* (*de mujer*) panties *pl*

bragapañal *m* disposable nappy *Brit,* disposable diaper *Am*

bragueta *f* flies *pl Brit,* fly *Am*

braille *m* Braille

bramar *vi* to roar; (*ciervo*) to bellow

bramido *m* (*animales*) roar; (*ciervos*) bellow

brasa *f* ember; **a la ~** grilled

brasero *m* brazier

Brasil *m* (**el**) ~ Brazil

brasileño, -a *adj, m, f* Brazilian

bravata *f* threat

bravío, -a *adj* **1.** (*animal*) wild **2.** (*persona*) impetuous

bravo, -a *adj* **1.** (*valiente*) brave **2.** (*bueno*) excellent **3.** (*salvaje: animal*) wild; (*mar*) stormy

bravura *f* **1.** (*de los animales*) ferocity **2.** (*de las personas*) bravery

braza *f* **1.** NÁUT fathom **2.** DEP breast stroke

brazada *f* stroke

brazalete *m* **1.** (*pulsera*) bracelet **2.** (*banda*) armband

brazo *m* **1.** ANAT arm; **ir cogidos del ~** to walk arm-in-arm **2.** ZOOL foreleg **3.** BIO limb

brea *f* tar

brecha *f* **1.** MIL breach **2.** (*agujero*) gap

brega *f* struggle

Bretaña *f* Brittany; **Gran ~** Great Britain

bretón, -ona *adj, m, f* Breton
breva *f* 1.(*higo*) early fig 2.(*cigarro*) flat cigar; **¡no caerá esa ~!** no such luck!
breve I.*adj* 1.(*de duración*) brief 2.(*de extensión*) short II.*m* PREN short news item
brevedad *f* shortness
brezo *m* heather
bribón, -ona I.*adj* idle II.*m, f* rogue, rascal
bricolaje *m* do-it-yourself
brida *f* 1.(*de caballo*) bridle 2.TÉC clamp
bridge *m* bridge
brigada[1] *f* 1.(*de obreros*) gang 2.(*de policía*) squad
brigada[2] *m* MIL sergeant-major
brillante I.*m* diamond II.*adj* (*luz*) bright; (*joya*) sparkling, brilliant
brillar *vi* to shine
brillo *m* 1.(*cualidad*) shine; (*reflejo*) glow; **dar ~ a algo** to polish sth 2.(*gloria*) splendour *Brit*, splendor *Am*
brincar <c→qu> *vi* to hop; (*hacia arriba*) to jump
brinco *m* hop
brindar I.*vi* to drink a toast II.*vt* (*ofrecer*) to offer
brindis *m inv* toast
brioso, -a *adj* spirited
brisa *f* breeze
británico, -a I.*adj* British II.*m, f* Briton *Brit*, Britisher *Am*
brizna *f* 1.(*hebra*) strand 2.BOT blade 3.(*porción diminuta*) scrap
broca *f* TÉC bit
brocal *m* rim
brocha *f* brush; **~ de afeitar** shaving brush
broche *m* clasp; (*de adorno*) brooch
broma *f* joke; **decir algo en ~** to be kidding; **no estoy para ~s** I'm in no mood for jokes
bromear *vi* to joke, to kid *Am*
bromista I.*adj* fond of jokes II.*mf* joker
bronca *f* 1.(*riña*) row 2.(*reprimenda*) ticking-off *Brit*
bronce *m* bronze
bronceado, -a *adj* 1.(*objeto*) bronze

2.(*piel*) tanned
bronceador *m* suntan lotion
broncear I.*vt* to tan II.*vr*: **~se** to get a (sun)tan
bronco, -a *adj* 1.(*voz*) gruff 2.(*genio*) surly
bronquedad *f* 1.(*de la voz*) gruffness 2.(*del genio*) surliness
bronquio *m* ANAT bronchial tube
bronquitis *f inv* MED bronchitis
brotar *vi* 1.BOT to sprout 2.(*agua*) to flow 3.(*enfermedad*) to break out
brote *m* 1.BOT shoot; **~s de soja** bean sprouts 2.(*erupción*) outbreak
bruces *adv* **caer de ~** to fall headlong
bruja *f* witch
Brujas *f* Bruges
brujería *f* witchcraft
brujo *m* 1.(*hechicero*) wizard 2.*AmL* (*curandero*) medicine man
brújula *f* compass
bruma *f* mist
brumoso, -a *adj* misty
bruñir <3. *pret*: **bruñó**> *vt* to polish
brusco, -a *adj* 1.(*repentino*) sudden 2.(*person*) abrupt
Bruselas *f* Brussels
brutal *adj* brutal
brutalidad *f* brutality
bruto, -a I.*adj* 1.(*diamante*) rough 2.(*peso*) gross
bruto, -a I.*adj* brutal II.*m, f* brute
bucal *adj* (of the) mouth
bucear *vi* 1.(*nadar*) to dive 2.(*investigar*) **~ en algo** to delve into sth
buceo *m* diving
bucle *m* 1.(*cabello*) curl 2.INFOR loop
budismo *m sin pl* Buddhism
budista *adj, mf* Buddhist
buen *adj v*. **bueno**
buenamente *adv* 1.(*fácilmente*) easily 2.(*voluntariamente*) voluntarily
buenaventura *f* **echar la ~ a alguien** to tell sb's fortune
bueno, -a *adj* <mejor *o* más bueno, el mejor *o* bonísimo *o* buenísimo> *delante de un substantivo masculino:* **buen** 1.(*calidad*) good; (*tiempo*) fine; (*constitución*) sound; **~s días** good morning; **hace ~** it's nice weather; **estar de buenas** to

be in a good mood **2.**(*apropiado*) suitable **3.**(*fácil*) easy **4.**(*honesto*) honest **5.** *inf*(*atractivo*) attractive

---

| ! **bueno** is not used before a masculine noun; **buen** is used instead: "Hoy hace buen tiempo."

Buenos Aires *m* Buenos Aires
buey *m* ox
búfalo *m* buffalo
bufanda *f* scarf
bufar *vi* to snort
bufete *m* lawyer's office
bufido *m* **1.**(*resoplido*) snort **2.**(*exabrupto*) sharp remark **3.**(*gato*) hiss
bufón, -ona *m, f* TEAT buffoon
buhardilla *f* **1.**(*desván*) loft **2.**(*vivienda*) garret
búho *m* owl
buhonero *m* pedlar *Brit,* peddler *Am*
buitre *m* vulture
buje *m* hub
bujía *f* **1.**(*vela*) candle **2.** AUTO sparking plug *Brit,* spark plug *Am* **3.** ELEC candlepower
bula *f* (papal) bull
bulbo *m* bulb
bulevar *m* boulevard
Bulgaria *f* Bulgaria
búlgaro, -a *adj, m, f* Bulgarian
bulimia *f sin pl* MED bulimia
bulla *f* **1.**(*ruido*) racket **2.**(*aglomeración*) mob
bullicio *m* **1.**(*ruido*) uproar **2.**(*tumulto*) commotion
bullicioso, -a *adj* noisy
bullir <3. *pret:* bulló> *vi* **1.**(*hervir*) to boil; (*borbotar*) to bubble **2.**(*agitarse*) to move
bulto *m* **1.**(*fardo*) bundle; **escurrir el ~** *inf* to pass the buck **2.**(*paquete*) piece of luggage
buñuelo *m* doughnut *Brit,* donut *Am*
BUP *m abr de* **Bachillerato Unificado Polivalente** (*secondary studies for pupils aged 14–17, now supplanted by the ESO*)
buque *m* ship; **~ de carga** freighter;

~ de vapor steamer
burbuja *f* bubble
burbujear *vi* to bubble
burdel *m* brothel
Burdeos *m* Bordeaux
burdo, -a *adj* (*tosco*) coarse; (*excusa*) clumsy
burgalés, -esa *adj* of/from Burgos
burgués, -esa I. *adj t. pey* middle-class II. *m, f t. pey* bourgeois *m,* bourgeoise *f*
burguesía *f* bourgeoisie
Burkina Faso *f* Burkina-Faso
burla *f* joke; **hacer ~ de alguien** to make fun of sb
burlador(a) *m(f)* **1.**(*mofador*) mocker **2.**(*bromista*) joker
burlar I. *vt* **1.**(*mofarse*) to mock **2.**(*engañar*) to cheat **3.**(*eludir*) to evade II. *vr:* **~se** to joke
burlesco, -a *adj* burlesque
burlón, -ona *adj* mocking
burocracia *f* bureaucracy
burócrata *mf* bureaucrat
burocrático, -a *adj* bureaucratic
burrada *f* silly thing; **decir ~s** to talk nonsense
burro, -a I. *adj* stupid II. *m, f* **1.** ZOOL donkey **2.**(*persona*) idiot
bursátil *adj* stock exchange
bus *m t.* INFOR bus
busca¹ *f* search
busca² *m* bleeper *Brit,* beeper *Am*
buscador *m* INFOR searcher
buscar <c→qu> *vi, vt* to look for; **me viene a buscar a las 7** he/she is picking me up at 7; **él se lo ha buscado** he brought it on himself
buscona *f* whore
búsqueda *f t.* INFOR search
busto *m* bust
butaca *f* **1.**(*silla*) armchair **2.**(*de cine*) stall *Brit,* seat *Am*
butano *m* butane (gas)
buzo *m* **1.**(*buceador*) diver **2.**(*mono*) overalls *pl Brit,* coverall *Am*
buzón *m* (*de correos*) letterbox *Brit,* mailbox *Am;* **~ (electrónico)** INFOR mailbox
byte *m* INFOR byte

Cc

C, c f C, c; ~ **de Carmen** C for Charlie

C/ abr de **calle** St

cabal I. adj honest II. m **no estar en sus ~es** not to be in one's right mind

cábala f 1. REL cabbala 2. pl (suposición) supposition

cabalgadura f mount

cabalgar <g→gu> vi, vt to ride

cabalgata f procession

caballa f mackerel

caballeresco, -a adj chivalrous

caballería f 1. (montura) mount 2. MIL cavalry

caballeriza f stable

caballerizo m groom

caballero m 1. (señor, galán) gentleman 2. HIST knight

caballerosidad f gentlemanliness

caballete m 1. (de mesa) trestle 2. (de cuadro) easel

caballito m 1. ZOOL ~ **de mar** sea horse 2. pl (en una feria) merry-go-round, carousel Am

caballo m 1. (animal) horse 2. (ajedrez) knight 3. DEP ~ jumper 4. AUTO horsepower 5. (naipes) queen

cabaña f cabin

cabaré m, **cabaret** m <cabarets> cabaret

cabecear I. vi to nod off II. vt DEP to head

cabecera f 1. (de cama) head; **médico de** ~ general practioner 2. (del periódico) masthead

cabecilla mf ringleader

cabellera f 1. (de la cabeza) hair 2. (de cometa) tail

cabello m hair

cabelludo, -a adj hairy

caber irr vi 1. (tener espacio) to fit 2. (ser posible) to be possible

cabestrillo m MED sling

cabeza[1] f 1. t. ANAT, TÉC head; ~ **de lectura** INFOR read head; ~ **abajo** upside down; **levantar** ~ to pull through; **tener** ~ fig to be clever;

traer de ~ to drive crazy; **de** ~ headfirst; **por** ~ a head 2. (extremo) top; **ir en** ~ DEP to be in the lead 3. AGR (res) head

cabeza[2] m head; ~ **rapada** skinhead

cabezada f blow

cabezazo m 1. (golpe) blow 2. DEP header

cabezón, -ona adj 1. (de cabeza grande) with a big head 2. inf (obstinado) pigheaded

cabezota mf inf pigheaded person

cabida f space

cabina f cabin; (en la playa) cubicle; ~ **de teléfonos** telephone box Brit, phone booth Am

cabizbajo, -a adj with head bowed; (triste) dejected

cable m t. ELEC cable; **echar un** ~ inf to help out

cabo m 1. (extremo) end; **al fin y al** ~ in the end; **llevar a** ~ to carry out; **al** ~ **de** after 2. GEO cape; **Ciudad del Cabo** Cape Town 3. MIL corporal 4. NÁUT rope

cabra f goat; **estar como una** ~ inf to be off one's head

cabrear I. vt inf to infuriate II. vr: ~**se** inf to get angry

cabrío, -a adj goatish

cabriola f caper

cabritillo, -a m, f kid

cabrón, -ona m, f vulg bastard

cabronada f vulg dirty trick

caca f inf 1. (excremento) pooh Brit, poop Am 2. (chapuza) rubbish

cacahuete m peanut

cacao m cacao

cacarear vi 1. (gallinas) to cackle 2. inf (presumir) to brag

cacería f (partida) hunting

cacerola f saucepan

cachalote m sperm whale

cacharro m 1. (recipiente) pot 2. pey, inf (aparato) gadget 3. pey, inf (trasto) piece of junk

cachear vt to frisk

cachemir m cashmere

cacheo m searching, frisking

cachete m 1. (golpe) slap 2. (carrillo) cheek

cachimba f AmL pipe

cachiporra *f* truncheon

cachivache *m* junk; **tienes la cocina llena de ~s** your kitchen is full of junk

cachondeo *m* **1.** *inf* (*broma*) joke; (*juerga*) good time **2.** *vulg* (*burla*) farce

cachondo, -a *adj* **1.** *vulg* (*sexual*) sexy, horny **2.** *inf* (*gracioso*) funny

cachorro, -a *m, f* (*de tigre*) cub; (*de perro*) pup(py)

cacique *m* **1.** (*jefe indio*) chief **2.** (*tirano*) tyrant

caco *m* *inf* burglar

cacto *m* cactus

cada *adj* each; **~ uno/una** each one; **~ hora** hourly; **~ día** daily; **¿~ cuánto?** how often?

cadalso *m* scaffold

cadáver *m* corpse

cadena *f* **1.** *t. fig* (*objeto*) chain; **~ perpetua** JUR life imprisonment; **trabajo en ~** assembly-line work **2.** GEO mountain chain **3.** TV network

cadencia *f* cadence

cadera *f* hip

cadete *m* MIL cadet

caducar <c→qu> *vi* to expire

caducidad *f* **1.** (*de un documento*) expiry **2.** (*de productos*) sell-by date

caduco, -a *adj* **1.** perishable **2.** (*árbol*) deciduous

caer *irr* **I.** *vi* **1.** (*objeto, persona*) to fall (down); (*precio*) to fall; **bien/mal** *fig* to like/not to like **2.** (*presidente*) to fall from power **3.** (*vestidos*) to suit **4.** *inf* (*encontrarse*) to be (located) **II.** *vr:* **~se** (*desplomarse*) to collapse; (*un avión*) to crash; (*pelo, dientes*) to fall out

café *m* **1.** (*bebida*) coffee; **~ con leche** white coffee; **~ solo** black coffee **2.** (*local*) café **3.** (*planta*) coffee tree

cafeína *f* caffeine

cafetal *m* coffee plantation

cafetera *f* coffee pot

cafetería *f* café

cagalera *f* *inf* **tener ~** to have the runs

cagar <g→gu> **I.** *vi* *vulg* to have a shit **II.** *vt* *vulg* to mess up **III.** *vr:* **~se**
vulg to shit oneself

caída *f* **1.** (*bajada brusca*) fall; (*de aviones*) crash; (*del cabello*) loss; **~ del sistema** INFOR system crash **2.** (*de agua*) waterfall **3.** FIN fall in prices

caído, -a **I.** *adj* drooping **II.** *m, f* **los ~s** the fallen

caigo *I. pres de* **caer**

caimán *m* caiman

Cairo *m* **El ~** Cairo

caja *f* **1.** (*recipiente*) box; **~ fuerte** safe; **~ de herramientas** *t.* INFOR tool box **2.** (*carcasa*) case **3.** FIN fund

cajero, -a *m, f* cashier; **~ automático** cash dispenser

cajetilla *f* packet of cigarettes *Brit,* pack of cigarettes *Am*

cajón *m* **1.** (*caja*) big box; (*de embalaje*) crate **2.** (*de mueble*) drawer

cal *f* lime; **a ~ y canto** firmly

cala *f* **1.** (*bahía*) cove **2.** NÁUT hold

calabacín *m* courgette *Brit,* zucchini *Am*

calabaza *f* **1.** BOT pumpkin **2.** *pey* (*persona*) dummy

calabozo *m* **1.** (*mazmorra*) dungeon **2.** (*celda*) (prison) cell

calado *m* **1.** (*bordado*) open work **2.** NÁUT draught

calamar *m* squid

calambre *m* **1.** (*eléctrico*) electric shock **2.** (*muscular*) cramp

calamidad *f* (*catástrofe*) calamity; (*desastre*) disaster

calaña *f* **ser de mala ~** to be bad

calar **I.** *vi* **1.** (*líquido*) to soak in **2.** (*material*) to be permeable **II.** *vt* **1.** (*líquido*) to soak **2.** (*con un objeto*) to pierce **III.** *vr:* **~se** **1.** (*mojarse*) to get soaked **2.** (*motor*) to stall **3.** (*gorra*) to pull down

calavera *f* skull

calcañar *m* ANAT heel

calcar <c→qu> *vt* **1.** (*dibujar*) to trace **2.** (*imitar*) to copy

calceta *f* knitting

calcetín *m* sock

calcinar *vt* to burn

calcio *m* calcium

calco *m* tracing

calcomanía *f* transfer

calculadora f calculator
calcular vt to calculate
cálculo m **1.** t. ECON calculation **2.** MED stone
caldear <e→ie> I. vi (dar calor) to be warm II. vt **1.** (caldear) to heat (up); (con calefacción) to warm (up) **2.** (enfadar) to anger **3.** vulg (sexualmente) to turn on III. vr: ~se **1.** (caldearse) to heat up **2.** (enfadarse) to get angry **3.** DEP to warm up
caldera f TÉC boiler
calderilla f small change
caldero m cauldron Brit, caldron Am
caldo m **1.** GASTR broth **2.** (vino) wine
caldoso, -a adj soggy
calefacción f heating
caleidoscopio m kaleidoscope
calendario m calendar
calentador m heater; (para la cama) bed-warmer
calentamiento m DEP warm-up
calentar <e→ie> I. vi (dar calor) to be warm II. vt **1.** (caldear) to heat (up); (con calefacción) to warm (up) **2.** (enfadar) to anger **3.** vulg (sexualmente) to turn on III. vr: ~se **1.** (caldearse) to heat up **2.** (enfadarse) to get angry **3.** DEP to warm up
calentura f **1.** (fiebre) fever **2.** (en los labios) cold sore
calenturiento, -a adj feverish
calibre m **1.** (diámetro) calibre Brit, caliber Am **2.** (instrumento) gauge, gage Am
calidad f **1.** (clase) quality; **en ~ de** as **2.** (prestigio) importance
cálido, -a adj (país) hot; fig warm
caliente adj **1.** (cálido) warm **2.** (acalorado) heated **3.** (sexualmente) randy
califa m caliph
calificación f **1.** (cualificación) qualification **2.** (nota) mark, grade
calificar <c→qu> vt **1.** (definir) ~ **de algo** to describe as sth **2.** (evaluar) to assess **3.** ENS to mark
caligrafía f calligraphy
calina f mist
cáliz m **1.** REL chalice **2.** BOT calyx
caliza f limestone
callado, -a adj (sin hablar) silent; (silencioso) quiet
callar I. vi, vr: ~se to keep quiet; **¡cállate!** shut up! II. vt to keep (quiet)
calle f street; DEP lane; ~ **peatonal** pedestrian street; **hacer la** ~ inf to

streetwalk; **quedarse en la** ~ inf to be out of a job
callejear vi to stroll around
callejero m street directory
callejón m alley; ~ **sin salida** cul-de-sac
callista mf chiropodist
callo m **1.** (callosidad) callus; (en el pie) corn **2.** pl GASTR tripe
calma f **1.** (tranquilidad) calm; ~ **chicha** NÁUT dead calm **2.** (serenidad) calmness
calmante I. adj sedative II. m tranquilizer Brit, tranquilizer Am
calmar I. vi (viento) to abate II. vt **1.** (tranquilizar) to calm (down) **2.** (dolor) to relieve III. vr: ~se **1.** (tranquilizarse) to calm down **2.** (dolor) to ease off
calmoso, -a adj calm
calor m **1.** (de un cuerpo) warmth **2.** (clima) heat
caloría f calorie
calorífero, -a adj heat-producing, heat-emitting
columnia f slander
caluroso, -a adj **1.** (clima) hot **2.** fig warm
calva f bald patch
calvario m REL Stations pl of the Cross
calvicie f baldness
calvo, -a I. adj **1.** (sin pelo) bald **2.** (sin vegetación) bare II. m, f bald person
calzada f (paved) road
calzado m footwear
calzador m shoehorn
calzar <z→c> I. vt **1.** (poner) to put on **2.** (llevar puesto) to wear **3.** (una cuña) to wedge II. vr: ~se to put one's shoes on
calzón m AmL trousers pl
calzoncillo(s) m(pl) men's underpants pl
cama f **1.** (mueble) bed; **caer en** ~ to fall ill **2.** (de animales) lair
camada f **1.** (de animales) litter **2.** pey (cuadrilla) gang
camafeo m cameo
camaleón m t. fig chameleon
cámara¹ f **1.** FOTO camera; ~ **web**

web camera **2.** POL (*consejo*) house **3.** (*receptáculo*) chamber

cámara² *mf* CINE cameraman *m*, camerawoman *f*

camarada *mf* **1.** POL comrade **2.** (*amigo*) companion

camarero, -a *m, f* **1.** (*en restaurantes*) waiter *m*, waitress *f*; ¡~! waiter! **2.** (*en la barra*) barman *m*, barmaid *f*

camarilla *f t. pey* clique

camarín *m* dressing room

camarón *m* prawn, shrimp

camarote *m* NÁUT cabin, berth

cambiable *adj* **1.** COM exchangeable **2.** (*variable*) changeable

cambiante *adj* changeable

cambiar **I.** *vi* (*transformarse*) to change; ~ **de casa** to move (house) **II.** *vt* to (ex)change; (*dinero*) to change; ~ **algo de lugar** to move sth **III.** *vr* **1.** (*transformarse*) to change **2.** (*de casa*) to move

cambiazo *m* big change; **dar el ~ a alguien** *inf* to pull a fast one on sb

cambio *m* **1.** (*transformación*) change; **en ~** however **2.** (*intercambio*) exchange; **a ~ de algo** in exchange for sth **3.** FIN exchange rate; ~ **de divisa** foreign exchange **4.** (*suelto*) change **5.** TÉC gear change *Brit*, gearshift *Am*

cambista *mf* foreign exchange clerk

Camboya *f* Cambodia

camelar *vt inf* **1.** (*engañar*) to cajole **2.** (*seducir*) to seduce

camelia *f* camellia

camello, -a *m, f* **1.** ZOOL camel **2.** *inf* (*persona*) drug dealer

camelo *m inf* con

camerino *m* TEAT dressing room

Camerún *m* Cameroon

camilla *f* stretcher

caminar **I.** *vi* **1.** (*ir*) to go; (*a pie*) to walk **2.** *AmL* (*funcionar*) to work **II.** *vt* (*distancia*) to cover

caminata *f* long walk

camino *m* **1.** (*senda*) path; (*más estrecho*) track; (*calle*) road; **ponerse en ~** to set out; **ir por buen ~** *fig* to be on the right track **2.** (*distancia*) way **3.** INFOR path

---

? **Santiago de Compostela**, the capital of Galicia, has been an important place of pilgrimage for the Roman Catholic Church since the 9th century. The **Camino de Santiago** which leads to **Santiago de Compostela** is a route that is travelled every year by thousands of pilgrims from all over the world.

---

camión *m* AUTO lorry *Brit*, truck *Am*

camionero, -a *m, f* lorry driver *Brit*, truck driver *Am*

camioneta *f* **1.** (*furgoneta*) van **2.** *AmL* (*autobús*) bus

camisa *f* **1.** (*prenda*) shirt **2.** (*funda*) case

camiseta *f* **1.** (*exterior*) T-shirt **2.** (*interior*) vest *Brit*, undershirt *Am* **3.** DEP shirt

camisón *m* nightdress, nightgown *Am*

camorra *f* **1.** *pey, inf* (*escándalo*) row **2.** (*mafia*) Camorra

camorrista *mf* troublemaker

camote *m AmL* sweet potato

campamento *m* camp; ~ **de veraneo** summer camp

campana *f* bell

campanada *f* chime

campanario *m* bell tower

campanilla *f* **1.** (*campana*) bell **2.** ANAT uvula

campaña *f* **1.** (*campo*) countryside; **tienda de ~** tent **2.** MIL campaign

campechano, -a *adj* straightforward

campeón, -ona *m, f* champion

campeonato *m* championship

campesino, -a **I.** *adj* rural **II.** *m, f* **1.** (*que vive*) countryman *m*, countrywoman *f* **2.** *t. pey* (*labrador*) peasant

camping *m* **1.** (*campamento*) camping site **2.** (*actividad*) camping

campiña *f* countryside

campo *m* **1.** (*no ciudad*) countryside **2.** *t.* DEP, INFOR (*de cultivo*) field; ~ **para entradas** INFOR input field; ~ **de opción** INFOR option field **3.** (*cam-*

pamento) camp; **~ de trabajo** work camp

camposanto *m* cemetery

campus *m inv* campus

camuflaje *m* camouflage

camuflar *vt t. fig* to camouflage

cana *f* white hair

Canadá *m* (**el**) **~** Canada

canal *m o f* **1.** *t.* ANAT (*cauce artificial*) canal **2.** GEO, TV *fig* channel

canalizar <z→c> *vt* **1.** (*un río*) to canalize **2.** (*encauzar*) to channel

canalla *mf pey* swine

canalón *m* gutter

Canarias *fpl* **las Islas ~** the Canary Islands

canario *m* canary

canario, -a *adj* of/from the Canary Islands

canasta *f* basket

canastilla *f* **1.** (*cestita*) small basket **2.** (*del bebé*) layette

cancel *m* inner door

cancelación *f* cancellation

cancelar *vt* **1.** (*anular*) to cancel **2.** FIN (*una cuenta*) to close; (*una deuda*) to pay (off)

cáncer *m* MED cancer

Cáncer *m* Cancer

cancerígeno, -a *adj* carcinogenic

cancha *f* (*de deporte*) sports field; (*de tenis*) court

canciller *mf* POL chancellor

canción *f* song

cancionero *m* songbook

candado *m* padlock

candela *f* candle

candelero *m* candlestick

candente *adj* **1.** (*al rojo*) red-hot **2.** (*palpitante*) burning

candidato, -a *m, f* **1.** (*aspirante*) applicant **2.** POL candidate

candidez *f v.* **candor**

cándido, -a *adj v.* **candoroso**

candil *m* oil lamp

candilejas *fpl* TEAT footlights *pl*

candor *m* **1.** (*inocencia*) innocence **2.** (*ingenuidad*) naivety *Brit,* naiveté *Am*

candoroso, -a *adj* **1.** (*inocente*) innocent **2.** (*ingenuo*) naive

canela *f* cinnamon

canelones *m pl* GASTR cannelloni

cangrejo *m* (*crustáceo*) crab

canguro¹ *m* ZOOL kangaroo

canguro² *mf inf* (*persona*) baby-sitter

caníbal *adj, mf* cannibal

canica *f* marble

canijo, -a *adj pey* (*endeble*) feeble; (*pequeñajo*) puny

canilla *f* **1.** ANAT shinbone **2.** TÉC (*carrete*) bobbin

canino *m* canine (tooth)

canjear *vt* **1.** (*intercambiar*) to exchange **2.** (*cambiar*) to cash (in)

canoa *f* canoe

canon *m* rule

canónigo *m* REL canon

canonizar <z→c> *vt* REL to canonize

canoso, -a *adj* grizzled

cansado, -a *adj* **1.** *estar* (*fatigado*) tired **2.** *estar* (*harto*) tired **3.** *ser* (*fatigoso*) tiring **4.** *ser* (*aburrido*) boring

cansancio *m* tiredness

cansar **I.** *vt* **1.** (*fatigar*) to tire (out) **2.** (*hastiar*) to bore **II.** *vr:* **-se 1.** (*fatigarse*) to tire oneself out **2.** (*hartarse*) to get tired

Cantabria *f* Cantabria

cantábrico, -a *adj* Cantabrian; **el Mar Cantábrico** the Bay of Biscay

cantante **I.** *adj* singing **II.** *mf* singer

cantar **I.** *vi, vt* **1.** (*personas*) to sing; (*gallo*) to crow **2.** (*alabar*) to sing the praises of **3.** *inf* (*confesar*) to talk **II.** *m* song

cántaro *m* pitcher

cantautor(a) *m(f)* singer-songwriter

cante *m* singing; **~ jondo** Flamenco singing

cantera *f* quarry

cantidad *f* **1.** (*porción*) quantity; (*número*) number **2.** (*suma*) sum

cantilena *f* song; **la misma ~** *inf* the same old story

cantina *f* (*en estaciones*) buffet; (*en cuarteles*) canteen

cantinela *f v.* **cantilena**

canto *m* **1.** (*acción*) singing; (*canción*) song **2.** (*esquina*) corner; (*arista*) edge **3.** (*en un cuchillo*) back; (*en un libro*) fore-edge

cantor(a) **I.** *adj* singing **II.** *m(f)* elev

singer

canuto _m_ **1.** (_tubo_) tube **2.** _inf_ (_porro_) joint

caña _f_ **1.** BOT reed; (_tallo_) stalk; (_junco_) cane **2.** ANAT shinbone **3.** (_de pescar_) (fishing) rod

cañada _f_ **1.** (_barranco_) gully **2.** (_camino_) cattle track

cáñamo _m_ hemp

cañería _f_ pipe

caño _m_ **1.** (_tubo_) tube; (_de la fuente_) jet **2.** (_desagüe_) drainpipe

cañón _m_ **1.** (_tubo_) tube; (_de escopeta_) barrel **2.** MIL cannon **3.** GEO canyon

caoba _f_ mahogany

caos _m inv_ chaos

caótico, -a _adj_ chaotic

cap. _abr de_ **capítulo** ch.

capa _f_ **1.** _t._ TAUR (_prenda_) cape **2.** (_cobertura_) covering; (_baño_) coating **3.** (_de ozono_) layer **4.** GEO stratum

capacho _m_ (large) basket, hamper

capacidad _f_ **1.** _t._ FÍS (_cabida_) capacity **2.** (_aptitud_) aptitude

capacitación _f_ (_capacidad_) capacity; (_formación_) training

capacitar **I.** _vt_ to train; (_preparar_) **II.** _vr:_ ~**se** to qualify

capar _vt_ to castrate

caparazón _m t. fig_ shell

capataz _m_ foreman

capaz _adj_ **1.** (_con cabida_) capacious **2.** (_en condiciones_) capable

capcioso, -a _adj_ deceitful

capea _f_ bullfight with young bulls

capellán _m_ **1.** (_con capellanía_) chaplain **2.** (_clérigo_) clergyman

caperuza _f_ (pointed) hood

capicúa _m_ symmetrical number

capilla _f_ REL chapel

capital¹ **I.** _adj_ essential **II.** _m_ ECON, FIN capital

capital² _f_ capital (city)

capitalismo _m_ capitalism

capitalista **I.** _adj_ capitalist(ic) **II.** _mf_ capitalist

capitalizar <z→c> _vt_ to capitalize

capitán _m_ **1.** MIL, DEP captain **2.** _fig_ leader

capitanear _vt_ to captain

capitolio _m_ capitol; **el Capitolio** the

Capitol

capitulación _f_ **1.** MIL surrender **2.** (_acuerdo_) agreement

capitular _vi_ **1.** (_acordar_) to agree to **2.** (_rendirse_) to surrender

capítulo _m t._ REL chapter

capo _m_ mob boss

capó _m_ bonnet _Brit,_ hood _Am_

capón _m_ capon

caporal _m_ **1.** MIL squadron leader, corporal _Am_ **2.** (_jefe_) leader

capota _f_ AUTO convertible roof _Brit,_ convertible top _Am_

capote _m_ **1.** (_abrigo_) cloak **2.** TAUR cape

capricho _m_ whim

caprichoso, -a _adj_ capricious

Capricornio _m_ Capricorn

cápsula _f_ capsule

captar _vt_ **1.** (_percibir_) to make out **2.** TEL to pick up **3.** CINE, FOTO to take **4.** INFOR to capture

captura _f_ **1.** (_apresamiento_) capture **2.** (_detención_) arrest

capturar _vt_ **1.** (_apresar_) to capture **2.** (_detener_) to arrest

capucha _f,_ **capuchón** _m_ hood

capullo _m_ **1.** BOT bud **2.** ZOOL cocoon

caqui _m_ khaki

cara **I.** _f_ **1.** (_rostro_) face; **echar en** ~ to reproach; **plantar** ~ **a** to face up to; **tener mucha** ~ to have some nerve **2.** (_aspecto_) look **3.** (_lado_) side; (_de una moneda_) face; ~ **o cruz** heads or tails **II.** _prep_ (**de**) ~ **a** facing

carabina _f_ carbine

caracol _m_ **1.** ZOOL snail **2.** (_concha_) conch (shell)

carácter <caracteres> _m_ **1.** _t._ TIPO, INFOR (_general_) character **2.** (_índole_) nature

característica _f_ characteristic

caracterizar <z→c> **I.** _vt_ **1.** (_marcar_) to characterize **2.** TEAT to play **II.** _vr:_ ~**se** to be characterized

caradura _mf inf_ shameless person

carajillo _m inf:_ coffee with a dash of brandy

carajo _m vulg_ prick; **irse al** ~ to go to hell; (_estropearse_) to go to the dogs; **¡~!** hell!

caramba *interj inf* damn
carámbano *m* icicle
caramelo *m* 1.(*azúcar*) caramel 2.(*golosina*) sweet *Brit,* candy *Am*
carantoña *f* **hacer ~s** to butter up
caraqueño, -a *adj* of/from Caracas
carátula *f* 1.(*careta*) mask 2.(*de un disco*) cover
caravana *f* 1.(*remolque*) caravan *Brit,* trailer *Am* 2.(*de coches*) tailback
carbón *m* coal
carbonilla *f* coal dust
carbonizar <z→c> *vt* 1.(*abrasar*) to char 2. QUÍM to carbonize
carbono *m* carbon
carburador *m* TÉC carburettor *Brit,* carburetor *Am*
carburante *m* fuel
carcajada *f* guffaw
carcajearse *vr* to roar with laughter
cárcel *f* prison
carcelero, -a *m, f* prison officer
carcoma *f* woodworm
carcomer I. *vt* 1.(*corroer*) to eat away 2.(*minar*) to undermine II. *vr:* ~**se** *fig* to decay
carcomido, -a *adj* (*madera*) eaten away; *fig* decayed
cardar *vt* to card
cardenal *m* 1. REL cardinal 2.(*hematoma*) bruise
cárdeno, -a *adj* (*color*) purple; (*res*) black and white; (*agua*) opaline blue
cardiaco, -a *adj,* **cardíaco, -a** *adj* heart; MED cardiac; **ataque ~** heart attack
cardinal *adj* cardinal
cardo *m* BOT thistle
carear I. *vt* 1. JUR (*confrontar*) to bring face to face 2.(*cotejar*) to compare II. *vr:* ~**se** to come face to face
carecer *irr como crecer* *vi* ~ **de algo** to lack sth
carencia *f* 1.(*falta*) lack 2.(*escasez*) shortage
carente *adj* lacking
carestía *f sin pl* 1.(*escasez*) scarcity 2. ECON high cost
careta *f* mask
carga *f* 1.(*acto*) loading 2.(*cargamento*) load; (*flete*) freight; **buque de ~** freighter 3.(*obligación*) obligation 4. MIL, FIN charge; ~ **fiscal** tax burden
cargado, -a *adj* 1.(*con cargamento*) loaded; (*lleno*) full 2. FÍS, TÉC charged 3.(*pesado*) heavy 4.(*fuerte*) strong
cargamento *m* (*acto*) loading; (*carga*) load, cargo
cargar <g→gu> I. *vt* 1. *t.* MIL to load; ~ **con algo** to carry sth 2.(*achacar*) to attribute 3. FIN (*en una cuenta*) to charge 4. *inf* (*irritar*) to annoy 5. INFOR to load 6. *AmL* (*llevar*) to have II. *vr:* ~**se** 1.(*llenarse*) to fill up 2. *inf* (*romper*) to smash up
cargo *m* 1. FIN (*cantidad debida*) charge 2.(*puesto*) post 3.(*responsabilidad*) responsibility; (*deber*) duty
carguero *m* NÁUT freighter
Caribe *m* **el** (**Mar**) ~ the Caribbean (Sea)
caribeño, -a *adj* Caribbean
caricatura *f* caricature
caricia *f* caress
caridad *f* charity
caries *f inv* MED tooth decay
cariño *m* (*afecto*) affection; (*amor*) love; **¡~** (**mío**)! (my) dear!
cariñoso, -a *adj* ~ **con alguien** affectionate towards sb
carisma *m* charisma
caritativo, -a *adj* charitable
cariz *m* (*aspecto*) look
carmesí *adj, m* carmine
carnal *adj* carnal
carnaval *m* carnival; REL shrovetide
carne *f* 1.(*del cuerpo*) flesh; ~ **de gallina** gooseflesh; **de ~ y hueso** real; **uña y ~** inseparable 2.(*alimento*) meat
carné *m* <carnés> identity card; ~ **de conducir** *AmL* driving licence *Brit,* driver's license *Am*
carnero *m* ram
carnet *m* <carnets> *v.* **carné**
carnicería *f* 1.(*tienda*) butcher's (shop) 2.(*masacre*) massacre
carnicero, -a I. *adj* carnivorous II. *m, f* butcher
carnívoro, -a *adj* carnivorous
carnoso, -a *adj* fleshy
caro *adv* dear(ly) *Brit*

caro, -a *adj* expensive, dear *Brit*

carpa *f* **1.** ZOOL carp **2.** (*de circo*) marquee **3.** *AmL* (*de campaña*) tent

Cárpatos *mpl* **los** (**Montes**) ~ the Carpathians

carpeta *f* **1.** (*portafolios*) folder **2.** (*de un disco*) cover

carpintería *f* carpentry

carpintero, -a *m*, *f* carpenter

carpir *vt AmL* to hoe

carraspear *vi* to clear one's throat

carraspera *f* hoarseness

carrera *f* **1.** (*movimiento*) run **2.** (*recorrido*) journey; (*de un astro*) course **3.** DEP (*competición*) race **4.** (*estudios*) ~ **profesional** career; **hacer una** ~ to study

carreta *f* wagon

carrete *m t.* FOTO spool, reel

carretera *f* (main) road

carretilla *f* wheelbarrow

carril *m* **1.** (*en la carretera*) lane **2.** *t.* TÉC (*raíl*) rail

carrillo *m inf* cheek

carro *m* **1.** (*vehículo*) cart; **el Carro Mayor** ASTR the Big Dipper **2.** *AmL* (*coche*) car **3.** (*de máquina de escribir*) carriage

carrocería *f* bodywork

carroña *f* carrion

carroza *f* carriage

carruaje *m* carriage

carrusel *m* merry-go-round, carousel *Am*

carta *f* **1.** (*escrito*) letter; **echar una** ~ to post a letter **2.** (*documento*) document; **Carta Magna** Magna Carta; **tomar** ~**s en algo** to intervene in sth **3.** (*naipes*) card; **echar las** ~**s** **n** to tell fortune **4.** GEO (*mapa*) map **5.** (*menú*) menu

cartabón *m* set square

cartearse *vr* to correspond

cartel *m* poster; (*rótulo*) sign; TEAT bill

cártel *m* ECON cartel

cartelera *f* **1.** (*en periódico*) entertainment guide **2.** (*tablón*) notice board; TEAT, CINE publicity board

cartera *f* (*de bolsillo*) wallet; (*de mano*) handbag, purse *Am*; (*portafolios*) portfolio; (*escolar*) (school) satchel; ~ **de valores** FIN securities portfolio

carterista *mf* pickpocket

cartero, -a *m*, *f* postman *m Brit*, postwoman *f Brit*

cartilla *f* first reader; ~ **de ahorros** FIN savings book

cartografía *f* cartography

cartón *m* **1.** (*material*) cardboard **2.** (*envase*) carton

cartucho *m* **1.** *t.* MIL cartridge **2.** (*envoltura*) cone

cartulina *f* thin cardboard

casa *f* **1.** (*edificio*) house; **tirar la** ~ **por la ventana** *inf* to spare no expense **2.** (*vivienda*) flat **3.** (*hogar*) home; **ir a** ~ to go home **4.** ECON (*empresa*) firm; ~ **editorial** publishing house

casadero, -a *adj* marriageable

casamiento *m* marriage, wedding

casar **I.** *vt* **1.** (*dos personas*) **estar casado** to be married; **los recién casados** the newlyweds **2.** (*combinar*) to combine **II.** *vr*: ~**se** to get married

cascabel *m* (little) bell; **serpiente de** ~ rattlesnake

cascada *f* waterfall

cascanueces *m inv* nutcracker

cascar <c→qu> **I.** *vi inf* (*charlar*) to chatter **II.** *vt* **1.** (*romper*) to crack **2.** *inf* (*pegar*) to clout **III.** *vr*: ~**se** **1.** (*romperse*) to crack **2.** *inf* (*envejecer*) to get old

cáscara *f* (*de huevo*) shell; (*de limón*) peel

casco *m* **1.** (*para la cabeza*) helmet **2.** *inf* (*cabeza*) head **3.** (*pezuña*) hoof **4.** (*de un barco*) hull **5.** (*botella*) (empty) bottle **6.** (*centro ciudad*) city centre *Brit*, downtown *Am* **7.** *pl* (*auriculares*) headphones *pl*

cascote *m* piece of rubble

caserío *m* farmhouse

casero, -a **I.** *adj* **1.** (*hecho en casa*) homemade **2.** (*hogareño*) home-loving **II.** *m*, *f* landlord *m*, landlady *f*

caseta *f* hut; (*de feria*) booth; (*de muestras*) stand

casete¹ *m o f* (*cinta*) cassette

casete² *m* **1.** (*aparato*) cassette re-

corder **2.** (*pletina*) cassette deck
casi *adv* almost
casilla *f* **1.** (*caseta*) hut **2.** (*en la cuadrícula*) box **3.** (*en un tablero*) square **4.** (*en un casillero*) pigeonhole
casillero *m* set of pigeonholes
casino *m* **1.** (*casa de juego*) casino **2.** (*club*) club
caso *m* **1.** (*hecho*) case; **yo, en tu ~...** If I were you ...; **en ~ de** +*infin* in the event of; **dado el ~ de que** +*subj* supposing (that); **en ~ contrario** otherwise; **en todo ~** in any case **2.** (*atención*) notice; **hacer ~** to pay attention
caspa *f* dandruff
Caspio *m* (**el**) **Mar ~** (the) Caspian Sea
casquillo *m* **1.** (*de bala*) cartridge case **2.** (*de bombilla*) light fitting
cassette[1] *m o f v.* **casete**[1]
cassette[2] *m v.* **casete**[2]
casta *f* **1.** (*raza*) race **2.** (*linaje*) lineage
castaña *f* **1.** (*fruto*) chestnut **2.** *inf* (*golpe*) blow **3.** *inf* (*puñetazo*) thump **4.** *inf* (*borrachera*) drunkenness
castañetear *vi* **1.** (*dedos*) to snap **2.** (*castañuelas*) to play
castaño *m* chestnut tree
castaño, -a *adj* brown
castañuela *f* castanet
castellano *m* LING (*español*) Spanish; (*variedad*) Castilian
castellano, -a *adj, m, f* Castilian; **la lengua castellana** the Spanish language
castidad *f* chastity
castigar <g→gu> *vt* **1.** (*punir*) to punish **2.** (*físicamente*) to beat
castigo *m* punishment
Castilla *f* Castile
Castilla-La Mancha *f* Castile and La Mancha
Castilla-León *f* Castile and León
castillo *m* castle
castizo, -a *adj* typical
casto, -a *adj* chaste
castor *m* beaver
castrar *vt* **1.** AGR to geld **2.** *t.* MED to

castrate
casual *adj* chance
casualidad *f* chance; **por ~** by chance; **¡qué ~!** what a coincidence!
cataclismo *m* cataclysm
catacumbas *fpl* catacombs *pl*
catador(a) *m(f)* taster
catalán *m* (*lengua*) Catalan
catalán, -ana *adj, m, f* Catalan, Catalonian
catalejo *m* telescope
catalizador *m* **1.** *t.* QUÍM, TÉC catalyst **2.** AUTO catalytic converter
catalogar <g→gu> *vt* **1.** (*registrar*) to catalogue *Brit,* to catalog *Am* **2.** (*clasificar*) to class
catálogo *m* catalogue *Brit,* catalog *Am*
Cataluña *f* Catalonia
cataplasma *f* **1.** MED poultice **2.** *inf* (*pesado*) bore
catapulta *f* catapult
catar *vt* to taste
catarata *f* **1.** (*salto*) waterfall **2.** MED cataract
catarro *m* cold; MED catarrh
catarsis *f inv* catharsis
catastro *m* cadastre *Brit,* cadaster *Am*
catástrofe *f* catastrophe
catear *vt inf* to fail, to flunk *Am*
catecismo *m* REL catechism
cátedra *f* **1.** ENS (*púlpito*) lectern **2.** ENS (*docencia*) chair
catedral *f* cathedral
catedrático, -a *m, f* ENS professor
categoría *f* **1.** *t.* FILOS (*clase*) category **2.** (*calidad*) quality; **de primera ~** first-class **3.** (*rango*) rank
catequesis *f inv* REL catechesis
cateto, -a *m, f* yokel
catolicismo *m* REL (Roman) Catholicism
católico, -a *adj, m, f* (Roman) Catholic
catorce *adj inv, m* fourteen; *v.t.* **ocho**
catre *m* plank bed
Cáucaso *m* **el ~** the Caucasus
cauce *m* **1.** GEO (*lecho*) river bed **2.** (*camino*) channel, course
caucho *m* **1.** (*sustancia*) rubber **2.** *AmL* (*neumático*) tyre *Brit,* tire

Am

caución *f* 1.(*cautela*) caution 2.JUR security

caudal I. *adj* tail II. *m* 1.(*de agua*) volume 2.(*dinero*) fortune 3.(*abundancia*) abundance

caudaloso, -a *adj* 1.(*río*) large 2.(*rico*) rich 3.(*cantidad*) abundant

caudillo *m* MIL, POL leader; **el Caudillo** Franco

causa *f* 1. *t.* POL (*origen*) cause; (*motivo*) reason; **a ~ de** on account of 2.JUR lawsuit

causar *vt* to cause; ~ **alegría** to make happy; ~ **efecto** to have an effect

cautela *f* (*precaución*) caution

cauteloso, -a *adj* (*prudente*) cautious

cautivar *vt* 1.(*apresar*) to capture 2.(*fascinar*) to captivate

cautiverio *m*, **cautividad** *f* captivity

cautivo, -a *adj, m, f* captive

cauto, -a *adj* cautious

cava *m* cava

? **Cava** is referred to as the Spanish Champagne. This quality sparkling white wine is produced in champagne cellars in the north-east of Spain.

---

cavar *vi, vt* to dig

caverna *f* (*cueva*) cave; (*gruta*) cavern

caviar *m sin pl* caviar

cavidad *f t.* MED cavity

cavilar *vt* to ponder (on)

caviloso, -a *adj* suspicious

cayado *m* 1.(*del pastor*) crook 2.(*del prelado*) crozier

caza¹ *f* 1.(*montería*) hunting 2.(*animales*) game

caza² *m* MIL fighter plane

cazador(a) I. *adj* hunting II. *m(f)* (*persona*) hunter *m*, huntress *f*

cazadora *f* jacket

cazar <z→c> *vt* 1.(*atrapar*) to hunt; (*perseguir*) to pursue 2.(*coger*) to catch

cazavirus *adj inv* INFOR anti-virus; **programa ~** anti-virus programme

cazo *m* saucepan; (*cucharón*) ladle

cazuela *f* casserole

cazurro, -a I. *adj* sullen II. *m, f* sullen person

CC.OO. *fpl abr de* **Comisiones Obreras** *Spanish communist federation of trade unions*

CE *f* HIST *abr de* **Comunidad Europea** EC

cebada *f* BOT barley

cebar I. *vt* 1.(*engordar*) to fatten (up) 2.(*un arma*) to prime 3.(*el anzuelo*) to bait II. *vr:* ~**se** to vent one's anger

cebo *m* 1.(*alimento*) feed 2.(*de anzuelo*) bait 3.(*en un arma*) primer

cebolla *f* onion

cebolleta *f* spring onion *Brit,* scallion *Am*

cebra *f* ZOOL zebra; **paso de ~** AUTO zebra crossing *Brit,* crosswalk *Am*

cecear *vi* to lisp

ceceo *m* lisp

? In certain regions, for example in certain areas of Andalusia, the Spanish 's' is pronounced as a 'z'. This linguistic phenomenon is referred to as *ceceo,* e.g. 'cocer' instead of 'coser'.

---

cedazo *m* sieve

ceder I. *vi* 1.(*renunciar*) to give up 2.(*disminuir*) to diminish 3.(*capitular*) to give in 4.(*cuerda*) to give way II. *vt* 1.(*dar*) to hand over 2.(*transferir*) to transfer 3.DEP (*balón*) to pass

cedro *m* BOT cedar

cédula *f* certificate; ~ **personal** identity card

CEE *f* HIST *abr de* **Comunidad Económica Europea** EEC

cegar *irr como fregar* I. *vi* to go blind II. *vt* 1.(*la vista*) to blind 2.(*ventana*) to wall up III. *vr:* ~**se** to be blinded

ceguera *f t. fig* blindness

Ceilán *m* Ceylon

ceja *f* eyebrow

cejar *vi* to give up

celada *f* 1. ambush 2. (*trampa*) trap
celador(a) *m(f)* watchman; (*de aparcamientos*) attendant
celda *f* cell
celebración *f* celebration
celebrar I. *vt* 1. (*acontecimiento*) to celebrate 2. (*reuniones*) to hold 3. (*alegrarse*) to be delighted II. *vi* REL to celebrate Mass III. *vr:* ~**se** 1. (*fiesta*) to be celebrated 2. (*reunión*) to be held
célebre <celebérrimo> *adj* famous
celebridad *f* 1. (*alguien ilustre*) celebrity 2. (*renombre*) fame
celeste *adj* 1. (*célico*) celestial 2. (*color*) sky blue
celestial *adj* celestial, heavenly
celibato *m* celibacy
célibe I. *adj* celibate II. *mf* unmarried person
celo *m* 1. (*afán*) zeal 2. *pl* (*por amor*) jealousy; **tener** ~**s** to be jealous; **estar en** ~ (*macho*) to be in rut; (*hembra*) to be on heat 3. (*autoadhesivo*) adhesive tape *Brit,* Scotch® tape
celoso, -a *adj* 1. (*con fervor*) zealous 2. jealous
celta I. *adj* Celtic II. *mf* Celt
célula *f* cell
celulitis *f inv* MED cellulitis
cementerio *m* cemetery; ~ **de coches** used-car scrapyard
cemento *m* cement
cena *f* supper
cenagal *m* bog
cenar I. *vi* to have supper II. *vt* to have for supper
cenicero *m* ashtray
cenit *m* zenith
ceniza *f* ash
censar *vt* to take a census of
censo *m* census
censura *f* censorship; **moción de** ~ POL motion of censure
censurar *vt* 1. (*juzgar*) to censure 2. (*vituperar*) to condemn
centella *f* spark
centell(e)ar *vi* 1. (*fuego*) to spark 2. (*estrella*) to twinkle
centelleo *m* 1. (*de las llamas*) sparking 2. (*de las estrellas*) twinkling

centena *f* hundred
centenar *m* hundred
centenario *m* centenary *Brit,* centennial *Am*
centenario, -a *adj, m, f* centenarian
centeno *m* BOT rye
centésimo, -a *adj, m, f* hundredth
centígrado *m* centigrade
centímetro *m* centimetre *Brit,* centimeter *Am*
céntimo I. *adj* hundredth II. *m* 1. (*centésima parte*) hundredth part 2. (*moneda*) hundredth part of a peseta
centinela *mf* 1. (*de museo*) guard 2. MIL sentry
centollo *m* spider crab
central I. *adj* central; **Europa Central** Central Europe; **estación** ~ main station II. *f* 1. (*oficina*) head office 2. TÉC plant; ~ **eléctrica** electric power station
centralita *f* TEL switchboard
centralización *f* centralization
centralizar <z→c> *vt* to centralize
centrar *vt* 1. TÉC, DEP to centre *Brit,* to center *Am* 2. (*atención*) to focus
céntrico, -a *adj t.* TÉC central
centrifugadora *f* spin-dryer; TÉC centrifuge
centrifugar <g→gu> *vt* to spin-dry; TÉC to centrifuge
centrífugo, -a *adj* centrifugal
centrista *adj, mf* POL centrist
centro *m* 1. *t.* POL, DEP centre *Brit,* center *Am;* (*de la ciudad*) town centre *Brit,* downtown; ~ **nervioso** ANAT nerve centre 2. (*institución*) centre *Brit,* center *Am;* ~ **de computación** computer centre
Centroamérica *f* Central America
centroamericano, -a *adj, m, f* Central American
Centroeuropa *f* Central Europe
ceñido, -a *adj* tight-fitting
ceñir *irr* I. *vt* 1. (*rodear*) to surround 2. (*ponerse*) to put on; (*cinturón*) to buckle on 3. (*acortar*) to shorten II. *vr:* ~**se** 1. (*ajustarse*) to limit oneself 2. (*vestido*) to be close-fitting
ceño *m* frown

cepa *f* stock
cepillar I. *vt* 1. (*traje*) to brush 2. TÉC (*madera*) to plane II. *vr:* ~**se** 1. *inf* (*robar*) to rip off 2. *inf* (*matar*) to bump off 3. *vulg* (*seducir*) to make it with
cepillo *m* 1. (*para el cabello*) brush; ~ **de dientes** toothbrush 2. (*para madera*) plane
cepo *m* 1. (*caza*) trap 2. *pl* AUTO wheel clamp
cera *f* wax
cerámica *f* ceramics *pl*
cerca I. *adv* 1. (*en el espacio*) near; **aquí** ~ near here; ~ **de** near 2. (*en el tiempo*) close II. *f* fence
cercanía *f* 1. (*proximidad*) closeness; (*vecindad*) 2. *pl* (*alrededores*) outskirts *pl*
cercano, -a *adj* near
cercar <c→qu> *vt* 1. (*vallar*) to fence in 2. (*rodear*) to surround
cerciorar I. *vt* to convince II. *vr:* ~**se** to make sure
cerco *m* 1. (*círculo*) circle 2. (*valla*) fence 3. MIL siege
cerda *f* 1. ZOOL sow 2. (*pelo*) bristle
cerdada *f pey* dirty trick
Cerdeña *f* Sardinia
cerdo, -a I. *adj* (*sucio*) dirty II. *m, f* 1. ZOOL pig; (*carne*) pork 2. (*insulto*) swine
cereales *mpl* cereals *pl*, grain
ceremonia *f* ceremony
ceremonial *adj, m* ceremonial
ceremonioso, -a *adj* 1. (*solemne*) ceremonious 2. (*formal*) formal
cereza *f* cherry
cerilla *f* match
cerner <e→ie> *vt* to sieve, to sift
cero *m* zero; **partir de** ~ to start from scratch
cerrado, -a *adj* 1. *estar* (*no abierto*) closed; (*con llave*) locked 2. *estar* (*cielo*) overcast 3. *ser* (*actitud*) reserved 4. *ser* (*curva*) sharp
cerradura *f* 1. (*dispositivo*) lock 2. (*acción*) closing; (*con llave*) locking
cerrajero, -a *m, f* locksmith
cerrar <e→ie> I. *vt* 1. (*paraguas, carretera*) to close; (*carta*) to seal; ~

archivo INFOR to close a file 2. (*con llave*) to lock 3. (*agujero*) to block (up); (*agua*) to turn off 4. (*terreno*) to close off II. *vi* 1. (*puerta*) to close 2. (*acabar*) to end III. *vr:* ~**se** 1. (*puerta*) to close 2. (*herida*) to heal (up)
cerro *m* hill
cerrojo *m* bolt
certamen *m* competition
certero, -a *adj* accurate
certeza *f* certainty
certificado *m* certificate
certificado, -a *adj* 1. JUR certified 2. (*correos*) registered
certificar <c→qu> *vt* 1. *t.* JUR (*afirmar*) to certify 2. (*correos*) to register
cervato *m* fawn
cervecería *f* 1. (*bar*) pub *Brit*, bar 2. (*fábrica*) brewery
cerveza *f* beer
cervical *adj* 1. ANAT neck 2. MED cervical
Cervino *m* **el Monte** ~ the Matterhorn
cesación *f*, **cesamiento** *m* cessation
cesante I. *adj* 1. (*suspendido*) suspended 2. *AmL* (*parado*) unemployed II. *mf* laid-off civil servant
cesar I. *vi* 1. (*parar*) to stop 2. (*en una profesión*) to leave II. *vt* 1. (*pagos*) to stop 2. (*despedir*) to dismiss
cesárea *f* caesarean
cese *m* 1. (*que termina*) cessation; (*interrupción*) suspension 2. (*de obrero*) sacking 3. JUR (*proceso*) abandonment
césped *m* grass
cesta *f* basket
cesto *m t.* DEP basket
cetro *m* sceptre *Brit*, scepter *Am*
cf. *abr de* **compárese** cf.
chabacano, -a *adj* vulgar
chabola *f* 1. (*casucha*) shack 2. *pl* (*barrio*) shanty town
chacal *m* jackal
chacha *f inf* maid
cháchara *f inf* chatter
chacra *f AmL* (*granja*) small farm
Chad *m* Chad

chafar I. *vt* **1.** (*aplastar*) to flatten, to squelch; (*arrugar*) to crease **2.** (*estropear*) to spoil II. *vr:* ~**se** to be flattened

chal *m* shawl

chalado, -a *adj inf* crazy

chalé *m* chalet

chaleco *m* waistcoat *Brit*, vest *Am;* ~ **salvavidas** life jacket

chalupa *f* NÁUT launch

chamaco, -a *m, f* (*muchacho*) boy; (*muchacha*) girl

champán *m,* **champaña** *m* champagne

champiñón *m* mushroom

champú *m* shampoo

chamuscar <c→qu> I. *vt* to scorch; (*aves*) to singe II. *vr:* ~**se** to get scorched

chancho *m AmL* pig

chanchullo *m inf* swindle, fiddle

chándal *m* <chándals> tracksuit

chapa *f* **1.** (*metal*) sheet **2.** (*lámina*) plate **3.** (*contrachapado*) plywood **4.** (*tapón*) (bottle)cap **5.** *AmL* (*cerradura*) lock

chaparrón *m* downpour; (*chubasco*) cloudburst

chapista *mf* **1.** (*planchista*) tinsmith **2.** (*de carrocería*) panel beater

chapotear I. *vi* to splash (around) II. *vt* to moisten

chapucero, -a I. *adj* shoddy II. *m, f* bungler

chapurr(e)ar *vt* to speak badly

chapuza *f* shoddy job

chapuzón *m* dip

chaqué *m* morning coat

chaqueta *f* jacket

chaquetón *m* long jacket

charca *f* pond

charco *m* puddle, pool

charcutería *f* **1.** (*productos*) pork products *pl* **2.** (*tienda*) ≈ delicatessen

charla *f* **1.** (*conversación*) chat **2.** (*conferencia*) talk

charlar *vi* to chat

charlatán, -ana *m, f* **1.** (*hablador*) chatterbox **2.** (*chismoso*) gossip

charol *m* **1.** (*barniz*) varnish **2.** (*cuero*) patent leather

chárter *adj inv* charter

chascarrillo *m* funny story

chasco *m* **1.** (*burla*) joke **2.** (*decepción*) disappointment

chasis *m inv* **1.** AUTO chassis **2.** FOTO plateholder

chasquear *vi* **1.** (*con la lengua*) to click; (*con los dedos*) to snap **2.** (*madera*) to creak

chasquido *m* **1.** (*de lengua*) click; (*de látigo*) crack **2.** (*de la madera*) creak

chatarra *f* scrap (metal)

chato, -a *adj* **1.** (*nariz*) snub **2.** (*persona*) snub-nosed

chaval(a) *m(f) inf* (*chico*) kid; (*joven*) young man *m,* young woman *f*

checo, -a *adj, m, f* Czech

checo(e)slovaco, -a *adj, m, f* Czechoslovakian

cheque *m* cheque, check *Am;* ~ **en blanco/cruzado** blank/crossed cheque; ~ **de viaje** traveller's cheque; **cobrar un** ~ to cash a cheque

chequear I. *vt AmL* (*comprobar*) to check II. *vr:* ~**se** to have a checkup

chequeo *m* (*de la salud*) checkup; (*de un mecanismo*) service

Chequia *f* Czech Republic

chica I. *adj* **1.** (*pequeña*) small **2.** (*joven*) young II. *f* **1.** (*niña*) girl **2.** (*joven*) young woman

chicharrón *m* GASTR crackling (of pork)

chichón *m* bump

chicle *m* chewing gum

chico I. *adj* **1.** (*pequeño*) small **2.** (*joven*) young II. *m* **1.** (*niño*) boy **2.** (*joven*) young man

chiflado, -a I. *adj inf* crazy II. *m, f inf* nutcase

chiflar I. *vt inf* (*gustar*) to be crazy about II. *vr:* ~**se** *inf* **1.** (*pirrarse*) to be crazy about sb **2.** (*volverse loco*) to go crazy

chiíta *adj, mf* Shiite

chile *m t.* BOT (*especia*) chilli, chili *Am*

Chile *m* Chile

[?] The capital of **Chile** (official title: **República de Chile**) is **Santiago** (de Chile). Running from north to south, the country is over four thousand kilometres in length with an average width of just one hundred and eighty kilometres. The official language of the country is Spanish and the monetary unit is the **peso chileno**.

chileno, -a *adj, m, f* Chilean
chillar *vi* **1.** (*persona*) to yell **2.** (*animal salvaje*) to howl **3.** *AmL* (*sollozar*) to sob
chillido *m* **1.** (*de persona*) yell **2.** (*de animal*) howl; *AmL* (*sollozo*) sob
chillón, -ona **I.** *adj* **1.** (*persona*) loud **2.** (*voz*) shrill **II.** *m, f* loudmouth
chimenea *f* **1.** *t.* GEO chimney **2.** (*hogar*) fireplace
chimpancé *mf* chimpanzee
china *f* pebble
China *f* (la) ~ China
chinche[1] *m o f* ZOOL bedbug
chinche[2] *mf inf* (*pelmazo*) pain
chincheta *f* drawing pin *Brit*, thumbtack *Am*
chingar <g→gu> **I.** *vt* **1.** *vulg* (*joder*) to fuck **2.** *inf* (*molestar*) to annoy **II.** *vr:* ~**se** *inf* **1.** (*emborracharse*) to get plastered **2.** *AmL, inf* (*frustrarse*) to be a washout
chino, -a **I.** *adj* Chinese **II.** *m, f* Chinese man *m,* Chinese woman *f;* **engañar a alguien como a un** ~ *inf* to take sb for a ride
chip *m* INFOR chip
Chipre *f* Cyprus
chipriota *adj, mf* Cypriot
chiquillo, -a **I.** *adj* young **II.** *m, f* (*niño*) (small) child; (*chico*) (little) boy; (*chica*) (little) girl
chiquito, -a *adj inf* very small
chiringuito *m* kiosk
chiripa *f inf* fluke
chirriar <*I. pres:* chirrío> *vi* **1.** (*metal*) to squeak **2.** (*pájaros*) to chirp

chirrido *m* **1.** (*del metal*) squeaking **2.** (*de los pájaros*) chirping
chis *interj* (*silencio*) sh; (*oye*) hey
chisme *m* **1.** (*habladuría*) piece of gossip **2.** (*objeto*) thingummyjig
chismoso, -a **I.** *adj* gossiping **II.** *m, f* gossip
chispa *f* **1.** *t.* ELEC spark **2.** (*ingenio*) wit **3.** *inf* (*borrachera*) drunkenness
chispear *vimpers* (*lloviznar*) to drizzle
chisporrotear *vi* (*echar chispas*) to throw off sparks; (*el fuego*) to crackle
chiste *m* (*cuento*) funny story; (*broma*) joke; ~ **verde** dirty joke
chistera *f* top hat
chistoso, -a **I.** *adj* funny **II.** *m, f* joker
chivatazo *m inf* tip-off
chivo, -a *m, f* ~ **expiatorio** scapegoat
chocante *adj* **1.** (*raro*) strange **2.** (*escandaloso*) shocking
chocar <c→qu> **I.** *vi* **1.** (*vehículos*) to collide, to crash **2.** (*discutir*) to have words **II.** *vt* **1.** (*copas*) to clink **2.** (*sorprender*) to surprise
chochear *vi* to dodder (around)
chocho, -a *adj* (*senil*) doddering
choclo *m* **1.** (*zueco*) clog **2.** *AmS* (*maíz*) maize *Brit*, corn *Am*
chocolate *m* **1.** (*para comer*) chocolate **2.** *inf* (*hachís*) dope, hash *inf*
chofer *m,* **chófer** *m* driver; (*personal*) chauffeur
chollo *m inf* **1.** (*suerte*) luck **2.** (*ganga*) bargain **3.** (*trabajo*) cushy job
chopera *f* poplar grove
chopo *m* BOT black poplar
choque *m* **1.** (*impacto*) impact **2.** (*colisión*) crash **3.** (*encuentro*) clash
chorizo *m* chorizo
chorizo, -a *m, f inf* petty thief
chorrada *f* **1.** *inf* (*tontería*) stupid remark **2.** *inf* (*cosa superflua*) trivial thing
chorrear *vi* **1.** (*fluir*) to gush (out) **2.** (*gotear*) to drip
chorro *m* **1.** (*hilo*) trickle **2.** (*torrente*) stream; *t.* TÉC jet; **llover a ~s**

to pour

choza *f*, **chozo** *m* hut

chubasco *m* (heavy) shower

chubasquero *m* raincoat, windbreaker *Am*

chuchería *f* (*dulce*) sweet

chulería *f* **1.** (*jactancia*) bragging **2.** (*frescura*) boldness

chuleta *f* **1.** (*costilla*) chop **2.** *inf* (*apunte*) crib (sheet)

chulo, -a I. *adj* **1.** (*jactancioso*) boastful; (*presumido*) conceited **2.** (*fresco*) cheeky **II.** *m, f* **1.** (*fanfarrón*) flashy type **2.** (*exagerador*) braggart

chungo, -a *adj inf* **1.** (*malo*) bad; (*comida*) **2.** (*persona: rara*) odd; (*enfermiza*) poorly

chupa *f inf* (*chaqueta*) leather jacket

chupado, -a *adj* **1.** (*flaco*) skinny; (*consumido*) emaciated **2.** *inf* (*fácil*) dead easy *Brit*, a cinch *Am* **3.** *AmL* (*borracho*) drunk

chupar I. *vt* **1.** (*caramelo*) to suck; (*helado*) to lick **2.** (*cigarrillo*) to smoke, to puff on **II.** *vi* **1.** *inf* (*mamar*) to suckle **2.** (*aprovecharse*) to sponge

chupete *m* dummy, pacifier *Am*

chupetón *m* suck

churrasco *m* **1.** (*carne*) steak **2.** (*barbacoa*) barbecue

---

? **Churro** is the term for fritters. The most typical of Spanish breakfasts comprises **chocolate** (hot chocolate) **con churros. Churros** can be obtained either in a **churrería**, in a **cafetería**, or they can be bought **en un puesto de churros** (at a kiosk in the street).

---

chusco *m* crust (of bread)

chusma *f* rabble, riffraff

chutar I. *vt* to shoot **II.** *vr:* ~**se** *inf* to shoot up

Cía *abr de* **compañía** Co.

cianuro *m* cyanide

ciberbar *m*, **cibercafé** *m* cybercafé

ciberespacio *m* cyberspace

cibernauta *mf* cybernaut

cicatriz *f* scar

cicatrizar <z→c> **I.** *vi, vr:* ~**se** to heal (up) **II.** *vt* to heal

ciclamen *m* BOT cyclamen

ciclismo *m* DEP cycling

ciclista I. *adj* cycle **II.** *mf* cyclist

ciclo *m* cycle

ciclomotor *m* moped, motorbike

ciclón *m* cyclone

cicloturismo *m* cycle touring

ciego, -a I. *adj* blind; **a ciegas** blindly **II.** *m, f* blind man *m*, blind woman *f*

cielo *m* **1.** (*atmósfera*) sky; **a ~ raso** in the open air; **como caído del ~** out of the blue; **¡~s!** good heavens! **2.** (*cariño*) darling

ciempiés *m inv* centipede

cien *adj inv* a hundred; **al ~ por ~** one hundred per cent; *v.t.* **ochocientos**

ciénaga *f* swamp

ciencia *f* **1.** (*saber*) knowledge; **a ~ cierta** for sure **2.** (*disciplina*) science

ciencia-ficción *f sin pl* science fiction

científico, -a I. *adj* scientific **II.** *m, f* scientist

ciento *adj* <cien> *inv* a hundred; *v.t.* **ochenta**

cierre *m* **1.** (*conclusión*) closing; (*clausura*) closure; **hora de ~** closing time **2.** (*dispositivo*) closing device; ~ **centralizado** AUTO central locking

cierto *adv* certainly; **por ~** by the way

cierto, -a *adj* <certísimo> **1.** (*verdadero*) true; (*seguro*) sure; **estar en lo ~** to be right **2.** (*alguno*) a certain; ~ **día** one day

ciervo, -a *m, f* deer

cierzo *m* north wind

cifra *f* **1.** (*guarismo*) figure; ~ **de negocios** ECON turnover **2.** (*clave*) code

cifrar *vt* **1.** (*codificar*) to code **2.** (*calcular*) to reckon

cigala *f* crayfish

cigarra *f* cicada

cigarrillo *m* cigarette

cigarro *m* cigar

cigüeña *f* **1.** (*ave*) stork **2.** (*manive-*

la) crank

cilindro *m* cylinder

cima *f t. fig* summit

cimbrar, cimbrear I. *vt* to shake II. *vr:* ~**se** to sway

cimentar <e→ie> *vt* 1. (*fundamentar*) to lay the foundations of 2. (*consolidar*) to strengthen

cimiento *m* foundation

cinc *m* zinc

cincel *m* chisel

cincelar *vt* to chisel

cinco *adj inv, m* five; *v.t.* **ocho**

cincuenta *adj inv, m* fifty; *v.t.* **ochenta**

cine *m* 1. (*arte*) cinema, movies *pl Am;* ~ **mudo** silent films; ~ **negro** film noir 2. (*sala*) cinema, movie theater *Am*

cineasta *mf* film-maker

cinematógrafo *m* 1. (*proyector*) projector 2. (*cine*) cinema

cínico, -a I. *adj* 1. (*descarado*) shameless 2. (*escéptico*) cynical II. *m, f t.* FILOS cynic

cinismo *m* 1. (*descaro*) shamelessness 2. (*escepticismo*) cynicism

cinta *f* band; (*transportadora*) belt; ~ **adhesiva** adhesive tape; ~ **de vídeo** videotape

cinto *m* belt

cintura *f* waist

cinturón *m* 1. (*correa*) belt 2. (*de una ciudad*) belt

ciprés *m* cypress

circo *m* circus

circuito *m* 1. *t.* ELEC circuit; **corto** ~ short circuit 2. DEP circuit, track

circulación *f* 1. *t.* ECON (*ciclo*) circulation 2. (*tránsito*) traffic

circular I. *adj* circular II. *vi* 1. (*recorrer*) to circulate 2. (*personas*) to walk (around) 3. (*vehículos*) to drive (around) III. *f* circular

círculo *m* circle

circuncidar *vt* to circumcise

circundar *vt* to surround

circunferencia *f t.* MAT circumference

circunscribir *irr como escribir* I. *vt t.* MAT to circumscribe II. *vr:* ~**se** to limit oneself

circunscripción *f* 1. (*distrito*) electoral district 2. *t.* MAT (*concreción*) circumscription

circunspecto, -a *adj* circumspect

circunstancia *f* circumstance

circunvalación *f* **carretera de** ~ bypass

cirio *m* candle

cirrosis *f inv* MED cirrhosis

ciruela *f* plum; ~ **pasa** prune

cirugía *f* MED surgery; ~ **estética** cosmetic surgery

cirujano, -a *m, f* MED surgeon

cisne *m* swan

cisterna *f* cistern, tank *Am*

cita *f* 1. (*convocatoria*) appointment 2. (*encuentro*) meeting; (*romántico*) date; ~ **a ciegas** blind date 3. (*mención*) quotation

citación *f* JUR summons

citar I. *vt* 1. (*convocar*) to arrange to meet 2. (*mencionar*) to quote 3. JUR to summon II. *vr:* ~**se** to arrange to meet

cítrico, -a *adj* citric

cítricos *mpl* citrus fruits *pl*

ciudad *f* town; (*más grande*) city; ~ **universitaria** university campus

ciudadanía *f* citizenship

ciudadano, -a I. *adj* civic II. *m, f* 1. (*residente*) resident 2. (*súbdito*) citizen

cívico, -a *adj* 1. (*de la ciudad*) civic 2. (*del civismo*) public-spirited

civil I. *adj* civil II. *m* 1. *inf* (*persona*) civil guard 2. (*paisano*) civilian

civilización *f* civilization

civilizar <z→c> *vt* to civilize

civismo *m* community spirit, civic-mindedness

cizaña *f* (*enemistad*) discord

cl *abr de* **centilitro** centilitre *Brit*, centiliter *Am*

clamar I. *vi* to cry out II. *vt* to demand

clamor *m* lament

clan *m* clan

clandestino, -a *adj* 1. (*secreto*) secret 2. (*movimiento*) underground

clara *f* (*del huevo*) white

claraboya *f* skylight

clarear I. *vi* 1. (*amanecer*) to grow

light **2.** (*despejarse*) to clear up **II.** *vr:* ~**se** (*transparentarse*) to be transparent

clarete *m* rosé (wine)

claridad *f* **1.** (*luminosidad*) brightness **2.** (*lucidez*) clarity

clarificar <c→qu> *vt* to clarify

clarín *m* bugle

clarinete *m* clarinet

clarividencia *f* **1.** (*instinto*) intuition **2.** (*percepción*) clairvoyance

claro I. *interj* of course **II.** *m* **1.** (*hueco*) gap **2.** (*calvero*) clearing **3.** (*calva*) bald patch **III.** *adv* clearly

claro, -a *adj* **1.** (*iluminado*) bright; **azul** ~ light blue **2.** (*ilustre*) famous **3.** (*evidente*) clear; **sacar en** ~ to clarify

clase *f* **1.** (*tipo*) kind **2.** *t.* BIO (*categoría*) class **3.** ENS class; (*aula*) classroom

clásico, -a I. *adj* classical; *fig* classic **II.** *m, f* classic

clasificación *f* **1.** (*ordenación*) sorting **2.** *t.* BIO classification

clasificar <c→qu> **I.** *vt* **1.** (*ordenar*) to sort **2.** BIO to classify **II.** *vr:* ~**se** to qualify

claudicar <c→qu> *vi* **1.** (*principios*) to abandon **2.** (*ceder*) to give way

claustro *m* **1.** (*convento*) cloister **2.** (*de profesores*) senate

claustrofobia *f* PSICO claustrophobia

cláusula *f* JUR, LING clause; (*ley*) article

clausura *f* **1.** (*cierre*) closure **2.** (*en un convento*) cloister

clausurar *vt* to close

clavar *vt* **1.** (*hincar*) to knock in **2.** (*enclavar*) to nail **3.** (*vista*) to fix **4.** *inf* (*cobrar*) to rip off

clave I. *adj inv* key **II.** *f* **1.** (*secreto*) ~ **de algo** key to sth **2.** (*código*) code; ~ **de acceso** password

clavel *m* carnation

clavícula *f* collar bone

clavija *f* **1.** TÉC pin **2.** (*de guitarra*) peg **3.** (*enchufe*) plug

clavo *m* **1.** (*punta*) nail **2.** (*especia*) clove

claxon *m* horn

clemencia *f* mercy

cleptómano, -a *m, f* kleptomaniac

clerical *adj* clerical

clérigo *m* clergyman

clero *m* clergy

clic *m* click

cliché *m* **1.** (*tópico*) cliché **2.** FOTO negative

cliente, -a *m, f* customer

clientela *f* customers *pl;* (*de un abogado*) clients *pl*

clima *m* **1.** (*atmósfera*) atmosphere **2.** GEO climate

climatización *f* air conditioning

climatizar <z→c> *vt* to air-condition

clímax *m inv* climax

clínica *f* clinic

clínico *m* clinical

clip *m* paper clip

clítoris *m inv* clitoris

cloaca *f* sewer; ZOOL cloaca

clonar *vt* to clone

cloro *m* chlorine

clorofila *f* chlorophyl(l)

club <clubs *o* clubes> *m* club; ~ **de alterne** hostess bar

cm *abr de* **centímetro** cm.

coacción *f* coercion

coaccionar *vt* to coerce

coagular I. *vt* to coagulate **II.** *vr:* ~**se** to coagulate, to clot

coágulo *m* clot

coalición *f* coalition

coartada *f* alibi

coartar *vt* **1.** (*libertad*) to restrict **2.** (*persona*) to inhibit

coba *f* **dar** ~ **a alguien** to suck up to sb

cobarde I. *adj* cowardly **II.** *m* coward

cobaya *m o f* guinea pig

cobertizo *m* shed

cobertor *m* bedspread, counterpane *Brit*

cobertura *f* **1.** (*cobertor*) cover **2.** COM (*acción*) coverage

cobija *f AmL* (*manta*) blanket

cobijar I. *vt* **1.** (*cubrir*) to cover **2.** (*proteger*) to shelter **II.** *vr:* ~**se** to take shelter

cobijo *m* shelter

cobra *f* cobra

cobrador(a) *m(f)* **1.** COM (*que cobra*) collector **2.** (*de tranvía*) conductor

cobrar I. *vt* **1.** (*recibir*) to receive; (*suma*) to collect; (*cheque*) to cash; (*sueldo*) to earn; **¿me cobra, por favor?** can I pay, please? **2.** (*exigir*) to levy; (*intereses*) to charge; (*deudas*) to recover II. *vi* (*sueldo*) to get one's wages

cobre *m* **1.** QUÍM copper **2.** AmL (*moneda*) copper coin

cobro *m* **1.** FIN (*impuestos*) collection; (*pago*) payment; **llamar a ~ revertido** to reverse the charges **2.** *pl* COM arrears *pl*

cocaína *f* cocaine

cocción *f* **1.** (*acto*) cooking **2.** (*duración*) cooking time

cocear *vi* to kick

cocer *irr* I. *vt* **1.** (*cocinar*) to cook; (*hervir*) to boil; (*al horno*) to bake **2.** (*cerámica*) to fire II. *vi* **1.** (*cocinar*) to cook **2.** (*hervir*) to boil III. *vr:* ~**se 1.** (*cocinarse*) to be cooked **2.** (*tramarse*) to be going on

coche *m* **1.** (*automóvil*) car; ~ **de bomberos** fire engine; **ir en ~** to go by car **2.** (*de caballos*) coach, carriage

coche-bomba <coches-bomba> *m* car bomb

coche-cama <coches-cama> *m* FERRO sleeping car

cochera *f* garage; (*de tranvías*) depot

coche-restaurante <coches-restaurante> *m* FERRO dining car

coche-vivienda <coches-vivienda> *m* (large) caravan

cochinillo *m* piglet

cochino, -a I. *adj inf* filthy II. *m, f* **1.** ZOOL pig **2.** *inf* (*guarro*) swine

cocido *m* stew

cociente *m* quotient

cocina *f* **1.** (*habitación*) kitchen **2.** (*aparato*) cooker, stove *Am* **3.** (*arte*) cookery, cooking

cocinar *vt, vi* to cook

cocinero, -a *m, f* cook

coco *m* **1.** (*fruto*) coconut **2.** (*árbol*) coconut palm **3.** *inf* (*cabeza*) head; **comerse el ~** to worry

cocodrilo *m* crocodile

cocotero *m* coconut palm

coctel <coctels> *m,* **cóctel** <cócteles> *m* cocktail

codazo *m* nudge (with one's elbow)

codear I. *vi* to nudge II. *vr:* ~**se** to rub shoulders

codicia *f* greed

codiciar *vt* to covet

codicioso, -a *adj* covetous

codificar <c→qu> *vt* **1.** JUR to codify **2.** (*con señales*) to code; *t.* INFOR to encode

código *m* code; ~ **de circulación** highway code; ~ **bancario** bank sorting code; ~ **postal** postcode *Brit,* zip code *Am*

codillo *m* **1.** ZOOL elbow **2.** TÉC (*doblez*) elbow joint

codo *m* **1.** ANAT elbow; **empinar el ~** *inf* to go on the booze **2.** TÉC elbow joint

codorniz *f* quail

coerción *f* constraint; *t.* JUR coercion

coetáneo, -a *adj, m, f* contemporary

coexistir *vi* to coexist

cofradía *f* brotherhood

cofre *m* **1.** (*caja*) chest; (*baúl*) trunk **2.** (*de joyas*) jewel case

coger <g→j> I. *vt* **1.** (*agarrar*) to take hold; (*flor*) to pick; (*objeto caído*) to pick up; (*cosecha*) to harvest; (*trabajo*) to take (up); (*hábito*) to acquire; (*enfermedad*) to catch; ~ **del brazo** to take by the arm **2.** (*tocar*) to touch **3.** (*quitar*) to take away **4.** (*atrapar*) to catch; (*apresar*) to capture **5.** RADIO to pick up **6.** (*tren*) to take **7.** AmL, vulg (*copular*) to screw II. *vi* **1.** (*planta*) to take **2.** (*tener sitio*) to fit **3.** AmL, vulg (*copular*) to screw III. *vr:* ~**se 1.** (*pillarse*) catch **2.** *inf* (*robar*) to steal

cogollo *m* **1.** (*de lechuga*) heart **2.** (*núcleo*) core

cogorza *f* **pillar una buena ~** to get plastered

cohabitar *vi* to live together

cohecho *m* bribery

coherencia *f* coherence

coherente *adj* coherent

cohesión *f* cohesion

cohete *m* rocket

cohibido, -a *adj* **1.** (*tímido*) shy **2.** (*inhibido*) inhibited
cohibir *irr como prohibir* **I.** *vt* **1.** (*intimidar*) to intimidate **2.** (*incomodar*) to inhibit **II.** *vr:* ~**se** to feel inhibited
coima *f And, CSur* (*soborno*) bribe; (*dinero*) rake-off
coincidencia *f* coincidence
coincidir *vi* **1.** (*sucesos*) to coincide **2.** (*con alguien*) to meet **3.** (*estar de acuerdo*) to agree
coito *m* coitus, (sexual) intercourse
cojear *vi* (*persona*) to limp; (*mueble*) to wobble
cojera *f* limp
cojín *m* cushion
cojinete *m* TÉC bearing
cojo, -a **I.** *adj* **1.** (*persona*) lame; **a la pata coja** on one leg **2.** (*mueble*) wobbly **II.** *m, f* lame person
cojón *m vulg pl* (*testículos*) balls *pl;* **¡cojones!** God damn it!, bloody hell! *Brit*
cojudo, -a *adj AmL* (*tonto*) stupid
col *f* BOT cabbage; ~**es de Bruselas** Brussels sprouts
cola *f* **1.** (*rabo*) tail **2.** (*de vestido*) train **3.** (*al esperar*) queue, line; **hacer** ~ to queue (up), to line up **4.** (*de un cometa*) tail **5.** (*pegamento*) glue
colaboración *f* collaboration; (*periódico*) contribution
colaborador(a) **I.** *adj* collaborating **II.** *m(f)* collaborator; LIT contributor
colaborar *vi* **1.** (*cooperar*) to collaborate **2.** LIT to contribute
colado, -a *adj inf* crazy
colador *m* sieve
colapsar *vt* (*tráfico*) to bring to a standstill
colapso *m* **1.** MED collapse **2.** (*paralización*) standstill
colar <o→ue> **I.** *vt* **1.** (*filtrar*) to filter **2.** (*metal*) to cast **II.** *vi* **1.** (*penetrar: líquido*) to seep (through); (*aire*) to get in **2.** *inf* (*información*) to be credible **III.** *vr:* ~**se** **1.** *inf* (*entrar*) to slip in **2.** (*en una cola*) to jump the queue
colcha *f* bedspread, counterpane *Brit*

colchón *m* mattress
colchoneta *f* DEP mat
colear *vi* to wag
colección *f* collection
coleccionar *vt* to collect
coleccionista *mf* collector
colecta *f* collection
colectivo, -a *adj* **1.** (*todos juntos*) collective **2.** (*global*) comprehensive
colector *m* **1.** ELEC collector **2.** (*canalización*) (main) sewer
colega *mf* colleague
colegiado, -a **I.** *adj* collegiate **II.** *m, f* DEP (*árbitro*) referee
colegial(a) **I.** *adj* school **II.** *m(f)* (*alumno*) schoolboy *m,* schoolgirl *f*
colegio *m* **1.** ENS school; **ir al** ~ to go to school **2.** *AmL* (*universidad*) college **3.** (*corporación*) ~ **de abogados** bar association
colegir *irr como elegir* *vt* **1.** (*juntar*) to collect **2.** (*deducir*) to gather
cólera¹ *m* MED cholera
cólera² *f* (*ira*) anger
colérico, -a *adj* furious
colesterol *m* cholesterol
colgante **I.** *adj* hanging; **puente** ~ suspension bridge **II.** *m* **1.** ARQUIT festoon **2.** (*joya*) pendant
colgar *irr* **I.** *vt* **1.** (*pender*) to hang; (*teléfono*) to put down **2.** (*suspender*) to fail **II.** *vi* **1.** (*pender*) to hang **2.** TEL (*auricular*) to hang up **III.** *vr:* ~**se** to hang oneself
cólico *m* MED colic
coliflor *f* cauliflower
colilla *f* cigarette end, fag end, butt
colina *f* hill
colindar *vi* to adjoin
colisión *f* collision
collar *m* (*adorno*) necklace; (*de perro*) collar
colmado *m* grocer's shop, grocery
colmado, -a *adj* full
colmar **I.** *vt* **1.** (*vaso*) to fill to the brim **2.** (*esperanzas*) to fulfil *Brit,* to fulfill *Am* **II.** *vr:* ~**se** to be fulfilled
colmena *f* beehive
colmillo *m* eyetooth; (*de elefante*) tusk; (*de perro*) fang
colmo *m* **¡esto es el ~!** this is the last straw!

colocación f 1. (*empleo*) job 2. (*disposición*) placing 3. DEP (*posición*) position

colocar <c→qu> I. *vt* 1. (*emplazar*) to place; (*según un orden*) to arrange; (*poner*) to put 2. COM (*invertir*) to invest; (*mercancías*) to sell 3. (*empleo*) to find a job for II. *vr:* ~**se** 1. (*empleo*) to get a job 2. (*gafas*) to put on 3. (*posicionarse*) to place oneself 4. *inf* (*alcohol*) to get plastered; (*drogas*) to get high

Colombia f Colombia

> ? **Colombia** (official title: **República de Colombia**) lies in the northwestern part of South America, between the Caribbean and the Pacific Ocean. The capital (**Santa Fe de**) **Bogotá** is also the largest city in the country. The official language of **Colombia** is Spanish and the monetary unit is the **peso**.

colombiano, -a *adj, m, f* Colombian
colombicultura f pigeon breeding
colonia f 1. BIO, POL colony 2. (*barrio*) suburb 3. (*perfume*) cologne
colonización f colonization
colonizar <z→c> *vt* to colonize
colono m 1. (*de una colonia*) settler 2. (*labrador*) tenant farmer
coloquial *adj* LING colloquial
coloquio m 1. (*conversación*) conversation 2. (*congreso*) conference
color m 1. (*en general*) colour *Brit,* color *Am;* **un hombre de** ~ a coloured man; **mudar de** ~ (*palidecer*) to turn pale; (*ruborizarse*) to blush 2. (*sustancia*) dye 3. POL (*ideología*) hue
colorado, -a *adj* 1. (*rojo*) red; **ponerse** ~ to blush 2. (*coloreado*) coloured *Brit,* colored *Am*
colorante m colouring *Brit,* coloring *Am*
colorar *vt* to colour *Brit,* to color *Am*
colorear *vt* (*dar color*) to colour *Brit,* to color *Am;* (*pintar*) to paint; (*teñir*)

to dye, to tint
colorido m colour(ing) *Brit,* color(ing) *Am*
coloso m colossus
columna f column; ~ **vertebral** ANAT spinal column
columpiar I. *vt* (*balancear*) to swing (to and fro) II. *vr:* ~**se** to swing
columpio m (*para niños*) swing
colza f rape
coma¹ m MED coma
coma² f LING comma
comadre f 1. *inf* (*comadrona*) midwife 2. (*madrina*) godmother 3. *inf* (*vecina*) neighbour *Brit,* neighbor *Am* 4. *inf* (*chismosa*) gossip
comadrear *vi inf* to gossip
comadreja f weasel
comadrona f midwife
comandancia f command
comandante m commander
comandar *vi, vt* to command
comando m MIL command; ~ **de arranque** INFOR start command
comarca f (*zona*) area; (*región*) region
comba f 1. (*curvatura*) bend 2. (*cuerda*) skipping rope; **saltar a la** ~ to skip
combar I. *vt* to bend II. *vr:* ~**se** to bend; (*madera*) to warp
combate m 1. (*lucha*) combat; (*batalla*) battle 2. (*de boxeo*) match
combatiente *adj, mf* combatant
combatir *vt, vi* to fight
combi m fridge-freezer, refrigerator-freezer *Am*
combinación f 1. (*composición*) combination 2. QUÍM compound 3. (*de transportes*) connection 4. (*lencería*) slip
combinar I. *vi* to go II. *vt* 1. (*componer*) to combine 2. (*unir*) to unite 3. (*coordinar*) to coordinate 4. MAT to permutate III. *vr:* ~**se** to combine
combustible I. *adj* combustible II. *m* fuel
combustión f combustion
comedia f 1. TEAT (*obra*) play; (*divertida*) comedy 2. CINE comedy 3. *inf* (*farsa*) farce
comediante, -a m, f CINE, TEAT actor

comedido, -a *adj* moderate
comedor *m* (*sala*) dining room; (*en una empresa*) canteen
comensal *mf* fellow diner
comentar *vt* 1. (*hablar sobre algo*) to talk about; (*hacer comentarios*) to comment on 2. (*criticar*) to discuss
comentario *m* 1. (*general*) comment; (*análisis*) commentary 2. *pl* (*murmuraciones*) gossip
comentarista *mf* commentator
comenzar *irr como* empezar *vt, vi* to begin, to commence
comer I. *vi* 1. (*alimentarse*) to eat 2. (*almorzar*) to have lunch; **antes/después de** ~ before/after lunch II. *vt* 1. (*ingerir*) to consume III. *vr:* ~**se** 1. (*ingerir*) to eat up 2. (*corroer*) to eat away
comercial¹ I. *adj* commercial II. *mf* (*profesión*) sales representative
comercial² *m* AmL (*anuncio*) commercial
comerciante, -a *m, f* shopkeeper; (*negociante*) dealer
comerciar *vi* 1. COM to trade 2. (*traficar*) to deal
comercio *m* 1. (*actividad*) trade 2. (*tienda*) shop
comestibles *mpl* foods; **tienda de** ~ grocer's (shop), grocery
cometa¹ *m* ASTR comet
cometa² *f* (*de papel*) kite
cometer *vt. t.* JUR to commit 2. COM to give commission
cometido *m* 1. (*encargo*) assignment 2. (*obligación*) commitment
comezón *f* itch
cómic *m* <cómics> comic
comicios *mpl* POL elections *pl*
cómico, -a I. *adj* (*de la comedia*) comedy; (*divertido*) comical II. *m, f* comedian
comida *f* 1. (*alimento*) food; (*plato*) meal; (*cocina*) cooking; ~ **principal** main meal 2. (*almuerzo*) lunch
comidilla *f* inf **ser la** ~ to be the talk
comienzo *m* (*principio*) beginning; **al** ~ at first
comillas *fpl* inverted commas; **entre** ~ in inverted commas
comilona *f* inf feast, blowout *inf*

comino *m* cumin; **no valer un** ~ *inf* not to be worth anything
comisaría *f* 1. (*depolicía*) police station, precinct *Am* 2. (*cargo*) commissionery
comisario, -a *m, f* 1. (*delegado*) commissioner 2. (*de policía*) chief police inspector
comisión *f* 1. (*cometido*) assignment 2. (*delegación*) commission; (*comité*) committee; **Comisión Europea** POL European Commission 3. COM commission
comité *m* committee
comitiva *f* procession
como I. *adv* 1. (*del modo que*) as, like; **hazlo** ~ **quieras** do it any way you like 2. (*comparativo*) as; **tan alto** ~... as tall as ... 3. (*aproximadamente*) about 4. (*y también*) as well as 5. (*en calidad de*) as; **trabajar** ~ ... to work as... II. *conj* 1. (*causal*) as, since 2. (*condicional*) if
cómo *adv* 1. (*exclamativo*) how; ¿~ **estás?** how are you?; ¿~? sorry? 2. (*por qué*) why
cómoda *f* chest (of drawers), dresser *Am*
comodidad *f* 1. (*confort*) comfort 2. (*conveniencia*) convenience
comodín *m* 1. (*en juegos*) joker 2. INFOR wild card 3. (*pretexto*) pretext
cómodo, -a *adj* 1. *ser* (*conveniente*) convenient 2. *ser* (*perezoso*) lazy 3. *estar* (*a gusto*) comfortable
compact (**disc**) *m* compact disc
compacto, -a *adj* compact
compadecer *irr como* crecer I. *vt* to feel sorry for II. *vr:* ~**se** to (take) pity
compadre *m* 1. (*padrino*) godfather 2. (*amigo*) friend, mate *Brit,* buddy
compaginar I. *vt* 1. (*combinar*) to combine 2. (*paginar*) to page up II. *vr:* ~**se** to combine
compañerismo *m* comradeship; DEP team spirit
compañero, -a *m, f* companion; (*amigo*) friend
compañía *f* company; **animal de** ~ pet

comparación *f* comparison
comparar I. *vt* to compare II. *vr:* ~**se** to be compared
comparativo *m* comparative
comparecer *irr como crecer vi t.* JUR to appear (in court)
comparsa *mf* extra
compartim(i)ento *m* compartment
compartir *vt* 1. (*tener en común*) to share 2. (*repartirse*) to share (out)
compás *m* 1. (*en dibujo*) compass 2. (*ritmo*) beat; MÚS time 3. AERO, NÁUT (*brújula*) compass
compasión *f* pity, compassion
compasivo, -a *adj* compassionate
compatibilidad *f* compatibility
compatible *adj* compatible
compatriota *mf* compatriot, fellow citizen
compendiar *vt* to summarize
compendio *m* 1. (*resumen*) summary 2. (*manual*) textbook
compenetrarse *vr* to reach an understanding
compensación *f* compensation
compensar *vt* to compensate
competencia *f* 1. *t.* COM, DEP competition 2. *t.* LING competence 3. (*responsabilidad*) responsibility
competente *adj* competent
competición *f* competition
competir *irr como pedir vi* to compete
competitivo, -a *adj* competitive
compilador *m* INFOR compiler
compilar *vt t.* INFOR to compile
compinche *mf pey, inf* mate *Brit*, buddy
complacencia *f* 1. (*agrado*) willingness; (*placer*) pleasure 2. (*indulgencia*) indulgence
complacer *irr como crecer* I. *vt* (*gustar*) to please II. *vr:* ~**se** to be pleased
complaciente *adj* obliging
complejo, -a *adj* complex
complemento *m* 1. *t.* LING complement 2. (*paga*) supplementary payment 3. *pl* (*accesorio*) accessory
completar I. *vt* to complete II. *vr:* ~**se** to complete each other
completo, -a *adj* 1. (*íntegro*) complete 2. (*lleno*) full; (*espectáculo*) sold out

complexión *f* constitution
complicar <c→qu> *vt* to complicate
cómplice *mf t.* JUR accomplice
compló *m* <complós>, **complot** *m* <complots> conspiracy
componente *m t.* TÉC component; MAT, QUÍM constituent
componer *irr como poner* I. *vt* 1. (*formar*) to put together; (*organizar*) to organize 2. (*constituir*) to make up 3. *t.* MÚS to compose 4. TIPO to set (up) 5. (*recomponer*) to repair II. *vr:* ~**se** to consist
comportamiento *m* conduct, behaviour *Brit*, behavior *Am; t.* TÉC performance
comportar I. *vt* to involve II. *vr:* ~**se** to behave
composición *f* composition
compositor(a) *m(f)* composer
compost *m sin pl* compost
compostura *f* 1. (*corrección*) repair 2. (*aspecto*) tidiness 3. (*comedimiento*) composure
compra *f* purchase; **ir de** ~**s** to go shopping
comprador(a) *m(f)* buyer
comprar *vt* to buy
comprender *vt* 1. (*entender*) to understand; ~ **mal** to misunderstand 2. (*contener*) to comprise; (*incluir*) to include
comprensible *adj* understandable
comprensión *f* 1. (*capacidad*) understanding 2. (*entendimiento*) comprehension
comprensivo, -a *adj* 1. (*benévolo*) understanding 2. (*tolerante*) tolerant
compresa *f* 1. *t.* MED (*apósito*) compress 2. (*higiénica*) sanitary towel *Brit*, sanitary napkin *Am*
comprimido *m* pill
comprimir I. *vt* 1. *t.* FÍS, TÉC to compress 2. (*reprimir*) to restrain II. *vr:* ~**se** to control oneself
comprobante *m* voucher, proof
comprobar <o→ue> *vt* 1. (*controlar*) to check 2. (*verificar*) to verify; (*probar*) to prove
comprometer I. *vt* 1. (*implicar*) to

involve **2.**(*exponer*) to endanger **3.**(*arriesgar*) to put at risk **II.** *vr:* ~**se 1.**(*implicarse*) to compromise oneself **2.**(*obligarse*) to commit oneself

compromiso *m* **1.**(*vinculación*) commitment; (*obligación*) obligation **2.**(*promesa*) promise **3.**(*acuerdo*) agreement **4.**(*aprieto*) awkward situation **5.**(*cita*) engagement

compuesto *m t.* QUÍM compound

compungido, -a *adj* **1.**(*contrito*) remorseful **2.**(*triste*) sad

computador *m AmL* computer

computadora *f AmL* computer

cómputo *m* calculation; (*de votos*) count

comulgar <g→gu> *vi* REL to take communion

común *adj* common; **sentido** ~ common sense; **poco** ~ unusual

comunicación *f* **1.**(*en general*) communication **2.**(*conexión*) connection; ~ **telefónica** telephone call

comunicado *m* communiqué

comunicar <c→qu> **I.** *vi* **1.**(*conectar*) to connect **2.**(*teléfono*) to be engaged [*o* busy *Am*] **II.** *vt* **1.**(*informar*) to inform **2.**(*transmitir*) to communicate **3.**(*unir*) to connect **III.** *vr:* ~**se 1.**(*entenderse*) to communicate **2.**(*relacionarse*) to be connected

comunicativo, -a *adj* communicative

comunidad *f* community; ~ **autónoma** autonomous region

comunión *f* communion

comunismo *m* POL communism

comunista *adj, mf* communist

comunitario, -a *adj* **1.**(*colectivo*) communal **2.**(*municipal*) community **3.** POL (*Comunidad Europea*) Community

con *prep* **1.**(*compañía, modo*) with; ~ **el tiempo...** with time … **2.** MAT **3** ~ **5** 3 point 5 **3.**(*actitud*) (**para**) ~ to, towards **4.**(*circunstancia*) ~ **este tiempo...** in this weather …; ~ **sólo que** +*subj* if only

conato *m* attempt

concebir *irr como pedir vt, vi* to conceive

conceder *vt* **1.**(*otorgar*) to grant; (*palabra*) **2.**(*admitir*) to concede

concejal(a) *m(f)* town councillor *Brit*, councilman *m Am*, councilwoman *f Am*

concejo *m* council

concentración *f* concentration

concentrar *vt* to concentrate

concepción *f* conception

concepto *m* concept; **bajo ningún** ~ on no account

concertación *f* coordination; ~ **social** social harmony

concertar <e→ie> **I.** *vi* to agree **II.** *vt* **1.**(*arreglar*) to arrange **2.** MÚS (*afinar*) to tune **3.**(*armonizar*) to harmonize

concesión *f* **1.** *t.* COM concession **2.**(*de un premio*) awarding

concesionario, -a *m, f* dealer

concha *f* shell

conciencia *f* **1.**(*conocimiento*) awareness **2.**(*moral*) conscience; (**sin**) **cargo de** ~ (without) remorse

concienciar I. *vt* to make aware **II.** *vr:* ~**se** to become aware

concienzudo, -a *adj* conscientious

concierto *m* MÚS (*función*) concert; (*obra*) concerto

conciliar *vt* to reconcile; ~ **el sueño** to get to sleep

concilio *m t.* REL council

conciso, -a *adj* concise

conciudadano, -a *m, f* fellow citizen

concluir *irr como huir* **I.** *vt* **1.**(*terminar*) to complete **2.**(*deducir*) to conclude **II.** *vr:* ~**se** to end

conclusión *f* conclusion; **en** ~ (*en suma*) in short; (*por último*) in conclusion

concluyente *adj* conclusive

concordar <o→ue> **I.** *vi* **1.**(*coincidir*) to coincide **2.** LING to agree **II.** *vt* to reconcile

concordia *f* harmony

concretar I. *vt* **1.**(*precisar*) to put in concrete form **2.**(*limitar*) to limit **II.** *vr:* ~**se** to limit oneself

concreto, -a *adj* concrete; **en** ~ specifically

concurrido, -a *adj* crowded

concurrir *vi* **1.** (*en un lugar*) to come together; (*en el tiempo*) to coincide **2.** (*participar*) to take part

concursante *mf* competitor, contestant

concursar *vi* to compete

concurso *m* **1.** *t.* DEP competition **2.** (*ayuda*) help

conde(sa) *m(f)* count *m*, countess *f*

condecoración *f* MIL decoration

condecorar *vt* MIL to decorate

condena *f* sentence, conviction

condenar I. *vt* **1.** (*sentenciar*) to condemn **2.** REL to damn **II.** *vr:* ~**se 1.** REL to be damned **2.** (*acusarse*) to confess

condensar *vt* to condense

condesa *f v.* **conde**

condescender <e→ie> *vi* **1.** (*avenirse*) to agree **2.** (*rebajarse*) to condescend

condición *f* **1.** (*índole de una cosa*) nature **2.** (*estado*) condition; **a ~ de que** +*subj* providing that **3.** (*clase*) social class

condicional *adj t.* LING conditional

condicionar *vt* **1.** (*supeditar*) ~ **a algo** to make conditional on sth **2.** (*acondicionar*) to condition

condimento *m* seasoning

condolerse <o→ue> *vr* to sympathize

condón *m* condom

conducir *irr como* traducir **I.** *vt* **1.** (*llevar*) to take **2.** (*guiar*) to guide **3.** (*arrastrar*) to lead **4.** (*pilotar*) to drive **II.** *vi* **1.** (*dirigir*) to lead **2.** (*pilotar*) to drive **III.** *vr:* ~**se** to behave

conducta *f* conduct, behaviour *Brit*, behavior *Am*

conducto *m* **1.** (*tubo*) pipe **2.** MED canal **3.** (*mediación*) channels *pl*

conductor *m* FÍS conductor

conductor(a) I. *adj* conductive **II.** *m(f)* **1.** (*chófer*) driver **2.** (*jefe*) leader

conectar I. *vt* **1.** (*enlazar*) to connect **2.** (*enchufar*) to plug in **II.** *vi* to communicate

conejillo *m* ~ **de Indias** *t. fig* guinea pig

conejo, -a *m, f* rabbit

conexión *f t.* TEL connection

confección *f* making; (*de vestidos*) dressmaking

confeccionar *vt* to make; (*plan*) to draw up

confederación *f* confederation

conferencia *f* **1.** (*charla*) lecture **2.** (*encuentro*) conference **3.** (*telefónica*) call

conferir *irr como* sentir *vt* to confer

confesar <e→ie> *vt, vr:* ~**se** to confess

confesión *f* confession

confes(i)onario *m* confessional (box)

confeti *m* confetti

confiado, -a *adj* **1.** *ser* (*crédulo*) trusting **2.** *estar* (*de sí mismo*) self-confident

confianza *f* **1.** (*crédito*) trust **2.** (*esperanza*) confidence **3.** (*en uno mismo*) self-confidence **4.** (*familiaridad*) familiarity

confiar <1. *pres:* confío> **I.** *vi* to trust **II.** *vt* to entrust **III.** *vr:* ~**se** to confide

confidencia *f* secret

confidencial *adj* confidential

confidente *mf* **1.** (*cómplice*) confidant *m* **2.** (*espía*) informer

configurar I. *vt* **1.** (*formar*) to shape **2.** INFOR to configure **II.** *vr:* ~**se** to take shape

confinar I. *vi* to border **II.** *vt* to confine

confirmación *f t.* REL confirmation

confirmar I. *vt t.* REL to confirm **II.** *vr:* ~**se** to be confirmed

confiscar <c→qu> *vt* to confiscate

confitura *f* jam

conflicto *m* conflict

confluir *irr como* huir *vi* (*ríos, calles*) to meet

conformar I. *vt* **1.** (*contentar*) to satisfy **2.** (*formar*) to shape **II.** *vr:* ~**se 1.** (*contentarse*) to be satisfied **2.** (*ajustarse*) to adjust

conforme I. *adj* satisfied **II.** *prep* according to **III.** *conj* (*como*) as

conformidad *f* **1.** (*afinidad*) similarity **2.** (*aprobación*) approval

confort *m sin pl* comfort

confortable *adj* comfortable
confortar I. *vt* 1. (*vivificar*) to encourage 2. (*consolar*) to comfort II. *vr:* ~**se** 1. (*reanimarse*) to regain one's strength 2. (*consolarse*) to take comfort
confraternizar <z→c> *vi* to fraternize
confrontar I. *vt* 1. (*comparar*) to compare 2. (*enfrentar*) to confront II. *vr:* ~**se** to face up
confundir I. *vt* 1. (*trastocar*) to mistake 2. (*mezclar*) to mix up II. *vr:* ~**se** 1. (*mezclarse*) to mix 2. (*embrollarse*) to get confused
confusión *f* confusion
confuso, -a *adj* confused
congelador *m* freezer
congelar(se) *vt,* (*vr*) *t. fig* to freeze
congénere *mf* **el ladrón y sus ~s** the likes of the thief
congeniar *vi* to get on
congestión *f t.* MED congestion
congestionar I. *vt t.* MED to congest II. *vr:* ~**se** *t.* MED to become congested
congoja *f* 1. (*pena*) sorrow 2. (*desconsuelo*) anguish
congraciar I. *vt* to win over II. *vr:* ~**se** to ingratiate oneself
congratular(se) *vt,* (*vr*) to congratulate
congregación *f* 1. (*reunión*) meeting 2. REL congregation
congregar <g→gu> I. *vt* to bring together II. *vr:* ~**se** to gather
congresista *mf* POL delegate, congressman *m,* congresswoman *f*
congreso *m* congress
cónico, -a *adj* conical
conífera *f* conifer
conjetura *f* conjecture
conjeturar *vt* to speculate
conjugación *f* conjugation
conjugar <g→gu> *vt* 1. (*combinar*) to combine 2. LING to conjugate
conjunción *f* conjunction
conjuntivitis *f inv* conjunctivitis
conjunto *m* 1. (*unido*) unit 2. (*totalidad*) whole; **en ~** as a whole 3. (*ropa*) outfit 4. MAT set
conjurar I. *vt* 1. (*invocar*) to beseech

2. (*alejar*) to ward off II. *vr:* ~**se** to conspire
conmemoración *f* commemoration
conmemorar *vt* to commemorate
conmigo *pron pers* with me
conminar *vt* to threaten
conmoción *f* 1. MED concussion 2. *fig* shock
conmovedor(a) *adj* 1. (*conmocionando*) stirring 2. (*sentimental*) moving
conmover <o→ue> I. *vt* 1. (*emocionar*) to move 2. (*sacudir*) to shake II. *vr:* ~**se** to be moved
conmutador *m* ELEC switch
cono *m* cone

? The economic union between the four countries in the most southerly part of Latin America, **Argentina, Chile, Paraguay** and **Uruguay,** is referred to as **Cono Sur.**

conocedor(a) I. *adj* knowledgeable II. *m(f)* expert
conocer *irr como crecer* I. *vt* 1. (*saber, tener trato*) to know 2. (*reconocer*) to recognize 3. (*por primera vez*) to meet II. *vi* ~ **de algo** to know about sth III. *vr:* ~**se** to know each other
conocido, -a I. *adj* (well-)known II. *m, f* acquaintance
conocimiento *m* 1. (*saber*) knowledge 2. (*consciencia*) consciousness 3. *pl* (*nociones*) knowledge
conque *conj inf* so
conquense *adj* of/from Cuenca
conquista *f* conquest
conquistar *vt* to conquer
consagrar I. *vt* 1. REL to consecrate 2. (*dedicar*) to dedicate II. *vr:* ~**se** to devote oneself
consciencia *f* consciousness
consciente *adj* conscious; **ser ~** to be aware
consecución *f* attainment
consecuencia *f* 1. (*efecto*) consequence 2. (*coherencia*) consistency
consecuente *adj* consistent

consecutivo, -a *adj* consecutive

conseguir *irr como seguir* vt **1.** (*obtener*) to get **2.** (*beca*) to obtain

consejero, -a *m, f* **1.** (*guía*) adviser **2.** (*miembro de un consejo*) member **3.** (*de una autonomía*) minister

consejo *m* **1.** (*recomendación*) piece of advice **2.** (*organismo*) council; **Consejo Europeo** Council of Europe **3.** (*reunión*) meeting

consenso *m* consensus

consentimiento *m* ~ **para algo** consent to sth

consentir *irr como sentir* **I.** vi (*admitir*) to agree **II.** vt **1.** (*autorizar*) to allow; (*tolerar*) to tolerate **2.** (*mimar*) to spoil

conserje *mf* **1.** (*hotel*) concierge, receptionist **2.** (*portero*) (hall) porter

conserva *f* **1.** (*enlatado*) tinned food *Brit*, canned food *Am* **2.** (*conservación*) preserving

conservación *f* **1.** (*mantenimiento*) maintenance **2.** (*guarda*) conservation

conservador(a) *adj, m(f)* conservative

conservante *m* preservative

conservar **I.** vt **1.** (*mantener*) to maintain **2.** (*guardar*) to conserve **3.** (*hacer conservas*) to can **4.** (*tradición*) to preserve **II.** vr: ~se to survive; (*mantenerse*) to keep

conservatorio *m* conservatory

considerable *adj* considerable

consideración *f* **1.** (*reflexión*) consideration **2.** (*respeto*) respect

considerado, -a *adj* **1.** (*tener en cuenta*) considered **2.** (*apreciado*) respected

considerar *vt* to consider

consigna *f* **1.** MIL motto **2.** POL instruction **3.** (*de equipajes*) left-luggage (office) *Brit*, checkroom *Am*

consigo *pron pers* (*con él*) with him; (*con ella*) with her

⚠️ **consigo** (= with him, with himself): "Jaime lleva siempre un bolígrafo consigo; Él habla a menudo

consigo mismo." **consigo** is also the first person of the verb conseguir (= to achieve, to manage to): "Siempre consigo lo que me propongo."

consiguiente *adj* resulting; **por** ~ consequently

consistente *adj* consistent; (*argumento*) sound; GASTR thick; ~ **en** consisting of

consistir *vi* **1.** (*componerse*) to consist **2.** (*radicar*) to lie

consola *f* **1.** (*mesa*) console table **2.** ELEC console; (*de videojuegos*) video console

consolación *f* consolation

consolar <o→ue> *vt* to console

consolidar **I.** vt to consolidate **II.** vr: ~se to be consolidated

consomé *m* consommé

consonante **I.** adj **1.** (*que rima*) rhyming **2.** (*armonioso*) harmonious **II.** f LING consonant

consorcio *m* consortium

conspiración *f* conspiracy

conspirar *vi* to conspire

constancia *f* **1.** (*firmeza*) constancy **2.** (*certeza*) certainty; **dejar** ~ to show evidence

constante *adj* constant

constar *vi* **1.** (*ser cierto*) to be clear **2.** (*figurar*) to put on record **3.** (*componerse*) to consist

constatar *vt* to confirm

constelación *f* constellation

consternación *f* consternation

consternar **I.** vt to dismay **II.** vr: ~se to be dismayed

constipado *m* cold

constipado, -a *adj* **estar** ~ to have a cold

constiparse *vr* to catch a cold

constitución *f t.* POL constitution

constitucional *adj* constitutional

constituir *irr como huir* **I.** vt **1.** (*formar*) to constitute **2.** (*ser*) to be **3.** (*establecer*) to establish **II.** vr: ~se to become

constitutivo, -a *adj* constituent

constreñir *irr como ceñir* vt **1.** (*obligar*) to constrain **2.** (*cohibir*) to restrict

construcción f **1.** (*acción*) construction **2.** (*edificio*) building

constructivo, -a *adj* constructive

constructor(a) m(f) builder

construir *irr como huir* vt to build

consuelo m consolation

cónsul mf consul

consulado m consulate

consulta f **1.** (*acción*) consultation **2.** (*de un médico*) surgery

consultar vt to consult

consultorio m (*establecimiento*) consultancy; (*de un médico*) surgery

consumar vt to carry out; (*matrimonio*) to consummate

consumición f **1.** (*bar*) drink **2.** (*agotamiento*) consumption

consumidor(a) m(f) consumer

consumir I. vt **1.** (*gastar*) to consume **2.** (*acabar*) to use **3.** (*comer*) to eat II. vr: **~se 1.** (*persona*) to waste away **2.** (*gastarse*) to be consumed

consumismo m consumerism

consumo m consumption; **sociedad de ~** consumer society

contabilidad f **1.** (*sistema*) accounting **2.** (*profesión*) accountancy

contabilizar <z→c> vt to enter

contable I. *adj* countable II. mf accountant

contactar vi, vt to contact

contacto m contact

contado m **pagar al ~** to pay (in) cash

contador m meter

contagiar I. vt to transmit, to infect II. vr: **~se** to become infected

contagio m contagion

contagioso, -a *adj* contagious; **tener una risa contagiosa** to have a contagious laugh

contaminación f pollution

contaminar I. vt **1.** (*infestar*) to pollute **2.** (*contagiar*) to infect II. vr: **~se 1.** (*infectarse*) to become contaminated **2.** (*contagiarse*) to become infected

contante *adj* **~ y sonante** in hard cash

contar <o→ue> I. vi to count; **~ con** (*confiar*) to rely on; (*tener en cuenta*) to expect II. vt **1.** (*numerar, incluir*) to count **2.** (*narrar*) to tell

contemplación f contemplation

contemplar vt **1.** (*mirar*) to look at **2.** (*considerar*) to consider

contemplativo, -a *adj* contemplative

contemporáneo, -a *adj, m, f* contemporary

contendiente mf contender

contenedor m **1.** (*general*) container **2.** (*escombros*) skip *Brit*, dumpster *Am*

contener *irr como tener* I. vt **1.** (*encerrar*) to contain **2.** (*refrenar*) to hold back II. vr: **~se** to contain oneself

contenido m **1.** (*incluido*) contents pl **2.** (*concentración*) content

contentar I. vt to satisfy II. vr: **~se** to be contented

contento, -a *adj* **1.** (*alegre*) happy **2.** (*satisfecho*) content

contestación f **1.** (*respuesta*) answer **2.** (*protesta*) protest

contestador m answering machine

contestar vt to answer back

contestatario, -a m, f rebel

contexto m context

contienda f dispute

contigo *pron pers* with you

contiguo, -a *adj* adjoining

continental *adj* continental

continente m continent

contingencia f **1.** (*eventualidad*) eventuality **2.** t. FILOS contingency **3.** (*riesgo*) risk

contingente I. *adj* possible II. m **1.** ECON quota **2.** MIL contingent

continuación f continuation; **a ~** next

continuar <1. pres: continúo> vi, vt to continue

continuidad f continuity

continuo, -a *adj* continuous

contorno m **1.** (*de una figura*) outline **2.** (*pl*) (*territorio*) surrounding area

contra¹ I. *prep* against; **tener en ~**

to object **II.** *m* **los pros y los** ~**s** the pros and the cons

contra² *f* **1.** (*oposición*) **llevar la** ~ to contradict **2.** (*guerilla*) contra

contraataque *m* MIL counterattack

contrabajo *m* double bass

contrabandista *mf* smuggler

contrabando *m sin pl* **1.** (*comercio*) smuggling **2.** (*mercancía*) contraband

contracción *f* contraction

contrachapado *m* plywood

contracorriente *f sin pl* crosscurrent

contradecir *irr como decir vt* to contradict

contradicción *f* contradiction

contradictorio, -a *adj* contradictory

contraer *irr como traer* **I.** *vt* **1.** (*encoger*) to contract **2.** (*enfermedad*) to catch **3.** (*limitar*) to limit **II.** *vr:* ~**se 1.** (*encogerse*) to contract **2.** (*limitarse*) to limit oneself

contraespionaje *m* counterespionage

contrafuerte *m* ARQUIT buttress

contraluz *m o f* back light(ing)

contramanifestación *f* counterdemonstration

contraofensiva *f* counteroffensive

contrapartida *f* **1.** (*compensación*) compensation **2.** (*contabilidad*) balancing entry

contrapelo *adv* **a** ~ **t.** *fig* the wrong way

contrapesar *vt* to counterbalance, to offset

contrapeso *m* counterweight

contraportada *f* back cover

contraproducente *adj* counterproductive

contrariar <*1. pres: contrarío*> *vt* **1.** (*oponerse*) to oppose **2.** (*disgustar*) to upset

contrariedad *f* **1.** (*inconveniente*) obstacle **2.** (*disgusto*) annoyance

contrario, -a **I.** *adj* (*opuesto*) contrary; (*perjudicial*) harmful; **en caso** ~ otherwise; **de lo** ~ or else **II.** *m, f* opponent

contrarrestar *vt* to counteract

contrasentido *m* contradiction

contraseña *f* password

contrastar **I.** *vi* to contrast **II.** *vt* **1.** (*oro*) to hallmark **2.** (*peso*) to verify

contraste *m* contrast

contratar *vt* **1.** (*trabajador*) to hire **2.** (*encargar*) to contract

contratiempo *m* setback

contratista *mf* contractor

contrato *m* contract

contravenir *irr como venir vt* to contravene

contraventana *f* shutter

contribución *f* **1.** (*aportación*) contribution **2.** (*impuesto*) tax

contribuir *irr como huir* **I.** *vi* **1.** (*ayudar*) to contribute **2.** (*tributar*) to pay taxes **II.** *vt* to contribute

contribuyente *mf* taxpayer

contrincante *mf* opponent

control *m* control; (*inspección*) inspection; ~ **a distancia** TÉC remote control

controlador *m* INFOR driver

controlador(a) *m(f)* controller

controlar **I.** *vt* (*confirmar*) to check; (*regir*) to control **II.** *vr:* ~**se** to control oneself

controversia *f* controversy

contundente *adj* **1.** (*objeto*) contusive **2.** *fig* convincing **3.** (*prueba*) conclusive

contusión *f* MED bruise

convalecencia *f* convalescence

convalecer *irr como crecer vi* to convalesce

convaleciente *mf* convalescent

convalidar *vt* **1.** (*título*) to (re)validate **2.** (*confirmar*) to confirm, to recognize

convencer <c→z> **I.** *vt* to persuade **II.** *vr:* ~**se** to be convinced

convencimiento *m sin pl* conviction

convención *f* convention

convencional *adj* conventional

conveniencia *f* **1.** (*provecho*) usefulness **2.** (*acuerdo*) agreement

conveniente *adj* **1.** (*adecuado*) suitable **2.** (*provechoso*) advisable

convenio *m* agreement

convenir *irr como venir* **I.** *vi* **1.** (*acordar*) to agree **2.** (*ser oportuno*) to be advisable **II.** *vr:* ~**se** to agree

convento *m* **1.** (*de monjes*) monastery **2.** (*de monjas*) convent

convergencia *f* convergence

converger <g→j> *vi,* **convergir** <g→j> *vi* **1.** (*líneas*) to converge **2.** (*coincidir*) to coincide

conversación *f* conversation

conversar *vi* to talk

conversión *f* conversion

convertir *irr como sentir* **I.** *vt* **1.** (*transformar*) to turn into **2.** REL, TÉC to convert **II.** *vr:* ~**se 1.** (*transformarse*) to turn into **2.** REL to convert

convexo, -a *adj* convex

convicción *f* conviction

convicto, -a *adj* convicted

convidado, -a *m, f* guest

convidar *vt* to invite

convincente *adj* convincing

convite *m* **1.** (*invitación*) invitation **2.** (*banquete*) banquet

convivencia *f* living together; *fig* co-existence

convivir *vi* to live together; *fig* to co-exist

convocar <c→qu> *vt* **1.** (*citar*) to summon; (*reunir*) to call (together); MIL to call up **2.** (*concurso*) to announce

convocatoria *f* **1.** (*citación*) summons **2.** (*de un concurso*) official announcement **3.** (*de una conferencia*) notification

convulsión *f* **1.** MED convulsion **2.** POL upheaval **3.** GEO tremor

conyugal *adj* marital

cónyuge *mf form* spouse

coñá *m,* **coñac** *m* <coñacs> cognac

coñazo *m vulg* pain in the arse [*o ass Am*] *vulg*

coño I. *interj vulg* damn, bloody hell *Brit* **II.** *m vulg* cunt, fanny *Brit,* pussy *Am* **III.** *adj* Chile, *pey* Spaniard

cooperación *f* cooperation

cooperar *vi* **1.** (*juntamente*) to cooperate **2.** (*participar*) to collaborate

cooperativa *f* cooperative, co-op

coordinador(a) I. *adj* coordinating **II.** *m(f)* coordinator

coordinar *vt* to coordinate

copa *f* **1.** (*vaso*) glass; **ir de** ~**s** to go out for a drink **2.** (*de árbol*) top **3.** (*de sujetador*) cup **4.** DEP cup

copar *vt* **1.** MIL (*rodear*) to surround **2.** (*acorralar*) to corner **3.** (*premios*) to win

Copenhague *m* Copenhagen

copia *f* **1.** (*de un escrito*) copy; ~ **de seguridad** INFOR back-up copy **2.** ARTE (*réplica*) replica **3.** FOTO print

copiar *vt* to copy

copiloto, -a *m, f* AERO copilot; AUTO co-driver

copioso, -a *adj* (*exuberante*) copious; (*abundante*) abundant

copla *f* **1.** LIT verse **2.** MÚS popular song

copo *m* flake; ~ **de nieve** snowflake; ~**s de maíz** cornflakes

coprocesador *m* INFOR co-processor

copropietario, -a *m, f* co-owner

copular *vi* to copulate

coqueta *f* **1.** (*chica*) flirt **2.** (*mueble*) dressing table

coquetear *vi* to flirt

coraje *m* **1.** (*valor*) courage **2.** (*ira*) anger

coral I. *adj* choral **II.** *m t.* ZOOL coral **III.** *f* (*coro*) choir

coraza *f* **1.** MIL cuirass **2.** NÁUT armour-plating *Brit,* armor-plating *Am* **3.** ZOOL shell

corazón *m* **1.** *t. fig* ANAT heart; ~ (**mío**) darling; **de todo** ~ with all one's heart; **no tener** ~ to be heartless; **hacer de tripas** ~ to pluck up courage **2.** BOT core

corazonada *f* **1.** (*presentimiento*) hunch **2.** (*impulso*) sudden impulse

corbata *f* tie

Córcega *f* Corsica

corchea *f* quaver

corchete *m* **1.** (*broche*) hook and eye **2.** TIPO square bracket

corcho *m* **1.** (*material, tapón*) cork **2.** (*en la pesca*) float

cordel *m* cord

cordero *m* **1.** (*carne*) lamb **2.** (*piel*) lambskin

cordero, -a *m, f* lamb

cordial *adj,* *m* cordial

cordialidad *f* cordiality

cordillera f mountain range
cordón m 1.(cordel) cord; (del uniforme) braid; (de zapatos) shoelace 2.ELEC flex Brit, cord Am 3.MIL cordon
cordura f 1.(razón) good sense 2.(prudencia) prudence
Corea f Korea
coreografía f choreography
córner m DEP corner
corneta f cornet; (en el ejército) bugle
cornisa f cornice; la ~ **cantábrica** the Cantabrian Coast
coro m ARQUIT, MÚS choir
corona f 1.(adorno) crown 2.(de flores) garland, wreath 3.ASTR corona
coronación f 1.(de un rey) coronation 2.(de una acción) culmination
coronar vt to crown
coronel(a) m(f) colonel
coronilla f crown (of the head); **estar hasta la** ~ inf to be fed up to the back teeth
corporación f corporation
corporal adj physical
corporativo, -a adj corporate
corpulento, -a adj 1.(persona) hefty 2.(cosa) massive
corral m 1.(cercado) yard; (redil) stockyard 2.(para niños) playpen
correa f 1.(tira) strap 2.(cinturón) belt; ~ **de transmisión** TÉC driving belt
corrección f 1.(de errores) correction 2.(represión) rebuke 3.(comportamiento) (good) manners pl
correccional m reformatory
correcto, -a adj correct
corrector(a) m(f) TIPO proofreader
corredizo, -a adj (puerta) sliding; **nudo** ~ slipknot
corredor m corridor
corredor(a) m(f) 1.DEP (a pie) runner 2.COM agent; ~ **de fincas** estate agent Brit, real estate broker Am
corregir irr como elegir I. vt 1. t. TIPO to correct 2.(reprender) to rebuke II. vr: ~se 1.(en la conducta) to change one's ways 2.(al expresarse) to correct oneself

correo m 1.(persona) courier 2.(correspondencia) post Brit, mail Am; ~ **aéreo** airmail; ~ **certificado** registered mail; ~ **electrónico** e-mail; **echar al** ~ to post Brit, to mail Am
Correos mpl post office
correr I. vi 1.(caminar) to run; **eso corre de mi cuenta** I'm paying for that 2.(apresurarse) to rush; **a todo** ~ at top speed 3.(conducir) to go fast 4.(tiempo) to pass (quickly) 5.(líquido) to flow 6.(viento) to blow 7.(rumor) to circulate II. vt (un mueble) to move; (una cortina) to draw; **corre prisa** it's urgent; **dejar** ~ **algo** not to worry about sth III. vr: ~**se** 1.(moverse) to move 2. vulg (eyacular) to come
correspondencia f 1.(correo) post Brit, mail Am; (de cartas) correspondence 2.(equivalente) correspondence
corresponder I. vi 1.(equivaler) to correspond 2.(armonizar) to match 3.(convenir) to tally 4.(incumbir) to concern 5.(trenes) to connect II. vr: ~**se** 1.(ser equivalente) to correspond; (armonizar) to match; (convenir) to agree 2.(comunicarse) to communicate with each other
correspondiente adj 1.(oportuno) corresponding 2.(respectivo) respective
corresponsal mf correspondent
corrida f TAUR bullfight
corrido, -a adj 1. t. ARQUIT (sin interrupción) continuous 2.(cantidad: larga) large 3. estar (avergonzado) embarrassed
corriente I. adj 1.(fluente) running 2.(actual) current; **estar al** ~ to be aware 3.(ordinario) ordinary II. f 1.(electricidad) current; (de aire) draught Brit, draft Am 2.(tendencia) tendency
corro m 1.(círculo) circle 2.(juego) ring-a-ring-a-roses
corroborar vt to corroborate
corroer irr como roer I. vt 1.(un material) to corrode 2.(una persona)

consume **II.** *vr:* **~se** to corrode
corromper **I.** *vt* **1.** (*descomponer*) to rot; (*un texto*) to corrupt **2.** (*sobornar*) to bribe **3.** (*enviar*) to corrupt **II.** *vr:* **~se** **1.** (*descomponerse*) to rot; (*alimentos*) to go bad **2.** (*degenerar*) to become corrupted
corrosión *f* corrosion
corrosivo, -a *adj* corrosive
corrupción *f* **1.** (*descomposición*) decay **2.** (*moral*) corruption
corrupto, -a *adj* corrupt
corsé *m* corset
cortacésped *m* lawnmower
cortado *m* GASTR *coffee with only a little milk*
cortado, -a *adj* **1.** (*leche*) sour **2.** (*tímido*) shy; (*avergonzado*) self--conscious
cortar **I.** *vt* **1.** (*en pedazos*) to cut up; (*un árbol*) to cut down; (*leña*) to chop; (*el césped*) to mow; (*pelo*) to trim **2.** (*el agua*) to cut off; (*la corriente*) to switch off **II.** *vi* **1.** (*tajar*) cut **2.** (*con alguien*) to split **III.** *vr:* **~se** **1.** (*persona*) to cut oneself **2.** (*turbarse*) to become embarrassed **3.** (*leche*) to turn **4.** TEL to get cut off
cortaúñas *m inv* nailclippers *pl*
corte[1] *m* **1.** (*tajo*) cut; **~ de corriente** ELEC power cut **2.** (*de pelo*) haircut
corte[2] *f* court
cortedad *f* **1.** (*escasez*) shortness **2.** (*de poco entendimiento*) stupidity
cortejar *vt* to court
cortejo *m* **1.** (*séquito*) retinue **2.** (*desfile*) procession
cortés *adj* polite
cortesía *f* courtesy
corteza *f* (*de un tronco*) bark; (*del queso*) rind; (*de una fruta*) peel; (*del pan, terrestre*) crust
cortina *f* curtain; **~ de la ducha** shower curtain
corto, -a *adj* **1.** (*pequeño*) short; **a la corta o a la larga...** sooner or later **... 2.** (*breve*) brief **3.** (*de poco entendimiento*) slow
cortocircuito *m* ELEC short circuit
cortometraje *m* CINE short

coruñés, -esa *adj* of/from Corunna
corva *f* back of the knee
cosa *f* **1.** (*en general*) thing; **¿sabes una ~?** do you know what?; **ser una ~ nunca vista** to be unique; **como si tal ~** as if nothing had happened **2.** *pl* (*pertenencias*) things *pl*
coscorrón *m* bump on the head
cosecha *f* **1.** AGR harvest **2.** (*conjunto de frutos*) crop
cosechar *vi, vt* to harvest
coser *vt* **1.** (*un vestido*) to sew **2.** MED to stitch (up), to sew; **esto es ~ y cantar** this is child's play
cosmética *f* cosmetics *pl*
cosmético, -a *adj* cosmetic
cosmos *m sin pl* cosmos
cosquillas *fpl* **tener ~** to be ticklish
costa *f* **1.** GEO coast; **Costa de Marfil** Ivory Coast **2.** FIN cost; **a toda ~** at any price **3.** *pl* JUR costs *pl*

> **[?]** **Costa del Sol** is the name of a coast in southern Spain, running from **Tarifa** (in the west) to **Almería** (in the east). It incorporates the following four **provincias: Cádiz, Málaga, Granada** and **Almería.** The coast of **Málaga** is probably the most well known (especially **Marbella** and **Fuengirola**) and is where Spanish celebrities particularly like taking their holidays.

costado *m* **1.** (*lado*) side **2.** MIL flank
costal *m* sack
costar <o→ue> *vi, vt* **1.** (*de precio*) to cost **2.** (*un esfuerzo*) to be difficult
Costa Rica *f* Costa Rica

> **[?]** **Costa Rica** lies in Central America and borders the countries Nicaragua and Panama as well as the Pacific and the Caribbean. The capital of **Costa Rica** is **San José.** Spanish is the official language of the country and the monetary unit is the **colón.**

costarriqueño, -a *adj, m, f* Costa Rican

coste *m* 1.(*costo*) cost 2.(*precio*) price

costear I. *vt* 1.(*pagar*) to pay for 2. NÁUT to sail along the coast of II. *vr:* ~**se** to cover the expenses

costero, -a *adj* coastal

costilla *f* 1. *t.* ANAT rib 2. GASTR chop

costo *m* cost

costoso, -a *adj* 1.(*en dinero*) expensive 2.(*en esfuerzo*) difficult

costra *f* 1. MED scab 2.(*corteza*) crust

costumbre *f* 1.(*hábito*) habit; **como de** ~ as usual 2.(*tradición*) custom

costura *f* 1.(*coser*) sewing, needlework 2.(*confección*) dressmaking

costurera *f* dressmaker

costurero *m* sewing box

cota *f* 1.(*armadura*) doublet 2. GEO height above sea level

cotejar *vt* to compare

cotidiano, -a *adj* daily

cotilla *mf inf* gossip

cotillear *vi inf* to gossip

cotilleo *m inf* gossip

cotización *f* 1.(*de acciones*) price 2.(*de cuota*) contribution

cotizar <z→c> I. *vt* 1. FIN to stand at 2.(*estimar*) to value II. *vr:* ~**se** 1. FIN to sell at 2.(*ser popular*) to be valued

coto *m* ~ **de caza** game preserve

cotorra *f* 1.(*papagayo*) parrot 2. *inf* (*persona*) chatterbox

COU *m abr de* **Curso de Orientación Universitaria** *one-year pre-university course*

coyote *m* coyote

coyuntura *f* 1. ANAT joint 2.(*oportunidad*) opportunity 3. ECON current economic situation

coz *f* kick

cráneo *m* ANAT skull

cráter *m* crater

creación *f* creation

creador(a) I. *adj* creative II. *m(f)* creator

crear I. *vt* 1.(*hacer*) to create 2.(*fundar*) to establish 3. INFOR ~ **archivo** to make a new file II. *vr:* ~**se** to be created

creativo, -a *adj* creative

crecer *irr* I. *vi* 1.(*aumentar*) to grow, to increase 2.(*relativo a la luna*) to wax 3.(*relativo al agua*) to rise II. *vr:* ~**se** (*persona*) to grow more confident

creces *fpl* **con** ~ fully

crecida *f* 1.(*riada*) flood 2.(*crecimiento*) (sudden) growth

creciente *adj* growing, increasing

crecimiento *m* 1. *t.* ECON growth 2.(*moneda*) appreciation

credencial *fpl* credentials

crédito *m* 1. FIN (*préstamo*) credit; **dar a** ~ to loan 2.(*fama*) reputation 3.(*confianza*) **dar** ~ **a algo/alguien** to believe in sth/sb

credo *m* creed

crédulo, -a *adj* credulous

creencia *f* belief; REL faith

creer *irr como leer* I. *vi, vr:* ~**se** to believe II. *vt* to believe; **¡ya lo creo!** I should think so!

creíble *adj* credible, believable

creído, -a *adj* conceited

crema I. *adj* cream II. *f* 1. creme *Brit*, cream *Am* 2.(*natillas, pasta*) custard

cremallera *f* zip (fastener) *Brit*, zipper *Am*

crematorio *m* crematorium

crepitar *vi* to crackle

crepúsculo *m* twilight, dusk; ~ **matutino** dawn

crespo, -a *adj* curly

crespón *m* (*tela*) crepe

cresta *f* 1.(*del gallo*) (cocks)comb 2.(*de una ola*) crest

Creta *f* Crete

cretino, -a *m, f t. fig* cretin

creyente *mf* believer

cría *f* 1.(*cachorro*) young 2.(*camada*) litter 3.(*pájaro*) brood

criadero, -a *adj* fertile

criado, -a *m, f* servant

criador(a) *m(f)* breeder

crianza *f* 1.(*lactancia*) lactation 2.(*educación*) upbringing

criar <1. *pres:* crío> I. *vt* 1.(*alimentar*) to feed 2.(*cuidar*) to breed 3.(*ser propicio*) to produce 4.(*educar*) to bring up II. *vi* (*animal*) to have young III. *vr:* ~**se** to grow up

criatura *f* creature; (*niño*) child

criba *f* sieve

cribar *vt* to sieve

crimen *m* crime

criminal *adj, mf* criminal

crin *f* mane

crío, -a *m, f inf* kid

cripta *f* crypt

crisis *f inv* crisis; ~ **nerviosa** nervous breakdown

crisma *f inf* (*cabeza*) head

crispación *f* **1.** (*contracción*) contraction **2.** (*irritación*) tension

crispar **I.** *vt* **1.** (*contraer*) to contract **2.** (*exasperar*) to exasperate **II.** *vr:* ~**se** **1.** (*contraerse*) to contract **2.** (*exasperarse*) to become exasperated

cristal *m* **1.** (*cuerpo*) crystal **2.** (*de ventana*) glass

cristalino *m* MED crystalline lens

cristalino, -a *adj* **1.** (*de cristal*) crystalline **2.** (*transparente*) crystal--clear

cristalizar <z→c> *vi, vt, vr:* ~**se** to crystallize

cristiandad *f* Christendom

cristiano, -a *adj, m, f* Christian

Cristo *m* Christ

criterio *m* **1.** (*norma*) criterion **2.** (*discernimiento*) judgement **3.** (*opinión*) opinion

crítica *f* criticism

criticar <c→qu> *vt* to criticize

crítico, -a **I.** *adj* critical **II.** *m, f* critic

Croacia *f* Croatia

croar *vi* (*rana*) to croak

croata *adj, mf* Croat(ian)

crol *m* crawl

cromar *vt* to chromium-plate

cromo *m* **1.** QUÍM chromium **2.** (*estampa*) (picture) card

cromosoma *m* chromosome

crónica *f* **1.** HIST chronicle **2.** (*prensa*) (feature) article

crónico, -a *adj t.* MED chronic

cronología *f* chronology

cronológico, -a *adj* chronological

cronometrar *vt* to time

cronómetro *m* chronometer; DEP stopwatch

croqueta *f* ≈ croquette

cruce *m* **1.** (*acción*) crossing; ~ **de peatones** pedestrian crossing **2.** (*interferencia*) interference **3.** BIO cross

cruceiro *m* FIN cruzeiro

crucero *m* **1.** ARQUIT transept **2.** NÁUT (*buque*) cruiser **3.** (*viaje*) cruise

crucial *adj* crucial

crucificar <c→qu> *vt* to crucify

crucifijo *m* crucifix

crucigrama *m* crossword (puzzle)

crudo *m* crude oil

crudo, -a *adj* **1.** (*sin cocer*) raw **2.** (*tiempo*) harsh **3.** (*color*) yellowish-white **4.** (*cruel*) cruel

cruel *adj* <crudelísimo> cruel

crueldad *f* cruelty

crujido *m* **1.** (*de papel*) rustling **2.** (*de madera*) creaking

crujiente *adj* **1.** (*dientes*) grinding **2.** (*pan tostado*) crunchy

crujir *vi* **1.** (*papel, hojas*) to rustle **2.** (*madera*) creak **3.** (*huesos*) crack

cruz *f* **1.** (*aspa*) cross; ~ **gamada** swastika; **Cruz Roja** Red Cross **2.** (*de una moneda*) reverse; **¿cara o ~?** heads or tails?

cruzada *f* crusade

cruzado *m* crusader

cruzado, -a *adj* **1.** (*animal*) crossbred **2.** (*chaqueta*) double-breasted

cruzar <z→c> **I.** *vt* to cross **II.** *vr:* ~**se** **1.** (*caminos*) to cross **2.** (*encontrarse*) to meet **3.** *t.* MAT to intersect

cuaderno *m* notebook

cuadra *f* **1.** (*de caballos*) stable **2.** (*lugar sucio*) pigsty **3.** *AmL* (*manzana de casas*) block (of houses)

cuadrado *m* MAT square

cuadrado, -a *adj* square

cuadragésimo, -a *adj* fortieth; *v.t.* **octavo**

cuadrar **I.** *vi* **1.** (*ajustarse*) to fit in **2.** (*coincidir*) to tally **II.** *vt t.* MAT to square **III.** *vr:* ~**se** MIL to stand to attention

cuadrícula *f* grid squares *pl*

cuadricular *adj* squared

cuadrilátero *m* **1.** (*polígono*) quadrilateral **2.** DEP ring

cuadrilla *f* **1.** (*de amigos*) group **2.** (*de trabajo*) work team **3.** *pey* (*de*

maleantes) gang
cuadro *m* **1.** (*cuadrado*) square; **a ~s**
plaid, chequered *Brit,* check(er)ed
Am; **~ sinóptico** synoptic chart
2. (*pintura*) painting **3.** (*escena*)
scene
cuádruple I. *adj* quadruple, four-fold
II. *m* quadruple
cuádruplo, -a *adj* quadruple
cuajar I. *vi* **1.** (*espesarse*) to thicken;
(*la nieve*) to lie **2.** *inf* (*realizarse*) to
come off **II.** *vt* **1.** (*leche*) to curdle
2. (*cubrir*) to cover **III.** *vr:* **~se**
1. (*coagularse*) to coagulate **2.** (*llenarse*) to fill (up)
cuajo *m* **de ~** completely
cual *pron rel* **el/la ~** (*persona*) who,
whom; (*cosa*) which; **lo ~** which;
los/las ~es (*personas*) who,
whom; (*cosas*) which; **cada ~** everyone; **hazlo tal ~ te lo digo** do it just
as I tell you (to)
cuál I. *pron interrog* which (one); **¿~
es el tuyo?** which is yours? **II.** *pron
indef* **~ más ~ menos** some more,
some less
cualesquier(a) *pron indef pl de*
cualquiera
cualidad *f* quality
cualquiera I. *pron indef* any; **en un
lugar ~** anywhere; **a cualquier
hora** at any time; **cualquier cosa**
anything **II.** *mf* **ser una ~** *pey* to be a
whore
cuando *conj* **1.** (*presente*) when; **de
~ en ~** from time to time; **~ quieras**
when(ever) you want; **el lunes es ~
no trabajo** I don't work on Mondays
2. (*condicional*) if; **~ menos** at least
3. (*aunque*) **aun ~** even if
cuándo *adv* when
cuantía *f* **1.** (*suma*) amount **2.** (*importancia*) importance
cuantioso, -a *adj* substantial
cuanto I. *adv* **~ antes** as soon as
possible **II.** *prep* **en ~ a** as regards
III. *conj* **1.** (*temporal*) **en ~** (*que*) as
soon as **2.** (*puesto que*) **por ~ que**
inasmuch as
cuanto, -a I. *pron rel* (*neutro*) all
that (which); **dije** (**todo**) **~ sé** I said
all that I know **II.** *pron indef* **unos**

~s/unas cuantas some, several
cuánto *adv* **1.** (*interrogativo*) how
much **2.** (*exclamativo*) how
cuánto, -a I. *adj* **¿~ vino?** how much
wine?; **¿~s libros?** how many
books?; **¿~ tiempo?** how long?;
¿cuántas veces? how often?
II. *pron interrog* how much
cuarenta *adj inv, m* forty; *v.t.* **ochenta**
cuarentena *f* **1.** (*aislamiento*) quarantine **2.** (*cuarenta unidades*) **una ~
de veces** about forty times
cuaresma *f* REL Lent
cuarta *f* **1.** (*cuarta parte*) quarter
2. (*medida*) span
cuartear I. *vt* (*dividir*) to quarter
II. *vr:* **~se** to crack
cuartel *m* **1.** MIL (*acuartelamiento*)
encampment; **~ general** headquarters *pl* **2.** MIL (*edificio*) barracks
pl
cuarteto *m* MÚS quartet
cuartilla *f* (*hoja*) sheet of paper
cuarto *m* **1.** (*habitación*) room; **~ de
aseo** lavatory; **~ de baño** bathroom;
~ de estar living room **2.** (*pl*), *inf*
(*dinero*) money, dough *inf*
cuarto, -a I. *adj* fourth **II.** *m, f*
quarter; **~ de final** DEP quarterfinal;
un ~ de hora a quarter of an hour;
v.t. **octavo**
cuarzo *m* quartz
cuatrimestre *m* four-month period
cuatro *adj inv, m* four; *v.t.* **ocho**
cuatrocientos, -as *adj* four hundred;
v.t. **ochocientos**
cuba *f* (*tonel*) barrel; **estar como
una ~** *inf* (*borracho*) to be plastered
Cuba *f* Cuba

> **?** **Cuba** (official title: **República
> de Cuba**) is the largest of the West
> Indian Islands. The capital and
> also the largest city in Cuba is **La
> Habana**. The official language of
> the country is Spanish and the
> monetary unit is the **peso cuba-
> no**.

cubano, -a adj, m, f Cuban
cúbico, -a adj t. MAT cubic
cubierta f **1.** (cobertura) cover; (de un libro) jacket; (de una rueda) tyre Brit, tire Am **2.** NÁUT deck **3.** ARQUIT roof
cubierto m **1.** (de mesa) place setting **2.** (cubertería) set of cutlery; **los ~s** the cutlery, the silverware Am
cubierto, -a I. pp de **cubrir** II. adj **1.** (cielo) overcast; **ponerse a ~** to take cover **2.** FIN **cheque no ~** bounced cheque
cubil m lair
cubilete m cup
cubito m **~ de hielo** ice cube
cúbito m ANAT ulna
cubo m **1.** (recipiente) bucket; **~ de basura** dustbin Brit, trash can Am **2.** t. MAT cube **3.** (de una rueda) hub
cubrecama m bedspread
cubrir irr como abrir I. vt **1.** t. fig (tapar) to cover **2.** (vacante) to fill II. vr: **~se 1.** (taparse) to cover oneself **2.** (el cielo) to become overcast **3.** MIL to take cover
cucaracha f cockroach
cuchara f spoon
cucharada f (porción) spoonful
cucharadita f **1.** (cuchara) teaspoon **2.** (medida) teaspoonful
cucharilla f teaspoon
cucharón m ladle
cuchichear vi to whisper
cuchilla f **1.** (de afeitar) razor blade **2.** (de cocina) kitchen knife **3.** (hoja) blade
cuchillada f **1.** (navajazo) slash **2.** (herida) stab wound
cuchillo m knife
cuchitril m **1.** (pocilga) pigsty **2.** fig (habitación) hole
cuclillas fpl **en ~** squatting
cuco m cuckoo
cuco, -a adj **1.** (astuto) crafty **2.** (bonito) pretty
cucurucho m **1.** (de papel) cone **2.** (de helado) ice-cream cone
cuello m **1.** ANAT neck; **~ de botella** t. fig bottleneck **2.** (de una prenda) collar
cuenca f **1.** GEO basin **2.** (región) valley **3.** (de los ojos) socket
cuenco m **1.** (vasija) bowl **2.** (concavidad) hollow
cuenta f **1.** (cálculo) counting; (calculación final) calculation; **~ atrás** countdown; **a ~ de alguien** on sb's account; **caer en la ~** to catch on; **a fin de ~s** after all; **en resumidas ~s** in short **2.** (en el banco) account; **~ corriente** [o de giros] current account; **pagar la ~** to pay the bill; **abonar en ~** to credit **3.** (consideración) **tener en ~** to bear in mind; **tomar en ~** to take into consideration **4.** (de un collar) bead
cuentakilómetros m inv speedometer, odometer Am
cuento m story; **~ chino** inf tall story; **~ de hadas** fairy tale; **venir a ~** to matter
cuerda f **1.** (gruesa) rope; (delgada) string; **~ floja** tightrope **2.** (del reloj) spring; **dar ~ al reloj** to wind up one's watch **3.** ANAT **~s vocales** vocal chords **4.** (de instrumentos) string
cuerdo, -a adj **1.** (sano) sane **2.** (razonable) sensible
cuerno m **1.** MÚS, ZOOL horn **2.** inf (exclamativo) **¡y un ~!** my foot!; **irse al ~** to be ruined; (plan) to fall through
cuero m leather
cuerpo m **1.** (de un ser) body; (tronco) trunk; (de una mujer) figure; **tomar ~** to take shape **2.** t. FÍS (objeto, grupo) body; **~ de bomberos** fire brigade Brit, fire department Am
cuervo m raven, crow
cuesta f slope; **~ abajo** downhill; **un camino en ~** an uphill road
cuestión f question, matter; **~ de gustos** question of taste; **~ secundaria** minor matter; **la ~ es...** the main thing is ...
cuestionario m questionnaire
cueva f cave; (sótano) cellar
cuidado m care; **¡~!** careful!; **¡~ con el escalón!** mind the step!
cuidadoso, -a adj careful
cuidar I. vi to take care II. vt to look after III. vr: **~se** to look after oneself
cuita f worry
culata f (del fusil) butt

culebra *f* snake

culebrón *m* 1. *aum de* **culebra** big snake 2. TV soap opera

culinario, -a *adj* culinary

culminación *f* culmination

culminar *vi* to culminate

culo *m* 1. (*trasero*) bottom, backside 2. (*de botella*) bottom

culpa *f* fault; JUR guilt; **echar la** ~ **to** blame

culpabilidad *f* guilt

culpable I. *adj* guilty II. *mf* culprit

culpar(se) *vt*, (*vr*) to blame (oneself)

cultivar *vt* 1. *t. fig* AGR to cultivate 2. (*bacterias*) to culture

cultivo *m* 1. AGR (*acto*) cultivation; (*resultado*) crop 2. (*de bacterias*) culture

culto *m* worship

culto, -a *adj* educated, cultured

cultura *f* culture

cultural *adj* cultural

culturismo *m* body-building

cumbre *f* 1. (*cima*) summit 2. (*reunión*) summit meeting

cumpleaños *m inv* birthday

cumplido *m* compliment

cumplido, -a *adj* 1. (*acabado*) completed 2. (*abundante*) plentiful 3. (*cortés*) courteous

cumplidor(a) I. *adj* reliable II. *m(f)* reliable person

cumplimentar *vt* 1. (*felicitar*) to congratulate 2. (*una orden*) to carry out 3. (*un impreso*) to complete

cumplimiento *m* 1. (*observación*) fulfilment; (*de un deber*) performance 2. (*cumplido*) compliment

cumplir I. *vi* 1. (*deber*) to do; (*promesa*) to keep 2. (*plazo*) to end II. *vt* 1. (*una orden*) to carry out 2. (*una promesa*) to keep 3. (*un plazo*) to keep to 4. (*el servicio militar*) to do 5. (*una pena*) to serve 6. (*las leyes*) to observe III. *vr:* ~**se** to be fulfilled

cúmulo *m* 1. (*amontonamiento*) heap 2. METEO cumulus

cuna *f* cradle; **canción de** ~ lullaby

cundir *vi* 1. (*dar mucho de sí*) to be productive 2. (*un trabajo*) to go well 3. (*rumor*) to spread

cuneta *f* ditch

cuña *f* 1. (*traba*) wedge 2. *fig* (*enchufe*) influence 3. MED bedpan

cuñado, -a *m*, *f* brother-in-law *m*, sister-in-law *f*

cuota *f* 1. (*porción*) quota; ~ **de mercado** market share 2. (*contribución*) fee

cupo I. 3. *pret de* **caber** II. *m* ECON quota

cupón *m* coupon; (*de lotería*) lottery ticket

cúpula *f* ARQUIT dome

cura¹ *m* priest

cura² *f* 1. (*curación*) cure 2. (*tratamiento*) treatment; ~ **de desintoxicación** detoxification

curación *f* treatment

curandero, -a *m*, *f* quack (doctor)

curar I. *vi* to recover II. *vt* 1. (*tratar*) to treat; (*sanar*) to cure 2. (*ahumar*) to cure 3. (*pieles*) to tan III. *vr:* ~**se** to recover

curdo, -a I. *adj* Kurdish II. *m*, *f* Kurd

curiosear *vi* to look round; (*fisgar*) to snoop

curiosidad *f* curiosity

curioso, -a I. *adj* 1. (*indiscreto*) curious 2. (*aseado*) neat II. *m*, *f* 1. (*indiscreto*) busybody 2. (*mirón*) onlooker 3. *AmL* (*curandero*) quack doctor

currante *mf inf* worker

currar *vi inf*, **currelar** *vi inf* to work

currículo *m* curriculum

curriculum (vitae) *m*, **currículum (vitae)** *m* curriculum vitae

curro *m inf* (*trabajo*) job

cursar *vt* 1. (*cursos*) to study 2. (*tramitar*) to issue

cursi *adj inf* affected

cursillo *m* short course

cursiva *f* italics *pl*

cursivo, -a *adj* cursive

curso *m* 1. (*transcurso*) course 2. (*de enseñanza*) course; ~ **acelerado** crash course; **estar en** ~ FIN to be in circulation

cursor *m* 1. INFOR cursor 2. TÉC slide

curtido, -a *adj* 1. *fig* hardened 2. (*cuero*) tanned

curtir *vt* 1. (*pieles*) to tan 2. (*persona*) to harden

curva *f* curve

curvo, -a *adj* curved

cúspide *f* 1. MAT apex 2. *fig* pinnacle

custodia *f* (*guarda*) custody; **bajo ~** in custody

custodiar *vt* to guard

custodio, -a *m, f* guardian

cutáneo, -a *adj* skin

cutícula *f* cuticle

cutis *m inv* skin, complexion

cutre I. *adj* 1. (*tacaño*) stingy, mean *Brit* 2. (*sórdido*) seedy, grotty, crummy *inf* II. *mf* miser

cuyo, -a *pron rel* whose; **por cuya causa** for which reason

C.V. 1. *abr de* **curriculum vitae** CV 2. *abr de* **caballos de vapor** HP, h.p.

D d

D, d *f* D, d; **~ de Dolores** D for David *Brit*, D for dog *Am*

dádiva *f* gift

dadivoso, -a *adj* generous

dado¹ *m* 1. (*cubo*) die; **~s** dice *pl* 2. *pl* (*juego*) dice

dado² *conj* **~ que...** (*ya que*) given that ...; (*supuesto que*) supposing ...

dado, -a *adj* given; **en el caso ~** in this particular case

daltónico, -a *adj* colour-blind *Brit*, color-blind *Am*

dama *f* 1. (*señora*) lady; **~ de honor** (*de la reina*) lady-in-waiting; (*de la novia*) bridesmaid 2. *pl* (*juego*) draughts *Brit*, checkers *pl Am*

damasco *m* damask

damnificar <c→qu> *vt* (*persona*) to injure; (*cosa*) to damage

danés, -esa I. *adj* Danish II. *m, f* Dane

Danubio *m* Danube

danza *f* dance

danzar <z→c> *vt, vi* to dance

danzarín, -ina *m, f* dancer

dañar I. *vt* (*cosa*) to damage; (*persona*) to injure II. *vr:* **~se** to get damaged

dañino, -a *adj* harmful

daño *m* 1. (*perjuicio*) damage; **~s y perjuicios** JUR damages 2. (*dolor*) hurt

dar *irr* I. *vt* 1. (*entregar*) to give; (*patada*) to kick; (*abrazo*) to hug; **~ forma** to shape sth; **¡qué más da!** *inf* what does it matter? 2. (*producir*) to yield 3. (*fiesta*) to give; **~ clases** to teach 4. (*causar*) **~ gusto** to please; **~ miedo** to be frightening 5. (*película*) to show; (*buenas noches*) to say; (*recuerdos*) to send; **~ un paseo** to go for a walk 6. (*luz*) to turn on; **el reloj ha dado las dos** the clock has chimed two o'clock 7. (+ *'de'*) **~ de alta** MED to discharge; **~ de baja** MED to put on sick leave II. *vi* 1. (+ *'a'*) **el balcón da a la calle** the balcony faces the street; **~ a conocer** to let be known 2. (+ *'con'*) **~ con** (*persona*) to run into; (*solución*) to find 3. (*acertar*) **~ en el blanco** *fig* to hit the target 4. (+ *'para'*) **da para vivir** it's enough to live on 5. (+ *'por'*) **~ por muerto** to take for dead; **~ por concluido** to treat as concluded; **le ha dado por...** he/she has decided to ... 6. (+ *'que'*) **~ que...** to give cause for ...; **~ de sí** (*jersey*) to stretch III. *vr:* **~se** 1. (*suceder*) to happen; **~se un baño** to have a bath; **~se cuenta** to realize 2. (+ *'a': consagrarse*) to devote oneself; (*entregarse*) to surrender; **~se a conocer** (*persona*) to make oneself known; (*noticia*) to become known 3. (+ *'contra'*) to hit 4. (+ *'de'*) **~se de baja** to sign off; **dárselas de...** *inf* to pretend to be ... 5. (+ *'por':*) **~se por vencido** to give up

dardo *m* dart

dársena *f* dock

datar *vi, vt* to date

dátil *m* date

dativo *m* dative

dato *m* 1. (*circunstancia*) fact 2. (*cantidad*) figure 3. (*fecha*) date

4. *pl* INFOR data *pl;* ~**s de entrada** input data

dcha. *abr de* **derecha** rt.

d. de J.C. *abr de* **después de Jesucristo** AD

de *prep* **1.** (*posesión*) **el reloj** ~ **mi padre** my father's watch **2.** (*origen*) from; **ser** ~ **Italia** to come from Italy; **un libro** ~ **Goytisolo** a book by Goytisolo **3.** (*material*) of; ~ **oro** of gold, gold; ~ **madera** of wood, wooden **4.** (*temporal*) from; ~ **niño** as a child **5.** (*condición*) ~ **haberlo sabido...** if we had known ...

⚠️ **de** in combination with the masculine definite article 'el' becomes 'del': "Matilde vuelve normalmente pronto del trabajo; Él es el hijo del alcalde."

deambular *vi* to wander around

debajo I. *adv* underneath **II.** *prep* ~ **de** (*local*) below; (*con movimiento*) under

debate *m* **1.** POL debate **2.** (*charla*) discussion

debatir I. *vt* **1.** POL to debate **2.** (*considerar*) to discuss **II.** *vr:* ~**se** to struggle

deber I. *vi* (*suposición*) **debe de estar al llegar** he/she should arrive soon; **deben de ser las nueve** it must be nine o'clock **II.** *vt* **1.** (*estar obligado*) to have to **2.** (*tener que dar*) to owe **III.** *vr:* ~**se 1.** (*tener por causa*) ~**se a algo** to be due to sth **2.** (*estar obligado*) to have a duty **IV.** *m* **1.** (*obligación*) duty **2.** *pl* (*tareas*) homework *sin pl*

debido *prep* ~ **a** due to

debido, -a *adj* **como es** ~ as is proper

débil *adj* weak; (*sonido*) faint; (*luz*) dim

debilidad *f* ~ **por algo** weakness for sth

debilitar *vt* to weaken

debutar *vi* to make one's debut

década *f* decade

decadencia *f* **1.** (*decaimiento*) de-

cay **2.** (*de un imperio*) decline

decaer *irr como* **caer** *vi* to decline; ~ **el ánimo** to get discouraged

decaído, -a *adj* **1.** (*abatido*) downhearted **2.** (*débil*) weak

decano, -a *m, f* UNIV dean

decapitar *vt* to decapitate

decena *f* ten; ~**s** MAT tens

decencia *f* decency

decente *adj* **1.** (*decoroso*) decent **2.** (*respetable*) respectable

decepción *f* disappointment

decepcionar *vt* to disappoint

decidir I. *vi* to decide **II.** *vt* **1.** (*determinar*) to decide **2.** (*mover a*) to persuade

decimal *adj* decimal; **número** ~ decimal number

décimo *m* (*de lotería*) tenth share of a lottery ticket

décimo, -a *adj* tenth; *v.t.* **octavo**

decimoctavo, -a *adj* eighteenth; *v.t.* **octavo**

decimocuarto, -a *adj* fourteenth; *v.t.* **octavo**

decimonoveno, -a *adj* nineteenth; *v.t.* **octavo**

decimoquinto, -a *adj* fifteenth; *v.t.* **octavo**

decimoséptimo, -a *adj* seventeenth; *v.t.* **octavo**

decimosexto, -a *adj* sixteenth; *v.t.* **octavo**

decimotercero, -a *adj* thirteenth; *v.t.* **octavo**

decir *irr* **I.** *vi* **1.** (*expresar*) to say; **diga** TEL hello; **es** ~ in other words; **¡no me digas!** *inf* really!; **y no digamos** not to mention; **ser un** ~ to be a manner of speaking **2.** (*contener*) to say **II.** *vt* (*expresar*) to say; (*comunicar*) to tell; **dicho y hecho** no sooner said than done; **como se ha dicho** as has been said **III.** *vr* **¿cómo se dice en inglés?** how do you say it in English?

decisión *f* **1.** (*resolución*) decision; **tomar una** ~ to take a decision **2.** (*firmeza*) determination

decisivo, -a *adj* decisive

declamar *vt* to declaim; (*versos*) to recite

declaración f **1.** (*a la prensa*) declaration **2.** JUR statement; ~ **de la renta** FIN income-tax return

declarar I. vi **1.** (*testigo*) to testify **2.** (*a la prensa*) to make a statement II. vt (*ingresos*) to declare III. vr: ~**se 1.** (*aparecer*) to break out **2.** (*manifestarse*) to declare oneself; ~**se inocente** to plead innocent

declinar I. vi **1.** (*disminuir*) to decline **2.** (*extinguirse*) to come to an end II. vt to decline

declive m **1.** (*del terreno*) slope **2.** (*decadencia*) decline

decolorar vt **1.** QUÍM to discolour *Brit,* to discolor *Am* **2.** (*el sol*) to bleach

decomisar vt to confiscate

decoración f decoration

decorado m TEAT set

decorar vt to decorate

decorativo, -a adj decorative

decoro m **1.** (*dignidad*) dignity **2.** (*respeto*) respect **3.** (*pudor*) decency

decoroso, -a adj **1.** (*decente*) decent **2.** (*digno*) dignified

decrecer irr como crecer vi to decrease; (*nivel*) to fall

decrépito, -a adj decrepit

decretar vt to decree

decreto m decree

dedal m thimble

dedicación f dedication; ~ **plena** (*en el trabajo*) full-time

dedicar <c→qu> I. vt **1.** (*destinar*) to dedicate **2.** (*consagrar*) to consecrate II. vr: ~**se** to devote oneself; (*profesionalmente*) to work as

dedicatoria f dedication

dedo m (*de mano*) finger; (*de pie*) toe; ~ **anular** ring finger; ~ **gordo** big toe; ~ **índice** index finger, forefinger; ~ **pulgar** thumb; **chuparse el** ~ *inf* to suck one's thumb; **hacer** ~ to hitch-hike; **no mover un** ~ to not lift a finger

deducción f deduction

deducir irr como traducir vt **1.** (*derivar*) to deduce **2.** (*descontar*) to deduct

defecto m **1.** (*carencia*) lack **2.** (*falta*) defect

defectuoso, -a adj faulty, defective

defender <e→ie> I. vt **1.** (*ideas*) t. JUR to defend **2.** (*proteger*) to protect II. vr: ~**se 1.** (*contra ataques*) to defend oneself **2.** (*arreglárselo*) to get by

defendible adj defensible

defensa[1] f defence *Brit,* defense *Am;* **tener** ~**s** MED to have resistance

defensa[2] mf DEP defender

defensiva f defensive

defensivo, -a adj defensive

defensor(a) I. adj defending II. m(f) defender

deferente adj deferential

deficiencia f **1.** (*insuficiencia*) lack **2.** (*defecto*) deficiency

deficiente adj **1.** (*insuficiente*) lacking **2.** (*defectuoso*) deficient

déficit m inv **1.** FIN deficit **2.** (*escasez*) shortage

deficitario, -a adj (*empresa*) loss-making; (*cuenta*) in deficit

definición f t. TV definition

definir I. vt to define II. vr: ~**se** to take a stand

definitivo, -a adj **1.** (*irrevocable*) final **2.** (*decisivo*) decisive; **en definitiva** in short

deforestation f deforestation

deformación f **1.** (*alteración*) distortion **2.** (*desfiguración*) deformation

deformar I. vt **1.** (*alterar*) to distort **2.** (*desfigurar*) to deform II. vr: ~**se** to become deformed; (*jersey*) to lose its shape

deforme adj **1.** (*imagen*) distorted **2.** (*cuerpo*) deformed

defraudar vt **1.** (*estafar*) to cheat; (*impuestos*) to evade **2.** (*decepcionar*) to disappoint

defunción f death

degeneración f (*proceso*) degeneration; (*estado*) degeneracy

degenerar vi to degenerate

degollar <o→ue> vt ~ **a alguien** to slit sb's throat

degradar I. vt **1.** (*en el cargo*) to demote **2.** (*calidad*) to worsen **3.** (*color*) to tone down II. vr: ~**se** to degrade oneself

degustación *f* tasting

deificar <c→qu> *vt* to deify

dejadez *f* 1. (*pereza*) laziness 2. (*negligencia*) neglect

dejado, -a *adj* 1. *ser* (*descuidado*) slovenly 2. *estar* (*abatido*) dejected

dejar I. *vi* ~ **de hacer algo** to stop doing sth; **no dejes de escribirles** don't fail to write them; **¡no deje de venir!** make sure you come! II. *vt* 1. (*abandonar*) to leave; ~ **acabado** to finish; ~ **caer** to drop; ~ **en libertad** to set free; ~ **a alguien en paz** to leave sb in peace 2. (*permitir*) to allow, to let 3. (*entregar*) to give; (*prestar*) to lend III. *vr:* ~**se** 1. (*descuidarse*) to neglect oneself 2. (*olvidar*) to forget

dejo *m* accent

del = **de** + **el** *v.* **de**

delantal *m* apron, pinafore *Brit*

delante I. *adv* 1. (*ante*) in front; **de** ~ from the front 2. (*enfrente*) opposite II. *prep* ~ **de** in front of

delantera *f* 1. (*parte anterior*) front (part) 2. (*distancia*) lead 3. DEP forward line

delantero *m* DEP forward

delantero, -a *adj* front

delatar *vt* 1. (*denunciar*) to inform on 2. (*manifestar*) to reveal

delegación *f* 1. (*comisión*) delegation 2. (*oficina*) local office; (*filial*) branch

delegado, -a *m, f* delegate

delegar <g→gu> *vt* to delegate

deletrear *vt* to spell

deleznable *adj* 1. (*frágil*) fragile 2. (*despreciable*) contemptible

delfín *m* dolphin

delgado, -a *adj* thin; (*esbelto*) slender

deliberar *vi, vt* to deliberate

delicadeza *f* 1. (*finura*) delicacy 2. (*debilidad*) weakness

delicado, -a *adj* 1. (*fino*) delicate 2. (*atento*) thoughtful 3. (*enfermizo*) frail 4. (*asunto*) delicate

delicia *f* delight

delicioso, -a *adj* (*cosa*) delightful; (*comida*) delicious

delimitar *vt* to mark out

delincuencia *f* crime, delinquency

delincuente *adj, mf* criminal

delineante *mf* draughtsman *m*, draughtswoman *f*

delinear *vt* to draw

delinquir <qu→c> *vi* to commit an offence

delirante *adj* 1. *t.* MED delirious 2. (*idea*) crazy

delirar *vi* to be delirious

delirio *m* 1. (*enfermedad*) delirium 2. (*ilusión*) delusion

delito *m* crime

delta *m* GEO delta

demagogia *f* demagogy

demanda *f* 1. (*petición*) request; ~ **de empleo** job application 2. COM demand 3. JUR action, lawsuit

demandante *mf* claimant; JUR plaintiff

demandar *vt* to ask for; ~ **por algo** JUR to sue for sth

demarcación *f* demarcation

demás I. *adj* other; **...y ~...** (*y otros*) ... and other ...; **y** ~ (*etcétera*) and so on; **por lo** ~ otherwise II. *adv* **por** ~ more

demasía *f* 1. (*exceso*) excess 2. (*insolencia*) insolence

demasiado *adv* (+ *adj*) too; (+ *verbo*) too much; **comió** ~ he/she ate too much

demasiado, -a *adj* (*singular*) too much; (*plural*) too many

demencia *f* madness

demencial *adj,* **demente** *adj* mad

democracia *f* democracy

demócrata I. *adj* democratic II. *mf* democrat

democrático, -a *adj* democratic

demoler <o→ue> *vt* to demolish

demonio *m* 1. (*espíritu*) demon 2. (*diablo*) devil; **cómo/dónde/qué** ~**s...** *inf* how/where/what the hell ...

demora *f* delay

demorar I. *vt* to delay II. *vr:* ~**se** 1. (*retrasarse*) ~**se en hacer algo** to delay in doing sth 2. (*detenerse*) to be held up

demostración *f* 1. (*prueba*) test 2. (*argumentación*) proof

demostrar <o→ue> vt 1.(*probar*) to demonstrate 2.(*exhibir*) to show

demostrativo, -a adj demonstrative

demudado, -a adj (*pálido*) pale

denegar irr como fregar vt 1.(*negar*) to deny 2.(*rechazar*) to refuse

denigrar vt 1.(*humillar*) to denigrate 2.(*injuriar*) to insult

denominación f naming

denominador m MAT denominator

denotar vt to denote

densidad f density

denso, -a adj 1.(*compacto*) dense 2.(*espeso*) thick 3.(*pesado*) heavy

dentadura f teeth pl

dental adj dental

dentera f dar ~ a alguien (*dar grima*) to set sb's teeth on edge; inf (*dar envidia*) to make sb jealous

dentífrico m toothpaste

dentista I. adj dental II. mf dentist

dentro I. adv inside; **desde** ~ from within; **por** ~ inside II. prep ~ **de** (*local*) inside; (*con movimiento*) into, within; ~ **de poco** soon; ~ **de lo posible** as far as possible

denuncia f 1.(*acusación*) accusation 2.(*de una injusticia*) denunciation

denunciar vt 1.(*acusar*) ~ **a alguien por algo** to accuse sb of sth 2.(*delatar*) to betray 3.(*hacer público*) to expose

departamento m 1.(*de un edificio*) t. UNIV department 2.(*de un objeto*) compartment 3. FERRO compartment 4. AmL (*apartamento*) flat Brit, apartment Am

departir vi to converse

dependencia f 1.(*sujeción*) dependency 2.(*sucursal*) branch 3. pl (*habitaciones*) rooms pl

depender vi to depend; **depende de ti** it's up to you

dependiente adj dependent

dependiente, -a m, f shop assistant

depilarse vr (*cejas*) to pluck; (*a la cera*) to wax

depilatorio, -a adj depilatory

deplorable adj deplorable

deponer irr como poner I. vt 1.(*de un cargo*) to remove; (*monarca*) to depose 2.(*armas*) to set aside II. vi JUR to give evidence, to testify

deportar vt to deport

deporte m sport; **hacer** ~ to practise sports

deportista I. adj sporty II. mf sportsman m, sportswoman f

deportivo m sports car

deportivo, -a adj sporting; **noticias deportivas** sports news

depositar I. vt to put; FIN to deposit II. vr: ~**se** to settle

depósito m 1.(*almacén*) warehouse; (*de coches*) pound; (*de cadáveres*) morgue, mortuary; ~ **de equipajes** FERRO left-luggage office Brit, checkroom Am 2. AUTO petrol tank Brit, gas tank Am 3. t FIN deposit

depravar I. vt to corrupt II. vr: ~**se** to become depraved

depreciar vt, vr: ~**se** to depreciate

depredador(a) I. adj predatory II. m(f) predator

depresión f 1.(*tristeza*) depression 2. GEO hollow 3. METEO depression

deprimir I. vt (*abatir*) to depress II. vr: ~**se** (*abatirse*) to become depressed

deprisa adv fast, quickly

depuración f purification; POL purge

depuradora f (*de agua*) water-treatment plant; ~ **de aguas residuales** sewage plant

depurar vt 1.(*purificar*) to purify; ~ **el estilo** to polish one's style 2. POL to purge

derecha f 1.(*diestra*) right 2.(*lado*) right-hand side; **a la** ~ (*estar*) on the right; (*ir*) to the right 3. POL right (wing)

derecho I. adv straight II. m 1.(*legitimidad*) right; **con** ~ **a** with the right to; **¡no hay** ~! inf it's not fair! 2.(*jurisprudencia*) law; **estudiar** ~ to study law 3.(*de hoja*) right side 4. pl (*impuestos*) duties pl

derecho, -a adj 1.(*diestro*) right 2.(*recto*) straight 3.(*erguido*) upright

derivado m derivative

derivar I. vi 1.(*proceder*) to derive

2. to drift **II.** *vt* **1.** *t.* MAT, LING (*deducir*) to derive **2.** (*desviar*) to divert **III.** *vr:* ~**se** to come from

dermoprotector(a) *adj* kind to the skin, skin-friendly

derramamiento *m* spilling; (*de sangre*) shedding

derramar I. *vt* to pour; (*sin querer*) to spill; (*lágrimas*) to shed **II.** *vr:* ~**se** (*líquidos*) to spill; (*otros*) to scatter

derrame *m* MED haemorrhage *Brit,* hemorrhage *Am*

derrapar *vi* to skid

derredor *m* **en** ~ around

derretir *irr como pedir vt, vr:* ~**se** to melt

derribar *vt* **1.** (*edificio*) to demolish; (*árbol*) to fell; (*avión*) to shoot down **2.** (*boxeador*) to knock down **3.** (*gobierno*) to overthrow

derrocar <c→qu> *vt* **1.** (*edificio*) to knock down **2.** (*destituir*) to remove

derrochar *vt* **1.** (*despilfarrar*) to squander **2.** *inf* (*tener mucho*) to be brimming with

derroche *m* **1.** (*despilfarro*) waste **2.** (*exceso*) profusion

derrota *f* **1.** (*fracaso*) defeat **2.** NÁUT course

derrotar *vt* to defeat

derrotero *m* course

derruir *irr como huir vt* to knock down

derrumbar I. *vt* to knock down **II.** *vr:* ~**se** to fall down

desabotonar(se) *vt,* (*vr*) to unbutton

desabrido, -a *adj* **1.** (*comida*) insipid **2.** (*persona*) disagreeable

desabrochar(se) *vt,* (*vr*) (*botón*) to undo; (*cordón*) to untie

desacato *m* disrespect

desacertado, -a *adj* **1.** (*equivocado*) mistaken **2.** (*inapropiado*) unfortunate

desacierto *m* mistake

desaconsejado, -a *adj* not advised

desaconsejar *vt* to advise against

desacorde *adj* **1.** MÚS discordant **2.** (*opinión*) conflicting

desacreditar *vt* to discredit

desacuerdo *m* disagreement

desafiar <*1. pres:* desafío> *vt* **1.** (*retar*) to challenge **2.** (*hacer frente a*) to defy

desafilado, -a *adj* blunt

desafinar *vi* MÚS to be out of tune

desafío *m* **1.** (*reto*) challenge **2.** (*duelo*) duel

desaforado, -a *adj* **1.** (*fuera de la ley*) lawless **2.** (*desmedido*) excessive

desafortunado, -a *adj* unlucky

desagradable *adj* unpleasant

desagradar *vi* to displease

desagradecido, -a *adj* ungrateful

desagrado *m* displeasure

desagraviar *vt* to make amends for

desagravio *m* amends *pl;* **en** ~ **de** as amends for

desagüe *m* plughole, drain

desaguisado *m* offence *Brit,* offense *Am*

desaguisado, -a *adj* outrageous

desahogado, -a *adj* spacious

desahogar <g→gu> **I.** *vt* to relieve **II.** *vr:* ~**se 1.** (*desfogarse*) to let off steam **2.** (*confiarse*) to tell one's troubles

desahogo *m* **1.** (*alivio*) relief **2.** (*económico*) comfort

desahuciar *vt* **1.** (*enfermo*) to declare past saving **2.** (*inquilino*) to evict

desahucio *m* JUR eviction

desairar *irr como airar vt* **1.** (*humillar*) to insult **2.** (*desestimar*) to slight

desaire *m* **1.** (*humillación*) insult **2.** (*desprecio*) disdain

desajustar *vt* to put out of balance; (*aparato*) to put out of order

desajuste *m* **1.** (*desorden*) imbalance **2.** (*de aparatos*) breakdown

desalentador(a) *adj* discouraging

desalentar <e→ie> *vt* to discourage

desaliento *m* dismay

desaliñado, -a *adj* shabby

desaliño *m* shabbiness

desalmado, -a *adj* heartless

desalojar *vt* (*casa*) to vacate; (*puesto*) to leave

desamor *m* **1.** (*falta de amor*) indifference **2.** (*aborrecimiento*) dislike

desamparado, -a *adj* **1.** (*persona*) defenceless *Brit,* defenseless *Am* **2.** (*lugar*) exposed

desamparar *vt* to abandon

desandar *irr como* andar *vt* ~ **lo andado** to retrace one's steps

desangrar I. *vt* to bleed II. *vr:* ~**se** to bleed to death

desanimado, -a *adj* downhearted

desanimar I. *vt* to discourage II. *vr:* ~**se** to lose heart

desapacible *adj* unpleasant

desaparecer *irr como* crecer *vi* to disappear; (*en guerra*) to go missing

desaparecido, -a I. *adj* missing II. *m, f* missing person

desaparición *f* disappearance

desapego *m* indifference

desaprensivo, -a *adj* unscrupulous

desaprobar <o→ue> *vt* to disapprove

desaprovechado, -a *adj* wasted

desaprovechar *vt* to waste

desarmar *vt, vi* POL to disarm

desarme *m* POL disarmament

desarraigar <g→gu> *vt* **1.** (*árbol*) to uproot **2.** (*costumbre*) to eradicate

desarraigo *m* **1.** (*de árbol*) uprooting **2.** (*de costumbre*) eradication

desarreglado, -a *adj* (*cuarto*) untidy; (*vida*) disorganized

desarreglar *vt* **1.** (*desordenar*) to mess up **2.** (*perturbar*) to disturb

desarreglo *m* **1.** (*de un cuarto*) untidiness; (*de la vida*) confusion **2.** (*desperfecto*) problem; (*en el coche*) trouble

desarrollar I. *vt* **1.** (*aumentar*) to develop **2.** (*detallar*) to expound II. *vr:* ~**se** **1.** (*progresar*) to develop **2.** (*tener lugar*) to take place

desarrollo *m* **1.** *t.* FOTO development **2.** (*crecimiento*) growth

desarticular *vt* **1.** (*mecanismo*) to dismantle **2.** (*articulación*) to dislocate **3.** (*grupo*) to break up

desaseado, -a *adj* dirty

desasir *irr como* asir I. *vt* to let go of II. *vr:* ~**se** to come off

desasosegar *irr como* fregar I. *vt* to

worry II. *vr:* ~**se** to become uneasy

desasosiego *m* unease

desastrado, -a *adj* (*desaliñado*) untidy; (*harapiento*) shabby

desastre *m* disaster

desastroso, -a *adj* disastrous

desatado, -a *adj* **1.** (*desligado*) untied **2.** (*desenfrenado*) wild

desatar I. *vt* **1.** (*soltar*) to untie; (*nudo*) to undo **2.** (*causar*) to unleash II. *vr:* ~**se** **1.** (*soltarse*) to untie oneself; (*nudo*) to come undone **2.** (*tormenta*) to break; (*crisis*) to erupt

desatascar <c→qu> *vt* to unblock; (*coche*) to pull out

desatender <e→ie> *vt* **1.** (*desoír*) to ignore **2.** (*abandonar*) to neglect

desatento, -a *adj* (*distraído*) inattentive; (*negligente*) careless

desatinado, -a *adj* **1.** (*desacertado*) foolish **2.** (*irreflexivo*) rash

desatino *m* **1.** (*error*) mistake **2.** (*tontería*) rubbish

desatornillar *vt* to unscrew

desatrancar <c→qu> *vt* **1.** (*puerta*) to unbolt **2.** (*desatascar*) to unblock

desautorizado, -a *adj* unauthorized

desautorizar <z→c> *vt* (*inhabilitar*) to deprive of authority; (*desmentir*) to deny

desavenencia *f* **1.** (*desacuerdo*) disagreement **2.** (*discordia*) friction

desaventajado, -a *adj* **1.** (*poco ventajoso*) unfavourable *Brit,* unfavorable *Am* **2.** (*inferior*) inferior

desayunar I. *vi* to have breakfast II. *vt* to have for breakfast

desayuno *m* breakfast

desazón *f* **1.** (*desasosiego*) unease **2.** (*malestar*) discomfort

desazonar I. *vt* to annoy II. *vr:* ~**se** to get annoyed

desbarajuste *m* chaos

desbaratar I. *vt* **1.** (*dispersar*) to break up **2.** (*desmontar*) to take apart II. *vr:* ~**se** **1.** (*separarse*) to break up **2.** (*estropearse*) to break down

desbloquear *vt t.* POL to unblock

desbocado, -a *adj* **1.** (*persona: enlo-*

Dd

quecida) mad **2.**(*caballo*) runaway

desbocarse <c→qu> *vr* **1.**(*enloquecer*) to go mad **2.**(*caballo*) to bolt

desbordar I. *vr:* ~**se** (*río*) to overflow **II.** *vi* to overflow; ~ **de emoción** to be full of emotion **III.** *vt* (*exceder*) to exceed

descabalgar <g→gu> *vi* to dismount

descabellado, -a *adj* preposterous

descabellar *vt* TAUR to give the coup de grâce to the bull

descafeinado, -a *adj* decaffeinated

descalabro *m* setback

descalificación *f* disqualification

descalificar <c→qu> *vt* to disqualify

descalzar <z→c> *vt* (*calzado*) to take off

descalzo, -a *adj* **1.**(*sin zapatos*) barefoot **2.***fig* (*indigente*) destitute

descambiar *vt inf* to exchange

descampado *m* open ground

descansado, -a *adj* rested

descansar *vi* **1.**(*reposar*) to rest **2.**(*recuperarse*) to recover **3.**(*dormir*) to sleep **4.**(*apoyar*) to rest

descansillo *m* landing

descanso *m* **1.**(*reposo*) rest; **día de** ~ day off **2.**(*tranquilidad*) peace **3.**(*pausa*) *t.* DEP break; (*alto*) pause **4.**(*alivio*) relief **5.**(*apoyo*) support

descapotable *m* convertible

descarado, -a *adj* **1.**(*desvergonzado*) shameless **2.**(*evidente*) blatant

descarga *f* **1.**(*de mercancías*) unloading **2.** *t.* ELEC (*disparo*) discharge

descargar <g→gu> **I.** *vi* **1.**(*desembocar*) to flow **2.**(*tormenta*) to break **II.** *vt* **1.**(*carga*) to unload **2.** ELEC, FÍS to discharge **3.**(*disparar*) to fire **4.**(*desahogar*) to vent **5.**(*aliviar*) to relieve; FIN to discharge **6.** JUR (*absolver*) to acquit **7.** INFOR to download **III.** *vr:* ~**se** to empty; ELEC, FÍS to discharge; (*pila*) to go flat, to run out

descargo *m* **1.**(*descarga*) unloading **2.** FIN discharge **3.**(*liberación*) release

descarnado, -a *adj* **1.**(*sin carne*) scrawny **2.**(*acre*) brutal **3.***fig* bare

descaro *m* cheek

descarriarse <*1.* pres: descarrío> *vr* **1.**(*perderse*) to get lost **2.**(*descaminarse*) to go astray

descarrilamiento *m* derailment

descarrilar *vi* to be derailed

descartar *vt* (*propuesta*) to reject; (*posibilidad*) to rule out

descascarillarse *vr* (*loza*) to chip; (*pintura*) to peel

descendencia *f* descendents *pl*

descender <e→ie> *vi* **1.**(*ir abajo*) to descend; (*a un valle*) to go down **2.**(*disminuir*) to diminish **3.**(*proceder*) to be descended

descendiente *mf* descendant

descenso *m* **1.**(*bajada*) descent **2.**(*cuesta*) slope **3.**(*disminución*) decline

descifrar *vt* (*código*) to decipher; (*problema*) to figure out

descodificador *m* decoder

descodificar <c→qu> *vt* to decode

descolgar *irr como* colgar **I.** *vt* **1.**(*quitar*) to take off **2.**(*teléfono*) to pick up **3.**(*bajar*) to take down **II.** *vr:* ~**se 1.**(*bajar*) to come down **2.**(*aparecer*) to turn up

descollar <o→ue> *vi* to stand out

descompaginar *vi* to upset

descompasado, -a *adj* **1.**(*sin proporción*) out of all proportion **2.** MÚS out of time

descompensar *vt* to unbalance

descomponer *irr como* poner **I.** *vt* **1.**(*desordenar*) to mess up **2.**(*separar*) to take apart **3.**(*corromper*) *t.* QUÍM to decompose **II.** *vr:* ~**se 1.**(*desmembrarse*) to come apart **2.**(*corromperse*) to decay

descomposición *f* **1.** QUÍM decomposition; ~ (**de vientre**) diarrhoea *Brit,* diarrhea *Am* **2.**(*corrupción*) decay

descompostura *f* disorder

descompuesto, -a I. *pp de* **descomponer II.** *adj* **1.**(*desordenado*) untidy **2.**(*podrido*) rotten

descomunal *adj* enormous

desconcertar <e→ie> *vt* **1.** to ruin; (*planes*) to upset **2.**(*pasmar*) to confuse; **estar desconcertado** to be disconcerted

desconchado m (*de loza*) chip; (*en la pared*) place where paint has come off

desconcierto m 1. (*desarreglo*) disorder 2. (*desorientación*) confusion

desconectar vi, vt to disconnect; (*radio*) to switch off; (*desenchufar*) to unplug

desconfianza f distrust

desconfiar <*1. pres:* desconfío> vi ~ **de alguien/algo** to mistrust sb/ sth

descongelar vt 1. (*comida*) to thaw out; (*el frigorífico*) to defrost 2. FIN to unfreeze

descongestionar vt to unblock; MED to clear

desconocer irr como crecer vt 1. (*ignorar*) to be unaware of 2. (*subestimar*) to underestimate

desconocido, -a I. adj unknown; **estar** ~ to be unrecognizable II. m, f stranger

desconocimiento m 1. (*ignorancia*) ignorance 2. (*ingratitud*) ingratitude

desconsiderado, -a adj inconsiderate

desconsolar <o→ue> I. vt to distress II. vr: ~**se** to lose hope

desconsuelo m distress

descontado, -a adj (*descartado*) discounted; **dar por** ~ **que...** to take it for granted that ...; **por** ~ of course

descontar <o→ue> vt 1. (*restar*) to take away 2. (*letras*) to discount

descontento m dissatisfaction

descontento, -a adj dissatisfied

descontrol m loss of control

descontrolarse vr to go wild

descorazonar I. vt to discourage II. vr: ~**se** to lose heart

descorchar vt (*botella*) to uncork

descorrer vt to draw; (*cerrojo*) to unbolt

descortés adj impolite

descoser I. vt to unpick Brit, to unstitch II. vr: ~**se** 1. (*costura*) to come apart at the seam 2. inf to fart

descosido, -a adj **como un** ~ (*loco*) like mad

descrédito m discredit

descreído, -a adj sceptical Brit, skeptical Am

descremar vt (*milk*) to skim

describir irr como escribir vt 1. (*explicar*) to describe 2. (*trazar*) to trace

descripción f description

descuartizar <z→c> vt to cut up

descubierto m 1. (*lugar*) **al** ~ in the open 2. (*bancario*) overdraft; **quedar al** ~ to be revealed

descubierto, -a I. pp de **descubrir** II. adj open; (*cielo*) clear; (*cabeza*) uncovered

descubrimiento m 1. (*invento*) discovery 2. (*revelación*) disclosure

descubrir irr como abrir I. vt 1. (*destapar*) to uncover 2. (*encontrar*) to discover 3. (*averiguar*) to find out 4. (*inventar*) to invent II. vr: ~**se** to come out

descuento m 1. (*deducción*) discount 2. (*rebaja*) reduction

descuidado, -a adj 1. ser (*falto de atención*) inattentive; (*de cuidado*) careless; (*desaseado*) slovenly 2. estar (*abandonado*) neglected; (*desprevenido*) unprepared

descuidar I. vt 1. (*desatender*) to neglect; **¡descuida!** don't worry! 2. (*ignorar*) to overlook II. vr: ~**se** to neglect oneself, to let oneself go

descuido m 1. (*falta de atención*) inattentiveness; (*de cuidado*) carelessness 2. (*error*) oversight

desde I. prep 1. (*pasado*) since; (*a partir de*) from; **¿~ cuándo vives aquí?** how long have you lived here (for)?; ~ **entonces** since then; ~ **hace un mes** for a month 2. (*local*) from; **te llamo** ~ **el aeropuerto** I'm calling from the airport II. adv ~ **luego** of course III. conj ~ **que** since

desdecir irr como decir I. vi to be unworthy II. vr: ~**se** to take back

desdén m disdain

desdeñar vt to scorn

desdicha f 1. (*desgracia*) misfortune 2. (*miseria*) misery

desdichado, -a adj unfortunate

desdoblar vt (*desplegar*) to unfold; (*extender*) to open out

desear vt to want; (*sexualmente*) to

desire; **¿desea algo más?** would you like anything else?

desecarse <c→qu> *vr* to dry up

desechable *adj* **1.** (*de un solo uso*) disposable **2.** (*despreciable*) despicable

desechar *vt* **1.** (*tirar*) to throw away **2.** (*descartar*) to rule out

desecho(s) *m(pl)* (*restos*) remains *pl;* (*residuos*) residue

desembalar *vt* to unpack

desembarazado, -a *adj* **1.** (*expedito*) free **2.** (*desenvuelto*) free and easy

desembarazar <z→c> **I.** *vt* (*despejar*) to clear; (*librar*) to free **II.** *vr:* ~**se** to free oneself

desembarcar <c→qu> **I.** *vi* to disembark **II.** *vt* to unload

desembocadura *f* mouth

desembocar <c→qu> *vi* to flow into

desembolso *m* payment

desembragar <g→gu> *vi* AUTO to release the clutch

desembrollar *vt inf* **1.** (*madeja*) to disentangle **2.** (*asunto*) to sort out

desempatar *vi* to break the tie

desempate *m* breakthrough

desempeñar *vt* (*cargo*) to hold; (*trabajo*) to carry out; ~ **un papel** to play a role

desempeño *m* (*ejercicio*) fulfilment *Brit,* fulfillment *Am;* (*realización*) performance

desempleado, -a *m, f* unemployed person

desempleo *m* unemployment

desempolvar *vt* (*limpiar*) to dust

desencadenar I. *vt* **1.** (*soltar*) to unleash **2.** (*provocar*) to trigger **II.** *vr:* ~**se** to break loose

desencajar *vt* (*sacar*) to dismantle; MED to dislocate

desencanto *m* disillusion

desenchufar *vt* to unplug

desenfadado, -a *adj* **1.** (*carácter*) easy-going **2.** (*ropa*) casual

desenfado *m* openness

desenfocado, -a *adj* FOTO out of focus

desenfrenado, -a *adj* frantic

desenfreno *m* lack of restraint

desenganchar *vt* **1.** (*gancho*) to unhook **2.** (*soltar*) to take off **3.** FERRO to uncouple

desengañar I. *vt* to disillusion **II.** *vr:* ~**se** to be disappointed

desengaño *m* disillusion

desenlace *m* outcome

desenmarañar *vt* to untangle

desenmascarar *vt* to unmask; *fig* to expose

desenredar *vt t. fig* to unravel; (*pelo*) to untangle

desentenderse <e→ie> *vr* **1.** (*despreocuparse*) ~ **de algo** to want nothing to do with sth **2.** (*fingir ignorancia*) to pretend to not know about

desenterrar <e→ie> *vt* to dig up; (*cadáver*) to exhume

desentonar *vi* **1.** (*cantar*) to sing out of tune **2.** (*no combinar*) to not go

desentrañar *vt* to unravel

desentumecer *irr como crecer vt* to loosen up; DEP to warm up

desenvoltura *f* self-confidence

desenvolver *irr como volver* **I.** *vt* **1.** (*desempaquetar*) to unwrap **2.** (*desarrollar*) to develop **II.** *vr:* ~**se** **1.** (*llevarse*) to get on with **2.** (*manejarse*) to handle oneself

deseo *m* **1.** (*anhelo*) wish **2.** (*necesidad*) need **3.** (*sexual*) desire

deseoso, -a *adj* eager

desequilibrado, -a *adj* unbalanced; (*persona*) (mentally) disturbed

desertar *vi* MIL to desert

desértico, -a *adj* desert

desertor(a) *m(f)* deserter

desesperación *f* **1.** (*desmoralización*) desperation, despair **2.** (*enojo*) exasperation

desesperado, -a *adj* **1.** (*desmoralizado*) desperate; (*situación*) hopeless **2.** (*enojado*) exasperated

desesperar I. *vt* **1.** (*quitar la esperanza*) ~ **a alguien** to cause sb to lose hope **2.** (*exasperar*) to exasperate **II.** *vi* to despair **III.** *vr:* ~**se** **1.** (*perder la esperanza*) to give up hope **2.** (*lamentarse*) to despair

desestimar *vt* **1.** (*despreciar*) to have a low opinion of **2.** (*rechazar*) to reject

desfachatez *f* cheek

desfalco *m* embezzlement

desfallecer *irr como crecer vi* **1.** (*debilitarse*) to weaken **2.** (*perder el ánimo*) to lose heart

desfasado, -a *adj* **1.** (*persona*) old--fashioned; (*cosa*) antiquated **2.** TÉC out of phase

desfase *m* (*diferencia*) gap

desfavorable *adj* unfavourable *Brit,* unfavorable *Am*

desfigurar *vt* **1.** (*las facciones*) to disfigure; (*el cuerpo*) to deform **2.** (*deformar*) to deface; (*una imagen*) to distort

desfiladero *m* GEO gorge

desfilar *vi* to parade

desfile *m* **1.** (*de tropas*) march-past; (*parada*) parade; **~ de modelos** fashion show **2.** (*personas*) procession

desfogar <g→gu> **I.** *vt* (*sentimiento*) to vent **II.** *vi* (*tormenta*) to break **III.** *vr:* **~se** to let off steam

desgajar I. *vt* **1.** (*arrancar*) to tear off **2.** (*despedazar*) to tear to pieces **II.** *vr:* **~se** to come off

desgana *f* **1.** (*inapetencia*) lack of appetite **2.** (*falta de interés*) lack of enthusiasm

desganado, -a *adj* **estar ~** (*sin apetito*) to have no appetite; (*sin entusiasmo*) to have lost one's enthusiasm

desgarrador(a) *adj* heartrending

desgarrar I. *vt* to tear; **esto me desgarra el corazón** *fig* this breaks my heart **II.** *vr:* **~se 1.** (*romperse*) to tear **2.** (*anímicamente*) to break one's heart

desgarro *m* **1.** (*rotura*) tear **2.** (*descaro*) cheek

desgastar I. *vt* **1.** (*estropear*) to wear out **2.** (*consumir*) to use up **II.** *vr:* **~se** to wear out

desgaste *m* **1.** (*fricción*) wear **2.** (*consumo*) consumption

desglosar *vt* to treat separately

desgracia *f* **1.** (*suerte adversa*) bad luck; **por ~** unfortunately **2.** (*acontecimiento*) misfortune; **es una ~**

que... +*subj* it's a terrible shame that ... **3.** (*pérdida de gracia*) disgrace; **caer en ~** to fall into disgrace

desgraciado, -a I. *adj* **1.** (*sin suerte*) unlucky **2.** (*infeliz*) miserable **3.** (*que implica desgracia*) unfortunate **II.** *m, f* **1.** (*sin suerte*) unlucky person **2.** *pey* (*miserable*) scoundrel, rotter

desgravación *f* **1.** (*de un impuesto*) tax allowance, tax deduction **2.** (*de un gasto*) tax relief

desgravar *vt* to reduce the tax on

desgreñado, -a *adj* dishevelled

desguace *m* scrapyard *Brit,* breaker's yard

desguazar <z→c> *vt* to scrap *Brit,* to break up, to wreck

deshabitado, -a *adj* (*edificio*) empty

deshacer *irr como hacer* **I.** *vt* **1.** (*paquete*) to unwrap; (*costura*) to unpick; (*un nudo*) to undo; (*cama*) to mess up; (*maleta*) to unpack **2.** (*romper*) to break **3.** (*arruinar*) to ruin; (*plan*) to spoil **4.** (*hielo*) to melt; (*contrato*) to dissolve **II.** *vr:* **~se 1.** (*descomponerse*) to come apart; (*hielo*) to melt; **~se en llanto** to cry one's heart out; **~se de nervios** to be a nervous wreck **2.** (*romperse*) to break **3.** (*desprenderse*) to come away; (*librarse*) to get rid of

deshecho, -a I. *pp de* **deshacer** **II.** *adj* **1.** (*deprimido*) devastated **2.** (*cansado*) tired

deshelar <e→ie> *vt* (*hielo*) to melt; (*nieve*) to thaw; (*una nevera*) to defrost

desheredar *vt* to disinherit

deshidratar *vt* to dry; (*cuerpo*) to dehydrate

deshielo *m* thaw

deshinchar I. *vt* **1.** (*sacar el aire*) to deflate **2.** (*una inflamación*) to reduce **II.** *vr:* **~se 1.** (*perder aire*) to deflate **2.** (*una inflamación*) to go down

deshonesto, -a *adj* **1.** (*inmoral*) indecent **2.** (*tramposo*) dishonest

deshonra *f* disgrace

deshonrar *vt* to disgrace; (*ofender*) to offend; (*humillar*) to humiliate

D d

deshora *f* inconvenient time; **hablar a ~(s)** to interrupt; **venir a ~(s)** to arrive too late

desierto *m* GEO desert

desierto, -a *adj* **1.** (*sin gente*) deserted **2.** (*como un desierto*) desert

designar *vt* **1.** (*dar un nombre*) to designate **2.** (*destinar*) to assign; (*fecha*) to set; (*nombrar*) to appoint; (*candidato*) to select

designio *m* **1.** (*plan*) plan **2.** (*propósito*) intention

desigual *adj* **1.** (*distinto*) unequal **2.** (*injusto*) unfair **3.** (*inconstante*) inconsistent

desigualdad *f* **1.** (*diferencia*) inequality **2.** (*irregularidad*) unevenness **3.** (*del carácter*) inconsistency

desilusión *f* **1.** (*desengaño*) disappointment **2.** (*desencanto*) disillusion

desilusionar I. *vt* **1.** (*quitar la ilusión*) to disillusion **2.** (*decepcionar*) to disappoint II. *vr:* **~se** to become disillusioned

desinfectar *vt* to disinfect

desinflar I. *vt* to deflate II. *vr:* **~se** to go down

desintegración *f* disintegration; (*debido al clima*) erosion; FÍS fission

desinterés *m* **1.** (*indiferencia*) indifference **2.** (*altruismo*) altruism

desistir *vi* **1.** (*de un proyecto*) to give up **2.** (*de un derecho*) to waive; (*de un cargo*) to resign from

desleal *adj* (*infiel*) disloyal; (*competencia*) unfair; (*publicidad*) misleading

deslealtad *f* disloyalty

desleír *irr como* reír *vt, vr:* **~se** to dissolve

deslenguado, -a *adj* foul-mouthed

desligar <g→gu> I. *vt* **1.** (*un nudo*) to undo **2.** (*un asunto*) to clear up **3.** (*separar*) to separate II. *vr:* **~se** (*de un compromiso*) to be released

desliz *m* **1.** (*error*) slip **2.** (*adulterio*) affair

deslizar <z→c> I. *vt, vi* to slip; **~ la mano sobre algo** to run one's hand over sth II. *vr:* **~se 1.** (*sobre algo*) to slide over; (*por un tobogán*) to go

down **2.** (*escaparse*) to slip away **3.** (*un errror*) to slip up

deslucido, -a *adj* **1.** (*actuación*) lacklustre *Brit,* lackluster *Am* **2.** (*sin gracia*) dull

deslucir *irr como* lucir *vt* **1.** (*estropear*) to ruin **2.** (*metal*) to tarnish; (*colores*) to fade **3.** (*desacreditar*) to discredit

deslumbrar *vt* to dazzle

desmadrarse *vr inf* to go wild

desmadre *m* outrageous behaviour

desmán *m* **1.** (*salvajada*) outrage **2.** (*exceso*) excess

desmandarse *vr* **1.** (*rebelarse*) to rebel; (*descontrolarse*) to get out of control **2.** (*insolentarse*) to be insolent

desmano *m* **a ~** out of the way

desmantelar *vt* **1.** (*un edificio*) to demolish **2.** (*desmontar*) to take apart; (*bomba*) to dismantle; (*escenario*) to take down **3.** NÁUT (*desarbolar*) to unmast

desmaquillador *m* make-up remover

desmaquillarse *vr* to take one's make-up off

desmayado, -a *adj* **1.** (*sin conocimiento*) unconscious **2.** (*sin fuerza*) exhausted

desmayar I. *vi* (*desanimarse*) to lose heart II. *vr:* **~se** to faint

desmayo *m* **1.** (*desvanecimiento*) faint **2.** (*desánimo*) dismay **3.** (*debilidad*) weakness

desmedido, -a *adj* excessive; (*apetito*) enormous

desmejorar I. *vt* (*estropear*) to ruin; (*gastar*) to wear out II. *vi* to deteriorate

desmembrar <e→ie> *vt* **1.** (*desunir*) to break up **2.** (*escindir*) to separate; (*un cuerpo*) to dismember

desmentir *irr como* sentir I. *vt* **1.** (*negar*) to deny; (*contradecir*) to contradict **2.** (*sospecha*) to refute II. *vr:* **~se** to contradict oneself

desmenuzar <z→c> *vt* **1.** (*deshacer*) to break into pieces; (*con un cuchillo*) to chop up; (*con los dedos*) to crumble **2.** (*analizar*) to scrutinize

desmerecer *irr como crecer* **I.** *vt* (*no merecer*) to not deserve **II.** *vi* **1.** (*decaer*) to decline; (*belleza*) to lose one's looks **2.** (*ser inferior*) ~ **de alguien/algo** to be worse than sb/sth

desmesurado, -a *adj* **1.** (*enorme*) enormous **2.** (*excesivo*) excessive; (*ambición*) boundless **3.** (*desvergonzado*) shameless

desmontable *adj* (*que se puede quitar*) detachable; (*sacar*) removable; (*doblar*) foldable

desmontar **I.** *vt* **1.** (*un mecanismo*) to disassemble **2.** (*una pieza*) to detach, to remove **3.** (*una estructura*) to take down **4.** (*una pistola*) to uncock **5.** (*de un caballo*) to throw **II.** *vi* (*de un caballo*) to dismount; (*de una moto*) to help get down from

desmoralizar <z→c> **I.** *vt* to demoralize **II.** *vr:* ~**se** to lose heart

desmoronar **I.** *vt* (*deshacer*) to wear away; GEO to erode **II.** *vr:* ~**se 1.** (*un edificio*) to fall down **2.** (*disminuir*) to decline

desnatar *vt* (*la leche*) to skim

desnivel *m* **1.** (*de altura*) drop **2.** (*disparidad*) inequality; ~ **cultural** cultural difference **3.** (*altibajo*) unevenness

desnucarse <c→qu> *vr* to break one's neck

desnudar **I.** *vt* **1.** (*desvestir*) to undress **2.** (*descubrir*) to strip **II.** *vr:* ~**se** to undress

desnudez *f* **1.** (*persona*) nudity **2.** *fig* bareness

desnudo *m* ARTE nude

desnudo, -a *adj* **1.** (*desvestido*) naked, nude **2.** (*despojado*) bare **3.** (*claro*) clear; **al** ~ clearly; **la verdad desnuda** the plain truth

desnutrición *f* malnutrition

desnutrido, -a *adj* undernourished

desobedecer *irr como crecer vi, vt* to disobey

desobediencia *f* disobedience

desocupación *f* **1.** (*paro*) unemployment **2.** (*ociosidad*) leisure

desocupado, -a **I.** *adj* **1.** (*parado*) unemployed **2.** (*vacío*) empty; (*vivienda*) vacant **II.** *m, f* unemployed person

desocupar **I.** *vt* **1.** (*evacuar*) to evacuate; (*vivienda*) to vacate **2.** (*vaciar*) to empty **II.** *vr:* ~**se 1.** (*de una ocupación*) to get away **2.** (*quedarse vacante*) to be vacant

desodorante *m* deodorant; ~ **en espray** deodorant spray

desolación *f* **1.** (*devastación*) desolation **2.** (*desconsuelo*) distress

desolar <o→ue> **I.** *vt* to devastate **II.** *vr:* ~**se** to be devastated

desollar <o→ue> *vt* (*quitar la piel*) to flay, to skin

desorbitado, -a *adj* **1.** (*ojos*) bulging **2.** (*exagerado*) exaggerated; (*desmedido*) exhorbitant

desorbitar **I.** *vt* (*exagerar*) to exagerate **II.** *vr:* ~**se** to get out of control

desorden *m* **1.** (*desarreglo*) mess; (*confusión*) chaos; ~ **público** public disturbance **2.** (*exceso*) excess **3.** *pl* (*alboroto*) disorders *pl* **4.** MED disorder

desordenado, -a *adj* (*desorganizado*) jumbled; (*cosa*) messy; (*vida*) chaotic

desordenar *vt* (*turbar*) to mess up; (*mezclar*) to mix up; (*pelo*) to ruffle

desorganizar <z→c> *vt* to disrupt; (*planes*) to disturb

desorientación *f* **1.** (*extravío*) disorientation **2.** (*confusión*) confusion

desorientar **I.** *vt* **1.** (*extraviar*) to lose one's bearings **2.** (*confundir*) to confuse **II.** *vr:* ~**se** to become disorientated *Brit,* to become disoriented *Am*

desovar *vi* (*pez, anfibio*) to spawn; (*insecto*) to lay eggs

despabilado, -a *adj* **1.** (*listo*) smart **2.** (*despierto*) alert

despabilar **I.** *vt* **1.** (*despertar*) to wake up **2.** (*avivar*) to sharpen up **3.** (*acabar deprisa*) to finish off **II.** *vi* (*darse prisa*) to hurry up **III.** *vr:* ~**se 1.** (*despertar*) to waken up **2.** (*darse prisa*) to hurry up

despachar **I.** *vt* **1.** (*mercancías*) to dispatch **2.** (*concluir*) to finish off

D **d**

3. (*resolver*) to decide **4.** (*atender*) to serve, to wait on **5.** (*vender*) to sell **6.** (*matar*) to kill **7.** *inf* (*despedir*) to dismiss, to sack *Brit,* to fire *Am* **II.** *vi* **1.** (*acabar*) to finish **2.** (*atender*) to do business **3.** (*con alguien*) to consult with **III.** *vr:* ~**se 1.** (*darse prisa*) to hurry up **2.** (*desahogarse*) to let off steam; ~**se a** (**su**) **gusto** to speak frankly

despacho *m* **1.** (*oficina*) office; (*en casa*) study; ~ **de aduana** customs office; ~ **de billetes** [*o* **boletos**] *AmL* FERRO ticket office; ~ **de localidades** TEAT, CINE box office; **mesa de** ~ desk **2.** (*envío*) sending **3.** (*de un asunto*) resolution; (*entrevista*) consultation **4.** (*de clientes*) service **5.** (*venta*) sale **6.** (*despido*) dismissal **7.** (*de un pedido*) dispatch, shipping; (*de la correspondencia, el equipaje*) sending **8.** (*muebles*) office furniture **9.** (*comunicado*) dispatch

despacio I. *adv* **1.** (*lentamente*) slowly **2.** (*calladamente*) quietly **II.** *interj* take it easy

despampanante *adj* (*mujer*) stunning

desparpajo *m* **1.** (*desenvoltura*) self--confidence; (*en el hablar*) ease; **con** ~ confidently **2.** (*frescura*) cheek; **con** ~ cheekily

desparramar *vt* **1.** (*dispersar*) to scatter **2.** (*un líquido*) to spill **3.** (*malgastar*) to waste

despavorido, -a *adj* terrified

despecho *m* spite, rancour *Brit,* rancor *Am;* **a** ~ **de algo** in spite of sth

despectivo, -a *adj* **1.** (*despreciativo*) contemptuous; (*desdeñoso*) disdainful **2.** LING pejorative

despedazar <z→c> *vt* (*romper*) to smash; (*en mil pedazos*) to tear to pieces; (*con una tijera*) to cut up

despedida *f* **1.** (*separación*) goodbye, farewell **2.** (*acto oficial*) send--off; (*fiesta*) leaving party; ~ **de soltero** stag night; ~ **de soltera** hen night **3.** (*en una carta*) close

despedir *irr como pedir* **I.** *vt* **1.** (*decir adiós*) to say goodbye; **vinieron a ~me al aeropuerto** they

came to the airport to see me off **2.** (*echar*) to throw out; (*de un empleo*) to dismiss, to sack *Brit,* to fire *Am* **3.** (*emitir*) to emit; **el volcán despide fuego** the volcano gives off flames **4.** (*lanzar*) to launch **II.** *vr:* ~**se 1.** (*decir adiós*) to say goodbye; **despídete de ese dinero** say goodbye to that money **2.** (*dejar un empleo*) to leave

despegar <g→gu> **I.** *vt* to unstick **II.** *vi* (*avión*) to take off **III.** *vr:* ~**se 1.** (*desprenderse*) to come off **2.** (*perder el afecto*) to lose one's feelings for

despego *m* **1.** (*falta de cariño*) coldness **2.** (*falta de afecto*) lack of feeling

despegue *m* AERO, ECON take-off; (*cohete*) blast-off

despeinado, -a *adj* unkempt

despeinar *vt* to ruffle

despejado, -a *adj* **1.** (*sin nubes, cabeza*) clear **2.** (*ancho*) wide; (*habitación*) spacious **3.** (*listo*) smart

despejar I. *vt.* **1.** *t.* DEP (*lugar*) to clear; (*sala*) to tidy up **2.** (*situación*) to clarify; (*misterio*) to clear up **II.** *vr:* ~**se 1.** (*cielo, misterio*) to clear up **2.** (*despabilarse*) to wake up

despellejar *vt* **1.** (*desollar*) to flay, to skin **2.** *inf* (*criticar*) to cut to bits

despeluznante *adj* terrifying

despensa *f* **1.** (*fresquera*) larder, pantry **2.** (*provisiones*) provisions *pl*

despeñadero *m* GEO precipice

despeñar *vt* to throw down

desperdiciar *vt* to waste; (*ocasión*) to miss

desperdicio *m* **1.** (*residuo*) rubbish *Brit,* garbage *Am* **2.** (*malbaratamiento*) waste

desperdigar <g→gu> *vt, vr:* ~**se** to scatter

desperezarse <z→c> *vr* to stretch

desperfecto *m* **1.** (*deterioro*) damage **2.** (*defecto*) fault, defect

despertador *m* alarm clock

despertar <e→ie> *vt, vr:* ~**se** to wake up

despiadado, -a *adj* (*inhumano*) ruthless; (*cruel*) cruel

despido *m* (*descontratación*) dismissal, sack

despierto, -a *adj* **1.**(*insomne*) awake **2.**(*listo*) smart

despilfarrar *vt* to waste; (*dinero*) to squander

despilfarro *m* (*derroche*) waste; (*de dinero*) squandering

despiojar *vt* to delouse

despistado, -a *adj* absent-minded

despistar I. *vt* (*confundir*) to confuse; (*desorientar*) to mislead II. *vr:* ~**se 1.**(*perderse*) to get lost **2.**(*desconcertarse*) to become confused

despiste *m* **1.**(*distracción*) confusion **2.**(*error*) slip

desplazamiento *m* **1.**(*traslado*) displacement **2.**(*remoción*) removal

desplazar <z→c> *vt* **1.**(*mover*) to move **2.**(*suplantar*) to displace

desplegar *irr como* **fregar** *vt* **1.**(*abrir*) to open out; (*desdoblar*) to unfold; (*bandera*) to unfurl **2.** MIL to deploy

despliegue *m* **1.**(*desdoblamiento*) unfolding **2.** MIL deployment

desplomarse *vr* to collapse

desplumar *vt* **1.**(*plumas*) to pluck **2.**(*robar*) to fleece

despoblado *m* deserted place

despoblado, -a *adj* depopulated

despojar I. *vt* to strip; (*de un derecho*) to deprive II. *vr:* ~**se 1.**(*desistir*) to give up **2.**(*quitar*) to remove; (*ropa*) to take off

despojo *m* **1.**(*presa*) spoils *pl* **2.** *pl* (*restos*) leftovers *pl*; (*del matadero*) offal

desposado, -a *adj* newly wed

desposar I. *vt* to marry II. *vr:* ~**se** to get married to

desposeer *irr como* **leer** I. *vt* **1.**(*expropiar*) to dispossess **2.**(*no reconocer*) to not recognize; (*de derechos*) to deprive II. *vr:* ~**se 1.**(*renunciar*) to give up **2.**(*desapropiarse*) to relinquish

déspota *mf* despot

despotismo *m* despotism

despotricar <c→qu> *vi inf* to rant and rave about

despreciar I. *vt* **1.**(*menospreciar*) to despise **2.**(*rechazar*) to spurn; (*oferta*) to turn down II. *vr:* ~**se** to run oneself down

desprecio *m* contempt

desprender I. *vt* **1.**(*soltar*) to release **2.**(*gas*) to give off **3.**(*deducir*) to deduce II. *vr:* ~**se 1.**(*soltarse*) to untie oneself **2.**(*deshacerse*) to come undone; (*desembarazarse*) to get rid of

desprendimiento *m* **1.**(*separación*) separation; ~ **de tierras** landslide **2.**(*generosidad*) generosity

despreocupado, -a *adj* **1.**(*negligente*) careless **2.**(*tranquilo*) unconcerned

despreocuparse *vr* **1.**(*tranquilizarse*) to stop worrying **2.**(*desatender*) to neglect

desprestigiar *vt* to discredit

desprevenido, -a *adj* unprepared

desproporcionado, -a *adj* disproportionate

despropósito *m* stupid remark

desprovisto, -a *adj* ~ **de** lacking

después I. *adv* **1.**(*tiempo*) after; **una hora** ~ an hour later; ~ **de todo** after all **2.**(*espacio*) ~ **de la torre** behind the tower II. *conj* ~ (**de**) **que** after

desquiciado, -a *adj inf* disturbed

desquite *m* **1.**(*satisfacción*) satisfaction **2.**(*venganza*) revenge

destacado, -a *adj* outstanding

destacar <c→qu> I. *vi* to stand out II. *vt* (*realzar*) to emphasize III. *vr:* ~**se** to stand out

destajo *m* piecework; **trabajar a** ~ to do piecework; *fig* to work hard

destapar I. *vt* **1.**(*abrir*) to open; (*olla*) to take the lid off **2.**(*desabrigar*) to uncover **3.**(*secretos*) to reveal II. *vr:* ~**se 1.**(*perder la tapa*) to lose its lid **2.**(*desabrigarse*) to be uncovered **3.**(*descubrirse*) to be revealed

destaponar *vt* **1.**(*una botella*) to uncork **2.**(*obstrucción*) to unplug

destartalado, -a *adj* ramshackle

destello *m* **1.**(*reflejo*) glint **2.**(*resplandor*) sparkle

destemplado, -a *adj* **1.**(*voz*) harsh **2.**(*tiempo*) unpleasant **3.**(*persona*) bad-tempered

desteñir *irr como ceñir vi, vt* to fade

desternillarse *vr* ~ **de risa** to laugh one's head off

desterrar <e→ie> *vt* **1.** (*exiliar*) to exile **2.** (*alejar*) to banish

destetar *vt* to wean

destiempo *m* **a** ~ at the wrong moment

destierro *m* exile

destilar I. *vi* to distil *Brit,* to distill *Am* **II.** *vt* **1.** (*alambicar*) to distil *Brit,* to distill *Am* **2.** (*sentimiento*) to exude

destilería *f* distillery; ~ **de petróleo** oil refinery

destinar *vt* **1.** (*dedicar*) to dedicate **2.** (*enviar*) to send **3.** (*designar*) to appoint

destinatario, -a *m, f* (*correo*) addressee; (*mercancía*) consignee

destino *m* **1.** (*hado*) fate **2.** (*empleo*) job, post *Brit* **3.** (*destinación*) destination; **estación de** ~ destination station; **el barco sale con** ~ **a México** the boat is bound for Mexico **4.** (*finalidad*) purpose

destituir *irr como huir vt* to dismiss

destornillador *m* screwdriver, turnscrew *Brit*

destornillar *vt* to unscrew

destreza *f* skill; ~ **manual** dexterity

destrozar <z→c> *vt* **1.** (*despedazar*) to smash; (*libro*) to rip up; (*ropa*) to tear up **2.** (*moralmente*) to shatter **3.** *inf* (*físicamente*) to shatter; **el viaje me ha destrozado** I'm absolutely exhausted from the journey **4.** (*planes*) to ruin **5.** (*enemigo*) to destroy

destrozo *m* **1.** (*daño*) damage **2.** (*acción*) destruction

destrucción *f* destruction

destruir *irr como huir vt* **1.** (*destrozar*) to destroy **2.** (*físicamente*) to shatter **3.** (*aniquilar*) to annihilate

desunión *f* **1.** (*separación*) separation **2.** (*discordia*) disunity

desunir I. *vt* **1.** (*separar*) to separate **2.** (*enemistar*) to cause discord **II.** *vr:* ~**se 1.** (*separar*) to separate **2.** (*enemistar*) to fall out

desuso *m* **caer en** ~ to fall into disuse; (*máquina*) to become obsolete

desvalido, -a *adj* needy

desvalijar *vt* to clean out *inf*

desvalorización *f* FIN depreciation

desvalorizar <z→c> *vt* to devalue

desván *m* loft, attic

desvanecer *irr como crecer* **I.** *vt* **1.** (*color*) to tone down **2.** (*dudas*) to dispel; (*sospechas*) to allay **II.** *vr:* ~**se 1.** (*desaparecer*) to disappear; (*esperanzas*) to fade **2.** (*desmayarse*) to faint

desvanecimiento *m* **1.** (*desaparición*) disappearance **2.** (*mareo*) faint

desvariar <*1. pres:* desvarío> *vi* (*delirar*) to be delirious; (*decir incoherencias*) to talk nonsense

desvarío *m* **1.** (*locura*) madness **2.** (*delirio*) delirium

desvelar I. *vt* **1.** (*sueño*) ~ **a alguien** to keep sb awake **2.** (*revelar*) to reveal **II.** *vr:* ~**se 1.** (*no dormir*) to stay awake **2.** (*por alguien*) to devote oneself to

desvencijado, -a *adj* dilapidated

desventaja *f* disadvantage, drawback

desventura *f* misfortune

desventurado, -a *adj* unfortunate

desvergonzado, -a *adj* **1.** (*sinvergüenza*) shameless **2.** (*descarado*) brazen

desvergüenza *f* shamelessness

desvestir *irr como pedir vt, vr:* ~**se** to undress

desviación *f* **1.** (*torcedura*) deviation **2.** (*del tráfico*) diversion, detour

desviar <*1. pres:* desvío> **I.** *vt* (*del camino, dinero*) to divert; (*de un propósito*) to distract **II.** *vr:* ~**se 1.** (*del camino*) to be diverted; (*del tema*) to be distracted; (*de una intención*) to be put off **2.** (*extraviarse*) to get lost

desvío *m* **1.** (*desviación*) deviation **2.** (*carretera*) detour

desvirgar <g→gu> *vt* to deflower

desvirtuar <*1. pres:* desvirtúo> *vt* (*argumento*) to undermine; (*rumor*) to scotch

desvivirse *vr* **1.** (*por alguien*) to be

crazy about **2.**(*afanarse*) to be devoted to

detallar *vt* to detail, to itemize

detalle *m* **1.**(*pormenor*) detail; **venta al** ~ retail sales **2.**(*finura*) nice gesture

detallista I. *adj* precise **II.** *mf* COM retailer

detectar *vt* to detect

detective *mf* detective

detector *m* detector

detención *f* **1.**(*parada*) stopping **2.** JUR arrest **3.**(*dilación*) delay

detener *irr como* tener **I.** *vt* **1.**(*parar*) to stop; (*progresos*) to halt **2.** JUR to arrest **II.** *vr:* ~**se** to stop; ~**se en algo** to pass one's time doing sth

detenidamente *adv* thoroughly, carefully

detenido, -a I. *adj* **1.**(*minucioso*) thorough **2.**(*arrestado*) arrested **II.** *m, f* person under arrest

detenimiento *m* care; **con** ~ thoroughly

detergente *m* detergent; (*para la ropa*) washing powder *Brit,* laundry detergent *Am*

deteriorar I. *vt* **1.**(*empeorar*) to worsen **2.**(*romper*) to break **II.** *vr:* ~**se 1.**(*empeorarse*) to worsen **2.**(*estropearse*) to spoil

deterioro *m* **1.**(*desmejora*) deterioration **2.**(*daño*) damage

determinación *f* **1.**(*fijación*) establishment; (*de objetivos*) setting **2.**(*decisión*) decision; **tomar una** ~ to take a decision **3.**(*audacia*) determination

determinado, -a *adj* **1.**(*cierto*) *t.* LING definite **2.**(*atrevido*) determined **3.**(*preciso*) specific

determinar I. *vt* **1.**(*fijar*) to establish; (*plazo*) to fix **2.**(*decidir*) to decide **3.**(*causar*) to determine **II.** *vr* ~**se a hacer algo** to decide to do sth

detestable *adj* loathsome

detestar *vt* to detest, to loathe

detonación *f* **1.**(*acción*) detonation **2.**(*ruido*) explosion

detonante *m* (*causa*) cause

detonar *vt, vi* to detonate, to set off

detractor(a) I. *adj* denigrating

II. *m(f)* detractor

detrás I. *adv* **1.**(*local*) behind; **allí** ~ over there, behind that **2.**(*en el orden*) **el que está** ~ the next one **II.** *prep* **de** (*de una puerta*) behind; (*de una hoja*) on the back of; **ir** ~ **de alguien** to be looking for sb; **uno** ~ **de otro** one after another

detrimento *m* **1.**(*daño*) harm **2.**(*perjuicio*) detriment; **en** ~ **de su salud** at cost to his/her health

deuda *f* debt; **contraer** ~**s** to get into debt; **estar en** ~ **con** to be indebted to

deudor(a) *m(f)* debtor

devaluación *f* devaluation

devaluar <*1. pres:* devalúo> *vt* to devalue

devastar *vt* to devastate

devengar <g→gu> *vt* **1.**(*salario*) to earn **2.**(*intereses*) to yield

devenir *irr como* venir *vi* **1.**(*acaecer*) to occur **2.**(*convertirse*) to become

devoción *f* **1.**(*religión*) religious belief; (*a un santo*) to venerate **2.**(*respeto*) devotion; **amar con** ~ to love devotedly

devolución *f* return; ~ **de impuestos** tax refund, tax return

devolver *irr como* volver **I.** *vt* **1.** to return; *fig* to restore; ~ **cambio** to give change; ~ **la pelota** to pass the ball back **2.**(*vomitar*) to throw up **II.** *vr:* ~**se** *AmL* (*volver*) to return

devorar *vt* to devour; (*comida*) to wolf down; **me devora la impaciencia** I am consumed with impatience

devoto, -a I. *adj* **1.**(*religioso*) devout **2.**(*adicto*) devoted **II.** *m, f* **1.**(*creyente*) devotee **2.**(*admirador*) enthusiast

día *m* day; ~ **de año nuevo** New Year's day; ~ **hábil** [*o* **laborable**] working day; **el** ~ **del juicio final** Judgement Day; ~ **libre** day off; ~ **de Reyes** Epiphany; **el** ~ **de hoy** nowadays; **un** ~ **sí y otro no,** ~ **por medio** *AmL* every other day; **un** ~ **y otro** ~ again and again; **cualquier** ~ any day; **hoy (en)** ~ nowadays; **de hoy en ocho** ~**s** eight days from

D d

now; **de un ~ a otro** from one day to the next; **todo el santo ~** the whole day long; **estar al ~** to be up to date; **hace buen ~** it's nice weather; **tiene los ~s contados** his/her days are numbered; **vivir al ~** to live from day to day; **¡buenos ~s!** hello; (*por la mañana*) good morning; **de ~** by day

diabetes *f inv* diabetes

diabético, -a *adj, m, f* diabetic

diablo *m* devil; **¡~s!** damn!; **de mil ~s** hellish; **¡vete al ~!** go to hell!; **¿cómo ~s...?** how on earth ...?; **¿qué ~s pasa aquí?** what the hell is going on here?

diablura *f* prank

diadema *f* (*corona*) diadem; (*joya*) tiara; (*del pelo*) hairband

diáfano, -a *adj* transparent

diafragma *m* **1.** FOTO, ANAT diaphragm **2.** (*anticonceptivo*) (Dutch) cap *Brit*, diaphragm *Am*

diagnosis *f inv* diagnosis

diagnosticar <c→qu> *vt* to diagnose

diagonal *adj, f* diagonal

diagrama *m* diagram

dial *m* dial

dialecto *m* dialect

dialogar <g→gu> *vi* (*hablar*) to talk; **~ con alguien** to have a conversation with sb

diálogo *m* dialogue *Brit*, dialog *Am*

diamante *m* diamond

diámetro *m* diameter

diana *f* **1.** MIL reveille **2.** (*objeto*) target **3.** (*del blanco*) bull's-eye

diapositiva *f* slide

diario *m* **1.** (*periódico*) (daily) newspaper **2.** (*dietario*) journal **3.** (*memorias*) diary

diario, -a *adj* daily

diarrea *f* diarrhoea *Brit*, diarrhea *Am*

dibujante *mf* (*lineal*) draughtsman *m*, draughtswoman *f*; (*de caricaturas*) cartoonist

dibujar I. *vt* **1.** (*trazar*) to draw **2.** (*describir*) to describe **II.** *vr:* **~se** to be outlined

dibujo *m* **1.** (*acción*) drawing **2.** (*resultado*) drawing; **~s animados** cartoons **3.** (*muestra*) illustration

diccionario *m* dictionary

dicha *f* (*suerte*) luck

dicho *m* **1.** (*ocurrencia*) observation **2.** (*refrán*) saying

dicho, -a I. *pp de* decir **II.** *adj* **dicha gente** the said people; **~ y hecho** no sooner said than done

dichoso, -a *adj* **1.** (*feliz*) happy **2.** *irón* (*maldito*) blessed

diciembre *m* December; *v.t.* **marzo**

dictado *m* **1.** (*escuela*) dictation **2.** *fig* (*dela conciencia*) dictate

dictador(a) *m(f)* dictator

dictadura *f* dictatorship

dictamen *m* **1.** (*peritaje*) opinion **2.** (*informe*) report **3.** (*opinión*) opinion

dictar *vt* **1.** (*un dictado*) to dictate **2.** (*una sentencia*) to pass **3.** (*un discurso*) to give **4.** *AmS* (*clases*) to teach

didáctico, -a *adj* didactic

diecinueve *adj inv, m* nineteen; *v.t.* **ocho**

dieciocho *adj inv, m* eighteen; *v.t.* **ocho**

dieciséis *adj inv, m* sixteen; *v.t.* **ocho**

diecisiete *adj inv, m* seventeen; *v.t.* **ocho**

diente *m* **1.** (*de la boca*) tooth; **~s postizos** false teeth **2.** TÉC tooth; (*de horquilla*) prong; **~ de ajo** BOT clove of garlic; **decir algo entre ~s** to mumble sth; **tener buen ~** to have a healthy appetite

diesel *m* diesel

diestro *m* (*torero*) matador

diestro, -a <destrísimo *o* diestrísimo> *adj* **1.** (*a la derecha*) right **2.** (*hábil*) skilful *Brit*, skillful *Am* **3.** (*no zurdo*) right-handed

dieta *f* **1.** (*para adelgazar*) diet; **estar a ~** to be on a diet **2.** *pl* (*retribución*) allowance

dietético, -a *adj* dietary

diez *adj inv, m* ten; *v.t.* **ocho**

diezmar *vt* (*aniquilar*) to decimate

difamación *f* defamation; (*escrita*) libel; (*oral*) slander

difamar *vt* to defame; (*por escrito*) to libel; (*hablando*) to slander

diferencia f 1. t. MAT (desigualdad) difference; **a ~ de...** unlike ... 2. (desacuerdo) disagreement

diferenciar I. vt 1. (distinguir) to distinguish 2. MAT to differentiate II. vr: ~**se** to differ

diferente I. adj different; ~**s veces** several times II. adv differently

diferir irr como sentir I. vi to differ II. vt to postpone; (pago) to delay payment

difícil adj difficult

dificultad f difficulty

dificultar vt to hinder; (circulación) to obstruct

difuminar vt (dibujo) to blur; (luz) to diffuse

difundir I. vt to spread; (gas) to give off; TV, RADIO to broadcast II. vr: ~**se** to spread

difunto, -a I. adj deceased II. m, f deceased person; **día de ~s** All Souls' Day

difusión f (divulgación) dissemination; TV, RADIO broadcast

difuso, -a adj 1. (extendido) widespread 2. (vago) diffuse

digerir irr como sentir vt 1. (la comida) to digest 2. (a una persona) to stomach

digestión f (de alimentos) digestion; **corte de ~** stomach cramp

digestivo, -a adj digestive

digital adj 1. (dactilar) finger; **huellas ~es** fingerprints pl 2. INFOR, TÉC digital; **ordenador ~** digital computer

digitalizar <z→c> vt to digitize Brit, to digitalize Am

dígito m MAT, INFOR digit; ~ **de control** check bit

dignarse vr to condescend to

dignidad f 1. (respeto) dignity 2. (decencia) decency

digno, -a adj 1. (merecedor) worthy; ~ **de ver** worth seeing 2. (noble) noble

dilapidar vt to squander; ~ **una fortuna** to squander a fortune

dilatar I. vt 1. (extender) to expand; MED to dilate 2. (aplazar) to postpone 3. (retrasar) to delay 4. (prolongar) to prolong II. vr: ~**se** 1. (extenderse) to expand 2. AmL (demorar) to delay

dilema m dilemma

diligencia f 1. (esmero) diligence 2. (agilidad) skill 3. (trámite) paperwork 4. (administrativa) procedure 5. (carreta) stagecoach

diligente adj diligent

diluir irr como huir I. vt 1. (líquidos) to dilute 2. (sólidos) to dissolve II. vr: ~**se** to dissolve

diluvio m 1. (lluvia) downpour 2. inf (abundancia) shower; ~ **de balas** hail of bullets

dimensión f dimension; fig magnitude; **la ~ cultural** the cultural aspect

diminutivo m LING diminutive

diminuto, -a adj tiny

dimisión f resignation

dimitir vt, vi to resign

Dinamarca f Denmark

dinamarqués, -esa I. adj Danish II. m, f Dane

dinámica f dynamics pl

dinámico, -a adj dynamic

dinamita f dynamite

dinamo f, **dínamo** f dynamo

dinastía f dynasty

dineral m fortune

dinero m money; ~ **electrónico** e-money; ~ **metálico** hard cash; ~ **negro** undeclared money; ~ **suelto** loose change; **estar mal de ~** to be short of money

dinosaurio m dinosaur

dio 3. pret de **dar**

diócesis f inv diocese

dios(a) m(f) god m, goddess f

Dios m God; ~ **te bendiga** God bless you; ~ **dirá** time will tell; **¡~ mío!** my God!; **todo** ~ everyone; **¡por ~!** for God's sake!; **¡válgame ~!** good God!; **¡vaya por ~!** for Heaven's sake!; **a la buena de ~** at random; **armar la de ~** inf to raise a hell of a row; **hacer algo como ~ manda** to do sth properly; **vivir como ~** to live like a lord; ~ **los cría y ellos se juntan** prov birds of a feather flock together

D d

diploma *m* diploma
diplomacia *f* diplomacy
diplomado, -a *adj* qualified
diplomático, -a I. *adj* diplomatic
II. *m, f* diplomat
diptongo *m* diphthong
diputación *f* **1.** (*delegación*) deputation; ~ **provincial** provincial delegation of government **2.** (*personas*) delegation
diputado, -a *m, f* member of parliament
dique *m* **1.** (*rompeolas*) dike **2.** NÁUT dry dock
dirección *f* **1.** (*rumbo*) direction; ~ **única** one-way; ~ **prohibida** no entry; **salir con** ~ **a España** to leave for Spain **2.** (*mando*) direction; ~ **general** head office; ~ **comercial** business management **3.** (*guía*) direction; **bajo la** ~ **de** directed by **4.** (*señas*) address **5.** AUTO steering
directiva *f* **1.** (*dirección*) board (of directors) **2.** (*instrucción*) directive
directivo, -a I. *adj* managing II. *m, f* **1.** (*manager*) manager **2.** (*de la junta directiva*) member of the board of directors
directo *m* **1.** FERRO through train **2.** DEP straight (punch)
directo, -a *adj* **1.** (*recto*) straight **2.** (*franco*) direct; (*transmisión*) live; **un tren** ~ a through train
director(a) *m(f)* director; (*gerente*) manager; (*de escuela*) headmaster *m Brit,* headmistress *f Brit,* principal *mf Am;* ~ **de orquesta** conductor; ~ **invitado** guest conductor; ~ **de la tesis** doctoral adviser
directorio *m* INFOR directory; ~ **raíz** root directory
dirigente *mf* leader; **los** ~s the leadership
dirigir <g→j> I. *vt* **1.** (*un coche, un buque*) to steer **2.** (*el tráfico*) to direct **3.** (*palabras*) to address **4.** (*la vista*) to turn **5.** (*empresa*) to manage; (*orquesta, debate*) to conduct; ~ **una casa** to run a household **6.** (*por un camino*) to lead **7.** CINE, TEAT to direct II. *vr:* ~**se 1.** (*a un lugar*) to head for **2.** (*a una persona*)

to address
discernir *irr como cernir vt* to differentiate, to distinguish
disciplina *f* discipline
disciplinario, -a *adj* disciplinary
discípulo, -a *m, f* **1.** (*alumno*) pupil **2.** (*seguidor*) disciple
disco *m* **1.** (*lámina*) disc *Brit,* disk *Am;* (*en el teléfono*) dial **2.** MÚS record; ~ **de larga duración** LP **3.** DEP discus **4.** (*semáforo*) traffic light **5.** INFOR disk; ~ **de arranque** boot disk; ~ **duro** hard disk; ~ **flexible** floppy (disk)
discográfico, -a *adj* record
disconforme *adj* **1.** (*persona*) in disagreement **2.** (*cosa*) incompatible
discontinuo, -a *adj* **1.** (*inconstante*) discontinuous **2.** (*interrumpido*) interrupted
discordancia *f* **1.** (*disconformidad*) disagreement **2.** MÚS discordance, dissonance
discorde *adj* **1.** (*persona*) in disagreement **2.** MÚS discordant
discordia *f* discord
discoteca *f* disco(thèque)
discreción *f* discretion; ~ **absoluta** strict privacy; **a** ~ at one's discretion; **con** ~ tactfully
discrecional *adj* discretional; **parada** ~ request stop
discrepancia *f* **1.** (*entre cosas*) discrepancy **2.** (*entre personas*) disagreement
discrepar *vi* **1.** (*diferenciarse*) to differ **2.** (*disentir*) to dissent
discreto, -a *adj* (*reservado*) discreet; (*cantidad*) modest
discriminación *f* **1.** (*perjuicio*) discrimination **2.** (*diferenciación*) differentiation
discriminar *vt* **1.** (*diferenciar*) to differentiate (between) **2.** (*perjudicar*) to discriminate against
disculpa *f* **1.** (*perdón*) apology; **pedir** ~s to apologize **2.** (*pretexto*) excuse
disculpar I. *vt* **1.** (*perdonar*) to forgive **2.** (*justificar*) to justify II. *vr:* ~**se** to apologize
discurrir I. *vi* **1.** (*pensar*) to ponder

on **2.** (*andar*) to roam **3.** (*río*) to flow **4.** (*transcurrir*) to pass **II.** *vt* to come up with

discurso *m* **1.** (*arenga*) speech; **pronunciar un** ~ to make a speech **2.** (*plática*) talk **3.** (*raciocinio*) reasoning **4.** (*transcurso*) passing

discusión *f* **1.** (*debate*) discussion; ~ **pública** public debate **2.** (*riña*) argument; **sin** ~ without argument

discutible *adj* **1.** (*disputable*) debatable **2.** (*dudoso*) doubtful

discutir **I.** *vi, vt* **1.** (*asunto*) to discuss, to debate **2.** (*opinar diferentemente*) to argue about **II.** *vt* (*contradecir*) to contradict

disecar <c→qu> *vt* **1.** ANAT to dissect **2.** (*animal*) to stuff **3.** (*flor*) to press

diseminar *vt* **1.** (*semillas*) to disperse **2.** (*noticias*) to spread

disentir *irr como* sentir *vi* to dissent, to disagree

diseñador(a) *m(f)* designer

diseñar *vt* **1.** (*crear*) to design **2.** (*delinear*) to draught *Brit,* to draft *Am*

diseño *m* **1.** (*dibujo*) drawing; (*boceto*) sketch **2.** (*forma*) design; ~ **de página** *t.* INFOR page design **3.** (*en tejidos*) pattern

disertación *f* (*escrita*) dissertation; (*oral*) presentation

disfraz *m* **1.** (*para engañar*) disguise; (*para la cara*) mask; (*traje*) fancy dress **2.** (*disimulación*) pretence *Brit,* pretense *Am*

disfrazar <z→c> **I.** *vt* **1.** (*enmascarar*) to disguise **2.** (*escándalo*) to cover up; (*voz*) to disguise; (*sentimiento*) to hide **II.** *vr:* ~**se** to disguise oneself as

disfrutar *vi, vt* **1.** (*gozar*) to enjoy **2.** (*poseer*) to have **3.** (*utilizar*) to have the use; (*sacar provecho*) to have the benefit

disgregar(se) <g→gu> *vt, (vr)* **1.** (*gente*) to disperse **2.** (*materia*) to disintegrate; FÍS to split

disgustar **I.** *vt* **1.** (*desagradar*) to displease; **me disgusta** I don't like it **2.** (*enfadar*) to anger **II.** *vr:* ~**se** **1.** (*enfadarse*) ~**se por** [*o* **de**] **algo**

to get angry about sth **2.** (*ofenderse*) ~**se por algo** to be offended about sth **3.** (*reñir*) ~**se con alguien** to quarrel with sb

disgusto *m* **1.** (*desagrado*) displeasure; **estar a** ~ to be ill at ease **2.** (*aflicción*) suffering; (*molestia*) annoyance

disidente *adj, mf* dissident

disimulado, -a *adj* **1.** (*fingido*) feigned **2.** (*encubierto*) concealed

disimular **I.** *vi* to pretend **II.** *vt* **1.** (*ocultar*) to conceal; ~ **el miedo** to hide one's fear **2.** (*paliar*) to make better

disimulo *m* pretence *Brit,* pretense *Am;* (*engaño*) deceit; **con** ~ furtively

disipar **I.** *vt* **1.** (*niebla*) to disperse; (*dudas*) to dispel **2.** (*derrochar*) to squander **II.** *vr:* ~**se** to disperse; (*dudas*) to vanish

dislexia *f* dyslexia

dislocar <c→qu> **I.** *vt* **1.** MED to dislocate **2.** (*desplazar*) to displace **II.** *vr:* ~**se** **1.** (*deshacerse*) to come apart **2.** (*desarticularse*) to be dislocated

disminución *f* decrease; (*de natalidad*) decline; (*de la pena*) JUR remission; (*de peso*) weight loss; (*de precios*) fall

disminuir *irr como* huir **I.** *vi* (*en intensidad*) to diminish; (*número*) to decrease **II.** *vt* to diminish; (*precio*) to lower; (*velocidad*) to reduce

disolución *f* **1.** (*dilución*) dissolution; (*de la familia*) break-up **2.** (*de las costumbres*) dissoluteness **3.** QUÍM solution

disolvente *m* QUÍM solvent; (*para pintura*) thinner

disolver *irr como* volver *vt, vr:* ~**se** (*manifestación*) to dissolve; (*reunión*) to break up

dispar *adj* dissimilar

disparador *m* **1.** (*de un arma*) trigger **2.** FOTO shutter release

disparar **I.** *vt* (*el arma*) to fire; (*piedra*) to throw **II.** *vi* **1.** (*tirar*) to fire **2.** *AmL* (*caballo*) to bolt **III.** *vr:* ~**se** **1.** (*arma*) to go off **2.** (*precios*) to shoot up **3.** (*salir corriendo*) to rush off

disparatado, -a *adj* **1.** (*absurdo*) nonsensical **2.** *inf* (*desmesurado*) outrageous

disparate *m* (*insensatez*) foolish act; (*comentario*) foolish remark; (*idea*) foolish idea

disparo *m* shot

dispensar *vt* **1.** (*otorgar*) to give out; (*favores*) to lavish; (*ovación*) to shower **2.** (*de molestias, de un cargo*) to relieve; (*de la mili*) to exempt **3.** (*excusar*) to forgive

dispersar *vt* to spread; (*personas*) to disperse; (*una manifestación*) to break up

dispersión *f* dispersion; Fís diffusion

disperso, -a *adj* scattered

displicencia *f* displeasure; **tratar con ~** to treat with contempt

disponer *irr como poner* **I.** *vi* to have the use; **~ de tiempo** to have time **II.** *vt* **1.** (*colocar*) to place, to set out **2.** (*preparar*) to prepare; (*la mesa*) to lay **3.** (*determinar*) to stipulate **III.** *vr:* **~se 1.** (*colocarse*) to position oneself **2.** (*prepararse*) to get ready

disponible *adj* available

disposición *f* **1.** (*colocación*) arrangement **2.** (*de ánimo, salud*) disposition **3.** (*para algún fin*) preparation; **estar en ~ de** to be ready to **4.** (*disponibilidad*) availability; **poner a ~** to make available **5.** (*talento*) aptitude **6.** (*resolución*) agreement; **~ legal** legal provision; **última ~** last will and testament

dispositivo *m* device; **~ de visualización** INFOR monitor; **~ intrauterino** MED intrauterine device

dispuesto, -a **I.** *pp de* **disponer** **II.** *adj* **1.** (*preparado*) ready; **estar ~ para salir** to be ready to go out; **estar ~ a trabajar** to be prepared to work **2.** (*persona*) **estar bien ~** (*ánimo*) to be in a good frame of mind; (*de salud*) to be well

disputa *f* (*pelea*) fight; (*conversación*) argument

disputar **I.** *vi* to argue **II.** *vt* **1.** (*controvertir*) to dispute **2.** (*competir*) to compete for

disquete *m* INFOR floppy disk; **~ de arranque** start-up disk; **~ para instalación** setup disk

disquetera *f* disk drive

distancia *f t. fig* distance; **a ~** (*lejos*) far away; (*desde lejos*) from a distance; **acortar ~s** to close the gap; **guardar las ~s** *fig* to keep one's distance; **¿a qué ~?** how far?

distanciar **I.** *vt* to distance **II.** *vr:* **~se 1.** (*de alguien*) to drift apart **2.** (*de un lugar*) to move away

distante *adj t. fig* distant

distar *vi* to be distant

distensión *f* **1.** (*relajación*) easing of tension; POL détente **2.** MED strain

distinción *f* **1.** (*diferenciación*) distinction; **sin ~ de** irrespective of **2.** (*claridad*) clarity **3.** (*honor*) distinction

distinguible *adj* **1.** (*diferenciable*) distinguishable **2.** (*visible*) visible

distinguido, -a *adj* **1.** (*ilustre*) distinguished **2.** (*elegante*) refined **3.** (*en cartas*) Dear

distinguir <gu→g> **I.** *vt* **1.** (*diferenciar*) to distinguish **2.** (*señalar*) to single out **3.** (*divisar*) to make out **4.** (*condecorar*) to honour *Brit,* to honor *Am* **II.** *vr:* **~se 1.** (*poder ser visto*) to be noticeable **2.** (*ser diferente*) to be different

distintivo *m* emblem

distintivo, -a *adj* distinguishing

distinto, -a *adj* **1.** (*diferente*) different **2.** (*nítido*) distinct **3.** *pl* (*varios*) various

distorsión *f* **1.** MED sprain **2.** Fís distortion **3.** (*falseamiento*) distortion

distorsionar **I.** *vt* to distort **II.** *vr:* **~se** MED to sprain

distracción *f* **1.** (*entretenimiento*) pastime **2.** (*falta de atención*) distraction

distraer **I.** *vt* **1.** (*entretener*) to entertain **2.** (*dinero*) to embezzle **3.** (*desviar*) to divert **II.** *vr:* **~se 1.** (*entretenerse*) to amuse oneself **2.** (*no atender*) to be distracted

distraído, -a *adj* **1.** (*desatento*) distracted; **hacerse el ~** to pretend to not notice **2.** (*entretenido*) entertaining

distribución *f* **1.** *t.* COM (*repartición*) distribution; (*de correo*) delivery; **armario de** ~ ELEC connection cabinet **2.** FIN sharing out; ~ **de beneficios** profit breakdown

distribuidor *m* **1.** TÉC distributor; ~ **automático** automatic dispenser **2.** COM dealer

distribuir *irr como* huir **I.** *vt* **1.** (*repartir*) to distribute; (*disponer*) to arrange; (*el correo*) to deliver **2.** COM to distribute **3.** FIN to share out **II.** *vr:* ~**se** to divide up

distrito *m* district; ~ **electoral** constituency

disturbio *m* disturbance, riot

disuadir *vt* to dissuade

disuelto, -a *pp de* disolver

disyuntiva *f* choice

DIU *m* MED *abr de* **dispositivo intrauterino** IUD

diurno, -a *adj* daily; **trabajo** ~ day work

diva *f* diva

divagar <g→gu> *vi* **1.** (*desviarse*) to digress **2.** (*hablar sin concierto*) to ramble

diván *m* divan

divergencia *f* divergence

divergente *adj* divergent; (*opiniones*) differing opinions

diversidad *f* diversity

diversificar <c→qu> **I.** *vt* to diversify; ~ **los horizontes** to broaden one's horizons **II.** *vr:* ~**se** to diversify

diversión *f* **1.** (*entretenimiento*) entertainment **2.** (*pasatiempo*) pastime

diverso, -a *adj* **1.** (*distinto*) distinct **2.** (*variado*) diverse **3.** ~**s** (*varios*) various; (*muchos*) many

divertido, -a *adj* **1.** (*alegre*) amusing **2.** (*que hace reír*) funny

divertir *irr como* sentir **I.** *vt* to amuse **II.** *vr:* ~**se** **1.** (*alegrarse*) to amuse oneself **2.** (*distraerse*) to be distracted

dividendo *m* dividend

dividir **I.** *vt* **1.** (*partir*) to divide; ~ **algo entre** [*o* por] **dos** MAT to divide sth by two **2.** (*distribuir*) to dis-

tribute **3.** (*separar*) to separate **4.** (*agrupar*) to divide up **II.** *vr:* ~**se** **1.** (*partirse*) to divide **2.** (*agruparse*) to divide up into

divinizar <z→c> *vt* to deify

divino, -a *adj* divine, heavenly

divisa *f* **1.** (*insignia*) emblem **2.** *pl* (*moneda*) (foreign) currency

divisar *vt* to make out

divisible *adj* divisible

división *f* **1.** (*partición*) *t.* MAT division **2.** (*separación*) separation

divisor *m* MAT divisor

divorciado, -a **I.** *adj* divorced **II.** *m, f* divorcee

divorciar **I.** *vt* to divorce **II.** *vr:* ~**se** to get divorced

divorcio *m* **1.** (*separación*) divorce **2.** (*discrepancia*) disagreement

divulgar <g→gu> **I.** *vt* (*propagar*) to spread; (*popularizar*) to popularize **II.** *vr:* ~**se** (*propagarse*) to spread; (*conocerse*) to become known

DNI *m abr de* **Documento Nacional de Identidad** ID

Dña. *abr de* **doña** ≈ Mrs *Brit,* ≈ Mrs. *Am*

do <does> *m* MÚS (*de la escala*) C; (*de la solfa*) doh

dobladillo *m* (*pliegue*) hem; (*del pantalón*) turn-up, cuff

doblaje *m* CINE dubbing

doblar **I.** *vt* **1.** (*arquear*) to bend **2.** (*plegar*) to fold; **no** ~ do not bend **3.** (*duplicar*) to be twice as much as **4.** (*una película*) to dub **5.** (*la esquina*) to turn **6.** (*convencer*) to convince **II.** *vi* **1.** (*torcer*) to turn **2.** (*campanas*) to toll **III.** *vr:* ~**se** **1.** (*inclinarse*) to bend down **2.** (*ceder*) to give in

doble¹ **I.** *adj inv* double; ~ **nacionalidad** dual nationality; ~ **personalidad** split personality **II.** *mf t.* CINE double

doble² *m* double; (**partido de**) ~**s** DEP doubles (match)

doble³ *f* doubles *pl*

doblegar <g→gu> **I.** *vt* **1.** (*torcer*) to **2.** (*persuadir*) to persuade **II.** *vr:* ~**se** to give in

doblez¹ *m* (*pliegue*) fold
doblez² *m* o *f* (*hipocresía*) duplicity
doce *adj inv, m* twelve; *v.t.* **ocho**
docena *f* dozen
docente I. *adj* teaching II. *mf* UNIV lecturer *Brit*, professor *Am*
dócil *adj* 1. (*sumiso*) obedient 2. (*manso*) docile
doctor(a) *m(f)* doctor
doctorado *m* doctorate
doctrina *f* doctrine
documentación *f* (*documentos*) documentation; (*del coche*) vehicle documents *pl*, car papers *pl*
documental *adj, m* documentary
documentar I. *vt* to document II. *vr:* ~**se** to inform oneself
documento *m* document
dogma *m* dogma
dogmático, -a *adj* dogmatic
dogo *m* bulldog
dólar *m* dollar
doler <o→ue> I. *vi* to hurt; **me duele la cabeza** I have a headache II. *vr:* ~**se** 1. (*quejarse*) to complain about 2. (*arrepentirse*) to regret
dolor *m* pain; ~ **de cabeza** headache; ~ **de barriga** stomach ache
dolorido, -a *adj* 1. (*dañado*) painful 2. (*apenado*) sad
doloroso, -a *adj* 1. (*lastimador*) painful 2. (*lamentable*) regrettable
domador(a) *m(f)* tamer
domar *vt*, **domeñar** *vt* to tame
domesticar <c→qu> *vt* to domesticate
doméstico, -a I. *adj* domestic; **animal** ~ pet; **gastos** ~**s** household expenses II. *m, f* (*domestic*) servant
domiciliación *f* (*de recibos*) direct debit
domiciliar I. *vt* 1. (*un recibo*) to pay by standing order 2. (*dar domicilio*) to house II. *vr:* ~**se** to reside
domicilio *m* (*una empresa*) address; **reparto a** ~ home delivery
dominante *adj* dominant
dominar I. *vi* 1. (*imperar*) to rule 2. (*sobresalir*) to stand out II. *vt* 1. (*conocer*) to have a good knowledge of 2. (*reprimir*) to control 3. (*sobresalir*) to dominate III. *vr:*

~**se** to control oneself
domingo *m* Sunday; ~ **de Resurrección** Easter Sunday; *v.t.* **lunes**
dominguero, -a *m, f pey* Sunday driver
dominical I. *adj* Sunday II. *m* PREN Sunday supplement
dominicano, -a *adj, m, f* Dominican
dominio *m* 1. (*dominación*) control 2. (*poder*) authority 3. (*territorio*) domain
don *m* gift
don, doña *m, f* Mr *m*, Mrs *f*
donación *f* donation; JUR gift
donaire *m* grace
donante *mf* donor
donar *vt* to donate
doncella *f* maid
donde *adv* where; **de** ~... where ... from; **estuve** ~ **Luisa** I was at Luisa's
dónde *pron interrog, rel* where; **¿a** [*o* **hacia**] ~**?** where to?
dondequiera *adv* anywhere
donostiarra *adj* of/from San Sebastian
doña *f v.* **don**
dopar *vt, vr:* ~**se** DEP to take drugs
doping *m sin pl* drug-taking
dorado, -a *adj* golden
dorar I. *vt* 1. (*sobredorar*) to gild 2. (*tostar*) to brown II. *vr:* ~**se** to go brown
dormir *irr* I. *vi* 1. (*descansar*) to sleep; **quedarse dormido** to fall asleep 2. (*pernoctar*) to spend the night 3. (*reposar*) to rest II. *vt* (*a un niño*) to get to sleep; (*borrachera*) to sleep off III. *vr:* ~**se** 1. (*parte del cuerpo*) to fall asleep 2. (*descuidarse*) to not pay attention
dormitar *vi* to doze
dormitorio *m* bedroom
dorsal I. *adj* ANAT dorsal; **espina** ~ backbone II. *m* DEP number
dorso *m* (*reverso*) *t.* ANAT back
dos I. *adj inv* two II. *m* two; **los/las** ~ both; **cada** ~ **por tres** all the time; *v.t.* **ocho**
doscientos, -as *adj* two hundred; *v.t.* **ochocientos**
dosis *f inv* dose

dotado, -a *adj* **1.** (*con talento*) gifted **2.** (*hombre:genitales*) endowed

dotar *vt* **1.** (*constituir dote*) to give as a dowry **2.** (*equipar*) to equip with **3.** (*financiar*) to provide funds for **4.** (*con sueldo*) to provide

dote¹ *m o f* (*ajuar*) dowry

dote² *f* (*aptitud*) gift

doy *1. pres de* **dar**

dragón *m* dragon

drama *m* drama; TEAT play

dramático, -a *adj* dramatic

dramatizar <z→c> *vt* dramatize

dramaturgo, -a *m, f* playwright

drástico, -a *adj* drastic

drenar *vt* to drain

droga *f* drug, dope *inf;* ~ **sintética** synthetic drug

drogadicto, -a I. *adj* addicted to drugs **II.** *m, f* drug addict

drogar <g→gu> **I.** *vt* to drug **II.** *vr:* ~**se** to take drugs

drogodependencia *f* drug addiction

droguería *f* shop selling soap, shampoo, cleaning materials etc.

dromedario *m* dromedary

ducha *f* shower; **recibir una ~ de agua fría** *fig* to receive a shock

duchar I. *vt* to shower **II.** *vr:* ~**se** to have a shower

duda *f* doubt; **sin ~** (**alguna**) without a doubt; **poner algo en ~** to question sth

dudar I. *vi* **1.** (*desconfiar*) to doubt **2.** (*vacilar*) to hesitate **II.** *vt* to doubt

dudoso, -a *adj* **1.** (*inseguro*) doubtful **2.** (*indeciso*) undecided

duelo *m* **1.** (*desafío*) duel **2.** (*pesar*) grief **3.** (*funerales*) mourning

duende *m* elf; **tener ~** *fig* to have charm

dueño, -a *m, f* **1.** (*propietario*) owner; (*amo*) boss; **hacerse ~ de algo** (*apropiarse*) to take possession of sth; (*dominar*) to take command of sth **2.** (*de familia*) head

dulce I. *adj* **1.** (*referente al sabor*) sweet **2.** (*agradable*) pleasant **II.** *m* **1.** (*postre*) dessert **2.** (*almíbar*) syrup

dulcificar <c→qu> *vt* **1.** (*azucarar*) to sweeten **2.** (*suavizar*) to soften

dulzor *m*, **dulzura** *f* **1.** (*sabor*) sweetness **2.** (*suavidad*) softness

duna *f* dune

dúo *m* duet

duodécimo, -a *adj* twelfth; *v.t.* **octavo**

duodeno *m* ANAT duodenum

dúplex *m* ARQUIT duplex

duplicar <c→qu> *vt, vr:* ~**se** to duplicate

duplo *m* double

duque(sa) *m(f)* duke, duchess *m, f*

duración *f* duration; **de larga ~** long-term

duradero, -a *adj* long-lasting

durante *prep* during; **hablar ~ una hora** to talk for an hour

durar *vi* **1.** (*extenderse*) to last **2.** (*permanecer*) to stay **3.** (*resistir*) to last

durazno *m AmL* (*fruta*) peach; (*árbol*) peach tree

dureza *f* **1.** (*rigidez*) hardness **2.** (*callosidad*) hard skin

durmiente I. *adj* sleeping **II.** *mf* sleeper

duro I. *m* five-peseta coin **II.** *adv* hard

duro, -a *adj* hard; ~ **de corazón** hard-hearted; **a duras penas** barely

DVD *abr de* **videodisco digital** DVD

E e

E, e *f* E, e; ~ **de España** E for Edward *Brit*, E for easy *Am*

e *conj* (*before 'hi' or 'i'*) and; **madres ~ hijas** mothers and daughters

E *abr de* **Este** E

ea *interj* come on

ebanista *mf* cabinetmaker, woodworker

ébano *m* ebony

ebrio, -a *adj elev* inebriated

ebullición *f* boiling

eccema *m* eczema

echar I. *vt* **1.** (*tirar*) to throw; (*carta*)

to post *Brit*, to mail *Am;* (*a la basura, al suelo*) to throw out **2.** (*verter*) to pour **3.** (*expulsar*) to throw out; (*despedir*) to sack *Brit*, to fire *Am* **4.** (*hojas, flores*) to sprout **5.** (*emitir*) to give off; ~ **humo** to let out smoke **6.** (*tumbar*) to lie down **7.** (*proyectar*) to show; TEAT to stage; **en el cine echan 'Titanic'** 'Titanic' is on at the cinema **8.** (*calcular*) **te echo 30 años** I reckon you're 30 **II.** *vi* to begin; ~ **a correr** to break into a run **III.** *vr:* ~**se 1.** (*postrarse*) to lie down **2.** (*lanzarse*) to jump; ~**se atrás** *fig* to have second thoughts **3.** (*empezar*) to begin; ~**se a llorar** to burst into tears **4.** *inf* (*iniciar una relación*) ~**se un novio** to get a boyfriend

eclesiástico *m* clergyman

eclesiástico, -a *adj* ecclesiastical

eclipsar *vt t. fig* to eclipse

eclipse *m* eclipse

eco *m* echo

ecografía *f* ultrasound scan

ecología *f* ecology

ecológico, -a *adj* ecological; **daños ~s** environmental damage

ecologista I. *adj* ecological **II.** *mf* ecologist, environmentalist

economato *m* cooperative store

economía *f* **1.** (*situación, sistema*) economy **2.** (*ciencia*) economics

económico, -a *adj* **1.** ECON economic; **año ~** financial year; **Ciencias Económicas** economics **2.** (*barato*) cheap; (*ahorrador*) economical

economista *mf* economist

ecosistema *m* ecosystem

ecotest *m* ecotest

ecu, ECU *m abr de* **European Currency Unit** ecu, ECU

ecuación *f* equation

ecuador *m* equator

Ecuador *m* Ecuador

? **Ecuador** lies in the northwestern part of South America. It borders Colombia to the north, Peru to the east and south and the Pacific Ocean to the west. The capital is **Quito**. The official language of the country is Spanish and the monetary unit of **Ecuador** is the **sucre**.

ecuánime *adj* level-headed

ecuatoriano, -a *adj* of/from Ecuador

ecuestre *m* equestrian

eczema *m* eczema

edad *f* **1.** (*años*) age; ~ **del pavo** adolescence; **mayor de** ~ adult; **menor de** ~ minor; **ser mayor/menor de** ~ to be of/under age; **la tercera** ~ old age; **a la** ~ **de...** at the age of ...; **¿qué** ~ **tiene?** how old is he/she? **2.** (*época*) age, era; **la** ~ **media** the Middle Ages

edición *f* **1.** (*impresión*) edition; ~ **de bolsillo** paperback edition **2.** (*de un acontecimiento*) **la presente** ~ **del Festival de Cine** this year's Film Festival

edicto *m* edict

edificar <c→qu> *vt* to build

edificio *m* building

Edimburgo *m* Edinburgh

editar *vt* **1.** (*publicar*) to publish **2.** (*preparar*) to edit

editor(a) *m(f)* **1.** (*que publica*) publisher **2.** (*que prepara textos*) editor

editorial[1] **I.** *adj* publishing; **casa** ~ publishing house; **éxito** ~ best-seller **II.** *f* publisher

editorial[2] *m* editorial

edredón *m* eiderdown; ~ **nórdico** duvet

educación *f* **1.** (*instrucción*) education; ~ **de adultos** adult education; ~ **ambiental** environmental education; ~ **física** physical education **2.** (*comportamiento*) manners *pl;* **no tener** ~ to have no manners **3.** (*crianza*) upbringing

educar <c→qu> *vt* **1.** (*dar instrucción*) to educate **2.** (*criar*) to bring up

educativo, -a *adj* educational

edutenimiento *m sin pl* edutainment

EE.UU. *mpl abr de* **Estados Unidos** USA

efectista *adj* for effect

efectivamente *adv* in fact
efectivo *m* cash; **en ~** (in) cash
efectivo, -a *adj* **1.** (*que hace efecto*) effective **2.** (*auténtico*) real; **hacer ~** to put into action; (*cheque*) to cash
efecto *m* effect; **~ retardado, ~s secundarios** side effects; **hacer ~** to have an effect; **hacer buen/mal ~** (*impresión*) to make a good/bad impression; **tener ~** to take effect; **en ~** indeed; **para los ~s** effectively
efectuar <*1. pres:* efectúo> *vt* to carry out; (*viaje*) to go on; **~ una compra** to make a purchase
eficacia *f* efficiency; (*de medida*) effectiveness; **con ~** effectively; **sin ~** useless
eficaz *adj* efficient; (*medida*) effective
eficiente *adj* efficient; (*medida*) effective
efusivo, -a *adj* effusive
EGB *f* HIST *abr de* **Educación General Básica** *education for children aged 6 to 14*
Egeo *m* Aegean; **el mar ~** the Aegean Sea
egipcio, -a *adj, m, f* Egyptian
Egipto *m* Egypt
egoísmo *m sin pl* selfishness, egoism
egoísta **I.** *adj* selfish, egoistical; **ser un ~** to be very selfish **II.** *mf* selfish person, egoist
egregio, -a *adj* eminent, illustrious
ej. *abr de* **ejemplo** example
eje *m* axle
ejecución *f* execution
ejecutar *vt* to execute
ejecutiva *f* executive (body)
ejecutivo, -a *adj, m, f* executive
ejemplar **I.** *adj* exemplary; **un alumno ~** a model student **II.** *m* (*ejemplo*) example; (*de libro*) copy; (*de revista*) issue; **~ de muestra** sample
ejemplo *m* example; **dar buen ~** to set a good example; **poner por ~** to give as an example; **por ~** for example; **sin ~** unprecedented
ejercer <c→z> *vt* (*profesión*) to practise *Brit,* to practice *Am;* (*derechos*) to exercise
ejercicio *m* **1.** (*de una profesión*) practice **2.** DEP exercise; (*entrenamiento*) training; **tener falta de ~** to be out of practice **3.** ENS (*para practicar*) exercise; (*prueba*) test **4.** ECON **~** (**económico**) financial year
ejercitar *vt* **1.** (*profesión*) to practise *Brit,* to practice *Am;* (*actividad*) to carry out **2.** (*adiestrar*) to train
ejército *m* MIL army; **~ del aire** air force
ejote *m AmC, Méx* string bean
el, la, lo <los, las> *art def* **1.** the; **el perro** the dog; **la mesa** the table; **los amigos/las amigas** the friends; **prefiero ~ azul al amarillo** I prefer the blue one to the yellow one **2.** *lo + adj* **lo bueno/malo** the good/bad thing; **lo antes** [*o* **más pronto**] **posible** as soon as possible; **hazlo lo mejor que puedas** do it the best you can **3.** *+ nombres geográficos* **el Canadá** Canada; **la China/India** China/India **4.** *+ días de semana* **llegaré el domingo** I'll arrive on Sunday; **los sábados no trabajo** I don't work on Saturdays **5.** *+ que* **lo que digo es...** what I'm saying is ...; **lo que pasa es que...** the thing is that ...
él *pron pers, 3. sing m* **1.** (*sujeto*) he **2.** (*tras preposición*) him; **el libro es de ~** (*suyo*) the book is his
elaboración *f* manufacture; **de ~ casera** home-made
elaborar *vt* **1.** (*fabricar*) to manufacture; (*preparar*) to prepare **2.** (*idea*) to develop
elasticidad *f* elasticity
elástico *m* elastic
elástico, -a *adj* elastic; *fig* flexible
Elba *m* **1.** (*río*) **el ~** the (river) Elbe **2.** (*isla*) Elba
elección *f* choice; *t.* POL election; **elecciones legislativas** general elections; **lo dejo a su ~** the choice is yours
electorado *m* electorate
electoral *adj* electoral
electricidad *f* electricity
electricista *mf* electrician
eléctrico, -a *adj* electric, electrical

electrificar <c→qu> *vt* electrify
electrizar <z→c> *vt t. fig* to electrify
electrocardiograma *m* electrocardiogram
electrocución *f* electrocution
electrocutar *vt* to electrocute
electrodo *m* electrode
electrodoméstico *m* household appliance
electroimán *m* electromagnet
electromagnético, -a *adj* electromagnetic
electrón *m* electron
electrónica *f* electronics
electrónico, -a *adj* electronic; **correo ~** e-mail
electrotecnia *f* electrical engineering
elefante, -a *m, f* elephant *m*
elegancia *f* elegance; (*buen gusto*) tastefulness
elegante *adj* elegant
elegir *irr* **I.** *vi, vt* (*escoger*) choose; **a ~ entre** to be chosen from **II.** *vt* POL. to elect
elemental *adj* basic
elemento *m* **1.** (*componente, persona*) element **2.** *pl* (*fuerzas naturales*) elements *pl*
elepé *m* LP, album
elevación *f* **1.** (*subida*) rise **2.** GEO elevation
elevador *m AmC* lift *Brit,* elevator *Am*
elevar *vt* **1.** (*subir*) to raise **2.** MAT ~ **a** to raise to the power of; **tres elevado a cuatro** three to the power of four
eliminar *vt* to eliminate
eliminatoria *f* (*competición*) knockout competition *Brit,* playoff; (*vuelta*) qualifying round; (*atletismo*) heat
elite *f,* **élite** *f* elite; **de ~** top-class
elitista *adj* elitist
elixir *m* elixir
ella *pron pers, 3. sing f* **1.** (*sujeto*) she **2.** (*tras preposición*) her; **el abrigo es de ~** (*suyo*) the coat is hers
ellas *pron pers, 3. pl f* **1.** (*sujeto*) they **2.** (*tras preposición*) them; **el coche es de ~** (*suyo*) the car is theirs

ello *pron pers, 3. sing neutro* **1.** (*sujeto*) it **2.** (*tras preposición*) it; **para ~** for it; **por ~** that is why; **estar en ~** to be doing it; **¡a ~!** let's do it!
ellos *pron pers, 3. pl m* **1.** (*sujeto*) they **2.** (*tras preposición*) them; **estos niños son de ~** (*suyos*) these children are theirs
elocuencia *f* eloquence; **con ~** eloquently
elocuente *adj* eloquent; **las pruebas son ~s** *fig* the evidence speaks for itself
elogiar *vt* to eulogize *form,* to praise
elogio *m* eulogy, praise; **digno de ~** praiseworthy
elote *m AmC* maize [*o* corn *Am*] cob
eludir *vt* to elude; (*preguntas*) to evade; ~ **su responsabilidad** to shirk one's responsibility
emanar **I.** *vi* ~ **de** to emanate from *form;* (*líquido*) to ooze from **II.** *vt* to give off
emancipar **I.** *vt* to free; (*feminismo*) to emancipate **II.** *vr:* ~**se** to become emancipated
embadurnar **I.** *vt* **1.** (*manchar*) ~ **algo de** [*o* con] **algo** to smear sth with sth **2.** (*pintar*) to daub **II.** *vr* ~**se de** [*o* con] **algo** to be smeared with sth
embajada *f* embassy
embajador(a) *m(f)* ambassador
embalar *vt* to pack
embalsamar *vt* to embalm
embalse *m* reservoir
embarazada **I.** *adj* (*encinta*) pregnant; **estar ~ de seis meses** to be six months pregnant; **quedarse ~** to become pregnant **II.** *f* pregnant woman
embarazar <z→c> *vt* **1.** (*estorbar*) to get in the way **2.** (*cohibir*) ~ **a alguien** to make sb feel awkward **3.** (*dejar encinta*) ~ **a alguien** to get sb pregnant
embarazo *m* **1.** (*gravidez*) pregnancy **2.** (*cohibición*) awkwardness; **causar ~ a alguien** to make sb feel awkward **3.** (*impedimento*) obstacle
embarazoso, -a *adj* awkward
embarcación *f* (*barco*) vessel

embarcadero *m* pier, wharf
embarcar <c→qu> **I.** *vi* to go on board; (*avión*) to board **II.** *vt* (*en barco*) to stow; (*en avión*) to put on board **III.** *vr:* ~**se** (*en barco*) to embark; (*avión*) to board
embargar <g→gu> *vt* **1.** (*retener*) to confiscate **2.** (*absorber*) to overcome
embargo I. *m* **1.** COM embargo **2.** (*retención*) confiscation **II.** *conj* **sin** ~ however
embarque *m* (*de material*) loading; (*de personas*) boarding
embaucar <c→qu> *vt* to cheat
embeber I. *vt* **1.** (*absorber*) to absorb **2.** (*empapar*) to soak up **II.** *vr:* ~**se** to become absorbed
embellecer *irr como crecer* *vt* to beautify
embestida *f* onslaught
embestir *irr como pedir* **I.** *vi* to charge **II.** *vt* to attack
emblema *m* emblem; (*de marca*) logo
émbolo *m* piston
embolsar *vt* to pocket
emborrachar I. *vt* to make drunk **II.** *vr:* ~**se** to get drunk
emboscada *f* ambush
embotellamiento *m* jam
embotellar *vt* to bottle
embragar <g→gu> *vi* to engage the clutch
embrague *m* clutch
embriagar <g→gu> **I.** *vt* to inebriate **II.** *vr:* ~**se** to get drunk
embriaguez *f* inebriation
embrión *m* embryo
embrollar *vt* to mess up; **lo embrollas más de lo necesario** you're overcomplicating things
embrollo *m* **1.** (*lío*) mess; (*de hilos*) tangle **2.** (*embuste*) swindle; **no me vengas con** ~**s** don't try and fool me
embromar *vt* to play a joke on
embrujado, -a *adj* bewitched; **casa embrujada** haunted house
embudo *m* funnel
embuste *m* lie
embustero, -a I. *adj* lying **II.** *m, f* liar
embutido *m* sausage

embutir *vt* to pack
emergencia *f* **1.** (*acción*) appearance **2.** (*suceso*) emergency
emerger <g→j> *vi* to emerge
emeritense *adj* of/from Mérida
emigración *f* emigration
emigrar *vi* to emigrate
eminencia *f* **1.** (*talento*) expert **2.** (*título*) Eminence
eminente *adj* outstanding
emisión *f* **1.** TV, RADIO (*difusión*) broadcast; (*programa*) programme *Brit,* program *Am* **2.** (*de radiación, calor, luz*) emission
emisora *f* ~ (**de radio**) radio station
emitir *vt* **1.** TV, RADIO to broadcast **2.** (*despedir*) to emit, to give off
emoción *f* emotion; (*conmoción*) excitement; **llorar de** ~ to cry with emotion
emocionante *adj* **1.** (*excitante*) exciting, thrilling **2.** (*conmovedor*) moving
emocionar I. *vt* **1.** (*apasionar*) to excite **2.** (*conmover*) to move; **tus palabras me** ~**on** I found your words very moving **II.** *vr:* ~**se 1.** (*conmoverse*) to be moved **2.** (*alegrarse*) to get excited
emotivo, -a *adj* **1.** (*persona*) emotional **2.** (*palabras*) moving
empacar <c→qu> *vt* to pack
empacho *m* indigestion
empadronarse *vr* to register (for a census)
empalagoso, -a *adj* **1.** (*alimento*) oversweet **2.** (*persona*) cloying
empalmar I. *vi* **1.** (*trenes*) to link up **2.** (*caminos, ríos*) ~ **con algo** to meet sth **II.** *vt* to connect; (*maderos, tubos*) to fit together
empalme *m* connection; (*de maderos, tubos*) join; FERRO transfer station
empanada *f* pie (*usually containing meat or tuna*)
empantanarse *vr* to flood
empañarse *vr* to mist up
empapar I. *vt* to soak; **la lluvia ha empapado el suelo** the rain has soaked the floor; **estar empapado de sangre** to be soaked with blood

II. *vr:* ~**se** to get soaked

empapelar *vi, vt* to (wall)paper

empaquetar *vt* to pack

emparedado *m* sandwich

empastar *vt* to fill

empaste *m* filling

empatar *vi* **1.** DEP to draw; ~ **a uno** to draw one-all; **estar empatados a puntos** to have the same points **2.** POL to tie

empate *m* **1.** DEP draw; **gol del** ~ the equalizer **2.** POL tie

empedernido, -a *adj* incorrigible; **bebedor** ~ hardened drinker; **fumador** ~ chain smoker; **solterón** ~ confirmed bachelor

empeine *m* instep

empeñado, -a *adj* **estar** ~ (**en hacer algo**) to be determined (to do sth)

empeñar I. *vt* (*objetos*) to pawn **II.** *vr:* ~**se 1.** (*insistir*) to insist; **se empeña en hablar contigo** he/she insists on speaking to you; **no te empeñes** don't go on about it **2.** (*endeudarse*) to get into debt

empeño *m* **1.** (*afán*) determination; **con** ~ determinedly; **tener** ~ **por** [*o* **en**] **hacer algo** to be determined to do sth; **pondré** ~ **en...** I will try my best to ... **2.** (*de objetos*) pawning; **casa de** ~**s** pawnbroker's

empeorar I. *vt* to make worse **II.** *vi, vr:* ~**se** to worsen

empequeñecer *irr como crecer vt* **1.** (*disminuir*) to make smaller **2.** (*quitar importancia*) to trivialize

emperador *m* emperor

emperatriz *f* empress

empezar *irr vi, vt* to begin, to start; ~ **de la nada** to start with nothing; ~ **con buen pie** to get off to a good start; **¡no empieces!** don't start!; **para** ~ **me leeré el periódico** to begin with, I'll read the newspaper; **para** ~ **no tengo dinero y, además, no tengo ganas** first of all, I have no money, and what's more, I don't feel like it

empinar I. *vt* to raise; ~ **el codo** *inf* to have a drink, to booze *inf* **II.** *vr:* ~**se** to stand on tiptoes

empírico, -a *adj* empirical

emplaste *m* plaster

emplasto *m* poultice

emplazamiento *m* **1.** (*lugar, situación*) location **2.** JUR summons *pl*

emplazar <z→c> *vt* **1.** (*citar*) to call; JUR to summon **2.** (*situar*) to locate

empleado, -a *m, f* employee; ~ **de oficina** office worker; ~ **de ventanilla** clerk

emplear *vt* **1.** (*usar*) to use; (*tiempo*) to spend; (*dinero*) to invest; **¡podrías** ~ **mejor el tiempo!** you could use your time better! **2.** (*colocar*) to employ; (*ocupar*) to engage

empleo *m* **1.** (*trabajo*) job, post *Brit;* (*ocupación*) employment; **pleno** ~ full employment; **no tener** ~ to be out of work **2.** (*uso*) use; (*de tiempo*) spending; **modo de** ~ instructions for use

empobrecer *irr como crecer* **I.** *vt* to impoverish **II.** *vi, vr:* ~**se** to become poorer

empollar I. *vi inf* to swot **II.** *vt* **1.** (*ave*) to brood **2.** *inf* (*lección*) to swot up

empollón, -ona *m, f inf* swot

emporio *m* centre, center *Am*

empotrado, -a *adj* fitted, built-in

emprendedor(a) *adj* resourceful, enterprising

emprender *vt* **1.** (*trabajo*) to begin; (*negocio*) to set up; ~ **la marcha** to set out; ~ **el vuelo** to take off; ~ **la vuelta** to go back **2.** *inf* (*principiar una acción*) ~**la con alguien** to take it out on sb; ~**la a insultos con alguien** to begin insulting sb

empresa *f* enterprise; (*compañía*) company

empresario, -a *m, f* **1.** ECON businessman *m,* businesswoman *f* **2.** TEAT impresario

empréstito *m* loan

empujar *vi, vt* to push; (*con violencia*) to shove

empuje *m* **1.** FÍS force **2.** (*energía*) energy; (*resolución*) drive

empujón *m* push; (*violento*) shove; **entrar en un local a empujones** to push one's way into a place

empuñar *vt* to take; (*asir*) to grip

emular *vt* to emulate

emulsión *f* emulsion

en *prep* **1.** (*lugar: dentro*) in; (*encima de*) on; (*con movimiento*) in, into; **el libro está ~ el cajón** the book is in the drawer; **coloca el florero ~ la mesa** put the vase on the table; **~ la pared hay un cuadro** there is a painting on the wall; **estar ~ el campo/~ la ciudad/~ una isla** to be in the countryside/in the city/on an island; **~ Escocia** in Scotland; **vacaciones ~ el mar** holidays at the seaside; **jugar ~ la calle** to play in the street; **vivo ~ la calle George** I live in George Street; **estoy ~ casa** I'm at home; **estoy ~ casa de mis padres** I'm at my parents' house; **trabajo ~ una empresa japonesa** I work in a Japanese company **2.** (*tiempo*) in; **~ el año 2005** in 2005; **~ mayo/invierno/el siglo XIX** in may/winter/the 19th century; **~ otra ocasión** on another occasion; **~ aquellos tiempos** in those times; **~ un mes/dos años** in a month/two years; **lo terminaré ~ un momento** I'll finish it in a moment; **~ todo el día** all day **3.** (*modo, estado*) **~ absoluto** not at all; **~ construcción** under construction; **~ flor** in flower; **~ venta** for sale; **~ vida** while living; **~ voz alta** aloud; **de dos ~ dos** two at a time; **~ español** in Spanish; **pagar ~ libras** to pay in pounds **4.** (*medio*) **papá viene ~ tren/~ coche** dad is coming by train/by car; **he venido ~ avión** I came by air; **lo reconocí ~ la voz** I recognised him by his voice **5.** (*ocupación*) **doctor ~ filosofía** PhD in Philosophy; **estar ~ la mili** to be doing military service; **trabajar ~ Correos** to work in the postal service **6.** (*con verbo*) **pienso ~ ti** I am thinking of you; **no confío ~ él** I don't trust him; **ingresar ~ un partido** to join a party; **ganar ~ importancia** to gain in importance **7.** (*cantidades*) **aumentar la pro-**

ducción ~ un 5 % to increase production by 5 %; **me he equivocado sólo ~ 3 euros** I was only wrong by 3 euros **8.** ECON **~ fábrica** ex-works; **franco ~ almacén** ex-store

enajenación *f* **1.** (*de una propiedad*) transfer **2.** (*de la mente*) derangement; **~ mental** insanity

enajenar *vt* **1.** (*una posesión*) to transfer **2.** (*enloquecer*) to drive mad

enamorado, -a I. *adj* **estar ~** (*de alguien/algo*) to be in love (with sb/sth) II. *m, f* lover; **día de los ~s** St Valentine's Day

enamorar I. *vt* (*conquistar*) to win the heart of; **mi profesora me ha enamorado** I've fallen in love with my teacher II. *vr* **~se** (*de alguien/algo*) to fall in love (with sb/sth)

enano, -a I. *adj* tiny II. *m, f* dwarf

enardecer *irr como crecer vt* to fire with enthusiasm

encabezamiento *m* heading

encabezar <z→c> *vt* to head

encadenar *vt* to chain (up)

encajar I. *vi* to fit; **la puerta encaja mal** the door doesn't fit properly; **las dos declaraciones encajan** the two statements fit together II. *vt* **1.** *t.* TÉC to fit; **~ dos piezas** to fit two pieces together **2.** *inf* (*dar*) **~ un golpe a alguien** to hit sb **3.** (*gol*) to let in

encaje *m* lace

encalar *vt* to whitewash

encallar *vi* to run aground

encaminar I. *vt* to direct; **~ sus pasos hacia el pueblo** to head towards the village; **~ los esfuerzos hacia algo** to focus one's efforts on sth II. *vr* **~se a/hacia algo** to head for/towards sth

encandilar *vt* to dazzle; **escuchar encandilado** to listen in raptures

encantado, -a *adj* (*satisfecho*) **estar ~** (*de* [*o con*] *algo/alguien*) to be delighted (with sth/sb); **¡~** (*de conocerle*)! pleased to meet you!; **estoy ~ con mi nuevo trabajo** I love my new job; **estoy ~ de la vida** I am thrilled

encantador(a) *adj* charming; (*bebé*) lovely, adorable

encantar *vt* **1.** (*hechizar*) to bewitch **2.** (*gustar*) **me encanta viajar** I love to travel; **me encantan los dulces** I love sweet things; **me encanta que te preocupes por mí** I love the fact that you care about me **3.** (*cautivar*) to captivate; (*fascinar*) to fascinate

encanto *m* **1.** (*hechizo*) spell **2.** (*atractivo*) charm; **¡es un ~ de niño!** what an adorable child!

encarcelar *vt* to imprison

encarecer *irr como crecer vt* to raise the price of

encarecimiento *m* price increase

encargado, -a **I.** *adj* in charge **II.** *m, f* person in charge; **~ de obras** site manager; **~ de prensa** press officer

encargar <g→gu> **I.** *vt* **1.** (*comprar*) to order **2.** (*mandar*) to ask **II.** *vr* **~se de algo** to take responsibility for sth; **tengo que ~me aún de un par de cosas** I still have to get a couple of things done

encargo *m* **1.** (*pedido*) order **2.** (*trabajo*) job; **de ~** to order; **hacer ~s** to run errands

encariñarse *vr* **~ con algo** to get attached to sth; **~ con alguien** to grow fond of sb

encarnación *f* incarnation; **la ~ del horror** the embodiment of horror

encarnizado, -a *adj* **1.** (*lucha*) bloody **2.** (*herida*) sore; (*ojo*) bloodshot **3.** (*persona*) cruel

encarrilar *vt* FERRO to put on rails; **ir encarrilado** *fig* to be on the right track

encasillar *vt* to pigeonhole

encasquetar **I.** *vt* **1.** (*dar*) **~ un golpe a alguien** to hit sb **2.** (*una idea*) to get into one's head **3.** (*endilgar*) to lumber with; **nos ~on la parte peor** we were lumbered with the worst part; **me encasquetó un rollo tremendo** I had to listen to him going on and on **II.** *vr*: **~se** **1.** (*sombrero*) to put on one's head **2.** (*idea*) **se te ha encasquetado esa idea** you've got this idea into your head

encauzar <z→c> *vt* to channel

encendedor *m* lighter

encender <e→ie> **I.** *vt* **1.** (*cigarrillo*) to light **2.** (*conectar*) to switch on **II.** *vr*: **~se** **1.** (*inflamarse*) to ignite **2.** (*luz*) go come on; (*ruborizarse*) to blush

encendido *m* ignition

encendido, -a *adj* **1.** (*conectado*) **estar ~** to be on **2.** (*ardiente*) burning; (*cigarrillo*) lighted; **estar ~** to be lit

encerado *m* blackboard

encerar *vt* to wax

encerrar <e→ie> *vt* **1.** (*depositar, recluir*) to lock in; **~ entre paréntesis** to put in brackets **2.** (*contener*) to contain

encestar *vi* to score a basket

enchilada *f AmC* enchilada

enchufar *vt* **1.** ELEC to plug in **2.** *inf* (*persona*) **~ a alguien** to get a job for sb (by pulling strings)

enchufe *m* **1.** (*clavija*) plug **2.** (*toma*) socket **3.** *inf* (*contactos*) **tener ~** *inf* to have connections **4.** (*trabajo*) good job (*which has been obtained by pulling strings*)

encía *f* gum

enciclopedia *f* encyclopaedia *Brit,* encyclopedia *Am*

encierro *m* **1.** (*reclusión*) confinement **2.** TAUR *running of bulls in the San Fermín festival in Pamplona*

Strictly speaking, **encierro,** a term from the **tauromaquia** (art of bullfighting), refers to the following two processes: the bulls are first driven into the arena pens and then locked up in the **toril** (bull cage). For many people this represents the actual **fiesta** (public festival).

encima **I.** *adv* **1.** (*arriba: con contacto*) on top; (*sin tocar*) above **2.** *fig* **echarse ~ de alguien** to attack sb; **quitarse algo de ~** to get sth off one's back; **llevaba mucho dinero**

En la cocina

1	fregadero *m*	sink
2	escurreplatos *m inv*, escurridero *m*	washing-up bowl [*o* basin], dishpan *Am*
3	(líquido *m*) lavavajillas *m inv*	washing-up liquid, dishsoap *Am*
4	grifo *m*	tap *Brit*, faucet *Am*
5	cubiertos *mpl*	cutlery, silverware *Am*
6	colador *m*	sieve
7	cucharón *m*, cazo *m*	ladle
8	cuchara *f*	spoon
9	cafetera *f* eléctrica	coffee machine [*o* maker]
10	panera *f*	bread bin, breadbox *Am*
11	enchufe *m*	socket
12	hervidor *m* de agua	electric kettle
13	armario *m* colgado [*o* de pared]	wall-cupboard, cupboard *Am*
14	encimera *f*	work surface [*o* worktop], counter *Am*
15	trapo *m* de cocina, paño *m* de cocina	tea towel *Brit*, dish towel *Am*
16	lavadora *f*	washing machine
17	nevera *f*, frigorífico *m*	fridge, refrigerator
18	armario *m*	cupboard
19	cubo *m* de (la) basura	(rubbish) bin, trashcan *Am*
20	cocina *f*	cooker, stove *Am*

In the kitchen

21	horno *m*	oven
22	olla *f*, cazuela *f*	(sauce)pan
23	sartén *f*	frying pan
24	cajón *m*	drawer
25	silla *f* de cocina	kitchen chair
26	jarra *f*	jug, pitcher *Am*
27	botella *f* de leche	milk bottle
28	tetera *f*	teapot
29	salvamanteles *m inv*	table mat, place mat *Am*
30	vaso *m*	glass
31	tostada *f*, rebanada *f* de pan tostado	piece of toast
32	plato *m*	plate
33	taza *f*	mug
34	cuchillo *m*	knife
35	tenedor *m*	fork
36	huevo *m* frito	fried egg
37	tiras *fpl* de beicon	rashers of bacon
38	tarro *m* de mermelada de naranja	jar of marmalade
39	fuente *f*	bowl
40	azucarero *m*	sugar basin, sugar bowl *Am*
41	tapa *f*	lid
42	mantel *m*	tablecloth

~ he/she had a lot of money on him/her; **se me ha quitado un peso de** ~ that's a weight off my mind; **se nos echa el tiempo** ~ time is running out **3.** (*además*) besides; **te di el dinero y** ~ **una botella de vino** I gave you the money and a bottle of wine as well **4. por** ~ (*superficialmente*) superficial(ly) **II.** *prep* **1.** (*local: con contacto*) ~ **de** on top of; **con queso** ~ with cheese on top; **el libro está** ~ **de la mesa** the book is on the table; **estar** ~ **de alguien** *fig* to be on sb's case **2.** (*local: sin contacto*) (**por**) ~ **de** above; **viven** ~ **de nosotros** they live above us; **por** ~ **de todo** above all; **por** ~ **de la media** above average **3.** (*con movimiento*) (**por**) ~ **de** over; **pon esto** ~ **de la cama** put this over the bed; **cuelga la lámpara** ~ **de la mesa** hang the light above the table; **¡por** ~ **de mí!** *fig* over my dead body!; **ése pasa por** ~ **de todo** *fig* he only cares about himself **4.** (*más alto*) **el rascacielos está por** ~ **de la catedral** the skyscraper is higher than the cathedral **5.** (*en contra de*) **por** ~ **de alguien** against one's will

encimera *f* work surface, counter *Am*

encina *f* holm oak

encinta *adj* pregnant

enclave *m* enclave

enclenque *adj* (*enfermizo*) sickly; (*débil*) weak

encoger <g→j> **I.** *vi, vt* to shrink **II.** *vr:* ~**se 1.** (*reducirse*) to shrink **2.** *fig, inf* ~**se de hombros** to shrug one's shoulders

encolar *vt* to glue

encolerizar <z→c> **I.** *vt* to incense **II.** *vr:* ~**se** to be incensed

encomendar <e→ie> **I.** *vt* **1.** (*recomendar*) to recommend **2.** (*confiar*) ~ **algo a alguien** to entrust sth to sb **II.** *vr* ~**se a Dios** to commend one's soul to God

encomiar *vt* to praise

encomienda *f* **1.** (*encargo*) assignment **2.** *AmL* (*postal*) parcel

encono *m* spite

encontrado, -a *adj* opposite; **opiniones encontradas** conflicting opinions

encontrar <o→ue> **I.** *vt* **1.** (*hallar, considerar*) to find **2.** (*coincidir con*) to come across **II.** *vr:* ~**se 1.** (*estar*) to be **2.** (*sentirse*) to feel **3.** (*citarse*) ~**se con alguien** to meet sb **4.** (*coincidir*) ~**se con alguien** to run into sb **5.** (*hallar*) to find; **me encontré con que el coche se había estropeado** I found that the car had broken down

encorvar *vt* to bend

encrespar I. *vt* **1.** (*rizar*) to frizz **2.** (*irritar*) to annoy **II.** *vr:* ~**se 1.** (*rizarse*) to curl **2.** (*irritarse*) to get annoyed

encrucijada *f t. fig* crossroads *inv*

encuadernación *f* cover; ~ **en pasta** hardback; ~ **en rústica** paperback

encuadernador(a) *m(f)* bookbinder

encuadrar *vt* to frame

encubrir *irr como abrir* *vt* **1.** (*cubrir*) to cover **2.** (*ocultar*) to hide; (*escándalo, crimen*) to cover up; (*delincuente*) to harbour *Brit,* to harbor *Am*

encuentro *m* **1.** (*acción*) *t.* MIL encounter **2.** (*cita, reunión*) meeting **3.** DEP match, game

encuesta *f* (*sondeo*) opinion poll; ~ **estadística** statistical survey **2.** (*investigación*) inquiry

encumbrar *vt* elevate; ~ **a alguien a la fama** to make sb famous

endeble *adj* weak

endémico, -a *adj* endemic

endemoniado, -a *adj* **1.** (*poseso*) possessed **2.** (*malo*) bado

enderezar <z→c> *vt* **1.** (*poner derecho*) to straighten **2.** (*corregir*) to straighten out

endeudarse *vr* to get into debt

endiablado, -a *adj* bad

endibia *f* chicory *Brit,* endive *Am*

endilgar <g→gu> *vt inf* ~ **algo a alguien** to offload sth onto sb; **me** ~**on el trabajo sucio** I got stuck with the dirty work

endomingarse <g→gu> *vr* to put on one's Sunday best

endosar *vt* to endorse

endulzar <z→c> *vt* **1.** (*poner dulce*) to sweeten **2.** (*suavizar*) to soften

endurecer *irr como crecer vt, vr:* ~**se** to harden

enemigo, -a <enemicísimo> *adj, m, f* enemy; **ser ~ de algo** to be opposed to sth

enemistad *f* enmity

enemistar I. *vt* to make enemies of II. *vr:* ~**se** to become enemies

energía *f* energy; **con/sin ~** *fig* forcefully/feebly; **con toda su ~** with all one's force

enérgico, -a *adj* **1.** (*fuerte*) energetic **2.** (*decidido*) firm **3.** (*estricto*) tough

energúmeno, -a *m, f inf* lout, boor

enero *m* January; **la cuesta de ~** the post-Christmas slump; *v.t.* **marzo**

enésimo, -a *adj* MAT nth; **por enésima vez** *inf* for the thousandth time

enfadar I. *vt* to anger; **estar enfadado con alguien** to be angry with sb II. *vr:* ~**se** to get angry

enfado *m* (*enojo*) anger; (*molestia*) annoyance

énfasis *m o f inv* emphasis

enfático, -a *adj* emphatic

enfermar *vi, vr* ~(**se**) **de algo** to get ill with sth

enfermedad *f* illness; (*específica*) disease

enfermera *f* nurse

enfermería *f* infirmary

enfermero *m* male nurse

enfermizo, -a *adj* sickly

enfermo, -a I. *adj* ill, sick; **~ del corazón** suffering heart disease; **caer ~ de algo** to come down with sth II. *m, f* ill person; (*paciente*) patient

enflaquecer *irr como crecer* I. *vi, vr:* ~**se** to become thin II. *vt* to make thin

enfocar <c→qu> *vt* **1.** (*ajustar*) to focus; **mal enfocado** out of focus **2.** (*una cuestión*) to approach

enfoque *m* **1.** (*punto de vista*) opinion, stance **2.** (*planteamiento*) approach

enfrascarse <c→qu> *vr* to get wrapped up in

enfrentamiento *m* confrontation

enfrentar I. *vt* **1.** (*encarar*) to bring face to face **2.** (*hacer frente*) to face up to; **~ los hechos** to face the facts II. *vr:* ~**se 1.** (*encararse*) to come face to face **2.** (*afrontarse*) ~**se con alguien** to face up to sb

enfrente I. *adv* opposite; **allí ~** over there; **la casa de ~** the house opposite II. *prep* (*local: frente a*) ~ **de** opposite; **~ mío** [*o* **de mí**] opposite me; **~ del teatro** opposite the theatre; **vivo ~ del parque** I live opposite the park

enfriamiento *m* **1.** (*pérdida de temperatura*) cooling **2.** (*resfriado*) cold

enfriar <*1. pres:* enfrío> I. *vi* to cool (down) II. *vt* to cool; *fig* to cool down; **~ el vino** to chill the wine III. *vr:* ~**se 1.** (*perder calor*) to cool (down) **2.** (*refrescar, apaciguarse*) to cool off **3.** (*acatarrarse*) to catch a cold

enfurecer *irr como crecer* I. *vt* to enrage II. *vr:* ~**se** to be furious

engalanar *vt* to decorate

enganchar I. *vt* to hook; (*remolque*) to hitch up; (*caballerías*) to harness; FERRO, TÉC to couple II. *vr* ~**se de** [*o* **en**] **algo** to get caught on sth

enganche *m* **1.** (*gancho*) hook **2.** (*acto*) hooking

engañar I. *vi* to deceive; **las apariencias engañan** *prov* looks are deceiving *prov* II. *vt* (*mentir*) to deceive; (*estafar*) to cheat; **~ a alguien** (*ser infiel*) to cheat on sb; **~ el hambre** to stave off one's hunger; **dejarse ~** to fall for it *inf*

engaño *m* **1.** (*mentira*) deceit **2.** (*truco*) trick

engañoso, -a *adj* **1.** (*persona*) deceitful **2.** (*falaz*) false

engarzar <z→c> *vt* (*trabar*) to join together; (*montar*) to set

engatusar *vt* to sweet-talk; **~ a alguien para que haga algo** to coax sb into doing sth

engendrar *vt* **1.** (*concebir*) to beget *liter* **2.** (*causar*) to give rise to

engendro *m* **1.** (*persona fea*) freak **2.** (*idea*) piece of claptrap

englobar *vt* **1.** (*incluir*) to include, to comprise **2.** (*reunir*) to bring together

engomar *vt* to put glue on

engordar *vi* **1.** (*ponerse gordo*) to get fat; (*aumentar de peso*) to gain weight; **he engordado tres kilos** I've gained three kilos **2.** (*poner gordo*) to be fattening

engorroso, -a *adj* awkward; (*molesto*) bothersome

engranaje *m* **1.** TÉC gear; (*mecanismo*) cogs *pl* **2.** (*sistema*) gearing

engrandecer *irr como crecer vt* to enlarge

engrasar *vt* to grease; (*enaceitar*) to oil

engreído, -a *adj* conceited, spoilt

engrosar <o→ue> **I.** *vi* **1.** (*engordar*) to become fatter **2.** (*aumentar*) to increase **II.** *vt* to increase

enhebrar *vt* to thread

enhorabuena *f* congratulations *pl;* **dar la ~ a alguien** to congratulate sb

enigma *m* enigma

enjabonar *vt* to soap

enjambre *m* swarm

enjaular *vt* to lock up; (*en una jaula*) to cage

enjuagar <g→gu> *vt* to rinse

enjuague *m* rinse

enjugar <g→gu> *vt* to dry

enjuiciar *vt* **1.** (*juzgar*) to judge **2.** (*procesar*) to prosecute

enjuto, -a *adj* ~ (**de carnes**) thin

enlace *m* **1.** (*conexión*) connection; ELEC, FERRO, INFOR link **2.** (*boda*) wedding

enlazar <z→c> **I.** *vi* (*transporte*) to link up **II.** *vt* (*atar*) to tie; (*conectar*) to connect

enloquecer *irr como crecer* **I.** *vi, vr:* **~se** to go mad **II.** *vt* to madden, to drive crazy

enlutado, -a *adj* dressed in mourning

enmarañar **I.** *vt* **1.** (*enredar*) to mix up **2.** (*confundir*) to confuse **II.** *vr:* **~se** **1.** (*enredarse*) to get mixed up **2.** (*confundirse*) to get confused

enmarcar <c→qu> *vt* to frame

enmascarar *vt* **1.** (*poner máscara*) to mask **2.** (*ocultar*) to hide

enmendar <e→ie> **I.** *vt* to correct **II.** *vr:* **~se** to mend one's ways

enmienda *f* correction

enmohecer *irr como crecer vi, vr:* **~se** to go mouldy *Brit,* to go moldy *Am*

enmudecer *irr como crecer* **I.** *vi* **1.** (*perder el habla*) to be struck dumb; **~ de miedo** to be struck speechless with fear **2.** (*callar*) to go silent **II.** *vt* to silence

ennegrecer *irr como crecer vt, vr:* **~se** to blacken

ennoblecer *irr como crecer vt* to ennoble

enojar **I.** *vt* to annoy; (*enfadar*) to anger **II.** *vr:* **~se** to get cross; (*enfadarse*) to get angry

enojo *m* annoyance; (*enfado*) anger

enojoso, -a *adj* annoying

enorgullecer *irr como crecer* **I.** *vt* to fill with pride **II.** *vr:* **~se** to be proud

enorme *adj* enormous

enormidad *f* enormity; **una ~ (de algo)** *fig* a lot (of sth)

enraizar *irr vi* to set down roots

enredadera *f* climbing plant

enredar **I.** *vt* (*liar*) to mix up; (*confundir*) to confuse **II.** *vr:* **~se** to get mixed up

enredo *m* **1.** (*de alambres*) tangle **2.** (*asunto*) muddle

enrevesado, -a *adj* complicated

enriquecer *irr como crecer vt* to enrich

enrojecer *irr como crecer vi, vr:* **~se** to blush; **~ de ira** to go red with anger

enrolar *vt* **1.** NÁUT to enrol *Brit,* to enroll *Am* **2.** MIL to enlist

enrollar **I.** *vt* (*cartel*) to roll up; (*cuerda*) to coil **II.** *vr:* **~se** *inf* **1.** (*demasiado*) **~se** (**como una persiana**) to go on and on **2.** (*ligar*) **~se con alguien** to take up with sb

enroscar <c→qu> **I.** *vt* (*tornillo*) to screw in; (*tapa*) to twist on **II.** *vr:* **~se** to curl up

? Anyone who visits **Mallorca** brings **ensaimadas** with them, at least every Spanish tourist does. An **ensaimada** is a light spiral--shaped pastry that can be filled with sweet **cabello de ángel**, a type of mashed pumpkin filling.

ensalada *f* salad

? **Ensaladilla rusa:** Take jacket potatoes, cooked vegetables (carrots, green beans, peas), olives, and hard-boiled eggs. Finely chop all these ingredients (similar to potato salad), then add tuna and dress the dish with mayonnaise and a little vinegar.

ensalzar <z→c> *vt* to praise
ensamblar *vt* to assemble
ensanchar *vt, vr:* ~**se** to widen
ensanche *m* widening; **zona de** ~ area for urban development
ensangrentar <e→ie> *vt* to cover in blood
ensartar *vt* to string
ensayar *vt* **1.** TEAT to rehearse **2.** (*probar*) to test
ensayo *m* **1.** TEAT rehearsal; ~ **general** dress rehearsal **2.** LIT essay **3.** (*prueba*) test
enseguida *adv* at once, straight away
ensenada *f* inlet
enseñanza *f* **1.** (*sistema*) education; ~ **superior** higher education **2.** (*docencia*) teaching; ~ **a distancia** distance learning
enseñar *vt* **1.** (*instruir, dar clases*) to teach **2.** (*mostrar*) to show; **te enseñé a hacer las camas** I showed you how to make beds
enseres *mpl* belongings *pl*
ensillar *vt* to saddle
ensimismarse *vr* to become absorbed
ensordecer *irr como crecer vi* to go deaf

ensortijado, -a *adj* curly
ensuciar **I.** *vt* to dirty **II.** *vr:* ~**se** to get dirty; ~**se de algo** to be stained with sth
ensueño *m* dream; **de** ~ fantastic
entablar *vt* (*conversación*) to strike up; (*negociaciones*) to begin; (*juicio*) to file
entablillar *vt* to splint
entallado, -a *adj* taken in at the waist
entallar *vt* to take in at the waist
ente *m* **1.** FILOS being **2.** (*autoridad*) body
entender <e→ie> **I.** *vi* **1.** (*comprender*) to understand **2.** (*saber*) ~ **mucho de algo** to know a lot about sth; **no** ~ **nada de algo** to know nothing about sth **II.** *vt* **1.** (*comprender*) to understand; **dar a** ~ **que...** to imply that ...; **lo entendieron mal** they misunderstood it; **si entiendo bien Ud. quiere decir que...** am I right in saying that what you mean is that ...; **no entiende una broma** he/she can't take a joke **2.** (*creer*) to think; **yo no lo entiendo así** that's not the way I see it; **tengo entendido que...** (*según creo*) I believe that ...; (*según he oído*) I've heard that ... **III.** *vr:* ~**se** **1.** (*llevarse*) to get on; (*liarse*) to have an affair **2.** (*ponerse de acuerdo*) to reach an agreement **3.** *inf* (*desenvolverse*) **no me entiendo con este lío de cables** I can't manage with this tangle of leads; **¡que se las entienda!** let him/her get on with it! **IV.** *m* opinion; **a mi** ~ the way I see it
entendido, -a *adj* ~ **en algo** expert on sth
entendimiento *m sin pl* (*razón*) reason; (*comprensión*) understanding; **obrar con** ~ to act reasonably
enterado, -a *adj* ~ **de algo** (*iniciado*) aware of sth; (*conocedor*) knowledgeable about sth; **yo ya estaba** ~ **del incidente** I already knew about the incident; **no se dio por** ~ he pretended not to have understood

enteramente *adv* wholly

enterarse *vr* ~ (**de algo**) (*descubrir*) to find out (about sth); (*saber*) to hear (about sth); **no me enteré** (**de nada**) I didn't notice anything; **pasa las hojas sin** ~ **de lo que lee** he/she spends hours reading without taking anything in; **¡para que te enteres!** *inf* that'll teach you!; **para que te enteres...** for your information ...

entereza *f sin pl* **1.** (*determinación*) strength of mind **2.** (*integridad*) integrity; (*aguante*) fortitude

enternecer *irr como crecer* **I.** *vt* to move **II.** *vr:* ~**se** to be touched

entero, -a *adj* **1.** (*completo*) *t.* MAT whole, entire; (*intacto*) intact; **por** ~ completely; **se pasa días** ~**s sin decir ni una palabra** he/she goes for days at a time without speaking; **el juego de café no está** ~ some of the coffee service is missing **2.** (*persona*) honest

enterrador(a) *m(f)* gravedigger

enterrar <e→ie> *vt* to bury

entibiar *vt, vr:* ~**se** to cool

entidad *f* (*asociación*) organization; (*compañía*) company; ~ **bancaria** bank

entierro *m* **1.** (*inhumación*) burial **2.** (*funeral*) funeral

entonación *f* intonation

entonar **I.** *vi* to go well **II.** *vt* to sing

entonces *adv* then; **desde** ~ from then on; **hasta** ~ until then; **en** [*o* **por**] **aquel** ~ at that time, then; **¿pues** ~ **por qué te extraña si no vienen?** then why are you surprised that they don't come?

entornar *vt* to leave slightly open

entorno *m* surroundings *pl;* (*medio ambiente*) environment

entorpecer *irr como crecer* *vt* **1.** (*dificultar*) to hamper; (*retrasar*) to slow down **2.** (*sentidos*) to dull

entrada *f* **1.** (*acción, comienzo*) *t.* TEAT, LING entry; ~ **en vigor** coming into force; **de** ~ (*desde un principio*) right from the start; (*al principio*) at first; **se prohíbe la** ~ no entry **2.** (*puerta*) entrance; ~ **a la autopis**-

ta motorway slip road *Brit,* (entry) ramp *Am* **3.** (*billete*) ticket **4.** GASTR first course, entrée **5.** *pl* (*pelo*) **tiene** ~**s** his/her hair is receding **6.** (*depósito*) deposit; **dar una** ~ to pay a deposit **7.** INFOR input

entrado, -a *adj* **un señor** ~ **en años** an elderly gentleman; **hasta muy** ~ **el siglo XVII** until well into the seventeeth century; **llegamos entrada la noche** we arrived when it was already dark

entrante[1] *adj* next

entrante[2] *m* first course, starter

entrañable *adj* (*amistad*) intimate; (*película, persona*) endearing; (*recuerdo*) fond

entrañar *vt* to entail

entrañas *fpl* (*órganos*) entrails *pl;* **echar las** ~ *inf* to throw up

entrar **I.** *vi* **1.** (*pasar*) to enter; ~ **por la fuerza** to break in; **me entró por un oído y me salió por otro** it went in one ear and out the other; **¡entre!** come in! **2.** (*caber*) to fit; **no me entra el anillo** I can't get the ring on **3.** (*penetrar*) to go in; **el clavo entró en la pared** the nail went into the wall; **¡no me entra en la cabeza cómo pudiste hacer eso!** I can't understand how you could do this! **4.** (*empezar*) to begin; ~ **en calor** to warm up; **no** ~ **en detalles** not to go into details; **me entró el hambre/el sueño/un mareo** I became hungry/sleepy/dizzy; **me entró la tentación** I was tempted **5.** (*formar parte*) **en un kilo entran tres panochas** you can get three corncobs to the kilo; **eso no entraba en mis cálculos** I hadn't reckoned on this **6.** INFOR to access **7.** *inf* (*entender*) **las matemáticas no me entran** I can't get the hang of mathematics **8.** (*opinar*) **yo en eso no entro** [*o* **ni entro ni salgo**] *inf* I've got nothing to do with this **II.** *vt* to put

entre *prep* **1.** (*dos cosas*) between; (*más de dos cosas*) among(st); **salir de** ~ **las ramas** to emerge from among(st) the branches; **pasar por**

~ **las mesas** to go between the tables; ~ **semana** during the week; **ven** ~ **las cinco y las seis** come between five and six; ~ **tanto** meanwhile; **un ejemplo** ~ **muchos** one of many examples; **lo hablaremos** ~ **nosotros** we'll speak about it among(st) ourselves; ~ **el taxi y la entrada me quedé sin dinero** what with the taxi and the ticket I had no money left; **me senté** ~ **los dos** I sat down between the two of them **2.** MAT **ocho** ~ **dos son cuatro** eight divided by two is four

entreabrir *irr como abrir vt* to open slightly

entrecejo *m* brow; **fruncir el** ~ to frown

entrecortado, -a *adj* (*respiración*) uneven, laboured *Brit,* labored *Am;* (*voz*) halting

entredicho *m* **poner algo en** ~ to put sth in question

entrega *f* **1.** (*dedicación*) dedication **2.** (*fascículo*) instalment *Brit,* installment *Am;* **novela por** ~**s** serialized novel **3.** (*de documentos*) delivery; ~ **de premios** prizegiving; ~ **de títulos** UNIV graduation ceremony; **hacer** ~ **de algo** to hand sth over **4.** COM delivery; ~ **a domicilio** home delivery; ~ **contra reembolso** collect on delivery

entregar <g→gu> **I.** *vt* to give, to hand over; (*carta*) to deliver; ~**la** *inf* to kick the bucket **II.** *vr:* ~**se 1.** (*desvivirse*) ~**se a la bebida** to take to drink **2.** (*delincuente*) to give oneself up; MIL to surrender

entrelazar <z→c> *vt, vr:* ~**se** to join, to (inter)weave

entremeses *mpl* hors d'oeuvres *pl,* appetizers *pl Am*

entremeterse *vr* to interfere

entremezclar *vt* to intermingle

entrenador(a) *m(f)* coach

entrenamiento *m* training

entrenar *vt, vr:* ~**se** to train

entrepierna *f* crotch

entresacar <c→qu> *vt* to pick out

entresuelo *m* first floor

entretanto *adv* meanwhile

entretejer *vt* **1.** (*meter*) to weave in **2.** (*entrelazar*) to interweave

entretener *irr como tener* **I.** *vt* **1.** (*divertir*) to entertain **2.** (*detener*) to hold up **II.** *vr:* ~**se 1.** (*pasar el rato*) to amuse oneself; ~**se con revistas** to amuse oneself by reading magazines **2.** (*tardar*) to delay; **¡no te entretengas!** don't dilly dally!

entretenido, -a *adj* entertaining

entretenimiento *m* entertainment; (*pasatiempo*) activity

entretiempo *m sin pl* **chaqueta de** ~ jacket for spring and autumn

entrever *irr como ver vt* **1.** (*objeto*) to glimpse **2.** (*sospechar*) to surmise; (*intenciones*) to guess

entrevista *f* **1.** (*inteviú*) interview **2.** (*reunión*) meeting

entrevistar **I.** *vt* to interview **II.** *vr:* ~**se** to have a meeting

entristecer *irr como crecer* **I.** *vt* to sadden **II.** *vr:* ~**se** to be saddened

entrometerse *vr* to interfere

entroncar <c→qu> *vi* ~ **con alguien** to be related to sb

entumecerse *irr como crecer vr* (*frío*) to go numb; (*músculo*) to stiffen

entumecido, -a *adj* (*frío*) numb; (*rígido*) stiff

enturbiar *vt* to darken

entusiasmar **I.** *vt* to enthuse **II.** *vr:* ~**se** to get enthusiastic

entusiasmo *m sin pl* enthusiasm

entusiasta **I.** *adj* enthusiastic **II.** *mf* enthusiast

enumerar *vt* to enumerate; (*escrito*) to set down

enunciado *m* **1.** (*de un problema*) setting out **2.** LING statement

envalentonar **I.** *vt* to spur **II.** *vr:* ~**se** to become brave

envanecer *irr como crecer* **I.** *vt* to make vain **II.** *vr:* ~**se** to become vain

envasar *vt* to package; (*en latas*) to tin *Brit,* to can *Am;* (*en botellas*) to bottle

envase *m* **1.** (*paquete*) package; (*recipiente*) container; (*botella*) bottle **2.** (*acción*) packing

envejecer *irr como crecer vt, vr:* ~**se**

to age

envenenar *vt* to poison

envergadura *f* (*importancia*) magnitude; (*alcance*) scope

envés *m* back

enviar <*1. pres:* envío> *vt* to send

envidia *f* envy; **dar ~ a alguien** to make sb envious; **tener ~ a alguien** to envy sb; **tener ~ de algo** to be jealous of sth

envidiar *vt* to envy

envío *m* sending; **~ a domicilio** home delivery; **gastos de ~** postage and packing *Brit,* shipping and handling *Am;* **~ contra reembolso** cash on delivery

enviudar *vi* to be widowed

envoltura *f* (*capa*) covering; (*embalaje*) wrapping

envolver *irr como* volver *vt* **1.** (*en papel, ropa*) to wrap; (*empaquetar*) to pack **2.** (*implicar*) to involve

enyesar *vt* to plaster

enzarzarse *vr* to get involved

epicentro *m* epicentre *Brit,* epicenter *Am*

épico, -a *adj* epic

epidemia *f* epidemic

epidermis *f inv* epidermis

epilepsia *f* epilepsy

epiléptico, -a *adj, m, f* epileptic

epílogo *m* epilogue *Brit,* epilog *Am*

episodio *m* episode

época *f* **1.** HIST epoch, age; **un invento que hizo ~** an epoch-making invention; **muebles de ~** antique furniture **2.** (*tiempo*) time; **~ de las lluvias** rainy season; **en aquella ~** at that time

equidad *f sin pl* fairness

equilibrar *vt, vr:* **~se** to balance

equilibrio *m* balance; **mantener/ perder el ~** to keep/loose one's balance

equilibrista *mf* tightrope artist

equipaje *m* baggage, luggage *Am;* **hacer el ~** to pack

equipar *vt* to equip; (*de ropa*) to fit out

equiparar *vt* **1.** (*igualar*) to put on the same level **2.** (*comparar*) to compare

equipo *m* **1.** (*grupo*) *t.* DEP team; (*turno*) shift; **el ~ de casa/de fuera** the home/visiting team **2.** (*utensilios*) equipment; **~ de alta fidelidad** hi-fi system

equis **I.** *adj inv* X; **~ euros** X number of euros **II.** *f inv* X, x

equitación *f sin pl* horseriding

equitativo, -a *adj* equitable

equivalente *adj, m* equivalent; **el ~ a diez días de trabajo** the equivalent of ten days' work

equivaler *irr como* valer *vi* to be equivalent; **la negativa equivaldría a la ruptura de las negociaciones** saying no would mean the breakdown of negotiations; **lo que equivale a decir que...** which is the same as saying that ...

equivocación *f* mistake; (*error*) error; (*malentendido*) misunderstanding; **por ~** by mistake

equivocado, -a *adj* wrong

equivocarse <c→qu> *vr* **~ (en** [*o* **de**] **algo**) to be wrong (about sth); **~ de camino** to take the wrong way; **~ al escribir/al hablar** to make a mistake (when) writing/speaking; **~ de número (de teléfono)** to dial the wrong number

equívoco *m* (*doble sentido*) ambiguity; (*malentendido*) misunderstanding

equívoco, -a *adj* (*con dos sentidos*) ambiguous; (*dudoso*) doubtful

era¹ *f* **1.** (*período*) era **2.** (*para trigo*) threshing floor

era² **3.** *imper de* ser

erario *m* revenue; **el ~ público** the public treasury

erección *f* erection

eres **2.** *pres de* ser

erguir *irr vt* (*levantar*) to raise; (*poner derecho*) to straighten; **con la cabeza erguida** with one's head held high

erigir <g→j> **I.** *vt* **1.** (*construir*) to build; **~ un andamio** to put up scaffolding **2.** (*fundar*) to establish **II.** *vr* **~se en algo** (*declararse*) to declare oneself to be sth; (*hacer de*) to act as sth

erizado, -a *adj* **1.** BOT prickly **2.** (*pelo*) on end

erizarse <z→c> *vr* to stand on end; **se me erizó el vello de tanto frío** it was so cold I had goose pimples

erizo *m* hedgehog

ermita *f* hermitage

ermitaño, -a *m, f* hermit

erosión *f t. fig* erosion

erosionar *vt t. fig* to erode

erótico, -a *adj* erotic

erotismo *m* eroticism, erotism

erradicar <c→qu> *vt* to eradicate

errar *irr* **I.** *vi* **1.** (*equivocarse*) to err; ~ **en algo** to make a mistake in sth; ~ **en el camino** to take the wrong road; ~ **en la respuesta** to give the wrong answer **2.** (*andar vagando*) to wander; **ir errando por las calles** to wander the streets **II.** *vt* to miss

errata *f* errata

erróneo, -a *adj* erroneous; **decisión errónea** wrong decision

error *m* **1.** (*falta, equivocación*) fault; ~ **de cálculo** miscalculation; ~ **de imprenta** misprint; ~ **de operación** INFOR operative error; ~ **ortográfico** spelling mistake; **estar en el** [*o* **un**] ~ to be wrong; **por** ~ by mistake **2.** FÍS, MAT (*diferencia*) error

eructar *vi* to belch; to burp

eructo *m* belch, burp

erudito, -a I. *adj* **1.** (*persona*) erudite **2.** (*obra*) scholarly; **conocimientos** ~**s** extensive knowledge **II.** *m, f* scholar; (*experto*) expert

erupción *f* **1.** GEO eruption **2.** MED rash

es *3. pres de* **ser**

esa(s) *adj, pron dem v.* **ese, -a**

ésa(s) *pron dem v.* **ése**

esbelto, -a *adj* slender

esbozo *m* **1.** (*dibujo*) sketch **2.** (*de un proyecto*) outline

escabeche *m* marinade; **atún en** ~ pickled tuna

escabroso, -a *adj* **1.** (*áspero*) rough; (*terreno*) uneven **2.** (*asunto*) thorny

escabullirse <3. pret: se escabulló> *vr* **1.** (*desaparecer*) to slip away; ~ (**por**) **entre la multitud** to slip away through the crowd **2.** (*escurrirse*) to slip through; **la trucha se me escabulló** (**de entre las manos**) the trout slipped through my fingers

escacharrar *vt* **1.** (*objeto*) to break **2.** (*proyecto*) to spoil; (*plan*) to wreck

escafandra *f* diving suit

escala *f* **1.** (*serie, proporción, de mapa, medida*) *t.* MÚS scale; **a** ~ to scale; **un mapa a** ~ **1:100.000** a map with a 1:100,000 scale; **en gran** ~ on a large scale; **a** ~ **mundial** on a world scale **2.** (*parada, puerto*) stop; AERO stopover; **hacer** ~ NÁUT to stop; AERO to land

escalafón *m* (*de cargos*) ranking; (*de sueldos*) salary scale

escalar *vi, vt* to climb; ~**on la habitación por la ventana** they got into the room through the window

escalera *f* **1.** (*escalones*) staircase, stairs; AERO stairway; ~ **abajo/arriba** downstairs/upstairs; ~ **mecánica** [*o* **automática**] escalator **2.** (*escala*) ladder; ~ **de cuerda** rope ladder; ~ **de incendios** fire escape; ~ **de mano** ladder; ~ **doble** [*o* **de tijera**] stepladder

escalfar *vt* to poach

escalinata *f* main staircase; (*fuera*) outside steps *pl*

escalofriante *adj* chilling; **película** ~ scary film *Brit*, scary movie *Am*

escalofrío *m* shiver; **al abrir la ventana sentí** ~**s** I felt a chill when I opened the window; **cierra la puerta, tengo** ~**s** close the door, I feel chilly; **el libro me produjo** ~**s** the book sent shivers down my spine

escalón *m* **1.** (*peldaño*) step; (*de una escala*) rung **2.** (*nivel*) step; **subir un** ~ to move up the ladder

escalope *m* escalope

escama *f t.* ZOOL, BOT scale; ~**s de jabón** soap flakes

escamar *vt* **1.** (*el pescado*) to scale **2.** *inf* (*inquietar*) to make suspicious

escamotear *vt* **1.** (*ilusionista*) to whisk out of sight **2.** (*robar*) to palm **3.** (*ocultar*) to cover up

escampar *vimpers* **espera hasta que escampe** wait until it clears

escanciar *vt* to pour

escandalizar <z→c> I. *vt* 1. (*indignar, impactar*) to scandalize 2. (*alborotar*) **escandalizaste la casa con tus gritos** you woke up the whole house with your shouting II. *vr* ~**se de** [*o por*] **algo** to be scandalized by sth

escándalo *m* 1. (*ruido*) uproar; **armar un** [*o* **dar el**] ~ to make a scene; **se armó un** ~ there was a terrible uproar 2. (*hecho*) scandal; **de** ~ scandalous; **causar** ~ to cause a scandal; **estos precios son un** ~ these prices are outrageous; **tu comportamiento es un** ~ your behaviour is a disgrace

escandaloso, -a *adj* 1. (*ruidoso*) noisy 2. (*inmoral, irritante*) scandalous; **precios** ~**s** outrageous prices

Escandinavia *f* Scandinavia

escandinavo, -a *adj, m, f* Scandinavian

escáner *m* scanner

escaño *m* 1. (*banco*) bench 2. POL seat

escapar I. *vi, vr:* ~**se** 1. (*de la cárcel, de un peligro*) to escape 2. (*deprisa, ocultamente*) to get away; ~ **de casa** to run away from home II. *vr:* ~**se** 1. (*agua, gas*) to leak 2. (*involuntariamente*) **se me ha escapado que te vas a casar** I let it slip that you were getting married; **se me ha escapado su nombre** I've forgotten your name; **se me ha escapado el autobús** I've missed the bus; **se me ha escapado la mano** my hand slipped; **se me escapó un suspiro** I let out a sigh 3. (*pasar inadvertido*) **no se te escapa ni una** you don't miss a thing

escaparate *m* shop window

escape *m* 1. (*de un gas, líquido*) leak 2. (*solución*) way out; **no había ningún** ~ **a la situación** there was no way out of the situation

escaquearse *vr inf* to skive off

escarabajo *m* beetle

escaramuza *f* skirmish

escarbar *vi, vt* 1. (*en la tierra*) ~ (**en**) **algo** to dig sth 2. (*escudriñar*) ~ (**en**)

algo to investigate sth; (*entremeterse*) to pry into sth

escarceo *m* ~ **amoroso** fling; ~**s políticos** political comings and goings; **sin** ~ without hesitation

escarcha *f* frost

escarlata *adj* scarlet

escarlatina *f* scarlet fever

escarmentar <e→ie> I. *vi* to learn one's lesson II. *vt* to teach a lesson; **quedar** [*o* **estar**] **escarmentado de algo** to learn one's lesson from sth

escarmiento *m* lesson; **me sirvió de** ~ it taught me a lesson

escarnio *m* scorn; **con** ~ scornfully

escarola *f* curly endive

escarpado, -a *adj* (*terreno*) rugged; (*montaña*) steep and craggy

escasear *vi* to be scarce

escasez *f* shortage

escaso, -a *adj* (*insuficiente*) insufficient, scant(y); (*tiempo*) little; **andar** ~ **de dinero** to be short of money; **estar** ~ **de tiempo** to be short of time; **tener escasas posibilidades de ganar** to have little chance of winning; **en dos horas escasas** in only two hours

escatimar *vt* to skimp; **no** ~ **gastos** not to skimp on costs; **no escatimó parte del dinero** he/she didn't give me some of the money

escayola *f* plaster

escayolar *vt* to put a plaster-cast on; **llevar el brazo escayolado** to have an arm in plaster

escena *f* 1. (*parte del teatro*) stage; **aparecer en** ~ to appear on stage; **poner en** ~ to stage; **puesta en** ~ staging; **salir a/de la** ~ to go on/off stage 2. (*de una obra, lugar, suceso, reproche*) scene

escenario *m* 1. (*parte del teatro*) stage 2. (*lugar, situación*) scene

escenografía *f* 1. (*decoración*) set design 2. (*decorados*) set

escepticismo *m sin pl* scepticism *Brit,* skepticism *Am*

escéptico, -a *adj, m, f* sceptic *Brit,* skeptic *Am*

escisión *f* split

esclarecer *irr como crecer vt* to clear

up; (*crimen, misterio*) to shed light upon

esclavitud *f* slavery

esclavizar <z→c> *vt* to enslave

esclavo, -a *adj, m, f* slave; **eres esclava de tu familia** you do everything your family wants; **eres (un) ~ del alcohol** you can't live without alcohol

esclusa *f* lock

escoba *f* broom, brush *Brit*; **no vender ni una ~** *inf* to be completely useless

escobilla *f* brush; (*de baño*) toilet brush

escocer *irr como cocer vi* to sting

escocés *m* (Scottish) Gaelic

escocés, -esa I. *adj* Scottish; **cuadros escoceses** tartan; **falda escocesa** kilt; (*para mujeres*) tartan skirt II. *m, f* Scot, Scotsman *m*, Scotswoman *f*

Escocia *f* Scotland

escoger <g→j> *vi, vt* to choose; **no has sabido ~** you've made the wrong choice

escogido, -a *adj* 1. *ser* (*selecto*) finest 2. *estar* (*elegido*) **estos plátanos están ya muy ~s** all the good bananas have gone

escolar I. *adj* academic; **curso ~** academic year II. *mf* schoolboy *m*, schoolgirl *f*

escollo *m* 1. (*peñasco*) rock 2. (*riesgo*) pitfall; (*obstáculo*) obstacle

escolta *f* escort

escoltar *vt* to escort

escombro(s) *m(pl)* rubble

esconder *vt, vr:* **~se** to hide

escondidas *adv* **a ~** secretly; **a ~ de alguien** behind sb's back

escondite *m* 1. (*juego*) hide and seek 2. (*lugar*) hiding place

escondrijo *m* hideout

escopeta *f* shotgun

escoria *f* 1. (*residuo*) slag 2. (*despreciable*) scum

Escorpio *m* Scorpio

escorpión *m* scorpion

Escorpión *m* Scorpio

escotado *m* neckline

escotado, -a *adj* with a low neckline

escote *m* 1. (*en el cuello*) neckline; **~**

en pico V-neck 2. (*busto*) bust 3. (*dinero*) share; **pagar a ~** to split the price; **pagaron la cena a ~** they went Dutch on the dinner bill

escotilla *f* hatchway

escozor *m* burning

escribano *m* court clerk

escribiente *mf* scribe

escribir *irr* I. *vi, vt* write; **escrito a mano** handwritten; **escrito a máquina** typewritten; **¿cómo se escribe tu nombre?** how do you spell your name? II. *vr:* **~se** to write (to each other)

escrito *m* (*carta*) letter; (*literario, científico*) text; **por ~** in writing

escrito, -a I. *pp de* escribir II. *adj* written

escritor(a) *m(f)* writer

escritorio *m* desk(top)

escritura *f* 1. (*acto*) writing 2. (*signos*) script 3. (*documento*) deed; **~ de propiedad** title deeds; **~ de seguro** insurance certificate; **las Sagradas Escrituras** the Holy Scriptures

escrúpulo *m* 1. (*duda*) scruple; **~s de conciencia** pangs of conscience; **ser una persona sin ~s** to be completely unscrupulous; **no tener ~s en hacer algo** to have no qualms about doing sth 2. (*asco*) disgust; **me da ~ beber de latas** I think it's disgusting to drink out of cans

escrupuloso, -a *adj* 1. (*meticuloso*) scrupulous 2. (*quisquilloso*) fussy

escrutar *vt* 1. (*mirar*) to scrutinize 2. (*recontar*) to count

escrutinio *m* 1. (*examen*) scrutiny 2. (*recuento*) count

escuadra *f* 1. (*para dibujar*) set square; **a ~** at right angles 2. MIL. squad; NÁUT, AERO squadron

escuadrilla *f* squadron

escuadrón *m* squadron

escuálido, -a *adj* scrawny

escualo *m* shark

escucha¹ *m* scout

escucha² *f* listening; **~ telefónica** telephone tapping

escuchar I. *vi* to listen II. *vt* to listen to; **~ una conversación telefónica**

to tap into a telephone conversation

escudarse *vr* ~ **en algo** to use sth as an excuse

escudilla *f* bowl

escudo *m* **1.** (*arma*) shield **2.** (*emblema*) ~ (**de armas**) coat of arms

escudriñar *vt* **1.** (*examinar*) to scrutinize **2.** (*mirar*) to scour

escuela *f* school; ~ **de párvulos** nursery school; ~ **superior técnica** polytechnic

escueto, -a *adj* **1.** (*sin adornos*) bare **2.** (*lenguaje*) concise

escuincle *m Méx, inf* baby, kid

esculpir *vt* **1.** (*modelar*) to sculpt; ~ **en madera** to carve in wood **2.** (*grabar*) to engrave

escultor(a) *m(f)* sculptor *m,* sculptress *f*

escultura *f* sculpture

escupidera *f* spittoon

escupir I. *vi* to spit **II.** *vt* to spit out; ~ **sangre** to spit blood

escupitajo *m* gob of spit

escurreplatos *m inv,* **escurridero** *m* plate rack

escurridizo, -a *adj* slippery

escurrir I. *vt* **1.** (*ropa*) to wring out; (*platos, verdura*) to drain **2.** (*una vasija*) to empty; ~ **la** (**botella de**) **cerveza** to empty the bottle of beer **II.** *vr:* ~**se 1.** (*resbalar*) to slip **2.** (*escaparse*) to slip out; **el pez se me escurrió de** (**entre**) **las manos** the fish slipped out of my hands **3.** (*desaparecer*) to slip away; ~**se** (**por**) **entre la gente** to slip away in the crowd **4.** (*gotear*) to drip

ese *f* S, s

ese, -a I. *adj* <esos, -as> that; **esas sillas están en el medio** those chairs are in the way **II.** *pron dem v.* **ése, ésa, eso**

ése, ésa, eso <ésos, -as> *pron dem* that, that one; **me lo ha dicho ésa** that girl told me; **¿por qué no vamos a otro bar?** – ~ **no me gusta** why don't we go to another bar? – I don't like that one; **llegaré a eso de las doce** I'll arrive at about twelve o'clock; **estaba trabajando, en eso** (**que**) **tocaron al timbre** I

was working when I heard the bell; **¡no me vengas con ésas!** come off it!; **eso mismo te acabo de decir** that's what I've just said; **aun con eso prefiero quedarme en casa** even so, I'd rather stay at home; **no es eso** it's not that; **por eso** (**mismo**) that's why; **¿y eso?** what do you mean?; **¿y eso qué?** so what?; **¡eso sí que no!** defintely not!; *v.t.* **ese, -a**

esencia *f* essence

esencial *adj* essential; (*fundamental*) fundamental; **lo** ~ the main thing

esfera *f* **1.** *t.* MAT sphere **2.** (*del reloj*) face, dial

esférico, -a *adj* spherical

esforzado, -a *adj* courageous

esforzarse *irr como forzar vr* (*moralmente*) to strive; (*físicamente*) to make an effort

esfuerzo *m* effort; **sin** ~ effortlessly; **me ha costado muchos** ~**s conseguirlo** it took me a lot of effort to manage it

esfumarse *vr* **1.** (*desaparecer*) to fade away; (*contornos*) to blur **2.** *inf* (*marcharse*) to beat it; **¡esfúmate!** beat it!

esgrima *f* fencing

esgrimir *vt* **1.** (*blandir*) to wield **2.** (*argumento*) to use

esguince *m* sprain; **hacerse un** ~ **en el tobillo** to sprain one's ankle

eslabón *m* link

eslalon *m* slalom

eslavo, -a *adj, m, f* Slav

eslogan *m* slogan

eslovaco, -a I. *adj* Slovakian **II.** *m, f* Slovak

Eslovaquia *f* Slovakia

Eslovenia *f* Slovenia

esloveno, -a *adj, m, f* Slovenian

esmaltar *vt* to enamel

esmalte *m* enamel; ~ (**de uñas**) nail polish

esmerado, -a *adj* **1.** (*persona*) painstaking **2.** (*obra*) professional

esmeralda *adj, f* emerald

esmerarse *vr* **1.** (*obrar con esmero*) to take pains; ~ **en la limpieza** to clean conscientiously **2.** (*esforzarse*)

~ **en algo** to make an effort with sth **3.** (*lucirse*) to make a good impression; **hoy te has esmerado en la comida** today's lunch was wonderful

esmero *m* care; **con** ~ with great care

esnob I. *adj* snobbish II. *mf* snob

esnobismo *m* snobbery

eso *pron dem v.* **ése**

esófago *m* oesophagus *Brit,* esophagus *Am*

esos *adj v.* **ese**

ésos *pron dem v.* **ése**

esotérico, -a *adj* esoteric

espabilado, -a *adj* smart

espachurrar I. *vt inf* to squash II. *vr:* ~**se** to get squashed

espacial *adj* space

espaciar *vt* to space out

espacio *m* **1.** (*área*) *t.* ASTR space; (*superficie*) area; (*trayecto*) distance; **a doble** ~ double-spaced **2.** (*que ocupa un cuerpo*) room, space **3.** (*de tiempo*) period; **en el** ~ **de dos meses** in a period of two months; **por** ~ **de tres horas** for a three hour period **4.** TV programme *Brit,* program *Am;* ~ **informativo** news bulletin; ~ **publicitario** advertising spot

espacioso, -a *adj* spacious, roomy

espada[1] *m* bullfighter

espada[2] *f* **1.** (*arma*) sword; **estar entre la** ~ **y la pared** to be between the devil and the deep blue sea; **el despido era mi** ~ **de Damocles** the possibility of losing my job hung over me like a sword of Damocles **2.** (*naipes*) spade

espagueti(s) *m/pl* spaghetti; ~**s a la boloñesa** spaghetti bolognese

espalda *f* **1.** (*parte posterior*) back; **ancho de** ~**s** broad-shouldered; **atacar por la** ~ to attack from the rear; **estar a** ~**s de alguien** to be behind sb; **estar de** ~**s a la pared** to have one's back to the wall; **hablar a** ~**s de alguien** to talk behind sb's back; **volver la** ~ **a alguien** *t. fig* to turn one's back on sb; **la responsabilidad recae sobre mis** ~**s** the re-

sponsibility is on my shoulders **2.** DEP backstroke

espaldilla *f* **1.** (*de una res*) shoulder **2.** ANAT shoulder blade

espanglis *m* Spanglish

espantadizo, -a *adj* jittery

espantajo *m,* **espantapájaros** *m inv* scarecrow

espantar *vt* **1.** (*dar miedo*) to frighten **2.** (*ahuyentar*) to frighten off

espanto *m* **1.** (*miedo*) fright; **¡qué** ~**!** how awful!; **hace un calor de** ~ it's terribly hot; **los precios son de** ~ prices are outrageous **2.** (*terror*) horror

espantoso, -a *adj* **1.** (*horroroso*) horrible **2.** (*feo*) hideous

España *f* Spain

?	**España** (official title: **Reino de España**) is a constitutional monarchy with a two-chamber system. The king, **Juan Carlos I**, was appointed Head of State on 22.11.1975. The successor to the throne is Crown Prince **Felipe de Asturias**. The official language of the country is Spanish. Since 1978, **el gallego** (Galician), **el catalán** (Catalan) and **el euskera/el vasco** (Basque) have also been recognised as national languages.

español *m* Spanish; **clases de** ~ Spanish classes; **aprender** ~ to learn Spanish; **traducir al** ~ to translate into Spanish

español(a) I. *adj* Spanish; **a la** ~**a** Spanish-style II. *m(f)* Spaniard

esparadrapo *m* adhesive tape

esparcimiento *m* fun

esparcir <c→z> I. *vt* **1.** (*cosas*) to spread (out) **2.** (*noticia*) to spread II. *vr:* ~**se 1.** (*cosas*) to spread (out) **2.** (*noticias*) to spread **3.** (*distraerse*) to relax; **¿qué haces para** ~**te?** what do you do for fun?

espárrago *m* asparagus; **estar**

hecho un ~ *fig* to be as thin as a rake; **¡vete a freír ~s!** *inf* get lost!

esparto *m* esparto

espasmo *m* spasm

espátula *f* **1.** TÉC trowel; (*manualidades*) palette knife **2.** MED spatula

especia *f* spice

especial *adj* **1.** (*no habitual*) special; **en** ~ in particular; **¿qué has hecho hoy? – nada en** ~ what did you do today? – nothing special; **no pensaba en nada en** ~ I wasn't thinking of anything in particular; **él es para mí alguien muy** ~ he means a lot to me **2.** (*raro*) peculiar

especialidad *f* **1.** (*de un restaurante, una empresa*) speciality *Brit*, specialty *Am* **2.** (*rama*) field; DEP speciality *Brit*, specialty *Am*

especialista *mf* specialist

especializarse <z→c> *vr* to specialize; **personal especializado** skilled staff

especialmente *adv* (*específicamente*) specially; (*particularmente, sobre todo*) especially

especie *f* **1.** BOT, ZOOL species *inv*; **la** ~ **animal** animals *pl* **2.** (*clase*) kind; **ese es una** ~ **de cantante** he's a kind of singer; **gente de todas las** ~s all kinds of people **3.** COM **pagar en** ~s to pay in kind

especificar <c→qu> *vt* to specify

específico, -a *adj* specific

espécimen *m* <especímenes> specimen

espectáculo *m* **1.** TEAT show; ~ **de circo** circus; ~ **deportivo** sporting event **2.** *inf* (*escándalo*) **dar el** [*o* **un**] ~ to make a spectacle

espectador(a) *m(f)* spectator

espectro *m* **1.** (*fantasma*) phantom, spectre *Brit*, specter *Am* **2.** FÍS spectrum

especulación *f* speculation

especular *vi* to speculate; ~ **en la Bolsa** to speculate on the stock market

espejismo *m* mirage

espejo *m* mirror; ~ **retrovisor** car mirror, rear-view mirror; **mirarse al** ~ to look at oneself in the mirror

espeluznante *adj* horrific

espera *f* wait; **lista de** ~ waiting list; **no tener** ~ to be urgent; **sin** ~ immediate; **en** ~ **de su respuesta** looking forward to hearing from you; **en** ~ **de tu carta, te mando el paquete** I'm sending you the parcel and look forward to hearing from you; **tuvimos dos horas de** ~ we had a two-hour wait; **estoy a la** ~ **de recibir la beca** I'm waiting to hear about the grant; **esta** ~ **me saca de quicio** this waiting around is really getting to me

esperanza *f* hope; ~ **de vida** life expectancy; **estar en estado de buena** ~ to be pregnant; **poner las** ~s **en algo** to put one's hopes into sth; **no tener** ~s to have no hope; **veo el futuro con** ~ I'm hopeful about the future

esperanzar <z→c> **I.** *vt* to give hope to **II.** *vr*~**se en algo** to become hopeful about sth

esperar I. *vi* (*aguardar*) to wait; **hacerse** ~ to keep people waiting; **es de** ~ **que** +*subj* it is to be expected that; **¿a qué esperas?** what are you waiting for?; **espera, que no lo encuentro** hold on, I can't find it; **ganaron la copa tan esperada** they won the long-awaited cup **II.** *vt* **1.** (*aguardar*) to wait for; **hacer** ~ **a alguien** to keep sb waiting; **la respuesta no se hizo** ~ the answer was not long in coming; **te espero mañana a las nueve** I'll be waiting for you tomorrow at nine o'clock; **me van a** ~ **al aeropuerto** they're meeting me at the airport; **nos esperan malos tiempos** there are bad times in store for us; **espero su decisión con impaciencia** (*final de carta*) I'm looking forward to hearing from you; **te espera una prueba dura** a hard test awaits you **2.** (*un bebé, recibir, pensar*) to expect; **ya me lo esperaba** I expected it **3.** (*confiar*) to hope; **esperando recibir noticias tuyas...** looking forward to hearing from you ...; **espero que sí** I hope so; **espero que**

nos veamos pronto I hope to see you soon

esperma *m* sperm

espermatozoide *m* spermatozoid

espesar *vt* to thicken

espeso, -a *adj* thick

espesor *m* thickness; (*nieve*) depth

espía *mf* spy

espiga *f* ear; **dibujo de ~** herringbone

espina *f* **1.** (*de pescado*) bone **2.** BOT thorn **3.** ANAT **~ (dorsal)** spine **4.** *fig, inf* **esto me da mala ~** I don't like the look of this

espinaca *f* spinach

espinazo *m* spinal column

espinilla *f* **1.** ANAT shin **2.** (*grano*) blackhead

espino *m* **1.** BOT **~ (albar)** hawthorn **2.** TÉC **alambre de ~** barbed wire

espinoso, -a *adj* **1.** (*planta*) thorny; (*pescado*) bony **2.** (*problema*) tricky

espionaje *m* espionage

espiral *adj, f* spiral

espirar *vi* to exhale

espiritista *adj* spiritualist

espíritu *m* spirit; (*alma*) soul; (*inteligencia*) mind; (*idea principal*) essence, nature; **~ de contradicción** contrariness; **~ deportivo** sportsmanship; **~ emprendedor** hard-working nature; **el Espíritu Santo** the Holy Spirit; **levantar el ~ a alguien** to lift sb's spirits

espiritual *adj* spiritual

espita *f* tap *Brit*, faucet *Am*

espléndido, -a *adj* **1.** (*generoso*) generous **2.** (*magnífico*) splendid; (*ocasión*) excellent

esplendor *m* splendour *Brit*, splendor *Am*

espolear *vt* **1.** (*al caballo*) to spur **2.** (*a alguien*) to spur on

espoleta *f* fuse

espolvorear *vt* to sprinkle

esponja *f* sponge; **beber como una ~** *inf* to drink like a fish; **¡pasemos la ~!** *inf* let's forget about it!

esponjoso, -a *adj* (*masa*) fluffy; (*pan*) light

espontaneidad *f* spontaneity

espontáneo, -a *adj* spontaneous

esporádico, -a *adj* sporadic

esposar *vt* to handcuff

esposas *fpl* handcuffs *pl;* **colocar las ~ a alguien** to handcuff sb

esposo, -a *m, f* spouse; (*marido*) husband; (*mujer*) wife; **los ~s** the bride and groom

espray *m* spray; **~ desodorante** deodorant spray

espuela *f* **1.** (*de caballo*) spur; **poner las ~s a alguien** to spur sb on **2.** *inf* (*la última copa*) **tomar la ~** to have one for the road

espuma *f* (*burbujas*) foam; (*de jabón*) lather; (*de cerveza*) head; **~ de afeitar** shaving foam

espumadera *f* skimmer

espumoso, -a *adj* foamy; **vino ~** sparkling wine

esqueje *m* cutting

esquela *f* **1.** (*nota*) notice of death **2.** (*necrológica*) **~ (mortuoria)** obituary notice

esquelético, -a *adj* scrawny

esqueleto *m* **1.** ANAT skeleton; **mover el ~** *inf* to dance **2.** (*de un avión, barco*) shell; (*de un edificio*) framework

esquema *m* **1.** (*gráfico*) sketch; **en ~** in rough **2.** (*resumen*) outline

esquemático, -a *adj* schematic

esquí *m* **1.** (*patín*) ski; **~ de fondo** cross-county ski **2.** (*deporte*) skiing; **~ acuático** water-skiing

esquiar <*l. pres:* **esquío**> *vi* to ski

esquilar *vt* to shear

esquimal *adj, mf* Eskimo; **perro ~** husky

esquina *f* corner; **casa que hace ~** house on the corner; **a la vuelta de la ~** around the corner; **doblar la ~** to turn the corner; **hacer un saque de ~** to take a corner

esquinazo *m* *inf* corner; **dar ~ a alguien** (*dejar plantado*) to stand sb up; (*rehuir*) to avoid sb

esquirol *mf* scab, blackleg

esquivar *vt* **1.** (*golpe*) to dodge **2.** (*problema*) to shirk; (*a alguien*) to avoid

esquivo, -a *adj* (*huidizo*) evasive; (*arisco*) aloof

esta *adj v.* **este, -a**

ésta *pron dem v.* **éste**

estabilidad *f* stability

estabilizar <z→c> *vt, vr:* ~**se** to stabilize

estable *adj* stable; (*trabajo*) steady

establecer *irr como crecer* **I.** *vi* to **II.** *vt* **1.** (*fundar*) to establish; (*grupo de trabajo*) to set up; (*sucursal, tienda*) to open; (*principio, récord*) to set; (*orden, escuela*) to found **2.** (*colocar*) to place; (*campamento*) to set up; (*conexión*) to establish **III.** *vr* ~**se de algo** to set oneself up as sth

establecimiento *m* establishment; (*de un grupo de trabajo*) setting-up; (*de una sucursal*) opening; (*de un principio, récord*) setting; (*del orden, de una escuela*) founding

establo *m* stable, barn

estaca *f* (*palo*) post; (*para una tienda*) peg; (*garrote*) stick

estacada *f* fence; **dejar a alguien en la** ~ to leave sb in the lurch; **quedarse en la** ~ to be left in the lurch

estación *f* **1.** (*año, temporada*) season; ~ **de las lluvias** rainy season **2.** (*centro*) *t.* RADIO, TV, FERRO station; (*parada*) stop; ~ **de autobuses** bus station; ~ **de destino** destination; ~ **meteorológica** weather station; ~ **de servicio** service station

estacionamiento *m* **1.** AUTO parking **2.** MIL positioning

estacionar *vt* **1.** AUTO to park **2.** MIL to position

estacionario, -a *adj* stable

estadio *m* **1.** DEP stadium **2.** MED stage

estadística *f* statistics *pl*

estado *m* **1.** (*condición*) condition; (*situación*) state; ~ **civil** marital status; ~ **de las cosas** (*general*) state of affairs; ~ **financiero** financial situation; **estar en** ~ (**de buena esperanza**) to be pregnant **2.** POL state; ~ **totalitario** police state **3.** FIN ~ **de cuentas** balance statement

Estados Unidos *mpl* United States *pl* of America

estadounidense *adj, mf* of/from the United States, American

estafa *f* swindle

estafar *vt* to swindle; **la cajera me ha estafado el cambio** the checkout assistant has shortchanged me

estafeta *f* sub-post office *Brit,* branch post office *Am*

estallar *vi* **1.** (*globo, neumático*) to burst; (*bomba*) to explode, to go off; (*cristales*) to shatter; (*látigo*) to crack; **estalló una ovación** applause broke out; **me estalla la cabeza** I have a splitting headache **2.** (*revolución, guerra, incendio*) to break out; (*tormenta*) to break **3.** (*persona*) ~ **en carcajadas** to burst out laughing; ~ **en llanto** to burst into tears; **estaba enfadado y al final estalló** he was angry and he finally snapped

estallido *m* **1.** (*ruido*) explosion; (*de un globo*) bursting **2.** (*de una revolución, guerra*) outbreak

Estambul *m* Istanbul

estampa *f* **1.** (*dibujo*) illustration; ~ **de la Virgen** image of the Virgin Mary **2.** (*aspecto*) appearance; **un caballo de magnífica** ~ a splendid-looking horse; **tienes mala** ~ you look terrible **3.** (*image*) **ser la viva** ~ **de la pobreza** to be the incarnation of poverty; **ser la viva** ~ **de su padre** *inf* to be the spitting image of one's father

estampado *m* **1.** (*tejido*) print; **no me gusta este** ~ I don't like this design **2.** (*metal*) engraving

estampado, -a *adj* printed

estampar *vt* to print; (*con relieve*) to stamp; **se me quedó estampado en la cabeza** *fig* it imprinted itself on my memory

estampida *f* stampede

estampido *m* bang; **dar un** ~ to bang

estampilla *f* rubber stamp; *AmL* (*de correos*) stamp

estancar <c→qu> **I.** *vt* **1.** (*un río*) to stagnate; **aguas estancadas** stagnant water **2.** (*mercancía*) to monopolize **3.** (*proceso*) to hold up **II.** *vr:* ~**se** to stagnate

estancia *f* **1.** (*permanencia*) stay

2. (*habitación*) room **3.** *AmL* (*hacienda*) estate

estanciero, -a *m, f CSur, Col, Ven* farmer

estanco *m* tobacconist's (*also selling stamps*)

estanco, -a *adj* watertight

estándar *adj, m* standard

estandarizar <z→c> *vt* to standardize

estandarte *m* banner

estanque *m* pool, pond; (*para el riego*) tank

estanquero, -a *m, f* tobacconist

estante *m* shelf

estantería *f* shelves *pl*; (*para libros*) bookcase

estaño *m* tin; ~ (**para soldar**) solder

estar *irr* **I.** *vi* **1.** (*hallarse*) to be; (*un objeto: derecho*) to stand; (*tumbado*) to lie; (*colgando*) to hang; **Valencia está en la costa** Valencia is on the coast; **¿está Pepe?** is Pepe there?; **ya lo hago yo, para eso estoy** I'll do it, that's why I'm here; **¿está la comida?** is lunch ready? **2.** (*sentirse*) to be; **¿cómo estás?** how are you?; **ya estoy mejor** I'm better **3.** (+ *adjetivo, participio*) to be; ~ **cansado/sentado** to be tired/ sitting; **está visto que...** it is obvious that ... **4.** (+ *bien, mal*) ~ **mal de azúcar** to be running out of sugar; ~ **mal de la cabeza** to be off one's head; ~ **mal de dinero** to be short of money; **eso te está bien empleado** *inf* it serves you right; **esa blusa te está bien** that blouse suits you **5.** (+ *a*) ~ **al caer** (*persona*) to be about to arrive; (*suceso*) to be about to happen; **están al caer las diez** it's almost ten o'clock; ~ **al día** to be up to date; **¿a qué estamos?** what day is it?; **estamos a uno de enero** it's the first of January; **las peras están a 2 euros el kilo** pears cost 2 euros a kilo; **las acciones están a 12 euros** the shares are at 12 euros; **Sevilla está a 40 grados** it is 40 degrees in Seville; **el termómetro está a diez grados** the thermometer shows ten degrees;

están uno a uno they're drawing one-all; **estoy a lo que decida la asamblea** I will follow whatever the assembly decides **6.** (+ *con*) to be; **en la casa estoy con dos más** I share the house with two others; **estoy contigo en este punto** I agree with you on that point **7.** (+ *de*) to be; ~ **de broma** to be joking; ~ **de mal humor** to be in a bad mood; ~ **de pie** to be standing; ~ **de secretario** to be working as a secretary; ~ **de viaje** to be travelling; **en esta reunión estoy de más** I'm not needed in this meeting; **esto que has dicho estaba de más** there's no call for what you've just said **8.** (+ *en*) **el problema está en el dinero** the problem is the money; **yo estoy en que él no dice la verdad** I believe he's not telling the truth; **no estaba en sí cuando lo hizo** he/she wasn't in control of himself/herself when he/she did it; **siempre estás en todo** you don't miss a thing **9.** (+ *para*) ~ **para morir** to feel like dying; **hoy no estoy para bromas** today I'm in no mood for jokes; **el tren está para salir** the train is about to leave **10.** (+ *por*) **estoy por llamarle** I think we should call him/ her; **eso está por ver** we don't know that yet; **la historia de esta ciudad está por escribir** the history of this city has not been written yet; **este partido está por la democracia** this party believes in democracy **11.** (+ *gerundio*) to be; **¿qué estás haciendo?** what are you doing; **¡lo estaba viendo venir!** I saw it coming! **12.** (+ *que*) **estoy que no me tengo** I can hardly stand up I'm so tired; **está que trina** he/ she's furious **13.** (+ *sobre*) **estáte sobre este asunto** look after this matter; **siempre tengo que ~ sobre mi hijo para que coma** I always have to force my son to eat **14.** (*entendido*) **a las 10 en casa, ¿estamos?** 10 o'clock at home, OK? **II.** *vr:* ~**se** to be; (*permanecer*) to stay; ~**se de charla** to be chatting;

te puedes ~ con nosotros you can stay with us; me estuve con ellos toda la tarde I spent the whole afternoon with them; ¡estáte quieto! keep still; ¡estáte callado! shut up!

estárter *m* choke

estatal *adj* state

estático, -a *adj* static

estatua *f* statue

estatura *f* stature; (*altura*) height; ¿qué ~ tienes? how tall are you?; hombre de ~ pequeña short man

estatus *m inv* status

estatuto *m* statute

este *m* east; el ~ de España eastern Spain; en el ~ de Inglaterra in the east of England; al ~ de east of

este, -a I. *adj* <estos, -as> this; ~ perro es mío this dog is mine; esta casa es nuestra this house is ours; estos guantes son míos these gloves are mine II. *pron dem v.* éste, ésta, esto

éste, ésta, esto <éstos, -as> *pron dem* him, her, this; (a) éstos no los he visto nunca I've never seen them; ~ se cree muy importante this guy thinks he's very important; antes yo también tenía una camisa como ésta I used to have a shirt like this before, too; (*estando*) en esto [*o* en éstas], llamaron a la puerta and then, someone called at the door; ¡ésta sí que es buena! that's a good one!; *v.t.* este, -a

estela *f* NÁUT wake; AERO slipstream, vapour [*o* vapor *Am*] trail

estelar *adj* stellar

estenografía *f* shorthand

estepa *f* steppe

estera *f* matting

estéreo, -a, *m* stereo

estereotipo *m* stereotype

estéril *adj* sterile; (*mujer*) infertile; (*tierra*) barren

esterilizar <z→c> *vt* to sterilize

esterlina *adj* libra ~ pound sterling

estética *f* aesthetics *Brit,* esthetics *Am*

estético, -a *adj* aesthetic *Brit,* esthetic *Am;* cirugía estética plastic

surgery; no ~ unaesthetic *Brit,* unesthetic *Am*

estiércol *m* manure

estigma *m* stigma; (*en el cuerpo*) mark

estilarse *vr* to be in fashion

estilo *m* style; ~ (de) pecho breaststroke; ~ de vida lifestyle; ~ directo/indirecto direct/indirect speech; ~ libre freestyle; al ~ de in the style of; algo por el ~ something similar; ¿estás mal?, pues yo estoy por el ~ are you not feeling well? neither am I; ya me habían dicho algo por el ~ I'd already been told something like that

estima *f* esteem; tener a alguien en mucha ~ to hold sb in high esteem

estimación *f* 1.(*aprecio*) esteem 2.(*evaluación*) estimate

estimado, -a *adj* respected; ~ Señor Dear Sir

estimar *vt* 1.(*apreciar*) to appppreciate; ~ a alguien poco not to think much of sb; ~ en demasía to overrate 2.(*tasar*) to estimate; ~ algo en algo to value sth at sth 3.(*considerar*) to judge

estimulante *m* stimulant

estimular *vt* 1.(*excitar*) to stimulate; (*en la sexualidad*) to excite, to turn on *inf* 2.(*animar*) to encourage; ECON to stimulate

estímulo *m* stimulus

estío *m elev* summer

estipulación *f* agreement; JUR stipulation

estipular *vt* to stipulate; (*fijar*) to fix

estirado, -a *adj* (*adusto*) severe; (*engreído*) haughty, snooty *inf*

estirar I. *vi* to stretch; no estires más que se rompe la cuerda if you stretch it any more the rope will break II. *vt* 1.(*extender, alargar*) to stretch; (*suma*) to spin out; (*discurso*) to draw out; ~ el bolsillo to spin out one's resources 2.(*alisar*) to smoothe; ~ la cama to make the bed; ~ la masa to roll out the dough 3.(*tensar*) to tighten 4.(*piernas, brazos*) to stretch out; ~ el cuello to crane (one's neck); ~ demasiado un

músculo to overstretch a muscle; **voy a salir a ~ un poco las piernas** I'm going to stretch my legs a little; **~ la pata** *inf* to kick the bucket *inf* **III.** *vr:* **~se** to stretch; (*crecer*) to shoot up

estirón *m* **1.** (*tirón*) pull **2.** (*crecimiento*) **dar un ~** *inf* to shoot up

estirpe *f* stock

estival *adj* summer

esto *pron dem v.* **éste**

Estocolmo *m* Stockholm

estofa *f pey* class

estofado *m* (meat) stew

estofar *vt* to stew

estómago *m* stomach; **tener buen ~** *fig* to be tough

Estonia *f* Estonia

estonio, -a *adj, m, f* Estonian

estorbar I. *vi* **1.** (*obstaculizar*) to get in the way **2.** (*molestar*) to be annoying **II.** *vt* **1.** (*impedir*) to stop; (*obstaculizar*) to hinder **2.** (*molestar*) to bother

estorbo *m* **1.** (*molestia*) nuisance **2.** (*obstáculo*) obstacle

estornudar *vi* to sneeze

estornudo *m* sneeze

estos *adj v.* **este, -a**

estrado *m* dais

estrafalario, -a *adj inf* (*extravagante*) outlandish; (*ridículo*) preposterous

estrago *m* damage; **hacer grandes ~s en la población civil** to wreak havoc upon the civil population

estragón *m* tarragon

estrambótico, -a *adj* eccentric

estrangulador *m ~* (**de aire**) choke

estrangulador(a) *m(f)* strangler

estrangulamiento *m* **1.** (*de una persona*) strangulation **2.** (*estorbo*) blockage

estrangular *vt* **1.** (*asesinar*) to strangle **2.** MED to strangulate

estraperlo *m* black market; **adquirir algo de ~** to buy sth on the black market

Estrasburgo *m* Strasbourg

estratagema *m* **1.** (*artimaña*) ploy **2.** MIL strategy

estrategia *f* strategy

estratégico, -a *adj* strategic

estrato *m* stratum

estrechar I. *vt* **1.** (*angostar*) to narrow; (*ropa*) to take in **2.** (*abrazar*) to hug; (*la mano*) to shake **II.** *vr:* **~se** **1.** (*camino*) to become narrower **2.** *inf* (*en un asiento*) to squeeze in

estrechez *f* narrrowness

estrecho *m* GEO strait

estrecho, -a *adj* **1.** (*angosto*) narrow **2.** (*amistad*) close **3.** (*ropa, lugar*) tight

estrella *f* **1.** ASTR, CINE star; **~ fugaz** shooting star; **haber nacido con buena ~** to have been born under a lucky star; **poner a alguien por las ~s** to praise sb to the skies; **tener buena/mala ~** to be lucky/unlucky; **ver las ~s** (**de dolor**) to see stars **2.** TIPO asterisk **3.** ZOOL **~ de mar** starfish

estrellado, -a *adj* **1.** (*esteliforme*) star-shaped **2.** (*noche, cielo*) starry

estrellar I. *adj* star **II.** *vt* (*romper*) to smash; (*arrojar*) to hurl **III.** *vr* **~se contra** [*o* **en**] **algo** to crash into sth

estremecer *irr como crecer* **I.** *vt* **1.** (*conmover*) to move **2.** (*hacer tiritar*) to make tremble **II.** *vr:* **~se** **1.** (*suceso, susto*) to be shocked **2.** (*temblar*) to shiver

estremecimiento *m* **1.** (*emoción*) shock **2.** (*de frío, miedo*) shivering

estrenar I. *vt* **1.** (*usar*) to use for the first time; (*ropa*) to wear for the first time; (*edificio*) to inaugurate; **~ un piso** to move into a new flat; **sin ~** brand new **2.** CINE, TEAT to première **II.** *vr:* **~se** **1.** (*carrera artística*) to make one's debut; (*trabajo*) to start work **2.** CINE, TEAT to be premièred

estreno *m* **1.** (*uso*) first use; (*de un edificio*) opening; (*de un actor, músico*) debut; (*de una obra*) première

estreñido, -a *adj* constipated

estreñimiento *m* constipation

estreñir *irr como ceñir* *vt* to constipate; **~ a alguien** to give sb constipation

estrépito *m* **1.** (*ruido*) din **2.** (*ostentación*) fanfare; **con gran ~** ostentatiously

estrepitoso, -a *adj* (*sonido*) loud; (*fracaso*) spectacular

estrés *m* stress; **producir ~** to be stressful

estría *f* groove; (*en la piel*) stretch-mark

estribación *f* foothills *pl*

estribar *vi* to lie

estribillo *m* MÚS chorus; LIT refrain

estribo *m* **1.** (*de jinete*) stirrup; **perder los ~s** *fig* to fly off the handle **2.** (*del coche*) running board; (*de moto*) footrest

estribor *m* starboard

estricnina *f* strychnine

estricto, -a *adj* strict

estridente *adj* shrill; (*vestir*) loud

estrofa *f* (*de poema*) stanza; (*de canción*) verse

estropajo *m* scourer; **poner a alguien como un ~** *inf* to lay into sb

estropear I. *vt* to spoil; (*romper*) to break; (*arruinar*) to ruin; **desde la muerte de su mujer está muy estropeado** since his wife died he looks terrible; **está muy estropeado por la enfermedad** the disease has had a very bad effect on him **II.** *vr*: **~se** (*averiarse*) to break down; (*romperse*) to break; (*comida*) to go off; (*planes*) to be spoilt

estructura *f* structure

estruendo *m* **1.** (*ruido*) din **2.** (*alboroto*) uproar

estrujar I. *vt* to squeeze; (*machacar*) to crush; (*papel*) to crumple up **II.** *vr* **~se los sesos** *inf* to rack one's brains

estuche *m* case; **~ de joyas** jewel box

estudiante *mf* **1.** (*de universidad*) student; **~ de ciencias** science student **2.** (*de escuela*) pupil

estudiantil *adj* student

estudiar *vi, vt* to study; **~ para médico** to study to be a doctor; **dejar de ~** to drop out

estudio *m* **1.** (*trabajo intelectual*) studying; **dedicarse tres horas todos los días al ~** to devote three hours every day to studying **2.** (*obra, investigación*) study; **estar en ~** to be under study **3.** ARTE, TV studio; **~ cinematográfico/radiofónico** cinema/radio studio **4.** (*piso*) bedsit **5.** *pl* (*carrera*) studies *pl;* **cursar ~s** to study; **tener ~s** to have studied; **no se me dan bien los ~s** I'm not good at studying

estudioso, -a *adj* studious

estufa *f* heater

estupefaciente *m* MED narcotic; (*droga*) drug

estupefacto, -a *adj* amazed

estupendo, -a *adj* fantastic

estupidez *f* stupidity

estúpido, -a I. *adj* stupid **II.** *m, f* idiot

estupor *m* amazement

estupro *m* rape (*of a minor*)

esvástica *f* swastika

ETA *abr de* **Euzkadi Ta Askatasuna** ETA (*radical Basque separatist movement*)

etapa *f* (*fase*) stage; (*época*) phase; **por ~s** in stages

etarra I. *adj* **un comando ~** an ETA cell **II.** *mf* ETA member

etc. *abr de* **etcétera** etc.

etcétera etcetera

eternidad *f* eternity

eternizarse <z→c> *vr* to take ages

eterno, -a *adj* eternal; (*discurso*) long-winded

ética *f* ethics; **~ profesional** professional code of conduct

ético, -a *adj* ethical

etíope *adj, mf* Ethiopian

Etiopía *f* Ethiopia

etiqueta *f* **1.** (*rótulo*) label; **~ del precio** price tag **2.** (*convenciones*) etiquette; **~ de la red** netiquette; **de ~** formal; **ir de ~** *inf* to be dressed up

etnia *f* (*pueblo*) ethnic group

étnico, -a *adj* ethnic

eucaristía *f* Eucharist

eufemismo *m* euphemism

euforia *f* euphoria

eunuco *m* eunuch

Eurasia *f* Eurasia

euro *m* euro

eurodiputado, -a *m, f* member of the European Parliament, MEP

Ee

euroescéptico, **-a** *m*, *f* eurosceptic

Europa *f* Europe

europarlamentario, **-a** *m*, *f* member of the European Parliament, MEP

europeidad *f* Europeanness

europeísmo *m* *sin pl* Europeanism

europeísta *adj*, *mf* pro-European

europeizar *irr como enraizar* *vt* to Europeanize

europeo, **-a** *adj*, *m*, *f* European

eurotúnel *m* Channel tunnel

Euskadi *m* Basque Country

euskera *adj*, **eusquera** *adj* Basque

eutanasia *f* euthanasia

evacuación *f* evacuation

evacuar *vt* to evacuate

evadir I. *vt* to avoid II. *vr:* ~se to get away

evaluación *f* assessment

evaluar <1. *pres:* evalúo> *vt* to assess

evangélico, **-a** I. *adj* evangelical II. *m*, *f* evangelist

evangelio *m* Gospel

evaporar *vt*, *vr:* ~se to evaporate

evasión *f* evasion; (*fuga*) escape; **lectura de** ~ escapist literature

evasiva *f* 1. (*rodeo*) evasions *pl;* **dar** ~s to hedge 2. (*pretexto*) excuse

evasivo, **-a** *adj* evasive; (*ambiguo*) ambiguous, non-committal

evento *m* event; **a todo** ~ in any event

eventual *adj* (*posible*) possible; (*provisional*) temporary; **trabajo** ~ casual job

evidencia *f* (*certidumbre*) evidence; **poner algo en** ~ (*probar*) to prove sth; (*hacer claro*) to make sth clear; **poner a alguien en** ~ to make sb look bad

evidenciar *vt* to show

evidente *adj* evident

evitar *vt* to avoid; (*prevenir*) to prevent

evocar <c→qu> *vt* (*traer a la memoria*) to evoke; (*tener en la memoria*) to remember; **tu presencia evocó en mí el recuerdo de tu madre** your being there made me remember your mother

evolución *f* 1. (*desarrollo*) development; (*progreso*) progress; (*cambio*) transformation 2. BIO evolution

evolucionar *vi* 1. (*desarrollarse*) to develop; (*avanzar*) to progress; (*cambiar*) to transform 2. BIO to evolve

ex I. *adj* ~ **novia** ex-girlfriend II. *mf* *inf* ex

exacerbar *vt* to aggravate

exactitud *f* 1. (*precisión*) accuracy 2. (*veracidad*) exactitude 3. (*puntualidad*) punctuality

exacto, **-a** *adj* 1. (*con precisión*) accurate; (*al copiar*) faithful 2. (*correcto*) correct; **eso no es del todo** ~ that's not exactly true 3. (*puntual*) punctual

exageración *f* exaggeration

exagerar *vi*, *vt* to exaggerate; **pienso que ese paso sería** ~ I think such a step would be going too far

exaltado, **-a** *adj* (*sobreexcitado*) over-excited; (*apasionado*) passionate

exaltar I. *vt* to exalt II. *vr* ~**se** (**con algo**) to become excited (about sth)

examen *m* examination; ~ **de conductor** driving test; ~ **de ingreso** entrance exam; ~ **de selectividad** *Spanish university entrance exam;* **presentarse a un** ~ to sit for an exam; **someterse a un** ~ (**médico**) to have a check-up

examinar I. *vt* to examine; TÉC, AUTO to inspect II. *vr:* ~**se** to sit an exam; **mañana me examino de francés** tomorrow I've got my French exam; **volver a** ~**se** to resit an exam

excavadora *f* excavator

excavar *vt* to excavate

excedencia *f* (*laboral*) leave

excedente *adj*, *m* surplus

exceder I. *vi* to be greater; ~ **de algo** to exceed sth II. *vt* (*aventajar: persona*) to outdo; (*cosa*) to be better than III. *vr:* ~**se** 1. (*sobrepasar*) ~**se** (**a sí mismo**) to excel oneself 2. (*pasarse*) to go too far

excelencia *f* 1. (*exquisitez*) excellence; **por** ~ par excellence 2. (*cargo*) Excellency

excelente *adj* excellent

excelso, **-a** *adj elev* illustrious
excentricidad *f* eccentricity
excéntrico, **-a** *adj, m, f* eccentric
excepción *f* exception; ~ **de la regla** exception to the rule; **a** [*o* **con**] ~ **de** with the exception of, except (for); **de** ~ exceptional; (*privilegiado*) special; **la** ~ **confirma la regla** (*prov*) it is the exception which proves the rule
excepcional *adj* exceptional
excepto *adv* except
exceptuar <*1. pres:* exceptúo> *vt* to except
excesivo, **-a** *adj* excessive
exceso *m* excess; FIN surplus; ~ **de alcohol** excessive drinking; ~ **de capacidad** overcapacity; ~ **de demanda/equipaje** excess demand/baggage; ~ **de velocidad** speeding; **con** [*o* **en**] ~ too much
excitación *f* **1.** (*exaltación*) excitement; (*sexual*) arousal **2.** (*irritación*) nervousness **3.** (*incitación*) stimulation
excitar **I.** *vt* **1.** (*incitar*) to incite; (*apetito*) to stimulate **2.** (*poner nervioso*) to put on edge **3.** (*sexualmente*) to arouse **II.** *vr:* ~**se 1.** (*enojarse*) to get all worked up **2.** (*sexualmente*) to become aroused
exclamación *f* exclamation; (*grito*) cry; **signo de** ~ exclamation mark
exclamar *vi, vt* to exclaim; (*gritar*) to cry
excluir *irr como* huir *vt* to exclude; (*descartar*) to rule out
exclusión *f* exclusion; **a/con** ~ **de** excluding
exclusiva *f* **1.** (*privilegio*) sole rights *pl* **2.** PREN exclusive; (*primicia*) scoop
exclusivo, **-a** *adj* exclusive
excomulgar <g→gu> *vt* REL to excommunicate
excomunión *f* excommunication
excremento *m* excretion
excursión *f* **1.** (*paseo*) excursion, trip; ~ **a pie** hike; **ir de** ~ to go on an excursion **2.** (*de estudios*) field trip
excursionista *mf* daytripper, excursionist; (*a pie*) hiker
excusa *f* excuse; (*disculpa*) apology;

presentar sus ~**s** to apologize
excusado *m* toilet
excusar **I.** *vt* **1.** (*disculpar*) to excuse **2.** (*evitar*) to avoid **3.** (*+ inf*) **excusas venir** you don't have to come **II.** *vr* ~**se de algo** to apologize for sth
exento, **-a** *adj* exempt, free; ~ **de aranceles** duty-free; ~ **de impuestos** tax free
exequias *fpl* funeral rites *pl*
exfoliar *vt* to exfoliate
exhalar *vt* **1.** (*emanar*) to give off **2.** (*suspiros, quejas*) to let out
exhaustivo, **-a** *adj* exhaustive; **de forma exhaustiva** thoroughly
exhausto, **-a** *adj* exhausted
exhibición *f* **1.** (*ostentación*) display **2.** (*exposición*) exhibition **3.** (*presentación*) show
exhibir **I.** *vt* **1.** (*mostrar*) to exhibit **2.** (*ostentar*) to show off **II.** *vr:* ~**se** to put on a show; ~**se en público** to expose oneself
exhortación *f* exhortation
exhortar *vt* to exhort
exigencia *f* **1.** (*demanda*) demand **2.** (*requisito*) requirement
exigente *adj* demanding
exigir <g→j> *vt* to demand
exil(i)ado, **-a** **I.** *adj* exiled **II.** *m, f* exile
exilio *m* exile
eximio, **-a** *adj elev* illustrious
eximir *vt* to exempt; ~ **de obligaciones** to free from obligations; ~ **de responsabilidades** to release from responsibilities
existencia *f* **1.** (*vida*) existence **2.** (*pl*) COM stock; **renovar las** ~**s** to renew stocks
existir *vi* to exist; (*haber*) to be
éxito *m* success; ~ **de taquilla** box office hit; **con** ~ successfully; **tener** ~ to be successful
éxodo *m* exodus; ~ **rural** rural depopulation; (*de tecnicos, científicos*) brain drain
exonerar *vt* **1.** (*eximir*) to exempt **2.** (*culpa*) to exonerate **3.** (*relevar*) to relieve; ~ **a alguien de su cargo** to remove sb from his/her position

exótico, -a *adj* exotic

expandir *vt, vr:* ~**se 1.** (*dilatar*) to expand **2.** (*divulgar*) to spread

expansión *f* **1.** (*dilatación, desarrollo*) expansion; (*crecimiento*) growth **2.** (*difusión*) spread **3.** (*diversión*) recreation

expansionarse *vr* **1.** (*dilatarse*) to expand **2.** *inf* (*sincerarse*) ~ **con alguien** to talk openly to sb **3.** *inf* (*divertirse*) to relax

expansivo, -a *adj* **1.** (*dilatable*) expansive **2.** (*comunicativo*) open

expatriar <*1. pres:* expatrío> **I.** *vt* to exile **II.** *vr:* ~**se** to go into exile

expectativa *f* **1.** (*expectación*) expectation; **estar a la** ~ **de algo** to be on the lookout for sth **2.** (*perspectiva*) prospect; ~ **de vida** life expectancy

expedición *f* **1.** (*viaje, grupo*) expedition **2.** (*remesa*) shipment; (*acción*) shipping; (**empresa de**) ~ shipping agent **3.** (*de documentos*) issue

expediente *m* **1.** (*asunto*) proceedings *pl* **2.** (*legajo*) file; (*sumario*) record; ~ **académico** student record

expedir *irr como pedir vt* **1.** (*carta*) to send; (*pedido*) to ship; ~ **por avión** to send by air mail **2.** (*documento*) to issue

expedito, -a *adj* free

expendedor *m* ~ **automático** vending machine; ~ **de bebidas** soft drink vending machine

expendedor(a) I. *adj* **máquina ~a de billetes/tabaco** ticket/cigarette vending machine **II.** *m(f)* vendor

expensas *fpl* costs *pl;* **a** ~ **de** at the expense of; **vivir a** ~ **de alguien** to live off sb

experiencia *f* experience; **saber algo por** ~ **propia** to know sth from experience

experimentado, -a *adj* experienced

experimentar I. *vi* to experiment **II.** *vt* **1.** (*sentir*) to experience **2.** (*hacer experimentos*) to experiment with; (*probar*) to test **3.** (*tener*) to register

experimento *m* experiment

experto, -a *adj, m, f* expert

expiar <*1. pres:* expío> *vt* to expiate

expirar *vi* to expire

explayarse *vr* **1.** (*extenderse*) to spread **2.** (*expresarse*) to speak at length; ~ **con alguien** (*confiarse*) to talk openly to sb **3.** (*divertirse*) to enjoy oneself

explicación *f* explanation; (*motivo*) reason

explicar <c→qu> **I.** *vt* **1.** (*manifestar*) to tell **2.** (*aclarar, exponer*) to explain **II.** *vr:* ~**se 1.** (*comprender*) to understand; **no me lo explico** I don't understand it **2.** (*articularse*) to express oneself; **¿me explico?** do I make myself clear?

explícito, -a *adj* explicit

explorador(a) *m(f)* **1.** MIL scout **2.** (*investigador*) explorer

explorar *vt* **1.** MIL to reconnoitre *Brit,* to reconnoiter *Am* **2.** MED to analyze **3.** (*investigar*) to explore

explosión *f* explosion; (*arrebato*) outburst; **hacer** ~ to explode

explosivo, -a *adj* explosive

explotación *f* **1.** (*aprovechamiento, abuso*) exploitation; AGR plantation; MIN working; ~ **minera** mine **2.** (*empresa*) management

explotar I. *vi* to explode **II.** *vt* **1.** (*usar, abusar*) to exploit; AGR to cultivate **2.** (*empresa*) to manage

exponer *irr como poner* **I.** *vt* **1.** (*mostrar*) to show, to display **2.** (*exhibir*) to exhibit **3.** (*hablar, escribir*) to set out; (*proponer*) to put forward; (*explicar*) to explain **4.** (*arriesgar*) to endanger **II.** *vr* ~**se a que** +*subj* to risk that; ~**se a hacer algo** to run the risk of doing sth

exportación *f* export

exportar *vt* to export

exposición *f* **1.** (*explicación*) explanation **2.** (*informe*) report **3.** (*exhibición*) exhibition; ~ **universal** world('s) fair

exprés I. *adj inv* express; **café** ~ espresso; **olla** ~ pressure cooker **II.** *m* (*tren*) express

expresar I. *vt* to express **II.** *vr:* ~**se** to

express oneself

expresión *f* expression

expreso *m, adv* express

expreso, -a *adj* express; **enviar una carta por (correo)** ~ to send a letter by special delivery

exprimidor *m* squeezer

exprimir *vt* to squeeze

expropiar *vt* to expropriate

expuesto, -a I. *pp de* **exponer** II. *adj* 1. (*peligroso*) risky 2. (*sin protección*) exposed

expulsar *vt* to expel; ~ **a alguien (del campo de juego)** to send sb off (the pitch); ~ **a alguien de la sala** to eject sb from the room

expulsión *f* expulsion

exquisito, -a *adj* exquisite; (*comida*) delicious

éxtasis *m inv* ecstacy

extender <e→ie> I. *vt* 1. (*papeles, mantequilla, pintura*) to spread 2. (*desplegar*) to unfold; ~ **la mano** to reach out one's hand 3. (*ensanchar*) to widen; (*agrandar*) to enlarge 4. (*escribir*) to write out; (*documento*) to draw up II. *vr:* ~**se** 1. (*terreno*) to extend; (*en la cama*) to stretch out 2. (*prolongarse*) to last

extendido, -a *adj* 1. (*amplio, conocido*) widespread 2. (*mano, brazos*) outstretched

extensión *f* 1. (*dimensión*) extent; (*longitud, duración*) length 2. TEL extension

extenso, -a *adj* extensive

extenuar <1. *pres:* extenúo> *vt* (*agotar*) to exhaust; (*debilitar*) to weaken

exterior I. *adj* 1. (*de fuera*) external, exterior; **espacio** ~ outer space 2. (*extranjero*) foreign; **relaciones** ~**es** external relations *pl* II. *m* exterior

exteriorizar <z→c> *vt* to show

exterminar *vt* to exterminate

exterminio *m* extermination

externo, -a *adj* external

extinguir <gu→g> I. *vt* 1. (*apagar*) to extinguish 2. (*finalizar*) to terminate II. *vr:* ~**se** 1. (*apagarse*) to be extinguished 2. (*finalizar*) to be termin-

ated; ECOL to become extinct

extinto, -a *adj* 1. (*especie, volcán*) extinct 2. (*fuego*) extinguished

extintor *m* ~ **(de incendios)** fire extinguisher

extra[1] I. *adj* 1. (*adicional*) extra; **horas** ~**s** overtime; **paga** ~ bonus 2. (*excelente*) extra special; **de calidad** ~ top quality II. *prep* ~ **de** in addition to III. *m* 1. (*complemento*) extra; (*en periódico, revista*) special supplement 2. (*paga*) bonus

extra[2] *mf* extra

extracción *f* extraction; (*lotería*) draw

extracto *m* extract

extractor *m* ~ **(de humo)** extractor fan

extraer *irr como* traer *vt* to extract

extrajudicial *adj* extrajudicial

extralimitarse *vr* to go too far; ~ (**en sus funciones**) to overstep one's bounds

extranjero *m* abroad

extranjero, -a I. *adj* foreign II. *m, f* foreigner

extrañamente *adv* strangely

extrañar I. *vt* 1. (*sorprender*) to surprise; **¡no me extraña!** I'm not surprised! 2. (*echar de menos*) to miss II. *vr* ~**se de que** +*subj* to be surprised that

extrañeza *f* 1. (*rareza*) strangeness 2. (*perplejidad*) surprise

extraño, -a I. *adj* strange; (*extranjero*) foreign II. *m, f* (*forastero*) stranger

extraordinario *m* special supplement

extraordinario, -a *adj* extraordinary; (*por añadidura*) special

extrarradio *m* outskirts *pl*

extraterrestre *adj, mf* extraterrestrial, alien

extravagancia *f* eccentricity

extravagante *adj, mf* eccentric

extraviado, -a *adj* lost; (*animal*) stray

extraviar <1. *pres:* extravío> I. *vt* 1. (*despistar*) to confuse 2. (*perder*) to lose; (*dejar*) to leave II. *vr:* ~**se** to get lost; *fig* to go astray

E_e

Extremadura *f* Extremadura

extremar I. *vt* ~ **la prudencia** to be extremely cautious; ~ **las medidas de seguridad** to tighten security measures II. *vr* ~**se en algo** to put a lot of work into sth

extremaunción *f* extreme unction

extremeño, -a *adj* of/from Extremadura

extremidad *f* 1. (*cabo*) end; (*punta*) tip 2. *pl* ANAT limb

extremista *adj, mf* extremist

extremo *m* 1. (*cabo*) end; **a tal** ~ to such an extreme; **con** [*o* **en**] ~ a lot; **en último** ~ in the last resort 2. (*asunto*) matter; **en este** ~ on this point 3. (*punto límite*) extreme; **esto llega hasta el** ~ **de...** this goes so far as ...

extremo, -a I. *adj* 1. (*intenso, limit*) extreme 2. (*distante*) outermost II. *m, f* ~ (**derecha**) (right) winger

extrovertido, -a *adj* outgoing

exuberancia *f* exuberance

exuberante *adj* exuberant; (*vegetación*) lush

eyaculación *f* ejaculation

eyacular *vi* to ejaculate

Ff

F, f *f* F, f; ~ **de Francia** F for Frederick *Brit*, F for Fox *Am*

fa *m inv* F

fabada *f* bean stew (*typical dish of Asturias*)

fábrica *f* factory; ~ **de cerveza** brewery

fabricación *f* manufacturing; ~ **en masa** mass production

fabricante *mf* 1. (*que fabrica*) manufacturer 2. (*dueño*) factory owner

fabricar <c→qu> *vt* 1. (*producir*) to manufacture 2. (*construir*) to build 3. (*inventar*) to fabricate

fábula *f* LIT fable; *inf* (*invención*)

tale; **¡de** ~**!** terrific!, smashing!

fabuloso, -a *adj* fabulous; **personaje** ~ ficticious character

facción *f* 1. (*de un partido*) faction 2. *pl* (*rasgos*) (facial) features *pl*

faceta *f* facet; (*aspecto*) aspect, side

facha¹ *mf pey, inf* fascist

facha² *f inf* appearance, look; **estar hecho una** ~ *inf* to look a sight; **tener una** ~ **sospechosa** to look suspicious

fachada *f* 1. (*de un edificio*) façade 2. (*apariencia*) façade, front; **su buen humor es pura** ~ his/her good humour is pure pretence

facial *adj* facial

fácil *adj* 1. (*sin dificultades*) easy, simple; **es más** ~ **de decir que de hacer** *prov* easier said than done *prov* 2. (*cómodo*) undemanding 3. (*probable*) probable; **es** ~ **que** +*subj* it is likely that; **es** ~ **que nieve** it may well snow 4. (*carácter*) easy-going

facilidad *f* 1. (*sin dificultad*) ease 2. (*dotes*) facility; **tener** ~ **para algo** to have an ability for sth; **tener** ~ **para los idiomas** to have a flair for languages 3. *pl* facilities *pl*

facilitar *vt* 1. (*favorecer*) to facilitate; (*posibilitar*) to make possible 2. (*suministrar*) to furnish, to supply

fácilmente *adv* 1. (*sin dificultad*) easily 2. (*con probabilidad*) probably

facsímil(e) *m* fax

factible *adj* feasible, viable

factor *m* (*causa*) factor

factura *f* bill; (*recibo*) receipt

facturar *vt* 1. (*cobrar*) to bill; ~ **los gastos de transporte** to bill for transport costs 2. AERO ~ (**el equipaje**) to check in

facultad *f* 1. (*atribuciones*) authority; **conceder** ~**es a alguien** (**para hacer algo**) to authorize sb (to do sth); **tener** ~ **para hacer algo** to have the authority to do sth 2. (*aptitud*) *t.* UNIV faculty

facultativo, -a *adj* 1. (*potestativo*) optional 2. (*del médico*) medical

faena *f* 1. (*tarea*) task; ~**s domésticas** chores *pl* 2. *inf* (*mala pasada*) dirty trick; **hacer una ~ a alguien** to play a dirty trick on sb

fagot *m* bassoon

faisán *m* pheasant

faja *f* corset, girdle; (*para abrigar*) sash

fajo *m* bundle

falange *f* phalanx; **la Falange (Española)** the (Spanish) Falange

falda *f* **1.** (*vestido*) skirt; **~ tubo** straight skirt **2.** (*regazo*) lap **3.** (*de una montaña*) lower slope

falla *f* (*defecto*) defect; (*en un sistema*) fault

fallar **I.** *vi* **1.** JUR to pronounce sentence **2.** (*malograrse: proyecto*) to fail; (*plan, intento*) to miscarry **3.** (*no funcionar*) to go wrong; **le ~on los nervios** his/her nerves let him/her down; **no falla nunca** (*cosa*) it never fails; (*persona*) you can always count on her/him **4.** (*romperse*) to break **5.** (*no cumplir con su palabra*) **~ a alguien** to let sb down; (*en una cita*) to stand sb up **II.** *vt* **1.** JUR **~ la absolución** to acquit **2.** DEP to miss

fallecer *irr como crecer vi* to pass away, to die

fallecimiento *m* death

fallido, -a *adj* (*proyecto*) unsuccessful; (*intento*) abortive

fallo *m* **1.** JUR sentence **2.** (*error*) error; (*omisión*) omission; **este asunto solo tiene un pequeño ~** this matter only has one small shortcoming **3.** TÉC breakdown **4.** (*fracaso*) failure **5.** MED **~ cardíaco/renal**

heart/kidney failure

falo *m elev* phallus

falsear *vt* **1.** (*al referir*) to misrepresent; (*verdad*) to distort **2.** (*materialmente*) to counterfeit

falsedad *f* falseness; (*hipocresía*) hypocrisy

falsificar <c→qu> *vt* to forge, to falsify; **~ la verdad** to distort the truth

falso, -a *adj* false; (*no natural*) artificial; ¡**~!** not true!

falta *f* **1.** (*carencia*) lack; (*ausencia*) absence; **echar en ~ algo/a alguien** to miss sth/sb; **me hace ~ dinero** I need money; ¡**ni ~ que hace!** there is absolutely no need! **2.** (*equivocación*) error; **sin ~s** with no mistakes; **sin ~** without fail **3.** DEP foul

faltar *vi* **1.** (*no estar*) to be missing; (*persona*) to be absent; **~ a clase** to miss class **2.** (*necesitarse*) **~ (por) hacer** to be still to be done; **me falta tiempo para hacerlo** I need time to do it; **falta (por) saber si...** we need to know if ...; ¡**no ~ía** [*o* **faltaba**] **más!** it is the limit!; (*respuesta a agradecimiento*) you are welcome!; (*asentir amablemente*) of course!; ¡**lo que faltaba!** that is the last straw! **3.** (*temporal*) to be left; **faltan cuatro días para tu cumpleaños** your birthday is in four days; **falta mucho para que vengan** they won't be here for a long time yet; **falta poco para las doce** it is nearly twelve o'clock; **me faltó poco para llorar** I was on the verge of tears **4.** (*no cumplir*) **~ a una promesa** to break a promise; **nunca falta a su palabra** he/she never goes back on his/her word **5.** (*ofender*) to be rude; **~ a alguien** to be disrespectful to sb

falto, -a *adj* (*escaso*) **~ de algo** short of sth; (*desprovisto*) lacking in sth

fama *f* **1.** (*gloria*) glory; (*celebridad*) fame; **dar ~ a algo/alguien** to make sth/sb famous; **tener ~** to be famous **2.** (*reputación*) reputation; **tener ~ de fanfarrón** to have a reputation of

F f

being boastful

famélico, -a *adj* starving

familia *f* family; (*hogar*) household; (*parentela*) relatives *pl*; ~ **numerosa** large family; ~ **política** in-laws *pl*; **en** ~ with the family; **ser de la** ~ to be one of the family; **eso viene de** ~ that runs in the family

familiar I. *adj* 1. (*íntimo*) intimate; **asunto** ~ personal matter 2. (*conocido*) familiar 3. LING colloquial II. *mf* relative

familiaridad *f* (*confianza*) intimacy; (*trato familiar*) familiarity

familiarizar <z→c> *vr:* ~**se** to familiarize oneself, to get to know

famoso, -a *adj* famous

fan *mf* <fans> fan

fanático, -a I. *adj* fanatical II. *m, f* 1. *inf* (*hincha*) fan 2. *pey* (*extremista*) fanatic

fanatismo *m sin pl* fanaticism

fanfarrón, -ona I. *adj inf* swanky II. *m, f inf* braggart, swank

fanfarronear *vi inf* to brag

fango *m* mud

fangoso, -a *adj* muddy

fantasía *f* (*imaginación*) imagination; (*cosa imaginada*) fantasy; **¡déjate de** ~**s!** come down to earth! *inf*

fantasma *m* ghost

fantástico, -a *adj* 1. (*irreal*) fantastic, imaginary 2. *inf* (*fabuloso*) fantastic, fabulous

faquir *m* fakir

faraón *m* Pharaoh

faraónico, -a *adj* pharaonic

faringe *f* pharynx, throat

faringitis *f inv* pharyngitis

farmacéutico, -a I. *adj* pharmaceutical II. *m, f* chemist *Brit,* druggist *Am*

farmacia *f* 1. (*tienda*) chemist's *Brit,* drugstore *Am*; ~ **de guardia** all-night chemist's 2. (*ciencia*) pharmacy

fármaco *m* medicine, drug

faro *m* 1. AUTO headlight; ~ **antiniebla** fog light 2. NÁUT lighthouse

farol *m* 1. (*lámpara*) lamp; ~ (**de calle**) streetlight 2. *inf* (*fanfarronada*) **tirarse un** ~ to show off

farola *f* street light; (*poste*) lamppost

farsa *f* sham

farsante *mf inf* charlatan

fascículo *m* instalment *Brit,* installment *Am*

fascinar *vt* to fascinate; (*libro*) to enthral *Brit,* to enthrall *Am*

fascismo *m sin pl* fascism

fascista I. *adj* fascist(ic) II. *mf* fascist

fase *f* phase

fastidiar I. *vt* 1. (*molestar*) to annoy; **¡no te fastidia!** *inf* you must be joking! 2. *inf* (*estropear*) ruin II. *vr:* ~**se** *inf* 1. (*enojarse*) to get cross; **¡fastídiate!** stuff it! *inf*; **¡hay que** ~**se!** it's unbelievable! 2. (*aguantarse*) to put up with it

fastidio *m* nuisance

fastidioso, -a *adj* annoying

fastuoso, -a *adj* sumptuous; (*persona*) flashy

fatal I. *adj* 1. (*inevitable*) unavoidable 2. (*funesto*) fatal; (*mortal*) mortal; **mujer** ~ femme fatale 3. *inf* (*muy mal*) awful II. *adv inf* awfully; **el examen me fue** ~ my exam was a disaster

fatalidad *f* 1. (*desgracia*) misfortune 2. (*destino*) fate

fatiga *f* weariness, fatigue *form*

fatigar <g→gu> *vt* to tire, to fatigue *form*

fatigoso, -a *adj* (*trabajo*) tiring; (*persona*) tiresome

fatuo, -a *adj* 1. (*presumido*) conceited; (*jactancioso*) boastful 2. (*necio*) fatuous

fauces *fpl* fauces *pl*

fauna *f* fauna

favor *m* favour *Brit,* favor *Am*; **a** [*o* **en**] ~ **de alguien** in sb's favour; **por** ~ please; **estar a** ~ **de algo** to be in favour of sth; **hacer un** ~ **a alguien** to do sb a favour; **votar a** ~ **de alguien** to vote for sb; **¡hágame el** ~ **de dejarme en paz!** would you please leave me alone!; **te lo pido por** ~ I am begging you

favorable *adj* favourable *Brit,* favorable *Am*

favorecer *irr como crecer vt* 1. (*beneficiar*) to benefit 2. (*ayudar*) to help 3. (*prendas de vestir*) to become

favorito, -a *adj, m, f* favourite *Brit,* favorite *Am*

fax *m inv* fax

faz *f elev* (*rostro*) face; (*anverso*) obverse

fe *f* 1. faith; **de buena/mala ~** in good/bad faith; **digno de ~** worthy of trust; **dar ~ de algo** to certify sth; **tener ~ en alguien** to believe in sb 2. (*certificado*) certificate; **~ de erratas** errata; **~ de matrimonio** marriage certificate

fealdad *f* ugliness

febrero *m* February; *v.t.* **marzo**

febril *adj* (*fiebre*) feverish; **acceso ~** sudden temperature; (*actividad*) hectic

fecha *f* 1. (*data*) date; (*señalada*) day; **~ de caducidad** expiry date; (*de comida*) sell-by date; **~ de cierre** closing date; **~ clave** decisive day; **~ límite/tope** deadline; **sin ~** undated; **en la ~ fijada** on the agreed day; **hasta la ~** until now, so far 2. *pl* (*época*) days *pl;* **en estas ~s** around this time

fechar *vt* to date

fechoría *f* 1. (*delito*) misdemenour *Brit,* misdemeanor *Am* 2. (*travesura*) prank

fecundar *vt* to fertilize

fecundo, -a *adj* 1. (*prolífico*) prolific 2. (*tierra*) fertile; (*campo*) productive

federación *f* federation

federal *adj* federal

felicidad *f* happiness; **¡~es!** congratulations!; (*Navidad*) Merry Christmas!; (*cumpleaños*) happy birthday!; **te deseamos muchas ~es** we wish you all the best

felicitación *f* 1. (*enhorabuena*) congratulation 2. (*tarjeta*) greetings card

felicitar I. *vt* **~ a alguien por algo** to congratulate sb on sth II. *vr* **~se por algo** to be glad about sth; **~se de que** +*subj* to be glad that

feligrés, -esa *m, f* parishioner, church member

felino, -a *adj* feline

feliz *adj* 1. (*dichoso*) happy; **¡~ Navi-** dad! merry Christmas!; **¡~ viaje!** have a good journey! 2. (*exitoso*) fortunate, successful

felpudo *m* doormat

femenino, -a *adj* 1. (*sexo*) female; **equipo ~** women's team 2. (*afeminado*) effeminate 3. LING feminine

feminista *adj, mf* feminist

fenomenal I. *adj* phenomenal; *inf* (*tremendo*) tremendous II. *adv inf* terrifically

fenómeno *m* phenomenon; (*genio*) genius

feo, -a *adj* 1. (*espantoso*) ugly; **dejar ~ a alguien** *fig* to show sb up; **la cosa se está poniendo fea** things aren't looking too good 2. (*reprobable*) bad

féretro *m* coffin

feria *f* 1. (*exposición*) fair, show; **~ de muestras** trade fair 2. (*verbena*) fair; **puesto de ~** stand

feriado, -a *adj AmL* holiday; **día ~** bank holiday

fermentar *vi, vt* to ferment

ferocidad *f* 1. (*salvajismo*) ferocity 2. (*crueldad*) savagery

feroz *adj* 1. (*salvaje*) fierce 2. (*cruel*) savage

férreo, -a *adj* 1. *t. fig* iron 2. (*del ferrocarril*) railway *Brit,* railroad *Am*

ferretería *f* ironmonger's, hardware store

ferrocarril *m* 1. (*vía*) railway line *Brit,* railroad *Am* 2. (*tren*) railway; **por ~** by rail

ferroviario, -a *adj* railway *Brit,* railroad *Am*

fértil *adj* fertile; (*rico*) rich

fertilidad *f* fertility; (*productividad*) productiveness

fertilizante *m* fertilizer

fertilizar <z→c> *vt* to fertilize

ferviente *adj* fervent

fervor *m* fervour *Brit,* fervor *Am;* (*entusiasmo*) enthusiasm; **con ~** ardently

fervoroso, -a *adj* fervent

festejar *vt* 1. (*celebrar*) to celebrate 2. (*galantear*) to court, to woo

festejo *m* 1. (*conmemoración*) celebration 2. (*galanteo*) courtship

F f

3. *pl* (*actos públicos*) festival, public festivities *pl*

festín *m* feast

festival *m* festival

festividad *f* **1.** (*conmemoración*) festivity **2.** (*día*) feast

festivo, -a *adj* festive, celebratory; **día** ~ bank holiday

fétido, -a *adj* fetid *form*

feto *m* foetus *Brit*, fetus *Am*

fiable *adj* reliable; (*persona*) trustworthy

fiaca *f* CSur (*pereza*) laziness

fiador(a) *m(f)* backer, bondsman; **salir** ~ **por alguien** to stand surety for sb

fiambre *m* **1.** GASTR cold meat **2.** *inf* (*cadáver*) stiff; **ese está** ~ that one is stone-dead

fianza *f* (*garantía*) security; (*depósito*) deposit; (*fiador*) surety, bail; **en libertad bajo** ~ free on bail

fiar < *1. pres:* fío> **I.** *vi* **1.** (*al vender*) to give credit; **en esa tienda no fían** that shop does not give credit **2.** (*confiar*) to trust; **es de** ~ he/she is trustworthy **II.** *vt* (*dar crédito*) to sell on credit **III.** *vr* ~**se de algo/alguien** to trust sth/sb

fibra *f* fibre *Brit*, fiber *Am;* ~ **de vidrio** fibreglass *Brit*, fiberglass *Am*

ficción *f* fiction; (*simulación*) simulation

ficha *f* **1.** (*de ruleta*) chip; (*de dominó*) domino; (*de ajedrez*) piece, man **2.** (*para una máquina, de guardarropa*) token **3.** (*tarjeta informativa*) (index) card; (*en el trabajo*) card; ~ **policial** police record

fichar I. *vi* **1.** DEP to sign **2.** (*en el trabajo*) to clock in **II.** *vt* **1.** (*policía*) to open a file on; **estar fichado** to have a police record **2.** *inf* (*desconfiar*) to mistrust **3.** DEP to sign up

fichero *m* **1.** (*archivador*) filing-cabinet; (*caja*) box file **2.** INFOR file

ficticio, -a *adj* ficticious

fidelidad *f* **1.** (*lealtad*) fidelity, faithfulness **2.** (*precisión*) precision; **alta** ~ high fidelity

fideo *m* (fine) noodle

fiebre *f* fever; ~ **del heno** hay fever;

~ **del juego** compulsive gambling; ~ **del oro** gold rush; ~ **palúdica** malaria; **tener poca** ~ to have a slight temperature

fiel I. *adj* faithful; (*memoria*) accurate; **ser** ~ **a una promesa** to keep a promise **II.** *m* **1.** (*de una balanza*) needle, pointer **2.** *pl* REL the faithful

fieltro *m* felt

fiera *f* wild animal; **llegó hecho una** ~ *inf* he arrived in a furious state

fiero, -a *adj* **1.** (*feroz*) fierce **2.** (*cruel*) cruel **3.** (*feo*) ugly **4.** (*fuerte*) terrible

fiesta *f* **1.** (*día*) holiday; **¡Felices Fiestas!** Merry Christmas and a Happy New Year!; **hoy hago** ~ I have taken the day off today **2.** (*celebración*) celebration; ~ (*celebración*) festival **3.** *inf* (*humor*) **estar de** ~ to be in a very cheerful mood

figura *f* **1.** figure; (*imagen*) image; **se distinguía la** ~ **de un barco** you could make out the shape of a boat **2.** TEAT character; (*personaje*) figure

figurado, -a *adj* figurative

figurante *mf* extra

figurar I. *vi* to figure; **figura en el puesto número tres** he appears in third place **II.** *vr:* ~**se** to imagine; **¡figúrate!** just think!; **no vayas a** ~**te que…** don't go thinking that …

fijador *m* **1.** (*para el pelo*) hair gel **2.** FOTO fixer

fijar I. *vt* **1.** (*sujetar*) to fix; (*con cuerdas*) to tie up; (*con cola*) to glue on; (*con clavos*) to nail; (*con cadenas*) to chain; (*con tornillos*) to screw on; ~ **con chinchetas** to stick up with drawing pins; **prohibido** ~ **carteles** bill posters prohibited **2.** (*la mirada*) to fix; ~ **la atención en algo** to concentrate on sth **3.** (*residencia, precio*) to establish **II.** *vr:* ~**se 1.** (*en un lugar*) to establish oneself **2.** (*atender*) to pay attention; **no se ha fijado en mi nuevo peinado** he/she has not noticed my new hairdo; **ese se fija en todo** nothing escapes him; **fíjate bien en lo que te digo** listen carefully to what I have to say **3.** (*mirar*) to notice; **no se fijó en**

mí he/she did not notice me

fijo, -a *adj* **1.** (*estable*) stable; (*trabajador*) permanent; **cliente ~** regular client; **precio ~** fixed price **2.** (*idea*) fixed **3.** (*mirada*) steady

fila *f* **1.** (*hilera*) row; **~ de coches** line of cars; **en ~** in line; **en ~ india** in single file; **aparcar en doble ~** to double-park; **salir de la ~** to step out of line **2.** MIL rank; **¡en ~s!** fall in!; **¡rompan ~s!** fall out! **3.** *pl* (*de un partido*) ranks *pl*

filántropo *mf* philanthropist

filatelia *f* philately, stamp collecting

filete *m* fillet *Brit,* filet *Am;* (*solomillo*) steak

filial *f* subsidiary

Filipinas *fpl* **las ~** the Philippines

filipino, -a *adj, m, f* Philippine

film *m* film *Brit,* movie *Am*

filmar *vt* to film, to shoot

filme *m* film *Brit,* movie *Am*

filo *m* blade

filología *f* philology

filón *m* seam; *fig* (*negocio*) gold mine

filosofía *f* philosophy

filósofo, -a *m, f* philosopher

filtrar **I.** *vt* to filter; (*llamadas*) to screen **II.** *vr:* **~se** **1.** (*líquido*) to seep; (*luz*) to filter **2.** (*noticia*) to percolate **3.** (*dinero*) to dwindle

filtro *m* filter; **cigarrillo con ~** filter tip cigarette; **~ solar** sunscreen

fin *m* **1.** (*término*) end; **~ de semana** weekend; **a ~(es) de mes** at the end of the month; **al ~ y al cabo, a ~ de cuentas** after all; **sin ~** never-ending; **poner ~ a algo** to put an end to sth **2.** (*propósito*) aim; **a ~ de que** +*subj* so that

final¹ **I.** *adj* (*producto, resultado*) end; (*fase, examen*) final; (*solución*) ultimate; **palabras ~es** last words **II.** *m* end; (*de un libro*) ending; MÚS finale; **al ~ no nos lo dijo** in the end he did not tell us

final² *f* DEP (*partido*) final; (*ronda*) finals *pl*

finalidad *f* purpose

finalista *mf* finalist

finalizar <z→c> **I.** *vi* to finish;

(*plazo*) to end **II.** *vt* to end; (*discurso*) to conclude

financiar *vt* to finance

financiero, -a **I.** *adj* financial **II.** *m, f* financier

finanzas *fpl* finances *pl*

finca *f* property, real estate *Am*

finés, -esa **I.** *adj* Finnish **II.** *m, f* Finn

fingir <g→j> **I.** *vi* to pretend **II.** *vt* to pretend; (*sentimiento*) to feign

finlandés, -esa **I.** *adj* Finnish **II.** *m, f* Finn

Finlandia *f* Finland

fino *m* dry sherry

fino, -a *adj* **1.** (*delgado, de calidad*) fine **2.** (*liso*) smooth, even **3.** (*sentido*) acute **4.** (*cortés*) polite; **modales ~s** refined manners **5.** (*astuto*) shrewd

firma *f* **1.** (*en documentos*) signature **2.** (*empresa*) firm

firmamento *m* firmament

firmante *mf* signatory, signer; **el/la abajo ~** the undersigned

firmar *vi, vt* to sign

firme **I.** *adj* firm; (*estable*) steady; (*seguro*) secure; (*carácter*) resolute; (*postura corporal*) straight; **con mano ~** with a firm hand; **¡~s!** MIL attention! **II.** *m* **1.** (*cubierta*) road surface **2.** (*de guijo*) roadbed

firmeza *f* firmness; (*solidez*) solidity; (*perseverancia*) perseverance; **~ de carácter** resolution

fiscal **I.** *adj* (*del fisco*) fiscal; (*de los impuestos*) tax **II.** *mf* public prosecutor *Brit,* district attorney *Am*

fisco *m* exchequer, treasury

fisgar <g→gu> *vi* **~ en algo** to snoop into sth

fisgón, -ona *m, f pey* nosy Parker

física *f* physics *pl*

físico *m* physique; **tener un buen ~** (*cuerpo*) to have a good physique; (*aspecto*) to be good-looking

físico, -a **I.** *adj* physical **II.** *m, f* physicist

fisioterapia *f* physiotherapy

flaco, -a *adj* **1.** (*delgado*) thin **2.** (*débil*) weak

flagrante **I.** *adj* (*evidente*) flagrant **II.** *adv* **en ~** red-handed

flamante *adj inf* **1.** (*vistoso*) flamboyant **2.** (*nuevo*) brand-new

flamenco *m* **1.** ZOOL flamingo **2.** (*cante*) flamenco **3.** (*lengua*) Flemish

> ? The **flamenco**, a very traditional form of song and dance from **Andalucía**, is known the world over. The origins of the **flamenco** can be found in the rich traditions of three national groups: the Andalusians, the Moors and the Gypsies. The song and dance movements (solo or duet) are always accompanied by a rhythmic clapping of hands and clicking of fingers together with various cries.

flamenco, -a **I.** *adj* **1.** (*andaluz*) flamenco; **cante ~** flamenco **2.** (*de Flandes*) Flemish **3.** (*chulo*) cocky **II.** *m, f* Fleming

flan *m* crème caramel; **estar hecho un ~** to be shaking like a leaf

Flandes *m* Flanders

flaquear *vi* **1.** (*fuerzas*) to flag; (*salud*) to decline **2.** (*en un examen*) to be poor

flaqueza *f* **1.** (*de flaco*) thinness **2.** (*debilidad*) weakness

flash *m inv* flash

flauta¹ *f* **~** (**dulce**) recorder; **~** (**travesera**) flute

flauta² *mf* flautist *Brit,* flutist *Am*

flecha *f* arrow; **ser rápido como una ~** to be as quick as lightning

flechazo *m inf* **lo nuestro fue un ~** ours was love at first sight

fleco *m* fringe

flema *f* **1.** (*calma*) imperturbability **2.** (*mucosidad*) phlegm

flemón *m* gumboil

flequillo *m* fringe

flete *m* **1.** (*carga*) cargo, freight **2.** (*tasa*) freight

flexible *adj* flexible; (*músculo*) supple

flexión *f* **1.** (*del cuerpo*) flexion, bending; (*plancha*) press-up **2.** LING inflection

flexo *m* desk lamp

flipper *m* pinball machine

flirt *m* <flirts> flirt

flirtear *vi* to flirt

flojear *vi* **1.** (*disminuir*) to diminish; (*calor*) to ease up **2.** (*en una materia*) **~ en algo** to be poor at sth

flojera *f inf* weakness

flojo, -a *adj* **1.** (*cuerda*) slack; (*nudo*) loose **2.** (*vino, café, argumento*) weak; (*viento*) light; (*luz*) feeble; **~ de carácter** spineless; **estoy ~ en inglés** I am weak in English

flor *f* (*planta*) flowering plant; (*parte de la planta*) flower, bloom; **estar en ~** to be in flower; **camisa de ~es** flowery shirt; **la ~ de la canela** *fig* the best; **la ~ y la nata de la sociedad** the cream of society; **la ~ de la vida** the prime of life; **tengo los nervios a ~ de piel** my nerves are frayed

flora *f* flora

florecer *irr como crecer* **I.** *vi* to flower, to bloom; *fig* to flourish **II.** *vr:* **~se** to grow mould *Brit,* to grow mold *Am*

floreciente *adj* flowering; *fig* flourishing

Florencia *f* Florence

florentino, -a *adj, m, f* Florentine

florero *m* vase; **estar de ~** *fig* to be just for decoration

florista *mf* florist

floristería *f* florist's, flower shop

flota *f* fleet

flotador *m* float; (*para niños*) rubber ring; (*de cisterna*) ballcock; *inf* (*michelines*) roll of fat

flotar *vi* float; (*activamente*) to stay afloat

flote *m* **estar a ~** to be afloat; **mantenerse a ~** *t. fig* to manage to keep one's head above water; **sacar a ~ una empresa** to get a business going

fluctuar <*1. pres:* fluctúo> *vi* to fluctuate

fluidez *f* **hablar con ~ un idioma extranjero** to speak a foreign language fluently

fluido *m* fluid

fluido, -a *adj* **1.** (*líquido*) fluid **2.** (*expresión*) fluent; **es ~ de palabra** he speaks with ease **3.** (*tráfico*) free--flowing

fluir *irr como huir* *vi* to flow

flujo *m* flow; (*de la marea*) rising tide; **~ de palabras** stream of words

flúor *m* fluorine

fluorescente *adj* fluorescent

fluvial *adj* fluvial

FMI *m abr de* **Fondo Monetario Internacional** IMF

foca *f* seal

foco *m* **1.** FÍS, MAT focus; (*centro*) focal point; **~ de infección** source of infection **2.** (*lámpara*) light; (*estadio*) floodlight; (*teatro*) spotlight **3.** *AmL* (*bombilla*) light bulb

fofo, -a *adj* flabby

fogón *m* **1.** (*de la cocina*) stove **2.** (*de máquinas de vapor*) furnace; FERRO firebox **3.** (*de un cañón*) vent **4.** *AmL* (*fogata*) fire

fogoso, -a *adj* (*pasión*) passionate; (*persona*) ardent

folclor(e) *m* folklore

folclórico, -a *adj* traditional

fólder *f AmL* (*carpeta*) folder

follaje *m* foliage

follar *vi, vt vulg* to fuck, to shag *Brit, vulg*

folleto *m* pamphlet; **~ publicitario** advertising leaflet, flier

follón *m inf* **1.** (*alboroto*) row; **armar un ~** to cause a commotion **2.** (*asunto enojoso*) trouble

fomentar *vt* (*empleo*) to promote; (*economía*) to boost

fomento *m* (*del empleo*) promotion; (*de la economía*) boosting

fonda *f* inn

fondo *m* **1.** (*de un cajón*) back; (*del río*) bed; NÁUT sea bed; (*de un valle*) bottom; **los bajos ~s** the underworld; **en el ~ de su corazón** in his/her heart of hearts; **irse a ~** to sink; **tocar ~** to touch bottom; ECON to hit bottom **2.** (*de un edificio*) depth; **al ~ del pasillo** at the end of the corridor; **mi habitación está al**

~ de la casa my bedroom is at the back of the house **3.** (*lo esencial*) essence; **artículo de ~** editorial; **en el ~** at bottom; **ir al ~ de un asunto** to go to the heart of the matter; **tratar un tema a ~** to seriously discuss a subject **4.** (*índole*) nature, disposition; **persona de buen ~** a good person at heart **5.** (*de un cuadro*) background; (*de una tela*) background colour; **ruido/música de ~** background noise/music **6.** DEP long--distance; **corredor de ~** long-distance runner **7.** FIN, POL fund; **~ común** kitty; **Fondo Monetario Internacional** International Monetary Fund **8.** *pl* (*medios*) funds *pl;* **cheque sin ~s** bad cheque *Brit,* bad check *Am*

fonética *f* phonetics *pl*

fontanería *f* **1.** (*acción, conducto*) plumbing **2.** (*establecimiento*) plumber's

fontanero, -a *m, f* plumber

footing *m sin pl* jogging; **hacer ~** to jog

forastero, -a *m, f* stranger; (*extranjero*) foreigner

forcejear *vi* to struggle

fórceps *m inv* forceps *pl*

forense **I.** *adj* forensic **II.** *mf* pathologist

forestal *adj* forest, woodland; **guarda ~** forester *Brit,* forest ranger *Am*

forjar *vt* **1.** (*metal*) to forge **2.** (*inventar*) to invent; (*crear*) to forge; (*imperio*) to build

forma *f* **1.** (*figura*) form, shape; **las ~s de una mujer** a woman's curves; **en ~ de gota** in the shape of a drop; **dar ~ a algo** (*formar*) to shape sth; (*precisar*) to spell out **2.** (*manera*) way; LIT, JUR form; **defecto de ~** defect of form; **~ de pago** method of payment; **de ~ libre** freely; **en ~ escrita** written; **en (buena y) debida ~** duly; **de ~ que** so that; **de todas ~s, ...** anyway, ...; **lo haré de una ~ u otra** I will do it one way or another; **no hay ~ de abrir la puerta** this door is impossible to open **3.** (*comportamiento*) manners *pl*

4. (*molde*) mould *Brit,* mold *Am*
5. (*condición*) **estar en ~** to be fit
6. DEP form
formación *f* **1.** (*creación, grupo*) *t.*
GEO formation; ~ **política** political
group **2.** (*educación*) education; ~
escolar/de adultos school/adult
education; ~ **profesional** vocational
training
formal *adj* **1.** (*relativo a la forma*) formal; **requisito** ~ formal requirement
2. (*serio*) serious; (*polite*) educated;
(*cumplidor*) reliable **3.** (*oficial*) official; **una invitación** ~ a formal invitation; **tiene novio** ~ she has a
steady boyfriend
formalidad *f* **1.** (*seriedad*) seriousness; (*exactitud*) correctness **2.** *pl*
ADMIN, JUR formalities *pl* **3.** (*norma de
comportamiento*) formality
formalizar <z→c> **I.** *vt* to formal-
ize; ~ **un noviazgo** (*comprometerse*) to become engaged; (*casarse*)
to marry **II.** *vr:* **~se** to grow up
formar I. *vt* **1.** (*dar forma*) to form,
to shape **2.** (*constituir*) to form; MIL
to form up **3.** (*educar*) to train;
(*enseñar*) to teach **II.** *vr:* **~se**
1. (*crearse*) to form; MIL to fall in
2. (*ser educado*) to be educated; **se
ha formado a sí mismo** he is self-
-taught **3.** (*desarrollarse*) to develop
4. (*hacerse*) to form; **~se una idea
de algo** to form an impression of sth
formatear *vt* to format
formato *m* format
formica® *f sin pl* Formica®
formidable *adj* **1.** *inf* (*estupendo*)
fantastic **2.** (*enorme*) enormous
3. (*temible*) awesome
fórmula *f* formula
formular *vt* to formulate; ~ **demanda** to file a claim; ~ **denuncia** to
lodge a complaint
formulario *m* form
fornido, -a *adj* well-built, husky
foro *m* forum
forrar I. *vt* (*el exterior, una pared*) to
face; (*el interior, una prenda*) to line;
(*una butaca*) to upholster; (*un libro*)
to cover **II.** *vr:* **~se** *inf* to make a
packet

forro *m* (*exterior, de una pared*)
facing; (*interior, de una prenda*) lining; (*de una butaca*) upholstery; (*de
un libro*) cover
fortalecer *irr como crecer* **I.** *vt*
1. (*vigorizar*) to invigorate **2.** (*reforzar*) to fortify **II.** *vr:* **~se 1.** (*vigori-
zarse*) to fortify oneself **2.** (*volverse
más fuerte*) to become stronger
fortaleza *f* **1.** (*fuerza*) strength; **de
poca** ~ not very tough **2.** (*virtud*)
fortitude **3.** (*robustez*) robustness
4. MIL fortress, stronghold
fortuito, -a *adj* fortuitous, chance
fortuna *f* **1.** (*suerte, capital*) fortune
2. (*destino*) fate
forzar *irr vt* **1.** (*obligar*) to force;
(*voz*) to strain; (*obligar a entrar*) to
push in; (*a abrirse*) to force open
2. (*un acontecimiento*) to bring
about **3.** (*violar*) to rape
forzoso, -a *adj* forced, necessary;
aterrizaje ~ forced landing; **venta
forzosa** compulsory sale
fosa *f* **1.** (*hoyo*) pit; (*alargado*)
trench; ~ **séptica** septic tank **2.** (*sepultura*) grave **3.** ANAT ~ **nasal** nostril
fosforescente *adj* phosphorescent
fósforo *m* **1.** QUÍM phosphorus **2.** (*cerilla*) match
fósil *m* fossil
foso *m* **1.** (*hoyo*) hole; (*alargado*)
ditch; MIL trench; (*fortaleza*) moat
2. MÚS, TEAT orchestra pit **3.** (*en un
garaje*) inspection pit
foto *f* photo; ~ (*tamaño*) **carnet**
passport photo
fotocopia *f* photocopy
fotocopiadora *f* photocopier
fotocopiar *vt* to photocopy
fotogénico, -a *adj* photogenic
fotografía *f* **1.** (*imagen*) photograph; ~ **en color** colour photograph; ~ (*tamaño*) **carnet** passport
photograph **2.** (*arte*) photography
fotografiar <*1. pres:* fotografío> *vi,
vt* to photograph
fotógrafo, -a *m, f* photographer
fotomatón *m* photo booth
fotonovela *f* photostory
frac *m* <fracs *o* fraques> tails *pl*

fracasar *vi* to fail; **la película fracasó** the film was a flop

fracaso *m* failure

fracción *f* fraction; ~ **parlamentaria** parliamentary faction

fractura *f* break; MED fracture

fragancia *f* fragrance

fragata *f* frigate

frágil *adj* 1. (*objeto*) fragile 2. (*constitución, salud*) delicate; (*anciano*) frail

fragmento *m* fragment

fragua *f* forge

fraguar <gu→gü> I. *vi* to set II. *vt* to forge; **¿qué estás fraguando?** *fig* what are you scheming?

fraile *m* friar

frambuesa *f* raspberry

francés, -esa I. *adj* French; **tortilla francesa** plain omelette II. *m, f* Frenchman *m*, Frenchwoman *f*

Francfort *m* Frankfurt

Francia *f* France

franco *m* 1. (*moneda*) franc 2. (*lengua*) Frankish

franco, -a *adj* 1. (*sincero*) frank 2. (*libre*) free; ~ **a bordo** free on board; ~ **de derechos** duty-free

francotirador *m* sniper

franela *f* flannel

franja *f* strip; (*guarnición*) border

franquear *vt* 1. (*carta*) to pay postage on; **a** ~ **en destino** postage paid at destination 2. (*desobstruir*) to clear 3. *inf* (*río*) to cross; (*obstáculo*) to get round

franqueo *m* postage; **sin** ~ without stamps

franqueza *f* frankness; **admitir algo con** ~ to openly admit sth

franquismo *m sin pl* 1. (*régimen*) Franco's regime 2. (*movimiento*) Francoism

franquista *adj, mf* Francoist

fraques *pl de* **frac**

frasco *m* flask

frase *f* 1. (*oración*) sentence 2. (*locución*) expression; ~ **hecha** idiom

fraternal *adj* fraternal, brotherly

fraude *m* fraud

fraudulento, -a *adj* fraudulent

frazada *f AmL* blanket

frecuencia *f* frequency; **con** ~ frequently

frecuentar *vt* 1. (*lugar*) to frequent 2. (*a alguien*) to be in touch with

frecuente *adj* 1. (*repetido*) frequent 2. (*usual*) common

fregadero *m* (kitchen) sink

fregar *irr vt* 1. (*frotar*) to rub 2. (*limpiar: el suelo*) to scrub; (*con fregona*) to mop; (*los platos*) to wash up 3. *AmL, inf* (*molestar*) to annoy

fregona *f* 1. (*utensilio*) mop 2. *pey* (*sirvienta*) drudge, skivvy *Brit*

freidora *f* fryer

freír *irr* I. *vt* to fry; **mandar a alguien a** ~ **espárragos** *inf* to tell sb to get lost II. *vr:* ~**se** to fry

frenar I. *vt* 1. (*hacer parar*) to stop 2. (*un impulso, persona*) to restrain; (*un desarrollo*) to check, to curb II. *vi* to brake; ~ **en seco** to slam on the brakes

frenazo *m* sudden braking; **pegar un** ~ to step on the brakes

frenesí *m* frenzy

frenético, -a *adj* 1. (*exaltado*) frenzied 2. (*furioso*) furious

freno *m* 1. TÉC brake; ~ **de mano** handbrake *Brit,* emergency brake *Am* 2. (*para un caballo*) bit

frente¹ *f* forehead; ~ **a** ~ face to face; **fruncir la** ~ to frown; **hacer** ~ **a alguien** to stand up to sb; **hacer** ~ **a algo** to face up to sth

frente² I. *m* front; (*de un edificio*) fachada, face; **al** ~ (*dirección*) ahead; (*lugar*) in front; **de** ~ head-on; **estar al** ~ **de algo** to be in charge of sth; **ponerse al** ~ to take charge II. *prep* 1. ~ **a** (*enfrente de*) opposite; (*delante de*) in front of; (*contra*) as opposed to; (*ante*) in the face of 2. **en** ~ **de** opposite

fresa *f* strawberry

fresco *m* 1. (*frescor*) cool air; **salir a tomar el** ~ to go out to get some fresh air; **hoy hace** ~ it is cool today 2. ARTE fresco 3. *AmL* (*refresco*) soft drink

fresco, -a *adj* 1. (*frío*) cool; (*prenda*) lightweight, cool 2. (*sano, descansado, reciente*) fresh; **queso** ~ cottage cheese **3.** *inf* (*desvergonzado*) fresh, cheeky **4.** (*impasible*) cool

frescura *f* **1.** (*frescor*) freshness **2.** (*desvergüenza*) cheek **3.** (*desembarazo*) naturalness; **con** ~ freely

frialdad *f* **1.** (*frío*) coldness **2.** (*despego, impasibilidad*) coolness; **me trató con** ~ he/she was cool towards me

fricción *f* **1.** (*resistencia, desavenencia*) friction **2.** (*del cuerpo*) rub; (*con linimento*) massage

frigidez *f* frigidity

frígido, -a *adj* frigid

frigorífico *m* fridge, refrigerator

frigorífico, -a *adj* refrigeratory

frijol *m*, **fríjol** *m AmL* bean

frío *m* cold; **hace** ~ it is cold; **hace un** ~ **que pela** *inf* it is bitterly cold; **coger** ~ to catch cold; **tener** ~ to be cold; **no dar a alguien ni** ~ **ni calor** to leave sb indifferent

frío, -a *adj* cold; *fig* cool

frito *m* fry

frito, -a I. *pp de* **freír** II. *adj* **1.** (*comida*) fried **2.** *inf* (*dormido*) **quedarse** ~ to fall fast asleep **3.** *inf* (*harto*) **estar** ~ **con algo** to be fed up with sth; **me tienen** [*o* **traen**] ~ **con sus preguntas** I am fed up with their questions

frívolo, -a *adj* frivolous

frontal *adj* head-on

frontera *f* border; **atravesar la** ~ to cross the frontier

fronterizo, -a *adj* frontier; (*país*) border(ing); **paso** ~ border post

frontón *m* pelota

frotamiento *m* rubbing

frotar *vt* to rub

fructífero, -a *adj* fruitful

frugal *adj* frugal

fruncir <c→z> *vt* **1.** (*tela*) to gather, to shirr **2.** (*frente*) to wrinkle; ~ **el entrecejo** to frown

frustración *f* frustration

frustrar *vt* **1.** (*estropear*) to thwart; ~ **las esperanzas de alguien** to frustrate sb's hopes **2.** (*decepcionar*) to discourage

fruta *f* fruit; ~ **del tiempo** seasonal fruit

frutería *f* greengrocer's

frutero *m* fruit bowl

frutilla *f AmL* strawberry

fruto *m* *t. fig* fruit; (*ganancia*) profit; (*provecho*) benefit

fue 1. *3. pret de* **ir 2.** *3. pret de* **ser**

fuego *m* **1.** fire; **¿me das** ~? can you give me a light?; ~**s artificiales** fireworks *pl;* **a** ~ **lento** over a low heat; **prender** [*o* **pegar**] ~ **a algo** to set sth alight **2.** MIL firing **3.** (*ardor*) ardour *Brit,* ardor *Am;* **en el** ~ **de la discusión** in the heat of the discussion

fuente *f* **1.** (*manantial*) spring **2.** (*construcción*) fountain **3.** (*plato llano*) platter; (*plato hondo*) (serving) dish **4.** (*origen*) source; ~**s bien informadas** reliable sources

fuera I. *adv* **1.** (*lugar*) outside; **por** ~ on the outside; **el nuevo maestro es de** ~ the new teacher is not from here **2.** (*dirección*) out; **hacia** ~ outwards; **salir** ~ to go out; **¡~ con esto!** no way! **3.** (*tiempo*) out; ~ **de plazo** past the deadline **4.** *inf* (*de viaje*) away; **me voy** ~ **una semana** I am going away for a week II. *prep* **1.** *t. fig* (*local*) out of; **estar** ~ **de casa** to be away from home; ~ **de juego** DEP offside; ~ **de serie** exceptional **2.** (*excepto*) ~ **de** outside of III. *conj* ~ **de que** +*subj* apart from the fact that

fuero *m* privilege

fuerte I. *adj* <fortísimo> **1.** (*resistente, poderoso, valiente*) strong; **caja** ~ safe; **ser** ~ **de carácter** to be strong-willed **2.** (*musculoso*) strong; (*gordo*) fat **3.** (*intenso*) intense; (*duro*) hard; (*sonido*) loud; (*comida, golpe*) heavy; (*abrazo, beso*) big; **un vino** ~ a full-bodied wine **4.** (*genio*) **tener un carácter** [*o* **genio**] **muy** ~ to be quick-tempered **5.** (*versado*) **estar** ~ **en matemáticas** to be good at mathematics **6.** (*violento*) disturbing; (*expresión*) nasty; **palabra** ~ rude word II. *m* **1.** (*de una persona*) strong point **2.** MIL fort III. *adv* **1.** (*con fuerza*) strongly; (*con intensidad*) intensely; (*en voz alta*) aloud

2. (*en abundancia*) copiously; **desayunar ~** to have a large breakfast

fuerza *f* **1.** (*capacidad física*) strength; *t.* FÍS (*potencia*) force; **~ de ánimo** strength of mind; **~ de voluntad** willpower; **sin ~s** weak, drained; **tiene más ~ que yo** he/she is stronger than I am; **se le va la ~ por la boca** he/she is all talk **2.** (*capacidad de soportar*) toughness; (*eficacia*) effectiveness **3.** (*poder*) power; **~ mayor** act of God, force majeure **4.** (*violencia*) force; **a** [*o* **por**] **la ~** willy-nilly; **por ~** (*por necesidad*) out of necessity; (*con violencia*) by force; **recurrir a la ~** to resort to violence **5.** (*intensidad*) intensity **6.** (*expresividad*) expressiveness **7.** *pl* POL political groups *pl*; MIL forces *pl* **8.** ELEC power **9.** (*usando*) **a ~ de** by means of; **lo ha conseguido todo a ~ de trabajo** he/she has achieved everything through hard work

fuga *f* **1.** (*huida*) flight; (*de la cárcel*) escape; **darse a la ~** to escape; **~ de cerebros** brain drain **2.** (*en tubos*) leak

fugarse <g→gu> *vr* to flee; (*de casa*) to run away; (*para casarse*) to elope; **~ de la cárcel** to escape from prison

fugaz *adj* fleeting; (*caduco*) short-lived; **estrella ~** shooting star

fugitivo, -a I. *adj* fugitive; (*belleza*) transitory II. *m, f* fugitive; (*de la cárcel*) escapee

fulano, -a *m, f* **1.** (*evitando el nombre*) so-and-so **2.** (*persona indeterminada*) guy, Joe Bloggs *Brit,* John Doe *Am;* **no me importa lo que digan ~ y mengano** I do not care what Tom, Dick or Harry say

fulgor *m* (*centelleo*) sparkle; (*de una superficie*) gleam

fulminante *adj* **1.** *t.* MED (*inesperado*) sudden **2.** (*mirada*) withering

fulminar *vt* to strike down; **un rayo/el cáncer lo fulminó** he was struck down by lightning/cancer

fumador(a) *m(f)* smoker; **no ~** non-smoker; **zona de no ~es** no-smoking area

fumar I. *vi, vt* to smoke II. *vr:* **~se 1.** (*fumar*) to smoke **2.** *inf* (*gastar*) to squander

fumigar <g→gu> *vt* to fumigate

funámbulo, -a *m, f* tightrope walker

función *f* **1.** *t.* BIO, MAT (*papel*) function; **el precio está en ~ de la calidad** the price depends on the quality **2.** (*cargo*) office; (*tarea*) duty; **entrar en ~** to take up one's duties; (*cargo*) to enter into office **3.** (*acto formal*) function; CINE showing; TEAT performance; **~ doble** double feature; **~ de noche** late show

funcional *adj* functional

funcionamiento *m* **1.** (*marcha*) running; **~ administrativo** running of the administration; **~ del mercado** market organization; **poner en ~** to bring into operation **2.** (*rendimiento*) performance; (*manera de funcionar*) operation; **en estado de ~** in working order; (*máquina*) working

funcionar *vi* to function; (*estar trabajando*) to be working; **el coche no funciona bien** the car is not going properly; **la televisión no funciona** the television does not work; **No Funciona** (*cartel*) out of order

funcionario, -a *m, f* (*de una organización*) employee; (*del Estado*) civil servant

funda *f* cover; (*para gafas*) glasses case; (*de almohada*) pillowcase

fundación *f* foundation

fundamental *adj* fundamental

fundamentalismo *m sin pl* fundamentalism

fundamentalista *adj, mf* fundamentalist

fundamentar *vt* to base

fundamento *m* **1.** ARQUIT foundations *pl* **2.** (*base*) basis **3.** (*motivo*) grounds; **sin ~** groundless **4.** (*formalidad*) sensibleness; (*seriedad*) seriousness; **hablar sin ~** to not talk seriously **5.** *pl* (*conocimientos*) fundamentals *pl*

fundar I. *vt* **1.** (*crear*) to found

2. (*basar*) to base; (*justificar*) to found **II.** *vr:* **~se** (*basarse*) to base oneself; (*tener su justificación*) to be founded

fundición *f* **1.** (*de un metal*) smelting **2.** (*en una forma*) casting **3.** (*taller*) foundry

fundir I. *vt* **1.** (*deshacer*) to melt **2.** (*dar forma*) to found, to cast **3.** (*bombilla*) to fuse; (*plomo*) to blow **4.** (*unir*) to unite; (*empresas*) to merge **5.** *inf* (*gastar*) to squander **II.** *vr:* **~se 1.** (*deshacerse*) to melt **2.** (*bombilla*) to fuse; (*plomo*) to blow **3.** (*unirse*) to unite; (*empresas*) to merge

fúnebre *adj* **1.** (*triste*) mournful; (*sombrío*) gloomy **2.** (*de los difuntos*) funerary; **coche ~** hearse; **pompas ~s** (*ceremonia*) funeral; (*empresa*) undertaker's

funeral *m* **1.** (*entierro*) burial **2.** *pl* (*misa*) funeral, obsequies *pl*

funeraria *f* funeral parlour

funerario, -a *adj* funeral

funesto, -a *adj* **1.** (*aciago*) ill-fated **2.** (*desgraciado*) terrible

furgón *m* (*carro*) wagon; (*camioneta*) van

furgoneta *f* van

furia *f* **1.** (*ira, ímpetu*) fury **2.** (*persona*) **estaba hecha una ~** she was furious

furibundo, -a *adj* furious

furioso, -a *adj* furious

furor *m* **1.** (*ira*) fury **2.** (*auge*) **hacer ~** to be the (latest) thing

furtivo, -a *adj* furtive

furúnculo *m* boil

fusible I. *adj* fusible **II.** *m* fuse

fusil *m* rifle

fusilar *vt* to execute

fusión *f* **1.** (*fundición*) fusion **2.** (*unión*) union; ECON merger

fusta *f* riding whip

fútbol *m* football *Brit*, soccer *Am;* **~ americano** American football, football *Am*

futbolín *m* table football

futbolista *mf* football player *Brit*, soccer player *Am*

futileza *f* *Chile* trifle

futilidad *f* triviality

futuro *m* future

futuro, -a *adj* future

G g

G, g *f* G, g; **~ de Granada** G for George

gabacho, -a *m, f pey* Froggy

gabán *m* overcoat

gabardina *f* raincoat

gabinete *m* **1.** (*estudio*) study; (*de médico, abogado*) office; **~ de prensa** press office **2.** POL cabinet

Gabón *m* Gabon

gabonés, -esa *adj, m, f* Gabonese

gaceta *f* newspaper, gazette

gaditano, -a *adj* of/from Cadiz

gafar *vt inf* to jinx

gafas *fpl* glasses *pl;* **~s de bucear** diving mask

gafe *m* jinx

gaita *f* bagpipes *pl*

gajes *mpl* **~ de oficio** occupational hazards

gajo *m* (*de naranja, limón*) segment; (*racimo*) bunch

gala *f* **1.** (*fiesta*) gala; **hacer ~ de algo** to take pride in sth **2.** *pl* (*vestido*) finery

galaico, -a *adj* Galician

galán *m* handsome man

galante *adj* gallant

galantear *vt* to woo

galápago *m* turtle

galardón *m* prize

galardonar *vt* to award a prize to; **~ a alguien con un título** to confer a title on sb

galaxia *f* galaxy

galera *f* galley

galería *f* gallery

galés, -esa I. *adj* Welsh **II.** *m, f* Welshman, Welshwoman *m, f*

Gales *m* (**el País de**) **~** Wales

galgo, -a *m, f* greyhound

Galicia f Galicia

galimatías m inv **1.** (*lenguaje*) gibberish **2.** (*enredo*) jumble

gallardía f poise

gallego, -a adj, m, f Galician

galleta f biscuit *Brit,* cookie *Am*

gallina f hen; ~ **clueca** brooding hen; **acostarse/levantarse con las ~s** to go to bed/to get up very early; **jugar a la ~ ciega** to play blind man's buff

gallinero m chicken coop

gallo m **1.** (*ave*) cock, rooster *Am;* **en menos que canta un ~** in an instant **2.** (*pez*) (John) dory

galón m **1.** (*cinta*) braid; MIL stripe, decoration **2.** (*medida*) gallon

galopante adj galloping

galopar vi to gallop

gama f **1.** (*escala*) range; **una ~ amplia/reducida de productos** a wide/narrow range of products **2.** MÚS scale

gamba f prawn, shrimp

gamberrada f act of hooliganism; **hacer ~s** to horse around *inf*

gamberro, -a m, f hooligan, yobbo *inf*

gamuza f **1.** (*animal*) chamois **2.** (*piel*) chamois leather **3.** (*paño*) duster

gana f desire; **de buena/mala ~** willingly/unwillingly; **tener ~s de hacer algo** to feel like doing sth; **me quedé con las ~s de verlo** I wish I'd been able to see him; **no me da la (real) ~** *inf* I can't be bothered; **este es feo con ~s** *inf* he's bloody ugly

ganadería f **1.** (*ganado*) livestock pl **2.** (*crianza*) livestock farming

ganadero, -a I. adj livestock **II.** m, f farmer

ganado m livestock pl; ~ **bovino** [*o* **vacuno**] cattle pl; ~ **cabrío** goats pl; ~ **ovino** sheep pl; ~ **porcino** pigs pl

ganador(a) I. adj winning **II.** m(f) winner

ganancia f profit

ganar I. vi **1.** (*vencer*) to win **2.** (*mejorar*) ~ **en algo** to improve at sth; **con esto sólo puedes salir ganando** you can't lose with this; **no gana para sustos** with him/her it is one thing after another **II.** vt **1.** (*vencer: persona*) to beat **2.** (*trabajando*) to earn; **con ese negocio consiguió ~ mucho dinero** he/she made a lot of money out of that business **3.** (*jugando*) win; **le he ganado 30 euros** I won 30 euros from him/her **4.** (*adquirir*) to gain; (*libertad*) to win; ~ **peso** to put on weight; **¿qué esperas ~ con esto?** what do you hope to gain by that? **5.** (*aventajar*) ~ **a alguien en algo** to be better than sb at sth **III.** vr: ~**se 1.** (*dinero*) to earn; **¡te la vas a ~!** *inf* you're for it **2.** (*a alguien*) to win over

ganchillo m **1.** (*gancho*) hook **2.** (*labor*) crochet; **hacer ~** to crochet

gancho m **1.** (*instrumento*) hook **2.** (*atractivo*) **tener ~** to be attractive

gandul(a) I. adj lazy **II.** m(f) layabout

ganga f bargain

gangrena f gangrene

gansada f *inf* silly thing; **decir ~s** to talk nonsense; **hacer ~s** to clown about

ganso, -a m, f **1.** (*ave: hembra*) goose; (*macho*) gander **2.** *inf* (*estúpido*) **hacer el ~** to clown about

Gante m Ghent

ganzúa¹ f (*llave*) picklock

ganzúa² mf (*ladrón*) burglar

garabatear vt, vi to scribble

garabato m scribble

garaje m garage

garante mf guarantor

garantía f guarantee

garantizar <z→c> vt to guarantee

> **?** **garapiña** (or **garrapiña**) is a refreshing Latin American drink, which is prepared from pineapple rinds, water and milk.

garbanzo m chickpea; **ganarse los ~s** *inf* to earn one's living

garbo m elegance; (*de movimiento*) grace(fulness)

garete m **ir(se) al ~** inf to go down the tubes

garfio m hook

garganta f **1.** (gaznate) throat; (cuello) neck; **tener buena ~** to have a good voice **2.** GEO gorge, ravine

gargantilla f necklace

gárgaras fpl gargles pl; **hacer ~** to gargle; **¡vete a hacer ~!** inf get lost!

garita f **1.** (de centinelas) sentry box **2.** (de portero) lodge

garito m gambling den

garra f **1.** (de animal) claw; **caer en las ~s de alguien** to fall into sb's clutches **2.** pey (mano) paw **3.** inf (brío) **tener ~** to be compelling; **este equipo tiene ~** this team has real class

garrafa f carafe

garrapata f tick

garrote m **1.** (palo) stick **2.** (ligadura) tourniquet **3.** (de ejecución) ~ (vil) garotte

garza f heron

gas m **1.** (fluido) gas; **agua con/sin ~** carbonated/still water; **bombona de ~** gas cylinder; **cocina de ~** gas cooker Brit [o stove Am] **2.** inf AUTO **dar ~** to accelerate; **ir a todo ~** to go at full speed **3.** pl (en el estómago) wind

gasa f gauze

gascón, -ona I. adj from Gascony II. m, f Gascon

gaseosa f lemonade, soda

gaseoso, -a adj fizzy

gasoil m, **gasóleo** m diesel

gasolina f petrol Brit, gas(oline) Am; **~ sin plomo** unleaded petrol Brit [o gasoline Am]; **~ súper** three-star petrol Brit [o gasoline Am]; **echar ~** to fill up with petrol Brit [o gasoline Am]

gasolinera f petrol station Brit, gas station Am

gastado, -a adj (vestido, zapato) worn out; (talón) worn down; (suelo) worn; (neumático) bare; (expresión) hackneyed

gastar I. vt **1.** (dinero, tiempo) to spend **2.** (desgastar) to wear out **3.** (usar) use; **¿qué talla/número gastas?** what size are you? II. vr: **~se 1.** (dinero) to spend **2.** (desgastarse) to wear out **3.** (consumirse) to run out

Gasteiz m Vitoria

gasto m pl (de dinero) spending; (costes) costs pl; ECON, COM (desembolso) expenditure; (costos adicionales) expenses pl; **~s adicionales** extra charges; **~s corrientes** running costs; **~s generales** overhead (expenses); **~s pagados** all expenses paid

gastronomía f sin pl gastronomy

gata f (she-)cat

gatas andar a ~ to crawl

gatear vi to crawl

gatillo m trigger; **apretar el ~** to pull the trigger

gato m **1.** (félido) cat; (macho) tomcat; **dar ~ por liebre a alguien** inf to rip sb off; **llevarse el ~ al agua** inf to bring it off; **cuando el ~ no está los ratones bailan** when the cat's away, the mice will play; **éramos cuatro ~s** inf there was hardly anyone else there; **aquí hay ~ encerrado** inf there's something fishy going on here; **~ escaldado del agua fría huye** prov once bitten twice shy; **de noche todos los ~s son pardos** all cats are grey in the night **2.** (de coche) jack

gaucho m AmL gaucho

? Gauchos were the cattle drovers or "cowboys" of the South American **Pampa**.

gaveta f drawer

gaviota f (sea)gull

gay adj, m gay

gazapo m young rabbit

gazpacho m gazpacho

? Gazpacho, a cold vegetable soup made from **tomates** (tomatoes), **pepinos** (cucumbers), **pimientos** (peppers), **aceite de oliva** (olive oil) and a little **pan**

(bread), is prepared in summer, especially in the south of Spain, in **Andalucía** and **Extremadura**.

GB *m* **1.** *abr de* **gigabyte** GB **2.** *abr de* **Gran Bretaña** GB

gel *m* gel

gelatina *f* gelatine, gelatin *Am*

gema *f* gem, jewel

gemelo, -a *adj, m, f* twin; **hermanos ~s** twin brothers

gemelos *mpl* **1.** *(prismáticos)* binoculars *pl;* **~ de teatro** opera glasses **2.** *(de la camisa)* cufflinks *pl*

gemido *m* *(de dolor)* groan; *(de pena)* moan

Géminis *m inv* Gemini

gemir *irr como* pedir *vi* *(de dolor)* to groan; *(de pena)* to moan

gen *m* gene

generación *f* generation

general I. *adj* *(universal)* general; **cultura ~** general knowledge; **por regla ~** as a (general) rule; **de uso ~** *(para todo uso)* multi-purpose, *(para todo el mundo)* all--purpose; *(para todo uso)* for general use; **en ~, por lo ~** in general, generally; **en ~ me siento satisfecho** overall, I'm satisfied; **en ~ hace mejor tiempo aquí** generally speaking, the weather is better here **II.** *m* general; **~ en jefe** supreme commander

generalizar <z→c> *vi* to generalize

generalmente *adv* generally

generar *vt* to generate

género *m* **1.** BIO genus; **~ humano,** human race **2.** *(clase)* type, sort; **sin ningún ~ de dudas** without a shadow of a doubt; **tomar todo ~ de precauciones** to take every possible precaution **3.** LING gender **4.** LIT, ARTE genre; **el ~ narrativo** fiction **5.** *(mercancía)* merchandise; *(tela)* cloth; **~s de punto** knitwear

generosidad *f* generosity

generoso, -a *adj* generous; **ser ~ con alguien** to be generous to sb

genética *f sin pl* BIO genetics

genético, -a *adj* genetic

genial *adj* brilliant

genio *m* **1.** *(carácter)* character; **tener mal ~** to be bad-tempered; **tener mucho ~** to be very temperamental **2.** *(talento)* genius

genital *adj* genital

genitales *mpl* genitals *pl*

Génova *f* Genoa

gente *f* **1.** *(personas)* people *pl;* **la ~ joven/mayor** young/old people; **~ menuda** *(niños)* children; **tener don de ~s** to have a way with people; **¿qué dirá la ~?** what will people say? **2.** *inf* *(parentela)* family; **¿qué tal tu ~?** how are your folks?

> **!** **gente** is used with a singular verb: "La gente está inquieta."

gentil *adj* kind

gentileza *f* kindness; **¿tendría Ud. la ~ de ayudarme?** would you be so kind as to help me?

gentío *m sin pl* crowd

genuino, -a *adj* genuine

geografía *f sin pl* geography

geográfico, -a *adj* geographical

geología *f sin pl* geology

geometría *f sin pl* geometry

Georgia *f* Georgia

georgiano, -a *adj, m, f* Georgian

geranio *m* geranium

gerencia *f* management

gerente *mf* manager

geriatría *f sin pl* geriatrics *pl*

geriátrico, -a *adj* geriatric

germen *m* germ; **~ de trigo** wheatgerm

germinar *vi* **1.** BOT to germinate **2.** *(sospechas)* **~ en** to give rise to

gerundense *adj* of/from Gerona

gerundio *m* gerund

gestación *f* gestation

gesticulación *f* gesticulation

gesticular *vi* to gesticulate

gestión *f* **1.** *(diligencia)* measure; **hacer gestiones** to take measures **2.** *(de una empresa)* t. INFOR management; **~ de ficheros** file management

gestionar *vt* **1.** *(asunto)* to conduct

Gg

2. (*negocio*) to manage

gesto *m* **1.** (*con la mano*) gesture; (*con el rostro*) expression; (*con el cuerpo*) movement; **torcer el ~** to scowl **2.** (*acto*) gesture

gestoría *f* agency handling *official matters*

ghanés, -esa *adj, m, f* Ghanese

Gibraltar *m* Gibraltar

gibraltareño, -a *adj, m, f* Gibraltarian

gigante *adj, m* giant

gilipollas *mf inv, vulg* jerk, wanker

gilipollez *f vulg* bullshit; **decir gilipolleces** to talk rubbish

gimnasia *f* **1.** DEP gymnastics *pl;* **~ rítmica** rhythm gymnastics; **hacer ~** to do gymnastics **2.** (*ejercicio*) **hacer ~** to do exercises **3.** ENS gym

gimnasio *m* gymnasium

gimnasta *mf* gymnast

gimotear *vi* **1.** (*gemir*) to groan **2.** (*lloriquear*) to whimper, to whine

ginebra *f* gin

Ginebra *f* Geneva

ginebrino, -a *adj* of/from Geneva

ginecología *f sin pl* gynaecology *Brit,* gynecology *Am*

ginecólogo, -a *m, f* gynaecologist *Brit,* gynecologist *Am*

gira *f* **1.** (*de un artista*) tour; **estar de ~** to be on tour **2.** (*de un día*) (day)trip, excursion; (*más larga*) tour

girar I. *vi* **1.** (*dar vueltas*) to revolve; (*con rapidez*) to spin **2.** (*conversación*) **~ en torno a algo** to revolve around sth **3.** (*torcer*) to turn II. *vt* **1.** (*dar la vuelta*) to turn; **~ la vista** to look round **2.** (*dinero*) to send

giratorio, -a *adj* revolving

giro *m* **1.** (*vuelta, cariz*) turn; **un ~ de volante** a turn of the steering wheel; **tomar un ~ favorable/ negativo** to take a turn for the better/worse; **me preocupa el ~ que toma este asunto** I don't like the way this issue is developing **2.** LING expression **3.** FIN draft; **~ postal** money order

gitano, -a *adj, m, f* gipsy *Brit,* gypsy *Am;* **brazo de ~** GASTR Swiss roll *Brit,* jelly roll *Am*

glacial *adj* icy cold; **zona ~** polar region

glaciar *m* glacier

glándula *f* gland

global *adj* **1.** (*total*) overall **2.** (*cantidad*) total **3.** (*informe*) comprehensive **4.** (*mundial*) global

globo *m* **1.** (*esfera*) sphere; **~ de una lámpara** (round) lampshade; **~ ocular** eyeball **2.** (*tierra, mapa*) globe **3.** (*para niños*) balloon; **~** (**aerostático**) hot-air balloon

glóbulo *m* ANAT corpuscle

gloria *f* **1.** (*fama, esplendor*) glory **2.** (*paraíso*) heaven; **conseguir la ~** to go to heaven; **estar en la ~** *inf* to be in seventh heaven; **oler/saber a ~** to smell/taste delicious

glorieta *f* **1.** (*plazoleta*) (small) square **2.** (*rotonda*) roundabout **3.** (*cenador*) arbour *Brit,* arbor *Am*

glorificar <c→qu> *vt* to glorify

glorioso, -a *adj* glorious

glosa *f* **1. ~ a algo** (*aclaración*) explanation on sth; (*anotación*) note on sth; (*comentario*) comment on sth **2.** LIT gloss

glosar *vt* **1.** (*anotar*) to annotate **2.** LIT to gloss; (*comentar*) to comment on

glosario *m* glossary

glotón, -ona I. *adj* gluttonous, greedy II. *m, f* glutton, gannet *inf*

gobernación *f* government

gobernador(a) I. *adj* governing II. *m(f)* governor

gobernante *mf* ruler

gobernar <e→ie> *vt* **1.** POL to govern **2.** (*dirigir*) to manage; (*nave*) to steer; **~ una casa** to run a household

gobierno *m* government; (*ministros*) cabinet; **~ autonómico** regional government; **~ en la sombra** shadow cabinet

goce *m* pleasure, enjoyment

gol *m* goal; **~ del empate** equalizer; **meter un ~** to score (a goal)

golf *m sin pl* golf

golfa *f inf* slut

golfo *m* **1.** GEO gulf **2.** (*persona*) rogue

golondrina *f* swallow

golosina *f* sweet *Brit*, candy *Am*

goloso, -a I. *adj* sweet-toothed II. *m, f* **ser un ~** to have a sweet tooth

golpe *m t. fig* (*impacto*) blow; (*choque*) bump; (*puñetazo*) punch; (*ruido*) bang; **~ de Estado** coup (d'état); **un ~ de tos** a fit of coughing; **al primer ~ de vista** at a glance; **de ~** (**y porrazo**) (*al mismo tiempo*) at the same time; (*de repente*) suddenly; **abrirse de ~** to fly open; **andar a ~s** to be always fighting; **cerrar la puerta de ~** to slam the door shut; **me he dado un ~ en la cabeza** I've banged my head; **me lo tragué de un ~** I downed it in one go; **no pegó ni ~** *inf* he didn't lift a finger

golpear *vt* to hit; (*puerta*) to knock on

golpista *mf* participant in a coup (d'état)

goma *f* **1.** (*sustancia*) rubber; **~ de borrar** rubber *Brit*, eraser *Am;* **~ elástica** (*sustancia*) rubber; (*objeto*) elastic band; **~ de pegar** glue **2.** *inf* (*preservativo*) condom, johnny *Brit*, rubber *Am*

gomina® *f* hair gel

gordo *m* **1.** (*grasa*) fat **2.** (*lotería*) **el ~** the jackpot

gordo, -a I. *adj* **1.** (*persona*) fat; (*tejido*) thick **2.** *fig* **una mentira gorda** a big lie; **ha pasado algo muy ~** something serious has happened; **se armó la gorda** *inf* all hell broke loose; **me cae ~** I don't like him II. *m, f inf* fat man, fat woman *m, f*

gordura *f* **1.** (*obesidad*) fatness; (*corpulencia*) corpulence **2.** (*tejido adiposo*) fat

gorila *m* **1.** (*animal*) gorilla **2.** *inf* (*portero*) bouncer **3.** *inf* (*guardaespaldas*) bodyguard

gorjear *vi* to twitter

gorra *f* cap; (*para niños*) bonnet; **~ de visera** peaked cap *Brit*, baseball cap *Am;* **~ de** *~ inf* (*gratis*) free; **andar** [*o* **vivir**] **de ~** *inf* to sponge

gorrión *m* sparrow

gorro *m* hat; (*de uniforme*) cap; **~ (para bebés)** (baby's) bonnet; **~ de natación** bathing cap; **estar hasta el ~ de algo/alguien** to be fed up with sth/sb

gorrón, -ona *m, f inf* scrounger

gorronear *vi inf* to scrounge

gota *f* drop; **café con unas ~s de ron** coffee with a dash of rum; **el agua salía ~ a ~ del grifo** the water dripped out of the tap; **parecerse como dos ~s de agua** to be like two peas in a pod; **no tiene ni (una) ~ de paciencia** he/she doesn't have an ounce of patience; **la ~ que colma el vaso** the last straw

gotear I. *vi* **1.** (*líquido*) to drip; (*escurrir*) trickle **2.** (*salirse*) to leak II. *vimpers* **está goteando** it's drizzling, it's spitting (with rain) *Brit*

gotera *f* **1.** (*filtración, grieta*) leak **2.** (*mancha*) stain

gótico, -a *adj* Gothic

gozar <z→c> *vi* to enjoy oneself; **~ de algo** to enjoy sth; **~ de una increíble fortuna** to be incredibly wealthy

gozne *m* hinge

gozo *m* (*delicia*) delight; (*placer*) pleasure; (*alegría*) joy

grabación *f* **1.** (*de disco*) recording **2.** INFOR saving

grabado *m* **1.** (*acción*) engraving **2.** (*copia*) print; **~ al agua fuerte** etching; **~ en madera** woodcut

grabador(a) *m(f)* engraver

grabadora *f* TÉC tape recorder

grabar I. *vt* **1.** ARTE to engrave; (*en madera*) to cut **2.** (*disco*) to record **3.** INFOR to save II. *vr:* **~se** to become engraved

gracia *f* **1.** *pl* (*agradecimiento*) **¡(muchas) ~s!** thanks (a lot)!; **¡~s a Dios!** thank God!; **te debo las ~s** I owe you my thanks; **no me ha dado ni las ~s** he/she didn't even say "thank you"; **~s a** thanks to **2.** REL grace **3.** (*perdón*) mercy **4.** (*garbo*) elegance; **está escrito con ~** it's elegantly written **5.** (*chiste*) joke; **no tiene (ni) pizca de ~** it's not in the least bit funny; **no me hace nada de ~** I don't find it funny in the least; **si lo haces se va la ~** if you do it it loses its charm; **este cómico tiene poca** ~ this comedian isn't very funny; **la ~ es que...** the funny thing is that ...

gracioso, -a *adj* **1.** (*atractivo*) attractive **2.** (*chistoso*) funny

grada *f* **1.** (*de un estadio*) tier; **las ~s** the terraces **2.** (*peldaño*) step **3.** *pl* (*escalinata*) steps *pl*

gradación *f* gradation

grado *m* **1.** *t.* Fís, MAT degree; **quemaduras de primer** ~ MED first-degree burns; **en** ~ **sumo** greatly, highly **2.** ENS year; ~ **elemental** basic level

graduación *f* **1.** (*regulación*) adjustment **2.** (*en grados*) graduation; (*en niveles, de personas*) grading; (*de precios*) regulation **3.** (*de un vino*) strength; ~ **alcohólica** alcohol content **4.** UNIV graduation

gradual *adj* gradual

graduar <*1. pres:* gradúo> **I.** *vt* **1.** (*regular*) to regulate **2.** TÉC to graduate; ~ **la vista a alguien** to test sb's eyesight **3.** (*en niveles*) to classify; (*precios*) to regulate **4.** UNIV to confer a degree on **II.** *vr:* ~**se** to graduate

gráfica *f* graph

gráfico *m* graph; ~ **de tarta** pie chart; **tarjeta de** ~**s** INFOR graphics card

gráfico, -a *adj* graphic; (*de la escritura*) written; **diccionario** ~ visual dictionary

grajo *m* rook

gral. *abr de* **general** gen.

gramática *f* grammar

gramático, -a *m, f* grammarian

gramo *m* gramme *Brit*, gram *Am*

gran *adj v.* **grande**

grana *adj* scarlet

granada *f* **1.** (*fruto*) pomegranate **2.** (*proyectil: de mano*) grenade; (*de artillería*) shell

granadino, -a *adj* of/from Granada

granate *adj* burgundy

Gran Bretaña *f* Great Britain

grancanario, -a *adj* of/from Grand Canary

grande *adj* <más grande *o* mayor, grandísimo> (*precediendo un subs-* *tantivo singular:* gran) big; (*en número, cantidad*) large; (*moralmente*) great; **una habitación** ~ a large room; **un gran hombre/una gran idea** a great man/idea; **una gran suma de dinero** a large sum of money; **gran velocidad** high speed; **ir** ~ **a alguien** *fig* to be too much for sb; **pasarlo en** ~ to have a great time; **vivir a lo** ~ to live in style; **vino gran cantidad de gente** a lot of people came; **tengo un gran interés por...** I'm very interested in ...; **no me preocupa gran cosa** I'm not very worried about it

> [!] **grande** is used after a noun and emphasizes the size of something/someone: "un restaurante grande; una fiesta grande"; **gran** (= of standing, important) is used before a noun and stresses the quality of someone/something: "un gran restaurante; una gran fiesta".

grandeza *f* greatness

grandioso, -a *adj* impressive

granel *m* **carga a** ~ bulk order; **a** ~ (*sin envase*) loose; (*líquido*) by volume; (*en abundancia*) in abundance

granero *m* granary; (*de granja*) barn

granito *m* granite

granizado *m* iced drink; ~ **de café** ≈ iced coffee

granizar <z→c> *vimpers* to hail

granizo *m* hail

granja *f* farm

granjearse *vr* (*respeto*) to earn

granjero, -a *m, f* farmer

grano *m* **1.** (*de cereales, sal, arena*) *t.* TÉC grain; ~**s** grain; ~ **de café** coffe bean; **de** ~ **duro** coarse-grained; **de** ~ **fino** fine-grained; **apartar el** ~ **de la paja** *t. fig* to separate the wheat from the chaff; **aportó su** ~ **de arena** he/she did his/her bit; **ir al** ~ to get to the point **2.** (*en piel*) spot

granuja *m* **1.** (*pilluelo*) rascal **2.** (*bribón*) scoundrel

grapa *f* staple

grapadora *f* stapler

grasa *f* **1.** (*animal, vegetal*) fat; **tener mucha ~ en los muslos** to have fat thighs **2.** (*lubricante*) oil, grease

grasiento, -a *adj* fatty; (*de aceite*) greasy

graso, -a *adj* fatty; **piel grasa** oily skin; **pelo graso** greasy hair

gratificación *f* **1.** (*recompensa*) reward **2.** (*del sueldo*) bonus **3.** (*propina*) tip

gratificar <c→qu> *vt* **1.** (*recompensar*) ~ **a alguien por algo** to reward sb for sth; **se ~á a quien lo encuentre** there is a reward for the finder **2.** (*en el trabajo*) ~ **a alguien** to give sb a bonus

gratinar *vt* to cook au gratin, to brown on top

gratis *adv* free

gratitud *f* gratitude

grato, -a *adj* pleasant; ~ **al paladar** tasty; **tu novio me ha causado una grata impresión** your boyfriend seems very nice; **tu visita me es muy grata** I'm very glad you could come; **me es ~ comunicarle que...** I am pleased to inform you that …

gratuito, -a *adj* **1.** (*gratis*) free **2.** (*infundado*) groundless; **este rumor es ~** this rumour is without foundation; **lo que has hecho ha sido bastante ~** what you did was quite unnecessary

grava *f* gravel

gravamen *m* **1.** (*carga*) burden **2.** (*impuesto*) tax

gravar *vt* **1.** (*cargar*) to burden **2.** FIN to tax; ~ **algo con un impuesto** to impose a tax on sth

grave *adj* (*enfermedad, situación*) serious; **está ~** he/she is very ill; **este es un momento ~ para la industria** this is a difficult time for the industry

gravedad *f* **1.** FÍS gravity **2.** (*de una situación*) seriousness

gravilla *f* gravel

gravitar *vi* FÍS to gravitate; ~ **sobre algo** (*cuerpo*) to rest on sth

gravoso, -a *adj* **1.** (*pesado*) burden-some **2.** (*costoso*) expensive

graznar *vi* (*cuervo*) to caw; (*ganso*) to honk; (*pato*) to quack

Grecia *f* Greece

gremio *m* association, guild

greña *f* mop of hair, rats' tails *pl*; **andar a la ~ con alguien** to squabble with sb

gresca *f* **1.** (*bulla*) uproar, racket **2.** (*riña*) quarrel

griego, -a *adj, m, f* Greek

grieta *f* **1.** (*en la pared, una taza*) crack; (*en la piel*) chap **2.** (*desacuer-do*) rift

grifo *m* **1.** TÉC tap *Brit*, faucet *Am*; **agua del ~** tap water; **abrir/cerrar el ~** to turn the tap on/off; **he dejado el ~ abierto** I've left the tap running **2.** *Perú, Ecua, Bol* (*gasolinera*) petrol station *Brit*, gas station *Am*

grillete *m* shackle, fetter

grillo *m* **1.** ZOOL cricket **2.** *pl* (*grille-tes*) shackles *pl*

grima *f* **me da ~** it's disgusting

gripe *f* flu, influenza

gris *adj* grey *Brit*, gray *Am*

gritar **I.** *vt* to shout at **II.** *vi* to shout, to yell

grito *m* shout; ~ **de protesta** cry of protest; **a ~ limpio** [*o* **pelado**] at the top of one's voice; **pedir algo a ~s** to be crying out for sth; **pegar un ~** to shout, to yell; **poner el ~ en el cielo por algo** to raise hell about sth; **ser el último ~** to be the (latest) rage; **me lo dijo a ~s** he/she told me in a very loud voice

groenlandés, -esa **I.** *adj* Greenland **II.** *m, f* Greenlander

Groenlandia *f* Greenland

grosella *f* (red)currant

grosería *f* **1.** (*descortesía, ordina-riez*) rudeness **2.** (*tosquedad*) crude-ness **3.** (*observación*) rude comment; (*palabrota*) swearword

grosero, -a *adj* **1.** (*descortés, ordina-rio*) rude **2.** (*tosco*) crude

grosor *m* thickness

grotesco, -a *adj* grotesque

grúa *f* **1.** (*máquina*) crane **2.** (*vehícu-lo*) tow truck, breakdown van *Brit*, wrecker *Am*

G g

grueso *m* **1.** (*espesor*) thickness **2.** (*parte principal*) main part

grueso, -a *adj* **1.** (*objeto*) thick **2.** (*persona*) stout

grulla *f* crane

grumo *m* lump; ~ **de sangre** blood clot

gruñido *m* grunt; (*del perro*) growl; *fig* (*queja*) grumble

gruñir <*3. pret:* gruñó> *vi* to grunt; (*perro*) to growl; *fig* (*quejarse*) to grumble

grupa *f* hindquarters *pl*

grupo *m* **1.** (*conjunto*) group; ~ (**industrial**) corporation; ~ **principal** INFOR main group; **trabajo en** ~ groupwork **2.** TÉC unit

gruta *f* (*natural*) cave; (*artificial*) grotto

guadalajareño, -a *adj* of/from Guadalajara

guadaña *f* scythe

guagua *f AmC* (*autobús*) bus

guante *m* glove; **colgar los** ~**s** (*boxeador*) to hang up one's gloves; (*futbolista*) to hang up one's boots; **echar el** ~ **a alguien** to catch sb; **ir** [*o* **sentar**] **como un** ~ to fit like a glove; **recoger el** ~ to take up the challenge

guapo *m* **1.** (*galán*) handsome man **2.** *AmL, pey* (*pendenciero*) bully

guapo, -a *adj* good-looking; (*mujer*) pretty; (*hombre*) handsome; **estar** [*o* **ir**] ~ to look smart

guarda¹ *mf* guard; (*cuidador*) custodian, keeper; ~ **forestal** forester *Brit,* forest ranger *Am;* ~ **jurado** security guard

guarda² *f* **1.** (*acto*) guarding, safekeeping; (*protección*) protection **2.** (*de un libro*) flyleaf

guardabarros *m inv* wing *Brit,* fender *Am*

guardabosque(s) *mf* (*inv*) **1.** (*de caza*) gamekeeper **2.** (*guarda forestal*) forester *Brit,* forest ranger *Am*

guardacostas *m inv* coastguard

guardaespaldas *mf inv* bodyguard

guardameta *mf* goalkeeper

guardapolvo *m* overalls *pl*

guardar *vt* **1.** (*vigilar*) to guard; (*proteger*) to protect **2.** (*ley*) to observe **3.** (*conservar, poner*) to keep; ~ **algo en el bolsillo** to put sth in one's pocket; **guárdame un trozo de pastel** save a piece of cake for me; **guárdame esto** keep this for me; **¿dónde has guardado las servilletas?** where did you put the serviettes? **4.** INFOR to save

guardarropa *m* **1.** (*cuarto*) cloakroom *Brit,* checkroom *Am* **2.** (*armario*) wardrobe

guardería *f* nursery

guardia¹ *f* **1.** (*vigilancia*) duty; **estar de** ~ to be on duty; MIL to be on guard duty; **¿cuál es la farmacia de** ~**?** which chemist is on the emergency rota? *Brit,* which pharmacy is open 24 hours? *Am* **2.** (*cuerpo armado*) **la Guardia Civil** the Civil Guard; ~ **municipal** [*o* **urbana**] local police

guardia² *mf* ~ **civil** civil guard; ~ **municipal** [*o* **urbano**] local policeman; ~ **de tráfico** traffic policeman *m,* traffic policewoman *f*

guardián, -ana *m, f* guardian; (*en el zoo*) (zoo)keeper; **perro** ~ watch-dog

guarecer *irr como crecer* **I.** *vt* **1.** (*proteger*) to protect **2.** (*albergar*) to shelter; **lo guarecí en mi casa** I took him in **II.** *vr:* ~**se** (*cobijarse*) to take refuge; ~ **de la lluvia** to take shelter from the rain

guarida *f* **1.** (*de animales*) den, lair **2.** (*de ladrones*) hideout

guarnecer *irr como crecer* *vt* ~ **algo con** [*o* **de**] **algo** to adorn sth with sth; GASTR to garnish sth with sth; (*vestido*) to trim sth with sth

guarnición *f* **1.** GASTR garnish; **chuletas de cordero con** ~ **de patatas y ensalada** lamb chops served with salad and potatoes **2.** (*adorno*) adornment; (*en un vestido*) trimming

guarrada *f,* **guarrería** *f inf* **1.** (*mala pasada*) dirty trick **2.** (*palabras*) swear word(s) **3.** (*asquerosidad*) **ser una** ~ (*sucio*) to be filthy; (*asqueroso*) to be disgusting

guarro, -a I. adj **1.** (*cosa*) disgusting; **chiste** ~ dirty joke **2.** (*persona*) dirty; (*moralmente*) smutty **II.** m, f pig

guasa f joke; **estar de** ~ to be joking; **tiene** ~ **que...** +*subj* it's ironic that ...

guasón, -ona m, f joker

Guatemala f Guatemala

? Guatemala (official title: **República de Guatemala**) lies in Central America. The capital is also called **Guatemala**. The official language of the country is Spanish and the monetary unit of **Guatemala** is the **quezal**.

---

guatemalteco, -a adj, m, f Guatemalan

guay adj inf great, cool

Guayana f Guyana

guayanés, -esa adj, m, f Guyanese

gubernamental adj governmental

gubernativo, -a adj governmental; **policía gubernativa** national police

güero, -a adj, m, f AmL blond(e)

guerra f war; **la** ~ **civil española** the Spanish Civil War; **guerra química/psicológica** chemical/psychological warfare; **la Segunda Guerra Mundial** the Second World War; **en** ~ at war; **dar mucha** ~ inf to be a real handful; **ir a la** ~ to go to war; **tener la** ~ **declarada a alguien** fig to have it in for sb

guerrear vi to wage war

guerrero, -a I. adj warlike **II.** m, f warrior

guerrilla f **1.** (*guerra*) guerrilla warfare **2.** (*partida*) guerrilla band

guerrillero, -a m, f guerrilla (fighter)

gueto m ghetto

guía¹ mf (*persona*) guide; ~ **turístico** tourist guide

guía² f **1.** (*pauta*) guidance, guideline **2.** (*manual*) handbook; ~ **comercial** trade directory; ~ **de ferrocarriles** railway timetable; ~ **telefónica** telephone directory, phone book Am; ~

turística travel guide(book)

guiar <*I. pres:* guío> **I.** vt **1.** (*a alguien*) to guide **2.** (*conversación*) to direct **II.** vr ~**se por algo** to be guided by sth; **me guío por mi instinto** I follow my instincts

guijarro m pebble

guillotina f guillotine; **ventana de** ~ sash window

guinda f morello cherry

guindilla f chilli pepper Brit, chili pepper Am

guiñapo m **1.** (*trapo*) rag **2.** (*andrajoso*) **estar hecho un** ~ to be a wreck

guiñar vt, vi to wink; ~ **el ojo a alguien** to wink at sb

guiño m wink; **hacer un** ~ **a alguien** to wink at sb

guión m **1.** CINE, TV script **2.** (*de una conferencia*) outline **3.** LING hyphen; (*en diálogo*) dash

guionista mf CINE screenwriter; TV scriptwriter

guipuzcoano, -a adj of/from Guipuzcoa

guiri mf pey, inf foreigner

guirnalda f garland

guisa f a ~ **de** like; **de tal** ~ in such a way; **no puedes hacerlo de esta** ~ you can't do it like that

guisado m stew

guisante m pea

guisar vt **1.** (*cocinar*) to cook **2.** (*tramar*) to prepare

guiso m dish; (*en salsa*) stew

guitarra f guitar

guitarrista mf guitarist

gula f gluttony

gusano m **1.** (*lombriz*) worm; ~ **de luz** glow-worm **2.** (*oruga*) caterpillar **3.** (*larva de mosca*) maggot

gustar I. vi **1.** (*agradar*) **me gusta nadar/el helado** I like swimming/ice cream; **¿te gusta estar aquí?** do you like it here?; **¡así me gusta!** well done! **2.** (*ser aficionado*) **de hacer algo** to enjoy doing sth **3.** (*atraer*) **me gusta tu hermano** I fancy your brother **4.** (*querer*) **me gustas** I like you **5.** (*condicional*) **me** ~**ía saber...** I would like to know … **II.** *vt* to taste

> ! The verb **gustar** is used only in two persons, the third person singular and the third person plural, according to its grammatical subject. It is always used with the definite article when the subject is a noun: "Me gusta mucho el chocolate; A Mario no le gustan los niños." It can also be used with a verb in the infinitive: "A Beatriz le gusta bailar el tango."

gusto *m* **1.** (*sentido*) taste; **una broma de mal ~** a joke in bad taste; **no hago nada a tu ~** nothing I do pleases you; **lo ha hecho a mi ~** he/she did it to my satisfaction; **sobre ~s no hay nada escrito** there's no accounting for tastes **2.** (*sabor*) taste, flavour *Brit*, flavor *Am;* **tener ~ a algo** to taste of sth; **huevos al ~** eggs cooked to order **3.** (*placer*) pleasure; **con ~** with pleasure; **coger ~ a algo** to take a liking to sth; **estar a ~** to feel comfortable; **tanto ~ en conocerla – el ~ es mío** pleased to meet you – the pleasure is all mine; **cantan que da ~** they sing wonderfully

gutural *adj* guttural, throaty

Hh

H, h *f* H, h; **~ de Huelva** H for Harry *Brit,* H for How *Am*
haba *f* broad bean; **son ~s contadas** there's no doubt about it; **en todas partes cuecen ~s** *prov* it's the same the world over
Habana *f* **la ~** Havana
habanero, -a *adj, m, f* Havanan

habano *m* Havana cigar
haber *irr* **I.** *aux* **1.** (*en tiempos compuestos*) to have; **he comprado el periódico** I've bought the newspaper **2.** (*de obligación*) **~ de hacer algo** to have to do sth; **has de hacerlo** (*sin falta*) you must do it **3.** (*futuro*) **han de llegar pronto** they will be here soon **4.** (*imperativo*) **¡~ venido antes!** you should have come earlier! **II.** *vimpers* **1.** (*ocurrir*) **ha habido un terremoto en Japón** there has been an earthquake in Japan; **¿qué hay?** what's the news?; **¿qué hay, Pepe?** how's it going, Pepe? **2.** (*efectuarse*) **hoy no hay cine** the cinema is closed today; **ayer hubo reunión** there was a meeting yesterday **3.** (*existir*) **aquí no hay agua** there is no water here; **eso es todo… ¡y ya no hay más!** that's all … and nothing more!; **¿hay algo entre tú y ella?** is there something going on between you two?; **hay poca gente que…** there are few people who …; **hay quien cree que…** some people think that …; **¡muchas gracias! – no hay de qué** thanks a lot! – not at all; **no hay quien me gane al ping-pong** nobody can beat me at table tennis **4.** (*hallarse, estar*) **hay un cuadro en la pared** there is a painting on the wall; **no hay platos en la mesa** there are no plates on the table; **¿había mucha gente?** where there many people? **5.** (*tiempo*) **había una vez…** once there was … **6.** (*obligatoriedad*) **¡hay que ver cómo están los precios!** my God! look at those prices!; **hay que trabajar más** we have to work harder; **no hay que olvidar que…** we must not forget that … **III.** *vr* **habérselas con alguien** to be up against sb **IV.** *m* **1.** (*capital*) assets *pl* **2.** (*en cuenta corriente*) balance, account; **pasaré la cantidad a tu ~** I'll pay the amount into your account

> ! **hay** is used for both singular and plural. It can also be used with the

indefinite article, with numbers, without the article or with indefinite articles such as 'mucho' and 'poco': "Hay un libro/diez libros de español en la mesa; Hay gente/mucha gente en la calle."

habichuela *f* (kidney) bean; (*judía blanca*) haricot bean

hábil *adj* **1.** (*diestro*) skilled; **ser ~ para algo** to be skilled at sth **2.** (*en el oficio*) **ser ~ en algo** to be good at sth

habilidad *f* **1.** (*destreza*) skill; **no tengo gran ~ con las manos** I'm not very skilful with my hands **2.** (*facultad*) ability

habilitar *vt* JUR to entitle, to empower; (*documentos*) to authorize

habitación *f* room; (*dormitorio*) bedroom

habitante *mf* inhabitant; **¿cuántos habitantes tiene Madrid?** what is the population of Madrid?

habitar **I.** *vi* to live **II.** *vt* to live in

hábitat *m* <hábitats> habitat

hábito *m* t. REL habit; **he dejado el ~ de fumar** I gave up smoking; **el ~ no hace al monje** *prov* clothes don't make the man

habitual *adj* regular; **bebedor ~** habitual drinker; **lo dijo con su ironía ~** he said it with his customary irony

habituar <*1. pres:* habitúo> *vt, vr* **~(se) a algo** to get used to sth

habla *f* **1.** (*facultad*) speech, diction; **quedarse sin ~** to be left speechless **2.** (*acto*) speech; (*manera*) way of speaking; **un país de ~ inglesa** an English-speaking country; **¡Juan al ~!** TEL Juan speaking!

hablador(a) **I.** *adj* talkative **II.** *m(f)* **1.** (*cotorra*) chatterbox **2.** (*chismoso*) gossip

habladuría *f* rumour *Brit*, rumor *Am*; **~s** gossip

hablante *mf* speaker

hablar **I.** *vi* **1.** (*decir*) to speak, to talk; **~ alto/bajo** to speak loudly/softly; **~ entre dientes** to mutter; **~**

claro to speak frankly; **por no ~ de...** not to mention ...; **déjeme terminar de ~** let me finish; **el autor no habla de este tema** the author does not address this topic; **la policía le ha hecho ~** the police have made him talk; **los números hablan por sí solos** the figures speak for themselves; **¡no ~ás en serio!** you must be joking!; **¡ni ~!** no way! **2.** (*conversar*) **~ con alguien** to talk to sb; **~ por teléfono** to talk on the telephone; **~ por los codos** *inf* to talk nineteen to the dozen **II.** *vt* **1.** (*idioma*) to speak **2.** (*decir*) **~ a alguien** (*de algo/alguien*) to talk to sb (about sth/sb); **no me habló en toda la noche** he/she didn't say a word all night **3.** (*asunto*) **lo ~é con tu padre** I'll talk about it with your father **III.** *vr* **no se hablan** they are not on speaking terms; **no se habla con su madre** he/she doesn't talk to his/her mother

hacedor(a) *m(f)* maker

hacendado, -a **I.** *adj* landowning **II.** *m, f* landowner

hacendoso, -a *adj* hard-working

hacer *irr* **I.** *vt* **1.** (*producir, crear*) t. GASTR to make; (*patatas*) to do; (*textos*) to write; (*construir*) to build; **la casa está hecha de madera** the house is made of wood; **Dios hizo al hombre** God created man; **quiero la carne bien hecha** I want the meat well done **2.** (*realizar*) to do; **~ una llamada** to make a phone call; **a medio ~** half-finished; **¿qué hacemos hoy?** what shall we do today?; **hazlo por mí** do it for me; **lo hecho, hecho está** there's no use crying over spilt milk; **¿qué haces por aquí?** what are you doing round here?; **¡me la has hecho!** you've let me in for it; **la has hecho buena** you've really messed things up; **hicimos la trayectoria en tres horas** we did the journey in three hours **3.** (*pregunta*) to ask; (*observación, discurso*) to make **4.** (*ocasionar: ruido*) to make; (*daño*) to cause; **~**

destrozos to wreak havoc; ~ **sombra** to cast a shadow; **no puedes ~me esto** you can't do this to me **5.** (*procurar*) to make; ¿puedes ~me sitio? can you fit me in? **6.** (*transformar*) ~ **pedazos algo** to smash sth up; **estás hecho un hombre** you're a man now **7.** (*conseguir: dinero, amigos*) to make **8.** (*limpiar*) ~ **las escaleras** *inf* to do the steps **9.** TEAT ~ **una obra** to do a play; ~ **el papel de Antígona** to play the role of Antigone **10.** ENS to study, to do; ¿haces **francés** o **inglés?** are you doing French or English? **11.** (*más sustantivo*) ~ **el amor** to make love; ~ **caso a alguien** to pay heed to sb; ~ **cumplidos** to pay compliments; ~ **deporte** to do sport; ~ **frente a algo/alguien** to face up to sth/sb; ~ **noche en...** to spend the night in ...; ~ **uso de algo** to make use of sth **12.** (*más verbo*) ~ **creer algo a alguien** to make sb believe sth; ~ **venir a alguien** to make sb come; **hazle pasar** let him in; **no me hagas contarlo** don't make me say it **II.** *vi* **1.** (*convenir*) **eso no hace al caso** that's not relevant **2.** (*oficio*) ~ **de algo** to work as sth **3.** (*con preposición*) **por lo que hace a Juan...** as regards Juan ...; **hizo como que no me vio** he pretended he hadn't seen me **III.** *vr:* ~se **1.** (*volverse*) to become; ~se **del Madrid** to become a Madrid supporter **2.** (*simular*) ~se **el sueco** to pretend not to hear; ~se **la víctima** to act like a victim **3.** (*habituarse*) ~se **a algo** to get used to sth **4.** (*dejarse hacer*) ~se **una foto** to have one's picture taken **5.** (*conseguir*) ~se **respetar** to instill respect; ~se **con el poder** to seize power **6.** (*resultar*) to be; **se me hace muy difícil creer eso** it's very difficult for me to believe that **IV.** *vimpers* **1.** (*tiempo*) **hace frío/calor** it is cold/hot; **hoy hace un buen día** it's a nice day today **2.** (*temporal*) **hace tres días** three days ago; **no hace mucho** not long ago; **desde hace**

un día since yesterday

hacha *f* axe, hatchet

hachazo *m* stroke of the axe

hachís *m* hashish

hacia *prep* **1.** (*dirección*) towards, to; **el pueblo está más** ~ **el sur** the village lies further to the south; **fuimos** ~ **allí** we went that way; **vino** ~ **mí** he/she came towards me **2.** (*cerca de*) near **3.** (*respecto a*) regarding

hacienda *f* **1.** (*finca*) country estate **2.** FIN, POL ~ **pública** public finance

Hacienda *f* (*ministerio*) the Treasury, the Exchequer *Brit*; (*administración*) the Inland Revenue; **el Ministro de Economía y** ~ the Chancellor of the Exchequer; ¿pagas **mucho a** ~? do you pay a lot of tax?

hada *f* fairy; **cuento de** ~s fairy tale; ~ **madrina** fairy godmother

Haití *m* Haiti

haitiano, -a *adj, m, f* Haitian

halagar <g→gu> *vt* to flatter

halago *m* **1.** (*acción*) flattery **2.** (*palabras*) flattering words *pl*, compliment

halagüeño, -a *adj* flattering

halcón *m* falcon

hálito *m* breath

hall *m* hall

hallar **I.** *vt* to find; (*sin buscar*) to come across **II.** *vr:* ~se to be

hallazgo *m* **1.** discovery **2.** *pl* findings *pl*

halógeno *m* halogen

halterofilia *f* weightlifting

hamaca *f* hammock; (*tumbona*) deckchair

hambre *f t. fig* hunger; ~ **de poder** hunger for power; **matar el** ~ to kill one's hunger; **morirse de** ~ to die of hunger; **tener** ~ to be hungry; **a buen** ~ **no hay pan duro** *prov* hunger is the best sauce; **ser más listo que el** ~ to be no fool

hambriento, -a *adj t. fig* hungry; **estar** ~ **de poder** to be hungry for power

hambruna *f AmL* famine

hamburguesa *f* GASTR hamburger; ~ **con queso** cheeseburger

hampón *m* **1.** (*maleante*) crook

2.(*valentón*) thug
haragán, -ana *m, f* loafer
harapiento, -a *adj* ragged, in tatters
harapo *m* rag
harina *f* flour; ~ **integral** wholemeal flour; **esto es ~ de otro costal** this is a horse of a different colour
hartar *irr* I. *vt* 1.(*saciar*) ~ **a alguien** to give sb their fill 2.(*fastidiar*) **me harta con sus chistes** I'm getting sick of his/her jokes II. *vr:* ~**se** 1.(*saciarse*) to eat one's fill; (*en exceso*) to eat too much 2.(*cansarse*) to get fed up; ~**se de reír** to laugh oneself silly; **me he hartado de este tiempo** I'm sick of this weather
hartazgo *m* glut; **darse un ~** (*de dulces*) to have a binge (on the sweets)
harto, -a *adj* 1.(*repleto*) full; (*en exceso*) too full 2.(*cansado*) **estar ~ de alguien/algo** to be sick of sb/ sth II. *adv* (*sobrado*) (more than) enough; (*muy*) a lot of
hartura *f* (over)abundance
hasta I. *prep* 1.(*de lugar*) to; **te llevo ~ la estación** I'll give you a lift to the station; **volamos ~ Madrid** we're flying to Madrid; ~ **cierto punto** to a certain degree 2.(*de tiempo*) until, up to; ~ **ahora** up to now; ~ **el próximo año** up until next year 3.(*en despedidas*) ¡~ **luego!** see you later!; ¡~ **la vista!** see you again!; ¡~ **la próxima!** until next time! II. *adv* even III. *conj* ~ **cuando come lee el periódico** he/ she even reads the newspaper while he's/she's eating; **no consiguió un trabajo fijo ~ que cumplió 40 años** he/she didn't get a steady job until he/she was forty
hastiar <1. *pres:* hastío> I. *vt* to bore II. *vr:* ~**se de alguien/algo** to get fed up with sb/sth
hastío *m* boredom; ¡**qué ~!** what a bore!
hatillo *m* belongings *pl*; (*de ropa*) bundle
Hawai *m* Hawaii
hawaiano, -a *adj, m, f* Hawaian
Haya *f* **La ~** the Hague

haz *m* bunch
hazaña *f* feat, exploit
hazmerreír *m inv* laughing stock; **es el ~ de la gente** he's the butt of everyone's jokes
he *1. pres de* **haber**
hebilla *f* buckle
hebra *f* thread
hebreo *m* Hebrew
hebreo, -a *adj, m, f* Hebrew
hechicero, -a *m, f* sorcerer
hechizar <z→c> *vt* to cast a spell on; *fig* to captivate
hechizo *m* spell
hecho *m* 1.(*circunstancia*) fact; **de ~** in fact 2.(*acto*) action, deed; ~ **delictivo** criminal act 3.(*suceso*) event; JUR deed; **lugar de los ~s** scene of the crime
hecho, -a *adj* 1.(*cocido*) cooked; **me gusta la carne hecha** I like meat well done; **el pollo está demasiado ~** the chicken is overcooked 2.(*acabado*) finished; **frase hecha** set phrase; **traje ~** ready-made suit 3.(*adulto*) **un hombre ~ y derecho** a real man
hechura *f* making; (*de un vestido*) tailoring; **de buena ~** well-made
hectárea *f* hectare
heder <e→ie> *vi* ~ **a algo** to stink of sth
hediondo, -a *adj* fetid
hedor *m* stench; ~ **a huevos podridos** stench of rotten eggs
hegemonía *f* hegemony
helada *f* frost; **anoche cayó una ~** there was a frost last night
heladera *f Arg* refrigerator, fridge; **este sitio es una ~** it's absolutely freezing here
heladería *f* ice cream parlour *Brit* [*o* parlor *Am*]
helado *m* ice cream
helado, -a *adj* (*congelado*) frozen; (*frío*) freezing; **me quedé ~** I was freezing; *fig: pasmado* I was left speechless; (*de miedo*) I was petrified
helar <e→ie> I. *vt, vimpers* to freeze II. *vr:* ~**se** 1.(*congelarse*) to freeze; (*lago, ventana*) to freeze over

2. (*morir*) to freeze to death
3. (*pasar frío*) ~**se** (**de frío**) to be freezing

helecho *m* fern, bracken
hélice *f* propeller
helicóptero *m* helicopter
helio *m* helium
helvético, -a *adj, m, f* Swiss
hematoma *m* bruise; MED haematoma *Brit*, hematoma *Am*
hembra *f* female
hemiciclo *m* semicircle; (*Congreso de Diputados*) Parliament chamber
hemisferio *m* hemisphere
hemorragia *f* haemorrhage *Brit*, hemorrhage *Am*
hemorroides *fpl* haemorrhoids *pl Brit*, hemorrhoids *pl Am*
hendidura *f* crack
heno *m* hay; **fiebre del ~** hay fever
hepatitis *f inv* MED hepatitis
herbicida *m* herbicide
herbívoro *m* herbivore
herboristería *f* health food shop
heredad *f* piece of land; (*finca*) estate
heredar *vt* to inherit
heredero, -a *m, f* heir; **el príncipe ~** the crown prince; **el ~ del trono** the heir to the throne
hereditario, -a *adj* hereditary
hereje *mf* heretic
herencia *f* **1.** JUR inheritance **2.** (*legado*) legacy
herida *f* wound; **tocar a alguien en la ~** *fig* to find somebody's weak spot
herido, -a **I.** *adj* **1.** (*lesionado*) injured; MIL wounded; **~ de gravedad** seriously injured **2.** (*ofendido*) hurt, offended **II.** *m, f* **los ~s** the wounded; **en el atentado no hubo ~s** nobody was wounded in the attack
herir *irr como sentir vt* **1.** (*lesionar*) to injure; MIL to wound **2.** (*ofender*) to hurt, to offend; **no quisiera ~ susceptibilidades** I wouldn't want to hurt anybody's feelings
hermana *f* sister; *v.t.* **hermano**
hermanastro, -a *m, f* stepbrother *m*, stepsister *f*
hermandad *f* (*de hombres*) brother-

hood; (*de mujeres*) sisterhood; REL religious association
hermano, -a *m, f* brother *m*, sister *f*; **~ político** brother-in-law; **hermano de leche** foster brother; **tengo tres ~s** (*sólo chicos*) I have three brothers; (*chicos y chicas*) I have three brothers and sisters
hermético, -a *adj* hermetic(al); (*al aire*) airtight; (*al agua*) watertight
hermoso, -a *adj* beautiful; (*hombre*) handsome; (*sanote*) robust; (*día*) lovely
hermosura *f* beauty
hernia *f* hernia
herniarse *vr* to rupture oneself; *irón* to work very hard; **¡no te herniarás, no!** *irón* don't burst a blood vessel!
héroe *m* hero; (*protagonista*) main character
heroína *f* **1.** (*de héroe*) heroine; (*protagonista*) main character **2.** (*droga*) heroin
heroinómano, -a *m, f* heroin addict
heroísmo *m sin pl* heroism
herradura *f* horseshoe
herramienta *f* tool
herrería *f* blacksmith's, smithy
herrero *m* blacksmith
herrumbre *f* rust
hervidero *m* **1.** **un ~ de intrigas** a hotbed of intrigue **2.** (*multitud*) throng
hervidor *m* **~** (**de agua**) electric kettle
hervir *irr como sentir* **I.** *vi* to boil; (*burbujear*) to bubble; **~** (**a fuego lento**) to simmer **II.** *vt* to boil
hervor *m* **dar un ~ a algo** to bring sth to the boil; **levantar el ~** to come to the boil
heterosexual *adj, mf* heterosexual
híbrido, -a *adj* hybrid
hidratante *adj* moisturizing; **crema ~** moisturizer
hidratar *vt* to moisturize
hidrato *m* hydrate
hidráulica *f* hydraulics *pl*
hidráulico, -a *adj* hydraulic
hidroeléctrico, -a *adj* hydroelectric; **central hidroeléctrica** hydroelec-

tric power station

hidrofobia f hydrophobia

hiedra f ivy

hiel f bile

hielo m ice; **romper el ~** t. fig to break the ice; **quedarse de ~** to be stunned

hiena f hyena

hierba f grass; (comestible) t. MED herb; **infusión de ~s** herbal tea; **tenis sobre ~** lawn tennis; **mala ~** weed; **como la mala ~** like wildfire; **mala ~ nunca muere** prov the Devil looks after his own

hierbabuena f mint

hierro m iron; **salud/voluntad de ~** iron constitution/will

hígado m 1. ANAT liver 2. pl (valor) guts pl

higiene f hygiene

higiénico, -a adj hygienic; **compresa higiénica** sanitary towel Brit, sanitary napkin Am; **papel ~** toilet paper

higo m fig; **estar hecho un ~** to be crumpled

higuera f fig tree

hijastro, -a m, f stepson m, stepdaughter f

hijo, -a m, f 1. (parentesco) son m, daughter f; **un ~ de papá** Daddy's boy; **pareja sin ~s** childless couple; **~ político** son-in-law; **~ de puta** vulg bastard; **~ único** only child 2. pl (descendencia) children pl, offspring

hilar vt 1. (hilo, araña) to spin 2. (inferir) to work out

hilera f row, line; MIL file; **colocarse en la ~** to get into line

hilo m 1. (para coser) thread; (más resistente) yarn; TÉC wire; **~ conductor** thread; **~ dental** dental floss; **~ de perlas** string of pearls; **mover los ~s** fig to pull the strings; **pender de un ~** fig to hang by a thread 2. (tela) linen 3. (curso) gist; **perder el ~ (de la conversación)** to lose the thread (of the conversation) 4. (de un líquido) trickle

hilvanar vt to tack, to baste Am

himno m hymn; **~ nacional** national anthem

hincapié m **hacer ~ en algo** to emphasize sth

hincar <c→qu> I. vt to stick; **~ el diente en algo** fig, inf to get one's teeth into sth II. vr **~se de rodillas** to kneel down

hincha mf (seguidor) fan

hinchada f supporters pl

hinchado, -a adj 1. (pie, madera) swollen 2. (estilo) wordy, verbose

hinchar I. vt 1. (globo) to blow up; (neumático) to inflate 2. (exagerar) to exaggerate; **¡no lo hinches!** come off it! II. vr: **~se** 1. (pierna) to swell; **se me ha hinchado el pie** my foot's swollen 2. (engreírse) to become conceited 3. inf (de comer) **~se (de algo)** to stuff oneself (with sth) 4. (hacer mucho) **~se a escuchar algo** to listen to sth non-stop; **~se a insultar a alguien** to go overboard insulting sb

hinchazón f swelling

hindú mf 1. (indio) Indian 2. (del hinduismo) Hindu

hinojo m fennel

hiperenlace m hyperlink

hipermercado m superstore, hypermarket Brit

hipertensión f high blood pressure

hipertexto m hypertext

hípico, -a adj equestrian, horse

hipnosis f inv hypnosis

hipnotismo m hypnotism

hipnotizar <z→c> vt to hypnotize

hipo m hiccup; **tener ~** to have (the) hiccups; **...que quita el ~** fig ... that takes your breath away

hipocresía f hypocrisy

hipócrita I. adj hypocritical II. mf hypocrite

hipódromo m racecourse, racetrack Am

hipopótamo m hippopotamus

hipoteca f mortgage

hipotecar <c→qu> vt to mortgage

hipótesis f inv hypothesis

hiriente adj hurtful

hispalense adj of/from Seville

hispánico, -a adj 1. (de España) Spanish 2. (de Hispania) Hispanic;

H h

Filología Hispánica Spanish Language and Literature
hispano, -a I. *adj* **1.** (*español*) Spanish **2.** (*en EE.UU.*) Hispanic II. *m, f* **1.** (*español*) Spaniard **2.** (*en EE.UU.*) Hispanic
Hispanoamérica *f* Spanish America

> [?] **Hispanoamérica** is a generic term that includes all countries of Central and South America, where Spanish is (officially) spoken. There are nineteen states in total: **Argentina, Bolivia, Chile, Colombia, Costa Rica, Cuba, Ecuador, El Salvador, Guatemala, Honduras, México, Nicaragua, Panamá, Paraguay, Perú, Puerto Rico, República Dominicana, Uruguay** and **Venezuela**. In contrast, the collective term **Latinoamérica** (or **América Latina**) applies to all those countries of Central and South America that were colonised by the Spaniards, Portugese and French.

hispanoamericano, -a *adj, m, f* Spanish American
histeria *f* hysteria
histérico, -a I. *adj* hysterical II. *m, f* hysterical person
historia *f* **1.** (*antigüedad*) history; **pasar a la** ~ to go down in history **2.** *t. inf* story; **¡déjate de** ~**s!** stop fooling around; **ésa es la misma** ~ **de siempre** it's the same old story; **¡no me vengas con** ~**s!** come off it; **ya sabes la** ~ you know what I'm talking about
historiador(a) *m(f)* historian
historial *m* record; (*currículo*) curriculum vitae; ~ **delictivo** police record; ~ **profesional** professional background
histórico, -a *adj* historical; (*acontecimiento*) historic
historieta *f* **1.** (*anécdota*) anecdote

2. (*cómic*) comic strip
hito *m* milestone
hocico *m* muzzle; (*de cerdo*) snout
hockey *m sin pl* hockey; ~ **sobre hielo/hierba** ice/field hockey
hogar *m* **1.** (*casa*) home; **artículos para el** ~ household items; **persona sin** ~ homeless person **2.** (*familia*) family; **la vida del** ~ family life; **crear un** ~ to start a family **3.** (*de cocina, de tren*) boiler; (*de chimenea*) hearth
hogareño, -a *adj* **1.** (*ambiente*) family **2.** (*persona*) homeloving
hoguera *f* bonfire
hoja *f* **1.** BOT leaf; **árbol sin** ~**s** leafless tree **2.** (*de papel*) sheet; ~ **de lata** tinplate; ~ **volante** leaflet, flyer *Am* **3.** (*formulario*) form; ~ **de estudios** educational record; ~ **de servicios** service record **4.** (*de arma*) blade; ~ **de afeitar** razor blade **5.** (*de ventana*) pane
hojalata *f* tinplate
hojaldre *m* puff pastry; **pastel de** ~ puff
hojear *vt* to browse through
hola *interj* hello
Holanda *f* the Netherlands
holandés, -esa I. *adj* Dutch II. *m, f* Dutchman *m*, Dutchwoman *f*
holgado, -a *adj* loose
holgar *irr como colgar vi* **1.** (*sobrar*) to be unnecessary; **huelga decir que...** needless to say that ... **2.** (*descansar*) to relax
holgazán, -ana *m, f* layabout
holgura *f* **1.** (*de vestido*) looseness **2.** TÉC play **3.** (*bienestar*) **vivir con** ~ to live comfortably
hollín *m* soot
hombre I. *m* **1.** (*varón*) man; **el** ~ **de la calle** *fig* the man in the street; ~ **de estado** statesman; ~ **de negocios** businessman; **¡está hecho un** ~! he's become a man! **2.** (*especie humana*) **el** ~ mankind II. *interj* (*sorpresa*) well, well; (*duda*) well; **¡**~**!, ¿qué tal?** hey! how's it going?; **¡cállate,** ~! give it a rest, eh!; **¡pero,** ~! but, come on!; **¡sí,** ~! yes, of course!

hombrera *f* shoulder pad
hombro *m* shoulder; **ancho de ~s** broad-shouldered; **cargado de ~s** round-shouldered; **encogerse de ~s** to shrug one's shoulders
hombruno, -a *adj* mannish
homenaje *m* tribute; **rendir ~ a alguien** to pay homage to sb
homeopatía *f sin pl* homeopathic medicine
homeopático, -a *adj* homeopathic
homicida I. *adj* homicidal; **el arma ~** the murder weapon **II.** *mf* murderer *m*, murderess *f*
homicidio *m* homicide; (*planeado*) murder; (*no planeado*) manslaughter; **~ frustrado** attempted murder
homologar <g→gu> *vt* **1.** (*escuela*) to validate **2.** TÉC to authorize
homólogo, -a *m*, *f* counterpart
homosexual *adj*, *mf* homosexual
hondo, -a *adj* deep; **respirar ~** to breathe deeply
hondonada *f* depression, hollow
hondura *f* depth
Honduras *f* Honduras

? **Honduras** lies in Central America and borders **Nicaragua**, **El Salvador** and **Guatemala** as well as the Caribbean and the Pacific Ocean. The capital is **Tegucigalpa**. Spanish is the official language of the country and the monetary unit of **Honduras** is the **lempira**.

---

hondureño, -a *adj*, *m*, *f* Honduran
honestidad *f sin pl* honesty
honesto, -a *adj* honest
hongo *m* **1.** BOT fungus; (*comestible*) mushroom **2.** (*sombrero*) bowler (hat)
honor *m* honour *Brit*, honor *Am*; **¡palabra de ~!** word of honour!
honorable *adj* honourable *Brit*, honorable *Am*
honorario, -a *adj* honorary
honorarios *mpl* fees *pl*
honra *f* **1.** (*honor*) honour *Brit*,

honor *Am* **2.** REL **~s fúnebres** funeral proceedings
honradez *f* (*honestidad*) honesty; (*integridad*) integrity
honrado, -a *adj* honourable *Brit*, honorable *Am*
honrar *vt* to honour *Brit*, to honor *Am*
honroso, -a *adj* honourable *Brit*, honorable *Am*
hora *f* **1.** (*de un día*) hour; **~s de consulta** surgery hours; **~s extraordinarias** overtime; **~(s) punta** rush hour; **una ~ y media** an hour and a half; **un cuarto de ~** a quarter of an hour; **a última ~** at the last minute; **a primera/última ~ de la tarde** in the early/late afternoon; **noticias de última ~** last-minute news; **esperar ~s y ~s** to wait for hours and hours; **estar a dos ~s de camino** to be two hours' walk away; **a la ~** on time **2.** (*del reloj*) time; **adelantar/retrasar la ~** to put the clock forward/back; **¿qué ~ es?** what's the time?; **¿a qué ~ vendrás?** what time are you coming?; **me ha dado ~ para el martes** I've got an appointment for Tuesday **3.** (*tiempo*) time; **a la ~ de la verdad...** when it comes down to it ...; **no lo dejes para última ~** don't leave it till the last minute; **ven a cualquier ~** come at any time; **ya va siendo ~ que** +*subj* it is about time that
horadar *vt* to perforate
horario *m* timetable, schedule *Am;* **~ de oficina** office hours; **~ flexible** flexitime; **tenemos ~ de tarde** we work evenings
horario, -a *adj* hourly
horca *f* **1.** (*para colgar*) gallows *pl* **2.** (*horquilla*) pitchfork
horcajadas a ~ astride

? **Horchata** is a refreshing drink from Valencia made from **chufas** (a specific type of almond), **azúcar** (sugar) and **agua** (water).

horda f horde

horizontal adj horizontal

horizonte m horizon

horma f mould Brit, mold Am

hormiga f ant

hormigón m concrete

hormigueo m pins and needles; **tengo un ~ en la espalda** my back is itching

hormiguero m anthill; **la plaza era un ~ de gente** the square was seething with people

hormona f hormone

hornada f batch, ovenload

hornillo m stove

horno m 1. (cocina) oven; **asar al ~** to oven roast 2. TÉC furnace

horóscopo m horoscope

horquilla f 1. (del pelo) hairclip Brit, bobby pin Am; (de moño) hairpin 2. (de bicicleta, árbol) fork

horrendo, -a adj v. **horroroso**

horrible adj horrible; **un crimen ~ a** ghastly crime

horripilante adj horrifying

horror m 1. (miedo, aversión) horror; **tener ~ a algo** to have a horror of sth; **siento ~ a la oscuridad** I'm terrified of the dark; **¡qué ~!** inf how horrible! 2. pl (actos) **los ~es de la guerra** the atrocities of war 3. inf (mucho) **ganar un ~ de dinero** to earn a lot of money

horrorizar <z→c> vt to horrify; **me horrorizó ver el accidente** I was horrified by the accident

horroroso, -a adj horrifying; (malo) awful

hortaliza f vegetable

hortelano, -a m, f market gardener Brit, truck gardener Am

hortera I. adj vulgar, tasteless II. m inf vulgar person

horterada f inf tasteless thing; **este vestido es una ~** this dress is completely tasteless

hortofrutícula adj fruit and vegetable gardening

hosco, -a adj 1. (persona) gruff 2. (ambiente) unpleasant, hostile

hospedar I. vt to accommodate II. vr: **~se** to stay

hospital m hospital

hospitalario, -a adj welcoming, hospitable

hospitalidad f sin pl hospitality

hospitalizar <z→c> vt to hospitalize; **ayer ~on a mi madre** yesterday my mother went into hospital; **estoy hospitalizado desde el domingo** I've been in hospital since Sunday

hostal m cheap hotel

hostelería f 1. ECON hotel business 2. ENS hotel management

hostia I. f 1. REL host 2. vulg (bofetada) clout, smack; (golpe) bash 3. fig, vulg **¡me cago en la ~!** for fuck's sake; **¡este examen es la ~!** fucking hell! what an exam!; **hace un tiempo de la ~** (malo) the weather's really shitty; (bueno) the weather's fantastic; **iba a toda ~** he was going full speed II. interj vulg Jesus

hostigar <g→gu> vt 1. (fustigar) to whip 2. (molestar) to bother; (con observaciones) to harrass

hostil adj hostile

hostilidad f hostility

hotel m hotel

hotelero, -a I. adj hotel; **industria hotelera** hotel business II. m, f hotelier, hotelkeeper

hoy adv today; **~ (en) día** nowadays; **llegará de ~ a mañana** it will arrive any time now; **los niños de ~ (en día)** children nowadays; **de ~ en adelante** from now on

hoyo m hole

hoyuelo m dimple

hoz f 1. AGR sickle 2. GEO gorge

huacal m And, Méx: wooden box

hubo 3. pret de **haber**

hucha f moneybox, piggy bank

hueco m 1. (agujero) hole; **~ de la mano** hollow of the hand; **~ de la ventana** window space 2. (lugar) space; **hazme un ~** move over 3. (tiempo) time; **hazme un ~ para mañana** make time for me tomorrow

hueco, -a adj 1. (ahuecado) hollow; (vacío) empty 2. (sonido) resonant 3. (tierra) soft

huelga *f* strike; **declararse en** [*o* **hacer**] ~ to go on strike; **estar en** ~ to be on strike

huelguista *mf* striker

huella *f* 1. (*señal*) mark; ~ (**de un animal**) (animal) track; ~ (**dactilar**) fingerprint 2. (*vestigio*) trace

huelveño, -a *adj* of/from Huelva

huérfano, -a I. *adj* orphan; **quedarse** ~ to become an orphan; **ser** ~ **de padre** to have no father II. *m, f* orphan

huerta *f* (*frutales*) orchard; (*hortalizas*) market garden *Brit*, truck garden *Am*

huerto *m* (*hortalizas*) vegetable patch; (*frutales*) orchard

hueso *m* 1. ANAT bone; **carne sin** ~ boneless meat; **te voy a romper los** ~**s** *inf* I'm going to kick your face in; **estar en los** ~**s** to be a rack of bones 2. (*de fruto*) stone, pit *Am*

huésped(a) *m(f)* guest

huesudo, -a *adj* 1. (*persona*) big-boned 2. (*carne*) bony

hueva *f* roe

huevera *f* egg cup; (*cartón*) egg crate

huevo *m* 1. BIO egg; ~ **duro/pasado por agua** hard-boiled/soft-boiled egg; ~**s revueltos** scrambled eggs 2. *vulg* (*testículo*) ball; **¡estoy hasta los** ~**s!** I've had it up to here!; **me importa un** ~ I don't give a shit; **me costó un** ~ (*dinero*) it cost loads; (*dificultades*) it was damn difficult

huida *f* flight

huidizo, -a *adj* elusive

huir *irr* I. *vi* (*escapar*) to flee; ~ **de casa** to run away from home; **el tiempo huye** time flies II. *vt, vi* (*evitar*) ~ (**de**) **algo** to keep away from sth; ~ (**de**) **alguien** to avoid sb

hule *m* 1. (*para la mesa*) tablecloth 2. (*tela*) oilcloth

humanidad *f* 1. (*género humano*) **la** ~ mankind; **un crimen contra la** ~ crime against humanity 2. (*naturaleza, caridad*) humanity

humanitario, -a *adj* humanitarian

humano, -a *adj* 1. (*del hombre*) human 2. (*manera de ser*) humane

humareda *f* cloud of smoke

humedad *f* humidity; (*agradable*) moisture; (*desagradable*) dampness

humedecer *irr como crecer* *vt* to moisten

húmedo, -a *adj* (*mojado*) wet; (*agradable*) moist; (*desagradable*) damp; (*con vapor*) humid

humildad *f* humility

humilde *adj* humble; **ser de orígenes** ~**s** to be of humble origin

humillación *f* humiliation

humillante *adj* humiliating

humillar *vt* to humiliate

humo *m* 1. (*de combustión*) smoke 2. (*vapor*) steam 3. *pl* (*vanidad*) conceit; **bajar los** ~**s a alguien** to take sb down a peg; **tener muchos** ~**s** to be very conceited

humor *m* 1. (*cualidad, humorismo*) humour *Brit*, humor *Am*; ~ **negro** gallows humour 2. (*ánimo*) mood; **estar de buen/mal** ~ to be in a good/bad mood; **no estoy de** ~ **para bailar** I'm not in the mood for dancing

humorismo *m sin pl* comedy

humorista *mf* comic, humorist; (*dibujante*) cartoonist

humorístico, -a *adj* comic

hundimiento *m* 1. (*de un barco*) sinking 2. (*de un edificio*) *t.* ECON collapse

hundir I. *vt* 1. (*barco*) to sink 2. (*destrozar*) to destroy; (*arruinar*) to ruin II. *vr*: ~**se** 1. (*barco*) to sink 2. (*edificio*) *t.* ECON to collapse; (*suelo*) to cave in

húngaro, -a *adj, m, f* Hungarian

Hungría *f* Hungary

huracán *m* hurricane

huraño, -a *adj* (*insociable*) unsociable; (*hosco*) surly

hurgar <g→gu> *vt, vi* 1. (*remover*) ~ **en algo** to poke about in sth; ~ **el fuego** to poke the fire; ~ **la nariz** to pick one's nose 2. (*fisgonear*) ~ (**en**) **algo** to look through sth

hurón, -ona *m, f* ferret

hurtadillas a ~ secretly; **lo hizo a** ~ **de su novia** he did it behind his girlfriend's back

hurtar I. *vt* to steal; (*en tiendas*) to

shoplift **II.** *vr* ~**se a algo** to keep away from sth

hurto *m* **1.** (*acción*) stealing; (*en tiendas*) shoplifting **2.** (*cosa*) stolen property

husmear I. *vt* (*perro*) to sniff **II.** *vi* (*perro*) to sniff around; (*fisgonear*) to nose around

huso *m* spindle

huy *interj* (*de dolor*) ow; (*de asombro*) wow

I i

I, i *f* I, i; ~ **de Italia** I for Isaac *Brit*, I for Item *Am*

ibérico, -a *adj* Iberian; **Península Ibérica** Iberian Peninsula

Iberoamérica *f* Latin America

iberoamericano, -a *adj, m, f* Latin American

ibicenco, -a *adj* of/from Ibiza

Ibiza *f* Ibiza

iceberg *m* <icebergs> iceberg

icono *m*, **ícono** *m* REL, INFOR icon

iconoclasta I. *adj* iconoclastic **II.** *mf* iconoclast

ictericia *f sin pl* MED jaundice

ictiología *f sin pl* ichthyology

I+D *abr de* **Investigación y Desarrollo** R & D

ida *f* departure; **de ~ y vuelta** return

idea *f* **1.** *t.* FILOS idea; **ni ~** no idea **2.** (*propósito*) intention **3.** *pl* (*convicciones*) ideas *pl*

ideal *adj, m* ideal

idealista I. *adj* idealistic **II.** *mf* idealist

idealizar <z→c> *vt* to idealize

idear *vt* **1.** (*concebir*) to conceive **2.** (*inventar*) to think up

ídem *pron* ditto

idéntico, -a *adj* **1.** (*igual*) identical **2.** (*semejante*) same

identidad *f* **1.** (*personalidad*) identity; **carné de ~** identity card **2.** (*coincidencia*) sameness

identificación *f* **1.** (*de alguien*) identification **2.** INFOR password

identificar <c→qu> **I.** *vt* to identify **II.** *vr:* ~**se 1.** (*con el DNI*) to identify **2.** (*con alguien*) ~**se con alguien/algo** to identify oneself with sb/sth

ideología *f* ideology

idilio *m* love affair

idioma *m* language

idiota I. *adj* idiotic, stupid **II.** *mf* idiot

idiotez *f* **1.** *t.* MED imbecility **2.** (*estupidez*) idiocy

idolatrar *vt* **1.** (*rendir culto*) to worship **2.** (*adorar*) to idolize

ídolo *m* idol

idóneo, -a *adj* apt

iglesia *f* church

iglú *m* igloo

ignominia *f* ignominy, disgrace

ignorancia *f* **1.** (*desconocimiento*) ignorance **2.** (*incultura*) lack of culture

ignorante I. *adj* **1.** (*desconocedor*) ignorant **2.** (*inculto*) uncultured **II.** *mf pey* dunce, ignoramus

ignorar *vt* **1.** (*no saber*) to be ignorant of **2.** (*no hacer caso*) to ignore

igual¹ I. *adj* **1.** (*idéntico*) identical; (*semejante*) same; **¡es ~!** it doesn't matter; **al ~ que...** as well as ... **2.** (*llano*) flat **3.** (*constante*) stable; (*ritmo*) steady **4.** MAT equal **II.** *mf* equal **III.** *adv inf* (*quizá*) ~ **no viene** he/she might not come

igual² *m* MAT equal(s) sign

igualada *f* equalizer

igualado, -a *adj* **1.** (*parecido*) similar **2.** (*empatado*) level

igualar I. *vt* **1.** (*hacer igual*) to equalize; (*equiparar*) to match **2.** (*nivelar*) to level **3.** (*ajustar*) to even out **II.** *vi* **1.** (*equivaler*) to be equal **2.** (*combinar*) to match **III.** *vr:* ~**se 1.** (*parecerse*) to be similar to **2.** (*compararse*) to equate **3.** (*ponerse igual*) to make equal

igualdad *f* **1.** equality; (*uniformidad*) sameness, uniformity; ~ **de derechos** equal rights **2.** (*semejanza*) similarity **3.** (*regularidad*) steadiness

igualmente I. *interj* and the same to

you **II.** *adv* equally

ikurriña *f* flag of the Basque Country

ilegal *adj* illegal, unlawful

ilegítimo, -a *adj* **1.** (*asunto*) illegal **2.** (*hijo*) illegitimate

ileso, -a *adj* unharmed, unhurt

ilícito, -a *adj* illegal, illicit

ilimitado, -a *adj* unlimited

ilógico, -a *adj* illogical

iluminación *f* **1.** (*el alumbrar*) *t.* ARTE illumination **2.** (*alumbrado*) lighting **3.** REL enlightenment

iluminar *vt* **1.** (*alumbrar*) *t.* ARTE to illuminate **2.** *fig* to enlighten

ilusión *f* **1.** (*alegría*) excitement **2.** (*esperanza*) hope **3.** (*sueño*) illusion **4.** (*espejismo*) (optical) illusion

ilusionar I. *vt* **1.** (*entusiasmar*) to excite; **estar ilusionado con algo** to be excited about sth; **me ilusiona mucho hacer ese viaje** I'm very excited about that journey **2.** (*hacer ilusiones*) to raise false hopes **II.** *vr:* ~**se 1.** (*alegrarse*) to be excited **2.** (*esperanzarse*) **el proyecto le ilusiona mucho** the project has got his hopes up

ilusionista *mf* illusionist

iluso, -a I. *adj* gullible **II.** *m, f* dreamer

ilusorio, -a *adj* **1.** (*engañoso*) illusory **2.** (*de ningún efecto*) ineffective

ilustración *f* **1.** (*imagen*) illustration **2.** HIST **la Ilustración** the Enlightenment

ilustrado, -a *adj* **1.** (*con imágenes*) illustrated **2.** (*instruido*) enlightened

ilustrar I. *vt* **1.** (*con imágenes, aclarar*) to illustrate **2.** (*instruir*) to enlighten **II.** *vr:* ~**se** to enlighten oneself

ilustre *adj* illustrious

imagen *f* **1.** (*general*) image **2.** TV picture **3.** REL graven image

imaginación *f* imagination

imaginar I. *vt* to imagine **II.** *vr:* ~**se 1.** (*representarse*) to imagine oneself **2.** (*figurarse*) to imagine, to suppose

imaginario, -a *adj t.* MAT imaginary, unreal

imaginativo, -a *adj* imaginative

imán *m* magnet

imbatible *adj* unbeatable

imbécil *adj t.* MED imbecile

imborrable *adj* **1.** (*tinta*) indelible **2.** (*acontecimiento*) unforgettable

imbuir *irr como huir vt* to imbue

IME *m abr de* **Instituto Monetario Europeo** EMI

imitación *f* imitation

imitar *vt* to imitate; (*parodiar*) to impersonate; (*firma*) to forge

impaciencia *f* impatience

impaciente *adj* impatient

impacto *m* **1.** (*de un proyectil*) impact; *fig* repercussions *pl* **2.** AmL (*en el boxeo*) punch **3.** (*emocional*) shock, impact

impar *m* odd number

imparcial *adj* **1.** (*justo*) impartial **2.** (*sin prejuicios*) unbiased

imparcialidad *f* impartiality, fairness

impartir *vt* to give

impasibilidad *f* impassiveness

impávido, -a *adj* self-possessed, intrepid

impecable *adj* impeccable

impedimento *m* impediment, hindrance

impedir *irr como pedir vt* **1.** (*imposibilitar*) to prevent **2.** (*obstaculizar*) to impede

impeler *vt* **1.** (*impulsar*) to impel, to drive **2.** (*incitar*) to urge

impenetrable *adj* impenetrable

impensable *adj* unthinkable

imperar *vi* to reign; *fig* to prevail

imperativo, -a *adj* **1.** (*autoritario*) imperative **2.** (*imperioso*) imperious

imperceptible *adj* **1.** (*inapreciable*) imperceptible **2.** (*minúsculo*) minute

imperdible *m* safety pin

imperdonable *adj* unpardonable, inexcusable

imperfección *f* imperfection, flaw

imperfecto *m* LING imperfect

imperfecto, -a *adj* imperfect, flawed

imperial *adj* imperial

imperialismo *m* POL imperialism

imperio *m* empire; *t. fig* realm

imperioso, -a *adj* **1.** (*autoritario*) imperious **2.** (*urgente, forzoso*) imperative

impermeable I. *adj* impermeable II. *m* raincoat

impersonal *adj t.* LING impersonal

impertérrito, -a *adj* imperturbable

impertinencia *f* impertinence

impertinente *adj* impertinent

imperturbable *adj* imperturbable

ímpetu *m* **1.** (*vehemencia*) vehemence **2.** (*brío*) impetus

impetuosidad *f* impetuousity

impetuoso, -a *adj* **1.** (*temperamento*) impetuous **2.** (*movimiento*) hasty

impío, -a *adj* **1.** (*irrespetuoso*) impious **2.** (*inclemente*) pitiless

implacable *adj* implacable

implantar I. *vt* **1.** *t.* MED to implant **2.** (*instituir*) to found, to institute **3.** (*introducir*) to introduce II. *vr:* ~se to become established

implicar <c→qu> I. *vt* **1.** (*incluir*) to involve **2.** (*significar*) to imply; **eso implica que...** this means that ... II. *vr:* ~se to be involved

implícito, -a *adj* **1.** (*incluido*) implicit **2.** (*tácito*) tacit

implorar *vt* (*a alguien*) to implore; (*algo*) to beg

imponente *adj* **1.** (*impresionante*) imposing **2.** (*que infunde respeto*) awesome **3.** (*inmenso*) enormous

imponer *irr como* poner I. *vt* **1.** (*sanciones*) to impose **2.** (*nombre*) to give **3.** (*respeto*) to command **4.** FIN to levy, to tax II. *vr:* ~se **1.** (*hacerse necesario*) to become necessary **2.** (*prevalecer*) to prevail over **3.** (*como obligación*) to impose oneself

imponible *adj* **1.** FIN taxable **2.** (*importación*) dutiable

impopular *adj* unpopular

importación *f* **1.** (*acción*) importation **2.** (*producto*) import

importancia *f* **1.** (*interés*) importance; **restar ~** to play down **2.** (*extensión*) scope, magnitude **3.** (*trascendencia*) significance

importante *adj* **1.** (*de gran interés*) important **2.** (*dimensión*) considerable **3.** (*cantidad*) significant

importar I. *vt* **1.** (*mercancía*) to import **2.** (*precio*) to cost, to amount to; (*valer*) to be worth II. *vi* to matter, to mind; **¿a ti qué te importa?** what has it got to do with you?

importe *m* (*cuantía*) value; (*total*) amount

importunar *vt* to pester

imposibilidad *f* impossibility

imposibilitar *vt* **1.** (*impedir*) to make impossible **2.** (*evitar*) to prevent

imposible *adj* **1.** (*irrealizable*) impossible **2.** *inf* (*insoportable*) impossible, unbearable

imposición *f* **1.** (*obligación*) imposition **2.** (*de impuestos*) taxation

impostor(a) *m(f)* impostor, imposter

impotencia *f* **1.** (*falta de poder*) *t.* MED impotence **2.** (*incapacidad*) incapacity

impotente *adj* **1.** *t.* MED (*sin poder*) impotent, powerless **2.** (*incapaz*) incapable

impracticable *adj* **1.** (*irrealizable*) unfeasible **2.** (*intransitable*) impassable

imprecar <c→qu> *vt* to curse, to imprecate *form*

impreciso, -a *adj* imprecise

impregnar I. *vt* **1.** (*empapar, un tejido*) to impregnate **2.** (*penetrar*) to penetrate II. *vr:* ~se to become impregnated

imprenta *f* **1.** (*técnica*) printing **2.** (*taller*) printer's **3.** BIO ~ **genética** genetic imprint **4.** (*máquina*) press

imprescindible *adj* (*ineludible*) essential; (*insustituible*) indispensable

impresión *f* **1.** (*huella*) imprint **2.** TIPO printing **3.** INFOR print-out **4.** FOTO print **5.** (*sensación*) impression

impresionable *adj* impressionable

impresionante *adj* **1.** (*emocionante*) impressive **2.** (*magnífico*) magnificent

impresionar I. *vt* **1.** (*emocionar*) to impress; (*conmover*) to move **2.** FOTO to print II. *vr:* ~se (*emocionarse*) to be impressed; (*conmoverse*) to be moved

impreso *m* 1.(*hoja*) sheet 2.(*formulario*) form

impresora *f* printer; ~ **láser** laser printer

imprevisto, -a *adj* (*no previsto*) unforeseen; (*inesperado*) unexpected

imprevistos *mpl* unexpected expenses

imprimir *irr vt* 1.TIPO, INFOR to print 2.(*editar*) to publish

improbable *adj* improbable, unlikely

improcedente *adj* 1.(*inoportuno*) inopportune 2.(*inadecuado*) inappropriate

improductivo, -a *adj* unproductive

impropiedad *f* impropriety

impropio, -a *adj* 1.(*inoportuno*) improper 2.(*inadecuado*) inappropriate

improvisación *f* improvisation

improvisado, -a *adj* impromptu, improvised

improvisar *vt* to improvise; *inf* TEAT to ad-lib

improviso, -a *adj* unexpected; **de** ~ unexpectedly

imprudencia *f* 1.(*irreflexión*) imprudence 2.JUR negligence

imprudente *adj* 1.(*irreflexivo*) imprudent 2.(*indiscreto*) indiscreet 3.JUR negligent

impúdico, -a *adj* indecent; (*obsceno*) lewd

impudor *m* shamelessness

impuesto *m* FIN tax; ~ **sobre el valor añadido** Value Added Tax; **libre de** ~**s** duty-free

impugnar *vt* 1.*t.* JUR to contest 2.(*combatir*) to dispute

impulsar *vt* 1.(*incitar*) to incite 2.(*estimular*) to motivate, to instigate

impulsivo, -a *adj* impulsive

impulso *m* 1.impulse 2.(*empuje*) drive

impune *adj* unpunished

impureza *f* 1.*t.* REL impurity 2.(*obscenidad*) foulness

impuro, -a *adj* 1.*t.* REL impure 2.(*obsceno*) lewd

imputar *vt* to impute

inacabable *adj* never-ending

inaccesible *adj* inaccessible

inacción *f* inaction

inaceptable *adj* unacceptable

inactividad *f* inactivity

inactivo, -a *adj* inactive

inadaptación *f* inability to adapt

inadecuado, -a *adj* inadequate

inadmisible *adj* inadmissible

inadvertido, -a *adj* 1.(*descuidado*) inadvertent 2.(*desapercibido*) unnoticed

inagotable *adj* inexhaustible

inaguantable *adj* unbearable, intolerable

inalámbrico, -a *adj* TEL cordless, wireless

inalterable *adj* 1.(*invariable*) unalterable 2.(*imperturbable*) impassive

inanición *f* starvation

inanimado, -a *adj,* **inánime** *adj* inanimate

inapreciable *adj* inappreciable

inaudito, -a *adj* unprecedented

inauguración *f* 1.(*puente, exposición*) opening 2.(*comienzo*) inauguration

inaugurar *vt* 1.(*puente*) to open 2.(*comenzar*) to inaugurate

inca *adj, m* Inca

? The **incas** were a small Indian tribe, who lived in **Perú**. In the 15th century, however, they expanded their empire, which ultimately covered present-day Colombia, Ecuador, Peru and Bolivia, and extended south into the northern part of Argentina and Chile.

incaico, -a *adj* Inca

incalculable *adj* incalculable

incandescente *adj* incandescent

incansable *adj* tireless

incapacidad *f* 1.(*ineptitud*) incompetence 2.(*psíquica*) incapacity; (*física*) disability

incapacitado, -a *adj* 1.(*incapaz*) incapacitated 2.(*incompetente*) incompetent

incapacitar *vt* 1.(*para negocios*) to incapacitate 2.(*impedir*) to impede

incapaz *adj* 1.(*inepto*) incapable 2.JUR incapacitated

incautación *f* seizure, confiscation

incautarse *vr* 1.(*confiscar*) to confiscate 2.(*adueñarse*) to appropriate

incauto, -a *adj* 1.(*sin cautela*) incautious 2.(*ingenuo*) naive

incendiar I.*vt* to set fire to II. *vr:* ~**se** to catch fire

incendiario, -a *adj, m, f* incendiary

incendio *m* fire; (*intencionado*) arson

incentivo *m* incentive

incertidumbre *f* 1.(*inseguridad*) incertitude 2.(*duda*) uncertainty

incesante *adj* incessant

incesto *m* incest

incidencia *f* 1.*t.* MAT incidence 2.(*efecto*) impact

incidente I. *adj* incidental II. *m* incident

incidir *vi* 1.(*tener consecuencias*) to impinge on 2.(*en un error*) to fall into 3.Fís to incise in

incienso *m* incense

incierto, -a *adj* uncertain

incineradora *f* incinerator

incinerar *vt* 1.TÉC to incinerate 2.(*cadáveres*) to cremate

incisión *f* t. MED incision

incitar *vt* to incite

incívico, -a *adj* antisocial

incivil *adj*, **incivilizado, -a** *adj* 1.(*inculto*) uncivilised 2.(*rudo*) uncivil

inclemencia *f* 1.(*personal*) unmercifulness 2.(*del clima*) inclemency

inclinación *f* 1.(*declive*) slope 2.(*reverencia*) bow 3.(*afecto*) inclination

inclinado, -a *adj* inclined

inclinar I.*vt* to incline II.*vr:* ~**se** 1.(*reverencia*) to bow 2.(*propender*) to incline

incluir *irr como huir vt* to include

inclusive *adv* inclusively

incluso I. *adv* inclusively II. *prep* including

incluso, -a *adj* included

incógnita *f* 1.MAT (*magnitud*) vari-

able 2.(*enigma*) enigma; (*secreto*) secret

incógnito, -a *adj* incognito

incoherente *adj* incoherent

incoloro, -a *adj* colourless *Brit,* colorless *Am*

incólume *adj* intact, unscathed

incomodar I. *vt* to inconvenience II. *vr:* ~**se** to trouble oneself

incomodidad *f*, **incomodo** *m* 1.(*inconfortable*) uncomfortableness 2.(*molestia*) inconvenience

incómodo, -a *adj* 1.(*inconfortable*) uncomfortable 2.(*molesto*) tiresome

incomparable *adj* incomparable

incompatible *adj* incompatible

incompetencia *f* incompetence

incompetente *adj* incompetent

incompleto, -a *adj* incomplete

incomprensible *adj* incomprehensible

incomunicado, -a *adj* incommunicado

incomunicar <c→qu> *vt* 1.(*aislar*) to isolate 2.(*bloquear*) to cut off

inconcebible *adj* inconceivable

inconcluso, -a *adj* unfinished

inconcreto, -a *adj* imprecise

incondicional I. *adj* unconditional II. *mf* faithful friend

inconexo, -a *adj* unconnected

inconformista *mf* nonconformist

inconfundible *adj* unmistakable

incongruente *adj* incongruous

inconmensurable *adj* incommensurate

inconsciencia *f* 1.(*desmayo*) unconsciousness 2.(*irresponsabilidad*) thoughtlessness

inconsciente *adj* 1. estar (*desmayado*) unconscious 2. ser (*irresponsable*) thoughtless

inconsistente *adj* 1.(*irregular*) uneven 2.(*argumento*) weak

inconstancia *f* inconstancy

inconstante *adj* 1.(*irregular*) inconstant 2.(*caprichoso*) changeable

incontable *adj* 1.(*innumerable*) countless 2. LING uncountable

incontestable *adj* 1.(*innegable*) incontestable 2.(*pregunta*) unanswerable

incontinencia *f t.* MED incontinence

inconveniencia *f* **1.** (*descortesía*) discourtesy **2.** (*disparate*) absurd remark

inconveniente **I.** *adj* **1.** (*descortés*) discourteous **2.** (*disparate*) absurd **II.** *m* **1.** (*desventaja*) disadvantage **2.** (*obstáculo*) inconvenience

incordiar *vt* to bother

incorporación *f* incorporation; ~ **a filas** MIL induction

incorporar **I.** *vt* **1.** (*a un grupo*) to incorporate in **2.** (*a una persona*) to include **II.** *vr:* ~**se** **1.** (*enderezarse*) to sit up **2.** (*agregarse*) to join; (*a filas*) to join up

incorrección *f* **1.** (*no correcto*) inaccuracy **2.** (*falta*) mistake

incorrecto, -a *adj* **1.** (*erróneo*) erroneous **2.** (*descortés*) impolite

incorregible *adj* incorrigible

incredulidad *f* **1.** (*desconfianza*) incredulity **2.** REL lack of faith

incrédulo, -a *adj* **1.** (*desconfiado*) incredulous **2.** REL (*sin fe*) unbelieving

increíble *adj* incredible

incrementar *vt* to increase

incremento *m* **1.** (*aumento*) increment **2.** (*crecimiento*) increase

increpar *vt* to rebuke

incruento, -a *adj* bloodless

incrustar **I.** *vt* (*con madera*) to inlay **II.** *vr:* ~**se** to embed itself

incubar **I.** *vt* to incubate **II.** *vr:* ~**se** to incubate

inculcar <c→qu> **I.** *vt* **1.** (*enseñar*) to instil, to instill *Am* **2.** (*infundir*) to inculcate **II.** *vr:* ~**se** to be obstinate

inculpar *vt* to accuse of; JUR to charge with

inculto, -a *adj* uneducated

incumbencia *f* **no es de tu** ~ it's none of your business

incumplimiento *m* non-compliance

incurable *adj* incurable

incurrir *vi* (*en una falta*) to commit; (*en un viejo hábito*) to go back to

indagación *f* investigation

indagar <g→gu> *vt* to investigate

indecencia *f* indecency; (*obscenidad*) obscenity

indeciso, -a *adj* **1.** (*irresoluto*) irresolute **2.** (*que vacila*) indecisive

indefenso, -a *adj* defenceless *Brit,* defenseless *Am*

indefinido, -a *adj t.* LING indefinite

indemne *adj* **1.** (*persona*) unharmed **2.** (*cosa*) undamaged

indemnizar <z→c> *vt* to indemnify

independiente *adj* independent

indeseable *adj* undesirable

indeterminado, -a *adj* **1.** (*inconcreto*) indeterminate **2.** (*indeciso*) indecisive

indexación *f* INFOR indexing

indexar *vt* INFOR to index

India *f* **la** ~ India

indicación *f* **1.** (*señal*) indication **2.** MED (*síntoma*) symptom **3.** (*consejo*) advice; **por** ~ **de...** on the advice of ...

indicado, -a *adj* indicated; **lo más** ~ the most suitable

indicador *m* indicator; TÉC gauge, gage *Am;* ECON index; (*de carretera*) roadsign

indicar <c→qu> *vt* **1.** TÉC (*aparato*) to register **2.** (*señalar*) to indicate; (*mostrar*) to show **3.** MED to prescribe

indicativo, -a *adj t.* LING indicative

índice *m* **1.** (*catálogo*) index; (*libro*) table of contents **2.** (*dedo*) index finger, forefinger **3.** (*estadísticas*) rate

indicio *m* **1.** (*señal*) sign **2.** (*vestigio*) trace

indiferencia *f* indifference

indiferente *adj* indifferent

indígena **I.** *adj* indigenous, native **II.** *mf* native

indigencia *f* poverty

indigestión *f* MED indigestion

indigesto, -a *adj ser* indigestible

indignación *f* indignation

indignar **I.** *vt* to infuriate, to outrage **II.** *vr:* ~**se** to become indignant

indigno, -a *adj* unworthy

indio, -a *adj, m, f* **1.** (*de la India*) Indian **2.** (*de América*) American Indian; **hacer el** ~ *fig* to fool around

indirecto, -a *adj* indirect

indiscreción *f* indiscretion

indiscreto, -a *adj* indiscreet
indiscriminado, -a *adj* indiscriminate
indiscutible *adj* indisputable
indispensable *adj* indispensable; **lo (más)** ~ the most essential
indisponer *irr como poner* **I.** *vt* **1.** (*enemistar*) to set someone against another **2.** (*de salud*) to indispose **II.** *vr:* ~**se 1.** (*enemistarse*) to quarrel **2.** (*ponerse mal*) to become indisposed
indisposición *f* indisposition
indistinto, -a *adj* **1.** (*igual*) indistinguishable **2.** (*difuso*) vague
individual *adj* **1.** (*personal*) personal **2.** (*simple*) single
individuo *m* individual
índole *f* nature, kind
indolencia *f* **1.** (*apatía*) apathy **2.** (*desgana*) indolence
indomable *adj* **1.** (*que no se somete*) indomitable **2.** (*indomesticable*) untameable
indómito, -a *adj* **1.** (*indomable*) indomitable **2.** (*rebelde*) rebellious
inducir *irr como traducir* *vt* ELEC to induce; ~ **a error** to mislead
indudable *adj* undeniable
indulgencia *f* indulgence
indultar *vt* JUR (*perdonar*) to pardon; (*tras un proceso*) to reprieve **2.** (*eximir*) to exempt
indulto *m* **1.** (*perdón total*) pardon **2.** (*exención*) exemption
industria *f* **1.** COM industry **2.** (*empresa*) business; (*fábrica*) factory **3.** (*dedicación*) industry
industrial **I.** *adj* industrial **II.** *mf* industrialist
industrializar <z→c> *vt, vr:* ~**se** to industrialize
inédito, -a *adj* **1.** (*no publicado*) unpublished **2.** (*desconocido*) unknown
inefable *adj* ineffable, inexpressible
ineficaz *adj* **1.** (*cosa*) ineffective **2.** (*persona*) ineffectual
ineficiente *adj* inefficient
INEM *m abr de* **Instituto Nacional de Empleo** *national employment agency*

ineptitud *f* **1.** (*incapacidad*) ineptitude **2.** (*incompetencia*) incompetence
inepto, -a *adj* **1.** (*incapaz*) inept **2.** (*incompetente*) incompetent
inequívoco, -a *adj* unequivocal
inercia *f t.* FÍS inertia
inerme *adj* **1.** (*desarmado*) unarmed **2.** BIO (*indefenso*) defenceless
inerte *adj* **1.** (*sin vida*) inanimate **2.** (*inmóvil*) inert
inescrutable *adj elev* inscrutable
inesperado, -a *adj* unexpected
inestable *adj* unstable
inestimable *adj* inestimable
inevitable *adj* inevitable, unavoidable
inexactitud *f* **1.** (*no exacto*) inaccuracy **2.** (*error*) incorrection
inexacto, -a *adj* inaccurate
inexistente *adj* non-existent
inexorable *adj elev* inexorable
inexperto, -a *adj* inexperienced
infalible *adj* infallible
infame *adj* **1.** (*vil*) wicked **2.** (*muy malo*) vile
infamia *f* **1.** (*canallada*) infamy **2.** (*deshonra*) dishonour *Brit,* dishonor *Am*
infancia *f* **1.** (*niñez*) childhood **2.** (*etapa*) infancy
infante, -a *m, f* **1.** *elev* (*niño, niña*) infant **2.** (*príncipe*) infante *m,* infanta *f*
infantería *f* MIL infantry
infantil *adj* **1.** (*de la infancia*) infant; **trabajo** ~ child labour *Brit,* child labor *Am* **2.** *pey* (*ingenuo*) infantile
infarto *m* heart attack
infatigable *adj* tireless
infección *f* MED **1.** (*contaminación*) contagion **2.** (*afección*) infection
infeccioso, -a *adj* MED infectious
infectar **I.** *vt* **1.** MED (*contagiar*) to transmit **2.** *inf* (*contaminar*) to infect **II.** *vr:* ~**se** to become infected
infeliz **I.** *adj* **1.** (*no feliz*) unhappy **2.** *inf* (*ingenuo*) ingenuous **II.** *mf inf* **1.** (*desgraciado*) wretch **2.** (*buenazo*) kind-hearted person
inferior **I.** *adj* **1.** (*debajo*) lower; (*a algo*) lesser; **labio** ~ lower lip **2.** (*de*

menos calidad) inferior **3.** (*subordinado*) subordinate **II.** *mf* inferior
inferioridad *f* inferiority
inferir *irr como sentir* **I.** *vt* to infer **II.** *vr:* ~**se** to be deducible
infernal *adj* infernal
infestar *vt* **1.** (*inundar*) to overrun **2.** (*infectar*) to infect
infidelidad *f* infidelity
infiel *adj* <infidelísimo> unfaithful
infierno *m* **1.** *t.* REL hell; **vete al** ~ go to hell **2.** (*en la mitología*) underworld
infiltración *f t.* POL infiltration
infiltrar **I.** *vt* to infiltrate; (*inculcar*) to imbue **II.** *vr:* ~**se 1.** (*penetrar*) to penetrate **2.** (*introducirse*) to infiltrate
ínfimo, -a *adj* **1.** (*muy bajo*) very low **2.** (*mínimo*) minimal **3.** (*vil*) vile
infinidad *f* infinity
infinitivo *m* infinitive
infinito *m t.* MAT infinity
infinito, -a *adj* **1.** (*ilimitado*) limitless **2.** (*incontable*) infinite
inflación *f* inflation
inflacionista *adj* inflationist
inflamar **I.** *vt* **1.** (*encender*) to ignite **2.** (*excitar*) *t.* MED to inflame **II.** *vr:* ~**se** *t.* MED to become inflamed
inflar **I.** *vt* to inflate **II.** *vr:* ~**se 1.** (*hincharse*) ~**se de algo** to swell with sth **2.** *inf* (*de comida*) to stuff oneself
inflexible *adj* **1.** (*rígido*) inflexible **2.** (*firme*) firm
infligir <g→j> *vt* (*dolor*) to inflict
influencia *f* influence
influenciar **I.** *vt* to influence **II.** *vr:* ~**se** to be influenced
influir *irr como huir* **I.** *vi* to have an influence on **II.** *vt* to influence
influjo *m* influence
influyente *adj* influential
información *f* **1.** information **2.** (*noticias*) news + *sing vb*
informal *adj* **1.** (*desenfadado*) informal **2.** (*no cumplidor*) unreliable
informante *mf* informant
informar **I.** *vt* to inform; (*periodista*) to report **II.** *vi* JUR to plead **III.** *vr:* ~**se** to find out

informática *f* computer science
informático, -a **I.** *adj* computer **II.** *m, f* computer expert
informativo *m* news programme *Brit,* news program *Am*
informativo, -a *adj* informative
informatizar <z→c> *vt* to computerize
informe *m* report
infortunio *m* misfortune
infotainment *m* infotainment
infracción *f* infraction; (*administrativa*) breach; (*de tráfico*) offence, offense *Am*
infrahumano, -a *adj* subhuman
infranqueable *adj* impassable
infrautilizar <z→c> *vt* to underuse
infravalorar *vt* to undervalue, to underestimate
infringir <g→j> *vt* to infringe; (*la ley*) to break
infructuoso, -a *adj* fruitless
infundado, -a *adj* unfounded
infundir *vt* (*deseo*) to infuse; (*temor*) to intimidate
infusión *f* infusion; (*de hierbas*) herb(al) tea
ingeniar **I.** *vt* to devise **II.** *vr:* ~**se** to manage
ingeniería *f* engineering
ingeniero, -a *m, f* engineer
ingenio *m* **1.** (*inventiva*) ingenuity, ingeniousness **2.** (*talento*) wit **3.** (*maña*) aptitude **4.** (*máquina*) device
ingenioso, -a *adj* **1.** (*hábil*) skilful *Brit,* skillful *Am* **2.** (*listo*) ingenious
ingenuidad *f* **1.** (*inocencia*) ingenuousness **2.** (*torpeza*) naivety
ingenuo, -a *adj* ingenuous
ingerir *irr como sentir* *vt* **1.** (*medicamentos*) to take **2.** (*comida*) to ingest
Inglaterra *f* England
ingle *f* ANAT groin
inglés, -esa **I.** *adj* English **II.** *m, f* Englishman *m,* Englishwoman *f*
ingratitud *f* ingratitude
ingrato, -a *adj* ungrateful
ingrediente *m* **1.** (*sustancia*) ingredient **2.** (*elemento*) element
ingresar **I.** *vi* **1.** (*en organiyación*) to

become a member of **2.** (*en hospital*) to be admitted to **II.** *vt* **1.** FIN (*cheque*) to pay in, to deposit **2.** (*hospitalizar*) to hospitalize **3.** (*percibir*) to earn

ingreso *m* **1.** (*inscripción*) entry **2.** (*alta*) incorporation **3.** (*en una cuenta*) deposit **4.** *pl* (*retribuciones*) income

inhábil *adj* **1.** (*persona: torpe*) clumsy; (*incompetente*) inept **2.** (*día*) non-working

inhabilitar *vt* **1.** (*incapacitar*) to incapacitate **2.** (*prohibir*) to disqualify

inhabitable *adj* uninhabitable

inhalar *vt t.* MED to inhale, to breathe in

inherente *adj* inherent

inhibir **I.** *vt* **1.** (*reprimir*) to repress **2.** BIO, JUR to inhibit **II.** *vr* to abstain from; (*de hacer algo*) to refrain from

inhumano, -a *adj* (*no humano*) inhuman; (*sin compasión*) inhumane

INI *m abr de* **Instituto Nacional de Industria** *national industry institute*

inicial *adj, f* initial

iniciar **I.** *vt* **1.** (*comenzar*) to begin **2.** (*introducir*) to initiate **3.** INFOR to log in **II.** *vr:* ~**se** **1.** (*comenzar*) to begin **2.** (*introducirse en*) to tech to

iniciativa *f* initiative; ~ **privada** ECON private enterprise

inicio *m* beginning

inigualable *adj* unrivalled *Brit,* unrivaled *Am*

ininterrumpido, -a *adj* uninterrupted

injerencia *f* interference

injertar *vt* (*plantas*) *t.* MED to graft

injerto *m t.* MED graft

injuria *f* (*palabras*) affront; (*acciones*) harm

injuriar *vt* (*con palabras*) to insult; (*con acciones*) to injure

injurioso, -a *adj* injurious

injusticia *f* injustice, unfairness

injusto, -a *adj* unjust, unfair

inmadurez *f sin pl* immaturity

inmaduro, -a *adj* immature

inmediatamente *adv* **1.** (*sin demora*) immediately **2.** (*directamente*) directly

inmediato, -a *adj* **1.** (*sin demora*) immediate; **de** ~ immediately **2.** (*directo*) direct **3.** (*próximo*) adjacent

inmejorable *adj* unbeatable

inmenso, -a *adj* immense

inmerecido, -a *adj* undeserved

inmigración *f* immigration

inmigrante *mf* immigrant

inmigrar *vi* to immigrate

inminente *adj* imminent

inmiscuirse *irr como huir vr* to interfere, to meddle

inmobiliaria *f* **1.** (*construcción*) construction company **2.** (*alquiler*) estate agency *Brit,* real estate office *Am*

inmodesto, -a *adj* immodest

inmolar(se) *vt,* (*vr*) to sacrifice oneself

inmoral *adj* immoral

inmortal *adj* immortal

inmortalizar <z→c> **I.** *vt* to immortalize **II.** *vr:* ~**se** to be immortalized

inmóvil *adj* immobile; (*inamovible*) unmovable

inmovilizar <z→c> **I.** *vt* **1.** (*paralizar*) to paralyse **2.** MED to immobilize **II.** *vr:* ~**se** to become immobilized

inmueble *adj, m* property

inmundicia *f* filth

inmundo, -a *adj* filthy

inmune *adj* MED immune

inmunidad *f* immunity

inmunizar <z→c> *vt* to immunize

inmutable *adj* **1.** (*inmodificable*) immutable **2.** (*imperturbable*) imperturbable

inmutarse *vr* to be affected; **sin** ~ impassively

innato, -a *adj* innate; (*talento*) natural

innavegable *adj* **1.** (*aguas*) unnavigable **2.** (*embarcación*) unseaworthy

innegable *adj* undeniable

innoble *adj* ignoble

innovación *f* innovation

inocencia *f* innocence

inocentada *f* (*comentario*) naive remark; (*acción*) naive action; **gastar una** ~ to play a practical joke

inocente *adj* **1.** (*sin culpa*) innocent

Mi habitación		My bedroom

	Spanish	English
1	libros *mpl*	books
2	espejo *m*	mirror
3	lámpara *f* (de mesa)	table lamp
4	taza *f*	mug
5	radiocasete *m*	radio cassette recorder, boom box *Am*
6	mesilla *f* de noche	bedside table, nightstand *Am*
7	cómoda *f*	chest of drawers, dresser *Am*
8	moqueta *f*	fitted carpet, carpet *Am*
9	zapatilla *f* de deporte	trainer, sneaker *Am*
10	raqueta *f* (de tenis)	tennis racket
11	cartera *f*, mochila *f*	school bag, backpack *Am*
12	edredón *m*	duvet, quilt *Brit*, comforter *Am*
13	almohada *f*	pillow
14	despertador *m*	alarm clock
15	antepecho *m*	windowsill
16	persiana *f*	blind
17	lector *m* de CD portátil	portable CD-player
18	lámpara *f* de escritorio, flexo *m*	desk lamp
19	(teléfono *m*) móvil *m*	mobile (phone), cellphone *Am*
20	escritorio *m*	desk
21	teclado *m*	keyboard
22	pantalla *f*, monitor *m*	screen

2. (*sin malicia*) harmless

inodoro *m* toilet (bowl)

inodoro, -a *adj* odourless *Brit,* odorless *Am*

inofensivo, -a *adj* inoffensive

inolvidable *adj* unforgettable

inoperante *adj* ineffective

inopinado, -a *adj* unexpected

inoportuno, -a *adj* **1.** (*fuera de lugar*) inappropriate **2.** (*fuera de tiempo*) inopportune

inoxidable *adj* rustproof; (*acero*) stainless

input *m* <inputs> INFOR input

inquebrantable *adj* (*decisión*) unwavering; (*cosa*) unbreakable

inquietar I. *vt* to worry II. *vr:* ~**se** to worry about

inquieto, -a *adj* **1.** *estar* (*intranquilo*) anxious **2.** *ser* (*desasosegado*) restless

inquietud *f* **1.** (*intranquilidad*) anxiety **2.** (*preocupación*) worry

inquilino, -a *m, f* tenant; COM lessee

inquirir *irr como* adquirir *vt* to enquire *Brit,* to inquire *Am*

insaciable *adj* insatiable

insalubre *adj* unhealthy

insano, -a *adj* (*loco*) insane

insatisfecho, -a *adj* dissatisfied

inscribir *irr como* escribir I. *vt* **1.** (*registrar*) to register **2.** *t.* MAT (*grabar*) to inscribe II. *vr:* ~**se 1.** (*registrarse*) to register **2.** *t.* UNIV (*alistarse*) to enrol *Brit,* to enroll *Am*

inscripción *f* **1.** (*registro*) registration **2.** *t.* UNIV (*alistamiento*) enrolment *Brit,* enrollment *Am* **3.** (*grabado*) inscription

insecticida *m* insecticide

insecto *m* insect

inseguridad *f* insecurity

inseguro, -a *adj* insecure

inseminación *f* insemination

insensato, -a *adj* foolish

insensibilidad *f* **1.** (*sin sensibilidad*) insensitivity **2.** (*resistencia*) immunity

insensible *adj* **1.** (*no sensible*) insensitive **2.** (*resistente*) immune

inseparable *adj* inseparable

insertar *vt* **1.** (*llave, moneda*) to insert **2.** (*anuncio*) to place

inservible *adj* useless

insidioso, -a *adj* **1.** (*intrigante*) scheming **2.** (*enfermedad*) insidious

insignia *f* **1.** (*de asociación*) badge; (*militar*) insignia **2.** (*bandera*) flag, ensign

insignificante *adj* insignificant

insinuar <*1. pres:* insinúo> I. *vt* to insinuate; **¿quién te ha insinuado eso?** who has put that into your head? II. *vr:* ~**se** (*a alguien*) to get in with; (*amorosamente*) to flirt with

insípido, -a *adj* **1.** (*comida*) insipid **2.** (*persona*) dull

insistencia *f* **1.** (*perseverancia*) persistence **2.** (*énfasis*) insistence

insistir *vi* **1.** (*perseverar*) to persist **2.** (*recalcar*) to insist

insociable *adj,* **insocial** *adj* unsociable

insolación *f* MED sunstroke

insolencia *f* impertinence, disrespect

insolente *adj* **1.** (*impertinente*) impertinent **2.** (*arrogante*) insolent

insólito, -a *adj* unusual, uncommon

insoluble *adj* insoluble

insolvencia *f* bankruptcy; ECON insolvency

insomnio *m* MED insomnia, sleeplessness

insondable *adj* bottomless

insonorizar <z→c> *vt* to soundproof

insoportable *adj* unbearable

insospechado, -a *adj* **1.** (*no esperado*) unexpected **2.** (*no sospechado*) unsuspected

inspección *f t.* TÉC (*reconocimiento*) inspection; **Inspección Técnica de Vehículos** ≈ MOT test

inspeccionar *vt t.* TÉC to inspect

inspector(a) *m(f)* inspector

inspiración *f* **1.** (*de aire*) inhalation **2.** (*ideas*) inspiration

inspirar I. *vt* **1.** (*aire*) to inhale **2.** (*ideas*) to inspire II. *vr:* ~**se** to be inspired

instalación *f* **1.** (*acción*) installation; **instalaciones deportivas** sports facilities *pl* **2.** TÉC fitting; (*objeto fijo*) fixture

instalador(a *m(f)* installer, fitter

instalar I. *vt* **1.** (*calefacción*) to install, to instal *Am;* (*baño*) to plumb **2.** (*alojar*) to accommodate **3.** (*negocio*) to set up **II.** *vr:* ~**se** to settle

instancia *f* **1.** (*solicitud*) application **2.** JUR instance; **en última ~** *fig* as a last resort

instantánea *f* FOTO snapshot

instantáneo, -a *adj* instantaneous; (*café*) instant

instante *m* instant; **en un ~** in an instant; **¡un ~!** one moment!

instar *vi, vt* (*pedir*) to urge; ~ **a algo** to press for sth

instaurar *vt* **1.** (*democracia*) to establish **2.** (*plan*) to implement

instigar <g→gu> *vt* to instigate; (*a algo malo*) to incite

instinto *f* instinct

institución *f* institution; ~ **penitenciaria** prison

instituir *irr como huir vt* **1.** (*fundar*) to found **2.** (*comisión*) to set up; (*norma*) to introduce

instituto *m* **1.** ENS (*de bachillerato*) secondary school, high school *Am* **2.** (*científico*) institute; **Instituto Monetario Europeo** European Monetary Institute; **Instituto Nacional de Empleo** Employment Service

institutriz *f* governess

instrucción *f* **1.** (*enseñanza*) teaching **2.** (*formación*) training **3.** *pl* (*órdenes*) instructions *pl*, directions *pl* **4.** JUR (*proceso*) proceedings *pl*

instructivo, -a *adj* instructive

instruir *irr como huir vt* **1.** (*enseñar*) to teach; (*en una máquina*) to instruct; (*en tarea específica*) to train **2.** JUR (*proceso*) to prepare

instrumento *m* instrument

insubordinarse *vr* to rebel

insuficiencia *f* **1.** (*cualidad*) insufficiency **2.** (*escasez*) deficiency; (*falta*) lack **3.** MED failure

insuficiente I. *adj* insufficient; (*conocimientos*) inadequate **II.** *m* ENS fail

insufrible *adj* insufferable

insular *adj* insular

insulina *f* MED insulin

insultar *vt* to insult

insulto *m* insult

insumisión *f* MIL refusal to do military service

insumiso *m* one who refuses to do military service or its alternative

insuperable *adj* (*dificultad*) insuperable, insurmountable; (*persona*) unrivalled *Brit,* unrivaled *Am*

insurgente *adj, mf* insurgent

insurrección *f* insurrection

intacto, -a *adj* **1.** (*no tocado*) untouched **2.** (*no dañado*) intact

integral I. *adj* **1.** (*completo*) integral, full **2.** (*pan*) wholemeal, wholegrain; (*arroz*) brown **II.** *f* MAT integral

integrar I. *vt* **1.** (*constituir*) to constitute, to comprise **2.** *t.* MAT (*en conjunto*) to integrate **II.** *vr:* ~**se** to integrate

integridad *f* **1.** (*totalidad*) entirety **2.** (*honradez*) integrity

integrismo *m* fundamentalism

integrista *mf* fundamentalist

íntegro, -a *adj* **1.** (*completo*) whole **2.** (*persona*) honest

intelectual I. *adj* intellectual; (*facultad*) intelligent, scholarly **II.** *mf* intellectual

inteligencia *f* **1.** (*capacidad*) intelligence; **servicio de ~** POL MI5 *Brit,* CIA *Am* **2.** (*comprensión*) comprehension

inteligente *adj* intelligent

inteligible *adj* **1.** (*comprensible*) comprehensible **2.** (*sonido*) *t.* FILOS intelligible

intemperie *f* a la ~ out in the open; **dormir a la ~** to sleep outdoors

intempestivo, -a *adj* **1.** (*observación*) inopportune **2.** (*visita*) ill-timed

intención *f* **1.** (*propósito*) intention; **con ~** deliberately **2.** (*idea*) idea

intencionado, -a *adj* intentional; JUR premeditated; **mal ~** unkind; (*persona*) malicious

intensidad *f* **1.** (*fuerza*) *t.* FÍS intensity **2.** (*de viento*) force

intensivo, -a *adj* intensive

intenso, -a *adj* **1.** (*fuerza*) strong

2.(*tormenta*) severe **3.**(*frío, calor*) intense

intentar *vt* **1.**(*probar*) to attempt, to try **2.**(*proponerse*) to intend, to mean

intento *m* **1.**(*tentativa*) attempt **2.**(*propósito*) aim

interactivo, -a *adj* interactive

intercalar *vt* (*en un periódico*) to insert

intercambio *m* exchange

interceder *vi* to intercede

interceptar *vt* (*comunicaciones*) to cut off; (*mensaje*) to intercept; (*tráfico*) to hold up

intercesión *f* intercession

interés *m* **1.**(*importancia*) concern **2.**(*atención*) interest **3.** FIN interest; (*rendimiento*) yield

interesado, -a I. *adj* **1.**(*con interés*) interested **2.**(*parcial*) biased, prejudiced II. *m, f* (*egoísta*) selfish person

interesante *adj* interesting

interesar I. *vi* to be of interest II. *vt* **1.**(*inspirar interés*) to interest **2.**(*atraer*) to attract, to appeal III. *vr:* ~**se 1.**(*mostrar interés*) ~**se por algo** to become interested in sth **2.**(*preguntar por*) ~**se por algo** to ask about sth

interface *m* INFOR interface

interferir *irr como sentir vi t.* FÍS to interfere

interfono *m* intercom

interino, -a I. *adj* **1.**(*funcionario*) temporary **2.** POL interim II. *m, f* **1.**(*suplente*) stand-in **2.**(*maestro*) supply teacher

interior I. *adj* interior; (*vida*) inner; **mercado** ~ COM home market; **ropa** ~ underwear II. *m* **1.**(*lo de dentro*) interior; **Ministerio del Interior** POL Home Office *Brit,* Department of the Interior *Am;* **en el ~ de...** inside ... **2.** DEP inside-forward

interjección *f* LING interjection

interlocutor(a) *m(f)* speaker

intermediario, -a I. *adj* intermediary II. *m, f* **1.**(*mediador*) mediator, intermediary; (*enlace*) go-between **2.**(*comerciante*) middleman

intermedio *m* interval

intermedio, -a *adj* **1.**(*capa*) intermediate; **mandos** ~**s** middle management **2.**(*tamaño*) medium

interminable *adj* interminable, endless

intermitente *m* intermittence; AUTO indicator *Brit,* turn signal *Am*

internacional *adj* international

internado *m* boarding school

internado, -a I. *adj* boarding II. *m, f* **1.**(*alumno*) boarder **2.**(*demente*) inmate

internar I. *vt* **1.**(*penetrar*) to lead inland; MIL to intern **2.**(*en hospital*) to admit; (*en asilo*) to commit II. *vr:* ~**se 1.**(*penetrar*) *t.* DEP to enter **2.**(*en tema*) to delve into

internauta *mf* INFOR Internet user

internet *f sin pl* INFOR Internet

interno, -a I. *adj* internal II. *m, f* (*en colegio*) boarder; (*en cárcel*) inmate

interponer *irr como poner* I. *vt* **1.**(*poner*) to interpose **2.** JUR to bring, to lodge II. *vr:* ~**se** to intervene

interpretación *f* **1.**(*de texto*) interpretation **2.**(*traducción oral*) interpreting **3.** TEAT performance; MÚS rendering

interpretar *vt* **1.**(*texto, oralmente*) to interpret **2.** TEAT to perform; MÚS to render

intérprete¹ *mf* **1.**(*de texto*) scholar **2.**(*actor*) performer **3.**(*traductor*) interpreter

intérprete² *m* INFOR interpreter

interrogación *f* **1.**(*de policía*) interrogation **2.**(*signo*) question mark

interrogante I. *adj* questioning II. *m* question

interrogar <g→gu> *vt* **1.**(*hacer preguntas*) to question **2.**(*policía*) to interrogate

interrumpir *vt* **1.**(*cortar*) to interrupt; (*tráfico*) to hold up **2.**(*estudios*) to terminate

interrupción *f* **1.**(*corte*) break; (*del tráfico*) hold-up **2.**(*de los estudios*) termination

interruptor *m* ELEC switch, socket *Am*

intersección *f* intersection; (*de ca-*

rreteras) crossing

intersticio m (espacio) t. BIO interstice; (en pared) crack; (entre placas) fissure

interurbano, -a adj intercity

intervalo m, **intérvalo** m t. MÚS interval

intervención f 1. (participación) participation 2. (en conflicto) intervention 3. POL intervention 4. MED operation 5. (del teléfono) tapping

intervenir irr como venir I. vi 1. (tomar parte) to participate 2. (en conflicto) to intervene 3. (mediar) to mediate II. vt 1. MED to operate on 2. (incautar) to seize 3. (teléfono) to tap 4. COM to audit

interventor(a) m(f) 1. COM auditor 2. POL supervisor

interviú m o f interview

intestino m 1. ANAT intestine 2. pl (tripas) intestines pl, bowels pl

íntimamente adv 1. (estrechamente) closely 2. (en lo íntimo) intimately

intimar I. vi to become intimate II. vt to require

intimidad f 1. (privacidad) privacy 2. (vida privada) private life 3. pl (sexuales) private parts pl; (asuntos) personal matters pl

intimidar vt to intimidate

íntimo, -a adj 1. (interior) inner, innermost 2. (amigo) intimate, close 3. (conversación) private

intolerable adj intolerable

intolerancia f intolerance

intoxicación f (de alimentos) food poisoning; (de alcohol) intoxication

intranet f sin pl INFOR Intranet

intranquilizar <z→c> vt, vr: ~se to worry

intranquilo, -a adj 1. (nervioso) edgy 2. (preocupado) worried

intransigente adj intransigent

intransitable adj impassable

intransitivo, -a adj LING intransitive

intrepidez f intrepidity, fearlessness

intrépido, -a adj intrepid

intriga f 1. (maquinación) intrigue 2. CINE suspense

intrigar <g→gu> I. vi to scheme

II. vt to intrigue

intrincado, -a adj 1. (nudo) intricate; (camino) twisting 2. (situación) complicated

intrínseco, -a adj 1. (interior) intrinsic 2. (propio) inherent

introducción f 1. (de una llave, medida) insertion, introduction; INFOR (de datos) input 2. (de mercancías) launching 3. (de libro) preface

introducir irr como traducir I. vt 1. (llave, disquete) to insert, to put in; (medidas) to introduce; INFOR (datos) to enter, to input 2. (discordia) to sow II. vr: ~se 1. (meterse) to get in(to) 2. (en un ambiente) to enter into 3. (moda) to be introduced

intromisión f interference

introvertido, -a adj introverted

intruso, -a I. adj intrusive II. m, f intruder

intuición f intuition

intuir irr como huir vt 1. (reconocer) to intuit form 2. (presentir) to sense; **intuyo que...** I have a hunch that ...

inundación f flood(ing)

inundar vt to flood

inusitado, -a adj unusual, uncommon

inusual adj unusual

inútil adj 1. (que no sirve) useless; MIL unfit 2. (esfuerzo) vain

inutilidad f uselessness; (laboral) incapacity; MIL unfitness

inutilizar <z→c> vt 1. (objeto) to render useless 2. (al enemigo) to defeat

invadir vt 1. (país) to invade 2. (plaga) to infest 3. (tristeza, dudas) to assail

invalidar vt 1. (anular) to invalidate 2. JUR (matrimonio) to annul

inválido, -a I. adj 1. MED disabled 2. (acuerdo) invalid II. m, f disabled person, invalid

invariable adj t. MAT invariable

invasión f 1. t. MIL, MED invasion 2. (de plaga) plague

invasor(a) I. adj invasive II. m(f) invader

invencible *adj* 1.(*inderrotable*) invincible 2.(*obstáculo*) unsurmountable

invención *f* invention; (*mentira*) lie

inventar *vt* to invent

inventario *m* 1.COM stocktaking 2.(*lista*) inventory

inventiva *f* inventiveness

invento *m* invention

inventor(a) *m/f* inventor

invernadero *m* BOT greenhouse

invernar <e→ie> *vi* ZOOL to hibernate

inverosímil *adj* 1.(*increíble*) implausible 2.(*improbable*) improbable

inversión *f* COM, FIN investment

inverso, -a *adj* inverse, opposite; **en orden ~** in reverse order

inversor(a) *m/f* investor

invertebrado, -a *adj* invertebrate

invertir *irr como sentir vt* 1.(*orden*) to invert 2.(*dar la vuelta*) to turn upside down 3.(*dinero*) to invest

investigación *f* 1.(*indagación*) investigation; (*averiguación*) enquiry *Brit,* inquiry *Am* 2.(*ciencia*) research

investigar <g→gu> *vt* 1.(*indagar*) to investigate; (*averiguar*) to enquire *Brit,* to inquire *Am* 2.(*en la ciencia*) to research

investir *irr como pedir vt* to confer; **la invistieron doctor honoris causa** she was given an honorary PhD; **~ doctor honoris causa** to be given an honorary PhD

inviable *adj* non-viable, unfeasible

invicto, -a *adj* unbeaten

invidencia *f* blindness

invidente I. *adj* blind II. *mf* blind person

invierno *m* winter

invisible *adj* invisible

invitación *f* 1.(*a una fiesta*) invitation 2.(*tarjeta*) invitation card

invitado, -a I. *adj* invited II. *m, f* guest

invitar *vt* 1.(*convidar*) to invite; **esta vez invito yo** this time it's on me 2.(*instar*) to press; (*rogar*) to beg

invocar <c→qu> *vt* (*dirigirse*) to invoke; (*suplicar*) to implore, to appeal

involucrar I. *vt* to involve II. *vr:* ~**se** 1.(*inmiscuirse*) to interfere 2.(*intervenir*) to become involved

involuntario, -a *adj* 1.(*sin querer*) unintentional 2.(*por obligación*) involuntary

invulnerable *adj* 1.(*no vulnerable*) invulnerable 2.(*insensible*) insensitive

inyección *f* 1.MED injection 2.TÉC fuel injection

inyectar *vt* to inject

ion *m* ion

IPC *m* ECON *abr de* **Índice de Precios al Consumo** RPI

ir *irr* I. *vi* 1.(*general*) to go; **¡voy!** I'm coming!; ~ **a pie** to go on foot; ~ **en bicicleta** to go by bicycle; **¿cómo va la tesina?** how is the dissertation going?; **¿cómo te va?** how are things? 2.(*ir a buscar*) **iré por el pan** I'll go and get the bread 3.(*diferencia*) **de dos a cinco van tres** two from five leaves three 4.(*referirse*) **eso no va por ti** I'm not referring to you; **¿tú sabes de qué va?** do you know what it is about? 5.(*sorpresa*) **¡vaya coche!** what a car!; **¡qué va!** of course not! 6.(*con verbo*) **iban charlando** they were chatting; **voy a hacerlo** I'm going to do it II. *vr:* ~**se** 1.(*marcharse*) to leave 2.(*dirección*) to go 3.(*resbalar*) to slip 4.(*perder*) to leak

ira *f* anger, wrath *form*

iracundo, -a *adj* irate

Irán *m* Iran

iraní *adj, mf* Iranian

Iraq *m* Iraq

iraquí *adj, mf* Iraqi

irascible *adj* irascible

iris *m* ANAT iris; **arco ~** rainbow

Irlanda *f* Ireland

irlandés, -esa I. *adj* Irish II. *m, f* Irishman *m,* Irishwoman *f*

ironía *f* irony

irónico, -a *adj* ironic

IRPF *m abr de* **Impuesto sobre la Renta de las Personas Físicas** personal income tax

irracional *adj* (*contra la razón*) ir-

rational; (*contra la lógica*) illogical
irreal *adj* unreal
irrecuperable *adj* irretrievable
irreflexión *f* recklessness, thoughtlessness
irregular *adj* 1. (*desigual*) irregular, uneven 2. (*contra las reglas*) irregular
irregularidad *f* 1. (*desigualdad*) irregularity, unevenness 2. (*contra las reglas*) irregularity
irremediable *adj* 1. (*inevitable*) inevitable 2. (*daño físico*) irreversible
irrenunciable *adj* 1. (*imprescindible*) indispensable 2. (*destino*) inescapable
irreparable *adj* 1. (*máquina*) irreparable 2. (*daño físico*) irreversible
irreprochable *adj* irreproachable
irresistible *adj* 1. (*atractivo*) irresistible 2. (*inaguantable*) unbearable
irresoluble *adj* unsolvable
irresolución *f* 1. (*indecisión*) indecisiveness 2. (*vacilación*) irresolution
irresoluto, -a *adj* 1. (*indeciso*) indecisive 2. (*vacilante*) irresolute
irrespetuoso, -a *adj* disrespectful
irresponsable *adj* irresponsible
irreversible *adj* irreversible
irrevocable *adj* 1. (*no revocable*) irrevocable 2. (*inamovible*) unalterable
irrigar <g→gu> *vt* 1. AGR (*regar*) to irrigate 2. (*la sangre*) to oxygenate
irrisorio, -a *adj* derisory; (*precios*) ridiculously
irritación *f* 1. MED inflammation 2. (*enfado*) irritation
irritar I. *vt* 1. (*molestar*) to irritate 2. MED to inflame II. *vr:* ~**se** 1. (*enojarse*) to become irritated 2. MED to become inflamed
irrupción *f* 1. (*entrada*) irruption 2. MIL (*invasión*) invasion; (*ataque*) raid
IRTP *m abr de* **impuesto sobre el rendimiento del trabajo personal** PAYE
isla *f* island
Islam *m* REL Islam
islámico, -a *adj* Islamic
islandés, -esa I. *adj* Icelandic II. *m, f*
Icelander
Islandia *f* Iceland
isleño, -a I. *adj* island II. *m, f* islander
isotónico, -a *adj* isotonic
Israel *m* Israel
israelí *adj, mf* Israeli
israelita *adj, mf* Israelite
istmo *m* GEO isthmus
Italia *f* Italy
italiano, -a *adj, m, f* Italian
itinerario *m* itinerary; AERO route
ITV *f abr de* **Inspección Técnica de Vehículos** MOT test
IVA *m abr de* **impuesto sobre el valor añadido** VAT
izar <z→c> *vt* NÁUT to hoist
izda. *adj,* **izdo.** *adj abr de* **izquierda, izquierdo** left
izquierda *f* 1. (*mano*) left hand 2. POL left 3. (*lado*) left side
izquierdista *adj, mf* POL leftist
izquierdo, -a *adj* left; (*zurdo*) left-handed

J j

J, j *f* J, j; ~ **de Juan** J for Jack *Brit*, J for Jig *Am*
jabalí *m* <jabalíes> wild boar
jabato, -a *adj* brave
jabón *m* soap; **pastilla de** ~ bar of soap; **dar** ~ **a alguien** to soft-soap sb
jabonar *vt* to soap
jaca *f* 1. (*yegua*) mare 2. *pey* (*caballo*) nag
jacinto *m* hyacinth
jactancioso, -a I. *adj* boastful II. *m, f* boaster
jactarse *vr* to boast of
jadear *vi* to pant
Jaén *m* Jaen
jaenero, -a, jaenés, -esa *adj* of/from Jaen
jaguar *m* jaguar
jalar I. *vt* AmL 1. (*cuerda*) to pull

2. (*persona*) to attract **3.** *inf* (*comer*) to guzzle **II.** *vr:* ~**se** *AmL* (*emborracharse*) to get drunk

jalea *f* jelly

jalear *vt* (*animar*) to encourage

jaleo *m* **1.** (*barullo*) commotion; **armar** ~ to kick up a row **2.** (*desorden*) confusion

jalón *m* **1.** (*vara*) pole **2.** (*hito*) landmark

jalonar *vt* **1.** (*un terreno*) to stake out **2.** (*marcar*) to mark

jamás *adv* never; **¿habías leído** ~ **algo parecido?** had you ever read anything like it?; **nunca** ~ never again

jamón *m* ham; ~ **dulce/serrano** boiled/cured ham; **¡y un** ~**!** *inf* get away!

Japón *m* Japan

japonés, -esa *adj, m, f* Japanese

jaque *m* DEP check; ~ **mate** checkmate; **dar** ~ to check

jaqueca *f* (*severe*) headache, migraine

jarabe *m* syrup; (*para la tos*) cough mixture

jarcia *f* NÁUT rigging

jardín *m* garden; (*de una ciudad*) parks *pl;* ~ **de infancia** creche *Brit,* nursery school

jardinería *f* gardening

jardinero, -a *m, f* gardener

jarra *f* jar; (*de agua*) jug, pitcher *Am;* (*de café*) mug; **ponerse en** ~**s** to stand with arms akimbo

jarro *m* jug, pitcher; (*de agua*) pitcher

jarrón *m* vase

jaula *f* cage

jauría *f* pack of hounds

jazmín *m* jasmine

jazz *m sin pl* MÚS jazz

J.C. *abr de* **Jesucristo** J.C.

jeep *m* <jeeps> jeep

jefatura *f* **1.** (*cargo*) leadership **2.** (*sede*) ~ **del gobierno** seat of government; ~ **de policía** police headquarters

jefazo *m inf* big boss

jefe, -a *m, f* (*de empresa*) head, boss; (*de una banda*) leader; ~ **de**(**l**) **Esta-**

do head of state; ~ **de gobierno** head of the government; **redactor** ~ editor-in-chief

jengibre *m* ginger

jeque *m* sheik(h)

jerarquía *f* hierarchy

jerárquico, -a *adj* hierarchical

jerez *m* sherry

jerga *f* (*lenguaje*) jargon

jerigonza *f* **1.** (*galimatías*) gibberish **2.** (*jerga*) jargon

jeringa *f* syringe

jeringar <g→gu> *vt* **1.** (*con la jeringa*) to syringe **2.** *inf* (*molestar*) to pester

jeringuilla *f* syringe

jeroglífico *m* (*signo*) hieroglyph(ic)

jeroglífico, -a *adj* hieroglyphic

jersey *m* pullover, jumper *Brit*

Jerusalén *m* Jerusalem

Jesucristo *m* Jesus Christ

jesuita *adj, m* Jesuit

Jesús *m* Jesus; **¡~!** (*al estornudar*) bless you!; (*interjección*) good heavens!

jet¹ *m* <jets> (*avión*) jet

jet² *f sin pl* (*alta sociedad*) jet set

jeta *f inf* (*cara*) mug; **ése tiene una** ~ **increíble** *fig* what incredible cheek that guy has

jíbaro, -a *adj* **1.** *AmL* (*campesino*) country; (*costumbres*) rural **2.** *AmL* (*animal*) wild

jienense, -a *adj* of/from Jaen

jilguero *m* goldfinch

jinete *m* (*persona*) horseman; (*profesional*) rider

jirafa *f* giraffe

jirón *m* shred

jitomate *m Méx* (*tomate*) tomato

JJ.OO. *abr de* **Juegos Olímpicos** Olympic Games

jockey *m* jockey

jocoso, -a *adj* humourous, jocular

joder I. *vt vulg* **1.** (*copular*) to fuck, to screw **2.** (*fastidiar*) to piss off; **¡no me jodas!** piss off! **3.** (*echar a perder*) to fuck up **4.** (*robar*) to pinch **II.** *vr:* ~**se** *vulg* to get pissed off; **¡jódete!** piss off!

Jordania *f* Jordan

jordano, -a *adj, m, f* Jordanian

jornada *f* 1. (*de trabajo*) working day; ~ **partida** split shift; **trabajo media** ~ I work part-time 2. (*viaje*) day's journey 3. *pl* (*congreso*) conference

jornal *m* (*paga*) day's wage

jornalero, -a *m, f* day labourer *Brit,* day laborer *Am*

joroba *f* 1. (*de persona*) hunched back 2. (*de camello*) hump

jorobado, -a I. *adj* hunchbacked II. *m, f* hunchback

jota *f* 1. (*letra*) j; **no saber ni ~** *inf* not to have a clue 2. (*baile*) Aragonese dance

joven I. *adj* young II. *mf* young man *m,* young woman *f*

jovial *adj* cheerful, jovial

joya *f* 1. (*alhaja*) jewel; (*piedra*) gem; **las ~s** jewellery, jewelry *Am* 2. *fig* (*persona*) gem

joyería *f* jeweller's shop *Brit,* jeweler's shop *Am*

joyero *m* jewel case

joyero, -a *m, f* jeweller *Brit,* jeweler *Am*

joystick *m* joystick

juanete *m* (*del pie*) bunion

jubilación *f* 1. (*acción*) retirement 2. (*pensión*) pension

jubilado, -a *m, f* pensioner, retiree

jubilar I. *vt* 1. (*a alguien*) to pension off 2. *inf* (*un objeto*) to take out of circulation II. *vr:* ~**se** to retire

júbilo *m* joy, jubilation

jubiloso, -a *adj* jubilant

judía *f* bean

judicial *adj* judicial

judío, -a I. *adj* Jewish II. *m, f* Jew

judo *m* DEP judo

juego *m* 1. (*diversión*) game; ~ **de mesa** board game; **hacer ~s malabares** to juggle; **perder dinero en el ~** to gamble money away; **vérsele a alguien el ~** *fig* to know what sb is up to 2. DEP play; ~ **limpio** fair play; **fuera de ~** (*persona*) offside; (*balón*) out of play 3. (*conjunto*) set; ~ **de café** coffee set; ~ **de mesa** dinner service; **hacer ~** to match 4. TÉC play

juerga *f* spree; **correrse unas cuan-**

tas ~s *inf* to go out at night quite a bit

jueves *m inv* Thursday; **Jueves Santo** Maundy Thursday; *v.t.* **lunes**

juez *mf t.* JUR judge; ~ **de línea** DEP linesman; **ser ~ y parte** to be biased

jugada *f* 1. DEP play; ~ **de ajedrez** chess move 2. (*jugarreta*) bad turn; **gastar una ~ a alguien** to play a dirty trick on sb

jugador(a) *m(f) t.* DEP player

jugar *irr* I. *vi* 1. (*a un juego, deporte*) to play; **¿puedo ~?** can I join in?; **¿a qué juegas?** *fig* what are you playing at? 2. (*bromear*) to play about; **hacer algo por ~** to do sth for fun 3. (*hacer juego*) to match II. *vt* 1. (*un juego*) to play; (*ajedrez*) to move; **¿quién juega?** whose turn is it? 2. (*apostar*) to gamble III. *vr:* ~**se** 1. (*la lotería*) to be drawn; **jugársela a alguien** *fig* to take sb for a ride 2. (*apostar*) to gamble on 3. (*arriesgar*) to risk

juglar *m* HIST, LIT, MÚS minstrel

jugo *m* 1. (*de fruta*) juice 2. (*esencia*) essence

jugoso, -a *adj* juicy

juguete *m* toy

juguetear *vi* to play

juguetería *f* toyshop

juguetón, -ona *adj* playful

juicio *m* 1. (*facultad para juzgar*) reason 2. (*razón*) sense; **tú no estás en tu sano ~** you're not in your right mind 3. (*opinión*) opinion; **a mi ~** to my mind 4. JUR trial; **el (día del) Juicio final** REL the Last Judgement

juicioso, -a *adj* (*sensato*) sensible; (*acertado*) fitting

julio *m* 1. (*mes*) July; *v.t.* **marzo** 2. FÍS joule

jumo, -a *adj AmL* (*borracho*) drunk

junco *m* 1. BOT reed 2. (*embarcación*) junk

jungla *f* jungle

junio *m* June; *v.t.* **marzo**

junta *f* 1. (*comité*) committee; (*consejo*) council; ~ **directiva** COM board of directors; ~ **militar** MIL military junta 2. (*reunión*) meeting; ~ **de accionistas** shareholders' meeting

3. TÉC joint; (*de dos tubos*) junction
juntar I. *vt* **1.** (*aproximar*) to put together **2.** (*unir*) to join **3.** (*reunir: personas*) to assemble; (*dinero*) to collect II. *vr:* ~**se 1.** (*reunirse*) to meet **2.** (*unirse*) to come together **3.** (*aproximarse*) to come closer **4.** (*vivir juntos*) to move in (together)
junto *prep* **1.** (*local*) ~ **a** near to; ¿**quién es el que está ~ a ella?** who's the man at her side?; ~ **a la entrada** at the entrance; **pasaron ~ a nosotros** they walked past us **2.** (*con movimiento*) ~ **a** beside; **pon la silla ~ a la mesa** put the chair next to the table **3.** (*con*) ~ **con** together with
junto, -a *adj* joined; **todos ~s** all together
jurado *m* **1.** JUR (*miembro*) juror; (*tribunal*) jury **2.** (*de un examen*) qualified examiner **3.** (*de un concurso*) panel member
jurado, -a *adj* qualified; **intérprete ~** sworn interpreter
juramento *m* **1.** *t.* JUR (*jura*) oath; **falso ~** perjury **2.** (*blasfemia*) swearword
jurar *vt, vi* to swear; ~ **en falso** to commit perjury; **jurársela(s) a alguien** *inf* to swear vengeance on sb
jurídico, -a *adj* legal, lawful
jurisdicción *f* **1.** JUR (*potestad*) jurisdiction; ~ **militar** military law **2.** (*territorio*) administrative district
jurisprudencia *f* jurisprudence
jurista *mf* jurist
justamente *adv* **1.** (*con justicia*) justly **2.** (*precisamente*) precisely
justicia *f* **1.** (*cualidad*) justice **2.** (*derecho*) law
justiciero, -a *adj* (*justo*) just; (*severo*) strict
justificación *f* **1.** (*disculpa*) justification **2.** (*prueba*) proof, evidence
justificante *m* supporting evidence; (*de ausencia*) note of absence
justificar <c→qu> I. *vt* **1.** (*disculpar*) to justify **2.** (*probar*) to prove; (*con documentos*) to substantiate II. *vr:* ~**se** to justify oneself
justo *adv* **1.** (*exactamente*) right; ~ **a**

tiempo just in time **2.** (*escasamente*) scarcely; ~ **para vivir** just enough to live on
justo, -a *adj* **1.** (*persona, decisión*) just **2.** (*exacto*) exact **3.** (*vestido*) close-fitting
juvenil *adj* youthful
juventud *f* **1.** (*edad*) youth **2.** (*estado*) early life **3.** (*jóvenes*) young people
juzgado *m* court; ~ **de guardia** police court
juzgar <g→gu> I. *vt* **1.** *t.* JUR (*opinar*) to judge; (*condenar*) to sentence; ~ **mal** to misjudge **2.** (*considerar*) to consider II. *vi* to judge; **a ~ por...** judging by ...

K, k *f* K, k; ~ **de Kenia** K for King
karaoke *m* karaoke
karate *m,* **kárate** *m* DEP karate
kart *m* <karts> go-cart
Kazajstán *m* Kazakhstan
KB *m* INFOR *abr de* **kilobyte** KB
keniano, -a *adj, m, f* Kenyan
keniata *adj, mf* Kenyan
ketchup *m* <ketchups> ketchup
kg *abr de* **kilogramo** kg
kibutz *m* <kibutzs> kibbutz
kikirikí *m* cock-a-doodle-doo
kilo *m* kilo

> ⚠ **kilo** is always used with the preposition 'de': "Déme dos kilos de naranjas, por favor."

kilogramo *m* kilogramme *Brit,* kilogram *Am*
kilometraje *m* AUTO mileage *Brit,* milage *Am* (*distance in kilometres*)
kilómetro *m* kilometre *Brit,* kilometer *Am*
kilovatio *m* kilowatt

kínder *m inv,* **kindergarten** *m inv,*
AmL kindergarten, nursery school
kit *m* <kits> kit
kleenex® *m inv,* **klínex®** *m inv*
Kleenex®, tissue
km *abr de* **kilómetro** km
Kremlin *m* Kremlin
Kurdistán *m* Kurdistan
kurdo, -a I. *adj* Kurdish **II.** *m, f* Kurd
kuwaití *adj, mf* Kuwaiti
kv *abr de* **kilovatio** kw

L

L, l *f* L, l; ~ **de Lisboa** L for Lucy *Brit,*
L for Love *Am*
la I. *art def v.* **el, la, lo II.** *pron pers, f
sing* **1.** *objeto directo* her; *cosa* it;
mi bicicleta y ~ **tuya** my bicycle
and yours **2.** *(con relativo)* = **que...**
the one that ...; = **cual** which **III.** *m*
MÚS A
laberinto *m* labyrinth, maze
labia *f inf* glibness; **tener mucha** ~
to be a smooth talker
labial *adj* labial
labio *m* **1.** *(boca)* lip **2.** *(borde)* rim
labor *f* work; *(de coser)* needlework;
(labranza) ploughing *Brit,* plowing
Am; **no estoy por la** ~ I don't feel
like it
laborable *adj* **día** ~ working day
laboral *adj* labour *Brit,* labor *Am*
laborar *vi* **1.** *(gestionar)* to strive for
2. *(intrigar)* to scheme
laboratorio *m* laboratory, lab
laborioso, -a *adj* **1.** *(trabajador)*
hard-working **2.** *(difícil)* arduous
laborista *adj* **partido** ~ Labour Party
labrado *m (campo)* cultivated land
labrado, -a *adj* **1.** *(madera)* carved;
(cristal) etched **2.** AGR tilled; **campo**
~ ploughed field
labrador(a) *m(f)* farmhand
labranza *f* tillage
labrar *vt* **1.** *(cultivar)* to work; *(arar)*

to plough *Brit,* to plow *Am* **2.** *(causar)* to bring about
labriego, -a *m, f* farmworker
laca *f* **1.** *(pintura)* lacquer **2.** *(para el
pelo)* hairspray; *(para las uñas)* nail
varnish
lacayo *m* lackey
lacerar *vt* **1.** *(herir)* to injure **2.** *(magullar)* to bruise
lacio, -a *adj (cabello)* straight, lank
lacónico, -a *adj* laconic
lacra *f* **1.** *(de una enfermedad)* mark
2. *(vicio)* blight
lacrar *vt* to seal
lacre *m* sealing wax
lacrimógeno, -a *adj (gas)* tear;
(sentimental) soupy
lactancia *f* breastfeeding
lactar *vt, vi* to nurse
lácteo, -a *adj* milk, dairy
ladear I. *vt* **1.** *(inclinar)* to slant; *(un
sombrero)* to tip **2.** *(desviar)* to skirt
II. *vi (caminar)* to walk lopsided
III. *vr:* ~**se** to lean
ladera *f* slope, hillside
ladino, -a *adj (taimado)* cunning
lado *m* **1.** *t. MAT (parte)* side; **ir de un**
~ **a otro** to go back and forth; **por
todos** ~**s** everywhere; **al** ~ nearby;
la casa de al ~ the house next-door;
al ~ **de** *(junto a)* beside, next to; **su**
~ **débil** his weak spot; **dejar de** ~ to
ignore; **me puse de tu** ~ I sided
with you; **por un** ~**..., y por el otro**
~**...** on the one hand..., and on the
other hand... **2.** *(borde)* edge; *(extremo)* end
ladrar *vi (perro)* to bark
ladrido *m* bark
ladrillo *m* brick
ladrón, -ona *m, f (bandido)* thief,
robber
lagar *m (aceite)* oil press; *(vino)*
winepress
lagartija *f* small lizard
lagarto *m* **1.** *(reptil)* lizard **2.** *AmL
(caimán)* alligator
lago *m* lake
lágrima *f* tear
lagrimal I. *adj* lachrymal **II.** *m*
corner of the eye
laguna *f* **1.** *(agua)* lagoon **2.** *(omi-*

sión) gap

laico, -a I. *adj* lay **II.** *m, f* layman *m,* laywoman *f*

> [?] The term **laísmo** refers to the incorrect or perhaps non-standard usage of **la(s)** as the indirect object instead of **le(s)**, e.g. "**La regalé una novela de Borges**" instead of "**Le regalé una novela de Borges.**" Such use is commonly accepted in certain regions but not accepted by most Spanish speakers.

lamentable *adj* regrettable

lamentar I. *vt* to regret; **lo lamento** I'm sorry **II.** *vr* ~**se de algo** to complain about

lamento *m* lament

lamer *vt* to lick

lámina *f* **1.**(*hojalata*) tin plate **2.**(*ilustración*) print

laminar *vt* **1.**(*cortar*) to split **2.**(*guarnecer*) to laminate

lámpara *f* **1.**(*luz*) lamp, light; ~ **de escritorio** desk lamp **2.** TV, RADIO valve *Brit,* tube *Am* **3.**(*mancha*) grease stain

lamparón *m* **1.**(*mancha*) grease stain **2.** MED scrofula

lampiño, -a *adj* (*sin barba*) beardless; (*sin pelo*) hairless

lana *f* **1.**(*material*) wool **2.** *inf* (*dinero*) dough

lance *m* **1.**(*trance*) critical moment **2.**(*pelea*) quarrel **3.**(*de juego*) move **4.**(*golpe*) stroke

lancha *f* (*bote*) motorboat; ~ **de salvamento** lifeboat

lanero, -a *adj* wool

langosta *f* **1.**(*insecto*) locust **2.**(*crustáceo*) lobster

langostino *m* prawn

languidecer *irr como crecer vi* to languish

languidez *f* **1.**(*debilidad*) weakness **2.**(*espíritu*) listlessness

lánguido, -a *adj* **1.**(*débil*) weak **2.**(*espíritu*) languid

lanilla *f* (*pelillo*) nap

lanudo, -a *adj* woolly, wooly *Am;* (*oveja*) wool-bearing

lanza *f* lance

lanzadera *f* shuttle; (*plataforma*) platform, launch(ing) pad

lanzado, -a *adj* **1.**(*decidido*) determined **2.**(*impetuoso*) impetuous

lanzamiento *m* throw; (*de bombas*) dropping; (*espacial*) launch; (*comercial*) promotion; ~ **de peso** DEP shot put

lanzamisiles *m inv* missile-launcher

lanzar <z→c> **I.** *vt* **1.**(*arrojar*) to throw; ~ **peso** to put the shot **2.**(*al mercado*) to launch **II.** *vr:* ~**se** to throw oneself; ~**se al agua** to dive into the water

lapa *f* limpet

La Paz La Paz

lapicero *m* pencil

lápida *f* stone tablet

lapidar *vt* to stone

lapidario, -a *adj* lapidary

lápiz *m* pencil; ~ **de labios** lipstick; ~ **de color** crayon, wax crayon *Brit*

lapón, -ona *adj, m, f* Lapp

Laponia *f* Lapland

lapso *m* **1.**(*de tiempo*) lapse **2.** *v.* **lapsus**

lapsus *m inv* blunder; ~ **linguae** slip of the tongue

largar <g→gu> **I.** *vt* **1.**(*soltar*) to release **2.** *inf* (*golpe*) to land **3.** *inf* (*discurso*) to give **4.**(*revelar*) to tell **II.** *vr:* ~**se 1.**(*irse*) to leave; (*de casa*) to leave home **2.** *AmL* (*comenzar*) to begin **III.** *vi inf* to yack

largo I. *adv* (*en abundancia*) plenty; ¡~ (**de aquí**)! clear off! **II.** *m* (*longitud*) length

largo, -a *adj* **1.**(*tamaño, duración*) long; **a** ~ **plazo** in the long term; **a lo** ~ **de los años** throughout the years; **ir de** ~ to be in a long dress; **pasar de** ~ to pass by; *fig* to ignore; **tener las manos largas** *fig* to be light-fingered **2.**(*extensivo*) lengthy; (*mucho*) abundant **3.** *inf* (*astuto*) shrewd

largometraje *m* full-length film

largura *f* length

laringe *f* larynx

laringitis *f inv* laryngitis
larva *f* larva
las I. *art def v.* **el, la, lo II.** *pron pers f pl* **1.** (*objeto directo*) them **2.** (*con relativo*) ~ **que...** the ones that ...; ~ **cuales** those which
lascivo, -a *adj* lewd
láser *m* laser
lástima *f* **1.** (*compasión*) pity; **me da** ~ I feel sorry for him/her; **por** ~ out of pity; **¡qué** ~! what a pity! **2.** (*lamentación*) complaint
lastimar I. *vt* **1.** (*herir*) to hurt **2.** (*agraviar*) to offend **II.** *vr:* ~**se 1.** (*herirse*) to hurt oneself **2.** (*quejarse*) to complain about
lastimero, -a *adj,* **lastimoso, -a** *adj* **1.** (*daño*) harmful **2.** (*lástima*) pitiful
lastre *m* **1.** NÁUT ballast **2.** (*estorbo*) dead weight
lata *f* **1.** (*metal*) tin **2.** (*envase*) tin *Brit,* can *Am* **3.** *inf* (*pesadez*) bore; **dar la** ~ to be a nuisance; **¡vaya** ~! what a pain!
latente *adj* latent
lateral *adj* lateral
latido *m* heartbeat
latifundio *m* large landed estate
latifundista *mf* owner of a large estate
latigazo *m* **1.** (*golpe*) whiplash **2.** (*chasquido*) crack **3.** (*reprimenda*) tongue lashing
látigo *m* whip
latín *m* Latin
latino, -a I. *adj* Latin; **América Latina** Latin America **II.** *m, f AmL* Latin American
Latinoamérica *f* Latin America
latinoamericano, -a *adj, m, f* Latin American
latir *vi* to beat
latitud *f* **1.** GEO latitude **2.** (*extensión*) breadth
latón *m* brass
latoso, -a *adj* bothersome
latrocinio *m* larceny
laúd *m* MÚS lute
laurel *m* **1.** (*árbol*) laurel **2.** (*condimento*) bay leaf
lava *f* lava
lavabo *m* **1.** (*pila*) washbasin, sink

Am **2.** (*cuarto*) toilet *Brit,* bathroom *Am*
lavadero *m* laundry
lavado *m* wash; ~ **de cerebro** *fig* brainwashing
lavadora *f* washing machine
lavanda *f* lavender
lavandería *f* laundry, launderette *Brit,* laundromat *Am*
lavaplatos *m inv* dishwasher
lavar I. *vt* (*limpiar*) to wash; ~ **los platos** to wash up **II.** *vr:* ~**se** to wash; ~**se los dientes** to brush one's teeth
lavavajillas *m inv* dishwasher, dishsoap *Am*
lavotearse *vr inf* to wash quickly
laxante *m* laxative
lazada *f* bow
lazo *m* **1.** (*nudo*) bow **2.** (*para caballos*) lasso **3.** (*cinta*) ribbon **4.** (*vínculo*) tie
le *pron pers* **1.** *objeto indirecto: m sing* him; *f sing* her; *forma cortés* you; **¡da** ~ **un beso!** give him/her a kiss!; ~ **puedo llamar el lunes** if you like, I can phone you on Monday **2.** *m sing reg: objeto directo* him
leal *adj* loyal
lealtad *f* loyalty
lebrel *m* greyhound
lección *f t. fig* lesson; UNIV lecture; **dar una** ~ **a alguien** *fig* to teach sb a lesson
leche *f* **1.** (*líquido*) milk **2.** *vulg* (*esperma*) spunk **3.** *inf* (*golpe*) blow **4.** *inf* (*hostia*) **¡~s!** damn it!; **ser la** ~ to be too much; **estar de mala** ~ to be in a foul mood
lechera *f v.* **lechero**
lechería *f* dairy
lechero, -a *m, f* milkman *m,* milkwoman *f*
lecho *m* bed; (*río*) riverbed
lechón, -ona *m, f* suckling pig
lechoso, -a *adj* milky
lechuga *f* lettuce
lechuza *f* barn owl
lectivo, -a *adj* ENS school; UNIV academic
lector *m* **1.** (*aparato*) player; ~ **de CD** CD player **2.** INFOR reader

lector(a) *m(f)* **1.** (*que lee*) reader **2.** (*profesor*) conversation assistant

lectura *f t.* INFOR reading

leer *irr vt* to read

legado *m* **1.** POL legacy; REL legate **2.** (*herencia*) legacy

legajo *m* dossier

legal *adj* **1.** (*determinado por la ley*) legal **2.** (*conforme a la ley*) lawful

legalidad *f* legality

legalizar <z→c> *vt* **1.** (*autorizar*) to legalize **2.** (*atestar*) to authenticate

legaña *f* sleep, rheum

legar <g→gu> *vt* **1.** (*legado*) to bequeath **2.** (*enviar*) to delegate

legendario, -a *adj* legendary

legión *f* **1.** MIL legion **2.** (*multitud*) crowd

legionario, -a **I.** *adj* legionary **II.** *m, f* legionnaire

legislación *f* **1.** (*acción*) lawmaking **2.** (*leyes*) legislation

legislar *vi* to legislate

legislativo, -a *adj* legislative

legislatura *f* **1.** (*período*) term of office **2.** *AmL* (*parlamento*) legislative body

legitimar *vt* **1.** (*dar legitimidad*) to authenticate **2.** (*hijo*) to make legitimate

legítimo, -a *adj* **1.** (*legal*) legitimate **2.** (*verdadero*) genuine

lego, -a **I.** *adj* **1.** (*no eclesiástico*) lay **2.** (*ignorante*) uninformed **II.** *m, f* layman

legua *f* league; **se ve a la ~ que...** it's obvious that ...

legumbre *f* (*seca*) pulse; (*fresca*) vegetable; **frutas y ~s** fruit and vegetables

leído, -a *adj* **1.** (*persona*) well-read **2.** (*revista*) widely-read

❓ The term **leísmo** refers to the incorrect or perhaps non-standard usage of **le(s)** as the indirect object instead of **lo(s)** or **la(s)**, e.g. "Les visité ayer, a mis hermanas" instead of "Las visité ayer, a mis hermanas." Such use is com-

monly accepted in certain regions but not accepted by most Spanish speakers.

lejanía *f* distance

lejano, -a *adj* faraway; (*parentesco*) distant

lejía *f* bleach

lejos **I.** *adv* far; **~ de algo** far from sth; **a lo ~** in the distance; **de ~** from afar; **sin ir más ~** *fig* to take an obvious example **II.** *prep* **~ de** far from

lelo, -a **I.** *adj inf* **1.** *ser* (*tonto*) silly **2.** *estar* (*pasmado*) stunned **II.** *m, f* (*persona*) dolt

lema *m* **1.** (*mote*) motto **2.** (*contraseña*) watchword

lencería *f* **1.** (*telas*) linen **2.** (*ropa interior*) underwear

lengua *f* ANAT, LING tongue; **~ materna** mother tongue; **~ oficial** official language; **dar a la ~** to gab; **en la punta de la ~** on the tip of my tongue; **se me trabó la ~** I got tongue-tied; **tener la ~ demasiado larga** *fig* to talk too much; **irse de la ~** to spill the beans; **tirar a alguien de la ~** *fig* to pump sb for information

lenguado *m* sole

lenguaje *m* language

lenguaraz *adj* talkative

lengüeta *f* **1.** (*zapato*) tongue; (*balanza*) pointer **2.** MÚS reed

lenitivo, -a *adj* alleviating

lente *m o f* **1.** (*gafas*) eyeglasses *pl;* **llevar ~s** to wear glasses **2.** *t.* FOTO (*cristal*) lens

lenteja *f* lentil; **ganarse las ~s** *fig* to earn one's daily bread

lentejuela *f* sequin, spangle

lentilla *f* contact lens

lentitud *f* slowness; *fig* slow-wittedness

lento, -a *adj* slow; *fig* slow-witted; **a paso ~** slowly; **a fuego ~** low heat

leña *f sin pl* **1.** (*madera*) firewood; **echar ~ al fuego** *fig* to add fuel to the flames **2.** (*castigo*) beating; **repartir ~** to dish out blows

leñador(a) *m(f)* woodcutter, lumberjack

leño *m* log

Leo *m* Leo

león *m* lion; *AmL* (*puma*) puma, cougar *Am*

leonino, -a *adj* **1.** (*animal*) leonine **2.** (*contrato*) unfair

leopardo *m* leopard

leotardo(s) *m(pl)* leotards *pl*, tights *pl*

lepra *f* MED *sin pl* leprosy

leproso, -a **I.** *adj* leprous **II.** *m, f* leper

lerdo, -a *adj* slow, sluggish

les *pron pers* **1.** *mf pl* (*objeto indirecto*) them; (*forma cortés*) you **2.** *m pl, reg* (*objeto directo*) them

lesbiana *f* lesbian

lesión *f* injury

lesionar **I.** *vt* **1.** (*herir*) to injure **2.** (*dañar*) to damage **II.** *vr*: ~**se** to get hurt

letal *adj elev* lethal

letanía *f* litany

letárgico, -a *adj* lethargic

letargo *m* lethargy

letón, -ona *adj, m, f* Latvian

Letonia *f* Latvia

letra *f* **1.** (*signo*) letter; ~ **mayúscula/minúscula** capital/small letter; **al pie de la** ~ to the letter; ~ **por** ~ word for word; **poner cuatro ~s a alguien** to drop sb a line **2.** (*escritura*) handwriting **3.** *pl* (*saber*) learning, letters; UNIV arts *pl;* **hombre de** ~**s** man of letters **4.** MÚS lyrics *pl* **5.** COM ~ (**de cambio**) bill of exchange; ~ **al portador** draft payable to the bearer

letrado, -a **I.** *adj* learned **II.** *m, f* lawyer

letrero *m* notice, sign

leucemia *f sin pl* MED leukaemia *Brit,* leukemia *Am*

leucocito *m* leucocyte *Brit,* leukocyte *Am*

levadizo, -a *adj* **puente** ~ drawbridge

levadura *f* leavening yeast; ~ **en polvo** baking powder

levantamiento *m* **1.** (*amotinamiento*) uprising **2.** (*alzar*) lifting

levantar **I.** *vt* **1.** (*alzar*) to lift; (*voz*) to raise; (*del suelo*) to pick up; (*algo inclinado*) to straighten; (*un campamento*) to strike; (*las anclas*) to weigh; ~ **el vuelo** to take off **2.** (*despertar*) to awaken; (*sospechas*) to arise **3.** (*construir*) to build; (*monumento*) to erect **4.** (*embargo*) to lift **5.** (*acta*) to draw up **II.** *vr*: ~**se** **1.** (*de la cama*) to get up **2.** (*sobresalir*) to stand out **3.** (*sublevarse*) to rebel **4.** (*viento, telón*) to rise **5.** (*sesión*) to adjourn

levante *m sin pl* **1.** (*Este*) east **2.** (*viento*) east wind

levar *vt* (*anclas*) to weigh

leve *adj* (*enfermedad*) mild; (*peso, sanción*) light

levedad *f sin pl* lightness

léxico *m* **1.** (*diccionario*) lexicon **2.** (*vocabulario*) vocabulary

ley *f* **1.** JUR, REL, FÍS law; ~ **orgánica** constitutional law; **la** ~ **seca** the Prohibition; **proyecto de** ~ POL bill; **ser de** ~ *inf* to be reliable **2.** *pl* (*estudio*) Law

leyenda *f* **1.** LIT, REL legend **2.** (*moneda*) inscription

liar <*1. pres:* lío> **I.** *vt* **1.** (*fardo*) to tie up **2.** (*cigarrillo*) to roll **3.** *inf* (*engañar*) to take in; (*enredar*) to mix up **II.** *vr*: ~**se** **1.** *inf* (*juntarse*) to become lovers **2.** (*embarullarse*) to get complicated

libanés, -esa *adj, m, f* Lebanese

Líbano *m* **El** ~ Lebanon

libar *vi* (*abeja*) to suck

libelo *m* libel

libélula *f* dragonfly

liberación *f* liberation, release

liberal *adj, mf* liberal

liberalidad *f* (*generosidad*) generosity

liberalizar <z→c> *vt* to liberalize

liberar *vt* to liberate, to set free

libertad *f* liberty; ~ **de expresión** freedom of speech; **en** ~ **bajo fianza** on bail; **en** ~ **condicional** on parole; **poner en** ~ to set free

libertar *vt* to liberate

libertinaje *m* libertinage

libertino, -a **I.** *adj* dissolute **II.** *m, f*

libertine
Libia *f* Libya
libidinoso, -a *adj* lustful
libido *f sin pl* libido
libio, -a *adj, m, f* Libyan
libra *f* pound; ~ **esterlina** pound sterling
Libra *f* Libra
libramiento *m,* **libranza** *f* order of payment; (*de un cheque*) payment
librar I. *vt* 1. (*dejar libre*) to free from; (*salvar*) to save from 2. COM (*letra*) to draw II. *vi inf* (*tener libre*) **hoy libro** I have today off III. *vr* 1. (*deshacerse*) to get rid of 2. (*salvarse*) to escape from
libre <libérrimo> *adj* 1. (*en general*) free; (*independiente*) independent; **zona de ~ cambio** free trade area 2. (*soltero*) single
librería *f* 1. (*tienda*) bookshop 2. (*biblioteca*) library 3. (*estantería*) bookcase
librero, -a *m, f* bookseller
libreta *f* 1. (*cuaderno*) notebook; (*para notas*) notepad 2. (*de ahorros*) bank book
libro *m* (*escrito*) book; ~ **de bolsillo** paperback; ~ **de consulta** reference book; ~ **de escolaridad** school record; **los Libros Sagrados** the Holy Scriptures; ~ **de texto** textbook; **colgar los ~s** *fig* to abandon one's studies
licencia *f* 1. (*permiso*) licence *Brit,* license *Am;* ~ **de armas** gun licence; **estar de ~** MIL to be on leave 2. (*libertad*) liberty
licenciado, -a *m, f* 1. (*estudiante*) graduate 2. (*soldado*) discharged soldier
licenciar I. *vt* (*despedir*) to dismiss; (*soldado*) to discharge II. *vr:* ~**se** to graduate
licencioso, -a *adj* licentious
liceo *m* 1. (*sociedad*) literary society 2. *AmL* (*colegio*) secondary school
licitar *vt* to bid
lícito, -a *adj* 1. (*permitido*) allowed 2. (*justo*) fair 3. (*legal*) lawful
licor *m* liquor; (*de frutas*) liqueur
licuadora *f* (*batidora*) blender; (*para fruta*) liquidizer
licuar <*l. pres:* licúo> *vt* to liquefy
líder *mf* leader
liderato *m,* **liderazgo** *m sin pl* leadership
lidia *f* fight; TAUR bullfight
lidiar *vt, vi* to fight
liebre *f* hare
lienzo *m* 1. (*para cuadros*) canvas 2. (*óleo*) painting
liga *f* 1. *t.* DEP (*alianza*) league 2. (*prenda*) suspender, garter
ligadura *f* 1. (*lazo*) bond 2. *fig* (*traba*) tie
ligamento *m* ANAT ligament
ligar <g→gu> I. *vi inf* (*tontear*) to flirt II. *vt* 1. (*atar*) to tie 2. (*metal*) to alloy 3. (*unir*) to join 4. MÚS (*notas*) to slur III. *vr:* ~**se** 1. (*unirse*) to join 2. *inf* (*tontear*) to flirt
ligereza *f* 1. (*rapidez*) swiftness 2. (*levedad*) lightness 3. (*error*) thoughtless act
ligero, -a *adj* 1. (*leve*) light; (*ruido*) soft; ~ **de ropa** lightly clad; **a la ligera** without thinking; **tomarse algo a la ligera** to not take sth seriously 2. (*ágil*) nimble
ligue *m inf* chat-up, pick-up
liguero *m* suspender belt, garter belt *Am*
lija *f* sandpaper
lijar *vt* to sand
lila¹ I. *adj* lilac coloured *Brit,* lilac colored *Am* II. *f* BOT lilac
lila² *m* (*color*) lilac
lima *f* 1. (*instrumento*) file; **comer como una ~** *inf* to eat like a horse 2. BOT (*fruta*) lime
limar *vt* 1. (*pulir*) to file; *fig* to perfect 2. (*consumir*) to wear (down)
limbo *m* REL limbo; **estar en el ~** (*distraído*) to be distracted
limitación *f* limitation; (*de una norma*) restriction; **sin limitaciones** unlimited
limitar I. *vi* (*con algo*) to border on II. *vt* to limit; (*libertad*) to restrict; (*definir*) to fix the boundaries of III. *vr:* ~**se** to confine oneself
límite *m* limit; **situación ~** extreme situation

L

limítrofe *adj* bordering; *(país)* neighbouring *Brit,* neighboring *Am*

limón *m* lemon

limonada *f* lemonade

limonero *m* lemon tree

limosna *f* alms *pl;* **pedir ~** to beg

limpiabotas *mf inv* bootblack

limpiacristales *mf inv* window cleaner

limpiaparabrisas *m inv* windsreen wiper, windshield wiper *Am*

limpiar I. *vt* 1. *(suciedad)* to clean; *(dientes)* to brush; *(chimenea)* to sweep; ~ **el polvo** to dust 2. *(librar)* to clear; *(de culpas)* to exonerate 3. *inf* *(robar)* to nick II. *vi* *(quitar la suciedad)* to clean III. *vr:* ~**se** to clean; *(nariz)* to wipe; *(dientes)* to brush

limpieza *f* 1. *(lavar)* washing; *(zapatos)* cleaning; **señora de la ~** cleaning lady 2. *(estado)* cleanness, cleanliness 3. *(eliminación)* cleansing; POL purge

limpio *adv* *(sin trampas)* fairly; **escribir en ~** to make a clean copy; **jugar ~** to play fair

limpio, -a *adj* 1. *(no sucio)* clean; *(aire)* pure; **dejar a alguien ~** *inf* to clean sb out 2. *fig* honorable

linaje *m* lineage

linaza *f* flax seed; **aceite de ~** linseed oil

lince *m* lynx; **ser un ~** *fig* to be very sharp

linchar *vt* to lynch

lindar *vi* ~ **con algo** to border on sth

linde *m o f,* **lindero** *m* boundary; *(camino)* edge

lindo, -a *adj* pretty; *(niño)* lovely, cute; **divertirse de lo ~** to have a great time

línea *f* 1. *t. MAT* *(raya)* line; ~ **aérea** airline; ~ **en blanco** blank line; **coche de ~** coach *Brit,* long-distance bus *Am;* **en toda la ~** completely; **leer entre ~s** to read between the lines; **por ~ materna** on his mother's side 2. TEL telephone line; ~ **roja** hotline; **no hay ~** the line is dead 3. *(tipo)* figure 4. *(directriz)* policy

lingote *m* ingot

lingüista *mf* linguist

lingüística *f* linguistics

linimento *m* liniment

lino *m* 1. BOT flax 2. *(tela)* linen

linóleo *m* linoleum

linterna *f* 1. *(de mano)* torch, flashlight 2. *(farol)* lantern

lío *m* 1. *(embrollo)* mess 2. *(de ropa)* bundle 3. *inf* *(relación)* affair

lipotimia *f* blackout

liquen *m* lichen

liquidación *f* 1. *(de una mercancía)* sale 2. *(de una empresa)* liquidation 3. *(de una factura)* payment; *(cuenta)* settlement

liquidar *vt* 1. *(mercancía)* to sell; ~ **las existencias** to sell off all merchandise 2. *(cerrar)* to close 3. *(factura)* to settle 4. *inf* *(acabar)* to liquidate; *(matar)* to kill

liquidez *f* 1. *(agua)* fluidity 2. COM liquidity

líquido *m* 1. *(agua)* liquid 2. *(saldo)* cash

líquido, -a *adj* 1. *(material, consonante)* liquid 2. *(dinero)* cash; **renta líquida** disposable income

lira *f* 1. *(moneda)* lira 2. *(instrumento)* lyre

lírica *f* poetry

lírico, -a *adj* lyric(al)

lirio *m* lily

lirón *m* dormouse

Lisboa *f* Lisbon

lisiado, -a I. *adj* crippled II. *m, f* cripple

lisiar I. *vt* *(mutilar)* to maim II. *vr:* ~**se** to become disabled

liso, -a *adj* 1. *(superficie)* smooth; *(pelo)* straight 2. *(tela)* plain

lisonja *f* flattery

lisonjear *vt* to flatter

lisonjero, -a I. *adj* flattering II. *m, f* flatterer

lista *f* 1. *(enumeración)* list; ~ **de espera** waiting list; **pasar ~** *(leer)* to take roll call; *(controlar siempre)* to check on 2. *(de madera)* strip; *(estampado)* stripe

listado *m* list

listado, -a *adj* striped

listar *vt* to list

listo, -a *adj* **1.** *ser* (*inteligente*) clever; (*sagaz*) shrewd; **pasarse de ~** to be too clever by half **2.** *estar* (*preparado*) ready; **~ para enviar** *t.* INFOR ready to send

listón *m* lath

litera *f* (*cama*) bunk; FERRO couchette; NÁUT berth

literal *adj* literal

literario, -a *adj* literary

literato, -a *m, f* man *m* of letters, woman *f* of letters

literatura *f* literature; **~ barata** pulp fiction

litigar <g→gu> *vt* **1.** *t.* JUR (*disputar*) to dispute **2.** (*llevar a juicio*) to be in dispute

litigio *m* **1.** (*disputa*) dispute **2.** (*juicio*) lawsuit

litografía *f* **1.** ARTE (*proceso*) lithography **2.** (*grabado*) lithograph

litoral **I.** *adj* coastal **II.** *m* (*costa*) coast; (*playa*) shore

litro *m* litre *Brit*, liter *Am*

> ⚠ **litro** is always used with the preposition 'de': "He comprado un litro y medio de leche."

Lituania *f* Lithuania

liturgia *f* liturgy

liviano, -a *adj* **1.** (*trivial*) light **2.** (*ligero*) light

lívido, -a *adj* **1.** (*amoratado*) livid **2.** (*pálido*) ashen

llaga *f* wound

llama *f* **1.** (*fuego*) flame **2.** ZOOL llama

llamada *f* **1.** (*voz*) call; **~ del programa** INFOR program call **2.** (*de teléfono*) phonecall; **~ a cobro revertido** reverse charge call **3.** (*a la puerta golpeando*) knock; (*con el timbre*) ring **4.** MIL call-up, conscription *Brit*, draft *Am*

llamamiento *m* (*exhortación*) appeal; (*soldado*) call-up; **~ a filas** MIL call to arms

llamar **I.** *vt* **1.** (*voz*) to call; (*por teléfono*) to telephone, to ring up *Brit*; **~ a filas** MIL to call up *Brit*, to draft *Am* **2.** (*despertar*) to wake up; **~ la atención** (*reprender*) to reprimand; (*ser llamativo*) to attract attention **II.** *vi* (*a la puerta golpeando*) to knock; (*con el timbre*) to ring; **¿quién llama?** who is it? **III.** *vr:* **~se** to be called; **¿cómo te llamas?** what's your name?

llamarada *f* **1.** (*llama*) blaze **2.** (*rubor*) sudden flush

llamativo, -a *adj* (*traje*) flashy; (*color*) loud

llamear *vi* to blaze

llano *m* plain

llano, -a *adj* **1.** (*liso*) flat; (*terreno*) level **2.** (*campechano*) straightforward

llanta *f* **1.** AmL (*rueda*) tyre *Brit*, tire *Am* **2.** (*cerco*) (metal) rim

llanto *m* crying

llanura *f* plain

llave *f* **1.** *t. fig* (*instrumento*) key; **~ de contacto** AUTO ignition key; **ama de ~s** housekeeper; **echar la ~** to lock **2.** MÚS (*trompeta*) valve **3.** (*grifo*) tap *Brit*, faucet *Am* **4.** (*tuerca*) spanner **5.** (*interruptor*) switch **6.** TIPO bracket **7.** DEP hold, armlock

llavero *m* (*utensilio*) key ring

llegada *f* **1.** (*al destino*) arrival **2.** (*meta*) finishing line

llegar <g→gu> *vi* **1.** (*al destino*) to arrive; (*avión*) to land; (*barco*) to dock; **~ a Madrid/al hotel** to arrive in Madrid/at the hotel; **~ tarde** to be late; **¡todo llegará!** all in good time! **2.** (*recibir*) to receive **3.** (*durar*) to live; **~ a los ochenta** to reach the age of eighty **4.** (*ascender*) to amount to; **no llega a 20 euros** it's less than 20 euros; **~ lejos** to go far; **~ a ser muy rico** to become very rich **5.** (*alcanzar*) **~ a** [*o* **hasta**] **algo** to reach sth

llenar **I.** *vt* **1.** (*atestar*) to fill; **nos llenó de regalos** we were showered with gifts **2.** (*comida*) to be filling **3.** (*cumplimentar*) to fill in **4.** (*satisfacer*) to satisfy **II.** *vr:* **~se** *inf* (*decomida*) to stuff oneself with

lleno, -a *adj* full; **luna llena** full moon; **estoy ~** *inf* I'm full

llevadero, -a *adj* bearable

llevar I. *vt* **1.** (*a un destino*) to take; (*transportar*) to transport; (*en brazos*) to carry, to induce sth; ~ **a alguien en el coche** to give sb a lift; **dos pizzas para** ~ two pizzas to take away; ~ **a algo** to lead to sth **2.** (*cobrar*) to charge; (*costar*) to cost **3.** (*tener*) ~ **consigo** to be carrying, to have **4.** (*conducir*) to lead **5.** (*ropa*) to wear **6.** (*coche*) to drive **7.** (*estar*) to have been; **llevo dos días aquí** I've been here for two days **8.** (*gestionar*) to manage **II.** *vr:* ~**se 1.** (*coger*) to take; ~**se dos años** to be two years older **2.** (*estar de moda*) to be in fashion **3.** (*soportarse*) to get along

llorar I. *vi* to cry, to weep; (*ojos*) to water **II.** *vt* **1.** (*lágrimas*) to cry over **2.** (*lamentar*) to bemoan

lloriquear *vi* to whimper, to snivel

lloro(s) *m(pl)* crying

llorón, -ona I. *adj* always crying **II.** *m, f* crybaby, whiner

lloroso, -a *adj* tearful

llover <o→ue> *vi, vt, vimpers* to rain; **está lloviendo** it's raining; **llueve a mares** [*o* **a cántaros**] it's pouring; **como llovido del cielo** heaven sent

llovizna *f* drizzle

lloviznar *vimpers* **está lloviznando** it's drizzling

lluvia *f* **1.** (*chubasco*) rain; ~ **ácida** acid rain; ~ **radiactiva** fallout **2.** (*cantidad*) shower **3.** *AmL* (*ducha*) shower

lluvioso, -a *adj* rainy

lo I. *art def v.* **el, la, lo II.** *pron pers m y neutro sing* **1.** (*objeto: masculino*) him; (*neutro*) it; **¡lláma~!** call him!; **¡haz~!** do it! **2.** (*con relativo*) ~ **que…** what; ~ **cual** which

> ⚠ **lo** is used to turn adjectives or relative clauses into nouns: "Lo importante es participar; Lo que más me importa es la salud."

loa *f* praise

loable *adj* commendable

loar *vt* to praise

lobato *m* **1.** (*lobo*) wolf cub **2.** (*cachorro*) cub

lobo, -a *m, f* wolf; ~ **de mar** old salt; **en la boca del** ~ in the lion's den; **tener un hambre de** ~**s** to be as hungry as a wolf

lóbrego, -a *adj* gloomy

lóbulo *m* ANAT lobe

local I. *adj* local **II.** *m* locale; COM premises *pl*

localidad *f* **1.** (*municipio*) town **2.** (*entrada*) ticket; (*asiento*) seat

localizar <z→c> *vt* **1.** (*encontrar*) to find **2.** (*limitar*) to localize; AERO to track

loción *f* lotion; ~ **tónica** after-shave

loco, -a I. *adj* **1.** (*chalado*) mad, crazy; ~ **por la música** crazy about music; **estar** ~ **de contento** to be elated **2.** (*maravilloso*) tremendous **II.** *m, f* madman; **casa de** ~**s** *t. fig* madhouse

locomoción *f* locomotion

locomotora *f* locomotive

locuaz *adj* loquacious; (*charlatán*) talkative

locución *f* (*expresión*) phrase

locura *f* **1.** (*mental*) madness; ~ **bovina** mad cow disease **2.** (*disparate*) crazy thing

locutor(a) *m(f)* speaker

locutorio *m* TEL telephone box *Brit,* telephone booth *Am*

lodo *m* mud

lógica *f* logic

lógico, -a *adj* logical; (*normal*) natural

logística *f* logistics *pl*

logístico, -a *adj* logistic

logotipo *m* logo

logrado, -a *adj* successful, well done

lograr I. *vt* to achieve; (*premio*) to win **II.** *vr:* ~**se** to be successful

logro *m* achievement

loma *f* hill

lombriz *f* worm

lomo *m* **1.** (*espalda*) back **2.** (*solomillo*) loin **3.** (*de libro*) spine **4.** (*de cuchillo*) back

lona *f* canvas

loncha *f* slice; (*beicon*) rasher
londinense I. *adj* London II. *mf* Londoner
Londres *m* London
longaniza *f* spicy pork sausage
longevidad *f sin pl* longevity
longitud *f* length; GEO longitude; **salto de** ~ DEP long jump; **cuatro metros de** ~ four metres long
longitudinal *adj* **corte** ~ longitudinal section
lonja *f* 1. COM public exchange 2. (*loncha*) slice
Lorena *f* Lorraine
loro *m* parrot
los I. *art def v.* **el, la, lo** II. *pron pers m y neutro pl* 1. (*objeto directo*) them; **¡lláma~!** call them! 2. (*con relativo*) ~ **que...** the ones that ...; ~ **cuales** which
losa *f* 1. (*piedra*) slab 2. (*lápida*) gravestone
lote *m* (*parte*) share; COM lot
lotería *f* lottery
loza *f* earthenware; (*vajilla*) crockery; ~ **fina** china
lozanía *f sin pl* (*robustez*) vigour *Brit,* vigor *Am;* (*salud*) healthiness
lozano, -a *adj* (*robusta*) vigorous; (*saludable*) healthy
lubri(fi)cante *m* lubricant
lubri(fi)car <c→qu> *vt* to lubricate
lucense *adj* of/from Lugo
lucero *m* bright star
lucha *f* fight; DEP wrestling
luchar *vi* to fight for
lucidez *f sin pl* lucidity
lúcido, -a *adj* 1. (*clarividente*) clear-sighted 2. (*sobrio*) clear-headed
luciérnaga *f* firefly
lucir *irr* I. *vi* 1. (*brillar*) to shine 2. (*verse*) to look good II. *vt* (*exhibir*) to display, to show III. *vr:* ~**se** 1. (*exhibirse*) to display 2. (*destacarse*) to stand out
lucro *m* profit; **con ánimo de** ~ for profit
lúdico, -a *adj* ludic
luego I. *adv* 1. (*después*) later; **¡hasta** ~**!** see you later!; **desde** ~ of course 2. (*entonces*) then II. *conj* 1. (*así que*) and so 2. (*después de*) ~

que as soon as
lugar *m* 1. (*sitio, situación*) place; **en primer/segundo** ~ first/second; **tener** ~ to take place; **en algún** ~ somewhere; **en** ~ **de** instead of; **yo en** ~ **de usted...** if I were you ... 2. (*motivo*) **dar** ~ **a...** to give rise to ...
lugarteniente *m* deputy
lúgubre *adj* (*sombrío*) gloomy
lujo *m* luxury
lujoso, -a *adj* luxurious
lujuria *f* lechery, lust
lumbago *m* MED lumbago
lumbre *f sin pl* (*llamas*) fire; (*brasa*) glow; **¿me das** ~**?** can you give me a light?
lumbrera *f* 1. (*claraboya*) skylight 2. (*talento*) leading light
luminoso, -a *adj* 1. (*brillante*) bright, luminous; (*día*) light 2. (*excelente*) brilliant
luna *f* 1. ASTR moon; (*luz*) moonlight; ~ **creciente/menguante/llena** waxing/waning/full moon; ~ **de miel** honeymoon; **estar en la** ~ to be daydreaming 2. (*cristal*) plate glass; (*espejo*) mirror
lunar I. *adj* lunar II. *m* 1. (*en la piel*) mole 2. (*en una tela*) polka-dot
lunes *m inv* Monday; ~ **de carnaval** the last Monday before Lent; ~ **de Pascua** Easter Monday; **el** ~ on Monday; **el** ~ **pasado** last Monday; **el** ~ **que viene** next Monday; **el** ~ **por la noche/al mediodía/por la mañana/por la tarde** Monday night/at midday/morning/afternoon; (*todos*) **los** ~ every Monday, on Mondays; **en la noche del** ~ **al martes** in the small hours of Monday; **el** ~ **entero** all day Monday; **cada dos** ~ every other Monday; **hoy es** ~**, once de marzo** today is Monday, March 11th
lupa *f* magnifying glass
lustrabotas *mf inv, AmL* shoeshine
lustrar *vt* to polish; (*zapatos*) to shine
lustre *m* 1. (*brillo*) lustre *Brit,* luster *Am;* **sacar** ~ to polish 2. *AmL* (*betún*) shoe polish

L

lustroso, -a *adj* shiny
luto *m* mourning
Luxemburgo *m* Luxembourg
luz *f* **1.** (*resplandor*) light; ~ **larga**
full beam; **traje de luces** bull-
fighter's suit; **a la ~ del día** in daylight; **dar a** ~ to give birth; **salir a la**
~ *fig* to come to light; **a todas luces**
evidently **2.** (*energía*) electricity;
(*lámpara*) light; **apagar/encender
la** ~ to turn off/on the light

M m

M, m *f* M, m; ~ **de María** M for Mary
Brit, M for Mike *Am*
macabro, -a *adj* macabre
macarrones *mpl* macaroni
macedonia *f* ~ (**de frutas**) fruit
salad
macerar *vt* **1.** (*con golpes*) to macer-
ate **2.** GASTR to marinate
maceta *f* flowerpot
machacar <c→qu> *vt* **1.** (*triturar*)
to pound **2.** (*insistir*) to insist on, to
harp on **3.** *inf* (*estudiar*) to swot up
4. *inf* (*destruir*) to crush
machete *m* machete
machismo *m* male chauvinism; (*virilidad*) manliness
machista *adj* (male) chauvinistic
macho I. *m* **1.** ZOOL (*masculino*) male
2. *inf* (*machote*) tough guy **3.** (*pieza*) male part II. *adj* **1.** (*masculino*)
male **2.** (*fuerte*) macho
macizo *m* **1.** (*masa*) solid mass **2.** GEO
massif **3.** (*plantas*) flowerbed
macizo, -a *adj* **1.** (*oro*) solid **2.** (*sólido*) solid **3.** *inf* (*mujer*) stacked;
(*hombre*) well-built
macramé *m* macramé
mácula *f* (*mancha*) spot; *fig* stain;
sin ~ *fig* pure
madeja *f* skein, hank
madera *f* **1.** (*de los árboles*) wood;
(*cortada*) timber, lumber *Am;* **de** ~
wooden; **tocar** ~ to touch wood;
tener ~ **de** to have the makings of
2. *inf* (*policía*) **la** ~ the law
madero *m* **1.** (*viga*) beam; (*tablón*)
board **2.** (*persona*) oaf
madrastra *f* **1.** (*pariente*) stepmother **2.** *pey* (*mala madre*) bad
mother
madre *f* **1.** (*de familia*) mother; ~ **de
alquiler** surrogate mother; ~ **patria**
mother country; ~ **política** mother-
-in-law; ¡~ (**mía**)! goodness me!; ¡**tu**
~! *inf* up yours! *vulg;* **de puta** ~ *vulg*
(fucking) great! *vulg* **2.** GEO river bed
3. GASTR dregs *pl*
madreperla *f* mother of pearl
madreselva *f* honeysuckle
Madrid *m* Madrid
madriguera *f* burrow
madrileño, -a *adj* of/from Madrid
madrina *f* **1.** (*de bautismo*) godmother **2.** (*de boda*) ~ (**de boda**)
maid of honour
madrugada *f* (*alba*) dawn; **en la** [*o*
de] ~ in the early morning; **a las
cinco de la** ~ at five in the morning
madrugador(a) *adj* **ser** ~ to be an
early riser
madrugar <g→gu> *vi* to get up
early
madurar *vt, vi* **1.** (*fruta*) to ripen
2. (*persona*) to mature **3.** (*reflexionar*) to think over
madurez *f* **1.** (*de fruta*) ripeness
2. (*de persona*) maturity; **estar en
la** ~ to be middle-aged **3.** (*de un
plan*) readiness
maduro, -a *adj* **1.** (*fruta*) ripe **2.** (*persona: prudente*) mature; (*mayor*)
adult; (*plan*) ready
maestría *f* **1.** (*habilidad*) mastery;
con ~ skilfully *Brit,* skillfully *Am*
2. (*título*) Master's degree
maestro, -a I. *adj* master; **obra
maestra** masterpiece II. *m, f*
1. (*profesor*) teacher **2.** (*experto*)
master **3.** (*capataz*) overseer
mafia *f* **la Mafia** the Mafia
mafioso, -a I. *adj* of the Mafia II. *m,
f* mafioso
magia *f* magic

mágico, -a I. *adj* **1.** (*misterioso*) magic **2.** (*maravilloso*) marvellous *Brit,* marvelous *Am* **II.** *m, f* magic

magisterio *m* teaching; **estudiar ~** to study to become a teacher

magistrado, -a *m, f* JUR magistrate

magistral *adj* **1.** ENS teaching **2.** (*con maestría*) masterly

magnanimidad *f* magnanimity

magnánimo, -a *adj* magnanimous

magnate *m* tycoon; **~ de las finanzas** finance magnate

magnesio *m* magnesium

magnético, -a *adj* magnetic

magnetismo *m* magnetism

magnetizar <z→c> *vt* to magnetize

magnetófon *m* tape recorder

magnetofónico, -a *adj* recording; **cinta magnetofónica** (recording) tape

magnífico, -a *adj* **1.** (*valioso*) valuable **2.** (*excelente*) magnificent **3.** (*liberal*) lavish

magnitud *f* magnitude

magno, -a *adj* great

magnolia *f* magnolia

magnolio *m* magnolia

mago, -a *m, f* magician; **los Reyes Magos** the Magi, the Three Kings

magro, -a *adj* lean

magullar *vt* to bruise

mahometano, -a *adj, m, f* Muslim, Mohammedan

mahonesa *f* mayonnaise

maíz *m* sweetcorn *Brit,* corn *Am*

maizal *m* maize field *Brit,* cornfield *Am*

majadería *f* **1.** (*tontería*) idiocy **2.** (*imprudencia*) foolishness

majadero, -a *adj* **1.** (*insensato*) silly **2.** (*porfiado*) pestering

majestad *f* **1.** (*título*) Majesty; **Su Majestad** Your Majesty **2.** (*majestuosidad*) majesty

majestuosidad *f* majesty

majestuoso, -a *adj* majestic

majo, -a *adj* **1.** (*bonito*) lovely; (*guapo*) attractive **2.** (*agradable*) pleasant

mal I. *adj v.* **malo II.** *m* **1.** (*daño*) harm; (*injusticia*) wrong; **el ~ de ojo** the evil eye; **no hay ~ que por**

bien no venga every cloud has a silver lining **2.** (*lo malo*) bad thing; **el ~ menor** the lesser evil; **menos ~** thank goodness **3.** (*inconveniente*) problem **4.** (*enfermedad*) illness; **~ de vientre** stomach complaint **5.** (*desgracia*) misfortune **III.** *adv* **1.** (*de mala manera*) badly; **estar ~ de dinero** to be badly off; **tomarse algo a ~** to take sth badly; **me cae ~** I don't like him/her; **vas a acabar ~** you are going to come to a bad end; **~ que bien, sigue funcionando** better or worse, it is still working; **~ que bien, tendré que ir** whether I like it or not, I will have to go **2.** (*equivocadamente*) wrongly

> **!** **mal** is an adverb and qualifies the verb: "Mi primo canta muy mal." **malo** is an adjective and qualifies a noun: "David es un niño muy malo."

malabarismo *m* juggling

malabarista *mf* (*artista*) juggler

malaconsejar *vt* to badly advise; **actuar malaconsejado** to act on bad advice

malacostumbrado, -a *adj* (*mimado*) spoilt; (*sin modales*) badly brought-up

malacostumbrar I. *vt* **1.** (*mimar*) to spoil **2.** (*educar mal*) to bring up badly **II.** *vr:* **~se** to get into a bad habit

malaria *f* malaria

Malasia *f* Malaysia

malcriado, -a *adj* **1.** (*mal educado*) spoilt **2.** (*descortés*) rude

malcriar <I. *pres:* malcrío> *vt* to bring up badly; (*mimar*) to spoil

maldad *f* evil, wickedness

maldecir *irr* **I.** *vt* to curse, to damn **II.** *vi* **1.** (*jurar*) to swear **2.** (*hablar mal*) to speak ill

maldición *f* **1.** (*imprecación*) curse **2.** (*juramento*) swear word

maldito, -a I. *pp de* **maldecir II.** *adj* **1.** (*endemoniado*) damned; **¡maldita sea!** *inf* damn (it)!; **¡maldita la**

M
m

gracia (que me hace)! I don't find it in the least bit funny!; **¡malditas las ganas!** I haven't the slightest wish to! **2.** (*maligno*) wicked

maleante I. *adj* **1.** (*delincuente*) delinquent **2.** (*maligno*) miscreant **II.** *mf* delinquent

malecón *m* **1.** (*dique*) dyke **2.** (*rompeolas*) breakwater **3.** (*embarcadero*) jetty

maledicencia *f* (evil) talk

maleducado, -a *adj* **1.** (*sin modales*) ill-mannered; (*niño*) ill-bred **2.** (*descortés*) rude

maléfico, -a I. *adj* **1.** (*perjudicial*) harmful **2.** (*que hechiza*) who casts spells; **poder** ~ evil power **II.** *m, f* sorcerer

malentendido *m* misunderstanding

malestar *m* **1.** (*físico*) malaise **2.** (*espiritual*) uneasiness

maleta *f* suitcase; **hacer la** ~ to pack one's suitcase

maletera *f Col, Méx,* **maletero** *m* AUTO boot *Brit*, trunk *Am*

maletín *m* (*de documentos*) briefcase; (*de aseo*) toilet bag; (*para herramientas*) tool box; (*en una bici*) pannier

malévolo, -a *adj* malevolent

maleza *f* **1.** (*hierbas malas*) weeds *pl* **2.** (*matorral*) thicket

malgastar *vt* to waste; (*dinero*) to squander

malhechor(a) *adj, m(f)* delinquent

malherir *irr como sentir vt* to seriously injure

malhumorado, -a *adj* **1.** *ser* bad-tempered **2.** *estar* **estar** ~ to be in a bad mood

malicia *f* **1.** (*mala intención*) malice **2.** (*maldad*) wickedness **3.** (*picardía*) mischievousness

malicioso, -a *adj* **1.** (*con mala intención*) malicious **2.** (*maligno*) malign

maligno, -a *adj* (*pernicioso*) malign; (*persona*) spiteful; (*sonrisa*) malicious; MED malignant

malintencionado, -a *adj* unkind

malinterpretar *vt* to misinterpret

malla *f* **1.** (*de un tejido*) mesh, weave **2.** (*vestido*) leotard **3.** *pl*

(*pantalones*) leggings *pl* **4.** *AmL* (*de baño*) swimming costume *Brit*, swimsuit *Am*

Mallorca *f* Majorca

mallorquín, -ina *adj* of/from Majorca

malnutrido, -a *adj* malnourished

malo, -a I. *adj* <peor, pésimo> (*delante de sustantivo masculino: mal*) **1.** (*en general*) bad; **de mala gana** unwillingly; **tener mala suerte** to be unlucky; **hace un tiempo malísimo** the weather is really bad **2.** *ser* (*falso*) false **3.** *ser* (*malévolo*) nasty **4.** *estar* (*enfermo*) ill **5.** *ser* (*travieso*) naughty **6.** *estar* (*leche*) off *Brit*, gone bad; (*ropa*) worn-out **II.** *adv* **andar a malas** to be on bad terms; **estar a malas con alguien** to be at daggers drawn with sb; **se pusieron a malas por una tontería** they fell out with each other over an insignificance **III.** *m, f* (*persona*) bad man *m*, bad woman *f*; CINE baddie

malograr I. *vt* **1.** (*desaprovechar*) to waste **2.** (*frustrar*) to frustate **3.** (*estropear*) to ruin **II.** *vr:* ~**se 1.** (*fallar*) to fail **2.** (*estropearse*) to be ruined **3.** (*desarrollarse mal*) to turn out badly **4.** (*morir*) to die an untimely death

maloliente *adj* foul-smelling

malparar *vt* (*persona*) to come off badly; **salir malparado de algo** to come off worse in sth

malpensado, -a *adj* evil-minded

malsano, -a *adj* unhealthy

malta *f* **1.** *t.* AGR malt **2.** *Arg* (*cerveza*) beer

maltés, -esa *adj, m, f* Maltese

maltratar *vt* to maltreat

maltrato *m* maltreatment, abuse

maltrecho, -a *adj* **1.** (*golpeado*) battered **2.** (*deprimido*) low

malva I. *adj* mauve **II.** *f* mallow

malvado, -a *adj* wicked

malvavisco *m* marsh mallow

malversar *vt* to misappropriate, to embezzle

Malvinas *fpl* Falkland Islands *pl*

mama *f* (*pecho*) breast; (*ubre*) udder

mamá *f inf* mummy *Brit*, mommy *Am*

mamar *vt, vi* **1.** (*en el pecho*) to breastfeed **2.** (*adquirir*) to acquire

mamarracho *m* **1.** (*persona que viste mal*) sight; (*ridícula*) ridiculous person **2.** (*cosa mal hecha*) botch; (*fea*) hideous thing; (*sin valor*) piece of junk **3.** (*persona despreciable*) despicable person

mamífero **I.** *adj* mammalian **II.** *m* mammal

mamón, -ona *m, f* **1.** *vulg* jerk; (*hombre*) prick; (*mujer*) bitch **2.** *AmL, inf* (*borracho*) drunk

mampara *f* screen (door), (room) divider

mamporro *m inf* clout; **darse un ~ contra algo** to bash oneself against sth

mampostería *f* **1.** (*obra*) rubblework **2.** (*oficio*) drystone walling

mamut <mamuts> *m* mammoth

manada *f* (*de vacas, ciervos*) herd; (*de ovejas, aves*) flock; (*de lobos*) pack; **~ de gente** crowd of people

Managua *m* Managua

manantial *m* **1.** (*natural*) spring **2.** (*artificial*) fountain **3.** (*origen*) source

manar **I.** *vt* to flow with **II.** *vi* **1.** (*surgir*) to well **2.** (*fluir fácilmente*) to flow

mancha *f* **1.** (*en la ropa*) dirty mark; (*de tinta*) stain; (*salpicadura*) spot **2.** (*toque de color*) fleck **3.** (*deshonra*) stain

Mancha *f* **canal de la ~** the (English) Channel

manchado, -a *adj* **1.** (*ropa, mantel*) stained **2.** (*cara, fruta*) dirty **3.** (*caballos*) dappled

manchar **I.** *vt* **1.** (*ensuciar*) to dirty **2.** (*desprestigiar*) to sully **II.** *vr:* **~se** (*ensuciarse*) to get dirty

manchego, -a *adj* of/from la Mancha

mancilla *f* stain

manco, -a *adj* **1.** (*de un brazo*) one-armed; (*de una mano*) one-handed; **no ser (cojo ni) ~** (*ser hábil*) to be dexterous; (*ser largo de manos*) to

be light-fingered **2.** (*defectuoso*) faulty; (*incompleto*) incomplete

mancomunar **I.** *vt* to join together **II.** *vr:* **~se** to unite

mancomunidad *f* **1.** (*comunidad*) community **2.** JUR joint ownership

mandado *m* (*encargo*) errand; (*orden*) order

mandamiento *m* **1.** (*orden*) order **2.** (*precepto*) precept **3.** REL commandment

mandar *vt* **1.** (*ordenar*) to order **2.** (*prescribir*) to prescribe **3.** (*dirigir*) to lead; (*gobernar*) to govern **4.** (*encargar*) to ask to do **5.** (*enviar*) to send **6.** TÉC to control

mandarín *m* **1.** (*idioma*) Mandarin **2.** *pey, inf* (*funcionario*) mandarin

mandarina *f* mandarin, tangerine

mandatario, -a *m, f* **primer ~** POL head of state; JUR attorney

mandato *m* **1.** (*orden*) order; (*prescripción*) prescription; (*delegación*) delegation **2.** POL mandate

mandíbula *f* **1.** ANAT jaw **2.** TÉC clamp

mandil *m* apron

mando *m* **1.** (*poder*) control; MIL command **2.** (*persona*) **~s intermedios** middle management; **alto ~** MIL high command **3.** TÉC control; **~ a distancia** remote control

mandolina *f* mandolin

mandón, -ona *adj* bossy

manecilla *f* **1.** (*del reloj*) hand **2.** TÉC pointer

manejable *adj* **1.** (*objeto*) user-friendly **2.** (*persona*) tractable

manejar **I.** *vt* **1.** (*usar*) to use; (*máquina*) to operate; *fig* to handle **2.** INFOR to use **3.** (*dirigir*) to handle **4.** *AmL* (*un coche*) to drive **II.** *vr:* **~se** to manage

manejo *m* **1.** (*uso*) use; (*de una máquina*) operation; *fig* handling; **~ a distancia** remote control **2.** INFOR management; **~ de errores** error management **3.** (*de un negocio*) running **4.** *AmL* (*de un coche*) driving

manera *f* **1.** (*modo*) manner, way; **~ de pensar** way of thinking; **~ de**

ver las cosas way of seeing things; **a mi ~** my way; **de la ~ que sea** somehow or other; **de cualquier ~, de todas ~s** anyway; **de ~ que** so that; **de ninguna ~** no way; **en cierta ~** in a way; **no hay ~ de...** there is no way that ...; **¡qué ~ de llover!** just look at the rain!; **sobre ~** a lot; **de mala ~** (*responder*) rudely; (*hacer*) badly **2.** *pl* (*modales*) manners *pl*

manga *f* **1.** (*del vestido*) sleeve; **en ~s de camisa** in shirt-sleeves; **tener ~ ancha** *fig* to be lenient **2.** (*tubo*) hose **3.** GASTR (*filtro*) muslin strainer; (*pastelera*) pastry bag, icing bag *Brit*

mangar <g→gu> *vt inf* to swipe, to nick; (*en tiendas*) to shoplift

mango *m* **1.** (*puño*) knob; (*alargado*) handle **2.** (*fruta*) mango

mangonear I. *vi inf* to meddle **II.** *vt inf* to wangle

manguera *f* hose

maní *m* peanut

manía *f* **1.** (*locura*) mania **2.** (*extravagancia*) eccentricity, quirk **3.** (*obsesión*) obsession **4.** *inf* (*aversión*) aversion; **coger ~ a alguien** to take a dislike to sb

maniaco, -a, maníaco, -a I. *adj* maniacal **II.** *m, f* maniac

maniatar *vt* to tie sb's hands up

maniático, -a I. *adj* **1.** (*extravagante*) fussy **2.** (*loco*) manic **II.** *m, f* **1.** (*extravagante*) fusspot **2.** (*loco*) maniac

manicomio *m* psychiatric hospital; *fig* (*casa de locos*) madhouse

manicura *f* manicure

manicuro, -a *m, f* manicurist

manifestación *f* **1.** (*expresión*) expression **2.** (*reunión*) demonstration

manifestante *mf* demonstrator

manifestar <e→ie> **I.** *vt* **1.** (*declarar*) to declare **2.** (*mostrar*) to show **II.** *vr:* **~se 1.** (*declararse*) to declare oneself **2.** (*políticamente*) to demonstrate

manifiesto *m* manifesto

manifiesto, -a *adj* (*evidente*) manifest; **poner de ~** (*revelar*) to show; (*expresar*) to declare

manija *f* handle

manillar *m* handlebars *pl*

maniobra *f* **1.** (*operación manual*) handling **2.** (*ardid*) ploy **3.** MIL manoeuvre *Brit*, maneuver *Am*

maniobrar I. *vi* **1.** MIL to carry out manoeuvres **2.** (*intrigar*) to scheme **II.** *vt* **1.** (*manejar*) to handle **2.** (*manipular*) to manipulate

manipulación *f* **1.** (*empleo*) handling **2.** (*alteración*) manipulation

manipular *vt* **1.** (*maniobrar*) to manoeuvre *Brit*, to maneuver *Am*; (*máquina*) to operate **2.** (*elaborar*) to make **3.** (*alterar*) to manipulate **4.** (*interferir*) to interfere with **5.** (*manosear*) to fiddle with

maniquí <maniquíes> *m* **1.** (*modelo*) model **2.** (*muñeco*) puppet, dummy

manirroto, -a *adj* spendthrift

manita *f* **hacer ~s** *inf* to canoodle, to snog *Brit;* **ser un ~s** to be dexterous

manivela *f* handle

manjar *m* **1.** (*comestible*) food **2.** (*exquisitez*) delicacy

mano *f* **1.** *t.* ANAT (*trabajador, naipes*) hand; **~ de obra** labour *Brit,* labor *Am;* **a ~ alzada** (*votación*) by a show of hands; **a ~ armada** armed; **apretón de ~s** handshake; **bajo ~** underhand; **echar una ~** to give a hand; **echar ~ de algo** to draw on sth; **irse a las ~s** to come to blows; **meter ~** to take action; **tener ~ con** to have a way with; **tener ~ izquierda** to be tactful; **traer entre ~s** to be up to sth; **hecho a ~** handmade; **a ~** *fig* hand in hand; **¡~s a la obra!** to work!; **con las ~s en la masa** red-handed; **poner las ~s en el fuego por alguien** to risk ones neck for somebody **2.** (*lado*) **~ derecha/izquierda** right-/left-hand side **3.** (*de pintura*) coat

manojo *m* bunch; (*de nervios*) bundle

manopla *f* flannel *Brit*, washcloth *Am*

manoseado, -a *adj* **1.** (*sobado*) worn **2.** (*trillado*) hackneyed

manosear *vt* to handle; *pey* to paw
manotazo *m* smack
mansalva *adv* a ~ in abundance
mansedumbre *f* 1.(*suavidad*) gentleness 2.(*sumisión*) meekness
mansión *f* 1.(*casa*) mansion 2.(*morada*) dwelling
manso, -a *adj* 1.(*dócil*) docile 2.(*animales*) tame
manta *f* 1.(*de cama*) blanket; **a** ~ in abundance 2.(*zurra*) beating 3. ZOOL manta
manteca *f* 1.(*grasa*) fat 2.(*mantequilla*) butter
mantecado *m* 1.(*bollo*) pastry cake 2.(*helado*) icecream
mantel *m* tablecloth
mantener *irr como* tener I. *vt* 1.(*conservar*) to maintain; (*orden*) to keep; (*correspondencia*) to keep up 2.(*sostener*) to support 3.(*proseguir*) to continue; (*conversación*) to hold II. *vr:* ~**se** 1.(*sostenerse*) to support oneself 2.(*continuar*) to continue 3.(*perseverar*) to keep 4.(*sustentarse*) to support oneself
mantenimiento *m* 1.(*alimentos*) sustenance 2. TÉC maintenance; ~ **de datos** INFOR database update
mantequilla *f* butter
mantilla *f* 1.(*de mujer*) mantilla 2.(*de niño*) swaddling clothes *pl*
manto *m* 1.(*prenda*) cloak 2.(*capa*) layer; ~ **terrestre** GEO earth's crust
mantón *m* shawl
manual I. *adj* 1.(*con las manos*) manual, hand; **trabajos ~es** handicrafts *pl* 2.(*manejable*) user-friendly II. *m* manual, handbook
manubrio *m* 1.(*puño*) stock 2.(*manivela*) handle
manufactura *f* 1.(*acción, producto*) manufacture 2.(*taller*) factory
manufacturar *vt* to manufacture
manuscrito *m* manuscript
manuscrito, -a *adj* handwritten
manutención *f* 1.(*alimentos*) keep 2. TÉC maintenance
manzana *f* 1.(*fruta*) apple 2.(*de casas*) block 3. *AmL* ANAT (*nuez*) Adam's apple
manzanilla *f* 1.(*planta*) camomile 2.(*infusión*) camomile tea 3.(*vino*) manzanilla
manzano *m* apple tree
maña *f* 1.(*habilidad*) skill 2.(*astucia*) craftiness
mañana¹ I. *f* morning; **a las 5 de la** ~ at 5 a.m.; **de la noche a la** ~ overnight; **de** ~ in the early morning; ~ **por la** ~ tomorrow morning II. *adv* tomorrow; **¡hasta** ~! see you tomorrow!
mañana² *m* tomorrow; **pasado** ~ the day after tomorrow; **el día de** ~ in the future
mañanero, -a *adj* early-rising
maño, -a *adj* of/from Aragón
mañoso, -a *adj* 1.(*hábil*) dexterous, handy 2.(*sagaz*) guileful
mapa *m* map
maqueta *f* 1. ARQUIT (scale) model 2.(*formato*) format; (*de libro*) dummy
maquetación *f* layout
maquetar *vt* to lay out
maquillaje *m* make-up
maquillar I. *vt* 1.(*con maquillaje*) to apply make-up to 2.(*disimular*) to disguise II. *vr:* ~**se** to put on make-up
máquina *f* 1.(*artefacto*) machine; ~ **de afeitar** electric shaver; ~ **fotográfica** camera; **a toda** ~ (at) full speed; **escrito a** ~ typed 2.(*de monedas*) vending machine; (*de tabaco*) dispenser 3.(*tren*) engine
maquinación *f* plot
maquinal *adj* mechanical, automatic
maquinar *vt* to scheme
maquinaria *f* 1.(*máquinas*) machinery 2.(*mecanismo*) mechanism
maquinilla *f* (safety) razor
maquinista *mf* 1.(*conductor*) machinist; ~ **de trenes** train driver *Brit,* engineer *Am* 2.(*constructor*) engineer
mar *m o f* GEO sea; **Mar de las Antillas** Caribbean Sea; **Mar Ártico** Artic Ocean; **Mar Báltico** Baltic Sea; **Mar de Irlanda** Irish Sea; **Mar Mediterráneo** Mediterranean Sea; **Mar del Norte** North Sea; **en alta** ~ offshore; **por** ~ by sea; **al otro lado**

M m

del ~ overseas; **llueve a ~es** it is pouring with rain; **ser la ~ de aburrido** to be excruciatingly boring; **ser la ~ de bonita** to be incredibly pretty

maraca f maraca

maraña f 1. (*maleza*) thicket 2. (*lío*) mess; (*de cabello*) tangle

maratón m o f marathon

maravilla f 1. (*portento*) marvel 2. (*admiración*) wonder

maravillar I. vt to amaze II. vr: ~**se** to marvel at

maravilloso, -a adj marvellous *Brit*, marvelous *Am*

marca f 1. (*distintivo*) mark 2. (*de productos, ganado*) brand; ~ **registrada** registered trademark; **ropa de** ~ designer label 3. (*huella*) impression 4. DEP record 5. INFOR bookmark

marcado, -a adj 1. (*señalado*) marked 2. (*evidente*) clear

marcador m scoreboard; **abrir el** ~ to open the scoring

marcapaso(s) m (*inv*) pacemaker

marcar <c→qu> vt 1. (*señalar*) to mark; (*ganado*) to brand; (*mercancías*) to label; (*época*) to denote; (*compás*) to beat 2. (*resaltar*) to emphasize 3. (*teléfono*) to dial 4. (*cabello*) to style 5. DEP (*gol*) to score 6. DEP (*a un jugador*) to mark, to cover

marcha f 1. (*movimiento*) progress; **poner en** ~ to start; **la ~ de los acontecimientos** the course of events; **sobre la** ~ along the way 2. (*caminata*) hike 3. (*velocidad*) gear; ~ **atrás** reverse; **a toda** ~ at full speed 4. t. MIL, MÚS march 5. (*salida*) departure 6. inf (*acción*) action

marchar I. vi 1. (*ir*) to go; **¡marchando!** let's go! 2. (*funcionar*) to work II. vr: ~**se** 1. (*irse*) to leave 2. (*huir*) to flee

marchitar I. vi 1. (*plantas*) to wither 2. (*personas*) to be on the wane II. vr: ~**se** to wither

marchito, -a adj withered

marchoso, -a adj fun-loving

marcial adj martial

marciano, -a adj, m, f Martian

marco m 1. (*recuadro*) frame; (*armazón*) framework 2. (*ambiente*) background 3. (*moneda*) mark

marea f 1. (*mar*) tide; ~ **negra** oil slick 2. (*multitud*) flood

mareado, -a adj (*en el mar*) seasick; (*al viajar*) travel-sick; **estoy** ~ I feel sick

marear I. vt 1. inf (*molestar*) to pester 2. MED to nauseate II. vr: ~**se** 1. (*enfermarse*) to feel sick; (*en el mar*) to get seasick 2. (*quedar aturdido*) to become dizzy 3. (*emborracharse*) to get tipsy

maremoto m tidal wave; (*seísmo*) seaquake

mareo m 1. (*malestar*) nausea; (*en el mar*) seasickness; (*al viajar*) travel-sickness, motion sickness 2. (*vértigo*) dizziness

marfil m ivory

margarina f margarine

margarita f daisy

margen m o f 1. (*borde*) edge; **el** ~ **del río** the riverside; **al** ~ apart; **dejar al** ~ to leave out; **mantenerse al** ~ fig to keep out of 2. (*página*) margin 3. (*ganancia*) profit margin

marginal adj 1. (*al margen*) apart 2. (*secundario*) secondary

marginar vt (*algo*) to disregard; (*a alguien*) to marginalize

mariachi m mariachi musician

marica m, **maricón** m vulg 1. (*homosexual*) queer, poof *Brit*, fag *Am* 2. (*cobarde*) sissy

marido m husband; **mi** ~ my husband

marihuana f sin pl marijuana, marihuana

marimacho m inf butch (woman); (*niña*) tomboy; pey (*lesbiana*) dyke

marina f 1. (*flota*) navy; **la** ~ **mercante** the merchant marine 2. ARTE seascape

marinero m sailor

marinero, -a adj 1. (*del mar*) marine; (*pueblo*) coastal 2. (*de la marina*) marine

marino m sailor, seaman

marino, -a *adj* marine
marioneta *f* puppet, marionette
mariposa *f* **1.** ZOOL butterfly **2.** DEP butterfly stroke
mariquita¹ *f* ZOOL ladybird
mariquita² *m inf* poof *Brit,* fag *Am*
marisco *m* seafood
marisma *f* marsh
marítimo, -a *adj* maritime, marine
marmita *f* pot
mármol *m* marble
marqués, -esa *m, f* marquis *m,* marquise *f*
marranada *f inf* filthiness; (*acción*) a dirty trick
marrano *m* **1.** (*cerdo*) pig **2.** *pey* (*hombre*) dirty man; (*grosero*) rude man
marrano, -a *adj* filthy
marrón *adj* brown
marroquí *adj, mf* Moroccan
Marruecos *m* Morocco
Marsella *f* Marseilles
Marte *m* Mars
martes *m inv* Tuesday; ¡~ **y trece!** Friday the thirteenth!; *v.t.* **lunes**
martill(e)ar *vt* to hammer
martillo *m* **1.** (*herramienta*) hammer; ANAT malleus; **pez** ~ ZOOL hammerhead **2.** (*subasta*) gavel
mártir *mf* martyr
martirio *m* REL martyrdom; *fig* torture
marxismo *m* Marxism
marxista *adj, mf* Marxist
marzo *m* March; **en** ~ in March; **a principios/a mediados/a fin(al)es de** ~ at the beginning/in the middle/at the end of March; **el 21 de** ~ the 21st of March; **el mes de** ~ **tiene 31 días** the month of March has 31 days; **el pasado** ~ **fue muy frío** last March was very cold
mas *conj* LIT but, yet
más **I.** *adv* **1.** (*cantidad, comparativo*) more; ~ **intelligente** more intelligent; ~ **grande/pequeño** bigger/smaller; **correr** ~ to run more; **esto me gusta** ~ I like this better; ~ **adelante** (*local*) further forward; (*temporal*) later; ~ **guapo que tú** more

handsome than you; **son** ~ **de las diez** it is after ten **2.** (*superlativo*) **el/la** ~ the most; **la** ~ **bella** the most beautiful; **el** ~ **listo de la clase** the cleverest in the class; **lo** ~ **pronto posible** as early as possible; ~ **que nunca** more than ever; **a** ~ **no poder** to the utmost **3.** (*con interrogativo, indefinido*) ¿**algo** ~? anything else? **4.** MAT plus **5.** (*locuciones*) ~ **bien** rather; ~ **o menos** (*ni bien ni mal*) so-so; (*aproximadamente*) more or less; **estar de** ~ not to be needed; **hay comida de** ~ there is food to spare; **por** ~ **que…** however hard I …; **el** ~ **allá** the beyond; **quien** ~ **y quien menos** everyone; ~ **aún** what is more **II.** *m* MAT plus sign
masa *f* **1.** (*pasta*) mixture; (*para hornear*) dough **2.** (*volumen*) mass; ~ **monetaria** money supply; **en** ~ en masse **3.** ELEC earth *Brit,* ground *Am*
masacre *f* massacre
masaje *m* massage; **dar** ~**s** to massage
mascar <c→qu> *vt* **1.** (*masticar*) to chew **2.** (*mascullar*) to mumble
máscara *f* **1.** *t.* INFOR mask; **traje de** ~ fancy dress **2.** (*enmascarado*) masquerade
mascarada *f* **1.** (*baile*) masquerade **2.** (*farsa*) farce
mascarilla *f* **1.** (*máscara*) mask; ~ **facial** face pack **2.** (*molde*) cast
mascota *f* mascot
masculino *m* LING masculine
masculino, -a *adj* masculine; **moda masculina** men's fashion
mascullar *vt* to mumble
masificación *f* overcrowding
masilla *f* putty
masivo, -a *adj* mass
masón, -ona *m, f* Mason, Freemason
masoquista **I.** *adj* masochistic **II.** *mf* masochist
mastectomía *f* mastectomy
máster <másters> *m* master's degree
masticar <c→qu> *vt* **1.** (*mascar*) to chew **2.** (*meditar*) to ponder

M m

mástil *m* **1.** NÁUT mast, spar **2.** (*de guitarra*) neck

mastín *m* mastiff

masturbación *f* masturbation

masturbarse *vr* to masturbate

mata *f* **1.** (*matorral*) clump; **~ de pelo** mop of hair **2.** (*planta*) plant; (*arbusto*) bush

matadero *m* slaughterhouse

matador(a) *m(f)* **1.** TAUR matador **2.** (*asesino*) killer

matamoscas *m inv* **1.** (*insecticida*) fly-spray **2.** (*objeto*) fly-swat

matanza *f* slaughter; **hacer una ~** to massacre

matar **I.** *vt* **1.** (*asesinar*) to kill; (*el aburrimiento*) to alleviate; **~ a tiros** to shoot dead **2.** (*hambre*) to satisfy; (*sed*) to quench **3.** (*sellos*) to post-mark **4.** (*molestar*) to annoy **II.** *vr:* **~se 1.** (*suicidarse*) to kill oneself **2.** (*trabajando*) **~se trabajar** to work oneself to death

matasellos *m inv* postmark

mate **I.** *adj* dull **II.** *m* **1.** (*ajedrez*) mate; **jaque ~** checkmate **2.** (*acabado*) matte **3.** *pl inf* (*matemáticas*) maths *Brit,* math *Am*

> [?] In South America **mate** means:
> 1. The maté plant, 2. The leaves of
> the maté plant, from which tea is
> made, 3. The tea itself, and 4. A
> container in which the tea is kept.

matemáticas *fpl* mathematics

matemático, -a **I.** *adj* mathematical **II.** *m, f* mathematician

materia *f* **1.** *t.* FÍS (*substancia*) matter; **~ gris** ANAT grey matter; **~ prima** raw material **2.** *t.* ENS (*tema*) subject

material **I.** *adj* (*real*) tangible; (*daño*) physical **II.** *m* material; **~ de oficina** office equipment

materialismo *m* materialism

materialista **I.** *adj* materialistic **II.** *mf* materialist

materializar <z→c> **I.** *vt* **1.** (*hacer material*) to bring into being **2.** (*realizar*) to carry out **II.** *vr:* **~se** to ma-terialize

materialmente *adv* materially

maternal *adj* maternal, motherly

maternidad *f* **1.** (*el ser madre*) maternity **2.** (*hospital*) maternity hospital

materno, -a *adj* maternal; **lengua materna** mother tongue

matinal *adj* morning

matiz *m* **1.** (*gradación*) shade **2.** (*toque*) touch **3.** (*sentido*) nuance

matizar <z→c> *vt* **1.** (*con colores*) to blend **2.** (*graduar*) to tint **3.** (*de un sentido*) to tinge

matón, -ona *m, f* **1.** (*chulo*) bully **2.** (*guardaespaldas*) bodyguard

matorral *m* thicket

matraca *f* (*carraca*) rattle, noise-maker

matrícula *f* **1.** (*documento*) registration document **2.** (*inscripción*) enrolment *Brit,* enrollment *Am;* UNIV matriculation **3.** AUTO number plate *Brit,* license plate *Am;* **número de la ~** registration number *Brit,* license number *Am*

matricular *vt* to register; UNIV to enrol *Brit,* to enroll *Am*

matrimonial *adj* matrimonial; (*vida*) married; **agencia ~** dating agency

matrimonio *m* **1.** marriage; **~ civil** civil wedding; **contraer ~** to marry **2.** (*marido y mujer*) married couple; **cama de ~** double bed

matriz **I.** *f* **1.** (*útero*) womb **2.** (*molde*) cast **3.** TIPO, MAT matrix **II.** *adj* **casa ~** parent company

matrona *f* **1.** (*comadrona*) midwife **2.** (*de familia*) matron

matutino, -a *adj* morning

maullar *irr como aullar* *vi* to miaow *Brit,* to meow *Am*

mausoleo *m* mausoleum

maxilar **I.** *adj* ANAT maxillary **II.** *m* jaw

máxima *f* maxim

máxime *adv* particularly

máximo, -a **I.** *adj* maximum; (*volumen*) as high as possible **II.** *m, f* maximum; **como ~** at most; (*temporal*) at the latest

maya *adj, m* Mayan

? The **mayas** were an Indian race of people native to Central America (present-day Mexico, Guatemala and Honduras) with a civilisation that was highly advanced in many fields. The great number of ruins bear witness to this fact, such as the pyramids constructed from blocks of stone, numerous inscriptions and drawings, and not least the very accurate calendar that these people possessed.

mayo *m* May; *v.t.* **marzo**

mayonesa *f* mayonnaise

mayor I. *adj* 1. (*tamaño*) bigger; **comercio al por ~** wholesale trade; **la ~ parte** the majority, most; **~ que** bigger than 2. (*edad*) older; **~ que** older than; **mi hermano ~** my older brother; **ser ~** to be grown-up; **~ de edad** adult; **persona ~** elderly person 3. MÚS major II. *m* 1. MIL major 2. (*superior*) superior 3. *pl* (*ascendientes*) ancestors *pl*

! **mayor** (= elder, taller): "Margarita es la mayor de todos los nietos." In contrast **más grande** is used with objects to indicate size: "La cocina es más grande que el cuarto de baño."

mayoral *m* (*capataz*) foreman

mayordomo, -a *m, f* butler

mayoría *f* majority; **~ de edad** (age of) majority; **la ~ tiene un coche** most have a car

mayorista I. *adj* wholesale II. *mf* wholesaler

mayoritario, -a *adj* majority

mayúscula *f* capital (letter)

mayúsculo, -a *adj* (*grande*) big

mazapán *m* marzipan

mazazo *m* blow

mazo *m* 1. (*martillo*) mallet 2. (*del mortero*) pestle; (*grande*) sledgehammer 3. (*manojo*) bundle

mazorca *f* corn cob, corn *Am*

me I. *pron pers* 1. (*objeto directo*) me; **¡míra~!** look at me! 2. (*objeto indirecto*) me; **da~ el libro** give me the book II. *pron refl* **~ lavo** I wash myself; **~ voy** I am going; **~ he comprado un piso** I have bought myself a flat

meandro *m* (*curva*) meander

mear *vi, vr:* **~se** *inf* to piss; **~se de risa** to die laughing

mecánica *f* mechanics

mecánico, -a I. *adj* mechanical II. *m, f* mechanic

mecanismo *m* mechanism; (*dispositivo*) device

mecanografía *f* typewriting

mecanógrafo, -a *m, f* typist

mecate *m* *AmC, Col, Méx, Ven* (*cuerda*) rope

mecedora *f* rocking chair

mecer <c→z> I. *vt* (*balancear*) to rock II. *vr:* **~se** (*balancearse*) to rock; (*columpiarse*) to swing

mecha *f* 1. (*pabilo*) wick; (*de explosivos*) fuse; **a toda ~** *inf* very fast 2. *pl* (*de pelo*) highlights *pl*

mechero *m* lighter

mechón *m* tuft

medalla *f* medal

media *f* 1. (*promedio*) average 2. (*calceta*) stocking; *AmL* (*calcetín*) sock

mediación *f* mediation

mediado, -a *adj* (*medio lleno*) half full; (*work*) half-completed

mediana *f* 1. AUTO central reservation *Brit*, median strip *Am* 2. MAT median

mediano, -a *adj* 1. (*calidad*) average 2. (*tamaño*) medium 3. ECON medium-sized

medianoche *f* midnight

mediante *prep* by means of; (*a través de*) through

mediar *vi* 1. (*intermediar*) to mediate 2. (*por alguien*) to intercede 3. (*existir*) to exist

medicación *f* medication

medicamento *m* medicine

medicina *f* medicine

medicinal *adj* medicinal

M
m

medición *f* measurement
médico, -a I. *adj* medical II. *m, f* doctor; ~ **de cabecera** family doctor; ~ **forense** forensic surgeon; ~ **naturista** homeopath
medida *f* 1. (*dimensión*) measurement; **a la** ~ (*ropa*) made-to--measure; **hasta cierta** ~ up to a point; **en la** ~ **de lo posible** as far as possible; **a** ~ **que** as 2. LIT metre *Brit*, meter *Am* 3. (*moderación*) moderation 4. (*acción*) measure; **tomar** ~**s** to take measures
medieval *adj* medieval
medio *m* 1. (*mitad*) middle; **en** ~ **de** in the middle of; **meterse por** ~ to intervene; **quitar de en** ~ to get rid of 2. (*instrumento*) means; **por** ~ **de** by means of 3. TV medium; ~**s de comunicación** the media 4. (*entorno*) surroundings *pl*; ~ **ambiente** environment 5. DEP halfback
medio, -a I. *adj* 1. (*mitad*) half; **a las cuatro y media** at half past four; **litro y** ~ one and a half litres 2. (*promedio*) **ciudadano** ~ average person II. *adv* half; ~ **vestido** half dressed; **tomar a medias** to share; **ir a medias** to go halves

> ⚠ **medio** is used without an indefinite article: "medio kilo de tomates; media botella de agua."

medioambiental *adj* environmental
mediocre *adj* mediocre
mediodía *m* 1. (*hora*) midday; **al** ~ at noon 2. (*sur*) south
medir *irr como pedir* I. *vt* 1. (*calcular*) to measure; **¿cuánto mides?** how tall are you? 2. (*sopesar*) to weigh II. *vi* to measure III. *vr:* ~**se** (*con alguien*) to measure oneself against
meditabundo, -a *adj* meditative
meditar *vt, vi* to meditate
mediterráneo, -a *adj* Mediterranean
Mediterráneo *m* Mediterranean
médula *f* 1. ANAT marrow; ~ **espinal** spinal cord 2. BOT pith 3. (*meollo*)

core; **hasta la** ~ to the core
medusa *f* jellyfish
megaciclo *m* megacycle
megáfono *m* megaphone
megalómano, -a *adj* megalomaniac
mejicano, -a *adj, m, f* Mexican
Méjico *m* Mexico
mejilla *f* cheek
mejillón *m* mussel
mejor I. *adj* 1. (*compar*) better; ~ **que** better than; **es** ~ **que** +*subj* it is better that; **pasar a** ~ **vida** to pass away 2. (*superl*) **el/la/lo** ~ the best; ~ **postor** highest bidder; **el** ~ **día** the best day II. *adv* better; **a lo** ~ maybe; ~ **que** ~ better still; **en el** ~ **de los casos** at best
mejora *f* improvement; ~ **salarial** (pay) rise *Brit*, (pay) raise *Am*
mejorar I. *vt* 1. (*perfeccionar*) to improve 2. (*superar*) to surpass II. *vi, vr:* ~**se** 1. (*enfermo*) to get better 2. (*tiempo*) to improve
mejunje *m pey* concoction
melancolía *f* melancholy
melancólico, -a *adj* melancholic
melena *f* 1. (*crin*) mane 2. (*pelo*) long hair
mellizo, -a *adj, m, f* twin
melocotón *m* peach
melocotonero *m* peach tree
melodía *f* melody
melodrama *m* melodrama
melodramático, -a *adj* melodramatic
melón *m* melon
meloso, -a *adj* sweet
membrana *f* membrane
membrillo *m* quince; **carne** [*o* **dulce**] **de** ~ quince jelly
memorable *adj* memorable
memorándum *m* <memorandos> memorandum
memoria *f* 1. *t.* INFOR (*facultad*) memory; **de** ~ by heart; **hacer** ~ to try and remember; **venir a la** ~ to come to mind 2. (*informe*) report 3. *pl* (*autobiografía*) autobiography
memorizar <z→c> *vt* 1. (*aprender*) to memorize 2. INFOR to store
menaje *m* household furnishings *pl*
mención *f* mention; **hacer** ~ **de** to

mention

mencionar *vt* to mention

mendigar <g→gu> *vi, vt* to beg

mendigo, -a *m, f* beggar

mendrugo *m* crust

menear I. *vt* to move; (*cabeza*) to shake; (*cola*) to wag II. *vr:* ~se 1. (*moverse*) to move 2. *inf* (*apresurarse*) to get a move on

menester *m* 1. (*necesidad*) need; **ser** ~ to be necessary 2. *pl* (*tareas*) jobs *pl*

menestra *f* vegetable stew

menguante *f* 1. (*marea*) ebb 2. (*mengua*) decrease

menguar <gu→gü> I. *vi* to diminish II. *vt* to decrease; (*punto*) to reduce

menopausia *f* MED menopause

menor I. *adj* 1. (*tamaño*) smaller; **al por** ~ COM retail; **no dar la** ~ **importancia** not to give the least importance 2. (*edad*) younger; ~ **de edad** underage; **el** ~ **de mis hermanos** the youngest of my brothers 3. MÚS minor II. *mf* (*persona*) minor; **apta para** ~**es** (*película*) suitable for under-eighteens

| ! | **menor** (= younger, shorter): "Antonio es el **menor** de sus hermanos." In contrast **más pequeño** is used with objects to indicate size: "Tu coche es **más pequeño** que el mío." |

Menorca *f* Minorca

menorquín, -ina *adj, m, f* Minorcan

menos I. *adv* 1. (*contrario de más*) less; **a** ~ **que** unless; **el coche (el)** ~ **caro** the least expensive car; **al** [*o* **por lo**] ~ at least; **echar de** ~ to miss; **ir a** ~ to decrease; ~ **de 20 personas** fewer than 20 people; ~ **mal** thank goodness; **¡ni mucho** ~! not at all!; **son las ocho** ~ **diez** it's ten minutes to eight 2. MAT minus 3. (*excepto*) except; **todo** ~ **eso** anything but that II. *m* MAT minus

menoscabar *vt* 1. (*dañar*) to impair; *fig* to damage 2. (*desacreditar*) to

discredit

menospreciar *vt* 1. (*despreciar*) to underrate 2. (*desdeñar*) to despise

mensaje *m* message; ~ **de error** INFOR error message

mensajero, -a *adj, m, f* messenger

menstruación *f* menstruation

menstruar <1. *pres:* menstrúo> *vi* to menstruate

mensual *adj* monthly

mensualidad *f* 1. (*sueldo*) monthly salary 2. (*compra aplazada*) monthly instalment

menta *f* mint

mental *adj* mental

mentalidad *f* mentality

mentalizar <z→c> I. *vt* (*preparar*) to prepare (mentally); (*concienciar*) to make aware; ~ **a alguien de algo** to make sb aware of sth II. *vr:* ~se (*prepararse*) to prepare oneself (mentally); (*concienciarse*) to make oneself aware

mente *f* 1. (*pensamiento*) mind; **tener en (la)** ~ to have in mind; **traer a la** ~ to bring to mind; **tengo la** ~ **en blanco** my mind is a complete blank 2. (*intelecto*) intellect

mentecato, -a I. *adj* silly II. *m, f* fool

mentir *irr como sentir vi* to lie; **¡miento!** I tell a lie!, I am wrong!

mentira *f* (*embuste*) lie; **¡parece** ~! I can hardly believe it!

mentiroso, -a I. *adj* (*persona*) lying II. *m, f* liar

menú *m* <menús> *t.* INFOR menu

menudo, -a *adj* 1. (*minúsculo*) minuscule 2. (*pequeño y delgado*) slight 3. (*fútil*) futile 4. (*exclamación*) **¡menuda película!** what a film! 5. *fig* **a** ~ often

meñique *m* little finger, pinkie, pinky *Am*

meollo *m* essence, crux

mercader *m* merchant

mercado *m* market; ~ **exterior/interior** overseas/domestic market; ~ **de trabajo** labour market; ~ **único europeo** European Single Market

mercancía *f* goods *pl*

mercantil *adj* mercantile

mercenario, -a *adj, m, f* mercenary

mercería f 1.(*tienda*) haberdasher's shop *Brit,* notions store *Am* 2.(*artículos*) haberdashery *Brit,* notions *pl Am*

mercurio m mercury

Mercurio m Mercury

merecer *irr como crecer* I. *vt* 1.(*ser digno de*) to deserve 2.(*valer*) to be worthy of II. *vr:* ~**se** to deserve

merecido m deserts *pl;* **se llevó su** ~ he got his just deserts

merendar <e→ie> I. *vt* to have for tea II. *vi* to have tea; (*en el campo*) to picnic

merengue m meringue

meridiano m meridian

merienda f 1.(*comida*) tea 2.(*picnic*) picnic; ~ **de negros** *fig* free-for--all

mérito m 1.(*merecimiento*) merit 2.(*valor*) worth; **hacer** ~**s** to prove oneself worthy

merluza f 1. ZOOL hake 2. *vulg* (*borrachera*) **coger una buena** ~ to get sloshed

merluzo, -a *adj inf* silly

merma f decrease; (*de peso*) loss

mermar I. *vt* to lessen; (*peso*) to reduce II. *vi* to decrease

mermelada f jam; ~ **de naranja** marmalade

mero I. *adv AmC* (*pronto*) soon II. m grouper

mero, -a *adj* 1.(*sencillo*) simple 2.(*sin nada más*) mere

merodear *vi* to prowl; ~ **por un sitio** to hang about a place

mes m 1.(*período*) month; **todos los** ~**es** every month; **hace un** ~ a month ago 2.(*sueldo*) monthly salary 3. *inf* (*menstruación*) period

mesa f 1.(*mueble*) table; ~ **de despacho** office desk; ~ **digitalizadora** INFOR digitizer; ~ **electoral** POL *officials in charge of a polling station;* **vino de** ~ table wine; **bendecir la** ~ to say grace; **poner/quitar la** ~ to lay/to clear the table, at the table; **¡a la** ~! food's ready! 2. GEO plateau

mesero, -a m, f *AmL* (*camarero*) waiter m, waitress f

meseta f GEO plateau

mesilla f small table; ~ **de noche** bedside table, nightstand *Am*

mesón m inn, tavern

mesonero, -a m, f innkeeper

mestizo, -a *adj* 1.(*entre blancos e indios*) mestizo 2.(*entre dos razas*) mixed-race

> [?] A **mestizo** in Latin America means a person of mixed race whose parents were of white (i.e. European) and Indian origin. (In Brazil, **mestizos** are known as **mamelucos**.)

mesura f 1.(*moderación*) moderation 2.(*calma*) calm

meta¹ f 1. *t. fig* winning post; (*portería*) goal 2.(*objetivo*) aim, goal

meta² mf (*portero*) goalkeeper *Brit,* goaltender *Am*

metabolismo m metabolism

metáfora f metaphor

metal m 1.(*material*) metal 2.(*de voz*) timbre 3.(*instrumento*) brass instrument 4.(*dinero*) **el vil** ~ filthy lucre

metálico m (*monedas*) coins *pl;* **en** ~ in cash

metálico, -a *adj* metallic

metalurgia f metallurgy

metalúrgico, -a I. *adj* metallurgical II. m, f metallurgist

metedura f **¡vaya** ~ **de pata!** *inf* what a clanger *Brit* [*o* blooper *Am*]!

meteorito m meteorite

meteoro m meteor

meteorología f *sin pl* meteorology

meter I. *vt* 1.(*introducir*) to insert; (*poner*) to put; **¡mete el enchufe!** put the plug in! 2.(*invertir*) to invest 3.(*en costura*) to take in 4. DEP (*gol*) to score 5. *inf* (*encasquetar*) to palm off; (*vender*) to sell 6. *inf* (*dar*) ~ **prisa** to hurry (up); ~ **un puñetazo** to punch 7.(*provocar*) ~ **miedo** to frighten; ~ **ruido** to be noisy 8.(*hacer participar*) to involve II. *vr:* ~**se** 1.(*introducirse*) to put; ~**se en la cabeza que...** to get into ones head that ... 2.(*entrar en un lugar*) to enter; **¿dónde se habrá metido?** where has he/she got to? **3.** (*inmiscuirse*) to meddle; **¡no te metas donde no te llaman!** mind your own business! **4.** (*con alguien*) to provoke **5.** (*convertirse en*) **~se a actor** to become an actor

meticuloso, -a *adj* meticulous

metódico, -a *adj* methodical

metodismo *m* Methodism

metodista *adj, mf* Methodist

método *m* **1.** (*sistema*) method **2.** (*libro*) manual

metodología *f* methodology

metralla *f* **1.** (*munición*) shell **2.** (*trozos*) shrapnel

metralleta *f* sub-machine gun, tommy gun

métrico, -a *adj* metric

metro *m* **1.** (*unidad*) metre *Brit,* meter *Am;* **~ cuadrado/cúbico** square/cubic metre **2.** (*para medir*) ruler **3.** FERRO underground *Brit,* subway *Am* **4.** *t.* MÚS (*poesía*) metre *Brit,* meter *Am*

metrópoli *f* (*urbe*) metropolis; (*capital*) capital

México *m* Mexico

? **México** or **Méjico** (official title: **Estados Unidos Mexicanos**) lies in Central America and borders the USA in the north. The capital, **Ciudad de México** (Mexico City), has almost twenty million inhabitants. Spanish is the official language of the country and the monetary unit is the **peso**. The original inhabitants of Mexico, the **aztecas** (Aztecs), referred to themselves as **mexica**.

---

mezcla *f* **1.** (*sustancia*) mixture **2.** (*acto*) mixing

mezclar I. *vt* **1.** (*unir*) to blend; GASTR (*añadir*) to mix **2.** (*revolver*) to muddle; (*confundir*) to mix up II. *vr:* **~se 1.** (*inmiscuirse*) to meddle; **~se entre los espectadores** to mingle

with the spectators **2.** (*revolverse*) to mix

mezquino, -a I. *adj* **1.** (*tacaño*) stingy, mean *Brit* **2.** (*miserable*) small-minded II. *m, f* miser

mezquita *f* mosque

mg. *abr de* **miligramo** mg.

mi I. *adj* (*antepuesto*) my II. *m inv* MÚS E

mí *pron pers* me; **a ~** (*objeto directo*) me; (*objeto indirecto*) to me; **para ~** for me; **¿y a ~ qué?** so what?; **por ~** as far as I'm concerned

miaja *f* crumb

miau miaow *Brit,* meow *Am*

michelín *m inf* roll of fat, spare tyre

micro *m* (*micrófono*) mike

microbio *m* microbe

microbús *m* minibus

microchip *m* microchip

microfilm *m* <microfilm(e)s> microfilm

micrófono *m* microphone

microonda *f t.* FÍS (*cocina*) microwave; **horno (de) ~s** microwave (oven)

microscópico, -a *adj* microscopic

microscopio *m* microscope

miedo *m* **1.** (*angustia*) fear; **por ~ de que** +*subj* for fear that; **dar ~** to be frightening; **morirse de ~** to be petrified **2.** *inf* **de ~** (*maravilloso*) terrific; **de ~** (*terrible*) dreadful

miedoso, -a *adj* fearful

miel *f* (*de abeja*) honey; **luna de ~** honeymoon

miembro *m* **1.** *pl* (*extremidades*) limbs *pl* **2.** *t.* LING, MAT (*socio*) member **3.** (*pene*) **~** (**viril**) male member

mientes *fpl* **parar ~ en algo** to give sth great thought; **traer a las ~** to recall

mientras I. *adv* meanwhile; **~ (tanto)** in the meantime II. *conj* **~ (que)** while; **~ (que)** +*subj* as long as

miércoles *m inv* Wednesday; **~ de ceniza** Ash Wednesday; *v.t.* **lunes**

mierda *f vulg* **1.** (*heces*) shit **2.** (*porquería*) muck **3.** (*expresiones*) **¡a la ~!** to hell with it!; **¡(vete) a la ~!** get lost!; ¡~! shit!

miga *f* 1.(*trocito*) crumb; **hacer buenas ~s con alguien** to get on well with sb; **estar hecho ~** (*cansado*) to be shattered 2.(*esencia*) essence; **esto tiene su ~** there is something behind this

migaja *f* 1.(*trocito*) crumb; **una ~ de** a scrap of 2. *pl* (*sobras*) leftovers *pl*

migración *f* migration

mil *adj inv, m* thousand

milagro *m* miracle; **hacer ~s** to work wonders

milagroso, -a *adj* miraculous

mili *f inf* military service

milicia *f* 1.(*tropa*) military 2.(*actividades*) military operation

miligramo *m* milligram

milímetro *m* millimetre *Brit,* millimeter *Am*

militante *adj, mf* militant

militar I. *vi* 1.(*en el ejército*) to serve 2.(*en un partido*) to be an active member of II. *adj* military III. *m* soldier

milla *f* mile

millar *m* thousand

millón *m* million; **mil millones** a billion

> [!] **millón** is always used with the preposition 'de': "En esta ciudad viven dos millones de habitantes."

millonario, -a *m, f* millionaire, millionairess *f*

mimar *vt* to indulge; (*excesivamente*) to spoil

mimbre *m* wicker; **de ~** wicker

mímica *f* 1.(*facial*) mime 2.(*señas*) sign language

mimo *m* 1.(*actor*) mimic 2.(*caricia*) caress; **necesitar ~** to need affection 3.(*condescencia*) spoiling

mina *f* 1.MIN mine; **~ de carbón** coal mine 2.(*explosivo*) mine; **~ de tierra** landmine 3.(*de lápiz*) lead

minar *vt* 1.(*con minas*) to mine 2.(*debilitar*) to undermine

mineral I. *adj* mineral II. *m* 1.GEO

mineral 2.MIN ore

minero, -a I. *adj* mining II. *m, f* miner

miniatura *f* miniature

minifalda *f* miniskirt

minifundio *m* smallholding

minimizar <z→c> *vt* to minimize

mínimo *m* minimum; **como ~** (*cantidad*) as a minimum; (*al menos*) at least

mínimo, -a *adj superl de* **pequeño** minimum; **sin el más ~ ruido** without the least noise; **no ayudar en lo más ~** to be no help at all

minino, -a *m, f inf* pussy (cat)

ministerio *m* 1.(*edificio*) ministry 2.(*cargo*) ministerial office

ministro, -a *m, f* minister; **Ministro de Economía y Hacienda** Chancellor of the Exchequer *Brit,* Treasury Secretary *Am;* **Ministro del Interior** Home Secretary *Brit,* Secretary of the Interior *Am;* **Primera Ministra** prime minister

minoría *f* minority

minorista I. *adj* retail II. *mf* retailer

minucioso, -a *adj* meticulous

minúscula *f* LING lower case; **en ~s** in lower case letters

minúsculo, -a *adj* minuscule, minute; **letra minúscula** lower-case letter

minusválido, -a *adj* handicapped

minuta *f* 1.(*cuenta*) lawyer's bill 2.(*menú*) menu

minutero *m* minute hand

minuto *m* minute; **sin perder un ~** at once

mío, -a *pron pos* 1.(*de mi propiedad*) mine; **el libro es ~** the book is mine; **la botella es mía** the bottle is mine; **¡ya es ~!** I have it! 2.(*tras artículo*) **el ~/la mía** mine; **los ~s** (*cosas*) mine; (*parientes*) my family; **ésta es la mía** *inf* this is just what I want; **he vuelto a hacer una de las mías** *inf* I have been up to it again; **eso es lo ~** that is my strong point 3.(*tras substantivo*) of mine; **una amiga mía** a friend of mine; **(no) es culpa mía** it is (not) my fault; **¡amor ~!** my darling!

miope *adj* myopic, short-sighted

miopía *f* myopia, short-sightedness

mira *f* 1. (*para apuntar*) sight; **estar en la ~ de alguien** to be in sb's sights 2. MIL watchtower 3. *(pl)* (*intención*) intention; **con amplias ~s** broad-minded; **de ~s estrechas** narrow-minded; **con ~s a** with a view to

mirada *f* look; **echar una ~ a algo** to glance at sth; **apartar la ~** to look away

mirado, -a *adj* 1. (*respetuoso*) respectful 2. *inf* (*delicado*) considerate 3. (*cuidadoso*) discreet; **bien ~, ...** all things considering, ...

mirador *m* (*atalaya*) viewpoint

mirar I. *vt* 1. (*observar*) to observe; (*ver*) to look at; **~ fijamente** to stare 2. (*buscar*) to look for 3. (*prestar atención*) to watch; **¡mira el bolso!** keep an eye on the bag! 4. (*meditar*) to think about 5. (*tener en cuenta*) to take into account; **~ el dinero** to be careful of the money II. *vi* 1. (*dirigir la vista*) to look; (*por agujero*) to look through; **~ atrás** to look back; **~ alrededor** to look around; **la casa mira al este** the house faces east 2. (*buscar*) to look for 3. (*expresiones*) **mira (a ver) si...** go and see if ...; **¡mira por donde...!** surprise, surprise ...!; **mira que si se cae este jarrón** just imagine if the vase fell; **mira que es tonta, ¿eh?** she really is silly, isn't she? III. *vr:* **~se** to look at oneself; **se mire como se mire** no matter how you look at it

mirilla *f* peephole *Brit,* eyehole *Am*

mirlo *m* blackbird

misa *f* REL (*ceremonia*) mass; **~ del gallo** midnight mass; **decir ~** to say mass; **no saber de la ~ la mitad** *inf* not to know the half of it; **eso va a ~** *inf* and that's a fact

miserable I. *adj* 1. (*pobre*) poor 2. (*lamentable*) pitiful 3. (*tacaño*) stingy 4. (*cantidad*) miserable II. *mf* (*desdichado*) wretch; (*que da pena*) poor thing

miseria *f* 1. (*pobreza*) poverty 2. (*poco dinero*) pittance 3. (*tacañería*) stinginess 4. *pl* (*infortunios*) misfortunes *pl*

misericordia *f* 1. (*compasión*) compassion 2. (*perdón*) forgiveness

misil *m* missile

misión *f* mission; POL assignment

misionero, -a *m, f* missionary

mismo *adv* 1. (*manera*) **así ~** in that way 2. (*justamente*) **ahí ~** just there; **aquí ~** right here; **ayer ~** only yesterday

mismo, -a *adj* 1. (*idéntico*) same; **al ~ tiempo** at the same time; **da lo ~** it does not matter; **por lo ~** for that reason; **lo ~ no vienen** they might not come; **¡eso ~!** exactly! 2. (*reflexivo*) myself; **te perjudicas a ti ~** you harm yourself; **yo misma lo vi** I myself saw him/it

misterio *m* mystery

misterioso, -a *adj* mysterious

mitad *f* 1. (*parte igual*) half; **a ~ de precio** at half price; **reducir a la ~** to halve 2. (*medio*) middle

mitigar <g→gu> *vt* 1. (*dolores*) to alleviate; (*sed*) to quench; (*hambre*) to take the edge off 2. (*colores*) to subdue; (*calor*) to mitigate

mitin *m* political meeting

mito *m* myth

mitología *f* mythology

mixto *m* (*fósforo*) match

mixto, -a *adj* mixed

ml. *abr de* mililitro ml

mm. *abr de* milímetro mm

mobiliario *m* furniture

mocasín *m* moccasin

mochila *f* rucksack *Brit,* backpack *Am*

mochuelo *m* small owl; **cargar a alguien con el ~** *inf* to stick sb with the dirty work

moción *f* t. POL motion

moco *m* mucus; (*de la nariz*) snot; **limpiarse los ~s** to wipe one's nose; **no ser ~ de pavo** *fig* to be nothing to sneeze at; **llorar a ~ tendido** *inf* to cry one's eyes out

moda *f* fashion; **vestido de ~** fashionable dress; **ponerse de ~** to come into fashion

modal I. *adj* modal II. *mpl* manners

M m

pl

modalidad *f* form; **~es de un contrato** types of contract

modelar *vt* to model; *fig* to fashion

modelo *mf* model

modelo *m* 1. (*ejemplo*) model 2. (*esquema*) design

módem *m* INFOR modem

moderado, -a I. *adj* moderate; (*precio, petición*) reasonable **II.** *m, f* POL moderate

moderar I. *vt* 1. (*disminuir*) to moderate 2. TV, RADIO to present **II.** *vr:* **~se** to calm down

modernización *f* modernization

modernizar <z→c> *vt* to modernize

moderno, -a *adj* modern

modestia *f* modesty

modesto, -a *adj* modest

módico, -a *adj* modest

modificar <c→qu> **I.** *vt* to modify **II.** *vr:* **~se** to adapt

modismo *m* idiom

modisto, -a *m, f* dressmaker

modo *m* 1. (*manera*) way; **de este ~** in this way; **de ningún ~** no way; **hacer algo de cualquier ~** to do sth any old how; **de cualquier ~ no hubieran ido** anyway they would not have gone; **de ~ que** so; **en cierto ~** in a way; **de todos ~s en hubo heridos** at any rate no one was injured; **de todos ~s, lo volvería a intentar** anyway, I would try again 2. LING mood 3. INFOR mode; **~ de operación** operational mode 4. *pl* (*comportamiento*) manners *pl*

modorra *f* drowsiness

módulo *m* 1. *t.* ARQUIT, ELEC (*de un mueble*) unit 2. (*de una prisión*) wing 3. ENS, INFOR module

mogollón *m* 1. *inf* (*cantidad*) load(s); **~ de gente** loads of people 2. *inf* (*lío*) mess

moho *m* 1. BOT mould *Brit,* mold *Am* 2. (*óxido*) rust

mohoso, -a *adj* 1. (*de moho*) mouldy *Brit,* moldy *Am* 2. (*oxidado*) rusty

mojar I. *vt* 1. (*con un líquido*) to wet; (*ligeramente*) to moisten; (*para planchar*) to dampen 2. (*el pan*) to dunk 3. *inf* (*celebrar*) to celebrate **II.** *vi inf* (*en un asunto*) to get involved **III.** *vr:* **~se** 1. (*con un líquido*) to get wet 2. *inf* (*comprometerse*) to get involved

mojón *m* 1. (*hito*) boundary stone; **~ kilométrico** milestone 2. (*poste*) post

moldavo, -a *adj, m, f* Moldavian

molde *m* 1. TÉC, GASTR mould *Brit,* mold *Am;* TIPO form; **letras de ~** block letters 2. (*modelo*) model

moldeador *m* **~ eléctrico** curling tongs *pl,* curling iron *Am*

moldear *vt* 1. (*formar*) to mould *Brit,* to mold *Am* 2. (*vaciar*) to cast

mole¹ *f* (*masa*) mass

mole² *m Méx* GASTR 1. (*salsa*) sauce 2. (*guiso*) stew

? **Mole** is the name given to a Mexican chilli sauce. Cayenne pepper from the chilli plant gives this sauce its characteristic sharp taste.

---

molécula *f* molecule

moler <o→ue> *vt* 1. (*café*) to grind; (*aceitunas*) to press 2. (*fatigar*) to exhaust

molestar I. *vt* (*estorbar*) to inconvenience; (*fastidiar*) to bother **II.** *vr:* **~se** 1. (*tomarse la molestia*) to bother; **ni siquiera te has molestado en...** you haven't even taken the trouble to ...; **no te molestes por mí** don't put yourself out for me 2. (*ofenderse*) to take offence *Brit,* to take offense *Am*

molestia *f* 1. (*fastidio*) bother; (*por dolores*) discomfort 2. (*inconveniente*) trouble; **tomarse la ~** to take the trouble; **perdonen las ~s** we apologize for the inconvenience caused 3. (*dolor*) discomfort

molesto, -a *adj* 1. *ser* (*desagradable*) unpleasant; (*fastidioso*) troublesome 2. *estar* (*enfadado*) annoyed; (*ofendido*) hurt by sth 3. *estar* (*incómodo*) uncomfortable

molido, -a *adj inf* (*cansado*) worn

out

molinillo *m* **1.** (*aparato*) ~ **de café** coffee grinder **2.** (*juguete*) windmill *Brit,* pinwheel *Am*

molino *m* mill; ~ **de papel** paper mill

molusco *m* mollusc

momentáneo, -a *adj* **1.** (*instantáneo*) momentary **2.** (*provisional*) provisional

momento *m* **1.** (*instante*) instant, moment; **de un ~ a otro** at any time now; **al ~** immediately; **en cualquier** [*o* **en todo**] ~ at any time; **en este ~** at the moment; **en este ~ estaba...** I was just ...; **de ~** for the moment; **en todo ~** at all times; **hace un ~** a moment ago **2.** (*período*) period; **atravieso un mal ~** I am going through a bad patch **3.** (*actualidad*) present; **la música del ~** present-day music **4.** FÍS momentum

momia *f* mummy

mona *f* **coger una ~** *inf* to get drunk; ~ **de Pascua** GASTR Easter cake

monaguillo, -a *m, f* altar boy

monarca *mf* monarch

monarquía *f* monarchy

monárquico, -a I. *adj* **1.** (*de la monarquía*) monarchic **2.** (*partidario*) monarchist **II.** *m, f* monarchist

monasterio *m* monastery

mondadientes *m inv* toothpick

mondar I. *vt* (*plátano*) to peel; (*guisantes*) to shell **II.** *vr:* ~**se** (*dientes*) to clean with a toothpick; ~**se** (**de risa**) *inf* to die laughing

moneda *f* **1.** (*pieza*) coin; ~ **suelta** change; **teléfono de** ~**s** pay phone **2.** (*de un país*) currency; ~ **de curso legal** legal tender; ~ **extranjera/ nacional** foreign/local currency

monedero *m* purse

monetario, -a *adj* monetary

mongólico, -a I. *adj* of Down's syndrome **II.** *m, f* person with Down's syndrome

mongolismo *m sin pl* Down's syndrome

monigote *m* **1.** (*dibujo mal hecho*) childlike drawing; (*figura*) stick figure **2.** (*muñeco*) rag doll **3.** (*per-*

sona) wimp

monitor *m* TÉC, TV, INFOR monitor; (*pantalla*) screen

monja *f* nun

monje *m* monk

mono *m* **1.** ZOOL monkey **2.** (*traje*) overalls *pl* **3.** *inf* (*de drogas*) withdrawal symptoms *pl*

mono, -a *adj* (*niño*) cute; (*chica*) pretty; (*vestido*) lovely

monóculo *m* monocle

monógamo, -a *adj* monogamous

monografía *f* monograph

monólogo *m* monologue

monopatín *m* skateboard

monopolio *m* monopoly

monopolizar <z→c> *vt* COM to monopolize, to corner (a market)

monotonía *f* monotony

monótono, -a *adj* monotonous

monstruo I. *m* monster **II.** *adj inv* magnificent

monstruoso, -a *adj* **1.** (*desfigurado*) disfigured **2.** (*terrible*) monstrous **3.** (*enorme*) huge

monta *f* total; **de poca ~** *fig* unimportant

montacargas *m inv* (service) lift *Brit,* (freight) elevator *Am*

montaje *m* **1.** TÉC assembly **2.** CINE editing; FOTO montage **3.** TEAT decor **4.** (*engaño*) set-up

montaña *f* **1.** GEO (*monte*) mountain; ~ **rusa** big dipper **2.** (*de cosas*) difficulty

montañero, -a *m, f* mountaineer

montañés, -esa *adj* **1.** (*de la montaña*) highlander **2.** (*de Santander*) of/from Santander

montañismo *m* mountaineering

montañoso, -a *adj* mountainous

montar I. *vi* **1.** (*a un caballo*) to get on; (*en un coche*) to get in **2.** (*ir a caballo, bici*) to ride **3.** (*una cuenta*) ~ **a** to come to **II.** *vt* **1.** (*en un caballo*) to mount **2.** (*ir a caballo*) to ride **3.** (*máquina*) to assemble **4.** (*tienda*) to open **5.** (*huevo*) to beat **6.** (*negocio*) to set up **7.** CINE to edit **8.** *inf* (*organizar*) to organize; ~ **un número** to make a scene **III.** *vr:* ~**se 1.** (*subir*) to climb **2.** *inf* (*arreglárselas*) to

M m

manage

montaraz *adj* **1.** (*salvaje*) wild **2.** (*tosco*) coarse **3.** (*arisco*) unsociable

monte *m* **1.** (*montaña*) mountain **2.** (*bosque*) ~ **alto** woodland; ~ **bajo** scrub **3.** *pl* (*cordillera*) mountain range

monto *m* total

montón *m* (*de ropa*) heap; (*de gente*) a lot of; **problemas a montones** *inf* loads of problems; **ser del** ~ to be ordinary

monumental *adj* monumental; **el Madrid** ~ the sights of Madrid

monumento *m* memorial; (*grande*) monument; **los ~s de una ciudad** the sights of a city

monzón *m o f* monsoon

moño *m* bun; **estar hasta el** ~ **de algo** *inf* to be fed up to the back teeth with sth

moqueta *f* carpet

mora *f* **1.** BOT (*del moral*) mulberry; (*de la zarzamora*) blackberry **2.** JUR delay

morada *f* **1.** (*casa*) abode **2.** (*residencia*) residence

morado, -a *adj* purple; (*ojo*) black; **pasarlas moradas** to have a bad time

moral I. *adj* moral; **código** ~ code of ethics **II.** *f* morals *pl;* **levantar la** ~ **a alguien** to boost sb's morale

moraleja *f* moral

moralidad *f* (*cualidad*) morality

moralizar <z→c> **I.** *vi* to moralize **II.** *vt* to improve the morals of

moratón *m* bruise

moratoria *f t.* FIN moratorium

morbo *m* **1.** (*enfermedad*) illness **2.** (*interés malsano*) morbid fascination

morboso, -a *adj* **1.** (*clima*) unhealthy **2.** (*placer*) morbid

morcilla *f* black pudding, blood sausage

mordaz *adj* (*comentario*) caustic; (*crítica*) scathing

mordaza *f* **1.** (*en la boca*) gag **2.** TÉC clamp

morder <o→ue> **I.** *vt* **1.** (*con los dientes*) to bite; **está que muerde** *inf* he/she is furious **2.** (*corroer*) to corrode **3.** AmL (*estafar*) to cheat **II.** *vr:* ~**se** to bite; **no** ~**se la lengua** to say what one thinks

mordisco *m* bite, nibble

morena *f* moray eel

moreno, -a I. *adj* brown; (*de piel*) swarthy; (*de cabello*) dark-haired **II.** *m, f* **1.** (*negro*) coloured person *Brit,* colored person *Am* **2.** *Cuba* (*mulato*) mulatto

morfina *f* morphine

moribundo, -a *adj* dying

morir *irr* **I.** *vi* **1.** (*perecer*) to die; (*en guerra*) to be killed; (*ahogado*) to drown; (*en humo*) **2.** (*tradición*) to die out; (*camino*) to peter out; (*sonido*) to die away **II.** *vr:* ~**se 1.** (*perecer*) to die; (*planta*) to wither; **¡así te mueras!** *inf* good riddance to you! **2.** (*con 'de'*) ~**se de hambre** to die of starvation; ~**se de frío** to freeze to death; ~**se de risa** to die laughing **3.** (*con 'por'*) **me muero por...** I am dying to …

mormón, -ona *adj, m, f* Mormon

moro, -a *adj, m, f* Muslim

moroso, -a I. *adj* **1.** (*deudor*) slow to pay up **2.** *elev* (*lento*) slow **II.** *m, f* debtor in arrears, defaulter

morral *m* nosebag

morriña *f* sin pl, *inf* homesickness

morro *m* **1.** ZOOL (*hocico*) snout **2.** *inf* (*de persona*) lip; (*boca*) mouth; **beber a** ~ to drink straight from the bottle; **caerse de** ~**s** to fall flat on ones face; **partirle los** ~**s a alguien** to smash sb his/her face in; **tener** ~ to have a real nerve; **estar de** ~(**s**) *fig* to be angry

morsa *f* walrus

morse *m* Morse code

mortadela *f* mortadella, ≈ bologna

mortaja *f* **1.** (*sábana*) shroud **2.** AmL (*de cigarrillo*) cigarette paper

mortal *mf* mortal

mortalidad *f* mortality

mortero *m* mortar

mortífero, -a *adj* deadly

mortificar <c→qu> **I.** *vt* **1.** (*atormentar*) to torment **2.** *t.* REL (*humi-*

llar) to mortify **II.** *vr:* ~**se 1.** (*atormentarse*) to be tormented **2.** REL to mortify oneself

mosaico *m* mosaic

mosca *f* **1.** ZOOL fly; **por si las** ~**s** *inf* just in case; **tener la** ~ **detrás de la oreja** *inf* to be suspicious; **estar** ~ *inf* (*receloso*) to be suspicious; (*enfadado*) to be cross **2.** (*barba*) goatee

moscovita *adj, mf* Muscovite

Moscú *m* Moscow

mosquearse *vr inf* **1.** (*ofenderse*) to take offence *Brit,* to take offense *Am* **2.** (*enfadarse*) to get angry

mosquita *f* **hacerse la** ~ **muerta** to look as if butter wouldn't melt in one's mouth

mosquitero *m* mosquito net(ting)

mosquito *m* mosquito; (*pequeño*) gnat

mostaza *f* mustard

mosto *m* grape juice

mostrador *m* **1.** (*tienda*) counter **2.** (*bar*) bar

mostrar <o→ue> **I.** *vt* (*enseñar*) to show; (*presentar*) to display **II.** *vr:* ~**se** to appear

mota *f* **1.** (*partícula*) speck; (*de polvo*) speak **2.** (*mancha*) spot

mote *m* nickname

motín *m* uprising; (*militar*) mutiny; (*en la cárcel*) riot

motivación *f* motivation

motivar *vt* **1.** (*incitar*) to motivate **2.** (*explicar*) to explain **3.** (*provocar*) to cause

motivo *m* **1.** (*causa*) reason behind; (*de un crimen*) motive; **con** ~ **de...** on the occasion of ...; **por este** ~ for this reason **2.** (*tela*) motif

moto *f inf* motorbike; ~ **acuática** jet ski; ~ **para la nieve** snowmobile

motocicleta *f* motorcycle

motociclismo *m sin pl* motorcycling

motor *m* **1.** *t. fig* motor; ~ **de búsqueda** INFOR search engine; ~ **de reacción** jet engine **2.** (*causa*) cause

motor(a) *adj* motor; **nervio** ~ motor nerve

motora *f* motorboat

motorista *mf* DEP motorcyclist

motorizar <z→c> *vt* to motorize

motosierra *f* chain saw

motriz *adj* driving

movedizo, -a *adj* **1.** (*móvil*) moving **2.** (*inconstante*) changeable

mover <o→ue> **I.** *vt. t.* INFOR (*desplazar*) to move; (*cola*) to wag; ~ **archivo** move file; ~ **la cabeza** (*asentir*) to nod (one's head); (*negar*) to shake one's head **2.** (*incitar*) to rouse **II.** *vr:* ~**se** to move; **¡venga, muévete!** come on! get a move on!

movido, -a *adj* **1.** (*foto*) blurred **2.** (*activo*) active; (*vivo*) lively **3.** MÚS rhythmic

móvil I. *adj* mobile **II.** *m* **1.** (*para colgar*) mobile **2.** (*crimen*) motive **3.** TEL mobile (phone), cellphone *Am*

movilidad *f sin pl* mobility

movilización *f* mobilization

movilizar <z→c> *vt* to mobilize

movimiento *m* **1.** *t.* FÍS, COM movement; **poner en** ~ to put in motion; ~ **de cuenta** debit/credit in an account; ~**s bursátiles** stock-market movements **2.** (*ajedrez*) move **3.** MÚS (*velocidad*) tempo; (*tiempo*) movement

mozo *m* **1.** (*de café*) waiter; (*de estación*) porter; (*de hotel*) bellboy **2.** (*soldado*) recruit

mozo, -a I. *adj* **1.** (*joven*) young **2.** (*soltero*) single **II.** *m, f* (*chico*) lad; (*chica*) girl; (*joven*) youth, young man

muchacho, -a *m, f* (*chico*) boy; (*chica*) girl

muchedumbre *f* **1.** (*de cosas*) collection **2.** (*de personas*) crowd

mucho, -a I. *adj* a lot of; ~ **vino** a lot of wine, much wine; ~**s libros** a lot of books, many books; **hace ya** ~ **tiempo que...** it has been a long time since ... **II.** *adv* (*intensidad*) very; (*cantidad*) a lot; (*mucho tiempo*) for a long time; (*a menudo*) often; **trabajar** ~ to work hard; **lo sentimos** ~ we are very sorry; **no hace** ~ not long ago; **ni** ~ **menos** far from it; **como** ~ at (the) most

muda *f* **1.** (*ropa interior*) change of underwear **2.** (*serpiente*) slough

mudanza f (*de casa*) move

mudar I. *vi, vt* to change II. *vr*: ~**se**
1. (*de casa*) to move (house) 2. (*de ropa*) to change clothes

mudo, -a I. *adj* dumb; **cine** ~ silent films *Brit,* silent movies *Am;* **quedarse** ~ to be speechless II. *m, f* mute person

mueble I. *m* 1. (*pieza*) piece of furniture; ~ **bar** drinks cabinet; ~ **de cocina** kitchen unit 2. *pl* furniture II. *adj* JUR **bienes** ~**s** movable goods, personal property

mueca f face; **hacer** ~**s** to pull faces

muela f 1. (*diente*) molar; ~**s del juicio** wisdom teeth; **dolor de** ~**s** toothache 2. (*molino*) millstone 3. (*para afilar*) grindstone

muelle I. *m* 1. (*resorte*) spring; (*reloj*) mainspring 2. (*puerto*) wharf 3. (*andén*) loading dock II. *adj* (*blando*) soft; (*cómodo*) comfortable

muerte f 1. (*acción*) death; ~ **forestal** forest destruction; **pena de** ~ death penalty; **lecho de** ~ deathbed; **morir de** ~ **natural** to die of natural causes; **a** ~ to death 2. (*asesinato*) murder; **de mala** ~ *fig* lousy, crummy; **un susto de** ~ a dreadful fright

muerto, -a I. *pp de* **morir** II. *adj* dead; **punto** ~ AUTO neutral; **horas muertas** period of inactivity; **naturaleza muerta** still life III. *m, f* dead person; (*difunto*) deceased; (*cadáver*) corpse; **cargar el** ~ **a alguien** *inf* to lay the blame on sb; **hacerse el** ~ (*quieto, t. fig*) to play dead; (*nadando*) to float; **ser un** ~ **de hambre** to be a nobody

muesca f nick

muestra f 1. (*mercancía*) sample; **feria de** ~**s** trade fair 2. (*prueba*) proof; ~ **de sangre** MED blood sample; ~ **de amistad** token of friendship 3. (*demostración*) demonstration; **dar** ~(**s**) **de...** to give a demonstration of ...

muestreo *m* sampling

mugir <g→j> *vi* (*vaca*) to moo

mugre f *sin pl* grime

mugriento, -a *adj* grubby

mujer f woman; ~ **fatal** femme

fatale; ~ **de la limpieza** cleaning lady; ~ **de la calle** prostitute

mujeriego *m* womanizer

mulato, -a I. *adj* (*mestizo*) mulatto; (*color*) brown-skinned II. *m, f* mulatto

muleta f 1. (*apoyo*) crutch 2. TAUR red cloth attatched to a stick used by a matador

mullido, -a *adj* soft

mulo, -a *m, f* mule

multa f fine

multar *vt* to fine

multicines *mpl* multiplex

multicolor *adj* multicoloured *Brit,* multicolored *Am;* TIPO polychromatic

multicopista f duplicator

multimedia *adj inv* multimedia

multimillonario, -a *m, f* multimillionaire

multinacional *adj, f* multinational

múltiple *adj* multiple; ~**s veces** numerous times

multiplicar <c→qu> I. *vi, vt* MAT to multiply; **tabla de** ~ multiplication table II. *vr*: ~**se** 1. (*reproducirse*) to multiply 2. (*desvivirse*) to be everywhere at the same time

multiplicidad f multiplicity

múltiplo, -a *adj, m, f* multiple

multitud f 1. (*cantidad*) multitude 2. (*gente*) multitude, crowd

mundanal *adj,* **mundano, -a** *adj* (*del mundo*) of the world; (*terrenal*) worldly

mundial *adj* world; **guerra** ~ world war; **a nivel** ~ worldwide

mundo *m* (*globo*) world; (*tierra*) earth; **el** ~ **antiguo** the ancient world; **el otro** ~ the next world; **todo el** ~ everyone, everybody; **venir al** ~ to be born; **irse de este** ~ to die; **ver** ~ to travel a lot; **con toda la tranquilidad del** ~ with the utmost calm; **este** ~ **es un pañuelo** it is a small world; **nada del otro** ~ nothing out of this world; **tener mucho** ~ to be worldly-wise

munición f (*de armas*) ammunition

municipal *adj* municipal

municipio *m* 1. (*población*) municipality, borough 2. (*ayuntamiento*)

town hall **3.**(*concejo*) town council
muñeca *f* **1.**(*brazo*) wrist **2.**(*juguete*) doll
muñeco *m* **1.**(*juguete*) doll; ~ **de nieve** snowman **2.** *pey* (*monigote*) puppet
muñequera *f* wristband
mural I. *adj* wall II. *m* mural
muralla *f* wall
murciélago *m* bat
murmullo *m* **1.**(*voz*) whisper; (*cuchicheo*) murmur **2.**(*hojas*) rustling; (*agua*) murmur
murmuración *f* **1.**(*calumnia*) slander **2.**(*cotilleo*) gossip
murmurar I. *vi, vt* (*entre dientes*) to mutter; (*susurrar*) to murmur II. *vi* **1.**(*gruñir*) to grumble **2.**(*criticar*) to criticize **3.**(*agua*) to murmur; (*hojas*) to rustle
muro *m* wall; **Muro de las Lamentaciones** the Wailing Wall
mus *m* card game
musa *f* muse
musaraña *f* shrew; **pensar en las ~s** *fig* to have one's head in the clouds
muscular *adj* muscular
músculo *m* muscle
musculoso, -a *adj* muscular
museo *m* museum
musgo *m* moss
música *f* music; (*partituras*) score; ~ **ambiental** muzak, canned music; **banda de** ~ band; **caja de** ~ music box; **¡vete con la ~ a otra parte!** *inf* get out of here!
musical *adj, m* musical
músico, -a I. *adj* musical II. *m, f* musician; (*compositor*) composer
musitar *vi* (*balbucear*) to mumble; (*susurrear*) to whisper
muslo *m* (*persona*) thigh; (*animal*) leg
mustio, -a *adj* **1.**(*flores*) wilting **2.**(*triste*) low
musulmán, -ana *adj, m, f* Muslim
mutación *f* **1.**(*transformación, genes*) mutation **2.** TEAT scene change
mutilar *vt* **1.**(*cuerpo*) to mutilate **2.**(*recortar*) to cut

mutismo *m* silence
mutuo, -a *adj* mutual
muy *adv* very; ~ **a pesar mío** much to my dismay; ~ **atentamente,** (*en cartas*) yours faithfully; **¡eso es ~ de María!** that is typical of María!

> **!** **muy** is an adverb and is used with adjectives and other adverbs: "El edificio es muy antiguo; Ella hace siempre su trabajo muy bien." **mucho** is used with verbs: "Hoy hemos trabajado mucho" and also with nouns: "Actualmente no tengo mucho tiempo libre."

N, n *f* N, n; ~ **de Navarra** N for Nelly *Brit*, N for Nan *Am*
nabo *m* turnip
nácar *m* mother-of-pearl, nacre
nacer *irr como crecer vi* **1.**(*venir al mundo*) to be born; (*de un huevo*) to hatch; **volver a** ~ to have a very narrow escape **2.**(*germinar*) to germinate **3.**(*originarse*) to stem; (*arroyo*) to begin; (*surgir*) to arise
nacido, -a I. *adj* musical II. *m, f* **recién** ~ newborn
naciente *adj fig* incipient, budding
nacimiento *m* birth; **ciego de** ~ born blind; **lugar de** ~ birthplace; **de** ~ by birth
nación *f* nation
nacional *adj* national; **vuelos ~es** domestic flights
nacionalidad *f* nationality, citizenship
nacionalismo *m sin pl* nationalism
nacionalista *adj, mf* nationalist
nacionalizar <z→c> I. *vt* to natu-

ralize, to nationalize **II.** *vr* ~**se español** to obtain Spanish nationality
nada I. *pron indef* nothing; **¡gracias! – ¡de ~!** thank you! – not at all!; **¡pues ~!** well all right then; **por ~ se queja** he/she complains about the slightest thing; **como si ~** as if nothing had happened; **le costó ~ más y ~ menos que...** it cost him/her the fine sum of ...; **no servir para ~** to be useless **II.** *adv* not at all; **antes de ~** (*sobre todo*) above all; (*primero*) first of all; **~ más** (*solamente*) only; (*no más*) no more; **~ de ~** absolutely nothing; **para ~** not in the slightest; **no ser ~ difícil** to not be difficult at all; **¡y ~ de llegar tarde!** no arriving late!; **¡casi ~!** hardly anything! **III.** *f* nothing; **salir de la ~** to appear out of nowhere
nadador(a) *m(f)* swimmer
nadar *vi* to swim
nadie *pron indef* nobody, anybody, no one; **no ví a ~** I didn't see anybody, I saw nobody; **no vino ~** nobody came; **tú no eres ~ para decir...** who are you to say ...?; **un don ~** a nobody; **tierra de ~** no man's land
nado *adv* **a ~** afloat, swimming; **cruzar algo a ~** to swim across sth
nafta *f CSur* petrol *Brit,* gasoline *Am*
naipe *m* card
nalga *f* buttock
namibio, -a *adj, m, f* Namibian
nana *f* lullaby
napia(s) *f(pl) inf* conk
Nápoles *m* Naples
napolitano, -a *adj, m, f* Neapolitan
naranja *f* orange; **tu media ~** *fig* your better half
naranjo *m* orange tree
narcisista *adj* narcissistic
narciso *m* **1.** BOT daffodil, narcissus *inv* **2.** (*persona*) narcissist
narcótico *m* narcotic
narcótico, -a *adj* narcotic
narcotizar <z→c> *vt* to narcotize
narcotráfico *m* drug dealing
narigón, -ona *adj,* **narigudo, -a** *adj* big-nosed
nariz *f* **1.** ANAT nose **2.** *inf* **dar a al-**

guien con la puerta en las narices to slam the door in sb's face; **estar hasta las narices** to have had it up to here; **hasta que se me hinchen las narices** until I lose my rag; **lo hizo por narices** he/she did it because he/she felt like it; **¡(qué) narices!** no way; **romper las narices a alguien** to smash sb's face in; **¡tócate las narices!** would you believe it?
narración *f* narration
narrador(a) *m(f)* narrator
narrar *vt* to narrate
narrativa *adj, f* narrative
nata *f* **1.** (*producto*) cream; **~ montada** whipped cream **2.** (*sobre la leche*) skin
natación *f* swimming
natal *adj* native; **ciudad ~** home town
natalidad *f* birth; (**índice de**) ~ birth rate
natillas *fpl* custard
natividad *f* nativity
nativo, -a *adj, m, f* native
nato, -a *adj* born
natural *adj* **1.** (*no artificial, sencillo*) natural; **de tamaño ~** life-sized **2.** (*nacido*) **ser ~ del Reino Unido** to be a British natural
naturaleza *f* nature
naturalidad *f sin pl* naturalness; **con ~** naturally
naturalizar <z→c> **I.** *vt* to naturalize **II.** *vr:* ~**se** to become naturalized
naufragar <g→gu> *vi* (*barco*) to be wrecked; (*personas*) to be shipwrecked
naufragio *m* shipwreck
náufrago, -a *m, f* castaway
nauseabundo, -a *adj* nauseating
náuseas *fpl* sick feeling; **dar ~ a alguien** to make sb feel sick; **tener ~** to feel sick
náutica *f sin pl* navigation
náutico, -a *adj* nautical; **club ~** yacht club
navaja *f* (pocket) knife; **~ de afeitar** razor
navajazo *m* stab wound
naval *adj* naval

navarro, -a *adj* of/from Navarra
nave *f* 1. NÁUT ship, vessel 2. AVIAT ~ (**espacial**) spaceship, spacecraft 3. (*en una iglesia*) nave 4. (*almacén*) warehouse; (*fábrica*) factory unit
navegación *f* navigation
navegador *m* INFOR browser
navegante *mf* navigator; ~ **de internet** Net surfer
navegar <g→gu> *vi, vt* to navigate; ~ **por la web** to surf the net
Navidad *f* Christmas; **¡feliz ~!** merry Christmas!
navideño, -a *adj* Christmas
navío *m* ship
nazi *adj, mf* Nazi
nazismo *m sin pl* Nazism
NE *abr de* **Nordeste** NE
neblina *f* mist
nebuloso, -a *adj* 1. (*brumoso*) misty; (*nuboso*) cloudy 2. (*vago*) hazy; (*oscuro*) obscure
necedad *f* stupidity; **no decir más que ~es** to talk a lot of nonsense
necesario, -a *adj* necessary; **es ~ que haya más acuerdo** there is a need for more agreement
neceser *m* (*de aseo*) toilet bag; (*de costura*) sewing box
necesidad *f* 1. (*ser preciso*) need, necessity; **no tiene ~ de trabajar** there is no need for him/her to work 2. (*requerimiento*) need; **tener ~ de algo** to be in need of sth
necesitado, -a I. *adj* in need II. *m, f* **los ~s** the poor
necesitar I. *vt* 1. (*precisar*) to need; **se necesita piso** flat wanted 2. (*tener que*) to need to II. *vi* ~ **de algo** to need sth
necio, -a I. *adj* idiotic II. *m, f* idiot
necrología *f* obituary
néctar *m* nectar
nectarina *f* nectarine
neerlandés, -esa I. *adj* Dutch II. *m, f* Dutchman *m,* Dutchwoman *f*
nefasto, -a *adj* awful
negación *f* 1. (*desmentir*) denial 2. (*denegar*) refusal 3. LING negative
negado, -a *adj, m, f* (**ser un**) ~ **para algo** (to be) useless at sth
negar *irr como fregar* I. *vt* 1. (*des-

mentir) to deny 2. (*rehusar*) to refuse II. *vr*: ~**se** to refuse
negativa *f* 1. (*desmentir*) denial 2. (*denegar*) refusal
negativo *m* negative
negativo, -a *adj* negative
negligencia *f* negligence
negligente *adj* negligent
negociable *adj* negotiable
negociación *f* negotiation
negociado *m* section
negociante *mf* dealer; *pey* money--grubber
negociar I. *vi* (*comerciar*) to deal II. *vi, vt* (*dialogar, concertar*) to negotiate
negocio *m* business; ~ **al detalle** retail business; **hombre/mujer de ~s** businessman/businesswoman; **eso no es ~ mío** it's none of my business
negra *f* crotchet *Brit,* quarter note *Am*
negro, -a *adj, m, f* black; ~ **como la boca del lobo** pitch-black; **estar/ponerse ~** *inf* to be/get furious; **pasarlas negras** *inf* to have a terrible time; **verse ~** [*o* **pasarlas negras**] **para hacer algo** *inf* to have a hard time doing sth; **verlo todo ~** to be very pessimistic
negrura *f* blackness
nene, -a *m, f inf* baby
nenúfar *m* water lily
neologismo *m* neologism
neón *m* neon
neoyorquino, -a I. *adj* of/from New York II. *m, f* New Yorker
neozelandés, -esa I. *adj* of/from New Zealand II. *m, f* New Zealander
nepalés, -esa *adj, m, f* Nepalese
nepotismo *m sin pl* nepotism
nervio *m* nerve; **ataque de ~s** nervous breakdown; **crispar los ~s a alguien, poner a alguien los ~s de punta** *inf* to get on sb's nerves
nerviosismo *m* nervousness
nervioso, -a *adj* nervous
neto, -a *adj* net
neumático *m* tyre *Brit,* tire *Am*
neura *f inf* obsession
neurólogo, -a *m, f* neurologist
neurona *f* neuron, neurone *Brit*

N
n

neutral *adj* neutral
neutralizar <z→c> *vt* to neutralize
neutro, -a *adj* neuter
neutrón *m* neutron
nevada *f* snowfall; (*tormenta*) snow-storm
nevado, -a *adj* snow-covered
nevar <e→ie> *vimpers* to snow
nevera *f* fridge; (*portátil*) cool box
nevisca *f* light snowfall
nexo *m* link
ni *conj* ~... ~... neither ... nor ...; **no fumo ~ bebo** I don't smoke or drink, I neither smoke nor drink; ~ (**siquiera**) not even; **¡~ lo pienses!** don't even let it cross your mind!; **sin más ~ más** without any further ado; **¡~ que fueras tonto!** anyone would think you were stupid!; ~ **bien...** *Arg* as soon as ...
Nicaragua *f* Nicaragua

| ? | Nicaragua lies in Central America, bordering Honduras to the north, Costa Rica to the south, the Caribbean to the east and the Pacific Ocean to the west. The capital of Nicaragua is **Managua**. The official language of the country is Spanish and the monetary unit is the **córdoba**. |

nicaragüense *adj, mf* Nicaraguan
nicho *m* niche
nicotina *f* nicotine
nido *m* nest
niebla *f* fog; **hay** ~ it is foggy
nieto, -a *m, f* grandson *m,* granddaughter *f;* **los nietos** the grandchildren
nieve *f* snow; **a punto de** ~ GASTR stiff
NIF *m abr de* **Número de Identificación Fiscal** Fiscal Identity Number
nigeriano, -a *adj, m, f* Nigerian
Nilo *m* Nile
nimiedad *f* trifle
nimio, -a *adj* insignificant
ninfa *f* nymph
ninfómana *f* nymphomaniac

ningún *adj indef v.* **ninguno**
ninguno, -a **I.** *adj indef* (*precediendo un sustantivo masculino singular:* *ningún*) any; **por ningún lado** anywhere; **de ninguna manera** in no way; **ninguna vez** never; **no hay ningún peligro** there is no danger **II.** *pron indef* anything, nothing; (*personas*) anybody, nobody; **no quiso venir** ~ nobody wanted to come
niña *f* **1.** (*chica*) girl **2.** ANAT pupil; **eres** (**como**) **la** ~ **de mis ojos** you are the apple of my eye
niñera *f* nanny
niñería *f* childish act
niñez *f* childhood
niño *m* child; (*chico*) boy; (*bebé*) baby; ~ **de pecho** babe-in-arms
nipón, -ona *adj, m, f* Japanese *inv*
níquel *m* nickel
nitidez *f* brightness; FOTO clarity
nítido, -a *adj* bright; FOTO clear
nitrato *m* nitrate
nitrógeno *m* nitrogen
nitroglicerina *f* nitroglycerine
nivel *m* level, standard; **paso a** ~ level crossing *Brit,* grade crossing *Am;* **sobre el** ~ **del mar** above sea level; ~ **de vida** standard of living
nivelar **I.** *vt* to level **II.** *vr:* ~**se** to level out; ~**se con alguien** to catch up with sb
no *adv* **1.** (*respuesta*) no **2.** + *adjetivo* non- **3.** + *verbo* not; ~... **nada** not ... anything; ~... **nunca** not ... ever, never; **ya** ~ not any more, no longer; **o, si** ~ otherwise; ~ **tiene más que un abrigo** he/she only has one coat; **¡a que** ~! do you want to bet?; **¿cómo** ~? of course **4.** (*retórica*) **¿~?** isn't he/she?, don't we/they?

| ! | The negation **no** is followed by other negative particles when the speaker wants to give special emphasis or express a nuance: "No entiendo nada; No he estado nunca en Japón." When these negative particles go before the verb, 'no' is omitted: "Nunca he |

estado en Jamaica."

NO *abr de* **Noroeste** NW
noble *adj* <nobilísimo> noble
nobleza *f* nobility
noche *f* **1.** (*contrario de día*) night;
de la ~ a la mañana overnight;
buenas ~s (*saludo*) good evening;
(*despedida*) good night; **a media ~**
at midnight; **Noche Vieja** New
Year's Eve; **ayer (por la) ~** last night;
hacerse de ~ to get dark; **hacer ~**
en... to spend the night in ...; **ser**
como la ~ y el día to be as different
as night and day **2.** (*tarde*) evening
3. (*oscuridad*) darkness; **es de ~** it's
dark
Nochebuena *f* Christmas Eve
Nochevieja *f* New Year's Eve
noctámbulo, -a *m, f* night owl
nocturno *m* nocturne
nocturno, -a *adj* night; ZOOL noctur-
nal
nodriza *f* wet-nurse
nogal *m* walnut tree
nómada I. *adj* nomadic **II.** *mf* nomad
nombramiento *m* appointment
nombrar *vt* **1.** (*mencionar*) to mention **2.** (*designar*) to appoint
nombre *m* **1.** (*designación*) name; **~**
de familia surname *Brit*, last name
Am; **~ de pila, primer ~** first name;
~ de soltera maiden name; **~ artís-**
tico stage name; **a ~ de alguien** in
sb's name; **en ~ de** on behalf of; **lla-**
mar a las cosas por su ~ *fig* to call
a spade a spade **2.** LING noun
nomenclatura *f* nomenclature
nomeolvides *f inv* forget-me-not
nómina *f* payroll
nominal *adj* nominal; LING noun
nominar *vt* to nominate
nominativo, -a *adj* nominative
non I. *adj* odd **II.** *m* odd number
nonagésimo, -a *adj* ninetieth; *v.t.*
octavo
nono, -a *adj* ninth; *v.t.* **octavo**
nordeste *m* north-east
nórdico, -a *adj* northern, northerly;
(*escandinavo*) Scandinavian
noreste *m* north-east

noria *f* **1.** (*para agua*) water wheel
2. (*de feria*) big wheel *Brit*, Ferris
wheel *Am*
norirlandés, -esa I. *adj* Northern
Irish **II.** *m, f* native/inhabitant of
Northern Ireland
norma *f* norm, standard; (*regla*) rule
normal *adj* normal; **gasolina ~** two-
-star petrol *Brit*, regular gas *Am*
normalizar <z→c> *vt* to normalize
normalmente *adv* normally; (*habi-*
tualmente) usually
normando, -a *adj, m, f* Norman
normativa *f* rules *pl*
normativo, -a *adj* normative
noroeste *m* north-west
norte *m* north; **el ~ de España**
northern Spain; **en el ~ de Inglate-**
rra in the north of England; **al ~ de**
north of
norteamericano, -a *adj, m, f* North
American; (*de los EE.UU.*) American
Noruega *f* Norway
noruego, -a *adj, m, f* Norwegian
nos I. *pron pers* us; **tu primo nos**
pegó your cousin hit us; **nos escri-**
bieron una carta they wrote a letter
to us **II.** *pron refl* ourselves, each
other
nosotros, -as *pron pers, 1.pl*
1. (*sujeto*) we **2.** (*tras preposición*)
us
nostalgia *f* (*de lugar*) homesickness;
(*del pasado*) nostalgia
nostálgico, -a *adj* (*de un lugar*)
homesick; (*del pasado*) nostalgic
nota *f* **1.** (*anotación, apunte*) *t.* MÚS
note; **~ circular** circular; **~ al pie**
de la página footnote; **~ prelimi-**
nar preliminary notes; **tomar ~** to
take notes; **tomar (buena) ~ de**
algo to take (good) note of sth **2.** (*ca-*
lificación) mark *Brit*, grade *Am;*
sacar malas ~s to get bad marks
3. (*detalle*) touch
notable I. *adj* remarkable; (*suma*)
considerable **II.** *m* qualification
equivalent to 7 or 8 on a scale of ten
notar *vt* to notice; **no se te nota**
nada you wouldn't notice
notarial *adj* legal

notario, -a *m, f* notary

noticia *f* (piece of) news; **las ~s** the news; **ser ~** to be in the news; **no tener ~ de alguien** to not have heard from sb; **tener ~ de algo** to have heard about sth

noticiario *m* news report, newscast *Am;* **~ deportivo** sports news

notificar <c→qu> *vt* to notify; **hacer ~** to let it be known

notoriedad *f* fame

notorio, -a *adj* well-known

novato, -a *m, f* beginner

novecientos, -as *adj* nine hundred; *v.t.* **ochocientos**

novedad *f* **1.** (*acontecimiento*) new development; **¿hay alguna ~?** anything new? **2.** (*cosa*) novelty; (*libro*) new publication

novedoso, -a *adj AmL* novel

novel I. *adj* inexperienced **II.** *mf* beginner

novela *f* novel; **~ policíaca** detective story

novelesco, -a *adj* novel; *fig* amazing

novelista *mf* novelist

noveno, -a *adj* ninth; *v.t.* **octavo**

noventa *adj inv, m* ninety; *v.t.* **ochenta**

noviazgo *m* (*para casarse*) engagement; *inf* (*relación*) relationship

novicio, -a *m, f* novice

noviembre *m* November; *v.t.* **marzo**

novillada *f* TAUR *bullfight with young bulls and less experienced bullfighters*

novillero, -a *m, f* apprentice bullfighter

novillo, -a *m, f* young bull

novio, -a *m, f* **1.** (*para casarse*) bridegroom *m,* bride *f;* **los ~s** (*en la boda*) the bride and groom; (*después de la boda*) the newly-weds; **viaje de ~s** honeymoon **2.** (*en relación amorosa*) boyfriend *m,* girlfriend *f*

nubarrón *m* storm cloud

nube *f* cloud; **estar por las ~s** (*precios*) to be sky-high; **poner a alguien por las ~s** to praise sb to the skies

nublado *adj* cloudy

nublar I. *vt* to cloud **II.** *vr:* **~se** to cloud over

nuca *f* nape, back of the neck

nuclear *adj* nuclear

núcleo *m* nucleus

nudillo *m* knuckle

nudo *m* **1.** (*atadura, madera*) *t.* NÁUT knot; **se me hizo un ~ en la garganta** I got a lump in my throat **2.** (*centro*) centre *Brit,* center *Am;* **~ ferroviario** junction

nudoso, -a *adj* knotty; (*madera*) gnarled

nuera *f* daughter-in-law

nuestro, -a I. *adj* our **II.** *pron pos* **1.** (*propiedad*) **la casa es nuestra** the house is ours; **¡ya es ~!** *fig* we've got it! **2.** *tras artículo* **el ~/la nuestra/lo ~** ours; **los ~s** our people; (*parientes*) our family; **¡eso es lo ~!** that's what we're good at!; **ésta es la nuestra** *fig, inf* this is our chance **3.** *tras substantivo* of ours, our; **una amiga nuestra** a friend of ours; **es culpa nuestra** it is our fault

nueva *f* piece of news; **esto me coge de ~s** this is news to me; **no te hagas de ~s** don't pretend you didn't know

nuevamente *adv* again

Nueva York *f* New York

Nueva Zelandia *f* New Zealand

nueve *adj inv, m* nine; *v.t.* **ocho**

nuevo, -a *adj* new; **de ~** again; **sentirse como ~** to feel like a new man; **¿qué hay de ~?** what's new?

nuez *f* **1.** BOT walnut; **~ moscada** nutmeg **2.** ANAT Adam's apple

nulidad *f* **1.** (*no válido*) nullity; **declarar la ~ de algo** to declare sth invalid **2.** *inf* (*persona*) **ser una ~** to be useless

nulo, -a *adj* **1.** (*inválido*) invalid **2.** (*incapaz*) useless

núm. *abr de* **número** No.

numeración *f* numbering system; **~ arábiga** Arabic numerals

numerador *m* numerator

numeral *m* number

numerar *vt* to number; **sin ~** unnumbered

numérico, -a *adj* numerical

número *m* number; ~ **quebrado** fraction; ~ **de zapatos** shoe size; **hacer ~s para ver si...** to calculate if ...; **montar un** ~ to make a scene

numeroso, -a *adj* numerous; **familia numerosa** large family

nunca *adv* never; ~ **jamás** never ever; **más que** ~ more than ever

nuncio *m* nuncio

nupcial *adj* nuptial

nupcias *fpl* nuptials *pl;* **segundas** ~ remarriage

nutria *f* otter

nutrición *f* nutrition

nutrido, -a *adj* **bien** ~ well-fed; **mal** ~ undernourished

nutrir *vt* to feed; (*piel*) to nourish

nutritivo, -a *adj* nutritious; **valor** ~ nutritional value

Ñ ñ

Ñ, ñ *f* Ñ, ñ

> [?] The **eñe** is the trade mark of the Spanish **alfabeto**. Up until a few years ago, the 'ch' – **la che** – (directly after the 'c') and the 'll' – **la elle** – (after the 'l') were also part of the alphabet, as they are both independent sounds in their own right. This had to be changed, however, in order to internationalise the Spanish alphabet, i.e. bring it into line with other languages.

ñato, -a *adj* CSur snub-nosed

ñoñería *f* **1.** (*simpleza*) inanity **2.** (*dengues*) silliness

ñoño, -a I. *adj inf* **1.** (*soso*) insipid; (*aburrido*) boring **2.** (*tonto*) inane **3.** (*remilgado*) prudish **II.** *m, f inf* **1.** (*tonto*) idiot **2.** (*aburrido*) bore

O o

O, o *f* O, o; ~ **de Oviedo** O for Oliver *Brit,* O for Oboe *Am*

o, ó *conj* or; ~**...,** ~**...** either ..., or ...; ~ **sea** in other words; ~ **bien** or else; ~ **mejor dicho** or rather

> [!] **o** always becomes **u** before a word beginning with o- or ho-: "siete u ocho, Marta u Olga, oriental u occidental, ayer u hoy." Between numbers the 'o' has a written accent to distinguish it from the number zero: "20 ó 30."

O *abr de* **oeste** W

oasis *m inv* oasis

obcecar <c→qu> **I.** *vt* to blind **II.** *vr:* ~**se** to be blinded

obedecer *irr como crecer vt* to obey; (*instrucciones*) to follow

obediencia *f* obedience

obediente *adj* obedient

obertura *f* overture

obesidad *f* obesity

obeso, -a *adj* obese

obispo *m* bishop

objeción *f* objection

objetar *vt* to object; **tengo algo que** ~ I have an objection

objetivo *m* **1.** (*finalidad*) goal **2.** FOTO lens **3.** (*blanco*) target

objetivo, -a *adj* objective

objeto *m* **1.** (*cosa*) object; ~ **de valor** valuables *pl;* ~**s perdidos** lost property **2.** (*motivo*) purpose; **con (el) [o al]** ~ **de...** in order to ... **3.** LING object

objetor(a) *m(f)* ~ **de conciencia** conscientious objector

oblicuo, -a *adj* oblique, slanted

obligación *f* **1.** (*deber*) obligation; **faltar a sus obligaciones** to neglect one's duties; **tener la** ~ **de hacer algo** to be obliged to do sth **2.** (*deuda*) liability; (*documento*) bond

obligar <g→gu> *vt* (*forzar*) to force; (*comprometer*) to oblige

obligatorio, -a *adj* obligatory; **asignatura obligatoria** compulsory subject; **es ~ llevar puesto el casco** helmets must be worn

oboe *m* oboe

obra *f* **1.** (*creación, labor*) work; **~ benéfica** charitable act; **~ maestra** masterpiece; **~ de teatro** play **2.** (*construcción*) building work; (*lugar en construcción*) construction site; (*edificio*) building; **mano de ~** labour *Brit*, labor *Am*; **~s públicas** public works; **~ de reforma** renovation

obrar *vi* to act

obrero, -a *m, f* worker

obscenidad *f* obscenity

obsceno, -a *adj* obscene

obsequiar *vt* (*con regalos*) to bestow; **~ a alguien con un banquete** to hold a banquet in sb's honour

obsequio *m* (*regalo*) gift; (*agasajo*) treat

obsequioso, -a *adj* attentive

observación *f* **1.** (*contemplación, vigilancia*) observation **2.** (*comentario*) remark **3.** (*observancia*) observance

observador(a) **I.** *adj* observant **II.** *m(f)* observer

observancia *f* observance

observar *vt* **1.** (*contemplar, cumplir*) to observe **2.** (*notar*) to notice

observatorio *m* observatory; **~ meteorológico** weather station

obsesión *f* obsession

obsesionar *vt* to obsess; **el fútbol lo obsesiona** he is obsessed with football

obseso, -a *adj* obsessed

obsoleto, -a *adj* obsolete

obstaculizar <z→c> *vt* to hinder; **~ la carretera** to obstruct the road

obstáculo *m* obstacle; COM barrier; **poner ~s a alguien** to hinder sb

obstante *adv* **no ~** nevertheless

obstetra *mf* obstetrician

obstetricia *f* obstetrics *pl*

obstinado, -a *adj* obstinate

obstinarse *vr* to persist

obstrucción *f* obstruction

obstruir *irr como huir vt* to obstruct; (*una tubería*) to block

obtener *irr como tener vt* to obtain; (*resultado, ventaja*) to gain

obturador *m* shutter

obtuso, -a *adj* blunt

obviar *vt* (*evitar*) to avoid; (*eliminar*) to remove

obvio, -a *adj* obvious

oca *f* **1.** ZOOL goose **2.** (*juego*) snakes *pl* and ladders

ocasión *f* occasion; **coche de ~** second hand car; **libros de ~** bargain books; **con ~ de** on the occasion of; **en esta ~** on this occasion; **en ocasiones** sometimes; **en la primera ~** at the first opportunity; **dar a alguien ~ para quejarse** to give sb cause to complain

ocasionar *vt* to cause

ocaso *m* **1.** (*del sol*) sunset **2.** (*decadencia*) decline

occidental *adj* western

occidente *m* GEO west; **el ~** the West

OCDE *f abr de* **Organización para la Cooperación y el Desarrollo Económicos** OECD

océano *m* ocean

ochenta *adj inv, m* eighty; **los años ~** the eighties; **un hombre de alrededor de ~ años** a man of about eighty years of age; **una mujer en sus ~** a woman in her eighties

ocho *adj inv, m* eight; **jornada de ~ horas** eight-hour day; **~ veces mayor/menor que...** eight times bigger/smaller than ...; **a las ~** at eight (o'clock); **son las ~ y media de la mañana/tarde** it is half past eight in the morning/evening; **las ~ y cuarto/menos cuarto** a quarter past/to eight; **a las ~ en punto** at eight o'clock precisely; **el ~ de agosto** the eighth of August; **dentro de ~ días** in a week's time; **de aquí a ~ días** a week from now

ochocientos, -as *adj* eight hundred; **esta basílica fue construida hace ~ años** this basilica was built eight hundred years ago; **vinieron más**

de ochocientas personas more than eight hundred people came

ocio *m* leisure

ociosidad *f* idleness

ocioso, -a *adj* idle

octava *f* octave

octavilla *f* leaflet

octavo, -a *adj* eighth; **en ~ lugar** in eighth place; **estoy en ~ curso** I am in eighth year; **la octava parte** an eighth

octogésimo, -a *adj* eightieth; *v.t.* **octavo**

octubre *m* October; *v.t.* **marzo**

ocular *adj* ocular; **examen ~** eye test

oculista *mf* ophthalmologist

ocultar *vt, vr:* **~se** to hide; (*información, delito*) to conceal

oculto, -a *adj* hidden; (*secreto*) secret

ocupación *f* occupation; **zona de ~** occupied zone; **~ temporal** temporary job; **sin ~** unemployed

ocupado, -a *adj* **1.** (*sitio*) occupied **2.** (*persona*) busy **3.** (*teléfono*) engaged *Brit,* busy *Am*

ocupar I. *vt* **1.** (*lugar, teléfono*) *t.* MIL to occupy; (*tiempo, espacio, asiento*) to take up **2.** (*vacante*) to fill **3.** (*un cargo*) to hold **4.** (*a una persona*) to keep busy **II.** *vr* **~se de alguien/algo** (*cuidar*) to look after sb/sth; **~se de algo** (*tratar*) to deal with sth; (*encargarse*) to take care of sth

ocurrencia *f* **1.** (*idea*) idea; **tener la ~ de...** to have the bright idea of ...; **¡qué ~ pensar que es mi culpa!** imagine saying that it was my fault!; **dijo que podía comerse 20 panecillos, ¡qué ~!** he/she said that he/she could eat 20 rolls, what nonsense!; **se bañó en el mar en pleno invierno, ¡qué ~!** he/she swam in the sea in the middle of winter, what a thing to do! **2.** (*suceso*) occurrence

ocurrir I. *vi* to happen; **¿qué ocurre?** what's wrong?; **¿qué te ocurre?** what's the matter?; **lo que ocurre es que...** the thing is that ...

II. *vr:* **~se** to occur; **no se me ocurre nada** I can't think of anything; **no se le ocurre más que decir tonterías** he/she does nothing but talk nonsense; **¿cómo se te ocurrió esa tontería?** what on earth made you think of a stupid thing like that?; **nunca se me hubiese ocurrido pensar que...** I never would have imagined that ...

odiar *vt* to hate

odio *m* hate, hatred; **tener ~ a alguien** to hate sb

odioso, -a *adj* **1.** (*hostil*) nasty **2.** (*repugnante*) horrible

odisea *f* odyssey

odontólogo, -a *m, f* dentist

OEA *f abr de* **Organización de los Estados Americanos** OAS

oeste *m* west; **el ~ de España** western Spain; **en el ~ de Inglaterra** in the west of England; **al ~ de** west of; **el lejano ~** the wild west; **película del ~** western

ofender I. *vt* to offend **II.** *vr:* **~se** to take offence; **¡no te ofendas conmigo!** don't get angry with me!

ofensa *f* offence, offense *Am*

ofensiva *f* offensive; **tomar la ~** to go on the offensive

ofensivo, -a *adj* offensive

oferta *f* **1.** (*propuesta*) offer; (*para contratar*) tender, bid; **estar de ~** to be on special offer **2.** ECON **~ (y demanda)** supply (and demand)

offset *m* offset

oficial *adj* official; **boletín ~** official gazette

oficial(a) *m(f)* (*oficio manual*) worker; (*administrativo*) clerk; MIL officer; (*funcionario*) civil servant; **~a (de secretaría)** secretary

oficina *f* office; **~ de empleo** job centre *Brit,* job office *Am*

oficinista *mf* office worker

oficio *m* **1.** (*trabajo manual*) trade; **~ de ebanista** cabinet-making **2.** (*profesión*) profession; **de ~** by trade; **gajes del ~** occupational hazards **3.** (*función*) function; **de ~** ex officio **4.** (*escrito*) official document **5.** REL service; **Santo Oficio** Holy Office

oficioso, -a *adj* unofficial
ofimática *f* office automation
ofrecer *irr como crecer* **I.** *vt* to offer; ~ **un banquete** to give a meal; ~ **grandes dificultades** to present a lot of difficulties **II.** *vr:* ~**se** to offer oneself; **¿se le ofrece algo?** do you need anything?; **¿qué se le ofrece?** may I help you?
ofrecimiento *m* offer
ofrendar *vt* to offer
oftalmólogo, -a *m, f* ophthalmologist
ofuscación *f*, **ofuscamiento** *m* confusion
ofuscar <c→qu> *vt* **1.** (*cegar*) to blind **2.** (*la mente*) ~ (**la mente**) **a alguien** to confuse sb
oída *f* **conocer a alguien/saber algo de** ~**s** to have heard about sb/sth
oído *m* **1.** (*sentido*) hearing; **duro de** ~ hard of hearing; **aguzar el** ~ to prick up one's ears; **tener buen** ~ to have a good ear **2.** ANAT ear; **ser todo** ~**s** to be all ears
oír *irr vt* (*sentir*) to hear; (*escuchar*) to listen; ~ **decir que...** to hear that ...; **¡oye!** hey!; **¿oyes?** do you understand?; **¡oiga!** excuse me!; ~, **ver y callar** *prov* hear no evil, see no evil, speak no evil
ojal *m* buttonhole
ojalá *interj* I hope so, I wish; **¡~ tuvieras razón!** if only you were right!
ojeada *f* glance; **echar una** ~ **a algo** to glance at sth; (*vigilar*) to keep an eye on sth
ojeras *fpl* **tener** ~ to have dark circles under one's eyes
ojeriza *f* **tener** ~ **a alguien** to bear a grudge against sb
ojeroso, -a *adj* haggard, tired
ojo **I.** *m* **1.** ANAT eye; **en un abrir y cerrar de** ~**s** in a flash; ~ **de buey** NÁUT porthole; **a** ~**s cerrados** without thinking; **con los** ~**s cerrados** with complete confidence; **a** ~ by eye; **andar con cien** ~**s** on one's guard; **costar un** ~ **de la cara** to cost an arm and a leg; **echar el** ~ **a algo/alguien** to have one's eye on

sth/sb; **echar un** ~ **a algo/alguien** to take a look at sth/sb; (*vigilar*) to keep an eye on sth/sb; **mirar con buenos/malos** ~**s** to approve/disapprove of; **no parecerse ni en el blanco de los** ~**s** to be as different as chalk and cheese *Brit;* **no pegar** ~ to not sleep a wink; **ser el** ~ **derecho de alguien** to be the apple of sb's eye; ~**s que no ven, corazón que no siente** *prov* out of sight, out of mind *prov;* **cuatro** ~**s ven más que dos** *prov* two heads are better than one *prov;* ~ **por** ~ (**y diente por diente**) *prov* an eye for an eye (a tooth for a tooth) **2.** (*agujero*) hole; ~ **de aguja** eye of a needle; ~ **de cerradura** keyhole **II.** *interj* (be) careful
ojota *f AmL* sandal
okupa *mf inf* squatter
ola *f* wave; ~ **de calor** heatwave
olé *interj* ≈ bravo

> **?** **Olé** (or **ole**) is not only a cry of encouragement during a bullfight or a Flamenco dance, but also a general cry of enthusiasm and joy. **¡Olé!** is associated worldwide with Spain and its folklore.

---

oleada *f* wave
oleaje *m* swell, surf
óleo *m* (**cuadro al**) ~ oil painting; **pintar al** ~ to paint in oil
oleoducto *m* pipeline
oleoso, -a *adj* oily
oler *irr vi, vi* ~ (**a algo**) to smell of sth
olfatear **I.** *vt* **1.** (*oliscar*) to sniff **2.** (*husmear*) to smell out **II.** *vi* **1.** (*oliscar*) to sniff **2.** (*curiosear*) to nose about
olfato *m* sense of smell; **tener** (**buen**) ~ *fig* to have a good nose
oligarquía *f* oligarchy
olimpiada *f* **la**(**s**) ~(**s**) the Olympics
olímpico, -a *adj* Olympic
oliva *f* olive
olivo *m* olive tree
olla *f* **1.** (*para cocinar*) saucepan; ~

exprés pressure cooker **2.** GASTR stew

olmo *m* elm

olor *m* smell; (*fragancia*) scent; **tener ~ a** to smell of

oloroso, -a *adj* fragrant

olote *m Méx* corncob

olvidadizo, -a *adj* forgetful

olvidar(se) *vt, vr* to forget; **se me ha olvidado** [*o* **me he olvidado de**] **tu nombre** I've forgotten your name

olvido *m* forgetting; (*omisión*) oversight; **caer en** (**el**) **~** to sink into oblivion

ombligo *m* navel

ominoso, -a *adj* despicable

omisión *f* omission

omiso, -a *adj* **hacer caso ~ de algo** to take no notice of sth

omitir *vt* **1.** (*no hacer*) to fail to do **2.** (*pasar por alto*) to omit

omnipotente *adj* almighty, omnipotent

omnívoro, -a I. *adj* omnivorous **II.** *m, f* omnivore

omoplato *m,* **omóplato** *m* scapula, shoulder blade

OMS *f abr de* **Organización Mundial de la Salud** WHO

once *adj inv, m* eleven; *v.t.* **ocho**

onceno, -a *adj* eleventh; *v.t.* **octavo**

onda *f* wave

ondear *vi* to ripple; (*bandera*) to flutter

ondulación *f* wave; (*agua*) ripple

ondulado, -a *adj* wavy; **cartón ~** corrugated cardboard

ondular *vt* to wave

oneroso, -a *adj* onerous

ONG *f abr de* **Organización No Gubernamental** NGO

ONU *f abr de* **Organización de las Naciones Unidas** UNO

onubense *adj* of/from Huelva

opaco, -a *adj* **1.** (*no transparente*) opaque **2.** (*sin brillo, persona*) dull

ópalo *m* opal

opción *f* option; (*elección*) choice; (*derecho*) right

opcional *adj* optional

ópera *f* opera; **teatro de la ~** opera house

operación *f* operation; (*negocio*) transaction

operador(a) *m(f)* **1.** CINE projectionist; **~ (de cámara)** cameraman **2.** INFOR, TEL operator

operar I. *vi* to operate; COM to do business **II.** *vt* to operate on **III.** *vr:* **~se** to have an operation

opereta *f* operetta

opinar I. *vi, vt* to think; **~ bien/mal de algo/alguien** to have a good/bad opinion of sth/sb; **¿tú qué opinas de** [*o* **sobre**] **esto?** what do you think about this?; **¿qué opinas del nuevo jefe?** what's your opinion of the new boss? **II.** *vi* to give an opinion; **¿puedo ~?** can I say what I think?

opinión *f* opinion; **tener buena/mala ~ de algo/alguien** to have a good/bad opinion of sth/sb

opio *m* opium

oponente *mf* opponent

oponer *irr como* **poner I.** *vt* **1.** (*enfrentar*) to oppose; (*confrontar*) to confront **2.** (*objetar*) to object; **~ reparos** to raise objections; **~ resistencia** to offer resistance **II.** *vr:* **~se 1.** (*rechazar*) to object; **~se a algo** to oppose sth **2.** (*enfrentarse*) to oppose each other **3.** (*obstaculizar*) to hinder

oporto *m* port (wine)

oportunidad *f* (*posibilidad*) chance; (*ocasión*) opportunity; (**no**) **tener ~ de...** (not) to have the opportunity of ...

oportunismo *m* opportunism

oportunista *mf* opportunist

oportuno, -a *adj* **1.** (*adecuado, apropiado*) appropriate; **en el momento ~** at the right moment **2.** (*propicio*) opportune

oposición *f* **1.** *t.* POL opposition; **presentar ~** to oppose **2.** (*pl*) UNIV (*competetive*) examination (*for a public-sector job*); **por ~** by examination; **presentarse a unas oposiciones** to sit an examination

opositar *vi* **~ a algo** to sit an examination for sth

opositor(a) *m(f)* candidate (*in exam-*

O

ination for a public-sector job)
opresión *f* oppression
opresivo, -a *adj* oppressive
opresor(a) I. *adj* oppressive **II.** *m(f)* oppressor
oprimir *vt* **1.** *(presionar)* to press; *(comprimir)* to compress **2.** *(reprimir)* to oppress
oprobio *m* disgrace
optar *vi* **1.** *(escoger)* ~ **por algo/alguien** to opt for sth/sb **2.** *(aspirar)* to aspire
optativo, -a *adj* optional; **(asignatura) optativa** optional subject
óptica *f* **1.** Fís optics *pl* **2.** *(establecimiento)* optician's
óptico, -a I. *adj* **1.** ANAT optic **2.** Fís optical **II.** *m, f* optician
optimismo *m* optimism
optimista I. *adj* optimistic **II.** *mf* optimist
óptimo, -a I. *superl de* **bueno II.** *adj* (very) best; *(excelente)* excellent
opuesto, -a I. *pp de* **oponer II.** *adj* opposite; *(diverso)* different; *(enfrentado)* opposing; **al lado** ~ on the other side
opulencia *f* opulence
opulento, -a *adj* opulent
oración *f* **1.** REL prayer **2.** *(frase)* sentence; LING clause
oráculo *m* oracle
orador(a) *m(f)* orator
oral *adj* oral; **por vía** ~ orally
órale *interj* Méx *(animar)* come on; *(oiga)* hey; *(acuerdo)* OK, right
orangután *m* orang-utan
orar *vi* elev to pray
oratoria *f* oratory
órbita *f* **1.** ASTR, Fís orbit **2.** ANAT eye socket
orden¹ <órdenes> *m* order; ~ **constitucional** constitution; **del** ~ **de** in the order of; **en** [*o* **por**] **su (debido)** ~ in the right order; **por** ~ **de antigüedad** in order of seniority
orden² <órdenes> *f* order; ~ **de arresto** arrest warrant; **estar a las órdenes de alguien** to be at sb's command; **estar a la** ~ **del día** fig to be the order of the day; **hasta nueva** ~ until further notice; **por** ~ by

order; **por** ~ **de** to the order of; **¡a la** ~**!** yes, sir!
ordenado, -a *adj* **1.** *estar (en orden)* tidy, neat **2.** *ser (persona)* organized
ordenador *m* computer; ~ **portátil** laptop (computer)
ordenamiento *m* legislation; ~ **constitucional** constitution
ordenanza¹ *f* **1.** *(medida)* order **2.** *pl* ADMIN, MIL regulations *pl*
ordenanza² *m* MIL orderly; *(botones)* office assistant
ordenar *vt* **1.** *(arreglar)* to organize; *(habitación, armario)* to tidy; *(colocar)* to arrange; *(clasificar)* to order **2.** *(mandar)* to order
ordeñar *vt* to milk
ordinario, -a *adj* **1.** *(habitual)* usual; **de** ~ usually **2.** *(grosero)* rude **3.** *t.* JUR *(regular)* ordinary
orégano *m* oregano
oreja *f* **1.** ANAT ear; **calentar las** ~**s a alguien** to box sb's ears; fig to give sb a dressing-down; **ver las** ~**s al lobo** to have a close shave **2.** *(lateral)* flap; **sillón de** ~**s** wing chair
orensano, -a *adj* of/from Orense
orfanato *m* orphanage
orfanatorio *m* Méx orphanage
orfandad *f* orphanhood
orfebrería *f* gold and silver work
orgánico, -a *adj* organic; **Ley Orgánica del Estado** basic law
organigrama *m* organization chart; ~ **(del programa)** INFOR flowchart
organillo *m* barrel organ
organismo *m* **1.** ANAT, BIO organism **2.** *(institución)* body
organista *mf* organist
organización *f* organization
organizar <z→c> **I.** *vt* to organize **II.** *vr:* ~**se 1.** *(asociarse, ordenarse)* to organize oneself **2.** *(surgir)* to break out; **¡menuda se organizó!** all hell broke loose!
órgano *m* organ
orgasmo *m* orgasm
orgía *f* orgy
orgullo *m* pride; ~ **por** [*o* **de**] **algo** pride in sth
orgulloso, -a *adj* proud
orientación *f* **1.** *(situación)* situ-

ation; (*posición*) position; (*dirección*) direction **2.**(*ajuste*) adjustment **3.**(*asesoramiento*) advice; ~ **profesional** career guidance **4.**(*tendencia*) tendency

oriental I. *adj* **1.**(*del Este*) eastern; **Alemania Oriental** East Germany **2.**(*del Extremo Oriente*) oriental **II.** *mf* Oriental

orientar I. *vt* **1.**(*dirigir*) to direct; **orientado a la práctica** with a practical focus **2.**(*ajustar*) to adjust **3.**(*asesorar*) to advise **II.** *vr:* ~**se** **1.**(*dirigirse*) to orientate oneself; *fig* to find one's bearings **2.**(*tender*) to tend

oriente *m* east; **el Oriente Próximo, el Cercano Oriente** the Near East; **el Extremo** [o Lejano] **Oriente** the Far East

origen *m* origin; **dar ~ a algo, ser ~ de algo** to give rise to sth

original *adj, m* original

originalidad *f* originality

originar I. *vt* **1.**(*causar*) to cause **2.**(*provocar*) to provoke **II.** *vr:* ~**se** **1.**(*tener el origen*) to originate **2.**(*surgir*) to arise

originario, -a *adj* **1.**(*oriundo*) native; **es ~ de Chile** he comes from Chile **2.**(*original*) original

orilla *f* **1.**(*borde*) edge **2.**(*ribera*) bank; **a ~s del Ebro** on the banks of the Ebro

orín *m* **1.**(*óxido*) rust; **cubierto de ~** rusty **2.** *(pl) (orina)* urine

orina *f* <orines> urine

orinal *m* chamber pot; (*de niño*) potty

orinar I. *vi, vt* to urinate; **ir a ~** to go to the lavatory **II.** *vr:* ~**se** to wet oneself; ~**se en la cama** to wet the bed

oriundo, -a *adj* ~ **de** native to; **es ~ de Méjico** he comes from Mexico

ornar *vt* to adorn

oro *m* gold; **color ~** golden; ~ **de ley** fine gold; **bañado en ~** gold-plated; **de ~** gold; *fig* golden; **tener un corazón de ~** to have a heart of gold; **prometer a alguien el ~ y el moro** to promise sb the earth; **no es ~ todo lo que reluce** *prov* all that glitters is not gold *prov*

oropel *m* tinsel

orquesta *f* orchestra

orquestar *vt* to orchestrate

orquídea *f* orchid

ortiga *f* nettle

ortodoncia *f* orthodontics *pl*

ortodoxo, -a *adj* orthodox

ortografía *f* spelling; **falta de ~** spelling mistake

ortopedia *f* orthopaedics *Brit,* orthopedics *Am*

ortopédico, -a *adj* orthopaedic *Brit,* orthopedic *Am*

oruga *f* caterpillar

orzuelo *m* stye

os I. *pron pers* (*objeto directo e indirecto*) you **II.** *pron refl* yourselves; **¿~ marcháis?** are you leaving?

osa *f* **1.** ZOOL she-bear **2.** ASTR **la Osa Mayor/Menor** the Great/Little Bear

osadía *f* daring; (*desfachatez*) boldness

osar *vi* to dare

oscense *adj* of/from Huesca

oscilación *f* **1.**(*vaivén*) oscillation **2.**(*variación*) fluctuation

oscilar *vi* **1.**(*en vaivén*) to oscillate; (*péndulo*) to swing **2.**(*variar*) to fluctuate

oscurecer *irr como crecer* **I.** *vimpers* to get dark **II.** *vt, vr:* ~**se** to darken

oscuridad *f* darkness; *fig* obscurity; **en la ~** in the dark; *fig* in obscurity

oscuro, -a *adj* dark; *fig* obscure; **a oscuras** in the dark

óseo, -a *adj* bony

oso *m* bear; ~ **blanco** polar bear; ~ **de peluche** teddy bear

ostensible *adj* obvious; **hacer ~** to make evident

ostentación *f* display; (*jactancia*) ostentation; **hacer ~ de algo** to show sth; (*jactarse*) to flaunt sth

ostentar *vt* **1.**(*mostrar*) to show; (*jactarse*) to flaunt **2.**(*poseer*) to have; (*puesto, poder*) to hold

ostentoso, -a *adj* **1.**(*jactancioso*) ostentatious **2.**(*llamativo*) showy

ostra *f* oyster; **aburrirse como una ~** *inf* to be bored to death; **¡~s!** *inf*

O
o

Jesus!

OTAN *f abr de* **Organización del Tratado del Atlántico Norte** NATO

otear *vt (escudriñar)* to scan; *(observar)* to watch

otitis *f sin pl* inflammation of the ear

otoñal *adj* autumnal

otoño *m* autumn, fall *Am*

otorgamiento *m* 1. *(conferir)* conferring 2. *(concesión)* concession 3. *(de un documento)* drawing up

otorgar <g→gu> *vt* 1. *(conferir)* to confer 2. *(conceder)* to concede; *(ayudas)* to offer 3. *(expedir)* to issue; ~ **licencia** to grant a license

otorrinolaringólogo, -a *m, f* ear, nose and throat specialist

otro, -a I. *adj* another, other; **al ~ día** the next day; **el ~ día** the other day; **en otra ocasión** another time; **la otra semana** the other week; **en ~ sitio** in another place, somewhere else; **otra cosa** another thing; ~ **tanto** as much again; **otra vez** again; **¡otra vez será!** maybe another time!; **es ~ Mozart** he is another Mozart; **eso ya es otra cosa** that is much better; **¡hasta otra (vez)!** until the next time! II. *pron indef* 1. *(distinto: cosa)* another (one); *(persona)* someone else; ~**s** others; **el ~/la otra/lo ~** the other (one); **ninguna otra persona** nobody else; **de un sitio a ~** from one place to another; **no ~ que...** none other than ...; **ésa es otra** *(cosa distinta)* that is different; *irón (aún peor)* that is even worse 2. *(uno más)* another; **otras tres personas** three more people; **¡otra, otra!** more!

> **!** **otro** is used with the definite article or without an article, never with the indefinite article: "¿Me trae otro café con leche, por favor?; El otro día conocí a tu madre."

ovación *f* ovation
oval *adj,* **ovalado, -a** *adj* oval

óvalo *m* oval
ovario *m* ovary
oveja *f* sheep
overol *m AmL* overall
ovetense *adj* of/from Oviedo
ovillo *m* ball; *fig* tangle; **hacerse un ~** *(enredarse)* to get tangled up; *(encogerse)* to curl up into a ball; *(al hablar)* to get all tangled up
ovni *m* UFO
ovulación *f* ovulation
óvulo *m* ovule
oxidación *f* rusting
oxidar *vt, vr:* ~**se** to rust; **hierro oxidado** rusty iron
óxido *m* rust
oxigenar *adj* 1. *(cabello)* to bleach; **(rubio) oxigenado** platinum blond(e) 2. QUÍM **agua oxigenada** (hydrogen) peroxide
oxígeno *m* oxygen
oyente *mf* listener; *(libre)* ~ UNIV unmatriculated student

Pp

P, p *f* P, p; ~ **de París** P for Peter
pabellón *m* 1. *(tienda)* bell tent 2. *(bandera)* flag 3. ARQUIT pavillion
pabilo *m* wick
pacer *irr como crecer vi, vt* to graze
paciencia *f* patience
paciente *adj, mf* patient
pacificación *f* pacification
pacificar <c→qu> *vt* to pacify
pacífico, -a *adj* peaceful
Pacífico *m* Pacific (Ocean)
pacifismo *m* pacifism
pacifista *adj, mf* pacifist
pacotilla *f* **de ~** *(mercancía)* shoddy; *(restaurante)* second-rate
pactar I. *vi* to come to an agreement II. *vt* to agree on
pacto *m* agreement
padecer *irr como crecer* I. *vi* to suffer II. *vt* 1. *(sufrir)* ~ **algo** to suffer from

sth **2.** (*soportar*) to endure
padecimiento *m* **1.** (*sufrimiento*) suffering **2.** (*enfermedad*) ailment
padrastro *m* stepfather
padre *m* father; **mis ~s** my parents; **¡tu ~!** *inf* up yours!
padrino *m* (*de bautizo*) godfather; (*de boda*) best man
padrón *m* (census) register
paella *f* paella

> **?** **Paella** is a Spanish rice dish containing various types of meat and fish, **marisco** (seafood) and **azafrán** (saffron), which gives the rice its characteristic dark-yellow colour. Originally from **Valencia**, Paella is known today throughout the world.

paga *f* **1.** (*sueldo*) pay **2.** (*acto*) payment
pagadero, -a *adj* payable
pagano, -a *adj, m, f* pagan
pagar <g→gu> *vt* to pay; (*deuda*) to repay, to pay off; **~ un anticipo** to make an advance payment; **una cuenta sin ~** an unpaid bill; **¡me las ~ás!** you'll pay for this!
pagaré *m* IOU
página *f* page; **~s amarillas** yellow pages; **~s blancas** telephone directory
pago *m* **1.** (*reintegro*) payment; (*salario*) pay; **~ adicional** supplement; **~ anticipado** advance payment; **~ contra entrega** payment on delivery, C.O.D. *Am;* **~ extraordinario** one-off payment, bonus; **~ inicial** down payment **2.** (*recompensa*) reward
país *m* country; **~ comunitario** member state (of the EU)
paisaje *m* landscape
paisano, -a *m, f* **1.** (*no militar*) civilian; **ir de ~** to be in plain clothes **2.** (*compatriota*) compatriot
Países Bajos *mpl* Netherlands
paja *f* straw; **hacerse una ~** *vulg* to wank *Brit,* to jerk off *Am*

pajar *m* hayloft; **buscar una aguja en un ~** *fig* to search for a needle in a haystack
pajarita *f* bow tie
pájaro *m* bird; **~ carpintero** woodpecker; **tener la cabeza llena de ~s** to be scatterbrained; **más vale ~ en mano que ciento volando** *prov* a bird in the hand is worth two in the bush
pajita *f* (drinking) straw
Pakistán *m* Pakistan
pakistaní *adj, mf* Pakistani
pala *f* **1.** (*para cavar*) spade; (*cuadrada*) shovel **2.** (*del timón*) rudder **3.** (*raqueta*) racket; (*bate*) bat
palabra *f* word; **~ clave** keyword; **de ~** (*oral*) by word of mouth; (*que cumple sus promesas*) honourable *Brit,* honorable *Am;* **juego de ~s** pun, play on words; **libertad de ~** freedom of speech; **de pocas ~s** quiet; **coger a alguien la ~** to take sb at his word; **dejar a alguien con la ~ en la boca** to interrupt sb; **dirigir la ~ a alguien** to speak to sb; **poner dos ~s a alguien** to write sb a short note; **quitar a alguien la ~ de la boca** to take the words right out of sb's mouth
palabrota *f* swearword
palacio *m* palace; **Palacio de Justicia** law courts; **~ municipal** town hall
paladar *m* palate
paladear *vt* **1.** (*degustar*) to taste **2.** (*saborear*) to savour *Brit,* to savor *Am*
palanca *f* **1.** (*pértiga*) lever; **~ de cambio** gear lever *Brit,* gearshift *Am;* **~ de mando** AERO, INFOR joystick **2.** (*influencia*) influence
palangana *f* washbasin
palco *m* box
Palestina *m* Palestine
palestino, -a *adj, m, f* Palestinian
paleta *f* **1.** (*del albañil*) trowel **2.** (*del pintor*) palette
paleto, -a **I.** *adj* uncouth **II.** *m, f* yokel, hick *Am*
paliar <*1. pres:* palío, palio> *vt* **1.** (*delito*) to mitigate **2.** (*enferme-*

P
p

dad) to alleviate
paliativo *m* palliative
palidecer *irr como crecer vi* to turn pale
palidez *f* paleness
pálido, -a *adj* pale
palillo *m* (small) stick; (*para los dientes*) toothpick
palio *m* canopy
paliza *f* **1.** (*zurra*) beating; **dar una buena ~ a alguien** (*pegar*) to beat sb up; (*derrotar*) to thrash sb; **¡no me des la ~!** *fig* give me a break! **2.** *inf* (*esfuerzo*) slog; **¡qué ~ me he pegado subiendo la montaña!** climbing that mountain has exhausted me!
palma *f* **1.** (*palmera*) palm (tree); (*hoja*) palm leaf **2.** (*triunfo*) **llevarse la ~** to be the best **3.** ANAT palm; **conozco el barrio como la ~ de mi mano** *inf* I know the area like the back of my hand **4.** *pl* (*ruido*) clapping; (*aplauso*) applause; **tocar las ~s** to clap
palmada *f* **1.** (*golpe*) pat **2.** *pl* (*ruido*) clapping; **dar ~s** to clap
palmar *vi inf* **~la** to kick the bucket
palmear *vi* to clap
palmense *adj* of/from Las Palmas
palmera *f* palm (tree)
palmero, -a *adj* of/from the island of Palma
palmo *m* (hand)span
palmotear *vi* to clap
palmoteo *m* clapping
palo *m* **1.** (*bastón*) stick; (*vara*) pole; (*garrote*) club; (*estaca*) post; **de tal ~, tal astilla** *prov* like father, like son **2.** NÁUT mast **3.** (*madera*) wood **4.** (*paliza*) **echar a alguien a ~s** to throw sb out
paloma *f* pigeon; (*blanca, símbolo*) dove
palomilla *f* **1.** ZOOL moth **2.** (*tornillo*) wing nut
palomitas *fpl* popcorn
palpar *vt* to touch
palpitación *f* beating
palpitante *adj* throbbing
palpitar *vi* to throb
palta *f AmS* avocado (pear)

palúdico, -a *adj* **fiebre palúdica** malaria
paludismo *m* malaria
pamela *f* (road-brimmed ladies') hat
pampa *f* pampas + *sing/pl vb*

? The **pampa** is a flat, treeless, grassy steppe in Argentina. It is a very fertile agricultural area, because the moist soil, which consists mainly of fine sand, clay and earth, is ideally suited to the cultivation of cereals.

---

pamplonés, -esa *adj* of/from Pamplona
pamplonica *adj, mf inf v.* **pamplonés**
pan *m* bread; **~ con mantequilla** bread and butter; **~ de molde** sliced bread; **~ rallado** breadcrumbs *pl;* (*llamar*) **al ~, ~ y al vino, vino** *inf* to call a spade a spade; **ser un pedazo de ~, ser más bueno que el ~** to be very good-natured
pana *f* corduroy
panadería *f* bakery
panadero, -a *m, f* baker
Panamá *m* Panama

? **Panamá** is divided in two by the Panama Canal and links Central America to North America. The capital, which is also called **Panamá**, is the largest city in the country. Spanish is the official language of the country, although English is widely used. The monetary unit of Panama is the **balboa**.

---

panameño, -a *adj, m, f* Panamanian
pancarta *f* placard
páncreas *m inv* pancreas
panda¹ *m* ZOOL panda
panda² *f v.* **pandilla**
pandereta *f* tambourine
pandilla *f* group; **~ de ladrones**

gang of thieves

panecillo *m* roll

panel *m* panel

panera *f* bread bin, breadbox *Am*

panfleto *m* pamphlet

pánico *m* panic; **entrar en** ~ to panic; **tener** ~ **a algo** to be terrified of sth

panocha *f* corn cob, corn *Am*

panorama *m* panorama; *fig* outlook

pantalla *f* screen; (*de la lámpara*) shade

pantalón *m* (pair of) trousers *pl,* pants *pl;* ~ **tejano** [*o* **vaquero**] jeans *pl*

pantano *m* **1.** (*ciénaga*) marsh; (*laguna*) swamp **2.** (*embalse*) reservoir

pantera *f* panther

pantis *mpl inf* tights *pl Brit,* pantyhose

pantomima *f* pantomime

pantorrilla *f* calf

pantufla *f* slipper

panza *f* belly

panzudo, -a *adj* potbellied

pañal *m* nappy *Brit,* diaper *Am*

pañería *f* **1.** (*comercio*) drapery *Brit,* dry goods *pl Am* **2.** (*tienda*) draper's (shop) *Brit,* dry goods store *Am*

paño *m* cloth; ~ **de cocina** (*para fregar*) dishcloth; (*para secar*) tea towel *Brit,* dish towel *Am*

pañuelo *m* **1.** (*moquero*) handkerchief; **el mundo es un** ~ it's a small world (*pañoleta*) fichu; (*de cabeza*) scarf

papa¹ *m* pope

papa² *f reg, AmL* potato; **no entender ni** ~ not to understand a thing

papá *m inf* dad; **Papá Noel** Father Christmas; **los** ~**s** mum and dad

papada *f* (*persona*) double chin, jowl; (*animal*) dewlap

papagayo *m* parrot; **hablar como un** ~ to be a real chatterbox

papalote *m Ant, Méx* paper kite

papanatas *m inv, inf* halfwit

paparrucha *f inf,* **paparruchada** *f inf* piece of nonsense

papaya *f* pawpaw, papaya

papel *m* **1.** (*para escribir, material*) paper; (*hoja*) piece of paper; (*escritura*) piece of writing; ~ **de aluminio** aluminium foil; ~ **de envolver** wrapping paper; ~ **de estraza** brown paper; ~ **de fumar** cigarette paper; ~ **higiénico** toilet paper; ~ **de lija** sandpaper; ~ **moneda** banknotes *pl;* ~ **pintado** wallpaper; ~ **de regalo** giftwrap **2.** (*rol*) role; ~ **protagonista/secundario** leading/supporting role; **hacer buen/mal** ~ to make a good/bad impression; **hacer su** ~ to play one's part **3.** *pl* (*documentos*) documentation; (*de identidad*) identity papers *pl*

papeleo *m* paperwork

papelera *f* wastepaper basket; (*en la calle*) litter bin

papelería *f* stationer's

papeleta *f* slip of paper; (*en el examen*) result slip; **menuda** ~ **le ha tocado** *inf* that's a nasty problem he's got

paperas *fpl* mumps *pl*

papilla *f* baby food

paquete *m* packet; ~ (**postal**) parcel

paquistaní *adj, mf* Pakistani

par I. *adj* **1.** (*número*) even **2.** (*igual*) equal; **a la** ~ at the same time; **de** ~ **en** ~ wide open; **sin** ~ without equal; **abrir una ventana de** ~ **en** ~ to open a window wide; **esta película entretiene a la** ~ **que instruye** this film is both entertaining and educational **II.** *m* **1.** (*dos cosas*) pair; **un** ~ **de zapatos** a pair of shoes **2.** (*algunos*) **un** ~ **de minutos** a couple of minutes

para I. *prep* **1.** (*destino*) for; **un regalo** ~ **el niño** a present for the child; **asilo** ~ **ancianos** old people's home **2.** (*finalidad*) for; **gafas** ~ **bucear** diving goggles; **servir** ~ **algo** to be useful for sth; *¿*~ **qué es esto?** what is this for? **3.** (*dirección*) to; **voy** ~ **Madrid** I'm going to Madrid; **mira** ~ **acá** look over here **4.** (*duración*) for; ~ **siempre** forever; **con esto tenemos** ~ **rato** with this we've got enough for quite a while; **vendrá** ~ **Navidad/finales de marzo** he/she will come for Christmas/towards the end of March; **estará listo ~ el viernes** it will be ready for Friday; **diez minutos ~ las once** *AmL* ten to eleven **5.** (*contraposición*) for; **es muy activo ~ la edad que tiene** he is very active for his age **6.** (*trato*) ~ (**con**) with; **es muy amable ~ con nosotros** he/she is very kind to us **7.** (+ *estar*) **estar ~ ...** (*a punto de*) to be about to ...; **no estoy ~ bromas** I'm in no mood for jokes; **está ~ llover** it's about to rain; **está ~ llegar** he/she is about to arrive **8.** (*a juicio de*) ~ **mí, esto no es lo mismo** in my opinion, this is not the same; ~ **mí que va a llover** I think it's going to rain II. *conj* **1.** + *inf* to; **he venido ~ darte las gracias** I've come to thank you **2.** + *subj* so; **te mando al colegio ~ que aprendas algo** I send you to school so that you learn sth

---

! **para** expresses aim or purpose: "El regalo es para mi madre; Estudio español para ir a Ecuador." In contrast **por** expresses cause: "Lo ha hecho por sus hijos."

---

parabién *m* congratulations *pl;* **dar el ~ a alguien** to congratulate sb
parábola *f* **1.** (*alegoría*) parable **2.** MAT curve, parabola
parabólica *f* satellite dish
parabrisas *m inv* windscreen *Brit,* windshield *Am*
paracaídas *m inv* parachute
paracaidista *mf* DEP parachutist; MIL paratrooper
parachoques *m inv* bumper; ~ **trasero** rear bumper
parada *f* **1.** (*lugar*) stop; ~ **de taxis** taxi rank **2.** (*acción*) stopping; ~ **de una fábrica** factory stoppage; **hacer una ~** to stop
paradero *m* (*de alguien*) whereabouts + *sing/pl vb;* (*de algo*) destination; **está en ~ desconocido** his whereabouts are unknown; **no logramos descubrir el ~ del paquete** we didn't manage to find out where the packet ended up

parado, -a *adj* **1.** (*que no se mueve*) stationary; **estar ~** to be motionless; (*fábrica*) to be at a standstill; **quedarse ~** to remain motionless; *fig* to be surprised; **me has dejado ~** you have really surprised me **2.** (*sin empleo*) unemployed **3.** (*tímido*) shy **4.** (*resultado*) **salir bien/mal ~ de algo** to come out of sth well/badly
paradoja *f* paradox; **esto es una ~** this is absurd
parador *m* (state-run) luxury hotel
paráfrasis *f inv* paraphrase
paraguas *m inv* umbrella
Paraguay *m* Paraguay

? **Paraguay** lies in South America and borders Bolivia, Brazil and Argentina. It is a landlocked country. The capital of Paraguay is **Asunción.** The official languages of the country are Spanish and **guaraní.** The monetary unit of the country is also called the **guaraní.**

---

paraguayo, -a *adj, m, f* Paraguayan
paraíso *m* paradise
paraje *m* (*lugar*) place; (*punto*) spot
paralelo *m* parallel
paralelo, -a *adj* parallel
parálisis *f inv* paralysis; **sufre ~ de las piernas** his/her legs are paralysed
paralítico, -a I. *adj* (*persona*) paralysed *Brit,* paralyzed *Am* II. *m, f* paralytic
paralizar <z→c> *vt* to paralyse *Brit,* to paralyze *Am;* **el miedo la paralizó** she was paralysed by fear
paramilitar *adj* paramilitary
páramo *m* (*terreno infértil*) wasteland; (*altiplano*) barren plateau
parangón *m* **sin ~** incomparable
paranoia *f* paranoia
paranoico, -a *adj* paranoid
paranormal, -a *adj* paranormal
parapléjico, -a *adj, m, f* paraplegic
parar I. *vi* **1.** (*detenerse, cesar*) to stop; **la máquina funciona sin ~**

the machine works non-stop; **mis hijos no me dejan** ~ my kids never give me a break; **mis remordimientos de conciencia no me dejan** ~ my guilty conscience doesn't give me any peace; **no para** (**de trabajar**) he/she never stops (working) **2.** (*acabar*) **si sigues así irás a** ~ **a la cárcel** if you carry on like this you'll end up in jail; **la maleta fue a** ~ **a Bilbao** the suitcase ended up in Bilbao; **por fin, el paquete fue a** ~ **a tus manos** the packet finally reached you; **¿en qué irá a** ~ **esto?** where will it all end?; **siempre venimos a** ~ **al mismo tema** we always end up talking about the same thing **3.** (*alojarse*) to stay; (*vivir*) to live; **no para en casa** he/she is never at home **II.** *vt* (*detener*) to stop; (*golpe*) to block; (*gol*) to save; (*motor*) to turn off **III.** *vr:* ~**se** to stop

pararrayos *m inv* lightning conductor

parásito, -a I. *adj* parasitic **II.** *m, f* parasite

parcela *f* plot

parche *m* patch

parchís *m* ludo *Brit,* parcheesi *Am*

parcial *adj* **1.** (*incompleto*) partial **2.** (*arbitrario*) biased

parcialidad *f* bias, favoritism

parco, -a *adj* (*moderado*) moderate; (*escaso*) meagre *Brit,* meager *Am;* ~ **en palabras** of few words

pardillo *m* linnet

pardillo, -a I. *adj inf* uncouth **II.** *m, f* yokel

pardo, -a *adj* **1.** (*color*) greyish--brown; **oso** ~ brown bear; **de ojos** ~**s** brown-eyed **2.** (*oscuro*) dark

parear *vt* (*formar parejas*) to pair; (*ropa*) to match up

parecer I. *irr como crecer vi* to seem; (*aparentar*) to appear; **a lo que parece** [*o* **al** ~] apparently; **tu idea me parece bien** I think your idea is a good one; **parece mentira que** +*subj* it seems incredible that; **me parece que no tienes ganas** I don't think you want to; **parece que**

va a llover it looks like rain; **¿qué te parece** (**el piso**)? what do you think (of the flat)?; **si te parece bien, ...** if you agree, ...; **me ha parecido oír un grito** I thought I heard a scream; **parecen hermanos** they look like brothers **II.** *irr como crecer vr:* ~**se** to look alike; ~**se a alguien** to look like sb; **¡esto se te parece!** this looks like you! **III.** *m* opinion; **a mi** ~ in my opinion

parecido *m* similarity, likeness; **tienes un gran** ~ **con tu hermana** you and your sister look very alike

parecido, -a *adj* **1.** (*semejante*) similar **2.** (*de aspecto*) **ser bien/mal** ~ to be good/bad-looking

pared *f* wall; **subirse por las** ~**es** *fig* to go up the wall

pareja *f* **1.** (*par*) pair; (*amantes*) couple; **¿dónde está la** ~ **de este guante?** where is the other glove? **2.** (*compañero*) partner

parejo, -a *adj* (*igual*) equal; (*semejante*) similar

parentela *f* relations *pl*

parentesco *m* relationship, kinship

paréntesis *m inv* bracket; **entre** ~ in brackets; *fig* by the way

paridad *f* parity; ~ (**de cambio**) exchange parity

pariente, -a *m, f* relative

parir *vi, vt* to give birth (to)

París *m* Paris

parisiense *adj, mf* Parisian

paritario, -a *adj* equal; **comité** ~ joint committee

parking *m* <parkings> car park, parking lot *Am*

parlamentar *vi* to negotiate

parlamentario, -a I. *adj* parliamentary **II.** *m, f* member of parliament

parlamento *m* parliament

parlanchín, -ina I. *adj inf* talkative **II.** *m, f inf* chatterbox; (*indiscreta*) gossip

parlar *vi, parlotear* *vi* to chatter

paro *m* **1.** (*huelga*) ~ (**laboral**) strike **2.** (*desempleo*) ~ (**forzoso**) unemployment; **cobrar el** ~ to be on the dole; **estar en** ~ to be unemployed

parodia *f* parody

parodiar *vt* to parody

parpadear *vi* **1.**(*ojos*) to blink **2.**(*luz*) to flicker

párpado *m* eyelid

parque *m* **1.**(*jardín*) park; ~ **de atracciones** funfair *Brit*, amusement park *Am*; ~ **zoológico** zoo **2.**(*depósito*) depot; ~ **de bomberos** fire station **3.**(*para niños*) playpen

parqué *m*, **parquet** *m* parquet

parquímetro *m* parking meter

parra *f* (grape)vine; **subirse a la** ~ (*enfadarse*) to hit the roof; (*darse importancia*) to get above oneself

párrafo *m* paragraph

parranda *f* spree; **ir de** ~ to go out on the town

parrilla *f* **1.**(*para la brasa*) grill; (*de un horno*) oven rack **2.**AmL AUTO roof rack

parrillada *f* grill; ~ **de carne** mixed grill; ~ **de pescado** grilled fish

párroco *m* parish priest

parroquia *f* parish

parroquiano, -a *m, f* parishioner

parte[1] *f* **1.**(*porción, elemento*) part; **una cuarta** ~ a quarter; **en** ~ in part; **en gran** ~ largely; **tomar** ~ **en algo** to be involved in sth **2.**(*repartición*) share; ~ **hereditaria** share of the inheritance; **tener** ~ **en algo** to have a share in sth; **llevarse la peor/mejor** ~ to come off (the) worst/best **3.**(*lugar*) part; **en cualquier** ~ anywhere; **a/en ninguna** ~ nowhere; **en otra** ~ somewhere else; **por todas (las)** ~s everywhere; **no llevar a ninguna** ~ to lead nowhere; **¿a qué** ~ **vas?** where are you going? **4.** *t.* JUR party; (*en una discusión*) participant **5.**(*lado*) side; ~ **de delante/de atrás** front/back; **por otra** ~ on the other hand; (*además*) what's more; **estar de** ~ **de alguien** to be on sb's side; **ponerse de** ~ **de alguien** to take sb's side; **dale recuerdos de mi** ~ give him/her my regards; **somos primos por** ~ **de mi padre/de mi madre** we are cousins on my father's/mother's side; **por mi** ~ **puedes hacer lo que quieras** as far as I'm concerned

you can do what you like **6.** *pl* (*genitales*) (private) parts *pl*

parte[2] *m* report; **dar** ~ **(de algo)** to report (sth)

partera *f* midwife *f*

partición *f* partition; MAT division

participación *f* **1.**(*intervención*) participation; ~ **en los beneficios** profit-sharing **2.**(*parte*) share

participante *mf* participant

participar I. *vi* **1.**(*tomar parte*) to participate; ~ **en un juego** to take part in a game **2.**(*tener parte*) to have a part; ~ **de/en algo** to share in sth **II.** *vt* to inform

partícipe *mf* participant; **hacer a alguien** ~ **de algo** (*compartir*) to share sth with sb; (*informar*) to inform sb of sth

particular[1] *adj* **1.**(*propio*) peculiar; (*especial*) special; (*individual*) individual; (*típico*) typical; (*personal*) personal; **en** ~ in particular **2.**(*raro*) peculiar **3.**(*privado*) private; **envíamelo a mi domicilio** ~ send it to my home address **4.**(*determinado*) particular

particular[2] *m* matter

particularizar <z→c> *vt* **1.**(*explicar*) to go into details about **2.**(*distinguir*) to distinguish

partida *f* **1.**(*salida*) departure **2.**(*envío*) consignment **3.**FIN item; ~ **doble** double entry **4.**(*certificado*) certificate **5.**(*juego*) game **6.**(*grupo*) party

partidario, -a I. *adj* **ser** ~ **de algo** to be in favour of sth **II.** *m, f* supporter

partido *m* **1.**POL party **2.**DEP (*juego*) match; ~ **amistoso** friendly **3.**(*determinación*) **tomar** ~ **a favor de alguien** to take sb's side **4.**(*provecho*) advantage; **de esto aún se puede sacar** ~ something can still be made of this; **no sacarás** ~ **de él** you'll get nothing out of him; **saqué** ~ **del asunto** I profited from the affair

partir I. *vt* (*dividir*) to divide; (*cortar*) to cut; (*romper*) to break; (*madera*) to chop; (*nuez*) to crack; ~ **la cabeza a alguien** to crack sb's head open **II.** *vi* to start; (*salir de viaje*) to leave; **a ~ de ahora** from now on; **a ~ de entonces** since then; **a ~ de mañana** from tomorrow; **a ~ de las seis** from six o'clock onwards; **partimos de Cádiz a las cinco** we left Cadiz at five o'clock **III.** *vr:* **~se** to split; (*cristal*) to crack; **~se (de risa)** *inf* to split one's sides laughing

partitura *f* MÚS score; (*hojas*) sheet music

parto *m* birth; **dolores de ~** labour pains; **estar de ~** to be in labour

pasa *f* raisin

pasable *adj* passable

pasada *f* **1.** (*paso*) **de ~** in passing **2.** (*mano*) **dar una ~ a algo** to give sth another going-over; (*con la plancha*) to give sth a quick iron **3.** *inf* (*comportamiento*) **¡vaya (mala) ~!** what a thing to do!; **hacer una mala ~ a alguien** to play a dirty trick on sb **4.** *inf* (*exageración*) **¡es una ~!** it's way over the top!

pasadizo *m* corridor; (*entre dos calles*) alley

pasado *m* past; **son cosas del ~** it's all in the past

pasado, -a *adj* **1.** (*de atrás*) past; **el año ~** last year; **la conferencia del año ~** last year's conference; **~ mañana** the day after tomorrow; **~s dos meses** after two months; **~ de moda** unfashionable **2.** (*estropeado: alimentos*) bad; (*fruta*) overripe; (*leche*) off, sour; (*mantequilla*) rancid; (*flores*) wilted; **el yogur está ~ de fecha** the yogurt is past its sell-by date **3.** GASTR **un huevo ~ por agua** a soft-boiled egg; **estar (muy) ~** to be overcooked; **¿quieres el filete muy ~?** do you want the steak very well done?

pasador *m* **1.** (*para el cabello*) hairclip **2.** (*cerrojo*) bolt

pasaje *m* **1.** (*acción*) crossing **2.** (*derecho*) toll **3.** (*billete*) ticket; (*precio*) fare **4.** (*pasillo*) passage

pasajero, -a I. *adj* passing **II.** *m, f* passenger; **tren de ~s** passenger train

pasamano(s) *m(pl)* handrail

pasamontañas *m inv* balaclava, ski mask *Am*

pasaporte *m* passport

pasar I. *vi* **1.** (*en general*) to pass; **~ por un control** to pass a checkpoint; **~ corriendo** to run past; **dejar ~** to allow to go past; **~ desapercibido** to go unnoticed; **~ de largo** to go past; **no dejes ~ la oportunidad** don't miss the opportunity; **cuando pasen las vacaciones...** when the holidays are over ...; **han pasado dos semanas sin llover** we have had two weeks without rain; **lo pasado, pasado** what's done is done; **arreglándolo aún puede ~** if we fix it it should still be okay **2.** (*por un hueco*) to go through; **el sofá no pasa por la puerta** the sofa won't go through the door; **el Ebro pasa por Zaragoza** the Ebro flows through Zaragoza; **~ por una crisis** to go through a crisis **3.** (*trasladarse*) to move; **pasemos al comedor** let's go to the dining room **4.** (*acaecer*) to happen; **¿qué pasa?** what's up?; **¿qué te pasa?** what's wrong?; **pase lo que pase** whatever happens; **lo que pasa es que...** the thing is that ... **5.** (*poder existir*) to get by; **vamos pasando** we manage **6.** (*aparentar*) **~ por** to pass for; **hacerse ~ por médico** to pass oneself off as a doctor; **pasa por nuevo** it looks new; **podrías ~ por inglesa** you could be taken for an Englishwoman **7.** (*cambiar*) to go; **paso a explicar porqué** and now I will (go on to) explain why; **~ a mayores** to go from bad to worse **8.** *inf* (*no necesitar*) **yo paso de salir** I don't want to go out; **paso de esta película** I can't be bothered with this film; **pasa de todo** he/she couldn't care less about anything **II.** *vt* **1.** (*atravesar*) to cross; **~ el semáforo en rojo** to go through a red light **2.** (*por un hueco*) **~ algo por debajo de la puerta** to slide sth under the door; **~ la tarjeta por la ranura** to swipe the card through the slot **3.** (*trasladar*) to transfer; **~ a**

P
p

limpio to make a fair copy **4.** (*dar*) to pass; ~ **la pelota** to pass the ball **5.** (*una temporada*) to spend; ~**lo en grande** to have a whale of a time; ~**lo mal** to have a bad time; **¡que lo paséis bien!** enjoy yourselves! **6.** (*sufrir*) to experience; ~ **hambre** to go hungry; **has pasado mucho** you have been through a lot; **pasé un mal rato** I went through a difficult time **7.** (*transmitir*) to send; (*una película*) to show; ~ **un recado** to pass on a message; **me has pasado el resfriado** you've given me your cold; **le paso a la Sra. Ortega** I'll put you through to Señora Ortega **8.** (*sobrepasar*) to exceed; **he pasado los treinta** I am over thirty; **te paso en altura** I am taller than you **9.** (*hacer deslizar*) ~ **la aspiradora** to vacuum; ~ **la mano por la mesa** to run one's hand over the table **10.** (*colar*) to strain **11.** (*las hojas de un libro*) to turn **12.** (*géneros prohibidos*) to smuggle **III.** *vr:* ~**se 1.** (*acabarse*) to pass; ~**se de fecha** to miss a deadline; ~**se de moda** to go out of fashion; **se me han pasado las ganas** I don't feel like it any more; **ya se le** ~**á el enfado** his anger will soon subside **2.** (*exagerar*) to go too far; ~**se de listo** to be too clever by half; ~**se de la raya** to go over the line; **te has pasado un poco con la sal** you've overdone the salt a bit **3.** (*por un sitio*) ~**se la mano por el pelo** to run one's hand through one's hair; **pásate un momento por mi casa** drop round to my house; **me pasé un rato por casa de mi tía** I popped round to my aunt's house for a while; **se me pasó por la cabeza que...** it occurred to me that ...; **no se te pasará ni por la imaginación** you'll never be able to guess **4.** (*cambiar*) to go over; **se ha pasado de trabajadora a perezosa** she has gone from being hard-working to being lazy **5.** (*olvidarse*) **se me pasó tu cumpleaños** I forgot your birthday **6.** (*estropearse*) to spoil, to go off; (*fruta*) to overripen;

(*mantequilla*) to go rancid; (*flores*) to wilt; **se ha pasado el arroz** the rice is overcooked **7.** (*escaparse*) **se me pasó la oportunidad** I missed my chance; **se me pasó el turno** I missed my turn

pasarela *f* **1.** (*para desfiles*) catwalk **2.** (*de un barco*) gangway **3.** (*para peatones*) walkway

pasatiempo *m* **1.** (*diversión*) pastime; **los** ~**s del periódico** the games and puzzles section of the newspaper **2.** (*hobby*) hobby

Pascua *f* **1.** (*de resurrección*) Easter; **de Pascuas a Ramos** once in a blue moon **2.** *pl* (*navidad*) Christmas time; **felices** ~**s** Merry Christmas

pase *m* **1.** DEP pass **2.** CINE showing **3.** (*permiso*) pass; (*para entrar gratis*) free pass; FERRO rail pass

pasear I. *vt* to take for a walk; ~ **al perro** to walk the dog **II.** *vi, vr:* ~**se** to go for a walk

paseo *m* **1.** (*acción*) walk; **dar un** ~ to go for a walk; **mandar a alguien a** ~ *inf* to tell sb to get lost; **¡vete a** ~! *inf* get lost! **2.** (*lugar*) avenue; ~ **marítimo** promenade **3.** (*distancia*) short walk; **de aquí al colegio sólo hay un** ~ it's only a short walk from here to the school

pasillo *m* passage; (*entre habitaciones, pisos*) corridor

pasión *f* passion; **sentir** ~ **por el fútbol** to be passionate about football

pasional *adj* passionate; **crimen** ~ crime of passion

pasivo *m* **1.** (*deuda*) liabilities *pl* **2.** LING passive

pasivo, -a *adj* passive

pasmar I. *vt* to astonish; **me has dejado pasmado** you have left me completely stunned; **no te quedes pasmado** don't just stand there **II.** *vr:* ~**se** to be astonished

pasmo *m* astonishment

pasmoso, -a *adj* amazing

paso *m* **1.** (*acción de pasar*) passing; **al** ~ on the way; **de** ~ (*indirectamente*) by the way; **ceder el** ~ to make way; (*en el tráfico*) to give way, to yield *Am;* **estar de** ~ to be passing through; **de ~ que vas al centro,...** on your way to the centre, ... **2.** (*movimiento, medida*) step; **~ a ~** step by step; **bailar a ~ de vals** to dance a waltz; **dar un ~ adelante/atrás** to take a step forwards/backwards; **dar un ~ en falso** to trip; *fig* to make a false move; **dar todos los ~s necesarios** to take all the necessary steps; **no dar ~** not to do anything; **marcar el ~** to mark the rhythm; **he dado un enorme ~ en mis investigaciones** I have made enormous progress in my research **3.** (*velocidad*) pace; **a ~s agigantados** with giant steps; *fig* by leaps and bounds; **a buen ~** quickly; **a ~ de tortuga** at snail's pace; **a este ~ no llegarás** at this speed you'll never get there; **a este ~ no conseguirás nada** *fig* at this rate you won't achieve anything **4.** (*sonido*) footstep **5.** (*pisada*) footprint; (*de un animal*) track; **seguir los ~s de alguien** to follow sb; *fig* to follow in sb's footsteps **6.** (*distancia*) **vive a dos ~s de mi casa** he lives very near to my house **7.** (*pasillo*) passage; (*en el mar*) strait; (*entre montañas*) pass; **abrirse ~** to open up a path for oneself; *fig* to make one's way; **esta puerta da ~ al jardín** this door leads to the garden; **¡prohibido el ~!** (*pasar*) no throughfare! *Am;* (*entrar*) no entry!; **con este dinero puedo salir del ~** with this money I can solve my problems; **sólo lo has dicho para salir del ~** you only did it to get out of a jam **8.** (*para atravesar algo*) crossing; **~ de cebra** zebra crossing; **~ a nivel** level crossing; **¡~!** make way! **9.** (*de un contador*) unit **10.** (*de un escrito*) passage

pasota *mf inf* drop-out; **es un ~ total** he/she doesn't give a damn about anything

pasta *f* **1.** (*masa*) paste; (*para un pastel*) pastry; **~ de dientes** toothpaste **2.** (*comida italiana*) pasta **3.** *pl* (*pastelería*) pastries *pl* **4.** (*encuadernación*) cover; **de ~ dura/blanda** hardback/softback **5.** *inf* (*dinero*)

dough

pastar *vt, vi* to graze

pastel *m* (*tarta*) cake; (*bollo*) pastry; (*de carne, pescado*) pie

pastelería *f* (*comercio*) pastry shop; (*arte*) pastrymaking

pasteurizar <z→c> *vt* to pasteurize

pastilla *f* **1.** MED tablet **2.** (*trozo*) **~ de chocolate** bar of chocolate; **~ de jabón** bar of soap; **ir a toda ~** *inf* to go at full pelt

pasto *m* **1.** (*pastizal*) pasture **2.** (*hierba*) grass; (*alimento*) feed; **~ seco** fodder; **ser ~ de las llamas** to go up in flames; **ser ~ de la murmuración** to be the subject of gossip

pastor *m* **1.** REL minister **2.** ZOOL **~ alemán** Alsatian *Brit,* German shepherd *Am*

pastor(a) *m(f)* shepherd

pata *f* **1.** *inf t.* ANAT leg; (*de un perro, un gato*) paw; **a cuatro ~s** on all fours; **~s de gallo** (*del rostro*) crow's feet; **mala ~** *inf* bad luck; **estirar la ~** *inf* to kick the bucket; **meter la ~** *fig, inf* to put one's foot in it; **la habitación está ~s arriba** the room has been turned upside down **2.** ZOOL (female) duck

patada *f* **1.** (*contra algo*) kick; (*en el suelo*) stamp; **a ~s** *fig* by the bucketload; **dar una ~ contra la pared** to kick the wall; **dar ~s en el suelo** to stamp one's feet **2.** *fig, inf* **dar la ~ a alguien** to give sb the boot; **echar a alguien a ~s** to kick sb out; **romper una puerta a ~s** to kick a door down; **tratar a alguien a ~s** to treat sb like dirt; **me da cien ~s** he/she really gets on my nerves

Patagonia *f* Patagonia; **ir a la ~** to go to Patagonia

? **Patagonia** lies in the southernmost part of Chile and Argentina, to the south of the Pampa. Unlike the Pampa, this vast, scantily cultivated, barren steppe is unsuited to the growth of cereals and is used mainly for rearing sheep.

patalear *vi* to kick; (*en el suelo*) to stamp one's feet

patata *f* potato; **~s fritas** chips *pl Brit,* French fries *pl Am;* **una bolsa de ~s fritas** a bag of crisps *Brit,* a bag of potato chips *Am*

paté *m* pâté

patear I. *vt* **1.** (*dar golpes*) to kick; **~ el estómago a alguien** to kick sb in the stomach **2.** (*pisotear*) to trample **II.** *vi* to stamp

patentar *vt* to patent

patente I. *adj* (*visible*) clear; (*evidente*) patent **II.** *f* patent

patera *f* boat

paternal *adj* paternal

paterno, -a *adj* paternal; **casa paterna** parental home

patético, -a *adj* **1.** (*conmovedor*) moving; (*tierno*) tender; (*manifestando dolor*) painful **2.** *pey* (*exagerado*) pathetic

patilla *f* **1.** (*gafas*) sidepiece **2.** *pl* (*pelo*) sideburns *pl*

patín *m* **1.** (*de hielo*) ice skate; (*de ruedas*) roller skate; (*de ruedas en línea*) roller blade **2.** (*de pedales*) pedal boat

patinaje *m* skating; **~ artístico** figure skating

patinar *vi* **1.** (*sobre patines*) to skate **2.** (*un vehículo*) to skid

patio *m* courtyard

pato, -a *m, f* duck

patológico, -a *adj* pathological

patoso, -a *adj* clumsy

patraña *f* lie

patria *f* native land

patrimonio *m* **1.** (*herencia*) inheritance **2.** (*riqueza*) wealth

patriota *mf* patriot

patriótico, -a *adj* patriotic

patriotismo *m* patriotism

patrocinador(a) *m(f)* sponsor

patrocinar *vt* to sponsor

patrocinio *m* **1.** (*protección*) patronage **2.** DEP sponsorship

patrón *m* pattern

patrón, -ona *m, f* **1.** (*jefe*) boss **2.** (*de una casa*) landlord *m,* landlady *f* **3.** REL patron saint

patronal *adj* ECON employers'; **cierre**

~ lockout

patronato *m* foundation

patrulla *f* patrol; **estar de ~** to be on patrol

pausa *f* pause; **con ~** unhurriedly

pausado, -a *adj* deliberate

pauta *f* standard

pavimento *m* surface; (*en una casa*) floor

pavo, -a *m, f* **1.** ZOOL turkey; **~ real** peacock **2.** (*persona*) idiot; **estar en la edad del ~** *inf* to be at an awkward stage (*of one's adolescence*)

pavor *m* terror

payaso, -a *m, f* clown

paz *f* peace; **hacer las paces** to make up; **¡déjame en ~!** leave me alone!

P.D. *abr de* **posdata** P.S.

peaje *m* toll

peatón, -ona *m, f* pedestrian

peca *f* freckle

pecado *m* sin; **~ capital** deadly sin; **sería un ~ rechazarlos** it would be a crying shame to reject them

pecador(a) *m(f)* sinner

pecar <c→qu> *vi* to sin; **~ por exceso** to go too far; **éste no peca de hablador** he's not exactly talkative

pecera *f* fish tank; (*globo*) fishbowl

pecho *m* chest; (*mama*) breast; **dar el ~ al bebé** to breastfeed the baby; **tomarse algo muy a ~** to take sth to heart; **el bebé toma el ~** the baby breastfeeds

pechuga *f* breast; **~ de pollo** chicken breast

pecoso, -a *adj* freckly

peculiar *adj* **1.** (*especial*) distinctive **2.** (*raro*) peculiar

peculiaridad *f* **1.** (*singularidad*) peculiarity **2.** (*distintivo*) distinguishing feature

pedagogía *f sin pl* pedagogy

pedal *m* pedal

pedalear *vi* to pedal

pedante I. *adj* pedantic **II.** *mf* pedant

pedantería *f* pedantry

pedazo *m* piece; **caerse a ~s** to fall apart; **estoy que me caigo a ~s** *inf* I'm absolutely exhausted; **hacerse ~s** to fall to pieces; **hacer ~s** to break; (*madera*) to smash up; (*pas-*

El cuerpo

The body

1	espejo *m*	mirror
2	frente *f*	forehead
3	ceja *f*	eyebrow
4	ojo *m*	eye
5	nariz *f*	nose
6	mejilla *f*	cheek
7	oreja *f*	ear
8	boca *f*	mouth
9	cabeza *f*	head
10	codo *m*	elbow
11	brazo *m*	arm
12	espalda *f*	back
13	pecho *m*	breast, chest *Am*
14	mano *f*	hand
15	barriga *f*	stomach
16	ombligo *m*	navel
17	culo *m*, trasero *m*	bottom, backside
18	muslo *m*	thigh
19	corva *f*	back [*o* hollow] of the knee
20	pantorrilla *f*	calf
21	tobillo *m*	ankle
22	talón *m*	heel
23	pie *m*	foot

24	zapatilla *f*, pantufla *f*	slipper
25	lavabo *m*	washbasin, sink *Am*
26	grifo *m*	tap *Brit*, faucet *Am*
27	manopla *f* (para baño)	flannel *Brit*, washcloth *Am*
28	cepillo *m* del pelo	hairbrush
29	cepillo *m* de dientes	toothbrush
30	pasta *f* dentífrica [*o* de dientes], dentífrico *m*	toothpaste
31	bastoncillos *mpl* de algodón	cotton buds, Q-tips® *Am*
32	máquina *f* de afeitar, afeitadora *f* eléctrica	electric razor
33	brocha *f* de afeitar	shaving brush
34	espuma *f* de afeitar	shaving foam
35	maquinilla *f* de afeitar	razor
36	moldeador *m* eléctrico, rizador *m* eléctrico	(electric) curling tongs, curling iron *Am*
37	interruptor *m*	switch, socket *Am*
38	secador *m* (de pelo)	hair dryer
39	estante *m*, anaquel *m*	shelf
40	toalla *f*	towel
41	toallero *m*	towel rail, towel rack *Am*
42	suelo *m*, piso *m*	floor

tel) to cut up; (*papel*) to tear up; (*con tijeras*) to cut to pieces; **ser un ~ de pan** *fig* to be very good-natured

pedernal *m* flint

pedestal *m* pedestal

pediatra *mf* paediatrician *Brit,* pediatrician *Am*

pedicuro, -a *m, f* chiropodist

pedido *m* order

pedigrí *m* pedigree

pedir *irr vt* 1.(*rogar*) to ask for; **~ algo a alguien** to ask sb for sth; **~ (limosna)** to beg; **~ la mano de alguien** to ask for sb's hand in marriage; **os pido que hagáis menos ruido** I'm asking you to make less noise; **están pidiendo para la Cruz Roja** they are collecting for the Red Cross 2.(*exigir, cobrar*) to demand; (*necesitar*) to need; (*solicitar, demandar*) to request 3.(*encargar*) to order

pedo *m vulg* 1.(*ventosidad*) fart; **tirarse un ~** to fart 2.*inf*(*borrachera*) drunkenness; **estar en ~** to be blind drunk

pedrada *f* **matar a alguien a ~s** to stone sb to death; **pegar una ~ a alguien** to throw a stone at sb

pega *f inf* (*dificultades*) difficulty; (*desventaja*) drawback, snag; **poner ~s a** to find fault with

pegadizo, -a *adj* sticky; **melodía pegadiza** catchy tune

pegajoso, -a *adj* 1.(*adhesivo*) sticky, adhesive 2.(*persona*) tiresome; (*niño*) clinging

pegamento *m* glue

pegar <g→gu> I. *vt* 1.(*poner*) to stick; **~ la mesilla a la cama** to put the side table right next to the bed; **no ~ ojo** not to sleep a wink; **~ un sello** to attach a stamp 2.(*contagiar*) to give 3.(*fuego*) **~ fuego a algo** to set fire to sth 4.(*golpear*) to hit; **~ una paliza a alguien** to beat sb up 5.(*grito*) to let out; (*tiro*) to fire; **~ una bofetada** to slap; **~ una patada** to kick; **~ un salto** to jump; **~ un susto a alguien** to frighten sb II. *vi* 1.(*hacer juego*) to go together; **te pegan bien los zapatos con el**

bolso those shoes go really well with the bag; **esto no pega ni con cola** this really doesn't go 2. *inf* (*dar*) **¡cómo pega el sol hoy!** the sun is really hot today!; **no ~ golpe** [*o* **palo al agua**] not to do a thing III. *vr:* ~se 1.(*impactar*) **~se con algo** to bump into sth; **~se con alguien** to fight with sb; **~se un tortazo en el coche** *inf* to crash one's car 2.(*quemarse*) to stick to the pot 3.(*contagiarse*) **finalmente se me pegó el sarampión** I finally caught the measles 4. *inf* (*darse*) **~se la gran vida** to live it up; **~se un tiro** to shoot oneself

pegatina *f* sticker

pegote *m* 1.(*emplasto*) patch 2. *pey, inf* (*guisote*) stodgy mess 3. *inf* (*persona*) hanger-on 4. *inf* (*chapuza*) botch

peinado *m* hairstyle

peinar I. *vt* to comb; (*acicalar*) to style II. *vr:* ~se to comb one's hair; (*arreglar el pelo*) to style one's hair

peine *m* comb; **¡te vas a enterar de lo que vale un ~!** *fig* you'll soon find out what's what!

peineta *f* ornamental comb

p.ej. *abr de* **por ejemplo** e.g.

Pekín *m* Peking

pelado, -a *adj* 1.(*rapado*) shorn 2.(*escueto, despojado*) bare 3. *inf* (*sin dinero*) broke

pelaje *m* 1.(*piel*) coat, fur 2. *pey* (*pinta*) appearance, looks *pl*

pelambre *m o f* mop (of hair)

pelar I. *vt* 1.(*animales*) to skin; (*plumas*) to pluck; **~ a alguien** to cut sb's hair 2.(*frutas, verduras*) to peel 3.(*robar*) to fleece II. *vi inf* **hace un frío que pela** it's freezing cold III. *vr:* ~se 1.(*pelo*) to have one's hair cut 2.(*piel*) to peel

peldaño *m* step; (*escalera portátil*) rung

pelea *f* fight; (*verbal*) quarrel, argument

pelear I. *vi* to fight; (*discutir*) to argue II. *vr:* ~se 1.(*luchar*) **~se (por algo)** to fight (over sth); (*verbal*) to argue (about sth) 2.(*enemistarse*) to fall out

peletería f (*costura*) furrier's; (*venta*) fur shop

peliagudo, -a adj tricky

pelícano m pelican

película f film, movie Am; **de ~** fig, inf sensational; **~ del oeste** western; **~ de suspense** thriller; **¡allí ~s!** it's nothing to do with me!

peligrar vi to be in danger

peligro m danger; **~ de incendio** fire risk; **correr (un gran) ~** to be at (great) risk; **correr ~ de hacer algo** to run the risk of doing sth; **poner en ~** to endanger; **poniendo en ~ su propia vida** risking one's own life

peligroso, -a adj dangerous

pelirrojo, -a adj red-haired

pellejo m (*de animal*) hide; (*de persona*) skin; **salvar el ~** inf to save one's skin; **arriesgar el ~** inf to risk one's neck

pellizcar <c→qu> vt **1.** (*repizcar*) to pinch **2.** inf (*comida*) to nibble

pellizco m **1.** (*pizco*) pinch; **dar un ~ a alguien** to pinch sb **2.** (*de sal*) pinch; (*de bocadillo*) nibble

pelma m inf, **pelmazo** m inf bore, drag

pelo m **1.** (*cabello*) hair; (*de animal*) fur; (*de ave*) plumage; **no tocar un ~ (de la ropa) a alguien** inf not to lay a finger on sb; **tomar el ~ a alguien** inf to pull sb's leg; **se me pusieron los ~s de punta** my hair stood on end; **no se te ve el ~, ¿por dónde andas?** inf I haven't seen you for ages, where have you been hiding? **2.** (*vello*) down; (*pelusa*) fluff; (*de alfombra*) pile **3.** (+ *al*) **al ~** perfectly; **venir al ~** to be just right, to happen at just the right time; **todo irá al ~** everything will be fine; **el traje ha quedado al ~** the suit looks great **4.** inf (*poco*) **escaparse por un ~** to escape by the skin of one's teeth; **no tener (un) ~ de tonto** inf to be nobody's fool; **por un ~ te caes** you very nearly fell; **no se mueve ni un ~ de aire** the air is completely still

pelón, -ona adj bald

pelota f **1.** (*balón, juego*) ball; **hacer la ~ a alguien** inf to suck up to sb **2.** (*juego*) pelota **3.** pl, vulg (*testículos*) balls pl, ballocks pl; **en ~s** starkers; **tocarse las ~s** fig to do absolutely nothing; **y esto lo hago así porque me sale de las ~s** I do it like this because I bloody well feel like it!

pelotón m crowd; (*en carreras*) pack

peluca f wig

peluche m plush; **oso ~** teddy bear

peludo, -a adj hairy

peluquería f hairdresser's; **ir a la ~** to go to the hairdresser's

peluquero, -a m, f hairdresser

pelusa f **1.** (*vello*) down; (*tejido, de polvo*) fluff **2.** inf (*celos*) **sentir ~** to be jealous

pelvis f inv pelvis

pena f **1.** (*tristeza*) sorrow **2.** (*lástima*) **ser una ~** to be a pity; **me da mucha ~ el gato** I feel really sorry for the cat; **me da mucha ~ el tener que verlo así** it really upsets me to see him like this; **¡qué ~!** what a shame! **3.** (*sanción*) punishment; **~ pecuniaria** fine **4.** (*dificultad*) trouble; **valer la ~** to be worth the effort; **¡allá ~s!** it's not my problem! **5.** AmL (*vergüenza*) shame; **tener ~** to be ashamed

penal I. adj penal; **antecedentes ~es** criminal record **II.** m **1.** (*prisión*) prison **2.** AmL penalty

penalidad f **1.** (*molestia*) hardship **2.** (*sanción*) punishment

penalizar <z→c> vt to penalize

penalti m penalty

penar I. vt to punish **II.** vi **1.** (*padecer*) to suffer **2.** (*ansiar*) **~ por algo** to long for sth

pendiente¹ I. adj **1.** (*colgado*) hanging **2.** (*problema, asunto*) unresolved; (*cuenta, trabajo, pedido*) outstanding; **quedar ~ una asignatura** to have one subject left to pass **3.** inf (*ocuparse*) **estate ~ del arroz** keep an eye on the rice; **¡tú estate ~ de lo tuyo!** mind your own business!; **estoy ~ de si me con-**

ceden la beca o no I'm waiting to see whether or not they'll give me the grant **II.** m earring

pendiente² f slope

péndulo m pendulum

pene m penis

penetración f **1.** (acción) penetration **2.** (comprensión) insight

penetrante adj (profundo) deep; (dolor) fierce; (frío) biting; (hedor) strong; (olor) pervasive; (sonido) penetrating; (grito) piercing

penetrar vi, vt to penetrate

penicilina f penicillin

península f peninsula

[?] The **Península Ibérica** (Iberian Peninsula) includes Spain and Portugal. The Spanish language makes use of this term (and the corresponding adjective **peninsular**), in order to differentiate between the Spanish mainland and the two Spanish island groups (**Baleares y Canarias**) as well as the country's territories in Africa (**Ceuta y Melilla**).

peninsular adj peninsular

penique m penny

penitencia f penance

penitenciaría f prison, penitentiary Am

penitenciario, -a adj prison, penitentiary Am

penoso, -a adj **1.** (arduo) laborious **2.** (dificultoso) difficult

pensador(a) m(f) thinker

pensamiento m **1.** (acción, idea, objeto) thought **2.** (mente) mind; ¿cuándo te vino esa idea al ~? when did that idea occur to you? **3.** BOT pansy

pensar <e→ie> vi, vt to think; **pensándolo bien** on reflection; ¿en qué piensas? what are you thinking about?; **todo pasa cuando menos se piensa** (en ello) everything happens when you least expect it;

¡ni ~lo! don't even think about it!; ¡no quiero ni ~lo! I don't even want to think about it!; **nos dio mucho que ~ que no hubiera regresado aún** the fact that he/she hadn't returned yet gave us a lot to think about; **lo hicimos sin ~lo** we did it without thinking; **sin ~lo me dio una bofetada** he suddenly slapped me; **pienso que deberíamos irnos** I think we should go; **pensábamos venir este fin de semana** we were thinking of coming this weekend; **lo pensó mejor y no lo hizo** he/she thought better of it and didn't do it

pensativo, -a adj thoughtful, pensive

pensión f **1.** (paga) pension; ~ **alimenticia** maintenance **2.** (para huéspedes) guesthouse **3.** (precio) (charge for) board and lodging; ~ **completa** full board

pensionista mf pensioner

penúltimo, -a adj penultimate

penumbra f semi-darkness

penuria f poverty

peña f **1.** (roca) crag **2.** (grupo) group; (de aficionados) club

peñasco m boulder

peñón m crag; **el Peñón** the Rock (of Gibraltar)

peón m **1.** (obrero) unskilled labourer **2.** (en ajedrez) pawn

peonza f spinning top

peor adv, adj **1.** comp de mal(o) worse; **vas de mal en ~** you're going from bad to worse; ~ **es nada** it's better than nothing **2.** superl de mal(o) **en el ~ de los casos** at worst; **si pasa lo ~** if worst comes to worst; **pero lo ~ de todo fue...** but the worst thing of all was ...

pepinillo m gherkin

pepino m cucumber; **eso me importa un ~** inf I don't give two hoots about that

pepita f seed

pequeñez f **1.** (tamaño) smallness **2.** (minucia) trifle

pequeño, -a I. adj small, little; **ya desde ~ solía venir a este sitio** I've been coming here since I was little; **esta camisa me queda** ~ this shirt is too small for me **II.** *m, f* little one

pera I. *adj* **niño** ~ posh brat *Brit,* little rich kid **II.** *f* pear

peral *m* pear tree

percance *m* (*contratiempo*) setback; (*por culpa propia*) blunder; (*de plan, proyecto*) hitch

per cápita *adv* per capita

percatarse *vr* ~ **de algo** (*darse cuenta*) to notice sth; (*comprender*) to realize sth

percepción *f* **1.** (*acción*) perception; FIN receipt **2.** (*idea*) notion

perceptible *adj* **1.** (*que puede comprenderse*) perceptible **2.** FIN payable

percha *f* **1.** (*en el armario*) hanger **2.** (*perchero*) coat stand; (*en la tienda*) clothes rail **3.** *inf* (*tipo*) **tener buena** ~ to have a good figure

percibir *vt* **1.** (*notar*) to perceive; (*darse cuenta*) to notice; (*comprender*) to realize **2.** (*cobrar*) to receive

percusión *f* percussion

perdedor(a) I. *adj* losing **II.** *m(f)* loser

perder <e→ie> **I.** *vt* **1.** (*en general*) to lose **2.** (*no aprovechar*) **si llego tarde al espectáculo pierdo la entrada** if I arrive late for the show my ticket will be wasted **3.** (*oportunidad, tren*) to miss **II.** *vi* **1.** (*en general*) to lose; **llevar todas las de** ~ to be fighting a losing battle; **Portugal perdió por 1 a 2 frente a Italia** Portugal lost 2–1 to Italy; **vas a salir perdiendo** you're going to come off worst; **lo echó todo a** ~ he/she lost everything; **la comida se quemó y todo se echó a** ~ the food was burnt and everything was completely ruined **2.** (*decaer*) to decline **III.** *vr:* ~**se 1.** (*extraviarse*) to get lost; **¡qué se le habrá perdido por allí?** *fig* what is he/she doing there? **2.** (*bailando, leyendo*) to lose oneself **3.** (*desaparecer*) to disappear **4.** (*arruinarse*) ~**se por algo/alguien** to be ruined by sth/sb **5.** (*ocasión*) to miss out; **si no te vienes, tú te lo**

pierdes if you don't come, you'll be the one who misses out

perdición *f* ruin

pérdida *f* loss; ~**s humanas** victims *pl;* **esto es una** ~ **de tiempo** this is a waste of time; **es fácil de encontrar, no tiene** ~ it's easy to find, you can't miss it; **el coche tiene una leve** ~ **de aceite** the car has a slight oil leak

perdido, -a *adj* **1.** (*en general*) lost; **dar algo por** ~ to give sth up for lost; *fig* to give up on sth; **estar loco** ~ *inf* to be completely insane **2.** (*sucio*) **poner algo** ~ *inf* to make sth completely dirty; **ponerse** ~ **de pintura** *inf* to get covered in paint

perdigón *m* pellet

perdiz *f* partridge; **... y fueron felices y comieron perdices ...** and they lived happily ever after

perdón *m* **1.** (*absolución, indulto*) pardon **2.** (*disculpa*) **pedir** ~ **a alguien** to ask for sb's forgiveness; (*disculparse*) to apologize to sb; **¡~!** sorry!; **¿~?** pardon?; **¡con** ~**!** if you'll excuse me!; **no cabe** ~ it's inexcusable

perdonar *vt* **1.** (*ofensa, pecado*) to forgive; **perdona que te interrumpa** forgive me for interrupting; **perdona, ¿puedo pasar?** excuse me, can I come through? **2.** (*obligación*) to let off; **te perdono los 20 euros** I'll forget about the 20 euros you owe me

perdurable *adj* **1.** (*duradero*) long-lasting **2.** (*eterno*) everlasting

perdurar *vi* **1.** (*todavía*) to persist **2.** (*indefinidamente*) to last for ever; **su recuerdo** ~**á para siempre entre nosotros** his memory will always be with us

perecedero, -a *adj* **1.** (*pasajero*) transitory **2.** (*alimento*) perishable

perecer *irr como crecer vi* die

peregrinación *f* pilgrimage; **ir en** ~ to make a pilgrimage

peregrino, -a I. *adj* strange **II.** *m, f* pilgrim

perejil *m* parsley

perenne *adj* everlasting; BOT perennial

perentorio, -a *adj* **1.** (*urgente*) pressing **2. plazo** ~ fixed time limit

pereza *f* laziness; **me dio ~ ir y me quedé en casa** I couldn't be bothered going so I stayed at home

perezoso, -a *adj* lazy; **y ni corto ni ~ me soltó un sopapo** *inf* without stopping to think he slapped me

perfección *f* perfection; **hacer algo a la** ~ to do sth to perfection

perfeccionar *vt* to perfect; (*mejorar*) to improve

perfecto *m* perfect tense

perfecto, -a *adj* perfect

perfidia *f* **1.** (*deslealtad*) disloyalty **2.** (*traición*) betrayal

perfil *m* **1.** (*de cara, descripción*) *t.* TÉC profile; **de** ~ in profile **2.** (*contorno*) outline

perfilar I. *vt* **1.** (*retocar*) to touch up **2.** (*sacar perfil*) to outline II. *vr:* ~**se** **1.** (*distinguirse*) to stand out **2.** (*tomar forma*) to take shape

perforación *f* perforation

perforadora *f* drill; (*de papel*) card-punch

perforar *vt* (*con máquina*) to drill; (*oreja*) to pierce; (*papel*) to punch; (*para decorar*) to perforate

perfume *m* **1.** (*sustancia*) perfume **2.** (*olor*) fragrance

pericia *f* (*habilidad*) expertise; (*práctica*) skill

periferia *f* periphery; (*de ciudad*) outskirts *pl*

periférico, -a *adj* peripheral

perilla *f* goatee

perímetro *m* perimeter

periódico *m* newspaper

periódico, -a *adj* periodic; **sistema** ~ periodic table

periodismo *m* journalism

periodista *mf* journalist

periodo *m*, **período** *m* period

peripecia *f* vicissitude; **ha pasado por muchas ~s en esta vida** he/she has had many ups and downs in his/her life

perito, -a *adj, m, f* expert; ~ **mercantil** accountant

perjudicar <c→qu> *vt* **1.** (*causar*

daño) to damage; (*naturaleza, intereses*) to harm; (*proceso, desarrollo*) to hinder; **fumar perjudica la salud** smoking is bad for your health **2.** (*causar desventaja*) to disadvantage

perjudicial *adj* **1.** (*que causa daño*) harmful; ~ **para la salud** harmful to health **2.** (*desventajoso*) disadvantageous

perjuicio *m* **1.** (*daño: de imagen, naturaleza*) harm; (*de objeto*) damage; (*de libertad*) infringement; **causar** ~**s** to cause harm **2.** (*detrimento*) detriment; **ir en** ~ **de alguien** to be to sb's detriment

perjurar *vi* to commit perjury

perla *f* pearl

permanecer *irr como crecer vi* to remain; ~ **quieto** to keep still; ~ **dormido** to carry on sleeping

permanencia *f* **1.** (*estancia*) stay **2.** (*continuación*) continuation

permanente I. *adj* permanent II. *f* perm

permisible *adj* permissible

permiso *m* **1.** (*aprobación, autorización*) permission **2.** (*licencia*) permit; ~ **de conducir** driving licence *Brit,* driver's license *Am* **3.** (*vacaciones*) leave; **estar de** ~ to be on leave

permitir I. *vt* **1.** (*consentir*) to permit; **¿me permite entrar/salir/pasar?** may I enter/leave/get past?; **no está permitido fumar** smoking is not allowed; **si me permite la expresión** if you will excuse the phrase **2.** (*tolerar*) to allow; **no permito que me levantes la voz** I won't allow you to raise your voice to me II. *vr:* ~**se** to allow oneself

pernicioso, -a *adj* (*tumor*) malignant; ~ (**para algo/alguien**) damaging (to sth/sb)

perno *m* bolt

pero I. *conj* but; (*sin embargo*) however; **¡~ si todavía es una niña!** but she is still only a child!; **¡~ si ya la conoces!** but you already know her!; **¿~ qué es lo que quieres?** what do you want? II. *m* objection;

P
p

sin un ~ no buts; **poner** ~**s a algo** to object to sth; **el proyecto tiene sus** ~**s** there are lots of problems with the project

perol *m,* **perola** *f* (metal) cooking pot

perpendicular *adj, f* perpendicular

perpetrar *vt* to perpetrate

perpetuar <*l. pres:* perpetúo> I. *vt* (*recuerdo*) to preserve; (*situación, error*) to perpetuate II. *vr:* ~**se** to be perpetuated

perpetuo, -a *adj* perpetual; **cadena perpetua** life sentence; **nieves perpetuas** permanent snow

perplejo, -a *adj* perplexed

perra *f* 1. ZOOL bitch 2. (*obstinación*) obsession 3. *inf* (*rabieta*) tantrum; **coger una** ~ to throw a tantrum 4. *inf* (*dinero*) penny; **no tener una** ~ to be broke

perrera *f* (*casita*) kennel; (*de perros callejeros*) dog pound

perro, -a *m, f* dog; (*hembra*) bitch; ~ **callejero** stray dog; **se llevan como el** ~ **y el gato** *inf* they fight like cat and dog; ~ **ladrador, poco mordedor** *prov* his bark is worse than his bite

persa *adj, mf* Persian

persecución *f* 1. (*seguimiento*) pursuit; ~ **en coche** car chase 2. (*acoso*) persecution

perseguir *irr como seguir vt* to chase; (*contrato, chica*) to pursue; **me persigue la mala suerte** I am dogged by bad luck; **me persiguen los remordimientos** I am tormented by remorse; **el jefe me persigue todo el día** the boss is always on my back; **¡qué persigues con esto?** what do you hope to achieve by this?

perseverante *adj* persevering

perseverar *vi* to persevere

Persia *f* Persia

persiana *f* blind

pérsico, -a *adj* Persian

persignarse *vr* to cross oneself

persistente *adj* persistent

persistir *vi* to persist

persona *f* person; ~ **jurídica** legal entity; ~ **mayor** adult, grown-up; **ser buena/mala** ~ to be good/bad; **había muchas** ~**s** there were a lot of people; **no había ninguna** ~ **allí** there was nobody there

personaje *m* 1. (*personalidad*) personality 2. TEAT, LIT character

personal I. *adj* personal; **datos** ~**es** personal details II. *m* 1. (*plantilla*) personnel; (*en empresa*) staff 2. *inf* (*gente*) people + *pl vb*

personalidad *f* personality

personalizar <z→c> I. *vt* to personalize II. *vi* to get personal

personarse *vr* to appear; ~ **en juicio** to appear before the court; **el lunes tengo que personarme en el INEM** on Monday I have to go to the job centre; **persónese ante el director** report to the director

personificar <c→qu> *vt* to personify

perspectiva *f* 1. (*general*) perspective 2. (*vista*) view 3. *pl* (*posibilidad*) prospects *pl*

perspicacia *f* insight

perspicaz *adj* perceptive

persuadir I. *vt* to persuade II. *vr:* ~**se** to be persuaded

persuasión *f* 1. (*acto*) persuasion 2. (*convencimiento*) belief

persuasivo, -a *adj* persuasive

pertenecer *irr como crecer vi* 1. (*ser de*) ~ (**a algo/alguien**) to belong (to sth/sb); **esta cita pertenece a Hamlet** this is a quotation from Hamlet 2. (*tener obligación*) **te pertenece a ti hacerlo** it is your duty to do it; **esto pertenece al Ministerio de Asuntos Exteriores** that's the Foreign Office's *Brit* |*o* State Department's *Am*| responsibility

perteneciente *adj* ~ **a** belonging to; **los países** ~**s a la ONU** the countries which are members of the UN; **todo lo** ~ **al caso** everything which is relevant to the case

pertenencia *f* 1. (*acción*) belonging; (*afiliación*) membership 2. *pl* (*bienes*) belongings *pl*

pértiga *f* pole; **salto de** ~ pole vault

pertinaz *adj* persistent

pertinente *adj* **1.**(*oportuno*) appropriate **2.**(*relevante*) pertinent **3.**(*relativo*) **en lo ~ a ...** with regard to ...

perturbación *f* disturbance
perturbador(a) *adj* disturbing
perturbar *vt* to disturb
Perú *m* Peru

[?] **Perú** lies in the western part of South America. It is the third largest country after Brazil and Argentina. The capital and also the largest city in Peru is **Lima**. Both Spanish and **quechua** are the official languages of the country and the monetary unit is the **sol**. The original inhabitants of Peru were the **incas**.

peruano, -a *adj, m, f* Peruvian
perversión *f* perversion
perverso, -a *adj* **1.**(*malo*) wicked **2.**(*sexual*) perverse
pervertido, -a **I.** *adj* perverted **II.** *m, f* pervert
pervertir *irr como sentir vt* to corrupt
pesa *f* weight; **hacer (entrenamiento de) ~s** to do weight training
pesadez *f* **1.**(*de objeto*) heaviness **2.**(*aburrido*) dullness
pesadilla *f* nightmare
pesado, -a *adj* **1.**(*que pesa*) heavy **2.**(*molesto*) tiresome **3.**(*duro*) hard **4.**(*aburrido*) boring **5.**(*sueño*) deep; (*viaje*) tedious
pesadumbre *f* affliction
pésame *m* condolences *pl;* **dar el ~** to offer one's condolences; **reciba mi más sincero ~ por la muerte de su hermana** please accept my condolences for the loss of your sister
pesar **I.** *vi* **1.**(*tener peso*) to weigh; **esta caja pesa mucho** this box is very heavy; **pon encima lo que no pese** put the lightest things on top **2.**(*cargo, responsabilidad*) **~ sobre alguien** to weigh heavily on sb; (*problemas*) to weigh sb down **II.** *vt*

1.(*objeto, persona*) to weigh; (*cantidad concreta*) to weigh out **2.**(*ventajas*) to weigh up **3.**(*disgustar*) **pese a...** in spite of ...; **pese a que...** although ...; **me pesa haberte mentido** I regret having lied to you; **mal que te pese...** much as you may dislike it ... **III.** *m* **1.**(*pena*) sorrow; **muy a ~ mío** to my great sadness **2.**(*remordimiento*) regret **3.**(*prep, conj*) **a ~ de** in spite of; **a ~ de que...** although
pesca *f* **1.**(*acción, oficio, industria*) fishing; **ir de ~** to go fishing **2.**(*lo pescado*) catch
pescadería *f* fishmonger's *Brit,* fishmarket
pescadilla *f* whiting
pescado *m* fish
pescador(a) *m(f)* (*de caña*) angler; (*de mar*) fisherman
pescar <c→qu> **I.** *vt* **1.**(*con caña, en barco*) to fish for **2.** *t. fig* (*coger*) to catch; *inf* (*novio*) to land; *inf* (*entender*) to understand **II.** *vi* to fish
pescuezo *m* (scruff of the) neck
pesebre *m* manger
peseta *f* peseta
pesimismo *m sin pl* pessimism
pesimista **I.** *adj* pessimistic **II.** *mf* pessimist
pésimo, -a *adj* dreadful
peso *m* **1.**(*de objeto, importancia*) weight; **coger ~** to gain weight; **tener una razón de ~** to have a good reason; **vender a ~** to sell by weight; **¿qué ~ tiene?** how much does it weigh? **2.**(*carga*) burden; **llevar el ~ de algo** to bear the burden of sth; **me saco un ~ de encima** that's taken a load off my mind **3.**(*moneda*) peso
pesquero, -a *adj* fishing
pesquisa *f* inquiry
pestaña *f* eyelash
pestañ(e)ar *vi* to blink; **sin ~** without batting an eyelid
peste *f* **1.**(*plaga*) plague **2.**(*olor*) stench; **aquí hay una ~ increíble** it really stinks here **3.**(*crítica*) **echar ~s de alguien** to heap abuse on sb
pesticida *m* pesticide

P p

pestilencia *f* stench

pestillo *m* bolt

petaca *f* (*para cigarros*) cigarette case; (*para tabaco*) tobacco pouch

pétalo *m* petal

petanca *f* bowls, petanque

petardo *m* 1. (*de fiesta*) firecracker; **tirar ~s** to let off firecrackers 2. *inf* (*persona o cosa mala*) **ser un ~** to be a pain

petición *f* 1. (*ruego, solicitud*) request; **a ~ de...** at the request of ... 2. (*escrito*) petition

petrificar <c→qu> *vt* to petrify

petróleo *m* petroleum, (crude) oil

petrolero *m* oil tanker

petrolero, -a *adj* petrol, oil

peyorativo, -a *adj* pejorative; **un comentario ~** a derrogatory remark

pez *m* fish; **un ~ gordo** a bigshot; **estar como (el) ~ en el agua** to be in one's element

pezón *m* nipple

pezuña *f* hoof

pianista *mf* pianist

piano *m* piano

piar <1. *pres*: pío> *vi* 1. (*pájaro*) to chirp 2. (*clamar*) **~ por algo** to cry out for sth

PIB *m abr de* **Producto Interior Bruto** GDP

pibe, -a *m, f Arg* (*chico*) boy; (*chica*) girl

picadero *m* riding school

picadillo *m* mince *Brit,* ground meat *Am*

picado, -a *adj* 1. (*fruta*) rotten; (*muela*) decayed 2. *inf* (*enfadado*) annoyed

picador *m* picador (*mounted bullfighter who goads the bull with a lance*)

picadura *f* 1. (*de insecto*) sting; (*de serpiente*) bite 2. (*caries*) cavity

picante *adj* spicy, hot; *fig* risqué

picaporte *m* 1. (*aldaba*) doorknocker 2. (*tirador*) door handle

picar <c→qu> I. *vi* 1. (*sol, ojos*) to sting 2. (*chile, pimienta*) to be hot 3. (*pez, clientes*) to take the bait 4. (*de la comida*) to snack 5. (*tener picazón*) to itch; **me pica la espal-** da my back is itchy II. *vt* 1. (*con punzón*) to prick, to pierce 2. (*sacar*) **~ una aceituna de la lata** to fish an olive from the tin 3. (*insecto*) to sting; (*serpiente*) to bite; **¿qué mosca te ha picado?** *fig* what's eating you? 4. (*ave*) to peck 5. (*desmenuzar*) to chop up; (*carne*) to mince 6. (*ofender*) to irritate; **estar picado con alguien** to be annoyed with sb 7. (*incitar*) to goad 8. INFOR to click on III. *vr*: **~se** 1. (*metal*) to rust; (*muela*) to decay 2. (*ofenderse*) to become irritated; (*mosquearse*) to become angry; **~se por nada** to get irritated about the slightest thing

picardía *f* 1. (*malicia*) roguishness; **lo dije con ~** I said it out of a sense of mischief 2. (*travesura*) naughty trick; (*broma*) joke

pícaro, -a I. *adj* 1. (*granuja*) roguish 2. (*astuto*) cunning 3. (*comentario*) naughty II. *m, f* rogue

pichón *m* young pigeon

pico *m* 1. (*del pájaro*) beak 2. *inf* (*boca*) mouth, gob *Brit* 3. (*herramienta*) pickaxe *Brit,* pickax *Am* 4. (*montaña*) peak 5. (*punta*) corner; (*de jarra*) lip 6. *inf* (*cantidad*) **llegar a las cuatro y ~** to arrive just after four o'clock; **tiene cuarenta y ~ de años** he/she is forty-something; **salir por un ~** to cost a lot

picor *m* stinging, burning; (*en la piel*) itching

picotear *vt* to peck

picudo, -a *adj* pointed

pie *m* foot; **al ~ de la carta** at the bottom of the letter; **~ de página** foot of the page; **estar de ~** to be standing; **no hacer ~** to be out of one's depth; **ponerse de ~** to stand up; **seguir algo al ~ de la letra** to follow sth to the letter; **¿qué ~ calza Ud.?** what shoe size do you take?; **hoy no doy ~ con bola** I can't seem to do anything right today; **andarse con ~s de plomo** to tread very carefully

piedad *f sin pl* 1. REL piety 2. (*compasión*) pity; **¡ten ~ de nosotros!**

have pity on us!

piedra *f* stone; **no dejar ~ sobre ~** to raze to the ground; **poner la primera ~** to lay the foundation stone; **cuando lo supimos nos quedamos de ~** we were absolutely stunned when we found out about it

piel *f* 1. (*de persona, fruta*) skin; **~ de gallina** goose-pimples *pl;* **se me puso la ~ de gallina oyendo su historia** hearing his story made my flesh crawl 2. (*de animal*) skin, hide; (*con pelo*) fur; (*cuero*) leather; **un abrigo de ~es** a fur coat

pienso *m* fodder

pierna *f* leg

pieza *f* 1. (*en general*) piece; (*parte*) part; **un traje de dos ~s** a two-piece suit; **vender a ~s** to sell by the piece; **me quedé de una ~** *inf* I was absolutely dumbfounded 2. *AmL* (*habitación*) room

pigmento *m* pigment

pigmeo, -a *adj, m, f* pigmy

pijama *m* pyjamas *pl,* pajamas *pl Am*

pijo, -a I. *adj inf* posh II. *m, f inf* posh youth; **niño ~** *pey* upper-class twit

pila *f* 1. (*lavadero*) sink; **~ (bautismal)** (baptismal) font; **nombre de ~** first name 2. Fís battery 3. (*montón*) pile

pilar *m* pillar

píldora *f* pill

pileta *f RíoPl* 1. (*de cocina*) kitchen sink 2. (*piscina*) swimming pool

pillaje *m* pillage

pillar *vt* 1. (*atropellar*) to knock down, to run over 2. (*encontrar*) to catch; **la noche nos pilló en el monte** when night came we were still on the mountain; **eso no me pilla de sorpresa** that doesn't surprise me 3. (*hallarse*) **tu casa no pilla de camino** your house is on our way; **Correos no nos pilla cerca** the Post Office isn't very near

pillo, -a I. *adj inf* crafty II. *m, f inf* rascal

pilotar *vt* (*barco*) to steer; (*coche*) to drive; (*avión*) to fly

piloto[1] *mf* AERO, NÁUT pilot; AUTO driver; **~ de carreras** racing driver

piloto[2] *m* TÉC pilot light

pimentón *m* paprika

pimienta *f* pepper

pimiento *m* pepper

pinacoteca *f* art gallery

pinar *m* pine grove

pincel *m* brush

pinchadiscos *mf inv* disc jockey

pinchar I. *vt* 1. (*alfiler*) to prick 2. (*estimular*) to prod; (*fastidiar*) to needle 3. (*inyección*) to give an injection II. *vr:* **~se** 1. (*alfiler*) to prick oneself 2. (*rueda*) **se nos ha pinchado una rueda** one of our wheels has a puncture 3. MED to give oneself an injection; *inf* (*drogarse*) to shoot up

pinchazo *m* 1. (*espina*) prick; **me dieron unos ~s insoportables en el estómago** I had some really horrible shooting pains in the stomach 2. (*neumático*) puncture

pincho *m* 1. (*avispa*) sting; (*rosa*) thorn 2. GASTR snack

pinciano, -a *adj* of/from Valladolid

ping-pong *m sin pl* ping-pong

pingüino *m* penguin

pino *m* 1. (*árbol, madera*) pine; **en el quinto ~** *fig* in the back of beyond 2. DEP handstand

pinta[1] *f* 1. (*mancha*) spot; **a ~s** spotted 2. *inf* (*aspecto*) appearance; **tener buena ~** to look good; **tener ~ de caro** to look expensive

pinta[2] *f* (*medida*) pint

pintada *f* graffiti

pintado, -a *adj* **eso viene como ~** *inf* that is just what was needed; **el traje te sienta que ni ~** *inf* the suit really suits you; **no lo puedo ver ni ~** *inf* I can't stand even the sight of him

pintar I. *vi* 1. ARTE to paint 2. (*bolígrafo*) to write II. *vt* 1. (*pared*) to paint; (*con dibujos*) to decorate; **~ de azul** to paint blue; **¡recién pintado!** wet paint! 2. (*cuadro*) to paint; (*dibujo*) to draw; (*colorear*) to colour in 3. *fig* **no ~ nada** (*persona*) to have no influence; (*asunto*) to be completely irrelevant; **¿qué pinta eso aquí?** what's that doing here?, to describe

P
p

III. *vr:* ~**se** to do one's make-up
pintor(a) *m(f)* painter
pintoresco, -a *adj* picturesque
pintura *f* 1.(*arte, cuadro*) painting;
~ **al óleo** oil painting; **no lo puedo
ver ni en** ~ *inf* I can't stand him
2.(*color*) paint; **caja de** ~**s** paintbox
pinza(s) *f(pl)* 1.(*tenacilla*) tongs *pl;*
TÉC pincers *pl* 2.(*para la ropa*)
(clothes) peg, (clothes) pin *Am*
3.(*para depilar*) tweezers *pl* 4.(*costura*) pleat 5.(*de cangrejo*) claw
piña *f* 1.(*pino*) pine cone 2.(*fruta*)
pineapple
piñón *m* 1.(*pino*) pine nut 2.TÉC
pinion
pío *m* cheep; **no decir ni** ~ not to say
a word
pío, -a *adj* pious
piojo *m* louse
pionero, -a *m, f* pioneer
pipa *f* 1.(*fumador*) pipe; **fumar en** ~
to smoke a pipe 2.(*de fruta*) pip,
seed 3.*pl* (*de girasol*) sunflower
seed 4.*inf*(*muy bien*) **lo pasamos** ~
we had a great time
pipí *m inf* pee, wee wee *childspeak*
pique *m* 1.(*rivalidad*) rivalry 2.(*hundirse*) **irse a** ~ (*barco*) to sink;
(*plan*) to fail
piqueta *f* pickaxe *Brit*, pickax *Am*
piquete *m* 1.(*huelga*) (strike) picket
2.MIL squad
piragua *f* canoe
piragüismo *m* canoeing
pirámide *f* pyramid
piraña *f* piranha
pirarse *vr inf*to clear off
pirata *mf* pirate; INFOR hacker; ~
aéreo hijacker
Pirineos *mpl* Pyrenees *pl*
pirómano, -a *m, f* pyromaniac
piropo *m inf* flirtatious comment;
echar ~**s** to make flirtatious comments
pirueta *f* pirouette
pis *m inf*piss
pisada *f* 1.(*acción*) footstep 2.(*huella*) footprint
pisar *vt* 1.(*poner el pie*) ~ **algo** to
tread on sth; ~ **los talones a alguien** *fig* to follow on sb's heels

2.(*entrar*) to enter 3.(*tierra*) to
tread down 4.(*humillar*) to walk all
over
piscina *f* swimming pool; ~ **cubierta**
indoor swimming pool
Piscis *m inv* Pisces
piso *m* 1.(*pavimento*) floor; (*calle*)
surface 2.(*planta*) floor, storey *Brit*,
story *Am;* **de dos** ~**s** with two floors
3.(*vivienda*) flat *Brit*, apartment *Am*
pisotear *vt* to trample; *fig* to walk all
over
pisotón *m* stamp; **dar un** ~ **a alguien** to tread on sb's foot
pista *f* 1.(*huella*) trail; (*indicio*) clue;
seguir la ~ **a alguien** to follow sb's
trail 2.(*para atletismo, coches*)
track; (*de tenis*) court; (*de baile*)
floor; ~ **de aterrizaje** runway; ~ **de
esquí** ski slope 3.INFOR track
pisto *m* vegetable stew
pistola *f* pistol
pistolera *f* holster
pistolero *m* gunman
pistón *m* piston
pitar **I.** *vt, vi* 1.(*claxon*) to blow; **me
pitan los oídos** my ears are buzzing
2.*AmS* (*fumar*) to smoke **II.** *vi inf*
salir pitando to rush off; **¡con la
mitad vas que pitas!** half of it
should be more than enough!
pitido *m* whistle
pitillera *f* cigarette case
pitillo *m* cigarette
pito *m* 1.(*silbato*) whistle; (*claxon*)
horn; **entre** ~**s y flautas** *inf* what
with one thing and another; **no me
importa un** ~ *inf* I don't give a
damn about it; *inf* to be completely
worthless 2.(*cigarro*) cigarette
pitón *m* python
pitonisa *f* fortune teller
pitorreo *m inf*joking; **¡esto es un** ~!
this is a joke!
pizarra *f* 1.(*roca*) slate 2.(*encerado*) blackboard
pizca *f inf*(*poco*) pinch, little bit; **no
tienes ni** ~ **de vergüenza** you have
no shame whatsoever
placa *f* 1.(*tabla, plancha*) plate;
(*lámina*) sheet; INFOR board; ~ **base**
INFOR   motherboard   2.(*cartel*)

plaque; AUTO number plate *Brit*, license plate *Am*

placenta *f* placenta

placentero, -a *adj* pleasant

placer I. *m* pleasure II. *irr como crecer vi* to please; **¡haré lo que me plazca!** I will do as I please!

plácido, -a *adj* calm

plaga *f* plague; *fig* (*abundancia*) glut

plagar <g→gu> *vt* to infest; ~ **de algo** *fig* to fill with sth; **el texto estaba plagado de faltas** the text was full of mistakes; **la casa está plagada de cucarachas** the house is infested with cockroaches

plagiar *vt* 1. (*copiar*) to plagiarize 2. *AmL* (*secuestrar*) to kidnap

plagio *m* 1. (*copia*) plagiarism 2. *AmL* (*secuestro*) kidnapping

plan *m* 1. (*proyecto*) plan; **si no tienes** ~ **para esta noche paso a buscarte** if you don't have anything planned for tonight I'll come round and fetch you 2. *inf* (*ligue*) date 3. *inf* (*actitud*) **esto no es** ~ it's just not on; **en** ~ **de...** as ...; **está en un** ~ **que no lo soporto** I can't stand him when he behaves like this

plana *f* page; **un artículo en primera** ~ a front-page article

plancha *f* 1. (*tabla*) plate; (*lámina*) sheet 2. (*para ropa*) iron 3. GASTR grill; **a la** ~ grilled

planchado *m* ironing

planchar *vt* to iron

planeador *m* glider

planear I. *vi* to glide II. *vt* to plan

planeta *m* planet

planicie *f* plain

planificación *f* planning

plano *m* 1. MAT plane 2. (*mapa*) map 3. CINE **primer** ~ close-up; **en primer** ~ (*delante*) in the foreground 4. (*totalmente*) **de** ~ directly; (*negar*) flatly; **aceptó de** ~ **nuestra propuesta** she accepted our suggestion straight away

plano, -a *adj* flat

planta *f* 1. BOT plant 2. (*pie*) sole 3. (*piso*) floor; ~ **alta** top floor; ~ **baja** ground floor *Brit*, first floor *Am* 4. (*aspecto*) **tener buena** ~ to be

good-looking

plantación *f* plantation

plantar I. *vt* 1. (*bulbo*) to plant 2. (*terreno*) **han plantado el monte** they have planted trees on the hillside 3. (*clavar*) to stick in; ~ **una tienda de campaña** to pitch a tent 4. *inf* (*golpe*) to land; ~ **un tortazo a alguien** to slap sb 5. *inf* (*cita*) to stand up; **desapareció y me dejó plantado** he/she disappeared and left me standing; **lo** ~**on en la calle** they chucked him out II. *vr*: ~**se** 1. (*resistirse*) ~**se ante algo** to stand firm in the face of sth 2. (*aparecer*) to get to; **se** ~**on en mi casa en un periquete** they arrived at my house in no time

plantear I. *vt* 1. (*asunto, problema*) to approach; **este problema está mal planteado** this problem has been incorrectly formulated 2. (*causar*) to cause 3. (*proponer*) to put forward, to pose II. *vr*: ~**se** to think about; **ahora me planteo la pregunta si...** now I ask myself whether ...

plantilla *f* 1. (*empleados*) staff 2. (*de zapato*) insole

plantón *m* *inf* (*espera*) **dar un** ~ **a alguien** to stand sb up; **y ahora estoy de** ~ I've been left waiting around

plañir <3. *pret:* plañó> *vi* to wail

plasma *m* plasma

plástico *m* plastic

plástico, -a *adj* 1. (*materia*) *t.* ARTE plastic 2. (*expresivo*) expressive

plastilina® *f* plasticene *Brit*, modelling clay *Brit*, modeling clay *Am*

plata *f* 1. (*metal*) silver; ~ **de ley** sterling silver; **bodas de** ~ silver wedding anniversary 2. *AmL* (*dinero*) money

plataforma *f* platform; ~ **petrolífera** oil rig

plátano *m* banana

platea *f* stalls *pl Brit*, orchestra *Am*

plateado, -a *adj* (*con plata*) silver--plated; (*color*) silver

platense *adj* 1. (*de La Plata*) of/from La Plata 2. (*de Río de La Plata*) of/

P p

from the River Plate region

plática *f* chat; **estar de ~** to be chatting

platicar <c→qu> *vi inf* to chat

platillo *m* 1.(*de una taza*) saucer 2.(*de una balanza*) pan 3.MÚS cymbal

platina *f* 1.(*de microscopio*) slide 2.TYP platen 3.(*de tocadiscos, casete*) deck

platino *m* 1.QUÍM platinum 2. *pl* AUTO contact points *pl*

plato *m* 1.(*vajilla*) plate; **tener cara de no haber roto un ~ en la vida** *inf* to look as if butter wouldn't melt in one's mouth; **ahora tengo que pagar los ~s rotos** *fig* now I've got to pay the consequences 2.(*comida*) dish; **hoy hay ~ único** today there is only one dish; **nos sirvieron tres ~s y postre** we were served three courses and dessert 3.(*de la bicicleta*) sprocket

plató *m* (film) set

platónico, -a *adj* platonic

playa *f* 1.(*mar*) beach 2.*AmL* **~ de estacionamiento** car park, parking lot *Am*

playera *f* *Guat, Méx* (*camiseta*) T-shirt

playeras *fpl* (*zapatillas*) gym shoes *pl*

plaza *f* 1.(*espacio*) square; (*mercado*) market(place); **~ (de toros)** bullring 2.(*asiento*) seat; (*de garage, parking*) space 3.(*empleo*) post 4.(*en instituciones, viajes*) place

plazo *m* 1.(*vencimiento*) period; **a corto/largo ~** in the short/long term; **~ de entrega** delivery date; **fuera del ~** after the closing date; **en el ~ de un mes** within a month; **tengo dos millones a ~ fijo** I have two million in a fixed-term deposit; **¿cuándo vence el ~?** when is the deadline? 2.(*cantidad*) instalment *Brit*, installment *Am*; **a ~s** by instalments

plazoleta *f dim de* **plaza**

pleamar *f* high tide

plebe *f sin pl* masses *pl*

plebeyo, -a *adj* 1.*t.* HIST plebeian 2.(*grosero*) uncouth

plebiscito *m* plebiscite

plegable *adj* folding

plegar *irr como* **fregar** *vt* to fold; (*muebles*) to fold away

pleito *m* 1.JUR lawsuit 2.(*disputa*) dispute

plenitud *f* 1.(*totalidad*) fullness 2.(*apogeo*) height; **en la ~ de sus facultades físicas** at the height of his/her physical powers

pleno *m* plenary session

pleno, -a *adj* full; **en ~ verano** at the height of summer; **le robaron a plena luz del día** they robbed him in broad daylight

pliego *m* sheet

pliegue *m* fold

plomero *m* *AmL* (*técnico fontanero*) plumber

plomo *m* 1.(*metal*) lead; **gasolina sin ~** unleaded petrol *Brit*, unleaded gas *Am* 2. *pl* ELEC fuse

pluma *f* 1.(*ave*) feather 2.(*escribir*) pen

plumero *m* feather duster; **vérsele el ~ a alguien** *fig* to be obvious what sb is up to

plumón *m* down

plural *adj, m* plural

pluralidad *f* plurality

pluriempleo *m* one person filling various positions

plus *m* bonus

plusvalía *f sin pl* appreciation

plutocracia *f sin pl* plutocracy

PNB *m abr de* **producto nacional bruto** GNP

población *f* 1.*t.* BIO (*habitantes*) population; **~ activa** working population 2.(*ciudad*) city; (*ciudad pequeña*) town; (*pueblo*) village

poblado *m* (*pueblo*) village; (*colonia*) settlement

poblado, -a *adj* 1.(*habitado*) inhabited; (*con árboles*) wooded 2.(*cejas*) bushy; (*barba*) thick

poblador(a) *m(f)* settler

poblar <o→ue> I. *vi, vt* 1.(*colonizar*) to colonize 2.(*de plantas*) to plant; (*de peces*) to stock; **han poblado el monte de pinos** they have planted the hillside with pines

3. (*habitar*) to inhabit **II.** *vr:* ~**se** to fill; **la costa se pobló rápidamente** the coast quickly filled with people

pobre I. *adj* poor; ~ **de algo** poor in sth; **es una lengua ~ de expresiones** it is a language with few expressions; **¡~ de ti si dices mentiras!** you'll be sorry if you lie! **II.** *mf* poor person; (*mendigo*) beggar; **los pobres** the poor *pl*

pobreza *f* poverty

pocilga *f* pigsty

pocillo *m* *AmL* (*taza*) cup

pócima *f,* **poción** *f* potion

poco I. *m* **1.** (*cantidad*) **un ~ de azúcar** a little sugar; **acepta el ~ de dinero que te puedo dar** accept what little money I can give you; **espera un ~** wait a little **2.** *pl* few; **es un envidioso como hay ~s** there are few people who are as jealous as him **II.** *adv* little; ~ **a** ~ bit by bit; **dentro de ~** soon; **desde hace ~** since recently; ~ **después** shortly afterwards; **hace ~** recently, not long ago; ~ **a ~ dejamos de creerle** we gradually stopped believing him; **es ~ simpático** he is not very friendly; **nos da ~ más o menos lo mismo** it really doesn't make much difference to us; **a ~ de llegar...** shortly after arriving ...; **por ~ me estrello** I very nearly crashed; **y por si fuera ~...** and as if that wasn't enough ...

poco, -a <poquísimo> *adj* little; ~**s** few; **aquí hay poca comida para dos personas** there's not much food here for two people; **tiene pocas probabilidades de aprobar** he has little chance of passing

podar *vt* to prune

poder I. *irr vi* (*ser capaz*) to be able to; **puedo/puedes** (*en general*) I/you can; **a ~ ser** if possible; **no puede ser** it is impossible; **no puedes cogerlo sin permiso** you can't take it witout permission; **yo a ti te puedo** *inf* I'm stronger than you; **¡bien pod(r)ías habérmelo dicho!** you could have told me!; **bien puede haber aquí un millón de abejas** there could easily be a million bees here; **no puedo verlo todo el día sin hacer nada** I can't stand seeing him do nothing all day long; **no puedo con mi madre** I can't cope with my mother; **no ~ con el alma** to be completely exhausted; **de ~ ser,** **no dudes que lo hará** if it is at all possible, have no doubt that he/she will do it **II.** *irr vimpers* **puede (ser) que después vuelva** he/she may come back afterwards; **¡puede!** maybe!; **¿se puede?** may I (come in)? **III.** *m* power; ~ **adquisitivo** buying power; **el partido en el ~** the party in power; **subir al ~** to achieve power; **haré todo lo que está en mi ~** I will do everything in my power

poderoso, -a *adj* powerful

podio *m* podium

podólogo, -a *m, f* podiatrist, chiropodist

podrido, -a *adj* rotten

podrir *irr vt, vr v.* **pudrir**

poema *m* poem

poesía *f* **1.** (*género*) poetry **2.** (*poema*) poem; **libro de ~s** poetry book

poeta, -isa *m, f* poet *mf,* poetess *f*

poético, -a *adj* poetic

poetisa *f v.* **poeta**

póker *m sin pl* poker

polaco, -a I. *adj* Polish **II.** *m, f* (*persona*) Pole; (*idioma*) Polish

polar *adj* polar; **la estrella ~** Polaris, Pole Star

polaridad *f* polarity

polea *f* pulley; (*roldana*)

polémica *f* controversy, polemic

polémico, -a *adj* polemical

polen *m* pollen; **tengo alergia al ~** I have hay fever

policía¹ *f* police; **agente de ~** police officer; **comisaría de ~** police station

policía² *mf* policeman *m,* policewoman *f;* **perro ~** police dog

policiaco, -a *adj,* **policíaco, -a** *adj* police; **película/novela policíaca** detective film/novel

polideportivo *m* sports centre

poliéster *m* polyester

P
p

polietileno *m* polythene *Brit*, polyethylene *Am*

poligamia *f sin pl* polygamy

polígono *m* **1.** MAT polygon **2.** (*terreno*) ~ **industrial** industrial estate

polilla *f* moth

polio *f inv* polio, poliomyelitis

politécnico, -a *adj, m, f* (**centro**) ~ polytechnic

política *f* politics; ~ **interior/exterior** domestic/foreign policy

político, -a I. *adj* **1.** POL political **2.** (*parentesco*) in-law; **hermana política** sister-in-law II. *m, f* politician

póliza *f* **1.** JUR policy; **hacerse una ~ de seguros** to have taken out an insurance policy **2.** (*sello*) stamp

polizón *mf* stowaway

pollera *f AmL* (*falda*) skirt

pollería *f* poultry shop

pollo *m* **1.** GASTR chicken **2.** (*cría*) young; (*de gallina*) chick **3.** (*joven*) kid *inf*

polo *m* **1.** GEO, FÍS, ASTR pole; ~ **norte** North Pole **2.** DEP polo **3.** (*camiseta*) polo neck **4.** (*helado*) ice lolly

Polonia *f* Poland

poltrona *f* easy chair, recliner

polución *f* pollution

polvera *f* powder compact

polvo *m* **1.** (*suciedad*) dust; **quitar el ~** to dust; **hacer algo ~** to smash sth; **hacer ~ a alguien** to annihilate sb; **estoy hecho ~** *inf* I'm exhausted **2.** (*sustancia*) powder; **levadura en ~** powdered yeast **3.** *vulg* (*coito*) screw; **echar un ~** to screw **4.** *pl* (*cosmética*) powder

pólvora *f* gunpowder

polvoriento, -a *adj* dusty

pomada *f* ointment

pomelo *m* grapefruit

pómez *f* pumice

pomo *m* handle

pompa *f* **1.** (*burbuja*) bubble **2.** (*esplendor*) pomp

pomposo, -a *adj* magnificent; (*estilo*) pompous

pómulo *m* cheekbone

ponche *m* punch

poncho *m* poncho

ponderar *vt* **1.** (*sopesar*) to weigh up **2.** (*encomiar*) to praise

poner *irr* I. *vt* **1.** (*colocar, exponer*) to put, pegar, to stick on; (*inyección*) to give; (*huevos*) to lay; **lo pongo en tus manos** *fig* I leave it in your hands; ~ **la mesa** to lay the table; ~ **algo a disposición de alguien** to make sth available to sb; ~ **la ropa a secar al sol** to put the clothes out to dry in the sun; ~ **la leche al fuego** to put the milk on the stove; ~ **en peligro** to endanger **2.** (*encender*) to switch on; ~ **en marcha** to start; **pon el despertador para las cuatro** set the alarm for four o'clock **3.** (*convertir*) to make; ~ **de buen/mal humor a alguien** to put sb in a good/bad mood **4.** (*suponer*) to assume; **pon que no viene** let's assume he doesn't come; **pongamos el caso que no llegue a tiempo** let's consider what happens if she doesn't arrive on time **5.** (*contribuir*) to put in; (*juego*) to bet; **¿cuánto has puesto tú en el fondo común?** how much have you put into the kitty?; **pusimos todo de nuestra parte** we did all that we could **6.** (*una expresión*) to take on; ~ **mala cara** to look angry **7.** (*denominar*) to give; **le pusieron por** [*o de*] **nombre Manolo** they called him Manolo; **¿qué nombre le van a ~?** what are they going to call him/her? **8.** (*espectáculo*) to put on; ~ **en escena** to stage; **¿qué ponen hoy en el cine?** what's on at the cinema today? **9.** (*imponer*) to impose; **nos han puesto muchos deberes** they have given us a lot of homework **10.** (*instalar*) to install *Brit*, to instal *Am* **11.** (*añadir*) to add **12.** (*escribir*) to write; ~ **un anuncio** to place an advertisement; ~ **entre comillas** to put in inverted commas; ~ **la firma** to sign; ~ **por escrito** to put in writing **13.** (*estar escrito*) to say **14.** (*vestido, zapato*) to put on **15.** (*teléfono*) to put through II. *vr:* ~**se 1.** (*vestido, zapato*) to put on; **ponte guapo** make yourself look nice **2.** ASTR to set; **el sol se pone por el oeste** the sun sets in the west **3.** (*mancharse*) **se pusieron perdidos de barro** they got mud all over themselves **4.** (*comenzar*) to begin; **por la tarde se puso a llover** in the evening it started to rain **5.** (+ *adj o adv*) to become; **~se chulo** to become rude; **ponte cómodo** make yourself comfortable

poniente *m* west

pontevedrés, -esa *adj* of/from Pontevedra

pontífice *m* pontiff

ponzoña *f* poison

pop *adj, m inv* pop

popa *f* stern

popular *adj* **1.** (*del pueblo*) folk; **aire ~** folk song **2.** (*conocido*) well-known; (*admirado*) popular

popularidad *f* popularity

por *prep* **1.** (*lugar: a través de*) through; (*vía*) via; (*en*) in; **~ aquí** near here; **~ dentro/fuera** inside/outside; **pasé ~ Madrid hace poco** I passed through Madrid recently; **adelantar ~ la izquierda** to overtake on the left; **volar ~ encima de los Alpes** to fly over the Alps; **ese pueblo está ~ Castilla** that town is in Castile; **la cogió ~ la cintura** he grasped her waist **2.** (*tiempo*) in; **~ la(s) mañana(s)** in the morning; **mañana ~ la mañana** tomorrow morning; **~ la tarde** in the evening; **ayer ~ la noche** last night; **~ fin** finally **3.** (*a cambio de*) for; (*en lugar de*) instead of; (*sustituyendo a alguien*) in place of; **cambié el libro ~ el álbum** I exchanged the book for the album **4.** (*agente*) by; **una novela ~ Dickens** a novel by Dickens **5.** MAT (*multiplicación*) by **6.** (*reparto*) per; **toca a cuatro ~ cabeza** it comes out at four each; **el ocho ~ ciento** eight per cent **7.** (*finalidad*) for **8.** (*causa*) because of; (*en cuanto a*) regarding; **lo merece ~ los esfuerzos que ha hecho** he/she deserves it for all his/her effort; **lo hago ~ ti** I'm doing it for you; **~**

consiguiente consequently; **~ eso, ~ (lo) tanto** therefore, because of that; **~ lo que a eso se refiere** as far as that is concerned; **~ mí que se vayan** as far as I'm concerned, they can go **9.** (*preferencia*) in favour *Brit,* in favor *Am;* **estoy ~ comprarlo** I think we should buy it; **estar loco ~ alguien** to be crazy about sb **10.** (*dirección*) **voy (a) ~ tabaco** I'm going to get some cigarettes **11.** (*pendiente*) **este pantalón está ~ lavar** these trousers need to be washed **12.** (*aunque*) however; **~ muy cansado que esté no lo dejará a medias** however tired he is, he won't leave it unfinished **13.** (*medio*) by means of; (*alguien*) through; **poner ~ escrito** to put in writing; **al ~ mayor** wholesale **14.** (*interrogativo*) **¿~ (qué)?** why? **15.** **~ si acaso** just in case **16.** (*casi*) **~ poco** almost; **~ poco me ahogo** I nearly drowned

porcelana *f* porcelain

porcentaje *m* percentage

porción *f* portion

pordiosero, -a *m, f* beggar

porfía *f* persistence

porfiar < *1. pres:* porfío> *vi* **1.** (*insistir*) **~ en algo** to insist on sth **2.** (*disputar*) to quarrel

pormenor *m* detail

porno *adj, m inf* porn

pornografía *f* pornography

poro *m* pore

poroso, -a *adj* porous

porque *conj* **1.** (*causal*) because; **lo hizo ~ sí** he/she did it because he/she wanted to **2.** + *subj* (*final*) so that; **recemos ~ llueva** let us pray that it rains

porqué *m* reason

porquería *f inf* **1.** (*suciedad*) filth **2.** (*comida*) pigswill **3.** (*cacharro*) piece of junk **4.** (*pequeñez*) trifle

porra *f* **1.** (*bastón*) truncheon **2.** *inf* (*expresión*) **¡vete a la ~!** *inf* go to hell!; **¡~(s)!** *inf* damn!

porrazo *m* blow

porro *m* **1.** *inf* (*canuto*) joint, spliff *Brit* **2.** (*puerro*) leek

porrón *m* bottle with a long spout

portaaviones *m inv* aircraft carrier

portada *f* **1.** (*fachada*) front **2.** TIPO title page; PREN cover

portador(a) *m(f)* **1.** (*de gérmenes*) carrier **2.** COM bearer

portaequipaje(s) *m* (*inv*) **1.** (*maletero*) boot *Brit*, trunk *Am* **2.** (*baca, en tren*) luggage rack

portafolios *m inv* briefcase

portal *m* hall; (*soportal*) arcade

portamaletas *m inv* boot *Brit*, trunk *Am*

portarse *vr* to behave; ~ **bien con alguien** to treat sb well; ~ **como un hombre** to act like a man

portátil *adj* portable; **ordenador** ~ laptop

portavoz *mf* spokesperson, spokesman *m*, spokeswoman *f*

portazo *m* slam; **dar un** ~ to slam the door; **dar a alguien un** ~ **en las narices** *inf* to slam the door in sb's face

porte *m* **1.** (*transporte*) transport; (*gastos*) transport costs *pl*, shipping; ~ **aéreo** air freight; **gastos de** ~ transport costs **2.** (*correo*) postage

portento *m* marvel

portentoso, -a *adj* marvellous *Brit*, marvelous *Am*

porteño, -a *adj* of/from Buenos Aires

portería *f* **1.** caretaker's office *Brit*, superintendent's office *Am* **2.** DEP goal

portero, -a *m, f* **1.** (*conserje*) caretaker *Brit*, superintendent *Am*; (*de la entrada*) doorman; ~ **automático** entryphone **2.** DEP (*fútbol*) goalkeeper, goaltender

pórtico *m* (*porche*) porch; (*galería*) arcade

portilla *f* porthole

portillo *m* gap; (*postigo*) gate

portorriqueño, -a *adj, m, f* Puerto Rican

Portugal *m* Portugal

portugués, -esa *adj, m, f* Portuguese

porvenir *m* future

pos *adv* **ir en** ~ **de algo/alguien** to pursue sth/sb; **van en** ~ **del éxito** they are striving for success

posada *f* **1.** (*parador, fonda*) inn; (*pensión*) guest house **2.** (*hospedaje*) **dar** ~ **a alguien** to give sb lodging

posaderas *fpl inf* bottom, backside

posar **I.** *vi* to pose **II.** *vt* to place **III.** *vr:* ~**se** to settle; **el gorrión se posó en la rama** the sparrow alighted on the branch

posdata *f* postscript

pose *f* pose

poseedor(a) *m(f)* owner; (*póliza, acciones*) holder

poseer *irr como leer* *vt* to possess, to have; ~ **una importante posición social** to occupy an important position in society

poseído, -a *adj* possessed; ~ **de odio** full of hatred

posesión *f* possession

posesivo, -a *adj* possessive

posibilidad *f* possibility; **tener grandes** ~**es de éxito** to have a good chance of success

posibilitar *vt* to make possible

posible *adj* possible; **lo antes** ~ as soon as possible; **en lo** ~ as far as possible; **hacer lo** ~ **para que** +*subj* to do everything possible so that; **hacer todo lo** ~ to do everything one can; **es muy** ~ **que** +*subj* it is very likely that; **es** ~ **que** +*subj* it is possible that; **es muy** ~ **que lleguen tarde** they may very well arrive late; **¡no es** ~! I can't believe it!; **¿será** ~? surely not!; **si es** ~ if possible; **no lo veo** ~ I don't think it's possible

posición *f* position; **en buena** ~ in a good position

positivo, -a *adj* positive

poso *m* sediment

posponer *irr como poner* *vt* to postpone

postal **I.** *adj* postal, mail *Am* **II.** *f* postcard

poste *m* post; ELEC pylon

póster *m* poster

postergar <g→gu> *vt* to postpone; (*demorar*) to delay; ~ **la fecha** to put back the date

posteridad *f* posterity; **pasar a la ~** to be remembered by posterity

posterior *adj* 1. (*de tiempo*) later; **~ a** after 2. (*de lugar*) back; **~ a alguien** behind sb; **la parte ~** the back

posterioridad *f* posteriority; **con ~** subsequently

postizo *m* hairpiece

postizo, -a *adj* artificial; **dentadura postiza** false teeth

postor(a) *m(f)* bidder; **mejor ~** highest bidder

postrado, -a *adj* prostrate; **~ de dolor** (*físico*) in great pain; (*pena*) beside oneself with grief

postre *m* dessert

postrero, -a *adj* last

postulado *m* proposition

póstumo, -a *adj* posthumous

postura *f* 1. (*colocación*) position; (*del cuerpo*) posture 2. (*actitud*) attitude

potable *adj* drinkable; **agua ~** drinking water

potaje *m* (*sopa*) soup; (*guiso*) stew

pote *m* pot

potencia *f* power

potencial *adj, m* potential

potente *adj* powerful; (*sexualidad*) potent

potro *m* 1. ZOOL colt 2. DEP vaulting horse

pozo *m* 1. (*manantial*) well 2. (*hoyo*) shaft; **~ petrolífero** oil well

práctica *f* practice; (*experiencia*) experience; **en la ~** in practice; **adquirir ~** to gain experience; **llevar a la ~** to carry out; **perder la ~** to get out of practice; **poner en ~** to put into practice

practicable *adj* 1. (*realizable*) feasible 2. (*camino, calle*) passable

practicar <c→qu> *vi, vt* to practise *Brit*, to practice *Am;* **~ deporte** to do sports; **~ una operación** to perform an operation; **estudió medicina, pero no practica** he/she studied medicine, but he/she doesn't work as a doctor

práctico, -a *adj* practical

pradera *f* grassland; (*Norteamérica*) prairie; (*prado*) meadow

prado *m* meadow

Praga *f* Prague

pragmático, -a *adj* pragmatic

preámbulo *m* introduction, preamble; **sin ~s** *fig* without further ado; **no andarse con ~s** not to beat about the bush; **¡déjese de ~s!** get to the point!

precalentar <e→ie> I. *vt* to preheat II. *vr:* **~se** DEP to warm up

precario, -a *adj* precarious

precaución *f* precaution

precaver I. *vt* (*prevenir*) to prevent; (*evitar*) to avoid II. *vr* **~se de algo/ alguien** to take precautions against sth/sb

precavido, -a *adj* cautious

precedencia *f* precedence

precedente I. *adj* preceding II. *m* precedent; **sentar un ~** to establish a precedent; **sin ~s** unprecedented

preceder *vt* to precede

precepto *m* precept

preciado, -a *adj* prized

preciarse *vr* **~ de algo** to boast about sth

precintar *vt* to seal

precinto *m* seal

precio *m* price; **a buen ~** for a good price; **~ al consumidor** [*o* **al detalle**] retail price, retail price; **a mitad de ~** at half price; **a ~ de oro** for a very high price; **no tener ~** *fig* to be priceless; **de todos los ~s** at all prices; **¿qué ~ tiene el libro?** how much does this book cost?

preciosidad *f* **ser una ~** to be lovely

precioso, -a *adj* 1. (*valioso*) valuable 2. (*hermoso*) lovely

precipicio *m* precipice

precipitación *f* 1. (*prisa*) haste; **con ~** hastily 2. METEO rainfall

precipitado, -a *adj* hasty

precipitar I. *vt* 1. (*arrojar*) to throw down; **lo ~on por la ventana** they threw him out of the window 2. (*apresurar*) to hasten; (*acelerar*) to hurry II. *vr:* **~se** 1. (*arrojarse*) to throw oneself down 2. (*atacar*) **~se sobre algo/alguien** to hurl oneself at sth/sb **3.** (*acontecimientos*) to happen very quickly; (*personas*) to act hastily; **¡no se precipite!** don't be hasty!

precisamente *adv* exactly; **¿tiene que ser ~ hoy?** does it have to be today, of all days?; **~ por eso** for that very reason

precisar *vt* **1.** (*determinar*) to specify **2.** (*necesitar*) to need

precisión *f* precision

preciso, -a *adj* **1.** (*necesario*) necessary; **es ~ que** +*subj* it is necessary to; **es ~ que nos veamos** we need to see each other; **si es ~...** if necessary ... **2.** (*exacto*) precise; **a la hora precisa** punctually

preconcebido, -a *adj* preconceived

precoz *adj* (*persona*) precocious; (*diagnóstico, cosecha*) early

precursor(a) *m(f)* precursor

predecesor(a) *m(f)* predecessor

predecir *irr como decir vt* to predict; (*tiempo*) to forecast

predestinado, -a *adj* predestined; **estar ~ al crimen** to be destined for a life of crime

predeterminar *vt* to predetermine

predicado *m* predicate

predicador(a) *m(f)* preacher

predicar <c→qu> *vt* to preach

predicción *f* prediction; **~ económica** economic forecast

predilecto, -a *adj* favourite *Brit,* favorite *Am*

predisponer *irr como poner vt* to predispose; **~ a alguien a favor/en contra de alguien** to bias sb in favour of/against sb

predisposición *f* predisposition; (*tendencia*) tendency; **tener ~ a engordar** to have a tendency to put on weight

predominar *vi, vt* to predominate; (*sobresalir*) to stand out; **~ en algo/sobre alguien** to stand out at sth/over sb

predominio *m* predominance; **~ sobre alguien** superiority over sb

preescolar *adj* pre-school; **edad ~** pre-school age

prefabricado, -a *adj* prefabricated

prefacio *m* preface

preferencia *f* **1.** (*elección, trato*) preference; **mostrar ~ por alguien** to show a preference for sb **2.** (*predilección*) predilection; **sentir ~ por alguien** to be biased in favour of sb **3.** (*prioridad*) priority; **de ~** preferably; **~ de paso** right of way; **dar ~** to give preference; **tener ~ ante alguien** to have priority over sb

preferible *adj* preferable; **sería ~ que lo hicieras** it would be better if you did it

preferir *irr como sentir vt* to prefer; **prefiero ir a pie** I prefer to walk; **prefiero que no venga** I would rather he/she didn't come

prefijo *m* **1.** LING prefix **2.** TEL (dialling) code *Brit,* area code *Am*

pregonar *vt* to proclaim; (*lo que estaba oculto*) to make public

pregunta *f* question; **a tal ~ tal respuesta** ask a silly question, get a silly answer

preguntar **I.** *vi, vt* to ask; **~ por alguien** to ask after sb **II.** *vr* **~se si/cuándo/qué...** to wonder if/when/what ...

preguntón, -ona *adj* inquisitive, nosy *pej*

prehistórico, -a *adj* prehistoric

prejuicio *m* prejudice

preliminar *adj* preliminary

preludio *m* prelude

premamá *adj inv* **vestido ~** maternity dress

prematuro, -a *adj* premature

premeditación *f* premeditation; **con ~** premeditated

premeditar *vt* **1.** (*pensar*) to think about **2.** (*planear*) to plan; JUR to premeditate

premiar *vt* **1.** (*recompensar*) to reward **2.** (*dar un premio*) to give a prize to

premio *m* **1.** (*galardón, lotería*) prize; **el ~ gordo** the jackpot **2.** (*recompensa*) reward **3.** (*remuneración*) bonus

premisa *f* premise

premonición *f* premonition

premura *f* (*urgencia*) urgency;

(*prisa*) haste

prenatal *adj* prenatal

prenda *f* 1. (*fianza*) guarantee; **en ~** as security; **no soltar ~** *fig, inf* not to say a word 2. (*pieza de ropa*) garment; **~s interiores** underwear

prendar *vt* to captivate

prendedor *m* brooch, pin

prender I. *vi* to take root II. *vt* 1. (*sujetar*) to hold down; (*con alfileres*) to pin 2. (*detener*) to catch 3. (*fuego*) **el coche prendió fuego** the car caught fire 4. *AmL* (*luz*) to turn on

prensa *f* 1. (*máquina*) press; **~ de uvas** wine press 2. (*imprenta*) printer's, press; **estar en ~** to be at the printer's 3. PREN press; **~ amarilla** tabloids *pl;* **libertad de ~** freedom of the press; **tener buena/mala ~** to get a good/bad press

prensar *vt* to press

preñado, -a *adj* 1. BIO pregnant 2. (*lleno*) full; **~ de emoción** full of emotion

preocupación *f* worry; (*obsesión*) concern; **~ por algo/alguien** worry about sth/sb; **tu única ~ es el dinero** the only thing you care about is money

preocupado, -a *adj* worried; **~ por algo/alguien** worried about sth/sb

preocupar I. *vt* to worry II. *vr:* **~se** 1. (*inquietarse*) **~se por algo/alguien** to worry about sth/sb 2. (*encargarse*) to take care; **no se preocupa de arreglar el asunto** he/she doesn't do anything to solve the problem

preparación *f* preparation; (*formación*) training; **~ académica** education; **~ de datos** INFOR data processing

preparado *m* preparation

preparado, -a *adj* (*listo*) ready; **~ (para funcionar)** ready for use; **¡~s, listos, ya!** ready, steady, go!

preparar I. *vt* to prepare; ENS to train; **~ un buque para zarpar** to get a boat ready for a journey; **~ datos** INFOR to process data; **~ las maletas** to pack one's bags II. *vr:* **~se** to get

ready; **~se para un examen** to prepare for an exam; **se prepara una tormenta** there's a storm brewing; **me preparaba a salir, cuando empezó a llover** I was getting ready to leave when it started raining

preparativo *m* preparation

preparativo, -a *adj* preparatory

preposición *f* preposition

prepotente *adj* arrogant

prerrogativa *f* prerogative

presa *f* 1. (*acción*) capture; **ave de ~** bird of prey 2. (*objeto, de caza*) prey; **animal de ~** prey 3. (*dique*) dam

presagiar *vt* tp predict; **estas nubes presagian tormenta** these clouds mean there will be a storm

presagio *m* 1. (*señal*) warning sign 2. (*presentimiento*) premonition

prescindir *vi* **~ de algo/alguien** (*renunciar a*) to do without sth/sb; (*pasar por alto*) to overlook sth/sb; (*no contar*) to disregard sth/sb; **tenemos que ~ del coche** we will have to get rid of the car; **han prescindido de mi opinión** they have ignored my opinion

prescribir *irr como escribir vt* to prescribe

prescripción *f* prescription

presencia *f* 1. (*asistencia, existencia*) presence; **sin la ~ del ministro** without the minister being present 2. (*aspecto*) appearance; **buena ~** stylish appearance

presencial *adj* **testigo ~** eyewitness

presenciar *vt* 1. (*ver*) to witness 2. (*asistir*) to attend

presentación *f* presentation; (*de personas*) introduction; **el plazo de ~ de solicitudes finaliza hoy** the period for presenting requests ends today

presentador(a) *m(f)* presenter; (*de telediario*) newsreader

presentar I. *vt* 1. (*en general*) to present; (*mostrar*) to show 2. (*instancia, dimisión, trabajo*) to submit 3. (*argumentos*) to put forward 4. (*persona*) to introduce; **te presento a mi marido** may I introduce

P **p**

you to my husband? **II.** *vr:* **~se 1.** (*comparecer*) to present oneself; (*aparecer*) to turn up **2.** (*participar*) **~se a una elección** to stand in an election; **~se a un concurso** to enter a competition

presente¹ I. *adj* present; **la ~ edición** this edition; **hay que tener ~ las circunstancias** one must consider the circumstances; **ten ~ lo que te he dicho** bear in mind what I have told you; **por la ~ deseo comunicarle que…** I write in order to tell you that … **II.** *mf* **los/las ~s** those present

presente² *m* **1.** (*actualidad*) present; **hasta el ~** until now; **por el ~** for the moment **2.** LING present (tense) **3.** (*regalo*) present, gift

presentimiento *m* premonition; **tengo el ~ de que…** I have a feeling that …

presentir *irr como sentir vt* to have a premonition of; **presiento que mañana lloverá** I have a feeling it's going to rain tomorrow

preservación *f* preservation

preservar *vt* to protect

preservativo *m* condom

presidencia *f* presidency

presidente *mf* **1.** POL president; **el ~ del gobierno español** the Spanish Prime Minister **2.** (*de asociación*) chairperson

presidiario, -a *m, f* convict

presidio *m* prison; **condenar a 20 años de ~** to sentence to 20 years in prison

presidir *vt* **1.** (*ocupar presidencia*) to be president of **2.** (*reunión*) to chair

presión *f* pressure; **~ arterial** blood pressure

presionar *vt* **1.** (*apretar*) to press **2.** (*coaccionar*) to put pressure on

preso, -a *m, f* prisoner, (prison) inmate

prestación *f* **1.** (*de ayuda, servicio*) provision **2.** (*subsidio*) **~ por desempleo** unemployment benefit

prestado, -a *adj* borrowed; **vivir de ~ en casa de alguien** to live off sb

else; **voy de ~, el traje me lo han dejado** I'm wearing borrowed finery, sb lent me the suit

prestamista *mf* moneylender

préstamo *m* **1.** (*acción*) lending **2.** (*lo prestado*) loan; **~ hipotecario** mortgage

prestar I. *vt* **1.** (*dejar*) to lend; **¿me prestas la bici, por favor?** can I borrow your bike?; **el banco me ha prestado el dinero** I have borrowed money from the bank **2.** (*dedicar*) **~ apoyo** to support; **~ ayuda** to help; **~ servicios** to provide services **3.** (*tener*) **~ atención** to pay attention; **~ silencio** to remain silent **II.** *vr:* **~se 1.** (*ofrecerse*) to offer oneself; **se prestó a ayudarme** he/she offered to help me **2.** (*avenirse*) **~se a algo** to accept sth

presteza *f* speed

prestigio *m* prestige

prestigioso, -a *adj* prestigious

presto *adv* (*rápidamente*) quickly; (*al instante*) at once

presto, -a *adj* **1.** (*listo*) ready **2.** (*rápido*) quick

presumido, -a *adj* (*arrogante*) arrogant; (*vanidoso*) vain

presumir I. *vi* **~ de algo** to boast about sth **II.** *vt* to presume

presunción *f* **1.** (*sospecha*) assumption **2.** (*petulancia*) arrogance; (*vanidad*) vanity

presunto, -a *adj* **1.** (*supuesto*) presumed; **el ~ asesino** the alleged murderer **2.** (*equivocadaamente*) so-called

presuntuoso, -a *adj* conceited

presuponer *irr como poner vt* to presuppose

presupuesto *m* **1.** POL, ECON budget **2.** (*cálculo*) estimate **3.** (*suposición*) assumption

presuroso, -a *adj* hurried; **iba ~ por la calle** he hurried down the street

pretender *vt* **1.** (*aspirar a*) to aspire to **2.** (*pedir*) to expect; **¿qué pretendes que haga?** what do you want me to do? **3.** **~ hacer algo** (*tener intención*) to mean to do sth;

(*intentar*) to try to do sth

pretendiente *m* (*de trabajo*) applicant; (*de mujer*) suitor

pretensión *f* 1. (*derecho*) claim 2. (*ambición*) ambition 3. *pl* (*desmedidas, vanidad*) pretensions *pl*; **tiene pretensiones de actor** he fancies himself as an actor

pretérito I. *adj* past II. *m* past (tense); ~ **indefinido** preterite (tense)

pretexto *m* pretext; **a ~ de...** on the pretext of ...

prevalecer *irr como crecer vi* to prevail; **en esta ciudad prevalecen los de derechas sobre los de izquierdas** in this city there are more right-wingers than left-wingers

prevención *f* 1. (*precaución*) precaution 2. (*acción*) prevention; ~ **del cáncer** cancer prevention

prevenido, -a *adj* 1. *estar* (*alerta*) **estar** ~ to be prepared 2. *ser* (*previsor*) prudent

prevenir *irr como venir* I. *vt* 1. (*protegerse de, evitar*) to prevent; **más vale ~ que curar** *prov* prevention is better than cure, a stitch in time saves nine *prov* 2. (*advertir*) to warn 3. (*preparar*) to prepare II. *vr:* ~**se** 1. (*tomar precauciones*) to take precautions 2. (*contra alguien*) to protect oneself 3. (*prepararse*) to get ready

preventivo, -a *adj* preventive

prever *irr como ver vt* to foresee; (*esperar*) to expect

previo, -a *adj* previous; (**sin**) ~ **aviso** (without) prior warning; **previa presentación del D.N.I.** on presentation of identity documents

previsión *f* 1. (*de prever*) prediction 2. (*precaución*) precaution; **en ~ de...** as a precaution against ... 3. (*cálculo*) forecast

previsor(a) *adj* 1. (*con visión*) far-sighted 2. (*precavido*) prudent

previsto, -a *adj* predicted; **el éxito estaba** ~ the success had been expected; **todo lo necesario está** ~ everything necessary has been prepared

prima *f* 1. (*pariente*) cousin; ~ **hermana** first cousin 2. FIN bonus; (*seguro*) insurance premium

primacía *f* 1. (*supremacía*) supremacy 2. (*prioridad*) priority

primario, -a *adj* primary; **enseñanza primaria** primary education; **necesidades primarias** basic necessities

primavera *f* spring

primer *adj v.* **primero, -a**

primera *f* 1. AUTO first (gear); **ir en** ~ to be in first (gear) 2. FERRO, AERO first class; **viajar en** ~ to travel first class

primero *adv* 1. (*en primer lugar*) first 2. (*antes*) rather

primero, -a I. *adj ante sustantivo masculino: primer* first; **de primera calidad** top quality; **de primera** first-rate; **a primera hora** (**de la mañana**) first thing (in the morning); **en primer lugar** in the first place; **a ~s de mes** at the beginning of the month; **el Primer Ministro** the Prime Minister; **desde un primer momento** from the outset; **ocupar una de las primeras posiciones** to occupy one of the top positions; **lo hice a la** ~ I did it at the first attempt; **lo ~ es lo** ~ first things first; **para mí tú eres lo** ~ for me you are more important than anything else; **lo ~ es ahora la familia** the most important thing now is the family II. *m, f* first; **el ~ de la carrera** the winner of the race; **el ~ de la clase** the top of the class; **eres el ~ en llegar** you are the first to arrive

> [!] **primero** is always used after a masculine noun or on its own as a pronoun: "Voy al piso primero; Su teléfono móvil es el primero de la estantería." In contrast **primer** is always used before a masculine singular noun: "Hoy es el primer día de mis vacaciones."

primicia *f* 1. PREN, TV, RADIO scoop 2. *pl* (*frutos*) **las ~s** the first fruits

primitivo, -a *adj* primitive

primo *m* **1.** (*pariente*) cousin; ~ **hermano** first cousin **2.** *inf* (*ingenuo*) mug; **he hecho el ~: he pagado 100 euros por esto** I've been taken for a ride: I paid 100 euros for this; **¡no seas ~!** don't be such a fool!

primo, -a *adj* **1.** (*primero*) **materia prima** raw material **2.** MAT **número ~** prime number

primogénito, -a *adj, m, f* first-born

primor *m* **1.** (*habilidad*) skill **2.** (*esmero*) care; **hacer algo con ~** to take great care in doing sth

primordial *adj* essential, fundamental

primoroso, -a *adj* **1.** (*hábil*) skilful *Brit*, skillful *Am* **2.** (*con esmero*) exquisite

princesa *f v.* **príncipe**

principal I. *adj* main, principal; **su carrera profesional era lo ~ para él** his career was his main priority II. *mf* (*propietario*) owner; (*jefe*) boss

príncipe, princesa *m, f* prince *m*, princess *f*; ~ **azul** Prince Charming; ~ **heredero** crown prince

principiante *mf* beginner, novice

principio *m* **1.** (*comienzo*) beginning; **al ~** at the beginning; **ya desde el ~** right from the beginning; **desde un ~** from the first; **a ~s de diciembre** at the beginning of December; **dar ~ a algo** to start sth **2.** (*causa*) cause; (*origen*) origin **3.** (*de ética*) *t.* FÍS principle; **en ~** in principle; **por ~** on principle

pringar <g→gu> I. *vt* **1.** (*manchar*) ~ **algo de** [*o* **con**] **algo** to smear sth with sth **2.** (*mojar*) to dip II. *vr* ~**se de** [*o* **con**] **algo** to cover oneself with sth

pringoso, -a *adj* **1.** (*grasiento*) greasy **2.** (*pegajoso*) sticky

pringue *m* **1.** (*grasa*) grease **2.** (*suciedad*) grime

prioridad *f* priority; AUTO right of way

prisa *f* hurry; **de ~** quickly; **de ~ y corriendo** quickly; (*con demasiada prisa*) in a rush; **meter ~ a alguien** to hurry sb; **no corre ~** there's no hurry; **¡date ~!** hurry up!; **tengo ~** I'm in a hurry; **no tengas ~** take your time

prisión *f* **1.** (*reclusión*) imprisonment **2.** (*edificio*) prison

prisionero, -a *m, f* prisoner

prismáticos *mpl* binoculars *pl*

privación *f* **1.** (*desposesión*) deprivation; ~ **de libertad** loss of liberty **2.** (*carencia*) privation

privado, -a *adj* private; (*sesión*) closed; **en ~** in private, privately

privar I. *vt* **1.** (*desposeer*) to deprive; ~ **a alguien de libertad** to deprive sb of his freedom; ~ **a alguien del permiso de conducir** to take away sb's driving licence **2.** (*prohibir*) ~ **a alguien de hacer algo** to forbid sb to do sth; **no me prives de visitarte** don't stop me from visiting you II. *vr* ~**se de algo** to deny oneself sth; **no se privan de nada** they don't want for anything

privativo, -a *adj* ~ (**de alguien**) exclusive to sb; **esta facultad es privativa del presidente** that power belongs exclusively to the president

privatizar <z→c> *vt* to privatize

privilegiado, -a I. *adj* privileged; (*memoria*) exceptional II. *m, f* privileged person

privilegiar *vt* to grant a privilege to

privilegio *m* privilege

pro I. *m o f* **1.** (*provecho*) advantage; **valorar los ~s y los contras** to weigh up the pros and cons **2.** (*favor*) **en ~ de** for II. *prep* for

proa *f* NÁUT bow; AERO nose

probabilidad *f* **1.** (*verosimilitud*) probability; **con toda ~** in all likelihood **2.** (*posibilidad*) prospect; **hay ~es de rescatar los rehenes** there is a good chance of rescuing the hostages

probable *adj* likely, probable; **lo más ~ es que...** +*subj* chances are that ...

probador *m* fitting room

probar <o→ue> I. *vt* **1.** (*demostrar*) to prove; **todavía no está probado que sea culpable** it still

hasn't been proved that he is guilty
2. (*experimentar*) to try; (*aparato*)
to test **3.** (*vestido*) to try on **4.** GASTR
to taste; **no he probado nunca una
paella** I have never tried paella **II.** *vi*
(*intentar*) to try

probeta *f* test tube

problema *m* problem

procedencia *f* origin; **anunciar la ~
del tren** to announce where the
train has come from

procedente *adj* **1.** (*oportuno*) appropriate **2.** (*que viene de*) **~ de** from

proceder **I.** *m* behaviour *Brit,* behavior *Am* **II.** *vi* **1.** (*de un lugar*) to
come; (*familia*) to descend **2.** (*actuar*) to act **3.** (*ser oportuno*) to be
appropriate; **ahora procede guardar silencio** now we should remain
silent **4.** (*pasar a*) to proceed

procedimiento *m* **1.** (*actuación*)
procedure; JUR proceedings *pl*
2. (*método*) method

procesado, -a *m, f* **el ~** the accused

procesador *m* processor *Brit,* computer *Am;* **~ de textos** word processor

procesar *vt* **1.** JUR to prosecute; **le
procesan por violación** he is being
prosecuted for rape **2.** TÉC to process

procesión *f* procession

proceso *m* **1.** (*método*) process
2. (*procedimiento*) procedure **3.** JUR
trial

proclamar *vt* to announce; **~ la República** to proclaim a Republic

procrear *vt* to procreate

procurador(a) *m(f)* attorney

procurar *vt* **1.** (*intentar*) to try; **procura hacerlo lo mejor que puedas**
do it to the best of your abilities; **procura que no te vean más por aquí**
make sure you're not seen around
here any more; **procura que no te
oigan** make sure they don't hear you
2. (*proporcionar*) to obtain

prodigar ⟨g→gu⟩ **I.** *vt* **1.** (*malgastar*) to waste **2.** (*dar*) to lavish **II.** *vr*
~se en elogios hacia alguien to
shower sb with praise; **se prodigó
en toda clase de atenciones con
nosotros** he attended to our every

need

prodigio *m* prodigy; **niño ~** child
prodigy

prodigioso, -a *adj* marvellous *Brit,*
marvelous *Am*

pródigo, -a *adj* **1.** (*malgastador*)
wasteful; **el hijo ~** the prodigal son
2. (*generoso*) generous; **la pródiga
naturaleza** bountiful nature

producción *f* **1.** *t.* TÉC, CINE production **2.** (*productos*) output

producir *irr como traducir* **I.** *vt* to
produce; (*intereses*) to yield; (*causar*) to cause **II.** *vr:* **~se 1.** (*fabricarse*) to be produced **2.** (*tener
lugar*) to take place; (*ocurrir*) to
occur; **se ha producido una mejora** there has been an improvement;
cuando se produzca el caso... as
the case arises ...

productividad *f* productivity; (*de
negocio*) profitability

productivo, -a *adj* productive; (*negocio*) profitable

producto *m* **1.** (*objeto, resultado*) *t.*
QUÍM, MAT product; **~ alimenticio**
food item; **~s alimenticios** foodstuffs *pl;* **~s químicos** chemicals *pl*
2. (*de un negocio*) profit; (*de una
venta*) proceeds *pl;* **Producto Interior/Nacional Bruto** Gross Domestic/National Product

productor(a) **I.** *adj* producing
II. *m(f)* producer

proeza *f* exploit

profanar *vt* (*templo, cementerio*) to
desecrate; (*memoria, nombre*) to
profane

profano, -a *adj* **1.** (*secular, irreverente*) profane **2.** (*ignorante*) ignorant; **soy ~ en esta materia** I am not
an expert in this subject

profecía *f* prophecy

proferir *irr como sentir* *vt* (*palabra,
grito*) to utter; (*insulto*) to hurl;
(*queja*) to express

profesar *vt* **1.** (*oficio*) to practise
Brit, to practice *Am* **2.** (*declarar*) to
profess

profesión *f* profession

profesional *adj* professional

profesor(a) *m(f)* teacher; UNIV lec-

P
p

turer; (*catedrático*) professor
profesorado *m* **1.**(*cargo*) teaching post; UNIV lectureship *Brit*; (*catedrático*) professorship *Am* **2.**(*conjunto*) teaching staff *Brit*, faculty *Am*
profeta, -isa *m, f* prophet *mf*, prophetess *f*
profetizar <z→c> *vt* to prophesy
prófugo *m* MIL deserter
prófugo, -a *m, f* JUR fugitive
profundidad *f* depth; **tener poca ~** to be not very deep; **una cueva de cinco metros de ~** a cave five metres deep
profundizar <z→c> *vi, vt* (*hoyo, zanja*) ~ **(en)** **algo** to study sth in depth
profundo, -a *adj* deep; (*pena*) heartfelt; (*pensamiento, misterio*) profound; (*conocimiento*) thorough; **en lo más ~ de mi corazón** from the very bottom of my heart
profusión *f* profusion; **con ~ de detalles** with a wealth of details
progenitor(a) *m(f)* father *m*, mother *f*; **los ~es** the parents
programa *m* programme *Brit*, program *Am*; ~ **de las clases** timetable
programación *f* **1.**(*acción*) programming **2.**TV, RADIO programme *Brit*, program *Am*
programador(a) *m(f)* programmer
programar *vt* **1.**(*planear*) to plan; **la conferencia está programada para el domingo** the talk is scheduled for Sunday **2.**TÉC, INFOR to programme *Brit*, to program *Am*
progre *adj inf* trendy; POL left-wing
progresar *vi* to make progress; (*enfermedad, ciencia*) to develop
progresión *f* **1.**(*avance*) progress **2.**MAT, MÚS progression
progresista *adj* progressive
progresivo, -a *adj* progressive
progreso *m* progress
prohibición *f* prohibition
prohibir *irr vt* to prohibit, to ban; **prohibida la entrada** no entry; **prohibido fumar** no smoking; **en los hospitales prohiben fumar** in hospitals smoking is not allowed
prójimo *m* fellow man; **amor al ~**

love of one's neighbour
proletariado *m* proletariat
proletario, -a *adj, m, f* proletarian
proliferación *f* proliferation; *t.* MED (*incontrolada*) spread
proliferar *vi* to proliferate; (*epidemia, rumor*) to spread
prolífico, -a *adj* prolific
prolijo, -a *adj* (*extenso*) protracted; (*cargante*) long-winded
prólogo *m* prologue
prolongación *f* extension
prolongado, -a *adj* long
prolongar <g→gu> **I.** *vt* to extend; (*decisión*) to postpone; (*estado*) to prolong **II.** *vr:* ~**se** to continue; (*estado*) to be prolonged; (*reunión*) to overrun; **la fiesta se prolongó hasta bien entrada la noche** the party carried on well into the night; **las negociaciones se están prolongando demasiado** the negotiations are dragging on for too long
promedio *m* average
promesa *f* promise; **el jefe me ha dado su ~ de que...** the boss has promised me that …
prometer **I.** *vt* to promise; **te prometo que lo haré** I promise you I'll do it **II.** *vr:* ~**se** to get engaged
prometido, -a *m, f* fiancé *m*, fiancée *f*
prominente *adj* prominent
promiscuo, -a *adj* promiscuous
promoción *f* **1.**(*de empresa, categoría, producto*) promotion **2.**(*de licenciados*) year, graduating class
promocionar *vt* to promote
promontorio *m* promontory
promotor(a) *m(f)* **1.**(*de altercado*) instigator **2.**(*patrocinador*) sponsor; (*deportivo, de espectáculo*) promoter
promover <o→ue> *vt* **1.**(*querella, escándalo*) to cause **2.**(*en el cargo*) to promote **3.**(*altercado*) to instigate
promulgar <g→gu> *vt* to enact; (*divulgar*) to announce
pronombre *m* pronoun
pronosticar <c→qu> *vt* to forecast
pronóstico *m* forecast; MED prognosis; DEP prediction

pronto I. *adv* 1. (*rápido*) quickly; (*enseguida*) at once; **de ~** suddenly; **¡hasta ~!** see you! 2. (*temprano*) early II. *conj* **tan ~ como** as soon as; **tan ~ como llegaron/lleguen** as soon as they arrived/arrive

pronto, -a *adj* quick

pronunciación *f* pronunciation

pronunciar *vt* to pronounce; **~ un discurso** to make a speech; **~ unas palabras** to say a few words; **~ sentencia** to pass sentence

propagación *f* 1. (*multiplicación, reproducción*) propagation 2. (*extensión, transmisión*) spreading

propaganda *f* 1. (*publicidad, promoción*) publicity; **hacer ~** to advertise 2. MIL, POL propaganda

propagar <g→gu> *vt, vr:* **~(se)** 1. (*multiplicar, reproducir*) to propagate 2. (*extender, divulgar*) to spread

propano *m* propane

propasarse *vr* to go too far

propensión *f* **~ a algo** tendency towards sth; MED predisposition to sth

propenso, -a *adj* **~ a algo** inclined to sth; MED susceptible to sth

propiamente *adv* (*realmente*) really; (*exactamente*) exactly; **~ dicho** strictly speaking

propicio, -a *adj* favourable *Brit*, favorable *Am;* **en el momento ~** at the right moment

propiedad *f* 1. (*en general*) property; **~ industrial** patent rights; **~ inmobiliaria** real assets *Brit*, real estate *Am;* **tener algo en ~** to own sth 2. (*corrección*) **con ~** correctly

propietario, -a *m, f* owner; (*casero*) landlord

propina *f* tip; **dejar ~** to leave a tip; **me dió dos libras de ~** he/she gave me a two pound tip

propio, -a *adj* 1. (*de uno mismo*) own; **en defensa propia** in self-defence *Brit*, in self-defense *Am;* **con la propia mano** with one's own hand; **tengo piso ~** I own my flat 2. (*mismo*) same; **lo ~** the same; **el ~ jefe** the boss himself; **nombre ~** proper noun; **al ~ tiempo** at the same time 3. (*característico*) charac-

teristic; (*típico*) typical; **eso (no) es ~ de ti** that is (not) like you 4. (*apropiado*) proper

proponer *irr como poner* I. *vt* to propose II. *vr:* **~se** to intend, to propose *form;* **¿qué te propones?** what are you trying to do?

proporción *f* proportion; **no guardar ~ con algo** to be out of proportion with sth; **en una ~ de 8 a 1** in a ratio of 8 to 1; **un accidente de enormes proporciones** a major accident

proporcional *adj* proportional

proporcionar *vt* 1. (*facilitar*) to provide; (*conseguir, procurar*) to obtain; **~ víveres a alguien** to provide sb with supplies 2. (*ocasionar*) to cause; **~ disgustos a alguien** to upset sb

proposición *f* 1. (*propuesta*) proposal; **~ de ley** bill; **~ de matrimonio** marriage proposal 2. (*oración*) sentence; (*parte*) clause

propósito I. *m* 1. (*intención*) intention; **tener el ~ de...** to intend to ... 2. (*objetivo*) purpose; **a ~** (*adrede*) on purpose; (*adecuado*) suitable; (*por cierto*) by the way II. *prep* **a ~ de** with regard to

propuesta *f* proposal; (*recomendación*) suggestion; **a ~ de alguien** on sb's suggestion

propugnar *vt* (*defender*) to defend; (*apoyar, promover*) to advocate

propulsar *vt* 1. TÉC to propel 2. (*fomentar*) to promote

propulsión *f* propulsion; **~ trasera** AUTO rear-wheel drive

prórroga *f* 1. (*prolongación*) prolongation; ECON extension 2. (*dilatoria, retraso*) delay; (*aplazamiento*) deferral; (*cambio de fecha*) postponement 3. DEP extra time, overtime

prorrogar <g→gu> *vt* 1. (*prolongar*) to prolong; ECON to extend 2. (*dilatar, retrasar*) to delay; *t.* JUR (*aplazar*) to defer; (*cambiar de fecha*) to postpone

prorrumpir *vi* 1. (*salir*) to burst forth 2. (*estallar*) **~ en algo** to break out into sth

P p

prosa *f* prose; **texto en** ~ piece of prose

prosaico, -a *adj* prosaic

proscrito, -a *m, f* exile

prosecución *f* continuation

proseguir *irr como seguir* I. *vi* (*alguien*) to continue; (*mal tiempo*) to persist II. *vt* to continue

prospección *f* prospecting

prospecto *m* (*folleto*) prospectus; (*de instrucciones*) instructions *pl*; (*informativo*) (information) leaflet; (*de un medicamento*) directions *pl* for use

prosperar *vi* to prosper

prosperidad *f* prosperity

próspero, -a *adj* prosperous; **¡Próspero Año Nuevo!** Happy New Year!

prostíbulo *m* brothel

prostitución *f* prostitution

prostituirse *irr como huir vr* to prostitute oneself

prostitutoa *f* prostitute *f*

protagonista *mf* key participant; CINE, TEAT leading actor *m,* leading actress *f;* LIT main character

protagonizar <z→c> *vt* to play; **un gran actor protagoniza esta película** a famous actor stars in this film

protección *f* protection; *t.* POL (*mecenazgo*) patronage

protector(a) I. *adj* protective II. *m(f)* protector; *t.* POL (*mecenas*) patron

proteger <g→j> I. *vt* to protect; *t.* POL (*como mecenas*) to act as a patron to II. *vr:* ~**se** to protect oneself; ~**se los ojos** to protect one's eyes

protegido, -a I. *adj* protected; ~ **contra escritura** INFOR write-protected II. *m, f* protégé *m,* protégée *f*

proteína *f* protein

prótesis *f inv* prosthesis

protesta *f* protest; JUR objection

protestante *adj, mf* Protestant

protestar I. *vi* to protest II. *vt* to avow

protocolo *m* protocol; **de** ~ formal

protón *m* proton

prototipo *m* prototype

protuberancia *f* protuberance; (*bulto*) bulge

provecho *m* 1. (*aprovechamiento*) use; (*ventaja*) advantage; (*producto*) yield; (*beneficio*) benefit; **de** ~ useful; **en** ~ **de alguien** to sb's advantage; **nada de** ~ nothing of use; **sacar** ~ **de algo/alguien** to benefit from sth/sb 2. (*en comidas*) **¡buen ~!** enjoy your meal!, bon appétit!

proveer *irr* I. *vi* to provide; ~ **a algo** to provide for sth II. *vt* 1. (*abastecer, suministrar*) to supply; ~ **a alguien de algo** to furnish sb with sth; (*dotar*) to provide sb with sth 2. (*un puesto*) to fill III. *vr:* ~**se** to supply oneself; ~**se de algo** to provide oneself with sth

provenir *irr como venir vi* ~ **de** to come from

proverbio *m* proverb

providencia *f* 1. (*prevención*) precaution; (*medida, disposición*) measure 2. REL Providence

provincia *f* province

[?] The 17 **Comunidades Autónomas** in Spain are subdivided into 52 **provincias.** Consequently, the **Comunidad de Castilla-León,** for example, consists of the following nine **provincias: Ávila, Burgos, León, Palencia, Salamanca, Segovia, Soria, Valladolid** and **Zamora.**

provinciano, -a *adj* provincial

provisión *f* 1. (*reserva*) supply; **provisiones** provisions *pl* 2. (*suministro*) supply 3. (*medida*) provision 4. (*de un cargo*) filling

provisional *adj* provisional

provocación *f* 1. (*ataque*) provocation; (*instigación*) instigation 2. (*causa*) cause

provocar <c→qu> *vt* 1. (*incitar, irritar*) to provoke; (*excitar*) to arouse; (*instigar*) to instigate; POL to agitate 2. (*causar*) to cause; ~ **un cambio** to bring about a change; ~ **una guerra** to start a war; ~ **risa a al-**

guien to make sb laugh

provocativo, -a *adj* provocative

próximamente *adv* soon

proximidad *f* proximity

próximo, -a *adj* **1.** (*cercano*) near; (*temporal*) close; **estar ~ a...** to be close to ... **2.** (*siguiente*) next; **el ~ año** next year; **el ~ 3 de octubre** on the 3rd of October this year; **la próxima vez** the next time; **¡hasta la próxima!** see you soon!

proyectar *vt* **1.** FÍS, FOTO, CINE to project **2.** (*lanzar*) to throw **3.** (*luz*) to shine; (*sombra*) to cast **4.** (*planear, proponerse*) to plan **5.** *t.* TÉC (*diseñar*) to design

proyectil *m* projectile; MIL missile

proyecto *m* project, plan; (*proyección*) draft; **en ~** planned; **~ de ley** bill; **tener algo en ~** to be planning sth

proyector *m* projector; **~ de cine** film projector

prudencia *f* **1.** (*precaución, previsión*) prudence; (*cautela*) caution **2.** (*cordura*) good sense **3.** (*moderación*) moderation

prudente *adj* **1.** (*precavido, previsor*) prudent; (*cauteloso*) cautious **2.** (*razonable*) reasonable **3.** (*adecuado*) sufficient

prueba *f* **1.** *t.* TÉC (*test*) test; **a ~ de agua** waterproof; **~ al azar** random trial; **~ de fuego** *fig* acid test; **período de ~** trial period; **poner a ~** to try out; **someter a ~** to test; **sufrir una dura ~** to be put through a stern test **2.** (*de ropa*) trying on; **~ (de degustación**) tasting **3.** (*examen*) exam **4.** DEP (*competición*) event; **~ clasificatoria/eliminatoria** qualifier/eliminator **5.** (*comprobación*) proof; (*testimonio*) piece of evidence; **~ (de imprenta**) proof; **dar ~s de afecto** to show one's affection; **en ~ de nuestro reconocimiento** as a token of our gratitude; **ser ~ de algo** to be proof of sth; **tener ~s de que...** to have evidence that ...

prurito *m* **1.** (*picor*) itch **2.** (*afán*) urge

(p)sicoanálisis *m sin pl* psychoanalysis

(p)sicología *f sin pl* psychology

(p)sicológico, -a *adj* psychological

(p)sicólogo, -a *m, f* psychologist

(p)sicópata *mf* psychopath

(p)sicosis *f inv* psychosis

(p)sicosomático, -a *adj* psychosomatic

(p)siquiatra *mf* psychiatrist

(p)siquiátrico *m* mental hospital

(p)siquiátrico, -a *adj* psychiatric

(p)síquico, -a *adj* mental, psychic

PSOE *m abr de* **Partido Socialista Obrero Español** *Spanish Socialist Party*

púa *f* **1.** (*espina*) spike; (*de planta*) thorn; (*de animal, pez*) spine, quill **2.** (*del peine*) tooth **3.** MÚS plectrum

pub <pubs> *m* bar

pubertad *f* puberty

publicación *f* publication

publicar <c→qu> **I.** *vt* to publish; (*proclamar*) to make known **II.** *vr:* **~se** to be published

publicidad *f* **1.** (*carácter público*) publicity; **dar ~ a algo** to publicize sth; **este programa le ha dado mucha ~** this programme has given him/her a lot of publicity **2.** (*propaganda*) advertising; **~ en TV** TV advertisements; **hacer ~ de algo** to advertise sth

publicitario, -a *adj* advertising

público *m* **1.** (*colectividad*) public; **el gran ~** the general public **2.** (*asistente*) audience; **hoy hay poco ~** there aren't many people today

público, -a *adj* public; **deuda pública** national debt; **de utilidad pública** of general use; **hacer ~** to make public; **hacerse ~** to become known

puchero *m* **1.** (*olla*) pot **2.** GASTR stew

púdico, -a *adj* **1.** (*recatado*) shy; (*vergonzoso*) bashful; (*decente*) decent **2.** (*modesto*) modest

pudiente *adj* (*poderoso*) powerful; (*rico*) well-off

pudor *m* **1.** (*recato*) shyness; (*decencia*) decency; (*vergüenza*) shame **2.** (*modestia*) modesty

pudrir *irr vt, vr:* **~se** to rot; **¡ahí te**

pudras! *vulg* go to hell!

pueblo *m* **1.**(*nación*) people; **el ~ bajo** the common people; **un hombre del ~** a man of the people **2.**(*aldea*) village; (*población*) (small) town; **~ de mala muerte** *inf* dead-end town

puente *m* **1.**(*en general*) bridge; **~ colgante** suspension bridge; **~ dental** bridge; **~ de mando** (compass) bridge; **hacer un ~ a un coche** to hot-wire a car **2.**(*fiesta*) long weekend (*public holiday plus an additional day off*); **hacer ~** to take a long weekend

puenting *m sin pl* bungee jumping

puerco, -a I. *adj* **1.** estar *inf* (*sucio*) filthy **2.** ser (*indecente*) gross II. *m*, *f* pig

pueril *adj* childish

puerro *m* leek

puerta *f* door; (*portal*) doorway; (*acceso*) entry; AERO, INFOR gate; **~ de la calle** front door; **~ de socorro** emergency exit; **a ~ abierta** in public; **de ~s adentro** *fig,* **a ~ cerrada** in private; **estar a las ~s** *fig* to be on the brink; **poner a alguien en la ~** (**de la calle**) to throw sb out

puerto *m* **1.** NÁUT harbour *Brit,* harbor *Am;* (*ciudad*) port; **~ deportivo** marina; **~ franco** free port; **~ interior** river port; **~ marítimo** seaport **2.**(*de montaña*) pass **3.** INFOR port

Puerto Rico *m* Puerto Rico

? **Puerto Rico**, a state associated with the USA since 1952, consists of a main island and several small islands situated in the Greater Antilles. The capital of Puerto Rico is **San Juan**. The official languages of the country are both Spanish and English.

puertorriqueño, -a *adj, m, f* Puerto Rican

pues I. *adv* **1.**(*bueno*) well; (*entonces*) then; (*así que*) so; **~ bien** okay; **la consecuencia es, ~, ...** so the result is ...; **Ana quiere conocerte – ~ que venga** Ana wants to meet you – well, she should come then; **~ entonces, nada** well that's it, then **2.**(*expletivo*) **estudio inglés – ¡ah, ~ yo también!** I study English – ah, me too!; **¿estuviste por fin en Toledo? – ~ no/sí** did you go to Toledo in the end? – no, I didn't/yes, I did; **¡~ esto no es nada!** this is nothing compared with what's to come!; **estoy muy cansado – ~ aún queda mucho camino** I'm very tired – well, there's still a long way to go; **¡qué caro! – ¿sí? ~ a mí me parece barato** how expensive! – do you think so? it seems cheap to me **3.**(*exclamativo*) **¡~ vaya lata!** what a pain!; **¡~ no faltaría más!** (*naturalmente*) but of course!; (*el colmo*) that's all we need! **4.**(*interrogativo*) **no voy a salir – ¿~ cómo es eso?** I'm not going out – why not?; **¿~ qué quieres?** what do you want, then?; **¿y ~?** and? **5.**(*atenuación*) well; **¿por qué no viniste a la fiesta? – ~ es que tenía mucho que hacer** why didn't you come to the party? – well, I was really busy **6.**(*insistencia*) **~ así es** well that's how it is; **~ claro** but of course II. *conj* **~ no me queda otro remedio, venderé el coche** so I don't have any choice, I'll sell the car; **no voy de viaje, ~ no tengo dinero** I'm not going on holiday because I don't have any money

puesta *f* **1.**(*en general*) putting; **~ a cero** resetting; **~ en escena** staging; **~ en funcionamiento** activation (*of time*); **~ en libertad** release; **~ en marcha** start button; AUTO starter; **~ en práctica** putting into effect; **~ a punto** final check; AUTO service; **~ de sol** sunset **2.**(*en el juego*) bet

puesto *m* **1.**(*lugar*) place; (*posición*) position; **~ de información** information point **2.**(*empleo*) job; (*cargo*) post; (*posición*) position **3.**(*tenderete*) stall; (*feria de muestras*) stand; **~ de periódicos** newspaper stand **4.** *t.* MIL post; **~ de policía** police post; **~ de socorro** first-aid station

puesto, -a I. *pp de* **poner II.** *adj inf* **ir muy bien ~** to be very smartly dressed; **tienen la casa muy bien puesta** they've done the house up very nicely **III.** *conj* **~ que** given that

pugna *f* (*lucha*) struggle; (*conflicto*) conflict

pugnar *vi* to fight; **~ por algo/por hacer algo** (*esforzarse*) to struggle for sth/to do sth; (*intentar*) to strive for sth/to do sth

pujar *vi* **1.** (*esforzarse*) to struggle **2.** (*en una subasta*) to bid

pulcro, -a <pulquérrimo> *adj* neat

pulga *f* flea; INFOR bug

pulgada *f* inch

pulgar *m* thumb

pulir I. *vt* to polish; *fig* to polish up **II.** *vr:* **-se** *inf* to squander

pulla *f* jibe *Brit*, gibe *Am*

pulmón *m* lung

pulmonía *f* pneumonia

pulpa *f* pulp, flesh

pulpería *f AmL* general store

[?] In Latin America a **pulpería** is a general store selling alcoholic drinks, where all kinds of items can be bought. **Pulperías** are very similar to the small **tiendas de pueblo** that are still frequently encountered in small villages in Spain.

---

pulpo *m* octopus

pulquería *f AmC, Méx* general store

pulsación *f* **1.** ANAT beat, throbbing **2.** (*de una tecla*) striking; (*mecanografía*) keystroke; **~ doble** INFOR strikeover

pulsador *m* button; (*conmutador*) switch

pulsar *vt* to press; (*teclado*) to strike; **~ el timbre** to ring the bell

pulsera *f* bracelet; **reloj de ~** wristwatch

pulso *m* pulse; *fig* steadiness of hand;

a ~ (*sin apoyarse*) freehand; (*por su propio esfuerzo*) on one's own; **con ~** carefully; **tener buen ~** to have a steady hand; **tomar el ~ a alguien** to take sb's pulse

pulverizador *m* spray

pulverizar <z→c> *vt* **1.** (*reducir a polvo*) to pulverize **2.** (*atomizar*) to atomize

puna *f AmS* altitude sickness

punición *f* punishment

punitivo, -a *adj* punitive

punki *adj, mf* punk

punta *f* **1.** (*extremo*) end; (*de lengua, iceberg*) tip; **hora(s) ~** rush hour; **lo tenía en la ~ de la lengua** it was on the tip of my tongue **2.** (*pico*) point; **de ~ en blanco** all dressed up; **acabar en ~** to come to a point; **sacar ~** (*afilar*) to sharpen

puntada *f* stitch

puntal *m* prop; *fig* mainstay

puntapié *m* kick; **pegar un ~ a alguien** to kick sb; **tratar a alguien a ~s** *fig* to walk all over sb

puntear *vt* **1.** (*marcar*) to dot **2.** MÚS to pluck

puntería *f* **1.** (*apuntar*) aim **2.** (*destreza*) marksmanship; **tener buena/mala ~** to be a good/bad shot

puntero *m* pointer

puntero, -a I. *adj* leading; **el equipo ~** the top team **II.** *m, f* leader

puntiagudo, -a *adj* (sharp-)pointed

puntilla *f* **1.** (*encaje*) lace (edging) **2.** (*del pie*) de **~s** on tiptoe; **ponerse de ~s** to stand on tiptoe

punto *m* **1.** (*general*) point; **~ de destino** destination; **~ de encuentro** meeting place; **~ de intersección** intersection; **~ muerto** AUTO neutral; **~ a tratar** item (on the agenda); **~ de venta** point of sale; **~ de vista** point of view; **en ~ a** with reference to; **en su ~** *fig* just right; **hasta cierto ~** up to a point; **hasta tal ~ que...** to such a degree that ...; **la una en ~** exactly one o'clock; **dar el ~ a algo** to get sth just right; **ganar por ~s** to win on points; **no hay ~ de comparación** there's no

P
p

comparison; **¿hasta qué ~?** how far?; **está a ~ de llover** it's about to rain; **¡y ~!** *inf* and that's that! **2.** TIPO full stop; INFOR dot; **~ y aparte** full stop, new paragraph; **~ y coma** semicolon; **dos ~s** LING colon; **~ final** full stop; **~ y seguido** full stop, new sentence; **~s suspensivos** suspension points; **con ~s y comas** *fig* very precise; **poner ~ final a algo** *fig* to bring sth to an end **3.** (*labor*) knitting; **chaqueta de ~** knitted jacket; **hacer ~** to knit **4.** (*puntada*) stitch; **~** (**de sutura**) stitch **5.** GASTR **en su ~** done; **batir a ~ de nieve** to beat until stiff **6.** (*preparado*) **a ~** ready; **poner a ~** TÉC to fine-tune; (*ajustar*) to adjust

puntuación *f* **1.** LING punctuation; **signo de ~** punctuation mark **2.** (*calificación*) mark *Brit*, grade *Am*; DEP score

puntual *adj* **1.** (*concreto*) specific **2.** (*exacto*) precise **3.** (*sin retraso*) punctual

puntualidad *f* punctuality

puntualizar <z→c> *vt* to specify

puntuar <*1. pres:* puntúo> *vt* **1.** (*un escrito*) to punctuate **2.** (*calificar*) to mark *Brit*, to grade *Am*

punzada *f* sharp pain

punzante *adj* **1.** (*puntiagudo*) sharp **2.** (*mordaz*) scathing

punzar <z→c> *vt* to prick

puñado *m* handful; **a ~s** by the handful

puñal *m* dagger

puñalada *f* stab; (*herida*) stab wound

puñetazo *m* punch

puño *m* **1.** (*mano*) fist; **~ cerrado** clenched fist; **como un ~** (*huevo, mentira*) enormous; (*casa, habitación*) tiny; **apretar los ~s** *fig* to struggle hard; **comerse los ~s** to be starving; **tener a alguien en un ~** to have sb under one's thumb **2.** (*puñado*) handful **3.** (*mango*) handle **4.** (*de la ropa*) cuff

pupila *f* pupil

pupitre *m* desk; **~ de control** control panel

puré *m* purée; **~ de patatas** mashed potatoes; **hacer ~** to purée

pureza *f* purity

purga *f* **1.** (*medicamento*) purgative **2.** (*eliminación*) purge

purgante *m* purgative

purgar <g→gu> *vt* to purge

purgatorio *m* purgatory

purificar <c→qu> *vt* to purify

puritano, -a *adj* puritanical

puro *m* cigar

puro, -a *adj* (*sin imperfecciones*) pure; (*auténtico*) authentic; **pura casualidad** sheer chance; **por pura cortesía** as a matter of courtesy; **de ~ miedo** from sheer terror; **la pura verdad** the honest truth

púrpura *f* purple

purpúreo, -a *adj* purple

pus *m sin pl* pus

pústula *f* pustule

puta *f vulg* whore; **hijo de ~** son of a bitch; **pasarlas ~s** to go through hell

putada *f vulg* **¡qué ~!** what a bloody nuisance!; **hacer una ~ a alguien** to play a dirty trick on sb

putrefacción *f* decay

pútrido, -a *adj* putrid

puzzle *m* jigsaw (puzzle)

PVP *m abr de* **Precio de Venta al Público** RRP

PYME *f abr de* **Pequeña y Mediana Empresa** SME

Q, q *f* Q, q; **~ de Quebec** Q for Queenie *Brit*, Q for Queen *Am*

que I. *pron rel* **1.** (*con antecedente: personas, cosas*) that, which (*often omitted when referring to object*); **la pelota ~ está pinchada** the ball that is punctured; **la pelota ~ compraste** the ball you bought; **la historia de ~ te hablé** the story I told you about; **reacciones a las ~ es-**

tamos **acostumbrados** reactions which we are accustomed to; **el proyecto en el ~ trabajo** the project that I am working on; **la empresa para la ~ trabajo** the company that I work for **2.** (con antecedente: personas) who, whom (often omitted when referring to the object); **la mujer que trabaja conmigo** the woman who works with me; **el rey al ~ sirvo** the king (whom) I serve **3.** (sin antecedente) **el/la/lo ~...** the one (that/who/which) ...; **los ~ hayan terminado** those who have finished; **el ~ quiera, ~ se marche** whoever wants to, can leave; **es de los ~...** he/she/it is the type that ...; **el ~ más y el ~ menos** every single one; **es todo lo ~ sé** that's all I know; **lo ~ haces** what you do; **no sabes lo difícil ~ es** you don't know how difficult it is **4.** (con preposición) **de lo ~ habláis** what you are talking about **II.** conj **1.** (completivo) that; **me pidió ~ le ayudara** he/she asked me to help him/her **2.** (estilo indirecto) that; **ha dicho ~...** he/she said that ... **3.** (comparativo) **más alto ~ tú...** taller than; **lo mismo ~ tú...** if I were you ... **4.** (porque) because; **le ayudaré, seguro, ~ se lo he prometido** I'll help him/her, of course, because I promised **5.** (para que) **dio órdenes a los trabajadores ~ trabajaran más rápido** he/she ordered the workers to work faster **6.** (de manera que) **corre ~ vuela** he/she runs like the wind **7.** (o, ya) **~ paguen, ~ no paguen, eso ya se verá** we'll see whether they pay or not **8.** (frecuentativo) **y él dale ~ dale con la guitarra** and he kept on playing and playing the guitar **9.** (explicativo) **hoy no vendré, es ~ estoy cansado** I'm not coming in today because I'm tired; **no es ~ no pueda, es ~ no quiero** it's not that I can't, it's that I don't want to **10.** (enfático) **¡~ sí/no!** yes/no!, I said "yes"/"no"!; **sí ~ lo hice** I did

do it! **11.** (de duda) **¿~ no está en casa?** are you saying he/she isn't at home? **12.** (exclamativo) **¡~ me canso!** I'm getting tired! **13.** (con verbo) **hay ~ trabajar más** you/we/they have to work harder; **tener ~ hacer algo** to have to do something; **dar ~ hablar** to set tongues wagging

qué adj, pron interrog **1.** (general) what; (cuál) which; (qué clase de) what kind of; **¿por ~?** why?; **¿en ~ piensas?** what are you thinking about?; **¿para ~?** what for?; **¿de ~ hablas?** what are you talking about?; **¿a ~ esperas?** what are you waiting for?; **¿~ día llega?** what day is he/she arriving?; **¿~ cerveza tomas?** what kind of beer do you drink?; **¿a ~ vienes?** what are you here for?; **¿~ edad tienes?** how old are you?; **según ~ gente no la soporto** some people I just can't stand **2.** (exclamativo) **¡~ alegría!** how nice!; **¡~ gracia!** how funny!; **¡~ suerte!** what luck! **3.** (cuán) **¡~ magnífica vista!** what a magnificent view!; **¡mira ~ contento está!** look how happy he is! **4.** (cuánto) **¡~ de gente!** what a lot of people! **5.** **¿~ tal?** how are you?; **¿~ tal si salimos a cenar?** how about going out to dinner?; **¿y ~?** so what?; **¿y a mí ~?** and what about me?; **¿~?** well?; **~, ¿vienes o no?** well, are you coming, or not?

quebrada f ravine

quebradizo, -a adj fragile

quebrado m fraction

quebrado, -a adj **1.** (empresa) bankrupt **2.** (terreno) rough

quebrantar vt to break

quebranto m **1.** (romper) breaking **2.** (pérdida) loss

quebrar <e→ie> **I.** vt to break **II.** vi to go bankrupt **III.** vr: **~se** to break; (herniarse) to rupture oneself

quechua I. adj Quechua **II.** mf Quechuan

? **Quechua** is the name given both to the original inhabitants of

Q_q

Perú as well as their language.
Quechua is the second official language of **Perú**.

quedar I. *vi* **1.** (*permanecer*) to remain; **los problemas quedan atrás** the problems are a thing of the past; **¿cuánta gente queda?** how many people are left? **2.** (*sobrar*) to be left; **no nos queda dinero/otro remedio** we have no money/alternative (left); **no queda pan** there's no bread left **3.** (*resultar, estar, faltar*) to be; ~ **cojo** to go lame; ~ **en ridículo** to make a fool of oneself; **todo quedó en una simple discusión** it ended up in a mere argument; **aún queda mucho por hacer** there's still a lot to do; **por mí que no quede** I'll do all that I can **4.** (*acordar*) ~ **en algo** to agree to sth; **¡en qué habéis quedado?** what have you decided?; **quedamos a las 10** we agreed to meet at 10; **¿quedamos a las 10?** shall we meet at 10? **5.** (*terminar*) to end **6.** (+ *por*) **algo queda por ver** sth remains to be seen **7.** (+ *bien/mal*) ~ **bien/mal** to come off well/badly **8.** (+ *como*) ~ **como un señor** to behave like a real gentleman; ~ **como un idiota** to look a fool **II.** *vr:* ~**se 1.** (*permanecer*) to stay; ~**se atrás** to stay behind; **durante la tormenta nos quedamos a oscuras** during the storm the lights went out **2.** (*resultar*) ~**se ciego** to go blind; ~**se viuda** to become a widow **3.** ~**se con algo** (*adquirir*) to take sth; (*conservar*) to keep sth; ~**se sin nada** to be left with nothing **4.** (*burlarse*) ~**se con alguien** to make fun of sb

quehacer *m* work; **los** ~**es de la casa** the housework

queja *f* complaint

quejarse *vr* **1.** (*formular queja*) ~ (**de algo**) to complain (about sth) **2.** (*gemir*) to moan

quejido *m* moan

quejoso, -a *adj* complaining; **estar** ~

de alguien to be annoyed at sb

quemado, -a *adj* burnt; *fig* (*agotado*) finished; **estar** ~ **con alguien** *inf* (*enfadado*) to have had it with sb

quemadura *f* burn

quemar I. *vi* to burn; (*estar caliente*) to be boiling hot **II.** *vt* to burn; (*completamente*) to burn down; *fig* (*fortuna*) to squander **III.** *vr:* ~**se** to burn; (*sunburn*) to get burnt

quemarropa disparar a ~ to shoot at very close range; **hacer preguntas a** ~ to ask pointblank

quemazón *f* sentir una ~ **en el estómago** to have a burning sensation in one's stomach

quepo *1. pres de* **caber**

querella *f* dispute

querellarse *vr* **1.** (*quejarse*) ~ (**por algo**) to complain (about sth) **2.** JUR to bring an action

querer *irr vt* **1.** (*desear*) to desire; (*más suave*) to want; **como tú quieras** as you like; **has ganado, ¿qué más quieres?** you win, what more do you want?; **lo hice sin** ~ I didn't mean to do it; **quisiera tener 20 años menos** I wish I were 20 years younger; **quiero que sepáis que…** I want you to know that …; **y yo, ¡qué quieres que le haga!** what do you expect me to do? **2.** (*amar*) to like; (*más fuerte*) to love **3.** (*pedir*) to require; (*necesitar*) to need

querido, -a I. *adj* dear **II.** *m, f* (*amante*) lover; (*vocativo*) darling

queso *m* cheese

quicio *m* hinge post; **sacar a alguien de** ~ to drive sb up the wall *inf*

quiebra *f* **1.** (*rotura*) break **2.** (*pérdida*) loss, breakdown; COM bankruptcy

quiebro *m* dodge

quien *pron rel* **1.** (*con antecedente*) who, that, whom (*often omitted when referring to object*); **el chico de** ~ **te hablé** that boy I told you about; **las chicas con** ~**es…** the girls with whom … **2.** (*sin antecedente*) that; **hay** ~ **dice que…** some people say that …; **no hay** ~ **lo aguante** nobody can stand him; ~

opine eso… whoever thinks so …; **~ más, ~ menos, todos tenemos problemas** everybody has problems

quién *pron interrog* who; **¿~ es?** (*llama*) who is it?; **¿~es son tus padres?** who are your parents?; **¿a ~ has visto?** who did you see?; **¿a ~ se lo has dado?** who did you give it to?; **¿~ eres tú para decirme esto?** who do you think you are telling me this?; **¿por ~ me tomas?** what do you take me for?; **¡~ tuviera 20 años!** If only I were 20!

quienquiera <quienesquiera> *pron indef* whoever; **~ que sea que pase** whoever it is, come in

quieto, -a *adj* still; **estar/quedarse ~** to keep/stand still

quietud *f* stillness

quijada *f* jaw(bone)

quilate *m* carat *Brit,* karat *Am*

quilla *f* keel

quimera *f* chimera *form*

química *f* chemistry

químico, -a I. *adj* chemical II. *m, f* chemist

quimioterapia *f* chemotherapy

quince I. *adj inv* fifteen; **dentro de ~ días** in a fortnight *Brit,* in fifteen days II. *m* fifteen; *v.t.* **ocho**

quincena *f* fortnight *Brit,* fifteen days

quincenal *adj* fortnightly *Brit,* twice-monthly

quincuagésimo, -a *adj* fiftieth; *v.t.* **octavo**

quiniela *f* sports pools *pl;* **jugar a las ~s** to do the pools

quinientos, -as *adj* five hundred; *v.t.* **ochocientos**

quinina *f* quinine

quinqui *mf inf* delinquent

quinteto *m* quintet

quinto *m* conscript, draftee *Am*

quinto, -a *adj* fifth; *v.t.* **octavo**

quiosco *m* **~ (de periódicos)** news-stand

quirófano *m* operating theatre *Brit* [*o* room *Am*]

quirúrgico, -a *adj* surgical

quiso *3. pret de* **querer**

quisquilloso, -a *adj* 1. (*susceptible*) touchy 2. (*meticuloso*) fussy

quiste *m* cyst

quitaesmalte *m* nail varnish remover

quitamanchas *m inv* stain remover

quitanieves *f inv* snowplough *Brit,* snowplow *Am*

quitar I. *vt* 1. (*separar, apartar*) to remove; (*tapa, ropa*) to take off; **~ la mesa** to clear the table; **de quita y pon** detachable 2. (*desposeer*) to take; (*robar*) to steal; **me lo has quitado de la boca** *fig* you took the words right out of my mouth 3. (*mancha*) to get out; (*obstáculo*) to remove; (*dolor*) to relieve 4. MAT to take away II. *vr:* **~se** to take off; (*barba*) to shave off; **~se de la bebida** to give up drinking; **~se la vida** to commit suicide; **~se de encima algo/a alguien** to get rid of sth/sb; **quítate de mi vista** get out of my sight

Quito *m* Quito

quizá(s) *adv* perhaps, maybe; **~ y sin ~** without a doubt

R

R, r *f* R, r; **~ de Ramón** R for Roger

rabadilla *f* coccyx

rábano *m* radish; **~ picante** [*o* **blanco**] horseradish

rabia *f* 1. MED rabies *pl* 2. (*furia*) rage; **¡qué ~!** how infuriating! 3. (*enfado, manía*) **tener ~ a alguien** (*enfado*) to be furious with sb; (*manía*) not to be able to stand sb; **me da ~ sólo pensarlo** just thinking about it makes me mad

rabiar *vi* 1. (*enfadarse*) to be furious; **hacer ~ a alguien** to infuriate sb 2. (*desear*) **~ por hacer algo** to be dying to do sth

rabieta *f* tantrum; **coger una ~** to throw a tantrum

rabino *m* rabbi

rabioso, -a *adj* **1.** (*hidrofóbico*) rabid **2.** (*furioso*) furious

rabo *m* tail

racha *f* **1.** (*de aire*) gust of wind **2.** (*fase*) series; **a** [*o por*] ~**s** in fits and starts; **tener buena/mala** ~ to have a good/bad run

racial *adj* racial; **disturbios** ~**es** race riots

racimo *m* bunch; ~ **de uvas** grapes *pl*

raciocinio *m* **1.** (*razón*) reason **2.** (*proceso mental*) reasoning

ración *f* portion; MIL ration; **una** ~ **de queso** a plate of cheese

racional *adj* rational

racionalizar <z→c> *vt* to rationalize

racionar *vt* to ration

racismo *m sin pl* racism

racista *adj, mf* racist

radar *m* radar

radiactividad *f* radioactivity

radiactivo, -a *adj* radioactive

radiador *m* radiator

radiante *adj* radiant; ~ **de alegría** radiant with joy

radical *adj* radical

radicar <c→qu> **I.** *vi* ~ **en algo** to lie in sth **II.** *vr:* ~**se** to settle

radio¹ *f* RADIO, TEL radio; **por la** ~ on the radio

radio² *m* **1.** MAT, ANAT radius **2.** (*en la rueda*) spoke **3.** (*ámbito*) range; (*esfera*) field; ~ **de acción** operational range; *fig* sphere of influence; ~ **de alcance** reach

radioaficionado, -a *m, f* radio ham

radiocasete *m o f* radio cassette recorder, boom box *Am*

radiodifusión *f* broadcasting

radioemisora *f* radio station

radiografía *f* X-ray

radiotaxi *m* radiocab

radioterapia *f* radiotherapy

radioyente *mf* listener

RAE *f abr de* **Real Academia Española** Spanish Royal Academy

[?] Since its inception in 1714, the **Real Academia Española (RAE)** has made the standardisation and purity of the Spanish language one of its objectives.

ráfaga *f* (*de aire*) gust; (*de lluvia*) squall; (*de luz*) flas; (*de disparos*) burst

raído, -a *adj* worn-out

raigambre *f* roots *pl*

raíz *f* root; ~ **cuadrada/cúbica** square/cube root; **a** ~ **de** because of; **de** ~ completely; **arrancar de** ~ to destroy; **extraer la** ~ to calculate the root; **tener su** ~ **en algo** to be due to sth

raja *f* **1.** (*grieta*) crack; (*hendedura*) split **2.** (*rodaja*) slice

rajar I. *vt* **1.** (*cortar*) to cut; (*hender*) to split **2.** *inf* (*apuñalar*) to knife **II.** *vr:* ~**se 1.** (*abrirse*) to split open; (*agrietarse*) to crack **2.** *inf* (*echarse atrás*) to back out

rajatabla a ~ (*estrictamente*) strictly; (*exactamente*) to the letter

rallador *m* grater

rallar *vt* (*fino*) to grate; (*menos fino*) to shred

ralo, -a *adj* (*árboles*) sparse; (*cabello*) thin

rama *f* branch; (*sector*) sector; **andarse** [*o irse*] **por las** ~**s** to beat about the bush

ramaje *m* branches

ramal *m* **1.** (*cabo*) strand **2.** (*ramificación*) branch; FERRO branch line

rambla *f* boulevard

ramera *f pey* whore

ramificación *f* ramification

ramificarse <c→qu> *vr* to branch out

ramillete *m* bouquet

ramo *m* **1.** (*de flores*) bunch **2.** (*de un árbol*) (small) branch; **Domingo de Ramos** Palm Sunday **3.** (*sector*) sector

rampa *f* ramp; **en** ~ sloping

ramplón, -ona *adj* coarse

rana *f* frog; **hombre** ~ frogman; **salir** ~ **a alguien** *inf* to be a disappointment to sb

ranchero, -a *m, f* rancher

rancho *m* **1.**(*comida*) food **2.**(*gran-ja*) ranch

rancio, -a *adj* **1.**(*grasas*) rancid **2.**(*antiguo*) ancient

rango *m* rank; **de** (**alto**) ~ high-rank-ing; **de primer** ~ first-level

ranura *f* groove; (*fisura*) slot

raparse *vr* ~ **el pelo** (*afeitar*) to shave one's head; (*cortar*) to have one's hair cut very short

rapaz *adj, f*(*ave*) ~ bird of prey

rapaz(**a**) *m(f)* kid; (*niño*) boy, lad *Brit*; (*niña*) girl, lass *Brit*

rape *m* **1.**ZOOL monkfish **2.** *inf* **al** ~ (*pelo*) closely cropped

rapé *m* snuff; **polvos de** ~ snuff powder

rapidez *f* speed; **con** (**gran**) ~ (very) quickly

rápido *m* **1.**(*tren*) express **2.** *pl* (*de un río*) rapids *pl*

rápido, -a *adj* **1.**(*veloz*) fast **2.**(*breve*) quick

rapiña *f* robbery; (*saqueo*) pillage

raptar *vt* to kidnap

rapto *m* **1.**(*secuestro*) kidnapping **2.**(*arrebato*) fit

raqueta *f* racket

raquítico, -a *adj* **1.**(*débil*) weak **2.**(*insuficiente*) measly

raquitismo *m sin pl* rickets *pl*

rareza *f* rarity; (*curiosidad*) strange-ness; (*peculiaridad*) peculiarity; (*manía*) eccentricity

raro, -a *adj* **1.**(*extraño, inesperado*) strange **2.**(*inusual*) unusual; (*poco común*) rare; **raras personas** few people; **rara vez** rarely; **no es** ~ **que...** +*subj* it's not surprising that ...

ras *m* level; **al** ~ level; **a**(**l**) ~ **de** on a level with; **a** ~ **de agua** at water level; **volar a** ~ **de suelo** to hedge-hop

rasar *vt* **1.**(*igualar*) to level **2.**(*rozar*) to skim

rascacielos *m inv* skyscraper

rascar <c→qu> **I.** *vt* to scrape; (*con las uñas*) to scratch **II.** *vr:* ~**se** to scratch

rasgar <g→gu> *vt, vr:* ~**se** to tear

rasgo *m* **1.**(*del rostro*) feature; (*del*

carácter) trait **2.**(*trazo*) stroke; **a grandes** ~**s** in outline

raspado *m* MED scrape

raspadura *f* scraping; (*arrañar*) scratching

raspar **I.** *vi* to be rough **II.** *vt* to scrape; (*arrañar*) to scratch

rastra *f* rake; **ir a** ~**s** *inf* to drag along behind; **llevar a alguien a** ~**s** to drag sb along

rastrear *vt* **1.**(*seguir*) to track **2.**(*in-vestigar*) ~ **algo** to make inquiries about sth

rastrero, -a *adj* **1.**(*por el suelo*) creeping; **planta rastrera** creeper **2.** *pey* (*despreciable*) despicable

rastrillar *vt* to rake

rastrillo *m* **1.**(*herramienta*) rake **2.**(*mercadillo*) flea market

rastro *m* **1.**(*indicio, pista*) trace; **sin dejar** (**ni**) ~ without trace; **seguir el** ~ **a** [*o* **de**] **alguien** to follow sb's trail **2.**(*mercadillo*) flea market **3.**(*herra-mienta*) rake

rastrojo *m* stubble

rasurar *vt, vr:* ~**se** to shave

rata *f* rat

ratear *vt inf* to nick

ratero, -a *m, f* petty thief

ratificar <c→qu> *vt* **1.**JUR, POL to ratify **2.**(*confirmar*) to confirm

rato *m* while; **un buen** ~ for quite a time; **a cada** ~ all the time; **un** ~ (**largo**) *inf* a lot; **en un** ~ **perdido** in a quiet moment; **al** (**poco**) ~ shortly after; **todo el** ~ the whole time; **a** ~**s** from time to time; **de** ~ **en** ~ from time to time; **hacer pasar un mal** ~ **a alguien** to give sb a rough time; **pasar un buen/mal** ~ to have a good/bad time; **pasar el** ~ to pass the time; **tener para** ~ to have lots to do; **¡hasta otro** ~! see you later!; **aún hay para** ~ there's still plenty left to do

ratón *m t.* INFOR mouse

ratonera *f* **1.**(*trampa*) mousetrap **2.**(*agujero*) mousehole

raudal *m* torrent; **por la ventana entra la luz a** ~**es** the light came flooding through the window

raya *f* line; (*guión*) dash; (*del pelo*)

R
r

parting *Brit,* part *Am;* **a ~s** (*paper*) lined; (*shirt*) striped; **pasarse de la ~** *inf* to go too far; **tener a alguien a ~** *inf* to keep sb in place

rayar I. *vi* **~ con algo** to border on sth II. *vt* to scratch III. *vr:* **~se** to get scratched

rayo *m* **1.** (*de luz, radiación*) ray; **~ láser** laser beam; **~s X** X-rays *pl* **2.** (*relámpago*) (bolt of)lightning; **como un ~** in a flash

raza *f* race; **de ~** (*perro*) pedigree; (*caballo*) thoroughbred

razón I. *f* **1.** (*discernimiento, motivo*) reason; **~ de ser** raison d'être; **la ~ por la que ...** the reason why ...; **por ~ de** algo due to sth; **por razones de seguridad** for security reasons; **entrar en ~** to come to one's senses **2.** (*acierto*) **dar la ~ a alguien** to agree with sb; **llevar la ~** to be right; **tener (mucha) ~** to be (absolutely) right; **en eso (no) tienes ~** you are (not) right about that; **¡con (mucha) ~!** quite rightly! II. *prep* **~ de** (*en cuanto a*) as far as; (*a causa de*) because of

razonable *adj* reasonable

razonamiento *m* reasoning

razonar *vi* to reason

RDSI *f abr de* **Red Digital de Servicios Integrados** ISDN

re *m* D

reacción *f* reaction; **~ en cadena** chain reaction; **~ excesiva** overreaction

reaccionar *vi* **1.** (*ante un estímulo*) **~ a** [*o* **ante**] **algo** to react to sth **2.** (*responder*) **~ a algo** to respond to sth

reaccionario, -a *adj* reactionary

reacio, -a *adj* reluctant; **ser ~ a hacer algo** to be reluctant to do sth

reactivar *vt* to reactivate; ECON to revive

reactor *m* **1.** FÍS reactor **2.** (*avión*) jet

readaptación *f* **~ profesional** professional retraining

readmitir *vt* to readmit

reajuste *m* readjustment; (*reorganización*) reorganization

real *adj* **1.** (*verdadero*) real; **basado en hechos ~es** based on a true story **2.** (*del rey*) royal

realce *m* **dar ~ a algo** to highlight sth

realidad *f* reality; (*verdad*) truth; **en ~** in fact; **hacer algo ~** to make sth come true; **hacerse ~** to happen; (*cumplirse*) to come true

realismo *m sin pl* realism

realista *adj* realistic

realización *f* **1.** (*ejecución*) execution **2.** (*materialización*) realization; (*cumplimiento*) fulfilment *Brit,* fulfillment *Am* **3.** CINE production

realizador(a) *m(f)* producer

realizar <z→c> I. *vt* **1.** (*efectuar*) to carry out; (*hacer*) to make **2.** (*hacer realidad*) to make real; (*sueños*) to fulfil *Brit,* to fulfill *Am* **3.** CINE, TV to produce II. *vr:* **~se** to come true

realmente *adv* really; (*de hecho*) in fact

realquilar *vt* to sublet

realzar <z→c> *vt* (*acentuar*) to bring out; (*subrayar*) to highlight

reanimar I. *vt* **1.** (*reavivar*) to revive **2.** (*animar*) to liven up **3.** MED to resuscitate II. *vr:* **~se 1.** MED to regain consciousness **2.** (*animarse*) to liven up

reanudar *vt* to resume

reaparición *f* reappearance; TEAT, CINE comeback

rearme *m* rearmament

reavivar *vt, vr:* **~se** to revive

rebaja *f* **1.** (*oferta*) sale; **estar de ~s** to have a sale on **2.** (*descuento*) discount; (*reducción*) reduction

rebajar *vt* **1.** (*reducir, abaratar*) to reduce **2.** (*humillar*) to put down **3.** (*mitigar*) to soften **4.** (*una bebida*) to dilute

rebanada *f* slice

rebañar *vt* **~ el plato** to wipe the plate clean

rebaño *m* herd

rebasar *vt* to exceed; **~ el límite** *fig* to overstep the mark

rebatir *vt* **1.** (*refutar*) to refute; (*rechazar*) to reject **2.** (*repeler*) to repel

rebeca *f* cardigan

rebelarse *vr* to rebel

rebelde I. *adj* **1.** (*indócil*) unruly; (*difícil*) troublesome **2.** (*insurrecto*) rebellious **II.** *mf* rebel

rebeldía *f* rebelliousness

rebelión *f* rebellion

reblandecer *irr como crecer vt, vr:* ~**se** to soften

rebobinar *vt* to rewind

rebosante *adj* overflowing; ~ **de alegría** brimming with hapiness; ~ **de salud** glowing with health

rebosar *vi* **1.** (*desbordar*) to overflow **2.** (*tener mucho*) ~ **de algo** to be brimming with sth

rebotar *vi* to bounce

rebote *m* rebound; **de** ~ on the rebound

rebozar <z→c> *vt* (*con pan rallado*) to coat with breadcrumbs; (*con masa*) to coat with batter

rebuscado, -a *adj* pedantic; (*estilo*) contrived

rebuscar <c→qu> *vi* to search thoroughly

rebuznar *vi* to bray

recabar *vt* to manage to obtain

recado *m* **1.** (*mensaje*) message **2.** (*encargo*) errand

recaer *irr como caer vi* **1.** (*enfermedad*) to relapse **2.** (*delito*) to reoffend; ~ **en el mismo error una y otra vez** to repeat the same mistake again and again; ~ **en la bebida** to start drinking again **3.** ~ **en alguien** (*culpa*) to fall on sb; (*herencia*) to fall to sb

recaída *f* relapse

recalcar <c→qu> *vt* to stress

recalcitrante *adj* recalcitrant

recalentamiento *m* ~ **global** global warming

recalentar <e→ie> **I.** *vt* **1.** (*comida*) to reheat **2.** (*aparato*) to overheat **II.** *vr:* ~**se** (*motor*) to overheat

recámara *f* **1.** (*para ropa*) dressing room **2.** (*arma*) chamber

recambio *m* spare (part); (*envase*) refill

recapacitar I. *vt* to consider **II.** *vi* to think things over

recapitular *vt* to summarize, to sum up

recargable *adj* (*pila*) rechargeable

recargado, -a *adj* overelaborate

recargar <g→gu> *vt* **1.** (*pila*) to recharge **2.** (*decorar*) to overdecorate **3.** (*impuesto*) to increase **4.** (*carga*) to overload; ~ **a alguien de trabajo** to overload sb with work

recargo *m* (*aumento*) increase; (*sobreprecio*) surcharge; **llamada sin** ~ freephone call *Brit*, toll-free call *Am*

recatado, -a *adj* **1.** (*decoroso*) decent; (*modesto*) modest **2.** (*cauto*) cautious

recato *m* **1.** (*decoro*) decency; (*pudor*) modesty **2.** (*cautela*) caution

recauchutado *adj* neumático ~ retread

recaudación *f* (*cobro*) collection; (*cantidad*) takings *pl*

recaudar *vt* to collect

recelar I. *vt* to fear **II.** *vi* to be suspicious; **recelo de mi secretaria** I don't trust my secretary

recelo *m* mistrust; **mirar algo con** ~ to be suspicious of sth

receloso, -a *adj* distrustful; **estar** ~ **de alguien** to be suspicious of sb; **ponerse** ~ to become suspicious

recepción *f* reception

recepcionista *mf* receptionist

receptáculo *m* receptacle

receptivo, -a *adj* receptive

receptor *m* receiver; ~ **de televisión** TV set

receptor(a) *m(f)* recipient, receiver

recesión *f* recession

receta *f* **1.** GASTR *t. fig* recipe **2.** MED prescription; **con** ~ **médica** on prescription; **venta con** ~ available on prescription

recetar *vt* to prescribe

rechazar <z→c> *vt* **1.** (*no aceptar*) to reject; (*denegar, no tolerar*) to refuse; ~ **las acusaciones** to deny the accusations **2.** (*ataque*) to repel, to push back

rechazo *m* rejection; (*denegación*) refusal

rechinar *vi* to squeak; (*puerta*) to creak; (*dientes*) to grind

R

rechistar *vi* to grumble; **sin** ~ without complaining

rechoncho, -a *adj inf* tubby

rechupete de ~ delicious

recibidor *m* entry (hall)

recibimiento *m* welcome

recibir *vt* to receive; (*personas*) to welcome

recibo *m* receipt; (*de la luz, del agua*) bill; **acusar** ~ to acknowledge receipt

reciclaje *m* **1.** TÉC recycling **2.** ENS **curso de** ~ refresher course; ~ **profesional** professional retraining

reciclar *vt* **1.** TÉC to recycle **2.** ENS to retrain

recién *adv* recently; **los** ~ **casados** the newly weds; ~ **cocido/pintado** freshly cooked/painted; **el** ~ **nacido** the newborn baby

reciente *adj* **1.** (*nuevo*) new; (*fresco*) fresh **2.** (*que acaba de suceder*) recent; **un libro de** ~ **publicación** a book which has recently been published

recientemente *adv* recently

recinto *m* enclosure; ~ **universitario** university campus

recio, -a **I.** *adj* strong **II.** *adv* (*hablar*) loudly; (*llover*) heavily

recipiente *m* container; (*de vidrio, barro*) vessel

reciprocidad *f* reciprocity

recíproco, -a *adj* reciprocal; **... y a la recíproca** ...and vice versa

recital *m* MÚS concert, recital; LIT reading

recitar *vt* to recite

reclamación *f* **1.** (*recurso*) protest; (*queja*) complaint **2.** (*exigencia*) claim; (*de deuda*) demand

reclamar **I.** *vi* (*protestar*) to protest; ~ (**por algo**) (*quejarse*) to complain (about sth) **II.** *vt* to claim; (*una deuda*) to demand; **nos reclaman el dinero que nos prestaron** they want us to repay the money which they lent us; **el terrorista es reclamado por la justicia sueca a Italia** the Swedish courts have asked Italy to hand over the terrorist

reclamo *m* **1.** (*caza, utensilio*) decoy; (*grito*) decoy call **2.** COM advert(isement)

reclinar **I.** *vt* to lean **II.** *vr:* ~**se** to lean back

recluir *irr como huir* **I.** *vt* (*cárcel*) to imprison; (*hospital*) to confine **II.** *vr:* ~**se** to shut oneself away

reclusión *f* **1.** JUR imprisonment **2.** (*aislamiento*) seclusion

recluta *mf* (*voluntario*) recruit; (*obligado*) conscript, draftee *Am*

reclutamiento *m* recruiting

recobrar *vt, vr:* ~**se** to recover; ~ **las fuerzas** to regain one's strength; ~ **las pérdidas** to make good one's losses; ~ **el sentido** to regain consciousness; ~ **la vista** to regain one's sight

recodo *m* bend

recoger <g→j> **I.** *vt* **1.** (*buscar*) to collect; **te voy a** ~ **a la estación** I'll meet you at the station **2.** (*coger*) to collect; (*ordenar*) to tidy; (*guardar*) to put away; ~ (**del suelo**) to pick up (from the floor) **3.** (*juntar*) to gather together **4.** (*cosecha*) to gather; ~ **el fruto de su trabajo** to reap the fruits of one's labour **5.** (*acoger*) to take in **6.** (*cabello*) to gather up **II.** *vr:* ~**se** (*a casa*) to go home; (*a la cama*) to go to bed

recogida *f* collection; ~ **de equipajes** baggage reclaim *Brit*, baggage claim *Am*

recogido, -a *adj* **1.** (*acogedor*) welcoming **2.** (*retirado*) secluded

recolección *f* harvest; (*periodo*) harvest time

recomendación *f* recommendation; **por** ~ **de mi médico** on my doctor's advice

recomendar <e→ie> *vt* recommend; (*aconsejar*) to advise

recompensa *f* reward; **en** ~ as a reward

recompensar *vt* **1.** (*por un servicio*) ~ (**a alguien por algo**) to reward sb (for sth) **2.** (*de daño*) to compensate; **fue recompensado por sus gastos** his/her expenses were paid

recomponer *irr como poner* *vt* to repair

reconciliación *f* reconciliation
reconciliar I. *vt* to reconcile II. *vr:* ~**se** to be reconciled
recóndito, -a *adj* hidden; **en lo más** ~ **del bosque** in the depths of the forest; **en lo más** ~ **de mi corazón** in my heart of hearts
reconfortar *vt* to comfort
reconocer *irr como crecer vt* 1.(*identificar*) *t.* POL to recognize 2.(*admitir*) to accept; (*un error*) to acknowledge; ~ **a alguien como hijo** to recognize sb as one's son
reconocido, -a *adj* 1.(*agradecido*) grateful 2.(*aceptado*) recognized
reconocimiento *m* 1. POL, JUR recognition 2. MED examination 3.(*gratitud*) gratefulness; **en** ~ **de mi labor** in recognition of my work
reconquista *f* reconquest

---

reconstituyente *m* reconstituent
reconstruir *irr como huir vt* 1.(*reedificar*) to rebuild 2.(*componer*) to reconstruct
recopilación *f* compilation
recopilar *vt* to compile
récord <récords> *m* record
recordar <o→ue> I. *vi, vt* 1.(*acordarse*) to remember 2.(*traer a la memoria, semejar*) to remind; **recuérdale que me traiga el libro** remind him/her to bring me the book; **este paisaje me recuerda (a) la Toscana** this landscape reminds me of Tuscany; **si mal no recuerdo** if I remember correctly II. *vr:* ~**se** to re-

member
recordatorio *m* 1.(*comunión*) communion card; (*fallecimiento*) card which commemorates sb's death 2.(*advertencia*) reminder
recorrer *vt* 1.(*atravesar*) to cross; (*viajar por*) to travel around 2.(*trayecto*) to travel; **recorrimos tres kilómetros a pie** we walked three kilometres
recortado, -a *adj* (*hoja*) uneven; (*costa*) rugged
recortar *vt* (*figuras*) to cut out; (*barba, uñas*) to trim; (*quitar*) to cut off
recorte *m* 1.(*periódico*) cutting 2. *pl* (*cortaduras*) cuttings *pl;* ~**s de tela** scraps of cloth
recostar <o→ue> I. *vt* 1.(*apoyar*) to rest 2.(*inclinar*) ~ **algo contra/en algo** to lean sth on sth II. *vr:* ~**se** 1.(*inclinarse*) ~**se contra/en algo** to lean on sth 2.(*tumbarse*) to lie down
recoveco *m* bend
recreación *f* recreation
recrear I. *vt* 1.(*reproducir*) to reproduce 2.(*divertir*) to entertain II. *vr:* ~**se** to entertain oneself; **se recrea contemplando cuadros** he/she enjoys looking at pictures
recreativo, -a *adj* recreational; (*salón de juegos*) ~**s** amusement arcade
recreo *m* 1.(*recreación*) recreation; **de** ~ recreational; **casa de** ~ holiday home 2.(*en el colegio*) break, recess *Am*
recriminar *vt* to reproach
recrudecer *irr como crecer vi, vr:* ~**se** to worsen; (*conflicto*) to intensify
recta *f* straight; **entrar en la** ~ **final** *t.* DEP to enter the final straight
rectangular *adj* rectangular
rectángulo *m* rectangle
rectángulo, -a *adj* rectangular
rectificar <c→qu> *vt* 1.(*corregir*) to correct 2.(*carretera*) to straighten
rectitud *f* uprightness
recto *m* rectum
recto, -a *adj* 1.(*forma*) straight;

R **r**

ángulo ~ right angle **2.** (*honrado*) upright

rector(a) I. *adj* principal; (*responsable*) governing **II.** *m(f)* ENS, REL rector; UNIV vice-chancellor *Brit*, president *Am*

recuadro *m* box

recubrir *irr como* abrir *vt* to cover

recuento *m* count; **hacer el** ~ **de votos** to count the votes

recuerdo *m* **1.** (*evocación*) memory; **en** [*o* **como**] ~ **de nuestro encuentro** in memory of our meeting; **tener un buen** ~ **de algo** to have good memories of sth **2.** (*de un viaje*) souvenir **3.** *pl* (*saludos*) regards *pl;* **dales muchos** ~**s de mi parte** send them my regards; **María te manda muchos** ~**s** María sends you her regards

recular *vi inf* to back down

recuperación *f* recovery; ~ **de datos** INFOR data retrieval; **exámen de** ~ ENS re-sit (exam)

recuperar I. *vt* **1.** (*recobrar*) to recover **2.** (*tiempo*) to make up **3.** ENS to pass (*a re-sit*)*;* **no recuperé la física en el examen de septiembre** I failed my physics re-sit **II.** *vr:* ~**se** to recover

recurrir *vi* **1.** JUR to appeal **2.** (*acudir*) ~ **a alguien** to turn to sb; ~ **a algo** to resort to sth; ~ **a la justicia** to turn to the law; **si no me pagas** ~**é a un abogado** if you don't pay me I'm going to see a lawyer

recurso *m* **1.** JUR appeal; ~ **de apelación** appeal **2.** (*remedio*) solution; **no me queda otro** ~ **que...** I have no alternative but ...; **como último** ~ as a last resort **3.** *pl* (*bienes*) means *pl* **4.** *pl* (*reservas*) resources *pl*

recusar *vt* to reject; JUR to challenge

red *f* **1.** (*malla*) net; **caer en la** ~ *fig* to fall into the trap **2.** (*sistema*) network; ~ **vial** road network **3.** ELEC mains *pl Brit*, power lines *pl*

redacción *f* **1.** ENS writing; **hacer una** ~ **sobre el mar** to write a composition on the sea **2.** PREN editing

redactar *vt* to write; (*documento*) to edit; (*testamento*) to draw up

redactor(a) *m(f)* writer; PREN editor

redada *f* raid

redención *f* redemption

redentor(a) *m(f)* redeemer

redicho, -a *adj inf* pretentious

redil *m* fold

redimir *vt* to redeem

rédito *m* yield, revenue

redoblar *vt* to intensify

redomado, -a *adj* **1.** (*astuto*) sly **2.** (*total*) utter

redonda *f* **en tres kilómetros a la** ~ for three kilometres in all directions

redondear *vt* to round off; ~ **por defecto/por exceso** to round up/down

redondel *m* circle

redondo, -a *adj* (*circular*) round; (*redondeado*) rounded; **caer** ~ (*derrumbarse*) to fall flat; (*quedarse mudo*) to be struck dumb; **negarse en** ~ to flatly refuse

reducción *f* reduction

reducido, -a *adj* (*pequeño*) small

reducir *irr como* traducir **I.** *vt* to reduce; (*someter*) to subdue **II.** *vr* ~**se a algo** to come down to sth

redundancia *f* redundancy

reedición *f* reissue

reeditar *vt* to republish

reelección *f* re-election

reelegir *irr como* elegir *vt* to re-elect

reembolsar *vt* to repay, to reimburse

reembolso *m* repayment; **enviar algo contra** ~ to send sth cash on delivery

reemplazar <z→c> *vt* to replace

reemplazo *m* replacement

reencuentro *m* reunion

reenganchar *vt, vr:* ~**se** to re-enlist

reestreno *m* rerun

reestructurar *vt* to restructure

referencia *f* reference; **hacer una pequeña** ~ **a alguien** to make a slight reference to sb; **hacer una** ~ **a algo** to refer to sth

referéndum <referéndums> *m* referendum

referente *adj* ~ **a algo** regarding sth; (**en lo**) ~ **a su queja** with regard to your complaint

referir *irr como sentir* **I.** *vt* **1.** (*relatar*) to recount **2.** (*remitir*) to refer **II.** *vr* ~**se a algo/alguien** to refer to sth/sb; **en** [*o por*] **lo que se refiere a nuestras relaciones** with regard to our relationship

refilón mirar de ~ **a alguien** to look sideways at sb

refinado, -a *adj* refined

refinamiento *m* refinement

refinar *vt* to refine

refinería *f* refinery

reflejar *vi, vt* to reflect

reflejo *m* **1.** (*luz, imagen*) reflection **2.** MED, PSICO reflex; **para ello hay que ser rápido de** ~**s** you need fast reflexes for that

reflejo, -a *adj* **movimiento** ~ reflex

reflexión *f* reflection

reflexionar *vi, vt* to reflect; **reflexiona bien antes de dar ese paso** think carefully before doing that

reflexivo, -a *adj* **1.** (*sensato*) thoughtful **2.** LING reflexive

reflujo *m* ebb

reforma *f* **1.** (*mejora, modificación*) reform **2.** (*renovación*) renovation; **hacer una** ~ **en el cuarto de baño** to have one's bathroom refurbished

reformar **I.** *vt* **1.** (*mejorar, modificar*) to reform; ~ **su conducta** to change one's ways **2.** (*renovar*) to renovate **II.** *vr:* ~**se** to mend one's ways

reformatorio *m* reformatory; ~ **para delincuentes juveniles** borstal *Brit*

reformista *adj, mf* reformist

reforzar *irr como forzar vt* **1.** (*fortalecer*) to reinforce; (*con vigas*) to strengthen **2.** (*animar*) to encourage

refractario, -a *adj* **1.** QUÍM, FÍS heat-resistant **2.** (*opuesto*) **ser** ~ **a algo** to be opposed to sth

refrán *m* saying, proverb

refregar *irr como fregar vt* to rub; (*con un cepillo, estropajo*) to scrub

refrenar **I.** *vt* to check **II.** *vr:* ~**se** to restrain oneself

refrendar *vt* to approve

refrescante *adj* refreshing

refrescar **I.** *vt* to refresh; (*cosas olvidadas*) to brush up; (*sentimiento*) to revive; ~ **la memoria** to refresh one's memory; **el baño me ha refrescado** the bath has revived me **II.** *vi* to cool down **III.** *vr:* ~**se** to cool down; (*beber*) to have a refreshing drink; (*reponerse*) to freshen up; **el día se ha refrescado** the weather has become cooler **IV.** *vimpers* to get cooler

refresco *m* soft drink

refriega *f* MIL skirmish; *inf* (*pelea*) scuffle; (*violenta*) brawl

refrigeración *f* refrigeration; (*de una habitación*) air conditioning; ~ **por aire/agua** air/water-cooling

refrigerador *m,* **refrigeradora** *f* Perú refrigerator

refrigerar *vt* to refrigerate; (*una habitación*) to air-condition

refuerzo *m* reinforcement

refugiado, -a *m, f* refugee

refugiarse *vr* (*en un lugar*) to take refuge; ~ **en la bebida** to turn to drink; ~ **en una mentira** to hide behind a lie

refugio *m* refuge; *t.* MIL (*construcción*) shelter; ~ (**montañero**) mountain shelter

refulgir <g→j> *vi* to shine

refunfuñar *vi* to grumble

refutar *vt* to refute

regadera *f* watering can; **estar como una** ~ *inf* to be as mad as a hatter

regadío *m* irrigation; **de** ~ irrigated

regalado, -a *adj* very cheap; **a este precio el vestido es** ~ at this price they are practically giving the dress away

regalar *vt* to give; **en esta tienda regalan la fruta** *fig* in this shop the fruit is dirt-cheap

regalía *f* privilege; (*del Estado, la Corona*) prerogative

regaliz *m* liquorice *Brit,* licorice *Am*

regalo *m* **1.** (*obsequio*) present, gift; **a este precio el coche es un** ~ at this price the car is a steal **2.** (*gusto*) pleasure; **un** ~ **para la vista** a sight for sore eyes

R
r

regañadientes a ~ reluctantly, grudgingly

regañar I. *vt inf* to scold II. *vi* to argue; (*dejar de tener trato*) to fall out; **ha regañado con su novio** (*reñir*) she has had a fight with her boyfriend; (*separarse*) she has split up with her boyfriend

regañón, -ona *adj* grumpy

regar *irr como fregar vt* **1.** (*una planta, el jardín*) to water; (*las calles*) to hose down; AGR to irrigate **2.** (*con un líquido*) to wet; (*con algo menudo*) to sprinkle; ~ **el suelo con arena** to sprinkle sand on the ground

regatear I. *vi* **1.** (*mercadear*) to haggle **2.** (*con el balón*) to dribble II. *vt* to haggle over

regateo *m sin pl* **1.** (*negociar*) haggling **2.** DEP dribbling

regazo *m* lap

regencia *f* regency

regeneración *f* regeneration

regenerar *vt, vr:* ~**se** to regenerate

regentar *vt* **1.** (*dirigir*) to manage **2.** (*ejercer*) to hold

regente *mf* **1.** (*que gobierna*) regent **2.** (*que dirige*) director; (*un negocio*) manager

régimen *m* <regímenes> **1.** (*sistema*) system; (*reglamentos*) regulations *pl* **2.** POL government **3.** (*dieta*) diet; **estar a** ~ to be on a diet; **poner a alguien a** ~ to put sb on a diet

regimiento *m* regiment

regio, -a *adj* royal

región *f* **1.** (*territorio*) region **2.** (*espacio*) area; (*del cuerpo*) region

regional *adj* regional

regir *irr como elegir* I. *vt* **1.** (*gobernar*) to govern; (*dirigir*) to direct **2.** (*ley*) to govern **3.** LING to take II. *vi* **1.** (*tener validez*) to apply **2.** *inf* (*estar cuerdo*) ¡**tú no riges!** you're out of your mind!

registrador(a) *m(f)* registrar

registrar I. *vt* **1.** (*examinar*) to search **2.** (*inscribir*) to register (*anotar*) to record **3.** (*señalar, grabar*) to record II. *vr:* ~**se 1.** (*inscribirse*) to register **2.** (*observarse*) to be re-ported

registro *m* **1.** (*inspección*) search; ~ **de la casa** house search **2.** (*con un instrumento*) measurement; (*grabación*) recording **3.** (*inscripción*) registration (*anotación*) recording **4.** (*nota*) note; (*protocolo*) record; (*libro*) register; (*lista*) list; ~ **de inventario** inventory **5.** (*oficina, archivo*) registry; ~ **civil** registry office; ~ **de la propiedad** land registry

regla *f* **1.** (*instrumento*) ruler; ~ **de cálculo** slide rule **2.** (*norma*) rule; ~**s de exportación** export regulations; **por** ~ **general** as a rule; **estar en** ~ to be in order; **salir de la** ~ to go too far; **por qué** ~ **de tres...** *inf* why on earth ...; **la excepción confirma la** ~ *prov* the exception confirms the rule *prov* **3.** MAT **las cuatro** ~**s** addition, subtraction, multiplication and division **4.** (*menstruación*) period; **está con la** ~ she has her period

reglamentación *f* **1.** (*acción*) regulation **2.** (*reglas*) rules *pl*

reglamentar *vt* to regulate

reglamentario, -a *adj* **1.** (*relativo al reglamento*) regulatory **2.** (*conforme al reglamento*) regulation

reglamento *m* rules *pl*; (*de una organización*) regulations *pl*; ~ **de tráfico** traffic regulations

reglar *vt* to regulate

regocijar I. *vr:* ~**se 1.** (*alegrarse*) ~**se con algo** to delight in sth **2.** (*divertirse*) to amuse oneself II. *vt* to delight

regocijo *m* (*alegría*) delight; (*diversión*) pleasure

regodearse *vr* ~ **con** [*o* **en**] **algo** (*gozar*) to enjoy sth; (*alegrarse*) to delight in sth

regodeo *m* pleasure

regresar *vi, vr:* ~**se** to return, to go back

regresivo, -a *adj* regressive

regreso *m* (*vuelta*) return; (*viaje de*) ~ return journey; **estar de** ~ to have returned

reguero *m* trail

regulación *f* regulation; (*ajustación*)

adjustment; **de ~ automática** self--regulating

regulador *m* regulator; (*mecanismo*) control knob

regular I. *vt* to regulate; (*ajustar*) to adjust II. *adj* regular; (*mediano*) average; **de tamaño ~** normal size; **por lo ~** as a rule III. *adv* so-so

regularidad *f* regularity; **con ~** regularly

regularizar <z→c> *vt* to regularize

regusto *m* aftertaste

rehabilitación *f* rehabilitation

rehabilitar I. *vt* to rehabilitate II. *vr:* **~se** to be rehabilitated

rehacer *irr como hacer* I. *vt* 1. (*volver a hacer*) to redo; **~ una carta** to rewrite a letter 2. (*reconstruir*) to rebuild; (*reparar*) to repair; **~ su vida con alguien** to rebuild one's life with sb II. *vr:* **~se** to recover one's strength

rehén *m* hostage

rehogar <g→gu> *vt* to sauté

rehuir *irr como huir* *vt* to avoid; **~ una obligación** to shirk an obligation

rehusar *vt* to refuse; (*una reclamación*) to reject; **~ una invitación** to decline an invitation

reina *f* queen; *inf* (*cariño*) darling

reinado *m* reign

reinar *vi* 1. (*gobernar*) to reign 2. (*dominar*) to prevail

reincidir *vi* **~ en algo** to relapse into sth; **~ en un delito** to reoffend; **~ siempre en el mismo error** to keep making the same mistake

reincorporarse *vr* to return; **~ a una organización** to rejoin an organization; **~ al trabajo** to return to work

reino *m* realm; (*de un monarca*) kingdom; **Reino Unido** United Kingdom

reintegrar I. *vt* 1. (*reincorporar*) to reintegrate; (*en un cargo*) to reinstate; **~ a alguien a su puesto de trabajo** to reinstate sb in his/her job 2. (*dinero*) to repay II. *vr:* **~se** to return; **~se a una organización** to rejoin an organization; **~se al trabajo** to return to work

reír *irr vi, vr:* **~se** to laugh; **~se tontamente** to giggle; **echarse a ~** to burst out laughing; **~se de algo** to laugh at sth; **~se hasta de su sombra** to laugh at the slightest provocation; **me río de tu dinero** *fig* I don't give a damn about your money

reiterar *vt* to repeat

reivindicación *f* **~ (de algo)** claim (to sth)

reivindicar <c→qu> *vt* to claim; (*exigir*) to demand

reja *f* grill; **estar entre ~s** *fig, inf* to be behind bars

rejilla *f* 1. (*enrejado*) grating 2. (*parrilla*) grill 3. (*tejido*) wickerwork

rejuvenecer *irr como crecer* *vt* to rejuvenate; **este peinado te rejuvenece** this haircut makes you look much younger

relación *f* 1. (*entre cosas, hechos*) relationship, relation; **~ entre la causa y el efecto** relationship between cause and effect; **hacer ~ a algo** to refer to sth; **con** [*o* **en**] **relación a tu petición...** as regards your request ... 2. (*entre dos magnitudes*) relationship, ratio; **~ calidad-precio** value for money; **los gastos no guardan ~ con el presupuesto** the expenses bear no relation to the budget 3. *pl* (*noviazgo, amorío*) relationship; **relaciones públicas** public relations; **tienen buenas/malas relaciones** they have a good/bad relationship; **mantener relaciones sexuales con alguien** to have a sexual relationship with sb; **mantienen relaciones** they are going out with each other; **han roto sus relaciones** they have broken up

relacionar *vt* **~ algo (con algo)** to relate (sth to sth)

relajación *f* relaxation

relajado, -a *adj* relaxed

relajar *vt, vr:* **~se** to relax

relamer I. *vt* to lick II. *vr:* **~se** to lick one's lips

relamido, -a *adj* 1. (*arreglado*) prim and proper 2. (*afectado*) affected

relámpago *m* flash of lightning; **ser (veloz como) un ~** to be as fast as

R

lightning

relampaguear I. *vi* to sparkle
II. *vimpers* **relampagueaba** there
was lightning

relatar *vt* (*información*) to report;
(*una historia*) to tell

relatividad *f sin pl* relativity

relativo, -a *adj* relative; **un artículo
~ a...** an article about ...; **ser ~ a
algo** to be relative to sth

relato *m* report; LIT story

relegar <g→gu> *vt* to relegate; **ser
relegado al olvido** to be consigned
to oblivion

relevante *adj* (*importante*) important; (*sobresaliente*) outstanding

relevar I. *vt* 1. (*liberar*) ~ **a alguien
de un juramento/de sus deudas**
to release sb from an oath/from his/
her debts; ~ **a alguien de sus culpas** to exonerate sb from blame for
his/her actions 2. (*destituir*) ~ **a alguien de un cargo** to relieve sb of
his/her post 3. (*reemplazar*) to relieve II. *vr:* ~**se** to take turns

relevo *m* 1. *(pl)* DEP relay; **carrera de
~s** relay race 2. MIL changing of the
guard

relieve *m* 1. ARTE, GEO relief; **en bajo
~** in bas-relief 2. (*renombre*) prominence; **de ~** important; **poner de ~**
to emphasize

religión *f* religion

religioso, -a *adj* religious

relinchar *vi* to neigh, to whinny

relincho *m* neigh, whinny

reliquia *f* relic

rellano *m* landing

rellenar *vt* 1. (*llenar*) ~ **algo de** [*o*
con] **algo** to fill sth with sth; GASTR to
stuff sth with sth 2. (*volver a llenar*)
to refill 3. (*completar*) to fill out

relleno *m* filling; GASTR stuffing

relleno, -a *adj* 1. GASTR stuffed 2. *inf*
(*gordo*) chubby

reloj *m* clock; (*de pulsera*) watch; ~
de arena hourglass; ~ **despertador**
alarm clock; ~ **para fichar** time
clock; ~ **de sol** sundial

relojero, -a *m, f* clockmaker; (*de re-
lojes de pulsera*) watchmaker

reluciente *adj* shining; ~ **de limpio**

shiny clean

relucir *irr como lucir vi* to shine;
sacar algo a ~ to bring sth up; **salir
a** ~ to come up

relumbrar *vi* to shine

remachar *vt* 1. (*golpear*) to hammer
2. (*subrayar*) to stress

remanente *m* surplus

remangarse <g→gu> *vr* ~ (**las
mangas**) to roll up one's sleeves

remanso *m* pool; ~ **de paz** haven of
peace

remar *vi* to row

rematado, -a *adj* absolute

rematar I. *vt* to finish (off); (*animal*)
to put out of its misery; DEP to shoot
II. *vi* to end; DEP to shoot

remate *m* end; DEP shot; **para ~** to
cap it all *Brit*, to top it all off *Am;* **por
~** finally; **estar loco de ~** to be completely mad

remediar *vt* 1. (*evitar*) to prevent;
no me cae bien, no puedo ~lo I
don't like him/her, I can't help it
2. (*reparar*) to repair; (*compensar*)
to make up for; (*corregir*) to correct;
llorando no remedias nada crying
won't solve anything

remedio *m* remedy; (*compensación*) compensation; (*corrección*)
correction; **sin ~** (*inútil*) hopeless;
(*sin falta*) inevitable; **buscar ~ en
sus amigos** to turn to one's friends
for help; **buscar ~ en la bebida** to
turn to drink; **no tener ~** to be a
hopeless case; **tu problema no
tiene ~** there is no solution to your
problem; **no llores, ya no tiene ~**
don't cry, there's nothing that can be
done now; **no hay ~** there's nothing
we can do; **no tenemos** [*o* **no hay**]
más ~ que... there is no choice but
to ...

remedo *m* 1. (*imitación*) imitation;
(*mal hecha*) travesty 2. (*parodia*)
parody

remendar <e→ie> *vt* to mend;
(*con parches*) to patch; (*zurcir*) to
darn

remesa *f* COM consignment; FIN remittance

remiendo *m* patch

remilgado, -a *adj* prim; (*quisquilloso*) fussy

remilgo *m* primness; (*quisquilloso*) fussiness; **sin** ~**s** without making a fuss; **hacer** ~**s** to make a fuss

reminiscencia *f* reminiscence; **la ópera tiene** ~**s wagnerianas** the opera shows Wagnerian influences

remiso, -a *adj* reluctant; **mostrarse** ~ **a hacer algo** to be reluctant to do sth

remite *m* sender's name and address

remitente *mf* sender

remitir *vt* **1.** (*enviar*) to send; FIN to remit **2.** (*referirse*) to refer

remo *m* **1.** (*pala: con soporte*) oar; (*sin soporte*) paddle; **a** ~ by rowing boat *Brit*, by rowboat *Am* **2.** DEP rowing

remojar *vt* to soak; (*galleta*) to dip

remojo *m* soaking; **poner en** ~ to leave to soak

remolacha *f* beet; (*roja*) beetroot; (*de azúcar*) (sugar) beet

remolcador *m* **1.** (*camión*) breakdown truck *Brit*, tow truck *Am* **2.** (*barco*) tug

remolcar <c→qu> *vt* to tow

remolino *m* **1.** (*movimiento*) whirl; (*de agua*) whirlpool; ~ **de viento** whirlwind **2.** (*pelo*) cowlick **3.** (*gente*) throng

remolque *m* **1.** (*arrastre*) tow; **hacer algo a** ~ *fig* to do sth reluctantly; **llevar algo a** ~ to tow sth **2.** (*vehículo*) trailer

remontar **I.** *vt* **1.** (*superar*) to overcome **2.** (*subir*) to go up **II.** *vr:* ~**se 1.** (*ave*) to soar **2.** (*gastos*) ~**se a** to amount to **3.** (*pertenecer, retroceder*) ~**se a** to go back to

remorder <o→ue> *vt* to torment

remordimiento *m* remorse; **tener** ~**s** (**de conciencia**) **por algo** to feel remorseful about sth; **el** ~ **no lo deja dormir** he can't sleep for remorse

remoto, -a *adj* remote; **en tiempos** ~**s** long ago; **no existe ni la más remota posiblidad** there is not the slightest possibility; **no tener ni la más remota idea** to not have the slightest idea

remover <o→ue> *vt* **1.** (*mover*) to remove **2.** (*agitar*) to shake; (*dar vueltas*) to stir; (*la ensalada*) to toss **3.** (*activar*) to stir up

remozar <z→c> *vt* to renovate

remuneración *f* remuneration

remunerar *vt* to pay

renacer *irr como crecer vi* **1.** (*volver a nacer*) to be reborn **2.** (*regenerarse*) to revive; **sentirse renacido** to feel completely revived

renacimiento *m* **1.** ARTE, LIT **el** ~ the renaissance **2.** (*regeneración*) revival

renacuajo *m* tadpole

renal *adj* renal

rencilla *f* quarrel

rencor *m* ill feeling; **guardar** ~ **a alguien** to bear a grudge against sb

rencoroso, -a *adj* **1.** (*vengativo*) spiteful **2.** (*resentido*) resentful

rendición *f* surrender

rendido, -a *adj* **1.** (*cansado*) exhausted **2.** (*sumiso*) submissive; **cayó** ~ **ante su belleza** he was enchanted by her beauty

rendija *f* crack

rendimiento *m* **1.** (*productividad*) yield; ECON (*máximo*) capacity **2.** (*beneficio*) profit

rendir *irr como pedir* **I.** *vt* **1.** (*rentar*) to yield; **la inversión ha rendido mucho** the investment has been very profitable **2.** (*trabajar*) to produce; **estas máquinas rinden mucho** these machines are very productive **3.** (*tributar*) to attribute; ~ **las gracias a alguien** to thank sb **4.** (*vencer*) to defeat **5.** (*cansar*) to exhaust **II.** *vr:* ~**se 1.** (*entregarse*) to surrender; ~**se a las razones de alguien** to yield to sb's arguments **2.** (*cansarse*) ~**se de cansancio** to give in to one's exhaustion

renegado, -a *adj, m, f* apostate

renegar *irr como fregar* **I.** *vi* to renounce; ~ **de la fe** to renounce one's faith **II.** *vt* to deny

RENFE *f abr de* **Red Nacional de Ferrocarriles Españoles** *Spanish state railway company*

R

renglón *m* line; **a ~ seguido** straight away

renombrado, -a *adj* renowned

renombre *m* renown; **de ~** well--known

renovación *f* renewal; (*de un edificio*) renovation

renovar <o→ue> *vt* to renew; (*casa*) to renovate

renta *f* 1. (*beneficio*) profit; (*ingresos*) income 2. (*pensión*) pension 3. (*alquiler*) rent; **en ~** for rent

rentable *adj* profitable

rentar *vt* 1. (*beneficio*) to yield 2. *AmL* (*alquilar*) to rent

renuencia *f* reluctance

renunciar *vi* 1. (*desistir*) **~ a** [*o de*] **algo** to renounce sth; **~ al trono** to abdicate the throne; **~ a un cargo** to resign from a post; **~ a un proyecto** to give up a project 2. (*rechazar*) **~ a algo** to reject sth

reñido, -a *adj* 1. (*enojado*) **estoy ~ con él** I have fallen out with him 2. (*encarnizado*) bitter

reñir *irr como ceñir* **I.** *vi* (*discutir*) to quarrel; (*enemistarse*) to fall out **II.** *vt* to scold

reo, -a *m*, *f* (*culpado*) defendant; (*autor*) culprit

reojo *m* **mirar de ~** (*con hostilidad*) to look askance at; (*con disimulo*) to look out of the corner of one's eye at

reparación *f* 1. (*arreglo*) repair 2. (*indemnización, enmienda*) compensation; **~ de perjuicios** damages *pl*

reparar **I.** *vt* 1. (*arreglar*) to repair 2. (*indemnizar, enmendar*) to compensate **II.** *vi* **~ en** (*advertir*) to notice; (*considerar*) to consider; **sin ~ en gastos** regardless of the cost; **no ~ en sacrificios/gastos** to spare no effort/expense **III.** *vr:* **~se** to restrain oneself

reparo *m* 1. (*inconveniente*) problem; **sin ~ alguno** without any difficulty; **me da ~ decírselo** I don't like to say it 2. (*objeción*) objection; **sin ~** without reservation; **no andar con ~s** to have no reservations; **poner ~s a algo** to raise objections to sth

repartición *f* (*distribución*) distribution; (*división*) division

repartir *vt* to distribute; (*correos*) to deliver

reparto *m* 1. (*distribución*) distribution; (*división*) division; **~ domiciliario** home delivery 2. CINE, TEAT cast

repasar *vt* 1. (*ropa*) to mend 2. (*texto, lección*) to revise 3. (*cuenta, lista*) to check

repaso *m* 1. (*revisión*) review 2. (*inspección*) check

repatriar *vt* to repatriate

repelente *adj* 1. (*rechazador*) repellent; **~ al agua** water-repellent 2. (*repugnante*) repulsive

repeler *vt* 1. (*rechazar*) to repel 2. (*repugnar*) to disgust

repente *m* **de ~** suddenly, all of a sudden

repentino, -a *adj* sudden

repercusión *f* repercussion; **tener gran ~** to have a great impact

repercutir *vi* 1. (*efecto*) **~ en algo** to have an effect on sth 2. (*del choque*) to rebound 3. (*eco*) to reverberate

repertorio *m* 1. (*lista*) list 2. *t.* TEAT repertoire, repertory

repesca *f* resit

repetición *f* repetition

repetir *irr como pedir* **I.** *vi* to repeat; **los ajos repiten mucho** garlic comes back on you **II.** *vt* (*reiterar, recitar*) to repeat; **~ curso** to stay down **III.** *vr:* **~se** to repeat oneself

repicar <c→qu> *vi, vt* to ring

repipi *adj inf* (*redicho*) la-di-da; **niño ~** (*sabelotodo*) little know-all

repique *m*, **repiqueteo** *m* peal

repisa *f* shelf; **~ de chimenea** mantelpiece; **~ de ventana** window ledge

replantear *vt* to raise again; (*reconsiderar*) to rethink

replegarse *irr como fregar* *vr* to fall back

repleto, -a *adj* **~ de algo** full of sth; (*demasiado*) crammed with sth; **el tren está ~** the train is packed

réplica *f* **1.** (*respuesta*) reply; (*objeción*) rebuttal **2.** ARTE replica

replicar <c→qu> **I.** *vt* to answer **II.** *vi* **1.** (*replicar*) to reply **2.** (*contradecir*) to answer back

repliegue *m* withdrawal

repoblación *f* (*personas*) repopulation; (*plantas*) replanting; ~ **forestal** reafforestation *Brit,* reforestation *Am*

repoblar <o→ue> *vt* (*personas*) to repopulate; (*plantas*) to replant; (*árboles*) to reafforest *Brit,* to reforest *Am*

repollo *m* cabbage

reponer *irr como* **poner I.** *vt* **1.** (*reemplazar*) to replace **2.** (*completar*) to replenish **II.** *vr:* ~**se** to recover

reportaje *m* report; PREN article; ~ **gráfico** illustrated report

reportero, -a *m, f* reporter; ~ **gráfico** press photographer

reposacabezas *m inv* headrest

reposado, -a *adj* peaceful; (*agua*) calm

reposar *vi* **1.** (*descansar*) to rest; **aquí reposan los restos mortales de...** here lie the mortal remains of ... **2.** (*líquidos*) to settle

reposición *f* replacement

reposo *m* (*tranquilidad*) peace; (*descanso*) rest; **en** ~ at rest

repostar *vt* **1.** (*provisiones*) to stock up (with) **2.** (*vehículo*) to refuel; (*combustible*) to fill up with

repostería *f* **1.** (*pastelería*) cake shop **2.** (*oficio*) pastrymaking **3.** (*productos*) pastries *pl*

repostero, -a *m, f* pastrycook

reprender *vt* to reprimand; ~**le algo a alguien** to scold sb for sth

represa *f* **1.** (*estancamiento*) pool **2.** (*construcción*) dam

represalia *f* reprisal

representación *f* representation; TEAT performance; **en** [*o* **por**] ~ **de** representing

representante *mf* representative; TEAT, CINE agent, manager; (*actor*) actor, actress *m, f*

representar *vt* to represent; (*actuar*) to play; (*una obra*) to perform; (*significar*) to mean; (*aparentar*) to seem; **representa ser más joven** he/she seems younger

representativo, -a *adj* representative

represión *f* repression

reprimenda *f* reprimand

reprimir I. *vt* to suppress **II.** *vr:* ~**se** to control oneself; ~**se de hablar** to refrain from speaking

reprobar <o→ue> *vt* to condemn

réprobo, -a *adj, m, f* reprobate

reprochar *vt* to reproach

reproche *m* reproach; **hacer** ~**s a alguien** (**por algo**) to reproach sb (for sth)

reproducción *f* reproduction

reproducir *irr como* **traducir I.** *vt* to reproduce; (*repetir*) to repeat **II.** *vr:* ~**se** to reproduce

reproductor(a) *adj* reproductive

reptar *vi* to crawl

reptil *m* reptile

república *f* republic

republicano, -a *adj, m, f* republican

repudiar *vt* to repudiate

repudio *m* repudiation

repuesto *m* **1.** (*pieza*) spare part; **rueda de** ~ spare tyre *Brit,* spare tire *Am* **2.** (*de alimentos*) supply

repuesto, -a *pp de* **reponer**

repugnancia *f* ~ **a algo** (*repulsión*) repugnance for sth; (*asco*) disgust for sth

repugnante *adj* disgusting

repugnar *vi* to be disgusting; **me repugna la carne grasosa** fatty meat makes me sick

repujar *vt* to emboss

repulsa *f* rejection

repulsión *f* (*aversión*) aversion; (*asco*) disgust

repulsivo, -a *adj* repulsive

reputación *f* reputation; **tener buena/mala** ~ to have a good/bad reputation

reputar *vt* ~ **a alguien de** [*o* **por**] **algo** to consider sb to be sth

requemado, -a *adj* brown; (*piel*) tanned

requerimiento *m* ~ (**de algo**) re-

R

quest (for sth); (*demanda*) demand (for sth); **a ~ de...** on the request of ...

requerir *irr como sentir* *vt* **1.**(*necesitar*) to require **2.**(*intimar*) to urge; **~ a alguien que...** +*subj* to urge sb to ...

requesón *m* cottage cheese

réquiem *m* requiem

requisa *f* **1.**(*inspección*) inspection **2.**(*confiscación*) confiscation; MIL requisition

requisar *vt* to confiscate; MIL to requisition

requisito *m* requirement; **ser ~ indispensable** to be absolutely essential; **~ previo** prerequisite

res *f* beast

resabio *m* **1.**(*sabor*) unpleasant aftertaste **2.**(*costumbre*) bad habit

resaca *f* **1.**(*olas*) undertow, undercurrent **2.** *inf* (*malestar*) hangover

resaltar *vi* to stand out; **hacer ~** to highlight

resarcir <c→z> **I.** *vt* **1.**(*compensar*) **~ a alguien de algo** to compensate sb for sth **2.**(*reparar*) to repay **II.** *vr* **~se de algo** to make up for sth

resbaladizo, -a *adj* slippery

resbalar *vi* to slide; (*sin querer*) to slip; (*coche*) to skid

resbalón *m* slip; **dar un ~** to slip

rescatar *vt* **1.**(*prisionero*) to rescue; (*con dinero*) to pay the ransom for **2.**(*náufrago*) to pick up **3.**(*cadáver*) to recover **4.**(*algo perdido*) to recover

rescate *m* **1.**(*de un prisionero*) rescue; (*con dinero*) ransoming **2.**(*recuperación*) recovery **3.**(*dinero*) ransom

rescindir *vt* to annul

rescisión *f* annulment

rescoldo *m* embers *pl*

resecar <c→qu> *vt* to dry out

reseco, -a *adj* **1.**(*muy seco*) very dry **2.**(*flaco*) skinny

resentido, -a *adj* **1.** estar (*ofendido*) resentful **2.** ser (*rencoroso*) bitter

resentimiento *m* resentment

resentirse *irr como sentir* *vr* **1.**(*ofenderse*) **~ por** [*o* **de**] **algo** to feel re-

sentful about sth **2.**(*sentir dolor*) **~ de** [*o* **con**] **algo** to suffer from sth; **~ del costado** to have a sore side

reseña *f* **1.**(*de un libro*) review **2.**(*de una persona*) description **3.**(*narración*) report

reseñar *vt* **1.**(*libro*) to review **2.**(*persona*) to describe **3.**(*resumir*) to summarize

reserva *f* **1.**(*previsión, de plazas*) reservation; **a ~ de que** +*subj* unless; **tener algo en ~** to hold sth in reserve **2.**(*depósito*) *t.* FIN reserve; (*fondos*) reserves *pl* **3.** MIL reserves *pl* **4.**(*discreción*) secrecy; **guardar la ~** to be discrete **5.**(*circunspección*) reserve; **sin la menor ~** unreservedly **6.**(*vino*) vintage **7.**(*lugar*) reserve; (*para personas*) reservation; (*para animales*) wildlife reserve

reservado *m* **1.** FERRO reserved compartment **2.**(*habitación*) reserved room

reservado, -a *adj* **1.**(*derecho, callado*) reserved; **quedan ~s todos los derechos** all rights reserved **2.**(*confidencial*) confidential

reservar *vt* **1.**(*plaza*) to reserve; **~ un asiento** (*ocupar*) to save a seat; (*para un viaje*) to reserve a seat **2.**(*guardar*) to put by

resfriado *m* cold

resfriarse <3. pres: resfría> *vr* to catch a cold

resguardar **I.** *vt* to protect **II.** *vr* **~se de algo** to protect oneself from sth

resguardo *m* **1.**(*protección*) protection **2.**(*recibo*) receipt; (*vale*) voucher

residencia *f* residence; **~ de ancianos** old people's home; **~ de huérfanos** children's home; **~ habitual** usual place of residence; **cambiar de ~** to change one's address

residencial **I.** *adj* residential **II.** *m* housing development

residente *adj* resident

residir *vi* **1.**(*habitar*) to reside **2.**(*radicar*) **~ en** to lie in

residuo *m* **1.**(*resto*) residue **2.** *pl* (*basura*) waste

resignación *f* resignation

resina *f* resin

resistencia *f* resistance; ~ (**física**) stamina; ~ **al choque** shock resistance; **oponer** ~ to offer resistance

resistente *adj* resistant; ~ **al calor** heat-resistant

resistir **I.** *vi, vt* **1.** (*oponer resistencia*) to resist; ~ **a una tentación** to resist a temptation; **resistió la enfermedad** he/she overcame the illness **2.** (*aguantar*) **no resisto la comida pesada** I can't cope handle heavy food; **no puedo** ~ **a esta persona** I can't stand this person; **¡no resisto más!** I can't take any more! **II.** *vr:* ~**se** to resist

resollar *vi* to breathe heavily

resolución *f* **1.** (*firmeza*) resolve **2.** (*decisión*) decision; POL resolution; **tomar una** ~ to take a decision **3.** (*solución*) solution

resoluto, -a *adj* resolute

resolver *irr como* **volver** **I.** *vt* **1.** (*acordar*) to agree **2.** (*solucionar*) to solve; (*dudas*) to resolve **3.** (*decidir*) to decide **4.** (*disolver*) to dissolve **II.** *vr:* ~**se** **1.** (*solucionarse*) to be solved **2.** (*decidirse*) to decide **3.** (*disolverse*) to dissolve

resonancia *f* resonance; **tener** ~ (*suceso*) to have an impact

resonante *adj* **con éxito** ~ with tremendous success; **una victoria** ~ a resounding victory

resonar <o→ue> *vi* to resound; ~ **fuera de las fronteras** *fig* to be heard beyond the borders

resoplar *vi* to huff and puff; ~ **de rabia** to snort angrily

resorte *m* **1.** (*muelle*) spring **2.** *fig* (*medio*) means *pl;* **tocar todos los** ~**s** to pull out all the stops

respaldar **I.** *vt* to support **II.** *vr:* ~**se** (*apoyarse*) to lean; (*hacia atrás*) to lean back

respaldo *m* **1.** (*de un asiento*) back **2.** (*apoyo*) support

respectivo, -a *adj* respective

respecto *m* **al** ~, **con** ~ **a eso** in that regard; **a este** ~ in this regard; **al** ~ **de** with regard to; (**con**) ~ **a** with regard to

respetable *adj* respectable

respetar *vt* **1.** (*honrar*) to respect; **hacerse** ~ to command respect **2.** (*cumplir*) to observe

respeto *m* respect; **de** ~ respectable; **faltar al** ~ **a alguien** to be disrespectful to(wards) sb; **ofrecer los** ~**s a alguien** to pay one's respects to sb

respetuoso, -a *adj* respectful; **ser** ~ **con las leyes** to respect the law

respingo *m* **dar un** ~ to start, to jump

respiración *f* (*inhalación*) breathing; (*aliento*) breath; ~ **artificial** artificial respiration; ~ **boca a boca** mouth to mouth resuscitation

respirar *vi* to breathe; **sin** ~ *fig* without stopping; **escuchar sin** ~ to listen with bated breath; **no me atrevo a** ~ **delante de él** I don't dare to open my mouth when he's around; **¡déjame que respire!** leave me in peace! *Brit,* give me a break! *Am*

respiratorio, -a *adj* respiratory; **vías respiratorias** air passages

respiro *m* **1.** (*pausa*) rest **2.** (*de alivio*) sign

resplandecer *irr como* **crecer** *vi* to shine

resplandeciente *adj* shining

resplandor *m* brightness

responder *vt* **1.** (*contestar*) to reply; **el perro responde al nombre de...** the dog answers to the name of ... **2.** (*contradecir*) to contradict **3.** (*corresponder*) to correspond **4.** (*ser responsable*) ~ **por algo** answer for sth

respondón, -ona *adj* cheeky *Brit,* sassy *Am*

responsabilidad *f* responsibility; (*por un daño*) liability; ~ **de** [*o* **por**] **alguien** responsibility for sb

responsabilizar <z→c> **I.** *vt* ~ **a alguien de algo** to make sb responsible for sth **II.** *vr* ~**se de algo** to accept the responsibility for sth

responsable *adj* ~ (**de algo**) responsible (for sth); **ser** (**civilmente**) ~ to be liable

respuesta *f* answer; ~ **negativa**

negative reply; **en ~ a su carta del...** in reply to your letter of ...

resquebrajar *vt, vr:* ~**se** to crack

resquemor *m* resentment, ill-feeling

resquicio *m* crack

resta *f* subtraction

restablecer *irr como crecer* I. *vt* to re-establish; (*democracia, paz*) to restore II. *vr:* ~**se** to recover

restallar *vi* to crack; **hacer ~ el látigo** to crack the whip

restante *adj* remaining; **cantidad ~** remainder

restar I. *vi* to be left II. *vt* to take away; MAT to subtract

restauración *f* restoration

restaurante *m* restaurant

restaurar *vt* to restore

restitución *f* return

restituir *irr como huir* *vt* 1.(*devolver*) to return 2.(*restablecer*) to restore

resto *m* rest; MAT remainder; **los ~s** GASTR te leftovers; **los ~s** (**mortales**) the (mortal) remains

restregar *irr como fregar* I. *vt* to rub II. *vr* ~**se los ojos** to rub one's eyes

restricción *f* restriction; **sin restricciones** freely

restrictivo, -a *adj* restrictive

restringir <g→j> *vt* to restrict

resucitar I. *vi* to resuscitate II. *vt* 1.(*de la muerte*) to resuscitate 2.(*estilo, moda*) to revive

resuello *m* breathing; **sin ~** out of breath

resuelto, -a I. *pp de* **resolver** II. *adj* determined

resultado *m* result, outcome; ~ **del reconocimiento** (**médico**) results of the medical examination; **dar buen ~** (*funcionar*) to work; (*no desgastarse*) to last; **dar mal ~** (*no funcionar*) to fail; (*desgastarse*) to wear out fast

resultar *vi* 1.(*deducirse*) ~ **de algo** to result from sth 2.(*surtir*) to be; ~ **muerto en un accidente** to be killed in an accident; ~ **en beneficio de alguien** to be to sb's benefit 3.(*comprobarse*) to turn out to be

resumen *m* summary; **en ~** in short

resumir *vt* to summarize

resurgir <g→j> *vi* 1.(*reaparecer*) to reappear 2.(*revivir*) to revive

resurrección *f* resurrection; **Domingo de Resurrección** Easter Sunday

retablo *m* reredos, altarpiece

retaguardia *f* rearguard; **a ~ de** behind

retahíla *f* string

retal *m* remnant

retar *vt* to challenge

retardar *vt* to delay

retardo *m* delay

retazo *m* 1.(*retal*) remnant 2.(*fragmento*) fragment; (*de conversación*) snippet

retener *irr como tener* *vt* to retain; (*detener*) to detain

reticente *adj* 1.(*discurso*) insinuating 2.(*reacio*) reluctant

retina *f* retina

retintín *m* 1.(*tonillo*) sarcastic tone 2.(*son*) ringing

retirada *f* 1.MIL retreat 2.(*eliminación*) withdrawal 3.(*jubilación*) retirement

retirado, -a *adj* 1.(*lejos*) remote 2.(*jubilado*) retired

retirar I. *vt* 1.(*apartar, echar*) to remove; (*tropas, dinero*) to withdraw 2.(*recoger, quitar*) to take away 3.(*negar*) to deny 4.(*jubilar*) to retire II. *vr:* ~**se** 1.(*abandonar*) ~**se de algo** to withdraw from sth 2. *t.* MIL (*retroceder*) to retreat 3.(*jubilarse*) to retire

retiro *m* 1.(*pensión*) pension 2.(*refugio*) retreat 3.(*retraimiento*) withdrawal

reto *m* challenge

retocar <c→qu> *vt* 1.(*corregir*) FOTO to retouch, to touch up 2.(*perfeccionar*) to perfect

retoño *m* 1.(*vástago*) shoot 2.(*niño*) kid

retoque *m* alteration; FOTO retouch

retorcer *irr como cocer* I. *vt* to twist II. *vr:* ~**se** 1.(*enroscarse*) to twist 2.(*de dolor*) to writhe

retorcido, -a *adj* 1.(*complicado*) **pensar de manera retorcida** to think in a very confused way; **¡qué ~!** how complicated! **2.** (*maligno*) twisted; **una mente retorcida** a warped mind

retorcimiento *m* twist

retórica *f* rhetoric

retórico, -a *adj* rhetorical

retornable *adj* **botella (no) ~** (non-)returnable bottle

retornar I. *vi* to return **II.** *vt* to give back

retorno *m* return

retortijón *m* **1.** (*ensortijamiento*) twist **2.** (*dolor*) **tener un ~ de estómago** to have stomach cramp(s)

retozar <z→c> *vi* to frolic

retozón, -ona *adj* playful

retracción *f* retraction

retractarse *vr* **~ de algo** to withdraw from sth

retraer *irr como traer vt, vr:* **~se** to withdraw

retraído, -a *adj* (*reservado*) reserved; (*poco sociable*) withdrawn

retraimiento *m* reserve

retransmisión *f* broadcast; **~ deportiva** sports programme *Brit,* sport(s) program *Am*

retransmitir *vt* to broadcast

retrasado, -a *adj* **1.** (*región*) backward **2.** MED **~ mental** mentally retarded

retrasar I. *vt* **1.** (*demorar*) to delay **2.** (*reloj*) to put back **II.** *vi* to be slow **III.** *vr:* **~se** to be late

retraso *m* **1.** (*demora*) delay **2.** FIN arrears *pl;* **tener ~ en los pagos** to be in arrears

retratar *vt* **1.** (*describir*) to depict, to portray **2.** (*fotografiar*) to photograph **3.** (*pintar*) to paint a portrait of

retrato *m* **1.** (*representación*) portrait; **ser el vivo ~ de alguien** to be the spitting image of sb **2.** (*descripción*) description

retrato-robot <retratos-robot> *m* photofit® picture

retreta *f* retreat

retrete *m* lavatory, toilet

retribución *f* reward; (*sueldo*) payment

retribuir *irr como huir vt* to pay

retroactivo, -a *adj* retroactive

retroceder *vi* **1.** (*regresar*) to go back **2.** (*desistir*) to give up; (*echarse atrás*) to back down

retroceso *m* **1.** (*regresión*) **~ en las negociaciones** setback in the negotiations **2.** MED relapse

retrógrado, -a *adj pey* reactionary

retropropulsión *f* jet propulsion

retrospectivo, -a *adj* retrospective

retrovisor *m* rearview mirror; **~ exterior** wing mirror *Brit,* side mirror *Am*

retumbar *vi* to boom; (*resonar*) to resound

reuma *m o f,* **reumatismo** *m sin pl* rheumatism

reunificar <c→qu> *vt* to reunify

reunión *f* **1.** (*encuentro, asamblea, conferencia*) meeting; **~ de antiguos alumnos** class reunion **2.** (*el juntar*) collection **3.** (*grupo, invitados*) gathering

reunir *irr* **I.** *vt* **1.** (*congregar*) to assemble **2.** (*unir*) to gather **3.** (*juntar*) to reunite **4.** (*poseer*) to have **II.** *vr:* **~se 1.** (*congregarse*) to meet; (*informal*) to get together **2.** (*juntarse*) to reunite

revalidar *vt* to confirm

revalorización *f* appreciation

revancha *f* **1.** revenge; **tomarse la ~** to take one's revenge **2.** DEP return match

revelación *f* revelation

revelado *m* developing

revelar *vt* **1.** (*dar a conocer*) to reveal, to disclose **2.** FOTO to develop

reventa *f* resale; (*entradas*) touting *Brit,* scalping *Am*

reventar <e→ie> **I.** *vi* to burst **II.** *vt* to break; (*globo, neumático*) to burst, to annoy **III.** *vr:* **~se** to burst

reventón *m* **tener un ~** to have a flat tyre

reverberación *f* (*de la luz*) reflection; (*del sonido*) reverberation

reverberar *vi* (*luz*) to reflect; (*sonido*) to reverberate

reverencia *f* **1.** (*veneración*) reverence **2.** (*inclinación*) bow

R
r

reverenciar *vt* to revere

reverendo, -a *adj* revered

reverente *adj* respectful

reversible *adj* reversible

reverso *m* other side

revertir *irr como sentir vi* to revert; **revirtió en mi beneficio** it worked to my advantage

revés *m* 1.(*reverso*) other side; **al** [*o* **del**] ~ back to front; (*con lo de arriba abajo*) upside down; (*dentro para fuera*) inside out 2.(*golpe*) blow with the back of the hand 3.DEP backhand 4.(*infortunio*) setback; ~ **de fortuna** stroke of bad luck

revestir *irr como pedir* I. *vt* 1.(*recubrir*) ~ **algo con** [*o de*] **algo** to cover sth with sth 2.(*tener*) ~ **importancia** to assume importance II. *vr*: ~**se** (*aparentar*) ~**se con** [*o de*] **algo** to arm oneself with sth

revisar *vt* to check; TÉC to inspect; (*textos, edición*) to revise

revisión *f* check; TÉC inspection; JUR, TIPO inspection; MED checkup

revisor(a) *m(f)* 1.(*controlador*) inspector; ~ **de cuentas** auditor 2.FERRO ticket inspector

revista *f* 1.PREN magazine; **las ~s del corazón** the gossip magazines 2.(*inspección*) inspection; **pasar ~ a las tropas** to inspect the troops 3.(*espectáculo*) revue, variety show

revivir *vi, vt* to revive

revocación *f* annulment

revocar <c→qu> *vt* 1.(*anular*) to annul 2.(*enlucir*) to plaster

revolcarse *irr como volcar vr* 1.(*restregarse*) ~ (**por algo**) to roll around (in sth) 2.(*obstinarse*) ~ **en algo** to insist on sth

revolotear *vi* to flutter about

revoltijo *m* jumble

revoltoso, -a *adj* mischievous

revolución *f* revolution

revolucionar *vt* 1.(*amotinar*) to stir up 2.(*transformar*) to revolutionize

revolucionario, -a *adj, m, f* revolutionary

revolver *irr como volver* I. *vt* 1.(*mezclar*) to mix 2.(*desordenar*) to mess up 3.(*soliviantar*) to stir up II. *vr:*

~**se** 1.(*moverse*) to toss and turn; **se me revuelve el estómago** it makes my stomach turn 2.(*el tiempo*) to break

revólver *m* revolver

revuelo *m* stir

revuelta *f* 1.(*rebelión*) revolt 2.(*encorvadura*) bend

revuelto, -a I. *pp de* **revolver** II. *adj* 1.(*desordenado*) chaotic 2.(*tiempo*) unsettled 3.(*huevos*) scrambled

rey *m* king; **los Reyes** The King and Queen; **los Reyes Magos** the Magi, the Three Wise Men; **el día de Reyes** Epiphany, Twelfth Night

reyerta *f* quarrel, fight

rezagado, -a *m, f* straggler

rezagar <g→gu> I. *vt* 1.(*dejar atrás*) to leave behind 2.(*suspender*) to postpone II. *vr:* ~**se** to fall behind

rezar <z→c> I. *vt* ~ **una oración** to say a prayer II. *vi* 1.(*decir*) to pray 2.(*corresponder*) ~ **con algo** to apply to sth

rezo *m* prayer

rezongar <g→gu> *vi* to grumble

rezumar *vi* 1.(*filtrarse*) ~ **por algo** to ooze from sth 2.(*rebosar*) ~ **algo** to ooze with sth

RFA *abr de* **República Federal de Alemania** FRG

ría *f* estuary

riachuelo *m* stream

riada *f* flood

ribera *f* 1.(*orilla*) bank 2.(*tierra*) riverside

ribete *m* 1.(*galón*) trimming 2.(*adorno*) adornment; (*de una narración*) embellishment

ribetear *vt* to trim

ricino *m* castor oil plant

rico, -a I. *adj* 1.(*acaudalado, abundante*) rich; (*fructífero*) fertile 2.(*sabroso*) delicious 3.(*simpático*) lovely, cute II. *m, f* 1.(*rico*) rich person; **los ~s** the rich; **nuevo** ~ nouveau riche 2. *inf* (*apelativo*) mate *Brit*

ridiculez *f* 1.(*lo ridículo, nimiedad*) ridiculousness 2.(*tontería*) stupidity

ridiculizar <z→c> *vt* to ridicule

ridículo, -a *adj* ridiculous; **ponerse en** ~ to make a fool of (oneself)

riego *m* irrigation

riel *m* **1.** FERRO rail **2.** (*barra*) bar; **los ~es de la cortina** the curtain rod

rienda *f* **1.** (*correa*) rein; **a ~ suelta** wildly; **dar ~ suelta a** to give free rein to; **llevar las ~s** to be in control **2.** *pl* (*gobierno*) reins *pl*

riesgo *m* risk; **~ profesional** occupational hazard; **a ~ de que** +*subj* at the risk of +*inf*

rifa *f* raffle

rifar *vt* to raffle

rifle *m* rifle

rigidez *f* **1.** (*inflexibilidad*) rigidity **2.** (*severidad*) strictness

rígido, -a *adj* **1.** (*inflexible*) rigid **2.** (*severo*) strict

rigor *m* **1.** (*severidad*) strictness **2.** (*exactitud*) rigorousness; **en ~** strictly speaking

riguroso, -a *adj* **1.** (*severo*) strict **2.** (*exacto*) rigorous

rimar *vi* to rhyme

rimbombante *adj* grandiloquent

rímel® *m* mascara

Rin *m* Rhine

rincón *m* **1.** (*esquina*) corner **2.** (*lugar*) nook

rinoceronte *m* rhinoceros

riña *f* quarrel

riñón *m* **1.** ANAT kidney; **costar un ~** to cost an arm and a leg **2.** *pl* (*parte de la espalda*) lower back

río *m* river; **~ abajo** downstream; **~ arriba** upstream; **cuando el ~ suena, algo lleva** *prov* where there's smoke, there's fire

riojano, -a *adj* of/from La Rioja

rioplatense *adj* of/from the River Plate region

riqueza *f* riches *pl*

risa *f* laughter; **mondarse de ~** to split one's sides laughing; **tomar algo a ~** to treat sth as a joke; **no estoy para ~s** I'm in no mood for jokes; **¡qué ~!** what a joke!

risco *m* crag

risotada *f* guffaw

ristra *f* string

risueño, -a *adj* smiling

ritmo *m* rhythm

rito *m* ritual; REL rite

ritual *adj, m* ritual

rival *adj, mf* rival

rivalidad *f* rivalry

rivalizar <z→c> *vi* to compete

rizado, -a *adj* curly

rizador *m* **~ eléctrico** curling tongs *pl*, curling iron *Am*

rizar <z→c> *vt, vr:* **~se** to curl

rizo *m* curl

RNE *f abr de* **Radio Nacional de España** *Spanish national radio network*

robar *vt* **1.** (*hurtar: algo*) to steal; (*a alguien*) to rob; (*a alguien con violencia*) to mug; **me ~on en París** I was robbed in Paris; **esto roba mucho tiempo** this takes up a lot of time **2.** (*en juegos*) to draw

roble *m* oak; **estar como un ~** to be as fit as a fiddle

robo *m* robbery; **ser un ~** *fig* to be a rip-off; **¿20 libras? ¡qué ~!** twenty pounds? that's highway robbery!

robot <robots> *m* robot

robustecer *irr como* crecer *vt* to strengthen

robusto, -a *adj* robust

roca *f* rock

roce *m* **1.** (*fricción*) brush **2.** (*huella*) scrape **3.** (*contacto*) contact

rociar <3. *pres:* rocía> *vt* to sprinkle

rocín *m* nag

rocío *m* dew

rock *m* rock

rockero, -a I. *adj* rock **II.** *m, f* (*fan*) rock fan; (*músico*) rock musician

rocoso, -a *adj* rocky

rodado, -a *adj* **tráfico ~** vehicular traffic

rodaja *f* slice

rodaje *m* shooting

Ródano *m* Rhone

rodar <o→ue> **I.** *vi* to roll; (*sobre el eje*) to turn; **~ por el suelo** to roll across the floor; **echarlo todo a ~** to spoil everything **II.** *vt* to shoot

rodear I. *vi* **~ por algo** to go round sth **II.** *vt* **~ (de algo)** to surround (with sth) **III.** *vr* **~se de algo/alguien** to surround oneself with sth/

R

sb

rodeo *m* detour; **dar un ~** to take a detour; **hablar sin ~s** to speak plainly; **¡no (te) andes con** [*o* **déjate de**] **~s!** don't beat about the bush!

rodilla *f* knee; **de ~s** on one's knees; **ponerse de ~s** to kneel

rodillo *m* **1.** TÉC roller **2.** (*de cocina*) rolling pin

roedor *m* rodent

roer *irr vt* **1.** (*ratonar*) ~ **algo** to gnaw at sth; **los ratones royeron mi libro** the mice gnawed my book **2.** (*concomer*) **las preocupaciones me roen el alma** I'm worrying my life away

rogar <o→ue> *vt* to ask; (*con humildad*) to beg; **rogamos nos contesten inmediatamente nuestra carta** we would be grateful if you could give us an immediate reply

rojizo, -a *adj* reddish

rojo, -a *adj* red; **al ~ (vivo)** red-hot; *fig* at fever pitch; **poner ~ a alguien** to make sb blush; **ponerse ~** to go red

rol *m* **1.** (*papel*) role **2.** (*lista*) list; **~ de pago** payroll

rollizo, -a *adj* plump

rollo *m* **1.** (*de papel, alambre*) *t.* FOTO, GASTR roll; **hacer un ~ de algo** to roll sth up **2.** *inf* **ir a su ~** to do as one likes; **soltar siempre el mismo ~** to always come out with the same old stuff; **tener mucho ~** to be full of crap *inf*; **¡qué ~ de película!** what a boring film!; **acaba con el ~, muchacho** get on with it, son; **corta el ~** cut the crap *inf*; **¿de qué va el ~?** what's it all about?

Roma *f* Rome

romance I. *adj* Romance **II.** *m* **1.** LIT ballad **2.** HIST (*castellano*) Castilian; **hablar en ~** *fig* to speak plainly

románico, -a *adj* Romanesque

romano, -a *adj, m, f* Roman

romanticismo *m sin pl* romanticism

romántico, -a *adj, m, f* romantic

rombo *m* rhombus; **en forma de ~** diamond-shaped

romería *f* **1.** (*peregrinaje*) pilgrimage **2.** (*fiesta*) festival

romero *m* rosemary

romero, -a *m, f* pilgrim

romo, -a *adj* blunt

rompecabezas *m inv* (*juego*) brain-teaser; (*acertijo*) riddle

rompehielos *m inv* icebreaker

rompeolas *m inv* breakwater

romper I. *vi* **1.** (*olas*) to break **2.** (*empezar*) to burst; **~ a llorar** to burst into tears **3.** (*día*) to break; **al ~ el día** at the break of day **4.** (*separarse*) to break up **II.** *vt* **1.** (*destrozar, quebrar*) to break; (*cristal*) to shatter; (*plato*) to smash; (*papel, tela*) to tear; (*zapatos*) to wear out; **~ algo a golpes** to bash sth to pieces **2.** (*negociaciones, relaciones*) to break off; (*contrato, promesa*) to break; **~ el silencio/el encanto** to break the silence/the spell **III.** *vr:* **~se** to break; **~se la cabeza** *fig* to rack one's brains; **~se la pierna** to break one's leg

rompimiento *m* breaking; (*de negociaciones, relaciones*) breakdown

ron *m* rum

roncar <c→qu> *vi* to snore

roncha *f* (*hinchazón*) swilling; (*cardenal*) bruise; (*picadura*) sting

ronco, -a *adj* (*afónico*) voiceless; (*áspero*) hoarse

ronda *f* round; **hacer una ~ de inspección por la fábrica** to do an inspection tour of the factory; **pagar una ~** to buy a round

rondar I. *vi* to be on patrol **II.** *vt* to patrol

ronquido *m* snore

ronronear *vi* to purr

roña *f* **1.** (*mugre*) filth **2.** (*mezquindad*) meanness **3.** (*sarna*) scab

roñoso, -a *adj* **1.** (*tacaño*) mean, tight **2.** (*sucio*) filthy **3.** (*sarnoso*) scabby

ropa *f* **1.** (*géneros de tela*) **~ blanca** white wash + *pl vb* whites *pl Brit;* **~ de cama** bedclothes *pl;* **~ de color** colored wash + *pl vb* coloureds *pl Brit;* **~ delicada** delicates *pl;* **~ (interior)** underwear **2.** (*vestidos, traje*) clothes *pl*

! **ropa** (= clothing, clothes) is used in the singular: "Normalmente lavo la ropa delicada a mano."

ropaje *m* clothing; (*ropa elegante*) finery
ropero *m* wardrobe
rosa I. *adj* pink; ~ **fucsia** fuchsia II. *f* rose; **color de** ~ pink; **no hay** ~ **sin espinas** *prov* every rose has its thorn *prov*
rosado, -a *adj* pink; **vino** ~ rosé (wine)
rosal *m* rosebush
rosario *m* rosary; **rezar el** ~ to say the rosary
rosca *f* 1. TÉC thread; **el tornillo se pasó de** ~ the screw broke the thread 2. (*bollo*) (ring-shaped) bread roll; (*torta*) sponge ring; **no comerse una** ~ *fig* not to get off with anyone; **hacer la** ~ **a alguien** to suck up to sb; **pasarse de** ~ *fig* to go too far
rosetón *m* rose window
rosquilla *f* doughnut
rostro *m* face
rotación *f* rotation; ~ **de mercancías** stock turnover
rotativo *m* newspaper
rotativo, -a *adj* rotary
roto *m* (*desgarrón*) tear; (*agujero*) hole
roto, -a I. *pp de* **romper** II. *adj* 1. (*despedazado*) broken; **un vestido** ~ a torn dress 2. (*destrozado*) destroyed
rótula *f* knee joint
rotulador *m* felt-tip pen
rotular *vt* (*letreros*) to make; (*mercancías*) to label
rótulo *m* sign; (*encabezamiento*) heading; (*etiqueta*) ticket
rotundo, -a *adj* emphatic; **un éxito** ~ a resounding success; **una negativa rotunda** a flat refusal, sonorous
rotura *f* (*acción*) breaking; (*parte quebrada*) break; ~ (**de hueso**) fracture

roturar *vt* to plough *Brit*, to plow *Am*
rozadura *f* scratch; (*de la piel*) graze
rozar <z→c> I. *vi* to rub II. *vt* (*tocar ligeramente*) to brush; (*frotar*) to rub; ~ **la ridiculez** to border on the ridiculous, to graze III. *vr:* ~**se** 1. (*restregarse*) to rub 2. (*relacionarse*) to rub shoulders
rte. *abr de* **remitente** sender
RTVE *f abr de* **Radio Televisión Española** Spanish state broadcasting corporation
rubí *m* ruby
rubio, -a I. *adj* fair; **tabaco** ~ Virginia tobacco II. *m,* *f* blond; (*mujer*) blonde
rubor *m* 1. (*color*) blush 2. (*vergüenza*) shame
ruboroso, -a *adj* 1. (*vergonzoso*) ashamed 2. (*ruborizado*) blushing
rúbrica *f* 1. (*después del nombre*) flourish 2. (*epígrafe*) heading
rubricar <c→qu> *vt* 1. (*firmar*) to sign 2. (*sellar*) to seal
rudeza *f* 1. (*brusquedad*) rudeness 2. (*tosquedad*) coarseness
rudimentario, -a *adj* rudimentary
rudo, -a *adj* 1. (*material*) rough; (*sin trabajar*) raw 2. (*persona tosca*) coarse; (*brusca*) rude
rueda *f* 1. (*que gira*) wheel; ~ **de repuesto** spare tyre; **todo marcha sobre** ~**s** everything is going smoothly 2. (*de bicicleta*) tyre *Brit*, tire *Am* 3. (*de personas*) ring; ~ **de prensa** press conference
ruedo *m* bullring
ruego *m* request; ~**s y preguntas** POL any other business
rufián *m* 1. (*chulo*) pimp 2. (*granuja*) scoundrel
rugby *m* rugby
rugido *m* roar
rugir <g→j> *vi* to roar
rugoso, -a *adj* wrinkled
ruido *m* noise; **hacer** ~ *fig* to cause a stir
ruidoso, -a *adj* noisy
ruin *adj* 1. (*malvado*) wicked; (*vil*) despicable 2. (*tacaño*) mean
ruina *f* 1. (*destrucción*) destruction 2. ARQUIT ruin; **convertir una ciu-**

R
r

dad en ~**s** to raze a city to the ground; **este hombre está hecho una** ~ this man is a wreck **3.** (*perdición*) downfall; **estar en la** ~ ECON to be bankrupt

ruindad *f* **1.** (*maldad*) wickedness **2.** (*tacañería*) meanness

ruinoso, -a *adj* **1.** (*edificios*) dilapidated **2.** (*perjudicial*) disastrous; ECON ruinous

ruiseñor *m* nightingale

ruleta *f* roulette

rulo *m* roller

rulot *f* caravan *Brit,* trailer *Am*

Rumanía *f* Romania

rumano, -a *adj, m, f* Romanian

rumba *f* rumba

rumbo *m* direction; AERO, NÁUT course; **con** ~ **a** bound for; **tomar** ~ **a un puerto** to head for a port; **tomar otro** ~ POL to change course; **no tengo** ~ **fijo** I'm not going anywhere in particular

rumboso, -a *adj* generous

rumiante *m* ruminant

rumiar *vt* **1.** (*vacas*) to ruminate **2.** *inf* (*cavilar*) to think over

rumor *m* **1.** (*chisme*) rumour *Brit,* rumor *Am;* **corren** ~**es de que...** it is rumoured that ... **2.** (*ruido*) murmur; ~ **de voces** buzz of conversation

runrún *m inf* **1.** (*ruido*) buzz; (*murmullo*) murmur **2.** (*chisme*) rumour *Brit,* rumor *Am*

rupestre *adj* **pintura** ~ cave painting

ruptura *f* breaking; (*de relaciones*) breaking-off

rural *adj* rural; **vida** ~ country life

Rusia *f* Russia

ruso, -a *adj, m, f* Russian

rústico, -a I. *adj* **1.** (*campestre*) rural **2.** (*tosco*) rough; **en rústica** TIPO paperback II. *m, f* peasant; *pey* yokel

ruta *f* route

rutina *f* routine

rutinario, -a *adj* routine

S, s *f* S, s; ~ **de Soria** S for Sugar

S. *abr de* **San** St

S.A. *f* **1.** *abr de* **Sociedad Anónima** plc **2.** *abr de* **Su Alteza** Your Highness

sábado *m* Saturday; *v.t.* **lunes**

sábana *f* sheet; **se me han pegado las** ~**s** *inf* I've overslept

sabandija *f* **1.** (*insecto*) bug **2.** *pey* (*persona*) wretch

sabañón *m* chilblain

sabelotodo *mf inv, inf* know-all *Brit,* know-it-all *Am*

saber *irr* I. *vt* **1.** (*estar informado*) to know; **¿se puede** ~ **si... ?** could you tell me if ...?; **sin** ~**lo yo** without my knowing; **¡cualquiera sabe!** who knows?; **vete tú a** ~ it's anyone's guess; (**al menos**) **que yo sepa** as far as I know; **para que lo sepas** for your information; **¡y qué sé yo!** how should I know! **2.** (*tener habilidad*) **él sabe ruso** he can speak Russian **3.** (*descubrir*) to find out; **lo supe por mi hermano** I heard about it from my brother II. *vi* **1.** (*tener sabor*) to taste **2.** (*agradar*) **me supo mal aquella respuesta** that reply upset me **3.** (*tener noticia*) to have news III. *m sin pl* knowledge

sabiduría *f* **1.** (*conocimientos*) knowledge **2.** (*sensatez*) wisdom **3.** (*erudición*) learning

sabiendas a ~ knowingly

sabio, -a I. *adj* wise II. *m, f* scholar

sable *m* sabre *Brit,* saber *Am*

sabor *m* taste; **tiene** (**un**) ~ **a...** it tastes of ...

saborear *vt* to savour *Brit,* to savor *Am;* (*triunfo*) to relish

sabotaje *m* sabotage

sabotear *vt* to sabotage

sabroso, -a *adj* **1.** (*sazonado*) tasty **2.** (*gracioso*) racy **3.** (*salado*) slightly salty

sacacorchos *m inv* corkscrew

sacapuntas *m inv* pencil sharpener

sacar <c→qu> I. *vt* **1.** (*de un sitio*) to take out, to remove; (*agua*) to draw; (*diente*) to pull (out); ~ **a bailar** to invite to dance; **¿de dónde lo has sacado?** where did you get it from? **2.** (*de una situación*) to get; ~ **adelante** (*persona*) to look after; (*negocio*) to run; (*niño*) to bring up **3.** (*solucionar*) to solve **4.** (*reconocer*) to recognize **5.** (*obtener*) to obtain; (*premio, entrada*) to get; ~ **en claro** (**de**) to gather (from) **6.** MIN to extract **7.** *inf* (*foto*) to take **8.** (*producto*) to bring out; ~ **a la venta** to put on sale II. *vi* (*tenis*) to serve; (*fútbol*) to take a goal kick III. *vr* to take out

sacarina *f sin pl* saccharin

sacerdote *m* priest

saciar I. *vt* to satisfy, to satiate; (*sed*) to quench II. *vr*: ~**se** *t. fig* to satiate oneself

saco *m* **1.** (*bolsa*) bag; (*costal*) sack; ~ **de dormir** sleeping bag **2.** (*prenda*) jacket

sacramento *m* sacrament

sacrificar <c→qu> I. *vt* **1.** (*ofrecer*) to sacrifice; *t. fig* to give up **2.** (*animal*) to slaughter II. *vr* ~**se** to sacrifice oneself

sacrificio *m* sacrifice

sacrilegio *m* sacrilege

sacrílego, -a *adj* sacrilegious

sacristán *m* sacristan

sacristía *f* vestry, sacristy

sacro, -a *adj* **1.** (*sagrado*) sacred **2.** ANAT **hueso** ~ sacrum

sacudida *f* shake; ~ **eléctrica** electric shock; ~ **sísmica** earthquake

sacudir I. *vt* **1.** (*agitar*) to shake; (*cola*) to swish **2.** (*pegar*) to belt II. *vr*: ~**se** (*a alguien*) to get rid of

sádico, -a I. *adj* sadistic II. *m, f* sadist

sadismo *m sin pl* sadism

sadomasoquismo *m sin pl* sadomasochism

sadomasoquista I. *adj* sadomasochistic II. *mf* sadomasochist

saeta *f* **1.** (*flecha*) arrow **2.** MÚS *pious song typically sung in the religious processions in Spain during Easter week*

safari *m* safari

sagacidad *f sin pl* astuteness

sagaz *adj* astute

Sagitario *m* Sagittarius

sagrado, -a <sacratísimo> *adj* sacred

Sáhara *m* **el** ~ the Sahara

Sajonia *f* Saxony

sal *f* **1.** (*condimento*) salt; ~ **común** table salt **2.** (*gracia*) wit; (*encanto*) charm **3.** *AmL* (*mala suerte*) bad luck

sala *f* **1.** (*habitación*) room; (*grande*) hall; ~ **de espera/estar** waiting/living room **2.** JUR courtroom

salado, -a *adj* **1.** (*comida*) salty **2.** (*gracioso*) witty **3.** *AmL* (*infortunado*) unfortunate

salami *m* salami

salar *vt* **1.** (*condimentar*) to add salt to **2.** (*para conservar*) to salt

salarial *adj* wage

salario *m* wages *pl*

salchicha *f* sausage; **perro** ~ *inf* (*dachshund*) sausage dog *Brit,* hotdog *Am*

salchichón *m* salami-type cured sausage

saldar *vt* **1.** (*cuenta*) to pay; (*deuda*) to pay off; (*diferencias*) to settle **2.** (*mercancía*) to sell off

saldo *m* **1.** (*de cuenta*) balance; (*pago*) payment **2.** *pl* (*rebajas*) sales *pl*

salero *m* **1.** (*objeto*) salt cellar *Brit,* salt shaker *Am* **2.** (*gracia*) wit

salida *f* **1.** (*puerta*) way out; (*para coches, de emergencia*) exit; **callejón sin** ~ dead end **2.** (*de un tren*) departure; (*de un barco*) sailing **3.** (*astr*) rising; ~ **del sol** sunrise **4.** DEP start **5.** COM sale; (*partida*) consignment; ~ **de capital** capital outflow **6.** *inf* (*ocurrencia*) witty remark **7.** (*solución*) way out

salido, -a *adj inf* randy, horny

saliente *adj* **1.** (*excelente*) outstanding **2.** (*ojos*) protruding

salir *irr* I. *vi* **1.** *t.* INFOR (*ir al exterior*) to go out; (*ir fuera*) to go away; ~ **con alguien** *inf* to go out with sb; ~ **adelante** to make progress **2.** (*de* *viaje*) to leave; (*avión*) to depart; ~ **ileso/ganando** to come out unscathed/the better **3.** (*sol*) to rise; ~ **a la luz** to come to light **4.** (*convertirse*) to turn into **5.** (*parecerse*) to look like **6.** DEP to start **7.** (*costar*) to cost **II.** *vr:* ~**se 1.** (*líquido*) to overflow; (*leche*) to boil over **2.** (*de una organización*) to leave

saliva *f* saliva

salmantino, -a *adj* of/from Salamanca

salmo *m* psalm

salmón I. *adj* salmon-pink **II.** *m* salmon

salmuera *f* brine

salón *m* **1.** (*de casa*) living-room **2.** (*local*) hall; ~ **de actos** assembly hall

salpicadero *m* AUTO dashboard

salpicar <c→qu> *vt* **1.** (*rociar*) to sprinkle; (*con pintura*) to splash **2.** (*manchar*) to spatter

salpicón *m* **1.** GASTR ≈ salmagundi (*chopped seafood or meat with oil, vinegar and seasoning*) **2.** Col, Ecua (*bebida*) cold drink of fruit juice **3.** (*mancha*) spatter

[?] In **Colombia** and **Ecuador** the **salpicón** is a cold fruit drink. In Spain, however, **salpicón** is a cold meat, fish or seafood dish.

salsa *f* **1.** GASTR sauce **2.** (*gracia*) humour *Brit*, humor *Am* **3.** MÚS salsa

saltador(a) *m/f* DEP jumper; ~ **de altura** high-jumper; ~ **de longitud** long-jumper

saltamontes *m inv* grasshopper

saltar I. *vi* **1.** (*botar, lanzarse*) to jump; (*chispas*) to fly up; ~ **por los aires** to blow up; *fig* to get furious; ~ **de alegría** to jump for joy; ~ **a la cuerda** to skip; ~ **al agua** to jump into the water **2.** (*explotar*) to explode; (*los plomos*) to blow **3.** (*picarse*) to explode **4.** (*irrumpir*) to come out **5.** (*desprenderse*) to come off **II.** *vt* **1.** (*movimiento*) to jump (over) **2.** (*animal*) to cover **III.** *vr:*

~**se 1.** (*botón*) to come off **2.** (*ley*) to break

salteador(a) *m/f* holdup man *m*, holdup woman *f*

saltear *vt* GASTR to sauté

saltimbanqui *m* acrobat

salto *m* **1.** (*bote*) jump; **dar un ~** to jump **2.** DEP jump; ~ **de altura** high jump; ~ **de longitud** long jump **3.** INFOR ~ **de página** page break **4.** (*trabajo*) rapid promotion **5.** (*bata*) ~ **de cama** negligée

saltón, -ona *adj* **1.** (*saltarín*) restless **2.** (*sobresaliente*) protruding

salubre *adj* <salubérrimo> (*saludable*) healthy; (*curativo*) curative

salud *f sin pl* (*estado físico*) health; **¡~!** (*al estornudar*) bless you!; (*al brindar*) good health!; **beber a la ~ de...** to drink to the health of ...

saludable *adj* **1.** (*sano*) healthy **2.** (*provechoso*) beneficial

saludar *vt* **1.** (*al encontrar*) to greet; (*con la mano*) to wave; MIL to salute; **le saluda atentamente su...** *form* yours faithfully ... **2.** (*recibir*) to welcome **3.** (*mandar saludos*) to send regards to

saludo *m* **1.** (*palabras*) greeting; **con un cordial ~** *form* yours sincerely; **¡déle ~s de mi parte!** give him/her my regards **2.** (*recibimiento*) welcome

salva *f* salvo; (*de aplausos*) round

salvación *f* rescue; REL salvation

salvado *m* bran

salvador(a) I. *adj* saving; REL salvational **II.** *m/f* rescuer; REL saviour *Brit*, savior *Am*

Salvador *m* **El** ~ El Salvador

[?] The Republic of **El Salvador** lies in the northeastern part of Central America. The capital is **San Salvador**. The official language of the country is Spanish and the monetary unit of **El Salvador** is the **colón**. The country is the smallest and most densely populated in Central America.

salvadoreño, -a *adj, m, f* Salvadoran

salvaguardar *vt* to safeguard; (*derechos*) to protect

salvajada *f* savage deed, atrocity

salvaje I. *adj* (*animal*) wild; (*persona*) uncivilized; (*acto*) savage **II.** *mf* savage

salvajismo *m sin pl* savagery

salvamanteles *m inv* table mat, place mat *Am*

salvamento *m* salvation; (*accidente*) rescue

salvar I. *vt* **1.** *t.* REL (*del peligro*) to save **2.** (*obstáculo*) to get round; (*problema*) to overcome; (*apariencias*) to keep up **II.** *vr:* ~**se** to save oneself

salvavidas *m inv* lifebelt; **bote** ~ lifeboat; **chaleco** ~ lifejacket

salvia *f* sage

salvo *prep* except; ~ **que** [*o* **si**] +*subj* unless

salvo, -a *adj* safe

salvoconducto *m* safe-conduct

samba *f* samba

san *adj* Saint

> [!] **san** is used before masculine proper nouns not beginning with do- o to-: "San Antonio, San Francisco"; **santo** is used with names beginning with do- o to-: "Santo Domingo, Santo Tomás."

sanar I. *vi* to recover **II.** *vt* to cure

sanatorio *m* sanatorium

sanción *f* **1.** (*multa*) penalty **2.** ECON sanction

sancionar *vt* **1.** (*castigar*) to punish **2.** ECON to impose sanctions on

sandalia *f* sandal

sandez *f* stupid action

sandía *f* watermelon

sandinista *adj, mf* Nic Sandinista

sándwich *m* GASTR toasted sandwich

saneamiento *m* **1.** (*de un edificio*) repair; (*de un terreno*) drainage **2.** (*de economía*) reform

sanear *vt* **1.** (*edificio*) to clean up; (*tierra*) to drain **2.** (*economía*) to reform **3.** JUR to compensate

Sanfermines *mpl* Pamplona bull-running festival

sangrar *vi, vt* to bleed

sangre *f* blood; **a** ~ **fría** in cold blood; **de** ~ **azul** blue-blooded; **pura** ~ thoroughbred

sangría *f* **1.** MED bleeding **2.** TIPO indentation **3.** (*bebida*) sangria

> [?] **Sangría** is a punch made from red wine, water, sugar, lemon and orange. It is normally served in a **jarra de barro** (earthenware jug).

sangriento, -a *adj* bloody; (*injusticia*) cruel; **hecho** ~ bloody event

sanguijuela *f* leech

sanguinario, -a *adj* bloodthirsty

sanguíneo, -a *adj* **1.** MED blood **2.** (*temperamento*) sanguine

sanidad *f sin pl* health

sanitario *m* (*wáter*) toilet

sanitario, -a *adj* health; (*medidas*) sanitary

sano, -a *adj* **1.** (*robusto*) healthy; ~ **de juicio** of sound mind; ~ **y salvo** safe and sound **2.** (*no roto*) intact

Santiago *m* ~ (**de Chile**) Santiago

santiaguino, -a *adj* of/from Santiago (in Chile)

santiamén *m* **en un** ~ in a jiffy

santidad *f* holiness

santificar <c→qu> *vt* to sanctify

santiguarse <gu→gü> *vr* to cross oneself

santo, -a I. *adj* sacred, holy; (*piadoso*) saintly; **la Santa Sede** the Holy See **II.** *m, f* **1.** (*personaje*) saint; **día de Todos los Santos** All Saint's Day; **se le fue el** ~ **al cielo** he/she forgot what he/she was going to say **2.** (*fiesta*) saint's day, name day **3.** (*imagen*) (religious) illustration **4.** *fig* ~ **y seña** password

santuario *m* **1.** (*templo*) shrine **2.** (*refugio*) sanctuary, refuge

sapo *m* toad

saque *m* DEP (*fútbol*) goal kick, throw-in; **tener buen** ~ *fig* to have a hearty appetite

saquear *vt* to loot

S
s

saqueo *m* looting
sarampión *m sin pl* MED measles
sarcasmo *m sin pl* sarcasm
sarcástico, -a *adj* sarcastic
sarcófago *m* sarcophagus
sardina *f* sardine
sardónico, -a *adj* sardonic
sargento *m* sergeant
sargo *m* sea bream, sheepshead
sarmiento *m* (*tallo*) vine shoot
sarna *f sin pl* MED scabies
sarpullido *m* MED (*irritación*) rash
sarro *m* **1.** MED (*de los dientes*) tartar
   2. (*poso*) deposit
sartén *f* frying pan
sastre, -a *m, f* tailor
sastrería *f* **1.** (*tienda*) tailor's shop
   2. (*oficio*) tailoring
satélite *m* satellite
sátira *f* LIT satire
satisfacción *f* satisfaction
satisfacer *irr como hacer* I. *vt*
   1. (*pagar*) to honour *Brit,* to honor
   Am **2.** (*deseo*) to satisfy; (*sed*) to
   quench; (*demanda*) to settle **3.** (*requisitos*) to meet **4.** (*agravio*) to
   make amends for II. *vr:* ~**se 1.** (*contentarse*) to satisfy oneself **2.** (*agravio*) to obtain redress
satisfecho, -a I. *pp de* **satisfacer**
   II. *adj* (*contento*) contented; (*exi-
   gencias*) satisfied
saturación *f* saturation
saturar *vt* to saturate
sauce *m* willow; ~ **llorón** weeping
   willow
saudí <saudíes>, **saudita** *adj, mf*
   Saudi; **Arabia Saudí** Saudi Arabia
sauna *f* sauna
savia *f* sap
saxofón *m,* **saxófono** *m* saxophone
sazonado, -a *adj* **1.** (*comida*) seasoned **2.** (*fruta*) ripe **3.** (*frase*) witty
sazonar *vt* **1.** (*comida*) to season
   2. (*madurar*) to ripen
scanner *m* scanner
se *pron pers* **1.** *forma reflexiva: m
   sing* himself; *f sing* herself; *de cosa*
   itself; *pl* themselves; *de Ud.* yourself;
   de Uds. yourselves **2.** *objeto indirecto: m sing* to him; *f sing* to her; *a una
   cosa* to it; *pl* to them; *a Ud., Uds.* to

you; **mi hermana** ~ **lo prestó a su
   amiga** my sister lent it to her friend
   3. (*oración impers*) you; ~ **aprende
   mucho en esta clase** you learn a lot
   in this class **4.** (*oración pasiva*) ~
   confirmó la sentencia the sentence was confirmed
sé 1. *pres de* **saber**
sebo *m* grease; (*vela*) tallow; **hacer** ~
   Arg, inf to idle
seca *f* (*sequía*) drought
secador *m* (*para la ropa*) clothes
   horse; (*para el pelo*) hair dryer
secadora *f* tumble dryer
secano *m* dry land
secar <c→qu> I. *vt* **1.** (*deshumedecer*) to dry **2.** (*enjugar*) to wipe
   II. *vr:* ~**se 1.** (*deshumedecer*) to dry
   up **2.** (*enjugar*) to wipe up
sección *f* **1.** (*perfil*) cross-section
   2. (*parte*) section **3.** (*departamento*)
   branch
seco, -a *adj* **1.** (*sin agua*) dry; **golpe** ~
   dull blow; **frutos** ~**s** dried fruit and
   nuts **2.** (*flaco*) skinny **3.** (*tajante*)
   curt; **en** ~ suddenly
secretaría *f* **1.** (*oficina*) secretary's
   office **2.** (*cargo*) secretaryship
   3. *AmL* (*ministerio*) ministry
secretario, -a *m, f* **1.** (*de oficina*)
   secretary **2.** *AmL* (*ministro*) minister
secreto *m* **1.** (*misterio*) secret **2.** (*reserva*) secrecy
secreto, -a *adj* secret
secta *f* sect
sectario, -a *adj* sectarian
sector *m* **1.** *t.* MAT, INFOR sector
   2. (*grupo*) group
secuela *f* consequence; (*de enfermedad*) after-effect
secuencia *f t.* CINE sequence; ~ **de
   caracteres** *t.* INFOR series of char-
   acters
secuestrar *vt* **1.** (*raptar*) to kidnap
   2. (*embargar*) to confiscate
secuestro *m* **1.** (*rapto*) kidnapping
   2. (*bienes*) confiscation
secular *adj* secular
secundar *vt* to second
secundario, -a *adj* (*segundo*) secondary; **papel** ~ CINE, TEAT supporting role

sed *f* thirst; **tener ~** to be thirsty
seda *f* silk
sedal *m* (fishing) line
sedante I. *adj* (de efecto) ~ soothing II. *m* sedative
sedativo, -a *adj* sedative
sede *f* seat; **la Santa Sede** the Holy See
sedentario, -a *adj* sedentary
sediento, -a *adj* thirsty
sedimentar I. *vt* to deposit II. *vr:* ~se to settle
sedimento *m* deposit
sedoso, -a *adj* silky, silken
seducir *irr como* traducir *vt* 1. (persuadir) to seduce 2. (fascinar) to charm
seductor(a) I. *adj* seductive II. *m(f)* seducer
sefardí, sefardita I. *adj* Sephardic II. *mf* Sephardi

> ? A **sefardí** is the descendant of a Jewish person who originated from Spain or Portugal. The language is also called **sefardí** (or **ladino**). The **sefardíes** were driven out of the Iberian Peninsula at the end of the 15th century. They subsequently settled in North Africa and some European countries.

segadora *f* mower
segar *irr como* fregar *vt* 1. (cortar) to reap; (hierba) to mow 2. (frustrar) to dash
seglar *adj* lay, secular
segmento *m* segment
segregación *f* segregation
segregar <g→gu> *vt* to segregate
seguido, -a *adj* 1. (continuo) consecutive 2. (en línea recta) straight; **todo ~** straight on
seguidor(a) *m(f)* follower, supporter; DEP fan
seguimiento *m* (persecución) chase; (sucesión) continuation
seguir *irr* I. *vt* 1. (suceder) to follow; ~ **adelante** to carry on 2. (perse-

guir) to chase II. *vi* (por una calle) to follow III. *vr:* ~se to ensue
según I. *prep* according to; ~ **eso** according to that; ~ **la ley** in accordance with the law; ~ **tus propias palabras** judging by your own words II. *adv* 1. (como) as; ~ **lo convenido** as we agreed 2. (mientras) while 3. (eventualidad) ~ **(y como)** it depends
segunda *f* AUTO second gear; FERRO second class; **con ~s** *fig* with veiled meaning
segundero *m* second hand
segundo *m* (tiempo) second
segundo, -a *adj* second; *v.t.* **octavo**
seguramente *adv* 1. (de modo seguro) certainly 2. (probablemente) probably
seguridad *f* 1. (protección) security; **Seguridad Social** ADMIN Social Security 2. (certeza) certainty 3. (firmeza) confidence 4. (garantía) surety
seguro I. *m* 1. (contrato) insurance 2. (mecanismo) safety device II. *adv* for sure; **sobre ~** on safe ground
seguro, -a *adj* 1. (exento de peligro) safe 2. (firme) secure 3. (convencido) certain; ~ **de sí mismo** confident; **¿estás ~?** are you sure?
seis *adj inv, m inv* six; *v.t.* **ocho**
seiscientos, -as *adj* six hundred; *v.t.* **ochocientos**
seísmo *m* (temblor) tremor; (terremoto) earthquake
selección *f* selection; ~ **nacional** national team; ~ **natural** natural selection
seleccionar *vt* to select
selectividad *f* UNIV university entrance exam

> ? The **selectividad** is a state school leaving exam, which all pupils must successfully sit after having completed the **bachillerato**, if they wish to enrol at a Spanish university.

selecto, -a *adj* select; (ambiente) exclusive

Sₛ

sellar *vt* 1. (*timbrar*) to stamp 2. (*precintar*) to seal; (*cerrar*) to close

sello *m* 1. (*tampón, de correos*) stamp 2. (*precinto*) seal

selva *f* (*bosque*) forest; (*tropical*) jungle

semáforo *m* traffic lights *pl*

semana *f* week; **fin de ~** weekend

semanal *adj* weekly

semblante *m* 1. (*cara*) face 2. (*expresión*) appearance

sembrar <e→ie> *vt* 1. (*plantar*) to sow 2. (*esparcir*) to scatter; (*terror*) to spread

semejante I. *adj* 1. (*similar*) similar 2. (*tal*) such; **~ persona** such a person II. *m* fellow man

semejanza *f* (*similitud*) similarity; (*físico*) resemblance

semejar I. *vi* to resemble II. *vr:* **~se** to look alike

semen *m* semen

semental *m* stud

semestral *adj* half-yearly

semiautomático, -a *adj* semi-automatic

semicírculo *m* semicircle

semiconsciente *adj* half-conscious

semidesnatado, -a *adj* semi-skimmed

semidiós, -osa *m, f* demigod

semidormido, -a *adj* half-asleep

semifinal *f* semi-final

semilla *f* seed

seminario *m* seminary

sémola *f* semolina

sempiterno, -a *adj* everlasting

Sena *m* Seine

senado *m* senate

senador(a) *m(f)* senator

sencillez *f* 1. (*simplicidad*) simplicity 2. (*naturalidad*) naturalness

sencillo, -a *adj* 1. (*simple*) simple; (*fácil*) easy 2. (*natural*) natural

senda *f*, **sendero** *m* path

senderismo *m* hillwalking, hiking

sendos, -as *adj* each of two

senil *adj* senile

seno *m* 1. ANAT, MAT sinus 2. (*pecho*) breast 3. (*de organización*) heart

sensación *f* 1. (*sentimiento*) feeling 2. (*novedad*) sensation

sensacional *adj* sensational

sensatez *f* good sense

sensato, -a *adj* sensible

sensibilidad *f* sensitivity

sensibilizar <z→c> *vt* to sensitize

sensible *adj* 1. (*sensitivo*) sensitive; (*impresionable*) impressionable 2. (*perceptible*) noticeable

sensiblero, -a *adj* (over)sentimental

sensitivo, -a *adj* 1. (*sensorial*) sensory 2. (*sensible*) sensitive

sensor *m* sensor

sensorial *adj*, **sensorio, -a** *adj* sensory

sensual *adj* sensual

sentada *f* sit-in, sit-down protest

sentado, -a I. *pp de* **sentar** II. *adj* (*sensato*) sensible; **dar por ~** to take for granted

sentar <e→ie> I. *vi* (*ropa*) to suit; **~ bien/mal** (*comida*) to agree/disagree II. *vt* to sit; **estar sentado** to be sitting down III. *vr:* **~se** 1. (*asentarse*) to sit down; **¡siéntese!** have a seat! 2. (*establecerse*) to settle down

sentencia *f* 1. (*proverbio*) maxim 2. JUR sentence

sentenciar *vt* to sentence

sentido *m* 1. (*facultad*) sense; **doble ~** (*significado*) double meaning; (*dirección*) two-way; **sin ~** unconscious 2. (*dirección*) direction; **en el ~ de las agujas del reloj** clockwise; **~ único** one-way 3. (*significado*) meaning

sentido, -a *adj* 1. (*conmovido*) deeply felt 2. (*sensible*) sensitive

sentimental *adj* sentimental

sentimiento *m* 1. (*emoción*) feeling 2. (*pena*) sorrow; **le acompaño en el ~** please accept my condolences

sentir *irr* I. *vt* 1. (*percibir*) to feel 2. (*lamentar*) to be sorry for; **lo siento mucho** I am very sorry II. *vr:* **~se** to feel; **~se bien/mal** to feel good/bad III. *m* opinion

seña *f* 1. (*gesto*) sign; **hablar por ~s** to use sign language 2. (*particularidad*) distinguishing mark; **por más ~s** to be more specific 3. *pl* (*dirección*) address

señal *f* 1. (*signo*) sign; **~ de tráfico**

road sign; **en ~ de** as a sign of; **dar ~es de vida** *fig* to show oneself **2.**(*teléfono*) tone; **~ de comunicar** engaged tone *Brit,* busy signal *Am* **3.**(*huella*) mark; **ni ~** no trace **4.**(*cicatriz*) scar **5.**(*adelanto*) deposit; **paga y ~** first payment

señalado, -a *adj* **1.**(*famoso*) distinguished **2.**(*importante*) special

señalar *vt* **1.**(*anunciar*) to announce **2.**(*marcar*) to mark **3.**(*mostrar*) to show **4.**(*indicar*) to point out

señalizar <z→c> *vt* to signpost

señor(a) I. *adj inf* lordly **II.** *m/f* **1.**(*dueño*) owner **2.**(*hombre*) (gentle)man; (*mujer*) wife; (*dama*) lady; **¡~as y ~es!** ladies and gentlemen! **3.**(*título*) Mister *m*, Mrs *f*; **muy ~ mío:** Dear Sir; **¡no, ~!** not a bit of it!; **¡sí, ~!** it certainly is! **4.** REL **el Señor** Our Lord

señorita *f* **1.**(*tratamiento*) Miss **2.**(*chica*) young lady

señorito *m* young gentleman

señuelo *m* decoy; *fig* lure

separación *f* **1.**(*desunión*) separation **2.**(*espacio*) distance

separado *adv* **por ~** separately; **contar por ~** to count one by one

separar I. *vt* **1.**(*desunir*) to separate **2.**(*apartar*) to remove **II.** *vr:* **~se** to separate

sepia *f* cuttlefish

septentrional *adj elev* northern

septiembre *m* September; *v.t.* **marzo**

séptimo, -a *adj* seventh; *v.t.* **octavo**

septuagésimo, -a *adj* seventieth; *v.t.* **octavo**

sepulcral *adj* sepulchral; (*silencio*) deathly

sepulcro *m* tomb

sepultar I. *vt* **1.** *t. fig* (*inhumar*) to bury **2.**(*cubrir*) to conceal **II.** *vr:* **~se** (*sumergir*) to hide away

sepultura *f* **1.**(*sepelio*) burial **2.**(*tumba*) grave

sepulturero, -a *m, f,* gravedigger

sequedad *f* **1.**(*aridez*) dryness **2.**(*descortesía*) bluntness; **con ~** curtly

sequía *f* drought

séquito *m* retinue

ser *irr* **I.** *aux* **1.**(*construcción de la pasiva*) **las casas fueron vendidas** the houses were sold **2.**(*en frases pasivas*) **era de esperar** it was to be expected **II.** *vi* **1.**(*existir, constituir*) to be; **4 y 4 son ocho** 4 and 4 make eight; **éramos cuatro** there were four of us; **¿quién es?** (*puerta*) who is it?; (*teléfono*) who's calling?; **soy Pepe** (*a la puerta*) it's me, Pepe; (*al teléfono*) this is Pepe; **son las cuatro** it's four o'clock **2.**(*costar*) **¿a cuánto es el pollo?** how much is the chicken? **3.**(*convertirse en*) to become; **¿qué es de él?** what's he doing now?; **¿qué ha sido de ella?** whatever happened to her? **4.**(*con 'de'*) **el paquete es de él** the parcel belongs to him; **el anillo es de plata** the ring is made of silver; **~ de Escocia** to be from Scotland **5.**(*con 'para'*) **¿para quién es el vino?** who is the wine for?; **no es para ponerse así** there's no need to get so angry **6.**(*con 'que'*) **esto es que no lo has visto bien** you can't have seen it properly; **es que ahora no puedo** the thing is I can't at the moment **7.**(*enfático, interrogativo*) **¡esto es!** (*así se hace*) that's the way!; (*correcto*) that's right!; **¿pero qué es esto?** what's this then?; **¡no puede ~!** that can't be! **8.**(*en infinitivo*) **manera de ~** manner; **a no ~ que** +*subj* unless **9.**(*en indicativo, subjuntivo*) **es más** what is more; **siendo así** that being so; **y eso es todo** and that's that **III.** *m* being; **~ vivo** living creature; **~ humano** human being

┌─────────────────────────────────┐
│ **!** **ser** expresses inherent characteristics of people or objects: "Mis primos son altos y delgados."
estar is used to express temporary characteristics which may change: "Enrique está muy enamorado de su novia; Está enfermo desde hace una semana." │
└─────────────────────────────────┘

Serbia *f* Serbia

serbio, -a *adj, m, f* Serb

serenarse *vr* (*calmarse*) to calm down; (*tiempo*) to clear up

serenidad *f sin pl* calmness

sereno *m* (*vigilante*) night watchman

sereno, -a *adj* **1.** (*sosegado*) calm **2.** (*sin nubes*) clear

serial *m* RADIO, TV serial

serie *f* **1.** (*sucesión*) series *inv;* **fuera de** ~ out of order; *fig* outstanding, special **2.** *t.* MAT (*gran cantidad*) set; **fabricar en** ~ to mass produce **3.** DEP competition

seriedad *f sin pl* seriousness

serigrafía *f* TIPO serigraphy

serio, -a *adj* **1.** (*grave*) serious; **¿en** ~? are you serious? **2.** (*severo*) solemn **3.** (*responsable*) trustworthy

sermón *m* sermon

seropositivo, -a *adj* HIV-positive

serpentear *vi* to creep; *fig* to wind

serpentina *f* (*de papel*) streamer

serpiente *f* snake; ~ **de cascabel** rattlesnake

serranía *f* mountainous area

serrano, -a *adj* highland

serrar <e→ie> *vt* to saw

serrín *m* sawdust

serrucho *m* (*sierra*) handsaw

servicio *m* **1.** (*acción de servir*) service; ~ **militar** military service; **estar de** ~ to be on duty; **hacer el** ~ to do military service; **hacer un flaco** ~ **a alguien** to do sb more harm than good **2.** (*servidumbre*) (domestic) service; **entrada de** ~ tradesman's entrance *Brit,* service entrance *Am* **3.** (*cubierto*) set **4.** (*retrete*) lavatory **5.** DEP serve

servidor *m* INFOR server

servidor(a) *m(f)* (*criado*) servant; **¿quién es el último?** – ~ who is the last in the queue? – I am

servidumbre *f* **1.** (*personal*) servants *pl* **2.** (*esclavitud*) servitude

servil *adj* servile

servilleta *f* napkin

servir *irr como pedir* **I.** *vi* **1.** (*ser útil*) to be of use; **no sirve de nada** it's no use **2.** (*ser soldado*) to serve **3.** (*ayudar*) to assist; **¿en qué puedo** ~**le?** can I help you? **4.** DEP to serve **5.** (*suministrar*) to supply **6.** (*comida*) to serve; (*bebida*) to pour out **II.** *vr:* ~**se** to make use

sesenta *adj inv, m* sixty; *v.t.* **ochenta**

sesgo *m* **1.** (*oblicuidad*) slant; **al** ~ aslant **2.** (*orientación*) direction

sesión *f* **1.** (*reunión*) session **2.** (*representación*) show(ing)

seso *m* **1.** ANAT brain **2.** (*inteligencia*) brains *pl;* **calentarse los** ~**s** *inf* to rack one's brains

sesudo, -a *adj* **1.** (*inteligente*) brainy **2.** (*sensato*) sensible

set *m* <sets> **1.** DEP set **2.** (*conjunto*) service

seta *f* mushroom

setecientos, -as *adj* seven hundred; *v.t.* **ochocientos**

setenta *adj inv, m* seventy; *v.t.* **ochenta**

seudónimo *m* pseudonym

Seúl *m* Seoul

severidad *f sin pl* severity

severo, -a *adj* severe, harsh; (*brusco*) rough; (*riguroso*) strict

Sevilla *f* Seville

sevillano, -a *adj, m, f* Sevillian

sexagésimo, -a *adj* sixtieth; *v.t.* **octavo**

sexo *m* **1.** (*práctica*) sex **2.** (*órganos*) sex organs *pl*

sexto, -a *adj* sixth; *v.t.* **octavo**

sexual *adj* sexual

sexualidad *f sin pl* sexuality

si I. *conj* **1.** (*condicional*) if; ~ **acaso** maybe; ~ **no** otherwise; **por** ~ **acaso** just in case **2.** (*en preguntas indirectas*) whether, if; **¿y** ~**...?** what if …? **3.** (*en oraciones concesivas*) ~ **bien** although **4.** (*comparación*) **como** ~**...** +*subj* as if … **5.** (*en frases desiderativas*) **¡**~ **hiciera más calor!** if only it were warmer! **6.** (*protesta, sorpresa*) but; **¡pero** ~ **se está riendo!** but he/she's laughing! **II.** *m* MÚS B

sí I. *adv* yes; **¡(claro) que** ~**!** of course!; **creo que** ~ I think so; **porque** ~ (*es así*) because that's the way it is; (*lo digo yo*) because I say so; **volver en** ~ to regain conscious-

El (cuarto de) baño

1	alcachofa *f* de la ducha	shower head
2	barra *f*	rail
3	tubo *m*	hose
4	azulejo *m*	tile
5	grifo *m*	tap *Brit*, faucet *Am*
6	esponja *f*	sponge
7	bañera *f*	bath, bathtub *Am*
8	desagüe *m*	plughole, drain *Am*
9	pastilla *f* de jabón	bar of soap
10	cortina *f* de la ducha	shower curtain
11	cesta *f* para la ropa sucia	dirty clothes basket
12	toalla *f* de baño	bath towel
13	alfombrilla *f* de baño	bath mat

The bathroom

14	zapatillas *fpl*	slippers
15	taburete *m*	stool
16	escobilla *f* del wáter [*o* retrete]	toilet brush
17	inodoro *m*, taza *f* (del wáter)	toilet bowl
18	asiento *m* del wáter	toilet seat
19	tapa *f*, tapadera *f* (del wáter)	lid
20	cisterna *f*, depósito *m* (del wáter)	cistern, tank *Am*
21	papel *m* higiénico	toilet paper
22	albornoz *m*	bathrobe
23	polvos *mpl* de talco	talcum powder
24	desodorante *m* en espray, espray *m* desodorante	deodorant spray
25	persiana *f*	blind

ness **II.** *pron pers: m sing* himself; *f sing* herself; *cosa, objeto* itself; **a ~ mismo** to himself; **de ~** in itself; **dar de ~** to be extensive; (*tela*) to give; **en** [*o* **de por**] **~** separately; **estar fuera de ~** to be beside oneself; **hablar entre ~** to talk among themselves; **por ~** in itself; **mirar por ~** to be selfish **III.** *m* consent; **dar el ~** to agree

siamés, -esa *adj* Siamese

sibarita I. *adj* sybaritic **II.** *mf* sybarite, pleasure seeker

sicalíptico, -a *adj* saucy

sicario *m* hired assassin

Sicilia *f* Sicily

sida, SIDA *m abr de* **síndrome de inmunodeficiencia adquirida** Aids, AIDS

siderúrgico, -a *adj* iron and steel

sidra *f* cider

siembra *f* sowing

siempre *adv* always; **a la hora de ~** at the usual time; **¡hasta ~!** see you!; **por ~ jamás** for ever and ever; **~ que** [*o* **y cuando**] +*subj* provided that, as long as

sien *f* ANAT temple

sierra *f* **1.** (*herramienta*) saw **2.** (*lugar*) sawmill **3.** GEO mountain range

siervo, -a *m, f* **1.** (*esclavo*) slave **2.** (*servidor*) servant

siesta *f* siesta; **echar** [*o* **dormir**] **la ~** to have a nap

siete *adj inv, m* seven; *v.t.* **ocho**

sífilis *f* syphilis

sifón *m* **1.** TÉC trap **2.** (*botella*) siphon **3.** (*soda*) soda

sigilo *m* **1.** (*discreción*) discretion **2.** (*secreto*) stealth

sigla *f* **1.** (*letra inicial*) initial **2.** (*rótulo de siglas*) acronym

siglo *m* century; **el ~ XXI** the 21st century; **el Siglo de Oro** the Golden Age; **por los ~s de los ~s** for ever and ever

significación *f* significance

significado *m* meaning

significar <c→qu> *vt, vi* to mean

significativo, -a *adj* significant

signo *m* **1.** *t.* MAT (*señal*) sign **2.** (*de puntuación*) mark

siguiente I. *adj* following **II.** *mf* next

silbar *vi, vt* **1.** (*persona*) to whistle; (*bala*) to whizz **2.** (*abuchear*) to boo

silbato *m* whistle

silbido *m* whistle; (*de los oídos*) ringing

silenciador *m* silencer

silenciar *vt* **1.** (*suceso*) to hush up **2.** (*persona*) to silence

silencio *m* **1.** silence; **guardar ~** to remain silent; **¡~!** quiet! **2.** MÚS rest

silencioso, -a *adj* **1.** (*poco hablador*) quiet **2.** (*callado*) silent

silicio *m* silicon

silla *f* **1.** *t.* REL (*asiento*) chair; **~ giratoria** swivel chair; **~ plegable** folding chair; **~ de ruedas** wheelchair **2.** (*montura*) saddle

sillín *m* saddle *Brit*, seat *Am*

sillón *m* (*butaca*) armchair

silueta *f* silhouette; **cuidar la ~** to look after one's figure

silvestre *adj* wild

simbólico, -a *adj* symbolic

simbolizar <z→c> *vt* to symbolize

símbolo *m* symbol

simétrico, -a *adj* symmetrical

simiente *f* seed

similar *adj* similar

simio *m* ape

simpatía *f* **1.** (*agrado*) liking; **tener ~ por** to have a liking for **2.** (*carácter*) friendliness

simpático, -a *adj* friendly

simpatizante *mf* sympathizer

simpatizar <z→c> *vi* **1.** (*congeniar*) to get on *Brit*, to get along *Am* **2.** (*identificarse con*) to sympathize

simple <simplísimo *o* simplicísimo> **I.** *adj* **1.** (*sencillo, persona*) simple **2.** (*fácil*) easy **3.** (*mero*) pure; **a ~ vista** with the naked eye **II.** *m* **1.** (*persona*) simpleton **2.** (*tenis*) singles *inv*

simpleza *f* **1.** (*bobería*) simpleness **2.** (*tontería*) silly thing

simplicidad *f sin pl* simplicity

simplificar <c→qu> *vt* to simplify

simposio *m* symposium

simulacro *m* **1.** (*apariencia*) simulacrum **2.** (*acción simulada*) sham

simular *vt* to simulate
simultáneo, -a *adj* simultaneous
sin I. *prep* without; ~ **dormir** without sleep; ~ **querer** unintentionally; ~ **más** nothing more; ~ **más ni más** without thinking about it, without further ado; **estar** ~ **algo** to be out of sth **II.** *adv* ~ **embargo** however
sinagoga *f* REL synagogue
sinceridad *f* sincerity
sincero, -a *adj* sincere
sincronizar <z→c> *vt* to synchronize
sindical *adj* union
sindicalista I. *adj* (*sindical*) union **II.** *mf* trade unionist
sindicato *m* trade union *Brit,* labor union *Am*
síndrome *m* syndrome
sinfín *m* huge number
sinfonía *f* symphony
sinfónico, -a *adj* symphonic
Singapur *m* Singapore
singular I. *adj* **1.** (*único*) singular **2.** (*excepcional*) outstanding **II.** *m* LING singular
singularidad *f* **1.** (*unicidad*) singularity **2.** (*excepcionalidad*) exceptional nature
singularizar <z→c> **I.** *vt* (*particularizar*) to single out **II.** *vr:* ~**se** to stand out
siniestro *m* (*accidente*) accident; (*catástrofe*) natural disaster; (*incendio*) fire
siniestro, -a *adj elev* **1.** (*maligno*) evil **2.** (*funesto*) disastrous **3.** (*izquierdo*) left
sinnúmero *m* huge number
sino I. *m* fate **II.** *conj* **1.** (*al contrario*) but **2.** (*solamente*) **no espero ~ que me creas** I only hope that you believe me **3.** (*excepto*) except
sinónimo *m* synonym
sinónimo, -a *adj* synonymous
sinrazón *f* unreasonableness
sinsentido *m* absurdity
sintáctico, -a *adj* syntactic
sintaxis *f inv* syntax
síntesis *f inv* synthesis
sintético, -a *adj* synthetic
sintetizar <z→c> *vt* **1.** QUÍM to synthesize **2.** (*resumir*) to summarize
síntoma *m* symptom
sintomático, -a *adj* symptomatic
sintonía *f* **1.** (*adecuación*) tuning **2.** (*melodía*) signature tune
sintonizar <z→c> *vt* to tune in; (*emisora*) to pick up
sinvergüenza I. *adj* shameless **II.** *mf pey* rotter
sionismo *m* Zionism
siquiera I. *adv* at least; **ni** ~ not even **II.** *conj + subj* even if
sirena *f* **1.** (*bocina*) siren **2.** (*mujer pez*) mermaid
Siria *f* Syria
sirio, -a *adj, m, f* Syrian
siroco *m* METEO sirocco
sirviente *mf* servant
sisear *vt* to hiss
sísmico, -a *adj* seismic; **movimiento** ~ earth tremor
sistema *m* system; ~ **montañoso** mountain range; ~ **operativo** INFOR operating system; ~ **periódico** QUÍM periodic table; **por** ~ on principle
sistemático, -a *adj* systematic
sitiar *vt* to besiege
sitio *m* **1.** (*lugar*) place; (*espacio*) room; ~ **de veraneo** holiday resort; **en cualquier/ningún** ~ anywhere/ nowhere; **en todos los** ~**s** everywhere **2.** MIL siege
situación *f* **1.** (*ubicación*) location **2.** (*estado*) situation
situado, -a *adj* situated
situar < *1. pres:* sitúo> **I.** *vt* (*colocar*) to place; (*emplazar*) to locate **II.** *vr:* ~**se 1.** (*ponerse en un lugar*) to situate oneself **2.** (*abrirse paso*) to make one's way
S.M. *mf abr de* **Su Majestad** H.M.
SME *m abr de* **Sistema Monetario Europeo** EMS
smog *m sin pl* smog; ~ **electrónico** e-smog
so I. *interj* whoa **II.** *prep* under; ~ **pena de...** on pain of ...; ~ **pretexto de que...** under the pretext of ... **III.** *m inf* ¡~ **imbécil!** you idiot!
SO *abr de* **sudoeste** SW
sobaco *m* armpit
sobar *vt* **1.** *inf* (*a persona*) to paw, to

touch up *Brit*, to feel up *Am* **2.** (*un objeto*) to finger **3.** (*molestar*) to pester **4.** *inf* (*dormir*) to sleep, to kip *Brit*

soberanía *f* sovereignty

soberano, -a **I.** *adj* **1.** POL sovereign **2.** (*excelente*) supreme **II.** *m, f* (*monarca*) sovereign

soberbia *f* **1.** (*orgullo*) pride **2.** (*suntuosidad*) magnificence

soberbio, -a *adj* **1.** (*orgulloso*) proud **2.** (*suntuoso*) magnificent

sobornar *vt* to bribe

soborno *m* **1.** (*acción*) bribery **2.** (*dinero*) bribe

sobra *f* **1.** (*exceso*) surplus; **saber de** ~ to know only too well **2.** *pl* (*desperdicios*) leftovers *pl*

sobrante **I.** *adj* **1.** (*que sobra*) spare **2.** (*de más*) excess **II.** *m* (*que sobra*) remainder; (*superávit*) surplus

sobrar *vi* **1.** (*quedar*) to remain **2.** (*abundar*) to be more than enough **3.** (*estar de más*) to be superfluous

sobrasada *f* sausage spread, typical of the Balearic Islands

sobre **I.** *m* **1.** (*para carta*) envelope **2.** *inf* (*cama*) bed **II.** *prep* **1.** (*por encima de*) on; **estar** ~ **alguien** to keep constant watch on sb **2.** (*aproximadamente*) about; ~ **las tres** about three o'clock **3.** (*tema*) about **4.** (*reiteración*) on top of **5.** (*además de*) as well as **6.** (*superioridad*) over; **triunfar** ~ **alguien** to triumph over sb **7.** (*porcentajes*) out of; **tres** ~ **cien** three out of a hundred **8.** FIN **un préstamo** ~ **una casa** a loan on a house

sobrecama *f* bedspread

sobrecarga *f* ELEC overload; COM surcharge

sobrecoger **I.** *vt* **1.** (*sorprender*) to take by surprise **2.** (*espantar*) to frighten **II.** *vr:* ~**se 1.** (*asustarse*) to be startled **2.** (*sorprenderse*) to be surprised

sobredosis *f inv* overdose

sobreentender <e→ie> **I.** *vt* **1.** (*adivinar*) to infer **2.** (*presuponer*) to presuppose **II.** *vr:* ~**se** to be obvious

sobre(e)stimar *vt* to overestimate

sobrehumano, -a *adj* superhuman

sobrellevar *vt* to bear

sobremesa *f* **de** ~ (*tras la comida*) after-dinner; INFOR desktop; **programa de** ~ TV afternoon programme

sobrenatural *adj* supernatural

sobrenombre *m* nickname

sobrentender <e→ie> *vt, vr v.* **sobreentender**

sobrepasar *vt* **1.** (*en cantidad*) to surpass; (*límite*) to exceed **2.** (*aventajar*) to pass

sobreponer *irr como* poner **I.** *vt* **1.** (*encima de algo*) to put on top; (*funda*) cover **2.** (*añadir*) to add **II.** *vr:* ~**se** (*a una enfermedad*) to overcome; (*a un susto*) to recover from

sobresaliente **I.** *adj* **1.** (*excelente*) outstanding **2.** UNIV first class; ENS excellent **II.** *m* ENS (*nota*) distinction

sobresalir *irr como* salir *vi* to stand out

sobresaltar **I.** *vt* to startle **II.** *vr:* ~**se** to be startled

sobresalto *m* **1.** (*susto*) scare **2.** (*turbación*) sudden shock

sobretodo *m* overcoat

sobrevenir *irr como* venir *vi* (*epidemia*) to ensue; (*tormenta*) to break

sobreviviente *mf* survivor

sobrevivir *vi* (*acontecimientos*) to survive; (*a alguien*) to outlive

sobrevolar <o→ue> *vt* to fly over

sobriedad *f sin pl* **1.** (*sin beber*) soberness **2.** (*moderación*) moderation

sobrino, -a *m, f* nephew *m*, niece *f*

sobrio, -a *adj* **1.** (*no borracho*) sober **2.** (*moderado*) moderate **3.** (*estilo*) plain

socarrón, -ona *adj* ironic

socavar *vt* to dig under; *fig* to undermine

socavón *m* **1.** MIN subsidence **2.** (*en el suelo*) hole

sociable *adj* **1.** (*tratable*) sociable **2.** (*afable*) friendly

social *adj* **1.** (*de la sociedad*) society; **razón** ~ JUR, ECON company name **2.** (*de la convivencia*) social; **asis-**

S
_s

tente ~ social worker

socialdemócrata I. *adj* social-demo-cratic II. *mf* social democrat

socialista *adj, mf* socialist

socializar <z→c> *vt* to socialize

sociedad *f* 1. (*población*) society; ~ **del bienestar** welfare society 2. (*empresa*) company; ~ **anónima** corporation

socio, -a *m, f* 1. (*de una asociación*) member 2. COM partner 3. *inf* (*compañero*) mate

sociología *f sin pl* sociology

sociólogo, -a *m, f* sociologist

socorrer *vt* to help, to come to the aid of

socorrismo *m* live-saving

socorrista *mf* (*de playas*) lifeguard; (*en piscinas*) pool attendant

socorro *m* (*ayuda*) help; (*salvamento*) rescue; **pedir** ~ to ask for help

soda *f* (*bebida*) soda water

sódico, -a *adj* sodium

sodio *m* sodium

sofá <sofás> *m* sofa

sofá-cama <sofás-cama> *m* sofa--bed

sofisticación *f* sophistication

sofisticado, -a *adj* 1. (*afectado*) affected 2. TÉC sophisticated

sofocar <c→qu> I. *vt* 1. (*asfixiar*) to suffocate 2. *t. fig* (*apagar*) to stifle; (*fuego*) to put out II. *vr:* ~**se** 1. (*sonrojar*) to blush 2. (*excitarse*) to get worked up 3. (*ahogarse*) to suffocate

sofoco *m* 1. (*ahogo*) suffocation 2. (*excitación*) shock

sofreír *irr como* reír *vt* to fry lightly

soga *f* rope

sois *2. pres pl de* **ser**

soja *f* soya *Brit,* soy *Am*

sojuzgar <g→gu> *vt* to subdue

sol *m* 1. (*astro*) sun; (*luz*) sunlight; **de** ~ **a** ~ from dawn to dusk; **día de** ~ sunny day; **tomar el** ~ to sunbathe 2. (*moneda*) sol 3. MÚS G

solamente *adv* only

solapa *f* 1. (*chaqueta*) lapel 2. (*libro*) flap

solapado, -a *adj* underhand *Brit,* underhanded *Am*

solar I. *adj* solar II. *m* 1. (*terreno*) plot 2. (*casa*) family seat

solaz *m* (*recreo*) recreation; (*esparcimiento*) relaxation

solazar <z→c> I. *vt* to amuse II. *vr:* ~**se** to enjoy oneself

soldado, -a *m, f* MIL soldier; ~ **de infantería** infantryman, foot soldier; ~ **raso** private

soldador *m* TÉC soldering iron

soldador *mf* welder

soldar <o→ue> *vt* 1. TEC to weld 2. (*unir*) to join

soleado, -a *adj* sunny

soledad *f* (*estado*) solitude; (*sentimiento*) loneliness

solemne *adj* 1. (*ceremonioso*) solemn 2. (*mentira*) monstruous

solemnidad *f* solemnity

soler <o→ue> *vi* to be in the habit of; **solemos...** we usually ...; **suele ocurrir que...** it often occurs that ...

solfeo *m* MÚS singing of scales

solicitar *vt* 1. (*pedir*) to ask for; (*un trabajo*) to apply for 2. (*atención*) to seek

solícito, -a *adj* (*diligente*) diligent; (*cuidadoso*) solicitous

solicitud *f* 1. (*diligencia*) diligence; (*cuidado*) solicitude 2. (*petición*) request; ~ **de empleo** job application

solidaridad *f sin pl* solidarity

solidarizarse <z→c> *vr* to feel solidarity with; (*con una opinión*) to share

solidez *f* solidity

sólido *m* solid

sólido, -a *adj t.* FÍS solid; (*ingreso*) steady

soliloquio *m* soliloquy

solista *mf* MÚS soloist

solitaria *f* ZOOL tapeworm

solitario *m* solitaire

solitario, -a I. *adj* (*sin compañía*) alone; (*abandonado*) lonely II. *m, f* loner

sollozar <z→c> *vi* to sob

sollozo *m* sob

solo *m t.* MÚS (*baile*) solo

solo, -a *adj* 1. (*sin compañía*) alone; (*solitario*) lonely; **a solas** alone; **por sí** ~ on one's own 2. (*único*) only

3. (*café*) black; (*alcohol*) straight, neat

sólo *adv* **1.** (*únicamente*) only; ~ **que...** except that ...; **tan** ~ just; **aunque** ~ **sean 10 minutos** even if it's only 10 minutes **2.** (*expresamente*) expressly

solomillo *m* sirloin

solsticio *m* solstice

soltar *irr* **I.** *vt* **1.** (*dejar de sujetar*) to let go of; **¡suéltame!** let me go! **2.** (*liberar*) to free **3.** (*dejar caer*) to drop **4.** (*expresión*) to let out **5.** (*frenos*) to release; (*cinturón*) to undo **6.** *inf* (*dinero*) to cough up **II.** *vr:* ~**se 1.** (*liberarse*) to escape **2.** (*un nudo*) to come undone

soltero, -a I. *adj* single **II.** *m, f* bachelor *m,* unmarried woman *f;* **apellido de soltera** maiden name

solterón *m* confirmed bachelor

soltura *f* **1.** (*del pelo*) looseness **2.** (*carácter*) ease

soluble *adj* **1.** (*líquido*) soluble; (*café*) instant **2.** (*problema*) solvable

solución *f* solution

solucionar *vt* to solve

solventar *vt* **1.** (*problema*) to resolve; (*asunto*) to settle **2.** (*deuda*) to pay

solvente *adj, m* solvent

sombra *f* **1.** (*proyección*) shadow; ~ **de ojos** (*producto cosmético*) eyeshadow; **tener buena** ~ *fig* to have charm **2.** (*contrario de sol*) shade; **hacer** ~ to give shade **3.** (*clandestinidad*) **trabajar en la** ~ to work illegally **4.** ARTE shading **5.** *inf* (*cárcel*) **a la** ~ in the nick *Brit,* in the slammer *Am*

sombrero *m* (*prenda*) hat; ~ **de copa** top hat; ~ **hongo** bowler (hat) *Brit,* derby *Am*

sombrilla *f* parasol

sombrío, -a *adj* **1.** (*en la sombra*) shady **2.** (*triste*) sad; (*pesimista*) gloomy

somero, -a *adj* superficial

someter I. *vt* **1.** (*dominar*) to force to submit **2.** (*subyugar*) to conquer **II.** *vr:* ~**se 1.** (*en una lucha*) to give in **2.** (*a un tratamiento*) to undergo

3. (*a una opinión*) to bow

somier <somieres> *m* bed base

somnífero *m* sleeping pill

somnífero, -a *adj* sleep-inducing

somnolencia *f* (*sueño*) drowsiness

somnoliento, -a *adj* (*con sueño*) drowsy; (*al despertarse*) half asleep

somos *1. pres pl de* **ser**

son I. *m* (*sonido*) sound; **en** ~ **de paz** in peace **II.** *3. pres pl de* **ser**

sonajero *m* (baby's) rattle

sonambulismo *m sin pl* sleepwalking

sonámbulo, -a *m, f* sleepwalker

sonar <o→ue> **I.** *vi* **1.** (*timbre*) to ring; (*instrumento*) to be heard **2.** *t.* LING, MÚS (*parecerse*) to sound; **esto me suena** this sounds familiar **II.** *vt* **1.** (*instrumento*) to play **2.** (*la nariz*) to blow **III.** *vr:* ~**se** to blow one's nose

sonda *f* **1.** (*acción*) sounding **2.** MED probe, catheter

sondear *vt* to sound out

sondeo *m* **1.** MED probing **2.** MIN boring **3.** NÁUT sounding **4.** (*averiguación*) investigation

sonido *m* **1.** (*ruido*) sound **2.** *t.* MÚS (*manera de sonar*) tone **3.** FÍS resonance

sonoro, -a *adj* **1.** (*que puede sonar*) resonant **2.** (*fuerte*) loud **3.** FÍS resonant; **banda sonora** CINE soundtrack

sonreír *irr como* **reír** *vi, vr:* ~**se** to smile

sonrisa *f* smile

sonrojar I. *vt* to make blush **II.** *vr:* ~**se** to blush

sonrojo *m* **1.** (*acción*) blushing **2.** (*rubor*) blush

sonsacar <c→qu> *vt* **1.** (*indagar*) to find out; (*secreto*) to worm out **2.** (*empleado*) to pump for information

soñador(a) I. *adj* dreamy **II.** *m(f)* dreamer

soñar <o→ue> *vi, vt* to dream; ~ **con algo** to dream of sth; ~ **despierto** to daydream; **¡ni ~lo!** no way!

soñoliento, -a *adj* drowsy

sopa *f* soup; ~**s de leche** bread and

milk

sopera *f* soup tureen

sopero, -a I. *adj* soup II. *m, f* soup plate

sopesar *vt* to try the weight of; *fig* to weigh up

soplar I. *vi* to blow II. *vt* 1.(*con la boca*) to blow on; (*velas*) to blow out; (*hinchar*) to blow up 2.(*en un examen*) to whisper; TEAT to prompt 3. *inf* (*delatar*) to inform on; (*entre alumnos*) to tell on

soplo *m* 1.(*acción*) puff 2.(*viento leve*) breeze; ~ **de viento** breath of wind 3.(*denuncia*) tip-off

soplón, -ona *m, f* 1.(*de la policía*) informer 2.(*entre alumnos*) talebearer *Brit*, tattletale *Am*

sopor *m* lethargy

soporífero *m* sleeping pill

soporífero, -a *adj* 1.(*que da sueño*) sleep-inducing 2.(*aburrido*) soporific, dull

soportable *adj* bearable

soportar *vt* 1.(*sostener*) to support 2.(*aguantar*) to stand

soporte *m* 1.*t. fig* (*apoyo*) support 2.(*pilar*) support pillar 3. INFOR ~ **físico** hardware; ~ **lógico** software

soprano *f* MÚS soprano

sor *f* REL sister

sorber *vt* 1.(*con los labios*) to sip; (*por una pajita*) to suck 2.(*empaparse de*) to soak up

sorbete *m* GASTR sorbet *Brit*, sherbet *Am*

sorbo *m* sip; **beber a ~s** to sip

sordera *f* deafness

sórdido, -a *adj* sordid

sordo, -a I. *adj* 1.(*que no oye*) deaf; **hacer oídos ~s** to turn a deaf ear 2.(*que oye mal*) hard of hearing 3.(*sonido*) dull II. *m, f* deaf person; **hacerse el ~** to pretend not to hear

sordomudo, -a I. *adj* deaf and dumb II. *m, f* deaf mute

sorna *f* 1.(*al obrar*) slyness 2.(*al hablar*) sarcasm

sorprendente *adj* 1.(*inesperado*) unexpected; (*evolución*) surprising 2.(*que salta a la vista*) striking 3.(*extraordinario*) incredible

sorprender I. *vt* 1.(*coger desprevenido*) to take by surprise; (*asombrar*) to startle, to amaze; (*extrañar*) to surprise 2.(*pillar*) to catch (in the act) II. *vr:* ~**se** 1.(*asombrarse*) to be amazed 2.(*extrañarse*) to be surprised

sorpresa *f* surprise

sortear *vt* 1.(*decidir*) to draw lots for; (*rifar*) to raffle 2.(*esquivar*) to avoid

sorteo *m* 1.(*rifa*) raffle; (*lotería*) draw 2.(*esquivación*) avoidance

sortija *f* 1.(*joya*) ring 2.(*rizo*) curl

sosegado, -a *adj* 1.(*apacible*) peaceful 2.(*tranquilo*) calm

sosegar *irr como* **fregar** I. *vt* (*calmar*) to calm II. *vi, vr:* ~(**se**) to rest III. *vr:* ~**se** (*calmarse*) to calm down

sosiego *m* calm

soslayar *vt* 1.(*objeto*) to put sideways 2.(*evitar*) to avoid

soslayo, -a *adj* sideways; **de ~** out of the corner of one's eye

soso, -a *adj* 1.(*sin sabor*) tasteless, insipid 2.(*persona*) dull

sospecha *f* suspicion; **bajo ~ de...** suspected of ...

sospechar I. *vt* 1.(*creer posible*) to suppose 2.(*recelar*) to suspect II. *vi* to be suspicious

sospechoso, -a I. *adj* suspicious II. *m, f* suspect

sostén *m* 1.*t. fig* (*apoyo*) support 2.(*prenda*) bra 3.(*alimentos*) sustenance

sostener *irr como* **tener** I. *vt* 1.(*sujetar*) to support 2.(*aguantar*) to bear 3.(*afirmar*) to maintain; (*idea, teoría*) to stick to 4.(*mantener*) to keep up; (*conversación*) to have II. *vr:* ~**se** 1.(*sujetarse*) to hold oneself up 2.(*aguantarse*) to keep going 3.(*en pie*) to stand up 4.(*en una opinión*) to insist on

sostenido, -a *adj* 1.(*esfuerzo*) sustained 2. MÚS sharp

sota *f* (*naipe*) jack

sotana *f* cassock

sótano *m* 1.(*piso*) basement 2.(*habitación*) cellar

soy *1. pres de* **ser**

spot *m* <spots> TV commercial

spray *m* <sprays> spray

squash *m sin pl* DEP squash

Sr. *abr de* **señor** Mr; (*en direcciones*) Esquire

Sra. *abr de* **señora** Mrs

S.R.C. *abr de* **se ruega contestación** R.S.V.P.

Srta. *f abr de* **señorita** Miss

Sta. *f abr de* **santa** St

stand *m* <stands> stand

status *m inv* status

Sto. *abr de* **santo** St.

stop *m* **1.** (*acción*) stop **2.** (*señal*) stop sign

su *adj* (*de él*) his; (*de ella*) her; (*de cosa, animal*) its; (*de ellos*) their; (*de Ud., Uds.*) your; (*de uno*) one's

suave *adj* **1.** (*piel*) smooth; (*jersey, droga*) soft; (*viento*) gentle **2.** (*aterrizaje*) smooth **3.** (*temperatura*) mild **4.** (*carácter*) docile; (*palabras*) kind

suavidad *f sin pl* **1.** (*de piel*) smoothness; (*de jersey*) softness; (*de viento, temperatura*) gentleness **2.** (*de aterrizaje*) smoothness **3.** (*de carácter*) docility; (*de palabras*) kindness

suavizante *m* **1.** (*para la ropa*) fabric softener **2.** (*para el cabello*) conditioner

suavizar <z→c> *vt* **1.** (*hacer suave*) to smooth; (*pelo*) to soften **2.** (*expresión*) to soften; (*situación*) to relax **3.** (*persona*) to mollify **4.** (*recorrido*) to make easy

subalimentación *f* undernourishment

subalimentado, -a *adj* undernourished

subasta *f* auction

subastar *vt* **1.** (*vender*) to auction **2.** (*contrato público*) to put out to tender

subcampeón, -ona *m, f* runner-up

subconsciencia *f* subconscious

subconsciente *adj* subconscious

subdesarrollado, -a *adj* underdeveloped

subdirector(a) *m(f)* assistant director

súbdito, -a *m, f* subject

subdividir *vt* to subdivide

subempleo *m* underemployment

subestimar *vt* to underestimate; (*propiedad*) to undervalue

subida *f* **1.** (*de una calle*) rise **2.** (*cuesta*) slope **3.** (*de precios, temperaturas*) increase **4.** (*acción de subir*) ascent; (*en coche*) climb; ~ **al poder** POL rise to power

subido, -a *adj* **1.** (*color*) bright **2.** *inf* (*persona*) vain **3.** (*precio*) high

subir I. *vi* **1.** (*ascender: calle*) to go up; (*sol, río*) to rise; (*cima*) to climb; (*marea*) to come in **2.** (*aumentar*) to increase **3.** (*montar: al coche*) to get in; (*al tren*) to get on **II.** *vt* **1.** (*precio, voz*) to raise **2.** (*música*) to turn up **3.** (*en coche*) to go up; (*montaña*) to climb **4.** (*levantar: brazos*) to lift up; (*persiana*) to raise **5.** (*llevar*) to take up **6.** (*pared*) to build **III.** *vr:* ~**se** (*al coche*) to get in; (*al tren*) to get on; (*a un árbol*) to climb

súbito, -a *adj* **1.** (*repentino*) sudden **2.** (*inesperado*) unexpected

subjetivo, -a *adj* subjective

subjuntivo *m* subjunctive

sublevación *f* uprising

sublevar I. *vt* to rouse to revolt **II.** *vr:* ~**se** to revolt

sublime *adj* sublime

subliminal *adj* subliminal

submarinismo *m sin pl* scuba-diving, skin-diving

submarinista *mf* scuba diver

submarino *m* submarine

submarino, -a *adj* submarine; (*vida*) underwater

subnormal I. *adj* subnormal **II.** *mf* (*persona*) subnormal person

subordinado, -a *adj, m, f* subordinate

subrayar *vt* **1.** (*con raya*) to underline **2.** (*recalcar*) to emphasize

subrepticio, -a *adj* surreptitious

subsanar *vt* **1.** (*falta*) to make up (for) **2.** (*error*) to rectify

subscripción *f v.* **suscripción**

subsidiariedad *f* subsidiarity

subsidiario, -a *adj* **1.** (*de subsidio*) subsidiary **2.** (*secundario*) complementary

subsidio *m* subsidy; ~ **de desem-**

S s

pleo unemployment benefit *Brit,* unemployment compensation *Am*
subsistencia *f* subsistence
subsistir *vi* 1.(*vivir*) to subsist 2.(*perdurar*) to endure; (*empresa*) to survive
subterráneo, -a *adj* underground, subterranean
subtítulo *m t.* CINE subtitle
suburbano, -a *adj* suburban
suburbio *m* 1.(*alrededores*) (poor) suburb 2.(*barrio*) slum area
subvención *f* grant; POL subsidy
subvencionar *vt* to subsidize
subversión *f* subversion
subversivo, -a *adj* subversive
subyugar <g→gu> *vt* 1.(*oprimir*) to subjugate 2.(*sugestionar*) to dominate
succión *f* suction
sucedáneo *m* substitute; (*imitación*) imitation
sucedáneo, -a *adj* substitute
suceder I. *vi* 1.(*seguir*) to succeed 2.(*ocurrir*) to happen; **¿qué sucede?** what's happening?; **por lo que pueda** ~ just in case; **suceda lo que suceda** whatever happens; **sucede que...** the thing is that ... 3.(*en cargo*) to follow on II. *vt* (*heredar*) to inherit; (*seguir*) to succeed
sucesión *f* 1.(*acción*) succession 2.(*cargo*) succession 3.(*descendencia*) issue
sucesivo, -a *adj* following; **en lo** ~ henceforth; **dos días** ~**s** two consecutive days
suceso *m* (*hecho*) event; (*repentino*) incident; **página de** ~**s** PREN accident and crime reports
suciedad *f* 1.(*cualidad*) dirtiness 2.(*porquería*) dirt
sucinto, -a *adj* succinct
sucio, -a *adj* dirty; (*jugada*) foul
Sucre *m* Sucre
suculento, -a *adj* 1.(*sabroso*) tasty 2.(*jugoso*) juicy, succulent
sucumbir *vi* 1.(*rendirse*) to succumb 2.(*morir*) to die
sucursal *f* (*de empresa*) subsidiary; (*de banco*) branch

Sudáfrica *f* South Africa
sudafricano, -a *adj, m, f* South African
Sudamérica *f* South America
sudamericano, -a *adj, m, f* South American
sudar I. *vi, vt* to sweat II. *vi inf* (*trabajar*) to sweat it out
sudeste *m* south-east
sudoeste *m* south-west
sudor *m* sweat
Suecia *f* Sweden
sueco, -a I. *adj* Swedish II. *m, f* Swede; **hacerse el** ~ *inf* to pretend not to hear
suegro, -a *m, f* father-in-law *m,* mother-in-law *f*
suela *f* sole
sueldo *m* pay; (*mensual*) salary; (*semanal*) wage
suelo *m* 1.(*de la tierra*) ground 2.(*de casa*) floor; **ejercicios de** ~ DEP floor exercises 3.(*terreno*) land; ~ **edificable** building land
suelto *m* 1.(*dinero*) loose change 2.(*artículo*) short item
suelto, -a *adj* 1.(*tornillo, pelo*) loose; (*broche*) unfastened; **dinero** ~ ready money; **no dejar ni un cabo** ~ to leave no loose ends; **un prisionero anda** ~ a prisoner is on the loose 2.(*separado*) separate; **pieza suelta** individual piece 3.(*vestido*) loose-fitting 4.(*estilo*) free; (*lenguaje*) fluent
sueño *m* 1.(*acto de dormir*) sleep; **descabezar** |*o* echarse| **un** ~ to have a nap 2.(*ganas de dormir*) sleepiness; **tener** ~ to be sleepy; **caerse de** ~ to be falling asleep
suero *m* 1.(*de leche*) whey 2.MED serum
suerte *f* 1.(*fortuna*) luck; **¡(buena)** ~! good luck!; **estar de** ~ to be in of luck; **por** ~ fortunately; **probar** ~ to try one's luck 2.(*destino*) fate; **echar algo a** ~(**s**) to draw lots for sth 3.(*casualidad*) chance 4.(*manera*) way; **de tal** ~ **que** so that 5.(*tipo*) kind
suéter *m* sweater
suficiente I. *adj* 1.(*bastante*)

enough; **ser** ~ to be sufficient
2. (*presumido*) self-important, smug
II. *m* ENS (*nota*) pass

sufragar <g→gu> **I.** *vt* **1.** (*ayudar*)
to aid **2.** (*gastos*) to meet; (*tasa*) to
pay **II.** *vi* AmL (*votar*) ~ **por alguien**
to vote for sb

sufragio *m* **1.** (*voto*) vote **2.** (*derecho*) suffrage

sufrido, -a *adj* **1.** (*persona*) patient,
uncomplaining **2.** (*color*) fast; (*tela*)
hard-wearing

sufrimiento *m* suffering

sufrir *vt* **1.** (*aguantar*) to bear; (*a alguien*) to put up with **2.** (*padecer*)
to suffer; ~ **una operación** to have
an operation

sugerencia *f* **1.** (*propuesta*) suggestion **2.** (*recomendación*) recommendation

sugerir *irr como sentir vt* **1.** (*proponer*) to suggest **2.** (*insinuar*) to
hint **3.** (*evocar*) to prompt

sugestión *f* **1.** (*de sugestionar*) hypnotic power **2.** (*propuesta*) suggestion

sugestionar **I.** *vt* to influence **II.** *vr:*
~**se** to indulge in autosuggestion

sugestivo, -a *adj* **1.** (*que sugiere*)
evocative **2.** (*que influencia*)
thought-provoking **3.** (*plan*) attractive

suicida **I.** *adj* suicidal **II.** *mf* **1.** (*muerto*) person who has committed suicide **2.** (*loco*) suicidal person

suicidarse *vr* to commit suicide

suicidio *m* suicide

Suiza *f* Switzerland

suizo *m* GASTR sweet bun

suizo, -a *adj, m, f* Swiss

sujeción *f* **1.** (*agarre*) hold **2.** (*aseguramiento*) support **3.** (*a una promesa*) binding

sujetador *m* **1.** (*sostén*) bra **2.** (*del bikini*) fastener

sujetar **I.** *vt* **1.** (*agarrar*) to seize
2. (*someter*) to subject **3.** (*asegurar*)
to support; (*pelo*) to hold in place;
(*con clavos*) to nail down **II.** *vr:* ~**se**
1. (*agarrarse*) to subject oneself **2.** (*a reglas*) to abide

sujeto *m* **1.** (*tema*) subject **2.** pey (*individuo*) individual

sujeto, -a *adj* (*expuesto a*) subject;
estar ~ **a fluctuaciones** to be subject to fluctuation

sulfuro *m* sulphide *Brit*, sulfide *Am*

suma *f* **1.** MAT (*acción*) adding (up);
(*resultado*) total; **en** ~ in short
2. (*cantidad*) sum

sumar **I.** *vt* **1.** MAT to add (up) **2.** (*hechos*) to summarize **II.** *vr:* ~**se** to
join; (*a una discusión*) to participate
in

sumario *m* **1.** JUR committal proceedings *pl* **2.** (*resumen*) summary

sumergir(se) <g→j> *vt,* (*vr*) to submerge

sumidero *m* (*rejilla*) drain; (*de la calle*) sewer

suministrar *vt* **1.** *t.* COM (*información*) to supply **2.** (*abastecer*) to
stock **3.** (*facilitar*) to supply

suministro *m* **1.** *t.* COM (*de información*) supply **2.** (*abastecimiento*)
stock

sumir **I.** *vt* (*hundir*) to sink **II.** *vr:* ~**se**
to sink; (*en el trabajo*) to become absorbed

sumisión *f* **1.** (*acción*) submission
2. (*carácter*) submissiveness

sumiso, -a *adj* submissive

sumo, -a *adj* **1.** (*más alto*) high(est); **a lo** ~ at most **2.** (*mayor*) great

suntuoso, -a *adj* **1.** (*lujoso*) sumptuous **2.** (*opulento*) lavish

supeditar **I.** *vt* **1.** (*subordinar*) to
subordinate **2.** (*someter*) to subdue
II. *vr:* ~**se** to submit

súper[1] **I.** *adj* inf super **II.** *m* supermarket

súper[2] *f* four-star petrol *Brit*, Premium (gas) *Am*

superación *f* improvement

superar **I.** *vt* **1.** (*sobrepasar a alguien*) to surpass; (*límite*) to exceed;
(*récord*) to beat **2.** (*prueba*) to pass
3. (*situación*) to overcome **II.** *vr:* ~**se**
to excel oneself

superávit *m* <superávit(s)> surplus

superficial *adj* superficial

superficialidad *f* superficiality

superficie *f* **1.** *t.* MAT (*parte externa*)
surface **2.** (*área*) area

S
s

superfluo, -a *adj* superfluous
superintendente *mf* supervisor; (*de policía*) superintendent
superior *adj* **1.** (*más alto*) higher **2.** (*en calidad*) better; (*en inteligencia*) superior **3.** (*excelente*) excellent
superior(a) *m(f)* superior
superioridad *f* superiority
superlativo *m* LING superlative
superlativo, -a *adj t.* LING superlative
supermercado *m* supermarket
superponer *irr como* poner *vt* **1.** (*dos cosas*) to superimpose **2.** (*dar prioridad*) to give more importance to
superproducción *f* **1.** COM overproduction **2.** CINE big-budget movie
supersónico, -a *adj* supersonic
superstición *f* superstition
supersticioso, -a *adj* superstitious
supervisar *vt* to supervise; (*en un examen*) to invigilate
supervisor(a) *m(f)* supervisor
supervivencia *f* survival
superviviente **I.** *adj* surviving **II.** *mf* survivor
suplantar *vt* to supplant
suplementario, -a *adj* supplementary
suplemento *m* **1.** (*complemento*) supplement **2.** (*precio*) extra charge; (*del tren*) excess fare
suplente *adj, mf* substitute
supletorio *m* TEL extension
supletorio, -a *adj* supplementary; **cama supletoria** extra bed
súplica *f* request; JUR petition
suplicar <c→qu> *vt* **1.** (*rogar*) to implore **2.** JUR to appeal against
suplicio *m* **1.** (*tortura*) torture **2.** (*tormento*) torment
suplir *vt* **1.** (*completar*) to make up for **2.** (*sustituir*) to substitute
supo *3. pret de* **saber**
suponer *irr como* poner *vt* **1.** (*dar por sentado*) to suppose; **supongamos que...** let us assume that ...; **dar por supuesto** to take for granted **2.** (*figurar*) to imagine; **puedes ~ que...** you can imagine that ... **3.** (*atribuir*) **no le suponía**

tan fuerte I didn't realize he/she was so strong **4.** (*significar*) to mean; **~ un duro golpe** to be a real blow
suposición *f* supposition
supositorio *m* MED suppository
supremacía *f* supremacy
supremo, -a *adj* supreme
supresión *f* **1.** (*eliminación*) suppression; (*de obstáculos*) removal; (*de una regla*) abolition **2.** (*omisión*) omission
suprimir *vt* **1.** (*poner fin*) to suppress; (*fronteras*) to eliminate; (*obstáculos*) to remove; (*regla*) to abolish **2.** (*omitir*) to omit
supuesto *m* **1.** (*suposición*) assumption **2.** (*hipótesis*) hypothesis
supuesto, -a *adj* (*asesino*) alleged; (*testigo*) assumed; (*causa*) supposed; **por ~** of course
sur *m* south; **el ~ de España** southern Spain; **en el ~ de Inglaterra** in the south of England; **al ~ de** south of
surafricano, -a *adj, m, f* South African
surcar <c→qu> *vt* to plough *Brit,* to plow *Am*
surco *m* **1.** (*en tierra*) furrow **2.** (*en disco*) groove
sureste *m* south-east
surf *m* DEP *sin pl* surfing
surfear *vi* to windsurf; INFOR to surf
surgir <g→j> *vi* **1.** (*agua*) to gush **2.** (*dificultad*) to arise; (*pregunta*) to come up
suroeste *m* south-west
surtido *m* selection, assortment
surtido, -a *adj* **1.** (*mezclado*) mixed **2.** (*variado*) varied
surtidor *m* **1.** (*aparato*) petrol pump *Brit,* gas pump *Am* **2.** (*chorro*) jet; (*fuente*) fountain
surtir **I.** *vt* (*proveer*) to supply **II.** *vi* to spout
susceptible *adj* **1.** (*cosa*) **~ de** capable of **2.** (*persona: sensible*) sensitive; (*irritable*) touchy
suscitar *vt* (*sospecha*) to cause; (*discusión*) to start; (*conflicto*) to stir up
suscribir *irr como* escribir **I.** *vt* **1.** (*escrito*) to sign **2.** (*opinión*) to endorse

II. *vr:* ~**se** to subscribe

suscripción *f* subscription

susodicho, -a *adj* above-mentioned

suspender *vt* **1.** (*tener en el aire*) to hang from **2.** (*trabajador*) to suspend **3.** (*en un examen*) to fail **4.** (*sesión*) to adjourn; (*embargo*) to lift; (*función*) to call off

suspense *m* suspense

suspensión *f* **1.** (*acción de colgar*) suspension **2.** (*de sesión*) adjournment; (*de embargo*) lifting; (*de pagos*) suspension

suspenso *m* **1.** ENS fail; **sacar un** ~ to fail, to flunk *Am* **2.** *AmL v.* **suspense**

suspenso, -a *adj* (*perplejo*) perplexed

suspicacia *f* suspicion

suspicaz *adj* suspicious

suspirar *vi* to sigh

suspiro *m* sigh

sustancia *f* substance; ~ **gris** ANAT grey matter *Brit,* gray matter *Am*

sustancial *adj* substantial

sustancioso, -a *adj* (*comida*) substantial

sustantivo *m* noun

sustantivo, -a *adj* **1.** (*esencial*) vital **2.** LING nominal

sustentar I. *vt* **1.** (*una cosa*) to hold up **2.** (*esperanza*) to sustain **3.** (*familia*) to feed **II.** *vr:* ~**se 1.** (*alimentarse*) to sustain oneself **2.** (*aguantarse*) to rely on

sustento *m* **1.** (*mantenimiento*) maintenance **2.** (*apoyo*) support

sustituir *irr como huir vt t.* DEP to substitute, to replace

sustituto, -a *m, f* substitute, replacement

susto *m* scare; **dar un** ~ to give a fright; **llevarse un** ~ to get scared

sustraer *irr como traer vt* **1.** (*restar*) to subtract **2.** (*robar*) to steal

susurrar *vi* to whisper

susurro *m* whisper

sutil *adj* **1.** (*sabor*) subtle; (*aroma*) delicate **2.** (*diferencia*) fine **3.** (*persona*) sharp

sutileza *f,* **sutilidad** *f* **1.** (*de sabor*) subtlety; (*de aroma*) delicacy **2.** (*de diferencia*) fineness **3.** (*de persona*)

sharpness

suturar *vt* to stitch

suyo, -a *adj, pron* (*de él*) his; (*de ella*) hers; (*de cosa, animal*) its; (*de ellos*) theirs; (*de Ud., Uds.*) yours; (*de uno*) one's; **este encendedor es** ~ this lighter is his/hers; **siempre habla de los** ~**s** he/she is always talking about his/her family; ~ **afectísimo** yours truly; **ya ha hecho otra de las suyas** *inf* he/she has been up to his/her tricks again; **eso es muy** ~ that's typical of him/her; **ir a lo** ~ to go one's own way

Swazilandia *f* Swaziland

T, t *f* T, t; ~ **de Tarragona** T for Tommy *Brit,* T for Tare *Am*

tabaco *m* **1.** (*producto*) tobacco **2.** (*cigarrillo*) cigarettes *pl*

taberna *f* tavern, bar

tabernero, -a *m, f* (*dueño*) landlord *m,* landlady *f*; (*camarero*) barman *m,* barmaid *f*

tabique *m* partition; ~ **nasal** nasal septum

tabla *f* **1.** (*plancha*) board; ~ **de surf** surfboard; ~ **de windsurf** sailboard; **a raja** ~ *fig* to the letter **2.** (*lista*) list; (*cuadro*) table; **las Tablas de la Ley** the Tables of the Law **3.** (*de vestido*) pleat **4.** (*pintura*) panel **5.** *pl* DEP draw, tie **6.** *pl* TEAT stage **7.** *pl* (*experiencia*) **tener** ~**s** to be experienced

tablado *m* **1.** (*suelo*) plank floor **2.** (*entarimado*) wooden platform **3.** (*del escenario*) stage

tablao *m* bar or place where a Flamenco show is performed

tablero *m* **1.** (*de madera*) board; ~ **de anuncios** notice board *Brit,* bulletin board *Am* **2.** (*pizarra*) blackboard; ~ **de ajedrez/damas** chess/

draught board **3.** AUTO dashboard

tableta *f* **1.** (*de chocolate*) bar **2.** MED tablet

tablón *m* **1.** (*de andamio*) plank **2.** (*de anuncios*) notice board *Brit,* bulletin board *Am*

tabú *m* <tabúes> taboo

tabulador *m* tab

tabular *vt* to tabulate

taburete *m* stool

tacaño, -a *adj* stingy, mean *Brit*

tacha *f* **1.** (*defecto*) blemish; **sin ~** flawless **2.** (*tachuela*) large tack

tachar *vt* **1.** (*rayar*) to cross out **2.** (*atribuir*) to brand as sth **3.** (*acusar*) to accuse; **le ~on de incompetente** they accused him of being incompetent

tacho *m AmL* **1.** (*vasija*) metal basin **2.** (*cubo*) dustbin *Brit,* garbage can *Am*

tácito, -a *adj* tacit

taciturno, -a *adj* **1.** (*callado*) taciturn **2.** (*melancólico*) melancholy

taco *m* **1.** (*pedazo*) piece **2.** (*de billar*) cue **3.** (*de papel*) pad; (*de billetes*) wad **4.** (*de jamón*) cube **5.** TÉC plug; (*para tornillo*) Rawlplug® **6.** *inf* (*palabrota*) swearword, four-letter word; **decir ~s** to swear **7.** *inf* (*lío*) mess **8.** *AmL* (*tacón*) heel

tacón *m* heel

taconear *vi* to tap one's heel

taconeo *m* heel clicking

táctico, -a I. *adj* tactical **II.** *m, f* tactician

tacto *m* **1.** (*sentido*) sense of touch **2.** (*contacto*) touch **3.** (*habilidad*) tact

tafetán *m* (*tela*) taffeta

tahona *f* bakery

tahúr *m* cardsharp

tailandés, -esa *adj, m, f* Thai

Tailandia *f* Thailand

taimado, -a *adj* sly, crafty

Taiwán *m* Taiwan

tajada *f* **1.** (*porción*) slice; **sacar ~ de algo** to get something out of sth **2.** *inf* (*borrachera*) **pillar una ~** to get smashed

tajante *adj* **1.** (*respuesta*) categorical **2.** (*absoluto*) in no uncertain terms

tajar *vt* **1.** (*cortar*) to cut **2.** *AmL* (*afilar*) to sharpen

tajo *m* **1.** (*corte*) cut; **ir al ~** *inf* to go to work **2.** GEO gorge **3.** (*filo*) cutting edge

tal I. *adj* **1.** (*igual*) such; **en ~ caso** in that case; **no digas ~ cosa** don't say any such thing **2.** (*tanto*) so; **la distancia es ~ que…** it's so far away that … **II.** *pron* **1.** (*alguien*) **el ~** that fellow; **~ o cual** someone or other **2.** (*cosa*) **hablar de ~ y cual** to talk about one thing and another; **~ y cual** and so on and so forth **III.** *adv* **1.** (*así*) so **2.** (*de la misma manera*) just; **son ~ para cual** they're two of a kind; **estar ~ cual** to be just as it was; **~ y como** just as **3.** (*cómo*) **¿qué ~ (te va)?** how are things?; **¿qué ~ te lo has pasado?** did you have a good time?; **~ y como están las cosas** the way things are now **IV.** *conj* **con ~ de** +*inf,* **con ~ de que** +*subj* (*mientras*) as long as; (*condición*) provided; **~ vez** (*quizás*) perhaps

taladradora *f* pneumatic drill

taladrar *vt* **1.** (*con taladro*) to drill **2.** (*oídos*) to pierce

taladro *m* drill; (*agujero*) (drill) hole

talante *m* **1.** (*modo*) disposition; **de buen ~** willingly **2.** (*humor*) mood

talar *vt* **1.** (*árboles*) to fell **2.** (*destruir*) to lay waste

talco *m* **1.** (*mineral*) talc **2.** (*polvos*) talcum powder

talega *f* bag

talego *m* **1.** (*talega*) sack **2.** *inf* (*cárcel*) nick *Brit,* slammer *Am*

talento *m* (*capacidad*) talent; **de gran ~** very talented; **tener ~ para los idiomas** to have a gift for languages

talentoso, -a *adj* talented

talero *m Arg, Chile, Urug* whip

Talgo *m abr de* **Tren Articulado Ligero Goicoechea Oriol** *high speed light articulated train of Spanish invention for intercity passenger transportation*

talismán *m* talisman, lucky charm

talla f **1.** (*de diamante*) cutting **2.** (*en madera*) carving; (*en piedra*) sculpting **3.** (*estatura*) height; **ser de poca ~** to be short **4.** (*de vestido*) size **5.** (*moral*) stature

tallar vt **1.** (*diamante*) to cut **2.** (*madera*) to carve **3.** (*estatura*) to measure **4.** (*en juego*) to deal

tallarín m noodle

talle m **1.** (*cintura*) waist **2.** (*figura*) figure

taller m **1.** TÉC workshop **2.** (*estudio*) studio **3.** (*auto*) garage

tallo m **1.** BOT stem **2.** (*renuevo*) shoot

talón m **1.** (*del pie*) heel; **~ de Aquiles** Achilles' heel; *fig* weak point **2.** (*cheque*) cheque *Brit,* check *Am*

talonario m **1.** (*de cheques*) cheque--book *Brit,* checkbook *Am* **2.** (*de recibos*) receipt book

tamaño m size; **en ~ bolsillo** pocket size

tamaño, -a adj **1.** (*grande*) such a big **2.** (*pequeño*) such a small, so small a **3.** (*semejante*) such a

tamarindo m tamarind

tambalear vi, vr: **~se** to stagger; *fig* to totter

también adv also, as well, too; **yo lo ví ~** I also saw him, I saw him too

tambor m **1.** (*instrumento*) drum **2.** (*músico*) drummer **3.** ANAT eardrum

Támesis m **el ~** the Thames

tamiz m sieve

tamizar <z→c> vt to sieve

tampoco adv not either, nor, neither; **~ me gusta éste** I don't like this one either

tampón m **1.** (*de tinta*) ink pad **2.** (*para la mujer*) tampon

tan adv so; **~... como...** as ... as ...; **~ siquiera una vez** just once; **ni ~ siquiera** not even

tanatorio m funeral parlour *Brit,* funeral parlor *Am*

tanda f **1.** (*turno*) shift, turn; **¿me puedes guardar la ~?** will you keep my place for me? **2.** (*serie*) series *inv;* **por ~s** in batches

tanga m tanga, G-string

tangente f tangent; **salirse por la ~** *fig* to go off on a tangent

Tánger m Tangier(s)

tangible adj tangible

tango m MÚS tango

tanque m **1.** MIL tank **2.** (*cisterna*) tanker

tanteador m scoreboard

tantear vt **1.** (*calcular: cantidad*) to calculate; (*tamaño*) to weigh up; (*a ojo*) to size up; (*precio*) to estimate **2.** (*probar*) to try out; (*persona: sondear*) to sound out **3.** (*ir a tientas*) to grope

tanteo m **1.** (*cálculo: cantidad*) calculation; (*de tamaño*) weighing up; (*a ojo*) sizing up; (*de precio*) estimate **2.** (*sondeo*) sounding out **3.** DEP (*de puntos*) score

tanto I. m **1.** (*cantidad*) certain amount; COM rate; **~ alzado** lump sum basis; **~ por ciento** percentage; **un ~** a bit; **estoy un ~ sorprendido** I'm somewhat surprised **2.** (*punto*) point; (*gol*) goal **3.** *fig* **estar al ~ de algo** to be up to date on sth II. adv **1.** (*de tal modo*) so much; **no es para ~** there's no need to make such a fuss **2.** (*de duración*) so long; **tu respuesta tardó ~ que...** your answer took so long that ... **3.** (*comparativo*) **~ mejor/peor** so much the better/worse; **~ como** as much as; **~ si llueve como si no...** whether it rains or not ...; **~... como...** both ... and ... **4.** (*locuciones*) **en ~ (que** +*subj*) as long as, provided; **entre ~** meanwhile, in the meantime; **por (lo) ~** therefore, so

tanto, -a I. adj **1.** (*comparativo*) as much, as many; **no ~ dinero como...** not as much money as ...; **~s días como...** as many days as ... **2.** (*tal cantidad*) so much; **¡hace ~ tiempo!** such a long time ago!; **~ gusto en conocerle** a pleasure to meet you **3.** *pl* (*número indefinido*) **uno de ~s** one of many; **a ~s de enero** on such and such a day of January; **tener 40 y ~s años** to be 40-odd years old; **quedarse des-**

pierto hasta las tantas to stay up until all hours **II.** *pron dem* ~**s** as many; **coge** ~**s como quieras** take as many as you like; **no llego a** ~ I won't go that far

Tanzania *f* Tanzania

taoísmo *m* Taoism

tapa *f* **1.** (*cubierta*) lid; ~ **de rosca** screw-top; **libro de** ~**s duras** hardback **2.** (*de zapato*) heelpiece **3.** GASTR tapa

---

? **Tapa** is the synonym for **pincho**, i.e. a snack or a bite to eat between meals. In **Andalucía**, however, a **tapa** consists exclusively of **embutido y/o jamón** (cured sausage and/or ham), which is served with wine or beer.

---

tapacubos *m inv* AUTO hubcap

tapadera *f* **1.** (*de vasija*) lid **2.** (*negocio*) cover

tapar I. *vt* **1.** (*cuerpo*) to cover; (*cazuela*) to put a lid on; (*en cama*) to cover up **2.** (*desagüe*) to obstruct; (*agujero*) to fill in; **¿te tapo?** am I blocking your view? **3.** (*ocultar*) to hide **II.** *vr:* ~**se 1.** (*con ropa*) to wrap up; (*en cama*) to cover up; (*completamente*) to hide **2.** (*oídos*) to get blocked; (*la cara*) to cover

tapete *m* table runner; **estar sobre el** ~ *fig* to be under consideration

tapia *f* wall; (*de jardín*) garden wall

tapiar *vt* to wall in

tapicería *f* **1.** (*tapices*) tapestries *pl*, wall-hangings *pl* **2.** (*tienda*) upholstery; (*taller*) upholsterer's **3.** (*tela*) upholstery

tapiz *m* tapestry; (*en el suelo*) rug

tapizar <z→c> *vt* **1.** (*muebles*) to upholster **2.** (*acolchar*) to quilt

tapón *m* **1.** (*obturador*) stopper; (*de fregadero*) drain plug **2.** MED tampon **3.** (*cerumen*) wax (in the ear)

taquicardia *f* MED tachycardia

taquigrafía *f* shorthand

taquigrafiar < *l. pres:* taquigrafío> *vt* to take down in shorthand

taquígrafo, -a *m, f* shorthand writer

taquilla *f* **1.** TEAT, CINE box office; DEP gate money; FERRO ticket window **2.** (*recaudación*) receipts *pl*, takings *pl* **3.** (*armario*) locker; (*archivador*) filing cabinet

taquillero, -a I. *adj* **película taquillera** box-office draw **II.** *m, f* ticket clerk

taquimecanógrafo, -a *m, f* shorthand typist

tara *f* **1.** (*defecto*) defect **2.** COM (*peso*) tare

tarántula *f* tarantula

tararear *vt* to hum

tardanza *f* delay

tardar *vi* to take time; ~ **en llegar** to take a long time to arrive; FERRO to be late arriving; **no tardo nada** I won't be long; **no** ~**é en volver** I'll be right back; **¡no tardes!** don't be gone long!; **a más** ~ at the latest; **sin** ~ without taking long

tarde I. *f* **1.** (*primeras horas*) afternoon; **por la** ~ in the afternoon; **¡buenas** ~**s!** good afternoon! **2.** (*últimas horas*) evening; **¡buenas** ~**s!** good evening! **II.** *adv* late; ~ **o temprano** sooner or later; **de** ~ **en** ~ now and then, occasionally; **se me hace** ~ it's getting late

tardío, -a *adj* **1.** (*atrasado*) late **2.** (*lento*) slow

tardo, -a *adj* slow

tarea *f* **1.** (*faena*) task **2.** (*trabajo*) job **3.** *pl* ENS homework

tarifa *f* rate; (*transporte*) fare

tarima *f* platform

tarjeta *f t.* INFOR card; ~ **de crédito** credit card; ~ **de memoria** memory chip; ~ **postal** postcard; ~ **de sonido** sound card; ~ **de visita** visiting-card *Brit*, calling-card *Am*

tarro *m* (*envase*) pot; (*de cristal*) jar

tarta *f* cake; (*pastel*) pie

tartamudear *vi* to stammer, to stutter

tartamudo, -a I. *adj* stammering, stuttering **II.** *m, f* stammerer, stutterer

tasa *f* **1.** (*valoración*) valuation **2.** (*precio*) fee; (*de impuesto*) tax

3. (*porcentaje*) rate; ~ **de desempleo** unemployment rate; ~ **de interés** interest rate

tasación *f* **1.** (*de producto*) fixing of a price **2.** (*de joya*) appraisement

tasar *vt* **1.** (*precio*) to fix the price of; (*impuesto*) to tax **2.** (*valorar*) to value

tasca *f* bar

tata¹ *f inf* (*niñera*) nanny

tata² *m AmL* (*papá*) daddy

tatarabuelo, -a *m, f* great-great--grandfather

tatuaje *m* tattoo

tatuar <*l. pres:* tatúo> *vt* to tattoo

taurino, -a *adj* bullfighting

Tauro *m* Taurus

tauromaquia *f sin pl* art of bullfighting

taxi *m* taxi, taxicab

taxista *mf* taxi driver *Brit,* cabdriver *Am*

taza *f* **1.** (*de café*) cup, mug **2.** (*del wáter*) toilet bowl

tazón *m* (*taza grande*) large cup; (*cuenco*) bowl

te **I.** *f* **la letra** ~ the letter t **II.** *pron pers* (*objeto directo, indirecto*) you; **¡míra~!** look at yourself! **III.** *pron refl* ~ **vistes** you get dressed; ~ **levantas** you get up; **no** ~ **hagas daño** don't hurt yourself; **¿**~ **has lavado los dientes?** have you brushed your teeth?

té *m* tea

tea *f* torch

teatral *adj* theatre

teatro *m* **1.** (*t. fig*) TEAT theatre *Brit,* theater *Am;* **obra de** ~ play; **hacer** ~ *fig* to playact **2.** (*escenario*) stage

tebeo *m* comic

techo *m* **1.** (*de habitación*) ceiling **2.** (*de casa*) roof

tecla *f* key; ~ **de mayúsculas** shift key; ~ **de retroceso** backspace key; ~ **de intro** enter key; **tocar demasiadas** ~**s** *fig* to do too many things at once

teclado *m* keyboard

teclear *vi* **1.** (*piano*) to play; (*ordenador*) to type **2.** (*dedos*) to drum

técnica *f* **1.** (*método*) technique

2. (*tecnología*) technology

técnicamente *adv* technically

técnico, -a **I.** *adj* technical **II.** *m, f* **1.** TÉC technician **2.** (*especialista*) expert

tecnicolor *m* Technicolor®

tecnócrata **I.** *adj* technocratic **II.** *mf* technocrat

tecnología *f* **1.** TÉC, ECON technology **2.** (*técnica*) technique

tecnológico, -a *adj* **1.** TÉC technological **2.** (*técnico*) technical

tedio *m* boredom

tedioso, -a *adj* tedious

teja *f* **1.** (*del tejado*) roof tile **2.** (*sombrero*) shovel hat

tejado *m* roof

tejano, -a *adj, m, f* Texan

tejanos *mpl* jeans

tejemaneje *m inf* **1.** (*actividad*) to-do **2.** (*intriga*) scheming

tejer *vt* **1.** (*tela*) to weave; (*tricotar*) to knit **2.** (*cestos*) to plait **3.** (*araña*) to spin **4.** (*intrigas*) to plot

tejido *m* **1.** *t.* ANAT (*textura*) tissue **2.** (*tela*) fabric; **los** ~**s** textiles *pl*

tejón *m* badger

tela *f* **1.** (*tejido*) material, fabric; ~ **de araña** spider's web *Brit,* spiderweb *Am* **2.** (*en leche*) film **3.** *inf* (*asunto*) matter; **este asunto tiene** ~ it's a complicated matter **4.** (*lienzo*) painting; **poner algo en** ~ **de juicio** (*dudar*) to question sth; (*tener reparos*) to raise objections about sth

telar *m* (*máquina*) loom

telaraña *f* cobweb *Brit,* spiderweb *Am*

tele *f inf abr de* **televisión** TV, telly *Brit*

telebanca *f* e-bank

telebanking *m sin pl* e-banking

telebasura *f* junk TV

telecompra *f sin pl* teleshopping

telecomunicación *f* telecommunication

teleconferencia *f* COM teleconference, video-phone conference

telecontrol *m* remote control

telediario *m* TV news; **el** ~ **de las 3** the 3 o'clock news

teledifusión *f* telecast

T_t

teledirigido, **-a** *adj* remote-controlled

teléf. *abr de* **teléfono** tel.

teleférico *m* cable car

telefonear *vi* to telephone

Telefónica *f national telephone company in Spain*

telefónico, **-a** *adj* telephone; **cabina telefónica** phone box; **guía telefónica** telephone directory, phone book

telefonista *mf* telephone operator

teléfono *m* **1.** (*aparato*) telephone; ~ **móvil** mobile phone, cellphone *Am;* ~ **rojo** *fig* hotline; **hablar por** ~ to talk on the phone; **llamar por** ~ to telephone **2.** (*número*) phone number **3.** *pl* (*compañía*) telephone company

telegrafía *f* telegraphy

telegrafiar <3. *pret:* telegrafió> *vt, vi* to telegraph

telégrafo *m* **1.** (*aparato*) telegraph **2.** *pl* (*administración*) post office

telegrama *m* telegram

teleimpresor *m* teleprinter

telele *m inf* fit

telemando *m* remote control

telenovela *f* TV soap opera

teleobjetivo *m* FOTO telephoto lens

telepatía *f sin pl* telepathy

telepático, **-a** *adj* telepathic

telescópico, **-a** *adj* telescopic

telescopio *m* telescope

telesilla *f* chair-lift

telespectador(a) *m(f)* TV viewer

telesquí *m* ski-lift

teletexto *m* teletext

teletipo *m* teletype®

teletrabajo *m* teleworking (from home)

televidente *mf v.* **telespectador**

televisar *vt* to televise

televisión *f* television; ~ **de pago** pay-television; ~ **en color** colour TV *Brit*, color TV *Am*

televisor *m* television set

télex *m* telex

telón *m* curtain; **el ~ de acero** the iron curtain; ~ **de fondo** backdrop

tema *m t.* MÚS, LIT theme; **~s de actualidad** current issues

---

! Words such as **tema** ending in -ma are always masculine: "el tema." Other examples include: "el clima, el drama, el idioma, el problema, el programa, el sistema."

---

temario *m* **1.** (*lista de temas*) programme *Brit*, program *Am* **2.** (*para un examen*) list of topics

temática *f* subjects *pl*

temático, **-a** *adj* thematic

temblar <e→ie> *vi* to tremble; ~ **por alguien** to fear for sb; ~ **de frío** to shiver (with cold)

tembleque *m inf* **1.** (*temblor*) shaking **2.** (*persona*) weakling

temblón, **-ona** *adj inf* trembling

temblor *m* (*tembleque*) tremor; (*escalofrío*) shiver

tembloroso, **-a** *adj* shaky

temer **I.** *vt* **1.** (*sentir temor*) to fear **2.** (*sospechar*) to be afraid **II.** *vi, vr:* ~**se** to be afraid

temerario, **-a** *adj* **1.** (*imprudente*) reckless **2.** (*sin fundamento*) rash

temeridad *f sin pl* **1.** (*imprudencia*) recklessness **2.** (*insensatez*) rashness

temeroso, **-a** *adj* **1.** (*medroso*) fearful **2.** (*temible*) dreadful

temible *adj* fearsome

temor *m* **1.** (*miedo*) fear **2.** (*sospecha*) suspicion

témpano *m* **1.** (*pedazo*) chunk; (*de hielo*) ice floe **2.** (*tambor*) kettledrum

temperamento *m* temperament; **tener mucho** ~ to have a strong character

temperatura *f* temperature

tempestad *f* storm

tempestuoso, **-a** *adj* stormy

templado, **-a** *adj* **1.** (*tibio*) lukewarm **2.** (*temperado*) tempered **3.** (*moderado*) moderate **4.** (*sereno*) composed **5.** MÚS tuned

templanza *f* **1.** (*moderación*) temperateness **2.** (*clima*) mildness **3.** (*virtud*) temperance

templar **I.** *vt* **1.** (*moderar*) to moderate; (*calmar*) to calm down **2.** (*calentar*) to warm up **3.** (*entibiar*) to cool down **4.** MÚS (*afinar*) to tune **5.** (*acero*) to temper **II.** *vr:* ~**se** **1.** (*moderarse*) to control oneself **2.** (*calentarse*) to get warm **3.** *AmL* (*enamorarse*) to fall in love

temple *m* **1.** (*valentía*) courage **2.** (*carácter*) disposition; (*humor*) mood **3.** (*del acero*) tempering **4.** ARTE tempera

templo *m* temple; (*iglesia*) church

temporada *f* (*tiempo*) season; (*época*) period; **fruta de** ~ seasonal fruit

temporal I. *adj* **1.** (*relativo al tiempo*) stormy **2.** (*no permanente*) temporary; (*no eterno*) temporal; **contrato** ~ temporary contract **II.** *m* (*tormenta*) storm; (*marejada*) stormy seas *pl*

tempranero, -a I. *adj* (*fruta*) early **II.** *m, f* early riser, earlybird

temprano *adv* early

temprano, -a *adj* early

tenacidad *f sin pl* **1.** (*persona*) tenacity **2.** (*dolor*) persistence; (*mancha*) stubbornness

tenacillas *fpl* tongs *pl;* (*para rizar*) curling iron

tenaz *adj* **1.** (*perserverante*) persevering **2.** (*cabezota*) stubborn **3.** (*persistente*) persistent

tenaza(s) *f(pl)* pliers *pl*

tendedero *m* **1.** (*lugar*) drying place **2.** (*armazón*) clothes horse; (*cuerdas*) clothes line

tendencia *f* **1.** (*inclinación*) tendency **2.** (*dirección*) trend; ~ **alcista** upward trend; ~**s de la moda** fashion trends

tendencioso, -a *adj pey* tendentious

tender <e→ie> **I.** *vt* **1.** (*esparcir*) to spread over; ~ **la cama** *AmL* to make the bed; ~ **la mesa** *AmL* to lay the table **2.** (*tumbar*) to lay **3.** (*la ropa*) to hang out; (*puente*) to build; (*línea, vía*) to lay **4.** (*aproximar*) to hold out; ~ **la mano a alguien** *fig* to give sb a hand **II.** *vi* to tend

tenderete *m* COM stall, stand

tendero, -a *m, f* shopkeeper *Brit,*

storekeeper *Am*

tendido *m* **1.** (*de un cable*) laying **2.** (*cables*) cables *pl,* wiring **3.** (*ropa*) washing *Brit,* wash *Am* **4.** TAUR front rows of seats **5.** *AmL* (*de la cama*) bed linen

tendido, -a *adj* (*galope*) full; **largo y** ~ long and hard

tendón *m* ANAT tendon

tenebroso, -a *adj* t. *fig* (*oscuro*) dark; (*tétrico*) gloomy

tenedor *m* fork

tenedor(a) *m(f)* holder; ~ **de tierras** landowner

teneduría *f* bookkeeping

tenencia *f* JUR possession

tener *irr* **I.** *vt* **1.** (*poseer, sentir*) to have; ~ **los ojos azules** to have blue eyes; ~ **29 años** to be 29 years old; ~ **hambre/calor/sueño** to be hungry/hot/sleepy; **¿(con que) ésas tenemos?** so that's the way it is?; **no** ~**las todas consigo** not to be sure of something; **¿tienes frío?** are you cold? **2.** (*considerar*) to consider; ~ **a alguien en menos/mucho** to think all the less/more of sb; **me tienes preocupada** I'm worried about you **3.** (*guardar*) to keep **4.** (*coger*) to take; (*sujetar*) to hold **II.** *vr:* ~**se 1.** (*por algo*) to consider oneself **2.** (*sostenerse*) to stand; ~**se firme** to stand upright; *fig* to stand firm **III.** *aux* **1.** (*con participio*) ~ **pensado hacer algo** to plan to do sth; **ya me lo tenía pensado** I had already thought of that **2.** (*obligación*) ~ **que** to have to; ~ **mucho que hacer** to have a lot to do

tenia *f* tapeworm

teniente *m* MIL lieutenant

tenis *m sin pl* tennis

tenista *mf* tennis player

tenor *m* t. MÚS tenor

tensar *vt* (*músculo*) to tense; (*cuerda*) to tighten

tensión *f* **1.** FÍS tension **2.** (*mental*) stress; (*de una cuerda*) tautness; (*de músculos*) tension; ~ **arterial** blood pressure **3.** (*impaciencia*) anxiety; **estar en** ~ (*nervioso*) to be nervous; (*impaciente*) to be anxious **4.** ELEC

T
t

voltage

tenso, -a adj (*situación*) tense; (*cuerda*) taut; (*impaciente*) anxious

tentación f temptation; **caer en la ~** to succumb to the temptation

tentáculo m tentacle

tentador(a) I. adj tempting II. m(f) tempter m, temptress f

tentar <e→ie> vt 1. (*palpar*) to feel 2. (*atraer*) to tempt; (*seducir*) to entice

tentativa f attempt

tentempié m inf bite to eat

tenue adj 1. (*delgado*) fine 2. (*débil*) weak; (*luz*) faint 3. (*sencillo*) simple

teñir irr como ceñir vt, vr: ~**se** to dye

teología f theology

teorema m theorem

teoría f theory; **en ~** in theory

teórico, -a I. adj theoretical II. m, f theorist, theoretician

teorizar <z→c> vi, vt to theorize

tequila m tequila

terapéutica f therapeutics pl

terapéutico, -a adj therapeutic(al)

terapia f therapy

tercer adj v. **tercero**

tercermundista adj third-world, underdeveloped

tercero I. m t. JUR third party II. adv third

tercero, -a adj (*delante de un sustantivo masculino: tercer*) third; **tercera edad** retirement years; v.t. **octavo**

⚠ **tercero** is always used after a masculine singular noun or on its own as a pronoun: "Vive en el piso tercero; Es el tercero de su clase." In contrast **tercer** is always used before a masculine singular noun: "Lo consiguió al tercer intento."

terceto m MÚS trio

terciar I. vt 1. (*dividir*) to divide into three parts 2. (*atravesar*) to place diagonally across 3. (*la carga*) to balance 4. AmL (*aguar*) to water down II. vi 1. (*intervenir*) to intervene

2. (*mediar*) to have a word III. vr, vimpers: ~**se** to arise; **si se tercia** should the occasion arise

terciario m GEO Tertiary period

terciario, -a adj tertiary

tercio m third; v.t. **octavo**

terciopelo m velvet

terco, -a I. adj stubborn, obstinate II. m, f stubborn person

tergal® m type of synthetic fabric

tergiversar vt (*hechos*) to misrepresent; (*la verdad*) to distort

termal adj thermal; **aguas ~es** hot springs

termas fpl hot baths pl

térmico, -a adj thermal, thermic; **central térmica** power station

terminación f 1. (*acción*) termination; (*de un proyecto*) completion; (*producción*) finish; (*de un plazo*) end 2. (*final*) end

terminal[1] I. adj terminal; **parte ~** final part; **un enfermo ~** a terminally ill patient II. m INFOR terminal

terminal[2] f 1. (*estación*) terminal, terminus; FERRO station 2. (*de aeropuerto*) terminal

terminante adj 1. (*claro*) clear 2. (*definitivo*) categorical

terminar I. vt 1. (*finalizar*) to finish; (*proyecto*) to complete 2. (*consumir*) to finish up; (*comer*) to eat up II. vi 1. (*tener fin*) to finish; (*plazo*) to end; ~ **bien** to have a happy ending; ~ **de construir** to finish building; **la escuela termina a las dos** school is out at 2 pm; **ya termina la película** the film is almost over 2. (*destruir*) to do away 3. (*separarse*) to break up III. vr: ~**se** 1. (*aproximarse al final*) to be almost over 2. (*no haber más*) (for) there to be no more

término m 1. (*fin*) end; **llevar a ~** to carry out; **sin ~** endless 2. (*plazo*) period 3. (*linde*) boundary; ~ **municipal** township 4. (*vocablo*) term; **en otros ~s** in other words; **en malos ~s** rudely 5. pl (*de un contrato*) terms pl, conditions pl 6. (*expresiones*) **en ~s generales** generally speaking; **en primer ~**

first of all; **en último** ~ as a last resort; **por** ~ **medio** on the average

terminología f terminology

termita f termite

termo m thermos

termodinámica f thermodynamics pl

termómetro m thermometer

termonuclear adj thermonuclear

termostato m, **termóstato** m thermostat, thermal switch

ternera f (carne) beef, veal

ternero, -a m, f calf

terno m **1.** (conjunto) set of three **2.** (traje) three-piece suit

ternura f **1.** (cariño) tenderness **2.** (dulzura) sweetness **3.** (delicadeza) gentleness

terquedad f stubbornness, obstinacy

terrado m flat roof; (terraza) terrace

Terranova f Newfoundland

terraplén m **1.** (protección) rampart **2.** (desnivel) slope **3.** FERRO embankment

terráqueo, -a adj terrestrial, terraqueous; **globo** ~ globe

terrateniente mf landowner, landholder

terraza f **1.** (jardín) terrace; (balcón) balcony; (azotea) flat roof **2.** (of a café) terrace

terremoto m earthquake

terrenal adj worldly; **paraíso** ~ earthly paradise

terreno m **1.** (suelo) land; GEO terrain **2.** (espacio) lot; (campo) field; DEP playing field; **vehículo todo** ~ all-terrain vehicle; ~ **desconocido** unfamiliar territory; **estar en su propio** ~ to be on one's own ground; **explorar el** ~ to see how the land lies; **ganar/perder** ~ to gain/lose ground; **sobre el** ~ on the spot

terreno, -a adj earthly

terrestre adj **1.** (de la Tierra) terrestrial **2.** (en la tierra) earthly; **transporte** ~ ground transport

terrible adj terrible

territorial adj territorial

territorio m territory

terrón m lump; ~ (**de tierra**) clod

terror m terror

terrorífico, -a adj terrifying

terrorismo m sin pl terrorism

terrorista adj, mf terrorist

terroso, -a adj earthy

terruño m **1.** (trozo) clod **2.** (patria) native land **3.** (terreno) piece of land

terso, -a adj **1.** (liso) smooth **2.** (limpio) clean **3.** (fluido) flowing

tertulia f **1.** (reunión) gathering; **estar de** ~ to talk; ~ **literaria** literary circle **2.** (para jugar) games room

tesina f project; UNIV (trabajo) minor thesis

tesis f inv **1.** (proposición) theory **2.** UNIV (trabajo) thesis

tesón m tenacity

tesorero, -a m, f treasurer

tesoro m **1.** (de gran valor) treasure **2.** (fortuna) fortune; ~ (**público**) Exchequer, Treasury **3.** (cariño) dear

test m test

testaferro m man of straw

testamentario, -a I. adj testamentary **II.** m, f executor m, executrix f

testamento m will

testar vi to make a will

testarudo, -a adj pigheaded

testículo m ANAT testicle

testificar <c→qu> **I.** vt **1.** (declarar) to testify; (testigo) to witness **2.** (testigo) to attest **II.** vi to testify

testigo mf t. JUR witness; ~ **de cargo** witness for the prosecution; ~ **ocular** eyewitness; **ser** ~ **de algo** to witness sth

testimonial adj **1.** (que afirma) attesting **2.** (que prueba) testificatory

testimoniar vt **1.** (declarar) to testify **2.** (dar muestra) to show **3.** (probar) to be proof of

testimonio m **1.** (declaración) testimony; **dar** ~ to testify; **falso** ~ false witness **2.** (muestra) evidence **3.** (prueba) proof

teta f **1.** inf (pecho) breast **2.** (ubre) udder **3.** (pezón) nipple

tétano(s) m (inv) MED tetanus

tetera f (para té) teapot; (para hervir) kettle

tetilla f **1.** (biberón) nipple **2.** (animal) teat

T
t

tétrico, -a *adj* dismal

textil *adj, m* textile

texto *m* text

textual *adj* textual; **con palabras ~es** with those exact words

textura *f* **1.** (*tejido*) weave **2.** (*estructura*) structure; QUÍM texture

tez *f* complexion; **de ~ morena** dark

ti *pron pers* **a ~** (*objeto directo, indirecto*) you; **de ~** from you; **para/ por ~** for you

tía *f* **1.** (*pariente*) aunt; **¡(cuéntaselo a) tu ~!** *inf* tell that to the marines! **2.** *inf* (*mujer*) woman; **¡qué ~ más buena!** what a babe!

tibieza *f* lukewarmness; (*en el trato*) coolness

tibio, -a *adj* **1.** (*temperatura*) lukewarm **2.** (*carácter*) unenthusiastic **3.** *AmL, inf* (*enfadado*) angry

tiburón *m* **1.** ZOOL shark **2.** FIN raider

tic **I.** *interj* tick **II.** *m* <tics> tic; (*manía*) habit

tiempo *m* **1.** (*periodo*) time; **~ libre** spare time; **al poco ~** shortly after; **a ~** in time; **a su ~** in due course; **cada cosa a su ~** there is a time for everything; **al ~ que...** while ...; **antes de ~** early; **llegar antes de ~** to arrive ahead of time; **desde hace mucho ~** for a long time; **en estos ~s** nowadays; **en otros ~s** in the past; **dar ~ al ~** to give it time; **hace ~ que...** it's a long time since ...; **¡cuánto ~ sin verte!** long time no see!; **hay ~** there's time; **matar el ~** to kill time; **mucho/demasiado ~** long/too long; **perder el ~** to waste time; **ya es ~ que +***subj* it's about time; **tomarse ~** to take one's time **2.** (*época*) time; (*estación*) season **3.** METEO weather; **si el ~ no lo impide** weather permitting **4.** LING tense **5.** (*edad*) age **6.** DEP (**medio**) **~** half-time; **~ muerto** time out

tienda *f* **1.** (*establecimiento*) shop, store; **~ de comestibles** grocer's *Brit,* grocery store *Am;* **ir de ~s** to go shopping **2.** (*de campaña*) tent

tienta *f* **1.** MED probe **2.** (*astucia*) cleverness; **andar a ~s** *fig* to feel

one's way

tiento *m* **1.** (*acción*) touch **2.** (*tacto*) tact **3.** (*cautela*) caution; **con ~** carefully; (*cuidado*) care **4.** (*pulso*) sureness of hand

tierno, -a *adj* **1.** (*blando*) soft; (*pan*) fresh **2.** (*suave*) tender **3.** (*cariñoso*) affectionate

tierra *f* **1.** (*materia, superficie*) earth; **toma de ~** ELEC earth *Brit,* ground *Am;* **bajo ~** MIN underground; **echar por ~** to knock down; *fig* to ruin **2.** (*firme*) mainland; **tomar ~** AERO to land, to touch down; NÁUT to land **3.** (*región*) land; **Tierra Santa** Holy Land; **poseer ~s** to own land

tieso *adv* firmly

tieso, -a *adj* **1.** (*rígido*) stiff **2.** (*erguido*) erect; (*orejas*) pricked up **3.** (*serio*) stiff **4.** (*engreído*) conceited **5.** (*tirante*) taut

tiesto *m* flowerpot

tifoideo, -a *adj* typhoid

tifón *m* **1.** (*huracán*) typhoon **2.** (*tromba*) waterspout

tifus *m inv* MED typhus

tigre, -a *m, f AmL* ZOOL jaguar

tigre(sa) *m(f)* tiger *m,* tigress *f;* **oler a ~** *inf* to stink

tijera(s) *f (pl)* scissors *pl;* (*grandes*) shears *pl;* **silla de ~** folding chair

tijeretear **I.** *vt* to snip **II.** *vi inf* (*entrometerse*) to meddle

tila *f* linden-blossom tea

tildar *vt* **~ de algo** to brand as sth

tilde *f* **1.** (*acento*) accent **2.** (*de la ñ*) tilde

tilín *m sin pl* (*sonido*) tinkle

tilo *m* linden

timar **I.** *vt* to con **II.** *vr:* **~se** (*hacerse guiños*) to make eyes at each other; (*tontear*) to flirt

timbal *m* MÚS small drum

timbrar *vt* (*pegar*) to put a stamp on; (*estampar*) to postmark

timbre *m* **1.** (*aparato*) bell; (*de la puerta*) doorbell **2.** *t.* MÚS (*sonido*) timbre **3.** (*sello que se pega*) stamp; (*que se estampa*) seal

timidez *f* shyness

tímido, -a *adj* shy

timo *m* (*fraude*) con; **dar un ~** to

swindle
timón *m* rudder; **llevar el ~** *inf* to be at the helm
timonel *mf* helmsman
tímpano *m* 1. ANAT (*membrana*) eardrum 2. (*instrumento*) kettledrum
tina *f* vat; *AmL* (*bañera*) bathtub
tinaja *f* large earthenware jar
tinglado *m* 1. (*cobertizo*) shed 2. *inf* (*lío*) tangle 3. (*artimaña*) intrigue
tiniebla *f* darkness
tino *m* 1. (*puntería*) aim 2. (*destreza*) skill 3. (*moderación*) moderation; **sin ~** recklessly
tinta *f* 1. (*para escribir*) ink; **cargar las ~s** to exaggerate; **saber algo de buena ~** to know sth from a reliable source; **sudar ~** to sweat blood 2. (*color*) hue
tinte *m* 1. (*teñidura*) dye 2. (*colorante*) colouring *Brit,* coloring *Am* 3. (*tintorería*) dry cleaner's 4. (*matiz*) tinge; (*apariencia*) touch
tintero *m* inkwell; **dejar(se) en el ~** *fig* to leave unsaid
tintin(e)ar *vi* to clink
tinto, -a *adj* red; **vino ~** red wine
tintorería *f* dry cleaner's
tintura *f* 1. (*tinte*) tint 2. (*colorante*) dye 3. MED tincture
tío *m* 1. (*pariente*) uncle 2. *inf* (*hombre*) bloke *Brit,* guy
tiovivo *m* merry-go-round, carrousel *Am*
típico, -a *adj* typical
tiple[1] *mf* MÚS (*persona*) soprano
tiple[2] *m* MÚS (*voz*) soprano
tipo *m* 1. (*modelo*) model 2. (*muestra*) sample; (*espécimen*) type 3. (*cuerpo*) build; **aguantar el ~** to hold out; **arriesgar el ~** *inf* to risk one's neck; **tener buen ~** to have a good figure 4. (*clase*) type, kind 5. FIN rate; **~ de cambio** exchange rate
tipo, -a *m, f inf* guy *m,* woman *f*
tipografía *f* (*impresión*) printing; (*taller*) printing press
tipográfico, -a *adj* printing
tipógrafo, -a *m, f* printer
tiquet *m* <tiquets> (*de espectáculos*) ticket; (*de compra*) sales slip, receipt

tiquismiquis[1] *mf inv* (*remilgado*) fusspot
tiquismiquis[2] *mpl* 1. (*remilgo*) silly scruples *pl* 2. (*ñoñería*) finickiness
tira *f* 1. (*banda*) strip, band; **~ cómica** comic strip 2. *inf* (*mucho*) **esto me ha gustado la ~** I really liked this a lot
tirabuzón *m* 1. (*rizo*) ringlet, curl 2. (*sacacorchos*) corkscrew
tirada *f* 1. (*edición*) print run; **de una ~** *fig* without stopping 2. (*distancia*) stretch
tirado, -a I. *adj* 1. *estar inf* (*barato*) dirt cheap 2. *ser inf* (*descuidado*) slovenly 3. *estar inf* (*fácil*) very easy; **estar ~** to be dead easy II. *m, f inf* nohoper
tirador *m* 1. (*agarradero*) handle, knob 2. (*cordón*) pull chain
tirador(a) *m(f)* (*disparador*) shot, marksman
tiralíneas *m inv* ruling pen
tiranía *f* tyranny
tiránico, -a *adj* tyrannical
tiranizar <z→c> *vt* to tyrannize
tirano, -a I. *adj* tyrannic II. *m, f* tyrant
tirante I. *adj* 1. (*tieso*) taut; (*pantalón*) tight 2. (*conflictivo*) tense II. *m* 1. (*travesaño*) strut 2. *pl* (*elásticos*) braces *pl Brit,* suspenders *pl Am* 3. (*de un vestido*) strap 4. (*de caballería*) trace
tirantez *f* tension
tirar I. *vi* 1. (*arrastrar*) to pull on; **a todo ~** at the most; **¿qué tal? – vamos tirando** *inf* how are you? – we're managing 2. (*atraer*) to attract 3. (*chimenea*) to draw 4. (*vestido: ser estrecho*) to be tight 5. (*disparar*) to shoot II. *vt* 1. (*lanzar*) to throw 2. (*malgastar*) to waste 3. (*disparar*) to shoot; (*bombas*) to drop 4. (*derribar*) to knock down; (*edificio*) to pull down 5. (*imprimir*) to print 6. FOTO to take III. *vr:* **~se** 1. (*lanzarse*) to throw oneself 2. (*echarse*) to lie down 3. *inf* (*pasar tiempo*) to spend
tirita *f* plaster *Brit,* Band Aid®

T *t*

tiritar *vi* to shiver

tiro *m* **1.**(*lanzamiento*) shot; ~ **al aire** warning shot; **a** ~ in range; *fig* accessible; **dar un** ~ to fire a shot; **pegarse un** ~ to shoot oneself; **me salió el** ~ **por la culata** *inf* it backfired on me **2.**(*caballerías*) team; **sentar como un** ~ (*comida*) to disagree; (*noticia*) to upset

tiroides *m inv* MED thyroid

tirón *m* (*acción*) snatch; **de un** ~ (*bruscamente*) suddenly; (*de una vez*) without stopping, in one go *Brit*

tiroteo *m* shooting

tísico, -a *m, f* consumptive person

tisis *f inv* MED tuberculosis

titánico, -a *adj* titanic

títere *m* **1.**t. *fig* (*muñeco*) puppet **2.**(*tipejo*) weakling **3.***pl* (*espectáculo*) puppet show

titilar *vi* **1.**(*temblar*) to quiver **2.**(*centellear*) to twinkle

titiritero, -a *m, f* **1.**(*que maneja los títeres*) puppeteer **2.**(*acróbata*) acrobat

titubear *vi* **1.**(*vacilar*) to waver; *fig* to hesitate **2.**(*balbucear*) to stutter

titubeo *m* tottering; *fig* hesitation

titulado, -a I. *adj* titled **II.** *m, f* degree holder; ~ (**universitario**) university graduate

titular¹ **I.** *adj* **profesor** ~ full professor **II.** *mf* holder; ~ **de acciones** shareholder

titular² **I.** *m* headline **II.** *vt* (*poner título*) to title **III.** *vr:* ~**se** to be entitled

título *m* **1.**(*rótulo*) title **2.**(*diploma*) diploma; ~ **universitario** university degree **3.**(*motivo*) reason; **a** ~ **de** by way of; **a** ~ **gratuito** for free

tiza *f* chalk

tiznar I. *vt* to blacken **II.** *vr:* ~**se** (*entiznarse*) to get dirty

tizón *m* **1.**(*palo*) partly-burned stick **2.**(*deshonra*) stain

toalla *f* towel; ~ **de baño** bath towel

toallero *m* towel rail, towel rack *Am*

tobillo *m* ankle

tobogán *m* **1.**(*deslizadero*) slide **2.**(*pista*) chute

toca *f* headdress

tocadiscos *m inv* record player

tocado *m* headdress

tocado, -a *adj* **1.**(*perturbado*) slightly touched; **estar** ~ to be not all there **2.**(*lesionado*) injured **3.**(*medio podrido*) going bad

tocador *m* **1.**(*mueble*) dressing table **2.**(*habitación*) ladies' dressing room; (*servicios*) ladies' room

tocante *adj* ~ **a** concerning

tocar <c→qu> **I.** *vt* **1.**(*contacto*) to touch, to feel; ~ **fondo** to hit bottom; **¡no lo toques!** don't touch it! **2.**MÚS to play; (*timbre*) to ring; (*tambor*) to beat; (*bocina*) to blow; (*alarma*) to sound; ~ **a la puerta** to knock at the door; **el reloj tocó las tres** the clock struck three **3.**(*modificar*) to change **4.**(*chocar*) to run into **II.** *vi* **1.**(*obligación*) to have to **2.**(*corresponder*) **te toca jugar** it's your turn **3.**(*premio*) to win; **le tocó hacerlo** it fell to him/her to do it **III.** *vr:* ~**se 1.**(*estar en contacto*) to touch **2.**(*peinarse*) to do one's hair

tocateja **a** ~ cash

tocayo, -a *m, f* namesake

tocino *m* (*lardo*) pork fat; (*carne*) bacon

tocólogo, -a *m, f* MED obstetrician

todavía *adv* **1.**(*aún*) still; ~ **no** not yet; **es** ~ **más caro que...** it is even more expensive than ... **2.**(*sin embargo*) **pero** ~ however

todo I. *pron indef* all; ~ **lo que** [*o* **cuanto**]... all ...; (*o*) ~ **o nada** all or nothing; ~ **lo más** at the most; **es** ~ **uno** it's all one and the same; **ante** [*o* **sobre**] ~ above all; ~ **lo contrario** quite the contrary; **antes que** ~ first of all; **después de** ~ *inf* after all; **con** ~ nevertheless; **estar en** ~ *inf* to be on the ball **II.** *adv inf* all, completely **III.** *m sin pl* (*la totalidad*) the whole; **del** ~ completely; **no del** ~ not entirely; **jugarse el** ~ **por el** ~ to risk all

todo, -a *art indef* **1.**(*entero*) all; **toda la familia** the whole family; **toda España** all Spain; **en toda Europa** all over Europe; **a toda prisa** as fast as possible **2.**(*cada*) every; **a toda**

costa at all cost; **~ Dios** [*o quisqui*] *inf* absolutely everyone **3.** *pl* all; **~s y cada uno** each and every one; **a todas horas** at all hours; **en todas partes** everywhere; **de ~s modos** anyway

todopoderoso, -a *adj* almighty

todoterreno I. *adj inv* all-purpose, versatile **II.** *m* AUTO all-terrain vehicle

toga *f* robe

toldo *m* **1.** (*marquesina*) marquee; (*en una tienda*) awning *Brit*, sunshade *Am* **2.** (*de carro*) tarpaulin

tole *m* **1.** (*bulla*) hubbub **2.** (*rumor*) rumour *Brit*, rumor *Am*

tolerancia *f* tolerance

tolerante *adj* tolerant

tolerar *vt* **1.** (*soportar*) to tolerate **2.** (*permitir*) to allow sth

toma *f* **1.** (*adquisición*) taking; **~ de datos** INFOR data acquisition **2.** (*conquista*) capture **3.** (*dosis*) dose **4.** TÉC inlet; **~ de tierra** ground **5.** (*grabación*) take **6.** FOTO shot

tomar I. *vi* to turn **II.** *vt* **1.** (*coger, llevar*) to take; (*préstamo*) to borrow; (*decisión*) to take; (*fuerzas*) to gather **2.** (*beber, comer*) to have **3.** (*interpretar*) **~ algo a mal** to take offence at sth *Brit*, to take offense at sth *Am*; **~ en serio** to take seriously; **~ conciencia de** to become aware of **4.** (*contratar*) to hire; (*piso*) to rent **5.** (*filmar*) to shoot **6.** *AmL* (*beber alcohol*) to drink **III.** *vr*: **~se 1.** (*coger*) to take **2.** (*beber, comer*) to have **3.** *AmL* (*emborracharse*) **tomársela** to get drunk

tomate *m* tomato

tomatera *f* tomato plant

tomavistas *m inv* FOTO film camera *Brit*, movie camera *Am*

tomillo *m* thyme

tomo *m* volume

ton *inf* **sin ~ ni son** for no particular reason

tonada *f* **1.** (*canción*) song **2.** (*melodía*) tune

tonalidad *f* **1.** LING intonation **2.** MÚS tonality, tone

tonel *m* **1.** (*barril*) barrel **2.** *inf* (*persona gorda*) fatso

tonelada *f* (*peso*) ton

tonelaje *m* tonnage

tonelero *m* cooper

tongo *m* DEP fixing

tónica *f* **1.** MÚS tonic **2.** (*bebida*) tonic water

tónico *m* MED tonic

tónico, -a *adj* **1.** LING stressed **2.** MÚS tonic

tonificar <c→qu> *vt* to tone up

tono *m* **1.** *t.* MED (*altura, estilo*) tone, pitch; **bajar el ~** to lower one's voice; **dar el ~** to set the tone; **en ~ de reproche** reproachfully; **fuera de ~** out of place **2.** MÚS key **3.** (*del teléfono*) tone

tontería *f* **1.** (*memez*) foolishness **2.** (*nadería*) trifle

tonto, -a I. *adj* silly **II.** *m, f* fool; **hacer el ~** to clown around; **hacerse el ~** to play dumb

topacio *m* MIN topaz

topar *vi, vr* **~(se) con algo** to run into sth; **~(se) con alguien** to bump into sb

tope I. *adj* top, maximum; **fecha ~** latest date **II.** *m* **1.** (*extremo*) end; **estoy a ~ de trabajo** I'm swamped with work **2.** (*parachoques*) buffer; AUTO bumper **3.** (*de puerta*) doorstop

tópico *m* **1.** (*lugar común*) commonplace **2.** (*estereotipo*) cliché

tópico, -a *adj* trite; **de uso ~** MED for external use only

topo *m* **1.** (*roedor*) mole **2.** (*torpe*) clumsy clot

topógrafo, -a *m, f* surveyor, topographer

topónimo *m* place name

toque *m* **1.** (*roce*) touch **2.** (*golpe*) tap **3.** (*de campanas*) ringing; (*de teléfono*) ring; **~ de queda** curfew **4.** (*advertencia*) warning **5.** (*lo principal*) crux

toquetear *vt inf* to fiddle with, to finger

tórax *m inv* thorax

torbellino *m* whirlwind

torcedura *f* MED sprain

torcer *irr como cocer* **I.** *vi* to turn **II.** *vt* **1.** (*encorvar*) to bend **2.** (*dar vueltas, desviar*) to wind; **~ la vista**

to squint **III.** *vr:* ~**se 1.** (*encorvarse*) to bend; (*madera*) to warp **2.** (*dislocarse*) to sprain; (*pie*) to twist **3.** (*corromperse*) to go astray; (*fracasar*) to go wrong

torcido, -a *adj* **1.** (*ladeado*) lopsided **2.** (*encorvado*) crooked

tordo *m* thrush

tordo, -a *adj* **1.** (*color*) dapple-grey **2.** (*torpe*) dim

torear I. *vi* (*lidiar*) to fight; (*toros*) to bullfight **II.** *vt* **1.** (*lidiar*) to fight; (*toros*) to bullfight **2.** (*evitar*) to dodge

toreo *m* bullfighting

torero, -a I. *adj inf* bullfighting **II.** *m*, *f* bullfighter, matador

tormenta *f* **1.** *t. fig* (*temporal*) storm **2.** (*agitación*) turmoil

tormento *m* **1.** (*castigo*) torment **2.** (*congoja*) anguish

tormentoso, -a *adj* stormy; (*situación*) turbulent

tornar I. *vi* to return **II.** *vt* **1.** (*devolver*) to return **2.** (*cambiar*) to make **III.** *vr:* ~**se** to turn

tornasol *m* **1.** (*girasol*) sunflower **2.** (*reflejo*) iridescence

torneo *m* tournament

tornillo *m* **1.** (*clavo con rosca*) screw; **apretar los** ~**s a alguien** *fig* to put pressure on sb; **te falta un** ~ *inf* you have a screw loose **2.** *inf* (*deserción*) desertion

torniquete *m* **1.** (*puerta*) turnstile **2.** MED tourniquet

torno *m* **1.** (*máquina, para madera*) lathe; (*de alfarero*) potter's wheel; (*de banco*) vice *Brit,* vise *Am* **2.** (*cabrestante*) winch **3.** (*giro*) turn

toro *m* **1.** (*animal*) bull **2.** *pl* (*toreo*) bullfighting

toronja *f* **1.** (*naranja*) bitter orange **2.** (*pomelo*) grapefruit

torpe *adj* **1.** (*inhábil*) clumsy **2.** (*pesado*) sluggish

torpedo *m* torpedo

torpeza *f* **1.** (*pesadez*) heaviness **2.** (*inhabilidad*) clumsiness **3.** (*tontería*) stupidity **4.** (*error*) blunder

torre *f* **1.** *t.* ARQUIT tower; ~ **de alta tensión** electricity plyon; ~ **de per-**foración derrick; ~ **de mando** control tower **2.** NÁUT turret **3.** DEP rook, castle

torrefacto, -a *adj* dark roasted

torrente *m* torrent

tórrido, -a *adj elev* torrid

torrija *f* ≈ French toast

torso *m* torso

torta *f* **1.** (*tarta*) cake; *AmL* (*pastel*) pie **2.** *inf* (*bofetada*) slap **3.** *inf* (*borrachera*) drunkenness; **no saber ni** ~ *inf* not to know a thing

tortazo *m* *inf* **1.** (*bofetada*) slap **2.** (*choque*) crash

tortilla *f* (*de huevos*) ≈ omelette *Brit,* ≈ omelet *Am; AmL* (*de harina*) tortilla

> [?] **Tortilla** is a type of Spanish omelette. A **tortilla de patatas** is an omelette with potatoes and onions, but there are also **tortillas** made from other ingredients, such as spinach, tuna, asparagus, etc. In Latin America, particularly in Mexico, a **tortilla** is a flat pancake prepared with maize and is one of the staple foods of this region.

tórtola *f* turtledove

tortuga *f* turtle

tortuoso, -a *adj* winding

tortura *f* (*suplicio*) torture

torturar *vt* to torture

tos *f* cough; ~ **ferina** whooping cough

tosco, -a *adj* rough, coarse

toser *vi* to cough

tostada *f* toast

tostador *m* toaster

tostar <o→ue> **I.** *vt* **1.** (*pan*) to toast **2.** (*curtir*) to brown **II.** *vr:* ~**se** to tan

total I. *adj* total; **en** ~ in all **II.** *m* MAT sum **III.** *adv* so, in the end

totalidad *f sin pl* totality, whole

totalitario, -a *adj* totalitarian

totalmente *adv* entirely, totally

tóxico *m* toxic substance

tóxico, -a *adj* toxic

toxicómano, **-a** I. *adj* addicted to drugs II. *m*, *f* drug addict
toxina *f* toxin
tozudo, **-a** I. *adj* obstinate II. *m*, *f* stubborn person
traba *f* 1. (*trabamiento*) tie 2. (*obstáculo*) hindrance; **poner ~s a...** to put obstacles in the way of ...
trabajador(a) I. *adj* hard-working II. *m(f)* worker
trabajar I. *vi* to work; **~ de vendedora** to work as a saleswoman; **~ por cuenta propia** to be self-employed; **~ a tiempo completo/parcial** to work full-time/part-time II. *vt* 1. (*tratar*) to work; (*caballo*) to train 2. (*perfeccionar*) to work on 3. (*inquietar*) to disturb 4. (*amasar*) to knead III. *vr:* **~se** to work
trabajo *m* 1. (*acción*) work 2. (*puesto*) job; **~s manuales** handicrafts *pl;* **~s forzados** hard labour *Brit,* hard labor *Am;* **con/sin ~** employed/unemployed; **~ en equipo** teamwork; **puesto de ~** job; **¡buen ~!** well done!; **costar ~** to be difficult; **tomarse el ~ de hacer algo** to take the trouble to do sth
trabajoso, **-a** *adj* hard
trabalenguas *m inv* tongue twister
trabar I. *vt* 1. (*juntar*) to join 2. (*coger*) to seize 3. (*comenzar*) to start; (*contactos*) to strike up II. *vi* to take hold III. *vr:* **~se** to get stuck; **~se la lengua** to get tongue-tied
tracción *f* 1. (*tirar*) pulling 2. (*accionar*) drive, traction; **~ a cuatro ruedas** four-wheel drive
tractor *m* tractor
tradición *f* tradition
tradicional *adj* traditional
traducción *f* translation; **~ al/del inglés** translation into/from English
traducir *irr vt* to translate
traductor(a) I. *adj* translating II. *m(f)* translator; **~ jurado** sworn translator
traer *irr* I. *vt* 1. (*llevar: a alguien*) to bring along; (*consigo*) to bring; (*vestido*) to wear; **¿qué te trae por aquí?** what brings you here?; **me trae sin cuidado** I couldn't care less 2. (*ir a por*) to fetch 3. (*atraer*) to attract 4. (*dar*) to give 5. (*más sustantivo*) **~ retraso** to be late; **~ prisa** to be in a hurry II. *vr:* **~se** 1. (*llevar a cabo*) **~se algo entre manos** to be up to something 2. (*ser difícil*) **este examen se las trae** the exam is really tough; **hace un frío que se las trae** it's really cold
traficar <c→qu> *vi* to deal; (*con drogas*) to traffic; (*con personas*) to smuggle
tráfico *m* 1. (*de vehículos*) traffic 2. COM trade; (*de drogas*) traffic; (*de personas*) smuggling
tragaluz *m* skylight
tragaperras *f inv* slot machine
tragar <g→gu> I. *vt, vr:* **~se** 1. (*engullir*) to swallow 2. (*mentira*) to fall for II. *vt* 1. (*soportar*) **no ~ a alguien** to not be able to stand sb 2. (*consumir*) to down; (*absorber*) to soak up
tragedia *f* tragedy
trágico, **-a** I. *adj* tragic II. *m*, *f* TEAT, LIT tragedian *m,* tragedienne *f*
trago *m* 1. (*de bebida*) swig; **a ~s cortos** in sips; **de un ~** in one gulp 2. (*bebida*) drink 3. (*experiencia*) experience; **pasar un mal ~** to have a bad time of it
traición *f* 1. (*acto desleal*) treachery, betrayal 2. JUR treason
traicionar *vt* to betray; (*la memoria*) to fail
traicionero, **-a** I. *adj* (*persona*) perfidious; (*acción*) traitorous II. *m*, *f* traitor
traidor(a) I. *adj* traitorous; (*falso*) deceitful II. *m(f)* traitor
traigo *1. pres de* **traer**
traje *m* 1. (*vestidura*) dress; **~ de baño** bathing suit; **~ de luces** bullfighter's costume 2. (*de hombre*) suit 3. (*de mujer*) outfit 4. (*popular*) regional costume 5. (*de época*) period costume
trajín *m* 1. (*de mercancías*) haulage 2. (*ajetreo*) rush
trajinar I. *vt* to transport II. *vi* to rush about
trama *f* 1. (*de hilos*) weft 2. LIT plot

3. (*intriga*) scheme

tramar *vt* **1.** (*traición*) to plot; (*plan*) to scheme **2.** (*tejidos*) to weave

tramitar *vt* **1.** (*asunto*) to attend to; (*negocio*) to transact **2.** (*expediente*) to process

trámite *m* **1.** (*diligencias*) proceedings *pl* **2.** (*formalidad*) formality; **estar en ~s de hacer algo** to be in the process of doing sth

tramo *m* **1.** (*de camino*) stretch; FERRO section **2.** (*de escalera*) flight

tramoya *f* **1.** TEAT stage machinery **2.** (*engaño*) scheme

trampa *f* **1.** (*para animales*) trap; **caer en la ~** to fall into the trap **2.** (*engaño*) trick; **hacer ~** (*engañar*) to cheat

trampilla *f* **1.** (*en habitación*) trapdoor **2.** (*portezuela*) oven door **3.** AUTO hatch

trampolín *m* (*de piscina*) diving board; (*de gimnasia*) trampoline

tramposo, -a I. *adj* cheating **II.** *m, f* **1.** (*estafador*) swindler **2.** (*en los juegos*) cheat

tranca *f* **1.** (*palo*) cudgel **2.** *inf* (*borrachera*) binge; **a ~s y barrancas** through fire and water

trance *m* **1.** (*momento*) **pasar un ~ difícil** to go through a difficult time **2.** (*hipnótico*) trance **3.** (*situación*) **en ~ de muerte** at death's door

tranco *m* stride; **a ~s** in a hurry

tranquilamente *adv* calmly

tranquilidad *f* **1.** (*calma*) tranquility; **~ de conciencia** ease of mind **2.** (*autocontrol*) calmness

tranquilizante *m* tranquillizer *Brit*, tranquilizer *Am*

tranquilizar <z→c> **I.** *vt* to calm down; (*con palabras*) to reassure **II.** *vr:* **~se** to calm down

tranquilo, -a *adj* **1.** (*no agitado, mar*) calm; **¡déjame ~!** leave me alone! **2.** (*persona: serena*) serene; (*con autocontrol*) calm

transacción *f* **1.** JUR settlement **2.** POL agreement **3.** COM deal **4.** FIN transaction

transatlántico *m* ocean liner

transatlántico, -a *adj* transatlantic

transbordador *m* **1.** NÁUT ferry **2.** AERO shuttle

transbordar I. *vt* **1.** (*por río*) to ferry across **2.** (*mercancías*) to transfer **II.** *vi* to change, to transfer

transbordo *m* **1.** (*cambio*) change **2.** (*mercancías*) transfer

transcribir *irr como* escribir *vt* to transcribe

transcurrir *vi* **1.** (*el tiempo*) to elapse, to pass **2.** (*acontecer*) to take place

transcurso *m* course

transeúnte I. *adj* transient **II.** *mf* passer-by, pedestrian

transferencia *f* **1.** (*traslado*) transfer **2.** FIN transfer **3.** (*de propiedad*) transfer

transferir *irr como* sentir *vt* **1.** (*trasladar*) to transfer **2.** (*posponer*) to postpone **3.** FIN to make over

transformación *f* transformation; (*de costumbres*) change

transformador *m* ELEC transformer

transformar *vt* to transform; (*costumbres*) to change

tránsfuga *mf* **1.** MIL deserter **2.** POL turncoat

transfusión *f t.* MED transfusion

transgénico, -a *adj* genetically engineered

transgredir *irr como* abolir *vt* (*ley*) to break

transición *f* transition

transido, -a *adj* elev (*de dolor*) racked; (*de emoción*) overcome

transigir <g→j> *vi* **1.** (*ceder*) to yield **2.** (*tolerar*) to tolerate **3.** JUR to compromise

transistor *m* ELEC transistor

transitar *vi* (*en coche*) to go along; (*a pie*) to walk along; **una calle transitada** a busy street

transitivo, -a *adj* LING transitive

tránsito *m* **1.** (*circulación*) traffic; **de mucho ~** very busy **2.** COM transit

transitorio, -a *adj* temporary; (*ley*) transitional

transmisión *f* **1.** (*de noticia*) broadcast **2.** TV, INFOR transmission **3.** TÉC drive; (*mecanismo*) transmission **4.** JUR transfer

transmisor *m* TÉC transmitter

transmitir *vt* **1.** (*noticia*) to broadcast **2.** TV, RADIO, TÉC to transmit **3.** (*enfermedad*) to give **4.** (*por herencia*) to pass on

transparencia *f* **1.** (*calidad*) transparency **2.** (*de intención*) openness **3.** FOTO slide

transparentar **I.** *vt* to reveal **II.** *vr:* ~**se 1.** (*ser transparente*) to be transparent **2.** (*adivinar*) to show through

transparente **I.** *adj* **1.** (*material*) transparent **2.** (*intenciones*) clear **II.** *m* curtain

transpirar *vi* (*persona*) to perspire

transponer *irr como* **poner** **I.** *vt* (*persona*) to move; (*trasplantar*) to transplant **II.** *vr:* ~**se 1.** (*persona*) to move **2.** (*sol*) to go out of sight

transportar **I.** *vt* to transport; (*en brazos*) to carry **II.** *vr:* ~**se** to be transported

transporte *m* **1.** COM transport **2.** *t.* TÉC (*de personas*) carriage

transversal *adj* transverse; **calle** ~ cross street

tranvía *m* tram *Brit,* streetcar *Am*

trapecio *m* trapeze

trapecista *mf* trapeze artist

trapero, -a *m, f* ragman

trapicheo *m inf* **1.** (*enredo*) jiggery-pokery; (*negocio*) dealing **2.** (*intriga*) scheming

trapo *m* **1.** (*tela*) rag **2.** (*para limpiar*) cleaning cloth; ~ **de cocina** tea towel, dish towel *Am* **3.** *pl, inf* (*vestidos*) clothes *pl* **4.** NÁUT sails *pl*

tráquea *f* ANAT trachea, windpipe *inf*

traqueteo *m* banging; (*de vajilla*) clattering; (*de motor*) rattling

tras *prep* **1.** (*temporal*) after; **día** ~ **día** day after day **2.** (*espacial: detrás de*) behind; (*orden*) after; **ir** ~ **alguien** (*perseguir*) to go after sb **3.** (*con movimiento*) after; **ponerse uno** ~ **otro** to put one after the other **4.** (*además de*) besides

trascendencia *f* consequence

trascendental *adj* **1.** (*importante*) important **2.** FILOS transcendental

trascender <e→ie> *vi* **1.** (*hecho*) to become known **2.** (*tener efecto*) to have a wide effect on **3.** (*ir más allá*) to go beyond **4.** (*olor*) to smell

trasegar *irr como* **fregar** *vt* **1.** (*objetos*) to switch around **2.** (*líquidos*) to decant

trasera *f* back

trasero *m* **1.** (*animal*) hindquarters *pl* **2.** *inf* (*persona*) bottom, backside

trasero, -a *adj* back; **asiento** ~ back seat; **luz trasera** rear light

trasfondo *m* background

trasladar **I.** *vt* **1.** (*cosas*) to move; (*tienda*) to relocate **2.** (*funcionario*) to transfer **3.** (*fecha*) to postpone **4.** (*orden*) to notify **II.** *vr:* ~**se 1.** (*mudarse*) to move **2.** (*ir a*) to go to

traslado *m* **1.** (*de cosas*) movement; (*de tienda*) relocation **2.** (*de funcionario*) transfer **3.** (*de fecha*) postponement **4.** (*mudanza*) removal **5.** (*de orden*) notification

traslucir *irr como* **lucir** **I.** *vt* (*cara*) to reveal **II.** *vr:* ~**se 1.** (*ser translúcido*) to be translucent **2.** (*verse, notarse*) to show through

trasluz *m* **mirar algo al** ~ to hold sth up to the light

trasnochado, -a *adj* **1.** (*comida*) stale **2.** (*idea*) outdated

trasnochador(a) *m(f) fig* night owl

trasnochar *vi* **1.** (*no dormir*) to spend a sleepless night **2.** (*acostarse tarde*) to stay up late **3.** (*pernoctar*) to spend the night

traspasar *vt* **1.** (*atravesar*) to go through, to pierce; (*calle*) to cross **2.** (*pasar a*) to transfer; FIN to make over **3.** (*límite*) to go beyond; (*ley*) to break

traspaso *m* **1.** (*de dinero*) transfer **2.** (*de límite*) exceeding; (*ley*) infringement

traspié(s) *m* (*inv*) stumble; *fig* slip-up

trasplantar *vt* to transplant

trasplante *m* transplant

trastada *f* **1.** *inf* (*travesura*) prank **2.** (*mala pasada*) dirty trick

trastazo *m inf* bump

traste *m* **1.** (*de guitarra*) fret; **irse al** ~ *fig* to fall through **2.** *AmL* (*trasto*)

T_t

piece of junk

trastero, **-a** *adj* **cuarto ~** lumber room

trastienda *f* back room

trasto *m* **1.** (*mueble*) piece of furniture; **tirarse los ~s a la cabeza** to have a knock down drag out fight **2.** *pl* (*para tirar*) junk

trastornado, **-a** *adj* (*confundido*) confused; (*loco*) mad, crazy

trastornar I. *vt* **1.** (*cosa*) to disarrange **2.** (*plan*) disrupt; (*orden público*) to disturb **3.** (*psicológicamente*) to traumatize **II.** *vr:* **~se 1.** (*enloquecer*) to go mad **2.** (*estropearse*) to fall through

trastorno *m* **1.** (*desorden*) disorder **2.** (*del orden público*) disturbance

trastrocar <c→qu> *vt* **1.** (*el orden*) to invert **2.** (*de sitio*) to switch around

trasvase *m* transfer; (*de río*) diversion

tratable *adj* sociable

tratado *m* **1.** *t.* POL treaty **2.** (*científico*) treatise

tratamiento *m* **1.** *t.* MED, QUÍM (*de asunto*) treatment **2.** *t.* INFOR (*elaboración*) processing; **~ de texto** word processing

tratar I. *vt* **1.** (*a alguien*) to deal with **2.** MED, QUÍM to treat **3.** *t.* INFOR (*procesar*) to process **4.** (*dar tratamiento*) to address **5.** (*tema*) to discuss **II.** *vi* **1.** (*libro*) **~ de** [*o sobre*] **algo** to be about sth, to deal with sth **2.** (*intentar*) to try **3.** (*con alguien*) to have contact with **4.** COM to deal; **III.** *vr:* **~se 1.** (*tener trato*) to have to do **2.** (*ser cuestión de*) to be a question; **¿de qué se trata?** what's it about?; **tratándose de ti...** in your case ...

trato *m* **1.** (*personal*) treatment; **malos ~s** ill-treatment **2.** (*contacto*) contact **3.** (*pacto*) agreement; (*negocio*) **¡~ hecho!** it's a deal!

trauma *m* trauma

través I. *m* **mirar a alguien de ~** to look at sb out of the corner of one's eye; **de ~** crossways, crosswise **II.** *prep* **a ~ de** (*de un lugar*) across; (*de alguien*) from, through

travesaño *m* **1.** ARQUIT crosspiece **2.** DEP crossbar

travesía *f* **1.** (*por aire*) flight; (*por mar*) crossing **2.** (*calle*) cross street

travesti *mf,* **travestido**, **-a** *m, f* transvestite

travesura *f* prank

traviesa *f* **1.** FERRO sleeper **2.** (*de poste*) crossbar

travieso, **-a** *adj* **1.** (*niño*) mischievous, naughty **2.** (*de través*) across; **a campo traviesa** cross-country

trayecto *m* (*trecho*) distance; (*ruta*) route

trayectoria *f* **1.** (*de cuerpo*) path **2.** (*profesional*) career

traza *f* **1.** *t.* ARQUIT (*plan*) plan **2.** (*habilidad*) ability **3.** (*aspecto*) appearance **4.** (*rastro*) trace

trazado *m* **1.** *t.* ARQUIT (*de plan*) design **2.** (*recorrido*) route; FERRO line **3.** (*disposición*) layout

trazado, **-a** *adj* **bien ~** nice-looking

trazar <z→c> *vt* **1.** (*líneas*) to trace; (*dibujos*) to sketch **2.** *t.* ARQUIT (*plan*) to draw up **3.** (*describir*) to describe

trazo *m* **1.** (*de escritura*) stroke **2.** (*dibujo*) sketch **3.** (*de la cara*) feature

trébol *m* **1.** (*planta*) clover **2.** (*cartas*) clubs

trece *adj inv, m* thirteen; *v.t.* **ocho**

trecho *m* **1.** (*distancia*) distance, way **2.** (*tiempo*) period, spell

tregua *f* **1.** MIL truce **2.** (*descanso*) respite; **sin ~** relentlessly

treinta *adj inv, m* thirty; *v.t.* **ochenta**

tremendo, **-a** *adj* **1.** (*temible*) frightful **2.** (*enorme*) tremendous **3.** (*niño*) full of mischief

trémulo, **-a** *adj elev* tremulous; (*luz*) flickering

tren *m* **1.** FERRO train; **~ de cercanías** suburban train; **~ de alta velocidad** high-speed train; **~ directo** through train; **coger el ~** to catch the train; **ir en ~** to go by train; **~ de lavado** TÉC carwash; **estar como un ~** *inf* to be very good-looking **2.** (*lujo*) **~ de vida** lifestyle **3.** (*ritmo*) pace

trenca *f* duffle coat

trenza *f* plait *Brit*, braid *Am*

trenzar <z→c> *vt* (*pelo*) to plait *Brit*, to braid *Am*

trepar I. *vi*, *vt* **1.** (*al árbol*) to climb **2.** (*planta*) to creep **II.** *vt* to climb

trepidar *vi* to vibrate

tres *adj inv*, *m inv* three; *v.t.* **ocho**

trescientos, -as *adj* three hundred; *v.t.* **ochocientos**

tresillo *m* **1.** (*mueble*) three-piece living room suite **2.** MÚS triplet

treta *f* trick

triangular *adj* triangular

triángulo *m* **1.** (*figura*) triangle **2.** MÚS triangle

tribu *f* tribe

tribuna *f* **1.** (*en parlamento*) rostrum **2.** (*en estadio*) stand; ~ **de la prensa** press box

tribunal *m* **1.** JUR court; **Tribunal de Cuentas** National Audit Office; **Tribunal Europeo de Cuentas** European Court of Auditors; **Tribunal de Justicia Europeo** European Court of Justice **2.** (*comisión*) ~ **examinador** board of examiners

tributar *vt* **1.** (*impuestos*) to pay **2.** (*honor*) to render

tributo *m* tax

triciclo *m* tricycle

tricotar *vt* to knit

trifulca *f inf* rumpus

trigal *m* wheat field

trigésimo, -a *adj* thirtieth; *v.t.* **octavo**

trigo *m* **1.** (*planta*) wheat **2.** (*grano*) wheat

trigueño, -a I. *adj* (*pelo*) dark blond; (*piel*) olive-skinned **II.** *m*, *f AmL* coloured person

trillado, -a *adj inf* (*asunto*) overworked

trilladora *f* threshing machine

trillar *vt* **1.** (*grano*) to thresh **2.** (*usar*) to overuse

trillón *m* trillion

trimestral *adj* **1.** (*duración*) three-month **2.** (*cada tres meses*) quarterly

trimestre *m* **1.** (*período*) three-month period **2.** (*educación*) term *Brit*, semester *Am* **3.** (*paga*) quarterly payment

trinar *vi* **1.** (*pájaro*) to sing, to warble **2.** *inf* (*rabiar*) to fume

trincar <c→qu> *vt* **1.** (*con cuerdas*) to tie up **2.** (*detener*) to nab **3.** *inf* (*robar*) to steal

trinchar *vt* to carve

trinchera *f* **1.** MIL trench **2.** (*gabardina*) trench coat

trineo *m* sledge *Brit*, sled *Am*

trinidad *f* trinity

trino *m* MÚS trill

trío *m* trio

tripa *f* **1.** (*intestino*) intestine; (*comestibles*) tripe; **hacer de ~s corazón** *fig* to pluck up courage, to grin and bear it **2.** (*vientre*) tummy; **echar** ~ *inf* to get a paunch

triple *adj* triple

triplicado, -a *adj* triplicate

triplicar <c→qu> *vt* to triple, to treble

trípode *m* FOTO tripod

tripulación *f* crew

tripulante *m* crew member

tripular *vt* **1.** (*proveer de tripulación*) to man **2.** (*coche*) to drive; (*avión*) to pilot

triquiñuela *f* trick

tris *m inv* crack; **estar en un ~ de hacer algo** to be within an inch of doing sth

triste *adj* sad; (*mustio*) gloomy; (*descolorido*) dreary

tristeza *f* sadness, sorrow

triturar *vt* **1.** (*desmenuzar*) to chop; (*moler*) to grind **2.** (*destruir*) to pulverize **3.** (*criticar*) to tear to pieces

triunfal *adj* triumphal, triumphant

triunfar *vi* **1.** (*salir triunfador*) to triumph **2.** (*ganar*) to succeed **3.** (*naipes*) to trump

triunfo *m* **1.** (*victoria*) triumph; **arco de ~** victory arch **2.** (*naipe*) trump

trivial *adj* trivial

trivializar <z→c> *vt* **1.** (*restar importancia*) to trivialize **2.** (*simplificar*) to play down

triza *f* shred; **hacer ~s** *fig* to tear to pieces

trocar *irr como volcar* **I.** *vt* **1.** (*cambiar*) to exchange for **2.** (*confundir*)

T$_t$

to confuse **II.** *vr:* **~se** (*cambiar*) to change; (*transformarse*) to turn

trocear *vt* to cut up

trocha *f* **1.** (*senda*) trail; (*atajo*) shortcut **2.** *AmL* FERRO gauge

trochemoche a ~ helter-skelter

trofeo *m* trophy

trola *f inf* lie, whopper

tromba *f* (*de agua*) water spout; **en ~** *fig* en masse

trombón *m* MÚS trombone

trombosis *f inv* MED thrombosis

trompa¹ *f* **1.** (*de elefante*) trunk **2.** MÚS (*instrumento*) horn **3.** *inf* (*nariz*) conk **4.** *AmL, inf* (*labios*) lips *pl* **5.** *inf* (*borrachera*) drunkenness

trompa² *mf* MÚS horn player

trompada *f*, **trompazo** *m* (*porrazo*) bash; (*choque*) crash; (*puñetazo*) punch

trompeta¹ *mf* (*músico*) trumpet player

trompeta² *f* (*instrumento*) trumpet

trompicón *m* stumble; **a trompicones** in fits and starts

trompo *m* spinning top

tronar <o→ue> *vi, v impers t.* METEO to thunder

tronchar I. *vt* **1.** (*tronco*) to cut down **2.** (*vida*) to cut short; (*esperanzas*) to shatter **II.** *vr:* **~se** to split; **~se de risa** *inf* to split one's sides laughing

tronco *m* (*de árbol*) trunk; (*de flor*) stem; **dormir como un ~** *inf* to sleep like a log

trono *m* throne

tropa *f* **1.** MIL troop **2.** (*multitud*) crowd; *pey* (*grupo*) horde

tropel *m* **1.** (*mucha gente*) throng; **en ~** in a mad rush **2.** (*prisa*) rush **3.** (*desorden*) jumble

tropelía *f* abuse of authority; (*acto violento*) violent act

tropezar *irr como empezar* **I.** *vi* **1.** (*con los pies*) to trip **2.** (*topar*) to come across **3.** (*cometer un error*) to make a mistake **II.** *vr:* **~se** to run into

tropezón *m* **1.** (*acción*) stumble; **dar un ~** to trip **2.** (*error*) mistake; (*desliz*) lapse

tropical *adj* tropical

trópico *m* tropic

tropiezo *m* **1.** (*en el camino*) stumbling block; **dar un ~** to trip **2.** (*error*) blunder **3.** (*revés*) setback **4.** (*discusión*) quarrel

trotamundos *mf inv* globetrotter

trotar *vi* **1.** (*caballos*) to trot **2.** (*con prisas*) to hustle

trote *m* **1.** (*caballos*) trot **2.** (*con prisa*) bustle; **a(l) ~** quickly

trozo *m* **1.** (*pedazo*) piece, bit; **a ~s** in pieces **2.** LIT, MÚS excerpt, passage

trucar *vt* **1.** (*amañar*) to fix; FOTO to alter **2.** *inf* AUTO to soup up

trucha *f* **1.** (*pez*) trout **2.** *AmC* COM (*caseta*) stand

truco *m* trick; **coger el ~ a alguien** to catch on to sb

trueno *m* **1.** (*ruido*) clap of thunder **2.** *inf* (*juerguista*) madcap

trueque *m* exchange; COM (*sin dinero*) barter

trufa *f* **1.** *t.* BOT truffle **2.** (*mentira*) lie **3.** (*bombón*) (chocolate) truffle

truhán *m* rogue

truncar <c→qu> *vt* **1.** (*cortar*) to truncate **2.** (*texto*) to abridge **3.** (*desarrollo*) to stunt; (*esperanzas*) to shatter

tu *art pos* your; **~ padre** your father; **~s hermanos** your brothers

tú *pron pers* you; **tratar de ~** to address in the familiar manner using *'tú'*; **de ~ a ~** on equal footing

tubérculo *m* tuber

tuberculosis *f inv* tuberculosis

tubería *f* pipe

tubo *m* tube; **~ digestivo** alimentary canal; **~ de escape** exhaust pipe *Brit,* tailpipe *Am*

tuerca *f* nut

tuerto, -a *adj* **1.** (*de sólo un ojo*) one--eyed **2.** (*torcido*) crooked, twisted

tuétano *m* **1.** (*médula*) marrow **2.** (*corazón, esencia*) core, heart; **hasta los ~s** through and through

tufo *m* **1.** (*olor malo*) foul smell **2.** (*vapor*) fume

tugurio *m* **1.** (*chabola*) hovel **2.** *pl* (*barrio*) slums *pl* **3.** *pey* (*bar*) joint

tul *m* tulle

tulipán *m* tulip

tullido, -a I. *adj* (*persona*) disabled; *pey* crippled II. *m, f* cripple

tumba *f* grave, tomb; **ser (como) una ~** (*callado*) to keep quiet

tumbar I. *vt* 1. (*tirar*) to knock down; **estar tumbado** to be lying down 2. *inf* ENS (*suspender*) to fail, to flunk *Am* II. *vr:* **~se** to lie down

tumbo *m* 1. (*caída*) fall, tumble 2. (*vaivén*) roll; **dar un ~** to jolt

tumbona *f* deck chair

tumor *m* MED tumour *Brit*, tumor *Am*

tumulto *m* tumult; (*de gente*) crowd

tuna *f* tuna

[?] The **tuna** is a group of students who get together to sing and play music. Up until recently, only male students were admitted to **tunas**, but in the last few years new **tunas** have been formed for female students. In order to become a member of a **tuna**, certain initiation rites involving trials of courage have to be successfully completed.

tunante *mf v.* **tuno**

tunda *f* beating

túnel *m* tunnel; **~ de lavado** car wash

Túnez *m* 1. (*país*) Tunisia 2. (*capital*) Tunis

tuno, -a I. *adj* 1. (*astuto*) cunning 2. (*pícaro*) roguish II. *m, f* member of a student 'tuna'

tuntún *m inf* **al (buen) ~** any old way

tupé *m* quiff *Brit*, pompadour *Am*

tupido, -a *adj* 1. (*denso*) thick 2. *AmL* (*obstruido*) blocked

turba *f* peat

turbación *f* 1. (*disturbio*) disturbance 2. (*vergüenza*) embarrassment

turbante *m* turban

turbar I. *vt* 1. (*perturbar*) to disturb 2. (*avergonzar*) to embarrass 3. (*desconcertar*) to unsettle II. *vr:* **~se**

1. (*ser disturbado*) to be disturbed 2. (*alarmarse*) to get worried 3. (*avergonzarse*) to get embarrassed

turbina *f* turbine

turbio, -a *adj* (*líquido*) cloudy; (*asunto*) turbid; (*negocio*) shady

turbo *m t.* AUTO turbo

turbulencia *f* 1. (*agua*) turbulence 2. (*alboroto*) commotion

turbulento, -a *adj* 1. (*agua, aire*) turbulent 2. (*alborotado*) stormy; (*confuso*) confused 3. (*rebelde*) disorderly

turco, -a I. *adj* Turkish II. *m, f* Turk; **cabeza de ~** *fig* scapegoat

turismo *m* 1. (*viajar*) tourism; **~ verde** ecotourism; **oficina de ~** visitors' bureau 2. AUTO private car

turista *mf* tourist

turístico, -a *adj* tourist

turnar *vi, vr:* **~se** to take turns

turno *m* 1. (*en la fábrica*) shift; **estar de ~** to be on duty; **~ de día** day shift 2. (*orden*) turn; **es tu ~** it's your turn; **pedir ~** to ask who is last in line

turquesa *f* MIN turquoise

Turquía *f* Turkey

turrón *m* ≈ nougat

[?] Like the British Christmas cake **turrón** is a must in Spain at Christmas. The traditional **turrón** is either a soft or hard bar, rather like nougat, containing nuts or honey-coated almonds. The **turrón** is made particularly in **Levante**, and especially in **Jijona** and **Alicante**.

tute *m* Spanish card game

tutear I. *vt* to address in the familiar manner using 'tú' II. *vr:* **~se** to be on familiar terms

tutela *f* 1. (*cargo*) guardianship 2. (*amparo*) protection

tutelar *adj* JUR tutelary

tutor(a) *m(f)* 1. JUR guardian 2. (*profesor*) teacher 3. ENS, UNIV tutor

tutoría *f* 1. JUR guardianship, tutelage 2. UNIV tutorship; (*class*) tutorial

T t

tuyo, -a *pron pos* **1.** (*propiedad*) **el perro es** ~ the dog is yours; **¡ya es** ~**!** all yours! **2.** (*tras artículo*) **el** ~**/la tuya/lo** ~ yours; **los** ~**s** yours; (*parientes*) your family; **no cojas mi lápiz, tienes el** ~ don't take my pencil, you have your own **3.** (*tras substantivo*) of yours; **una amiga tuya** a friend of yours; **una hermana tuya** one of your sisters; **es culpa tuya** it's your fault **4.** (*tras impersonal 'lo'*) **lo** ~ what is yours; **tú a lo** ~ you mind your own business; **esto no es lo** ~ this isn't your strong point

TVE *f abr de* **Televisión Española** *the Spanish state-owned television broadcasting company*

U u

U, u *f* <úes> U, u; ~ **de Uruguay** U for Uncle

u *conj* (*before 'o' or 'ho'*) or

ubicar <c→qu> **I.** *vi* to be (situated) **II.** *vt AmL* to situate, to place **III.** *vr:* ~**se** to be (situated)

ubre *f* udder

Ucrania *f* Ukraine

Ud(s). *abr de* **usted(es)** you

UE *f abr de* **Unión Europea** EU

UEFA *f abr de* **Unión de Asociaciones Europeas de Fútbol** UEFA

UEME *abr de* **Unión Económica y Monetaria Europea** EEMU

UEO *f abr de* **Unión Europea Occidental** WEU

ufanarse *vr* to boast

ufano, -a *adj* **1.** (*orgulloso*) proud **2.** (*engreído*) conceited

UGT *f abr de* **Unión General de Trabajadores** *socialist trade union*

ujier *m* **1.** (*de un tribunal*) usher **2.** (*de un palacio*) gatekeeper

úlcera *f* MED ulcer

ulcerar *vt, vr:* ~**se** to ulcerate

ulterior *adj* (*posterior*) later, subsequent; (*más*) further

últimamente *adv* **1.** (*recientemente*) recently, lately **2.** (*por último*) lastly, finally

ultimar *vt* **1.** (*proyecto*) to finish; (*acuerdo*) to conclude **2.** *AmL* (*matar*) to murder

ultimátum *m sin pl* ultimatum

último, -a *adj* **1.** (*en orden*) last; **el** ~ **de cada mes** the last day of each month; **a** ~**s de mes** at the end of the month; **el** ~ **de la clase** the worst student in the class; **por última vez** for the last time; **la última moda** the lastest fashion; **por** ~ lastly, finally; **estar en las últimas** to be on one's last legs **2.** (*espacio*) **en el** ~ **piso** on the top floor; **el** ~ **rincón del mundo** *inf* the back of beyond *Brit,* the boondocks *pl Am*

ultra I. *adj* extreme **II.** *mf* extreme right-winger, neo-fascist

ultracongelado, -a *adj* deep-frozen

ultracongelar *vt* to deep-freeze

ultrajar *vt* **1.** (*insultar*) to insult **2.** (*humillar*) to humiliate

ultraje *m* abuse

ultramar *m sin pl* foreign parts *pl,* overseas *pl*

ultramarinos *mpl* **1.** (*tienda*) grocer's *Brit,* grocery store *Am* **2.** (*víveres*) groceries *pl*

ultranza 1. (*a muerte*) **defender algo a** ~ to defend sth with ones life; **luchar a** ~ to fight to the death **2.** (*resueltamente*) **ecologista a** ~ radical ecologist

ultrasónico, -a *adj* ultrasonic

ultratumba *f* **la vida de** ~ the next life

ultravioleta *adj inv* ultraviolet

ulular *vi* (*animal*) to howl; (*búho*) to hoot

umbilical *adj* umbilical

umbral *m* threshold; ~ **de rentabilidad** ECON break even point

UME *f abr de* **Unión Monetaria Europea** EMU

un, una <unos, -as> **I.** *art indef* **1.** (*no determinado*) a; (*before a vowel or initial silent 'h'*) an; **un**

perro a dog; **un elefante** an elephant **2.** *pl* (*algunos*) some, a few **3.** *pl* (*aproximadamente*) approximately, about **II.** *adj v.* **uno, -a**

unánime *adj* unanimous

unanimidad *f* unanimity

unción *f* anointing

uncir <c→z> *vt* to yoke

undécimo, -a *adj* eleventh; *v.t.* **octavo**

UNED *f abr de* **Universidad Nacional de Educación a Distancia** ≈ OU

ungir <g→j> *vt t.* REL to anoint

ungüento *m* **1.** MED ointment **2.** (*remedio*) salve

únicamente *adv* only, solely

único, -a *adj* **1.** (*solo*) only; **plato ~** main course **2.** (*extraordinario*) unique

unidad *f* **1.** *t.* MIL, TÉC (*entidad*) unit; **Unidad de Cuidados Intensivos** intensive care unit; **~ externa de disco duro** INFOR external hard disc unit; **~ monetaria** currency unit **2.** LIT unity

unido, -a *adj* united; **estamos muy ~s** we are very close

unifamiliar *adj* (*casa*) detatched

unificar <c→qu> *vt* to unite; (*posiciones*) to unify

uniformar *vt* to standardize

uniforme *adj, m* uniform

uniformidad *f* **1.** (*movimiento*) steadiness **2.** (*similaridad*) uniformity

unilateral *adj* (*visión*) one-sided; POL unilateral

unión *f* **1.** *t.* TÉC joint **2.** *t.* ECON, POL (*territorial*) union; **Unión Europea** European Union; **~ monetaria** monetary union; **en ~ con** (together) with **3.** COM merger **4.** (*armonía*) unity, closeness

unir I. *vt* **1.** *t.* TÉC (*dos elementos*) to join **2.** (*territorios*) to unite **3.** (*ingredientes*) to mix **4.** (*esfuerzos*) to combine **II.** *vr:* **~se** to join together; ECON to merge

unisex *adj* unisex

unísono, -a *adj* **1.** (*de un solo tono*) unisonal **2.** (*de una sola voz*) in uni-

son; **al ~** unanimously

universal *adj* **1.** (*del universo*) universal **2.** (*del mundo*) worldwide; **historia ~** world history; **regla ~** general rule

universidad *f* university

universitario, -a I. *adj* university **II.** *m, f* **1.** (*estudiante*) university student **2.** (*no licenciado*) undergraduate; (*licenciado*) graduate

universo *m* universe

uno *m* one

uno, -a I. *adj* one; **la una** (*hora*) one o'clock **II.** *pron indef* **1.** (*alguno*) one, somebody; **cada ~** each (one), every one; **~s cuantos** some, a few; **~..., el otro...** one ..., the other ...; **~ de tantos** one of many; **de ~ en ~** one by one; **no acierto una** *inf* I can't do anything right **2.** *pl* (*algunos*) some **3.** (*indeterminado*) one, you

untar I. *vt* **1.** (*con mantequilla*) to spread **2.** (*mojar*) to dip **3.** (*con grasa*) to grease **4.** (*sobornar*) to bribe **II.** *vr:* **~se** (*mancharse*) to smear; **~se de algo** to become smeared with sth

uña *f* **1.** (*de persona*) nail; (*de gato*) claw; **~s de los pies** toenails *pl;* **enseñar las ~s** *fig* to show on's teeth; **ser ~ y carne** *fig* to be inseparable **2.** (*pezuña*) hoof

uperizado, -a *adj* **leche uperizada** UHT milk

Urales *mpl* Urals *pl*

uralita® *f* asbestos (cement)

uranio *m* uranium

urbanidad *f* urbanity, courtesy

urbanismo *m* town planning

urbanización *f* **1.** (*acción*) urbanization **2.** (*de casas*) housing estate

urbanizar <z→c> **I.** *vt* to urbanize **II.** *vt, vr:* **~se** to become civilized

urbano *m* traffic policeman

urbano, -a *adj* **1.** (*de la ciudad*) urban **2.** (*cortés*) urbane, courteous

urbe *f* large city, metropolis

urdir *vt* (*conspiración*) to scheme

urgencia *f* **1.** (*cualidad*) urgency **2.** (*caso*) emergency; **llamada de ~** urgent call **3.** *pl* (*en hospital*) casual-

U u

ty room *Brit,* emergency room *Am*
urgente *adj* urgent, pressing; (*carta*) express; **un pedido** ~ a rush order
urgir <g→j> *vi* to be urgent, to be pressing
urinario *m* urinal, public lavatory
urinario, -a *adj* urinary
urna *f* 1.(*para cenizas*) urn 2.POL ballot box; **acudir a las ~s** to go and vote, to go to the polls
urología *f* urology
urraca *f* magpie
URSS *f abr de* **Unión de Repúblicas Socialistas Soviéticas** USSR
Uruguay *m* Uruguay

[?] **Uruguay** (official title: **República Oriental del Uruguay**) lies in the southeastern part of South America. The capital and the most important city in Uruguay is **Montevideo**. The official language of the country is Spanish and the monetary unit is the **peso uruguayo**.

uruguayo, -a *adj, m, f* Uruguayan
usado, -a *adj* 1.(*no nuevo*) second-hand; (*sello*) used 2.(*gastado*) worn
usanza *f* usage, custom
usar I.*vt* to use; (*ropa, gafas*) to wear; **sin** ~ brand new II.*vr* 1.(*utilizar*) to use 2.(*ropa*) to be in fashion
uso *m* 1.(*utilización*) use; **de** ~ **externo** MED for external application; **en buen** ~ *inf* in good condition; **desde que tengo** ~ **de razón...** since I have been old enough to reason ...; **en pleno** ~ **de sus facultades** sound of mind 2.(*moda*) fashion 3.(*costumbre*) custom, usage
usted *pron* 1. *sing, pl, form* you; **tratar de** ~ **a alguien** to address sb courteously 2. *pl, AmL* (*vosotros*) you
usual *adj* usual
usuario, -a *m, f t.* INFOR user
usurero, -a *m, f* usurer

usurpar *vt* to usurp
utensilio *m* utensil; (*herramienta*) tool
útero *m* uterus, womb
útil I. *adj* 1.(*objeto*) useful, handy 2.(*persona*) useful 3.(*ayuda*) helpful II. *mpl* tools *pl,* implements *pl*
utilidad *f* 1. *t.* INFOR (*de objeto*) utility 2.(*de persona*) usefulness 3.(*de inversión*) profit
utilizar <z→c> I. *vt* to use; (*derecho*) to avail oneself of; (*tiempo*) to make use of II. *vr:* ~**se** to be used
utopía *f* utopia
utópico, -a *adj* utopian
uva *f* grape; ~ **pasa** raisin; **estar de mala** ~ *inf* to be in a bad mood

[?] It is custumary in Spain on New Year's Eve at exactely twelve seconds to midnight to eat one (white) **uva** (grape) for every **campanada** (chime of the bell), which can be heard on television at intervals of one second. This is supposed to bring good fortune for the coming year.

uve *f* v; ~ **doble** w
UVI *f abr de* **Unidad de Vigilancia Intensiva** ICU
Uzbekistán *m* Uzbekistan

V v

V, v *f* V, v; ~ **de Valencia** V for Victor
vaca *f* 1. ZOOL cow; **síndrome de las** ~**s locas** mad cow disease; ~**s gordas/flacas** *fig* prosperous/lean period 2.(*carne*) beef 3.(*cuero*) cow-hide
vacaciones *fpl* holidays *pl Brit,* vacation *Am;* **irse de** ~ to go on holiday *Brit,* to go on vacation *Am*

vacante I. *adj* vacant **II.** *f* vacancy

vaciar <*1. pres:* vacío> *vt* **1.** (*dejar vacío*) to empty; (*con bomba*) to pump out **2.** (*ahuecar*) to hollow out **3.** (*información*) to extract

vaciedad *f sin pl* **1.** (*vacío*) emptiness **2.** *fig* silliness

vacilación *f* hesitation

vacilante *adj* **1.** (*persona*) hesitant **2.** (*estructura*) unsteady **3.** (*voz*) faltering

vacilar *vi* **1.** (*objeto*) to sway; (*borracho*) to stagger; (*llama*) to flicker **2.** (*dudar*) to hesitate

vacío *m sin pl* (*espacio*) emptiness; FÍS vacuum; (*hueco*) gap; **envasado al ~** vacuum-packed; **hacer el ~ a alguien** to give sb the cold shoulder

vacío, -a *adj* **1.** (*sin nada*) empty; (*hueco*) hollow; **con las manos vacías** emptyhanded **2.** (*insustancial*) insubstantial

vacuna *f* vaccine

vacunar I. *vt* to vaccinate **II.** *vr:* ~**se** to get vaccinated

vacuno, -a *adj* bovine; (**carne de**) ~ beef

vacuo, -a *adj* vacuous

vadear *vt* **1.** (*río*) to ford **2.** (*dificultad*) to overcome

vado *m* **1.** (*río*) ford **2.** AUTO ~ **permanente** keep clear

vagabundo, -a I. *adj* wandering; (*perro*) stray **II.** *m, f* wanderer; *fig* tramp, bum

vagancia *f sin pl* laziness

vagar I. <g→gu> *vi* **1.** (*vagabundear*) to wander **2.** (*descansar*) to be idle **II.** *m* leisure

vagina *f* ANAT vagina

vago, -a I. *adj* **1.** (*perezoso*) lazy **2.** (*impreciso*) vague **II.** *m, f* **1.** (*vagabundo*) tramp **2.** (*holgazán*) layabout

vagón *m* (*de pasajeros*) coach *Brit,* car *Am;* (*de mercancías*) goods wagon *Brit,* freight car *Am*

vaguear *vi* to laze about

vaguedad *f* vagueness

vaho *m* **1.** (*vapor*) vapour *Brit,* vapor *Am* **2.** (*aliento*) breath

vaina¹ *f* sheath

vaina² *m pey* twit *Brit,* dork *Am*

vainilla *f* vanilla

vaivén *m* swaying; **los vaivenes de la vida** life's ups and downs

vajilla *f* crockery, dishes *pl*

vale *m* voucher; FIN promissory note; (*pagaré*) IOU

valedero, -a *adj* (*válido*) valid; (*vigente*) in force

valenciano, -a *adj, m, f* Valencian

valentía *f* **1.** (*valor*) bravery **2.** (*hazaña*) brave deed

valentón, -ona *adj pey* boastful

valer *irr* **I.** *vt* **1.** (*costar*) to cost **2.** (*equivaler*) to equal **3.** (*expresiones*) **hacer ~ sus derechos** to assert one's rights; **vale más que ...** +*subj* you'd best...; **¡vale ya!** that's enough!; **¡vale!** OK! **II.** *vi* **1.** (*ropa*) to be of use **2.** (*tener validez*) to be valid **3.** (*funcionar*) to be of use; **no sé para qué vale este trasto** I don't know what this piece of junk is for **4.** (*tener mérito*) to be worthy; **no ~ nada** to be worthless; **~ poco** to be worth little **5.** (*estar permitido*) to be allowed **III.** *vr:* ~**se 1.** (*servirse*) to make use **2.** (*desenvolverse*) to manage

valía *f sin pl* worth

validar *f* to validate

validez *f sin pl* validity; **tener ~** to be valid; (*ley*) to be in force

válido, -a *adj* valid

valiente *adj* brave

valija *f* case; (*del cartero*) mailbag; ~ **diplomática** diplomatic bag

valioso, -a *adj* valuable

valla *f* **1.** (*tapia*) wall; (*alambrada*) fence **2.** (*publicitaria*) hoarding *Brit,* billboard *Am* **3.** DEP hurdle

vallar *vt* to fence in

valle *m* valley

valor *m* **1.** (*valentía*) bravery; **armarse de ~** to pluck up courage **2.** (*desvergüenza*) cheek **3.** (*valía*) *t.* COM, MÚS value; (*cuantía*) amount; ~ **adquisitivo** purchasing power; ~ **nominal** face value **4.** (*significado*) meaning **5.** *pl* FIN securities *pl;* ~**es bursátiles** stock exchange securities **6.** *pl* (*ética*) ~**es morales** moral

principles
valoración *f* valuation
valorar *vt* to value; (*apreciar*) to appreciate
vals *m* MÚS waltz
válvula *f* ANAT, TÉC valve
vampiresa *f* vamp, femme fatale
vampiro *m* vampire; *fig* bloodsucker
vanagloriarse *vr* to boast
vandalismo *m sin pl* vandalism
vándalo, -a *m, f* HIST Vandal; *fig* vandal, hooligan
vanguardia *f* 1. MIL van 2. (*movimiento*) forefront; LIT avant-garde; **de** ~ ultra-modern
vanguardista I. *adj* ultra-modern II. *mf* ultra-modern individual; *fig* pioneer
vanidad *f* vanity
vanidoso, -a *adj* vain
vano *m* ARQUIT space
vano, -a *adj* 1. (*ineficaz*) vain; **en** ~ in vain 2. (*infundado*) groundless
vapor *m* (*vaho*) vapour *Brit,* vapor *Am;* (*de agua*) steam; (**barco de**) ~ steamer
vaporizador *m* vaporizer; (*perfume*) atomizer
vaporizar <z→c> I. *vt* 1. (*evaporar*) to vaporize 2. (*perfume*) to spray II. *vr:* ~**se** to vaporize
vaporoso, -a *adj* 1. (*tela*) light 2. (*humeante*) steamy
vapulear *vt* 1. (*zurrar*) to beat 2. (*criticar*) to slate *Brit,* to slam *Am*
vaquero, -a I. *adj* cattle II. *m, f* cowboy *m,* cowgirl *f*
vaquero(s) *m(pl)* jeans *pl*
vaquilla *f* heifer
vara *f* 1. (*palo*) stick; ~ **mágica** magic wand 2. TÉC (*bastón de mando*) rod
variable *adj, f* variable
variación *f* 1. MAT, MÚS variation 2. (*cambio*) change
variado, -a *adj* (*distinto*) mixed, assorted
variante *f* 1. (*variedad*) variety 2. (*carretera*) bypass
variar <*l. pres:* varío> I. *vi* 1. (*modificarse*) to vary 2. (*cambiar*) to change II. *vt* 1. (*cambiar*) to change

2. (*dar variedad*) to vary; **y para** ~... and for a change ...
varicela *f sin pl* MED chickenpox
variedad *f* 1. (*clase*) variety 2. (*pluralidad*) variation 3. *pl* (*espectáculo*) variety show; **teatro de** ~**es** music hall
vario, -a *adj pl* 1. (*diferente*) several 2. (*algunos*) some
variopinto, -a *adj* 1. (*diverso*) diverse 2. (*color*) colourful *Brit,* colorful *Am*
variz *f* MED varicose vein
varón *m* (*hombre*) male; (*niño*) boy
varonil *adj* manly
Varsovia *f* Warsaw
vasco, -a I. *adj* Basque; **País Vasco** Basque Country II. *m, f* Basque
Vascongadas *fpl* Basque Provinces *pl*
vascuence *m* 1. (*lengua*) Basque 2. *inf* (*incomprensible*) Greek
vasectomía *f* MED vasectomy
vaselina® *f* Vaseline®
vasija *f* (*recipiente*) container
vaso *m* 1. (*recipiente*) glass; ~ **de papel** paper cup 2. ANAT vessel
vástago *m* 1. BOT shoot 2. *fig* (*hijo*) scion *liter;* ~**s** offspring 3. TÉC rod
vasto, -a *adj* vast; (*saber*) wide
Vaticano *m* Vatican; **la Ciudad del** ~ the Vatican City
vaticinio *m* prediction, prophecy
vatio *m* watt
Vd. *pron pers abr de* **usted** you
vecindad *f,* **vecindario** *m* 1. (*comunidad*) neighbourhood *Brit,* neighborhood *Am* 2. (*ciudadanos*) neighbours *pl Brit,* neighbors *pl Am*
vecino, -a I. *adj* near; **pueblo** ~ next village II. *m, f* 1. (*que vive cerca*) neighbour *Brit,* neighbor *Am* 2. (*habitante*) inhabitant
vector *m* vector
veda *f* 1. (*prohibición*) prohibition 2. (*temporada*) close season
vedado *m* reserve *Brit,* preserve *Am*
vedar *vt* to prohibit, to ban
vega *f* fertile plain
vegetación *f* vegetation
vegetal *adj, m* vegetable
vegetar *vi* to vegetate

vegetariano, -a *adj, m, f* vegetarian

vehemencia *f sin pl* 1. (*ímpetu*) impetuosity 2. (*fervor*) vehemence

vehemente *adj* 1. (*impetuoso*) impetuous 2. (*ardiente*) passionate

vehículo *m* 1. (*transporte*) vehicle 2. MED carrier

veinte *adj inv, m* twenty; *v.t.* **ochenta**

vejación *f*, **vejamen** *m* 1. (*molestia*) annoyance 2. (*humillación*) humiliation

vejar *vt* 1. (*molestar*) to annoy 2. (*humillar*) to humiliate

vejatorio, -a *adj* 1. (*molesto*) annoying 2. (*humillante*) humiliating

vejez *f sin pl* 1. (*ancianidad*) old age 2. (*envejecimiento*) ageing *Brit,* aging *Am*

vejiga *f* 1. ANAT bladder 2. (*ampolla*) blister

vela *f* 1. NÁUT sail; **a toda ~** at full sail; *fig* energetically 2. (*luz*) candle; **pasar la noche en ~** *fig* to have a sleepless night; **estar a dos ~s** *fig* to be broke

velada *f* evening gathering; LIT, MÚS, TEAT soirée

velar I. *vi* 1. (*no dormir*) to stay awake 2. (*cuidar*) to watch over, to look after II. *vt* 1. (*vigilar*) to keep watch over 2. (*ocultar*) to hide III. *vr:* **~se** FOTO to blur

velatorio *m* wake, vigil

veleidad *f* 1. (*inconstancia*) fickleness 2. (*capricho*) whim

velero *m* NÁUT sailing ship

veleta¹ *f* weather vane, weathercock *Brit*

veleta² *mf* (*persona*) changeable person

vello *m sin pl* 1. (*corporal*) (body) hair 2. BOT, ZOOL down, fuzz

velo *m* 1. (*tela*) veil 2. ANAT **~ del paladar** soft palate

velocidad *f* 1. *t.* FÍS, INFOR speed; **exceso de ~** speeding 2. (*marcha*) gear

velocímetro *m* speedometer

veloz *adj* swift

vena *f* 1. ANAT vein 2. (*filón*) lode; **~ de agua** underground stream 3. *inf* (*disposición*) mood

venado *m* 1. (*ciervo*) deer 2. (*carne*) venison 3. (*caza mayor*) big game

vencedor(a) I. *adj* winning II. *m(f)* winner

vencer <c→z> I. *vi* 1. (*ganar*) to win 2. (*plazo*) to expire II. *vt* 1. (*ganar*) to win; (*enemigos*) to defeat 2. (*obstáculo*) to overcome; (*dificultad*) to get round

vencimiento *m* COM expiry

venda *f* MED bandage

vendaje *m* bandaging

vendar *vt* to bandage

vendaval *m* (*viento*) strong wind; (*huracán*) hurricane

vendedor(a) *m(f)* seller; **~ ambulante** hawker; **~ a domicilio** door--to-door salesman

vender I. *vt* to sell II. *vr:* **~se** 1. COM to sell, to be for sale; **se vende** for sale 2. (*persona*) to give oneself away

vendimia *f* grape harvest

vendimiar *vi* to harvest grapes

Venecia *f* Venice

veneno *m* poison

venenoso, -a *adj* poisonous

venerable *adj* venerable

venerar *vt* 1. (*adorar*) to worship 2. (*respetar*) to venerate

venéreo, -a *adj* MED venereal

venezolano, -a *adj, m, f* Venezuelan

Venezuela *f* Venezuela

[?] **Venezuela** (official title: **República de Venezuela**) borders both the Caribbean Sea and the Atlantic Ocean to the north, Guyana to the east, Brazil to the south and Colombia to the west. The capital is **Caracas**. Spanish is the official language of the country and the monetary unit is the **bolívar.**

v
v

venganza *f* vengeance

vengar <g→gu> I. *vt* to avenge II. *vr:* **~se** to take revenge

vengativo, -a *adj* vengeful

venia *f sin pl, elev* permission
venial *adj* venial
venida *f* 1. (*llegada*) arrival; (*vuelta*) return 2. (*de un río*) floodwater
venidero, -a *adj* future
venir *irr* I. *vi* 1. (*trasladarse*) to come; (*llegar*) to arrive; **el mes que viene** next month 2. (*ocurrir*) to happen; **vino la guerra** the war came 3. (*proceder*) to come; **~ de una familia rica** to come from a rich family 4. (*entrar*) **me vinieron ganas de reír** I felt like laughing 5. (*figurar*) to appear 6. (*prenda*) to suit 7. (*expresiones*) **es una familia venida a menos** that family has come down in the world; **a mí eso ni me va ni me viene** to me that's neither here nor there II. *vr:* **~se** to come back
venta *f* 1. COM sale; **~ al contado** cash sale; **~ a plazos** hire purchase; **precio de ~ al público** retail price; **en ~** for sale 2. (*posada*) inn
ventaja *f t.* DEP advantage
ventajoso, -a *adj* advantageous
ventana *f* window; **~ corrediza** sliding window; **~ de guillotina** sash window; **~ de la nariz** nostril
ventanilla *f* 1. (*de coche*) side window 2. (*taquilla*) ticket office
ventilación *f* ventilation
ventilador *m* 1. (*aparato*) fan 2. (*conducto*) ventilator (shaft)
ventilar I. *vt* 1. (*airear*) to ventilate 2. (*resolver*) to clear up II. *vr:* **~se** (*persona*) to get some air
ventisca *f* blizzard
ventisquero *m* snowdrift
ventosidad *f* fart
ventoso, -a *adj* windy
ventrílocuo, -a *m, f* ventriloquist
ventura *f* (good) fortune; **mala ~** ill luck; **por ~** fortunately; **probar ~** to try one's luck
venturoso, -a *adj* fortunate
ver *irr* I. *vi, vt* 1. (*con los ojos*) to see; **lo nunca visto** something unheard of; **¡hábrase visto!** did you ever!; **¡~ás!** just you wait!; **a ~** let's see; **a ~, venga** come on, hurry up; **a ~ cómo lo hacemos** let's see how we

can do this; **no veas la que se armó** there was a tremendous row; **hay que ~ lo tranquilo que es Pedro** Pedro is such a quiet fellow; **¡vamos a ~!** let's see!; **luego ya ~emos** we'll see about that later; **si te he visto, no me acuerdo** out of sight, out of mind 2. (*con la inteligencia*) to see, to understand; **a mi modo de ~** as I see it; **¿no ves que...?** don't you see that ...? 3. (*observar*) to watch; (*documentos*) to examine; **te veo venir** *fig* I know what you're up to 4. JUR (*causa*) to hear 5. (*relación*) **tener que ~ con alguien/ algo** to have to do with sb/sth II. *vr:* **~se** 1. (*encontrarse*) to meet 2. (*estado*) to be; **~se apurado** to be in a jam 3. (*parecer*) **se ve que no tienen tiempo** it seems they have no time
vera *f* 1. (*orilla*) bank 2. (*lado*) **a la ~ de** beside
veracidad *f* truthfulness
veranear *vi* to spend the summer
veraneo *m* summer holiday *Brit,* summer vacation *Am;* **lugar de ~** holiday resort *Brit,* vacation spot *Am*
veraniego, -a *adj* summer
verano *m* summer
veras *fpl* **de ~** (*de verdad*) really; (*en serio*) in earnest; **esto va de ~** this is serious
veraz *adj* truthful
verbal *adj* 1. (*del verbo*) verbal 2. (*oral*) oral
verbena *f* street party
verbo *m* verb
verboso, -a *adj* verbose
verdad *f* truth; **~ de Perogrullo** truism; **a decir ~, ...** to tell you the truth, ...; **¡de ~!** really!; **faltar a la ~** to be untruthful; **pues la ~, no lo sé** I don't know, to tell you the truth; **un héroe de ~** a real hero; **¿~?** isn't it?, aren't you?; **¿~ que no fuiste tú?** it wasn't you, was it?
verdadero, -a *adj* 1. (*cierto*) true 2. (*real*) real 3. (*persona*) truthful
verde I. *adj* 1. (*color*) *t.* POL green 2. (*fruta*) unripe, green 3. (*chistes*) dirty 4. (*personas*) randy II. *m* green

verdear *vi*, **verdecer** *irr como crecer vi* to turn green
verdor *m* **1.** (*verde*) greenness **2.** BOT lushness **3.** (*juventud*) youth
verdugo *m* **1.** (*de ejecuciones*) executioner **2.** (*hematoma*) weal **3.** BOT shoot
verdulero, -a *m, f* greengrocer
verdura *f* **1.** (*hortalizas*) vegetable, greens *pl* **2.** (*verdor*) greenness
vereda *f* **1.** (*sendero*) path **2.** *AmL* (*acera*) pavement *Brit*, sidewalk *Am*; **hacer entrar en ~ a alguien** *fig* to make sb toe the line
veredicto *m* JUR verdict
vergel *m* *elev* orchard
vergonzoso, -a *adj* **1.** (*persona*) bashful; (*tímido*) shy **2.** (*acción*) disgraceful
vergüenza *f* **1.** (*rubor*) shame; **me da ~...** I'm ashamed to ...; **pasar ~** to feel embarrassed; **¡qué ~!** shame on you! **2.** (*pundonor*) shyness **3.** (*timidez*) timidity **4.** (*escándalo*) disgrace
verídico, -a *adj* **1.** (*verdadero*) true **2.** (*muy probable*) credible
verificar <c→qu> I. *vt* **1.** (*comprobar*) to check **2.** (*controlar*) to verify **3.** (*realizar*) to carry out II. *vr:* ~**se** **1.** (*acto*) to be held **2.** (*una profecía*) to come true; (*deseos*) to be fulfilled
verja *f* (*cerca*) grille; (*puerta*) iron gate
vermú *m*, **vermut** *m* <vermús> (*licor*) vermouth
verosímil *adj* **1.** (*probable*) likely **2.** (*creíble*) credible
verruga *f* wart
versado, -a *adj* expert
versátil *adj* versatile
versión *f* **1.** (*interpretación*) version **2.** (*traducción*) translation
verso *m* line
vértebra *f* ANAT vertebra
vertebrado *m* vertebrate
vertebral *adj* vertebral; **columna ~** spinal column
verter <e→ie> I. *vt* **1.** (*vaciar*) to empty; (*líquido*) to pour **2.** (*traducir*) to translate II. *vi* to flow
vertical *adj, f* vertical

vértice *m* vertex
vertiente *f* slope
vertiginoso, -a *adj* giddy
vértigo *m* **1.** (*mareo*) dizziness; (*por la altura*) vertigo; **de ~** *inf* (*velocidad*) giddy **2.** (*desmayo*) fainting fit
vesícula *f* ANAT vesicle; **~ biliar** gall bladder
vespa® *f* motor scooter
vespertino, -a *adj* evening
vespino® *m* moped
vestíbulo *m* (*de un piso*) hall; (*de un hotel*) lobby; TEAT foyer
vestido *m* **1.** (*de mujer*) dress **2.** (*ropa*) clothing
vestigio *m* **1.** (*huella*) vestige **2.** (*señal*) trace
vestimenta *f* clothing
vestir *irr como pedir* I. *vt* **1.** (*persona*) to dress **2.** (*llevar*) to wear; (*ponerse*) to put on II. *vi* to dress; ~ **de uniforme** to wear a uniform III. *vr:* ~**se** to get dressed
vestuario *m* **1.** (*conjunto*) clothes *pl*; (*de una misma person*) wardrobe **2.** (*lugar*) TEAT dressing room; DEP changing room
veta *f* **1.** MIN seam **2.** (*en madera*) grain; (*en mármol*) vein
vetar *vt* to veto
veterano *m* MIL veteran
veterano, -a *adj, m, f* veteran
veterinaria *f* *sin pl* veterinary science
veterinario, -a *m, f* vet *inf*, veterinary surgeon *Brit*, veterinarian *Am*
veto *m* veto
vetusto, -a *adj* *elev* very old; *pey* ancient
vez *f* **1.** (*acto repetido*) time; **a la ~** at the same time; **a veces** sometimes; **cada ~ que...** each time that ...; **de una ~** in one go; **de ~ en cuando** from time to time; **aquella ~** on that occasion; **alguna ~** sometimes; **muchas veces** many times; **¿cuántas veces ...?** how often ...?; **tal ~** perhaps; **una y otra ~** time and time again; **érase una ~...** once upon a time ... **2.** (*con número*) time; **una ~** once; **dos veces** twice; **una y mil veces** a thousand times; **por enési-**

v
v

ma ~ for the umpteenth time
3.(*turno*) turn; **cuando llegue mi
~...** when it's my turn ...; **en ~ de**
instead of

vía *f* **1.**(*camino*) road; (*calle*) street;
~ **láctea** Milky Way; ~ **pública** public thoroughfare; **por ~ aérea** (*correos*) by air mail **2.**(*ruta*) via
3.(*carril*) line; FERRO track; ~ **férrea**
railway *Brit,* railroad *Am* **4.**ANAT
tract; **por ~ oral** by mouth (*procedimiento*) proceedings *pl* **6.**INFOR
track

viable *adj* viable

viada *f And* speed

viaducto *m* viaduct

viajante *mf* travelling salesman *Brit,*
traveling salesman *Am*

viajar *vi* to travel

viaje *m* **1.**(*general*) travel; **estar de
~** to be away (on a trip); ~ **de negocios** business trip; ~ **de ida y vuelta**
return trip, round trip *Am;*
¡buen ~! bon voyage!, have a good
trip! **2.**(*carga*) load; (*recorrido*) trip
3. *inf* (*drogas*) trip

viajero, -a I. *adj* travelling *Brit,*
traveling *Am;* ZOOL migratory II. *m, f*
traveller *Brit,* traveler *Am;* (*pasajero*) passenger

vial I. *adj* (*caminos*) road; FERRO rail
II. *m* avenue

víbora *f* viper

vibración *f* vibration

vibrador *m* vibrator

vibrante *adj* **1.**(*sonoro*) resonant
2.(*entusiasta*) vibrant

vibrar I. *vi* **1.**(*oscilar*) to vibrate
2.(*voz*) to quiver II. *vt* to shake

vicario *m* vicar

vicedirector(a) *m(f)* **1.**COM deputy
manager **2.**ENS deputy head teacher
Brit, vice principal *Am*

vicepresidente, -a *m, f* POL vice
president; (*en juntas*) vice-chairper-
son

viceversa *adv* vice versa

viciado, -a *adj* (*aire*) stuffy

viciar I. *vt* **1.**(*falsear*) to falsify; (*deformar*) to distort **2.**(*anular*) to invalidate II. *vr:* ~**se 1.**(*persona*) to
get a bad habit **2.**(*ser adicto*) ~**se**

con algo to become addicted to sth

vicio *m* **1.**(*mala costumbre*) bad
habit **2.**(*adicción*) vice **3.**(*objeto*)
defect

vicioso, -a *adj* **1.**(*carácter*) dissolute
2.(*que produce vicio*) habit-forming
3.(*consentido*) spoilt

vicisitud *f* **1.**(*acontecimiento*) important event **2.** *pl* (*alternancia*) ups
pl and downs

víctima *f* victim; (*de accidente*)
casualty

victoria *f* victory

victorioso, -a *adj* victorious

vid *f* (grape)vine

vida *f* **1.**(*existencia*) life; ~ **íntima**
private life; **costo de la ~** cost of living; **pasar a mejor ~** to pass away;
salir con ~ to survive; **¿qué es de tu
~?** what have you been up to lately?
2.(*sustento*) livelihood **3.**(*biografía*)
life; **de toda la ~** all my life; **la otra ~**
afterlife **4.**(*cariño*) **¡mi ~!** my darling!

vidente *mf* **1.**(*que ve*) sighted person
2.(*que adivina*) clairvoyant

vídeo *m* **1.**(*aparato*) video (cassette)
recorder, VCR *Am;* **cámara de ~**
video camera **2.**(*película*) video

videocámara *f* video camera

videocasete *m* videocassette

videoclip *m* music video

videoconferencia *f* INFOR video conference

videojuego *m* video game

videoteléfono *m* videophone

videotexto *m* teletext

vidriera *f* **1.**(*ventana*) stained-glass
window **2.** *AmL* (*escaparate*) shop
window

vidriero, -a *m, f* glazier

vidrio *m* glass; (*de una ventana*)
window pane

vidrioso, -a *adj* **1.**(*como vidrio*) glas-
sy; (*mirada*) glazed **2.**(*transparente*) like glass

viejo, -a I. *adj* old; **Noche Vieja** New
year's Eve II. *m, f* old man *m,* old
woman *f*

Viena *f* Vienna

vienés, -esa *adj, m, f* Viennese

viento *m* wind; **a los cuatro ~s** in all

directions; **¡vete a tomar ~!** *inf* get lost!; **contra ~ y marea** against all odds, come hell or high water; **el negocio va ~ en popa** business is going well

vientre *m* 1.(*abdomen*) abdomen 2.(*barriga*) belly 3.(*matriz*) womb

viernes *m inv* Friday; **Viernes Santo** Good Friday; *v.t.* **lunes**

vietnamita *adj, mf* Vietnamese

viga *f* (*de madera*) beam; (*de metal*) girder

vigencia *f* validity; **entrar en ~** to come into effect

vigente *adj* valid

vigésimo, -a *adj* twentieth; *v.t.* **octavo**

vigía¹ *f* watchtower

vigía² *mf* lookout

vigilancia *f* vigilance

vigilante I. *adj* (*despierto*) awake; (*en alerta*) alert II. *mf* (*guardián*) guard; (*de cárcel*) warder *Brit,* warden; (*en tienda*) night watchman

vigilar I. *vt* to guard; (*niños*) to watch II. *vi* to keep watch over

vigilia *f* 1.(*no dormir*) wakefulness 2.(*víspera*) vigil 3.(*sin comer*) abstinence

vigor *m* 1.(*fuerza*) vigour *Brit,* vigor *Am;* (*energía*) energy 2.(*vigencia*) validity; **entrar en ~** to come into effect

vigoroso, -a *adj* 1.(*fuerte*) vigorous; (*resistente*) tough 2.(*protesta*) strong

VIH *m sin pl abr de* **virus de inmunodeficiencia humana** HIV

vil *adj* (*malo*) vile; (*bajo*) base

vileza *f* 1.(*cualidad*) vileness 2.(*acción*) vile act

vilipendiar *vt* 1.(*despreciar*) to revile 2.(*insultar*) to vilify

villa *f* 1. HIST (*población*) town 2.(*casa*) villa

villancico *m* ~ (**de Navidad**) (Christmas) carol

villorrio *m pey, inf* one-horse town

vilo *adv* **en ~** suspended; *fig* in suspense

vinagre *m* vinegar

vinagrera *f* 1.(*recipiente*) vinegar bottle 2. *pl* (*para la mesa*) cruet set

vinagreta *f* vinaigrette

vincha *f AmS* (*cinta*) hairband

vinculación *f* link

vincular *vt* 1.(*ligar*) to link; (*unir*) to join 2.(*obligar*) to bind

vínculo *m* 1.(*unión*) tie; **el ~ conyugal** the bond of matrimony 2.(*obligación*) bond

vino *m* wine; **~ rosado/tinto** rosé/red wine; **~ de la casa** house wine; **~ peleón** cheap wine, plonk *Brit*

viña *f,* **viñedo** *m* vineyard

viola *f* MÚS viola

violación *f* 1.(*infracción*) violation; (*de una ley*) breaking 2.(*de una mujer*) rape

violar *vt* 1.(*mujer*) to rape 2.(*ley*) to violate; (*contrato*) to break

violencia *f* 1.(*condición*) violence; (*fuerza*) force; **con ~** by force 2.(*acción*) violent action

violentar I. *vt* 1.(*obligar*) to force; (*sexualmente*) to assault 2.(*una casa*) to break into 3.(*principio*) to break II. *vr:* **~se** (*obligarse*) to force oneself

violento, -a *adj* 1.(*impetuoso*) impetuous; (*esfuerzo*) violent 2.(*brutal*) aggressive; (*persona*) violent 3.(*postura*) unnatural

violeta *adj, f* violet

violín *m* MÚS violin, fiddle *inf*

violón *m* MÚS double bass

viraje *m* 1.(*giro*) turn; (*curva*) bend 2.(*cambio*) switch; (*de opinión*) shift 3. NÁUT tack

virar I. *vi* 1.(*girar*) to turn; (*curva*) to bend 2.(*cambiar*) to switch; (*de opinión*) to shift 3. NÁUT to tack II. *vt* (*girar*) to turn

virgen I. *adj* virgin; *fig* pure; (*cinta*) blank; (*tierras*) virgin II. *f* REL **la Virgen** the Virgin; **la Santísima Virgen** the Blessed Virgin

virginidad *f sin pl* virginity

Virgo *m* Virgo

viril *adj* virile

virilidad *f sin pl* virility

virtual *adj* virtual

virtud *f* virtue; **en ~ de** by virtue of

V
ᵥ

virtuoso, -a *adj* **1.** (*con gran habilidad*) virtuoso **2.** (*lleno de virtudes*) virtuous

viruela *f* MED smallpox; **picado de ~s** pockmarked

virulento, -a *adj* MED virulent

virus *m inv* MED, INFOR virus

visa *m o f AmL,* **visado** *m* visa

vísceras *fpl* entrails *pl*

viscoso, -a *adj* viscous

visera *f* **1.** MIL visor **2.** (*de una gorra*) peak

visibilidad *f* visibility

visible *adj* **1.** (*perceptible*) visible **2.** (*obvio*) clear

visillo *m* net curtain

visión *f* **1.** (*vista*) sight, vision **2.** (*aparición*) vision; **ver visiones** *fig* to be seeing things **3.** (*punto de vista*) view; **~ de conjunto** overview

visionario, -a **I.** *adj* **1.** (*con imaginación*) visionary **2.** (*soñador*) idealistic, dreamy *pej* **II.** *m, f* **1.** (*con imaginación*) vision **2.** (*soñador*) idealist; *pey* dreamer

visita *f* **1.** (*visitante*) visitor **2.** (*acción*) visit; **~ del médico** doctor's call; **~ guiada** guided tour

visitar *vt* **1.** (*ir a ver*) to visit **2.** MED to call (on)

vislumbrar *vt* (*ver*) to make out, to distinguish

vislumbre *f* **1.** (*resplandor*) glimmer **2.** (*idea*) sign

viso *m* **1.** (*resplandor*) glow **2.** (*aspecto*) sign; **tener ~s de...** to look like ...

visón *m* mink

visor *m* **1.** MIL sights *pl* **2.** FOTO viewfinder

víspera *f* (*noche anterior*) night before, eve; (*día anterior*) day before; **en ~s de** just before

vista *f* **1.** (*visión*) sight, vision; (*mirada*) look; **~ cansada** MED eye strain; **apartar la ~** to look away; **hacer la ~ gorda** to turn a blind eye; **saltar a la ~** to be patently obvious; **tener ~** to be shrewd; **volver la ~** (**atrás**) to look back; **a primera ~** at first sight; **a simple ~** just by looking; *fig* super-

ficially; **al alcance de la ~** within view; **fuera del alcance de la ~** out of sight; **a la ~ de todos** in full view of everyone; **con ~s a...** with a view to ...; **en ~ de que...** in view of the fact that ...; **pagadero a la ~** COM due on demand; **¡hasta la ~!** see you!; **¡fuera de mi ~!** get out of my sight! **2.** (*panorama*) view; (*mirador*) viewpoint; **con ~s al mar** with sea views, overlooking the sea **3.** (*imagen*) image; FOTO picture; **~ general** overall view **4.** JUR hearing; **~ oral** hearing

vistazo *m* look; **de un ~** at a glance

visto, -a **I.** *pp de* ver **II.** *adj* **~ para sentencia** JUR conclusion of the trial; **estar muy ~** to have been seen before; **está ~ que...** it's clear that ...; **por lo ~** apparently **III.** *conj* **~ que...** since ...

vistoso, -a *adj* (*atractivo*) colourful *Brit,* colorful *Am;* (*llamativo*) striking

visual *adj* visual; **campo ~** field of vision

vital *adj* **1.** *t.* MED vital **2.** (*necesario*) essential **3.** (*vivaz*) lively

vitalicio, -a *adj* ADMIN, FIN life

vitalidad *f sin pl* **1.** (*alegría de vivir*) vitality **2.** (*importancia*) vital importance

vitamina *f* vitamin

viticultor(a) *m(f)* vine grower

viticultura *f* viticulture

vítor *m* cheer, hurrah

vitorear *vt* to cheer

vítreo, -a *adj* vitreous

vitrina *f* glass cabinet; *AmL* (*escaparate*) shop window

vituperio *m* **1.** (*censura*) criticism **2.** (*injuria*) vituperation *liter*

viudedad *f* **1.** (*estado*) widowhood **2.** (*pensión: de viuda*) widow's pension; (*de viudo*) widower's pension

viudo, -a **I.** *adj* widowed **II.** *m, f* widower *m,* widow *f*

viva **I.** *interj* hurray; **¡~ el rey!** long live the King! **II.** *m* cheer

vivacidad *f sin pl* **1.** (*viveza*) vivacity **2.** (*energía*) vigour *Brit,* vigor *Am*

vivaracho, -a *adj* **1.** (*vivo*) vivacious **2.** (*despierto*) bright

vivaz *adj* 1.(*vivaracho*) vivacious 2.(*enérgico*) lively 3.(*despierto*) bright

vivencia *f* experience

víveres *mpl* provisions *pl*

vivero *m* 1.(*de plantas*) nursery 2.(*de peces*) hatchery

vivienda *f* 1.(*habitaje*) housing 2.(*casa*) house; **sin** ~ homeless

viviente *adj* living

vivir I. *vi* 1.(*estar vivo*) to be alive 2.(*habitar*) to live 3.(*perdurar*) to live on II. *vt* to live

vivo *m* 1.(*borde*) edge, trim 2.(*tira*) strip

vivo, -a *adj* 1.(*viviente*) alive; **ser** ~ living being; **al rojo** ~ red-hot; **en** ~ MÚS live; **estar** ~ to be alive 2.(*vivaz*) lively 3.(*enérgico*) vigorous 4.(*color*) bright 5.(*vívido*) vivid 6.(*avispado*) sharp; *pey* crafty

V.O. *abr de* **versión original** original version

vocablo *m* word, term

vocabulario *m* 1.(*léxico*) vocabulary 2.(*lista*) vocabulary (list)

vocación *f* vocation; **tener** ~ to have a calling

vocal[1] I. *adj* MÚS vocal II. *f* LING vowel

vocal[2] *mf* 1.(*de consejo*) member 2.(*portavoz*) spokesperson, spokesman *m,* spokeswoman *f*

vocalizar <z→c> *vt* to vocalize

vocear I. *vi* to shout II. *vt* 1.(*pregonar*) to cry 2.(*aclamar*) to acclaim

vocerío *m* clamour *Brit,* clamor *Am*

vocero, -a *m, f AmL* spokesman *m,* spokeswoman *f*

vociferar I. *vi* to yell II. *vt* 1.(*gritar*) to shout 2.*pey* (*proclamar*) to shout from the rooftops

vodka *m o f* vodka

vol. *abr de* **volumen** vol.

volador(a) *adj* flying

volandas *fpl* **en** ~ (*en el aire*) up in the air; (*deprisa*) in a rush

volante I. *adj* (*móvil*) flying; **platillo** ~ flying saucer II. *m* 1.AUTO steering wheel 2.TÉC flywheel 3.(*del reloj*) balance wheel 4.(*escrito*) leaflet

volar <o→ue> I. *vi* 1.(*en el aire*) to fly; **¡voy volando!** I'm on my way!

2.(*desaparecer*) to disappear 3.(*apresurarse*) to dash II. *vt* 1.(*hacer explotar*) to blow up 2.(*hacer volar*) to fly

volátil *adj* 1.QUÍM volatile 2.(*inconstante*) unpredictable

volcán *m* volcano

volcánico, -a *adj* volcanic

volcar *irr* I. *vi* (*tumbarse*) to overturn; (*barco*) to capsize II. *vt* 1.(*hacer caer*) to knock over 2.(*dar la vuelta*) to turn over III. *vr:* ~**se** 1.(*darse la vuelta*) to overturn; (*caer*) to get knocked over 2.(*esforzarse*) to make an effort; (*en algo*) to throw oneself into

voleibol *m* DEP volleyball

volquete *m* dumper truck *Brit,* dump truck *Am*

voltaje *m* voltage

voltear I. *vi* 1.(*dar vueltas: persona*) to roll over; (*cosa*) to spin; (*campana*) to peal 2.(*volcar*) to overturn 3.*AmL* (*torcer*) to turn 4.*AmL* (*pasear*) to go for a walk II. *vt* 1.(*invertir*) to turn over 2.(*hacer girar*) to spin 3.*AmL* (*volcar*) to knock over; (*volver*) to turn III. *vr:* ~**se** 1.(*dar vueltas*) to turn over 2.*AmL* (*volcar*) to overturn; (*darse la vuelta*) to turn around

voltereta *f* (*cabriola*) handspring; (*en el aire*) to turn a somersault

voltio *m* volt

voluble *adj* 1.QUÍM unstable 2.(*inconstante*) fickle

volumen *m* 1.(*tamaño*) size; *t.* FÍS, MAT volume 2.(*cantidad*) amount; ~ **de ventas** turnover 3.(*de sonido*) volume

voluminoso, -a *adj* sizeable; (*corpulento*) heavy

voluntad *f* 1.(*intención*) will; **última** ~ JUR last will; **buena/mala** ~ goodwill/evil intent; **a** ~ at one's discretion; **con buena** ~ with good intentions 2.(*fuerza de voluntad*) willpower 3.(*cariño*) affection

voluntario, -a *adj* voluntary

voluntarioso, -a *adj* willing

voluptuoso, -a *adj* voluptuous

volver *irr* I. *vi* 1.(*dar la vuelta*) to go

back **2.** (*regresar*) to return; ~ **a casa** to go home; ~ **en sí** to come round **3.** (*repetir*) ~ **a hacer algo** to do sth again **II.** *vt* **1.** (*dar la vuelta*) to turn over **2.** (*poner del revés*) to turn inside out **3.** (*transformar*) to make; ~ **loco a alguien** to drive sb crazy **4.** (*devolver*) to return **III.** *vr:* ~**se 1.** (*darse la vuelta*) to turn around towards; ~**se** (**para**) **atrás** to retrace one's steps; *fig* to back out **2.** (*regresar*) to return **3.** (*convertirse*) to become; ~**se viejo** to grow old

vomitar *vi* to vomit

vómito *m* (*acción*) vomiting; (*lo vomitado*) vomit

voracidad *f* voraciousness

voraz *adj* t. *fig* voracious; (*hambriento*) ravenous

vórtice *m* (*de agua*) whirlpool; (*de viento*) whirlwind

vos *pron pers* **1.** *AmL* (*tú*) you; **esto es para** ~ this is for you; **voy con** ~ I'll go with you **2.** HIST (*usted*) thou

? The term **vosear** means so address someone in a familiar way using '**vos**' instead of '**tu**'. This is very common practice in **Argentina** and other Spanish-speaking countries of Latin America.

vosotros, -as *pron pers, pl* you; **esto es para** ~ this is for you

votación *f* vote; ~ **a mano alzada** vote by show of hands

votar I. *vi* (*elegir*) to vote; ~ **por alguien** to vote for sb **II.** *vt* POL to vote for; (*presupuesto*) to approve

voto *m* **1.** POL (*opinión*) vote; (*acción*) voting; ~ **en blanco** unmarked ballot (paper); ~ **de censura** vote of no confidence **2.** REL (*promesa*) vow

voy *1. pres de* **ir**

voz *f* **1.** (*facultad*) voice; **levantar/ bajar la** ~ to raise/lower one's voice; **hablar en** ~ **alta/baja** to speak loudly/softly; **leer en** ~ **alta**

to read aloud **2.** (*grito*) shouting; **dar voces** to shout; **dar la** ~ **de alarma** to raise the alarm **3.** (*sonido*) tone **4.** (*rumor*) rumour *Brit,* rumor *Am* **5.** (*vocablo*) word

vuelco *m* **1.** (*tumbo*) turning over **2.** (*cambio*) drastic change; **dar un** ~ to overturn; *fig* to change completely

vuelo *m* **1.** (*en el aire*) flight; ~ **sin motor** gliding; **levantar el** ~ (*pájaro*) to fly off; (*avión*) to take off; **de altos** ~**s** *fig* high-powered **2.** (*de la ropa*) looseness

vuelta *f* **1.** (*giro*) turn; **dar la** ~ (*rodear*) to go around; (*volver*) to turn back; (*llave*) to turn; **darse la** ~ to turn over; **dar media** ~ to turn around; **dar una** ~ to have a walk around; **dar** ~**s a algo** to think over sth; **dar una** ~ **de campana** to turn over; **a la** ~ **de la esquina** around the corner; **poner a alguien de** ~ **y media** to tear sb off a strip *Brit,* to tell sb off *Am* **2.** (*regreso*) return; (*viaje*) trip; **de** ~ **a casa** back home; **estar de** ~ to be back **3.** (*dinero*) change; **dar la** ~ to give change **4.** DEP lap; ~ **ciclista** cycle race

vuelto *m AmL* (*cambio*) change; **dar el** ~ to give change

vuelto, -a *pp de* **volver**

vuestro, -a I. *adj* your; ~ **coche** your car; **vuestra hija** your daughter; ~**s libros** your books **II.** *pron pos* **1.** (*de vuestra propiedad*) yours; **¿es** ~? is this yours? **2.** (*tras artículo*) **el** ~ yours **3.** (*tras substantivo*) (of) yours; **un amigo** ~ a friend of yours

vulgar *adj* **1.** (*común*) common **2.** (*ordinario*) vulgar

vulgaridad *f* **1.** (*normalidad*) ordinariness **2.** *pey* (*grosería*) vulgarity

vulgarizar <z→c> *vt* **1.** (*simplificar*) to vulgarize **2.** (*popularizar*) to popularize

vulgo *m* ordinary people

vulnerable *adj* vulnerable

vulnerar *vt* (*persona*) to hurt; (*derecho*) to violate

vulva *f* ANAT vulva

W, w *f* W, w; ~ **de Washington** W
for William
walkie-talkie *m* walkie-talkie
walkman® *m* Walkman®
wáter *m* toilet
waterpolo *m* DEP water polo
web *m o f* web
webcam *f* web camera
whisky *m* whisky
windsurf *m* **1.** DEP windsurfing
2. (*tabla*) windsurfer
WWW *abr de* World Wide Web
WWW

X, x *f* X, x; ~ **de xilófono** X for Xmas
Brit, X for X *Am;* **rayos** ~ X-rays *pl*
xenofobia *f* xenophobia
xenófobo, -a *adj* xenophobic
xerografía *f* xerography
xilófono *m* MÚS xylophone

Y, y *f* Y, y; ~ **de yema** Y for Yellow
Brit, Y for Yoke *Am*
y *conj* and; **días** ~ **días** days and days;
¿ ~ **qué?** so what?; **me voy de vacaciones** – **¿** ~ **tu trabajo?** I'm going
on holiday – what about your job?

> ⚠ **y** becomes **e** before a word be-
> ginning with i- or hi-: "par e impar,
> Javier e Isabel." Before y- however,

'y' is used: "ella y yo, Rubén y Yolanda."

ya I. *adv* **1.** (*en el pasado*) already; ~
en 1800 as early as 1800 **2.** (*pronto*) soon; **¡**~ **voy!** coming!; ~ **verás**
you'll see **3.** (*ahora*) now; ~ **falta
poco para Navidades** Christmas is
near now **4.** (*negación*) ~ **no fumo** I
don't smoke any more; ~ **no...
sino...** not only ..., but ... **5.** (*afirmación*) yes; **¡ah** ~**!** I get it now!
II. *conj* **1.** (*porque*) ~ **que** since, as
2. (*aprovechando que*) ~ **que lo
mencionas...** now that you mention it ... **III.** *interj* that's it
yacer *irr vi elev* to lie
yacimiento *m* GEO deposit; (*capa*)
layer
yagual *m AmC* padded ring
yanqui I. *adj* Yankee **II.** *mf* Yank
yate *m* yacht
yedra *f* ivy
yegua *f* **1.** ZOOL mare **2.** *AmC* (*colilla*)
cigar stub
yema *f* **1.** (*de un huevo*) yolk **2.** (*de
un dedo*) fingertip **3.** BOT young
shoot
yendo *gerundio de* **ir**
yergo *1. pres de* **erguir**
yermo *m* waste land
yermo, -a *adj* **1.** (*inhabitado*) uninhabited **2.** AGR uncultivated
yerno *m* son-in-law
yerto, -a *adj* stiff
yesca *f* tinder
yeso *m* **1.** (*material*) plaster **2.** GEO
gypsum
yo *pron pers* I; **entre tú y** ~ between
you and me; **¿quién lo hizo?** – ~ **no**
who did it? – not me; **soy** ~**, Susan**
it's me, Susan; ~ **mismo** myself
yodo *m* iodine
yoga *m* yoga
yogur *m* yogurt
yuca *f* yucca
yudo *m* judo
yugo *m* yoke
Yugoslavia *f* Yugoslavia
yugular *f* jugular vein
yunque *m t.* ANAT anvil

yunta *f* yoke
yute *m* jute
yuxtaponer *irr como poner* **I.** *vt* (*a otra cosa*) to join; (*dos cosas*) to juxtapose **II.** *vr:* ~**se** to join together
yuxtaposición *f* juxtaposition

Z z

Z, z *f* Z, z; ~ **de Zaragoza** Z for Zebra
zafar **I.** *vt* NÁUT to free **II.** *vr:* ~**se** **1.** (*de una persona*) to get away **2.** (*de un compromiso*) to get out
zafio, -a *adj* **1.** (*grosero*) rude **2.** (*tosco*) rough
zafiro *m* MIN sapphire
zafo *adv* AmL (*salvo*) except
zaga *f* **1.** (*parte posterior*) rear; **ir a la ~ de alguien** to be behind sb **2.** DEP defence
zagal(a) *m(f)* (*muchacho*) boy, lad *Brit;* (*muchacha*) girl, lass *Brit*
zaguán *m* hall
zaherir *irr como sentir* *vt* **1.** (*reprender*) to reprimand **2.** (*mortificar*) to humiliate
zaino, -a *adj* **1.** (*persona*) treacherous **2.** (*caballo*) chestnut
zalamería *f* flattery
zalamero, -a *adj* flattering
zamarra *f* **1.** (*de pastor*) shepherd's waistcoat **2.** (*piel*) sheepskin
Zambia *f* Zambia
zambullirse <*3. pret:* se zambulló> *vr* **1.** (*en el agua*) to dive **2.** (*en un asunto*) to plunge into
zampar **I.** *vt* **1.** (*comer*) to scoff *Brit,* to scarf down *Am* **2.** (*ocultar*) to whip out of sight **II.** *vr:* ~**se** **1.** (*comer*) to scoff **2.** (*en un lugar*) to crash
zanahoria *f* carrot
zancada *f* stride
zancadilla *f* **poner la ~** to trip up
zanco *m* stilt
zancudo *m* AmL mosquito

zancudo, -a *adj* long-legged
zángano *m* **1.** (*vago*) idler **2.** *t.* ZOOL drone
zanja *f* **1.** (*excavación*) ditch **2.** AmL (*arroyada*) watercourse
zanjar *vt* **1.** (*abrir zanjas*) to dig ditches **2.** (*asunto*) to settle
zapallo *m* AmL (*calabaza*) pumpkin
zapata *f* TÉC shoe; (*arandela*) washer; **~ de freno** brake shoe
zapatear **I.** *vt* (*golpear*) to kick **II.** *vi* to tap dance
zapatería *f* **1.** (*tienda*) shoeshop **2.** (*fábrica*) shoe factory **3.** (*oficio*) shoemaking
zapatero, -a *m, f* shoemaker
zapatilla *f* **1.** (*para casa*) slipper **2.** (*de deporte*) trainer, sneaker *Am*
zapato *m* shoe
zapear *vt inf* TV to channel-hop, to zap (channels)
zapping *m* channel-hopping
zar, zarina *m, f* tsar *m,* tsarina *f*
zarandear *vt* **1.** (*sacudir*) to shake hard **2.** (*cribar*) to sieve
zarina *f v.* **zar**
zarpa *f* (*del león*) paw; **echar la ~** (*animal*) to claw; *inf* (*persona*) to grab
zarpar *vi* NÁUT to set sail
zarza *f* bramble
zarzal *m* bramble patch
zarzuela *f* MÚS zarzuela (*Spanish musical comedy or operetta*)
zigzag *m* <zigzagues *o* zigzags> zigzag
zigzaguear *vi* to zigzag
Zimbabue *m* Zimbabwe
zinc *m* <cines *o* zines> zinc
zócalo *m* **1.** (*de pared*) skirting board **2.** *Méx* (*plaza*) (town) square
zodíaco *m* zodiac
zona *f* zone; (*área*) region; **~ franca** (duty-)free zone; **~ peatonal** pedestrian precinct; **~ verde** green belt
zoo *m* zoo
zoología *f sin pl* zoology
zoológico, -a *adj* zoological
zoólogo, -a *m, f* zoologist
zopenco, -a **I.** *adj* oafish **II.** *m, f* dolt
zoquete *m* **1.** (*madera*) block **2.** (*tonto*) blockhead

zorra *f* **1.** ZOOL vixen **2.** *inf* (*prostituta*) whore; (*insulto*) bitch **3.** *inf* (*borrachera*) drunkenness

zorro *m* fox

zozobra *f* anxiety

zozobrar *vi* **1.** (*barco*) to capsize **2.** (*plan*) to fail

zueco *m* clog

zumbar **I.** *vi* **1.** (*abeja*) to buzz **2.** (*oídos*) to hum **II.** *vt* **1.** (*golpe*) to deal **2.** *AmL* (*arrojar*) to throw

III. *vr:* ~**se** to make fun

zumbido *m* **1.** (*ruido*) hum **2.** *inf* (*golpe*) clout

zumo *m* juice

zurcir <c→z> *vt* to mend

zurdo, -a *adj* left-handed

zurrar *vt* **1.** (*pieles*) to tan **2.** *inf* (*apalizar*) to beat

zutano, -a *m, f* **fulano y** ~ Tom, Dick and Harry

Zz

Apéndice I

Supplement I

▶ What do I write, when I want to apply for work experience?

Paul Westney
6 Wordsworth Road
Middletown MD8 1NP

IBERIA
Apartado de Correos 675
E-28080 Madrid

Middletown, a 13 de febrero de 2002

Solicitud de un puesto en prácticas

Estimados señores:

Con la presente quisiera solicitar un puesto en prácticas en su delegación en Madrid.

Estoy en el penúltimo curso de bachillerato, en el instituto de Middletown. Mis asignaturas principales son el francés y las matemáticas, y desde hace tres años estudio también español. Después del instituto y de realizar el examen de Selectividad correspondiente me gustaría estudiar Ingeniería mecánica.

Antes de empezar con mi último curso de bachillerato me gustaría aprovechar mis vacaciones de verano, del 20 de julio al 30 de agosto, para perfeccionar mis conocimientos de español y para poder conocer al mismo tiempo el mundo laboral.

En el caso de que ustedes acepten mi solicitud, les estaría muy agradecido si pudieran ayudarme a buscar alojamiento.

Les agradezco de antemano todo su interés.

Les saluda muy atentamente,

Paul Westney

Anexos: Currículum vitae
         Expedientes escolares compulsados

Note: Spanish writers put both their name and address at the top left of the page, with the name and address of the other person below and to the left.

▶ ¿Qué escribo cuando quiero solicitar un puesto en prácticas?

Pza. Padre Silvino, 35
09001 Burgos

18th March 2002

British Airways
PO Box 12345
London W12 3PT

Application for work experience

Dear Sir or Madam,

This is an application to undertake a period of work experience at your offices in London.

I am at present in Year 12 of the local Grammar School, specializing in English and Mathematics. After my A-levels I intend to study mechanical engineering.

I would like to use the period from July 20th to August 30th of the summer holidays before Year 13 and my A-level exams to improve my English and experience a little of the world of work.

Should you offer me a place, I would be very grateful if you could help me to find accommodation.

Thank you in advance for taking the trouble to read my application.

Yours sincerely,

Juan Pérez

Juan Pérez Montoya

Enclosures: CV
               certified copies of reports

¡Atención! En una carta inglesa el nombre no suele aparecer en el membrete. La dirección del remitente se pone arriba a la derecha, la dirección del destinatario a la izquierda.

► Curriculum vitae

Currículum vitae

Datos personales:

Nombre y apellido: Paul Westney

Dirección particular: 6 Wordsworth Road
Middletown MD8 1NP

Fecha de nacimiento: 2.3.1984

Lugar de nacimiento: Middletown

Nacionalidad: Inglés

Formación escolar:

1990–1994   Escuela primaria en Middletown

1994–2002   Instituto en Middletown
(previsiblemente terminaré mis
estudios de bachillerato, la
Selectividad incluida, en julio del
año 2003)

Idiomas: excelente dominio del francés y del
español (tanto a nivel escrito como
oral)

Otros conocimientos: conocimientos de Informática a
nivel de usuario (Windows '98;
lenguajes de programación C, C++)

Aficiones: idiomas, automovilismo

▶ **Currículum vitae**

Juan Pérez Montoya
Pza. Padre Silverino, 35
09001 Burgos

Date of Birth: 28/03/1983
Spanish
Single

SCHOOLS
1989–1993   Primary School in Burgos
1993–2002   Grammar School in Burgos
            (A-levels expected July 2003)

LANGUAGES
Fluent spoken and written French and English

HOBBIES
Foreign languages, Motor racing

▶ What do I write, when I want to apply for an au pair job?

Ann Roberts
5 Rogers Road,
Rickland GN8 4BY

Rickland, a 8 de noviembre 2002

Familia González
Avda. de Mirat, 13–4°A
E- 37002 Salamanca

Puesto de aupair

Estimada Familia González:

Con fecha del 4 de noviembre de 2002 he leído su anuncio en el periódico Daily Post, en el que solicitan una chica aupair.

Actualmente curso la 10ª clase de la Grammar School en Rickland. Estudio español desde hace cuatro años. Concluiré mis estudios en julio. Para perfeccionar mis conocimientos de español me gustaría trabajar en España como aupair. Podría ocuparme de sus hijos a partir del día 1 de agosto, por un periodo de un mes.

Tengo dos hermanos más pequeños, un hermano de 10 años y una hermana de 6. Como mis padres trabajan los dos, estoy acostumbrada a cuidar de ellos. Mi padre trabaja en un banco y mi madre en una boutique.

Al mismo tiempo que cuidaría de sus hijos, me gustaría aprovechar la ocasión de conocer su país, que, por cierto, me encanta.

Espero su respuesta.
Atentamente,

Ann Roberts

▶ ¿Qué escribo cuando quiero solicitar un puesto de aupair?

Carmen Rodríguez Santos
c/Serafín, 53, 2º, 3ª
08014 Barcelona

Mr and Mrs Arnold
23 Fernleigh Crescent
Cheltenham
GL32 5IQ

1st September 2002

Application for the post of au pair

Dear Mr and Mrs Arnold,

I read your advertisement in the 28/3/02 edition of
The Times and would like to apply for the post of au pair
with you.

At present I am in Year 10 of the local Grammar School and
have been learning English for five years. I expect to leave
school in July with my school leaving certificate (equivalent of
GCSEs). I would therefore be delighted to be allowed to look
after your two children for one month from August 1st.

I have one younger brother (10) and one sister (6) whom I
regularly have to look after because our parents both work.
My father works in a bank and my mother works part-time in
a boutique.

I would very much like to be allowed to look after your
children and at the same time learn more about the British
way of life, which I find very attractive.

Please let me know soon.

Yours sincerely

Carmen Rodríguez

Carmen Rodríguez Santos

▶ What do I say, when I want to find out about a holiday language course?

Laura Benson
38, Swinburne Avenue
Howdray
MY7 9PL

Howdray, a 5 de noviembre 2002

Curso de Verano de Español en Santander

Estimados señores:

Mi profesor de español me informó acerca de su Facultad. Me gustaría matricularme, para agosto del próximo año, en un curso de español en Santander.

Voy al instituto, al noveno curso. Estudio español desde hace tres años, sin embargo, mis calificaciones en esta asignatura no son demasiado buenas.

¿Podrían enviarme folletos informativos acerca de sus cursos? Quisiera saber si tengo que realizar un examen para poder asistir a los cursos, aparte, me interesaría saber de antemano los horarios exactos de clase. Me ha comentado mi profesor que ustedes se encargarían de mi alojamiento. ¿Sería posible vivir en casa de una familia que tuviera una hija de mi edad?

Me gustaría recibir pronto noticias suyas.

Saludos cordiales,

Laura Benson

▶ ¿Qué escribo cuando deseo solicitar información más detallada acerca de un curso de verano de idiomas?

Manuel Gómez Marcos
C/Estrecha, 10
18020 Granada

19th November 2002

Your holiday language course in Brighton

Dear Sir or Madam,

I have received some information about your institute from my English teacher and would like to attend a language course in Brighton in August of next year.

I am in Year 9 of the local Grammar School and have been learning English for three years. My marks in English are not particularly good however.

Please send me detailed information on your courses. I would particularly like to know if I will have to take an assessment test. I would also like to know how much tuition there is each day and at what time. My teacher has told me that you will arrange accommodation. Would it be possible to live with a family with a son of my own age?

I hope to hear from you soon.

Yours sincerely

Manuel Gómez

Manuel Gómez Marcos

▶ What do I say, when I write to a pen friend for the first time?

Querida María:

Me llamo Jessica Blackhill y tengo 16 años. Ayer nuestro profesor de español nos entregó una lista en clase con nombres de chicos y chicas hispanohablantes que desean mantener correspondencia con chicos y chicas en Alemania. Yo te he escogido a ti, porque prácticamente somos de la misma edad y porque compartimos las mismas aficiones.

Vivo con mis padres y mi hermano pequeño Mark en Mingley. Mi padre es ingeniero. Mi madre es ama de casa. Mi hermano Mark sólo tiene ocho años. Yo estoy ahora en el décimo curso, en el instituto, y desde séptimo estudio español. Mis asignaturas preferidas son, naturalmente, el español, la educación física y las matemáticas. ¿En qué curso estás tú, y cuáles son tus asignaturas preferidas? ¿También tienes hermanos, y en qué trabajan tus padres? Mis hobbys, igual que los tuyos, son leer, escuchar música y montar en bici, además toco el piano desde hace ya seis años. ¿Tú también tocas algún instrumento?

Espero recibir pronto noticias tuyas, pues me gustaría saber muchas más cosas acerca de ti y de Méjico, por ejemplo, qué música te gusta y qué sueles hacer con tus amigas los fines de semana.

Muchos saludos,

Jessica

▶ ¿Qué escribo cuando me dirijo por primera vez a una amiga por correspondencia?

Dear Elisabeth,

My name is Carmen and I am 16 years old. Yesterday in class my English teacher gave us a list of boys and girls from Britain who are looking for pen friends in Spain. I picked you out because we are almost exactly the same age and have the same hobbies.

I live with my parents and my younger brother Marco in Madrid. My father works as an engineer and my brother Marco is only eight and still goes to primary school. I am in Year 10 and have been learning English since Year 5. My favourite subjects are English (of course), Sport and Maths. What Year are you in and what are your favourite subjects? Do you have any brothers or sisters and what do your parents do? Like you, my hobbies are listening to music, surfing the net and in-line skating.

I hope you write back soon, as I want to know so much about you and Britain, e.g. what sort of music you like and what you and your friends do at weekends.

With love from,

Carmen Bermúdez Díaz

▶ **What do I write, when I want to write a thank-you letter to my hosts?**

Estimado José, estimada Carmen, querido Luis:

Quisiera agradeceros de nuevo la agradable estancia en vuestra casa. ¡Qué pena que el tiempo con vosotros se me haya hecho tan corto!

Sabréis que he disfrutado muchísimo de la estancia en vuestro refugio el último fin de semana. Os envío algunas de las fotos que hice allí.

Mi profesora me ha comentado que mi español ha mejorado mucho después de haber pasado estas dos semanas con vosotros. Le ha recomendado a todos mis compañeros participar en el mismo programa de intercambio.

Tengo muchas ganas de que llegue abril y Luis venga a Cambridge. Mis padres y yo ya hemos pensado en todo aquello que queremos enseñarle. Espero que se lo pase al menos tan bien como me lo he pasado yo con vosotros.

Saludos también para Ana e Isabel de mi parte. Espero poder volver a veros muy pronto.

Un fuerte abrazo,

Charles Harris

▶ ¿Qué escribo cuando quiero enviar una carta de agradecimiento a mi familia anfitriona?

Dear Mr and Mrs Seaton, dear Elisabeth,

I'd like to thank you once again for the really lovely time I spent with you. I am a little sad that it all went so quickly.

I especially liked the weekend we spent together at your holiday home. I enclose a few of the photos I took there.

My English teacher said that I had really made great progress in those two weeks. She suggested the rest of the class should go on an exchange too.

I'm already looking forward to April, when Elisabeth comes over to Sevilla. My parents and I have already planned where we want to go with her. I hope she will like it here as much as I did with you.

Please give my regards to Jenny and Kate too. I hope to see you again soon.

With love from

Sonia Gómez

▶ FÓRMULAS ÚTILES PARA LA CORRESPONDENCIA
USEFUL EXPRESSIONS IN LETTERS

▶ THE BEGINNING OF A LETTER
EL ENCABEZAMIENTO EN UNA CARTA

When you're writing …	Cuando escribes…
… to someone you know or to a friend	**…a un conocido o a un amigo**
• Querido Felipe:	• Dear Mark,
• Querida Inés:	• Dear Janet,
• ¡Hola Silvia!	
Gracias por tu carta.	Many thanks for your letter.
Me alegra saber que te encuentras bien.	I was really glad/delighted to hear from you.
Perdóname por/Siento por no haberte escrito antes.	I apologize/I'm sorry for not having written for so long.
… to someone you know or to business contacts	**…a alguien a quien conoces a nivel personal o profesional**
• Estimada Srta. Hernández:	• Dear Mrs Arnold,
• Estimada Sra. Gómez:	• Dear Mr Arnold,
• Estimado Sr. González:	
… to companies or organizations	**…a una empresa o a una persona cuyo nombre desconoces**
• Muy señores míos:	• Dear Sir or Madam,
• Estimados Sres./Estimados señores:	• Dear Sirs,
Me gustaría saber si…	I wonder if you could let me know whether …
Quisiera saber si…	I would like to enquire whether …
Por favor, ¿podría(n) enviarme…?	Could you kindly/please send me …?
… to someone whose title you know	**…a una persona cuyo título o grado académico conoces**
• Distinguido/Estimado Dr. Pedro Santos:	• Dear Sir,
• Distinguida/Estimada Catedrática D.ª Cristina Suárez:	• Dear Madam,
	• Dear Doctor, *(dirigiéndose a un médico)*

► THE ENDING OF A LETTER
  LA DESPEDIDA EN UNA CARTA

Informally:	Menos formal o familiar:
• Un abrazo muy fuerte,	• Love,
• Un fuerte abrazo,	• (With) warmest regards,
• Besos,	
• ¡Chao!	• Cheerio!
• Un abrazo,	• (With) kind regards,
• Un cordial saludo,	• With best wishes,
• Un afectuoso saludo,	
• Saludos cordiales,	
• Muchos saludos,	• Regards,
• Saludos,	• Yours,
• ¡Hasta pronto!	• Yours ever,
	• Yours with best wishes
	• See you soon!

Formal:	Formal:
• Atentamente,	• Yours sincerely,
• Le saluda atentamente,	*(Si la carta comienza con "Dear Mr/Mrs ...")*
• Muy atentamente,	
	• Yours faithfully, *(Si la carta comienza con "Dear Sir/Madam")*

Very formal:	Muy respetuoso:
• Sin otro particular, aprovechamos la oportunidad para saludarles muy atentamente/muy cordialmente.	• Yours sincerely, *(Si la carta comienza con "Dear Mr/Mrs ...")*
• Sin otro particular, le saludo muy atentamente.	• Yours faithfully, *(Si la carta comienza con "Dear Sir/Madam")*
• Quedando en todo momento a su disposición, aprovecho la oportunidad para saludarles muy atentamente.	

► EXPRESIONES ÚTILES
USEFUL PHRASES

What do I say, when I want to greet someone?
¿Qué digo cuando quiero saludar a alguien?

¡Buenos días! (*until 2 pm*)	Good morning!
¡Buenas tardes! (*from 2 pm onwards until 9 pm*)	Good afternoon!
¡Buenas noches! (*from 9 pm onwards*)	Good evening!
¡Hola!	Hello!
Hola, ¿qué tal?	Hi (there)!
¿Cómo está(n) usted(es)/estás tú?/Como le(s)/te va?	How are you?
¿Qué tal?/¿Qué hay?	How are things?

What do I say, when I want to say goodbye to someone?
¿Qué digo cuando quiero despedirme de alguien?

¡Adiós!	Goodbye!
¡Hasta luego!	Bye!/Cherrio!/See you later!
¡Hasta mañana!	See you tomorrow!/Until tomorrow!/Goodnight!
¡Que te lo pases/os lo paséis bien!/¡Que te diviertas/os divertáis!	Have fun!
¡Buenas noches!	Good night!
Salude(n) a/Saluda a María de mi parte.	Give María my regards./Say hello to María for me.

What do I say, when I want to ask for something or express my thanks?
¿Qué digo cuando quiero pedir o agradecer algo?

Sí, por favor.	Yes, please.
No, gracias.	No, thank you.
Gracias, con mucho gusto.	Yes please!
Gracias, ¡igualmente!	Thank you, (and) the same to you!

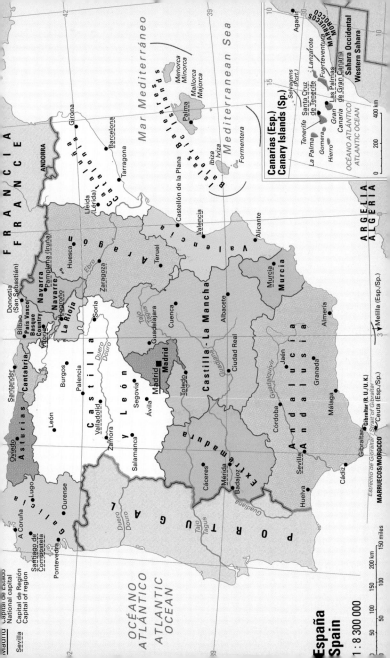

España
Spain

1 : 8 300 000

Madrid ■ Capital de estado / National capital

Sevilla ● Capital de Región / Capital of region

| 0 | 50 | 100 | 150 | 200 km |

| 0 | 50 | 100 | 150 miles |

Canarias (Esp.)
Canary Islands (Sp.)

| 0 | 200 | 400 km |

OCÉANO ATLÁNTICO
ATLANTIC OCEAN

Selvagens (Port.)

Lanzarote

Fuerteventura

Las Palmas
de Gran Canaria

Gran
Canaria

Santa Cruz
de Tenerife

Tenerife

La Palma

Gomera

Hierro

Agadir

MARRUECOS
MOROCCO

Sahara Occidental
Western Sahara

OCÉANO
ATLÁNTICO
ATLANTIC
OCEAN

Santiago de
Compostela

Pontevedra

A Coruña

Lugo

Ourense

Oviedo

Santander

Asturias

Cantabria

Galicia

León

Palencia

Burgos

Valladolid

Zamora

Salamanca

Ávila

Segovia

Castilla y León

Madrid ■

Toledo

Castilla – La Mancha

Cuenca

Guadalajara

Soria

La Rioja

Logroño

Navarra

Pamplona (Iruña)

País Vasco
Basque
Country

Bilbao

Vitoria

Donostia
(San Sebastián)

FRANCIA

ANDORRA

Huesca

Zaragoza

Aragón

Teruel

Lleida
(Lérida)

Girona

Barcelona

Tarragona

Cataluña

Castellón de la Plana

Valencia

Valencia

Alicante

Albacete

Ciudad Real

Murcia

Murcia

Almería

Jaén

Granada

Córdoba

Andalucía

Málaga

Sevilla

Huelva

Cádiz

Mérida

Badajoz

Cáceres

Extremadura

PORTUGAL

Duero
Douro

Tajo
Tagus

Guadiana

Guadalquivir

Ebro

Mar Mediterráneo
Mediterranean Sea

Islas Baleares
Balearic Islands

Menorca
Minorca

Mallorca
Majorca

Palma

Ibiza

Iviza

Formentera

Gibraltar (R.U./U.K.)
Estrecho de Gibraltar / Strait of Gibraltar

Ceuta (Esp./Sp.)

Melilla (Esp./Sp.)

MARRUECOS/MOROCCO

ARGELIA
ALGERIA

El mundo hispanohablante
The spanish-speaking world

1 : 124 000 000

0	1000	2000	3000 km
	1000		3000 miles

Países donde el español es
lengua oficial y materna
Countries where Spanish is official language
and mother tongue

Países donde el español es lengua oficial
Countries where Spanish is official languag

Países donde el español es practicado por una minoría
Countries where Spanish is spoken by a minority

B.   Islas Baleares (Esp.)
       Balearic Islands (Sp.)
D.   REPÚBLICA DOMINICANA
       DOMINICAN REPUBLIC
G.   Islas de los Galápagos (Esp.)
       Galapagos Islands (Sp.)
G.-E. GUINEA ECUATORIAL
       EQUATORIAL GUINEA
P.   PANAMÁ
       PANAMA
P. R. Puerto Rico (EE. UU./U. S.)

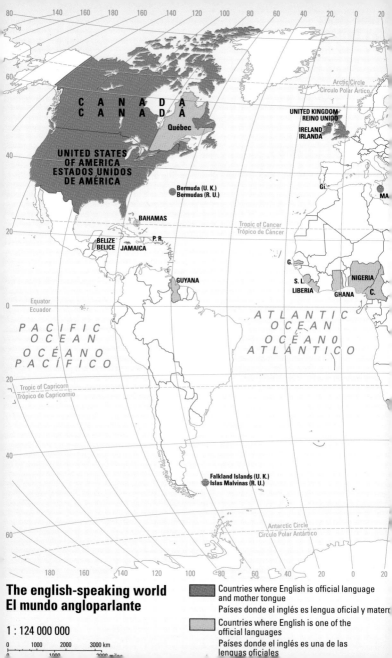

The english-speaking world
El mundo angloparlante

1 : 124 000 000

| 0 | 1000 | 2000 | 3000 km |

| 1000 | 2000 miles |

Countries where English is official language
and mother tongue

Países donde el inglés es lengua oficial y matern

Countries where English is one of the
official languages

Países donde el inglés es una de las
lenguas oficiales

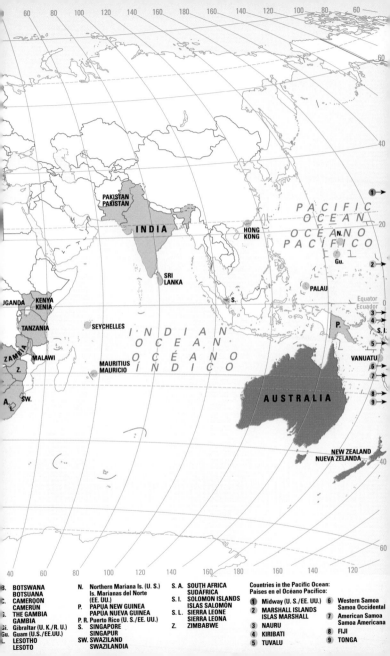

PAKISTAN
PAKISTAN

INDIA

HONG
KONG

PACIFIC
OCEAN

OCÉANO
PACÍFICO

SRI
LANKA

Gu.

N.

1 →

2 →

S.

PALAU

Equator
Ecuador

3 →
4 →
S. I.

JGANDA KENYA
KENIA

TANZANIA

SEYCHELLES

I N D I A N

O C E A N

P.

5 →

ZAMBIA

MALAWI

Z

A
L

SW.

MAURITIUS
MAURICIO

O C É A N O

Í N D I C O

VANUATU

6 →

7 →

AUSTRALIA

8 →
9 →

NEW ZEALAND
NUEVA ZELANDA

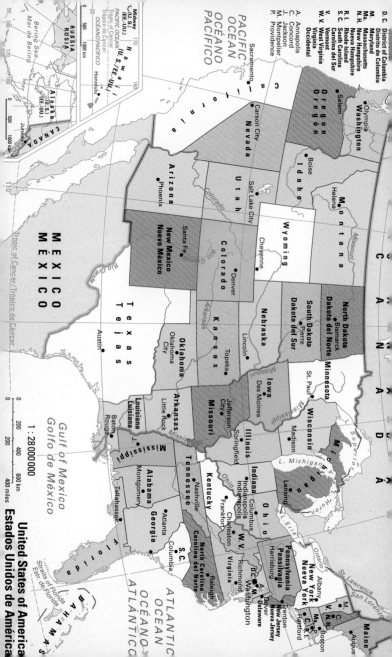

United States of America
Estados Unidos de América

Por favor, ¿podría ayudarme?/¿podría echarme una mano?	Can you help me, please?
De nada./No hay de qué.	Not at all./You're welcome.
¡Muchas gracias!	Thanks a lot.
No tiene importanica.	Don't mention it.

What do I say, when I want to apologise or express my regrets?
¿Qué digo cuando quiero disculparme?

¡Perdón!	Sorry!/Excuse me!
Debo disculparme.	I must/I'd like to apologize.
Lo siento.	I'm sorry (about it).
No era esa mi intención.	It wasn't meant like that.
¡Qué pena!/¡Qué lástima!	Pity!/Shame!

What do I say, when I want to congratulate someone or wish someone good luck?
¿Qué digo cuando quiero felicitar a alguien?

¡Felicidades!/¡Enhorabuena!	Congratulations!
¡Suerte!/¡Le/te deseo mucha suerte!	Good luck!
¡Que se mejore/te mejores!	(Hope you) get well soon!
¡Que lo pases/paséis bien en las vacaciones!/¡Que disfrutes/disfrutéis de las vacaciones!	Have a nice holiday!
¡Felices Pascuas!	Happy Easter!
¡Feliz Navidad y un próspero año nuevo!	Merry Christmas and a Happy New Year!
¡Feliz cumpleaños!	Happy Birthday!
¡Que cumpla(s) muchos más!	Many happy returns of the day!
¡Suerte!	I'll keep my fingers crossed for you.

What do I say, when I want to say something about myself?
¿Qué digo cuando quiero hablar de mí mismo?

Me llamo...	My name is ...
Soy español/española./Soy de España.	I'm Spanish./I'm from Spain.

Vivo en Málaga.	I live in Málaga.
Está cerca de...	That's near ...
Está al norte/sur/oeste/este de...	That's north/south/west/east of ...
Estoy aquí de vacaciones.	I'm on holiday here.
Estoy matriculado en un curso de idiomas.	I'm doing a language course here.
Estoy aquí como estudiante de intercambio.	I'm on a school exchange.
Estoy aquí con mi equipo de fútbol.	I'm with my football club here.
Me quedaré un día/cinco días/una semana/dos semanas.	I'm staying for a day/for five days/for a week/for two weeks.
Durante mi estancia vivo en/en casa de...	During my time here I'm staying in/at/with ...
Mi padre es.../trabaja (como...) en la empresa...	My father is a(n) .../works (as a(n) ...) at ...
Mi madre es...	My mother is ...
Tengo una hermana/dos hermanas y un hermano/dos hermanos.	I've got a sister/two sisters and a brother/two brothers.
Voy a la escuela en...	I go to school in ...
Estoy en... curso.	I'm in Year ...
Tengo... años.	I'm ... (years old).
Me gusta jugar al fútbol./Me gusta jugar al ajedrez.	I like playing football./I like chess.

What do I say, when I want to find out something about other people? **Qué digo cuando quiero averigüar algo acerca de otras personas?**

¿Cómo te llamas?	What's your name?
¿De dónde eres?	Where do you come from?
¿Dónde vives?	Where do you live?
¿Dónde queda eso?	Where is that?
¿Qué estás haciendo aquí?/¿Qué haces aquí?	What are you doing/do you do here?
¿Cuánto tiempo te vas a quedar (aquí)?	How long are you staying (here)?
¿Y aquí dónde vives?	Where are you staying?

¿En qué trabaja tu padre/madre? ¿Dónde trabaja?	What does your father/mother do? Where does he/she work?
¿Tienes hermanos?	Have you got any brothers or sisters?/ Do you have any brothers or sisters?
¿A qué escuela vas?	What school do you go to?
¿En qué curso estás?	What year are you in?
¿Cuántos años tienes?	How old are you?
¿Qué (es lo que) te gusta hacer?	What do you like doing?
¿Cuáles son tus hobbys/aficiones?	What are your hobbies?

What do I say, when I agree?	**¿Qué digo cuando soy de la misma opinión?**
¡Cierto!/¡Eso es!/¡Exactamente!	(That's) right!/Exactly!
¡Yo también!	Me too!/I do too!/So do I!
¡Yo tampoco!	Nor me!/Neither do I!
Sí, a mí también me parece bien/ fantástico/estupendo/genial.	Yes, I think it's good/brilliant/great/ ace too.

What do I say, when I disagree?	**¿Qué digo cuando no comparto la misma opinión?**
¡Eso no es así (en absoluto)!	That's not right (at all)!/That's (all) wrong!/That's not true!
¡(Qué) no!	No!
¡(Qué) sí!	Yes I am/was/will/can/could/do/ did!
¡No!, a mí me parece estúpido/ horrible.	No, I think it's stupid/revolting!

What do I say, when I want to say what I think?	**¿Qué digo cuando quiero manifestar mi opinión?**
Yo creo/pienso/opino que...	I believe/think that ...
Yo no creo/pienso/opino que...	I don't believe/think that ...
En mi opinión...	In my opinion ...

What do I say, when I want to show that I'm listening?	¿Qué digo cuando quiero demostrar que estoy prestando atención?
¿De verdad?	Really?/Honestly?
¡Ah!/¡No me digas!	I see!

What do I say, when I want to ask the way?	¿Qué digo cuando quiero preguntar por una dirección?
¿Dónde está el… más próximo?	Where is the (nearest) …?
¿Por dónde se va al… más cercano?	How do I get to the (nearest) …?
¿Me podría decir/explicar dónde se encuentra/dónde está el… más cercano?	Could you tell me where the (nearest) … is?

What do I say, when I want to say that I'm feeling good?	¿Qué digo cuando quiero expresar que me encuentro bien?
¡Hoy me encuentro realmente bien!	I feel really good!
¡Hoy me encuentro fenomenal!	I'm in a really good mood!
¡Hoy me siento estupendo/fenomenal!	I feel great/fantastic!

What do I say, when I want to say that I'm not feeling well?	¿Qué digo cuando quiero expresar que me encuentro mal?
¡Hoy no me encuentro bien!	I don't feel/I'm not feeling well!
¡Hoy me encuentro fatal!	I feel really terrible!
¡Hoy estoy en un humor de perros!	I'm in a foul/really bad mood!
¡Hoy (es que) me siento fatal/mal!	I feel really lousy!

What do I say, when I want to say that I like something?	¿Qué digo cuando algo me gusta?
¡Es realmente genial/guay/fantástico/intrigante/flipante!	It's really brilliant/ace/great/exciting!

What do I say, when I want to say that I don't like something? / **¿Qué digo cuando algo no me gusta?**

¡Es realmente estúpido/aburrido/insoportable!	It's really stupid/boring/revolting!

What do I say, when I ring/phone a friend? / **Qué digo cuando llamo a un amigo/una amiga por teléfono?**

Hola, soy...	Hello, it's ... here/speaking.
Hola, soy yo,...	Hello, it's me, ...
¡Bueno, entonces hasta la(s).../mañana/más tarde!	OK then, see you at ... (o'clock)/tomorrow/later!
¡Hasta luego!/¡Chao!	Bye!/Cheerio!

What do I say, when I speak to adults on the phone? / **¿Qué digo cuando hablo con personas adultas por teléfono?**

Buenas tardes, señor/señora..., soy...	Good morning/afternoon, Mr/Mrs ..., it's ... here/speaking.
Por favor, ¿podría hablar con... ?	Could I speak to ... ?
¿Está... ?/¿Podría ponerse... ?	Is ... there/at home?
(¿Quiere(s) dejar un mensaje?)	(Would you like to leave a message?)
No gracias. No es necesario.	No, thank you. That's OK.
Volveré a llamar más tarde.	I'll ring/try again later.
Sí, ¿podría decirle/comentarle que... ?	Yes, could you please tell him/her that/to ...
¡Muchas gracias! ¡Adiós!	Many thanks! Goodbye!

What do I say, when I have to speak to an answering machine? / **¿Qué digo cuando tengo que dejar un mensaje en el contestador (automático)?**

¡Buenas tardes!/¡Hola! Soy...	Good morning/afternoon./Hello! This is ... (speaking).
(Sólo) llamaba para preguntar si.../para comentarte/comentaros/comentarle/comentarles que...	I (just) wanted to ask if .../say that ...
Me puede(s) localizar (hasta la(s)...) en el número...	You can reach me (until ... o'clock) on ... (number).
¡Gracias y hasta pronto/hasta luego!	Thanks, bye!

What do I say, when I want to give somebody my e-mail/ Internet address?

¿Qué digo cuando quiero dar a alguien mi dirección de correo electrónico/de internet?

Mi dirección de correo electrónico es (la siguiente): <u>tom.robert@aol.com</u> (es decir, tom punto robert arroba a o l punto com)	My e-mail address is: <u>tom.robert@aol.com</u> (say: tom dot robert at a o l dot com)
Mi página de web es: <u>http://www.aol.com/~robert</u> (es decir, h t t p dos puntos dos barras w w w punto a o l punto com barra tilde robert)	My homepage address is: <u>http://www.aol.com/~robert</u> (say: h t t p colon forward slash forward slash w w w dot a o l dot com forward slash tilde robert)

A

A, a [eɪ] *n* **1.** (*letter*) A, a *f*; ~ *for Andrew*; *Brit* ~ *for Abel*; *Am* A de Antonio; **to get from ~ to B** ir de un lugar a otro **2.** MUS la *m*

a [ə, *stressed:* eɪ] *indef art before consonant,* **an** [ən, *stressed:* æn] *before vowel* **1.** (*in general*) un, una; ~ **car** un coche; ~ **house** una casa; **in ~ day or two** en unos días; **she is** ~ **teacher** es maestra; **he is an Englishman** es inglés **2.** (*to express rates*) **£6** ~ **week** 6 libras por semana

A *n abbr of* **answer** R

AA [ˌeɪ'eɪ] *abbr of* **Alcoholics Anonymous** AA *mpl*

AB *Am abbr of* **Artium Baccalaureus** licenciatura *f* en Letras

aback [ə'bæk] *adv* **to be taken ~** (**by sth**) quedarse desconcertado (por algo)

abandon [ə'bændən] *vt* abandonar; **to ~ ship** evacuar el barco; **to ~ oneself to sth** entregarse a algo

abandoned [ə'bændənd] *adj* abandonado

abashed [ə'bæʃt] *adj* avergonzado

abate [ə'beɪt] *vi* disminuir

abattoir ['æbətwɑːʳ, *Am:* -twɑːr] *n* matadero *m*

abbey ['æbɪ] *n* abadía *f*

abbot ['æbət] *n* REL abad *m*

abbreviation [əˌbriːvɪ'eɪʃn] *n* abreviatura *f*

abdicate ['æbdɪkeɪt] *vi* abdicar

abdication [ˌæbdɪ'keɪʃn] *n no pl* abdicación *f*

abdomen ['æbdəmən] *n* abdomen *m*

abdominal [æb'dɒmɪnl, *Am:* -'dɑːmə-] *adj* abdominal

abduct [æb'dʌkt] *vt* secuestrar, plagiar *AmL*

abduction [æb'dʌkʃn] *n* secuestro *m*, plagio *m AmL*

aberration [ˌæbə'reɪʃn] *n* aberración *f*

abhor [əb'hɔːʳ, *Am:* æb'hɔːr] <-rr-> *vt* aborrecer

abhorrent *adj* aborrecible

abide [ə'baɪd] <-d *o* abode, -d *o* abode> *vt* soportar

ability [ə'bɪlətɪ, *Am:* -ət̬ɪ] <-ies> *n no pl* capacidad *f*; (*talent*) aptitud *f*

abject ['æbdʒekt] *adj* **1.** (*wretched*) abyecto **2.** (*absolute*) absoluto

ablaze [ə'bleɪz] *adj* en llamas

able ['eɪbl] *adj* capaz; **to be ~ to do sth** poder hacer algo

able-bodied [ˌeɪbl'bɒdɪd, *Am:* -'bɑːdɪd] *adj* sano y fuerte

abnormal [æb'nɔːml, *Am:* -'nɔːr-] *adj* anormal

abnormality [ˌæbnə'mælɪtɪ, *Am:* -nɔːrmælət̬ɪ] <-ies> *n* anormalidad *f*

aboard [ə'bɔːd, *Am:* ə'bɔːrd] **I.** *adv* a bordo **II.** *prep* a bordo de

abode [ə'bəʊd, *Am:* ə'boʊd] *n* **of no fixed ~** sin domicilio fijo

abolish [ə'bɒlɪʃ, *Am:* -ɑːl-] *vt* abolir

abolition [ˌæbə'lɪʃn] *n no pl* abolición *f*

abominable [ə'bɒmɪnəbl, *Am:* ə'bɑːm-] *adj* abominable

abomination [əˌbɒmɪ'neɪʃn, *Am:* ə'bɑːm-] *n* abominación *f*

aboriginal [ˌæbə'rɪdʒənl] *adj* aborigen

Aborigine [ˌæbə'rɪdʒɪnɪ] *n* aborigen *mf* (de Australia)

abort [ə'bɔːt, *Am:* ə'bɔrt] *vt, vi* abortar

abortion [ə'bɔːʃn, *Am:* ə'bɔr-] *n* aborto *m* (provocado)

abortive [ə'bɔːtɪv, *Am:* ə'bɔːrt̬ɪv] *adj* malogrado

abound [ə'baʊnd] *vi* abundar

about [ə'baʊt] **I.** *prep* **1.** (*on subject of*) sobre, acerca de; **a book ~ football** un libro sobre fútbol; **what is the film ~?** ¿de qué trata la película?; **how ~ that!** ¡vaya!; **what ~ it?** ¿quieres? **2.** (*surrounding*) alrededor de **3.** (*in and through*) por **II.** *adv* **1.** (*around*) **all ~** por todas partes; **to be the other way ~** ser exactamente al revés; **is Paul ~?** ¿está Paul por ahí? **2.** (*approximately*) aproximadamente; ~ **5 years ago** hace unos cinco años; ~ **twenty** unos veinte **3.** (*almost*) casi; **to be** (**just**) ~ **ready** estar casi listo; **to be** ~ **to do sth** estar a punto de hacer algo

above [ə'bʌv] **I.** *prep* **1.** (*on the top of*) encima de **2.** (*over*) sobre; ~ **suspicion** por encima de toda sospecha **3.** (*greater than*) por encima de; ~ **3** más de 3; ~ **all** sobre todo **II.** *adv* encima, arriba; **the floor** ~ la planta de arriba

abrasion [ə'breɪʒn] *n* MED abrasión *f*

abrasive [ə'breɪsɪv] *adj* abrasivo

abreast [ə'brest] *adv* **three** ~ en fila de a tres; **to keep** ~ **of sth** mantenerse al corriente de algo

abroad [ə'brɔːd, *Am:* ə'brɑːd] *adv* **to be** ~ estar en el extranjero; **to go** ~ ir al extranjero

abrupt [ə'brʌpt] *adj* (*sudden*) repentino; (*brusque*) brusco

abscess ['æbses] *n* absceso *m*

abscond [əb'skɒnd, *Am:* -'skɑːnd] *vi* fugarse

absence ['æbsəns] *n no pl* ausencia *f*; **on leave of** ~ MIL de permiso

absent ['æbsənt] *adj* ausente

absentee [ˌæbsən'tiː] *n* ausente *mf*

absent-minded [ˌæbsənt'maɪndɪd] *adj* despistado, volado *AmL*

absolute ['æbsəluːt] *adj* absoluto

absolutely *adv* totalmente; ~! *inf* ¡claro que sí!; ~ **not!** ¡de ninguna manera!

absolutism ['æbsəluːtɪzəm, *Am:* -səluːt̬-] *n no pl* absolutismo *m*

absolve [əb'zɒlv, *Am:* -'zɑːlv] *vt* absolver

absorb [əb'sɔːb, *Am:* -'sɔːrb] *vt* absorber; **to get** ~**ed in sth** *fig* estar completamente absorbido por algo

absorbent [əb'sɔːbənt, *Am:* -'sɔːrb-] *adj* absorbente

absorbing *adj* absorbente, apasionante

absorption [əb'sɔːpʃn] *n no pl* absorción *f*

abstain [əb'steɪn] *vi* **to** ~ (**from doing sth**) abstenerse (de hacer algo)

abstinence ['æbstɪnəns] *n no pl*

abstinencia *f*

abstract ['æbstrækt] *adj* abstracto

abstraction [əb'strækʃn] *n* abstracción *f*

absurd [əb'sɜːd, *Am:* -'sɜːrd] *adj* absurdo

absurdity [əb'sɜːdətɪ, *Am:* -'sɜːrdət̬ɪ] <-ies> *n no pl* absurdo *m*

abundance [ə'bʌndəns] *n no pl* abundancia *f*

abundant [ə'bʌndənt] *adj* abundante

abuse¹ [ə'bjuːs] *n* **1.** *no pl* (*insults*) insultos *mpl*, insultadas *fpl AmL* **2.** *no pl* (*mistreatment*) maltrato *m*; **sexual** ~ abuso sexual

abuse² [ə'bjuːz] *vt* **1.** (*insult*) insultar **2.** (*mistreat*) maltratar; (*sexually*) abusar de

abusive [ə'bjuːsɪv] *adj* insultante

abysmal [ə'bɪzməl] *adj* pésimo

abyss [ə'bɪs] *n a. fig* abismo *m*

AC [ˌeɪ'siː] *n abbr of* **alternating current** CA *f*

academic [ˌækə'demɪk] *adj* académico; (*theoretical*) teórico

academy [ə'kædəmɪ] <-ies> *n* academia *f*

accede [æk'siːd] *vi* **to** ~ **to sth** acceder a algo

accelerate [əkˈseləreɪt] *vt, vi* acelerar

acceleration [əkˌselə'reɪʃn] *n no pl* aceleración *f*

accelerator [əkˈseləreɪtəʳ, *Am:* -eɪt̬əʳ] *n* acelerador *m*, chancleta *f* *Ven, Col*

accent ['æksənt, *Am:* -sent] *n* acento *m*

accentuate [əkˈsentʃʊeɪt] *vt* acentuar

accept [əkˈsept] *vt, vi* aceptar

acceptable *adj* aceptable

acceptance [əkˈseptəns] *n no pl* aceptación *f*

access ['ækses] *n no pl* entrada *f*, aproches *mpl AmL*; *a.* INFOR acceso *m*; **to gain** ~ **to sth** acceder a algo

accessibility [ækˌsesə'bɪlətɪ, *Am:* -ət̬ɪ] *n no pl* accesibilidad *f*

accessible [əkˈsesəbl] *adj* accesible

accession [ækˈseʃn] *n no pl* ascenso

m

accessory [ək'sesərɪ] <-ies> *n* accesorio *m*

accident ['æksɪdənt] *n* accidente *m*; **by** ~ (*accidentally*) sin querer; (*by chance*) por casualidad

accidental [ˌæksɪ'dentl, *Am:* -t̬l] *adj* accidental, fortuito

acclaim [ə'kleɪm] *vt* aclamar

accommodate [ə'kɒmədeɪt, *Am:* -'kɑ:-] *vt* alojar; (*satisfy*) complacer

accommodating [ə'kɒmədeɪtɪŋ, *Am:* ə'kɑ:mədeɪt̬ɪŋ] *adj* servicial

accommodation [əˌkɒmə'deɪʃn, *Am:* -kɑ:-] *n Aus, Brit,* **accommodations** *npl Am* alojamiento *m*

accompaniment [ə'kʌmpənɪmənt] *n* acompañamiento *m*

accompany [ə'kʌmpənɪ] <-ie-> *vt* acompañar

accomplice [ə'kʌmplɪs, *Am:* -'kɑ:m-] *n* cómplice *mf*

accomplish [ə'kʌmplɪʃ, *Am:* -'kɑ:m-] *vt* efectuar

accomplished [ə'kʌmplɪʃt, *Am:* -'kɑ:m-] *adj* consumado

accomplishment *n* 1. (*achievement*) logro *m* 2. (*skill*) talento *m*

accord [ə'kɔːd, *Am:* -'kɔːrd] I. *n* acuerdo *m* II. *vt form* conceder

accordance [ə'kɔːdəns, *Am:* -'kɔːrd-] *prep* in ~ **with** conforme a

accordingly *adv* (*therefore*) por consiguiente

according to [ə'kɔːdɪŋ tʊ, *Am:* ə'kɔːrdɪŋ tə] *prep* según; ~ **the law** con arreglo a la ley

accordion [ə'kɔːdɪən, *Am:* -'kɔːrd-] *n* acordeón *m*, filarmónica *f Méx*

accost [ə'kɒst, *Am:* -'kɑ:st] *vt form* abordar

account [ə'kaʊnt] *n* 1. (*with bank*) cuenta *f* 2. *pl* (*financial records*) cuentas *fpl* 3. (*description*) relato *m*; **by all** ~**s** a decir de todos; **to take sth into** ~ tomar [*o* tener] algo en cuenta

♦ **account for** *vt* (*explain*) explicar

accountability [əˌkaʊntə'bɪlɪtɪ, *Am:* -kaʊnt̬ə'bɪlət̬ɪ] *n no pl* responsabilidad *f*

accountable [ə'kaʊntəbl, *Am:* -t̬ə-] *adj* responsable

accountancy [ə'kaʊntənsɪ, *Am:* -'kaʊntnsɪ] *n no pl* contabilidad *f*

accountant [ə'kaʊntənt] *n* contable *mf*, contador(a) *m(f) And*

accrue [ə'kru:] *vi* **to** ~ **to sb** corresponder a alguien; **to** ~ **from** proceder de

accumulate [ə'kju:mjʊleɪt] I. *vt* acumular II. *vi* acumularse

accumulation [əˌkju:mjʊ'leɪʃn] *n* acumulación *f*

accuracy ['ækjərəsɪ, *Am:* -jəˈəsɪ] *n no pl* exactitud *f*

accurate ['ækjərət, *Am:* -jəˈət] *adj* 1. (*on target*) certero 2. (*correct*) preciso, exacto

accusation [ˌækju'zeɪʃn] *n* acusación *f*

accusative [ə'kju:zətɪv, *Am:* -t̬ɪv] *adj* acusativo

accuse [ə'kju:z] *vt* acusar

accused [ə'kju:zd] *n* **the** ~ el acusado, la acusada

accustom [ə'kʌstəm] *vt* acostumbrar

accustomed [ə'kʌstəmd] *adj* **to be** ~ **to doing sth** estar acostumbrado a hacer algo

ace [eɪs] *n* as *m*; **to come within an** ~ **of doing sth** estar a punto de hacer algo

ache [eɪk] I. *n* dolor *m* II. *vi* doler

achieve [ə'tʃiːv] *vt* alcanzar; (*objective, victory*) lograr, conseguir

achievement *n* logro *m*

acid ['æsɪd] *n* ácido *m*

acidic [ə'sɪdɪk] *adj* ácido

acknowledge [ək'nɒlɪdʒ, *Am:* -'nɑ:lɪdʒ] *vt* 1. (*admit*) admitir 2. (*recognize*) reconocer

acknowledg(e)ment *n no pl* 1. (*admission*) admisión *f* 2. (*recognition*) reconocimiento *m*

acne ['ækni] *n no pl* acné *m*

acorn ['eɪkɔːn, *Am:* -kɔːrn] *n* bellota *f*

acoustic [ə'kuːstɪk] *adj* acústico

acoustic guitar *n* guitarra *f* acústica

acquaint [ə'kweɪnt] *vt* **to be/become** ~**ed with sb** conocer a alguien

acquaintance [ə'kweɪntəns] n conocido, -a m, f; **to make sb's ~** conocer a alguien

acquiesce [ˌækwɪ'es] vi form **to ~ in sth** estar conforme con algo

acquiescence [ˌækwɪ'esns] n no pl, form conformidad f

acquire [ə'kwaɪəʳ, Am: -'kwaɪɚ] vt adquirir

acquisition [ˌækwɪ'zɪʃn] n adquisición f

acquit [ə'kwɪt] <-tt-> vt 1.LAW absolver 2. **to ~ oneself well** salir bien parado

acquittal [ə'kwɪtl, Am: -'kwɪt̬-] n no pl absolución f

acre ['eɪkəʳ, Am: 'eɪkɚ] n acre m

acreage ['eɪkrədʒ] n no pl superficie f (en acres)

acrimonious [ˌækrɪ'məunɪəs, Am: -'mouni-] adj reñido

acrobat ['ækrəbæt] n acróbata mf

across [ə'krɒs, Am: ə'krɑːs] I. prep 1.(on other side of) al otro lado de; **just ~ the street** justo al otro lado de la calle; **~ from** enfrente de 2.(from one side to other) a través de; **to walk ~ the bridge** cruzar el puente andando; **to go ~ the sea to France** ir a Francia cruzando el mar II. adv de un lado a otro; **to run/swim ~** cruzar corriendo/a nado; **to be 2m ~** tener 2 m de ancho

act [ækt] I. n 1.(action) acto m; **to catch sb in the ~** coger a alguien con las manos en la masa 2.(performance) número m; **to get one's ~ together** fig arreglárselas 3.(pretence) fingimiento m 4.THEAT acto m 5.LAW ley f II. vi 1.(take action) actuar; **to ~ for sb** representar a alguien 2.(take effect) dar resultados 3.THEAT actuar

◆ **act on** vt obrar de acuerdo con

◆ **act out** vt representar

◆ **act up** vi inf hacer de las suyas

acting ['æktɪŋ] I. adj en funciones II. n no pl THEAT arte m dramático

action ['ækʃn] n 1. no pl (activeness) acción f; **to be out of ~** (person) estar inactivo; (machine) no funcionar; **to take ~** tomar medidas; **~s speak louder than words** prov hechos son amores y no buenas razones 2.LAW demanda f

activate ['æktɪveɪt] vt activar

active ['æktɪv] adj activo, enérgico; **to be ~ in sth** participar en algo

activist ['æktɪvɪst] n POL activista mf

activity [æk'tɪvəti, Am: -əti] <-ies> n actividad f

actor ['æktəʳ, Am: -tɚ] n actor m

actress ['æktrɪs] n actriz f

actual ['æktʃʊəl] adj verdadero

actually ['æktʃʊli] adv en realidad; **~, I saw her yesterday** pues la vi ayer

acupuncture ['ækjʊpʌŋktʃəʳ, Am: -tʃɚ] n no pl acupuntura f

acute [ə'kjuːt] adj agudo

ad [æd] n inf abbr of **advertisement** anuncio m

AD [ˌeɪ'diː] abbr of **anno Domini** d. (de) C.

Adam ['ædəm] n Adán m

adamant ['ædəmənt] adj firme

adapt [ə'dæpt] I. vt adaptar II. vi adaptarse

adaptable adj adaptable

adaptation [ˌædæp'teɪʃn] n no pl adaptación f

adaptor [ə'dæptəʳ, Am: ə'dæptɚ] n ELEC adaptador m

add [æd] vt añadir, agregar AmL; MAT sumar

◆ **add up** I. vi **to ~ to ...** ascender a... II. vt sumar

adder ['ædəʳ, Am: 'ædɚ] n víbora f

addict ['ædɪkt] n adicto, -a m, f

addicted [ə'dɪktɪd] adj adicto

addiction [ə'dɪkʃən] n no pl adicción f

addictive [ə'dɪktɪv] adj adictivo

addition [ə'dɪʃn] n 1. no pl (act of adding) adición f; **in ~** además 2.(added thing) añadido m, añadidura f

additional [ə'dɪʃənl] adj adicional

additionally [ə'dɪʃənəli] adv por añadidura

additive ['ædɪtɪv, Am: -ət̬ɪv] n aditivo m

address [ə'dres, Am: 'ædres] I. n

1. *a.* INFOR dirección *f* **2.** (*speech*) discurso *m* **II.** *vt* (*person*) dirigirse a

addressee [ˌædre'siː] *n* destinatario, -a *m, f*

adept ['ædept, *Am:* ə'dept] *adj* experto

adequacy ['ædɪkwəsɪ] *n no pl* suficiencia *f*

adequate ['ædɪkwət] *adj* (*sufficient*) suficiente; (*good enough*) adecuado

adhere [əd'hɪər, *Am:* -'hɪr] *vi* **to ~ to** (*rule*) observar; (*belief*) aferrarse a

adherence [əd'hɪərəns, *Am:* -'hɪrns] *n no pl* observancia *f*; (*to belief*) adhesión *f*

adherent [əd'hɪərənt] *n form* partidario, -a *m, f*

adhesive [əd'hiːsɪv] *n no pl* adhesivo *m*

adjacent [ə'dʒeɪsnt] *adj* contiguo

adjective ['ædʒɪktɪv] *n* adjetivo *m*

adjoin [ə'dʒɔɪn] *vt* lindar con

adjoining *adj* colindante

adjourn [ə'dʒɜːn, *Am:* -'dʒɜːrn] **I.** *vt* aplazar **II.** *vi* aplazarse; **to ~ to another room** trasladarse a otra habitación

adjust [ə'dʒʌst] **I.** *vt* ajustar **II.** *vi* **to ~ to sth** adaptarse a algo

adjustment *n* ajuste *m*

adjutant ['ædʒʊtənt] *n* ayudante *mf*

admin ['ædmɪn] *n abbr of* **administration** admón.

administer [əd'mɪnɪstər, *Am:* -stər] *vt* administrar

administration [əd,mɪnɪ'streɪʃn] *n* **1.** *no pl* (*organization*) administración *f* **2.** POL gobierno *m*

administrative [əd'mɪnɪstrətɪv] *adj* administrativo

administrator [əd'mɪnɪstreɪtər, *Am:* -tər] *n* administrador(a) *m(f)*

admirable ['ædmərəbl] *adj* admirable

admiral ['ædmərəl] *n* almirante *m*

Admiralty ['ædmərəltɪ, *Am:* -tɪ] *n no pl, Brit* Almirantazgo *m*

admiration [ˌædmə'reɪʃn] *n no pl* admiración *f*

admire [əd'maɪər, *Am:* əd'maɪər]

vt admirar

admirer [əd'maɪərər, *Am:* -ər] *n* admirador(a) *m(f)*

admission [əd'mɪʃn] *n* **1.** *no pl* (*entry: to building*) admisión *f*; (*to organization*) ingreso *m* **2.** (*fee*) entrada *f* **3.** (*acknowledgement*) confesión *f*; **by his own ~, ...** por confesión propia...

admit [əd'mɪt] <-tt-> **I.** *vt* dejar entrar; (*permit*) admitir; (*acknowledge*) reconocer **II.** *vi* **to ~ to sth** confesarse culpable de algo

admittedly [əd'mɪtɪdlɪ, *Am:* -'mɪtɪdlɪ] *adv* **~, ...** es cierto que...

admonish [əd'mɒnɪʃ, *Am:* -'mɑːnɪʃ] *vt* amonestar

admonition [ˌædmə'nɪʃn] *n* amonestación *f*

ado [ə'duː] *n no pl* **without further ~** sin más preámbulos

adolescence [ˌædə'lesns] *n no pl* adolescencia *f*

adolescent [ˌædə'lesnt] *n* adolescente *mf*

adopt [ə'dɒpt, *Am:* -'dɑːpt] *vt* adoptar

adoption [ə'dɒpʃn, *Am:* -'dɑːp-] *n* adopción *f*

adoration [ˌædə'reɪʃn] *n no pl* adoración *f*

adore [ə'dɔːr, *Am:* -'dɔːr] *vt* adorar

adorn [ə'dɔːn, *Am:* -'dɔːrn] *vt form* adornar

adrenalin(e) [ə'drenəlɪn] *n no pl* adrenalina *f*

Adriatic [ˌeɪdrɪ'ætɪk] *n* **the ~ (Sea)** el (mar) Adriático

adrift [ə'drɪft] *adv* a la deriva; **to come** *fig* **~** fallar

adult ['ædʌlt, *Am:* ə'dʌlt] *n* adulto, -a *m, f*

adult education *n no pl* educación *f* para adultos

adulterate [ə'dʌltəreɪt, *Am:* -t̬ə-reɪt] *vt* adulterar

adultery [ə'dʌltərɪ, *Am:* -t̬ə-ɪ] <-ies> *n no pl* adulterio *m*; **to commit ~** cometer adulterio

advance [əd'vɑːns, *Am:* -'væːns] **I.** *vi* avanzar **II.** *vt* **1.** (*move forward*) avanzar **2.** (*pay in advance*) anticipar

III. *n* **1.** (*movement*) avance *m;* **in ~ de antemano; unwelcome ~s** *fig* molestias *fpl* **2.** FIN anticipo *m*

advanced [əd'vɑ:nst, *Am:* -'væ:nst] *adj* avanzado

advantage [əd'vɑ:ntɪdʒ, *Am:* -'væ:nt̮ɪdʒ] *n* ventaja *f;* **to take ~ of sth** aprovecharse de algo

advantageous [ˌædvən'teɪdʒəs, *Am:* -væn'-] *adj* ventajoso

advent ['ædvənt] *n* *no pl* **1.** (*coming*) llegada *f* **2.** REL **Advent** Adviento *m*

adventure [əd'ventʃər, *Am:* -tʃɚ] *n* aventura *f*

adventurer *n* aventurero, -a *m, f*

adventurous [əd'ventʃərəs] *adj* aventurero

adverb ['ædvɜ:b, *Am:* -vɜ:rb] *n* adverbio *m*

adversary ['ædvəsəri, *Am:* -vɚseri] <-ies> *n* adversario, -a *m, f*

adverse ['ædvɜ:s, *Am:* -vɜ:rs] *adj* adverso

adversity [əd'vɜ:səti, *Am:* -'vɜ:rsət̮ɪ] <-ies> *n* adversidad *f*

advert ['ædvɜ:t, *Am:* -vɜ:rt] *n s.* **advertisement**

advertise ['ædvətaɪz, *Am:* -vɚ-] *vt* anunciar

advertisement [əd'vɜ:tɪsmənt, *Am:* ˌædvɚ'taɪzmənt] *n* anuncio *m*, aviso *m* *AmL;* **job ~** oferta *f* de empleo

advertiser ['ædvətaɪzər, *Am:* -vɚtaɪzɚ] *n* anunciante *mf*

advertising ['ædvəˌtaɪzɪŋ, *Am:* -vɚˌtaɪzɪŋ] *n* publicidad *f*

advertising agency <-ies> *n* agencia *f* de publicidad **advertising campaign** *n* campaña *f* publicitaria

advice [əd'vaɪs] *n* *no pl* consejo *m;* **a piece of ~** un consejo

! **advice** con c es un sustantivo y no se usa nunca en plural: "a piece of advice, some advice". **advise** con s es un verbo: "Jane advised him to go to Oxford."

advisable [əd'vaɪzəbl] *adj* aconse-jable

advise [əd'vaɪz] **I.** *vt* aconsejar; **to ~ sb against sth** desaconsejar algo a alguien; **to ~ sb of sth** informar a alguien sobre algo **II.** *vi* **to ~ against sth** desaconsejar algo

adviser [əd'vaɪzər, *Am:* -zɚ] *n,* **advisor** *n* asesor(a) *m(f)*

advisory [əd'vaɪzəri] *adj* consultivo

advocate[1] ['ædvəkeɪt] *vt* recomendar

advocate[2] ['ædvəkət] *n* abogado, -a *m, f* defensor(a)

aegis ['i:dʒɪs] *n* *no pl* **under the ~ of ...** bajo los auspicios de...

aerial ['eərɪəl, *Am:* 'erɪ-] **I.** *adj* aéreo **II.** *n* *Brit* antena *f*

aerobics [eə'rəʊbɪks, *Am:* er'oʊ-] *n* + *sing/pl* *vb* aeróbic *m*

aeronautics [ˌeərə'nɔ:tɪks, *Am:* ˌerə'nɑ:t̮ɪks] *n* + *sing* *vb* aeronáutica *f*

aeroplane ['eərəpleɪn, *Am:* 'erə-] *n* *Aus, Brit* avión *m*

aerosol ['eərəsɒl, *Am:* 'erəsɑ:l] *n* aerosol *m*

aesthetic [i:s'θetɪk(l), *Am:* es'θet̮-] *adj* estético

aesthetics [i:s'θetɪks, *Am:* es'θet̮-] *n* + *sing* *vb* estética *f*

afar [ə'fɑ:ʳ, *Am:* -'fɑ:r] *adv* *form* lejos

affable ['æfəbl] *adj* afable

affair [ə'feəʳ, *Am:* -'fer] *n* **1.** (*matter*) asunto *m* **2.** (*sexual*) aventura *f* amorosa

affect [ə'fekt] *vt* afectar

affected [ə'fektɪd] *adj* afectado

affection [ə'fekʃn] *n* cariño *m*

affectionate [ə'fekʃənət] *adj* afectuoso

affidavit [ˌæfɪ'deɪvɪt] *n* declaración *f* jurada

affiliate [ə'fɪlɪeɪt] *vt* afiliar

affiliation [əˌfɪlɪ'eɪʃn] *n* afiliación *f*

affinity [ə'fɪnəti, *Am:* -ət̮ɪ] <-ies> *n* afinidad *f*

affirm [ə'fɜ:m, *Am:* -'fɜ:rm] *vt* afirmar

affirmation [ˌæfə'meɪʃn, *Am:* -ɚ-] *n* afirmación *f*

affirmative [ə'fɜ:mətɪv, *Am:* -'fɜ:rmət̮ɪv] *adj* afirmativo

affix [ə'fɪks] *vt* poner

afflict [ə'flɪkt] *vt* afligir

affliction [ə'flɪkʃn] *n* aflicción *f*

affluence ['æfluəns] *n no pl* riqueza *f*

affluent ['æfluənt] *adj* rico

afford [ə'fɔːd, *Am:* -'fɔːrd] *vt* 1. (*be able to pay for*) permitirse 2. (*offer*) **to ~ protection** ofrecer protección

affordable [ə'fɔːdəbl, *Am:* -'fɔːr-] *adj* asequible

affront [ə'frʌnt] I. *n* afrenta *f* II. *vt* afrentar; **to be ~ed by sth** ofenderse por algo

Afghan ['æfgæn] *adj* afgano

Afghanistan [æf'gænɪstæn, *Am:* -ə-] *n* Afganistán *m*

afield [ə'fiːld] *adv* **far ~** muy lejos

afloat [ə'fləʊt, *Am:* -'floʊt] *adj* a flote

afoot [ə'fʊt] *adj* **there's sth ~** se está tramando algo

aforementioned [əˌfɔː'menʃnd, *Am:* -ˌfɔːr-], **aforesaid** [əˌfɔːˈsed, *Am:* -ˌfɔːr-] *adj form* anteriormente mencionado

afraid [ə'freɪd] *adj* **to be ~** tener miedo; **to be ~ of doing sth** tener miedo de hacer algo; **to be ~ of sb** tener miedo a alguien; **I'm ~ so** lo siento, pero así es

afresh [ə'freʃ] *adv* de nuevo

Africa ['æfrɪkə] *n no pl* África *f*

African ['æfrɪkən] *adj* africano

Afro-American [ˌæfrəʊə'merɪkən, *Am:* -roʊ-] *adj* afroamericano

after ['ɑːftə', *Am:* 'æftə-] I. *prep* 1. (*at later time*) después de; **~ two days** al cabo de dos días 2. (*behind*) detrás de; **to run ~ sb** correr detrás de alguien 3. (*following*) después de 4. (*about*) por; **to ask ~ sb** preguntar por alguien 5. (*despite*) **~ all** después de todo II. *adv* después; **soon ~** poco después; **the day ~** el día después III. *conj* después de que +*subj*

after-effects *npl* efectos *mpl* secundarios

afterlife ['ɑːftəlaɪf, *Am:* 'æftə-] *n no pl* **the ~** el más allá

aftermath ['ɑːftəmɑːθ, *Am:* 'æftə-mæθ] *n no pl* secuelas *fpl*

afternoon [ˌɑːftə'nuːn, *Am:* ˌæftə-] *n* tarde *f*; **this ~** esta tarde; **in the ~** por la tarde; **tomorrow ~** mañana por la tarde; **good ~!** ¡buenas tardes!

afterthought ['ɑːftəθɔːt, *Am:* 'æftə-θaːt] *n* idea *f* a posteriori

afterward *adv Am*, **afterwards** ['ɑːftəwədz, *Am:* 'æftə-wə-dz] *adv* más tarde

again [ə'gen] *adv* otra vez, de nuevo; **never ~** nunca más; **once ~** otra vez; **yet ~** una vez más; **~ and ~** una y otra vez

against [ə'genst] *prep* 1. (*in opposition to*) (en) contra (de) 2. (*in contact with*) contra

age [eɪdʒ] I. *n* 1. (*of person, object*) edad *f*; **old ~** vejez *f*; **what is your age?** ¿qué edad tienes?; **when I was her ~** cuando tenía su edad; **to be seven years of ~** tener siete años 2. (*era*) época *f*; **in this day and ~** en estos tiempos; **I haven't seen you in ~s!** ¡hace siglos que no te veo! II. *vi, vt* envejecer

aged [eɪdʒd] *adj* **children ~ 8 to 12** niños de entre 8 y 12 años de edad

age group *n* grupo *m* de edad

agency ['eɪdʒənsɪ] <-ies> *n* agencia *f*

agenda [ə'dʒendə] *n* orden *m* del día

agent ['eɪdʒənt] *n* agente *mf*

aggravate ['ægrəveɪt] *vt* agravar

aggravation [ˌægrə'veɪʃn] *n no pl, inf* fastidio *m*

aggregate ['ægrɪgɪt] *n* suma *f* total

aggression [ə'greʃn] *n no pl* agresión *f*

aggressive [ə'gresɪv] *adj* agresivo

aggressor [ə'gresə', *Am:* -ə-] *n* agresor(a) *m(f)*

aggrieved [ə'griːvd] *adj* ofendido

aghast [ə'gɑːst, *Am:* -'gæst] *adj* horrorizado

agile ['ædʒaɪl, *Am:* 'ædʒl] *adj* ágil

agility [ə'dʒɪlətɪ, *Am:* -t̬ɪ] *n no pl* agilidad *f*

agitate ['ædʒɪteɪt] I. *vt* 1. (*make nervous*) inquietar; **to become ~d** inquietarse, ponerse inquieto

2. (*shake*) agitar **II.** *vi* **to ~ for sth** hacer campaña en favor de algo

agitation [ˌædʒɪˈteɪʃn] *n no pl* agitación *f*

AGM [ˌeɪdʒiːˈem] *n abbr of* **annual general meeting** junta *f* general anual

ago [əˈgəʊ, *Am:* -ˈgoʊ] *adv* **a year ~** hace un año; **long ~** hace mucho tiempo

agonize [ˈægənaɪz] *vi* atormentarse

agonizing [ˈægənaɪzɪŋ] *adj* (*pain*) atroz; (*delay*) angustiante

agony [ˈægəni] <-ies> *n* agonía *f*; **to be in ~** sufrir fuertes dolores

agree [əˈgriː] **I.** *vi* **1.** (*hold same opinion*) estar de acuerdo; **to ~ on sth** estar de acuerdo en algo; **to ~ to do sth** consentir en hacer algo **2.** (*be good for*) **to ~ with sb** sentar bien a alguien **3.** (*match up*) concordar **II.** *vt* **1.** (*concur*) acordar **2.** *Brit* (*accept*) acceder a

agreeable *adj* **1.** *form* (*acceptable*) aceptable; **to be ~** (**to sth**) estar conforme (con algo) **2.** (*pleasant*) agradable

agreement *n* acuerdo *m*; **to be in ~ with sb** estar de acuerdo con alguien; **to reach ~** llegar a un acuerdo

agricultural [ˌægrɪˈkʌltʃərəl] *adj* agrícola

agriculture [ˈægrɪkʌltʃəʳ, *Am:* -tʃɚ] *n no pl* agricultura *f*

agrotourism [ˌægrəʊˈtʊərɪzəm, *Am:* ˌægroʊˈtʊrɪ-] *n no pl* agroturismo

ah [ɑː] *interj* ah

aha [ɑːˈhɑː] *interj* ajá

ahead [əˈhed] *adv* delante; **to go ~** adelantarse; **to look ~** anticiparse

ahead of *prep* **1.** (*in front of*) delante de; **to walk ~ sb** caminar delante de alguien; **to be ~ one's time** anticiparse a su época **2.** (*before*) antes de

AI [ˌeɪˈaɪ] *n abbr of* **artificial intelligence** IA

aid [eɪd] *n no pl* ayuda *f*; **in ~ of sth** en beneficio de algo; **to come to the ~ of sb** ir en ayuda de alguien; **what's all this in ~ of?** *Brit, inf* ¿a

qué viene todo eso?

aide [eɪd] *n* asistente *mf*

AIDS [eɪdz] *n no pl abbr of* **Acquired Immune Deficiency Syndrome** sida *m*

ailing [ˈeɪlɪŋ] *adj* enfermo

ailment [ˈeɪlmənt] *n* dolencia *f*

aim [eɪm] **I.** *vi* **to ~ at sth** apuntar a algo; **to ~ to do sth** tener como objetivo hacer algo **II.** *vt* apuntar; **to ~ sth at sb** apuntar algo hacia alguien **III.** *n* **1.** *no pl* (*ability*) puntería *f*; **to take ~** apuntar **2.** (*goal*) objetivo *m*, meta *f*

ain't [eɪnt] *inf s.* **am not, are not, is not**

air [eəʳ, *Am:* er] **I.** *n* **1.** *a.* MUS aire *m*; **by ~** AVIAT por avión; **to be on** (**the**) **~** estar en antena [*o* en el aire]; **to be up in the ~** *fig* estar en el aire **2.** *no pl* (*aura, quality*) aire *m* **II.** *vt* **1.** TV, RADIO emitir **2.** (*expose to air*) airear

air bag *n* airbag *m* **air conditioning** *n no pl* aire *m* acondicionado

aircraft [ˈeəkrɑːft, *Am:* ˈerkræft] *n* avión *m* **aircraft carrier** *n* porta(a)viones *m inv*

airfield *n* aeródromo *m* **air force** *n* fuerza *f* aérea **air gun** *n* pistola *f* de aire comprimido

airline *n* línea *f* aérea, aerolínea *f AmL* **airliner** *n* avión *m* de pasajeros **airmail** *n no pl* correo *m* aéreo **airplane** *n Am* avión *m* **airport** *n* aeropuerto *m* **air raid** *n* ataque *m* aéreo **airstrip** *n* pista *f* de aterrizaje **airtight** [ˈeətaɪt, *Am:* ˈer-] *adj* hermético

air traffic *n no pl* tráfico *m* aéreo **airway** [ˈeəweɪ, *Am:* ˈer-] *n* ANAT vía *f* respiratoria

airy [ˈeəri, *Am:* ˈer-] *adj* ARCHIT espacioso

aisle [aɪl] *n* pasillo *m*; (*in church*) nave *f* lateral

ajar [əˈdʒɑːʳ, *Am:* -ˈdʒɑːr] *adj* entreabierto

akin [əˈkɪn] *adj* **~ to** parecido a

alarm [əˈlɑːm, *Am:* -ˈlɑːrm] **I.** *n* alarma *f*; **to cause sb ~** alarmar a alguien; **to give the ~** dar la (voz de) alarma *m* **II.** *vt* alarmar

alarm clock *n* reloj *m* despertador
alarming *adj* alarmante
Albania [ælˈbeɪnɪə] *n* Albania *f*
Albanian *adj* albanés
albatross [ˈælbətrɒs, *Am:* -trɑːs] *n* albatros *m*
albeit [ɔːlˈbiːɪt] *conj* aunque
albino [ælˈbiːnəʊ, *Am:* -ˈbaiːnoʊ] *adj* albino
album [ˈælbəm] *n* álbum *m*

> **[?] Alcatraz** es una antigua cárcel situada en la Isla de Alcatraz, que a su vez se encuentra en la bahía de San Francisco. Dado que la isla se erige sobre una base de cinco hectáreas de rocosos acantilados, la cárcel recibe el sobrenombre de '**La Roca**'. Allí eran confinados presos considerados especialmente peligrosos.

alcohol [ˈælkəhɒl, *Am:* -hɑːl] *n no pl* alcohol *m*
alcoholic [ˌælkəˈhɒlɪk, *Am:* -ˈhɑːlɪk] *n* alcohólico, -a *m, f*
alcoholism *n no pl* alcoholismo *m*
ale [eɪl] *n* cerveza *f*
alert [əˈlɜːt, *Am:* -ˈlɜːrt] I. *adj* despierto II. *n* **to be on the** ~ estar alerta III. *vt* alertar
A-level [ˈei:levəl] *n Brit abbr of* **Advanced-level** ≈ bachillerato *m*

> **[?]** El **A-Level** es un tipo de examen final que realizan los alumnos al finalizar la enseñanza secundaria. La mayoría de los alumnos elige tres asignaturas de examen, pero también es posible examinarse de una sola asignatura. Aprobar los **A-Levels** le da al alumno la posibilidad de acceder a los estudios universitarios.

algebra [ˈældʒɪbrə] *n no pl* álgebra *f*
Algeria [ælˈdʒɪərɪə, *Am:* -ˈdʒɪ-] *n* Argelia *f*

Algerian *adj* argelino
Algiers [ælˈdʒɪəz, *Am:* -ˈdʒɪrz] *n* Argel *m*
alias [ˈeɪlɪəs] I. *n* alias *m inv* II. *conj* alias
alibi [ˈælɪbaɪ] *n* coartada *f*
alien [ˈeɪlɪən] I. *adj* extranjero II. *n form* (*foreigner*) extranjero, -a *m, f*
alienate [ˈeɪlɪəneɪt] *vt* enajenar
alienation [ˌeɪlɪəˈneɪʃn] *n no pl* enajenación *f*
alight[1] [əˈlaɪt] *adj* (*on fire*) **to be** ~ estar ardiendo; **to set sth** ~ prender fuego a algo; **to set sb's imagination** ~ despertar la imaginación a alguien
alight[2] [əˈlaɪt] *vi form* apearse
align [əˈlaɪn] *vt* alinear; **to** ~ **oneself with sb** *fig* alinearse con alguien
alignment *n no pl* alineación *f*
alike [əˈlaɪk] *adj* **to look** ~ parecerse
alive [əˈlaɪv] *adj* **1.** (*not dead*) vivo **2.** (*active*) activo
all [ɔːl] I. *adj* todo, toda; ~ **the butter** toda la mantequilla; ~ **the wine** todo el vino; ~ **my sisters** todas mis hermanas; ~ **my brother** todos mis hermanos II. *pron* **1.** (*everybody*) todos, todas **2.** (*everything*) todo; ~ **but ...** todo menos...; **most of** ~ sobre todo; **for** ~ **I know** que yo sepa; ~ **I want is ...** lo único que quiero es... **3.** SPORTS **two** ~ dos a dos III. *adv* totalmente
Allah [ˈælə] *n* Alá *m*
all-around *adj Am s.* **all-round**
allay [əˈleɪ] *vt* calmar
allegation [ˌælɪˈgeɪʃn] *n* acusación *f*
allege [əˈledʒ] *vt* afirmar
alleged [əˈledʒd] *adj* supuesto
allegedly [əˈledʒɪdlɪ] *adv* (*según*) se dice
allegiance [əˈliːdʒəns] *n no pl* lealtad *f*
allegoric(al) [ˌælɪˈgɒrɪk(l), *Am:* -ˈgɔːr-] *adj* alegórico
allegory [ˈælɪgərɪ, *Am:* -gɔːrɪ] <-ies> *n* alegoría *f*
allergic [əˈlɜːdʒɪk, *Am:* -ˈlɜːr-] *adj* alérgico
allergy [ˈælədʒɪ, *Am:* -ə-] <-ies> *n*

alergia *f*

alleviate [əˈliːvɪeɪt] *vt* aliviar

alley [ˈælɪ] *n* callejón *m*

alliance [əˈlaɪəns] *n* alianza *f*; **to be in ~ with sb** estar aliado con alguien

allied [ˈælaɪd] *adj* aliado; **~ with** unido a

alligator [ˈælɪgeɪtə', *Am:* -ṭə'] *n* caimán *m*

allocate [ˈæləkeɪt] *vt* asignar

allocation [ˌæləˈkeɪʃn] *n no pl* **1.** (*assignment*) asignación *f* **2.** (*share*) ración *f*

allotment *n Brit* ≈ huerto *m* particular

all-out *adj* total

allow [əˈlaʊ] *vt* **1.** (*permit*) permitir; **to ~ sb to do sth** dejar a alguien hacer algo; **smoking is not ~ed** se prohíbe fumar **2.** (*allocate*) asignar **3.** (*admit*) **to ~ that ...** reconocer que...

◆ **allow for** *vt* tener en cuenta

allowance [əˈlaʊəns] *n* **1.** (*permitted amount*) cantidad *f* permitida **2.** (*excuse*) **to make ~s for sb** ser indulgente con alguien

alloy [ˈælɔɪ] *n* aleación *f*

all-purpose *adj* universal

all right *adv* bien; **that's ~** (*after thanks*) de nada; (*after excuse*) no pasa nada; **to be ~** estar bien (de salud)

all-round *adj* completo

all-time *adj* histórico

allude [əˈluːd] *vi* **to ~ to sth** aludir a algo

allure [əˈlʊə', *Am:* -ˈlʊr] *n no pl* encanto *m*

allusion [əˈluːʒn] *n* alusión *f*

ally [ˈælaɪ] **I.** <-ies> *n* aliado, -a *m, f* **II.** <-ie-> *vt* **to ~ oneself with sb** aliarse con alguien

almanac [ˈɔːlmənæk] *n* almanaque *m*

almighty [ɔːlˈmaɪtɪ, *Am:* -ṭɪ] **I.** *adj inf* todopoderoso **II.** *n* **the Almighty** el Todopoderoso

almond [ˈɑːmənd] *n* (*nut*) almendra *f*; (*tree*) almendro *m*

almost [ˈɔːlməʊst, *Am:* -moʊst] *adv* casi; **we're ~ there** casi hemos llegado

alone [əˈləʊn, *Am:* -ˈloʊn] **I.** *adj* solo, -a; **to do sth ~** hacer algo solo; **to leave sb ~** dejar a alguien en paz; **to leave sth ~** dejar algo como está; **let ~ ...** mucho menos... **II.** *adv* solamente, sólo

along [əˈlɒŋ, *Am:* -ˈlɑːŋ] **I.** *prep* por; **~ the road** por la carretera; **all ~ the river** a lo largo del río **II.** *adv* **all ~** todo el tiempo; **to bring sb ~** traer a alguien

alongside [əˌlɒŋˈsaɪd, *Am:* əˈlɑːŋsaɪd] **I.** *prep* junto a **II.** *adv* al lado

aloof [əˈluːf] *adj* **to keep ~ from sth** mantenerse alejado de algo

aloud [əˈlaʊd] *adv* en voz alta

alpha [ˈælfə] *n* alfa *f*

alphabet [ˈælfəbet] *n* alfabeto *m*

alphabetical [ˌælfəˈbetɪkl, *Am:* -ˈbeṭ-] *adj* alfabético

alpine [ˈælpaɪn] *adj* alpino

Alps [ælps] *npl* **the ~** los Alpes

already [ɔːlˈredɪ] *adv* ya

alright [ɔːlˈraɪt] *adv s.* **all right**

also [ˈɔːlsəʊ, *Am:* ˈɔːlsoʊ] *adv* también

altar [ˈɔːltə', *Am:* -ṭə'] *n* altar *m*

alter [ˈɔːltə', *Am:* -ṭə'] *vt* cambiar

alteration [ˌɔːltəˈreɪʃn, *Am:* -ṭə-] *n* modificación *f*; (*in house*) reforma *f*

alternate¹ [ˈɔːltəneɪt, *Am:* ˈɔːlt̬ə-] *vi, vt* alternar

alternate² [ɔːlˈtɜːnət, *Am:* -ˈtɜːr-] *adj* alterno

alternating [ˈɔːltəneɪtɪŋ, *Am:* -ṭɪŋ] *adj* alterno

alternative [ɔːlˈtɜːnətɪv, *Am:* -ˈtɜːrnəṭɪv] **I.** *n* alternativa *f* **II.** *adj* alternativo

alternatively *adv* si no

although [ɔːlˈðəʊ, *Am:* -ˈðoʊ] *conj* aunque

altitude [ˈæltɪtjuːd, *Am:* -tətuːd] *n* altitud *f*

alto [ˈæltəʊ, *Am:* -toʊ] *n* (*woman*) contralto *f*; (*man*) contralto *m*

altogether [ˌɔːltəˈgeðə', *Am:* -ə'] *adv* **1.** (*completely*) totalmente **2.** (*in total*) en total

A

altruism ['æltru:ɪzəm] *n no pl* altruismo *m*

aluminium [ˌæljʊ'mɪnɪəm] *n no pl* aluminio *m*

aluminium foil *n* papel *m* de plata

aluminum [ə'lu:mɪnəm] *n Am s.* **aluminium**

always ['ɔ:lweɪz] *adv* siempre

am [əm, *stressed:* æm] *vi 1st pers sing of* **be**

a.m. [ˌeɪ'em] *abbr of* **ante meridiem** a.m.

amalgamate [ə'mælgəmeɪt] *vi* fusionarse

amass [ə'mæs] *vt* amasar

amateur ['æmətər, *Am:* -tʃər] *n* aficionado, -a *m, f*

amaze [ə'meɪz] *vt* asombrar

amazement *n no pl* asombro *m*

amazing *adj* asombroso, sorpresivo *AmL*

Amazon ['æməzən, *Am:* -zɑ:n] *n* **the** ~ el Amazonas

ambassador [æm'bæsədər, *Am:* -dər] *n* embajador(a) *m(f)*

amber ['æmbər, *Am:* -bər] **I.** *n* ámbar *m* **II.** *adj* ambarino

ambiguity [ˌæmbɪ'gju:əti, *Am:* -bə'gju:əţɪ] <-ies> *n* ambigüedad *f*

ambiguous [æm'bɪgjʊəs] *adj* ambiguo

ambition [æm'bɪʃn] *n* ambición *f*

ambitious [æm'bɪʃəs] *adj* ambicioso

amble ['æmbl] *vi* andar tranquilamente

ambulance ['æmbjʊləns] *n* ambulancia *f*

ambush ['æmbʊʃ] **I.** *vt* **to** ~ **sb** tender una emboscada a alguien **II.** *n* <-es> emboscada *f*

ameba [ə'mi:bə] <-s *o* -bae> *n Am s.* **amoeba**

amen [ɑ:'men, *Am:* eɪ'men] *interj* amén

amenable [ə'mi:nəbl] *adj* receptivo; **to be** ~ **to sth** mostrarse receptivo a (aceptar) algo

amend [ə'mend] *vt* (*text*) enmendar

amendment *n* enmienda *f*

amends *npl* **to make** ~ **for sth** reparar algo

amenities [ə'mi:nətɪz, *Am:* -'menəţɪz] *npl* comodidades *fpl*; (**public**) ~ instalaciones públicas

America [ə'merɪkə] *n* América *f* (del Norte)

American [ə'merɪkən] *adj* (*from USA*) estadounidense; (*from American continent*) americano

amiable ['eɪmɪəbl] *adj* amable

amicable ['æmɪkəbl] *adj* amistoso

amid(st) [ə'mɪd(st)] *prep* en medio de

amiss [ə'mɪs] *adv* **there's something** ~ algo va mal; **to take sth** ~ tomar algo a mal

ammonia [ə'məʊnɪə, *Am:* -'moʊnjə] *n no pl* amoniaco *m*

ammunition [ˌæmjʊ'nɪʃn, *Am:*-jə-] *n no pl* municiones *fpl*

amnesia [æm'ni:zɪə, *Am:* -ʒə] *n no pl* amnesia *f*

amnesty ['æmnəstɪ] <-ies> *n* amnistía *f*

amoeba [ə'mi:bə] <-bas *o* -bae> *n* ameba *f*

among(st) [ə'mʌŋ(st)] *prep* entre

amorous ['æmərəs] *adj* amoroso

amount [ə'maʊnt] **I.** *n* cantidad *f*; (*of money*) suma *f* **II.** *vi* **to** ~ **to sth** ascender a algo

amphibian [æm'fɪbɪən] *n* anfibio *m*

ample ['æmpl] *adj* **1.** (*plentiful*) abundante **2.** (*large*) amplio

amplifier ['æmplɪfaɪər, *Am:* -ər] *n* amplificador *m*

amplify ['æmplɪfaɪ] <-ie-> *vt* amplificar

amputate ['æmpjʊteɪt] *vt* amputar

amuse [ə'mju:z] *vt* **1.** (*entertain*) entretener; **to** ~ **oneself** entretenerse **2.** (*cause laughter*) divertir

amusement [ə'mju:zmənt] *n* **1.** *no pl* (*entertainment*) entretenimiento *m*, entretención *f AmL* **2.** (*mirth*) diversión *f*

amusement arcade *n Brit* sala *f* de juegos recreativos

amusing *adj* divertido

an [ən, *stressed:* æn] *indef art before vowel s.* **a**

⚠️ **an** se utiliza delante de palabras que empiezan con las vocales a, e, i, o, u: "an apple, an egg, an ice-cream, an oyster, an umbrella" y también delante de h cuando la h no suena: "an hour, an honest man." Pero si se pronuncia una u como [ju], entonces se utiliza **a**: "a unit, a university."

anachronistic [əˌnækrə'nɪstɪk] *adj* anacrónico

anaesthetic [ˌænɪs'θetɪk] *n* anestésico *m*

analogous [ə'næləgəs] *adj* análogo

analogue ['ænəlɒg] *n Brit* equivalente *m*

analogy [ə'næləʤɪ] <-ies> *n* analogía *f*

analyse ['ænəlaɪz] *vt Aus*, *Brit* analizar

analysis [ə'næləsɪs] <-ses> *n* análisis *m inv*

analyst ['ænəlɪst] *n* **1.** (*analyzer*) analista *mf* **2.** PSYCH psicoanalista *mf*

analytic(al) [ˌænə'lɪtɪk(l), *Am:* -'lɪt̬-] *adj* analítico

analyze ['ænəlaɪz] *vt Am s.* **analyse**

anarchism ['ænəkɪzəm, *Am:* -ɚ-] *n no pl* anarquismo *m*

anarchist ['ænəkɪst, *Am:* -ɚ-] *n* anarquista *mf*

anarchy ['ænəkɪ, *Am:* -ɚ-] *n no pl* anarquía *f*

anatomy [ə'nætəmɪ, *Am:* -'næt̬-] <-ies> *n no pl* anatomía *f*

ancestor ['ænsestəʳ, *Am:* -sestɚ] *n* antepasado, -a *m, f*

ancestral [æn'sestrəl] *adj* ancestral

ancestry ['ænsestrɪ] <-ies> *n* ascendencia *f*

anchor ['æŋkəʳ, *Am:* -kɚ] **I.** *n* NAUT ancla *f*, sacho *m Chile*; **to drop/weigh ~** echar/levar anclas **II.** *vt* (*secure*) sujetar

anchorage ['æŋkərɪʤ] *n* fondeadero *m*

anchovy ['æntʃəvɪ, *Am:* -tʃoʊ-] <-ies> *n* anchoa *f*

ancient ['eɪnʃənt] *adj* antiguo

and [ən, ənd, *stressed:* ænd] *conj* y; (*before 'i' or 'hi'*) e; **black ~ white** blanco y negro; **parents ~ children** padres e hijos; **2 ~ 3 is 5** 2 más 3 son 5; **more ~ more** cada vez más; **I tried ~ tried** lo intenté una y otra vez; **he cried ~ cried** lloraba sin parar

Andalusia [ˌændə'luːsɪə, *Am:* -'luːʒə] *n* Andalucía *f*

Andalusian *adj* andaluz

Andean ['ændɪən] *adj* andino

Andes ['ændiːz] *npl* Andes *mpl*

Andorra [æn'dɔːrə] *n* Andorra *f*

anecdotal [ˌænɪk'dəʊtl, *Am:* -'doʊt̬l] *adj* anecdótico

anecdote ['ænɪkdəʊt, *Am:* -doʊt] *n* anécdota *f*

anesthetic [ˌænɪs'θetɪk] *n Am s.* **anaesthetic**

anew [ə'njuː, *Am:* -'nuː] *adv* de nuevo

angel ['eɪnʤl] *n* ángel *m*

anger ['æŋgəʳ, *Am:* -gɚ] **I.** *n no pl* enfado *m*, enojo *m AmL* **II.** *vt* enfadar, enojar *AmL*

angle¹ ['æŋgl] *n* **1.** *a.* MAT ángulo *m*; **to be at an ~** (**to sth**) formar un ángulo (con algo) **2.** *fig* perspectiva *f*

angle² ['æŋgl] *vi* pescar (con caña)

angler ['æŋgləʳ, *Am:* -glɚ] *n* pescador(a) *m(f)* de caña

Anglican ['æŋglɪkən] *adj* anglicano

Anglo-Saxon [ˌæŋgləʊ'sæksən, *Am:* -gloʊ-] *adj* anglosajón, -ona

Angola [æŋ'gəʊlə, *Am:* -'goʊ-] *n* Angola *f*

Angolan *adj* angoleño

angry ['æŋgrɪ] *adj* enfadado, enojado *AmL*; **to make sb ~** enfadar [*o* enojar *AmL*] a alguien; **to get ~ about sth** enfadarse [*o* enojarse *AmL*] por algo

anguish ['æŋgwɪʃ] *n no pl* angustia *f*

angular ['æŋgjʊləʳ, *Am:* -lɚ] *adj* angular

animal ['ænɪml] *n* animal *m*; *fig* bestia *mf*

animate ['ænɪmeɪt] *vt* animar

animated *adj* animado

animation [ˌænɪ'meɪʃn] *n no pl* animación *f*

animosity [ˌænɪ'mɒsətɪ, *Am:* -'mɑː-sətɪ] *n no pl* animosidad *f*

ankle ['æŋkl] *n* tobillo *m*

annals ['ænlz] *npl* anales *mpl*

annex ['æneks] *vt* (*territory*) anexionar

annexation [ˌænek'seɪʃn] *n no pl* anexión *f*

annexe ['æneks] *n* anexo *m*

annihilate [ə'naɪəleɪt] *vt* aniquilar

annihilation [əˌnaɪə'leɪʃn] *n* aniquilación *f*

anniversary [ˌænɪ'vɜːsərɪ, *Am:* -'vɜːr-] <-ies> *n* aniversario *m*

annotation [ˌænə'teɪʃn] *n* anotación *f*

announce [ə'naʊns] *vt* anunciar; (*result*) comunicar

announcement *n* anuncio *m*; **to make an ~ about sth** anunciar algo

announcer [ə'naʊnsə', *Am:* -sə-] *n* locutor(a) *m(f)*

annoy [ə'nɔɪ] *vt* molestar, fastidiar, embromar *AmL;* **to get ~ed with sb** enfadarse [*o* enojarse *AmL*] con alguien

annoyance [ə'nɔɪəns] *n* fastidio *m*, enojo *m AmL;* (*thing*) molestia *f*

annoying *adj* molesto, chocante *AmL;* (*person*) pesado

annual ['ænjʊəl] I. *adj* anual II. *n* anuario *m*

annually ['ænjʊəlɪ] *adv* anualmente

annuity [ə'njuːɪtɪ, *Am:* -'nuːətɪ] <-ies> *n* renta *f* anual

annul [ə'nʌl] <-ll-> *vt* anular

annulment [ə'nʌlmənt] *n* anulación *f*

anoint [ə'nɔɪnt] *vt* untar

anomalous [ə'nɒmələs, *Am:* -'nɑː-] *adj* anómalo

anomaly [ə'nɒməlɪ, *Am:* -'nɑː-] <-ies> *n* anomalía *f*

anonymity [ˌænə'nɪmətɪ, *Am:* -ṭɪ] *n no pl* anonimato *m*

anonymous [ə'nɒnɪməs, *Am:*-'nɑːnə-] *adj* anónimo

anorexic [ˌænər'eksɪk] *adj* anoréxico

another [ə'nʌðə', *Am:* -ə-] I. *pron* 1. (*one more*) otro, otra 2. (*mutual*)

one ~ uno a otro; **they love one ~** se quieren II. *adj* otro, otra; **~ £30** otras 30 libras

answer ['ɑːnsə', *Am:* 'æːnsə-] I. *n* 1. (*reply*) respuesta *f* 2. (*solution*) solución *f* II. *vt* 1. (*respond to*) contestar a; **to ~ the door** abrir la puerta 2. (*fit, suit*) responder a III. *vi* contestar

♦ **answer back** *vi* contestar

♦ **answer for** *vt* (*action*) responder de; (*person*) responder por

♦ **answer to** *vt* corresponder a

answerable ['ɑːnsərəbl, *Am:* 'æn-] *adj* **to be ~ for sth** ser responsable de algo; **to be ~ to sb** tener que rendir cuentas a alguien

answering machine *n* contestador *m* automático

ant [ænt] *n* hormiga *f*

antagonism [æn'tægənɪzəm] *n* antagonismo *m*

antagonistic [ænˌtægə'nɪstɪk] *adj* antagónico

antagonize [æn'tægənaɪz] *vt* enfadar, enojar *AmL*

Antarctic [æn'tɑːktɪk, *Am:* -'tɑːrk-] I. *adj* antártico II. *n* **the ~** el Antártico

Antarctica [æn'tɑːktɪkə] *n* la Antártida

Antarctic Ocean *n* Océano *m* Antártico

anteater ['æntˌiːtə', *Am:* -ṭə-] *n* oso *m* hormiguero

antecedent [ˌæntɪ'siːdnt] *n* antecedente *m*

antelope ['æntɪləʊp, *Am:* -ṭloʊp] <-(s)> *n* antílope *m*

antenatal [ˌæntɪ'neɪtl, *Am:* -ṭɪ-] *adj* prenatal

antenna [æn'tenə] <-nae *o* -s> *n Am* antena *f*

anthem ['ænθəm] *n* himno *m*

anthology [æn'θɒlədʒɪ, *Am:* -θɑː-lə-] <-ies> *n* antología *f*

anthropological [ˌænθrəpə'lɒ-dʒɪkl] *adj* antropológico

anthropologist [ˌænθrəpə'lɒ-dʒɪst] *n* antropólogo, -a *m, f*

anthropology [ˌænθrə'pɒlədʒɪ, *Am:* -'pɑːlə-] *n no pl* antropología *f*

anti ['æntɪ, *Am:* 'æntaɪ] *prep* en contra de

anti-abortion [ˌæntiə'bɔːʃən, *Am:* -t̬iə'bɔːr-] *adj* antiabortista

anti-aircraft [ˌæntɪ'eəkrɑːft, *Am:* -t̬ɪ'erkræft] *adj* antiaéreo

antibiotic [ˌæntɪbaɪ'ɒtɪk, *Am:* -t̬ɪbaɪ'ɑːt̬ɪk] *n* antibiótico

antibody ['æntɪbɒdɪ, *Am:* -t̬ɪbɑː-dɪ] <-ies> *n* anticuerpo *m*

anticipate [æn'tɪsɪpeɪt, *Am:* -ə-] *vt* **1.** (*expect*) prever; **to ~ doing sth** tener previsto hacer algo **2.** (*look forward to*) esperar (con ilusión) **3.** (*act in advance of*) anticiparse a

anticipation [æn,tɪsɪ'peɪʃn, *Am:* æn,tɪsə-] *n no pl* previsión *f;* **in ~** de antemano

anticlerical [ˌæntɪ'klerɪkl, *Am:* -t̬ɪ-] *adj* anticlerical

anti-clockwise [ˌæntɪ'klɒkwaɪz, *Am:* -t̬ɪ'klɑː-] *adv* Aus, Brit en sentido contrario al de las agujas del reloj

antics ['æntɪks, *Am:* -t̬ɪks] *npl* payasadas *fpl*

anticyclone [ˌæntɪ'saɪkləʊn, *Am:* -t̬ɪ'saɪkloʊn] *n* anticiclón *m*

antidote ['æntɪdəʊt, *Am:* -t̬ɪdoʊt] *n* antídoto *m*

antifreeze ['æntɪfriːz, *Am:* -t̬ɪ-] *n no pl* anticongelante *m*

Antilles [æn'tɪliːz] *npl* **the ~** las Antillas

antipathy [æn'tɪpəθɪ] <-ies> *n* antipatía *f*

antiperspirant [ˌæntɪ'pɜːspərənt, *Am:* -t̬ɪ'pɜːrspə-] *n* antitranspirante *m*

antiquarian [ˌæntɪ'kweərɪən, *Am:* -t̬ə'kwerɪ-] *n* anticuario, -a *m, f*

antiquated ['æntɪkweɪtɪd, *Am:* -t̬əkweɪt̬ɪd] *adj* anticuado

antique [æn'tiːk] *n* antigüedad *f*

antique shop *n* tienda *f* de antigüedades

antiquity [æn'tɪkwətɪ, *Am:* -t̬ɪ] <-ies> *n no pl* antigüedad *f*

anti-Semitic [ˌæntɪsɪ'mɪtɪk, *Am:* -t̬ɪsə'mɪt̬-] *adj* antisemita

anti-Semitism [æntɪ'semɪtɪsm, *Am:* -t̬ɪ'semə-] *n no pl* antisemi-

tismo *m*

antiseptic [ˌæntɪ'septɪk, *Am:* -t̬ə-] *n* antiséptico *m*

antisocial [ˌæntɪ'səʊʃl, *Am:* -t̬ɪ-'soʊ-] *adj* antisocial

antithesis [æn'tɪθəsɪs] <-ses> *n* antítesis *f inv*

antithetic(al) [ˌæntɪ'θetɪk(l), *Am:* -t̬ə'θet̬-] *adj* antitético

antler ['æntləʳ, *Am:* -lə-] *n* cuerno *m*

Antwerp ['æntwɜːp] *n* Amberes *m*

anus ['eɪnəs] *n* ano *m*

anvil ['ænvɪl, *Am:* -vl] *n* yunque *m*

anxiety [æŋ'zaɪətɪ, *Am:* -t̬ɪ] *n* inquietud *f;* **~ to do sth** ansias de hacer algo

anxious ['æŋkʃəs] *adj* **1.** (*concerned*) preocupado; **an ~ moment** un momento de preocupación **2.** (*eager*) ansioso, chingo Ven; **to be ~ to do sth** estar ansioso por hacer algo

any ['enɪ] **I.** *adj* **1.** (*some*) algún, alguna; **~ books** algunos libros; **do they have ~ money?** ¿tienen dinero?; **do you want ~ more soup?** ¿quieres más sopa? **2.** (*not important which*) cualquier **3.** (*negative sense*) ningún, ninguna; **I haven't ~ money** no tengo dinero; **there aren't ~ cars** no hay ningún coche **II.** *adv* **1.** (*not*) **~ more** no más; **she does not come ~ more** ya no viene más **2.** (*at all*) **does she feel ~ better?** ¿se siente algo mejor? **III.** *pron* **1.** (*some*) alguno, alguna; **~ of you** alguno de vosotros **2.** (*negative sense*) ninguno, ninguna; **not ~** ninguno

anybody ['enɪbɒdɪ, *Am:* -bɑːdɪ] *pron indef* **1.** (*someone*) alguien, alguno; **did you hear ~?** ¿has oído a alguien? **2.** (*not important which*) cualquiera; **~ but him** cualquiera menos él; **she's not just ~** no es cualquiera **3.** (*no one*) nadie, ninguno

anyhow ['enɪhaʊ] *adv* **1.** (*in any case*) de todas maneras **2.** (*well*) bueno; **~, as I was saying …** bueno, como iba diciendo… **3.** (*in a disorderly way*) de cualquier manera

anyone ['enɪwʌn] *pron indef s.*
anybody
anyplace ['enɪpleɪs] *adv Am s.* **anywhere**
anything ['enɪθɪŋ] *pron indef*
1. (*something*) algo; ~ **else?** ¿algo
más? **2.** (*each thing*) cualquier cosa;
it is ~ **but funny** es todo menos gracioso; ~ **and everything** cualquier
cosa; **to be as fast as** ~ *inf* ser rapi-
dísimo **3.** (*nothing*) nada; **I was
afraid, if** ~ estaba asustado, si acaso;
not for ~ (**in the world**) por nada
del mundo
anyway ['enɪweɪ] *adv*, **anyways**
['enɪweɪz] *adv Am, inf* **1.** (*in any
case*) de todas maneras **2.** (*well*)
bueno; ~, **as I was saying ...**
bueno, como iba diciendo...
anywhere ['enɪweə^r, *Am:* -wer] *adv*
1. (*interrogative*) en alguna parte;
have you seen my glasses ~? ¿has
visto mis gafas en alguna parte? **are
we** ~ **near finishing yet?** *inf* ¿nos
queda mucho para terminar?
2. (*positive sense*) en cualquier
parte; **I can sleep** ~ puedo dormir
en cualquier sitio; ~ **else** en cualquier otro sitio; **to live miles from**
~ *inf* vivir en el quinto pino
3. (*negative sense*) en ninguna
parte; **you won't see this** ~ no
verás esto en ningún sitio

[?] El **Anzac Day** (**A**ustralian and
New **Z**ealand **A**rmed **C**orps) se
celebra el 25 de abril y es un día
de luto en Australia y Nueva Zelanda. Con misas y marchas fúnebres se conmemora el desembarco de las **Anzacs** en la península griega de Gallipoli que tuvo
lugar el día 25 de abril de 1915,
durante el transcurso de la I Guerra Mundial. Las **Anzacs** fueron
derrotadas posteriormente. El significado simbólico de este acontecimiento radica en que los australianos luchaban por primera vez
como ejército australiano fuera de
sus fronteras.

apart [ə'pɑːt, *Am:* -'pɑːrt] *adv*
1. (*separated*) aparte; **to be 20 km**
~ estar a 20 km de distancia; **far** ~
lejos; **to come** ~ desprenderse; **to
live** ~ vivir separados; **to move** ~
apartarse; **to set** ~ apartar; **to take
sth** ~ desmontar algo **2.** (*except for*)
you and me ~ excepto tú y yo; **joking** ~ bromas aparte
apart from *prep* **1.** (*except for*) ~
that excepto eso **2.** (*in addition to*)
aparte de
apartheid [ə'pɑːtheɪt, *Am:* -'pɑːr-
teɪt] *n no pl* apartheid *m*
apartment [ə'pɑːtmənt, *Am:*
-'pɑːrt-] *n Am* apartamento *m*, departamento *m AmL*
apartment building *n Am* edificio
m de apartamentos, edificio *m* de departamentos *AmL*
apathetic [ˌæpə'θetɪk, *Am:* -'θet̬-]
adj apático
apathy ['æpəθɪ] *n no pl* apatía *f*
ape [eɪp] **I.** *n* mono *m* **II.** *vt* imitar
aperitif [əˌperə'tiːf] *n* aperitivo *m*
aperture ['æpətʃə^r, *Am:* -ətʃʊr] *n*
(*hole, gap*) abertura *f*; PHOT apertura *f*
apex ['eɪpeks] <-es *o* apices> *pl n*
ápice *m*; *fig* cima *f*
aphorism ['æfərɪzəm, *Am:* -ə-] *n*
aforismo *m*
apiece [ə'piːs] *adv* cada uno
apocalypse [ə'pɒkəlɪps, *Am:*
-'pɑːkə-] *n no pl* apocalipsis *m inv*
apocalyptic [əˌpɒkə'lɪptɪk, *Am:*
-ˌpɑːkə-] *adj* apocalíptico
apologetic [əˌpɒlə'dʒetɪk, *Am:*
-ˌpɑːlə'dʒet̬-] *adj* de disculpa; **to be**
~ **about sth** disculparse por algo
apologize [ə'pɒlədʒaɪz, *Am:*
-'pɑːlə-] *vi* disculparse; **to** ~ **sb
for sth** pedir perdón a alguien por
algo
apology [ə'pɒlədʒɪ, *Am:* -'pɑːlə-]
<-ies> *n* disculpa *f*; **to make an** ~
disculparse; **an** ~ **for a breakfast** *fig*
una birria de desayuno

apostle [ə'pɒsl, *Am:* -'pɑːsl] *n* apóstol *m*

apostrophe [ə'pɒstrəfɪ, *Am:* -'pɑːstrə-] *n* apóstrofo *m*

appal [ə'pɔːl] <-ll-> *vt*, **appall** *vt Am* horrorizar

appalling *adj* horroroso

apparatus [ˌæpə'reɪtəs, *Am:* -ə-'ræt̬-] *n* (*equipment*) equipo *m*; (*organization*) aparato *m*; **a piece of ~** un aparato

apparel [ə'pærəl, *Am:* -'per-] *n no pl, form* indumentaria *f*

apparent [ə'pærənt, *Am:* -'pernt] *adj* 1. (*clear*) evidente; **to become ~** hacerse evidente 2. (*seeming*) aparente

apparition [ˌæpə'rɪʃn] *n* aparición *f*, azoro *m AmC*

appeal [ə'piːl] I. *vi* 1. (*attract*) atraer 2. LAW apelar 3. (*plead*) **to ~ to sb for sth** pedir algo a alguien; **to ~ for help** solicitar ayuda II. *n* 1. (*attraction*) atractivo *m*; **to have ~** tener gancho *inf*; **to lose one's ~** perder su atractivo 2. LAW apelación *f*; **to lodge an ~** interponer una apelación

appealing [ə'piːlɪŋ] *adj* atractivo

appear [ə'pɪər, *Am:* -'pɪr] *vi* 1. (*be seen*) aparecer; (*newspaper*) salir; (*book*) publicarse; **to ~ in court** LAW comparecer ante un tribunal 2. (*seem*) parecer; **so it ~s** eso parece

appearance [ə'pɪərəns, *Am:* -'pɪrəns] *n* 1. (*instance of appearing*) aparición *f*; LAW comparecencia *f*; **to make an ~** aparecer 2. *no pl* (*looks*) aspecto *m*; **to all ~s** según parece; **to keep up ~s** guardar las apariencias

appease [ə'piːz] *vt form* apaciguar; (*hunger*) aplacar; POL contemporizar

appeasement *n no pl* apaciguamiento *m*; (*of hunger*) aplacamiento *m*; POL contemporización *f*

appendicitis [əˌpendɪ'saɪtɪs] *n no pl* apendicitis *f inv*

appendix [ə'pendɪks] *n* <-es> apéndice *m*

appetite ['æpɪtaɪt, *Am:* -ə-] *n* apetito *m*, antojo *m Méx*

appetizer ['æpɪtaɪzər, *Am:* -ətaɪzər] *n* aperitivo *m*, botana *f Méx*, pasabocas *m inv Col*

appetizing ['æpɪtaɪzɪŋ, *Am:* -ə-] *adj* apetitoso

applaud [ə'plɔːd, *Am:* -'plɑːd] *vi, vi* aplaudir

applause [ə'plɔːz, *Am:* -'plɑːz] *n no pl* aplauso *m*; **a round of ~** un aplauso

apple ['æpl] *n* manzana *f*

apple juice *n* zumo *m* de manzana

apple pie *n* pastel *m* de manzana

apple tree *n* manzano *m*, manzanero *m Ecua*

appliance [ə'plaɪəns] *n* aparato *m*; **electrical ~** electrodoméstico *m*

applicable ['æplɪkəbl] *adj* aplicable; **delete where not ~** táchese lo que no proceda

applicant ['æplɪkənt] *n* solicitante *mf*, candidato, -a *m, f*

application [ˌæplɪ'keɪʃn] *n* 1. (*request*) solicitud *f*; **on ~** mediante solicitud 2. (*use*) aplicación *f* 3. INFOR aplicación *f*

applied [ə'plaɪd] *adj* aplicado

apply [ə'plaɪ] I. *vi* 1. (*request*) presentarse; **to ~ to sb** dirigirse a alguien; **to ~ for a job** solicitar un puesto de trabajo; **to ~ in writing** dirigirse por escrito 2. (*be relevant*) **to ~ to sb** concernir a alguien II. *vt* 1. (*coat*) aplicar 2. (*use*) aplicar; **to ~ force** hacer uso de la fuerza; **to ~ pressure** ejercer presión; **to ~ oneself to sth** dedicarse a algo

appoint [ə'pɔɪnt] *vt* 1. (*select*) nombrar 2. *form* **at the ~ed time** a la hora señalada

appointed *adj form* equipado

appointment *n* 1. (*selection*) nombramiento *m* 2. (*meeting*) cita *f*; **to keep an ~** acudir a una cita; **by ~ only** sólo con cita previa

apportion [ə'pɔːʃn] *vt* repartir

appraisal [ə'preɪzl] *n* evaluación *f*

appraise [ə'preɪz] *vt* evaluar

appreciate [ə'priːʃɪeɪt] I. *vt* 1. (*value*) apreciar 2. (*understand*) comprender **3.** (*be grateful*) agradecer **II.** *vi* revalorizarse

appreciation [əˌpriːʃɪˈeɪʃn] *n no pl* **1.** (*gratitude*) agradecimiento *m* **2.** (*understanding*) aprecio *m* **3.** FIN revalorización *f*

appreciative [əˈpriːʃɪətɪv] *adj* agradecido

apprehend [ˌæprɪˈhend] *vt form* entender; (*arrest*) detener

apprehension [ˌæprɪˈhenʃn] *n form* comprensión; (*arrest*) detención *f*; (*fear*) aprensión *f*

apprehensive [ˌæprɪˈhensɪv] *adj* aprensivo, flatoso *AmL*; **to be ~ that** temer que +*subj*

apprentice [əˈprentɪs, *Am:* -t̬ɪs] *n* aprendiz(a) *m(f)*

apprenticeship [əˈprentɪʃɪp, *Am:* -t̬əʃɪp] *n* aprendizaje *m*

approach [əˈprəʊtʃ, *Am:* -ˈproʊtʃ] **I.** *vt* **1.** (*get close to*) acercarse a **2.** (*ask*) dirigirse a **3.** (*deal with*) abordar **II.** *vi* acercarse **III.** *n* **1.** (*coming*) aproximación *f*; **at the ~ of winter** al acercarse el invierno **2.** (*access*) acceso *m*; **to make ~es to sb** dirigirse a alguien **3.** (*methodology*) enfoque *m*

approachable [əˈprəʊtʃəbl, *Am:* -ˈproʊ-] *adj* accesible

approbation [ˌæprəˈbeɪʃn] *n no pl, form* aprobación *f*

appropriate [əˈprəʊprɪət, *Am:* -ˈproʊ-] *adj* apropiado

appropriation [əˌprəʊprɪˈeɪʃn, *Am:* -ˌproʊ-] *n* apropiación *f*

approval [əˈpruːvl] *n no pl* aprobación *f*

approve [əˈpruːv] *vi* **to ~ of sth** aprobar algo

approved *adj* aprobado

approving [əˈpruːvɪŋ] *adj* de aprobación

approximate [əˈprɒksɪmət, *Am:* -ˈprɑːk-] *adj* aproximado

approximately [əˈprɒksɪmətlɪ] *adv* aproximadamente

approximation [əˌprɒksɪˈmeɪʃn, *Am:* -ˌprɑːk-] *n form* aproximación *f*

APR [ˌeɪpiːˈɑːʳ, *Am:* -ˈɑːr] *n abbr of* **annual percentage rate** TAE *f*

apricot [ˈeɪprɪkɒt, *Am:* -kɑːt] *n* albaricoque *m*, chabacano *m Méx*, damasco *m AmS*

April [ˈeɪprəl] *n* abril *m;* **in ~** en abril; **every ~** todos los meses de abril; **the month of ~** el mes de abril; **at the beginning/end of ~** a principios/finales de abril; **at the beginning/end of ~** a principios/finales de abril; **on ~ the fourth** el cuatro de abril

April Fools' Day *n no pl* ≈ Día *m* de los Santos Inocentes (*en Gran Bretaña, el 1 de abril*)

apron [ˈeɪprən] *n* delantal *m*

apt [æpt] *adj* apropiado; **to be ~ to do sth** tener tendencia a hacer algo

APT *n abbr of* **advanced passenger train** tren de alta velocidad

aptitude [ˈæptɪtjuːd, *Am:* -tuːd] *n* aptitud *f*

aquarium [əˈkweərɪəm, *Am:* -ˈkwer-] <-s *o* -ria> *n* acuario *m*

Aquarius [əˈkweərɪəs, *Am:* -ˈkwer-] *n* Acuario *m*

aquatic [əˈkwætɪk, *Am:* -ˈkwæt̬-] *adj* acuático

Arab [ˈærəb, *Am:* ˈer-] *adj* árabe

Arabia [əˈreɪbɪə] *n* Arabia *f*

Arabian *adj* árabe, arábigo

Arabic [ˈærəbɪk, *Am:* ˈer-] *n* LING árabe *m*

arable [ˈærəbl, *Am:* ˈer-] *adj* cultivable

arbiter [ˈɑːbɪtəʳ, *Am:* ˈɑːrbɪt̬ɚ] *n* árbitro, -a *m, f*

arbitrary [ˈɑːbɪtrərɪ, *Am:* ˈɑːrbətreri] *adj* arbitrario

arbitrate [ˈɑːbɪtreɪt, *Am:* ˈɑːrbə-] *vi, vt* arbitrar

arbitration [ˌɑːbɪˈtreɪʃn, *Am:* ˌɑːrbə-] *n no pl* arbitraje *m*

arbitrator [ˈɑːbɪtreɪtəʳ, *Am:* ˈɑːrbə-] *n* árbitro, -a *m, f*

? Con motivo del **Arbor Day** se plantan árboles en los EE.UU. En algunos estados es, incluso, un día festivo. La fecha exacta del **Arbor Day** varía en cada uno de los distintos estados, ya que la época

apropiada para plantar árboles no
es la misma en todos los sitios.

arc [ɑːk, *Am:* ɑːrk] *n* arco *m*
arcade [ɑːˈkeɪd, *Am:* ɑːr-] *n* ARCHIT
arcada *f;* (*of shops*) galería *f* comercial
arch [ɑːtʃ, *Am:* ɑːrtʃ] I. *n* arco *m*
II. *vi* arquearse
archaeological [ˌɑːkɪəˈlɒdʒɪkl, *Am:*
ˌɑːrkɪəˈlɑːdʒɪ-] *adj* arqueológico
archaeologist [ˌɑːkɪˈɒlədʒɪst, *Am:*
ˌɑːrkɪˈɑːlə-] *n* arqueólogo, -a *m, f*
archaeology [ˌɑːkɪˈɒlədʒɪ, *Am:*
ˌɑːrkɪˈɑːlə-] *n no pl* arqueología *f*
archaic [ɑːˈkeɪɪk, *Am:* ɑːr-] *adj* arcaico
archbishop [ˌɑːtʃˈbɪʃəp, *Am:* ˌɑːrtʃ-]
n arzobispo *m*
archdeacon [ˌɑːtʃˈdiːkən, *Am:*
ˌɑːrtʃ-] *n* arcediano *m*
archdiocese [ˌɑːtʃˈdaɪəsɪs, *Am:*
ˌɑːrtʃ-] *n* archidiócesis *f inv*
archeological [ˌɑːkɪəˈlɑːdʒɪkəl] *adj*
Am s. **archaeological**
archeologist [ˌɑːrkɪˈɑːlədʒɪst] *n Am*
s. **archaeologist**
archeology [ˌɑːrkiˈɑːlədʒi] *n Am s.*
archaeology
archer [ˈɑːtʃəʳ, *Am:* ˈɑːrtʃəʳ] *n* arquero, -a *m, f*
archetype [ˈɑːkɪtaɪp, *Am:* ˈɑːr-] *n*
arquetipo *m*
archipelago [ˌɑːkɪˈpeləgəʊ, *Am:*
ˌɑːrkəˈpeləgoʊ] <-(e)s> *n* archipiélago *m*
architect [ˈɑːkɪtekt, *Am:* ˈɑːrkə-] *n*
arquitecto, -a *m, f*
architecture [ˈɑːkɪtektʃəʳ, *Am:*
ˈɑːrkətektʃəʳ] *n no pl* arquitectura *f*
archive [ˈɑːkaɪv, *Am:* ˈɑːr-] *n* archivo *m*
archway [ˈɑːtʃweɪ, *Am:* ˈɑːrtʃ-] *n*
arco *m*
Arctic [ˈɑːktɪk, *Am:* ˈɑːrk-] *no pl* I. *n*
the ~ el Ártico II. *adj* ártico
Arctic Circle *n* círculo *m* Polar Ártico
Arctic Ocean *n* Océano *m* Glacial
Ártico
ardent [ˈɑːdnt, *Am:* ˈɑːr-] *adj* ferviente

arduous [ˈɑːdjʊəs, *Am:* ˈɑːrdʒu-]
adj arduo
are [əʳ, *stressed:* ɑːʳ, *Am:* əʳ,
stressed: ɑːr] *vi s.* **be**
area [ˈeərɪə, *Am:* ˈerɪ-] *n a.* MAT,
SPORTS área *f; fig* campo *m;* **in the ~**
of alrededor de
arena [əˈriːnə] *n a. fig* arena *f*
Argentina [ˌɑːdʒənˈtiːnə, *Am:* ˌɑːr-]
n Argentina *f*
Argentine [ˈɑːdʒəntaɪn, *Am:* ˈɑːr-
dʒn-], **Argentinian** [ˌɑːdʒənˈtɪn-
ɪən, *Am:* ˌɑːr-] *adj* argentino
arguably *adv* posiblemente
argue [ˈɑːgjuː, *Am:* ˈɑːrg-] I. *vi*
1. (*disagree*) discutir, alegar *AmL*
2. (*reason*) razonar; **to ~ against/**
for sth abogar contra/a favor de algo
II. *vt* sostener; **to ~ sb into doing**
sth persuadir a alguien de hacer algo
argument [ˈɑːgjʊmənt, *Am:* ˈɑːr-
gjə-] *n* **1.** (*disagreement*) discusión
f **2.** (*reasoning*) argumento *m*
aria [ˈɑːrɪə] *n* MUS aria *f*
arid [ˈærɪd, *Am:* ˈer-] *adj* árido
Aries [ˈeəriːz, *Am:* ˈeriːz] *n* Aries *m*
arise [əˈraɪz] <arose, -n> *vi* surgir
aristocracy [ˌærɪˈstɒkrəsɪ, *Am:*
ˌerəˈstɑːkrə-] <-ies> *n + sing/pl vb*
aristocracia *f*
aristocrat [ˈærɪstəkræt, *Am:* əˈrɪs-]
n aristócrata *mf*
aristocratic [ˌærɪstəˈkrætɪk, *Am:*
eˌrɪstəˈkræt̬ɪk] *adj* aristocrático
arithmetic [əˈrɪθmətɪk, *Am:* ˌerɪθ-
ˈmet̬ɪk] *n no pl* aritmética *f*
ark [ɑːk, *Am:* ɑːrk] *n no pl* arca *f;*
Noah's ark el Arca de Noé
arm¹ [ɑːrm] *n* ANAT brazo *m;* **to put**
one's ~s round sb abrazar a
alguien; **~ in ~** (agarrados) del
brazo
arm² [ɑːm, *Am:* ɑːrm] MIL I. *vt*
armar II. *n* arma *f*
armchair [ˌɑːmˈtʃeəʳ, *Am:* ˈɑːrm-
tʃer] *n* sillón *m*
armed [ɑːmd, *Am:* ɑːrmd] *adj* armado
armed forces *npl* **the ~** las fuerzas
armadas
Armenia [ɑːˈmiːnɪə, *Am:* ɑːr-] *n* Armenia *f*

Armenian *adj* armenio

armistice [ˈɑːmɪstɪs, *Am:* ˈɑːrmə-] *n* armisticio *m*

armor [ˈɑːrməʳ] *n Am,* **armour** [ˈɑːməʳ] *n no pl, Brit* armadura *f*

armoured [ˈɑːməd, *Am:* ˈɑːrməd] *adj Brit* blindado

armpit [ˈɑːmpɪt, *Am:* ˈɑːrm-] *n* axila *f*

arms control *n* MIL control *m* de armamentos **arms race** *n* **the** ~ la carrera armamentista

army [ˈɑːmɪ, *Am:* ˈɑːr-] <-ies> *n* MIL ejército *m; fig* multitud *f;* **to join the** ~ alistarse

aroma [əˈrəʊmə, *Am:* -ˈroʊ-] *n* aroma *m*

aromatic [ˌærəˈmætɪk, *Am:* ˌerə-ˈmæt-] *adj* aromático

around [əˈraʊnd] **I.** *prep* **1.** (*surrounding*) alrededor de **2.** (*here and there*) por; **to go all** ~ **the world** viajar por el mundo **3.** (*approximately*) alrededor de; **somewhere** ~ **here** en algún lugar por aquí **II.** *adv* **1.** (*round about*) alrededor; **all** ~ en todas partes; **to walk** ~ dar una vuelta; **to hang** ~ andar por ahí **2.** (*near by*) por ahí

arouse [əˈraʊz] *vt* suscitar

arrange [əˈreɪndʒ] **I.** *vt* arreglar; (*organize*) organizar **II.** *vi* **to** ~ **to do sth** quedar en hacer algo

arrangement *n* **1.** *pl* (*preparations*) preparativos *mpl;* **to make** ~**s** (**for sth**) hacer los preparativos (de algo) **2.** (*agreement*) acuerdo *m;* **to come to an** ~ llegar a un acuerdo

array [əˈreɪ] *n* colección *f*

arrears [əˈrɪəz, *Am:* -ˈrɪrz] *npl* FIN atraso *m;* **to be in** ~ estar atrasado en el pago

arrest [əˈrest] **I.** *vt* detener **II.** *n* detención *f;* **to put sb under** ~ detener a alguien

arrival [əˈraɪvl] *n* llegada *f*

arrive [əˈraɪv] *vi* llegar

arrogance [ˈærəgəns, *Am:* ˈer-] *n no pl* arrogancia *f*

arrogant [ˈærəgənt, *Am:* ˈer-] *adj* arrogante

arrow [ˈærəʊ, *Am:* ˈeroʊ] *n* flecha *f,*

jara *f Guat, Méx*

arse [ɑːs, *Am:* ɑːrs] *n Aus, Brit, vulg* culo *m,* siete *m AmS, Méx;* **to make an** ~ **out of oneself** *inf* quedar como un gilipollas

arsenal [ˈɑːsənl, *Am:* ˈɑːr-] *n* arsenal *m*

arsenic [ˈɑːsnɪk, *Am:* ˈɑːr-] *n no pl* arsénico *m*

arson [ˈɑːsn, *Am:* ˈɑːr-] *n* incendio *m* provocado

art [ɑːt, *Am:* ɑːrt] *n* arte *m*

artefact [ˈɑːtɪfækt, *Am:* ˈɑːrtə-] *n Brit* artefacto *m*

artery [ˈɑːtərɪ, *Am:* ˈɑːrtəʳ] <-ies> *n* arteria *f*

artful [ˈɑːtfl, *Am:* ˈɑːrt-] *adj* ingenioso

art gallery *n* galería *f* de arte

arthritis [ɑːˈθraɪtɪs, *Am:* ɑːr-ˈθraɪtəs] *n no pl* artritis *f inv*

artichoke [ˈɑːtɪtʃəʊk, *Am:* ˈɑːrtə-tʃoʊk] *n* alcachofa *f*

article [ˈɑːtɪkl, *Am:* ˈɑːrtɪ-] *n* **1.** (*object*) objeto *m;* ~ **of clothing** prenda *f* de vestir **2.** LAW, LING artículo *m*

articulate [ɑːˈtɪkjʊlət, *Am:* ɑːrˈtɪk-jə-] *adj* que se expresa con claridad; (*speech*) claro

articulation [ɑːˌtɪkjʊˈleɪʃn, *Am:* ɑːrˌtɪkjə-] *n no pl* expresión *f*

artifact [ˈɑːtɪfækt, *Am:* ˈɑːrtə-] *n Am* artefacto *m*

artifice [ˈɑːtɪfɪs, *Am:* ˈɑːrtə-] *n form* artificio *m*

artificial [ˌɑːtɪˈfɪʃl, *Am:* ˌɑːrtə-] *adj* artificial

artillery [ɑːˈtɪlərɪ, *Am:* ɑːr-] *n no pl* artillería *f*

artisan [ˌɑːtɪˈzæn, *Am:* ˈɑːrtəzn] *n* artesano, -a *m, f*

artist [ˈɑːtɪst, *Am:* ˈɑːrtəst-] *n* artista *mf*

artistic [ɑːˈtɪstɪk, *Am:* ɑːr-] *adj* artístico

artistry [ˈɑːtɪstrɪ, *Am:* ˈɑːrtə-] *n no pl* arte *m o f*

artwork [ˈɑːtwɜːk, *Am:* ˈɑːrtwɜːrk] *n no pl* material *m* gráfico

as [əz, *stressed:* æz] **I.** *prep* como; **dressed** ~ **a clown** vestido de payaso; ~ **a baby, I ...** de bebé, (yo)...

II. *conj* **1.** (*in comparison*) como; **the same name** ~ ... el mismo nombre que...; ~ **fast** ~ ... tan rápido como...; **as soon** ~ **possible** lo antes posible **2.** (*like*) (tal) como; ~ **it is** tal como es; **I came** ~ **promised** vine, como (lo) prometí; ~ **if it were true** como si fuese verdad **3.** (*because*) como; ~ **he is here I'm going** como él está aquí, yo me voy **4.** (*while*) mientras **5.** (*although*) (~) **fine** ~ **the day is, ...** aunque el día está bien,...; **try** ~ **I would, I couldn't** por más que me esforzara, no podía **III.** *adv* ~ **far** ~ en la medida en que; ~ **long as** mientras que +*subj*; ~ **much as** tanto como; ~ **soon as** en cuanto; ~ **well** también

asbestos [æzˈbestɒs, *Am:* -təs] *n no pl* asbesto *m*

ascend [əˈsend] *vt form* subir, ascender

ascendancy [əˈsendəntsɪ] *n no pl* ascendencia *f*

ascendant [əˈsendənt] *n no pl, form* **to be in the** ~ estar en alza

ascension [əˈsenʃn] *n* ascensión *f*; **the Ascension** REL la Ascensión

ascent [əˈsent] *n form* ascensión *f*

ascertain [ˌæsəˈteɪn, *Am:* -ɚ-] *vt form* averiguar

ascetic [əˈsetɪk, *Am:* -ˈset̬-] *adj* ascético

ASCII [ˈæski:] *abbr of* **American Standard Code for Information Interchange** ASCII

[?] Ascot es el nombre de una pequeña localidad en Berkshire en la que se encuentra un hipódromo construido en 1711 por expreso deseo de la Reina Anne. Con el nombre de **Royal Ascot** se conocen unas jornadas hípicas, de cuatro días de duración, que se celebran con carácter anual durante el mes de Junio y a las que la reina suele acudir casi siempre.

ascribe [əˈskraɪb] *vt* atribuir

ash¹ [æʃ] *n no pl* (*powder*) ceniza *f*

ash² *n* (*tree*) fresno *m*

ashamed [əˈʃeɪmd] *adj* avergonzado; **to be** ~ **of** avergonzarse de

ashcan [ˈæʃkæn] *n Am* cubo *m* de basura, bote *m* de basura *Méx*

ashore [əˈʃɔːʳ] *adv* **to go** ~ desembarcar

ashtray [ˈæʃtreɪ] *n* cenicero *m*

Asia [ˈeɪʃə, *Am:* -ʒə] *n no pl* Asia *f*

Asian [ˈeɪʃən, *Am:* -ʒən] *adj* asiático

aside [əˈsaɪd] **I.** *n* comentario *m* aparte **II.** *adv* **to stand** ~ hacerse a un lado

aside from *prep* aparte de

ask [ɑːsk, *Am:* æsk] **I.** *vt* **1.** (*request information*) preguntar; **to** ~ **sb sth** preguntar algo a alguien; **to** ~ (**sb**) **a question about sth** hacer (a alguien) una pregunta acerca de algo; **if you** ~ **me ...** en mi opinión... **2.** (*request*) pedir; **to** ~ **advice** pedir consejo **3.** (*invite*) invitar; **to** ~ **sb to do sth** invitar a alguien a hacer algo **4.** (*demand a price*) pedir; **to** ~ **100 euros for sth** pedir 100 euros por algo; **to** ~ **too much of sb** pedir demasiado de alguien **II.** *vi* **1.** (*request information*) preguntar **2.** (*make request*) pedir

◆ **ask for** *vt* pedir; **to** ~ **trouble** buscar complicaciones

asleep [əˈsliːp] *adj* dormido; **to fall** ~ quedarse dormido

asparagus [əˈspærəgəs, *Am:* -ˈsper-] *n* espárrago *m*

aspect [ˈæspekt] *n* **1.** (*point of view*) punto *m* de vista **2.** (*appearance*) aspecto *m*

asphalt [ˈæsfælt, *Am:* -faːlt] *n* asfalto *m*, asfaltado *m AmL*

asphyxiate [əsˈfɪksɪeɪt] *vi form* asfixiarse

aspiration [ˌæspəˈreɪʃn] *n* aspiración *f*

aspire [əˈspaɪəʳ, *Am:* -ˈspaɪɚ] *vi* **to** ~ **to sth** aspirar a algo

aspirin® [ˈæsprɪn] *n no pl* aspirina® *f*

aspiring [əˈspaɪərɪŋ, *Am:* -ˈspaɪɚ-] *adj* en ciernes

ass [æs] <-es> *n* **1.** (*donkey*) asno *m*

2. *inf* (*person*) burro, -a *m*, *f* **3.** *Am,* *vulg* (*bottom*) culo *m*, siete *m AmS, Méx*

assail [ə'seɪl] *vt* atacar

assailant *n* asaltante *mf*

assassin [ə'sæsɪn, *Am:* -ən] *n* asesino, -a *m*, *f*

assassinate [ə'sæsɪneɪt] *vt* asesinar

assassination [ə,sæsɪ'neɪʃn] *n no pl* asesinato *m*

assault [ə'sɔːlt] **I.** *n* asalto *m* **II.** *vt* atacar

assault course *n* pista *f* americana

assemble [ə'sembl] **I.** *vi* congregarse **II.** *vt* reunir

assembly [ə'semblɪ] <-ies> *n* reunión *f*

assent [ə'sent] **I.** *n no pl, form* consentimiento *m* **II.** *vi* to ~ to sth asentir a algo

assert [ə'sɜːt, *Am:* -'sɜːrt] *vt* afirmar; **to ~ oneself** imponerse

assertion [ə'sɜːʃn, *Am:* -'sɜːr-] *n* afirmación *f*

assertive [ə'sɜːtɪv, *Am:* -'sɜːrt̬ɪv] *adj* confiado

assess [ə'ses] *vt* evaluar

assessment *n* evaluación *f*

assessor [ə'sesər, *Am:* -'sesɚ] *n* evaluador(a) *m(f)*

asset [æset] *n* **1.** (*benefit*) ventaja *f* **2.** *pl* FIN activo *m*

assign [ə'saɪn] *vt* asignar, apropiar *AmL*; **to ~ sb to a position** destinar a alguien a un puesto

assignment *n* tarea *f*; **to send sb on an** ~ mandar a alguien a una misión

assimilate [ə'sɪmɪleɪt] *vt* asimilar

assimilation [ə,sɪmə'leɪʃn] *n no pl* asimilación *f*

assist [ə'sɪst] *vt, vi* ayudar

assistance [ə'sɪstəns] *n no pl* asistencia *f*; **to be of** ~ ser de ayuda

assistant [ə'sɪstənt] *n* ayudante *mf*, suche *m Chile*

associate[1] [ə'səʊʃiət, *Am:* -'soʊʃɪt] *n* asociado, -a *m*, *f*; **business** ~ socio, -a *m*, *f*

associate[2] [ə'səʊʃiəɪt, *Am:* -'soʊ-] **I.** *vt* asociar; **to ~ oneself with sth** relacionarse con algo **II.** *vi* relacionarse

association [ə,səʊsɪ'eɪʃn, *Am:* -,soʊ-] *n* asociación *f*

assorted [ə'sɔːtɪd, *Am:* -'sɔːrt̬ɪd] *adj* surtido, variado

assortment [ə'sɔːtmənt, *Am:* -'sɔːrt-] *n* surtido *m*

assume [ə'sjuːm, *Am:* -'suːm] *vt* **1.** (*regard as true*) suponer, asumir *AmL* **2.** (*power*) tomar

assumed [ə'sjuːmd, *Am:* -'suːmd] *adj* supuesto

assumption [ə'sʌmpʃn] *n* supuesto *m*; **to act on the** ~ **that ...** actuar suponiendo que…

assurance [ə'ʃʊərəns, *Am:* 'ʃʊrns] *n* **1.** (*self-confidence*) seguridad *f* **2.** (*promise*) garantía *f* **3.** *Brit* FIN seguro *m*

assure [ə'ʃʊər, *Am:* -'ʃʊr] *vt* **1.** (*guarantee*) asegurar **2.** (*promise*) **to ~ sb of sth** asegurar algo a alguien

assured *adj* seguro

asterisk ['æstərɪsk] *n* asterisco *m*

asteroid ['æstərɔɪd] *n* asteroide *m*

asthma ['æsmə, *Am:* 'æz-] *n no pl* asma *m*

astonish [ə'stɒnɪʃ, *Am:* -'staːnɪʃ] *vt* asombrar; **to be ~ed** asombrarse

astonishing *adj* asombroso

astonishment *n no pl* asombro *m*; **to her** ~ para gran sorpresa suya

astound [ə'staʊnd] *vt* asombrar; **to be ~ed** quedarse atónito

astounding *adj* asombroso

astray [ə'streɪ] *adv* **to go** ~ extraviarse; **to lead sb** ~ llevar a alguien por mal camino

astrologer [ə'strɒlədʒər, *Am:* -'straːlədʒɚ] *n* astrólogo, -a *m*, *f*

astrology [ə'strɒlədʒɪ, *Am:* -'straːlə-] *n no pl* astrología *f*

astronaut ['æstrənɔːt, *Am:* -naːt] *n* astronauta *mf*

astronomer [ə'strɒnəmər, *Am:* -'straːnəmɚ] *n* astrónomo, -a *m*, *f*

astronomical [,æstrə'nɒmɪkl, *Am:* -'naːmɪkl] *adj a. fig* astronómico

astronomy [ə'strɒnəmɪ, *Am:* -'straːnə-] *n no pl* astronomía *f*

Asturian [æs'tʊəriən, *Am:* ə'stʊri-] *adj* asturiano

astute [ə'stjuːt, *Am:* -'stuːt] *adj* astuto

astuteness *n no pl* astucia *f*

asylum [əˈsaɪləm] *n* asilo *m;* **mental** ~ manicomio *m*

at¹ [ət] *prep* **1.** (*place*) en; ~ **home/school** en casa/la escuela; ~ **the table** en la mesa; ~ **the window** en la ventana **2.** (*time*) ~ **Easter** en Pascua; ~ **night** por la noche; ~ **once** en seguida; **all ~ once** de repente; ~ **present** en este momento; ~ **three o'clock** a las tres; ~ **the same time** al mismo tiempo **3.** (*towards*) **to laugh ~ sb** reírse de alguien; **to look ~ sth** mirar algo; **to point ~ sb** señalar a alguien **4.** (*in reaction to*) ~ **sb's request** a petición de alguien; **to be astonished ~ sth** estar asombrado por algo; **to be mad ~ sb** estar enfadado con alguien **5.** (*in amount of*) ~ **120 km/h** a 120 km/h **6.** (*in state of*) ~ **20** a los 20 (años); ~ **best** en el mejor de los casos; ~ **first** al principio; ~ **least** al menos; **to be ~ a loss** estar sin saber qué hacer; **I feel ~ ease** me siento tranquilo **7.** (*in ability to*) **to be good ~ English** ser bueno en inglés **8. not ~ all!** ¡de nada!; **to hardly do sth ~ all** apenas hacer algo

at² [ɑːt, æt] INFOR arroba *f*

ate [et, *Am:* eɪt] *pt of* **eat**

atheism [ˈeɪθiɪzəm] *n no pl* ateísmo *m*

atheist [ˈeɪθiɪst] *n* ateo, -a *m, f*

Athens [ˈæθənz] *n* Atenas *f*

athlete [ˈæθliːt] *n* atleta *mf*

athletic [æθˈletɪk, *Am:* -ˈleṭ-] *adj* atlético

athletics [æθˈletɪks, *Am:* -ˈleṭ-] *npl* atletismo *m*

Atlantic [ətˈlæntɪk, *Am:* -ţɪk] **I.** *n no pl* **the ~** (**Ocean**) el (Océano) Atlántico **II.** *adj* atlántico

atlas [ˈætləs] <-es> *n* atlas *m inv*

ATM [ˌeɪtiːˈem] *n abbr of* **automated teller machine** cajero *m* automático

atmosphere [ˈætməsfɪəʳ, *Am:* -fɪr] *n* atmósfera *f*

atmospheric [ˌætməsˈferɪk] *adj* atmosférico

atoll [ˈætɒl, *Am:* -ɑːl] *n* atolón *m*

atom [ˈætəm, *Am:* ˈæţ-] *n* átomo *m*

atomic [əˈtɒmɪk, *Am:* -ˈtɑːmɪk] *adj* atómico

atomic bomb *n* bomba *f* atómica
  atomic energy *n* energía *f* atómica

atone for [əˈtəʊn, *Am:* -ˈtoʊn] *vi* expiar

atonement *n no pl, form* expiación *f*

atrocious [əˈtrəʊʃəs, *Am:* -ˈtroʊ-] *adj* atroz

atrocity [əˈtrɒsəti] <-ies> *n* atrocidad *f*

at-sign *n* INFOR arroba *f*

attach [əˈtætʃ] *vt* **1.** (*fix*) fijar; (*label*) pegar; **to be ~ed to sb** tenerle cariño a alguien; **to ~ oneself to sb** unirse a alguien; **to ~ importance to sth** dar importancia a algo **2.** INFOR adjuntar

attaché [əˈtæʃeɪ, *Am:* ˌæţəˈʃeɪ] *n* agregado, -a *m, f*

attachment [əˈtætʃmənt] *n* **1.** (*device*) accesorio *m* **2.** INFOR archivo *m* adjunto

attack [əˈtæk] **I.** *n* ataque *m;* **to be on the ~** emprender una ofensiva; **to come under ~** ser atacado **II.** *vt* atacar, cachorrear *Col;* (*problem*) afrontar

attain [əˈteɪn] *vt form* alcanzar; (*independence*) lograr

attainment *n form* logro *m*

attempt [əˈtempt] **I.** *n* intento *m;* **to make an ~ at doing sth** intentar hacer algo **II.** *vt* intentar

attend [əˈtend] *vt* asistir a; (*take care of*) atender

attendance [əˈtendəns] *n* **1.** *no pl* (*presence*) asistencia *f;* **in ~** presente **2.** (*people present*) concurrencia *f*

attendant [əˈtendənt] *n* asistente, -a *m, f*

attention [əˈtenʃn] *n no pl* atención *f;* **for the ~ of** *form* a la atención de; **to pay ~** prestar atención; **~!** MIL ¡firmes!

attentive [əˈtentɪv, *Am:* -ţɪv] *adj* atento

attenuate [əˈtenjʊeɪt] *vt form* atenuar

attest [ə'test] *vt* testimoniar

attic ['ætɪk, *Am:* 'æt̬-] *n* desván *m*, tabanco *m AmC*, entretecho *m CSur*

attitude ['ætɪtjuːd, *Am:* 'æt̬ətuːd] *n* actitud *f*

attorney [ə'tɜːni, *Am:* -'tɜːr-] *n Am* abogado, -a *m, f*

attract [ə'trækt] *vt* atraer, jalar *AmL;* **to be ~ed by sth** sentirse atraído por algo

attraction [ə'trækʃn] *n* **1.** (*force, place of enjoyment*) atracción *f* **2.** *no pl* (*appeal*) atractivo *m*

attractive [ə'træktɪv] *adj* atractivo

attribute¹ [ə'trɪbjuːt] *vt* atribuir; **to ~ the blame to sb** achacar la culpa a alguien; **to ~ importance to sth** dar importancia a algo

attribute² ['ætrɪbjuːt] *n* atributo *m*

attrition [ə'trɪʃn] *n no pl* desgaste *m*

aubergine ['əʊbəʒiːn, *Am:* 'oʊbə-] *n Brit* berenjena *f*

auburn ['ɔːbən, *Am:* 'ɑːbən] *adj* castaño

auction ['ɔːkʃn, *Am:* 'ɑːkʃn] **I.** *n* subasta *f;* **to put sth up for ~** subastar algo **II.** *vt* **to ~ sth (off)** subastar algo

audacious [ɔː'deɪʃəs, *Am:* ɑː-] *adj* audaz

audacity [ɔː'dæsɪti, *Am:* ɑː'dæsə-t̬i] *n no pl* audacia *f*

audible ['ɔːdəbl, *Am:* 'ɑː-] *adj* perceptible

audience ['ɔːdɪəns, *Am:* 'ɑː-] *n* **1.** (*spectators*) público *m* **2.** (*interview*) audiencia *f*

audio [ˌɔːdɪəʊ, *Am:* ˌɑːdɪoʊ] *adj inv* de sonido

audit ['ɔːdɪt, *Am:* 'ɑː-] *vt* FIN auditar

audition [ɔː'dɪʃn, *Am:* ɑː-] *n* audición *f*

auditor ['ɔːdɪtər, *Am:* 'ɑːdət̬ər] *n* COM auditor(a) *m(f)*

auditorium [ˌɔːdɪ'tɔːrɪəm, *Am:* ˌɑːdə-] <-s *o* auditoria> *n* auditorio *m*

augment [ɔːg'ment, *Am:* ɑːg-] *vt form* aumentar

augur ['ɔːgər, *Am:* 'ɑːgər] *vi* **to ~ badly/well** ser de mal/buen agüero

August ['ɔːgəst, *Am:* 'ɑː-] *n* agosto *m; s. a.* **April**

aunt [ɑːnt, *Am:* ænt] *n* tía *f*

au pair [ˌəʊ'peər, *Am:* oʊ'per] *n* au pair *f*

aura ['ɔːrə] *n* aura *f*

aurora [ɔː'rɔːrə] *n* aurora *f*

auspices ['ɔːspɪsɪz, *Am:* 'ɑː-] *n pl* auspicios *mpl*

austere [ɔː'stɪər, *Am:* ɑː'stɪr] *adj* austero

austerity [ɔː'sterəti, *Am:* ɑː'sterət̬i] <-ies> *n* austeridad *f*

Australia [ɒ'streɪlɪə, *Am:* ɑː-'streɪlʒə] *n* Australia *f*

> ❓ El **Australia Day**, 26 de enero, conmemora la fundación del primer asentamiento británico en 1788 en Sydney Cove. Para los **Aborigines**, los primeros habitantes de Australia, es el día de la invasión de su país. Durante ese día tienen lugar distintos acontecimientos de tipo multicultural que suelen reunir a australianos de todas las procedencias.

Australian [ɒ'streɪlɪən, *Am:* ɑː-'streɪlʒən] *adj* australiano

Austria ['ɒstrɪə, *Am:* 'ɑː-] *n* Austria *f*

Austrian ['ɒstrɪən, *Am:* 'ɑː-] *adj* austriaco

authentic [ɔː'θentɪk, *Am:* ɑː'θen-t̬ɪk] *adj* auténtico

authenticity [ˌɔːθən'tɪsəti, *Am:* ˌɑːθən'tɪsət̬i] *n no pl* autenticidad *f*

author ['ɔːθər, *Am:* 'ɑːθər] *n* autor *m; fig* creador(a) *m(f)*

authoritarian [ˌɔːˌθɒrɪ'teərɪən, *Am:* əˌθɔːrə'terɪ-] *adj* autoritario

authoritative [ɔː'θɒrɪtətɪv, *Am:* ə'θɔːrəteɪt̬ɪv] *adj* autorizado; (*assertive*) autoritario

authority [ɔː'θɒrəti, *Am:* ə'θɔːr-əti] <-ies> *n* **1.** *no pl* (*power*) autoridad *f;* **to be in ~** tener autoridad **2.** *no pl* (*permission*) autorización *f* **3.** (*knowledge*) **to be an ~ on sth** ser una autoridad en algo

authorization [ˌɔːθəraɪ'zeɪʃn, *Am:*

,ɑːðəʳ-] *n no pl* autorización *f*

authorize [ˈɔːθəraɪz, *Am:* ˈɑː-] *vt* autorizar

authorship [ˈɔːθəʃɪp, *Am:* ˈɑːðəʳ-] *n no pl* autoría *f*

autistic [ɔːˈtɪstɪk] *adj* autista

auto [ˈɔːtəʊ, *Am:* ˈɑːtoʊ] *n Am* coche *m*, carro *m AmL*

autobiographical [ˌɔːtəbaɪəˈɡræfɪkl, *Am:* ˌɑːtə-] *adj* autobiográfico

autobiography [ˌɔːtəbaɪˈɒɡrəfɪ, *Am:* ˌɑːtəbaɪˈɑːɡrə-] *n* autobiografía *f*

autocratic [ˌɔːtəˈkrætɪk, *Am:* ˌɑːtəˈkræt-] *adj* autocrático

autograph [ˈɔːtəɡrɑːf, *Am:* ˈɑːtəɡræf] *n* autógrafo *m*

automate [ˈɔːtəmeɪt, *Am:* ˈɑːtə-] *vt* automatizar

automated [ˈɔːtəmeɪtɪd, *Am:* ˈɑːtəmeɪtɪd] *adj* automatizado

automatic [ˌɔːtəˈmætɪk, *Am:* ˌɑːtəˈmæt-] I. *n* coche *m* automático; (*pistol*) pistola *f* automática II. *adj* automático

automation [ˌɔːtəˈmeɪʃn, *Am:* ˌɑːtə-] *n no pl* automatización *f*

automobile [ˈɔːtəməbiːl, *Am:* ˈɑːtəmoʊ-] *n Am* automóvil *m*

automotive [ˌɔːtəˈməʊtɪv, *Am:* ˌɑːtəˈmoʊtɪv] *adj inv* automovilístico

autonomous [ɔːˈtɒnəməs, *Am:* ɑːˈtɑːnə-] *adj* autónomo; **to be ~ of sth** ser independiente de algo

autonomy [ɔːˈtɒnəmɪ, *Am:* ɑːˈtɑːnə-] *n no pl* autonomía *f*

autopsy [ˈɔːtɒpsɪ, *Am:* ˈɑːtɑːp-] <-ies> *n* autopsia *f*

autumn [ˈɔːtəm, *Am:* ˈɑːtəm] *n* otoño *m*

auxiliary [ɔːɡˈzɪlɪərɪ, *Am:* ɑːɡˈzɪljrɪ] <-ies> *adj* auxiliar

avail [əˈveɪl] I. *n* **to no ~** en vano II. *vt* **to ~ oneself of sth** aprovecharse de algo

available [əˈveɪləbl] *adj* disponible; **to make sth ~ to sb** poner algo a la disposición de alguien; **to be ~ to do sth** tener tiempo para hacer algo

avalanche [ˈævəlɑːnʃ, *Am:* -æntʃ] *n*

alud *m; fig* torrente *m*

avant-garde [ˌævɒŋˈɡɑːd, *Am:* ˌɑːvɑːntˈɡɑːrd] *adj* de vanguardia

avarice [ˈævərɪs] *n no pl, form* avaricia *f*

avenge [əˈvendʒ] *vt* vengar

avenue [ˈævənjuː, *Am:* -nuː] *n* avenida *f*, carrera *f AmL*

average [ˈævərɪdʒ] I. *n* promedio *m;* **on ~** por término medio II. *adj* 1. MAT medio 2. (*mediocre*) mediocre III. *vt* 1. (*have value*) promediar 2. (*calculate value of*) sacar la media de

averse [əˈvɜːs, *Am:* -ˈvɜːrs] *adj* **to be ~ to sth** ser contrario a algo

aversion [əˈvɜːʃn, *Am:* -ˈvɜːrʒn] *n* aversión *f*

avert [əˈvɜːt, *Am:* -ˈvɜːrt] *vt* prevenir; (*turn away*) desviar

aviation [ˌeɪviˈeɪʃn] *n no pl* aviación *f*

avid [ˈævɪd] *adj* ávido

avocado [ˌævəˈkɑːdəʊ, *Am:* -doʊ] <-s *o* -es> *n* aguacate *m*, abocado *m AmL*, ahuacatl *m Méx*

avoid [əˈvɔɪd] *vt* evitar

avoidance *n no pl* evasión *f*

await [əˈweɪt] *vt* aguardar

awake [əˈweɪk] <awoke, awoken *o Am:* -d, awoken> I. *vi* despertarse II. *adj* despierto; **to be ~ to sth** *fig* estar alerta ante algo

awakening [əˈweɪknɪŋ] *n no pl* despertar *m*

award [əˈwɔːd, *Am:* -ˈwɔːrd] I. *n* 1. (*prize*) premio *m* 2. (*reward*) recompensa *f* II. *vt* otorgar; **to ~ sb a grant** conceder a alguien una beca

aware [əˈweəʳ, *Am:* -ˈwer] *adj* **to be ~ of sth** ser consciente de algo; **as far as I'm ~ ...** por lo que yo sé...; **not that I'm ~ of** no, que yo sepa

awareness [əˈweənɪs, *Am:* -ˈwer-] *n no pl* conciencia *f*

away [əˈweɪ] *adv* 1. (*distant*) **10 km ~** a 10 km; **as far ~ as possible** lo más lejos posible; **to stay ~ from sb** mantenerse alejado de alguien 2. (*absent*) fuera; **to be ~ on holiday** estar de vacaciones 3. (*in future time*) **to be only a week ~** no faltar más que una semana; **right ~!** ¡enseguida!

awe [ɔː, *Am:* ɑː] *n no pl* respeto *m*

awesome ['ɔːsəm, *Am:* 'ɑː-] *adj* imponente

awful ['ɔːfl, *Am:* 'ɑː-] *adj* terrible; **an ~ lot** mucho

awfully ['ɔːflɪ, *Am:* 'ɑː-] *adv* terriblemente; ~ **clever** muy inteligente

awkward ['ɔːkwəd, *Am:* 'ɑːkwəd] *adj* **1.** (*difficult*) difícil **2.** (*embarrassing*) incómodo **3.** (*clumsy*) torpe

awoke [ə'wəʊk, *Am:* -'woʊ-] *pp of* **awake**

awoken [ə'wəʊkən, *Am:* -'woʊ-] *pp of* **awake**

awry [ə'raɪ] *adj* **to go ~** salir mal

ax *n Am*, **axe** [æks] *n* hacha *f;* **to get the ~** *fig* ser despedido; **to have an ~ to grind** *fig* tener un interés personal

axiom ['æksɪəm] *n form* axioma *m*

axis ['æksɪs] *n* eje *m*

axle ['æksl] *n* eje *m,* cardán *m AmC, Ven, Col*

ayatollah [ˌaɪjə'tɒlə, *Am:* ˌaɪə'toʊlə] *n* ayatolá *m*

aye [aɪ] *n* POL **the ~s** los votos a favor

Azerbaijan [ˌæzəbaɪ'dʒɑːn, *Am:* ˌɑːzə-] *n* Azerbaiyán *m*

Azerbaijani *adj* azerbaiyano

Aztec ['æztɛk] *adj* azteca

B, b [biː] *n* **1.** (*letter*) B, b *f;* ~ **for Benjamin** *Brit,* ~ **for Baker** *Am* B de Barcelona **2.** MUS si *m*

B & B [ˌbiːənd'biː] *n s.* **bed and breakfast** pensión *f* familiar

BA [ˌbiː'eɪ] *n abbr of* **Bachelor of Arts** Ldo., -a *m, f* (en Filosofía y Letras)

baa [bɑː, *Am:* bæ] <-ed> *vi* balar

babble ['bæbl] **I.** *n no pl* balbuceo *m* **II.** *vi* balbucear

baboon [bə'buːn, *Am:* bæb'uːn] *n* babuino *m*

baby ['beɪbɪ] *n* bebé *m*

baby food *n no pl* comida *f* para bebés

babysitter ['beɪbɪˌsɪtəʳ, *Am:* -ˌsɪtə] *n* canguro *mf,* nana *f Méx*

bachelor ['bætʃələʳ, *Am:* -lə] *n* **1.** (*man*) soltero *m* **2.** UNIV **Bachelor of Arts/Science** Licenciado, -a *m, f* en Filosofía y Letras/Ciencias

> ❓ El **Bachelor's degree** es el título que obtienen los estudiantes después de haber cursado carreras universitarias de tres años (en algunos casos, de cuatro o cinco años). Este título recibe varios nombres según las disciplinas. Los títulos más importantes son: **BA** (**Bachelor of Arts**) en las disciplinas de humanidades, **BSc** (**Bachelor of Science**) en las disciplinas científicas, **BEd** (**Bachelor of Education**) en las disciplinas de tipo pedagógico, **LLB** (**Bachelor of Laws**) para los estudiantes de Derecho y **BMus** (**Bachelor of Music**) para los estudiantes de Musicología.

back [bæk] **I.** *n* **1.** (*opposite of front*) parte *f* trasera; (*of hand, piece of paper*) dorso *m;* (*of chair*) respaldo *m;* ~ **to front** al revés; **to know sth like the ~ of one's hand** conocer algo como la palma de la mano *inf* **2.** (*end: of book*) final *m* **3.** ANAT espalda *f;* (*of animal*) lomo *m;* **to do one's ~** estar boca arriba; **to do sth behind sb's ~** *a. fig* hacer algo a espaldas de alguien; **to turn one's ~ on sb** *a. fig* dar la espalda a alguien; **to have one's ~ against the wall** *fig* estar entre la espada y la pared **4.** SPORTS defensa *mf* **II.** *adj* trasero **III.** *adv* **to be ~** estar de vuelta; **to come ~** volver; **to want sb ~** querer que alguien vuelva; ~ **and forth** adelante y atrás; **to look ~** mirar hacia atrás; **to sit ~** recostarse **IV.** *vt* apoyar

◆ **back down** *vi* retirarse

◆**back up** *vt* respaldar; **to ~ data** INFOR hacer copias de seguridad de datos

backbone ['bækbəʊn, *Am:* -boʊn] *n* columna *f* vertebral

backer ['bækə', *Am:* -ə'] *n* partidario, -a *m, f*

backfire [,bæk'faɪə', *Am:* -'faɪə'] *vi* (*go wrong*) fallar

backgammon [bæk'gæmən] *n no pl* backgamon *m*

background ['bækgraʊnd] *n* **1.** (*rear view*) fondo *m;* **in the ~** *fig* en segundo plano **2.** (*circumstances*) antecedentes *mpl*

backhand ['bækhænd] *n no pl* revés *m*

backing ['bækɪŋ] *n no pl* (*support*) apoyo *m*

backlash ['bæklæʃ] *n* reacción *f*

backlog ['bæklɒg, *Am:* -lɑːg] *n* atraso *m*

backpack ['bækpæk] *n* mochila *f*

backstage [bæk'steɪdʒ] *adv* THEAT entre bastidores

backup ['bækʌp] *n* **1.** (*support*) apoyo *m* **2.** INFOR copia *f* de seguridad

backward ['bækwəd, *Am:* -wəd] **I.** *adj* (*slow*) retrasado **II.** *adv Am s.* **backwards**

backwards ['bækwədz, *Am:* -wədz] *adv* **1.** (*towards back*) hacia atrás **2.** (*in reverse order*) al revés

back yard *n Brit* (*yard*) patio *m* trasero; *Am* (*garden*) jardín *m* trasero

bacon ['beɪkən] *n* beicon *m*, tocino *m AmL*

bacteria [bæk'tɪərɪə] *n pl of* **bacterium**

bacterium [bæk'tɪərɪəm] *n* <-ria> bacteria *f*

bad [bæd] <worse, worst> **I.** *adj* **1.** (*not good*) malo; **to feel ~** sentirse mal; **to look ~** tener mal aspecto; **to have a ~ heart** estar mal del corazón; **to use ~ language** decir palabrotas; **in ~ taste** de mal gusto; **to have a ~ temper** tener mal carácter; **~ times** tiempos *mpl* difíciles; **to go from ~ to worse** ir de mal en peor **2.** (*harmful*) dañino; **to be ~ for sb**

ser perjudicial para alguien **3.** (*spoiled*) malo; **to go ~** echarse a perder **4.** (*serious: accident*) grave; (*pain*) fuerte **II.** *adv inf* mal

badge [bædʒ] *n* insignia *f,* placa *f Méx*

badger ['bædʒə', *Am:* -ə'] *n* tejón *m*

badly ['bædli] <worse, worst> *adv* **1.** (*poorly, negatively*) mal; **to think ~ of sb** pensar mal de alguien **2.** (*very much*) desesperadamente

badminton ['bædmɪntən] *n no pl* bádminton *m*

baffle ['bæfl] *vt* desconcertar

baffling *adj* desconcertante

bag [bæg] *n* **1.** (*container*) bolsa *f*, busaca *f Col, Ven;* (*handbag*) bolso *m;* (*sack*) saco *m;* **to pack one's ~s** *a. fig* hacer las maletas; **to have ~s under one's eyes** tener ojeras **2.** *pej, inf* (*grumpy woman*) bruja *f;* **to have ~s of money/time** *inf* tener un montón de dinero/tiempo

baggage ['bægɪdʒ] *n no pl* equipaje *m*

baggy ['bægi] *adj* holgado

Bahamas [bə'hɑːməz] *npl* the ~ las (Islas) Bahamas

bail [beɪl] *n* fianza *f;* **on ~** bajo fianza

bailiff ['beɪlɪf] *n* **1.** *Brit* (*landlord's agent*) administrador(a) *m(f)* **2.** *Am* (*court official*) alguacil *mf*

bait [beɪt] **I.** *n* (*for fish*) cebo *m;* **to swallow the ~** *fig* morder el anzuelo **II.** *vt* (*harass*) acosar

bake [beɪk] **I.** *vi* **1.** (*cook*) cocerse **2.** *inf* (*be hot*) achicharrarse **II.** *vt* cocer al horno

baker ['beɪkə', *Am:* -kə'] *n* panadero, -a *m, f*

bakery ['beɪkəri] *n* panadería *f*

baking *adj* it's **~ hot** hace un calor achicharrante

balance ['bælənts] **I.** *n* **1.** (*device*) balanza *f* **2.** *no pl* (*equilibrium*) equilibrio *m;* **to lose one's ~** perder el equilibrio **3.** FIN saldo *m;* (*difference*) balance *m* **II.** *vi* equilibrarse **III.** *vt* equilibrar; **to ~ sth against sth** comparar algo con algo; **to ~ the books** hacer cuadrar los libros de cuentas

balance sheet *n* balance *m*

balcony ['bælkəni] *n* balcón *m*

bald [bɔːld] *adj* calvo, pelón *Méx*

bale [beɪl] *n* fardo *m*

Balearic Islands [ˌbæliˈærɪk-, *Am:* ˌbæliˈl-] *n* the ~ las Islas Baleares

balk [bɔːk] *vi* to ~ at sth resistirse a algo

Balkans ['bɔlkəns] *n* the ~ los Balcanes

ball¹ [bɔːl] *n* **1.** (*for golf, tennis*) pelota *f;* (*for football, basketball*) balón *m;* to play ~ jugar a la pelota; *fig* cooperar **2.** (*shape*) bola *f* **3.** (*dance*) baile *m;* to have a ~ *fig* divertirse

ballad ['bæləd] *n* balada *f*

ballast ['bæləst] *n no pl* NAUT lastre *m*

ballet dancer ['bæleɪˌdɑːntsəʳ, *Am:* 'bæleɪˌdæːntsɚ] *n* bailarín, -ina *m, f*

balloon [bəˈluːn] *n* globo *m*

ballot ['bælət] *n* votación *f*

ballpoint (pen) [ˌbɔːlpɔɪnt (pen)] *n* bolígrafo *m*, birome *m RíoPl*

ballroom ['bɔːlrʊm] *n* salón *m* de baile

Baltic ['bɔːltɪk] *n* the ~ (**Sea**) el (Mar) Báltico

bamboo [bæmˈbuː] *n no pl* bambú *m*

ban [bæn] **I.** *n* prohibición *f* **II.** *vt* <-nn-> prohibir

banal [bəˈnɑːl] *adj* banal

banana [bəˈnɑːnə, *Am:* -ˈnænə] *n* plátano *m*, banana *f AmL;* to go ~s *inf* (*mad*) volverse majara

band¹ [bænd] *n* **1.** (*strip: of cloth, metal*) banda *f;* (*ribbon*) cinta *f* **2.** (*stripe*) franja *f*

band² [bænd] *n* MUS grupo *m;* (*of friends*) pandilla *f;* (*of robbers*) banda *f*

bandage ['bændɪdʒ] *n* vendaje *m*

band-aid ['bændeɪd] *n* tirita® *f*, curita *f AmL*

bandit ['bændɪt] *n* bandido, -a *m, f*, carrilano, -a *m, f Chile*

bandwagon ['bændwægən] *n* to jump on the ~ *fig* subirse al carro

bang [bæŋ] **I.** *n* (*noise, blow*) golpe *m;* (*explosion*) detonación *f;* to go with a ~ *fig* ser todo un éxito **II.** *adv*

1. *inf* (*exactly*) ~ in the middle justo en medio **2.** (*making noise*) to go ~ estallar **III.** *vi* cerrarse de golpe **IV.** *vt* golpear

Bangladesh [bæŋgləˈdeʃ] *n* Bangladesh *m*

banish ['bænɪʃ] *vt a. fig* desterrar

banister ['bænɪstəʳ, *Am:* -əstɚ] *n* pasamano(s) *m* (*inv*)

bank¹ [bæŋk] *n* **1.** FIN banco *m* **2.** (*storage place*) depósito *m*

bank² [bæŋk] *n* (*of river*) orilla *m*

bank³ [bæŋk] *n* (*of earth*) terraplén *m;* (*of fog*) banco *m*

bank account *n* cuenta *f* bancaria

banker ['bæŋkəʳ, *Am:* -kɚ] *n* banquero, -a *m, f*

bank holiday *n Am, Brit* día *m* festivo, día *m* feriado *AmL*

banking *n no pl* banca *f*

bank manager *n* gerente *mf* de banco

bankrupt ['bæŋkrʌpt] *adj* to be ~ estar en quiebra; to go ~ quebrar

bankruptcy ['bæŋkrəptsi] *n* <-ies> bancarrota *f*

banner ['bænəʳ, *Am:* -ɚ] *n* bandera *f*

banquet ['bæŋkwɪt, *Am:* -kwət] *n* banquete *m*

banter ['bæntəʳ, *Am:* -t̬ɚ] *n* bromas *fpl*

baptise [bæpˈtaɪz] *vt Aus, Brit s.* **baptize**

baptism ['bæptɪzəm] *n* bautismo *m*

Baptist ['bæptɪst] *n* bautista *mf*

baptize [bæpˈtaɪz, *Am:* 'bæp-] *vt* bautizar

bar¹ [bɑːʳ, *Am:* bɑːr] **I.** *n* **1.** (*of metal, wood*) barra *f;* (*of cage, prison*) barrote *m;* (*of chocolate*) tableta *f;* (*of gold*) lingote *m;* (*of soap*) pastilla *f;* to be behind ~s *inf* estar entre rejas **2.** (*place to drink*) bar *m;* (*counter*) mostrador *m* **II.** *vt* <-rr-> **1.** (*fasten: door, window*) atrancar **2.** (*obstruct*) obstruir **3.** (*prohibit*) prohibir

bar² [bɑːʳ, *Am:* bɑːr] *prep Brit* excepto; ~ none sin excepción

barb [bɑːb, *Am:* bɑːrb] *n* púa *f*

Barbados [bɑːˈbeɪdɒs, *Am:* bɑːr-

'bɑɪdoʊs] n Barbados m

barbarian [bɑːˈbeərɪən, Am: bɑːrˈberɪ-] n bárbaro, -a m, f

barbaric [bɑːˈbærɪk, Am: bɑːrˈber-] adj, **barbarous** [ˈbɑːbərəs, Am: ˈbɑːr-] adj bárbaro

barbecue [ˈbɑːbɪkjuː, Am: ˈbɑːr-] n barbacoa f, parrillada f Col, Ven, asado m Chile

barbed wire [bɑːbd-, Am: bɑːrbd-] n alambre m de púas

barber [ˈbɑːbəʳ, Am: ˈbɑːrbəʳ] n barbero m

bare [beəʳ, Am: ber] **I.** adj **1.** (naked) desnudo; (uncovered) descubierto; **with one's ~ hands** con las propias manos; **to fight with one's ~ hands** luchar sin armas; **to tell sb the ~ facts** decir a alguien la pura verdad; **the ~ minimum** lo mínimo **2.** (empty) vacío **II.** vt **to ~ one's heart to sb** abrir el corazón a alguien

barely [ˈbeəli, Am: ˈber-] adv apenas, agatas Arg, Urug, Par

bargain [ˈbɑːgɪn, Am: ˈbɑːr-] n **1.** (agreement) trato m; **to drive a hard ~** saber regatear; **to strike a ~** cerrar un trato; **into the ~** por añadidura **2.** (item) ganga f, pichincha f Arg, Bol, Par, Urug, mamada f AmC, Bol, Chile, Perú

♦ **bargain for** vi to get more than one bargained for recibir más de lo que uno se esperaba

barge [bɑːdʒ, Am: bɑːrdʒ] n barcaza f

♦ **barge in** vi entrar sin avisar

baritone [ˈbærɪtəʊn, Am: ˈberətoʊn] n barítono m

bark¹ [bɑːk, Am: bɑːrk] **I.** n (of dog) ladrido m; **his ~ is worse than his bite** perro ladrador, poco mordedor prov **II.** vi ladrar

bark² n no pl (of tree) corteza f

barley [ˈbɑːli, Am: ˈbɑːr-] n no pl cebada f

barmaid [ˈbɑːmeɪd, Am: ˈbɑːr-] n camarera f

barman [ˈbɑːmən, Am: ˈbɑːr-] n <-men> camarero m

barn [bɑːn, Am: bɑːrn] n granero m

barnacle [ˈbɑːnəkl, Am: ˈbɑːr-] n bálano m

barometer [bəˈrɒmɪtəʳ, Am: -ˈrɑːmət̬əʳ] n barómetro m

baron [ˈbærən, Am: ˈber-] n barón m

baroness [ˈbærənɪs, Am: ˈbernəs] n baronesa f

baroque [bəˈrɒk, Am: -ˈroʊk] adj barroco

barracks [ˈbærəks, Am: ˈber-] npl cuartel m

barrage [ˈbærɑːʒ, Am: bəˈrɑːʒ] n (of questions) aluvión m

barrel [ˈbærəl, Am: ˈber-] n **1.** (container) barril m **2.** (of gun) cañón m

barren [ˈbærən, Am: ˈber-] adj estéril

barricade [ˌbærɪˈkeɪd, Am: ˌberə-] n barricada f

barrier [ˈbærɪəʳ, Am: ˈberɪəʳ] n barrera f

barring [ˈbɑːrɪŋ] prep excepto; ~ **complications** a menos que se presenten complicaciones

barrister [ˈbærɪstəʳ, Am: ˈberɪstəʳ] n Aus, Brit abogado, -a m, f

barrow [ˈbærəʊ, Am: ˈberoʊ] n (wheelbarrow) carretilla f; (cart) carreta f

bartender [ˈbɑːtendəʳ, Am: ˈbɑːrtendəʳ] n camarero, -a m, f

barter [ˈbɑːtəʳ, Am: ˈbɑːrt̬əʳ] vt **to ~ sth for sth** trocar algo por algo

basalt [ˈbæsɔːlt, Am: bəˈsɔːlt] n no pl basalto m

base [beɪs] **I.** n **1.** (lower part) base f **2.** (bottom) fondo m **3.** MIL base f **II.** vt basar; **to be ~d on** basarse en

baseball [ˈbeɪsbɔːl] n béisbol m

bash [bæʃ] vt golpear

bashful [ˈbæʃfl] adj tímido

basic [ˈbeɪsɪk] adj básico

basically adv básicamente

basil [ˈbæzəl, Am: ˈbeɪzəl] n albahaca f

basin [ˈbeɪsn] n **1.** (for cooking) cuenco m; (for washing) lavabo m **2.** GEO cuenca f

basis [ˈbeɪsɪs] n <bases> base f; **on a weekly ~** semanalmente; **to be**

the ~ **for sth** ser el fundamento de algo

bask [bɑːsk, *Am:* bæsk] *vi* **to** ~ **in the sun** tomar el sol

basket ['bɑːskɪt, *Am:* 'bæskət] *n* cesto *m;* SPORTS canasta *f*

basketball ['bɑːskɪtbɔːl, *Am:* 'bæskətbɔːl] *n* baloncesto *m*

Basque [bæsk] *adj* vasco; ~ **Country** País *m* Vasco

bass [beɪs] *n* (*voice, electrical*) bajo *m;* (*instrument*) contrabajo *m*

bastard ['bɑːstəd, *Am:* 'bæstəd] *n vulg* cabrón, -ona *m, f*

bastion ['bæstɪən, *Am:* -tʃən] *n a. fig* baluarte *m*

bat[1] [bæt] *n* ZOOL murciélago *m;* **to be as blind as a** ~ no ver tres en un burro

bat[2] *vt* **to** ~ **one's eyelids** pestañear; **she didn't** ~ **an eyelid** ni siquiera pestañeó

bat[3] SPORTS **I.** *n* bate *m* **II.** *vt, vi* <-tt-> batear

batch [bætʃ] *n* <-es> tanda *f;* COM, INFOR lote *m*

bath [bɑːθ, *Am:* bæθ] **I.** *n* **1.** (*container*) bañera *f,* tina *f AmL,* bañadera *f Arg* **2.** (*action*) baño *m,* bañada *f Méx;* **to have a** ~ bañarse **II.** *vt* bañar

bathe [beɪð] **I.** *vi* bañarse **II.** *vt* (*wound, eyes*) lavar; (*person, animal*) bañar; **to be ~d in sweat** estar bañado en sudor

bathing *n no pl* baño *m*

bathing cap *n* gorro *m* de baño **bathing costume** *n Aus, Brit,* **bathing suit** *n Am* traje *m* de baño, bañador *m*

bathroom ['bɑːθruːm] *n* (cuarto *m* de) baño *m*

bathtub ['bɑːθtʌb, *Am:* 'bæθ-] *n* bañera *f,* tina *f AmL,* bañadera *f Arg*

baton ['bætən, *Am:* bə'tɑːn] *n* MUS batuta *f;* (*of policeman*) porra *f;* SPORTS testigo *m*

batsman ['bætsmən] <-men> *n* bateador *m*

battalion [bə'tælɪən, *Am:* -jən] *n* batallón *m*

batter ['bætə', *Am:* 'bæt̬ə'] **I.** *n*

1. GASTR (*for fried food*) rebozado *m;* (*for pancake*) masa *f* **2.** *Am* SPORTS bateador(a) *m(f)* **II.** *vt* **1.** (*assault*) maltratar, pegar **2.** (*hit*) golpear **3.** GASTR rebozar

battered ['bætəd, *Am:* -ə·d] *adj* **1.** (*injured*) maltratado **2.** (*damaged*) estropeado

battering ['bætərɪŋ, *Am:* 'bæt̬-] *n* paliza *f*

battery ['bætəri, *Am:* 'bæt̬-] <-ies> *n* **1.** (*for radio, torch*) pila *f;* (*for car*) batería *f* **2.** (*large number*) serie *f;* **a** ~ **of questions** una sarta de preguntas

battle ['bætl, *Am:* 'bæt̬-] **I.** *n* MIL batalla *f;* (*struggle*) lucha *f;* **to fight a losing** ~ *fig* luchar por una causa perdida **II.** *vi* luchar

battle cry *n* grito *m* de guerra **battlefield** *n* campo *m* de batalla **battleground** *n* campo *m* de batalla

battleship *n* acorazado *m*

bawl [bɔːl, *Am:* bɑːl] *vi* (*bellow*) vociferar; **to** ~ **at sb** gritar a alguien

bay[1] [beɪ] *n* GEO bahía *f*

bay[2] *n* BOT laurel *m*

bay[3] [beɪ] **I.** *vi* aullar **II.** *n* **to bring sb to** ~ acorralar a alguien; **to hold sth at** ~ mantener algo a raya

bayonet ['beɪənɪt, *Am:* ˌbeɪə'net] *n* bayoneta *f*

bazaar [bə'zɑː', *Am:* -'zɑːr] *n* bazar *m*

BBC ['biː'biː'siː] *n abbr of* **British Broadcasting Corporation** BBC *f*

BC [ˌbiː'siː] *adv abbr of* **before Christ** a.C.

be [biː] <was, been> **I.** *vi* **1.** + *adj/n* (*permanent state, quality, identity*) ser; **she's a cook** es cocinera; **she's Spanish** es española; **to** ~ **good** ser bueno; **to** ~ **able to do sth** ser capaz de hacer algo; **to** ~ **married** estar [*o* ser *CSur*] casado **2.** + *adj* (*mental and physical states*) estar; **to** ~ **fat** estar gordo; **to** ~ **hungry** tener hambre; **to** ~ **happy** estar contento **3.** (*age*) tener; **I'm 21** tengo 21 años **4.** (*measurement*) medir; (*weight*) pesar; **to** ~ **2 metres long** medir 2 metros de largo **5.**(*exist, live*) **there is/are ...** hay... **6.**(*location, situation*) estar; **to ~ in Rome** estar en Roma **7.** *pp* (*go*) **I've never ~en to Mexico** nunca he estado en Méjico **8.**(*expresses possibility*) **can it ~ that ...?** *form* ¿puede ser que... +*subj*? **II.** *impers vb* (*expressing physical conditions, circumstances*) **it's cloudy** está nublado; **it's sunny** hace sol; **it's two o'clock** son las dos **III.** *aux vb* **1.**(*expresses continuation*) estar; **to ~ doing sth** estar haciendo algo; **don't sing while I'm reading** no cantes mientras estoy leyendo [*o* mientras leo]; **she's leaving tomorrow** se va mañana **2.**(*expresses passive*) ser; **to ~ discovered by sb** ser descubierto por alguien; **he was left speechless** se quedó sin habla **3.**(*expresses future*) **we are to visit Peru in the winter** vamos a ir a Perú en invierno; **what are we to do?** ¿qué podemos hacer? **4.**(*expresses future in past*) **she was never to see her brother again** nunca más volvería a ver a su hermano **5.**(*expresses subjunctive possibility in conditionals*) **if he was to work harder, he'd get better grades** si trabajara más, tendría mejores notas **6.**(*expresses obligation*) **you are to come here right now** tienes que venir aquí ahora mismo **7.**(*in question tags*) **she is tall, isn't she?** es alta, ¿no?

beach [biːtʃ] *n* playa *f*

beacon [ˈbiːkən] *n* baliza *f*

bead [biːd] *n* (*of glass*) abalorio *m*; **~s of sweat** gotas *fpl* de sudor

beak [biːk] *n* pico *m*

beaker [ˈbiːkər, *Am:* -kɚ] *n* vaso *m*

beam [biːm] **I.** *n* **1.**(*ray*) rayo *m* **2.** ARCHIT viga *f* **II.** *vt* transmitir **III.** *vi* brillar; (*smile*) sonreír (abiertamente)

bean [biːn] *n* (*vegetable: fresh*) judía *f* verde, ejote *m Méx*, chaucha *f RíoPl*; (*dried*) alubia *f*; **coffee ~** grano *m* de café; **to be full of ~s** *fig* estar lleno de vida; **to spill the ~s** *fig* descubrir el pastel

bear¹ [beər, *Am:* ber] *n* ZOOL oso, -a *m, f*

bear² [beər, *Am:* ber] <bore, borne> **I.** *vt* **1.**(*carry*) llevar; **to ~ arms** *form* portar armas **2.**(*display*) **to ~ a resemblance to ...** parecerse a... **3.**(*have, possess*) tener **4.**(*support: weight*) aguantar **5.**(*accept: cost*) correr con; (*responsibility*) cargar con **6.**(*endure: hardship, pain*) soportar; **what might have happened doesn't ~ thinking about** da miedo sólo de pensar lo que podía haber pasado **7.**(*tolerate*) soportar **8.to ~ sb a grudge** tener rencor a alguien; **to ~ sth in mind** tener algo presente; **to ~ witness to sth** atestiguar algo **9.**(*give birth to*) dar a luz a **10.**(*fruit*) dar **II.** *vi* (*tend*) **to ~ east** dirigirse al este; **to ~ left** torcer a la izquierda

◆ **bear down on** *vt* avanzar hacia

◆ **bear on** *vt* tener que ver con

◆ **bear up** *vi* aguantar

beard [bɪəd, *Am:* bɪrd] *n* barba *f*

bearer [ˈbeərər, *Am:* ˈberɚ] *n* portador(a) *m(f)*

bearing [ˈbeərɪŋ, *Am:* ˈberɪŋ] *n* NAUT rumbo *m*; **to get one's ~s** *a. fig* orientarse; **to lose one's ~s** *a. fig* desorientarse; **to have some ~ on sth** tener que ver con algo

beast [biːst] *n* **1.**(*animal*) bestia *f* **2.** *inf*(*person*) animal *m*

beat [biːt] **I.** *n* **1.**(*pulsation: of heart*) latido *m*; (*of pulse*) pulsación *f*; (*of hammer*) martilleo *m* **2.** MUS (*stress*) tiempo *m*; (*rhythm*) ritmo *m* **3.** *no pl* (*of police officer*) ronda *f* **II.** <beat, beaten> *vt* **1.**(*strike*) golpear; (*metal, eggs*) batir; (*carpet*) sacudir, festejar *Méx*; **to ~ sb black and blue** dar una paliza soberana a alguien; **to ~ a confession out of sb** hacer confesar a alguien a base de palos **2.**(*wings*) batir **3.**(*defeat*) ganar; **if you can't ~ them, join them** *prov* si no puedes con ellos, únete a ellos; **it ~s me why ...** no llego a comprender por qué... **4.** MUS (*drum*) tocar **III.** <beat, beaten> *vi* (*pulsate*) latir; (*wings*) batir; (*drum*) redoblar

◆ **beat back** *vt* rechazar

◆ **beat up** *vt* dar una paliza a

beaten ['biːtn, *Am:* 'biːt̬n] *pp of* **beat**

beating ['biːtɪŋ, *Am:* 'biːt̬ɪŋ] *n* **1.** (*assault*) paliza *f*, cueriza *f AmL;* **to give sb a ~** dar una paliza a alguien **2.** (*defeat*) derrota *f* **3.** (*of heart*) latido *m*

beautiful ['bjuːtɪfl, *Am:* -t̬ə-] *adj* precioso; (*weather, meal*) estupendo

beauty ['bjuːti, *Am:* -t̬i] <-ies> *n* **1.** *no pl* (*property*) belleza *f;* **~ is in the eye of the beholder** *prov* todo depende del color del cristal con que se mira **2.** (*woman*) belleza *f*

beaver ['biːvər, *Am:* -vər] *n* castor *m*

became [bɪ'keɪm] *pt of* **become**

because [bɪ'kɒz, *Am:* -'kɑːz] **I.** *conj* porque **II.** *prep* **~ of** a causa de; **~ of illness** por enfermedad

beck [bek] *n* **to be at sb's ~ and call** estar siempre a la entera disposición de alguien

beckon ['bekən] *vt* llamar por señas; **to ~ sb over** hacer señas a alguien para que se acerque

become [bɪ'kʌm] <became, become> *vi* (+ *adj*) volverse; (+ *n*) llegar a ser; **to ~ a lawyer/teacher** hacerse abogado/profesor; **to ~ angry** enfadarse; **to ~ famous** hacerse famoso; **to ~ sad/happy** ponerse triste/contento; **to ~ interested in sth** interesarse por algo

bed [bed] *n* **1.** (*furniture*) cama *f;* **to get out of ~** levantarse de la cama; **to go to ~** acostarse; **to go to ~ with sb** acostarse con alguien; **to make the ~** hacer la cama; **to put sb to ~** acostar a alguien **2.** (*flower patch*) arriate *m*, cantero *m RíoPl* **3.** (*base*) base *f* **4.** (*bottom: of sea*) fondo *m;* (*of river*) lecho *m;* **a ~ of roses** un lecho de rosas *f*

BEd [biː'ed] *abbr of* **Bachelor of Education** Ldo., -a *m, f* en Magisterio

bed and breakfast *n* pensión *f* familiar

bedding ['bedɪŋ] *n no pl* ropa *f* de cama; (*for animal*) cama *f*

bedrock ['bedrɒk, *Am:* -rɑːk] *n no pl* **1.** GEO roca *f* firme **2.** *fig* cimientos *mpl*

bedroom ['bedrʊm, *Am:* -ruːm] *n* dormitorio *m*, recámara *f Méx*

bedside ['bedsaɪd] *n no pl* cabecera *f* (de la cama)

bedside table *n* mesita *f* de noche, nochero *m Col, Chile, Urug*, búro *m Méx*

bedtime ['bedtaɪm] *n no pl* hora *f* de acostarse

bee [biː] *n* abeja *f;* **to have a ~ in one's bonnet about sth** tener algo metido entre ceja y ceja

beech [biːtʃ] *n* haya *f*

beef [biːf] *n no pl* carne *f* de ternera [*o* de res *AmC, Méx*]

beefburger ['biːf,bɜːgər, *Am:* -,bɜːr-gər] *n* hamburguesa *f*

beehive ['biːhaɪv] *n* colmena *f*

been [biːn, *Am:* bɪn] *pp of* **be**

beep [biːp] **I.** *n* pitido *m* **II.** *vi* pitar

beer [bɪər, *Am:* bɪr] *n* cerveza *f*

beet [biːt] *n* **1.** (*sugar beet*) remolacha *f* (azucarera) **2.** *Am* (*beetroot*) remolacha *f*, betabel *f Méx*

beetle ['biːtl, *Am:* -t̬l] *n* escarabajo *m*

beetroot ['biːtruːt] *n* remolacha *f*, betabel *f Méx;* **to go as red as a ~** ponerse rojo como un tomate

before [bɪ'fɔːr, *Am:* -'fɔːr] **I.** *prep* **1.** (*earlier*) antes; **to leave ~ sb** salir antes que alguien; **~ doing sth** antes de hacer algo **2.** (*in front of*) delante de; **~ our eyes** ante nuestros ojos **3.** (*having priority*) antes que; **~ everything** antes que nada; **to put sth ~ sth else** anteponer algo a algo **II.** *adv* antes; **the day ~** el día anterior; **two days ~** dos días antes; **as ~** como antes **III.** *conj* antes de que +*subj;* **he spoke ~ she went out** habló antes de que ella se saliera; **he had a glass ~ he went** se tomó una copa antes de irse

beforehand [bɪ'fɔːhænd, *Am:* -'fɔːr-] *adv* de antemano

befriend [bɪ'frend] *vt* hacerse amigo de

beg [beg] <-gg-> **I.** *vt* (*request*)

rogar; **to ~ sb to do sth** suplicar a alguien que haga algo; **to ~ sb's pardon** pedir disculpas a alguien; **I ~ your pardon!** ¡disculpe! **II.** *vi* pedir (limosna); **to ~ for sth** pedir algo; **there are jobs going ~ging** *inf* hay trabajos a patadas

began [bɪˈɡæn] *pt of* **begin**

beget [bɪˈɡet] <begot, begotten> *vt form* engendrar

beggar [ˈbeɡəʳ, *Am:* -ɚ] **I.** *vt* **to ~ belief** parecer absolutamente inverosímil; **to ~ description** resultar indescriptible **II.** *n* mendigo, -a *m, f*, limosnero, -a *m, f AmL;* **~s can't be choosers** *prov* a buen hambre no hay pan duro *prov*

begin [bɪˈɡɪn] <began, begun> **I.** *vt* empezar; **to ~ a conversation** entablar una conversación; **to ~ doing sth** empezar a hacer algo; **to ~ work** empezar a trabajar **II.** *vi* empezar; **the film ~s at eight** la película comienza a las ocho; **to ~ with ...** al principio...; (*enumeration*) primero...

beginner [bɪˈɡɪnəʳ, *Am:* -ɚ] *n* principiante *mf*

beginning *n* **1.** (*start*) principio *m*, empiezo *m Arg, Col, Ecua, Guat;* **at the ~** al principio; **from ~ to end** de principio a fin **2.** (*origin*) origen *m*

begot [bɪˈɡɒt, *Am:* -ˈɡɑt] *pt of* **beget**

begotten [bɪˈɡɒtn, *Am:* -ˈɡɑtn] *pp of* **beget**

begun [bɪˈɡʌn] *pp of* **begin**

behalf [bɪˈhɑːf, *Am:* -ˈhæf] *n no pl* **on ~ of sb** (*for*) en beneficio de alguien; (*from*) de parte de alguien

behave [bɪˈheɪv] *vi* comportarse; **to ~ badly** portarse mal

behavior *n no pl, Am, Aus,* **behaviour** [bɪˈheɪvjəʳ, *Am:* -vjɚ] *n no pl, Aus, Brit* comportamiento *m*

behind [bɪˈhaɪnd] **I.** *prep* **1.** (*to the rear of*) detrás de; **right ~ sb** justo detrás de alguien; **~ the wheel** al volante; **there is somebody ~ this** *fig* hay alguien detrás de todo esto **2.** (*in support of*) **to be ~ sb** (*all the way*) estar con alguien (hasta el final) **3.** (*late for*) **~ time** retrasado;

to be ~ schedule ir con retraso; **to be ~ the times** estar atrasado con respecto a la época **II.** *adv* **1.** (*at the back*) por detrás; **to fall ~** (*be slower*) quedarse atrás; (*in work, studies*) atrasarse; **to come from ~** venir desde atrás; **to leave sb ~** dejar a alguien atrás; **to stay ~** quedarse atrás **2.** (*overdue*) **to be ~** retrasarse; **he is a long way ~** está muy retrasado; **to be ~ (in sth)** estar atrasado (en algo) **III.** *n inf* trasero *m*

behold [bɪˈhəʊld, *Am:* -ˈhoʊld] *vt* contemplar

beige [beɪʒ] *adj* beige *inv*

being [ˈbiːɪŋ] **I.** *n* **1.** (*creature*) ser *m;* **to come into ~** nacer **2.** (*soul*) alma *f* **II.** *pres p of* **be**

Belarus [beləˈrʌs] *n* Bielorrusia *f*

belated [bɪˈleɪtɪd, *Am:* - t̬ɪd] *adj* tardío

belch [beltʃ] *vi* eructar

beleaguered [bɪˈliːɡəʳd, *Am:* -ɡɚd] *adj* (*city*) asediado; (*person*) acosado

Belgian [ˈbeldʒən] *adj* belga

Belgium [ˈbeldʒəm] *n* Bélgica *f*

belie [bɪˈlaɪ] *irr vt* desmentir

belief [bɪˈliːf] *n a.* REL creencia *f;* **to the best of my ~** por lo que yo sepa; **to be beyond ~** ser increíble; **in the ~ that ...** con la convicción de que...

believable [bɪˈliːvəbl] *adj* creíble

believe [bɪˈliːv] **I.** *vt* creer; **she couldn't ~ her eyes** no podía dar crédito a sus ojos; **I can't ~ how ...** me cuesta creer cómo...; **~ it or not, ...** aunque parezca mentira,... **II.** *vi* creer; **to ~ in sth** (*support*) ser partidario de algo

believer [bɪˈliːvəʳ, *Am:* -vɚ] *n* **1.** REL creyente *mf* **2.** (*supporter*) partidario, -a *m, f;* **to be a ~ in sth** ser partidario de algo

belittle [bɪˈlɪtl, *Am:* -ˈlɪt̬-] *vt* menospreciar

bell [bel] *n* (*of church*) campana *f;* (*handbell*) campanilla *f;* (*on hat, cat*) cascabel *m;* (*of bicycle, door*) timbre *m;* **his name/face rings a ~** me suena su nombre/cara

belligerent [bɪˈlɪdʒərənt] *adj* beligerante

bellow [ˈbeləʊ, *Am:* -oʊ] *vi* (*animal*) bramar; (*person*) gritar

bellows [ˈbeləʊz, *Am:* -oʊz] *npl* fuelle *m*

belly [ˈbeli] <-ies> *n inf* barriga *f*, guata *f Chile*

belly button *n inf* ombligo *m*

belong [bɪˈlɒŋ, *Am:* -ˈlɑːŋ] *vi* **1.** (*be property of*) **to ~ to sb/sth** pertenecer a alguien/algo **2.** (*be member of*) **to ~ to** (*club*) ser socio de; (*party*) estar afiliado a **3.** (*have a place*) **this doesn't ~ here** esto no va aquí; **I feel I don't ~ here** no me encuentro a gusto aquí; **they ~ together** están hechos el uno para el otro

belongings *npl* pertenencias *fpl*

beloved [bɪˈlʌvɪd] *n no pl* amado, -a *m, f*

below [bɪˈləʊ, *Am:* -ˈloʊ] **I.** *prep* **1.** (*lower than, underneath*) debajo de; **~ the table** debajo de [*o* bajo] la mesa; **~ us** debajo de nosotros; **~ sea level** por debajo del nivel del mar **2.** (*less than*) **~ average** por debajo de la media; **~ freezing** bajo cero; **it's 4 degrees ~ zero** estamos a 4 grados bajo cero; **children ~ the age of twelve** niños menores de doce años; **to be ~ sb** (*unworthy of*) no ser digno de alguien **II.** *adv* abajo; **from ~** abajo; **see ~** (*in a text*) ver más adelante

belt [belt] **I.** *n* **1.** FASHION cinturón *m*; **to fasten one's ~** abrocharse el cinturón; **to tighten one's ~** *fig* apretarse el cinturón **2.** TECH correa *f* **3.** (*area*) zona *f* **4.** *inf* (*punch*) golpe *m* **II.** *vt inf* (*hit*) zurrar

bemoan [bɪˈməʊn, *Am:* -ˈmoʊn] *vt form* lamentar

bemused [bɪˈmjuːzd] *adj* desconcertado

bench [bentʃ] *n* banco *m*; **the ~** SPORTS el banquillo; LAW la judicatura

benchmark [ˈbentʃmaːk, *Am:* -maːrk] *n* punto *m* de referencia

bend [bend] <bent, bent> **I.** *n* (*of river, road*) curva *f*; (*of pipe*) codo *m*; **to take a ~** tomar una curva; **to go round the ~** *fig* volverse loco **II.** *vi* (*person*) inclinarse; (*thing*) doblarse **III.** *vt* (*arms, legs*) doblar; (*head*) inclinar; **to ~ the rules** interpretar las reglas a su manera; **to ~ sb to one's will** doblar a alguien a su voluntad

♦ **bend over** *vi* inclinarse

beneath [bɪˈniːθ] **I.** *prep* (*lower than, underneath*) debajo de; **~ the table** debajo de la mesa; **to be ~ sb in rank** tener un rango por debajo de alguien; **to be ~ sb** (*unworthy of*) no ser digno de alguien **II.** *adv* abajo

benefactor [ˈbenɪfæktəʳ] *n* benefactor *m*

beneficiary [ˌbenɪˈfɪʃəri] *n* <-ies> beneficiario, -a *m, f*

benefit [ˈbenɪfɪt] **I.** *n* **1.** (*profit*) beneficio *m*; **for the ~ of sb** a beneficio de alguien **2.** (*welfare payment*) subsidio *m* **II.** <-t- *o* -tt-> *vi* **to ~ from sth** beneficiarse de algo **III.** <-t- *o* -tt-> *vt* beneficiar

Benin [benˈiːn] *n* Benín *m*

bent [bent] **I.** *pt, pp of* **bend II.** *n* **to have a ~ for sth** tener una inclinación por algo; **to follow one's ~** obrar de acuerdo a sus inclinaciones **III.** *adj* **1.** (*not straight*) torcido **2.** (*determined*) **to be ~ on** (**doing**) **sth** estar empeñado en (hacer) algo **3.** *inf* (*corrupt*) corrupto

bequeath [bɪˈkwiːð] *vt* legar

bequest [bɪˈkwest] *n* legado *m*

berate [bɪˈreɪt] *vt form* reprender

bereaved *n* **the ~** la familia del difunto

bereavement [bɪˈriːvmənt] *n* muerte *f* (de un familiar)

bereft [bɪˈreft] *adj form* **to be ~ of sth** estar privado de algo; **to feel ~** sentirse desolado

beret [ˈbereɪ, *Am:* bəˈreɪ] *n* boina *f*

Bermuda [bɜːˈmjuːdə, *Am:* bəˈ-] *n* las Bermudas

berry [ˈberi] <-ies> *n* baya *f*

berth [bɜːθ, *Am:* bɜːrθ] *n* (*on ship*) camarote *m*; (*on train*) litera *f*; (*in harbour*) amarradero *m*; **to give sb a wide ~** *fig* evitar a alguien

beseech [bɪˈsiːtʃ] <beseeched, be-

sought> *vt form* **to ~ sb to do sth** suplicar a alguien que haga algo

beset [bɪ'set] <beset, beset> *vt* **to be ~ by sth** estar acosado por algo

beside [bɪ'saɪd] *prep* **1.**(*next to*) al lado de; **right ~ sb** justo al lado de alguien **2.**(*in comparison to*) frente a **3.**(*overwhelmed*) **to be ~ oneself** estar fuera de sí **4.**(*irrelevant*) **to be ~ the point** no venir al caso

besides [bɪ'saɪdz] **I.** *prep* **1.**(*in addition to*) además de **2.**(*except for*) excepto **II.** *adv* además

besiege [bɪ'si:dʒ] *vt* sitiar; (*with questions*) acosar

best [best] **I.** *adj superl of* **good** mejor; **the ~** el/la mejor; **the ~ days of my life** los mejores días de mi vida; **the ~ part** (*the majority*) la mayor parte; **may the ~ man win** que gane el mejor; **with the ~ will** con la mejor voluntad **II.** *adv superl of* **well** mejor; **the ~** lo mejor; **we'd ~ stay here** lo mejor es quedarse aquí **III.** *n no pl* **1.**(*the finest*) **all the ~!** *inf* (*congratulation*) ¡felicidades!; (*end of letter*) un abrazo; **to be the ~ of friends** ser muy buenos amigos; **to bring out the ~ in sb** sacar lo mejor de alguien; **to turn out for the ~** ir para bien; **to wear one's Sunday ~** llevar el traje de los domingos; **to the ~ of my knowledge** que yo sepa; **at ~** como mucho, a lo mucho *Méx* **2.** SPORTS récord *m*

bestow [bɪ'stəʊ, *Am:* -'stoʊ] *vt form* **to ~ sth on sb** otorgar algo a alguien

bestseller ['bestselə', *Am:* -ə'] *n* éxito *m* de ventas

bet [bet] <bet *o* -ted, bet *o* -ted> **I.** *n* apuesta *f*; **it is a safe ~ that ...** es casi seguro que... +*subj*; **to be the best ~** ser la mejor opción; **to place a ~ on sth** apostar por algo **II.** *vt* apostar; **I ~ you don't!** ¡a que no lo haces! **III.** *vi* apostar; **to ~ on sth** apostar por algo; **I wouldn't ~ on it** yo no estaría tan seguro; **you ~!** *inf* ¡ya lo creo!

beta ['bi:tə, *Am:* 'beɪtə] *n* beta *f*

betray [bɪ'treɪ] *vt* **1.**(*be disloyal to*)

traicionar; **to ~ a promise** romper una promesa; **to ~ sb's trust** defraudar la confianza de alguien **2.**(*reveal*) delatar; **to ~ one's ignorance** demostrar ignorancia

betrayal [bɪ'treɪəl] *n* traición *f*; **an act of ~** una traición

better ['betə', *Am:* 'beṱə'] **I.** *adj comp of* **good** mejor; **to be ~** MED estar mejor; **~ than nothing** mejor que nada **II.** *adv comp of* **well** mejor; **I like this ~** me gusta más esto; **there is nothing I like ~ than ...** nada me gusta más que...; **It'll be ~ to tell her** más vale decírselo; **you had ~ go** (será) mejor que te vayas; **to think ~ of sth** cambiar de opinión respecto a algo; **or ~ still ...** o mejor... **III.** *n no pl* el/la mejor; **to change for the ~** cambiar para bien; **the sooner, the ~** cuanto antes, mejor; **so much the ~** tanto mejor; **for ~ or (for) worse** para lo bueno y lo malo; **to get the ~ of sb** vencer a alguien

betting ['betɪŋ] *n no pl* apuestas *fpl*; **the ~ is that ...** lo más probable es que... +*subj*

between [bɪ'twi:n] **I.** *prep* entre; **to eat ~ meals** comer entre horas; **nothing will come ~ them** nada se interpondrá entre ellos; **the 3 children have £10 ~ them** entre los 3 niños tienen 10 libras **II.** *adv* (**in**) **~** en medio; (*time*) a mitad

beverage ['bevərɪdʒ] *n form* bebida *f*

beware [bɪ'weə', *Am:* 'wer] *vi* tener cuidado; **~ of pickpockets!** ¡cuidado con los carteristas!

bewilder [bɪ'wɪldə', *Am:* -də'] *vt* desconcertar

bewildered *adj* desconcertado

bewildering *adj* desconcertante

bewilderment *n no pl* desconcierto *m*

beyond [bɪ'jɒnd, *Am:* -'ɑ:nd] **I.** *prep* **1.**(*on other side of*) más allá de; **~ the mountain** al otro lado de la montaña; **~ the wall** más allá del muro **2.**(*after*) después de; (*more than*) más de; **~ 8:00** después de las 8:00 **3.**(*further than*) más allá de; **to**

see/go (way) ~ **sth** ver/ir (mucho) más allá de algo; **it goes ~ a joke** va más allá de una broma; ~ **belief** increíble **4.** (*too difficult for*) **to be ~ sb** ser demasiado difícil de entender para alguien **5.** (*above*) por encima de; **to live ~ one's means** vivir por encima de sus posibilidades **6.** *with neg or interrog* (*except for*) excepto **II.** *adv* **the house** ~ la casa de más allá; **the next ten years and** ~ los próximos diez años y más

bias ['baɪəs] *n* **1.** (*prejudice*) prejuicio *m*; **to have ~es against sb** tener prejuicios contra alguien **2.** *no pl* (*one-sidedness*) parcialidad *f*; **without** ~ imparcial **3.** (*tendency*) tendencia *f*; **to have a ~ towards sth** sentir inclinación por algo

biased *adj Am,* **biassed** *adj Brit* parcial; ~ **in sb's favour** predispuesto a favor de alguien; ~ **opinions** opiniones parciales

bib [bɪb] *n* babero *m*

Bible ['baɪbl] *n* **the** ~ la Biblia

biblical ['bɪblɪkl] *adj* bíblico

bibliography [,bɪblɪ'ɒgrəfi, *Am:* -'ɑːgrə-] <-ies> *n* bibliografía *f*

biceps ['baɪseps] *n inv* bíceps *m inv*

bicycle ['baɪsɪkl] *n* bicicleta *f*; **to ride a** ~ montar en bicicleta; **by** ~ en bicicleta

bid [bɪd] **I.** *n* **1.** (*offer*) oferta *f*; **to make a ~ for sth** hacer una oferta por algo **2.** (*attempt*) intento *m* **II.** <bid, bid> *vi* pujar; **to ~ for a contract** COM concursar por un contrato

bidder ['bɪdəʳ, *Am:* -ə-] *n* postor(a) *m(f)*

bidding ['bɪdɪŋ] *n no pl* **1.** FIN puja *f* **2.** (*command*) **to do sb's** ~ cumplir las órdenes de alguien

bidet ['biːdeɪ, *Am:* bɪ'deɪ] *n* bidé *m*

biennial [baɪ'enɪəl] *adj a.* BOT bienal

bier [bɪəʳ, *Am:* bɪr] *n* andas *fpl*

big [bɪg] <-gg-> *adj* **1.** (*in size, amount*) grande; (*before singular nouns*) gran; **a ~ book** un libro grande; **a ~ house** una casa grande; ~ **letters** mayúsculas *fpl*; ~ **words** *inf* palabras *fpl* altisonantes; **the**

~**ger the better** cuanto más grande mejor **2.** (*grown-up*) mayor; ~ **boy/ girl** chico/chica mayor; ~ **sister/ brother** hermana/hermano mayor **3.** (*significant*) gran(de); **a ~ day** *inf* un día importante; **to make it ~** *inf* triunfar a lo grande; **this group is ~ in Spain** este grupo es muy popular en España

bigamy ['bɪgəmi] *n no pl* bigamia *f*

Big Apple *n* **the** ~ la gran manzana (*nombre que se aplica a la ciudad de Nueva York*)

? **Big Ben** era, originariamente, el sobrenombre de una gran campana, fundida en 1856, que se encontraba en la torre de las **Houses of Parliament**. Sir Benjamin Hall, entonces **Chief Commissioner of Works**, es el que la bautizó con este nombre. Hoy en día, por **Big Ben**, se conocen tanto la campana como la torre. Las campanadas con las que el **Big Ben** da la hora se pueden oír en los telediarios de algunas cadenas de radio y televisión.

big business *n* el gran capital

bigoted *adj* intolerante; REL fanático

bigotry ['bɪgətri] *n no pl* intolerancia *f*; REL fanatismo *m*

big toe *n* dedo *m* gordo del pie **big wheel** *n* noria *f*

bike [baɪk] *n inf* (*bicycle*) bici *f*; (*motorcycle*) moto *f*

bikini [bɪ'kiːni] *n* bikini *m*

bilateral [,baɪ'lætərəl, *Am:* -'læt̬ə-l] *adj* bilateral

bile [baɪl] *n* **1.** *no pl* ANAT bilis *f* **2.** *fig* mal genio *m*

bilingual [baɪ'lɪŋgwəl] *adj* bilingüe

bill[1] [bɪl] **I.** *n* **1.** (*invoice*) factura *f*; **phone ~** factura del teléfono; **the ~, please** la cuenta, por favor **2.** *Am* (*banknote*) billete *m* **3.** POL proyecto *m* de ley; **to give sth a clean ~ of health** dar a algo el visto bueno **II.** *vt*

to ~ sb for sth facturar algo a alguien

bill² [bɪl] *n* (*of bird*) pico *m*

billboard ['bɪlbɔːd, *Am:* -bɔːrd] *n* valla *f* publicitaria

billfold ['bɪlfəʊld, *Am:* -foʊld] *n Am* cartera *f*

billiards ['bɪliədz, *Am:*'-jɚdz] *n no pl* billar *m*

billion ['bɪliən, *Am:* -jən] *n* mil millones *mpl*

billy goat *n* macho *m* cabrío

bimbo ['bɪmbəʊ, *Am:* -boʊ] <-(e)s> *n pej, inf:* mujer joven y guapa, pero tonta

bin [bɪn] *n Aus, Brit* cubo *m* de basura, basurero *m Méx*

binary ['baɪnəri] *adj* binario

bind [baɪnd] I. *n no pl, Brit, inf* apuro *m;* **to be in a ~** estar en un apuro II.<**bound, bound**> *vt* 1. (*tie*) atar; **to be bound hand and foot** estar atado de pies y manos; **to ~ together** *fig* unir; **to be bound to sb** *fig* estar ligado a alguien; **to ~ sb to do sth** obligar a alguien a hacer algo 2. (*book*) encuadernar

binder ['baɪndər, *Am:* -dɚ] *n* carpeta *f*

binding ['baɪndɪŋ] I. *n no pl* TYPO encuadernación *f* II. *adj* vinculante

binge [bɪndʒ] *n inf* (*of drinking*) borrachera *f*, vacilada *f Méx;* (*of eating*) comilona *f;* **to go on a ~** ir de farra

bingo ['bɪŋgəʊ, *Am:* -goʊ] *n no pl* bingo *m*

binoculars [bɪˈnɒkjʊləz, *Am:* -ˈnɑːkjələz] *npl* prismáticos *mpl*, binoculares *mpl AmL*

biochemical *adj* bioquímico **biochemist** *n* bioquímico, -a *m, f* **biochemistry** *n no pl* bioquímica *f* **biodegradable** *adj* biodegradable **biodegrade** *vi* biodegradarse **biodiversity** *n no pl* biodiversidad *f* **bioengineering** *n no pl* bioingeniería *f* **biofuel** *n* combustible *m* biológico

biographical [ˌbaɪəʊˈgræfɪkəl] *adj* biográfico

biography [baɪˈɒgrəfi, *Am:* -ˈɑː-grə-] <-ies> *n* biografía *f*

biological [ˌbaɪəˈlɒdʒɪkəl, *Am:* -ˈlɑːdʒɪ-] *adj* biológico

biologist [baɪˈɒlədʒɪst, *Am:*-ˈɑːlə-] *n* biólogo, -a *m, f*

biology [baɪˈɒlədʒi, *Am:* -ˈɑːlə-] *n no pl* biología *f*

biopsy ['baɪɒpsi, *Am:* -ɑːp-] *n* MED biopsia *f*

biorhythm *n* biorritmo *m* **biotechnology** *n no pl* biotecnología *f*

biotope ['baɪətəʊp, *Am:* -toʊp] *n* biótopo *m*

bipartisan [ˌbaɪpɑːtɪˈzæn, *Am:* -ˈpɑːrtəzən] *adj* bipartidista

birch [bɜːtʃ, *Am:* bɜːrtʃ] *n* (*tree*) abedul *m*

bird [bɜːd, *Am:* bɜːrd] *n* 1. ZOOL pájaro *m;* (*larger*) ave *f* 2. *Aus, Brit, inf* (*girl, woman*) chica *f*, chava *f Méx*, piba *f RíoPl*

birdcage *n* pajarera *f*

birdseed ['bɜːdsiːd, *Am:* 'bɜːrd-] *n no pl* alpiste *m*

bird's-eye view [ˌbɜːdzaɪˈvjuː, *Am:* ˌbɜːrdz-] *n no pl* vista *f* panorámica

birdwatching *n no pl* observación *f* de aves

biro® ['baɪərəʊ, *Am:* -roʊ] *n* bolígrafo *m*, birome *m RíoPl*

birth [bɜːθ, *Am:* bɜːrθ] *n* 1. nacimiento *m*, paritorio *m Cuba, Ven;* MED parto *m;* **at/by ~** al/de nacer; **date/place of ~** fecha/lugar de nacimiento; **to give ~ to a child** dar a luz a un niño 2. *no pl* (*origin*) origen *m*

birth certificate *n* partida *f* de nacimiento **birth control** *n* control *m* de natalidad

birthday ['bɜːθdeɪ, *Am:* 'bɜːrθ-] *n* cumpleaños *m inv;* **happy ~!** ¡feliz cumpleaños!

birthday present *n* regalo *m* de cumpleaños

birthplace *n* lugar *m* de nacimiento

biscuit ['bɪskɪt] *n Aus, Brit* galleta *f;* **that (really) takes the ~!** *inf* ¡eso es el colmo!

? Con la expresión **biscuits and gravy** se designa un desayuno típico de los EE.UU. procedente de los estados del sur. Los **biscuits** son una clase de panecillos planos servidos con **gravy** (un tipo de salsa de asado). En algunas zonas, este tipo de desayuno sólo se sirve en **truck stops** (locales frecuentados por camioneros).

---

bishop ['bɪʃəp] *n* **1.**REL obispo *m* **2.**(*chess piece*) alfil *m*

bishopric ['bɪʃəprɪk] *n* obispado *m*

bison ['baɪsən] *n* bisonte *m*

bit[1] [bɪt] *n* **1.** *inf*(*small piece*) trozo *m;* (*of glass*) fragmento *m;* **a ~ of paper** un trozo de papel; **little ~s** pedacitos *mpl;* **to smash sth to ~s** romper algo en pedazos **2.**(*some*) **a ~ of** un poco de; **a ~ of news** una noticia **3.**(*part*) parte *f;* **the difficult ~ of sth** la parte difícil de algo; **~ by ~** poco a poco; **to do one's ~** *inf* hacer su parte **4.** *pl, inf*(*things*) **~s and pieces** cosas *fpl* **5.** *inf*(*short time*) momento *m;* **for a ~** (por) un momento **6.**(*somewhat*) **a ~** algo; **a ~ stupid** un poco tonto; **quite a ~** bastante; **not a ~** en absoluto

bit[2] [bɪt] *n* **1.**(*for horses*) bocado *m* **2.**(*for drill*) broca *f*

bit[3] [bɪt] *n* INFOR bit *m*

bit[4] [bɪt] *pt of* **bite**

bitch [bɪtʃ] I. *n* **1.** ZOOL perra *f* **2.** *inf* (*woman*) zorra *f*, tusa *f* *AmL, Cuba* II. *vi inf* quejarse; **to ~ about sb** poner verde a alguien

bite [baɪt] I.<bit, bitten> *vt* morder; (*insect*) picar; **to ~ one's nails** morderse las uñas II.<bit, bitten> *vi* (*dog, person*) morder; (*insect, fish*) picar; **once bitten twice shy** *prov* (el) gato escaldado del agua fría huye *prov* III. *n* **1.**(*of dog, person*) mordisco *m;* (*of insect*) picadura *f* **2.**(*mouthful*) bocado *m*

biting ['baɪtɪŋ, *Am:* -t̬ɪŋ] *adj* (*wind*) cortante; (*criticism*) mordaz

bitten ['bɪtn] *pp of* **bite**

bitter ['bɪtər, *Am:* 'bɪt̬ər] I. *adj* <-er, -est> agrio; (*fruit*) amargo; (*dispute*) encarnizado; (*disappointment*) amargo; **to be ~ about sth** estar amargado por algo; **to carry on to the ~ end** seguir hasta el final II. *n Aus, Brit* (*beer*) cerveza *f* (amarga)

bitterness *n no pl* **1.**(*animosity*) amargura *f;* (*resentment*) resentimiento *m* **2.**(*taste*) amargor *m*

bizarre [bɪ'zɑːr, *Am:* -'zɑːr] *adj* (*behaviour*) extraño; (*clothes*) estrafalario

black [blæk] I. *adj* negro; **~ man** negro *m;* **~ woman** negra *f;* **to beat sb ~ and blue** *inf* moler a alguien a palos II. *n* negro *m;* **in ~** de negro; **in ~ and white** en blanco y negro; **in the ~** FIN con saldo positivo

 ◆**black out** *vi* perder el conocimiento

blackberry ['blækbəri, *Am:* -,ber-] <-ies> *n* (*fruit*) zarzamora *f;* (*plant*) zarza *f*

blackbird *n* mirlo *m*

blackboard *n* pizarra *f*

blackcurrant [,blæk'kʌrənt, *Am:* 'blæk,kɜːr-] *n* grosella *f* negra

blacken ['blækən] *vt* ennegrecer; **to ~ sb's name** manchar la reputación de alguien

black eye *n* ojo *m* morado

blacklist *n* lista *f* negra

blackmail ['blækmeɪl] I. *n* chantaje *m* II. *vt* chantajear

black market *n* mercado *m* negro

blackness ['blæknɪs] *n no pl* (*colour*) negrura *f;* (*darkness*) oscuridad *f*

blackout ['blækaʊt] *n* **1.**(*faint*) desmayo *m* **2.**(*censorship*) bloqueo *m* **3.** ELEC apagón *m*

black pudding *n Brit* morcilla *f*, moronga *f Méx* **Black Sea** *n* Mar *m* Negro

blacksmith ['blæksmɪθ] *n* herrero *m*

bladder ['blædər, *Am:* -ər] *n* ANAT vejiga *f*

blade [bleɪd] *n* (*of tool, weapon*) hoja *f;* (*of oar*) pala *f;* **~ of grass** brizna *f* de hierba

blame [bleɪm] I. *vt* culpar; **to ~ sb for sth** echar la culpa a alguien de

algo; **I don't ~ you** te comprendo
II. *n no pl* culpa *f*; **to take the ~** declararse culpable

blameless ['bleɪmlɪs] *adj* inocente

blanch [blɑ:ntʃ, *Am:* blænʃ] *vi* palidecer

bland [blænd] *adj* (*insipid*) soso

blank [blæŋk] **I.** *adj* **1.** (*empty*) en blanco; ~ **cheque** cheque *m* en blanco; ~ **tape** cinta *f* virgen; **to go ~** quedarse en blanco; **the screen went ~** la pantalla se quedó negra **2.** (*unemotional: look*) inexpresivo **3.** (*complete*) absoluto; (*despair*) completo; **to be met by a ~ refusal** encontrarse con un rechazo absoluto **II.** *n* espacio *m* en blanco; **to draw a ~** no encontrar nada

blanket ['blæŋkɪt] **I.** *n* (*cover*) manta *f*, cobija *f Méx*; (*of snow*) capa *f* **II.** *adj* general

blare [bleɚ, *Am:* bler] *vi* resonar

blasphemy ['blæsfəmi] *n no pl* blasfemia *f*

blast [blɑ:st, *Am:* blæst] **I.** *vt* **1.** (*with explosive*) volar **2.** (*criticize*) criticar duramente **II.** *n* **1.** (*detonation*) explosión *f* **2.** (*noise*) toque *m*; (*at*) **full ~** *a. fig* a toda marcha **III.** *interj inf* ~ **it!** ¡maldita sea!

blasted *adj inf* (*damned*) maldito

blatant ['bleɪtnt] *adj* descarado

blaze [bleɪz] **I.** *vi* resplandecer; (*fire*) arder; **to ~ with anger** echar chispas **II.** *vt* **to ~ a trail** abrir camino **III.** *n* **1.** (*fire*) fuego *m*; (*flames*) llamarada *f* **2.** (*colour*) resplandor *m*; **a ~ of glory** un rayo de gloria; **a ~ of publicity** una campaña de publicidad a bombo y platillo

◆ **blaze up** *vi* encenderse vivamente

blazer ['bleɪzəɚ, *Am:* -zɚ] *n* chaqueta *f*

blazing ['bleɪzɪŋ] *adj* **1.** (*heat*) abrasador; (*light*) brillante; (*fire*) vivo **2.** (*argument*) violento

bleach [bli:tʃ] **I.** *vt* blanquear **II.** *n* lejía *f*

bleak [bli:k] *adj* (*future*) sombrío; (*weather*) gris; (*landscape*) desolador

bleat [bli:t] *vi* balar

bled [bled] *pt, pp of* **bleed**

bleed [bli:d] <bled, bled> *vi* sangrar; **to ~ to death** morir desangrado

bleep [bli:p] **I.** *n* pitido *m* **II.** *vi* pitar

blemish ['blemɪʃ] *n a. fig* mancha *f*

blend [blend] **I.** *n* mezcla *f* **II.** *vt* mezclar **III.** *vi* **to ~ in** no desentonar

blender [blendəɚ, *Am:* -dɚ] *n* licuadora *f*

bless [bles] *vt* bendecir; ~ **you!** (*on sneezing*) ¡Jesús!

blessed ['blesɪd] *adj* **1.** (*holy*) bendito; (*ground*) santo **2.** *inf* dichoso

blessing ['blesɪŋ] *n* **1.** (*benediction*) bendición *f*; **to give one's ~ to sth** dar su aprobación a algo **2.** (*advantage*) ventaja *f*; **it's a ~ in disguise** no hay mal que por bien no venga *prov*

blew [blu:] *pt of* **blow**

blight [blaɪt] **I.** *vt a. fig* arruinar **II.** *n* AGR añublo *m*; **to cast a ~ on sth** arruinar algo

blimey ['blaɪmi] *interj Brit, inf* caray

blind [blaɪnd] **I.** *n* **1.** *pl* (*person*) **the ~** los ciegos **2.** (*window shade*) persiana *f* **II.** *vt* cegar; (*dazzle*) deslumbrar **III.** *adj* **1.** (*unable to see*) ciego; **to be ~ in one eye** ser tuerto; **to be ~ to sth** no ver algo **2.** (*without reason*) sin razón; (*devotion*) ciego, apasionado **3.** *Brit, inf* (*as intensifier*) **not to take a ~ bit of notice of sth** no conceder la más mínima importancia a algo **IV.** *adv* **to be ~ drunk** estar más borracho que una cuba; **to swear ~ that …** jurar y perjurar que…

blind alley <-s> *n a. fig* callejón *m* sin salida

blindfold ['blaɪndfəʊld, *Am:* -foʊld] **I.** *n* venda *f* **II.** *vt* vendar los ojos a

blindness *n* ceguera *f*

blink [blɪŋk] **I.** *vt* **to ~ one's eyes** pestañear **II.** *vi* pestañear; **she didn't even ~** ni se inmutó **III.** *n* pestañeo *m*; **in the ~ of an eye** en un abrir y cerrar de ojos; **to be on the ~** *inf* estar averiado

blinkered *adj* estrecho de miras

bliss [blɪs] *n no pl* dicha *f;* **marital ~** felicidad *f* conyugal

blissful ['blɪsfl] *adj* (*happy*) bienaventurado

blister ['blɪstə^r, *Am:* -tə^r] *n* **1.** ANAT ampolla *f* **2.** (*bubble*) burbuja *f*

Blitz [blɪts] *n* the ~ *el bombardeo alemán de Londres en 1940–41*

blizzard ['blɪzəd] *n* ventisca *f*

bloated ['bləʊtɪd, *Am:* 'bloʊt̬ɪd] *adj* hinchado

blob [blɒb, *Am:* blɑːb] *n* goterón *m*

bloc [blɒk] *n* POL bloque *m*

block [blɒk, *Am:* blɑːk] I. *n* **1.** (*solid lump*) bloque *m;* (*of wood*) zoquete *m;* (*toy*) cubo *m* **2.** (*tall building*) edificio *m;* (*group of buildings*) manzana *f,* cuadra *f AmL;* ~ **of flats** *Brit* bloque *m* de viviendas **3.** (*barrier*) barrera *f* II. *vt* (*road, pipe*) bloquear; (*sb's progress*) obstaculizar

◆ **block off** *vt* cortar

blockade [blɒˈkeɪd, *Am:* blɑːˈkeɪd] I. *n* bloqueo *m* II. *vt* bloquear

bloke [bləʊk] *n Brit, inf* tío *m*

blond(e) [blɒnd, *Am:* blɑːnd] I. *adj* (*hair*) rubio, güero *Méx, Guat, Ven* II. *n* rubio, -a *m, f,* güero *Méx, Guat, Ven*

blood [blʌd] *n no pl* sangre *f;* **in cold ~** a sangre fría

blood bank *n* banco *m* de sangre

bloodbath *n* baño *m* de sangre

blood pressure *n no pl* tensión *f* arterial

bloodshed ['blʌdʃed] *n no pl* derramamiento *m* de sangre

bloodstained ['blʌdsteɪnd] *adj* manchado de sangre

bloodstream *n* corriente *f* sanguínea

blood test *n* análisis *m inv* de sangre

bloodthirsty ['blʌdˌθɜːsti, *Am:* -ˌθɜːr-] *adj* sanguinario

bloody ['blʌdi] <-ier, -iest> I. *adj* **1.** (*with blood*) ensangrentado **2.** *Aus, Brit, inf* (*for emphasis*) puñetero; ~ **hell!** ¡coño! II. *adv Aus, Brit, inf* (*very*) muy; **to be ~ useless** no servir para nada; **I don't ~ know** no tengo ni puñetera idea

bloom [bluːm] I. *n no pl, a. fig* flor *f;* **to come into ~** florecer II. *vi* florecer

blossom ['blɒsəm, *Am:* 'blɑːsəm] I. *n* flor *f;* **in ~** en flor; **orange ~** azahar *m* II. *vi* florecer; (*mature*) madurar

blot [blɒt, *Am:* blɑːt] I. *n* mancha *f* II. *vt* **1.** (*mark*) emborronar **2.** (*dry*) secar

blotch [blɒtʃ, *Am:* blɑːtʃ] *n* borrón *m;* (*on skin*) mancha *f*

blouse [blaʊz] *n* blusa *f*

blow¹ [bləʊ, *Am:* bloʊ] *n a. fig* golpe *m;* **to come to ~s** llegar a las manos

blow² [bləʊ, *Am:* bloʊ] I. <blew, blown> *vi* **1.** (*expel air*) soplar **2.** (*fuse*) fundirse; (*tyre*) reventar II. *vt* **1.** (*instrument*) tocar; **to ~ one's nose** sonarse la nariz **2.** (*fuse*) fundir

◆ **blow away** *vt* llevar

◆ **blow out** *vt* apagar

◆ **blow over** *vi* (*scandal*) pasar al olvido; (*argument, dispute*) calmarse

◆ **blow up** I. *vi* (*storm, gale*) levantarse II. *vt* **1.** (*fill with air*) inflar **2.** PHOT ampliar **3.** (*explode*) volar

blown [bləʊn, *Am:* 'bloʊn] *vt, vi pp of* **blow**

blowtorch ['bləʊtɔːtʃ, *Am:* 'bloʊtɔːrtʃ] *n* soplete *m*

blubber¹ ['blʌbə^r, *Am:* -ə^r] *vi* lloriquear

blubber² ['blʌbə^r, *Am:* -ə^r] *n* grasa *f* (*de ballena*)

blue [bluː] I. *adj* **1.** (*colour*) azul *m* **2.** (*sad*) triste; **to feel ~** sentirse triste II. *n* azul *m;* **sky ~** azul cielo; **out of the ~** cuando menos se espera

bluebell ['bluːbel] *n* campánula *f* azul

blueberry ['bluːbəri, *Am:* -ˌber-] <-ies> *n* arándano *m*

bluebottle ['bluːˌbɒtl, *Am:* -ˌbɑːt̬l] *n* mosca *f* azul

blueprint ['bluːprɪnt] *n* plano *m*

blue whale *n* ballena *f* azul

bluff [blʌf] I. *vi* tirarse un farol II. *n* farol *m,* bluff *m AmL;* **to call sb's ~**

descubrir a alguien la farolada

blunder ['blʌndəʳ, *Am:* -dɚ] **I.** *n* error *m* garrafal, embarrada *f AmL* **II.** *vi* **to ~ into sth** tropezar con algo

blunt [blʌnt] *adj* **1.** (*not sharp*) desafilado, pompo *Ecua, Col* **2.** (*direct*) directo

bluntly *adv* sin rodeos

blur [blɜːʳ, *Am:* blɜːr] **I.** *vt* <-rr-> desdibujar **II.** *n no pl* (*shape*) contorno *m* borroso; (*memory*) vago recuerdo *m*

blurred [blɜːd, *Am:* blɜːrd] *adj* indistinto; (*picture*) borroso

blush [blʌʃ] *vi* ruborizarse

bluster ['blʌstəʳ, *Am:* -tɚ] **I.** *vi* **1.** (*speak*) bravuconear **2.** (*blow*) rugir **II.** *n no pl* bravuconería *f*

BO [ˌbiːˈəʊ, *Am:* -ˈoʊ] *n abbr of* **body odour** olor *m* corporal

boa ['bəʊə, *Am:* ˈboʊə] *n* boa *f*

boar [bɔːʳ, *Am:* bɔːr] *n* (**wild**) ~ jabalí *m*

board [bɔːd, *Am:* bɔːrd] **I.** *n* **1.** (*wood*) tabla *f*; (*blackboard*) pizarra *f*; (*notice board*) tablero *m*; **across the ~** *fig* en general **2.** ADMIN consejo *m* de administración; **~ of directors** junta directiva; **Board of Trade** *Am* Cámara *f* de Comercio **3.** (*in hotel*) **full ~** pensión *f* completa; **half ~** media pensión *f* **4.** NAUT **on ~** a bordo **II.** *vt* (*ship*) subir a bordo de; (*bus, train*) subir a **III.** *vi* (*stay*) alojarse; (*in school*) estar interno

boarding school *n* internado *m*

boardroom *n* sala *f* de juntas

boardwalk *n Am:* paseo marítimo entablado

boast [bəʊst, *Am:* boʊst] *vi* alardear; **to ~ about/of sth** vanagloriarse sobre/de algo

boat [bəʊt, *Am:* boʊt] *n* barco *m*; (*small*) barca *f*; (*large*) buque *m*; **to go by ~** ir en barco

boating ['bəʊtɪŋ, *Am:* ˈboʊt̬ɪŋ] *n no pl* **to go ~** dar un paseo en barca

[?] La anual **Boat Race** (competición de remo) se celebra un sába-

do de marzo en el río **Thames** (Támesis). Ocho remeros de las universidades de Oxford y Cambridge compiten en dicha carrera. Es un acontecimiento nacional muy importante seguido por 460 millones de espectadores de todo el mundo.

bob [bɒb, *Am:* bɑːb] <-bb-> *vi* **to ~** (**up and down**) agitarse

bobby ['bɒbi, *Am:* ˈbɑːbi] <-ies> *n Brit, inf* poli *mf*

bode [bəʊd, *Am:* boʊd] *vi* **to ~ well/ill** ser una buena/mala señal

bodily ['bɒdəli] *adj* corpóreo; (*harm*) corporal; (*function*) fisiológico

body ['bɒdi, *Am:* ˈbɑːdi] <-ies> *n* **1.** *a.* ANAT, ASTR cuerpo *m*; (*corpse*) cadáver *m*; (*of water*) masa *f*; **over my dead ~!** ¡por encima de mi cadáver! **2.** ADMIN, POL organismo *m*; **in a ~** en bloque

bodyguard *n* guardaespaldas *mf inv*, espaldero *m Ven* **body language** *n no pl* lenguaje *m* corporal

bog [bɒg, *Am:* bɑːg] *n* ciénaga *f*, estero *m Bol, Col, Ven*

bogey ['bəʊgi, *Am:* ˈboʊ-] *n* **1.** *inf* (*snot*) moco *m* seco **2.** (*golf score*) bogey *m*

boggle ['bɒgl, *Am:* ˈbɑːgl] *vi* quedarse atónito

boggy ['bɒgi, *Am:* ˈbɑːgi] <-ier, -iest> *adj* pantanoso

bogus ['bəʊgəs, *Am:* ˈboʊ-] *adj* (*document*) falso; (*argument*) falaz

bohemian [bəʊˈhiːmiən, *Am:* boʊ-] *adj* bohemio

boil [bɔɪl] **I.** *vi, vt* hervir **II.** *n* **1.** *no pl* **to bring sth to the ~** calentar algo hasta que hierva **2.** MED furúnculo *m* ◆ **boil down to** *vt fig* reducirse a ◆ **boil over** *vi* **1.** GASTR rebosar **2.** (*situation*) estallar

boiler ['bɔɪləʳ, *Am:* -lɚ] *n* caldera *f* **boiler suit** *n Aus, Brit* mono *m*

boiling *adj* hirviendo; (*day, weather*) abrasador; **I am ~** me estoy asando

boisterous ['bɔɪstərəs] *adj* bullicioso

bold [bəʊld, *Am:* boʊld] <-er,
-est> *adj* 1.(*brave*) audaz 2.(*colour*) llamativo 3. INFOR, TYP ~ (**type**)
negrita *f;* **in** ~ en negrita

boldness *n* audacia *f*

Bolivia [bə'lɪvɪə] *n* Bolivia *f*

Bolivian [bə'lɪvɪən] *adj* boliviano

bolster ['bəʊlstəʳ, *Am:* 'boʊlstəʳ] *vt*
1.(*support*) reafirmar 2.(*encourage*) alentar

bolt [bəʊlt, *Am:* boʊlt] I. *vi* fugarse
II. *vt* 1.(*food*) engullir 2.(*lock*)
echar el pestillo a 3.(*fix*) atornillar
III. *n* 1.(*on door*) pestillo *m*
2.(*screw*) tornillo *m* 3.(*of lightning*) rayo *m;* **a ~ from the blue** un
acontecimiento inesperado IV. *adv* ~
upright rígido

bomb [bɒm, *Am:* bɑːm] I. *n* bomba
f; **to cost a** ~ costar un dineral; **to go
like a** ~ *Brit, inf* ser un exitazo II. *vt*
bombardear

bombard [bɒm'bɑːd, *Am:* bɑːm-
'bɑːrd] *vt* bombardear

bombardment [bɒm'bɑːdmənt,
Am: bɑːm'bɑːrd-] *n* bombardeo *m*

bomber ['bɒməʳ, *Am:* 'bɑːməʳ] *n*
1. AVIAT bombardero *m* 2.(*terrorist*)
terrorista *mf*(que coloca bombas)

bombing *n* 1. MIL bombardeo *m*
2.(*by terrorists*) atentado *m*

bombshell ['bɒmʃel, *Am:* 'bɑːm-]
n 1. MIL obús *m* 2.(*surprise*) bomba-
zo *m inf*

bona fide [ˌbəʊnə'faɪdi, *Am:*
ˌboʊnə-] *adj* genuino

bonanza [bə'nænzə] *n* bonanza *f*

bond [bɒnd, *Am:* bɑːnd] I. *n*
1.(*connection*) vínculo *m;* (*of
friendship*) lazo *m* 2. FIN bono *m*
3. LAW garantía *f; Am* (*bail*) fianza *f*
II. *vt* pegar; **to ~** (**together**) vincular

bondage ['bɒndɪdʒ, *Am:* 'bɑːn-] *n*
no pl, liter esclavitud *f*

bone [bəʊn, *Am:* boʊn] I. *n* ANAT
hueso *m;* (*of fish*) espina *f; ~* **of contention** manzana *f* de la discordia;
to make no ~s about sth no ocultar algo; **to have a ~ to pick with
sb** *inf* tener que ajustar cuentas con

alguien II. *vt* deshuesar

bone idle *adj inf* vago **bone marrow** *n no pl* médula *f* ósea

bonfire ['bɒnfaɪəʳ, *Am:* 'bɑːnfaɪəʳ]
n hoguera *f*

bonkers ['bɒŋkəz, *Am:* 'bɑːŋkəʳz]
adj inf **to go** ~ volverse loco

bonnet ['bɒnɪt, *Am:* 'bɑːnɪt] *n*
1.(*hat*) sombrero *m;* (*baby's*) gorrito
m 2. *Aus, Brit* AUTO capote *m*

bonus ['bəʊnəs, *Am:* 'boʊ-] *n*
1.(*money*) prima *f*, abono *m AmL;*
productivity ~ **plus** *m* 2.(*advantage*) ventaja *f*

bony ['bəʊni, *Am:* 'boʊ-] *adj* <-ier,
-iest> huesudo; (*fish*) con muchas
espinas

boo [buː] *vi* abuchear, pifiar *Chile,
Méx*

booby prize ['buːbi-] *n* premio *m* al
peor **booby trap** *n* trampa *f*

book [bʊk] I. *n* libro *m;* (*of stamps*)
taco *m;* (*of tickets*) talonario *m;* **the
~s** COM las cuentas; **to be in sb's
bad** ~ **s** estar en la lista negra de alguien; **to bring sb to** ~ pedir cuentas a alguien; **to cook the ~s** *inf* a-
mañar las cuentas; **to throw the ~
at sb** castigar duramente a alguien;
in my ~ en mi opinión II. *vt* 1.(*reserve*) reservar 2.(*register*) fichar
◆ **book in** *vi* inscribirse

bookcase ['bʊkkeɪs] *n* estantería *f*

bookie ['bʊki] *n inf* corredor(a) *m(f)*
de apuestas

booking ['bʊkɪŋ] *n* reserva *f*

bookkeeping ['bʊkˌkiːpɪŋ] *n no pl*
contabilidad *f*

booklet ['bʊklɪt] *n* folleto *m*

bookmaker ['bʊkˌmeɪkəʳ, *Am:*-kəʳ]
n corredor(a) *m(f)* de apuestas

bookmark ['bʊkmɑːk, *Am:*
-mɑːrk] *n a.* INFOR marcador *m*

book review *n* crítica *f* de libros
book reviewer *n* crítico, -a *m, f* de
libros

bookseller ['bʊkˌseləʳ, *Am:* -əʳ] *n*
(*person*) librero, -a *m, f;* (*shop*) librería *f*

bookshelf ['bʊkʃelf] <-shelves> *n*
estante *m*

bookshop ['bʊkʃɒp, *Am:* -ʃɑːp] *n*

librería f

bookstall ['bʊkstɔːl, Am: -stɔːl] n quiosco m

bookstore ['bʊkstɔːʳ, Am: -stɔːr] n Am librería f

bookworm ['bʊkwɜːm, Am: -wɜːrm] n ratón m de biblioteca

boom¹ [buːm] ECON I. vi estar en auge II. n boom m

boom² [buːm] n (sound) estruendo m

boon [buːn] n no pl to be a ~ (to sb) ser de gran ayuda (para alguien)

boost [buːst] I. n no pl incentivo m II. vt estimular; (morale) reforzar

booster [buːstəʳ, Am: -stəʳ] n MED vacuna f de refuerzo

boot [buːt] I. n 1. (footwear) bota f; **to give sb the ~** inf echar a alguien; **to put the ~ in** inf emplear la violencia; **to ~** además 2. Brit, Aus AUTO maletero m, baúl m AmL II. vt inf 1. (kick) dar un puntapié a 2. INFOR arrancar

◆ **boot out** vt inf poner de patitas en la calle

booth [buːð] n (cubicle) cubículo m; (telephone) cabina f; (polling) casilla f; (at fair, market) caseta f

bootlace ['buːtleɪs] n cordón m

bootleg ['buːtleg] <-gg-> adj (alcohol) de contrabando; (software) pirata

booty ['buːti, Am: -t̮i] n botín m

booze [buːz] n inf bebida f

border ['bɔːdəʳ, Am: 'bɔːrdəʳ] I. n (frontier) frontera f; (edge, boundary) borde m; FASHION cenefa f; (in garden) arriate m II. vt limitar con

◆ **border on** vi limitar con; fig rayar en

borderline ['bɔːdəlaɪn, Am: 'bɔːrdəʳ-] adj dudoso

bore¹ [bɔːʳ, Am: bɔːr] I. n (thing) aburrimiento m; (person) pesado, -a m, f; **what a ~!** ¡qué lata! II. <bored> vt aburrir

bore² [bɔːʳ, Am: bɔːr] I. n (of pipe) alma f; (of gun) calibre m II. vt perforar; **to ~ a hole** abrir un agujero

bore³ [bɔːʳ, Am: bɔːr] pt of **bear**

bored adj aburrido

boredom ['bɔːdəm, Am: 'bɔːr-] n no pl aburrimiento m

boring ['bɔːrɪŋ] adj aburrido, cansador Arg, Chile, Urug, fome Chile; **to find sth ~** encontrar algo pesado

born [bɔːn, Am: bɔːrn] adj 1. (person) **to be ~** nacer; **where were you ~?** ¿dónde naciste?; **I wasn't ~ yesterday** inf no nací ayer 2. (ability) nato

borne [bɔːn, Am: bɔːrn] pp of **bear**

borough ['bʌrə, Am: 'bɜːroʊ] n municipio m

borrow ['bɒrəʊ, Am: 'baːroʊ] vt tomar prestado; (ask for) pedir prestado; **may I ~ your bag?** ¿me prestas tu bolso?

borrower n prestatario, -a m, f

borrowing n no pl préstamo m

Bosnia ['bɒznɪə, Am: 'baːz-] n Bosnia f

Bosnia-Herzegovina [-ˌhɜːzəˈɡʊvɪnə, Am: -ˌhertsəɡoʊviːnə] n Bosnia f Herzegovina

Bosnian ['bɒznɪən, Am: 'baːz-] adj bosnio

bosom ['bʊzəm] n no pl pecho m

boss [bɒs, Am: baːs] I. n (person in charge) jefe, -a m, f; (owner) patrón, -ona m, f II. vt inf **to ~ sb about** mandonear a alguien

bossy ['bɒsi, Am: 'baːsi] <-ier, -iest> adj mandón

botanical [bəˈtænɪkəl] adj botánico

botanist ['bɒtənɪst, Am: 'baːtnɪst] n botánico, -a m, f

botany ['bɒtəni, Am: 'baːtni] n no pl botánica f

botch [bɒtʃ, Am: baːtʃ] I. n chapuza f II. vt **to ~ sth (up)** hacer una chapuza de algo

both [bəʊθ, Am: boʊθ] I. adj, pron los dos, las dos, ambos, ambas; ~ **of them** ellos dos; ~ **of us** nosotros dos; ~ **(the) brothers** los dos hermanos; **on ~ sides** en ambos lados II. adv ~ **Mathilde and Sara** tanto Mathilde como Sara; **to be ~ sad and pleased** estar a la vez triste y satisfecho

bother ['bɒðəʳ, Am: 'baːðəʳ] I. n molestia f, friega f AmL; **it is no ~** no es ninguna molestia; **it is not worth the** ~ no vale la pena; **to get into a spot of** ~ *Brit, inf* meterse en un lío **II.** *vt* **1.** (*annoy*) molestar **2.** (*worry*) preocupar; (**not**) **to** ~ **to do sth** (no) molestarse en hacer algo; **what ~s me is …** lo que me preocupa es…

Botswana [ˌbɒtˈswɑːnə, *Am:* bɑːt-] *n* Botsuana *f*

bottle [ˈbɒtl, *Am:* ˈbɑːtl̩] **I.** *n* **1.** (*container*) botella *f*; (*of ink, perfume*) frasco *m*; (*baby's*) biberón *m*; **to hit the** ~ *inf* empinar el codo **2.** *no pl, Brit, inf* (*courage*) agallas *fpl* **II.** *vt Brit* embotellar

bottled [ˈbɒtld, *Am:* ˈbɑːtl̩d] *adj* embotellado

bottle opener *n* abrebotellas *m inv*

bottom [ˈbɒtəm, *Am:* ˈbɑːtəm] **I.** *n* *no pl* **1.** (*of stairs, page*) pie *m*; (*of sea, street, glass*) fondo *m*; (*of chair*) asiento *m*; **from the ~ of one's heart** de todo corazón; **to get to the ~ of sth** llegar al fondo de algo; **at** ~ en el fondo **2.** (*lower part*) parte *f* inferior; **from top to** ~ de arriba abajo **3.** (*buttocks*) trasero *m* **II.** *adj* (*lower*) más bajo; **in** ~ **gear** en primera

bought [bɔːt, *Am:* bɑːt] *vt pt, pp of* **buy**

boulder [ˈbəʊldəʳ, *Am:* ˈboʊldɚ] *n* roca *f*

bounce [baʊnts] **I.** *vi* (re)botar; **to** ~ **an idea off sb** pedir la opinión a alguien; **to** ~ **sb into doing sth** presionar a alguien para hacer algo **II.** *vt* hacer (re)botar **III.** *n* **1.** (*rebound*) (re)bote *m* **2.** *no pl* (*vitality*) vitalidad *f*

♦ **bounce back** *vi* recuperarse

bouncer [ˈbaʊntsəʳ, *Am:* -sɚ] *n inf* gorila *m*

bound¹ [baʊnd] **I.** *vi* (*leap*) saltar **II.** *n* salto *m*

bound² [baʊnd] *adj* **to be** ~ **for …** ir rumbo a…

bound³ [baʊnd] **I.** *pt, pp of* **bind** **II.** *adj* **1.** (*sure*) **she's** ~ **to come** seguro que viene; **it was** ~ **to happen sooner or later** tarde o temprano tenía que suceder **2.** (*obliged*) **to be**

~ **to do sth** estar obligado a hacer algo

boundary [ˈbaʊndri] <-ies> *n* **1.** *a. fig* (*line*) límite *m* **2.** (*border*) frontera *f*

boundless [ˈbaʊndlɪs] *adj* (*love, patience*) sin límites; (*energy*) ilimitado

bounds [baʊndz] *n pl* límites *mpl*; **to know no** ~ no conocer límites; **to be beyond the** ~ **of possibility** no ser posible; **this area is out of** ~ **to civilians** los civiles tienen prohibido la entrada en esta zona; **within** ~ dentro de ciertos límites

bounty [ˈbaʊnti, *Am:* -t̬i] <-ies> *n* recompensa *f*

bouquet [bʊˈkeɪ, *Am:* boʊ-] *n* (*of flowers*) ramo *m*

bout [baʊt] *n* **1.** (*of illness*) ataque *m*; ~ **of insanity** período *m* de locura; **drinking** ~ borrachera *f* **2.** SPORTS combate *m*

bow¹ [bəʊ, *Am:* boʊ] *n* **1.** (*weapon*) *a.* MUS arco *m* **2.** (*knot*) lazo *m*, moño *m AmL*, moña *f Urug*, rosa *f Chile*

bow² [baʊ] *n* NAUT proa *f*

bow³ [baʊ] **I.** *vi* **1.** (*greet*) hacer una reverencia **2.** (*yield*) **to** ~ **to sth** someterse a algo **II.** *vt* (*one's head*) inclinar; (*body*) doblegar **III.** *n* reverencia *f*, venia *f CSur, Col*, caravana *f Méx*; **to take a** ~ recibir un aplauso

♦ **bow out** *vi* retirarse

bowel [ˈbaʊəl] *n* intestino *m* grueso

bowl¹ [bəʊl, *Am:* boʊl] *n* cuenco *m*; (*larger*) bol *m*

bowl² [bəʊl, *Am:* boʊl] SPORTS **I.** *vi* (*in cricket*) lanzar **II.** *n pl* juego semejante a la petanca o las bochas que se juega sobre el césped

bowler [ˈbəʊləʳ, *Am:* ˈboʊlɚ] *n* **1.** (*in cricket*) lanzador(a) *m(f)* **2.** (*at bowling, bowls*) jugador(a) *m(f)* **3.** (*hat*) bombín *m*

bowling *n no pl* (*game*) bolos *mpl*

bowling alley *n* bolera *f*

bow tie *n* pajarita *f*, corbatín *m Col*, moñita *f Urug*

box¹ [bɒks, *Am:* bɑːks] *vi* SPORTS boxear

box² [bɒks, Am: bɑːks] I. n 1. (container) caja f; **the ~ inf** (television) la caja tonta 2. (rectangular space) casilla f; (in soccer) área f 3. THEAT palco m; (booth) cabina f II. vt poner en una caja
◆ **box in** vt acorralar

boxer ['bɒksə', Am: 'bɑːksə'] n 1. (dog) bóxer mf 2. (person) boxeador(a) m(f)

boxer shorts npl calzoncillos mpl

boxing ['bɒksɪŋ, Am: 'bɑːksɪŋ] n no pl boxeo m, box m AmL

? El **Boxing Day** se celebra el 26 de diciembre. El nombre de este día proviene de cuando los aprendices de un oficio, el día después de Navidad, recogían en **boxes** (cajas) las propinas que los clientes del taller de su maestro les daban. Antiguamente se denominaba **Christmas box** a la paga navideña que recibían los empleados.

box office n taquilla f, boletería f AmL

boy [bɔɪ] n (child) niño m; (young man) chico m, chamaco, -a m, f Méx, pibe m Arg

boycott ['bɔɪkɒt, Am: -kɑːt] I. vt boicotear II. n boicot m

boyfriend ['bɔɪfrend] n novio m

boyhood ['bɔɪhʊd] n no pl niñez f

boyish ['bɔɪɪʃ] adj (woman) de chico; (enthusiasm) de niño

bra [brɑː] n sujetador m, brasier m Col, Méx, corpiño m RíoPl

brace [breɪs] I. vt reforzar; **to ~ oneself for sth** prepararse para algo II. n 1. (for teeth) aparato(s) m(pl) 2. (for back) aparato m ortopédico 3. pl, Aus, Brit (suspenders) tirantes mpl, tiradores mpl RíoPl 4. pl, Am (callipers) corrector m

bracelet ['breɪslɪt] n pulsera f

bracken ['brækn] n no pl helechos mpl

bracket ['brækɪt] I. n 1. pl TYPO paréntesis m inv; **in ~s** entre paréntesis 2. (category) categoría f; **age ~** grupo m etario; **tax ~** banda f impositiva 3. (for shelf) soporte m II. vt 1. TYPO poner entre paréntesis 2. (include) agrupar

brag [bræg] <-gg-> vi inf **to ~ about sth** alardear de algo

braid [breɪd] n 1. no pl FASHION galón m 2. Am (plait) trenza f

brain [breɪn] n 1. (organ) cerebro m 2. pl (substance) sesos mpl 3. (intelligence) cerebro m; **to have ~s** ser inteligente 4. inf (intelligent person) cerebro m

brainchild ['breɪntʃaɪld] n no pl creación f

brain damage n lesión f cerebral

brainless ['breɪnləs] adj estúpido

brainwash ['breɪnwɒʃ, Am: -wɑːʃ-] vt lavar el cerebro a

brainwave ['breɪnweɪv] n inf idea f brillante, lamparazo m Col

brake [breɪk] I. n freno m II. vi frenar

bramble ['bræmbl] n 1. (bush) zarza f 2. (fruit) zarzamora f

bran [bræn] n no pl salvado m

branch [brɑːntʃ, Am: bræntʃ] I. n 1. (of tree) rama f; (of river, road) ramal m 2. (of company) sucursal f; (of union) delegación f II. vi bifurcarse
◆ **branch off** vi bifurcarse
◆ **branch out** vi diversificarse

brand [brænd] I. n COM marca II. vt **to ~ sb (as) sth** tachar a alguien de algo

brandish ['brændɪʃ] vt blandir

brand name ['brændneɪm] n marca f

brand-new adj inv completamente nuevo

brandy ['brændi] <-ies> n brandy m

brash [bræʃ] adj 1. (attitude) chulo 2. (colours) chillón

brass [brɑːs, Am: bræs] n no pl latón m

brat [bræt] n inf mocoso, -a m, f

bravado [brə'vɑːdəʊ, Am: -doʊ] n no pl bravuconada f

brave [breɪv] adj valiente

bravery ['breɪvəri] *n no pl* valentía *f*
brawl [brɔːl, *Am:* brɑːl] **I.** *n* pelea *f*
II. *vi* pelearse
bray [breɪ] *vi* rebuznar
brazen ['breɪzn] *adj* descarado
brazier ['breɪziə', *Am:* -ʒɚ] *n* brasero *m*
Brazil [brə'zɪl] *n* Brasil *m*
Brazilian [brə'zɪliən, *Am:* -jən] *adj* brasileño
breach [briːtʃ] **I.** *n* **1.** (*infraction: of regulation*) infracción *f*; (*of agreement*) ruptura *f*; (*of confidence*) abuso *m*; (*of contract*) incumplimiento *m*; **to be in ~ of the law** infringir la ley **2.** (*opening*) brecha *f* **II.** *vt* (*law*) infringir; (*agreement*) romper; (*contract*) incumplir; (*security*) poner en peligro
bread [bred] *n* **1.** pan *m*; **a loaf of ~** un pan **2.** *inf* (*money*) pasta *f*
breadbin *n* panera *f*
breadth ['bretθ] *n no pl* anchura *f*
break [breɪk] **I.** *n* **1.** (*crack*) grieta *f*; **the ~ of day** el amanecer; **to make a clean ~** *fig* cortar por lo sano **2.** (*interruption*) interrupción *f*; (*rest period*) descanso *m*; *Brit* SCHOOL recreo *m* **3.** (*divergence*) ruptura *f* **4.** (*opportunity*) oportunidad *f*; **give me a ~!** ¡déjame en paz! **II.** <broke, broken> *vt* **1.** (*damage*) romper **2.** (*interrupt: circuit*) cortar **3.** (*put an end to: deadlock*) salir de; (*peace, silence*) romper; (*strike*) poner fin a; (*habit*) dejar **4.** (*violate: agreement*) incumplir; (*treaty*) violar **III.** <broke, broken> *vi* **1.** (*shatter*) romperse; **to ~ even** salir sin ganar ni perder; **to ~ free** liberarse; **to ~ loose** soltarse; **to ~ into pieces** hacerse añicos; **the boy's voice is ~ing** la voz del niño está cambiando **2.** (*interrupt*) **shall we ~ (off) for lunch?** ¿paramos para comer? **3.** METEO (*weather*) cambiar
◆**break away** *vi* desprenderse; (*region*) escindirse
◆**break down I.** *vi* dejar de funcionar; (*car, machine*) averiarse; (*marriage*) romperse; (*negotiation*) fracasar; (*psychologically*) derrum-

barse **II.** *vt* **1.** (*door*) echar abajo **2.** (*resistance*) acabar con
◆**break in I.** *vi* **1.** (*burgle*) entrar (para robar) **2.** (*interrupt*) interrumpir **II.** *vt* domar
◆**break into** *vi* **1.** (*enter: car, house*) entrar (para robar) **2.** (*start doing*) **to ~ laughter/tears** echarse a reír/llorar
◆**break off I.** *vt* **1.** (*detach*) partir **2.** (*relationship*) romper **II.** *vi* desprenderse
◆**break out** *vi* **1.** (*escape*) escaparse **2.** (*begin*) estallar; **to ~ out in a sweat** empezar a sudar
◆**break through** *vi* penetrar; (*sun*) salir
◆**break up I.** *vt* (*meeting*) terminar; (*coalition, union*) disolver **II.** *vi* **1.** (*end relationship*) separarse **2.** (*come to an end: marriage*) fracasar; (*meeting*) terminar
breakaway ['breɪkəweɪ] *adj* disidente
breakdown ['breɪkdaʊn] *n* (*of negotiations, relationship*) ruptura *f*; TECH avería *f*; (**nervous**) ~ PSYCH crisis *f inv* nerviosa
breaker ['breɪkə', *Am:* -kɚ] *n* (*wave*) gran ola *f*
breakfast ['brekfəst] *n* desayuno *m*; **to have ~** desayunar
breakthrough ['breɪkθruː] *n* (*in science*) adelanto *m*; MIL avance *m*
breakup ['breɪkʌp] *n* (*of marriage*) separación *f*; (*of group, empire*) disolución *f*; (*of talks*) fracaso *m*; (*of family, physical structure*) desintegración *f*
breast [brest] *n* **1.** ANAT pecho *m* **2.** GASTR pechuga *f*
breast cancer *n no pl* cáncer *m* de mama
breastfeed ['brestfiːd] *vt* amamantar
breath [breθ] *n* aliento *m*; **to be out of ~** estar sin aliento; **to be short of ~** ahogarse; **to draw ~** respirar; **to hold one's ~** *a. fig* contener la respiración; **to mutter sth under one's ~** decir algo entre dientes; **in the same ~** a continua-

B
b

ción; **to take sb's ~ away** dejar a alguien sin habla

breathe [bri:ð] *vi, vt* respirar; **to ~ again** respirar tranquilo

breather ['bri:ðəʳ, *Am:* -ðɚ] *n* **to take a ~** descansar

breathing *n no pl* respiración *f*

breathless ['breθlɪs] *adj* sin aliento

breathtaking ['breθteɪkɪŋ] *adj* imponente

bred [bred] *pt, pp of* **breed**

breed [bri:d] **I.** *vt* <bred, bred> criar; (*disease, violence*) engendrar **II.** *vi* <bred, bred> reproducirse **III.** *n* ZOOL raza *f*; BOT variedad *f*

breeder ['bri:dəʳ, *Am:* -dɚ] *n* criador(a) *m(f)*

breeding *n no pl* **1.** (*of animals*) cría *f* **2.** *fig* educación *f*

breeze [bri:z] *n* brisa *f*; **to be a ~** *inf* ser pan comido, ser un bollo *RíoPl*

brew [bru:] **I.** *vi* **1.** (*beer*) fermentar; (*tea*) hacerse; **to let the tea ~** dejar reposar el té **2.** (*storm, trouble*) avecinarse; **there's something ~ing** se está cociendo algo **II.** *vt* (*beer*) elaborar; (*tea*) hacer

brewer ['bru:əʳ, *Am:* -ɚ] *n* cervecero, -a *m, f*

brewery ['broəri, *Am:* 'bru:ɚi] <-ies> *n* fábrica *f* de cerveza

bribe [braɪb] **I.** *vt* sobornar **II.** *n* soborno *m*

bribery ['braɪbəri] *n no pl* soborno *m*, coima *f Perú, CSur*; mordida *f Méx*

brick [brɪk] *n* ladrillo *m*
  ◆ **brick up** *vt* tapiar

bricklayer ['brɪkˌleɪəʳ, *Am:* -ɚ] *n* albañil *mf*

bridal ['braɪdəl] *adj* (*suite*) nupcial; (*gown*) de novia

bride ['braɪd] *n* novia *f*

bridegroom ['braɪdgrʊm, *Am:* -gru:m] *n* novio *m*

bridesmaid ['braɪdzmeɪd] *n* dama *f* de honor

bridge [brɪdʒ] *n* **1.** ARCHIT puente *m* **2.** NAUT puente *m* (de mando) **3.** *no pl* GAMES bridge *m*

bridle ['braɪdəl] **I.** *n* brida *f* **II.** *vi* **to ~ at sth** molestarse por algo

brief [bri:f] **I.** *adj* (*short*) corto; (*concise*) conciso, sucinto; **in ~** en resumen **II.** *n Aus, Brit* (*instructions*) instrucciones *fpl* **III.** *vt* informar

briefcase ['bri:fkeɪs] *n* maletín *m*

briefing *n* **1.** (*instructions*) instrucciones *fpl* **2.** (*information session*) reunión *f* informativa

briefly *adv* (*for short time*) por poco tiempo; (*concisely*) brevemente; **~, ...** en resumen,...

brigade [brɪˈgeɪd] *n* MIL brigada *f*

brigadier [ˌbrɪgəˈdɪəʳ] *n Brit* MIL general *m* de brigada

bright [braɪt] *adj* **1.** (*light*) brillante; (*room*) con mucha luz **2.** (*colour*) vivo **3.** (*intelligent: person*) inteligente; (*idea*) brillante **4.** (*promising*) prometedor; **to look on the ~ side of sth** mirar el lado bueno de algo

brightness *n no pl* brillo *m*; (*of sound*) claridad *f*

brilliance ['brɪliəns] *n no pl* **1.** (*cleverness*) brillantez *f* **2.** (*brightness*) resplandor *m*

brilliant ['brɪliənt, *Am:* -jənt] *adj* **1.** (*colour*) brillante; (*sunlight, smile*) radiante **2.** (*clever*) brillante; (*idea*) genial **3.** *Brit, inf* (*excellent*) fantástico

brim [brɪm] *n* (*of hat*) ala *f*; (*of vessel*) borde *m*; **to fill sth to the ~** llenar algo hasta el borde

brine [braɪn] *n no pl* GASTR salmuera *f*

bring [brɪŋ] <brought, brought> *vt* **1.** (*carry*) traer; **to ~ sth in** entrar algo; **to ~ news** traer noticias **2.** (*take*) llevar; **to ~ sth with oneself** llevar algo consigo; **to ~ sb luck** traer suerte a alguien **3.** LAW **to ~ an action (against sb)** interponer una demanda (contra alguien) **4.** (*force*) **to ~ oneself to do sth** resignarse a hacer algo
  ◆ **bring about** *vt* provocar
  ◆ **bring back** *vt* **1.** (*reintroduce*) volver a introducir **2.** (*call to mind*) recordar **3.** (*return*) devolver
  ◆ **bring down** *vt* **1.** (*benefits, level*) reducir; (*temperature*) hacer bajar **2.** (*person*) derribar; (*govern-*

ment) derrocar

◆**bring in** *vt* **1.** (*introduce*) introducir **2.** (*call in*) llamar

◆**bring on** *vt* **1.** (*cause to occur*) provocar **2.** (*improve*) mejorar

◆**bring out** *vt* sacar; (*book*) publicar

◆**bring to** *vt always sep* reanimar

◆**bring up** *vt* **1.** (*child*) criar; **to bring sb up to do sth** educar a alguien para que haga algo **2.** (*mention*) sacar

brink [brɪŋk] *n no pl* borde *m*; **to drive sb to the ~ of sth** llevar a alguien al borde de algo

brisk [brɪsk] *adj* **1.** (*fast*) rápido **2.** (*breeze*) fresco **3.** (*manner*) enérgico

bristle ['brɪsl] **I.** *n* (*of animal*) cerda *f*; (*on face*) barba *f* **II.** *vi* erizarse; **to ~ with anger** *fig* enfurecerse

Britain ['brɪtən] *n* Gran Bretaña *f*

British ['brɪtɪʃ, *Am:* 'brɪt̬-] **I.** *adj* británico **II.** *n pl* **the ~** los británicos

British Columbia *n* Columbia *f* Británica **British Isles** *n* **the ~** las Islas Británicas

Briton ['brɪtn] *n* británico, -a *m, f*

Brittany ['brɪtæni] *n* Bretaña *f*

brittle ['brɪtl, *Am:* 'brɪt̬-] *adj* quebradizo

broach [brəʊtʃ, *Am:* broʊtʃ] *vt* mencionar

broad [brɔːd, *Am:* brɑːd] *adj* ancho; **~ interests** intereses diversos; **a ~ mind** una mente abierta

broad bean *n* haba *f*

broadcast ['brɔːdkɑːst, *Am:* 'brɑːdkæst] **I.** *n* TV, RADIO programa *m*; (*of concert*) emisión *f* **II.** *vi, vt* <broadcast *Am:* broadcasted, broadcast *Am:* broadcasted> TV transmitir; RADIO emitir; (*rumour*) difundir

broadcaster *n* (*person*) locutor(a) *m(f)*; (*station*) emisora *f*

broadcasting *n no pl* TV transmisión *f*; RADIO radiodifusión *f*

broaden ['brɔːdn, *Am:* 'brɑː-] *vt* **to ~ the mind** abrir la mente

broadly ['brɔːdli] *adv* (*generally*) en líneas generales

broadsheet ['brɔːdʃiːt, *Am:* ˌbrɑːd-] *n Aus, Brit:* periódico de formato grande

broadside ['brɔːdsaɪd, *Am:* ˌbrɑːd-] *n* **1.** NAUT andanada *f* **2.** (*verbal attack*) ataque *m*

[?] Broadway es el nombre que recibe una larga calle de New York City. En esta calle se localiza el conocido barrio de **Broadway** famoso por su intensa actividad teatral. Prácticamente todas las piezas dramáticas americanas de importancia se representan allí. Aquellas que, bien por tratarse de producciones baratas, bien por ser de carácter experimental no se representan, reciben el nombre de **off-Broadway plays.**

broccoli ['brɒkəli, *Am:* 'brɑːkl-] *n no pl* brócoli *m*

brochure ['brəʊʃəʳ, *Am:* broʊ'ʃʊr] *n* folleto *m*

broke [brəʊk, *Am:* broʊk] **I.** *pt of* **break II.** *adj inf* pelado, planchado *Chile;* **to go for ~** *inf* jugarse el todo por el todo

broken ['brəʊkən, *Am:* 'broʊ-] **I.** *pp of* **break II.** *adj* roto; **~ heart** corazón destrozado

broker ['brəʊkəʳ, *Am:* 'broʊkɚ] *n* FIN corredor(a) *m(f)* de bolsa; (*of agreement*) agente *mf*

bronchitis [brɒŋ'kaɪtɪs, *Am:* brɑːŋ'kaɪt̬ɪs] *n no pl* bronquitis *f*

bronze [brɒnz, *Am:* brɑːnz] *n* bronce *m*

brooch [brəʊtʃ, *Am:* broʊtʃ] *n* broche *m*

brood [bruːd] **I.** *n* (*of mammals*) camada *f*; (*of birds*) nidada *f* **II.** *vi* **to ~ over sth** dar vueltas a algo

brook [brʊk] *n* arroyo *m*

broom [bruːm] *n* (*brush*) escoba *f*

broth [brɒθ, *Am:* brɑːθ] *n no pl* caldo *m*

brothel ['brɒθl, *Am:* 'brɑːθl] *n* burdel *m*

brother ['brʌðəʳ, *Am:* -ɚ] *n* hermano *m*

brotherhood ['brʌðəhʊd, *Am:* '-ɚ-] *n* + *sing/pl vb* fraternidad *f*

brother-in-law ['brʌðərɪnlɔː, *Am:* -ɚɪnlɑː] <brothers-in-law *Brit:* brother-in-laws> *n* cuñado *m*, concuño *m AmL*

brought [brɔːt, *Am:* brɑːt] *pt, pp of* **bring**

brow [braʊ] *n no pl, liter* (*forehead*) frente

brown [braʊn] **I.** *n* marrón *m Col* **II.** *adj* marrón; (*eyes, hair*) castaño; (*bread, rice*) integral

brownie ['braʊni] *n Am* bizcocho *m* de chocolate y nueces

browse [braʊz] *vi* echar un vistazo; INFOR navegar

browser [braʊzə, *Am:* -ɚ] *n* INFOR navegador *m*

bruise [bruːz] **I.** *n* morado *m*; (*on fruit*) magulladura *f* **II.** *vt* (*person*) contusionar; (*fruit*) magullar; **to ~ one's arm** hacerse morados en el brazo

brunch [brʌntʃ] *n* desayuno-almuerzo *m*

brunt [brʌnt] *n no pl* **to bear the ~ of sth** aguantar lo más duro de algo

brush [brʌʃ] **I.** *n* **1.** (*for hair*) cepillo *m* **2.** (*broom*) escoba *f* **3.** (*for painting*) pincel *m*; (*bigger*) brocha *f* **II.** *vt* **1.** (*teeth, hair*) cepillar; (*floor*) barrer **2.** (*touch lightly*) rozar

◆**brush aside** *vt* **1.** (*push to one side*) apartar **2.** (*disregard*) hacer caso omiso de; (*criticism*) pasar por alto

◆**brush off** *vt* (*person*) no hacer caso a; (*criticism*) pasar por alto

Brussels ['brʌsəlz] *n* Bruselas *f*

Brussels sprouts *npl* coles *fpl* de Bruselas

brutal ['bruːtəl, *Am:* -t̬əl] *adj* (*attack*) brutal; (*words*) cruel; (*honesty*) crudo

brutality [bruː'tæləti, *Am:* -t̬i] *n* (*of attack*) brutalidad *f*; (*of words*) crueldad *f*; (*of truth*) crudeza *f*

brute [bruːt] *n* bestia *f*; ~ **force** fuer-

za *f* bruta

BSc [ˌbiːes'siː] *abbr of* **Bachelor of Science** Ldo., -a *m, f* (en Ciencias)

BSE [ˌbiːes'iː] *n abbr of* **bovine spongiform encephalopathy** BSE *f*

bubble ['bʌbl] **I.** *n* burbuja *f*; (*in cartoons*) bocadillo *m* **II.** *vi* borbotear

bubble gum *n* chicle *m*

buccaneer [ˌbʌkə'nɪəʳ, *Am:* -'nɪr] *n* bucanero *m*

buck¹ [bʌk] <-(s)> *vi* corcovear

buck² [bʌk] *n Am, Aus, inf* (*dollar*) dólar *m*; **to make a fast ~** hacer dinero fácil

buck³ [bʌk] *n no pl, inf* **to pass the ~** escurrir el bulto

bucket ['bʌkɪt] *n* cubo *m*; **to kick the ~** *fig, inf* estirar la pata

bucketful ['bʌkɪtfʊl] <-s *o* bucketsful> *n* cubo *m* (lleno)

> **?** El **Buckingham Palace** es la residencia londinense de la familia real británica. El palacio dispone de unas 600 habitaciones y fue construido por John Nash por expreso deseo del rey George IV entre los años 1821–1830. El edificio fue inaugurado en 1837 con motivo de la subida al trono de la reina Victoria.

buckle ['bʌkl] **I.** *n* hebilla *f* **II.** *vt* **1.** (*fasten*) abrochar **2.** (*bend*) torcer **III.** *vi* (*bend*) torcerse

bud [bʌd] *n* (*of leaf*) brote *m*; (*of flower*) capullo *m*

Buddhism ['bʊdɪzəm, *Am:* 'buː-dɪ-] *n no pl* budismo *m*

Buddhist *adj* budista

budding ['bʌdɪŋ] *adj* en ciernes

buddy ['bʌdi] *n Am, inf* colega *m*, cuate *m Méx*

budge [bʌdʒ] **I.** *vi* moverse; (*change opinion*) cambiar de opinión **II.** *vt* (*move*) mover; (*cause to change opinion*) hacer cambiar de opinión a

budget ['bʌdʒɪt] **I.** *n* presupuesto *m* **II.** *vt* presupuestar; (*wages, time*) administrar **III.** *vi* **to ~ for sth** presupuestar algo

budgetary ['bʌdʒɪtəri] *adj* presu-puestario

buff [bʌf] I. *adj* color de ante II. *n inf* entusiasta *mf;* **film** ~ cinéfilo, -a *m, f* III. *vt* pulir

buffalo ['bʌfələʊ, *Am:* -əloʊ] <-(es)> *n* búfalo *m*

buffer ['bʌfəʳ, *Am:* -ɚ] *n* **1.** (*of car*) parachoques *m inv;* (*of train*) tope *m* **2.** INFOR memoria *f* intermedia

buffet¹ ['bʊfeɪ, *Am:* bə'feɪ] *n* **1.** (*meal*) buffet *m* **2.** (*bar*) cafetería *f*

buffet² ['bʌfɪt] *vt* zarandear

bug [bʌg] I. *n* **1.** ZOOL chinche *f;* (*any insect*) bicho *m* **2.** MED virus *m inv;* **she's caught the travel** ~ *fig* le ha picado el gusanillo de viajar **3.** INFOR error *m* II. *vt* <-gg-> **1.** (*telephone*) pinchar; (*conversation*) escuchar clandestinamente **2.** *inf* (*annoy*) fastidiar

buggy ['bʌgi] *n* **1.** *Brit* (*pushchair*) sillita *f* de paseo **2.** *Am* (*pram*) cochecito *m* (de niño)

build [bɪld] I. *vt* <built, built> (*house*) construir; (*car*) fabricar; (*trust*) cimentar; (*relationship*) establecer II. *vi* <built, built> **1.** (*construct*) edificar **2.** (*increase*) aumentar III. *n* complexión *f*
◆ **build on** *vt* **to build sth on sth** agregar algo a algo
◆ **build up** I. *vt* **1.** (*increase*) acrecentar **2.** (*accumulate*) acumular **3.** (*strengthen*) fortalecer II. *vi* **1.** (*increase*) ir en aumento **2.** (*accumulate*) acumularse

builder ['bɪldəʳ, *Am:* -dɚ] *n* (*company*) constructor(a) *m(f);* (*worker*) albañil *mf*

building *n* edificio *m*

building society *n Aus, Brit* sociedad *f* de crédito hipotecario

build-up ['bɪldʌp] *n* acumulación *f*

built [bɪlt] *pt, pp of* **build**

built-in *adj* **1.** (*cupboard*) empotrado **2.** (*feature*) incorporado **3.** (*advantage*) intrínseco

bulb [bʌlb] *n* **1.** BOT bulbo *m* **2.** ELEC bombilla *f,* bombillo *m AmL*

Bulgaria [bʌl'geərɪə, *Am:* -'gerɪ-] *n*

Bulgaria *f*

Bulgarian [bʌl'geərɪən, *Am:* -'gerɪ-] *adj* búlgaro

bulge [bʌldʒ] I. *vi* sobresalir II. *n* bulto *m*

bulk [bʌlk] *n* **1.** *no pl* (*magnitude*) volumen *m* **2.** *no pl* (*mass*) mole *f;* **in** ~ a granel; **the** ~ **of** la mayor parte de

bulky ['bʌlki] <-ier, iest> *adj* (*large*) voluminoso; (*heavy*) pesado

bull [bʊl] *n* toro *m*

bulldog ['bʊldɒg, *Am:* -dɑ:g] *n* bulldog *m*

bulldozer ['bʊldəʊzəʳ, *Am:* -doʊzɚ] *n* buldozer *m,* topadora *f Arg, Méx, Urug*

bullet ['bʊlɪt] *n* bala *f*

bulletin ['bʊlətɪn, *Am:* -əţɪn] *n* boletín *m*

bulletin board *n Am a.* INFOR tablón *m* de anuncios

bulletproof ['bʊlɪtpru:f] *adj* a prueba de balas

bullfight ['bʊlfaɪt] *n* corrida *f* de toros

bullfighter ['bʊlfaɪtəʳ, *Am:* -ţɚ] *n* torero, -a *m, f*

bullock ['bʊlək] *n* buey *m*

bullring ['bʊlrɪŋ] *n* plaza *f* de toros

bullshit ['bʊlʃɪt] *n no pl, inf* gilipolleces *fpl*

bully ['bʊli] I. <-ies> *n* (*person*) matón, -ona *m, f* II. <-ie-> *vt* intimidar

bulwark ['bʊlwək, *Am:* -wɚk] *n* baluarte *m*

bum [bʌm] *n* **1.** *Am* (*lazy person*) vago, -a *m, f* **2.** *Am* (*tramp*) vagabundo, -a *m, f* **3.** *Aus, Brit, inf* (*bottom*) culo *m*

bumble ['bʌmbl] *vi* andar a tropezones

bumblebee ['bʌmblbi:] *n* abejorro *m*

bump [bʌmp] I. *n* **1.** (*lump*) bulto *m;* (*on head*) chichón *m;* (*on road*) bache *m* **2.** (*thud*) golpe *m* II. *vt* chocar contra; **to** ~ **one's head against sth** darse un golpe en la cabeza contra algo
◆ **bump into** *vt insep* **1.** (*collide*

with) chocar contra **2.** (*meet*) topar con

◆ **bump off** *vt inf* **to bump sb off** cargarse a alguien

bumper ['bʌmpə', *Am:* -pə·] **I.** *n Brit, Aus* AUTO parachoques *m inv*, paragolpes *m inv AmL* **II.** *adj* (*crop*) abundante

bumpy ['bʌmpi] <-ier, iest> *adj* (*surface*) desigual; (*journey*) zarandeado

bun [bʌn] *n* **1.** (*pastry*) bollo *m* **2.** *Am* (*roll*) panecillo *m* **3.** (*hair*) moño *m*

bunch [bʌntʃ] <-es> **I.** *n* (*of bananas, grapes*) racimo *m*; (*of carrots, keys*) manojo *m*; (*of flowers*) ramo *m*; (*of people*) grupo *m*; **to be the best of the ~** ser lo mejor **II.** *vi* **to ~** (**together**) amontonarse

bundle ['bʌndl] *n* (*of clothes*) fardo *m Col*; (*of money*) fajo *m*; (*of sticks*) haz *f*; **to be a ~ of laughs** ser muy divertido; **to be a ~ of nerves** ser un manojo de nervios

bungalow ['bʌŋɡələʊ, *Am:* -oʊ] *n* bungaló *m*, bóngalo *m AmL*

bunk [bʌŋk] *n* NAUT litera *f*, cucheta *f RíoPl*

bunk bed *n* litera *f*

bunker ['bʌŋkə', *Am:* -kə·] *n* búnker *m*

bunting ['bʌntɪŋ, *Am:* -t̬ɪŋ] *n no pl* banderitas *fpl*

buoyant ['bɔɪənt, *Am:* -jənt] *adj* flotante

burden ['bɜːdən, *Am:* 'bɜːr-] **I.** *n* carga *f* **II.** *vt* cargar

bureau ['bjʊərəʊ, *Am:* 'bjʊroʊ] <-x *Am, Aus:* -s> *n* **1.** *Brit* (*desk*) escritorio *m* **2.** *Am* (*chest of drawers*) cómoda *f*

bureaucracy [bjʊə'rɒkrəsi, *Am:* bjʊ'rɑːkrə-] *n* burocracia *f*

bureaucrat ['bjʊərəkræt, *Am:* 'bjʊrə-] *n* burócrata *mf*

bureaucratic [ˌbjʊərə'krætɪk, *Am:* ˌbjʊrə'kræt̬-] *adj* burocrático

burger ['bɜːɡə', *Am:* 'bɜːrɡə·] *n inf* hamburguesa *f*

burglar ['bɜːɡlə', *Am:* 'bɜːrɡlə·] *n* ladrón, -ona *m, f*

burglary ['bɜːɡləri, *Am:* 'bɜːr-] <-ies> *n* robo *m*

burgle ['bɜːɡl, *Am:* 'bɜːr-] *vt* robar

burial ['berɪəl] *n* entierro *m*

Burkina Faso [bɜːˌkiːnə'fæsəʊ] *n* Burkina *f* Faso

burly ['bɜːli, *Am:* 'bɜːr-] <-ier, -iest> *adj* fornido

Burma ['bɜːmə, *Am:* 'bɜːr-] *n* Birmania *f*

burn [bɜːn, *Am:* bɜːrn] **I.** <burnt *o* -ed, burnt *o* -ed> *vi* arder; **to be ~ing to do sth** estar deseando hacer algo; **to ~ with desire** desear ardientemente **II.** <burnt *o* -ed, burnt *o* -ed> *vt* quemar; (*building*) incendiar **III.** *n* quemadura *f*, quemada *f Méx*

◆ **burn down** *vi* (*house*) incendiarse; (*fire, candle*) apagarse

◆ **burn out I.** *vi* (*engine*) quemarse; (*fire, candle*) apagarse **II.** *vt* **to burn oneself out** agotarse

burner ['bɜːnə', *Am:* 'bɜːrnə·] *n* fogón *m*; TECH quemador *m*

burning ['bɜːnɪŋ, *Am:* 'bɜːrnɪŋ] *adj* **1.** (*hot*) ardiente **2.** (*issue*) candente

---

? La **Burns Night** tiene lugar el 25 de enero. En este día se conmemora el nacimiento del poeta escocés Robert Burns (1759–1796). A la celebración acuden entusiastas de la obra de Burns, no sólo de Escocia sino de todas las partes del mundo. En ese día se sirve una comida especial llamada **Burns Supper** que se compone de **haggis** (una especie de asado de carne picada hecha de vísceras especiadas de oveja mezclado con avena y cebolla. Todo ello es cocido dentro de la tripa de la oveja y después dorado al horno), **neeps** (nabos) y **mashed tatties** (puré de patatas).

---

burnt [bɜːnt, *Am:* 'bɜːrnt] **I.** *pt, pp*

of **burn II.** *adj* quemado

burp [bɜːp, *Am:* bɜːrp] **I.** *n* eructo *m* **II.** *vi* eructar

burr [bɜː^r, *Am:* bɜːr] *n* **1.** BOT abrojo *m* **2.** (*noise*) zumbido *m* **3.** LING sonido *m* gutural

burrow ['bʌrəʊ, *Am:* 'bɜːroʊ] **I.** *n* madriguera *f* **II.** *vi* excavar un agujero

burst [bɜːst, *Am:* bɜːrst] **I.** *n* (*explosion*) explosión *f*; MIL (*of fire*) ráfaga *f*; **a ~ of applause** una salva de aplausos **II.**<burst *Am:* bursted, burst *Am:* bursted> *vi* reventar; **to ~ into tears** romper a llorar; **to be ~ing to do sth** morirse de ganas de hacer algo **III.**<burst *Am:* bursted, burst *Am:* bursted> *vt* reventar; **to ~ its banks** (*river*) desbordarse
♦ **burst in** *vi* entrar de sopetón
♦ **burst out** *vi* **1.** (*exclaim*) saltar **2.** (*break out*) to ~ **laughing/crying** echarse a reír/llorar

Burundi [bʊ'rʊndi] *n* Burundi *m*

bury ['beri] <-ie-> *vt* enterrar; **to ~ oneself in sth** enfrascarse en algo

bus [bʌs] <-es> *n* autobús *m*, colectivo *m Arg, Ven*, guagua *f Cuba*; **to miss the ~** *fig* perder el (último) tren

bus driver *n* conductor(a) *m(f)* de autobús

bush [bʊʃ] <-es> *n* **1.** BOT arbusto *m* **2.** *no pl* (*land*) **the ~** el monte; **to beat about the ~** *fig* andarse con rodeos

bushel ['bʊʃl] *n* **to hide one's light under a ~** ocultar sus talentos

bushy ['bʊʃi] <-ier, -iest> *adj* (*hair*) tupido; (*beard*) espeso; (*eyebrows*) poblado

busily *adv* afanosamente

business ['bɪznɪs] <-es> *n* **1.** *no pl* (*trade, commerce*) negocios *mpl*; **to do ~ with sb** hacer negocios con alguien; **to get down to ~** empezar a trabajar; **to go out of ~** cerrar; **to mean ~** *fig* hablar en serio; **like nobody's ~** *inf* como loco **2.** (*sector*) industria *f* **3.** (*firm*) empresa *f*; **to start up a ~** poner un negocio **4.** *no pl* (*matter*) asunto *m*; **an unfin-**

ished ~ un asunto pendiente; **it's none of your ~!** *inf* ¡no es asunto tuyo!

businesslike ['bɪznɪslaɪk] *adj* eficiente

businessman ['bɪznɪsmæn] <-men> *n* hombre *m* de negocios

businesswoman ['bɪznɪsˌwʊmən] <-women> *n* mujer *f* de negocios

bus stop *n* parada *f* de autobús

bust¹ [bʌst] *n* busto *m*

bust² [bʌst] **I.** *adj inf* **1.** (*broken*) destrozado **2.** (*bankrupt*) **to go ~** quebrar **II.**<bust *Am:* busted, bust *Am:* busted> *vt inf* (*break*) destrozar

bustle ['bʌsl] *vi* **to ~ about** ir y venir

busy ['bɪzi] <-ier, -iest> *adj* **1.** (*occupied*) atareado; **to be ~ with sth** estar ocupado con algo **2.** (*full of activity*) activo; (*exhausting*) agotador **3.** *Am* TEL **to be ~** estar comunicando

busybody ['bɪziˌbɒdi, *Am:* -ˌbɑːdi] <-ies> *n inf* entrometido, -a *m, f*

but [bʌt] **I.** *prep* excepto; **all ~ one** todos excepto uno; **anything ~ ...** lo que sea menos...; **nothing ~ ...** nada más que...; **there is nothing for it ~ to go in** no hay nada que hacer excepto entrar **II.** *conj* pero; **I'm not an Englishman ~ a Scot** no soy inglés sino escocés; **he has paper ~ no pen** tiene papel pero no una pluma **III.** *adv* sólo; **he is ~ a baby** no es más que un bebé; **I can't help ~ cry** no puedo evitar llorar **IV.** *n* pero *m*; **there are no ~s about it!** ¡no hay peros que valgan!

butch [bʊtʃ] *adj* (*man*) macho; (*woman*) marimacho

butcher ['bʊtʃə^r, *Am:* -ɚ] **I.** *n* carnicero, -a *m, f* **II.** *vt* **1.** (*animal*) matar **2.** (*murder*) masacrar

butler ['bʌtlə^r, *Am:* -lɚ] *n* mayordomo *m*

butt [bʌt] **I.** *n* **1.** (*of rifle*) culata *f* **2.** (*of cigarette*) colilla *f* **3.** (*blow: with head*) cabezada *f* **4.** (*target*) blanco *m* **5.** *Am, inf* (*buttocks*) culo *m* **II.** *vt* (*with horns*) topetar; (*with head*) dar una cabezada contra

butter ['bʌtə', *Am:* 'bʌtɚ] I. *n no pl* mantequilla *f* II. *vt* untar con mantequilla

butterfly ['bʌtəflaɪ, *Am:* 'bʌtɚ-] <-ies> *n* mariposa *f*

buttock ['bʌtək, *Am:* 'bʌt-] *n* nalga *f*

button ['bʌtən] I. *n* botón *m* II. *vt, vi* abrochar(se)

buttress ['bʌtrɪs] <-es> *n* contrafuerte *m*

buy [baɪ] I. *n* compra *f*; **a good ~** una ganga II. <bought, bought> *vt* 1. (*purchase*) comprar; **to ~ sth from sb** comprar algo a alguien 2. *inf* (*believe*) creer

◆ **buy in** *vt always sep, Brit* aprovisionarse de

◆ **buy up** *vt insep* acaparar

buyer ['baɪə', *Am:* -ɚ] *n* comprador(a) *m(f)*

buzz [bʌz] I. *vi* zumbar; (*bell*) sonar II. *n* zumbido *m*; **to give sb a ~** llamar a alguien

buzzard ['bʌzəd, *Am:* -ɚd] *n* 1. *Brit* (*hawk*) ratonero *m* común 2. *Am* (*turkey vulture*) gallinazo *m* común

buzzer ['bʌzə', *Am:* -ɚ] *n* timbre *m*

by [baɪ] I. *prep* 1. (*near*) cerca de; **close ~ ...** cerca de...; **~ the sea** junto al mar 2. (*during*) **~ day/ night** durante el día/la noche; **~ moonlight** a la luz de la luna 3. (*at the latest time*) para; **~ tomorrow/ midnight** para mañana/la medianoche; **~ then/now** para entonces/ este momento 4. (*cause*) por; **a novel ~ Joyce** una novela de Joyce; **to be killed ~ sth/sb** ser matado por algo/alguien 5. (*through means of*) **~ rail/plane** en tren/avión; **made ~ hand** hecho a mano; **to hold sb ~ the arm** tomar a alguien por el brazo; **~ chance/mistake** por suerte/error 6. (*under*) **to call sb ~ his name** llamar a alguien por su nombre 7. (*alone*) **to be ~ oneself** estar solo; **to do sth ~ oneself** hacer algo solo 8. (*as promise to*) **to swear ~ God** jurar por Dios 9. (*in measurement, arithmetic*) **to buy ~ the kilo** comprar por kilo; **to divide**

~ 6 dividir entre 6; **to increase ~ 10%** aumentar en un 10%; **to multiply ~ 4** multiplicar por 4; **paid ~ the hour** pagado por hora II. *adv* **to put sth ~** poner algo a mano; **~ and ~** dentro de poco; **to go ~** pasar; **~ and large** en general

bye(-bye) [ˌbaɪ('baɪ)] *interj inf* adiós

bye-law ['baɪlɔː] *n Brit s.* **by-law**

by-election *n Brit* elección *f* parcial

bygone ['baɪgɒn, *Am:* -gɑːn] I. *adj inv* pasado II. *n* **let ~s be ~s** lo pasado pasado está

by-law ['baɪlɔː, *Am:* -lɑː] *n* (*regional law*) reglamento *m* local; (*of organization*) estatuto *m*

? El **BYO-restaurant** (Bring Your Own) se encuentra en Australia. Es un tipo de restaurante que no tiene licencia para servir bebidas alcohólicas. Por ello, si los clientes desean consumir esta clase de bebidas, deben de traerlas ellos mismos.

---

by-pass ['baɪpɑːs, *Am:* -pæs] *n* 1. AUTO carretera *f* de circunvalación 2. MED by-pass *m*

by-product ['baɪprɒdʌkt, *Am:* -prɑːdəkt] *n* subproducto *m*; *fig* derivado *m*

bystander ['baɪstændə', *Am:* -də'] *n* espectador(a) *m(f)*

byte [baɪt] *n* byte *m*

C c

C, c [siː] *n* 1. (*letter*) C, c *f*; **~ for Charlie** C de Carmen 2. MUS do *m*

C *after n abbr of* **Celsius** C

c. *abbr of* **century** s.

cab [kæb] *n Am, Aus* (*taxi*) taxi *m*; **by ~** en taxi

CAB [ˌsiːerˈbiː] *n Am abbr of* **Civil Aeronautics Board** Oficina *f* de Aviación Civil

cabaret [ˈkæbəreɪ, *Am:* ˌkæbəˈreɪ] *n* cabaret *m*

cabbage [ˈkæbɪdʒ] *n* col *f*

cabin [ˈkæbɪn] *n* **1.** (*in a vehicle*) cabina *f* **2.** (*house*) cabaña *f*

cabinet [ˈkæbɪnɪt] *n* **1.** (*storage place*) armario *m*; **filing ~** archivador *m* **2.** + *sing/pl vb* (*group of ministers*) gabinete *m*

cable [ˈkeɪbl] I. *n* cable *m* II. *vt* HIST cablegrafiar

cable car *n* teleférico *m* **cable television** *n no pl*, **cable TV** *n no pl* televisión *f* por cable

cache [kæʃ] *n* **1.** (*secret stockpile*) alijo *m* **2.** INFOR caché *m*; **~ memory** memoria *f* caché

cackle [ˈkækl] I. *vi* cacarear II. *n* cacareo *m*

cactus [ˈkæktəs] <-es *o* cacti> *n* cactus *m inv*, ulala *f Bol*

caddie [ˈkædi], **caddy** [ˈkædɪ] <-ies> I. *n* caddie *mf*, caddy *mf* II. <caddied, caddied, caddying> *vi* **to ~ for sb** hacer de caddy de alguien

cadet [kəˈdet] *n a.* MIL cadete *mf*

cadre [ˈkɑːdəʳ, *Am:* ˈkædriː] *n* cuadro *m*

Caesar [ˈsiːzəʳ, *Am:* -zɚ] *n* César *m*; **Julius ~** HIST Julio César

cafe [ˈkæfeɪ, *Am:* kæfˈeɪ] *n*, **café** *n* café *m*

cafeteria [ˌkæfɪˈtɪərɪə, *Am:* -ˈtɪrɪ-] *n* restaurante *m* autoservicio

cage [keɪdʒ] I. *n* jaula *f* II. *vt* enjaular

cairn [keən, *Am:* kern] *n* mojón *m* (de piedras)

Cairo [ˈkeərəʊ, *Am:* ˈkeroʊ] *n* El Cairo

cake [keɪk] *n* **1.** GASTR pastel *m*; **to want to have one's ~ and eat it** *fig* quererlo todo **2.** (*of soap*) pastilla *f*

cal. *n abbr of* **calorie** cal *f*

calamity [kəˈlæmətɪ, *Am:* -əţɪ] <-ies> *n* calamidad *f*

calcium [ˈkælsɪəm] *n no pl* calcio *m*

calculate [ˈkælkjʊleɪt, *Am:* -kjə-]

I. *vt* calcular; **to ~ sth at ...** calcular algo en... II. *vi* calcular

calculated *adj* calculado; **to be ~ to do sth** estar pensado para hacer algo

calculation [ˌkælkjʊˈleɪʃn, *Am:* -kjə-] *n* cálculo *m*

calculator [ˈkælkjʊleɪtəʳ, *Am:* -kjəleɪţɚ] *n* calculadora *f*

calculus [ˈkælkjʊləs, *Am:* -kjə-] *n no pl* cálculo *m*

calendar [ˈkælɪndəʳ, *Am:* -dɚ] I. *n* calendario *m*, exfoliador *m Chile, Méx* II. *adj* ~ **year** año *m* civil

calf¹ [kɑːf, *Am:* kæf] <calves> *n* (*young cow or bull*) ternero, -a *m, f*

calf² [kɑːf, *Am:* kæf] <calves> *n* (*lower leg*) pantorrilla *f*

California [ˌkælɪˈfɔːnɪə, *Am:* -əˈfɔrnjə] *n* California *f*

call [kɔːl] I. *n* **1.** (*telephone*) llamada *f* **2.** (*visit*) visita *f*; **to be on a ~** estar haciendo una visita; **to be on ~** estar de guardia; **to pay a ~ on sb** hacer una visita a alguien **3.** (*shout*) grito *m* **4.** (*bird*) canto *m* **5.** (*request*) *a.* POL llamamiento *m*; **~ for help** una llamada de socorro II. *vt* **1.** (*name*) llamar; **what's that actor ~ed?** ¿cómo se llama ese actor?; **to ~ sb's attention** llamar la atención de alguien **2.** (*telephone*) llamar, telefonear *AmL* **3.** (*decide to have: meeting*) convocar; (*strike*) declarar III. *vi* **1.** (*telephone*) llamar **2.** (*drop by*) pasar

◆ **call for** *vi insep* **1.** (*come to get*) pasar a recoger **2.** (*demand, require*) exigir; **this calls for a celebration** esto hay que celebrarlo

◆ **call in** *vt* llamar

caller [ˈkɔːləʳ, *Am:* -lɚ] *n* **1.** (*on the telephone*) persona *f* que llama por teléfono; **hold the line please, ~** espere, por favor **2.** (*visitor*) visita *f*; (*in a shop*) cliente *mf*

calling [ˈkɔːlɪŋ] *n form* vocación *f*

callous [ˈkæləs] *adj* cruel

calm [kɑːm] I. *adj* **1.** (*not nervous*) tranquilo; **to keep ~** mantenerse tranquilo **2.** (*peaceful*) pacífico II. *n* tranquilidad *f*; **the ~ before the storm** *a. fig* la calma que precede a la tormenta **III.** *vt* tranquilizar; **to ~ oneself** calmarse

calmness *n no pl* (*lack of agitation*) tranquilidad *f*

calorie ['kælərɪ] *n* caloría *f*

Calvinist ['kælvɪnɪst] *n* calvinista *mf*

CAM [kæm] *n abbr of* **computer assisted manufacture** FAO *f*

Cambodia [kæm'bəʊdɪə, *Am:* -'boʊ-] *n* Camboya *f*

Cambodian [kæm'bəʊdɪən, *Am:* -'boʊ-] *adj* camboyano

camcorder ['kæmkɔːdəʳ] *n* videocámara *f*

came [keɪm] *vi pt of* **come**

camel ['kæml] *n* camello *m*

cameo ['kæmɪəʊ, *Am:* -oʊ] *n* CINE, TV aparición *f* breve, papel *m* corto

camera ['kæmərə] *n* PHOT máquina *f* fotográfica; CINE cámara *f*; **to be on ~** estar en imagen

cameraman <-men> *n* cámara *m*

Cameroon [ˌkæmə'ruːn] *n* Camerún *m*

Cameroonian [ˌkæmə'ruːnɪən, *Am:* -'roʊ-] *adj* camerunés

camomile ['kæməmaɪl, *Am:* -miːl] *n* **~ tea** manzanilla *f*

camouflage ['kæmə‚flɑːʒ] **I.** *n no pl* camuflaje *m* **II.** *vt* camuflar; **to ~ oneself** camuflarse

camp¹ [kæmp] **I.** *n* **1.** (*encampment*) campamento *m*; **to pitch ~** acampar; **summer ~** *Am* campamento de verano **2.** MIL **army ~** campamento militar **II.** *vi* acampar; **to go ~ing** ir de acampada, campear *AmL*

camp² [kæmp] *adj* (*effeminate*) amanerado

campaign [kæm'peɪn] **I.** *n* (*organized action*) *a.* MIL campaña *f*; **~ trail** campaña *f* electoral **II.** *vi* hacer campaña; **to ~ for sth/sb** hacer campaña a favor de algo/alguien

campaigner [kæm'peɪnəʳ, *Am:* -ɚ] *n* defensor(a) *m(f)*; **a ~ for sth** un luchador a favor de algo

camper ['kæmpəʳ, *Am:* -pɚ] *n* campista *mf*

camping ['kæmpɪŋ] *n no pl* cámping *m*; **to go ~** ir de acampada

campsite ['kæmpsaɪt] *n* cámping

m; *Am* (*for one tent*) parcela *f* de cámping

campus ['kæmpəs] <-ses> *n* campus *m inv*

can¹ [kæn] **I.** *n* (*container*) lata *f*; (*of oil*) bidón *m* **II.** *vt* **1.** (*put in cans*) enlatar **2.** *Am, inf* (*stop*) **~ it!** ¡basta ya!

can² [kən] <could, could> *aux* **1.** (*be able to*) poder; **if I could** si pudiera; **I think she ~ help you** creo que ella te puede ayudar; **I could have kissed her** hubiera podido besarla **2.** (*be permitted to*) poder; **you can't go** no puedes ir; **could I look at it?** ¿podría verlo? **3.** (*know how to*) saber; **~ you swim?** ¿sabes nadar?

Canada ['kænədə] *n* Canadá *m*

Canadian [kə'neɪdɪən] *adj* canadiense

canal [kə'næl] *n* canal *m*

canary [kə'neəri, *Am:* -'neri] <-ies> *n* canario *m*

Canary Islands *n* Islas *fpl* Canarias

cancel ['kænsl] <*Brit:* -ll-, *Am:* -l-> **I.** *vt* anular; (*reservation, meeting*) cancelar; (*party, concert*) suspender **II.** *vi* anular

cancellation [ˌkænsə'leɪʃn] *n* (*of reservation, meeting*) cancelación *f*; (*of party, concert*) suspensión *f*

cancer ['kænsəʳ, *Am:* -sɚ] *n* MED *no pl* cáncer *m*, cangro *m* Col, Guat; **~ specialist** oncólogo, -a *m, f*; **~ cell** célula *f* cancerígena

Cancer ['kænsəʳ, *Am:* -sɚ] *n* Cáncer *m*

candid ['kændɪd] *adj* franco

candidacy ['kændɪdəsɪ] *n no pl* candidatura *f*

candidate ['kændɪdət] *n* **1.** POL candidato, -a *m, f* **2.** (*possible choice*) aspirante *mf*

candle ['kændl] *n* vela *f*; **to burn one's ~ at both ends** *fig* hacer de la noche día

candlelight ['kændllaɪt] *n no pl* luz *f* de una vela; **to do sth by ~** hacer algo a la luz de una vela

candlestick ['kændlstɪk] *n* candelero *m*

candor n Am, **candour** ['kændə', Am: -də'] n no pl, Brit, Aus, form franqueza f

candy ['kændɪ] <-ies> n Am (sweets) golosinas fpl

cane [keɪn] n **1.** no pl (dried plant stem) caña f **2.** no pl (furniture) mimbre m

canine ['keɪnaɪn] adj canino

canister ['kænɪstə', Am: -əstə'] n (metal) lata f; (plastic) bote m

cannabis ['kænəbɪs] n no pl cannabis f

canned [kænd] adj **1.** enlatado **2.** MUS, TV **~ laughter** risas fpl grabadas

cannibal ['kænɪbl] n caníbal mf

cannibalism ['kænɪbəlɪzəm] n no pl canibalismo m

canning ['kænɪŋ] n no pl enlatado m; **~ factory** fábrica f de conservas

cannon ['kænən] n cañón m

cannot ['kænɒt, Am: -ɑːt] aux = **can not** s. **can²**

canny ['kænɪ] <-ier, -iest> adj astuto

canoe [kə'nuː] n canoa f; Brit (kayak) piragua f; **to paddle one's own ~** fig arreglárselas solo

canoeing n no pl piragüismo m

can opener ['kæn‚əʊpənə', Am: -ˌoʊpnə'] n abrelatas m inv

canopy ['kænəpɪ] <-ies> n toldo m

can't [kɑːnt, Am: kænt] = **cannot** s. **can²**

canteen¹ [kæn'tiːn] n (cafetería) cantina f

canteen² n (drink container) cantimplora f

Cantonese [‚kæntə'niːz] adj cantonés, -esa

canvas ['kænvəs] <-es> n **1.** no pl (cloth) lona f **2.** ART lienzo m, holán m AmC

canvass ['kænvəs] **I.** vt **1.** (gather opinion) sondear; **to ~ sth** hacer una encuesta de algo **2.** POL (votes) solicitar **II.** vi POL hacer campaña

canyon ['kænjən] n cañón m

CAP [‚siːeɪ'piː] n abbr of **Common Agricultural Policy** PAC f

cap¹ [kæp] **I.** n **1.** (without peak) gorro m **2.** (with peak) gorra f; **to**

put on one's thinking ~ fig, inf hacer uso de la materia gris; **~ and gown** UNIV toga f y birrete m **3.** (cover) tapón m; **screw-on ~** casquete m **4.** (limit) tope m; **salary ~** Am salario m máximo **II.** <-pp-> vt **1.** (limit) limitar **2.** SPORTS **he has been ~ped two times for Spain** ha integrado dos veces la selección española

cap² n abbr of **capital** (letter) mayúscula f

capability [‚keɪpə'bɪlətɪ, Am: -ˌtɪ] <-ies> n **1.** no pl (ability) capacidad f **2.** (skill) aptitud f

capable ['keɪpəbl] adj **1.** (competent) competente **2.** (able) capaz; **to be ~ of doing sth** ser capaz de hacer algo

capacity [kə'pæsətɪ, Am: -ˌtɪ] <-ies> n **1.** no pl (volume,) cabida f, capacidad f; **to be full to ~** estar completamente lleno **2.** no pl (ability, amount) capacidad f; **seating ~** aforo m **3.** (output) rendimiento m

cape¹ [keɪp] n GEO cabo m

cape² [keɪp] n (cloak) capa f

caper¹ ['keɪpə', Am: -ə'] n (joyful leaping movement) cabriola f; **to cut ~s** hacer cabriolas

caper² ['keɪpə', Am: -pə'] n BOT alcaparra f

Cape Town ['keɪptaʊn] n Ciudad f del Cabo

Cape Verde ['keɪpvɜːd, Am: -vɜːrd] n Cabo m Verde

capital ['kæpɪtl, Am: -ət̬l] **I.** n **1.** (principal city) capital f **2.** TYPO mayúscula f **3.** FIN capital m; **to make ~ (out) of sth** fig sacar partido de algo **II.** adj **1.** (principal) primordial; **~ city** capital f **2.** TYPO (letter) mayúscula **3.** LAW capital; **~ punishment** pena f capital [o de muerte]

capital investment n FIN inversión f de capital

capitalism ['kæpɪtəlɪzəm, Am: 'kæpət̬-] n no pl capitalismo m

capitalist ['kæpɪtəlɪst, Am: 'kæpət̬əl-] adj capitalista

capitalize ['kæpɪtəlaɪz, Am: 'kæpətʃəlaɪz] *vt* capitalizar

capital letter ['kæpɪtl 'letəʳ, *Am:* -ətl 'letɚ] *n* mayúscula *f*; **in ~s** con mayúsculas **capital punishment** *n no pl* pena *f* de muerte

cappuccino [ˌkæpʊ'tʃiːnəʊ, *Am:* ˌkæpə'tʃiːnoʊ] *n* capuchino *m*

Capricorn ['kæprɪkɔːn, *Am:* -rəkɔːrn] *n* Capricornio *m*

Caps. *n abbr of* **capitals** mayúsculas *fpl*

capsize [kæp'saɪz, *Am:* 'kæpsaɪz] *vt, vi* NAUT hacer zozobrar; *fig* volcar

capsule ['kæpsjuːl, *Am:* -sl] *n* cápsula *f*

captain ['kæptɪn] I. *n* capitán, -ana *m, f* II. *vt* capitanear

caption ['kæpʃn] *n* (*heading*) título *m*; (*for cartoon*) leyenda *f*

captivate ['kæptɪveɪt, *Am:* -tə-] *vt* cautivar

captive ['kæptɪv] *adj* cautivo; **to hold sb ~** tener prisionero a alguien

captivity [kæp'tɪvətɪ, *Am:* -t̬ɪ] *n no pl* cautiverio *m*; **to be in ~** estar en cautividad

capture ['kæptʃəʳ, *Am:* -tʃɚ] I. *vt* 1. (*take prisoner*) prender 2. (*take possession of*) capturar II. *n* captura *f*

car [kɑːʳ, *Am:* kɑːr] *n* 1. AUTO coche *m*, carro *m AmL*, auto *m Arg, Chile, Urug* 2. RAIL vagón *m*

caramel ['kærəmel, *Am:* 'kɑːrml] *n* 1. *no pl* (*burnt sugar*) azúcar *m* quemado 2. (*sweet*) caramelo *m*

carat ['kærət, *Am:* 'ker-] <-(s)> *n* quilate *m*

caravan ['kærəvæn, *Am:* 'ker-] *n Brit* (*vehicle*) caravana *f*; **gypsy ~** carromato *m* de gitanos

carbohydrate [ˌkɑːbəʊ'haɪdreɪt, *Am:* ˌkɑːrboʊ-] *n* CHEM hidrato *m* de carbono; **~ content** contenido *m* de carbohidratos

carbon ['kɑːbən, *Am:* 'kɑːr-] *n no pl* CHEM carbono *m*

carbon dioxide *n no pl* dióxido *m* de carbono **carbon monoxide** *n no pl* monóxido *m* de carbono

carcass ['kɑːkəs, *Am:* 'kɑːr-] <-es> *n* cadáver *m* de animal

card [kɑːd, *Am:* kɑːrd] *n* 1. *no pl a.* FIN, INFOR tarjeta *f* 2. GAMES carta *f*, naipe *m*; **pack of ~s** baraja *f*; **to play ~s** jugar a las cartas; **to play one's ~s right** *fig* hacer una buena jugada 3. **membership ~** carnet de socio

cardboard ['kɑːdbɔːd, *Am:* 'kɑːrdbɔːrd] *n no pl* cartón *m*

cardiac ['kɑːdɪæk, *Am:* 'kɑːr-] *adj* MED cardíaco; (*disease*) cardiovascular

cardigan ['kɑːdɪgən, *Am:* 'kɑːr-] *n* chaqueta *f* de punto

cardinal ['kɑːdɪnl, *Am:* 'kɑːr-] I. *n* 1. REL, ZOOL cardenal *m* 2. (*number*) cardinal *m* II. *adj* (*importance: rule*) fundamental

care [keəʳ, *Am:* ker] I. *n* 1. (*attention*) cuidado *m*; **to take ~ of** cuidar de; **take ~ (of yourself)!** ¡cuídate!; **handle with ~** frágil 2. (*worry*) preocupación *f*; **to not have a ~ in the world** no tener ninguna preocupación II. *vi* 1. (*be concerned*) preocuparse; **to ~ about sb/sth** preocuparse por alguien/algo; **who ~s?** ¿qué más da? 2. (*feel affection*) importar

career [kə'rɪəʳ, *Am:* -'rɪr] I. *n* 1. (*profession*) profesión *f* 2. (*working life*) carrera *f* profesional II. *vi* ir a toda velocidad; **to ~ out of control** (*car*) perder el control

carefree ['keəfriː, *Am:* 'ker-] *adj* despreocupado

careful ['keəfl, *Am:* 'ker-] *adj* cuidadoso; **to be ~ of sth** tener cuidado con algo

carefulness *n no pl* (*caution*) cuidado *m*

careless ['keəlɪs, *Am:* 'ker-] *adj* descuidado

carelessness *n no pl* (*lack of attention*) falta *f* de atención

caress [kə'res] I. <-es> *n* caricia *f* II. *vi, vt* acariciar, barbear *AmC*

caretaker ['keəˌteɪkəʳ, *Am:* 'kerˌteɪkɚ] *n* 1. *Brit* (*janitor*) conserje *mf* 2. *Am* (*job*) portero, -a *m, f*

cargo ['kɑːgəʊ, *Am:* 'kɑːrgoʊ] <-(e)s> *n* 1. *no pl* (*goods*) carga *f* 2. (*load*) cargamento *m*

Caribbean [ˌkærɪ'biːən, *Am:* ˌkerɪ-'biː-] **I.** *adj* caribeño, caribe *AmL* **II.** *n* the ~ el Caribe

caricature ['kærɪkətjʊər, *Am:* 'kerə-kətʃʊr] **I.** *n a.* ART caricatura *f* **II.** *vt* LIT caricaturizar

caring *adj* compasivo

carnation [kɑː'neɪʃn, *Am:* kɑːr-] *n* clavel *m*

carnival ['kɑːnɪvl, *Am:* 'kɑːrnə-] *n* carnaval *m*, chaya *f Arg, Chile*

carol ['kærəl, *Am:* 'ker-] *n* villancico *m*

carol singer *n* persona *f* que canta villancicos

car park ['kɑːpɑːk, *Am:* 'kɑːrpɑːrk] *n Brit, Aus* aparcamiento *m*, párking *m*

carpenter ['kɑːpəntər, *Am:* 'kɑːr-pn̩t̬ə˞] *n* carpintero, -a *m, f*

carpet ['kɑːpɪt, *Am:* 'kɑːrpət] *n* moqueta *f*, alfombra *f AmL; (not fitted)* alfombra *f;* **to sweep sth under the** ~ *fig* correr un velo sobre algo

carriage ['kærɪdʒ, *Am:* 'ker-] *n* **1.** *(horse-drawn vehicle)* carruaje *m* **2.** *Brit (train wagon)* vagón *m* **3.** *(posture)* andares *mpl*

carrier ['kærɪər, *Am:* 'ker-] *n* **1.** *(person who carries)* transportista *mf* **2.** *(vehicle)* vehículo *m* transportador; **aircraft ~** portaviones *m inv* **3.** MED portador(a) *m(f)*

carrot ['kærət, *Am:* 'ker-] *n* zanahoria *f*

carry ['kærɪ, *Am:* 'ker-] <-ies, -ied> *vt* **1.** *(transport in hands or arms)* llevar **2.** *(transport)* transportar, acarrear **3.** *(have on one's person)* llevar encima **4.** MED transmitir

◆**carry away** *vt* **1.** *(remove)* arrastrar **2.** **to be carried away (by sth)** dejarse llevar (por algo)

◆**carry on I.** *vt insep* continuar con; ~ **the good work!** ¡sigue con el buen trabajo! **II.** *vi* **1.** *(continue)* seguir; **to** ~ **doing sth** continuar haciendo algo **2.** *inf (make a fuss)* montar un número

◆**carry out** *vt* llevar a cabo

cart [kɑːt, *Am:* kɑːrt] *n* **1.** *(vehicle)*

carreta *f*, carro *m;* **to put the** ~ **before the horse** *fig* empezar la casa por el tejado **2.** *Am (supermarket trolley)* carrito *m*

cartel [kɑː'tel, *Am:* kɑːr-] *n* cartel *m*

carton ['kɑːtn, *Am:* 'kɑːr-] *n* envase *m* de cartón

cartoon [kɑː'tuːn, *Am:* kɑːr-] *n* **1.** ART viñeta *f* **2.** CINE dibujos *mpl* animados

cartoonist *n* dibujante *mf*

cartridge ['kɑːtrɪdʒ, *Am:* 'kɑːr-] *n* cartucho *m*, cachimba *f AmL*

cartwheel ['kɑːthwiːl, *Am:* 'kɑːrt-] *n* **1.** *(wheel)* rueda *f* de carro **2.** *(playing)* rueda *f;* **to do a** ~ hacer la rueda

carve [kɑːv, *Am:* kɑːrv] *vt* **1.** *(cut)* cortar; **to** ~ **(out) a name for oneself** *fig* hacerse un nombre **2.** *(stone, wood)* tallar **3.** *(cut meat)* trinchar

carving *n* ART escultura *f; (of wood)* talla *f*

cascade [kæ'skeɪd] *n* cascada *f*

case¹ [keɪs] *n* **1.** *a.* MED caso *m;* **in any** ~ en cualquier caso; **just in** ~ por si acaso; **in** ~ **it rains** en caso de que llueva **2.** LING caso *m*

case² [keɪs] *n* **1.** *Brit (suitcase)* maleta *f* **2.** *(container)* caja *f; (for jewels, spectacles)* estuche *m; (for camera, musical instrument)* funda *f;* **glass ~** vitrina *f*

cash [kæʃ] **I.** *n no pl* dinero *m* en efectivo; ~ **in advance** adelanto *m* **II.** *vt* cobrar; **to** ~ **sth in** canjear algo

cash flow ['kæʃfləʊ, *Am:* -ˌfloʊ] *n* FIN flujo *m* de caja

cashier [kæ'ʃɪər, *Am:* kæʃ'ɪr] *n* cajero, -a *m, f*

casino [kə'siːnəʊ, *Am:* -noʊ] *n* casino *m*

cask [kɑːsk, *Am:* kæsk] *n* tonel *m; (of wine)* barril *m*

casket ['kɑːskɪt, *Am:* 'kæskɪt] *n* cofre *m*

Caspian Sea ['kæspiən] *n* Mar *m* Caspio

casserole ['kæsərəʊl, *Am:* -əroʊl] *n* **1.** *(cooking vessel)* cazuela *f* **2.** GASTR guiso *m*

cassette [kə'set] *n* casete *m o f;*

video ~ videocasete *m*

cassette player *n*, **cassette recorder** *n* casete *m*

cast [kɑst, *Am:* kæst] **I.** *n* **1.** THEAT, CINE reparto *m;* **supporting** ~ reparto secundario **2.** (*mould*) molde *m* **3.** MED escayola *f* **II.** <cast, cast> *vt* **1.** (*throw*) lanzar **2.** (*direct*) **to** ~ **doubt on sth** poner en duda; **to** ~ **one's mind back** hacer un esfuerzo de memoria **3.** (*allocate roles*) asignar; **to** ~ **sb as sb/sth** dar a alguien el papel de alguien/algo **4.** (*give*) dar; (*vote*) emitir
◆**cast off I.** *vt* **1.** (*stitch*) cerrar **2.** (*throw off*) desechar **II.** *vi* **1.** NAUT soltar amarras **2.** (*in knitting*) terminar

castaway [ˈkɑːstəweɪ, *Am:* ˈkæstə-] *n* náufrago, -a *m, f*

caste [kɑst, *Am:* kæst] *n* (*social class*) casta *f;* ~ **system** sistema *m* de castas

casting [ˈkɑːstɪŋ, *Am:* ˈkæstɪŋ] *n* **1.** (*forming in a mould*) vaciado *m* **2.** THEAT reparto de papeles

cast iron [ˌkɑːstˈaɪən] **I.** *n no pl* hierro *m* fundido **II.** *adj* **1.** (*made of cast iron*) de hierro fundido **2.** *fig* irrefutable

castle [ˈkɑːsl, *Am:* ˈkæsl] **I.** *n* **1.** (*building*) castillo *m;* **to build** ~**s in the air** *fig* construir castillos en el aire **2.** (*chess piece*) torre *f* **II.** *vi* (*in chess*) enrocar

casual [ˈkæʒʊəl, *Am:* ˈkæʒuː-] *adj* **1.** (*relaxed*) relajado **2.** (*not permanent*) casual **3.** (*informal*) informal

casualty [ˈkæʒʊəltɪ, *Am:* ˈkæʒuː-] <-ies> *n* **1.** (*injured person*) herido, -a *m, f;* MIL baja *f* **2.** *no pl* (*hospital department*) urgencias *fpl*

cat [kæt] *n* gato, -a *m, f;* **to let the** ~ **out of the bag** *fig* descubrir el pastel; **to rain** ~**s and dogs** *fig* llover a cántaros

CAT [kæt] *n* **1.** INFOR *abbr of* **computer-assisted translation** TAO *f* **2.** MED *abbr of* **computerized axial tomography** TAC *m o f;* ~ **scan** (escáner *m*) TAC *m*

Catalan [ˌkætəˈlæn, *Am:* ˈkætəlæn] *adj* catalán

catalog [ˈkætəlɒg] *Am*, **catalogue** [ˈkætəlɑːg] *Brit* **I.** *n* catálogo *m;* **a** ~ **of mistakes** *fig* un error detrás de otro **II.** *vt* catalogar

Catalonia [ˌkætəˈləʊniə, *Am:* -ˈloʊ-] *n* Cataluña *f*

Catalonian [ˌkætəˈləʊniən, *Am:* -ˈloʊ-] *adj s.* **Catalan**

catalyst [ˈkætəlɪst, *Am:* ˈkæt̬-] *n a. fig* catalizador *m*

catapult [ˈkætəpʌlt, *Am:* ˈkæt̬-] *n* tirachinas *m inv;* HIST catapulta *f*

catastrophe [kəˈtæstrəfɪ] *n* catástrofe *f*

catastrophic [ˌkætəˈstrɒfɪk, *Am:* ˌkæt̬əˈstrɑːfɪk] *adj* catastrófico

catch [kætʃ] <-es> **I.** *n* **1.** *no pl* (*fish caught*) pesca *f* **2.** (*fastening device*) pestillo *m* **3.** *inf* (*suitable partner*) **he's a good** ~ es un buen partido **II.** <caught, caught> *vt* **1.** (*hold moving object*) agarrar; **to** ~ **sb at a bad moment** pillar a alguien en un mal momento **2.** (*get*) coger, tomar *AmL;* **to** ~ **the bus** coger el bus **3.** (*discover by surprise*) **to** ~ **sb** (**doing sth**) sorprender [*o* pillar] a alguien (haciendo algo); **to** ~ **sb red handed** *fig* coger [*o* pillar] a alguien con las manos en la masa **4.** MED contagiarse de
◆**catch on** *vi* **1.** (*be popular*) ponerse de moda **2.** *inf* (*understand*) entender
◆**catch up I.** *vi* **to** ~ **with sb** alcanzar el nivel de alguien; **to** ~ **with sth** (*make up lost time*) ponerse al corriente de algo **II.** *vt* **to catch sb up** *Brit, Aus* alcanzar a alguien

catchy [ˈkætʃɪ] <-ier, -iest> *adj* pegadizo

categorise *vt Brit, Aus*, **categorize** [ˈkætəgəraɪz, *Am:* ˈkæt̬əgəraɪz] *vt Am* clasificar

category [ˈkætɪgərɪ, *Am:* ˈkæt̬əgɔːr-] <-ies> *n* categoría *f*

cater [ˈkeɪtəʳ, *Am:* -t̬ə-] *vi* encargarse del servicio de comidas

catering [ˈkeɪtərɪŋ] *n no pl* restauración *f;* (*service*) servicio *m* de comidas

caterpillar [ˈkætəpɪləʳ, *Am:* ˈkætəˌpɪlɚ] *n* **1.** ZOOL oruga *f* **2.** (*vehicle*) tractor *m* oruga

cathedral [kəˈθiːdrəl] *n* catedral *f*; ~ **city** ciudad *f* episcopal

Catholic [ˈkæθəlɪk] *adj* católico

Catholicism [kəˈθɒləsɪzəm, *Am:* -ˈθɑːlə-] *n no pl* catolicismo *m*

cattle [ˈkætl, *Am:* ˈkæt-] *npl* ganado *m*; **beef** ~ ganado vacuno; **dairy** ~ vacas *fpl* lecheras

! **cattle** (= el ganado) es plural en inglés: "The cattle are in the field."

catty [ˈkætɪ, *Am:* ˈkæt-] <-ier, -iest> *adj* malicioso

cat-walk [ˈkætˌwɔːk, *Am:* -wɑːk] *n* pasarela *f*

caucus [ˈkɔːkəs, *Am:* ˈkɑː-] *n* <-es> comité *m*

caught [kɔːt, *Am:* kɑːt] *pt, pp of* **catch**

cauliflower [ˈkɒlɪflauəʳ, *Am:* ˈkɑːlɪˌflauɚ] *n* coliflor *f*

cause [kɔːz] I. *n* **1.** (*a reason for*) causa *f*; **this is no** ~ **for ...** esto no justifica... **2.** *no pl* (*objective*) causa *f* II. *vt* causar; (*an accident*) provocar; **to** ~ **sb/sth to do sth** hacer que alguien/algo haga algo

causeway [ˈkɔːzˌweɪ, *Am:* ˈkɑːz-] *n* carretera *f* elevada

caution [ˈkɔːʃn, *Am:* ˈkɑː-] *n no pl* **1.** (*carefulness*) cautela *f*; **to treat sth with** ~ tratar algo con cuidado; ~ **is advised** se recomienda prudencia **2.** (*warning*) advertencia *f*; **a note of** ~ un aviso; ~! ¡cuidado!

cautious [ˈkɔːʃəs, *Am:* ˈkɑː-] *adj* cauto; **to be** ~ **in sth** ser prudente en algo

cavalry [ˈkævlrɪ] *n pl vb* MIL caballería *f*

cave *n* (*natural*) cueva *f*; (*manmade*) caverna *f*

cavern [ˈkævən, *Am:* -ɚn] *n* caverna *f*

caviar(e) [ˈkævɪɑːʳ, *Am:* -ɑːr] *n no pl* caviar *m*

cavity [ˈkævɪtɪ, *Am:* -t̬ɪ] <-ies> *n* cavidad *f*; **nasal** ~ fosa *f* nasal

Cayman Islands [ˈkeɪmən] *n* Islas *fpl* Caimán

CBI [ˌsiːbiːˈaɪ] *n Brit abbr of* **Confederation of British Industry** ≈ CEOE *f*

cc [ˌsiːˈsiː] *abbr of* **cubic centimetres** cc

CCTV [ˌsiːsiːtiːˈviː] *n abbr of* **closed-circuit television** circuito *m* cerrado de televisión

CD [ˌsiːˈdiː] *n abbr of* **compact disc** CD *m*

CD-player *n abbr of* **compact disc player** reproductor *m* de CD **CD-ROM** [ˌsiːdiːˈrɒm, *Am:* -ˈrɑːm] *n abbr of* **compact disc read-only memory** CD-ROM *m*; **on** ~ en CD-ROM **CD-ROM drive** *n* unidad *f* de CD-ROM

cease [siːs] *form* I. *vi* cesar; **to** ~ **from sth** cesar de (hacer) algo II. *vt* suspender; **it never** ~**s to amaze me** nunca deja de sorprenderme; ~ **firing!** MIL ¡alto el fuego!

cease-fire [ˌsiːsˈfaɪəʳ, *Am:* -ˈfaɪɚ] *n* MIL alto *m* el fuego, cese *m* del fuego *AmL*

ceiling [ˈsiːlɪŋ] *n* **1.** ARCHIT, AVIAT techo *m* **2.** (*upper limit*) tope *m*; **to impose a** ~ **on sth** poner un tope a algo

celebrate [ˈselɪbreɪt] I. *vi* celebrar; **let's** ~! ¡vamos a celebrarlo! II. *vt* celebrar; **they** ~**d him as a hero** lo agasajaron como a un héroe

celebration [ˌselɪˈbreɪʃn] *n* **1.** (*party*) fiesta *f* **2.** (*of an occasion*) celebración *f*; **this calls for a** ~! ¡esto hay que celebrarlo!

celebrity [sɪˈlebrətɪ, *Am:* səˈlebrət̬ɪ] *n* <-ies> famoso, -a *m, f*

celery [ˈselərɪ] *n no pl* apio *m*, panul *m CSur*

celibacy [ˈselɪbəsɪ] *n no pl* **1.** *a.* REL celibato *m* **2.** (*being single*) soltería *f*

celibate [ˈselɪbət] *adj* **1.** *a.* REL célibe **2.** (*unmarried*) soltero

cell [sel] *n* **1.** (*in prison*) celda *f*, separo *m Méx* **2.** BIO, POL célula *f*; **a single** ~ **animal** un animal unicelular

cellar ['selər, *Am:* -ɚ] *n* (*basement*) sótano *m;* (*for wine*) bodega *f*

cellist ['tʃelɪst] *n* MUS violoncelista *mf*

cello ['tʃeləʊ, *Am:* -oʊ] <-s *o* -li> *n* MUS violoncelo *m*

celluloid ['seljʊlɔɪd] I. *n no pl* celuloide *m* II. *adj* de celuloide

Celsius ['selsiəs] *adj* PHYS Celsius

Celt [kelt, selt] *n* HIST celta *mf*

Celtic ['keltɪk, 'seltɪk] *adj* céltico; (*language*) celta

cement [sɪ'ment] *n no pl* cemento *m*

cement mixer *n* hormigonera *f*

cemetery ['semətrɪ, *Am:* -terɪ] <-ies> *n* cementerio *m*, panteón *m AmL*

censor ['sensər, *Am:* -sɚ] I. *n* censor(a) *m(f) f* II. *vt* censurar

censorship ['sentsəʃɪp, *Am:* -sɚ-] *n no pl* censura *f*

census ['sensəs] <-ses> *n* censo *m*

cent [sent] *n Am* centavo *m*

centenary [sen'ti:nərɪ, *Am:* 'sentner-] I. <-ies> *n* centenario *m* II. *adj* (*once every century*) secular; ~ **year** año *m* del centenario

center ['sentɚ] *n Am s.* **centre**

centimeter *n Am*, **centimetre** ['sentɪˌmiːtər, *Am:* -təˌmiːtɚ] *n Brit, Aus* centímetro *m*

central ['sentrəl] *adj* 1. (*at the middle*) central; (*street*) céntrico; **in** ~ **Madrid** en el centro de Madrid 2. (*important*) fundamental; **to be** ~ **to sth** ser vital para algo; **the** ~ **character** el protagonista

Central African *adj* centroafricano

Central African Republic *n* República *f* Centroafricana

Central Bank *n* Banco *m* Central

centralization [ˌsentrəlaɪ'zeɪʃn, *Am:* -lɪ'-] *n no pl* centralización *f*

centralize ['sentrəlaɪz] *vt* centralizar

centre ['sentər] *n Brit* 1. *a.* PHYS, POL, SPORTS centro *m;* ~ **party** partido *m* de centro 2. (*of population*) núcleo *m*

♦ **centre on** *vi* concentrarse en

centrifugal [sen'trɪfjʊɡl, *Am:* -jə-ɡl] *adj* PHYS centrífugo

century ['sentʃərɪ] <-ies> *n* siglo *m;* **the twentieth** ~ el siglo veinte

CEO [ˌsiːiː'əʊ, *Am:* -'oʊ] *n abbr of* **chief executive officer** director(a) *m(f)* general

ceramic [sɪ'ræmɪk, *Am:* sə-] *adj* de cerámica

ceramics *n pl* cerámica *f*

cereal ['stərɪəl, *Am:* 'strɪ-] *n* 1. *no pl* (*cultivated grass*) cereal *m* 2. (*break- fast food*) cereales *mpl*

cerebral ['serɪbrəl, *Am:* ˌserə-] *adj* cerebral; ~ **palsy** parálisis *f inv* cerebral

ceremonious [ˌserɪ'məʊnɪəs, *Am:* -ə'moʊ-] *adj* ceremonioso

ceremony ['serɪmənɪ, *Am:* -ə-moʊ-] <-ies> *n a.* REL ceremonia *f;* **to go through the** ~ **of sth** *fig* cumplir con todas las formalidades de algo

certain ['sɜːtn, *Am:* 'sɜːr-] I. *adj* 1. (*sure*) seguro; **to be** ~ **about sth** estar convencido de algo; **for** ~ con certeza 2. (*specified*) cierto; **a** ~ **Steve Rukus** un tal Steve Rukus; **to a** ~ **extent** hasta cierto punto II. *pron* ~ **of** algunos/algunas de

certainly *adv* 1. (*surely*) por supuesto; **she** ~ **is a looker, isn't she?** es guapa, ¿verdad? 2. (*gladly*) desde luego; ~ **not!** ¡desde luego que no!

certainty ['sɜːtəntɪ, *Am:* 'sɜːr-] <-ies> *n* certeza *f*

certificate [sə'tɪfɪkət, *Am:* sɚ-] *n* (*document*) certificado *m;* (*of baptism, birth, death*) partida *f*

certification [ˌsɜːtɪfɪ'keɪʃn, *Am:* ˌsɜːrtə-] *n no pl* 1. (*process*) certificación *f* 2. (*document*) certificado *m*

certify ['sɜːtɪfaɪ, *Am:* -tə-] <-ie-> *vt* certificar; **certified copy** copia *f* legalizada; **he is certified to prac- tise medicine** está habilitado para ejercer la medicina

cervical ['sɜːvɪkl, sɜː'vaɪkl, *Am:* 'sɜːrvɪ-] *adj* 1. (*neck*) cervical *m;* ~ **vertebra** vértebra *f* cervical 2. (*cer- vix*) del cuello del útero

Ceylon [sɪ'lɒn, *Am:* -'lɑːn] *n no pl*
HIST Ceilán *m*

Ceylonese [sɪlə'niːz, *Am:* ˌsiːlə'niːz]
adj HIST ceilanés, -esa
cf. *abbr of* **confer** cf.

CFC [ˌsiːef'siː] *n abbr of* **chloro-
fluorocarbon** clorofluorocarbono *m*

Chad [tʃæd] *n no pl* Chad *m*

Chadian *adj* chadiano

chain [tʃeɪn] I. *n* cadena *f*; ~ **gang**
cuerda *f* de presos; **to be in** ~**s** estar
encadenado II. *vt* encadenar; **to** ~
sth/sb (**up**) **to sth** encadenar algo/a
alguien a algo

chain store *n* tienda *f* de una cadena

chair [tʃeəʳ, *Am:* tʃer] I. *n* 1. (*seat*)
silla *f* 2. (*head*) presidente, -a *m, f*;
to be ~ **of a department** ser jefe de
un departamento II. *vt* (*a meeting*)
presidir

chairman ['tʃeəmən, *Am:* tʃer-]
<-men> *n* presidente *m*

chairmanship ['tʃeəmənʃɪp, *Am:*
'tʃer-] *n* presidencia *f*

chalet ['ʃæleɪ, *Am:* ʃæl'eɪ] *n* chalet
m

chalk [tʃɔːk] *n no pl* 1. (*stone*) caliza
f 2. (*stick*) tiza *f*, gis *m Méx*; **to be
as different as** ~ **and cheese** *fig*
ser (como) la noche y el día

challenge ['tʃælɪndʒ] I. *n* (*a call to
competition*) desafío *m*; **to be faced
with a** ~ enfrentarse a un reto II. *vt*
1. (*ask to compete*) desafiar; **to** ~ **sb
to a duel** retar a alguien a un duelo
2. (*question*) cuestionar, poner en
tela de juicio

challenger ['tʃælɪndʒəʳ, *Am:* -ɚ] *n*
desafiador(a) *m(f)*; (*for a title*) aspirante *mf*

chamber ['tʃeɪmbəʳ, *Am:* -bɚ] *n*
1. (*a. anat, pol*) cámara *f*; ~ **of Dep-
uties** cámara de los diputados;
Upper/Lower ~ cámara alta/baja
2. TECH (*of a gun*) recámara *f*; **combustion** ~ cámara de combustión

chamberlain ['tʃeɪmbəlɪn, *Am:*
-bɚ-] *n* HIST chambelán *m*

chambermaid ['tʃeɪmbəmeɪd,
Am: -bɚ-] *n* camarera *f*

champ [tʃæmp] *n inf* campeón, -ona
m, f

champagne [ʃæm'peɪn] *n no pl*
champán *m*

champion ['tʃæmpiən] *n* 1. SPORTS
campeón, -ona *m, f* 2. (*supporter*)
defensor(a) *m(f)*

championship ['tʃæmpiənʃɪp] *n*
campeonato *m*

chance [tʃɑːns, *Am:* tʃæns] *n* 1. *no
pl* (*random force*) casualidad *f*; **by** ~
por casualidad 2. *no pl* (*likelihood*)
probabilidad *f*; **there's not much of
a** ~ **of my coming to the party** no
es muy probable que vaya a la fiesta
3. (*opportunity*) oportunidad *f*; **to
give sb a** ~ (**to do sth**) dar a alguien
una oportunidad (de hacer algo)

chancellor ['tʃɑːnsələʳ, *Am:* 'tʃæn-]
n 1. POL canciller *mf*; ~ **of the Exchequer** ministro, -a *m, f* de Hacienda 2. UNIV rector(a) *m(f)*

chandelier [ʃændə'lɪəʳ, *Am:* -'lɪr] *n*
araña *f*

change ['tʃeɪndʒ] I. *n* 1. (*alteration*)
cambio *m*; **for a** ~ para variar; **that
would make a (nice)** ~ no estaría
mal hacer eso para variar 2. *no pl*
(*coins*) cambio *m*, sencillo *m AmL*,
feria *f Méx*; **small** ~ calderilla *f inf*
3. *no pl* (*money returned*) cambio
m, vuelto *m AmL*; **no** ~ **given** se
ruega importe exacto II. *vi* (*alter*)
cambiar; **to** ~ **into sth** convertirse
en algo 2. (*put on different clothes*)
cambiarse III. *vt* (*exchange*) cambiar; **to** ~ **sth/sb into sth** convertir
algo/a alguien en algo

channel ['tʃænl] I. *n* canal *m*; **The
(English) C**~ el Canal de la Mancha;
irrigation ~ acequia *f* II. <*Brit:* -ll-,
Am: -l-> *vt* canalizar; *fig* encauzar

Channel Tunnel *n no pl* túnel *m* del
Canal de la Mancha

chant [tʃɑːnt, *Am:* tʃænt] I. *n* REL
canto *m*; (*singing*) salmodia *f*; **greg-
orian** ~ canto gregoriano II. *vi* 1. (*in-
tone*) salmodiar 2. (*repeat*) gritar al
unísono III. *vt* 1. (*sing*) cantar;
(*speak in a monotone*) salmodiar
2. (*repeat*) repetir al unísono

chaos ['keɪɒs, *Am:* -ɑːs] *n no pl* caos
m inv

chaotic [keɪ'ɒtɪk, *Am:* -'ɑːt̬ɪk] *adj*

caótico

chap [tʃæp] *n* (*fellow, friend*) tío *m*

chap. *n abbr of* **chapter** cap. *m*

chapel ['tʃæpl] *n* **1.** (*room*) capilla *f;* **funeral** ~ capilla ardiente **2.** *Brit* (*church*) templo *m*

chaplain ['tʃæplɪn] *n* REL capellán *m*

chapter ['tʃæptər, *Am:* -tər] *n* a. *fig* capítulo *m;* **to quote** ~ **and verse** citar textualmente

character ['kærəktər, *Am:* 'kerək-tər] *n* **1.** *no pl* (*qualities*) carácter *m;* **to be in/out of** ~ **with sb/sth** ser/ no ser típico de alguien/algo **2.** (*unique person, acted part*) personaje *m,* carácter *m Col, Méx;* **in the** ~ **of ...** en el papel de...

characteristic [ˌkærəktəˈrɪstɪk, *Am:* ˌker-] **I.** *n* característica *f* **II.** *adj* característico; **with her** ~ **dignity** con la dignidad que la caracteriza

characterization [ˌkærəktəraɪˈzeɪ-ʃən, *Am:* ˌkerəktər-ɪ-] *n* caracterización *f*

characterize ['kærəktəraɪz, *Am:* 'kerək-] *vt a.* CINE, THEAT caracterizar

charcoal ['tʃɑːkəʊl, *Am:* 'tʃɑːrkoʊl] *n no pl* **1.** (*fuel*) carbón *m* vegetal **2.** ART carboncillo *m,* carbonilla *f RíoPl;* **to draw in** ~ dibujar al carboncillo

charge [tʃɑːdʒ, *Am:* tʃɑːrdʒ] **I.** *n* **1.** (*load*) carga *f* **2.** (*cost*) precio *m;* **overhead** ~s gastos *mpl* generales; **free of** ~ gratis **3.** (*accusation*) cargo *m;* **to bring** ~s **against sb** presentar cargos contra alguien **4.** *no pl* (*authority*) responsabilidad *f;* **to be in** ~ **of sb/sth** tener algo/a alguien a su cargo; **who is in** ~ **here?** ¿quién es el responsable aquí? **5.** *no pl* ELEC carga *f* **II.** *vi* **1.** FIN cobrar **2.** (*attack*) **to** ~ **at sb/sth** arremeter contra alguien/algo; MIL cargar contra alguien/algo; ~! ¡al ataque! **3.** ELEC cargarse **III.** *vt* **1.** FIN cobrar; **to** ~ **sth to sb's account** cargar algo en la cuenta de alguien **2.** LAW acusar; **she's been** ~**d with murder** se le acusa de asesinato **3.** MIL cargar contra **4.** ELEC cargar

charitable ['tʃærɪtəbl, *Am:* 'tʃer-]

adj (*with money*) generoso; (*gifts, donation*) benéfico

charity ['tʃærətɪ, *Am:* 'tʃerətɪ] <-ies> *n* **1.** *no pl* (*generosity of spirit*) caridad *f;* **to depend on** ~ depender de limosnas **2.** (*organization*) institución *f* benéfica

Charles [tʃɑːlz, *Am:* tʃɑːrlz] *n* Carlos *m;* ~ **the Fifth** (**of Spain**) Carlos V (de España)

Charlie [tʃɑːli, *Am:* tʃɑːrli] *n inf* Carlitos

charm [tʃɑːm, *Am:* tʃɑːrm] **I.** *n* **1.** (*quality*) encanto *m;* **she used all her** ~**s** usó todos sus encantos **2.** (*talisman*) amuleto *m,* payé *m CSur* **II.** *vt* cautivar; **to** ~ **sb into doing sth** embelesar a alguien para que haga algo

charming ['tʃɑːmɪŋ, *Am:* 'tʃɑːr-] *adj* encantador; **oh, that's just** ~! ¡es de lo más encantador!

chart [tʃɑːt, *Am:* tʃɑːrt] **I.** *n* **1.** (*display of information*) tabla *f;* **weather** ~ mapa *m* meteorológico **2.** *pl* MUS the ~**s** la lista de éxitos **II.** *vt a. fig* trazar; **the map** ~**s the course of the river** el mapa reproduce gráficamente el curso del río

charter ['tʃɑːtər, *Am:* 'tʃɑːrtər] **I.** *n* **1.** (*government statement*) estatutos *mpl* **2.** (*document stating aims*) carta *f* **3.** *no pl* COM fletamiento *m* **II.** *vt* **1.** (*sign founding papers*) estatuir **2.** COM fletar

chartered ['tʃɑːtəd, *Am:* 'tʃɑːrtərd] *adj* **1.** COM fletado **2.** *Brit, Aus* (*qualified*) jurado

chase [tʃeɪs] **I.** *n* **1.** (*pursual*) persecución *f;* **to give** ~ **to sb** salir en busca de alguien **2.** (*hunt*) caza *f* **II.** *vt* perseguir

chasm ['kæzəm] *n* abismo *m*

chaste [tʃeɪst] *adj form* casto

chastity ['tʃæstətɪ, *Am:* -təţɪ] *n no pl* castidad *f;* **vow of** ~ voto *m* de castidad

chat [tʃæt] **I.** *n* charla *f* **II.** *vi* <-tt-> charlar, versar *AmC*

chat room *n* foro *m* de chat

chatter ['tʃætər, *Am:* 'tʃæţər] **I.** *n no pl* cháchara *f* **II.** *vi* (*converse superfi-*

cially) **to ~ about sth** charlar sobre algo

chauffeur [ˈʃəʊfəˤ, *Am:* ˈʃɑːfɚ] *n* chófer *mf*

cheap [tʃiːp] *adj* 1. (*inexpensive*) barato; **dirt** ~ tirado 2. (*inexpensive but bad quality*) ordinario; **~ and cheerful** *Brit, Aus, inf* bueno, bonito y barato

cheat [tʃiːt] I. *n* estafador(a) *m(f)* II. *vi* **to ~ at sth** hacer trampa en algo III. *vt* engañar; **to ~ the tax-man** timar a Hacienda

check [tʃek] I. *n* 1. (*inspection*) control *m;* **security ~** control de seguridad; **to keep sth in ~** mantener algo bajo control 2. (*a look*) vistazo *m* 3. GAMES jaque *m;* **to be in ~** estar en jaque 4. *Am* cheque *m;* **open ~** cheque al portador II. *adj* a cuadros III. *vt* 1. (*inspect for problems*) comprobar, chequear *AmL* 2. (*prevent*) frenar IV. *vi* (*examine*) revisar
◆ **check in** *vi* 1. (*at airport*) facturar 2. (*at hotel*) registrarse

checkbook [ˈtʃekbʊk] *n Am* talonario *m* de cheques **checkpoint** [ˈtʃekpɔɪnt] *n* punto *m* de control

cheek [tʃiːk] *n* 1. (*soft skin connecting jaws*) mejilla *f* 2. *no pl* (*impertinence*) descaro *m*, empaque *m AmL;* **to have a ~** ser un caradura

cheeky [ˈtʃiːki] <-ier, -iest> *adj* descarado, fregado *AmL;* **to be ~ to sb** ser descarado con alguien

cheer [tʃɪəˤ, *Am:* tʃɪr] I. *n* ovación *f;* **three ~s for the champion!** ¡tres hurras por el campeón!; **to give a ~** vitorear II. *interj pl* 1. (*said when drinking*) salud 2. *Brit* (*thanks*) gracias III. *vi* **to ~ for sb** animar a alguien

cheerful [ˈtʃɪəfʊl, *Am:* ˈtʃɪr-] *adj* alegre

cheerleader [ˈtʃɪəˌliːdəˤ, *Am:* ˈtʃɪrˌliːdəˤ] *n Am* animadora *f*

[?] Con el nombre de **cheer-leaders** se designa en los EE.UU. a aquellas chicas jóvenes que animan a un equipo deportivo. Su labor consiste fundamentalmente en guiar las canciones y gritos de ánimo de los fans y entretener al público asistente con pequeñas coreografías en las que utilizan los característicos **pompoms**. Su vestuario suele consistir en un vestido corto o falda y blusa además de calcetines y zapatos de cuero, todo ello en los colores de su equipo o colegio.

cheery [ˈtʃɪəri, *Am:* ˈtʃɪr-] <-ier, -iest> *adj* alegre

cheese [tʃiːz] *n no pl* queso *m;* **hard ~** queso curado

chef [ʃef] *n* jefe, -a *m*, *f* de cocina, chef *mf*

chemical [ˈkemɪkl] I. *n* sustancia *f* química II. *adj* químico

chemist [ˈkemɪst] *n* 1. (*of chemistry*) químico, -a *m*, *f* 2. *Brit, Aus* (*store*) farmacia *f;* (*person*) farmacéutico, -a *m*, *f*

chemistry [ˈkemɪstri] *n no pl* química *f*

chemotherapy [ˌkiːməˈθerəpi, *Am:* ˌkiːmoʊ-] *n no pl* quimioterapia *f;* **to undergo ~** seguir un tratamiento de quimioterapia

cheque [tʃek] *n Brit, Aus s.* **check cheque book** *n Brit, Aus* talonario *m* de cheques

cherish [ˈtʃerɪʃ] *vt* apreciar

cherry [ˈtʃeri] <-ies> *n* cereza *f*

cherub [ˈtʃerəb] <-s *o* -im> *n* querubín *m*

chess [tʃes] *n no pl* ajedrez *m*

chest [tʃest] *n* 1. (*human torso*) pecho *m;* **~ pains** dolores *mpl* pectorales; **to get sth off one's ~** *fig* desahogarse confesando algo 2. (*breasts*) senos *mpl* 3. (*trunk*) baúl *m*, petaca *f AmL;* **medicine ~** botiquín *m*

chestnut [ˈtʃesnʌt] I. *n* castaña *f* II. *adj* castaño

chew [tʃuː] I. *n* (*bite*) bocado *m* II. *vt* masticar

chic [ʃiːk] *adj* chic, a la moda
chick [tʃɪk] *n* **1.** (*baby chicken*) pollito, -a *m, f* **2.** (*young bird*) polluelo, -a *m, f* **3.** *inf* (*young woman*) tía *f*
chicken ['tʃɪkɪn] *n* **1.** (*farm bird*) pollo, -a *m, f* **2.** *no pl* (*meat*) carne *f* de pollo; **fried/roasted** ~ pollo frito/asado
chief [tʃiːf] I. *n* **1.** (*boss*) jefe, -a *m, f* **2.** (*of a tribe*) jerarca *m* II. *adj* principal
chiefly *adv* principalmente
child [tʃaɪld] <children> *n* **1.** (*person who's not fully grown*) niño, -a *m, f*; **unborn** ~ feto *m* **2.** (*offspring*) hijo, -a *m, f*; **illegitimate** ~ hijo bastardo
child abuse ['tʃaɪldəbjuːs] *n no pl* abuso *m* (sexual) de los niños **child-birth** *n no pl* parto *m*, parición *f* *AmL* **childhood** *n no pl* infancia *f*
childish ['tʃaɪldɪʃ] *adj pej* infantil, achiquillado *Méx;* **don't be** ~! ¡no seas niño!
childless ['tʃaɪldlɪs] *adj* sin hijos
childlike ['tʃaɪldlaɪk] *adj* infantil
children ['tʃɪldrən] *n pl of* **child**
Chile ['tʃɪli] *n* Chile *m*
Chilean ['tʃɪliən, *Am:* tʃɪˈliː-] *adj* chileno
chili ['tʃɪli] <-es> *n Am s.* **chilli**
chill [tʃɪl] I. *n* **1.** (*coldness*) frío *m;* **to catch a** ~ resfriarse **2.** (*shiver*) escalofrío *m* II. *vt* enfriar
chilli ['tʃɪli] <-es> *n* chile *m*, ají *m* (picante) *AmS,* Ant
chilly ['tʃɪli] <-ier, -iest> *adj a. fig* frío; **to feel** ~ tener frío
chime [tʃaɪm] I. *n* repique *m;* **wind** ~s carillón *m* II. *vi* repicar
chimney ['tʃɪmnɪ] *n* (*in a building*) chimenea *f*, tronera *f Méx*
chin [tʃɪn] *n* barbilla *f;* **to keep one's** ~ **up** *fig* no desanimarse
china ['tʃaɪnə] *n no pl* porcelana *f*
China ['tʃaɪnə] *n* China *f*
Chinese [tʃaɪˈniːz] *adj* chino
chink [tʃɪŋk] *n* hendidura *f*
chip [tʃɪp] I. *n* **1.** (*flake*) pedazo *m;* **he's a** ~ **off the old block** *fig, inf* de tal palo tal astilla **2.** *pl, Brit* (*French fries*) patatas *fpl* fritas, papas *fpl* fri-

tas *AmL; Am* (*crisp potato snack*) patatas *fpl* fritas (de churrería), papas *fpl* fritas (de churrería) *AmL* **3.** INFOR chip *m* II. *vt* <-pp-> desportillar III. *vi* <-pp-> desportillarse
chisel ['tʃɪzl] I. *n* cincel *m* II. <*Brit:* -ll-, *Am:* -l-> *vt* (*cut*) esculpir
chivalry ['ʃɪvlrɪ] *n no pl* **1.** (*gallant behavior*) caballerosidad *f* **2.** HIST caballería *f*
chlorine ['klɔːriːn] *n no pl* cloro *m*
chocolate ['tʃɒklət, *Am:* 'tʃɑːk-] *n* **1.** *no pl* (*sweet*) chocolate *m;* **a bar of** ~ una tableta de chocolate **2.** (*piece of chocolate*) bombón *m*
choice ['tʃɔɪs] *n* **1.** *no pl* (*possibility of selection*) elección *f;* **to make a** ~ elegir **2.** *no pl* (*selection*) selección *f;* **a wide** ~ **of sth** un amplio surtido de algo
choir ['kwaɪər, *Am:* 'kwaɪə·] *n* coro *m*
choke [tʃəʊk, *Am:* tʃoʊk] I. *vi* sofocarse; **to** ~ **to death** morir asfixiado II. *n* AUTO estárter *m* III. *vt* asfixiar
cholera ['kɒlərə, *Am:* 'kɑːlə·-] *n no pl* cólera *m*
cholesterol [kəˈlestərɒl, *Am:* kəˈlestəraːl] *n no pl* colesterol *m*
choose [tʃuːz] <chose, chosen> *vi, vt* elegir
choos(e)y ['tʃuːzɪ] <-ier, -iest> *adj inf* quisquilloso
chop [tʃɒp, *Am:* tʃɑːp] I. *vt* <-pp-> cortar II. *n* chuleta *f*
chopper ['tʃɒpər, *Am:* 'tʃɑːpə·] *n inf* helicóptero *m*
choral ['kɔːrəl] *adj* coral; ~ **society** coral *f*
chord ['kɔːd, *Am:* 'kɔːrd] *n* MUS acorde *m*
chore [tʃɔːʳ, *Am:* tʃɔːr] *n* (*routine job*) tarea *f;* **household** ~s quehaceres *mpl* domésticos
choreography [ˌkɒrɪˈɒɡrəfɪ, *Am:* ˌkɔːriˈɑːɡrə-] *n no pl* coreografía *f*
chorus ['kɔːrəs, *Am:* 'kɔːrəs] <-es> *n* **1.** (*refrain*) estribillo *m;* **to join in the** ~ cantar el estribillo **2.** + *sing/pl vb* (*group of singers*) coral *f* **3.** + *sing/pl vb* (*supporting singers*) coro *m;* ~ **girl** corista *f;* **in** ~ a coro

chose [tʃəʊz, *Am:* tʃoʊz] *pt of*
choose

chosen ['tʃəʊzn, *Am:* 'tʃoʊ] *pp of*
choose

Christ [kraɪst] I. *n* Cristo *m* II. *interj*
inf ¡Dios!, ¡Jesús!; **for ~'s sake** ¡por
amor de Dios!

christen ['krɪsn] *vt* 1. (*baptise*) bautizar 2. (*give name to*) **they ~ed
their second child Sara** a su segundo bebé le pusieron Sara

Christendom ['krɪsndəm] *n no pl*
HIST cristiandad *f*

Christian ['krɪstʃən] *n* cristiano, -a
m, f

Christianity [ˌkrɪstɪ'ænətɪ, *Am:* -tʃɪ-
'ænətɪ] *n no pl* cristianismo *m*

Christmas ['krɪstməs, *Am:* 'krɪs-]
<-es *o* -ses> *n no pl* Navidad *f;* **at ~**
en Navidad; **Merry** [*o* **Happy**] **~!**
¡Feliz Navidad!; **Father ~** Papá *m*
Noel, viejo *m* Pascuero *Chile*

? En Gran Bretaña el envío de
Christmas cards (postales de
Navidad) comienza a principios
del mes de diciembre. Esta costumbre surgió a mediados del siglo
XIX. Otra de las tradiciones na-
videñas británicas consiste en colgar los **Christmas stockings**
(unos grandes calcetines) o fundas
de almohadas para que aparezcan
llenas de regalos a la mañana siguiente. Este ritual navideño es
llevado a cabo por los niños durante el **Christmas Eve** (día de
Nochebuena) que es día laborable
en Gran Bretaña. La comida tradicional del **Christmas Day** consiste
en pavo acompañado de patatas
salteadas y de postre **Christmas
pudding** o **plum pudding** que es
un pastel hecho al vapor con diversos tipos de pasas, entre otras,
pasas sultanas y de Corinto. Los
Christmas crackers (otro invento

británico de mediados del siglo
XIX) son unos pequeños cilindros
de cartón muy decorados que con-
tienen en su interior un pequeño
regalo, un proverbio y una corona
de papel. Este cilindro de cartón se
abre durante la comida de Navidad tirando dos personas de él simultáneamente, una por cada
lado.

Christmas Day *n* día *m* de Navidad,
día *m* de Pascua *Perú, Chile* **Christmas Eve** *n* Nochebuena *f*

Christopher ['krɪstəfər, *Am:* -fə·] *n*
Cristóbal *m;* **~ Columbus** HIST Cristóbal Colón

chrome [krəʊm, *Am:* kroʊm] *n no
pl* cromo *m*

chromosome ['krəʊməsəʊm, *Am:*
'kroʊməsoʊm] *n* cromosoma *m*

chronic ['krɒnɪk, *Am:* 'krɑːnɪk] *adj*
crónico

chronicle ['krɒnɪkl, *Am:* 'krɑːnɪ-]
I. *vt* registrar II. *n* crónica *f*

chronicler ['krɒnɪklər, *Am:* 'krɑːnɪ-
klə·] *n* cronista *mf*

chronological [ˌkrɒnə'lɒdʒɪkl, *Am:*
ˌkrɑːnə'lɑːdʒɪ-] *adj* cronológico; **in
~ order** en orden cronológico

chronology [krə'nɒlədʒɪ, *Am:* krə-
'nɑːlə-] *n no pl* cronología *f*

chuck [tʃʌk] *vt* 1. *inf* (*throw*) tirar
2. *inf* (*give up*) dejar; **to ~ sb** cortar
con alguien

chuckle ['tʃʌkl] I. *n* risita *f* II. *vi* reírse

chum [tʃʌm] *n inf* amigo, -a *m, f,* colega *mf,* cuate *m Méx*

chunk [tʃʌŋk] *n* pedazo *m,* trozo *m,*
troncho *m CSur*

church [tʃɜːtʃ, *Am:* tʃɜːrtʃ] *n* iglesia *f;*
to go to ~ ir a misa

churchyard [ˌtʃɜːtʃ'jɑːd, *Am:*
ˌtʃɜːrtʃjɑːrd] *n* cementerio *m*

churn [tʃɜːn, *Am:* tʃɜːrn] I. *n* lechera
f II. *vt* batir; *fig* agitar III. *vi* arremo-
linarse; **my stomach was ~ing**
tenía un nudo en el estómago

chute [ʃuːt] *n* (*sloping tube*) rampa *f*; **rubbish** ~ *Brit*, **garbage** ~ *Am* vertedero *m* de basuras

CIA [ˌsiːaɪˈeɪ] *n Am abbr of* **Central Intelligence Agency** CIA *f*

cider [ˈsaɪdər, *Am:* -dɚ] *n* sidra *f*

cigar [sɪˈgɑːr, *Am:* -gɑːr] *n* puro *m*
cigar-cutter *n* cortapuros *m inv*

cigarette [ˌsɪgəˈret] *n* cigarrillo *m*

Cinderella [ˌsɪndəˈrelə] *n* Cenicienta *f*

cinema [ˈsɪnəmə] *n* cine *m*, biógrafo *m Arg, Chile, Urug*

cinnamon [ˈsɪnəmən] *n no pl* canela *f*; **a** ~ **stick** un trozo de canela en rama

circa [ˈsɜːkə, *Am:* ˈsɜːr-] *prep* hacia; ~ **1850** hacia (el año) 1850

circle [ˈsɜːkl, *Am:* ˈsɜːr-] **I.** *n* círculo *m*; **to go round in** ~**s** dar vueltas **II.** *vt* rodear **III.** *vi* dar vueltas

circuit [ˈsɜːkɪt, *Am:* ˈsɜːr-] *n* circuito *m*

circular [ˈsɜːkjʊlər, *Am:* ˈsɜːrkjələr] *adj* circular

circulate [ˈsɜːkjʊleɪt, *Am:* ˈsɜːrkjə-] **I.** *vt* divulgar **II.** *vi* circular

circulation [ˌsɜːkjʊˈleɪʃn, *Am:* ˌsɜːr-] *n no pl* circulación *f*; **to be out of** ~ estar fuera de circulación

circumference [səˈkʌmfərəns, *Am:* sɚ-] *n* circunferencia *f*

circumstance [ˈsɜːkəmstəns, *Am:* ˈsɜːrkəmstæns] *n* circunstancia *f*; **in no** ~**s** bajo ningún concepto

circumstantial [ˌsɜːkəmˈstænʃl, *Am:* ˌsɜːr-] *adj* circunstancial

circus [ˈsɜːkəs, *Am:* ˈsɜːr-] <-es> *n* circo *m*

CIS [ˌsiːaɪˈes] *n abbr of* **Commonwealth of Independent States** CEI *f*

citadel [ˈsɪtədəl, *Am:* ˈsɪt̬-] *n* ciudadela *f*

citizen [ˈsɪtɪzn, *Am:* ˈsɪt̬-] *n* **1.** (*subject*) ciudadano, -a *m, f* **2.** (*resident of town*) habitante *mf*

citizenship [ˈsɪtɪzənʃɪp, *Am:* ˈsɪt̬-] *n no pl* ciudadanía *f*

citrus [ˈsɪtrəs] <citrus *o* citruses> *n* cítrico *m*

city [ˈsɪtɪ, *Am:* ˈsɪt̬-] <-ies> *n* ciu-

dad *f*

[?] Muchas **cities** (grandes ciudades) americanas son conocidas entre sus ciudadanos por sus sobrenombres. Así **New York** es conocida como **Gotham** o **The Big Apple**. **Los Angeles** como **The Big Orange** o como **The City of the Angels**. De la misma manera **Chicago** es conocida como **The Windy City**. La expresión **The City of Brotherly Love** se usa para referirse a **Philadelphia**. **Denver**, debido a su situación, es conocida como **The Mile-High City** y **Detroit**, a causa de su industria automovilística, como **Motor City**.

city hall *n Am* ayuntamiento *m*

civic [ˈsɪvɪk] *adj* civil

civil [ˈsɪvl] *adj* civil

civilian [sɪˈvɪliən, *Am:* -jən] *n* civil *mf*

civility [sɪˈvɪləti, *Am:* -t̬ɪ] <-ies> *n no pl* urbanidad *f*

civilization [ˌsɪvəlaɪˈzeɪʃn, *Am:* ˌsɪvəlɪ-] *n* civilización *f*

civil rights *npl* derechos *mpl* civiles

civil servant *n* funcionario, -a *m, f*

Civil Service *n* Administración *f* Pública

[?] En Gran Bretaña el **Civil Service** forma parte de la administración central del país. Dentro de él se encuentran el cuerpo diplomático, **Inland Revenue** (Hacienda), la Seguridad Social y los centros de enseñanza estatales. Los **civil servants** (funcionarios) son fijos y, dado que su puesto no es político, no se ven afectados por los cambios de gobierno.

civil war *n* guerra *f* civil

claim [kleɪm] **I.** *n* **1.** (*assertion*) afirmación *f* **2.** (*written demand*) demanda *f* **II.** *vt* **1.** (*assert*) asegurar, afirmar **2.** (*declare ownership*) reclamar; (*reward, title*) reivindicar; **to ~ damages** reclamar daños y perjuicios

claimant ['kleɪmənt] *n* solicitante *mf*

clam [klæm] *n* almeja *f*; **to shut up like a ~** *fig* quedarse como una tumba

clamor ['klæmə'] *n Am*, **clamour** ['klæmə'] *n Brit* clamor *m*

clamp [klæmp] **I.** *n* ARCHIT abrazadera *f* **II.** *vt* **1.** (*fasten together*) sujetar con abrazaderas **2.** *Brit* (*immobilise a vehicle*) **to ~ a car** poner el cepo a un coche

clan [klæn] *n + sing/pl vb*, *Scot* clan *m*

clandestine [klæn'destɪn] *adj form* clandestino

clap [klæp] <-pp-> *vi*, *vt* aplaudir

claret ['klærət, *Am*: 'kler-] *n* (*wine*) burdeos *m inv*

clarification [ˌklærɪfɪ'keɪʃn, *Am*: ˌkler-] *n no pl* aclaración *f*

clarify ['klærɪfaɪ, *Am*: 'kler-] <-ie-> *vt* aclarar

clarinet [ˌklærɪ'net, *Am*: ˌkler-] *n* clarinete *m*

clarity ['klærətɪ, *Am*: 'klerət̬ɪ] *n no pl* claridad *f*

clash [klæʃ] **I.** *vi* **1.** (*fight*) tener un enfrentamiento **2.** (*contradict*) contradecirse **3.** (*not match: colours*) desentonar **II.** <-es> *n* **1.** (*hostile encounter*) enfrentamiento *m* **2.** (*incompatibility*) choque *m*

clasp [klɑːsp, *Am*: klæsp] **I.** *n* broche *m*, cierre *m* **II.** *vt* (*grip*) agarrar, sujetar; **to ~ sb in one's arms** estrechar a alguien entre sus brazos

class [klɑːs, *Am*: klæs] **I.** <-es> *n* clase *f* **II.** *vt* catalogar; **to ~ sb as sth** catalogar a alguien de algo; **to ~ sb among sth** considerar a alguien como algo

classic ['klæsɪk] *adj*, **classical**

classical ['klæsɪkl] *adj* clásico

classification [ˌklæsɪfɪ'keɪʃn, *Am*: ˌklæsə-] *n* clasificación *f*

classified ['klæsɪfaɪd] *adj* confidencial, secreto

classify ['klæsɪfaɪ] <-ie-> *vt* clasificar

classmate *n* compañero, -a *m, f* de clase

classroom *n* clase *f*, aula *f*

clause [klɔːz, *Am*: klɑːz] *n* cláusula *f*; LING oración *f*

claw [klɔː, *Am*: klɑː] *n* garra *f*; (*of sea creatures*) pinza *f*

clay [kleɪ] *n no pl* arcilla *f*

clean [kliːn] **I.** *adj* **1.** (*free of dirt*) limpio **2.** (*morally acceptable*) decente; **~ police record** registro *m* de antecedentes penales limpio **II.** *n* limpieza *f* **III.** *vt* limpiar **IV.** *vi* hacer la limpieza; **the coffee stain ~ed off easily** la mancha de café salió fácilmente

◆ **clean up I.** *vt* limpiar; (*tidy up*) ordenar; **to ~ the city** limpiar la ciudad **II.** *vi* limpiar

cleaner ['kliːnə', *Am*: -nə'] *n* asistente, -a *m, f*

cleaning ['kliːnɪŋ] *n no pl* limpieza *f*

cleanly ['klenlɪ] *adv* limpiamente

clear [klɪə', *Am*: klɪr] **I.** *vt* **1.** claro; **to make oneself ~** explicarse con claridad; **as ~ as day** más claro que el agua **2.** (*certain*) evidente **III.** *vt* **1.** (*remove obstacles*) limpiar **2.** (*remove blockage*) desatascar; **to ~ the way** abrir el camino **3.** (*remove doubts*) aclarar; **to ~ one's head** despejar la cabeza **IV.** *vi* (*water*) aclararse; (*weather*) despejarse

◆ **clear up I.** *vt* aclarar; (*tidy*) ordenar **II.** *vi* despejarse

clearance ['klɪərəns, *Am*: 'klɪr-] *n no pl* **1.** (*act of clearing*) despeje *m* **2.** (*permission*) autorización *f*

clear-cut ['klɪə'kʌt, *Am*: ˌklɪr'kʌt] *adj* bien definido

clearing ['klɪərɪŋ, *Am*: 'klɪrɪŋ] *n* claro *m*

clearly ['klɪəlɪ, *Am*: 'klɪr-] *adv* claramente

cleavage ['kliːvɪdʒ] *n* **1.** *no pl* (*in a*

dress) escote *m* **2.** *form* (*division*) división *f*

cleft [kleft] **I.** *adj* dividido **II.** *n* grieta *f*

clench [klentʃ] *vt* apretar

clergy ['klɜːdʒɪ, *Am:* 'klɜːr-] *n* + *sing/pl vb* clero *m*

clergyman ['klɜːdʒɪmən, *Am:* 'klɜːr-] <-men> *n* sacerdote *m;* (*protestant*) pastor *m*

clerical ['klerɪkl] *adj* **1.** (*of the clergy*) clerical **2.** (*of offices*) de oficina; ~ **worker** oficinista *mf*

clerk [klɑːk, *Am:* klɜːrk] *n* oficinista *mf*

clever ['klevəʳ, *Am:* -ə-] *adj* inteligente

click [klɪk] **I.** *vi* **1.** (*make short, sharp sound*) chasquear **2.** INFOR hacer clic; **to ~ on a symbol** hacer clic en un símbolo **3.** (*become friendly*) congeniar **4.** (*become clear*) caer en la cuenta **II.** *vt* **1.** (*make short, sharp sound*) chasquear **2.** (*press button on mouse*) pulsar

client ['klaɪənt] *n* cliente *mf*

clientele [ˌkliːɒn'tel, *Am:* ˌklaɪən-] *n* clientela *f*

cliff [klɪf] *n* precipicio *m;* (*on coast*) acantilado *m*

climactic [ˌklaɪ'mæktɪk] *adj* culminante

climate ['klaɪmɪt] *n* **1.** (*weather*) clima *m* **2.** (*general conditions*) ambiente *m;* **the ~ of opinion** la opinión general

climatic [klaɪ'mætɪk] *adj* climático

climax ['klaɪmæks] <-es> *n* clímax *m inv*

climb [klaɪm] **I.** *n* subida *f* **II.** *vt* (*stairs*) subir; (*mountain*) escalar **III.** *vi* subir

climber ['klaɪməʳ, *Am:* -mə-] *n* (*of mountains*) alpinista *mf*, andinista *mf AmL;* (*of rock faces*) escalador(a) *m(f)*

climbing ['klaɪmɪŋ] *n no pl* **1.** (*ascending mountains*) alpinismo *m*, andinismo *m AmL* **2.** (*ascending rock faces*) escalada *f*

clinch [klɪntʃ] *vt* (*settle decisively*) resolver; (*a deal*) cerrar

cling [klɪŋ] <clung, clung> *vi* agarrarse

clinic ['klɪnɪk] *n* clínica *f*

clinical ['klɪnɪkl] *adj* **1.** clínico **2.** (*emotionless*) frío

clink [klɪŋk] *vi* tintinear

clip¹ [klɪp] **I.** *n* **1.** (*fastener*) clip *m;* (*for paper*) sujetapapeles *m inv* **2.** (*gun part*) cargador *m* **II.** <-pp-> *vt* sujetar

clip² [klɪp] <-pp-> **I.** *vt* **1.** (*cut*) recortar; (*hair, nails*) cortar **2.** (*attach*) sujetar **II.** *n* fragmento *m*

clipper ['klɪpəʳ, *Am:* -ə-] *n* NAUT clíper *m*

clipping ['klɪpɪŋ] *n* recorte *m*

clique [kliːk] *n* pandilla *f*

cloak [kləʊk, *Am:* kloʊk] *n a. fig* capa *f*

cloakroom ['kləʊkrʊm, *Am:* 'kloʊkruːm] *n* guardarropa *m*

clock [klɒk, *Am:* klɑːk] *n* (*for time*) reloj *m;* **alarm ~** despertador *m;* **round the ~** las 24 horas; **to run against the ~** correr contra reloj

clockwise *adj, adv* en el sentido de las agujas del reloj

clockwork *n no pl* mecanismo *m* de relojería; **to go like ~** salir todo bien

cloister ['klɔɪstəʳ, *Am:* -stə-] *n pl* claustro *m*

clone [kləʊn, *Am:* kloʊn] **I.** *n* **1.** BIO clon *m* **2.** INFOR clónico *m* **II.** *vt* clonar

cloning ['kləʊnɪŋ, *Am:* 'kloʊn-] *n no pl* clonación *f*

close¹ [kləʊs, *Am:* kloʊs] *adj* **1.** (*near in location*) cercano; ~ **combat** combate *m* cuerpo a cuerpo **2.** (*intimate*) íntimo; ~ **relatives** parientes *mpl* cercanos **3.** (*stuffy*) cargado

close² [kləʊz, *Am:* kloʊz] **I.** *n no pl* (*end*) fin *m;* (*finish*) final *m;* **to bring sth to a ~** terminar algo **II.** *vt* **1.** (*shut*) cerrar **2.** (*end*) terminar; **to ~ a deal** cerrar un trato **III.** *vi* **1.** (*shut*) cerrarse **2.** (*end*) terminarse

◆ **close down I.** *vi* cerrarse (definitivamente) **II.** *vt* cerrar (definitivamente)

◆**close in** vi 1.(surround) rodear 2.(get shorter) acortarse

◆**close up** I. vi (wound) cicatrizar II. vt cerrar del todo

closed adj cerrado; **behind ~ doors** a puerta cerrada

closely ['kləʊslɪ, Am: 'kloʊs-] adv 1.(near) de cerca 2.(carefully) atentamente

closeness ['kləʊsnɪs, Am: 'kloʊs-] n 1. no pl (nearness) proximidad f 2. no pl (intimacy) intimidad f

closet ['klɒzɪt, Am: 'klɑ:zɪt] n ropero m; **to come out of the ~** fig declararse homosexual

close to prep 1.(near) cerca de; **to live ~ the airport** vivir cerca del aeropuerto 2.(almost) ~ **tears/death** a punto de llorar/morir 3.(in friendship with) **to be ~ sb** estar unido a alguien

close-up ['kləʊsʌp, Am: 'kloʊs-] n CINE primer plano m

closing I. adj último; (speech) de clausura II. n no pl (ending) conclusión f; (act) clausura f

closing date n fecha f límite **closing down** n no pl cierre m **closing price** n cotización f de cierre **closing time** n Brit hora f de cierre

closure ['kləʊʒəʳ, Am: 'kloʊʒə·] n (closing) cierre m; (in Parliament) clausura f

clot [klɒt, Am: klɑ:t] I. n MED coágulo m II.<-tt-> vi cuajar; (blood) coagular

cloth [klɒθ, Am: klɑ:θ] n (material) tela f; (for cleaning) trapo m

clothe [kləʊð, Am: kloʊð] vt vestir; fig revestir de

clothes [kləʊðz, Am: kloʊðz] npl ropa f

⚠ Para **clothes** (= la ropa) no hay singular: "Susan's clothes are always smart."

clothing ['kləʊðɪŋ, Am: 'kloʊ-] n no pl ropa f; **article of ~** prenda f de vestir

⚠ **clothing** (= la ropa) nunca se utiliza en plural: "In winter we wear warm clothing."

cloud [klaʊd] I. n nube f; **every ~ has a silver lining** prov no hay mal que por bien no venga prov; **to be on ~ nine** fig estar en el séptimo cielo II. vt a. fig anublar

cloudy ['klaʊdɪ] <-ier, -iest> adj 1.(overcast) nublado 2.(liquid) turbio

clove [kləʊv, Am: kloʊv] n clavo m; (of garlic) diente m

clover ['kləʊvəʳ, Am: 'kloʊvə·] n no pl trébol m

clown [klaʊn] n payaso, -a m, f

club [klʌb] I. n 1.(group) asociación f 2.(team) club m 3. SPORTS palo m de golf 4.(weapon) cachiporra f 5.(playing card) trébol m; (in Spanish cards) basto m 6.(disco) sala f de fiestas, club m II.<-bb-> vt aporrear

clue [klu:] n 1.(hint) pista f 2.(idea) idea f; **I haven't a ~** inf no tengo ni idea

clumsy ['klʌmzɪ] <-ier, -iest> adj torpe

clung ['klʌŋ] pt, pp of **cling**

cluster ['klʌstəʳ, Am: -tə·] I. n grupo m II. vi agruparse

clutch [klʌtʃ] I. vi **to ~ at sth** agarrarse a algo II. vt agarrar III. n 1. AUTO embrague m 2.(control) **to be in the ~s of sb/sth** estar en las garras de alguien/algo

clutter ['klʌtəʳ, Am: 'klʌt̬ə·] n no pl desorden m

cm inv abbr of **centimetre** cm

Co [kəʊ, Am: koʊ] abbr of **company** Cía.

coach [kəʊtʃ, Am: koʊtʃ] I.<-es> n 1.(private bus) autocar m 2.(railway carriage) vagón m 3. SPORTS entrenador(a) m(f) II. vt **to ~ sb** entrenar a alguien

coagulate [kəʊˈægjʊleɪt, Am: koʊˈægjə-] I. vi coagularse II. vt coagular

coagulation [kəʊˌægjʊˈleɪʃn, Am:

kou,ægjə-] *n no pl* coagulación *f*

coal [kəʊl, *Am:* koʊl] *n no pl* carbón *m*

coalition [,kəʊə'lɪʃn, *Am:* ,koʊə-] *n* coalición *f*

coal mine *n* mina *f* de carbón

coarse [kɔːs, *Am:* kɔːrs] <-r, -st> *adj* **1.** (*rough*) basto **2.** (*vulgar*) grosero

coast [kəʊst, *Am:* koʊst] *n* costa *f*; **the ~ is clear** *fig, inf* no hay moros en la costa

coastal ['kəʊstl, *Am:* 'koʊ-] *adj* costero *AmL*; ~ **traffic** cabotaje *m*

coat [kəʊt, *Am:* koʊt] *n* (*overcoat*) abrigo *m*, tapado *m AmS*; (*jacket*) chaqueta *f*

coat-hanger *n* percha *f*

cobra ['kəʊbrə, *Am:* 'koʊbrə] *n* cobra *f*

cobweb ['kɒbweb, *Am:* 'ka:b-] *n* telaraña *f*

cocaine [kəʊ'keɪn, *Am:* koʊ-] *n no pl* cocaína *f*

cock [kɒk, *Am:* ka:k] *n* **1.** (*male chicken*) gallo *m* **2.** *vulg* (*penis*) polla *f*, pichula *f Chile*

cockerel ['kɒkərəl, *Am:* 'ka:kə-] *n* gallo *m* joven

cockney ['kɒknɪ, *Am:* 'ka:k-] *n* cockney *m* (*dialecto de un barrio del East End londinense*)

cockpit ['kɒkpɪt, *Am:* 'ka:k-] *n* cabina *f*

cockroach ['kɒkrəʊtʃ, *Am:* 'ka:krroʊtʃ] <-es> *n* cucaracha *f*, surupa *f Ven*

cocktail ['kɒkteɪl, *Am:* 'ka:k-] *n* cóctel *m*, copetín *m Arg*

cocky ['kɒkɪ, *Am:* 'ka:kɪ] <-ier, -iest> *adj inf* engreído

cocoa ['kəʊkəʊ, *Am:* 'koʊkoʊ] *n no pl* cacao *m*

coconut ['kəʊkənʌt, *Am:* 'koʊ-] *n* coco *m*

cocoon [kə'ku:n] *n* capullo *m*

cod [kɒd, *Am:* ka:d] *n inv* bacalao *m*

COD [,si:əʊ'di:, *Am:* -oʊ'-] *abbr of* **cash on delivery** pago *m* contra reembolso

code [kəʊd, *Am:* koʊd] *n* **1.** (*ciphered language*) clave *f* **2.** LAW código *m*

coded *adj* codificado

code name *n* nombre *m* en clave

code of conduct *n* código *m* de conducta

codify ['kəʊdɪfaɪ, *Am:* 'ka:-] <-ie-> *vt* codificar

co-ed ['kəʊed, *Am:* 'koʊed] *adj inf* mixto

co-education [,kəʊedʒʊ'keɪʃən, *Am:* ,koʊ-] *n no pl* educación *f* mixta

co-educational [,kəʊedʒʊ'keɪʃə-nəl, *Am:* ,koʊedʒə'-] *adj* mixto

coefficient [,kəʊɪ'fɪʃnt, *Am:* ,koʊ-] *n* coeficiente *m*

coffee ['kɒfɪ, *Am:* 'ka:fɪ] *n* café *m*

coffee break *n* pausa *f* para tomar café

coffee table *n* mesa *f* baja

coffin ['kɒfɪn, *Am:* 'kɔ:fɪn] *n Aus, Brit* ataúd *m*

cog [kɒg, *Am:* ka:g] *n* TECH diente *m*; (*wheel*) rueda *f* dentada; **to be a ~ in a machine** ser una pieza más de una organización

cognac ['kɒnjæk, *Am:* 'koʊnjæk] *n* coñac *m*

cognition [kɒg'nɪʃn, *Am:* ka:g-] *n* cognición *f*

cognitive ['kɒgnɪtɪv, *Am:* 'ka:g-nətɪv] *adj* cognitivo

cohere [kəʊ'hɪəʳ, *Am:* koʊ'hɪr] *vi* ser coherente

coherence [kəʊ'hɪərəns, *Am:* koʊ-'hɪr-] *n no pl* coherencia *f*

coherent ['kəʊ'hɪərənt, *Am:* 'koʊ-'hɪr-] *adj* coherente

coherently *adv* coherentemente

cohesion [kəʊ'hi:ʒn, *Am:* koʊ-] *n no pl* cohesión *f*

cohesive [kəʊ'hi:sɪv, *Am:* koʊ-] *adj* cohesivo

coil [kɔɪl] I. *n* **1.** rollo *m* **2.** ELEC bobina *f* II. *vi* enrollarse III. *vt* enrollar

coiled *adj* enrollado

coin [kɔɪn] I. *n* moneda *f*; **to toss a ~** echar una moneda al aire II. *vt* acuñar; **to ~ a phrase ...** como se suele decir...

coincide [,kəʊɪn'saɪd, *Am:* ,koʊ-] *vi* coincidir

coincidence [kəʊ'ɪnsɪdəns, *Am:*

koʊ-] *n* casualidad *f*

coincidental [kəʊ͵ɪnsɪ'dentəl, *Am:* koʊ͵ɪnsɪ'dentəl] *adj* coincidente

coincidentally *adv* por casualidad

coke [kəʊk, *Am:* koʊk] *n no pl* **1.**(*fuel*) coque *m* **2.** *inf* coca *f*, pichicata *f Arg*

cold [kəʊld, *Am:* koʊld] **I.** *adj* frío; **to be ~** tener frío; **to go ~** (*soup, coffee*) enfriarse **II.** *n* **1.** METEO frío *m* **2.** MED resfriado *m;* **to catch a ~** acatarrarse; **to have a ~** estar acatarrado

coldish ['kəʊldɪʃ, *Am:* 'koʊl-] *adj* fresquito

coldness ['kəʊldnɪs, *Am:* 'koʊld-] *n no pl* frialdad *f*

cold war *n* guerra *f* fría

coleslaw ['kəʊlslɔː, *Am:* 'koʊlslaː] *n no pl* ensalada *f* de col con salsa

collaborate [kə'læbəreɪt] *vi* colaborar

collaboration [kə͵læbə'reɪʃn] *n* colaboración *f*

collaborator [kə'læbəreɪtəʳ, *Am:* -ʈɚ] *n* **1.** colaborador(a) *m(f)* **2.** *pej* colaboracionista *mf*

collage ['kɒlaːʒ, *Am:* kəlɑːʒ] *n* collage *m*

collapse [kə'læps] **I.** *vi* derrumbarse **II.** *n* derrumbamiento *m*

collar ['kɒləʳ, *Am:* 'kaːlɚ] *n* **1.** FASHION cuello *m* **2.** (*of a dog, cat*) collar *m*

collateral [kə'lætərəl, *Am:* -'læʈ-] **I.** *n* FIN garantía *f* subsidiaria **II.** *adj* colateral

colleague ['kɒliːg, *Am:* 'kaːliːg] *n* colega *mf*

collect [kə'lekt, *Am:* 'kaː-] **I.** *vi* **1.** (*gather*) reunirse **2.** (*money: contributions*) hacer una colecta; (*money: payments due*) cobrar **II.** *vt* **1.** (*gather*) reunir; (*money*) recaudar; (*objects*) coleccionar **2.** (*pick up*) recoger

collection [kə'lekʃn] *n* **1.** (*money gathered*) recaudación *f;* REL colecta *f* **2.** (*object collected*) colección *f* **3.** (*act of getting*) recogida *f*

collective [kə'lektɪv] *adj* colectivo

collectively *adv* colectivamente

collector [kə'lektəʳ, *Am:* -ɚ] *n*

1. (*one who gathers objects*) coleccionista *mf* **2.** (*one who collects payments*) cobrador(a) *m(f)*

college ['kɒlɪdʒ, *Am:* 'kaːlɪdʒ] *n* **1.** (*school*) colegio *m* **2.** (*university*) universidad *f*

[?] El término **college** designa el tiempo necesario en la universidad para alcanzar el **bachelor's degree**, aproximadamente 4–5 años. Las universidades en las que los estudiantes sólo pueden obtener el **bacherlor's degree** se llaman **colleges**, el mismo nombre reciben algunas escuelas profesionales. Las universidades, en sentido estricto, son aquellas que ofrecen también **higher degrees** (títulos superiores) como por ejemplo, **master's degrees** y **doctorates**. En los **junior colleges** se pueden cursar los dos primeros años de estudios universitarios o capacitarse para aprender una profesión técnica.

collide [kə'laɪd] *vi* chocar

collision [kə'lɪʒn] *n* choque *m*

colloquial [kə'ləʊkwɪəl, *Am:* -'loʊ-] *adj* coloquial

cologne [kə'ləʊn, *Am:* -loʊn] *n no pl, Am* (*perfume*) colonia *f*

Colombia [kə'lʌmbɪə] *n* Colombia *f*

Colombian [kə'lʌmbɪən] *adj* colombiano

colon ['kəʊlən, *Am:* 'koʊ-] *n* **1.** ANAT colon *m* **2.** LING dos puntos *mpl*

colonel ['kɜːnl, *Am:* 'kɜːr-] *n* coronel *mf*

colonial [kə'ləʊnɪəl, *Am:* -'loʊ-] **I.** *adj* colonial **II.** *n* colono, -a *m, f*

colonialism [kə'ləʊnɪəlɪzəm, *Am:* -'loʊ-] *n no pl* colonialismo *m*

colonialist *n* colonialista *mf*

colonisation ['kɒlənaɪzeɪʃn, *Am:* 'kaːl-] *n Aus, Brit* colonización *f*

colonise ['kɒlənaɪz, *Am:* 'kaːlənaɪz] *vt Aus, Brit* colonizar

colonization [ˌkɒlənaɪˈzeɪʃn, *Am:* ˌkɑːlənɪ-] *n no pl, Am* colonización *f*
colonize [ˈkɒlənaɪz, *Am:* ˈkɑːlə-] *vt* colonizar
colony [ˈkɒlənɪ, *Am:* ˈkɑːlə-] <-ies> *n a.* ZOOL colonia *f*
color [ˈkʌləʳ, *Am:* -ə·] *n Am s.* **colour**
colored *adj Am s.* **coloured**
colorful *adj Am s.* **colourful**
coloring *n no pl, Am s.* **colouring**
colorless *adj Am s.* **colourless**
colossal [kəˈlɒsl, *Am:* -ˈlɑːsl] *adj* colosal
colour [ˈkʌləʳ, *Am:* -ə·] *n* color *m;* **primary** ~ color primario
coloured *adj* coloreado; (*pencil, people*) de color
colourful [ˈkʌləfl, *Am:* -ə·-] *adj* lleno de colorido
colouring [ˈkʌlərɪŋ] *n no pl* 1. (*complexion*) color *m* 2. (*chemical*) colorante *m*
colourless [ˈkʌləlɪs, *Am:* -ə·-] *adj* 1. (*having no colour*) incoloro 2. (*bland*) soso; **a grey, ~ city** una ciudad gris, apagada
colour scheme *n* combinación *f* de colores
colt [kəʊlt, *Am:* koʊlt] *n* potro *m*, potranco *m AmL*
Columbia [kəˈlʌmbɪə] *n* **the District of** ~ el distrito de Columbia
Columbus Day [kəˈlʌmbəsˌdeɪ] *n no pl, Am* día *m* de la Hispanidad, día *m* de la Raza *AmL*

[?] **Columbus Day** es el día en el que se conmemora que Colón descubrió el Nuevo Mundo el 12 de octubre de 1492. Desde 1971 este día se celebra siempre el segundo lunes del mes de octubre.

column [ˈkɒləm, *Am:* ˈkɑːləm] *n a.* ARCHIT, ANAT, TYPO columna *f;* **spinal** ~ columna vertebral
columnist [ˈkɒləmnɪst, *Am:* ˈkɑːləm-] *n* columnista *mf*
coma [ˈkəʊmə, *Am:* ˈkoʊ-] *n* coma *m;* **to go into a** ~ entrar en coma

comb [kəʊm, *Am:* koʊm] *n* 1. (*hair device*) peine *m* 2. ZOOL cresta *f* de gallo
combat [ˈkɒmbæt, *Am:* ˈkɑːm-] I. *n no pl* (*wartime fighting*) combate *m;* **hand-to-hand** ~ combate cuerpo a cuerpo II. *vt* luchar contra
combination [ˌkɒmbɪˈneɪʃn, *Am:* ˌkɑːmbə-] *n* combinación *f*
combine [kəmˈbaɪn, *Am:* ˈkɑːmbaɪn] *vt* combinar
combined [kəmˈbaɪnd, *Am:* ˈkɑːm-] *adj* combinado
combustion [kəmˈbʌstʃən] *n no pl* combustión *f*
come [kʌm] <came, come, coming> *vi* 1. (*move towards*) venir; **to ~ towards sb** venir hacia alguien 2. (*go*) venirse; **are you coming to the pub with us?** ¿te vienes al pub con nosotros? 3. (*arrive*) llegar; **January ~s before February** enero precede a febrero; **the year to ~** el próximo año; **to ~ to an agreement** llegar a un acuerdo; **to ~ to a decision** llegar a una decisión; **to ~ home** volver a casa; **to ~ to sb's rescue** socorrer a alguien; **to ~ first/second/third** *Aus, Brit* ser primero/segundo/tercero 4. (*become*) hacerse, llegar a; **my dream has ~ true** mi sueño se ha hecho realidad; **I like it as it ~s** me gusta tal cual; **to ~ open** abrirse 5. *vulg* (*have an orgasm*) correrse, acabar *AmL*
◆**come about** *vi* suceder
◆**come across** I. *vt insep* encontrarse con, dar con; **to ~ a problem** topar con un problema II. *vi* 1. (*be evident*) ser entendido 2. (*create an impression*) dar una imagen
◆**come from** *vt* ser de; (*a family*) descender de; **where do you ~?** ¿de dónde eres?; **to ~ a good family** ser de buena familia
◆**come in** *vi* entrar
◆**come on** I. *vi* 1. (*improve*) progresar 2. (*begin: film, programme*) empezar; **what time does the news ~?** ¿a qué hora dan las noticias? II. *vt insep* encontrar III. *interj*

(*hurry*) ¡date prisa!, ¡ándale! *Méx;*
(*encouragement*) ¡ánimo!, ¡órale!
Méx

comeback ['kʌmbæk] *n* vuelta *f;*
SPORTS recuperación *f*

comedian [kə'miːdɪən] *n* cómico,
-a *m, f*

comedy ['kɒmədɪ, *Am:* 'kɑːmə-]
<-ies> *n* comedia *f*

comet ['kɒmɪt, *Am:* 'kɑːmɪt] *n*
cometa *m*

comfort ['kʌmfət, *Am:* -fət] *n* comodidad *f*

comfortable ['kʌmftəbl, *Am:*
'kʌmfə̇ṭə-] *adj* **1.**(*offering comfort*) cómodo; **to make oneself ~**
ponerse cómodo **2.**(*financially
stable*) acomodado; **~ life** vida *f* hol-
gada

comfortably ['kʌmftəblɪ, *Am:*
'kʌmfə̇ṭə-] *adv* **1.**(*in a comfortable
manner*) cómodamente **2.**(*in financially stable manner*) **to live ~** vivir
de forma acomodada

comforting ['kʌmfətɪŋ, *Am:* -fə̇-
ṭɪŋ] *adj* (*thought, words*) reconfortante

comfy ['kʌmfɪ] <-ier, -iest> *adj inf*
(*furniture, clothes*) cómodo

comic ['kɒmɪk, *Am:* 'kɑːmɪk] **I.** *n*
1.(*cartoon magazine*) cómic *m*
2.(*person*) cómico, -a *m, f* **II.** *adj*
cómico; **~ play** comedia *f*

comical ['kɒmɪkl, *Am:* 'kɑːmɪ-] *adj*
cómico

coming ['kʌmɪŋ] *adj* próximo; **the ~
year** el año que viene

comma ['kɒmə, *Am:* 'kɑːmə] *n*
coma *f*

command [kə'mɑːnd, *Am:*
-'mænd] **I.** *vt* **1.**(*order*) **to ~ sb to
do sth** ordenar a alguien que haga
algo **2.**(*have command over*) estar al
mando de **II.** *n* **1.**(*order*) mandato
m; **to obey a ~** acatar una orden
2.(*control*) mando *m;* **to be in ~ of
sth** estar al mando de algo

commandant [ˌkɒmən'dænt, *Am:*
'kɑːməndænt] *n* MIL comandante
mf

commander [kə'mɑːndəʳ, *Am:*
-'mændə̇] *n* comandante *mf*

commanding [kə'mɑːndɪŋ, *Am:*
-'mæn-] *adj* dominante

Commandment [kə'mɑːndmənt,
Am: -'mænd-] *n* **the Ten ~s** REL los
diez mandamientos

commando [kə'mɑːndəʊ, *Am:*
-'mændoʊ] <-s *o* -es> *n* MIL comando *m*

commemorate [kə'meməreɪt] *vt*
conmemorar

commemoration [kəˌmemə'reɪʃn]
n no pl conmemoración *f;* **in ~ of ...**
en conmemoración de...

commence [kə'ments] *vi form* empezar; **to ~ speaking** comenzar un
discurso

commend [kə'mend] *vt* **1.**(*praise*)
elogiar; **to ~ sth/sb (on sth)** alabar
algo/a alguien (por algo) **2.**(*entrust*)
encomendar; **to ~ sth to sb** encomendar algo a alguien

comment ['kɒment, *Am:* 'kɑː-
ment] **I.** *n* comentario *m;* **no ~** sin
comentarios **II.** *vi* comentar; **to ~
that ...** observar que...

commentary ['kɒməntrɪ, *Am:*
'kɑːmənter-] <-ies> *n* comentario
m

commentator ['kɒmənteɪtəʳ, *Am:*
'kɑːmənteɪṭə̇] *n* TV, RADIO comentarista *mf*

commerce ['kɒmɜːs, *Am:* 'kɑː-
mɜːrs] *n no pl* comercio *m*

commercial [kə'mɜːʃl, *Am:* -'mɜːr-]
I. *adj* comercial **II.** *n* RADIO, TV anuncio *m*, comercial *m AmL*

commission [kə'mɪʃn] **I.** *vt* encargar
II. *n* **1.**(*order*) encargo *m* **2.**(*system
of payment, investigative body*) co-
misión *f*

commissioner [kə'mɪʃənəʳ, *Am:*
-ə̇] *n* comisario, -a *m, f*

commit [kə'mɪt] <-tt-> *vt* **1.**(*carry
out*) cometer; **to ~ suicide** suicidarse **2.**(*institutionalize*) **to ~ sb to
prison** encarcelar a alguien; **to ~ sb
to hospital** internar a alguien en un
hospital **3.**(*bind oneself*) **to ~ oneself to sth** comprometerse a algo

commitment [kə'mɪtmənt] *n* obligación *f*

committee [kə'mɪtɪ, *Am:* -'mɪṭ-] *n*

comité *m*

commodity [kə'mɒdətɪ, *Am:* -'mɑːdət̬ɪ] <-ies> *n* mercancía *f*

common ['kɒmən, *Am:* 'kɑːmən] *adj* **1.** corriente; **a ~ disease** una enfermedad común; **to be ~ knowledge** ser de dominio público **2.** (*shared*) común; **~ property** propiedad *f* comunal; **by ~ assent** por unanimidad; **for the ~ good** en beneficio de todos **3.** (*vulgar*) vulgar

common law *n no pl* ≈ derecho *m* consuetudinario

commonly *adv* (*often*) frecuentemente; (*usually*) normalmente

commonplace ['kɒmənpleɪs, *Am:* 'kɑːmən-] *adj* corriente; **it is ~ to see that ...** es frecuente ver que...

common sense *n no pl* sentido *m* común; **a ~ solution** una solución lógica

Commonwealth ['kɒmənwelθ, *Am:* 'kɑːmən-] *n* **the ~** la Commonwealth

---

❓ La **Commonwealth of Nations** (antiguamente la **British Commonwealth**) es una organización libre de estados independientes, que se ha ido desarrollando a partir del antiguo **British Empire**. Fue fundada oficialmente en 1931 a partir de los **Statute of Westminster**. En aquel momento, Canadá, Australia, Sudáfrica y Nueva Zelanda ya habían alcanzado la independencia y junto con el Reino Unido fueron los primeros miembros. La mayoría de los países que formaban el antiguo Imperio Británico al alcanzar la independencia han ido engrosando la lista de los países pertenecientes a dicha organización. Hoy en día esta organización trabaja en la línea de la colaboración económica y cultural. Los jefes de estado de los países integrantes de la **Commonwealth** se reúnen dos veces al año.

---

commotion [kə'məʊʃn, *Am:* -'moʊ-] *n* alboroto *m*

communal ['kɒmjʊnl, *Am:* kə'mjuː] *adj* comunal

commune [kə'mjuːn] *n* comuna *f*

communicate [kə'mjuːnɪkeɪt] *vi, vt* comunicar(se)

communication [kə‚mjuːnɪ'keɪʃn] *n* comunicación *f*

communicative [kə'mjuːnɪkətɪv, *Am:* -nəkeɪt̬ɪv] *adj* comunicativo

communion [kə'mjuːnɪən, *Am:* -njən] *n no pl* comunión *f*; **to take ~** comulgar

communism ['kɒmjʊnɪzəm, *Am:* 'kɑːmjə-] *n no pl* comunismo *m*

communist ['kɒmjʊnɪst, *Am:* 'kɑːmjə-] *n* comunista *mf*

community [kə'mjuːnətɪ, *Am:* -nət̬ɪ] <-ies> *n* **1.** (*of people*) comunidad *f*; **the local ~** el vecindario **2.** (*of animals, plants*) colonia *f*

commute [kə'mjuːt] *vi* viajar (diariamente) al lugar de trabajo

commuter [kɒ'mjuːtəʳ, *Am:* -t̬əʳ] *n* persona que debe viajar diariamente para ir al trabajo

Comoran ['kɒmərən, *Am:* 'kɑːm-] *adj* comorano

Comoros ['kɒmərəʊz, *Am:* 'kɑːməroʊz] *npl* **the ~** las Islas Comoras

compact ['kɒmpækt, *Am:* 'kɑːm-] **I.** *adj* compacto **II.** *vt* condensar

compact disc *n* compact *m*, disco *m* compacto

compact disc player *n* reproductor *m* de discos compactos

companion [kəm'pænjən] *n* compañero, -a *m, f*; **travelling ~** compañero de viaje

companionship *n no pl* compañerismo *m*

company ['kʌmpənɪ] <-ies> *n* **1.** (*firm, enterprise*) empresa *f*; **Duggan and C~** Duggan y Compañía **2.** *no pl* (*companionship*) compañía *f*; **you are in good ~** estás en buena compañía; **to keep sb** ~ hacer compañía a alguien

comparable ['kɒmpərəbl, *Am:* 'kɑ:m-] *adj* comparable; ~ **to** equiparable a

comparative [kəm'pærətɪv, *Am:* -'perəṭɪv] *adj* comparativo

comparatively *adv* (*by comparison*) comparativamente; (*relatively*) relativamente

compare [kəm'peəʳ, *Am:* -'per] **I.** *vt* comparar; **to** ~ **sth/sb to** [*o* **with**] **sth/sb** comparar algo/a alguien con algo/alguien **II.** *vi* compararse; **to** ~ **favourably with sth** ser mejor que algo

comparison [kəm'pærɪsn, *Am:* -'per-] *n* comparación *f*; **by** ~ **with sb/sth** en comparación con alguien/algo

compartment [kəm'pɑ:tmənt, *Am:* -'pɑ:rt-] *n* compartimiento *m*

compass ['kʌmpəs] <-es> *n a.* NAUT brújula *f*

compassion [kəm'pæʃn] *n no pl* compasión *f*

compassionate [kəm'pæʃənət] *adj* compasivo

compatibility [kəm,pætə'bɪləti, *Am:* -,pæṭə'bɪləṭi] *n no pl a.* MED, INFOR compatibilidad *f*

compatible [kəm'pætəbl, *Am:* -'pæṭ-] *adj a.* MED, INFOR compatible

compatriot [kəm'pætrɪət, *Am:* -'peɪtrɪ-] *n* compatriota *mf*

compel [kəm'pel] <-ll-> *vt* obligar

compensate ['kɒmpənseɪt, *Am:* 'kɑ:m-] *vt* (*make up for*) compensar; (*for loss, damage*) indemnizar

compensation [,kɒmpen'seɪʃn, *Am:* ,kɑ:m-] *n no pl* (*award*) compensación *f*; (*for loss, damage*) indemnización *f*

compete [kəm'pi:t] *vi* competir; **to** ~ **for sth** competir por algo

competence ['kɒmpɪtəns, *Am:* 'kɑ:m-] *n no pl a.* LAW competencia *f*

competent ['kɒmpɪtənt, *Am:* 'kɑ:mpɪṭənt] *adj* competente; **to be** ~ **at sth** ser competente en algo

competition [,kɒmpə'tɪʃn, *Am:* ,kɑ:m-] *n* **1.** (*state of competing*) competencia *f* **2.** (*contest*) concurso *m*

competitive [kəm'petətɪv, *Am:* -'peṭəṭɪv] *adj* competitivo *m*; ~ **sports** deportes *mpl* de competición

competitiveness [kəm'petitivnəs] *n no pl* competitividad *f*

competitor [kəm'petɪtəʳ, *Am:* -'peṭəṭɚ] *n* **1.** *a.* ECON competidor(a) *m(f)* **2.** SPORTS rival *mf*

compilation [,kɒmpɪ'leɪʃn, *Am:* ,kɑ:mpə-] *n* **1.** (*act of compiling*) compilación *f* **2.** (*collection*) recopilación *f*

compile [kəm'paɪl] *vt* **1.** *a.* INFOR compilar **2.** (*collect*) recopilar

complacence [kəm'pleɪsns(ɪ)] *n*, **complacency** *n no pl* complacencia *f* (excesiva)

complacent [kəm'pleɪsnt] *adj* satisfecho de sí mismo

complain [kəm'pleɪn] *vi* quejarse

complaint [kəm'pleɪnt] *n* queja *f*; **to lodge a** ~ formular una queja

complement ['kɒmplɪmənt, *Am:* 'kɑ:m-] *vt* complementar

complementary [,kɒmplɪ'mentri, *Am:* ,kɑ:mplə'menṭɚi] *adj* complementario

complete [kəm'pli:t] **I.** *vt* completar **II.** *adj* completo, entero

completely *adv* totalmente

completeness *n no pl* totalidad *f*

completion [kəm'pli:ʃn] *n no pl* finalización *f*; **to be nearing** ~ estar a punto de terminarse

complex ['kɒmpleks, *Am:* 'kɑ:m-] **I.** *adj* complejo **II.** <-es> *n* PSYCH, ARCHIT complejo *m*; **guilt/inferiority** ~ complejo de culpabilidad/inferioridad

complexion [kəm'plekʃn] *n* (*skin*) cutis *m inv*; (*colour*) tez *f*

complexity [kəm'pleksətɪ, *Am:* -səṭɪ] *n no pl* complejidad *f*

compliance [kəm'plaɪəns] *n no pl* obediencia *f*; **to act in** ~ **with sth** actuar de acuerdo con algo

complicate ['kɒmplɪkeɪt, *Am:* 'kɑ:mplə-] *vt* complicar

complicated *adj* complicado

complication [,kɒmplɪ'keɪʃn, *Am:*

ˌkaːmplə-] *n a.* MED complicación *f*
complicity [kəmˈplɪsətɪ, *Am:* -ət̬ɪ]
n no pl complicidad *f*
compliment [ˈkɒmplɪmənt, *Am:*
ˈkaːmplə-] I. *n* 1. (*expression of approval*) cumplido *m;* (*flirt*) piropo *m;*
to pay sb a ~ hacer un cumplido a
alguien 2. *pl* saludos *mpl;* **with ~s**
con un atento saludo II. *vt* to ~ **sb**
on sth felicitar a alguien por algo
complimentary [ˌkɒmplɪˈmentrɪ,
Am: ˌkaːmpləmenˈter-] *adj*
1. (*praising*) positivo; **to be** ~ **about**
sth hablar en términos muy favorables de algo 2. (*free*) gratuito
comply [kəmˈplaɪ] <-ie-> *vi* cumplir; **to** ~ **with the law/the rules**
acatar la ley/las normas
component [kəmˈpəʊnənt, *Am:*
-ˈpoʊ-] *n* componente *m;* **key** ~
pieza *f* clave
compose [kəmˈpəʊz, *Am:* -ˈpoʊz]
vi, vt componer
composer [kəmˈpəʊzəʳ, *Am:*
-ˈpoʊzɚ] *n* compositor(a) *m(f)*
composition [ˌkɒmpəˈzɪʃn, *Am:*
ˌkaːm-] *n* 1. composición *f* 2. *no pl*
(*make-up*) formación *f*
compost [ˈkɒmpɒst, *Am:* ˈkaːmpoʊst] *n no pl* abono *m* orgánico
composure [kəmˈpəʊʒəʳ, *Am:*
-ˈpoʊʒɚ] *n no pl* compostura *f;* **to**
lose/regain one's ~ perder/recobrar la compostura
compound [ˈkɒmpaʊnd, *Am:*
ˈkaːm-] I. *vt* agravar II. *n* 1. (*combination*) mezcla *f* 2. CHEM compuesto
m
comprehend [ˌkɒmprɪˈhend, *Am:*
ˌkaːm-] *vi, vt* comprender
comprehensible [ˌkɒmprɪˈhensəbl, *Am:* ˌkaːm-] *adj* comprensible
comprehension [ˌkɒmprɪˈhenʃn,
Am: ˌkaːm-] *n no pl* comprensión *f*
comprehensive [ˌkɒmprɪˈhensɪv,
Am: ˌkaːmprə-] I. *adj* (*exhaustive*)
exhaustivo; ~ **coverage** cobertura *f*
global II. *n Brit* SCHOOL escuela para
*niños mayores de once años en la
que no hay separación de alumnos*

según su nivel de aptitud

⏹ La **comprehensive school** es
una escuela integrada para chicos
de edades comprendidas entre los
11–18 años. La **comprehensive
school** es el resultado de la unificación de la **secondary modern
school** y la **grammar school** (para
alumnos que habían aprobado la
eleven-plus examination), producida en los años 60 y 70.

compress [kəmˈpres] *vt* comprimir
compressed [kəmˈprest] *adj* comprimido
compression [kəmˈpreʃn] *n a.* INFOR
compresión *f*
compressor [kəmˈpresəʳ, *Am:* -ɚ]
n compresor *m*
comprise [kəmˈpraɪz] *vt* componerse de
compromise [ˈkɒmprəmaɪz, *Am:*
ˈkaːm-] I. *n* transigencia *f;* **to make**
a ~ hacer una concesión II. *vi* transigir III. *vt* (*betray*) comprometer; **to**
~ **one's beliefs/principles** dejar de
lado sus creencias/principios
compromising *adj* comprometido
comptroller [kənˈtrəʊləʳ, *Am:*
-ˈtroʊlɚ] *n* interventor(a) *m(f)*,
contralor(a) *m(f) AmL*
compulsion [kəmˈpʌlʃn] *n no pl* obligación *f*
compulsive [kəmˈpʌlsɪv] *adj* compulsivo
compulsory [kəmˈpʌlsərɪ] *adj* obligatorio
compute [kəmˈpjuːt] *vt* computar
computer [kəmˈpjuːtəʳ, *Am:* -ɚ] *n*
ordenador *m*, computador(a) *m(f)*
AmL
computer game *n* videojuego *m*
computer graphics *n + sing/pl vb*
gráficos *mpl* por ordenador [*o* computadora *AmL*]
computer network *n* red *f* de ordenadores [*o* computadoras *AmL*]
computer science *n no pl* informática *f;* ~ **course** curso *m* de in-

formática

comrade ['kɒmreɪd, *Am:* 'kɑːm-ræd] *n* **1.** (*friend*) compañero, -a *m*, *f* **2.** POL camarada *mf*

con [kɒn, *Am:* kɑːn] <-nn-> *vt inf* engañar; **to ~ sb** (**into doing sth**) engañar a alguien (para que haga algo)

conceal [kən'siːl] *vt* esconder

concealment [kən'siːlmənt] *n no pl* encubrimiento *m*

concede [kən'siːd] *vt* **1.** (*acknowledge*) conceder **2.** (*surrender*) ceder

conceit [kən'siːt] *n no pl* (*vanity*) vanidad *f*; **to be full of ~** tener muchas presunciones

conceive [kən'siːv] **I.** *vt* **1.** (*imagine, become pregnant with*) concebir **2.** (*devise*) idear **II.** *vi* concebir

concentrate ['kɒnsəntreɪt, *Am:* 'kɑːn-] **I.** *vi* concentrarse; **to ~ on sth** concentrarse en algo **II.** *vt* concentrar

concentrated *adj* concentrado

concentration [ˌkɒnsn'treɪʃn, *Am:* ˌkɑːn-] *n no pl* concentración *f*; **~ on sth** concentración en algo

concept ['kɒnsept, *Am:* 'kɑːn-] *n* concepto *m*; **to grasp a ~** coger una idea

conception [kən'sepʃn] *n* **1.** (*idea*) idea *f* **2.** *no pl* BIO concepción *f*

conceptual [kən'septjʊəl, *Am:* -tʃu-] *adj* conceptual

concern [kən'tʃɜːn, *Am:* -'sɜːrn] **I.** *vt* **1.** (*apply to*) referirse a; **to ~ oneself about sth** interesarse por algo **2.** (*worry*) preocuparse; **to be ~ed about sth** estar preocupado por algo **II.** *n* **1.** (*matter of interest*) asunto *m*; **to be of ~ to sb** interesar a alguien **2.** (*worry*) preocupación *f*

concerning *prep* acerca de

concert ['kɒnsət, *Am:* 'kɑːnsət] *n* (*musical performance*) concierto *m*; **~ hall** sala *f* de conciertos

concerto [kən'tʃeətəʊ, *Am:* -'tʃertoʊ] <-s *o* -ti> *n* concierto *m*

concession [kən'seʃn] *n* concesión *f*

conciliate [kən'sɪlɪeɪt] **I.** *vi* conciliarse **II.** *vt* conciliar

conciliation [kənˌsɪlɪ'eɪʃn] *n no pl*, *form* conciliación *f*

concise [kən'saɪs] *adj* conciso

conclude [kən'kluːd] **I.** *vi* concluir **II.** *vt* **1.** (*finish*) finalizar; **to ~ by doing sth** terminar haciendo algo **2.** (*infer*) **to ~** (**from sth**) **that ...** deducir (de algo) que...

concluding *adj* final

conclusion [kən'kluːʒn] *n* conclusión *f*

conclusive [kən'kluːsɪv] *adj* concluyente

concrete ['kɒnkriːt, *Am:* 'kɑːn-] *n no pl* hormigón *m*

condemn [kən'dem] *vt* condenar; **to ~ sb for sth** censurar a alguien por algo

condemnation [ˌkɒndem'neɪʃn, *Am:* ˌkɑːn-] *n* condena *f*

condensation [ˌkɒndən'seɪʃn, *Am:* ˌkɑːn-] *n no pl* condensación *f*

condense [kən'dens] **I.** *vt* (*concentrate*) **to ~ a liquid** condensar un líquido **II.** *vi* condensarse

condition [kən'dɪʃn] **I.** *n* condición *f*; **in perfect ~** en perfecto estado **II.** *vt* **1.** (*influence*) condicionar **2.** (*treat hair*) acondicionar

conditional [kən'dɪʃənl] **I.** *adj* (*provisory*) condicional; **~ on sth** condicionado a algo **II.** *n* LING **the ~** el condicional

conditioner [kən'dɪʃənə', *Am:* -ə'] *n* **1.** (*for hair*) acondicionador *m* **2.** (*for clothes*) suavizante *m*

condom ['kɒndəm, *Am:* 'kɑːn-] *n* condón *m*

condone [kən'dəʊn, *Am:* -'doʊn] *vt* condonar

conduct [kən'dʌkt, *Am:* 'kɑːn-] **I.** *vt* **1.** (*carry out*) llevar a cabo **2.** (*behave*) **to ~ oneself** comportarse **3.** ELEC, PHYS conducir **II.** *vi* MUS llevar la batuta **III.** *n no pl* conducta *f*

conductor [kən'dʌktə', *Am:* -tə'] *n* **1.** (*director*) director(a) *m(f)* **2.** PHYS, ELEC conductor *m* **3.** (*of train*) revisor *m*

cone [kəʊn, *Am:* koʊn] *n* **1.** *a.* MAT cono *m* **2.** (*cornet for ice cream*) cucurucho *m*

confectionery [kən'fekʃənərɪ, *Am:*

-erɪ] *n no pl* confitería *f*
confederacy [kənˈfedərəsɪ] <-ies> *n + sing/pl vb* (*union*) confederación *f;* **the Confederacy** *Am* HIST la Confederación
confederate [kənˈfedərət] *adj* HIST, POL confederado
confederation [kənˌfedəˈreɪʃn] *n + sing/pl vb* POL confederación *f*

> **?** El **Confederation Day** o **Canada Day** es la fiesta nacional de Canadá que se celebra el día 1 de julio.

confer [kənˈfɜːʳ, *Am:* -ˈfɜːr] <-rr-> **I.** *vi* consultar **II.** *vt* otorgar
conference [ˈkɒnfərəns, *Am:* ˈkɑːnfɚ-] *n* conferencia *f*
confess [kənˈfes] **I.** *vi* confesarse; **to ~ to a crime** confesarse de un crimen **II.** *vt* confesar
confession [kənˈfeʃn] *n* confesión *f*
confidant [ˌkɒnfɪˈdænt, *Am:* ˌkɑːnfə-] *n* confidente *m*
confide [kənˈfaɪd] *vt* confiar; **to ~ (to sb) that ...** decir (a alguien) en confidencia que…
confidence [ˈkɒnfɪdəns, *Am:* ˈkɑːnfə-] *n* **1.** (*trust*) confianza *f;* **to place one's ~ in sb/sth** poner la confianza en alguien/algo; **he certainly doesn't lack ~** desde luego no le falta confianza en sí mismo **2.** *no pl* (*secrecy*) confidencia *f*
confident [ˈkɒnfɪdənt, *Am:* ˈkɑːnfə-] *adj* **1.** (*sure*) seguro; **to be ~ about sth** estar seguro de algo **2.** (*self-assured*) confiado
confidential [ˌkɒnfɪˈdenʃl, *Am:* ˌkɑːnfə-] *adj* confidencial
confine [ˈkɒnfaɪn, *Am:* ˈkɑːn-] *vt* **1.** (*limit*) **to ~ sth to sth** restringir algo a algo; **to be ~d to doing sth** limitarse a hacer algo **2.** (*imprison*) confinar
confinement [kənˈfaɪnmənt] *n no pl* confinamiento *m*
confirm [kənˈfɜːm, *Am:* -ˈfɜːrm] **I.** *vt* **1.** (*verify*) verificar **2.** REL **to ~ sb's faith** confirmar la fe de alguien

II. *vi* confirmarse
confirmation [ˌkɒnfəˈmeɪʃn, *Am:* ˌkɑːnfɚ-] *n a.* REL confirmación *f*
confiscate [ˈkɒnfɪskeɪt, *Am:* ˈkɑːnfə-] *vt* confiscar
conflict [ˈkɒnflɪkt, *Am:* ˈkɑːn-] *n* conflicto *m*
conflicting [kənˈflɪktɪŋ] *adj* opuesto
confluence [ˈkɒnfluːəns, *Am:* ˈkɑːn-] *n* confluencia *f*
conform [kənˈfɔːm, *Am:* -ˈfɔːrm] *vi* conformarse; **to ~ to the law** ser conforme a la ley
conformity [kənˈfɔːmɪtɪ, *Am:* -ˈfɔːrmətɪ] *n no pl* conformidad *f;* **in ~ with sth** conforme con algo
confront [kənˈfrʌnt] *vt* enfrentarse a
confrontation [ˌkɒnfrʌnˈteɪʃn, *Am:* ˌkɑːnfrən-] *n* confrontación *f*
confuse [kənˈfjuːz] *vt* confundir
confused [kənˈfjuːzd] *adj* confundido
confusing [kənˈfjuːzɪŋ] *adj* confuso
confusion [kənˈfjuːʒn] *n no pl* confusión *f*
congested [kənˈdʒestɪd] *adj* congestionado
congestion [kənˈdʒestʃən] *n no pl* congestión *f*
conglomerate [kənˈglɒmərət, *Am:* -ˈglɑːmə-] *n* conglomerado *m*
Congo [ˈkɒŋgəʊ, *Am:* ˈkɑːŋgoʊ] **I.** *n* **the ~** el Congo **II.** *adj* del Congo
Congolese [ˌkɒŋgəʊˈliːz, *Am:* ˌkɑːŋgə-] *adj* congoleño
congratulate [kənˈgrætʃʊleɪt, *Am:* -ˈgrætʃə-] *vt* felicitar; **to ~ sb (on sth)** felicitar a alguien (por algo)
congratulations [kənˌgrætʃʊˈleɪʃnz, *Am:* -ˌgrætʃə-] *npl* **~!** ¡felicidades!

> **!** **congratulations** (= felicidades, enhorabuena) se utiliza en plural: "Congratulations on passing the exam!"

congregate [ˈkɒŋgrɪgeɪt, *Am:* ˈkɑːŋ-] *vi* congregarse
congregation [ˌkɒŋgrɪˈgeɪʃn, *Am:* ˌkɑːŋ-] *n* congregación *f*

congress ['kɒŋgres, *Am:* 'kɑːŋ-] *n* congreso *m*

congressional [kən'greʃənəl, *Am:* kəŋ-] *adj Am* congresista

congressman ['kɒŋgresmən, *Am:* 'kɑːŋ-] *n* <-men> *Am* congresista *m*

conjecture [kən'dʒektʃə', *Am:* -tʃə'] *n* conjetura *f*

connect [kə'nekt] **I.** *vi* conectar(se); **to ~ to the Internet** conectarse a internet **II.** *vt* conectar

connected *adj* conectado

connecting *adj* comunicado; **~ link** enlace *m* de conexión

connection *n*, **connexion** [kə'nekʃən] *n* conexión *f*

connoisseur [ˌkɒnə'sɜː', *Am:* ˌkɑːnə'sɜːr] *n* entendido, -a *m, f*; **art/ wine ~** experto, -a *m, f* en arte/vino

connotation [ˌkɒnə'teɪʃn, *Am:* ˌkɑːnə-] *n* connotación *f*

conquer ['kɒŋkə', *Am:* 'kɑːŋkə'] *vt* conquistar

conqueror ['kɒŋkərə', *Am:* 'kɑːŋkə'ə'] *n a.* HIST conquistador(a) *m(f)*

conquest ['kɒŋkwest, *Am:* 'kɑːn-] *n no pl, a. iron* conquista *f*

conscience ['kɒnʃəns, *Am:* 'kɑːn-] *n* conciencia *f*; **a clear ~** una conciencia limpia

conscious ['kɒnʃəs, *Am:* 'kɑːn-] *adj* consciente; **fashion ~** preocupado por la moda

consciousness ['kɒnʃəsnɪs, *Am:* 'kɑːn-] *n no pl* **1.** (*state of being conscious*) conocimiento *m* **2.** (*awareness*) conciencia *f*; **political/social ~** conciencia política/social

consecutive [kən'sekjʊtɪv, *Am:* -jət̬ɪv] *adj* consecutivo

consensus [kən'sensəs] *n no pl* consenso *m*

consent [kən'sent] **I.** *n form* consentimiento *m*; **by common ~** de común acuerdo **II.** *vi* (*agree*) **to ~ to do sth** consentir en hacer algo

consequence ['kɒnsɪkwəns, *Am:* 'kɑːn-] *n* consecuencia *f*; **as a ~** como consecuencia; **in ~** por consiguiente

consequent ['kɒnsɪkwənt, *Am:* 'kɑːn-] *adj*, **consequential** [ˌkɒnsɪ'kwenʃl, *Am:* ˌkɑːn-] *adj* consiguiente

consequently ['kɒnsɪkwəntlɪ, *Am:* ˌkɑːn-] *adv* por consiguiente

conservation [ˌkɒnsə'veɪʃn, *Am:* ˌkɑːnsə-] *n no pl* conservación *f*

conservationist [ˌkɒnsə'veɪʃənɪst, *Am:* ˌkɑːnsə-] *n* conservacionista *mf*

conservatism [kən'sɜːvətɪzəm, *Am:* -'sɜːr-] *n no pl* conservadurismo *m*

conservative [kən'sɜːvətɪv, *Am:* -'sɜːrvət̬ɪv] *adj* conservador

conservatory [kən'sɜːvətrɪ, *Am:* -'sɜːrvətɔːrɪ] *n* conservatorio *m*

conserve [kən'sɜːv, *Am:* -sɜːrv] *vt* conservar; **to ~ energy** ahorrar energía

consider [kən'sɪdə', *Am:* -ə'] *vt* considerar

considerable [kən'sɪdərəbl] *adj* considerable

considerate [kən'sɪdərət] *adj* considerado

consideration [kənˌsɪdə'reɪʃn] *n no pl* consideración *f*; **the project is under ~** el proyecto se está estudiando

considering [kən'sɪdərɪŋ] **I.** *prep* teniendo en cuenta; **~ the weather** en vista del tiempo **II.** *conj* **~ (that)** ... ya que...

consignment [kən'saɪnmənt] *n* remesa *f*

consist [kən'sɪst] *vi* **to ~ of sth** consistir en algo

consistency [kən'sɪstənsɪ] *n no pl* **1.** (*degree of firmness*) consistencia *f* **2.** (*being coherent*) coherencia *f*

consistent [kən'sɪstənt] *adj* consecuente

consolation [ˌkɒnsə'leɪʃn, *Am:* ˌkɑːn-] *n no pl* consuelo *m*; **it was ~ to him to know that ...** le reconfortó saber que...

console¹ ['kɒnsəʊl, *Am:* 'kɑːnsɔʊl] *vt* (*comfort*) consolar

console² [kən'səʊl, *Am:* -'sɔʊl] *n*

(*switch panel*) consola *f*

consolidate [kən'sɒlɪdeɪt, *Am:* -'sɑ:lə-] I. *vi* consolidarse II. *vt* consolidar

consolidated *adj* consolidado

consolidation [kən,sɒlɪ'deɪʃn, *Am:* -,sɑ:lə-] *n no pl* 1. (*becoming stronger*) fortalecimiento *m* 2. ECON consolidación *f*

consonant ['kɒnsənənt, *Am:* 'kɑ:n-] *n no pl* consonante *f*

consortium [kən'sɔ:tɪəm, *Am:* -'sɔ:rt̬-] *n* <consortiums *o* consortia> consorcio *m*; ~ **of companies** grupo *m* de empresas

conspicuous [kən'spɪkjʊəs] *adj* llamativo; **to be ~ by one's absence** *iron* brillar por su ausencia

conspiracy [kən'spɪrəsɪ] <-ies> *n* conspiración *f*; **a ~ against sb** un complot contra alguien

conspirator [kən'spɪrətər, *Am:* -t̬ər] *n* conspirador(a) *m(f)*

conspire [kən'spaɪər, *Am:* -'spaɪə˞] *vi* conspirar; **to ~ to do sth** conspirar para hacer algo

constable ['kʌnstəbl, *Am:* 'kɑ:n-] *Brit* policía *mf*

constant ['kɒnstənt, *Am:* 'kɑ:n-] *adj* constante; ~ **use** uso *m* frecuente

constantly *adv* constantemente

constipate ['kɒnstɪpeɪt, *Am:* 'kɑ:nstə-] *vt* MED estreñir

constipated *adj* estreñido

constipation [,kɒnstɪ'peɪʃn, *Am:* 'kɑ:nstə-] *n* MED estreñimiento *m*, prendimiento *m* CSur

constituency [kən'stɪtjʊənsɪ, *Am:* -'stɪtʃu-] *n* (*electoral district*) distrito *m* electoral

constituent [kən'stɪtjʊənt, *Am:* -'stɪtʃu-] *n* constituente *m*

constitute ['kɒnstɪtjuːt, *Am:* 'kɑ:nstətuːt] *vt* constituir

constitution [,kɒnstɪ'tjuːʃn, *Am:* ,kɑ:nstə'tuː-] *n* constitución *f*

constitutional [,kɒnstɪ'tjuːʃənl, *Am:* ,kɑ:nstə'tuː-] *adj* constitucional; ~ **law** derecho político

constrain [kən'streɪn] *vt* constreñir

constraint [kən'streɪnt] *n* 1. *no pl*

(*compulsion*) coacción *f*; **under ~** bajo coacción 2. (*limit*) restricción *f*; **to impose ~s on sb/sth** imponer limitaciones a alguien/algo

construct [kən'strʌkt] I. *n* construcción *f* II. *vt* construir

construction [kən'strʌkʃn] *n* construcción *f*

constructive [kən'strʌktɪv] *adj* constructivo

constructor [kən'strʌktər, *Am:* -tər] *n* constructor(a) *m(f)*

consul ['kɒnsl, *Am:* 'kɑ:n-] *n* cónsul *mf*

consulate ['kɒnsjʊlət, *Am:* 'kɑ:n-] *n* consulado *m*

consult [kən'sʌlt] *vi, vt* consultar

consultancy [kən'sʌltənsɪ] <-ies> *n* asesoría *f*

consultant [kən'sʌltənt] *n* 1. ECON asesor(a) *m(f)*; **management ~** asesor de gestión; **tax ~** asesor fiscal 2. *Brit* MED especialista *mf*

consultation [,kɒnsʌl'teɪʃn, *Am:* ,kɑ:n-] *n* consulta *f*

consume [kən'sjuːm, *Am:* -'suːm] *vt* consumir

consumer [kən'sjuːmər, *Am:* -'suːmər] *n* consumidor(a) *m(f)*; ~ **credit** crédito *m* al consumidor

consumerism [kən'sjuːmərɪzəm, *Am:* -'suːmə˞-] *n no pl* consumismo *m*

consumption [kən'sʌmpʃn] *n no pl* 1. consumo *m* 2. HIST, MED tisis *f inv*

contact ['kɒntækt, *Am:* 'kɑ:n-] *n* (*state of communication*) contacto *m*; (*connection*) relación *f*; **to have ~s** tener contactos

contact lens *n* lentilla *f*

contagious [kən'teɪdʒəs] *adj a. fig* contagioso

contain [kən'teɪn] *vt* contener

container [kən'teɪnər, *Am:* -nər] *n* contenedor *m*

contaminate [kən'tæmɪneɪt] *vt* contaminar

contamination [kən,tæmɪ'neɪʃn] *n no pl* contaminación *f*

contemplate ['kɒntempleɪt, *Am:* 'kɑ:nt̬em-] *vt* contemplar

contemplation [,kɒntem'pleɪʃn,

Am: ˌkɑːnt̬em-] *n no pl* contemplación *f*

contemporary [kənˈtempɹəɹɪ, *Am:* -pəɹer-] *adj* contemporáneo

contempt [kənˈtempt] *n no pl* desprecio *m*

contemptuous [kənˈtemptʃʊəs] *adj* desdeñoso; **to be ~ of sb** menospreciar a alguien

contend [kənˈtend] *vi* competir; **to ~ for sth** competir por algo; **to have sb/sth to ~ with** tener que enfrentarse a alguien/algo

contender *n* aspirante *mf*

content¹ [ˈkɒntent, *Am:* ˈkɑːn-] *n* contenido *m*

content² [kənˈtent] **I.** *vi* contentarse **II.** *adj* contento

contented *adj* satisfecho

contention [kənˈtenʃn] *n no pl* **1.** (*disagreement*) controversia *f* **2.** (*competition*) **to be out of ~ for sth** no tener posibilidades de algo

contentment [kənˈtentmənt] *n no pl* satisfacción *f*

contents [ˈkɒntents, *Am:* ˈkɑːntents] *n pl* contenido *m;* (*index*) índice *m*

contest [kənˈtest, *Am:* ˈkɑːn-] **I.** *n* concurso *m;* **beauty ~** certamen *m* de belleza **II.** *vt* impugnar

contestant [kənˈtestənt] *n* concursante *mf*

context [ˈkɒntekst, *Am:* ˈkɑːn-] *n* contexto *m*

continent [ˈkɒntɪnənt, *Am:* ˈkɑːntnənt] *n* continente *m*

continental [ˌkɒntɪˈnentl, *Am:* ˌkɑːntn̩ˈentl̩] *adj* continental; **~ drift** movimiento *m* de los continentes

contingency [kənˈtɪndʒənsɪ] <-ies> *n form* contingencia *f*

contingent [kənˈtɪndʒənt] **I.** *n* **1.** (*part of a larger group*) representación *f* **2.** MIL contingente *m* **II.** *adj* eventual

continual [kənˈtɪnjʊəl] *adj* continuo

continually *adv* continuamente

continuation [kənˌtɪnjʊˈeɪʃn] *n no pl* continuación *f*

continue [kənˈtɪnjuː] **I.** *vi* **1.** (*persist*) continuar; **he ~d by saying that ...** prosiguió diciendo que… **2.** (*remain unchanged*) seguir; **to be ~d** continuará **II.** *vt* seguir con

continuity [ˌkɒntɪˈnjuːətɪ, *Am:* ˌkɑːntn̩ˈuːət̬ɪ] *n no pl* continuidad *f*

continuous [kənˈtɪnjʊəs] *adj* continuo

contour [ˈkɒntʊəɹ, *Am:* ˈkɑːntʊɹ] *n* contorno *m*

contraception [ˌkɒntɹəˈsepʃn, *Am:* ˌkɑːn-] *n no pl* anticoncepción *f*

contraceptive [ˌkɒntɹəˈseptɪv, *Am:* ˌkɑːn-] *n* anticonceptivo *m*

contract¹ [kənˈtrækt] **I.** *vi* contraerse **II.** *vt* **1.** (*make shorter*) contraer **2.** (*catch*) **to ~ to smallpox/ AIDS/a cold** contraer la viruela/el SIDA/un resfriado

contract² [ˈkɒntrækt, *Am:* ˈkɑːn-] **I.** *n* contrato *m;* **~ of employment** contrato laboral **II.** *vt* contratar

contraction [kənˈtrækʃn] *n a.* MED, LING contracción *f*

contractor [kənˈtræktəɹ, *Am:* ˈkɑːntræktɚ] *n* contratista *mf*

contradict [ˌkɒntrəˈdɪkt, *Am:* ˌkɑːn-] **I.** *vi* contradecirse **II.** *vt* contradecir

contradiction [ˌkɒntrəˈdɪkʃn, *Am:* ˌkɑːn-] *n* contradicción *f*

contradictory [ˌkɒntrəˈdɪktərɪ, *Am:* ˌkɑːn-] *adj* contradictorio

contrary [ˈkɒntrəri, *Am:* ˈkɑːntrɚ-] *n no pl* **on the ~** al contrario

contrary to *prep* al contrario de

contrast [kənˈtrɑːst, *Am:* -ˈtræst] **I.** *n* contraste *m;* **by** [*o* **in**] **~** por contraste **II.** *vt* contrastar

contribute [kənˈtrɪbjuːt] *vi, vt* contribuir

contribution [ˌkɒntrɪˈbjuːʃn, *Am:* ˌkɑːn-] *n* contribución *f*

contributor [kənˈtrɪbjuːtəɹ, *Am:* -ˈtrɪbjət̬ɚ] *n* contribuyente *mf*

contrive [kənˈtraɪv] *vt* **1.** (*plan*) ingeniar **2.** (*manage*) **to ~ to do sth** ingeniárselas para hacer algo

contrived *adj* artificial

control [kənˈtrəʊl, *Am:* -ˈtroʊl] **I.** *n* control *m;* **to be in ~** mandar **II.** *vt*

<-ll-> controlar
controlled [kən'trəʊld, *Am:* -'troʊld] *adj* controlado
controversial [ˌkɒntrə'vɜːʃl, *Am:* ˌkɑːntrə'vɜːr-] *adj* polémico
controversy ['kɒntrəvɜːsɪ, kən'trɒvəsɪ, *Am:* 'kɑːntrəvɜːr-] *n* <-ies> polémica *f;* **to be beyond ~** ser incuestionable
convene [kən'viːn] *vt* convocar
convenience [kən'viːnɪəns, *Am:* -'viːnjəns] *n no pl* conveniencia *f*
convenient [kən'viːnɪənt, *Am:* -'viːnjənt] *adj* conveniente
convent ['kɒnvənt, *Am:* 'kɑː-n] *n* convento *m*
convention [kən'venʃn] *n* (*custom*) convención *f;* **~ dictates that** es costumbre que +*subj*
conventional [kən'venʃənəl] *adj* convencional
converge [kən'vɜːdʒ, *Am:* -'vɜːrdʒ] *vi a. fig* converger
convergence [kən'vɜːdʒəns, *Am:* -'vɜːr-] *n* convergencia *f*
conversation [ˌkɒnvə'seɪʃn, *Am:* ˌkɑːnvɚ-] *n* (*word exchange*) conversación *f,* plática *f AmL;* **to strike up a ~ with sb** entablar conversación con alguien
converse¹ [kən'vɜːs, *Am:* -'vɜːrs] *vi form* **to ~ with sb** conversar con alguien, platicar con alguien *AmL*
converse² ['kɒnvɜːs, *Am:* 'kɑːn-vɜːrs] *n* **the ~** lo opuesto
conversion [kən'vɜːʃn, *Am:* -'vɜːr-ʒn] *n a.* REL, POL conversión *f*
convert [kən'vɜːt, *Am:* -'vɜːrt] **I.** *n* converso, -a *m, f* **II.** *vi* REL, POL convertirse **III.** *vt a.* REL, INFOR convertir
convey [kən'veɪ] *vt* transmitir
convict ['kɒnvɪkt, *Am:* 'kɑː-n] **I.** *n* presidiario, -a *m, f* **II.** *vt* condenar
conviction [kən'vɪkʃn] *n* **1.** LAW condena *f* **2.** (*firm belief*) convicción *f*
convince [kən'vɪns] *vt* convencer; **I'm not ~d** no estoy convencido
convincing [kən'vɪntsɪŋ] *adj* convincente
convoy ['kɒnvɔɪ, *Am:* 'kɑː-n] *n* convoy *m;* **in** [*o* **under**] **~** en caravana
coo [kuː] **I.** *vi* arrullar **II.** *vt* susurrar

cook [kʊk] GASTR **I.** *n* cocinero, -a *m, f;* **too many ~s spoil the broth** *prov* muchas manos en un plato hacen mucho garabato *prov* **II.** *vi* hacerse **III.** *vt* cocinar
cookbook ['kʊkbʊk] *n* libro *m* de cocina
cooker ['kʊkəʳ, *Am:* -ɚ] *n* Brit (*stove*) cocina *f,* estufa *f Col, Méx*
cookery ['kʊkərɪ] *n no pl* cocina *f*
cookie ['kʊkɪ] *n Am* (*biscuit*) galleta *f*
cooking ['kʊkɪŋ] *n no pl* **to do the ~** hacer la comida
cool [kuːl] **I.** *adj* **1.** (*slightly cold*) fresco **2.** (*calm*) tranquilo; **keep ~** tómatelo con calma **3.** *inf* (*fashionable*) **to be ~** estar en la onda; **that disco is very ~** esa discoteca está muy de moda **II.** *interj inf* ¡genial! **III.** *vt* enfriar; **just ~ it** *inf* ¡calma! **IV.** *vi* (*become colder*) enfriarse
coop [kuːp] *n* gallinero *m*
cooperate [kəʊ'ɒpəreɪt, *Am:* koʊ-'ɑːpəreɪt] *vi* cooperar
cooperation [kəʊˌɒpə'reɪʃn, *Am:* koʊˌɑːpə-] *n* cooperación *f*
cooperative [kəʊ'ɒpərətɪv, *Am:* koʊ'ɑːpəˌt̬ɪv] **I.** *n* cooperativa *f* **II.** *adj* cooperativo
coordinate [ˌkəʊ'ɔːdɪneɪt, *Am:* ˌkoʊ'ɔːr-] **I.** *n* coordenada *f* **II.** *vi* **1.** (*work together effectively*) coordinar(se) **2.** (*match*) combinar **III.** *vt* coordinar
coordination [ˌkəʊˌɔːdɪ'neɪʃn, *Am:* ˌkoʊˌɔːrdə'neɪ-] *n no pl* coordinación *f*
coordinator *n* coordinador(a) *m(f)*
cop [kɒp, *Am:* kaːp] *n inf* (*police officer*) poli *mf*
cope [kəʊp, *Am:* koʊp] *vi* **1.** (*master a situation*) aguantar **2.** (*problem*) hacer frente
Copenhagen [ˌkəʊpən'heɪgən, *Am:* 'koʊpənˌheɪ-] *n* Copenhague *m*
copper ['kɒpəʳ, *Am:* 'kɑːpɚ] *n no pl* (*metal*) cobre *m*
copy ['kɒpɪ, *Am:* 'kaːpɪ] **I.** <-ies> *n* (*facsimile*) copia *f;* (*of a book*) ejemplar *m* **II.** <-ie-> *vt* **1.** *a.* INFOR, MUS

copiar **2.** (*imitate*) imitar

copyright *n* derechos *mpl* de autor; **to hold the ~ of sth** tener los derechos de autor de algo

coral ['kɒrəl, *Am:* 'kɔːr-] *n no pl* coral *m*

cord [kɔːd, *Am:* kɔːrd] *n* **1.** (*rope*) cuerda *f*, piola *f AmS* **2.** ELEC cable *m* **3.** ANAT **umbilical ~** cordón *m* umbilical

cordial ['kɔːdɪəl, *Am:* 'kɔːrdʒəl] *adj* cordial

core [kɔːˈ, *Am:* kɔːr] *n* **1.** (*centre*) centro *m*; **to be rotten to the ~** *fig* estar podrido hasta la médula **2.** (*centre with seeds*) corazón *m*

cork [kɔːk, *Am:* kɔːrk] *n* corcho *m*

corn [kɔːn, *Am:* kɔːrn] *n no pl* (*maize*) maíz *m*, choclo *m AmS*, abatí *m Arg;* **~ on the cob** mazorca *f* de maíz

corner ['kɔːnəˈ, *Am:* 'kɔːrnɚ] **I.** *n* **1.** (*junction of two roads*) esquina *f*; **to be round the ~** estar a la vuelta de la esquina **2.** (*of a room*) rincón *m* **3.** (*place*) **a distant ~ of the globe** un rincón remoto de la tierra **4.** (*manoevre in sport*) córner *m* **II.** *vt* **1.** (*hinder escape*) acorralar **2.** ECON **to ~ the market** acaparar el mercado

cornerstone ['kɔːnəstəʊn, *Am:* 'kɔːrnɚstoʊn] *n a. fig* piedra *f* angular

Cornwall ['kɔːnwɔːl] *n* Cornualles *m*

corny ['kɔːnɪ, *Am:* 'kɔːr-] <-ier, -iest> *adj* **1.** *inf* viejo; (*joke*) gastado **2.** (*emotive*) sensiblero

coronary ['kɒrənrɪ, *Am:* 'kɔːrənerˌ] *adj* coronario

coronation [ˌkɒrə'neɪʃn, *Am:* ˌkɔːr-] *n* coronación *f*

coroner ['kɒrənəˈ, *Am:* 'kɔːrənɚ] *n* funcionario encargado de investigar muertes no naturales

corporal ['kɔːpərəl, *Am:* 'kɔːr-] **I.** *n* MIL cabo *mf* **II.** *adj form* corporal

corporate ['kɔːpərət, *Am:* 'kɔːr-] *adj* corporativo; **~ capital** capital *m* social

corporation [ˌkɔːpə'reɪʃn, *Am:* ˌkɔːrpə-] *n + sing/pl vb* **1.** (*business*) sociedad *f* anónima; **a public ~** *Brit* una empresa pública **2.** (*local council*) ayuntamiento *m*

corpse [kɔːps, *Am:* kɔːrps] *n* cadáver *m*

correct [kə'rekt] **I.** *vt* (*put right*) corregir **II.** *adj* correcto

correction [kə'rekʃən] *n* corrección *f*

correlate ['kɒrəleɪt, *Am:* 'kɔːrə-] **I.** *vt* correlacionar **II.** *vi* (*relate*) poner en correlación

correlation [ˌkɒrə'leɪʃn, *Am:* ˌkɔːrə-] *n* correlación *f*

correspond [ˌkɒrɪ'spɒnd, *Am:* ˌkɔːrə-] *vi* **1.** (*be equal to*) corresponder a **2.** (*write*) cartearse

correspondence [ˌkɒrɪ'spɒndəns, *Am:* ˌkɔːrə'spɑːn-] *n no pl* correspondencia *f*

correspondent [ˌkɒrɪ'spɒndənt, *Am:* ˌkɔːrə'spɑːn-] *n* corresponsal *mf;* **special ~** enviado, -a *m, f* especial

corresponding [ˌkɒrɪ'spɒndɪŋ, *Am:* ˌkɔːrə-] *adj* correspondiente

corridor ['kɒrɪdɔːˈ, *Am:* 'kɔːrədɚ] *n* (*passage*) pasillo *m*

corroborate [kə'rɒbəreɪt, *Am:* -'rɑːbə-] *vt* corroborar

corrupt [kə'rʌpt] **I.** *vt* corromper **II.** *adj* corrupto; **~ practices** prácticas *fpl* corruptas

corruption [kə'rʌpʃn] *n no pl* corrupción *f*

corset ['kɔːsɪt, *Am:* 'kɔːr-] *n* corsé *m*

Corsica ['kɔːsɪkə, *Am:* 'kɔːr-] *n* Córcega *f*

Corsican ['kɔːsɪkən, *Am:* 'kɔːr-] *adj* corso

cosmetic [kɒz'metɪk, *Am:* kɑːz'met-] **I.** *n* cosmético *m;* **~s** cosméticos *mpl* **II.** *adj* cosmético; **~ cream** crema *f* cosmética

cosmic ['kɒzmɪk, *Am:* 'kɑːz-] *adj fig* cósmico; **of ~ proportions** de proporciones astronómicas

cosmology [kɒz'mɒlədʒɪ, *Am:* kɑːz'mɑːlə-] *n* cosmología *f*

cosmonaut ['kɒzmənɔːt, *Am:* 'kɑːzmənɑːt] *n* cosmonauta *mf*

cosmopolitan [ˌkɒzməˈpɒlɪtən, *Am:* ˌkɑːzməˈpɑːlɪ-] *adj* cosmopolita

cosmos [ˈkɒzmɒs, *Am:* ˈkɑːzmoʊs] *n no pl* cosmos *m inv*

cost [kɒst, *Am:* kɑːst] I. *vt* 1.<cost, cost> (*amount to*) costar 2.<costed, costed> (*calculate price*) calcular el precio de II. *n* 1.(*price*) precio *m;* **at no extra ~** sin costes adicionales 2. *pl* (*expence*) costes *mpl*

Costa Rica [ˌkɒstəˈriːkə, *Am:* ˌkoʊstə-] *n* Costa Rica *f*

Costa Rican [ˌkɒstəˈriːkən, *Am:* ˌkoʊstə-] *adj* costarricense

costly [ˈkɒstlɪ, *Am:* ˈkɑːst-] <-ier, -iest> *adj* costoso; (*mistake*) caro; **to prove ~** *a. fig* resultar muy caro

costume [ˈkɒstjuːm, *Am:* ˈkɑːstuːm] *n* 1.(*national dress*) traje *m;* **to dress in ~** ir trajeado 2.(*decorative dress*) disfraz *m*

cosy [ˈkəʊzɪ, *Am:* ˈkoʊ-] <-ier, -iest> *adj* (*comfortable*) cómodo; (*place*) acogedor

cot [kɒt, *Am:* kɑːt] *n* cuna *f*

cottage [ˈkɒtɪdʒ, *Am:* ˈkɑːt̪ɪdʒ] *n* **country ~** casa *f* de campo

cottage cheese *n no pl* requesón *m*

cotton [ˈkɒtn, *Am:* ˈkɑːtn] *n* algodón *m*

couch [kaʊtʃ] <-es> *n* canapé *m;* **psychiatrist's ~** diván *m*

cough [kɒf, *Am:* kɑːf] I. *n* tos *f;* **chesty ~** tos seca II. *vi* toser

could [kʊd] *pt, pp of* **can²**

council [ˈkaʊnsl] *n* + *sing/pl vb* ADMIN **city ~** ayuntamiento *m;* MIL consejo *m;* **local ~** consejo local; **the United Nations Security Council** el Consejo de Seguridad de las Naciones Unidas

councillor [ˈkaʊnsələ^r, *Am:* -ə-] *n,* **councilor** *n Am* concejal(a) *m(f)*

counseling *n Am,* **counselling** *n no pl* asesoramiento *m*

counsellor [ˈkaʊnsələ^r] *n,* **counselor** *n Am* asesor(a) *m(f);* **marriage guidance ~** consejero, -a *m, f* matrimonial

count¹ [kaʊnt] *n* conde *m*

count² [kaʊnt] I. *vt* contar; **to ~ sth a success/failure** considerar algo un éxito/fracaso II. *vi* contar

countenance [ˈkaʊntɪnəns, *Am:* -tənəns] *n no pl, form* rostro *m*

counter [ˈkaʊntə^r, *Am:* -t̪ə] I. *n* (*service point*) mostrador *m;* **over the ~** sin receta médica; **under the ~** *fig* subrepticiamente II. *vt* contrarrestar

counteract [ˌkaʊntərˈækt, *Am:* -t̪ə-] *vt* contrarrestar

counterattack [ˈkaːʊntərətæk, *Am:* ˈkaʊnt̪ə-] I. *n* contraataque *m* II. *vt* contraatacar III. *vi* (*attack in return*) contraatacar

counterfeit [ˈkaʊntəfɪt, *Am:* -t̪ə-] I. *adj* (*money*) falso II. *vt* falsificar

counterpart [ˈkaʊntəpaːt, *Am:* -t̪əpaːrt] *n* contrapartida *f;* POL homólogo, -a *m, f*

counterproductive [ˌkaʊntəprəˈdʌktɪv, *Am:* -t̪ə-] *adj* contraproducente

countess [ˈkaʊntɪs, *Am:* -t̪ɪs] *n* condesa *f*

country [ˈkʌntrɪ] *n* 1.*no pl* (*rural area*) campo *m* 2.<-ies> (*political unit*) país *m*

country house *n* casa *f* solariega

countryside [ˈkʌntrɪsaɪd] *n no pl* campo *m,* verde *m AmC, Méx*

county [ˈkaʊntɪ, *Am:* -t̪ɪ] <-ies> *n* condado *m*

coup [kuː] <coups> *n* golpe *m*

couple [ˈkʌpl] *n* 1.*no pl* par *m;* **the first ~ of weeks** las primeras dos semanas 2. + *sing/pl vb* (*two people*) pareja *f;* (*married*) matrimonio *m*

coupon [ˈkuːpɒn, *Am:* -paːn] *n* 1.(*voucher*) vale *m* 2.(*return-slip of advert*) cupón *m*

courage [ˈkʌrɪdʒ] *n* coraje *m;* **to show great ~** mostrar gran valor

courageous [kəˈreɪdʒəs] *adj* valiente

courier [ˈkʊrɪə^r, *Am:* ˈkʊrɪə-] *n* 1.(*tour guide*) guía *mf* 2.(*delivers post*) mensajero, -a *m, f*

course [kɔːs, *Am:* kɔːrs] *n* curso *m;* **to be off ~** *a. fig* desviarse; SPORTS pista *f*; (*golf*) campo *m*

court [kɔːt, *Am:* kɔːrt] I. *n* 1.(*room for trials*) juzgado *m* 2.(*judicial body*) tribunal *m* 3.(*marked out area for playing*) cancha *f*; (*tennis*) pista *f* 4.(*sovereign*) corte *f* II. *vt* (*woman*) cortejar

courteous ['kɜːtɪəs, *Am:* 'kɜːrtɪ-] *adj* cortés

courtesy ['kɜːtəsɪ, *Am:* 'kɜːrtə-] <-ies> *n* gentileza *f*, cortesía *f*

courtroom ['kɔːtrʊm, *Am:* 'kɔːrt-ruːm] *n* sala *f* de tribunal **courtship** *n* noviazgo *m*, cortejo *m* **courtyard** *n* patio *m*

cousin ['kʌzn] *n* primo, -a *m*, *f*

cove [kəʊv, *Am:* koʊv] *n* cala *f*

covenant ['kʌvənənt, *Am:* -ænt] *n* contrato *m*

cover ['kʌvəʳ, *Am:* -ə-] I. *n* 1.(*top*) tapa *f* 2.(*outer sheet: of a book*) cubierta *f*; (*of a magazine*) portada *f* II. *vt* 1.(*hide: eyes, ears*) tapar; (*head*) cubrir 2.(*put over*) tapar 3.(*keep warm*) abrigar 4.(*deal with*) contemplar

◆ **cover up** I. *vt* (*protect*) cubrir II. *vi* to ~ **for sb** encubrir a alguien

coverage ['kʌvərɪdʒ] *n no pl* cobertura *f*

covered *adj* cubierto

covering *n* capa *f*

cow [kaʊ] *n* vaca *f*

coward ['kaʊəd, *Am:* 'kaʊə-d] *n* cobarde *mf*

cowardice ['kaʊədɪs, *Am:* 'kaʊə-] *n no pl* cobardía *f*

cowardly ['kaʊədlɪ, *Am:* 'kaʊə-d-] *adj* cobarde

cowboy ['kaʊbɔɪ] *n* vaquero *m*, cowboy *m*, tropero *m Arg*

cox ['kɒksn, *Am:* 'kɑːk-] <-es> *n*, **coxswain** *n form* timonel *mf*

coy [kɔɪ, *Am:* -ə-] <-er, -est> *adj* coqueto

coyote [kɔɪ'əʊt, *Am:* kaɪ'oʊtɪ] *n* coyote *m*

cozy ['kəʊzɪ, *Am:* 'koʊ-] *adj Am* cómodo

CP *n abbr of* **Communist Party** PC *m*

crab [kræb] *n* cangrejo *m*, jaiba *f*

AmL

crack [kræk] I. *n* 1.(*fissure*) grieta *f* 2.(*sharp sound*) estallido *m* 3. *inf* (*drug*) crack *m* II. *adj* de primera III. *vt* 1.(*break*) romper 2.(*resolve*) resolver IV. *vi* romperse; (*paint-work*) agrietarse

◆ **crack down** *vi* to ~ **on sb/sth** tomar medidas enérgicas contra alguien/algo

crackdown ['krækdaʊn] *n* ofensiva *f*

cracked [krækt] *adj* agrietado; (*crazy*) chiflado

cracker ['krækəʳ, *Am:* -ə-] *n* 1.(*dry biscuit*) galleta *f* 2. *Brit* (*device*) sorpresa *f*

crackle ['krækl] I. *vi* (*of paper*) crujir; (*telephone line*) hacer ruido II. *vt* hacer crujir III. *n* (*of paper*) crujido *m*; (*of a telephone line*) ruido *m*

cradle ['kreɪdl] *n* (*baby's bed*) cuna *f*; **from the ~ to the grave** durante toda la vida

craft [krɑːft, *Am:* kræft] *n* 1.(*means of transport*) nave *f* 2. *no pl* (*special skill*) arte *m*

craftiness *n no pl* astucia *f*

craftsman ['krɑːftsmən, *Am:* 'kræfts-] <-men> *n* artesano *m*

crafty ['krɑːftɪ, *Am:* 'kræf-] <-ier, -iest> *adj* astuto

crag [kræg] *n* peñasco *m*

cram [kræm] <-mm-> I. *vt* meter; to ~ **sth with** llenar algo de II. *vi* memorizar

cramp [kræmp] *n Brit, Aus* calambre *m*

cranberry ['krænbərɪ, *Am:* -ˌber-] <-ies> *n* arándano *m*

crane [kreɪn] *n* 1.(*vehicle for lifting*) grúa *f* 2. zool grulla *f*

crap [kræp] *n vulg* 1.(*excrement*) mierda *f* 2.(*nonsense*) estupidez *f*

crash [kræʃ] I. *n* <-es> 1.(*accident*) accidente *m*; (*of a car*) choque *m* 2.(*noise*) estrépito *m* II. *vi* 1.(*have an accident*) chocar; (*plane*) estrellarse 2.(*make loud noise*) retumbar III. *vt* chocar

crass [kræs] *adj* grosero

crate [kreɪt] *n* cajón *m*

crater ['kreɪtəʳ, *Am:* -t̬ɚ] *n* cráter *m*

crave [kreɪv] *vt* ansiar

craving ['kreɪvɪŋ] *n* ansia *f*

crawl [krɔːl, *Am:* krɑːl] *vi* gatear

crayon ['kreɪən, *Am:* -ɑːn] *n* lápiz *m* de color

craze [kreɪz] *n* manía *f*

craziness ['kreɪzɪnɪs] *n no pl* locura *f*

crazy ['kreɪzi] <-ier, -iest> *adj* loco, tarado *AmL;* **to go ~** volverse loco

creak [kriːk] I. *vi* chirriar II. *n* chirrido *m*

cream [kriːm] *n* 1. *no pl* (*milk fat*) nata *f;* **single ~** *Brit* crema *f* de leche; **double ~** *Brit* nata *f* para montar 2. (*cosmetic product*) crema *f*

cream cheese *n no pl* queso *m* para untar

creamy ['kriːmɪ] <-ier, -iest> *adj* 1. (*smooth*) cremoso 2. (*off-white*) de color hueso

crease [kriːs] I. *n* (*fold*) arruga *f;* (*hat*) pliegue *m* II. *vt* arrugar

create [kriː'eɪt] *vt* crear

creation [kriː'eɪʃn] *n* creación *f*

creative [kriː'eɪtɪv, *Am:* -t̬ɪv] *adj* creativo

creator [kriː'eɪtəʳ, *Am:* -t̬ɚ] *n* creador(a) *m(f)*

creature ['kriːtʃəʳ, *Am:* -tʃɚ] *n* criatura *f*

creche [kreɪʃ] *n Brit, Aus* guardería *f*

credentials [krɪ'denʃlz] *npl* credenciales *fpl*

credibility [ˌkredɪ'bɪləti, *Am:* -ə'bɪləti] *n no pl* credibilidad *f*

credible ['kredəbl] *adj* verosímil

credit ['kredɪt] *n* 1. (*honour*) honor *m;* (*recognition*) mérito *m;* **to be a ~ to sb** ser un orgullo [*o* honor] para alguien 2. FIN crédito *m;* **to buy sth on ~** comprar algo a plazos 3. *pl* CINE títulos *mpl* de crédito

credit card *n* tarjeta *f* de crédito

creditor ['kredɪtəʳ, *Am:* -t̬ɚ] *n* acreedor(a) *m(f)*

creed [kriːd] *n* credo *m;* **the Creed** el Credo

creek [kriːk] *n* 1. *Brit* (*narrow bay*) cala *f* 2. *Am, Aus* (*stream*) riachuelo *m*

creep [kriːp] I. <crept, crept> *vi* 1. (*crawl*) arrastrarse 2. (*move imperceptibly*) deslizarse II. *n* 1. *inf* (*sycophant*) pelotillero, -a *m, f,* lambiscón, -ona *m, f Méx,* lambón, -ona *m, f Col* 2. (*pervert*) pervertido, -a *m, f*

crepe [kreɪp] *n* GASTR crepé *f,* crêpe *f*

crept [krept] *pt, pp of* **creep**

crescent ['kresnt] *n* media luna *f*

crest [krest] *n* cresta *f*

Crete [kriːt] *n* Creta *f*

crew [kruː] *n + sing/pl vb* NAUT, AVIAT tripulación *f;* **ground/flight ~** personal de tierra/de vuelo

crib [krɪb] I. *n* 1. *Am, Brit* (*baby's bed*) cuna *f* 2. (*nativity scene*) belén *m* 3. *inf* SCHOOL chuleta *f,* acordeón *m Méx,* machete *m RíoPl* II. <-bb-> *vi inf* SCHOOL copiar; **to ~ from sb** copiar de alguien

cricket¹ ['krɪkɪt] *n no pl* SPORTS cricket *m*

cricket² ['krɪkɪt] *n* grillo *m,* siripita *f Bol*

crime [kraɪm] *n* 1. (*illegal act*) delito *m;* (*more serious*) crimen *m;* **a ~ against humanity** un crimen contra la humanidad 2. (*criminal activity*) delincuencia *f;* **~ rate** índice *m* de criminalidad

criminal ['krɪmɪnl] I. *n* (*offender*) delincuente *mf;* (*more serious*) criminal *mf* II. *adj* (*illegal*) delictivo; (*more serious*) criminal

crimson ['krɪmzn] *adj* (*colour*) carmesí; **to blush ~** ponerse como un tomate

cripple ['krɪpl] I. *n* lisiado, -a *m, f* II. *vt* lisiar

crippling *adj fig* terrible

crisis ['kraɪsɪs] <crises> *n* crisis *f inv;* **to go through a ~** atravesar una crisis

crisp [krɪsp] I. <-er, -est> *adj* 1. (*snow, bacon*) crujiente 2. (*apple, lettuce*) fresco 3. (*sharp*) nítido II. *n Brit pl* (*thin fried potatoes*) patatas *fpl* de churrero, papas *fpl* fritas *AmL*

criterion [kraɪ'tɪəriən, *Am:* -'tɪrɪ-] <-ria> *n* criterio *m*

critic ['krɪtɪk, *Am:* 'krɪt̮-] *n* crítico, -a *m, f*

critical ['krɪtɪkl, *Am:* 'krɪt̮-] *adj* crítico

criticism ['krɪtɪsɪzəm, *Am:* 'krɪt̮-] *n* crítica *f;* **to take** ~ admitir la crítica

criticize ['krɪtɪsaɪz, *Am:* 'krɪt̮-] *vt, vi* criticar

croak [krəʊk, *Am:* krəʊk] **I.** *vi* (*crow*) graznar; (*frog*) croar **II.** *vt* decir con voz ronca **III.** *n* (*crow*) graznido *m;* (*frog*) croar *m*

Croat ['krəʊæt, *Am:* 'krəʊ-] *n* croata *mf*

Croatia [krəʊ'eɪʃɪə, *Am:* krəʊ-] *n* Croacia *f*

Croatian [krəʊ'eɪʃɪən, *Am:* krəʊ-] *adj* croata

crockery ['krɒkəri, *Am:* 'krɑ:kɚ-] *n no pl* vajilla *f*

crocodile ['krɒkədaɪl, *Am:* 'krɑ:-kə-] <-(s)> *n* cocodrilo *m*

crook [krʊk] *n* **1.** (*criminal*) delincuente *mf* **2.** (*staff: of shepherd*) cayado *m*

crooked ['krʊkɪd] *adj* **1.** (*not straight*) torcido **2.** *inf* (*dishonest*) deshonesto

crop [krɒp, *Am:* krɑ:p] *n* cultivo *m*
◆ **crop up** *vi* surgir

cross [krɒs, *Am:* krɑ:s] **I.** *vt* **1.** (*go across: road, threshold*) cruzar; (*desert, river, sea*) atravesar **2.** (*place crosswise*) **to** ~ **one's legs** cruzar las piernas **3.** BIO cruzar **4.** (*mark with a cross*) marcar con una cruz **II.** *vi* **1.** (*intersect*) cruzarse **2.** (*go across*) cruzar **III.** *n* **1.** *a.* REL cruz *f;* **the sign of the** ~ la señal de la cruz **2.** (*crossing: of streets, roads*) cruce *m* **3.** BIO cruce *m*, cruza *f AmL* **4.** (*mixture*) mezcla *f* **IV.** *adj* enfadado; **to be** ~ **about sth** estar enfadado por algo

crossbar *n* barra *f* transversal

cross-country *adj* a campo traviesa

crossing ['krɒsɪŋ, *Am:* 'krɑ:sɪŋ] *n* paso *m;* **level** ~ RAIL paso *m* a nivel; **border** ~ paso fronterizo; **pedestrian** ~ paso de peatones

crossroads *n inv* cruce *m* **cross-section** *n* sección *f* transversal **cross-**

word (**puzzle**) *n* crucigrama *m*

crotch [krɒtʃ, *Am:* krɑ:tʃ] <-es> *n* entrepierna *f*

crouch [kraʊtʃ] *vi* **to** ~ (**down**) agacharse; **to be** ~**ing** estar en cuclillas

crow [krəʊ, *Am:* krəʊ] *n* cuervo *m;* **as the** ~ **flies** *fig* en línea recta

crowd [kraʊd] **I.** *n* + *sing/pl vb* **1.** (*throng*) multitud *f;* **there was quite a** ~ había mucha gente **2.** (*masses*) masas *fpl;* **to stand out from the** ~ *fig* destacar(se) **II.** *vt* llenar; **to** ~ **the streets/a stadium** abarrotar las calles/un estadio

crowded *adj* lleno; ~ **together** amontonados; **the bar was** ~ había mucha gente en el bar

crown [kraʊn] **I.** *n* corona *f;* **the Crown** (*monarchy*) la Corona **II.** *vt* coronar; **to** ~ **sb queen** coronar reina a alguien

crucial ['kruʃl] *adj* (*decisive*) decisivo; (*moment*) crucial; **it is** ~ **that ...** es de vital importancia que... +*subj*

crucible ['kru:sɪbl] *n a. fig* crisol *m*

crucifix [ˌkru:sɪ'fɪks] <-es> *n* crucifijo *m*

crucifixion [ˌkru:sɪ'fɪkʃn] *n* crucifixión *f*

crucify ['kru:sɪfaɪ] <-ie-> *vt* crucificar

crude [kru:d] *adj* **1.** (*unrefined*) bruto; (*oil*) crudo **2.** (*vulgar*) basto

cruel [krʊəl] <-(l)ler, -(l)lest> *adj* cruel; **to be** ~ **to sb** ser cruel con alguien

cruelty ['krʊəltɪ, *Am:* -t̮ɪ] <-ies> *n* crueldad *f*

cruise [kru:z] **I.** *n* crucero *m;* ~ **ship** transatlántico *m;* **to go on a** ~ hacer un crucero **II.** *vi* hacer un crucero

cruiser ['kru:zəʳ, *Am:* -ɚ] *n* **1.** (*warship*) crucero *m* **2.** (*pleasure boat*) embarcación *f* de recreo

crumb [krʌm] *n* **1.** (*of bread*) miga *f* **2.** (*small amount*) pizca *f;* **a small** ~ **of ...** un poco de...

crumble ['krʌmbl] **I.** *vt* **1.** (*bread, biscuit*) desmigajar **2.** (*stone, cheese*) desmenuzar **II.** *vi* (*empire*) desmoronarse; (*plaster, stone*) desmenuzarse

crumple ['krʌmpl] *vt* arrugar

crunch [krʌntʃ] I. *vt* 1. (*in the mouth*) masticar (haciendo ruido) 2. (*grind*) hacer crujir II. *vi* crujir

crunchy ['krʌntʃi] *adj* crujiente

crusade [kru:'seɪd] *n* 1. REL, HIST cruzada *f* 2. *fig* campaña *f*; **a ~ for/against sth** una campaña a favor/en contra de algo

crush [krʌʃ] I. *vt* 1. (*compress*) aplastar; **to be ~ed to death** morir aplastado 2. (*grind*) machacar 3. (*shock severely*) abatir II. *vi* 1. (*clothes, paper*) arrugarse 2. (*people*) apretujarse III. <-es> *n* 1. *no pl* (*throng*) muchedumbre *f*; **there was a great ~** había una gran aglomeración 2. *inf* (*temporary infatuation*) enamoramiento *m*; **to have a ~ on sb** encapricharse de alguien

crushing I. *n* aplastamiento *m* II. *adj* aplastante

crust [krʌst] *n* 1. GASTR, BOT corteza *f*; (*dry bread*) mendrugo *m*; **~ of the Earth** GEO corteza terrestre 2. (*hard external layer*) capa *f*; **a ~ of ice/dirt** una capa de hielo/suciedad

crutch [krʌtʃ] <-es> *n* MED muleta *f*

cry [kraɪ] I. <-ie-> *vi* 1. (*weep*) llorar; **to ~ for joy** llorar de alegría 2. (*shout*) gritar; (*animal*) aullar; **to ~ for help** pedir ayuda a gritos II. <-ie-> *vt* gritar III. *n* 1. *no pl* (*weeping*) llanto *m*; **to have a ~** llorar 2. (*shout*) grito *m* 3. ZOOL aullido *m*

crypt [krɪpt] *n* cripta *f*

cryptic ['krɪptɪk] *adj* críptico

crystal ['krɪstl] I. *n* cristal *m* II. *adj* de cristal

cub [kʌb] *n* cachorro *m*

Cuba ['kju:bə] *n* Cuba *f*

Cuban ['kju:bən] *adj* cubano

cube [kju:b] *n* cubo *m*; **ice ~** cubito *m* de hielo

cubic ['kju:bɪk] *adj* cúbico

cubicle ['kju:bɪkl] *n* cubículo *m*

cuckoo ['kʊku:, *Am:* 'ku:ku:] *n* cuco *m*

cucumber ['kju:kʌmbər, *Am:* -bər] *n* pepino *m*; (**as**) **cool as a ~** *inf* más fresco que una lechuga

cuddle ['kʌdl] I. *vi* abrazarse II. *n* abrazo *m*; **to give sb a ~** abrazar a alguien

cuddly <-ier, -iest> *adj* mimoso; **~ toy** juguete *m* de peluche

cue [kju:] *n* 1. THEAT pie *m* 2. (*billiards*) taco *m*; **~ ball** bola *f* blanca

cuff [kʌf] I. *n* 1. (*end of sleeve*) puño *m* 2. (*slap*) cachete *m* II. *vt* (*slap playfully*) dar un cachete a

cuisine [kwɪ'zi:n] *n no pl* cocina *f*

cul-de-sac ['kʌldəsæk] <-s *o* culs-de-sac> *n a. fig* callejón *m* sin salida

culinary ['kʌlɪneri, *Am:* -əner-] *adj* culinario

culprit ['kʌlprɪt] *n* culpable *mf*

cult [kʌlt] *n* 1. (*worship*) culto *m*; **fitness ~** culto al cuerpo 2. (*sect*) secta *f*

cultivate ['kʌltɪveɪt, *Am:* -t̮ə-] *vt a. fig* cultivar

cultivated *adj* 1. AGR cultivado 2. (*person*) culto

cultivation [ˌkʌltɪ'veɪʃn, *Am:* -t̮ə-] *n no pl* 1. AGR cultivo *m*; **to be under ~** estar en cultivo 2. (*of a person*) cultura *f*

cultural ['kʌltʃərəl] *adj* cultural

culture ['kʌltʃər, *Am:* -tʃər] I. *n* 1. (*way of life*) cultura *f*; **enterprise ~** cultura de empresa 2. *no pl* (*arts*) cultura *f* 3. AGR cultivo *m* II. *vt* cultivar

cultured ['kʌltʃəd, *Am:* -tʃəd] *adj* 1. AGR cultivado 2. (*intellectual*) culto

cumbersome ['kʌmbəsəm] *adj* engorroso

cunning ['kʌnɪŋ] I. *adj* astuto II. *n no pl* astucia *f*

cunt [kʌnt] *n* 1. *vulg* coño *m* 2. *vulg* (*despicable person*) cabrón, -a *m, f*

cup [kʌp] *n* 1. (*container*) taza *f*; **egg ~** huevera *f* 2. (*trophy*) copa *f*; **the World Cup** la copa del mundo

cupboard ['kʌbəd, *Am:* -əd] *n* armario *m*; **built-in ~** armario empotrado

curator [kjʊə'reɪtər, *Am:* 'kjʊreɪt̮ər] *n* director(a) *m(f)* (*de museo o galería*)

curb [kɜ:b, *Am:* kɜ:rb] *vt* frenar

cure ['kjʊəʳ, *Am:* 'kjʊr] I. *vt* 1. MED, GASTR curar 2. (*leather*) curtir II. *vi* curar; (*meat, fish*) curarse III. *n* cura *f*

curfew ['kɜːfjuː, *Am:* 'kɜːr-] *n* (toque *m* de) queda *f*

curiosity [ˌkjʊəriˈɒsəti, *Am:* ˌkjʊrɪˈɑːsətɪ] <-ies> *n* curiosidad *f*

curious ['kjʊəriəs] *adj* curioso; **it is ~ that** es curioso que +*subj*

curl [kɜːl, *Am:* kɜːrl] I. *n* rizo m II. *vt* rizar; **to ~ oneself up** acurrucarse

curly ['kɜːli, *Am:* 'kɜːr-] <-ier, -iest> *adj* (*hair*) rizado

currant ['kʌrənt, *Am:* 'kɜːr-] *n* pasa *f* de Corinto

currency ['kʌrənsi, *Am:* 'kɜːr-] <-ies> *n* 1. FIN moneda *f*; **foreign ~** divisas *fpl* 2. *no pl* (*acceptance*) difusión *f*

current ['kʌrənt, *Am:* 'kɜːr-] I. *adj* actual II. *n a.* ELEC corriente *f*

currently *adv* 1. (*at present*) actualmente 2. (*commonly*) comúnmente

curry¹ ['kʌri, *Am:* 'kɜːr-] <-ies> *n* curry *m*

curry² *vt* **to ~ favour with sb** buscar el favor de alguien

curse [kɜːs, *Am:* kɜːrs] I. *vi* 1. (*swear*) soltar palabrotas 2. (*blaspheme*) blasfemar II. *vt* 1. (*swear at*) insultar 2. (*damn*) maldecir; **~ it!** ¡maldito sea! III. *n* 1. (*oath*) palabrota *f*; **to let out a ~** soltar un taco 2. (*evil spell*) maldición *f*; **to put a ~ on sb** echar una maldición a alguien

curtain ['kɜːtn, *Am:* 'kɜːrtn] *n* 1. *a. fig* cortina *f*; **to draw the ~s** correr las cortinas 2. THEAT telón *m*; **to raise/lower the ~** subir/bajar el telón

curve [kɜːv, *Am:* kɜːrv] I. *n a.* MAT curva *f* II. *vi* estar curvado; **to ~ round** (*path, road*) hacer una curva; **to ~ to the left** (*path*) torcer a mano izquierda

cushion ['kʊʃn] *n* cojín *m*

cushy ['kʊʃi] <-ier, -iest> *adj inf* fácil; **a ~ job** un chollo

custard ['kʌstəd, *Am:* -təd] *n no pl* GASTR ≈ natillas *fpl*

custody ['kʌstədi] *n no pl* 1. (*care*)

cuidado *m*; **in the ~ of sb** al cuidado de alguien 2. (*guardianship*) custodia *f*

custom ['kʌstəm] *n* 1. (*tradition*) costumbre *f* 2. *no pl* (*clientele*) clientela *f* 3. *pl* (*place*) aduana *f*

customary ['kʌstəməri, *Am:* -mer-] *adj* 1. (*traditional*) tradicional; **it is ~ to** +*infin* es costumbre +*infin* 2. (*usual*) habitual

customer ['kʌstəməʳ, *Am:* -məʳ] *n* cliente, -a *m, f*; **regular ~** cliente habitual

cut [kʌt] I. *n* 1. (*incision*) *a.* FASHION corte *m* 2. (*gash, wound*) herida *f*, cortada *f AmL* 3. (*decrease*) reducción *f*; **a ~ in staff** una reducción de plantilla II. *adj* cortado; (*glass, diamond*) tallado III. <cut, cut, -tt-> *vt* 1. (*make an incision*) cortar; **to have one's hair ~** cortarse el pelo 2. (*saw down: trees*) talar 3. (*decrease size, amount, length*) reducir 4. (*cease*) dejar de; **~ all this noise!** ¡basta ya de hacer ruido!

◆ **cut back** *vt* reducir; **to ~ (on) sth** hacer recortes en algo

◆ **cut down** I. *vt* 1. (*tree*) talar 2. (*reduce: production*) reducir; **to ~ expenses** recortar gastos II. *vi* **to ~ on sth** reducir el consumo de algo; **to ~ on smoking** fumar menos

◆ **cut in** *vi* (*interrupt*) **to ~ (on sb)** interrumpir a alguien

◆ **cut off** *vt* 1. (*sever*) *a.* ELEC, TEL cortar 2. (*amputate*) amputar 3. (*stop talking*) interrumpir 4. (*separate, isolate*) aislar; **to be ~ by the snow** estar incomunicado por la nieve

cute [kjuːt] *adj* mono *inf*

cutlery ['kʌtləri] *n no pl* cubiertos *fpl*

cutting ['kʌtɪŋ, *Am:* 'kʌt̬-] *n* 1. (*act*) corte *m* 2. (*piece*) recorte *m*

CV [ˌsiːˈviː] *n abbr of* **curriculum vitae** CV *m*

cybercafé ['saɪbəˌkæfeɪ] *n* cibercafé *m*

cybercash ['saɪbəˌkæʃ] *n no pl* dinero *m* electrónico

cybernaut [ˌsaɪbəˈnɔːt] *n* cibernauta *mf*

cyberspace *n no pl* ciberespacio *m*

cycle¹ ['saɪkl] **I.** *n* bicicleta *f* **II.** *vi* ir en bicicleta

cycle² ['saɪkl] *n* ciclo *m*

cyclic ['saɪklɪk] *adj*, **cyclical** ['saɪklɪkl] *adj* cíclico

cycling ['saɪklɪŋ] *n no pl* SPORTS ciclismo *m*

cyclist ['saɪklɪst] *n* SPORTS ciclista *mf*

cyclone ['saɪkləʊn, *Am:* -kloʊn] *n* METEO ciclón *m*

cylinder ['sɪlɪndər, *Am:* -də-] *n* cilindro *m*

cynic ['sɪnɪk] *n* cínico, -a *m, f*, valemadrista *mf Méx*

cynical ['sɪnɪkl] *adj* cínico

cynicism ['sɪnɪsɪzəm] *n no pl* cinismo *m*

Cypriot ['sɪpriət] *adj* chipriota

Cyprus ['saɪprəs] *n* GEO Chipre *m*

czar [zɑ:ʳ, *Am:* zɑ:r] *n Am* zar *m*

Czech [tʃek] *adj* checo

Czech Republic *n* República *f* Checa

D d

D, d [di:] *n* **1.** (*letter*) D, d *f*; **~ for David** *Brit*, **~ for dog** *Am* D de Dolores **2.** MUS re *m*

DA [ˌdiː'eɪ] *n Am abbr of* **District Attorney** fiscal *mf* del distrito

dab [dæb] <-bb-> *vt* tocar ligeramente

dabble ['dæbl] <-ling> *vi* **to ~ in sth** interesarse superficialmente por algo

dad ['dæd] *n inf* papá *m*

daddy ['dædi] *n childspeak, inf* papaíto *m*, tata *m AmL*

daffodil ['dæfədɪl] *n* narciso *m*

daft [dɑ:ft, *Am:* dæft] *adj Brit, inf* tonto; **to be ~ about sth** estar loco por algo

dagger ['dægəʳ, *Am:* -ə-] *n* puñal *m*; **to look ~s at sb** fulminar a alguien

con la mirada

dahlia ['deɪliə, *Am:* 'dæljə] *n* dalia *f*

? El **Dáil** es la cámara baja del **Oireachtas**, parlamento de la **Irish Republic**. Tiene 166 diputados, elegidos democráticamente para un mandato de cinco años. La cámara alta, el **Seanad** (senado), consta de 60 senadores, de los cuales 11 son nombrados por el **taoiseach** (primer ministro), 6 por las universidades irlandesas y otros 43 son nombrados de forma que todos los intereses profesionales, culturales y económicos estén representados.

daily ['deɪli] **I.** *adj* diario; **on a ~ basis** por días; **to earn one's ~ bread** *inf* ganarse el pan de cada día **II.** *adv* a diario; **twice ~** dos veces al día **III.** <-ies> *n* PUBL diario *m*

dainty ['deɪnti, *Am:* -t̬i] <-ier, -iest> *adj* delicado

dairy ['deəri, *Am:* 'deri] *n* **1.** (*shop*) lechería *f* **2.** *Am* (*farm*) vaquería *f*, tambo *m Arg*

dairy produce *n* productos *mpl* lácteos

dais ['deɪɪs] *n* ARCHIT tarima *f*

daisy ['deɪzi] <-ies> *n* margarita *f*; **to fell as fresh as a ~** sentirse tan fresco como una rosa

dally ['dæli] <-ie-> *vi* perder el tiempo; **to ~ over sth** perder el tiempo haciendo algo; **to ~ with sb** coquetear con alguien

dam [dæm] **I.** *n* presa *f* **II.** <-mm-> *vt* represar

damage ['dæmɪdʒ] **I.** *vt* (*building, object*) dañar; (*health, reputation*) perjudicar **II.** *n no pl* **1.** (*harm: to objects*) daño *m*; (*to pride, reputation*) perjuicio *m* **2.** *pl* LAW daños *mpl* y prejuicios

dame [deɪm] *n* **1.** *Brit* (*title*) dama *f* **2.** *Am, inf* (*woman*) tía *f*, tipa *f AmL*

damn [dæm] [dæm] *inf* **I.** *interj* mierda

II. *adj* maldito; **to be a ~ fool** ser tonto de remate **III.** *vt* **1.** (*curse*) maldecir **2.** REL condenar **IV.** *adv* **to be ~ lucky** tener una suerte increíble; **~ all** *Brit* absolutamente nada **V.** *n no pl* **I don't give a ~!** ¡me importa un comino!

damnation [dæm'neɪʃən] *n no pl a.* REL condenación *f*

damned *adj inf* maldito

damp [dæmp] **I.** *adj* húmedo **II.** *n no pl, Brit, Aus* humedad *f* **III.** *vt* humedecer

dampen ['dæmpən] *vt* humedecer; **to ~ sb's enthusiasm** apagar el entusiasmo de alguien

dampness *n no pl* humedad *f*

dance [dɑːnts, *Am:* dænts] **I.** <-cing> *vi, vt* bailar; **to go dancing** ir a bailar; **to ~ with joy** dar saltos de alegría **II.** *n* baile *m*

dance music *n no pl* música *f* de baile

dancer ['dɑːntsə', *Am:* 'dæntsə'] *n* bailarín, -ina *m, f*

dancing *n no pl* baile *m*

dandelion ['dændɪlaɪən, *Am:* -də-] *n* diente *m* de león

dandruff ['dændrʌf, *Am:* -drəf] *n no pl* caspa *f*

dandy ['dændi] **I.** <-ies> *n* dandi *m* **II.** <-ier, -iest> *adj Am* estupendo

Dane [deɪn] *n* danés, -esa *m, f*

danger ['deɪndʒə', *Am:* -dʒə'] *n* peligro *m*; **to be in ~** correr peligro

dangerous ['deɪndʒərəs] *adj* peligroso, riesgoso *AmL*

dangle ['dæŋgl] **I.** <-ling> *vi* colgar **II.** <-ling> *vt fig* **to ~ sth before sb** tentar a alguien con algo

Danish ['deɪnɪʃ] *adj* danés, -esa

dank [dæŋk] *adj* húmedo

Danube ['dænjuːb] *n* Danubio *m*

dapper ['dæpə', *Am:* -ə'] *adj* atildado

dare [deə', *Am:* der] <-ring> *vt* **1.** (*risk doing*) (**not**) **to ~ to do sth** (no) atreverse a hacer algo; **don't you ~!** ¡ni se te ocurra! **2.** (*challenge*) **to ~ sb** (**to do sth**) retar a alguien (a hacer algo) **3.** **I ~ say** me lo imagino

daring ['deərɪŋ, *Am:* 'derɪŋ] **I.** *adj* **1.** (*courageous*) temerario **2.** (*provocative: dress*) atrevido **II.** *n no pl* osadía *f*

dark [dɑːk, *Am:* dɑːrk] **I.** *adj* (*without light, black*) oscuro; (*complexion, hair*) moreno; *fig* sombrío; **~ chocolate** *Am, Aus* chocolate *m* sin leche; **to look on the ~ side of things** ver el lado malo de las cosas **II.** *n no pl* oscuridad *f*; **to be afraid of the ~** tener miedo de la oscuridad; **to do sth after ~** hacer algo después de que anochezca; **to keep sb in the ~ about sth** ocultar algo a alguien

Dark Ages *npl* HIST **the ~** la Alta Edad Media; *fig* la prehistoria

darken ['dɑːkən, *Am:* 'dɑːr-] *vi* oscurecerse; (*sky*) nublarse; *fig* ensombrecerse

darkness *n no pl* oscuridad *f*

darkroom *n* cámara *f* oscura

darling ['dɑːlɪŋ, *Am:* 'dɑːr-] *n* cariño *mf*

darn [dɑːn, *Am:* dɑːrn] *vt* zurcir

dart [dɑːt, *Am:* dɑːrt] **I.** *n* **1.** (*arrow*) dardo *m*; **to play ~s** jugar a los dardos **2.** (*movement*) **to make a ~ for sth** precipitarse hacia algo **II.** *vi* **to ~ for sth** precipitarse hacia algo

dash [dæʃ] **I.** <-es> *n* **1.** (*rush*) **to make a ~ for it** huir precipitadamente **2.** (*pinch*) poquito *m*; **a ~ of colour** una nota de color **3.** TYPO guión *m* **II.** *vi* precipitarse **III.** *vt* romper; (*hopes*) defraudar

dashboard *n* salpicadero *m*

dashing *adj* gallardo

DAT [dæt] *n abbr of* **digital audio tape** DAT *m*

data ['deɪtə, *Am:* 'deɪtə] *n + sing/ pl vb a.* INFOR datos *mpl*

database *n* base *f* de datos **data processing** *n no pl* procesamiento *m* de datos

date¹ [deɪt] **I.** *n* **1.** (*calendar day*) fecha *f*; **what ~ is it today?** ¿a qué fecha estamos?; **to be out of ~** estar pasado de moda **2.** (*appointment*) cita *f*; **to make a ~ with sb** quedar con alguien **3.** *Am, inf* (*person*) novio, -a *m, f* **II.** *vt* **1.** (*recognize age of*) fechar **2.** *Am, inf* (*have relationship with*) **to ~ sb** salir con alguien **III.** *vi* **to ~ back to** remontarse a

date² *n* (*fruit*) dátil *m;* (*tree*) palmera *f* datilera

dated ['deɪtɪd, *Am:* -t̬ɪd] *adj* anticuado

daub [dɔːb, *Am:* dɑːb] *vt* **to ~ sth with sth** manchar algo de algo

daughter ['dɔːtər, *Am:* 'dɑːt̬ɚ] *n* hija *f*

daughter-in-law <daughters-in-law> *n* nuera *f*

daunting [dɔːntɪŋ, *Am:* dɑːnt̬-] *adj* amedrentador

dawdle ['dɔːdl, *Am:* 'dɑː-] *vi* holgazanear

dawn [dɔːn, *Am:* dɑːn] **I.** *n* alba *f,* amanezca *f Méx; fig* nacimiento *m;* **at ~** al alba **II.** *vi* amanecer; *fig* nacer; **it ~ed on him that ...** cayó en la cuenta de que...

day [deɪ] *n* día *m;* (*working period*) jornada *f; ~* **after ~** día tras día; **~ by ~** día a día; **all ~** (**long**) todo el día; **any ~ now** cualquier día de estos; **by ~** de día; **from that ~ on**(**wards**) desde ese día, de aquí en adelante; **from one ~ to the next** de un día para otro; **two ~s ago** hace dos días; **the ~ before yesterday** anteayer; **the ~ after tomorrow** pasado mañana; **in the** (**good**) **old ~s** en los buenos tiempos; **in this ~ and age** en estos tiempos nuestros; **to have seen better ~s** haber conocido tiempos mejores; **to call it a ~** dejarlo para otro día; **~ in ~ out** un día sí y otro también

daybreak *n no pl* alba *m*

daydream I. *vi* soñar despierto **II.** *n* ensueño *m*

daylight *n no pl* luz *f* del día; **in broad ~** a plena luz del día; **to scare the living ~s out of sb** *inf* dar un susto de muerte a alguien

daytime *n* día *m;* **in the ~** de día

day-to-day *adj* cotidiano

daze [deɪz] **I.** *n* **to be in a ~** estar aturdido **II.** *vt* aturdir

dazzle ['dæzl] *vt* deslumbrar

dB *n abbr of* **decibel** dB

deacon ['diːkən] *n* diácono *m*

dead [ded] **I.** *adj a. fig* muerto; (*fire*) apagado; (*town*) desierto; (*numb*) dormido; **to be a ~ loss** ser un desastre total; **as ~ as a doornail** muerto y bien muerto; **she wouldn't be seen ~ wearing that** *inf* por nada del mundo se pondría eso **II.** *n* **the ~** los muertos; **in the ~ of night** en plena noche **III.** *adv inf* **to be ~ set on sth** estar completamente decidido a algo

deaden ['dedən] *vt* (*pain*) aliviar; (*noise*) amortiguar

dead-end *n* callejón *m* sin salida; **~ job** trabajo *m* sin porvenir

deadline *n* plazo *m* límite

deadlock *n* **to reach ~** llegar a un punto muerto

deadly ['dedli] <-ier, -iest> *adj* **1.** mortal **2.** *inf* (*very boring*) aburridísimo

Dead Sea *n* Mar *m* Muerto

deaf [def] **I.** *adj* sordo; **to go ~** volverse sordo; **to be ~ to sth** *fig* hacer oídos sordos a algo **II.** *npl* **the ~** los sordos

deafen ['defən] *vt* ensordecer

deafening *adj* ensordecedor

deaf-mute *n* sordomudo, -a *m, f*

deafness *n no pl* sordera *f*

deal¹ [diːl] *n no pl* (*large amount*) cantidad *f;* **a great ~** una gran cantidad; **a great ~ of effort** mucho esfuerzo

deal² **I.** *n* (*agreement*) pacto *m;* COM negocio *m;* (*of cards*) reparto *m;* **to do a ~** (**with sb**) hacer un trato (con alguien); **it's no big ~!** *fig, inf* ¡no es para tanto! **II.** <dealt, dealt> *vi* **to ~ in sth** comerciar con algo **III.** <dealt, dealt> *vt* (*cards*) repartir; **to ~ sb a blow** propinar un golpe a alguien

♦ **deal with** *vt* (*problem*) ocuparse de; (*person*) tratar con

dealer ['diːlər, *Am:* -lɚ] *n* **1.** COM negociante *mf;* **drug ~** traficante *mf* de drogas **2.** GAMES (*in cards*) mano *mf*

dealing ['diːlɪŋ] *n* COM comercio *m;*

to have ~s with sb *fig* tratar con alguien

dealt [delt] *pt, pp of* **deal**

dean [diːn] *n* **1.** UNIV decano, -a *m, f* **2.** REL deán

dear [dɪəʳ, *Am:* dɪr] **I.** *adj* **1.** (*much loved*) querido; (*in letters*) estimado **2.** (*expensive*) caro **II.** *interj inf* **oh ~!** ¡Dios mío!

dearly *adv* **1.** (*very*) mucho **2.** *fig* **he paid ~ for his success** su éxito le costó caro

dearth [dɜːθ, *Am:* dɜːrθ] *n no pl* escasez *f*

death [deθ] *n* muerte *f;* **to put sb to ~** matar a alguien; **to be at ~'s door** estar a las puertas de la muerte; **to be bored to ~ with sth** morirse de aburrimiento con algo

deathbed *n* lecho *m* de muerte **death certificate** *n* certificado *m* de defunción **death penalty** *n* pena *f* de muerte **death row** *n Am* corredor *m* de la muerte **death sentence** *n* pena *f* de muerte **death squad** *n* escuadrón *m* de la muerte

debacle [deɪˈbɑːkl, *Am:* dɪ-] *n* debacle *f*

debar [dɪˈbɑːʳ, *Am:* -ˈbɑːr] <-rr-> *vt* excluir

debase [dɪˈbeɪs] *vt* degradar

debatable [dɪˈbeɪtəbl, *Am:* dɪˈbeɪt̮ə-] *adj* discutible

debate [dɪˈbeɪt] **I.** *n no pl* debate *m* **II.** *vt, vi* debatir

debauchery [dɪˈbɔːtʃəri, *Am:* ˈbɑː-] *n no pl* vicio *m*

debenture [dɪˈbentʃəʳ, *Am:* -ˈbentʃɚ] *n Brit* FIN obligación *f*

debilitate [dɪˈbɪlɪteɪt] *vt* debilitar

debilitating [dɪˈbɪlɪteɪtɪŋ] *adj* debilitante

debility [dɪˈbɪləti, *Am:* dɪˈbɪlət̮i] *n no pl* debilidad *f*

debit [ˈdebɪt] *n* débito *m*

debris [ˈdeɪbriː, *Am:* dəˈbriː] *n no pl* escombros *mpl*

debt [det] *n* deuda *f;* **to be in ~** tener deudas

debtor [ˈdetəʳ, *Am:* ˈdet̮ɚ] *n* deudor(a) *m(f)*

debug [ˌdiːˈbʌg] <-gg-> *vt* INFOR de-

debunk [diːˈbʌŋk] *vt* desacreditar

debut [ˈdeɪbjuː, *Am:* -ˈ-] *n* debut *m;* **to make one's ~** debutar

decade [ˈdekeɪd] *n* década *f*

decadence [ˈdekədəns] *n no pl* decadencia *f*

decadent [ˈdekədənt] *adj* decadente

decaffeinated [ˌdiːˈkæfɪneɪtɪd] *adj* descafeinado

decanter [dɪˈkæntəʳ, *Am:* -t̮ɚ] *n* licorera *f*

decapitate [dɪˈkæpɪteɪt] *vt* decapitar

decathlon [dɪˈkæθlən, *Am:* -lɑːn] *n* decatlón *m*

decay [dɪˈkeɪ] **I.** *n no pl* (*of food*) descomposición *f;* (*dental*) caries *f inv* **II.** *vi* (*food*) pudrirse; (*building, intellect*) deteriorarse; (*teeth*) cariarse

deceased [dɪˈsiːst] *n* difunto, -a *m, f*

deceit [dɪˈsiːt] *n* engaño *m*, transa *f Méx*

deceitful [dɪˈsiːtfəl] *adj* engañoso

deceive [dɪˈsiːv] *vt* engañar; **to ~ oneself** engañarse a sí mismo

December [dɪˈsembəʳ, *Am:* -bɚ] *n* diciembre *m; s. a.* **April**

decency [ˈdiːsəntsi] *n* **1.** *no pl* (*respectability*) decencia *f* **2.** *pl* (*approved behaviour*) buenas costumbres *fpl*

decent [ˈdiːsənt] *adj* **1.** (*socially acceptable*) decente **2.** *inf* (*kind*) amable

decentralize [diːˈsentrəlaɪz] *vt* descentralizar

deception [dɪˈsepʃən] *n* engaño *m*

deceptive [dɪˈseptɪv] *adj* engañoso

decibel [ˈdesɪbel] *n* decibel(io) *m*

decide [dɪˈsaɪd] **I.** *vi* decidirse; **to ~ on sth** decidirse [*o* optar] por algo **II.** *vt* decidir

decided [dɪˈsaɪdɪd] *adj* (*person, manner*) decidido; (*improvement*) indudable

deciduous [dɪˈsɪdjʊəs, *Am:* -ˈsɪdʒʊ-] *adj* caducifolio

decimal [ˈdesɪml] *adj* decimal

decimate [ˈdesɪmeɪt] *vt* diezmar

decipher [dɪ'saɪfə', *Am:* -fɚ] *vt* descifrar

decision [dɪ'sɪʒən] *n* **1.** (*choice*) decisión *f*; **to make a ~** tomar una decisión **2.** LAW fallo *m* **3.** *no pl* (*resoluteness*) resolución *f*

decision-making process *n* proceso *m* decisorio

decisive [dɪ'saɪsɪv] *adj* decisivo

deck [dek] **I.** *n* **1.** (*of ship*) cubierta *f*; **to go below ~s** ir bajo cubierta; **to clear the ~s** *fig* prepararse para algo **2.** (*of bus*) piso *m* **3.** (*cards*) baraja *f* **II.** *vt* ~ **out** adornar

deckchair *n* tumbona *f*, reposera *f* Arg

declamatory [dɪ'klæmətəri, *Am:* dɪ'klæmətɔ:ri] *adj form* declamatorio

declaration [ˌdeklə'reɪʃən] *n* declaración *f*

declare [dɪ'kleə', *Am:* dɪ'kler] **I.** *vt* declarar; **to ~ war on sb** declarar la guerra a alguien **II.** *vi* declararse

decline [dɪ'klaɪn] **I.** *vi* **1.** (*price*) bajar; (*power, influence*) disminuir; (*civilization*) decaer **2.** (*refuse*) rehusar **II.** *n no pl* **1.** (*of price, power*) disminución *f*; (*of civilization*) decadencia *f*; **to be in ~** estar en declive **2.** MED debilitación *f* **III.** *vt* rehusar

decode [ˌdi:'kəʊd, *Am:* -'koʊd] *vi, vt* descodificar

decompose [ˌdi:kəm'pəʊz, *Am:* -'poʊz] *vi* descomponerse

decontaminate [ˌdi:kən'tæmɪneɪt] *vt* descontaminar

decor ['deɪkɔ:', *Am:* 'deɪkɔ:r] *n* decorado *m*

decorate ['dekəreɪt] *vt* **1.** (*adorn*) decorar; (*paint*) pintar **2.** (*honour*) condecorar

decoration [ˌdekə'reɪʃən] *n* **1.** (*ornament*) adorno *m* **2.** (*medal*) condecoración *f*

decorative ['dekərətɪv, *Am:* -t̬ɪv] *adj* decorativo

decorator ['dekəreɪtə', *Am:* -t̬ɚ] *n* Brit (*painter*) pintor(a) *m(f)*

decorum [dɪ'kɔ:rəm] *n no pl* decoro *m*

decoy ['di:kɔɪ] *n a. fig* señuelo *m*

decrease [dɪ'kri:s, *Am:* 'di:kri:s] *vi* disminuir; (*prices*) bajar

decree [dɪ'kri:] **I.** *n* decreto *m* **II.** *vt* decretar

decrepit [dɪ'krepɪt] *adj* deteriorado

decriminalize [ˌdi:'krɪmɪnəlaɪz] *vt* despenalizar

decry [dɪ'kraɪ] *vt form* censurar

dedicate ['dedɪkeɪt] *vt* **to ~ oneself to sth** dedicarse a algo; **to ~ sth to sb** dedicar algo a alguien

dedicated *adj* dedicado

dedication [ˌdedɪ'keɪʃən] *n* **1.** (*devotion*) dedicación *f* **2.** (*inscription*) dedicatoria *f*

deduce [dɪ'dju:s, *Am:* dɪ'du:s] *vt*, **deduct** [dɪ'dʌkt] *vt* deducir

deductible *adj* deducible

deduction [dɪ'dʌkʃən] *n* deducción *f*

deed [di:d] *n* **1.** (*act*) acto *m*; (*feat*) hazaña *f* **2.** LAW escritura *f*

deem [di:m] *vt form* considerar

deep [di:p] *adj* **1.** (*not shallow*) profundo; **to take a ~ breath** respirar hondo; **to be in ~ thought** estar absorto en sus pensamientos; **~ red** rojo intenso **2.** (*regret, disappointment*) gran(de) **3.** (*sound*) grave

deepen ['di:pən] *vi, vt* **1.** (*make deeper*) hacer(se) más profundo **2.** (*increase*) aumentar

deep-fry *vt* freir (en aceite abundante)

deeply *adv* profundamente; (*breathe*) hondo

deep-rooted [ˌdi:p'ru:tɪd, *Am:* -t̬ɪd] *adj* profundamente arraigado

deep-seated *adj* profundamente arraigado

deer [dɪə', *Am:* dɪr] *n inv* ciervo *m*

deface [dɪ'feɪs] *vt* pintarrajear

defamatory [dɪ'fæmətəri, *Am:* -tɔ:ri] *adj* difamatorio

default [dɪ'fɔ:lt, *Am:* dɪ'fɑ:lt] **I.** *vi* FIN no pagar **II.** *n* **by ~** por defecto

defeat [dɪ'fi:t] **I.** *vt* derrotar **II.** *n* derrota *f*; **to admit ~** darse por vencido

defeatism *n* derrotismo *m*

defecate ['defəkeɪt] *vi form* defecar

defect¹ ['di:fekt] *n* defecto *m*

defect² [dɪ'fekt] *vi* huir

defection [dɪˈfekʃən] n defección f
defective [dɪˈfektɪv] adj defectuoso
defence [dɪˈfents] n Aus, Brit a. LAW, SPORTS defensa f; **to rush to sb's ~** acudir en defensa de alguien
defence minister n ministro, -a m, f de defensa
defend [dɪˈfend] vt a. LAW, SPORTS defender; **to ~ oneself (from sth)** defenderse (de algo)
defendant [dɪˈfendənt] n (in civil case) demandado, -a m, f; (in criminal case) acusado, -a m, f
defense [dɪˈfents] n Am s. **defence**
defensive [dɪˈfentsɪv] I. adj defensivo II. n **to be on the ~** estar a la defensiva
defer [dɪˈfɜːʳ, Am: dɪˈfɜːr] <-rr-> vt aplazar
deference [ˈdefərənts] n no pl deferencia f
deferential [ˌdefəˈrentʃəl] adj respetuoso
defiance [dɪˈfaɪənts] n no pl desafío m
defiant [dɪˈfaɪənt] adj rebelde; **to be in a ~ mood** mostrar una actitud desafiante
deficiency [dɪˈfɪʃəntsi] n escasez f
deficient [dɪˈfɪʃənt] adj deficiente
deficit [ˈdefɪsɪt] n déficit m
defile [dɪˈfaɪl] vt form profanar
define [dɪˈfaɪn] vt definir; (rights) formular; (characterize) caracterizar
definite [ˈdefɪnət] adj 1. (final) definitivo 2. (certain) seguro; (opinion) claro
definite article n artículo m determinado
definitely adv definitivamente
definition [ˌdefɪˈnɪʃən] n definición f
definitive [dɪˈfɪnətɪv, Am: -t̬ɪv] adj 1. (final) definitivo, rajante Arg 2. (best) de mayor autoridad
deflate [dɪˈfleɪt] vt desinflar; fig (hopes) frustrar
deflation [dɪˈfleɪʃən] n no pl ECON deflación f
deflect [dɪˈflekt] vt desviar
deforestation [diːˌfɒrɪˈsteɪʃən, Am: diːˌfɔːr-] n no pl deforestación f

deform [dɪˈfɔːm, Am: dɪˈfɔːrm] vt deformar; (person) desfigurar
deformation [ˌdiːfɔːˈmeɪʃən, Am: ˌdiːfɔːr-] n no pl deformación f; (of person) desfiguración f
deformed adj deformado
deformity [dɪˈfɔːməti, Am: dɪˈfɔːrmət̬i] n deformidad f
defraud [dɪˈfrɔːd, Am: dɪˈfrɑːd] vt estafar
defrost [ˌdiːˈfrɒst, Am: -ˈfrɑːst] vt deshelar; (fridge) descongelar
deft [deft] adj hábil
defunct [dɪˈfʌŋkt] adj difunto; (institution) extinto
defy [dɪˈfaɪ] vt 1. (challenge) desafiar 2. (resist) resistirse a; **it defies description** es indescriptible
degenerate¹ [dɪˈdʒenəreɪt] vi degenerar; (health) deteriorarse
degenerate² [dɪˈdʒenərət] adj degenerado
degeneration [dɪˌdʒenəˈreɪʃən] n no pl degeneración f
degrade [dɪˈgreɪd] vt degradar; **to ~ oneself** rebajarse
degree [dɪˈgriː] n 1. MAT, METEO grado m; **5 ~s below zero** 5 grados bajo cero 2. (amount) nivel m; **by ~s** gradualmente 3. UNIV título m; **to have a ~ in sth** ser licenciado en algo; **to do a ~ in chemistry** estudiar la carrera de química
dehydrated [ˌdiːhaɪˈdreɪtɪd] adj deshidratado; **to become ~** deshidratarse
dehydration [ˌdiːhaɪˈdreɪʃən] n no pl deshidratación f
deign [deɪn] vi **to ~ to do sth** dignarse a hacer algo
deity [ˈdeɪti, Am: ˈdiːət̬i] n deidad f
dejected [dɪˈdʒektɪd] adj desanimado
dejection [dɪˈdʒekʃən] n no pl desánimo m
delay [dɪˈleɪ] I. vt aplazar; **to be ~ed** retrasarse; **to ~ doing sth** posponer el momento de hacer algo II. vi **to ~ in doing sth** dejar algo para más tarde III. n retraso m; **without ~** sin dilación
delegate¹ [ˈdelɪgət] n delegado, -a

m, f

delegate² ['delɪgeɪt] *vt* delegar

delegation [,delɪ'geɪʃən] *n* delegación *f*

delete [dɪ'liːt] *vt* borrar; INFOR suprimir; (*file*) eliminar; **~ as appropriate** táchese lo que no corresponda

deliberate¹ [dɪ'lɪbərət] *adj* deliberado; (*movement*) pausado

deliberate² [dɪ'lɪbəreɪt] *vi* **to ~ on sth** reflexionar sobre algo

deliberately *adv* adrede

deliberation [dɪ,lɪbə'reɪʃən] *n* deliberación *f*; **after due ~** después de pensarlo bien

delicacy ['delɪkəsi] *n* **1.** *no pl* (*tact*) delicadeza *f* **2.** (*food*) manjar *m*

delicate ['delɪkət] *adj* delicado; (*fragile*) frágil; **to be in ~ health** estar delicado (de salud)

delicatessen [,delɪkə'tesən] *n* delicatessen *m*

delicious [dɪ'lɪʃəs] *adj* delicioso

delight [dɪ'laɪt] **I.** *n* placer *m*; **to take ~ in sth** disfrutar con algo **II.** *vt* deleitar
♦ **delight in** *vi* **to ~ doing sth** deleitarse haciendo algo

delightful [dɪ'laɪtfəl] *adj* delicioso; (*person*) encantador

delineate [dɪ'lɪnieɪt] *vt* delinear

delinquency [dɪ'lɪŋkwəntsi] *n* delincuencia *f*

delinquent [dɪ'lɪŋkwənt] *n* LAW delincuente *mf*

delirious [dɪ'lɪriəs] *adj* MED **to be ~** delirar; **to be ~ with joy** estar delirante de alegría

deliver [dɪ'lɪvər, *Am:* dɪ'lɪvɚ] *vt* entregar; (*to addressee*) repartir a domicilio; (*lecture*) dar; (*speech, verdict*) pronunciar; **to ~ a baby** asistir al parto de un niño; **to ~ the goods** *fig* cumplir lo prometido

delivery [dɪ'lɪvəri] *n* (*distribution*) reparto *m*; **to take ~ of sth** recibir algo

delta ['deltə, *Am:* -ţə] *n* delta *m*

delude [dɪ'luːd] *vt* engañar

deluge ['delju:dʒ] **I.** *n* diluvio *m*; (*of complaints*) aluvión *m* **II.** *vt* inundar

delusion [dɪ'luːʒən] *n* error *m*; **~s**

of grandeur megalomanía *f*

delve [delv] *vi* **to ~ into sth** ahondar en algo

demand [dɪ'maːnd, *Am:* dɪ'mænd] **I.** *vt* exigir; (*right*) reclamar; **to ~ that...** exigir que... *+subj* **II.** *n* **1.** (*request*) exigencia *f*; **by popular ~** a petición del público **2.** ECON demanda *f*

demanding [dɪ'maːndɪŋ, *Am:* dɪ'mæn-] *adj* exigente

demarcation [,diːmaː'keɪʃən, *Am:* -maːr'-] *n* demarcación *f*

demean [dɪ'miːn] *vt* **to ~ oneself** rebajarse

demeaning *adj* degradante

demeanor *n Am, Aus,* **demeanour** [dɪ'miːnər, *Am:* dɪ'miːnɚ] *n Brit, Aus no pl* (*behaviour*) conducta *f*; (*bearing*) porte *m*

demented [dɪ'mentɪd, *Am:* -'mentɪd] *adj inf* demente

demilitarize [,diː'mɪlɪtəraɪz, *Am:* -ţəraɪz] *vt* desmilitarizar

demise [dɪ'maɪz] *n no pl* deceso *m*; *fig* desaparición *f*

democracy [dɪ'mɒkrəsi, *Am:* dɪ'maː-] *n* democracia *f*

democrat ['deməkræt] *n* demócrata *mf*

democratic [,demə'krætɪk, *Am:* -'kræţ-] *adj* democrático

demolish [dɪ'mɒlɪʃ, *Am:* dɪ'maːlɪʃ] *vt* demoler

demolition [,demə'lɪʃən] *n* demolición *f*

demon ['diːmən] *n* demonio *m*

demonic [dɪ'mɒnɪk, *Am:* dɪ'maː-nɪk] *adj* diabólico

demonstrable [dɪ'mɒntstrəbl, *Am:* dɪ'maːnt-] *adj* demostrable

demonstrate ['demənstreɪt] **I.** *vt* (*show clearly*) mostrar; (*prove*) demostrar **II.** *vi* POL manifestarse

demonstration [,demən'streɪʃən] *n* demostración *f*; POL manifestación *f*

demonstrator ['demənstreɪtər, *Am:* -ţər] *n* **1.** COM demostrador(a) *m(f)* **2.** POL manifestante *mf*

demoralize [dɪ'mɒrəlaɪz, *Am:* -'mɔːr-] *vt* desmoralizar

demote [dɪ'məʊt, *Am:* -'moʊt] *vt*

bajar de categoría; MIL degradar

den [den] *n* 1. (*lair*) guarida *f* 2. *Am* (*small room*) estudio *m*

denial [dɪ'naɪəl] *n* negación *f*; **to issue a ~ of sth** desmentir algo

denigrate ['denɪgreɪt] *vt* denigrar

denim ['denɪm] *n no pl* tela *f* vaquera

Denmark ['denmɑːk, *Am:* 'denmɑːrk] *n* Dinamarca *f*

denomination [dɪˌnɒmɪ'neɪʃən, *Am:* -ˌnɑːmə-] *n* 1. REL confesión *f* 2. FIN denominación *f*

denominator [dɪ'nɒmɪneɪtəʳ, *Am:* -'nɑːməneɪtəʳ] *n* denominador *m*

denote [dɪ'nəʊt, *Am:* -'noʊt] *vt* denotar

denounce [dɪ'naʊnts] *vt* denunciar

dense [dents] *adj* 1. (*thick*) espeso; (*closely packed*) denso; (*compact*) compacto 2. *inf* (*stupid*) duro de mollera

densely *adv* densamente

density ['dentsɪti, *Am:* -səti] *n* densidad *f*

dent [dent] I. *n* abolladura *f* II. *vt* abollar

dental ['dentəl] *adj* dental

dentist ['dentɪst, *Am:* -t̬ɪst] *n* dentista *mf*

denunciation [dɪˌnʌntsi'eɪʃən] *n* denuncia *f*

deny [dɪ'naɪ] *vt* 1. (*declare untrue*) negar 2. (*refuse*) denegar; **to ~ oneself sth** privarse de algo

deodorant [di'əʊdərənt, *Am:* -'oʊ-] *n* desodorante *m*

depart [dɪ'pɑːt, *Am:* dɪ'pɑːrt] *vi* (*person*) partir; (*plane*) despegar; (*train*) salir

♦ **depart from** *vi* desviarse de

department [dɪ'pɑːtmənt, *Am:* dɪ'pɑːrt-] *n* (*of organization*) departamento *m*; (*of shop*) sección *f*; ADMIN, POL ministerio *m*

departmental [ˌdiːpɑː't'mentəl, *Am:* -pɑːrt'ment̬əl] *adj* departamental

department store *n* grandes almacenes *mpl*, tienda *f* por departamentos *AmS*

departure [dɪ'pɑːtʃəʳ, *Am:* dɪ'pɑːr-

tʃəʳ] *n* 1. (*act of leaving*) partida *f* form; (*of vehicle*) salida *f*; (*of plane*) despegue *m* 2. (*deviation*) desviación *f*

depend [dɪ'pend] *vi* **to ~ on sb** (*trust*) confiar en alguien; **to ~ on sth** (*be determined by*) depender de algo; **~ing on the weather...** según el tiempo que haga...

dependable [dɪ'pendəbl] *adj* (*thing*) seguro; (*person*) serio

dependant [dɪ'pendənt] *n* familiar *m* dependiente

dependence [dɪ'pendənts] *n no pl* dependencia *f*

dependency *n* 1. *no pl* (*overreliance*) dependencia *f* 2. POL posesión *f*

dependent [dɪ'pendənt] I. *adj* **to be ~ on sth** depender de algo II. *n Am s.* **dependant**

depict [dɪ'pɪkt] *vt* representar

depiction [dɪ'pɪkʃən] *n* representación *f*

deplete [dɪ'pliːt] *vt* reducir

depleted *adj* agotado

depletion [dɪ'pliːʃən] *n* agotamiento *m*

deplorable [dɪ'plɔːrəbl] *adj* deplorable

deplore [dɪ'plɔːʳ, *Am:* -'plɔːr] *vt* deplorar

deploy [dɪ'plɔɪ] *vt* desplegar

deployment [dɪ'plɔɪmənt] *n no pl* despliegue *m*

deport [dɪ'pɔːt, *Am:* dɪ'pɔːrt] *vt* deportar

deportation [ˌdiːpɔː'teɪʃən, *Am:* -pɔːr'-] *n* deportación *f*

depose [dɪ'pəʊz, *Am:* dɪ'poʊz] *vt* destituir

deposit [dɪ'pɒzɪt, *Am:* dɪ'pɑːzɪt] I. *vt* depositar; FIN ingresar II. *n* 1. (*sediment*) sedimento *m* 2. (*payment*) depósito *m*; **to leave sth as a ~** dejar algo en garantía

depot ['depəʊ, *Am:* 'diːpoʊ] *n* (*storehouse*) almacén *m*; *Brit* (*for vehicles*) cochera *f*

depraved *adj* depravado

depravity [dɪ'prævəti, *Am:* dɪ'prævət̬i] *n no pl* depravación *f*

depreciate [dɪ'priːʃieɪt] *vi* depreciarse

depreciation [dɪ,priːʃi'eɪʃən] *n no pl* depreciación *f*

depress [dɪ'pres] *vt* **1.** (*sadden*) deprimir; **it ~es me that ...** me deprime que... +*subj* **2.** (*reduce activity*) disminuir

depressed *adj* deprimido, apolismado *Méx, Ven;* **to feel ~** sentirse abatido

depressing [dɪ'presɪŋ] *adj* deprimente

depression [dɪ'preʃən] *n a.* METEO, FIN depresión *f*

deprivation [,deprɪ'veɪʃən] *n* privación *f*

deprive [dɪ'praɪv] *vt* **to ~ sb of sth** privar a alguien de algo

deprived *adj* desvalido

depth [depθ] *n* profundidad *f*; (*intensity*) intensidad *f*; **to get out of one's ~** *fig* perder pie; **in ~** *fig* en detalle

deputize ['depjətaɪz] *vi* **to ~ for sb** suplir a alguien

deputy ['depjəti, *Am:* -ţi] *n* delegado, -a *m, f*; **~ manager** subdirector(a) *m(f)*

derail [dɪ'reɪl] *vt* hacer descarrilar

deranged [dɪ'reɪndʒd] *adj* trastornado

deregulation [,dɪregjə'leɪʃən] *n no pl* deregulación *f*

derelict ['derəlɪkt] *adj* abandonado

deride [dɪ'raɪd] *vt* burlarse de

derision [dɪ'rɪʒən] *n no pl* burla *f*

derisory [dɪ'raɪsəri] *adj* irrisorio

derivation [,derɪ'veɪʃən] *n* origen *m*

derivative [dɪ'rɪvətɪv, *Am:* dɪ'rɪvət̮ɪv] *n* derivado *m*

derive [dɪ'raɪv] **I.** *vt* **to ~ sth from sth** obtener algo de algo **II.** *vi* **to ~ from sth** derivar de algo

dermatitis [,dɜːmə'taɪtɪs, *Am:* ,dɜːrmə'taɪţəs] *n no pl* dermatitis *f inv*

dermatology [,dɜːmə'tɒlədʒi, *Am:* ,dɜːrmə'tɑːlə-] *n no pl* dermatología *f*

derogatory [dɪ'rɒgətəri, *Am:* dɪ-'rɑːgət̮ɔːri] *adj* desdeñoso

desalination [diː,sælɪ'neɪʃən] *n no pl* desalinización *f*

descend [dɪ'send] **I.** *vi* descender; **to ~ from sb** provenir de alguien **II.** *vt* descender

descendant [dɪ'sendənt] *n* descendiente *mf*

descent [dɪ'sent] *n* **1.** (*landing*) descenso *m* **2.** *no pl* (*ancestry*) origen *m*

describe [dɪ'skraɪb] *vt* describir

description [dɪ'skrɪpʃən] *n* descripción *f*; **to answer a ~** corresponder a una descripción; **of every ~** de todo tipo

descriptive [dɪ'skrɪptɪv] *adj* descriptivo

desecrate ['desɪkreɪt] *vt* profanar

desegregation [,diː'segrɪgeɪʃən, *Am:* diː,segrɪ'geɪʃən] *n no pl* desegregación *f*

desert[1] [dɪ'zɜːt, *Am:* -'zɜːrt] **I.** *vi* MIL desertar **II.** *vt* abandonar; MIL desertar de

desert[2] ['dezət, *Am:* -ət̮] *n* desierto *m*

deserted *adj* desierto

deserter *n* MIL desertor(a) *m(f)*

desertion [dɪ'zɜːʃən, *Am:* dɪ'zɜːr-] *n* MIL deserción *f*

deserts [dɪ'zɜːts, *Am:* dɪ'zɜːrts] *npl* **to get one's ~** tener su merecido

deserve [dɪ'zɜːv, *Am:* dɪ'zɜːrv] *vt* merecer

deserving *adj* meritorio

design [dɪ'zaɪn] **I.** *vt* diseñar **II.** *n* diseño *m*; (*pattern*) dibujo *m*; **to do sth by ~** hacer algo adrede

designate ['dezɪgneɪt] *vt* nombrar; **to ~ sb to do sth** designar a alguien para hacer algo

designation [,dezɪg'neɪʃən] *n* nombramiento *m*

designer [dɪ'zaɪnəʳ, *Am:* dɪ'zaɪnɚ] **I.** *n* diseñador(a) *m(f)* **II.** *adj* de marca

desirable [dɪ'zaɪərəbl, *Am:* dɪ'zaɪ-] *adj* **1.** (*necessary*) conveniente **2.** (*popular*) codiciado; (*sexually attractive*) deseable

desire [dɪ'zaɪəʳ, *Am:* dɪ'zaɪɚ] **I.** *vt*

desear **II.** n deseo m
desired adj deseado
desist [dɪ'sɪst] vi form desistir
desk [desk] n escritorio m; (counter) mostrador m
desktop computer n INFOR microordenador m de mesa **desktop publishing** n autoedición f
desolate ['desələt] adj desierto; **to feel** ~ sentirse desconsolado
desolation [,desə'leɪʃən] n no pl **1.** (barrenness) desolación f **2.** (sadness) aflicción f
despair [dɪ'speəʳ, Am: dɪ'sper] **I.** n no pl desesperación f; **to drive sb to** ~ desesperar a alguien **II.** vi **to** ~ **of sb** perder las esperanzas con alguien
despairing adj desesperado
desperate ['despərət] adj (person, solution) desesperado; (poverty) extremo; (situation) difícil; **to be in** ~ **need of help** tener necesidad extrema de ayuda; **to be** ~ **for sth** necesitar algo con suma urgencia
desperation [,despə'reɪʃən] n no pl desesperación f; **in** ~ a la desesperada; **to drive sb to** ~ desesperar a alguien
despicable [dɪ'spɪkəbl] adj despreciable
despise [dɪ'spaɪz] vt despreciar
despite [dɪ'spaɪt] prep a pesar de
despondent [dɪ'spɒndənt, Am: -'spɑːn-] adj desalentado
despotism ['despətɪzəm] n no pl despotismo m
dessert [dɪ'zɜːt, Am: -'zɜːrt] n postre m
destabilize [,diː'steɪbəlaɪz] vt desestabilizar
destination [,destɪ'neɪʃən] n destino m
destiny ['destɪni] n destino m
destitute ['destɪtjuːt, Am: -tuːt] adj necesitado
destitution [,destɪ'tjuːʃən, Am: -'tuː-] n no pl (poverty) miseria f
destroy [dɪ'strɔɪ] vt destruir; (animal) sacrificar
destroyer [dɪ'strɔɪəʳ, Am: dɪ'strɔɪəʳ] n NAUT destructora f
destruction [dɪ'strʌkʃən] n no pl

destrucción f
destructive [dɪ'strʌktɪv] adj destructivo
detach [dɪ'tætʃ] vt separar
detached adj (aloof) indiferente
detachment [dɪ'tætʃmənt] n **1.** no pl (disinterest) desinterés m **2.** (group of soldiers) destacamento m
detail ['diːteɪl, Am: dɪ'teɪl] **I.** n detalle m; (unimportant) minucia f; **in** ~ en detalle; **to go into** ~ entrar en detalles **II.** vt detallar; **to** ~ **sb to do sth** destacar a alguien para que haga algo
detailed adj detallado; (report) pormenorizado
detain [dɪ'teɪn] vt **1.** LAW detener **2.** (delay) retener
detainee [,diːteɪ'niː] n detenido, -a m, f
detect [dɪ'tekt] vt descubrir
detection [dɪ'tekʃən] n no pl descubrimiento m
detective [dɪ'tektɪv] n detective mf
detector [dɪ'tektəʳ, Am: -təʳ] n detector m
detention [dɪ'tenʃən] n **1.** LAW arresto m **2.** SCHOOL castigo f
deter [dɪ'tɜːʳ, Am: -'tɜːr] <-rr-> vt disuadir
detergent [dɪ'tɜːdʒənt, Am: -'tɜːr] n detergente m
deteriorate [dɪ'tɪərɪəreɪt, Am: -'tɪrɪ-] vi deteriorarse
deterioration [dɪ,tɪərɪə'reɪʃən, Am: -'tɪrɪ-] n no pl deterioro m
determinant [dɪ'tɜːmɪnənt, Am: -'tɜːr-] n determinante m
determinate [dɪ'tɜːmɪnət, Am: -'tɜːr-] adj determinado
determination [dɪ,tɜːmɪ'neɪʃən, Am: -,tɜːr-] n no pl resolución f
determine [dɪ'tɜːmɪn, Am: -'tɜːr-] vt determinar
determined [dɪ'tɜːmɪnd, Am: -'tɜːr-] adj decidido; **to be** ~ **to do sth** estar resuelto a hacer algo
deterrence [dɪ'terəns] n no pl disuasión f
deterrent [dɪ'terənt] n **to act as a** ~ **to sb** disuadir a alguien
detest [dɪ'test] vt detestar

detestable [dɪ'testəbl] *adj* detestable

detonate ['detəneɪt] **I.** *vi* detonar **II.** *vt* hacer detonar

detour ['diːtʊə', *Am:* 'diːtʊr] *n* desvío *m*; **to make a** ~ desviarse

detract [dɪ'trækt] *vi* **1.** (*devalue*) **to** ~ **from sth** quitar mérito a algo **2.** (*take away*) apartar

detractor [dɪ'træktə', *Am:* -tɚ] *n* detractor(a) *m(f)*

detriment ['detrɪmənt] *n no pl* **to the** ~ **of sth** en detrimento de algo; **without** ~ **to sth** sin perjuicio de algo

detrimental [ˌdetrɪ'mentəl, *Am:* -t̬l] *adj* nocivo

devaluation [ˌdiːvæljuˈeɪʃən] *n* devaluación *f*

devalue [ˌdiːˈvæljuː] *vt* devaluar

devastate ['devəsteɪt] *vt* devastar

devastating *adj* devastador; (*beauty*) arrollador; (*charm*) irresistible

devastation [ˌdevəˈsteɪʃən] *n no pl* devastación *f*

develop [dɪ'veləp] **I.** *vi* desarrollarse; **to** ~ **into sth** transformarse en algo **II.** *vt* **1.** (*expand*) desarrollar **2.** (*create*) crear **3.** PHOT revelar

developed *adj* desarrollado

developer [dɪ'veləpə', *Am:* -pɚ] *n* inmobiliaria *f*

developing *adj* de desarrollo

development [dɪ'veləpmənt] *n* **1.** (*process*) desarrollo *m* **2.** (*event*) acontecimiento *m* **3.** (*building*) construcción *f*

deviant ['diːviənt] *adj* desviado

deviate ['diːvieɪt] *vi* **to** ~ **from sth** desviarse de algo

deviation [ˌdiːvi'eɪʃən] *n* desviación *f*

device [dɪ'vaɪs] *n* dispositivo *m*; **to leave sb to their own** ~**s** abandonar a alguien a su suerte

devil ['devəl] *n* diablo *m*; **lucky** ~! ¡qué suerte!; **the poor** ~! ¡pobre diablo!; **between the** ~ **and the deep blue sea** entre la espada y la pared; **better the** ~ **you know** más vale malo conocido que bueno por conocer *prov*; **speak of the** ~ ha-

blando del rey de Roma, por la puerta asoma; **what the** ~ **...?** ¿qué diablos...?

devious ['diːviəs] *adj* insincero

devise [dɪ'vaɪz] *vt* idear

devoid [dɪ'vɔɪd] *adj* **to be** ~ **of sth** estar desprovisto de algo

devolution [ˌdiːvəˈluːʃən, *Am:* ˌdevəˈluː-] *n no pl* POL delegación *f*

devolve [dɪ'vɒlv, *Am:* dɪ'vɑːlv] *vt* delegar

devote [dɪ'vəʊt, *Am:* -'voʊt] *vt* dedicar; **to** ~ **oneself to sth** dedicarse a algo

devoted [dɪ'vəʊtɪd, *Am:* -'voʊt̬ɪd] *adj* dedicado; (*husband, mother*) devoto

devotee [ˌdevə'tiː, *Am:* -ə'tiː] *n* (*supporter*) partidario, -a *m, f*; (*admirer*) fanático, -a *m, f*

devotion [dɪ'vəʊʃən, *Am:* dɪ'voʊ-] *n no pl* (*loyalty*) lealtad *f*; (*affection*) afecto *m*

devour [dɪ'vaʊə', *Am:* dɪ'vaʊɚ] *vt* devorar; **to be** ~**ed by jealousy** estar consumido por los celos

devout [dɪ'vaʊt] *adj* devoto

dew [djuː, *Am:* duː] *n no pl* rocío *m*

diabetes [ˌdaɪəˈbiːtiːz, *Am:* -t̬əs] *n no pl* diabetes *f*

diabetic [ˌdaɪəˈbetɪk, *Am:* -ˈbet̬-] *adj* diabético, -a *m, f*

diabolical [ˌdaɪəˈbɒlɪk(əl), *Am:* -ˈbɑːlɪk-] *adj* diabólico

diagnose ['daɪəgnəʊz, *Am:* ˌdaɪəgˈnoʊs] *vt* diagnosticar

diagnosis [ˌdaɪəgˈnəʊsɪs, *Am:* -ˈnoʊ-] <-ses> *n* diagnóstico *m*

diagnostic [ˌdaɪəgˈnɒstɪk, *Am:* -ˈnɑːstɪk] *adj* diagnóstico

diagonal [daɪ'ægənl] *adj* diagonal

diagram ['daɪəgræm] *n* diagrama *m*; (*plan*) esquema *m*

dial ['daɪəl] **I.** *n* esfera *f* **II.** <*Brit:* -ll-, *Am:* -l-> *vt* marcar

dialect ['daɪəlekt] *n* dialecto *m*

dialectical [ˌdaɪə'lektɪkəl] *adj* dialéctico

dialog *n Am*, **dialogue** ['daɪəlɒg, *Am:* -lɑːg] *n* diálogo *m*

diameter [daɪ'æmɪtə', *Am:* -ət̬ɚ] *n* diámetro *m*

diamond ['daɪəmənd] n 1.(*precious stone*) diamante m; **a rough ~** *fig* un diamante en bruto 2.(*rhombus*) rombo m

diaper ['daɪəpəʳ, *Am:* -pɚ] n *Am* pañal m

diaphragm ['daɪəfræm] n diafragma m

diarrhea n, **diarrhoea** [ˌdaɪə'rɪə, *Am:* -'riːə] n no pl diarrea f

diary ['daɪəri] n (*journal*) diario m; (*planner*) agenda f

diatribe ['daɪətraɪb] n diatriba f

dice [daɪs] I. npl (*cubes*) dados mpl; **to roll the ~** echar los dados II. vt cortar en tacos

dichotomy [daɪ'kɒtəmi, *Am:* -'kɑː-tə-] n dicotomía f

dick [dɪk] n vulg (*penis*) polla f, pija f *AmL*, pajarito m *RíoPl*

dictate [dɪk'teɪt, *Am:* 'dɪkteɪt] I. vi **to ~ to sb** dictar a alguien II. vt imponer

dictator [dɪk'teɪtəʳ, *Am:* 'dɪkteɪtɚ] n dictador(a) m(f)

dictatorial [ˌdɪktə'tɔːriəl] adj dictatorial

dictatorship [dɪk'teɪtəʃɪp, *Am:* -tɚ-] n dictadura f

diction ['dɪkʃən] n no pl dicción f

dictionary ['dɪkʃənəri, *Am:* -eri] n diccionario m

did [dɪd] pt of **do**

didactic [dɪ'dæktɪk, *Am:* daɪ-] adj didáctico

die¹ [daɪ] n 1.dado m; **the ~ is cast** *fig* la suerte está echada 2.TECH molde m

die² <dying, died> vi (*cease to live*) morir; **the secret will ~ with her** se llevará el secreto a la tumba; **to ~ hard** persistir; **to be dying to do sth** tener muchas ganas de hacer algo
  ◆ **die away** vi desaparecer; (*sound*) apagarse
  ◆ **die off** vi, **die out** vi (*species*) extinguirse; (*customs*) desaparecer

diehard ['daɪhɑːd, *Am:* -hɑːrd] n intransigente mf

diesel ['diːzəl, *Am:* -səl] n no pl diesel m

diet ['daɪət] I. n dieta f; **to be on a ~** estar a dieta II. vi estar a dieta

dietary ['daɪətəri, *Am:* 'daɪətɚ-] adj (*food*) dietético; (*habit*) de alimentación

dietary fibre n fibra f dietética

differ ['dɪfəʳ, *Am:* -ɚ] vi 1.(*be unlike*) **to ~ from sth** ser distinto de algo 2.(*disagree*) no estar de acuerdo

difference ['dɪfərənts] n diferencia f; **to make a ~** importar; **to not make any ~** ser igual; **to pay the ~** pagar la diferencia

different ['dɪfərənt] adj diferente; **to be as ~ as chalk and cheese** *Brit, Aus,* **to be as ~ as night and day** *Am* ser la noche y el día

differentiate [ˌdɪfə'rentʃieɪt] vt distinguir

differentiation [ˌdɪfərəntʃi'eɪʃən] n diferenciación f

difficult ['dɪfɪkəlt] adj difícil

difficulty ['dɪfɪkəlti, *Am:* -ţi] <-ies> n dificultad f; **with ~** difícilmente; **to have ~ doing sth** tener problemas para hacer algo

diffident ['dɪfɪdənt] adj tímido

diffuse¹ [dɪ'fjuːz] vi, vt difundir(se)

diffuse² [dɪ'fjuːs] adj difuso

diffusion [dɪ'fjuːʒən] n no pl difusión f

dig [dɪg] I. n (*excavation*) excavación f; **to have a ~ at sb** *fig* meterse con alguien II. <-gg-, dug, dug> vt cavar; (*well, canal*) abrir
  ◆ **dig in** vi inf atacar
  ◆ **dig up** vt desenterrar; *fig* (*information*) descubrir

digest [daɪ'dʒest] vt digerir; *fig* (*information*) asimilar

digestion [daɪ'dʒestʃən] n digestión f

digestive [daɪ'dʒestɪv] adj digestivo

digger ['dɪgəʳ, *Am:* -ɚ] n excavadora f

digit ['dɪdʒɪt] n 1.(*number*) dígito m 2.(*finger, toe*) dedo m

digital ['dɪdʒɪtl, *Am:* -ţl] adj digital

dignified ['dɪgnɪfaɪd] adj (*person*) digno; (*occasion*) solemne

dignify ['dɪgnɪfaɪ] <-ie-> vt dignificar

dignitary ['dɪgnɪtəri, *Am:* -nəter-] <-ies> *n* dignatario, -a *m, f*

dignity ['dɪgnəti, *Am:* -ţi] *n no pl* dignidad *f;* **to be beneath sb's** ~ no ser digno de alguien

dike [daɪk] *n* dique *m*

dilapidated [dɪ'læpɪdeɪtɪd, *Am:* -ţɪd] *adj* derruido

dilate [daɪ'leɪt, *Am:* 'daɪleɪt] *vi* dilatarse

dilemma [dɪ'lemə, daɪ'lemə] *n* dilema *m;* **to be in a** ~ estar en un dilema

dilettante [ˌdɪlɪ'tænti, *Am:* -ə-'tɑːnt] *n* <-s *o* -ti> diletante *mf*

diligence ['dɪlɪdʒəns] *n no pl* diligencia *f*

diligent ['dɪlɪdʒənt] *adj* diligente

dill [dɪl] *n no pl* eneldo *m*

dilute [daɪ'ljuːt, *Am:* -'luːt] *vt* diluir

dim [dɪm] I.<-mm-> *vt* apagar II.<-mm-> *adj* 1.(*light*) tenue 2.(*stupid*) lerdo

dime [daɪm] *n* moneda *f* de diez centavos; **a** ~ **a dozen** *inf* del montón

dimension [ˌdaɪ'mentʃən, *Am:* dɪ-'mentʃən] *n* dimensión *f*

diminish [dɪ'mɪnɪʃ] *vi, vt* disminuir

diminutive [dɪ'mɪnjʊtɪv, *Am:* -jə-ţɪv] *n* diminutivo *m*

din [dɪn] *n no pl* estrépito *m*

dine [daɪn] *vi* cenar

diner ['daɪnər, *Am:* -nər] *n* 1.(*person*) comensal *mf* 2.*Am* (*restaurant*) restaurante *m* de carretera

dinghy ['dɪŋgi, *Am:* 'dɪŋi] *n* <-ies> bote *m*

dingy ['dɪndʒi] <-ier, -iest> *adj* deslustrado

dinner ['dɪnər, *Am:* -ər] *n* (*evening meal*) cena *f;* (*lunch*) almuerzo *m*

dinner jacket *n* esmoquin *m* **dinner party** *n* cena *f*

dinosaur ['daɪnəsɔːr, *Am:* -sɔːr] *n* dinosaurio *m*

diocese ['daɪəsɪs] *n* diócesis *f*

dioxide [daɪ'ɒksaɪd, *Am:* -'ɑːk-] *n no pl* dióxido *m*

dip [dɪp] I. *n* 1.(*sudden drop*) caída *f* 2.GASTR salsa *f* 3.(*brief swim*)

chapuzón *m* II. *vi* 1.(*drop down*) descender 2.(*slope down*) inclinarse III. *vt* sumergir

diploma [dɪ'pləʊmə, *Am:* -'ploʊ-] *n* diploma *m*

diplomacy [dɪ'pləʊməsi, *Am:* -'ploʊ-] *n no pl* diplomacia *f*

diplomat ['dɪpləmæt] *n* diplomático, -a *m, f*

diplomatic [ˌdɪplə'mætɪk, *Am:* -'mæţ-] *adj* diplomático

dire ['daɪər, *Am:* 'daɪər] *adj* horrendo

direct [dɪ'rekt] I. *vt* dirigir; (*command*) ordenar; **to** ~ **sth at sb** dirigir algo a alguien; **to** ~ **sb to a place** indicar a alguien el camino hacia un sitio II. *adj* directo; **the** ~ **opposite of sth** exactamente lo contrario de algo III. *adv* directamente

direction [dɪ'rekʃən] *n no pl* dirección *f;* **in the** ~ **of sth** en dirección a [*o* hacia] algo; **sense of** ~ sentido *m* de la orientación; **can you give me directions?** ¿me puedes indicar el camino?

directive [dɪ'rektɪv] *n* directriz *f,* directiva *f AmL*

directly [dɪ'rektli] *adv* 1.(*frankly*) directamente 2.(*immediately*) inmediatamente

director [dɪ'rektər, *Am:* dɪ'rektər] *n* (*manager*) director(a) *m(f);* (*board member*) miembro *m* del consejo

directory [dɪ'rektəri] *n* 1.(*book*) guía *f,* directorio *m Méx* 2.INFOR directorio *m*

dirt [dɜːt, *Am:* dɜːrt] *n no pl* 1.(*unclean substance*) suciedad *f;* **to treat sb like** ~ tratar a alguien como basura 2.(*soil*) tierra *f*

dirty ['dɜːti, *Am:* 'dɜːrţi] I. *n Brit, Aus* **to do the** ~ **on sb** hacer una mala pasada a alguien II. *vt* ensuciar III.<-ier, -iest> *adj* 1.(*unclean*) sucio, chancho *AmL;* **to do the** ~ **work** *fig* hacer el trabajo sucio 2.(*nasty*) bajo 3.(*lewd*) obsceno; (*joke*) verde

disability [ˌdɪsə'bɪləti, *Am:* -əţi] *n* discapacidad *f,* invalidez *f AmL*

disable [dɪ'seɪbl] *vt* incapacitar

disabled I. *npl* the ~ los discapacitados II. *adj* incapacitado

disabuse [ˌdɪsəˈbjuːz] *vt form* to ~ sb of sth desengañar a alguien de algo

disadvantage [ˌdɪsədˈvɑːntɪdʒ, *Am:* -ˈvæntɪdʒ] I. *n* desventaja *f*; to be at a ~ estar en desventaja II. *vt* perjudicar

disadvantaged *adj* desfavorecido

disaffected [ˌdɪsəˈfektɪd] *adj* desafecto

disagree [ˌdɪsəˈgriː] *vi* to ~ on sth no estar de acuerdo en algo; the answers ~ las respuestas no concuerdan; spicy food ~s with me la comida picante me sienta mal

disagreeable [ˌdɪsəˈgriːəbl] *adj* desagradable

disagreement [ˌdɪsəˈgriːmənt] *n no pl* desacuerdo *m*

disappear [ˌdɪsəˈpɪə', *Am:* -ˈpɪr] *vi* desaparecer; to ~ from sight desaparecer de la vista

disappearance [ˌdɪsəˈpɪərənts, *Am:* -ˈpɪr-] *n no pl* desaparición *f*

disappoint [ˌdɪsəˈpɔɪnt] *vt* decepcionar, enchilar *AmC*

disappointed *adj* decepcionado

disappointing *adj* decepcionante

disappointment [ˌdɪsəˈpɔɪntmənt] *n* decepción *f*

disapproval [ˌdɪsəˈpruːvəl] *n no pl* desaprobación *f*

disapprove [ˌdɪsəˈpruːv] *vi* desaprobar; to ~ of sth desaprobar algo

disarm [dɪsˈɑːm, *Am:* -ˈɑːrm] *vt* desarmar

disarmament [dɪsˈɑːməmənt, *Am:* -ɑːr-] *n no pl* desarme *m*

disarray [ˌdɪsəˈreɪ] *n no pl* desorden *m*

disaster [dɪˈzɑːstə', *Am:* dɪˈzæstə'] *n* desastre *m*

disastrous [dɪˈzɑːstrəs, *Am:* dɪˈzæstrəs] *adj* catastrófico

disbelief [ˌdɪsbɪˈliːf] *n no pl* incredulidad *f*

disbelieve [ˌdɪsbɪˈliːv] *vt* no creer

disc [dɪsk] *n* disco *m*

discard [dɪˈskɑːd, *Am:* -skɑːrd] *vt* desechar

discern [dɪˈsɜːn, *Am:* dɪˈsɜːrn] *vt* percibir

discernible [dɪˈsɜːnəbl, *Am:* dɪˈsɜːr-] *adj* perceptible

discerning [dɪˈsɜːnɪŋ, *Am:* dɪˈsɜːr-] *adj* perspicaz

discharge¹ [ˈdɪstʃɑːdʒ, *Am:* ˈdɪstʃɑːrdʒ] *n no pl* 1. (*release*) liberación *f* 2. (*emission*) emisión *f*; (*of liquid*) secreción *f*

discharge² [dɪsˈtʃɑːdʒ, *Am:* -ˈtʃɑːrdʒ] *vt* 1. MIL, COM despedir 2. (*let out*) emitir

disciple [dɪˈsaɪpl] *n* discípulo, -a *m, f*

disciplinary [ˌdɪsəˈplɪnəri, *Am:* ˈdisəplɪnər-] *adj* disciplinario

discipline [ˈdɪsəplɪn] I. *n* disciplina *f* II. *vt* 1. (*punish*) castigar 2. (*train*) disciplinar

disciplined *adj* disciplinado

disclaimer [dɪsˈkleɪmə', *Am:* -mə'] *n form* repudio *m*

disclose [dɪsˈkləʊz, *Am:* -ˈkloʊz] *vt* divulgar

disclosure [dɪsˈkləʊʒə', *Am:* -ˈkloʊʒə'] *n* divulgación *f*

disco [ˈdɪskəʊ, *Am:* -koʊ] *n* discoteca *f*

discomfort [dɪsˈkʌmfət, *Am:* -fət] *n* 1. *no pl* (*uneasiness*) malestar *m* 2. (*inconvenience*) molestia *f*

disconcert [ˌdɪskənˈsɜːt, *Am:* -ˈsɜːrt] *vt* desconcertar

disconnect [ˌdɪskəˈnekt] *vt* separar; (*phone*) desconectar; (*customer*) cortar el suministro a

discontent [ˌdɪskənˈtent] *n no pl* descontento *m*

discontented *adj* descontento

discontinue [ˌdɪskənˈtɪnjuː] *vt* suspender

discontinuity [ˌdɪsˌkɒntɪˈnjuːəti, *Am:* ˌdɪskɑːntənˈuːət̬i] <-ies> *n* discontinuidad *f*

discord [ˈdɪskɔːd, *Am:* -kɔːrd] *n* 1. *no pl* (*disagreement*) discordia *f* 2. (*noise*) discordancia *f*

discount¹ [ˈdɪskaʊnt] *n* descuento *m*; at a ~ con descuento

discount² [dɪˈskaʊnt] *vt* 1. COM descontar 2. (*disregard*) no hacer caso de

discourage [dɪ'skʌrɪdʒ, Am: -'skɜ:r-] vt desanimar; **to ~ sb from doing sth** disuadir a alguien de hacer algo

discouraging adj desalentador

discourse ['dɪskɔ:s, Am: -kɔ:rs] n discurso m

discover [dɪ'skʌvər, Am: -ə-] vt descubrir

discoverer n descubridor(a) m(f)

discovery [dɪ'skʌvəri] <-ies> n descubrimiento m

discredit [dɪ'skredɪt] vt desacreditar

discreet [dɪ'skri:t] adj discreto

discrepancy [dɪ'skrepəntsi] <-ies> n discrepancia f

discrete [dɪ'skri:t] adj separado

discretion [dɪ'skreʃən] n no pl discreción f

discriminate [dɪ'skrɪmɪneɪt] vi discernir; **to ~ against sb** discriminar a alguien

discrimination [dɪ,skrɪmɪ'neɪʃən] n no pl discriminación f

discriminatory [dɪ'skrɪmɪnətəri, Am: -tɔ:ri] adj discriminatorio

discursive [dɪ'skɜ:sɪv, Am: -'skɜ:r-] adj digresivo

discuss [dɪ'skʌs] vt discutir

discussion [dɪ'skʌʃən] n discusión f, argumento m AmL

disdain [dɪs'deɪn] n no pl desdén m

disease [dɪ'zi:z] n a. fig enfermedad f; **to catch a ~** contraer una enfermedad

diseased adj a. fig enfermo

disembark [,dɪsɪm'ba:k, Am: -'ba:rk] vi desembarcar

disenchanted adj desencantado

disengage [,dɪsɪn'geɪdʒ] vi, vt separar(se)

disfigure [dɪs'fɪɡər, Am: -jə-] vt desfigurar

disgrace [dɪs'greɪs] I. n no pl 1. (loss of honour) deshonra f 2. (thing, person) vergüenza f II. vt deshonrar

disgraceful [dɪs'greɪsfəl] adj vergonzoso

disgruntled [dɪs'ɡrʌntld, Am: -ţld] adj contrariado

disguise [dɪs'ɡaɪz] I. n disfraz m; **to be in ~** estar disfrazado II. vt disfrazar; **to ~ oneself as sth** disfrazarse de algo

disgust [dɪs'ɡʌst] I. n no pl 1. (repugnance) asco m 2. (indignation) indignación f II. vt 1. (sicken) dar asco a, chocar AmL 2. (revolt) indignar

disgusting [dɪs'ɡʌstɪŋ] adj 1. (repulsive) repugnante, chocante AmL 2. (unacceptable) indignante

dish [dɪʃ] <-es> n 1. (for food) plato m; **to do the ~es** fregar los platos 2. TV (antena f) parabólica f
♦ **dish out** vt, **dish up** vt servir

disharmony [dɪs'ha:məni, Am: -'ha:r-] n no pl falta f de armonía

dishcloth n trapo m de cocina, repasador m Arg, Urug

dishearten [dɪs'ha:tən, Am: -'ha:r-] vt descorazonar

disheveled adj Am, **dishevelled** [dɪ'ʃevəld] adj desaliñado

dishonest [dɪ'sɒnɪst, Am: -'sa:nɪst] adj deshonesto

dishonesty [dɪ'sɒnɪsti, Am: -'sa:nə-] n no pl falta f de honestidad

dishonor n Am, **dishonour** [dɪ'sa:nə-] n Aus, Brit no pl deshonor m

dishpan n Am escurreplatos m inv

dishsoap n Am lavavajillas m inv

dishwasher n (machine) lavavajillas m inv

disillusioned [,dɪsɪ'lu:ʒənd] adj **to be ~ with sth** estar desilusionado con algo; **to be ~ with sb** estar desilusionado de alguien

disinclined [,dɪsɪn'klaɪnd] adj **to be ~ to do sth** tener pocas ganas de hacer algo

disinfectant [,dɪsɪn'fektənt] n desinfectante m

disingenuous [,dɪsɪn'dʒenjuəs] adj insincero

disintegrate [dɪ'sɪntɪɡreɪt, Am: -ţə-] vi desintegrarse

disintegration [dɪ,sɪntɪ'ɡreɪʃən, Am: -ţə'-] n no pl desintegración f

disinterested [dɪˈsɪntrəstɪd, *Am:* -ˈsɪntrɪstɪd] *adj* **1.** (*impartial*) imparcial **2.** (*uninterested*) desinteresado

disk [dɪsk] *n* INFOR disco *m*

disk drive *n* disquetera *f*

diskette [dɪsˈkæt] *n* disquete *m*

dislike [dɪsˈlaɪk] **I.** *vt* tener aversión a **II.** *n no pl* aversión *f*; **to take a ~ to sb** tomar aversión a alguien

dislocate [ˈdɪsləkeɪt, *Am:* dɪsˈloʊ-] *vt* dislocar

dislodge [dɪsˈlɒdʒ, *Am:* -ˈslɑːdʒ] *vt* desalojar

dismal [ˈdɪzməl] *adj* **1.** (*depressing*) deprimente **2.** *inf* (*awful*) terrible

dismantle [dɪˈsmæntl, *Am:* dɪˈsmæntl̩] *vt* desmontar

dismay [dɪsˈmeɪ] **I.** *n no pl* consternación *f*; **to sb's** (**great**) ~ para (gran) consternación de alguien **II.** *vt* consternar

dismayed *adj* consternado

dismiss [dɪsˈmɪs] *vt* **1.** (*not consider*) descartar **2.** (*let go*) dejar ir; (*from job*) despedir

dismissal [dɪsˈmɪsəl] *n no pl* (*from job*) despido *m*

disobedience [ˌdɪsəʊˈbiːdiənts, *Am:* -ə'-] *n no pl* desobediencia *f*

disobedient [ˌdɪsəʊˈbiːdiənt, *Am:* -ə'-] *adj* desobediente

disobey [ˌdɪsəʊˈbeɪ, *Am:* -ə'-] *vi, vt* desobedecer

disorder [dɪsˈɔːdəʳ, *Am:* -ˈsɔːrdəʳ] *n* **1.** *no pl* (*lack of order*) desorden *m* **2.** MED trastorno *m*

disorderly [dɪsˈɔːdəli, *Am:* -ˈsɔːrdəʳ-] *adj* **1.** (*untidy*) desordenado **2.** (*unruly*) escandaloso

disorient [dɪsˈɔːriənt, *Am:* -ent] *vt Am*, **disorientate** [dɪsˈɔːriənteɪt] *vt* desorientar; **to get ~ed** desorientarse

disown [dɪsˈəʊn, *Am:* dɪˈsoʊn] *vt* repudiar

disparage [dɪsˈpærɪdʒ, *Am:* -ˈsper-] *vt* menospreciar

disparaging *adj* despreciativo

disparate [ˈdɪspərət] *adj* dispar

disparity [dɪsˈpærəti, *Am:* -ˈperəti] *n* disparidad *f*

dispassionate [dɪsˈpæʃənət] *adj* desapasionado

dispatch [dɪsˈpætʃ] *vt* despachar

dispel [dɪsˈpel] <-ll-> *vt* disipar

dispensary [dɪsˈpensəri] *n Brit* dispensario *m*

dispensation [ˌdɪspenˈseɪʃən] *n* **1.** (*permission*) dispensa *f* **2.** (*distribution*) administración *f*

dispense [dɪsˈpens] *vt* repartir; (*medicine*) administrar

♦**dispense with** *vt* prescindir de

disperse [dɪsˈpɜːs, *Am:* -ˈspɜːrs] *vi, vt* dispersar(se)

dispirited [dɪsˈpɪrɪtɪd, *Am:* -t̬ɪd] *adj* desanimado

displace [dɪsˈpleɪs] *vt* **1.** (*eject*) desplazar **2.** (*take the place of*) reemplazar

display [dɪsˈpleɪ] **I.** *vt* **1.** (*arrange*) exhibir **2.** (*show*) demostrar **II.** *n* **1.** (*arrangement*) exposición *f* **2.** *no pl* (*demonstration*) demostración *f*

displease [dɪsˈpliːz] *vt* disgustar

displeasure [dɪsˈpleʒəʳ, *Am:* -ə'] *n no pl* disgusto *m*

disposable [dɪsˈpəʊzəbl, *Am:* -ˈspoʊ-] *adj* desechable

disposal [dɪsˈpəʊzl, *Am:* dɪˈspoʊ-] *n* **to be at sb's** ~ estar a disposición de alguien

dispose [dɪsˈpəʊz, *Am:* -ˈspoʊz] *vi* **to** ~ **of sth** (*throw away*) desechar algo; (*get rid of*) deshacerse de algo

disposed *adj* **to be well** ~ **towards sb** estar bien dispuesto hacia alguien

disposition [ˌdɪspəˈzɪʃən] *n* disposición *f*

dispossess [ˌdɪspəˈzes] *vt* desposeer

disproportionate [ˌdɪsprəˈpɔːʃənət, *Am:* -ˈpɔːr-] *adj* desproporcionado

disprove [dɪsˈspruːv] *vt* refutar

dispute [dɪsˈspjuːt] **I.** *vt* (*argue*) discutir; (*doubt*) poner en duda **II.** *n* discusión *f*

disqualify [dɪsˈkwɒlɪfaɪ, *Am:* dɪˈskwɑːlə-] <-ie-> *vt* descalificar

disquiet [dɪsˈkwaɪət] *n no pl* inquietud *f*

disregard [ˌdɪsrɪˈgɑːd, *Am:* -rɪˈgɑːrd] **I.** *vt* desatender **II.** *n no pl*

D **d**

despreocupación *f*

disreputable [dɪs'repjətəbl, *Am:* -jəṭə-] *adj* de mala fama

disrespect [ˌdɪsrɪ'spekt] *n no pl* falta *f* de respeto

disrespectful [ˌdɪsrɪ'spektfəl] *adj* descortés

disrupt [dɪs'rʌpt] *vt* (*interrupt*) interrumpir; (*disturb*) trastornar

disruption [dɪs'rʌpʃən] *n* (*interruption*) interrupción *f*; (*disturbance*) perturbación *f*; *fig* (*disorder*) desorganización *f*

disruptive [dɪs'rʌptɪv] *adj* que trastorna

dissatisfaction [dɪsˌsætɪs'fækʃən, *Am:* ˌdɪssætəs'-] *n no pl* insatisfacción *f*

dissatisfied [dɪs'sætɪsfaɪd, *Am:* -'sæṭəs-] *adj* insatisfecho

dissect [dɪ'sekt] *vt* diseccionar; *fig* examinar

dissent [dɪ'sent] **I.** *n no pl* disidencia *f* **II.** *vi* disentir

dissertation [ˌdɪsə'teɪʃən, *Am:* -əˈ-] *n* UNIV tesis *f inv*

disservice [ˌdɪs'sɜːvɪs, *Am:* -'sɜːr-] *n no pl* perjuicio *m*; **to do sb a ~** perjudicar a alguien

dissident ['dɪsɪdənt] *n* disidente

dissimilar [ˌdɪs'sɪmɪlər, *Am:* -lə-] *adj* diferente, disímbolo *Méx*

dissipate ['dɪsɪpeɪt] *vi* disiparse

dissociate [dɪ'səʊʃieɪt, *Am:* -'soʊ-] *vt* **to ~ oneself from sb** disociarse de alguien

dissolution [ˌdɪsə'luːʃən] *n no pl* disolución *f*

dissolve [dɪ'zɒlv, *Am:* -'zɑːlv] **I.** *vi* **1.** CHEM disolverse **2.** *fig* deshacerse **II.** *vt* CHEM disolver

dissuade [dɪ'sweɪd] *vt* disuadir

distance ['dɪstəns] **I.** *n* distancia *f*; **to keep one's ~** guardar las distancias **II.** *vt* **to ~ oneself from sb** distanciarse de alguien

distant ['dɪstənt] *adj* (*far away*) distante; (*not closely related*) lejano

distaste [dɪ'steɪst] *n no pl* aversión *f*

distasteful [dɪ'steɪstfəl] *adj* desagradable

distil [dɪ'stɪl] <-ll-> *vt*, **distill** *vt Am*,

Aus destilar

distillery [dɪ'stɪləri] *n* destilería *f*

distinct [dɪ'stɪŋkt] *adj* **1.** (*separate*) distinto **2.** (*marked*) definido

distinction [dɪ'stɪŋkʃən] *n* distinción *f*

distinctive [dɪ'stɪŋktɪv] *adj* característico

distinguish [dɪ'stɪŋgwɪʃ] *vt* distinguir; **to ~ oneself in sth** destacar en algo

distinguished *adj* distinguido

distort [dɪ'stɔːt, *Am:* -'stɔːrt] *vt* torcer; (*facts, the truth*) tergiversar

distortion [dɪ'stɔːʃən, *Am:* -'stɔːr-] *n* (*of facts, the truth*) distorsión *f*

distract [dɪ'strækt] *vt* distraer

distraction [dɪ'strækʃən] *n* **1.** (*disturbing factor*) distracción *f* **2.** (*pastime*) entretenimiento *m*

distraught [dɪ'strɔːt, *Am:* -'strɑːt] *adj* turbado

distress [dɪ'stres] **I.** *n no pl* (*anguish*) congoja *f* **II.** *vt* afligir

distressed *adj* **1.** (*unhappy*) afligido **2.** (*in difficulties*) apurado

distressing *adj* angustioso

distribute [dɪ'strɪbjuːt] *vt* repartir

distribution [ˌdɪstrɪ'bjuːʃən] *n no pl* **1.** (*giving out*) reparto *m* **2.** (*spread*) distribución *f*

distributor [dɪ'strɪbjətər, *Am:* -ṭə-] *n* COM distribuidora *f*

district ['dɪstrɪkt] *n* (*defined area*) distrito *m*, intendencia *f CSur*; (*region*) región *f*

district attorney *n Am* fiscal *m* de distrito **district court** *n Am* tribunal *m* federal

distrust [dɪ'strʌst] **I.** *vt* desconfiar de **II.** *n no pl* desconfianza *f*

disturb [dɪ'stɜːb, *Am:* -'stɜːrb] *vt* (*bother*) molestar; (*worry*) preocupar

disturbance [dɪ'stɜːbənts, *Am:* -'stɜːr-] *n* **1.** (*bother*) molestia *f* **2.** (*public incident*) disturbio *m*

disturbing *adj* (*annoying*) molesto; (*worrying*) preocupante

disused [dɪ'sjuːzd] *adj* en desuso

ditch [dɪtʃ] **I.** <-es> *n* zanja *f*; (*road*) cuneta *f*; (*for defense*) foso *m* **II.** *vt*

1. (*discard*) abandonar **2.** *inf*(*end relationship*) cortar con

dive [daɪv] **I.** *n* (*jump into water*) salto *m* de cabeza; *fig* descenso *m* en picado; **to take a ~** *fig* caer en picado *fig* **II.** *vi* <dived *Am:* dove, dived *Am:* dove> (*plunge into water*) zambullirse; (*jump head first into water*) tirarse de cabeza; *fig* bajar en picado

diver ['daɪvəʳ, *Am:* -vɚ] *n* **1.** SPORTS buceador(a) *m(f)* **2.** (*worker*) buzo *m*

diverge [daɪ'vɜːdʒ, *Am:* -'vɜːrdʒ] *vi* divergir

divergence [daɪ'vɜːdʒəns, *Am:* dɪ'vɜːr-] *n no pl* divergencia *f*

divergent [daɪ'vɜːdʒənt, *Am:* dɪ-'vɜːr-] *adj* divergente

diverse [daɪ'vɜːs, *Am:* dɪ'vɜːrs] *adj* **1.** (*varied*) variado **2.** (*not alike*) diverso

diversification [daɪ,vɜːsɪfɪ'keɪʃən, *Am:* dɪ,vɜːr-] *n no pl* diversificación *f*

diversify [daɪ'vɜːsɪfaɪ, *Am:* dɪ,vɜːr-] <-ie-> *vi* diversificarse

diversion [daɪ'vɜːʃən, *Am:* dɪ'vɜːr-] *n no pl* desviación *f*; (*of railway, river*) desvío *m*

diversity [daɪ'vɜːsəti, *Am:* dɪ'vɜːr-səti] *n no pl* diversidad *f*

divert [daɪ'vɜːt, *Am:* dɪ'vɜːrt] *vt* **1.** (*change direction*) desviar **2.** (*distract*) distraer

divest [daɪ'vest, *Am:* dɪ-] *vt* despojar de

divide [dɪ'vaɪd] **I.** *n* separación *f* **II.** *vt* **1.** *a.* MAT dividir **2.** (*allot*) repartir **III.** *vi* dividirse; **~ and rule** divide y vencerás

dividend ['dɪvɪdend] *n* dividendo *m*

divine [dɪ'vaɪn] **I.** *adj a. fig* divino **II.** *vt* adivinar

diving *n no pl* buceo *m*

divinity [dɪ'vɪnəti, *Am:* -əti] <-ies> *n* **1.** *no pl* (*state*) divinidad *f* **2.** *pl* (*god*) deidad *f*

division [dɪ'vɪʒən] *n* **1.** *a.* MIL, MAT división *f* **2.** *no pl* (*splitting up*) reparto *m*

divorce [dɪ'vɔːs, *Am:* -'vɔːrs] **I.** *n* divorcio *m* **II.** *vt* **to get ~d from sb** divorciarse de alguien **III.** *vi* divorciarse

divulge [daɪ'vʌldʒ, *Am:* dɪ-] *vt* divulgar

DIY [,diːaɪ'waɪ] *abbr of* **do-it-yourself** bricolaje *m*

dizzy ['dɪzi] <-ier, -iest> *adj* mareado

DJ [,diː'dʒeɪ, *Am:* 'diː'dʒeɪ] *n abbr of* **disc jockey** DJ *m*

DNA [,diːen'eɪ] *n no pl abbr of* **deoxyribonucleic acid** ADN *m*

do [duː] **I.** *n Brit, Aus, inf*(*party*) fiesta *f* **II.** <does, did, done> *aux* **1.** (*to form questions*) **~ you own a dog?** ¿tienes un perro? **2.** (*to form negatives*) **Frida ~sn't like olives** a Frida no le gustan las aceitunas **3.** (*to form imperatives*) **~ come in!** ¡pero pasa, por favor! **4.** (*used for emphasis*) **he did – it** sí que lo hizo **5.** (*replaces a repeated verb*) **so ~ I** yo también; **neither ~ I** yo tampoco; **she speaks more fluently than he ~es** ella habla con mayor fluidez que él **6.** (*requesting affirmation*) ¿verdad?; **you ~n't want to answer, ~ you?** no quieres contestar, ¿verdad? **III.** <does, did, done> *vt* **1.** (*carry out*) hacer; **what on earth are you ~ing** (**there**)? ¿que diablos haces (ahí)?; **to ~ something for sb** hacer algo por alguien; **to ~ one's shoes** limpiar los zapatos; **to ~ one's teeth** lavarse los dientes **2.** (*act*) actuar; **to ~ as others ~** hacer como hacen los demás **3.** (*learn*) estudiar **4.** (*be satisfactory*) **I only have beer – will that ~ you?** sólo tengo cerveza – ¿te va bien **5.** (*cook*) cocer; **to ~ sth for sb** cocinar algo para alguien **IV.** <does, did, done> *vi* **this behaviour just won't ~!** ¡no se puede tolerar este comportamiento!; **how are you ~ing?** ¿qué tal estás?; **that will never ~** eso no sirve; **that will ~!** ¡ya basta!

◆ **do away with** *vt inf* liquidar

◆ **do in** *vt always sep* **to do sb in** acabar con alguien

◆ **do up** *vt* **1.** (*fasten: button*) abrochar; (*shoes*) atar **2.** (*restore*) renovar

◆ **do without** *vi* apañarse sin

docile ['dəʊsaɪl, *Am:* 'dɑːsəl] *adj* dócil

dock¹ [dɒk, *Am:* dɑːk] NAUT **I.** *n* muelle *m* **II.** *vi* atracar

dock² [dɒk, *Am:* dɑːk] *n no pl, Brit* LAW **to be in the** ~ estar en el banquillo

docker ['dɒkəʳ, *Am:* 'dɑːkɚ] *n* estibador *m*

dockyard ['dɒkjɑːd, *Am:* 'dɑːk-jɑːrd] *n* astillero *m*

doctor ['dɒktəʳ, *Am:* 'dɑːktɚ] **I.** *n* **1.** MED médico, -a *m, f*; **to go to the** ~**'s** ir al médico **2.** UNIV doctor(a) *m(f)* **II.** *vt* (*alter*) falsear

doctorate ['dɒktərət, *Am:* 'dɑːk-] *n* doctorado *m*

? El **doctorate** o **doctor's degree** en una disciplina es el título académico más alto que se puede obtener en una universidad. En las universidades anglosajonas los doctorados reciben diversas denominaciones según las materias. El doctorado más común es el **PhD**, también llamado **Dphil** (**Doctor of Philosophy**). Este título se concede tras la realización de una tesis doctoral en cualquier materia exceptuando Derecho y Medicina. Otros títulos de doctorado son: **Dmus** (**Doctor of Music**), **MD** (**Doctor of Medicine**), **LLD** (**Doctor of Laws**) y **DD** (**Doctor of Divinity**, Doctor en Teología). Las universidades también pueden conceder el título de doctor a aquellas personalidades de alto rango que han destacado por su contribución a la investigación científica, su trabajo o sus importantes publicaciones.

Este tipo de doctorado se denomina doctorado Honoris Causa. A esta modalidad pertenecen el **Dlitt** (**Doctor of Letters**) o el **DSc** (**Doctor of Science**).

doctrine ['dɒktrɪn, *Am:* 'dɑːk-] *n* doctrina *f*

document ['dɒkjʊmənt, *Am:* 'dɑːkjə-] **I.** *n* documento *m* **II.** *vt* documentar

documentary [ˌdɒkjʊ'mentəri, *Am:* ˌdɑːkjə'menţɚ-] <-ies> *n* documental *m*

documentation [ˌdɒkjʊmen'teɪ-ʃən, *Am:* ˌdɑːkjə-] *n no pl* documentación *f*

dodge [dɒdʒ, *Am:* dɑːdʒ] *vt* esquivar; (*question*) eludir; **to** ~ **doing sth** escaquearse de hacer algo

dodgy ['dɒdʒi, *Am:* 'dɑːdʒi] <-ier, -iest> *adj Brit, Aus, inf* (*person*) tramposo; (*situation*) delicado

doe [dəʊ, *Am:* dəʊ] *n* (*deer*) cierva *f*, venada *f AmL*

DoE *n Brit abbr of* **Department of the Environment** Departamento *m* de Medioambiente

does [dʌz] *vt, vi, aux 3rd pers sing of* **do**

dog [dɒg, *Am:* dɑːg] **I.** *n* perro, -a *m, f*; **the** (**dirty**) ~! *inf* ¡el muy canalla!; **a** ~**'s breakfast** *inf* un revoltijo; **to lead a** ~**'s life** llevar una vida de perros; **to go to the** ~**s** *inf* ir de capa caída **II.** <-gg-> *vt* acosar

dogged ['dɒgɪd, *Am:* 'dɑːgɪd] *adj* obstinado

dogma ['dɒgmə, *Am:* 'dɑːg-] *n* dogma *m*

dogmatic [dɒg'mætɪk, *Am:* dɑːg-'mæţ-] *adj* dogmático

doing ['duːɪŋ] *n no pl* **to be sb's** ~ ser asunto de alguien; **to take some** ~ requerir esfuerzo

doldrums ['dɒldrəmz, *Am:* 'dəʊl-] *npl* **to be in the** ~ (*person*) estar deprimido; (*business*) estar estancado

dole [dəʊl, *Am:* dəʊl] *n* **to be on the** ~ estar cobrando el paro

◆**dole out** *vt* repartir

doleful ['dəʊlfəl, *Am:* 'doʊl-] *adj* (*person*) triste; (*expression*) compungido

doll [dɒl, *Am:* dɑːl] *n* **1.** (*toy*) muñeco, -a *m, f;* ~'s house casa *f* de muñecas **2.** *Am, inf* (*term of address*) muñeca *f*

dollar ['dɒləʳ, *Am:* 'dɑːləʳ] *n* dólar *m;* to feel like a million ~s sentirse a las mil maravillas

dolly ['dɒli, *Am:* 'dɑːli] <-ies> *n* **1.** (*doll*) muñequita *f* **2.** CINE travelín *m*

dolphin ['dɒlfɪn, *Am:* 'dɑːl-] *n* delfín *m*, bufeo *m Perú*

domain [dəʊ'meɪn, *Am:* doʊ-] *n* **1.** POL, INFOR dominio *m;* (*lands*) propiedad *f* **2.** (*sphere of activity*) ámbito *m;* to be in the public ~ ser de dominio público

dome [dəʊm, *Am:* doʊm] *n* (*roof*) cúpula *f,* (*ceiling*) bóveda *f*

domestic [də'mestɪk] *adj* **1.** (*of the house*) doméstico **2.** (*home-loving*) casero **3.** (*produce, flight*) nacional; (*market, policy*) interior

domestic appliance *n* electrodoméstico *m*

domesticate [də'mestɪkeɪt] *vt* domesticar

dominance ['dɒmɪnənts, *Am:* 'dɑːmə-] *no pl n* **1.** (*rule*) dominación *f* **2.** MIL supremacía *f*

dominant ['dɒmɪnənt, *Am:* 'dɑːmə-] *adj* dominante

dominate ['dɒmɪneɪt, *Am:* 'dɑː-mə-] *vi, vt* dominar

domination [ˌdɒmɪ'neɪʃən, *Am:* ˌdɑːmə-] *no pl n* dominación *f*

Dominican [də'mɪnɪkən, *Am:* doʊ'mɪn-] *adj* dominicano

Dominican Republic *n* República *f* Dominicana

dominion [də'mɪnjən] *n* dominio *m*

domino ['dɒmɪnəʊ, *Am:* 'dɑː-mənoʊ] <-es> *n* **1.** *pl* (*games*) dominó *m* **2.** (*piece*) ficha *f* de dominó

don [dɒn, *Am:* dɑːn] I. *n* UNIV profesor(a) *m(f)* II. *vt* (*of clothing*) poner

donate [dəʊ'neɪt, *Am:* 'doʊneɪt] *vt* donar

donation [dəʊ'neɪʃən, *Am:* doʊ-'neɪ-] *n* **1.** (*contribution*) donativo *m* **2.** *no pl* (*act*) donación *f*

done [dʌn] *pp of* **do**

donkey ['dɒŋki, *Am:* 'dɑːŋ-] *n a. fig* burro *m*

donor ['dəʊnəʳ, *Am:* 'doʊnəʳ] *n* donante *mf*

donut ['dəʊnʌt, *Am:* 'doʊ] *n Am, Aus* donut *m*

doom [duːm] I. *n* (*destiny*) suerte *f* II. *vt* condenar

door [dɔːʳ, *Am:* dɔːr] *n* puerta *f;* there's someone at the ~ llaman a la puerta; to answer the ~ abrir la puerta; to live next ~ to sb vivir al lado de alguien; to show sb the ~ echar a alguien; out of ~s al aire libre

doorbell *n* timbre *m* **doorknob** *n* pomo *m* de la puerta **doorman** <-men> *n* portero *m* **doormat** *n* felpudo *m* **doorstep** *n* peldaño *m* (*de la puerta de entrada*); to be right on the ~ *fig* estar a la vuelta de la esquina

door-to-door *adj, adv* de puerta a puerta

doorway *n* entrada *f*

dope [dəʊp, *Am:* doʊp] I. *n* **1.** *no pl, inf* (*drugs*) drogas *fpl;* (*marijuana*) marihuana *f;* ~ test SPORTS control *m* antidoping; to give sb the ~ on sth *fig* pasar informes a alguien sobre algo **2.** *inf* (*stupid person*) idiota *mf* II. *vt* SPORTS dopar

dopey *adj,* **dopy** ['dəʊpi, *Am:* 'doʊ-] *adj* <-ier, -iest> **1.** (*drowsy*) atontado **2.** (*stupid*) tonto

dormant ['dɔːmənt, *Am:* 'dɔːr-] *adj* inactivo

dormitory ['dɔːmɪtəri, *Am:* 'dɔːr-mətɔːri] <-ies> *n* **1.** dormitorio *m* **2.** *Am* UNIV residencia *f* de estudiantes

dose [dəʊs, *Am:* doʊs] *n a. fig* dosis *f inv;* a nasty ~ of flu una gripe muy fuerte

dossier ['dɒsɪeɪ, *Am:* 'dɑːsieɪ] *n* expediente *m*

D d

dot [dɒt, *Am:* dɑ:t] I. *n* 1. punto *m;* **on the** ~ en punto 2. *pl* TYPO puntos *mpl* suspensivos II. <-tt-> *vt* to ~ **one's i's and cross one's t's** poner los puntos sobre las íes

dote (up)on [dəʊt-, *Am:* doʊt-] *vt* adorar

dotty ['dɒti, *Am:* 'dɑ:ṭi] *adj* <-ier, -iest> (*person*) chiflado; (*idea*) descabellado

double ['dʌbl] I. *adj* 1. (*twice as much/many*) doble; **to have a ~ meaning** tener un doble sentido; **to lead a ~ life** llevar una doble vida 2. (*composed of two*) **in ~ figures** más de diez; ~ **'s'** dos eses; **his number is ~ two five three five six** su número es el dos dos cinco tres cinco seis 3. (*for two*) ~ **room** habitación *f* doble II. *adv* **to see** ~ ver doble; **to fold sth** ~ doblar algo por la mitad; **to be bent** ~ estar encorvado III. *vt* (*increase*) doblar; (*efforts*) redoblar IV. *vi* duplicarse V. *n* 1. (*double quantity*) doble *m;* **at** [*o* **on**] **the** ~ *inf* inmediatamente 2. (*person*) doble *mf* 3. *pl* SPORTS **to play ~s** jugar una partida de dobles
  ◆ **double back** *vi* volver sobre sus pasos

double bed *n* cama *f* de matrimonio **double chin** *n* papada *f* **double-glazing** *no pl n* doble acristalamiento *m* **double standard** *n* **to have ~s** no medir con el mismo rasero **double take** *n* **to do a ~** tardar en reaccionar

doubly ['dʌbli] *adv* **to make ~ sure that ...** asegurarse bien de que... +*subj*

doubt [daʊt] *no pl* I. *n* duda *f;* **to be in ~ whether to ...** dudar si...; **no ~** sin duda; **without a ~** sin duda alguna; **beyond all reasonable ~** más allá de toda duda fundada; **to raise ~s about sth** hacer dudar de algo; **to cast ~ on sth** poner algo en tela de juicio II. *vt* dudar de; (*capability, sincerity*) poner en duda; **to ~ that** dudar que +*subj;* **to ~ if** [*o* **whether**] ... dudar si...

doubtful ['daʊtfəl] *adj* 1. (*uncer-*

tain, undecided) indeciso; **to be ~ whether to ...** dudar si...; **to be ~ about going** estar indeciso respecto a si ir o no 2. (*unlikely*) incierto 3. (*questionable*) dudoso

doubtless ['daʊtlɪs] *adv* sin duda

dough [dəʊ, *Am:* doʊ] *n* 1. GASTR masa *f* 2. *Am, inf* (*money*) pasta *f,* plata *f AmS*

doughnut ['dəʊnʌt, *Am:* 'doʊ-] *n Brit* donut *m*

dour [dʊəʳ, *Am:* dʊr] *adj* (*manner*) adusto; (*appearance*) austero

douse [daʊs] *vt* 1. (*throw liquid on*) mojar; **to ~ sth in petrol** mojar algo con gasolina 2. (*extinguish*) apagar

dove¹ [dʌv] *n* ZOOL paloma *f*

dove² [dəʊv, *Am:* doʊv] *Am pt, pp of* **dive**

down¹ [daʊn] *n* (*feathers*) plumón *m;* (*hairs*) pelusa *f*

down² [daʊn] I. *adv* abajo; **to fall** ~ caerse; **to lie** ~ acostarse; **to go** ~ **to the sea** bajar al mar; **the price is** ~ el precio ha bajado; **to be ~ on sb** *fig* tener manía a alguien; ~ **with the dictator!** ¡abajo el dictador! II. *prep* **to go** ~ **the stairs** bajar las escaleras; **to run** ~ **the slope** correr cuesta abajo; **to go** ~ **the street** ir por la calle

down-and-out *n* vagabundo, -a *m, f*

downcast ['daʊnkɑ:st, *Am:* 'daʊnkæst] *adj* alicaído

downfall ['daʊnfɔ:l] *n* (*of government*) caída *f;* (*of person*) perdición *f*

downgrade [ˌdaʊn'greɪd] *vt* 1. (*lower category of*) bajar de categoría 2. (*disparage*) minimizar; **to ~ the importance of sth** minimizar la importancia de algo

downhill [ˌdaʊn'hɪl] *adv* **to go ~** ir cuesta abajo; *fig* ir de mal en peor

download [ˌdaʊn'ləʊd, *Am:* 'daʊnloʊd] *vt* INFOR bajar

down payment *n* entrada *f,* cuota *f* inicial *AmL*

downpour ['daʊnpɔ:ʳ, *Am:* -pɔ:r] *n* chaparrón *m*

downright ['daʊnraɪt] *adj* (*refusal, disobedience*) completo; (*lie*) abierto; **it is a ~ disgrace** es una auténtica vergüenza

downside ['daʊnsaɪd] *n no pl* inconveniente *m*

downstairs [ˌdaʊn'steəz, *Am:* -'sterz] **I.** *adv* abajo; **to go ~** bajar **II.** *adj* (del piso) de abajo

downstream [ˌdaʊn'striːm] *adv* río abajo

down-to-earth *adj* práctico

downtown ['daʊntaʊn, *Am:* ˌdaʊn'-] **I.** *n no pl, Am* centro *m* (de la ciudad) **II.** *adv Am* **to go ~** ir al centro; **to live ~** vivir en el centro

downturn ['daʊntɜːn, *Am:* -tɜːrn] *n* empeoramiento *m*

downward ['daʊnwəd, *Am:*-wɚd] **I.** *adj* (*direction*) hacia abajo; (*tendency*) a la baja **II.** *adv Am* hacia abajo

downwards ['daʊnwədz, *Am:* -wɚdz] *adv* hacia abajo

dowry ['daʊəri] <-ies> *n* dote *f*

doze [dəʊz, *Am:* doʊz] *vi* dormitar

dozen ['dʌzn] *n* docena *f;* **half a ~** media docena; **two ~ eggs** dos docenas de huevos; **~s of times** montones de veces; **it's six of one and half a ~ of the other** *inf* da lo mismo; **to talk nineteen to the ~** *inf* hablar por los codos

dozy ['dəʊzi, *Am:* 'doʊ-] *adj* <-ier, -iest> **1.** (*sleepy*) soñoliento **2.** *Brit, inf* (*stupid*) tonto, abombado *AmL*

Dr *abbr of* **Doctor** Dr. *m*, Dra. *f*

drab [dræb] *adj* <drabber, drabbest> (*colour*) apagado; (*existence*) monótono

draconian [drə'kəʊniən, *Am:* -'koʊ-] *adj* draconiano

draft [drɑːft, *Am:* dræft] **I.** *n* **1.** (*preliminary version*) borrador *m*; (*drawing*) boceto *m* **2.** *no pl, Am* MIL reclutamiento *m* **II.** *vt* **1.** (*prepare preliminary version*) hacer un borrador de **2.** *Am* MIL llamar a filas

drag [dræg] <-gg-> **I.** *vt* arrastrar; **to ~ one's heels** *fig* dar largas a un asunto **II.** *vi* **1.** (*trail along*) arrastrarse por el suelo **2.** (*time*) pasar lentamente; (*meeting, conversation*) hacerse interminable **3.** (*lag be-*

hind) rezagarse **III.** *n* **1.** *no pl* PHYS resistencia *f* **2.** *fig, inf* **to be a ~ on sb** ser una carga para alguien; **what a ~!** ¡qué rollo!; **to be in ~** ir vestido de mujer

♦ **drag on** *vi* hacerse interminable

♦ **drag up** *vt* sacar a relucir

dragon ['drægən] *n* dragón *m*

dragonfly ['drægənflaɪ] <-ies> *n* libélula *f*, alguacil *m RíoPl*

drain [dreɪn] **I.** *vt* **1.** AGR, MED drenar; (*pond*) vaciar; (*river*) desaguar; (*food*) escurrir **2.** (*empty by drinking: glass, cup*) apurar; (*bottle*) acabar **3.** (*exhaust: person*) dejar agotado; (*resources*) agotar **II.** *n* (*conduit*) canal *m* de desagüe; (*sewer*) alcantarilla *f*, resumidero *m AmL;* (*plughole*) desagüe *m;* **to be a ~ on sb's resources** consumir los recursos de alguien

drainage ['dreɪnɪdʒ] *n no pl* **1.** AGR, MED drenaje *m* **2.** TECH desagüe *m*

drainpipe *n* tubo *m* de desagüe

drake [dreɪk] *n* pato *m* (macho)

drama ['drɑːmə] *n* **1.** LIT drama *m* **2.** THEAT arte *m* dramático

drama school *n* escuela *f* de arte dramático

dramatic [drə'mætɪk, *Am:* -'mæt̪-] *adj* **1.** THEAT dramático **2.** (*rise*) espectacular

dramatist ['dræmətɪst, *Am:* 'drɑː-mət̪ɪst] *n* dramaturgo, -a *m, f*

dramatize ['dræmətaɪz, *Am:* 'drɑː-mə-] *vt* **1.** THEAT adaptar al teatro **2.** (*exaggerate*) dramatizar

drank [dræŋk] *pt of* **drink**

drape [dreɪp] **I.** *vt* **1.** (*cover*) cubrir **2.** (*place*) colocar **II.** *npl Am, Aus* cortinas *fpl*

drastic ['dræstɪk] *adj* (*measure*) drástico; (*change*) radical

draught [drɑːft, *Am:* dræft] *n* **1.** (*air current*) corriente *f* de aire **2.** (*drink*) trago *m* **3.** *pl* GAMES damas *fpl*

draughtsman ['drɑːftsmən, *Am:* 'dræfts-] <-men> *n* delineante *m*

draw [drɔː, *Am:* drɑː] **I.** <drew, drawn> *vt* **1.** ART dibujar; (*line*) trazar; (*character*) perfilar **2.** (*pull*) a-

rrastrar; **to ~ the curtains** correr las cortinas; **to ~ sb aside** llevarse a alguien aparte; **to ~ sth from sb** conseguir algo de alguien; **to ~ a conclusion** sacar una conclusión; **to ~ an inference** inferir **3.**(*attract*) atraer; **to ~ applause** arrancar aplausos; **to be ~n toward(s) sb** sentirse atraído por alguien **4.**(*take out*) sacar; (*money*) retirar; **to ~ blood** *fig* hacer sangrar **5.**(*salary*) ganar; (*pension*) cobrar **II.**<drew, drawn> *vi* **1.** ART dibujar **2.**(*move*) **to ~ ahead** adelantarse; **to ~ away** apartarse; **to ~ level with sb** *Brit* alcanzar a alguien; **to ~ to a close** finalizar **3.** SPORTS empatar **III.** *n* **1.**(*attraction*) atracción *f* **2.** SPORTS empate *m* **3.**(*drawing of lots*) sorteo *m*
◆ **draw in** *vi* **1.**(*arrive*) llegar **2.**(*days*) acortarse
◆ **draw on** *vi* **1.**(*continue*) seguir su curso **2.**(*approach*) acercarse
◆ **draw out** *vt* **1.**(*prolong*) alargar **2.**(*elicit*) sacar; **to draw sb out** (*of himself*) hacer que alguien se desinhiba
◆ **draw up** **I.** *vt* (*draft*) redactar **II.** *vi* (*vehicle*) pararse
drawback *n* desventaja *f*
drawer ['drɔːʳ, *Am:* 'drɔːr] *n* cajón *m*
drawing *n* ART dibujo *m*
drawing board *n* tablero *m* de delineación; **back to the ~!** ¡vuelta a empezar! **drawing pin** *n Brit, Aus* chincheta *f* **drawing room** *n* salón *m*
drawl [drɔːl, *Am:* drɑːl] *vi* hablar arrastrando las vocales
drawn [drɔːn, *Am:* drɑːn] *pp of* **draw**
dread [dred] **I.** *vt* temer **II.** *n no pl* terror *m*
dreadful ['dredfəl] *adj* atroz; (*mistake*) terrible; (*atrocity*) espantoso; **I feel ~ about it** me da mucha pena
dreadfully ['dredfəli] *adv* terriblemente
dream [driːm] **I.** *n* **1.** sueño *m;* **a bad ~** una pesadilla **2.**(*daydream*) ensueño *m;* (*fantasy*) ilusión *f;* **to be**

in a ~ estar en las nubes; **he cooks like a ~** cocina de maravilla; **a ~ come true** un sueño hecho realidad **II.**<dreamt *o* dreamed, dreamt *o* dreamed> *vi* soñar; **to ~ about** (**doing**) **sth** soñar con (hacer) algo; **I would not ~ of** (**doing**) **that** no se me pasaría por la cabeza (hacer) eso **III.**<dreamt *o* dreamed, dreamt *o* dreamed> *vt* soñar; **I never ~t that...** nunca se me había ocurrido que...
◆ **dream up** *vt* idear
dreamer ['driːməʳ, *Am:* -məʳ] *n* soñador(a) *m(f); pej* iluso, -a *m, f*
dreamt [dremt] *pt, pp of* **dream**
dreary ['drɪəri, *Am:* 'drɪr-] *adj* <-ier, -iest> deprimente; (*weather*) gris
dredge [dredʒ] *vt* TECH dragar
drench [drentʃ] *vt* empapar
dress [dres] **I.** *n* <-es> vestido *m* **II.** *vi* vestirse; **to ~ in blue** vestir de azul; **to ~ smartly for sth** ponerse elegante para algo **III.** *vt* **1.**(*put clothes on*) vestir **2.** GASTR (*salad*) aliñar **3.** MED (*wound*) vendar
◆ **dress up** **I.** *vt* ponerse elegante; **to ~ as sth** disfrazarse de algo
dresser ['dresəʳ, *Am:* -əʳ] *n* **1.** THEAT encargado, -a *m, f* de vestuario **2.**(*sideboard*) aparador *m; Am, Can* (*dressing table*) tocador *m*
dressing ['dresɪŋ] *n* **1.** GASTR aliño *m* **2.** MED vendaje *m*
dressing gown *n* bata *f;* (*towel*) albornoz *m* **dressing room** *n* vestidor *m;* THEAT camerino *m*
dressmaker *n* modisto, -a *m, f*
dress rehearsal *n* ensayo *m* general
drew [druː] *pt of* **draw**
dribble ['drɪbl] **I.** *vi* **1.**(*person*) babear; (*water*) gotear **2.** SPORTS regatear **II.** *vt* (*water*) dejar caer gota a gota **III.** *n no pl* (*saliva*) baba *f;* (*water*) chorrito *m*
dried [draɪd] *pt, pp of* **dry**
dried-up *adj* seco
drift [drɪft] **I.** *vi* **1.**(*on water*) dejarse llevar por la corriente; **to ~ out to sea** ir a la deriva **2.**(*move aimlessly*) dejarse llevar **3.**(*sand, snow*) amontonarse **II.** *n* **to catch sb's ~**

caer en la cuenta de lo que alguien quiere decir

◆ **drift apart** vi distanciarse (progresivamente)

◆ **drift off** vi dormirse lentamente

drill¹ [drɪl] I. n taladro m; (dentist's) fresa f II. vt TECH perforar

drill² I. n MIL, SCHOOL ejercicios fpl II. vt 1. SCHOOL instruir; **to ~ sth into sb** inculcar algo a alguien 2. MIL enseñar la instrucción a

drink [drɪŋk] I. <drank, drunk> vi beber; **to ~ to sb** brindar por alguien; **to ~ like a fish** beber como una esponja II. <drank, drunk> vt beber; **to ~ a toast (to sb)** brindar (por alguien); **to ~ sb under the table** tener mucho más aguante que alguien III. n bebida f; (alcoholic beverage) copa f; **to have a ~** tomar algo; **to drive sb to ~** llevar a alguien a la bebida

◆ **drink in** vt beber; (words) estar pendiente de

drinkable [drɪŋkəbl] adj potable

drinker n bebedor(a) m(f)

drinking water no pl n agua f potable

drip [drɪp] I. <-pp-> vi gotear II. n 1. (of water) goteo m 2. MED gota m a gota 3. inf (person) pánfilo, -a m, f

dripping [drɪpɪŋ] adj que gotea; **to be ~ wet** estar empapado

drive [draɪv] I. <drove, driven> vt 1. AUTO conducir, manejar AmL; **to ~ sb home** llevar a alguien a casa (en coche) 2. (urge) empujar; **to ~ sb to (do) sth** forzar a alguien a (hacer) algo; **to ~ sb mad** sacar a alguien de quicio II. <drove, driven> vi conducir, manejar AmL III. n 1. **to go for a ~** ir a dar una vuelta en coche 2. (driveway) entrada f 3. no pl PSYCH impulso m 4. (campaign) campaña f

◆ **drive at** vt inf insinuar

◆ **drive off** vt always sep ahuyentar

◆ **drive out** vt expulsar

drive-in n Am, Aus (restaurant) restaurante donde se sirve a los clientes en su propio coche; (cinema) autocine m

drivel [drɪvəl] n no pl tonterías fpl

driven [drɪvən] pp of **drive**

driver [draɪvəʳ, Am: -vəʳ] n conductor(a) m(f)

> [?] Las **Drive through bottle shops** son un tipo de tiendas que se pueden encontrar por toda Australia. Generalmente pertenecen a hoteles y por su aspecto se parecen a un garaje abierto o a un granero en el que se puede entrar con el coche. A este tipo de tiendas también se las conoce como **liquor barns**. En ellas, sin tener que apearse del vehículo, se puede comprar vino, cerveza y cualquier bebida alcohólica. El cliente es servido directamente en la ventanilla de su coche.

driveway [draɪvweɪ] n camino m de entrada

driving I. n conducción f, manejo m AmL II. adj 1. (rain) torrencial 2. (ambition, force) impulsor

driving force n no pl fuerza f motriz

driving licence n Brit carné m de conducir **driving school** n autoescuela f **driving test** n examen m de conducir

drizzle [drɪzl] I. n no pl METEO llovizna f, garúa f AmL II. vi METEO lloviznar, garuar AmL

drone [drəun, Am: droun] I. n no pl 1. ZOOL zángano m 2. (tone) zumbido m II. vi zumbar

drool [dru:l] vi babear; **to ~ over sth** fig caérse a uno la baba con algo

droop [dru:p] vi colgar; (flowers) marchitarse; fig (mood, spirits) decaer

drop [drop, Am: drɑ:p] I. n 1. (of liquid) gota f; **~ by ~** gota a gota; **just a ~** sólo un poco; **it's a ~ in the ocean** es una gota de agua en el mar 2. (vertical distance) declive f; **a sheer ~** un profundo precipicio 3. (decrease) disminución f; (of temperature) descenso m 4. (fall) caída *f;* **at the ~ of a hat** en seguida **II.** <-pp-> *vt* **1.** (*allow to fall*) dejar caer; **to ~ a hint** soltar una indirecta **2.** (*lower*) bajar; **to ~ one's voice** bajar la voz **3.** (*give up*) renunciar a **4.** (*leave out*) omitir **III.** <-pp-> *vi* bajar; **to ~ with exhaustion** caer rendido; **he is ready to ~** está que no se tiene; **~ dead!** *inf* ¡muérete!

◆ **drop behind** *vi* quedarse atrás

◆ **drop in** *vi inf* **to ~ on sb** ir a ver a alguien

◆ **drop out** *vi* darse de baja

dropout *n* automarginado, -a *m, f;* UNIV, SCHOOL persona que ha abandonado los estudios

drought [draʊt] *n* sequía *f*

drove [drəʊv, *Am:* droʊv] *pt of* **drive**

drown [draʊn] **I.** *vt* **1.** (*cause to die*) ahogar; **to ~ one's sorrows** ahogar las penas **2.** (*engulf in water*) anegar **3.** (*make inaudible*) apagar **II.** *vi* ahogarse; **to be ~ing in work** *inf* estar hasta arriba de trabajo

drowse [draʊz] *vi* dormitar

drowsy ['draʊzi] <-ier, -iest> *adj* soñoliento

drug [drʌg] **I.** *n* **1.** MED fármaco *m* **2.** (*narcotic*) droga *f* **II.** <-gg-> *vt* drogar

drug addict *n* toxicómano, -a *m, f;* **drug dealer** *n* traficante *mf* de drogas

drugstore *n Am* farmacia *f* (*donde suelen venderse otros artículos, además de productos farmacéuticos*)

druid ['druːɪd] *n* druida *m*

drum [drʌm] **I.** *n* **1.** MUS, TECH tambor *m* **2.** *pl* (*in band*) batería *f* **3.** (*for oil*) bidón *m* **II.** <-mm-> *vi* MUS tocar el tambor **III.** *vt inf* **to ~ sth into sb** meter a alguien algo en la cabeza

drummer ['drʌmər, *Am:* -ɚ] *n* (*in band*) tambor *m;* (*in group*) batería *f*

drumstick ['drʌmstɪk] *n* **1.** MUS palillo *m* **2.** GASTR pierna *f* de pollo

drunk [drʌŋk] **I.** *vt, vi pp of* **drink** **II.** *adj* borracho, jumo *AmL,* ido *AmC;* **to get ~** emborracharse; **to be ~ with joy** estar ebrio de alegría

drunken ['drʌŋkən] *adj* borracho

drunkenness ['drʌŋkənɪs] *n no pl* embriaguez *f,* bomba *f AmL*

dry [draɪ] **I.** <-ier *o* -er, -iest *o* -est> *adj* seco; (*climate, soil*) árido; **to go ~** secarse; **to run ~** *fig* agotarse **II.** <-ie-> *vt* secar; (*tears*) enjugarse **III.** <-ie-> *vi* secarse

◆ **dry up** *vi* **1.** (*become dry*) secarse **2.** (*dry the dishes*) secar los platos

dry-clean *vt* limpiar en seco

dry cleaner's *n no pl* tintorería *f*

dryer ['draɪər, *Am:* -ɚ] *n* (*for hair*) secador *m;* (*for clothes*) secadora *f*

dual ['djuːəl, *Am:* 'duː-] *adj inv* doble

dual carriageway *n Brit* autovía *f,* autocarril *m Bol, Chile, Nic*

dub [dʌb] <-bb-> *vt* CINE doblar

dubious ['djuːbɪəs, *Am:* 'duː-] *adj* dudoso

duchess ['dʌtʃɪs] *n* duquesa *f*

duchy ['dʌtʃi] *n* ducado *m*

duck [dʌk] **I.** *n* pato *m;* **to take to sth like a ~ to water** *inf* sentirse como pez en el agua **II.** *vi* agachar la cabeza; **to ~ out of sth** escabullirse de algo **III.** *vt* **to ~ one's head** agachar la cabeza; **to ~ an issue** eludir un tema

duckling ['dʌklɪŋ] *n* patito *m*

duct [dʌkt] *n* conducto *m;* ANAT canal *m*

dud [dʌd] *adj* falso

dude [djuːd] *n Am, inf* (*guy*) individuo *m*

due [djuː, *Am:* duː] **I.** *adj* **1.** (*payable*) pagadero; (*owing*) debido; **to fall ~** vencer **2.** (*appropriate*) with (all) **due respect** con el debido respeto; **to treat sb with the respect ~ to him** *Brit, Aus* tratar a alguien con el respeto que se merece; **in ~ course** a su debido tiempo **3.** (*expected*) **I'm ~ in Berlin this evening** esta noche me esperan en Berlín **4.** (*owing to*) **~ to** debido a **II.** *n* to **give sb his ~** dar a alguien lo que se merece; **to pay one's ~s** *fig* cumplir con sus obligaciones **III.** *adv* **~ north** derecho hacia el norte

duel ['djuːəl, *Am:* 'duː-] *n* duelo *m*

duet [dju'et, *Am:* du-] *n* dúo *m*

dug [dʌg] *pt, pp of* **dig**

dugout ['dʌgaʊt] *n* **1.** MIL refugio *m* subterráneo; SPORTS banquillo *m* **2.** (*canoe*) piragua *f* (*hecha de un tronco*)

duke [dju:k, *Am:* du:k] *n* duque *m*

dull [dʌl] *adj* **1.** (*boring*) aburrido; **as ~ as ditchwater** más aburrido que un entierro de tercera **2.** (*not bright: surface*) deslustrado; (*colour*) apagado **3.** (*ache, thud*) sordo

duly ['dju:li, *Am:* 'du:-] *adv* debidamente

dumb [dʌm] *adj* **1.** (*mute*) mudo; **deaf and ~** sordomudo; **to be struck ~** quedarse mudo de asombro **2.** *inf* (*stupid*) estúpido

dumbfounded *adj* mudo de asombro

dummy ['dʌmi] <-ies> *n* **1.** (*mannequin*) maniquí *m* **2.** *Brit, Aus* (*for baby*) chupete *m* **3.** (*fool*) tonto

dump [dʌmp] I. *n* **1.** (*for waste*) vertedero *m*, botadero *m Ven;* MIL depósito *m* **2.** *inf* (*nasty place*) tugurio *m* II. *vt* **1.** (*waste*) verter **2.** *inf* (*end relationship*) dejar

dumpy ['dʌmpi] <-ier, -iest> *adj* regordete

dune [dju:n, *Am:* du:n] *n* duna *f*

dung [dʌŋ] *n no pl* estiércol *m*

dungarees [ˌdʌŋgəˈriːz] *npl Brit* (*overall*) peto *m; Am* (*denim clothes*) mono *m, f*

dungeon ['dʌndʒən] *n* mazmorra *f*

dunk [dʌŋk] *vt* mojar

duo ['dju:əʊ, *Am:* 'du:oʊ] *n* dúo *m*

dupe [dju:p, *Am:* du:p] *n* inocentón, -ona *m, f*

duplex ['dju:pleks, *Am:* 'du:-] *n Am* dúplex

duplicate ['dju:plɪkət, *Am:* 'du:-] I. *vt* **1.** (*replicate*) duplicar **2.** (*copy*) copiar II. *adj* duplicado

duplicity [dju:'plɪsəti, *Am:* du:-'plɪsəti] *n no pl* duplicidad *f*

durability [ˌdjʊərəˈbɪləti, *Am:* ˌdʊrə'bɪləti] *n no pl* durabilidad *f*

durable ['djʊərəbl, *Am:* 'dʊrə-] *adj* duradero

duration [djʊ'reɪʃən, *Am:* dʊ-] *n* *no pl* duración *f;* **for the ~** hasta que se acabe

during ['djʊərɪŋ, *Am:* 'dʊrɪŋ] *prep* durante

dusk [dʌsk] *n no pl* **at ~** al atardecer

dust [dʌst] I. *n no pl* polvo *m;* **to bite the ~** morder el polvo II. *vt* **1.** (*clean*) quitar el polvo a **2.** (*spread over*) salpicar

dustbin *n Brit* cubo *m* de (la) basura

duster ['dʌstəʳ, *Am:* -təʳ] *n* trapo *m*

dustman <-men> *n Brit* basurero *m*

dusty ['dʌsti] <-ier, -iest> *adj* polvoriento

Dutch [dʌtʃ] I. *adj* holandés; **to go ~** *inf* pagar a escote II. *npl* **the ~** los holandeses

Dutchman ['dʌtʃmən] <-men> *n* holandés *m*

Dutchwoman ['dʌtʃˌwʊmən] <-women> *n* holandesa *f*

dutiful ['dju:tɪfəl, *Am:* 'du:tɪ-] *adj* obediente

duty ['dju:ti, *Am:* 'du:tɪ] <-ies> *n* **1.** (*moral*) deber *m;* (*obligation*) obligación *f;* **to do sth out of ~** hacer algo por compromiso; **to do one's ~** cumplir con su obligación **2.** *no pl* (*work*) **to be suspended from ~** ser suspendido del servicio; **to be on/off ~** estar/no estar de servicio **3.** (*tax*) impuesto *m;* (*revenue on imports*) derechos *mpl* de aduana

duty-free *adj* libre de impuestos

duvet ['dju:veɪ, *Am:* du:'veɪ] *n Brit* edredón *m* nórdico

DVD *n inv* INFOR *abbr of* **Digital Versatile Disk** DVD *m*

dwarf [dwɔ:f, *Am:* dwɔ:rf] <-s o -ves> *n* enano, -a *m, f*

dwell [dwel] <dwelt o -ed, dwelt o -ed> *vi* morar; **to ~ on sth** *fig* insistir en algo

dwelling ['dwelɪŋ] *n* morada *f*

dwelt ['dwelt] *pt, pp of* **dwell**

dwindle ['dwɪndl] *vi* menguar

dye [daɪ] I. *vt* teñir II. *n* tinte *m*

dying ['daɪɪŋ] *adj* (*person, animal*) moribundo; (*words*) último

dyke [daɪk] *n* dique *m*

dynamic [daɪ'næmɪk] *adj* dinámico

dynamics [daɪ'næmɪks] *n* dinámi-

Dₐ

ca *f*

dynamite ['daɪnəmaɪt] *n no pl* dinamita *f*

dynamo ['daɪnəməʊ, *Am:* -moʊ] <-s> *n* dinamo *f*

dynasty ['dɪnəsti, *Am:* 'daɪnə-] <-ies> *n* dinastía *f*

dysentery ['dɪsəntəri, *Am:* -teri] *n no pl* disentería *f*

dyslexia [dɪ'sleksiə] *n no pl* dislexia *f*

E, e [iː] *n* 1. (*letter*) E, e *f;* ~ **for Edward** E de España 2. MUS mi *m*

E *n abbr of* **east** E *m*

each [iːtʃ] I. *adj* cada; ~ **one of you** cada uno de vosotros II. *pron* cada uno, cada una; ~ **of them** cada uno de ellos; **£70** ~ £70 cada uno; **he gave us £10** ~ nos dió a cada uno £10; **I'll take one kilo of** ~ tomaré un kilo de cada (uno)

each other *pron* uno a otro, una a la otra; **to help** ~ ayudarse mutuamente

eager ['iːgəʳ, *Am:* -gɚ] *adj* ansioso; **to be** ~ **for sth** ansiar algo

eagle ['iːgl] *n* águila *f*

ear[1] [ɪəʳ, *Am:* ɪr] *n* ANAT oído *m;* (*outer part*) oreja *f;* **to have a good** ~ tener buen oído; **to smile from** ~ **to** ~ sonreír de oreja a oreja; **to be up to one's** ~**s in debt** *inf* estar endeudado hasta la camisa

ear[2] [ɪəʳ, *Am:* ɪr] *n* BOT espiga *f*

earache ['ɪəreɪk, *Am:* 'ɪr-] *n* dolor *m* de oído **eardrum** *n* tímpano *m*

earl [ɜːl, *Am:* ɜːrl] *n* conde *m*

earlobe ['ɪələʊb] *n* lóbulo *m* de la oreja

early ['ɜːlɪ, *Am:* 'ɜːr-] I. <-ier, -iest> *adj* 1. (*ahead of time, near the beginning*) temprano; **to be** ~ llegar temprano; **the** ~ **hours** la madrugada; **in the** ~ **morning** de madruga-

da; **in the** ~ **afternoon** a primera hora de la tarde; **at an** ~ **age** a una edad temprana; **in the** ~ **15th century** a principios del siglo XV; **to have an** ~ **night** acostarse temprano; **the** ~ **days/years of sth** los primeros tiempos de algo 2. *form* (*prompt: reply*) rápido 3. (*first*) primero II. *adv* 1. (*ahead of time*) temprano; **to get up** ~ madrugar; ~ **in the morning** por la mañana temprano; **to be half an hour** ~ llegar media hora antes 2. (*soon*) pronto; **as** ~ **as possible** tan pronto como sea posible

earmark ['ɪəmɑːk, *Am:* 'ɪrmɑːrk] *vt* (*put aside*) reservar; (*funds*) destinar

earn [ɜːn, *Am:* ɜːrn] *vt* 1. (*be paid*) ganar; **to** ~ **a living** ganarse la vida 2. (*bring in*) dar; (*interest*) devengar 3. (*obtain*) **to** ~ **money from sth** obtener dinero de algo

earnest ['ɜːnɪst, *Am:* 'ɜːr-] I. *adj* (*serious*) serio; (*sincere*) sincero II. *n no pl* seriedad *f;* **in** ~ en serio

earnings ['ɜːnɪŋz, *Am:* 'ɜːr-] *npl* 1. (*of a person*) ingresos *mpl* 2. (*of a company*) beneficios *mpl,* utilidades *fpl AmL*

earphones ['ɪəfəʊnz, *Am:* 'ɪrfoʊnz] *npl* auriculares *mpl*

earplug ['ɪəplʌg, *Am:* 'ɪr-] *n pl* tapón *m* para el oído

earring ['ɪərɪŋ, *Am:* 'ɪrɪŋ] *n* pendiente *m,* caravana *f CSur;* candonga *f Col;* **a pair of** ~**s** unos pendientes

earshot ['ɪəʃɒt, *Am:* 'ɪrʃɑːt] *n no pl* **in/out of** ~ al alcance/fuera del alcance del oído

earth [ɜːθ, *Am:* ɜːrθ] I. *n no pl* 1. (*planeta*) tierra *f;* **on** ~ en el mundo; **to cost the** ~ costar un ojo de la cara; **what/who** ~ **...?** *inf* ¿qué/quién diablos...? 2. ELEC toma *f* de tierra II. *vt* conectar a tierra

earthenware ['ɜːθnweəʳ, *Am:* 'ɜːrθnwer] *n no pl* loza *f* de barro

earthquake ['ɜːθkweɪk, *Am:* 'ɜːrθ-] *n* terremoto *m,* temblor *m AmL*

earthy ['ɜːθɪ, *Am:* 'ɜːr-] <-ier, -iest> *adj* 1. (*with earth*) terroso 2. (*direct*) llano **3.** (*vulgar*) grosero

ease [iːz] **I.** *n* **1.** (*without much effort*) facilidad *f*; **to do sth with ~** hacer algo con facilidad **2.** (*comfort, uninhibitedness*) comodidad *f*; **to be at** (*one's*) **~** estar a sus anchas; **to put sb at** (his/her) **~** hacer que alguien se relaje; (**stand**) **at ~!** MIL ¡descansen! **II.** *vt* **1.** (*relieve: pain*) aliviar; (*tension*) hacer disminuir; **to ~ one's conscience** descargarse la conciencia **2.** (*burden*) aligerar; (*screw*) aflojar **III.** *vi* (*tension, prices*) disminuir; (*wind*) amainar

◆ **ease off** *vi*, **ease up** *vi* (*pain*) aliviarse; (*fever, sales*) bajar; (*tension*) disminuir; (*person*) relajarse

easel ['iːzl] *n* caballete *m*

easily ['iːzəlɪ] *adv* fácilmente

east ['iːst] **I.** *n* este *m*; **in the ~ of Spain** en el este de España; **the East** el Oriente; POL el Este **II.** *adj* del este, oriental **III.** *adv* al este

Easter ['iːstə', *Am:* -stə-] *n* Pascua *f*

? **At Easter** (En Semana Santa) es costumbre en Gran Bretaña consumir dos tipos de dulce: los **hot cross buns**, por un lado, panecillos especiados que tienen una cruz en la parte de arriba hecha con la misma masa, y el **simnel cake**, por otro lado, un denso pastel de pasas, que se decora con mazapán. Durante estos días es costumbre que los niños jueguen a arrojar huevos cocidos cuesta abajo para ver cuál es el huevo que llega más lejos. Hoy en día con el término de **Easter egg** (huevo de Pascua) se denomina al huevo de chocolate relleno de dulces y golosinas que se suele regalar durante estos días.

Easter Day *n* Domingo *m* de Pascua
Easter egg *n* huevo *m* de Pascua
easterly ['iːstəlɪ, *Am:* -stə-] **I.** *adj*

del este; **in an ~ direction** en dirección este **II.** *adv* (*towards*) hacia el este; (*from*)

Easter Monday *n* lunes *m* de Pascua
eastern ['iːstən, *Am:* -stə-n] *adj* del este, oriental
Easter Sunday *n s.* **Easter Day**
East Germany [,iːst'dʒɜːmənɪ] *n* HIST Alemania *f* oriental
eastward(s) ['iːstwəd(z), *Am:* -wəd(z)] *adv* hacia el este
easy ['iːzɪ] <-ier, -iest> **I.** *adj* **1.** (*simple*) fácil; ~ **money** *inf* dinero *m* fácil; ~ **to get on with** de trato fácil; **to be as ~ as anything** *inf* estar tirado; **that's easier said than done** *inf* es más fácil decirlo que hacerlo **2.** (*comfortable, carefree*) cómodo; **to feel ~ about sth** estar tranquilo por algo **3.** (*relaxed: manners*) natural; **to be on ~ terms with sb** estar en confianza con alguien **4.** FIN (*price, interest rate*) bajo; **on ~ terms** con facilidades de pago; (*loan*) con condiciones favorables **II.** *adv* con cuidado; **to go ~ on sb** *inf* no ser demasiado severo con alguien; **take it ~!** *inf* ¡cálmate!
easy chair *n* poltrona *f* **easy-going** [-'gəʊ-] *adj* (*person*) de trato fácil; (*attitude*) tolerante
eat [iːt] <ate, eaten> *vi, vt* comer; **to ~ lunch/supper** comer/cenar

◆ **eat away** *vt* (*acid*) corroer; (*termites*) carcomer

◆ **eat away at** *vt*, **eat into** *vt* corroer

◆ **eat out** *vi* comer fuera

◆ **eat up** *vt* comerse

eau de Cologne [,əʊ də kə'ləʊn, *Am:* ,oʊ də kə'loʊn] *n* (agua *f* de) colonia *f*
eaves [iːvz] *npl* ARCHIT alero *m*, tejaván *m AmL*
eavesdrop ['iːvzdrɒp, *Am:* -drɑːp] <-pp-> *vi* **to ~ on sth/sb** escuchar algo/a alguien a escondidas
ebb [eb] **I.** *vi* **1.** (*tide*) bajar **2.** *fig* decaer **II.** *n no pl* **1.** (*tide*) reflujo *m* **2.** *fig* **the ~ and flow of sth** los altibajos de algo; **to be at a low ~** (*person*) estar deprimido **III.** *adj* ~ **tide**

marea *f* menguante

ebony ['ebənɪ] *n* ébano *m*

EC [ˌiːˈsiː] *n abbr of* European Community CE *f*

e-car ['iːkɑːʳ, *Am:* -kɑːr] *n* automóvil *m* eléctrico

e-cash ['iːkæʃ] *n* dinero *m* electrónico

ECB [ˌiːsiːˈbiː] *n abbr of* European Central Bank BCE *m*

eccentric [ɪkˈsentrɪk] *adj* excéntrico

ECG [ˌiːsiːˈdʒiː] *n abbr of* electrocardiogram electrocardiograma *m*

echo ['ekəʊ, *Am:* -oʊ] I. <-es> *n* eco *m* II. <-es, -ing, -ed> *vi* resonar III. <-es, -ing, -ed> *vt* repetir

eclipse [ɪˈklɪps] I. *n* eclipse *m* II. *vt* eclipsar

ecological [ˌiːkəˈlɒdʒɪkl, *Am:* -'lɑːdʒɪ-] *adj* ecológico

ecologist [iːˈkɒlədʒɪst, *Am:* -ˈkɑː-lə-] *n* 1.(*expert*) ecólogo, -a *m, f* 2.POL ecologista *mf*

ecology [iːˈkɒlədʒɪ, *Am:* -ˈkɑːlə-] *n no pl* ecología *f*

e-commerce ['iːkɒmɜːs, *Am:* -kɑːmɜːrs] *n* comercio *m* electrónico

economic [ˌiːkəˈnɒmɪk, *Am:* -ˈnɑː-mɪk] *adj* 1.POL, ECON económico 2.(*profitable*) rentable

economical [ˌiːkəˈnɒmɪkl, *Am:* -ˈnɑːmɪ-] *adj* económico

economics [ˌiːkəˈnɒmɪks, *Am:* -ˈnɑːmɪks] *n* 1.+ *sing vb* (*discipline*) economía *f* 2.+ *pl vb* (*matter*) aspecto *m* económico

economist [ɪˈkɒnəmɪst, *Am:* -ˈkɑː-nə-] *n* economista *mf*

economize [ɪˈkɒnəmaɪz, *Am:* -ˈkɑː-nə-] *vi* ahorrar

economy [ɪˈkɒnəmɪ, *Am:* -ˈkɑːnə-] <-ies> *n* economía *f*

economy class *n* AVIAT clase *f* turista

ecosystem *n* ecosistema *m* **ecotourism** *n* ecoturismo *m* **eco-tourist** *n* ecoturista *mf*

ecstasy ['ekstəsɪ] <-ies> *n* éxtasis *m inv*

ecstatic [ɪkˈstætɪk, *Am:* ekˈstæt̬-] *adj* extático; (*rapturous*) eufórico

ECT [ˌiːsiːˈtiː] *n abbr of* electroconvulsive therapy terapia *f* de electroshock

ecu, ECU ['eɪkjuː, 'iːkjuː, *Am:* 'eɪkuː] *n abbr of* European Currency Unit ecu *m*, ECU *m*

Ecuador ['ekwədɔːʳ, *Am:* -dɔːr] *n* Ecuador *m*

Ecuadorian [ˌekwəˈdɔːrɪən] *adj* ecuatoriano

ecumenical [ˌiːkjuːˈmenɪkl, *Am:* ˌekjʊ'-] *adj* ecuménico

eczema ['eksɪmə, *Am:* -sə-] *n no pl* eczema *m*

edge [edʒ] I. *n sing* 1.(*limit*) borde *m;* (*of a lake, pond*) orilla *f;* (*of a page*) margen *m;* (*of a table, coin*) canto *m;* **to be on** ~ tener los nervios a flor de piel 2.(*cutting part*) filo *m* II. *vt* 1.(*border*) bordear 2.(*in sewing*) ribetear; **to** ~ **one's way through sth** ir abriéndose paso por algo III. *vi* **to** ~ **closer to sth** ir acercándose a algo; **to** ~ **forward** ir avanzando

edgeways ['edʒweɪz] *adv,* **edgewise** *adv Am* de lado

edgy ['edʒɪ] <-ier, -iest> *adj inf* nervioso

edible ['edɪbl] *adj* comestible

edict ['iːdɪkt] *n* edicto *m*

Edinburgh ['edɪnbrə, *Am:* -bʌrə] *n* Edimburgo *m*

? Desde 1947 tiene lugar cada año en **Edingburgh**, la capital de Escocia, el **Edinburgh International Festival**. Se celebra en torno a mediados de agosto y dura tres semanas. En el marco de este festival tienen lugar numerosos espectáculos de tipo cultural: teatro, música, ópera y baile. Al mismo tiempo se celebran un **Film Festival**, un **Jazz Festival** y un **Book Festival**. Paralelamente al **Festival** oficial se ha ido desarrollando un **Festival Fringe** con alrededor de 1.000 espectáculos diferentes que se caracteriza por su vivacidad y su capacidad de innovación.

edit ['edɪt] *vt* **1.**(*correct*) corregir; (*articles*) editar **2.**(*newspaper*) dirigir **3.** CINE montar **4.** INFOR editar
♦ **edit out** *vt* suprimir

edition [ɪ'dɪʃn] *n* TYPO edición *f;* (*set of books*) tirada *f;* **limited ~** edición limitada

editor ['edɪtəʳ, *Am:* -təʳ] *n* **1.**(*of book*) editor(a) *m(f);* (*of article*) redactor(a) *m(f);* (*of a newspaper*) director(a) *m(f);* **chief ~** redactor(a) *m(f)* jefe **2.** CINE montador(a) *m(f)*

editorial [ˌedɪ'tɔːrɪəl, *Am:* -ə'-] **I.** *n* editorial *m* **II.** *adj* editorial; **~ staff** redacción *f*

EDP [ˌiːdiːˈpiː] *n abbr of* **electronic data processing** PED *m*

educate ['edʒʊkeɪt] *vt* **1.**(*bring up*) educar **2.**(*teach*) instruir

education [ˌedʒʊ'keɪʃn] *n no pl* **1.** SCHOOL educación *f;* **primary/secondary ~** enseñanza *f* primaria/secundaria **2.**(*training*) enseñanza *f* **3.**(*teaching*) enseñanza *f;* (*study of teaching*) pedagogía *f*

educational [ˌedʒʊ'keɪʃənl] *adj* **1.** SCHOOL (*system*) educativo; (*establishment*) docente **2.**(*instructive*) instructivo

EEC [ˌiːiːˈsiː] *n no pl* HIST *abbr of* **European Economic Community** CEE *f*

eel [iːl] *n* anguila *f*

eerie ['ɪəri, *Am:* 'ɪri] <-r, -st> *adj,* **eery** <-ier, -iest> *adj* espeluznante

effect [ɪ'fekt] **I.** *n* **1.**(*consequence*) efecto *m;* **to have an ~ on sth** afectar a algo **2.**(*result*) resultado *m;* **to be of little/no ~** dar poco/no dar resultado; **to take ~** LAW entrar en vigor; (*medicine*) surtir efecto **3.**(*impression*) impresión *f;* **the overall ~** la impresión general **4.** *pl* (*belongings*) efectos *mpl* **II.** *vt* realizar; (*payment*) efectuar; (*cure*) lograr

effective [ɪ'fektɪv] *adj* **1.**(*giving result*) eficaz **2.**(*real*) efectivo **3.**(*op-

erative) vigente **4.**(*striking*) impresionante

effectively *adv* **1.**(*giving result*) eficazmente **2.**(*really*) en efecto **3.**(*strikingly*) de manera impresionante

effeminate [ɪ'femɪnət] *adj* afeminado

efficiency [ɪ'fɪʃnsi] *n no pl* **1.**(*of a person*) eficiencia *f* **2.**(*of a machine*) rendimiento *m*

efficient [ɪ'fɪʃnt] *adj* (*person*) eficiente; (*machine*) de buen rendimiento

effort ['efət, *Am:* -əʳt] *n* esfuerzo *m;* **to be worth the ~** valer la pena

effortless ['efətləs, *Am:* -əʳt-] *adj* fácil

effusive [ɪ'fjuːsɪv] *adj form* efusivo

EFL [ˌiːefˈel] *n,* **Efl** *n abbr of* **English as a foreign language** inglés *m* como idioma extranjero

e.g. [ˌiːˈdʒiː] *abbr of* **exempli gratia** (= **for example**) p.ej.

egg [eg] *n* huevo *m;* **hard-boiled ~** huevo duro; **scrambled ~s** huevos revueltos
♦ **egg on** *vt* incitar

eggcup *n* huevera *f*

eggplant *n Am, Aus* berenjena *f*

eggshell *n* cáscara *f* de huevo

egg yolk *n* yema *f* de huevo

ego ['egəʊ, *Am:* 'iːgoʊ] *n* <-s> ego *m*

egotism ['egəʊtɪzəm, *Am:* 'iːgoʊ-] *n no pl* egotismo *m*

egotist ['egəʊtɪst, *Am:* 'iːgoʊ-] *n* egotista *mf*

Egypt ['iːdʒɪpt] *n* Egipto *m*

Egyptian [ɪ'dʒɪpʃn] *adj* egipcio

eiderdown ['aɪdədaʊn, *Am:* -dəʳ-] *n* edredón *m*

Eiffel tower [ˌaɪflˈtaʊəʳ, *Am:* -ˈtaʊəʳ] *n* **the ~** la torre Eiffel

eight [eɪt] *adj* ocho *inv;* **there are ~ of us** somos ocho; **~ and a quarter/half** ocho y cuarto/medio; **~ o'clock** las ocho; **it's ~ o'clock** son las ocho; **it's half past ~** son las ocho y media; **at ~ twenty/thirty** a las ocho y veinte/media

eighteen [ˌeɪ'tiːn] *adj* dieciocho *inv;*

s. a. **eight**

eighteenth [ˌeɪˈtiːnθ] *adj* decimoctavo, -a

eighth [eɪtθ] *adj* octavo

eightieth [ˈeɪtɪəθ, *Am:* -t̬ɪəθ] *adj* octogésimo, -a

eighty [ˈeɪtɪ, *Am:* -t̬ɪ] *adj* ochenta *inv;* **he is** ~ **(years old)** tiene ochenta años; **a man of about** ~ **years of age** un hombre de alrededor de ochenta años

Eire [ˈæərə, *Am:* ˈerə] *n* Eire *m*

either [ˈaɪðəʳ, *Am:* ˈiːðə-] **I.** *adj* **1.** (*one of two*) **I'll do it** ~ **way** lo hará de una manera u otra **2.** (*each*) cada **II.** *pron* cualquiera (de los dos); **which one?** – ~ ¿cuál? – cualquiera **III.** *adv* tampoco **IV.** *conj* ~ **... or ...** o... o...

eject [ɪˈdʒekt] **I.** *vt* echar, expulsar; (*liquid, gas*) expeler **II.** *vi* eyectarse

eke out [iːk aʊt] *vt* (*money, food*) hacer durar; **to** ~ **a living** ganarse la vida a duras penas

elaborate [ɪˈlæbərət] **I.** *adj* (*complicated*) complicado; (*plan*) minucioso **II.** *vt* elaborar; (*plan*) idear **III.** *vi* entrar en detalles

elapse [ɪˈlæps] *vi form* transcurrir

elastic [ɪˈlæstɪk] *adj* elástico

elastic band *n Brit* gomita *f*

elated *adj* eufórico

elation [ɪˈleɪʃn] *n no pl* regocijo *m*

Elba [ˈelbə] *n* Elba *f*

elbow [ˈelbəʊ, *Am:* -boʊ] **I.** *n* codo *m* **II.** *vt* dar un codazo a; **to** ~ **one's way through the crowd** abrirse paso a codazos entre la multitud

elder¹ [ˈeldəʳ, *Am:* -də-] **I.** *n* **1.** (*older person*) mayor *mf;* **she is my** ~ **by three years** es tres años mayor que yo **2.** (*senior person*) anciano, -a *m, f* **II.** *adj* mayor

⚠️ **elder, eldest** se pueden utilizar en lugar de **older, oldest** delante de los miembros de la familia: "Bob has two elder brothers and his eldest brother is six years older than him."

elder² [ˈeldəʳ, *Am:* -də] *n* BOT saúco *m*

elderly [ˈeldəlɪ, *Am:* -də-] *adj* anciano; **the** ~ los ancianos

eldest [ˈeldɪst] *adj* mayor; **the** ~ el/la mayor

elect [ɪˈlekt] **I.** *vt* elegir; **to** ~ **to resign** optar por dimitir **II.** *n no pl* REL **the** ~ los elegidos **III.** *adj* **the president** ~ el presidente electo, la presidente electa

election [ɪˈlekʃn] *n* elección *f;* **to call/hold an** ~ convocar/celebrar elecciones

election campaign *n* campaña *f* electoral

electioneering [ɪˌlekʃəˈnɪərɪŋ, *Am:* -ˈnɪr-] *n no pl* campaña *f* electoral

elector [ɪˈlektəʳ, *Am:* -t̬ə] *n* elector(a) *m(f)*

electoral [ɪˈlektərəl] *adj* electoral; ~ **college** colegio *m* electoral; ~ **roll** censo *m* electoral

electorate [ɪˈlektərət] *n* electorado *m*

electric [ɪˈlektrɪk] *adj* eléctrico; ~ **blanket** manta eléctrica; ~ **chair** silla eléctrica; ~ **cooker** cocina eléctrica; ~ **light** luz eléctrica

electrical [ɪˈlektrɪkl] *adj* eléctrico

electrician [ɪˌlekˈtrɪʃn] *n* electricista *mf*

electricity [ɪˌlekˈtrɪsətɪ] *n no pl* electricidad *f;* **to run on** ~ funcionar con electricidad

electricity board *n Brit* compañía *f* eléctrica

electrify [ɪˈlektrɪfaɪ] *vt* electrificar

electrocardiogram [ɪˌlektrəʊˈkɑː-dɪəʊgræm, *Am:* -troʊˈkɑːrdɪə-] *n* electrocardiograma *m*

electrocute [ɪˈlektrəkjuːt] *vt* electrocutar

electrocution [ɪˌlektrəˈkjuːʃn] *n* electrocución *f*

electrode [ɪˈlektrəʊd, *Am:* -troʊd] *n* electrodo *m*

electron [ɪˈlektrɒn, *Am:* -trɑːn] *n* electrón *m*

electronic [ˌɪlekˈtrɒnɪk, *Am:* ɪˌlek-ˈtrɑːnɪk] *adj* electrónico; ~ **data processing** procesamiento electrónico de datos; ~ **mail** correo electrónico

electronics [ˌɪlek'trɒnɪks, *Am:* ɪˌlek'trɑːnɪks] *n + sing vb* electrónica *f*

elegance ['elɪɡəns, *Am:* '-ə-] *n no pl* elegancia *f*

elegant ['elɪɡənt, *Am:* '-ə-] *adj* elegante

elegy ['elədʒɪ] *n* elegía *f*

element ['elɪmənt, *Am:* '-ə-] *n* 1. *a.* CHEM, MAT elemento *m* 2. ELEC resistencia *f*

elementary [ˌelɪ'mentərɪ, *Am:* -ə-'mentɚ-] *adj* elemental; (*course*) básico; **~ school** *Am* escuela *f* (de enseñanza) primaria

elephant ['elɪfənt] *n* elefante *m*

elevate ['elɪveɪt] *vt* 1. (*raise*) elevar; (*prices*) aumentar 2. (*in rank*) ascender

elevation [ˌelɪ'veɪʃn] *n* 1. (*rise*) elevación *f*; (*of person*) ascenso *m* 2. (*height*) altura *f*

elevator ['elɪveɪtə', *Am:* -t̬ɚ] *n Am* ascensor *m*, elevador *m* *AmL*

eleven [ɪ'levn] *adj* once; *inv s. a.* **eight**

elevenses [ɪ'levnzɪz] *npl Brit, inf* **to have** ~ tomar las once

eleventh [ɪ'levnθ] *adj* undécimo

elf [elf] <elves> *n* duende *m*

elicit [ɪ'lɪsɪt] *vt* obtener

eligible ['elɪdʒəbl] *adj* 1. elegible; ~ **to vote** con derecho a voto 2. (*desirable*) deseable

eliminate [ɪ'lɪmɪneɪt] *vt* 1. (*eradicate*) eliminar 2. (*exclude from consideration*) descartar

elite [eɪ'liːt] *n* élite *f*

elm [elm] *n* olmo *m*

elocution [ˌelə'kjuːʃn] *n no pl* elocución *f*

elongated *adj* alargado

elope [ɪ'ləʊp, *Am:* -'loʊp] *vi* fugarse

elopement [ɪ'ləʊpmənt, *Am:* -'loʊp-] *n* fuga *f*

eloquent ['eləkwənt] *adj* elocuente

El Salvador [el'sælvəˌdɔːr, *Am:* -dɔːr] *n* El Salvador

else [els] *adv* más; **anyone ~?** ¿alquien más?; **anything ~?**, **everybody ~** (todos) los demás; **every-**

thing/all ~ todo lo demás; **someone/something** ~ otra persona/cosa, ¿algo más?; **or** ~ si no

elsewhere [ˌels'weə', *Am:* 'elswer] *adv* en otro sitio; **let's go ~!** ¡vamos a otra parte!

ELT [ˌiːel'tiː] *n abbr of* **English language teaching** enseñanza *f* de inglés

elude [ɪ'luːd] *vt* eludir; (*blow*) esquivar

elusive [ɪ'luːsɪv] *adj* 1. (*evasive*) evasivo; (*personality*) esquivo 2. (*difficult to obtain*) difícil de conseguir

elves [elvz] *n pl of* **elf**

emaciated [ɪ'meɪʃɪeɪtɪd, *Am:* -t̬ɪd] *adj form* demacrado, jalado *AmL*

e-mail ['iːmeɪl] *n abbr of* **electronic mail** e-mail *m*

e-mail address *n* dirección *f* de correo electrónico

emancipate [ɪ'mænsɪpeɪt] *vt* emancipar

embankment [ɪm'bæŋkmənt, *Am:* em-] *n* (*of a road*) terraplén *m*; (*by river*) dique *m*

embargo [ɪm'bɑːɡəʊ, *Am:* em-'bɑːrɡoʊ] <-goes> *n* embargo *m*; **trade ~** embargo comercial; **to put** [*o* **lay**] **an ~ on a country** imponer un embargo sobre un país

embark [ɪm'bɑːk, *Am:* em'bɑːrk] I. *vi* embarcar(se); **to ~ on** [*o* **upon**] **sth** emprender algo II. *vt* embarcar

embarkation [ˌembɑː'keɪʃn, *Am:* -bɑːr'-] *n* embarque *m*

embarrass [ɪm'bærəs, *Am:* em-'ber-] *vt* 1. (*make feel uncomfortable*) avergonzar 2. (*disconcert*) desconcertar

embarrassed *adj* avergonzado; (*silence*) violento; **to be ~** pasar vergüenza

embarrassing *adj* embarazoso

embarrassment [ɪm'bærəsment, *Am:* em'ber-] *n* 1. (*shame*) vergüenza *f* 2. (*trouble, nuisance*) molestia *f*

embassy ['embəsɪ] <-ies> *n* embajada *f*

embed [ɪm'bed, *Am:* em-] <-dd-> *vt* (*fix*) hincar; (*in rock*) incrustar;

(*in memory*) grabar

embellish [ɪmˈbelɪʃ, *Am:* em-] *vt* adornar

embers [ˈembəʳz, *Am:* -bəʳz] *npl* ascuas *fpl*

embezzle [ɪmˈbezl] <-ing> *vt* desfalcar

embezzlement [ɪmˈbezlmənt] *n no pl* desfalco *m*

embitter [ɪmˈbɪtəʳ, *Am:* emˈbɪt̬əʳ] *vt* amargar

emblem [ˈembləm] *n* emblema *m*

embody [ɪmˈbɒdɪ, *Am:* emˈbɑːdɪ] *vt* **1.** (*convey: theory, idea*) expresar **2.** (*personify*) personificar **3.** (*include*) incorporar

emboss [ɪmˈbɒs, *Am:* emˈbɑːs] *vt* (*letters*) grabar en relieve; (*leather, metal*) repujar

embrace [ɪmˈbreɪs, *Am:* em-] **I.** *vt* **1.** (*hug*) abrazar **2.** (*accept: offer*) aceptar; (*ideas, religion*) incorporarse a **3.** (*include*) abarcar **II.** *vi* abrazarse **III.** *n* abrazo *m*

embroider [ɪmˈbrɔɪdəʳ, *Am:* emˈbrɔɪdəʳ] *vi, vt* bordar

embroidery [ɪmˈbrɔɪdərɪ, *Am:* em-] *n* bordado *m*

embryo [ˈembrɪəʊ, *Am:* -oʊ] *n* embrión *m*

emcee [ɛmˈsiː] *n Am* presentador(a) *m(f)*

emend [ɪˈmend] *vt form* enmendar

emerald [ˈemərəld] *n* esmeralda *f*

emerge [ɪˈmɜːdʒ, *Am:* -ˈmɜːrdʒ] *vi* (*come out*) salir; (*secret*) revelarse; (*ideas*) surgir

emergency [ɪˈmɜːdʒənsɪ, *Am:* -ˈmɜːr-] **I.** <-ies> *n* **1.** (*dangerous situation*) emergencia *f*; MED urgencia *f*; ~ **room** sala *f* de urgencias; **in an** ~ en caso de emergencia **2.** POL crisis *f inv* **II.** *adj* (*exit*) de emergencia; (*services*) de urgencia; ~ **cord** *Am* timbre de alarma; ~ **brake** *Am* freno de mano; ~ **exit** salida de emergencia; ~ **landing** aterrizaje forzoso; ~ **service** servicio de urgencia

emergent [ɪˈmɜːdʒənt, *Am:* -ˈmɜːr-] *adj* emergente; (*democracy*) joven

emery board *n* lima *f* de esmeril

emery paper *n* papel *m* de lija

emigrant [ˈemɪgrənt] *n* emigrante *mf*

emigrate [ˈemɪgreɪt] *vi* emigrar

emigration [ˌemɪˈgreɪʃn] *n* emigración *f*

eminence [ˈemɪnəns] *n no pl* eminencia *f*

eminent [ˈemɪnənt] *adj* eminente

emission [ɪˈmɪʃn] *n* emisión *f*

emit [ɪˈmɪt] <-tt-> *vt* (*radiation, light*) emitir; (*odour*) despedir; (*smoke*) echar; (*cry*) dar

emotion [ɪˈməʊʃn, *Am:* -ˈmoʊ-] *n* emoción *f*

emotional [ɪˈməʊʃənl, *Am:* -ˈmoʊ-] *adj* **1.** (*relating to the emotions*) emocional; (*involvement, link*) afectivo **2.** (*moving*) conmovedor **3.** (*governed by emotion*) emocionado

emotive [ɪˈməʊtɪv, *Am:* -ˈmoʊt̬ɪv] *adj* emotivo

empathy [ˈempəθɪ] *n no pl* empatía *f*

emperor [ˈempərəʳ, *Am:* -əʳ] *n* emperador *m*

emphasis [ˈemfəsɪs] <emphases> *n* **1.** LING acento *m* **2.** (*importance*) énfasis *m inv*; **to put** [*o* **lay**] **great ~ on punctuality** hacer especial hincapié en la puntualidad

emphasize [ˈemfəsaɪz] *vt* **1.** LING acentuar **2.** (*insist on*) poner énfasis en, enfatizar *AmL;* (*fact*) hacer hincapié en

emphatic [ɪmˈfætɪk, *Am:* emˈfæt̬-] *adj* (*forcibly expressive*) enfático; (*strong*) enérgico; (*refusal*) rotundo

emphatically *adv* (*expressively*) con énfasis; (*strongly*) enérgicamente; (*forcefully*) categóricamente

empire [ˈempaɪəʳ, *Am:* -paɪəʳ] *n* imperio *m*

employ [ɪmˈplɔɪ, *Am:* em-] *vt* **1.** (*person*) emplear **2.** (*object*) utilizar

employee [ˌɪmplɔɪˈiː, *Am:* ˈem-] *n* empleado, -a *m, f*

employer [ɪmˈplɔɪəʳ, *Am:* emˈplɔɪəʳ] *n* empresario, -a *m, f*

employment [ɪmˈplɔɪmənt, *Am:*

'em-] *n no pl* empleo *m;* **to be in ~** *Brit, form* tener trabajo

employment agency *n* agencia *f* de empleo

empower [ɪmˈpaʊəʳ, *Am:* emˈpaʊɚ] *vt* **to ~ sb to do sth** (*give ability to*) capacitar a alguien para hacer algo; (*authorise*) autorizar a alguien a hacer algo

empress [ˈemprɪs] *n* emperatriz *f*

emptiness [ˈemptɪnɪs] *n no pl* vacío *m*

empty [ˈempti] I. <-ier, -iest> *adj* **1.** (*with nothing inside*) vacío **2.** (*useless*) inútil; (*words*) vano II. <-ie-> *vt* (*pour*) verter; (*deprive of contents*) vaciar III. <-ie-> *vi* vaciarse; (*river*) desembocar IV. <-ies> *n pl* envases *mpl* (vacíos)

◆**empty out** *vt* vaciar

empty-handed [ˌemptiˈhændɪd] *adj* con las manos vacías

EMS [ˌiːemˈes] *n abbr of* **Economic and Monetary System** SME *m*

EMU [ˌiːemˈjuː] *n no pl abbr of* **Economic and Monetary Union** UME *f*

emulate [ˈemjʊleɪt] *vt* emular

emulsion [ɪˈmʌlʃn] *n* emulsión *f*

enable [ɪˈneɪbl] *vt* **1.** **to ~ sb to do sth** permitir a alguien que haga algo **2.** INFOR activar

enact [ɪˈnækt] *vt* **1.** (*carry out*) llevar a cabo **2.** THEAT representar **3.** (*law*) promulgar

enamel [ɪˈnæml] *n* esmalte *m*

encase [ɪnˈkeɪs, *Am:* en-] *vt* encerrar

enchant [ɪnˈtʃɑːnt, *Am:* enˈtʃænt] *vt* encantar

enchanting *adj* encantador

enc(l). *abbr of* **enclosure** recinto *m*

enclose [ɪnˈkləʊz, *Am:* enˈkloʊz] *vt* **1.** (*surround*) cercar; **to ~ sth in brackets** poner algo entre paréntesis **2.** (*include*) adjuntar, adosar *AmL*

enclosure [ɪnˈkləʊʒəʳ, *Am:* enˈkloʊʒɚ] *n* **1.** (*enclosed area*) recinto *m* **2.** (*action*) cercamiento *m* **3.** (*letter*) documento *m* adjunto

encompass [ɪnˈkʌmpəs, *Am:* en-] *vt* abarcar

encore [ˈɒŋkɔːʳ, *Am:* ˈɑːnkɔːr] I. *n* repetición *f* II. *interj* otra

encounter [ɪnˈkaʊntəʳ, *Am:* enˈkaʊntɚ] I. *vt* encontrar; **to ~ sb** encontrarse con alguien (por casualidad) II. *n* encuentro *m*

encourage [ɪnˈkʌrɪdʒ, *Am:* enˈkɜːr-] *vt* (*give confidence*) alentar; (*give hope*) dar ánimos a; **to ~ sb to do sth** animar a alguien a hacer algo

encouragement [ɪnˈkʌrɪdʒmənt, *Am:* enˈkɜːr-] *n no pl* estímulo *m*

encroach [ɪnˈkrəʊtʃ, *Am:* enˈkroʊtʃ] *vi* **to ~ on** [*o* **upon**] **sth** (*intrude*) invadir algo; *fig* usurpar algo

encyclop(a)edia [ɪnˌsaɪkləˈpiːdɪə, *Am:* en-] *n* enciclopedia *f*

end [end] I. *n* **1.** (*last, furthest point*) final *m* **2.** (*finish*) fin *m;* **in the ~** a fin de cuentas; **it's not the ~ of the world** no es el fin del mundo **3.** (*extremities*) extremo *m* **4.** *pl* (*aims*) fin *m;* (*purpose*) intención *f;* **to achieve one's ~s** conseguir los propios objetivos **5.** (*piece remaining*) resto *m* **6.** SPORTS media *m* II. *vt* **1.** (*finish*) acabar **2.** (*bring to a stop: reign, war*) poner fin a III. *vi* **to ~ in sth** terminar en algo

◆**end up** *vi* terminar; **to ~ doing sth** terminar haciendo algo

endanger [ɪnˈdeɪndʒəʳ, *Am:* enˈdeɪndʒɚ] *vt* poner en peligro; **an ~ed species** una especie en peligro de extinción

endearing *adj* entrañable

endeavour [ɪnˈdevəʳ, *Am:* enˈdevɚ] *Am,* **endeavour** [ɪnˈdevəʳ, *Am:* enˈdevɚ] *Brit* I. *vi* **to ~ to do sth** esforzarse por hacer algo II. *n* esfuerzo *m*

ending [ˈendɪŋ] *n* fin *m;* LING terminación *f*

endive [ˈendɪv, *Am:* ˈendaɪv] *n Am* endibia *f*

endorse [ɪnˈdɔːs, *Am:* enˈdɔːrs] *vt* **1.** (*declare approval for*) aprobar; (*product*) promocionar **2.** FIN endosar

endorsement *n* **1.** (*support: of a plan*) aprobación *f;* (*recommendation*) recomendación *f* **2.** FIN endoso *m*

endow [ɪnˈdaʊ, *Am:* enˈ-] *vt* dotar; **to be ~ed with sth** estar dotado de algo

endurance [ɪnˈdjʊərəns, *Am:* enˈdʊrəns] *n no pl* resistencia *f*

endure [ɪnˈdjʊəʳ, *Am:* enˈdʊr] **I.** *vt* **1.** (*tolerate*) soportar, aguantar **2.** (*suffer*) resisitir **II.** *vi form* durar

ENE *abbr of* **east-northeast** ENE

enema [ˈenɪmə, *Am:* -ə-] <-s *o* enemata> *n* enema *m*

enemy [ˈenəmɪ] *n* enemigo, -a *m, f*

energetic [ˌenəˈdʒetɪk, *Am:* -ə-ˈdʒet̪-] *adj* enérgico

energy [ˈenədʒɪ, *Am:* -ə-] <-ies> *n* energía *f*

enforce [ɪnˈfɔːs, *Am:* enˈfɔːrs] *vt* aplicar; (*law*) hacer cumplir

engage [ɪnˈgeɪdʒ, *Am:* enˈ-] **I.** *vt* **1.** *form* (*hold interest*) atraer **2.** (*put into use*) activar **3.** TECH (*cogs*) engranar; **to ~ the clutch** embragar **II.** *vi* **1.** MIL trabar batalla **2.** TECH engranar

engaged *adj* **1.** (*occupied*) ocupado; **to be ~** (*telephone*) estar comunicando **2.** (*to be married*) prometido; **to get ~** (**to sb**) comprometerse (con alguien)

engagement [ɪnˈgeɪdʒmənt, *Am:* enˈ-] *n* **1.** (*appointment*) compromiso *m* **2.** MIL combate *m* **3.** (*marriage*) compromiso *m*

engagement ring *n* anillo *m* de compromiso

engaging *adj* atractivo

engender [ɪnˈdʒendəʳ, *Am:* enˈdʒendə] *vt form* engendrar

engine [ˈendʒɪn] *n* **1.** (*motor*) motor *m* **2.** *Brit* RAIL máquina *f*

engineer [ˌendʒɪˈnɪəʳ, *Am:* -ˈnɪr] *n* **1.** (*with a degree*) ingeniero, -a *m, f* **2.** (*technician*) técnico, -a *m, f* **3.** *Am* RAIL maquinista *mf*

engineering [ˌendʒɪˈnɪərɪŋ, *Am:* -ˈnɪr-] *n no pl* ingeniería *f*

England [ˈɪŋglənd] *n* Inglaterra *f*

English [ˈɪŋglɪʃ] *adj* inglés; **~ speaker** anglófono, -a *m, f*

English Channel *n* Canal *m* de la Mancha **Englishman** <-men> *n*

inglés *m* **English-speaker** *n* persona *f* de habla inglesa **English-speaking** *adj* de habla inglesa **Englishwoman** <-women> *n* inglesa *f*

engraving [ɪnˈgreɪvɪŋ, *Am:* enˈ-] *n* grabado *m*

engross [ɪnˈgrəʊs, *Am:* enˈgroʊs] *vt* absorber; **to be ~ed in sth** estar absorto en algo

engulf [ɪnˈgʌlf, *Am:* enˈ-] *vt* hundir

enhance [ɪnˈhɑːns, *Am:* -ˈhæns] *vt* realzar; (*improve or intensify: chances*) aumentar; (*memory*) refrescar

enigma [ɪˈnɪgmə] *n* enigma *m*

enjoy [ɪnˈdʒɔɪ, *Am:* enˈ-] **I.** *vt* **1.** (*get pleasure from*) disfrutar de; **to ~ doing sth** disfrutar haciendo algo; **~ yourselves!** ¡que lo paséis bien! **2.** (*have: health*) poseer **II.** *vi Am* pasarlo bien

enjoyable [ɪnˈdʒɔɪəbl, *Am:* enˈ-] *adj* agradable; (*film, book, play*) divertido

enjoyment [ɪnˈdʒɔɪmənt, *Am:* enˈ-] *n no pl* disfrute *m*

enlarge [ɪnˈlɑːdʒ, *Am:* enˈlɑːrdʒ] **I.** *vt* **1.** (*make bigger*) agrandar; (*expand*) extender **2.** PHOT ampliar **II.** *vi* extenderse

enlargement *n* aumento *m*; (*expanding*) extensión *f*; PHOT ampliación *f*

enlighten [ɪnˈlaɪtn, *Am:* enˈ-] *vt* **1.** REL iluminar **2.** (*explain*) instruir

enlightened *adj* (*person*) progresista; REL iluminado; (*age*) ilustrado

enlightenment [ɪnˈlaɪtnmənt, *Am:* enˈ-] *n no pl* **1.** REL iluminación *f* **2.** PHILOS **the** (**Age of**) **Enlightenment** el Siglo de las Luces

enlist [ɪnˈlɪst, *Am:* enˈ-] **I.** *vi* MIL alistarse **II.** *vt* MIL alistar; (*support*) conseguir

enmity [ˈenmətɪ] <-ies> *n* enemistad *f*

enormity [ɪˈnɔːmətɪ, *Am:* -ˈnɔːrmət̪ɪ] <-ies> *n* enormidad *f*

enormous [ɪˈnɔːməs, *Am:* -ˈnɔːr-] *adj* enorme

enough [ɪˈnʌf] **I.** *adj* (*sufficient*) suficiente, bastante **II.** *adv* bastante; **to**

be experienced ~ **(to do sth)** tener la suficiente experiencia (para hacer algo); **to have seen** ~ haber visto demasiado **III.** *interj* basta **IV.** *pron* bastante; **that's (quite)** ~! ¡basta ya!; **that should be** ~ eso debería ser suficiente; ~ **is** – basta y sobra

enquire [ɪnˈkwaɪəʳ, *Am:* enˈkwaɪɚ] **I.** *vi* preguntar; **to** ~ **for sb** preguntar por alguien; **to** ~ **about sth** pedir información sobre algo; **to** ~ **into a matter** indagar en un asunto **II.** *vt* preguntar; **to** ~ **the reason** preguntar por qué

enrage [ɪnˈreɪdʒ, *Am:* en-] *vt* enfurecer

enrich [ɪnˈrɪtʃ, *Am:* en-] *vt* enriquecer

enrol *Brit*, **enroll** [ɪnˈrəʊl, *Am:* -ˈroʊl] *Am* **I.** *vi* inscribirse **II.** *vt* inscribir; *(on a course)* matricular

enrollment *n Am*, **enrolment** [ɪnˈrəʊlmənt, *Am:* enˈroʊl-] *n* inscripción *f*; *(on a course)* matriculación *f*

en route [ˌɒnˈruːt, *Am:* ˌɑːnˈ-] *adv* en el camino

ensue [ɪnˈsjuː, *Am:* enˈsuː] *vi form* seguirse

ensure [ɪnˈʃʊəʳ, *Am:* enˈʃʊr] *vt* asegurar

entail [ɪnˈteɪl, *Am:* en-] *vt* acarrear; **to** ~ **doing sth** implicar hacer algo

entangle [ɪnˈtæŋgl, *Am:* en-] *vt* enredar; **to get** ~**d in sth** quedar enredado en algo; *fig* verse envuelto en algo

entanglement *n* enredo *m*; *(situation)* embrollo *m*

enter [ˈentəʳ, *Am:* -ˌt̬ɚ] **I.** *vt* **1.** *(go into)* entrar en; *(penetrate)* penetrar **2.** *(insert)* introducir; *(into a register)* inscribir **3.** *(join)* hacerse socio de **4.** *(make known)* anotar; *(claim)* presentar; *(plea)* formular **II.** *vi* THEAT entrar

♦ **enter into** *vi (form part of)* tomar parte en; **to** ~ **discussion** meterse en una discusión; **to** ~ **negotiations** iniciar negociaciones

♦ **enter up** *vt* asentar; *(in accounts)* registrar

♦ **enter upon** *vi* emprender

enterprise [ˈentəpraɪz, *Am:* -ˌt̬ɚ-] *n* **1.** *(firm)* empresa *f* **2.** *(initiative)* iniciativa *f*

enterprising *adj* emprendedor

entertain [ˌentəˈteɪn, *Am:* -ˌt̬ɚ-] *vt* **1.** *(amuse)* entretener **2.** *(guests)* recibir **3.** *(consider)* considerar; **to** ~ **doubts** abrigar dudas

entertainer [ˌentəˈteɪnəʳ, *Am:* -ˌt̬ɚ-ˈteɪnɚ] *n* artista *mf*

entertaining *adj no pl* entretenido; *(person)* divertido

entertainment [ˌentəˈteɪnmənt, *Am:* -ˌt̬ɚ-] *n* **1.** *no pl (amusement)* diversión *f* **2.** *(show)* espectáculo *m*

enthral [ɪnˈθrɔːl] <-ll-> *vt*, **enthrall** *vt Am* cautivar

enthrone [ɪnˈθrəʊn, *Am:* enˈθroʊn] *vt form* entronizar

enthusiasm [ɪnˈθjuːzɪæzəm, *Am:* enˈθuː-] *n* entusiasmo *m*

enthusiast [ɪnˈθjuːzɪæst] *n* entusiasta *mf*

enthusiastic [ɪnˌθjuːzɪˈæstɪk, *Am:* enˌθuː-] *adj* entusiasta; **to be** ~ **about sth** estar entusiasmado con algo

entice [ɪnˈtaɪs, *Am:* en-] *vt* tentar

entire [ɪnˈtaɪəʳ, *Am:* enˈtaɪɚ] *adj* **1.** *(whole)* todo; *(total)* total **2.** *(complete)* entero

entirely *adv* enteramente; **to agree** ~ estar completamente de acuerdo

entirety [ɪnˈtaɪəˈrəti, *Am:* enˈtaɪrəˌtɪ] *n* **in its** ~ en su totalidad

entitle [ɪnˈtaɪtl, *Am:* enˈtaɪt̬l] *vt* **1.** *(give right)* autorizar; **to** ~ **sb to act** autorizar a alguien para actuar **2.** *(book)* titular

entitled *adj* **1.** *(person)* autorizado **2.** *(book)* titulado

entity [ˈentəti, *Am:* -ˌt̬əti] <-ies> *n form* entidad *f*

entourage [ˈɒntʊrɑːʒ, *Am:* ˌɑːntʊˈrɑːʒ] *n* séquito *m form*

entrance¹ [ˈentrəns] *n (way in)* entrada *f*; *(door)* puerta *f*; **front** ~ entrada *f* principal

entrance² [ɪnˈtrɑːns, *Am:* enˈtræns] *vt* encantar

entrance examination [ˈentrəns ɪgˌzæmɪˈneɪʃn] *n* examen *m* de ingreso **entrance fee** *n* cuota *f* de entrada [*o* de inscripción]

entrant ['entrənt] *n* participante *mf*

entrepreneur [,ɒntrəprə'nɜ:ʳ, *Am:* ,ɑ:ntrəprə'nɜ:r] *n* empresario, -a *m, f*

entrust [ɪn'trʌst, *Am:* en-] *vt* confiar; **to ~ sth to sb** confiar algo a alguien

entry ['entrɪ] <-ies> *n* **1.** (*act of entering*) entrada *f*; (*joining an organization*) ingreso *m* **2.** (*entrance*) acceso *m*

entry form *n* formulario *m* de inscripción **entryphone** *n Brit* portero *m* automático

E-number ['i:nʌmbəʳ, *Am:* -bə·] *n* número *m* E

enunciate [ɪ'nʌnsɪeɪt] *vt* **1.** (*sound*) pronunciar **2.** (*theory*) enunciar

envelop [ɪn'veləp, *Am:* en-] *vt* envolver

envelope ['envələʊp, *Am:* -loʊp] *n* sobre *m*, cierro *m Chile*

enviable ['envɪəbl] *adj* envidiable

envious ['envɪəs] *adj* envidioso

environment [ɪn'vaɪərənmənt, *Am:* en'vaɪ-] *n* entorno *m*; **the ~** ECOL el medio ambiente

environmental [ɪn,vaɪərən'mentl, *Am:* en,vaɪərən'mentl̩] *adj* ambiental; ECOL medioambiental; **~ pollution** contaminación *f* ambiental

environmentalist *n* ecologista *mf*

environmentally-friendly *adj* ecológico

envisage [ɪn'vɪzɪdʒ, *Am:* en-] *vt*, **envision** *vt Am* **1.** (*expect*) prever **2.** (*imagine*) formarse una idea de

envoy ['envɔɪ, *Am:* 'a:n-] *n* enviado, -a *m, f*

envy ['envɪ] **I.** *n no pl* envidia *f* **II.** <-ie-> *vt* envidiar

EPA [,i:pi:'eɪ] *Am abbr of* **Environmental Protection Agency** Agencia *f* del Medio Ambiente

epic ['epɪk] **I.** *n* epopeya *f* **II.** *adj* épico

epicenter *n Am*, **epicentre** ['epɪsentəʳ, *Am:* -t̬əʳ] *n Brit, Aus* epicentro *m*

epidemic [,epɪ'demɪk, *Am:* -ə'-] **I.** *n* epidemia *f* **II.** *adj* epidémico

epilepsy ['epɪlepsɪ] *n no pl* epilepsia *f*

epileptic [,epɪ'leptɪk] *n* epiléptico, -a *m, f*

epilog *n Am*, **epilogue** ['epɪlɒg, *Am:* -əlɑ:g] *n Brit* epílogo *m*

episode ['epɪsəʊd, *Am:* -əsoʊd] *n* episodio *m*

epitome [ɪ'pɪtəmɪ, *Am:* -'pɪt̬-] *n* **1.** (*embodiment*) personificación *f* **2.** (*example*) arquetipo *m*

epitomise *vt Aus, Brit*, **epitomize** [ɪ'pɪtəmaɪz, *Am:* -'pɪt̬-] *vt* personificar

epoch ['i:pɒk, *Am:* 'epək] *n form* era *f*

equal ['i:kwəl] **I.** *adj* (*the same*) igual; (*treatment*) equitativo; **to be ~ to a task** ser capaz de realizar una tarea **II.** *n* igual *mf* **III.** <*Brit:* -ll-, *Am:* -l-> *vt* **1.** *pl* MAT ser igual a **2.** (*match*) igualar

equality [ɪ'kwɒlətɪ, *Am:* -'kwɑ:lət̬ɪ] *n no pl* igualdad *f*

equalize ['i:kwəlaɪz] **I.** *vt* nivelar **II.** *vi Aus, Brit* SPORTS empatar

equally ['i:kwəlɪ] *adv* igualmente; **to divide sth ~** dividir algo equitativamente

equanimity [,ekwə'nɪmətɪ, *Am:* -ət̬ɪ] *n no pl* ecuanimidad *f*

equate [ɪ'kweɪt] **I.** *vt* equiparar **II.** *vi* **to ~ to sth** ser equivalente [*o* igual] a algo

equation [ɪ'kweɪʒn] *n* ecuación *f*

equator [ɪ'kweɪtəʳ, *Am:* -t̬əʳ] *n no pl* ecuador *m*

Equatorial Guinea *n* Guinea *f* Ecuatorial

equilibrium [,i:kwɪ'lɪbrɪəm] *n no pl* equilibrio *m*

equip [ɪ'kwɪp] <-pp-> *vt* **1.** (*fit out*) equipar; **to ~ sb with sth** proveer a alguien de algo **2.** (*prepare*) preparar

equipment [ɪ'kwɪpmənt] *n no pl* equipo *m*

equities ['ekwətɪz, *Am:* -t̬ɪz] *n pl, Brit* acciones *fpl* ordinarias

equivalent [ɪ'kwɪvələnt] **I.** *adj* equivalente; **to be ~ to sth** equivaler a algo **II.** *n* equivalente *m*

equivocal [ɪ'kwɪvəkl] *adj* equívoco

ER [ˌiːˈɑːʳ, *Am:* -ˈɑːr] *n abbr of* **Elizabeth Regina** Reina *f* Isabel

era [ˈɪərə, *Am:* ˈɪrə] *n* era *f*

eradicate [ɪˈrædɪkeɪt] *vt* erradicar

erase [ɪˈreɪz, *Am:* -ˈreɪs] *vt a.* INFOR borrar

eraser [ɪˈreɪzəʳ, *Am:* -ˈreɪsɚ] *n Am* goma *f* de borrar

erect [ɪˈrekt] **I.** *adj* erguido; ANAT erecto **II.** *vt* erigir; (*construct*) construir; (*put up*) levantar

erection [ɪˈrekʃn] *n* **1.** *no pl* ARCHIT construcción *f* **2.** ANAT erección *f*

ERM [ˌiːɑːˈrem] *abbr of* **Exchange Rate Mechanism** SME *m*

erode [ɪˈrəʊd, *Am:* -ˈroʊd] *vt* erosionar

erosion [ɪˈrəʊʒn, *Am:* -ˈroʊ-] *n no pl* erosión *f*

erotic [ɪˈrɒtɪk, *Am:* -ˈrɑːt̬ɪk] *adj* erótico

err [ɜːʳ, *Am:* ɜːr] *vi* errar

errand [ˈerənd] *n* recado *m*; **to run an ~** (salir a) hacer un recado

erratic [ɪˈrætɪk, *Am:* -ˈræt̬-] *adj* **1.** GEO errático **2.** MED (*pulse*) irregular

error [ˈerəʳ, *Am:* -ɚ] *n* error *m*; **to do sth in ~** hacer algo por equivocación

erupt [ɪˈrʌpt] *vi* **1.** (*explode: volcano*) entrar en erupción; *fig* estallar **2.** MED salir

eruption [ɪˈrʌpʃn] *n* erupción *f*; *fig* estallido *m*

escalate [ˈeskəleɪt] *vi* (*increase*) aumentar; (*incidents*) intensificarse

escalator [ˈeskəleɪtəʳ, *Am:* -t̬ɚ] *n* escalera *f* mecánica

escapade [ˌeskəˈpeɪd] *n* aventura *f*

escape [ɪˈskeɪp] **I.** *vi* escaparse; (*person*) huir de; **to ~ from** escaparse de; **to ~ from a program** INFOR salir de un programa **II.** *vt* escapar a; (*avoid*) evitar; **to ~ sb('s attention)** pasar desapercibido a alguien; **a cry ~d him** se le escapó un grito **III.** *n* **1.** (*act*) fuga *f*; **to have a narrow ~** salvarse por muy poco **2.** (*outflow*) escape *m*

escapism [ɪˈskeɪpɪzəm] *n no pl* escapismo *m*

eschew [ɪˈstʃuː, *Am:* es-] *vt form* evitar

escort [ˈeskɔːt, *Am:* -kɔːrt] **I.** *vt* acompañar; (*politician*) escoltar **II.** *n* **1.** (*companion*) acompañante *mf* **2.** *no pl* (*guard*) escolta *f*

ESE *n abbr of* **east-southeast** ESE *m*

Eskimo [ˈeskɪməʊ, *Am:* -kəmoʊ] <-s> *n* esquimal *mf*

ESL [ˌiːesˈel] *n abbr of* **English as a second language** inglés *m* como segunda lengua

esophagus [iːˈsɒfəgəs, *Am:* ɪˈsɑː-fə-] *n Am* esófago *m*

ESP [ˌiːesˈpiː] *n abbr of* **extrasensory perception** percepción *f* extrasensorial

esp. *abbr of* **especially** especialmente

especial [ɪˈspeʃl] *adj* especial

especially [ɪˈspeʃəlɪ] *adv* **1.** (*particularly*) especialmente **2.** (*in particular*) en particular

espionage [ˈespɪənɑːʒ] *n no pl* espionaje *m*

espouse [ɪˈspaʊz] *vt* apoyar

Esq. *abbr of* **Esquire** Sr. *m*

Esquire [ɪˈskwaɪəʳ, *Am:* ˈeskwaɪɚ] *n Brit* (*special title*) Señor *m*

essay¹ [eˈseɪ] *n* **1.** LIT ensayo *m* **2.** SCHOOL redacción *f*

essay² [ˈeseɪ] *vt* **1.** (*try*) intentar hacer **2.** (*test*) probar

essence [ˈesns] *n* **1.** *no pl* esencia *f*; **time is of the ~** el tiempo es de vital importancia aquí **2.** (*in food*) esencia *f*, extracto *m*

essential [ɪˈsenʃl] **I.** *adj* esencial; (*difference*) fundamental **II.** *n pl* **the ~s** los elementos básicos [*o* esenciales]

essentially [ɪˈsenʃəlɪ] *adv* esencialmente

est. **1.** *abbr of* **estimated** est. **2.** *abbr of* **established** fundado

establish [ɪˈstæblɪʃ] **I.** *vt* **1.** (*found*) fundar **2.** (*begin: relationship*) entablar **3.** (*set: precedent*) sentar; (*priorities, norm*) establecer **4.** (*determine*) determinar; (*facts*) verificar; (*truth*) comprobar; **to ~ that ...** comprobar que... **II.** *vi* establecerse

established [ɪˈstæblɪʃt] *adj*

1. (*founded*) fundado **2.** (*fact*) comprobado; (*procedures*) establecido

establishment [ɪ'stæblɪʃmənt] *n* **1.** (*business*) empresa *f* **2.** (*organization*) establecimiento *m;* **the Establishment** POL la clase dirigente

estate [ɪ'steɪt] *n* **1.** (*piece of land*) finca *f* **2.** LAW patrimonio *m;* **housing** ~ urbanización *f;* **industrial** ~ polígono *m* industrial

estate agent *n* Brit agente *mf* de la propiedad inmobiliaria **estate car** *n* Brit coche *m* familiar

esteem [ɪ'stiːm] **I.** *n no pl* estima *f;* **to hold sb in high/low** ~ tener a alguien en gran/poca estima **II.** *vt* estimar

esthetic [iːs'θetɪk] *adj* estético

estimate ['estɪmeɪt, *Am:* -mɪt] **I.** *vt* calcular; **to** ~ **that ...** calcular que... **II.** *n* cálculo *m* (aproximado); **rough** ~ *inf* cálculo aproximado

estimation [ˌestɪ'meɪʃn] *n no pl* opinión *f;* **in my** ~ a mi juicio

Estonia [es'təʊnɪə, *Am:* es'toʊ-] *n* Estonia *f*

Estonian [es'təʊnɪən, *Am:* es'toʊ-] *adj* estonio

estranged *adj* separado

et al. [et'æl] *abbr of* **et alii** et al

etc. *abbr of* **et cetera** etc.

et cetera [ɪt'setərə, *Am:* -'seʈə-] *adv* etcétera

etching *n* aguafuerte *m*

eternal [ɪ'tɜːnl, *Am:* -'tɜːr-] *adj* eterno

eternity [ɪ'tɜːnəti, *Am:* -'tɜːrnəʈi] *n no pl* eternidad *f*

ethical *adj* ético

ethics *n + sing vb* ética *f*

Ethiopia [ˌiːθɪ'əʊpɪə, *Am:* -'oʊ-] *n no pl* Etiopía *f*

Ethiopian [ˌiːθɪ'əʊpɪən, *Am:* -'oʊ-] *adj* etíope

ethnic ['eθnɪk] *adj* étnico; ~ **cleaning** limpieza étnica

ethos ['iːθɒs, *Am:* -θɑːs] *n no pl* espíritu *m*

etiquette ['etɪket, *Am:* 'eʈɪkɪt] *n no pl* etiqueta *f*

EU [ˌiː'juː] *n abbr of* **European Union** UE *f*

Eucharist ['juːkərɪst] *n no pl* REL **the** ~ la Eucaristía

euphemism ['juːfəmɪzəm] *n* eufemismo *m*

euphoria [juːˈfɔːrɪə] *n no pl* euforia *f*

EUR *n s.* **Euro** EUR *m*

Eurasia [jʊə'reɪʒə, *Am:* jʊ'-] *n no pl* Eurasia *f*

Eurasian [jʊə'reɪʒn, *Am:* jʊ'-] *adj* euroasiático

euro ['jʊərəʊ, *Am:* 'jʊroʊ] *n* euro *m*

euro cent *n* céntimo *m* de euro **euro coins** *n* monedas *fpl* de euro **eurocurrency** *n* eurodivisa *f* **euro notes** *n* billetes *mpl* de euro

Europe ['jʊərəp, *Am:* 'jʊrəp] *n no pl* Europa *f*

European [ˌjʊərə'pɪən, *Am:* ˌjʊrə-] *adj* europeo

European Central Bank *n* Banco *m* Central Europeo **European Community** *n* Comunidad *f* Europea **European Council** *n* Consejo *m* Europeo **European Court of Justice** *n* Tribunal *m* de Justicia Europeo **European Investment Bank** *n* Banco *m* Europeo de Inversiones **European Monetary System** *n* Sistema *m* Monetario Europeo **European Parliament** *n* Parlamento *m* Europeo **European Union** *n* Unión *f* Europea

euthanasia [ˌjuːθə'neɪzɪə, *Am:* -ʒə] *n no pl* eutanasia *f*

evacuate [ɪ'vækjʊeɪt] *vt* (*people*) evacuar; (*building*) desocupar

evacuation [ɪˌvækjʊ'eɪʃn] *n* evacuación *f*

evacuee [ɪˌvækjuː'iː] *n* evacuado, -a *m, f*

evade [ɪ'veɪd] *vt* (*responsibility, person*) eludir; (*police*) escaparse de; (*taxes*) evadir

evaluate [ɪ'væljʊeɪt] *vt* (*value*) tasar; (*result*) evaluar; (*person*) examinar

evangelist [ɪ'vændʒəlɪst] *n* evangelista *mf*

evaporate [ɪ'væpəreɪt] **I.** *vt* evaporar; ~**d milk** leche evaporada **II.** *vi* evaporarse; *fig* desaparecer

evaporation [ɪˌvæpəˈreɪʃən] *n* evaporación *f*

evasion [ɪˈveɪʒn] *n* evasión *f*

evasive [ɪˈveɪsɪv] *adj* evasivo

eve [iːv] *n no pl* víspera *f*; **on the ~ of** en vísperas de; **Christmas Eve** Nochebuena *f*; **New Year's Eve** Nochevieja *f*

even [ˈiːvn] **I.** *adv* **1.** (*indicates the unexpected*) incluso; **not ~** ni siquiera **2.** (*despite*) **~ if …** aunque…; **~ so …** aun así… **3.** (*used to intensify*) hasta **4.** + *superl* (*all the more*) aún **II.** *adj* **1.** (*level*) llano; (*surface*) liso **2.** (*equalized*) igualado; **to get ~ with sb** ajustar cuentas con alguien **3.** (*of same size, amount*) igual **4.** (*constant, regular*) uniforme; (*rate*) constante **III.** *vt* **1.** (*make level*) nivelar; (*surface*) allanar **2.** (*equalize*) igualar

◆ **even out I.** *vi* (*prices*) nivelarse **II.** *vt* igualar

◆ **even up** *vt* igualar

evening [ˈiːvnɪŋ] *n* (*early*) tarde *f*; (*late*) noche *f*; **good ~!** ¡buenas tardes/noches!; **every Monday ~** cada lunes por la noche; **all ~** toda la noche

evening class *n* clase *f* nocturna

evening dress *n* traje *m* de noche

event [ɪˈvent] *n* **1.** (*happening*) evento *m*; **sporting ~** acontecimiento *m* deportivo **2.** (*case*) caso *m*; **in any ~, at all ~s** *Brit* en cualquier caso

eventful [ɪˈventfl] *adj* accidentado

eventual [ɪˈventʃuəl] *adj* final

eventuality [ɪˌventʃuˈælətɪ, *Am:* -t̬ɪ] <-ies> *n inv* eventualidad *f*

eventually [ɪˈventʃuəlɪ] *adv* **1.** (*finally*) finalmente **2.** (*some day*) con el tiempo

ever [ˈevər, *Am:* -ə-] *adv* **1.** (*on any occasion*) alguna vez; **have you ~ been to Barcelona?** ¿has estado alguna vez en Barcelona?; **for the first time ~** por primera vez; **better than ~** mejor que nunca **2.** (*in negative statements*) nunca, jamás; **nobody has ~ heard of him** nadie ha oído nunca hablar de él; **never ~** nunca

jamás **3.** (*always*) **~ after** desde entonces; **~ since …** desde que…; **~ since** (*since then*) desde entonces **4.** *Brit, inf* (*very*) **I'm ~ so grateful** se lo agradezco profundamente; **your're ~ so kind!** ¡usted es (siempre) tan amable!

evergreen [ˈevəɡriːn, *Am:* -ə-] *n* árbol *m* de hoja perenne

everlasting [ˌevəˈlɑːstɪŋ, *Am:* -ə-ˈlæstɪŋ] *adj* **1.** (*undying*) imperecedero; (*gratitude*) eterno *f* **2.** (*incessant*) interminable

every [ˈevrɪ] *adj* **1.** (*each*) cada; **~ time** cada vez **2.** (*all*) todo; **in ~ way** de todas las maneras **3.** (*repeated*) **~ other week** en semanas alternas; **~ now and then** [*o* **again**] de vez en cuando

everybody [ˈevrɪˌbɒdi, *Am:* -ˌbɑːdi] *pron indef, sing* todos, todo el mundo; **~ else** todos los demás

> **!** **everybody** y **everyone** (= cada uno, todos) están siempre en singular: "Everybody enjoys a sunny day; as everyone knows."

everyday [ˈevrɪdeɪ] *adj* diario; (*clothes*) de diario; (*event*) ordinario; (*language*) corriente; (*life*) cotidiano

everyone [ˈevrɪwʌn] *pron s.* **everybody**

everything [ˈevrɪθɪŋ] *pron indef, sing* todo; **is ~ all right?** ¿está todo bien?; **wealth isn't ~** la riqueza no lo es todo

everywhere [ˈevrɪweər, *Am:* -wer] *adv* en todas partes; **to look ~ for sth** buscar algo por todas partes

evict [ɪˈvɪkt] *vt* desahuciar

eviction [ɪˈvɪkʃən] *n* desahucio *m*

evidence [ˈevɪdəns] *n* **1.** *no pl* (*sign*) indicios *mpl* **2.** (*proof*) prueba *f* **3.** (*testimony*) testimonio *m*; **to give ~** (**on sth/against sb**) prestar declaración (sobre algo/contra alguien)

evident [ˈevɪdənt] *adj* evidente; **it is ~ that …** está claro que…

Eₑ

evidently *adv* evidentemente
evil ['iːvl] I. *adj* malo; **to have an ~ tongue** tener una lengua afilada II. *n* mal *m*
evoke [ɪ'vəʊk, *Am:* -'voʊk] *vt* evocar
evolution [ˌiːvə'luːʃn, *Am:* ˌevə-] *n no pl* evolución *f; fig* desarrollo *m*
evolve [ɪ'vɒlv, *Am:* -'vɑːlv] I. *vi* (*gradually develop*) desarrollarse; (*animals*) evolucionar II. *vt* desarrollar
ewe [juː] *n* oveja *f*
ex [eks] <-es> *n inf* ex *mf*
exact [ɪg'zækt] I. *adj* exacto; **the ~ opposite** justo el contrario II. *vt* exigir; **to ~ sth from sb** exigir algo a alguien
exacting *adj* exigente
exactly [ɪg'zæktlɪ] *adv* exactamente; **not ~** no precisamente; **~!** ¡exacto!
exaggerate [ɪg'zædʒəreɪt] *vi, vt* exagerar
exaggeration [ɪgˌzædʒə'reɪʃn] *n* exageración *f*
exalted [ɪg'zɔːltɪd, *Am:* -t̬ɪd] *adj* **1.** (*elevated*) elevado **2.** (*jubilant*) exaltado
exam [ɪg'zæm] *n* examen *m*
examination [ɪgˌzæmɪ'neɪʃn] *n* **1.** (*exam*) examen *m* **2.** (*investigation*) investigación *f;* **medical ~** reconocimiento *m* médico **3.** LAW interrogatorio *m*
examine [ɪg'zæmɪn] *vt* **1.** (*test*) **to ~ sb** (**in sth**) examinar a alguien (de algo) **2.** (*study*) estudiar **3.** LAW interrogar **4.** MED hacer un reconocimiento médico de
examiner [ɪg'zæmɪnər, *Am:* -ɚ] *n* examinador(a) *m(f)*
example [ɪg'zɑːmpl, *Am:* ɪg'zæm-] *n* ejemplo *m;* **for ~** por ejemplo; **to follow sb's ~** seguir el ejemplo de alguien; **to set a good ~** dar un buen ejemplo
exasperate [ɪg'zɑːspəreɪt] *vt* exasperar
exasperation [ɪgˌzɑːspə'reɪʃn] *n no pl* exasperación *f*
excavate ['ekskəveɪt] *vt* excavar
excavation [ˌekskə'veɪʃn] *n* excavación *f*

exceed [ɪk'siːd] *vt* exceder; (*outshine*) sobrepasar
exceedingly *adv* excesivamente
excel [ɪk'sel] <-ll-> I. *vi* sobresalir II. *vt* **to ~ oneself** lucirse
excellence ['eksələns] *n no pl* excelencia *f*
Excellency ['eksələnsɪ] *n* Excelencia *f;* **His ~** Su Excelencia
excellent ['eksələnt] *adj* excelente
except [ɪk'sept] I. *prep* **~ (for)** excepto, salvo, zafo *AmL* II. *vt form* exceptuar
exception [ɪk'sepʃn] *n* excepción *f;* **to make an ~** hacer una excepción; **with the ~ of ...** con excepción de...; **the ~ proves the rule** *prov* la excepción confirma la regla *prov*
exceptional [ɪk'sepʃənl] *adj* excepcional
excerpt ['eksɜːpt, *Am:* -sɜːrpt] *n* extracto *m*
excess [ɪk'ses] <-es> *n* exceso *m;* **in ~ of** superior a
excess baggage *n,* **excess luggage** *n* exceso *m* de equipaje **excess charge** *n* suplemento *m*
excessive [ɪk'sesɪv] *adj* excesivo
exchange [ɪk'stʃeɪndʒ] I. *vt* **1.** (*trade for the equivalent*) cambiar **2.** (*interchange*) intercambiar; **to ~ words** discutir II. *n* **1.** (*interchange, trade*) intercambio *m;* **in ~ for sth** a cambio de algo **2.** FIN, ECON cambio *m;* **foreign ~** divisas *fpl*
exchange rate *n* tipo *m* de cambio
exchequer [ɪks'tʃekər, *Am:* -ɚ] *n no pl* erario *m;* **the Exchequer** Hacienda
excise ['eksaɪz] *n no pl* FIN impuestos *mpl* interiores
excite [ɪk'saɪt] *vt* **1.** (*move*) emocionar; **to be ~d about an idea** estar entusiasmado ante una idea **2.** (*stimulate*) estimular; **to ~ sb's curiosity** despertar la curiosidad de alguien
excitement [ɪk'saɪtmənt] *n* emoción *f*
exciting [ɪk'saɪtɪŋ, *Am:* -t̬ɪŋ] *adj* emocionante
excl. 1. *abbr of* **exluding** excepto,

salvo **2.** *abbr of* **exclusive** exclusive
exclaim [ɪk'skleɪm] *vi, vt* exclamar
exclamation [ˌekskləˈmeɪʃn] *n* exclamación *f*
exclamation mark *n* signo *m* de exclamación
exclude [ɪk'sklu:d] *vt* **1.** (*shut out*) expulsar; **to be ~d from school** ser expulsado de la escuela **2.** (*leave out*) excluir; (*possibility*) descartar
excluding [ɪk'sklu:dɪŋ] *prep* excepto, salvo
exclusion [ɪk'sklu:ʒn] *n* exclusión *f*; **to the ~ of** con exclusión de
exclusive [ɪks'klu:sɪv] **I.** *adj* exclusivo; **~ interview** entrevista *f* en exclusiva; **~ of** sin; **to be ~ of** not incluir **II.** *n* exclusiva *f* **III.** *adv* **from 5 to 10** ~ del 5 al 10 exclusive
excommunicate [ˌekskə'mju:nɪkeɪt] *vt* excomulgar
excrement ['ekskrəmənt] *n no pl* excremento *m*
excruciating [ɪk'skru:ʃɪeɪtɪŋ, *Am:* -t̬ɪŋ] *adj* agudísimo; (*pain*) atroz
excursion [ɪk'skɜ:ʃn, *Am:* -'skɜ:rʒn] *n* excursión *f*
excuse [ɪk'skju:z] **I.** *vt* **1.** (*justify: behaviour*) justificar; (*lateness*) disculpar **2.** (*forgive*) perdonar; **~ me!** ¡perdone! **3.** (*allow not to attend*) **to ~ sb from sth** dispensar a alguien de algo **4.** (*leave*) **after an hour she ~d herself** después de una hora se disculpó y se fue **II.** *n* **1.** (*explanation*) excusa *f*, agarradera *f AmL* **2.** (*pretext*) pretexto *m*; **poor ~** mal pretexto
ex-directory [ˌeksdɪ'rektərɪ] *adj Aus, Brit* **to be ~** no figurar en la guía
execute ['eksɪkju:t] *vt* **1.** *form* (*carry out*) realizar; (*manoeuvre*) efectuar; (*plan*) llevar a cabo; (*order*) cumplir **2.** (*put to death*) ejecutar
execution [ˌeksɪ'kju:ʃn] *n* **1.** *no pl* (*carrying out*) realización *f* **2.** (*putting to death*) ejecución *f*
executioner [ˌeksɪ'kju:ʃnəʳ, *Am:* -ɚ] *n* verdugo *m*
executive [ɪg'zekjʊtɪv, *Am:* -t̬ɪv] **I.** *n* **1.** (*senior manager*) ejecutivo, -a

m, f **2.** + *sing/pl vb* POL poder *m* ejecutivo; ECON órgano *m* ejecutivo **II.** *adj* ejecutivo
executor [ɪg'zekjʊtəʳ, *Am:* -t̬ɚ] *n* albacea *mf*
exemplary [ɪg'zemplərɪ] *adj* ejemplar
exemplify [ɪg'zemplɪfaɪ] <-ie-> *vt* ejemplificar
exempt [ɪg'zempt] **I.** *vt* eximir **II.** *adj* exento; **to be ~ from sth** estar exento de algo
exemption [ɪg'zempʃn] *n no pl* exención *f*
exercise ['eksəsaɪz, *Am:* -sɚ-] **I.** *vt* **1.** (*muscles*) ejercitar; (*dog*) llevar de paseo; (*horse*) entrenar **2.** (*apply: authority, control*) ejercer; **to ~ caution** proceder con cautela **II.** *vi* hacer ejercicio **III.** *n* ejercicio
exercise bike *n* bicicleta *f* de ejercicio **exercise book** *n* cuaderno *m*
exert [ɪg'zɜ:t, *Am:* -'zɜ:rt] *vt* ejercer; (*apply*) emplear; **to ~ oneself** esforzarse
exertion [ɪg'zɜ:ʃn, *Am:* -'zɜ:r-] *n* esfuerzo *m*
exhale [eks'heɪl] **I.** *vt* espirar; (*gases, scents*) despedir **II.** *vi* espirar
exhaust [ɪg'zɔ:st, *Am:* -'zɑ:st] *I. vt a. fig* agotar; **to ~ oneself** agotarse **II.** *n* **1.** *no pl* (*gas*) gases *mpl* de escape **2.** *Aus, Brit* (*pipe*) tubo *m* de escape
exhausted *adj* agotado
exhausting *adj* agotador
exhaustion [ɪg'zɔ:stʃn, *Am:* -'zɑ:-] *n no pl* agotamiento *m*
exhaustive [ɪg'zɔ:stɪv, *Am:* -'zɑ:-] *adj* exhaustivo
exhibit [ɪg'zɪbɪt] **I.** *n* **1.** (*display*) objeto *m* expuesto **2.** LAW documento *m* **II.** *vt* **1.** (*show*) enseñar; (*work*) presentar **2.** (*display character traits*) mostrar; (*rudeness*) manifestar
exhibition [ˌeksɪ'bɪʃn] *n* exposición *f*
exhilarating [ɪg'zɪləreɪtɪŋ, *Am:* -t̬ɪŋ] *adj* estimulante
exile ['eksaɪl] **I.** *n* **1.** *no pl* (*banishment*) exilio *m*; **to go into ~** e-

E
e

xiliarse **2.**(*person*) exiliado, -a *m, f*
II. *vt* exili(a)r

exist [ɪgˈzɪst] *vi* existir

existence [ɪgˈzɪstəns] *n* existencia *f*

existing [ɪgˈzɪstɪŋ] *adj* existente;
the ~ laws la actual legislación

exit [ˈeksɪt] **I.** *n* salida *f;* (*of road*)
desvío *m;* **emergency ~** salida de
emergencia; **to make an ~** salir
II. *vt* salir de **III.** *vi* **1.** *a.* INFOR salir
2. THEAT hacer mutis

exodus [ˈeksədəs] *n* éxodo *m*

exonerate [ɪgˈzɒnəreɪt, *Am:* -ˈzɑ:-
nə-] *vt form* exonerar

exotic [ɪgˈzɒtɪk, *Am:* -ˈzɑ:ţɪk] *adj*
exótico

expand [ɪkˈspænd] **I.** *vi* **1.** (*increase*) expandirse; (*trade*) desarrollarse **2.** (*spread*) extenderse **3.** SO-
CIOL explayarse **II.** *vt* **1.** (*make
larger*) ampliar; (*wings*) extender;
(*trade*) desarrollar **2.** (*elaborate*)
desarrollar

expanse [ɪkˈspæns] *n* extensión *f*

expansion [ɪkˈspænʃn] *n* **1.** *no pl*
(*spreading out*) expansión *f;* (*of a
metal*) dilatación *f* **2.** (*elaboration*)
desarrollo *m*

expect [ɪkˈspekt] *vt* esperar; (*imagine*) imaginarse; **to ~ sb to do sth**
esperar que alguien haga algo; **to ~
sth of sb** esperar algo de alguien; **I
~ed better of you than that** esperaba algo más de ti que eso; **I ~ so**
me lo imagino; **to ~ that** esperar que
+*subj*

expectancy [ɪkˈspektəntsi] *n no pl*
esperanza *f;* **life ~** esperanza *f* de
vida

expectant [ɪkˈspektənt] *adj* expec-
tante; (*look*) de esperanza; **~
mother** futura madre

expectation [ˌekspekˈteɪʃn] *n*
1. (*hope*) esperanza *f* **2.** (*anticipation*) expectativa *f;* **in ~ of sth** en
espera de algo

expedient [ɪkˈspi:dɪənt] **I.** *adj*
1. (*advantageous*) conveniente
2. (*necessary*) necesario; (*measure*)
oportuno **II.** *n* recurso *m*

expedition [ˌekspɪˈdɪʃn] *n* expedición *f;* **to go on an ~** ir de expedi-

ción

expel [ɪkˈspel] <-ll-> *vt* expulsar

expend [ɪkˈspend] *vt form* dedicar;
(*money*) gastar

expenditure [ɪkˈspendɪtʃəʳ, *Am:*
-tʃɚ] *n no pl* (*money*) gasto *m*

expense [ɪkˈspens] *n* gasto(s) *m(pl);*
all ~(s) paid con todos los gastos pagados; **at sb's ~** *a. fig* a costa de alguien; **at the ~ of sth** *a. fig* a costa
de algo

expense account *n* cuenta *f* de gastos de representación

expensive [ɪkˈspensɪv] *adj* caro

experience [ɪkˈspɪərɪəns, *Am:*
-ˈspɪrɪ-] **I.** *n* experiencia *f;* **to know
sth from ~** saber algo por experiencia; **to learn by ~** aprender a través
de la experiencia **II.** *vt* experimentar

experienced [ɪkˈspɪərɪənst, *Am:*
-ˈspɪrɪ-] *adj* experimentado

experiment [ɪkˈsperɪmənt] **I.** *n* experimento *m* **II.** *vi* experimentar

expert [ˈekspɜ:t, *Am:* -spɜ:rt] **I.** *n*
experto, -a *m, f* **II.** *adj* **1.** (*skilful*) experto **2.** LAW pericial; **~ report** informe *m* pericial

expertise [ˌekspɜ:ˈti:z, *Am:* -spɜ:r-]
n no pl pericia *f;* (*knowledge*) conocimientos *mpl*

expire [ɪkˈspaɪəʳ, *Am:* -ˈspaɪɚ] *vi*
(*terminate*) finalizar; (*contract, licence*) expirar; (*passport, food*) caducar

expiry [ɪkˈspaɪəri, *Am:* -ˈspaɪ-] *n no
pl* terminación *f;* COM vencimiento *f,*
caducidad *f*

explain [ɪkˈspleɪn] **I.** *vt* explicar; **to
~ how/what ...** explicar cómo/
qué...; **that ~s everything!** ¡eso lo
aclara todo! **II.** *vi* explicar

♦ **explain away** *vt* justificar

explanation [ˌekspləˈneɪʃn] *n* explicación *f*

explanatory [ɪkˈsplænətrɪ, *Am:*
-ətɔ:rɪ] *adj* explicativo

explicit [ɪkˈsplɪsɪt] *adj* explícito

explode [ɪkˈspləʊd, *Am:* -ˈsploʊd]
I. *vi* (*blow up*) explotar; (*bomb*) estallar; (*tyre*) reventar; **to ~ with
anger** montar en cólera **II.** *vt*
1. (*blow up: bomb*) hacer explotar;

(*ball*) reventar **2.** (*discredit: rumours*) desmentir; (*theory*) refutar; (*myth*) destruir

exploit ['eksplɔɪt] **I.** *vt* explotar, pilotear *Chile* **II.** *n* hazaña *f*

exploitation [ˌeksplɔɪ'teɪʃn] *n no pl* explotación *f*

exploration [ˌeksplə'reɪʃn, *Am:* -splɔː'-] *n* **1.** *a.* MED exploración *f* **2.** (*examination*) estudio *m*

exploratory [ɪk'splɒrətrɪ, *Am:* -'splɔːrətɔːrɪ] *adj* (*voyage*) de exploración; (*test*) de sondeo; (*meeting*) preliminar

explore [ɪk'splɔːʳ, *Am:* -'splɔːr] *vt* **1.** *a.* MED, INFOR explorar **2.** (*examine*) analizar

explorer [ɪk'splɔːrəʳ, *Am:* -ɚ] *n* explorador(a) *m(f)*

explosion [ɪk'spləʊʒn, *Am:* -'splou-] *n* explosión *f*

explosive [ɪk'spləʊsɪv, *Am:* -'splou-] *adj* explosivo

exponent [ɪk'spəʊnənt, *Am:* -'spou-] *n* **1.** (*person*) exponente *mf* **2.** MAT exponente *m*

export [ɪk'spɔːt, *Am:* -'spɔːrt] **I.** *vt* exportar **II.** *n* **1.** (*product*) artículo *m* de exportación **2.** *no pl* (*selling*) exportación *f*

exporter [ɪk'spɔːtəʳ, *Am:* -'spɔːrtɚ] *n* exportador(a) *m(f)*

expose [ɪk'spəʊz, *Am:* -'spoʊz] *vt* **1.** (*uncover*) enseñar **2.** (*leave vulnerable to*) exponer **3.** (*reveal: person*) descubrir; (*plot*) desvelar

exposed [ɪk'spəʊzd, *Am:* -'spoʊzd] *adj* **1.** (*vulnerable*) expuesto **2.** (*uncovered*) descubierto **3.** (*unprotected*) desprotegido

exposure [ɪk'spəʊʒəʳ, *Am:* -'spoʊ-ʒɚ] *n* **1.** (*contact*) exposición *f* **2.** *no pl* MED hipotermia *f* **3.** *a.* PHOT revelación *f* **4.** (*revelation*) descubrimiento *m*

exposure meter *n* PHOT exposímetro *m*

express [ɪk'spres] **I.** *vt* **1.** (*convey: thoughts, feelings*) expresar; **to ~ oneself** expresarse **2.** *inf* (*send quickly*) enviar por correo urgente **3.** *form* (*squeeze out*) exprimir

II. *adj* **1.** (*rapid*) rápido; **by ~ delivery** por correo urgente **2.** (*precise*) explícito; **by ~ order** por orden expresa **III.** *n* (*train*) expreso *m* **IV.** *adv* **to send sth ~** enviar algo por correo urgente

expression [ɪk'spreʃn] *n* expresión *f*; **as an ~ of thanks** en señal de agradecimiento

expressive [ɪk'spresɪv] *adj* expresivo

expressway [ɪk'spresweɪ] *n Am, Aus* autopista *f*

expulsion [ɪk'spʌlʃn] *n* expulsión *f*

exquisite ['ekskwɪzɪt] *adj* exquisito

ext. TEL *abbr of* **extension** Ext.

extend [ɪk'stend] **I.** *vi* extenderse; **to ~ to una discussion** llegar a una discusión **II.** *vt* **1.** (*enlarge: house*) ampliar; (*street*) alargar **2.** (*prolong: deadline*) prorrogar; (*holiday*) prolongar **3.** (*offer*) ofrecer; **to ~ one's thanks to sb** dar las gracias a alguien

extension [ɪk'stenʃn] *n* **1.** (*increase*) extensión *f*; (*of rights*) ampliación *f* **2.** (*of a deadline*) prórroga *f* **3.** (*appendage*) apéndice *m* **4.** TEL extensión *f*, supletorio *m AmL*

extensive [ɪk'stensɪv] *adj* **1.** *a. fig* extenso; (*experience*) amplio **2.** (*large: repair*) importante

extensively *adv* intensamente

extent [ɪk'stent] *n no pl* **1.** (*size*) extensión *f* **2.** (*degree*) alcance *m*; **to a great ~** en gran parte; **to some ~** hasta cierto punto; **to such an ~ that ...** hasta tal punto que...; **to what ~ ...?** ¿hasta qué punto...?

extenuating *adj form* atenuante

exterior [ɪk'stɪərɪəʳ, *Am:* -'stɪrɪɚ] *adj* exterior

exterminate [ɪk'stɜːmɪneɪt, *Am:* -'stɜːr-] *vt* exterminar

external [ɪk'stɜːnl, *Am:* -'stɜːr-] **I.** *adj* **1.** (*exterior*) externo; (*influence*) del exterior; (*wall*) exterior; **~ world** mundo *m* exterior **2.** (*foreign*) exterior **3.** MED tópico **II.** *npl* las apariencias

extinct [ɪk'stɪŋkt] *adj* (*practice*) extinto; (*volcano*) apagado

extinction [ɪk'stɪŋkʃn] *n no pl* extinción *f*

extinguish [ɪk'stɪŋgwɪʃ] *vt* (*candle, cigar*) apagar; (*love, passion*) extinguir

extinguisher [ɪk'stɪŋgwɪʃər, *Am:* -ə·] *n* extintor *m*

extol [ɪk'stəʊl] <-ll-> *vt*, **extoll** [ɪk'stəʊl] *vt Am* alabar

extort [ɪk'stɔːt, *Am:* -'stɔːrt] *vt* extorsionar; (*confession*) arrancar

extortion [ɪk'stɔːʃn, *Am:* -'stɔːr-] *n no pl* extorsión *f*

extortionate [ɪk'stɔːʃənət, *Am:* -'stɔːr-] *adj* excesivo; ~ **prices** precios *mpl* exorbitantes

extra ['ekstrə] **I.** *adj* adicional; **to work an** ~ **two hours** trabajar dos horas más; **it costs an** ~ **£2** cuesta dos libras más; **meals are** ~ el precio no incluye las comidas **II.** *adv* (*more*) más; (*extraordinarily*) extraordinariamente; **to charge** ~ **for sth** cobrar algo aparte **III.** *n* 1. ECON suplemento *m*; AUTO extra *m* 2. CINE extra *mf*

extract [ɪk'strækt] **I.** *vt* 1. (*remove*) extraer 2. (*obtain: information*) sacar **II.** *n* 1. (*concentrate*) extracto *m* 2. (*excerpt*) fragmento *m*

extraction [ɪk'strækʃn] *n* 1. (*removal*) extracción *f* 2. (*descent*) origen *m;* **he's of American** ~ es de origen americano

extracurricular [ˌekstrəkə'rɪkjʊlər, *Am:* -jələ·] *adj* extraescolar

extradite ['ekstrədaɪt] *vt* extraditar

extradition [ekstrə'dɪʃn] *n no pl* extradición *f*

extramarital [ˌekstrə'mærɪtl, *Am:* -'merəṭl] *adj* extramatrimonial

extramural [ˌekstrə'mjʊərəl, *Am:* -'mjʊrəl] *adj Brit* (*course*) para estudiantes externos

extraneous [ɪk'streɪnɪəs] *adj* extraño

extraordinary [ɪk'strɔːdnrɪ, *Am:* -'strɔːr-] *adj* 1. *a.* POL extraordinario 2. (*astonishing*) asombroso

extra time ['ekstrətaɪm] *n no pl, Aus, Brit* SPORTS prórroga *f*

extravagance [ɪk'strævəgəns] *n no*

pl 1. (*wastefulness*) derroche *m* 2. (*luxury*) lujo *m* 3. (*elaborateness*) extravagancia *f*

extravagant [ɪk'strævəgənt] *adj* 1. (*wasteful*) despilfarrador 2. (*luxurious*) lujoso 3. (*exaggerated: praise*) excesivo 4. (*elaborate*) extravagante

extreme [ɪk'striːm] **I.** *adj* extremo; **with** ~ **caution** con sumo cuidado; **in the** ~ **north** en la zona más septentrional **II.** *n* extremo *m;* **to go to** ~**s** llegar a extremos; **in the** ~ sumamente

extremely *adv* extremadamente

extremist [ɪk'striːmɪst] *n* extremista *mf*

extremity [ɪk'stremətɪ, *Am:* -ṭɪ] *n* 1. (*furthest point*) extremo *m* 2. (*situation*) situación *f* extrema 3. *pl* ANAT extremidades *fpl*

extricate ['ekstrɪkeɪt] *vt form* sacar; **to** ~ **oneself from sth** lograr salir de algo

extrovert ['ekstrəvɜːt, *Am:* -vɜːrt] *adj* extrovertido

exuberant [ɪg'zjuːbərənt, *Am:* -'zuː-] *adj* 1. (*luxuriant*) exuberante 2. (*energetic*) desbordante

exude [ɪg'zjuːd, *Am:* -'zuːd] *vt* exudar; *fig* rezumar; **to** ~ **confidence** irradiar confianza

eye [aɪ] **I.** *n* 1. ANAT ojo *m;* **to not believe one's** ~**s** no dar crédito a sus ojos; **to catch sb's** ~ llamar la atención de alguien; **to have a good** ~ **for sth** tener (buen) ojo para algo; **to keep one's** ~**s open** mantener los ojos abiertos; **visible to the naked** ~ visible a simple vista 2. BOT yema *f* **II.** <-ing> *vt* mirar; (*observe*) observar

eyeball ['aɪbɔːl] *n* globo *m* ocular **eyebrow** *n* ceja *f* **eyebrow pencil** *n* lápiz *m* de cejas **eyedrops** *npl* gotas *f* para los ojos *pl* **eyelash** <-es> *n* pestaña *f* **eyelid** *n* párpado *m* **eyeliner** *n no pl* lápiz *m* de ojos **eyeshadow** *n* sombra *f* de ojos **eyesight** *n no pl* vista *f* **eyesore** [-sɔːr] *n* monstruosidad *f* **eyewitness** <-es> *n* testigo *mf* ocular

eyrie ['aɪərɪ, *Am:* 'erɪ] *n* aguilera *f*

e-zine ['iːziːn] *n* revista *f* electrónica

F f

F, f [ef] *n* **1.** (*letter*) F, f *f;* ~ **for Frederick** *Brit,* ~ **for Fox** *Am* F de Francia **2.** MUS fa *m*

FA [ˌefˈeɪ] *n Brit abbr of* **Football Association** *federación inglesa de fútbol*

fable ['feɪbl] *n* fábula *f*

fabric ['fæbrɪk] *n no pl* tejido *m*

fabricate ['fæbrɪkeɪt] *vt* **1.** (*manufacture*) fabricar **2.** *fig* (*invent*) **to ~ an excuse** inventar(se) una excusa

fabulous ['fæbjʊləs, *Am:* -jə-] *adj* fabuloso

facade [fə'sɑːd] *n a. fig* fachada *f*

face [feɪs] I. *n* **1.** *a.* ANAT cara *f;* **on the ~ of it** a primera vista; **to make a long ~** poner cara larga; **to tell sth to sb's ~** decir algo a la cara de alguien **2.** (*front: of building*) fachada *f;* (*of coin*) cara *f;* (*of clock*) esfera *f,* carátula *f Méx;* (*of mountain*) pared *f* **3.** (*respect, honour*) prestigio *m;* **to lose ~** desprestigiarse; **to save ~** guardar las apariencias II. *vt* **1.** (*turn towards*) mirar hacia **2.** (*confront*) hacer frente a; **to ~ the facts** enfrentarse a los hechos

◆ **face up to** *vi* **to ~ sth** hacer frente a algo

facecloth ['feɪsklɒθ, *Am:* 'feɪsklɑːθ] *n* toallita *f* **face cream** *n no pl* crema *f* facial **facelift** *n* lifting *m* **face powder** *n no pl* polvos *mpl* (para la cara)

facet ['fæsɪt] *n a. fig* faceta *f*

facetious [fə'siːʃəs] *adj* chistoso, faceto *Méx*

face value *n* **1.** ECON valor *m* nominal **2.** *fig* **to take sth at ~** creer algo a pie juntillas

facile ['fæsaɪl, *Am:* -ɪl] *adj* simplista

facilitate [fə'sɪlɪteɪt] *vt* facilitar

facility [fə'sɪləti, *Am:* -t̬i] *n* <-ies> **1.** (*services*) servicio *m;* **credit facilities** facilidades *fpl* de pago **2.** (*ability, feature*) facilidad *f*

facing ['feɪsɪŋ] *n* **1.** ARCHIT revestimiento *m* **2.** *no pl* (*cloth strip*) vuelta *f*

facsimile [fæk'sɪməli] *n* facsímil *m*

fact [fækt] *n* hecho *m;* **to stick to the ~s** atenerse a los hechos; **in ~** de hecho

faction ['fækʃn] *n* POL facción *f*

factor ['fæktər, *Am:* -tər] *n a.* MAT, BIO factor *m*

factory ['fæktəri] <-ies> *n* fábrica *f*

factual ['fæktʃʊəl, *Am:* -tʃʊəl] *adj* basado en hechos reales

faculty ['fæklti, *Am:* -t̬i] <-ies> *n* facultad *f; Am* (*teachers*) cuerpo *m* docente

fad [fæd] *n inf* moda *f*

fade [feɪd] *vi* **1.** (*lose colour*) desteñirse **2.** (*lose intensity: light*) apagarse; (*hope, optimism, memory*) desvanecerse

◆ **fade away** *vi* (*sound, love, grief*) apagarse

◆ **fade in** I. *vi* (*picture*) aparecer progresivamente; (*sound*) subir gradualmente II. *vt* (*picture*) hacer aparecer progresivamente; (*sound*) subir gradualmente

◆ **fade out** *vi* (*picture*) desaparecer gradualmente; (*sound*) desvanecerse

faeces ['fiːsiːz] *npl form* heces *fpl*

fag [fæg] *n inf* **1.** (*cigarette*) pitillo *m* **2.** *Am, pej* (*homosexual*) marica *m*

fail [feɪl] I. *vi* **1.** (*not succeed: person*) fracasar; (*attempt, plan, operation*) fallar; **to ~ to do sth** no conseguir hacer algo **2.** TECH, AUTO (*brakes, steering*) fallar; (*engine*) averiarse II. *vt* (*exam, pupil*) suspender III. *n* **without ~** (*definitely*) sin falta; (*always*) sin excepción

failing ['feɪlɪŋ] I. *n* defecto *m* II. *prep* a falta de

failure ['feɪljər, *Am:* 'feɪljər] *n* **1.** *no pl* (*lack of success*) fracaso *m* **2.** TECH, ELEC fallo *m*

faint [feɪnt] I. *adj* **1.** (*scent, odour, taste*) leve; (*line, outline, scratch*) apenas visible **2.** (*slight: resemblance, sign, suspicion*) vago; **not to have the ~est idea** *inf* no tener ni idea **3.** (*weak*) **to feel ~** sentirse mareado **II.** *vi* desmayarse **III.** *n* desmayo *m*

fair¹ [feəʳ, *Am:* fer] **I.** *adj* **1.** (*just: society, trial, wage*) justo; **a ~ share** una parte equitativa; **~ enough** está bien **2.** *inf* (*quite large: amount*) bastante **3.** (*reasonably good: chance, prospect*) bueno **4.** (*light in colour: skin*) blanco, güero *AmL;* (*hair*) rubio **5.** METEO **~ weather** tiempo *m* agradable **II.** *adv* **to play ~** jugar limpio

fair² [feəʳ] *n* feria *f;* **trade ~** feria comercial

fair game *no pl n* caza *f* legal; *fig* objeto *m* legítimo

fairground ['feəgraʊnd, *Am:* 'fer-] *n* parque *m* de atracciones

fair-haired [,feə'heəd, *Am:* ,fer-'herd] *adj* rubio

fairly ['feəli, *Am:* 'fer-] *adv* **1.** (*quite*) bastante **2.** (*justly*) con imparcialidad

fairness *n no pl* justicia *f;* **in** (**all**) **~** ... para ser justo...

fairy ['feəri, *Am:* 'feri] <-ies> *n* hada *f*

fairytale *n* cuento *m* de hadas; *fig* cuento *m* chino

faith [feɪθ] *n a.* REL fe *f;* **to have/ lose ~ in sb/sth** tener/perder la fe en alguien/algo

faithful ['feɪθfəl] *adj a.* REL fiel

faithfully *adv* **1.** (*loyally*) lealmente; **Yours ~** *Brit, Aus* (le saluda) atentamente **2.** (*exactly*) fielmente

fake [feɪk] **I.** *n* **1.** (*painting, jewel*) falsificación *f* **2.** (*person*) impostor(a) *m(f)* **II.** *adj* **~ jewel** joya falsa **III.** *vt* **1.** (*counterfeit*) falsificar **2.** (*pretend to feel*) fingir

falcon ['fɔːlkən, *Am:* 'fæl-] *n* halcón *m*

Falkland Islands ['fɔːklæd,aɪ-ləndz] *npl* **the ~** las (Islas) Malvinas

fall [fɔːl] <fell, fallen> **I.** *vi* **1.** (*drop down*) caerse; (*rain, snow*) caer; **to ~ flat** (*joke*) no tener gracia; (*plan, suggestion*) no tener éxito; **to ~ flat**

on one's face caerse de morros **2.** (*decrease: prices*) bajar; **to ~ sharply** caer de forma acusada, quedar vacante **3.** (*enter a particular state*) **to ~ madly in love** (**with sb/sth**) enamorarse perdidamente (de alguien/algo) **II.** *n* **1.** (*drop from a height*) caída *f* **2.** (*decrease*) disminución *f* **3.** *Am* (*autumn*) otoño *m*

◆ **fall about** *vi Brit, Aus, inf* troncharse, partirse

◆ **fall back** *vi* quedarse atrás

◆ **fall back on** *vt,* **fall back upon** *vt* echar mano de

◆ **fall behind** *vi* **1.** (*become slower*) quedarse atrás **2.** (*fail to do sth on time*) retrasarse

◆ **fall down** *vi* **1.** (*person*) caerse; (*building*) derrumbarse **2.** (*be unsatisfactory: person, plan*) fallar

◆ **fall for** *vt* **to ~ sb** enamorarse de alguien; **to ~ a trick** caer en la trampa

◆ **fall in** *vi* **1.** (*collapse: roof, ceiling*) venirse abajo **2.** MIL formar filas

◆ **fall in with** *vt insep* **1.** (*agree to*) aceptar **2.** (*become friendly with*) **to ~ sb** juntarse con alguien

◆ **fall off** *vi* **1.** (*become detached*) desprenderse **2.** (*decrease*) reducirse

◆ **fall out** *vi* **1.** (*drop out*) caer **2.** MIL romper filas

◆ **fall over** *vi insep* caerse

◆ **fall through** *vi* fracasar

fallacy ['fæləsi] <-ies> *n* falacia *f*

fallible ['fæləbl] *adj* falible

fallout ['fɔːlaʊt] *n no pl* PHYS lluvia *f* radiactiva

fallow ['fæləʊ, *Am:* -oʊ] *adj* (*ground, field*) en barbecho

false [fɔːls] *adj* **1.** (*untrue: idea, information*) falso; **under ~ pretences** con engaños **2.** (*artificial: beard, eyelashes*) postizo **3.** *liter* (*disloyal*) **a ~ friend** un amigo traicionero

false alarm *n* falsa alarma *f*

falsehood ['fɔːlshʊd] *n* **1.** *no pl* (*untruth*) falsedad *f* **2.** (*lie*) mentira *f*

false teeth *npl* dientes *mpl* postizos

falsify ['fɔːlsɪfaɪ] *vt* falsificar

falter [ˈfɔːltər, Am: -t̬ɚ] vi vacilar

fame [feɪm] n no pl fama f

familiar [fəˈmɪliər, Am: -jɚ] adj
1. (well-known) familiar **2.** (acquainted) familiarizado **3.** (friendly) de familiaridad; **to be on ~ terms (with sb)** tener un trato de confianza (con alguien)

familiarity [fəˌmɪliˈærəti, Am: -ˈerət̬i] n no pl familiaridad f

familiarize [fəˈmɪliəraɪz, Am: -jəraɪz] vt acostumbrar; **to ~ oneself with sth** familiarizarse con algo

family [ˈfæməli] n + sing/pl vb familia f

> ⚠ **family** se puede utilizar tanto en singular como en plural: "Maria's family comes from Italy; Are your family all well?"

family planning n no pl planificación f familiar **family tree** n árbol m genealógico

famine [ˈfæmɪn] n hambruna f

famished [ˈfæmɪʃt] adj inf **to be ~** estar muerto de hambre

famous [ˈfeɪməs] adj famoso

famously adv **to get on ~** llevarse divinamente

fan¹ [fæn] **I.** n **1.** (hand-held) abanico m **2.** (electrical) ventilador m **II.** <-nn-> vt **1.** (cool with fan) abanicar **2.** fig (heighten: passion, interest) avivar

fan² [fæn] n (of person) admirador(a) m(f); (of team) hincha mf; (of music) fan m

fanatic [fəˈnætɪk, Am: -ˈnæt̬ɪk] n pej fanático, -a m, f

fanatical adj fanático

fan belt n AUTO correa f del ventilador

fanciful [ˈfænsɪfəl] adj **1.** (idea, notion) descabellado **2.** (design, style) imaginativo

fan club n club m de fans

fancy [ˈfænsi] **I.** <-ie-> vt **1.** Brit (want, like) **to ~ doing sth** tener ganas de hacer algo **2.** Brit (be attracted to) **he fancies you** le gustas

3. (imagine) **to ~ (that)** ... imaginarse (que)... **II.** n <-ies> **1.** no pl (liking) **to take a ~ to sth/sb** quedarse prendado de algo/alguien **2.** no pl (imagination) fantasía f **3.** (whimsical idea) capricho m; **whenever the ~ takes you** cuando se te antoje **III.** adj <-ier, -iest> **1.** (elaborate: decoration, frills) de adorno **2.** inf (expensive) carísimo

fancy dress n no pl, Brit, Aus disfraz m

fang [fæŋ] n colmillo m

fantasize [ˈfæntəsaɪz, Am: -t̬ə-] vi **to ~ about sth** fantasear sobre algo

fantastic [fænˈtæstɪk] adj fantástico

fantasy [ˈfæntəsi, Am: -t̬ə-] <-ies> n a. MUS fantasía f

fanzine [ˈfænziːn] n fanzine m

FAQ n INFOR abbr of **frequently asked questions** FAQ f

far [fɑːr, Am: fɑːr] <farther, farthest o further, furthest> **I.** adv **1.** (a long distance) lejos; **~ away** muy lejos; **~ from doing sth** lejos de hacer algo; **~ from it** todo lo contrario **2.** (distant in time) **as ~ back as I remember ...** hasta donde me alcanza la memoria... **3.** (in progress) **to not get very ~ with sb/sth** no llegar muy lejos con alguien/algo; **to go too ~** ir demasiado lejos **4.** (much) **~ better** mucho mejor; **to be the best by ~** ser el/la mejor con diferencia **5.** (connecting adverbial phrase) **as ~ as I know ...** que yo sepa...; **as ~ as I'm concerned ...** en lo que a mí se refiere... **II.** adj **1.** (distant) lejano; **in the ~ distance** a lo lejos **2.** (further away) **the ~ left/right (of a party)** la extrema izquierda/derecha (de un partido)

faraway [ˈfɑːrəweɪ] adj **a ~ land** una tierra lejana

farce [fɑːs, Am: fɑːrs] n farsa f

farcical [ˈfɑːsɪkl, Am: ˈfɑːr-] adj absurdo

fare [feər, Am: fer] n **1.** (for journey) tarifa f; **single/return ~** billete sencillo/de ida y vuelta **2.** (taxi passenger) pasajero, -a m, f **3.** no pl GASTR

Ff

comida *f*

Far East *n* the ~ el Extremo Oriente

farewell [ˌfeəˈwel, *Am:* ˌfer-] *interj form* adiós

farm [fɑːm, *Am:* fɑːrm] **I.** *n* (*small*) granja *f*, hacienda *f AmL*, chacra *f CSur, Perú;* (*large*) hacienda *f* **II.** *vt* cultivar

◆ **farm out** *vt* to ~ **work** subcontratar

farmer [ˈfɑːməʳ, *Am:* ˈfɑːrməʳ] *n* granjero, -a *m, f*, hacendado, -a *m, f*, chacarero, -a *m, f CSur, Perú*

farmhand *n* mozo *m* de labranza **farmhouse** *n* <-s> casa *f* de labranza **farmland** *n* terreno *m* agrícola **farmyard** *n* corral *m*

far-reaching [ˌfɑːˈriːtʃɪŋ, *Am:* ˌfɑːr-] *adj* de grandes repercusiones

fart [fɑːt, *Am:* fɑːrt] *inf* **I.** *n* pedo *m* **II.** *vi* tirarse un pedo

farther [ˈfɑːðəʳ, *Am:* ˈfɑːrðəʳ] **I.** *adv comp of* **far** más allá **II.** *adj comp of* **far** más lejano

farthest [ˈfɑːðɪst, *Am:* ˈfɑːr-] **I.** *adv superl of* **far** más lejos **II.** *adj superl of* **far** (*distance*) más lejano; (*time*) más remoto

fascinate [ˈfæsɪneɪt, *Am:* -əneɪt] *vt* fascinar

fascinating [ˈfæsɪneɪtɪŋ, *Am:* -t̬ɪŋ] *adj* fascinante

fascination [ˌfæsɪˈneɪʃən, *Am:* -ə'-] *n no pl* fascinación *f*

fascism *n*, **Fascism** [ˈfæʃɪzəm] *n no pl* fascismo *m*

fascist, **Fascist** [ˈfæʃɪst] *n* fascista *mf*

fashion [ˈfæʃən] **I.** *n* **1.** (*popular style*) moda *f*; **to be in** ~ estar de moda; **to be out of** ~ estar pasado de moda **2.** (*manner*) manera *f*; **after a** ~ si se le puede llamar así **II.** *vt form* dar forma a; (*create*) crear

fashionable [ˈfæʃənəbl] *adj* (*clothes, style*) moderno; (*nightclub, restaurant*) de moda; (*person, set*) a la moda

fashion show *n* desfile *m* de moda

fast¹ [fɑːst, *Am:* fæst] **I.** <-er, -est> *adj* **1.** rápido; **the** ~ **lane** el carril de adelantamiento **2.** (*clock*) **to be** ~ ir adelantado **3.** (*firmly fixed*) fijo

II. *adv* **1.** (*quickly*) rápidamente **2.** (*firmly*) firmemente **3.** (*deeply*) profundamente; **to be** ~ **asleep** estar profundamente dormido

fast² [fɑːst, *Am:* fæst] **I.** *vi* ayunar **II.** *n* ayuno *m*

fasten [ˈfɑːsən, *Am:* ˈfæsən] *vt* **1.** (*do up*) atar **2.** (*fix securely*) fijar

◆ **fasten on** *vt* fijarse en; **to** ~ **an idea** aferrarse a una idea

fastener [ˈfɑːsənəʳ, *Am:* ˈfæsənəʳ] *n* cierre *m*; **zip** ~ cremallera *f*

fast food *n no pl* comida *f* rápida

fastidious [fəˈstɪdɪəs] *adj* escrupuloso

fat [fæt] **I.** *adj* **1.** gordo **2.** (*thick*) grueso **3.** (*large*) grande **II.** *n* **1.** *no pl* (*meat tissue*) carnes *fpl* **2.** (*fatty substance*) grasa *f*; **to live off the** ~ **of the land** vivir a cuerpo de rey

fatal [ˈfeɪtəl, *Am:* -t̬əl] *adj* **1.** (*causing death*) mortal **2.** (*disastrous*) desastroso **3.** *liter* (*consequences*) funesto

fatality [fəˈtæləti, *Am:* -t̬i] <-ies> *n* fatalidad *f*

fate [feɪt] *n no pl* (*destiny*) destino *m*; (*one's end*) suerte *f*

fateful [ˈfeɪtfəl] *adj* fatídico

fat-free *adj* sin grasas

father [ˈfɑːðəʳ, *Am:* -ðəʳ] *n* padre *m*

Father Christmas *n Brit* Papá *m* Noel

fatherhood [ˈfɑːðəhʊd, *Am:* -ðəʳ-] *n no pl* paternidad *f*

father-in-law [ˈfɑːðərɪnlɔː, *Am:* -ðəʳɪnlɑː] <fathers-in-law *o* father-in-laws> *n* suegro *m*

fatherly [ˈfɑːðəli, *Am:* -ðəʳli] *adj* paternal

fathom [ˈfæðəm] **I.** *n* NAUT braza *f* **II.** *vt* (*mystery*) desentrañar

fatigue [fəˈtiːg] *n no pl* (*tiredness*) cansancio *m*, fatiga *f*

fatten [ˈfætən] *vt* engordar

fatty [ˈfæti, *Am:* ˈfæt̬-] **I.** *adj* **1.** (*food*) graso **2.** (*tissue*) adiposo **II.** <-ies> *n inf* gordinflón, -ona *m, f*

fatuous [ˈfætʊəs, *Am:* ˈfætʃu-] *adj* fatuo

faucet [ˈfɔːsɪt, *Am:* ˈfɑː-] *n Am* grifo *m*, bitoque *m Méx, RíoPl*

fault [fɔ:lt] I. *n* 1. *no pl* (*responsibility*) culpa *f;* **to be sb's** ~ (**that** ...) ser culpa de alguien (que...); **to be at** ~ tener la culpa; **to find** ~ **with sb** criticar a alguien 2. (*character weakness*) debilidad *f* 3. (*defect*) fallo *m* 4. GEO falla *f* II. *vt* encontrar defectos en

faulty ['fɔ:lti, *Am:* -ţi] *adj* defectuoso

fauna ['fɔ:nə, *Am:* 'fɑ:-] *n* fauna *f*

favor ['feɪvəʳ, *Am:* -vəʳ] *n, vt Am, Aus s.* **favour**

favorable ['feɪvərəbl] *adj Am, Aus s.* **favourable**

favorite ['feɪvərɪt] *adj, n Am, Aus s.* **favourite**

favoritism *n Am, Aus s.* **favouritism**

favour ['feɪvəʳ, *Am:* -vəʳ] *Brit, Aus* I. *n* 1. *no pl* (*approval*) favor *m,* aprobación *f;* **to be in** ~ **of sth** estar a favor de alguien/algo; **to find** ~ **with sb** caer en gracia a alguien 2. (*helpful act*) favor *m,* valedura *f Méx;* **to ask sb a** ~ pedir un favor a alguien; **to do sb a** ~ hacer un favor a alguien 3. *Am* (*small gift*) detalle *m* II. *vt* 1. (*prefer*) preferir 2. (*give advantage to*) favorecer

favourable ['feɪvərəbl] *adj* favorable

favourite ['feɪvərɪt] *adj* favorito

favouritism *n no pl* favoritismo *m*

fawn¹ [fɔ:n, *Am:* fɑ:n] I. *n* cervato *m* II. *adj* beige

fawn² [fɔ:n, *Am:* fɑ:n] *vi* **to** ~ **on sb** elogiar a alguien

fax [fæks] I. *n no pl* fax *m* II. *vt* mandar por fax

FBI [ˌefbiːˈaɪ] *n abbr of* **Federal Bureau of Investigation** FBI *m*

fear [fɪəʳ, *Am:* fɪr] I. *n* miedo *m;* **to be in** ~ **of sth** temer algo II. *vt* 1. (*be afraid of*) tener miedo de 2. *form* (*feel concern*) **to** ~ (**that** ...) temer (que... +*subj*)

fearful ['fɪəfəl, *Am:* 'fɪr-] *adj* temeroso; ~ **of doing sth** temeroso de hacer algo

fearless ['fɪələs, *Am:* 'fɪr-] *adj* intrépido

feasibility [ˌfiːzəˈbɪləti, *Am:* -ţi] *n*

no pl viabilidad *f*

feasible ['fiːzəbl] *adj* factible

feast [fiːst] I. *n* 1. (*meal*) banquete *m* 2. REL festividad *f* II. *vi* **to** ~ **on sth** darse un banquete con algo

feat [fiːt] *n* hazaña *f*

feather ['feðəʳ, *Am:* -əʳ] I. *n* pluma *f* II. *vt* **to** ~ **one's own nest** barrer hacia dentro

feature ['fiːtʃəʳ, *Am:* -tʃəʳ] I. *n* 1. (*distinguishing attribute*) característica *f;* (*speciality*) peculiaridad *f* 2. *pl* (*facial attributes*) facciones *fpl* 3. (*article*) reportaje *m* II. *vt* (*have as performer, star*) presentar III. *vi* figurar; **to** ~ **in** ... figurar en...

feature film *n* largometraje *m*

February ['febrʊəri, *Am:* -eri] *n* febrero *m; s. a.* **April**

feces ['fiːsiːz] *npl Am s.* **faeces**

fed [fed] *pt, pp of* **feed.**

Fed *abbr of* **federal** fed.

federal ['fedərəl] *adj* federal

federation [ˌfedəˈreɪʃn] *n* federación *f*

fed up [ˌfedˈʌp] *adj inf* harto; **to be** ~ **with sth/sb** estar harto de algo/alguien

fee [fiː] *n* (*for doctor, lawyer*) honorarios *mpl;* (*membership*) cuota *f* de miembro; (*for school, university*) tasas *fpl* de matrícula

feeble ['fiːbl] *adj* débil

feed [fiːd] <fed, fed> I. *vt* 1. (*give food to: person, animal*) alimentar; (*plant*) nutrir; (*baby*) amamantar 2. (*provide food for: family, country*) dar de comer a II. *vi* alimentarse; (*baby*) amamantar III. *n* 1. *no pl* (*for farm animals*) pienso *m* 2. *inf* (*meal*) comida *f* 3. TECH tubo *m* de alimentación

◆ **feed back** *vt* proporcionar

◆ **feed in** *vt* (*information*) introducir

◆ **feed on** *vt insep, a. fig* alimentarse de

feedback ['fiːdbæk] *n* 1. *no pl* (*information*) reacción *f* 2. *no pl* ELEC realimentación *f*

feeding bottle *n* biberón *m*

feel [fiːl] <felt, felt> I. *vi* + *adj/n*

sentir; **to ~ well** sentirse bien; **to ~ hot/cold** tener calor/frío; **to ~ hungry/thirsty** tener hambre/sed; **to ~ like a walk** tener ganas de dar un paseo **II.** *vt* **1.** (*experience*) experimentar **2.** (*think, believe*) **to ~** (*that*) … creer (que)… **3.** (*touch*) tocar; (*pulse*) tomar **III.** *n* **1.** *no pl* (*texture*) textura *f* **2.** *no pl* (*act of touching*) tacto *m*

feeler ['fiːlər, *Am:* -lər] *n* ZOOL antena *f*; **to put out ~s** tantear el terreno

feeling ['fiːlɪŋ] *n* **1.** (*emotion*) sentimiento *m*; **to hurt sb's ~s** herir los sentimientos de alguien **2.** (*sensation*) sensación *f* **3.** (*impression*) impresión *f*; **to have the ~** (*that*) … tener la impresión (de que)…

feet [fiːt] *n pl of* **foot**

feign [feɪn] *vt liter* fingir

fell¹ [fel] *pt of* **fall**

fell² [fel] *vt* cortar

fell³ [fel] *n* (*mountain*) montaña *f*

fell⁴ [fel] *adj* HIST feroz; **at one ~ swoop** de un solo golpe

fellow ['feləʊ, *Am:* -oʊ] **I.** *n* **1.** *inf* (*man*) tío *m* **2.** UNIV profesor(a) *m(f)* **II.** *adj* **~ student** compañero, -a *m, f* de clase

fellow citizen *n* conciudadano, -a *m, f* **fellow countryman** *n* compatriota *m*

fellowship ['feləʊʃɪp, *Am:* -oʊ-] *n* **1.** *no pl* (*comradely feeling*) compañerismo *m* **2.** UNIV **research ~** beca *f* de investigación

felony ['feləni] <-ies> *n Am* crimen *m*

felt¹ [felt] *pt, pp of* **feel**

felt² [felt] *n no pl* fieltro *m*

felt-tip (**pen**) [,felt'tɪp (pen)] *n* rotulador *m*

female ['fiːmeɪl] **I.** *adj* femenino; ZOOL, TECH hembra **II.** *n* (*woman*) mujer *f*; ZOOL hembra *f*

feminine ['femənɪn] *adj* femenino

feminism ['femɪnɪzəm] *n no pl* feminismo *m*

feminist ['femɪnɪst] *n* feminista *mf*

fence [fens] **I.** *n* cerca *f*; **to sit on the ~** ver los toros desde la barrera **II.** *vi* SPORTS esgrimir **III.** *vt* (*enclose*) cercar

fencing *n no pl* esgrima *f*

fend for ['fend,fɔːr, *Am:* 'fend,fɔːr] *vt* **to ~ oneself** arreglárselas

◆ **fend off** *vt* apartar; **to ~ a question** esquivar una pregunta

fender ['fendər, *Am:* -dər] *n* **1.** (*around fireplace*) guardafuego *m* **2.** *Am* AUTO guardabarros *m inv*

ferment¹ [fə'ment, *Am:* fə-] *vi* CHEM fermentar

ferment² ['fɜːment, *Am:* 'fɜːr-] *n no pl, form* agitación *f*

fern [fɜːn, *Am:* fɜːrn] *n* helecho *m*

ferocious [fə'rəʊʃəs, *Am:* -'roʊ-] *adj* feroz

ferocity [fə'rɒsəti, *Am:* -'rɑːsəti] *n no pl* ferocidad *f*

ferret ['ferɪt] *n* hurón *m*

ferry ['feri] <-ies> **I.** *n* (*ship*) ferry *m*; (*smaller*) balsa *f* **II.** *vt* llevar en barca

fertile ['fɜːtaɪl, *Am:* 'fɜːrtl] *adj a. fig* fértil

fertility [fə'tɪləti, *Am:* fə'tɪləti] *n no pl* fertilidad *f*

fertilize ['fɜːtəlaɪz, *Am:* 'fɜːrtə-] *vt* **1.** BIO fertilizar **2.** AGR abonar

fertilizer ['fɜːtəlaɪzər, *Am:* 'fɜːrtəl-] *n* fertilizante *m*

fervent ['fɜːvənt, *Am:* 'fɜːr-] *adj*, **fervid** ['fɜːvɪd, *Am:* 'fɜːr-] *adj form* ferviente

fester ['festər, *Am:* -tər] *vi* enconarse

festival ['festɪvəl] *n* **1.** REL festividad *f* **2.** (*special event*) festival *m*

festive ['festɪv] *adj* festivo; **to be in ~ mood** estar muy alegre

festivity [fe'stɪvəti, *Am:* -ti] <-ies> *n pl* festejos *mpl*

festoon [fe'stuːn] *vt* adornar

fetch [fetʃ] *vt* **1.** (*bring back*) traer **2.** (*be sold for*) venderse por

fetching ['fetʃɪŋ] *adj* atractivo

fête [feɪt] *n Brit, Aus* fiesta *f*

fetish ['fetɪʃ, *Am:* 'fet-] *n a.* PSYCH fetiche *m*

fetus ['fiːtəs, *Am:* -təs] *n Am s.* **foetus**

feud [fjuːd] *n* enemistad *f* (heredada); **a family ~** una enemistad entre familias

feudal ['fju:dəl] *adj* HIST feudal

fever ['fi:və^r, *Am:* -vəˌ] *n* fiebre *f*

feverish ['fi:vərɪʃ] *adj* febril

few [fju:] <-er, -est> **I.** *adj* *def* **1.** (*small number*) pocos, pocas; **one of her ~ friends** uno de sus pocos amigos; **quite a ~ people** bastante gente **2.** (*some*) algunos, algunas; **they left a ~ boxes** dejaron algunas cajas **II.** *pron* pocos, pocas; **a ~** unos pocos

fewer ['fju:əˌ, *Am:* -əˌ] *adj, pron* menos

fewest ['fju:ɪst] *adj, pron* los menos, las menos

fiancé [fɪ'ɒnseɪ, *Am:* ˌfi:ɑːnˈseɪ] *n* prometido *m*

fiancée [fɪ'ɒnseɪ, *Am:* ˌfi:ɑːnˈseɪ] *n* prometida *f*

fiasco [fɪ'æskəʊ, *Am:* -koʊ] <-cos *o* -coes> *n* fiasco *m*

fib [fɪb] *inf* **I.** <-bb-> *vi* decir mentirijillas **II.** *n* mentirijilla *f*, pepa *f And*

fiber ['faɪbəˌ, *Am:* -əˌ] *n Am*, **fibre** ['faɪbəˌ, *Am:* -bəˌ] *n* fibra *f*

fibreglass ['faɪbəglɑːs, *Am:* -bəˌglæs] *n* fibra *f* de vidrio

fickle ['fɪkl] *adj* inconstante

fiction ['fɪkʃn] *n no pl* a. LIT ficción *f*

fictional ['fɪkʃənl] *adj* ficticio

fictitious [fɪk'tɪʃəs] *adj* ficticio

fiddle ['fɪdl] **I.** *vt Brit, inf* (*fraudulently change*) falsificar **II.** *n inf* **1.** *Brit* (*fraud*) trampa *f* **2.** (*violin*) violín *m*

fiddler ['fɪdləˌ, *Am:* -ləˌ] *n inf* **1.** (*violinist*) violinista *mf* **2.** *Brit* (*fraudster*) tramposo, -a *m, f*

fiddly ['fɪdli] <-ier, -iest> *adj inf* difícil

fidelity [fɪ'deləti, *Am:* - t̬i] *n no pl* fidelidad *f*

fidget ['fɪdʒɪt] *vi* agitarse (nerviosamente)

field [fi:ld] *n* **1.** a. ELEC, AGR, SPORTS campo *m*; (*meadow*) prado *m* **2.** + *sing/pl* vb (*contestants*) competidores *mpl*; **to lead the ~** ir en cabeza **3.** (*sphere of activity*) esfera *f*; **it's not my ~** no es de mi competencia

fieldwork ['fi:ldwɜːk, *Am:* -wɜːrk] *n* trabajo *m* de campo

fiend [fi:nd] *n* demonio *m*

fiendish ['fi:ndɪʃ] *adj* diabólico

fierce [fɪəs, *Am:* fɪrs] *adj* <-er, -est> (*competition, opposition*) intenso; (*debate, discussion*) acalorado; (*fighting*) encarnizado; (*wind*) fuerte

fiery ['faɪəri, *Am:* 'faɪri] <-ier, -iest> *adj* **1.** (*heat*) abrasador **2.** (*passionate*) apasionado

fifteen [ˌfɪf'ti:n] *adj* quince *inv; s. a.* **eight**

fifteenth *adj* decimoquinto

fifth [fɪfθ] *adj* quinto

fiftieth ['fɪftiəθ] *adj* quincuagésimo

fifty ['fɪfti] *adj* cincuenta *inv; s. a.* **eighty**

fig [fɪg] *n* higo *m*

fight [faɪt] **I.** *n* **1.** (*physical*) pelea *f*; (*argument*) disputa *f* **2.** MIL combate *m* **3.** (*struggle*) lucha *f* **II.** <fought, fought> *vi* **1.** (*exchange blows*) pelear; MIL combatir; **to ~ with sb** (*against*) luchar contra alguien; (*on same side*) luchar junto a alguien **2.** (*dispute*) discutir **3.** (*struggle to overcome*) luchar; **to ~ for/against sth** luchar por/contra algo **III.** *vt* **1.** (*exchange blows with, argue with*) pelearse con **2.** (*wage war, do battle*) luchar con **3.** (*struggle to overcome*) combatir; **to ~ a case** LAW negar una acusación

◆**fight back I.** *vi* (*counter-attack*) contraatacar; (*defend oneself*) defenderse **II.** *vt* **to ~ one's tears** contener las lágrimas

◆**fight off** *vt* (*repel*) rechazar; (*master, resist*) resistir

fighter ['faɪtəˌ, *Am:* t̬əˌ] *n* **1.** (*person*) luchador(a) *m(f)* **2.** AVIAT caza *m*

fighting ['faɪtɪŋ, *Am:* -t̬ɪŋ] *n no pl* lucha *f*; (*battle*) combate *m*

figment ['fɪgmənt] *n* **a ~ of the imagination** un producto de la imaginación

figurative ['fɪgjərətɪv, *Am:* -jəˈə-t̬ɪv] *adj* **1.** LING figurado **2.** ART figurativo

figure ['fɪgəˌ, *Am:* -jəˌ] **I.** *n* **1.** (*shape*) figura *f* **2.** ART estatua *f*

F f

3.(*numeral*) cifra *f* **4.**(*diagram*) figura *f* **II.** *vt* **1.** *Am* (*think*) figurarse **2.**(*in diagram*) representar **III.** *vi* (*feature*) figurar; **that ~s** *Am* es natural

◆ **figure out** *vt* (*comprehend*) entender; (*work out*) resolver

figurehead ['fɪgəhed, *Am:* -jə-] *n* NAUT mascarón *m* de proa

Fiji ['fi:dʒi:] *n* **the ~ Islands** las Islas Fiji

Fijian [fɪ'dʒi:ən] **I.** *adj* de Fiji **II.** *n* habitante *mf* de (las Islas) Fiji

file¹ [faɪl] **I.** *n* **1.**(*folder*) carpeta *f* **2.**(*record*) expediente *m;* **to open a ~** abrir un expediente **3.** INFOR fichero *m,* archivo *m* **4.**(*row*) fila *f* **II.** *vt* **1.**(*record*) archivar, failear *AmC, RíoPl* **2.**(*present: claim, complaint*) presentar

file² [faɪl] *n* lima *f*

◆ **file in** *vi* entrar en fila

◆ **file out** *vi* salir en fila

filing ['faɪlɪŋ] *n no pl* clasificación *f*

filing cabinet *n* archivador *m*

Filipino [fɪlɪ'pi:nəʊ, *Am:* -noʊ] *adj* filipino

fill [fɪl] **I.** *vt* **1.**(*make full*) llenar; (*space*) ocupar; **to ~ a vacancy** cubrir una vacante **2.**(*seal*) empastar, emplomar *AmL* **II.** *vi* **to drink/eat one's ~** hartarse de beber/comer

◆ **fill in** *vt* rellenar; **to fill sb in on the details** poner a alguien al corriente de los detalles

◆ **fill out** *vt* rellenar

◆ **fill up** **I.** *vt* llenar; (*completely*) colmar **II.** *vi* llenarse

fillet ['fɪlɪt] *n* filete *m*

fillet steak *n* solomillo *m*

filling *n* **1.**(*substance*) relleno *m* **2.**(*in tooth*) empaste *m,* emplomadura *f AmL*

filling station *n* gasolinera *f,* bencinera *f Chile,* grifo *m Perú*

fillip ['fɪlɪp] *n* estímulo *m*

film [fɪlm] *n* PHOT película *f* **II.** *vt* filmar **II.** *vi* rodar

film star *n* estrella *f* de cine

filter ['fɪltər, *Am:* -ţə-] **I.** *n* filtro *m* **II.** *vt* filtrar

filter lane *n* carril *m* de giro

filth [fɪlθ] *n no pl* mugre *f*

filthy ['fɪlθi] *adj* **1.**(*very dirty*) inmundo **2.** *inf*(*obscene*) obsceno

fin [fɪn] *n* aleta *f*

final ['faɪnl] **I.** *adj* **1.**(*last*) final **2.**(*irrevocable*) definitivo **II.** *n* **1.** SPORTS final *f* **2.** *pl* UNIV examen *m* de fin de carrera

finale [fɪ'nɑːli, *Am:* -'næli] *n* final *m*

finalist ['faɪnəlɪst] *n* finalista *mf*

finalize ['faɪnəlaɪz] *vt* ultimar

finally ['faɪnəli] *adv* **1.**(*at long last*) finalmente; (*expressing impatience*) por fin **2.**(*irrevocably*) definitivamente; (*decisively*) de forma decisiva

finance ['faɪnænts] *vt* financiar

finances ['faɪnæntsɪz] *npl* finanzas *fpl*

financial [faɪ'næntʃəl] *adj* financiero

financial year *n* año *m* fiscal

find [faɪnd] **I.**<found, found> *vt* **1.**(*lost object, person*) encontrar **2.**(*locate*) localizar, hallar **3.**(*conclude*) **to ~ sb guilty/innocent** declarar a alguien culpable/inocente **II.** *n* hallazgo *m*

◆ **find out** **I.** *vt* descubrir; (*dishonesty*) desenmascarar **II.** *vi* **to ~ about sth/sb** informarse sobre algo/alguien

finding ['faɪndɪŋ] *n* **1.** LAW fallo *m* **2.**(*recommendation*) recomendación *f*

fine¹ [faɪn] **I.** *adj* **1.**(*slender, light*) fino; (*feature*) delicado **2.**(*good*) bueno **II.** *adv* **1.**(*all right*) muy bien; **to feel ~** sentirse bien **2.**(*fine-grained*) fino; **to cut it ~** dejar algo para el último momento

fine² [faɪn] **I.** *n* multa *f,* boleta *f AmS* **II.** *vt* multar

fine arts *n* bellas artes *fpl*

finery ['faɪnəri] *n no pl* **in all one's ~** con las mejores galas

finger ['fɪŋgər, *Am:* -gə-] **I.** *n* ANAT dedo *m;* **little ~** dedo meñique **II.** *vt* manosear

fingernail *n* uña *f* **fingerprint** **I.** *n* huella *f* dactilar **II.** *vt* **to ~ sb** tomar las huellas dactilares a alguien **fin-**

gertip *n* punta *f* del dedo; **to have sth at one's ~s** tener algo a mano; *fig* saber(se) algo al dedillo

finicky ['fɪnɪki] *adj* (*person*) melindroso

finish ['fɪnɪʃ] **I.** *n* **1.** (*end*) final *m*, fin *m*; SPORTS meta *f* **2.** (*sealing, varnishing*) acabado *m* **II.** *vi* terminar(se), acabar(se); **to ~ doing sth** terminar de hacer algo **III.** *vt* **1.** (*bring to end*) terminar, acabar; **to ~ school** terminar los estudios **2.** (*make final touches to*) acabar

◆ **finish off** *vt* **1.** (*end*) terminar, acabar **2.** (*defeat*) acabar con **3.** *Am, inf* (*murder*) liquidar

◆ **finish up I.** *vi* **to ~ at** ir a parar en **II.** *vt* terminar

finishing line *n,* **finishing post** *n* línea *f* de meta

finite ['faɪnaɪt] *adj a.* LING finito

Finland ['fɪnlənd] *n* Finlandia *f*

Finn [fɪn] *n* finlandés, -esa *m, f*

Finnish ['fɪnɪʃ] *adj* finlandés

fir [fɜː^r, *Am:* fɜːr] *n* abeto *m*

fire ['faɪə^r, *Am:* 'faɪɚ] **I.** *n* **1.** (*flames*) fuego *m*; (*in fireplace*) lumbre *f*; (*accidental*) incendio *m*; **to set sth on ~** prender fuego a algo; **to catch ~** encenderse **2.** MIL **to be under ~** MIL estar en la línea de fuego; *fig* ser criticado **II.** *vt* **1.** (*set fire to*) encender **2.** (*weapon*) disparar **3.** *inf* (*dismiss*) despedir, botar *AmL*, fletar *Arg* **III.** *vi* **1.** (*with gun*) disparar **2.** AUTO encenderse

fire alarm *n* alarma *f* contra incendios **firearm** *n* arma *f* de fuego **fire brigade** *n Brit,* **fire department** *n Am* cuerpo *m* de bomberos **fire engine** *n* bomba *m* de incendios **fire extinguisher** *n* extintor *m* de incendios **fireman** <-men> *n* bombero *m* **fireplace** *n* chimenea *f,* hogar *m*

fireproof ['faɪə^rpruːf, *Am:* 'faɪɚ-] *adj* a prueba de incendios

fireside *n* hogar *m* **fire station** *n* parque *m* de bomberos **firewood** *n no pl* leña *f* **firework** *n* fuego *m* artificial

firing squad *n* pelotón *m* de fusila-

miento

firm[1] [fɜːm, *Am:* fɜːrm] **I.** *adj* firme; (*strong*) fuerte; **a ~ offer** una oferta en firme **II.** *adv* firmemente; **to stand ~** mantenerse firme

firm[2] [fɜːm, *Am:* fɜːrm] *n* empresa *f*

first [fɜːst, *Am:* fɜːrst] **I.** *adj* (*earliest*) primero; **for the ~ time** por primera vez; **at ~ sight** a primera vista; **the ~ December** el primero de diciembre **II.** *adv* primero; (*firstly*) en primer lugar; **at ~** al principio; **to go head ~** meterse de cabeza **III.** *n* **the ~** el primero, la primera; **from the (very) ~** desde el principio

first aid *n* primeros auxilios *mpl* **first aid box** *n* botiquín *m* de primeros auxilios

first-class *adj* de primera clase

first-hand [ˌfɜːstˈhænd, *Am:* ˌfɜːrst-] *adj* de primera mano

first lady *n Am* **the ~** la Primera Dama

firstly ['fɜːstli, *Am:* 'fɜːrst-] *adv* en primer lugar

first name *n* nombre *m* (de pila)

first-rate [ˌfɜːstˈreɪt, *Am:* ˌfɜːrst-] *adj* de primer orden

fish [fɪʃ] **I.** <-(es)> *n* **1.** ZOOL pez *m* **2.** *no pl* GASTR pescado *m* **II.** *vi* pescar **III.** *vt* pescar

fisherman ['fɪʃəmən, *Am:* -ɚ-] <-men> *n* pescador *m*

fishfinger *n* palito *m* de merluza

fishing line *n* sedal *m* **fishing rod** *n Brit, Aus* caña *f* de pescar

fishmonger ['fɪʃmʌŋgə^r, *Am:* -gɚ] *n Brit* pescadero, -a *m, f*

fishy ['fɪʃi] <-ier, -iest> *adj inf* dudoso

fist [fɪst] *n* puño *m*

fit[1] [fɪt] **I.** <-tt-> *adj* **1.** (*apt, suitable*) apto, apropiado; (*competent*) capaz; **~ to eat** bueno para comer **2.** (*ready*) listo **3.** SPORTS en forma **II.** <-tt-> *vt* **1.** (*adapt*) ajustar **2.** (*clothes*) sentar bien **3.** (*facts*) corresponder con **4.** TECH caber en, encajar en **III.** *vi* <-tt-> **1.** (*be correct size*) ir bien **2.** (*correspond*) corresponder

◆ **fit in I.** *vi* **1.** (*conform*) encajar

2. (*get on well*) llevarse bien **II.** *vt* tener tiempo para

◆ **fit out** *vt* equipar

fit² [fɪt] *n* **1.** MED ataque *m;* **coughing** ~ acceso *m* de tos **2.** *inf* (*outburst of rage*) arranque *m;* **in ~s and starts** a empujones

fitment ['fɪtmənt] *n* Brit mueble *m*

fitness ['fɪtnɪs] *n no pl* **1.** (*competence, suitability*) conveniencia *f* **2.** (*good condition*) (buena) condición *f* física; (*health*) (buena) salud *f*

fitted ['fɪtɪd, Am:'fɪt-] *adj* (*adapted, suitable*) idóneo; (*tailor-made*) a medida; ~ **kitchen** cocina *f* empotrada

fitter ['fɪtər, Am:'fɪt̬ər] *n* técnico, -a *m, f*

fitting ['fɪtɪŋ, Am:'fɪt̬-] **I.** *n* **1.** *pl* (*fixtures*) accesorios *mpl* **2.** (*of clothes*) prueba *f* **II.** *adj* apropiado

five [faɪv] *adj* cinco *inv; s. a.* **eight**

fiver ['faɪvər, Am:-vər] *n* Brit, *inf* billete *m* de 5 libras; Am, *inf* billete *m* de 5 dólares

fix [fɪks] **I.** *vt* **1.** (*fasten*) sujetar; **to ~ sth in one's mind** grabar algo en la memoria **2.** (*determine*) fijar **3.** (*repair*) arreglar **4.** Am, *inf* (*food*) preparar **II.** *n inf* (*dilemma*) aprieto *m;* **to be in a** ~ estar en un aprieto

◆ **fix on** *vt* (*make definite*) fijar

◆ **fix up** *vt* **1.** (*supply with*) **to fix sb up** (**with sth**) proveer a alguien (de algo) **2.** (*arrange*) organizar

fixation [fɪk'seɪʃən] *n* fijación *f*

fixed *adj* fijo; **to be of no** ~ **abode** LAW no tener domicilio permanente

fixture ['fɪkstʃər, Am:-tʃər] *n* **1.** (*furniture*) instalación *f* fija **2.** Brit, Aus SPORTS partido *m*

fizzy ['fɪzi] <-ier, -iest> *adj* (*bubbly*) efervescente; (*carbonated*) gaseoso

flabby ['flæbi] <-ier, -iest> *adj pej* **1.** (*body*) fofo **2.** (*weak*) débil

flag¹ [flæg] **I.** *n* (*national*) bandera *f;* (*pennant*) estandarte *m* **II.** <-gg-> *vi* flaquear

flag² [flæg] *n* (*stone*) losa *f*

flagpole ['flægpəʊl, Am:-poʊl] *n* asta *f*

flagrant ['fleɪɡrənt] *adj* descarado

flagship ['flæɡʃɪp] *n* buque *m* insignia

flagstaff ['flæɡstɑːf, Am:-stæf] *n s.* **flagpole**

flair [fleər, Am:fler] *n* *no pl* estilo *m*

flak [flæk] *n* **1.** MIL fuego *m* antiaéreo **2.** (*criticism*) críticas *fpl*

flake [fleɪk] **I.** *vi* (*skin*) pelarse; (*paint*) desconcharse **II.** *n* (*peeling*) hojuela *f;* (*shaving, sliver*) viruta *f;* (*of paint, wood*) lámina *f;* (*of skin*) escama *f;* (*of snow*) copo *m*

flamboyant [flæm'bɔɪənt] *adj* (*manner, person*) exuberante; (*air, clothes*) vistoso

flame [fleɪm] *n* **1.** llama *f;* **to burst into** ~ estallar en llamas **2.** (*lover*) (*old*) ~ antiguo amor *m*

flamingo [flə'mɪŋɡəʊ, Am:-goʊ] <-(e)s> *n* flamenco *m*

flammable ['flæməbl] *adj* Am inflamable

flan [flæn] *n* tarta *f* (de frutas)

Flanders ['flɑːndəz] *n* Flandes *m*

flank [flæŋk] **I.** *n* (*of person*) costado *m;* MIL flanco *m* **II.** *vt* flanquear

flannel ['flænl] *n* **1.** (*material*) franela *f* **2.** Brit (*facecloth*) toallita *f* **3.** *pl* (*trousers*) pantalones *mpl* de franela

flap [flæp] **I.** <-pp-> *vt* (*wings*) batir; (*shake*) sacudir **II.** <-pp-> *vi* (*wings*) aletear; (*flag*) ondear **III.** *n* **1.** (*of cloth*) faldón *m;* (*of pocket, envelope*) solapa *f;* (*of table*) hoja *f* **2.** AVIAT flap *m* **3.** (*of wing*) aleteo *m*

flare [fleər, Am:fler] *n* **1.** (*blaze*) llamarada *f* **2.** MIL bengala *f* **3.** (*of clothes*) vuelo *m*

flare-up ['fleərʌp, Am:'fler-] *n* estallido *m fig*

flash [flæʃ] **I.** *vt* (*light*) enfocar **II.** *vi* **1.** (*lightning*) relampaguear **2.** (*move swiftly*) **to** ~ **by** pasar como un rayo **III.** *n* **1.** (*burst*) destello *m;* ~ **of light(ning)** relámpago *m;* **in a** ~ en un instante **2.** PHOT flash *m*

flashbulb ['flæʃbʌlb] *n* bombilla *f* de flash

flashlight ['flæʃlaɪt] *n* linterna *f* eléctrica

flashy ['flæʃi] <-ier, -iest> *adj inf* ostentoso, llamativo

flask [flɑːsk, *Am:* flæsk] *n* CHEM matraz *m;* (*thermos*) termo *m*

flat[1] [flæt] **I.** *adj* <-tt-> **1.** (*surface*) llano, plano **2.** (*drink*) sin gas **3.** (*tyre*) desinflado **4.** *Aus, Brit* (*battery*) descargado **5.** MUS desafinado **II.** *n* **1.** (*level surface*) plano *m* **2.** (*low level ground*) llanura *f* **3.** *Aus, Brit* (*tyre*) pinchazo *m* **4.** MUS bemol *m*

flat[2] [flæt] *n Aus, Brit* (*apartment*) piso *m*, apartamento *m Ven, Col*, departamento *m Méx, CSur*

flatly *adv* rotundamente

flatmate ['flætmeɪt] *n Aus, Brit* compañero, -a *m, f* de piso

flatten ['flætn] *vt* allanar

flatter ['flætər, *Am:* 'flæt̬ər] *vt* **1.** (*gratify vanity*) adular **2.** (*make attractive*) favorecer

flattering *adj* **1.** (*clothes, portrait*) que favorece **2.** (*remark, description*) halagador

flattery ['flætəri, *Am:* 'flæt̬-] *n no pl* adulación *f*

flaunt [flɔːnt, *Am:* flɑːnt] *vt* hacer alarde de

flavor ['fleɪvər, *Am:* -vər] *Am* **I.** *n, vt s.* **flavour II.** *n s.* **flavouring**

flavour ['fleɪvər, *Am:* -vər] *Brit, Aus* **I.** *n* **1.** (*taste*) gusto *m;* (*ice cream, fizzy drink*) sabor *m* **2.** *fig* sabor *m* **II.** *vt* sazonar

flavouring ['fleɪvərɪŋ] *n Brit, Aus* condimento *m*, aromatizante *m*

flaw [flɔː, *Am:* flɑː] *n* defecto *m*

flawless ['flɔːlɪs, *Am:* 'flɑː-] *adj* intachable

flax [flæks] *n no pl* lino *m*

flea [fliː] *n* pulga *f*

fleck [flek] **I.** *n* mota *f* **II.** *vt* salpicar

flee [fliː] <fled, fled> **I.** *vt* (*run away from*) huir de **II.** *vi* (*run away*) escaparse; *liter* desaparecer

fleece [fliːs] **I.** *n* **1.** (*of sheep*) vellón *m* **2.** (*clothing*) borreguillo *m* **II.** *vt* esquilar

fleet[1] [fliːt] *n* **1.** NAUT flota *f* **2.** (*of aeroplanes*) escuadrón *m*

fleet[2] [fliːt] <-er, -est> *adj* veloz

fleeting ['fliːtɪŋ, *Am:* -t̬ɪŋ] *adj* fugaz

Flemish ['flemɪʃ] *adj* flamenco

flesh [fleʃ] *n no pl* (*body tissue*) carne *f;* (*pulp*) pulpa *f;* **to be** (**only**) ~ **and blood** ser (sólo) de carne y hueso

flesh wound *n* herida *f* superficial

flew [fluː] *pt of* **fly**

flex [fleks] **I.** *vt* flexionar **II.** *n* ELEC cable *m*

flexibility [ˌfleksəˈbɪləti, *Am:* -t̬i] *n no pl* flexibilidad *f*

flexible ['fleksəbl] *adj* **1.** (*pliable*) flexible **2.** (*arrangement, policy, schedule*) adaptable

flexitime ['fleksɪtaɪm] *n no pl* horario *m* flexible

flick [flɪk] **I.** *vt* (*with finger*) chasquear **II.** *n* **1.** (*sudden movement, strike*) golpecito *m* **2. the** ~**s** *pl, inf* (*cinema*) el cine

flicker ['flɪkər, *Am:* -ər] **I.** *vi* parpadear **II.** *n* parpadeo *m*

flier ['flaɪər, *Am:* -ər] *n* aviador(a) *m(f)*

flight [flaɪt] *n* **1.** (*act*) vuelo *m* **2.** (*retreat*) escape *m* **3.** (*series: of stairs*) tramo *m*

flight attendant *n* auxiliar *mf* de vuelo **flight deck** *n* cabina *f* de pilotaje

flight path *n* trayectoria *f* de vuelo

flimsy ['flɪmzi] <-ier, -iest> *adj* **1.** (*light: dress, blouse*) ligero **2.** (*argument, excuse*) poco sólido

flinch [flɪntʃ] *vi* (*in pain*) rechistar

fling [flɪŋ] <flung, flung> **I.** *vt* lanzar **II.** *n inf* aventura *f* (*amorosa*)

flint [flɪnt] *n* pedernal *m*

flip [flɪp] <-pp-> *vt* dar la vuelta a; **to** ~ **a coin** echar a cara o cruz

flippant ['flɪpənt] *adj* poco serio

flipper ['flɪpər, *Am:* -ər] *n* aleta *f*

flirt [flɜːt, *Am:* flɜːrt] **I.** *n* (*woman*) coqueta *f;* (*man*) galanteador *m* **II.** *vi* flirtear

flit [flɪt] <-tt-> *vi* **to** ~ (**about**) revolotear

float [fləʊt, *Am:* floʊt] **I.** *vi* **1.** (*in liquid, air*) flotar, boyar *AmL* **2.** (*move aimlessly*) moverse sin rumbo **3.** ECON fluctuar **II.** *vt* **1.** (*keep afloat*) poner a flote **2.** (*air*) **to** ~ **an idea/a plan** sugerir una idea/un plan III. *n* 1. NAUT flotador *m* 2. (*vehicle*) carroza *f* 3. *Aus*, *Brit* (*cash*) fondo *m*

flock [flɒk, *Am:* flɑ:k] *n* (*of goats, sheep*) rebaño *m;* (*of birds*) bandada *f*, parvada *f* *AmL;* (*of people*) multitud *f*

flog [flɒg, *Am:* flɑ:g] <-gg-> *vt* 1. (*punish*) azotar; *fig* flagelar 2. *Brit*, *inf* (*sell*) vender

flood [flʌd] I. *vt* inundar; AUTO ahogar un motor II. *n* 1. METEO inundación *f* 2. (*outpouring*) torrente *m*

floodlight ['flʌdlaɪt] I. *n* foco *m* II. *vt* *irr* iluminar (con focos)

floor [flɔːr, *Am:* flɔːr] I. *n* 1. (*of room*) suelo *m;* **dance** ~ pista *f* de baile 2. (*level in building*) piso *m* II. *vt* (*knock down*) tumbar

floorboard ['flɔːbɔːd, *Am:* 'flɔːr-bɔːrd] *n* tabla *f* del suelo

floor show *n* espectáculo *m* de cabaret

flop [flɒp, *Am:* flɑːp] <-pp-> I. *vi* *inf* (*fail*) fracasar II. *n* *inf* (*failure*) fracaso *m*

floppy ['flɒpi, *Am:* 'flɑːpi] I. <-ier, -iest> *adj* caído II. <-ies> *n* diskette *m*

floppy disk *n* diskette *m*

flora ['flɔːrə] *n* *no pl* flora *f*

floral ['flɔːrəl] *adj* floral

Florida ['flɒrɪdə, *Am:* 'flɔːr-] *n* Florida *f*

florist ['flɒrɪst, *Am:* 'flɔːr-] *n* florista *mf;* **the ~'s** la floristería

flotation [fləʊ'teɪʃn, *Am:* floʊ-] *n* ECON, FIN salida *f* a Bolsa

flounder[1] ['flaʊndər, *Am:* -dɚ] *vi* sufrir

flounder[2] ['flaʊndər, *Am:* -dɚ] *n* (*flatfish*) platija *f*

flour ['flaʊər, *Am:* -ɚ] *n* *no pl* harina *f*

flourish ['flʌrɪʃ, *Am:* 'flɜːr-] I. *vi* florecer II. *n* **with a** ~ con un gesto ceremonioso

flout [flaʊt] *vt* **to** ~ **a law/rule** incumplir una ley/regla

flow [fləʊ, *Am:* floʊ] I. *vi* fluir, correr II. *n* *no pl* (*of water, ideas*) flujo *m;* (*of goods*) circulación *f*

flowchart *n*, **flow diagram** *n* organigrama *m*

flower ['flaʊər, *Am:* 'flaʊɚ] I. *n* flor *f;* **to be in** ~ estar en flor II. *vi* florecer, florear *AmL*

flowerbed *n* arriate *m* de flores

flower pot *n* maceta *f*

flowery ['flaʊəri] <-ier, -iest> *adj* florido

flown [fləʊn, *Am:* floʊn] *pp of* **fly**[1]

flu [fluː] *n* *no pl* gripe *f*, gripa *f* *Col*

fluctuate ['flʌktʃʊeɪt] *vi* fluctuar

fluency ['fluːəntsi] *n* *no pl* fluidez *f*

fluent ['fluːənt] *adj* (*style, movement*) con fluidez; **to speak** ~ **English** hablar inglés con soltura

fluff [flʌf] *n* *no pl* pelusa *f*

fluffy ['flʌfi] <-ier, -iest> *adj* lanudo

fluid ['fluːɪd] I. *n* fluido *m* II. *adj* líquido

flung [flʌŋ] *pt*, *pp of* **fling**

fluoride ['flʊəraɪd, *Am:* 'flɔːraɪd] *n* *no pl* fluoruro *m*

fluorine ['flʊəriːn, *Am:* 'flɔːriːn] *n* *no pl* flúor *m*

fluorocarbon [ˌflʊərəˈkɑːbən, *Am:* ˌflɔːrəˈkɑːr-] *n* fluorocarburo *m*

flurry ['flʌri, *Am:* 'flɜːr-] <-ies> *n* agitación *f;* (*of snow*) ráfaga *f;* **a** ~ **of excitement** un frenesí

flush[1] [flʌʃ] I. *vi* (*blush*) ruborizarse II. *vt* **to** ~ **the toilet** tirar de la cadena III. *n* *no pl* rubor *m*

flush[2] [flʌʃ] *adj* llano

flushed ['flʌʃt] *adj* emocionado

flute [fluːt] *n* MUS flauta *f*

flutter ['flʌtər, *Am:* 'flʌt̬ɚ] I. *n* 1. *no pl*, *Aus*, *Brit*, *inf* (*bet*) apuesta *f* 2. *fig* **to be all of a** ~ ser un manojo de nervios II. *vi* 1. (*quiver*) temblar 2. (*flap*) agitarse

flux [flʌks] *n* *no pl* 1. (*change*) cambio *m* continuo; **to be in a state of** ~ estar continuamente cambiando 2. MED flujo *m*

fly[1] [flaɪ] <flew, flown> I. *vi* volar; (*travel by aircraft*) viajar en avión II. *vt* 1. (*aircraft*) pilotar 2. (*make move through air*) hacer volar; **to** ~ **a flag** enarbolar una bandera

fly[2] [flaɪ] *n* mosca *f*

◆ **fly away** *vi* irse volando

◆ **fly in** *vi* **to ~ from somewhere** llegar (en avión) desde algún sitio

◆ **fly off** *vi* irse volando

flying ['flaɪɪŋ] *n no pl* el volar

flying saucer *n* platillo *m* volante **flying squad** *n* brigada *f* móvil **flying start** *n* SPORTS salida *f* lanzada; **to get off to a ~** entrar con buen pie

flyover ['flaɪ,əʊvəʳ, *Am:* -,ouvɚ] *n Brit* paso *m* elevado

flysheet *n Brit* doble techo *m* (*de una tienda de campaña*)

flyweight ['flaɪweɪt] *n* SPORTS peso *m* mosca

FM [,ef'em] PHYS *abbr of* **frequency modulation** FM

FO [,ef'əʊ, *Am:* -oʊ] *n Brit abbr of* **Foreign Office** Ministerio *m* de Asuntos Exteriores

foal [fəʊl, *Am:* foʊl] *n* potro, -a *m, f*

foam [fəʊm, *Am:* foʊm] **I.** *n no pl* (*bubbles, foam rubber*) espuma *f* **II.** *vi* **to ~ with rage** echar espuma de (pura) rabia

fob [fɒb, *Am:* fɑ:b] *n* cadena *f* de reloj

focal ['fəʊkl, *Am:* 'foʊ-] *adj* focal; **~ point** punto *m* central

focus ['fəʊkəs, *Am:* 'foʊ-] <-es *o* foci> **I.** *n* foco *m*; **to be in/out of ~** estar enfocado/desenfocado **II.** <-s-*o* -ss-> *vi* enfocar; **to ~ on sth** (*concentrate*) concentrarse en algo

fodder ['fɒdəʳ, *Am:* 'fɑ:dɚ] *n no pl* forraje *m*; **~ crop** cereal-pienso *m*

foe [fəʊ, *Am:* foʊ] *n* enemigo, -a *m, f*

foetus ['fi:təs, *Am:* -ṭəs] *n* feto *m*

fog [fɒg, *Am:* fɑ:g] *n* niebla *f*

foggy ['fɒgi, *Am:* 'fɑ:gi] <-ier, -iest> *adj* nebuloso

foglamp *n*, **foglight** *n* faro *m* antiniebla

foil¹ [fɔɪl] *n* **1.** (*metal paper*) papel *m* de aluminio **2.** (*sword*) florete *m*

foil² [fɔɪl] *vt* frustrar

fold¹ [fəʊld, *Am:* foʊld] **I.** *vt* plegar **II.** *n* pliegue *m*

fold² [fəʊld, *Am:* foʊld] *n* redil *m*

◆ **fold up** *vt* doblar

folder ['fəʊldəʳ, *Am:* 'foʊldɚ] *n* carpeta *f*, fólder *m Col, Méx*

folding ['fəʊldɪŋ, *Am:* 'foʊld-] *adj* plegable

foliage ['fəʊlɪɪdʒ, *Am:* 'foʊ-] *n no pl* follaje *m*

folk [fəʊk, *Am:* foʊk] *npl* pueblo *m*

folklore ['fəʊklɔːʳ, *Am:* 'foʊklɔːr] *n no pl* folklore *m*

folk music *n* música *f* folk **folk song** *n* canción *f* popular

follow ['fɒləʊ, *Am:* 'fɑ:loʊ] **I.** *vt* seguir **II.** *vi* **1.** (*take same route as*) seguir **2.** (*happen next*) suceder

◆ **follow on** *vi* seguir

◆ **follow through** *vi, vt* terminar

◆ **follow up** *vt* **1.** (*consider, investigate*) investigar **2.** (*do next*) **to ~ sth by** [*o* **with**] ... hacer algo después de...

follower *n* seguidor(a) *m(f)*

following **I.** *n inv* seguidores, -as *m, f pl* **II.** *adj* siguiente

follow-up ['fɒləʊʌp, *Am:* 'fɑ:loʊ-] *n* seguimiento *m*

folly ['fɒli, *Am:* 'fɑ:li] *n* locura *f*

fond [fɒnd, *Am:* fɑ:nd] <-er, -est> *adj* **to be ~ of sb** tener cariño a alguien; **he is ~ of ...** le gusta...

fondle ['fɒndl, *Am:* 'fɑ:n-] <-ling> *vt* acariciar

food [fu:d] *n* comida *f*

food poisoning *n no pl* envenenamiento *m* por alimentos **foodstuff** *n* artículo *m* alimenticio

fool [fu:l] **I.** *n* idiota *mf*; **to make a ~ of sb** poner a alguien en ridículo **II.** *vt* engañar; **you could have ~ed me!** *inf* ¡no me lo puedo creer!

◆ **fool about** *vi* hacer payasadas

foolhardy ['fu:lhɑ:di, *Am:* -hɑ:r-] *adj* temerario

foolish ['fu:lɪʃ] *adj* tonto

foolproof ['fu:lpru:f] *adj* a toda prueba

foot [fʊt] **I.** <feet> *n* **1.** (*of person*) pie *m*; (*of animal*) pata *f*; **to find one's feet** acostumbrarse al ambiente; **to put one's ~ down** acelerar **2.** (*unit of measurement*) pie *m* (*30,48 cm*) **3.** (*bottom or lowest part*) **at the ~ of one's bed** al pie de la cama; **at the ~ of the page** a pie de página **II.** *vt inf* **to ~ the bill** pagar

footage ['fʊtɪdʒ, *Am:* 'fʊṭ-] *n no pl* CINE, TV secuencias *fpl*, imágenes *fpl*

football ['fʊtbɔːl] *n no pl* **1.** *Brit* (*soccer*) fútbol *m* **2.** *Am* (*American football*) fútbol *m* americano **3.** (*ball*) balón *m*

football player *n* futbolista *mf*

footbridge ['fʊtbrɪdʒ] *n* puente *m* peatonal

foothills ['fʊthɪlz] *n* estribaciones *fpl*

foothold ['fʊthəʊld, *Am:* -hoʊld] *n* asidero *m* para el pie

footing ['fʊtɪŋ, *Am:* 'fʊṭ-] *n no pl* **1.** to lose one's ~ resbalar **2.** (*basis*) posición *f*; **on an equal** ~ en un mismo pie de igualdad

footlights ['fʊtlaɪts] *npl* candilejas *fpl*

footman ['fʊtmən] <-men> *n* lacayo *m*

footnote ['fʊtnəʊt, *Am:* -noʊt] *n* nota *f* a pie de página

footpath ['fʊtpɑːθ, *Am:* -pæθ] *n* sendero *m*

footprint ['fʊtprɪnt] *n* huella *f*

footstep ['fʊtstep] *n* paso *m*

footwear ['fʊtweəʳ, *Am:* -wer] *n no pl* calzado *m*

for [fɔːʳ, *Am:* fɔːr] **I.** *prep* **1.** (*destined for*) para; **this is** ~ **you** esto es para ti **2.** (*to give to*) por; **to do sth** ~ **sb** hacer algo por alguien **3.** (*intention, purpose*) ~ **sale/rent** en venta/alquiler; **it's time** ~ **lunch** es hora del almuerzo; **to wait** ~ **sb** esperar a alguien; **to go** ~ **a walk** ir a dar un paseo; **what's that** ~? ¿para qué es eso? **4.** (*to acquire*) **to search** ~ **sth** buscar algo; **to apply** ~ **a job** solicitar un trabajo **5.** (*towards*) **to make** ~ **home** dirigirse hacia casa; **to run** ~ **safety** correr a ponerse a salvo **6.** (*time*) ~ **now** por ahora; ~ **a while/a time** por un rato/un momento **7.** (*on date of*) **to set the wedding** ~ **May 4** fijar la boda para el 4 de mayo **8.** (*in support of*) **is he** ~ **or against it?** ¿está a favor o en contra?; **to fight** ~ **sth** luchar por algo **9.** (*employed by*) **to work** ~ **a company** trabajar para una empresa **10.** (*the task of*) **it's** ~ **him to say/do …** le toca a él decir/hacer… **11.** (*price*) **I paid £10** ~ **it** pagué £10 por ello **12.** (*cause*) **excuse me** ~ **being late** discúlpame por llegar tarde **13.** (*as*) ~ **example** por ejemplo **II.** *conj form* pues

forage ['fɒrɪdʒ, *Am:* 'fɔːr-] *n no pl* forraje *m*

foray ['fɒreɪ, *Am:* 'fɔːr-] *n* correría *f*

forbid [fə'bɪd, *Am:* fəʳ-] <forbade, forbidden> *vt* prohibir; **to** ~ **sb from doing sth** prohibir a alguien hacer algo

force [fɔːs, *Am:* fɔːrs] **I.** *n* **1.** fuerza *f*; ~ **of gravity** PHYS fuerza de la gravedad; **to combine** ~**s** unir esfuerzos **2.** (*large numbers*) **in** ~ en grandes cantidades **3.** (*influence*) influencia *f*; **the** ~**s of nature** *liter* las fuerzas de la naturaleza **4.** (*validity*) validez *f*; **to come into** ~ entrar en vigor **5.** MIL **armed** ~**s** fuerzas *fpl* armadas **II.** *vt* **1.** (*use power*) forzar **2.** (*oblige to do*) obligar; **to** ~ **sb to do sth** obligar a alguien a hacer algo

force-feed [ˌfɔːs'fiːd, *Am:* 'fɔːrsfiːd] *vt* dar de comer a la fuerza

forceful ['fɔːsfəl, *Am:* 'fɔːrs-] *adj* enérgico

forceps ['fɔːseps, *Am:* 'fɔːr-] *npl* MED fórceps *mpl*

forcibly *adv* a la fuerza

ford [fɔːd, *Am:* fɔːrd] **I.** *n* vado *m*, botadero *m Méx* **II.** *vt* vadear

fore [fɔːʳ, *Am:* fɔːr] *n no pl* **to be to the** ~ ir delante; **to come to the** ~ destacar

forearm ['fɔːrɑːm, *Am:* -ɑːrm] *n* antebrazo *m*

foreboding [fɔː'bəʊdɪŋ, *Am:* fɔːr-'boʊ-] *n liter* presentimiento *m*

forecast ['fɔːkɑːst, *Am:* 'fɔːrkæst] <forecast *o* forecasted> **I.** *n* predicción *f*; **weather** ~ previsión *f* meteorológica **II.** *vt* pronosticar

forecourt ['fɔːkɔːt, *Am:* 'fɔːrkɔːrt] *n* explanada *f*

forefathers ['fɔːˌfɑːðəʳ, *Am:* 'fɔːr-ˌfɑːðəʳ] *npl liter* antepasados *mpl*

forefinger ['fɔːˌfɪŋgəʳ, *Am:* 'fɔːr-ˌfɪŋgəʳ] *n* índice *m*

forefront ['fɔːfrʌnt, *Am:* 'fɔːr-] *n no pl* primer plano *m*; **to be at the ~ of sth** estar en la vanguardia de algo

forego [fɔ:'gəʊ, *Am:* fɔ:r'goʊ] <forewent, foregone> *vt s.* **forgo**

foreground ['fɔːgraʊnd, *Am:* 'fɔːr-] *n no pl* **the ~** el primer plano

forehand ['fɔːhænd, *Am:* 'fɔːr-] *n* (*tennis shot*) derechazo *m*

forehead ['fɒrɪd, *Am:* 'fɔːred] *n* frente *f*

foreign ['fɒrɪn, *Am:* 'fɔːr-] *adj* **1.** (*from another country*) extranjero **2.** (*involving other countries*) exterior

foreign currency *n* divisa *f*

foreigner ['fɒrɪnər, *Am:* 'fɔːr-] *n* extranjero, -a *m, f*

foreign exchange *n no pl* **1.** (*system*) cambio *m* de divisas **2.** (*currency*) divisa *f* **foreign minister** *n* ministro, -a *m, f* de Asuntos Exteriores, canciller *mf AmL* **Foreign Office** *n no pl, Brit* Ministerio *m* de Asuntos Exteriores **Foreign Secretary** *n Brit* ministro, -a *m, f* de Asuntos Exteriores

foreman ['fɔːmən, *Am:* 'fɔːr-] <-men> *n* **1.** (*in factory*) capataz *m* **2.** (*head of jury*) presidente *m* (del jurado)

foremost ['fɔːməʊst, *Am:* 'fɔːrmoʊst] *adj* principal

forename ['fɔːneɪm, *Am:* 'fɔːr-] *n form* nombre *m* (de pila)

forensic [fə'rensɪk] *adj* forense; **~ medicine** medicina *f* forense

foreplay ['fɔːpleɪ, *Am:* 'fɔːr-] *n no pl* juegos *mpl* eróticos preliminares

forerunner ['fɔːrʌnər, *Am:* 'fɔːr,rʌnə-] *n* precursor(a) *m(f)*

foresee [fɔ:'si:, *Am:* fɔ:r-] *irr vt* prever

foreseeable *adj* previsible; **in the ~ future** en el futuro inmediato

foreshadow [fɔ:'ʃædəʊ, *Am:* fɔ:r-'ʃædoʊ] *vt* anunciar

foresight ['fɔːsaɪt, *Am:* 'fɔːr-] *n* previsión *f*

foreskin ['fɔːskɪn, *Am:* 'fɔːr-] *n* prepucio *m*

forest ['fɒrɪst, *Am:* 'fɔːr-] *n* bosque *m*

forestall [fɔ:'stɔːl, *Am:* fɔ:r-] *vt* anticiparse a

forestry ['fɒrɪstri, *Am:* 'fɔːr-] *n no pl* silvicultura *f*

foretaste ['fɔːteɪst, *Am:* 'fɔːr-] *n no pl* anticipo *m*

foretell [fɔ:'tel, *Am:* 'fɔːr-] <foretold> *vt* predecir

forever [fə'revər, *Am:* fɔːr'evə] *adv*, **for ever** *adv Brit* para siempre

forewent [fɔ:'went, *Am:* fɔ:r-] *past of* **forego**

foreword ['fɔːwɜːd, *Am:* 'fɔːrwɜːrd] *n* prefacio *m*

forfeit ['fɔːfɪt, *Am:* 'fɔːr-] **I.** *vt* perder el derecho a **II.** *n pl* (*game*) **to play ~s** jugar a las prendas

forgave [fə'geɪv, *Am:* fə-] *n pt of* **forgive**

forge [fɔ:dʒ, *Am:* fɔ:rdʒ] **I.** *vt* **1.** (*make illegal copy*) falsificar **2.** (*metal*) forjar **II.** *n* **1.** (*furnace*) fragua *f* **2.** (*smithy*) herrería *f*

◆ **forge ahead** *vi* avanzar rápidamente

forger ['fɔːdʒər, *Am:* 'fɔːrdʒə-] *n* falsificador(a) *m(f)*

forgery ['fɔːdʒəri, *Am:* 'fɔːr-] <-ies> *n* falsificación *f*

forget [fə'get, *Am:* fə-] <forgot, forgotten> **I.** *vt* olvidar; **to ~ (that)** ... olvidar (que)... **II.** *vi* olvidarse

forgetful [fə'getfəl, *Am:* fə-] *adj* olvidadizo

forgive [fə'gɪv, *Am:* fə-] <forgave, forgiven> *vt* perdonar; **to ~ sb (for)** sth perdonar algo a alguien; **to ~ sb for doing sth** perdonar a alguien por hacer algo

forgiveness *n* perdón *m*

forgo [fɔ:'gəʊ, *Am:* fɔ:r'goʊ] *irr vt* privarse de

forgot [fə'gɒt, *Am:* fə-'gɑːt] *pt of* **forget**

forgotten [fə'gɒtn, *Am:* fə-'gɑːtn] *pt of* **forget**

fork [fɔːk, *Am:* fɔːrk] **I.** *n* **1.** (*cutlery*) tenedor *m* **2.** (*tool*) horca *f* **3.** (*in road*) bifurcación *f* **4.** (*in bicycle*) horquilla *f* **II.** *vi* bifurcarse

F*f*

fork-lift (**truck**) [ˌfɔːklɪft('trʌk), *Am:* ˌfɔːrklɪft('trʌk)] *n* carretilla *f* elevadora

forlorn [fəˈlɔːn, *Am:* fɔːrˈlɔːrn] *adj* (*person*) triste; (*place*) abandonado; (*hope*) vano

form [fɔːm, *Am:* fɔːrm] **I.** *n* **1.** (*type, variety*) tipo *m*; **in any** (**shape or**) ~ de cualquier modo; **in the** ~ **of sth** en forma de algo **2.** (*outward shape*) forma *f*; (*of an object*) bulto *m* **3.** (*document*) formulario *m* **4.** *no pl* SPORTS **to be in** ~ estar en forma **5.** *Brit* (*class*) clase *f* **II.** *vt* formar; **to** ~ **part of sth** formar parte de algo; **to** ~ **a queue** formar una cola

formal [ˈfɔːməl, *Am:* ˈfɔːr-] *adj* (*official, ceremonious*) formal; ~ **dress** traje *m* de etiqueta

formality [fɔːˈmæləti, *Am:* -ţi] <-ies> *n* formalidad *f*

formally *adv* formalmente

format [ˈfɔːmæt, *Am:* ˈfɔːr-] **I.** *n* formato *m* **II.** <-tt-> *vt* INFOR formatear

formation [fɔːˈmeɪʃən, *Am:* fɔːr-] *n* formación *f*

formative [ˈfɔːmətɪv, *Am:* ˈfɔːrmətɪv] *adj* formativo; **the** ~ **years** los años de formación

formatting *n* INFOR formateo *m*

former [ˈfɔːməʳ, *Am:* ˈfɔːrməʳ] *adj* anterior; **in a** ~ **life** en una vida anterior

formerly *adv* antes

formidable [ˈfɔːmɪdəbl, *Am:* ˈfɔːrmə-] *adj* extraordinario

formula [ˈfɔːmjʊlə] <-s *o* -lae> *pl n* fórmula *f*

forsake [fəˈseɪk, *Am:* fɔːr-] <forsook, forsaken> *vt* (*abandon*) abandonar; (*give up*) renunciar a

fort [fɔːt, *Am:* fɔːrt] *n* fortaleza *f*

forte¹ [ˈfɔːteɪ, *Am:* fɔːrt] *n no pl* (*strong point*) fuerte *m*

forte² [ˈfɔːteɪ, *Am:* fɔːrt] *adv* MUS forte *m*

forth [fɔːθ, *Am:* fɔːrθ] *adv form* **to go** ~ irse; **back and** ~ de acá para allá

forthcoming [ˌfɔːθˈkʌmɪŋ, *Am:* ˌfɔːrθ-] *adj* **1.** (*happening soon*) ve-

nidero **2.** (*available*) **to be** ~ (**from sb**) venir (de alguien)

forthright [ˈfɔːθraɪt, *Am:* ˈfɔːrθ-] *adj* directo

forthwith [ˌfɔːθˈwɪθ, *Am:* ˌfɔːrθ-] *adv form* en el acto

fortieth [ˈfɔːtɪəθ, *Am:* ˈfɔːrţɪ-] *adj* cuadragésimo

fortify [ˈfɔːtɪfaɪ, *Am:* ˈfɔːrţə-] <-ie-> *vt* MIL fortificar

fortitude [ˈfɔːtɪtjuːd, *Am:* ˈfɔːrţətuːd] *n no pl, form* fortaleza *f*

fortnight [ˈfɔːtnaɪt, *Am:* ˈfɔːrt-] *n no pl, Brit, Aus* quince días *mpl*; (*business*) quincena *f*; **in a** ~'**s time** dentro de una quincena

fortnightly [ˈfɔːtnaɪtli, *Am:* ˈfɔːrt-] **I.** *adj* quincenal **II.** *adv* cada quince días

fortress [ˈfɔːtrɪs, *Am:* ˈfɔːr-] *n* fortaleza *f*

fortunate [ˈfɔːtʃənət, *Am:* ˈfɔːr-] *adj* afortunado; **it is** ~ **for her that ...** tiene la suerte de que...

fortunately *adv* afortunadamente

fortune [ˈfɔːtʃuːn, *Am:* ˈfɔːrtʃən] *n* **1.** (*money*) fortuna *f*; **to make a** ~ hacer una fortuna **2.** *no pl, form* (*luck*) suerte *f*

fortune teller *n* adivino, -a *m, f*

forty [ˈfɔːti, *Am:* ˈfɔːrţi] *adj* cuarenta *inv; s. a.* **eighty**

forum [ˈfɔːrəm] *n* foro *m*

forward [ˈfɔːwəd, *Am:* ˈfɔːrwəd] **I.** *adv* hacia adelante; **to lean** ~ inclinarse hacia adelante **II.** *adj* **1.** (*towards the front*) hacia adelante **2.** (*in a position close to front*) en la parte delantera **3.** (*over-confident*) descarado **III.** *vt* **1.** (*send*) remitir; **please** ~ por favor, hacer seguir **2.** *form* (*help to progress*) promover

forwards [ˈfɔːwədz, *Am:* ˈfɔːrwədz] *adv s.* **forward**

forwent [fɔːˈwent, *Am:* fɔːr-] *pt of* **forgo**

fossil [ˈfɒsəl, *Am:* ˈfɑːsəl] *n* GEO fósil *m*

fossil fuel *n* combustible *m* fósil

foster [ˈfɒstəʳ, *Am:* ˈfɑːstəʳ] *vt* **1.** (*look after*) acoger **2.** (*encourage*) fomentar

foster child n hijo, -a m, f acogido, -a

fought [fɔːt, Am: fɑːt] pt, pp of **fight**

foul [faʊl] I. adj sucio; (smell) fétido; (weather) pésimo; (language) ordinario II. n SPORTS falta f, penal m AmL III. vt 1. (pollute) ensuciar 2. SPORTS **to ~ sb** cometer una falta contra alguien

foul play n SPORTS juego m sucio

found¹ [faʊnd] pt, pp of **find**

found² [faʊnd] vt (establish) fundar

foundation [faʊnˈdeɪʃən] n pl cimientos mpl; **to lay the ~(s) (of sth)** poner los cimientos (de algo)

foundation cream n no pl maquillaje m de base

founder¹ [ˈfaʊndəʳ, Am: -dɚ] n fundador(a) m(f)

founder² [ˈfaʊndəʳ, Am: -dɚ] vi hundirse

foundry [ˈfaʊndri] <-ries> n fundición f, fundidora AmS

fountain [ˈfaʊntɪn, Am: -tən] n fuente f

fountain pen n pluma f estilográfica

four [fɔːʳ, Am: fɔːr] I. adj cuatro inv II. n cuatro m; (group of four) cuarteto m; **to go on all ~s** andar a gatas; s. a. **eight**

four-letter word n palabrota f

foursome [ˈfɔːsəm, Am: ˈfɔːr-] n grupo m de cuatro personas

fourteen [ˌfɔːˈtiːn, Am: ˌfɔːr-] adj catorce inv; s. a. **eight**

fourteenth adj decimocuarto

fourth [fɔːθ, Am: fɔːrθ] I. adj cuarto II. n MUS cuarta f

fourth gear n AUTO cuarta marcha f

Fourth of July n no pl, Am Día m de la Independencia de Estados Unidos

? El **Fourth of July** o **Independence Day** es el día de fiesta americano no confesional más importante. En este día se conmemora la **Declaration of Independence** (declaración de independencia), mediante la cual las colonias americanas se declaran independientes de Gran Bretaña. Esto ocurrió el 4 de julio de 1776. Esta festividad se celebra con meriendas campestres, fiestas familiares y partidos de baseball. Como broche de oro el día se cierra con unos vistosos fuegos artificiales.

four-wheel drive [ˌfɔːhwiːˈdraɪv, Am: ˌfɔːr-] n tracción f a cuatro ruedas

fowl [faʊl] <-(s)> n ave f de corral

fox [fɒks, Am: fɑːks] I. n (animal) zorro m II. vt mistificar

foyer [ˈfɔɪeɪ, Am: -ɚ] n vestíbulo m

fracas [ˈfræka:, Am: ˈfreɪkəs] <-(ses)> n gresca f

fraction [ˈfrækʃn] n fracción f

fracture [ˈfræktʃəʳ, Am: -tʃɚ] I. vt MED fracturar II. n MED fractura f

fragile [ˈfrædʒaɪl, Am: -əl] adj frágil

fragment [ˈfrægmənt, Am: ˈfrægment] n fragmento m

fragrance [ˈfreɪgrəns] n fragancia f

fragrant [ˈfreɪgrənt] adj fragante

frail [freɪl] adj (person) endeble; (thing) frágil

frame [freɪm] I. n 1. (for door, picture) marco m 2. pl (spectacles) montura f 3. (supporting structure) armazón m o f II. vt 1. (picture) enmarcar 2. (act as a surround to) servir de marco 3. (put into words) formular

framework [ˈfreɪmwɜːk, Am: -wɜːrk] n armazón m o f

France [frɑːns, Am: fræns] n Francia f

franchise [ˈfræntʃaɪz] I. n franquicia f II. vt conceder en franquicia

frank [fræŋk] I. adj franco; **to be ~, ...** sinceramente,... II. vt franquear

frankly adv sinceramente

frantic [ˈfræntɪk, Am: -t̬ɪk] adj (hurry, activity) frenético

fraternity [frəˈtɜːnəti, Am: -ˈtɜːrnət̬i] <-ies> n 1. no pl (brotherly feeling) fraternidad f 2. Am UNIV club m de estudiantes

fraud [frɔːd, *Am:* frɑːd] *n* **1.** *no pl a.* LAW fraude *m* **2.** (*person*) impostor(a) *m(f)*

fraught [frɔːt, *Am:* frɑːt] *adj* tenso; **to be ~ with difficulties/problems** estar lleno de dificultades/problemas

fray[1] [freɪ] *vi* deshilacharse; **tempers were beginning to ~** la gente estaba perdiendo la paciencia

fray[2] [freɪ] *n* **the ~** la lucha

freak [friːk] **I.** *n* **1.** (*abnormal person, thing*) monstruo *m* **2.** (*enthusiast*) fanático, -a *m, f* **II.** *adj* anormal

freckle ['frekl] *n pl* peca *f*

free [friː] **I.** <-r, -st> *adj* **1.** (*not constrained: person, country, elections*) libre; **~ and easy** despreocupado; **to break ~ (of sth)** soltarse (de algo); **to be ~ to do sth** no tener reparos para hacer algo **2.** (*not affected by*) **to be ~ of sth** no estar afectado por algo **3.** (*not attached*) **to get sth ~** liberar algo **4.** (*not occupied*) libre; **to leave sth ~** dejar algo libre **5.** (*costing nothing*) gratis; **to be ~ of customs/tax** estar libre de aranceles/impuestos **6.** (*generous*) **to be ~ with sth** dar algo en abundancia **II.** *adv* gratis; **~ of charge** gratis; **for ~** *inf* gratis **III.** *vt* **1.** (*release: person*) poner en libertad **2.** (*make available*) permitir

freedom ['friːdəm] *n* libertad *f;* **~ of speech/thought** libertad *f* de expresión/pensamiento

freehold ['friːhəʊld, *Am:* -hoʊld] *n* plena propiedad *f*

free kick *n* SPORTS tiro *m* libre

freelance ['friːlɑːns, *Am:* 'friːlæns] **I.** *adj* autónomo **II.** *adv* por cuenta propia

freely *adv* **1.** (*without obstruction*) libremente **2.** (*generously*) generosamente

Freemason ['friːˌmeɪsən] *n* francmasón, -ona *m, f*

Freephone [ˌfriːfəʊn, *Am:* -foʊn] *n Brit* número *m* gratuito

free-range [ˌfriːˈreɪndʒ] *adj* de granja

free speech *n no pl* libertad *f* de expresión **free trade** *n no pl* librecambio *m* **freeway** *n Am, Aus* autopista *f* **free will** *n no pl* libre albedrío *m*

freeze [friːz] <froze, frozen> **I.** *vi* (*liquid*) helarse; (*food*) congelarse **II.** *vt* (*liquid*) helar; (*food, prices*) congelar **III.** *n* **1.** METEO ola *f* de frío **2.** ECON congelación *f*

♦ **freeze up** *vi* helarse

freezer *n* congelador *m*, congeladora *f AmS*

freezing *adj* glacial; **it's ~** hiela

freezing point *n* punto *m* de congelación

freight [freɪt] *no pl n* **1.** (*type of transportation*) flete *m* **2.** (*goods*) mercancías *fpl* **3.** (*charge*) porte *m*

freight train *n Am* tren *m* de mercancías

French [frentʃ] *adj* francés; **~ speaker** francófono, -a *m, f*

French bean *n Brit* judía *f* verde **French doors** *npl* puertaventana *f* **French dressing** *n no pl* vinagreta *f* **French fried potatoes** *npl,* **French fries** *npl* patatas *fpl* fritas **French horn** *n* trompa *f* de llaves **Frenchman** <-men> *n* francés *m* **French windows** *npl Am s.* **French doors Frenchwoman** <-women> *n* francesa *f*

frenzy ['frenzi] *n no pl* frenesí *m*

frequency ['friːkwəntsi] <-cies> *n no pl* frecuencia *f*

frequent[1] ['friːkwənt] *adj* frecuente, tupido *Méx*

frequent[2] [frɪˈkwent] *vt* frecuentar

frequently ['friːkwəntli] *adv* con frecuencia

fresco ['freskəʊ, *Am:* -koʊ] <-s *o* -es> *n* fresco *m*

fresh [freʃ] *adj* **1.** (*not stale: air, water, food*) fresco **2.** (*new*) nuevo; **to make a ~ start** volver a empezar

freshen ['freʃən] **I.** *vt* refrescar **II.** *vi* (*wind*) soplar más recio

freshman ['freʃmən] <-men> *n* UNIV novato *m*, estudiante *m* de primer año

[?] Con el nombre de **Freshman** se conoce en los EE.UU. a un alumno de la clase novena, con el de **Sophomore** a uno de la décima, con el de **Junior** al alumno de la decimoprimera clase y con el de **Senior** al de la decimosegunda. Estos términos se utilizan corrientemente para los alumnos de secundaria, aun incluso en el caso de aquellas **High Schools** en las que los alumnos sólo se incorporan a partir de la décima clase. Esta terminología es empleada también por los alumnos universitarios durante sus cuatro años de college.

---

freshness n no pl frescura f
fresh water n agua f dulce
fret [fret] <-tt-> vi inquietarse
friar ['fraɪəʳ, Am: -ɚ] n fraile m
friction ['frɪkʃn] n no pl fricción f
Friday ['fraɪdi] n viernes m inv; on ~**s** los viernes; **every** ~ todos los viernes; **this** (**coming**) ~ este (próximo) viernes; **on** ~ **mornings** los viernes por la mañana; **on** ~ **night** el viernes por la noche; **last/next** ~ el viernes pasado/que viene; **every other** ~ un viernes sí y otro no; **on** ~ **we are going on holiday** el viernes nos vamos de vacaciones
fridge [frɪdʒ] n nevera f, refrigeradora f AmS
fried [fraɪd] adj frito
friend [frend] n amigo, -a m, f
friendly ['frendli] <-ier, -iest> adj simpático, entrador Arg
friendship ['frendʃɪp] n amistad f
frieze [friːz] n friso m
fright [fraɪt] n terror m; **to take** ~ (**at sth**) asustarse (por algo)
frighten ['fraɪtən] vt asustar
 ◆ **frighten away** vt espantar
frightened adj asustado
frightening adj aterrador
frightful ['fraɪtfəl] adj espantoso
frigid ['frɪdʒɪd] adj frígido
frill [frɪl] n **1.** (cloth) volante m **2. no** ~**s** sin excesos

frilly ['frɪli] adj (dress) de volantes; (style) recargado
fringe [frɪndʒ] n **1.** Brit, Aus (hair) flequillo m, pava f AmC, And **2.** (edge) margen m
fringe benefits npl ECON beneficios mpl complementarios
frisk [frɪsk] vt cachear
frisky ['frɪski] <-ier, -iest> adj inf juguetón
fritter ['frɪtəʳ, Am: 'frɪt̬ɚ] n buñuelo m, picarón m AmL
frivolous ['frɪvələs] adj frívolo; (not serious) poco formal
frizzy ['frɪzi] adj (hair) encrespado
fro [frəʊ, Am: froʊ] adv **to and** ~ de un lado a otro
frock [frɒk, Am: frɑːk] n vestido m
frog [frɒg, Am: frɑːg] n rana f; **to have a** ~ **in one's throat** fig tener carraspera
frogman ['frɒgmən, Am: 'frɑːg-] <-men> n hombre-rana m
frolic ['frɒlɪk, Am: 'frɑːlɪk] <-ck-> vi juguetear
from [frɒm, Am: frɑːm] prep **1.** (as starting point) de; **where is he** ~? ¿de dónde es?; **to fly** ~ **New York to Tokyo** volar de Nueva York a Tokio; **shirts** ~ **£5** camisas desde £5; ~ **inside** desde dentro; **to drink** ~ **a cup/the bottle** beber de una taza/la botella **2.** (temporal) ~ **day to day** día tras día; ~ **time to time** de vez en cuando **3.** (at distance of) **100 metres** ~ **the river** 100 metros del río **4.** (one to another) **to go** ~ **door to door** ir de puerta en puerta **5.** (originating in) ~ **my point of view** en mi opinión **6.** (in reference to) ~ **what I heard** según lo que he escuchado; **translated** ~ **the English** traducido del inglés **7.** (caused by) ~ **experience** por experiencia; **weak** ~ **hunger** débil de [o por] hambre
front [frʌnt] **I.** n **1.** no pl (forward-facing part) frente f; (of building) fachada f **2.** (outside cover) cubierta f exterior; (first pages) principio m **3.** (front area) parte f delantera; **in** ~ **of** delante de **4.** POL frente m; **a**

united ~ un frente común **5.** *no pl* (*promenade*) paseo *m* marítimo **6.** METEO frente *m* **II.** *adj* **1.** (*at the front*) delantero **2.** (*first*) primero **III.** *vi* estar enfrente de; **the flat ~s north** el piso da al norte; **to ~ for** servir de fachada [*o* tapadera]

frontage ['frʌntɪdʒ, *Am:* -t̮ɪdʒ] *n* fachada *f*

front bench *n Brit* POL *los ministros del gobierno o sus homólogos en la oposición* **front door** *n* puerta *f* principal

frontier [frʌn'tɪəʳ, *Am:* frʌn'tɪr] *n a. fig* frontera *f*

front page *n* primera página *f* **front-wheel drive** *n* tracción *f* delantera

frost [frɒst, *Am:* frɑːst] **I.** *n* escarcha *f* **II.** *vt Am* escarchar

frostbite ['frɒstbaɪt, *Am:* 'frɑːst-] *n no pl* congelación *f*

frosty ['frɒsti, *Am:* 'frɑːsti] <-ier, -iest> *adj* **1.** (*with frost*) escarchado **2.** (*unfriendly*) frío

froth [frɒθ, *Am:* frɑːθ] *n no pl* espuma *f*

frothy ['frɒθi, *Am:* 'frɑːθi] <-ier, -iest> *adj* espumoso

frown [fraʊn] **I.** *vi* fruncir el ceño; **to ~ at sb/sth** mirar con el ceño fruncido a alguien/algo **II.** *n* ceño *m* fruncido

froze [frəʊz, *Am:* froʊz] *pt of* **freeze**

frozen ['frəʊzn, *Am:* 'froʊzn] **I.** *pp of* **freeze II.** *adj* congelado

frugal ['fruːgl] *adj* frugal

fruit [fruːt] *n no pl* fruta *f*

fruitful ['fruːtfl] *adj* provechoso

fruition [fruːˈɪʃən] *n no pl* **to come to ~** realizarse

fruitless ['fruːtləs] *adj* infructuoso

fruit salad *n no pl* macedonia *f*

frustrate [frʌsˈtreɪt, *Am:* 'frʌstreɪt] <-ting> *vt* frustrar

frustrated *adj* frustrado

frustrating *adj* frustrante

frustration [frʌsˈtreɪʃən] *n* frustración *f*

fry[1] [fraɪ] <-ie-> *vt* freír

fry[2] [fraɪ] *n Am*, **fry-up** *n Brit* frita-

da *f*

frying pan *n* sartén *f*, paila *f AmL*

ft *abbr of* **foot, feet** pie

FT [ˌefˈtiː] INFOR *abbr of* **formula translation** TF

fuddy-duddy ['fʌdiˌdʌdi] *pej, inf* **I.** <-ies> *n* persona *f* chapada a la antigua **II.** *adj* chapado a la antigua

fudge [fʌdʒ] **I.** *n no pl* dulce *m* de azúcar **II.** <-ging> *vt* (*issue*) esquivar

fuel ['fjuːəl] **I.** *n no pl* combustible *m* **II.** <*Brit:* -ll-, *Am:* -l-> *vt* aprovisionar de combustible

fugitive ['fjuːdʒətɪv, *Am:* -t̮ɪv] *n* fugitivo, -a *m, f*

fulfil <-ll-> *vt Brit*, **fulfill** [fʊlˈfɪl] *vt Am, Aus* (*ambition, task*) realizar; (*condition, requirement*) cumplir; (*function, role*) desempeñar

fulfilment *n Brit*, **fulfillment** *n Am, Aus no pl* (*of condition, requirement*) cumplimiento *m;* (*of function, role*) desempeño *m;* (*satisfaction*) realización *f*

full [fʊl] **I.** <-er, -est> *adj* **1.** (*container, space*) lleno; (*vehicle*) completo **2.** (*total*) total; (*recovery*) completo; **to be in ~ flow** estar en pleno discurso **3.** (*maximum*) máximo; (*employment*) pleno; **at ~ speed** a toda velocidad **4.** (*busy and active*) ocupado **II.** *adv* **to know ~ well** (**that ...**) saber muy bien (que...) **III.** *n* **in ~** sin abreviar

full-fledged [ˌfʊlˈfledʒd] *adj Am s.* **fully fledged**

full-length *adj* **1.** (*for entire body*) de cuerpo entero **2.** (*not short*) extenso **full moon** *n* luna *f* llena

full-scale *adj* **1.** (*original size*) de tamaño natural **2.** (*all-out*) a gran escala **full stop** *n Brit, Aus* punto *m* **full-time** *adj* de horario completo

fully ['fʊli] *adv* **1.** (*completely*) completamente **2.** (*at least*) al menos

fully-fledged [ˌfʊliˈfledʒd] *adj Brit* (*bird*) plumado; (*person*) hecho y derecho

fume [fjuːm] *vi* humear

fun [fʌn] *n no pl* diversión *f;* **to do sth for ~** hacer algo por placer; **to**

have (a lot of) ~ divertirse (mucho);
to make ~ **of sb** reírse de alguien
function [ˈfʌŋkʃən] I. *n a.* MAT función *f* II. *vi* funcionar
functional [ˈfʌŋkʃənl] *adj a.* LING funcional
fund [fʌnd] *n* fondo *m;* **to be short of** ~**s** ir mal de fondos
fundamental [ˌfʌndəˈmentəl, *Am:* -ṭəl] I. *adj* fundamental II. *n* **the** ~**s** los principios básicos
fundamentalism [ˌfʌndəˈmentə-lɪzəm, *Am:* -ṭəl-] *n no pl* fundamentalismo *m*
fundamentalist *n* integrista *mf*
funding *n* financiación *f*
fundraising [ˈfʌndˌreɪzɪŋ] *n* recaudación *f* de fondos
funeral [ˈfjuːnərəl] *n* entierro *m*
funeral director *n* director(a) *m(f)* de funeraria **funeral parlour** *n* funeraria *f*
funfair [ˈfʌnfeəˤ, *Am:* -fer] *n Brit* 1. (*amusement park*) parque *m* de atracciones 2. (*fair*) feria *f*
fungus [ˈfʌŋgəs] *n* (*wild mushroom*) hongo *m;* (*mould*) moho *m*
funnel [ˈfʌnəl] *n* 1. (*implement*) embudo *m* 2. NAUT chimenea *f*
funny [ˈfʌni] <-ier, -iest> *adj* 1. (*amusing*) divertido 2. (*odd, peculiar*) raro; **to feel** ~ no encontrarse bien
fur [fɜːˤ, *Am:* fɜːr] *n* 1. (*animal hair*) piel *f* 2. *no pl* CHEM, MED sarro *m*
fur coat *n* abrigo *m* de piel
furious [ˈfjʊərɪəs, *Am:* ˈfjʊrɪ-] *adj* 1. (*very angry*) furioso, enchilado *Méx*, caribe *Ant;* **to be** ~ **about sth** estar furioso por algo 2. (*intense, violent*) violento
furlong [ˈfɜːlɒŋ, *Am:* ˈfɜːrlɑːŋ] *n Brit: medida de longitud equivalente a 200 metros aproximadamente*
furlough [ˈfɜːləʊ, *Am:* ˈfɜːrloʊ] *n* MIL permiso *m*
furnace [ˈfɜːnɪs, *Am:* ˈfɜːr-] *n a. fig* horno *m*
furnish [ˈfɜːnɪʃ, *Am:* ˈfɜːr-] *vt* 1. (*supply*) proporcionar 2. (*provide furniture*) amueblar
furnished [ˈfɜːnɪʃt, *Am:* ˈfɜːr-] *adj*

amueblado
furnishings [ˈfɜːnɪʃɪŋz, *Am:* ˈfɜːr-] *npl* muebles *mpl*
furniture [ˈfɜːnɪtʃəˤ, *Am:* ˈfɜːrnɪtʃəˤ] *n no pl* mobiliario *m;* **piece of** ~ mueble *m*

> **!** **furniture** (= muebles, mobiliario) nunca se utiliza en plural: "Their furniture was rather old."

furore [fjʊəˈrɔːri, *Am:* ˈfjʊrɔːr] *n* furor *m*
furrow [ˈfʌrəʊ, *Am:* ˈfɜːroʊ] I. *n* arruga *f* II. *vt* arrugar
furry [ˈfɜːri] <-ier, -iest> *adj* 1. peludo 2. (*looking like fur*) peloso; ~ **toy** peluche *m*
further [ˈfɜːðəˤ, *Am:* ˈfɜːrðəˤ] I. *adj comp of* **far** 1. (*greater distance*) más lejano; **nothing could be** ~ **from his mind** estará pensando en cualquier cosa menos en eso 2. (*additional*) otro; **until** ~ **notice** hasta nuevo aviso II. *adv comp of* **far** 1. (*greater distance*) más lejos; **we didn't get much** ~ no llegamos mucho más allá; ~ **on** más adelante 2. (*more*) más; **I have nothing** ~ **to say** no tengo (nada) más que decir III. *vt* fomentar; **to** ~ **sb's interests** favorecer los intereses de alguien
furthermore [ˌfɜːðəˈmɔːˤ, *Am:* ˈfɜːr-ðəˤˈmɔːr] *adv* además
furthest [ˈfɜːðɪst, *Am:* ˈfɜːr-] *adj, adv superl of* **far**
furtive [ˈfɜːtɪv, *Am:* ˈfɜːrṭɪv] *adj* furtivo
fury [ˈfjʊəri, *Am:* ˈfjʊri] *n no pl* furor *m*
fuse [fjuːz] I. *n* 1. ELEC fusible *m;* **the** ~ **has gone** *Brit, Aus* han saltado los plomos 2. (*ignition device, detonator*) espoleta *f;* (*string*) mecha *f* II. *vi* 1. ELEC fundirse 2. (*join together*) fusionarse III. *vt* 1. ELEC fundir 2. (*join*) fusionar
fuse box <-es> *n* caja *f* de fusibles
fusion [ˈfjuːʒən] *n* fusión *f*
fuss [fʌs] I. *n* alboroto *m;* **to make a** ~ armar un escándalo II. *vi* preocu-

F *f*

parse **III.** *vt* molestar

fusspot ['fʌspɒt, *Am:* -pɑ:t] *n inf* quisquilloso, -a *m, f*

fussy ['fʌsi] <-ier, -iest> *adj* puntilloso; **I'm not ~** *Brit, inf* no me importa

fusty ['fʌsti] <-ier, -iest> *adj pej* rancio

futile ['fju:taɪl, *Am:* -ṱəl] *adj* inútil

future ['fju:tʃəʳ, *Am:* -tʃɚ] **I.** *n* **1.** *a.* LING futuro *m;* **the distant/near ~** el futuro lejano/próximo **2.** (*prospects*) porvenir *m* **II.** *adj* futuro

fuze [fju:z] *Am* **I.** *n* (*ignition device, detonator*) espoleta *f;* (*string*) mecha *f* **II.** *vt* molestar

fuzzy ['fʌzi] *adj* **1.** (*unclear*) borroso **2.** (*hair*) rizado

G

G *n,* **g** [dʒi:] *n* g *f; ~* **for George** G de Granada

g *abbr of* **gram** g.

gab [gæb] <-bb-> *vi inf* estar de palique

gabble ['gæbl] *vi* hablar atropelladamente

gable ['geɪbl] *n* ARCHIT aguilón *m; ~* **roof** tejado m de dos aguas

gadget ['gædʒɪt] *n* artilugio *m*

Gaelic ['geɪlɪk] *adj* gaélico

gag [gæg] **I.** *n* **1.** (*cloth*) mordaza *f* **2.** (*joke*) chiste *m* **II.** <-gg-> *vt* amordazar

gage [geɪdʒ] *n, vt Am s.* **gauge**

gaiety ['geɪəti, *Am:* -ṱi] *n no pl* alegría *f*

gain [geɪn] **I.** *n* **1.** (*increase*) aumento *m* **2.** (*profit*) beneficio *m* **II.** *vt* **1.** (*obtain*) ganar **2.** (*acquire*) adquirir; **to ~ success** conseguir el éxito; **to ~ weight** engordar; **to ~ the upper hand** tomar ventaja **III.** *vi* (*increase*) aumentar; (*prices, numbers*) subir; (*clock, watch*) adelantarse

gait [geɪt] *n* paso *m*

gala ['gɑ:lə, *Am:* 'geɪ-] *n* gala *f*

galaxy ['gæləksi] <-ies> *n* galaxia *f*

gale [geɪl] *n* tormenta *f*

Galicia [gə'lɪsiə] *n* Galicia *f*

Galician *adj* gallego

gall [gɔ:l] **I.** *n* bilis *f inv;* **to have the ~ to do sth** tener la cara de hacer algo **II.** *vt* mortificar

gall. *abbr of* **gallon** gal.

gallant ['gælənt] *adj* **1.** (*chivalrous*) galante **2.** (*brave*) valiente

galleon ['gæliən] *n* galeón *m*

gallery ['gæləri] <-ries> *n* **1.** (*public*) museo *m;* (*private*) galería *f* **2.** ARCHIT tribuna *f*

galley ['gæli] *n* **1.** (*kitchen*) cocina *f* **2.** (*ship*) galera *f*

gallon ['gælən] *n* galón *m* (*Brit 4,55 l, Am 3,79 l*)

gallop ['gæləp] **I.** *vi* galopar **II.** *n* galope *m;* **at a ~** *fig* al galope

gallows ['gæləʊz, *Am:* -oʊz] *npl* **the ~** la horca

gallstone ['gɔ:lstəʊn, *Am:* -stoʊn] *n* cálculo *m* biliar

galore [gə'lɔ:ʳ, *Am:* -'lɔ:r] *adj* en cantidad

gamble ['gæmbl] **I.** *n* jugada *f* **II.** *vi* jugar **III.** *vt* (*money*) jugar; (*one's life*) arriesgar; **to ~ one's future** jugarse el futuro

gambler ['gæmbləʳ, *Am:* -blɚ] *n* jugador(a) *m(f)*

gambling *n no pl* juego *m*

game¹ [geɪm] **I.** *n* **1.** (*unit of sports*) juego *m* **2.** (*unit of play*) partida *f; ~* **of chance** juego de azar; **to give the ~ away** *fig* descubrir las cartas; **to be on the ~** *Brit, inf* hacer la calle; **the ~ is up** *fig* todo se acabó; **what's your ~?** *fig* ¿qué pretendes? **II.** *adj* **to be ~** (**to do sth**) animarse (a hacer algo)

game² [geɪm] *n no pl* (*in hunting*) caza *f*

gamekeeper *n* guardabosque *mf*

game show *n* concurso *m* de televisión

gaming ['geɪmɪŋ] *n no pl* juego *m*

gang [gæŋ] **I.** *n* **1.** (*criminal group*) banda *f* **2.** (*organized group*) cuadrilla *f*; (*of workers*) brigada *f*; *inf* (*of friends*) pandilla *f*, barra *f AmL*, trinca *f And*, *CSur* **II.** *vi* **to ~ up on sb** unirse contra alguien

gangrene ['gæŋgriːn] *n no pl* gangrena *f*

gangster ['gæŋstə^r, *Am:* -stɚ] *n* gángster *m*

gaol [dʒeɪl] *n Brit s.* **jail**

> ! La grafía **gaol** para **jail** (= prisión, cárcel) se utiliza tan sólo en inglés británico en textos oficiales: "The criminal spent ten years in gaol."

gap [gæp] *n* **1.** (*opening*) abertura *f*; (*empty space*) hueco *m*; (*in text*) laguna *f*; **to fill a ~** llenar un espacio en blanco **2.** (*break in time*) intervalo *m* **3.** (*difference*) diferencia *f*

gape [geɪp] *vi* abrirse

gaping *adj* (*hole*) enorme

garage ['gærɑːʒ, *Am:* gəˈrɑːʒ] *n* (*of house*) garaje *m*; (*for repair*) taller *m*

garbage ['gɑːbɪdʒ, *Am:* 'gɑːr-] *n no pl, Am, Aus* basura *f*

garbage can *n Am* cubo *m* de la basura, tacho *m* para la basura *AmL*
garbage truck *n Am, Aus* camión *m* de la basura

garble ['gɑːbl, *Am:* 'gɑːr-] *vt* distorsionar

garden ['gɑːdn, *Am:* 'gɑːr-] *n* jardín *m*

gardener ['gɑːdnə^r, *Am:* 'gɑːrdnɚ] *n* jardinero, -a *m, f*

gardening ['gɑːdnɪŋ, *Am:* 'gɑːr-] *n no pl* jardinería *f*

garland ['gɑːlənd, *Am:* 'gɑːr-] **I.** *n* guirnalda *f* **II.** *vt* adornar con guirnaldas

garlic ['gɑːlɪk, *Am:* 'gɑːr-] *n no pl* ajo *m*

garment ['gɑːmənt, *Am:* 'gɑːr-] *n* prenda *f* de vestir

garnish ['gɑːnɪʃ, *Am:* 'gɑːr-] GASTR **I.** *vt* aderezar **II.** <-es> *n* aderezo *m*

garret ['gærət, *Am:* 'ger-] *n* buhardilla *f*

garrison ['gærɪsn, *Am:* 'gerə-] *n*

guarnición *f*

garter ['gɑːtə^r, *Am:* 'gɑːrtɚ] *n* liga *f*

gas [gæs] **I.** <-s(s)es> *n* **1.** *a.* CHEM gas *m* **2.** *no pl, Am* (*fuel*) gasolina *f*; **to step on the ~** acelerar **II.** <-ss-> *vt* asfixiar con gas

gas chamber *n* cámara *f* de gas
gash [gæʃ] **I.** <-es> *n* raja *f* **II.** *vt* rajar

gasket ['gæskɪt] *n* junta *f*
gasmask *n* máscara *f* antigás
gasoline, **gasolene** ['gæsəliːn] *n Am* gasolina *f*, nafta *f CSur*

gasp [gɑːsp, *Am:* gæsp] **I.** *vi* jadear; **to ~ for air** hacer esfuerzos para respirar; **to be ~ing for sth** *Brit, inf* morirse por algo; **I ~ed in amazement** di un grito ahogado de asombro **II.** *n* jadeo *m*; **he gave a ~ of astonishment** dio un grito ahogado de asombro; **to be at one's last ~** estar en las últimas; **to do sth at the last ~** hacer algo en el último momento

gas station *n Am* gasolinera *f*
gastric ['gæstrɪk] *adj* gástrico
gastroenteritis [ˌgæstrəʊˌentəˈraɪtɪs, *Am:* -trouˌentəˈraɪtəs] *n no pl* gastroenteritis *f inv*
gastronomy [gæˈstrɒnəmɪ, *Am:* -ˈstrɑːnə-] *n no pl* gastronomía *f*
gate [geɪt] *n* puerta *f*; RAIL barrera *f*; AVIAT puerta *f* de embarque
gatecrasher *n* intruso, -a *m, f*
gatehouse *n* casa *f* del guarda
gateway *n a. fig* puerta *f*
gather ['gæðə^r, *Am:* -ɚ] **I.** *vt* **1.** (*collect*) juntar; (*flowers*) recoger; (*information*) reunir; (*harvest*) cosechar; **to ~ speed** ganar velocidad; **to ~ one's strength** cobrar fuerzas **2.** (*infer*) deducir; **to ~ that ...** sacar la conclusión de que... **II.** *vi* juntarse; (*people*) reunirse
gathering *n* reunión *f*
GATT [gæt] *n abbr of* **General Agreement on Tariffs and Trade** GATT *m*
gaudy ['gɔːdɪ, *Am:* 'gɑː-] <-ier, -iest> *adj* llamativo
gauge [geɪdʒ] **I.** *n* **1.** (*instrument*) indicador *m* **2.** RAIL ancho *m* de vía **II.** *vt* **1.** (*measure*) medir **2.** (*assess*)

determinar

gaunt [gɔːnt, *Am:* gɑːnt] *adj* **1.** (*very thin*) flaco; (*too thin*) demacrado **2.** (*desolate*) lúgubre

gauntlet [ˈgɔːntlɪt, *Am:* ˈgɑːnt-] *n* **to throw down the ~** arrojar el guante; **to run the ~** correr baquetas

gauze [gɔːz, *Am:* gɑːz] *n no pl* gasa *f*

gave [geɪv] *pt of* **give**

gavel [ˈgævl] *n* mazo *m*

gay [geɪ] **I.** *adj* **1.** (*homosexual*) gay **2.** (*cheerful*) alegre **II.** *n* gay *mf*

gaze [geɪz] **I.** *vi* mirar; **to ~ at sth** mirar algo fijamente **II.** *n* mirada *f* fija

gazelle [gəˈzel] *n* gacela *f*

gazette [gəˈzet] *n* gaceta *f*

GB [ˌdʒiːˈbiː] *n* **1.** *no pl abbr of* **Great Britain** GB **2.** INFOR *abbr of* **gigabyte** GB

GCE [ˌdʒiːsiːˈiː] *n Brit abbr of* **General Certificate of Education** GCE *m* (*título que permite el acceso a los estudios universitarios*)

GCSE [ˌdʒiːsiːesˈiː] *n Brit abbr of* **General Certificate of Secondary Education** *título de enseñanza secundaria que se consigue dos años antes que el GCE*

⁉️ Para obtener el **GCSE** (**General Certificate of Secondary Education**), antiguamente **O-level** (**Ordinary Level**), los alumnos ingleses, galeses y nordirlandeses de 16 años deben realizar un examen. Es posible examinarse de una única asignatura, pero la mayoría de los alumnos prefieren examinarse de siete u ocho. En Escocia este examen se conoce como **Standard Grade**.

GDP [ˌdʒiːdiːˈpiː] *n abbr of* **gross domestic product** PIB *m*

gear [gɪəʳ, *Am:* gɪr] *n* **1.** TECH engranaje *m* **2.** AUTO marcha *f* **3.** *no pl* (*equipment*) equipo *m*

gearbox <-es> *n* caja *f* de cambios

gear lever *n Brit*, **gear shift** *n Am* palanca *f* de cambios

gee [ˈdʒiː] *interj Am*, *inf* caramba

gel [dʒel] *n* gel *m*

gelatin(e) [ˈdʒelətɪn] *n no pl* gelatina *f*

gem [dʒem] *n* piedra *f* preciosa; *fig* joya *f*

Gemini [ˈdʒemɪnɪ] *n* Géminis *m inv*

gender [ˈdʒendəʳ, *Am:* -dɚ] *n* BIO sexo *m;* LING género *m*

gene [dʒiːn] *n* gen *m*

genealogical [ˌdʒiːnɪəˈlɒdʒɪkl, *Am:* -ˈlɑːdʒɪ-] *adj* genealógico

genealogy [ˌdʒiːnɪˈælədʒɪ] *n no pl* genealogía *f*

general [ˈdʒenrəl] **I.** *adj* general; **as a ~ rule** por regla general **II.** *n* MIL general *mf*

general anaesthetic *n* anestesia *f* general **general assembly** <-ies> *n* asamblea *f* general **general election** *n* elecciones *fpl* generales

generality [ˌdʒenəˈrælətɪ, *Am:* -t̬ɪ] <-ies> *n* generalidad *f*

generalization [ˌdʒenərəlaizˈeɪʃn, *Am:* -ɪ'-] *n* generalización *f*

generalize [ˈdʒenərəlaɪz] *vi*, *vt* generalizar

generally [ˈdʒenrəlɪ] *adv* **1.** (*usually*) generalmente; ~ **speaking** hablando en términos generales **2.** (*mostly*) en general

general manager *n* director(a) *m(f)* general **general practitioner** *n Brit*, *Aus*, *Can* médico, -a *m, f* de cabecera **general store** *n Am* tienda *f* **general strike** *n* huelga *f* general

generate [ˈdʒenəreɪt] *vt* generar

generation [ˌdʒenəˈreɪʃn] *n* generación *f*

generative [ˈdʒenərətɪv, *Am:* -t̬ɪv] *adj* generativo

generator [ˈdʒenəreɪtəʳ, *Am:* -t̬ɚ] *n* generador *m*

generic [dʒɪˈnerɪk] *adj* genérico

generosity [ˌdʒenəˈrɒsətɪ, *Am:* -ˈrɑːsət̬ɪ] *n no pl* generosidad *f*

generous [ˈdʒenərəs] *adj* generoso, rangoso *AmS*

genesis [ˈdʒenəsɪs] *n no pl* génesis *f*

inv

genetic [dʒɪ'netɪk, *Am:* -'neṭɪk] *adj*
genético

geneticist [dʒɪ'netɪsɪst, *Am:* -'ne-
ṭə-] *n* genetista *mf*

genetics *n* + *sing vb* genética *f*

Geneva [dʒə'niːvə] *n* Ginebra *f*

genial ['dʒiːniəl] *adj* afable

genie ['dʒiːni] <-nii *o* -ies> *n* genio
m

genitals ['dʒenɪtlz, *Am:* -əṭlz] *npl*
genitales *mpl*

genitive ['dʒenətɪv, *Am:* -əṭɪv] *n*
genitivo *m*

genius ['dʒiːniəs] *n* <-ses> genio
m

genocide ['dʒenəsaɪd] *n no pl* ge-
nocidio *m*

genre ['ʒɑːnrə] *n* género *m*

gent [dʒent] *n Brit, Aus, iron, inf*
caballero *m;* **the ~s** el servicio de
caballeros

genteel [dʒen'tiːl] *adj* distinguido

gentle ['dʒentl] *adj* (*kind*) amable;
(*calm*) suave; (*moderate*) moderado

gentleman ['dʒentlmən, *Am:* -ṭl-]
<-men> *n* (*man*) señor *m;* (*well-be-
haved*) caballero *m*

gentleness ['dʒentlnɪs] *n no pl* delicadeza *f*

gentry ['dʒentrɪ] *n no pl, Brit* alta
burguesía *f*

genuine ['dʒenjʊɪn] *adj* genuino

genus ['dʒiːnəs] <-nera> *n* género
m

geographer [dʒɪ'ɒɡrəfəʳ, *Am:* -'ɑː-
ɡrəfəʳ] *n* geógrafo, -a *m, f*

geographic(al) [ˌdʒɪə'ɡræfɪk(l),
Am: -ə'-] *adj* geográfico

geography [dʒɪ'ɒɡrəfɪ, *Am:* -'ɑː-
ɡrə-] *n no pl* geografía *f*

geological [ˌdʒɪə'lɒdʒɪkl, *Am:* -ə-
'lɑːdʒɪk-] *adj* geológico

geologist [dʒɪ'ɒlədʒɪst, *Am:* -'ɑː-
lə-] *n* geólogo, -a *m, f*

geology [dʒɪ'ɒlədʒɪ, *Am:* -'ɑːlə-] *n
no pl* geología *f*

geometric(al) [ˌdʒɪə'metrɪk(l),
Am: -ə'-] *adj* geométrico

geometry [dʒɪ'ɒmətrɪ, *Am:* -'ɑː-
mətrɪ] *n no pl* geometría *f*

G
g

Georgia ['dʒɔːdʒə, *Am:* 'dʒɔːr-] *n*
Georgia *f*

geranium [dʒə'reɪniəm] *n* geranio
m, malvón *m Arg, Méx, Par, Urug*

germ [dʒɜːm, *Am:* dʒɜːrm] *n* **1.** MED
microbio *m* **2.** (*plant, principle*)
germen *m*

German ['dʒɜːmən, *Am:* 'dʒɜːr-] *adj*
alemán

Germanic [dʒə'mænɪk, *Am:* dʒɚ-]
adj germánico

German measles *n* + *sing vb* rubeo-
la *f*

Germany ['dʒɜːmənɪ, *Am:* 'dʒɜːr-]
n Alemania *f*

germinate ['dʒɜːmɪneɪt, *Am:*
'dʒɜːrmə-] *vi, vt* germinar

gerund ['dʒerənd] *n* gerundio *m*

gestation [dʒe'steɪʃn] *n no pl* gestación *f*

gesticulate [dʒe'stɪkjʊleɪt, *Am:*
-jə-] *vi form* gesticular

gesture ['dʒestʃəʳ, *Am:* -tʃɚ] **I.** *n*
gesto *m; fig* muestra *f* **II.** *vi* hacer un
ademán

get [get] **I.** <got, got, *Am, Aus:*
gotten> *vt inf* **1.** (*obtain*) obtener;
(*take*) coger; **to ~ a surprise** llevarse una sorpresa; **to ~ the impression that ...** tener la impresión
de que... **2.** (*catch: plane, train*)
coger **3.** *inf* (*hear, understand*) comprender **4.** (*cause to be*) **to ~ sth
done** hacer algo; **to ~ sb to do sth**
hacer que alguien haga algo **5.** *inf*
(*annoy*) fastidiar **6.** *inf* (*start*) **to ~
going** poner en marcha **II.** *vi* **1.** +
adj/n (*become*) volverse; **to ~ married** casarse; **to ~ upset** enfadarse;
to ~ used to sth acostumbrarse a
algo; **to ~ to like sth** coger afición a

algo **2.** (*have opportunity*) **to ~ to do sth** llegar a hacer algo; **to ~ to see sb** lograr ver a alguien **3.** (*travel*) llegar; **to ~ home** llegar a casa
◆**get about** *vi* desplazarse
◆**get along** *vi* **1.** (*have good relationship*) llevarse bien **2.** (*manage*) arreglárselas
◆**get around** **I.** *vt insep* (*avoid*) evitar **II.** *vi* **1.** (*spread*) llegar a **2.** (*travel*) viajar mucho
◆**get at** *vt insep, inf* **1.** (*suggest*) apuntar a **2.** *Aus, Brit* (*criticize*) meterse con
◆**get away** *vi* marcharse
◆**get back** **I.** *vt* recuperar **II.** *vi* volver
◆**get behind** *vi* quedarse atrás
◆**get by** *vi* arreglárselas
◆**get down** *vt always sep* (*disturb*) deprimir
◆**get in** **I.** *vt* **1.** (*say*) decir **2.** (*bring inside*) llevar dentro **II.** *vi* **1.** (*be elected*) ser elegido **2.** (*enter*) entrar
◆**get into** *vt insep* **1.** (*become interested*) interesarse por **2.** (*enter*) entrar en
◆**get off** *vi* **1.** (*avoid punishment*) librarse **2.** (*depart*) marcharse
◆**get on** *vi* **1.** (*be friends*) llevarse bien **2.** (*manage*) arreglárselas
◆**get out** **I.** *vt* sacar **II.** *vi* salir
◆**get over** *vt insep* (*recover from*) recuperarse de
◆**get round** *vt* (*avoid*) evitar
◆**get through** **I.** *vi* **to ~ to sb** comunicarse con alguien **II.** *vt* (*survive*) pasar
◆**get together** *vi* reunirse
◆**get up** **I.** *vt* **1.** (*organize*) organizar **2.** *always sep, Brit, inf* (*wake*) levantarse **II.** *vi* levantarse
◆**get up to** *vt* llegar a
getaway ['getəweɪ, *Am:* 'geţ-] *n inf* fuga *f;* **to make a ~** fugarse
Ghana ['gɑːnə] *n* Ghana *f*
Ghanaian [gɑːˈneɪən, *Am:* -ˈniː-] *adj* ghanés
ghastly ['gɑːstlɪ, *Am:* 'gæst-] <-ier, -iest> *adj* **1.** (*frightful*) horroroso **2.** (*unpleasant*) desagradable
ghetto ['getəʊ, *Am:* 'geţoʊ] <-s o

-es> *n* gueto *m*
ghost [gəʊst, *Am:* goʊst] *n* fantasma *m*, espanto *m* *AmL*, azoro *m* *AmC;* **the ~ of the past** los fantasmas del pasado; **to give up the ~** (*die*) exhalar el último suspiro; (*stop working*) dejar de funcionar
ghostly ['gəʊstlɪ] <-ier, -iest> *adj* fantasmal
ghoul [guːl] *n* espíritu *m* demoníaco
G.I. [ˌdʒiːˈaɪ] *n inf* soldado *m* norteamericano (*especialmente en la II Guerra Mundial*)
giant ['dʒaɪənt] **I.** *n* gigante *m* **II.** *adj* gigantesco
gibbon ['gɪbən] *n* gibón *m*
Gibraltar [dʒɪˈbrɔːltəʳ, *Am:* -ˈbrɑːltəʳ] *n* Gibraltar *m*
giddy ['gɪdɪ] <-ier, -iest> *adj* mareado
gift [gɪft] *n* **1.** (*present*) regalo *m;* **to be a ~ from the Gods** ser un regalo caído del cielo **2.** (*talent*) don *m;* **to have a ~ for languages** tener talento para los idiomas; **to have the ~ of the gab** *inf* tener mucha labia
gifted *adj* de (gran) talento
gift shop *n* tienda *f* de regalos
gig [gɪg] *n inf* MUS concierto *m*
gigabyte ['gɪgəbaɪt] *n* INFOR gigabyte *m*
gigantic [dʒaɪˈgæntɪk, *Am:* -ţɪk] *adj* gigantesco
giggle ['gɪgl] **I.** *vi* reír(se) tontamente **II.** *n* **1.** (*laugh*) risita *f* **2.** *no pl, Aus, Brit, inf* (*joke*) broma *f;* **to do sth for a ~** hacer algo para reírse un rato **3.** *pl* **to get (a fit of) the ~s** tener un ataque de risa
gill[1] [gɪl] *n* ZOOL agalla *f*
gill[2] [dʒɪl] *n* (*measure*) ≈ cuartillo *m*
gilt [gɪlt] *adj* dorado
gimmick ['gɪmɪk] *n* truco *m* (*para vender más o para atraer la atención*)
gin [dʒɪn] *n* ginebra *f;* **~ and tonic** gin tonic *m*
ginger ['dʒɪndʒəʳ, *Am:* -dʒəʳ] **I.** *n no pl* **1.** (*spice*) jengibre *m* **2.** (*colour*) rojo *m* anaranjado **II.** *adj* rojizo; (*person*) pelirrojo
gingerly ['dʒɪndʒəli, *Am:* -dʒəˈli] *adv*

con cautela

gipsy ['dʒɪpsɪ] *n s.* **gypsy**

giraffe [dʒɪ'rɑːf, *Am:* dʒə'ræf] *n* <-(s)> jirafa *f*

girder ['gɜːdə', *Am:* 'gɜːrdə'] *n* viga *f*

girdle ['gɜːdl, *Am:* 'gɜːr-] *n* (*belt*) cinturón *m*; (*corset*) faja *f*

girl [gɜːl, *Am:* gɜːrl] *n* niña *f*; (*young woman*) joven *f*, piba *f Arg*

girlfriend ['gɜːlfrend, *Am:* 'gɜːrl-] *n* (*of woman*) amiga *f*; (*of man*) novia *f*, polola *f And*

giro ['dʒaɪrəʊ, *Am:* -roʊ] *n no pl* FIN giro *m* bancario

girth [gɜːθ, *Am:* gɜːrθ] *n no pl* circunferencia *f*

gist [dʒɪst] *n* the ~ lo esencial; **to get the ~ of sth** entender lo básico de algo

give [gɪv] **I.** *vt* <gave, given> **1.** (*offer*) dar, ofrecer; (*kiss, signal*) dar; **given the choice ...** si pudiera elegir...; **to ~ sb something to eat** dar a alguien algo de comer; **to not ~ much for sth** *fig* no dar mucho por algo; **don't ~ me that!** *inf* ¡venga ya, tú me la quieres dar con queso! **2.** (*lecture, performance*) dar; (*speech*) pronunciar; (*headache, trouble*) producir, dar; **to ~ sb a call** llamar a alguien (por teléfono); **to ~ sth a go** intentar algo **3.** (*organize*) dar, organizar **4.** (*pass on*) contagiar **II.** *vi* <gave, given> (*stretch*) dar de sí **III.** *n* elasticidad *f*
  ◆ **give away** *vt* **1.** (*reveal*) revelar; **to give sb away** delatar a alguien **2.** (*offer for free*) regalar
  ◆ **give in I.** *vi* rendirse; **to ~ to sth** acceder (finalmente) a algo **II.** *vt* entregar
  ◆ **give out** *vt* **1.** (*distribute*) repartir **2.** (*emit*) emitir
  ◆ **give up I.** *vt* **to ~ doing sth** dejar de hacer algo **II.** *vi* rendirse

given ['gɪvn] **I.** *pp of* **give II.** *adj* determinado; **to be ~ to do sth** ser dado a hacer algo **III.** *prep* ~ **that** dado que +*subj*

glacial ['gleɪsɪəl, *Am:* -ʃəl] *adj* glacial

glacier ['glæsɪə', *Am:* 'gleɪʃə'] *n* glaciar *m*

glad [glæd] <gladder, gladdest> *adj* contento; **to be ~ about sth** alegrarse de algo

glade [gleɪd] *n* claro *m* (de un bosque)

gladiator ['glædɪeɪtə', *Am:* -t̬ə'] *n* gladiador *m*

gladly ['glædlɪ] *adv* con mucho gusto

glamor ['glæmə', *Am:* -ə'] *n no pl*, *Am, Aus s.* **glamour**

glamorous ['glæmərəs] *adj* glamoroso

glamour ['glæmə', *Am:* -ə'] *n no pl* glamour *m*

glance [glɑːns, *Am:* glæns] **I.** *n* mirada *f*; **to take a ~ at sth** echar una mirada a algo; **at first ~** a primera vista; **at a ~** de un vistazo **II.** *vi* **to ~ at sth** echar una mirada a algo

gland [glænd] *n* glándula *f*

glare [gleə', *Am:* gler] **I.** *n* **1.** (*look*) mirada *f* (fulminadora) **2.** *no pl* (*reflection*) resplandor *m* **II.** *vi* **1.** (*look*) fulminar con la mirada **2.** (*shine*) resplandecer

glaring *adj* **1.** (*blinding*) deslumbrante **2.** (*obvious*) que salta a la vista

glass [glɑːs, *Am:* glæs] <-es> *n* **1.** *no pl* (*material*) vidrio *m*, cristal *m*; **pane of ~** hoja *f* de vidrio **2.** (*for drinks*) vaso *m*; (*for wine*) copa *f* **3.** *pl* gafas *fpl*, lentes *fpl AmL*

glasshouse ['glɑːshaʊs, *Am:* 'glæs-] *n* invernadero *m*

glaze [gleɪz] *vt* poner vidrios a

glazier ['gleɪzɪər] *n* vidriero, -a *m, f*

gleam [gliːm] **I.** *n* reflejo *m*; **~ of hope** rayo *m* de esperanza **II.** *vi* brillar

glean [gliːn] *vt* **to ~ sth from sb** deducir algo (de las palabras) de alguien

glee [gliː] *n no pl* júbilo *m*

glen [glen] *n Scot* valle *m*

glib [glɪb] <glibber, glibbest> *adj* simplista

glide [glaɪd] **I.** *vi* **1.** (*move smoothly*) deslizarse **2.** AVIAT planear **II.** *n* **1.** (*sliding movement*) deslizamiento *m* **2.**AVIAT planeo *m*

glider ['glaɪdəʳ, *Am:* -dɚ] *n* planeador *m*

glimmer ['glɪməʳ, *Am:* -ɚ] **I.** *vi* brillar tenuemente **II.** *n* (*light*) luz *f* tenue; ~ **of hope** atisbo *m* de esperanza

glimpse [glɪmps] **I.** *vt* (*signs*) vislumbrar **II.** *n* **to catch a** ~ **of** vislumbrar

glint [glɪnt] **I.** *vi* destellar **II.** *n* destello *m*

glisten ['glɪsn] *vi* brillar

glitter ['glɪtəʳ, *Am:* 'glɪtɚ] **I.** *vi* brillar **II.** *n no pl* **1.**(*sparkling*) brillo *m* **2.**(*shiny material*) purpurina *f*

glittering *adj* brillante

gloat [gləʊt, *Am:* gloʊt] *vi* **to** ~ **over sth** manifestar (gran) satisfacción por algo

global ['gləʊbl, *Am:* 'gloʊ-] *adj* **1.**(*worldwide*) a nivel mundial **2.**(*complete*) global

global warming *n* calentamiento *m* de la atmósfera terrestre

globe [gləʊb, *Am:* gloʊb] *n* **1.**(*map of world*) globo *m* terráqueo **2.**(*shape*) globo *m*

gloom [gluːm] *n no pl* **1.**(*pessimism*) pesimismo *m* **2.**(*darkness*) oscuridad *f*

gloomy ['gluːmɪ] <-ier, -iest> *adj* **1.**(*pessimistic*) pesimista **2.**(*dark*) oscuro

glorify ['glɔːrɪfaɪ, *Am:* ˌglɔːrə-] <-ie-> *vt* glorificar; REL alabar

glorious ['glɔːrɪəs] *adj* **1.**(*illustrious*) glorioso **2.**(*splendid*) espléndido

glory ['glɔːrɪ] **I.** *n no pl* **1.**(*honour*) gloria *f* **2.**(*splendour*) esplendor *m* **II.**<-ie-> *vi* **to** ~ **in sth** vanagloriarse de algo

gloss [glɒs, *Am:* glɑːs] *n no pl* **1.**(*shine*) brillo *m;* **to take the** ~ **off sth** *fig* desmejorar algo **2.**(*paint*) pintura *f* esmalte

glossy ['glɒsɪ, *Am:* 'glɑːsɪ] <-ier, -iest> *adj* brillante; (*paper*) satinado

glove [glʌv] *n* guante *m pl;* **a pair of** ~**s** unos guantes; **to fit sb like a** ~ venir a alguien como anillo al dedo

glow [gləʊ, *Am:* gloʊ] **I.** *n* **1.**(*light*) luz *f* **2.**(*warmth*) calor *m* **3.**(*good feeling*) sensación *f* grata **II.** *vi* **1.**(*illuminate*) brillar **2.**(*be hot*) arder **3.**(*look radiant*) estar radiante

glowing *adj* ardiente; (*praise*) efusivo

glucose ['gluːkəʊs, *Am:*-koʊs] *n no pl* glucosa *f*

glue [gluː] **I.** *n no pl* cola *f*, pegamento *m* **II.** *vt* encolar; **to** ~ **sth together** pegar algo; **to be** ~**d to sth** *fig* estar pegado a algo

glum [glʌm] <glummer, glummest> *adj* **1.**(*downcast*) taciturno **2.**(*drab*) monótono

glut [glʌt] *n* **a** ~ **of sth** una superabundancia de algo

gluten ['gluːtən] *n no pl* gluten *m*

glutton [glʌtn] *n* glotón, -ona *m, f*

glycerin *n Am,* **glycerine** ['glɪsəriːn] *n no pl* glicerina *f*

GMT [ˌdʒiːemˈtiː] *abbr of* **Greenwich Mean Time** hora *f* de Greenwich

gnarled [nɑːld, *Am:* nɑːrld] *adj* (*twisted*) retorcido; (*knotted*) nudoso

gnaw [nɔː, *Am:* nɑː] **I.** *vi* **to** ~ **at** [*o* **on**] **sth** roer algo **II.** *vt* (*chew*) roer; **to be** ~**ed by doubt** ser asaltado por las dudas

gnome [nəʊm, *Am:* noʊm] *n* gnomo *m*

GNP [ˌdʒiːenˈpiː] *n no pl abbr of* **Gross National Product** PNB *m*

go [gəʊ, *Am:* goʊ] **I.**<went, gone> *vi* **1.**(*proceed*) ir; **to** ~ **(and) do sth** ir a hacer algo; **to have to** ~ tener que irse; **to** ~ **home** irse a casa; **to** ~ **on holiday** irse de vacaciones **2.**(*do*) hacer; **to** ~ **shopping** ir de compras; **to** ~ **swimming** ir a nadar **3.** + *adj/n* (*become*) volverse; **to** ~ **bald** quedarse calvo; **to** ~ **to sleep** dormirse; **to** ~ **wrong** salir mal **4.** + *adj* (*exist*) **to** ~ **hungry/thirsty** pasar hambre/sed; **to** ~ **unnoticed** pasar desapercibido **5.**(*happen*) **to** ~ **badly/well** ir mal/bien; **to** ~ **from bad to worse** ir de mal en peor **6.**(*pass*) pasar **7.**(*belong*) pertenecer **8.** (*fit*) quedar bien; **two ~es into eight four times** MAT ocho entre dos da cuatro **9.** (*extend*) extenderse; **those numbers ~ from 1 to 10** esos números van del 1 al 10 **10.** (*function*) funcionar; **to get sth to ~** hacer que algo funcione; **to keep a conversation ~ing** mantener una conversación **11.** (*be sold*) venderse; **to ~ for £50** venderse por 50 libras **12.** (*sound*) sonar; **the ambulance had sirens ~ing** la ambulancia hacía sonar las sirenas **13.** *fig* **what he says ~es** lo que él dice va a misa; **anything ~es** cualquier cosa vale **II.** <went, gone> *vt* **1.** **to ~ it alone** hacerlo solo **2.** *inf* (*say*) **ducks ~ 'quack'** los patos hacen 'cuac' **III.** <-es> *n* **1.** (*turn*) turno *m*; **it's my ~** me toca a mí **2.** (*attempt*) intento *m*; **to have a ~ at sth** intentar algo; **to have a ~ at sb about sth** tomarla con alguien por algo **3.** (*activity*) **to be on the ~** trajinar

◆**go about** *vt insep* **to ~ one's business** ocuparse de sus asuntos

◆**go after** *vt insep* seguir; **to ~ sb** ir detrás de alguien

◆**go ahead** *vi* seguir adelante

◆**go around** *vi* andar (de un lado para otro); **to ~ and see sb** ir a ver a alguien

◆**go at** *vt insep* acometer

◆**go away** *vi* marcharse

◆**go back** *vi* (*return*) volver, regresarse *AmL*

◆**go beyond** *vt* (*exceed*) superar

◆**go by** *vi* (*pass*) transcurrir; **in days gone by** *form* en tiempos pasados

◆**go down** **I.** *vt insep* bajar **II.** *vi* **1.** (*set*) ponerse; (*ship*) hundirse; (*plane*) estrellarse **2.** (*decrease*) disminuir **3.** (*be received*) **to ~ well/ badly** ser bien/mal recibido

◆**go far** *vi fig* llegar lejos

◆**go for** *vt insep* **1.** (*fetch*) ir a buscar **2.** (*try to achieve*) intentar conseguir **3.** (*choose*) elegir **4.** (*attack*) atacar

◆**go in** *vi* (*enter*) entrar

◆**go into** *vt insep* **1.** (*enter*) entrar

en **2.** (*examine*) examinar

◆**go off** *vi* **1.** (*leave*) irse **2.** (*spoil*) estropearse **3.** (*explode*) estallar **4.** (*stop liking*) **I went off it** dejó de gustarme **5.** (*happen*) **to ~ badly/ well** salir mal/bien

◆**go on** *vi* **1.** (*continue*) seguir **2.** (*go further*) ir más allá

◆**go out** *vi* **1.** (*leave*) salir; **to ~ with sb** salir con alguien **2.** (*light*) apagarse

◆**go over** *vt insep* **1.** (*examine*) examinar **2.** (*cross*) atravesar **3.** (*exceed*) exceder

◆**go through** *vt insep* **1.** (*pass*) pasar por **2.** (*experience*) experimentar

◆**go up** *vi* subir; **to ~ to sb** acercarse a alguien

◆**go with** *vt insep* **1.** (*accompany*) acompañar a **2.** (*harmonize*) armonizar con

◆**go without** *vt insep* pasar sin

go-ahead *n no pl* **to give sth the ~** dar luz verde a algo

goal [gəʊl, *Am:* goʊl] *n* **1.** (*aim*) objetivo *m*; **to achieve/set a ~** conseguir/fijar un objetivo **2.** (*scoring area*) portería *f*; **to keep ~** defender la portería; **to play in ~** *Brit* ser portero **3.** (*point*) gol *m*; **to score a ~** marcar un gol

goalie ['gəʊlɪ, *Am:* 'goʊ-] *n inf*, **goalkeeper** *n* SPORTS portero, -a *m, f*

goat [gəʊt, *Am:* goʊt] *n* cabra *f*; **to act the ~** *Brit, inf* hacer el imbécil; **to get sb's ~** *fig* sacar de quicio a alguien

gobble ['gɒbl, *Am:* 'gɑ:bl] **I.** *vi* (*make noise*) gluglutear **II.** *vt inf* jalar

goblet ['gɒblɪt, *Am:* 'gɑ:blət] *n* cáliz *m*

goblin ['gɒblɪn, *Am:* 'gɑ:blɪn] *n* duende *m*

god [gɒd, *Am:* gɑ:d] *n* REL dios *m*; **God** Dios; **God bless** que Dios te/le bendiga; **God knows** quien sabe; **for God's sake!** ¡por el amor de Dios!

god-awful ['gɒd'ɔ:fl, *Am:* ˌgɑ:d-'ɑ:-] *adj inf* horrible **godchild**

['gɑːd-] *n* ahijado, -a *m, f* **goddam(ned)** ['gɑːd-] *adj inf* maldito
goddaughter ['gɑːdˌdɑːt̬ɚ] *n* ahijada *f*

goddess ['gɒdɪs, *Am:* 'gɑːdɪs] <-es> *n* diosa *f*

godfather ['gɒdˌfɑːðə(r), *Am:* 'gɑːdˌfɑːðɚ] *n* padrino *m* **god-forsaken** ['gɑːdfɚ-] *adj* dejado de la mano de Dios

godly ['gɒdlɪ, *Am:* 'gɑːd-] *adj* piadoso

godmother ['gɒdˌmʌðə(r), *Am:* 'gɑːdˌmʌðɚ] *n* madrina *f* **godson** ['gɑːd-] *n* ahijado *m*

goes [gəʊz, *Am:* goʊz] *3rd pers sing of* **go**

go-getter [ˌgəʊ'getɚ] *n* persona *f* emprendedora

goggle ['gɒgl, *Am:* 'gɑːgl] **I.** *vi inf* **to ~ at sth** mirar algo con ojos desorbitados **II.** *n pl* (*glasses*) gafas *fpl*

going ['gəʊɪŋ, *Am:* 'goʊ-] *n* **1.** (*act of leaving*) ida *f;* (*departure*) salida *f* **2.** (*conditions*) **easy/rough ~** condiciones *fpl* favorables/adversas; **while the ~ is good** mientras las condiciones lo permitan

goiter *n Am,* **goitre** ['gɔɪtər, *Am:* -t̬ɚ] *n Brit, Aus no pl* bocio *m*

gold [gəʊld, *Am:* goʊld] *n no pl* (*metal*) oro *m;* **to be good as ~** *fig* portarse como un ángel; **to be worth one's weight in ~** valer su peso en oro **gold digger** *n fig* buscador(a) *m(f)* de oro, cazafortunas *mf inv* **gold dust** *n* oro *m* en polvo; **to be like ~** *fig* ser muy cotizado

golden ['gəʊldən, *Am:* 'goʊl-] *adj* de oro; (*colour*) dorado

golden age *n* edad *f* de oro **golden wedding** *n* bodas *fpl* de oro

goldfish *n inv* pez *m* de colores **gold medal** *n* SPORTS medalla *f* de oro **goldmine** *n* mina *f* de oro; *fig* filón *m* **goldsmith** *n* orfebre *m*

golf [gɒlf, *Am:* gɑːlf] *n no pl* golf *m;* **to play ~** jugar al golf

golf ball *n* pelota *f* de golf **golf club** *n* **1.** (*stick*) palo *m* de golf **2.** (*association*) club *m* de golf **golf course** *n* campo *m* de golf

golfer ['gɒlfər, *Am:* 'gɑːlfɚ] *n* golfista *mf*

golly ['gɒlɪ, *Am:* 'gɑːlɪ] *interj inf* **by ~!** ¡vaya!

gone [gɒn, *Am:* gɑːn] *pp of* **go**
gong [gɒŋ, *Am:* gɑːŋ] *n* gong *m*
gonorrh(o)ea [ˌgɒnə'rɪə, *Am:* ˌgɑːnə-] *n no pl* gonorrea *f*

good [gʊd] **I.** <better, best> *adj* **1.** (*of high quality*) bueno; **a ~ time to do sth** un buen momento para hacer algo; **to be ~ at** (**doing**) **sth** estar capacitado para (hacer) algo; **to be ~ for sb** ser bueno para alguien; **to be as ~ as new** estar como nuevo; **to be ~ and ready** estar listo; **to be in ~ shape** estar en buena forma; **to be a ~ thing that …** ser bueno que… +*subj;* **to do a ~ job** hacer un buen trabajo; **to have the ~ sense to do sth** tener el sentido común para hacer algo; **to have a ~ time** pasar(se)lo bien; **~ thinking!** ¡buena idea! **2.** (*appealing to senses*) **to feel ~** sentirse bien; **to look ~** tener buen aspecto; **to smell ~** oler bien **3.** (*valid*) válido; **to be ~ for nothing** ser completamente inútil **4.** (*substantial*) sustancial **II.** *n no pl* bien *m;* **for one's own ~** en beneficio propio; **to do ~** hacer bien; **for ~** definitivamente

goodbye *interj* adiós; **to say ~** (**to sb**) decir adiós (a alguien); **to say ~ to sth** *inf* olvidarse definitivamente de algo

good-for-nothing ['gʊd fəˌnʌθɪŋ, *Am:* -fɚ-] *n* inútil *mf*

Good Friday *n* Viernes *m* Santo
good-humoured [ˌgʊd'hjuːməd, *Am:* -məd], **good-humored** *adj Am* afable

good-looking [ˌgʊd'lʊkɪŋ] *adj* guapo

good looks *n no pl* buen parecer *m* **good-natured** [-'neɪtʃɚd] *adj* afable

goodness ['gʊdnɪs] *n no pl* **~ knows** quién sabe; **for ~' sake** ¡por Dios!; **thank ~!** ¡gracias a Dios!

goods [gʊdz] *npl* mercancías *fpl;* **to deliver the ~** *fig* dar la talla

goods train *n Brit* tren *m* de mercancías

good-tempered [-'tempəd, *Am:* -pɚd] *adj* afable

goodwill [ˌgʊd'wɪl] *n no pl* buena voluntad *f;* **a gesture of** ~ un gesto de buena voluntad

goofy ['gu:fɪ] <-ier, -iest> *adj Am, inf* bobo

goon [gu:n] *n inf* imbécil *mf*

goose [gu:s] <geese> *n* ganso, -a *m, f*

gooseberry ['gʊzbərɪ, *Am:* 'gu:s-berɪ] <-ies> *n* GASTR grosella *f* espinosa; **to play** ~ *Brit, inf* hacer de carabina **goose-flesh** *n no pl,* **goose-pimples** *npl* carne *f* de gallina

gore [gɔːʳ, *Am:* gɔːr] I. *n* sangre *f* derramada II. *vt* cornear

gorge [gɔːdʒ, *Am:* gɔːrdʒ] I. *n* GEO cañón *m* II. *vt* **to ~ oneself on sth** atracarse de algo

gorgeous ['gɔːdʒəs, *Am:* 'gɔːr-] *adj* precioso

gorilla [gə'rɪlə] *n* gorila *m*

gormless ['gɔːmlɪs, *Am:* 'gɔːrm-] *adj Brit, inf* idiota

gorse [gɔːs, *Am:* gɔːrs] *n no pl* aulaga *f*

gory ['gɔːrɪ] <-ier, -iest> *adj* sangriento

gosh [gɒʃ, *Am:* gɑːʃ] *interj inf* dios mío

gosling ['gɒzlɪŋ, *Am:* 'gɑːz-] *n* ansarino *m*

go-slow *n Brit* huelga *f* de celo

gospel ['gɒspl, *Am:* 'gɑːs-] *n* evangelio *m*

gossip ['gɒsɪp, *Am:* 'gɑːsəp] I. *n* **1.** *no pl (rumour)* chismorreo *m;* **to have a ~ about sb** cotillear sobre alguien **2.** *(person)* chismoso, -a *m, f* II. *vi* cotillear

got [gɒt, *Am:* gɑːt] *pt, pp of* **get**

Gothic ['gɒθɪk, *Am:* 'gɑːθɪk] *adj* gótico

gotten ['gɒtən, *Am:* 'gɑːtən] *Am, Aus pp of* **get**

gouge [gaʊdʒ] *vt* **to ~ a hole into sth** hacer un agujero en algo

goulash ['gu:læʃ, *Am:* -lɑːʃ] *n no pl*

puchero *m* (húngaro)

gourd [gʊəd, *Am:* gɔːrd] *n* calabaza *f (para beber)*

gourmet ['gʊəmeɪ, *Am:* 'gʊr-] *n* gastrónomo, -a *m, f*

gout [gaʊt] *n no pl* gota *f*

Gov. *abbr of* **Governor** gobernador(a) *m(f)*

govern ['gʌvn, *Am:* -ə·n] I. *vt* **1.** *(country)* gobernar; *(organization)* dirigir **2.** *(regulate)* regular; *(contract)* regir II. *vi* gobernar

governess ['gʌvənɪs, *Am:* -ə·nəs] <-es> *n* institutriz *f,* gobernanta *f AmL*

governing *adj* directivo

government ['gʌvənmənt, *Am:* -ə·n-] *n* gobierno *m,* administración *f Arg;* **to form a ~** formar gobierno; **to be in ~** estar en el gobierno

governmental [ˌgʌvn'mentl, *Am:* -ə·n'mentl̩] *adj* gubernamental

governor ['gʌvənəʳ, *Am:* -ə·nə·] *n* gobernador(a) *m(f);* **the board of ~s** el consejo de dirección

Govt. *abbr of* **Government** gobno.

gown [gaʊn] *n* traje *m;* UNIV, LAW toga *f*

GP [ˌdʒiː'piː] *n Brit, Aus abbr of* **general practitioner** médico, -a *m, f* de cabecera

GPO [ˌdʒiː'piːˈəʊ, *Am:* -'oʊ] *n Brit* ADMIN *abbr of* **General Post Office** Administración *f* General de Correos

grab [græb] I. *n* **to make a ~ for sth** hacerse con algo; **to be up for ~s** *inf* estar libre II. <-bb-> *vt* **1.** *(snatch)* quitar; **to ~ sb's attention** captar la atención de alguien; **to ~ a chance** aprovechar una oportunidad; **to ~ some sleep** dormir un rato; **to ~ sth (away) from sb** arrebatar algo a alguien; **to ~ sth out of sb's hands** quitar algo a alguien de las manos; **how does this ~ you?** *inf* ¿qué te parece esto? **2.** *(take hold of)* asir, coger, hacerse con; **to ~ hold of sth** hacerse con algo

grace [greɪs] I. *n* **1.** *no pl (movement)* elegancia *f,* gracia *f* **2.** *no pl* REL gracia *f;* **divine ~** gracia divina; **by the ~ of God** por la gracia de

G g

Dios; **to fall from ~** *fig* caer en desgracia **3.** *no pl* (*politeness*) cortesía *f;* **to do sth with good/bad ~** hacer algo de buen grado/a regañadientes; **to have the** (**good**) **~ to do sth** tener la cortesía de hacer algo **4.** (*prayer*) bendición *f* (de la mesa); **to say ~** bendecir la mesa **II.** *vt* honrar

graceful ['greɪsfl] *adj* elegante; (*movement*) grácil

gracious ['greɪʃəs] **I.** *adj* afable **II.** *interj* **~** (**me**)! Dios mío

grade [greɪd] **I.** *n* **1.** (*rank*) rango *m* **2.** *Am* SCHOOL curso *m;* **to skip a ~** perder un curso **3.** (*mark*) nota *f* **4.** (*level of quality*) clase *f;* **high/low ~** alta/baja calidad; **to make the ~** *fig* alcanzar el nivel deseado **5.** *Am* GEO pendiente *f* **II.** *vt* **1.** (*evaluate*) evaluar **2.** (*categorize*) clasificar

gradient ['greɪdɪənt] *n* pendiente *f*

? El sistema de calificación que se utiliza en los EE.UU. recibe el nombre de **grading system**. Este sistema emplea las siguientes letras para expresar las distintas calificaciones: A, B, C, D, E y F. La letra E, sin embargo, no se suele utilizar. La A representa la máxima calificación, mientras que la F (**Fail**) significa suspenso. Las notas además pueden ir matizadas por un más o un menos. Quien obtiene una A+ es que ha tenido un rendimiento verdaderamente sobresaliente.

gradual ['grædʒʊəl] *adj* gradual
gradually ['grædʒʊlɪ] *adv* gradualmente
graduate¹ ['grædʒʊət] *n* **1.** UNIV licenciado, -a *m, f* **2.** *Am* SCHOOL graduado, -a *m, f*
graduate² ['grædʒʊeɪt] *vi* **1.** UNIV licenciarse; *Am* SCHOOL graduarse **2.** (*move to higher level*) subir de categoría

graduation [ˌgrædʒʊ'eɪʃn, *Am:* ˌgrædʒu'-] *n* SCHOOL, UNIV graduación *f,* egreso *m Arg, Chile*
graffiti [grə'fiːtɪ, *Am:* -ˌtɪ] *npl* graffiti *m*
graft [grɑːft, *Am:* græft] **I.** *n* BOT, MED injerto *m* **II.** *vt* BOT, MED injertar
Grail [greɪl] *n* **the Holy ~** el Santo Grial
grain [greɪn] *n* **1.** (*smallest piece*) grano *m;* **a ~ of hope** una pequeña esperanza; **a ~ of truth** una pizca de verdad; **to take sth with a ~ of salt** *fig* no creerse algo del todo **2.** *no pl* (*cereal*) cereal *m* **3.** (*of wood*) fibra *f;* (*of meat*) veta *f*
grammar ['græməʳ, *Am:* -ɚ] *n no pl* gramática *f*
grammarian [grə'meərɪən, *Am:* -'merɪ-] *n* gramático, -a *m, f*
grammar school *n* **1.** *Am* (*elementary school*) colegio *m* **2.** *Brit* HIST (*upper level school*) colegio de enseñanza secundaria al cual se accede por medio de un examen

? Las antiguas **grammar schools** (que más o menos se corresponden con los institutos) fueron fundadas hace muchos siglos en Gran Bretaña para el estudio del latín. Hacia 1950 el alumno que quería acceder a esta escuela debía aprobar el **eleven-plus examination**. Pero sólo un 20% del alumnado aprobaba este examen. El resto continuaba su intinerario educativo en una **secondary modern school** (escuela secundaria de grado inferior). Estos dos tipos de escuela fueron reorganizados durante los años 60 y 70 como **comprehensive schools** (escuelas integradas).

grammatical [grə'mætɪkl, *Am:* -'mæt̬ɪ-] *adj* gramatical
gram(me) [græm] *n* gramo *m*

gramophone ['græməfəʊn, *Am:* -foʊn] *n* gramófono *m*, vitrola *f* *AmL*

gran [græn] *n inf abbr of* **grandmother** abuela *f*

granary ['grænərɪ] <-ies> *n* granero *m*

granary bread *n no pl*, **granary loaf** <- loaves> *n Brit* pan *m* con granos enteros

grand [grænd] **I.** *adj* magnífico; ~ **ideas** grandes ideas; **on a** ~ **scale** a gran escala; **in** ~ **style** de estilo sublime; **the** ~ **total** el importe total; **to make a** ~ **entrance** hacer una entrada triunfal; **the Grand Canyon** el Gran Cañón **II.** *n inv, inf* (*dollars*) mil dólares *mpl*; (*pounds*) mil libras *fpl*

grandchild <-children> *n* nieto, -a *m, f*, **grand(d)ad** *n inf* abuelo *m*

granddaughter *n* nieta *f*

grandeur ['grændʒə', *Am:* -dʒə'] *n no pl* magnificencia *f*

grandfather *n* abuelo *m*

grandiose ['grændɪəʊs, *Am:* -oʊs] *adj* grandioso

grand jury <- -ies> *n Am* gran jurado *m*

grandly *adv* majestuosamente

grandma *n inf* abuelita *f* **grandmother** *n* abuela *f* **grandpa** *n inf* abuelito *m* **grandparents** *npl* abuelos *mpl* **grand piano** *n* piano *m* de cola **grandson** *n* nieto *m* **grandstand** *n* tribuna *f*; **a** ~ **view** *fig* una vista que abarca todo el panorama

grange [greɪndʒ] *n Brit* casa *f* solariega

granite ['grænɪt] *n no pl* granito *m*

granny ['græni] *n inf* abuela *f*

grant [grɑːnt, *Am:* grænt] **I.** *n* **1.** UNIV beca *f* **2.** (*subsidy*) subvención *f* **II.** *vt* **1.** (*allow*) otorgar; **to ~ sb a permit** conceder a alguien un permiso; **to take sth for ~ed** dar algo por sentado; **to take sb for ~ed** no valorar a alguien como se merece **2.** (*transfer*) ceder; **to ~ sb sth** conceder algo a alguien; **to ~ sb a favour** hacer un favor a alguien; **to ~**

sb a pardon conceder un indulto a alguien; **to ~ sb a request** acceder a la petición de alguien; **to ~ sb a wish** conceder un deseo a alguien **3.** (*admit to*) reconocer, admitir; **to ~ that ...** estar de acuerdo en que... +*subj*

granule ['grænjuːl] *n* gránulo *m*

grape [greɪp] *n* uva *f*

grapefruit ['greɪpfruːt] *n inv* pomelo *m*

grape juice *n no pl* mosto *m*

grapevine *n* vid *f*; **to hear sth on the** ~ saber algo por los rumores que corren

graph [grɑːf, *Am:* græf] *n* gráfica *f*

graphic ['græfɪk] *adj* gráfico; **to describe sth in** ~ **detail** describir algo de forma gráfica

graphic design *n no pl* diseño *m* gráfico

graphics *n + sing vb* **1.** (*drawings*) artes *fpl* gráficas **2.** INFOR gráficos *mpl*; **computer** ~ gráficos de ordenador

graphics card *n* tarjeta *f* gráfica

graphite ['græfaɪt] *n* grafito *m*

grapple ['græpl] *vi* **to ~ with sth** luchar a brazo partido con algo

grasp [grɑːsp, *Am:* græsp] **I.** *n no pl* **1.** (*grip*) agarre *m*; **to be beyond sb's** ~ *fig* estar fuera del alcance de alguien **2.** (*understanding*) comprensión *f* **II.** *vt* **1.** (*take firm hold*) agarrar; **to ~ sb by the arm** coger a alguien del brazo **2.** (*understand*) entender **III.** *vi* intentar coger; **to ~ at sth** *fig* sacar provecho de algo

grass [grɑːs, *Am:* græs] <-es> *n* hierba *f*; (*lawn*) césped *m*; **to cut the** ~ cortar el césped; **to put sb out to** ~ *inf* jubilar a alguien; **the** ~ **is** (**always**) **greener on the other side** (**of the fence**) *prov* (siempre) parece mejor lo de los demás

grasshopper ['grɑːshɒpə', *Am:* 'græshɑːpə'] *n* saltamontes *m inv*, chapulín *m AmC, Méx*, saltagatos *m inv AmC, Méx* **grassroots** [,græs-] *npl* (*of organization*) base *f* popular; ~ **opinion** opinión *f* del pueblo **grass snake** *n* culebra *f* de collar

grassy ['grɑːsɪ, *Am:* 'græsɪ] <-ier, -iest> *adj* cubierto de hierba, pastoso *AmL*

grate[1] [greɪt] *n* rejilla *f* de la chimenea

grate[2] [greɪt] **I.** *vi* **1.** (*annoy: noise*) rechinar; **to ~ on sb** molestar a alguien **2.** (*rub together*) rozar; **to ~ against each other** rozar uno con otro **II.** *vt* GASTR rallar

grateful ['greɪtfl] *adj* agradecido; **to be ~ (to sb) for sth** agradecer algo (a alguien)

gratification [ˌgrætɪfɪ'keɪʃn, *Am:* ˌgrætə-] *n* gratificación *f*

gratify ['grætɪfaɪ, *Am:* 'grætə-] <-ie-> *vt* gratificar

gratifying *adj* gratificante

gratis ['greɪtɪs, *Am:* 'grætəs] **I.** *adj* gratuito **II.** *adv* gratis

gratitude ['grætɪtjuːd, *Am:* 'grætətuːd] *n no pl, form* gratitud *f*; **as a token of my ~** como muestra de mi gratitud

gratuitous [grə'tjuːɪtəs, *Am:* -'tuː- ətəs] *adj* innecesario

gratuity [grə'tjuːətɪ, *Am:* -'tuːət̬ɪ] <-ies> *n form* propina *f*

grave[1] [greɪv] *n* (*burial place*) tumba *f*; **mass ~** fosa *f* común; **from beyond the ~** desde el más allá

grave[2] [greɪv] *adj* **1.** (*serious*) serio **2.** (*bad*) grave

grave-digger ['greɪvˌdɪgəʳ, *Am:* -ə-] *n* sepulturero, -a *m, f*

gravel ['grævəl] *n* gravilla *f*

gravestone *n* lápida *f* sepulcral

graveyard *n* cementerio *m*

gravitate ['grævɪteɪt] *vi* **to ~ towards sth** tender hacia algo

gravity ['grævətɪ, *Am:* -t̬ɪ] *n no pl* gravedad *f*

gravy ['greɪvɪ] *n no pl salsa hecha con el jugo de la carne*

gray [greɪ] *adj Am s.* **grey**

graze[1] [greɪz] **I.** *n* roce *m* **II.** *vt* rozar

graze[2] [greɪz] *vi* pastar

grease [griːs] **I.** *n* grasa *f*; (*lubricant*) lubricante *m* **II.** *vt* engrasar; (*in mechanics*) lubricar

greasepaint *n* maquillaje *m* teatral

greaseproof paper *n* papel *m* encerado

greasy ['griːsɪ] <-ier, -iest> *adj* grasiento

great [greɪt] *adj* **1.** (*very big*) enorme; **a ~ amount** una gran cantidad; **a ~ deal of time** muchísimo tiempo; **the ~ majority of people** la gran mayoría (de la gente) **2.** (*very good*) grande; **to be ~ at doing sth** *inf* ser bueno en algo; **it's ~ to be back home again** es maravilloso estar de nuevo en casa; **the ~ thing about him is ...** lo mejor de él es...; **~!** ¡estupendo! **3.** (*emphatic*) **~ big** muy grande; **they're ~ friends** son muy amigos; **you ~ idiot!** ¡pedazo de idiota!

great aunt *n* tía *f* abuela

Great Britain *n* Gran Bretaña *f*

> **?** Great Britain (Gran Bretaña) se compone del reino de Inglaterra, el de Escocia y el principado de Gales. (El rey Eduardo I de Inglaterra se anexionó Gales en 1282 y en 1301 nombró a su único hijo **Prince of Wales**. El rey Jacobo VI de Escocia heredó en 1603 la corona inglesa convirtiéndose en Jacobo I y en 1707 se unieron los parlamentos de ambos reinos.) Estos países forman, junto con Irlanda del Norte, el **United Kingdom** (Reino Unido). El concepto geográfico de **British Isles** (Islas Británicas) incluye no sólo a la isla mayor que es Gran Bretaña, sino también a Irlanda, la Isla de Man, las Hébridas, Orkney, Shetland, las Islas Scilly y las **Channel Islands** (Islas del Canal de la Mancha).

Greater London *n* la ciudad de Londres y su área metropolitana

great-grandchild *n* bisnieto, -a *m, f*

great-grandparents *npl* bisabuelos *mpl*

Great Lakes *n* Grandes Lagos *mpl*

greatly ['greɪtlɪ] *adv form* suma-mente; **to improve** ~ mejorar mucho

greatness ['greɪtnɪs] *n no pl* gran-deza *f*

great uncle *n* tío *m* abuelo

Greece [griːs] *n* Grecia *f*

greed [griːd] *n no pl* codicia *f;* (*for food*) gula *f;* (*for money*) avaricia *f*

greedy ['griːdɪ] <-ier, -iest> *adj* (*wanting food*) glotón; (*wanting money*) avaricioso; ~ **for success** ávido de éxito

Greek [griːk] *adj* griego; **it's all ~ to me** eso me suena a chino

green [griːn] **I.** *n* **1.** (*colour*) verde *m* **2.** *pl* (*green vegetables*) verduras *fpl* **3.** (*lawn*) césped *m* **II.** *adj* **1.** *a.* POL verde; ~ **with envy** muerto de envidia; **to have ~ fingers** *Brit, Aus,* **to have ~ thumbs** *Am* tener habili-dad para la jardinería **2.** (*unripe*) verde, tierno *Chile, Ecua, Guat* **3.** (*inexperienced*) novato; (*naive*) ingenuo

greenback *n Am, inf* billete *m* (de banco) **green belt** *n* zona *f* verde (*zona en las afueras de las ciudades en la que no se permite construir*) **green card** *n* **1.** *Brit* AUTO carta *f* verde **2.** *Am* (*residence and work permit*) permiso *m* de residencia y de trabajo

greenery ['griːnərɪ] *n no pl* vegeta-ción *f*

greenfly <-ies> *n* pulgón *m*

greengrocer [-ˌgrousə˞] *n Brit* ver-dulero, -a *m, f* **greenhorn** [-hɔːrn] *n Am* novato, -a *m, f* **greenhouse** *n* invernadero *m*

Greenland ['griːnlənd] *n* Groen-landia *f*

[?] El **Royal Observatory** (obser-vatorio astronómico) de **Green-wich** fue construido en 1675 para obtener datos exactos sobre la posición de las estrellas con vista a la creación de cartas de navegación. El **Greenwich mer-idian** (meridiano de Greenwich) no se fijó oficialmente como el grado cero de longitud con validez universal hasta 1884. Las 24 fran-jas horarias del planeta se fijan a partir de la hora local del meridia-no que es conocida como **Green-wich Mean Time** o **Universal Time.**

G
g

greet [griːt] *vt* saludar; **to ~ each other** saludarse; **to ~ sth with ap-plause** recibir algo con un aplauso; **to ~ sth with delight** sentir gran placer ante algo; **a scene of joy ~ed us** se mostró ante nosotros una esce-na de alegría

greeting *n* saludo *m*

gregarious [grɪˈgeərɪəs, *Am:* -ˈge-rɪ-] *adj* sociable

Grenada [grəˈneɪdə] *n* Granada *f*

grenade [grɪˈneɪd] *n* granada *f*

grew [gruː] *pt of* **grow**

grey [greɪ] **I.** *n no pl* gris *m* **II.** *adj* gris; (*grey-haired*) canoso

greyhound *n* galgo *m*

grid [grɪd] *n* parrilla *f*

griddle ['grɪdl] *n* plancha *f*, burén *m Cuba*

gridlock *n no pl* paralización *f* del tráfico; *fig* inactividad *f* **grid square** *n* cuadrícula *f*

grief [griːf] *n no pl* dolor *m; to come to ~* fracasar; **to give sb (a lot of)** ~ hacer sentir (muy) mal a al-guien

grievance ['griːvns] *n* **1.** (*com-plaint*) queja *f;* **to harbour a ~ against sb** presentar una queja contra alguien **2.** (*sense of injustice*) injusticia *f*

grieve [griːv] **I.** *vi* sufrir; **to ~ for sb** llorar por alguien **II.** *vt* causar dolor

grievous ['griːvəs] *adj form* (*pain*) fuerte; (*danger*) serio

grill [grɪl] **I.** *n* **1.** (*for cooking*) parri-lla *f* **2.** *Am* (*restaurant*) asador *m* **II.** *vt* asar a la parrilla

grille [grɪl] *n* rejilla *f*

grilling ['grɪlɪŋ] *n inf* **to give sb a ~** interrogar a alguien

grim [grɪm] *adj* **1.** (*very serious*) severo **2.** (*unpleasant*) desagradable

grimace [grɪ'meɪs, *Am:* 'grɪməs] **I.** *n* mueca *f* **II.** *vi* hacer muecas; **to ~ with pain** hacer muecas de dolor

grime [graɪm] *n* mugre *f*

grimy ['graɪmɪ] <-ier, -iest> *adj* mugriento

grin [grɪn] **I.** *n* ancha sonrisa *f* **II.** *vi* sonreír de oreja a oreja; **to ~ and bear it** poner al mal tiempo buena cara

grind [graɪnd] **I.** *n inf* trabajo *m* pesado; **the daily ~** la rutina diaria **II.** <ground, ground> *vt* **1.** (*crush*) aplastar; (*mill*) moler **2.** *Am, Aus* (*chop finely*) picar **3.** (*sharpen*) afilar

◆ **grind down** *vt* **1.** (*mill*) moler **2.** (*wear down*) desgastar **3.** (*oppress*) oprimir

grinder ['graɪndər, *Am:* -dər] *n* molinillo *m*

grindstone ['graɪndstəʊn, *Am:* -stoʊn] *n* muela *f*; **to keep one's nose to the ~** *inf* trabajar como un enano

grip [grɪp] **I.** *n* **1.** (*hold*) agarre *m*; *fig* control *m*; **to keep a firm ~ on the bag** agarrar fuertemente la bolsa; **to be in the ~ of sth** *fig* estar en poder de algo; **to get to ~s with sth** *fig* enfrentarse con algo **2.** (*bag*) maletín *m* **II.** <-pp-> *vt* agarrar; **to be ~ped by emotion** estar embargado por la emoción; **he was ~ped by fear** el miedo le invadió

gripe [graɪp] *vi inf* quejarse

gripping ['grɪpɪŋ] *adj* emocionante

grisly ['grɪzlɪ] <-ier, -iest> *adj* espeluznante

gristle ['grɪsl] *n no pl* cartílago *m*

grit [grɪt] *n no pl* **1.** (*small stones*) arenilla *f* **2.** (*courage*) valor *m* **II.** <-tt-> *vt* **to ~ one's teeth** *a. fig* apretar los dientes

gritty ['grɪti, *Am:* 'grɪt̬i] <-ier, -iest> *adj* **1.** (*stony*) con arenilla

2. (*brave*) valiente

grizzle ['grɪzl] *vi inf* gimotear

grizzly ['grɪzlɪ] <-ies> *n* oso *m* pardo americano

groan [grəʊn, *Am:* groʊn] **I.** *n* gemido *m* **II.** *vi* gemir; (*floorboards*) crujir; **to ~ about sth** quejarse de algo; **to ~ in pain** gemir de dolor; **to ~ inwardly** lamentarse para sus adentros

grocer ['grəʊsər, *Am:* 'groʊsər] *n* **1.** (*shopkeeper*) tendero, -a *m, f* **2.** (*shop*) tienda *f* de ultramarinos

grocery ['grəʊsərɪ, *Am:* 'groʊ-] <-ies> *n* tienda *f* de ultramarinos

groin [grɔɪn] *n* ingle *f*

groom [gruːm] **I.** *n* **1.** (*person caring for horses*) mozo *m* de cuadra **2.** (*bridegroom*) novio *m* **II.** *vt* **1.** (*horse*) almohazar **2.** *fig* (*prepare*) preparar

groove [gruːv] *n* ranura *f*

groovy ['gruːvɪ] <-ier, -iest> *adj inf* guay

grope [grəʊp, *Am:* groʊp] **I.** *vi* ir a tientas; **to ~ for sth** buscar algo a tientas; **to ~ for the right words** buscar las palabras **II.** *vt inf* (*sexually*) sobar

gross¹ [grəʊs, *Am:* groʊs] <-sses> *n* gruesa *f*; **by the ~** en gruesas

gross² [grəʊs, *Am:* groʊs] *adj* **1.** LAW grave; (*neglect*) serio **2.** (*fat*) muy gordo **3.** *Am* (*offensive*) grosero; (*revolting*) asqueroso **4.** (*total*) total; (*without deductions*) bruto

grossly *adv* (*extremely*) enormemente; **to be ~ unfair** ser completamente injusto

grotesque [grəʊ'tesk, *Am:* groʊ-] *n* grotesco

grotto ['grɒtəʊ, *Am:* 'grɑːtoʊ] <-oes *o* -os> *n* gruta *f*

grotty ['grɒtɪ, *Am:* 'grɑːt̬ɪ] <-ier, -iest> *adj Brit, inf* chungo

ground¹ [graʊnd] **I.** *n* **1.** *no pl* (*Earth's surface*) tierra *f*; **above ~** sobre el nivel del suelo; **below ~** bajo tierra; **to be on one's own ~** estar en su elemento; **to give ~** ceder terreno; **to stand one's ~** mantenerse firme **2.** *no pl* (*soil*)

suelo *m* **3.** (*area of land*) terreno *m*
4. (*sports field*) campo *m* **5.** (*reason*) **to have ~s to do sth** tener
motivos para hacer algo; **on the ~s
that ...** porque... **II.** *vt Am, Aus, inf*
no dejar salir

ground² [graʊnd] *vt pt, pp of* **grind**

groundbreaking ['graʊnd͵breɪ-
kɪŋ] *adj* pionero

ground floor *n Brit* planta *f* baja
  ground fog *n* niebla *f* baja
  ground frost *n no pl* escarcha *f*

grounding ['graʊndɪŋ] *n no pl*
rudimentos *mpl*, base *f*

groundkeeper *n* cuidador(a) *m(f)*
del terreno de juego

groundnut *n* cacahuete *m*, maní *m
AmS* **ground rules** *npl* directrices
fpl **groundsheet** *n* tela *f* impermeable

groundwork ['graʊndwɜːk, *Am:*
-wɜːrk] *n no pl* trabajo *m* preparatorio

group [gruːp] **I.** *n* grupo *m;* *MUS* conjunto *m* musical **II.** *vt* agrupar

grouping ['gruːpɪŋ] *n* agrupamiento *m*

grouse¹ [graʊs] *n* **black ~** gallo *m*
lira; **red ~** urogallo *m* escocés

grouse² [graʊs] **I.** *n* **1.** (*complaint*)
queja *f* **2.** (*complaining person*)
cascarrabias *mf inv* **II.** *vi* quejarse

grove [graʊv, *Am:* groʊv] *n* arboleda *f;* **olive ~** olivar *m;* **orange ~**
naranjal *m*

grovel ['grɒvl, *Am:* 'grɑːvl] <*Brit:*
-ll-, *Am:* -l-> *vi* to ~ (**before sb**) humillarse (ante alguien)

grow [graʊ, *Am:* groʊ] <grew,
grown> **I.** *vi* **1.** (*increase in size*)
crecer; **to ~ taller** crecer en estatura
2. (*increase*) aumentar; **to ~ by 2%**
aumentar un 2% **3.** (*develop*) desarrollarse **4.** (*become*) volverse; **to ~
old** hacerse viejo; **to ~ to like sth**
llegar a querer algo **II.** *vt* **1.** (*cultivate*) cultivar **2.** (*let grow*) dejar
crecer; **to ~ a beard** dejarse crecer
la barba
  ◆**grow into** *vt insep* acostumbrarse
a
  ◆**grow up** *vi* crecer; **when I ~ I'd**

like to ... cuando sea mayor me gustaría...

grower ['graʊə', *Am:* 'groʊ-] *n* cul-
tivador(a) *m(f)*

growing ['graʊɪŋ, *Am:* 'groʊ-] *adj*
que aumenta

growl [graʊl] **I.** *n* **1.** (*of dog*) gruñido *m;* (*of person*) refunfuño *m*
2. (*rumble*) ruido *m* sordo **II.** *vi*
(*dog*) gruñir; (*person*) refunfuñar

grown [graʊn, *Am:* groʊn] *pp of*
grow

grown-up *n* adulto, -a *m, f*

growth [graʊθ, *Am:* groʊθ] *n* **1.** *no
pl* (*increase in size*) crecimiento *m;*
to reach full ~ alcanzar su plenitud
2. *no pl* (*increase*) aumento *m;* **rate
of ~** tasa *f* de crecimiento **3.** (*lump*)
bulto *m*

growth rate *n* ECON tasa *f* de crecimiento

grub [grʌb] **I.** *n* **1.** ZOOL larva *f* **2.** *no
pl*, *Brit*, *inf* GASTR rancho *m*
II. <-bb-> *vi* **to ~ about** (**for sth**)
remover la tierra (buscando algo)

grubby ['grʌbɪ] <-ier, -iest> *adj inf*
roñoso

grudge [grʌdʒ] **I.** *n* rencor *m*, roña *f
Cuba, Méx, PRico;* **to have a ~
against sb** guardar rencor a alguien
II. *vt* **to ~ sb sth** envidiar algo a alguien

grudging *adj* poco generoso

grudgingly ['grʌdʒɪŋlɪ] *adv* de
mala gana

gruel ['gruːəl] *n no pl* gachas *fpl*

gruelling ['gruːəlɪŋ, *Am:* 'gruːlɪŋ]
adj duro

gruesome ['gruːsəm] *adj* horripilante

gruff [grʌf] *adj* brusco

grumble ['grʌmbl] *vi* quejarse

grumpy ['grʌmpɪ] <-ier, -iest> *adj*
gruñón

grunt [grʌnt] **I.** *n* gruñido *m* **II.** *vi*
gruñir

guarantee [͵gærən'tiː, *Am:* ͵ger-]
I. *n* **1.** (*a promise*) promesa *f;* **to
give sb one's ~** hacer una promesa
a alguien; **there's no ~ that** no es
seguro que +*subj* **2.** COM garantía *f*
II. *vt* **1.** (*promise*) prometer; **to ~**

G
g

that asegurar que +*subj* **2.** com **to be ~d for three years** tener una garantía de tres años

guard [gɑːd, *Am:* gɑːrd] **I.** *n* **1.** (*person*) guardia *mf;* **to be on ~** estar de guardia; **to be on one's ~** (**against sth**) estar en alerta (contra algo); **to be under ~** estar bajo guardia y custodia; **to drop one's ~** bajar la guardia; **to keep ~ over sth** vigilar algo **2.** (*device*) resguardo *m* **3.** *Brit* rail jefe, -a *m, f* de tren **II.** *vt* (*protect*) proteger; (*prevent from escaping*) vigilar; (*keep secret*) guardar

[?] A las **Household Troops** de la monarquía británica pertenecen siete regimientos de los **Guards** (Guardia). Dos regimientos de **Household Cavalry** (caballería): los **Life Guards** y los **Blues and Royals**. Y cinco regimientos de infantería: los **Grenadier Guards**, los **Coldstream Guards**, los **Scots Guards**, los **Irish Guards** y los **Welsh Guards**. La ceremonia del cambio de guardia tiene lugar cada dos días a las 11:30 en el **Buckingham Palace**.

◆**guard against** *vt always sep* (*protect from*) **to guard sb against sth** proteger a alguien de algo

guarded ['gɑːdɪd, *Am:* 'gɑːrd-] *adj* cauteloso

guardian ['gɑːdɪən, *Am:* 'gɑːr-] *n* guardián, -ana *m, f*

Guatemala [ˌgwɑːtɪˈmɑːlə, *Am:* -t̬əˈ-] *n* Guatemala *f*

Guatemala City *n* ciudad *f* de Guatemala

Guatemalan [ˌgwɑːtɪˈmɑːlən, *Am:* -t̬əˈ-] *adj* guatemalteco

guerrilla [gəˈrɪlə] *n* guerrilla *f*

guess [ges] **I.** *n* conjetura *f;* **a lucky ~** un acierto afortunado; **to have a ~,** **to take a ~** *Am* adivinar; **at a ~** por decir algo; **it's anybody's ~**

¿quién sabe? **II.** *vi* **1.** (*conjecture*) adivinar; **to ~ right** adivinar; **to ~ wrong** equivocarse; **to keep sb ~ing** tener a alguien en suspense **2.** *Am* (*believe*) suponer **III.** *vt* adivinar; **~ what?** ¿sabes qué?

guesswork ['gesws:k, *Am:* -ws:rk] *n no pl* conjeturas *fpl*

guest [gest] *n* invitado, -a *m, f;* (*hotel customer*) cliente *mf;* **be my ~** *inf* ¡adelante!

guesthouse *n* casa *f* de huéspedes

guestroom *n* habitación *f* de invitados

guffaw [gəˈfɔː, *Am:* -ˈfɑː] **I.** *n* carcajada *f* **II.** *vi* reírse a carcajadas

guidance ['gaɪdns] *n no pl* consejo *m*

guide [gaɪd] **I.** *n* **1.** (*person*) guía *mf;* **tour ~** guía turístico **2.** (*book*) guía *f* **3.** (*help*) orientación *f* **4.** (*girls' association*) **the Guides** las exploradoras **II.** *vt* **1.** (*show*) guiar **2.** (*instruct*) orientar **3.** (*steer*) dirigir; **to be ~d by one's emotions** dejarse llevar por los sentimientos

guidebook *n* guía *f* **guide dog** *n* perro-guía *m*

guided tour ['gaɪdɪd-] *n* excursión *f* con guía

guideline *n* directriz *f*

guild [gɪld] *n* (*of merchants*) corporación *f;* (*of craftsmen*) gremio *m*

guile [gaɪl] *n no pl, form* astucia *f*

guillotine ['gɪlətiːn] *n* guillotina *f*

guilt [gɪlt] *n no pl* **1.** (*shame*) culpabilidad *f* **2.** (*responsibility for crime*) culpa *f;* **to admit one's ~** confesarse culpable

guilty ['gɪltɪ, *Am:* -t̬ɪ] <-ier, -iest> *adj* culpable; **to be ~ of a crime** ser culpable de un delito; **to have a ~ conscience** tener un sentimiento de culpabilidad; **to feel ~ about sth** sentirse culpable por algo; **to plead ~ to sth** declararse culpable de algo

guinea ['gɪnɪ] *n Brit* guinea *f*

Guinea ['gɪnɪ] *n* Guinea *f*

guinea pig *n* conejillo *m* de Indias, cuy *m AmS*

guise [gaɪz] *n no pl* **under the ~ of sth** bajo el disfraz de algo

guitar [gɪ'tɑ:ʳ, *Am:* -'tɑ:r] *n* guitarra *f;* **to play the** ~ tocar la guitarra

guitarist [gɪ'tɑ:rɪst] *n* guitarrista *mf*

gulch [gʌltʃ] <-es> *n Am* barranco *m*

gulf [gʌlf] *n* **1.** (*area of sea*) golfo *m* **2.** *fig* abismo *m*

gull [gʌl] *n* gaviota *f*

gullet ['gʌlɪt] *n* esófago *m*

gullible ['gʌləbl] *adj* crédulo

gully ['gʌlɪ] <-ies> *n* barranco *m*

gulp [gʌlp] **I.** *n* (*large swallow*) trago *m;* **a** ~ **of air** una bocanada de aire; **to take a** ~ **of milk** beber un trago de leche; **in one** ~ de un trago **II.** *vt* tragar; (*liquid*) beber; (*food*) engullir **III.** *vi* **to** ~ **for air** respirar hondo

gum¹ [gʌm] *n* ANAT encía *f*

gum² [gʌm] **I.** *n* **1.** *no pl* (*sticky substance*) goma *f* **2.** *no pl* (*glue*) pegamento *m* **3.** (*type of sweet*) gominola *f* **II.** *vt* pegar

gumtree ['gʌmtri:] *n* árbol *m* de caucho, gomero *m AmL;* **to be up a** ~ *fig* estar en un aprieto

gun [gʌn] *n* arma *f* de fuego; (*cannon*) cañón *m;* (*pistol*) pistola *f;* (*rifle*) fusil *m;* **to stick to one's** ~**s** *fig* mantenerse en sus trece **gunfire** *n no pl* disparos *mpl* **gunman** <-men> *n* pistolero *m*

gunner ['gʌnəʳ, *Am:* -ə·] *n* artillero *m*

gunpoint *n no pl* **at** ~ a punta de pistola **gunpowder** *n no pl* pólvora *f* **gunshot** ['gʌnʃɒt, *Am:* -ʃɑːt] *n* disparo *m*

gurgle ['gɜːgl, *Am:* 'gɜːr-] *vi* **1.** (*baby*) gorjear **2.** (*water*) borbotear

guru ['gʊru, *Am:* 'guːruː] *n* gurú *mf*

gush [gʌʃ] **I.** <-es> *n* chorro *m; fig* efusión *f* **II.** *vi* chorrear; *fig* deshacerse en elogios

gushing *adj* (excesivamente) efusivo

gust [gʌst] *n* racha *f*

gusto ['gʌstəʊ, *Am:* -toʊ] *n no pl* entusiasmo *m*

gut [gʌt] **I.** *n* **1.** (*intestine*) intestino *m;* **a** ~ **feeling** un instinto visceral; **to bust a** ~ *inf* echar los bofes **2.** *pl, inf* (*bowels*) entrañas *fpl* **3.** *pl* (*courage*) valor *m* **II.** <-tt-> *vt* destripar

gutless [gʌtlɪs] *adj inf* cobarde

gutsy ['gʌtsɪ] <-ier, -iest> *adj* valiente

gutter ['gʌtəʳ, *Am:* 'gʌtə·] *n* alcantarilla *f;* (*on roof*) canalón *m*

guttural ['gʌtərəl, *Am:* 'gʌt̬-] *adj* gutural

guy [gaɪ] *n inf* **1.** (*man*) tío *m* **2.** (*rope*) viento *m*

Guyana [gaɪˈænə] *n* Guyana *f*

guzzle ['gʌzl] *vt inf* jalar

gym [dʒɪm] *n inf* **1.** *no pl* (*gymnastics*) gimnasia *f* **2.** (*gymnasium*) gimnasio *m*

gymnasium [dʒɪmˈneɪzɪəm] *n* gimnasio *m*

gymnast ['dʒɪmnæst] *n* gimnasta *mf*

gymnastics [dʒɪmˈnæstɪks] *npl* gimnasia *f*

gyn(a)ecology [ˌgaɪnɪˈkɒlədʒɪ, *Am:* -ˈkɑːlə-] *n,* **gynecology** *n Am, Aus no pl* ginecología *f*

gypsy ['dʒɪpsɪ] <-ies> *n* gitano, -a *m, f*

gyrate [ˌdʒaɪˈreɪt] *vi* girar

gyroscope ['dʒaɪrəskəʊp, *Am:* -skoʊp] *n* giroscopio *m*

H, h [eɪtʃ] *n* H, h *f;* ~ **for Harry** *Brit,* ~ **for How** *Am* H de Huelva

ha [hɑː] *interj* ajá

habit ['hæbɪt] *n* **1.** (*customary practice*) hábito *m,* costumbre *f;* **to be in the** ~ **of doing sth** tener por costumbre hacer algo; **to get into the** ~ **of doing sth** acostumbrarse a hacer algo **2.** (*dress*) hábito *m;* **riding** ~ traje *m* de montar

habitat ['hæbɪtæt, *Am:* '-ə-] *n* hábitat *m*

habitation [ˌhæbɪˈteɪʃn] *n* **1.** *no pl* (*occupancy*) **unfit for human** ~ inhabitable **2.** (*dwelling*) morada *f*

habitual [hə'bɪtʃʊəl] *adj* habitual; ~ **drug use** consumo frecuente de drogas

hack¹ [hæk] **I.** *vt* **1.** *Brit* (*football*) dar una patada a **2.** (*chop violently*) cortar a tajos **3.** *Am, Aus, inf* (*cope with*) aguantar **II.** *vi* hacer tajos; **to ~ at sth** cortar algo a tajos **III.** *n* **1.** (*journalist*) periodista *mf* de pacotilla **2.** (*writer*) escritorzuelo, -a *m, f*

hack² [hæk] *vt* INFOR **to ~ (into) a system** introducirse ilegalmente en un sistema

hacker [hækə', *Am:* -ə'] *n* INFOR hacker *mf*

had [həd, *stressed:* hæd] *pt, pp of* **have**

haggard ['hægəd, *Am:* -ə'd] *adj* macilento

haggle ['hægl] *vi* regatear; **to ~ over sth** regatear el precio de algo

Hague [heɪg] *n* **the ~** la Haya

hail¹ [heɪl] **I.** *n no pl* METEO granizo *m* **II.** *vi* granizar

hail² [heɪl] **I.** *vt* **1.** (*call*) llamar; **to ~ a taxi** parar un taxi **2.** (*acclaim*) aclamar **II.** *vi* **to ~ from** ser de

hair [heə', *Am:* her] *n* **1.** (*on skin*) pelo *m*; (*on human head*) cabello *m*; **to have one's ~ cut** cortarse el pelo; **keep your ~ on!** *Brit, Aus, iron, inf* ¡no te sulfures!; **to split ~s** buscarle tres pies al gato **2.** (*of body*) vello *m*

haircut *n* corte *m* de pelo; **to get a ~** cortarse el pelo **hairdresser** *n* peluquero, -a *m, f*; **the ~'s** la peluquería **hairstyle** *n* peinado *m*

hairy ['heəri, *Am:* 'heri] <-ier, -iest> *adj* **1.** (*having much hair*) peludo **2.** *inf* (*frightening*) espeluznante

Haiti ['heɪti, *Am:* -t̬i] *n* Haití *m*

Haitian ['heɪʃən] *adj* haitiano

hale [heɪl] *adj* robusto; **~ and hearty** fuerte como un roble

half [hɑːf, *Am:* hæf] **I.** <halves> *n* mitad *f*; **~ an apple** media manzana; **in ~** por la mitad; **~ and mitad y mitad; a kilo and a ~** un kilo y medio; **my other ~** *fig* mi media naranja; **to be too clever by ~** pasarse de listo **II.** *adj* medio; **~ a pint** media

pinta; **~ an hour, a ~ hour** media hora **III.** *adv* **1.** (*partially*) a medias; **~ done** a medio hacer; **~ empty/full** medio vacío/lleno **2.** (*by fifty percent*) **~ as many/much** la mitad **3.** *inf* (*most*) la mayor parte; **~ (of) the time** la mayor parte del tiempo **4.** (*thirty minutes after*) **~ past three** las tres y media

half-dozen *adj* media docena *f* **half-time** *n* SPORTS descanso *m* **halfway** **I.** *adj* medio; **~ point** punto medio **II.** *adv* a mitad de camino; **to be ~ between … and …** estar entre… y…; **to be ~ through sth** ir por la mitad de algo

hall [hɔːl] *n* **1.** (*room by front door*) vestíbulo *m* **2.** (*large public room*) sala *f*; **concert ~** sala *f* de conciertos; **town ~, city ~** *Am* ayuntamiento *m* **3.** UNIV colegio *m* mayor; **~ of residence** residencia *f* universitaria

hallmark ['hɔːlmɑːk, *Am:* -mɑːrk] *n* **1.** *Brit* (*engraved identifying mark*) contraste *m* **2.** (*identifying symbol*) distintivo *m*; **her ~** su sello personal

hallo [hə'ləʊ, *Am:* -'loʊ] <-s> *interj* *Brit* hola

Hallowe'en [ˌhæləʊ'iːn, *Am:* -oʊ'-] *n* víspera *f* de Todos los Santos

Cuando el dueño de la casa abre la puerta los niños gritan: '**Trick or treat!**'; el inquilino elige entonces entre darles un **treat** (dulce) o sufrir un **trick** (susto). Hoy en día los sustos prácticamente han desaparecido, pues los niños sólo se acercan a aquellas casas en las que las luces de fuera están encendidas, lo cual funciona como señal de bienvenida.

halo ['heɪləʊ, *Am:* -loʊ] <-s *o* -es> *n a. fig* aureola *f*

halt [hɒlt, *Am:* hɔːlt] I. *n no pl* parada *f*; **to bring sth/sb to a** ~ detener algo/a alguien II. *vi, vt* parar

halve [hɑːv, *Am:* hæv] *vt* 1.(*lessen*) reducir a la mitad; (*number*) dividir por dos 2.(*cut in two equal pieces*) partir por la mitad

halves [hɑːvz, *Am:* hævz] *n pl of* **half**

ham [hæm] *n no pl* (*cured*) jamón *m* (serrano); (*cooked*) jamón *m* (cocido); **a slice of** ~ una loncha de jamón

hamburger ['hæmbɜːgəʳ, *Am:* -bɜːrgəʳ] *n* hamburguesa *f*

hamlet ['hæmlɪt] *n* aldea *f*

hammer ['hæməʳ, *Am:* -əʳ] I. *n* martillo *m*; ~ **blow** *a. fig* martillazo *m*; **the** ~ **and sickle** POL, HIST la hoz y el martillo II. *vt* 1.(*hit with tool: metal*) martillear; (*nail*) clavar 2.(*book, film, team*) machacar; **to** ~ **sb for sth** criticar duramente a alguien por algo III. *vi* martillear; **to** ~ **at sth** dar martillazos a algo

hamper[1] ['hæmpəʳ, *Am:* -pəʳ] *vt* dificultar; **to** ~ **sb/sth** poner trabas a alguien/algo

hamper[2] ['hæmpəʳ, *Am:* -pəʳ] *n* 1.(*picnic basket*) cesta *f* 2. *Am* (*for dirty linen*) cesto *m* de la ropa

hamster ['hæmstəʳ, *Am:* -stəʳ] *n* hámster *m*

hamstring ['hæmstrɪŋ] *n* tendón *m* de la corva

hand [hænd] I. *n* 1. ANAT mano *f*; **to be good with one's** ~**s** ser mañoso; **to do sth by** ~ hacer algo a mano; **to shake** ~**s with sb** estrechar la mano a alguien; ~**s up!** ¡manos arriba! 2.(*handy, within reach*) **at** ~ muy cerca 3.(*what needs doing now*) **the problem in** ~ el problema que nos ocupa; **to get out of** ~ (*things, situation*) irse de las manos; (*person*) descontrolarse 4. *pl* (*responsibility, authority, care*) **to be in good** ~**s** estar en buenas manos; **to fall into the** ~**s of sb** caer en manos de alguien 5.(*assistance*) **to give sb a** ~ **with sth** echar a alguien una mano con algo 6. **on the one** ~ ... **on the other** (~) ... por un lado..., por otro (lado)...; **second** ~ de segunda mano II. *vt* dar; **will you** ~ **me my bag?** ¿puedes pasarme mi bolso?
◆ **hand in** *vt* entregar
◆ **hand out** *vt* repartir
◆ **hand over** *vt* 1.(*give, submit*) entregar 2.(*transfer*) transferir

handbag ['hændbæg] *n* bolso *m*, cartera *f AmL* **handbook** *n* manual *m* **handbrake** *n Brit* freno *m* de mano **handcuffs** *npl* esposas *fpl*; **a pair of** ~ unas esposas

handful ['hændfʊl] *n no pl* (*small amount*) puñado; **to be a real** ~ (*child*) ser un bicho; (*adult*) ser de armas tomar

handicap ['hændɪkæp] I. *n* 1.(*disability*) discapacidad *f*; **mental** ~ discapacidad *f* mental; **physical** ~ invalidez *f* 2.(*disadvantage*) desventaja *f* 3. SPORTS hándicap *m* II. <-pp-> *vt* perjudicar; **to be** ~**ped** estar en una situación de desventaja

handkerchief ['hæŋkətʃɪf, *Am:* -kətʃɪf] *n* pañuelo *m*

handle ['hændl] I. *n* 1.(*of pot, basket, bag*) asa *f*; (*of drawer*) tirador *m*; (*of knife*) mango *m* 2.(*knob*) pomo *m* II. *vt* 1.(*touch*) tocar; ~ **with care** frágil 2.(*machine, tool, weapon*) manejar; **I don't know how to** ~ **her** no sé cómo tratarla 3.(*direct*) ocuparse de

handlebar *n* manillar *m*

H h

handling *n no pl* manejo *m;* (*of goods*) manipulación *f*

handout ['hændaʊt] *n* 1. (*leaflet*) folleto *m* 2. (*money*) limosna *f*

handshake *n* apretón *m* de manos

handsome ['hænsəm] *adj* 1. (*man*) guapo; (*animal, thing*) bello 2. (*large*) considerable

hands-on [ˌhændz'ɒn, *Am:* -'ɑːn] *adj* práctico; **~ approach** enfoque práctico

handwriting *n no pl* letra *f*

handwritten [ˌhænd'rɪtn] *adj* manuscrito

handy ['hændi] <-ier, -iest> *adj* 1. (*skilful*) hábil; **to be ~ with sth** ser mañoso para algo; **to be ~ about the house** ser un manitas 2. (*convenient*) práctico; (*useful*) útil; **to come in ~** venir bien

hang [hæŋ] I.<hung, hung> *vi* 1. (*be suspended*) colgar; (*picture*) estar colgado; **to ~ by/on/from sth** colgar de algo 2. (*lean over or forward*) inclinarse 3. (*fit, drape: clothes, fabrics*) caer; **to ~ well** tener buena caída II.<hung, hung> *vt* 1. (*attach*) colgar; (*washing*) tender 2. (*execute*) ahorcar

◆ **hang around** I. *vi* (*waste time*) perder el tiempo 2. (*wait*) esperar 3. (*idle*) no hacer nada II. *vt insep* rondar; **to ~ a place** andar rondando por un sitio

◆ **hang on** I. *vi* 1. (*wait briefly*) esperar; **~!** *inf* ¡espera un momento! 2. (*hold on to*) **to ~ to sth** agarrarse a algo; **~ tight** agárrate fuerte II. *vt insep* 1. (*depend upon*) depender de 2. (*give attention*) estar pendiente de; **to ~ sb's every word** estar pendiente de lo que dice alguien

◆ **hang out** I. *vt* tender II. *vi* 1. (*dangle*) colgar 2. *inf* (*frequent*) andar; **where does he ~ these days?** ¿por dónde anda estos días?

hangar ['hæŋəʳ, *Am:* -ə·] *n* hangar *m*

hanger ['hæŋəʳ, *Am:* -ə·] *n* percha *f*

hanging ['hæŋɪŋ] I. *n* 1. (*act of execution*) ejecución *f* (en la horca) 2. *no pl* (*system of execution*) horca

f II. *adj* colgante

hangover *n* 1. (*sickness*) resaca *f*, goma *f AmL* 2. (*left-over*) vestigio *m*

haphazard [hæp'hæzəd, *Am:* -ə·d] *adj* 1. (*badly planned*) hecho de cualquier manera 2. (*random, arbitrary*) caprichoso

happen ['hæpən] *vi* 1. (*occur*) pasar; **whatever ~s** pase lo que pase 2. (*chance*) **I ~ed to be at home** dio la casualidad de que estaba en casa; **he/it ~s to be my best friend** pues resulta que es mi mejor amigo

happening ['hæpənɪŋ] *n* 1. (*events*) suceso *m* 2. (*performance*) happening *m*

happily ['hæpɪli] *adv* felizmente; **they lived ~ ever after** fueron felices y comieron perdices

happiness ['hæpɪnɪs] *n no pl* felicidad *f*

happy ['hæpi] <-ier, -iest> *adj* 1. (*feeling very good*) feliz; **to be ~ that ...** estar contento de que... +*subj;* **to be ~ to do sth** estar encantado de hacer algo; **~ birthday!** ¡feliz cumpleaños!; **many ~ returns (of the day)!** ¡que cumplas muchos más! 2. (*satisfied*) contento; **to be ~ about sb/sth** estar contento con alguien/algo; **are you ~ with the idea?** ¿te parece bien la idea?

harass ['hærəs, *Am:* hə'ræs] *vt* acosar; (*with cares*) abrumar

harassment ['hærəsmənt, *Am:* hə'ræs-] *n no pl* acoso *m;* **sexual ~** acoso sexual

harbor ['hɑːrbəʳ] *Am, Aus,* **harbour** ['hɑːbəʳ] *n* puerto *m;* **fishing ~** puerto pesquero

hard [hɑːd, *Am:* hɑːrd] I. *adj* 1. (*difficult, complex*) duro; **~ luck!, ~ lines!** *Brit* ¡mala suerte! 2. (*intense, concentrated*) **to be a ~ worker** ser muy trabajador 3. (*difficult, complex*) difícil; **to be ~ to please** ser difícil de contentar; **to learn the ~ way** *fig* aprender a base de errores [*o* palos] II. *adv* fuerte; **to press/pull ~** apretar/tirar fuerte; **to study/work ~** estudiar/trabajar mucho

hardback ['hɑːdbæk, *Am:* 'hɑːrd-]

n libro *m* de tapa dura; **in ~** con tapa dura **hard currency** <-ies> *n* moneda *f* fuerte **hard disk** *n* INFOR disco *m* duro

harden ['hɑːdn, *Am:* 'hɑːr-] I. *vt* **1.** (*make more solid, firmer*) endurecer **2.** (*make tougher*) curtir; **to ~ oneself to sth** acostumbrarse a algo II. *vi* **1.** (*become firmer*) endurecerse **2.** (*become inured*) **to ~ to sth** acostumbrarse a algo

hardly ['hɑːdli, *Am:* 'hɑːrd-] *adv* apenas; **~ anything** casi nada; **~ ever** casi nunca

hardness ['hɑːdnɪs, *Am:* 'hɑːrd-] *n no pl* dureza *f*

hardship ['hɑːdʃɪp, *Am:* 'hɑːrd-] *n* (*suffering*) penas *fpl;* (*adversity*) adversidad *f;* **to suffer great ~** pasar muchos apuros **hardware** *n no pl* **1.** (*household articles*) ferretería *f* **2.** INFOR hardware *m*

hardy ['hɑːdi, *Am:* 'hɑːr-] <-ier, -iest> *adj* fuerte

hare [heə^r, *Am:* her] *n* liebre *f*

harm [hɑːm, *Am:* hɑːrm] I. *n* daño *m;* **to do ~ to sb/sth** hacer daño a alguien/algo; **there's no ~ in trying** no se pierde nada con intentarlo II. *vt* hacer daño

harmful ['hɑːmfl, *Am:* 'hɑːrm-] *adj* dañino; **to be ~ to sth** ser perjudicial para algo

harmless ['hɑːmlɪs, *Am:* 'hɑːrm-] *adj* inofensivo

harmonic [hɑː'mɒnɪk, *Am:* hɑːr-'mɑːnɪk] *adj* armónico

harmonious [hɑː'məʊnɪəs, *Am:* hɑːr'moʊ-] *adj* armonioso

harmony ['hɑːməni, *Am:* 'hɑːr-] <-ies> *n a.* MUS armonía *f;* **in ~ (with sb/sth)** en armonía (con alguien/algo)

harness ['hɑːnɪs, *Am:* 'hɑːr-] I. *n* arnés *mpl;* **security ~** arnés de seguridad II. *vt* poner los arreos a

harp [hɑːp, *Am:* hɑːrp] I. *n* arpa *f* II. *vi* **to ~ on about sth** (*talk about*) insistir sobre algo

harrow ['hærəʊ, *Am:* 'heroʊ] I. *n* grada *f* II. *vt* **1.** AGR gradar **2.** (*disturb*) atormentar

harrowing *adj* desgarrador

harsh [hɑːʃ, *Am:* hɑːrʃ] *adj* **1.** (*severe: education, parents*) severo; (*punishment*) duro **2.** (*unfair: criticism*) cruel

harvest ['hɑːvɪst, *Am:* 'hɑːr-] I. *n* (*of crops*) cosecha *f;* (*of grape*) vendimia *f* II. *vt a. fig* cosechar; (*grape*) vendimiar III. *vi* cosechar

has [həz, *stressed:* hæz] *3rd pers sing of* **have**

hash[1] [hæʃ] *n no pl* **1.** GASTR picadillo *m* **2.** *no pl, inf* lío *m;* **to make a ~ of sth** armarse un lío con algo

hash[2] [hæʃ] *n no pl, inf* chocolate *m*

hassle ['hæsl] I. *n no pl, inf* (*bother*) lío *m;* **to give sb ~** fastidiar a alguien II. *vt inf* fastidiar; **to ~ sb to do sth** estar encima a alguien para que haga algo

haste [heɪst] *n no pl* prisa *f;* **more ~ less speed** *prov* vísteme despacio, que tengo prisa *prov*

hasten ['heɪsn] *vi* apresurarse; **to ~ to do sth** apresurarse a hacer algo

hasty ['heɪsti] <-ier, -iest> *adj* **1.** (*fast*) rápido; **to beat a ~ retreat** *a. fig* retirarse a toda prisa **2.** (*rashly*) precipitado; **to make ~ decisions** tomar decisiones irreflexivamente

hat [hæt] *n* sombrero *m*

hatch[1] [hætʃ] I. *vi* salir del cascarón II. *vt* **1.** (*chick*) incubar, empollar **2.** (*devise in secret*) tramar; **to ~ a plan** urdir un plan

hatch[2] [hætʃ] <-es> *n* trampilla *f;* NAUT escotilla

hatchet ['hætʃɪt] *n* hacha *f* (pequeña); **to bury the ~** enterrar el hacha de guerra

hate [heɪt] I. *n* odio *m* II. *vt* odiar; **to ~ sb's guts** *inf* odiar a alguien a muerte

hatred ['heɪtrɪd] *n no pl* odio *m;* **~ of sb/sth** odio a [o hacia] alguien/algo

hat-trick ['hættrɪk] *n* SPORTS tres goles marcados por un mismo jugador

haul [hɔːl, *Am:* hɑːl] I. *vt* arrastrar; **to ~ up the sail** izar la vela II. *n* **1.** (*distance*) trayecto *m;* **long ~ flight** vuelo *m* intercontinental

H
h

2. (*quantity caught: of fish, shrimp*) redada *f;* (*of stolen goods*) botín *m*

haunt [hɔ:nt, *Am:* hɑ:nt] *vt* **1.** (*ghost*) rondar **2.** (*plague, bother*) perseguir; **to be ~ed by sth** estar obsesionado por algo

haunted *adj* **1.** (*frequented by ghosts*) embrujado **2.** (*troubled*) angustiado

haunting *adj* **1.** (*disturbing*) **a ~ fear/memory** un miedo/recuerdo recurrente e inquietante **2.** (*memorable*) **to have a ~ beauty** tener una belleza evocadora

Havana [hə'vænə] *n* La Habana

have [həv, *stressed:* hæv] I.<has, had, had> *vt* **1.** (*own*) tener, poseer; **she's got two brothers** tiene dos hermanos; **to ~ sth to do** tener algo que hacer **2.** (*engage in*) **to have a walk** pasear; **to ~ a bath/shower** bañarse/ducharse; **to ~ a game** echar una partida **3.** (*eat*) **to ~ lunch** comer; **to ~ some coffee** tomar café **4.** (*give birth to*) **to ~ a child** tener un hijo **5.** (*receive*) tener, recibir; **to ~ visitors** tener visita II.<has, had, had> *aux* (*indicates perfect tense*) **he has never been to Scotland** nunca ha estado en Escocia; **we had been swimming** habíamos estado nadando; **to ~ got to do sth** *Brit, Aus* tener que hacer algo; **what time ~ we got to be there?** ¿a qué hora tenemos que estar allí?

◆ **have in** *vt always sep* invitar; **they had some experts in** llamaron a algunos expertos

◆ **have on** *vt always sep* **1.** (*wear: clothes*) llevar (puesto); **he didn't have any clothes on** estaba desnudo **2.** *Brit, inf* (*fool*) tomar el pelo a **3.** (*plan*) **have you got anything on this week?** ¿tienes planes para esta semana?

haven ['heɪvn] *n* refugio *m*

havoc ['hævək] *n no pl* estragos *mpl;* **to play ~ with sth** trastocar [*o* desbaratar] algo

Hawaii [hə'waɪi:, *Am:* hə'wɑ:-] *n* Hawai *m*

Hawaiian [hə'waɪjən, *Am:* hə-

'wɑ:-] *adj* hawaiano

hawk [hɔ:k, *Am:* hɑ:k] *n a.* POL halcón *m*

hay [heɪ] *n no pl* heno *m;* **to hit the ~** *inf* acostarse; **to make ~ while the sun shines** *prov* aprovechar la oportunidad cuando se presenta *prov*

hazard ['hæzəd, *Am:* -ə-d] *n* **1.** (*danger*) peligro *m* **2.** *no pl* (*risk*) riesgo *m;* **fire ~** peligro de incendio; **health ~** riesgo para la salud

hazardous ['hæzədəs, *Am:* -ə-] *adj* (*dangerous*) peligroso; (*risky*) arriesgado

haze [heɪz] *n* (*mist*) neblina *f;* **heat ~** calina *f*

hazel ['heɪzl] I. *adj* color avellana II. *n* avellano *m*

hazelnut ['heɪzlnʌt] *n* BOT avellana *f*

hazy ['heɪzi] <-ier, -iest> *adj* **1.** (*with bad visibility*) neblinoso **2.** (*confused, unclear*) vago

he [hi:] *pron pers* **1.** (*male person or animal*) él; **~'s my father** es mi padre; **~'s gone away but ~'ll be back soon** se ha ido, pero volverá pronto **2.** (*unspecified sex*) **if somebody comes, ~ will buy it** si alguien viene, lo comprará

head [hed] I. *n* **1.** ANAT cabeza *f;* **to nod one's ~** asentir con la cabeza; **to have one's ~ in the clouds** tener la cabeza llena de pájaros; **to be ~ over heels in love** estar locamente enamorado; **to be off one's ~** *inf* (*crazy*) estar mal de la cabeza; **to laugh one's ~ off** desternillarse de risa **2.** *no pl* (*unit*) cabeza *f;* **a** [*o* **per**] **~** por cabeza **3.** (*mind*) **to clear one's ~** aclararse las ideas; **to get sth/sb out of one's ~** sacarse algo/a alguien de la cabeza **4.** *pl* (*coin face*) cara *f;* **~s or tails?** ¿cara o cruz? **5.** (*boss*) jefe, -a *m, f* II. *vt* (*lead*) encabezar; (*a firm, organization*) dirigir

◆ **head back** *vi* volver, regresar

◆ **head for** *vt insep* ir rumbo a; **to ~ the exit** dirigirse hacia la salida

◆ **head off** I. *vt* (*get in front of sb*) cortar el paso a II. *vi* **to ~ towards** salir hacia

headache ['hedeɪk] *n* dolor *m* de

cabeza

heading ['hedɪŋ] n (of chapter) encabezamiento m; (letterhead) membrete m

headlight n, **headlamp** n faro m **headline** n titular m **headmaster** n director m de colegio **headquarters** n + sing/pl vb MIL cuartel m general; (of company) oficina f central; (of party) sede f **headrest** n reposacabezas f inv **headway** n no pl progreso m; **to make** ~ hacer progresos

heady ['hedi] <-ier, -iest> adj 1. (intoxicating) embriagador 2. (exciting) emocionante

heal [hi:l] I. vt curar II. vi cicatrizar

health [helθ] n no pl salud f; **to drink to sb's** ~ beber a la salud de alguien

health insurance n no pl seguro m médico **health service** n Brit servicio m sanitario

healthy ['helθi] <-ier, -iest> adj 1. MED sano 2. FIN próspero

heap [hi:p] I. n pila f, montón m; **to collapse in a** ~ fig (person) caer desplomado II. vt amontonar, apilar

hear [hɪəʳ, Am: hɪr] <heard, heard> I. vt 1. (perceive) oír 2. (be told) enterarse de; **to** ~ **that ...** enterarse de que..., oír que... 3. (listen) escuchar; **Lord,** ~ **our prayers** REL escúchanos, Señor II. vi 1. (perceive) oír; **to** ~ **very well** oír muy bien 2. (get news) enterarse

hearing ['hɪərɪŋ, Am: 'hɪr-] n 1. no pl (sense) oído m 2. LAW vista f

heart [ha:t, Am: ha:rt] n 1. ANAT corazón m; **by** ~ de memoria; **to break sb's** ~ fig partir el corazón a alguien 2. no pl (centre) centro m; **to get to the** ~ **of the matter** llegar al fondo de la cuestión 3. pl (card suit) corazones mpl; (in Spanish pack) copas fpl

heart attack n ataque m al corazón **heartbeat** n latido m (del corazón) **heart disease** n no pl enfermedad f coronaria

hearth [ha:θ, Am: ha:rθ] n chimenea f

heartily adv con efusividad; **to eat** ~ comer con ganas

hearty ['ha:ti, Am: 'ha:rṭi] adj <-ier, -iest> 1. (enthusiastic) entusiasta; ~ **welcome** bienvenida calurosa 2. (large, strong) fuerte; **a** ~ **breakfast** un desayuno opíparo

heat [hi:t] I. n no pl 1. (warmth, high temperature) calor 2. no pl ZOOL celo m; **to be on** ~ estar en celo II. vi, vt calentar(se)

♦ **heat up** vi, vt calentar(se)

heated adj 1. (pool) climatizado 2. (argument) acalorado

heater ['hi:təʳ, Am:-ṭəʳ] n calefactor m

heat exchanger n (inter)cambiador m térmico **heat gauge** n termostato m

heath [hi:θ] n brezal m

heathen ['hi:ðn] I. n pagano, -a m, f; **the** ~ los infieles II. adj pagano

heather ['heðəʳ, Am: -əʳ] n no pl brezo m

heating n no pl calefacción f

heave [hi:v] I. vi (pull) tirar; (push) empujar II. vt (pull) tirar; (push) empujar; **he** ~**d the door open** abrió la puerta de un empujón III. n (push) empujón m; (pull) tirón m

heaven ['hevən] n cielo m; **to go to** ~ ir al cielo; **it's** ~ inf es divino [o fantástico]

heavenly ['hevənli] adj <-ier, -iest> 1. (of heaven) celestial; ~ **body** cuerpo m celeste 2. (wonderful) divino

heavy ['hevi] adj <-ier, -iest> 1. (weighing a lot) pesado; ~ **food** comida pesada 2. (difficult) difícil 3. (strong) fuerte; ~ **fall** a. ECON fuerte descenso 4. (abundant) abundante; ~ **frost** escarchas heladas/chubascos 5. (excessive) ~ **drinker/smoker** bebedor/fumador empedernido

heavy metal n 1. (lead, cadmium) metal m pesado 2. MUS heavy m (metal) **heavyweight** SPORTS I. adj (de la categoría) de los pesos pesados II. n peso pesado m

Hebrew [hi:'bru:] adj hebreo

heck [hek] *interj inf* caramba; **where the ~ have you been?** ¿dónde demonios has/habéis estado?

hectare ['hekteəʳ, *Am:* -ter] *n* hectárea *f*

hectic ['hektɪk] *adj* ajetreado; **~ pace** ritmo intenso

hedge [hedʒ] *n* seto *m* vivo

heed [hi:d] **I.** *n* **to pay** (**no**) **~ to sth** (no) prestar atención a algo

heel [hi:l] *n* **1.** (*of foot*) talón *m;* **to be at sb's ~s** pisar los talones a alguien **2.** (*of shoe*) tacón *m*, taco *m AmL*

hefty ['hefti] *adj* <-ier, -iest> (*person*) corpulento; (*profit, amount*) cuantioso

held [held] *pt, pp of* **hold**

height [haɪt] *n* (*of person*) estatura *f;* (*of thing*) altura *f;* **to be afraid of ~s** tener vértigo

heighten ['haɪtn] *vt* aumentar; **to ~ the effect of sth** acentuar el efecto de algo

heir [eəʳ, *Am:* er] *n* heredero *m;* **~ to the throne** heredero del trono

heiress ['eərɪs, *Am:* 'erɪs] *n* heredera *f*

helicopter ['helɪkɒptəʳ, *Am:* -kɑːptə] *n* helicóptero *m*

hell [hel] **I.** *n no pl* **1.** (*place of punishment*) infierno *m;* **to make sb's life ~** *fig, inf* hacer la vida imposible a alguien **2.** *inf* (*as intensifier*) **as cold as ~** un frío de mil demonios; **to run like ~** correr (uno) que se las pela **II.** *interj* demonios; **what the ~ …!** ¡qué diablos…!

hello [həˈləʊ, *Am:* -ˈloʊ] **I.** <hellos> *n* hola *m;* **a big ~** un gran saludo **II.** *interj* **1.** (*greeting*) hola; **to say ~ to sb** saludar a alguien **2.** (*beginning of phone call*) diga, dígame, aló *AmC, AmS*

helm [helm] *n* timón *m;* **to be at the ~** llevar el timón; *fig* llevar el mando

helmet ['helmɪt] *n* casco *m*

help [help] **I.** *vi* **1.** (*assist*) ayudar **2.** (*make easier*) facilitar **3.** (*improve situation*) mejorar **II.** *vt* **1.** (*assist*) ayudar; **can I ~ you?** (*in shop*) ¿en

qué puedo servirle? **2.** (*prevent*) evitar; **to not be able to ~ doing sth** no poder dejar de hacer algo; **I can't ~ it** no puedo remediarlo **III.** *n no pl* ayuda *f;* **to be a ~** ser una ayuda **IV.** *interj* socorro

◆**help out** *vt* ayudar

helper ['helpəʳ, *Am:* -ə] *n* ayudante *mf*

helpful ['helpfl] *adj* **1.** (*willing to help*) servicial **2.** (*useful*) útil

helping ['helpɪŋ] **I.** *n* ración *f*, porción *f AmL* **II.** *adj* **to give sb a ~ hand** echar una mano a alguien

helpless ['helplɪs] *adj* indefenso

helpline ['helplaɪn] *n* teléfono *m* de asistencia

hem [hem] *n* dobladillo *m*, basta *f AmL;* **to take the ~ up/down** meter/sacar el dobladillo

hemisphere ['hemɪsfɪəʳ, *Am:* -sfɪr] *n a.* MED hemisferio *m*

hen [hen] *n* (*female chicken*) gallina *f;* (*female bird*) hembra *f*

hence [hens] *adv* **1.** (*therefore*) de ahí **2.** *after n* (*from now*) dentro de; **two years ~** de aquí a dos años

henceforth [ˌhensˈfɔːθ, *Am:* -ˈfɔːrθ] *adv, adv* de ahora en adelante

hepatitis [ˌhepəˈtaɪtɪs, *Am:* -t̬ɪs] *n no pl* hepatitis *f inv*

her [hɜːʳ, *Am:* hɜːr] **I.** *adj poss* su; **~ dress/house** su vestido/casa; **~ children** sus hijos **II.** *pron pers* **1.** (*she*) ella; **it's ~** es ella; **older than ~** mayor que ella; **if I were ~** si yo fuese ella **2.** *direct object* la; *indirect object* le; **look at ~** mírala; **I saw ~** la vi; **he told ~ that …** le dijo que…; **he gave ~ the pencil** le dio el lápiz (a ella) **3.** *after prep* ella; **it's for/from ~** es para/de ella

herald ['herəld] **I.** *vt* presagiar **II.** *n* presagio *m*

herb [hɜːb] *n* hierba *f*

herd [hɜːd, *Am:* hɜːrd] *n + sing/pl vb* (*of animals*) manada *f;* (*of sheep*) rebaño *f*

here [hɪəʳ, *Am:* hɪr] *adv* **1.** (*in, at, to this place*) aquí; **over ~** acá; **give it ~** *inf* dámelo; **~ and there** aquí y allá **2.** (*introduce*) **here is ...** aquí está... **3.** (*show arrival*) **they are ~** ya han llegado **4.** (*next to*) **my colleague ~** mi colega que está aquí **5.** (*now*) **where do we go from ~?** ¿dónde vamos ahora?; **~ you are** (*giving sth*) aquí tienes

hereabouts [ˌhɪərəˈbaʊts, *Am:* ˌhɪrəˈbaʊts] *adv* por aquí

hereafter [hɪərˈɑːftə*ʳ*, *Am:* hɪrˈæftə*ʳ*] **I.** *adv* en lo sucesivo **II.** *n* the ~ el más allá

hereditary [hɪˈredɪtri, *Am:* həˈredɪtər-] *adj* hereditario

heredity [hɪˈredəti, *Am:* həˈredɪ-] *n no pl* herencia *f*

heresy [ˈherəsi] <-ies> *n* herejía *f*

heretic [ˈherətɪk] *n* hereje *mf*

heritage [ˈherɪtɪdʒ, *Am:* -t̬ɪdʒ] *n no pl* patrimonio *m*

hermit [ˈhɜːmɪt, *Am:* ˈhɜːr-] *n* eremita *mf*

hero [ˈhɪərəʊ, *Am:* ˈhɪroʊ] <heroes> *n* **1.** (*brave man*) héroe *m* **2.** (*main character*) protagonista *m* **3.** (*idol*) ídolo *m*

heroic [hɪˈrəʊɪk, *Am:* hɪˈroʊ-] *adj* heroico; **~ deed** hazaña *f*

heroin [ˈherəʊɪn, *Am:* -oʊ-] *n no pl* heroína *f*

heroine [ˈherəʊɪn, *Am:* -oʊ-] *n* (*of film*) protagonista *f*; (*brave woman*) heroína *f*

heroism [ˈherəʊɪzəm, *Am:* -oʊ-] *n no pl* heroísmo *m*

heron [ˈherən] <-(s)> *n* garza *f* (real)

herring [ˈherɪŋ] <-(s)> *n* arenque *m*

hers [hɜːz, *Am:* hɜːrz] *pron poss* (el) suyo, (la) suya, (los) suyos, (las) suyas; **it's not my bag, it's ~** no es mi bolsa, es la suya; **this house is ~** esta casa es suya; **this glass is ~** este vaso es suyo; **a book of ~** un libro suyo

herself [hɜːˈself, *Am:* hə*ʳ*-] *pron* **1.** *refl* se; *after prep* sí (misma); **she lives by ~** vive sola **2.** *emphatic* ella misma; **she hurt ~** se hizo daño

hesitate [ˈhezɪteɪt] *vi* vacilar; **to** (**not**) **~ to do sth** (no) dudar en

hacer algo

hesitation [ˌhezɪˈteɪʃn] *n* vacilación *f*; **without ~** sin titubear

heterogeneous [ˌhetərəˈdʒiːnɪəs, *Am:* ˌhet̬əroʊ'-] *adj* heterogéneo

heterosexual [ˌhetərəˈsekʃʊəl, *Am:* ˌhet̬əroʊ'-] *adj* heterosexual

hey [heɪ] *interj inf* eh, oye, órale *Méx*

hi [haɪ] *interj* hola

hid [hɪd] *pt of* **hide²**

hidden [ˈhɪdn] *adj pp of* **hide²**

hide¹ [haɪd] *n* piel *f*

hide² [haɪd] <hid, hidden> **I.** *vi* esconderse, escorarse *Cuba, Hond* **II.** *vt* (*person, thing*) esconder; (*emotion, information*) ocultar; **to ~ one's face** taparse la cara

hideous [ˈhɪdɪəs] *adj* **1.** (*very unpleasant, ugly*) espantoso **2.** (*terrible*) terrible

hiding¹ [ˈhaɪdɪŋ] *n* paliza *f*

hiding² [ˈhaɪdɪŋ] *n no pl* **to be in ~** estar escondido; **to go into ~** ocultarse

hierarchic(al) [ˌhaɪəˈrɑːkɪk(l), *Am:* ˌhaɪˈrɑːr-] *adj* jerárquico

hierarchy [ˈhaɪərɑːki, *Am:* ˈhaɪrɑːr-] <-ies> *n* jerarquía *f*

high [haɪ] **I.** *adj* **1.** (*elevated*) alto; **one metre ~ and three metres wide** un metro de alto y tres metros de ancho **2.** (*above average*) superior; **to have a ~ opinion of sb** estimar mucho a alguien **3.** (*important, eminent*) elevado; **of ~ rank** de alto rango; **to have friends in ~ places** tener amigos en las altas esferas; (*regarding job*) tener enchufe **4.** (*under influence of drugs*) colocado **5.** (*of high frequency, shrill*) agudo; **a ~ note** una nota alta **II.** *n* punto *m* máximo; **an all-time ~** un récord de todos los tiempos; **to reach a ~** alcanzar un nivel récord

higher education *n no pl* enseñanza *f* superior

⟨?⟩ El **Higher Grade** es el nombre de un examen que hacen los alumnos escoceses que están en el quinto curso (un año después del

Hh

GCSE). Los alumnos pueden elegir examinarse de una única asignatura, aunque lo normal es que ellos prefieran hacer aproximadamente cinco **Highers**.

[?] El **Highland dress** o **kilt** es el nombre que recibe el traje tradicional escocés. Procede del siglo XVI y en aquel entonces se componía de una única pieza. A partir del siglo XVII esta pieza única se convierte en dos distintas: el **kilt** (falda escocesa) y el **plaid** (capa de lana). De esta época procede también el **sporran** (una bolsa que cuelga del cinturón). Hasta el siglo XVIII no se diseñan los diferentes **tartans** (modelos de diseños escoceses) para cada familia o clan. Muchos hombres siguen poniéndose el **kilt** en acontecimientos especiales, como por ejemplo, una boda.

highly ['haɪli] *adv* 1.(*very*) muy 2.(*very well*) **to speak ~ of** some-one hablar muy bien de alguien
high-pitched *adj* agudo; **a ~ voice** una voz aflautada **high-powered** *adj* poderoso **high-ranking** *adj* de categoría **high-risk** *adj* de alto riesgo **high school** *n Am* ≈ instituto *m*; **junior ~** centro *m* de enseñanza secundaria

[?] El término **high school** se utilizaba antiguamente en Gran Bretaña para designar una **grammar school** (escuela secundaria superior), pero hoy en día se emplea con el significado de **secondary school** (escuela secundaria inferior).

high-tech *adj* de alta tecnología
highway ['haɪweɪ] *n* carretera *f*
hijack ['haɪdʒæk] I. *vt* secuestrar II. *n* secuestro *m*
hike [haɪk] I. *n* 1.(*long walk*) caminata *f;* **to go on a ~** dar una caminata 2. *Am, inf*(*increase*) aumento *m* II. *vi* ir de excursión (a pie) III. *vt Am, inf*(*prices, taxes*) aumentar
hilarious [hɪ'leərɪəs, *Am:* -'lerɪ-] *adj* divertidísimo
hilarity [hɪ'lærəti, *Am:* -'lerət̬ɪ] *n no pl* hilaridad *f*
hill [hɪl] *n* colina *f;* (*slope*) cuesta *f*
hillside ['hɪlsaɪd] *n* ladera *f* **hilltop** ['hɪltɒp, *Am:* -tɑːp] *n* cumbre *f*
hilly ['hɪli] <-ier, -iest> *adj* montañoso
hilt [hɪlt] *n* empuñadura *f;* (**up**) **to the ~** totalmente, hasta el cuello *inf*
him [hɪm] *pron pers* 1.(*he*) él; **it's ~** es él; **older than ~** mayor que él; **if I were ~** yo en su lugar 2. *direct object* lo, le; *indirect object* le; **she gave ~ the pencil** le dio el lápiz (a él) 3. *after prep* él; **it's for/from ~** es para/de él 4.(*unspecified sex*) **if somebody comes, tell ~ that ...** si viene alguien, dile que...
himself [hɪm'self] *pron* 1. *refl* se; *after prep* sí (mismo); **for ~** para él (mismo); **he lives by ~** vive solo 2. *emphatic* él mismo; **he hurt ~** se hizo daño
hind [haɪnd] *adj* trasero
hinder ['hɪndə', *Am:* -də] *vt* estorbar; **to ~ progress** frenar el progreso; **to ~ sb from doing sth** impedir a alguien hacer algo
hindrance ['hɪndrəns] *n* obstáculo *m*
hindsight ['haɪndsaɪt] *n no pl* percepción *f* retrospectiva; **in ~** en retrospectiva
Hindu ['hɪndu:] *adj* hindú
hinge [hɪndʒ] I. *n* bisagra *f* II. *vi* **to ~ on** [*o* **upon**] **sb/sth** depender de alguien/algo
hint [hɪnt] I. *n* 1.(*trace*) indicio *m* 2.(*allusion*) indirecta *f;* **to drop a ~** lanzar una indirecta 3.(*practical tip*) consejo *m;* **a handy ~** una indica-

ción útil **II.** *vt* to ~ **sth to sb** insinuar algo a alguien

hip [hɪp] **I.** *n* **1.** ANAT cadera *f* **2.** BOT escaramujo *m* **II.** *adj inf* (*fashionable*) moderno

hippie ['hɪpi] *n* hippy *mf*

hippopotamus [ˌhɪpə'pɒtəməs, *Am:* -'pɑːtə-] <-es *o* -mi-> *n* hipopótamo *m*

hippy ['hɪpi] <-ies> *n* hippy *mf*

hire ['haɪə', *Am:* 'haɪr] **I.** *n no pl* alquiler *m*; **'for ~'** 'se alquila' **II.** *vt* **1.** (*rent*) alquilar, fletar *AmL* **2.** (*employ*) contratar; **to ~ more staff** ampliar la plantilla

his [hɪz] **I.** *adj poss* su; ~ **car/house** su coche/casa; ~ **children** sus hijos **II.** *pron poss* (el) suyo, (la) suya, (los) suyos, (las) suyas; **it's not my bag, it's ~** no es mi bolsa, es la suya; **this house is ~** esta casa es suya; **this glass is ~** este vaso es suyo; **a book of ~** un libro suyo

Hispanic [hɪs'pænɪk] **I.** *adj* hispánico **II.** *n* hispano, -a *m*, *f*

hiss [hɪs] **I.** *vi*, *vt* silbar; **to ~ at sb** silbar a alguien **II.** *n* silbido *m*

historian [hɪ'stɔːriən] *n* historiador(a) *m(f)*

historic [hɪ'stɒrɪk, *Am:* hɪ'stɔːrɪk] *adj* histórico; **this is a ~ moment ...** este es un momento clave...

historical *adj* histórico

history ['hɪstəri] *n no pl* historia *f*; **a ~ book** un libro de historia; **sb's life ~** la vida de alguien

hit [hɪt] **I.** *n* **1.** (*blow, stroke*) golpe *m* **2.** (*success*) éxito *m* **II.** <-tt-, hit, hit> *vt* **1.** (*strike*) golpear, pepenar *Méx;* **to ~ sb hard** *a. fig* pegar a alguien con fuerza **2.** (*crash into*) chocar contra

♦ **hit on** *vt* dar con

hitch [hɪtʃ] **I.** <-es> *n* obstáculo *m*; **technical ~** problema *m* técnico **II.** *vt* **1.** (*fasten*) atar; **to ~ sth to sth** atar algo a algo **2.** *inf* (*hitchhike*) **to ~ a lift** hacer dedo **III.** *vi inf* hacer dedo

hitch-hiking *no pl n* autostop *m*

hitherto [ˌhɪðə'tuː, *Am:* -ə'-] *adv form* hasta ahora; ~ **unpublished** no publicado por ahora

HIV [ˌeɪtʃaɪ'viː] *abbr of* **human immunodeficiency virus** VIH *m*

hive [haɪv] *n* colmena *f*; **to be a ~ of business** ser un punto neurálgico de negocios

HMS [ˌeɪtʃem'es] *abbr of* **Her/His Majesty's Service** el Servicio de S.M.

ho [həʊ, *Am:* hoʊ] *interj inf* (*expresses scorn, surprise*) oh; (*attracts attention*) oiga; **land ~!** NAUT ¡tierra a la vista!

HO [ˌeɪtʃ'əʊ, *Am:* -'oʊ] **1.** *abbr of* **head office** oficina *f* principal **2.** *abbr of* **Home Office** Ministerio *m* del Interior

hoard [hɔːd, *Am:* hɔːrd] **I.** *n* acumulación *f* **II.** *vt* acumular; (*food*) amontonar

hoarse [hɔːs, *Am:* hɔːrs] *adj* ronco

hoax [həʊks, *Am:* hoʊks] **I.** <-es> *n* engaño *m* **II.** *vt* engañar

hobby ['hɒbi, *Am:* 'hɑːbi] <-ies> *n* hobby *m*

hockey ['hɒki, *Am:* 'hɑːki] *n no pl* hockey *m*; **ice ~** hockey sobre hielo

hog [hɒg, *Am:* hɑːg] **I.** *n Am* (*pig*) puerco *m*, chancho *m AmS* **II.** <-gg-> *vt inf* acaparar; **to ~ sb/ sth** (*all to oneself*) acaparar a alguien/algo (para uno mismo)

hoist [hɔɪst] *vt* (*raise up*) alzar; (*flag*) enarbolar

hold [həʊld, *Am:* hoʊld] **I.** *n* **1.** (*grasp, grip*) agarre *m*; **to take ~ of sb/sth** asirse de [*o a*] alguien/algo **2.** (*control*) dominio *m*; **to have a (strong/powerful) ~ over sb** tener (mucha/gran) influencia sobre alguien **3.** NAUT, AVIAT bodega *f* **II.** <held, held> *vt* **1.** (*keep*) tener; (*grasp*) agarrar; **to ~ hands** agarrarse de la mano; **to ~ sth in one's hand** sostener algo en la mano; **to ~ sb in one's arms** estrechar a alguien entre los brazos **2.** (*keep, retain*) mantener; **to ~ sb's attention/interest** mantener la atención/el interés de alguien **3.** (*delay, stop*) detener; ~ **it!** ¡para! **4.** (*contain*) contener **5.** (*possess, own*) poseer; (*land, town*) ocupar; **to ~ the (absolute) majority** contar con la mayoría (absoluta) **6.** (*make happen*) **to ~ an election/a meeting/a news conference** convocar elecciones/una reunión/una rueda de prensa; **to ~ talks** dar charlas **III.** *vi* **1.** (*continue*) seguir; **to ~ still** pararse; **~ tight!** ¡quieto! **2.** (*stick*) pegarse **3.** (*believe*) sostener

◆ **hold back I.** *vt* (*keep*) retener; (*stop*) detener; **to ~ information** ocultar información; **to ~ tears** contener las lágrimas **II.** *vi* refrenarse; **to ~ from doing sth** abstenerse de hacer algo

◆ **hold in** *vt* contener

◆ **hold on** *vi* **1.** (*affix, attach*) agarrarse bien; **to be held on by/with sth** estar sujeto a/con algo **2.** (*manage to keep going*) **to ~ (tight)** aguantar **3.** (*wait*) esperar

◆ **hold onto** *vt insep* **1.** (*grasp*) agarrarse bien a **2.** (*keep*) guardar

◆ **hold out I.** *vt* extender **II.** *vi* resistir; **to be unable to ~** no poder aguantar

◆ **hold up** *vt* **1.** (*raise*) levantar; **to ~ one's hand** levantar la mano **2.** (*delay*) atrasar **3.** (*rob with violence*) atracar

holder ['həʊldə', *Am:* 'hoʊldə] *n* **1.** (*device*) soporte *m* **2.** (*person: of shares, of account*) titular *mf*

holding *n* **1.** (*tenure*) tenencia *f* **2.** ECON participación *f;* **~s** valores *mpl* en cartera

holding company *n* holding *m*

hole [həʊl, *Am:* hoʊl] *n* **1.** (*hollow space*) agujero *m* **2.** (*in golf*) hoyo *m*

holiday ['hɒlədeɪ, *Am:* 'hɑ:lə-] *n Brit, Aus* vacaciones *fpl;* **on ~** de vacaciones

holidaymaker *n* turista *mf;* (*in summer*) veraneante *mf*

holiness ['həʊlɪnɪs, *Am:* 'hoʊ] *n no pl* santidad *f;* **His/Your Holiness** Su Santidad

Holland ['hɒlənd, *Am:* 'hɑ:lənd] *n* Holanda *f*

hollow ['hɒləʊ, *Am:* 'hɑ:loʊ] **I.** *adj* hueco **II.** *n* hueco *m;* *Am* (*valley*)

hondonada *f* **III.** *vt* **to ~ (out)** vaciar

holly ['hɒli, *Am:* 'hɑ:lɪ] *n no pl* acebo *m*

holocaust ['hɒləkɔ:st, *Am:* 'hɑ:ləkɑ:st] *n* holocausto *m*

holy ['həʊli, *Am:* 'hoʊ-] <-ier, -iest> *adj* (*sacred*) santo; (*water*) bendito

Holy Spirit *n* Espíritu *m* Santo

homage ['hɒmɪdʒ, *Am:* 'hɑ:mɪdʒ] *n* homenaje *m;* **to pay ~ to sb** rendir homenaje a alguien

home [həʊm, *Am:* hoʊm] **I.** *n* **1.** (*residence*) casa *f;* **at ~** en casa; **to leave ~** salir [*o* irse] de casa; **away from ~** fuera de casa; **make yourself at ~** ponte cómodo, estás en tu casa **2.** (*family*) hogar *m* **3.** (*institution*) asilo *m;* (*for old people*) residencia *f;* **children's ~** orfanato *m* **II.** *adv* **to be ~** estar en casa; **to go/come ~** ir/venir a casa **III.** *adj* **1.** (*from own country*) nacional **2.** (*from own area*) local; (*team*) de casa; **the ~ ground** el campo de casa

? En los EE.UU. se utiliza el término **Homecoming** para referirse a una importante fiesta que tiene lugar en la High School y la universidad. Ese día el equipo de fútbol local juega en su propio campo. Se celebra una gran fiesta y se erige **homecoming queen** a la alumna más popular.

home-grown *adj* **1.** (*vegetables*) de cosecha propia **2.** (*local*) local

homeland *n* tierra *f* natal **homeless I.** *adj* sin hogar **II.** *npl* **the ~** los sin techo

homely ['həʊmli, *Am:* 'hoʊm-] <-ier, -iest> *adj Brit, Aus* casero

home-made [,həʊm'meɪd, *Am:* ,hoʊm-] *adj* casero **homemaker** *n Am* ama *f* de casa **home town** *n* ciudad *f* natal, pueblo *m* natal

homeward ['həʊmwəd, *Am:* 'hoʊmwəd] **I.** *adv* de camino a casa **II.** *adj* (*journey*) de regreso **homewards** *adv s.* **homeward I.**

homework [ˈhəʊmwɜːk, Am: ˈhoʊmwɜːrk] n SCHOOL deberes mpl

homicide [ˈhɒmɪsaɪd, Am: ˈhɑːmə-] I. n Am, Aus 1. (crime) homicidio m 2. (criminal) homicida mf II. adj ~ **squad** Am, Aus homicidios mpl

homogeneous [ˌhɒməˈdʒiːnɪəs, Am: ˌhoʊmoʊ-] adj, **homogenous** adj homogéneo

homosexual [ˌhɒməˈsekʃʊəl, Am: ˌhoʊmoʊ-] adj homosexual

homosexuality [ˌhɒməsekʃʊˈæləti, Am: ˌhoʊmoʊsekʃʊˈælət̬i] n no pl homosexualidad f

Hon. abbr of **Honorary** Hon.

Honduran [hɒnˈdjʊərən, Am: hɑːnˈdʊr-] adj hondureño

Honduras [hɒnˈdjʊərəs, Am: hɑːnˈdʊr-] n Honduras f

hone [həʊn, Am: hoʊn] vt (sharpen) afilar; fig (refine) afinar

honest [ˈɒnɪst, Am: ˈɑːnɪst] adj 1. (trustworthy) honesto 2. (truthful) sincero; **to be ~ with oneself** ser sincero consigo mismo

honestly adv (truthfully) sinceramente; (with honesty) honradamente

honesty [ˈɒnɪsti, Am: ˈɑːnɪ-] n no pl 1. (trustworthiness) honestidad f 2. (sincerity) sinceridad f; **in all ~** para ser sincero

honey [ˈhʌni] n no pl 1. GASTR miel f 2. (darling) cariño m

honeymoon n luna f de miel

honor [ˈɑːnəʳ] n Am, Aus s. **honour**

honorary [ˈɒnərəri, Am: ˈɑːnərer-] adj 1. (conferred as an honour: title) honorario; (president) de honor 2. (without pay) no remunerado

honour [ˈɒnəʳ] I. n Brit 1. (respect) honor m; **in ~ of sb/sth** en honor de alguien/algo 2. LAW **Her/His/Your Honour** Su Señoría 3. pl (distinction) honores mpl; **last ~s** honras fpl fúnebres II. vt 1. (fulfil: promise, contract) cumplir (con) 2. (confer honour) honrar; **to be ~ed** sentirse honrado

honourable [ˈɒnərəbl] adj Brit 1. (worthy of respect: person) honorable 2. (honest) honrado 3. Brit POL

the Honourable member for ... el Ilustre Señor Diputado de...

hood [hʊd] n 1. (for head) capucha f 2. Am AUTO capó m

hoof [huːf, Am: hʊf] <hooves o hoofs> n casco m, pezuña f

hook [hʊk] n (device for holding) gancho m; (for clothes) percha f; (fish) anzuelo m; **to leave the phone off the ~** dejar el teléfono descolgado

hooker [ˈhʊkəʳ, Am: -əʳ] n Am, Aus, inf prostituta f

hooligan [ˈhuːlɪgən] n hooligan mf

hoop [huːp] n aro m

hoot [huːt] I. vi (owl) ulular; (with horn) tocar la bocina II. n (of owl) ululato m; (of horn) bocinazo m

hoover® [ˈhuːvəʳ, Am: -vəʳ] n Brit, Aus aspirador m

hop¹ [hɒp, Am: hɑːp] n BOT lúpulo m

hop² [hɒp, Am: hɑːp] <-pp-> I. vi saltar II. n salto m; (using only one leg) salto m a la pata coja, brinco m de cojito Méx

hope [həʊp, Am: hoʊp] I. n esperanza f; **to give up ~** perder la(s) esperanza(s); **to not have a ~ in hell** no tener ni la más remota posibilidad II. vi esperar

hopeful [ˈhəʊpfəl, Am: ˈhoʊp-] adj (promising) esperanzador; **to be ~** (person) ser optimista

hopefully adv ~! ¡ojalá!; ~ **we'll be in Sweden at 6.00 pm** si todo sale bien estaremos en Suecia a las 6 de la tarde

hopeless [ˈhəʊpləs, Am: ˈhoʊp-] adj desesperado; **to be ~** inf (person) ser inútil; (service) ser un desastre

hopelessly adv sin esperanzas; ~ **lost** totalmente perdido

horde [hɔːd, Am: hɔːrd] n multitud f

horizon [həˈraɪzn] n a. fig horizonte m

horizontal [ˌhɒrɪˈzɒntl, Am: ˌhɔːrɪˈzɑːn-] adj horizontal

hormone [ˈhɔːməʊn, Am: ˈhɔːrmoʊn] n hormona f

horn [hɔːn, *Am:* hɔːrn] *n* 1. ZOOL cuerno *m* 2. MUS trompa *f* 3. AUTO bocina *f*

hornet ['hɔːnɪt, *Am:* 'hɔːr-] *n* ZOOL avispón *m*

horoscope ['hɒrəskəʊp, *Am:* 'hɔː-rəskoʊp] *n* horóscopo *m*

horrendous [hɒ'rendəs, *Am:* hɔː-'ren-] *adj* terrible

horrible ['hɒrəbl, *Am:* 'hɔːr-] *adj*, **horrid** ['hɒrɪd, *Am:* 'hɔːr-] *adj* horrible

horrific [hə'rɪfɪk, *Am:* hɔː'rɪf-] *adj* horroroso

horrify ['hɒrɪfaɪ, *Am:* 'hɔːr-] <-ie-> *vt* horrorizar

horror ['hɒrəʳ, *Am:* 'hɔːrə] *n* horror *m*, espantosida *f* AmC, Col, PRico; ~ **film** película *f* de terror

horse [hɔːs, *Am:* hɔːrs] *n* caballo *m*; **to ride a** ~ montar a caballo; **to eat like a** ~ *inf* comer como una lima; **don't look a gift** ~ **in the mouth** *prov* a caballo regalado, no le mires el dentado *prov*

◆ **horse about** *vi*, **horse around** *vi* hacer el tonto

horse racing *n* carreras *fpl* de caballos **horseshoe** *n* herradura *f*

horticultural [ˌhɔːtɪ'kʌltʃərəl, *Am:* ˌhɔːrtə'kʌltʃɚ-] *adj no pl* hortícola

hose [həʊz, *Am:* hoʊz] *n* manguera *f*

hospice ['hɒspɪs, *Am:* 'hɑːspɪs] *n* 1. (*house of shelter*) hospicio *m* 2. (*hospital*) residencia *f* para enfermos terminales

hospitable [hɒ'spɪtəbl, *Am:* 'hɑː-spɪtə-] *adj* hospitalario

hospital ['hɒspɪtəl, *Am:* 'hɑːspɪ-təl] *n* hospital *m*

hospitality [ˌhɒspɪ'tæləti, *Am:* ˌhɑːspɪ'tæləti] *n no pl* hospitalidad *f*

hospitalize ['hɒspɪtəlaɪz, *Am:* 'hɑːspɪtəl-] *vt* hospitalizar

host [həʊst, *Am:* hoʊst] I. *n* 1. (*person who receives guests*) anfitrión, -ona *m, f* 2. BIO huésped *m* II. *vt* (*party*) dar; (*event*) ser la sede de

hostage ['hɒstɪdʒ, *Am:* 'hɑːstɪdʒ] *n* rehén *mf*

hostel ['hɒstl, *Am:* 'hɑːstl] *n* (*cheap hotel*) hostal *m;* **student** ~ residencia *f* de estudiantes; **youth** ~ albergue *m* juvenil

hosteller ['hɒstələʳ, *Am:* 'hɑːstələ] *n* alberguista *mf*

hostess ['həʊstɪs, *Am:* 'hoʊ-] <-es> *n* 1. AVIAT azafata *f* 2. (*woman who receives guests*) anfitriona *f*

hostile ['hɒstaɪl, *Am:* 'hɑːstl] *adj* hostil; ~ **aircraft** avión enemigo

hostility [hɒ'stɪləti, *Am:* hɑː'stɪlə-tɪ] <-ies> *n* hostilidad *f*

hot [hɒt, *Am:* hɑːt] *adj* 1. (*food, water*) caliente; (*day, weather*) caluroso; (*climate*) cálido; **it's** ~ hace calor 2. (*spicy*) picante, bravo AmL

hotel [həʊ'tel, *Am:* hoʊ-] *n* hotel *m*

hotline *n* TEL línea *f* directa; **to set up a** ~ poner una línea directa

hound [haʊnd] I. *n* perro *m* de caza II. *vt* perseguir

hour ['aʊəʳ, *Am:* 'aʊr] *n* 1. (*60 minutes*) hora *f*; **to be paid by the** ~ cobrar por horas 2. (*time of day*) **at all** ~**s of the day and night** noche y día; **ten minutes to the** ~ diez minutos para en punto 3. (*time for an activity*) **lunch** ~ hora de comer; **opening** ~**s** horario *m* (comercial)

hourly *adv* (*every hour*) cada hora; (*pay*) por horas

house [haʊs] I. *n* 1. (*inhabitation*) casa *f*; **to move** ~ mudarse; **to set one's** ~ **in order** *fig* poner sus cosas en orden 2. (*family*) familia *f*; **the House of Windsor** la casa de Windsor II. *vt* 1. (*give place to live*) alojar 2. (*contain*) albergar

household ['haʊshəʊld, *Am:* -hoʊld] I. *n* hogar *m* II. *adj* doméstico **housekeeper** ['haʊsˌkiːpəʳ, *Am:* -pɚ] *n* ama *f* de llaves **housewife** <-wives> *n* ama *f* de casa, huarmi *f* AmS **housework** *n no pl* tareas *fpl* del hogar

housing ['haʊzɪŋ] *n* vivienda *f*

housing benefit *n* Brit subsidio *m* para la vivienda

hover ['hɒvəʳ, *Am:* 'hʌvɚ] *vi* 1. (*stay in air*) cernerse 2. (*be in an uncertain state*) estar vacilante

how [haʊ] *adv* **1.** (*in this way*) como; (*in which way?*) cómo; ~ **do you mean?** ¿cómo dices? **2.** (*in what condition?*) ~ **are you?** ¿qué tal?; ~ **do you do?** encantado de conocerle **3.** (*for what reason?*) ~ **come ...?** *inf* ¿cómo es que...? **4.** (*suggestion*) ~ **about ...?** ¿qué tal si... ?

however [haʊˈevəʳ, *Am:* -ɚ-] **I.** *adv* **1.** (*no matter how*) por más que +*subj*; ~ **hard she tries ...** por mucho que lo intente... **2.** (*in whichever way*) como; **do it ~ you like** hazlo como quieras **II.** *conj* (*nevertheless*) sin embargo

howl [haʊl] **I.** *vi* **1.** (*person, animal*) aullar; (*wind*) silbar; **to ~ in** [*o* **with**] **pain** dar alaridos de dolor **2.** (*cry*) chillar **II.** *n* **1.** (*person, animal*) aullido *m* **2.** (*cry*) chillido *m;* **to give a ~ of pain** soltar un alarido de dolor

hp [ˌeɪtʃˈpiː] *abbr of* **horsepower** CV

HP [ˌeɪtʃˈpiː] *in Brit, inf abbr of* **hire purchase** compra *f* a plazos

HQ [ˌeɪtʃˈkjuː] *abbr of* **headquarters** sede *f* central

hub [hʌb] *n* **1.** (*of wheel*) cubo *m* **2.** *fig* (*centre*) centro *m*

hubcap [ˈhʌbkæp] *n* tapacubos *mpl*

huckleberry [ˈhʌklbəri, *Am:* -ˈber-] <-ies> *n Am* BOT arándano *m*

huddle [ˈhʌdl] *vi* apiñarse

hue [hjuː] *n no pl* (*shade*) tonalidad *f*

huff [hʌf] **I.** *vi* **to ~ and puff** jadear **II.** *n inf* enfado *m;* **to be in a ~** estar de morros

hug [hʌg] **I.** <-gg-> *vt* abrazar **II.** *n* abrazo *m*

huge [hjuːdʒ] *adj* enorme

hugely *adv* enormemente

hull [hʌl] *n* NAUT casco *m*

hum [hʌm] <-mm-> **I.** *vi* **1.** (*bee*) zumbar **2.** (*sing*) tararear **II.** *vt* tararear **III.** *n* zumbido *m*

human [ˈhjuːmən] *adj* humano

humane [hjuːˈmeɪn] *adj* humanitario

humanism [ˈhjuːmənɪzəm] *n no pl* humanismo *m*

humanistic [ˌhjuːməˈnɪstɪk] *adj* humanista

humanitarian [hjuːˌmænɪˈteərɪən, *Am:* hjuːˌmænəˈteri-] *adj* humanitario; ~ **aid** ayuda humanitaria

humanity [hjuːˈmænəti, *Am:* -ˌti] *n no pl* humanidad *f*

humanize [ˈhjuːmənaɪz] *vt* humanizar

human rights *npl* derechos *mpl* humanos

humble [ˈhʌmbl] *adj* humilde; **in my ~ opinion, ...** en mi modesta opinión,...

humid [ˈhjuːmɪd] *adj* húmedo

humidity [hjuːˈmɪdəti, *Am:* -ˌti] *n no pl* humedad *f*

humiliate [hjuːˈmɪlɪeɪt] *vt* (*shame*) avergonzar, achunchar *AmC;* (*humble*) humillar

humiliation [hjuːˌmɪlɪˈeɪʃən] *n* humillación *f*

humility [hjuːˈmɪləti, *Am:* -ˌti] *n no pl* humildad *f*

humor [ˈhjuːməʳ, *Am:* -mɚ] *n Am, Aus s.* **humour**

humorous [ˈhjuːmərəs] *adj* (*speech*) humorístico; (*situation*) divertido; ~ **story** historia graciosa

humour [ˈhjuːməʳ, *Am:* -mɚ] *n no pl* humor *m;* **sense of ~** sentido *m* del humor

hump [hʌmp] *n* joroba *f*, petaca *f AmC*

Hun [hʌn] *n* **1.** HIST huno, -a *m, f* **2.** *pej* (*German*) alemán, -ana *m, f*

hunch [hʌntʃ] <-es> *n* presentimiento *m;* **to have a ~ that ...** tener la corazonada de que...

hundred [ˈhʌndrəd] **I.** *adj* ciento; (*before a noun*) cien **II.** <-(s)> *n* cien *m;* ~**s of times** cientos de veces

hung [hʌŋ] *pt, pp of* **hang**

Hungarian [hʌŋˈgeərɪən, *Am:* -ˈgeri-] *adj* húngaro

Hungary [ˈhʌŋgəri] *n* Hungría *f*

hunger [ˈhʌŋgəʳ, *Am:* -gɚ] *n no pl* hambre *f*

hungry [ˈhʌŋgri] <-ier, -iest> *adj* hambriento; **to go ~** pasar hambre

hunk [hʌŋk] *n* **1.** (*piece*) trozo *m* **2.** *inf* (*man*) cachas *m inv*

hunt [hʌnt] **I.** *vi, vt* cazar **II.** *n* (*chase*) cacería *f*

hunter *n* cazador(a) *m(f)*

H
h

hunting *n no pl* caza *f*
hurdle ['hɜːdl, *Am:* 'hɜːr-] *n*
1. (*fence*) valla *f* **2.** (*obstacle*) obstáculo *m*
hurl [hɜːl, *Am:* hɜːrl] *vt* lanzar
hurricane ['hʌrɪkən, *Am:* 'hɜːrɪkeɪn] *n* huracán *m*
hurry ['hʌri, *Am:* 'hɜːr-] <-ie-> **I.** *vi* darse prisa, apurarse *AmL* **II.** *vt* meter prisas, apurar *AmL* **III.** *n* prisa *f*, apuro *m AmL;* **what's (all)** the ~**?** ¿a qué viene tanta prisa?
hurt [hɜːt, *Am:* hɜːrt] **I.** <hurt, hurt> *vi* doler **II.** <hurt, hurt> *vt* herir; **it** ~**s me** me duele **III.** *adj* (*in pain, injured*) dañado; (*grieved, distressed*) dolido **IV.** *n no pl* **1.** (*pain*) dolor *m* **2.** (*injury*) herida *f*
husband ['hʌzbənd] *n* marido *m*
hush [hʌʃ] **I.** *n no pl* silencio *m* **II.** *interj* chitón **III.** *vi* callarse **IV.** *vt* hacer callar
husky¹ ['hʌski] <-ier, -iest> *adj* (*voice*) ronco
husky² ['hʌski] <-ies> *n* ZOOL perro *m* esquimal
hustle ['hʌsl] **I.** *vt* dar prisa a **II.** *n* ajetreo *m*
hut [hʌt] *n* cabaña *f*
hybrid ['haɪbrɪd] *n* híbrido, -a *m*, *f*
hydraulic [haɪ'drɒlɪk, *Am:* -'drɑː-lɪk] *adj* hidráulico
hydrocarbon [ˌhaɪdrə'kɑːbən, *Am:* -droʊ'kɑːr-] *n* hidrocarburo *m*
hydrogen ['haɪdrədʒən] *n no pl* hidrógeno *m*
hygiene ['haɪdʒiːn] *n no pl* higiene *f*, salubridad *f AmL*
hymn [hɪm] *n* himno *m*
hype [haɪp] *n no pl* COM bombo *m* publicitario
hyperbole [haɪ'pɜːbəli, *Am:* -'pɜːr-] *n no pl* LIT hipérbole *f*
hypnosis [hɪp'nəʊsɪs, *Am:* -'noʊ-] *n no pl* hipnosis *f inv;* **to be under** ~ estar hipnotizado
hypnotic [hɪp'nɒtɪk, *Am:* -'nɑːṭɪk] *adj* hipnótico
hypocrisy [hɪ'pɒkrəsi, *Am:* -'pɑː-krə-] *n no pl* hipocresía *f*
hypocrite ['hɪpəkrɪt] *n* hipócrita *mf*
hypocritical [ˌhɪpə'krɪtɪkl, *Am:*

-'krɪṭ-] *adj* hipócrita
hypothesis [haɪ'pɒθəsɪs, *Am:* -'pɑːθə-] *n* <-es> hipótesis *f inv*
hypothetical [ˌhaɪpə'θetɪkl, *Am:* -poʊ'θeṭ-] *adj* hipotético
hysteria [hɪ'stɪəriə, *Am:* -'sterɪ-] *n no pl* histeria *f*
hysterical *adj* histérico

I

I, i [aɪ] *n* I, i *f;* ~ **for Isaac** *Brit,* ~ **for Item** *Am* I de Italia
I [aɪ] *pron pers* yo; ~**'m coming** ya voy; ~**'ll do it** (yo) lo haré; **am** ~ **late?** ¿llego tarde?
IAEA *n abbr of* **International Atomic Energy Agency** OIEA *f*
ibid. [ɪ'bɪd] *adv abbr of* **ibidem** ibid.
ice [aɪs] *n no pl* hielo *m;* **to be skating on thin** ~ andar sobre terreno peligroso; **to break the** ~ *inf* romper el hielo; **to put sth on** ~ posponer algo
Ice Age *n* época *f* glacial **iceberg** *n* iceberg *m;* **the tip of the** ~ *fig* la punta del iceberg **ice cream** *n* helado *m*, nieve *f AmC* **ice cube** *n* cubito *m* de hielo **ice hockey** *n no pl* hockey *m* sobre hielo
Icelander ['aɪsləndər, *Am:* -dər] *n* islandés, -esa *m*, *f*
Icelandic [aɪs'lændɪk] *adj* islandés
ice rink *n* pista *f* de patinaje **ice-skating** *n no pl* patinaje *m* sobre hielo
icicle ['aɪsɪkl] *n* carámbano *m*
icing ['aɪsɪŋ] *n* glaseado *m*
icing sugar *n no pl* azúcar *m* glas
icon ['aɪkɒn, *Am:* -kɑːn] *n* icono *m*
icy ['aɪsi] <-ier, -iest> *adj* helado; (*unfriendly*) frío
ID [ˌaɪ'diː] *abbr of* **identification** identificación *f*
idea [aɪ'dɪə, *Am:* -'diːə] *n* idea *f;* **to get an** ~ **of sth** hacerse una idea de

algo

ideal [aɪˈdɪəl, *Am:* -ˈdiː-] *adj* ideal

idealism [aɪˈdɪəlɪzəm, *Am:* aɪˈdiː-ə-] *n no pl* idealismo *m*

idealist [aɪˈdɪəlɪst, *Am:* -ˈdiːə-] *n* idealista *mf*

idealistic [ˌaɪdɪəˈlɪstɪk] *adj* idealista

idealize [aɪˈdɪəlaɪz, *Am:* -ˈdiːə-] *vt* idealizar

identical [aɪˈdentɪkl, *Am:* -ţə-] *adj* idéntico, individual *CSur*

identifiable [aɪˈdentɪˌfaɪəbl, *Am:* -ˌdentə'-] *adj* identificable

identification [aɪˌdentɪfɪˈkeɪʃən, *Am:* -ţə-] *n no pl* identificación *f*

identify [aɪˈdentɪfaɪ, *Am:* -ţə-] <-ie-> *vt* identificar

identity [aɪˈdentəti, *Am:* -ţəţi] <-ies> *n* identidad *f*

ideological [ˌaɪdɪəˈlɒdʒɪkl, *Am:* -ˈlɑːdʒɪ-] *adj* ideológico

ideology [ˌaɪdɪˈɒlədʒi, *Am:* -ˈɑːlə-] <-ies> *n* ideología *f*

idiom [ˈɪdɪəm] *n* LING **1.** (*phrase*) modismo *m* **2.** (*style of expression*) lenguaje *m*

idiomatic [ˌɪdɪəˈmætɪk, *Am:* -ˈmæţ-] *adj* idiomático

idiosyncratic [ˌɪdɪəʊsɪŋˈkrætɪk, *Am:* -oʊsɪnˈkræţ-] *adj* idiosincrático

idiot [ˈɪdɪət] *n* idiota *mf*

idiotic [ˌɪdɪˈɒtɪk, *Am:* -ˈɑːţɪk] *adj* tonto

idle [ˈaɪdl] *adj* (*lazy*) holgazán; (*with nothing to do*) desocupado; (*machine*) parado; (*fear*) infundado

idol [ˈaɪdl] *n* ídolo *m*

idolize [ˈaɪdəlaɪz] *vt* idolatrar

idyll [ˈɪdɪl, *Am:* ˈaɪdəl] *n* idilio *m*

idyllic [ɪˈdɪlɪk, *Am:* aɪ-] *adj* idílico

i.e. [ˌaɪˈiː] *abbr of* **id est** i.e.

if [ɪf] *conj* si; ~ **it snows** si nieva; **as** ~ **it were true** como si fuera verdad; ~ **he needs me, I'll help him** si me necesita, le ayudaré; **I wonder** ~ **he'll come** me pregunto si vendrá; **cold** ~ **sunny weather** clima soleado aunque frío

ignite [ɪgˈnaɪt] *vi, vt* incendiar(se)

ignition [ɪgˈnɪʃən] *n no pl* AUTO encendido *m*

ignorance [ˈɪgnərəns] *n no pl* ig-

norancia *f*

ignorant [ˈɪgnərənt] *adj* ignorante; **to be** ~ **about sth** desconocer algo

ignore [ɪgˈnɔːʳ, *Am:* -ˈnɔːr] *vt* no hacer caso de, ignorar

iguana [ɪˈgwɑːnə] *n* iguana *f*, basilisco *m Méx*

ill [ɪl] *adj* enfermo; **an** ~ **omen** un mal presagio

illegal [ɪˈliːgəl] *adj* ilegal

illegality [ˌɪlɪˈgæləti, *Am:* -ţi] <-ies> *n* ilegalidad *f*

illegible [ɪˈledʒəbl] *adj* ilegible

illegitimate [ˌɪlɪˈdʒɪtɪmət, *Am:* -ˈdʒɪţə-] *adj* ilegítimo

ill-fated *adj* desafortunado

illicit [ɪˈlɪsɪt] *adj* ilícito

illiteracy [ɪˈlɪtərəsi, *Am:* -ˈlɪţ-] *n no pl* analfabetismo *m*

illiterate [ɪˈlɪtərət, *Am:* -ˈlɪţ-] *adj* analfabeto

illness [ˈɪlnɪs] <-es> *n* enfermedad *f*

illogical [ɪˈlɒdʒɪkl, *Am:* -ˈlɑːdʒɪ-] *adj* ilógico

illuminate [ɪˈluːmɪneɪt, *Am:* -mə-] *vt* iluminar

illumination [ɪˌluːmɪˈneɪʃən, *Am:* -ˌluː-] *n* **1.** *no pl a.* ART iluminación *f* **2.** *pl, Brit* luces *fpl*

illusion [ɪˈluːʒən, *Am:* -ˈluː-] *n* ilusión *f*; **to have no** ~**s** (**about sth**) no tener esperanzas (en algo); **to be under the** ~ **that ...** estar equivocado creyendo que...

illustrate [ˈɪləstreɪt] *vt* ilustrar

illustration [ˌɪləˈstreɪʃən] *n* ilustración *f*; **by way of** ~ a modo de ejemplo

illustrative [ˈɪləstrətɪv, *Am:* ɪˈlʌstrətɪv] *adj form* ilustrativo

illustrator [ˈɪləstreɪtəʳ, *Am:* -ţə-] *n* ilustrador(a) *m(f)*

illustrious [ɪˈlʌstrɪəs] *adj form* ilustre

image [ˈɪmɪdʒ] *n* **1.** (*likeness*) imagen *f* **2.** (*reputation*) reputación *f*

imagery [ˈɪmɪdʒəri] *n no pl* imágenes *fpl*

imaginable [ɪˈmædʒɪnəbl] *adj* imaginable

imaginary [ɪˈmædʒɪnəri, *Am:* -əner-] *adj* imaginario

imagination [ɪˌmædʒɪ'neɪʃən] *n* imaginación *f*; (*inventiveness*) inventiva *f*

imaginative [ɪ'mædʒɪnətɪv, *Am:* -t̬ɪv] *adj* imaginativo

imagine [ɪ'mædʒɪn] *vt* **1.** (*form mental image*) imaginar **2.** (*suppose*) figurarse

imbalance [ˌɪm'bæləns] *n* desequilibrio *m*

imbecile ['ɪmbəsiːl, *Am:* -sɪl] *n* imbécil *mf*

IMF [ˌaɪem'ef] *n no pl abbr of* **International Monetary Fund** FMI *m*

imitate ['ɪmɪteɪt] *vt* imitar

imitation [ˌɪmɪ'teɪʃən] *n* **1.** (*mimicry*) imitación *f* **2.** (*copy*) reproducción *f*

imitator ['ɪmɪtətər, *Am:* -t̬ər] *n* imitador(a) *m(f)*

immaculate [ɪ'mækjʊlət] *adj* inmaculado

immaterial [ˌɪmə'tɪərɪəl, *Am:* -'tɪrɪ-] *adj* **1.** (*intangible*) inmaterial **2.** (*not important*) irrelevante

immature [ˌɪmə'tjʊər, *Am:* -'tʊr] *adj* inmaduro; (*fruit*) verde

immediate [ɪ'miːdɪət, *Am:* -dɪt] *adj* inmediato; **the ~ family** la familia directa; **in the ~ area** en las inmediaciones

immediately *adv* inmediatamente; ~ **after ...** justo después de...

immense [ɪ'mens] *adj* inmenso

immensely *adv* enormemente

immerse [ɪ'mɜːs, *Am:* -'mɜːrs] *vt* sumergir; **to ~ oneself in sth** *fig* sumirse en algo

immigrant ['ɪmɪɡrənt] *n* inmigrante *mf*

immigrate ['ɪmɪɡreɪt] *vi* inmigrar

immigration [ˌɪmɪ'ɡreɪʃən] *n no pl* inmigración *f*

imminent ['ɪmɪnənt] *adj* inminente

immobilize [ɪ'məʊbəlaɪz, *Am:* -'moʊ-] *vt* inmovilizar

immoral [ɪ'mɒrəl, *Am:* -'mɔːr-] *adj* inmoral

immortal [ɪ'mɔːtl, *Am:* -'mɔːrt̬l] *adj* inmortal

immortality [ˌɪmɔː'tæləti, *Am:* -ɔːr'tæləti] *n no pl* inmortalidad *f*

immune [ɪ'mjuːn] *adj* inmune

immunity [ɪ'mjuːnəti, *Am:* -t̬i] *n no pl* inmunidad *f*

impact ['ɪmpækt] *n no pl* impacto *m*

impair [ɪm'peər, *Am:* -'per] *vt* (*weaken*) debilitar; (*health*) perjudicar

impart [ɪm'pɑːt, *Am:* -'pɑːrt] *vt form* impartir

impartial [ɪm'pɑːʃl, *Am:* -'pɑːr-] *adj* imparcial

impasse ['æmpɑːs, *Am:* 'ɪmpæs] *n no pl* callejón *m* sin salida

impassioned [ɪm'pæʃnd] *adj* apasionado

impatience [ɪm'peɪʃns] *n no pl* impaciencia *f*

impatient [ɪm'peɪʃnt] *adj* impaciente

impeachment *n* acusación *f* (*proceso de incapacitación presidencial*)

impeccable [ɪm'pekəbl] *adj* impecable

impede [ɪm'piːd] *vt* impedir

impediment [ɪm'pedɪmənt] *n* impedimento *m*

impending *adj* inminente

impenetrable [ɪm'penɪtrəbl] *adj* impenetrable; (*incomprehensible*) incomprensible

imperative [ɪm'perətɪv, *Am:* -t̬ɪv] *n* imperativo *m*

imperceptible [ˌɪmpə'septəbl, *Am:* -pər'septə-] *adj* imperceptible

imperfect [ɪm'pɜːfɪkt, *Am:* -'pɜːr-] *adj* imperfecto; (*flawed*) defectuoso

imperfection [ˌɪmpə'fekʃən, *Am:* -pər-] *n* imperfección *f*

imperial [ɪm'pɪərɪəl, *Am:* -'pɪr-] *adj* imperial

imperialism [ɪm'pɪərɪəlɪzəm, *Am:* -'pɪrɪ-] *n no pl* imperialismo *m*

imperialist [ɪm'pɪərɪəlɪst, *Am:* -'pɪrɪ-] *n* imperialista *mf*

imperious [ɪm'pɪərɪəs, *Am:* -'pɪrɪ-] *adj* imperioso

impersonal [ˌɪm'pɜːsənl, *Am:* -'pɜːr-] *adj* impersonal

impersonate [ɪm'pɜːsəneɪt, *Am:* -'pɜːr-] *vt* hacerse pasar por; (*imitate*) imitar

impertinent [ɪm'pɜːtɪnənt, *Am:*

-'pɜːrtn̩-] *adj* impertinente

impervious [ɪm'pɜːvɪəs, *Am:* -'pɜːr-] *adj* impermeable; (*not affected*) inmune

impetuous [ɪm'petʃʊəs, *Am:* -'petʃu-] *adj* impetuoso

impetus ['ɪmpɪtəs, *Am:* -təs] *n no pl* **1.** (*driving force*) ímpetu *m* **2.** *fig* impulso *m*

impinge [ɪm'pɪndʒ] *vi* **to ~ on sth** afectar a algo

implacable [ɪm'plækəbl] *adj* implacable

implant [ɪm'plɑːnt, *Am:* -'plænt] *vt* implantar

implausible [ɪm'plɔːzɪbl, *Am:* -'plɑː-] *adj* inverosímil

implement ['ɪmplɪmənt] **I.** *n* (*tool*) instrumento *m*; (*small tool*) utensilio *m* **II.** *vt* implementar

implementation [ˌɪmplɪmen'teɪʃən] *n no pl* implementación *f*

implicate ['ɪmplɪkeɪt] *vt* implicar

implication [ˌɪmplɪ'keɪʃən] *n no pl* (*hinting at*) insinuación *f*; **by ~** implícitamente

implicit [ɪm'plɪsɪt] *adj*, **implied** [ɪm'plaɪd] *adj* implícito

implore [ɪm'plɔːʳ, *Am:* -'plɔːr] *vt* implorar; **to ~ sb to do sth** suplicar a alguien que haga algo

imply [ɪm'plaɪ] <-ie-> *vt* **1.** (*suggest*) insinuar **2.** *form* (*require*) implicar

impolite [ˌɪmpə'laɪt] *adj* descortés

import [ɪm'pɔːt, *Am:* -'pɔːrt] **I.** *vt* importar **II.** *n* ECON producto *m* de importación

importance [ɪm'pɔːtns, *Am:* -'pɔːr-] *n no pl* importancia *f*

important [ɪm'pɔːtənt, *Am:* -'pɔːr-] *adj* importante

importantly *adv* significativamente

impose [ɪm'pəʊz, *Am:* -'poʊz] **I.** *vt* imponer **II.** *vi* **to ~ on sb** aprovecharse de alguien

imposing [ɪm'pəʊzɪŋ, *Am:* -'poʊ-] *adj* imponente

imposition [ˌɪmpə'zɪʃən] *n* **1.** *no pl* (*forcing*) imposición *f* **2.** (*inconvenience*) molestia *f*

impossibility [ɪmˌpɒsə'bɪləti, *Am:* -ˌpɑːsə'bɪləti] *n no pl* imposibilidad *f*

impossible [ɪm'pɒsəbl, *Am:* -'pɑːsə-] *adj* imposible; (*person*) insoportable

impotence ['ɪmpətəns, *Am:* -təns] *n no pl* impotencia *f*

impotent ['ɪmpətənt, *Am:* -tənt] *adj* impotente

impound [ɪm'paʊnd] *vt* incautar

impractical [ɪm'præktɪkl] *adj* poco práctico

imprecise [ˌɪmprɪ'saɪs] *adj* impreciso

impress [ɪm'pres] *vt* impresionar; **to ~ sth on sb** inculcar algo a alguien

impression [ɪm'preʃən] *n* **1.** (*general opinion*) impresión *f*; **to be of the ~ that ...** tener la impresión de que...; **to make an ~ on sb** causar impresión a alguien **2.** (*imitation*) imitación *f*

impressionable [ɪm'preʃənəbl] *adj* impresionable

impressionist [ɪm'preʃnɪst] *n* ART impresionista *mf*

impressive [ɪm'presɪv] *adj* impresionante

imprint [ɪm'prɪnt] **I.** *vt* imprimir; (*in memory*) grabar **II.** *n* (*mark*) marca *f*

imprison [ɪm'prɪzən] *vt* encarcelar

imprisonment [ɪm'prɪzənmənt] *n no pl* encarcelamiento *m*

improbable [ɪm'prɒbəbl, *Am:* -'prɑːbə-] *adj* improbable

impromptu [ɪm'prɒmptjuː, *Am:* -'prɑːmptuː] *adj* de improviso

improper [ɪm'prɒpəʳ, *Am:* -'prɑːpə-] *adj* incorrecto; (*immoral*) indecente

improve [ɪm'pruːv] *vt, vi* mejorar

◆ **improve on** *vi* superar

improvement [ɪm'pruːvmənt] *n* mejora *f*; (*progress*) progreso *m*; (*of patient*) mejoría *f*

improvisation [ˌɪmprəvaɪ'zeɪʃən, *Am:* ɪmˌprɑːvɪ'-] *n* improvisación *f*

improvise ['ɪmprəvaɪz] *vi, vt* improvisar

impudent ['ɪmpjʊdənt] *adj* impertinente

impulse ['ɪmpʌls] *n* impulso *m*; **to do sth on** (**an**) ~ hacer algo por impulso

impulsive [ɪm'pʌlsɪv] *adj* impulsivo

impunity [ɪm'pjuːnəti, *Am:* - t̮i] *n no pl* impunidad *f*

impurity [ɪm'pjuərəti, *Am:* -'pjurət̮i] <-ies> *n* impureza *f*

in¹ [ɪn] I. *prep* 1. (*place*) en; (*inside*) dentro de; **to be** ~ **bed** estar en la cama; **there is sth** ~ **the drawer** hay algo dentro del cajón; ~ **town** en la ciudad; ~ **the country** en el país; ~ **Spain** en España; ~ **the picture** en el cuadro; **the best** ~ **Scotland** lo mejor de Escocia 2. (*position*) ~ **the beginning/end** al principio/final; **right** ~ **the middle** justo en medio 3. (*time*) ~ **the twenties** en los (años) veinte; **to be** ~ **one's thirties** estar en los treinta; ~ **May** en mayo; ~ **the afternoon** por la tarde; ~ **a week** en una semana; ~ (**the**) **future** en el futuro; **to do sth** ~ **4 hours** hacer algo en 4 horas; **he hasn't done that** ~ **years** no ha hecho eso desde hace años 4. (*situation*) ~ **fashion** de moda; **dressed** ~ **red** vestido de rojo; ~ **your place** *fig* en tu lugar 5. (*concerning*) **to be interested** ~ **sth** estar interesado en algo; **to have confidence** ~ **sb** tener confianza en alguien; **to have a say** ~ **the matter** tener algo que decir al respecto; **a change** ~ **attitude** un cambio de actitud; **a rise** ~ **prices** un aumento de precios 6. (*by*) ~ **saying sth** al decir algo 7. (*taking form of*) **to speak** ~ **English** hablar en inglés; ~ **wood** de madera; **to speak** ~ **a loud voice** hablar en voz alta; **2 metres** ~ **length** 2 metros de largo 8. (*ratio*) **two** ~ **six** dos de cada seis; **to buy sth** ~ **twos** comprar algo de dos en dos; ~ **tens** en grupos de diez 9. (*as conseqence of*) ~ **reply** como respuesta II. *adv* dentro, adentro; **to go** ~ entrar; **to put sth** ~ meter algo (dentro); **to be** ~ *inf* (*at home*) estar en casa; (*popular*) estar de moda; **to be** ~ **on sth** estar enterado de algo III. *adj* de moda IV. *n* ~**s and outs** recovecos *mpl*

in² *abbr of* **inch** pulgada *f*

inability [ˌɪnə'bɪləti, *Am:* -t̮i] *n no pl* incapacidad *f*

inaccessible [ˌɪnæk'sesəbl] *adj* inaccesible

inaccuracy [ɪn'ækjʊrəsi, *Am:* -jə-ə-] <-ies> *n* 1. (*fact*) error *m* 2. *no pl* (*quality*) imprecisión *f*

inaccurate [ɪn'ækjərət, *Am:* -jə-ət] *adj* 1. (*inexact*) inexacto 2. (*wrong*) equivocado

inaction [ɪn'ækʃən] *n no pl* inacción *f*

inactive [ɪn'æktɪv] *adj* inactivo

inadequacy [ɪn'ædɪkwəsi] <-ies> *n* 1. (*insufficiency*) insuficiencia *f* 2. *no pl* (*quality of being inadequate*) falta *f* de adecuación

inadequate [ɪn'ædɪkwət] *adj* inadecuado

inadmissible [ˌɪnəd'mɪsəbl] *adj* inadmisible

inane [ɪ'neɪn] *adj* estúpido

inanimate [ɪn'ænɪmət] *adj* inanimado

inappropriate [ˌɪnə'prəupriət, *Am:* -'prou-] *adj* inapropiado

inaudible [ɪn'ɔːdəbl, *Am:* -'ɑː-] *adj* inaudible

inaugural [ɪ'nɔːgjʊrəl, *Am:* -'nɑːg-] *adj* inaugural

inaugurate [ɪ'nɔːgjʊreɪt, *Am:* -'nɑːg-] *vt* inaugurar

inauguration [ɪˌnɔːgjʊ'reɪʃən, *Am:* -ˌnɑːg-] *n* inauguración *f*

inauspicious [ˌɪnɔː'spɪʃəs, *Am:* -ɑː'spɪʃ-] *adj* poco propicio

in-between *adj* intermedio

Inc. [ɪŋk] *abbr of* **Incorporated** Inc.

incapability [ɪnˌkeɪpə'bɪləti, *Am:* -t̮i] *n no pl* incapacidad *f*

incapable [ɪn'keɪpəbl] *adj* incapaz; **to be** ~ **of doing sth** no ser capaz de hacer algo

incapacity [ˌɪnkə'pæsəti, *Am:* -t̮i] *n no pl* incapacidad *f*

incarcerate [ɪn'kɑːsəreɪt, *Am:* -'kɑːr-] *vt* encarcelar

incarnate [ɪn'kɑːneɪt, *Am:* -'kɑːr-]

adj encarnado

incarnation [ˌɪnkɑːˈneɪʃən, *Am:* -kɑːrˈ-] *n* encarnación *f*

incense¹ [ˈɪnsents] *n* incienso *m*

incense² [ɪnˈsents] *vt* indignar

incentive [ɪnˈsentɪv, *Am:* -t̬ɪv] *n* incentivo *m*

inception [ɪnˈsepʃən] *n no pl* inicio *m*

incessant [ɪnˈsesnt] *adj* incesante

incest [ˈɪnsest] *n no pl* incesto *m*

inch [ɪntʃ] <-es> *n* pulgada *f;* **she knows every ~ of Madrid** conoce cada centímetro de Madrid; **give someone an ~ and they'll take a mile** *prov* les das la mano y te cogen el brazo *prov*
♦ **inch forward** *vi* avanzar lentamente

incidence [ˈɪntsɪdənts] *n no pl* incidencia *f*

incident [ˈɪntsɪdənt] *n* incidente *m*

incidental [ˌɪntsɪˈdentəl, *Am:* -t̬əl] *adj* secundario

incidentally *adv* por cierto

incinerator [ɪnˈsɪnəreɪtəʳ, *Am:* -t̬ɚ] *n* incinerador *m*

incisive [ɪnˈsaɪsɪv] *adj* incisivo

incisor [ɪnˈsaɪzəʳ, *Am:* -zɚ] *n* incisivo *m*

incite [ɪnˈsaɪt] *vt* instigar

inclement [ɪnˈklemənt] *adj* inclemente

inclination [ˌɪnklɪˈneɪʃən] *n (tendency)* propensión *f;* **to have an ~ to do sth** tener inclinación a hacer algo

incline [ɪnˈklaɪn] *vi* 1. *(tend)* tender 2. *(lean)* inclinarse

inclined [ɪnˈklaɪnd] *adj* **to be ~ to do sth** estar dispuesto a hacer algo

include [ɪnˈkluːd] *vt* incluir; *(in letter)* adjuntar

including [ɪnˈkluːdɪŋ] *prep* incluso; **~ tax** impuesto incluido

inclusion [ɪnˈkluːʒən] *n no pl* inclusión *f*

inclusive [ɪnˈkluːsɪv] *adj* incluido

incognito [ˌɪnkɒgˈniːtəʊ, *Am:* ˌɪnkɑːgˈniːtoʊ] *adv* de incógnito

incoherent [ˌɪnkəʊˈhɪərənt, *Am:* -koʊˈhɪrənt] *adj* incoherente

income [ˈɪŋkʌm, *Am:* ˈɪn-] *n no pl* ingresos *mpl*

income tax *n no pl* impuesto *m* sobre la renta

incoming [ˈɪnˌkʌmɪŋ] *adj* entrante

incomparable [ɪnˈkɒmprəbl, *Am:* -ˈkɑːm-] *adj* incomparable

incompatibility [ˌɪnkəmˌpætəˈbɪlɪti, *Am:* -ˌpæt̬əˈbɪlət̬i] <-ies> *n no pl* incompatibilidad *f*

incompatible [ˌɪnkəmˈpætəbl, *Am:* -ˈpæt̬-] *adj* incompatible

incompetence [ɪnˈkɒmpɪtənts, *Am:* -ˈkɑːmpət̬ənts] *n no pl* incompetencia *f*

incompetent [ɪnˈkɒmpɪtənt, *Am:* -ˈkɑːmpət̬ənt] *adj* incompetente

incomplete [ˌɪnkəmˈpliːt] *adj* incompleto; *(not finished)* inacabado

incomprehensible [ɪnˌkɒmprɪˈhensəbl, *Am:* ˌɪnkɑːm-] *adj* incomprensible

inconceivable [ˌɪnkənˈsiːvəbl] *adj* inconcebible

inconclusive [ˌɪnkənˈkluːsɪv] *adj* inconcluyente

incongruous [ɪnˈkɒŋgrʊəs, *Am:* -ˈkɑːŋ-] *adj* incongruente

inconsequential [ɪnˌkɒnsɪˈkwenʃl, *Am:* -ˈkɑːn-] *adj* 1. *(illogical)* inconsecuente 2. *(unimportant)* intrascendente

inconsiderate [ˌɪnkənˈsɪdərət] *adj* desconsiderado

inconsistency [ˌɪnkənˈsɪstəntsi] <-ies> *n* 1. *(lack of consistency)* falta *f* de coherencia 2. *(discrepancy)* contradicción *f*

inconsistent [ˌɪnkənˈsɪstənt] *adj* 1. *(changeable)* incoherente 2. *(lacking agreement)* contradictorio

inconspicuous [ˌɪnkənˈspɪkjʊəs] *adj* desapercibido

inconvenience [ˌɪnkənˈviːnɪəns] *n* inconveniencia *f*

inconvenient [ˌɪnkənˈviːnɪənt] *adj* inconveniente; *(time)* inoportuno

incorporate [ɪnˈkɔːpəreɪt, *Am:* -ˈkɔːr-] *vt* 1. *(integrate)* incorporar; *(work into)* integrar; *(add)* añadir 2. *(include)* incluir 3. *Am* LAW, ECON constituir

incorporation [ɪnˌkɔːpəˈreɪʃən, Am: -ˌkɔːr-] n no pl **1.** (integration) incorporación f; (working into) integración f **2.** LAW, ECON constitución f

incorrect [ˌɪnkəˈrekt] adj **1.** (wrong, untrue) incorrecto; (diagnosis) erróneo **2.** (improper) inapropiado

increase I. [ɪnˈkriːs, Am: ˈɪn-] vi incrementar; (grow) crecer **II.** vt incrementar; (make stronger) intensificar **III.** [ˈɪnˈkriːs] n incremento m; **to be on the ~** ir en aumento

increasing adj creciente

incredible [ɪnˈkredɪbl] adj increíble

incredibly adv increíblemente

incredulity [ˌɪnkrɪˈdjuːləti, Am: -ˈduːləti] n no pl incredulidad f

incredulous [ɪnˈkredjʊləs, Am: -ˈkredʒʊ-] adj incrédulo

increment [ˈɪŋkrəmənt] n incremento m

incubator [ˈɪŋkjʊbeɪtəʳ, Am: -ţəˠ] n incubadora f

inculcate [ˈɪnkʌlkeɪt] vt inculcar

incur [ɪnˈkɜː, Am: -ˈkɜːr] <-rr-> vt (costs) incurrir en; (losses) sufrir; **to ~ the anger of sb** provocar el enfado de alguien

incursion [ɪnˈkɜːʃən, Am: -ˈkɜːr-] n intrusión f; MIL incursión f

indebted [ɪnˈdetɪd, Am: -ˈdeţ-] adj **to be ~ to sb for sth** estar en deuda con alguien por algo

indecent [ɪnˈdiːsənt] adj indecente

indecision [ˌɪndɪˈsɪʒən] n no pl indecisión f

indecisive [ˌɪndɪˈsaɪsɪv] adj indeciso

indeed [ɪnˈdiːd] **I.** adv **1.** (really) realmente; **to be very rich ~** ser verdaderamente rico **2.** (affirmation) en efecto **II.** interj ya lo creo

indefinite [ɪnˈdefɪnət, Am: -ənət] adj indefinido

indelible [ɪnˈdeləbl] adj indeleble

indemnity [ɪnˈdemnəti, Am: -ţi] <-ies> n form **1.** no pl (insurance) indemnidad f **2.** (compensation) indemnización f

independence [ˌɪndɪˈpendəns] n no pl independencia f

independent [ˌɪndɪˈpendənt] adj independiente

in-depth adj exhaustivo

indeterminate [ˌɪndɪˈtɜːmɪnət, Am: -ˈtɜːr-] adj indeterminado

index [ˈɪndeks] n <-ices o -es> índice m

index finger n dedo m índice

India [ˈɪndɪə] n no pl la India f

Indian [ˈɪndɪən] adj **1.** (of India) indio, hindú **2.** (of America) indio, indígena

Indian Ocean n no pl Océano m Índico

indicate [ˈɪndɪkeɪt] vt indicar

indication [ˌɪndɪˈkeɪʃən] n indicio m

indicative [ɪnˈdɪkətɪv, Am: -ţɪv] adj indicativo

indicator [ˈɪndɪkeɪtəʳ, Am: -ţəˠ] n Brit AUTO intermitente m

indict [ɪnˈdaɪt] vt **to ~ sb of sth** LAW acusar a alguien de algo

indictment [ɪnˈdaɪtmənt] n LAW acusación f; fig crítica f

Indies [ˈɪndiz] npl Indias fpl

indifference [ɪnˈdɪfrəns] n no pl indiferencia f

indifferent [ɪnˈdɪfrənt] adj mediocre

indigenous [ɪnˈdɪdʒɪnəs] adj indígena

indigestion [ˌɪndɪˈdʒestʃən] n no pl indigestión f

indignant [ɪnˈdɪgnənt] adj indignado; **to become ~** indignarse

indignation [ˌɪndɪgˈneɪʃən] n no pl indignación f

indignity [ɪnˈdɪgnɪti, Am: -nəţi] <-ies> n no pl indignidad f

indirect [ˌɪndɪˈrekt] adj indirecto

indiscipline [ɪnˈdɪsɪplɪn] n no pl, form falta f de disciplina

indiscreet [ˌɪndɪˈskriːt] adj indiscreto

indiscriminate [ˌɪndɪˈskrɪmɪnət] adj **1.** (uncritical) sin criterio **2.** (random) indiscriminado

indispensable [ˌɪndɪˈspensəbl] adj indispensable

indistinguishable [ˌɪndɪˈstɪŋgwɪʃəbl] adj indistinguible

individual [ˌɪndɪˈvɪdʒuəl] **I.** n individuo, -a m, f **II.** adj individual

individualism [ˌɪndɪˈvɪdʒuəlɪzəm]
n no pl individualismo *m*

individualist *n* individualista *mf*

individualistic [ˌɪndɪˌvɪdʒuəˈlɪstɪk]
adj individualista

individuality [ˌɪndɪˌvɪdʒuˈæləti,
Am: -ˌvɪdʒuˈæləti] *n no pl* indivi-
dualidad *f*

Indochina [ˌɪdəʊˈtʃaɪnə] *n* Indochina *f*

indoctrinate [ɪnˈdɒktrɪneɪt, *Am:*
-ˈdɑːk-] *vt* adoctrinar

indolent [ˈɪndələnt] *adj* indolente

Indonesia [ˌɪndəʊˈniːzɪə, *Am:* -də-
ˈniːʒə] *n* Indonesia *f*

Indonesian *adj* indonesio

indoor [ˈɪndɔːʳ, *Am:* ˌɪnˈdɔːr] *adj* interior; (*pool*) cubierto

indoors [ˌɪnˈdɔːz, *Am:* -ˈdɔːrz] *adv*
dentro

induce [ɪnˈdjuːs, *Am:* -ˈduːs] *vt*
1. (*persuade*) inducir **2.** (*cause*) provocar

inducement [ɪnˈdjuːsmənt, *Am:*
-ˈduːs-] *n* incentivo *m*

induction [ɪnˈdʌkʃən] *n* iniciación *f*

indulge [ɪnˈdʌldʒ] *vt* (*person*) consentir; (*desire*) satisfacer

indulgence [ɪnˈdʌldʒəns] *n* (*treat*)
placer *m*; (*satisfaction*) satisfacción *f*

indulgent [ɪnˈdʌldʒənt] *adj* indulgente

industrial [ɪnˈdʌstrɪəl] *adj* industrial; (*dispute*) laboral

industrial estate *n* polígono *m* industrial

industrialization [ɪnˌdʌstrɪəlaɪ-
ˈzeɪʃən, *Am:* -lɪ-] *n no pl* industria-
lización *f*

industrial park *n Am* polígono *m* industrial **Industrial Revolution** *n*
Revolución *f* Industrial

industrious [ɪnˈdʌstrɪəs] *adj* trabajador

industry [ˈɪndəstri] *n* **1.** industria *f*;
(*branch*) sector *m* **2.** *no pl* (*diligence*) laboriosidad *f*

inedible [ɪnˈedəbl] *adj* no comestible

ineffective [ˌɪnɪˈfektɪv] *adj*, **ineffectual** [ˌɪnɪˈfektʊəl] *adj* ineficaz

inefficiency [ˌɪnɪˈfɪʃənsi] *n no pl*

ineficiencia *f*

inefficient [ˌɪnɪˈfɪʃnt] *adj* ineficiente

ineligible [ɪnˈelɪdʒəbl] *adj* inelegi-
ble; **to be ~ to do sth** no tener derecho a hacer algo

inept [ɪˈnept] *adj* (*unskilled*) inepto;
(*inappropriate*) inoportuno

inequality [ˌɪnɪˈkwɒləti, *Am:*
-ˈkwɑːləti] <-ies> *n* desigualdad *f*

inequity [ɪnˈekwəti, *Am:* -ti]
<-ies> *n* injusticia *f*

inert [ɪˈnɜːt, *Am:* -ˈnɜːrt] *adj* inerte;
fig inmóvil

inertia [ɪˈnɜːʃə, *Am:* ˌɪnˈɜːr-] *n no pl*
inercia *f*

inescapable [ˌɪnɪˈskeɪpəbl] *adj* ineludible

inevitable [ɪnˈevɪtəbl, *Am:* -ţə-]
adj inevitable

inexcusable [ˌɪnɪkˈskjuːzəbl] *adj*
imperdonable

inexorable [ɪnˈeksərəbl] *adj form*
inexorable

inexpensive [ˌɪnɪkˈspensɪv] *adj*
económico

inexperience [ˌɪnɪkˈspɪərɪənts] *n
no pl* falta *f* de experiencia

inexperienced [ˌɪnɪkˈspɪərɪənst,
Am: -ˈspɪrɪ-] *adj*, **inexpert** [ɪn-
ˈekspɜːt, *Am:* -spɜːrt] *adj* inexperto

inexplicable [ˌɪnɪkˈsplɪkəbl, *Am:*
ˌɪnˈək-] *adj* inexplicable

infallible [ɪnˈfæləbl] *adj* indefectible

infamous [ˈɪnfəməs] *adj* infame

infancy [ˈɪnfəntsi] *n no pl* infancia *f*

infant [ˈɪnfənt] *n* bebé *m*

infantile [ˈɪnfəntaɪl] *adj* infantil

infantry [ˈɪnfəntri] *n* + *sing/pl vb*
MIL infantería *f*

infatuated [ɪnˈfætʃʊeɪtɪd, *Am:*
-ʊeɪţɪd] *adj* **to become ~ with sb**
encapricharse por alguien

infect [ɪnˈfekt] *vt* infectar; *a. fig* (*person*) contagiar

infection [ɪnˈfekʃən] *n* infección *f*;
fig contagio *m*

infectious [ɪnˈfekʃəs] *adj* infeccioso;
a. fig contagioso

infer [ɪnˈfɜːʳ, *Am:* -ˈfɜːr] <-rr-> *vt* inferir

inference ['ɪnfərəns] *n form* **to draw the ~ that ...** sacar la conclusión de que...; **by ~** por inferencia

inferior [ɪn'fɪərɪəʳ, *Am:* -'fɪrɪəˈ] *adj* inferior

inferiority [ɪnˌfɪəriˈɒrəti, *Am:* -ˌfɪri'ɔ:rəti] *n no pl* inferioridad *f*

inferno [ɪn'fɜ:nəʊ, *Am:* -'fɜ:rnoʊ] *n* infierno *m*

infertile [ɪn'fɜ:taɪl, *Am:* -'fɜ:rt̪l] *adj* estéril

infest [ɪn'fest] *vt* infestar

infidelity [ˌɪnfɪ'deləti, *Am:* -fə'delət̪i] *n no pl* infidelidad *f*

infiltrate ['ɪnfɪltreɪt, *Am:* ɪn'fɪl-] *vt* infiltrarse en

infinite ['ɪnfɪnət, *Am:* -fənɪt] *adj* infinito

infinitely *adv* infinitamente

infinitive [ɪn'fɪnətɪv, *Am:* -t̪ɪv] *n* infinitivo *m*

infinity [ɪn'fɪnəti, *Am:* -t̪i] <-ies> *n* **1.** *no pl* MAT infinito *m* **2.** (*huge amount*) infinidad *f*

infirmary [ɪn'fɜ:məri, *Am:* -'fɜ:r-] <-ies> *n* **1.** (*hospital*) hospital *m* **2.** *Am* (*sick room*) enfermería *f*

inflame [ɪn'fleɪm] *vt a.* MED inflamar; **to ~ sb with passion** desatar la pasión de alguien

inflammable [ɪn'flæməbl] *adj* inflamable; (*situation*) explosivo

inflammation [ˌɪnfləˈmeɪʃən] *n* MED inflamación *f*

inflammatory [ɪn'flæmətəri, *Am:* -tɔ:r-] *adj* **1.** MED inflamatorio **2.** (*speech*) incendiario

inflatable [ɪn'fleitəbl, *Am:* -t̪ə-] *adj* hinchable

inflate [ɪn'fleɪt] *vi, vt* hinchar(se)

inflation [ɪn'fleɪʃən] *n no pl* inflación *f*

inflationary *adj* inflacionario

inflection [ɪn'flekʃən] *n* inflexión *f*

inflexible [ɪn'fleksəbl] *adj* inflexible

inflict [ɪn'flɪkt] *vt* (*wound*) infligir; (*damage*) causar

infliction [ɪn'flɪkʃən] *n no pl* imposición *f*

influence ['ɪnfluəns] **I.** *n* influencia *f*; **to bring one's ~ to bear on sb** ejercer presión sobre alguien; **to be**

under the ~ *fig* estar borracho **II.** *vt* influir

influential [ˌɪnflʊ'enʃl] *adj* influyente

influenza [ˌɪnflʊ'enzə] *n no pl* gripe *f*

influx ['ɪnflʌks] *n no pl* influjo *m*

inform [ɪn'fɔ:m, *Am:* -'fɔ:rm] **I.** *vt* informar; **to be ~ed about sth** estar enterado de algo **II.** *vi* **to ~ against sb** delatar a alguien

informal [ɪn'fɔ:ml, *Am:* -'fɔ:r-] *adj* informal

informant [ɪn'fɔ:mənt, *Am:* -'fɔ:r-] *n* informante *mf*

information [ˌɪnfə'meɪʃən, *Am:* -fəˈ-] *n no pl* **1.** (*data*) información *f*; **to ask for ~** pedir informes **2.** INFOR datos *mpl*

! **information** no se utiliza en plural: **any/some information** significa informaciones.

information science *n* ciencias *fpl* de la información **information superhighway** *n* autopista *f* de la información **information technology** *n no pl* tecnologías *fpl* de la información

informative [ɪn'fɔ:mətɪv, *Am:* -'fɔ:rmətɪv] *adj* informativo

informer [ɪn'fɔ:məʳ, *Am:* -'fɔ:rməˈ] *n* denunciante *mf*

infotainment [ɪnfəʊ'teɪnmənt, *Am:* 'ɪnfoʊteɪn-] *n* infotainment *m*

infrared ['ɪnfrə'red] *adj* infrarrojo

infrastructure ['ɪnfrəˌstrʌktʃəʳ, *Am:* -tʃəˈ] *n* infraestructura *f*

infrequent [ɪn'fri:kwənt] *adj* poco frecuente

infringe [ɪn'frɪndʒ] *vt* LAW infringir; **to ~ sb's right** vulnerar un derecho de alguien

infringement [ɪn'frɪndʒmənt] *n* LAW infracción *f*; (*of a rule*) violación *f*

infuriate [ɪn'fjʊərɪeɪt, *Am:* -'fjʊrɪ-] *vt* enfurecer

infusion [ɪn'fju:ʒən] *n* infusión *f*

ingenious [ɪn'dʒi:nɪəs, *Am:* -njəs]

adj ingenioso

ingenuity [ˌɪndʒɪˈnjuːəti, *Am:* -ˌti] *n no pl* ingenuidad *f*

ingenuous [ɪnˈdʒenjʊəs] *adj form* ingenuo

ingrained [ˌɪnˈgreɪnd] *adj* **1.** (*dirt*) incrustado **2.** (*prejudice*) arraigado

ingratiate [ɪnˈgreɪʃɪeɪt] *vr* **to ~ oneself with sb** congraciarse con alguien

ingratitude [ɪnˈgrætɪtjuːd, *Am:* -ˈgrætətuːd] *n no pl* ingratitud *f*

ingredient [ɪnˈgriːdɪənt] *n* ingrediente *m*

inhabit [ɪnˈhæbɪt] *vt* habitar

inhabitant [ɪnˈhæbɪtənt] *n* habitante *mf*

inhale [ɪnˈheɪl] *vi, vt* inhalar

inherent [ɪnˈhɪərənt, *Am:* -ˈhɪr-] *adj* inherente

inherit [ɪnˈherɪt] *vt* heredar

inheritance [ɪnˈherɪtəns] *n* herencia *f*

inhibit [ɪnˈhɪbɪt] *vt* (*hinder*) impedir; (*impair*) inhibir

inhibition [ˌɪnɪˈbɪʃən] *n* inhibición *f*

inhospitable [ˌɪnhɒˈspɪtəbl, *Am:* ɪnˈhɑːspɪtə-] *adj* inhospitalario; (*attitude*) poco amistoso

in-house *adv* COM dentro de la empresa

inhuman [ɪnˈhjuːmən] *adj* inhumano

inhumane [ˌɪnhjuːˈmeɪn] *adj* inhumano

inimitable [ɪˈnɪmɪtəbl, *Am:* -ˌtə-] *adj* inimitable

iniquitous [ɪˈnɪkwɪtəs, *Am:* -ˌtəs] *adj* inicuo

iniquity [ɪˈnɪkwəti, *Am:* -ˌti] <-ies> *n* (*wickedness*) iniquidad *f*; (*unfairness*) injusticia *f*

initial [ɪˈnɪʃəl] **I.** *n* inicial *f* **II.** *adj* inicial **III.** <*Brit:* -ll-, *Am:* -l-> *vt* marcar con las iniciales

initially [ɪˈnɪʃəli] *adv* en un principio

initiate [ɪˈnɪʃɪeɪt] *vt* iniciar

initiation [ɪˌnɪʃɪˈeɪʃən] *n* **1.** *no pl* (*start*) inicio *m* **2.** (*introduction*) iniciación *f*

initiative [ɪˈnɪʃətɪv, *Am:* -ˌtɪv] *n* iniciativa *f*; **to take the ~** tomar la

iniciativa; **to show ~** demostrar iniciativa; **to use one's ~** obrar por cuenta propia

inject [ɪnˈdʒekt] *vt* inyectar

injection [ɪnˈdʒekʃən] *n* inyección *f*

injunction [ɪnˈdʒʌŋkʃən] *n* interdicto *m*

injure [ˈɪndʒəʳ, *Am:* -dʒɚ] *vt* herir, victimar *AmL*

injury [ˈɪndʒəri] <-ies> *n* lesión *f*, herida *f*; **a back ~** una lesión de espalda; **to do oneself an ~** *Brit, Aus, iron* hacerse daño

injustice [ɪnˈdʒʌstɪs] *n* injusticia *f*

ink [ɪŋk] *n* tinta *f*

ink-jet printer *n* impresora *f* de chorro de tinta

inkling [ˈɪŋklɪŋ] *n* sospecha *f*; **to have an ~ that ...** tener la sospecha de que...

inland [ˈɪnlənd] *adj* interior

Inland Revenue *n Brit* Hacienda *f*

in-laws *npl* suegros *mpl*

inlet [ˈɪnlet] *n* **1.** GEO ensenada *f* **2.** *Brit* TECH entrada *f*

inmate [ˈɪnmeɪt] *n* residente *mf*; (*prison*) preso, -a *m, f*

inn [ɪn] *n* posada *f*

innards [ˈɪnədz, *Am:* -ɚdz] *npl inf* tripas *fpl*

innate [ɪˈneɪt] *adj* innato

inner [ˈɪnəʳ, *Am:* -ɚ] *adj* **1.** (*interior*) interior **2.** (*feeling*) íntimo

inner tube *n* cámara *f* de aire

innings [ˈɪnɪŋ] *n + sing vb, Brit* (*cricket*) turno *m* de entrada; **to have a good ~s** *Brit, fig* tener una vida larga

innocence [ˈɪnəsns] *n no pl* inocencia *f*

innocent [ˈɪnəsnt] *adj* inocente

innocuous [ɪˈnɒkjʊəs, *Am:* -ˈnɑːk-] *adj* inocuo

innovate [ˈɪnəveɪt] *vi* innovar

innovation [ˌɪnəˈveɪʃən] *n* innovación *f*

innovative [ˈɪnəvətɪv, *Am:* -veɪtɪv] *adj* (*product*) novedoso; (*person*) innovador

innuendo [ˌɪnjuːˈendəʊ, *Am:* -doʊ] <-(e)s> *n* indirecta *f*

innumerable [ɪˈnjuːmərəbl, *Am:*

-'nu:-] *adj* innumerable

inoculation [ɪˌnɒkjʊ'leɪʃən, *Am:* -ˌnɑːkjə'-] *n* inoculación *f*

inoffensive [ˌɪnə'fensɪv] *adj* inofensivo

inopportune [ˌɪn'ɒpətjuːn, *Am:* -ˌɑːpər'tuːn] *adj* inoportuno

inorganic [ˌɪnɔː'gænɪk, *Am:* -ɔːr'-] *adj* inorgánico

input ['ɪnpʊt] *n* (*contribution*) aportación *f*; INFOR entrada *f*

input device *n* INFOR dispositivo *m* de entrada

inquest ['ɪnkwest] *n* LAW investigación *f* judicial

inquire [ɪn'kwaɪəʳ, *Am:* -'kwaɪr] *vi Brit* preguntar; **to ~ about sth** pedir información sobre algo; **to ~ into a matter** indagar en un asunto

inquiry [ɪn'kwaɪəri, *Am:* -'kwaɪri] *n Brit* **1.** (*question*) pregunta *f* **2.** (*investigation*) investigación *f*

inquisition [ˌɪnkwɪ'zɪʃən] *n* inquisición *f*

inquisitive [ɪn'kwɪzətɪv, *Am:* -t̬ɪv] *adj* curioso; **to be ~ about sth** sentir curiosidad sobre algo

insane [ɪn'seɪn] *adj a. fig* loco; **to go ~** volverse loco

insanity [ɪn'sænəti, *Am:* -t̬i] *n no pl* **1.** (*mental illness*) demencia *f* **2.** *a. fig* (*craziness*) locura *f*

insatiable [ɪn'seɪʃəbl] *adj* insaciable

inscription [ɪn'skrɪpʃən] *n* inscripción *f*; (*dedication*) dedicatoria *f*

inscrutable [ɪn'skruːtəbl, *Am:* -t̬ə-] *adj* (*look*) enigmático; (*person*) insondable

insect ['ɪnsekt] *n* insecto *m*

insecticide [ɪn'sektɪsaɪd] *n* insecticida *m*

insecure [ˌɪnsɪ'kjʊəʳ, *Am:* -'kjʊr] *adj* inseguro

insecurity [ˌɪnsɪ'kjʊərəti, *Am:* -'kjʊrət̬i] <-ies> *n* inseguridad *f*

insensible [ɪn'sensəbl] *adj form* insensible; **to be ~ to sth** ser indiferente a algo

insensitive [ɪn'sensətɪv, *Am:* -t̬ɪv] *adj* insensible

inseparable [ɪn'sepr̩əbl] *adj* inseparable

insert [ɪn'sɜːt, *Am:* -'sɜːrt] *vt* insertar; (*coins*) introducir; (*within text*) intercalar

inside [ɪn'saɪd] **I.** *adj* interno **II.** *n* interior *m*; **on the ~** por dentro; **to turn sth ~ out** volver algo del revés **III.** *prep* ~ (**of**) dentro de; **~ three days** en menos de tres días **IV.** *adv* dentro; **to go ~** entrar

insidious [ɪn'sɪdɪəs] *adj* insidioso

insight ['ɪnsaɪt] *n* perspicacia *f*; **to gain an ~ into sth** entender mejor algo

insignificant [ˌɪnsɪg'nɪfɪkənt] *adj* insignificante

insincere [ˌɪnsɪn'sɪəʳ, *Am:* -'sɪr] *adj* poco sincero

insinuate [ɪn'sɪnjʊeɪt] *vt* insinuar

insipid [ɪn'sɪpɪd] *adj* (*food, drink*) insípido; (*person*) soso

insist [ɪn'sɪst] *vi, vt* insistir; **to ~ on doing sth** obstinarse en hacer algo

insistence [ɪn'sɪstəns] *n no pl* insistencia *f*; **to do sth at sb's ~** hacer algo por insistencia de alguien

insistent [ɪn'sɪstənt] *adj* insistente

insolent ['ɪnsələnt] *adj* insolente

insolvent [ɪn'sɒlvənt, *Am:* -'sɑːl-] *adj* insolvente

insomnia [ɪn'sɒmnɪə, *Am:* -'sɑːm-] *n no pl* insomnio *m*

inspect [ɪn'spekt] *vt* inspeccionar

inspection [ɪn'spekʃən] *n* inspección *f*

inspector [ɪn'spektəʳ] *n* inspector(a) *m(f)*

inspiration [ˌɪnspə'reɪʃən] *n* inspiración *f*

inspire [ɪn'spaɪəʳ, *Am:* -'spaɪr] *vt* inspirar

instability [ˌɪnstə'bɪləti, *Am:* -t̬i] *n no pl* inestabilidad *f*

instal <-ll-> *Brit*, **install** [ɪn'stɔːl] *vt* instalar

installation [ˌɪnstə'leɪʃən] *n* instalación *f*

installment *n Am*, **instalment** [ɪn'stɔːlmənt] *n* **1.** RADIO, TV entrega *f* **2.** COM plazo *m*

instance ['ɪnstəns] *n* caso *m*; **for ~** por ejemplo; **in the first ~** primero

instant ['ɪnstənt] **I.** *n* instante *m*;

for an ~ por un momento; **in an** ~ al instante **II.** *adj* **1.** (*immediate*) inmediato **2.** GASTR instantáneo

instantaneous [ˌɪnstən'teɪnɪəs] *adj* instantáneo

instantly ['ɪnstəntli] *adv* al instante

instead [ɪn'sted] **I.** *adv* en cambio **II.** *prep* ~ **of** en vez de; ~ **of him** en su lugar; ~ **of doing sth** en lugar de hacer algo

instep ['ɪnstep] *n* empeine *m*

instigate ['ɪnstɪgeɪt] *vt* instigar

instil [ɪn'stɪl] <-ll-> *vt,* **instill** *vt Am* **to** ~ **sth** (**into sb**) infundir algo (a alguien)

instinct ['ɪnstɪŋkt] *n* instinto *m;* **to do sth by** ~ hacer algo por instinto

instinctive [ɪn'stɪŋktɪv] *adj* instintivo

institute ['ɪnstɪtjuːt, *Am:* -tuːt] **I.** *n* instituto *m* **II.** *vt form* (*system, reform*) instituir; (*steps, measures*) iniciar; (*legal action*) emprender

institution [ˌɪnstɪ'tjuːʃən, *Am:* -'tuː-] *n* institución *f*

institutional [ˌɪnstɪ'tjuːʃənəl, *Am:* -'tuː-] *adj* institucional

institutionalize [ˌɪnstɪ'tjuːʃənəlaɪz, *Am:* -'tuː-] *vt* institucionalizar; (*person*) ingresar

instruct [ɪn'strʌkt] *vt* instruir; **to** ~ **sb to do sth** ordenar a alguien hacer algo

instruction [ɪn'strʌkʃən] *n* **1.** *no pl* (*teaching*) instrucción *f* **2.** (*order*) **to give sb** ~**s** dar órdenes a alguien

instructive [ɪn'strʌktɪv] *adj* instructivo

instructor [ɪn'strʌktər, *Am:* -tə-] *n* instructor(a) *m(f)*

instrument ['ɪnstrʊmənt, *Am:* -strə-] *n* instrumento *m*

instrumental [ˌɪnstrʊ'mentl, *Am:* -strə'mentl̩] **I.** *adj* **1.** MUS instrumental **2.** *fig* **to be** ~ **in doing sth** jugar un papel clave en algo **II.** *n* MUS pieza *f* instrumental

insubordinate [ˌɪnsə'bɔːdɪnət, *Am:* -'bɔːrdənɪt] *adj* insubordinado

insubstantial [ˌɪnsəb'stænʃl] *adj* insustancial

insufferable [ɪn'sʌfrəbl] *adj* insufrible; (*person*) inaguantable

insufficient [ˌɪnsə'fɪʃənt] *adj* insuficiente

insular ['ɪntsjələr, *Am:* -sələ-] *adj* **1.** GEO insular **2.** (*person*) de miras estrechas

insulate ['ɪntsjəleɪt, *Am:* -sə-] *vt* aislar

insulation [ˌɪntsjə'leɪʃən, *Am:* -sə'-] *n no pl* aislamiento *m*

insulin ['ɪntsjʊlɪn, *Am:* -sə-] *n no pl* insulina *f*

insult ['ɪnsʌlt] **I.** *vt* insultar **II.** *n* insulto *m*, insultada *f AmL;* **to add** ~ **to injury ...** y por si fuera poco...

insurance [ɪn'ʃʊərəns, *Am:* -'ʃʊrəns] *n no pl* seguro *m;* **to take out** ~ (**against sth**) hacerse un seguro (contra algo)

insurance company <-ies> *n* compañía *f* de seguros **insurance policy** <-ies> *n* póliza *f* de seguros

insure [ɪn'ʃʊər, *Am:* -'ʃʊr] *vt* asegurar

insurer [ɪn'ʃʊərər, *Am:* -'ʃʊrə-] *n* (*company*) aseguradora *f*

insurmountable [ˌɪnsə'maʊntəbl, *Am:* -sə'maʊntə-] *adj* insuperable

insurrection [ˌɪnsə'rekʃən, *Am:* -sə'rek-] *n* insurrección *f*

intact [ɪn'tækt] *adj* intacto

intake ['ɪnteɪk] *n* **1.** (*action of taking in*) toma *f;* ~ **of breath** aspiración *f* **2.** (*amount taken in*) consumo *m*

intangible [ɪn'tændʒəbl] *adj* intangible

integral ['ɪntɪgrəl, *Am:* -tə-] *adj* **1.** (*part of the whole*) integrante **2.** (*central, essential*) esencial; **to be** ~ **to sth** ser de vital importancia para algo **3.** (*complete*) integral

integrate ['ɪntɪgreɪt, *Am:* -tə-] *vi, vt* integrar(se)

integrated ['ɪntɪgreɪtɪd, *Am:* -tɪd] *adj* integrado

integration [ˌɪntɪ'greɪʃən, *Am:* -tə'-] *n no pl* integración *f*

integrity [ɪn'tegrəti, *Am:* -ti] *n no pl* integridad *f*

intellect ['ɪntəlekt, *Am:* -tə-] *n no pl* intelecto *m*

intellectual [ˌɪntəˈlektʃʊəl, *Am:* -t̬ə-] *adj* intelectual

intelligence [ɪnˈtelɪdʒəns] *n no pl* inteligencia *f*

intelligent [ɪnˈtelɪdʒənt] *adj* inteligente

intelligible [ɪnˈtelɪdʒəbl] *adj* inteligible

intend [ɪnˈtend] *vt* pretender; **to ~ to do sth** tener la intención de hacer algo; **to be ~ed for sth** estar destinado a algo

intended [ɪnˈtendɪd] *adj* intencional

intense [ɪnˈtents] *adj* intenso

intensify [ɪnˈtentsɪfaɪ] <-ie-> *vi, vt* intensificar(se)

intensity [ɪnˈtentsəti, *Am:* -t̬i] *n no pl* intensidad *f*

intensive [ɪnˈtentsɪv] *adj* intensivo

intent [ɪnˈtent] **I.** *n* propósito *m;* **a declaration of ~** una declaración de intenciones; **to all ~s and purposes** prácticamente **II.** *adj* atento; **to be ~ on doing sth** estar resuelto a hacer algo

intention [ɪnˈtentʃən] *n* intención *f;* **to have no ~ of doing sth** no tener ninguna intención de hacer algo; **with the best of ~s** con la mejor intención

intentional [ɪnˈtentʃənəl] *adj* intencional

interact [ˌɪntərˈækt, *Am:* ɪnt̬əˈækt] *vi* interaccionar

interaction [ˌɪntərˈækʃən, *Am:* -t̬ə-] *n* interacción *f*

interactive [ˌɪntərˈæktɪv, *Am:* -t̬ə-ˈæk-] *adj* interactivo

interbreed [ˌɪntəˈbriːd, *Am:* -t̬ə-] *irr vi* cruzarse

intercept [ˌɪntəˈsept, *Am:* -t̬ə-] *vt* interceptar

interchange [ˌɪntəˈtʃeɪndʒ, *Am:* -t̬ə-] **I.** *n* **1.** *form* intercambio *m* **2.** *Brit* (*of roads*) enlace *m* **II.** *vt* intercambiar

interchangeable [ˌɪntəˈtʃeɪndʒəbl, *Am:* -t̬ə-] *adj* intercambiable

intercourse [ˈɪntəkɔːs, *Am:* -t̬ə-kɔːrs] *n no pl* (*sexual*) **~** relaciones *fpl* sexuales; **social ~** *form* trato *m* social

interdependence [ˌɪntədɪˈpendəns, *Am:* -t̬ədiːˈ-] *n no pl* interdependencia *f*

interdependent [ˌɪntədɪˈpendənt, *Am:* -t̬ədiːˈ-] *adj* interdependiente

interest [ˈɪntrəst, *Am:* -trɪst] **I.** *n* (*hobby, curiosity*) **a.** FIN interés *m;* **to take an ~ in sth** interesarse por algo; **to lose ~ in sth** perder el interés por algo; **out of ~** por curiosidad; **a conflict of ~s** un conflicto de intereses; **it's in your own ~ to do it** te conviene hacerlo por tu propio interés; **~ rate** tipo *m* de interés **II.** *vt* interesar

interested [ˈɪntrəstɪd, *Am:* -trɪst-] *adj* interesado; **to be ~ in sth** estar interesado en algo

interest-free *adj* FIN sin intereses

interesting [ˈɪntrəstɪŋ] *adj* interesante

interface [ˈɪntəfeɪs, *Am:* -t̬ə-] *n* **1.** (*point of contact*) punto *m* de contacto **2.** INFOR interfaz *f*

interfere [ˌɪntəˈfɪəʳ, *Am:* -t̬əˈfɪr] *vi* interferir; **to ~ in sth** inmiscuirse en algo; **to ~ with sb** (*molest*) abusar de alguien

interference [ˌɪntəˈfɪərəns, *Am:* -t̬əˈfɪr-] *n no pl* **1.** intromisión *f* **2.** RADIO, TECH interferencia *f*

interim [ˈɪntərɪm, *Am:* -t̬ə-] **I.** *n no pl* ínterin *m* **II.** *adj* provisional

interior [ɪnˈtɪərɪəʳ, *Am:* -ˈtɪrɪə] **I.** *adj* interno **II.** *n* interior *m*

interject [ˌɪntəˈdʒekt, *Am:* -t̬ə-] *vt form* interponer

interjection [ˌɪntəˈdʒekʃən, *Am:* -t̬ə-] *n* interjección *f*

interlude [ˈɪntəluːd, *Am:* -t̬əluːd] *n* (*interval*) intervalo *m*

intermediary [ˌɪntəˈmiːdɪəri, *Am:* -t̬əˈmiːdɪer-] <-ies> *n* intermediario, -a *m, f*

intermediate [ˌɪntəˈmiːdɪət, *Am:* -t̬ə-] *adj* intermedio

interminable [ɪnˈtɜːmɪnəbl, *Am:* -ˈtɜːr-] *adj* interminable

intermission [ˌɪntəˈmɪʃən, *Am:* -t̬ə-] *n* intermedio *m;* CINE, THEAT descanso *m*

intermittent [ˌɪntə'mɪtnt, *Am:* -ˌt̬ə-] *adj* intermitente

intern I. [ɪn'tɜːn, *Am:* -'tɜːrn] *vt* recluir **II.** *vi* MED trabajar como interno; SCHOOL hacer (las) prácticas **III.** ['ɪntɜːn, *Am:* -tɜːrn] *n Am* estudiante *mf* en prácticas; **hospital** ~ médico *m* interno

internal [ɪn'tɜːnl, *Am:* -'tɜːr-] *adj* interno

international [ˌɪntə'næʃnəl, *Am:* -t̬ə-] *adj* internacional

International Court of Justice *n* Tribunal *m* Internacional de Justicia

International Monetary Fund *n* Fondo *m* Monetario Internacional

internee [ˌɪntɜː'niː, *Am:* -tɜːr'-] *n* interno, -a *m, f*

Internet ['ɪntənet, *Am:* -t̬ə-] *n* internet *f*

Internet access *n* acceso *m* a internet **Internet-based learning** *n no pl* aprendizaje *m* por Internet [*o* en línea] **Internet café** *n* ciber café *m* **Internet search engine** *n* motor *m* de búsqueda en la red **Internet user** *n* internauta *mf*

internment [ɪn'tɜːnmənt, *Am:* -'tɜːrn-] *n no pl* internamiento *m*

interplay ['ɪntəpleɪ, *Am:* -t̬ə-] *n no pl* interacción *f*

interpret [ɪn'tɜːprɪt, *Am:* -'tɜːrprət] **I.** *vt* **1.** (*decode, construe*) interpretar **2.** (*translate*) traducir **II.** *vi* interpretar

interpretation [ɪnˌtɜːprɪ'teɪʃən, *Am:* -ˌtɜːrprə'-] *n* interpretación *f*; **to put an ~ on sth** interpretar algo

interpreter [ɪn'tɜːprɪtəʳ, *Am:* -'tɜːrprət̬əʳ] *n* intérprete *mf*

interpreting [ɪn'tɜːprɪtɪŋ, *Am:* -'tɜːrprət-] *n no pl* interpretación *f*

interrelate [ˌɪntərɪ'leɪt, *Am:* -t̬ərɪ-] *vi* interrelacionarse

interrogate [ɪn'terəgeɪt] *vt* interrogar

interrogation [ɪnˌterə'geɪʃən] *n* interrogación *f*; LAW interrogatorio *m*

interrogator [ɪn'terəgeɪtəʳ, *Am:* -t̬əʳrɑːgətɔːr] *n* interrogador(a) *m(f)*

interrupt [ˌɪntə'rʌpt, *Am:* -t̬ə-] *vi, vt* interrumpir

interruption [ˌɪntə'rʌpʃən, *Am:* -t̬ə-] *n* interrupción *f*; **without ~** sin interrupciones

intersect [ˌɪntə'sekt] *vi* cruzarse

intersection [ˌɪntə'sekʃən] *n* **1.** (*of lines*) intersección *f* **2.** *Am, Aus* (*junction*) cruce *m*

intersperse [ˌɪntə'spɜːs, *Am:* -t̬ə-'spɜːrs] *vt* intercalar

interstate [ˌɪntə'steɪt, *Am:* 'ɪntə-] *adj Am* interestatal

intertwine [ˌɪntə'twaɪn, *Am:* -t̬ə-] *vi, vt* entrelazar(se)

interval ['ɪntəvl, *Am:* -t̬ə-] *n a.* MUS intervalo *m*; THEAT entreacto *m*; **at ~s** de vez en cuando

intervene [ˌɪntə'viːn, *Am:* -t̬ə-] *vi* intervenir; **to ~ on sb's behalf** interceder por alguien

intervening *adj* **in the ~ period** en el ínterin

intervention [ˌɪntə'venʃən, *Am:* -t̬əʳ-] *n* intervención *f*

interview ['ɪntəvjuː, *Am:* -t̬ə-] **I.** *n* entrevista *f*; **to give an ~** conceder una entrevista **II.** *vt* entrevistar

interviewer ['ɪntəvjuːəʳ, *Am:* -t̬ə-vjuːəʳ] *n* entrevistador(a) *m(f)*

interweave [ˌɪntə'wiːv, *Am:* -t̬ə-] *vt irr* entretejer

intestine [ɪn'testɪn] *n* intestino *m*

intimacy ['ɪntɪməsi, *Am:* -t̬ə-] <-ies> *n* intimidad *f*

intimate ['ɪntɪmət, *Am:* -t̬ə-] *adj* íntimo; (*knowledge*) profundo; **to be on ~ terms with sb** tener intimidad con alguien

intimidate [ɪn'tɪmɪdeɪt] *vt* intimidar; **to ~ sb into doing sth** coaccionar a alguien para que haga algo

intimidating *adj* intimidante

intimidation [ɪnˌtɪmɪ'deɪʃən] *n no pl* intimidación *f*

into ['ɪntʊ, *Am:* -tə] *prep* **1.** (*to the inside of*) en; (*towards*) hacia; **to walk ~ a place** entrar en un sitio; **to get ~ bed** meterse en cama; **~ the future** hacia el futuro **2.** (*against*) contra; **to drive ~ a tree** chocar contra un árbol; **to bump ~ a friend**

tropezar con un amigo **3.** (*to the state or condition of*) **to grow ~ a woman** convertirse en una mujer; **to translate from English ~ Spanish** traducir del inglés al español **4.** *inf* (*interested in*) **she's really ~ her new job** está entusiasmada con su nuevo trabajo **5.** MAT **two ~ ten equals five** diez entre dos es igual a cinco

intolerable [ɪn'tɒlərəbl, *Am:* -'tɑ:-lə-] *adj* intolerable

intolerance [ɪn'tɒlərəns, *Am:* -'tɑ:-lə-] *n no pl* intolerancia *f*

intolerant [ɪn'tɒlərənt, *Am:* -'tɑ:-lə-] *adj* intolerante

intonation [ˌɪntə'neɪʃən, *Am:* -toʊ'-] *n* entonación *f*

intoxicate [ɪn'tɒksɪkeɪt, *Am:* -'tɑ:k-] *vt* embriagar

intoxicating [ɪn'tɒksɪkeɪtɪŋ, *Am:* -'tɑ:ksɪkeɪt̬ɪŋ] *adj* embriagador

intoxication [ɪn,tɒksɪ'keɪʃən, *Am:* -,tɑ:ksɪ-] *n no pl, a. fig* (*drunkenness*) embriaguez *f*

intractable [ˌɪn'træktəbl] *adj form* (*person*) obstinado; (*problem*) insoluble

Intranet [ˌɪntrə'net] *n* intranet *f*

intransigent [ɪn'trænsɪdʒənt, *Am:* -sə-] *adj* intransigente

intransitive [ɪn'trænsətɪv, *Am:* -t̬ɪv] *adj* intransitivo

intravenous [ˌɪntrə'vi:nəs] *adj* MED intravenoso

intrepid [ɪn'trepɪd] *adj* intrépido

intricate ['ɪntrɪkət] *adj* intrincado

intrigue [ɪn'tri:g] **I.** *vi, vt* intrigar; **to be ~d by sth** estar intrigado con algo **II.** *n* intriga *f*

intriguing [ɪn'tri:gɪŋ] *adj* intrigante

intrinsic [ɪn'trɪnsɪk] *adj* intrínseco

introduce [ˌɪntrə'dju:s, *Am:* -'du:s] *vt* **1.** (*person*) presentar; **to ~ sb to sth** iniciar a alguien en algo **2.** (*bring in*) introducir

introduction [ˌɪntrə'dʌkʃən] *n* **1.** (*of person*) presentación *f* **2.** (*bringing in*) introducción *f* **3.** (*preface*) prólogo *m*

introductory [ˌɪntrə'dʌktəri] *adj* **1.** (*elementary, preparatory*) de in-

troducción **2.** (*beginning*) introductorio

introspection [ˌɪntrə'spekʃən, *Am:* -troʊ'-] *n no pl* introspección *f*

introverted *adj* introvertido

intrude [ɪn'tru:d] *vi* entrometerse

intruder [ɪn'tru:də^r, *Am:* -ɚ] *n* intruso, -a *m, f*

intrusion [ɪn'tru:ʒən] *n* intrusión *f*

intrusive [ɪn'tru:sɪv] *adj* (*question*) indiscreto; (*person*) entrometido

intuition [ˌɪntju:'ɪʃən, *Am:* -tu:'-] *n no pl* intuición *f*

intuitive [ɪn'tju:ɪtɪv] *adj* intuitivo

inundate ['ɪnʌndeɪt, *Am:* -ən-] *vt* inundar

invade [ɪn'veɪd] *vt, vi* invadir

invader [ɪn'veɪdə^r, *Am:* -ɚ] *n* invasor(a) *m(f)*

invalid¹ ['ɪnvəlɪd] *n* minusválido, -a *m, f*

invalid² [ɪn'vælɪd] *adj a.* LAW nulo

invalidate [ɪn'vælɪdeɪt] *vt a.* LAW anular

invaluable [ɪn'væljʊəbl, *Am:* -juə-] *adj* inestimable

invariable [ɪn'veəriəbl, *Am:* -'ve-rɪ-] *adj* invariable

invasion [ɪn'veɪʒən] *n* invasión *f;* **~ of privacy** violación de la intimidad

invent [ɪn'vent] *vt* inventar

invention [ɪn'venʃən] *n* **1.** (*gadget*) invención *f*, invento *m AmL* **2.** *no pl* (*creativity*) inventiva *f*

inventive [ɪn'ventɪv, *Am:* -t̬ɪv] *adj* inventivo

inventiveness [ɪn'ventɪvnɪs, *Am:* -t̬ɪv-] *n no pl* inventiva *f*

inventor [ɪn'ventə^r, *Am:* -t̬ɚ] *n* inventor(a) *m(f)*

inventory ['ɪnvəntri, *Am:* -tɔ:r-] <-ies> *n* **1.** (*catalogue*) inventario *m* **2.** *Am* (*stock*) stock *m*

inverse [ɪn'vɜ:s, *Am:* -'vɜ:rs] *adj* inverso

inversion [ɪn'vɜ:ʃən, *Am:* -'vɜ:rʒən] *n no pl* inversión *f*

invert [ɪn'vɜ:t, *Am:* -'vɜ:rt] *vt* invertir

invertebrate [ɪn'vɜ:tɪbrət, *Am:* -'vɜ:rt̬əbrɪt] *n* invertebrado *m*

invest [ɪn'vest] *vt, vi* invertir

investigate [ɪnˈvestɪgeɪt] vt investigar

investigation [ɪnˌvestɪˈgeɪʃən] n investigación f

investigator [ɪnˈvestɪgeɪtəʳ, Am: -t̬ɚ] n investigador(a) m(f)

investment [ɪnˈvestmənt] n inversión f; **to be a good ~** ser una buena inversión

investor [ɪnˈvestəʳ, Am: -tɚ] n inversionista mf

invigorating [ɪnˈvɪgəreɪtɪŋ, Am: -t̬ɪŋ] adj vigorizante

invincible [ɪnˈvɪnsəbl] adj invencible

invisible [ɪnˈvɪzəbl] adj invisible

invitation [ˌɪnvɪˈteɪʃən] n invitación f

invite [ɪnˈvaɪt] vt invitar; **to ~ offers** solicitar ofertas; **to ~ trouble** buscar problemas

inviting [ɪnˈvaɪtɪŋ, Am: -t̬ɪŋ] adj atractivo

invoice [ˈɪnvɔɪs] I. vt facturar II. n factura f

invoke [ɪnˈvəʊk, Am: -ˈvoʊk] vt invocar

involuntary [ɪnˈvɒləntəri, Am: -ˈvɑːləntɚ-] adj involuntario

involve [ɪnˈvɒlv, Am: -ˈvɑːlv] vt 1. (implicate) implicar; **to be ~d in sth** estar metido en algo; **to get ~d in sth** meterse en algo 2. (entail) comportar

involved [ɪnˈvɒlvd, Am: -ˈvɑːlvd] adj complicado

involvement [ɪnˈvɒlvmənt, Am: -ˈvɑːlv-] n no pl implicación f

inward [ˈɪnwəd, Am: -wɚd] adj interior

inwardly adv interiormente

inwards [ˈɪnwədz, Am: -wɚdz] adv hacia adentro, para dentro

I/O INFOR abbr of **input/output** E/S

IOC n abbr of **International Olympic Committee** COI m

iodine [ˈaɪədiːn, Am: -daɪn] n no pl yodo m

ion [ˈaɪən] n ión m

iota [aɪˈəʊtə, Am: -ˈoʊt̬ə] n no pl, fig ápice m

IQ [ˌaɪˈkjuː] n abbr of **intelligence quotient** CI m

IRA [ˌaɪɑːˈreɪ, Am: -ɑːrˈ-] n no pl abbr of **Irish Republican Army** IRA m

Iran [ɪˈrɑːn, Am: -ˈræn] n Irán m

Iranian [ɪˈreɪnjən] adj iraní

Iraq [ɪˈrɑːk] n Irak m

Iraqi [ɪˈrɑːki] adj iraquí

irate [aɪˈreɪt] adj airado

Ireland [ˈaɪələnd, Am: ˈaɪr-] n Irlanda f

iris [ˈaɪərɪs, Am: ˈaɪ-] <-es> n 1. BOT lirio m 2. ANAT iris m inv

Irish [ˈaɪərɪʃ, Am: ˈaɪ-] adj irlandés

Irishman [ˈaɪərɪʃmən, Am: ˈaɪ-] <-men> n irlandés m

Irishwoman [ˈaɪərɪʃwʊmən, Am: ˈaɪ-] <-women> n irlandesa f

iron [ˈaɪən, Am: ˈaɪɚn] I. n 1. no pl (metal) hierro m, fierro m AmL 2. (for pressing clothes) plancha f II. vi, vt planchar

Iron Age n edad f de hierro **Iron Curtain** n HIST, POL Telón m de Acero

ironic [aɪˈrɒnɪk, Am: aɪˈrɑːnɪk] adj irónico

ironing [ˈaɪənɪŋ, Am: ˈaɪɚn-] n no pl **to do the ~** planchar

ironing board n tabla f de planchar **ironmonger's** n ferretería f

iron ore n no pl mineral m de hierro **irony** [ˈaɪərəni, Am: ˈaɪ-] <-ies> n ironía f

irrational [ɪˈræʃənəl] adj irracional

irrefutable [ˌɪrɪˈfjuːtəbl, Am: ɪˈrefjət̬ə-] adj irrefutable

irregular [ɪˈregjələʳ, Am: -lɚ] adj irregular; (surface) desigual; (behaviour) anómalo

irregularity [ɪˌregjəˈlærəti, Am: ɪˌregjəˈlerət̬i] <-ies> n irregularidad f; (of behaviour) anormalidad f

irrelevance [ɪˈreləvənts, Am: ɪrˈ-] n irrelevancia f

irrelevant [ɪˈreləvənt, Am: ɪrˈ-] adj irrelevante; **to be ~ to sth** no ser relevante para algo

irreplaceable [ˌɪrɪˈpleɪsəbl] adj irreemplazable

irrepressible [ˌɪrɪˈpresəbl] adj irrefrenable

irresistible [ˌɪrɪˈzɪstəbl] adj irresistible

irresolute [ɪ'rezəluːt] *adj* irresoluto

irrespective [ˌɪrɪ'spektɪv] *prep* ~ **of** aparte de

irresponsible [ˌɪrɪ'spɒnsəbl, *Am:* -'spɑːn-] *adj* irresponsable

irreverent [ɪ'revərənt] *adj* irreverente

irreversible [ˌɪrɪ'vɜːsəbl, *Am:* -'vɜːr-] *adj* irreversible

irrigate ['ɪrɪgeɪt] *vt* **1.** AGR regar **2.** MED irrigar

irrigation [ˌɪrɪ'geɪʃən] *n no pl* AGR riego *m*

irritable ['ɪrɪtəbl, *Am:* -ṭə-] *adj* irritable

irritate ['ɪrɪteɪt] *vt a.* MED irritar

irritating *adj* irritante

irritation [ˌɪrɪ'teɪʃən] *n* irritación *f*

is [ɪz] *vt, vi 3rd pers sing of* **be**

Islam [ɪz'lɑːm] *n no pl* Islam *m*

Islamic [ɪz'læmɪk, *Am:* -'lɑː-] *adj* islámico

island ['aɪlənd] *n* isla *f*

islander ['aɪləndəʳ, *Am:* -ɚ] *n* isleño, -a *m, f*

isolate ['aɪsəleɪt] *vt* aislar

isolated ['aɪsəleɪtɪd, *Am:* -ṭɪd] *adj* **1.** (*remote*) aislado **2.** (*lonely*) apartado

isolation [ˌaɪsə'leɪʃən] *n no pl* **1.** (*separation*) aislamiento *m* **2.** (*loneliness*) soledad *f*

isotope ['aɪsətəʊp, *Am:* -toʊp] *n* isótopo *m*

Israel ['ɪzreɪl, *Am:* -riəl] *n* Israel *m*

Israeli [ɪz'reɪli] *adj* israelí

Israelite ['ɪzrɪəlaɪt] *n* israelita *mf*

issue ['ɪʃuː] I. *n* **1.** (*problem, topic*) cuestión *f*; **family ~s** asuntos *mpl* familiares; **the point at** ~ el punto en cuestión; **to force an** ~ forzar una decisión; **to make an** ~ **of sth** convertir algo en un problema **2.** PUBL número *m* **3.** (*of shares*) emisión *f* II. *vt* emitir; (*passport*) expedir; (*newsletter*) publicar; (*ultimatum*) presentar; **to** ~ **a statement** hacer una declaración

it [ɪt] I. *pron dem* la, le, lo (*in many cases, 'it' is omitted when referring to information already known*);

who was ~**?** ¿quién era?; ~**'s in my bag** está en mi bolso; ~ **was in London that ...** fue en Londres donde... II. *pron pers* **1.** él, ella, ello; *direct object:* lo, la; *indirect object:* le; ~ **exploded** estalló; **I'm afraid of** ~ le tengo miedo **2.** (*time*) **what time is** ~**?** ¿qué hora es? **3.** (*weather*) ~**'s cold** hace frío; ~**'s snowing** está nevando **4.** (*distance*) ~**'s 10 km to the town** hay 10 km hasta el pueblo **5.** (*empty subject*) ~ **seems that ...** parece que... **6.** (*passive subject*) ~ **is said that ...** se dice que...

IT [ˌaɪ'tiː] *n no pl* INFOR *abbr of* **Information Technology** tecnología *f* de la información

Italian [ɪ'tæljən] *adj* italiano

italics [ɪ'tælɪks] *npl* cursiva *f*

Italy ['ɪtəli, *Am:* 'ɪṭ-] *n* Italia *f*

itch [ɪtʃ] I. *vi* picar; **to do sth** *fig, inf* morirse por hacer algo II. *n* comezón *f*, rasquiña *f* Arg

itchy ['ɪtʃi] <-ier, -iest> *adj* **my leg is** ~ me pica la pierna

item ['aɪtəm, *Am:* -ṭəm] *n* **1.** (*thing*) artículo *m*; ~ **of clothing** prenda *f* de vestir; **news** ~ noticia *f* **2.** (*topic*) asunto *m*; ~ **by** ~ punto por punto

itinerant [aɪ'tɪnərənt] *adj* itinerante

itinerary [aɪ'tɪnərəri, *Am:* -ərer-] <-ies> *n* itinerario *m*

its [ɪts] *adj poss* su; ~ **colour/ weight** su color/peso; ~ **mountains** sus montañas; **the cat hurt** ~ **head** el gato se lastimó la cabeza

itself [ɪt'self] *pron refl* él mismo, ella misma, ello mismo; *direct, indirect object:* se; *after prep:* sí mismo, sí misma; **the place** ~ el sitio en sí; **in** ~ en sí

ITV [ˌaɪtiː'viː] *n Brit abbr of* **Independent Television** cadena de televisión británica

ivory ['aɪvəri] <-ies> *n no pl* marfil *m*

Ivory Coast *n* Costa *f* de Marfil

ivy ['aɪvi] <-ies> *n* hiedra *f*

J
j

J, j [dʒeɪ] *n* J, j *f;* ~ **for Jack** *Brit,* ~ **for Jig** *Am* J de Juan

jab [dʒæb] **I.** *n* **1.** (*with the elbow*) codazo *m* **2.** (*in boxing*) (golpe *m*) corto *m* **II.**<-bb-> *vt* **to** ~ **a needle in sth** pinchar algo con una aguja **III.**<-bb-> *vi* **to** ~ **at sb/sth** (**with sth**) dar a alguien/algo (con algo)

jack [dʒæk] *n* **1.** AUTO gato *m* **2.** (*in cards*) jota *f* **3.** (*in bowls*) boliche *m*
♦ **jack in** *vt Brit, inf* dejar
♦ **jack up** *vt* (*object*) levantar

jackal ['dʒækɔːl, *Am:* -əl] *n* chacal *m*

jackdaw ['dʒækdɔː, *Am:* -dɑː] *n* grajilla *f*

jacket ['dʒækɪt] *n* **1.** (*short coat*) chaqueta *f*, chapona *f RíoPl* **2.** (*of a book*) sobrecubierta *f*

jacket potato *n* patata *f* asada (*con piel*)

jack-in-the-box ['dʒækɪndəbɒks, *Am:* -bɑːks] <-es> *n* caja *f* de sorpresas

jackknife ['dʒæknaɪf] *vi* plegarse

jack plug *n Brit* enchufe *m* de clavija

jackpot ['dʒækpɒt, *Am:* -pɑːt] *n* (premio *m*) gordo *m*

jaded ['dʒeɪdɪd] *adj* **to be** ~ **with sth** estar harto de algo

jagged ['dʒægɪd] *adj* irregular

jail [dʒeɪl] **I.** *n* cárcel *f* **II.** *vt* encarcelar

jam¹ [dʒæm] *n* GASTR mermelada *f*

jam² [dʒæm] **I.** *n* **1.** *inf* (*awkward situation*) aprieto *m;* **to get into a** ~ meterse en un lío **2.** *no pl* (*crowd*) gentío *m* **3.** AUTO atasco *m* **II.**<-mm-> *vt* **1.** (*cause to become stuck*) atascar; (*door*) obstruir; **to** ~ **sth into sth** embutir algo en algo **2.** RADIO interferir **III.**<-mm-> *vi* atrancarse; (*brakes*) bloquearse

Jamaica [dʒəˈmeɪkə] *n* Jamaica *f*

Jamaican *adj* jamaicano

jamb [dʒæm] *n* jamba *f*

jangle ['dʒæŋgl] *vi* tintinear

janitor ['dʒænɪtə', *Am:* -ətʃ] *n Am, Scot* conserje *mf*

January ['dʒænjuəri, *Am:* -jueri] <-ies> *n* enero *m; s. a.* **April**

Japan [dʒəˈpæn] *n* Japón *m*

Japanese [ˌdʒæpəˈniːz] *adj* japonés

jar¹ [dʒɑː', *Am:* dʒɑːr] *n* (*container*) tarro *m*

jar² [dʒɑː', *Am:* dʒɑːr] <-rr-> *vi* chirriar; (*colours, design*) desentonar

jargon ['dʒɑːgən, *Am:* 'dʒɑːr-] *n no pl* jerga *f*

jaundice ['dʒɔːndɪs, *Am:* 'dʒɑːn-] *n no pl* ictericia *f*

jaundiced ['dʒɔːndɪst, *Am:* 'dʒɑːn-] *adj* **1.** MED ictérico **2.** (*bitter*) negativo

Java ['dʒɑːvə] *n* Java *f*

javelin ['dʒævlɪn] *n* jabalina *f*

jaw [dʒɔː, *Am:* dʒɑː] *n* **1.** ANAT mandíbula *f* **2.** *pl* TECH mordazas *fpl*

jay [dʒeɪ] *n* arrendajo *m*

jaywalker ['dʒeɪwɔːkə', *Am:* -wɑːkʃ] *n* peatón *m* imprudente

jazz [dʒæz] *n no pl* jazz *m*
♦ **jazz up** *vt inf* animar

JCB® [ˌdʒeɪsiːˈbiː] *n Brit:* máquina usada para cavar y mover tierra

jealous ['dʒeləs] *adj* **1.** (*envious*) envidioso; **to feel/be** ~ sentir/tener envidia **2.** (*fiercely protective*) celoso

jealousy ['dʒeləsi] <-ies> *n* **1.** *no pl* (*envy*) envidia *f* **2.** (*possessiveness*) celos *mpl*

jeans [dʒiːnz] *npl* (pantalones *mpl*) vaqueros *mpl*

jeer [dʒɪə', *Am:* dʒɪr] *vi* mofarse; **to** ~ **at sb** burlarse de alguien

jelly ['dʒeli] <-ies> *n* gelatina *f*

jellyfish <-es> *n* medusa *f*

jeopardise *vt,* **jeopardize** ['dʒepədaɪz, *Am:* '-ʃ-] *vt* poner en peligro

jeopardy ['dʒepədi, *Am:* '-ʃ-] *n no pl* peligro *m;* **to put sth in** ~ poner algo en peligro

jerk [dʒɜːk, *Am:* dʒɜːrk] **I.** *n* **1.** (*jolt*) sacudida *f* **2.** (*movement*) tirón *m* **3.** *pej, inf* (*person*) estúpido, -a *m, f* **II.** *vi* sacudirse **III.** *vt* **1.** (*shake*) sacudir **2.** (*pull*) tirar bruscamente de

jersey ['dʒɜːzi, *Am:* 'dʒɜːr-] *n* **1.** (*garment*) jersey *m* **2.** *no pl* (*cloth*) tejido *m* de punto

Jesus ['dʒiːzəs] *interj inf* por Dios, híjole *AmL*

Jesus Christ *n* Jesucristo *m*

jet [dʒet] *n* **1.** (*aircraft*) jet *m* **2.** (*stream*) chorro *m*

jet-black *adj* negro azabache

jet engine *n* motor *m* a reacción **jet lag** *n no pl* jet lag *m*

jettison ['dʒetɪsən, *Am:* 'dʒeʈə-] *vt* deshacerse de

jetty ['dʒeti, *Am:* 'dʒeʈ-] *n* embarcadero *m*

Jew [dʒuː] *n* judío, -a *m, f*

jewel ['dʒuːəl] *n* **1.** (*piece of jewellery*) joya *f* **2.** (*watch part*) rubí *m*

jeweler *n Am,* **jeweller** ['dʒuːələʳ, *Am:* -lə·] *n* joyero, -a *m, f;* ~**'s** (*shop*) joyería *f*

jewellery *n,* **jewelry** ['dʒuːəlri] *n Am no pl* joyas *fpl*

Jewess ['dʒuːes, *Am:* -ɪs] *n* judía *f*

Jewish ['dʒuːɪʃ] *adj* judío

jibe [dʒaɪb] *n* burla *f*

jiffy ['dʒɪfi] *n no pl, inf* **in a** ~ en un santiamén

jigsaw ['dʒɪgsɔː, *Am:* -sɑː] *n* **1.** (*tool*) sierra *f* de vaivén **2.** (*puzzle*) puzzle *m,* rompecabezas *m inv*

jilt [dʒɪlt] *vt* dejar plantado

jingle ['dʒɪŋgl] **I.** *vi* tintinear **II.** *n* (*in advertisments*) jingle *m*

jinx [dʒɪŋks] *n no pl* gafe *f;* **there's a** ~ **on this computer** este ordenador está gafado

jitters ['dʒɪtəz, *Am:* 'dʒɪʈə·z] *npl inf* nervios *mpl;* **he got the** ~ le entró el canguelo

jittery ['dʒɪtəri, *Am:* 'dʒɪʈ-] <-ier, -iest> *adj inf* nervioso

job [dʒɒb, *Am:* dʒɑːb] *n* **1.** (*piece of work, employment*) trabajo *m;* **to make a good/bad** ~ **of sth** hacer algo bien/mal **2.** *no pl* (*duty*) deber *m;* **to do one's** ~ cumplir con su deber; **it's not her job** no es asunto suyo **3.** *no pl* (*problem*) tarea *f* difícil **4.** *fig* **to be just the** ~ *inf* venir

como anillo al dedo; **it's a good ~ that ...** menos mal que...

job centre *n Brit* oficina *f* de empleo

jobless ['dʒɒblɪs, *Am:* 'dʒɑːb-] **I.** *adj* desocupado **II.** *npl* **the** ~ los parados *mpl*

jockey ['dʒɒki, *Am:* 'dʒɑːki] **I.** *n* jockey *mf* **II.** *vi* **to** ~ **for position** disputarse un puesto

jocular ['dʒɒkjʊləʳ, *Am:* 'dʒɑːkjələ·] *adj form* jocoso

jog [dʒɒg, *Am:* dʒɑːg] **I.** <-gg-> *vi* correr **II.** <-gg-> *vt* empujar; **to** ~ **sb's memory** refrescar la memoria de alguien

◆ **jog along** *vi inf* ir tirando

jogger ['dʒɒgəʳ, *Am:* 'dʒɑːgə·] *n* persona *f* que hace footing

jogging ['dʒɒgɪŋ, *Am:* 'dʒɑːgɪŋ] *n no pl* footing *m*

join [dʒɔɪn] **I.** *vt* **1.** (*connect*) juntar, unir; **to** ~ **hands** tomarse de la mano **2.** (*come together with sb*) reunirse [*o* juntarse] con; **they'll** ~ **us after dinner** vendrán después de cenar **3.** (*become member of: club*) hacerse miembro de; (*army*) alistarse en **II.** *vi* unirse **III.** *n* unión *f,* juntura *f*

◆ **join in I.** *vt insep* participar en **II.** *vi* participar

◆ **join up** *vi* unirse; MIL alistarse

joiner ['dʒɔɪnəʳ, *Am:* -nə·] *n* carpintero, -a *m, f*

joint [dʒɔɪnt] **I.** *adj* conjunto **II.** *n* **1.** (*connection*) unión *f,* juntura *f* **2.** ANAT articulación *f* **3.** TECH conexión *f* **4.** BOT nudo *m* **5.** (*meat*) asado *m*

joint account *n* cuenta *f* conjunta

joist [dʒɔɪst] *n* viga *f*

joke [dʒəʊk, *Am:* dʒoʊk] **I.** *n* chiste *m;* (*trick, remark*) broma *f;* **to make a** ~ gastar una broma; **to play a** ~ **on sb** gastar una broma a alguien **II.** *vi* bromear

joker ['dʒəʊkəʳ, *Am:* 'dʒoʊkə·] *n* **1.** (*one who jokes*) bromista *mf* **2.** *inf* (*annoying person*) idiota *m* **3.** (*playing card*) comodín *m*

jolly ['dʒɒli, *Am:* 'dʒɑːli] **I.** <-ier, -iest> *adj* **1.** (*happy*) alegre **2.** (*en-*

joyable) agradable **II.** *adv Brit, inf* muy; ~ **good** estupendo **III.** *vt* to ~ **sb along** animar a alguien

jolt [dʒəʊlt, *Am:* dʒoʊlt] **I.** *n* **1.** (*sudden jerk*) sacudida *f* **2.** (*shock*) impresión *f* **II.** *vt* sacudir

Jordan ['dʒɔ:dn, *Am:* 'dʒɔ:r-] *n* **1.** (*country*) Jordania *f* **2.** (*river*) Jordán *m*

Jordanian [dʒɔ:'deɪnɪən, *Am:* dʒɔ:r-] *adj* jordano

jostle ['dʒɒsl, *Am:* 'dʒɑ:sl] *vt* empujar

jot [dʒɒt, *Am:* dʒɑ:t] *n no pl* **there's not a ~ of truth in it** eso no tiene ni pizca de verdad

jotter ['dʒɒtəʳ, *Am:* 'dʒɑ:tɚ] *n Aus, Brit* cuaderno *m*

journal ['dʒɜ:nəl, *Am:* 'dʒɜ:r-] *n* **1.** (*periodical*) revista *f* especializada **2.** (*diary*) diario *m*

journalism ['dʒɜ:nlɪzəm, *Am:* 'dʒɜ:r-] *n no pl* periodismo *m*, diarismo *m AmL*

journalist ['dʒɜ:nlɪst, *Am:* 'dʒɜ:r-] *n* periodista *mf*

journey ['dʒɜ:ni, *Am:* 'dʒɜ:r-] **I.** *n* viaje *m* **II.** *vi liter* viajar

joy [dʒɔɪ] *n* gozo *m*

joyful ['dʒɔɪfəl] *adj* feliz

joystick ['dʒɔɪstɪk] *n* **1.** AVIAT palanca *f* de mando **2.** INFOR joystick *m*

JP [,dʒeɪ'pi:] *Brit abbr of* **Justice of the Peace** Juez *mf* de Paz

Jr *abbr of* **Junior** Jr.

jubilant ['dʒu:bɪlənt] *adj* jubiloso

judge [dʒʌdʒ] **I.** *n* juez *mf* **II.** *vi* juzgar; (*give one's opinion*) opinar **III.** *vt* **1.** (*question*) decidir; (*assess*) valorar; (*consider*) considerar; **to ~ that …** opinar que… **2.** (*as a referee*) arbitrar; (*in a jury*) actuar como miembro del jurado de

judg(e)ment ['dʒʌdʒmənt] *n* **1.** LAW fallo *m* **2.** (*opinion*) opinión *f* **3.** (*discernment*) criterio *m*

judicial [dʒu:'dɪʃl] *adj* judicial

judiciary [dʒu:'dɪʃəri, *Am:* -ier-] *n no pl, form* poder *m* judicial

judo ['dʒu:dəʊ, *Am:* -doʊ] *n no pl* judo *m*

jug [dʒʌg] *n Aus, Brit* jarra *f*

juggernaut ['dʒʌgənɔ:t, *Am:* -ɚ-nɑ:t] *n* camión *m* grande

juggle ['dʒʌgl] *vi a. fig* hacer juegos malabares

juggler *n* malabarista *mf*

juice [dʒu:s] *n* **1.** *no pl* (*drink*) zumo *m* **2.** (*of meat*) jugo *m* **3.** *no pl, Am, inf* (*petrol*) combustible *m*

juicy ['dʒu:si] <-ier, -iest> *adj* jugoso

jukebox ['dʒu:kbɒks, *Am:* -bɑ:ks] *n* máquina *f* de discos

July [dʒu:'laɪ] *n* julio *m*; *s. a.* **April**

jumble ['dʒʌmbl] **I.** *n no pl* revoltijo *m* **II.** *vt* mezclar

jumble sale *n* bazar *m* benéfico

jumbo ['dʒʌmbəʊ, *Am:* -boʊ] *n inf* jumbo *m*

jump [dʒʌmp] **I.** *vi* **1.** (*leap*) saltar **2.** (*skip*) brincar **3.** (*jerk*) sobresaltarse **4.** (*increase suddenly*) subir de golpe **II.** *vt* saltar; **to ~ a queue** colarse **III.** *n* **1.** (*leap*) salto *m* **2.** (*hurdle*) obstáculo *m*

◆ **jump about** *vi* dar saltos

◆ **jump at** *vt* (*opportunity*) no dejar escapar; (*offer*) aceptar con entusiasmo

◆ **jump down** *vi* bajar de un salto

◆ **jump up** *vi* ponerse de pie de un salto

jumper ['dʒʌmpəʳ, *Am:* -pɚ] *n* **1.** (*person, animal*) saltador(a) *m(f)* **2.** *Aus, Brit* (*pullover*) suéter *m* **3.** *Am* (*dress*) pichi *m*

jump lead *n Brit* cable *m* de arranque **jump-start** *vt* hacer arrancar (*empujando o haciendo un puente*)

jumpy ['dʒʌmpi] <-ier, -iest> *adj inf* nervioso

junction ['dʒʌŋkʃən] *n* (*road ~*) cruce *m*; (*motorway ~*) salida *f*

juncture ['dʒʌŋktʃəʳ, *Am:* -tʃɚ] *n no pl, form* coyuntura *f*; **at this ~** en este momento

June [dʒu:n] *n* junio *m*; *s. a.* **April**

jungle ['dʒʌŋgl] *n* selva *f*

junior ['dʒu:niəʳ, *Am:* '-njɚ] **I.** *adj* **1.** (*younger*) más joven **2.** SPORTS juvenil **3.** (*lower in rank*) subalterno **II.** *n* **1.** (*younger person*) **which is the ~?** ¿quién es el más joven?

2. (*low-ranking person*) subalterno, -a *m, f*

junior school *n Brit* escuela *f* primaria

junk¹ [dʒʌŋk] **I.** *n no pl* trastos *mpl*, tiliches *mpl AmC, Méx* **II.** *vt inf* tirar a la basura

junk² [dʒʌŋk] *n* (*vessel*) junco *m*

junk food *n* comida *f* basura

junkie ['dʒʌŋki] *n inf* yonqui *mf*

junk shop *n* tienda *f* de trastos viejos

Jupiter ['dʒuːpɪtəʳ, *Am:* -t̬ɚ] *n* Júpiter *m*

jurisdiction [ˌdʒʊərɪs'dɪkʃən, *Am:* ˌdʒʊrɪs-] *n no pl* jurisdicción *f*; **to have ~ in sth** tener competencia en algo

jurisprudence [ˌdʒʊərɪs'pruː-dənts, *Am:* ˌdʒʊrɪs-] *n no pl* jurisprudencia *f*

juror ['dʒʊərəʳ, *Am:* 'dʒʊrɚ] *n* miembro *mf* del jurado

jury ['dʒʊəri, *Am:* 'dʒʊri] *n* jurado *m*

juryman ['dʒʊərimən, *Am:* 'dʒʊri-] *n* miembro *m* del jurado

just [dʒʌst] **I.** *adv* **1.** (*very soon*) enseguida; **we're ~ about to leave** estamos a punto de salir **2.** (*now*) precisamente; **to be ~ doing sth** estar justamente haciendo algo **3.** (*very recently*) **~ after 10 o'clock** justo después de las 10; **she's ~ turned 15** acaba de cumplir 15 años **4.** (*exactly, equally*) exactamente, justo; **~ like that** exactamente así; **~ as I expected** tal y como yo esperaba; **~ now** ahora mismo; **not ~ yet** todavía no **5.** (*only*) solamente; **~ a minute** espera un momento **6.** (*simply*) simplemente; **~ in case it rains** por si llueve **7.** (*barely*) **~** (**about**), (**only**) **~** apenas; **~ in time** justo a tiempo; **it's ~ as well that ...** menos mal que... **8.** (*very*) muy; **you look ~ wonderful!** ¡estás maravillosa! **II.** *adj* (*fair*) justo

justice ['dʒʌstɪs] *n* justicia *f*

justification [ˌdʒʌstɪfɪ'keɪʃən, *Am:* -t̬ə-] *n no pl* justificación *f*

justify ['dʒʌstɪfaɪ] *vt* justificar; **to ~ oneself** disculparse

jut [dʒʌt] <-tt-> *vi* **to ~ out** sobresalir

juvenile ['dʒuːvənaɪl, *Am:* -nl] *adj form* juvenil

K

K, k [keɪ] *n* K, k *f*; **~ for King** K de Kenia

K *abbr of* **kilobyte** K *m*

Kampuchea [ˌkæmpʊ'tʃiːə, *Am:* -puː'-] *n* Kampuchea *f*

Kampuchean *adj* kampucheano

kangaroo [ˌkæŋɡə'ruː] <-(s)> *n* canguro *m*

karate [kə'rɑːti, *Am:* kæ'rɑːt̬i] *n no pl* kárate *m*

Kazakhstan [kɑːzɑːk'stæn] *n* Kazajstán *m*

kebab [kə'bæb, *Am:* -'bɑːb] *n* kebab *m*

keel [kiːl] *n NAUT* quilla *f*
◆**keel over** *vi* volcarse; (*person*) desplomarse

keen [kiːn] *adj* **1.** (*intent, eager*) entusiasta; (*student*) aplicado; **to be ~ to do sth** tener ganas de hacer algo; **to be ~ on sth** ser aficionado a algo **2.** (*perceptive: intelligence*) agudo **3.** (*extreme*) fuerte **4.** *liter* (*sharp*) afilado

keep [kiːp] **I.** *n* **1.** *no pl* (*livelihood*) subsistencia *f* **2.** HIST (*castle tower*) torre *f* del homenaje **3.** *fig* **for ~s** para siempre **II.** <kept, kept> *vt* **1.** (*have: shop*) tener; (*guesthouse*) dirigir **2.** (*store: silence, secret*) guardar; **~ me a place** guárdame un sitio; **~ the change** quédese con el cambio **3.** (*maintain*) mantener; **to ~ one's eyes fixed on sth/sb** no apartar los ojos de algo/alguien; **to ~ sth going** mantener algo a flote *fig*; **to ~ sb waiting** hacer esperar a alguien **4.** (*fulfil*) cumplir; **to ~ an appointment** acudir a una cita **5.** (*re-*

cord: diary) escribir; (*accounts*) llevar; **to ~ time** marcar la hora **III.**<kept, kept> *vi* **1.** *a. fig* (*stay fresh*) conservarse **2.** (*stay*) mantenerse; **~ quiet!** ¡cállate!

◆ **keep away I.** *vi* mantenerse alejado; **keep medicines away from children** mantenga los medicamentos fuera del alcance de los niños **II.** *vt always sep* mantener alejado

◆ **keep back I.** *vi* (*stay away*) **to ~ from sth/sb** mantenerse alejado de algo/alguien **II.** *vt* **to keep sth back** quedarse con algo; **to ~ one's tears** contener las lágrimas

◆ **keep down** *vt* **to keep sb down** oprimir a alguien; **to keep prices down** controlar los precios

◆ **keep in I.** *vt* (*person*) no dejar salir; (*emotions*) contener **II.** *vi* **to ~ with sb** tener buena relación con alguien

◆ **keep off I.** *vi* (*stay off*) mantenerse alejado; '**~ the grass**' 'prohibido pisar el césped' **II.** *vt* **1.** mantener alejado; **keep your hands off!** ¡no lo toques! **2.** (*avoid*) evitar

◆ **keep on** *vi* seguir

◆ **keep out** *vi* no entrar; **~!** ¡prohibido el paso!

◆ **keep up I.** *vt* mantener alto **II.** *vi* **1.** (*prices*) mantenerse estable; (*moral*) no decaer **2.** (*continue*) seguir; **to ~ with sb** mantener el contacto con alguien

keeper ['kiːpəʳ, *Am:* -pɚ] *n* (*in charge*) guarda *mf*; (*museum*) conservador(a) *m(f)*; (*jail*) carcelero, -a *m, f*

keeping ['kiːpɪŋ] *n no pl* **1.** (*guarding*) cargo *m* **2.** **in ~ with sth** de acuerdo con algo

keepsake ['kiːpseɪk] *n* recuerdo *m*

keg [keg] *n* barril *m*

kennel ['kenl] *n* perrera *f*

Kenya ['kenjə] *n* Kenia *f*

Kenyan ['kenjən] *adj* keniano

kept [kept] *pt, pp of* **keep**

kerb [kɜːb, *Am:* kɜːrb] *n Brit, Aus* bordillo *m*, cordón *m CSur*

kernel ['kɜːnl, *Am:* 'kɜːr-] *n*

1. (*centre of fruit*) almendra *f* **2.** (*essential part*) **a ~ of truth** una pizca de verdad

kerosene ['kerəsiːn] *n no pl, Am, Aus* queroseno *m*

ketchup ['ketʃəp] *n no pl* ketchup *m*

kettle ['ketl, *Am:* 'ket̬-] *n* tetera *f*, pava *f AmL*

key [kiː] **I.** *n* **1.** (*doors*) llave *f* **2.** *a.* INFOR tecla *f* **3.** *no pl* (*essential point*) clave *f* **4.** (*list*) clave *f*; (*map*) lista *f* de símbolos convencionales **5.** MUS tono *m* **II.** *adj* clave **III.** *vt* **to ~ (in)** teclear

◆ **key in** *vt* INFOR picar, teclear

◆ **key up** *vt* emocionar; **to be keyed up** estar emocionado

keyboard ['kiːbɔːd, *Am:* -bɔːrd] *n* teclado *m*

keyhole ['kiːhəʊl, *Am:* -hoʊl] *n* ojo *m* de la cerradura

keynote ['kiːnəʊt, *Am:* -noʊt] *n* **1.** MUS nota *f* tónica **2.** (*central idea*) idea *f* fundamental

keypad ['kiːpæd] *n* INFOR teclado *m* numérico **key ring** *n* llavero *m*

kg *abbr of* **kilogram** kg

khaki ['kɑːki, *Am:* 'kæki] *n no pl* caqui *m*

kick [kɪk] **I.** *n* **1.** (*person*) patada *f*; (*horse*) coz *f*; (*in football*) tiro *m*; (*in swimming*) movimiento *m* de las piernas **2.** (*exciting feeling*) placer *m*; **to do sth for ~s** hacer algo para divertirse **3.** (*gun jerk*) culatazo *m* **II.** *vt* dar una patada **III.** *vi* (*person*) dar patadas a; (*horse*) dar coces, SPORTS chutar

◆ **kick about, kick around I.** *vi inf* (*hang about*) andar por ahí; (*thing*) andar rodando **II.** *vt* **1.** (*a ball*) dar patadas a **2.** (*treat badly*) maltratar

◆ **kick off I.** *vi* (*begin*) empezar; (*in football*) hacer el saque de centro **II.** *vt* quitar de un puntapié

kid [kɪd] **I.** *n* **1.** (*child*) niño, -a *m, f*, pipiolo, -a *m, f*; *Am, Aus* (*young person*) chico, -a *m, f* **2.** ZOOL cría *f*; (*young goat*) cabrito *m* **3.** (*goat leather*) cabritilla *f* **II.** <-dd-> *vi* bromear

kidnap ['kɪdnæp] **I.** <-pp-> *vt* secuestrar, plagiar *AmL* **II.** *n* secuestro *m*, plagio *m AmL*

kidnapper ['kɪdnæpər, *Am:* -ə·] *n* secuestrador(a) *m(f)*

kidnapping *n* secuestro *m*

kidney ['kɪdni] *n* riñón *m*

kidney bean *n* judía *f*, poroto *m CSur*

kill [kɪl] **I.** *n no pl* matanza *f* **II.** *vt* **1.** (*cause to die*) matar **2.** (*destroy*) acabar con; **to ~ the flavour of sth** quitar el gusto a algo
◆ **kill off** *vt* exterminar; (*a disease*) erradicar

killer ['kɪlər, *Am:* -ə·] *n* asesino, -a *m, f*

killing ['kɪlɪŋ] *n* (*of a person*) asesinato *m*; (*of an animal*) matanza *f*; **to make a ~** *fig, inf* hacer su agosto

killjoy ['kɪldʒɔɪ] *n* aguafiestas *mf inv*

kiln ['kɪln] *n* horno *m*

kilo ['kiːləʊ, *Am:* -oʊ] *n* kilo *m*

kilobyte ['kɪləʊbaɪt, *Am:* -oʊ-] *n* kilobyte *m*

kilogram *n Am*, **kilogramme** ['kɪləʊgræm, *Am:* -oʊ-] *n* kilogramo *m*

kilometre *n Brit, Aus*, **kilometer** [kɪ'lɒmɪtər, *Am:* kɪ'laːmət̮ə·] *n Am* kilómetro *m*

kilowatt ['kɪləʊwɒt, *Am:* -oʊwɑːt] *n* kilovatio *m*

kilt [kɪlt] *n* falda *f* escocesa

kin [kɪn] *n no pl* **next of ~** parientes *mpl* más cercanos

kind¹ [kaɪnd] *adj* amable; **he was ~ enough to ...** tuvo la amabilidad de...; **would you be ~ enough to ...?** ¿me haría usted el favor de...?; **with ~ regards** (*in a letter*) muchos recuerdos

kind² [kaɪnd] *n* **1.** (*type*) clase *f*; **what ~ of ...?** ¿qué clase de...?; **they are two of a ~** son tal para cual **2.** (*sth similar to*) especie *f*

kindergarten ['kɪndəgaːtn, *Am:* -də·gaːr-] *n* jardín *m* de infancia, jardín *m* de infantes *RíoPl*

kind-hearted [,kaɪnd'haːtɪd, *Am:* -'haːrt̮ɪd] *adj* bondadoso

kindle ['kɪndl] *vt a. fig* encender

kindly ['kaɪndli] **I.** <-ier, -iest> *adj* amable; (*person*) bondadoso **II.** *adv* **1.** (*in a kind manner*) amablemente **2.** (*please*) **~ put that book away!** ¡haz el favor de guardar ese libro!

kindness ['kaɪndnɪs] <-es> *n* **1.** *no pl* (*act of being kind*) amabilidad *f* **2.** (*kind act*) favor *m*

kindred ['kɪndrɪd] **I.** *npl* parientes *mpl* **II.** *adj* afín; **~ spirits** almas *fpl* gemelas

kinetic [kɪ'netɪk, *Am:* -'net̮-] *adj* PHYS cinético

king [kɪŋ] *n* rey *m*

kingdom ['kɪŋdəm] *n* reino *m*

kingfisher ['kɪŋ,fɪʃər, *Am:* -ə·] *n* martín *m* pescador

king-size ['kɪŋsaɪz] *adj* gigante; **~ cigarettes** cigarrillos *mpl* largos

kinky ['kɪŋki] <-ier, -iest> *adj* **1.** (*twisted*) retorcido **2.** (*with tight curls*) ensortijado **3.** (*unusual*) raro

kiosk ['kiːɒsk, *Am:* -aːsk] *n* **1.** (*stand*) quiosco *m* **2.** *Brit, form* (*telephone box*) cabina *f* (telefónica)

kipper ['kɪpər, *Am:* -ə·] *n* arenque *m* ahumado

kiss [kɪs] **I.** <-es> *n* beso *m*; **~ of life** respiración *f* boca a boca **II.** *vt* besar; **to ~ sb goodnight/goodbye** dar un beso de buenas noches/despedida a alguien

kit [kɪt] *n* **1.** (*set*) utensilios *mpl*; **tool ~** caja *f* de herramientas **2.** (*parts to put together*) kit *m*

kitchen ['kɪtʃɪn] *n* cocina *f*

kitchen sink *n* fregadero *m*, pileta *f RíoPl*

kite [kaɪt] *n* (*toy*) cometa *f*, volantón *m AmL*

kith [kɪθ] *npl* **~ and kin** familiares *mpl* y amigos

kitten ['kɪtn] *n* gatito, -a *m, f*

kitty ['kɪti, *Am:* 'kɪt̮-] <-ies> *n* **1.** *childspeak* (*kitten or cat*) gatito, -a *m, f* **2.** (*money*) fondo *m*

kiwi ['kiːwiː] *n* **1.** ZOOL, BOT kiwi *m* **2.** *inf* (*New Zealander*) neozelandés, -esa *m, f*

km *abbr of* **kilometre** km

km/h *abbr of* **kilometres per hour** km/h

knack [næk] *n no pl* habilidad *f*; **to get the ~ of sth** coger el tranquillo a algo, tomar la mano a algo *AmL*

knackered ['nækəd, *Am:* -ə·d] *adj*
Brit, Aus, inf hecho polvo

knapsack ['næpsæk] *n Brit, Am* mochila *f*, tamuga *f AmC*

knead [ni:d] *vt* 1. GASTR amasar;
(*clay*) modelar 2. (*massage*) dar masajes a

knee [ni:] *n* rodilla *f*

kneecap ['ni:ˌkæp] I. *n* rótula *f*
II. <-pp-> *vt* disparar en la rodilla/
en las piernas

kneel [ni:l] <knelt *Am:* kneeled,
knelt *Am:* kneeled> *vi* arrodillarse

knew [nju:, *Am:* nu:] *pt of* **know**

knickers ['nɪkəz, *Am:* -ə·z] *npl Brit*
bragas *fpl*

knife [naɪf] <knives> *n* cuchillo *m*

knife-edge *n* filo *m*; **to be** (**balanced**) **on a** ~ *fig* pender de un hilo

knight [naɪt] *n* 1. HIST caballero *m*
2. (*chess figure*) caballo *m*

knighthood *n* título *m* de Sir; **to
give sb a** ~ conceder a alguien el título de sir

? En Gran Bretaña, las personas
que se han distinguido por sus
méritos en favor de su país, son
distinguidas con el honor de pasar
a formar parte de la **knighthood**
(nobleza) y reciben el título de **Sir**
delante de su nombre, por ejemplo, **Sir John Smith**. La mujer de
un **Sir** recibe el tratamiento de
Lady, por ejemplo, **Lady Smith** (y
se tiene que dirigir uno a ella de
esta manera). Si se les quiere nombrar simultáneamente entonces se
utilizaría la fórmula de **Sir John
and Lady Smith**. A partir del año
1917 también una mujer puede
ser distinguida por sus méritos. En
ese caso recibe el título de **Dame**,
por ejemplo, **Dame Mary Smith**.

---

knit [nɪt] I. *vi* (*wool*) hacer punto;
(*with a machine*) tejer II. *vt* (*wool*)

tejer

◆**knit together** I. *vi* (*combine
or join*) unirse 2. (*mend*) soldarse
II. *vt* 1. (*bones*) soldar 2. *fig* (*join*)
unir

knitting *n no pl* labor *f* de punto

knitting-needle *n* aguja *f* de hacer
punto, aguja *f* de tejer *AmL*

knitwear ['nɪtweəʳ, *Am:* -wer] *n no
pl* géneros *mpl* de punto

knives *pl of* **knife**

knob [nɒb, *Am:* nɑ:b] *n* 1. (*of a
door*) pomo *m* 2. (*small amount*)
pedazo *m*; (*of butter*) trocito *m*
3. (*lump*) bulto *m*

knock [nɒk, *Am:* nɑ:k] I. *n*
1. (*blow*) golpe *m* 2. (*sound*) llamada *f* II. *vi* golpear; **to** ~ **on the
window/at the door** llamar a la
ventana/puerta III. *vt* 1. (*hit*) golpear 2. *inf* (*criticize*) criticar

◆**knock down** 1. (*cause to fall*)
derribar; (*with a car*) echar por tierra
2. (*reduce*) rebajar

◆**knock off** I. *vt* 1. (*cause to fall
off*) hacer caer 2. (*reduce*) rebajar;
to knock £5 off the price rebajar 5
libras el precio 3. *inf* (*steal*) robar
II. *vi inf* terminar

◆**knock out** *vt* 1. (*render unconscious*) dejar sin sentido; SPORTS dejar
K.O. 2. (*eliminate*) eliminar

◆**knock over** *vt* atropellar; (*objects*) volcar

knockdown *adj* ~ **price** precio *m* de
saldo

knocker ['nɒkəʳ, *Am:* 'nɑ:kə·] *n* (*on
door*) aldaba *f*; *inf* (*person*) detractor(a) *m(f)*

knockout *n* K.O. *m*

knot [nɒt, *Am:* nɑ:t] I. *n* nudo *m*; **to
tie/untie a** ~ hacer/deshacer un
nudo II. <-tt-> *vt* anudar

knotty ['nɒti, *Am:* 'nɑ:t̬i] <-ier,
-iest> *adj* 1. (*lumber, wood*) nudoso; (*hair*) enredado 2. (*difficult*) difícil

know [nəʊ, *Am:* noʊ] <knew,
known> I. *vt* 1. (*have information*)
saber; **to** ~ **how to do sth** saber
hacer algo; **to** ~ **that ...** saber
que...; **do you** ~ **...?** ¿sabes...?

K
k

2. (*be acquainted with*) conocer; **to get to ~ sb** llegar a conocer a alguien **II.** *vi* saber; **as far as I ~** por lo que sé; **to ~ of** [*o* about] **sth** saber de algo, estar enterado de algo; **I ~!** (*I've got an idea!*) ¡lo tengo!; (*said to agree with sb*) ¡lo sé!

know-all ['nəʊɔːl, *Am:* 'noʊ-] *n Brit, Aus, inf* sabelotodo *mf* **know-how** *n no pl* know-how *m*

knowing ['nəʊɪŋ, *Am:* 'noʊ-] *adj* astuto; (*grins, look, smile*) de complicidad

knowingly *adv* **1.** (*meaningfully*) con conocimiento **2.** (*with full awareness*) a sabiendas

knowledge ['nɒlɪdʒ, *Am:* 'nɑːlɪdʒ] *n no pl* **1.** (*body of learning*) conocimiento *m;* **to have (some) ~ of sth** tener (algún) conocimiento de algo **2.** (*acquired information*) saber *m;* **to have (no) ~ about sth/sb** (no) saber de algo/alguien; **to my ~** que yo sepa; **to be common ~** ser de dominio público **3.** (*awareness*) conocimiento *m;* **to bring sth to sb's ~** poner a alguien en conocimiento de algo

knowledgeable ['nɒlɪdʒəbl, *Am:* 'nɑːlɪ-] *adj* entendido

known [nəʊn, *Am:* noʊn] **I.** *vt, vi pp of* know **II.** *adj* (*expert*) reconocido; (*criminal*) conocido

knuckle ['nʌkl] *n* nudillo *m*
◆ **knuckle down** *vi* ponerse a hacer algo con ahinco
◆ **knuckle under** *vi* darse por vencido

KO [ˌkeɪ'əʊ, *Am:* -'oʊ] *abbr of* knockout K.O.

Koran [kə'rɑːn, *Am:* -'ræn] *n no pl* **the ~** el Corán

Korea [kə'rɪə] *n* Corea *f;* **North/South ~** Corea del Norte/Sur

Korean [kə'rɪən] *adj* coreano

kosher ['kəʊʃər, *Am:* 'koʊʃər] *adj* autorizado por la ley judía

kudos ['kjuːdɒs, *Am:* 'kuːdoʊz] *n no pl* gloria *f*

Kurd [kɜːd, *Am:* kɜːrd] *n* kurdo, -a *m, f*

Kurdish *adj* kurdo

Kurdistan [ˌkɜːdɪ'stɑːn, *Am:* ˌkɜːrdɪ'stæn] *n* Kurdistán *m*

Kuwait [kʊ'weɪt] *n* Kuwait *m*

Kuwaiti *adj* kuwaití

kw *abbr of* **kilowatt** KW

L

L, l [el] *n* L, l *f;* **~ for Lucy** *Brit,* **~ for Love** *Am* L de Lisboa

l *abbr of* litre l.

L 1. *Brit abbr of* **Learner** L **2.** *abbr of* **large** G

LA [ˌel'eɪ] *n abbr of* **Los Angeles** Los Ángeles

lab [læb] *n abbr of* **laboratory** laboratorio *m*

label ['leɪbl] **I.** *n* **1.** (*on bottle, clothing*) etiqueta *f* **2.** (*brand name*) marca *f* **II.** <*Brit:* -ll, *Am:* -l> *vt* etiquetar

labor ['leɪbər] *Am, Aus s.* **labour**

laboratory [lə'bɒrətrɪ, *Am:* 'læbrəˌtɔːrɪ] <-ies> *n* laboratorio *m*

laborer *n Am, Aus s.* **labourer**

laborious [lə'bɔːrɪəs] *adj* **1.** (*task*) laborioso **2.** (*style*) farragoso

labour ['leɪbər, *Am:* -bər] **I.** *n* **1.** (*work*) trabajo *m;* **manual ~** trabajo manual **2.** *no pl* (*workers*) mano *f* de obra **3.** *no pl* (*childbirth*) parto *m;* **to be in ~** estar de parte **II.** *vi* **1.** (*work*) trabajar **2.** (*do sth with effort*) esforzarse; **to ~ on sth** esforzarse en algo **III.** *vt* insistir en

Labour Day *n no pl, Am* Día *m* del Trabajo **labour dispute** *n* conflicto *m* laboral

labourer ['leɪbərər] *n* peón *m*

Labour Exchange *n Brit* HIST bolsa *f* de trabajo

labour force *n* (*of country*) mano *f* de obra; (*of company*) plantilla *f* **Labour Party** *n no pl, Brit, Aus* POL **the ~** el Partido Laborista **labour relations** *npl* relaciones *fpl* laborales **labour union** *n Am* sindicato *m*

Labrador ['læbrədɔːr (rɪ'triːvəʳ), *Am:* -dɔːr (-əʳ)] *n,* **Labrador retriever** *n* labrador *m*

labyrinth ['læbərɪnθ, *Am:* -əʳ-] <-es> *n* laberinto *m*

lace [leɪs] **I.** *n* **1.** *no pl* (*cloth*) encaje *m;* (*edging*) puntilla *f* **2.** (*cord*) cordón *m;* (*for nails*) shoe ~s cordones *mpl* de zapatos; **to do up one's ~s** atarse los cordones **II.** *vt* (*fasten*) atar
♦ **lace up** *vt* atar

laceration [ˌlæsə'reɪʃn] *n* laceración *f*

lack [læk] **I.** *n no pl* falta *f;* **for ~ of ...** por falta de... **II.** *vt* carecer de

lacking ['lækɪŋ] *adj* **he is ~ in talent/experience** le falta talento/experiencia

lacquer ['lækəʳ, *Am:* -əʳ] *n* (*for wood, hair*) laca *f;* (*for nails*) esmalte *m*

lad [læd] *n Brit, inf* (*boy*) chico *m*

ladder ['lædəʳ, *Am:* -əʳ] **I.** *n* **1.** (*for climbing*) escalera *f* (de mano) **2.** *Brit, Aus* (*in stocking*) carrera *f* **II.** *vt* hacerse una carrera en

laden ['leɪdn] *adj* cargado; **to be ~ with ...** estar cargado de...

ladle ['leɪdl] *n* cucharón *m*

lady ['leɪdi] <-ies> *n* señora *f;* (*aristocratic*) dama *f;* **young ~** señorita *f;* **ladies and gentlemen!** ¡señoras y señores!

ladybird ['leɪdibɜːd, *Am:* -bɜːrd] *n Brit, Aus,* **ladybug** ['leɪdibʌg] *n Am* mariquita *f* **ladylike** *adj* femenino **ladyship** *n form* **her/your ~** Su Señoría

LAFTA *n abbr of* **Latin American Free Trade Association** ALALC *f*

lag¹ [læg] <-gg-> *vi* rezagarse; **to ~ behind** (*sb/sth*) quedarse detrás (de alguien/algo)

lag² [læg] <-gg-> *vt* (*insulate*) revestir con aislantes

lag³ *n Brit, inf* **old ~** presidiario *m*

lager ['lɑːgəʳ, *Am:* -gəʳ] *n no pl* cerveza *f* rubia

lagoon [lə'guːn] *n* laguna *f,* cocha *f AmS*

laid [leɪd] *pt, pp of* **lay¹**

laid-back [ˌleɪd'bæk] *adj inf* tranquilo

lain [leɪn] *pp of* **lie²**

lair [leəʳ, *Am:* ler] *n* **1.** (*of animal*) cubil *m* **2.** (*of criminal*) guarida *f*

laity ['leɪəti] *n no pl* **the ~** el laicado

lake [leɪk] *n* lago *m*

lamb [læm] *n* cordero *m;* (*meat*) (carne *f* de) cordero *m*

lamb chop *n* chuleta *f* de cordero

lame [leɪm] *adj* **1.** (*person, horse*) cojo **2.** (*argument*) flojo; (*excuse*) débil

lament [lə'ment] **I.** *n* MUS, LIT elegía *f* **II.** *vt* lamentar **III.** *vi* **to ~ over sth** lamentarse de algo

laminated ['læmɪneɪtɪd, *Am:* -t̬ɪd] *adj* (*glass, wood*) laminado; (*document*) plastificado

lamp [læmp] *n* lámpara *f*

lamppost *n* farola *f* **lampshade** *n* pantalla *f* (de lámpara)

LAN [læn] *n* INFOR *abbr of* **local area network** RAL *f*

lance [lɑːns, *Am:* læns] **I.** *n* MIL lanza *f* **II.** *vt* MED abrir con lanceta

lancet ['lɑːnsɪt, *Am:* 'lænsɪt] *n* MED lanceta *f*

land [lænd] **I.** *n* **1.** *no pl* GEO, AGR tierra *f;* **to travel by ~** viajar por tierra; **to have dry ~ under one's feet** pisar tierra firme **2.** (*area: for building*) terreno *m* **3.** (*country*) país *m* **II.** *vi* **1.** (*plane, bird*) aterrizar **2.** (*arrive by boat*) llegar en barco **3.** (*person, ball*) caer **III.** *vt* **1.** (*bring onto land: aircraft*) hacer aterrizar; (*boat*) amarrar **2.** (*unload*) desembarcar **3.** (*cause*) **to ~ sb in trouble** meter a alguien en un lío

landfill site ['lændfɪl saɪt] *n* vertedero *m* de basuras

landing ['lændɪŋ] *n* **1.** (*on staircase*) rellano *m* **2.** AVIAT aterrizaje *m* **3.** NAUT desembarco *m*

landing gear *n* AVIAT tren *m* de aterrizaje **landing strip** *n* pista *f* de aterrizaje

landlady ['lænd,leɪdi] <-ies> *n* (*of house*) propietaria *f;* (*of pub, hotel*) dueña *f;* (*of boarding house*) patrona *f* **landlord** *n* 1. (*of house*) propietario *m;* (*of pub, hotel*) dueño *m;* (*of boarding house*) patrón *m* 2. (*landowner*) terrateniente *m* **landmark** [-maːrk] *n* 1. (*object serving as a guide*) mojón *m;* (*point of recognition*) punto *m* destacado 2. (*monument*) monumento *m* histórico

landowner *n* terrateniente *mf*

landscape ['lændskeɪp] *n no pl* paisaje *m*

landscape architect *n*, **landscape gardener** *n* arquitecto, -a *m, f* de jardines

landslide ['lændslaɪd] *n* 1. GEO corrimiento *m* de tierras 2. POL victoria *f* arrolladora

lane [leɪn] *n* 1. (*narrow road: in country*) vereda *f;* (*in town*) callejón *m* 2. (*marked strip: on road*) carril *m;* SPORTS calle *f* 3. AVIAT vía *f* aérea; NAUT ruta *f* marítima

language ['læŋgwɪdʒ] *n* 1. *no pl* (*system of communication*) lenguaje *m;* **bad** ~ palabrotas *fpl* 2. (*of particular community*) idioma *m;* **native** ~ lengua *f* materna

language laboratory *n* laboratorio *m* de idiomas

languid ['læŋgwɪd] *adj liter* lánguido

languish ['læŋgwɪʃ] *vi* languidecer

lank [læŋk] *adj* 1. (*hair*) lacio 2. (*person*) larguirucho

lanky ['læŋkɪ] *adj* desgarbado

lantern ['læntən, *Am:* -ʈ̬ən] *n* linterna *f;* (*light*) farol *m*

Laos [laʊs] *n* Laos *m*

lap¹ [læp] *n* falda *f*

lap² [læp] *n* SPORTS vuelta *f*

lap³ [læp] <-pp-> *vt* 1. (*drink*) beber dando lengüetazos 2. (*waves*) acariciar

◆ **lap up** *vt* 1. (*drink*) beber dando lengüetazos 2. *fig, inf* aceptar entusiasmado

lapdog ['læp.dɒg, *Am:* -daːg] *n* perro *m* faldero

lapel [lə'pel] *n* solapa *f*

Lapland ['læplænd] *n* Laponia *f*

Laplander ['læplændər, *Am:* -ə-] *n*, **Lapp** [læp] *n* lapón, -ona *m, f*

lapse [læps] I. *n* 1. *no pl* (*period*) lapso *m* 2. (*failure*) lapsus *m inv;* ~ **of memory** lapsus de memoria II. *vi* 1. (*deteriorate*) deteriorarse 2. (*end*) terminar; (*contract*) vencer; (*subscription*) caducar 3. (*revert to*) **to ~ into sth** reincidir en algo; **to ~ into silence** quedar(se) en silencio

laptop (**computer**) ['læptɒp, *Am:* -taːp] *n* (ordenador *m*) portátil *m*

larceny ['laːsənɪ, *Am:* 'laːr-] <-ies> *n Am* hurto *m*

lard [laːd, *Am:* laːrd] *n no pl* manteca *f* de cerdo

larder ['laːdər, *Am:* 'laːrdə-] *n* (*room*) despensa *f;* (*cupboard*) alacena *f*

large [laːdʒ, *Am:* laːrdʒ] *adj* grande; **a ~ number of people** un gran número de gente; **to be at ~** andar suelto; **by and ~** por lo general

largely ['laːdʒlɪ, *Am:* 'laːrdʒ-] *adv* en gran parte

large-scale [ˌlaːdʒ'skeɪl, *Am:* ˌlaːrdʒ-] *adj* a gran escala

lark¹ [laːk, *Am:* laːrk] *n* (*bird*) alondra *f*

lark² [laːk, *Am:* laːrk] I. *n* 1. *Brit, inf* (*joke*) broma *f* 2. *Brit, inf* (*business*) asunto *m* II. *vi Brit, inf* **to ~ about** hacer tonterías

larva ['laːvə, *Am:* -və] <-vae> *n* larva *f*

laryngitis [ˌlærɪn'dʒaɪtɪs, *Am:* ˌlerɪn'dʒaɪtɪs] *n no pl* laringitis *f inv*

larynx ['lærɪŋks, *Am:* 'ler-] <-ynxes *o* -ynges> *n* laringe *f*

laser ['leɪzər, *Am:* -zə-] *n* láser *m*

laser beam *n* rayo *m* láser **laser printer** *n* impresora *f* láser

lash¹ [læʃ] <-shes> *n* (*eyelash*) pestaña *f*

lash² [læʃ] I. <-shes> *n* 1. (*whip*) látigo *m* 2. (*stroke of whip*) latigazo *m* II. *vt* azotar

◆ **lash down** *vt* atar firmemente

◆ **lash out** *vi* 1. (*attack*) **to ~ at sb** atacar a alguien; (*verbally*) arremeter contra alguien 2. *inf* (*spend*) **to ~ on sth** gastarse mucho dinero en algo

lass [læs] <-sses> *n*, **lassie** ['læsɪ] *n Scot, inf* (*girl*) chica *f*

lasso [læ'su:, *Am:* 'læsoʊ] I.<-os *o* -oes> *n* lazo *m* II. *vt* lazar

last¹ [lɑːst, *Am:* læst] *n* horma *f*

last² [lɑːst, *Am:* læst] I. *adj* 1. (*final: time, opportunity*) último; **this will be the ~ time** esta será la última vez 2. (*most recent*) último; ~ **night** anoche II. *adv* 1. (*coming at the end*) por último 2. (*most recently*) por última vez III. *n* **the ~ but one** el penúltimo; **at** (**long**) ~ al fin

last³ [lɑːst, *Am:* læst] *vi* durar

last-ditch [ˌlɑːst'dɪtʃ, *Am:* ˌlæst-] *adj*, **last-gasp** [ˌlɑːst'gɑːsp, *Am:* ˌlæst'gæsp] *adj* desesperado

lasting ['lɑːstɪŋ, *Am:* ˌlæst-] *adj* duradero

lastly ['lɑːstlɪ, *Am:* 'læst-] *adv* por último

last-minute [ˌlɑːst'mɪnɪt, *Am:* ˌlæst-] *adj* de última hora

latch [lætʃ] <-tches> *n* pestillo *m*
◆ **latch on** *vi inf* **to ~ to sb/sth** agarrarse a alguien/algo

late [leɪt] I. *adj* 1. (*after appointed time*) retrasado; **the train was an hour ~** el tren llegó con una hora de retraso 2. (*occurring after the usual time*) tardío; **in ~ summer** a finales del verano 3. (*deceased*) fallecido 4. (*recent*) reciente II. *adv* 1. (*after usual time*) tarde; **to work ~** trabajar hasta (muy) tarde 2. (*at advanced time*) ~ **in the day** a última hora del día; ~ **at night** muy entrada la noche 3. (*recently*) **of ~** últimamente

latecomer ['leɪtˌkʌmər, *Am:* -ɚ] *n* persona *o* cosa que llega tarde

lately ['leɪtlɪ] *adv* (*recently*) últimamente, ultimadamente *Méx*

latent ['leɪtnt] *adj* latente

later ['leɪtər] I. *adj comp of* **late** posterior; (*version*) más reciente II. *adv comp of* **late** más tarde; ~ **on** después

latest ['leɪtɪst] *adj superl of* **late** último; **his ~ movie** su última película; **at the ~** a más tardar

lathe [leɪð] *n* torno *m*

lather ['lɑːðər, *Am:* 'læðɚ] I. *n no pl* espuma *f* II. *vt* enjabonar

Latin ['lætɪn, *Am:* -ən] I. *adj* latino II. *n* latín *m*

Latin America *n* América *f* Latina

Latin American *adj* latinoamericano

Latino [lə'tiːnəʊ, *Am:* -noʊ] *n* (*person*) latino, -a *m, f*

latitude ['lætɪtjuːd, *Am:* 'læt̬ətuːd] *n* 1. GEO latitud *f* 2. *form* (*freedom*) libertad *f*

latter ['lætər, *Am:* 'læt̬ɚ] *adj* 1. (*second of two*) **the ~** el último 2. (*near the end*) hacia el final

latterly *adv* últimamente

Latvia ['lætvɪə] *n* Letonia *f*

Latvian *adj* letón

laudable ['lɔːdəbl, *Am:* 'lɑː-] *adj form* loable

laugh [lɑːf] I. *n* (*sound*) risa *f* II. *vi* reír(se); **to ~ at sb** reírse de alguien; **to ~ aloud** reírse a carcajadas; **to make sb ~** hacer reír a alguien
◆ **laugh off** *vt* tomar a risa

laughable ['lɑːfəbl, *Am:* 'læfə-] *adj* de risa

laughing I. *n* risas *fpl* II. *adj* de risa; **this is no ~ matter** no es cosa de risa

laughing stock *n* hazmerreír *m*

laughter ['lɑːftər, *Am:* 'læftɚ] *n no pl* risa(s) *f(pl)*

launch [lɔːntʃ, *Am:* lɑːntʃ] I.<-ches> *n* 1. (*boat*) lancha *f* 2. (*of missile*) lanzamiento *m* II. *vt* 1. (*set in the water*) botar 2. (*send forth: missile*) lanzar 3. (*investigation*) emprender; (*exhibition*) inaugurar

launching ['lɔːntʃɪŋ, *Am:* 'lɑːntʃ-] *n* 1. (*act of setting in the water*) botadura *f* 2. (*of missile*) lanzamiento *m* 3. (*of exhibition, campaign*) inauguración *f*

launderette [lɔː'dret, *Am:* lɑːndə'ret] *n Brit* lavandería *f* (automática)

laundry ['lɔːndrɪ, *Am:* 'lɑːn-] *n* 1. *no pl* (*dirty clothes*) ropa *f* sucia; **to do the ~** hacer la colada 2. *no pl* (*washed clothes*) ropa *f* lavada

laureate ['lɒrɪət, *Am:* 'lɔːriːt] *n* **Nobel ~** premio *mf* Nobel; **poet ~** poeta *m* laureado (*en Gran Bretaña, poeta elegido por la reina para escribir poemas en ocasiones especiales*)

L

laurel [ˈlɒrəl, *Am:* ˈlɔːr-] *n* laurel *m*

lava [ˈlɑːvə] *n* lava *f*

lavatory [ˈlævətrɪ, *Am:* -tɔːrɪ] <-ies> *n* lavabo *m*, lavatorio *m AmL*

lavender [ˈlævəndəʳ, *Am:* -dɚ] *n* lavanda *f*

lavish [ˈlævɪʃ] **I.** *adj* abundante **II.** *vt* **to ~ sth on sb** prodigar algo a alguien

law [lɔː, *Am:* lɑː] *n* **1.** *a.* PHYS ley *f* **2.** (*legal system*) derecho *m*; (*body of laws*) ley *f*; **~ and order** la ley y el orden; **to be against the ~** ser ilegal **3.** (*court*) **to go to ~** recurrir a los tribunales

law-abiding [ˈlɔːəˈbaɪdɪŋ, *Am:* ˈlɑː-] *adj* observante de la ley **law court** *n* tribunal *m* de justicia

lawful [ˈlɔːfl, *Am:* ˈlɑː-] *adj form* (*legal*) legal; (*demands*) legítimo

lawless [ˈlɔːlɪs, *Am:* ˈlɑː-] *adj* sin leyes; (*country*) anárquico

lawn [lɔːn, *Am:* lɑːn] *n* (*grass*) césped *m*, pasto *m AmL*

lawnmower *n* cortacésped *m* **lawn tennis** *n* tenis *m* sobre hierba

law school *n Am* facultad *f* de derecho **lawsuit** *n* proceso *m*; **to bring a ~ against sb** presentar una demanda contra alguien

lawyer [ˈlɔːjəʳ, *Am:* ˈlɑːjɚ] *n* abogado, -a *m, f*

lax [læks] *adj* **1.** (*lacking care*) descuidado **2.** (*lenient*) indulgente; (*rules*) poco severo

laxative [ˈlæksətɪv, *Am:* -t̬ɪv] *n* laxante *m*

lay¹ [leɪ] <laid, laid> *vt* **1.** (*place*) poner **2.** (*install*) colocar; (*cable*) tender; (*carpet*) poner, extender; (*pipes*) instalar **3.** (*prepare*) preparar; **to ~ the table** *Brit* poner la mesa **4.** (*egg*) poner **5.** (*state*) presentar; **to ~ one's case before sb/sth** presentar su caso ante alguien/algo

◆**lay aside** *vt,* **lay away** *vt* **1.** (*put away*) guardar; **to ~ one's differences** dejar de lado las diferencias **2.** (*save: food*) guardar; (*money*) ahorrar

◆**lay by** *vt* reservar

◆**lay down** *vt* **1.** (*put down*) poner a un lado; (*arms*) deponer; (*life*) sacrificar **2.** (*establish*) estipular; (*law*) dictar

◆**lay in** *vt* proveerse de

◆**lay into** *vt* **1.** *inf* (*assault*) atacar **2.** (*criticize*) arremeter contra

◆**lay off** *vt* despedir (temporalmente)

◆**lay on** *vt* **1.** (*instal*) instalar **2.** (*provide: food, drink*) proveer de

◆**lay out** *vt* **1.** (*organize*) organizar **2.** (*spread out*) extender **3.** *inf* (*money*) gastar

◆**lay up** *vt* **1.** (*store*) guardar; (*money*) ahorrar **2.** (*ship*) desarmar; (*car*) dejar en el garaje **3.** (*in bed*) **to be laid up** guardar cama

lay² [leɪ] *adj* **1.** (*not professional*) lego; **in ~ terms** en términos profanos **2.** (*not of the clergy*) laico

lay³ [leɪ] *pt of* **lie²**

layabout [ˈleɪəˌbaʊt] *n inf* vago, -a *m, f*

lay-by [ˈleɪbaɪ] *n Brit* apartadero *m*

layer¹ [ˈleɪəʳ, *Am:* -ɚ] *n* capa *f*; **ozone ~** capa de ozono

layer² [ˈleɪəʳ, *Am:* -ɚ] *n* (*hen*) gallina *f* ponedora

layman [ˈleɪmən] <-men> *n* lego *m*

layout [ˈleɪaʊt] *n* **1.** (*of letter, magazine*) diseño *m*; (*of town*) trazado *m* **2.** TYPO maquetación *f*

layover [ˈleɪəʊvəʳ, *Am:* -oʊvɚ] *n Am* (*on journey*) parada *f*; AVIAT escala *f*

laywoman [ˈleɪwʊmən] <-women> *n* lega *f*

laze [leɪz] <-zing> *vi* holgazanear

laziness [ˈleɪzɪnɪs] *n no pl* holgazanería *f*

lazy [ˈleɪzɪ] <-ier, -iest> *adj* (*person*) vago; (*day*) perezoso

lb *abbr of* **pound** libra *f* (=0,45 kg)

LCD [ˌelsiːˈdiː] *n abbr of* **liquid crystal display** pantalla *f* de cristal líquido

lead¹ [liːd] **I.** *n* **1.** *no pl* (*front position*) delantera *f*; **to be in the ~** estar a la cabeza; **to take (over) the lead** tomar la delantera **2.** (*example*) ejemplo *m*; (*guiding*) iniciativa *f*

3. THEAT papel *m* principal **4.** (*clue*) pista *f* **5.** (*connecting wire*) cable *m*, conductor *m* **6.** *Brit, Aus* (*for dog*) correa *f* **II.** <led, led> *vt* **1.** (*be in charge of*) dirigir; (*discussion, inquiry*) conducir **2.** (*conduct*) conducir, llevar **3.** (*induce*) inducir; **to ~ sb to do sth** llevar a alguien a hacer algo; **to ~ sb to believe that ...** hacer creer a alguien que... **4.** COM, SPORTS encabezar **5.** (*live a particular way: life*) llevar; **to ~ a quiet/hectic life** llevar una vida tranquila/ajetreada **III.** <led, led> *vi* **1.** (*be in charge*) dirigir **2.** (*guide followers*) guiar **3.** (*conduct*) llevar **4.** (*be ahead*) liderar

◆ **lead aside** *vt* llevar a un lado
◆ **lead astray** *vt* llevar por mal camino
◆ **lead away** *vt* llevar
◆ **lead back** *vt* hacer volver
◆ **lead off I.** *vt* (*person*) llevar afuera; (*room*) comunicar con **II.** *vi* empezar
◆ **lead on** *vt* (*trick, fool*) engañar; (*encourage*) incitar a
◆ **lead to** *vt* llevar a
◆ **lead up to** *vi* conducir a

lead² [led] *n* **1.** *no pl* (*metal*) plomo *m* **2.** (*in pencil*) mina *f*
leaded ['ledəd] *adj* emplomado; **~ fuel** gasolina *f* con plomo
leaden ['ledn] *adj* **1.** (*dark*) plomizo **2.** (*heavy*) pesado
leader ['liːdəʳ, *Am:* -dɚ] *n* **1.** (*of group*) líder *mf* **2.** (*guide*) guía *mf* **3.** *Am* MUS director(a) *m(f)* **4.** *Brit* (*in newspaper*) editorial *m*
leadership ['liːdəʃɪp, *Am:* -dɚ-] *n no pl* **1.** (*ability*) liderazgo *m*; **~ qualities** dotes *fpl* de mando **2.** (*leaders*) dirección *f* **3.** (*function*) mando *m*
lead-free ['ledfriː] *adj* sin plomo
leading¹ ['ledɪŋ] *n no pl, Brit* emplomado *m*
leading² ['liːdɪŋ] *n no pl* mando *m*
leading lady *n* actriz *f* principal
leading light *n inf* **to be a ~ in sth** ser una figura de referencia en algo
leading man *n* actor *m* principal

lead up *n* tiempo *m* preparatorio
leaf [liːf] <leaves> *n* hoja *f*; **to take a ~ from sb's book** seguir el ejemplo de alguien
◆ **leaf through** *vt* hojear
leaflet ['liːflɪt] *n* folleto *m*
league [liːg] *n* **1.** *a.* SPORTS liga *f*; **to be in ~ with sb** estar confabulado con alguien **2.** (*measurement*) legua *f*
leak [liːk] **I.** *n* (*of gas, water*) fuga *f*; (*of information*) filtración *f*; (*in roof*) gotera *f* **II.** *vi* **1.** (*let escape*) tener una fuga; (*tyre*) perder aire; (*hose, bucket*) perder agua; (*pen*) perder tinta; (*tap*) gotear **2.** (*information*) filtrarse **III.** *vt* **1.** (*let escape*) derramar **2.** (*information*) filtrar
leakage ['liːkɪdʒ] *n* **1.** (*leak*) fuga *f* **2.** *no pl* (*of information*) filtración *f*
lean¹ [liːn] **I.** <leant *Am:* leaned, leant *Am:* leaned> *vi* inclinarse; **to ~ against sth** apoyarse en algo **II.** <leant *Am:* leaned, leant *Am:* leaned> *vt* apoyar; **to ~ sth against sth** apoyar algo contra algo
lean² [liːn] *adj* **1.** (*thin*) flaco; (*meat*) magro; (*face*) enjuto **2.** (*efficient: company*) eficiente
◆ **lean back** *vi* reclinarse
◆ **lean forward** *vi* inclinarse hacia adelante
◆ **lean out** *vi* asomarse
◆ **lean over** *vi* inclinarse
leaning ['liːnɪŋ] *n* inclinación *f*
leant [lent] *pt, pp of* **lean¹**
leap [liːp] **I.** <leapt *Am:* leaped, leapt *Am:* leaped> *vi* saltar; **to ~ to do sth** abalanzarse a hacer algo **II.** *n* salto *m*
◆ **leap up** *vi* **1.** (*jump up*) ponerse en pie de un salto; **to ~ to do sth** apresurarse a hacer algo **2.** (*rise quickly*) subir de pronto
leapfrog [ˌliːpfrɒg, *Am:* -frɑːg] **I.** *n no pl* pídola *f* **II.** <-gg-> *vt* pasar por encima de
leapt [lept] *vt, vi pt, pp of* **leap**
leap year *n* año *m* bisiesto
learn [lɜːn, *Am:* lɜːrn] **I.** <learnt *Am:* learned, learnt *Am:* learned> *vt* aprender; **to ~ to do sth** aprender

a hacer algo; **to ~ that** enterarse de que II. <learnt *Am:* learned, learnt *Am:* learned> *vi* aprender; **to ~ from one's mistakes** aprender de los propios errores

learned ['lɜːnɪd, *Am:* 'lɜːr-] *adj* erudito

learner ['lɜːnəʳ, *Am:* 'lɜːrnəʳ] *n* aprendiz *mf*

learning ['lɜːnɪŋ, *Am:* 'lɜːr-] *n no pl* **1.** (*acquisition of knowledge*) aprendizaje *m* **2.** (*extensive knowledge*) saber *m*

learnt [lɜːnt, *Am:* lɜːrnt] *pt, pp of* **learn**

lease [liːs] I. *vt* alquilar II. *n* (*act*) arrendamiento *m*; (*contract*) contrato *m* de arrendamiento

leash [liːʃ] *n Am* correa *f*

least [liːst] I. *adj* mínimo; (*age*) menor II. *adv* menos III. *n* lo menos; **at** (**the**) ~ por lo menos, al menos; **to say the** ~ para no decir más

leather ['leðəʳ] *n no pl* cuero *m*

leave[1] [liːv] I. <left, left> *vt* **1.** (*depart from*) salir de; (*school, university*) abandonar; (*work*) dejar; **to ~ home** irse de casa **2.** (*not take away with*) dejar; (*forget*) olvidar; **to ~ sth to sb** dejar algo a alguien II. <left, left> *vi* marcharse, despabilarse *AmL* III. *n* partida *f*; **to take** (**one's**) ~ (**of sb**) despedirse (de alguien)

◆**leave behind** *vt* **1.** (*not take along*) dejar **2.** (*forget*) olvidar **3.** (*progress beyond*) dejar atrás

◆**leave off** *vt* **1.** (*give up*) dejar de **2.** (*omit*) omitir

◆**leave on** *vt* dejar puesto; (*light*) dejar encendido

◆**leave out** *vt* **1.** (*omit*) omitir **2.** (*exclude*) excluir

◆**leave over** *vt* dejar

leave[2] [liːv] *n* permiso *m*; **to go/be on** ~ *MIL* salir/estar de permiso

leaves [liːfz] *n pl of* **leaf**

Lebanese [ˌlebə'niːz] *adj* libanés, -esa

Lebanon ['lebənən, *Am:* -nɑːn] *n* (**the**) ~ el Líbano

lecherous ['letʃərəs] *adj* lascivo

lectern ['lektən, *Am:* -təʳn] *n* atril *m*; *REL* facistol *m*

lecture ['lektʃəʳ, *Am:* -tʃəʳ] I. *n* a. *UNIV* conferencia *f*; **a ~ on sth** una conferencia acerca de algo II. *vi* (*give a lecture*) dar una conferencia; (*teach*) dar clases III. *vt* **1.** (*give a lecture*) dar una conferencia a; (*teach*) dar clases a **2.** *fig* (*reprove*) sermonear

lecturer ['lektʃərəʳ, *Am:* -əʳ] *n* **1.** (*person giving lecture*) conferenciante *mf* **2.** *UNIV* profesor(a) *m(f)* universitario, -a

lecture room *n UNIV* sala *f* de conferencias **lecture theatre** *n* aula *f* magna

led [led] *pt, pp of* **lead**[1]

LED [ˌeliː'diː] *n abbr of* **light-emitting diode** diodo *m* electroluminiscente

ledge [ledʒ] *n* (*shelf*) repisa *f*; (*on building*) cornisa *f*; (*on cliff*) saliente *m*

ledger ['ledʒəʳ, *Am:* -əʳ] *n COM* libro *m* mayor

lee [liː] *n* sotavento *m*

leech [liːtʃ] <-es> *n* sanguijuela *f*, saguaipé *m Arg*

leek [liːk] *n* puerro *m*

leer [lɪəʳ, *Am:* lɪr] *vi* mirar lascivamente

leeway ['liːweɪ] *n no pl* flexibilidad *f*

left[1] [left] *pt, pp of* **leave**[1]

left[2] [left] I. *n* **1.** *no pl* (*direction, sight*) izquierda *f*; **the** ~ la izquierda; **on/to the** ~ en/a la izquierda **2.** *no pl POL* izquierda *f* II. *adj* izquierdo III. *adv* a [*o* hacia] la izquierda

left-hand [ˌleft'hænd] *adj* a la izquierda; ~ **side** lado *m* izquierdo **left-handed** *adj* zurdo; ~ **scissors** tijeras *fpl* para zurdos

left-luggage office *n Brit* consigna *f*, consignación *f AmC*

leftovers ['leftˌəʊvəz, *Am:* -ˌoʊvəʳz] *npl* **1.** (*food*) sobras *fpl* **2.** (*remaining things*) restos *mpl*

left wing *n POL* izquierda *f*

left-wing [ˌleft'wɪŋ] *adj POL* de izquierda

leg [leg] *n* **1.** (*of person*) pierna *f*; (*of*

The car

1	boot *Brit*, trunk *Am*	maletero *m*
2	rear bumper	parachoques *m inv* trasero
3	number plate *Brit*, license plate *Am*	matrícula *f*
4	rear light *Brit*, tail light *Am*	luz *f* trasera
5	indicator *Brit*, turn signal *Am*	(luz *f*) intermitente *m*
6	exhaust pipe *Brit*, tailpipe *Am*	tubo *m* de escape
7	wing *Brit*, fender *Am*	guardabarros *m inv*
8	hubcap	tapacubos *m inv*
9	tyre *Brit*, tire *Am*	neumático *m*
10	door	puerta *f*

El coche

11	wing mirror *Brit*, side mirror *Am*	(espejo *m*) retrovisor *m* exterior
12	aerial *Brit*, antenna *Am*	antena *f*
13	bonnet *Brit*, hood *Am*	capó *m*
14	rear-view mirror	(espejo *m*) retrovisor *m*
15	windscreen *Brit*, windshield *Am*	parabrisas *m inv*
16	steering wheel	volante *m*
17	gear lever [o stick] *Brit*, gearshift *Am*	palanca *f* de cambio
18	handbrake *Brit*, emergency brake *Am*	freno *m* de mano
19	driver's seat	asiento *m* del conductor
20	headrest	reposacabezas *m inv*, apoyacabezas *m inv*

animal, furniture) pata *f*; **to pull sb's** ~ tomar el pelo a alguien **2.** GASTR (*of lamb, pork*) pierna *f*; (*of chicken*) muslo *m* **3.** (*segment*) etapa *f*

legacy ['legəsɪ] <-ies> *n* legado *m*; (*inheritance*) herencia *f*

legal ['liːgl] *adj* **1.** (*in accordance with the law*) legal **2.** (*concerning the law*) jurídico

legalise *vt Brit, Aus*, **legalize** ['liːgəlaɪz] *vt* legalizar

legally ['liːgəlɪ] *adv* legalmente

legate ['legɪt] *n* legado *m*

legation [lɪ'geɪʃn] *n* legación *f*

legend ['ledʒənd] *n* leyenda *f*

leggings ['legɪnz] *npl* mallas *fpl*

legible ['ledʒəbl] *adj* legible

legion ['liːdʒən] *n* legión *f*

legionnaire [ˌliːdʒə'neəʳ, *Am:* -'ner] *n* legionario *m*

legislation [ˌledʒɪs'leɪʃn] *n no pl* legislación *f*

legislative ['ledʒɪslətɪv, *Am:* -sleɪtɪv] *adj* legislativo

legislator ['ledʒɪsleɪtəʳ, *Am:* -t̬əʳ] *n* legislador(a) *m(f)*

legislature ['ledʒɪsleɪtʃəʳ, *Am:* -sleɪtʃəʳ] *n* cuerpo *m* legislativo

legitimacy [lɪ'dʒɪtɪməsɪ, *Am:* lə'dʒɪt̬ə-] *n no pl* legitimidad *f*

legitimate [lɪ'dʒɪtɪmət, *Am:* lə'dʒɪt̬ə-] *adj* legítimo

legitimize *vt Brit, Aus*, **legitimize** [lɪ'dʒɪtəmaɪz, *Am:* lə'dʒɪt̬ə-] *vt* **1.** (*make legal*) legitimar **2.** (*justify*) justificar

legless ['legləs] *adj* **1.** (*without legs*) sin piernas **2.** *Brit, inf* (*drunk*) borracho, rascado *Col, Ven*, untado *RíoPl*

legroom ['legrʊm, *Am:* -ruːm] *n no pl* espacio *m* para las piernas

leisure ['leʒəʳ, *Am:* 'liːʒəʳ] *n no pl* ocio *m*; **at one's** ~ cuando quiera uno

leisure activities *n* actividades *fpl* recreativas **leisure centre** *n* centro *m* recreativo

leisured *adj* (*comfortable*) acomodado

leisurely *adj* pausado

lemon ['lemən] *n* limón *m*

lemonade [ˌlemə'neɪd] *n* **1.** (*still*) limonada *f* **2.** *Brit* (*fizzy*) gaseosa *f*

lemon tea *n* té *m* con limón

lend [lend] <lent, lent> *vt* **1.** (*give temporarily*) prestar; **to** ~ **money to sb** prestar dinero a alguien **2.** (*impart, grant*) dar

lender ['lendəʳ, *Am:* -dəʳ] *n* FIN prestamista *mf*

length [leŋθ] *n* **1.** *no pl* (*measurement*) longitud *f*; **it's 3 metres in** ~ tiene 3 metros de largo **2.** (*piece: of pipe, string*) trozo *m* **3.** (*of swimming pool*) largo *m* **4.** *no pl* (*duration*) duración *f*; **at** ~ al fin, finalmente; **to go to great** ~**s to do sth** dar el máximo para hacer algo

lengthen ['leŋθən] **I.** *vt* alargar **II.** *vi* alargarse

lengthways ['leŋθweɪz] *adv, adj*, **lengthwise** ['leŋθwaɪz] *adv, adj* a lo largo

lengthy ['leŋθɪ] <-ier, -iest> *adj* prolongado; **a** ~ **wait** una larga espera

lenient ['liːnɪənt] *adj* (*judge*) indulgente; (*punishment*) poco severo

lens [lenz] <-ses> *n* **1.** (*of glasses*) lente *m o f*; (*of camera*) objetivo *m* **2.** ANAT cristalino *m*

lent [lent] *pt, pp of* **lend**

Lent [lent] *n no pl* Cuaresma *f*

lentil ['lentl, *Am:* -t̬l] *n* lenteja *f*

Leo ['liːəʊ, *Am:* -oʊ] *n* Leo *m*

leopard ['lepəd, *Am:* -əʳd] *n* leopardo *m*

leotard ['liːətɑːd, *Am:* -tɑːrd] *n* malla *f*

leper ['lepəʳ, *Am:* -əʳ] *n* **1.** (*leprosy sufferer*) leproso, -a *m, f* **2.** (*disliked person*) marginado, -a *m, f*

leprosy ['leprəsɪ] *n no pl* lepra *f*

lesbian ['lezbɪən] *n* lesbiana *f*

lesion ['liːʒn] *n* lesión *f*

Lesotho [lə'suːtuː, *Am:* lə'soʊtoʊ] *n* Lesoto *m*

less [les] *comp of* **little I.** *adj* (*in degree, size*) menor; (*in quantity*) menos **II.** *adv* menos; **to drink** ~ beber menos **III.** *pron* menos; ~ **than ...** menos que...; ~ **and** ~ cada vez menos

! **less** (= menos) se utiliza para cantidades: "In your glass there is less juice than in my glass; Lisa has eaten less than her brother;" **fewer** (= menos) se utiliza para cosas contables o personas: "There are fewer pages in this book than in that one."

lessen ['lesn] I. *vi* reducirse II. *vt* disminuir; (*risk*) reducir

lesser ['lesə', *Am:* -ɚ] *adj comp of* **less** menor; **to a ~ extent** en menor grado

lesson ['lesn] *n* 1. SCHOOL clase *f* 2. *fig* lección *f;* **to learn one's ~** aprenderse la lección

lest [lest] *conj liter* 1. (*for fear that*) no sea que +*subj* 2. (*if*) en caso de que +*subj*

let [let] <let, let> *vt* dejar; **to ~ sb do sth** dejar a alguien hacer algo; **to ~ sb know sth** hacer saber algo a alguien; **~'s go!** ¡vámonos!; **~'s see** veamos

◆ **let down** *vt* 1. (*disappoint*) decepcionar 2. (*lower*) bajar; (*hair*) soltar 3. FASHION alargar 4. *Brit, Aus* (*deflate*) desinflar

◆ **let in** *vt* (*person*) dejar entrar; (*light*) dejar pasar; **to let oneself in for sth** meterse en algo

◆ **let off** *vt* 1. (*forgive*) perdonar 2. (*gun*) disparar; (*bomb, firework*) hacer explotar

◆ **let on** *vi inf* (*divulge*) **to ~ about sth** revelar algo

◆ **let out** *vt* 1. (*release*) dejar salir 2. FASHION ensanchar 3. (*rent*) alquilar

◆ **let up** *vi* 1. (*become weaker, stop*) debilitarse; (*rain*) amainar; (*cold*) suavizarse; (*fog*) desvanecerse 2. (*relent*) aflojar

lethal ['liːθl] *adj* letal; (*poison*) mortífero; (*weapon*) mortal

lethargic [lɪ'θɑːdʒɪk, *Am:* lɪ'θɑːr-] *adj* 1. (*lacking energy*) letárgico 2. (*drowsy*) somnoliento

letter ['letə', *Am:* 'leṭɚ] *n* 1. (*mess-*

age) carta *f* 2. (*symbol*) letra *f*

letter bomb *n* carta *f* bomba **letter- -box** *n Brit, Aus* buzón *m* de correos

lettering ['letərɪŋ] *n no pl* caracteres *mpl*

lettuce ['letɪs, *Am:* 'leṭ-] *n* lechuga *f*

leukaemia *n,* **leukemia** [luː'kiː- miə] *n Am* leucemia *f*

level ['levəl] I. *adj* 1. (*horizontal*) horizontal; (*flat*) plano 2. (*having same height*) **to be ~ with sth** estar a la misma altura que algo 3. *Brit, Aus* (*in same position*) **to be ~ with sb/sth** estar a la par de alguien/algo 4. (*of same amount*) igual II. *adv* a nivel III. *n* nivel *m;* **to be on the ~** (*business, person*) ser serio IV. <*Brit:* -ll-, *Am:* -l-> *vt* 1. (*smoothen, flatten*) nivelar 2. (*demolish completely*) derribar

◆ **level off** *vi,* **level out** *vi* (*aircraft*) nivelarse; (*inflation*) equilibrarse

level crossing *n Brit, Aus* paso *m* a nivel **level-headed** *adj* sensato

lever ['liːvə', *Am:* 'levɚ] I. *n* palanca *f* II. *vt* apalancar, palanquear *AmL*

leverage ['liːvərɪdʒ, *Am:* 'levɚ-] *n no pl* 1. (*using lever*) apalancamiento *m* 2. *fig* influencia *f*

levity ['levətɪ, *Am:* -ṭɪ] *n no pl* ligereza *f*

levy ['levɪ] I. <-ies> *n* tasa *f* II. <-ie-> *vt* imponer

lewd [ljuːd, *Am:* luːd] *adj* (*person*) lascivo; (*gesture, remark*) obsceno

lexicographer [ˌleksɪ'kɒgrəfə', *Am:* -kɑː'grɑfɚ] *n* lexicógrafo, -a *m, f*

lexicography [ˌleksɪ'kɒgrəfɪ, *Am:* -kɑː'grɑ-] *n no pl* lexicografía *f*

liability [ˌlaɪə'bɪlətɪ, *Am:* -ṭɪ] *n no pl* responsabilidad *f*

liable ['laɪəbl] *adj* 1. (*prone*) propenso 2. LAW responsable; **to be ~ for sth** ser responsable de algo

liaise [lɪ'eɪz] *vi* **to ~ with sb/sth** servir de enlace con alguien/algo

liaison [li'eɪzn, *Am:* 'liːəzɑːn] *n* 1. *no pl* (*contact*) enlace *m;* (*coordination*) coordinación *f* 2. (*affair*) aventura *f*

liar ['laɪə', *Am:* -ɚ] *n* mentiroso, -a *m, f*

libel ['laɪbl] I. *n* LAW libelo *m;* PUBL difamación *f* II.<*Brit:* -ll-, *Am:* -l-> *vt* LAW, PUBL difamar

libellous *adj*, **libelous** ['laɪbələs] *adj* Am LAW, PUBL difamatorio

liberal ['lɪbərəl] I. *adj* 1.(*tolerant*) *a.* POL liberal 2.(*generous*) generoso II. *n* liberal *mf*

liberalise *vt Brit, Aus,* **liberalize** ['lɪbərəlaɪz] *vt* liberalizar

liberate ['lɪbəreɪt] *vt* liberar; (*slaves*) manumitir

liberation [ˌlɪbər'eɪʃən] *n no pl* liberación *f*

Liberia [laɪ'bɪərɪə] *n* Liberia *f*

Liberian *adj* liberiano

liberty ['lɪbətɪ, *Am:* -ətɪ] *n no pl, form* libertad *f;* **to be at ~ to do sth** tener el derecho de hacer algo; **to take the ~ of doing sth** tomarse la libertad de hacer algo

Libra ['liːbrə] *n* Libra *m*

Libran ['liːbrən] I. *n* Libra *mf* II. *adj* de Libra

librarian [laɪ'breərɪən, *Am:* -'brer-] *n* bibliotecario, -a *m, f*

library ['laɪbrərɪ, *Am:* -brer-] *n* <-ies> biblioteca *f*

libretto [lɪ'bretəʊ, *Am:* -'bretoʊ] *n* libreto *m*

Libya ['lɪbɪə] *n* Libia *f*

Libyan ['lɪbɪən] *adj* libio

lice [laɪs] *npl s.* **louse 1.**

licence ['laɪsənts] *n* 1.(*document*) licencia *f,* permiso *m;* **driving ~, driver's ~** *Am* carnet *m* de conducir; **under ~** con licencia 2. *no pl, form* (*freedom*) libertad *f*

licence number *n* AUTO número *m* de matrícula **licence plate** *n* AUTO matrícula *f*

license ['laɪsənts] I. *vt* autorizar II. *n Am s.* **licence**

licensed *adj* autorizado; **a ~ restaurant** un restaurante con licencia de licores

licensee [ˌlaɪsənt'siː] *n form* concesionario, -a *m, f*

lick [lɪk] I. *n* 1.(*with tongue*) lamedura *f* 2.(*light coating*) **a ~ of paint** una mano de pintura II. *vt* 1.(*with tongue*) lamer 2. *inf* (*beat*) dar una paliza a

licorice ['lɪkərɪs, *Am:* -əʃ] *n no pl, Am* regaliz *f*

lid [lɪd] *n* 1.(*for container*) tapa *f,* tape *m Cuba, PRico;* **to keep the ~ on sth** ocultar algo 2.(*eyelid*) párpado *m*

lie¹ [laɪ] I.<-y-> *vi* mentir II. *n* mentira *f,* guayaba *f AmL,* boleto *m Arg;* **to be an outright ~** ser de una falsedad total

lie² [laɪ] <lay, lain> *vi* 1.(*be lying down: person*) estar tumbado; *form* (*be buried*) estar enterrado 2.(*be positioned*) hallarse

◆**lie about** *vi* 1.(*be somewhere*) estar por ahí 2.(*be lazy*) holgazanear

◆**lie back** *vi* recostarse

◆**lie down** *vi* (*act*) acostarse; (*state*) estar acostado

◆**lie up** *vi Brit* esconderse, enconcharse *Ven, Perú*

lie detector *n* detector *m* de mentiras

lieu [luː] *n no pl, form* **in ~ of** en lugar de

lieutenant [lef'tenənt, *Am:* luː-] *n* 1. MIL teniente *mf* 2.(*assistant*) lugarteniente *mf*

life [laɪf] <lives> *n* vida *f;* **to breathe (new) ~ into sth** infundir (nueva) vida a algo; **to draw sth/sb from ~** ART copiar algo/a alguien del natural; **to get ~** ser condenado a cadena perpetua

life assurance *n no pl, Brit* seguro *m* de vida **lifebelt** *n* salvavidas *m inv* **lifeboat** *n* bote *m* salvavidas **life buoy** *n* salvavidas *m inv* **life expectancy** <-ies> *n* esperanza *f* de vida **lifeguard** *n* socorrista *mf,* salvavidas *mf inv AmL* **life insurance** *n no pl* seguro *m* de vida **life jacket** *n* chaleco *m* salvavidas

lifeless ['laɪfləs] *adj* 1.(*dead*) sin vida 2. *fig* flojo

lifelike ['laɪflaɪk] *adj* natural

lifeline *n* 1. NAUT cuerda *f* salvavidas 2. *fig* cordón *m* umbilical

lifelong [ˌlaɪf'lɒŋ, *Am:* ˌlaɪf'lɑːŋ] *adj* de toda la vida

life peer *n Brit: miembro vitalicio de*

L

la Cámara de los Lores **life pre-server** *n Am* salvavidas *m inv*
lifer ['laɪfəʳ, *Am:* -fɚ] *n inf* condenado, -a *m, f* a cadena perpetua
life sentence *n* condena *f* a cadena perpetua **life-size** *adj*, **life-sized** *adj* de tamaño natural **lifespan** *n* (*of animals*) tiempo *m* de vida; (*of people*) longevidad *f;* **the average ~** el promedio de vida; (*of machines*) la vida útil **lifestyle** *n* estilo *m* de vida **life-support system** *n* sistema *m* de respiración artificial **lifetime** *n no pl* (*of person*) vida *f;* **in my ~** durante mi vida; **the chance of a ~** (**for sb**) la oportunidad de su vida; **to happen once in a ~** suceder una vez en la vida
lift [lɪft] I. *n Brit* ascensor *m*, elevador *m AmL;* **to give sb a ~** llevar (en coche) a alguien II. *vi* levantarse III. *vt* 1. (*move upwards*) levantar; (*slightly*) alzar 2. *inf* (*plagiarize*) plagiar
◆ **lift off** *vi* AVIAT despegar
◆ **lift up** *vt* alzar
lift-off ['lɪftɒf, *Am:* -ɑːf] *n* AVIAT, TECH despegue *m*
ligament ['lɪgəmənt] *n* ligamento *m*
light [laɪt] I. *n* 1. *no pl* (*energy, brightness*) luz *f* 2. *no pl* (*daytime*) luz *f* (de día) 3. (*source of brightness*) luz *f;* (*lamp*) lámpara *f;* **to put a ~ off/on** apagar/encender una luz; **to cast [o shed] ~ on sth** arrojar luz sobre algo; **to come to ~** salir a la luz 4. *no pl* (*flame*) fuego *m;* **do you have a ~?** ¿tienes fuego? II. *adj* 1. (*not heavy*) ligero 2. (*not dark: colour*) claro; (*skin*) blanco; (*room*) luminoso 3. (*not serious*) ligero 4. (*not intense: breeze, rain*) leve III. *adv* ligeramente; **to make ~ of sth** no dar importancia a algo IV. *vt* <lit *Am:* lighted, lit *Am:* lighted> 1. (*illuminate*) iluminar 2. (*start burning*) encender, prender *AmL*
◆ **light up** I. *vt* alumbrar, iluminar II. *vi* 1. (*become bright*) iluminarse 2. (*start smoking*) encender un cigarrillo

light bulb ['laɪtbʌlb] *n* bombilla *f,* foco *m AmL*
lighten ['laɪtən] I. *vi* 1. (*become brighter*) clarear 2. (*become less heavy*) aligerarse; (*mood*) alegrarse II. *vt* 1. (*make less heavy*) aligerar 2. (*bleach, make paler*) aclarar
lighter ['laɪtəʳ, *Am:* -ţɚ] *n* mechero *m*, encendedor *m AmL*
light-headed *adj* 1. (*faint*) mareado 2. (*excited*) delirante **light-hearted** [-'hɑːrţɪd] *adj* (*carefree*) despreocupado; (*happy*) alegre
lighthouse *n* faro *m*
lighting ['laɪtɪŋ, *Am:* -ţɪŋ] *n* iluminación *f*
lightly ['laɪtlɪ] *adv* ligeramente; (*to rest, touch*) levemente; **to get off ~** salir bien parado
lightness ['laɪtnɪs] *n no pl* 1. (*of thing, touch*) ligereza *f* 2. (*brightness*) claridad *f*
lightning ['laɪtnɪŋ] *n no pl* relámpago *m*
lightning conductor *n Brit,* **lightning rod** *n Am* pararrayos *m inv*
light pen *n* lápiz *m* óptico
lightweight I. *adj* (*clothing, material*) ligero II. *n* SPORTS peso *m* ligero
light year *n* año *m* luz
likable ['laɪkəbl] *adj Am, Aus* s. **likeable**
like¹ [laɪk] I. *vt* 1. (*find good*) **she ~s apples** le gustan las manzanas; **I ~ swimming** me gusta nadar; **I like it when/how ...** me gusta cuando/cómo... 2. (*desire, wish*) querer; **would you ~ a cup of tea?** ¿quieres un té?; **I would ~ a steak** querría un filete II. *n pl* gustos *mpl*
like² [laɪk] I. *adj* semejante II. *prep* **to be ~ sb/sth** ser como alguien/algo; **what was it ~?** ¿cómo fue?; **what does it look ~?** ¿cómo es? III. *conj inf* como si +*subj*
likeable ['laɪkəbl] *adj* simpático
likelihood ['laɪklɪhʊd] *n no pl* probabilidad *f;* **in all ~** con toda probabilidad
likely ['laɪklɪ] <-ier, -iest> *adj* probable; **to be quite/very ~** ser bastante/muy probable; **not ~!** *inf* ¡ni

hablar!

liken ['laɪkən] *vt* comparar; **to ~ sb to sb** comparar alguien con alguien

likeness ['laɪknɪs] <-es> *n* **1.** (*similarity*) semejanza *f* **2.** (*painting*) retrato *m*

likewise ['laɪkwaɪz] *adv* de la misma forma, asimismo

liking ['laɪkɪŋ] *n no pl* afición *f*; (*for particular person*) simpatía *f*; **to develop a ~ for sb** tomar cariño a alguien; **to be to sb's ~** *form* ser del agrado de alguien

lilac ['laɪlək] *adj* lila

lilo® ['laɪləʊ, *Am:* -loʊ] *n Brit* colchoneta *f* inflable

lily ['lɪli] <-ies> *n* lirio *m*

limb [lɪm] *n* **1.** BOT rama *f* **2.** ANAT miembro *m*; **to be/go out on a ~** (**to do sth**) estar/ponerse en una situación arriesgada (para hacer algo)

limber ['lɪmbəʳ, *Am:* -bɚ] *adj* (*person*) ágil; (*material*) flexible
 ◆**limber up** *vi* hacer ejercicios de precalentamiento

limbo ['lɪmbəʊ, *Am:* -boʊ] *n no pl* limbo *m*; **to be in ~** estar en el limbo

lime¹ [laɪm] *n* **1.** (*fruit*) lima *f* **2.** (*tree*) limero *m*

lime² [laɪm] *n no pl* CHEM cal *f*

lime³ [laɪm] *n* (*linden tree*) tilo *m*

limelight ['laɪmlaɪt] *n no pl* foco *m* proyector; **to be in the ~** estar en el candelero

limerick ['lɪmərɪk, *Am:* -ɚ-] *n* quintilla *f* humorística

limestone ['laɪmstəʊn, *Am:* -stoʊn] *n no pl* caliza *f*

limit ['lɪmɪt] **I.** *n* límite *m*; (*speed*) ~ AUTO límite *m* de velocidad; **within ~s** dentro de ciertos límites **II.** *vt* limitar

limitation [ˌlɪmɪ'teɪʃn] *n no pl* restricción *f*; (*of pollution, weapons*) limitación *f*

limited ['lɪmɪtɪd, *Am:* -t̬ɪd] *adj* limitado; **to be ~ to sth** estar limitado a algo

limited company *n* sociedad *f* (de responsabilidad) limitada

limousine ['lɪməziːn] *n* limusina *f*

limp¹ [lɪmp] **I.** *vi* cojear **II.** *n no pl*

cojera *f*; **to walk with a ~** cojear

limp² [lɪmp] *adj* flojo

limpet ['lɪmpɪt] *n* lapa *f*

line¹ [laɪn] <-ning> *vt* revestir; (*clothes*) forrar

line² [laɪn] **I.** *n* **1.** (*mark*) a. MAT línea *f* **2.** *Am* (*queue*) fila *f*, cola *f AmL*; **to be in ~ for promotion** tener muchas posibilidades de ascender; **to stand in ~** hacer cola **3.** (*cord*) cuerda *f* **4.** TEL línea *f*; **hold the ~!** ¡no cuelgue! **5.** (*transport company*) línea *f*; **rail/shipping ~** línea de transporte ferroviario/marítimo **6.** (*of text*) línea *f*, renglón *m* **7.** (*field, pursuit, interest*) especialidad *f*; **what ~ are you in?** ¿a qué se dedica?; **to come out with a new ~** *Am* FASHION sacar una nueva línea **II.** <-ning> *vt* **to ~ the streets** ocupar las calles
 ◆**line up** *vi*, *vt* alinear(se)

linen ['lɪnɪn] *n no pl* lino *m*

liner ['laɪnəʳ, *Am:* -nɚ] *n* **1.** (*lining*) forro *m*; **dustbin ~** bolsa *f* de la basura **2.** (*ship*) transatlántico *m*

linesman ['laɪnzmən] <-men> *n* SPORTS juez *mf* de línea

lineup ['laɪnʌp] *n* alineación *f*

linger ['lɪŋgəʳ, *Am:* -gɚ] *vi* entretenerse; (*film*) hacerse largo; **to ~ over sth** tomarse tiempo para (hacer) algo

lingerie ['lænʒəri:, *Am:* ˌlɑ:nʒə'reɪ] *n no pl* lencería *f*

lingo ['lɪŋgəʊ, *Am:* -goʊ] <-goes> *n inf* **1.** (*foreign language*) idioma *m* (extranjero) **2.** (*jargon*) jerga *f*

linguist ['lɪŋgwɪst] *n* lingüista *mf*

linguistic [lɪŋ'gwɪstɪk] *adj* lingüístico

linguistics [lɪŋ'gwɪstɪks] *n* lingüística *f*

lining ['laɪnɪŋ] *n* **1.** (*of boiler, pipes*) revestimiento *m*; (*of coat, jacket*) forro *m* **2.** ANAT pared *f*

link [lɪŋk] **I.** *n* **1.** (*in chain*) eslabón *m* **2.** (*connection*) conexión *f*; **rail ~** enlace *m* ferroviario **3.** INFOR vínculo *m*, enlace *m* **II.** *vt* **1.** (*connect*) conectar **2.** (*associate*) relacionar

linoleum [lɪ'nəʊlɪəm, *Am:* -'noʊ-]

L

n, **lino** [ˈlaɪnəʊ] *n no pl* linóleo *m*

lion [ˈlaɪən] *n* león *m*

lioness [laɪəˈnes] <-sses> *n* leona *f*

lip [lɪp] *n* **1.** ANAT labio *m* **2.** (*rim: of cup, bowl*) borde *m*; (*of jug*) pico *m*

lip-read *vi* leer los labios

lip salve *n no pl* crema *f* de cacao

lip service *n no pl* jarabe *m* de pico; **to pay ~ to sth** apoyar algo sólo de boquilla

lipstick *n* barra *f* de labios

liqueur [lɪˈkjʊər, *Am:* -ˈkɜːr] *n* licor *m*

liquid [ˈlɪkwɪd] **I.** *n* líquido *m* **II.** *adj* líquido

liquidation [ˌlɪkwɪˈdeɪʃn] *n* liquidación *f*; **to go into ~** ECON entrar en liquidación

liquidise [ˈlɪkwɪdaɪz] *vt Brit, Aus s.* **liquidize**

liquidiser [ˈlɪkwɪdaɪzər] *n Brit, Aus s.* **liquidizer**

liquidize [ˈlɪkwɪdaɪz] *vt* licuar

liquidizer [ˈlɪkwɪdaɪzər, *Am:* -zər] *n* licuadora *f*

liquor [ˈlɪkər, *Am:* -ər] *n no pl* licor *m*

liquorice [ˈlɪkərɪs, *Am:* -ər-] *n no pl* regaliz *m*

Lisbon [ˈlɪzbən] *n* Lisboa *f*

lisp [lɪsp] *n no pl* ceceo *m*

list[1] [lɪst] **I.** *n* lista *f*; **shopping ~** lista de la compra **II.** *vt* **1.** (*make a list*) listar **2.** (*enumerate*) enumerar

list[2] [lɪst] NAUT **I.** *vi* escorar **II.** *n* escora *f*

listen [ˈlɪsən] *vi* **1.** (*hear*) escuchar; **to ~ to sth/sb** escuchar algo/a alguien **2.** (*pay attention*) estar atento

listener [ˈlɪsnər, *Am:* -ər] *n* oyente *mf*

listeria [lɪˈstɪərɪə, *Am:* -ˈstɪrɪ-] *npl* listeria *f*

listing [ˈlɪstɪŋ] *n* **1.** (*list*) lista *f*, listado *m* **2.** (*entry in list*) entrada *f*

listless [ˈlɪstlɪs] *adj* **1.** (*lacking energy: person*) apagado; (*economy*) débil **2.** (*lacking enthusiasm*) apático; (*performance*) deslucido

lit [lɪt] *pt, pp of* **light**

litany [ˈlɪtənɪ] <-ies> *n* letanía *f*

liter [ˈliːtər, *Am:* -tər] *n Am* litro *m*

literacy [ˈlɪtərəsɪ, *Am:* ˈlɪt̬ə-] *n no*

pl alfabetización *f*; **~ rate** índice *m* de alfabetización

literal [ˈlɪtərəl, *Am:* ˈlɪt̬ə-] *adj* literal

literally [ˈlɪtərəlɪ, *Am:* ˈlɪt̬ə-] *adv* literalmente; **to take sth/sb ~** tomar algo/a alguien al pie de la letra

literary [ˈlɪtərərɪ, *Am:* ˈlɪt̬ərer-] *adj* literario

literate [ˈlɪtərət, *Am:* ˈlɪt̬ə-] *adj* **1.** (*able to read and write*) que sabe leer y escribir **2.** (*well-educated*) culto

literature [ˈlɪtrətʃər, *Am:* ˈlɪt̬ərətʃər] *n no pl* **1.** (*novels, poems*) literatura *f* **2.** (*promotional material*) material *m* informativo

lithe [laɪð] *adj* ágil

Lithuania [ˌlɪθjʊˈeɪnɪə, *Am:* ˌlɪθʊ-] *n* Lituania *f*

Lithuanian *adj* lituano

litigate [ˈlɪtɪgeɪt, *Am:* ˈlɪt̬-] *vi* litigar

litigation [ˌlɪtɪˈgeɪʃn, *Am:* ˌlɪt̬-] *n no pl* litigio *m*

litmus paper *no pl n* papel *m* de tornasol

litre [ˈliːtər, *Am:* -tər] *n* litro *m*

litter [ˈlɪtər, *Am:* ˈlɪt̬ə] **I.** *n* **1.** *no pl* (*refuse*) basura *f* **2.** ZOOL camada *f* **3.** MED camilla *f* **II.** *vt* esparcir; **the floor was ~ed with clothes** el suelo estaba cubierto de ropa

little [ˈlɪtl] **I.** *adj* **1.** (*size, age*) pequeño; **the ~ ones** *inf* los niños **2.** (*amount*) poco; **a ~ something** alguna cosita; **a ~ bit (of sth)** un poco (de algo); **~ by ~** poco a poco **3.** (*duration*) breve; **for a ~ while** durante un ratito **II.** *adv* poco; **~ more than an hour** poco más de una hora

liturgy [ˈlɪtədʒɪ, *Am:* ˈlɪt̬ə-] <-ies> *n* REL liturgia *f*

live[1] [laɪv] *adj* **1.** (*living*) vivo **2.** RADIO, TV en directo; THEAT en vivo **3.** ELEC que lleva corriente; (*wire*) conectado **4.** (*cartridge*) cargado; (*bomb*) con carga explosiva

live[2] [lɪv] *vi* vivir; **to ~ a happy life** llevar una vida feliz

◆ **live down** *vt* lograr superar

◆ **live on** *vi* vivir; (*tradition*) seguir vivo

◆ **live out** vt vivir; (*dreams*) realizar

◆ **live up** vt **to live it up** vivir a lo grande

◆ **live up to** vt vivir conforme a; **to ~ expectations** estar a la altura de lo esperado

livelihood ['laɪvlɪhʊd] n sustento m

lively ['laɪvlɪ] adj (*person, conversation*) animado; (*imagination, interest*) vivo

liven up ['laɪvən ʌp] vt animar

liver ['lɪvəʳ, Am: -ə] n hígado m

livestock ['laɪvstɒk, Am: -stɑːk] n no pl ganado m

livid ['lɪvɪd] adj **1.** (*discoloured*) lívido **2.** (*furious*) furioso

living ['lɪvɪŋ] I. n no pl vida f; **to work for one's ~** trabajar para ganarse la vida; **to make a ~** ganarse la vida f II. adj vivo

living conditions npl condiciones fpl de vida **living room** n cuarto m de estar, living m AmL **living wage** no pl n salario m digno

lizard ['lɪzəd, Am: -əd] n lagarto m; (*small*) lagartija f

llama ['lɑːmə] n llama f

load [ləʊd, Am: loʊd] I. n carga f; ~s [o a ~] of ... un montón de... II. vt a. AUTO, PHOT, INFOR cargar

loaded ['ləʊdɪd, Am: 'loʊd-] adj **1.** (*filled*) cargado **2.** (*unfair: question*) tendencioso **3.** Brit, inf (*rich*) forrado

loaf¹ [ləʊf, Am: loʊf] <loaves> n pan m; **a ~ of bread** un pan

loaf² [ləʊf, Am: loʊf] vi gandulear

loan [ləʊn, Am: loʊn] I. vt prestar II. n préstamo m, avío m AmS

loath [ləʊθ, Am: loʊθ] adj form reacio; **to be ~ to do sth** resistirse a hacer algo

loathe [ləʊð, Am: loʊð] vt (*thing*) detestar; (*person*) odiar

loaves [ləʊfz, Am: loʊfz] n pl of **loaf¹**

lob [lɒb, Am: lɑːb] <-bb-> vt SPORTS hacer un globo a

lobby ['lɒbi, Am: 'lɑːbi] I. <-ies> n **1.** ARCHIT vestíbulo m **2.** POL grupo m de presión II. <-ie-> vt presionar

lobbyist ['lɒbiɪst, Am: 'lɑːbi-] n miembro m de un grupo de presión

lobe [ləʊb, Am: loʊb] n lóbulo m

lobster ['lɒbstəʳ, Am: 'lɑːbstə] n langosta f; (*with claws*) bogavante m

local ['ləʊkəl, Am: 'loʊ-] I. adj local II. n **1.** (*inhabitant*) lugareño, -a m, f **2.** Brit (*pub*) taberna f (*del barrio, pueblo, etc.*)

local anaesthetic n anestesia f local **local authority** n municipio m, ayuntamiento m **local call** n llamada f local **local government** n administración f municipal

locality [ləʊ'kæləti, Am: loʊ'kælə-tɪ] <-ies> n localidad f

locate [ləʊ'keɪt, Am: 'loʊ-] vt **1.** (*find*) localizar **2.** (*situate*) situar

location [ləʊ'keɪʃn, Am: loʊ'-] n posición f; **to film sth on ~** rodar algo en exteriores

loch [lɒx, Am: lɑːk] n Scot **1.** (*lake*) lago m **2.** (*inlet*) brazo m de mar

lock¹ [lɒk, Am: lɑːk] n (*of hair*) mechón m

lock² [lɒk, Am: lɑːk] I. n **1.** (*fastening device*) cerradura f, chapa f Arg, Méx **2.** (*on canal*) esclusa f **3.** fig ~, **stock and barrel** completamente, por completo II. vt **1.** (*fasten with lock*) cerrar con llave; (*confine safely: thing*) guardar bajo llave; (*person*) encerrar **2.** (*make immovable*) bloquear III. vi cerrarse con llave

◆ **lock away** vt (*document*) guardar bajo llave; (*person*) encerrar

◆ **lock out** vt impedir la entrada a; **to lock oneself out** dejarse las llaves dentro

◆ **lock up** vt (*document*) guardar bajo llave; (*person*) encerrar

locker ['lɒkəʳ, Am: 'lɑːkə] n (*at railway station*) consigna f automática; (*at school*) taquilla f

locket ['lɒkɪt, Am: 'lɑːkɪt] n guardapelo m

locksmith ['lɒksmɪθ, Am: 'lɑːk-] n cerrajero, -a m, f

lockup ['lɒkʌp, Am: 'lɑːk-] n inf **1.** (*cell*) calabozo m **2.** (*storage space*) garaje m

locum ['ləʊkəm, Am: 'loʊ-] n Aus,

L

Brit interino, -a *m, f*

locust ['ləʊkəst, *Am:* 'loʊ-] *n* langosta *f*, chapulín *m Méx*

locution [lə'kju:ʃn, *Am:* loʊ'-] *n* locución *f*

lodge [lɒdʒ, *Am:* lɑ:dʒ] **I.** *vi* alojarse **II.** *vt* (*objection, protest*) presentar **III.** *n* **1.** (*for hunters*) refugio *m* **2.** *Brit* (*at entrance to building*) portería *f* **3.** (*of freemasons*) logia *f*

lodger ['lɒdʒəʳ, *Am:* 'lɑ:dʒəʳ] *n* inquilino, -a *m, f*

lodging ['lɒdʒɪŋ, *Am:* 'lɑ:dʒɪŋ] *n* **1.** *no pl* (*accomodation*) alojamiento *m*; **board and ~** pensión *f* completa **2.** *pl, Brit* (*room to rent*) habitación *f* de alquiler

loft [lɒft, *Am:* lɑ:ft] *n* **1.** (*space under roof*) buhardilla *f* **2.** (*upstairs living space*) loft *m*

lofty ['lɒftɪ, *Am:* 'lɑ:f-] <-ier, -iest> *adj* **1.** *liter* (*tall*) altísimo **2.** (*noble*) noble **3.** (*haughty*) altivo

log¹ [lɒg, *Am:* lɑ:g] **I.** *n* **1.** (*tree trunk*) tronco *m* **2.** (*firewood*) leño *m* **II.**<-gg-> *vt* talar **III.**<-gg-> *vt* talar árboles

log² [lɒg, *Am:* lɑ:g] *inf abbr of* **logarithm** log.

log³ [lɒg, *Am:* lɑ:g] **I.** *n* registro *m*; **ship's ~** cuaderno *m* de bitácora **II.** *vt* **1.** (*record*) registrar **2.** (*achieve, attain*) alcanzar

◆ **log in** *vi* INFOR entrar en el sistema
◆ **log off** *vi* INFOR salir del sistema
◆ **log on** *vi s.* **log in**
◆ **log out** *vi s.* **log off**

logarithm ['lɒgərɪðəm, *Am:* 'lɑ:gə-] *n* logaritmo *m*

log book ['lɒgbʊk, *Am:* 'lɑ:gbʊk] *n* NAUT diario *m* de navegación; AVIAT diario *m* de vuelo

logger ['lɒgəʳ, *Am:* 'lɑ:gəʳ] *n* leñador(a) *m(f)*

loggerheads ['lɒgəhedz, *Am:* 'lɑ:gə-] *npl* **to be at ~** (**with sb/ over sth**) estar en desacuerdo (con alguien/sobre algo)

logic ['lɒdʒɪk, *Am:* 'lɑ:dʒɪk] *n no pl* lógica *f*

logical ['lɒdʒɪkl, *Am:* 'lɑ:dʒɪk-] *adj* lógico

login ['lɒgɪn, *Am:* 'lɑ:g-] *n* INFOR inicio *m* de sesión

logjam *n* atolladero *m*

logo ['lɒgəʊ, *Am:* 'loʊgoʊ] *n* logotipo *m*

logoff [lɒgɒf, *Am:* 'lɑ:gɑ:f] *n* INFOR fin *m* de sesión

logon *n s.* **login**

loin [lɔɪn] **I.** *n* **1.** *pl* (*body area*) bajo vientre *m* **2.** GASTR lomo *m* **II.** *adj* de lomo

loiter ['lɔɪtəʳ, *Am:* -t̬əʳ] *vi* **1.** (*linger*) entretenerse **2.** *a.* LAW merodear

loll [lɒl, *Am:* lɑ:l] *vi* colgar; **to ~ about** holgazanear

lollipop ['lɒlipɒp, *Am:* 'lɑ:lipɑ:p] *n* chupachups® *m inv*

lollipop lady, lollipop man *n Brit, inf:* persona que detiene el tráfico para permitir que los escolares crucen la calle

lolly ['lɒli, *Am:* 'lɑ:li] <-ies> *n* **1.** *Aus, Brit* (*lollipop*) chupachups® *m inv* **2.** *no pl, Brit, inf* (*money*) pasta *f*

London ['lʌndən] *n* Londres *m*

Londoner *adj* londinense

lone [ləʊn, *Am:* loʊn] *adj* solitario

loneliness ['ləʊnlɪnɪs, *Am:* 'loʊn-] *n no pl* soledad *f*

lonely ['ləʊnlɪ, *Am:* 'loʊn-] <-ier, -iest> *adj* (*person*) solo; (*life*) solitario; (*place*) aislado

loner ['ləʊnəʳ, *Am:* 'loʊnəʳ] *n* solitario, -a *m, f*

long¹ [lɒŋ, *Am:* lɑ:ŋ] **I.** *adj* (*distance, time, shape*) largo; **it's a ~ while since ...** hace mucho tiempo desde que... **II.** *adv* mucho (tiempo); **~ after/before** mucho después/ antes; **~ ago** hace mucho (tiempo); **to take ~** (**to do sth**) tardar mucho (en hacer algo); **all day ~** todo el día; **as ~ as** mientras +*subj* **III.** *n* mucho tiempo *m*; **the ~ and the short of it is that ...** en resumidas cuentas...

long² [lɒŋ, *Am:* lɑ:ŋ] *vi* **to ~ for sth** estar deseando algo

long. *abbr of* **longitude** long.

long-distance [ˌlɒŋ'dɪstənts, *Am:* ˌlɑ:ŋ-] *adj* (*bus, flight*) de largo recorrido; (*race, runner*) de fondo;

(*negotiations, relationship*) a distancia; ~ **call** conferencia *f*

longhand *n no pl* escritura *f* normal (*donde las palabras tienen todas sus letras*)

longing ['lɒŋɪŋ, *Am:* 'lɑːŋɪŋ] I. *n* 1. (*nostalgia*) nostalgia *f* 2. (*strong desire*) vivo deseo *m* II. *adj* anhelante

longitude ['lɒŋɡɪtjuːd, *Am:* 'lɑːndʒətuːd] *n* longitud *f*

long jump *n no pl* salto *m* de longitud, salto *m* largo *AmL* **long-lost** *adj* perdido hace mucho tiempo **long-range** *adj* (*missile*) de largo alcance; (*aircraft*) transcontinental; (*policy*) a largo plazo **long-sighted** *adj* 1. (*having weak sight*) hipermétrope 2. *Am* (*having foresight*) previsor **long-standing** *adj* antiguo **long-suffering** *adj* sufrido **long-term** *adj* (*care*) prolongado; (*loan, memory, strategy*) a largo plazo **long wave** *n* onda *f* larga **long-winded** [ˌlɒŋ-] *adj* prolijo

loo [luː] *n Aus, Brit, inf* váter *m*

look [lʊk] I. *n* 1. (*at person, thing*) mirada *f*; (*of book, face*) ojeada *f*; **to take** [*o* **to have**] **a** ~ **at sth** echar un vistazo a algo; **to** ~ **for sth/sb** buscar algo/a alguien 2. (*appearance*) aspecto *m* 3. (*style*) look *m* II. *vi* 1. (*use sight*) mirar 2. (*search*) buscar; **to** ~ **for sth/sb** buscar algo/a alguien 3. (*appear, seem*) parecer III. *vt* mirar a; **to** ~ **north** mirar al norte

◆ **look after** *vi* 1. (*tend, care for*) cuidar 2. (*take responsibility for*) encargarse de

◆ **look around** *vi s.* **look round**

◆ **look back** *vi* 1. (*look behind oneself*) mirar (hacia) atrás 2. (*remember*) recordar

◆ **look down** *vi* 1. (*from above*) mirar hacia abajo; (*lower eyes*) bajar la vista 2. (*feel superior*) **to** ~ **on sth/sb** menospreciar algo/a alguien

◆ **look for** *vt* 1. (*seek*) buscar 2. (*expect*) esperar

◆ **look forward** *vi* **to** ~ **to sth** tener muchas ganas de algo

◆ **look in** *vi Brit, Aus* **to** ~ **on sb** ir a ver a alguien

◆ **look into** *vi* investigar

◆ **look on** *vi*, **look upon** *vi* 1. (*watch*) mirar 2. (*view*) ver

◆ **look out** *vi* tener cuidado; **to** ~ **for** tener cuidado con; (*look for*) buscar

◆ **look over** *vt* (*report*) revisar; (*house*) inspeccionar

◆ **look round** *vi* 1. (*look behind oneself*) girarse 2. (*look in all directions*) mirar alrededor 3. (*search*) **to** ~ **for** buscar

◆ **look through** *vt* 1. (*look*) mirar por 2. (*examine*) revisar 3. (*peruse*) **to** ~ **sth** echar un vistazo a algo

◆ **look to** *vi* 1. (*attend to*) mirar por 2. (*depend on*) depender de 3. (*count on*) contar con

◆ **look up** I. *vt* 1. (*consult*) buscar 2. (*visit*) ir a ver II. *vi* mirar hacia arriba; **to** ~ **to sb** *fig* tener a alguien como ejemplo

loom¹ [luːm] *n* telar *m*

loom² [luːm] *vi* 1. (*come into view*) surgir 2. (*threaten*) amenazar

loony ['luːnɪ] I. <-ier, -iest> *adj inf* (*person*) chiflado; (*idea*) disparatado II. <-ies> *n inf* loco, -a *m, f*, chiflado, -a *m, f*

loop [luːp] *n* 1. (*bend*) curva *f*; (*of string*) lazada *f*; (*of river*) meandro *m* 2. ELEC circuito *m* cerrado 3. INFOR bucle *m* 4. (*contraceptive coil*) espiral *f*

loophole ['luːphəʊl, *Am:* -hoʊl] *n fig* escapatoria *f*

loose [luːs] I. *adj* 1. (*not tight: clothing*) holgado; (*knot, rope, screw*) flojo; (*skin*) flácido 2. (*not confined*) suelto 3. (*discipline*) relajado II. *vt* soltar

loosely ['luːslɪ] *adv* libremente

loosen ['luːsn] *vt* (*belt*) aflojar; (*tongue*) desatar

loot [luːt] I. *n no pl* botín *m* II. *vt, vi* saquear

looting *n no pl* saqueo *m*

lopsided [ˌlɒpˈsaɪdɪd, *Am:* ˌlɑːp-] *adj* 1. (*leaning to one side*) torcido, chueco *AmL* 2. (*biased*) parcial

lord [lɔːd, *Am:* lɔːrd] *n* **1.** *Brit* (*British peer*) lord *m* **2.** (*aristocrat*) señor *m*

lordship [ˈlɔːdʃɪp, *Am:* ˈlɔːrd-] *n no pl, form* **His Lordship** *Brit* Su Señoría

lore [lɔːʳ, *Am:* lɔːr] *n no pl* sabiduría *f*

lorry [ˈlɒrɪ, *Am:* ˈlɔːr-] <-ies> *n Brit* camión *m*

lorry driver *n Brit* camionero(a) *m(f)*

lose [luːz] <lost, lost> I. *vt* perder; **to get lost** (*person*) perderse; (*object*) extraviarse II. *vi* perder

loser [ˈluːzəʳ, *Am:* -zɚ] *n* perdedor(a) *m(f)*

loss [lɒs, *Am:* lɑːs] <-es> *n* pérdida *f*; **to be at a ~** no saber cómo reaccionar

lost [lɒst, *Am:* lɑːst] I. *pt, pp of* **lose** II. *adj* perdido; **to be ~ in a book** estar enfrascado en la lectura de un libro

lost property *no pl n* objetos *mpl* perdidos

lost property office *n Brit, Aus* oficina *f* de objetos perdidos

lot [lɒt, *Am:* lɑːt] *n* **1.** (*destiny*) destino *m* **2.** *Brit* (*large quantity*) **a ~ of**, **~s of** mucho(s); **I like it a ~** me gusta mucho **3.** (*in auction*) lote *m*

lotion [ˈləʊʃn, *Am:* ˈloʊ-] *n no pl* loción *f*

lottery [ˈlɒtərɪ, *Am:* ˈlɑːtɚ-] <-ies> *n* lotería *f*, quiniela *f CSur*

loud [laʊd] I. *adj* **1.** (*voice*) alto; (*shout*) fuerte **2.** (*noisy*) ruidoso II. *adv* alto; **to laugh out ~** reír a carcajadas

loudhailer [ˌlaʊdˈheɪləʳ, *Am:* -lɚ] *n Brit, Aus* megáfono *m*

loudspeaker [ˌlaʊdˈspiːkəʳ, *Am:* ˌlaʊdˈspiːkɚ] *n* altavoz *m*

Louisiana [luˌiːziˈænə] *n* Luisiana *f*

lounge [laʊndʒ] I. *n* salón *m* II. *vi* **1.** (*recline*) repanchigarse **2.** (*be idle*) hacer el vago

♦ **lounge about** *vt*, **lounge around** *vt* holgazanear

lounge bar *n Brit* bar *m* **lounge suit** *n Brit* traje *m* (de calle)

louse [laʊs] *n* **1.** <lice> (*insect*)

piojo *m* **2.** <-es> *inf* (*person*) canalla *mf*

lousy [ˈlaʊzɪ] <-ier, -iest> *adj inf* **1.** (*infested with lice*) piojoso **2.** (*contemptible*) asqueroso

lout [laʊt] *n* patán *m*, jallán *m AmC*

lovable [ˈlʌvəbl] *adj* adorable

love [lʌv] I. *vt* querer, amar; **I ~ swimming**, **I ~ to swim** me encanta nadar II. *n* **1.** *no pl* (*affection*) amor *m*; **to be in ~ (with sb)** estar enamorado (de alguien); **to make ~ to sb** hacer el amor con alguien **2.** *no pl* (*in tennis*) cero *m*

love affair *n* aventura *f*, romance *m*

love life *n inf* vida *f* amorosa [*o* sentimental]

lovely [ˈlʌvlɪ] <-ier, -iest> *adj* (*house*, *present*) bonito; (*weather*) precioso; (*person*) encantador; **to have a ~ time** pasarlo estupendamente

lover [ˈlʌvəʳ, *Am:* -ɚ] *n* amante *mf*

lovesick [ˈlʌvsɪk] *adj* locamente enamorado, volado *AmL*

loving [ˈlʌvɪŋ] *adj* cariñoso

low¹ [ləʊ, *Am:* loʊ] I. *adj* **1.** (*not high, not loud*) bajo; **to be ~ (on sth)** tener poco (de algo) **2.** (*poor: opinion, quality*) malo; (*self-esteem*) bajo; (*visibility*) poco II. *adv* bajo III. *n* **1.** METEO depresión *f* **2.** (*minimum*) mínimo *m*

low² [ləʊ, *Am:* loʊ] *vi* mugir

low-alcohol *adj* bajo en alcohol **low-calorie** *adj* bajo en calorías **low-cost** *adj* económico **low-cut** *adj* escotado

lower [ˈləʊəʳ, *Am:* ˈloʊɚ] *vt* bajar; (*flag*, *sails*) arriar; (*lifeboat*) echar al agua; **to ~ oneself to do sth** rebajarse a hacer algo

Lower House *n* **the ~** la Cámara Baja

low-fat *adj* bajo en calorías; (*milk*) desnatado

lowland *npl* tierras *fpl* bajas, bajío *m AmL*

lowly [ˈləʊlɪ, *Am:* ˈloʊ-] <-ier, -iest> *adj* humilde

low-tech *adj* de baja tecnología

loyal [ˈlɔɪəl] *adj* leal

loyalist [ˈlɔɪəlɪst] *n* partidario, -a *m*,

f del régimen
loyalty ['lɔɪəltɪ, *Am:* -t̬ɪ] <-ies> *n*
lealtad *f*
lozenge ['lɒzɪndʒ, *Am:* 'lɑːzəndʒ]
n pastilla *f*
LP [ˌel'piː] *n abbr of* **long-playing
record** LP *m*
Ltd ['lɪmɪtɪd, *Am:* -ət̬ɪd] *abbr of*
Limited SA
lubricant ['luːbrɪkənt] *n no pl* lubricante *m*
lubricate ['luːbrɪkeɪt] *vt* lubricar
lucid ['luːsɪd] *adj* **1.** (*rational*) lúcido
2. (*easily understood*) claro
luck [lʌk] *n no pl* suerte *f;* **good/bad
~** buena/mala suerte; **to wish sb
(good) ~** desear a alguien (buena)
suerte; **a stroke of ~** un golpe de
suerte
lucky ['lʌkɪ] <-ier, -iest> *adj* afortunado
lucrative ['luːkrətɪv, *Am:* -t̬ɪv] *adj*
lucrativo
ludicrous ['luːdɪkrəs] *adj* absurdo
lug [lʌg] <-gg-> *vt inf* arrastrar
luggage ['lʌgɪdʒ] *n no pl* equipaje
m
luggage rack *n Brit* baca *f*
lukewarm [ˌluːkˈwɔːm, *Am:*
-ˈwɔːrm] *adj* **1.** (*liquid*) tibio **2.** (*unenthusiastic*) poco entusiasta
lull [lʌl] **I.** *vt* calmar **II.** *n* período *m*
de calma; (*in fighting*) tregua *f*
lullaby ['lʌləbaɪ] <-ies> *n* nana *f*
lumbago [lʌmˈbeɪgəʊ, *Am:* -goʊ]
n no pl lumbago *m*
lumber[1] ['lʌmbə[r], *Am:* -bɚ] *vi* moverse pesadamente
lumber[2] ['lʌmbə[r], *Am:* -bɚ] **I.** *vt*
Aus, Brit, inf **to ~ sb with sth** endilgar algo a alguien **II.** *n no pl* **1.** *Am,
Aus* madera *f* **2.** (*junk*) trastos *mpl*
lumberjack *n* leñador *m*
luminous ['luːmɪnəs, *Am:* 'luːmə-]
adj luminoso
lump [lʌmp] **I.** *n* **1.** (*solid mass*)
masa *f;* (*of coal*) trozo *m;* (*of sugar*)
terrón *m;* **~ sum** cantidad *f* única
2. (*swelling: in breast, on head*)
bulto *m* **II.** *vt* **1.** (*combine*) agrupar
2. (*endure*) aguantar
lumpy ['lʌmpɪ] <-ier, -iest> *adj*

(*custard, sauce*) grumoso; (*surface*)
desigual
lunacy ['luːnəsɪ, *Am:* 'luː-] *n no pl*
locura *f*
lunar ['luːnə[r], *Am:* 'luːnɚ] *adj* lunar
lunatic ['luːnətɪk] **I.** *n* loco, -a *m, f*
II. *adj* lunático
lunch [lʌntʃ] **I.** *n* comida *f;* **to have
~** comer **II.** *vi* comer
lunch break *n* descanso *m* para
comer
luncheon ['lʌntʃən] *n form* comida *f*
luncheon meat *n* fiambre de cerdo
en conserva **luncheon voucher** *n*
Brit vale *m* de comida
lunchtime *n* hora *f* de comer
lung [lʌŋ] *n* pulmón *m*
lunge [lʌndʒ] *vi* **to ~ at sb** arremeter contra alguien
lurch [lɜːtʃ, *Am:* lɜːrtʃ] **I.** *vi* (*people*)
tambalearse; (*car, train*) dar sacudi-
das **II.** <-es> *n* sacudida *f;* **to leave
sb in the ~** *inf* dejar a alguien colgado
lure [lʊə[r], *Am:* lʊr] **I.** *n* **1.** (*attraction*) atractivo *m* **2.** (*bait*) cebo *m;*
(*decoy*) señuelo *m* **II.** *vt* atraer
lurid ['lʊərɪd, *Am:* 'lʊrɪd] *adj* **1.** (*details*) escabroso; (*language*) morboso
2. (*extremely bright*) chillón
lurk [lɜːk, *Am:* lɜːrk] *vi* esconderse
luscious ['lʌʃəs] *adj* **1.** (*fruit*) jugoso
2. *inf* (*girl, curves*) voluptuoso; (*lips*)
carnoso
lush [lʌʃ] *adj* exuberante
lust [lʌst] *n* **1.** (*sexual desire*) lujuria
f **2.** (*strong desire*) anhelo *m*
lusty ['lʌstɪ] <-ier, -iest> *adj* (*person*) sano; (*voice*) potente
lute [luːt] *n* laúd *m*
Luxembourg ['lʌksəmbɜːg, *Am:*
-bɜːrg] *n* Luxemburgo *m*
Luxembourger *n* luxemburgés, -esa
m, f
luxurious [lʌgˈʒʊərɪəs, *Am:* -ˈʒʊrɪ-]
adj lujoso
luxury ['lʌkʃərɪ, *Am:* -ʃɚ-] <-ies> *n*
lujo *m;* **~ flat** piso *m* de lujo
LW *n abbr of* **long wave** OL *f*
Lycra® ['laɪkrə] *n* licra® *f*
lying ['laɪɪŋ] **I.** *n* mentiras *fpl* **II.** *adj*
mentiroso

lyric ['lɪrɪk] I. *adj* lírico II. *n pl* letra *f*
lyrical ['lɪrɪkl] *adj* lírico

M m

M, m [em] *n* M, m *f*; ~ **for Mary**
Brit, ~ **for Mike** *Am* M de María
m 1. *abbr of* **metre** m **2.** *abbr of* **mile**
milla *f* **3.** *abbr of* **million** millón *m*
mac [mæk] *n Brit, inf* impermeable
m
macabre [məˈkɑːbrə] *adj* macabro
macaroni [ˌmækəˈrəʊni, *Am:*
-əˈroʊ-] *n* macarrones *mpl*
Macedonia [ˌmæsɪˈdəʊniə, *Am:* -ə-
ˈdoʊni-] *n* Macedonia *f*
Macedonian *adj* macedonio
machine [məˈʃiːn] *n* máquina *f*
machine gun *n* ametralladora *f*
machinery [məˈʃiːnəri] *n no pl, a.*
fig maquinaria *f*
macho ['mætʃəʊ, *Am:* 'mɑːtʃoʊ]
adj machista
mackerel ['mækrəl] <-(s)> *n* caballa *f*
mackintosh ['mækɪntɒʃ, *Am:* -tɑːʃ]
<-es> *n Brit* impermeable *m*
macroeconomics [ˌmækrəʊiːkə-
əˈnɒmɪks, *Am:* -roʊˌekəˈnɑːmɪks]
n macroeconomía *f*
mad [mæd] *adj Brit* loco; **to go** ~
volverse loco; **to be** ~ **about sb**
estar loco por alguien
Madagascar [ˌmædəˈgæskəʳ, *Am:*
-kɚ] *n* Madagascar *m*
madam ['mædəm] *n no pl* señora *f*
madden ['mædən] *vt* enfurecer
made [meɪd] *pt, pp of* **make**
madman ['mædmən] <-men> *n*
loco *m*
madness ['mædnɪs] *n no pl* locura *f*,
loquera *f AmL*
maestro ['maɪstrəʊ, *Am:* -stroʊ] *n*
maestro *m*
Mafia ['mæfiə, *Am:* 'mɑː-] *n* mafia *f*
magazine [ˌmægəˈziːn, *Am:* 'mæ-

gəziːn] *n* **1.** (*periodical publication*) revista *f* **2.** MIL recámara *f*
magic ['mædʒɪk] I. *n no pl* magia *f*
II. *adj* mágico
magical *adj* **1.** (*power*) mágico
2. (*extraordinary, wonderful*) fabuloso
magician [məˈdʒɪʃn] *n* mago, -a
m, f
magistrate ['mædʒɪstreɪt] *n Brit*
*juez que se ocupa de los delitos me-
nores*
magnate ['mægneɪt] *n* magnate *m*
magnet ['mægnɪt] *n* imán *m*
magnetic [mægˈnetɪk, *Am:* -ˈneṭ-]
adj **1.** (*force*) magnético **2.** (*personality*) atrayente
magnetism ['mægnətɪzəm, *Am:*
-ṭɪ-] *n no pl* magnetismo *m*
magnificent [mægˈnɪfɪsnt] *adj*
magnífico
magnify ['mægnɪfaɪ] <-ie-> *vt* ampliar
magnitude ['mægnɪtjuːd, *Am:*
-tuːd] *n no pl* envergadura *f*
mahogany [məˈhɒgəni, *Am:* -ˈhɑː-
gən-] *n no pl* caoba *f*
maid [meɪd] *n* **1.** (*female servant*)
criada *f*, mucama *f AmL* **2.** *liter* doncella *f*
maiden ['meɪdən] *n liter* doncella *f*
mail¹ [meɪl] I. *n no pl a.* INFOR correo
m; **electronic** ~ INFOR correo electrónico II. *vt* mandar [*o* enviar] por
correo
mail² [meɪl] *n no pl* (*armour*) malla *f*
mailbox *n* **1.** *Am* (*postbox*) buzón *m*
2. INFOR (**electronic**) ~ buzón *m*
electrónico
maim [meɪm] *vt* lisiar
main [meɪn] I. *adj* (*problem, reason, street*) principal; ~ **cable** cable
m principal II. *n pl, Brit* ELEC, TECH
red *f* de suministro
mainland ['meɪnlənd] *n no pl*
continente *m*
mainly ['meɪnli] *adv* principalmente
mainstream I. *n no pl* corriente *f*
dominante II. *adj* **1.** (*ideology*) dominante **2.** (*film, novel*) comercial
maintain [meɪnˈteɪn] *vt* **1.** (*preserve, provide for*) mantener

2. (*claim*) sostener

maintenance ['meɪntənəns] *n no pl* **1.** (*keeping, preservation*) mantenimiento *m* **2.** (*alimony*) pensión *f* alimenticia

maize [meɪz] *n no pl* maíz *m*, milpa *f AmL*, capi *m AmS*

Maj. *abbr of* **Major** comandante *mf*

majestic [məˈdʒestɪk] *adj* majestuoso

majesty ['mædʒəsti] <-ies> *n no pl* majestuosidad *f;* **Her/His/Your Majesty** Su Majestad

major ['meɪdʒəʳ, *Am:* -dʒɚ] **I.** *adj* **1.** (*important*) muy importante, fundamental; **a ~ problem** un gran problema **2.** MUS mayor; **in C ~** en do mayor **II.** *n* **1.** MIL comandante *mf* **2.** *Am, Aus* UNIV especialidad *f*

Majorca [məˈjɔːkə, *Am:* -jɔːr-] *n* Mallorca *f*

majority [məˈdʒɒrəti, *Am:* -ˈdʒɔː-rət̬i] <-ies> *n* mayoría *f;* **a narrow/large ~** POL un margen estrecho/amplio

make [meɪk] **I.** *vt* <made, made> **1.** (*produce: coffee, soup, supper*) hacer; (*product*) fabricar; **to make sth out of sth** hacer algo con algo; **to ~ time** hacer tiempo **2.** (*cause*) causar; **to ~ noise/a scene** hacer ruido/una escena **3.** (*cause to be*) **to ~ sb sad** poner triste a alguien; **to ~ sth easy** hacer que algo sea fácil **4.** (*perform, carry out*) **to ~ a call** hacer una llamada; **to ~ a decision** tomar una decision **5.** (*force*) obligar; **to ~ sb do sth** hacer que alguien haga algo **6.** (*earn, get*) **to ~ friends** hacer amigos; **to ~ money** hacer [*o* ganar] dinero; **to ~ profits/losses** tener beneficios/pérdidas **II.** *vi* (*amount to, total*) **today's earthquake ~s five since the beginning of the year** el terremoto de hoy es el quinto de este año **III.** *n* (*brand*) marca *f*

♦ **make for** *vt insep* **1.** (*head for*) dirigirse a **2.** (*help to promote*) **to ~ sth** contribuir a algo

♦ **make of** *vt* **what do you ~ this book?** ¿qué te parece este libro?

♦ **make out I.** *vi* **1.** *inf* (*succeed, cope*) arreglárselas **2.** *vulg* (*have sex*) **to ~ with sb** tirarse a alguien **II.** *vt* **1.** *inf* (*pretend*) **he made himself out to be rich** se hizo pasar por rico **2.** (*discern*) distinguir **3.** (*write out*) **to ~ a cheque** extender un cheque

♦ **make up I.** *vt* **1.** (*invent*) inventar **2.** (*compensate*) **to ~ for sth** compensar algo **3.** (*decide*) **to ~ one's mind** decidirse **II.** *vi* reconciliarse

maker ['meɪkəʳ, *Am:* -kɚ] *n* fabricante *mf*

makeshift ['meɪkʃɪft] *adj* provisional

make-up ['meɪkʌp] *n no pl* maquillaje *m;* **to put on ~** maquillarse

making ['meɪkɪŋ] *n no pl* producción *m*

malaria [məˈleərɪə, *Am:* -ˈlerɪ-] *n no pl* malaria *f*

Malawi [məˈlɑːwi] *n* Malaui *m*

Malawian *adj* malauiano

Malaysia [məˈleɪzɪə, *Am:* -ʒə] *n* Malaisia *f*

Malaysian [məˈleɪzɪən, *Am:* -ʒən] *adj* malaisio

malfunction [ˌmælˈfʌŋkʃn] **I.** *vi* fallar **II.** *n* fallo *m*

Mali ['mɑːli] *n* Mali *m*

Malian *adj* malinés, -esa

malice ['mælɪs] *n no pl* malicia *f*

malicious [məˈlɪʃəs] *adj* malicioso

malign [məˈlaɪn] **I.** *adj form* maligno **II.** *vt* calumniar

malignancy [məˈlɪɡnənsi] <-ies> *n* MED malignidad *f*

malignant [məˈlɪɡnənt] *adj* maligno

mall [mɔːl] *n Am* centro *m* comercial

malnutrition [ˌmælnjuˈtrɪʃn, *Am:* -nuːˈ-] *n no pl* desnutrición *f*

malpractice [ˌmælˈpræktɪs] *n* mala práctica *f;* **medical ~** negligencia *f* médica

malt [mɔːlt] *n no pl* malta *f*

Malta ['mɔːltə, *Am:* -t̬ə] *n* Malta *f; s. a.* **Republic of Malta**

Maltese [ˌmɔːlˈtiːz] *adj* maltés; **~ cross** cruz *f* de Malta

M
m

mammal ['mæməl] *n* mamífero *m*

mammoth ['mæməθ] *n* mamut *m*

man [mæn] **I.** *n* <men> **1.** (*male human*) hombre *m* **2.** (*the human race*) ser *m* humano **II.** *vt* <-nn-> (*operate*) encargarse de; **to ~ a factory** contratar personal para una fábrica

manage ['mænɪdʒ] **I.** *vt* **1.** (*accomplish*) lograr; **to ~ to do sth** conseguir hacer algo **2.** (*be in charge of*) dirigir **II.** *vi* **to ~ on sth** arreglárselas con algo

manageable ['mænɪdʒəbl] *adj* (*vehicle*) manejable; (*person, animal*) dócil

management ['mænɪdʒmənt] *n* **1.** *no pl* (*direction*) manejo *m* **2.** *no pl a.* ECON dirección *f*; **to study ~** estudiar administración de empresas

manager ['mænɪdʒər, *Am:* -dʒɚ] *n* administrador(a) *m(f)*; (*of business unit*) gerente *mf*

managerial [ˌmænə'dʒɪəriəl, *Am:* -'dʒɪri-] *adj* directivo; **~ skills** dotes *fpl* de mando

managing director *n Brit* director(a) *m(f)* general

mandarin ['mændərɪn, *Am:* -dɚ-] *n* mandarina *f*

Mandarin ['mændərɪn, *Am:* -dɚ-] *n no pl* LING mandarín *m*

mandarin (**orange**) ['mændərɪn, *Am:* 'mændɚɪn] *n* mandarina *f*

mandate ['mændeɪt] *n a.* POL mandato *m*

mandatory ['mændətri, *Am:* -tɔːrɪ] *adj form* obligatorio; **to make sth ~** imponer algo

mane [meɪn] *n* (*of horse*) crin *f*; (*of person, lion*) melena *f*

man-eater ['mæniːtər, *Am:* -t̬ɚ] *n inf* devorador(a) *m(f)* de hombres

maneuver [mə'nuːvər, *Am:* -vɚ] *n, vi, vt Am s.* **manoeuvre**

maneuverability [məˌnuːvərə'bɪləti, *Am:* -ət̬i] *n Am s.* **manoeuvrability**

mango ['mæŋɡəʊ, *Am:* -ɡoʊ] *n* <-gos *o* -goes> mango *m*

manhood ['mænhʊd] *n no pl* **1.** (*adulthood*) edad *f* adulta **2.** (*mas-*

culinity) masculinidad *f*

mania ['meɪnɪə] *n* manía *f*

maniac ['meɪnɪæk] *n* maníaco, -a *m, f*; **football ~** fanático del fútbol

manifest ['mænɪfest] **I.** *adj form* manifiesto; **to make sth ~** poner algo de manifiesto **II.** *vt form* declarar; **to ~ symptoms of sth** manifestar síntomas de algo

manifestation [ˌmænɪfe'steɪʃn] *n form* manifestación *f*

manifesto [ˌmænɪ'festəʊ, *Am:* -toʊ] <-stos *o* -stoes> *n* manifiesto *m*

manipulate [mə'nɪpjʊleɪt, *Am:* -jə-] *vt* manipular

manipulation [məˌnɪpjʊ'leɪʃn, *Am:* -jə'-] *n* manipulación *f*

mankind [ˌmæn'kaɪnd] *n no pl* humanidad *f*

manky [ˌmæŋki] <-ier, -iest> *adj Brit, inf* sucio

manly ['mænli] <-ier, -iest> *adj* varonil

manner ['mænər, *Am:* -ɚ] *n no pl* **1.** (*way, fashion*) manera *f*; **in the ~ of sb** al estilo de alguien; **in a ~ of speaking** por así decirlo **2.** (*behaviour*) **~s** modales *mpl*; **to teach sb ~s** enseñar a alguien a comportarse **3.** *form* (*kind, type*) clase *f*; **what ~ of man is he?** ¿qué tipo de hombre es?; **all ~ of ...** toda clase de...

mannerism ['mænərɪzəm] *n* amaneramiento *m*

manoeuvrability [mə'nuːvrəbɪləti] *n no pl, Brit, Aus* maniobrabilidad *f*

manoeuvre [mə'nuːvər, *Am:* -vɚ] *Brit, Aus* **I.** *n a.* MIL maniobra *f*; **army ~s** maniobras militares **II.** *vt* hacer maniobrar; **to ~ sb into doing sth** embaucar a alguien para que haga algo **III.** *vi* maniobrar

manor ['mænər, *Am:* -ɚ] *n* (*house*) casa *f* solariega

manpower ['mænpaʊər, *Am:* -ɚ] *n no pl* mano de obra *f*

mansion ['mænʃn] *n* mansión *f*

manslaughter ['mænslɔːtər, *Am:* -slɑːt̬ɚ] *n no pl* homicidio *m* involuntario

mantelpiece ['mæntlpi:s] *n* repisa *f* de la chimenea

manual ['mænjʊəl] **I.** *adj* manual; ~ **dexterity** habilidad manual **II.** *n* manual *m;* **instructions** ~ manual de instrucciones

manufacture [ˌmænjʊ'fæktʃəʳ, *Am:* -tʃɚ] **I.** *vt* fabricar **II.** *n no pl* manufactura *f*

manufacturer [ˌmænjʊ'fækʃərəʳ, *Am:* -ɚɚ] *n* fabricante *mf*

manufacturing [ˌmænjʊ'fæktʃə-rɪŋ, *Am:* -jə'-] *adj* industrial; ~ **industry** industria *f* manufacturera

manure [mə'njʊəʳ, *Am:* -'nʊr] *n no pl* abono *m*

manuscript ['mænjʊskrɪpt] *n* manuscrito *m*

many ['meni] <more, most> **I.** *adj* muchos, muchas; ~ **flowers** muchas flores; ~ **books** muchos libros; **how** ~ **bottles?** ¿cuántas botellas?; **too/ so** ~ **people** demasiada/tanta gente; **one too** ~ uno de más; ~ **times** muchas veces; **as** ~ **as ...** tantos como... **II.** *pron* muchos, muchas; ~ **think that ...** muchos piensan que...; **so** ~ tantos/tantas; **too** ~ demasiados/demasiadas **III.** *n* **the** ~ la mayoría; **a good** ~ un gran número

> [!] **many** se utiliza para cosas contables, animales y personas: "Many people make that mistake." **much** se utiliza para cosas no contables y cantidades: "Norman has eaten too much ice-cream."

map [mæp] **I.** *n* (*of region, stars*) mapa *m;* (*of town*) plano *m;* ~ **of the world** mapamundi *m;* **road** ~ mapa de carreteras; **to put a town on the** ~ dar a conocer a un pueblo **II.** <-pp-> *vt* trazar un mapa de

maple ['meɪpl] *n* arce *m*

mar [mɑ:ʳ, *Am:* mɑ:r] <-rr-> *vt* aguar

marathon ['mærəθən, *Am:* 'merə-

θɑ:n] *n a. fig* maratón *m*

marble ['mɑ:bl, *Am:* 'mɑ:r-] *n* **1.** *no pl* (*stone*) mármol *m;* ~ **table** mesa *f* de mármol **2.** (*glass ball*) canica *f,* bolita *f CSur,* metra *f Ven;* **to play** ~**s** jugar a las canicas

march [mɑ:tʃ, *Am:* mɑ:rtʃ] **I.** <-es> *n a.* MIL marcha *f;* **funeral** ~ marcha fúnebre; **a 20 km** ~ una marcha de 20 km **II.** *vi a.* MIL marchar; (*parade*) desfilar; **to** ~ **into a country** invadir un país

March [mɑ:tʃ, *Am:* mɑ:rtʃ] *n* marzo *m; s. a.* **April**

Mardi Gras [ˌmɑ:di'grɑ:, *Am:* 'mɑːrdiˌgrɑ:] *n* Martes *m* de Carnaval

> [?] **Mardi Gras** es el equivalente americano del Carnaval. Esta fiesta la trajeron los colonizadores franceses de New Orleans (en lo que posteriormente será el estado de Louisiana). Aunque la mayoría de las personas piensan en New Orleans cuando escuchan la expresión **Mardi Gras,** lo cierto es que también se celebra en otros lugares como Biloxi/Mississippi y Mobile/Alabama. En New Orleans los **krewes** (agrupaciones de carnaval) celebran muchas fiestas y bailes durante estos días y el martes de carnaval salen en cabalgata.

mare ['meəʳ] *n* yegua *f*

margarine [ˌmɑ:dʒəri:n, *Am:* ˌmɑːrdʒɚin] *n no pl* margarina *f*

marge [mɑ:dʒ, *Am:* mɑ:rdʒ] *n Brit, inf abbr of* **margarine** margarina *f*

margin ['mɑ:dʒɪn, *Am:* 'mɑ:r-] *n* margen *m;* **profit** ~ margen de ganancia; **narrow** [*o* **tight**] ~ margen reducido

marginal ['mɑ:dʒɪnl, *Am:* 'mɑ:r-] *adj* marginal; **to be of** ~ **interest** ser de interés secundario

Mₘ

marginalise *vt Brit, Aus*, **marginalize** ['ma:dʒɪnəlaɪz, *Am:* 'ma:r-] *vt* marginar

marihuana *n*, **marijuana** [,mærɪ'wa:nə, *Am:* ,merɪ'-] *n no pl* marihuana *f*

marina [mə'ri:nə] *n* puerto *m* deportivo

marinade [,mærɪ'neɪd, *Am:* ,mer-] *n* escabeche *m*

marine [mə'ri:n] I. *adj* marino II. *n* infante *m* de marina

marital ['mærɪtəl, *Am:* 'merɪt̬əl] *adj* marital; ~ **bliss** felicidad *f* marital

maritime ['mærɪtaɪm, *Am:* 'mer-] *adj form* marítimo

maritime law *n* código *m* marítimo

marjoram ['ma:dʒərəm, *Am:* 'ma:rdʒɚəm] *n no pl* mejorana *f*

mark [ma:k, *Am:* ma:rk] I. *n* 1. (*spot, stain*) mancha *f;* (*scratch*) marca *f;* **to leave one's ~ on sth/ sb** *fig* dejar sus huellas en algo/alguien 2. (*written sign*) raya *f* 3. school nota *f;* **to get full ~s** *Brit, Aus* obtener las máximas calificaciones 4. *no pl* (*required standard*) norma *f;* **to be up to the ~** ser satisfactorio; **to not feel up to the ~** no sentirse a la altura de las circunstancias 5. (*target*) blanco *m;* **to hit the ~** dar en el blanco II. *vt* 1. (*make a spot, stain*) manchar 2. (*make written sign, indicate*) marcar; **I've ~ed the route on the map** he señalado la ruta en el mapa 3. (*commemorate*) conmemorar; **to ~ the beginning/end of sth** conmemorar el principio/final de algo; **to ~ the 10th anniversary** celebrar el 10° aniversario

marked [ma:kt, *Am:* ma:rkt] *adj* marcado

market ['ma:kɪt, *Am:* 'ma:r-] I. *n* mercado *m*, recova *f And, Urug;* **job ~** mercado de trabajo; **stock ~** bolsa *f* de valores II. *vt* comercializar

marketing *n no pl* marketing *m*

marketplace *n* 1. econ mercado *m* 2. (*square*) plaza *f* (del mercado)

market research *n no pl* estudio *m* de mercado

marking *n* señal *f;* (*on animal*) pinta *f*

marmalade ['ma:məleɪd, *Am:* 'ma:r-] *n no pl* mermelada *f* (*de cítricos*)

maroon[1] [mə'ru:n] *adj* granate

maroon[2] [mə'ru:n] *vt* abandonar

marquee [ma:'ki:, *Am:* ma:r-] *n Brit, Aus* carpa *f*

marriage ['mærɪdʒ, *Am:* 'mer-] *n* 1. (*wedding*) boda *f* 2. (*relationship, state*) matrimonio *m*

married *adj* (*person*) casado; ~ **couple** matrimonio *m;* ~ **life** vida *f* conyugal

marrow[1] ['mærəʊ, *Am:* 'meroʊ] *n Brit, Aus* calabacín *m*

marrow[2] ['mærəʊ, *Am:* 'meroʊ] *n* med médula *f*

marry ['mæri, *Am:* 'mer-] <-ie-> I. *vt* 1. (*become husband or wife*) **to ~ sb** casarse con alguien 2. (*priest*) casar II. *vi* casarse; **to ~ above/beneath oneself** casarse con alguien de clase superior/inferior

marsh [ma:ʃ, *Am:* ma:rʃ] <-es> *n* ciénaga *f*

marshal ['ma:ʃl, *Am:* 'ma:r-] I. <*Brit:* -ll-, *Am:* -l-> *vt* ordenar II. *n* 1. mil mariscal *m;* **field ~** mariscal de campo 2. *Am* (*police or fire officer*) comisario *m*

martial ['ma:ʃəl, *Am:* 'ma:r-] *adj* marcial

martial law *n* ley *f* marcial; **to impose ~ on a country** imponer la ley marcial en un país

Martian ['ma:ʃn, *Am:* 'ma:r-] *adj* marciano

Martinique [,ma:tɪ'ni:k, *Am:* ,ma:rtən'i:k] *n* Martinica *f*

martyr ['ma:tər, *Am:* 'ma:rt̬ɚ] I. *n* mártir *mf* II. *vt* martirizar

martyrdom ['ma:tədəm, *Am:* 'ma:rt̬ɚ-] *n no pl* martirio *m*

marvel ['ma:vl, *Am:* 'ma:rvl] I. *n* maravilla *f* II. <*Brit:* -ll-, *Am:* -l-> *vi* **to ~ at sb/sth** maravillarse de alguien/algo

marvellous ['ma:vələs, *Am:* 'ma:r-] *adj Brit*, **marvelous** *adj Am* maravilloso; **to feel** ~ sentirse esplendido

Marxism ['mɑːksɪzm, *Am:* 'mɑːrk-] *n no pl* marxismo *m*

Marxist ['mɑːksɪst:, *Am:* 'mɑːrk-] *adj* marxista

masculine ['mæskjəlɪn] *adj a.* LING masculino

masculinity [ˌmæskjə'lɪnəti, *Am:* ˌmæskjə'lɪnəţi] *n* masculinidad *f*

mash [mæʃ] *vt* machacar; **to ~ potatoes** hacer puré de patatas

mask [mɑːsk, *Am:* mæsk] I. *n a. fig* máscara *f*; (*only covering eyes*) antifaz *m*; **oxygen ~** máscara de oxígeno II. *vt* enmascarar; **to ~ the statistics** ocultar las estadísticas

mason ['meɪsn] *n* **1.** *Am* (*bricklayer*) albañil *m* **2.** (*freemason*) masón, -ona *m*, *f*

masonry ['meɪsnri] *n no pl* **1.** (*stonework*) mampostería *f* **2.** (*freemasonry*) masonería *f*

masquerade [ˌmɑːskə'reɪd] I. *n* mascarada *f* II. *vi* **to ~ as sth** hacerse pasar por algo

mass [mæs] *n no pl* **1.** *a.* PHYS masa *f* **2.** (*large quantity*) montón *m*; **to be a ~ of contradictions** estar lleno de contradicciones

Mass [mæs] *n* misa *f*; **to attend ~** ir a misa; **to celebrate a ~** oficiar una misa

massacre ['mæsəkə', *Am:* -kə'] I. *n* masacre *f* II. *vt* masacrar

massage ['mæsɑːdʒ, *Am:* mə'-] I. *n* masaje *m*; **water ~** hidromasaje *m* II. *vt* dar masajes a; *fig* manipular

massive ['mæsɪv] *adj* enorme; **~ amounts of money** grandes cantidades de dinero

mass media *n* **the ~** los medios de comunicación de masas

mast [mɑːst, *Am:* mæst] *n* NAUT mástil *m*

master ['mɑːstə', *Am:* 'mæstə'] I. *n* **1.** (*of house*) señor *m*; (*of slave*) amo *m* **2.** (*one who excels*) maestro *m*; **~ craftsman** maestro **3.** (*instructor*) instructor *m*; **dancing/singing ~** instructor de baile/canto **4.** (*master copy*) original *m* II. *vt* **1.** (*cope with*)

vencer; **to ~ one's fear of flying** superar el miedo a volar **2.** (*become proficient at*) dominar

mastermind ['mɑːstəmaɪnd, *Am:* 'mæstə'-] I. *n* cerebro *m* II. *vt* planear

masterpiece *n* obra *f* maestra

Master's *n*, **Master's degree** *n* máster *m*

[?] En Gran Bretaña se llama **Master's degree** al grado académico que se obtiene al finalizar una carrera tras la defensa de una tesina (**dissertation**). El **Master's degree** recibe distintos nombres según las disciplinas: **MA** (**Master of Arts**), **MSc** (**Master of Science**), **Mlitt** (**Master of Letters**) y **Mphil** (**Master of Philosophy**). Sin embargo en Escocia con la expresión **MA** se designa un primer grado académico.

mastery ['mɑːstəri, *Am:* 'mæstə'-] *n no pl* (*skill*) maestría *f*

masturbation [ˌmæstə'beɪʃn, *Am:* -tə'-] *n no pl* masturbación *f*

mat [mæt] *n* (*on floor*) estera *f*; (*decorative*) tapiz *m*; **bath ~** alfombra *f* de baño

match[1] [mætʃ] <-es> *n* cerilla *f*, cerillo *m Méx*

match[2] [mætʃ] I. *n* **1.** (*competitor*) contrincante *mf*; **to be a good ~ for sb** poder competir con alguien; **to meet one's ~** encontrar la horma de su zapato **2.** SPORTS partido *m* **3.** (*similarity*) combinar bien II. *vi* armonizar III. *vt* **1.** (*have same colour*) hacer juego con **2.** (*equal*) igualar

mate[1] [meɪt] I. *n* **1.** ZOOL (*male*) macho *m*; (*female*) hembra *f* **2.** *Brit, Aus* (*friend*) amigo, -a *m*, *f* **3.** *Brit, Aus, inf* (*form of address*) compadre *m* **4.** NAUT oficial *m* de abordo; **first/second ~** primer/segundo oficial II. *vi* aparearse III. *vt* aparear

mate² n GAMES mate m
material [mə'tɪərɪəl, Am: -'tɪrɪ-] I. n 1. (physical substance) material m; **raw** ~ materia f prima 2. (textile) tejido m 3. pl (equipment) materiales mpl II. adj material; ~ **damage** daño material
materialise [mə'tɪərɪəlaɪz] vi Brit, Aus s. **materialize**
materialism [mə'tɪərɪəlɪzəm, Am: -'tɪrɪ-] n no pl materialismo m
materialist n materialista mf
materialistic [mə,tɪərɪə'lɪstɪk, Am: -,tɪrɪ-] adj materialista
materialize [mə'tɪərɪəlaɪz, Am: -'tɪrɪ-] vi materializarse
maternal [mə'tɜːnl, Am: -'tɜːr-] adj 1. (feeling) maternal 2. (relative) materno
maternity [mə'tɜːnəti, Am: -'tɜːrnəti̯] n no pl maternidad f
mathematical [,mæθə'mætɪkl, Am: -'mæt̬-] adj matemático
mathematician [,mæθəmə'tɪʃn] n matemático, -a m, f
mathematics [,mæθə'mætɪks, Am: -'mæt̬-] n matemáticas fpl
maths [mæθs] n Brit, Aus, inf abbr of **mathematics** mates fpl
matrimonial [,mætrɪ'məunɪəl, Am: -rə'mou-] adj form matrimonial
matrix ['meɪtrɪks] <-ices> n a. MAT matriz f
matron ['meɪtrən] n 1. (middle--aged woman) matrona f 2. (nurse) enfermera f jefe
matter ['mætər, Am: 'mæt̬ər] I. n 1. (question, affair) asunto m; **the ~ in hand** el asunto del que se trata; **it's a ~ of life or death** fig es un asunto de vida o muerte 2. pl (situation) situación f 3. (wrong) problema m; **what's the ~ with you?** ¿qué te pasa? 4. no pl (substance) materia f II. vi importar; **what ~s now is that ...** lo que importa ahora es que...
matter-of-fact [,mætər əv'fækt, Am: ,mæt̬ə-] adj 1. (practical) práctico 2. (emotionless) prosaico
mattress ['mætrɪs] n colchón m

mature [mə'tjʊər, Am: -'tʊr] I. adj 1. (person, attitude) maduro; (animal) adulto; **to be ~ beyond one's years** ser muy maduro para su edad 2. (fruit) maduro 3. FIN vencido II. vi 1. a. fig madurar 2. FIN vencer III. vt 1. (cheese, ham) curar 2. (person) hacer madurar
maturity [mə'tjʊərəti, Am: -'tʊrəti̯] n <-ies> 1. no pl (of person, attitude) madurez f; **to come to ~** llegar a la madurez 2. FIN vencimiento m; **to reach ~** tener vencimiento

[?] **Maundy Thursday** es el nombre que recibe el Jueves Santo dentro de la **Holy Week** (Semana Santa). Ese día el monarca reparte a unas cuantas personas pobres previamente escogidas el **Maundy money**. El número de personas a las que se dispensa esta limosna está en relación con la edad del monarca. Cada una de estas personas recibe además un set de monedas de plata acuñadas especialmente para la ocasión.

Mauritania [,mɒrɪ'teɪnɪə, Am: ,mɔːrɪ'-] n Mauritania f
Mauritanian adj mauritano
Mauritian adj mauriciano
Mauritius [mə'rɪʃəs, Am: mɔː'rɪʃɪəs] n Mauricio m
mauve [məʊv, Am: moʊv] adj malva
maverick ['mævərɪk, Am: 'mævə-] n inconformista mf
max. inf abbr of **maximum** máx.
maxim ['mæksɪm] n máxima f
maximum ['mæksɪməm] I. n máximo m; **to do sth to the ~** hacer algo al máximo II. adj máximo; **this car has a ~ speed of 160 km/h** este coche alcanza una velocidad máxima de 160 km/h
may [meɪ] <might> aux 1. (be allowed) poder; ~ **I come in?** ¿puedo pasar?; ~ **I ask you a ques-**

tion? ¿puedo hacerte una pregunta?
2. (*possibility*) ser posible; **it ~ rain**
puede que llueva **3.** (*hope, wish*) ~
she rest in peace que en paz descanse

! may significa poder, tener permiso: "May I finish the pudding,
please?" can significa poder o ser
capaz: "Can you tell me the time,
please?"

May [meɪ] *n* mayo; *s. a.* **April**
maybe ['meɪbiː] *adv* (*perhaps*) quizás
mayday ['meɪdeɪ] *n* S.O.S. *m*
May Day *n* Primero *m* de mayo

? El **May Day** (1 de mayo) se celebra en algunas partes de Gran
Bretaña con el **morris dancing**.
En algunos patios de colegios y
pueblos se levanta un **maypole**
(árbol de mayo) que es adornado
con cintas de colores. Cada persona baila cogida a una de esas cintas unos detrás de otros, formán-
dose así un bonito dibujo en torno
al árbol.

---

mayhem ['meɪhem] *n no pl* caos *m*
inv; **it was** ~ era un caos total
mayonnaise [ˌmeɪə'neɪz] *n* mayonesa *f*
mayor [meəʳ, *Am:* meɪɚ] *n* alcalde
m
maze [meɪz] *n* laberinto *m*
MBA [ˌembiː'eɪ] *n abbr of* **Master of
Business Administration** máster
m en administración de empresas
MD [ˌem'diː] *n abbr of* **managing director** director(a) *m/f* gerente
me [miː] *pron* **1.** me; **look at ~** mí-
rame; **she saw ~** me vió; **he told ~
that ...** me dijo que...; **he gave ~
the pencil** me dió el lápiz **2.** (*after
verb 'to be'*) yo; **it's ~** soy yo; **she is
older than ~** ella es mayor que yo
3. (*after prep*) mí; **is this for ~?** ¿es

para mí esto?
meadow ['medəʊ, *Am:* -oʊ] *n*
pradera *f*
meager *adj Am,* **meagre** ['miːgəʳ,
Am: -gɚ] *adj* escaso
meal¹ [miːl] *n* comida *f*; **a heavy/
light ~** una comida pesada/liviana
meal² [miːl] *n* (*flour*) harina *f*
mean¹ [miːn] *adj* **1.** (*miserly*) tacaño, amarrado *Arg, Par, PRico, Urug*
2. (*unkind*) vil; **to be ~ to sb** tratar
mal a alguien
mean² [miːn] <meant, meant> *vt*
1. (*signify*) significar; **does that
name ~ anything to you?** ¿te
suena ese nombre? **2.** (*express, indicate*) querer decir; **what do you ~?**
¿a qué te refieres? **3.** (*intend for particular purpose*) destinar; **to be
meant for sth** estar destinado a algo
4. (*intend*) pretender; **to ~ to do sth**
tener la intención de hacer algo; **to ~
well** tener buenas intenciones
meander [mɪ'ændəʳ, *Am:* -dɚ] *vi*
1. (*flow*) serpentear **2.** *fig* (*wander*)
vagar
meaning ['miːnɪŋ] *n* significado *m*;
what is the ~ of this? ¿qué significa
esto?; **if you take my ~** ya me en-
tiendes
meaningful ['miːnɪŋfəl] *adj* significativo
meaningless ['miːnɪŋləs] *adj* sin
sentido
means [miːnz] *n* **1.** (*instrument,
method*) medio *m*; ~ **of communi-
cation/transport** medio de co-
municación/transporte **2.** *pl* (*resources*) medios *mpl*; ~ **of support**
medios de subsistencia; **by ~ of sth**
por medio de algo **3.** *pl* (*income*) recursos *mpl*; **a person of ~** una persona acaudalada
meant [ment] *pt, pp of* **mean²**
meantime ['miːntaɪm] *n* **in the ~**
mientras tanto
meanwhile ['miːnwaɪl] *adv* mientras tanto
measles ['miːzlz] *n* sarampión *m*
measure ['meʒəʳ, *Am:* -ɚ] **I.** *n*
1. (*size*) medida *f*; **to get the ~ of sb**
tomar la medida a alguien

M
m

2. (*measuring instrument*) metro *m*
3. *pl* (*action*) medidas *fpl*; **to take ~s to do sth** tomar medidas para hacer algo **II.** *vt* medir; **to ~ sth in centimetres/weeks** calcular algo en centímetros/semanas **III.** *vi* medir; **the box ~s 10cm by 10cm by 12cm** la caja mide 10 cm por 10 cm por 12 cm

measured *adj* comedido

measurement ['meʒəmənt, *Am:* 'meʒɚ-] *n* **1.** *no pl* (*act of measuring*) medición *f* **2.** (*size*) medida *f*; **to take sb's ~s** tomar a alguien las medidas

meat [mi:t] *n no pl* carne *f*; **one man's ~ is another man's poison** *prov* lo que es bueno para unos es malo para otros *prov*

mechanic [mɪ'kænɪk] *n* mecánico, -a *m, f*

mechanical *adj* mecánico

mechanism ['mekənɪzəm] *n* mecanismo *m*

med. *adj abbr of* **medium** mediano

medal ['medl] *n* medalla *f*

medallion [mɪ'dælɪən, *Am:* mə'dæljən] *n* medallón *m*

medal(l)ist ['medəlɪst] *n* medallista *mf*

meddle ['medl] *vi* **to ~ in sth** meterse en algo

media ['mi:dɪə] *n* **1.** *pl of* **medium 2.** **the ~** los medios; **the mass ~** los medios de comunicación de masas

mediaeval [ˌmedi'i:vəl] *adj s.* **medieval**

mediate ['mi:dɪeɪt] **I.** *vi* **to ~ between two groups** mediar entre dos grupos; **to ~ in sth** mediar en algo **II.** *vt* **to ~ a settlement** hacer de intermediario en un acuerdo

mediation [ˌmi:dɪ'eɪʃən] *n no pl* mediación *f*

mediator ['mi:dɪeɪtər, *Am:* -t̬ər] *n* mediador(a) *m(f)*

medic ['medɪk] *n* **1.** *inf* (*doctor*) médico, -a *m, f* **2.** (*student*) estudiante *mf* de medicina

medical ['medɪkəl] **I.** *adj* médico **II.** *n inf* reconocimiento *m* médico

medicament [mɪ'dɪkəmənt] *n* medicamento *m*

medication [ˌmedɪ'keɪʃən] <-(s)> *n* medicamento *m*

medicinal [mə'dɪsɪnəl] *adj* medicinal

medicine ['medsən, *Am:* 'medɪsən] *n* **1.** (*substance*) medicamento *m* **2.** *no pl* (*medical knowledge*) medicina *f*

medieval [ˌmedɪ'i:vl, *Am:* ˌmi:dɪ-] *adj* medieval

mediocre [ˌmi:dɪ'əʊkər, *Am:* -'oʊkɚ] *adj* mediocre

mediocrity [ˌmi:dɪ'ɒkrəti, *Am:* -'ɑ:krət̬ɪ] *n no pl* mediocridad *f*

meditate ['medɪteɪt] *vi* **1.** (*engage in contemplation*) meditar **2.** (*think deeply*) reflexionar; **to ~ on sth** reflexionar sobre algo

meditation [ˌmedɪ'teɪʃn] *n no pl* meditación *f*

Mediterranean [ˌmedɪtə'reɪnɪən] **I.** *n* Mediterráneo *m* **II.** *adj* mediterráneo

medium ['mi:dɪəm] **I.** *adj* mediano **II.** *n* **1.** <media *o* -s> (*method*) medio *m*; **through the ~ of** por medio de **2.** *no pl* INFOR soporte *m*; **data ~** soporte de datos **3.** <-s> (*spiritualist*) médium *mf*

medley ['medli] *n* **1.** (*mixture*) mezcla *f* **2.** MUS popurrí *m*

meek [mi:k] *adj* manso

meet [mi:t] <met, met> **I.** *vt* **1.** (*encounter*) encontrarse con; (*intentionally*) reunirse con; (*for first time*) conocer a; **to arrange to ~ sb** quedar con alguien **2.** (*fulfil*) cumplir **II.** *vi* **1.** (*encounter*) encontrarse; (*intentionally*) reunirse; (*for first time*) conocerse; **to arrange to ~** quedar **2.** (*join*) unirse

◆ **meet with** *vt insep* reunirse con; **to ~ an accident** sufrir un accidente; **to ~ success** tener éxito

meeting ['mi:tɪŋ, *Am:* -t̬ɪŋ] *n* **1.** (*gathering*) reunión *f*; **to call a ~** convocar una reunión **2.** (*casual*) a. SPORTS encuentro *m*

melancholy ['melənkɒli, *Am:* -kɑ:lɪ] **I.** *n no pl* melancolía *f* **II.** *adj* melancólico

? La **Melbourne Cup** es una de las competiciones hípicas más populares entre los australianos. Siempre tiene lugar el primer martes del mes de noviembre. Las apuestas alcanzan varios millones de dólares. Ese día todo el país se pone sus mejores galas y a mediodía se sirve pollo con champán.

mellow ['meləʊ, *Am:* -loʊ] **I.** *adj* <-er, -est> **1.** (*light*) suave **2.** (*relaxed*) tranquilo **II.** *vi* suavizarse

melodrama ['melədrɑːmə, *Am:* -oʊ-] *n* melodrama *m*

melodramatic [ˌmelədrə'mætɪk, *Am:* -oʊdrə'mæt̬-] *adj* melodramático

melody ['melədi] <-ies> *n* melodía *f*

melon ['melən] *n* melón *m*; (*watermelon*) sandía *f*

melt [melt] **I.** *vt* (*metal*) fundir; (*ice, chocolate*) derretir **II.** *vi* **1.** (*metal*) fundirse; (*ice, chocolate*) derretirse **2.** *fig* enternecerse

member ['membə', *Am:* -bə'] *n* miembro *mf*; (*of society, club*) socio, -a *m, f*

membership *n* **1.** (*state of belonging*) calidad *f* de miembro; (*to society, club*) calidad *f* de socio; **to apply for ~ of a club** solicitar ingreso en un club; **~ dues** cuotas *fpl* de socio **2.** (*number of members*) número *m* de miembros

membrane ['membreɪn] *n* membrana *f*

memo ['meməʊ, *Am:* -oʊ] *n abbr of* **memorandum** memorándum *m*

memoir ['memwɑː', *Am:* -wɑːr] *n* **1.** (*record of events*) memoria *f* **2.** *pl* (*autobiography*) memorias *fpl*

memorable ['memərəbl] *adj* memorable

memorandum [ˌmemə'rændəm] <-s *o* -anda> *n* memorándum *m*

memorial [mə'mɔːriəl] *n* monumento *m* conmemorativo

memorize ['meməraɪz] *vt* memorizar

memory ['meməri] <-ies> *n* **1.** (*ability to remember*) memoria *f*; **if my ~ serves me correctly** si la memoria no me falla **2.** (*remembered event*) recuerdo *m*; **to bring back memories** evocar recuerdos **3.** INFOR memoria *f*; **random access ~** memoria de acceso directo

menace ['menəs] **I.** *n* amenaza *f* **II.** *vt* amenazar

menacing *adj* amenazador

mend [mend] **I.** *vt* reparar **II.** *vi* mejorar

menial ['miːniəl] *adj* de baja categoría

meningitis [ˌmenɪn'dʒaɪtɪs, *Am:* -t̬ɪs] *n no pl* meningitis *f*

menopause ['menəpɔːz, *Am:* -pɑːz] *n no pl* menopausia *f*

menstruate ['menstrʊeɪt, *Am:* -stru-] *vi* menstruar

menstruation [ˌmenstrʊ'eɪʃən, *Am:* -stru'-] *n no pl* menstruación *f*

mental ['mentəl, *Am:* -t̬əl] *adj* **1.** (*of the mind*) mental **2.** *Brit, inf* (*crazy*) chiflado

mentality [men'tæləti, *Am:* -t̬i] <-ies> *n* mentalidad *f*

mentally *adv* mentalmente; **~ disturbed** trastornado

mention ['menʃn] **I.** *n* mención *f* **II.** *vt* mencionar; **don't ~ it!** ¡no hay de qué!

menu ['menjuː] *n* **1.** (*list of dishes*) carta *f*; (*fixed meal*) menú *m* **2.** INFOR menú *m*; **context/pull-down ~** menú contextual/desplegable

MEP [ˌemiː'piː] *n abbr of* **Member of the European Parliament** eurodiputado, -a *m, f*

mercenary ['mɜːsɪnəri, *Am:* 'mɜːr-sənər-] *n* <-ies> mercenario, -a *m, f*

merchandise ['mɜːtʃəndaɪz, *Am:* 'mɜːr-] *n no pl* mercancía *f*

merchant ['mɜːtʃənt, *Am:* 'mɜːr-] *n* comerciante *mf*

merciful ['mɜːsɪfl, *Am:* 'mɜːr-] *adj* misericordioso

merciless ['mɜːsɪlɪs, *Am:* 'mɜːr-] *adj*

M
m

despiadado

mercury ['mɜːkjʊri, *Am:* 'mɜːrkjəri] *n no pl* mercurio *m*

Mercury ['mɜːkjʊri, *Am:* 'mɜːrkjəri] *n no pl* Mercurio *m*

mercy ['mɜːsi, *Am:* 'mɜːr-] *n no pl* **1.** (*compassion*) compasión *f*; **to have ~ on sb** tener compasión de alguien **2.** (*forgiveness*) misericordia *f*; **to be at the ~ of sb** estar a merced de alguien

mere [mɪəʳ, *Am:* mɪr] *adj* mero; **a ~ detail** un simple detalle

merely ['mɪəli, *Am:* 'mɪr-] *adv* solamente

merge [mɜːdʒ, *Am:* mɜːrdʒ] **I.** *vi* unirse; ECON, POL fusionarse; **to ~ into sth** fundirse con algo **II.** *vt* unir; ECON, POL, INFOR fusionar

merger ['mɜːdʒəʳ, *Am:* 'mɜːrdʒɚ] *n* ECON fusión *f*

meridian [mə'rɪdɪən] *n* meridiano *m*

merit ['merɪt] **I.** *n* cualidad *f* **II.** *vt* merecer

mermaid ['mɜːmeɪd, *Am:* 'mɜːr-] *n* sirena *f*

merry ['meri] <-ier, -iest> *adj* **1.** (*happy*) alegre **2.** *Brit, inf* (*slightly drunk*) achispado

mesh [meʃ] *n no pl* malla *f*; **wire ~** red *f* de alambrado

mess [mes] <-es> *n* **1.** *no pl* (*disorganized state*) desorden *m* **2.** *no pl* (*trouble*) lío *m*, merengue *m Arg* **3.** *Brit* (*dining hall*) comedor *m*

message ['mesɪdʒ] *n* mensaje *m*

messenger ['mesɪndʒəʳ, *Am:* -dʒɚ] *n* mensajero, -a *m, f*

messiah [mə'saɪə] *n* mesías *m inv*

messy ['mesi] <-ier, -iest> *adj* **1.** (*untidy*) desordenado **2.** (*unpleasant*) desagradable; **~ business** asunto *m* turbio

met [met] *vi, vt pt, pp of* **meet**

met. *abbr of* **meteorological** meteor.

metabolic [,metə'bɒlɪk, *Am:* ,metə'bɑ:lɪk] *adj* metabólico

metabolism [mɪ'tæbəlɪzəm] *n* metabolismo *m*

metal ['metl, *Am:* 'met̬-] *n* (*element*) metal *m*

metallic [mɪ'tælɪk, *Am:* mə'-] *adj* metálico

metalworker *n* metalista *mf*

metamorphosis [,metə'mɔːfəsɪs, *Am:* ,met̬ə'mɔːrfə-] <-es> *n* metamorfosis *f inv*

metaphor ['metəfəʳ, *Am:* 'met̬əfɔːr] *n* metáfora *f*

metaphorical [,metə'fɒrɪkl, *Am:* ,met̬ə'fɔːr-] *adj* metafórico

metaphysical [,metə'fɪzɪkl, *Am:* ,met̬-] *adj* metafísico

metaphysics [,metə'fɪzɪks, *Am:* ,met̬-] *n* metafísica *f*

meteorite ['miːtiəraɪt, *Am:* -t̬i-] *n* meteorito *m*

meteorological [,miːtiərə'lɒdʒɪkəl, *Am:* -t̬iə·ə'lɑːdʒɪ-] *adj* meteorológico

meteorology [,miːtiə'rɒlədʒi, *Am:* -ə'rɑːlə-] *n no pl* meteorología *f*

meter¹ ['miːtəʳ, *Am:* -t̬ɚ] *n* contador *m*, medidor *m AmL;* (**parking**) **~** parquímetro *m*

meter² ['miːtəʳ, *Am:* -t̬ɚ] *n Am s.* **metre**

methane ['miːθeɪn, *Am:* 'meθeɪn] *n* metano *m*

method ['meθəd] *n* método *m*

methodical [mɪ'θɒdɪkl, *Am:* mə'θɑːdɪk-] *adj* metódico

methodology [,meθə'dɒlədʒi, *Am:* -'dɑːlə-] <-ies> *n* metodología *f*

meticulous [mɪ'tɪkjʊləs] *adj* meticuloso

metre ['miːtəʳ, *Am:* -t̬ɚ] *n Brit, Aus* metro *m*

metric ['metrɪk] *adj* métrico

metropolis [mə'trɒpəlɪs, *Am:* -'trɑːpəl-] <-es> *n* metrópoli *f*

metropolitan [,metrə'pɒlɪtən, *Am:* -'pɑːlə-] *adj* metropolitano

Mexican ['meksɪkən] *adj* mexicano

Mexico ['meksɪkəʊ, *Am:* -koʊ] *n no pl* México *m;* **New ~** Nuevo México

Mexico City *n* Ciudad *f* de México

microcosm ['maɪkrəʊkɒzəm, *Am:* -kroʊkɑːzəm] *n* microcosmos *m inv*

microfilm ['maɪkrəʊfɪlm, *Am:* -kroʊ-] *n* microfilm *m*

microphone ['maɪkrəfəʊn, *Am:*

-foun] *n* micrófono *m;* **to speak into a** ~ hablar por micrófono

microscope ['maɪkrəskəʊp, *Am:* -skoʊp] *n* microscopio *m*

microscopic [ˌmaɪkrə'skɒpɪk, *Am:* -'skɑːpɪk] *adj* microscópico

microwave ['maɪkrəʊweɪv, *Am:* -kroʊ-] I. *n* 1. (*wave*) microonda *f* 2. (*oven*) microondas *m inv* II. *vt* poner en el microondas

mid [mɪd] *prep* en medio de

midday [ˌmɪd'deɪ] *n no pl* mediodía *m;* **at** ~ a mediodía

middle ['mɪdl] *n* medio *m;* **in the** ~ **of sth** en medio de algo; **in the** ~ **of the night** en plena noche

middle age *n* mediana edad *f*
middle-aged *adj* de mediana edad
Middle Ages *npl* Edad *f* Media
middle-class [ˌmɪdl'klɑːs, *Am:* -'klæs] *adj* de la clase media
Middle East *n* Oriente *m* Medio

midget ['mɪdʒɪt] *n* enano, -a *m, f*

midnight ['mɪdnaɪt] *n no pl* medianoche *f*

midst [mɪdst] *n no pl* **in the** ~ **of** en medio de

midsummer [ˌmɪd'sʌməʳ, *Am:* -ə-] *n no pl* pleno verano *m*

midway [ˌmɪd'weɪ] *adv* a mitad del camino

might[1] [maɪt] *pt of* **may: it** ~ **be that ...** podría ser que... +*subj;* **how old** ~ **she be?** ¿qué edad tendrá?; ~ **I open the window?** ¿podría abrir la ventana?

might[2] [maɪt] *n no pl* fuerza *f*

mighty ['maɪti, *Am:* 'maɪt̬i] <-ier, -iest> *adj* fuerte

migraine ['miːgreɪn, *Am:* 'maɪ-] <-(s)> *n* migraña *f*

migrant ['maɪgrənt] *n* 1. (*person*) emigrante *mf* 2. ZOOL ave *f* migratoria

migrant worker *n* trabajador(a) *m(f)* emigrante

migrate [maɪ'greɪt, *Am:* '--] *vi* emigrar

migration [maɪ'greɪʃn] <-(s)> *n* emigración *f*

migratory ['maɪgrətri, *Am:* -tɔːr-] *adj* migratorio

mild [maɪld] <-er, -est> *adj* 1. (*not severe*) moderado 2. (*not strong tasting*) suave

mildly ['maɪldli] *adv* 1. (*gently*) suavemente 2. (*slightly*) ligeramente; **to put it** ~ por no decir algo peor

mildness ['maɪldnɪs] *n no pl* 1. (*placidity*) apacibilidad *f* 2. (*softness*) suavidad *f*

mile [maɪl] *n* milla *f* (*1,61 km*)*;* **to stick out a** ~ verse a la legua; **to walk for** ~**s** andar kilómetros y kilómetros

mileage ['maɪlɪdʒ] *n no pl* AUTO kilometraje *m*

milestone ['maɪlstəʊn, *Am:* -stoʊn] *n* 1. (*marker*) mojón *m* 2. *fig* hito *m*

militant ['mɪlɪtənt] *n* militante *mf*

militarism ['mɪlɪtərɪzəm, *Am:* -tə-] *n no pl* militarismo *m*

military ['mɪlɪtri, *Am:* -ter-] I. *n* **the** ~ los militares II. *adj* militar

militia [mɪ'lɪʃə] *n* milicia *f*

milk [mɪlk] I. *n no pl* leche *f; there's no use crying over spilt* ~ *prov* a lo hecho pecho *prov* II. *vt* ordeñar

milkman <-men> *n* lechero *m*
milkshake *n* batido *m* de leche, malteada *f Méx*

milky ['mɪlki] <-ier, -iest> *adj* lechoso

Milky Way *n no pl* **the** ~ la Vía Láctea

mill [mɪl] I. *n* 1. (*for grain*) molino *m* 2. (*factory*) fábrica *f* (de tejidos) II. *vt* moler

millennium [mɪ'leniəm] <-s *o* -ennia> *n* milenio *m*

miller ['mɪləʳ, *Am:* -ə-] *n* molinero, -a *m, f*

million ['mɪliən, *Am:* '-jən] <-(s)> *n* millón *m;* **two** ~ **people** dos millones de personas; ~**s of** millones de

[!] **million**, después de una cifra, se utiliza en singular: "Fifty million people watched the World Cup Final."

millionaire [ˌmɪliəˈneəʳ, Am: -ˈner] n millonario, -a m, f

mime [maɪm] I. n pantomima f II. vi actuar de mimo III. vt imitar

mimic [ˈmɪmɪk] I. <-ck-> vt imitar II. n imitador(a) m(f)

min. 1. abbr of **minute** min. 2. abbr of **minimum** mín.

mince [mɪns] n no pl, Aus, Brit carne f picada

mind [maɪnd] I. n 1. (brain) mente f; **to be out of one's ~** estar fuera de juicio; **to change one's ~** cambiar de parecer; **to make up one's ~** decidirse 2. (thought) pensamiento m; **to bear sth in ~** tener algo presente II. vt 1. (be careful of) tener cuidado con; **~ the step!** ¡cuidado con la escalera! 2. (bother) sentirse molesto por; **I don't ~ the cold** el frío no me molesta; **would you ~ opening the window?** ¿haces el favor de abrir la ventana? 3. (look after) estar al cuidado de; **don't ~ me** no te preocupes por mí III. vi **never ~!** ¡no importa!; **I don't ~** me es igual

mine¹ [maɪn] pron poss (el) mío, (la) mía, (los) míos, (las) mías; **it's not his bag, it's ~** no es su bolsa, es la mía; **this glass is ~** este vaso es mío; **these are his shoes and those are ~** estos zapatos son suyos y estos (son) míos

mine² [maɪn] n MIN, MIL mina f; **a ~ of information** fig una fuente abundante de información

miner [ˈmaɪnəʳ, Am: -nəˑ] n minero, -a m, f

mineral [ˈmɪnərəl] I. n mineral m II. adj mineral

mingle [ˈmɪŋgl] vi mezclarse; **to ~ with the guests** mezclarse con los invitados

miniature [ˈmɪnɪtʃəʳ, Am: -iətʃəˑ] I. adj de miniatura II. n miniatura f

minimal [ˈmɪnɪml] adj mínimo

minimize [ˈmɪnɪmaɪz] vt minimizar

minimum [ˈmɪnɪməm] I. n mínimo m II. adj mínimo; **~ requirements** requisitos mpl básicos

minister [ˈmɪnɪstəʳ, Am: stəˑ] n 1. POL ministro, -a m, f 2. REL pastor m

ministerial [ˌmɪnɪˈstɪəriəl, Am: -ˈstɪri-] adj ministerial

ministry [ˈmɪnɪstri] <-ies> n 1. POL ministerio m 2. REL sacerdocio m

mink [mɪŋk] n no pl visón m

minor [ˈmaɪnəʳ, Am: -nəˑ] I. adj (not great) pequeño; (role) secundario; **~ offence** delito m de menor cuantía; **B ~** MUS si m menor II. n (person) menor mf de edad

Minorca [mɪˈnɔːka, Am: -ˈnɔːr-] n Menorca f

Minorcan adj menorquín

minority [maɪˈnɒrəti, Am: -ˈnɔːrətɪ] <-ies> n minoría f II. adj minoritario; **~ sport** deporte de minorías

minstrel [ˈmɪnstrəl] n HIST juglar m

mint¹ [mɪnt] n 1. no pl (herb) hierbabuena f 2. (sweet) caramelo m de menta

mint² [mɪnt] I. n (coin factory) casa f de la moneda II. vt acuñar; **to ~ a word** fig acuñar una palabra III. adj **in ~ condition** en perfecto estado

minus [ˈmaɪnəs] prep a. MAT menos; **5 ~ 2 equals 3** 5 menos 2 igual a 3; **~ ten Celsius** diez grados bajo cero

minuscule [ˈmɪnəskjuːl, Am: -ɪ-] adj minúsculo

minute¹ [ˈmɪnɪt] n 1. (sixty seconds) minuto m; **in a ~** ahora mismo; **any ~** de un momento a otro; **at the last ~** a última hora 2. pl (of meeting) acta(s) f(pl)

minute² [maɪˈnjuːt, Am: -ˈnuːt] adj diminuto

miracle [ˈmɪrəkl] n milagro m; **by a ~** por milagro

miraculous [mɪˈrækjʊləs, Am: -jə-] adj milagroso

mirage [ˈmɪrɑːʒ] n espejismo m

mire [maɪəʳ, Am: maɪr] n 1. (swamp) fango m 2. fig berenjenal m

mirror [ˈmɪrəʳ, Am: -əˑ] I. n espejo m II. vt reflejar

miscarriage [ˌmɪsˈkærɪdʒ, Am: ˈmɪsˌker-] n aborto m (espontáneo)

miscellaneous [ˌmɪsəˈleɪnɪəs] *adj* diverso; ~ **expenses** gastos *mpl* varios

mischief [ˈmɪstʃɪf] *n* 1.(*naughtiness*) travesura *f;* **to keep sb out of** ~ impedir a alguien hacer travesuras 2.(*wickedness*) malicia *f*

mischievous [ˈmɪstʃɪvəs, *Am:* -tʃə-] *adj* 1.(*naughty*) travieso 2.(*malicious*) malicioso; ~ **rumours** rumores *mpl* malintencionados

misconception [ˌmɪskənˈsepʃn] *n* idea *f* equivocada; **a popular** ~ un error común

misconduct [ˌmɪskənˈdʌkt, *Am:* -ˈkɑːn-] *n no pl* mala conducta *f*

misdemeanor *n Am,* **misdemeanour** [ˌmɪsdɪˈmiːnəʳ, *Am:* -nəʳ] *n Brit* falta *f*

miser [ˈmaɪzəʳ, *Am:* -zəʳ] *n* avaro, -a *m, f*

miserable [ˈmɪzrəbl] *adj* 1.(*unhappy*) triste; **to make life** ~ **for sb** hacer insoportable la vida a alguien 2.(*poor*) mísero; **a** ~ **amount** una miseria

misery [ˈmɪzəri] *n* 1.(*unhappiness*) infelicidad *f;* **to make sb's life a** ~ amargar la vida a alguien 2.(*extreme poverty*) miseria *f,* lipidia *f AmC*

misfortune [ˌmɪsˈfɔːtʃuːn, *Am:* -ˈfɔːrtʃən] *n no pl* infortunio *m;* **to suffer** ~ sufrir una desgracia

misgiving [ˌmɪsˈɡɪvɪŋ] *n* recelo *m;* **to be filled with** ~ estar lleno de dudas

misguided [mɪsˈɡaɪdɪd] *adj* desencaminado; ~ **idea** desacierto *m*

mishap [ˈmɪshæp] *n form* percance *m;* **a series of** ~s una serie de contratiempos

mislead [ˌmɪsˈliːd] *vt irr* 1.(*deceive*) engañar 2.(*lead into error*) hacer caer en un error; **to let oneself be misled** dejarse engañar

misleading *adj* engañoso

misplace [ˌmɪsˈpleɪs] *vt* extraviar

misread [ˌmɪsˈriːd] *vt irr* interpretar mal

miss[1] [mɪs] *n* (*form of adress*) señorita *f;* **Miss Spain** Miss España

miss[2] I.<-es> *n* fallo *m* II. *vi* fallar

III. *vt* 1.(*not hit*) fallar 2.(*not catch*) perder; **to** ~ **a deadline** no cumplir con una fecha límite 3.(*not go*) **to** ~ **a meeting** faltar a una reunión 4.(*regret absence*) echar de menos

◆ **miss out** I. *vt* 1.(*omit*) omitir 2.(*overlook*) saltarse II. *vi* **to** ~ **on sth** perderse algo

missile [ˈmɪsaɪl, *Am:* ˈmɪsəl] *n* misil *m*

missing [ˈmɪsɪŋ] *adj* desaparecido; **to report sth** ~ dar parte de la pérdida de algo

mission [ˈmɪʃən] *n* misión *f;* **rescue** ~ operación *f* de rescate; ~ **accomplished** misión cumplida

missionary [ˈmɪʃənəri, *Am:* -əner-] <-ies> *n* misionero, -a *m, f*

mist [mɪst] *n* neblina *f*

mistake [mɪˈsteɪk] I. *n* error *m;* **to learn from one's** ~**s** aprender de los propios errores; **to make a** ~ cometer un error; **by** ~ por error II. *vt irr* confundir

mistaken [mɪˈsteɪkən] I. *pp of* **mistake** II. *adj* (*belief*) equivocado; (*identity*) confundido; **unless I'm very much** ~ ... si no me equivoco...

mistreat [ˌmɪsˈtriːt] *vt* maltratar

mistress [ˈmɪstrɪs] *n* 1.(*sexual partner*) amante *f* 2.(*woman in charge*) ama *f;* **the** ~ **of the house** la dueña de la casa

mistrust [ˌmɪsˈtrʌst] I. *n no pl* desconfianza *f;* **to have a** ~ **of sb/sth** recelar de alguien/algo II. *vt* **to** ~ **sb/sth** recelar de alguien/algo

misty [ˈmɪsti] <-ier, -iest> *adj* neblinoso

misunderstand [ˌmɪsˌʌndəˈstænd, *Am:* -dəʳ-] *vt irr* entender mal

misunderstanding *n* malentendido *m;* **there must be some** ~ debe haber un malentendido

misuse[1] [ˌmɪsˈjuːs] *n* mal uso *m*

misuse[2] [ˌmɪsˈjuːz] *vt* manejar mal

mitigate [ˈmɪtɪɡeɪt, *Am:* -ˈmɪt̬-] *vt form* mitigar

mix [mɪks] I. *n* mezcla *f;* **a** ~ **of people** una mezcla de gente II. *vi*

M
m

1. (*combine*) mezclarse **2.** (*socially*) **to ~ with sb** frecuentar a alguien; **to ~ well** llevarse bien **III.** *vt* **1.** GASTR mezclar **2.** (*combine*) combinar; **to ~ business with pleasure** combinar el placer con los negocios

mixed *adj* **1.** (*containing various elements*) mezclado; (*team*) mixto; **~ marriage** matrimonio *m* mixto **2.** (*contradictory*) contradictorio; **~ feelings** sentimientos *mpl* contradictorios

mixer ['mɪksər, *Am:* -sər] *n* (*machine*) batidora *f*

mixture ['mɪkstʃər, *Am:* -tʃər] *n* mezcla *f*

mm *abbr of* **millimetre** mm

moan [məʊn, *Am:* moʊn] **I.** *n* **1.** (*sound*) gemido *m* **2.** (*complaint*) quejido *m* **II.** *vi* **1.** (*make a sound*) gemir; **to ~ with pain** gemir de dolor **2.** (*complain*) lamentarse; **to ~ about sth** lamentarse de algo; **to ~ that …** lamentarse de que… +*subj*

mob [mɒb, *Am:* mɑːb] **I.** *n* + *sing/ pl vb* **1.** (*crowd*) muchedumbre *f* **2.** *Brit, inf* (*gang*) pandilla *f* **II.** <-bb-> *vt* acosar; **he was ~bed by his fans** sus fans se aglomeraron en torno a él

mobile ['məʊbaɪl, *Am:* 'moʊbəl] **I.** *n* a. TEL móvil *m* **II.** *adj* **1.** (*able to move*) móvil; (*shop, canteen*) ambulante **2.** (*movable*) movible

mobility [məʊ'bɪləti, *Am:* moʊ'bɪləti] *n no pl* movilidad *f*; **social ~** *Brit* movilidad social

mobilization [ˌməʊbɪlaɪˈzeɪʃən, *Am:* -bəlɪ'-] *n* a. MIL movilización *f*

mobilize ['məʊbɪlaɪz, *Am:* -bə-] *vt* movilizar

mock [mɒk, *Am:* mɑːk] **I.** *adj* **1.** (*imitation*) artificial; **~ leather** polipiel *f* **2.** (*practice*) **~ exam** examen *m* de prueba **II.** *vi* burlarse; **to ~ at sb** burlarse de alguien **III.** *vt* **1.** (*ridicule*) mofarse de **2.** (*imitate*) remedar

mockery ['mɒkəri, *Am:* 'mɑːkə-] *n* **1.** (*ridicule*) mofa *f* **2.** (*subject of derision*) hazmerreír *mf*; **to make a ~**

of sb/sth ridiculizar a alguien/algo

MOD *n Brit s.* **Ministry of Defence** Ministerio *m* de Defensa

modal ['məʊdəl, *Am:* 'moʊ-] *adj* modal

modal verb *n* verbo *m* modal

mode [məʊd, *Am:* 'moʊd] *n* modo *m*; **~ of life** modo de vida; **~ of transport** medio *m* de transporte

model ['mɒdəl, *Am:* 'mɑːdəl] **I.** *n* (*version, example*) a. ART modelo *m*; (*of car, house*) maqueta *f* **II.** <-ll-> *vt* **1.** (*make figure, representation*) modelar; **to ~ sth in clay** modelar algo en barro **2.** (*show clothes*) desfilar

modem ['məʊdem, *Am:* 'moʊdəm] *n* INFOR módem *m*

moderate¹ ['mɒdərət, *Am:* 'mɑːdər-] *adj* **1.** (*neither large nor small*) mediano **2.** a. POL moderado

moderate² ['mɒdəreɪt, *Am:* 'mɑːdər-] **I.** *vt* moderar; **to ~ an examination** presidir un examen **II.** *vi* (*act as moderator*) moderar

moderation [ˌmɒdəˈreɪʃn, *Am:* ˌmɑːdə-] *n no pl* moderación *f*; **to drink in ~** beber con moderación

moderator ['mɒdəreɪtər, *Am:* 'mɑːdəreɪtər] *n form* **1.** (*mediator*) mediador(a) *m(f)* **2.** *Am* (*of discussion*) moderador(a) *m(f)*

modern ['mɒdən, *Am:* 'mɑːdən] *adj* moderno

modernize ['mɒdənaɪz, *Am:* 'mɑːdər-] *vt* modernizar

modest ['mɒdɪst, *Am:* 'mɑːdɪst] *adj* **1.** (*not boastful*) modesto; **to be ~ about sth** ser modesto en algo **2.** (*moderate*) moderado; **a ~ wage** un sueldo modesto

modesty ['mɒdɪsti, *Am:* 'mɑːdɪst-] *n no pl* modestia *f*

modification [ˌmɒdɪfɪˈkeɪʃn, *Am:* ˌmɑːdɪ-] *n* modificación *f*

modify ['mɒdɪfaɪ, *Am:* 'mɑːdɪ-] <-ie-> *vt* modificar

module ['mɒdjuːl, *Am:* 'mɑːdʒuːl] *n* módulo *m*

moist [mɔɪst] *adj* húmedo

moisture ['mɔɪstʃər, *Am:* -tʃər] *n* humedad *f*

moisturizer *n* hidratante *m*

molasses [məˈlæsɪz] *n* melaza *f*

mold [məʊld, *Am:* moʊld] *n, vi Am s.* **mould²**

Moldavia [mɒlˈdeɪviə, *Am:* mɑːl-] *n s.* **Moldova**

Moldavian *adj* moldavo

Moldova [mɒlˈdəʊvə, *Am:* mɑːlˈdoʊ-] *n* Moldavia *f*

Moldovan *adj* moldavo

mole¹ [məʊl, *Am:* moʊl] *n* ZOOL topo *m*

mole² *n* ANAT lunar *m*

molecule [ˈmɒlɪkjuːl, *Am:* ˈmɑːlɪ-] *n* molécula *f*

molest [məˈlest] *vt* **1.** (*pester*) importunar **2.** (*sexually*) abusar (sexualmente) de

moment [ˈməʊmənt, *Am:* ˈmoʊ-] *n* momento *m;* **the ~ of truth** la hora de la verdad; **at the ~** por el momento; **at any ~** en cualquier momento; **at the last ~** en el último momento; **in a ~** enseguida; **not for a ~** ni por un momento

momentary [ˈməʊməntri, *Am:* ˈmoʊmənter-] *adj* momentáneo

momentous [məˈmentəs, *Am:* moʊˈmentəs] *adj* trascendental

momentum [məˈmentəm, *Am:* moʊˈmentəm] *n no pl* PHYS momento *m; fig* impulso *m;* **to gather ~** tomar velocidad

Monaco [ˈɒnəkəʊ, *Am:* ˈmɑːnəkoʊ] *n* Mónaco *m*

monarch [ˈmɒnək, *Am:* ˈmɑːnɚk] *n* monarca *mf*

monarchy [ˈmɒnəki, *Am:* ˈmɑːnɚ-] <-ies> *n* monarquía *f*

monastery [ˈmɒnəstri, *Am:* ˈmɑːnəster-] <-ies> *n* monasterio *m*

Monday [ˈmʌndi] *n* lunes *m inv;* **Easter** [*o* Whit] **~** lunes de Pascua; *s. a.* **Friday**

monetary [ˈmʌnɪtəri, *Am:* ˈmɑːnəteri] *adj* monetario

money [ˈmʌni] *n no pl* dinero *m;* **to be short of ~** ir escaso de dinero; **to change ~** cambiar dinero; **to raise ~** recolectar fondos; **~ is the root of all evil** *prov* el dinero es la fuente de todos los males *prov;* **~ talks** *prov*

poderoso caballero es don Dinero *prov*

Mongolia [mɒŋˈgəʊliə, *Am:* mɑːŋˈgoʊ-] *n* Mongolia *f*

Mongolian [mɒŋˈgəʊliən, *Am:* mɑːŋˈgoʊ-] *adj* mongol

monitor [ˈmɒnɪtəʳ, *Am:* ˈmɑːnɪtɚ] **I.** *n* **1.** INFOR monitor *m;* **15-inch ~** monitor de 15 pulgadas **2.** (*person*) supervisor(a) *m(f)* **II.** *vt* controlar; **to ~ sth closely** seguir algo de muy cerca

monk [mʌŋk] *n* monje *m*

monkey [ˈmʌŋki] *n* mono, -a *m, f*
   ◆ **monkey about** *vi inf* hacer el indio

monologue [ˈmɒnəlɒg, *Am:* ˈmɑːnəlɑːg] *n* monólogo *m*

monopoly [məˈnɒpəli, *Am:* -ˈnɑːpəl-] <-ies> *n* monopolio *m*

monotonous [məˈnɒtənəs, *Am:* -ˈnɑːtən-] *adj* monótono

monotony [məˈnɒtəni, *Am:* -ˈnɑːtən-] *n no pl* monotonía *f*

monsoon [mɒnˈsuːn, *Am:* mɑːn-] *n* monzón *m*

monster [ˈmɒnstəʳ, *Am:* ˈmɑːnstɚ] *n* monstruo *m*

monstrous [ˈmɒnstrəs, *Am:* ˈmɑːn-] *adj* **1.** (*awful*) monstruoso **2.** (*very big*) enorme

month [mʌnθ] *n* mes *m;* **not in a ~ of Sundays** ni por casualidad

monthly [ˈmʌnθli] **I.** *adj* mensual **II.** *adv* mensualmente **III.** *n* publicación *f* mensual

monument [ˈmɒnjʊmənt, *Am:* ˈmɑːnjə-] *n* monumento *m*

monumental [ˌmɒnjʊˈmentl, *Am:* ˌmɑːnjəˈmentl̩] *adj* (*very big*) monumental; (*error*) garrafal

mood¹ [muːd] *n* humor *m;* **in a good/bad ~** de buen/mal humor; **to not be in the ~ to do sth** no tener ganas de hacer algo

mood² *n Am* LING modo *m*

moody [ˈmuːdi] <-ier, -iest> *adj* voluble

moon [muːn] *n no pl* luna *f;* **full/ new ~** luna llena/nueva; **once in a blue ~** de Pascua a Ramos

moor¹ [mɔːʳ, *Am:* mʊr] *n* (*area*)

páramo *m*

moor² [mɔːˤ, *Am:* mʊr] *vt* NAUT a-
marrar

moose [muːs] *n* alce *m* americano

mop [mɒp, *Am:* mɑːp] I. *n* fregona
f; **a ~ of hair** una mata de pelo
II.<-pp-> *vt* fregar

moral ['mɒrəl, *Am:* 'mɔːr-] I. *adj*
moral; **to give sb ~ support** dar
apoyo moral a alguien II. *n* 1.(*message*) moraleja *f* 2. *pl* (*standards*)
moralidad *f*

morale [məˈrɑːl, *Am:* -'ræl] *n no pl*
moral *f*

morality [məˈræləti, *Am:* mɔːˈrælə-
t̬ɪ] <-ies> *n* moralidad *f*

morbid ['mɔːbɪd, *Am:* 'mɔːr-] *adj*
morboso

morbidity [mɔːˈbɪdəti, *Am:* mɔːr-
'bɪdət̬ɪ] *n no pl* morbosidad *f*

more [mɔːˤ, *Am:* mɔːr] *comp of*
much, many I. *adj* más; ~ **wine/
grapes** más vino/uvas; **a few ~
grapes** unas pocas uvas más; **some
~ wine** un poco más de vino II. *adv*
más; ~ **beautiful than me** más bello
que yo; **to drink** (**a bit/much**)
beber (un poco/mucho) más; ~ **than
10** más de 10 III. *pron* más; **the ~
you eat, the ~ you get fat** cuanto
más comes, más gordo te pones;
what ~ does he want? ¿qué más
quiere?

moreover [mɔːˈrəʊvəˤ, *Am:* -'rou-
vɚ] *adv* además

morning ['mɔːnɪŋ, *Am:* 'mɔːr-] *n*
mañana *f*; **good ~!** ¡buenos días!; **in
the ~** por la mañana; **that ~** esa
mañana; **the ~ after** la mañana después; **every ~** cada mañana; **6
o'clock in the ~** las 6 de la mañana;
from ~ till night de la mañana a la
noche

Moroccan [məˈrɒkən, *Am:* -'rɑː-
kən] *adj* marroquí

Morocco [məˈrɒkəʊ, *Am:* -'rɑːkou]
n Marrruecos *m*

morphology [mɔːˈfɒlədʒi, *Am:*
mɔːrˈfɑːlə-] *n* morfología *f*

? El **Morris dancing** existe desde
hace mucho tiempo, pero sus orígenes son desconocidos. El
nombre procede de 'Moorish'
(árabe). Este baile cobra su principal significado en el **May Day** (1
de mayo) y en **Whitsuntide**
(Pentecostés). Los **Morris
dancers** son, la mayoría de las
veces, grupos de hombres vestidos
de blanco; algunos llevan campa-
nillas en las pantorrillas y cada uno
de ellos porta un bastón, un pañuelo o una corona en la mano. El
baile está lleno de movimiento; los
bailarines brincan, dan saltos y gol-
pean el suelo con los pies.

morsel ['mɔːsl, *Am:* 'mɔːr-] *n* bocado *m*

mortal ['mɔːtl, *Am:* 'mɔːrt̬l] *adj*
mortal; ~ **danger** peligro *m* de
muerte

mortality [mɔːˈtæləti, *Am:* mɔːr-
'tælət̬ɪ] *n no pl* mortalidad *f*

mortar ['mɔːtəˤ, *Am:* 'mɔːrtɚ] *n a.*
MIL, TECH mortero *m*

mortgage ['mɔːgɪdʒ, *Am:* 'mɔːr-]
I. *n* hipoteca *f* II. *vt* hipotecar

mosaic [məʊˈzeɪɪk, *Am:* mou-] *n*
mosaico *m*

Moscow ['mɒskəʊ, *Am:* 'mɑːkaʊ] *n*
Moscú *m*

Moses ['məʊzɪz, *Am:* 'mou-] *n*
Moisés *m*

Moslem ['mɒzləm, *Am:* 'mɑːzlem]
adj musulmán

mosque [mɒsk, *Am:* mɑːsk] *n* mezquita *f*

mosquito [məˈskiːtəʊ, *Am:* -t̬ou]
<-(e)s> *n* mosquito *m*, zancudo *m*
AmL

moss [mɒs, *Am:* mɑːs] <-es> *n*
musgo *m*

most [məʊst, *Am:* moust] *superl of*
many, much I. *adj* la mayoría de; ~
people la mayoría de la gente; **for
the ~ part** en su mayor parte II. *adv*
más; **the ~ beautiful** el más bello, la
más bella; ~ **of all** más que nada; ~

likely my probablemente **III.** *pron* la mayoría; **at the (very)** ~ a lo sumo; ~ **of them/of the time** la mayor parte de ellos/del tiempo

mostly ['məʊstli, *Am:* 'moʊst-] *adv* principalmente

MOT [ˌeməʊ'tiː, *Am:* -oʊ'-] *n abbr of* **Ministry of Transport** Ministerio *m* de Transportes

motel [məʊ'tel, *Am:* moʊ-] *n* motel *m*, hotel-garaje *m AmL*

moth [mɒθ, *Am:* mɑ:θ] *n* polilla *f*

mother ['mʌðəʳ, *Am:* -ɚ] *n* madre *f*

motherhood *n* maternidad *f* **mother-in-law** *n* suegra *f*

motif [məʊ'tiːf, *Am:* moʊ-] *n* ART motivo *m*

motion ['məʊʃən, *Am:* 'moʊ-] **I.** *n* (*movement*) movimiento *m;* **in slow** ~ a cámara lenta **II.** *vt* indicar con un gesto; **to** ~ **sb to do sth** indicar a alguien que haga algo

motivate ['məʊtɪveɪt, *Am:* 'moʊ-tə-] *vt* motivar

motivation [ˌməʊtɪ'veɪʃn, *Am:* ˌmoʊtə-] *n no pl* motivación *f*

motive ['məʊtɪv, *Am:* 'moʊtɪv] *n* motivo *m*

motor ['məʊtəʳ, *Am:* 'moʊtɚ] *n* motor *m*

motorbike *n inf* moto *f* **motor car** *n Brit* automóvil *m* **motorcycle** *n form* motocicleta *f* **motor vehicle** *n form* automóvil *m* **motorway** *n Brit* autopista *f*

motto ['mɒtəʊ, *Am:* 'mɑːtoʊ] <-(e)s> *n* lema *m*

mould[1] ['məʊld, *Am:* moʊld] *n no pl, Brit* BOT moho *m*

mould[2] *Brit* **I.** *n* (*for metal, clay, jelly*) molde *m;* **to be cast in the same** ~ estar cortado por el mismo patrón **II.** *vt* moldear

mouldy ['məʊldi, *Am:* 'moʊl-] <-ier, -iest> *adj Brit* mohoso

mount[1] [maʊnt] **I.** *vt* **1.** (*get on: horse*) montar **2.** (*organize*) organizar **3.** (*fix for display*) fijar **II.** *vi* montarse

mountain ['maʊntɪn, *Am:* -t̬ən] *n* montaña *f;* **to make a** ~ **out of a molehill** ahogarse en un vaso de agua, hacer de la camisa un trapo *Col, Ven*

mourn [mɔːn, *Am:* mɔːrn] **I.** *vi* lamentarse; **to** ~ **for sb** llorar la muerte de alguien **II.** *vt* llorar la muerte de

mourner ['mɔːnəʳ, *Am:* 'mɔːrnɚ] *n* doliente *mf*

mournful ['mɔːnfl, *Am:* 'mɔːrn-] *adj* **1.** (*grieving*) afligido **2.** (*gloomy*) triste

mourning ['mɔːnɪŋ, *Am:* 'mɔːrn-] *n no pl* luto *m;* **to be in** ~ estar de luto

mouse [maʊs] <mice> *n* ZOOL, INFOR ratón *m*

mousemat *n Brit*, **mousepad** *n Am* alfombrilla *f* para el ratón

moustache [mə'stɑːʃ, *Am:* 'mʌstæʃ] *n* bigote *m*

mousy ['maʊsi] *adj* **1.** (*shy*) apocado; **she is very** ~ es muy poquita cosa **2.** (*brown*) pardo

mouth[1] [maʊθ] *n* **1.** (*of person, animal*) boca *f;* **to shut one's** ~ *inf* callarse; **to be born with a silver spoon in one's** ~ *fig* nacer con un pan debajo del brazo **2.** (*opening*) abertura *f*

mouth[2] [maʊð] *vt* articular

move [muːv] **I.** *n* **1.** (*movement*) movimiento *m;* **to get a** ~ **on** darse prisa **2.** (*change of abode*) mudanza *f* **3.** GAMES jugada *f;* **it's your** ~ te toca a ti **4.** (*action*) paso *m;* **to make the first** ~ dar el primer paso **II.** *vi* **1.** (*change position*) moverse **2.** (*change abode*) mudarse **III.** *vt* **1.** (*change position*) mover **2.** (*cause emotions*) conmover; **to be** ~**d by sth** estar afectado por algo

◆ **move away I.** *vi* mudarse de casa **II.** *vt* apartar

◆ **move back I.** *vi* retirarse **II.** *vt* colocar más atrás

◆ **move forward I.** *vi* avanzar **II.** *vt* mover hacia adelante; (*time*) adelantar

◆ **move in** *vi* (*move into abode*) instalarse

◆ **move out** *vi* (*stop inhabiting*) dejar la casa

Mm

movement ['muːvmənt] *n* movimiento *m*

movie ['muːvi] *n Am, Aus* película *f;* **the ~s** el cine

movie star *n* estrella *f* de cine

moving ['muːvɪŋ] *adj* **1.** (*that moves*) móvil; **~ stairs** escaleras mecánicas **2.** (*causing emotion*) conmovedor

mow [məʊ, *Am:* moʊ] <mowed, mown *o* mowed> *vt* cortar

mower ['məʊəʳ, *Am:* 'moʊəʳ] *n* cortacésped *m*

mown [məʊn, *Am:* moʊn] *pp of* **mow**

MP [ˌemˈpiː] *n Brit abbr of* **Member of Parliament** diputado, -a *m, f*

mph [ˌempiːˈeɪtʃ] *abbr of* **miles per hour** m/h

Mr ['mɪstəʳ, *Am:* -təʳ] *n abbr of* **Mister** Sr.

Mrs ['mɪsɪz] *n abbr of* **Mistress** Sra.

Ms [mɪz] *n abbr of* **Miss** *forma de tratamiento que se aplica tanto a mujeres solteras como casadas*

MS [ˌemˈes] *abbr of* **multiple sclerosis** esclerosis *f inv* múltiple

Mt *abbr of* **Mount** mte.

much [mʌtʃ] <more, most> **I.** *adj* mucho, mucha; **too ~ wine** demasiado vino; **how ~ milk?** ¿cuánta leche?; **too/so ~ water** demasiada/tanta agua; **as ~ as** tanto como **II.** *adv* mucho; **~ better** mucho mejor; **thank you very ~** muchas gracias **III.** *pron* mucho; **~ of the day** la mayor parte del día

muck [mʌk] *n no pl, Brit, inf* **1.** (*dirt*) suciedad *f* **2.** (*manure*) estiércol *m*

mud [mʌd] *n no pl* barro *m;* **to drag sb's name through the ~** ensuciar el nombre de alguien

muddle ['mʌdl] **I.** *n no pl* desorden *m*, desparpajo *m AmL;* **to get in a ~** liarse **II.** *vt* confundir

muddy ['mʌdi] <-ier, -iest> *adj* fangoso

muffin ['mʌfɪn] *n ≈* mollete *m*

muffle ['mʌfl] *vt* amortiguar

mug [mʌg] **I.** *n* **1.** (*for tea, coffee*) tazón *m* **2.** *Brit, inf* (*fool*) bobo, -a *m, f* **3.** *pej* (*face*) jeta *f*, escracho *m*

RíoPl **II.** <-gg-> *vt* atracar

mugger ['mʌgəʳ, *Am:* -əʳ] *n* atracador(a) *m(f)*

muggy ['mʌgi] <-ier, -iest> *adj* bochornoso

mule [mjuːl] *n* (*animal*) mulo, -a *m, f*

mull [mʌl] *vt* **to ~ sth over** meditar algo

multicultural [ˌmʌltɪˈkʌltʃərəl, *Am:* -ʈɪˈ-] *adj* multicultural

multilateral [ˌmʌltɪˈlætərəl, *Am:* -ʈɪˈlæʈ-] *adj* POL multilateral

multimedia [ˌmʌltɪˈmiːdiə, *Am:* -ʈɪˈ-] *adj* multimedia *inv*

multinational [ˌmʌltɪˈnæʃnəl, *Am:* -ʈɪˈ-] *n* multinacional *f*

multiple ['mʌltɪpl, *Am:* -ʈə-] *adj* múltiple

multiply ['mʌltɪplaɪ, *Am:* -ʈə-] <-ie-> **I.** *vt* multiplicar **II.** *vi* multiplicarse

multiracial [ˌmʌltɪˈreɪʃl, *Am:* -ʈɪ-] *adj* multirracial

multitude ['mʌltɪtjuːd, *Am:* -ʈətuːd] *n* **1.** (*of things, problems*) multitud *f* **2.** (*crowd*) muchedumbre *f*

mum¹ [mʌm] *n Brit, inf* mamá *f*

mum² *adj* **to keep ~** *inf* guardar silencio

mumble ['mʌmbl] *vi* hablar entre dientes

mummy¹ ['mʌmi] <-ies> *n Brit, inf* (*mother*) mami *f*, mamita *f AmL*

mummy² <-ies> *n* (*preserved corpse*) momia *f*

munch [mʌntʃ] *vi, vt* ronzar

mundane [mʌnˈdeɪn] *adj* prosaico

municipal [mjuːˈnɪsɪpl, *Am:* -əpl] *adj* municipal

municipality [mjuːˌnɪsɪˈpæləti, *Am:* -əˈpæləʈɪ] <-ies> *n* municipio *m*

mural ['mjʊərəl, *Am:* 'mjʊrəl] *n* mural *m*

murder ['mɜːdəʳ, *Am:* 'mɜːrdəʳ] **I.** *n* (*killing*) asesinato *m;* LAW homicidio *m;* **to commit ~** cometer un asesinato **II.** *vt* (*kill*) asesinar, ultimar *AmL*

murderer ['mɜːdərəʳ, *Am:* 'mɜːrdəʳ] *n* (*killer*) asesino, -a *m, f;* LAW homicida *mf*, victimario, -a *m, f AmL*

murky ['mɜːki, *Am:* 'mɜːr-], -iest> *adj* turbio

murmur ['mɜːmə^r, *Am:* 'mɜːrmɚ] I. *vi, vt* murmurar II. *n* murmullo *m*

muscle ['mʌsl] *n* ANAT músculo *m*

muscular ['mʌskjʊlə^r, *Am:* -kjələ^r] *adj* **1.** (*pain, contraction*) muscular **2.** (*arms, legs*) musculoso

muse [mjuːz] I. *vi* to ~ (on sth) cavilar [*o* reflexionar] (sobre algo) II. *n* musa *f*

museum [mjuːˈzɪəm] *n* museo *m*

mushroom ['mʌʃrʊm, *Am:* -ruːm] *n* (*wild*) seta *f*, callampa *f Col, Chile, Perú;* (*button mushroom*) champiñón *m*

mushy ['mʌʃi] *adj* <-ier, -iest> **1.** (*soft*) blando **2.** (*film, book*) sensiblero

music ['mjuːzɪk] *n* música *f*; **it was ~ to her ears** le sonó a música celestial

musical ['mjuːzɪkəl] *n* musical *m*

musician [mjuːˈzɪʃən] *n* músico, -a *m, f*

Muslim ['mʊzlɪm, *Am:* 'mʌzləm] *adj* musulmán

mussel ['mʌsl] *n* mejillón *m*

must [mʌst] *aux* **1.** (*obligation*) deber; ~ **you leave so soon?** ¿tienes que irte tan pronto?; **you ~n't do that** no debes hacer eso **2.** (*probability*) deber de; **I ~ have lost it** debo de haberlo perdido; **you ~ be hungry** supongo que tendrás hambre; **you ~ be joking!** ¡estarás bromeando!

mustache ['mʌstæʃ] *n Am* bigote *m*

mustard ['mʌstəd, *Am:* -tɚd] *n no pl* mostaza *f*

muster ['mʌstə^r, *Am:* -tɚ] *vt* reunir; **to ~ the courage to do sth** armarse de valor para hacer algo

mustn't ['mʌsnt] = **must not** *s.* **must**

mutation [mjuːˈteɪʃn] *n* mutación *f*

mute [mjuːt] I. *n* **1.** (*person*) mudo, -a *m, f* **2.** MUS sordina *f* II. *vt* poner

sordina a III. *adj* mudo; **to remain ~** permanecer mudo

mutiny ['mjuːtɪni] I. <-ies> *n no pl* motín *m* II. *vi* <-ie-> amotinarse

mutter ['mʌtə^r, *Am:* 'mʌtɚ] *vi, vt* murmurar

mutton ['mʌtən] *n no pl* carne *f* de oveja

mutual ['mjuːtʃuəl] *adj* común

mutually *adv* mutuamente; **it was ~ agreed** se decidió de común acuerdo

muzzle ['mʌzl] I. *n* **1.** (*for dog*) bozal *m* **2.** (*of gun*) boca *f* II. *vt* poner un bozal a

my [maɪ] *adj poss* mi; ~ **dog/house** mi perro/casa; ~ **children** mis hijos; **this car is ~ own** este coche es mío; **I hurt ~ foot/head** me he hecho daño en el pie/la cabeza

myriad ['mɪrɪəd] *n* miríada *f*

myself [maɪˈself] *pron refl* **1.** (*direct, indirect object*) me; **I hurt ~** me hice daño **2.** *emphatic* yo (mismo/misma); **I did it (all) by ~** lo hice (todo) yo solo **3.** *after prep* mi (mismo/misma); **I said to ~** me dije (a mí mismo/misma)

mysterious [mɪˈstɪərɪəs, *Am:* -ˈstɪrɪ-] *adj* misterioso

mystery ['mɪstəri] <-ies> *n* misterio *m*

mystic ['mɪstɪk] *adj* místico

mystical ['mɪstɪkl] *adj* místico

mysticism ['mɪstɪsɪzəm] *n no pl* misticismo *m*

mystification [ˌmɪstɪfɪˈkeɪʃn] *n* **1.** (*mystery*) misterio *m* **2.** (*confusion*) perplejidad *f*

mystify ['mɪstɪfaɪ] <-ie-> *vt* desconcertar

mystique [mɪsˈtiːk] *n* mística *f*

myth [mɪθ] *n* mito *m*

mythical ['mɪθɪkl] *adj* mítico

mythological [ˌmɪθəˈlɒdʒɪkl, *Am:* -ˈlɑːdʒɪk-] *adj* mitológico

mythology [mɪˈθɒlədʒi, *Am:* -ˈθɑː-lə-] <-ies> *n* mitología *f*

M
m

Nn

N, n [en] *n* N, n *f;* ~ **for Nelly** *Brit,* ~ **for Nan** *Am* N de Navarra

N *abbr of* **north** N *m*

nab [næb] <-bb-> *vt inf* (*person*) coger, pescar; (*thing*) coger

NAFTA ['næftə] *n abbr of* **North Atlantic Free Trade Agreement** TLC *m*

nag[1] [næg] *n* (*horse*) jamelgo *m*

nag[2] [næg] <-gg-> *vt* regañar, dar la lata a

nagging ['nægɪŋ] **I.** *n no pl* quejas *fpl* **II.** *adj* (*pain, ache*) persistente

nail [neɪl] **I.** *n* **1.** (*tool*) clavo *m* **2.** ANAT uña *f* **3.** *fig* **to pay on the ~** pagar a toca teja **II.** *vt* **1.** (*fasten*) clavar **2.** *inf* (*catch: police*) coger

nail brush <-es> *n* cepillo *m* de uñas **nail enamel remover** *n Am* quitaesmalte *m* **nail file** *n* lima *f* **nail polish** *n no pl, Am* quitaesmalte *m* **nail scissors** *npl* tijeras *fpl* para uñas **nail varnish** *n no pl* esmalte *m* de uñas

naive, naïve [naɪˈiːv, *Am:* naːˈ-] *adj* ingenuo

naked ['neɪkɪd] *adj* **1.** (*unclothed*) desnudo, encuerado *Cuba, Méx* **2.** (*uncovered: blade*) desenvainado; **to the ~ eye** a simple vista

name [neɪm] **I.** *n* **1.** nombre *m;* (*surname*) apellido *m;* **by ~** de nombre; **in the ~ of freedom and justice** en nombre de la libertad y de la justicia; **to call sb ~s** llamar a alguien de todo **2.** (*reputation*) fama *f;* **to give sb/sth a good ~** dar buena fama a alguien/algo; **to make a ~ for oneself** hacerse un nombre **II.** *vt* **1.** (*call*) poner nombre a, bautizar **2.** (*list*) nombrar

nameless ['neɪmlɪs] *adj* indescriptible; (*author*) anónimo

namely ['neɪmli] *adv* a saber

namesake ['neɪmseɪk] *n* tocayo, -a *m, f*

Namibia [næˈmɪbɪə, *Am:* nəˈ-] *n* Namibia *f*

Namibian [næˈmɪbɪən, *Am:* nəˈ-] *adj* namibio

nanny ['næni] <-ies> *n* niñera *f,* nurse *f AmL*

nap [næp] *n* cabezadita *f;* (*after lunch*) siesta *f;* **to have a ~** echarse una siesta

nape [neɪp] *n* nuca *f,* cogote *m*

napkin ['næpkɪn] *n* servilleta *f*

nappy ['næpi] <-ies> *n* pañal *m*

narcissus [naːˈsɪsəs, *Am:* naːrˈ-] <-es o narcissi> *n* narciso *m*

narcotic [naːˈkɒtɪk, *Am:* naːrˈkaːt̬-] *n* narcótico *m*

narrate [nəˈreɪt, *Am:* ˈnereɪt] *vt* narrar, relatar

narrative ['nærətɪv, *Am:* ˈnerət̬ɪv] *n no pl* narración *f,* relato *m*

narrator [nəˈreɪtər, *Am:* ˈnereɪt̬ɚ] *n* narrador(a) *m(f);* TV comentarista *mf*

narrow ['nærəʊ, *Am:* ˈneroʊ] **I.** <-er, -est> *adj* **1.** (*thin*) estrecho **2.** (*small: margin*) escaso **II.** *vi* **1.** estrecharse; (*gap*) reducirse **2.** (*field*) limitarse, restringirse

narrowly *adv* por poco

narrow-minded [ˌnærəʊˈmaɪndɪd, *Am:* ˌneroʊˈ-] *adj* de mentalidad cerrada; (*opinions, views*) cerrado

NASA ['næsə] *n Am abbr of* **National Aeronautics and Space Administration** NASA *f*

nasal ['neɪzl] *adj* nasal; (*voice*) gangoso

nasty ['naːsti, *Am:* ˈnæsti] <-ier, -iest> *adj* **1.** (*bad*) malo; (*smell, taste*) asqueroso, repugnante; (*surprise*) desagradable **2.** (*dangerous*) peligroso

nation ['neɪʃən] *n* nación *f*

national ['næʃənəl] **I.** *adj* nacional **II.** *n* súbdito, -a *m, f*

national anthem *n* himno *m* nacional **national costume** *n* traje *m* nacional **national debt** *n* deuda *f* nacional

? El **national emblem** (emblema nacional) de Inglaterra es la **Tudor**

rose, una rosa blanca y plana de la casa real de York sobre la rosa roja de la casa de Lancaster. El emblema nacional de Irlanda es la **shamrock**, una especio de trébol, que fue utilizado, al parecer, por el patrón de Irlanda, St. Patrick, para ilustrar el misterio de la Santísima Trinidad. El **thistle** (cardo) de Escocia fue elegido por el rey Jaime III en el siglo XV como símbolo nacional. El **dragon** de Gales fue utilizado desde hace mucho tiempo como emblema en las banderas de guerra. Los galos tienen también al **leek** (puerro) como símbolo, el cual, según Shakespeare, fue llevado en la batalla de Poitiers contra los franceses en 1356. La **daffodil** (campana pascual) es un sustituto del siglo XX más bonito.

National Guard n Am Guardia f Nacional **National Health (Service)** n Brit (servicio m de) asistencia f sanitaria de la Seguridad Social **National Insurance** n no pl, Brit Seguridad f Social

nationalism ['næʃnəlɪzəm] n no pl nacionalismo m

nationalist ['næʃnəlɪst] adj nacionalista

nationality [ˌnæʃə'næləti] <-ies> n nacionalidad f

nationalization [ˌnæʃənəlaɪ'zeɪʃən, Am: -ɪ'-] n nacionalización f

nationalize ['næʃənəlaɪz] vt nacionalizar

national service n no pl, Brit, Aus servicio m militar

nationwide [ˌneɪʃən'waɪd] adj nacional

native ['neɪtɪv, Am: -t̬ɪv] I. adj 1. (indigenous) indígena 2. (original) nativo; (innate) innato; (language) materno; ~ **country** patria f II. n (indigenous inhabitant) nativo,

-a m, f, natural mf; **to speak English like a** ~ hablar el inglés como un nativo

native American I. n indígena mf americano, -a II. adj indígena **native speaker** n hablante mf nativo, -a

nativity [nə'tɪvəti, Am: -t̬i] <-ies> n natividad f; **the Nativity** la Navidad

nativity play n auto m de Navidad

NATO ['neɪtəʊ, Am: -t̬oʊ] n abbr of **North Atlantic Treaty Organisation** OTAN f

natural ['nætʃərəl, Am: -ɚəl] adj natural; **to die from ~ causes** morir de causas naturales

natural gas n no pl gas m natural **natural history** n no pl historia f natural

naturalize ['nætʃərəlaɪz, Am: -ɚ-əl-] vt Am naturalizar

naturally adv naturalmente

nature ['neɪtʃəʳ, Am: -tʃɚ] n naturaleza f; **things of this** ~ cosas de esta índole; **to be in sb's** ~ estar en la naturaleza de alguien

naughty ['nɔːti, Am: 'nɑːt̬i] <-ier, -iest> adj 1. (badly behaved: children) desobediente, travieso 2. iron (adults) pícaro 3. iron, inf (sexually stimulating) picante

nausea ['nɔːsɪə, Am: 'nɑːzɪə] n no pl náusea f

nauseate ['nɔːsɪeɪt, Am: 'nɑːzɪ-] vt form asquear

naval ['neɪvəl] adj naval

naval commander n comandante mf naval

nave [neɪv] n nave f

navel ['neɪvl] n ombligo m

navigate ['nævɪgeɪt] I. vt 1. (steer) llevar; AUTO guiar 2. (sail) navegar por II. vi NAUT, AVIAT navegar; AUTO guiar

navigation [ˌnævɪ'geɪʃən] n no pl navegación f

navvy ['nævi] <-ies> n Brit, inf peón m

navy ['neɪvi] I. <-ies> n **the Navy** la Marina II. adj ~ (**blue**) azul marino

Nazi ['nɑːtsi] n nazi mf

NB [ˌen'biː] abbr of **nota bene** N.B.

N n

NBC [,enbi:'si:] *n abbr of* **National Broadcasting Company** *cadena de televisión*

NE [,en'i:] *abbr of* **northeast** NE *m*

near [nɪəʳ, *Am:* nɪr] I. *adj* 1. (*spatial*) cercano 2. (*temporal*) próximo; **in the ~ future** en un futuro próximo 3. (*similar*) **the ~est thing to sth** lo más parecido a algo II. *adv* (*spatial or temporal*) cerca III. *prep* 1. (*in proximity to*) ~ (**to**) cerca de 2. (*almost*) **it's ~ midnight** es casi medianoche IV. *vt* acercarse a; **it is ~ing completion** está casi terminado

nearby ['nɪəbaɪ, *Am:* ,nɪr'-] I. *adj* cercano II. *adv* cerca

Near East *n* Oriente *m* Próximo

nearly ['nɪəli, *Am:* 'nɪr-] *adv* casi; ~ **certain** casi seguro; **to be ~ sth** estar cerca de algo

nearside ['nɪəsaɪd, *Am:* ,nɪr'-] *Brit, Aus* I. *n* lado *m* cercano al arcén II. *adj* **the ~ lane** (*right-hand drive*) el lado derecho; *Brit* (*left-hand drive*) el lado izquierdo

near-sighted [,nɪə'saɪtɪd, *Am:* ,nɪr-'saɪtɪd] *adj a. fig* miope

neat [ni:t] *adj* 1. (*well-ordered*) cuidado, ordenado 2. (*deft*) cuidadoso 3. *Am, Aus, inf* (*excellent*) guay *inf*

neatly *adv* 1. (*with care*) cuidadosamente 2. (*deftly*) con estilo

neatness ['ni:tnəs] *n no pl* pulcritud *f*, limpieza *f*

necessarily ['nesəsərəli] *adv* necesariamente; **not ~** no necesariamente

necessary ['nesəsəri, *Am:* -ser-] *adj* necesario; **to do what is ~** hacer lo que es necesario; **if ~** cuando sea necesario

necessity [nɪ'sesəti, *Am:* nə'sesəṭi] <-ies> *n no pl* necesidad *f;* **in case of ~** en caso de necesidad; **bare ~** primera necesidad

neck [nek] I. *n* cuello *m;* (*nape*) cogote *m;* **to be up to one's ~ in sth** *inf* estar (metido) hasta el cuello en algo II. *vi Am, inf* besuquearse

necklace *n* collar *m* **neckline** *n* escote *m* **necktie** *n* corbata *f*

née [neɪ] *adj* de soltera

need [ni:d] I. *n no pl* necesidad *f;* **basic ~s** necesidades básicas; **~ for sb/sth** necesidad de alguien/algo; **to be in ~ of sth** necesitar (de) algo; **if ~(s) be** si es necesario; **there's no ~ to shout so loud** no hace falta gritar tan alto II. *vt* 1. (*require*) necesitar 2. (*ought to have*) **not to ~ sth** no necesitar (de) algo 3. (*must, have*) **to ~ to do sth** tener que hacer algo 4. (*should*) **you ~n't laugh! – you'll be next** ¡no deberías reír! – tú serás el siguiente

needle ['ni:dl] I. *n* aguja *f* II. *vt* pinchar, provocar

needless ['ni:dlɪs] *adj* innecesario; ~ **to say …** no hace falta decir…

needlework ['ni:dlwɜ:k, *Am:* -wɜ:rk] *n no pl* labor *f* de aguja

needn't ['ni:dənt] = **need not** *s.* **need**

needy ['ni:di] <-ier, -iest> *adj* necesitado

negative ['negətɪv, *Am:* -t̬ɪv] I. *adj* negativo II. *n* 1. (*rejection*) negativa *f* 2. (*making use of negation*) negación *f* 3. PHOT negativo *m*

neglect [nɪ'glekt] I. *vt* desatender; **to ~ to do sth** descuidar hacer algo II. *n no pl* negligencia *f;* (*poor state, unrepaired state*) deterioro *m*

negligee *n*, **negligée** ['neglɪʒeɪ, *Am:* ,neglə'ʒeɪ] *n* salto *m* de cama

negligence ['neglɪdʒənts] *n no pl* negligencia *f*

negligible ['neglɪdʒəbl] *adj* insignificante

negotiable [nɪ'gəʊʃɪəbl, *Am:* -'goʊ-] *adj* negociable; **not ~** no negociable

negotiate [nɪ'gəʊʃɪeɪt, *Am:* -'goʊ-] I. *vt* 1. (*discuss*) negociar 2. (*convert into money*) **to ~ a cheque** cobrar un cheque II. *vi* negociar; **to ~ with sb** negociar con alguien

negotiating table *n fig* mesa *f* de negociaciones

negotiation [nɪ,gəʊʃɪ'eɪʃən, *Am:* -,goʊ-] *n* negociación *f;* ~ **for sth** negociación de algo

negotiator [nɪ'gəʊʃɪeɪtəʳ, *Am:* -'goʊʃɪeɪṭɚ] *n* negociador(a) *m(f)*

negro <-es> *n*, **Negro** ['niːɡrəʊ, *Am:* -ɡroʊ] *n* negro *m*

neigh [neɪ] **I.** *n* relincho *m* **II.** *vi* relinchar

neighbor ['neɪbɚ] *n Am s.* **neighbour**

neighborhood ['neɪbɚhʊd] *n Am s.* **neighbourhood**

neighboring ['neɪbərɪŋ] *adj Am s.* **neighbouring**

neighborly ['neɪbɚli] *adj Am s.* **neighbourly**

neighbour ['neɪbər, *Am:* -bɚ] *n* vecino, -a *m*, *f*

neighbourhood ['neɪbəhʊd, *Am:* -bɚ-] *n* (*smallish localized community*) vecindario *m*; (*people*) vecinos *mpl*

neighbourhood watch *n* vigilancia *f* vecinal

neighbouring ['neɪbərɪŋ] *adj* (*nearby*) cercano; (*bordering*) adyacente

neighbourly ['neɪbəli, *Am:* -bɚli] *adj* amable

neither ['naɪðər, *Am:* 'niːðɚ] **I.** *pron* ninguno; **which one? – ~** (of them) ¿cuál? – ninguno (de los dos) **II.** *adv* ni; **~ ... nor ...** ni... ni... **III.** *conj* tampoco; **if he won't eat, ~ will I** si él no come, yo tampoco **IV.** *adj* ningún, ninguna; **in ~ case** en ningún caso

neologism [niːˈɒlədʒɪzəm, *Am:* -ˈɑːlə-] *n form* neologismo *m*

neon ['niːɒn, *Am:* -ɑːn] *n no pl* neón *m*

neon lamp *n*, **neon light** *n* luz *f* de neón

nerd [nɜːd, *Am:* nɜːrd] *n Am* lerdo, -a *m*, *f*

nerve [nɜːv, *Am:* nɜːrv] *n* **1.** (*fibre*) nervio *m* **2.** (*high nervousness*) **to be in a state of ~s** estar nervioso **3.** *no pl* (*courage, bravery*) valor *m*; **to hold/lose one's ~** mantener/perder el valor

nerve center *n Am*, **nerve centre** *n Aus, Brit* **1.** (*group of closely connected nerve cells*) centro *m* nervioso **2.** *fig* (*centre of control*) centro *m* neurálgico

nerve-racking ['nɜːvrækɪŋ, *Am:* 'nɜːrv-] *adj* perturbador

nervous ['nɜːvəs, *Am:* 'nɜːr-] *adj* (*jumpy*) nervioso; (*edgy*) ansioso

nervous breakdown *n* ataque *m* de nervios

nervy ['nɜːvi, *Am:* 'nɜːr-] <-ier, -iest> *adj Brit* nervioso

nest [nest] **I.** *n* (*animal's home*) nido *m* **II.** *vi* anidar

nest egg *n* (*money saved*) ahorros *mpl*

nestle ['nesl] *vi* acomodarse; **to ~ up to sb** arrimarse a alguien

net¹ [net] **I.** *n* **1.** (*material with spaces*) malla *f*; (*fine netted fabric*) tul *m* **2.** (*device for trapping fish*) red *f* **3.** SPORTS red *f* **4.** (*final profit*) beneficio *m* neto; (*final amount*) importe *m* neto **II.** <-tt-> *vt* (*fish*) pescar; (*criminals*) capturar

net² [net] *adj* ECON neto; **~ income** [*o* **earnings**] beneficio *m* neto

netball ['netbɔːl] *n no pl, Brit:* juego semejante al baloncesto y practicado mayoritariamente por mujeres

net curtain *n* visillo(s) *m(pl)*

Netherlands ['neðələndz, *Am:* -ɚləndz] *n* **the ~** los Países Bajos, Holanda

nett [net] *adj, vt s.* **net¹ II., net²**

netting ['netɪŋ, *Am:* 'neţɪŋ] *n no pl* **1.** (*net*) malla *f* **2.** SPORTS red *f*

nettle ['netl, *Am:* 'neţ-] *n* ortiga *f*

network ['netwɜːk, *Am:* -wɜːrk] *n* INFOR, TEL red *f*; **telephone ~** red telefónica

neurological [ˌnjʊərəˈlɒdʒɪkəl, *Am:* ˌnʊrəˈlɑ-] *adj* neurológico

neurosis [njʊəˈrəʊsɪs, *Am:* nʊ-ˈroʊ-] <-es> *n* neurosis *f inv*

neurotic [njʊəˈrɒtɪk, *Am:* nʊˈrɑː-tɪk] *adj* neurótico

neuter ['njuːtər, *Am:* 'nuːţɚ] **I.** *adj* neutro **II.** *vt* castrar

neutral ['njuːtrəl, *Am:* 'nuː-] **I.** *adj* **1.** (*uninvolved*) neutral **2.** *a.* CHEM, ELEC neutro **II.** *n* (*part of gears system*) punto *m* muerto

neutralize ['njuːtrəlaɪz, *Am:* 'nuː-] *vt* neutralizar

neutron ['njuːtrɒn, *Am:* 'nuːtrɑːn]

N n

n neutrón *m*

never ['nevər, *Am:* -ə·] *adv* **1.** (*at no time, on no occasion*) nunca, jamás; **I ~ forget a face** nunca olvido una cara **2.** (*under no circumstances*) jamás; **~ ever** nunca jamás; **~ mind** no importa, tanto da

never-ending [,nevər'endɪŋ, *Am:* 'nevə·-] *adj* interminable

nevertheless [,nevəðə'les, *Am:* ,nevə·-] *adv* sin embargo, con todo, no obstante

new [njuː, *Am:* nuː] *adj* **1.** (*latest, recent*) nuevo, reciente; (*word*) de nuevo cuño **2.** (*in new condition*) nuevo; **brand ~** completamente nuevo

New Age *n* New Age *m*

newborn *adj* reciente

New Brunswick *n* Nueva Brunswick *f* **New Caledonia** *n* Nueva Caledonia *f*

newcomer *n* recién llegado, -a *m, f*

New England *n* Nueva Inglaterra *f*

newfangled *adj* novedoso **new-found** *adj* recién descubierto

New Foundland ['njuː'fəndlənd, *Am:* 'nuː'fəndlənd] *n* Terranova *f*

newly ['njuːli, *Am:* 'nuː-] *adv* recientemente

newly-wed ['njuːlɪwed, *Am:* 'nuː-] *npl* recién casados *mpl*

new moon *n* luna *f* nueva

New Orleans *n* Nueva Orleans *f*

news [njuːz, *Am:* nuːz] *n + sing vb* noticias *fpl;* **the ~ media** los medios de comunicación; **bad/good ~** buenas/malas noticias; **to be ~** ser noticia

⚠ **news** se utiliza en singular: "The news is good; Is there any news of Norman?"

news agency <-ies> *n* agencia *f* de noticias **newsagent** *n Brit, Aus* vendedor(a) *m(f)* de periódicos **newscaster** *n Am* locutor(a) *m(f)* de un informativo **news dealer** *n Am* vendedor(a) *m(f)* de periódicos **newsflash** <-es> *n* ≈ noticia *f* de última

hora, flash *m* informativo **newsletter** *n* nota *f* de prensa **newspaper** *n* periódico *m;* **~ clipping** recorte *m* de periódico **newsprint** *n no pl* papel *m* de periódico **newsreader** *n Brit, Aus* locutor(a) *m(f)* de un informativo **newsreel** *n* noticiario *m* documental **newsroom** *n* sala *f* de redacción **newsstand** *n* quiosco *m* **newsworthy** *adj* de interés periodístico

newt [njuːt, *Am:* nuːt] *n* tritón *m*

New Year *n* año *m* nuevo; **Happy ~** feliz año nuevo; **to celebrate ~** celebrar el año nuevo

New Year's Day *n no pl* día *m* de año nuevo **New Year's Eve** *n no pl* nochevieja *f*

New York I. *n* Nueva York *f* **II.** *adj* neoyorquino **New Yorker** *n* neoyorquino, -a *m, f* **New Zealand I.** *n* Nueva Zelanda *f* **II.** *adj* neozelandés, -esa **New Zealander** *n* neozelandés, -esa *m, f*

next [nekst] **I.** *adj* **1.** (*nearest in location*) siguiente **2.** (*following in time*) próximo, que viene; **the ~ day** el día siguiente; **~ month** el mes que viene; (**the**) **~ time** la próxima vez **3.** (*following in order*) siguiente; **to be ~** ser el siguiente **II.** *adv* **1.** (*afterwards, subsequently*) después, luego **2.** (*almost as much*) **~ to** después de **3.** (*almost*) casi; **~ to nothing** casi nada

next door [,neks'dɔːr, *Am:* ,nekst'dɔːr] **I.** *adv* al lado **II.** *adj* de al lado **next of kin** *n no pl* pariente *mf* cercano, -a

NHS [,enaɪtʃ'es] *Brit abbr of* **National Health Service** servicio *m* de asistencia sanitaria de la Seguridad Social

Niagara Falls [naɪˌægərə'fɔːlz] *n* **the ~** las cataratas del Niágara

nib [nɪb] *n* punta *f;* (*of a pen*) plumilla *f*

nibble ['nɪbl] *vt* mordisquear

Nicaragua [,nɪkə'rægjʊə, *Am:* -ə'rɑːgwə] *n* Nicaragua *f* **Nicaraguan** *adj* nicaragüense

nice [naɪs] *adj* **1.** (*pleasant, agree-*

able) bueno **2.**(*amiable*) simpático; (*kind*) amable **3.**(*subtle*) sutil, delicado; (*fine*) fino

nicely ['naɪsli] *adv* bien; **to do very ~** quedar muy bonito

niceties ['naɪsətɪz, *Am:* -t̬iz] *npl* detalles *mpl*

niche [niːʃ, *Am:* nɪtʃ] *n* nicho *m*

nick [nɪk] **I.** *n* **1.**(*chip in surface*) mella *f* **2.** *fig* **in the ~ of time** por los pelos **II.** *vt* **1.**(*chip*) mellar; (*cut*) cortar **2.** *Brit, Aus, inf* (*steal*) mangar, chingar *Méx*, pispear *Arg* **3.** *Brit, inf* **to ~ sb** (*arrest*) trincar a alguien; (*catch*) echar el guante a alguien

nickel ['nɪkl] *n* **1.** *no pl* CHEM níquel *m* **2.** *Am* (*coin*) moneda *f* de cinco centavos

nickname ['nɪkneɪm] **I.** *n* apodo *m* **II.** *vt* apodar

nicotine ['nɪkəti:n] *n no pl* nicotina *f*

nicotine patch <-es> *n* parche *m* de nicotina

niece [niːs] *n* sobrina *f*

Niger ['naɪdʒəʳ, *Am:* -dʒɚ] *n* Níger *m*

Nigeria [naɪ'dʒɪərɪə, *Am:* -'dʒɪri-] *n* Nigeria *f* **Nigerian** *adj* nigeriano

niggling ['nɪɡlɪŋ] *adj* **1.**(*irritating, troubling*) molesto **2.**(*needing very precise work*) meticuloso

night [naɪt] *n* noche *f*; **good ~!** ¡buenas noches!; **last ~** anoche; **the ~ before** la noche anterior; **during the ~** durante la noche

nightcap *n* (*drink*) bebida *f* (*que se toma antes de acostarse*) **nightclub** *n* club *m* (nocturno) **nightdress** <-es> *n* camisón *m* **nightfall** *n no pl* atardecer *m* **nightgown** *n Am*, **nightie** *n inf* camisón *m* **nightingale** *n* ruiseñor *m* **night life** *n no pl* vida *f* nocturna

nightly ['naɪtli] **I.** *adv* cada noche **II.** *adj* de todas las noches

nightmare ['naɪtmeəʳ, *Am:* -mer] *n* pesadilla *f*

night-porter *n* portero *m* nocturno **night school** *n* escuela *f* nocturna **night watchman** *n* vigilante *m* nocturno, nochero *m CSur*

nil [nɪl] *n no pl* **1.**(*nothing, nought*) nada *f* **2.** *Brit* (*no score*) cero *m*

Nile [naɪl] *n* **the ~** el Nilo

nimble ['nɪmbl] *adj* (*agile*) ágil; (*quick and light in movement*) diestro; (*quick-thinking*) listo

nine [naɪn] *adj* nueve *inv*; **~ times out of ten** casi siempre; *s. a.* **eight**

nineteen [ˌnaɪn'tiːn] *adj* diecinueve *inv*; *s. a.* **eight**

nineteenth *adj* decimonoveno

ninetieth ['naɪntiəθ, *Am:* -t̬ɪ-] *adj* nonagésimo

ninety ['naɪnti, *Am:* -t̬i] *adj* noventa *inv*; *s. a.* **eighty**

ninth [naɪnθ] *adj* noveno

nip¹ [nɪp] <-pp-> **I.** *vt* **1.**(*bite*) morder **2.**(*pinch, squeeze*) pellizcar **II.** *vi Brit, Aus, inf* apresurarse; **to ~ along** correr

nip² [nɪp] *n Brit, inf* chupito *m*

nipple ['nɪpl] *n* ANAT pezón *m*; (*teat*) tetilla *f*, tetera *f AmL*

nippy ['nɪpi] <-ier, -iest> *adj Brit, Aus, inf* (*quick*) rápido; (*nimble*) ágil

nit [nɪt] *n* **1.** *Brit, Aus, pej, inf* (*stupid person*) imbécil *mf* **2.** ZOOL liendre *f*

nitrogen ['naɪtrədʒən] *n no pl* nitrógeno *m*

NNE *abbr of* **north-northeast** NNE *m*

NNW *abbr of* **north-northwest** NNO *m*

no [nəʊ, *Am:* noʊ] **I.** *adv* no; (*emphasises previous statement's falsity*) en absoluto; **~ parking** prohibido estacionar; **~ way** de ninguna manera **II.** <-(e)s> *n* (*denial, refusal*) no *m*; **to not take ~ for an answer** no admitir un no como respuesta **III.** *interj* (*word used to deny*) no; (*emphasises distress*) qué me dices

no, No. *abbr of* **number** núm., nº

Nobel prize [ˌnəʊbel'praɪz, *Am:* ˌnoʊbel'praɪz] *n* premio *m* Nobel

nobility [nəʊ'bɪləti, *Am:* noʊ'bɪləti] *n no pl* nobleza *f*

noble ['nəʊbl, *Am:* 'noʊ-] *adj* noble

nobody ['nəʊbədi, *Am:* 'noʊbɑːdi] *pron indef, sing* nadie

nod [nɒd, *Am:* nɑːd] **I.** *n* cabezada

f, inclinación *f* de cabeza **II.**<-dd->
vt **to ~ one's head** asentir con la
cabeza; **to ~ a farewell to sb** saludar a alguien con una inclinación de
cabeza **III.**<-dd-> *vi* asentir con la
cabeza

◆ **nod off** *vi* dormirse

noise [nɔɪz] *n* ruido *m*; (*loud, unpleasant*) estruendo *m*

noisy ['nɔɪzi] <-ier, -iest> *adj* ruidoso; (*very loud, unpleasant*) estrepitoso

nominal ['nɒmɪnl, *Am:* 'nɑːmə-]
adj nominal

nominate ['nɒmɪneɪt, *Am:* 'nɑː-
mə-] *vt* **1.**(*propose*) proponer
2.(*appoint*) nombrar

nomination [ˌnɒmɪ'neɪʃən, *Am:*
ˌnɑːmə-] *n* **1.**(*proposal*) propuesta
f **2.**(*appointment*) nombramiento
m

nominee [ˌnɒmɪ'niː, *Am:* ˌnɑːmə-]
n candidato, -a *m, f*; (*for an award*)
nominado, -a *m, f*

non-alcoholic [ˌnɒnælkə'hɒlɪk,
Am: ˌnɑːnælkə'hɑːlɪk] *adj* sin alcohol

non-committal [ˌnɒnkə'mɪtəl, *Am:*
ˌnɑːnkə'mɪt̮-] *adj* evasivo

nondescript ['nɒndɪskrɪpt, *Am:*
'nɑːndɪ-] *adj* sin nada de particular;
(*person*) anodino; (*colour*) indefinido

none [nʌn] **I.** *pron* **1.**(*nobody*)
nadie, ninguno; **~ of them** ninguno
de ellos **2.**(*not any*) ninguno, ninguna; **~ of my letters arrived** ninguna
de mis cartas llegó **3.**(*not any*) nada;
~ of that! ¡déjate de eso! **II.** *adv* **~
the less** sin embargo; **to be ~ the
wiser** seguir sin entender nada

⚠ **None** se puede utilizar tanto en
singular como en plural: "None of
my friends smoke(s)."

---

nonentity [nɒ'nentəti, *Am:* nɑː-
'nentəti] <-ies> *n* **1.**(*person*) cero
m a la izquierda **2.** *no pl* (*insignificance*) insignificancia *f*

non-event [ˌnɒnɪ'vent, *Am:* ˌnɑːnɪ-

'vent] *n inf* fiasco *m*

non-existent [ˌnɒnɪg'zɪstənt, *Am:*
ˌnɑːnɪg'zɪs-] *adj* inexistente

non-fiction [ˌnɒn'fɪkʃən, *Am:*
ˌnɑːn-] *n no pl* no ficción *f*

no-no ['nəʊnəʊ, *Am:* 'noʊnoʊ] *n*
it's a ~ *inf* de eso ni hablar

nonplus [ˌnɒn'plʌs, *Am:* ˌnɑːn-]
<-ss-> *vt* **to be ~sed** quedarse sor-
prendido

nonsense ['nɒnsənts, *Am:* 'nɑː-
nsents] **I.** *n no pl* tonterías *fpl*; **to
talk ~** *inf* decir tonterías **II.** *interj*
tonterías

nonsensical [ˌnɒn'sentsɪkl, *Am:*
ˌnɑːn-] *adj* absurdo

non-smoker [ˌnɒn'sməʊkəʳ, *Am:*
ˌnɑːn'smoʊkɚ] *n* persona *f* que no
fuma

non-smoking *adj* no fumador

non-starter [ˌnɒn'stɑːtəʳ, *Am:*
ˌnɑːn'stɑːrt̮ɚ] *n inf* **that proposal
is a ~** esa propuesta es imposible

non-stick [ˌnɒn'stɪk, *Am:* ˌnɑːn-]
adj antiadherente

non-stop [ˌnɒn'stɒp, *Am:* ˌnɑːn-
'stɑːp] **I.** *adj* sin parar; (*flight*) directo **II.** *adv* sin pausa

noodle ['nuːdl] *n* fideo *m*

nook [nʊk] *n liter* rincón *m*; **~s and
crannies** todos los rincones

noon [nuːn] *n no pl* mediodía *m*

no one ['nəʊwʌn, *Am:* 'noʊ-] *pron
indef, sing* nadie

noose [nuːs] *n* soga *f*

nor [nɔːʳ, *Am:* nɔːr] *conj* **1.**(*and
also not*) tampoco **2.**(*not either*) ni

norm [nɔːm, *Am:* nɔːrm] *n* norma *f*

normal ['nɔːml, *Am:* 'nɔːr-] *adj*
1.(*not out of the ordinary*) normal
2.(*usual*) corriente; **as (is) ~** como
es normal

normalcy ['nɔːməlsi, *Am:* 'nɔːr-]
Am, **normality** [nɔː'mæləti, *Am:*
nɔːr'mæləti] *n Brit no pl* normalidad *f*

normally ['nɔːməli, *Am:* 'nɔːr-] *adv*
normalmente

Normandy ['nɔːməndi, *Am:* 'nɔːr-]
n Normandía *f*

north [nɔːθ, *Am:* nɔːrθ] **I.** *n* norte
m; **in the ~ of Spain** en el norte de

España **II.** *adj* del norte, septentrional **III.** *adv* al norte

North Africa *n* África *f* del Norte **North African** *adj* norteafricano

North America *n* América *f* del Norte **North American** *adj* norteamericano

North Carolina *n* Carolina *f* del Norte **North Dakota** *n* Dakota *f* del Norte

northeast [ˌnɔːˈθiːst, *Am:* ˌnɔːrˈθ-] **I.** *n* nor(d)este *m* **II.** *adj* del nor(d)este **III.** *adv* al nor(d)este

northeasterly *adj* del nor(d)este; **in a ~ direction** hacia el nor(d)este

northeastern [ˌnɔːˈθiːstən, *Am:* ˌnɔːrˈθiːstɚn] *adj* del nor(d)este, nororiental

northeastward(s) *adj* hacia el nor(d)este

northerly [ˈnɔːðəli, *Am:* ˈnɔːrðɚli] **I.** *adj* del norte; **in a ~ direction** en dirección norte **II.** *adv* (*towards*) hacia el norte; (*from*) del norte

northern [ˈnɔːðən, *Am:* ˈnɔːrðɚn] *adj* del norte; **the ~ part of the country** la parte norte del país

Northern Marianas *n* Marianas *fpl* del Norte **Northern Territory** *n* territorio *m* norte

North Pole [ˈnɔːθpəʊl, *Am:* ˈnɔːrθpoʊl] *n* **the ~** el polo norte **North Sea** *n* Mar *m* del Norte **North-South divide** *n* ECON división *f* Norte-Sur **North Star** *n* Estrella *f* Polar

northward(s) [ˈnɔːθwəd(z), *Am:* ˈnɔːrθwɚd(z)] *adv* hacia el norte

northwest [ˌnɔːˈθˈwest, *Am:* ˌnɔːrˈθ-] **I.** *n* noroeste *m* **II.** *adj* del noroeste **III.** *adv* al noroeste

northwesterly [ˌnɔːˈθˈwestəli, *Am:* ˌnɔːrˈθˈwestɚli] *adj* del noroeste; **in a ~ direction** hacia el noroeste

Northwest Territories *n pl* territorios *mpl* del noroeste

northwestward(s) *adj* hacia el noroeste

Norway [ˈnɔːweɪ, *Am:* ˈnɔːr-] *n* Noruega *f*

Norwegian [nɔːˈwiːdʒən, *Am:* nɔːrˈ-] *adj* noruego

nose [nəʊz, *Am:* noʊz] **I.** *n* **1.** (*smelling organ*) nariz *f*; **to blow one's ~** sonarse la nariz **2.** AVIAT morro *m* **II.** *vt* **to ~ one's way in/ out/up** entrar/salir/pasar lentamente

◆**nose about, nose around** *vi inf* fisgonear

nosebleed *n* hemorragia *f* nasal **nosedive** *n* descenso *m* en picado **nosey** [ˈnəʊzi, *Am:* ˈnoʊ-] <-ier, -iest> *adj* fisgón

nostalgia [nɒˈstældʒə, *Am:* nɑːˈ-] *n no pl* nostalgia *f*

nostril [ˈnɒstrəl, *Am:* ˈnɑːstrəl] *n* ventana *f* de la nariz

nosy [ˈnəʊzi, *Am:* ˈnoʊ-] <-ier, -iest> *adj s.* **nosey**

not [nɒt, *Am:* nɑːt] *adv* no; **why ~?** ¿por qué no?; **~ at all** (*nothing*) en absoluto; (*no need to thank*) de nada; **~ only ... but also ...** no sólo... sino también; **~ just** [*o* **simply**] no sólo; **~ much** no demasiado

notable [ˈnəʊtəbl, *Am:* ˈnoʊt̬ə-] *adj* notable

notably [ˈnəʊtəbli, *Am:* ˈnoʊt̬ə-] *adv* notablemente

notary [ˈnəʊtəri, *Am:* ˈnoʊt̬ɚ-] <-ies> *n* **~** (**public**) notario, -a *m, f*

notation [nəʊˈteɪʃən, *Am:* noʊ-] *n* MAT, MUS notación *f*

notch [nɒtʃ, *Am:* nɑːtʃ] <-es> *n* muesca *f*

note [nəʊt, *Am:* noʊt] **I.** *n* **1.** (*annotation*) nota *f*; **to take ~** tomar nota **2.** LIT apunte *m* **3.** MUS nota *f*; (*sound*) tono *m* **4.** *Brit, Aus* (*piece of paper money*) billete *m* **5.** (*importance*) **of ~** form notable **II.** *vt* form anotar; (*mention*) observar

notebook [ˈnəʊtbʊk, *Am:* ˈnoʊt-] *n* cuaderno *m*

noted [ˈnəʊtɪd, *Am:* ˈnoʊt̬ɪd] *adj* célebre; **to be ~ for sth** ser conocido por algo

notepad [ˈnəʊtpæd, *Am:* ˈnoʊt-] *n* bloc *m*

notepaper [ˈnəʊtˌpeɪpəʳ, *Am:* ˈnoʊtˌpeɪpɚ] *n no pl* papel *m* de carta

N

noteworthy [ˈnəʊtˌwɜːði, *Am:* ˈnoʊtˌwɜːr-] *adj form* de interés

nothing [ˈnʌθɪŋ] I. *pron indef, sing* **1.** (*no objects*) nada; **we saw ~ (else/more)** no vimos nada (más); **~ new** nada nuevo **2.** (*not anything*) **there is ~ to laugh at** no tiene nada de gracioso **3.** (*only*) **~ but** tan sólo II. *n* **1.** nada *f* **2.** MAT, SPORT cero *m*

notice [ˈnəʊtɪs, *Am:* ˈnoʊtɪs] I. *vt* ver; (*perceive*) fijarse en; **to ~ (that)** … darse cuenta de (que)… II. *vi* percatarse III. *n* **1.** *no pl* (*attention*) interés *m;* **to take ~ of sb/sth** prestar atención a alguien/algo; **to come to sb's ~ (that …**) llegar al conocimiento de alguien (que…); **to escape one's ~** no percatarse de algo **2.** (*in a newspaper, magazine*) anuncio *m* **3.** *no pl* (*warning*) aviso *m;* **at short ~** a corto plazo; **until further ~** hasta nueva aviso

noticeable [ˈnəʊtɪsəbl, *Am:* ˈnoʊtɪ-] *adj* evidente; (*difference*) notable

notice board *n Aus, Brit* tablón *m* de anuncios

notification [ˌnəʊtɪfɪˈkeɪʃən, *Am:* ˌnoʊtə-] *n* notificación *f*

notify [ˈnəʊtɪfaɪ, *Am:* ˈnoʊtə-] <-ie-> *vt* informar; **to ~ sb of sth** notificar algo a alguien

notion [ˈnəʊʃən, *Am:* ˈnoʊ-] *n* noción *f*

notoriety [ˌnəʊtəˈraɪəti, *Am:* ˌnoʊtəˈraɪəti] *n no pl* mala fama *f*

notorious [nəʊˈtɔːriəs, *Am:* noʊˈtɔːri-] *adj* de mala reputación; (*thief*) bien conocido

notwithstanding [ˌnɒtwɪθˈstændɪŋ, *Am:* ˌnɑːt-] *adv form* no obstante

nougat [ˈnuːgaː, *Am:* ˈnuːgət] *n no pl* ≈ turrón *m*

nought [nɔːt, *Am:* nɑːt] *n* **1.** *Brit* nada *f* **2.** MAT cero *m*

noun [naʊn] *n* nombre *m;* LING sustantivo *m*

nourish [ˈnʌrɪʃ, *Am:* ˈnɜːr-] *vt* **1.** (*provide with food*) alimentar **2.** *fig, form* (*cherish*) fomentar

nourishing [ˈnʌrɪʃɪŋ, *Am:* ˈnɜːr-] *adj*

nutritivo; (*rich*) rico

nourishment *n no pl* alimento *m*

Nova Scotia [ˌnəʊvəˈskəʊʃə, *Am:* ˌnoʊvəˈskoʊ-] *n* Nueva Escocia *f*

novel¹ [ˈnɒvl, *Am:* ˈnɑːvl] *n* novela *f*

novel² [ˈnɒvl, *Am:* ˈnɑːvl] *adj* nuevo

novelist [ˈnɒvəlɪst, *Am:* ˌnɑːvə-] *n* novelista *mf*

novelty [ˈnɒvəlti, *Am:* ˈnɑːvlti] <-ies> *n no pl* novedad *f*

November [nəʊˈvembə^r, *Am:* noʊˈvembə^r] *n* noviembre *m; s. a.* **April**

novice [ˈnɒvɪs, *Am:* ˈnɑːvɪs] *n* novato, -a *m, f;* REL novicio, -a *m, f*

now [naʊ] I. *adv* **1.** (*at the present time*) ahora; **just ~** ahora mismo **2.** (*currently*) actualmente **3.** (*then*) entonces; (**every**) **~ and then** de vez en cuando II. *n* (*present*) presente *m;* **by ~** ahora ya; **for ~** por ahora III. *conj* **~ (that)** … ahora que…

nowadays [ˈnaʊədeɪz] *adv* hoy en día

nowhere [ˈnəʊweə^r, *Am:* ˈnoʊwer] *adv* en ninguna parte; **to appear from ~** aparecer de la nada

nozzle [ˈnɒzl, *Am:* ˈnɑːzl] *n* tobera *f;* (*of a petrol pump*) inyector *m;* (*of a gun*) boquilla *f*

nth *adj* **for the ~ time** *inf* por enésima vez

nuclear [ˈnjuːkliə^r, *Am:* ˈnuːkliə^r] *adj* nuclear

nucleus [ˈnjuːkliəs, *Am:* ˈnuː-] <-ei o -es> *n* núcleo *m*

nude [njuːd, *Am:* nuːd] I. *adj* desnudo II. *n* **1.** ART, PHOT desnudo *m* **2.** (*naked*) **in the ~** desnudo

nudge [nʌdʒ] *vt* dar un codazo a

nudist [ˈnjuːdɪst, *Am:* ˈnuː-] *n* nudista *mf*

nudity [ˈnjuːdəti, *Am:* ˈnuːdəti] *n no pl* desnudez *f*

nuisance [ˈnjuːsns, *Am:* ˈnuː-] *n* molestia *f,* camote *m AmL;* **to make a ~ of oneself** *inf* dar la lata

null [nʌl] *adj* nulo; **~ and void** sin efecto

numb [nʌm] I. *adj* entumecido; **to go ~** entumecerse II. *vt* entumecer; (*desensitize*) insensibilizar

number ['nʌmbər, *Am:* -bər] I. *n*
1. MAT número *m;* (*symbol*) cifra *f;*
telephone ~ número de teléfono
2. (*amount*) cantidad *f;* **for a ~ of
reasons** por una serie de razones; **to
be 3 in** ~ ser 3 **3.** PUBL, MUS, THEAT
número *m* II. *vt* **1.** (*assign a number
to*) poner número a **2.** (*count*) contar **3.** (*amount to*) sumar

? El **Number 10 Downing Street**
es la residencia oficial del **prime
minister** (primer ministro). La
casa data del siglo XVII y fue construida por Sir George Downing,
político, especulador inmobiliario
y espía. El primer ministro vive en
el piso más alto y en el resto del
edificio se encuentran las oficinas
y las salas de reuniones del gabinete de gobierno. El **Chancellor
of the Exchequer** (ministro de
Hacienda) vive en la casa de al
lado, en el **Number 11**. En la
misma calle se encuentran además
otras dependencias del gobierno.

number plate *n Brit* matrícula *f*
numeral ['njuːmərəl, *Am:* 'nuː-] *n*
número *m*
numerate ['njuːmərət, *Am:* 'nuː-]
adj competente en matemáticas
numerical [njuːˈmerɪkl, *Am:* nuː-]
adj numérico
numerous ['njuːmərəs, *Am:* 'nuː-]
adj numeroso
numskull ['nʌmskʌl] *n* idiota *mf*
nun [nʌn] *n* monja *f*
nunnery ['nʌnəri] <-ies> *n* convento *m* de monjas
nurse [nɜːs, *Am:* nɜːrs] I. *n* **1.** MED
enfermero, -a *m, f* **2.** (*nanny*) niñera
f II. *vt* **1.** (*care for*) cuidar **2.** (*nurture*) nutrir **3.** (*breast-feed*) amamantar
nursery ['nɜːsəri, *Am:* 'nɜːr-] <-ies>
n **1.** (*school*) guardería *f* **2.** (*bedroom*) cuarto *m* de los niños **3.** BOT

vivero *m*
nursery rhyme *n* canción *f* infantil
nursery school *n* parvulario *m*
nursery slopes *npl Brit* SPORTS pistas *fpl* para principiantes
nursing *n no pl* enfermería *f*
nursing home *n* asilo *m* de ancianos
nurture ['nɜːtʃər, *Am:* 'nɜːrtʃər] *vt*
alimentar; (*a plant*) cuidar
nut [nʌt] *n* **1.** BOT nuez *f* **2.** TECH tuerca *f*
nutcracker ['nʌtˌkrækər, *Am:* -ər] *n*
cascanueces *m inv* **nutmeg** *n no pl*
nuez *f* moscada
nutrition [njuːˈtrɪʃən, *Am:* nuː-] *n
no pl* nutrición *f*
nutritionist [njuːˈtrɪʃənɪst, *Am:*
nuː-] *n* nutricionista *mf*
nutritious [njuːˈtrɪʃəs, *Am:* nuː-]
adj, **nutritive** ['njuːtrətɪv, *Am:*
'nuːtrətɪv] *adj* nutritivo
nuts [nʌts] *adj* **to be** ~ estar chiflado
nutshell ['nʌtʃel] *n no pl* cáscara *f*
de nuez; **in a** ~ en resumidas cuentas
nutty ['nʌti, *Am:* 'nʌt̬-] <-ier, -iest>
adj **1.** (*cake*) con nueces; (*ice
cream*) de nueces; (*taste*) a nueces
2. *inf* (*crazy*) loco, revirado *Arg,
Urug*
NW [ˌenˈdʌbljuː] *abbr of* **northwest**
NO *m*
NY [ˌenˈwaɪ] *abbr of* **New York**
Nueva York *f*

O₀

O, o [əʊ] *n* **1.** (*letter*) O, o *f;* ~ **for
Oliver** *Brit*, **O for Oboe** *Am* O de
Oviedo **2.** (*zero*) cero *m*
oak [əʊk, *Am:* oʊk] *n* roble *m*
oar [ɔːr, *Am:* ɔːr] *n* remo *m*
oath [əʊθ, *Am:* oʊθ] *n* juramento
m; **under** [*o* **upon**] ~ *Brit* bajo juramento
oats [əʊts, *Am:* oʊts] *npl* avena *f;* **to**

sow one's wild ~ andar de picos pardos *inf*

obedience [ə'biːdɪəns, *Am:* oʊ'-] *n no pl* obediencia *f*

obedient [ə'biːdɪənt, *Am:* oʊ'-] *adj* obediente; **to be** ~ **to sb/sth** obedecer a alguien/algo

obesity [əʊ'biːsəti, *Am:* oʊ'biːsəti] *n no pl* obesidad *f*

obey [ə'beɪ, *Am:* oʊ'-] *vt* obedecer

obituary [ə'bɪtʃʊəri, *Am:* oʊ'bɪtʃueri] <-ies> *n*, **obituary notice** *n* necrología *f*, obituario *m AmL*

object[1] ['ɒbdʒɪkt, *Am:* 'ɑːb-] *n* **1.** (*unspecified thing*) objeto *m* **2.** (*purpose, goal*) propósito *m*, objetivo *m*; **the** ~ **of the exercise is** ... el objeto del ejercicio es...

object[2] [əb'dʒekt] **I.** *vi* oponerse **II.** *vt* objetar; **to** ~ **that** ... objetar que...

objection [əb'dʒekʃən] *n* objeción *f*; **to raise** ~**s** poner reparos

objective [əb'dʒektɪv] *adj* objetivo

objectivity [ˌɒbdʒɪk'tɪvəti, *Am:* ˌɑːbdʒek'tɪvəti] *n no pl* objetividad *f*

obligation [ˌɒblɪ'geɪʃən, *Am:* ˌɑːblə'-] *n no pl* obligación *f*; **to be under an** ~ **to do sth** tener la obligación de hacer algo

oblige [ə'blaɪdʒ] **I.** *vt* **1.** (*force*) obligar **2.** (*perform service for*) hacer un favor a **II.** *vi* **to be happy to** ~ estar encantado de ayudar

obliterate [ə'blɪtəreɪt, *Am:* -'blɪt-] *vt* eliminar

oblivion [ə'blɪvɪən] *n no pl* olvido *m*; **to fall into** ~ caer en el olvido

oblivious [ə'blɪvɪəs] *adj* inconsciente; ~ **of sth** inconsciente de algo

oblong ['ɒblɒŋ, *Am:* 'ɑːblɑːŋ] **I.** *n* rectángulo *m*, oblongo *m* **II.** *adj* rectangular, oblongo

obnoxious [əb'nɒkʃəs, *Am:* -'nɑːk-] *adj* detestable

oboe ['əʊbəʊ, *Am:* 'oʊboʊ] *n* oboe *m*

obscene [əb'siːn] *adj* obsceno, bascoso *Col, Ecua*

obscenity [əb'senəti, *Am:* -ți]

<-ies> *n* obscenidad *f*, bascosidad *f Col, Ecua*

obscure [əb'skjʊəʳ, *Am:* -'skjʊr] **I.** *adj* oscuro **II.** *vt* **1.** (*make difficult to see*) oscurecer **2.** (*make difficult to understand*) complicar

obscurity [əb'skjʊərəti, *Am:* -'skjʊrəti] *n no pl* oscuridad *f*

observance [əb'zɜːvəns, *Am:* -'zɜːr-] *n* observancia *f*

observant [əb'zɜːvənt, *Am:* -'zɜːr-] *adj* observador

observation [ˌɒbzə'veɪʃən, *Am:* ˌɑːbzɚ'-] *n* observación

observatory [əb'zɜːvətri, *Am:* -'zɜːrvətɔːr-] *n* observatorio *m*

observe [əb'zɜːv, *Am:* -'zɜːrv] **I.** *vt* **1.** (*watch closely*) observar **2.** (*remark*) comentar **II.** *vi* **1.** (*watch*) observar **2.** (*remark*) **to** ~ (**up**)**on sth** hacer una observación sobre algo

observer [əb'zɜːvəʳ, *Am:* -'zɜːrvɚ] *n a.* MIL, POL observador(a) *m(f)*

obsess [əb'ses] *vt* obsesionar; **to be** ~**ed by sb/sth** obsesionarse por alguien/algo

obsession [əb'seʃn] *n a.* PSYCH obsesión *f*; **to have an** ~ **with sb/sth** estar obsesionado con alguien/algo

obsessive [əb'sesɪv] *adj* obsesivo

obsolete ['ɒbsəliːt, *Am:* ˌɑːb-] *adj* obsoleto

obstacle ['ɒbstəkl, *Am:* 'ɑːbstə-] *n* obstáculo *m*

obstinate ['ɒbstɪnət, *Am:* 'ɑːbstə-] *adj* obstinado; **to be** ~ **about sth** ser terco en algo

obstruct [əb'strʌkt] *vt* **1.** (*block*) obstruir **2.** (*hinder*) dificultar

obstruction [əb'strʌkʃn] *n* **1.** (*action*) *a.* MED, POL obstrucción *f* **2.** (*impediment*) obstáculo *m*

obtain [əb'teɪn] *vt* obtener

obvious ['ɒbvɪəs, *Am:* 'ɑːb-] *adj* obvio; **it is** ~ **to me that** ... me doy perfecta cuenta de que...; **the** ~ **thing to do** lo que hay que hacer

obviously *adv* obviamente, claramente; ~, ... como es lógico,...

occasion [ə'keɪʒən] *n* **1.** (*particular time*) ocasión *f*; **on** ~ de vez en cuando; **on one** ~ en una ocasión

2. (*event*) acontecimiento *m;* **to rise to the** ~ estar a la altura de las circunstancias

occasional [ə'keɪʒənəl] *adj* ocasional; **I have the** ~ **cigarette** fumo un cigarrillo de vez en cuando

occasionally *adv* ocasionalmente, de vez en cuando

occidental [ˌɒksɪ'dentəl, *Am:* ˌɑ:ksə'dentəl] *adj* occidental

occult [ɒ'kʌlt, *Am:* ə'-] **I.** *adj* oculto **II.** *n no pl* **the** ~ las ciencias ocultas

occupancy ['ɒkjəpəntsi, *Am:* 'ɑ:kjə-] *n no pl* ocupación *f*

occupant ['ɒkjəpənt, *Am:* 'ɑ:kjə-] *n form* (*of building, vehicle*) ocupante *mf;* (*tenant*) inquilino, -a *m, f*

occupation [ˌɒkjə'peɪʃən, *Am:* 'ɑ:kjə-] *n* **1.** *a.* MIL ocupación *f;* **to take up** ~ **of a house** tomar posesión de una vivienda **2.** (*profession*) profesión *f*

occupational [ˌɒkjʊ'peɪʃənəl, *Am:* ˌɑ:kjə-] *adj* profesional

occupier ['ɒkjʊpaɪəʳ, *Am:* 'ɑ:kjəpaɪɚ] *n* (*of territory, building*) ocupante *mf;* (*tenant*) inquilino, -a *m, f*

occupy ['ɒkjʊpaɪ, *Am:* 'ɑ:kju:-] <-ie-> *vt* **1.** (*room, position*) ocupar; **to** ~ **space** ocupar espacio; **the bathroom's occupied** el lavabo está ocupado **2.** (*engage*) **to** ~ **oneself** entretenerse; **the whole process occupied a week** todo el proceso llevó una semana **3.** (*dwell in*) **the house hasn't been occupied for a long time** nadie ha vivido en la casa durante mucho tiempo

occur [ə'kɜ:ʳ, *Am:* -'kɜ:r] <-rr-> *vi* **1.** (*happen*) ocurrir; **don't let it** ~ **again!** ¡que no vuelva a suceder! **2.** (*come into mind*) **to** ~ **to sb** ocurrirse a alguien; **it** ~**d to me that ...** se me ocurrió que...

occurrence [ə'kʌrəns, *Am:* -'kɜ:r-] *n* acontecimiento *m;* **an unexpected** ~ un suceso inesperado; **to be an everyday** ~ ser cosa de todos los días

ocean ['əʊʃən, *Am:* 'oʊ-] *n* océano

m

o'clock [ə'klɒk, *Am:* -'klɑ:k] *adv* **it's one** ~ es la una; **it's two/seven** ~ son las dos/las siete

October [ɒk'təʊbəʳ, *Am:* ɑ:k'toʊbɚ] *n* octubre *m; s. a.* **April**

octopus ['ɒktəpəs, *Am:* 'ɑ:k-] <-es *o* -pi> *n* pulpo *m*

odd [ɒd, *Am:* ɑ:d] *adj* **1.** (*strange*) extraño; **how** (**very**) ~**!** ¡qué raro!; **it is** ~ **that ...** es raro que +*subj* **2.** (*not even: number*) impar **3.** (*approximately*) **he is about 50** ~ tiene unos 50 y tantos años **4.** (*occasional*) ocasional; **she does the** ~ **teaching job** da alguna que otra clase

oddly *adv* **1.** (*in a strange manner*) de forma extraña **2.** (*curiously*) curiosamente; ~ **enough** por extraño que parezca

odds [ɒdz, *Am:* ɑ:dz] *npl* probabilidades *fpl;* **the** ~ **against/on sth** las probabilidades en contra/a favor de algo; **the** ~ **are against us** tenemos todo en contra; **against all** (**the**) ~ a pesar de las circunstancias adversas

ode [əʊd, *Am:* oʊd] *n* oda *f*

odor *n Am, Aus,* **odour** ['əʊdəʳ, *Am:* 'oʊdɚ] *n Brit* olor *m*

OECD [ˌəʊi:si:'di:, *Am:* ˌoʊ-] *n abbr of* **Organization for Economic Co-operation and Development** OCDE *f*

of [əv, *stressed:* ɒv] *prep* de; **a friend** ~ **mine/theirs** un amigo mío/de ellos; **free** ~ **charge** sin cargo; **to cure sb** ~ **a disease** curar a alguien de una enfermedad; **a city** ~ **wide avenues** una ciudad con amplias avenidas; **the 4th** ~ **May** el 4 de mayo; **to smell/to taste** ~ **cheese** oler/saber a queso; **because** ~ **sth/sb** a causa de algo/alguien; **two** ~ **the five** dos de los cinco

off [ɒf, *Am:* ɑ:f] **I.** *prep* **1.** (*away from*) **keep** ~ **the grass** prohibido pisar el césped **2.** (*down from*) **to fall/jump** ~ **a ladder** caer/saltar de una escalera; **to get** ~ **the train** bajarse del tren **3.** (*from*) **to eat** ~ **a plate** comer de un plato; **to take**

O o

$10 ~ **the price** rebajar $10 del precio II. *adv* **1.** (*not on*) **to switch/ turn sth** ~ apagar algo **2.** (*away*) **it's time I was** ~ ya debería haber salido **3.** (*removed*) **the lid is** ~ la tapa no está puesta **4.** (*free from work*) **to get a day** ~ tener un día libre **5.** (*bad: food*) **to go** ~ pasarse III. *adj* **1.** (*not on: light*) apagado; (*tap*) cerrado **2.** (*bad: milk*) cortado **3.** (*free from work*) **to be** ~ **at 5 o'clock** salir del trabajo a las 5

offence [ə'fens] *n* **1.** (*crime*) delito *m;* **minor** ~ infracción *f* **2.** (*affront*) atentado *m*

offend [ə'fend] *vi, vt* ofender; **to be ~ed at sth** ofenderse por algo

offender [ə'fendə^r, *Am:* -ə·] *n* infractor(a) *m(f)*

offense [ə'fens] *n Am s.* **offence**

offensive [ə'fensɪv] I. *adj* ofensivo II. *n* MIL ofensiva *f;* **to go on the** ~ pasar a la ofensiva

offer ['ɒfə^r, *Am:* 'ɑ:fə·] I. *vt* ofrecer; **can I** ~ **you a drink?** ¿quiere tomar algo?; **to** ~ **oneself for a post** presentarse para un puesto II. *vi* (*present itself: opportunity*) presentarse III. *n* (*proposal*) propuesta *f;* (*of job*) oferta *f;* **an** ~ **of marriage** una proposición de matrimonio

offering ['ɒfərɪŋ, *Am:* 'ɑ:fə·-] *n* **1.** (*thing given*) ofrecimiento *m;* **as an** ~ **of thanks** en señal de agradecimiento **2.** REL ofrenda *f*

office ['ɒfɪs, *Am:* 'ɑ:fɪs] *n* **1.** (*of company*) oficina *f;* (*room in house*) despacho *m,* archivo *m Col;* **lawyer's** ~ bufete *m* (de abogado) **2.** *Brit* POL **the Home Office** el Ministerio del Interior británico **3.** (*position*) cargo *m*

officer ['ɒfɪsə^r, *Am:* 'ɑ:fɪsə·] *n* **1.** MIL oficial *mf;* **naval** ~ oficial de marina **2.** (*policeman*) policía *mf;* **police** ~ agente *mf* de policía

official [ə'fɪʃl] I. *n* funcionario, -a *m, f* II. *adj* oficial

officially [ə'fɪʃəli] *adv* oficialmente

off-line [ˌɒf'laɪn, *Am:* ˌɑ:f-] *adj* INFOR desconectado, fuera de línea

off-season ['ɒfˌsi:zən, *Am:* 'ɑ:f-] *n* temporada *f* baja

offset ['ɒfset, *Am:* 'ɑ:f-] <offset, offset> *vt* compensar

offshore [ˌɒf'ʃɔ:^r, *Am:* ˌɑ:f'ʃɔ:r] I. *adj* **1.** (*from the shore: breeze, wind*) terral **2.** (*at sea*) a poca distancia de la costa; ~ **fishing** pesca de bajura; ~ **oilfield** yacimiento *m* petrolífero marítimo II. *adv* mar adentro; **to anchor** ~ anclar a cierta distancia de la costa

offside [ˌɒf'saɪd, *Am:* ˌɑ:f-] *adj* SPORTS fuera de juego

offspring ['ɒfsprɪŋ, *Am:* 'ɑ:f-] *n inv* **1.** (*animal young*) cría *f* **2.** *pl* (*children*) prole *f*

often ['ɒfən, *Am:* 'ɑ:fən] *adv* a menudo; **we ~ go there** solemos ir allí; **how ~?** ¿cuántas veces?

oh [əʊ, *Am:* oʊ] *interj* oh; ~ **dear!** ¡Dios mío!; ~ **no!** ¡ay, no!

oil [ɔɪl] I. *n* **1.** (*lubricant*) aceite *m;* **sunflower** ~ aceite de girasol **2.** *no pl* (*petroleum*) petróleo *m;* **to strike** ~ encontrar petróleo; *fig* encontrar una mina de oro **3.** (*grease*) grasa *f* **4.** *pl* (*oil-based paint*) óleo *m;* **to paint in ~s** pintar al óleo II. *vt* engrasar

oil company *n* empresa *f* petroquímica **oil painting** *n* óleo *m*

oily ['ɔɪli] <-ier, -iest> *adj* **1.** (*oil-like*) oleoso **2.** (*greasy: hands*) grasiento; (*food*) aceitoso; (*skin, hair*) graso **3.** (*manner*) empalagoso

ointment ['ɔɪntmənt] *n* MED pomada *f*

OK, okay [ˌəʊ'keɪ, *Am:* ˌoʊ-] *inf* I. *adj* **1.** (*acceptable*) **is it** ~ **with you if …?** ¿te importa si…? **2.** (*not bad*) **to be** ~ no estar mal; **her voice is** ~, **but it's nothing special** no tiene mala voz, pero tampoco es nada del otro mundo II. *interj* vale *inf,* okey *AmL, inf,* órale *Méx* III. *adv* bastante bien

old [əʊld, *Am:* oʊld] *adj* **1.** (*not young*) viejo; ~ **people** la gente mayor; **to grow ~er** envejecer **2.** (*not new*) viejo; (*food*) pasado; (*wine*) añejo; (*furniture, house*) antiguo **3.** (*age*) **how ~ are you?**

¿cuántos años tienes?; **he's five years** ~ tiene cinco años; **she's three years ~er than me** me lleva tres años **4.** (*former: job*) antiguo; ~ **boyfriend** ex-novio *m*

old age *n* vejez *f*; **to reach ~** llegar a viejo

old-fashioned [ˌəʊldˈfæʃənd, *Am:* ˌoʊld-] *adj* **1.** (*not modern: clothes*) pasado de moda; (*views*) anticuado; **to be ~** estar chapado a la antigua **2.** (*traditional*) tradicional; **it has an ~ charm** tiene el encanto de lo antiguo

olive oil *n* aceite *m* de oliva

Olympic [əˈlɪmpɪk, *Am:* oʊˈ-] *adj* olímpico; **the Olympic Games** SPORTS los Juegos Olímpicos

Oman [əʊˈmɑːn, *Am:* oʊˈ-] *n* Omán *m*

Omani [əʊˈmɑːni, *Am:* oʊˈ-] *adj* omaní

ombudsman [ˈɒmbʊdzmən, *Am:* ˈɑːmbədz-] <-men> *n* POL defensor(a) *m(f)* del pueblo

omelet(te) [ˈɒmlɪt, *Am:* ˈɑːmlət] *n* tortilla *f*

omen [ˈəʊmen, *Am:* ˈoʊ-] *n* augurio *m*

ominous [ˈɒmɪnəs, *Am:* ˈɑːmə-] *adj* ominoso

omission [əˈmɪʃn, *Am:* oʊˈ-] *n* omisión *f*

omit [əˈmɪt, *Am:* oʊˈ-] <-tt-> *vt* (*person, information*) omitir; (*paragraph, passage*) suprimir

omnibus [ˈɒmnɪbəs, *Am:* ˈɑːm-] <-es> *n* **1.** (*bus*) ómnibus *m* **2.** (*anthology*) antología *f*

omnipotence [ɒmˈnɪpətəns, *Am:* ɑːmˈnɪpətəns] *n no pl* omnipotencia *f*

omnipotent [ɒmˈnɪpətənt, *Am:* ɑːmˈnɪpətənt] *adj* omnipotente

on [ɒn, *Am:* ɑːn] **I.** *prep* **1.** (*place*) sobre, en; ~ **the table** sobre la mesa; ~ **the wall** en la pared **2.** (*by means of*) **to go ~ the train** ir en tren; **to go ~ foot** ir a pie **3.** (*spatial*) ~ **the right/left** a la derecha/izquierda **4.** (*temporal*) ~ **Sunday** el domingo; ~ **Sundays** los domingos; ~ **the**

evening of May the 4th el cuatro de mayo por la tarde **5.** (*at time of*) **to leave ~ time** salir a tiempo; ~ **her arrival** a su llegada **6.** (*about*) sobre; **to be there ~ business** estar ahí por negocios **7.** (*through medium of*) ~ **TV/video/CD** en TV/vídeo/CD; **to speak ~ the radio/the phone** hablar en la radio/por teléfono **8.** (*in state of*) ~ **sale** en venta; **to go ~ holiday/a trip** ir de vacaciones/de viaje **II.** *adv* **1.** (*covering one's body*) **to put a hat ~** ponerse un sombrero **2.** (*connected to sth*) **make sure the top's ~ properly** asegúrate de que esté bien tapado **3.** (*aboard*) **to get ~ a train** subir a un tren **4.** (*not stopping*) **to keep ~ doing sth** seguir haciendo algo **5.** (*in forward direction*) hacia adelante; **to move ~** avanzar; **later ~** más tarde **6.** (*in operation*) **to turn ~** encender **III.** *adj* **1.** (*functioning*) encendido **2.** (*scheduled*) **what's ~ at the cinema this week?** ¿qué dan en el cine esta semana?

once [wʌnts] **I.** *adv* **1.** (*one time*) una vez; ~ **a week** una vez por semana; **at ~** (*simultaneously*) al mismo tiempo; (*immediately*) en seguida **2.** (*at one time past*) hace tiempo; ~ **upon a time there was …** *liter* érase una vez… **II.** *conj* una vez que +*subj*; **but ~ I'd arrived, …** pero una vez que llegué…

one [wʌn] **I.** *n* (*number*) uno *m* **II.** *adj* **1.** *numeral* un, uno; ~ **hundred** cien; **it's ~ o'clock** es la una; *s. a.* **eight 2.** *indef* un, uno; **we'll meet ~ day** nos veremos un día de estos; ~ **winter night** una noche de invierno **3.** (*single*) mismo, único; **all files on the ~ disk** todos los archivos en un único disco **III.** *pron pers* **1.** *impers, no pl* **what ~ can do** lo que uno puede hacer; **to wash ~'s face** lavarse la cara **2.** (*person*) **no ~** nadie; **every ~** cada uno **3.** (*particular thing or person*) **any ~** cualquiera; **this ~** éste; **which ~?** ¿cuál (de ellos)?; **the ~ on the table** el que está en la mesa

one-off [ˌwʌnˈɒf, Am: ˈwʌnɑːf] I. n
Aus, Brit **to be a ~** ser un fuera de
serie II. adj excepcional; **~ payment**
pago m extraordinario

oneself [wʌnˈself] pron refl 1. se;
emphatic sí (mismo/misma); **to deceive ~** engañarse a sí mismo; **to express ~** expresarse 2. (same person)
uno mismo

ongoing [ˈɒŋɡəʊɪŋ, Am: ˈɑːŋɡoʊ-]
adj en curso; **~ state of affairs** situación que sigue en curso

onion [ˈʌnɪən] n cebolla f

on-line adj INFOR en línea; **~ data service** servicio m de datos en línea; **~
information service** servicio m de
información en línea; **~ shop** comercio m en línea

onlooker [ˈɒnlʊkəʳ, Am: ˈɑːnlʊkəʳ]
n espectador(a) m(f)

only [ˈəʊnli, Am: ˈoʊn-] I. adj único;
the ~ glass he had el único vaso
que tenía II. adv sólo, nomás AmL;
not ~ ... but no solamente...sino; **I
can ~ say ...** sólo puedo decir...; **he
has ~ two** sólo tiene dos

onset [ˈɒnset, Am: ˈɑːn-] n no pl comienzo m

onslaught [ˈɒnslɔːt, Am: ˈɑːnslɑːt]
n ataque m violento; fig crítica f violenta

onto [ˈɒntuː, Am: ˈɑːntuː] prep, **on
to** prep 1. (in direction of) sobre; **to
put sth ~ the chair** poner algo
sobre la silla 2. (connected to) a; **to
hold ~ sb's arm** aferrarse al brazo
de alguien

onward [ˈɒnwəd, Am: ˈɑːnwəʳd]
adj, adv hacia adelante; **from today
~** de hoy en adelante

ooze [uːz] I. vi 1. (seep out) exudar;
to ~ from sth rezumar(se) de algo;
to ~ with sth rezumar algo; **to ~
away** acabarse 2. fig (be full of) rebosar de; **to ~ with confidence**
irradiar seguridad II. vt rezumar; **to
~ pus** supurar

opal [ˈəʊpl, Am: ˈoʊ-] n ópalo m

opaque [əʊˈpeɪk, Am: oʊ-] adj
opaco

OPEC [ˈəʊpek, Am: ˈoʊ-] n abbr of
Organization of Petroleum Ex-

porting Countries OPEP f

open [ˈəʊpən, Am: ˈoʊ-] I. adj
1. (not closed) abierto; **wide ~** completamente abierto 2. (undecided)
sin concretar; **to keep one's op-
tions ~** dejar abiertas todas las alter-
nativas 3. (not secret, public) público; **an ~ secret** una cosa sabida
4. abierto; **to have an ~ mind** tener
una actitud abierta II. n 1. no pl (outdoors, outside) (out) **in the ~** al aire
libre 2. (not secret) **to get sth (out)
in the ~** sacar algo a la luz III. vi
1. (door, window, box) abrirse
2. (shop) abrir IV. vt 1. (door, box,
shop) abrir; **to ~ the door to sth** fig
abrir la puerta a algo; **to ~ sb's eyes**
fig abrir los ojos a alguien 2. (reveal
feelings) **to ~ one's heart to sb**
abrir el corazón a alguien

◆**open up** I. vi 1. (shop) abrir
2. (shoot) abrir fuego II. vt abrir

open-air [ˌəʊpənˈeəʳ, Am: ˌoʊpən-
ˈeʳ] adj al aire libre; **~ swimming
pool** piscina f descubierta

opener [ˈəʊpənəʳ, Am: ˈoʊpənəʳ] n
abridor m, destapador m AmL;
bottle ~ abrebotellas m inv; **can ~**
abrelatas m inv

opening [ˈəʊpnɪŋ, Am: ˈoʊp-] n
1. (gap, hole) abertura f 2. (beginning) apertura f 3. (ceremony) inauguración f

openly [ˈəʊpənli, Am: ˈoʊ-] adv
1. (frankly) honestamente 2. (publicly) abiertamente

openness [ˈəʊpənnəs, Am: ˈoʊ-] n
no pl franqueza f

opera [ˈɒprə, Am: ˈɑːpr-] n ópera f

operate [ˈɒpəreɪt, Am: ˈɑːpəʳ-] I. vi
1. (work, run) funcionar 2. (have or
produce an effect) actuar 3. (perform surgery) operar; **to ~ on sb**
operar a alguien II. vt 1. (work)
manejar 2. (run, manage) llevar

operating [ˈɒpəreɪtɪŋ, Am: ˈɑːpə-
reɪt̬-] adj 1. ECON (profit, costs) de
explotación 2. TECH (speed) de funcionamiento 3. MED de operaciones;
~ room, ~ theatre [o **theater** Am]
quirófano m

operation [ˌɒpəˈreɪʃn, Am: ˌɑːpə-]

n **1.** *no pl* (*way of working*) funcionamiento *m* **2.** *a.* MED, MIL, MAT, COM operación *f*

operational [ˌɒpəˈreɪʃənl, *Am:* ˌɑːpə-] *adj* **1.** (*relating to operations*) operativo; ~ **commander** MIL jefe *mf* de operaciones **2.** (*working*) **to be** ~ estar en funcionamiento

operator [ˈɒpəreɪtəʳ, *Am:* ˈɑːpəreɪt̬ɚ] *n* (*person*) operador(a) *m(f)*; **machine** ~ maquinista *mf*; **he's a smooth** ~ *inf* sabe conseguir lo que quiere

opinion [əˈpɪnjən] *n* opinión *f*

opinion poll *n* encuesta *f* de opinión

opium [ˈəʊpiəm, *Am:* ˈoʊ-] *n no pl* opio *m*

opponent [əˈpəʊnənt, *Am:* -ˈpoʊ-] *n* **1.** POL opositor(a) *m(f)* **2.** SPORTS contrincante *mf*, rival *mf*

opportunism [ˌɒpəˈtjuːnɪzəm, *Am:* ˌɑːpɚˈtuː-] *n no pl* oportunismo *m*

opportunity [ˌɒpəˈtjuːnəti, *Am:* ˌɑːpɚˈtuːnət̬i] <-ies> *n* oportunidad *f*; **at the earliest** ~ lo antes posible

oppose [əˈpəʊz, *Am:* -ˈpoʊz] *vt* oponerse a, estar en contra de

opposed *adj* opuesto; **to be** ~ **to sth** oponerse a algo, estar en contra de algo

opposing *adj* contrario

opposite [ˈɒpəzɪt, *Am:* ˈɑːpə-] I. *n* contrario *m*; **quite the** ~! ¡todo lo contrario! II. *adj* **1.** (*absolutely different*) contrario; **the** ~ **sex** el sexo opuesto **2.** (*facing*) de enfrente; ~ **to/from sth** enfrente a/de algo III. *adv* (*facing*) enfrente; **he lives** ~ vive enfrente IV. *prep* enfrente de, frente a

opposition [ˌɒpəˈzɪʃn, *Am:* ˌɑːpə-] *n no pl* **1.** *a.* POL oposición *f* **2.** (*opponent*) adversario, -a *m, f*

oppress [əˈpres] *vt* oprimir

oppression [əˈpreʃn] *n no pl* opresión *f*

oppressive [əˈpresɪv] *adj* opresivo

opt [ɒpt, *Am:* ɑːpt] *vi* optar; **to** ~ **to do sth** optar por hacer algo; **to** ~ **for**

sth optar por algo

optic [ˈɒptɪk, *Am:* ˈɑːp-] I. *n inf* ojo *m* II. *adj* óptico

optical [ˈɒptɪkl, *Am:* ˈɑːp-] *adj* óptico

optician [ɒpˈtɪʃn, *Am:* ɑːp-] *n* óptico, -a *m, f*

optics [ˈɒptɪks, *Am:* ˈɑːp-] *npl* óptica *f*

optimal [ˈɒptɪml, *Am:* ˈɑːp-] *adj* óptimo

optimism [ˈɒptɪmɪzəm, *Am:* ˈɑːptə-] *n no pl* optimismo *m*

optimist [ˈɒptɪmɪst, *Am:* ˈɑːptə-] *n* optimista *mf*

optimistic [ˌɒptɪˈmɪstɪk, *Am:* ˌɑːptə-] *adj* optimista

optimize [ˈɒptɪmaɪz, *Am:* ˈɑːptə-] *vt* optimizar

optimum [ˈɒptɪməm, *Am:* ˈɑːptə-] *adj* óptimo

option [ˈɒpʃn, *Am:* ˈɑːp-] *n* opción *f*; **to have no** ~ **but to do sth** no tener más remedio que hacer algo

optional [ˈɒpʃənl, *Am:* ˈɑːp-] *adj* opcional; (*subject*) optativo

opulent [ˈɒpjʊlənt, *Am:* ˈɑːpjə-] *adj* opulento

or [ɔːʳ, *Am:* ɔːr] *conj* o; (*before o, ho*) u; (*between numbers*) ó; **seven** ~ **eight** siete u ocho; **either ...** ~ **...** o... o...

oracle [ˈɒrəkl, *Am:* ˈɔːr-] *n* oráculo *m*

oral [ˈɔːrəl] *adj* oral

orange [ˈɒrɪndʒ, *Am:* ˈɔːrɪndʒ] *n* naranja *f*; ~ **drink** naranjada *f*

orange juice *n* zumo *m* de naranja

orator [ˈɒrətəʳ, *Am:* ˈɔːrət̬ɚ] *n* orador(a) *m(f)*

orbit [ˈɔːbɪt, *Am:* ˈɔːr-] I. *n* órbita *f* II. *vi* orbitar III. *vt* orbitar alrededor de

orbital [ˈɔːbɪtl, *Am:* ˈɔːrbɪt̬l] *adj* orbital

orchard [ˈɔːtʃəd, *Am:* ˈɔːrtʃɚd] *n* huerto *m*; **cherry** ~ cerezal *m*

orchestra [ˈɔːkɪstrə, *Am:* ˈɔːrkɪstrə] *n* orquesta *f*

orchestrate [ˈɔːkɪstreɪt, *Am:* ˈɔːr-] *vt* **1.** MUS orquestar **2.** *fig* (*arrange*) organizar

o

ordeal [ɔːˈdiːl, *Am:* ɔːrˈ-] *n* calvario *m*

order [ˈɔːdəʳ, *Am:* ˈɔːrdɚ] I. *n* 1. *no pl* (*sequence*) orden *m;* **to put sth in** ~ poner en orden algo; **to leave sth in** ~ dejar ordenado algo; **in alphabetical** ~ en orden alfabético 2. (*instruction*) *a.* LAW, REL orden *f;* **to give/receive an** ~ dar/recibir una orden; **by** ~ **of sb** por orden de alguien 3. (*satisfactory arrangement*) orden *m;* **to be out of** ~ no funcionar; **are your immigration papers in** ~? ¿tienes los papeles de inmigración en regla? 4. (*request*) pedido *m;* **made to** ~ hecho por encargo II. *vi* pedir; **are you ready to** ~? ¿ya han decidido qué van a tomar [*o* pedir]? III. *vt* 1. (*command*) **to** ~ **sb to do sth** ordenar a alguien que haga algo 2. (*request goods or service*) pedir 3. (*arrange*) ordenar, poner en orden

orderly [ˈɔːdəli, *Am:* ˈɔːrdɚli] <-ies> I. *n* celador(a) *m(f)* II. *adj* ordenado; (*well-behaved*) disciplinado

ordinary [ˈɔːdənəri, *Am:* ˈɔːrdəner-] *adj* normal, corriente

ordnance [ˈɔːdnənts, *Am:* ˈɔːrd-] *n* artillería *f*

ore [ɔːʳ, *Am:* ɔːr] *n* mena *f;* **iron/copper** ~ mineral *m* de hierro/cobre

organ [ˈɔːgən, *Am:* ˈɔːr-] *n* órgano *m*

organic [ɔːˈgænɪk, *Am:* ɔːrˈ-] *adj* 1. (*disease, substance, compound*) orgánico 2. (*produce, farming method*) biológico

organisation *n s.* **organization**

organism [ˈɔːgənɪzəm, *Am:* ˈɔːr-] *n* organismo *m*

organist [ˈɔːgənɪst, *Am:* ˈɔːr-] *n* organista *mf*

organization [ˌɔːgənaɪˈzeɪʃən, *Am:* ˌɔːrgənɪˈ-] *n* organización *f*

organizational [ˌɔːgənaɪˈzeɪʃənəl, *Am:* ˌɔːrgənɪˈ-] *adj* organizativo

organize [ˈɔːgənaɪz, *Am:* ˈɔːr-] *vi, vt* organizar(se)

organized *adj* organizado

orgasm [ˈɔːgæzəm, *Am:* ˈɔːr-] *n* orgasmo *m*

orgy [ˈɔːdʒi, *Am:* ˈɔːr-] <-ies> *n* orgía *f*

orient [ˈɔːriənt] *vt Am* **to** ~ **oneself** orientarse

oriental [ˌɔːriˈentəl] *adj* oriental

orientate [ˈɔːriənteɪt, *Am:* ˈɔːrien-] *vr* **to** ~ **oneself** orientarse

orientation [ˌɔːriənˈteɪʃən, *Am:* ˌɔːrienˈ-] *n* orientación *f*

origin [ˈɒrɪdʒɪn, *Am:* ˈɔːrədʒɪn] *n* origen *m*

original [əˈrɪdʒənəl, *Am:* əˈrɪdʒɪ-] *adj* original

originality [əˌrɪdʒənˈæləti, *Am:* əˌrɪdʒɪˈnæləţi] *n no pl* originalidad *f*

originate [əˈrɪdʒəneɪt, *Am:* əˈrɪdʒɪ-] *vi* originarse

ornament [ˈɔːnəmənt, *Am:* ˈɔːr-] *n* adorno *m*

ornamental [ˌɔːnəˈmentl, *Am:* ˌɔːrnəˈmenţl] *adj* ornamental, decorativo

ornamentation [ˌɔːnəmenˈteɪʃn, *Am:* ˌɔːr-] *n no pl, form* ornamentación *f,* decoración *f*

orphan [ˈɔːfn, *Am:* ˈɔːr-] *n* huérfano, -a *m, f,* guacho, -a *m, f Arg, Chi*

orphanage [ˈɔːfnɪdʒ, *Am:* ˈɔːr-] *n* orfanato *m,* orfelinato *m*

orthodox [ˈɔːθədɒks, *Am:* ˈɔːrθədɑːks] *adj* ortodoxo

orthodoxy [ˈɔːθədɒksi, *Am:* ˈɔːrθədɑːk-] <-ies> *n* ortodoxia *f*

oscillation [ˌɒsɪˈleɪʃn, *Am:* ˌɑːslˈeɪ-] *n a.* PHYS oscilación *f;* (*of prices*) fluctuación *f*

ostensible [ɒˈstensəbl, *Am:* ɑːˈsten-] *adj* aparente, pretendido

ostrich [ˈɒstrɪtʃ, *Am:* ˈɑːstrɪtʃ] *n* avestruz *f*

other [ˈʌðəʳ, *Am:* -ɚ] I. *adj* 1. (*different*) otro; **some** ~ **way of doing sth** alguna otra forma de hacer algo 2. (*remaining*) **the** ~ **one** el otro; **the** ~ **three** los otros tres; **any** ~ **questions?** ¿alguna otra pregunta? 3. (*being vague*) **some** ~ **time** en algún otro momento; **the** ~ **day** el otro día II. *pron* 1. (*people*) **the** ~**s** los otros 2. (*different ones*) **each** ~ uno a(l) otro, mutuamente; **there might be** ~**s** puede haber otros

3. *sing* (*either, or*) **to choose one or the** ~ escoger uno u otro; **not to have one without the** ~ no tener uno sin el otro **4.** (*being vague*) **someone or** ~ alguien

otherwise ['ʌðəwaɪz, *Am:* '-ə-] **I.** *adv* de otro modo; ~, ... por lo demás,... **II.** *conj* si no

otter ['ɒtəʳ, *Am:* 'ɑ:t̬ə] *n* nutria *f*

OU [,əʊ'juː, *Am:* ,oʊ-] *n Brit abbr of* **Open University** ≈ UNED *f*

ought [ɔːt, *Am:* ɑːt] *aux* **1.** (*have as duty*) deber; **you ~ to do it** deberías [*o* tendrías que] hacerlo **2.** (*be likely*) tener que; **he ~ to be here** tendría que [*o* debería] estar aquí; **they ~ to win** merecerían ganar **3.** (*probability*) **she ~ to have arrived by now** debe haber llegado ya

ounce [aʊns] *n* onza *f* (*28,4 g*)

our ['aʊəʳ, *Am:* 'aʊə] *adj poss* nuestro; ~ **house** nuestra casa; ~ **children** nuestros hijos

ours ['aʊəz, *Am:* 'aʊəz] *pron poss* (el) nuestro, (la) nuestra; **it's not their bag, it's** ~ no es su bolsa, es nuestra; **this house is** ~ esta casa es nuestra; **a book of** ~ un libro nuestro; ~ **is bigger** el nuestro es mayor

ourselves [aʊə'selvz, *Am:* aʊə-] *pron refl* **1.** nos; *emphatic* nosotros mismos, nosotras mismas; **we hurt** ~ nos lastimamos **2.** *after prep* nosotros (mismos), nosotras (mismas)

oust [aʊst] *vt* (*rival*) desbancar; (*president*) derrocar

out [aʊt] **I.** *adj* **1.** (*absent*) fuera **2.** (*released*) publicado **3.** (*finished*) **before the week is** ~ antes de que acabe la semana **4.** (*not functioning*) apagado **5.** (*not possible*) **it is** ~ eso es imposible **II.** *adv* **1.** (*not inside*) fuera, afuera; **to go** ~ salir fuera; **get** ~! ¡fuera! **2.** (*away*) **to be** ~ no estar; **to be** ~ **at sea** estar mar adentro; **the tide is going** ~ la marea está bajando **III.** *prep* **1.** (*towards outside*) ~ **of** fuera de; **to take sth** ~ **of a box** sacar algo de una caja; **to look/lean** ~ **of the window** mirar por/apoyarse en la ventana **2.** (*outside from*) ~ **of**

sight/of reach fuera de la vista/del alcance; **to drink** ~ **of a glass** beber de un vaso **3.** (*away from*) **to be** ~ **of town/the country** estar fuera de la ciudad/del país; ~ **of the way!** ¡fuera del camino! **4.** (*without*) **to be** ~ **of money/work** estar sin dinero/trabajo; ~ **of breath** sin aliento; ~ **of order** averiado **5.** (*from*) **made** ~ **of wood** hecho de madera; **in 3 cases** ~ **of 10** en 3 de cada 10 casos

outbreak ['aʊtbreɪk] *n* (*of flu, violence*) brote *m;* (*of war*) estallido *m*

outburst ['aʊtbɜːst, *Am:* -bɜːrst] *n* arrebato *m*

outcast ['aʊtkɑːst, *Am:* -kæst] *n* paria *mf;* **social** ~ marginado, -a *m, f* de la sociedad

outcome ['aʊtkʌm] *n* resultado *m*

outcry ['aʊtkraɪ] <-ies> *n* gran protesta *f*

outdated [aʊt'deɪtɪd, *Am:* -t̬ɪd] *adj* pasado de moda

outdo [aʊt'duː] *vt irr* superar

outdoor ['aʊtdɔːʳ, *Am:* ,aʊt'dɔːr] *adj* al aire libre

outdoors [,aʊt'dɔːz, *Am:* ,aʊt-'dɔːrz] *n* **the great** ~ el aire libre

outer ['aʊtəʳ, *Am:* -t̬ə] *adj* exterior; ~ **ear** oído *m* externo

outfit ['aʊtfɪt] *n* **1.** (*set of clothes*) conjunto *m* **2.** (*team, organization*) equipo *m*

outgoing ['aʊtgəʊɪŋ, *Am:* 'aʊtgoʊ-] *adj* **1.** (*sociable, extrovert*) sociable **2.** (*retiring*) saliente

outgrow [,aʊt'grəʊ, *Am:* -'groʊ] *vt irr* **1.** (*habit*) pasar de la edad de; **she's ~n her trousers** le quedan pequeños los pantalones **2.** (*become bigger than*) crecer más que

outing ['aʊtɪŋ, *Am:* -t̬ɪŋ] *n* excursión *f;* **to go on an** ~ ir de excursión

outlandish [aʊt'lændɪʃ] *adj* extravagante

outlaw ['aʊtlɔː, *Am:* -lɑː] **I.** *n* forajido, -a *m, f* **II.** *vt* prohibir

outlay ['aʊtleɪ] *n* desembolso *m*

outlet ['aʊtlet] *n* **1.** (*exit*) salida *f* **2.** (*means of expression*) válvula *f* de escape **3.** ECON punto *m* de venta

outline ['aʊtlaɪn] **I.** *n* **1.** (*shape*) perfil *m* **2.** (*general description*) resumen *m* **II.** *vt* **1.** (*draw outer line of*) perfilar **2.** (*describe*) resumir

outlive [ˌaʊt'lɪv] *vt* sobrevivir a

outlook ['aʊtlʊk] *n* perspectivas *fpl*

out-of-date [ˌaʊtəv'deɪt, *Am:* ˌaʊt̬-] *adj* (*clothes*) anticuado, pasado de moda; (*ticket*) caducado; (*person*) desfasado

outpatient ['aʊtˌpeɪʃənt] *n* paciente *mf* externo, -a

outpost ['aʊtpəʊst, *Am:* -poʊst] *n* **1.** MIL puesto *m* de avanzada **2.** *fig* reducto *m*

output ['aʊtpʊt] *n no pl* ECON producción *f*; (*of machine*) rendimiento *m*

outrage ['aʊtreɪdʒ] *n* (*atrocity*) atrocidad *f*; (*terrorist act*) atentado *m*; **to feel a strong sense of ~ at sth** sentirse ultrajado por algo

outrageous [aʊt'reɪdʒəs] *adj* **1.** (*cruel, violent*) atroz **2.** (*shocking*) escandaloso

outright ['aʊtraɪt] *adj* total

outside [ˌaʊt'saɪd] **I.** *adj* exterior; **the ~ door** la puerta exterior **II.** *n* exterior *m*; **judging from the ~** a juzgar por el aspecto exterior **III.** *prep* **1.** (*not within*) fuera de; **to play ~** jugar fuera **2.** **~ business hours** fuera de horas de oficina **IV.** *adv* fuera, afuera; **to go ~** salir afuera

outsider [ˌaʊt'saɪdəʳ, *Am:* -dɚ] *n* persona *f* de fuera

outskirts ['aʊtskɜːts, *Am:* -skɜːrts] *npl* afueras *fpl*

outstanding [ˌaʊt'stændɪŋ] *adj* **1.** (*excellent*) destacado **2.** FIN (*account*) por pagar

outward ['aʊtwəd, *Am:* -wɚd] **I.** *adj* exterior **II.** *adv* hacia afuera

outweigh [ˌaʊt'weɪ] *vt* tener más peso que

oval ['əʊvəl, *Am:* 'oʊ-] **I.** *n* óvalo *m* **II.** *adj* ovalado, oval

ovary ['əʊvəri, *Am:* 'oʊ-] <-ies> *n* ovario *m*

ovation [əʊ'veɪʃən, *Am:* oʊ-] *n* ovación *f*; **to get an ~** ser ovacionado

oven ['ʌvən] *n* horno *m*

over ['əʊvəʳ, *Am:* 'oʊvɚ] **I.** *prep* **1.** (*above*) encima de, por encima de; **to hang the picture ~ the desk** colgar el cuadro encima del escritorio **2.** (*on*) **to hit sb ~ the head** golpear a alguien en la cabeza **3.** (*across*) **to go ~ the bridge** cruzar el puente; **the house ~ the road** la casa de enfrente; **famous all ~ the world** famoso en todo el mundo **4.** (*behind*) **to look ~ sb's shoulder** mirar por encima del hombro de alguien **5.** (*during*) durante; **~ the winter** durante el invierno; **to stay ~ the weekend** quedarse a pasar el fin de semana **6.** (*more than*) **to speak for ~ an hour** hablar durante una hora; **children ~ 14** niños de más de 14 (años) **7.** (*through*) **I heard it ~ the radio** lo oí por la radio **II.** *adv* **1.** (*moving above: go, jump*) por encima; **to fly ~ the city** volar sobre la ciudad **2.** (*distance*) **to move sth ~** apartar algo; **~ here** acá; **~ there** allá; **~ the road** cruzando la calle **3.** (*moving across*) **to come ~ here** venir para acá; **to go ~ there** ir para allá **4.** (*downwards*) **to fall ~** caerse; **to knock sth ~** tirar algo **III.** *adj* acabado; **it's all ~** se acabó

overall¹ [ˌəʊvər'ɔːl, *Am:* ˌoʊ-] *n pl* (*one-piece protective suit*) mono *m*; **a pair of ~s** un peto

overall² ['əʊvərɔːl, *Am:* 'oʊ-] **I.** *adj* global **II.** *adv* en conjunto

overboard ['əʊvəbɔːd, *Am:* 'oʊvɚbɔːrd] *adv* al agua; **to fall ~** caer al agua; **to go ~** *inf* exagerar

overcoat ['əʊvəkəʊt, *Am:* 'oʊvɚkoʊt] *n* abrigo *m*

overcome [ˌəʊvə'kʌm, *Am:* ˌoʊvɚ'-] *vt irr* superar

overcrowded [ˌəʊvə'kraʊdɪd, *Am:* ˌoʊvɚ'-] *adj* abarrotado

overdo [ˌəʊvə'duː, *Am:* ˌoʊvɚ'-] *vt* **1.** **to ~ things** pasarse **2.** *inf* (*exaggerate*) exagerar

overdose ['əʊvədəʊs, *Am:* 'oʊvɚdoʊs] *n* sobredosis *f inv*

overdraft ['əʊvədrɑːft, *Am:* 'oʊvədræft] *n* FIN descubierto *m;* **to have an** ~ tener un saldo deudor

overdue [ˌəʊvəˈdjuː, *Am:* ˌoʊvəˈduː] *adj* **1.** (*late*) atrasado **2.** FIN por pagar

overestimate [ˌəʊvərˈestɪmeɪt, *Am:* ˌoʊvəˈestɪ-] *vt* sobreestimar

overflow [ˌəʊvəˈfləʊ, *Am:* ˌoʊvəˈfloʊ] *vi* rebosar

overhaul [ˌəʊvəˈhɔːl, *Am:* ˌoʊvəˈhɑːl] **I.** *n* revisión *f* **II.** *vt* revisar

overhead [ˌəʊvəˈhed, *Am:* ˌoʊvəˈ-] **I.** *n Am* gastos *mpl* generales **II.** *adj* de arriba, encima de la cabeza; ~ **cable** cable *m* aéreo; ~ **light** luz *f* de techo **III.** *adv* en lo alto, por encima de la cabeza

overhear [ˌəʊvəˈhɪər, *Am:* ˌoʊvəˈhɪr] *irr vt* oír por casualidad

overlap [ˌəʊvəˈlæp, *Am:* ˌoʊvəˈ-] <-pp-> **I.** *vi* superponerse **II.** *vt* solapar

overload [ˈəʊvələʊd, *Am:* ˈoʊvəloʊd] *n* **1.** ELEC sobrecarga *f* **2.** (*of work*) exceso *m*

overlook [ˌəʊvəˈlʊk, *Am:* ˌoʊvəˈ-] *vt* **1.** (*look out onto*) tener vistas a **2.** (*not notice*) pasar por alto

overly [ˈəʊvəli, *Am:* ˈoʊvəli] *adv* demasiado

overnight [ˌəʊvəˈnaɪt, *Am:* ˌoʊvəˈ-] **I.** *adj* de noche; ~ **bag** bolsa *f* de fin de semana **II.** *adv* durante la noche; **to stay** ~ pasar la noche

overpower [ˌəʊvəˈpaʊər, *Am:* ˌoʊvəˈpaʊə] *vt* dominar

override [ˌəʊvəˈraɪd, *Am:* ˌoʊvəˈ-] *vt* anular

overrule [ˌəʊvəˈruːl, *Am:* ˌoʊvəˈ-] *vt* anular; **to** ~ **an objection** LAW rechazar una objeción

overrun [ˌəʊvəˈrʌn, *Am:* ˌoʊvəˈ-] *vt irr* **1.** (*invade*) invadir; **to be** ~ **with sth** estar plagado de algo **2.** (*budget*) exceder

overseas [ˌəʊvəˈsiːz, *Am:* ˌoʊvəˈ-] **I.** *adj* extranjero; (*trade*) exterior **II.** *adv* **to go/travel** ~ ir/viajar al extranjero

oversee [ˌəʊvəˈsiː, *Am:* ˌoʊvəˈ-] *irr vt* supervisar

overshadow [ˌəʊvəˈʃædəʊ, *Am:*

[ˌoʊvəˈʃædoʊ] *vt* eclipsar

oversight [ˈəʊvəsaɪt, *Am:* ˈoʊvəˈ-] *n* descuido *m;* **by an** ~ por equivocación

overstate [ˌəʊvəˈsteɪt, *Am:* ˌoʊvəˈ-] *vt* exagerar

overstep [ˌəʊvəˈstep, *Am:* ˌoʊvəˈ-] *irr vt* sobrepasar; **to** ~ **the mark** *fig* pasarse de la raya

overt [ˈəʊvɜːt, *Am:* ˈoʊvɜːrt] *adj* declarado

overtake [ˌəʊvəˈteɪk, *Am:* ˌoʊvəˈ-] *irr* **I.** *vt* adelantar; **events have** ~**n us** los acontecimientos se nos han adelantado **II.** *vi* adelantar

over-the-counter [ˌəʊvəðəˈkaʊntər, *Am:* ˌoʊvəðəˈkaʊntə] *adj* sin receta

overthrow [ˌəʊvəˈθrəʊ, *Am:* ˌoʊvəˈθroʊ] *vt irr* derrocar

overtime [ˈəʊvətaɪm, *Am:* ˈoʊvə-] *n* **1.** (*work*) horas *fpl* extra **2.** *Am* SPORTS prórroga *f*

overtone [ˈəʊvətəʊn, *Am:* ˈoʊvətoʊn] *n* trasfondo *m*

overture [ˈəʊvətjʊər, *Am:* ˈoʊvətʃə] *n* **1.** MUS obertura *f* **2.** (*show of friendliness*) acercamiento *m;* **to make** ~**s towards sb** intentar acercarse a alguien

overturn [ˌəʊvəˈtɜːn, *Am:* ˌoʊvəˈtɜːrn] **I.** *vi* volcar, voltearse *AmL* **II.** *vt* volcar; POL derrumbar

overweight [ˌəʊvəˈweɪt, *Am:* ˌoʊvəˈ-] *adj* **to be** ~ pesar demasiado

overwhelm [ˌəʊvəˈwelm, *Am:* ˌoʊvəˈ-] *vt* **1.** **to be** ~**ed by sth** estar agobiado por algo **2.** (*swamp*) inundar

overwhelming [ˌəʊvəˈwelmɪŋ, *Am:* ˌoʊvəˈ-] *adj* abrumador

owe [əʊ, *Am:* oʊ] **I.** *vt* deber **II.** *vi* tener deudas

owing [ˈəʊɪŋ, *Am:* ˈoʊ-] *adj* por pagar

owing to *prep* debido a

owl [aʊl] *n* búho *m*, tecolote *m AmC, Méx;* **barn** ~ lechuza *f*

own [əʊn, *Am:* oʊn] **I.** *adj* propio; **to see sth with one's** ~ **eyes** ver algo con los propios ojos **II.** *vt* poseer

owner [ˈəʊnər, *Am:* ˈoʊnə] *n* propietario, -a *m, f;* **to be the ~ of sth** ser el dueño de algo

ownership ['əʊnəʃɪp, *Am:* 'oʊnə-] *n no pl* posesión *f;* **to be under private/public ~** ser de propiedad privada/pública

ox [ɒks, *Am:* ɑːks] <-en> *n* buey *m*

OXFAM ['ɒksfæm, *Am:* 'ɑːks-] *n Brit abbr of* **Oxford Committee for Famine Relief** organización benéfica contra el hambre

oxidation [ˌɒksɪ'deɪʃən, *Am:* ˌɑːksɪ-] *n* oxidación *f*

oxygen ['ɒksɪdʒən, *Am:* 'ɑːksɪ-] *n no pl* oxígeno *m*

oyster ['ɔɪstə^r, *Am:* -stə-] *n* ostra *f*

ozone ['əʊzəʊn, *Am:* 'oʊzoʊn] *n no pl* ozono *m*

ozone layer *n* capa *f* de ozono

P

P, p [piː] <-'s> *n* P, p *f;* **~ for Peter** P de París

p 1. *abbr of* **page** pág. *f* **2.** *abbr of* **penny** penique *m*

PA [ˌpiː'eɪ] *n* **1.** *abbr of* **personal assistant** ayudante *mf* personal **2.** *Am abbr of* **Pennsylvania** Pensilvania *f*

pace [peɪs] I. *n* **1.** *no pl* (*speed*) velocidad *f;* **to set the ~** marcar el ritmo **2.** (*step*) paso *m;* **to put sb through his ~s** poner a alguien a prueba II. <pacing> *vt* **to ~ oneself** controlarse el tiempo III. <pacing> *vi* **to ~ up and down** pasearse de un lado para otro

pacemaker ['peɪsˌmeɪkə^r, *Am:* -kə-] *n* MED marcapasos *m inv*

pacific [pə'sɪfɪk] *adj* pacífico

Pacific [pə'sɪfɪk] *n* **the ~** el Pacífico; **the ~ Ocean** el Océano Pacífico

pacifist ['pæsɪfɪst, *Am:* 'pæsə-] *n* pacifista *mf*

pacify ['pæsɪfaɪ, *Am:* 'pæsə-] <-ie->

vt pacificar

pack [pæk] I. *n* **1.** (*bundle*) fardo *m;* (*rucksack*) mochila *f;* (*packet*) paquete *m* **2.** (*of wolves*) manada *f* II. *vi* hacer las maletas; **to send sb ~ing** *fig* largar a alguien con viento fresco III. *vt* **1.** (*fill: box, train*) llenar **2.** (*wrap*) envasar; **to ~ one's suitcase** hacer la maleta

package ['pækɪdʒ] *n* paquete *m*

package holiday *n Brit* viaje *m* organizado

packaging *n no pl* embalaje *m*

packer ['pækə^r, *Am:* -ə-] *n* empaquetador(a) *m(f)*

packet ['pækɪt] *n* paquete *m;* (*of cigarettes*) cajetilla *f*

packing *n no pl* embalaje *m*

pact [pækt] *n* pacto *m*

pad¹ [pæd] I. *n* **1.** (*cushion*) almohadilla *f* **2.** (*of paper*) bloc *m* II. <-dd-> *vt* acolchar

pad² [pæd] <-dd-> *vi* andar silenciosamente

padded *adj* acolchado

padding *n no pl* relleno *m*

paddle ['pædl] I. *n* (*oar*) canalete *m* II. *vi* (*walk, swim*) chapotear

paddling pool *n Brit, Aus* estanque *m* para chapotear

paddock ['pædək] *n* corral *m*

padlock ['pædlɒk, *Am:* -lɑːk] *n* candado *m*

paediatric [ˌpiːdɪ'ætrɪk] *adj Brit* pediátrico

paediatrician [ˌpiːdɪə'trɪʃn] *n Brit* pediatra *mf*

paedophile ['piːdəʊfaɪl] *n* pederasta *m*

pagan ['peɪgən] *n* pagano, -a *m, f*

page¹ [peɪdʒ] *n* página *f;* (*sheet of paper*) hoja *f*

page² [peɪdʒ] I. *n* HIST paje *m* II. *vt* llamar por el altavoz

pageant ['pædʒənt] *n* **beauty ~** concurso *m* de belleza

pageantry ['pædʒəntri] *n no pl* pompa *f*

pagoda [pə'gəʊdə, *Am:* -'goʊ-] *n* pagoda *f*

paid [peɪd] *pt, pp of* **pay**

pail [peɪl] *n* cubo *m*

pain [peɪn] *n* dolor *m;* **to be in ~** estar sufriendo; **to be at ~s to do sth** esmerarse en hacer algo; **on ~ of sth** so pena de algo; **to be a ~ in the neck** *fig, inf* ser un coñazo

pained *adj* afligido

painful ['peɪnfəl] *adj* doloroso; (*emotionally*) angustioso

painkiller ['peɪnˌkɪləʳ, *Am:* 'peɪnˌkɪlɚ] *n* analgésico *m*

painless ['peɪnləs] *adj* indoloro; *fig* fácil

painstaking ['peɪnzˌteɪkɪŋ] *adj* (*research*) laborioso; (*search*) exhaustivo

paint [peɪnt] I. *n* no pl pintura *f* II. *vi, vt* pintar; **to ~ a picture of sth** *fig* describir algo

paintbrush ['peɪntbrʌʃ] <-es> *n* (*for pictures*) pincel *m;* (*for walls*) brocha *f*

painted ['peɪntɪd, *Am:* -tɪd] *adj* pintado

painter ['peɪntəʳ, *Am:* -tɚ] *n* pintor(a) *m(f)*

painting *n* 1. (*picture*) cuadro *m* 2. *no pl* (*art*) pintura *f*

pair [peəʳ, *Am:* per] *n* 1. (*two items*) par *m;* **a ~ of scissors** unas tijeras; **a ~ of trousers** un pantalón 2. (*group of two*) pareja *f;* **in ~s** de dos en dos

pajamas [pəˈdʒɑːməz] *npl Am* pijama *m*

Pakistan [ˌpɑːkɪˈstɑːn, *Am:* 'pækɪstæn] *n* Paquistán *m*

Pakistani [ˌpɑːkɪˈstɑːni] *adj* paquistaní

pal [pæl] *n inf* amigo, -a *m, f*

palace ['pælɪs, *Am:* -əs] *n* palacio *m*

palatable ['pælətəbl, *Am:* -ətə-] *adj* sabroso

palate ['pælət] *n* paladar *m*

pale [peɪl] I. *adj* (*lacking colour*) pálido; (*not dark*) claro II. *vi* **to ~ into insignificance** verse insignificante

Palestine ['pælɪstaɪn, *Am:* -ə-] *n* Palestina *f*

Palestinian [ˌpæləˈstɪnɪən] *adj* palestino

palette ['pælɪt] *n* ART paleta *f*

palisade [ˌpælɪˈseɪd, *Am:* -əˈ-] *n* empalizada *f*

pallet ['pælɪt] *n* paleta *f*

palm¹ [pɑːm] *n* (*of hand*) palma *f*

palm² *n* (*tree*) palmera *f*

Palm Sunday *n* Domingo *m* de Ramos

palpable ['pælpəbl] *adj* palpable

paltry ['pɔːltri] <-ier, -iest> *adj* insignificante

pamper ['pæmpəʳ, *Am:* -pɚ] *vt* mimar

pamphlet ['pæmflɪt] *n* folleto *m*

pan [pæn] *n* (*cooking container*) cazuela *f;* (*of scales*) platillo *m;* (*of lavatory*) taza *f*

panacea [ˌpænəˈsɪə] *n* panacea *f*

panache [pəˈnæʃ] *n no pl* brío *m*

Panama [ˌpænəˈmɑː, *Am:* 'pænəmɑː] *n* Panamá *m*

Panamanian [ˌpænəˈmeɪnɪən] *adj* panameño

pancake ['pænkeɪk] *n* crep *m*, panqueque *m AmL*

pancreas ['pæŋkrɪəs] *n* páncreas *m inv*

panda ['pændə] *n* panda *m*

pane [peɪn] *n* cristal *m*

panel ['pænəl] *n* 1. (*wooden*) tabla *f;* (*metal*) placa *f;* **control ~** panel de control 2. (*team*) panel *m*

pang [pæŋ] *n* **~s of remorse** remordimientos *mpl;* **~s of guilt** sentimiento *m* de culpabilidad

panic ['pænɪk] I. *n* pánico *m;* **to be in a ~** estar nervioso II. <-ck-> *vi* ponerse nervioso

panorama [ˌpænəˈrɑːmə, *Am:* -ˈræmə] *n* panorama *m*

pansy ['pænzi] <-ies> *n* 1. (*flower*) pensamiento *m* 2. *pej* marica *m*

pant [pænt] *vi* jadear

panther ['pænθəʳ, *Am:* -θɚ] *n* 1. (*black leopard*) pantera *f* 2. *Am* (*puma*) puma *m*

pantomime ['pæntəmaɪm, *Am:* -tə-] *n* 1. *Brit* (*play*) comedia musical navideña basada en cuentos de hadas. *fig* farsa *f*

pantry ['pæntri] <-ies> *n* despensa *f*

pants [pænts] *npl* 1. *Brit* (*underpants*) calzoncillos *mpl* 2. *Am*

(*trousers*) pantalones *mpl*
pap [pæp] *n no pl* **1.** (*food*) papilla *f*
2. *fig, inf* chorrada *f*
papa [pə'pɑː] *n Am, form* papá *m*
papacy ['peɪpəsi] *n no pl* pontificado *m*
papal ['peɪpl] *adj* papal
paper ['peɪpəʳ, *Am:* -pəʳ] *n* **1.** *no pl* (*for writing*) papel *m;* **a sheet of** ~ una hoja de papel; **to put sth down on** ~ poner algo por escrito **2.** (*newspaper*) periódico *m* **3.** (*document*) documentación *f;* **~s** papeles *mpl*
paperback ['peɪpəbæk, *Am:* -pəʳ-] *n* libro *m* de bolsillo; **in** ~ en rústica
paper clip *n* sujetapapeles *m inv,* clip *m* **paperweight** *n* pisapapeles *m inv* **paperwork** *n no pl* trabajo *m* administrativo
papier-mâché [ˌpæpɪeɪ'mæʃeɪ, *Am:* ˌpeɪpəʳmə'ʃeɪ] *n no pl* cartón *m* piedra
paprika ['pæprɪkə, *Am:* pæp'riː-] *n no pl* pimentón *m* dulce
Papua New Guinea [ˌpæpuənjuː-'gɪni, *Am:* ˌpæpjuənuː'gɪni] *n* Papua-Nueva Guinea *f*
par [pɑːʳ, *Am:* pɑːr] *n no pl* **1.** (*standard*) **to be on a** ~ **with sb** estar al mismo nivel que alguien; **to feel below** ~ no sentirse del todo bien **2.** SPORTS par *m;* **to be** ~ **for the course** *fig* ser lo que uno se esperaba
parable ['pærəbl, *Am:* 'per-] *n* parábola *f*
parabolic [ˌpærə'bɒlɪk, *Am:* ˌperə-'bɑːlɪk] *adj* parabólico
parachute ['pærəʃuːt, *Am:* 'per-] *n* paracaídas *m inv*
parade [pə'reɪd] I. *n* desfile *m* II. *vi* desfilar
paradigm ['pærədaɪm, *Am:* 'per-] *n* paradigma *m*
paradigmatic [ˌpærədɪg'mætɪk, *Am:* ˌperədɪg'mæt-] *adj* paradigmático
paradise ['pærədaɪs, *Am:* 'per-] *n* paraíso *m*
paradox ['pærədɒks, *Am:* 'perə-dɑːks] <-es> *n* paradoja *f*
paradoxical [ˌpærə'dɒksɪkəl, *Am:*

ˌperə'dɑːk-] *adj* paradójico
paradoxically *adv* paradójicamente
paraffin ['pærəfɪn, *Am:* 'per-] *n no pl* **1.** *Brit* (*fuel*) queroseno *m* **2.** (*wax*) parafina *f*
paragon ['pærəgən, *Am:* 'perə-gɑːn] *n* arquetipo *m*
paragraph ['pærəgrɑːf, *Am:* 'perə-græf] *n* párrafo *m*
Paraguay ['pærəgwaɪ, *Am:* 'perə-gweɪ] *n* Paraguay *m*
Paraguayan [ˌpærə'gwaɪən, *Am:* ˌperə'gweɪ-] *adj* paraguayo
parakeet ['pærəkiːt, *Am:* 'per-] *n* periquito *m*
parallel ['pærəlel, *Am:* 'per-] I. *adj* paralelo; **in** ~ en paralelo II. *n* MAT paralela *f;* GEO paralelo *m;* **to draw a** ~ *fig* establecer un paralelismo
paralyse ['pærəlaɪz, *Am:* 'per-] *vt Brit, Aus s.* **paralyze**
paralysis [pə'ræləsɪs] <-ses> *n* parálisis *f inv*
paralytic [ˌpærə'lɪtɪk, *Am:* ˌperə-'lɪt̬-] *adj* MED paralítico; **to be** ~ *inf* (*drunk*) estar como una cuba
paralyze ['pærəlaɪz, *Am:* 'per-] *vt* paralizar
paramedic [ˌpærə'medɪk, *Am:* ˌper-] *n* paramédico, -a *m, f*
parameter [pə'ræmɪtəʳ, *Am:* -ət̬əʳ] *n* parámetro *m*
paramilitary [ˌpærə'mɪlɪtri, *Am:* ˌperə'mɪlətər-] *adj* paramilitar
paramount ['pærəmaʊnt, *Am:* 'per-] *adj form* supremo
paranoia [ˌpærə'nɔɪə, *Am:* ˌper-] *n* paranoia *f*
paranoid ['pærənɔɪd, *Am:* 'perə-nɔɪd] *adj* PSYCH paranoico; **to be** ~ **about sth** estar obsesionado por algo
parapet ['pærəpɪt, *Am:* 'perəpet] *n* parapeto *m*
paraphernalia [ˌpærəfə'neɪlɪə, *Am:* ˌperəfəʳ'neɪljə] *npl* parafernalia *f*
paraphrase ['pærəfreɪz, *Am:* 'per-] *vt* parafrasear
paraplegic [ˌpærə'pliːdʒɪk, *Am:* ˌper-] *n* parapléjico, -a *m, f*
parasite ['pærəsaɪt, *Am:* 'per-] *n* parásito *m*

parasitic [ˌpærəˈsɪtɪk, *Am:* ˌperə-ˈsɪt̬-] *adj* parásito

parasol [ˈpærəsɒl, *Am:* ˈperəsɔːl] *n* sombrilla *f*

paratrooper [ˈpærətruːpəʳ, *Am:* ˈperətruːpɚ] *n* paracaidista *mf*

paratroops [ˈpærətruːps, *Am:* ˈper-] *npl* paracaidistas *mpl*

parcel [ˈpɑːsəl, *Am:* ˈpɑːr-] I. *n* (*packet*) paquete *m*; (*of land*) terreno *m* II.<*Brit:* -ll-, *Am:* -l-> *vt* dividir; (*land*) parcelar

♦**parcel out** *vt* repartir en porciones; (*land*) parcelar

parched *adj* seco; **to be ~** *inf* (*thirsty*) estar muerto de sed

parchment [ˈpɑːtʃmənt, *Am:* ˈpɑːrtʃ-] *n* pergamino *m*

pardon [ˈpɑːdn, *Am:* ˈpɑːr-] I. *vt* (*forgive*) disculpar; (*prisoner*) indultar; **to ~ sb for sth** perdonar a alguien por algo; (**I beg your**) **~?** ¿cómo dice? II. *n* indulto *m*

pare [peəʳ, *Am:* per] *vt* mondar; *fig* (*costs*) recortar; **to ~ one's nails** cortarse las uñas

parent [ˈpeərənt, *Am:* ˈperənt] *n* (*father*) padre *m*; (*mother*) madre *f*; **~s** padres *mpl*

parental [pəˈrentəl] *adj* de los padres

parenthesis [pəˈrentθəsɪs] <-ses> *n* paréntesis *m inv*

parenthood [ˈpeərənthʊd, *Am:* ˈperənt-] *n no pl* paternidad *f*

parish [ˈpærɪʃ, *Am:* ˈper-] <-es> *n* parroquia *f*

parishioner [pəˈrɪʃənəʳ, *Am:* -ɚ] *n* feligrés, -esa *m, f*

parish priest *n* párroco *m*

parity [ˈpærəti, *Am:* ˈperət̬i] <-ies> *n* igualdad *f*

park [pɑːk, *Am:* pɑːrk] I. *n* parque *m* II. *vt, vi* aparcar, estacionar *AmL*

parking *n no pl* aparcamiento *m*, estacionamiento *m AmL*

parking lights *n Am, Aus* luces *fpl* de estacionamiento **parking lot** *n Am* aparcamiento *m* **parking meter** *n* parquímetro *m* **parking place** *n*, **parking space** *n* aparcamiento *m*, estacionamiento *m AmL*

Parkinson's disease [ˈpɑːkɪnsənz-dɪˌziːz, *Am:* ˈpɑːr-] *n no pl* enfermedad *f* de Parkinson

parkway [ˈpɑːkweɪ, *Am:* ˈpɑːrk-] *n Am, Aus* avenida *f* ajardinada

parliament [ˈpɑːləmənt, *Am:* ˈpɑːrlə-] *n* parlamento *m*

? Las dos **Houses of Parliament** se encuentran en el **Palace of Westminster** de Londres. La cámara baja, elegida por el pueblo, y de la que proceden la mayoría de los ministros, se llama **House of Commons**. Sus diputados reciben el nombre de **members of parliament** o MPs. La cámara alta, **House of Lords**, sólo puede aprobar determinadas leyes. Los diputados, **peers of the realm**, se pueden dividir en tres grupos. Los que tienen un escaño en la cámara alta por razón de su trabajo, bien por ser jueces, los **law lords**, o bien por ser obispos de la iglesia anglicana, la **Church of England**. En segundo lugar los que tienen un escaño vitalicio, los **life peers**, y en tercer lugar los que han heredado el escaño junto con su título nobiliario. Un comité de jueces de la **House of Lords** constituye el máximo tribunal de justicia del Reino Unido.

P **p**

parliamentary [ˌpɑːləˈmentəri, *Am:* ˌpɑːrləˈment̬ɚ-] *adj* parlamentario

parlor *n Am*, **parlour** [ˈpɑːləʳ, *Am:* ˈpɑːrlɚ] *n Brit* salón *m*

parochial [pəˈrəʊkiəl, *Am:* -ˈroʊ-] *adj fig* de miras estrechas

parody [ˈpærədi, *Am:* ˈper-] <-ies> *n* parodia *f*

parole [pəˈrəʊl, *Am:* -ˈroʊl] *n no pl* LAW libertad *f* condicional

parquet ['pɑːkeɪ, *Am:* pɑːr'keɪ] *n* no pl parqué *m*

parrot ['pærət, *Am:* 'per-] *n* loro *m*

parry ['pæri, *Am:* 'per-] <-ie-> *vt* desviar

parsimonious [ˌpɑːsɪ'məʊniəs, *Am:* ˌpɑːrsə'moʊ-] *adj form* parco

parsley ['pɑːsli, *Am:* 'pɑːr-] *n* no pl perejil *m*

parsnip ['pɑːsnɪp, *Am:* 'pɑːr-] *n* chirivía *f*

parson ['pɑːsən, *Am:* 'pɑːr-] *n* REL pastor *m*

parsonage ['pɑːsənɪdʒ, *Am:* 'pɑːr-] *n* rectoría *f*

part [pɑːt, *Am:* pɑːrt] I. *n* 1. (*not the whole*) parte *f*; (*component*) pieza *f*; **the hard ~** lo difícil; **in ~** en parte; **in large ~** en gran parte; **for the most ~** en la mayor parte; **in these ~s** *inf* en estas zonas; **to be ~ and parcel of sth** ser parte esencial de algo 2. THEAT, CINE papel *m* II. *vt* separar; **to ~ sth in two** partir algo en dos; **to ~ company** tomar direcciones distintas III. *vi* separarse

partial ['pɑːʃəl, *Am:* 'pɑːr-] *adj* 1. (*incomplete*) parcial 2. **she is ~ to ...** tiene debilidad por...

partiality [ˌpɑːʃi'æləti, *Am:* ˌpɑːrʃi'æləti] *n* no pl 1. (*bias*) parcialidad *f* 2. (*liking*) afición *f*

partially *adv* en parte

participant [pɑː'tɪsɪpənt, *Am:* pɑːr'tɪsə-] *n* participante *mf*

participate [pɑː'tɪsɪpeɪt, *Am:* pɑːr'tɪsə-] *vi* participar

participation [pɑːˌtɪsɪ'peɪʃn, *Am:* pɑːrˌtɪsə'-] *n* no pl participación *f*

participle ['pɑːtɪsɪpl, *Am:* 'pɑːrtɪsɪ-] *n* participio *m*

particle ['pɑːtɪkl, *Am:* 'pɑːrtə-] *n* partícula *f*

particular [pə'tɪkjələ', *Am:* pə'tɪkjələ-] *adj* 1. (*special*) particular, especial; (*specific*) concreto, específico; **in ~** en especial 2. (*meticulous*) quisquilloso

particularly [pə'tɪkjʊləli, *Am:* pə'tɪkjələ-] *adv* especialmente

parting ['pɑːtɪŋ, *Am:* 'pɑːrtɪŋ] *n* 1. (*separation*) separación *f* 2. (*saying goodbye*) despedida *f* 3. *Brit, Aus* (*in hair*) raya *f*

partisan [ˌpɑːtɪ'zæn, *Am:* 'pɑːrtɪzən] *n* MIL partisano, -a *m, f*

partition [pɑː'tɪʃən, *Am:* pɑːr'-] I. *n* tabique *m*; (*of country*) división *f* II. *vt* (*room*) dividir con un tabique; (*country*) dividir

partly ['pɑːtli, *Am:* 'pɑːrt-] *adv* en parte

partner ['pɑːtnə', *Am:* 'pɑːrtnə-] *n* (*in relationship, dance*) pareja *f*; COM socio, -a *m, f*; **~ in crime** cómplice *mf*

partnership ['pɑːtnəʃɪp, *Am:* 'pɑːrtnə-] *n* (*association*) asociación *f*; COM sociedad *f* (comanditaria)

partridge ['pɑːtrɪdʒ, *Am:* 'pɑːr-] *n* perdiz *f*

part-time [ˌpɑːt'taɪm, *Am:* ˌpɑːrt-] *adv, adj* a tiempo parcial

party ['pɑːti, *Am:* 'pɑːrti] *n* <-ies> 1. (*social gathering*) fiesta *f* 2. + *sing/pl vb* (*group*) grupo *m*; POL partido *m* 3. LAW parte *f*

party leader *n* líder *mf* del partido

pass [pɑːs, *Am:* pæs] I. <-es> *n* 1. (*mountain road*) paso *m* 2. (*in rugby, soccer*) pase *m*; **to make a ~ at sb** *fig* insinuarse a alguien 3. *Brit* (*in exam*) aprobado *m* 4. (*authorisation*) pase *m* II. *vt* 1. (*go past*) pasar 2. (*exceed*) sobrepasar 3. (*exam*) aprobar 4. (*approve*) aprobar 5. (*utter*) **to ~ a comment** hacer un comentario; **to ~ sentence** LAW dictar sentencia III. *vi* 1. (*move by*) pasar; **to ~ unnoticed** pasar desapercibido; **it'll soon ~** se olvidará pronto 2. SPORTS pasar la pelota 3. (*in exam*) aprobar 4. (*elapse*) transcurrir

◆ **pass away** *vi* fallecer

◆ **pass by** *vi* 1. (*elapse*) pasar 2. (*go past*) pasar de largo

◆ **pass down** *vt* transmitir

◆ **pass on** I. *vi* (*die*) fallecer II. *vt* (*information*) pasar; (*disease*) contagiar

◆ **pass out** I. *vi* perder el conocimiento II. *vt Am* (*distribute*) repartir

◆ **pass over** *vt* pasar por alto

♦ **pass up** *vt* desperdiciar

passage ['pæsɪdʒ] *n* **1.** (*corridor*) pasillo *m* **2.** LIT, MUS pasaje *m*

passageway ['pæsɪdʒweɪ] *n* pasillo *m*

passenger ['pæsəndʒə', *Am:* -əndʒɚ] *n* pasajero, -a *m, f*

passing I. *adj* (*fashion*) pasajero; (*remark*) de pasada **II.** *n* **in ~** al pasar

passion ['pæʃən] *n* pasión *f*

passionate ['pæʃənət, *Am:* -ənɪt] *adj* apasionado

passive ['pæsɪv] **I.** *n no pl* LING voz *f* pasiva **II.** *adj* pasivo

passivity [pæs'ɪvəti, *Am:* pæs'ɪvəţi] *n no pl* pasividad *f*

Passover ['pɑːsəʊvə', *Am:* 'pæsˌoʊvɚ] *n no pl* Pascua *f* judía

passport ['pɑːspɔːt, *Am:* 'pæspɔːrt] *n* pasaporte *m*

password ['pɑːswɜːd, *Am:* 'pæswɜːrd] *n* INFOR contraseña *f*

past [pɑːst, *Am:* pæst] **I.** *n* pasado *m* **II.** *adj* pasado **III.** *prep* **ten ~ two** dos y diez **IV.** *adv* por delante

pasta ['pæstə, *Am:* 'pɑːstə] *n no pl* pasta *f*

paste [peɪst] **I.** *n no pl* **1.** (*glue*) pegamento *m* **2.** GASTR pasta *f* **II.** *vt* (*stick*) pegar

pastel ['pæstəl, *Am:* pæ'stel] **I.** *n* pastel *m* **II.** *adj* pastel

pasteurize ['pæstʃəraɪz] *vt* pasteurizar

pastime ['pɑːstaɪm, *Am:* 'pæs-] *n* pasatiempo *m*

pastor ['pɑːstə', *Am:* 'pæstɚ] *n* pastor *m*

pastoral ['pɑːstərəl, *Am:* 'pæs-] *adj* REL pastoral

past participle *n* participio *m* pasado

pastry ['peɪstri] <-ies> *n* **1.** *no pl* (*dough*) masa *f* **2.** (*cake*) pastel *m*

pasture ['pɑːstʃə', *Am:* 'pæstʃɚ] *n* AGR pasto *m;* **to put sb out to ~** *inf* jubilar a alguien

pat [pæt] **I.** <-tt-> *vt* dar palmaditas a; **to ~ sb on the back** *fig* felicitar a alguien **II.** *n* palmadita *f*

patch [pætʃ] **I.** *n* **1.** (*of land*) parcela *f* de tierra; (*of criminal*) territorio *m*

2. (*piece of cloth*) parche *m;* **to be not a ~ on sb** *Brit, Aus, inf* no tener ni punto de comparación con alguien **II.** *vt* remendar

♦ **patch up** *vt* hacer un arreglo provisional a; **to patch things up** *fig* hacer las paces

patchwork ['pætʃwɜːk, *Am:* -wɜːrk] *n no pl* patchwork *m;* *fig* mosaico *m;* **~ quilt** edredón *m* de retazos

patchy ['pætʃi] <-ier, -iest> *adj* (*performance*) desigual; (*results*) irregular

pâté ['pæteɪ, *Am:* pɑː'teɪ] *n* paté *m*

patent ['peɪtənt, *Am:* 'pætənt] **I.** *n* LAW patente *f;* **to take out a ~ on sth** patentar algo **II.** *adj form* (*unconcealed*) evidente **III.** *vt* LAW patentar

patent leather *n* charol *m*

paternal [pə'tɜːnəl, *Am:* -'tɜːr-] *adj* paternal

paternalistic [pəˌtɜːnəl'ɪstɪk, *Am:* -ˌtɜːr-] *adj pej* paternalista

paternity [pə'tɜːnəti, *Am:* -'tɜːrnəţi] *n no pl, form* paternidad *f*

path [pɑːθ, *Am:* pæθ] *n* camino *m;* (*of bullet*) trayectoria *f;* **to cross sb's ~** tropezar con alguien

pathetic [pə'θetɪk, *Am:* -'θeţ-] *adj* **1.** (*arousing sympathy*) conmovedor **2.** *pej* (*arousing scorn*) patético

pathological [ˌpæθə'lɒdʒɪkl, *Am:* -'lɑːdʒɪk-] *adj inf* patológico

pathologist [pə'θɒlədʒɪst, *Am:* -'θɑːlə-] *n* patólogo, -a *m, f*

pathology [pə'θɒlədʒi, *Am:* -'θɑː-lə-] *n no pl* patología *f*

pathos ['peɪθɒs, *Am:* -θɑːs] *n* patetismo *m*

pathway ['pɑːθweɪ, *Am:* 'pæθ-] *n* camino *m*

patience ['peɪʃns] *n no pl* **1.** paciencia *f;* **to have the ~ of a saint** tener más paciencia que un santo **2.** *Brit, Aus* GAMES solitario *m*

patient ['peɪʃnt] **I.** *adj* paciente **II.** *n* MED paciente *mf*

patio ['pætɪəʊ, *Am:* 'pæţioʊ] <-s> *n* área pavimentada contigua a una casa

patriarch ['peɪtrɪɑːk, *Am:* -ɑːrk] *n*

P
p

patriarca *m*

patriarchal [ˌpeɪtrɪˈɑːkl, *Am:* -ˈɑːr-] *adj* patriarcal

patriarchy [ˈpeɪtrɪɑːki, *Am:* -ɑːrki] <-ies> *n* patriarcado *m*

patrician [pəˈtrɪʃən] *adj* patricio

patriot [ˈpætrɪət, *Am:* ˈpeɪ-] *n* patriota *mf*

patriotic [ˌpætrɪˈɒtɪk, *Am:* ˌpeɪtrɪˈɑːtɪk] *adj* patriótico

patriotism [ˈpætrɪətɪzəm, *Am:* ˈpeɪtrɪ-] *n no pl* patriotismo *m*

patrol [pəˈtrəʊl, *Am:* -ˈtrəʊl] **I.** <-ll-> *vt* patrullar por **II.** *n* patrulla *f;* **to be on ~** patrullar

patron [ˈpeɪtrən] *n* patrocinador(a) *m(f)*

patronage [ˈpætrənɪdʒ, *Am:* ˈpeɪtrən-] *n no pl* patrocinio *m*

patronize [ˈpætrənaɪz, *Am:* ˈpeɪtrən-] *vt* **1.** *form* (*be customer*) ser cliente de **2.** (*treat condescendingly*) tratar con condescendencia

patronizing [ˈpætrənaɪzɪŋ, *Am:* ˈpeɪtrən-] *adj* condescendiente

---

[?] Inglaterra, Irlanda, Escocia y Gales tienen cada una sus propios **patron saints** (santos patrones). La festividad de **St George** de Inglaterra se celebra el 23 de abril; **St Patrick** de Irlanda el 17 de marzo; **St Andrew** de Escocia el 30 de noviembre y **St David** de Gales el 1 de marzo.

---

patter [ˈpætər, *Am:* ˈpætər] *n no pl* **1.** (*clever talk*) labia *f* **2.** (*of rain*) golpeteo *m*

pattern [ˈpætən, *Am:* ˈpætən] *n* (*model*) modelo *m;* ART diseño *m;* FASHION patrón *m*

patterned *adj* estampado

paunch [pɔːntʃ, *Am:* pɑːntʃ] *n* panza *f*

pauper [ˈpɔːpər, *Am:* ˈpɑːpər] *n* indigente *mf*

pause [pɔːz, *Am:* pɑːz] **I.** *n* pausa *f;* **to give sb ~ for thought** *form* dar que pensar a alguien **II.** *vi* hacer una

pausa

pave [peɪv] *vt* pavimentar; **to ~ the way for sth** *fig* preparar el terreno para algo

pavement [ˈpeɪvmənt] *n* **1.** *Brit* (*beside road*) acera *f*, vereda *f AmL*, banqueta *f Guat, Méx* **2.** *Am, Aus* (*road covering*) calzada *f*

pavilion [pəˈvɪljən] *n* pabellón *m*

paving stone *n Brit* losa *f*

paw [pɔː, *Am:* pɑː] *n* pata *f;* (*of cat*) garra *f;* (*of lion*) zarpa *f*

pawn¹ [pɔːn, *Am:* pɑːn] *n* GAMES peón *m; fig* títere *m*

pawn² [pɔːn, *Am:* pɑːn] *vt* empeñar

pawnbroker [ˈpɔːnˌbrəʊkər, *Am:* ˈpɑːnˌbrəʊkər] *n* prestamista *mf* (sobre prenda), agenciero, -a *m, f Chile*

pay [peɪ] **I.** *n* paga *f;* **to be in the ~ of sb** estar a sueldo de alguien **II.** <paid, paid> *vt* pagar; **to ~ attention (to sth)** prestar atención (a algo); **to ~ sb a compliment** hacer un cumplido a alguien; **to ~ respects to sb** presentar los respetos a alguien **III.** <paid, paid> *vi* pagar
  ◆ **pay back** *vt* devolver
  ◆ **pay in** *vt* ingresar
  ◆ **pay off** *vt* liquidar
  ◆ **pay out** *vi* pagar
  ◆ **pay up** *vi* pagar (lo que se debe)

payable [ˈpeɪəbl] *adj* pagadero

paycheck *n Am*, **paycheque** *n Brit* cheque *m* de salario **payday** *n no pl* día *m* de pago

payer [ˈpeɪər, *Am:* -ər] *n* pagador(a) *m(f)*

paying *adj* rentable

payment [ˈpeɪmənt] *n* pago *m*

payoff [ˈpeɪɒf, *Am:* -ɑːf] *n* **1.** (*payment*) pago *m* **2.** *fig* beneficios *mpl*

payout *n* FIN desembolso *m*

pay packet *n Brit, Aus* sobre *m* de paga **payroll** *n* nómina *f* **payslip** *n* nómina *f*

PBS [ˌpiːbiːˈes] *n no pl, Am abbr of* **Public Broadcasting System** *organismo americano de producción audiovisual*

PC [ˌpiːˈsiː] **I.** *n* **1.** *abbr of* **personal**

computer PC *m* **2.** *Brit abbr of* **Police Constable** agente *mf* de policía **II.** *adj abbr of* **politically correct** políticamente correcto

PE [ˌpiːˈiː] *abbr of* **physical education** educación *f* física

pea [piː] *n* guisante *m*, arveja *f Col, Chile;* **to be like two ~s in a pod** ser como dos gotas de agua

peace [piːs] *n no pl* **1.** (*absence of war*) paz *f* **2.** (*social order*) orden *m* público; **to keep the ~** mantener el orden; **to make one's ~ with sb** hacer las paces con alguien **3.** (*tranquillity*) tranquilidad *f;* **~ of mind** tranquilidad de ánimo; **~ and quiet** paz y tranquilidad; **to be at ~** estar en paz; **to leave sb in ~** dejar a alguien en paz; (**may he**) **rest in ~** que en paz descanse

peaceful [ˈpiːsfəl] *adj* tranquilo

peacekeeping [ˈpiːsˌkiːpɪŋ] *n no pl* mantenimiento *m* de la paz

peacemaker [ˈpiːsˌmeɪkəʳ, *Am:* -kɚ] *n* pacificador(a) *m(f)*

peace march <-es> *n* marcha *f* por la paz **peace movement** *n* movimiento *m* pacifista **peace settlement** *n* acuerdo *m* de paz **peace sign** *n* señal *f* de paz **peacetime** *n no pl* tiempo *m* de paz **peace treaty** <-ies> *n* tratado *m* de paz

peach [piːtʃ] <-es> *n* melocotón *m*, durazno *m Arg, Chile;* **a ~ of a day** un día encantador

peacock [ˈpiːkɒk, *Am:* -kɑːk] *n* pavo *m* real; **as proud as a ~** orgulloúso como un pavo real

peak [piːk] **I.** *n* **1.** (*of mountain*) cima *f; fig* punto *m* máximo **2.** *Brit* (*of cap*) visera *f* **II.** *vi* (*career*) alcanzar el apogeo; (*figures*) alcanzar el máximo

peak capacity <-ies> *n* capacidad *f* óptima

peak hours *npl* horas *fpl* punta **peak level** *n no pl* nivel *m* máximo **peak period** *n* período *m* de máxima actividad **peak season** *n* temporada *f* alta

peal [piːl] *n* (*of bell*) repique *m;* **a ~ of thunder** un trueno; **a ~ of laughter** una carcajada

peanut [ˈpiːnʌt] *n* cacahuete *m*, maní *m AmL*, cacahuate *m Méx;* **to pay ~s** *inf* pagar una miseria

pear [peəʳ, *Am:* per] *n* pera *f*

pearl [pɜːl, *Am:* pɜːrl] *n* perla *f;* **a string of ~s** un collar de perlas; **~s of sweat** gotas de sudor

pearl barley *no pl n* cebada *f* perlada **pearl diver** *n*, **pearl fisher** *n* pescador(a) *m(f)* de perlas **pearl-fishing** *n no pl* pesca *f* de perlas

pear tree *n* peral *m*

peasant [ˈpezənt] *n* campesino, -a *m, f*

peasantry [ˈpezəntri] *n no pl* campesinado *m*

peat [piːt] *n no pl* turba *f*

pebble [ˈpebl] *n* guijarro *m*

pecan [prˈkæn, *Am:* prˈkɑːn] *n* pacana *f*

peck [pek] **I.** *n* **1.** (*of bird*) picotazo *m* **2.** (*kiss*) besito *m* **II.** *vt* **1.** (*bird*) picar **2.** (*kiss*) besar **III.** *vi* picar

pecking order *n* jerarquía *f*

peckish [ˈpekɪʃ] *adj* **1.** *Brit, Aus* hambriento **2.** *Am* (*irritable*) irritable

peculiar [prˈkjuːlɪəʳ, *Am:* -ˈkjuːljɚ] *adj* extraño; **to feel a little ~** no sentirse del todo bien; **to be ~ to sb** ser propio de alguien

peculiarity [prˌkjuːlɪˈærəti, *Am:* -ˈerəti] <-ies> *n* **1.** (*strangeness*) singularidad *f* **2.** (*idiosyncrasy*) peculiaridad *f*

peculiarly [prˈkjuːlɪəli, *Am:* -ˈkjuːljɚ-] *adv* **1.** (*strangely*) de forma rara **2.** (*especially*) particularmente

pedal [ˈpedəl] **I.** *n* pedal *m* **II.** <*Brit:* -ll-, *Am:* -l-> *vi* pedalear

pedal bin *n* cubo *m* de la basura (con pedal) **pedal boat** *n* patín *m* a pedal

pedant [ˈpedənt] *n* pedante *mf*

pedantic [prˈdæntɪk, *Am:* pədˈæn-] *adj* pedante

peddle [ˈpedl] *vt pej* **1.** (*sell*) vender (de puerta en puerta); **to ~ drugs** traficar con drogas **2.** (*idea, lies*) difundir

pedestal [ˈpedɪstəl] *n* pedestal *m;* **to knock sb off their ~** bajar los humos a alguien

pedestrian [pɪ'destrɪən, *Am:* pə'-] *n* peatón, -ona *m, f*

pediatric [ˌpiːdi'ætrɪk] *adj Am s.* **paediatric**

pediatrician [ˌpiːdiə'trɪʃən] *n Am s.* **paediatrician**

pedigree ['pedɪgriː] *n* pedigrí *m*

pedlar ['pedlər, *Am:* -lə-] *n Brit, Aus* **1.** (*salesperson*) vendedor(a) *m(f)* ambulante **2.** (*drug dealer*) traficante *mf* de drogas

pedophile ['pedəʊfaɪl] *n Am s.* **paedophile**

pee [piː] *inf* **I.** *n no pl* pis *m;* **to have a ~** hacer pis **II.** *vi* hacer pis **III.** *vt* **to ~ oneself** mearse encima

peek [piːk] *vi* **to ~ at sth** echar una mirada furtiva a algo

peel [piːl] **I.** *n* (*skin*) piel *f;* (*of fruit*) cáscara *f;* (*peladuras*) mondas *fpl* **II.** *vt* (*fruit*) pelar

peeler ['piːlər, *Am:* -lə-] *n* pelapatatas *m inv*

peep¹ [piːp] **I.** *n* (*sound: of bird*) pío *m;* (*of car horn*) pitido *m* **II.** *vi* piar

peep² [piːp] **I.** *n* to have a **~ at sth** echar una ojeada a algo **II.** *vi* **to ~ at sth** echar un vistazo a algo

◆ **peep out** *vi* asomar

peephole ['piːphəʊl, *Am:* -hoʊl] *n* mirilla *f*

peer¹ [pɪər, *Am:* pɪr] *vi* **to ~ at sth** escudriñar algo

peer² [pɪər, *Am:* pɪr] *n* **1.** (*equal*) igual *mf* **2.** *Brit* (*lord*) noble *mf*

peerage ['pɪərɪdʒ, *Am:* 'pɪrɪdʒ] *n* **to be given a ~** recibir un título nobiliario

peerless ['pɪəlɪs, *Am:* 'pɪr-] *adj form* sin par

peg [peg] **I.** *n* (*for coat*) colgador *m;* (*in furniture, for tent*) estaquilla *f;* (*in mountaineering, on guitar*) clavija *f;* **clothes ~** pinza *f* de tender la ropa, broche *m* de tender la ropa *Arg;* **to take sb down a ~ or two** bajar los humos a alguien; **to feel like a square ~ in a round hole** sentirse fuera de lugar **II.** <-gg-> *vt* enclavijar

pejorative [pɪ'dʒɒrətɪv, *Am:* -'dʒɔːrətɪv] *adj form* despectivo

pelican ['pelɪkən] *n* pelícano *m*

pellet ['pelɪt] *n* bolita *f;* (*gunshot*) perdigón *m*

pelt¹ [pelt] *n* (*skin*) pellejo *m*

pelt² [pelt] **I.** *n* **at full ~** a todo correr **II.** *vt* **to ~ sb with stones** tirar piedras a alguien **III.** *vi* **to ~ after sb** salir disparado tras alguien

pelvis ['pelvɪs] <-es> *n* pelvis *f inv*

pen¹ [pen] *n* **1.** (*fountain pen*) pluma *f* estilográfica, pluma *f* fuente *AmL* **2.** (*ballpoint*) bolígrafo *m,* birome *f Arg,* pluma *f* atómica *Méx;* **to put ~ to paper** ponerse a escribir

pen² [pen] *n* (*enclosure*) corral *m*

penal ['piːnəl] *adj* penal

penalise *vt Brit, Aus,* **penalize** ['piːnəlaɪz] *vt Am* penalizar

penalty ['penəlti, *Am:* -ti] <-ies> *n* **1.** LAW pena *f;* **to pay a ~ for sth** ser penalizado por algo **2.** (*punishment*) castigo *m* **3.** SPORTS penalti *m*

penalty area *n* SPORTS área *f* de penalti **penalty clause** *n* cláusula *f* penal **penalty kick** *n* SPORTS tiro *m* de penalti

penance ['penəns] *n no pl* REL penitencia *f*

pence [pens] *n pl of* **penny**

penchant ['pɑːnʃɑːn, *Am:* 'pentʃənt] *n* **to have a ~ for sth** tener inclinación por algo

pencil ['pentsəl] *n* lápiz *m*

◆ **pencil in** *vt* apuntar (de forma provisional)

pencil case *n* estuche *m* (para lápices), chuspa *f Col,* cartuchera *f Arg* **pencil sharpener** *n* sacapuntas *m inv,* tajalápiz *m Col*

pendant ['pendənt] *n* colgante *m*

pending ['pendɪŋ] *prep* **~ further instructions** hasta nuevo aviso

pendulum ['pendjələm, *Am:* -dʒələm] *n* péndulo *m*

penetrate ['penɪtreɪt] *vt* penetrar

penetrating ['penɪtreɪtɪŋ] *adj* penetrante

penetration [ˌpenɪ'treɪʃən] *n* penetración *f*

penguin ['peŋgwɪn] *n* pingüino *m*

penicillin [ˌpenɪ'sɪlɪn] *n no pl* penicilina *f*

peninsula [pə'nɪnsjʊlə, *Am:* -sələ] *n* península *f*

peninsular [pə'nɪnsjʊlər, *Am:* -sələ] *adj* peninsular

penis ['pi:nɪs] <-nises *o* -nes> *n* pene *m*

penitence ['penɪtəns] *n no pl* REL penitencia *f*

penitent ['penɪtənt] *adj* penitente

penitentiary [ˌpenɪ'tentʃəri] *n Am* prisión *f* penitenciaria

penknife ['pennaɪf] <-knives> *n* navaja *f*

pennant ['penənt] *n* banderín *m*

penniless ['penɪlɪs] *adj* **to be ~** no tener un duro

Pennsylvania [ˌpensɪl'veɪniə] *n* Pensilvania *f*

penny ['peni] <pennies *o* pence> *n* **1.** *Brit* penique *m* **2.** *Am* centavo *m* **3.** *fig* **they're ten a ~** los hay a patadas

---

! La forma plural de **penny** es **pence**: "The newspaper costs 50 pence."; pero si se quiere decir varias monedas de penique, se usa **pennies**: "There are ten pennies in my purse."

---

penny-pinching ['peni,pɪntʃɪŋ] *adj* tacaño

pen pal *n* amigo, -a *m, f* por correspondencia **pen pusher** *n Aus, Brit, pej, inf* chupatintas *mf inv,* suche *mf Chile*

pension ['pentʃən] *n* FIN pensión *f*

pensioner ['pentʃənər, *Am:* -ʃənər] *n Brit* pensionista *mf*

pension fund *n* fondo *m* de pensiones **pension plan** *n,* **pension scheme** *n Aus, Brit* plan *m* de pensiones

pensive ['pentsɪv] *adj* pensativo; **to be in a ~ mood** estar meditabundo

pentagon ['pentəgən, *Am:* -t̬ə-gɑːn] *n* pentágono *m*

penthouse ['penthaʊs] *n* (*flat*) ático *m* de lujo

pent-up [ˌpent'ʌp] *adj* (*emotion*) contenido; (*energy*) acumulado

penultimate [pen'ʌltɪmət, *Am:* pɪ'nʌltə-] *adj* penúltimo

people ['pi:pl] *n* **1.** *pl* (*plural of person*) gente *f;* **the beautiful ~** la gente guapa, la gente linda *AmL* **2.** *no pl* (*nation, ethnic group*) pueblo *m;* **~'s republic** república *f* popular

pepper ['pepər, *Am:* -ər] *n* **1.** *no pl* (*spice*) pimienta *f* **2.** (*vegetable*) pimiento *m*

peppercorn ['pepəkɔːn, *Am:* -ər-kɔːrn] *n* grano *m* de pimienta

pepper mill *n* molinillo *m* de pimienta

peppermint ['pepəmɪnt, *Am:* -ər-] *n* **1.** *no pl* (*mint plant*) menta *f* **2.** (*sweet*) caramelo *m* de menta

peppery ['pepəri] *adj* GASTR picante

pep pill *n inf* estimulante *m* **pep talk** *n inf* **to give sb a ~** dar ánimos a alguien

per [pɜːr, *Am:* pɜːr] *prep* por; **£5 ~ kilo** £5 por kilo; **100 km ~ hour** 100 km por hora; **as ~ usual** como siempre

per annum *adv form* al año **per capita** *adv form* per cápita

perceive [pə'siːv, *Am:* pər-] *vt* **1.** (*sense*) percibir **2.** (*understand*) comprender

per cent *n Brit,* **percent** [pə'sent, *Am:* pər-] *n Am* **25 ~** 25 por ciento

percentage [pə'sentɪdʒ, *Am:* pər-'sentɪdʒ] *n* porcentaje *m*

perceptible [pə'septəbl, *Am:* pər-] *adj* perceptible

perception [pə'sepʃn, *Am:* pər-] *n* **1.** percepción *f* **2.** (*insight*) perspicacia *f*

perceptive [pə'septɪv, *Am:* pər-] *adj* perspicaz

perch[1] [pɜːtʃ, *Am:* pɜːrtʃ] **I.** <-es> *n* percha *f;* **to knock sb off his ~** bajar los humos a alguien **II.** *vi* posarse

perch[2] [pɜːtʃ, *Am:* pɜːrtʃ] *n* ZOOL perca *f*

percussion [pə'kʌʃən, *Am:* pər-] *n no pl* percusión *f*

percussionist *n* MUS percusionista *mf*

perennial [pər'eniəl, *Am:* pə'ren-] **I.** *n* planta *f* perenne **II.** *adj* perenne

P p

perfect¹ ['pɜ:fɪkt, *Am:* 'pɜ:r-] *adj* perfecto; (*calm*) total; (*opportunity*) ideal; **a ~ gentleman** todo un señor; **a ~ idiot** un tonto de remate; **to be a ~ stranger** ser completamente desconocido; **to be far from ~** estar (muy) lejos de ser perfecto; **to be a ~ match for sth** ir de maravilla con algo

perfect² [pə'fekt, *Am:* pɜ:r-] *vt* perfeccionar

perfection [pə'fekʃən, *Am:* pəˈ-] *n no pl* perfección *f*

perfectionist *n* perfeccionista *mf*

perfectly *adv* perfectamente; **~ clear** completamente claro; **to be ~ honest, …** para serte sincero,…

perfidious [pə'fɪdiəs, *Am:* pəˈ-] *adj liter* pérfido

perforate ['pɜ:fəreɪt, *Am:* 'pɜ:r-] *vt* perforar; (*ticket*) picar

perforation ['pɜ:fər'eɪʃən, *Am:* ˌpɜ:rfə'reɪ-] *n* perforación *f*

perform [pə'fɔ:m, *Am:* pəˈ'fɔ:rm] I. *vt* 1. MUS, THEAT, TV interpretar 2. (*do, accomplish*) realizar; **to ~ one's duty** cumplir con su deber; **to ~ miracles** hacer milagros; **to ~ a task** llevar a cabo una tarea II. *vi* THEAT actuar; MUS tocar

performance [pə'fɔ:məns, *Am:* pəˈ'fɔ:r-] *n* (*of play*) representación *f*; (*by individual actor*) actuación *f*; **to make a ~ about sth** *Brit, fig* montar un jaleo por algo

performer [pə'fɔ:mə^r, *Am:* pəˈ-'fɔ:rmə^r] *n* THEAT artista *mf*

perfume ['pɜ:fju:m, *Am:* 'pɜ:r-] *n* perfume *m*

perhaps [pə'hæps, *Am:* pəˈ-] *adv* quizá(s)

peril ['perəl] *n form* peligro *m*; **to be in ~** correr peligro; **at ~ of sth** en peligro por algo

perilous ['perələs] *adj form* peligroso

perimeter [pə'rɪmɪtə^r, *Am:* pə'rɪmət̬ə^r] *n* perímetro *m*

period ['prɪəriəd, *Am:* 'pɪri-] *n* 1. (*time*) período *m*; ECON plazo *m* 2. SCHOOL hora *f* 3. (*menstruation*) regla *f*; **to have one's ~** tener la regla 4. *Am* LING punto *m* final

periodic [ˌprɪəri'ɒdɪk, *Am:* ˌpɪri'ɑ:dɪk] *adj* periódico

periodical [ˌprɪəri'ɒdɪkl, *Am:* ˌpɪri'ɑ:dɪ-] *n* revista *f*

periodic table *n* tabla *f* de elementos

peripheral [pə'rɪfərəl] *adj* periférico

periphery [pə'rɪfəri] <-ies> *n* periferia *f*

periscope ['perɪskəʊp, *Am:* -skoʊp] *n* periscopio *m*

perish ['perɪʃ] *vi* 1. *liter* (*die*) perecer; **~ the thought!** ¡Dios nos libre! 2. *Aus, Brit* (*deteriorate*) deteriorarse

perishable ['perɪʃəbl] *adj* perecedero

perishing *adj* (*as intensifier*) dichoso; **it's ~!** *inf* ¡hace un frío que pela!

perjury ['pɜ:dʒəri, *Am:* 'pɜ:r-] *n* perjurio *m*

perk [pɜ:k, *Am:* pɜ:rk] *n* (*advantage*) ventaja *f*

 ◆ **perk up** *vi* (*cheer up*) alegrarse; (*improve*) mejorar

permanence ['pɜ:mənənts, *Am:* 'pɜ:r-] *n*, **permanency** *n no pl* permanencia *f*

permanent ['pɜ:mənənt, *Am:* 'pɜ:r-] *adj* (*job*) fijo; (*damage*) irreparable; (*situation*) permanente

permeable ['pɜ:mɪəbl, *Am:* 'pɜ:r-] *adj* permeable

permeate ['pɜ:mɪeɪt, *Am:* 'pɜ:r-] *vt* impregnar

permissible [pə'mɪsəbl, *Am:* pəˈ-] *adj* (*permitted*) permisible; (*acceptable*) tolerable

permission [pə'mɪʃn, *Am:* pəˈ-] *n no pl* permiso *m*

permissive [pə'mɪsɪv, *Am:* pəˈ-] *adj pej* permisivo

permit¹ ['pɜ:mɪt, *Am:* 'pɜ:r-] *n* permiso *m* (por escrito)

permit² [pə'mɪt, *Am:* pəˈ-] <-tt-> *vt* permitir; **I will not ~ you to go there** no te permito que vayas allí

permitted [pə'mɪtɪd, *Am:* pəˈ-'mɪt̬-] *adj* permitido

pernicious [pə'nɪʃəs, *Am:* pəˈ-] *adj*

perdicioso

perpendicular [ˌpɜːpənˈdɪkjʊləʳ, *Am:* ˌpɜːrpənˈdɪkjuːləʳ] *adj* perpendicular

perpetrate [ˈpɜːpɪtreɪt, *Am:* ˈpɜːrpə-] *vt form* perpetrar

perpetrator [ˈpɜːpɪtreɪtəʳ, *Am:* ˈpɜːrpətreɪtəʳ] *n form* autor(a) *m(f)* (*de un delito*)

perpetual [pəˈpetʃʊəl, *Am:* pəˈpetʃu-] *adj* perpetuo

perpetuate [pəˈpetʃʊeɪt, *Am:* pəˈpetʃu-] *vt* perpetuar

perpetuity [ˌpɜːpɪˈtjuːəti, *Am:* ˌpɜːrpəˈtuːətɪ] *n no pl, form* perpetuidad *f*; **for ~** LAW a perpetuidad

perplex [pəˈpleks, *Am:* pəʳ-] *vt* desconcertar

perplexed [pəˈplekst, *Am:* pəʳ-] *adj* perplejo

persecute [ˈpɜːsɪkjuːt, *Am:* ˈpɜːrsɪ-] *vt* perseguir

persecution [ˌpɜːsɪˈkjuːʃən, *Am:* ˌpɜːrsɪ-] *n* persecución *f*

persecutor *n* perseguidor(a) *m(f)*

perseverance [ˌpɜːsɪˈvɪərəns, *Am:* ˌpɜːrsəˈvɪr-] *n no pl* perseverancia *f*

persevere [ˌpɜːsɪˈvɪəʳ, *Am:* ˌpɜːrsəˈvɪr] *vi* perseverar

Persia [ˈpɜːʃə, *Am:* ˈpɜːrʒə] *n no pl* Persia *f*

Persian *adj* persa

persist [pəˈsɪst, *Am:* pəʳ-] *vi* (*cold, rain*) continuar; (*doubts*) persistir; (*person*) insistir

persistence [pəˈsɪstəns, *Am:* pəʳ-] *n no pl* (*of cold, belief*) persistencia *f*; (*of person*) insistencia *f*

persistent [pəˈsɪstənt, *Am:* pəʳ-] *adj* (*cold, belief*) persistente; (*person*) insistente

person [ˈpɜːsən, *Am:* ˈpɜːr-] <*people o form* -s> *n* persona *f*; **about one's ~** encima; **first ~** LING primera persona

personable [ˈpɜːsənəbl, *Am:* ˈpɜːr-] *adj* agradable

personal [ˈpɜːsənəl, *Am:* ˈpɜːr-] *adj* (*property, matter, life*) privado; (*belongings, account, letter*) personal; (*appearance*) en persona; (*question*) indiscreto; (*comment, remark*) ofen-

sivo; (*hygiene*) íntimo; **to get ~** llevar las cosas al plano personal; **it's nothing ~** no es nada personal

personal assistant *n* ayudante *mf* personal **personal computer** *n* ordenador *m* personal, computadora *f* personal *AmL*

personality [ˌpɜːsənˈæləti, *Am:* ˌpɜːr-] *n* <-ies> personalidad *f*

personally *adv* personalmente; **to take sth ~** ofenderse por algo

personification [pəˌsɒnɪfɪˈkeɪʃən, *Am:* pəˌsɑːnɪ-] *n* personificación *f*; **he is the ~ of kindness** es la amabilidad personificada

personify [pəˈsɒnɪfaɪ, *Am:* pəʳˈsɑːnɪ-] *vt* personificar

personnel [ˌpɜːsənˈel, *Am:* ˌpɜːr-] *n* **1.** *pl* (*staff, employees*) personal *m* **2.** *no pl* (*department*) departamento *m* de personal

personnel manager *n* jefe, -a*m, f* de personal

perspective [pəˈspektɪv, *Am:* pəʳ-] *n* perspectiva *f*

perspiration [ˌpɜːspəˈreɪʃn, *Am:* ˌpɜːr-] *n no pl* transpiración *f*

perspire [pəˈspaɪəʳ, *Am:* pəʳˈspaɪəʳ] *vi* transpirar

persuade [pəˈsweɪd, *Am:* pəʳ-] *vt* convencer; **to ~ sb to do sth** convencer a alguien de que haga algo

persuasion [pəˈsweɪʒn, *Am:* pəʳ-] *n* **1.** (*act*) persuasión *f* **2.** (*conviction*) creencia *f*

persuasive [pəˈsweɪsɪv, *Am:* pəʳ-] *adj* (*person, manner*) persuasivo; (*argument*) convincente

pert [pɜːt, *Am:* pɜːrt] *adj* respingón

pertain [pəˈteɪn, *Am:* pəʳ-] *vi form* **to ~ to sth** concernir algo

pertinent [ˈpɜːtɪnənt, *Am:* ˈpɜːrtnənt] *adj form* pertinente

perturb [pəˈtɜːb, *Am:* pəʳˈtɜːrb] *vt form* perturbar

Peru [pəˈruː] *n* Perú *m*

peruse [pəˈruːz] *vt form* leer detenidamente

Peruvian [pəˈruːvɪən] *adj* peruano

pervade [pəˈveɪd, *Am:* pəʳ-] *vt form* (*attitude*) dominar; (*smell*) invadir

P
p

pervasive [pə'veɪsɪv, *Am:* pə'-] *adj*
form (*influence*) omnipresente;
(*smell*) penetrante

perverse [pə'vɜ:s, *Am:* pə'vɜ:rs] *adj*
1.(*stubborn*) obstinado **2.**(*unreasonable, deviant*) perverso

perversion [pə'vɜ:ʃən, *Am:* pə-'vɜ:rʒən] *n* perversión *f;* ~ **of justice** deformación *f* de la justicia

pervert¹ ['pɜ:vɜ:t, *Am:* 'pɜ:rvɜ:rt] *n*
pervertido, -a *m, f*

pervert² [pə'vɜ:t, *Am:* pə'vɜ:rt] *vt*
pervertir; **to** ~ **the truth** distorsionar
la verdad

perverted *adj* pervertido

pessimism ['pesɪmɪzəm, *Am:* 'pesə-] *n no pl* pesimismo *m*

pessimist *n* pesimista *mf*

pessimistic [ˌpesɪ'mɪstɪk, *Am:* ˌpesə'-] *adj* pesimista; **to be** ~ **about sth** ser pesimista con respecto a algo

pest [pest] *n* **1.**(*insect, animal*)
plaga *f* **2.** *inf*(*person*) pesado, -a *m, f*

pester ['pestər, *Am:* -ə-] *vt* molestar

pesticide ['pestɪsaɪd, *Am:* 'pestə-] *n* pesticida *m*

pet¹ [pet] **I.** *n* animal *m* doméstico;
he's the teacher's ~ es el mimado
del profesor **II.** *adj* **1.**(*animal*) doméstico **2.**(*petition*) favorito

pet² [pet] <-tt-> *vt* acariciar

petal ['petl, *Am:* 'petl] *n* pétalo
m

peter ['pi:tər, *Am:* -tə-] *vi* **to** ~ **out**
(*path*) desaparecer; (*conversation*)
decaer

petite [pə'ti:t] *adj* menudo

petition [pɪ'tɪʃən, *Am:* pə'-] **I.** *n*
1. POL petición *f* **2.** LAW demanda *f*
II. *vi* LAW **to** ~ **for divorce** presentar
una demanda de divorcio

pet name *n* apodo *m*

Petri dish ['petri-, *Am:* 'pi:tri-] *n*
plato *m* de Petri

petrified *adj* aterrorizado ,

petrify ['petrɪfaɪ] <-ies> *vt* aterrorizar

petrochemical [ˌpetrəʊ'kemɪkəl,
Am: -roʊ'-] *adj* petroquímico

petrol ['petrəl] *n no pl, Aus, Brit* gasolina *f*, nafta *f RíoPl*, bencina *f Chile*

petroleum [pɪ'trəʊliəm, *Am:* pə-

'troʊ-] *n* petróleo *m*, canfín *m AmC*

petrol pump *n Aus, Brit* surtidor *m*
de gasolina **petrol station** *n Aus,
Brit* gasolinera *f*, bomba *f And, Ven*,
estación *f* de nafta *RíoPl*, bencinera *f
Chile*, grifo *m Perú* **petrol tank** *n
Aus, Brit* depósito *m* de gasolina

pet shop *n* ≈ pajarería *f*

petticoat ['petɪkəʊt, *Am:* 'petɪ-
koʊt] *n* enagua *f*, fondo *m Méx*

petty ['peti, *Am:* 'pet-] <-ier, -iest>
adj **1.** *pej* (*detail*) trivial; (*person*)
mezquino **2.** LAW menor

petulant ['petjələnt, *Am:* 'petʃə-]
adj enfurruñado

pew [pju:] *n* banco *m* (de iglesia)

pewter ['pju:tər, *Am:* -tə-] *n no pl*
peltre *m*

pH [ˌpi:'eɪtʃ] pH

phallic ['fælɪk] *adj* fálico

phantom ['fæntəm, *Am:* -təm] **I.** *n*
fantasma *m* **II.** *adj* (*imaginary*) ilusorio

pharaoh ['feərəʊ, *Am:* 'feroʊ] *n* faraón *m*

pharmacist ['fɑ:məsɪst, *Am:* 'fɑ:r-]
n farmacéutico, -a *m, f*, farmaceuta
mf Col, Ven

pharmacology [ˌfɑ:mə'kɒlədʒi,
Am: ˌfɑ:rmə'kɑ:lə-] *n no pl* farmacología *f*

pharmacy ['fɑ:məsi, *Am:* 'fɑ:r-]
<-ies> *n* farmacia *f*

phase [feɪz] **I.** *n* (*stage*) fase *f;* (*period*) etapa *f;* **to be in** ~ estar sincronizado; **to be out of** ~ estar desfasado
II. *vt* **1.**(*do in stages*) realizar por
etapas **2.**(*coordinate*) sincronizar

◆ **phase in** *vt* introducir paulatinamente

◆ **phase out** *vt* retirar progresivamente

PhD [ˌpi:eɪtʃ'di:] *n abbr of* **Doctor of
Philosophy** doctorado *m*

pheasant ['fezənt] <-(s)> *n* faisán
m

phenomenal *adj* espectacular

phenomenon [fɪ'nɒmɪnən, *Am:*
fə'nɑ:mənə:n] <phenomena *o*
-s> *n* fenómeno *m*

philanthropic [ˌfɪlən'θrɒpɪk, *Am:*
-æn'θrɑ:pɪk-] *adj* filantrópico

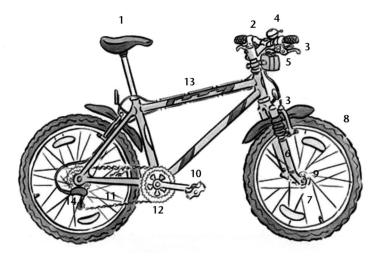

The bicycle

1	saddle *Brit*, seat *Am*	sillín m
2	handlebars	manillar m
3	brake	freno m
4	bell	timbre m
5	front light	luz f delantera, faro m delantero
6	fork	horquilla f
7	spoke	radio m

La bicicleta

8	tyre *Brit*, tire *Am*	neumático m, rueda f
9	hub	cubo m, buje m
10	pedal	pedal m
11	chain	cadena f (de la bicicleta)
12	sprocket	plato m
13	crossbar	barra f transversal
14	gear lever *Brit*, gear *Am*	cambio m de marchas

philanthropist [fɪˈlænθrəpɪst, *Am:* fə'-] *n* filántropo, -a *m, f*

philanthropy [fɪˈlænθrəpi, *Am:* fə'-] *n no pl* filantropía *f*

Philippines [ˈfɪlɪpiːnz, *Am:* ˈfɪlə-] *npl* **the** ~ las Filipinas

philistine [ˈfɪlɪstaɪn, *Am:* -stiːn] *n pej* ignorante *mf*

philology [fɪˈlɒlədʒi, *Am:* fɪˈlɑːlə-] *n no pl* filología *f*

philosopher [fɪˈlɒsəfər, *Am:* -ˈlɑːsəfə·] *n* filósofo, -a *m, f*

philosophic(al) [ˌfɪləˈsɒfɪk(əl), *Am:* -əˈsɑːfɪk-] *adj* filosófico

philosophy [fɪˈlɒsəfi, *Am:* -ˈlɑːsə-] *n no pl* filosofía *f*

phlegmatic [flegˈmætɪk, *Am:* -ˈmæt̬-] *adj* flemático

phobia [ˈfəʊbiə, *Am:* ˈfoʊ-] *n* PSYCH fobia *f*

phoenix [ˈfiːnɪks] *n* fénix *m*

phone [fəʊn, *Am:* foʊn] I. *n* teléfono *m*; **by** ~ por teléfono; **to be on the** ~ *Brit* estar hablando por teléfono II. *vt, vi* llamar (por teléfono)
◆ **phone back** *vt* volver a llamar (por teléfono)
◆ **phone up** *vt* llamar (por teléfono)

phone book *n* guía *f* telefónica, directorio *m Col, Méx* **phone box** <-es> *n Brit* cabina *f* telefónica **phone call** *n Brit* llamada *f* (telefónica) **phonecard** *n* tarjeta *f* telefónica

phone-in *n* programa *m* de radio o televisión en el que el público participa por teléfono

phoneme [ˈfəʊniːm, *Am:* ˈfoʊ-] *n* fonema *m*

phone number *n* número *m* de teléfono

phonetic [fəˈnetɪk, *Am:* foʊˈnet̬-] *adj* fonético

phonetics [fəˈnetɪks, *Am:* foʊˈnet̬-] *n* fonética *f*

phoney [ˈfəʊni, *Am:* ˈfoʊ-] <-ier, -iest> *adj inf* (*person, address*) falso; (*documents*) falsificado; **to be as** ~ **as a two-dollar bill** *Am* ser más falso que un duro sevillano, ser más falso que un billete de tres pesos *Méx*

phonic [ˈfɒnɪk, *Am:* ˈfɑːnɪk] *adj* LING fónico

phonology [fəˈnɒlədʒi, *Am:* -ˈnɑː-lə-] *n no pl* fonología *f*

phony [ˈfəʊni, *Am:* ˈfoʊ-] *adj Am s.* **phoney**

phosphate [ˈfɒsfeɪt, *Am:* ˈfɑːs-] *n* fosfato *m*

phosphorescent [ˌfɒsfərˈesənt, *Am:* ˌfɑːsfəˈres-] *adj* fosforescente

phosphorus [ˈfɒsfərəs, *Am:* ˈfɑːs-] *n no pl* fósforo *m*

photo [ˈfəʊtəʊ, *Am:* ˈfoʊtoʊ] <-s> *n inf abbr of* **photograph** foto *f*

photocopier [ˈfəʊtəʊˌkɒpiər, *Am:* ˌfoʊtoʊˈkɑːpiə·] *n* fotocopiadora *f*

photocopy [ˈfəʊtəʊˌkɒpi, *Am:* ˈfoʊtoʊˌkɑːpi] I. <-ies> *n* fotocopia *f* II. *vt* fotocopiar

photogenic [ˌfəʊtəʊˈdʒenɪk, *Am:* ˌfoʊtoʊ'-] *adj* fotogénico

photograph [ˈfəʊtəɡrɑːf, *Am:* ˈfoʊt̬oʊɡræf] I. *n* fotografía *f*; **to take a** ~ **of sb** sacar una fotografía de alguien II. *vt* fotografiar

photograph album *n* álbum *m* de fotos

photographer [fəˈtɒɡrəfər, *Am:* -ˈtɑːɡrəfə·] *n* fotógrafo, -a *m, f*

photographic [ˌfəʊtəˈɡræfɪk, *Am:* ˌfoʊt̬ə'-] *adj* fotográfico

photography [fəˈtɒɡrəfi, *Am:* -ˈtɑː-ɡrə-] *n no pl* fotografía *f*

photon [ˈfəʊtɒn, *Am:* ˈfoʊtɑːn] *n* fotón *m*

photosensitive [ˌfəʊtəʊˈsensɪtɪv, *Am:* ˌfoʊtoʊˈsensə-] *adj* fotosensible

photosynthesis [ˌfəʊtəʊˈsɪnθɪsɪs, *Am:* ˌfoʊtoʊ'-] *n no pl* fotosíntesis *f*

phrasal verb [ˌfreɪzəlˈvɜːb, *Am:* ˌfreɪzəlˈvɜːrb] *n* LING verbo *m* con partícula

phrase [freɪz] I. *n* frase *f*; (*idiomatic expression*) expresión *f*; **noun phrase** sintagma nominal; **to have a good turn of** ~ ser muy elocuente II. *vt* **to** ~ **sth well/badly** expresar algo bien/mal

phrasebook [ˈfreɪzbʊk] *n* libro *m* de frases

physical [ˈfɪzɪkəl] *adj* físico

physical education *n* educación *f* física

physician [fɪˈzɪʃən] *n Am* médico, -a *m, f*

physicist [ˈfɪzɪsɪst] *n* físico, -a *m, f*

physics [ˈfɪzɪks] *n no pl* física *f*

physiological [ˌfɪziəˈlɒdʒɪkəl, *Am:* -ˈlɑːdʒɪk-] *adj* fisiológico

physiologist *n* fisiólogo, -a *m, f*

physiology [ˌfɪziˈɒlədʒɪ, *Am:* -ˈɑːlə-] *n no pl* fisiología *f*

physiotherapist *n* fisioterapeuta *mf*

physiotherapy [ˌfɪziəʊˈθerəpi, *Am:* -oʊˈ-] *n no pl* fisioterapia *f*

physique [fɪˈziːk] *n* físico *m*

pianist [ˈpɪənɪst, *Am:* ˈpiːnɪst] *n* pianista *mf*

piano [ˈpjɑːnəʊ, *Am:* piˈænoʊ] <-s> *n* piano *m*

piazza [pɪˈætsə, *Am:* -ˈɑːt-] *n* plaza *f*

pick [pɪk] I. *vt* 1. (*select*) elegir 2. (*fruit, vegetables*) recoger 3. (*touch*) to ~ one's nose hurgarse la nariz; to ~ one's teeth limpiarse los dientes con un mondador; to ~ holes in sth *fig* encontrar fallos a algo; to ~ a lock forzar una cerradura; to ~ sb's pocket robar algo del bolsillo de alguien; to ~ sb's brain *fig* aprovecharse de los conocimientos de alguien II. *vi* to ~ and choose tardar en escoger III. *n* 1. (*selection*) selección *f;* to take one's ~ elegir; the ~ of the bunch el mejor 2. (*pickaxe*) pico *m*

◆ **pick at** *vt insep* picotear

◆ **pick off** *vt* (*shoot*) abatir (a tiros)

◆ **pick on** *vt insep* meterse con

◆ **pick out** *vt* 1. (*choose*) elegir 2. (*recognize*) distinguir

◆ **pick up** I. *vt* 1. (*lift*) levantar; to ~ the phone coger el teléfono; to ~ the pieces *fig* empezar de nuevo 2. (*conversation*) captar; to ~ an illness contagiarse con una enfermedad; to ~ speed coger velocidad 3. (*collect*) recoger; to pick sb up (*sexually*) ligarse a alguien 4. (*learn*) aprender II. *vi* (*improve*) mejorar; to ~ where one left off reanudar donde uno lo dejó

pickax *n Am,* **pickaxe** [ˈpɪkæks] *n*

Brit, Aus pico *m*

picket [ˈpɪkɪt] *n* MIL piquete *m*

pickings [ˈpɪkɪŋz] *npl* sobras *fpl*

pickle [ˈpɪkl] I. *n* encurtido *m;* to be in a (pretty) ~ *inf* estar en un (buen) berenjenal II. *vt* (*vegetables*) conservar en vinagre; (*fish*) conservar en escabeche

pickled *adj* (*vegetables*) encurtido; (*fish*) en escabeche; to get ~ *fig, inf* emborracharse

pickpocket [ˈpɪkpɒkɪt, *Am:* -ˌpɑːkɪt] *n* carterista *mf*, bolsista *mf AmC, Méx*

pick-up [ˈpɪkʌp] *n* 1. (*part of record player*) brazo *m* del tocadiscos 2. (*vehicle*) camioneta *f* con plataforma

pick-up point *n* punto *m* de recogida

picnic [ˈpɪknɪk] *n* picnic *m;* to be no ~ *fig* no ser nada agradable

pictorial [pɪkˈtɔːriəl] *adj* pictórico

picture [ˈpɪktʃə^r, *Am:* -tʃə] I. *n* 1. (*image*) imagen *f;* (*painting*) pintura *f;* (*drawing*) ilustración *f;* to draw a ~ hacer un dibujo; to paint a ~ pintar un cuadro; to paint a ~ of sth *fig* representar algo; to get the ~ *fig* entender; to put sb in the ~ *fig* poner a alguien en antecedentes 2. (*photo*) fotografía *f;* to take a ~ sacar una fotografía 3. (*film*) película *f;* to go to the ~s ir al cine II. *vt* imaginarse

picture book *n* libro *m* ilustrado

picture gallery *n* galería *f* de arte

picture postcard *n* tarjeta *f* postal

picturesque [ˌpɪktʃəˈresk] *adj* pintoresco

piddle [ˈpɪdl] *vi inf* mear

pie [paɪ] *n* tarta *f*, pay *m AmS;* it's ~ in the sky es como prometer la luna

piece [piːs] *n* 1. (*bit: of wood, metal, food*) trozo *m;* (*of text*) sección *f;* a ~ of advice un consejo; a ~ of clothing una prenda de vestir; a ~ of news una noticia; a ~ of paper (*scrap*) un trozo de papel; (*sheet*) una hoja; a 50p ~ una moneda de 50 peniques; in one ~ en una sola pieza; in ~s en pedazos; to break

sth to ~ hacer algo pedazos; ~ **by** ~ pieza por pieza; **to come to** ~**s** (*shatter*) hacerse añicos; (*made to be disassembled*) ser desmontable; **to take sth to** ~**s** *Brit* desmontar algo; **to go all to** ~**s** (*trauma*) sufrir un ataque de nervios; (*collapse, break*) venirse abajo; **to be a** ~ **of cake** *fig, inf* ser pan comido; **to give sb a** ~ **of one's mind** *inf* decir cuatro verdades a alguien **2.** GAMES, ART, MUS pieza *f*

◆**piece together** *vt* reconstruir

piecemeal ['piːsmiːl] *adv* poco a poco

piece rate *n* precio *m* por unidad

piecework ['piːswɜːk, *Am*: -wɜːrk] *n no pl* trabajo *m* a destajo

pier [pɪəʳ, *Am*: pɪr] *n* muelle *m*

pierce [pɪəs, *Am*: pɪrs] *vt* perforar; **to** ~ **a hole in sth** agujerear algo

piercing *adj* (*wind*) cortante; (*gaze*) penetrante; (*wit*) punzante

piety ['paɪəti, *Am*: -t̬i] *n no pl* piedad *f*

pig [pɪg] *n* **1.** ZOOL cerdo *m*; **to make a** ~'**s ear of sth** *Brit, inf* hacer algo fatal **2.** *pej, inf* (*person*) cochino, -a *m, f*

◆**pig out** *vi inf* ponerse morado

pigeon ['pɪdʒən] *n* paloma *f*

pigeonhole ['pɪdʒənhəʊl, *Am*: -hoʊl] I. *n* casilla *f* II. *vt* **to** ~ **sb** encasillar a alguien

piggy bank *n* hucha *f* (*en forma de cerdito*)

pigheaded [ˌpɪg'hedɪd] *adj* testarudo

piglet ['pɪglət, *Am*: -lɪt] *n* cochinillo *m*

pigment ['pɪgmənt] *n* pigmento *m*

pigmentation [ˌpɪgmen'teɪʃən] *n no pl* pigmentación *f*

pigmy ['pɪgmi] <-ies> *n* pigmeo, -a *m, f*

pigsty ['pɪgstaɪ] *n* pocilga *f*

pigswill ['pɪgswɪl] *n no pl* bazofia *f*

pigtail ['pɪgteɪl] *n* coleta *f*

pike[1] [paɪk] *n* (*fish*) lucio *m*

pike[2] [paɪk] *n* (*weapon*) pica *f*

pile [paɪl] I. *n* montón *m*; **to have** ~**s of sth** *inf* tener montones de

algo; **to make a** ~ *fig, inf* hacer fortuna II. *vt* amontonar

◆**pile up** I. *vi* acumularse II. *vt* amontonar

pile-driver ['paɪlˌdraɪvəʳ, *Am*: -vɚ] *n* martinete *m*

piles *npl inf* almorranas *fpl*

pilfer ['pɪlfəʳ, *Am*: -fɚ] *vt* ratear

pilgrim ['pɪlgrɪm] *n* peregrino, -a *m, f*

pilgrimage ['pɪlgrɪmɪdʒ] *n* peregrinación *f*

pill [pɪl] *n* pastilla *f*; **the** ~ (*contraception*) la píldora

pillar ['pɪləʳ, *Am*: -ɚ] *n* pilar *m*; **a** ~ **of smoke** una columna de humo; **to be a** ~ **of strength** ser firme como una roca; **to chase sb from** ~ **to post** acosar a alguien

pillory ['pɪləri] <-ie-> *vt* **to** ~ **sb** poner en ridículo a alguien

pillow ['pɪləʊ, *Am*: -oʊ] *n* **1.** (*for bed*) almohada *f* **2.** *Am* (*cushion*) cojín *m*

pillowcase ['pɪləʊkeɪs, *Am*: -oʊ-] *n* funda *f* de almohada

pilot ['paɪlət] I. *n* piloto *mf* II. *vt* pilotar

pilot light *n* piloto *m* **pilot study** *n* estudio *m* piloto

pimp [pɪmp] *n* chulo *m*

pimple ['pɪmpl] *n* grano *m*

pin [pɪn] *n* **1.** (*needle*) alfiler *m*; **to have** ~**s and needles** sentir un hormigueo **2.** *Am* (*brooch*) prendedor *m*

◆**pin down** *vt* **1.** (*define*) precisar **2.** (*locate*) concretar

pinball ['pɪnbɔːl] *n* **to play** ~ jugar al flíper

pincers ['pɪntsəz, *Am*: -səz] *npl* ZOOL pinzas *fpl*; (*tool*) tenazas *fpl*

pinch [pɪntʃ] I. *vt* **1.** (*nip, tweak*) pellizcar; **to** ~ **oneself** *fig* pellizcarse para ver si no se está soñando **2.** (*be too tight*) apretar **3.** *inf* (*steal*) birlar II. *n* **1.** (*nip*) pellizco *m*; **at a** ~, **in a** ~ *Am* si realmente es necesario; **to feel the** ~ pasar apuros **2.** (*small quantity*) pizca *f*; **to take sth with a** ~ **of salt** tomar algo con cierto escepticismo

P p

pincushion ['pɪnˌkʊʃn] *n* acerico *m*

pine¹ [paɪn] *n* pino *m*

pine² [paɪn] *vi* to ~ (**away**) languidecer

pineapple ['paɪnæpl] *n* piña *f*

pine cone *n* piña *f*

ping [pɪŋ] **I.** *n* (*of bell*) tintín *m;* (*of glass, metal*) sonido *m* metálico **II.** *vi* tintinear

ping-pong ['pɪŋˌpɒŋ, *Am:* -ˌpɑ:ŋ] *n no pl, inf* ping-pong *m*

pinion¹ ['pɪnjən] *vt* inmovilizar

pinion² ['pɪnjən] *n* TECH piñón *m*

pink [pɪŋk] **I.** *n* rosa *m;* to be in the ~ rebosar de salud **II.** *adj* rosado

pinnacle ['pɪnəkl] *n* pico *m; fig* cúspide *f*

pinpoint ['pɪnpɔɪnt] *vt* indicar con toda precisión

pint [paɪnt] *n* pinta *f* (*Aus, Brit = 0,57 l, Am = 0,47 l*)

pin-up ['pɪnʌp] *n* **1.** (*poster*) póster *m* (*de una celebridad*) **2.** (*man*) chico *m* de póster; (*girl*) pin-up *f*

pioneer [ˌpaɪə'nɪər, *Am:* -'nɪr] *n* pionero, -a *m, f*

pioneering *adj* innovador

pious ['paɪəs] *adj* piadoso

pip¹ [pɪp] *n* BOT pepita *f*

pip² [pɪp] *n pl, Brit* (*sound*) pitido *m*

pipe [paɪp] *n* **1.** (*tube*) tubo *m;* (*smaller*) caño *m;* (*for gas, water*) cañería *f* **2.** (*for smoking*) pipa *f,* cachimba *f AmL*

◆ **pipe down** *vi inf* callarse

pipe cleaner *n* limpiapipas *m inv*

pipeline *n* tubería *f;* to be in the ~ *fig* estar tramitándose

piper ['paɪpər, *Am:* -pər] *n* gaitero, -a *m, f;* he who pays the ~ calls the tune *prov* quien paga, manda

piracy ['paɪərəsi, *Am:* 'paɪrə-] *n no pl* piratería *f*

pirate ['paɪərət, *Am:* 'paɪrət] *n* pirata *m*

pirouette [ˌpɪru'et, *Am:* -u'et] *n* pirueta *f*

Pisces ['paɪsi:z] *n* Piscis *m inv*

piss [pɪs] *vulg* **I.** *n no pl* to have a ~ mear; to take the ~ (**out of sb**) *Brit* cachondearse (de alguien) **II.** *vi* mear; it's ~ing with rain *Brit, Aus*

estar lloviendo a cántaros **III.** *vt* to ~ oneself laughing mearse de risa

pissed [pɪst] *adj inf* to be ~ **1.** *Brit, Aus* (*drunk*) estar borracho **2.** *Am* (*angry*) estar de mala leche

pistachio [pɪ'stɑ:ʃiəʊ, *Am:* -'stæ-ʃiou] <-s> *n* pistacho *m,* pistache *m Méx*

pistol ['pɪstəl] *n* pistola *f*

piston ['pɪstən] *n* pistón *m*

pit [pɪt] *n* hoyo *m;* (*mine*) mina *f; inf* (*untidy place*) lobera *f;* the ~s *pl, fig, inf* lo peor

pitch¹ [pɪtʃ] **I.** *n* **1.** *Brit, Aus* (*playing field*) campo *m* **2.** *Am* (*baseball*) lanzamiento *m* **3.** MUS, LING tono *m;* to be at fever ~ estar muy emocionado **4.** *fig* sales ~ labia *f* para vender **II.** *vt* lanzar

◆ **pitch in** *vi inf* contribuir

pitch² [pɪtʃ] *n no pl* (*bitumen*) brea *f*

pitch-black [ˌpɪtʃ'blæk] *adj* negro como la boca de un lobo

pitcher¹ ['pɪtʃər, *Am:* -ər] *n* (*large jug*) cántaro *m; Am* (*smaller*) jarra *f*

pitcher² ['pɪtʃər, *Am:* -ər] *n* lanzador(a) *m(f)*

pitchfork ['pɪtʃfɔ:k, *Am:* -fɔ:rk] *n* horca *f*

pitfall ['pɪtfɔ:l] *n pl* escollo *m*

pith [pɪθ] *n no pl* médula *f*

pithy ['pɪθi] <-ier, -iest> *adj* sucinto

pitiful ['pɪtɪfəl, *Am:* 'pɪṭ-] *adj* lamentable

pittance ['pɪtənts] *n no pl* miseria *f,* pavada *f CSur*

pituitary gland [pɪ'tju:ɪtəri-, *Am:* -'tu:əter-] *n* glándula *f* pituitaria

pity ['pɪti, *Am:* 'pɪṭi] **I.** *n no pl* **1.** (*compassion*) compasión *f;* in ~ por piedad; to feel ~ for sb compadecerse de alguien; to take ~ on sb apiadarse de alguien; for ~'s sake ¡por piedad! **2.** (*shame*) to be a ~ ser una pena; more's the ~! ¡desgraciadamente!; what a ~! ¡qué pena! **II.** <-ies, -ied> *vt* compadecerse de

pivot ['pɪvət] **I.** *n* eje *m* **II.** *vi* to ~ round girar

pixel [pɪksəl] *n* INFOR píxel *m*

pizza ['pi:tsə] *n* pizza *f*

placard ['plækɑːd, *Am:* -ɑːrd] *n* pancarta *f*

placate [plə'keɪt, *Am:* 'pleɪkeɪt] *vt* aplacar

place [pleɪs] I. *n* 1. (*location, area*) lugar *m;* ~ **of birth** lugar de nacimiento; ~**s of interest** lugares de interés; **to be in** ~ estar en su sitio; *fig* estar listo; **in** ~ **of sb** en vez de alguien; **to fall into** ~ encajar; **to feel out of** ~ sentirse fuera de lugar; **to go** ~**s** *inf* llegar lejos; **to know one's** ~ saber cuál es el lugar de uno; **to put sb in his** ~ poner a alguien en su sitio; **all over the** ~ por todas partes 2. (*position*) posición *f;* **to lose one's** ~ (*book*) perder la página; **to take first/second** ~ quedar en primer/segundo lugar; **in the first** ~ primero; **in the second** ~ segundo 3. (*seat*) sitio *m;* **to change** ~**s with sb** cambiar el sitio con alguien 4. (*in organization*) plaza *f* II. *vt* 1. (*put*) colocar; **to** ~ **one's hopes on sth** poner sus esperanzas en algo; **to** ~ **the emphasis on sth** hacer énfasis en algo; **to** ~ **one's faith in sb** depositar su confianza en alguien; **to** ~ **an order for sth** hacer un pedido de algo; **to** ~ **a bet** hacer una apuesta; **to** ~ **sb in charge (of sth)** poner a alguien a cargo (de algo); **to** ~ **sb under surveillance** poner a alguien bajo vigilancia; **to** ~ **sth under the control of sb** poner algo bajo el control de alguien; **I can't** ~ **him** su cara me suena, pero no la puedo situar 2. (*impose*) imponer; **to** ~ **a limit on sth** poner un límite a algo

placebo [plə'siːbəʊ, *Am:* -boʊ] <-s> *n* placebo *m*

placement ['pleɪsmənt] *n* colocación *f*

placenta [plə'sentə, *Am:* -t̬ə] <-s o -ae> *n* placenta *f*

placid ['plæsɪd] *adj* plácido

plagiarism ['pleɪdʒərɪzəm, *Am:* -dʒɚɪ-] *n no pl* plagio *m*

plague [pleɪg] I. *n* plaga *f;* **the** ~ HIST la peste; **to avoid sb like the** ~ huir de alguien como de la peste

II. *vt* **to** ~ **sb for sth** acosar a alguien por algo

plaice [pleɪs] *inv n* platija *f*

plaid [plæd] *n no pl, Am* tela *f* a cuadros

plain [pleɪn] I. *adj* 1. sencillo; (*one colour*) de un solo color; **the** ~ **truth** la pura realidad; **a** ~ **girl** una chica más bien fea 2. (*uncomplicated*) fácil; ~ **and simple** liso y llano 3. (*clear, obvious*) evidente; **to make sth** ~ dejar algo claro; **to make oneself** ~ **(to sb)** hacerse entender (a alguien) II. *adv inf* (*downright*) y punto III. *n* GEO llanura *f*

plain clothes *adj* de paisano

plainly ['pleɪnli] *adv* 1. (*simply*) simplemente 2. (*obviously*) evidentemente

plain sailing *n fig* **to be** ~ ser cosa de coser y cantar

plaintiff ['pleɪntɪf, *Am:* -t̬ɪf] *n* demandante *mf*

plaintive ['pleɪntɪv, *Am:* -t̬ɪv] *adj* lastimero

plait [plæt] I. *n* trenza *f* II. *vt* trenzar

plan [plæn] I. *n* (*scheme, diagram*) plano *m;* **savings** ~ plan *m* de ahorro; **street** ~ plano *m* de calles; **to draw up a** ~ elaborar un plan; **to go according to** ~ ir de acuerdo con lo previsto; **to make** ~**s for sth** hacer planes para algo II. <-nn-> *vt* planificar; (*prepare*) preparar; **to** ~ **to do sth** proponerse hacer algo III. *vi* hacer proyectos

plane¹ [pleɪn] *n* MAT plano *m*

plane² *n* (*tool*) cepillo *m*

plane³ *n* AVIAT avión *m;* **by** ~ en avión

plane crash *n* accidente *m* de aviación

planet ['plænɪt] *n* planeta *m;* ~ **Earth** la Tierra

planetary ['plænɪtəri, *Am:* -teri] *adj* planetario

plane tree *n* plátano *m*

plank [plæŋk] *n* tabla *f*

plankton ['plæŋktən] *n no pl* plancton *m*

planner *n* planificador(a) *m(f)*

planning *n no pl* planificación *f;* **at the** ~ **stage** en la etapa de planificación

planning permission *n* permiso *m* de construcción

plant [plɑ:nt, *Am:* plænt] **I.** *n* **1.** BOT planta *f* **2.** (*factory*) fábrica *f* **3.** *no pl* (*machinery*) maquinaria *f* **II.** *vt* **1.** AGR plantar **2.** (*put*) colocar; **to ~ a bomb** poner una bomba

plantation [plæn'teɪʃn] *n* plantación *f*

plaque [plɑ:k, plæk, *Am:* plæk] *n* **1.** (*on building*) placa *f* **2.** *no pl* MED sarro *m*

plasma ['plæzmə] *n no pl* plasma *m*

plaster ['plɑ:stər, *Am:* 'plæstər] **I.** *n* **1.** *no pl* ARCHIT, MED yeso *m* **2.** *Brit* (*sticking plaster*) tirita *f* **II.** *vt* **1.** ARCHIT enyesar **2.** *inf* (*put all over*) llenar

plasterboard ['plɑ:stəbɔ:d, *Am:* 'plæstərbɔ:rd] *n no pl* cartón *m* de yeso (y fieltro)

plaster cast *n* MED escayola *f*

plastered *adj inf* **to get ~** emborracharse

plastic ['plæstɪk] **I.** *n* plástico *m* **II.** *adj* de plástico

plastic bag *n* bolsa *f* de plástico

plastic bullet *n* bala *f* de goma

Plasticine® ['plæstɪsi:n] *n no pl* plastilina *f*

plastic surgery *n* cirugía *f* plástica

plate [pleɪt] *n* **1.** (*dinner plate*) plato *m*; **to give sth to sb on a ~** *fig* servir algo a alguien en bandeja; **to have a lot on one's ~** *fig* tener muchos asuntos entre manos **2.** (*panel*) lámina *f*

plateau ['plætəʊ, *Am:* plæt'oʊ] <*Brit:* -x, *Am, Aus:* -s> *n* meseta *f*

plateful ['pleɪtfʊl] *n* plato *m*

plate glass *n* luna *f*

platelet ['pleɪlət] *n* plaqueta *f*

plate rack *n* portaplatos *m inv*

platform ['plætfɔ:m, *Am:* -fɔ:rm] *n* plataforma *f*; *Brit, Aus* RAIL andén *m*

platinum ['plætɪnəm, *Am:* 'plætnəm] *n no pl* platino *m*

platitude ['plætɪtju:d, *Am:* 'plætətu:d] *n pej* perogrullada *f*

platonic [plə'tɒnɪk, *Am:* -'tɑ:nɪk] *adj* platónico

platoon [plə'tu:n] *n* MIL pelotón *m*

platter ['plætər, *Am:* 'plæt̬ər] *n* fuente *f*

plausibility [,plɔ:zə'bɪlɪti, *Am:* ,plɑ:zə'bɪləti] *n no pl* plausibilidad *f*

plausible ['plɔ:zəbl, *Am:* 'plɑ:-] *adj* plausible

play [pleɪ] **I.** *n* **1.** *no pl* (*recreation*) juego *m*; **foul ~** juego sucio; **to be at ~** estar en juego; **to be in/out of ~** estar dentro/fuera de juego; **to bring sth into ~** poner algo en juego; **to give sth full ~** dar rienda suelta a algo; **to make a ~ for sth** intentar conseguir algo **2.** THEAT obra *f* de teatro **II.** *vi* **1.** jugar; **to ~ fair** jugar limpio **2.** MUS tocar **III.** *vt* **1.** (*participate in game*) jugar; **to ~ football** jugar al fútbol **2.** THEAT interpretar; **to ~ the fool** hacer el payaso **3.** MUS tocar; **to ~ a CD** poner un compact disc **4.** (*perpetrate: joke*) gastar

◆ **play along** *vi* **to ~ with sb** seguir la corriente a alguien

◆ **play down** *vt* quitar importancia a

◆ **play on** *vt* **to ~ sb's weakness** aprovecharse de la debilidad de alguien

◆ **play up** *vi Aus, Brit* dar guerra

◆ **play upon** *vt s.* **to play on**

play-act *vi fig* hacer teatro

playboy *n* playboy *m*

player ['pleɪər, *Am:* -ər] *n* jugador(a) *m(f)*

playfellow *n* compañero, -a *m, f* de juego

playful ['pleɪfəl] *adj* juguetón

playground *n* (*of school*) patio *m*; (*in park*) campo *m* de recreo **playgroup** *n* guardería *f* **playhouse** *n* (*theatre*) teatro *m*

playing card *n* carta *f* **playing field** *n* campo *m* de deportes

playmate *n* compañero, -a *m, f* de juego **play-off** *n* desempate *m* **playpen** *n* parque *m* **playroom** *n* cuarto *m* de jugar **plaything** *n* juguete *m* **playtime** *n no pl* recreo *m*

playwright ['pleɪraɪt] *n* dramaturgo, -a *m, f*

plaza ['plɑ:zə] *n* plaza *f;* (**shopping**) ~ centro *m* comercial

plc [,pi:el'si:] *n Brit abbr of* **public limited company** S.A. *f*

plea [pli:] *n* **1.** (*appeal*) petición *f;* **to make a ~ for mercy** pedir clemencia **2.** LAW alegato *m;* **to enter a ~ of not guilty** declararse inocente

plead [pli:d] <pleaded *Am:* pled, pleaded *Am:* pled> **I.** *vi* implorar; **to ~ for forgiveness** suplicar perdón; **to ~ with sb** (**to do sth**) suplicar (hacer algo) a alguien; **to ~ innocent** (**to a charge**) declararse inocente (de un cargo) **II.** *vt* pretextar; **to ~ ignorance of sth** pretextar su ignorancia en algo; **to ~ sb's cause** defender la causa de alguien

pleasant ['plezənt] *adj* agradable; **have a ~ journey!** ¡buen viaje!; **to be ~** (**to sb**) ser amable (con alguien)

please [pli:z] **I.** *vt* gustar; **to be hard to ~** ser difícil de contentar; **~ yourself** haz lo que te parezca **II.** *vi* **eager to ~** deseoso de agradar; **to do as one ~s** hacer lo que uno quiera **III.** *interj* por favor; **if you ~** *form* con su permiso

pleased *adj* satisfecho; **to be ~ that ...** estar contento de que +*subj;* **I'm very ~ to meet you** encantado de conocerle; **to be ~ to do sth** estar encantado de hacer algo; **to be as ~ as Punch** (**about sth**) estar más contento que unas Pascuas (con algo)

pleasing *adj* agradable

pleasurable ['pleʒərəbl] *adj* grato

pleasure ['pleʒəʳ, *Am:* -ɚ] *n* placer *m;* **to take ~ in sth/in doing sth** disfrutar de algo/haciendo algo; **with ~** con mucho gusto

pleat [pli:t] *n* pliegue *m*

plebiscite ['plebɪsɪt, *Am:* -əsaɪt] *n* plebiscito *m*

pled [pled] *Am, Scot pt, pp of* **plead**

pledge [pledʒ] **I.** *n* promesa *f;* **to fulfil a ~** cumplir un compromiso; **to make a ~ that ...** prometer solemnemente que...; **a ~ of good faith** una garantía de buena fe **II.** *vt* **to ~ loyalty** jurar lealtad; **to ~ to do sth**

prometer hacer algo; **I've been ~d to secrecy** he jurado guardar el secreto

plenary ['pli:nəri] *adj* plenario

plentiful ['plentɪf(ʊ)l, *Am:* -ṭɪ-] *adj* abundante

plenty ['plenti, *Am:* -ṭi] **I.** *n no pl* ~ **of money/time** dinero/tiempo de sobra **II.** *adv* ~ **more** mucho más

pliable ['plaɪəbl] *adj* **1.** (*supple*) flexible **2.** *fig* dócil

pliers ['plaɪəz, *Am:* 'plaɪɚz] *npl* alicates *mpl;* **a pair of** ~ unos alicates

plight [plaɪt] *n* apuro *m*

PLO [,pi:el'əʊ, *Am:* -'oʊ] *n abbr of* **Palestine Liberation Organization** OLP *f*

plod [plɒd, *Am:* plɑ:d] <-dd-> *vi* andar con paso pesado; **to ~ through a book** leer un libro lentamente

plonk [plɒŋk, *Am:* plʌŋk] **I.** *n inf* ruido *m* sordo **II.** *vt inf* dejar caer pesadamente

plop [plɒp, *Am:* plɑ:p] **I.** *n* plaf *m* **II.** <-pp-> *vi* caerse haciendo plaf

plot [plɒt, *Am:* plɑ:t] **I.** *n* **1.** (*conspiracy*) conspiración *f;* **to hatch a ~** tramar una intriga **2.** (*story line*) argumento *m;* **the ~ thickens** *iron* el asunto se complica **3.** (*small piece of land*) terreno *m;* **a ~ of land** un terreno; **building ~** solar *m* **II.** <-tt-> *vt* **1.** (*conspire*) tramar **2.** (*graph*) trazar; **to ~ a course** planear una ruta **III.** <-tt-> *vi* **to ~ against sb** conspirar contra alguien; **to ~ to do sth** planear hacer algo

◆ **plot out** *vt* trazar

plough [plaʊ] **I.** *n* arado *m* **II.** *vt* arar; **to ~ one's way through sth** abrirse paso por algo; **to ~ money into a project** invertir mucho dinero en un proyecto

◆ **plough up** *vt* roturar

plow [plaʊ] *n Am s.* **plough**

ploy [plɔɪ] *n* táctica *f*

pluck [plʌk] **I.** *n* (*courage*) valor *m;* **to have a lot of ~** tener agallas **II.** *vt* (*remove*) arrancar; **to ~ a chicken** desplumar un pollo; **to ~ one's eyebrows** depilarse las cejas

◆ **pluck up** *vt* **to ~ the courage to**

P
p

do sth armarse de valor para hacer algo

plucky ['plʌki] <-ier, -iest> *adj* valiente

plug [plʌg] I. *n* (*connector*) enchufe *m*; (*socket*) toma *f* de corriente; (*stopper*) tapón *m*; **to give sth a ~** *inf* dar publicidad a algo II. <-gg-> *vt* 1. **to ~ a hole** tapar un agujero; **to ~ a leak** taponar un escape 2. (*publicize*) anunciar

♦ **plug in** *vt* conectar; ELEC enchufar

plughole ['plʌghəʊl, *Am:* -hoʊl] *n* desagüe *m*; **to go down the ~** *fig* irse al garete

plug-in *n* INFOR plug-in *m*

plum [plʌm] *n* (*fruit*) ciruela *f*; (*tree*) ciruelo *m*; **a ~ job** un trabajo fantástico

plumage ['plu:mɪdʒ] *n no pl* plumaje *m*

plumb [plʌm] I. *vt* sondar; **to ~ the depths** *fig* estar muy deprimido II. *adv* **he hit me ~ on the nose** me dio de lleno en la nariz

♦ **plumb in** *vt* **to plumb sth in** instalar algo

plumber ['plʌmə', *Am:* -ə'] *n* fontanero, -a *m, f*, plomero, -a *m, f AmL*, gasfitero, -a *m, f Chile, Perú*

plumbing ['plʌmɪŋ] *n no pl* fontanería *f*

plume [plu:m] *n* pluma *f*; (*of smoke, gas*) nube *f*

plummet ['plʌmɪt] *vi* caer en picado

plump [plʌmp] *adj* (*person*) rollizo; (*animal*) gordo

♦ **plump for** *vt inf* optar por

plumpness ['plʌmpnəs] *n no pl* gordura *f*

plum pudding *n Brit* budín *m* de pasas **plum tree** *n Brit* ciruelo *m*

plunder ['plʌndə', *Am:* -də'] I. *n no pl* saqueo *m* II. *vt* saquear

plunge [plʌndʒ] I. *n* caída *f*; **to take the ~** dar el paso decisivo II. *vi* precipitarse; **to ~ to one's death** tener una caída mortal; **we ~d into the sea** nos zambullimos en el mar; **to ~ into sth** *fig* emprender algo III. *vt* hundir; **to ~ a knife into sth** clavar un cuchillo en algo

♦ **plunge in** *vi* lanzarse

plunger ['plʌndʒə', *Am:* -dʒə'] *n* (*of syringe*) émbolo *m*; (*for drain, sink*) desatascador *m*

plunk [plʌŋk] *n Am s.* **plonk**

plural ['plʊərəl, *Am:* 'plʊrəl] *n* plural *m*; **in the ~** en plural

pluralism ['plʊərəlɪzəm, *Am:* 'plʊrəl-] *n no pl* pluralismo *m*

plurality [plʊə'ræləti, *Am:* plʊ'ræləti] <-ies> *n* pluralidad *f*

plus [plʌs] I. *prep* más; **5 ~ 2 equals 7** 5 más 2 igual a 7 II. <-es> *n* 1. (*symbol*) signo *m* más 2. (*advantage*) punto *m* a favor III. *adj* (*above zero*) positivo; **~ 8** más 8; **200 ~** más de 200; **the ~ side (of sth)** el lado positivo (de algo)

plush [plʌʃ] *adj* lujoso

Pluto ['plu:təʊ, *Am:* -t̬oʊ] *n* Plutón *m*

plutonium [plu:'təʊniəm, *Am:* -'toʊ-] *n no pl* plutonio *m*

ply [plaɪ] <-ie-> I. *vt* **to ~ one's trade** ejercer su profesión; **to ~ sb with questions** acosar a alguien con preguntas; **to ~ sb with wine** no parar de servir vino a alguien; **to ~ a route** hacer un trayecto II. *vi* **to ~ for business** ofrecer sus servicios

plywood ['plaɪwʊd] *n no pl* contrachapado *m*

p.m. [ˌpi:'em] *abbr of* **post meridiem** p.m.; **one ~** la una de la tarde; **eight ~** las ocho de la noche

PM [ˌpi:'em] *n abbr of* **Prime Minister** primer ministro *m*, primera ministra *f*

pneumatic [nju:'mætɪk, *Am:* nu:-'mæt̬-] *adj* neumático

pneumonia [nju:'məʊniə, *Am:* nu:'moʊnjə] *n no pl* neumonía *f*

PO [ˌpi:'əʊ, *Am:* -'oʊ] *n Brit abbr of* **Post Office** Correos *m*

poach¹ [pəʊtʃ] *vt* (*eggs*) escalfar; (*fish*) cocer

poach² [pəʊtʃ] I. *vt* cazar en vedado; (*fish*) pescar en vedado; **to ~ someone's ideas** birlar las ideas de alguien; **to ~ a manager from a company** apropiarse de un director de una empresa II. *vi* (*catch il-*

legally) cazar furtivamente; (*fish*) pescar furtivamente

poacher ['pəʊtʃəʳ, *Am:* 'poʊtʃɚ] *n* (*hunter*) cazador(a) *m(f)* furtivo; (*fisherman*) pescador(a) *m(f)* furtivo

poaching ['pəʊtʃɪŋ, *Am:* 'poʊtʃ-] *n no pl* caza *f* furtiva; (*fishing*) pesca *f* furtiva

POB *n abbr of* **Post-Office Box** apdo. *m* de correos

PO Box [ˌpiː'əʊbɒks, *Am:* -'oʊbaːks] <-es> *n abbr of* **Post Office Box** apartado *m* de correos

pocket ['pɒkɪt, *Am:* 'paːkɪt] I. *n* bolsillo *m*, bolsa *f AmC*, *Méx;* (*in billiard table*) tronera *f;* ~ **edition** edición *f* de bolsillo; **a** ~ **of resistance** un foco de resistencia; ~ **of turbulence** AVIAT, METEO racha *f* de turbulencias; **to be out of** ~ salir perdiendo; **to have sb in one's** ~ tener a alguien en el bolsillo; **to pay for sth out of one's own** ~ pagar algo de su bolsillo II. *vt* **to** ~ **sth** meterse algo en el bolsillo; (*steal*) apropiarse de

pocketbook *n* **1.** *Am* (*woman's handbag*) bolso *m*, cartera *f AmL* **2.** (*wallet*) monedero *m*

pocket calculator *n* calculadora *f* de bolsillo

pocketful ['pɒkɪtfʊl, *Am:* 'paːkɪt-] *n* **a** ~ **of sth** un puñado de algo

pocketknife <-knives> *n* navaja *f*

pocket money *n no pl* (*for personal expenses*) dinero *m* para gastos personales; *Brit* (*from parents*) paga *f*

pod [pɒd, *Am:* paːd] *n* **1.** BOT vaina *f* **2.** AVIAT tanque *m*

POD *abbr of* **pay on delivery** pago *m* contra entrega

podgy ['pɒdʒi, *Am:* 'paːdʒi] <-ier, -iest> *adj* gordinflón

podium ['pəʊdiəm, *Am:* 'poʊ-] <-dia> *n* podio *m*

poem ['pəʊɪm, *Am:* poʊəm] *n* poema *m*

poet ['pəʊɪt, *Am:* poʊət] *n* poeta *mf*

poetic [pəʊ'etɪk, *Am:* poʊ'eṭ-] *adj* poético

poetry ['pəʊɪtri, *Am:* 'poʊə-] *n no pl* poesía *f*

poignant ['pɔɪnjənt] *adj* conmovedor

point [pɔɪnt] I. *n* **1.** (*sharp end*) punta *f* **2.** (*promontory*) cabo *m* **3.** (*particular place*) punto *m* **4.** (*particular time*) momento *m;* **boiling/freezing** ~ punto *m* de ebullición/congelación; **starting** ~ punto de partida; **to do sth up to a** ~ hacer algo hasta cierto punto; **at this** ~ **in time** en este momento **5.** (*significant idea*) cuestión *f;* **to be beside the** ~ no venir al caso; **to get to the** ~ ir al grano; **to get the** ~ (*of sth*) entender (algo); **to make one's** ~ expresar su opinión; **to make a** ~ **of doing sth** procurar de hacer algo; **to miss the** ~ no captar lo relevante; **to take sb's** ~ aceptar el argumento de alguien; ~ **taken** de acuerdo; **that's just the** ~**!** ¡eso es lo importante!; **what's the** ~**?** ¿qué sentido tiene? **6.** (*in score*) punto *m;* **decimal** ~ coma *f,* punto *m* decimal *AmL;* **to win on** ~**s** ganar por puntos II. *vi* señalar; (*indicate*) señalar; III. *vt* apuntar; **to** ~ **sth at sb** apuntar con algo a alguien; **to** ~ **a finger at sb** *a. fig* señalar con el dedo a alguien; **to** ~ **sth toward sth** dirigir algo hacia algo; **to** ~ **sb toward sth** indicar a alguien el camino hacia algo

◆**point out** *vt* indicar; **to point sth out to sb** (*inform*) advertir a alguien de algo

◆**point up** *vi form* destacar

point-blank *adv* a quemarropa; **to refuse** ~ negarse rotundamente

pointed ['pɔɪntɪd, *Am:* -ṭɪd] *adj* **1.** (*implement, stick*) puntiagudo **2.** *fig* (*criticism*) mordaz; (*question*) directo

pointer ['pɔɪntəʳ, *Am:* -ṭɚ] *n* puntero *m;* (*of clock*) aguja *f*

pointless ['pɔɪntləs] *adj* inútil

point of view <points of view> *n* punto *m* de vista

poise [pɔɪz] I. *n no pl* aplomo *m;* **to lose one's** ~ perder la serenidad II. *vt* **to be** ~**d to do sth** estar a punto de hacer algo

poison ['pɔɪzən] I. *n* veneno *m;* **to take** ~ envenenarse; **what's your ~?** *iron* ¿qué tomas? II. *vt* envenenar; *fig* emponzoñar; **to** ~ **sb's mind (against sb)** indisponer a alguien (contra alguien)

poisoning *n no pl* envenenamiento *m*

poisonous ['pɔɪzənəs] *adj* venenoso

poke [pəʊk, *Am:* poʊk] I. *n* (*push*) empujón *m;* (*with elbow*) codazo *m* II. *vt* (*with finger*) dar con la punta del dedo en; (*with elbow*) dar un codazo a; **to** ~ **a hole in sth** hacer un agujero en algo; **to** ~ **holes in an argument** echar un argumento por tierra; **to** ~ **one's nose into sb's business** meter las narices en los asuntos de alguien

poker¹ ['pəʊkəʳ, *Am:* 'poʊkɚ] *n* (*card game*) póquer *m*

poker² ['pəʊkəʳ, *Am:* 'poʊkɚ] *n* (*fireplace tool*) atizador *m*

Poland ['pəʊlənd, *Am:* 'poʊ-] *n* Polonia *f*

polar ['pəʊləʳ, *Am:* 'poʊlɚ] *adj* polar

polar bear *n* oso *m* polar **polar ice cap** *n no pl* casquete *m* polar

polarisation [ˌpəʊləraɪ'zeɪʃən] *n no pl, Brit, Aus s.* **polarization**

polarise ['pəʊləraɪz] *vt, vi Brit, Aus s.* **polarize**

polarity [pəʊ'lærəti, *Am:* poʊ'lerəti] *n no pl* polaridad *f*

polarization [ˌpəʊləraɪ'zeɪʃən, *Am:* ˌpoʊlɚ'-] *n no pl* polarización *f*

polarize ['pəʊləraɪz, *Am:* 'poʊ-] *vi, vt* polarizar(se)

pole¹ [pəʊl, *Am:* poʊl] *n* palo *m;* **fishing** ~ caña *f* de pescar; **telegraph** ~ poste *m* telegráfico

pole² [pəʊl, *Am:* poʊl] *n* GEO, ELEC polo *m;* **to be ~s apart** *fig* ser polos opuestos

Pole [pəʊl, *Am:* poʊl] *n* (*person*) polaco, -a *m, f*

polemic [pə'lemɪk] I. *n* polémica *f* II. *adj* polémico

pole position *n no pl* **to be in ~**

estar en cabeza

Pole Star *n* estrella *f* polar

pole vault *n* salto *m* con pértiga **pole vaulter** *n* saltador(a) *m(f)* de pértiga

police [pə'liːs] I. *npl* policía *f* II. *vt* **to** ~ **an area** vigilar una zona; **to** ~ **a process** supervisar un proceso

> [!] **police** (= la policía) se utiliza en plural: "The police are coming."

police car *n* coche *m* de policía **police constable** *n Brit* policía *m*, guardia *m* **police department** *n Am* departamento *m* de policía **police dog** *n* perro *m* policía **police force** *n* cuerpo *m* de policía

policeman [pə'liːsmən] <-men> *n* policía *m*

police officer *n* agente *mf* de policía **police station** *n* comisaría *f*

policewoman <-women> *n* mujer *f* policía

policy¹ ['pɒləsi, *Am:* 'pɑːlə-] <-ies> *n* POL, ECON política *f;* **company** ~ política de empresa; **my** ~ **is to tell the truth whenever possible** tengo por norma decir la verdad siempre que sea posible

policy² ['pɒləsi, *Am:* 'pɑːlə-] <-ies> *n* FIN póliza *f*

policyholder *n* asegurado, -a *m, f* **policy maker** *n* responsable *mf* de los principios políticos de un partido **policy-making** *n no pl* formulación *f* de principios políticos

polio [ˌpəʊliəʊ, *Am:* ˌpoʊlioʊ] *n no pl* MED polio *f*

polish ['pɒlɪʃ, *Am:* 'pɑːlɪʃ] I. *n no pl* **1.** (*for furniture*) cera *f;* (*for shoes*) betún *m;* (*for silver*) abrillantador *m;* (*for nails*) esmalte *m;* **to give sth a** ~ dar brillo a algo **2.** (*sophistication*) refinamiento *m* II. *vt* (*furniture*) sacar brillo a; (*shoes, silver*) limpiar; *fig* pulir

♦ **polish off** *vt* (*food*) despacharse; (*opponent*) liquidar

Polish ['pəʊlɪʃ, *Am:* 'poʊ-] *adj* polaco

polished *adj* **1.** (*shiny*) pulido **2.** *fig*

distinguido; **a ~ performance** una actuación impecable

polite [pə'laɪt] *adj* **1.** (*courteous*) atento; **~ refusal** declinación *f* cortés **2.** (*cultured*) educado; **~ society** buena sociedad *f*

politeness *n no pl* cortesía *f*

political [pə'lɪtɪkəl, *Am:* -'lɪtə-] *adj* político

politician [ˌpɒlɪ'tɪʃən, *Am:* ˌpɑːlə'-] *n* político, -a *m, f*

politicize [pe'lɪtɪsaɪz, *Am:* -'lɪtə-] *vt* politizar

politics *n pl* **1.** (*activities of government*) política *f*; **to talk ~** hablar de política **2.** *Brit* (*political science*) ciencias *fpl* políticas

poll [pəʊl, *Am:* poʊl] **I.** *n* encuesta *f*; **opinion ~** sondeo *m* de la opinión pública; **to conduct a ~** hacer una encuesta; **to go to the ~s** acudir a las urnas **II.** *vt* sondear

pollard ['pɒləd, *Am:* 'pɑːləd] *vt* desmochar

pollen ['pɒlən, *Am:* 'pɑːlən] *n no pl* polen *m*

pollen count *n* índice *m* de polen en el aire

pollinate ['pɒlɪneɪt, *Am:* 'pɑːlə-] *vt* polinizar

polling *n no pl* votación *f*

polling booth *n Brit, Aus* cabina *f* electoral **polling day** *n Brit, Aus* día *m* de elecciones **polling place** *n Am*, **polling station** *n Brit, Aus* colegio *m* electoral

pollster ['pəʊlstə', *Am:* 'poʊlstə'] *n* encuestador(a) *m(f)*

pollutant [pəl'uːtənt] *n* contaminante *m*

pollute [pə'luːt] *vt* contaminar; **to ~ sb's mind** corromper la mente de alguien

polluter [pə'luːtə', *Am:* -tə'] *n* contaminador(a) *m(f)*

pollution [pə'luːʃn] *n no pl* contaminación *f*

polo ['pəʊləʊ, *Am:* 'poʊloʊ] *n no pl* SPORTS polo *m*

polo shirt *n* polo *m*

poly ['pɒli, *Am:* 'pɑːli] *n Brit, inf* *abbr of* **polytechnic** escuela *f* politécnica

polyester [ˌpɒli'estə', *Am:* ˌpɑːli'estə'] *n no pl* poliéster *m*

polygamy [pə'lɪgəmi] *n no pl* poligamia *f*

polygon ['pɒlɪgən, *Am:* 'pɑːlɪgɑːn] *n* polígono *m*

Polynesia [ˌpɒlɪ'niːʒə, *Am:* ˌpɑːlə'niːʒə] *n* Polinesia *f*

polyp ['pɒlɪp, *Am:* 'pɑːlɪp] *n* pólipo *m*

polystyrene [ˌpɒlɪ'staɪəriːn, *Am:* ˌpɑːlɪ-] *n no pl, Brit, Aus* poliestireno *m*

polytechnic [ˌpɒlɪ'teknɪk, *Am:* ˌpɑːlɪ-] *n* escuela *f* politécnica

polythene ['pɒlɪθiːn, *Am:* 'pɑːlɪ-] *n no pl* polietileno *m*

polythene bag *n Brit, Aus* bolsa *f* de polietileno

polyunsaturated fats [ˌpɒliʌn'sætʃəreɪtɪd-, *Am:* ˌpɑːliʌn'sætʃəreɪtɪd-] *npl* grasas *fpl* poliinsaturadas

polyurethane [ˌpɒlɪ'jʊərəθeɪn, *Am:* ˌpɑːlɪ'jʊrə-] *n no pl* poliuretano *m*

pomegranate ['pɒmɪgrænɪt, *Am:* 'pɑːmˌgræn-] *n* (*fruit*) granada *f*; (*tree*) granado *m*

pomp [pɒmp, *Am:* pɑːmp] *n no pl* **~ and circumstance** pompa y solemnidad

pomposity [pɒm'pɒsəti, *Am:* pɑːm'pɑːsəṭi] *n no pl* pomposidad *f*

pompous ['pɒmpəs, *Am:* 'pɑːm-] *adj* pomposo

ponce [pɒns, *Am:* pɑːns] *n* **1.** *Brit, Aus, pej* (*effeminate man*) mariquita *m* **2.** *Brit, inf* (*pimp*) chulo *m*

pond [pɒnd, *Am:* pɑːnd] *n* (*natural*) charca *f*; (*artificial*) estanque *m*; **duck ~** estanque de patos; **fish ~** vivero *m*

ponder ['pɒndə', *Am:* 'pɑːndə'] **I.** *vt* considerar **II.** *vi* **to ~ on sth** meditar sobre algo; **to ~ whether ...** preguntarse si...

ponderous ['pɒndərəs, *Am:* 'pɑːn-] *adj* (*movement*) pesado; (*style*) laborioso

pong [pɒŋ, *Am:* pɑːŋ] *inf* **I.** *n Brit,*

P
p

Aus peste *f* **II.** *vi Brit, Aus, pej* **to ~ of sth** apestar a algo

pontificate [pɒnˈtɪfɪkeɪt, *Am:* pɑːn-] *vi pej* pontificar

pontoon [pɒnˈtuːn, *Am:* pɑːn-] *n* **1.** (*floating device*) pontón *m* **2.** *no pl, Brit* (*card game*) veintiuna *f*

pony [ˈpəʊni, *Am:* ˈpoʊ-] <-ies> *n* poni *m*

ponytail *n* coleta *f*

poo [puː] *s.* **pooh**

poodle [ˈpuːdl] *n* caniche *m*

poof [puːf] *n Brit, Aus, pej* maricón *m*

pooh [puː] *n Brit, Aus, childspeak* caca *f*; **to do a ~** hacer caca

pool¹ [puːl] *n* (*of water*) charca *f*; (*artificial*) estanque *m*; (*of oil, blood*) charco *f*; **a ~ of light** un foco de luz; **swimming ~** piscina *f*, pileta *f RíoPl*

pool² [puːl] **I.** *n* **1.** (*common fund*) fondo *m* común; **car ~** parque *m* de automóviles; **gene ~** acervo *m* genético **2.** SPORTS billar *m* americano **3.** *pl, Brit* (*football*) **~s** quiniela *f* **II.** *vt* (*money, resources*) hacer un fondo común de; (*information*) compartir

pool hall *n* sala *f* de billar **pool table** *n* mesa *f* de billar

poor [pʊər, *Am:* pʊr] **I.** *adj* **1.** (*lacking money*) pobre; **you ~ thing!** ¡pobrecito! **2.** (*attendance, harvest*) escaso; (*memory, performance*) malo; **~ visibility** visibilidad *f* escasa; **to be ~ at sth** no estar fuerte en algo; **to be in ~ health** estar mal de salud; **to be a ~ loser** no saber perder; **to be a ~ excuse for sth** ser una mala versión de algo; **to have ~ eyesight** tener mala vista; **to have ~ hearing** ser duro de oído **II.** *n* **the ~** los pobres

poorhouse *n* HIST asilo *m* de los pobres

poorly [ˈpʊəli, *Am:* ˈpʊr-] **I.** *adv* **1. to be ~ off** andar escaso de dinero **2.** (*inadequately*) mal; **~ dressed** mal vestido; **to think ~ of sb** tener mala opinión de alguien **II.** *adj* **to feel ~** encontrarse mal

pop¹ [pɒp, *Am:* pɑːp] *n no pl* MUS pop *m*

pop² *n inf* (*father*) papá *m*

pop³ **I.** *n* **1.** (*small explosive noise*) pequeña explosión *f* **2.** (*drink*) gaseosa *f*; **fizzy ~** bebida *f* gaseosa **II.** <-pp-> *vi* **1.** (*explode*) estallar; (*burst*) reventar **2.** (*go, come quickly*) **to ~ upstairs** subir un momento; **to ~ out for sth** salir un momento a por algo **III.** <-pp-> *vt* **1.** (*make burst*) hacer estallar **2.** (*put quickly*) **to ~ sth on** ponerse algo

◆ **pop up** *vi* (*appear*) aparecer

pop concert *n* concierto *m* pop

popcorn *n no pl* palomitas *fpl* de maíz, pororó *m CSur*; cacalote *m AmC, Méx*

pope [pəʊp, *Am:* poʊp] *n* papa *m*

pop group *n* grupo *m* pop

pop gun *n* pistola *f* de juguete

poplar [ˈpɒplər, *Am:* ˈpɑːplər] *n* álamo *m*

pop music *n no pl* música *f* pop

poppy [ˈpɒpi, *Am:* ˈpɑːpi] <-ies> *n* amapola *f*

pop singer *n* cantante *mf* pop **pop song** *n* canción *f* pop **pop star** *n* estrella *f* del pop

populace [ˈpɒpjʊləs, *Am:* ˈpɑːpjəlɪs] *n no pl* **the ~** el pueblo

popular [ˈpɒpjʊlər, *Am:* ˈpɑːpjələr] *adj* popular; **he is ~ with girls** tiene éxito con las chicas; **~ front** frente *m* popular; **by ~ request** a petición del público

popularity [ˌpɒpjʊˈlærəti, *Am:* ˌpɑːpjəˈlerəti] *n no pl* popularidad *f*

popularize [ˈpɒpjʊləraɪz, *Am:* ˈpɑːpjə-] *vt* popularizar

popularly [ˈpɒpjʊləli, *Am:* ˈpɑːpjələ-] *adv* generalmente

populate [ˈpɒpjʊleɪt, *Am:* ˈpɑːpjə-] *vt* poblar

population [ˌpɒpjʊˈleɪʃən, *Am:* ˌpɑːpjə-] *n* población *f*; **the working ~** la población activa

populous [ˈpɒpjʊləs, *Am:* ˈpɑːpjə-] *adj form* populoso

porcelain [ˈpɔːsəlɪn, *Am:* ˈpɔːr-] *n no pl* porcelana *f*

porch [pɔːtʃ, *Am:* pɔːrtʃ] *n* **1.** (*over*

entrance) porche *m* **2.** *Am* (*verandah*) veranda *f*

porcupine ['pɔːkjʊpaɪn, *Am:* 'pɔːr-] *n* puercoespín *m*

pore [pɔːʳ, *Am:* pɔːr] *n* poro *m*
♦ **pore over** *vi* **to ~ a book/map** estudiar detenidamente un libro/mapa

pork [pɔːk, *Am:* pɔːrk] *n no pl* (carne *f* de) cerdo *m*, (carne *f* de) puerco *m Méx*, (carne *f* de) chancho *m Chile, Perú*

porky <-ier, -iest> *adj pej, inf* gordinflón

porn [pɔːn, *Am:* pɔːrn] *n abbr of* **pornography** porno *m*

pornographic [ˌpɔːnəˈgræfɪk, *Am:* ˌpɔːrnəˈ-] *adj* pornográfico

pornography [pɔːˈnɒgrəfi, *Am:* pɔːrˈnɑːgrə-] *n no pl* pornografía *f*

porous ['pɔːrəs] *adj* poroso

porpoise ['pɔːpəs, *Am:* 'pɔːr-] *n* marsopa *f*

porridge ['pɒrɪdʒ, *Am:* 'pɔːr-] *n no pl* ≈ gachas *fpl* de avena

port[1] [pɔːt, *Am:* pɔːrt] *n* NAUT, INFOR puerto *m*; **~ of call** puerto de escala; **to come into ~** tomar puerto; **to leave ~** zarpar; **any ~ in a storm** *prov* en tiempos de guerrra cualquier hoyo es trinchero

port[2] [pɔːt, *Am:* pɔːrt] *n no pl* AVIAT, NAUT babor *m*; **to ~ a** babor

port[3] [pɔːt, *Am:* pɔːrt] *n no pl* (*wine*) oporto *m*

portable ['pɔːtəbl, *Am:* 'pɔːrtə-] *adj* portátil

portal ['pɔːtəl, *Am:* 'pɔːrtəl] *n* portal *m*

portcullis [ˌpɔːtˈkʌlɪs, *Am:* ˌpɔːrt-] <-es> *n* rastrillo *m*

porter ['pɔːtəʳ, *Am:* 'pɔːrtə·] *n* RAIL mozo *m* de equipajes; (*in hospital*) camillero *m*; (*on expedition*) porteador *m*; *Brit* (*doorkeeper*) portero *m*; **~'s lodge** conserjería *f*

portfolio [pɔːtˈfəʊliəʊ, *Am:* pɔːrt-ˈfoʊlioʊ] *n* **1.** (*case*) portafolio(s) *m* (*inv*) **2.** (*drawings, designs*) carpeta *f* de trabajos **3.** FIN, POL cartera *f*

porthole ['pɔːthəʊl, *Am:* 'pɔːrt-hoʊl] *n* portilla *f*

portico ['pɔːtɪkəʊ, *Am:* 'pɔːrtɪkoʊ] <-es *o* -s> *n* pórtico *m*

portion ['pɔːʃən, *Am:* 'pɔːr-] *n* (*part*) parte *f*; (*of food*) ración *f*

portly ['pɔːtli, *Am:* 'pɔːrt-] <-ier, -iest> *adj* corpulento

portrait ['pɔːtrɪt, *Am:* 'pɔːrtrɪt] *n* retrato *m*; **to paint a ~ of sb** retratar a alguien

portray [pɔːˈtreɪ, *Am:* pɔːr-] *vt* (*person*) retratar; (*scene, environment*) representar; *fig* describir

portrayal [pɔːˈtreɪəl, *Am:* pɔːr-] *n* ART retrato *m*; *fig* descripción *f*

Portugal ['pɔːtjʊgəl, *Am:* 'pɔːrtʃə-gəl] *n* Portugal *m*

Portuguese [ˌpɔːtjʊˈgiːz, *Am:* ˌpɔːrtʃə'-] *adj* portugués

pose[1] [pəʊz, *Am:* poʊz] *vt* (*difficulty, problem*) plantear; (*question*) formular; **to ~ a threat to sb** representar una amenaza para alguien

pose[2] [pəʊz, *Am:* poʊz] **I.** *vi* ART, PHOT posar; **to ~ as sth** hacerse pasar por algo **II.** *n* **it's all a ~** es todo fachada

poser ['pəʊzəʳ, *Am:* 'poʊzə·] *n* **1.** *inf* (*question*) pregunta *f* difícil; (*problem*) dilema *m* **2.** *pej* (*person*) **he's a ~** se hace el interesante

posh [pɒʃ, *Am:* pɑːʃ] *adj inf* **1.** (*stylish: area*) elegante; (*car, hotel, restaurant*) de lujo **2.** *Brit* (*person, accent*) pijo, cheto *CSur*

posit ['pɒzɪt, *Am:* 'pɑːzɪt] *vt form* postular

position [pəˈzɪʃn] **I.** *n* **1.** (*situation*) posición *f*; **to be in ~** estar en su sitio; **to be out of ~** estar fuera de lugar; **to take up a ~ on sth** *fig* adoptar una postura sobre algo; **financial ~** situación económica; **to be in a ~ to do sth** estar en condiciones de hacer algo; **to be in no ~ to do sth** no estar en condiciones de hacer algo; **to put sb in a difficult ~** poner a alguien en un aprieto **2.** *Brit, Aus* (*rank*) posición *f*; **the ~ of director** el cargo de director; **a ~ of responsibility** un puesto de responsabilidad **II.** *vt* colocar

positive ['pɒzətɪv, *Am:* 'pɑːzət̬ɪv]

adj **1.** *a.* MAT positivo; ~ **criticism** crítica *f* constructiva; **to think** ~ ser positivo **2.** (*certain*) definitivo; **to be** ~ **about sth** estar seguro de algo

positively *adv* positivamente; **to answer** ~ contestar afirmativamente; **to** ~ **refuse to do sth** negarse rotundamente a hacer algo

posse ['pɒsi, *Am:* 'pɑ:si] *n* banda *f*

possess [pə'zes] *vt* poseer; **to** ~ **sb** (*anger, fear*) apoderarse de alguien; **what ~ed you to do that?** ¿cómo se te ocurrió hacer eso?

possessed [pə'zest] *adj* poseído; **to be** ~ **with sth** estar obsesionado con algo

possession [pə'zeʃn] *n* **1.** *no pl* (*having*) posesión *f;* **to take** ~ **of sth** tomar posesión de algo; **to gain** ~ **of sth** apoderarse de algo; **to be in sb's** ~ estar en poder de alguien; **to have sth in one's** ~ *form* tener algo en su poder **2.** (*item of property*) bien *m*

possessive [pə'zesɪv] *adj* posesivo

possessor [pə'zesə^r, *Am:* -ə-] *n* poseedor(a) *m(f)*

possibility [ˌpɒsɪ'bɪləti, *Am:* ˌpɑ:sə'bɪləti] *n* <-ies> posibilidad *f;* **within the bounds of** ~ dentro de lo posible; **is there any** ~ **(that)** …? *form* ¿hay alguna posibilidad de que +*subj*…?; **to have possibilities** tener posibilidades

possible ['pɒsəbl, *Am:* 'pɑ:sə-] *adj* posible; **as clean as** ~ lo más limpio posible; **as far as** ~ en lo posible; **as soon as** ~ lo antes posible; **if** ~ si es posible

possibly ['pɒsəbli, *Am:* 'pɑ:sə-] *adv* **1.** (*perhaps*) quizás; **could you** ~ **help me?** ¿sería tan amable de ayudarme? **2.** (*by any means*) **we did all that we** ~ **could** hicimos todo lo posible

possum ['pɒsəm, *Am:* 'pɑ:səm] *n* <-(s)> *n* zarigüeya *f*

post¹ [pəʊst, *Am:* poʊst] **I.** *n no pl,* *Brit* correo *m;* **by** ~ por correo **II.** *vt* *Brit, Aus* echar (al correo); **to** ~ **sb sth** enviar algo por correo a alguien

post² [pəʊst, *Am:* poʊst] *n* (*job*)

puesto *m;* **to take up a** ~ entrar en funciones; **to desert one's** ~ MIL desertar del puesto

post³ [pəʊst, *Am:* poʊst] **I.** *n* poste *m;* *inf* (*goalpost*) poste *m* (de portería) **II.** *vt* *Brit, Aus* **to** ~ **sth** (**on sth**) fijar algo (en algo); **to** ~ **sth on the noticeboard** poner algo en el tablón de anuncios

postage ['pəʊstɪdʒ, *Am:* 'poʊ-] *n* *no pl* franqueo *m;* ~ **and packing** gastos *mpl* de envío

postage meter *n* *Am* (máquina *f*) franqueadora *f*, estampilladora *f AmL*

postage paid *adj* con franqueo pagado **postage stamp** *n* *form* sello *m*, estampilla *f AmL*

postal ['pəʊstəl, *Am:* 'poʊ-] *adj* postal

postal order *n* giro *m* postal

postbag *n* *Brit* **1.** (*bag*) saca *f* (postal) **2.** (*letters*) correspondencia *f* **postbox** <-es> *n* *Brit, Aus* buzón *m* **postcard** *n* (tarjeta *f*) postal *f* **postcode** *n* *Brit* código *m* postal

poster ['pəʊstə^r, *Am:* 'poʊstə-] *n* (*notice*) cartel *m;* (*picture*) póster *m*

posterity [pɒ'sterəti, *Am:* pɑ:'-] *n* *no pl, form* posteridad *f;* **to preserve sth for** ~ guardar algo para la posteridad

postgraduate [ˌpəʊst'grædʒuət, *Am:* ˌpoʊst'grædʒuwɪt] **I.** *n* postgraduado, -a *m, f* **II.** *adj* de postgrado

posthumous ['pɒstjəməs, *Am:* 'pɑ:stʃəməs] *adj form* póstumo

posting ['pəʊstɪŋ, *Am:* 'poʊ-] *n* destino *m*

postman <-men> *n* *Brit* cartero *m*

postmark *n* matasellos *m inv*

postmaster *n* jefe *m* de la oficina de correos

post-modern *adj* posmoderno

postmortem [ˌpəʊst'mɔːtəm, *Am:* ˌpoʊst'mɔːrtəm] *n* autopsia *f*

postnatal [ˌpəʊst'neɪtəl, *Am:* ˌpoʊst'neɪtəl] *adj* postnatal; ~ **depression** depresión *f* posparto

Post Office *n* (oficina *f* de) correos *m*

postpone [pəʊst'pəʊn, *Am:* poʊst'poʊn] *vt* aplazar, postergar *AmL*

postponement *n* aplazamiento *m,*

postergación *f AmL*

postscript ['pəʊstskrɪp, *Am:* 'poʊs-] *n* posdata *m; fig* epílogo *m*

postulate ['pɒstjəleɪt, *Am:* 'pɑ:s-tʃə-] *vt form* **1.** (*hypothesize*) postular **2.** (*assume*) presuponer

posture ['pɒstʃər, *Am:* 'pɑ:stʃər] *n no pl* postura *f*

postwar *adj* de la posguerra

pot [pɒt, *Am:* pɑ:t] *n* **1.** (*container*) bote *m;* (*for cooking*) olla *f;* (*of food*) tarro *m;* (*for coffee*) cafetera *f;* (*for tea*) tetera *f;* (*for plants*) maceta *f;* ~**s and pans** cacharros *mpl;* ~**s of money** *inf* montones de dinero; **to go to** ~ *inf* echarse a perder; **it's (a case of) the ~ calling the kettle black** dijo la sartén al cazo, apártate que me tiznas **2.** *no pl, inf* (*marijuana*) hierba *f*, mota *f Méx*

potassium [pə'tæsiəm] *n no pl* potasio *m*

potato [pə'teɪtəʊ, *Am:* -t̬oʊ] <-es> *n* patata *f*, papa *f AmL*

potato chips *npl Am, Aus,* **potato crisps** *npl Brit* patatas *fpl* fritas (en bolsa), papas *fpl* chip *AmL* **potato peeler** *n* pelapatatas *m inv*, pelapapas *m inv AmL*

potency ['pəʊtənsi, *Am:* 'poʊ-] *n no pl* fuerza *f*

potent ['pəʊtnt, *Am:* 'poʊ-] *adj* potente

potential [pə'tenʃl, *Am:* poʊ'-] *n no pl* potencial *m*

potentially [pə'tenʃəli, *Am:* poʊ'-] *adv* potencialmente

pothole ['pɒt̩həʊl, *Am:* 'pɑ:t̩hoʊl] *n* **1.** (*in road*) bache *m*, pozo *m CSur* **2.** (*underground*) sima *f*

potion ['pəʊʃən, *Am:* 'poʊ-] *n* poción *f*

potter¹ ['pɒtər, *Am:* 'pɑ:t̬ər] *n* alfarero, -a *m, f*

potter² *vi Brit, fig* entretenerse

pottery ['pɒtəri, *Am:* 'pɑ:t̬ə-] *n* **1.** *no pl* (*art*) cerámica *f* **2.** <-ies> (*workshop*) alfarería *f*

potty ['pɒti, *Am:* 'pɑ:t̬i] **I.** <-ier, -iest> *adj Brit, inf* chiflado; **to go** ~ chiflarse; **to drive sb** ~ volver loco a alguien; **to be** ~ **about sb** estar loco

por alguien **II.** <-ies> *n* orinal *m*

pouch [paʊtʃ] *n* bolsa *f*

poultry ['pəʊltri, *Am:* 'poʊl-] *n pl* aves *fpl* de corral

pounce [paʊns] *vi* saltar; **to** ~ **on sth** abalanzarse sobre algo; **to** ~ **on an opportunity** no dejar escapar una oportunidad

pound¹ [paʊnd] *n* **1.** (*weight*) libra *f* (*454 g*) **2.** (*currency*) libra *f;* ~ **sterling** libra esterlina

pound² [paʊnd] *n* (*for cars*) depósito *m;* (*for dogs*) perrera *f*

pound³ [paʊnd] **I.** *vt* **1.** (*beat*) golpear **2.** (*crush*) machacar **II.** *vi* (*heart*) latir con fuerza; **my head is** ~**ing!** ¡me estalla la cabeza!

pounding ['paʊndɪŋ] *n* (*noise*) golpeteo *m;* **to take a** ~ *a. fig* recibir una paliza

pour [pɔ:r, *Am:* pɔ:r] **I.** *vt* vertir; (*money, resources*) invertir; **to** ~ **wine** echar vino; **to** ~ **scorn on sth** burlarse de algo **II.** *vi* (*water*) fluir; **it's** ~**ing (with rain)** llueve a cántaros

◆ **pour in** *vi* llegar en abundancia

◆ **pour out I.** *vt* vertir **II.** *vi* (*liquid*) salir; (*people*) salir en tropel

pout [paʊt] *vi* hacer un mohín

poverty ['pɒvəti, *Am:* 'pɑ:vət̬i] *n no pl* pobreza *f*

poverty line *n* **to live below the** ~ carecer de lo necesario para vivir

POW [ˌpi:əʊ'dʌblju:, *Am:* -oʊ'-] *n abbr of* **prisoner of war** prisionero *m* de guerra

powder ['paʊdər, *Am:* -dər] **I.** *n no pl* polvo *m* **II.** *vt* empolvar; **to** ~ **one's nose** *fig* ir al servicio

powdered *adj* en polvo

powder keg *n fig* polvorín *m* **powder puff** *n* borla *f*, cisne *m RíoPl* **powder room** *n* tocador *m*

powdery ['paʊdəri] *adj* como de polvo

power ['paʊər, *Am:* 'paʊər] **I.** *n* **1.** *no pl* (*ability to control*) poder *m;* (*strength*) fuerza *f* **2.** (*country, organization*) potencia *f;* **the** ~**s that be** las autoridades **3.** (*right*) derecho *m* **4.** *no pl* (*electricity*) electricidad *f*

II. *vt* impulsar

powerboat *n* lancha *f* fuera borda
   power cable *n* cable *m* de transmisión **power cut** *n* *Brit, Aus* apagón *m*

power-driven *adj* eléctrico

powerful ['paʊəfəl, *Am:* 'paʊɚ-]
   adj **1.** (*influential*) poderoso; (*emotionally*) intenso **2.** (*strong*) fuerte

powerfully ['paʊəfəli, *Am:* 'paʊɚ-]
   adv con potencia; (*argue*) de forma
convincente

powerhouse *n* **to be a ~ of ideas**
   fig ser una fuente inagotable de ideas

powerless ['paʊələs, *Am:* 'paʊɚ-]
   adj impotente; **to be ~ against sb**
no poder hacer nada contra alguien

power plant *n* central *f* eléctrica
   power station *n* central *f* eléctrica

PR [piː'ɑːʳ, *Am:* -'ɑːr] *n* *no pl* *abbr of*
   public relations relaciones *fpl* públicas

practical ['præktɪkl] *adj* práctico

practicality [ˌpræktɪ'kæləti, *Am:*
   -ti] *n* <-ies> viabilidad *f;* **the prac-
ticalities of sth** los detalles prácticos
de algo

practically ['præktɪkəli, *Am:* -kli]
   adv **1.** (*almost*) casi **2.** (*of practical
nature*) **to be ~ based** basarse en la
práctica

practice ['præktɪs] **I.** *n* **1.** *no pl* (*act
of practising*) práctica *f;* **to be out of
~** estar desentrenado; **~ makes perfect** *prov* se aprende con la práctica
2. (*custom*) costumbre *f;* **to make a
~ of sth** tener algo como norma
3. *no pl* (*of profession*) ejercicio *m*
II. *vt* *Am* s. **practise**

practiced ['præktɪst] *adj* *Am* s.
practised

practise ['præktɪs] *Brit, Aus* **I.** *vt*
1. (*carry out*) practicar; (*to ~ what
one preaches** predicar con el ejemplo **2.** (*improve skill*) hacer ejercicios
de **3.** (*profession*) ejercer **II.** *vi*
1. (*improve skill*) practicar; SPORTS
entrenar **2.** (*work in profession*)
ejercer

practised ['præktɪst] *adj* *Brit, Aus*
experto

practising ['præktɪsɪŋ] *adj* *Brit, Aus*

(*professional*) en ejercicio; REL prac-
ticante

practitioner [præk'tɪʃənəʳ, *Am:* -ɚ]
   n *form* (*doctor*) médico, -a *m, f*

pragmatic [præg'mætɪk, *Am:*
   -'mæt-] *adj* pragmático

pragmatism ['prægmətɪzəm] *n*
   pragmatismo *m*

prairie ['preəri, *Am:* 'preri] *n* pradera *f*

praise [preɪz] **I.** *vt* (*express approval*) elogiar; (*worship*) alabar **II.** *n* *no
pl* (*approval*) elogio *m;* (*worship*)
alabanza *f*

pram [præm] *n* *Brit, Aus* cochecito
   m

prank [præŋk] *n* broma *f*

prattle ['prætl, *Am:* 'præt-] *vi* *pej*
parlotear

prawn [prɔːn, *Am:* prɑːn] *n* gamba *f*

pray [preɪ] *vi* REL rezar; **to ~ for sth**
rogar algo

prayer [preəʳ, *Am:* prer] *n* REL oración *f;* **to say a ~** rezar

prayer book *n* devocionario *m*
   prayer rug *n* alfombra *f* de oración

praying mantis [-'mæntɪs, *Am:*
   -tɪs] *n* mantis *f inv* religiosa

preach [priːtʃ] *vi, vt* predicar

preacher ['priːtʃəʳ, *Am:* -ɚ] *n* predi-
cador(a) *m(f)*

preamble [priː'æmbl] *n* *form* preámbulo *m*

prearrange [ˌpriːə'reɪndʒ] *vt* organizar de antemano

precarious [prɪ'keərɪəs, *Am:* -'ke-
rɪ-] *adj* precario

precaution [prɪ'kɔːʃn, *Am:* -'kɑː-] *n*
precaución *f*

precede [prɪ'siːd] *vt* preceder

precedence ['presɪdəns, *Am:* 'pre-
sə-] *n* *no pl* prioridad *f;* **to take ~
over sb** tener prioridad sobre alguien

precedent ['presɪdənt, *Am:* 'pre-
sə-] *n* precedente *m;* **to set a ~** sentar un precedente

preceding [prɪ'siːdɪŋ] *adj* precedente

precept ['priːsept] *n* *form* precepto
m

precinct ['pri:sɪŋkt] *n* **1.** *Brit* (*enclosed area*) recinto *m* **2.** *Am* distrito *m*

precious ['preʃəs] **I.** *adj* **1.** (*of great value*) precioso **2.** (*affected*) afectado **II.** *adv inf* ~ **few** muy pocos

precipice ['presɪpɪs, *Am:* 'presə-] *n* precipicio *m*

precipitate [prɪ'sɪpɪteɪt] *vt* precipitar

precipitous [prɪ'sɪpɪtəs, *Am:* -t̬əs] *adj* **1.** (*very steep*) empinado **2.** (*rapid*) apresurado

precise [prɪ'saɪs] *adj* (*measurement*) exacto; (*person*) meticuloso

precisely *adv* **1.** (*exactly*) precisamente **2.** (*carefully*) meticulosamente

precision [prɪ'sɪʒən] *n no pl* **1.** (*accuracy*) precisión *f* **2.** (*care*) exactitud *f*

preclude [prɪ'klu:d] *vt form* excluir

precocious [prɪ'kəʊʃəs, *Am:* -'koʊ-] *adj* precoz

preconceived [ˌpri:kən'si:vd] *adj* preconcebido

preconception [ˌpri:kən'sepʃən] *n* idea *f* preconcebida

precondition [ˌpri:kən'dɪʃən] *n* condición *f* previa

precursor [prɪ'kɜ:səʳ, *Am:* prɪ'kɜ:rsə] *n form* precursor(a) *m(f)*

predate [pri:'deɪt] *vt form* preceder

predator ['predətəʳ, *Am:* -t̬ə] *n* depredador *m*

predatory ['predətri, *Am:* -tɔ:ri] *adj* depredador

predecessor ['pri:dɪsesəʳ, *Am:* 'predəsesə] *n* predecesor(a) *m(f)*

predicament [prɪ'dɪkəmənt] *n form* apuro *m*

predicate ['predɪkeɪt] *vt form* **to be ~d on sth** estar basado en algo

predict [prɪ'dɪkt] *vt* predecir

predictable [prɪ'dɪktəbl] *adj* previsible

prediction [prɪ'dɪkʃən] *n* pronóstico *m*

predisposition [ˌpri:dɪspə'zɪʃn] *n* predisposición *f*

predominance [prɪ'dɒmɪnəns, *Am:* -'dɑ:mə-] *n no pl* predominio

m

predominant [prɪ'dɒmɪnənt, *Am:* -'dɑ:mə-] *adj* predominante

predominate [prɪ'dɒmɪneɪt, *Am:* -'dɑ:mə-] *vi* predominar

pre-eminent [ˌpri:'emɪnənt] *adj form* preeminente

pre-empt [ˌpri:'empt] *vt form* adelantarse a

prefabricated *adj* prefabricado

preface ['prefɪs] *n* prefacio *m*

prefect ['pri:fekt] *n* prefecto *m*

prefer [prɪ'fɜ:ʳ, *Am:* pri:'fɜ:r] <-rr-> *vt* **1.** (*like better*) preferir **2.** *Brit* LAW **to ~ charges** (**against sb**) presentar cargos (en contra de alguien)

preferable ['prefrəbl] *adj* preferible

preferably ['prefrəbli] *adv* preferentemente

preference ['prefrəns] *n* preferencia *f*

preferential [ˌprefə'renʃl] *adj* preferente

preferred [prɪ'fɜ:d, *Am:* pri:'fɜ:rd] *adj* preferido

prefigure [ˌpri:'fɪgəʳ, *Am:* -'fɪgjə] *vt form* prefigurar

prefix ['pri:fɪks, *Am:* 'pri:fɪks] <-es> *n* prefijo *m*

pregnancy ['pregnəntsi] *n no pl* embarazo *m*; ZOOL preñez *f*

pregnant ['pregnənt] *adj* **1.** (*woman*) embarazada; (*animal*) preñado; **to become ~** quedarse embarazada **2.** *fig* (*silence, pause*) muy significativo

prehistoric [ˌpri:hɪ'stɒrɪk, *Am:* -'stɔ:r-] *adj* prehistórico

prehistory [ˌpri:'hɪstri] *n no pl* prehistoria *f*

prejudge [ˌpri:'dʒʌdʒ] *vt* prejuzgar

prejudice ['predʒʊdɪs] **I.** *n* prejuicio *m* **II.** *vt* **to ~ sb against sth** predisponer a alguien contra algo

prejudiced ['predʒʊdɪst] *adj* (*person*) lleno de prejuicios; (*attitude*) parcial; **to be ~ against sb** estar predispuesto contra alguien

preliminary [prɪ'lɪmɪnəri, *Am:* prɪ'lɪmənə-] **I.** *adj* preliminar **II.** <-ies> *n* preparativos *mpl;* SPORTS preliminares *mpl*

prelude ['prelju:d] *n* preludio *m*

premarital [,pri:'mærɪtl, *Am:* -'merətl] *adj* prematrimonial

premature ['premətʃəʳ, *Am:* ,pri:-mə'tʊr] *adj* prematuro

premeditated [,pri:'medɪteɪtɪd, *Am:* -teɪt̬ɪd] *adj* premeditado

premenstrual [,pri:'mentstruəl, *Am:* -strəl] *adj* premenstrual

premier ['premɪəʳ, *Am:* prɪ'mɪr] I. *n* POL primer ministro *m* II. *adj* primero

premise ['premɪs] *n* 1. (*of argument*) premisa *f* 2. *pl* (*shop*) local *m*

premium ['pri:mɪəm] I. *n* (*insurance payment*) prima *f*; (*extra charge*) recargo *m* II. *adj* de primera calidad

premium bond *n Brit* bono *m* del Estado (*que participa en un sorteo nacional*)

premonition [,pri:mə'nɪʃn] *n* premonición *f*; **to have a ~ that ...** tener el presentimiento de que...

prenatal [,pri:'neɪtl, *Am:* -t̬l] *adj* prenatal

preoccupation [,pri:ɒkjʊ'peɪʃn, *Am:* pri:,ɑ:kju:'-] *n* preocupación *f*

preoccupied [prɪ'ɒkjʊpaɪd, *Am:* pri:'ɑ:kju:-] *adj* **to be ~ about sth** inquietarse por algo; **to be ~ with sth** estar absorto en algo

preoccupy [pri:'ɒkjʊpaɪ, *Am:* pri:-'ɑ:kju:-] <-ie-> *vt* preocupar

prepaid [,pri:'peɪd] *adj* pagado por adelantado

preparation [,prepə'reɪʃn] *n* 1. *no pl* (*getting ready*) preparación *f* 2. (*substance*) preparado *m*

preparatory [prɪ'pærətəri, *Am:* -'perətɔ:r-] *adj* preliminar

preparatory school *n Brit* escuela *f* privada (*imparte enseñanza primaria*); *Am* colegio *m* privado (*imparte enseñanza secundaria*)

prepare [prɪ'peəʳ, *Am:* -'per] I. *vt* preparar II. *vi* prepararse

prepared [prɪ'peəd, *Am:* -'perd] *adj* 1. (*ready*) listo 2. (*willing*) dispuesto; **to be ~ to do sth** estar preparado para hacer algo

preponderance [prɪ'pɒndərənts,

Am: -'pɑ:n-] *n no pl, form* predominio *m*

preposition [,prepə'zɪʃən] *n* preposición *f*

prepossessing [,pri:pə'zesɪŋ] *adj* agradable, atractivo

preposterous [prɪ'pɒstərəs, *Am:* -'pɑ:stɚ-] *adj* ridículo

prerequisite [,pri:'rekwɪzɪt] *n form* **to be a ~ for sth** ser una condición sine qua non para algo

prerogative [prɪ'rɒgətɪv, *Am:* -'rɑ:gət̬ɪv] *n form* (*right, privilege*) prerrogativa *f*

Presbyterian [,prezbɪ'tɪəriən, *Am:* -'tɪri-] *adj* presbiteriano

pre-school ['pri:sku:l] *adj* preescolar

prescribe [prɪ'skraɪb] *vt* MED recetar

prescribed [prɪ'skraɪbd] *adj* prescrito

prescription [prɪ'skrɪpʃən] *n* MED receta *f*

prescriptive [prɪ'skrɪptɪv] *adj* preceptivo

presence ['prezənts] *n* presencia *f*; **~ of mind** presencia de ánimo; **in my ~** delante de mí; **to make one's ~ felt** hacerse notar

present¹ ['prezənt] I. *n no pl* presente *m*; **at ~** en ser momento; **for the ~** por ahora II. *adj* 1. (*current*) actual; **at the ~ moment** en este momento; **up to the ~ time** hasta la fecha 2. (*in attendance*) presente; **to be ~ at sth** asistir a algo

present² ['prezənt] *n* (*gift*) regalo *m*; **to give sb a ~** hacer un regalo a alguien

present³ [prɪ'zent] *vt* 1. (*give*) presentar; **to ~ sth (to sb)** entregar algo (a alguien) 2. (*introduce*) presentar; **to ~ a bill** presentar un proyecto de ley; **to ~ sb with sth** (*confront*) enfrentar a alguien con algo; **to ~ a problem for sb** significar un problema para alguien

presentation [,prezən'teɪʃən] *n* presentación *f*; (*of prize, award*) entrega *f*; **to make a ~** hacer una exposición

present-day [,prezəntdeɪ] *adj* actual

presenter [prɪ'zentəʳ, *Am:* prɪ'zen-ṭəʳ] *n* presentador(a) *m(f)*

presently ['prezntli] *adv* (*soon*) pronto; (*now*) ahora

preservation [ˌprezə'veɪʃən, *Am:* -ɚ'-] *n no pl* (*of building*) conservación *f;* (*of species, custom*) preservación *f*

preservative [prɪ'zɜːvətɪv, *Am:* -'zɜːrvəṭɪv] *n* conservante *m*

preserve [prɪ'zɜːv, *Am:* -'zɜːrv] **I.** *vt* (*customs, peace*) mantener; (*dignity*) conservar; (*silence*) guardar; (*food*) conservar; **to ~ sb from sth** proteger a alguien de algo **II.** *n* **1.** (*jam*) confitura *f* **2.** (*reserve*) coto *m;* **to be the ~ of the rich** ser dominio exclusivo de los ricos

preserved *adj* conservado; (*food*) en conserva

preside [prɪ'zaɪd] *vi* **to ~ over sth** presidir algo

presidency ['prezɪdənsi] *n* POL presidencia *f;* (*of company*) dirección *f*

president ['prezɪdənt] *n* POL presidente, -a *m, f;* (*of company*) director(a) *m(f)*

presidential [ˌprezɪ'dentʃəl] *adj* presidencial

press [pres] **I.** *vt* **1.** (*button*) pulsar; (*grapes, olives*) prensar; **to ~ sb to do sth** presionar a alguien para que haga algo; **to ~ sb for sth** exigir algo de alguien; **to ~ sth on sb** imponer algo a alguien; **to ~ a claim** insistir en una petición; **to ~ charges** LAW presentar cargos **2.** (*iron*) planchar **3.** (*album, disk*) imprimir **II.** *vi* apretar; **time is ~ing** el tiempo apremia; **to ~ for sth** insistir para conseguir algo **III.** *n* **1.** (*push*) presión *f;* **at the ~ of a button** apretando un botón **2.** (*machine*) prensa *f;* **printing ~** imprenta *f;* **to go to ~** (*newspaper, book*) ir a imprenta; **the ~** PUBL la prensa; **to have a good ~** tener buena prensa

◆ **press on** *vi* seguir adelante

press agency *n* PUBL agencia *f* de prensa **press conference** *n* PUBL

rueda *f* de prensa

press-gang *vt* **to ~ sb into doing sth** forzar a alguien a hacer algo

pressing *adj* urgente

press office *n* oficina *f* de prensa **press officer** *n* encargado, -a *m, f* de prensa **press release** *n* PUBL comunicado *m* de prensa

press-stud *n Aus, Brit* broche *m* automático

press-up *n Brit* SPORTS flexión *f* de brazos

pressure ['preʃəʳ, *Am:* -ɚ] **I.** *n* presión *f;* MED tensión *f;* **to be under ~** *a. fig* estar bajo presión; **to put ~ on sb** (**to do sth**) presionar a alguien (para que haga algo) **II.** *vt* **to ~ sb to do sth** presionar a alguien para que haga algo

pressure cooker *n* olla *f* a presión, olla *f* presto *Méx* **pressure group** *n* POL grupo *m* de presión

prestige [pre'stiːʒ] *n no pl* prestigio *m*

prestigious [pre'stɪdʒəs] *adj* prestigioso

presumably [prɪ'zjuːməbli, *Am:* prɪ'zuːmə-] *adv* presumiblemente

presume [prɪ'zjuːm, *Am:* prɪ'zuːm] *vt* suponer; **to ~ that ...** imaginarse que...; **to ~ to do sth** (*dare*) atreverse a hacer algo

presumption [prɪ'zʌmpʃn] *n* **1.** (*assumption*) suposición *f* **2.** *no pl, form* (*arrogance*) presunción *f*

presumptuous [prɪ'zʌmptjʊəs, *Am:* -tʃuːəs] *adj* impertinente

presuppose [ˌpriːsə'pəʊz, *Am:* -'poʊz] *vt form* presuponer

presupposition [ˌpriːsʌpə'zɪʃən] *n* presuposición *f*

pre-tax *adj* antes de impuestos, bruto

pretence [prɪ'tents, *Am:* 'priːtents] *n no pl* pretensión *f;* **to make no ~ of sth** no disimular algo; **under** (**the**) **~ of ...** con el pretexto de...

pretend [prɪ'tend] **I.** *vt* **1.** (*make believe*) fingir; **to ~ to be interested** fingir interés; **to ~ to be sb** hacerse pasar por alguien **2.** (*claim*) pretender; **I don't ~ to know** no pretendo saber **II.** *vi* fingir

P
p

pretended *adj* fingido

pretender *n* pretendiente *mf*

pretense [prɪ'tents, *Am:* 'pri:tents] *n no pl, Am s.* **pretence**

pretension [prɪ'tentʃən] *n* pretensión *f*

pretentious [prɪ'tentʃəs] *adj pej* pretencioso

pretext ['pri:tekst] *n* pretexto *m*; **under the ~ of doing sth** so pretexto de hacer algo *form*

pretty ['prɪti, *Am:* 'prɪt̮-] **I.** *adj* <-ier, -iest> (*thing*) bonito, lindo *AmL*; (*child, woman*) guapo, lindo *AmL*; **not a ~ sight** nada agradable de ver; **a ~ mess** *inf* menudo lío **II.** *adv* (*quite*) bastante; **~ much** más o menos

prevail [prɪ'veɪl] *vi* predominar; **to ~ over sb** triunfar sobre alguien; **to ~ upon sb to do sth** *form* convencer a alguien para que haga algo

prevailing *adj* predominante

prevalence ['prevələnts] *n no pl* preponderancia *f*

prevalent ['prevələnt] *adj* extendido

prevaricate [prɪ'værɪkeɪt, *Am:* prɪ'veri-] *vi form* andarse con rodeos

prevent [prɪ'vent] *vt* prevenir; **to ~ sb from doing sth** impedir que alguien haga algo

prevention [prɪ'ventʃən] *n no pl* prevención *f*

preventive [prɪ'ventɪv, *Am:* -t̮ɪv] *adj* preventivo

preview ['pri:vju:] *n* CINE, THEAT preestreno *m*; (*of programme, exhibition*) adelanto *m*

previous ['pri:viəs] *adj* anterior; **without ~ notice** sin previo aviso

previously *adv* previamente; **to have met sb ~** haber visto a alguien antes

pre-war *adj* de antes de la guerra

prey [preɪ] *n no pl* (*animal*) presa *f*; (*person*) víctima *f*; **to fall ~ to** (*animal*) ser presa de; (*person*) ser víctima de

♦ **prey (up)on** *vt* **1.** (*feed on*) alimentarse de **2.** (*exploit*) aprovecharse de

price [praɪs] **I.** *n* precio *m*; **to go**
up/down in ~ subir/bajar de precio; **not at any ~** *fig* por nada del mundo; **to pay a heavy ~** *fig* pagarlo caro; **at a ~** *fig* a un precio muy alto **II.** *vt* poner precio a

priceless ['praɪslɪs] *adj* **to be ~** no tener precio; **that's ~!** *fig* ¡eso es para partirse de risa!, ¡eso es un plato! *AmL*

price level *n* nivel *m* de precios

price war *n* guerra *f* de precios

pricing ['praɪsɪŋ] *n* fijación *f* de precios

prick [prɪk] **I.** *vt* (*jab*) pinchar; (*mark with holes*) agujerear; **to ~ sb's conscience** hacer que a alguien le remuerda la conciencia **II.** *vi* pinchar **III.** *n* **1.** (*of pin, sensation*) pinchazo *m* **2.** *vulg* (*penis*) polla *f*, pija *f RíoPl* **3.** *vulg* (*idiot*) gilipollas *m inv*

prickly ['prɪkli] <-ier, -iest> *adj* (*plant*) espinoso; (*animal*) con púas; (*fabric*) que pica; **~ sensation** picor *m*

pride [praɪd] **I.** *n* **1.** *no pl* (*proud feeling*) orgullo *m*; **to be sb's ~ and joy** ser el orgullo de alguien; **to have ~ of place** ocupar el lugar de honor; **to take ~ in sth** enorgullecerse de algo; **~ comes before a fall** *prov* más dura será la caída **2.** *no pl* (*self-respect*) amor *m* propio; **to swallow one's ~** tragarse el orgullo **3.** ZOOL manada *f* **II.** *vt* **to ~ oneself on (doing) sth** enorgullecerse de (hacer) algo

priest [pri:st] *n* REL cura *m*

priesthood ['pri:sthʊd] *n no pl* **1.** (*position*) sacerdocio *m* **2.** (*priests*) clero *m*

priestly ['pri:stli] *adj* sacerdotal

priggish ['prɪgɪʃ] *adj pej* mojigato

prim [prɪm] <-mm-> *adj* **1.** *pej* remilgado **2.** (*appearance*) escrupuloso

primacy ['praɪməsi] *n no pl, form* primacía *f*

primaeval [praɪ'mi:vəl] *adj s.* **primeval**

primarily ['praɪmərɪli, *Am:* praɪ'merəl-] *adv* principalmente

primary ['praɪməri, *Am:* -mer-]

I. adj **1.** (principal) fundamental **2.** (basic) a. SCHOOL primario; (industry) de base **II.** <-ies> n Am POL elecciones fpl primarias

primate ['praɪmeɪt, Am: -mɪt] n **1.** ZOOL primate m **2.** REL primado m

prime [praɪm] **I.** adj principal; **of ~ importance** de importancia primordial; **in ~ condition** en perfecto estado **II.** n no pl apogeo m elev; **to be in one's ~** estar en la flor de la vida; **to be past one's ~** no ser ya ningún jovencito **III.** vt (surface) aplicar una capa de base sobre; (gun, pump) cebar; **to ~ sb for doing sth** preparar a alguien para hacer algo

prime minister n POL primer(a) ministro, -a m, f **prime number** n MAT número m primo

primeval [praɪ'miːvəl] adj primigenio

primitive ['prɪmɪtɪv, Am: -ṭɪv] adj primitivo

primordial [praɪ'mɔːdiəl, Am: -'mɔːr-] adj form primigenio

primrose ['prɪmrəʊz, Am: -roʊz] n prímula f

prince [prɪnts] n príncipe m; **Prince Charming** príncipe azul

princess [prɪn'ses, Am: 'prɪntsɪs] n princesa f

principal ['prɪntsəpl] **I.** adj principal **II.** n Aus, Am (headmaster) director(a) m(f); (of university) rector(a) m(f)

principality [ˌprɪntsɪ'pæləti, Am: -sə'pæləṭi] n principado m

principally adv principalmente

principle ['prɪntsəpl] n principio m

print [prɪnt] **I.** n **1.** TYPO texto m impreso; **to appear in ~** publicarse; **to go out of ~** agotarse **2.** (engraving) grabado m; PHOT positivo m **II.** vt imprimir; (publish) publicar

printer ['prɪntər, Am: -ṭər] n **1.** (person) impresor(a) m(f) **2.** INFOR impresora f

printing n **1.** no pl (art) imprenta f **2.** (action) impresión f

printing press n prensa f

print-out n INFOR impresión f

print run n tirada f

prior ['praɪər, Am: 'praɪər] **I.** adv form ~ **to ...** antes de... **II.** adj form previo

prioritize [praɪ'ɒrɪtaɪz, Am: -'ɔːrə-] vt priorizar

priority [praɪ'ɒrəti, Am: -'ɔːrəṭi] <-ies> n no pl prioridad f; (in time) anterioridad f; **to get one's priorities right** establecer un orden de prioridades

priory ['praɪəri] n priorato m

prise [praɪz] vt Brit, Aus s. **prize²**

prism ['prɪzəm] n prisma m

prison ['prɪzən] n prisión f; **to put sb in ~** encarcelar a alguien

prisoner ['prɪzənər, Am: -ər] n preso, -a m, f; MIL prisionero, -a m, f; **to hold sb ~** detener a alguien; **to take sb ~** hacer prisionero a alguien

prisoner of war n prisionero, -a m, f de guerra

pristine ['prɪstiːn] adj form prístino

privacy ['prɪvəsi, Am: 'praɪ-] n no pl intimidad f

private ['praɪvɪt, Am: -vət] **I.** adj **1.** (not public) privado **2.** (confidential) confidencial **II.** n MIL soldado m raso

privately ['praɪvɪtli, Am: -vət-] adv **1.** (in private) en privado **2.** (secretly) en secreto

privation [praɪ'veɪʃən] n no pl, form privación f; **to suffer ~** pasar apuros

privatization [ˌpraɪvətaɪ'zeɪʃən, Am: -vəṭɪ'-] n no pl privatización f

privatize ['praɪvɪtaɪz, Am: -və-] vt privatizar

privet ['prɪvɪt] n no pl alheña f

privilege ['prɪvəlɪdʒ] **I.** n privilegio m **II.** vt **to be ~d to do sth** tener el privilegio de hacer algo

privileged ['prɪvəlɪdʒd] adj **1.** (special) privilegiado **2.** (confidential) confidencial

privy ['prɪvi] adj form **to be ~ to sth** estar al tanto de algo

prize¹ [praɪz] **I.** n premio m **II.** adj inf de primera; **a ~ idiot** un tonto de remate **III.** vt apreciar

prize² vt **to ~ sth open** abrir algo por la fuerza

prize money n sports premio m en metálico

prizewinning adj premiado

pro[1] [prəʊ, Am: proʊ] n inf abbr of **professional** profesional mf

pro[2] n the ~s and cons of sth los pros y los contras de algo

proactive [ˌprəʊˈæktɪv, Am: ˌproʊˈ-] adj con iniciativa

probability [ˌprɒbəˈbɪləti, Am: ˌprɑːbəˈbɪləţi] n probabilidad f; **in all** ~ sin duda

probable [ˈprɒbəbl, Am: ˈprɑːbə-] adj probable

probably adv probablemente

probation [prəʊˈbeɪʃən, Am: proʊˈ-] n no pl (in job) período m de prueba; LAW libertad f condicional

probationary [prəʊˈbeɪʃənəri, Am: proʊˈ-] adj de prueba

probe [prəʊb, Am: proʊb] I. vi, vt investigar II. n investigación f; MED, AVIAT sonda f

problem [ˈprɒbləm, Am: ˈprɑːbləm] n problema m

problematic [ˌprɒbləˈmætɪk, Am: ˌprɑːbləˈmæţ-] adj problemático

procedure [prəˈsiːdʒər, Am: -dʒɚ] n procedimiento m

proceed [prəˈsiːd, Am: proʊˈ-] vi form (move along) seguir; (continue) continuar; **to ~ with sth** (make progress) avanzar con algo; (begin) empezar con algo; **to ~ from** provenir de; **to ~ to do sth** ponerse a hacer algo

proceeds [ˈprəʊsiːdz, Am: ˈproʊ-] n ingresos mpl

process [ˈprəʊses, Am: ˈprɑː-] I. n proceso m; **to be in the ~ of doing sth** estar en vías de hacer algo II. vt procesar; PHOT revelar

processing [ˈprəʊsesɪŋ, Am: ˈprɑː-] n no pl procesamiento m; PHOT revelado m

procession [prəˈseʃən] n desfile m

processor [prəʊˈsesər, Am: prɑː-] n INFOR procesador m

proclaim [prəˈkleɪm, Am: proʊˈ-] vt form proclamar; **to ~ war** declarar la guerra

proclamation [ˌprɒkləˈmeɪʃən,

Am: ˌprɑːklə-] n form proclamación f

procreate [ˈprəʊkrieɪt, Am: ˈproʊ-] vi form procrear

procure [prəˈkjʊər, Am: proʊˈkjʊr] vt form obtener

procurement [prəˈkjʊəmənt, Am: proʊˈkjʊr-] n no pl, form adquisición f

prod [prɒd, Am: prɑːd] I. n golpe m; (with elbow) codazo m; (with sharp object) pinchazo m II. <-dd-> vt golpear; (with elbow) dar un codazo; (with sharp object) pinchar; **to ~ sb (into doing sth)** estimular a alguien (para que haga algo)

prodigal [ˈprɒdɪgl, Am: ˈprɑːdɪ-] adj form pródigo

prodigious [prəˈdɪdʒəs] adj form (size, height) ingente; (achievement, talent) prodigioso

prodigy [ˈprɒdɪdʒi, Am: ˈprɑːdə-] n prodigio m; **child** ~ niño, -a m, f prodigio

produce[1] [prəˈdjuːs, Am: -ˈduːs] vt producir; (manufacture) fabricar; CINE, THEAT, TV realizar; **to ~ a knife** sacar un cuchillo; **to ~ one's passport** enseñar el pasaporte; **to ~ results** producir resultados

produce[2] [ˈprɒdjuːs, Am: ˈprɑːduːs] n no pl AGR productos mpl agrícolas

producer [prəˈdjuːsər, Am: -ˈduːsɚ] n productor(a) m(f)

product [ˈprɒdʌkt, Am: ˈprɑːdʌkt] n producto m

production [prəˈdʌkʃən] n no pl (of goods) fabricación f; CINE, THEAT, TV producción f

production costs npl costes mpl de producción **production line** n cadena f de montaje

productive [prəˈdʌktɪv] adj productivo

productivity [ˌprɒdʌkˈtɪvəti, Am: ˌproʊdəkˈtɪvəţi] n no pl productividad f

Prof. [prɒf, Am: prɑːf] abbr of **Professor** prof. m, profa. f

profanity [prəˈfænəti, Am: proʊˈfænəţi] n form 1. (blasphemy) blasfemia *f* **2.** (*obscene word*) palabrota *f*

profess [prə'fes] *vt* profesar; **to ~ oneself satisfied** (**with sth**) declararse satisfecho (con algo)

professed [prə'fest] *adj* declarado

profession [prə'feʃn] *n* **1.** (*occupation*) profesión *f* **2.** (*declaration*) declaración *f*

professional [prə'feʃənəl] *adj* profesional

professionalism [prə'feʃənəlɪzəm] *n no pl* profesionalidad *f*

professor [prə'fesəʳ, *Am:* -ɚ] *n Brit* UNIV catedrático, -a *m*, *f*; *Am* SCHOOL profesor(a) *m(f)*

professorship [prə'fesəʃɪp, *Am:* '-ɚ-] *n* cátedra *f*

proffer ['prɒfəʳ, *Am:* 'prɑːfɚ] *vt form* ofrecer

proficiency [prə'fɪʃnsi] *n no pl* competencia *f*

proficient [prə'fɪʃnt] *adj* competente

profile ['prəʊfaɪl, *Am:* 'proʊ-] *n* **1.** (*side view*) perfil *m*; **in ~** de perfil; **to keep a low ~** *fig* tratar de pasar inadvertido **2.** (*description*) descripción *f*

profit ['prɒfɪt, *Am:* 'prɑːfɪt] **I.** *n* FIN beneficio *m* **II.** *vi* **to ~ by sth** sacar provecho de algo

profitability [ˌprɒfɪtə'bɪləti, *Am:* ˌprɑːfɪtə'bɪləti] *n no pl* rentabilidad *f*

profitable ['prɒfɪtəbl, *Am:* 'prɑːfɪtə-] *adj* rentable

profit margin *n* margen *m* de beneficio

profligate ['prɒflɪgət, *Am:* 'prɑːflɪgɪt] *adj form* derrochador

profound [prə'faʊnd] *adj* profundo

profuse [prə'fjuːs] *adj* profuso

profusion [prə'fjuːʒən] *n no pl, form* profusión *f*

prognosis [prɒg'nəʊsɪs, *Am:* prɑːg'noʊ-, -] *n form* pronóstico *m*

program, programme ['prəʊgræm, *Am:* 'proʊ-] *Aus*, *Brit* **I.** *n* programa *m* **II.** <-mm-> *vt* programar

programmer *n* programador(a) *m(f)*

programming *n* programación *f*

progress[1] ['prəʊgres, *Am:* 'prɑː-] *n no pl* progreso *m*; **to make ~** avanzar; **to be in ~** estar en curso

progress[2] [prəʊ'gres, *Am:* proʊ-] *vi* progresar

progression [prə'greʃn] *n no pl* progresión *f*

progressive [prə'gresɪv] *adj* progresivo; MED degenerativo; POL progresista

prohibit [prə'hɪbɪt, *Am:* proʊ'-] *vt* prohibir

prohibition [ˌprəʊɪ'bɪʃn, *Am:* ˌproʊ-] *n* prohibición *f*; **the Prohibition** *Am* HIST la Ley Seca

prohibitive [prə'hɪbətɪv, *Am:* proʊ'hɪbətɪv] *adj* prohibitivo

project[1] ['prɒdʒekt, *Am:* 'prɑːdʒekt] *n* proyecto *m*; SCHOOL, UNIV trabajo *m*

project[2] [prəʊ'dʒekt, *Am:* prə-] **I.** *vt* (*forecast*) pronosticar **II.** *vi* sobresalir

projectile [prəʊ'dʒektaɪl, *Am:* prə-'dʒektəl] *n* proyectil *m*

projection [prəʊ'dʒekʃən, *Am:* prə-] *n* **1.** (*forecast*) pronóstico *m* **2.** (*protrusion*) saliente *m*

projector [prə'dʒektəʳ, *Am:* -'dʒektɚ] *n* proyector *m*

proletarian [ˌprəʊlɪ'teərɪən, *Am:* ˌproʊlə'terɪ-] *adj* proletario

proletariat [ˌprəʊlɪ'teərɪət, *Am:* ˌproʊlə'terɪ-] *n no pl* proletariado *m*

proliferate [prə'lɪfəreɪt, *Am:* proʊ'-] *vi* proliferar

proliferation [prəˌlɪfə'reɪʃn, *Am:* proʊ,-] *n no pl* proliferación *f*

prolific [prə'lɪfɪk, *Am:* proʊ'-] *adj* prolífico

prolog *n Am*, **prologue** ['prəʊlɒg, *Am:* 'proʊlɑːg] *n Brit* prólogo *m*; **to be a ~ to sth** ser un preámbulo de algo

prolong [prə'lɒŋ, *Am:* proʊ'lɑːŋ] *vt* prolongar

prom [prɒm, *Am:* prɑːm] *n* **1.** *Am* (*school dance*) baile *m* **2.** *Brit* (*seafront*) paseo *m* marítimo

promenade [ˌprɒmə'nɑːd, *Am:*

,prɑːmə'neɪd] n Brit (seafront) paseo m marítimo

prominence ['prɒmɪnəns, Am: 'prɑːmə-] n no pl prominencia f; **to give ~ to sth** hacer resaltar algo

prominent ['prɒmɪnənt, Am: 'prɑːmə-] adj **1.** (conspicuous) prominente; (teeth, chin) saliente **2.** (important) importante

promiscuous [prə'mɪskjuəs] adj pej promiscuo

promise ['prɒmɪs, Am: 'prɑːmɪs] I. vt, vi prometer; **to ~ to do sth** prometer hacer algo II. n **1.** (pledge) promesa f; **to make a ~** prometer **2.** no pl (potential) posibilidad f; **to show ~** demostrar aptitudes

promising adj prometedor

promote [prə'məʊt, Am: -'moʊt] vt **1.** (in organization) ascender; SPORTS subir **2.** (encourage) promover; COM promocionar

promoter n promotor(a) m(f)

promotion [prə'məʊʃən, Am: -'moʊ-] n **1.** (organization) ascenso m; **to get a ~** subir en el escalafón **2.** (encouragement) a. COM promoción f

prompt [prɒmpt, Am: prɑːmpt] I. vt **to ~ sb to do sth** estimular a alguien para que haga algo II. adj (quick) rápido; **to be ~** ser puntual

promptly ['prɒmptli, Am: 'prɑːmpt-] adv **1.** (quickly) rápidamente **2.** inf (immediately afterward) puntualmente

promulgate ['prɒmlgeɪt, Am: 'prɑːml-] vt form (theory, belief) divulgar; LAW promulgar

prone [prəʊn, Am: proʊn] I. adj **to be ~ to do sth** ser propenso a hacer algo II. adv form boca abajo

prong [prɒŋ, Am: prɑːŋ] n (of fork) diente m; (of antler) punta f

pronoun ['prəʊnaʊn, Am: 'proʊ-] n pronombre m

pronounce [prə'naʊnts] vt **1.** (speak) pronunciar **2.** (declare) declarar; **to ~ that ...** afirmar que...

pronounced adj pronunciado

pronouncement [prəʊ'naʊntsmənt, Am: 'prə-] n declaración f; **to**

make a ~ pronunciarse

pronunciation [prənʌntsɪ'eɪʃən] n no pl pronunciación f

proof [pruːf] I. n no pl prueba f; **the burden of ~** el peso de la demostración II. adj **to be ~ against sth** estar a prueba de algo

proofread ['pruːfriːd] irr vt corregir

prop [prɒp, Am: prɑːp] n **1.** (support) apoyo m **2.** THEAT objeto m de atrezzo

propaganda [,prɒpə'gændə, Am: ,prɑːpə'-] n no pl propaganda f

propagandist [,prɒpə'gændɪst, Am: ,prɑːpə'-] n propagandista mf

propagate ['prɒpəgeɪt, Am: 'prɑːpə-] vt BOT propagar; (lie, rumour) difundir

propagation [,prɒpə'geɪʃn, Am: ,prɑːpə'-] n no pl BOT propagación f

propel [prə'pel] <-ll-> vt propulsar

propeller [prə'peləʳ, Am: -ə-] n hélice f

propensity [prə'pensəti, Am: -t̬i] n no pl, form propensión f

proper ['prɒpəʳ, Am: 'prɑːpə-] adj verdadero; (time, method) apropiado; **to be ~ to do sth** ser debido hacer algo

properly ['prɒpəli, Am: 'prɑːpə-li] adv correctamente; **~ dressed** vestido apropiadamente

proper name n, **proper noun** n nombre m propio

property ['prɒpəti, Am: 'prɑːpə-t̬i] <-ies> n propiedad f; LAW bien m inmueble

property developer n ECON promotor(a) m(f) inmobiliario **property market** n no pl mercado m inmobiliario **property owner** n propietario, -a m, f **property tax** n impuesto m sobre la propiedad

prophecy ['prɒfəsi, Am: 'prɑːfə-] <-ies> n profecía f

prophesy ['prɒfɪsaɪ, Am: 'prɑːfə-] <-ie-> vt predecir

prophet ['prɒfɪt, Am: 'prɑːfɪt] n REL profeta, -isa m, f; **~ of doom** catastrofista mf

prophetic [prə'fetɪk] adj profético

proponent [prə'pəʊnənt, Am:

-'poʊ-] n defensor(a) m(f)

proportion [prə'pɔːʃən, Am: -'pɔːr-] n **1.** (relationship) proporción f; **to be out of ~ to sth** estar desproporcionado con algo; **to be in ~ to sth** estar en proporción con algo; **to keep a sense of ~** mantener un sentido de la medida **2.** (part) parte f proporcional **3.** pl (size) dimensiones fpl

proportional [prə'pɔːʃənəl, Am: -'pɔːr-] adj, **proportionate** [prə-'pɔːʃənət, Am: -'pɔːrʃənɪt] adj proporcional

proposal [prə'pəʊzəl, Am: -'poʊ-] n propuesta f; (offer of marriage) declaración f

propose [prə'pəʊz, Am: -'poʊz] I. vt proponer; (nominate) nombrar; **to ~ a toast** proponer un brindis; **to ~ to do sth** tener la intención de hacer algo II. vi **to ~ (to sb)** declararse (a alguien)

proposition [ˌprɒpə'zɪʃn, Am: ˌprɑːpə'-] n proposición f

propound [prə'paʊnd] vt form proponer

proprietary [prə'praɪətri, Am: -teri] adj propietario; ECON registrado

proprietor [prə'praɪətəʳ, Am: prəʊ'praɪətəʳ] n propietario, -a m, f

propriety [prə'praɪəti, Am: -ti] <-ies> n no pl corrección f

propulsion [prə'pʌlʃən] n no pl propulsión f

pro rata [ˌprəʊ'rɑːtə, Am: ˌproʊ-'reɪtə] I. adj prorrateado II. adv proporcionalmente

prosaic [prə'zeɪɪk, Am: proʊ'-] adj form prosaico

proscribe [prə'skraɪb, Am: proʊ'-] vt proscribir

prose [prəʊz, Am: proʊz] n no pl prosa f

prosecute ['prɒsɪkjuːt, Am: 'prɑː-sɪ-] vt LAW procesar

prosecution [ˌprɒsɪ'kjuːʃən, Am: ˌprɑːsɪ'-] n no pl **the ~** la acusación f

prosecutor ['prɒsɪkjuːtəʳ, Am: 'prɑːsɪkjuːt̬əʳ] n fiscal mf

proselytise vi, **proselytize** ['prɒsəlɪtaɪz, Am: 'prɑːsəlɪ-] vi hacer proselitismo

prospect ['prɒspekt, Am: 'prɑː-spekt] n **1.** (possibility) posibilidad f **2.** pl (chances) perspectivas fpl

prospective [prə'spektɪv] adj posible; (candidate) futuro

prospectus [prə'spektəs] n prospecto m; UNIV folleto m informativo

prosper ['prɒspəʳ, Am: 'prɑːspəʳ] vi prosperar

prosperity [prɒ'sperəti, Am: prɑː-'sperət̬i] n no pl prosperidad f

prosperous ['prɒspərəs, Am: 'prɑː-spəʳ-] adj próspero

prostate (**gland**) ['prɒsteɪt, Am: 'prɑːsteɪt] n próstata f

prostitute ['prɒstɪtjuːt, Am: 'prɑː-stətuːt] I. n prostituta f II. vt a. fig **to ~ oneself** prostituirse

prostitution [ˌprɒstɪ'tjuːʃn, Am: -'tʃuː-] n no pl prostitución f

prostrate ['prɒstreɪt, Am: -streɪt] vt **to ~ oneself** postrarse

protagonist [prə'tægənɪst, Am: proʊ'-] n protagonista mf

protect [prə'tekt] vt proteger

protection [prə'tekʃən] n no pl protección f

protectionism [prə'tekʃənɪzəm] n no pl proteccionismo m

protectionist adj proteccionista

protective [prə'tektɪv] adj protector

protector [prə'tektəʳ, Am: -əʳ] n protector(a) m(f)

protectorate [prə'tektərət, Am: -ɪt] n protectorado m

protein ['prəʊtiːn, Am: 'proʊ-] n proteína f

protest¹ ['prəʊtest, Am: 'proʊtest] n protesta f; (demonstration) manifestación f de protesta; **in ~** en señal de protesta; **to do sth under ~** hacer algo que conste como protesta

protest² [prə'test, Am: proʊ'-] I. vi protestar; **to ~ against sth** protestar en contra de algo II. vt **to ~ that ...** declarar que...

Protestant ['prɒtɪstənt, Am: 'prɑː-t̬ə-] n protestante mf

Protestantism n no pl protestantismo m

protestation [ˌprɒtes'teɪʃən, *Am:* ˌprɑ:ţes'teɪ-] *n pl* protesta *f*

protester *n* manifestante *mf*

protest march *n* marcha *f* de protesta **protest vote** *n* voto *m* de protesta

protocol ['prəʊtəkɒl, *Am:* 'proʊţəkɔ:l] *n* protocolo *m*

proton ['prəʊtɒn, *Am:* 'proʊtɑ:n] *n* protón *m*

prototype ['prəʊtətaɪp, *Am:* 'proʊţə-] *n* prototipo *m*

protracted [prə'træktɪd, *Am:* proʊ'-] *adj* prolongado

protrude [prə'tru:d, *Am:* proʊ'-] *vi* sobresalir

protuberance [prə'tju:bərəns, *Am:* proʊ'tu:-] *adj form* protuberancia *f*

proud [praʊd] *adj* orgulloso; **to be ~ of sth** enorgullecerse de algo; **to be ~ to do sth** tener el honor de hacer algo

proudly *adv* orgullosamente

prove [pru:v] <proved *o Am:* proven> **I.** *vt* (*theory*) probar; (*innocence, loyalty*) demostrar; **to ~ sb innocent** probar la inocencia de alguien **II.** *vi* **to ~ to be sth** resultar ser algo

provenance ['prɒvənənts, *Am:* 'prɑ:vən-] *n no pl, form* procedencia *f*

proverb ['prɒvɜ:b, *Am:* 'prɑ:vɜ:rb] *n* refrán *m*

proverbial [prəʊ'vɜ:biəl, *Am:* prə-'vɜ:r-] *adj* proverbial

provide [prəʊ'vaɪd, *Am:* prə-] *vt* **1.** (*act of providing*) proveer; **to ~ sb with sth** proporcionar algo a alguien **2.** *form* LAW estipular

provided *conj* **~ that …** con tal que… +*subj*

providence ['prɒvɪdənts, *Am:* 'prɑ:və-] *n no pl* providencia *f*

provider *n* **1.** (*person*) proveedor(a) *m(f)* **2.** INFOR proveedor *m;* **Internet Service ~** proveedor de servicios Internet

providing *conj* **~** (that) … con tal que… +*subj*

province ['prɒvɪnts, *Am:* 'prɑ:-vɪnts] *n* provincia *f*

provincial [prəʊ'vɪntʃəl, *Am:* prə-'vɪntʃəl] *adj* **1.** POL, ADMIN provincial **2.** *pej* (*unsophisticated*) provinciano

provision [prəʊ'vɪʒən, *Am:* prə-] *n* **1.** (*act of providing*) suministro *m;* **to make ~ for sth** tomar medidas de previsión para algo **2.** (*thing provided*) provisión *f* **3.** LAW disposición *f*

provisional [prəʊ'vɪʒənəl, *Am:* prə-] *adj* provisional

provocation [ˌprɒvə'keɪʃən, *Am:* ˌprɑ:və'-] *n* provocación *f*

provocative [prə'vɒkətɪv, *Am:* -'vɑ:kəţɪv] *adj* provocador; (*sexually*) provocativo

provoke [prə'vəʊk, *Am:* -'voʊk] *vt* provocar; (*interest*) despertar; (*crisis*) causar; **to ~ sb into doing sth** provocar a alguien para que haga algo

provost ['prɒvəst, *Am:* 'proʊvoʊst] *n* **1.** *Brit* UNIV rector(a) *m(f)* **2.** *Scot* POL alcalde(sa) *m(f)*

prow [praʊ] *n* NAUT proa *f*

prowess ['praʊɪs] *n no pl, form* destreza *f*

prowl [praʊl] **I.** *n inf* **to be on the ~** estar merodeando **II.** *vt* **to ~ the streets** merodear por las calles

proximity [prɒk'sɪməti, *Am:* prɑ:k'sɪməţi] *n no pl, form* proximidad *f*

proxy ['prɒksi, *Am:* 'prɑ:k-] <-ies> *n* apoderado, -a *m, f;* **to do sth by ~** hacer algo por poderes

prude [pru:d] *n pej* mojigato, -a *m, f*

prudence ['prudns] *n no pl* prudencia *f*

prudent ['pru:dnt] *adj* prudente

prudish ['pru:dɪʃ] *adj pej* mojigato

prune¹ [pru:n] *vt* BOT podar

prune² [pru:n] *n* GASTR ciruela *f* pasa

Prussia ['prʌʃə] *n* Prusia *f*

Prussian ['prʌʃən] *adj* prusiano

pry¹ [praɪ] <pries, pried> *vi pej* **to ~ into sth** entrometerse en algo

pry² *vt s.* **prize²**

PS [ˌpi:'es] *abbr of* **postscript** P.D.

psalm [sɑːm] n salmo m
pseudonym ['sjuːdənɪm, Am: 'suː-] n seudónimo m
psyche ['saɪki] n psique f
psychedelic [ˌsaɪkɪ'delɪk, Am: -kə'-] adj psicodélico
psychiatric [ˌsaɪkɪ'ætrɪk] adj psiquiátrico
psychiatrist [saɪ'kaɪətrɪst] n psiquiatra mf
psychiatry [saɪ'kaɪətri] n no pl psiquiatría f
psychic ['saɪkɪk] adj psíquico
psychoanalyse [ˌsaɪkəʊ'ænəlaɪz, Am: -koʊ'-] vt psicoanalizar
psychoanalysis [ˌsaɪkəʊə'næləsɪs, Am: -koʊə'-] n no pl psicoanálisis m inv
psychoanalyst [ˌsaɪkəʊ'ænəlɪst, Am: -koʊ'-] n psicoanalista mf
psychoanalytic(al) [ˌsaɪkəʊˌænəl'ɪtɪk(əl), Am: -koʊˌænə'lɪtɪk(əl)] adj psicoanalítico
psychoanalyze [ˌsaɪkəʊ'ænəlaɪz, Am: -koʊ'ænəlaɪz] vt Am s. **psychoanalyse**
psychological [ˌsaɪkə'lɒdʒɪkəl, Am: -kə'lɑːdʒɪ-] adj psicológico
psychologist n psicólogo, -a m, f
psychology [saɪ'kɒlədʒi, Am: -'kɑːlə-] n psicología f
psychopath ['saɪkəʊpæθ, Am: -kəpæθ] n psicópata mf
psychopathic [ˌsaɪkəʊ'pæθɪk, Am: ˌsaɪkə'-] adj psicopático
psychosis [saɪ'kəʊsɪs, Am: -'koʊ-] <-ses> n psicosis f inv
psychosomatic [ˌsaɪkəʊsə'mætɪk, Am: -koʊsoʊ'mæt-] adj psicosomático
psychotherapist [ˌsaɪkə'θerəpɪst, Am: -koʊ'-] n psicoterapeuta mf
psychotherapy [ˌsaɪkəʊ'θerəpi, Am: -koʊ'-] n no pl psicoterapia f
psychotic [saɪ'kɒtɪk, Am: -'kɑːtɪk] adj psicótico
PT [ˌpiː'tiː] n abbr of **physical training** educación f física
pt n abbr of **pint** pinta f (≈ 0,67 litros, Am: ≈ 0,47 litros)
pto abbr of **please turn over** ver al dorso

pub [pʌb] n Aus, Brit, inf bar m
puberty ['pjuːbəti, Am: -bəˌti] n no pl pubertad f
pubic ['pjuːbɪk] adj pubiano
public ['pʌblɪk] I. adj público; **to go ~ with sth** revelar algo II. n público m; **in ~** en público
public affairs npl asuntos mpl públicos **public assistance** n Am ayuda f estatal
publication [ˌpʌblɪ'keɪʃən] n no pl publicación f
public defender n Am LAW defensor(a) m(f) de oficio **public domain** n dominio m público **public expenditure** n, **public expense** n gastos mpl estatales **public funds** npl fondos mpl públicos **public health** n no pl sanidad f pública **public holiday** n fiesta f oficial **public house** n Brit, form bar m **public interest** n interés m público
publicist ['pʌblɪsɪst] n publicista mf
publicity [pʌb'lɪsəti, Am: -ti] n no pl publicidad f; **to attract ~** atraer la atención
publicize ['pʌblɪsaɪz] vt promocionar
public library <- libraries> n biblioteca f pública
publicly adv en público; **~ owned** de propiedad pública
public opinion n opinión f pública **public relations** npl relaciones fpl públicas **public school** n 1. Brit (private) colegio m privado 2. Am, Aus (state-funded) escuela f pública **public sector** n sector m público **public-spirited** adj solidario **public telephone** n teléfono m público **public transport** n transporte m público **public works** npl obras fpl públicas
publish ['pʌblɪʃ] vt publicar; (information) divulgar
publisher n 1. (company) editorial f 2. (person) editor(a) m(f)
publishing n no pl industria f editorial
publishing house n editorial f
puck [pʌk] n SPORTS disco m

pudding ['pʊdɪŋ] *n* postre *m*

puddle ['pʌdl] *n* charco *m*

pudgy ['pʊdʒi] <-ier, -iest> *adj* rechoncho

Puerto Rican ['pwɜːtəʊ'riːkən, *Am:* ˌpwertə'-] *adj* portorriqueño

Puerto Rico ['pwɜːtəʊ'riːkəʊ, *Am:* ˌpwertə'riːkoʊ] *n* Puerto Rico *m*

puff [pʌf] I. *vi* (*be out of breath*) jadear II. *vt* 1. (*smoke*) soplar; (*cigarette smoke*) echar 2. (*praise*) dar bombo a 3. (*say while panting*) resoplar III. *n* (*breath, wind*) soplo *m;* to be out of ~ *Brit, inf* quedarse sin aliento
◆ **puff up** I. *vt* inflar II. *vi* hincharse

puffin ['pʌfɪn] *n* frailecillo *m*

puff pastry *n* hojaldre *m*

puffy ['pʌfi] <-ier, -iest> *adj* hinchado

puke [pjuːk] *vi inf* vomitar

pull [pʊl] I. *vt* 1. (*draw*) tirar de, jalar *AmL;* (*trigger*) apretar; (*gun, knife*) sacar; (*tooth*) extraer; (*muscle*) forzar; to ~ a fast one *inf* hacer una jugarreta 2. (*attract*) atraer II. *vi* tirar III. *n* 1. (*action*) tirón *m* 2. *inf* (*influence*) influencia *f*
◆ **pull ahead** *vi* tomar la delantera
◆ **pull apart** *vt insep* 1. hacer pedazos 2. (*criticize*) poner por el suelo
◆ **pull back** *vi* dar marcha atrás
◆ **pull down** *vt* (*demolish*) tirar abajo
◆ **pull in** *vi* llegar
◆ **pull off** *vt inf* to pull it off lograrlo
◆ **pull out** *vi* (*to overtake*) salirse; (*drive onto road*) meterse
◆ **pull over** I. *vt* (*police*) parar II. *vi* hacerse a un lado
◆ **pull through** *vi* reponerse
◆ **pull up** I. *vt inf* (*reprimand*) reprender II. *vi* parar

pulley ['pʊli] <-s> *n* polea *f*

pullover ['pʊləʊvəʳ, *Am:* -oʊvɚ] *n* jersey *m*

pulp [pʌlp] *n* pasta *f;* (*of fruit*) pulpa *f;* (*for making paper*) pulpa *f* de papel; to beat sb to a ~ *inf* hacer papilla a alguien

pulpit ['pʊlpɪt] *n* púlpito *m*

pulsate [pʌl'seɪt, *Am:* 'pʌlseɪt] *vi* palpitar

pulse¹ [pʌls] *n* ANAT pulso *m;* (*single vibration*) pulsación *f*

pulse² [pʌls] *n* GASTR legumbre *f*

pulverize ['pʌlvəraɪz] *vt* pulverizar

puma ['pjuːmə] *n* puma *m*

pumice ['pʌmɪs] *n* ~ (**stone**) piedra *f* pómez

pummel ['pʌml] <*Brit:* -ll-, *Am:* -l-> *vt* aporrear

pump [pʌmp] I. *n* bomba *f;* (*for fuel*) surtidor *m* II. *vt* bombear

pumpkin ['pʌmpkɪn] *n* calabaza *f,* zapallo *m CSur, Perú*

pun [pʌn] *n* juego *m* de palabras, albur *m Méx*

punch¹ [pʌntʃ] I. *vt* 1. (*hit*) pegar 2. (*pierce*) perforar, ponchar *Méx;* (*ticket*) picar; to ~ holes in sth hacer agujeros a algo II. <-es> *n* 1. (*hit*) puñetazo *m;* (*in boxing*) golpe *m;* to pull one's ~es *fig* no emplear toda su fuerza 2. (*tool*) punzón *m*

punch² [pʌntʃ] *n* GASTR ponche *m*

punch bag *n Brit,* **punching bag** *n Am* saco *m* de arena

punchline *n* gracia *f* (de un chiste)

punch-up *n Brit, inf* pelea *f*

punctual ['pʌŋktʃʊəl] *adj* puntual

punctuate ['pʌŋktʃʊeɪt] *vt* LING puntuar

punctuation [ˌpʌŋktʃʊ'eɪʃən] *n no pl* puntuación *f*

puncture ['pʌŋktʃəʳ, *Am:* -tʃɚ] I. *vt* pinchar, ponchar *Méx;* (*lung*) perforar II. *vi* (*tyre, ball*) pincharse, poncharse *Méx;* (*car*) pinchar III. *n* pinchazo *m,* ponchadura *f Méx*

pundit ['pʌndɪt] *n* experto, -a *m, f*

pungent ['pʌndʒənt] *adj* punzante; (*smell*) acre; (*criticism*) cáustico

punish ['pʌnɪʃ] *vt* castigar

punishing *adj* duro

punishment ['pʌnɪʃmənt] *n* castigo *m;* to take a lot of ~ *fig* estar muy baqueteado

punitive ['pjuːnɪtɪv, *Am:* -t̬ɪv] *adj form* punitivo

punk [pʌŋk] *n* 1. (*person*) punk *mf* 2. *Am, pej* (*troublemaker*) gamberro, -a *m, f*

punt¹ [pʌnt] SPORTS **I.** *vt, vi* despejar **II.** *n* patada *f* de despeje

punt² **I.** *vi* **to go ~ing** salir de paseo en barca **II.** *n* (*boat*) batea *f*

punter ['pʌntər, *Am:* -t̬ər] *n Brit, inf* (*gambler*) jugador(a) *m(f)*

puny ['pju:ni] <-ier, -iest> *adj* enclenque

pup [pʌp] *n* cachorro, -a *m, f*

pupil¹ ['pju:pl] *n* SCHOOL alumno, -a *m, f*

pupil² [pju:pl] *n* ANAT pupila *f*

puppet ['pʌpɪt] *n* títere *m*

puppy ['pʌpi] <-ies> *n* cachorro, -a *m, f*

purchase ['pɜ:tʃəs, *Am:* 'pɜ:rtʃəs] **I.** *vt form* comprar **II.** *n* **1.** (*act of buying*) compra *f* **2. to get a ~ on sth** agarrarse a algo

purchaser *n* comprador(a) *m(f)*

purchasing power *n* poder *m* adquisitivo

pure [pjʊər, *Am:* pjʊr] *adj* puro; **~ and simple** simple y llano

purée ['pjʊəreɪ, *Am:* pjʊ'reɪ] *n* puré *m*

purely ['pjʊəli, *Am:* 'pjʊrli] *adv* puramente; **~ and simply** simple y llanamente

Purgatory ['pɜ:gətri, *Am:* 'pɜ:rgətɔ:ri] *n no pl* REL Purgatorio *m*

purge ['pɜ:dʒ, *Am:* 'pɜ:rdʒ] **I.** *vt* purgar **II.** *n* purga *f*

purification [ˌpjʊərɪfɪ'keɪʃən, *Am:* ˌpjʊrə-] *n no pl* purificación *f*; (*of water*) depuración *f*

purify ['pjʊərɪfaɪ, *Am:* 'pjʊrə-] *vt* purificar; (*water*) depurar

purist ['pjʊərɪst, *Am:* 'pjʊrɪst] *n* purista *mf*

puritan ['pjʊərɪtən, *Am:* 'pjʊrɪ-] *n* puritano, -a *m, f*

puritanical [ˌpjʊərɪ'tænɪkəl, *Am:* ˌpjʊrɪ'-] *adj* puritano

Puritanism *n no pl* puritanismo *m*

purity ['pjʊərəti, *Am:* 'pjʊrɪt̬i] *no pl n* pureza *f*

purple ['pɜ:pl, *Am:* 'pɜ:r-] **I.** *adj* (*reddish*) púrpura; (*bluish*) morado **II.** *n* (*reddish*) púrpura *m*; (*bluish*) morado *m*

purport ['pɜ:pət, *Am:* pɜ:r'pɔ:rt] *vi form* **to ~ to be sth** pretender ser algo

purpose ['pɜ:pəs, *Am:* 'pɜ:rpəs] *n* (*goal*) intención *f*; (*use*) utilidad *f*; **for practical ~s** a efectos prácticos; **to have a ~ in life** tener una meta en la vida; (**strength of**) **~** resolución *f*; **to no ~** inútilmente; **to serve a ~** servir de algo; **on ~** a propósito

purposeful ['pɜ:pəsfəl, *Am:* 'pɜ:r-] *adj* decidido

purposely ['pɜ:pəsli, *Am:* 'pɜ:r-] *adv* a propósito

purr [pɜ:ʳ, *Am:* pɜ:r] *vi* (*cat*) ronronear; (*engine*) zumbar

purse [pɜ:s, *Am:* pɜ:rs] **I.** *n* **1.** *Am* (*handbag*) bolso *m*, cartera *f AmL*, bolsa *f Méx* **2.** *Brit* (*wallet*) monedero *m*; **public ~** erario *m* público **II.** *vt* (*lips*) apretar

pursue [pə'sju:, *Am:* pə-'su:] *vt* perseguir; (*goals*) luchar por; (*rights*) reivindicar; **to ~ a matter** seguir un caso; **to ~ a career** dedicarse a una carrera profesional

pursuer [pə'sju:əʳ, *Am:* pə-'su:ə-] *n* perseguidor(a) *m(f)*

pursuit [pə'sju:t, *Am:* pə-'su:t] *n* **1.** (*chase*) persecución *f*; **to be in ~ of sth** ir tras algo **2.** (*activity*) actividad *f*; **leisure ~s** pasatiempos *mpl*

purveyor [pə'veɪəʳ, *Am:* pə-'veɪə-] *n* proveedor(a) *m(f)*

pus [pʌs] *n* MED *no pl* pus *m*, postema *f Méx*

push [pʊʃ] **I.** *vt* **1.** (*shove*) empujar; (*button*) apretar; **to ~ the door open** abrir la puerta de un empujón; **to ~ sb out of the way** apartar a alguien a empujones; **to ~ one's luck** tentar a la suerte; **to ~ sb too far** sacar a alguien de quicio; **to ~ sb into doing sth** presionar a alguien para que haga algo; **to ~ oneself** exigirse demasiado; **to be ~ed to do sth** tener dificultad para hacer algo; **to be ~ed for money** andar escaso de dinero; **to be ~ing 30** rondar los 30 años **2.** *inf* (*promote*) promover

P
p

II. *vi* empujar; (*press*) apretar; **to ~ for sth** presionar para (conseguir) algo **III.** <-es> *n* empujón *m*; **at the ~ of a button** apretando un botón; **to give sb a ~** *fig* dar un empujón a alguien; **to give sb the ~** *inf* (*partner*) dejar a alguien; (*employee*) echar a alguien; **at a ~ ...** si me apuras...; **if ~ comes to shove** en caso de apuro

◆ **push around** *vt* mangonear *inf*

◆ **push off** *vi inf* largarse

◆ **push on** *vi* **to ~ (with sth)** seguir adelante (con algo)

◆ **push through** *vt* (*legislation, proposal*) hacer aceptar

◆ **push up** *vt* (*price*) hacer subir

pushchair [-tʃer] *n* Brit sillita *f* de paseo

push-up *n* SPORTS flexión *f*

pushy ['puʃi] *adj* (*ambitious*) ambicioso; (*arrogant*) prepotente

pussy ['pusi] <-ies> *n* (*cat*) minino, -a *m, f*

put [put] <-tt-, put, put> **I.** *vt* **1.** (*place*) poner; (*in box, hole*) meter; **to ~ salt in sth** echar sal a algo; **to ~ energy/time into sth** dedicar energía/tiempo a algo; **to ~ money on sth** jugarse dinero a algo; **to ~ sb in danger** poner a alguien en peligro; **to ~ a stop to sth** poner fin a algo; **to ~ a tax on sth** gravar algo con un impuesto; **to ~ a high value on sth** valorar mucho algo; **to ~ a question** plantear una pregunta; **I ~ it to you that ...** mi opinión es que...; **I ~ the number of visitors at 2,000** calculo que debe haber recibido unos 2.000 visitantes **2.** (*express*) decir; **to ~ one's feelings into words** expresar sus sentimientos con palabras **II.** *vi* NAUT **to ~ to sea** zarpar

◆ **put aside** *irr vt* **1.** (*save*) ahorrar **2.** (*ignore*) dejar de lado

◆ **put away** *irr vt* **1.** (*save*) ahorrar **2.** (*remove*) guardar

◆ **put back** *irr vt* **1.** (*return*) volver a poner en su sitio **2.** (*postpone*) posponer

◆ **put by** *irr vt* ahorrar

◆ **put down** *irr vt* **1.** (*set down*) dejar **2.** (*attribute*) **to put sth down to sb** atribuir algo a alguien **3.** (*write*) escribir; **to put sb down for sth** (*register*) inscribir a alguien en algo **4.** (*rebellion, opposition*) reprimir **5.** *inf* (*humiliate*) menospreciar **6.** (*animal*) sacrificar

◆ **put forward** *irr vt* **1.** (*propose*) proponer **2.** (*advance*) adelantar; **to put the clock forward** adelantar el reloj

◆ **put in** *irr* **I.** *vt* **1.** (*place inside*) meter **2.** (*claim, request*) presentar **II.** *vi* NAUT hacer escala

◆ **put into** *irr vt* meter

◆ **put off** *irr vt* **1.** (*delay*) posponer **2.** (*repel*) alejar; (*food, smell*) dar asco a **3.** (*discourage*) desanimar **4.** (*distract*) distraer

◆ **put on** *irr vt* **1.** (*place*) **to put sth on sth** poner algo sobre algo; **to put sb on to sth** *fig* dar a alguien información sobre algo **2.** (*wear*) ponerse **3.** THEAT poner en escena **4.** (*pretend*) fingir; (*accent*) afectar **5.** (*weight*) engordar

◆ **put out** *irr* **I.** *vt* **1.** (*extend*) extender; **to ~ one's hand** tender la mano; **to put the dog out** sacar al perro **2.** (*extinguish: fire*) extinguir; (*cigarette*) apagar **3.** (*turn off*) apagar **4.** (*inconvenience*) molestar a **II.** *vi* NAUT zarpar

◆ **put through** *irr vt* **1.** (*bill*) hacer aprobar **2.** TEL **to put sb through to sb** pasar a alguien con alguien **3.** (*make endure*) **to put sb through sth** someter a alguien a algo

◆ **put together** *irr vt* juntar; (*model*) montar; (*facts, clues*) relacionar

◆ **put up** *irr vt* **1.** (*hang up*) colgar; (*notice*) fijar **2.** (*raise*) levantar; (*umbrella*) abrir **3.** (*build*) construir; (*tent*) armar **4.** (*prices*) subir **5.** (*give shelter*) alojar **6.** (*provide*) **to ~ the money for sth** poner el dinero para algo; **to put sth up for sale** poner algo en venta; **to ~ opposition** oponerse

◆ **put up with** *irr vt* soportar

putative ['pju:tətɪv, *Am:* -t̬ət̬ɪv] *adj form* supuesto

putrefy ['pju:trɪfaɪ, *Am:* -trə-] <-ie-> *vi form* pudrirse

putrid ['pju:trɪd] *adj form* podrido

putt [pʌt] SPORTS I. *vi* tirar al hoyo II. *n* tiro *m* al hoyo, put *m AmL*

putty ['pʌti, *Am:* 'pʌt̬-] *n no pl* masilla *f*

puzzle ['pʌzl] I. *vt* dejar perplejo II. *n* (*game*) rompecabezas *m inv*; (*mystery*) misterio *m*

puzzled *adj* perplejo

puzzling *adj* desconcertante

PVC [ˌpiːviːˈsiː] *n abbr of* **polyvinyl chloride** PVC *m*

pygmy ['pɪgmi] *n* <-ies> pigmeo, -a *m, f*

pyjamas [pəˈdʒɑːməz] *npl Aus, Brit* pijama *m;* **a pair of ~** un pijama

> ⚠ **pyjamas** (= pijama) se utiliza en plural: "Where are my pyjamas?" Pero **a pair of pyjamas** (= pijama) se utiliza en singular: "Is this my pair of pyjamas?"

pylon ['paɪlɒn, *Am:* -lɑːn] *n* torre *f* de alta tensión

pyramid ['pɪrəmɪd] *n* pirámide *f*

pyre ['paɪəʳ, *Am:* 'paɪə-] *n* pira *f*

Pyrenees [pɪrəˈniːz] *npl* **the ~** los Pirineos

python ['paɪθən, *Am:* -θɑːn] <-(ons)> *n* pitón *f*

Qq

Q, q [kjuː] *n* Q, q *f;* ~ **for Queenie** *Brit,* ~ **for Queen** *Am* Q de Quebec

Q *abbr of* **Queen** reina *f*

Qatar [kəˈtɑːʳ, *Am:* ˈkɑːtɑːr] *n* Qatar *m*

QC [ˌkjuːˈsiː] *n Brit abbr of* **Queen's Counsel** título de abogacía de categoría superior

qua [kwɑː] *prep form* como

quack¹ [kwæk] I. *n* (*sound*) graznido *m* II. *vi* graznar

quack² [kwæk] *n inf* (*doctor*) matasanos *m inv*

quad [kwɒd, *Am:* kwɑːd] *n* 1. *inf* (*quadruplet*) cuatrillizo, -a *m, f* 2. (*quadrangle*) cuadrángulo *m*

quadrangle ['kwɒdræŋgl, *Am:* 'kwɑːdræŋ-] *n form* cuadrángulo *m*

quadrilateral [ˌkwɒdrɪˈlætərəl, *Am:* ˌkwɑːdrɪˈlæt̬-] *n* cuadrilátero *m*

quadruped ['kwɒdrʊped, *Am:* 'kwɑːdrʊ-] *n* cuadrúpedo *m*

quadruple ['kwɒdruːpl, *Am:* 'kwɑːdruː-] *vi* cuadruplicarse

quadruplet ['kwɒdruːplət, *Am:* kwɑːˈdruːplɪt] *n* cuatrillizo, -a *m, f*

quail¹ [kweɪl] <-(s)> *n* codorniz *f*

quail² [kweɪl] *vi* acobardarse

quaint [kweɪnt] *adj* (*charming*) pintoresco; (*strange*) extraño

quake [kweɪk] I. *n* 1. temblor *m* 2. *inf* (*earthquake*) terremoto *m* II. *vi* temblar; **to ~ with cold/fear** temblar de frío/miedo

Quaker ['kweɪkəʳ, *Am:* -kə-] *n* Cuáquero, -a *m, f*

qualification [ˌkwɒlɪfɪˈkeɪʃən, *Am:* ˌkwɑːlɪ-] *n* 1. (*document*) título *m* 2. (*limiting criteria*) restricción *f*; **without ~** sin reservas 3. SPORTS clasificación *f*

qualified ['kwɒlɪfaɪd, *Am:* 'kwɑːlɪ-] *adj* 1. (*trained*) titulado 2. (*competent*) capacitado 3. (*limited*) **to be a ~ success** tener cierto éxito

qualify ['kwɒlɪfaɪ, *Am:* 'kwɑːlɪ-] <-ie-> I. *vt* **to ~ sb to do sth** dar derecho a alguien para hacer algo; **to ~ a remark** matizar un comentario II. *vi* 1. (*complete training*) titularse, recibirse *AmL;* **to ~ for sth** (*have qualifications*) estar acreditado para algo; (*be eligible*) tener derecho a algo 2. SPORTS clasificarse

qualitative ['kwɒlɪtətɪv, *Am:* 'kwɑːlɪteɪt̬ɪv] *adj* cualitativo

quality ['kwɒləti, *Am:* 'kwɑːləti]
<-ies> *n* **1.** *no pl* (*excellence*) calidad *f* **2.** (*characteristic*) cualidad *f*

quality control *n* control *m* de calidad

qualm [kwɑːm] *n* **to have ~s**
(**about sth**) tener escrúpulos (respecto a algo); **to have no ~s about doing sth** no tener escrúpulos para hacer algo

quandary ['kwɒndəri, *Am:*
'kwɑːn-] <-ies> *n* **to be in a ~** estar en un dilema

quantify ['kwɒntɪfaɪ, *Am:* 'kwɑːn-tə-] <-ie-> *vt* cuantificar

quantitative ['kwɒntɪtətɪv, *Am:*
'kwɑːntəteɪtɪv] *adj* cuantitativo

quantity ['kwɒntəti, *Am:* 'kwɑːn-təti] <-ies> *n* cantidad *f*

quantum mechanics ['kwɒntəm-, *Am:* 'kwɑːntəm-] *n* + *sing vb* mecánica *f* cuántica

quarantine ['kwɒrəntiːn, *Am:*
'kwɔːrən-] **I.** *n* cuarentena *f* **II.** *vt* poner en cuarentena a

quark [kwɑːk, *Am:* kwɑːrk] *n* PHYS quark *m*

quarrel ['kwɒrəl, *Am:* 'kwɔːr-] **I.** *n* disputa *f* **II.** <-ll-> *vi* pelearse

quarry¹ ['kwɒri, *Am:* 'kwɔːr-]
I. <-ies> *n* (*rock pit*) cantera *f*
II. <-ie-> *vt* extraer

quarry² ['kwɒri, *Am:* 'kwɔːr-]
<-ies> *n* presa *f*

quart [kwɔːt, *Am:* kwɔːrt] *n* cuarto *m* de galón

quarter ['kwɔːtə', *Am:* 'kwɔːrtə]
I. *n* **1.** (*one fourth*) cuarto *m;* **three ~s** tres cuartos; **a ~ of the British** una cuarta parte de los británicos; **a ~ of an hour** un cuarto de hora; **a ~ to three** las tres menos cuarto, un cuarto para las tres *AmL;* **a ~ past three** las tres y cuarto **2.** *Am* (*25 cents*) cuarto de dólar **3.** (*neighbourhood*) barrio *m;* **at close ~s** *fig* de cerca; **in certain ~s** *fig* en ciertos círculos **II.** *vt* **1.** (*cut into four*) cuartear **2.** (*give housing*) alojar

quarterback *n* mariscal *mf* de campo **quarterfinal** *n* cuarto *m* de final

quarterly ['kwɔːtəli, *Am:* 'kwɔːr-tə-li] **I.** *adv* trimestralmente **II.** *adj* trimestral

quartet [kwɔː'tet, *Am:* kwɔːr-] *n* MUS cuarteto *m*

quartz [kwɔːts, *Am:* kwɔːrts] *n* *no pl* cuarzo *m*

quash [kwɒʃ, *Am:* kwɑːʃ] *vt* (*rebellion*) sofocar; (*rumour*) acallar; LAW (*verdict*) anular

quaver ['kweɪvə', *Am:* -və] **I.** *vi* temblar **II.** *n* *Aus, Brit* MUS corchea *f*

quay [kiː] *n* muelle *m*

queasy ['kwiːzi] <-ier, -iest> *adj* mareado; **to feel ~ about sth** *fig* sentir desasosiego acerca de algo

Quebec [kwɪ'bek, *Am:* kwiː'bek] *n* Quebec *m*

queen [kwiːn] *n* reina *f*

Queen Mother *n* Reina *f* Madre

queer [kwɪə', *Am:* kwɪr] <-er, -est> *adj* **1.** (*strange*) extraño; **to have ~ ideas** tener ideas raras; **to feel rather ~** sentirse algo extraño **2.** *pej, inf* (*homosexual*) maricón

quell [kwel] *vt* (*rebellion*) sofocar; (*doubts*) disipar

quench [kwentʃ] *vt* (*thirst*) saciar; **to ~ the fire** apagar el incendio

query ['kwɪəri, *Am:* 'kwɪri]
I. <-ies> *n* pregunta *f;* **to raise a ~** plantear un interrogante; **to settle a ~** resolver un interrogante **II.** <-ie-> *vt* **1.** *form* (*dispute*) cuestionar; (*doubt*) poner en duda **2.** (*ask*) preguntar; **to ~ whether ...** preguntar si...

quest [kwest] *n* búsqueda *f;* **in ~ of sth** en busca de algo

question ['kwestʃən] **I.** *n* **1.** (*inquiry*) pregunta *f;* **to put a ~ to sb** hacer una pregunta a alguien **2.** *no pl* (*doubt*) duda *f;* **without ~** sin duda; **to be beyond ~** estar fuera de duda **3.** (*issue*) cuestión *f;* **it's a ~ of life or death** *a. fig* es un asunto de vida o muerte; **to be a ~ of time** ser una cuestión de tiempo **II.** *vt* **1.** (*interrogate*) interrogar **2.** (*doubt*) poner en duda

questionable ['kwestʃənəbl] *adj* discutible

questioner *n* interrogador(a) *m(f)*
questioning I. *n no pl* interrogatorio *m* **II.** *adj* inquisidor
question mark *n* signo *m* de interrogación
questionnaire [ˌkwestʃəˈneəʳ, *Am:* ˌkwestʃəˈner] *n* cuestionario *m*
queue [kjuː] **I.** *n Aus, Brit a.* INFOR cola *f;* **to stand in a ~** hacer cola **II.** *vi* hacer cola
quibble [ˈkwɪbl] **I.** *n* pega *f* **II.** *vi* **to ~ over sth** quejarse por algo
quiche [kiːʃ] *n* quiche *f,* quiche *m* AmL
quick [kwɪk] **I.** <-er, -est> *adj* **1.** (*fast*) rápido; **~ as lightning** (*veloz*) como un rayo; **in ~ succession** uno detrás del otro; **to be ~ to do sth** hacer algo con rapidez; **to have a ~ mind** tener una mente vivaz; **to have a ~ temper** tener mal genio **2.** (*short*) corto; **the ~est way** el camino más corto; **to give sb a ~ call** hacer una llamada corta a alguien **II.** <-er, -est> *adv* rápidamente **III.** *n* **to cut sb to the ~** *fig* herir a alguien en lo más vivo
quicken [ˈkwɪkən] *vi, vt* apresurar(se)
quick-freeze *vt irr* congelar rápidamente
quickly [ˈkwɪkli] *adv* rápidamente
quickness [ˈkwɪknɪs] *n no pl* rapidez *f*
quicksand *n no pl* arenas *fpl* movedizas **quick-tempered** *adj* irascible
quick-witted *adj* perspicaz
quid [kwɪd] *inv n Brit, inf* (*pound*) libra *f*
quid pro quo *n form* compensación *f*
quiet [ˈkwaɪət] **I.** *n no pl* **1.** (*silence*) silencio *m* **2.** (*lack of activity*) sosiego *m;* **peace and ~** paz y tranquilidad; **on the ~** a escondidas **II.** <-er, -est> *adj* **1.** (*not loud*) silencioso **2.** (*secret*) secreto; **to keep ~ about sth** mantenerse callado respecto de algo
quieten down [ˈkwaɪətn-] *vi* **1.** (*quiet*) callarse **2.** (*calm*) calmarse
quietly [ˈkwaɪətli] *adv* silenciosa-

mente; **to speak ~** hablar en voz baja
quietness [ˈkwaɪətnɪs] *n no pl* tranquilidad *f*
quill [kwɪl] *n* **1.** (*feather, pen*) pluma *f* **2.** (*of porcupine*) púa *f*
quilt [kwɪlt] *n* edredón *m*
quince [kwɪns] *n no pl* membrillo *m*
quintessential [ˌkwɪntəˈsenʃəl, *Am:* -te'-] *adj form* por antonomasia
quip [kwɪp] *n* pulla *f*
quirk [kwɜːk, *Am:* kwɜːrk] *n* excentricidad *f;* **a ~ of fate** un capricho del destino
quirky [ˈkwɜːki, *Am:* ˈkwɜːr-] <-ier, -iest> *adj* excéntrico
quit [kwɪt] <quit *o* quitted, quit *o* quitted> **I.** *vi* **1.** (*stop*) parar **2.** (*resign*) dimitir **II.** *vt* (*stop*) parar; **to ~ smoking** dejar de fumar
quite [kwaɪt] *adv* **1.** (*fairly*) bastante; **~ a bit** considerablemente, bastantito *Méx;* **~ a distance** una distancia considerable **2.** (*completely*) completamente; **not ~ as clever/rich as ...** no tan inteligente/rico como...
quits [kwɪts] *adj inf* **to be ~ (with sb)** estar en paz con alguien; **to call it ~** hacer las paces
quiver [ˈkwɪvəʳ, *Am:* -ɚ] *vi* temblar
quiz [kwɪz] **I.** <-es> *n* concurso *m* **II.** *vt* interrogar
quiz show *n* programa *m* concurso
quizzical [ˈkwɪzɪkəl] *adj* interrogante
quorum [ˈkwɔːrəm] *n form* quórum *m*
quota [ˈkwəʊtə, *Am:* ˈkwoʊt̬ə] *n* cuota *f*
quotation [kwəˈteɪʃən, *Am:* kwoʊ'-] *n* LIT cita *f*
quotation marks *npl* comillas *fpl*
quote [kwəʊt, *Am:* kwoʊt] **I.** *n* **1.** *inf* (*quotation*) cita *f* **2.** *pl, inf* (*quotation marks*) comillas *fpl* **3.** *inf* (*estimate*) presupuesto *m* **II.** *vt* **1.** citar **2.** FIN cotizar **III.** *vi* **to ~ from sb** citar a alguien; **to ~ from memory** citar de memoria

Q
q

R

R, r [ɑːʳ, *Am:* ɑːr] r, R *f;* ~ **for Roger** R de Ramón

R. **1.** *abbr of* **River** r. *m* **2.** *Am abbr of* **Republican** republicano

rabbi ['ræbaɪ] *n* rabino *m*

rabbit ['ræbɪt] **I.** *n* conejo, -a *m, f* **II.** *vi Brit, Aus, inf* parlotear

rabbit hutch *n* conejera *f*

rabble ['ræbl] *n no pl* muchedumbre *f*

rabies ['reɪbiːz] *n* rabia *f*

RAC [ˌɑːreɪ'siː, *Am:* ˌɑːr-] *n Brit abbr of* **Royal Automobile Club** ≈ Real Automóbil Club *m* de España

race¹ [reɪs] **I.** *n* carrera *f* **II.** *vi* **1.** (*move quickly*) correr; SPORTS competir **2.** (*engine*) acelerarse **III.** *vt* **1.** (*compete against*) competir con **2.** (*horse*) hacer correr

race² [reɪs] *n no pl* **1.** (*ethnic grouping*) raza *f* **2.** (*species*) especie *f*

racecourse ['reɪskɔːs, *Am:* -kɔːrs] *n* hipódromo *m*

racehorse ['reɪshɔːs, *Am:* -ˌhɔːrs] *n* caballo *m* de carreras

racetrack ['reɪstræk] *n* hipódromo *m*

racial ['reɪʃəl] *adj* racial

racing *n* carreras *fpl*

racing car *n* coche *m* de carreras **racing driver** *n* piloto *mf* de carreras

racism ['reɪsɪzəm] *n no pl* racismo *m*

racist ['reɪsɪst] *n* racista *mf*

rack [ræk] **I.** *n* estante *m;* **luggage ~** portaequipajes *m inv* **II.** *vt* atormentar

racket ['rækɪt] *n* **1.** SPORTS raqueta *f* **2.** *no pl, inf* (*loud noise*) barullo *m,* balumba *f AmS* **3.** (*scheme*) chanchullo *m,* transa *f Méx*

racy ['reɪsi] <-ier, -iest> *adj* atrevido

radar ['reɪdɑːʳ, *Am:* -dɑːr] *n no pl* radar *m*

radial ['reɪdiəl] *adj* radial; TECH en estrella

radiant ['reɪdiənt] *adj* radiante

radiate ['reɪdieɪt] *vi, vt* irradiar

radiation [ˌreɪdi'eɪʃən] *n no pl* radiación *f*

radiator ['reɪdieɪtəʳ, *Am:* -t̬əʳ] *n* radiador *m*

radical ['rædɪkəl] *adj* radical

radii ['reɪdiaɪ] *n pl of* **radius**

radio ['reɪdiəʊ, *Am:* -oʊ] **I.** *n* radio *f,* radio *m AmC* **II.** *vt* (*information*) radiar; (*person*) llamar por radio

radioactive [ˌreɪdiəʊ'æktɪv, *Am:* -oʊ'-] *adj* radioactivo

radioactivity [ˌreɪdiəʊək'tɪvəti, *Am:* -oʊæk'tɪvət̬i] *n no pl* radiactividad *f*

radio station *n* emisora *f* de radio, estación *f* de radio *AmL*

radiotherapy [ˌreɪdiəʊ'θerəpi, *Am:* -oʊ'-] *n no pl* radioterapia *f*

radish ['rædɪʃ] <-es> *n* rábano *m*

radius ['reɪdiəs] <-dii> *n* radio *m*

RAF [ˌɑːreɪ'ef, *Am:* ˌɑːr-] *n abbr of* **Royal Air Force the ~** la fuerza aérea británica

raffle ['ræfl] *n* rifa *f*

raft [rɑːft, *Am:* ræft] *n* balsa *f*

rafter ['rɑːftəʳ, *Am:* 'ræftəʳ] *n* viga *f*

rag [ræg] **I.** *n* **1.** (*old cloth*) trapo *m* **2.** *pl* (*worn-out clothes*) harapos *mpl* **3.** *pej* (*newspaper*) periodicucho *m* **II.** <-gg-> *vt inf* tomar el pelo a

rage [reɪdʒ] **I.** *n no pl* furia *f;* **to be in a ~** estar hecho una furia **II.** *vi* **1.** (*express fury*) enfurecerse **2.** (*storm*) bramar

ragged ['rægɪd] *adj* **1.** (*clothes*) hecho jirones **2.** (*wearing worn clothes*) andrajoso **3.** (*irregular*) irregular

raid [reɪd] **I.** *n* **1.** MIL incursión *f* **2.** (*attack*) ataque *m* **3.** (*robbery*) asalto *m* **4.** (*by police*) redada *f* **II.** *vt* invadir, atacar

rail [reɪl] *n* **1.** (*part of fence*) valla *f;* (*bar*) baranda *f* **2.** *no pl* (*railway system*) ferrocarril *m;* **by ~** en tren **3.** (*track*) raíl *m,* riel *m AmL*

railcard ['reɪlkɑːd, *Am:* -kɑːrd] *n* tarjeta para obtener descuentos en el tren

railing ['reɪlɪŋ] n verja f
railroad ['reɪlrəʊd, Am: -roʊd] n
Am **1.** (system) ferrocarril m
2. (track) línea f de ferrocarril
railway ['reɪlweɪ] n Brit **1.** (tracks)
vía f férrea **2.** (system) ferrocarril m
railway line n vía f del tren **rail-
wayman** <-men> n ferroviario m,
ferrocarrilero m Méx **railway
station** n estación f del ferrocarril
rain [reɪn] **I.** n no pl lluvia f **II.** vi
llover
rainbow n arco m iris **raincoat** n
gabardina f, piloto m Arg **raindrop**
n gota f de lluvia **rainfall** n no pl
precipitación f **rain forest** n selva f
tropical **rainstorm** n tormenta f de
lluvia **rainwater** n no pl agua f de
lluvia
rainy ['reɪni] adj <-ier, -iest> lluvioso
raise [reɪz] **I.** n Am, Aus aumento m
II. vt **1.** (lift) levantar; (flag) izar;
(anchor) levar **2.** (doubts) suscitar
3. (wages, awareness) aumentar
4. (subject, problem) plantear **5.** FIN
recaudar **6.** (bring up) cultivar
7. (end: embargo) levantar
raisin ['reɪzn] n pasa f
rake¹ [reɪk] n (dissolute man) vivi-
dor m
rake² [reɪk] **I.** n (tool) rastrillo m
II. vt rastrillar
 ◆ **rake in** vt inf amasar
rally ['ræli] <-ies> **I.** n **1.** (race) rally
m **2.** (in tennis) peloteo m **3.** POL
mitin m **II.** vi MED mejorar; FIN repun-
tar **III.** vt apoyar
 ◆ **rally round** vt apoyar
ram [ræm] **I.** n **1.** (male sheep) carnero m **2.** (implement) maza f **II.** vt
<-mm-> **1.** (hit) embestir contra
2. (push) **to ~ sth into sth** embutir
algo en algo
RAM [ræm] n abbr of **Random Access Memory** RAM f
ramble ['ræmbl] **I.** n caminata f
II. vi divagar
rambler ['ræmblə', Am: -blə] n
1. (walker) excursionista mf **2.** BOT
rosa f trepadora
rambling ['ræmblɪŋ] adj **1.** (build-

ing) laberíntico **2.** (plant) trepador
3. (talk) divagante
ramp [ræmp] n **1.** (sloping way)
rampa f **2.** Am AUTO carril m de in-
corporación/salida
rampage [ræm'peɪdʒ, Am: 'ræm-
peɪdʒ] n destrozos mpl; **to be on
the ~** ir arrasando todo
rampant ['ræmpənt] adj (disease,
growth) exhuberante
rampart ['ræmpɑːt, Am: -pɑːrt] n
muralla f
ramshackle ['ræmʃækl] adj desvencijado
ran [ræn] pt of **run**
ranch [rɑːntʃ, Am: ræntʃ] <-es> n
hacienda f, rancho m Méx, estancia f
RíoPl
rancher ['rɑːntʃə', Am: 'ræntʃə'] n
hacendado, -a m, f, ranchero, -a m, f
Méx
rancid ['rænsɪd] adj rancio
rancor n Am, Aus, **rancour**
['ræŋkə', Am: -kə] n no pl rencor m
random ['rændəm] **I.** n no pl **at ~** al
azar **II.** adj aleatorio
randy ['rændi] <-ier, -iest> adj inf
cachondo, birriondo Méx
rang [ræŋ] pt of **ring²**
range [reɪndʒ] **I.** n **1.** (area) área m;
(for shooting) campo m de tiro
2. (row) hilera f **3.** Am (pasture)
pradera f **4.** (field) ámbito m, campo
m **5.** (scale) gama f **6.** GEO cadena f
7. (maximum capability) alcance m;
within ~ al alcance **II.** vi **1.** (vary)
variar **2.** (rove) deambular **3.** (extend) extenderse **III.** vt alinear
ranger ['reɪndʒə', Am: -dʒə] n
guardabosque mf
rank¹ [ræŋk] adj **1.** (absolute) total
2. (smelling unpleasant) fétido
rank² [ræŋk] **I.** n **1.** no pl (status)
rango m **2.** MIL graduación f **3.** (row)
fila f; **cab ~** parada f de taxis, sitio m
de taxis Méx **II.** vi clasificarse; **to ~
as sth** figurar como algo
 ◆ **rank among** vi situarse entre
rankle ['ræŋkl] vi doler
ransack ['rænsæk] vt **1.** (search) revolver **2.** (plunder) saquear
ransom ['rænsəm] n rescate m; **to**

R
r

hold sb to ~ secuestrar a alguien y pedir rescate; *fig* chantajear a alguien
rant [rænt] *vi* despotricar
rap [ræp] *vt* golpear
rape[1] [reɪp] I. *n* violación *f* II. *vt* violar
rape[2] [reɪp] *n* BOT, AGR colza *f*
rapeseed oil *n* aceite *m* de colza
rapid ['ræpɪd] *adj* 1. (*quick*) rápido 2. (*sudden*) súbito
rapids ['ræpɪdz] *n* rápidos *mpl*
rapist ['reɪpɪst] *n* violador(a) *m(f)*
rapport [ræ'pɔːʳ, *Am:* -'pɔːr] *n no pl* compenetración *f*
rapture ['ræptʃəʳ, *Am:* -tʃɚ] *n no pl* éxtasis *m inv*
rapturous ['ræptʃərəs] *adj* extasiado; (*applause*) entusiasta
rare[1] [reəʳ, *Am:* rer] *adj* raro
rare[2] [reəʳ, *Am:* rer] *adj* GASTR poco hecho
rarely ['reəli, *Am:* 'rer-] *adv* raramente, raras veces
raring ['reərɪŋ, *Am:* 'rerɪŋ] *adj inf* **to be** ~ **to do sth** tener muchas ganas de hacer algo
rascal ['rɑːskl, *Am:* 'ræskl] *n* granuja *mf*
rash[1] [ræʃ] *n* 1. MED sarpullido *m* 2. *no pl* (*outbreak*) racha *f*
rash[2] [ræʃ] *adj* precipitado, impulsivo
rasher ['ræʃəʳ, *Am:* -ɚ] *n* loncha *f* (de beicon), rebanada *f* (de tocino) *AmC*
raspberry ['rɑːzbəri, *Am:* 'ræz,ber-] <-ies> *n* 1. (*fruit*) frambuesa *f* 2. *inf* (*sound*) pedorreta *f*, trompetilla *f* *AmL*
rasping ['rɑːspɪŋ, *Am:* 'ræsp-] *adj* áspero
rat [ræt] *n* rata *f*
ratchet ['rætʃɪt] *n* TECH trinquete *m*
rate [reɪt] I. *n* 1. (*speed*) velocidad *f* 2. (*proportion*) índice *m*, tasa *f*; **at any** ~ de todos modos; **unemployment** ~ índice *m* de desempleo 3. (*price*) precio *m* II. *vt* 1. calificar; **to** ~ **sb/sth as sth** considerar algo/a alguien como algo 2. *Aus, Brit* FIN tasar
rateable ['reɪtəbl, *Am:* -t̬ə-] *adj Brit* tasable; ~ **value** valor *m* catastral

rather ['rɑːðəʳ, *Am:* 'ræðɚ] *adv* 1. (*somewhat*) ~ **sleepy** medio dormido 2. (*more exactly*) más bien 3. (*very*) bastante 4. (*in preference to*) **I would** ~ **stay here** prefiero quedarme aquí
ratify ['rætɪfaɪ, *Am:* 'ræt̬ə-] *vt* ratificar
rating ['reɪtɪŋ, *Am:* -t̬ɪŋ] *n* 1. *no pl* (*estimation*) evaluación *f* 2. *pl* TV, RADIO índice *m* de audiencia 3. *Brit* MIL marinero *m*
ratio ['reɪʃiəʊ, *Am:* -oʊ] *n* proporción *f*
ration ['ræʃən] I. *n* 1. (*fixed allowance*) ración *f* 2. *pl* MIL víveres *fpl* II. *vt* racionar
rational ['ræʃənəl] *adj* 1. (*able to reason*) racional 2. (*sensible*) razonable
rationale [ˌræʃə'nɑːl, *Am:* -'næl] *n* razón *f* fundamental
rationalize ['ræʃənəlaɪz] *vt* racionalizar
rat race *n* **the** ~ la lucha para sobrevivir
rattle ['rætl, *Am:* 'ræt̬-] I. *n* 1. *no pl* (*noise*) ruido *m*; (*of carriage*) traqueteo *m* 2. (*for baby*) sonajero *m*, cascabel *m AmL* II. *vt* 1. (*making noise*) hacer sonar 2. (*make nervous*) poner nervioso
rattlesnake ['rætlsneɪk, *Am:* 'ræt̬-] *n* serpiente *f* de cascabel, víbora *f* de cascabel *Méx*
ratty ['ræti, *Am:* 'ræt̬-] <-ier, -iest> *adj inf* malhumorado
raucous ['rɔːkəs, *Am:* 'rɑː-] *adj* estridente
raunchy ['rɔːntʃi, *Am:* 'rɑːn-] <-ier, -iest> *adj* atrevido
ravage ['rævɪdʒ] *vt* hacer estragos en
rave [reɪv] *vi* desvariar; **to** ~ **against sb/sth** despotricar contra alguien/algo; **to** ~ **about sth/sb** poner algo/a alguien por las nubes
raven ['reɪvn] *n* cuervo *m*
ravenous ['rævənəs] *adj* hambriento
ravine [rə'viːn] *n* barranco *m*
raving ['reɪvɪŋ] *adj* **a** ~ **madman** un

loco de remate

ravioli [rævi'əuli, *Am:* -'ou-] *n* ravioles *mpl*

ravish ['rævɪʃ] *vt liter* **1.** (*please greatly*) cautivar **2.** (*rape*) violar

ravishing *adj* encantador

raw [rɔ:, *Am:* rɑ:] *adj* **1.** (*unprocessed*) ~ **material** materia prima; **to get a ~ deal** sufrir un trato injusto **2.** (*sore*) en carne viva **3.** (*uncooked*) crudo **4.** (*inexperienced*) novato

rawhide ['rɔ:haɪd, *Am:* 'rɑ:-] *n* cuero *m* sin curtir

Rawlplug® ['rɔ:lplʌg, *Am:* 'rɑ:l-] *n Brit* taco *m* (de plástico)

rawness ['rɔ:nɪs, *Am:* 'rɑ:-] *n no pl* **1.** (*harshness*) crudeza *f* **2.** (*inexperience*) inexperiencia *f*

ray [reɪ] *n* **1.** (*of light*) rayo *m* **2.** (*trace*) resquicio *m*

raze [reɪz] *vt* arrasar

razor ['reɪzəʳ, *Am:* -zəʳ] *n* maquinilla *f* de afeitar, rasuradora *f Méx;* (*open*) navaja *f* de afeitar, barbera *f Col*

razor blade *n* hoja *f* de afeitar

RC [ˌɑːʳ'siː, *Am:* ˌɑːr-] **1.** *abbr of* **Roman Catholic** católico, -a *m, f* **2.** *abbr of* **Red Cross** Cruz *f* Roja

Rd *abbr of* **road** c/

RE [ˌɑːʳ'iː, *Am:* ˌɑːr-] *n Brit abbr of* **Religious Education** educación *f* religiosa

re [riː] *prep* con relación a

reach [riːtʃ] **I.** *n* **1.** *no pl* (*range*) alcance *m;* **to be out of (sb's)** ~ *a. fig* estar fuera del alcance (de alguien) **2.** (*of river*) tramo *m* **II.** *vt* **1.** (*stretch out*) alargar, extender **2.** (*arrive at*) llegar a; (*finish line*) alcanzar **III.** *vi* **to ~ for sth** alargar la mano para tomar algo

◆ **reach down** *vi* **to ~ to** llegar hasta

◆ **reach out** *vi* alargar la(s) mano(s); **to ~ for sth** alargar la mano para a-garrar algo

react [rɪ'ækt] *vi* reaccionar

reaction [rɪ'ækʃn] *n* reacción *f*

reactionary [rɪ'ækʃənri, *Am:* -eri] *adj* reaccionario

reactor [rɪ'æktəʳ, *Am:* -təʳ] *n* reactor *m*

read¹ [riːd] <read, read> **I.** *vt* **1.** (*text*) leer **2.** (*decipher*) descifrar **3.** (*understand*) entender **II.** *vi* leer

◆ **read out** *vt* leer en voz alta

◆ **read over** *vt* releer

◆ **read through** *vt* leer de principio a fin

◆ **read up** *vi* repasar

read² [red] *adj* leído; **to take sth as ~** dar algo por hecho

readable ['riːdəbl] *adj* **1.** (*legible*) legible **2.** (*easy to read*) ameno

reader ['riːdəʳ, *Am:* -dəʳ] *n* **1.** (*person*) lector(a) *m(f)* **2.** (*book*) libro *m* de lectura **3.** *Brit* UNIV profesor(a) *m(f)* adjunto, -a

readership ['riːdəʃɪp, *Am:* -dəʳ-] *n no pl* lectores *mpl*

readily ['redɪli] *adv* **1.** (*promptly*) de buena gana **2.** (*easily*) fácilmente

readiness ['redɪnɪs] *n no pl* **1.** (*willingness*) (buena) disposición *f* **2.** (*preparedness*) preparación *f*

reading ['riːdɪŋ] *n* **1.** *no pl* lectura *f* **2.** (*interpretation*) interpretación *f* **3.** TECH medición *f*

readjustment [ˌriːə'dʒʌstmənt] *n* TECH reajuste *m*

read only memory *n* INFOR memoria *f* ROM

ready ['redi] **I.** *adj* <-ier, -iest> **1.** (*prepared*) listo, pronto *Urug;* **to be ~** estar listo; **to get ~ (for sth)** prepararse (para algo) **2.** (*willing*) dispuesto **3.** (*available*) disponible **II.** *n* **at the ~** a punto **III.** *vt* preparar

ready-made [ˌredi'meɪd] *adj* pre-cocinado

ready-to-wear [ˌreditə'weəʳ, *Am:* -'wer] *adj* prêt-à-porter

reaffirm [ˌriːə'fɜːm, *Am:* -'fɜːrm] *vt* reafirmar

real [rɪəl, *Am:* riːl] *adj* real, auténtico

real estate *n no pl, Am, Aus* bienes *mpl* raíces

realism ['rɪəlɪzəm, *Am:* 'riːlɪ-] *n no pl* realismo *m*

realist ['rɪəlɪst, *Am:* 'riːlɪst] *n* realista *mf*

realistic [ˌrɪə'lɪstɪk, *Am:* ˌriːə'-] *adj* realista

R
r

reality [rɪˈælətɪ, *Am:* -ţi] *n no pl* realidad *f;* **in** ~ en realidad

realization [ˌrɪəlaɪˈzeɪʃən, *Am:* ˌriːələˈ-] *n* **1.** (*awareness*) comprensión *f* **2.** FIN realización *f*

realize [ˈrɪəlaɪz, *Am:* ˈriːə-] *vt* **1.** (*become aware of*) darse cuenta de **2.** (*achieve*) realizar **3.** FIN realizar

really [ˈrɪəlɪ, *Am:* ˈriːə-] **I.** *adv* en realidad **II.** *interj* ¿de veras?

realm [relm] *n* **1.** (*kingdom*) reino *m* **2.** (*area of interest*) campo *m*

realtor [ˈrɪəltər, *Am:* ˈriːəltər] *n Am, Aus* agente *m* f inmobiliario, -a, corredor(a) *m(f)* de propiedades *Chile*

reap [riːp] *vi, vt* cosechar

reappear [ˌriːəˈpɪər, *Am:* -ˈpɪr] *vi* reaparecer

reappraisal [ˌriːəˈpreɪzl] *n* FIN revaluación *f*

rear¹ [rɪər, *Am:* rɪr] **I.** *adj* trasero **II.** *n* parte *f* trasera

rear² [rɪər, *Am:* rɪr] **I.** *vt* (*child, animals*) criar **II.** *vi* (*horse*) encabritarse

rearguard [ˈrɪəgɑːd, *Am:* ˈrɪrgɑːrd] *n no pl* retaguardia *f*

rearrange [ˌriːəˈreɪndʒ] *vt* reorganizar

rear view mirror *n* retrovisor *m*

reason [ˈriːzn] **I.** *n* **1.** (*motive*) motivo *m;* **the** ~ **why ...** el motivo por el que... **2.** (*sanity*) razón *f;* **to listen to** ~ atender a razones **II.** *vi, vt* razonar

reasonable [ˈriːznəbl] *adj* sensato; (*demand*) razonable

reasonably [ˈriːznəblɪ] *adv* **1.** (*fairly*) razonablemente **2.** (*acceptably*) bastante

reasoning [ˈriːznɪŋ] *n no pl* razonamiento *m*

reassurance [ˌriːəˈʃʊərəns, *Am:* -ˈʃʊrəns] *n* **1.** (*comfort*) palabras *fpl* tranquilizadoras **2.** *no pl* FIN reaseguro *m*

reassure [ˌriːəˈʃʊər, *Am:* -ˈʃʊr] *vt* tranquilizar

rebate [ˈriːbeɪt] *n* **1.** (*refund*) reembolso *m;* **tax** ~ devolución *f* de impuestos **2.** (*discount*) rebaja *f*

rebel¹ [ˈrebl] *n* rebelde *mf*

rebel² [rɪˈbel] <-ll-> *vi* rebelarse

rebellion [rɪˈbelɪən, *Am:* -ˈbeljən] *n no pl* rebelión *f*

rebellious [rɪˈbelɪəs, *Am:* -ˈbeljəs] *adj* rebelde; (*child*) revoltoso

rebirth [ˌriːˈbɜːθ, *Am:* -ˈbɜːrθ] *n* renacimiento *m*

rebound [rɪˈbaʊnd, *Am:* riːˈ-] **I.** *vi* rebotar **II.** *n no pl* rebote *m*

rebuff [rɪˈbʌf] **I.** *vt* rechazar **II.** *n* rechazo *m*

rebuild [ˌriːˈbɪld] *vt irr* reconstruir

rebuke [rɪˈbjuːk] **I.** *vt* reprender **II.** *n* reprimenda *f*

rebut [rɪˈbʌt] <-tt-> *vt* rebatir

recall [rɪˈkɔːl] **I.** *vt* **1.** (*remember*) recordar **2.** (*call back: ambassador*) retirar **II.** *n* memoria *f*

recant [rɪˈkænt] *vi* retractarse

recap [ˈriːkæp] <-pp-> *vi, vt* recapitular

recede [rɪˈsiːd] *vi* retirarse

receding hairline *n* entradas *fpl*

receipt [rɪˈsiːt] *n* **1.** (*document*) recibo *m* **2.** *pl* COM ingresos *mpl* **3.** (*act of receiving*) recepción *f;* **on** ~ **of ...** al recibo de...

receive [rɪˈsiːv] *vt* recibir; (*proposal*) acoger; (*injury*) sufrir

receiver [rɪˈsiːvər, *Am:* -ə] *n* **1.** TEL auricular *m*, tubo *m AmL*, fono *m Chile* **2.** RADIO receptor *m*

recent [ˈriːsənt] *adj* reciente; **in** ~ **times** en los últimos tiempos

recently *adv* recientemente

receptacle [rɪˈseptəkl] *n* receptáculo *m*

reception [rɪˈsepʃən] *n* **1.** *no pl* (*welcome*) acogida *f* **2.** (*in hotel*) recepción *f*

reception desk *n* (mesa *f* de) recepción *f*

receptionist [rɪˈsepʃənɪst] *n* recepcionista *mf*

recess [rɪˈses, *Am:* ˈriːses] <-es> *n* **1.** POL suspensión *f* de actividades, receso *m AmL* **2.** *Am, Aus* SCHOOL recreo *m* **3.** ARCHIT hueco *m* **4.** *pl* (*place*) lugar *m* recóndito

recession [rɪˈseʃn] *n* **1.** (*retreat*) retroceso *m* **2.** ECON recesión *f*

recharge [ˌriːˈtʃɑːdʒ, *Am:* -ˈtʃɑːrdʒ] *vt* recargar

recipe [ˈresəpɪ] *n* receta *f*

recipient [rɪ'sɪpɪənt] *n* beneficiario, -a *m, f*; (*of letter*) destinatario, -a *m, f*
reciprocate [rɪ'sɪprəkeɪt] **I.** *vt* corresponder a, reciprocar *AmL* **II.** *vi* corresponder
recital [rɪ'saɪtl, *Am:* -t̬l] *n* **1.** MUS recital *m* **2.** (*description*) relación *f*
recitation [ˌresɪ'teɪʃn] *n* LIT recitación *f*
recite [rɪ'saɪt] *vt* **1.** (*repeat*) recitar **2.** (*list*) enumerar
reckless ['rekləs] *adj* imprudente; LAW temerario
reckon ['rekən] **I.** *vt* **1.** (*calculate*) calcular **2.** (*consider*) considerar; **to ~ (that)** … creer (que)… **II.** *vi inf* calcular
◆ **reckon on** *vt insep* **1.** (*count on*) contar con **2.** (*expect*) esperar
◆ **reckon without** *vt insep* no tener en cuenta
reckoning ['rekənɪŋ] *n* cálculo *m*
reclaim [rɪ'kleɪm] *vt* **1.** (*claim back*) reclamar **2.** (*reuse: land*) recuperar; (*material*) reciclar
recline [rɪ'klaɪn] *vi* apoyarse
reclining seat *n* asiento *m* reclinable
recluse [rɪ'kluːs, *Am:* 'rekluːs] *n* ermitaño, -a *m, f*
recognition [ˌrekəg'nɪʃən] *n no pl a.* INFOR reconocimiento *m*; **in ~ of** en reconocimiento de
recognize ['rekəgnaɪz] *vt* reconocer
recoil¹ [rɪ'kɔɪl] *vi* echarse atrás; **to ~ from doing sth** rehuir hacer algo
recoil² ['riːkɔɪl] *n* retroceso *m*
recollect [ˌrekə'lekt] *vi, vt* recordar
recollection [ˌrekə'lekʃn] *n* recuerdo *m*; **to have no ~ of sth** no recordar algo
recommend [ˌrekə'mend] *vt* recomendar; **it is not to be ~ed** no es recomendable
recommendation [ˌrekəmen'deɪʃən, *Am:* -mən'-] *n* **1.** (*suggestion*) recomendación *f* **2.** (*advice*) consejo *m*
reconcile ['rekənsaɪl] *vt* (*person*) reconciliar; (*fact*) conciliar; **to become ~d to sth** resignarse a algo
reconciliation [ˌrekənˌsɪlɪ'eɪʃn] *n*

reconciliación *f*
recondition [ˌriːkən'dɪʃn] *vt* reacondicionar
reconnoiter *Am,* **reconnoitre** [ˌrekə'nɔɪtəʳ, *Am:* ˌriːkə'nɔɪt̬əʳ] **I.** *vt* reconocer **II.** *vi* reconocer el terreno
reconsider [ˌriːkən'sɪdəʳ, *Am:* -əʳ] *vt* reconsiderar
reconstruct [ˌriːkən'strʌkt] *vt* reconstruir
record¹ ['rekɔːd, *Am:* -əʳd] **I.** *n* **1.** (*account*) relación *f*; (*document*) documento *m*; **to say sth off the ~** decir algo extraoficialmente **2.** *no pl* (*sb's past*) antecedentes *mpl*; **to have a good ~** tener un buen historial **3.** *pl* archivos *mpl* **4.** MUS disco *m* **5.** SPORTS récord *m* **6.** LAW acta *f* **7.** INFOR juego *m* de datos **II.** *adj* récord; **to do sth in ~ time** hacer algo en un tiempo récord
record² [rɪ'kɔːd, *Am:* -'kɔːrd] *vt* **1.** (*store*) archivar **2.** *a.* INFOR registrar; MUS grabar **3.** LAW hacer constar en acta
recorder [rɪ'kɔːdəʳ, *Am:* -'kɔːrdəʳ] *n* **1.** (*tape recorder*) magnetofón *m* **2.** MUS flauta *f* dulce
record holder *n* plusmarquista *mf*
recording *n* grabación *f*
recording studio *n* estudio *m* de grabación
record library *n* discoteca *f* **record player** *n* tocadiscos *m inv*
recount¹ [rɪ'kaʊnt] *vt* (*narrate*) contar
recount² ['riːkaʊnt] *n* POL recuento *m*
recoup [rɪ'kuːp] *vt* (*losses*) resarcirse de
recourse [rɪ'kɔːs, *Am:* 'riːkɔːrs] *n no pl* recurso *m*; **to have ~ to** recurrir a
recover [rɪ'kʌvəʳ, *Am:* -əʳ] *vi, vt* recuperar(se)
recovery [rɪ'kʌvəri, *Am:* -əʳi] <-ies> *n* **1.** *a.* MED, ECON recuperación *f* **2.** INFOR reactivación *f*
recreate [ˌriːkri'eɪt] *vt* recrear
recreation [ˌriːkri'eɪʃən] *n no pl* recreación *f*
recreational [ˌrekri'eɪʃənəl] *adj* re-

R r

creativo

recrimination [rɪˌkrɪmɪ'neɪʃn, *Am:* -ə'-] *n pl* recriminación *f*

recruit [rɪ'kruːt] **I.** *vt* reclutar; (*employee*) contratar **II.** *n* recluta *mf*

recruitment *n no pl* reclutamiento *m*

rectangle ['rektæŋgl] *n* rectángulo *m*

rectangular [rek'tæŋgjʊlə', *Am:* -gjələ'] *adj* rectangular

rectify ['rektɪfaɪ, *Am:* -tə-] *vt* rectificar

rector ['rektə', *Am:* -tə'] *n* **1.** *Brit* REL ≈ párroco *m* **2.** *Am, Scot* SCHOOL director(a) *m(f)*; UNIV rector(a) *m(f)*

rectum ['rektəm] *n* ANAT recto *m*

recuperate [rɪ'kuːpəreɪt] *vi* recuperarse

recur [rɪ'kɜː', *Am:* -'kɜːr] *vi* repetirse

recurrence [rɪ'kʌrəns, *Am:* -'kɜːr-] *n* repetición *f*

recurrent [rɪ'kʌrənt, *Am:* -'kɜːr-] *adj* repetido

recycle [ˌriː'saɪkl] *vt* reciclar

red [red] <-dd-> *adj* rojo; **to be in the** ~ FIN estar en números rojos

red-blooded [ˌred'blʌdɪd] *adj* fogoso

Red Cross *n no pl* the ~ la Cruz Roja

redcurrant *n* grosella *f*

redden ['redn] *vi, vt* enrojecer(se)

reddish ['redɪʃ] *adj* rojizo

redecorate [ˌriː'dekəreɪt] *vt* redecorar; (*paint*) volver a pintar

redeem [rɪ'diːm] *vt a.* REL redimir; (*pawned item*) desempeñar

redeeming [rɪ'diːmɪŋ] *adj* redentor; **he has no** ~ **features** no tiene ningún punto a su favor

redefine [ˌriː'dɪ'faɪn] *vt* redefinir

redemption [rɪ'dempʃən] *n no pl* redención *f*

redeploy [ˌriː'dɪ'plɔɪ] *vt* (*staff*) reorganizar, reubicar *AmL*

redeployment *n* redistribución *f*

red-handed [ˌred'hændɪd] *adj* **to catch sb** ~ pillar a alguien con las manos en la masa

redhead ['redhed] *n* pelirrojo, -a *m, f*

red herring *n fig* pista *f* falsa

red-hot [ˌred'hɒt, *Am:* -haːt] *adj* candente

redirect [ˌriːdɪ'rekt] *vt* (*letter*) reexpedir

redistribute [ˌriːdɪ'strɪbjuːt] *vt* redistribuir

red light *n* semáforo *m* en rojo **red--light district** *n* barrio *m* chino

redness ['rednɪs] *n no pl* rojez *f*

redo [ˌriː'duː] *vt irr* rehacer

redolent ['redələnt] *adj form* **1.** (*smelling of*) ~ **of sth** con olor a algo **2.** (*suggestive of*) **to be** ~ **of sth** hacer pensar en algo

redouble [rɪ'dʌbl] *vt* redoblar; **to** ~ **one's efforts** redoblar los esfuerzos

redraft [ˌriː'drɑːft, *Am:* -'dræft] *vt* volver a redactar

redress [rɪ'dres] **I.** *vt* reparar **II.** *n* reparación *f*

Red Sea *n no pl* the ~ el Mar Rojo

redskin *n* piel *mf* roja **red tape** *n no pl* papeleo *m*

reduce [rɪ'djuːs, *Am:* -'duːs] *vt* reducir; (*price*) rebajar; **to** ~ **sb to tears** hacer llorar a alguien; **to be** ~**d to doing sth** verse forzado a hacer algo

reduced [rɪ'djuːst, *Am:* -'duːst] *adj* reducido, rebajado

reduction [rɪ'dʌkʃən] *n* reducción *f*; (*in price*) rebaja *f*

redundancy [rɪ'dʌndəntsi] <-ies> *n* **1.** *no pl* (*uselessness*) superfluidad *f* **2.** (*unemployment*) desempleo *m* **3.** *Brit, Aus* ECON despido *m*

redundant [rɪ'dʌndənt] *adj* **1.** (*superfluous*) superfluo; LING redundante **2.** *Brit, Aus* **to be made** ~ ser despedido

reed [riːd] *n* **1.** (*plant*) junco *m*, totora *f AmS* **2.** *Brit* (*straw*) caña *f* **3.** MUS lengüeta *f*

re-educate [ˌriː'edʒʊkeɪt] *vt* reeducar

reef [riːf] *n* arrecife *m*

reek [riːk] *vi* apestar; **to** ~ **of corruption** apestar a corrupción

reel[1] [riːl] *n* carrete *m*; (*for film*) bobina *f*

reel[2] [riːl] *vi* **1.** (*move unsteadily*) tambalearse **2.** (*recoil*) retroceder

ref [ref] *n* **1.** *inf abbr of* **referee** árbitro, -a *m, f,* **2.** *abbr of* **reference** referencia *f*

refectory [rɪˈfektəri] <-ies> *n* refectorio *m*

refer [rɪˈfɜːr, *Am:* -ˈfɜːr] <-rr-> *vt* remitir; **to ~ a patient to a specialist** mandar a un paciente a un especialista

◆ **refer to** *vt* **1.** (*mention*) referirse a; **refering to your letter/phone call, ...** con relación a su carta/llamada,... **2.** (*consult*) consultar; **~ page 70** ver página 70

referee [ˌrefəˈriː] **I.** *n* **1.** SPORTS árbitro, -a *m, f,* referí *m AmL* **2.** *Brit* (*for employment*) persona *f* que da referencias del candidato **II.** *vi, vt* arbitrar

reference [ˈrefərənts] *n* **1.** (*consultation*) consulta *f* **2.** (*source*) referencia *f* **3.** (*allusion*) alusión *f*; **with ~ to what was said** en alusión a lo que se dijo **4.** (*for job application*) referencias *fpl*

reference book *n* libro *m* de consulta **reference library** *n* biblioteca *f* de consulta

referendum [ˌrefəˈrendəm] <-s *o* -da> *n* referéndum *m*

referral [rɪˈfɜːrəl] *n* remisión *f*

refill¹ [ˌriːˈfɪl] *vt* rellenar

refill² [ˈriːfɪl] *n* recambio *m*

refine [rɪˈfaɪn] *vt* (*oil, sugar*) refinar

refined [rɪˈfaɪnd] *adj* **1.** (*oil, sugar*) refinado **2.** (*very polite*) fino

refinement [rɪˈfaɪnmənt] *n* **1.** (*improvement*) refinamiento *m* **2.** *no pl* (*good manners*) finura *f*

refinery [rɪˈfaɪnəri] <-ies> *n* refinería *f*

refit¹ [ˌriːˈfɪt] <-tt- *o Am* -t-> *vt a.* NAUT reparar

refit² [ˈriːfɪt] *n a.* NAUT reparación *f*

reflect [rɪˈflekt] **I.** *vt* reflejar **II.** *vi* **1.** (*cast back light*) reflejarse **2.** (*contemplate*) reflexionar; **to ~ badly on sth** no decir mucho de algo

reflection [rɪˈflekʃən] *n* **1.** (*image*) reflejo *m* **2.** (*thought*) reflexión *f*; **on ~** pensándolo bien

reflector [rɪˈflektər, *Am:* -ɚ] *n* reflector *m*; (*of car*) captafaros *m inv*

reflex [ˈriːfleks] <-es> *n* reflejo *m*

reflexive [rɪˈfleksɪv] *adj* reflexivo

reform [rɪˈfɔːm, *Am:* -ˈfɔːrm] **I.** *vt* reformar **II.** *n* reforma *f*

reformation [ˌrefəˈmeɪʃən, *Am:* -ɚˈ-] *n* reforma *f*; **the Reformation** la Reforma

reformatory [rɪˈfɔːmətəri, *Am:* -ˈfɔːrmətɔːri] <-ies> *n Am* reformatorio *m*

refrain¹ [rɪˈfreɪn] *vi form* abstenerse; **to ~ from doing sth** abstenerse de hacer algo

refrain² [rɪˈfreɪn] *n* MUS estribillo *m*

refresh [rɪˈfreʃ] *vt* refrescar

refresher *n* **1.** (*course*) curso *m* de reciclaje **2.** *Brit* LAW honorarios *mpl* suplementarios

refreshing *adj* (*drink*) refrescante; (*change*) reconfortante

refreshment [rɪˈfreʃmənt] *n* refresco *m*

refrigeration [rɪˌfrɪdʒəˈreɪʃn] *n no pl* refrigeración *f*

refrigerator [rɪˈfrɪdʒəreɪtər, *Am:* -t̬ɚ] *n* nevera *f*, refrigerador *m AmL*

refuel [ˌriːˈfjuːəl] <*Brit:* -ll-, *Am:* -l-> *vi* repostar combustible

refuge [ˈrefjuːdʒ] *n* refugio *m*; **to take ~ in sth** refugiarse en algo

refugee [ˌrefjʊˈdʒiː] *n* refugiado, -a *m, f*

refugee camp *n* campo *m* de refugiados

refund¹ [ˌriːˈfʌnd] *vt* reembolsar

refund² [ˈriːfʌnd] *n* reembolso *m*

refurbish [ˌriːˈfɜːbɪʃ, *Am:* -ˈfɜːrbɪʃ] *vt* restaurar, refaccionar *AmL*

refusal [rɪˈfjuːzl] *n* negativa *f*

refuse¹ [rɪˈfjuːz] **I.** *vi* negarse **II.** *vt* (*request*) rechazar; (*permission*) denegar; **to ~ sb sth** negar algo a alguien

refuse² [ˈrefjuːs] *n form* basura *f*

refuse collection *n* recogida *f* de basuras

regain [rɪˈgeɪn] *vt* recuperar, recobrar

regal [ˈriːgl] *adj* regio

regard [rɪˈgaːd, *Am:* -ˈgaːrd] **I.** *vt* **1.** (*consider*) considerar **2.** *form* (*watch*) contemplar **3.** (*concerning*)

R
r

as ~s ... respecto a... **II.** *n form* **1.** (*consideration*) consideración *f*; **to pay no ~ to sth** no prestar atención a algo; **with ~ to ...** en cuanto a... **2.** (*respect*) respeto *m*, estima *f* **3.** (*point*) respecto *m* **4.** *pl* (*in messages*) recuerdos *mpl*; **with kind ~s** muchos saludos

regarding *prep* en cuanto a

regardless [rɪˈgɑːdləs, *Am:* -ˈgɑːrd-] **I.** *adv* a pesar de todo **II.** *adj* indiferente; **~ of ...** sin tener en cuenta...

regatta [rɪˈgætə, *Am:* -ˈgɑːt̬ə] *n* regata *f*

reggae [ˈregeɪ] *n no pl* reggae *m*

regime [reɪˈʒiːm, *Am:* rəˈ-] *n* régimen *m*

regiment [ˈredʒɪmənt, *Am:* -ə-mənt] **I.** *n* regimiento *m* **II.** *vt* reglamentar

region [ˈriːdʒən] *n* región *f*; **in the ~ of 30** alrededor de 30

regional [ˈriːdʒənl] *adj* regional

register [ˈredʒɪstər, *Am:* -stə] **I.** *n* registro *m* **II.** *vt* registrar; (*car*) matricular; (*letter*) certificar **III.** *vi* inscribirse; UNIV matricularse, inscribirse *AmL*

registered [ˈredʒɪstəd, *Am:* -ə-d] *adj* registrado; (*student*) matriculado; (*letter*) certificado

registrar [ˌredʒɪˈstrɑːˈ, *Am:* ˈredʒɪstrɑːr] *n* ADMIN secretario, -a *m, f* del registro civil

registration [ˌredʒɪˈstreɪʃən] *n* **1.** (*act*) inscripción *f*; UNIV matriculación *f* **2.** (*number*) matrícula *f*

registry [ˈredʒɪstri] *n Brit* registro *m*

regret [rɪˈgret] **I.** <-tt-> *vt* lamentar; **we ~ any inconvenience to passengers** lamentamos las molestias para los pasajeros **II.** *n* arrepentimiento *m*

regretfully *adv* lamentablemente

regular [ˈregjʊlər, *Am:* -jələ] **I.** *adj* regular; (*appearance*) habitual **II.** *n* **1.** (*customer*) asiduo, -a *m, f* **2.** MIL soldado *m* regular

regularity [ˌregjʊˈlærəti, *Am:* -ˈlerət̬i] *n no pl* regularidad *f*

regularly *adv* con regularidad

regulate [ˈregjʊleɪt] *vt* **1.** (*supervise*) reglamentar **2.** (*adjust*) regular

regulation [ˌregjʊˈleɪʃn] *n* **1.** (*rule*) regla *f* **2.** *no pl* (*adjustment*) regulación *f*

rehabilitate [ˌriːhəˈbɪlɪteɪt, *Am:* ˈ-ə-] *vt* rehabilitar

rehabilitation [ˌriːhəˌbɪlɪˈteɪʃən, *Am:* -əˈ-] *n no pl* rehabilitación *f*

rehash [ˌriːˈhæʃ] *vt* hacer un refrito de

rehearsal [rɪˈhɜːsl, *Am:* -ˈhɜːrsl] *n* ensayo *m*

rehearse [rɪˈhɜːs, *Am:* -ˈhɜːrs] *vt, vi* ensayar

reign [reɪn] **I.** *vi* **1.** (*be monarch*) reinar **2.** *fig* imperar **II.** *n* **1.** (*sovereignty*) reinado *m* **2.** (*rule*) régimen *m*

reimburse [ˌriːɪmˈbɜːs, *Am:* -ˈbɜːrs] *vt* reembolsar

rein [reɪn] *n* rienda *f*; **to give free ~ to sb** dar rienda suelta a alguien

reincarnation [ˌriːɪnkɑːˈneɪʃn, *Am:* -kɑːrˈ-] *n* reencarnación *f*

reindeer [ˈreɪndɪər, *Am:* -dɪr] *n inv* reno *m*

reinforce [ˌriːɪnˈfɔːs, *Am:* -ˈfɔːrs] *vt* reforzar

reinforcement *n* refuerzo *m*

reinstate [ˌriːɪnˈsteɪt] *vt form* restituir

reiterate [riˈɪtəreɪt, *Am:* -ˈɪt̬əreɪt] *vt* reiterar

reject¹ [rɪˈdʒekt] *vt* rechazar; (*proposal*) descartar

reject² [ˈriːdʒekt] *n* artículo *m* defectuoso

rejection [rɪˈdʒekʃən] *n* rechazo *m*

rejoice [rɪˈdʒɔɪs] *vi* regocijarse

rejuvenate [riˈdʒuːvəneɪt] *vt* rejuvenecer

relapse [rɪˈlæps] **I.** *n* MED recaída *f* **II.** *vi a.* MED recaer

relate [rɪˈleɪt] **I.** *vt* **1.** (*establish connection*) relacionar **2.** (*tell*) contar **II.** *vi* (*be connected with*) **to ~ to sb/sth** estar relacionado con alguien/algo

related *adj* **1.** (*linked*) relacionado **2.** (*in same family*) emparentado; **to be ~ to sb** estar emparentado con alguien

relating to *prep* acerca de

relation [rɪ'leɪʃən] *n* 1. *no pl* (*link*) relación *f*; **in ~ to** en relación a; **to bear no ~ to sb/sth** no tener relación con alguien/algo 2. (*relative*) pariente *mf* 3. *pl* (*contact*) relaciones *fpl*

relationship [rɪ'leɪʃənʃɪp] *n* 1. (*link*) relación *f* 2. (*family connection*) parentesco *m* 3. (*between two people*) relaciones *fpl*; **business ~s** relaciones comerciales

relative ['relətɪv, *Am:* -t̬ɪv] I. *adj* relativo II. *n* pariente *mf*

relatively *adv* relativamente

relax [rɪ'læks] *vi, vt* relajar(se); **~!** ¡cálmate!

relaxation [ˌri:læk'seɪʃən] *n* relajación *f*

relaxed *adj* relajado

relay ['ri:leɪ] I. *vt* TV retransmitir II. *n* SPORTS carrera *f* de relevos

release [rɪ'li:s] I. *vt* 1. (*set free*) poner en libertad 2. (*cease to hold*) soltar 3. (*gas*) emitir 4. (*film*) estrenar II. *n* *no pl* 1. (*of hostage*) liberación *f* 2. (*escape*) escape *m* 3. *no pl* (*of film*) estreno *m*

relegate ['relɪgeɪt, *Am:* 'relə-] *vt* relegar

relent [rɪ'lent] *vi* ceder; (*wind, rain*) amainar

relentless [rɪ'lentləs] *adj* implacable

relevance ['reləvənts] *n*, **relevancy** *n* *no pl* pertinencia

relevant ['reləvənt] *adj* pertinente

reliability [rɪˌlaɪə'bɪləti, *Am:* -t̬i] *n* *no pl* 1. (*dependability*) seguridad *f* 2. (*trustworthiness*) fiabilidad *f*

reliable [rɪ'laɪəbl] *adj* 1. (*credible*) fidedigno; (*testimony*) verídico 2. (*trustworthy*) de confianza

reliance [rɪ'laɪəns] *n* *no pl* 1. (*dependence*) dependencia *f* 2. (*belief*) confianza *f*

relic ['relɪk] *n* *a. fig* reliquia *f*

relief [rɪ'li:f] *n* 1. *no pl* (*aid*) socorro *m* 2. (*relaxation*) alivio *m* 3. (*replacement*) relevo *m* 4. *a.* GEO relieve *m*

relieve [rɪ'li:v] *vt* 1. (*assist*) socorrer

2. (*pain*) aliviar 3. MIL descercar 4. (*urinate*) **to ~ oneself** hacer sus necesidades

relieved *adj* aliviado

religion [rɪ'lɪdʒən] *n* religión *f*

religious [rɪ'lɪdʒəs] *adj* religioso

relinquish [rɪ'lɪŋkwɪʃ] *vt* ceder; (*claim, title*) renunciar a

relish ['relɪʃ] I. *n* 1. *no pl* (*enjoyment*) gusto *m* 2. (*enthusiasm*) entusiasmo *m* 3. GASTR condimento *m* II. *vt* deleitarse en

relocate [ˌri:ləʊ'keɪt, *Am:* -'loʊkeɪt] *vi, vt* trasladar(se)

reluctance [rɪ'lʌktəns] *n* *no pl* desgana *f*

reluctant [rɪ'lʌktənt] *adj* reacio; **to be ~ to do sth** tener pocas ganas de hacer algo

rely [rɪ'laɪ] *vi* **to ~ on** [*o* **upon**] confiar en; (*depend on*) depender de

remain [rɪ'meɪn] *vi* 1. (*stay*) quedar(se) 2. (*continue*) permanecer; **to ~ seated** quedarse sentado; **the fact ~s that ...** sigue siendo un hecho que...

remainder [rɪ'meɪndə', *Am:* -də'] *n* *no pl a.* MAT resto *m*

remaining [rɪ'meɪnɪŋ] *adj* restante

remains [rɪ'meɪnz] *npl* restos *mpl*

remand [rɪ'mɑ:nd, *Am:* -'mænd] I. *vt* **to ~ sb to prison** [*o* **in custody**] poner a alguien en prisión preventiva II. *n* **to be on ~** estar en prisión preventiva

remark [rɪ'mɑ:k, *Am:* -'mɑːrk] I. *vi* **to ~ on sth** hacer observaciones sobre algo II. *n* observación *f*

remarkable [rɪ'mɑ:kəbl, *Am:* -'mɑːr-] *adj* extraordinario; (*coincidence*) singular

remedial [rɪ'mi:diəl] *adj* SCHOOL recuperativo

remedy ['remədi] I. <-ies> *n* remedio *m* II. *vt* remediar, corregir

remember [rɪ'membə', *Am:* -bə'] *vt* 1. (*recall*) recordar; **I can't ~ his name** no recuerdo su nombre 2. (*commemorate*) conmemorar

remembrance [rɪ'membrəns] *n* *no pl* recuerdo *m*; **in ~ of** en conmemoración de

R r

[?] El **Remembrance Day, Remembrance Sunday** o **Poppy Day** se celebra el segundo domingo de noviembre en conmemoración del armisticio firmado el 11 de noviembre de 1918. Este día se recuerda especialmente con misas y distintas ceremonias a todos aquellos soldados que murieron en las dos guerras mundiales. Las personas llevan unas amapolas de tela, que simbolizan las amapolas florecientes de los campos de batalla de Flandes después de la I Guerra Mundial. A las 11 de la mañana se guardan dos minutos de silencio.

remind [rɪ'maɪnd] *vt* recordar; **to ~ sb to do sth** recordar a alguien que haga algo; **he ~s me of you** me recuerda a ti; **that ~s me, ...** por cierto,...

reminder [rɪ'maɪndə^r, *Am:* -ə-] *n* **1.** (*note*) recordatorio *m* **2.** (*memento*) recuerdo *m*

reminisce [,remɪ'nɪs, *Am:* -ə'-] *vi* narrar reminiscencias

reminiscent [,remɪ'nɪsnt, *Am:* -ə'-] *adj* **to be ~ of sb/sth** hacer pensar en alguien/algo

remiss [rɪ'mɪs] *adj* negligente

remission [rɪ'mɪʃn] *n* remisión *f*

remit [rɪ'mɪt] <-tt-> *vt form* remitir; (*money*) enviar

remittance [rɪ'mɪtns] *n* giro *m*

remnant ['remnənt] *n* resto *m*

remorse [rɪ'mɔːs, *Am:* -'mɔːrs] *n no pl* remordimiento *m*

remorseful [rɪ'mɔːsfəl, *Am:* -'mɔːrs-] *adj* arrepentido

remorseless [rɪ'mɔːsləs, *Am:* -'mɔːrs-] *adj* implacable

remote [rɪ'məʊt, *Am:* -'moʊt] *adj* <-er, -est> remoto

remote control *n* mando *m* a distancia

remould ['riːməʊld, *Am:* -moʊld]

n recauchutado *m*

removable [rɪ'muːvəbl] *adj* desmontable

removal [rɪ'muːvəl] *n* **1.** *no pl* (*of stain*) eliminación *f* **2.** (*extraction*) extracción *f* **3.** *no pl, Brit* (*move*) mudanza *f*

removal van *n* camión *m* de mudanzas

remove [rɪ'muːv] *vt* **1.** (*take away*) quitar **2.** (*get rid of*) eliminar; (*entry, name*) borrar; (*doubts, fears*) disipar

remuneration [rɪ,mjuːnə'reɪʃn] *n form* remuneración *f*

Renaissance [rɪ'neɪsns, *Am:* ,renə'sɑːns] *n* **the ~** el Renacimiento

rename [,riː'neɪm] *vt* poner un nuevo nombre a

render ['rendə^r, *Am:* -də-] *vt form* **1.** (*make*) hacer **2.** (*give: thanks*) ofrecer; (*aid*) prestar

rendering ['rendərɪŋ] *n* MUS interpretación *f*

rendezvous ['rɒndɪvuː, 'rɒndɪvuːz, *Am:* 'rɑːndeɪ-] I. *n inv* cita *f* II. *vi* reunirse

rendition [ren'dɪʃn] *n* interpretación *f*

renew [rɪ'njuː, *Am:* -'nuː] *vt* renovar; (*relationship*) reanudar

renewable [rɪ'njuːəbl, *Am:* -'nuː-] *adj* renovable

renewal [rɪ'njuːəl, *Am:* -'nuː-] *n* renovación *f*

renounce [rɪ'naʊns] *vt* renunciar a

renovate ['renəveɪt] *vt* restaurar, refaccionar *Ven, Col*

renovation [,renə'veɪʃn] *n* renovación *f*

renown [rɪ'naʊn] *n no pl* renombre *m*

renowned [rɪ'naʊnd] *adj* renombrado

rent [rent] I. *n* alquiler *m* II. *vt* alquilar

rental ['rentəl, *Am:* -t̬əl] *n* alquiler *m*

rent boy *n Brit, inf* chico *m* de compañía

reopen [riː'əʊpən, *Am:* -'oʊ-] *vt* reabrir

reorder [,riː'ɔːdə^r] *vt* **1.** (*reorganize*)

reordenar **2.** COM hacer un nuevo pedido de

reorganize [riːˈɔːɡənaɪz, *Am:* -ˈɔːrɡən-] *vt* reorganizar

rep [rep] *n inf* **1.** *abbr of* **representative** representante *mf* de ventas **2.** THEAT *abbr of* **repertory** repertorio *m*

Rep. 1. *abbr of* **Republic** Rep. **2.** *abbr of* **Republican** republicano

repair [riːˈpeə², *Am:* -ˈper] **I.** *vt* reparar, arreglar **II.** *n* reparación *f*, arreglo *m*; **to be under ~** estar en reparación; **to be in good/bad ~** estar en buen/mal estado

repair kit *n* caja *f* de herramientas

repatriate [riːˈpætrɪeɪt, *Am:* -ˈpeɪtrɪ-] *vt* repatriar

repay [rɪˈpeɪ] <repaid> *vt* (*money*) devolver; (*debts*) liquidar; (*person*) pagar

repayment [rɪˈpeɪmənt] *n* reembolso *m*

repeal [rɪˈpiːl] **I.** *vt* revocar **II.** *n no pl* revocatoria *f*

repeat [rɪˈpiːt] **I.** *vi, vt* repetir(se) **II.** *n* repetición *f*

repeatedly *adv* repetidas veces

repel [rɪˈpel] <-ll-> *vt* repugnar

repellent [rɪˈpelənt] **I.** *n* repelente *m* **II.** *adj* repugnante

repent [rɪˈpent] *vi form* arrepentirse

repentance [rɪˈpentənts] *n no pl* arrepentimiento *m*

repercussion [ˌriːpəˈkʌʃən, *Am:* -pəˈ-] *n* repercusión *f*

repertoire [ˈrepətwɑː², *Am:* -ə-twɑːr] *n* repertorio *m*

repertory company [ˈrepətəri ˈkʌmpəni, *Am:* -ətɔːr-] *n Brit* compañía *f* de repertorio **repertory theatre** *n Brit* teatro *m* de repertorio

repetition [ˌrepɪˈtɪʃən, *Am:* -əˈ-] *n* repetición *f*

repetitive [rɪˈpetətɪv, *Am:* -ˈpetə-tɪv] *adj* repetitivo

replace [rɪˈpleɪs] *vt* **1.** (*take the place of*) reemplazar **2.** (*put back*) reponer

replacement [rɪˈpleɪsmənt] *n*

1. (*person*) sustituto, -a *m, f*; (*part*) recambio *m* **2.** (*act of substituting*) sustitución *f*

replay [ˈriːpleɪ] *n* SPORTS, TV repetición *f*

replenish [rɪˈplenɪʃ] *vt* rellenar; (*stocks*) reponer

replica [ˈreplɪkə] *n* réplica *f*

reply [rɪˈplaɪ] **I.** <-ied> *vi* **1.** (*verbally*) contestar **2.** (*react*) responder **II.** <-ies> *n* respuesta *f*

reply coupon *n* cupón *m* respuesta

report [rɪˈpɔːt, *Am:* -ˈpɔːrt] **I.** *n* **1.** (*account*) informe *m*; PUBL reportaje *m*; **to give a ~** presentar un informe **2.** (*explosion*) estallido *m* **II.** *vt* **1.** (*recount*) relatar; **to ~ that ...** informar que... **2.** (*denounce*) denunciar **III.** *vi* **1.** (*make results public*) presentar un informe **2.** (*arrive at work*) presentarse

report card *n Am* cartilla *f* escolar

reporter [rɪˈpɔːtə², *Am:* -ˈpɔːrtə²] *n* reportero, -a *m, f*

repose [rɪˈpəʊz, *Am:* -ˈpoʊz] *n no pl* reposo *m*; **in ~** de reposo

represent [ˌreprɪˈzent] *vt* **1.** (*act for*) representar **2.** (*state*) declarar

representation [ˌreprɪzenˈteɪʃən] *n* **1.** (*acting for*) representación *f* **2.** (*statement*) declaración *f*

representative [ˌreprɪˈzentətɪv, *Am:* -t̬ətɪv] **I.** *adj* representativo **II.** *n* **1.** *a.* COM representante *mf*, agenciero, -a *m, f* Arg **2.** POL diputado, -a *m, f*

repress [rɪˈpres] *vt* reprimir

repression [rɪˈpreʃn] *n no pl* represión *f*

reprieve [rɪˈpriːv] **I.** *vt* indultar **II.** *n* indulto *m*

reprimand [ˈreprɪmɑːnd, *Am:* -rəmænd] **I.** *vt* reprender **II.** *n* reprimenda *f*

reprint¹ [ˌriːˈprɪnt] *vt* reimprimir

reprint² [ˈriːprɪnt] *n* reimpresión *f*

reprisal [rɪˈpraɪzl] *n* represalia *f*; **to take ~s** tomar represalias

reproach [rɪˈprəʊtʃ, *Am:* -ˈproʊtʃ] **I.** *vt* reprochar **II.** *n* reproche *m*; **beyond ~** intachable

reproduce [ˌriːprəˈdjuːs, *Am:*

R

-'duːs] vi, vt reproducir(se)
reproduction [ˌriːprəˈdʌkʃn] n reproducción f
reptile [ˈreptaɪl] n reptil m
republic [rɪˈpʌblɪk] n república f
republican [rɪˈpʌblɪkən] I. n republicano, -a m, f II. adj republicano
republication [ˌriːˌpʌblɪˈkeɪʃn] n no pl reedición f

[?] La **Republic of Malta** (República de Malta), que durante los años 1814 al 1947 fue una colonia británica y base naval, se ha dado a conocer en los últimos años como **English language learning centre** (centro de enseñanza del inglés). Jóvenes de toda Europa viajan hasta Malta para participar en sus renombradas escuelas de inglés. La mayoría de las veces los estudiantes se alojan con familias maltesas. Durante el verano se celebran un gran número de actividades en la playa en las que los estudiantes que lo desean pueden participar. Además, al anochecer, la ciudad de Paceville ofrece múltiples posibilidades de diversión para gente joven.

repudiate [rɪˈpjuːdɪeɪt] vt (accusation) negar; (suggestion) rechazar
repugnant [rɪˈpʌɡnənt] adj repugnante
repulsive [rɪˈpʌlsɪv] adj repulsivo
reputable [ˈrepjʊtəbl, Am: -ţəbl] adj acreditado
reputation [ˌrepjʊˈteɪʃn] n reputación f; **to have a good/bad ~** tener buena/mala fama
repute [rɪˈpjuːt] n no pl reputación f
reputed [rɪˈpjuːtɪd, Am: -ţɪd] adj supuesto; **she is ~ to be rich** tiene fama de rica
request [rɪˈkwest] I. n petición f; ADMIN solicitud f; **on ~** a petición; **to make a ~ for sth** pedir algo II. vt

pedir; ADMIN solicitar
requiem [ˈrekwɪəm] n, **requiem mass** n réquiem m
require [rɪˈkwaɪəʳ, Am: -ˈkwaɪɚ] vt **1.** (need) necesitar **2.** (demand) exigir; **to ~ sb to do sth** exigir a alguien que haga algo
requirement [rɪˈkwaɪəmənt, Am: -ˈkwaɪɚ-] n requisito m
requisite [ˈrekwɪzɪt] I. adj indispensable II. n requisito m
requisition [ˌrekwɪˈzɪʃn] I. vt requisar II. n **1.** no pl solicitud f **2.** MIL requisa f
reroute [ˌriːˈruːt] vt desviar
rescue [ˈreskjuː] I. vt rescatar II. n rescate m; **to come to sb's ~** rescatar a alguien
rescuer [ˈreskjʊəʳ, Am: -ɚ] n salvador(a) m(f)
research [rɪˈsɜːtʃ, Am: ˈriːsɜːrtʃ] I. n investigación f II. vi, vt investigar
researcher n investigador(a) m(f)
resemblance [rɪˈzembləns] n no pl parecido m
resemble [rɪˈzembl] vt parecerse a
resent [rɪˈzent] vt **to ~ sth** sentirse molesto por algo
resentful [rɪˈzentfəl] adj resentido
resentment [rɪˈzentmənt] n resentimiento m
reservation [ˌrezəˈveɪʃən, Am: -ɚˈ-] n reserva f; **to have ~s about sth** tener ciertas dudas sobre algo
reserve [rɪˈzɜːv, Am: -ˈzɜːrv] I. n **1.** reserva f; **to have sth in ~** tener algo en reserva **2.** SPORTS suplente mf **3.** MIL **the ~** la reserva II. vt reservar
reserved adj reservado
reservoir [ˈrezəvwɑːʳ, Am: -ɚvwɑːr] n **1.** (tank) depósito m **2.** (lake) embalse m
reset [ˌriːˈset] vt irr INFOR reiniciar
reshuffle [ˌriːˈʃʌfl] n reorganización f
reside [rɪˈzaɪd] vi form residir
residence [ˈrezɪdənts] n **1.** (home) domicilio m **2.** no pl (act) residencia f
residence permit n permiso m de residencia
resident [ˈrezɪdənt] I. n residente mf II. adj residente

residential [ˌrezɪˈdenʃl] *adj* residencial

residue [ˈrezɪdjuː, *Am:* -əduː] *n* residuo *m*

resign [rɪˈzaɪn] I. *vi* 1. (*leave job*) renunciar; POL dimitir 2. GAMES abandonar II. *vt* renunciar a; **to ~ oneself to sth** resignarse a algo

resignation [ˌrezɪgˈneɪʃn] *n* 1. (*from job*) renuncia *f*; POL dimisión *f* 2. *no pl* (*conformity*) resignación *f*

resigned [rɪˈzaɪnd] *adj* resignado

resilience [rɪˈzɪliəns, *Am:* ˈzɪljəns] *n no pl* (*of material*) elasticidad *f*; (*of person*) resistencia *f*

resilient [rɪˈzɪliənt, *Am:* -ˈzɪljənt] *adj* (*person*) resistente

resin [ˈrezɪn] *n no pl* resina *f*

resist [rɪˈzɪst] *vt* resistir

resistance [rɪˈzɪstənts] *n* resistencia *f*

resistant [rɪˈzɪstənt] *adj* resistente

resolute [ˈrezəluːt] *adj* resuelto

resolution [ˌrezəˈluːʃn] *n* resolución *f*

resolve [rɪˈzɒlv, *Am:* -ˈzɑːlv] I. *vt* 1. (*solve*) resolver 2. (*settle*) acordar II. *n* resolución *f*

resolved [rɪˈzɒlvd, *Am:* -ˈzɑːlvd] *adj* resuelto

resort [rɪˈzɔːt, *Am:* -ˈzɔːrt] *n* 1. *no pl* (*use*) recurso *m*; **as a last ~** como último recurso 2. (*for holidays*) lugar *m* de veraneo; **ski ~** estación *f* de esquí

resound [rɪˈzaʊnd] *vi* resonar

resounding *adj* resonante; (*success*) rotundo

resource [rɪˈzɔːs, *Am:* ˈriːsɔːrs] *n* recurso *m*; **natural ~s** recursos *mpl* naturales

resourceful [rɪˈzɔːsfəl, *Am:* -ˈsɔːrs-] *adj* ingenioso

respect [rɪˈspekt] I. *n* 1. (*relation*) respeto *m* 2. (*esteem*) estima *f*; **with all due ~** con el debido respeto 3. (*point*) respecto *m*; **in all/many/some ~s** desde todos/muchos/algunos puntos de vista; **in this ~** a este respecto; **with ~ to** con respecto a 4. *pl* (*greetings*) recuerdos *mpl* II. *vt* respetar

respectable [rɪˈspektəbl] *adj* respetable; (*performance*) aceptable

respected [rɪˈspektəd] *adj* respetado

respectful [rɪˈspektfl] *adj* respetuoso

respective [rɪˈspektɪv] *adj* respectivo

respiration [ˌrespəˈreɪʃen] *n no pl* respiración *f*

respite [ˈrespaɪt, *Am:* -pɪt] *n no pl* 1. (*pause*) pausa *f* 2. (*delay*) retraso *m*

resplendent [rɪˈsplendənt] *adj* resplandeciente

respond [rɪˈspɒnd, *Am:* -ˈspɑːnd] *vi* 1. (*answer*) contestar 2. (*react*) responder

response [rɪˈspɒns, *Am:* -ˈspɑːns] *n* 1. (*answer*) respuesta *f* 2. (*reaction*) reacción *f*

responsibility [rɪˌspɒnsəˈbɪləti, *Am:* -ˌspɑːnsəˈbɪləti] *n* responsabilidad *f*

responsible [rɪˈspɒnsəbl, *Am:* -ˈspɑːn-] *adj* responsable; **to be ~ for sth/to sb** ser responsable de algo/ante alguien

responsive [rɪˈspɒnsɪv, *Am:* -ˈspɑːn-] *adj* sensible

rest¹ [rest] I. *vt* 1. (*cause to repose*) descansar 2. (*support*) apoyar II. *vi* 1. (*cease activity*) reposar, descansar 2. (*remain*) quedar 3. (*be supported*) apoyarse; **to ~ on sth** basarse en algo; **you can ~ assured that ...** esté seguro de que... III. *n* 1. (*period of repose*) descanso *m* 2. MUS pausa *f* 3. (*support*) apoyo *m*

rest² [rest] *n* resto *m*; **the ~** los demás

restaurant [ˈrestərɔ̃ː, *Am:* -tərɑːnt] *n* restaurante *m*

restaurant car *n Brit* vagón *m* restaurante

restful [ˈrestfəl] *adj* tranquilo, relajante

restitution [ˌrestɪˈtjuːʃən, *Am:* -ˈtuː-] *n no pl* 1. (*return*) restitución *f* 2. LAW indemnización *f*

restive [ˈrestɪv] *adj*, **restless** [ˈrestlɪs] *adj* inquieto

restoration [ˌrestəˈreɪʃn] *n no pl* restauración *f*; (*return to owner*) devolución *f*

restore [rɪˈstɔːʳ, *Am:* -ˈstɔːr] *vt* 1. (*building*) restaurar; (*peace*) reestablecer 2. *form* (*return to owner*) restituir

restrain [rɪˈstreɪn] *vt* contener; (*temper*) dominar; **to ~ sb from doing sth** impedir que alguien haga algo

restrained [rɪˈstreɪnd] *adj* (*style*) sobrio

restraint [rɪˈstreɪnt] *n* 1. *no pl* (*self-control*) dominio *m* de sí mismo 2. (*restriction*) restricción *f*

restrict [rɪˈstrɪkt] *vt* restringir

restriction [rɪˈstrɪkʃən] *n* restricción *f*

rest room *n Am* aseos *mpl*

restructure [ˌriːˈstʌktʃəʳ, *Am:* -tʃəʳ] *vt* reestructurar

result [rɪˈzʌlt] I. *n* resultado *m* II. *vi* **to ~ from** ser consecuencia de; **to ~ in** ocasionar

resume [rɪˈzjuːm, *Am:* -ˈzuːm] I. *vt* (*work, journey*) reanudar II. *vi form* proseguir

résumé [ˈrezjuːmeɪ, *Am:* ˈrezʊmeɪ] *n* 1. (*summary*) resumen *m* 2. *Am, Aus* (*curriculum vitae*) currículum *m* (*vitae*)

resumption [rɪˈzʌmpʃən] *n no pl* reanudación *f*

resurgence [rɪˈsɜːdʒəns, *Am:* -ˈsɜːr-dʒəns] *n no pl, form* resurgimiento *m*

resurrection [ˌrezəˈrekʃn] *n no pl* resurrección *f*

resuscitate [rɪˈsʌsɪteɪt, *Am:* -əteɪt] *vt* resucitar

retail [ˈriːteɪl] COM I. *n no pl* venta *f* al detalle II. *vt* vender al detalle III. *vi* venderse al detalle; **this product ~s at £5** el precio de venta al público de este producto es de 5 libras

retailer *n* minorista *mf*, menorista *mf Chile, Méx*

retail price *n* COM precio *m* de venta al público

retain [rɪˈteɪn] *vt* 1. *form* (*keep*) retener, conservar 2. (*employ*) contratar

retainer *n* 1. ECON iguala *f* 2. (*servant*) criado, -a *m, f*

retaliate [rɪˈtælɪeɪt] *vi* tomar represalias

retaliation [rɪˌtælɪˈeɪʃn] *n no pl* represalias *fpl*

retch [retʃ] *vi* tener arcadas

retentive [rɪˈtentɪv, *Am:* -ˌtɪv] *adj* retentivo

retina [ˈretɪnə, *Am:* ˈretnə] <-s o -nae> *n* retina *f*

retire [rɪˈtaɪəʳ, *Am:* -ˈtaɪəʳ] *vi* 1. (*stop working*) jubilarse 2. *form* (*withdraw*) retirarse

retired *adj* jubilado

retirement [rɪˈtaɪəmənt, *Am:* -ˈtaɪəʳ-] *n* jubilación *f*

retiring [rɪˈtaɪərɪŋ, *Am:* -ˈtaɪəʳ-] *adj* 1. (*reserved*) reservado 2. (*worker, official*) saliente

retrace [riːˈtreɪs] *vt* repasar; **to ~ one's steps** volver sobre sus pasos

retract [rɪˈtrækt] I. *vt* (*statement*) retirar; (*claws*) retraer; (*wheels*) replegar II. *vi* retractarse

retrain [riːˈtreɪn] *vt* reciclar

retread [ˈriːtred] *n* neumático *m* recauchutado

retreat [rɪˈtriːt] I. *vi* retroceder; MIL batirse en retirada II. *n a.* MIL retirada *f*

retrial [ˌriːˈtraɪəl, *Am:* ˈriːtraɪl] *n* nuevo juicio *m*

retribution [ˌretrɪˈbjuːʃn, *Am:* -rə-] *n no pl, form* castigo *m* justo

retrieval [rɪˈtriːvl] *n no pl a.* INFOR recuperación *f*; **on-line information ~** recuperación de información en línea

retrieve [rɪˈtriːv] *vt a.* INFOR recuperar; (*error*) enmendar; (*situation*) salvar

retriever [rɪˈtriːvəʳ, *Am:* -əʳ] *n* perro *m* cobrador

retrospect [ˈretrəspekt] *n no pl* **in ~** mirando hacia atrás

retrospective [ˌretrəˈspektɪv] I. *adj* 1. (*looking back*) retrospectivo 2. *Brit* LAW retroactivo II. *n* ART exposición *f* retrospectiva

return [rɪ'tɜːn, *Am:* -'tɜːrn] **I.** *n*
1. (*going back*) regreso *m*, vuelta *f*
2. (*giving back*) devolución *f*; **by ~**
(*of post*) *Brit, Aus* a vuelta de correo
3. (*recompense*) recompensa *f*; **in ~
for sth** a cambio de algo **4.** FIN ganancia *f* **5.** *fig* **many happy ~s (of
the day)!** ¡feliz cumpleaños! **II.** *adj*
1. (*ticket*) de ida y vuelta, redondo
Méx **2.** (*match*) de vuelta **III.** *vi*
1. (*come back*) volver **2.** (*reappear*)
volver a aparecer **IV.** *vt* **1.** (*give back*)
devolver **2.** (*reciprocate*) corresponder a **3.** (*send back*) volver a colocar **4.** *Brit* POL elegir
returning officer *n Can* POL escrutador(a) *m(f)*
return key *n* INFOR tecla *f* de retorno
reunion [ˌriː'juːnɪən, *Am:* -'juːnjən]
n **1.** (*meeting*) reunión *f* **2.** (*after
separation*) reencuentro *m*
reunite [ˌriːjuː'naɪt] *vt* volver a unir;
(*friends*) reconciliar
rev [rev] *n* AUTO revolution *f*
◆ **rev up** *vt* <-vv-> acelerar
revaluation [riːˌvæljʊ'eɪʃən] *n* revaluación *f*
revamp [ˌriː'væmp] *vt inf* modernizar
Revd. *abbr of* **Reverend** Rev.
reveal [rɪ'viːl] *vt* revelar
revealing [rɪ'viːlɪŋ] *adj* revelador
reveille [rɪ'væli, *Am:* 'revli] *n no pl*
MIL diana *f*
revel ['revl] <*Brit:* -ll-, *Am:* -l-> *vi* ir
de juerga
◆ **revel in** <*Brit:* -ll-, *Am:* -l-> *vi* **to
~ sth** deleitarse con algo
revelation [ˌrevə'leɪʃən] *n* revelación *f*
revelry ['revlri] <-ies> *n no pl* jolgorio *m*
revenge [rɪ'vendʒ] **I.** *n no pl* **1.** (*retaliation*) venganza *f* **2.** SPORTS revancha *f* **II.** *vt* vengar; **to ~ oneself on
sb** vengarse de alguien
revenue ['revənjuː, *Am:* 'revənuː]
n ingresos *mpl*; (*of government*)
rentas *fpl* públicas
reverberate [rɪ'vɜːbəreɪt, *Am:*
-'vɜːrbəreɪt] *vi* (*sound*) reverberar
reverence ['revərəns] *n no pl* vene-

ración *f*
Reverend ['revərənd] *adj* reverendo; **the Right Reverend** el obispo;
the Most Reverend el arzobispo
reverent ['revərənt] *adj* reverente
reverie ['revəri] *n liter* ensueño *m*
reversal [rɪ'vɜːsl, *Am:* -'vɜːrsl] *n* (*of
order*) inversión *f*; (*of policy*) cambio *m* completo; (*of decision*) revocación *f*
reverse [rɪ'vɜːs, *Am:* -'vɜːrs] **I.** *vt*
1. (*turn other way*) invertir **2.** *Aus,
Brit* AUTO poner en marcha atrás **II.** *vi*
Aus, Brit AUTO dar marcha atrás **III.** *n*
1. *no pl* **the ~** lo contrario **2.** AUTO
marcha *f* atrás; **to go into ~** dar marcha atrás **3.** (*the back*) reverso *m;* (*of
cloth*) revés *m* **IV.** *adj* **1.** (*inverse*) inverso **2.** (*direction*) contrario
reverse charge call *n* TEL llamada *f*
a cobro revertido
revert [rɪ'vɜːt, *Am:* -'vɜːrt] *vi* volver;
to ~ to type *fig* volver a ser el
mismo de siempre
review [rɪ'vjuː] **I.** *vt* **1.** (*consider*) analizar **2.** (*criticize: book, film*)
hacer una crítica [*o* reseña] de **3.** MIL
pasar revista a **II.** *n* **1.** (*examination*)
análisis *m inv;* **to come under ~** ser
examinado; **to hold a ~** MIL pasar revista **2.** (*criticism: of book, film*)
crítica *f*, reseña *f* **3.** (*magazine*) revista *f*
reviewer [rɪ'vjuːəʳ, *Am:* -ə] *n* crítico, -a *m, f*
revise [rɪ'vaɪz] *vt* **1.** (*text*) revisar;
(*opinion*) cambiar de **2.** *Brit, Aus* repasar
revision [rɪ'vɪʒn] *n* **1.** *no pl* (*of text*)
revisión *f*; (*of policy*) modificación *f*
2. *no pl, Brit, Aus* UNIV repaso *m*
revitalize [riː'vaɪtəlaɪz, *Am:* -təl-]
vt revitalizar
revival [rɪ'vaɪvəl] *n* **1.** MED reanimación *f* **2.** (*of interest*) renacimiento
m **3.** CINE, THEAT reestreno *m*
revive [rɪ'vaɪv] **I.** *vt* **1.** MED reanimar
2. (*idea, custom*) restablecer **3.** CINE,
THEAT reestrenar **II.** *vi* **1.** (*be restored
to life*) volver en sí **2.** (*be restored:
tradition*) restablecerse
revoke [rɪ'vəʊk, *Am:* -'voʊk] *vt* re-

vocar

revolt [rɪ'vəʊlt, *Am:* -'voʊlt] POL **I.** *vi* rebelarse, alzarse *AmL;* **to ~ against sb/sth** sublevarse contra alguien/ algo **II.** *vt* repugnar a **III.** *n* **1.** (*uprising*) revuelta *f* **2.** *no pl* (*rebelliousness*) rebeldía *f*

revolting [rɪ'vəʊltɪŋ, *Am:* -'voʊltɪŋ] *adj* repugnante

revolution [ˌrevə'luːʃn] *n a.* POL revolución *f*

revolutionary [ˌrevə'luːʃənri] *adj* revolucionario

revolutionize [ˌrevə'luːʃnaɪz] *vt, vt* revolucionar

revolve [rɪ'vɒlv, *Am:* -'vɑːlv] *vi* girar

revolver [rɪ'vɒlvəʳ, *Am:* -'vɑːlvəʳ] *n* revólver *m*

revolving *adj* giratorio

revue [rɪ'vjuː] *n* THEAT revista *f*

revulsion [rɪ'vʌlʃən] *n no pl* repulsión *f*

reward [rɪ'wɔːd, *Am:* 'wɔːrd] **I.** *n* recompensa *f* **II.** *vt* recompensar

rewarding *adj* gratificante

rewind [ˌriː'waɪnd] *irr vt* (*tape*) rebobinar; (*watch*) dar cuerda a

rewire [ˌriː'waɪəʳ, *Am:* -'waɪəʳ] *vt* renovar la instalación eléctrica de

reword [ˌriː'wɜːd, *Am:* -'wɜːrd] *vt* **1.** (*rewrite*) volver a redactar **2.** (*say again*) expresar de otra manera

rewrite [ˌriː'raɪt] *irr vt* volver a redactar

Rh *abbr of* **rhesus** Rh

rheumatism ['ruːmətɪzəm] *n no pl* reumatismo *m*

rheumatoid arthritis [ˌruːmətɔɪd-ˌɑː'θraɪtɪs, *Am:* -ˌɑːr'θraɪtɪs] *n no pl* MED artritis *f inv* reumatoidea

Rhine [raɪn] *n* **the ~** el Rin

rhinoceros [raɪ'nɒsərəs, *Am:* -'nɑː-səʳ-] <-(es)> *n* rinoceronte *m*

Rhone [rəʊn, *Am:* roʊn] *n* **the ~** el Ródano

rhubarb ['ruːbɑːb, *Am:* -bɑːrb] *n no pl* ruibarbo *m*

rhyme [raɪm] **I.** *n* **1.** (*similar sound*) rima *f;* **without ~ or reason** sin ton ni son **2.** (*poem*) poesía *f* **II.** *vi* rimar

rhythm ['rɪðəm] *n* ritmo *m*

rhythmic ['rɪðmɪk] *adj*, **rhythmical** *adj* rítmico

RI [ˌɑː'raɪ, *Am:* ˌɑr-] *abbr of* **religious instruction** religión *f*

rib [rɪb] **I.** *n* costilla *f* **II.** <-bb-> *vt inf* tomar el pelo a

ribbon ['rɪbən] *n* cinta *f*

rice [raɪs] *n no pl* arroz *m*

rice pudding *n* arroz *m* con leche

rich [rɪtʃ] **I.** <-er, -est> *adj* rico; (*soil*) fértil; (*food*) pesado; **to be ~ in sth** abundar en algo **II.** *n* **the ~** los ricos

rickets ['rɪkɪts] *n no pl* raquitismo *m*

rickety ['rɪkəti, *Am:* -ti] *adj* desvencijado; (*steps*) tambaleante

rickshaw ['rɪkʃɔː, *Am:* -ʃɑː] *n* carro *m* de culí

rid [rɪd] <rid *o* ridded, rid> *vt* **to ~ sth/sb of sth** librar algo/a alguien de algo; **to get ~ of sb/sth** deshacerse de alguien/algo

riddance ['rɪdns] *n inf* **good ~** (**to bad rubbish**)! ¡vete con viento fresco!

ridden ['rɪdn] *pp of* **ride**

riddle¹ ['rɪdl] *n* **1.** (*conundrum*) adivinanza *f* **2.** (*mystery*) misterio *m*

riddle² ['rɪdl] *vt* acribillar; **to be ~d with mistakes** estar plagado de errores

ride [raɪd] **I.** *n* paseo *m;* **to take sb for a ~** *inf* tomar el pelo a alguien **II.** <rode, ridden> *vt* **1.** (*sit on*) **to ~ a bike** ir en bici; **can you ~ a bike?** ¿sabes montar en bici? **2.** *Am, inf* explotar **III.** <rode, ridden> *vi* (*on horse, bicycle*) montar

♦ **ride out** *vt a. fig* aguantar

rider ['raɪdəʳ, *Am:* -dəʳ] *n* (*on horse*) jinete *m;* (*on bicycle*) ciclista *mf;* (*on motorbike*) motociclista *mf*

ridge [rɪdʒ] *n* **1.** GEO cresta *f* **2.** (*of roof*) caballete *m*

ridicule ['rɪdɪkjuːl] **I.** *n no pl* burlas *fpl;* **to hold sth/sb up to ~** poner algo/a alguien en ridículo **II.** *vt* ridiculizar

ridiculous [rɪ'dɪkjʊləs] *adj* ridículo

riding *n no pl* equitación *f*

riding school *n* escuela *f* de equitación

rife [raɪf] *adj* extendido; **to be ~**

with sth estar plagado de algo
riff-raff ['rɪfræf] *n no pl* chusma *f*
rifle¹ ['raɪfl] *n* fusil *m*, rifle *m*
rifle² ['raɪfl] **I.** *vt* saquear **II.** *vi* to ~
through sth rebuscar en algo
rifle range *n* campo *m* de tiro
rift [rɪft] *n fig* ruptura *f*
rig [rɪg] <-gg-> **I.** *vt* amañar **II.** *n*
1. TECH (*oil*) ~ plataforma *f* petrolífera **2.** NAUT aparejo *m*
rigging ['rɪgɪŋ] *n no pl* NAUT jarcia *f*
right [raɪt] **I.** *adj* **1.** (*correct*) correcto; (*ethical*) justo; **to put sth** ~
poner algo en orden; **to be** ~ (**about
sth**) tener razón (en algo), estar en lo
cierto (sobre algo) *AmL;* **to do the** ~
thing hacer lo que se debe hacer; **to
put a clock** ~ poner el reloj en hora
2. (*direction*) derecho **3.** POL de derechas **4.** (*well*) bueno **II.** *n* **1.** *no pl*
(*entitlement*) derecho *m* **2.** (*morality*) **to be in the** ~ tener razón
3. (*right side*) derecha *f;* SPORTS derechazo *m* **4.** POL **the Right** la derecha
III. *adv* **1.** (*correctly*) correctamente
2. (*straight*) directamente; ~ **away**
inmediatamente **3.** (*to the right*)
hacia la derecha **4.** (*precisely*) precisamente; ~ **here** justo aquí **IV.** *vt* enderezar **V.** *interj* ¡de acuerdo!, ¡órale!
Méx
right angle *n* ángulo *m* recto
righteous ['raɪtʃəs] *adj form* (*person*) virtuoso; (*indignation*) justificado
rightful ['raɪtfəl] *adj* legítimo
right-hand [,raɪt'hænd] *adj* **on the
~ side** a la derecha
right-handed [,raɪt'hændɪd] *adj*
diestro
rightly *adv* **1.** (*correctly*) correctamente; **if I remember** ~ si recuerdo
bien **2.** (*justifiably*) con razón
right of way <-rights> *n* servidumbre *f* de paso; (*on road*) preferencia *f*
right-wing [,raɪt'wɪŋ] *adj* POL de
derechas
rigid ['rɪdʒɪd] *adj* rígido; (*inflexible*)
inflexible
rigmarole ['rɪgmərəʊl, *Am:* -mə-
roʊl] *n no pl* galimatías *m inv*

rigor mortis [,rɪgə'mɔːtɪs, *Am:* ,rɪ-
gə'mɔːrt̬ɪs] *n no pl* MED rigidez *f*
cadavérica
rigorous ['rɪgərəs] *adj* riguroso
rile [raɪl] *vt inf* irritar
rim [rɪm] *n* **1.** (*of bowl*) canto *m;* (*of
spectacles*) montura *f* **2.** GEO borde
m
rind [raɪnd] *n no pl* (*of fruit*) cáscara
f; (*of bacon, cheese*) corteza *f*
ring¹ [rɪŋ] *n* **1.** (*small circle*) círculo
m; (*of people*) corro *m* **2.** (*jewellery*) anillo *m* **3.** (*in boxing*) cuadrilátero *m;* (*in circus*) pista *f*
ring² [rɪŋ] **I.** *n* **1.** *no pl, Brit* llamada
f; **to give sb a** ~ llamar a alguien
(por teléfono) **2.** (*of bell*) toque *m*
II. <rang, rung> *vt* **1.** *Brit* llamar
(por teléfono) **2.** (*bell*) tocar; (*alarm*)
hacer sonar **III.** <rang, rung> *vi*
1. *Brit* llamar **2.** (*bell*) sonar
◆ **ring back** *vi, vt* TEL volver a llamar
(a)
◆ **ring off** *vi Brit* colgar
ring binder *n* archivador *m* de anillas
ringing *n no pl* repique *m*
ringing tone *n* TEL tono *m* de llamada
ringleader ['rɪŋliːdəʳ, *Am:* -dɚ] *n*
cabecilla *mf*
ringlet ['rɪŋlɪt] *n* tirabuzón *m*
ring road *n Brit, Aus* ronda *f* de circunvalación
rink [rɪŋk] *n* pista *f* de patinaje
rinse [rɪns] **I.** *vt* enjuagar; (*hands*)
lavar **II.** *n* **1.** *no pl* (*wash*) enjuague
m **2.** (*hair colouring*) reflejos *mpl*
riot ['raɪət] **I.** *n* disturbio *m;* **to run** ~
fig desmandarse **II.** *vi* causar disturbios
riot gear *n* uniforme *m* antidisturbios
riot police *n* policia *f* antidisturbios
rip [rɪp] **I.** <-pp-> *vi* rasgarse
II. <-pp-> *vt* rasgar **III.** *n* rasgón *m*,
rajo *m AmC*
◆ **rip up** *vt* romper
RIP [,ɑːʳaɪˈpiː, *Am:* ,ɑːr-] *abbr of* **rest
in peace** E.P.D., D.E.P

R
r

ripcord ['rɪpkɔːd, *Am:* -kɔːrd] *n* cordón *m* de apertura

ripe [raɪp] *adj* (*fruit*) maduro

ripen ['raɪpən] I. *vt* hacer madurar II. *vi* madurar

rip-off ['rɪpɒf, *Am:* -ɑːf] *n inf* timo *m*, vacilada *f inf*, *Méx*

ripple ['rɪpl] I. *n* onda *f* II. *vi, vt* rizar(se)

rise [raɪz] I. *n* no *pl* 1. (*increase*) subida *f*; **to give ~ to sth** dar lugar a algo 2. (*incline*) cuesta *f* II. <rose, risen> *vi* 1. (*arise*) levantarse 2. (*become higher: ground*) subir (en pendiente); (*river*) crecer 3. (*improve socially*) ascender

rising ['raɪzɪŋ] I. *n* levantamiento *m* II. *adj* (*in number*) creciente; (*floodwaters*) en aumento; (*sun*) naciente

risk [rɪsk] I. *n* 1. (*chance*) riesgo *m*; **to run the ~ of sth** correr el riesgo de algo 2. no *pl* (*danger*) peligro *m*; **at one's own ~** bajo su propia responsabilidad; **to be at ~** correr peligro II. *vt* arriesgar

risky ['rɪski] <-ier, -iest> *adj* arriesgado, riesgoso *AmL*

risqué ['riːskeɪ, *Am:* rɪ'skeɪ] *adj* atrevido

rissole ['rɪsəʊl, *Am:* -oʊl] *n* croqueta *f*

rite [raɪt] *n* rito *m*; **last ~s** extremaunción *f*

ritual ['rɪtʃʊəl, *Am:* -uəl] *n* ritual *m*

rival ['raɪvl] I. *n* rival *mf* II. *adj* competidor III. <*Brit:* -ll-, *Am:* -l-> *vt* competir con

rivalry ['raɪvlri] *n* rivalidad *f*

river ['rɪvər, *Am:* -ər] *n* río *m*

rivet ['rɪvɪt] I. *n* remache *m* II. *vt* 1. (*join*) remachar 2. (*interest*) **to be ~ed by sth** quedar absorto con algo

riveting ['rɪvətɪŋ, *Am:* -ɪt̬ɪŋ] *adj inf* fascinante

road [rəʊd, *Am:* roʊd] *n* 1. (*between towns*) carretera *f*; (*in town*) calle *f*; (*route*) camino *m*; **by ~** por carretera 2. *fig* sendero *m*; **to be on the ~ to recovery** estar reponiéndose

roadblock *n* control *m* de carretera

road hog *n inf* loco, -a *m, f* del volante **road map** *n* mapa *m* de carreteras **road safety** *n* no *pl* seguridad *f* vial **roadside** I. *n* borde *m* de la carretera II. *adj* de carretera **road sign** *n* señal *f* de tráfico **roadway** *n* no *pl* calzada *f* **roadworks** *npl* obras *fpl* de carretera

roam [rəʊm, *Am:* roʊm] *vi, vt* vagar (por)

roar [rɔːr, *Am:* rɔːr] I. *vi* rugir; **to ~ with laughter** reírse a carcajadas II. *n* (*of lion*) rugido *m*; (*of engine*) estruendo *m*

roast [rəʊst, *Am:* roʊst] I. *vt* asar; (*coffee*) tostar II. *n* asado *m*

roaster ['rəʊstər, *Am:* 'roʊstər] *n* asador *m*

roasting ['rəʊstɪŋ, *Am:* 'roʊst-] *n inf* **to give sb a ~** echar una bronca a alguien

rob [rɒb, *Am:* rɑːb] <-bb-> *vt* robar; **to ~ sb of sth** robar algo a alguien; (*deprive*) privar a alguien de algo

robber ['rɒbər, *Am:* 'rɑːbər] *n* ladrón, -ona *m, f*

robbery ['rɒbəri, *Am:* 'rɑːbəri] <-ies> *n* robo *m*

robe [rəʊb, *Am:* roʊb] *n* toga *f*; (*dressing gown*) traje *m*

robin ['rɒbɪn, *Am:* 'rɑːbɪn] *n* ZOOL petirrojo *m*

robot ['rəʊbɒt, *Am:* 'roʊbɑːt] *n* robot *m*

robust [rəʊ'bʌst, *Am:* roʊ'-] *adj* robusto, fuerte

rock¹ [rɒk, *Am:* rɑːk] *n* 1. GEO roca *f* 2. *fig* **to be on the ~s** estar sin blanca; **whisky on the ~s** whisky con hielo

rock² [rɒk, *Am:* rɑːk] I. *vt* 1. (*swing*) mecer 2. (*shock*) sacudir II. *vi* balancearse

rock bottom *n* fondo *m*; **to hit ~** tocar fondo

rockery ['rɒkri, *Am:* 'rɑːkəri] <-ies> *n* jardín *m* rocoso

rocket ['rɒkɪt, *Am:* 'rɑːkɪt] I. *n* cohete *m* II. *vi* (*prices*) dispararse

Rockies ['rɒkiz, *Am:* 'rɑːkiz] *n* **the ~** las Rocosas

rocking chair ['rɒkɪŋ, *Am:* 'rɑːk-] *n*

mecedora *f*, columpio *m AmL* **rock-ing horse** *n* caballito *m* mecedor

rocky¹ ['rɒki, *Am:* 'rɑ:ki] <-ier, -iest> *adj* rocoso

rocky² ['rɒki, *Am:* 'rɑ:ki] <-ier, -iest> *adj* (*unstable*) inestable

Rocky Mountains *n* Montañas *fpl* Rocosas

rod [rɒd, *Am:* rɑ:d] *n* varilla *f*; (*fishing rod*) caña *f* de pescar

rode [rəʊd, *Am:* roʊd] *pt of* **ride**

rodent ['rəʊdnt, *Am:* 'roʊ-] *n* roedor *m*

rodeo ['rəʊdɪəʊ, *Am:* 'roʊdɪoʊ] <-s> *n* rodeo *m*

roe¹ [rəʊ, *Am:* roʊ] *n* (*fish eggs*) hueva *f*

roe² [rəʊ, *Am:* roʊ] <-(s)> *n* (*deer*) corzo, -a *m, f*

rogue [rəʊg, *Am:* roʊg] *n* **1.** (*rascal*) pícaro, -a *m, f* **2.** (*villain*) bribón, -ona *m, f*

role *n*, **rôle** [rəʊl, *Am:* roʊl] *n a.* THEAT papel *m*

role model *n* modelo *m* a imitar

role play *n* juego *m* de imitación

roll [rəʊl, *Am:* roʊl] I. *n* **1.** (*turning over*) voltereta *f* **2.** *no pl* (*swaying movement*) balanceo *m* **3.** (*of paper*) rollo *m* **4.** (*noise: of drum*) redoble *m* **5.** (*bread*) panecillo *m* II. *vt* **1.** (*push*) hacer rodar **2.** (*form into cylindrical shape*) **to ~ sth into sth** enrollar algo en algo **3.** (*make: cigarette*) liar III. *vi* rodar
- **roll about** *vi* vagar
- **roll by** *vi* (*time*) pasar
- **roll in** *vi* llegar en abundancia
- **roll over** *vi* dar vueltas
- **roll up** I. *vi inf* aparecer II. *vt* enrollar; (*sleeves*) arremangarse

roll call *n* lista *f*

roller ['rəʊlə', *Am:* 'roʊlə-] *n* rodillo *m*

roller coaster *n* montaña *f* rusa **rollerskate** *n* patín *m* de ruedas

rolling *adj* (*hills*) ondulado

rolling pin *n* rodillo *m* **rolling stock** *n* AUTO material *m* rodante

ROM [rɒm, *Am:* rɑ:m] *n no pl abbr of* **Read Only Memory** ROM *f*

Roman ['rəʊmən, *Am:* 'roʊ-] I. *adj*

romano; (*alphabet*) latino; (*religion*) católico II. *n* romano, -a *m, f*

Roman Catholic *adj* católico

romance [rəʊ'mænts, *Am:* roʊ-'mænts] *n* **1.** (*love affair*) romance *m* **2.** (*novel*) novela *f* rosa

Romania [rə'meɪnɪə, *Am:* roʊ'-] *n* Rumanía *f*

Romanian [rə'meɪnɪən, *Am:* roʊ'-] *adj* rumano

romantic [rəʊ'mæntɪk, *Am:* roʊ-'mæntɪk] *adj a.* LIT, ART romántico

Rome ['rəʊm, *Am:* 'roʊm] *n* Roma *f*

romp [rɒmp, *Am:* rɑ:mp] I. *vi* juguetear; **to ~ home** ganar fácilmente II. *n* retozo *m*

rompers ['rɒmpə'z, *Am:* 'rɑ:mpə-z] *npl Am* pelele *m*

roof [ru:f] <-s> I. *n* techo *m*; (*of house*) tejado *m*; (*of mouth*) paladar *m* II. *vt* techar

roofing *n no pl* techumbre *f*

roofrack *n Brit* baca *f*, parrilla *f AmL*

rook [rʊk] *n* **1.** (*bird*) grajo *m* **2.** (*in chess*) torre *f*

rookie ['rʊki] *n Am, Aus, inf* novato, -a *m, f*

room [ru:m] *n* **1.** (*in house*) habitación *m*, pieza *f AmL*, ambiente *m CSur;* ~ **and board** pensión *f* completa **2.** *no pl* (*space*) espacio *m;* **to make ~ for sb/sth** hacer sitio a alguien/algo; **there's no more ~ for anything else** ya no cabe nada más

rooming house *n Am* pensión *f*

roommate *n Am* compañero, -a *m, f* de habitación **room service** *n* servicio *m* de habitaciones

roomy ['ru:mi] <-ier, -iest> *adj* amplio

roost [ru:st] I. *n* percha *f* II. *vi fig* pasar la noche

rooster ['ru:stə', *Am:* -stə-] *n Am, Aus* gallo *m*

root [ru:t] *n* **1.** *a.* BOT, LING, MAT raíz *f;* **to take ~** *a. fig* arraigar **2.** (*source*) causa *f;* **the ~ of the problem is that ...** el problema radica en que...
- **root about** *vi*, **root around** *vi* hozar
- **root out** *vt* arrancar

R
r

root beer n Am: bebida gaseosa hecha con extractos de plantas

rope [rəʊp, Am: roʊp] **I.** n cuerda f; **to know the ~s** fig estar al tanto de todo **II.** vt atar con una cuerda

rop(e)y ['rəʊpi, Am: 'roʊ-] <-ier, -iest> adj Brit, Aus, inf flojo

rosary ['rəʊzəri, Am: 'roʊ-] <-ies> n rosario m

rose¹ [rəʊz, Am: roʊz] **I.** n **1.** (flower, colour) rosa f **2.** (on watering can) roseta f **II.** adj rosa

rose² [rəʊz, Am: roʊz] pt of **rise**

rosebud n capullo m **rosebush** n rosal m **rosemary** n no pl romero m

rosette [rəʊ'zet, Am: roʊ'-] n rosetón m

roster ['rɒstəʳ, Am: 'rɑːstɚ] n no pl lista f

rostrum ['rɒstrəm, 'rɒstrə, Am: 'rɑːstrəm, 'rɑːstrə] <-s o rostra> n tribuna f

rosy ['rəʊzi, Am: 'roʊ-] <-ier, -iest> adj **1.** (rose-colour) rosado, sonrosado **2.** (optimistic: future) prometedor

rot [rɒt, Am: rɑːt] **I.** n no pl putrefacción f; **to stop the ~** acabar con la degeneración **II.** <-tt-> vi pudrirse **III.** vt pudrir

rota ['rəʊtə, Am: 'roʊtə] n Brit lista f de turnos

rotary ['rəʊtəri, Am: 'roʊtɚ-] adj rotatorio

rotate [rəʊ'teɪt, Am: 'roʊteɪt] **I.** vt **1.** (turn round) dar vueltas a **2.** (alternate) alternar; AGR cultivar en rotación **II.** vi girar

rote [rəʊt, Am: roʊt] n no pl **by ~** de memoria

rotor ['rəʊtəʳ, Am: 'roʊtɚ] n rotor m

rotten ['rɒtn, Am: 'rɑːtn] adj **1.** (food) podrido **2.** inf (behaviour) despreciable

rotund [rəʊ'tʌnd, Am: roʊ'-] adj redondeado

rough [rʌf] **I.** adj **1.** (road) desigual; (surface) áspero **2.** (work) chapucero **3.** (voice) bronco **4.** (imprecise) aproximado; (idea) impreciso **5.** (person, manner) tosco **6.** (sea)

agitado; (weather) tempestuoso **II.** n no pl SPORTS **the ~** el rough **III.** vt **to ~ it** inf pasar sin comodidades

roughage ['rʌfɪdʒ] n no pl fibra f (de los alimentos)

rough-and-ready [,rʌfənd'redi] adj tosco pero eficaz

roughly adv **1.** (approximately) aproximadamente; **~ speaking** por así decirlo **2.** (aggressively) bruscamente

roughness ['rʌfnɪs] n no pl **1.** (of surface) aspereza f **2.** (unfairness) dureza f

roulette [ruː'let] n no pl ruleta f

round [raʊnd] **I.** <-er, -est> adj redondo **II.** adv alrededor de; **to come ~** pasar por casa; **~ (about)** 10 o'clock a eso de las 10; **the other way ~** al revés; **all ~** por todos lados **III.** prep **1.** (surrounding) alrededor de; **to go ~ sth** dar la vuelta a algo; **just ~ the corner** justo a la vuelta de la esquina **2.** (visit) **to go ~ a museum** visitar un museo **3.** (here and there) **all ~ the house** por toda la casa; **to sit ~ the room** estar sentado en la habitación **4.** (approximately) alrededor de; **~ 11:00** alrededor de las 11:00; **somewhere ~ here** en algún lugar de por aquí **IV.** n **1.** (circle) círculo m **2.** pl MED visita f **3.** (in card games) mano f; (in boxing) asalto m **4.** (of drinks) ronda f **5.** (of ammunition) bala f **V.** vt (corner) doblar

 ♦ **round off** vt rematar

 ♦ **round up** vt **1.** MAT redondear por exceso **2.** (gather) reunir; (cattle) rodear

roundabout ['raʊndəbaʊt] **I.** n Aus, Brit **1.** AUTO rotonda f **2.** Brit tiovivo m **II.** adj indirecto

rounders ['raʊndəz, Am: -dɚz] n no pl, Brit SPORTS juego similar al béisbol

roundly adv categóricamente, rotundamente

round-shouldered [,raʊnd'ʃəʊldəd, Am: -'ʃoʊldɚd] adj encorvado

round trip n viaje m de ida y vuelta

round-up ['raʊndʌp] n **1.** AGR rodeo

m **2.** (*by police*) redada *f* **3.** (*summary*) resumen *m*

rouse [raʊz] *vt* **1.** (*waken*) despertar **2.** (*activate*) provocar

rousing [ˈraʊzɪŋ] *adj* (*welcome*) caluroso; (*speech*) vehemente

rout [raʊt] **I.** *vt* derrotar **II.** *n* derrota *f* aplastante; (*flight*) huida *f* en desbandada

route [ruːt, *Am:* raʊt] *n* ruta *f*; (*of bus*) recorrido *m*; NAUT rumbo *m*

routine [ruːˈtiːn] **I.** *n* **1.** *a.* INFOR rutina *f* **2.** (*of dancer*) número *m* **II.** *adj* rutinario

row[1] [rəʊ, *Am:* roʊ] *n* **1.** (*line*) hilera *f*, fila *f* **2.** (*succession*) **three times in a** ~ tres veces consecutivas

row[2] [raʊ] *n* **1.** (*quarrel*) pelea *f*; **to have a** ~ pelearse **2.** (*noise*) escándalo *m*; **to make a** ~ armar jaleo

row[3] [rəʊ, *Am:* roʊ] **I.** *vi* remar **II.** *vt* (*boat*) llevar

rowboat [ˈrəʊbəʊt, *Am:* ˈroʊboʊt] *n Am* bote *m* de remos

rowdy [ˈraʊdi] <-ier, -iest> *adj* **1.** (*noisy*) alborotador **2.** (*quarrelsome*) pendenciero

rowing *n no pl* SPORTS remo *m*

rowing boat *n Brit* bote *m* de remos

royal [ˈrɔɪəl] *adj* real

royalist [ˈrɔɪəlɪst] *adj* monárquico

royalty [ˈrɔɪəlti, *Am:* -t̬i] <-ies> *n* **1.** *no pl* (*sovereignty*) realeza *f* **2.** *pl* (*payment*) derechos *mpl* de autor

RP [ˌaːˈpiː, *Am:* ˌaːrˈpiː] *n no pl abbr of* **received pronunciation** *pronunciación estándar del inglés británico*

rpm [ˌaːˈpiːˈem, *Am:* ˌaːr-] *n abbr of* **revolutions per minute** rpm

RRP [ˌaːˈaːˈpiː] *n no pl, Brit abbr of* **recommended retail price** PVP *m*

RSPCA [ˌaːˈresˌpiːsiːˈeɪ, *Am:* ˌaːr-] *n Brit abbr of* **Royal Society for the Prevention of Cruelty to Animals** ≈ asociación *f* protectora de animales

Rt Hon. *n Brit* POL *abbr of* **Right Honourable** ≈ Excelentísimo Señor *m*, ≈ Excelentísima Señora *f* (*tratamiento protocolario que se da a los diputados británicos*)

rub [rʌb] **I.** *n* **1.** (*act of rubbing*) fro-

tamiento *m* **2.** *liter* (*difficulty*) dificultad *f* **II.** <-bb-> *vt* frotar; (*one's eyes*) restregarse; **to** ~ **sth clean** lustrar algo

◆ **rub down** *vt* **1.** (*horse*) almohazar **2.** (*dry*) secar frotando

◆ **rub in** *vt* **1.** (*spread on skin*) aplicar frotando **2.** *inf* (*keep reminding*) reiterar; *pej* insistir en

◆ **rub off I.** *vi* **1.** (*become clean*) irse **2.** (*affect*) **to** ~ **on sb** pegarse a alguien **II.** *vt* quitar frotando

◆ **rub out** *vt* borrar

rubber [ˈrʌbəʳ, *Am:* -ə-] *n* **1.** (*material*) goma *f*, hule *m Méx* **2.** *Aus, Brit* goma *f* (de borrar), borrador *m Col*

rubber band *n* goma *f* (elástica)

rubber plant *n* planta *f* del caucho

rubbing *n* frotamiento *m*

rubbish [ˈrʌbɪʃ] **I.** *n no pl, Brit* **1.** *inf* (*waste*) basura *f* **2.** *inf* (*nonsense*) tonterías *fpl* **II.** *vt Aus, Brit, inf* poner verde

rubbish bin *n* cubo *m* de la basura

rubbish dump *n*, **rubbish tip** *n* vertedero *m*, tiradero *m Méx*

rubble [ˈrʌbl] *n no pl* escombros *mpl*

ruby [ˈruːbi] <-ies> *n* rubí *m*

RUC [ˌaːrjuːˈsiː, *Am:* ˌaːr-] *n abbr of* **Royal Ulster Constabulary** *policía de Irlanda del norte*

rucksack [ˈrʌksæk] *n Brit* mochila *f*

ruddy [ˈrʌdi] <-ier, -iest> *adj liter* (*cheeks*) rubicundo

rude [ruːd] *adj* **1.** (*impolite*) grosero, meco *Méx* **2.** (*vulgar*) vulgar

rudimentary [ˌruːdɪˈmentəri, *Am:* -də-] *adj* rudimentario

rue [ruː] *vt liter* lamentar

rueful [ˈruːfl] *adj* arrepentido

ruffian [ˈrʌfiən] *n iron* canalla *mf*

ruffle [ˈrʌfl] *vt* **1.** (*hair*) alborotar; (*clothes*) fruncir **2.** (*upset*) alterar

rug [rʌg] *n* **1.** (*small carpet*) alfombra *f* **2.** *Brit* manta *f*

rugby [ˈrʌgbi] *n no pl* rugby *m*

rugged [ˈrʌgɪd] *adj* (*landscape*) accidentado; (*construction*) resistente

ruin [ˈruːɪn] **I.** *vt* **1.** (*bankrupt*) arruinar **2.** (*destroy*) destruir **3.** (*spoil*) estropear **II.** *n* ruina *f*

rule [ruːl] **I.** *n* **1.** (*law*) regla *f*; (*prin-*

R
r

ciple) norma *f*; **a ~ of thumb** una regla general; **it is against the ~s** va contra las normas; **as a ~** por lo general **2.** *no pl* (*control*) gobierno *m* **3.** (*measuring device*) regla *f* II. *vt* **1.** (*govern*) gobernar **2.** (*draw*) trazar con una regla **3.** (*decide*) dictaminar III. *vi* **1.** (*control*) gobernar **2.** LAW **to ~ for/against sb/sth** fallar a favor/en contra de alguien/algo

◆ **rule out** *vt* descartar

ruler *n* **1.** (*sovereign*) soberano, -a *m*, *f* **2.** (*measuring device*) regla *f*

ruling ['ruːlɪŋ] I. *adj* gobernante; (*class*) dirigente II. *n* fallo *m*

rum [rʌm] *n* ron *m*

Rumania [ruˈmeɪnɪə, *Am:* roʊˈ-] *n s.* **Romania**

Rumanian [ruˈmeɪnɪən, *Am:* roʊˈ-] *s.* **Romanian**

rumble ['rʌmbl] I. *n* *no pl* ruido *m* sordo; (*of thunder*) estruendo *m* II. *vi* hacer un ruido sordo; (*thunder*) retumbar

rummage ['rʌmɪdʒ] *vi* revolver

rumor *Am,* **rumour** ['ruːməʳ, *Am:* -məʳ] *Brit, Aus* I. *n* rumor *m* II. *vt* **it is ~ed that ...** se rumorea que...

rump [rʌmp] *n* grupa *f*

rump steak *n* filete *m* de lomo de ternera

rumpus ['rʌmpəs] *n* *no pl, inf* jaleo *m*; **to raise a ~** armar un escándalo

run [rʌn] I. *n* **1.** (*jog*) **to go for a ~** salir a correr; **on the ~** deprisa y corriendo **2.** (*series*) racha *f* **3.** (*hole in tights*) carrera *f* **4.** SPORTS carrera *f*; (*ski slope*) pista *f* de esquí **5.** CINE, THEAT permanencia *f* en cartel **6.** *fig* **in the long ~** a la larga II. *vi* <ran, run> **1.** (*move fast*) correr; **to ~ for the bus** correr para no perder el autobús **2.** (*operate*) funcionar; **to ~ smoothly** ir sobre ruedas *fig* **3.** (*extend*) extenderse **4.** (*flow: river*) fluir; (*make-up*) correrse **5.** (*enter election*) presentarse, postularse *AmL* III. *vt* <ran, run> **1.** (*move fast*) **to ~ a race** participar en una carrera **2.** (*enter in race*) presentar **3.** (*drive*) llevar; **to ~ sb home** llevar a alguien a casa **4.** (*pass*) pasar

5. (*operate*) poner en marcha; **to ~ a household** llevar una casa

◆ **run about** *vi* andar de un lado para otro

◆ **run across** *vt* toparse con

◆ **run away** *vi* escaparse

◆ **run down** I. *vi* (*clock*) parar II. *vt* **1.** (*run over*) atropellar **2.** (*disparage*) hablar mal de

◆ **run in** *vt* AUTO rodar

◆ **run into** *vt* dar con; AUTO chocar con

◆ **run off** I. *vi* (*water*) derramarse II. *vt* dejar correr

◆ **run out of** *vi* quedarse sin

◆ **run over** I. *vi* irse II. *vt* AUTO atropellar a

◆ **run through** *vt* pasar sin parar por

◆ **run up** I. *vi* **to ~ against difficulties** tropezar con dificultades II. *vt* **to ~ debts** endeudarse

runaround ['rʌnəˌraʊnd] *n* *no pl* **to give sb the ~** traer a alguien al retortero

runaway ['rʌnəweɪ] *adj* (*train*) fuera de control; (*person*) fugitivo; (*horse*) desbocado

rung¹ [rʌŋ] *n* peldaño *m*

rung² [rʌŋ] *pp of* **ring²**

run-in ['rʌnɪn] *n* *inf* altercado *m*

runner ['rʌnəʳ, *Am:* -əʳ] *n* **1.** (*person*) corredor(a) *m(f)*; (*horse*) caballo *m* de carreras **2.** (*on sledge*) patín *m*

runner bean *n* *Brit* habichuela *f*

runner-up [ˌrʌnəʳˈʌp, *Am:* -əʳˈ-] *n* subcampeón, -ona *m, f*

running I. *n* *no pl* **1.** (*action of a runner*) carrera *f* **2.** *fig* **to be in/out of the ~** tener/no tener posibilidades de ganar II. *adj* **1.** (*consecutive*) sucesivo **2.** (*flowing*) que fluye

running costs *npl* gastos *mpl* de explotación

runny ['rʌni] <-ier, -iest> *adj* líquido

run-of-the-mill [ˌrʌnəvðəˈmɪl] *adj* corriente y moliente

runt [rʌnt] *n* enano *m*

run-up ['rʌnʌp] *n* **1.** SPORTS carrerilla *f* **2.** (*prelude*) período *m* previo; **the ~ to sth** el preludio de algo

runway ['rʌnweɪ] n pista f
rupee [ruː'piː, Am: 'ruːpiː] n rupia f
rupture ['rʌptʃər, Am: -tʃər] I. vt romper; **to ~ oneself** herniarse II. n hernia f, relajadura f Méx
rural ['rʊərəl, Am: 'rʊrəl] adj rural
rush[1] [rʌʃ] n BOT junco m
rush[2] [rʌʃ] I. n 1. (hurry) prisa f; **to be in a ~** tener prisa 2. (charge) ataque m; (surge) ola f; **gold ~** fiebre f del oro II. vi ir deprisa III. vt 1. (do quickly) hacer precipitadamente 2. (attack) asaltar
◆ **rush through** vt aprobar urgentemente
rush hour n hora f punta
rusk [rʌsk] n bizcocho m
Russia ['rʌʃə] n Rusia f
Russian ['rʌʃn] adj ruso
rust [rʌst] I. n no pl herrumbre f II. vi oxidarse
rustic ['rʌstɪk] adj rústico
rustle ['rʌsl] I. vi susurrar II. vt 1. (paper) hacer crujir 2. (cattle) robar
rustproof ['rʌstpruːf] adj inoxidable
rusty ['rʌsti] <-ier, -iest> adj oxidado
rut[1] [rʌt] n bache m; **to be stuck in a ~** estar metido en la rutina
rut[2] [rʌt] n no pl ZOOL celo m
ruthless ['ruːθləs] adj despiadado
Rwanda [rʊ'ændə, Am: -'ɑːn-] n Ruanda f
Rwandan adj ruandés
rye [raɪ] n no pl centeno m

S

S, s [es] n S, s; **~ for Sugar** S de Soria
S [es] n no pl 1. abbr of **south** S m 2. Am abbr of **satisfactory** suficiente m
SA 1. abbr of **South Africa** Sudáfrica f 2. abbr of **South America** Sudamérica f

Sabbath ['sæbəθ] n sabat m
sabotage ['sæbətɑːʒ] I. vt sabotear II. n sabotaje m
saccharin ['sækərɪn] n no pl sacarina f
sachet ['sæʃeɪ, Am: -'-] n bolsita f
sack[1] [sæk] I. n 1. (large bag) saco m; (paper or plastic bag) bolsa f 2. no pl, inf (dismissal) **to get the ~** ser despedido; **to give sb the ~** despedir a alguien II. vt despedir
sack[2] [sæk] I. n no pl (plundering) saqueo m II. vt (plunder) saquear
sacking ['sækɪŋ] n no pl (sackcloth) arpillera f
sacrament ['sækrəmənt] n (ceremony) sacramento m
sacred ['seɪkrɪd] adj sagrado
sacrifice ['sækrɪfaɪs, Am: -rə-] I. vt sacrificar; **to ~ one's free time** privarse de tiempo libre II. n sacrificio m
sacrilege ['sækrɪlɪdʒ, Am: -rə-] n sacrilegio m
sad [sæd] <-dd-> adj 1. (unhappy) triste 2. (deplorable, shameful) lamentable
saddle ['sædl] I. n silla f de montar; (of bicycle) sillín m II. vt 1. (horse) ensillar 2. inf (burden) **to ~ sb with sth** encajar algo a alguien
saddlebag ['sædlbæg] n alforja f
sadist ['seɪdɪst, Am: 'sæd-] n sádico, -a m, f
sadistic [sə'dɪstɪk] adj sádico
sadly adv 1. (unhappily) tristemente 2. (regrettably) desgraciadamente; **to be ~ mistaken** estar muy equivocado
sadness ['sædnəs] n no pl tristeza f
sae, SAE [ˌeseɪ'iː] n abbr of **stamped addressed envelope** sobre con las señas de uno y con sello
safari [sə'fɑːri] n safari m
safe [seɪf] I. adj 1. (free of danger) seguro; **it is not ~ to ...** es peligroso... +inf; **~ journey!** ¡buen viaje!; **~ and sound** sano y salvo; **to be on the ~ side ...** para mayor seguridad... 2. (secure) salvo 3. (certain) seguro II. n caja f de caudales
safeguard ['seɪfgɑːd, Am: -gɑːrd]

S_s

I. *vt* salvaguardar **II.** *vi* protegerse **III.** *n* salvaguardia *f*

safekeeping [ˌseɪfˈkiːpɪŋ] *n no pl* custodia *f*

safely *adv* sin riesgos; **I can ~ say ...** puedo decir sin temor a equivocarme que...

safe sex [seɪfˈseks] *n* sexo *m* seguro

safety [ˈseɪfti] *n no pl* seguridad *f*

safety belt *n* cinturón *m* de seguridad **safety catch** *n* seguro *m* **safety pin** *n* imperdible *m* **safety valve** *n* válvula *f* de seguridad

sag [sæg] <-gg-> *vi* combarse, achiguarse *Arg, Chile*

saga [ˈsɑːɡə] *n* saga *f*

sage[1] [seɪdʒ] *n liter* (*wise man*) sabio *m*

sage[2] [seɪdʒ] *n no pl* (*herb*) salvia *f*

Sagittarius [ˌsædʒɪˈteərɪəs, *Am:* -əˈteri-] *n* Sagitario *m*

Sahara [səˈhɑːrə, *Am:* -ˈherə] *n* **the ~** (**Desert**) el Sáhara

said [sed] **I.** *pt, pp of* **say II.** *adj* dicho

sail [seɪl] **I.** *n* (*on boat*) vela *f*; **to set ~** (*for a place*) zarpar (hacia un lugar) **II.** *vi* **1.** (*travel*) navegar **2.** (*start voyage*) zarpar **3.** (*move smoothly*) deslizarse **4.** *fig* (*do easily*) **to ~ through sth** hacer algo con facilidad **III.** *vt* (*manage: boat, ship*) gobernar

sailboat [ˈseɪlbəʊt, *Am:* -boʊt] *n Am* (*sailing boat*) barco *m* de vela

sailing *n* SPORTS vela *f*

sailing ship *n*, **sailing vessel** *n* velero *m*

sailor [ˈseɪlər, *Am:* -lə·] *n* marinero, -a *m, f*

saint [seɪnt, sənt] *n* santo, -a *m, f*

? El **Saint Patrick's Day**, 17 de marzo, es el día en que se celebra el patrón de Irlanda. En los EE.UU., sin embargo, no es día de fiesta oficial. A pesar de ello mucha gente lleva el color verde y se organizan fiestas. En muchas ciudades hay desfiles, de los cuales el más grande y famoso es el que tiene lugar en New York City.

sake [seɪk] *n* **for the ~ of sb/sth** por alguien/algo

salad [ˈsæləd] *n* ensalada *f*, verde *m CSur*

salad bowl *n* ensaladera *f* **salad cream** *n Brit:* aliño para la ensalada parecido a la mayonesa **salad dressing** *n* aliño *m*

salami [səˈlɑːmi] *n no pl* salami *m*, salame *m CSur*

salary [ˈsæləri] *n* sueldo *m*

sale [seɪl] *n* **1.** (*act of selling*) venta *f*; **for ~** se vende; **on ~** en venta **2.** (*reduced prices*) saldo *m*

saleroom [ˈseɪlruːm] *n Am* sala *f* de subastas

sales assistant *n Brit*, **salesclerk** *n Am* dependiente, -a *m, f* **sales conference** *n* conferencia *f* de ventas **sales department** *n* sección *f* de ventas **sales figures** *npl* cifras *fpl* de ventas **sales force** *n* personal *m* de ventas **salesman** *n* (*in shop*) dependiente *m*; (*for company*) representante *m* **saleswoman** *n* (*in a shop*) dependienta *f*; (*for company*) representante *f*

saliva [səˈlaɪvə] *n no pl* saliva *f*

sallow [ˈsæləʊ, *Am:* -oʊ] *adj* <-er, -est> cetrino

sally [ˈsæli] **I.** <-ies> *n* salida *f* **II.** <-ie-> *vi* MIL hacer una salida; **to ~ forth** ponerse en marcha; *fig* salir resueltamente

salmon [ˈsæmən] *n* salmón *m*

saloon [səˈluːn] *n* **1.** *Brit* (*car*) turismo *m* **2.** *Am* (*bar*) bar *m*

salt [sɔːlt] **I.** *n* *a.* GASTR, CHEM sal *f* **II.** *vt* salar

salt cellar *n* salero *m*

saltwater [ˈsɔːltˌwɔːtər, *Am:* ˈsɔːltˌwɑːtə·] *adj* de agua salada

salty [ˈsɔːlti, *Am:* ˈsɔːlti] *adj* salado

salute [səˈluːt] **I.** *vt a.* MIL saludar **II.** *n* MIL **1.** (*hand gesture*) saludo *m* **2.** (*firing*) salva *f*

Salvadorian [ˌsælvəˈdɔːrɪən] *adj* salvadoreño

salvage ['sælvɪdʒ] I. *vt* salvar II. *n no pl* 1. (*retrieval*) salvamento *m* 2. (*things saved*) objetos *mpl* salvados

salvation [sæl'veɪʃən] *n no pl a.* REL salvación *f*

Salvation Army *n no pl* Ejército *m* de Salvación

same [seɪm] I. *adj* 1. (*identical*) igual; **the ~** (**as sb/sth**) igual (que alguien/algo) 2. (*not another*) mismo; **at the ~ time** al mismo tiempo II. *pron* 1. (*nominal*) **the ~** el mismo, la misma, lo mismo 2. (*adverbial*) **it comes to the ~** da lo mismo; **all the ~** de todas formas; **~ to you** igualmente

Samoa [sə'məʊə, *Am:* sə'moʊə] *n* Samoa *f*

Samoan *adj* samoano

sample ['sɑːmpl, *Am:* 'sæm-] I. *n* muestra *f*; **free ~** muestra gratuita II. *vt* probar

sanatorium [ˌsænə'tɔːriəm] <-s *o* -ria> *n* sanatorio *m*

sanctimonious [ˌsæŋktɪ'məʊniəs, *Am:* -'moʊ-] *adj pej* mojigato

sanction ['sæŋkʃn] I. *n* sanción *f* II. *vt* sancionar

sanctity ['sæŋktəti, *Am:* -ţi] *n no pl* santidad *f*

sanctuary ['sæŋktʃʊəri, *Am:* -tʃueri] *n* <-ies> 1. REL santuario *m* 2. *no pl* (*refuge*) refugio *m*

sand [sænd] I. *n* arena *f*; **the ~s** la playa II. *vt* lijar

sandal ['sændl] *n* sandalia *f*, quimba *f AmL*

sandbag *n* saco *m* de arena **sandbox** *n Am s.* **sandpit sandcastle** *n* castillo *m* de arena **sand dune** *n* duna *f* **sandpaper** I. *n no pl* papel *m* de lija II. *vt* lijar **sandpit** *n Brit* cajón *m* de arena (*donde juegan los niños*) **sandstone** *n no pl* piedra *f* arenisca **sandstorm** *n* tormenta *f* de arena

sandwich ['sænwɪdʒ, *Am:* 'sændwɪtʃ] I. <-es> *n* bocadillo *m*; (*made with sliced bread*) sándwich *m* II. *vt* intercalar

sandy ['sændi] *adj* <-ier, -iest> arenoso

sane [seɪn] *adj* 1. (*of sound mind*) cuerdo 2. (*sensible*) sensato

sang [sæŋ] *pt of* **sing**

sanitary ['sænɪtəri, *Am:* -teri] *adj* 1. (*relating to hygiene*) sanitario 2. (*clean*) higiénico

sanitary towel *n Brit,* **sanitary napkin** *n Am* compresa *f* (higiénica)

sanitation [ˌsænɪ'teɪʃən] *n no pl* saneamiento *m*

sanity ['sænəti, *Am:* -ţi] *n no pl* cordura *f*; (*of decision*) sensatez *f*

sank [sæŋk] *pt of* **sink**

Santa (Claus) [ˌsæntə('klɔːz), *Am:* 'sæntə(ˌklɑːz)] *n* Papá *m* Noel

sap¹ [sæp] *n no pl* BOT savia *f*

sap² [sæp] <-pp-> *vt* socavar

sapling ['sæplɪŋ] *n* pimpollo *m*

sapphire ['sæfaɪəʳ, *Am:* -aɪɚ] *n* zafiro *m*

sarcasm ['sɑːkæzəm, *Am:* 'sɑːr-] *n no pl* sarcasmo *m*

sarcastic [sɑː'kæstɪk, *Am:* sɑːr'-] *adj* sarcástico

sardine [sɑː'diːn, *Am:* sɑːr'-] *n* sardina *f*

Sardinia [sɑː'dɪniə, *Am:* sɑːr-] *n* Cerdeña *f*

Sardinian *adj* sardo

SAS [ˌeser'es] *n Brit* MIL *abbr of* **Special Air Service** comando de operaciones especiales del ejército británico

sash [sæʃ] <-es> *n* faja *f*

sat [sæt] *pt, pp of* **sit**

Satan ['seɪtən] *n no pl* Satanás *m*

satchel ['sætʃəl] *n* bolsa *f*, busaca *f Col, Ven*

satellite ['sætəlaɪt, *Am:* 'sæt-] *n* satélite *m*

satin ['sætɪn, *Am:* 'sætn] I. *n* raso *m* II. *adj* satinado

satire ['sætaɪəʳ, *Am:* -aɪɚ] *n* sátira *f*

satisfaction [ˌsætɪs'fækʃn, *Am:* ˌsæt̬-] *n no pl* satisfacción *f*; **to do sth to sb's ~** hacer algo para satisfacción de alguien; **to be a ~** (**to sb**) ser una satisfacción (para alguien)

satisfactory [ˌsætɪs'fæktəri, *Am:* ˌsæt̬-] *adj* satisfactorio; SCHOOL suficiente

satisfy ['sætɪsfaɪ, *Am:* -əs-] <-ie->
  vt **1.** (*person, desire*) satisfacer
  2. (*convince*) convencer; **to ~ sb
  that ...** convencer a alguien de
  que... **3.** (*debt*) saldar
satisfying *adj* satisfactorio
satsuma [sæt'suːmə, *Am:* 'sæt-
  tsəmaː] *n Brit, Am* satsuma *f*
saturation [ˌsætʃəˈreɪʃən] *n no pl a.*
  CHEM, ECON saturación *f*
Saturday ['sætədeɪ, *Am:* 'sæʈɚ-] *n*
  sábado *m*; *s. a.* **Friday**
sauce [sɔːs, *Am:* saːs] *n* **1.** salsa *f*
  2. (*impertinence*) frescura *f*
saucepan ['sɔːspən, *Am:* 'saːs-] *n*
  cacerola *f*
saucer ['sɔːsəʳ, *Am:* 'saːsɚ] *n* platillo *m*
saucy ['sɔːsi, *Am:* 'saː-] *adj* <-ier,
  -iest> descarado
Saudi Arabia [ˌsaʊdiəˈreɪbiə] *n no
  pl* Arabia *f* Saudí [*o* Saudita]
Saudi (**Arabian**) [ˌsaʊdi (əˈreɪ-
  biən)] *adj* saudí, saudita
sauna ['sɔːnə, *Am:* 'saʊ-] *n* sauna *f*
saunter ['sɔːntəʳ, *Am:* 'saːnʈɚ] I. *vi*
  pasear II. *n no pl* paseo *m*
sausage ['sɒsɪdʒ, *Am:* 'saːsɪdʒ] *n*
  salchicha *f*; (*cured*) salchichón *m*
sausage roll *n Brit, Aus* empanadilla
  f de salchicha
savage ['sævɪdʒ] I. *adj* (*fierce*) salvaje, feroz II. *n pej* salvaje *mf* III. *vt*
  (*attack*) atacar salvajemente
save¹ [seɪv] I. *vt* **1.** (*rescue*) salvar;
  to ~ face salvar las apariencias
  2. (*keep for future use*) guardar
  3. (*collect*) coleccionar **4.** (*avoid
  wasting*) ahorrar **5.** INFOR guardar
  II. *vi* **1.** (*keep for the future*) ahorrar;
  to ~ for sth ahorrar para algo
  2. (*conserve*) **to ~ on sth** guardar
  algo III. *n* SPORTS parada *f*
save² [seɪv] *prep* ~ (**for**) salvo
saving ['seɪvɪŋ] I. *n* **1.** *pl* (*money*)
  ahorros *mpl* **2.** (*economy*) ahorro *m*
  II. *adj* **the ~ grace of ...** el único
  mérito de...
savings account ['seɪvɪŋzəˌkaʊnt]
  n cuenta *f* de ahorros **savings bank**
  n caja *f* de ahorros
savior *n Am*, **saviour** ['seɪvjəʳ, *Am:*

-vjɚ] *n* salvador(a) *m(f)*
savor ['seɪvɚ] *n Am s.* **savour**
savory ['seɪvəri] *n Am s.* **savoury**
savour ['seɪvəʳ, *Am:* -vɚ] I. *n*
  1. (*taste*) sabor *m* **2.** (*pleasure*)
  gusto *m* II. *vt* saborear
savoury ['seɪvəri] *adj* **1.** (*salty*) salado **2.** (*appetizing*) sabroso
saw¹ [sɔː, *Am:* saː] *pt of* **see¹**
saw² [sɔː, *Am:* saː] I. *n* sierra *f*
  II. <-ed, sawn *o* -ed> *vt* serrar
sawdust ['sɔːdʌst, *Am:* 'saː-] *n no pl*
  serrín *m*
sawmill ['sɔːmɪl, *Am:* 'saː-] *n* aserradero *m*
sawn [sɔːn, *Am:* saːn] *pp of* **saw**
sawn-off shotgun [ˌsɔːnɒfˈʃɒtɡʌn,
  Am: ˌsaːnaːfˈʃaːtɡʌn] *n* escopeta *f*
  de cañones recortados
Saxon ['sæksən] *adj* sajón
Saxony ['sæksəni] *n no pl* Sajonia *f*
saxophone ['sæksəfəʊn, *Am:*
  -foʊn] *n* saxofón *m*
say [seɪ] I. <said, said> *vt* **1.** (*speak*)
  decir; **to ~ sth to sb's face** decir algo
  a alguien en su cara **2.** (*state information*) **to ~ (that)** ... decir
  (que)...; **to have something/no-
  thing to ~ (to sb)** tener algo/no
  tener nada que decir (a alguien);
  when all is said and done a fin de
  cuentas **3.** (*think*) opinar; **people ~
  that ...** se dice que... **4.** (*indicate*) indicar; **to ~ sth about sb/sth** expresar algo sobre alguien/algo **5.** (*tell*)
  explicar; **to ~ where/when** explicar
  dónde/cuándo **6.** (*for instance*)
  (**let's**) ~ ... digamos... II. <said,
  said> *vi* **I'll ~!** *inf* ¡ya lo creo!; **I must
  ~ ...** debo admitir... III. *n no pl* parecer *m*; **to have one's ~** expresar su
  propia opinión; **to have a ~ in sth**
  tener voz y voto en algo
saying ['seɪɪŋ] *n* dicho *m*
say-so ['seɪsəʊ, *Am:* -soʊ] *n no pl,
  inf* visto bueno *m*
scab [skæb] *n* **1.** (*over wound*) costra *f* **2.** *inf* (*strikebreaker*) esquirol
  mf
scaffold ['skæfə(ʊ)ld, *Am:* 'skæfld]
  n (*for execution*) patíbulo *m*
scaffolding ['skæfəldɪŋ] *n no pl* an-

damiaje *m*

scald [skɔːld, *Am:* skaːld] I. *vt* escaldar II. *n* escaldadura *f*

scale¹ [skeɪl] I. *n* 1. ZOOL escama *f* 2. *no pl* TECH, MED sarro *m* II. *vt* 1. (*remove scales*) escamar 2. TECH, MED quitar el sarro de

scale² [skeɪl] *n* (*weighing device*) platillo *m;* ~**s** balanza *f;* (*bigger*) báscula *f*

scale³ [skeɪl] I. *n* (*range, magnitude, proportion*) *a.* MUS escala *f;* **on a large/small** ~ a gran/pequeña escala; **to draw sth to** ~ dibujar algo a escala II. *vt* escalar

◆ **scale down** *vt* reducir

scallop ['skɒləp, *Am:* 'skaːləp] *n* vieira *f;* ~ (**shell**) venera *f*

scalp [skælp] I. *n* cabellera *f* II. *vt* escalpar

scalpel ['skælpəl] *n* MED escalpelo *m*

scam [skæm] *n inf* timo *m*

scamper ['skæmpəʳ, *Am:* -pɚ] *vi* corretear

scampi ['skæmpi] *npl* gambas *fpl*

scan [skæn] I. <-nn-> *vt* 1. (*scrutinize*) escudriñar 2. (*look through quickly*) dar un vistazo a 3. MED explorar II. *n* INFOR escaneado *m;* MED escáner *m*

scandal ['skændl] *n* 1. (*public outrage*) escándalo *m* 2. *no pl* (*gossip*) chismorreo *m*

scandalize ['skændəlaɪz] *vt* escandalizar

scandalous ['skændələs] *adj* escandaloso

Scandinavia [ˌskændɪ'neɪviə] *n* Escandinavia *f*

Scandinavian *adj* escandinavo

scanner ['skænəʳ, *Am:* -ɚ] *n* INFOR escáner *m*

scant [skænt] *adj* escaso

scanty ['skænti, *Am:* -t̬i] *adj* 1. (*clothing*) ligero 2. (*insufficient*) insuficiente

scapegoat ['skeɪpɡəʊt, *Am:* -ɡoʊt] *n* cabeza *f* de turco

scar [skaːʳ, *Am:* skaːr] I. *n* cicatriz *f* II. <-rr-> *vt* marcar con cicatriz III. <-rr-> *vi* **to** ~ (**over**) cicatrizar(se)

scarce [skeəs, *Am:* skers] *adj* escaso

scarcely ['skeəsli, *Am:* 'skers-] *adv* apenas

scare [skeəʳ, *Am:* sker] I. *vt* asustar, julepear *AmL;* **to be** ~**d stiff** estar muerto de miedo II. *n* 1. (*fright*) susto *m*, julepe *m AmL* 2. (*panic*) pánico *m*

◆ **scare away** *vt*, **scare off** *vt* ahuyentar

scarecrow ['skeəkrəʊ, *Am:* 'skerkroʊ] *n* espantapájaros *m inv*

scarf [skaːf, *Am:* skaːrf] <-ves *o* -s> *n* (*round neck*) bufanda *f;* (*round head*) pañuelo *m*

scarlet ['skaːlət, *Am:* 'skaːr-] *adj* escarlata

scarlet fever *n no pl* MED escarlatina *f*

scarper ['skaːpəʳ, *Am:* 'skaːrpɚ] *vi* *Brit, Aus, inf* largarse

scarves [skaːvz, *Am:* skaːrvz] *pl of* **scarf**

scary ['skeəri, *Am:* 'skeri] *adj* <-ier, -iest> que da miedo; ~ **film** película *f* de miedo

scathing ['skeɪðɪŋ] *adj* mordaz; **to be** ~ **about sb/sth** criticar duramente a alguien/algo

scatter ['skætəʳ, *Am:* 'skæt̬ɚ] I. *vt* esparcir II. *vi* dispersarse

scatterbrained *adj* atolondrado

scavenge ['skævɪndʒ] *vi* 1. ZOOL buscar comida 2. (*search*) buscar cosas en la basura, pepenar *AmC, Méx*

scavenger ['skævɪndʒəʳ, *Am:* -ɚ] *n* 1. ZOOL animal *m* carroñero 2. (*person*) persona que hurga en la basura en busca de comida

scenario [sɪ'naːrɪəʊ, *Am:* sə'nerɪoʊ] *n* 1. THEAT, LIT guión *m* 2. (*situation*) escenario *m*

scene [siːn] *n* 1. THEAT, CINE escena *f;* (*setting*) escenario *m;* **behind the** ~**s** *a. fig* entre bastidores 2. (*locality*) lugar *m* 3. (*view*) vista *f* 4. (*milieu*) mundo *m;* **to appear on the** ~ presentarse; **to set the** ~ crear un ambiente 5. (*embarrassing incident*) escándalo *m;* **to make a** ~ montar un número

scenery ['siːnəri] *n no pl* 1. (*landscape*) paisaje *m* 2. THEAT, CINE de-

corado *m*
scenic ['si:nɪk] *adj* pintoresco
scent [sent] **I.** *n* **1.** (*aroma*) olor *m*
2. (*in hunting*) rastro *m;* **to throw
sb off the** ~ despistar a alguien **3.** *no
pl, Brit* (*perfume*) perfume *m* **II.** *vt*
1. (*smell*) oler **2.** (*sense, detect*) intuir **3.** (*apply perfume*) perfumar
sceptic ['skeptɪk] *n* escéptico, -a *m, f*
sceptical *adj* escéptico
schedule ['ʃedju:l, *Am:* 'skedʒu:l]
I. *n* **1.** (*timetable*) horario *m;* **to
stick to a** ~ seguir un horario;
everything went according to ~
todo fue según lo previsto **2.** (*plan of
work*) programa *m* **II.** *vt* **1.** (*plan*)
programar **2.** (*list*) catalogar
scheduled *adj* programado
scheduled flight *n* vuelo *m* regular
scheme [ski:m] **I.** *n* **1.** (*structure*)
esquema *m* **2.** *Brit* (*programme*) programa *m;* ECON plan *m* **3.** (*plot*) treta
f **II.** *vi pej* intrigar
schism ['sɪzəm] *n* cisma *m*
schizophrenia [ˌskɪtsəʊ'fri:nɪə,
Am: -sə'-] *n no pl* esquizofrenia *f*
schizophrenic [ˌskɪtsəʊ'frenɪk,
Am: -sə'-] *adj* esquizofrénico
scholar ['skɒləʳ, *Am:* 'skɑ:lə] *n*
1. (*learned person*) erudito, -a *m, f*
2. (*student*) estudiante *mf* **3.** (*scholarship holder*) becario, -a *m, f*
scholarly *adj* erudito
scholarship ['skɒləʃɪp, *Am:* 'skɑ:
lə-] *n* **1.** *no pl* (*learning*) erudición *f*
2. (*grant*) beca *f* **scholarship
holder** *n* becario, -a *m, f*
school[1] [sku:l] **I.** *n* **1.** (*institution*)
escuela *f;* **to be in** ~ estar en edad
escolar; **to go to** ~ ir al colegio
2. (*buildings*) colegio *m* **3.** (*university division*) facultad *f* **II.** *vt* enseñar
school[2] [sku:l] *n* ZOOL banco *m*
school age ['sku:leɪdʒ] *n* edad *f* escolar **schoolbook** *n* libro *m* escolar
schoolboy *n* colegial *m,* escolero *m
Perú* **schoolchild** *n* colegial(a)
m(f), escolero, -a *m, f Perú* **schoolgirl** *n* colegiala *f,* escolera *f Perú*
schooling *n no pl* enseñanza *f*
school leaver *n Brit, Aus:* alumno
que ha finalizado sus estudios

schoolmaster *n* profesor *m*
schoolmistress *n* profesora *f*

? Con la expresión **School of the
air** se designa una red de difusión
por radio para el **outback** de Australia. Esta red funciona en zonas
aisladas del país y tiene como finalidad educar a la población en edad
escolar. Una docena de estas escuelas cubren un área de 2,5 millones
de km y alcanzan a cientos de
niños. Los alumnos reciben material didáctico y envían sus deberes
hechos de vuelta, hablan por radio
con sus profesores y compañeros
de clase y la mayoría de las veces
son sus padres o un profesor particular quienes los vigilan en casa.

? El **school system** (sistema escolar) americano comienza con la
elementary school (que abarca
desde el curso primero hasta el
sexto u octavo). En algunos lugares después del **sixth grade**, el
sexto curso, los alumnos pasan a
otra escuela, la **junior high
school** (donde se les imparte la docencia correspondiente a los cursos séptimo, octavo y noveno).
Después los alumnos acceden a la
high school donde permanecen
por espacio de tres cursos. En
aquellos lugares donde no hay
junior high school los alumnos
pasan directamente de la **elementary school** (donde han estado
ocho años) a la **high school**, que,
en ese caso, comienza con el
ninth grade, es decir, el noveno
curso. Los alumnos finalizan su
itinerario escolar cuando han ter

minado el **twelfth grade**, el curso decimosegundo.

schoolteacher *n* profesor(a) *m(f)*
schoolyard *n Am* patio *m* del colegio
sciatica [saɪˈætɪkə, *Am:* -ˈæt̬-] *n no pl* MED ciática *f*
science [ˈsaɪənts] *n* ciencia *f*
science fiction *n* ciencia ficción *f*
scientific [ˌsaɪənˈtɪfɪk] *adj* científico
scientist [ˈsaɪəntɪst, *Am:* -t̬ɪst] *n* científico, -a *m, f*
sci-fi [ˈsaɪˌfaɪ] *n abbr of* **science fiction** ciencia *f* ficción
Scilly Isles [ˈsɪli aɪls] *n* **the ~** las Islas Sorlingas
scissors [ˈsɪzəz, *Am:* -ɚz] *npl* tijeras *fpl*; **a pair of ~** unas tijeras
scoff[1] [skɒf, *Am:* skɑːf] *vi* (*mock*) burlarse
scoff[2] [skɒf, *Am:* skɑːf] *vt Brit, inf* (*eat*) engullir
scold [skəʊld, *Am:* skoʊld] *vt* regañar
scone [skɒn, *Am:* skoʊn] *n* bollo *m*
scoop [skuːp] **I.** *n* **1.** (*utensil*) cucharón *m* **2.** (*amount*) cucharada *f* **3.** PUBL primicia *f* informativa **II.** *vt* PUBL adelantarse a
◆ **scoop up** *vt* recoger
scooter [ˈskuːtə', *Am:* -t̬ɚ] *n* **1.** (*toy*) patinete *m* **2.** (*vehicle*) (**motor**) ~ escúter *m*, Vespa® *f*
scope [skəʊp, *Am:* skoʊp] *n no pl* **1.** (*range*) alcance *m* **2.** (*possibilities*) posibilidades *fpl*
scorch [skɔːtʃ, *Am:* skɔːrtʃ] **I.** *vi, vt* chamuscar(se) **II.** *n* <-es> quemadura *f*
scorching *adj* abrasador
score [skɔː', *Am:* skɔːr] **I.** *n* **1.** (*number of points*) puntuación *f*; **to keep (the)** ~ llevar la cuenta **2.** (*goal, point*) gol *m* **3.** SCHOOL nota *f* **4.** (*twenty*) veintena *f*; **~s of people** mucha gente **5.** (*dispute*) rencilla *f*; **to settle a** ~ ajustar cuentas **6.** MUS partitura *f* **II.** *vt* **1.** (*goal, point*) marcar **2.** (*cut*) cortar **III.** *vi* **1.** SPORTS marcar un tanto **2.** *inf* (*suc-*

ceed) triunfar
◆ **score out** *vt* tachar
scoreboard [ˈskɔːbɔːd, *Am:* ˈskɔːrbɔːrd] *n* marcador *m*
scorn [skɔːn, *Am:* skɔːrn] **I.** *n* desprecio *m* **II.** *vt* despreciar, ajotar *Cuba*
Scorpio [ˈskɔːpiəʊ, *Am:* ˈskɔːrpioʊ] *n* Escorpión *m*
scorpion [ˈskɔːpiən, *Am:* ˈskɔːr-] *n* escorpión *m*
Scot [skɒt, *Am:* skɑːt] *n* escocés, -esa *m, f*
scotch [skɒtʃ, *Am:* skɑːtʃ] *vt* **1.** (*rumour*) acallar **2.** (*plan*) frustrar
Scotch [skɒtʃ, *Am:* skɑːtʃ] **I.** *n* whisky *m* (escocés) **II.** *adj* escocés
scot-free [ˌskɒtˈfriː, *Am:* ˌskɑːtˈ-] *adv* **1.** (*without punishment*) impunemente; **to get away** ~ librarse del castigo **2.** (*unharmed*) sin un rasguño
Scotland [ˈskɒtlənd, *Am:* ˈskɑːt-] *n* Escocia *f*
Scots [skɒts, *Am:* skɑːts] *adj s.* **Scottish**
Scotsman [ˈskɒtsmən, *Am:* ˈskɑːts-] <-men> *n* escocés *m*
Scotswoman [ˈskɒtsˌwʊmən, *Am:* ˈskɑːts-] <-women> *n* escocesa *f*
Scottish [ˈskɒtɪʃ, *Am:* ˈskɑːt̬ɪʃ] *adj* escocés
scoundrel [ˈskaʊndrəl] *n pej* sinvergüenza *mf*
scour [skaʊə', *Am:* skaʊɚ] *vt* **1.** (*scrub*) fregar **2.** (*search*) recorrer
scourge [skɜːdʒ, *Am:* skɜːrdʒ] *n a. fig* azote *m*
scout [skaʊt] *n* explorador(a) *m(f)*, scout *mf Méx*
scowl [skaʊl] **I.** *n* ceño *m* fruncido **II.** *vi* fruncir el ceño
scrabble [ˈskræbl] *vi* **1.** (*grope*) hurgar **2.** (*claw for grip*) escarbar
scram [skræm] <-mm-> *vi inf* largarse, rajarse *AmC*
scramble [ˈskræmbl] **I.** *vi* moverse apresuradamente; **to ~ for sth** esforzarse por algo **II.** *vt* revolver; **~d eggs** huevos revueltos **III.** *n no pl* **1.** (*rush*) carrera *f*; (*chase*) persecución *f* **2.** (*struggle to get*) arrebatiña

S_s

f, rebatinga *f Méx*

scrap¹ [skræp] **I.** *n* **1.** (*small piece*) trozo *m* **2.** (*small amount*) pizca *f* **3.** *pl* (*leftover food*) sobras *fpl* **4.** no *pl* (*old metal*) chatarra *f* **II.**<-pp-> *vt* (*get rid of*) desechar; (*abandon*) descartar; (*abolish*) abolir

scrap² [skræp] **I.** *n inf* (*fight*) agarrada *f*, agarrón *m Méx* **II.**<-pp-> *vi* pelearse

scrapbook ['skræpbʊk] *n* álbum *m* de recortes **scrap dealer** *n* chatarrero, -a *m, f*

scrape [skreɪp] **I.** *vt* **1.** (*remove layer*) raspar, rasquetear *Arg* **2.** (*rub against*) rozar **II.** *n* **1.** no *pl* (*act of scraping*) raspado, -a *m, f* **2.** *inf* (*situation*) lío *m*

♦ **scrape through** *vi* salvarse por los pelos; SCHOOL aprobar por los pelos

scrapheap ['skræphiːp] *n* montón *m* de basura; **to throw sth on the ~** desechar algo

scrap merchant *n Brit* chatarrero, -a *m, f*

scratch [skrætʃ] **I.** *n* **1.** (*cut on skin*) rasguño *m*, rayón *m AmL* **2.** (*mark*) raya *f* **3.** (*start*) **from ~** desde cero **II.** *vt* **1.** (*cut slightly*) arañar **2.** (*mark*) rayar **3.** (*relieve itch*) rascar **III.** *vi* rascarse **IV.** *adj* improvisado

scrawl [skrɔːl, *Am:* skrɑːl] **I.** *vt* garabatear **II.** *n* garabatos *mpl*

scrawny ['skrɔːni, *Am:* 'skrɑː-] <-ier, -iest> *adj* escuálido, silgado *Ecua*

scream [skriːm] **I.** *n* chillido *m;* **to be a ~** ser la monda **II.** *vi* chillar

screech [skriːtʃ] *vi* chillar

screen [skriːn] **I.** *n* **1.** a. TV, FILM, INFOR pantalla *f* **2.** (*framed panel*) biombo *m* **3.** no *pl* (*thing that conceals*) cortina *f* **II.** *vt* **1.** (*conceal*) ocultar **2.** (*shield*) proteger **3.** (*examine*) examinar; (*revise*) revisar **4.** TV emitir; CINE proyectar

screening *n* **1.** (*showing: in cinema*) proyección *f* **2.** MED chequeo *m*

screenplay ['skriːnpleɪ] *n* guión *m*

screw [skruː] **I.** *n* **1.** (*small metal fas-*

tener) tornillo *m* **2.** (*propeller*) hélice *f* **II.** *vt* atornillar

♦ **screw up** *vt* **1.** (*fasten with screws*) atornillar **2.** *inf* (*make a mess of*) joder

screwdriver ['skruːˌdraɪvəʳ, *Am:* -vɚ] *n* destornillador *m*, desarmador *m AmL*

scribble ['skrɪbl] **I.** *vt* garabatear **II.** *vi* hacer garabatos **III.** *n* garabatos *mpl*

script [skrɪpt] *n* **1.** CINE guión *m* **2.** (*writing*) escritura *f*

Scripture ['skrɪptʃəʳ, *Am:* -tʃɚ] *n* Sagrada Escritura *f*

scroll [skrəʊl, *Am:* skroʊl] **I.** *n* rollo *m* (de papel) **II.** *vi* INFOR desplazarse

scrotum ['skrəʊtəm, *Am:* 'skroʊtəm] <-tums *o* -ta> *n* escroto *m*

scrounge [skraʊndʒ] **I.** *vt inf* conseguir gorroneando, manguear *Arg;* **to ~ sth off** [*o* **from**] **sb** gorronear algo a alguien **II.** *vi inf* gorronear

scrounger ['skraʊndʒəʳ, *Am:* -ɚ] *n pej, inf* gorrón, -ona *m, f*, pedinche *mf Méx*

scrub¹ [skrʌb] <-bb-> **I.** *vt* **1.** (*clean*) fregar **2.** (*cancel*) cancelar **II.** *n* no *pl* (*clean*) fregado *m*

scrub² [skrʌb] *n* no *pl* BOT matorral *m*

scruff [skrʌf] *n* cogote *m;* **to grab sb by the ~ of the neck** coger a alguien por el cogote

scruffy ['skrʌfi] <-ier, -iest> *adj* desaliñado, fachoso *Méx*

scrum ['skrʌm] *n* SPORTS melé *f*

scruple ['skruːpl] *n* escrúpulo *m;* **to have no ~s** (**about doing sth**) no tener escrúpulos (en hacer algo)

scrupulous ['skruːpjʊləs] *adj* escrupuloso

scrutinise *vt Brit, Aus,* **scrutinize** ['skruːtɪnaɪz, *Am:* -tənaɪz] *vt* escudriñar; (*votes*) escrutar

scrutiny ['skruːtɪni, *Am:* -təni] *n* no *pl* escrutinio *m*

scuba diving ['skuːbəˌdaɪvɪŋ] *n* submarinismo *m*

scuff [skʌf] *vt* raspar

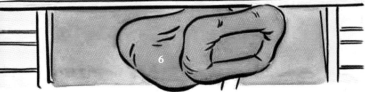

The computer

1	screen	pantalla *f*, monitor *m*
2	keyboard	teclado *m*
3	mouse	ratón *m*
4	mousemat *Brit*, mousepad *Am*	alfombrilla *f* para (el) ratón
5	desktop	escritorio *m*
6	swivel chair	silla *f* giratoria
7	joystick	palanca *f* de mando, joystick *m*

El ordenador

8	scanner	escáner *m*, scanner *m*
9	processor *Brit*, computer *Am*	procesador *m*
10	web camera	cámara *f* web, webcam *f*
11	printer	impresora *f*
12	speaker	altavoz *m*
13	discs *Brit*, disks *Am*	disquetes *mpl*, diskettes *mpl*

scuffle ['skʌfl] I. *n* refriega *f* II. *vi* pelearse

scullery ['skʌləri] *n* antecocina *f*

sculptor ['skʌlptər, *Am:* -tə-] *n* escultor *m*

sculpture ['skʌlptʃər, *Am:* -tʃə-] I. *n* escultura *f* II. *vt* esculpir

scum [skʌm] *n no pl* 1. (*foam*) espumaje *m* 2. (*evil people*) escoria *f*

scupper ['skʌpər, *Am:* -ə-] *vt* 1. (*ship*) hundir 2. *inf* (*plan*) echar por tierra

scurrilous ['skʌrɪləs, *Am:* 'skɜːrɪ-] *adj pej* (*damaging*) difamatorio; (*insulting*) calumnioso

scurry ['skʌri, *Am:* 'skɜːri] <-ie-> *vi* correr

scuttle¹ ['skʌtl, *Am:* 'skʌt̬-] *vi* (*run*) correr

◆ **scuttle away** *vi*, **scuttle off** *vi* (*run*) escabullirse

scuttle² ['skʌtl, *Am:* 'skʌt̬-] *vt* (*sink*) hundir

scuttle³ ['skʌtl, *Am:* 'skʌt̬-] *n* cajón *m* para el carbón

scythe [saɪð] I. *n* guadaña *f* II. *vt* (*with a scythe*) guadañar; (*with swinging blow*) segar

SE [ˌes'iː] *n abbr of* **southeast** SE *m*

sea [siː] *n* mar *m o f*; **by ~** por mar; **by the ~** junto al mar; **out at ~** en alta mar; **a ~ of people** un mar de gente

sea bed *n no pl* lecho *m* marino

seaboard ['siːbɔːd, *Am:* -bɔːrd] *n* litoral *m*

seafood ['siːfuːd] *n no pl* marisco *m*

seafront ['siːfrʌnt] *n* 1. (*promenade*) paseo *m* marítimo, malecón *m* Méx 2. (*beach*) playa *f*

seagoing ['siːˌgəʊɪŋ, *Am:* -ˌɡoʊ-] *adj* de altura

seagull ['siːgʌl] *n* gaviota *f*

seal¹ [siːl] *n* ZOOL foca *f*

seal² [siːl] I. *n* (*stamp*) sello *m*; **~ of approval** aprobación *f* II. *vt* 1. (*put a seal on*) sellar 2. (*close: frontier, port*) cerrar

sea level *n no pl* nivel *m* del mar

sea lion *n* león *m* marino

seam [siːm] *n* 1. (*stitching*) costura *f* 2. (*junction*) juntura *f* 3. MIN veta *f*,

filón *m*

seaman ['siːmən] <-men> *n* marinero *m*

seance ['seɪɑ̃ːnts, *Am:* 'seɪɑːnts] *n* sesión *f* de espiritismo

seaplane ['siːpleɪn] *n* hidroavión *m*

search [sɜːtʃ, *Am:* sɜːrtʃ] I. *n* búsqueda *f*; (*of building*) registro *m*, cateo *m* Méx II. *vi a.* INFOR buscar; **to ~ for** [*o* after] **sth** buscar algo; **~ and replace** INFOR buscar y reemplazar III. *vt* 1. *a.* INFOR buscar en; (*building, baggage*) registrar, catear Méx 2. (*examine*) examinar

search engine *n* INFOR motor *m* de búsqueda

searching *adj* (*look*) penetrante

searchlight ['sɜːtʃlaɪt, *Am:* 'sɜːrtʃ-] *n* reflector *m*

search party <-ies> *n* equipo *m* de salvamento **search warrant** *n* orden *f* de registro

seashore ['siːʃɔːr, *Am:* -ʃɔːr] *n no pl* 1. (*beach*) playa *f* 2. (*near sea*) costa *f*

seasick ['siːsɪk] *adj* mareado; **to get ~** marearse

seaside ['siːsaɪd] *Brit* I. *n no pl* 1. (*beach*) playa *f* 2. (*coast*) costa *f* II. *adj* costero

season ['siːzən] I. *n* 1. (*period of year*) estación *f* 2. (*epoch*) época *f*; **the** (**fishing/hunting**) **~** la temporada (de pesca/de caza); **to be in ~** estar en sazón; **to be out of ~** estar fuera de temporada 3. SPORTS temporada *f* II. *vt* GASTR sazonar; (*add salt and pepper*) salpimentar

seasonal ['siːzənəl] *adj* estacional

seasoned *adj* 1. (*experienced*) experimentado 2. (*dried: wood*) secado 3. (*spiced*) sazonado

seasoning ['siːzənɪŋ] *n no pl* condimento *m*

season ticket *n* Brit, Aus abono *m* (de temporada)

seat [siːt] I. *n* 1. (*furniture*) asiento *m*; (*on a bicycle*) sillín *m*; (*in theatre*) butaca *f*; (*in a car, bus*) plaza *f*; **is this ~ free/taken?** ¿está libre/ocupado este asiento?; **to take one's ~** sentarse 2. (*buttocks*) trasero *m inf*

Sₛ

3. POL escaño *m*, banca *f* *Arg, Par, Urug* **4.** (*centre*) sede *f* **II.** *vt* **1.** (*place on a seat*) sentar **2.** (*have enough seats for*) tener cabida para

seat belt *n* cinturón *m* de seguridad

seawater ['siː,wɔːtəʳ, *Am:* -,wɑːt̬ɚ] *n no pl* agua *f* de mar

seaweed ['siːwiːd] *n no pl* algas *fpl*, huiro *m Chile*

seaworthy ['siː,wɜːði, *Am:* -,wɜːr-] *adj* en condiciones de navegar

sec [sek] *abbr of* **second** seg.

secluded [sɪ'kluːdɪd] *adj* solitario

seclusion [sɪ'kluːʒn] *n no pl* aislamiento *m*

second¹ ['sekənd] **I.** *adj* segundo; **to have ~ thoughts about sb/sth** dudar de alguien/algo; **on ~ thoughts** *Brit, Aus,* **on ~ thought** *Am, Aus* pensándolo bien; **the ~ floor** *Brit* el segundo piso, el tercer piso *AmL;* *Am* el primer piso, el segundo piso *AmL* **II.** *n* **1.** *Brit* (*second-class degree*) título calificado con la segunda o tercera nota que es posible obtener en el Reino Unido **2.** *no pl* (*second gear*) segunda *f* **3.** COM artículo *m* con defectos de fábrica **III.** *adv* en segundo lugar **IV.** *vt form* (*back up*) apoyar

second² ['sekənd] *n* (*unit of time*) segundo *m;* **just a ~!** ¡un segundo!

second³ [sɪ'kɒnd, *Am:* -'kɑːnd] *vt Brit, Aus* (*officer, staff*) destinar

secondary ['sekəndəri, *Am:* -deri] *adj* secundario

secondary school *n* instituto *m* de enseñanza secundaria, liceo *m Chile, Méx*

second class I. *adv* **to send sth ~** *Brit* enviar algo por correo regular; **to travel ~** viajar en segunda **II.** *adj* de segunda clase **second cousin** *n* primo, -a *m, f* segundo, -a **second-hand** *adj, adv* de segunda mano **second hand** *n* (*on watch*) segundero *m*

secondly *adv* en segundo lugar

secondment [sɪ'kɒndmənt, *Am:* -'kɑːnd-] *n Brit, Aus no pl* traslado *m* temporal por trabajo

second-rate [,sekənd'reɪt] *adj* mediocre

secrecy ['siːkrəsi] *n no pl* secreto *m*

secret ['siːkrɪt] **I.** *n* secreto *m* **II.** *adj* secreto; **to keep sth ~ (from sb)** ocultar algo (a alguien)

secret agent *n* agente *mf* secreto, -a

secretary ['sekrətəri, *Am:* -rəteri] <-ies> *n* secretario, -a *m, f;* **Secretary of State** *Brit* ministro; *Am* secretario de Estado

secretary-general [,sekrətəri'dʒenərəl, *Am:* -rəteri'-] <secretaries-general> *n* secretario, -a *m, f* general

secrete¹ [sɪ'kriːt] *vt* (*discharge*) segregar

secrete² [sɪ'kriːt] *vt form* (*hide*) ocultar

secretive ['siːkrətɪv, *Am:* -t̬ɪv] *adj* reservado

sect [sekt] *n* secta *f*

sectarian [sek'teərɪən, *Am:* -'terɪ-] *adj* sectario

section ['sekʃn] *n* **1.** (*part*) a. MIL, MUS, PUBL sección *f;* (*of object*) parte *f* **2.** (*group*) sector *m* **3.** (*of document*) artículo *m*

sector ['sektəʳ, *Am:* -t̬ɚ] *n* sector *m*

secular ['sekjʊləʳ, *Am:* -lɚ] *adj* **1.** (*non-religious*) secular **2.** REL seglar

secure [sɪ'kjʊəʳ, *Am:* -'kjʊr] **I.** *adj* <-rer, -est> **1.** (*safe*) seguro; **to make sth ~ against attack** proteger algo contra los ataques **2.** (*confident*) **to feel ~ about sth** sentirse seguro respecto a algo **3.** (*fixed*) firme **II.** *vt* **1.** (*obtain*) obtener **2.** (*make firm*) asegurar; *fig* afianzar **3.** (*guarantee repayment*) garantizar

security [sɪ'kjʊərəti, *Am:* 'kjʊrət̬i] <-ies> *n* **1.** *no pl* (*safety*) seguridad *f;* **~ of employment** estabilidad laboral **2.** *no pl* (*payment guarantee*) fianza *f* **3.** *pl* FIN títulos *mpl;* **securities market** mercado *m* de valores

Security Council *n* Consejo *m* de Seguridad (de las Naciones Unidas) **security forces** *npl* fuerzas *fpl* de seguridad **security guard** *n* guarda *mf* jurado, -a

sedan [sɪ'dæn] *n Am, Aus* AUTO

sedán *m*

sedate [sɪ'deɪt] **I.** *adj* tranquilo **II.** *vt* MED sedar

sedation [sɪ'deɪʃən] *n no pl* MED sedación *f*; ~ sedado

sedative ['sedətɪv, *Am:* -t̬ɪv] *n* sedante *m*

sediment ['sedɪmənt, *Am:* 'sedə-] *n no pl* sedimento *m*

seduce [sɪ'djuːs, *Am:* -'duːs] *vt* seducir

seduction [sɪ'dʌkʃn] *n no pl* seducción *f*

seductive [sɪ'dʌktɪv] *adj* seductor

see¹ [siː] <saw, seen> **I.** *vt* **1.** (*perceive*) ver; **to ~ that ...** ver que...; **you were ~n to enter the building** se os vio entrar en el edificio; **may I ~ your driving licence?** ¿me permite (ver) su permiso de conducir?; **I could ~ it coming** lo veía venir; **as I ~ it ...** a mi modo de ver... **2.** (*visit*) visitar; **~ you!** *inf* (*when meeting again later*) ¡hasta luego! **3.** (*have relationship*) **to be ~ing sb** salir con alguien **4.** (*investigate*) **to ~ how/what/if ...** averiguar cómo/qué/si... **5.** (*ensure*) **~ that you are ready when we come** procura estar listo cuando vengamos **II.** *vi* **1.** (*use eyes*) ver; **as far as the eye can ~** hasta donde alcanza la vista **2.** (*find out*) descubrir; **~ for yourself!** ¡compruébelo usted mismo!; **let me ~** ¿a ver? **3.** (*understand*) comprender; **I ~** ya veo

◆ **see about** *vt inf* encargarse de; (*consider*) pensarse

◆ **see off** *vt* despedir

◆ **see through** *vt* **1.** (*look through*) ver a través de **2.** (*not be deceived by*) calar a *inf*

◆ **see to** *vt* encargarse de

see² [siː] *n* REL sede *f*

seed [siːd] *n* **1.** BOT semilla *f*; (*of fruit*) pepita *f*, pepa *f AmL* **2.** (*beginning*) germen *m*

seedling ['siːdlɪŋ] *n* planta *f* de semillero

seedy ['siːdi] <-ier, -iest> *adj* sórdido; (*place*) de mala muerte

seeing *conj* ~ (**that**) en vista de (que)

seek [siːk] <sought, sought> *vt* **1.** (*look for*) buscar **2.** (*ask for: help, approval*) pedir; (*job*) solicitar

◆ **seek out** *vt* (*person*) ir a buscar

seem [siːm] *vi* **1.** (*appear to be*) parecer; **to ~ as if ...** parecer como si... *+subj*; **it is not all what it ~s** no es lo que parece **2.** (*appear*) **it ~s that ...** parece que...; **so it ~s, so would ~** eso parece

seemingly *adv* aparentemente

seen [siːn] *pp of* **see**

seep [siːp] *vi* filtrarse

seesaw ['siːsɔː, *Am:* -sɑː] *n* balancín *m*

seethe [siːð] *vi* **1.** (*bubble*) borbotar **2.** *fig* (*be angry*) estar furioso; **to ~ with anger** hervir de cólera

see-through ['siːθruː] *adj* transparente

segment ['segmənt] *n* segmento *m*

segregate ['segrɪgeɪt, *Am:* -rə-] *vt* segregar

seize [siːz] *vt* **1.** (*grasp*) asir, agarrar **2.** (*take: opportunity*) no dejar escapar

◆ **seize on** *vt* aprovecharse de

◆ **seize up** *vi* (*engine, muscles*) agarrotarse

seizure ['siːʒər, *Am:* -ʒɚ] *n* **1.** (*of drugs*) incautación *f* **2.** MED ataque *m*

seldom ['seldəm] *adv* rara vez

select [sɪ'lekt, *Am:* sə'-] **I.** *vt* (*candidate, player*) seleccionar; (*gift, wine*) escoger **II.** *adj* (*high-class*) selecto; (*club, restaurant*) exclusivo; **the ~ few** los escogidos

selection [sɪ'lekʃən, *Am:* sə'-] *n* **1.** (*choosing*) selección *f* **2.** (*range*) surtido *m* **3.** *no pl* (*choice*) elección *f*

selector [sɪ'lektər, *Am:* sə'lektɚ] *n* **1.** SPORTS seleccionador(a) *m(f)* **2.** TECH selector *m*

self [self] *n* <selves> uno mismo, una misma; **the ~** PSYCH el yo

self-assurance *n no pl* seguridad *f* en uno mismo **self-assured** *adj* seguro de sí mismo **self-catering** *adj* Aus, Brit (*apartment*) con cocina individual; (*holiday*) sin servicio de co-

S *s*

midas **self-centered** *adj Am*, **self-**
-centred *adj Brit, Aus* egocéntrico
self-confessed *adj* confeso **self-**
-confidence *n no pl* seguridad *f* en
uno mismo **self-conscious** *adj*
tímido; **to feel ~** sentirse cohibido
self-contained *adj* autosuficiente;
(*apartment*) con cocina y cuarto de
baño **self-control** *n no pl* dominio
m de sí mismo **self-defence** *n Aus,*
Brit, **self-defense** *n Am no pl* defensa *f* propia **self-discipline** *n no*
pl autodisciplina *f* **self-employed**
adj **to be ~** trabajar por cuenta propia **self-esteem** *n no pl* amor *m*
propio **self-evident** *adj* evidente
self-explanatory *adj* que se expli-
ca por sí mismo **self-governing** *adj*
autónomo **self-help** *n* autoayuda *f*
self-indulgent *adj* indulgente consigo mismo **self-inflicted** *adj* auto-
infligido **self-interest** *n no pl* interés *m* propio
selfish ['selfɪʃ] *adj* egoísta
selfishness *n no pl* egoísmo *m*
selfless ['selfləs] *adj* desinteresado
self-pity *n no pl* lástima *f* de sí
mismo **self-portrait** *n* autorretrato
m **self-preservation** *n no pl* instinto *m* de conservación **self-respect**
n no pl amor *m* propio **self-right-**
eous *adj* farisaico **self-sacrifice** *n*
no pl abnegación *f* **self-satisfied**
adj satisfecho de sí mismo **self-ser-**
vice *adj* **~ store** autoservicio *m;* **~**
restaurant self-service *m* **self-suf-**
ficient *adj* autosuficiente **self-**
-taught *adj* autodidacta
sell [sel] **I.** *vt* <sold, sold> **1.** (*ex-*
change for money) vender **2.** *fig*
(*make accepted*) hacer aceptar; **I'm**
sold on your plan tu plan me ha
convencido **II.** *vi* <sold, sold> venderse; **to ~ at** [*o* **for**] **£5** venderse a 5
libras
  ◆ **sell off** *vt* liquidar
  ◆ **sell out I.** *vi* **1.** COM, FIN agotarse
  2. *fig* venderse **II.** *vt* liquidar
  ◆ **sell up** *Aus, Brit* **I.** *vi* liquidar **II.** *vt*
  vender
sell-by date ['selbaɪˌdeɪt] *n Brit*
COM fecha *f* límite de venta

seller *n* vendedor(a) *m(f);* **~'s mar-**
ket mercado *m* de vendedores
selling price *n* precio *m* de venta
Sellotape® ['seləteɪp, *Am:* -oʊ-] *n*
no pl, Brit celo *m*
sell-out ['selaʊt] *n* **1.** THEAT, CINE
éxito *f* de taquilla **2.** (*betrayal*) traición *f*
selves [selvz] *n pl of* **self**
semblance ['sembləns] *n no pl,*
form apariencia *f*
semen ['siːmən] *n no pl* semen *m*
semester [sɪ'mestə', *Am:* sə'mestə'] *n* semestre *m* (académico)
semi ['semi] *n Aus, Brit, inf* casa *f* pareada
semicircle ['semɪˌsɜːkl, *Am:* -ˌsɜːrkl]
n semicírculo *m*
semicolon [ˌsemɪ'kəʊ lən, *Am:*
'semɪˌkoʊ-] *n* punto *m* y coma
semiconductor [ˌsemɪkən'dʌktə',
Am: -tə'] *n* ELEC semiconductor *m*
semi-detached [ˌsemɪdɪ'tætʃt] *adj*
~ house casa *f* pareada
semifinal [ˌsemɪ'faɪnəl] *n* SPORTS semifinal *f*
seminar ['semɪnɑː', *Am:* -ənɑːr] *n*
UNIV seminario *m*
seminary ['semɪnəri, *Am:* -ner-] *n*
REL seminario *m*
semiskilled [ˌsemɪ'skɪld] *adj* semi-
cualificado
Sen. *n Am abbr of* **Senator** sena-
dor(a) *m(f)*
senate ['senɪt] *n no pl* POL senado *m*
senator ['senətə', *Am:* -tə'] *n* POL se-
nador(a) *m(f)*
send [send] *vt* <sent, sent>
1. (*message, letter*) enviar, mandar;
to ~ sth by post enviar algo por correo; **to ~ one's love to sb** mandar
saludos cariñosos a alguien; **~ her**
my regards dale recuerdos de mi
parte; **to ~ word** (**to sb**) *form* informar (a alguien) **2.** (*propel*) lanzar;
to ~ sth flying hacer saltar algo por
los aires **3.** *inf* (*cause*) **to ~ sb to**
sleep hacer que alguien se duerma
  ◆ **send away** *vt* despedir
  ◆ **send back** *vt* devolver
  ◆ **send for** *vt* (*person*) llamar;
  (*goods*) encargar

◆ **send in** vt (reinforcements) mandar

◆ **send off** vt 1. (by post) enviar por correo 2. Aus, Brit sports expulsar

◆ **send on** vt 1. (send in advance) mandar por adelantado 2. (forward: mail) remitir

◆ **send out** vt 1. (send on errand) mandar 2. (dispatch) enviar 3. (emit: signal, rays) emitir

◆ **send up** vt 1. (drive up: prices, temperature) hacer subir 2. (caricature) imitar

sender n remitente mf

send-off ['sendɒf, Am: -ɑːf] n despedida f; **to give sb a good ~** dar una buena despedida a alguien

send-up n inf parodia f

Senegal [ˌsenɪ'gɔːl] n el Senegal

Senegalese [ˌsenɪgə'liːz] adj senegalés, -esa

senile ['siːnaɪl] adj senil

senior ['siːniəʳ, Am: -njəʳ] I. adj 1. form (older) mayor; **James Grafton, Senior** James Grafton, padre 2. (higher in rank) superior II. n mayor mf

senior citizen n jubilado, -a m, f

senior high school n instituto m de bachillerato

seniority [ˌsiːni'ɒrəti, Am: siːr'njɔːrəti] n no pl antigüedad f

sensation [sen'seɪʃən] n sensación f

sensational [sen'seɪʃənəl] adj sensacional

sense [sents] I. n 1. (faculty) sentido m 2. (ability) sentido m; **to lose all ~ of time** perder la noción del tiempo 3. (way) sentido m; **in every ~** en todos los sentidos 4. (sensation) sensación f 5. pl (clear mental faculties) juicio m; **to come to one's ~s** (recover consciousness) recobrar el conocimiento; (see reason) entrar en razón 6. no pl (good judgment) (**common**) ~ sentido m común 7. (meaning) significado m, sentido m; **to make ~** tener sentido II. vt sentir; **to ~ that ...** darse cuenta de que...

senseless ['sentsləs] adj 1. (pointless) sin sentido; (remark) insensato

2. med inconsciente

sensibility [ˌsentsɪ'brɪləti, Am: -sə-'bɪləti] n no pl sensibilidad f

sensible ['sentsɪbl, Am: -sə-] adj 1. (having good judgement) sensato 2. (suitable) práctico

sensibly adv 1. (wisely) sensatamente 2. (dress) con ropa cómoda

sensitive ['sentsɪtɪv, Am: -sətɪv] adj 1. (appreciative) sensible 2. (touchy) susceptible

sensitiveness n, **sensitivity** [ˌsentsɪ'tɪvəti, Am: -sətɪvəti] n 1. (touchiness) susceptibilidad f 2. (understanding) sensibilidad f

sensual ['sentsjʊəl, Am: -ʃʊəl] adj, **sensuous** ['sentsjʊəs, Am: -ʃʊəs] adj sensual

sent [sent] pt, pp of **send**

sentence ['sentəns, Am: -t̬əns] I. n 1. (court decision) sentencia f; (punishment) condena f; **jail ~** condena de encarcelamiento 2. ling frase f II. vt condenar

sentiment ['sentɪmənt, Am: -t̬ə-] n 1. form (opinion) opinión f 2. no pl (emotion) sentimiento m

sentimental [ˌsentɪ'mentəl, Am: -t̬ə'mentəl] adj sentimental

sentry ['sentri] n centinela m

separate¹ ['seprət, Am: 'sepərɪt] adj separado

separate² ['sepəreɪt] I. vt separar; **to ~ two people** separar a dos personas II. vi separarse

separation [ˌsepə'reɪʃən] n separación f; (division) división f

September [sep'tembəʳ, Am: -bəʳ] n septiembre m; s. a. **April**

septic ['septɪk] adj séptico; **to go** [o **turn**] ~ infectarse

sequel ['siːkwəl] n 1. continuación f 2. (follow-up) desenlace m

sequence ['siːkwəns] n 1. (order) orden m; (of events) sucesión f 2. (part of film) secuencia f

sequin ['siːkwɪn] n lentejuela f

sera ['sɪərə, Am: 'sɪrə] n pl of **serum**

Serb [sɜːb, Am: sɜːrb] adj serbio

Serbia ['sɜːbiə, Am: 'sɜːr-] n Serbia f

Serbian ['sɜːbiən, Am: 'sɜːr-] n ser-

S s

bio, -a *m, f*

Serbo-Croat [ˌsɜ:bəʊˈkrəʊæt, *Am:* ˌsɜ:rboʊkroʊˈ-] *n* LING serbocroata *mf*

serenade [ˌserəˈneɪd] I. *vt* dar una serenata a II. *n* serenata *f,* mañanita *f Méx*

serene [sɪˈri:n, *Am:* səˈ-] *adj* 1. (*calm*) sereno 2. (*peaceful*) tranquilo

serial [ˈsɪəriəl, *Am:* ˈsɪri-] *n* serial *m;* TV ~ telenovela *f*

serial killer *n* asesino, -a *m, f* en serie **serial number** *n* número *m* de serie

series [ˈsɪəri:z, *Am:* ˈsɪri:z] *n inv* serie *f*

> ⚠ **a series** se utiliza con el verbo en singular: "A new television series begins today."

serious [ˈsɪəriəs, *Am:* ˈsɪri-] *adj* 1. (*earnest, solemn*) serio 2. (*problem, injury*) grave

seriously *adv* 1. (*in earnest*) seriamente, en serio; **no, ~ ...** no, en serio... 2. (*ill, damaged*) gravemente 3. *inf* (*very*) extremadamente

sermon [ˈsɜ:mən, *Am:* ˈsɜ:r-] *n a. fig* sermón *m*

serpent [ˈsɜ:pənt, *Am:* ˈsɜ:r-] *n* serpiente *f*

serum [ˈsɪərəm, *Am:* ˈsɪrəm] <-s *o* sera> *n* suero *m*

servant [ˈsɜ:vənt, *Am:* ˈsɜ:r-] *n* criado, -a *m, f,* mucamo, -a *m, f AmL*

serve [sɜ:v, *Am:* sɜ:rv] I. *n* SPORTS saque *m* II. *vt* 1. (*attend*) atender 2. (*provide*) servir 3. (*be enough for*) ser suficiente 4. (*work for*) estar al servicio de; **to ~ sb's interests** servir a los intereses de alguien 5. (*complete: sentence, mandate*) cumplir 6. (*help achieve*) ser útil a; **if my memory ~s me right** si la memoria no me falla 7. *fig* **it ~s him/her right!** ¡se lo merece! III. *vi* 1. (*put food on plates*) servir 2. (*be useful*) servir 3. SPORTS sacar

◆ **serve out** *vt* GASTR servir

◆ **serve up** *vt* GASTR servir; *fig* ofrecer

service [ˈsɜ:vɪs, *Am:* ˈsɜ:r-] I. *n* 1. *no pl* servicio *m;* **bus/train** ~ servicio de autobuses/trenes 2. (*department*) servicio *m;* **the Service** MIL el ejército 3. SPORTS saque *m* 4. REL oficio *m;* **to hold a ~** celebrar una misa 5. *Brit* TECH mantenimiento *m;* AUTO revisión *f* 6. (*set*) vajilla *f;* **tea** ~ juego *m* de té II. *vt* (*car, TV*) revisar

service charge *n* gastos *mpl* de servicio **serviceman** *n* militar *m* **service station** *n* estación *f* de servicio

serviette [ˌsɜ:vɪˈet, *Am:* ˌsɜ:r-] *n Brit* servilleta *f*

session [ˈseʃn] *n* (*meeting*) sesión *f;* **to be in ~** estar reunido

set [set] I. *adj* 1. (*ready*) listo; **to get ~** (**to do sth**) prepararse (para hacer algo) 2. (*fixed*) fijo; **to be ~ in one's ways** tener costumbres profundamente arraigadas 3. (*assigned*) asignado II. *n* 1. (*group: of people*) grupo *m;* (*of kitchen utensils*) batería *f;* (*of stamps*) serie *f;* (*of tools*) set *m;* ~ **of glasses** cristalería *f;* ~ **of teeth** dentadura *f* 2. (*collection*) colección *f* 3. CINE plató *m* 4. (*television*) televisor *m* 5. (*in tennis*) set *m* 6. (*musical performance*) actuación *f* III. *vt* <set, set> 1. (*place*) poner, colocar 2. (*start*) **to ~ sth on fire** prender fuego algo 3. (*adjust*) ajustar; (*prepare*) preparar; **to ~ the table** poner la mesa 4. (*fix*) fijar; **to ~ oneself a goal** fijarse un objetivo IV. *vi* 1. (*become firm: cement*) endurecerse; (*jelly, cheese*) cuajar 2. (*sun*) ponerse

◆ **set about** *vt* emprender; **to ~ doing sth** comenzar a hacer algo

◆ **set aside** *vt* reservar; (*time*) guardar; (*money*) ahorrar

◆ **set back** *vt* 1. (*delay*) retrasar 2. (*place away from*) apartar

◆ **set down** *vt* 1. (*drop off*) dejar 2. (*write*) poner por escrito

◆ **set off** I. *vi* partir II. *vt* 1. accionar 2. (*detonate*) hacer explotar 3. (*cause*) causar 4. (*enhance*) hacer

◆ **set out** I. *vt* 1. (*display, arrange*)

disponer, colocar **2.** (*explain*) exponer **II.** *vi* partir; **to ~ to do sth** (*intend*) tener la intención de hacer algo

◆ **set up** *vt* establecer

setback ['setbæk] *n* revés *m;* **to experience a ~** tener un contratiempo

settee [se'ti:] *n* sofá *m*

setting ['setɪŋ, *Am:* 'seṭ-] *n* **1.** (*scenery*) marco *m* **2.** (*frame for jewel*) engaste *m*

settle ['setl, *Am:* 'seṭ-] **I.** *vi* **1.** (*take up residence*) instalarse **2.** (*get comfortable*) ponerse cómodo **3.** (*calm down*) calmarse; (*weather*) serenarse; (*situation*) normalizarse, aconcharse *Chile* **II.** *vt* **1.** (*calm down: stomach*) calmar **2.** (*decide*) acordar; **that ~s it!** ¡ya no hay más que decir! **3.** (*conclude*) finalizar; (*resolve*) resolver **4.** (*pay*) pagar

◆ **settle down** *vi* **1.** (*take up residence*) instalarse **2.** (*calm down*) calmarse

◆ **settle in** *vi* acostumbrarse

◆ **settle up** *vi* ajustar cuentas

settlement ['setlmənt, *Am:* 'seṭ-] *n* **1.** (*resolution*) resolución *f* **2.** (*agreement*) acuerdo *m* **3.** FIN, ECON liquidación *f;* **in ~ of sth** para liquidar algo **4.** (*village, town*) asentamiento *m*

settler ['setlər, *Am:* 'seṭlər] *n* colono, -a *m, f*

set-up ['setʌp, *Am:* 'seṭ-] *n* estructura *f*

seven ['sevn] *adj* siete *inv; s. a.* **eight**

seventeen [ˌsevn'ti:n] *adj* diecisiete *inv; s. a.* **eight**

seventeenth [ˌsevn'ti:nθ] *adj* decimoséptimo

seventh ['sevntθ] *adj* séptimo

seventieth ['sevəntiθ] *adj* septuagésimo

seventy ['sevənti, *Am:* -ṭi] *adj* setenta *inv; s. a.* **eighty**

sever ['sevər, *Am:* 'sevər] *vt* cortar; (*relationship*) romper

several ['sevərəl] **I.** *adj* (*some*) varios; (*distinct*) distintos; **~ times** varias veces **II.** *pron* (*some*) algunos, algunas; (*different*) varios, varias; **~ of us** algunos de nosotros

severance ['sevərənts] *n no pl, form* ruptura *f*

severance pay *n* indemnización *f* por despido

severe [sɪ'vɪər, *Am:* sə'vɪr] *adj* **1.** (*problem, illness*) grave; (*pain*) fuerte **2.** (*criticism, punishment, person*) severo; (*rough*) duro

severity [sɪ'verəti, *Am:* sə'verəṭi] *n no pl* gravedad *f,* severidad *f*

Seville [sə'vɪl] *n* Sevilla *f*

sew [səʊ, *Am:* soʊ] <sewed, sewn *o* sewed> *vi, vt* coser

◆ **sew up** *vt* coser

sewage ['su:ɪdʒ] *n no pl* aguas *fpl* residuales

sewer ['səʊər, *Am:* 'soʊər] *n* alcantarilla *f*

sewing ['səʊɪŋ, *Am:* 'soʊ-] *n no pl* costura *f*

sewing machine *n* máquina *f* de coser

sewn [səʊn, *Am:* soʊn] *pp of* **sew**

sex [seks] <-es> *n* sexo *m;* **to have ~** tener relaciones sexuales

sex appeal *n no pl* atractivo *m* sexual **sex education** *n no pl* educación *f* sexual

sexist *adj* sexista

sex life *n no pl* vida *f* sexual

sexual ['sekʃʊəl, *Am:* -ʃuəl] *adj* sexual

sexy ['seksi] <-ier, -iest> *adj inf* sexy

Seychelles [seɪ'ʃelz] *n* Islas *fpl* Seychelles

shabby ['ʃæbi] <-ier, -iest> *adj* **1.** (*badly maintained*) deteriorado **2.** (*poorly dressed*) desharrapado, encuerado *Méx, Cuba*

shack [ʃæk] *n* choza *f,* ruca *f Arg, Chile,* jacal *m Méx*

shackles ['ʃæklz] *npl* grilletes *mpl*

shade [ʃeɪd] **I.** *n* **1.** *no pl* (*shadow*) sombra *f;* **in the ~ of** a [*o* en] la sombra de **2.** (*covering*) pantalla *f* **3.** *pl, Am* (*roller blind*) persiana *f* **4.** (*variation*) matiz *m;* (*of colour*) tono *m* **5.** *no pl* (*small amount*) pizca *f* **6.** *pl, inf* (*glasses*) gafas *fpl* de sol **II.** *vt* dar sombra a

shadow ['ʃædəʊ, *Am:* -oʊ] **I.** *n a. fig* sombra *f;* **without a ~ of a doubt**

sin lugar a dudas **II.** *vt* (*follow*) seguir

shadowy <-ier, -iest> *adj* **1.** (*containing darker spaces*) sombreado; (*photograph*) oscuro **2.** (*vague*) impreciso

shady ['ʃeɪdi] <-ier, -iest> *adj* **1.** (*protected from light*) sombreado **2.** *inf* (*dubious*) turbio; (*character*) sospechoso

shaft [ʃɑːft, *Am:* ʃæft] *n* **1.** (*of weapon*) asta *f* **2.** TECH eje *m* **3.** (*ray*) rayo *m* **4.** (*for elevator*) hueco *m*; (*of mine*) pozo *m*

shaggy ['ʃægi] <-ier, -iest> *adj* peludo

shake [ʃeɪk] **I.** *n* (*wobble*) sacudida *f*; (*vibration*) vibración *f* **II.** <shook, shaken> *vt* **1.** (*joggle*) sacudir; (*house*) hacer temblar; **to ~ hands** darse la mano; **to ~ one's head** negar con la cabeza **2.** (*unsettle*) debilitar **3.** (*make worried*) desconcertar **III.** <shook, shaken> *vi* temblar
  ◆ **shake off** *vt* sacudirse; *fig* librarse de
  ◆ **shake up** *vt* sacudir

shake-up ['ʃeɪkʌp] *n* reorganización *f*

shaky ['ʃeɪki] <-ier, -iest> *adj* **1.** (*jerky*) tembloroso **2.** (*wavering*) inseguro **3.** (*unstable*) inestable

shall [ʃæl] *aux* **we ~ win the match** ganaremos el partido

shallot [ʃə'lɒt, *Am:* -'lɑːt] *n* chalote *m*, cebolleta *f* AmL

shallow ['ʃæləʊ, *Am:* -oʊ] *adj* **1.** (*not deep*) poco profundo **2.** (*superficial*) superficial

sham [ʃæm] *pej* **I.** *n* (*imposture*) impostura *f*; (*fake*) fraude *m* **II.** *adj* falso; (*deal*) fraudulento **III.** <-mm-> *vt* fingir

shambles ['ʃæmblz] *n inf* (*place*) escombrera *f*; (*situation*) confusión *f*

shame [ʃeɪm] **I.** *n no pl* **1.** (*humiliation*) vergüenza *f*, pena *f* AmC; **to put sb to ~** avergonzar a alguien **2.** (*pity*) pena *f*; **what a ~!** ¡qué pena!; **it's a ~ that ...** es una pena que... +*subj* **II.** *vt* avergonzar

shamefaced [ˌʃeɪm'feɪst, *Am:* '--]

adj avergonzado, apenado AmC

shameful ['ʃeɪmfl] *adj pej* vergonzoso, penoso AmC

shameless ['ʃeɪmlɪs] *adj pej* descarado, conchudo AmL

shampoo [ʃæm'puː] **I.** *n* champú *m*; **~ and set** lavar y peinar **II.** *vt* lavar con champú

shamrock ['ʃæmrɒk, *Am:* -rɑːk] *n* trébol *m*

shandy ['ʃændi] <-ies> *n Brit, Aus* clara *f*

shanty town *n* chabolas *fpl*, favelas *fpl* AmL

shape [ʃeɪp] **I.** *n* forma *f*; **to take ~** adquirir forma; **in the ~ of sth** en forma de algo; **to get into ~** ponerse en forma **II.** *vt* **1.** (*form*) **to ~ sth into sth** dar a algo la forma de algo **2.** (*influence*) influenciar **3.** (*determine*) condicionar

shapeless ['ʃeɪpləs] *adj* informe

shapely ['ʃeɪpli] <-ier, -iest> *adj* bien proporcionado

share [ʃeəʳ, *Am:* ʃer] **I.** *n* **1.** (*part*) parte *f*, porción *f* **2.** (*participation*) participación *f* **3.** FIN acción *f*; **to have ~s in sth** tener acciones en algo **II.** *vt* **1.** (*divide*) dividir **2.** (*have in common*) compartir; **to ~ sb's view** compartir las opiniones de alguien
  ◆ **share out** *vt* dividir

share certificate *n* título *m* de acción

shareholder ['ʃeəˌhəʊldəʳ, *Am:* 'ʃerˌhoʊldəʳ] *n* accionista *mf*

share issue *n* emisión *f* de acciones

shark [ʃɑːk, *Am:* ʃɑːrk] <-(s)> *n* tiburón *m*

sharp [ʃɑːp, *Am:* ʃɑːrp] **I.** *adj* **1.** (*cutting*) afilado; (*pointed*) puntiagudo **2.** (*angular: feature*) anguloso; (*curve*) cerrado **3.** (*severe*) severo; (*pain*) agudo, intenso; **to be ~ with sb** ser mordaz con alguien **4.** MUS sostenido **II.** *adv* **1.** (*exactly*) en punto; **at ten o'clock ~** a las diez en punto **2.** (*suddenly*) de repente; **to pull up ~** frenar en seco **III.** *n* MUS sostenido *m*

sharpen ['ʃɑːpən, *Am:* 'ʃɑːr-] *vt*

1. (*blade*) afilar; (*pencil*) sacar punta a **2.** (*intensify*) agudizar

sharpener [ˈʃɑːpənəʳ, Am: ˈʃɑːrpə-nɚ] n afilador m, afiladora f Méx; **pencil** ~ sacapuntas m inv

sharp-eyed [ʃɑːpˈaɪd, Am: ʃɑːrpˈ-] adj observador

shatter [ˈʃætəʳ, Am: ˈʃæt̬ɚ] I. vi hacerse añicos II. vt **1.** (*smash*) hacer añicos, destrozar **2.** (*disturb*) perturbar; (*unity*) destruir

shave [ʃeɪv] I. n afeitado m, rasurada f Méx; **to have a** ~ afeitarse II. vi afeitarse III. vt afeitar, rasurar Méx

shaver [ˈʃeɪvəʳ, Am: -vɚ] n maquinilla f de afeitar, rasuradora f Méx

shaving brush n brocha f de afeitar
shaving cream n crema f de afeitar

shawl [ʃɔːl, Am: ʃɑːl] n chal m

she [ʃiː] pron pers ella; **here** ~ **comes** ahí viene

sheaf [ʃiːf, ʃiːvz] <sheaves> n (*of wheat*) gavilla f; (*of documents*) fajo m

shear [ʃɪəʳ, Am: ʃɪr] <sheared, sheared o shorn> vt (*sheep*) esquilar

◆ **shear off** vi romperse

shears [ʃɪəz, Am: ʃɪrz] npl (*for sheep*) tijeras fpl de esquilar

sheath [ʃiːθ] n **1.** (*for knife*) vaina f, funda f AmL **2.** Brit (*condom*) condón m

shed¹ [ʃed] n cobertizo m, galera f AmL

shed² [ʃed] <shed, shed> I. vt **1.** (*cast off*) quitarse **2.** (*blood, tears*) derramar; (*light*) emitir II. vi (*snake*) mudar de piel

sheen [ʃiːn] n no pl brillo m

sheep [ʃiːp] n oveja f

sheepdog [ˈʃiːpdɒg, Am: -dɑːg] n perro m pastor

sheepish [ˈʃiːpɪʃ] adj tímido

sheepskin [ˈʃiːpskɪn] n piel f de borrego

sheer [ʃɪəʳ, Am: ʃɪr] I. adj **1.** (*unmitigated*) puro; ~ **coincidence** pura coincidencia **2.** (*vertical*) escarpado; ~ **drop** caída f en picado **3.** (*thin*) fino II. adv liter absolutamente

sheet [ʃiːt] n **1.** (*for bed*) sábana f

2. (*of paper*) hoja f **3.** (*of glass*) lámina f

sheik(h) [ʃeɪk, Am: ʃiːk] n jeque m

shelf [ʃelf] <shelves> n estante m

shelf life n no pl tiempo m de conservación

shell [ʃel] I. n **1.** (*of nut, egg*) cáscara f; (*of shellfish, snail*) concha f **2.** TECH armazón m **3.** (*gun*) proyectil m, cartucho m AmL II. vt **1.** (*remove shell*) pelar **2.** MIL bombardear

◆ **shell out** vi inf aflojar; **to** ~ **for sth** apoquinar para algo

shellfish [ˈʃelfɪʃ] n inv crustáceo m; GASTR marisco m

shelter [ˈʃeltəʳ, Am: -t̬ɚ] I. n refugio m; **to take** ~ refugiarse II. vt resguardar III. vi refugiarse

sheltered adj abrigado

shelve [ʃelv] vt posponer; POL postergar

shelves [ʃelvz] n pl of **shelf**

shepherd [ˈʃepəd, Am: -ɚd] I. n a. REL pastor m II. vt guiar, dirigir

shepherd's pie n pastel m de carne

sheriff [ˈʃerɪf] n Am sheriff mf

sherry [ˈʃeri] <-ies> n jerez m

Shetland Islands npl, **Shetlands** [ˈʃetləndz] npl Islas fpl Shetland

shield [ʃiːld] I. n **1.** (*armour*) escudo m **2.** (*protective layer*) revestimiento m II. vt proteger

shift [ʃɪft] I. vt **1.** Am (*in mechanics*) cambiar **2.** Brit, Aus, inf (*dispose of*) quitar II. vi **1.** (*change, rearrange position*) moverse **2.** inf (*move over*) correrse III. n **1.** (*alteration, change*) cambio m **2.** (*period of work*) turno m

shiftwork [ˈʃɪftwɜːk, Am: -wɜːrk] n no pl trabajo m por turnos

shifty [ˈʃɪfti] <-ier, -iest> adj sospechoso; (*eyes*) furtivo

Shiite [ˈʃiːaɪt] adj chiíta

shilling [ˈʃɪlɪŋ] n HIST chelín m

shilly-shally [ˈʃɪliʃæli] vi pej, inf titubear

shimmer [ˈʃɪməʳ, Am: -ɚ] I. vi brillar II. n no pl brillo m

shin [ʃɪn] I. n espinilla f II. <-nn-> vi **to** ~ **down** deslizarse; **to** ~ **up sth** trepar a algo

shine [ʃaɪn] **I.** *n no pl* brillo *m* **II.** <shone *o* shined, shone *o* shined> *vi* brillar, relucir **III.** <shone *o* shined, shone *o* shined> *vt* **1.** (*point light*) **to ~ a torch onto sth** iluminar algo con una linterna **2.** (*brighten by polishing*) sacar brillo a
◆ **shine down** *vi* brillar

shingle ['ʃɪŋgl] *n no pl* guijarros *mpl*

shingles ['ʃɪŋglz] *n no pl* MED herpes *m*

shiny ['ʃaɪni] <-ier, -iest> *adj* brillante

ship [ʃɪp] **I.** *n* barco *m;* **to board a ~** subir a una embarcación, embarcar **II.** *vt* <-pp-> **1.** (*send by boat*) mandar por barco **2.** (*transport*) transportar

shipbuilding *n no pl* construcción *f* naval

shipment ['ʃɪpmənt] *n* **1.** (*quantity*) remesa *f* **2.** *no pl* (*action*) envío *m*

shipper *n* consignador(a) *m(f)*

shipping ['ʃɪpɪŋ] *n no pl* **1.** (*ships*) embarcaciones *fpl* **2.** (*freight dispatch*) transporte *m*

shipwreck I. *n* naufragio *m* **II.** *vt* **to be ~ed** naufragar **shipyard** *n* astillero *m*

shire ['ʃaɪəʳ, *Am:* 'ʃaɪəʳ] *n* condado *m*

shirk [ʃɜːk, *Am:* ʃɜːrk] *vt* eludir

shirt [ʃɜːt, *Am:* ʃɜːrt] *n* camisa *f*

shirty ['ʃɜːti, *Am:* 'ʃɜːrṭi] <-ier, -iest> *adj Brit, Aus, pej, inf* borde; **to get ~ (with sb)** ponerse borde (con alguien)

shit [ʃɪt] *inf* **I.** *n no pl* **1.** (*faeces*) mierda *f* **2.** *pej* (*nonsense*) gilipolleces *fpl*, pendejadas *fpl AmL;* **no ~!** ¡no jodas! **II.** *interj* mierda

shiver ['ʃɪvəʳ, *Am:* -əʳ] **I.** *n* estremecimiento *m* **II.** *vi* temblar

shoal [ʃəʊl, *Am:* ʃoʊl] *n* (*of fish*) banco *m*

shock [ʃɒk, *Am:* ʃɑːk] **I.** *n* **1.** (*unpleasant surprise*) conmoción *f,* batata *f CSur;* **to give sb a ~** dar un disgusto a alguien **2.** *inf* (*electric shock*) descarga *f* **3.** MED shock *m* **4.** (*impact*) choque *m* **II.** *vt* **1.** (*appal*) horrorizar **2.** (*scare*) asustar

shock absorber ['ʃɒkæbˌzɔːbəʳ, *Am:* 'ʃɑːkəbˌsɔːrbəʳ] *n* amortiguador *m*

shocking ['ʃɒkɪŋ, *Am:* 'ʃɑːkɪŋ] *adj* **1.** (*causing indignation, distress*) espantoso, horrible **2.** (*offensive*) escandaloso

shock wave *n* PHYS onda *f* expansiva

shod [ʃɒd] *pt, pp of* **shoe**

shoddy ['ʃɒdi, *Am:* 'ʃɑːdi] <-ier, -iest> *adj* de pacotilla

shoe [ʃuː] **I.** *n* zapato *m;* (*for horse*) herradura *f* **II.** <shod *o Am:* shoed, shod *o Am:* shoed> *vt* calzar; (*horse*) herrar, encasquillar *AmL*

shoelace *n* cordón *m* (de zapato), pasador *m Perú* **shoe polish** *n* betún *m,* lustrina *f Chile*

shoeshop *n* zapatería *f*

shoestring ['ʃuːstrɪŋ] *n Am* cordón *m* (de zapato); **to do sth on a ~** *inf* hacer algo con poquísimo dinero

shone [ʃɒn, *Am:* ʃoʊn] *pt, pp of* **shine**

shoo [ʃuː] **I.** *interj* ¡fuera **II.** *vt inf* ahuyentar

shook [ʃʊk] *pt of* **shake**

shoot [ʃuːt] **I.** *n* **1.** (*hunt*) cacería *f* **2.** BOT retoño *m* **II.** <shot, shot> *vi* **1.** (*fire weapon*) disparar; **to ~ at sth/sb** disparar a algo/alguien **2.** SPORTS chutar **3.** CINE rodar **4.** (*move rapidly*) volar; **to ~ past** pasar como un rayo **III.** <shot, shot> *vt* **1.** (*bullet*) disparar **2.** CINE rodar, filmar
◆ **shoot down** *vt* (*aircraft*) derribar
◆ **shoot past** *vi* pasar como una bala
◆ **shoot up** *vi* (*expand*) crecer mucho

shooting ['ʃuːtɪŋ, *Am:* -ṭɪŋ] *n* **1.** (*killing*) asesinato *m* **2.** *no pl* (*firing of gun*) tiroteo *m* **3.** *no pl* (*hunting*) caza *f*

shooting star *n* estrella *f* fugaz

shop [ʃɒp, *Am:* ʃɑːp] **I.** *n* **1.** (*for sale of goods*) tienda *f;* **book ~** librería *f;* **to talk ~** hablar de trabajo **2.** (*for manufacture*) taller *m* **II.** <-pp-> *vi* comprar

shopaholic [ʃɒpə'hɒlɪk, *Am:*

ʃɑ:p-] *n* adicto, -a *m, f* a las compras

shop assistant *n* Brit dependiente, -a *m, f* **shop floor** *n* taller *m* **shop-keeper** *n* comerciante *mf*; despachero, -a *m, f* Chile **shoplifter** *n* ladrón, -ona *m, f* (*que roba en tiendas*) **shoplifting** *n* robo *m* (*en tiendas*)

shopper *n* comprador(a) *m(f)*

shopping [ˈʃɒpɪŋ, *Am:* ˈʃɑ:p-] *n no pl* (*purchases*) compras *fpl*

shopping bag *n* Brit bolsa *f* de compras, jaba *f* Cuba **shopping center** *n* Am, Aus, **shopping centre** *n* centro *m* comercial **shopping mall** *n* Am, Aus centro *m* comercial

shop steward *n* enlace *mf* sindical **shop window** *n* escaparate *m*, vitrina *f* AmL

shore [ʃɔ:ʳ, *Am:* ʃɔ:r] *n* 1. (*coast*) costa *f* 2. (*beach*) orilla *f*; **on** ~ a tierra

◆ **shore up** *vt a. fig* apuntalar

shorn [ʃɔ:n, *Am:* ʃɔ:rn] *pp of* **shear**

short [ʃɔ:t, *Am:* ʃɔ:rt] **I.** *adj* 1. (*not long*) corto 2. (*not tall*) bajo 3. (*brief*) breve 4. (*not enough*) escaso; **to be** [*o* **run**] ~ **on sth** andar escaso de algo 5. (*brusque*) brusco **II.** *n* CINE cortometraje *m* **III.** *adv* **to cut** ~ interrumpir bruscamente; **to fall** ~ **of sth** no alcanzar algo; **in** ~ en resumidas cuentas

shortage [ˈʃɔ:tɪdʒ, *Am:* ˈʃɔ:rtɪdʒ] *n* falta *f*, escasez *f*

shortbread [ˈʃɔ:tbred, *Am:* ˈʃɔ:rt-] *n no pl* galleta *f* dulce de mantequilla

short-change [ʃɔ:tˈtʃeɪndʒ, *Am:* ʃɔ:rtˈ-] *vt* dar mal el cambio; *fig* timar

short-circuit [ʃɔ:tˈsɜ:kɪt, *Am:* ʃɔ:rtˈsɜ:r-] **I.** *n* cortocircuito *m* **II.** *vi* ponerse en cortocircuito **III.** *vt* poner en cortocircuito

shortcoming [ˈʃɔ:tˌkʌmɪŋ, *Am:* ˈʃɔ:rt-] *n* defecto *m*

shortcrust [ˈʃɔ:tkrʌst, *Am:* ˈʃɔ:rt-] *n*, **shortcrust pastry** *n no pl* pasta *f* quebradiza

short cut *n* atajo *m*; *fig* fórmula *f* mágica

shorten [ˈʃɔ:tən, *Am:* ˈʃɔ:r-] *vt* acortar

shortfall [ˈʃɔ:tfɔ:l, *Am:* ˈʃɔ:rt-] *n* deficiencia *f*; ECON déficit *m*

shorthand [ˈʃɔ:thænd, *Am:* ˈʃɔ:rt-] *n no pl*, Brit, Aus, Can taquigrafía *f* **shorthand typist** *n* Aus, Brit, Can taquimecanógrafo, -a *m, f*

shortlist **I.** *vt* preseleccionar **II.** *n* lista *f* de candidatos preseleccionados **short-lived** *adj* efímero

shortly [ˈʃɔ:tli, *Am:* ˈʃɔ:rt-] *adv* dentro de poco

shorts [ʃɔ:tz, *Am:* ʃɔ:rtz] *npl* pantalones *mpl* cortos; **a pair of** ~ (unos) pantalones cortos

> ⚠ **shorts** se utiliza en inglés siempre en plural: "Where are my blue shorts?" Pero **a pair of shorts** se usa en singular: "This is Peter's pair of shorts."

short-sighted [ˈʃɔ:rtˌsaɪtɪd] *adj* 1. (*myopic*) miope 2. (*not prudent*) corto de miras **short-staffed** *adj* Aus, Brit falto de personal **short story** *n* narración *m* corta **short-tempered** *adj* irascible **short wave** *n* onda *f* corta

shot¹ [ʃɒt, *Am:* ʃɑ:t] **I.** *n* 1. (*act of firing weapon*) tiro *m*, disparo *m*, baleo *m* AmC; **to fire a** ~ disparar un tiro 2. *no pl* (*shotgun pellets*) perdigones *mpl* 3. (*person*) tirador(a) *m(f)*; **to be a good/poor** ~ ser un buen/mal tirador 4. (*photograph*) foto *f*; CINE toma *f* 5. *inf* (*injection*) inyección *f* 6. *inf* (*try, stab*) intento *m*; **to have a** ~ **at sth** probar suerte con algo **II.** *pt, pp of* **shoot**

shot² [ʃɒt, *Am:* ʃɑ:t] *adj inf* (*worn out*) **to get** ~ **of sth/sb** quitarse algo/a alguien de encima

shotgun [ˈʃɒtgʌn, *Am:* ˈʃɑ:t-] *n* escopeta *f*

should [ʃʊd] *aux* **to insist that sb** ~ **do sth** insistir en que alguien debería hacer algo; **I** ~ **like to see her** me gustaría verla; **why** ~ **I/you …?** ¿por qué debería/deberías…?; **I** ~

Sₛ

be so lucky! *inf* ¡ojalá!
shoulder ['ʃəʊldəʳ, *Am:* 'ʃoʊldɚ]
I. *n* 1. ANAT hombro *m;* **to glance
over one's ~** mirar por encima del
hombro; **to be sb's ~ to cry on** ser
el paño de lágrimas de alguien; **to
rub ~s with sb** codearse con alguien 2. (*side of road*) arcén *m* II. *vt*
(*responsibility*) cargar con
shoulder bag *n* bolso *m* de bandolera **shoulder blade** *n* omóplato *m*
shoulder strap *n* tirante *m*
shout [ʃaʊt] I. *n* grito *m* II. *vi, vt* gritar
◆ **shout down** *vt* hacer callar a gritos
shouting *n no pl* griterío *m*
shove [ʃʌv] I. *n* empujón *m,* pechada
f Arg, Chile II. *vt* 1. (*push*) empujar;
to ~ one's way through abrirse
paso a empujones 2. (*place*) meter
◆ **shove off** *vi* 1. *inf* (*go away*) largarse 2. (*launch by foot*) desatracar
shovel ['ʃʌvəl] I. *n* 1. (*tool*) pala *f*
2. (*machine*) excavadora *f* II. <*Brit:*
-ll-, *Am:* -l-> *vt* palear
show [ʃəʊ, *Am:* ʃoʊ] I. *n* 1. (*expression*) demostración *f* 2. (*exhibition*) exposición *f; slide ~* pase
m de diapositivas; **to be on** ~ estar
expuesto; **to run the ~** llevar la voz
cantante 3. (*play*) espectáculo *m;*
quiz ~ concurso *m* II. <*showed,
shown*> *vt* 1. (*display*) mostrar
2. (*express*) demostrar 3. (*expose*)
exponer 4. (*prove*) probar; **to ~ sb
that …** demostrar a alguien que…
5. (*escort*) guiar; **to ~ sb to the
door** acompañar a alguien a la puerta III. *vi* <*showed, shown*> 1. (*be
visible*) verse 2. *Am, Aus, inf* (*arrive*)
aparecer 3. (*be shown*) proyectarse
◆ **show in** *vt* hacer pasar
◆ **show off** I. *vt* lucir II. *vi* presumir
◆ **show out** *vt* acompañar a la puerta
◆ **show up** I. *vi* 1. (*be apparent*) ponerse de manifiesto 2. *inf* (*arrive*)
aparecer II. *vt* 1. (*expose*) descubrir
2. (*embarrass*) poner en evidencia
showbiz *n no pl, inf,* **show business** *n no pl* mundo *m* del espec-

táculo
showdown ['ʃəʊdaʊn, *Am:* 'ʃoʊ-] *n*
enfrentamiento *m*
shower ['ʃaʊəʳ, *Am:* 'ʃaʊɚ] I. *n* 1. (*of
rain*) chaparrón *m;* (*of sparks, insults*) lluvia *f* 2. (*for washing*) ducha
f, lluvia *f Arg, Chile, Nic* II. *vt* derramar; **to ~ compliments on sb** colmar de cumplidos a alguien III. *vi*
ducharse
showery ['ʃaʊəri, *Am:* 'ʃaʊɚi] *adj*
lluvioso
showing *n* proyección *f*
show jumping ['ʃəʊˌdʒʌmpɪŋ, *Am:*
'ʃoʊ-] *n no pl* concurso *m* hípico
shown [ʃəʊn, *Am:* ʃoʊn] *pp of*
show
show-off ['ʃəʊɒf, *Am:* 'ʃoʊˌɑːf] *n*
fanfarrón, -ona *m, f*
showpiece ['ʃəʊpiːs, *Am:* 'ʃoʊ-] I. *n*
joya *f* II. *adj* excepcional
showroom ['ʃəʊrʊm, *Am:*
'ʃoʊruːm] *n* salón *m* de exposición
shrank [ʃræŋk] *vt, vi pt of* **shrink**
shrapnel ['ʃræpn(ə)l] *n no pl* metralla *f*
shred [ʃred] I. <-dd-> *vt* (*cut into
shreds*) cortar en tiras; (*document*)
triturar II. *n* 1. (*strip*) tira *f* 2. *no pl*
(*of hope, truth*) pizca *f*
shredder ['ʃredəʳ, *Am:* -ɚ] *n* tritura-
dora *f*
shrewd [ʃruːd] *adj* astuto
shriek [ʃriːk] I. *n* chillido *m* II. *vt, vi*
chillar
shrill [ʃrɪl] *adj* agudo
shrimp [ʃrɪmp] *n* <-(s)> *Brit* camarón *m*
shrine [ʃraɪn] *n* 1. (*tomb*) sepulcro
m 2. (*site of worship*) santuario *m*
shrink [ʃrɪŋk] <*shrank o Am:*
shrunk, shrunk o *Am:* shrunken*>
I. *vt* encoger II. *vi* 1. (*become
smaller*) encoger 2. (*be reluctant to*)
to ~ from (**doing**) **sth** rehuir (hacer)
algo
shrinkage ['ʃrɪŋkɪdʒ] *n no pl* 1. (*of
clothes*) encogimiento *m* 2. (*of
costs*) reducción *m*
shrink-wrap ['ʃrɪŋkræp] *vt* empaquetar en plástico
shrivel ['ʃrɪvəl] <*Brit:* -ll-, *Am:* -l->

I. *vi* secarse, arrugarse **II.** *vt* secar, arrugar

◆ **shrivel up** *vi* secarse

shroud [ʃraʊd] **I.** *n* sudario *m* **II.** *vt* envolver; **~ed in mystery** envuelto en un halo de misterio

Shrove Tuesday [ˌʃrəʊvˈtjuːzdeɪ, *Am:* ˈʃrəʊvˈtuːzdeɪ] *n* martes *m* *inv* de Carnaval

shrub [ʃrʌb] *n* arbusto *m*

shrubbery [ˈʃrʌbəri] *n* *no pl* arbustos *mpl*

shrug [ʃrʌg] **I.** *n* encogimiento *m* de hombros **II.** <-gg-> *vt*, *vi* **to ~ one's shoulders** encogerse de hombros

◆ **shrug off** *vt* **1.** (*ignore*) negar importancia a **2.** (*overcome*) superar

shrunk [ʃrʌŋk] *pt, pp of* **shrink**

shrunken [ˈʃrʌŋkən] **I.** *pp of* **shrink** **II.** *adj* encogido

shudder [ˈʃʌdəʳ, *Am:* -əʳ] **I.** *vi* estremecerse **II.** *n* estremecimiento *m*

shuffle [ˈʃʌfl] *vt* (*cards*) barajar; (*feet*) arrastrar

shun [ʃʌn] <-nn-> *vt* rehuir

shunt [ʃʌnt] *vt* RAIL cambiar de vía

shut [ʃʌt] **I.** <shut, shut> *vt* cerrar **II.** <shut, shut> *vi* cerrarse

◆ **shut down** *vt*, *vi* **1.** (*shop, factory*) cerrar **2.** (*turn off*) desconectar

◆ **shut off** *vt* **1.** (*isolate*) aislar **2.** (*turn off*) desconectar

◆ **shut out** *vt* **1.** (*block out*) ahuyentar; (*thought*) borrar de la memoria **2.** (*exclude*) dejar fuera

◆ **shut up I.** *vt* **1.** (*confine*) encerrar **2.** *inf* (*cause to stop talking*) hacer callar **II.** *vi* *inf* (*stop talking*) callarse

shutter [ˈʃʌtəʳ, *Am:* -t̬əʳ] *n* **1.** PHOT obturador *m* **2.** (*of window*) contraventana *f*

shuttle [ˈʃʌtl, *Am:* ˈʃʌt̬-] **I.** *n* **1.** (*plane*) puente *m* aéreo **2.** (*sewing-machine bobbin*) lanzadera *f* **II.** *vt* transportar **III.** *vi* (*travel regularly*) ir y venir

shuttlecock [ˈʃʌtlkɒk, *Am:* ˈʃʌt̬lkɑːk] *n* volante *m*

shy [ʃaɪ] <-er, -est> *adj* tímido

◆ **shy away from** *vi* **to ~ sth** asustarse de algo; **to ~ doing sth** evitar hacer algo

Siamese [ˌsaɪəˈmiːz] **I.** *n* *inv* **1.** (*person*) siamés, -esa *m, f* **2.** (*language*) siamés *m* **II.** *adj* **1.** GEO, HIST siamés, -esa **2.** (*brothers*) **~ twins** siameses *mpl*

Siberia [saɪˈbɪəriə, *Am:* -ˈbɪri-] *n* *no pl* Siberia *f*

sibling [ˈsɪblɪŋ] *n* *form* hermano, -a *m, f*

Sicilian [sɪˈsɪljən] *adj* siciliano

Sicily [ˈsɪsɪli] *n* Sicilia *f*

sick [sɪk] <-er, -est> *adj* **1.** (*ill*) enfermo; **to feel ~** sentirse mal; **to fall ~** caer enfermo; **to be off ~** estar de baja (por enfermedad) **2.** (*about to vomit*) mareado **3.** (*angry*) furioso; **to be ~ and tired of sth** estar harto de algo **4.** *inf* (*joke*) de mal gusto

sick bag *n* bolsa *f* para vomitar **sick bay** *n* enfermería *f*

sicken [ˈsɪkən] **I.** *vi* (*become sick*) enfermar; **to ~ for sth** *Brit* estar incubando algo **II.** *vt* (*upset*) molestar

sickening [ˈsɪkənɪŋ] *adj* (*repulsive*) repugnante

sickle [ˈsɪkl] *n* hoz *f*

sick leave *n* baja *f* por enfermedad

sickly [ˈsɪkli] <-ier, -iest> *adj* **1.** (*not healthy*) enfermizo, apolismado *Col, Méx, PRico*, telenque *Chile* **2.** (*very sweet*) empalagoso

sickness [ˈsɪknəs] *n* *no pl* **1.** (*illness*) enfermedad *f* **2.** (*nausea*) mareo *m*

sick pay *n* subsidio *m* de enfermedad **side** [saɪd] *n* **1.** (*vertical surface*) lado *m*; **at the ~ of sth** en el lado de algo; **~ by ~** uno al lado de otro **2.** (*flat surface*) superficie *f*; (*of page*) cara *f* **3.** (*edge*) límite *m* **4.** (*half*) parte *f* **5.** (*cut of meat*) costado *m* **6.** (*direction*) **from ~ to ~** de lado a lado **7.** (*party in dispute*) bando *m*; (*team*) equipo *m*; **to take ~s** tomar partido **8.** (*aspect*) aspecto *m*

sideboard [ˈsaɪdbɔːd, *Am:* -bɔːrd] *n* aparador *m*, bufet *m* *AmL*

sideburns [ˈsaɪdbɜːnz, *Am:* -bɜːrnz] *npl* patillas *fpl*

side effect *n* efecto *m* secundario

sidelight *n* AUTO luz *f* de posición

S s

sideline ['saɪdlaɪn] *n* **1.**(*activity*) actividad *f* secundaria **2.** *Am* SPORTS línea *f* de banda

sidelong ['saɪdlɒŋ, *Am:* -lɑːŋ] *adj* de soslayo

sidesaddle ['saɪdˌsædl] *adv* **to ride** ~ montar a asentadillas

sideshow *n* caseta *f*

sidestep ['saɪdstep] <-pp-> I. *vt a. fig* esquivar II. *vi* dar un paso hacia un lado

side street *n* calle *f* lateral

sidetrack ['saɪdtræk] I. *vt* apartar de su propósito, distraer II. *n* vía *f* muerta; *fig* cuestión *f* secundaria

sidewalk ['saɪdwɔːk, *Am:* -wɑːk] *n Am* acera *f*, vereda *f* *AmL*

sideward ['saɪdwəd], **sideways** ['saɪdweɪz] *adv* de lado

siding ['saɪdɪŋ] *n* RAIL vía *f* muerta

sidle ['saɪdl] *vi* to ~ **up to sb** acercarse sigilosamente a alguien

siege [siːdʒ] *n* MIL sitio *m*; **to lay** ~ **to sth** sitiar algo

Sierra Leone [sɪˈerəlɪˈəʊn, *Am:* sɪˌerəlɪˈoʊn] *n* Sierra *f* Leona

Sierra Leonean [sɪˈerəlɪˈəʊnɪən] *adj* sierraleonés, -esa

sieve [sɪv] I. *n* colador *m* II. *vt* colar

sift [sɪft] *vt* **1.**(*pass through sieve*) tamizar **2.**(*examine closely*) escudriñar

sigh [saɪ] I. *n* suspiro *m* II. *vi* suspirar

sight [saɪt] I. *n* **1.**(*view, faculty*) vista *f*; **at first** ~ a primera vista; **to be out of** (**one's**) ~ no estar a la vista (de uno); **to catch** ~ **of sth** vislumbrar algo; **to know sb by** ~ conocer a alguien de vista; **to lose** ~ **of sth** perder algo de vista; (*to forget*) no tener presente algo **2.** *pl* (*attractions*) lugares *mpl* de interés **3.** (*on gun*) mira *f* II. *vt* ver

sightseeing ['saɪtˌsiːɪŋ] *n no pl* turismo *m*; **to go** ~ visitar los lugares de interés

sign [saɪn] I. *n* **1.**(*gesture*) señal *f* **2.**(*signpost*) indicador *m*; (*signboard*) letrero *m* **3.**(*symbol*) símbolo *m* **4.** *a.* MAT, ASTR, MUS signo *m* **5.**(*trace*) rastro *m* II. *vt* firmar

◆ **sign away** *vt* (*rights*) ceder

◆ **sign off** *vi inf* RADIO, TV terminar la emisión

◆ **sign on** I. *vi* **1.**(*agree to take work*) firmar un contrato; **to** ~ **as a soldier** enrolarse como soldado; **to** ~ **for sth** inscribirse en algo **2.** *Brit, inf* (*confirm unemployed status*) sellar (en el paro) II. *vt* contratar

◆ **sign out** *vi* firmar en el registro de salida

◆ **sign over** *vt* **to sign sth over to sb** traspasar algo a alguien

◆ **sign up** I. *vi* apuntarse II. *vt* contratar

signal ['sɪɡnəl] I. *n* señal *f*; **to give** (**sb**) **a** ~ (**to do sth**) hacer una señal (a alguien) (para que haga algo) II. <*Brit:* -ll-, *Am:* -l-> *vt* **1.**(*indicate*) indicar **2.**(*gesticulate*) hacer señas a III. <*Brit:* -ll-, *Am:* -l-> *vi* hacer una señal; **he** ~**led right** AUTO puso el intermitente derecho

signalman ['sɪɡnəlmən] <-men> *n* RAIL guardavía *mf*

signature ['sɪɡnətʃər, *Am:* -nətʃər] *n* firma *f*

signet ring ['sɪɡnɪtˌrɪŋ] *n* anillo *m* de sello

significance [sɪɡˈnɪfɪkəns, *Am:* -ˈnɪfə-] *n no pl* **1.**(*importance*) importancia *f* **2.**(*meaning*) significado *m*

significant [sɪɡˈnɪfɪkənt, *Am:* -ˈnɪfə-] *adj* significativo

sign language ['saɪnˌlæŋɡwɪdʒ] *n* lenguaje *m* de señas **signpost** I. *n* señal *f* II. *vt* señalizar

silence ['saɪləns] I. *n* silencio *m* II. *vt* (*person*) hacer callar

silencer ['saɪlənsər, *Am:* -sər] *n* silenciador *m*

silent ['saɪlənt] *adj* silencioso; LING mudo; ~ **film** película *f* muda; **to fall** ~ callarse

silhouette [ˌsɪluˈet] I. *n* silueta *f* II. *vt* destacar; **to be** ~**d against sth** perfilarse sobre algo

silicon ['sɪlɪkən] *n no pl* silicio *m*

silicon chip *n* chip *m* de silicio

silicone ['sɪlɪkəʊn, *Am:* -koʊn] *n no pl* silicona *f*

silk [sɪlk] *n* seda *f*; ~ **dress** vestido *m* de seda

silky ['sɪlki] <-ier, -iest> *adj* sedoso

silly ['sɪli] <-ier, -iest> *adj* (*person*) tonto; (*idea*) absurdo; **to look** ~ parecer ridículo

silt [sɪlt] *n no pl* sedimento *m*

silver ['sɪlvə', *Am:* -və'] I. *n no pl* 1. (*metal*) plata *f* 2. (*coins*) monedas *fpl* de plata II. *adj* de plata

silver foil *n*, **silver paper** *n* papel *m* de plata

silversmith ['sɪlvəsmɪθ, *Am:* -və'-] *n* platero, -a *m, f*

silverware ['sɪlvəweə', *Am:* -və'-] *n Am* cubiertos *mpl*

silvery <-ier, -iest> *adj* plateado

similar ['sɪmɪlə', *Am:* -ələ'] *adj* similar

similarity [ˌsɪmə'lærəti, *Am:* -ə'lerəti] *n* parecido *m*, semejanza *f*

simile ['sɪmɪli, *Am:* -əli] *n* LIT, LING símil *m*

simmer ['sɪmə', *Am:* -ə'] *vi* hervir a fuego lento

◆ **simmer down** *vi inf* tranquilizarse

simple ['sɪmpl] *adj* 1. (*not complex*) sencillo 2. (*foolish*) simple

simplicity [sɪm'plɪsəti, *Am:* -ti] *n no pl* 1. (*plainness*) sencillez *f* 2. (*ease*) simplicidad *f*

simplify ['sɪmplɪfaɪ, *Am:* -plə-] *vt* simplificar

simply ['sɪmpli] *adv* 1. (*not elaborately*) sencillamente 2. (*just*) simplemente

simulate ['sɪmjʊleɪt] *vt* simular

simultaneous [ˌsɪml'teɪnɪəs, *Am:* ˌsaɪml'teɪnjəs] *adj* simultáneo

sin [sɪn] I. *n* pecado *m* II. *vi* <-nn-> pecar

since [sɪns] I. *adv* desde entonces; **ever** ~ desde entonces II. *prep* desde III. *conj* 1. (*because*) ya que 2. (*from the time that*) desde que

⚠ **since** se utiliza con complementos temporales exactos: "Vivian has been waiting since two o'clock; We have lived here since 1998"; **for** se utiliza en cambio para períodos, espacios de tiempo: "Vivian has been waiting for two hours; We have lived here for three years."

sincere [sɪn'sɪə', *Am:* sɪn'sɪr] *adj* sincero

sincerely *adv* sinceramente; **yours** ~ le saluda atentamente

sincerity [sɪn'serəti, *Am:* sɪn'serəti] *n no pl* sinceridad *f*

sinew ['sɪnjuː] *n* ANAT tendón

sinful ['sɪnfəl] *adj* (*person*) pecador; (*thought, act*) pecaminoso

sing [sɪŋ] <sang, sung> I. *vt, vi* (*person, bird*) cantar; (*wind, kettle*) silbar II. *vt* cantar

Singapore [ˌsɪŋə'pɔː', *Am:* 'sɪŋəpɔːr] *n* Singapur *m*

Singaporean [sɪŋə'pɔːriːən, *Am:* 'sɪŋəpɔːriːən] I. *adj* de Singapur II. *n* habitante *mf* de Singapur

singe [sɪndʒ] *vt* chamuscar

singer ['sɪŋə', *Am:* -ə'] *n* cantante *mf*

singing *n no pl* canto *m*

single ['sɪŋgl] I. *adj* 1. (*one only*) único, solo; **not a** ~ **person/thing** nadie/nada; **every** ~ **thing** cada cosa 2. (*with one part*) simple 3. (*unmarried*) soltero II. *n* 1. *Brit, Aus* (*one-way ticket*) billete *m* de ida 2. (*record*) single *m* 3. SPORTS golpe *m* que marca un tanto

◆ **single out** *vt* señalar

single-breasted [ˌsɪŋgl'brestɪd] *adj* (*suit*) recto, sin cruzar

Single European Market *n* **the** ~ el mercado Único Europeo

single-handed *adv* sin ayuda de nadie **single-minded** *adj* resuelto

singly ['sɪŋgli] *adv* uno por uno

singular ['sɪŋgjələ', *Am:* -lə'] *n no pl* singular *m*

Sinhalese [ˌsɪnhə'liːz, *Am:* ˌsɪnhə-'liːz] *adj* cingalés

sinister ['sɪnɪstə', *Am:* -stə'] *adj* siniestro

sink [sɪŋk] <sank, sunk> I. *n* fre-

S_s

gadero m II. vi 1. (in water) hundirse 2. (price, level) bajar III. vt 1. (cause to submerge) hundir 2. MIN excavar

◆ **sink in** vi (be understood) entenderse

sinner ['sɪnər, Am: -ə'] n pecador(a) m(f)

sinus ['saɪnəs] n seno m

Sioux [suː] adj sioux

sip [sɪp] I. <-pp-> vi, vt sorber II. n sorbo m

siphon ['saɪfən] I. n sifón m II. vt sacar con sifón

◆ **siphon off** vt (money) malversar

sir [sɜːr, Am: sɜːr] n señor m

siren ['saɪərən, Am: 'saɪrən] n sirena f

sirloin ['sɜːlɔɪn, Am: 'sɜːr-] n no pl solomillo m, diezmillo m Méx

sissy ['sɪsi] <-ies> n inf marica m

sister ['sɪstər, Am: -ə'] n 1. a. REL hermana f 2. Brit, Aus (nurse) enfermera f

sister-in-law ['sɪstərɪnlɔː, Am: -təˈɪnlaː] <sisters-in-law o sister-in-laws> n cuñada f, concuña f AmL

sit [sɪt] <sat, sat> I. vi 1. sentarse; (be in seated position) estar sentado 2. (enter exam) presentarse; **to ~ for an examination** presentarse a un examen 3. (be placed) yacer; (rest unmoved) permanecer quieto 4. (be in office) **to ~ in parliament/congress** ser diputado 5. (fit) **to ~ well/badly** caer [o sentar] bien/mal II. vt 1. (put on seat) sentar 2. Brit (take exam) presentarse a

◆ **sit about** vi Brit, **sit around** vi estar sin hacer nada

◆ **sit back** vi (in chair) sentarse cómodamente

◆ **sit down** vi 1. (take a seat) sentarse 2. (be sitting) estar sentado

◆ **sit up** vi 1. (sit erect) sentarse derecho 2. (not go to bed) trasnochar

sitcom ['sɪtkɒm, Am: -kɑːm] n inf TV abbr of **situation comedy** comedia f de situación

site [saɪt] I. n sitio m; **building ~** obra f II. vt situar

sit-in ['sɪtɪn, Am: 'sɪt̬-] n sentada f

sitting n sesión f; (for meal) turno m

sitting room n Brit cuarto m de estar

situated ['sɪtʃʊeɪtɪd, Am: 'sɪtʃu-eɪt̬ɪd] adj situado

situation [ˌsɪtʃʊ'eɪʃn, Am: ˌsɪtʃu'-] n situación f

six [sɪks] adj seis inv; s. a. **eight**

sixteen [sɪk'stiːn] adj dieciséis inv; s. a. **eight**

sixteenth [ˌsɪk'stiːnθ] adj decimosexto

sixth [sɪksθ, Am: sɪkstθ] adj sexto

> ❓ **Sixth-form college** es el nombre que recibe en Gran Bretaña un college para alumnos de 16–18 años, procedentes de un colegio donde no hay **sixth form** (sexto curso). En el college pueden examinarse de sus **A-levels** (algo parecido a la selectividad) o realizar dos cursos equivalentes que les permiten prepararse al acceso a la universidad.

sixtieth ['sɪkstiθ] adj sexagésimo

sixty ['sɪksti] adj sesenta inv; s. a. **eighty**

size [saɪz] n no pl 1. (of person, thing, space) tamaño m; **to be the same ~ as ...** ser de las mismas dimensiones que...; **to increase/decrease in ~** aumentar/disminuir de tamaño 2. (of clothes) talla f; (of shoes) número m

◆ **size up** vt evaluar

sizeable ['saɪzəbl] adj bastante grande, considerable

sizzle ['sɪzl] I. vi chisporrotear II. n no pl chisporroteo m

skate¹ [skeɪt] n (fish) raya f

skate² [skeɪt] I. n patín m II. vi patinar

skateboard ['skeɪtbɔːd, Am: -bɔːrd] n monopatín m

skater n patinador(a) m(f)

skating n patinaje m

skating rink n pista f de patinaje

skeleton ['skelɪtən, Am: '-ə-] n

1. ANAT esqueleto *m*, cacastle *m* AmC, Méx **2.** (*framework*) armazón *m* **3.** (*outline*) esquema *m*

skeleton staff *n* personal *m* mínimo

skeptic ['skeptɪk] *n Am, Aus* escéptico, -a *m, f*

sketch [sketʃ] I. *n* **1.** ART boceto *m* **2.** (*rough draft*) borrador *m* **3.** (*outline*) esquema *m* **4.** THEAT, TV sketch *m* II. *vt* hacer un boceto de

sketchbook ['sketʃbʊk] *n* cuaderno *m* de dibujo

sketchy ['sketʃi] <-ier, -iest> *adj* (*vague*) impreciso; (*incomplete*) incompleto

skewer ['skjʊəʳ, *Am:* 'skjuːəʳ] I. *n* pincho *m*, brocheta *f* II. *vt* ensartar

ski [skiː] I. *n* esquí *m* II. *vi* esquiar

ski boot *n* bota *f* de esquí

skid [skɪd] I.<-dd-> *vi* patinar, colear AmC, Ant II. *n* derrape *m*; **to go into a ~** empezar a resbalar

skier ['skiːəʳ, *Am:* -ɚ] *n* esquiador(a) *m(f)*

skiing *n no pl* esquí *m*

ski jump *n no pl* salto *m* de esquí

skilful ['skɪlfəl] *adj Brit, Aus* hábil, tinoso, a *Col, Ven*

ski lift *n* telesquí *m*

skill [skɪl] *n* **1.** *no pl* (*ability*) habilidad *f* **2.** (*technique*) técnica *f*

skilled *adj* **1.** (*trained*) preparado; (*skilful*) hábil, habiloso Chile, Perú **2.** (*requiring skill*) cualificado

skillful ['skɪlfəl] *adj Am s.* **skilful**

skim [skɪm] <-mm-> I. *vt* **1.** (*move above*) rozar **2.** GASTR espumar; (*milk*) desnatar II. *vi* **to ~ through sth** *fig* hojear algo

skimmed milk *n Brit*, **skim milk** *n Am no pl* leche *f* desnatada

skimp [skɪmp] *vi* escatimar gastos; **to ~** (**on sth**) escatimar (algo)

skimpy ['skɪmpi] <-ier, -iest> *adj* **1.** (*meal*) escaso **2.** (*dress*) corto y estrecho

skin [skɪn] I. *n* **1.** (*of person*) piel *f*; **to be soaked to the ~** estar calado hasta los huesos **2.** (*of apple, potato, tomato*) piel *f* **3.** (*on milk*) nata *f* II.<-nn-> *vt* (*animal*) despellejar

skin-deep *adj* superficial **skin-div-**

-ing *n no pl* submarinismo *m*

skinhead ['skɪnhed] *n* cabeza *mf* rapada

skinny ['skɪni] <-ier, -iest> *adj* flaco, charcón Arg, Bol, Urug

skintight [skɪn'taɪt] *adj* muy ceñido

skip¹ [skɪp] *n Brit, Aus* (*container*) contenedor *m* de basura

skip² [skɪp] I.<-pp-> *vi* **1.** (*take light steps*) brincar **2.** Brit, Aus (*with rope*) saltar a la comba II.<-pp-> *vt* **1.** (*leave out*) omitir **2.** (*not participate in*) saltarse III. *n* brinco *m*

ski pants *npl* pantalones *mpl* de esquí **ski pole** *n* palo *m* de esquí

skipper ['skɪpəʳ, *Am:* -ɚ] *n* NAUT capitán, -ana *m, f*

skipping rope *n Brit*, **skip rope** *n Am* comba *f*

skirmish ['skɜːmɪʃ, *Am:* 'skɜːr-] *n* escaramuza *f*

skirt [skɜːt, *Am:* skɜːrt] I. *n* falda *f*, pollera *f AmL* II. *vt* **1.** (*path, road*) rodear **2.** (*avoid*) evitar

skirting (**board**) ['skɜːtɪŋ(bɔːd), *Am:* 'skɜːrt̬ɪŋ(bɔːrd)] *n Brit, Aus* rodapié *m*

ski suit *n* mono *m* de esquí

skittle ['skɪtl, *Am:* 'skɪt̬-] *n* bolo *m*; **a game of ~s** un partido de bolos

skive [skaɪv] *vi Brit, inf* gandulear

skulk [skʌlk] *vi* esconderse

skull [skʌl] *n* calavera *f*; ANAT cráneo *m*

skunk [skʌŋk] *n* mofeta *f*, zorrino *m* CSur

sky [skaɪ] <-ies> *n* cielo *m*; **to praise sth/sb to the skies** poner algo/a alguien por las nubes

skydiving ['skaɪˌdaɪvɪŋ] *n* caída *m* libre (*en paracaídas*)

sky-high [ˌskaɪ'haɪ] I. *adv a. fig* por las nubes; **to go ~** (*prices*) dispararse II. *adj* (*price*) astronómico

skylight ['skaɪlaɪt] *n* tragaluz *m*, aojada *f Col*

skyline ['skaɪlaɪn] *n* **1.** (*city roof-tops*) perfil *m* **2.** (*horizon*) horizonte *m*

skyscraper ['skaɪskreɪpəʳ, *Am:* -pɚ] *n* rascacielos *m inv*

slab [slæb] *n* **1.** (*flat piece: of stone*)

Sₛ

losa *f*; (*of wood*) tabla *f* **2.** (*slice: of cake, of cheese*) trozo *m*

slack [slæk] *adj* **1.** (*loose*) flojo **2.** (*lazy*) vago; (*writing style*) descuidado **3.** (*not busy*) de poca actividad; ~ **demand** poca demanda

slacken ['slækən] *vi, vt* aflojar(se)

◆ **slack off** *vi*, **slacken off** I. *vi* disminuir II. *vt* reducir

slag [slæg] *n no pl* escoria *f*

slain [sleɪn] *pp of* **slay**

slam [slæm] <-mm-> I. *vt* **1.** (*strike*) golpear; **to ~ the door** dar un portazo **2.** *inf* (*criticize*) poner por los suelos II. *vi* **1.** (*close noisily*) cerrarse de golpe **2.** (*hit hard*) **to ~ against sth** chocar contra algo

slander ['slɑ:ndər, *Am:* 'slændər] I. *n no pl* LAW calumnia *f* II. *vt* calumniar

slang [slæŋ] I. *n no pl* argot *m* II. *adj* de argot III. *vt Brit, Aus, inf* insultar

slanging match *n Brit, Aus* bronca *f*

slant [slɑ:nt, *Am:* slænt] *n* **1.** *no pl* (*slope*) inclinación *f* **2.** (*perspective*) perspectiva *f*; **to put a favourable ~ on sth** dar un sesgo favorable a algo

slanting *adj* inclinado

slap [slæp] I. *n* palmada *f*; **a ~ in the face** una bofetada; *fig* un insulto II. <-pp-> *vt* dar una palmada/una bofetada a III. *adv inf* directamente, de lleno

slapdash ['slæpdæʃ] *adj pej, inf* chapucero

slapstick ['slæpstɪk] *n no pl* payasadas *fpl*

slap-up ['slæpʌp] *adj Brit, Aus, inf* **a ~ meal** una comilona

slash [slæʃ] *vt* **1.** (*cut deeply*) rajar **2.** (*reduce: prices, spending*) rebajar (drásticamente)

slat [slæt] *n* (*of wood*) listón *m*, tablilla *f*

slate [sleɪt] I. *n no pl* pizarra *f* II. *vt Brit, Aus, inf* (*criticize*) poner por los suelos

slaughter ['slɔ:tər, *Am:* 'slɑ:ʈər] I. *vt* matar II. *n no pl* matanza *f*

slaughterhouse ['slɔ:təhaʊs, *Am:* 'slɑ:ʈər-] *n* matadero *m*, tablada *f Par*

Slav [slɑ:v] *adj* eslavo

slave [sleɪv] I. *n* esclavo, -a *m, f* II. *vi* trabajar como un burro

slave driver *n inf* negrero, -a *m, f*

slavery ['sleɪvəri] *n no pl* esclavitud *f*

Slavic ['slɑ:vɪk] *adj* eslavo

slavish ['sleɪvɪʃ] *adj* **1.** (*unoriginal*) poco original **2.** (*servile*) servil

Slavonic [slə'vɒnɪk, *Am:* -'vɑ:nɪk] *adj* eslavo

slay [sleɪ] <slew, slain> *vt liter* matar

sleazy ['sli:zi] <-ier, -iest> *adj* (*area, bar*) sórdido

sledge [sledʒ] *n* trineo *m*

sledgehammer ['sledʒˌhæmər, *Am:* -ər] *n* almádena *f*

sleek [sli:k] *adj* lacio y brillante

sleep [sli:p] I. *n no pl* sueño *m*; **to go** [*o* **get**] **to ~** dormirse; **to put sb to ~** dormir a alguien; **to put an animal to ~** (*kill*) sacrificar un animal II. <slept, slept> *vi* dormir; **to ~ sound(ly)** dormir profundamente III. *vt* alojar

◆ **sleep in** *vi Brit* (*stay in bed*) dormir hasta tarde

sleeper ['sli:pər, *Am:* -pər] *n* **1.** (*person*) persona *f* dormida **2.** (*carriage*) coche *m* cama **3.** *Brit, Aus* (*blocks*) traviesa *f*

sleeping bag *n* saco *m* de dormir

sleeping car *n* coche *m* cama

sleeping partner *n Brit* COM socio, -a *m, f* comanditario, -a **sleeping pill** *n* somnífero *m*

sleepless ['sli:pləs] *adj* (*night*) en vela

sleepwalk ['sli:pˌwɔ:k, *Am:* -ˌwɑ:k] *vi* caminar dormido

sleepwalker ['sli:pˌwɔ:kər, *Am:* -ˌwɑ:kər] *n* sonámbulo, -a *m, f*

sleepy ['sli:pi] <-ier, -iest> *adj* somnoliento

sleet [sli:t] *n no pl* aguanieve *f*

sleeve [sli:v] *n* **1.** (*of shirt*) manga *f* **2.** (*cover*) manguito *m* **3.** (*for record*) funda *f*

sleigh [sleɪ] *n* trineo *m*

sleight of hand [ˌslaɪtɒfˈhænd, *Am:* -ɑ:f-] *n no pl* prestidigitación *f*

slender ['slendər, *Am:* -dər] *adj* delgado; (*majority*) escaso

slept [slept] *pt, pp of* **sleep**

slew [sluː] *pt of* **slay**

slice [slaɪs] **I.** *n* **1.** (*of bread*) rebanada *f;* (*of meat*) tajada *f;* (*of cucumber, lemon*) rodaja *f* **2.** (*tool*) pala *f* **II.** *vt* cortar

sliced bread *n* pan *m* de molde

slick [slɪk] **I.** <-er, -est> *adj* **1.** (*performance*) pulido **2.** (*person*) hábil **II.** *n* (*oil*) marea *f* negra

slide [slaɪd] **I.** <slid, slid> *vi* **1.** (*slip*) resbalar **2.** (*glide smoothly*) deslizarse **II.** <slid, slid> *vt* deslizar **III.** *n* **1.** (*playground structure*) tobogán *m* **2.** PHOT diapositiva *f* **3.** (*for microscope*) portaobjetos *m inv* **4.** *Brit* (*hair clip*) pasador *m*

sliding *adj* (*sunroof*) corredizo; (*door*) corredero

sliding scale *n* escala *f* móvil

slight [slaɪt] **I.** <-er, -est> *adj* **1.** (*small: chance*) escaso; (*error*) pequeño; **not in the ~est** en absoluto; **not to have the ~est** (**idea**) no tener ni la menor idea **2.** (*slim*) delgado **II.** *n* desaire *m* **III.** *vt* despreciar

slightly *adv* un poco

slim [slɪm] <-mm-> **I.** *adj* delgado **II.** <-mm-> *vi* adelgazar

slime [slaɪm] *n no pl* cieno *m*

slimming **I.** *n no pl* adelgazamiento *m* **II.** *adj* (*pill*) para adelgazar

slimy ['slaɪmi] <-ier, -iest> *adj* **1.** (*covered in slime*) viscoso **2.** (*person*) adulón

sling [slɪŋ] <slung, slung> **I.** *vt* **1.** (*fling*) lanzar **2.** (*hang*) colgar **II.** *n* **1.** (*for broken arm*) cabestrillo *m* **2.** (*weapon*) honda *f*

slip [slɪp] <-pp-> **I.** *n* **1.** (*slipping*) resbalón *m* **2.** (*mistake*) error *m;* **~ of the tongue** lapsus (linguae) **3.** COM resguardo *m;* **a ~ of paper** un trozo de papel **4.** (*women's underwear*) combinación *f* **5.** *fig* **to give sb the ~** dar esquinazo a alguien **II.** *vi* **1.** (*slide*) resbalarse **2.** (*move quietly*) deslizarse; **to ~ into/out of one's pyjamas** ponerse/quitarse el pijama **3.** (*decline*) decaer **III.** *vt* deslizar

◆ **slip away** *vi* escabullirse

◆ **slip in** *vi* colarse

◆ **slip out** *vi* salir un momento

slipper ['slɪpər, *Am:* -ə-] *n* zapatilla *f,* pantufla *f AmL*

slippery ['slɪpəri] <-ier, -iest> *adj* resbaladizo

slip road ['slɪprəʊd, *Am:* -roʊd] *n Brit* vía *f* de acceso

slipshod ['slɪpʃɒd, *Am:* -ʃɑːd] *adj* chapucero

slip-up ['slɪpʌp] *n* desliz *m*

slipway ['slɪpweɪ] *n* NAUT grada *f*

slit [slɪt] **I.** <slit, slit> *vt* cortar; **to ~ sb's throat** cortar el cuello a alguien **II.** *n* **1.** (*tear*) raja *f* **2.** (*narrow opening*) rendija *f*

slither ['slɪðər, *Am:* -ə-] *vi* deslizarse

sliver ['slɪvər, *Am:* -ə-] *n* (*of glass, wood*) astilla *f;* (*of lemon*) rodaja *f* fina

slob [slɒb, *Am:* slɑːb] *n inf* patán *m*

slog [slɒg, *Am:* slɑːg] *inf* **I.** *n no pl* esfuerzo *m* **II.** <-gg-> *vi* (*walk*) caminar con gran esfuerzo **III.** <-gg-> *vt* (*hit*) golpear

slogan ['sləʊgən, *Am:* 'sloʊ-] *n* eslogan *m*

slop [slɒp, *Am:* slɑːp] <-pp-> *vi, vt inf* derramar(se)

slope [sləʊp, *Am:* sloʊp] **I.** *n* inclinación *f;* (*up*) cuesta *f;* (*down*) declive *m* **II.** *vi* inclinarse; **to ~ down** descender, bajar; **to ~ up** ascender, subir

sloping *adj* inclinado

sloppy ['slɒpi, *Am:* 'slɑːpi] <-ier, -iest> *adj* **1.** (*careless*) descuidado **2.** (*loose-fitting*) holgado

slot [slɒt, *Am:* slɑːt] **I.** *n* **1.** (*narrow opening*) ranura *f* **2.** TV espacio *m* **II.** <-tt-> *vt* **to ~ sth in** hacer encajar algo

sloth [sləʊθ, *Am:* slɑːθ] *n* **1.** *no pl* (*laziness*) pereza *f* **2.** ZOOL perezoso *m*

slot machine ['slɒtməʃiːn, *Am:* 'slɑːt-] *n* **1.** (*fruit machine*) máquina *f* tragaperras **2.** *Brit, Aus* (*vending machine*) máquina *f* expendedora

slouch [slaʊtʃ] *vi* **1.** (*have shoulders bent*) encorvarse **2.** (*walk*) caminar

S_s

arrastrando los pies

Slovak ['sləʊvæk, *Am:* 'sloʊvɑːk] *adj* eslovaco

Slovakia [sləʊ'vækiə, *Am:* sloʊ-'vɑːki-] *n no pl* Eslovaquia *f*

Slovakian *n* eslovaco, -a *m, f*

Slovene ['sləʊviːn, *Am:* 'sloʊ-] *adj* esloveno

Slovenia [sləʊ'viːniə, *Am:* sloʊ'-] *n no pl* Eslovenia *f*

Slovenian *n* esloveno, -a *m, f*

slovenly ['slʌvənli] *adj* descuidado

slow [sləʊ, *Am:* sloʊ] I. *adj* lento; **to be ~ to do sth** tardar en hacer algo; **to be (10 minutes) ~** ir (10 minutos) retrasado II. *vi* ir más despacio III. *vt* frenar; (*development*) retardar

◆**slow down** I. *vt* ralentizar II. *vi* 1.(*reduce speed*) reducir la velocidad 2.(*be less active*) moderar el ritmo de vida

slowly *adv* lentamente; **~ but surely** lento pero seguro

slow motion *n* cámara *f* lenta; **in ~** a cámara lenta

sludge [slʌdʒ] *n no pl* lodo *m*

slug¹ [slʌg] *n* ZOOL babosa *f*

slug² [slʌg] <-gg-> *n inf* (*bullet*) bala *f*

sluggish ['slʌgɪʃ] *adj* (*person*) perezoso, conchudo *Méx*; (*progress*) lento; (*market*) flojo

sluice [sluːs] I. *n* (*gate*) compuerta *f* II. *vt* regar; **to ~ sth down** enjuagar algo

slum [slʌm] *n* (*area*) barrio *m* pobre; (*on outskirts*) suburbio *m*

slump [slʌmp] I. *n* ECON depresión *f*; **~ in prices** descenso *m* repentino de los precios II. *vi* desplomarse; (*prices*) bajar notablemente

slung [slʌŋ] *pt, pp of* **sling**

slur [slɜːʳ, *Am:* slɜːr] <-rr-> I. *vt* pronunciar con dificultad II. *n* calumnia *f*

slurp [slɜːp, *Am:* slɜːrp] *inf* I. *vt, vi* sorber (ruidosamente) II. *n* sorbo *m* (ruidoso)

slush [slʌʃ] *n no pl* nieve *f* medio derretida

slush fund *n* fondos *mpl* para sobor-

nar

slut [slʌt] *n pej* puta *f*

sly [slaɪ] *adj* 1.(*secretive*) sigiloso 2.(*crafty*) astuto, songo *Col, Méx*

smack [smæk] I. *vt* 1.(*slap*) dar un manotazo a 2.(*hit noisily*) golpear II. *n* 1. *inf* (*slap*) bofetada *f* 2.(*loud noise*) ruido *m* fuerte III. *adv* (*exactly*) exactamente

◆**smack of** *vi* oler a

small [smɔːl] I. *adj* 1.(*not large*) pequeño; (*person*) bajo 2. TYPO, LIT (*letter*) minúscula II. *n no pl* **the ~ of the back** la región lumbar

small ad *n* anuncio *m* breve **small business** <-es> *n* pequeña empresa *f* **small change** *n no pl* calderilla *f* **smallholder** *n Brit* minifundista *mf* **small hours** *npl* madrugada *f* **smallpox** *n no pl* viruela *f* **small talk** *n no pl* cháchara *f*

smarmy ['smɑːmi, *Am:* 'smɑːr-] *adj pej* zalamero

smart [smɑːt, *Am:* smɑːrt] I. *adj* 1.(*clever*) inteligente 2.(*elegant*) elegante 3.(*quick*) rápido II. *vi* escocer; **my eyes ~** me pican los ojos

smart card *n* INFOR tarjeta *f* electrónica

smash [smæʃ] I. *n* 1.(*sound*) estruendo *m* 2.(*accident*) colisión *f* II. *vt* 1.(*break: glass*) hacer pedazos; *fig* destruir 2. SPORTS (*record*) batir III. *vi* 1.(*break into pieces: glass*) hacerse pedazos 2.(*strike against*) chocar

◆**smash up** *vt* hacer pedazos; (*car*) destrozar

smashing *adj Brit, inf* imponente

smash-up *n* choque *m* violento

smattering ['smætərɪŋ, *Am:* 'smæt̬-] *n* nociones *fpl*

smear [smɪəʳ, *Am:* smɪr] I. *vt* 1.(*spread*) untar 2.(*attack*) desprestigiar II. *n* 1.(*blotch*) mancha *f* 2.(*accusation*) calumnia *f* 3. MED frotis *m* **smear campaign** *n* campaña *f* de desprestigio

smell [smel] I.<*Brit, Aus:* smelt, smelt *Am, Aus:* -ed, -ed> *vt, vi* oler II. *n* 1.(*sense of smelling*) olfato *m* 2.(*odour*) olor *m*

smelly ['smeli] *adj* <-ier, -iest> apestoso, que huele mal

smelt [smelt] *Brit, Aus pt, pp of* **smell**

smile [smaɪl] I. *n* sonrisa *f* II. *vi* sonreír

smirk [smɜːk, *Am:* smɜːrk] I. *vi* sonreírse afectadamente II. *n* sonrisa *f* afectada

smock [smɒk, *Am:* smɑːk] *n* bata *f* corta

smog [smɒg, *Am:* smɑːg] *n no pl* smog *m*

smoke [sməʊk, *Am:* smoʊk] I. *n no pl* humo *m;* **to go up in** ~ quedarse en agua de borrajas II. *vt* (*cigarette*) fumar, pitar *AmS* III. *vi* 1. (*produce smoke*) echar humo 2. (*smoke tobacco*) fumar, pitar *AmS*

smoked *adj* ahumado

smokeless ['sməʊkləs, *Am:* 'smoʊk-] *adj* sin humo

smoker *n* 1. (*person*) fumador(a) *m(f)* 2. RAIL vagón *m* de fumadores

smokescreen *n a. fig* cortina *f* de humo

smoking *n no pl* el fumar; **to give up** ~ dejar de fumar

smoky ['sməʊki, *Am:* 'smoʊ-] *adj* <-ier, -iest> (*filled with smoke*) lleno de humo

smolder ['sməʊldə] *vi Am* s. **smoulder**

smooth [smuːð] I. *adj* (*not rough*) liso; (*surface*) llano; (*texture*) suave; (*sea*) tranquilo II. *vt* allanar
   ◆ **smooth over** *vt* (*difficulty*) solucionar

smother ['smʌðə, *Am:* -ə-] *vt* 1. (*suffocate*) ahogar 2. (*suppress*) contener

smoulder ['sməʊldə, *Am:* 'smoʊldə] *vi* arder sin llama

smudge [smʌdʒ] I. *vt* manchar II. *n* mancha *f*

smug [smʌg] *adj* <-gg-> presumido

smuggle ['smʌgl] *vt* pasar de contrabando

smuggler ['smʌglə, *Am:* -lə-] *n* contrabandista *mf*

smuggling ['smʌglɪŋ] *n no pl* contrabando *m*

smutty ['smʌti, *Am:* 'smʌt̬-] *adj* <-ier, -iest> obsceno, verde

snack [snæk] *n* bocado *m;* **to have a** ~ tomarse un tentempié

snack bar *n* cafetería *f*

snag [snæg] *n* dificultad *f;* **there's a** ~ hay un problema

snail [sneɪl] *n* caracol *m*

snake [sneɪk] *n* (*small*) culebra *f;* (*large*) serpiente *f*

snap [snæp] <-pp-> I. *n* 1. (*sound*) chasquido *m* 2. (*photograph*) foto *f* 3. METEO **a cold** ~ una ola de frío II. *adj* repentino; ~ **decision** decisión *f* repentina III. *vi* 1. (*break*) romperse 2. (*move*) **to** ~ **shut** cerrarse de golpe 3. (*bite*) **to** ~ **at sb** intentar morder a alguien 4. (*speak sharply*) contestar con brusquedad; **to** ~ **at sb** contestar a alguien de forma brusca IV. *vt* 1. (*break*) romper 2. (*make snapping sound*) chasquear; **to** ~ **one's fingers** chasquear los dedos 3. PHOT tomar un fotografía de
   ◆ **snap up** *vt* lanzarse sobre

snappy ['ʃnæpi] *adj* <-ier, -iest> 1. *inf* FASHION de lo más elegante 2. (*quick*) rápido; **look** ~! ¡date prisa!

snapshot ['snæpʃɒt, *Am:* -ʃɑːt] *n* foto *f* instantánea

snare [sneə, *Am:* sner] I. *n* trampa *f* II. *vt* cazar (con trampa); (*person*) atrapar

snarl [snɑːl, *Am:* snɑːrl] I. *vi* gruñir II. *n* gruñido *m*

snatch [snætʃ] I. <-es> *n* 1. (*sudden grab*) arrebatamiento *m* 2. (*theft*) robo *m* II. *vt* (*steal*) robar; (*win*) ganar; **to** ~ **sth** (**away**) **from sb** arrebatar algo de alguien III. *vi* quitar algo de las manos; **to** ~ **at sth** tratar de arrebatar algo
   ◆ **snatch up** *vt* agarrar

snazzy ['snæzi] *adj* <-ier, -iest> *adj inf* de lo más elegante

sneak [sniːk] *Am* I. *vi* moverse furtivamente; **to** ~ **in/out** entrar/salir a hurtadillas II. *vt* hacer furtivamente; **to** ~ **a look at sth/sb** mirar algo/a alguien con disimulo III. *n Brit,*

S

childspeak acusica *mf*

sneakers ['sniːkə'z, *Am:* -kə'z] *npl Am* zapatillas *fpl* de deporte

sneer [snɪə', *Am:* snɪr] **I.** *vi* hacer un gesto de burla y desprecio; (*mock*) mofarse; **to ~ at sth/sb** mofarse de algo/alguien **II.** *n* expresión *f* desdeñosa

sneeze [sniːz] **I.** *vi* estornudar **II.** *n* estornudo *m*

sniff [snɪf] **I.** *vi* sorber; **not to be ~ed at** *fig* no ser de despreciar **II.** *vt* olfatear

sniffer dog ['snɪfə',dɒg, *Am:* 'snɪfə'daːg] *n* perro *m* rastreador

snigger ['snɪgə', *Am:* -ə'] **I.** *vi* reírse con disimulo **II.** *n* risa *f* disimulada

snip [snɪp] **I.** *vt* cortar (con tijeras) **II.** *n* **1.** (*piece of cloth*) recorte *m* **2.** *Brit, inf* (*cheap item*) ganga *f*

sniper ['snaɪpə', *Am:* -ə'] *n* francotirador(a) *m(f)*

snippet ['snɪpɪt] *n* retazo *m*

snivel(l)ing **I.** *n no pl* lloriqueo *m* **II.** *adj* llorón

snob [snɒb, *Am:* snaːb] *n* (e)snob *mf*

snobbery ['snɒbəri, *Am:* 'snaːbə'-] *n* (e)snobismo *m*

snobbish ['snɒbɪʃ, *Am:* 'snaːbɪʃ] <more, most> *adj* (e)snob

snog [snɒg, *Am:* snaːg] *Brit* **I.** <-gg-> *vi inf* morrearse **II.** *vt inf* morrear

snooker ['snuːkə', *Am:* 'snʊkə'] *n* billar *m* inglés

snoop [snuːp] *pej, inf* **I.** *n* fisgón, -ona *m, f* **II.** *vi* fisgonear

snooty ['snuːti, *Am:* -t̬i] <-ier, -iest> *adj* presumido, pituco *AmS*

snooze [snuːz] *inf* **I.** *vi* (*nap*) echar una cabezada; (*nap lightly*) dormitar **II.** *n* cabezada *f*

snore [snɔː', *Am:* snɔːr] MED **I.** *vi* roncar **II.** *n* ronquido *m*

snorkel ['snɔːkəl, *Am:* 'snɔːr-] **I.** *n* tubo *m* snorkel (de respiración) **II.** <*Brit:* -ll-, *Am:* -l-> *vi* bucear con tubo

snort [snɔːt, *Am:* snɔːrt] **I.** *vi* bufar **II.** *vt inf* (*cocaine*) esnifar **III.** *n* bufido *m*

snout [snaʊt] *n* hocico *m*, morro *m*

snow [snəʊ, *Am:* snoʊ] *no pl* **I.** *n* nieve *f* **II.** *vi* nevar

◆ **snow under** *vt* **to be snowed under** (**with sth**) estar desbordado (de algo)

snowball ['snəʊbɔːl, *Am:* 'snoʊ-] **I.** *n* bola *f* de nieve **II.** *vi fig* aumentar progresivamente

snowbound ['snəʊbaʊnd, *Am:* 'snoʊ-] *adj* embarrancado en la nieve

snowdrift *n Brit* ventisquero *m* **snowdrop** *n* campanilla *f* de invierno **snowfall** *n no pl* nevada *f* **snowflake** *n* copo *m* de nieve **snowman** *n* muñeco *m* de nieve **snowplough** *n Brit,* **snowplow** *n Am* quitanieves *m inv* **snowshoe** *n* raqueta *f* (de nieve) **snowstorm** *n* tormenta *f* de nieve

snowy ['snəʊi, *Am:* 'snoʊ-] *adj* de mucha nieve

SNP [ˌesen'piː] *n abbr of* **Scottish National Party** Partido *m* Nacional Escocés

snub [snʌb] **I.** <-bb-> *vt* **to ~ sb** desairar a alguien **II.** *n* desaire *m*

snub-nosed *adj* de nariz respingona

snuff [snʌf] **I.** *n* rapé *m* **II.** *vt* (*put out*) apagar

◆ **snuff out** *vt* (*candle*) apagar

snug [snʌg] *adj* **1.** (*cozy*) acogedor **2.** (*tight: dress*) ajustado

snuggle ['snʌgl] *vi* acurrucarse; **to ~ up to sb** acurrucarse contra alguien

so [səʊ, *Am:* soʊ] **I.** *adv* **1.** (*in the same way*) tan, tanto; **~ did/do I** yo también; **~ to speak** por así decirlo **2.** (*like that*) así; **I hope/think ~** espero/creo que sí **3.** (*to such a degree*) tan, tanto; **~ late** tan tarde **4.** (*in order that*) para; **I bought the book ~ that he would read it** compré el libro para que lo leyera **5.** (*as a result*) así; **and ~ she won** y así ganó **II.** *conj* **1.** (*therefore*) por (lo) tanto **2.** *inf* (*and afterwards*) **~** (**then**) **he told me ...** y entonces me dijo... **3.** (*summing up*) así que; **~ what?** ¿y qué?; **~ now, ...** entonces...

soak [səʊk, *Am:* soʊk] **I.** *vt* **1.** (*keep in liquid*) remojar, ensopar *AmS* **2.** *inf* (*overcharge*) desplumar **II.** *vi* (*lie in liquid*) estar en remojo
◆ **soak in** *vi* penetrar
◆ **soak up** *vt* absorber

so-and-so ['səʊənsəʊ, *Am:* 'soʊənsoʊ] *n inf* (*person*) fulano *m*

soap [səʊp, *Am:* soʊp] *n no pl* jabón *m*

soapbox ['səʊpbɒks, *Am:* 'soʊpbɑ:ks] *n* tribuna *f* improvisada
soap flakes *npl* jabón *m* en escamas **soap opera** *n* telenovela *f* **soap powder** *n no pl* jabón *m* en polvo

soapy ['səʊpi, *Am:* 'soʊp-] <-ier, -iest> *adj* jabonoso

soar [sɔ:ʳ, *Am:* sɔ:r] *vi* **1.** (*house*) elevarse mucho **2.** (*prices*) ponerse por las nubes; (*hopes*) renacer **3.** (*bird, plane*) remontar el vuelo; (*glide*) planear

sob [sɒb, *Am:* sɑ:b] **I.** *n* sollozo *m* **II.** <-bb-> *vi* sollozar **III.** <-bb-> *vt* decir sollozando

sober ['səʊbəʳ, *Am:* 'soʊbɚ] *adj* **1.** (*not drunk*) sobrio **2.** (*serious*) serio **3.** (*plain*) discreto
◆ **sober up** *vi* espabilar la borrachera

sob story *n pej* dramón *m*

so-called [ˌsəʊ'kɔ:ld, *Am:* ˌsoʊ-'kɑ:ld] *adj* así llamado, presunto

soccer ['sɒkəʳ, *Am:* 'sɑ:kɚ] *n no pl, Am* fútbol *m*

sociable ['səʊʃəbl, *Am:* 'soʊ-] *adj* sociable

social ['səʊʃəl, *Am:* 'soʊ-] *adj* social

socialism ['səʊʃəlɪzəm, *Am:* 'soʊ-] *n no pl* socialismo *m*

socialist *n* socialista *mf*

socialize ['səʊʃəlaɪz, *Am:* 'soʊ-] *vi* alternar con la gente

social science *n* ciencia *f* social **social security** *n no pl, Aus, Brit* seguridad *f* social **social service** *n pl* (*welfare*) servicios *mpl* sociales **social work** *n no pl* asistencia *f* social **social worker** *n* asistente *mf* social

society [sə'saɪəti, *Am:* -ți] *n* **1.** (*all people*) sociedad *f*; (**high**) ~ alta sociedad *f* **2.** (*organization*) asociación *f*

sociologist [ˌsəʊʃi'ɒlədʒɪst, *Am:* ˌsoʊsi'ɑ:lə-] *n* sociólogo, -a *m, f*

sociology [ˌsəʊʃi'ɒlədʒi, *Am:* ˌsoʊsi'ɑ:lə-] *n no pl* sociología *f*

sock [sɒk, *Am:* sɑ:k] *n* calcetín *m*, media *f AmL*; **to pull one's ~s up** *inf* hacer un esfuerzo

socket ['sɒkɪt, *Am:* 'sɑ:kɪt] *n* ELEC enchufe *m*, tomacorriente *m Arg, Perú*

sod[1] [sɒd, *Am:* sɑ:d] *n* césped *m*

sod[2] [sɒd, *Am:* sɑ:d] *n Brit, vulg* cabrón, -ona *m, f*
◆ **sod off** *vi Brit, inf* ~! ¡vete a la mierda!

soda ['səʊdə, *Am:* 'soʊ-] *n* **1.** *no pl* CHEM sosa *f* **2.** *Am* (*fizzy drink*) refresco *m* **3.** (*mixer drink*) soda *f*

soda water *n no pl* soda *f*

sodden ['sɒdn, *Am:* 'sɑ:dn] *adj* empapado

sodding ['sɒdɪŋ, *Am:* 'sɑ:dɪŋ] *adj Brit, vulg* jodido

sodium ['səʊdɪəm, *Am:* 'soʊ-] *n no pl* sodio *m*

sodium chloride *n no pl* cloruro *m* sódico

sofa ['səʊfə, *Am:* 'soʊ-] *n* sofá *m*

soft [sɒft, *Am:* sɑ:ft] *adj* (*ground, contact lenses*) blando; (*skin, landing*) suave

soften ['sɒfən, *Am:* 'sɑ:fən] **I.** *vi* ablandarse, suavizarse **II.** *vt* ablandar, suavizar

softener ['sɒfənəʳ, *Am:* 'sɑ:fənɚ] *n* suavizante *m*

softly *adv* **1.** (*not hard*) suavemente **2.** (*quietly*) silenciosamente

softness ['sɒftnɪs, *Am:* 'sɑ:ft-] *n no pl* **1.** (*not hardness*) blandura *f* **2.** (*smoothness*) suavidad *f*

software ['sɒftweəʳ, *Am:* 'sɑ:ftwer] *n no pl* software *m*

soggy ['sɒgi, *Am:* 'sɑ:gi] <-ier, -iest> *adj* empapado

soil[1] [sɔɪl] *vt form* ensuciar

soil[2] [sɔɪl] *n no pl* AGR suelo *m*

solace ['sɒlɪs, *Am:* 'sɑ:lɪs] **I.** *n no pl* consuelo *m* **II.** *vt* consolar

solar ['səʊləʳ, *Am:* 'soʊlɚ] *adj* solar

S_s

solarium [səʊˈleəriəm, *Am:* soʊˈle-ri-] <-s *o* solaria> *n* solárium *m*

solar panel *n* placa *f* solar **solar power** *n no pl* energía *f* solar **solar system** *n* sistema *m* solar

sold [səʊld, *Am:* soʊld] *pt, pp of* **sell**

solder [ˈsɒldər, *Am:* ˈsɑːdər] I. *vt* soldar II. *n no pl* soldadura *f*

soldier [ˈsəʊldʒər, *Am:* ˈsoʊldʒər] I. *n* (*military person*) militar *mf*; (*non officer*) soldado *mf* II. *vi* servir como soldado

◆ **soldier on** *vi* seguir adelante

sold out [ˌsəʊldˈaʊt, *Am:* ˌsoʊld-] *adj* vendido

sole¹ [səʊl, *Am:* soʊl] *adj* (*unique*) único; (*exclusive*) exclusivo

sole² [səʊl, *Am:* soʊl] *n* (*of foot*) planta *f*; (*of shoe*) suela *f*

sole³ [səʊl, *Am:* soʊl] <-(s)> *n* (*fish*) lenguado *m*

solemn [ˈsɒləm, *Am:* ˈsɑːləm] *adj* solemne

solicit [səˈlɪsɪt] I. *vt form* (*ask for*) solicitar II. *vi* (*prostitute*) abordar clientes

solicitor [səˈlɪsɪtər, *Am:* -t̬ər] *n Aus, Brit* procurador(a) *m(f)*

solid [ˈsɒlɪd, *Am:* ˈsɑːlɪd] I. *adj* 1. (*hard*) sólido; (*silver*) macizo 2. (*argument*) sólido 3. (*line*) ininterrumpido II. *n* sólido *m*

solidarity [ˌsɒlɪˈdærəti, *Am:* ˌsɑːlə-ˈderət̬i] *n no pl* solidaridad *f*

solid fuel *n* combustible *m* sólido

solitaire [ˌsɒlɪˈteər, *Am:* ˈsɑːlətər] *n* solitario *m*

solitary [ˈsɒlɪtəri, *Am:* ˈsɑːlətəri] *adj* 1. (*alone, single*) solitario 2. (*isolated*) solo; (*unvisited*) apartado

solitary confinement *n* aislamiento *m*

solitude [ˈsɒlɪtjuːd, *Am:* ˈsɑːlətuːd] *n no pl* soledad *f*

solo [ˈsəʊləʊ, *Am:* ˈsoʊloʊ] *n* MUS solo *m*

soloist [ˈsəʊləʊɪst, *Am:* ˈsoʊloʊ-] *n* solista *mf*

Solomon Islands [ˈsɒləmənˌaɪ-ləndz, *Am:* ˈsɑːlə-] *npl* Islas *fpl* Salomón

solstice [ˈsɒlstɪs, *Am:* ˈsɑːl-] *n* solsticio *m*

soluble [ˈsɒljəbl, *Am:* ˈsɑːl-] *adj* soluble

solution [səˈluːʃən] *n* solución *f*

solve [sɒlv, *Am:* sɑːlv] *vt* resolver

solvency [ˈsɒlvənsi, *Am:* ˈsɑːl-] *n no pl* solvencia *f*

solvent [ˈsɒlvənt, *Am:* ˈsɑːl-] I. *n* disolvente *m* II. *adj* solvente

solvent abuse *n Brit* inhalación *f* de disolventes

Somali [ˌsəˈmɑːli, *Am:* soʊˈ-] *adj* somalí

Somalia [ˌsəˈmɑːliə, *Am:* soʊˈ-] *n* Somalia *f*

somber *adj Am*, **sombre** [ˈsɒmbər, *Am:* ˈsɑːmbər] *adj* sombrío

some [sʌm] I. *adj indef* 1. *pl* (*several*) algunos; ~ **apples** algunas manzanas; ~ **people think ...** algunos piensan... 2. (*imprecise*) algún, alguna; ~ **day** algún día; ~ **time ago** hace algún tiempo 3. (*amount*) un poco de, algo de; ~ **more tea** un poco más de té; **to have** ~ **money** tener algo de dinero II. *pron indef* 1. *pl* (*several*) algunos; **I would like** ~ quisiera algunos 2. (*part of it*) algo; **I would like** ~ quisiera algo III. *adv* unos, unas; ~ **ten of them** unos diez de ellos

somebody [ˈsʌmbədi, *Am:* -ˌbɑːdi] *pron indef* alguien; ~ **or other** alguien

somehow [ˈsʌmhaʊ] *adv* 1. (*through unknown methods*) de alguna manera 2. (*for an unclear reason*) por algún motivo

someone [ˈsʌmwʌn] *pron s.* **somebody**

someplace [ˈsʌmpleɪs] *adv Am* en algún lugar

somersault [ˈsʌməsɔːlt, *Am:* -ərsɑːlt] I. *n* salto *m* mortal II. *vi* dar un salto mortal

something [ˈsʌmθɪŋ] I. *pron indef, sing* algo; ~ **else/nice** algo más/bonito II. *adv* ~ **around £10** alrededor de 10 libras

sometime [ˈsʌmtaɪm] *adv* en algún momento; ~ **soon** pronto

sometimes ['sʌmtaɪmz] *adv* a veces
somewhat ['sʌmwɒt, *Am:* -wɑːt] *adv* algo
somewhere ['sʌmweəʳ, *Am:* -wer] *adv* (*be*) en alguna parte; (*go*) a alguna parte; **to be ~ else** estar en otra parte; **to go ~ else** ir a otra parte
son [sʌn] *n* hijo *m*
sonar ['səʊnɑː', *Am:* 'soʊnɑːr] *n* sonar *m*
song [sɒŋ, *Am:* sɑːŋ] *n* canción *f*
songwriter *n* compositor(a) *m(f)*
sonic ['sɒnɪk, *Am:* 'sɑːnɪk] *adj* sónico
son-in-law ['sʌnɪnlɔː, *Am:* -lɑː] <sons-in-law *o* son-in-laws> *n* yerno *m*
sonnet ['sɒnɪt, *Am:* 'sɑːnɪt] *n* soneto *m*
sonny ['sʌni] *n no pl, inf* hijito *m*; (*aggressive*) majo *m*
soon [suːn] *adv* pronto, mero *AmC, Méx;* ~ **after ...** poco después de...; **how ~ ...?** ¿para cuándo...?; **as ~ as possible** tan pronto como sea posible
sooner ['suːnəʳ, *Am:* -ɚ] *adv comp of* **soon** más temprano; ~ **or later** tarde o temprano; **no ~ ... than** apenas... cuando; **no ~ said than done** dicho y hecho; **the ~er the better** cuanto antes mejor
soot [sʊt] *n no pl* hollín *m*
soothe [suːð] *vt* calmar; (*pain*) aliviar
sophisticated [sə'fɪstɪkeɪtɪd, *Am:* -təkeɪtɪd] *adj* sofisticado
sophomore ['sɒfəmɔː', *Am:* 'sɑːfəmɔːr] *n Am* estudiante *mf* de segundo año
soppy ['sɒpi, *Am:* 'sɑːpi] <-ier, -iest> *adj inf* sensiblero
soprano [sə'prɑːnəʊ, *Am:* -'prænoʊ] *n* soprano *f*
sorbet ['sɔːbeɪ, *Am:* 'sɔːr-] *n* sorbete *m*
sorcerer ['sɔːsərəʳ, *Am:* 'sɔːrsərɚ] *n liter* hechicero *m*
sordid ['sɔːdɪd, *Am:* 'sɔːrdɪd] *adj* sórdido
sore [sɔːʳ, *Am:* sɔːr] I. *adj* 1. (*aching*) dolorido 2. *Am, inf* (*offended*) ofen-

dido II. *n* MED llaga *f; fig* recuerdo *m* doloroso
sorely ['sɔːli, *Am:* 'sɔːr-] *adv form* muy; **to be ~ tempted to do sth** estar casi por hacer algo
sorrow ['sɒrəʊ, *Am:* 'sɑːroʊ] *n* pena *f*
sorry ['sɒri, *Am:* 'sɑːr-] I. <-ier, -iest> *adj* 1. triste, apenado; **to be ~ (that)** sentir (que) +*subj;* **to feel ~ for sb** tener lástima de alguien 2. (*regretful*) arrepentido; **to be ~ about sth** estar arrepentido por algo 3. (*said before refusing*) **I'm ~ but I don't agree** lo siento, pero no estoy de acuerdo II. *interj* perdón
sort [sɔːt, *Am:* sɔːrt] I. *n* 1. (*type*) tipo *m;* (*kind*) especie *f;* (*variety*) clase *f;* **something/nothing of the ~** algo/nada por el estilo 2. *inf* (*to some extent*) ~ **of** en cierto modo; **that's ~ of difficult to explain** es algo difícil de explicar II. *vt* 1. (*arrange*) clasificar 2. INFOR ordenar 3. *Brit, inf* (*restore to working order*) arreglar
◆ **sort out** *vt* 1. (*arrange*) clasificar 2. (*tidy up*) arreglar 3. (*resolve*) aclarar
sorting office *n* oficina *f* de clasificación de correo
SOS [ˌesəʊ'es, *Am:* -oʊ'-] *n abbr of* **Save Our Souls** SOS *m*
so-so ['səʊsəʊ, *Am:* 'soʊsoʊ] *inf* I. *adj* regular II. *adv* así así
soufflé ['suːfleɪ, *Am:* suː'fleɪ] *n* suflé *m*
sought [sɔːt, *Am:* sɑːt] *pt, pp of* **seek**
soul [səʊl, *Am:* soʊl] *n* 1. (*spirit*) alma *f;* **God rest his/her ~** que en paz descanse 2. (*person*) alma *f;* **not a ~** ni un alma
soulful ['səʊlfəl, *Am:* 'soʊl-] *adj* conmovedor
sound¹ [saʊnd] I. *n* 1. (*noise*) ruido *m* 2. LING, PHY sonido *m* 3. (*idea expressed in words*) **by the ~ of it** según parece; **I don't like the ~ of that** no me gusta nada II. *vi* 1. (*make noise*) sonar 2. (*seem*) parecer III. *vt* (*alarm*) hacer sonar

S s

sound² [saʊnd] I. *adj* 1.(*healthy*) sano 2.(*health*) bueno; (*basis*) sólido II. *adv* **to be ~ asleep** estar profundamente dormido

sound³ [saʊnd] *vt* 1. NAUT sondear 2. MED auscultar

sound⁴ [saʊnd] *n* (*channel*) estrecho *m*

◆ **sound off** *vi inf* **to ~ about sb/ sth** sentar cátedra sobre algo/alguien

sound barrier *n* barrera *f* del sonido
soundbite *n* frase *f* lapidaria
sound effects *npl* efectos *mpl* de sonido

soundly *adv* 1.(*completely*) **to sleep ~** dormir profundamente 2.(*strongly*) **to thrash sb ~** dar una buena paliza a alguien

soundproof ['saʊndpruːf] I. *vt* insonorizar II. *adj* insonorizado

sound system *n* equipo *m* de sonido
soundtrack *n* CINE banda *f* sonora

soup [suːp] *n no pl* sopa *f*; (*clear*) caldo *m*; **to be in the ~** *inf* estar con el agua hasta el cuello

soup plate *n* plato *m* sopero **soup spoon** *n* cuchara *f* sopera

sour ['saʊəʳ, *Am:* 'saʊɚ] *adj* agrio; (*milk*) cortado; **to go ~** agriarse; (*milk*) cortarse

source [sɔːs, *Am:* sɔːrs] *n a. fig* fuente *f*; **from a reliable ~** de una fuente fiable

south [saʊθ] I. *n* sur *m*; **in the ~ of Spain** en el sur de España II. *adj* del sur, meridional III. *adv* al sur

South Africa *n* Sudáfrica *f* **South African** *adj* sudafricano **South America** *n* América *f* del Sur **South American** *adj* sudamericano **South Carolina** *n* Carolina *f* del Sur **South Dakota** *n* Dakota *f* del Sur

southeast [ˌsaʊθ'iːst] I. *n* sureste *m* II. *adj* del sureste III. *adv* al sureste **southeasterly** *adj* del sureste; **in a ~ direction** hacia el sureste **southeastern** *adj* del sureste **southeastward(s)** *adv* hacia el sureste

southerly ['sʌðəli, *Am:* -ɚli] I. *adj* (*location*) del sur; **in a ~ direction** en dirección sur II. *adv* (*towards*)

hacia el sur; (*from*) del sur

southern ['sʌðən, *Am:* -ɚn] *adj* del sur; **the ~ part of the country** la parte sur del país

southern hemisphere *n* hemisferio *m* sur

South Korea *n* Corea *f* del Sur **South Korean** *adj* surcoreano

South Pole *n* Polo *m* Sur

southward(s) ['saʊθwəd(z), *Am:* -wɚd(z)] *adv* hacia el sur

southwest [ˌsaʊθ'west] I. *n* suroeste *m* II. *adj* del suroeste III. *adv* al suroeste **southwesterly** *adj* del suroeste; **in a ~ direction** hacia el suroeste **southwestern** *adj* del suroeste **southwestward(s)** *adv* hacia el suroeste

souvenir [ˌsuːvə'nɪəʳ, *Am:* -'nɪr] *n* recuerdo *m*

sovereign ['sɒvrɪn, *Am:* 'sɑːvrən] *n* soberano, -a *m, f*

soviet ['səʊviət, *Am:* 'soʊviet] I. *n* soviet *m* II. *adj* soviético

Soviet Union *n* HIST Unión *f* Soviética

sow¹ [səʊ, *Am:* soʊ] <sowed, sowed *o* sown> *vt* sembrar

sow² [saʊ] *n* cerda *f*

sown [səʊn, *Am:* soʊn] *pp of* **sow¹**

soy [sɔɪ] *n Am*, **soya** ['sɔɪə] *n Brit* soja *f*

soya bean *n Brit*, **soy bean** ['sɔɪbiːn] *n Am* soja *f* **soya sauce** *n Brit*, **soy sauce** *n Am* salsa *f* de soja

sozzled ['sɒzld, *Am:* 'sɑːzld] *adj Brit, Aus, inf* **to be ~** estar mamado

spa [spɑː] *n Am* balneario *m*

space [speɪs] I. *n a.* ASTR, PHYS, TYPO espacio *m*; **parking ~** plaza *f* de aparcamiento; **in a short ~ of time** en un breve espacio de tiempo II. *vt* espaciar

◆ **space out** *vt* espaciar

spacecraft *n* nave *f* espacial **spaceman** <-men> *n* astronauta *m*, cosmonauta *m* **spaceship** *n* nave *f* espacial, astronave *f* **spacewoman** <-women> *n* astronauta *f*

spacing ['speɪsɪŋ] *n no pl* espacio *m*
spacious ['speɪʃəs] *adj* espacioso
spade [speɪd] *n* 1.(*tool*) pala *f* 2.(*playing card*) pica *f*

spaghetti [spə'geti, *Am:* -'geṭ-] *n* espaguetis *mpl*

Spain [speɪn] *n* España *f*

span [spæn] **I.** *n* **1.** (*of time*) lapso *m* **2.** (*of arch*) luz *f* **3.** (*of wing*) envergadura *f* **II.** <-nn-> *vt* **1.** (*cross*) atravesar **2.** (*include*) abarcar

Spaniard ['spænjəd, *Am:* -jəd] *n* español(a) *m(f)*

spaniel ['spænjəl, *Am:* -jəl] *n* perro *m* de aguas

Spanish ['spænɪʃ] *adj* español; ~ **speaker** hispanohablante *mf*

spank [spæŋk] *vt* dar unos cachetes (en el trasero)

spanner ['spænəʳ, *Am:* -ə·] *n* Brit, Aus llave *f*

spar¹ [spɑːʳ, *Am:* spɑːr] *n* NAUT palo *m*

spar² [spɑːʳ, *Am:* spɑːr] *vi* <-rr-> (*in boxing*) entrenar

spare [speəʳ, *Am:* sper] **I.** *vt* **1.** (*pardon*) perdonar; **to ~ sb sth** ahorrar algo a alguien; **to ~ no effort** no escatimar esfuerzos **2.** (*do without*) prescindir de **II.** *adj* **1.** (*additional*) de repuesto **2.** (*remaining*) sobrante **III.** *n* repuesto *m*

spare part *n* repuesto *m* **spare time** *n* no pl tiempo *m* libre **spare tire** *n Am,* **spare tyre** *n* AUTO rueda *f* de recambio

sparing ['speərɪŋ, *Am:* 'sperɪŋ] *adj* moderado; **to be ~ with one's praise** escatimar los elogios

spark [spɑːk, *Am:* spɑːrk] *n* **1.** (*from fire, electrical*) chispa *f* **2.** (*small amount*) pizca *f*

sparking plug ['spɑːkɪŋplʌg, *Am:* 'spɑːrk-] *n Am* bujía *f*

sparkle ['spɑːkl, *Am:* 'spɑːr-] **I.** *n no pl* destello *m*, brillo *m* **II.** *vi* centellear; (*eyes*) brillar

sparkler ['spɑːkləʳ, *Am:* 'spɑːrklə·] *n* bengala *f*

sparkling ['spɑːklɪŋ, *Am:* 'spɑːrkl-] *adj* brillante

spark plug ['spɑːkplʌg, *Am:* 'spɑːrk-] *n Brit* bujía *f*

sparring partner *n* **1.** SPORTS sparring *m* **2.** *fig* antagonista *mf*

sparrow ['spærəʊ, *Am:* 'speroʊ] *n* gorrión *m*

sparse [spɑːs, *Am:* spɑːrs] *adj* escaso

Spartan ['spɑːtən, *Am:* 'spɑːr-] *adj* espartano

spasm ['spæzəm] *n* MED espasmo *m*; (*of anger*) arrebato *m*

spasmodic [spæz'mɒdɪk, *Am:* -'mɑːdɪk] *adj* espasmódico

spastic ['spæstɪk] *n pej* espástico, -a *m, f*

spat¹ [spæt] *pt, pp of* **spit²**

spat² [spæt] *n inf* (*quarrel*) rencilla *f*

spate [speɪt] *n no pl* (*of letters*) aluvión *m*; **to be in full ~** Brit (*river*) estar crecido

spatter ['spætəʳ, *Am:* 'spæṭə·] *vt* salpicar; **to ~ sb with mud/water** salpicar de barro/agua a alguien

spawn [spɔːn, *Am:* spɑːn] **I.** *n no pl* ZOOL hueva(s) *f(pl)* **II.** *vt* generar, producir **III.** *vi* desovar

speak [spiːk] <spoke, spoken> **I.** *vi* **1.** hablar; **to ~ to sb** hablar con alguien; **so to ~** por así decirlo **2.** + *adv* **broadly ~ing** en términos generales; **strictly ~ing** en realidad **II.** *vt* decir, hablar; **to ~ one's mind** hablar claro [*o* con franqueza]

◆**speak for** *vi* hablar por; **speaking for myself ...** en cuanto a mí...; **it speaks for itself** habla por sí solo

speaker *n* **1.** hablante *mf* **2.** (*orator*) orador(a) *m(f)* **3.** (*loudspeaker*) altavoz *m*

spear [spɪəʳ, *Am:* spɪr] **I.** *n* lanza *f*; (*for throwing*) jabalina *f*; (*for fishing*) arpón *m* **II.** *vt* atravesar (con una lanza)

spearhead ['spɪəhed, *Am:* 'spɪr-] **I.** *vt* encabezar **II.** *n a. fig* punta *f* de lanza

special ['speʃəl] **I.** *adj* especial; (*aptitude*) excepcional; **nothing ~** *inf* nada en particular **II.** *n* RAIL tren *m* especial

specialist ['speʃəlɪst] *n* especialista *mf*

speciality [ˌspeʃɪ'æləti, *Am:* -ṭi] *n* <-ies> especialidad *f*

specialize ['speʃəlaɪz] *vi, vt* especializar(se)

specially *adv* especialmente
specialty ['speʃəltɪ, *Am:* -t̬i] *n Am, Aus s.* **speciality**
species ['spiːʃiːz] *n inv a.* BIO especie *f*
specific [spəˈsɪfɪk] *adj* específico
specifically *adv* expresamente; (*particularly*) específicamente
specification [ˌspesɪfɪˈkeɪʃən, *Am:* -əfɪˈ-] *n* especificación *f*
specify ['spesɪfaɪ, *Am:* -əfaɪ] <-ie-> *vt* especificar
specimen ['spesɪmɪn, *Am:* -əmən] *n* ejemplar *m*; (*of blood, urine*) muestra *f*
speck [spek] *n* punto *m*, mota *f*
speckled *adj* con motitas, moteado
specs [speks] *npl Brit, inf abbr of* **spectacles** gafas *fpl*
spectacle ['spektəkl] *n* espectáculo *m*
spectacular [spekˈtækjʊləʳ, *Am:* -lə-] I. *adj* espectacular II. *n* programa *m* especial
spectator [spekˈteɪtəʳ, *Am:* -t̬ə-] *n* espectador(a) *m(f)*
spectrum ['spektrəm] <-ra *o* -s> *n* espectro *m*
speculate ['spekjʊleɪt] *vi* to ~ **about sth** (*hypothesize*) especular acerca de algo; (*conjecture*) hacer conjeturas acerca de algo
speculation [ˌspekjʊˈleɪʃən] *n* especulación *f*, conjetura *f*
sped [sped] *pt, pp of* **speed**
speech [spiːtʃ] <-es> *n* 1. *no pl* (*capacity to speak*) habla *f* 2. (*words*) palabras *fpl* 3. (*public talk*) discurso *m*
speechless ['spiːtʃləs] *adj* mudo
speed [spiːd] I. *n* 1. (*velocity*) velocidad *f*; **at a ~ of …** a una velocidad de… 2. (*quickness*) rapidez *f* 3. (*gear*) marcha *f* II. *vi* <sped, sped> 1. (*go fast*) ir de prisa; **to ~ by** pasar volando 2. (*exceed speed restrictions*) ir a exceso de velocidad
◆ **speed up** <-ed, -ed> I. *vt* acelerar, expeditar *AmL* II. *vi* acelerarse
speedboat ['spiːdbəʊt, *Am:* -boʊt] *n* lancha *f* motora
speeding *n no pl* exceso *m* de velocidad

speed limit *n* velocidad *f* máxima
speedometer [spiːˈdɒmɪtəʳ, *Am:* -ˈdɑːmət̬ə-] *n* velocímetro *m*
speed trap *n* control *m* de velocidad
speedway ['spiːdweɪ] *n* SPORTS pista *f* de carreras
speedy ['spiːdi] <-ier, -iest> *adj* veloz
spell¹ [spel] *n a. fig* encanto *m*; **to be under a ~** estar hechizado
spell² [spel] *n* 1. (*period*) temporada *f* 2. (*turn*) turno *m*
spell³ [spel] <spelled, spelled *o Brit:* spelt, spelt> *vt* 1. (*form using letters*) deletrear; **how do you ~ it?** ¿cómo se deletrea? 2. (*signify*) significar
◆ **spell out** *vt* deletrear
spellbound ['spelbaʊnd] *adj* hechizado; *fig* fascinado
spelling *n no pl* ortografía *f*
spelt [spelt] *pt, pp of* **spell**
spend [spend] <spent, spent> *vt* 1. (*money*) gastar 2. (*time*) pasar; **to ~ time** (**doing sth**) dedicar tiempo (a hacer algo)
spending money *n* dinero *m* para gastos personales
spendthrift ['spendθrɪft] *inf* I. *adj* derrochador, botado *AmC* II. *n* derrochador(a) *m(f)*, botador(a) *m(f)* *AmL*
spent [spent] I. *pt, pp of* **spend** II. *adj* (*used*) gastado
sperm [spɜːm, *Am:* spɜːrm] <-(s)> *n* esperma *m o f*
spew [spjuː] *vi, vt* vomitar
sphere [sfɪəʳ, *Am:* sfɪr] *n* esfera *f*
spice [spaɪs] I. *n* especia *f*, olor *m Chile* II. *vt* condimentar
spick and span [ˌspɪkənˈspæn] *adj inf* impecable
spicy ['spaɪsi] <-ier, -iest> *adj* picante
spider ['spaɪdəʳ, *Am:* -də-] *n* araña *f*
spider's web *n Brit,* **spiderweb** ['spaɪdəweb, *Am:* -də-] *n Am, Aus* telaraña *f*
spiel [ʃpiːl] *n inf* rollo *m*
spike [spaɪk] I. *n* 1. (*pointed object*) pincho *m* 2. *pl* (*running shoes*) zapatillas *fpl* con clavos II. *vt* clavar

spill [spɪl] <spilt, spilt o *Am, Aus:* spilled, spilled> *vi, vt* derramar(se)
◆ **spill over** *vi* derramarse
spillage ['spɪlɪdʒ] *n* derrame *m*
spilt [spɪlt] *pp, pt of* **spill**
spin [spɪn] I. *n* 1. (*rotation*) vuelta *f* 2. (*in washing machine*) revolución *f* 3. (*drive*) **to go for a ~** dar un paseo (en coche) II. *vi, vt* <spun *Brit:* span, spun> 1. (*rotate*) girar 2. (*make thread*) hilar
◆ **spin out** *vt* prolongar
spina bifida [ˌspaɪnə'bɪfɪdə] *n no pl* MED espina *f* bífida
spinach ['spɪnɪtʃ] *n* espinacas *fpl*
spinal ['spaɪnəl] *adj* ANAT espinal
spinal cord *n* médula *f* espinal
spindly <-ier, -iest> *adj* larguirucho
spin doctor *n* POL asesor(a) *m(f)*
spin-dryer *n* secador *m* centrífugo
spine [spaɪn] *n* 1. (*spinal column*) columna *f* vertebral 2. BOT espina *f*
spineless ['spaɪnləs] *adj* (*weak*) blando
spinning *n* rotación *f*
spinning top *n* peonza *f* **spinning wheel** *n* rueca *f*
spin-off ['spɪnɒf, *Am:* -aːf] *n* subproducto *m*
spinster ['spɪnstər, *Am:* -stɚ] *n a. pej* solterona *f*
spiral ['spaɪərəl, *Am:* 'spaɪ-] I. *n* espiral *f* II. *adj* espiral; **~ staircase** escalera *f* de caracol III. *vi* <*Brit:* -ll-, *Am:* -l-> (*increase*) aumentar
spire ['spaɪər, *Am:* -ɚ] *n* ARCHIT aguja *f*
spirit ['spɪrɪt] *n* 1. (*soul*) alma *f* 2. (*ghost*) fantasma *m* 3. *pl* (*mood*) ánimos *mpl;* **to be in high/low ~s** estar animado/desanimado 4. (*character*) carácter *m* 5. (*attitude*) espíritu *m* 6. *pl* (*alcoholic drink*) alcohol *m*
spirited *adj* enérgico; (*discussion*) animado
spirit-level *n* nivel *m* de burbuja
spiritual ['spɪrɪtʃuəl] I. *adj* espiritual II. *n* MUS espiritual *m* negro
spiritualism ['spɪrɪtʃuəlɪzəm] *n no pl* espiritismo *m*
spit¹ [spɪt] *n* GASTR asador *m*

spit² [spɪt] I. *n inf* saliva *f* II. *vi* <spat, spat> 1. (*expel saliva*) escupir 2. (*crackle*) chisporrotear
spite [spaɪt] I. *n no pl* rencor *m;* **in ~ of** a pesar de II. *vt* fastidiar
spiteful ['spaɪtfəl] *adj* rencoroso
spittle ['spɪtl, *Am:* 'spɪt̬-] *n* escupitajo *m*, desgarro *m AmL*
splash [splæʃ] I. *n* 1. (*sound*) chapoteo *m* 2. (*small drops*) salpicadura *f* II. *vi, vt* salpicar
spleen [spliːn] *n* ANAT bazo *m*
splendid ['splendɪd] *adj* espléndido
splint [splɪnt] I. *n* tablilla *f* II. *vt* entablillar
splinter ['splɪntər, *Am:* -t̬ɚ] I. *n* astilla *f* II. *vi* astillarse
split [splɪt] I. *n* 1. (*crack*) grieta *f* 2. (*in clothes*) desgarrón *m* 3. (*division*) división *f* II. *vt* <split, split> 1. (*divide*) dividir 2. (*crack*) agrietar III. *vi* <split, split> 1. (*divide*) dividirse 2. (*form cracks*) agrietarse
◆ **split up** *vi* **to ~ with sb** separarse de alguien
split personality *n* PSYCH doble personalidad *f*
splutter ['splʌtər, *Am:* 'splʌt̬ɚ] *vi* chisporrotear; (*person*) farfullar
spoil [spɔɪl] <spoilt, spoilt *Am:* spoiled, spoiled> I. *vt* 1. (*ruin*) estropear 2. (*child*) mimar, engreír *AmL* II. *vi* estropearse
spoilsport ['spɔɪlspɔːt, *Am:* -spɔːrt] *n inf* aguafiestas *mf inv*
spoilt I. *pt, pp of* **spoil** II. *adj* mimado, engreído *AmL*
spoke¹ [spəʊk, *Am:* spoʊk] *pt of* **speak**
spoke² [spəʊk, *Am:* spoʊk] *n* radio *m*
spoken *pp of* **speak**
spokesman *n* portavoz *m*, vocero *m AmL* **spokesperson** *n* portavoz *mf*, vocero, -a *m, f AmL* **spokeswoman** *n* portavoz *f*, vocera *f AmL*
sponge [spʌndʒ] I. *n* 1. (*cloth*) esponja *f* 2. GASTR bizcocho *m* II. *vt* limpiar con una esponja
◆ **sponge down** *vt*, **sponge off** *vt* limpiar con una esponja
◆ **sponge on** *vt inf* vivir a costa de

sponge bag *n Aus, Brit* neceser *m*

sponsor ['spɒntsəʳ, *Am:* 'spɑːntsɚ]
I. *vt* patrocinar **II.** *n* patrocinador(a)
m(f), propiciador(a) *m(f) AmL*

sponsorship *n no pl* patrocinio *m*

spontaneous [spɒn'teɪniəs, *Am:*
spɑːn'-] *adj* espontáneo

spooky ['spuːki] <-ier, -iest> *adj inf*
espectral

spool [spuːl] *n* bobina *f; (of film)*
carrete *m*

spoon [spuːn] *n* cuchara *f*

spoon-feed ['spuːnfiːd] *vt* **1.** *(feed)*
dar de comer con cuchara **2.** *pej* to ~
sb dar todo hecho a alguien

spoonful ['spuːnfʊl] <-s *o* spoons-
ful> *n* cucharada *f*

sporadic [spə'rædɪk] *adj* esporádico

sport [spɔːt, *Am:* spɔːrt] *n* **1.** *(activity)* deporte *m* **2.** *inf (person)* **to be
a (good)** ~ ser buena gente

sporting *adj* deportivo, esportivo
AmL

sports car *n* coche *m* deportivo

sports field *n* campo *m* de deportes

sports jacket *n* chaqueta *f* de sport

sportsman ['spɔːtsmən, *Am:*
'spɔːrts-] *n* deportista *m*

sportsmanship *n no pl* deportivi-
dad *f*

sportswear *n no pl* ropa *f* de deporte

sportswoman ['spɔːtsˌwʊmən,
Am: 'spɔːrts-] *n* deportista *f*

sporty ['spɔːti, *Am:* 'spɔːrt̬i] <-ier,
-iest> *adj* deportivo

spot [spɒt, *Am:* spɑːt] **I.** *n* **1.** *(mark)*
mancha *f* **2.** *(pattern)* lunar *m*
3. *Brit (on skin)* grano *m* **4.** *Brit
(little bit)* poquito *m;* **a** ~ **of rain** una
gota de lluvia **5.** *(place)* lugar *m;* **on
the** ~ *(at once)* en el acto **6.** *(part of
TV, radio show)* espacio *m* **7.** *fig* **to
put sb on the** ~ poner a alguien en
un aprieto **II.** <-tt-> *vt (see)* divisar

spot check *n* control *m* al azar

spotless ['spɒtləs, *Am:* 'spɑːt-] *adj*
1. *(very clean)* inmaculado **2.** *(un-
blemished)* sin manchas

spotlight ['spɒtlaɪt, *Am:* 'spɑːt-] *n*
foco *m*

spot-on [spɒt'ɒn, *Am:* spɑːt'ɑːn]
adj Aus, Brit, inf exacto

spotted *adj* manchado

spotty ['spɒti, *Am:* 'spɑːt̬i] <-ier,
-iest> *adj Aus, Brit (having blemished skin)* con granos

spouse [spaʊz] *n form* cónyuge *mf*

spout [spaʊt] **I.** *n (of jar)* pico *m;*
(tube) caño *m* **II.** *vi* chorrear

sprain [spreɪn] **I.** *vt* torcer **II.** *n*
torcedura *f*

sprang [spræŋ] *vi, vt pt of* **spring**

sprawl [sprɔːl, *Am:* sprɑːl] *pej* **I.** *vi*
tumbarse; **to send sb ~ing** derribar
a alguien **II.** *n (of town)* extensión *f*

spray [spreɪ] **I.** *n* **1.** *(mist)* rocío *m*
2. *(device)* atomizador *m* **II.** *vt* rociar

spread [spred] **I.** *n* **1.** *(act of spreading)* propagación *f* **2.** *(range)* gama *f*
3. *(article)* reportaje *m* a toda página
4. *Aus, Brit, inf (meal)* comilona *f*
II. <spread, spread> *vi (liquid)* extenderse; *(disease)* propagarse;
(news) difundirse **III.** <spread,
spread> *vt* **1.** *(disease)* propagar;
(news) difundir **2.** *(butter)* untar
3. *(map, blanket)* extender

spread-eagled [ˌspred'iːgld, *Am:*
'spred,iː-] *adj* despatarrado

spreadsheet ['spredʃiːt] *n* INFOR
hoja *f* de cálculo

spree [spriː] *n* parranda *f,* tambarria *f*
AmC; **to go (out) on a drinking** ~ ir
de juerga

sprightly ['spraɪtli] <-ier, -iest> *adj*
vivaz

spring [sprɪŋ] **I.** *n* **1.** *(season)* primavera *f* **2.** *(jump)* salto *m* **3.** *(metal
coil)* resorte *m* **4.** *(elasticity)* elasticidad *f* **5.** *(source of water)* manantial
m, yurro *m CRi* **II.** <sprang,
sprung> *vi* saltar; **to** ~ **to one's
feet** levantarse de un salto
III. <sprang, sprung> *vt* **to** ~ **sth
on sb** soltarle algo a alguien

springboard ['sprɪŋbɔːd, *Am:*
-bɔːrd] *n* trampolín *m*

spring-clean *vt* limpiar a fondo

spring onion *n Aus, Brit* cebolleta *f*

spring roll *n* rollito *m* de primavera

springtime *n no pl* primavera *f*

sprinkle ['sprɪŋkl] **I.** *vt* salpicar **II.** *n*
salpicadura *f*

sprinkler ['sprɪŋklər, *Am:* -ə‍r] *n* aspersor *m*

sprint [sprɪnt] SPORTS I. *vi* esprintar II. *n* esprint *m*

sprinter ['sprɪntər, *Am:* -t̬ə‍r] *n* velocista *mf*

sprocket ['sprɒkɪt, *Am:* 'sprɑ:-] *n* plato *m*

sprout [spraʊt] I. *n Brit* (**Brussels**) ~**s** coles *mpl* de Bruselas II. *vi* brotar

spruce¹ [spru:s] *n* BOT picea *f*

spruce² [spru:s] *adj* aseado
♦ **spruce up** *vt* to **spruce oneself up** arreglarse

sprung [sprʌŋ] I. *adj Brit* de muelles II. *pp* of **spring**

spry [spraɪ] *adj* ágil

spun [spʌn] *pt, pp* of **spin**

spur [spɜ:r, *Am:* spɜ:r] I. <-rr-> *vt fig* estimular II. *n* 1. (*device*) espuela *f* 2. (*encouragement*) estímulo *m;* **on the ~ of the moment** *inf* sin pensarlo

spurious ['spjʊərɪəs, *Am:* 'spjʊrɪ-] *adj* falso

spurn [spɜ:n, *Am:* spɜ:rn] *vt form* desdeñar

spurt [spɜ:t, *Am:* spɜ:rt] I. *n* esfuerzo *m* supremo; **to put on a ~** acelerar II. *vi Am* (*accelerate*) acelerar

spy [spaɪ] I. *n* espía *mf* II. *vi* espiar; **to ~ on sb** espiar a alguien III. *vt* divisar

Sq. *abbr of* **square** Pza.

squabble ['skwɒbl, *Am:* 'skwɑ:bl] I. *n* riña *f* II. *vi* reñir

squad [skwɒd, *Am:* skwɑ:d] *n* 1. (*group*) pelotón *m;* (*of police*) brigada *f;* **anti-terrorist** ~ brigada antiterrorista 2. (*sports team*) equipo *m*

squaddie ['skwɒdi, *Am:* 'skwɑ:di] *n Brit, inf* soldado *m* raso

squadron ['skwɒdrən, *Am:* 'skwɑ:-drən] *n* escuadrón *m*

squalid ['skwɒlɪd, *Am:* 'skwɑ:lɪd] *adj* sórdido

squall [skwɔ:l] I. *n* ráfaga *f* II. *vi* chillar

squalor ['skwɒlər, *Am:* 'skwɑ:lə‍r] *n no pl* miseria *f*

squander ['skwɒndər, *Am:* 'skwɑ:ndə‍r] *vt* (*money*) malgastar

square [skweər, *Am:* skwer] I. *n* 1. (*shape*) cuadrado *m* 2. (*in town*) plaza *f* 3. *fig* **to go back to ~ one** volver al punto de partida II. *adj* 1. (*square-shaped*) cuadrado; **four ~ metres** cuatro metros cuadrados 2. *inf* (*level*) igual; **to be** (**all**) **~** SPORTS estar (todos) empatados III. *vt* 1. (*align*) cuadrar 2. *inf* (*settle*) acomodar; **I can't ~ this with my principles** no puedo encajar esto con mis principios 3. MAT elevar al cuadrado
♦ **square up** *vi* to **~ with sb** ajustar cuentas con alguien

square dance *n* baile *m* de figuras

[?] **Square dance** es el nombre que recibe un popular baile americano. Grupos de cuatro parejas bailan en círculo, en cuadrado o formando dos líneas. Todos ellos llevan a cabo los movimientos que les va indicando un **caller**. El **caller** puede dar las indicaciones cantando o hablando. Estos bailarines suelen bailar acompañados de músicos con violines, bajos o guitarras.

---

squarely *adv* directamente

square root *n* raíz *f* cuadrada

squash¹ [skwɒʃ, *Am:* skwɑ:ʃ] *n Am* (*vegetable*) calabaza *f*

squash² [skwɒʃ, *Am:* skwɑ:ʃ] I. *n* 1. *no pl* SPORTS squash *m* 2. *Aus, Brit* (*drink*) zumo *m* II. *vt* aplastar

squat [skwɒt, *Am:* skwɑ:t] I. <-tt-> *vi* 1. (*crouch down*) agacharse 2. (*in property*) ocupar una vivienda sin permiso II. <-tt-> *adj* rechoncho

squatter ['skwɒtər, *Am:* 'skwɑ:t̬ə‍r] *n* ocupa *mf*

squawk [skwɔ:k, *Am:* skwɑ:k] I. *vi* graznar II. *n* (*sharp cry*) graznido *m*

squeak [skwi:k] I. *n* chirrido *m* II. *vi* chirriar

squeaky ['skwi:ki] <-ier, -iest> *adj* chirriante

squeal [skwi:l] *vi* chillar

squeamish ['skwi:mɪʃ] *adj* remilgado

squeeze [skwi:z] I. *n* 1. (*pressing action*) estrujón *m* 2. (*limit*) restricción *f* II. *vt* 1. (*press together*) estrujar 2. (*force*) presionar

squelch [skweltʃ] I. *vi* chapotear II. *vt Am* aplastar III. *n* chapoteo *m*

squid [skwɪd] <-(s)> *n* calamar *m*

squiggle ['skwɪgl] *n* garabato *m*

squint [skwɪnt] I. *vi* bizquear II. *n* estrabismo *m*, bizquera *f AmL*

squirm [skwɜːm, *Am:* skwɜːrm] *vi* retorcerse

squirrel ['skwɪrəl, *Am:* 'skwɜːr-] *n* ardilla *f*

squirt [skwɜːt, *Am:* skwɜːrt] *vi* salir a chorros

Sr *n abbr of* **senior** padre

Sri Lanka [ˌsriːˈlæŋkə, *Am:* -ˈlɑː-ŋ-] *n* Sri Lanka *m*

Sri Lankan [ˌsriːˈlæŋkən, *Am:* -ˈlɑː-ŋ-] *adj* esrilanqués

SSW [ˌesesˈdʌbljuː] *abbr of* **south--southwest** SSO

St *n* 1. *abbr of* **saint** (*man*) S., Sto.; (*woman*) Sta. 2. *abbr of* **street** c/

stab [stæb] I. <-bb-> *vt* apuñalar, achurar *CSur;* **to ~ sb to death** matar a alguien de una puñalada II. *n* 1. (*blow*) puñalada *f* 2. (*sudden pain*) punzada *f* 3. (*attempt*) **to have a ~ at** (**doing**) **sth** intentar (hacer) algo

stable¹ ['steɪbl] *adj* estable

stable² ['steɪbl] *n* cuadra *f*

stack [stæk] I. *vt* apilar II. *n* 1. (*pile*) pila *f* 2. *inf* (*large amount*) montón *m*, ponchada *f CSur*

stadium ['steɪdɪəm] <-s *o* -dia> *n* estadio *m*

staff [stɑːf, *Am:* stæf] I. *n* 1. (*employees*) personal *m*, elenco *m AmL* 2. SCHOOL, UNIV profesorado *m* 3. (*stick*) bastón *m* II. *vt* dotar de personal

stag [stæg] *n* ciervo *m*

stage [steɪdʒ] I. *n* 1. (*period*) etapa *f*, pascana *f AmS;* **to do sth in ~s** hacer algo por etapas 2. THEAT escena *f;* **the ~** el teatro II. *vt* 1. (*produce on stage*) representar 2. (*organize*)

organizar

stagecoach ['steɪdʒkəʊtʃ, *Am:* -koʊtʃ] *n* diligencia *f*

stage manager *n* THEAT director(a) *m(f)* de escena; CINE director(a) *m(f)* de producción

stagger ['stægəʳ, *Am:* -ɚ-] I. *vi* tambalearse II. *vt* 1. (*amaze*) asombrar 2. (*work, payments*) escalonar

staggering *adj* (*amazing*) sorprendente

stagnant ['stægnənt] *adj* a. *fig* estancado

stagnate [stæg'neɪt, *Am:* 'stægneɪt] *vi* estancarse

stag night *n*, **stag party** *n* Brit despedida *f* de soltero

staid [steɪd] *adj* serio

stain [steɪn] I. *vt* 1. (*mark*) manchar 2. (*dye*) teñir II. *n* 1. (*mark*) mancha *f* 2. (*dye*) tinte *m*

stained glass window *n* vidriera *f*

stainless ['steɪnləs] *adj* (*immaculate*) inmaculado; (*that cannot be stained*) que no se mancha

stainless steel *n* acero *m* inoxidable

stain remover *n* quitamanchas *m inv*

stair [steəʳ, *Am:* ster] *n* 1. (*rung*) peldaño *m* 2. *pl* (*set of steps*) escalera *f*

staircase ['steəkeɪs, *Am:* 'ster-] *n*, **stairway** ['steəweɪ, *Am:* 'ster-] *n* escalera *f*

stake [steɪk] I. *n* 1. (*stick*) estaca *f* 2. (*share*) participación *f;* **to have a ~ in sth** tener interés en algo 3. (*bet*) apuesta *f;* **to be at ~** estar en juego II. *vt* 1. (*mark with stakes*) marcar con estacas 2. (*bet*) apostar; **to ~ a claim to sth** reivindicar algo
  ♦ **stake out** *vt Am, inf* poner bajo vigilancia

stalactite ['stæləktaɪt, *Am:* stə-'læk-] *n* estalactita *f*

stalagmite ['stæləgmaɪt] *n* estalagmita *f*

stale [steɪl] *adj* pasado; (*bread*) duro

stalemate ['steɪlmeɪt] *n* tablas *fpl*

stalk¹ [stɔːk] *n* tallo *m*

stalk² [stɔːk] I. *vt* (*follow*) acechar II. *vi* **to ~ off** marcharse airadamente

stall [stɔːl] **I.** *n* **1.** (*for animal*) esta- blo *m* **2.** *Brit, Aus* CINE, THEAT **the ~s** el patio de butacas **3.** (*in market*) puesto *m*, tarantín *m Ven* **II.** *vi* **1.** (*stop running: engine*) calarse **2.** *inf* (*delay*) ir con rodeos **III.** *vt* (*engine*) calar

stallion ['stælɪən, *Am:* -jən] *n* se- mental *m*, padrón *m AmL*, padrote *m AmC, Méx*

stalwart ['stɔːlwət, *Am:* -wɚt] *n form* partidario, -a *m, f* leal

stamina ['stæmɪnə, *Am:* -ənə] *n no pl* resistencia *f*

stammer ['stæmə^r, *Am:* -ɚ] **I.** *vi* tar- tamudear **II.** *vt* decir tartamudeando **III.** *n* tartamudeo *m*

stamp [stæmp] **I.** *n* sello *m*, estam- pilla *f AmL;* (*device*) tampón *m;* (*mark*) sello *m* **II.** *vt* **1.** (*place post- age stamp on*) pegar un sello en **2.** (*impress a mark on*) estampar **3. to ~ one's foot** patear **III.** *vi* pata- lear

stamp album *n* álbum *m* de sellos

stamp collector *n* coleccionista *mf* de sellos

stampede [stæm'piːd] *n* estampi- da *f*

stance [staːns, *Am:* stæns] *n* pos- tura *f*

stand [stænd] **I.** *n* **1.** (*position*) posi- ción *f;* **to take a ~ on** (**doing**) **sth** adoptar una postura con respecto a (hacer) algo; **to make a ~ against sth** oponer resistencia a algo **2.** *pl* (*in stadium*) tribuna *f* **3.** (*support, frame*) soporte *m;* **music** ~ atril *m* **4.** (*market stall*) puesto *m*, trucha *f AmC* **5.** (*for vehicles*) parada *f* **II.** <stood, stood> *vi* **1.** (*be upright*) estar de pie; **to ~ still** es- tarse quieto **2.** (*be located*) encon- trarse **3.** (*remain unchanged*) mantenerse en vigor **III.** <stood, stood> *vt* **1.** (*place*) poner (de pie), colocar **2.** (*bear*) aguantar; **I can't ~ her** no la puedo ver **3.** (*pay for*) **to ~ sb a drink** invitar a alguien a una copa

◆ **stand aside** *vi* **1.** (*move*) apar- tarse **2.** (*stay*) mantenerse aparte

◆ **stand by I.** *vi* (*be ready to take ac- tion*) estar alerta **II.** *vt* (*support*) apoyar

◆ **stand down** *vi Brit, Aus* renun- ciar

◆ **stand for** *vt* **1.** (*mean*) significar **2.** (*tolerate*) aguantar

◆ **stand in** *vi* **to ~ for sb** suplir a al- guien

◆ **stand out** *vi* destacar

◆ **stand up** *vi* (*be upright*) levan- tarse, arriscarse *Col*

standard ['stændəd, *Am:* -dɚd] **I.** *n* **1.** (*level*) nivel *m* **2.** (*norm*) norma *f* **3.** (*flag*) estandarte *m* **II.** *adj* **1.** (*normal*) normal **2.** LING estándar

standardize ['stændədaɪz, *Am:* -dɚ-] *vt* estandarizar

standard lamp ['stændədlæmp, *Am:* -dɚd-] *n Brit, Aus* (*floor lamp*) lámpara *f* de pie

standby ['stændbaɪ] *n* **1.** (*of money, food*) reserva *f* **2.** AVIAT lista *f* de espera; **to be** (**put**) **on ~** estar sobre aviso

stand-in ['stændɪn] *n* suplente *mf;* CINE doble *mf*

standing ['stændɪŋ] **I.** *n* **1.** (*status*) posición *f* **2.** (*duration*) **of long ~** desde hace mucho tiempo **II.** *adj* **1.** (*upright*) vertical **2.** (*permanent*) permanente

standing order *n* pedido *m* regular

standoffish [ˌstændˈɒfɪʃ, *Am:* -ˈɑː- fɪʃ] *adj inf* distante, esquivo

standpoint ['stændpɔɪnt] *n* punto *m* de vista

standstill ['stændstɪl] *n no pl* parali- zación *f;* **to be at a ~** estar parado

stank [stæŋk] *pt of* **stink**

staple¹ ['steɪpl] **I.** *n* (*product, ar- ticle*) producto *m* principal **II.** *adj* (*principal*) principal

staple² ['steɪpl] **I.** *n* (*fastener*) grapa *f* **II.** *vt* grapar

stapler ['steɪplə^r, *Am:* -plɚ] *n* gra- padora *f*

star [staː^r, *Am:* staːr] **I.** *n* estrella *f* **II.** *vt* <-rr-> THEAT, CINE tener como protagonista

starboard ['staːbəd, *Am:* 'staːr- bɚd] **I.** *n* NAUT estribor *m* **II.** *adj* de estribor

starch [stɑːtʃ, *Am:* stɑːrtʃ] *n no pl* almidón *m*

stardom ['stɑːdəm, *Am:* 'stɑːr-] *n no pl* estrellato *m*, estelaridad *f* Chile

stare [steəʳ, *Am:* ster] **I.** *vi* mirar fijamente **II.** *n* mirada *f* fija

starfish ['stɑːfɪʃ, *Am:* 'stɑːr-] <-(es)> *n* estrella *f* de mar

stark [stɑːk, *Am:* stɑːrk] **I.** *adj* **1.** (*desolate*) severo **2.** (*austere*) austero **II.** *adv* ~ **naked** en cueros, empelotado *AmL*

starkers ['stɑːkəʳs, *Am:* 'stɑːrkəz] *adj Brit, Aus, inf* (*naked*) en cueros

starling ['stɑːlɪŋ, *Am:* 'stɑːr-] *n* estornino *m*

starry ['stɑːri] <-ier, -iest> *adj* estrellado

starry-eyed [ˌstɑːri'aɪd, *Am:* 'stɑːriˌaɪd] *adj* soñador

Stars and Stripes *n* the ~ *la bandera de EE.UU.*

star sign *n* signo *m* del zodiaco

start [stɑːt, *Am:* stɑːrt] **I.** *vi* **1.** (*begin*) comenzar; **to** ~ **to do sth** empezar a hacer algo **2.** (*begin journey*) salir **3.** (*make sudden movement*) sobresaltarse **II.** *vt* **1.** (*begin*) comenzar **2.** (*set in operation*) poner en marcha **3.** (*establish: business*) abrir **III.** *n* **1.** (*beginning*) principio *m*; **to make an early/late** ~ empezar temprano/tarde **2.** SPORTS salida *f* **3.** (*sudden movement*) sobresalto *m*; **to give sb a** ~ dar un susto a alguien

◆**start off** *vi* **1.** (*begin*) empezar **2.** (*begin journey*) salir

◆**start up I.** *vt* fundar; (*vehicle*) arrancar **II.** *vi* empezar; (*vehicle*) arrancar

starter *n* **1.** AUTO arranque *m* **2.** *Brit, inf* GASTR entrante *m*

starting point *n* punto *m* de partida

startle ['stɑːtl, *Am:* 'stɑːrt̬l] *vt* sobresaltar

startling *adj* (*surprising*) asombroso; (*alarming*) alarmante

starvation [stɑː'veɪʃən, *Am:* stɑːr'-] *n no pl* hambre *m*

starve [stɑːv, *Am:* stɑːrv] **I.** *vi* pasar hambre, hambrear *AmL*; (*die of hunger*) morir de hambre **II.** *vt* hacer pasar hambre; (*of love, support*) privar

stash [stæʃ] *vt* ocultar

state [steɪt] **I.** *n* **1.** (*condition*) estado *m*; ~ **of siege/war** estado de sitio/guerra; ~ **of mind** estado de ánimo; **to be in a** ~ *inf* estar nervioso **2.** (*nation*) estado *m* **3.** (*pomp*) **to lie in** ~ yacer en la capilla ardiente **II.** *vt* **1.** (*express*) declarar **2.** (*specify, fix*) exponer

State Department *n no pl, Am* ≈ Ministerio *m* de Asuntos Exteriores

stately ['steɪtli] *adj* majestuoso

statement ['steɪtmənt] *n* **1.** (*declaration*) declaración *f*; **to make a** ~ LAW prestar declaración **2.** (*bank statement*) extracto *m* de cuenta

state school *n* escuela *f* pública

statesman ['steɪtsmən] <-men> *n* estadista *m*

static ['stætɪk, *Am:* 'stæt̬-] **I.** *adj* estático **II.** *n* PHYS *no pl* electricidad *f* estática

station ['steɪʃən] **I.** *n* **1.** RAIL estación *f* **2.** (*place*) sitio *m* **3.** RADIO emisora *f* **4.** (*position*) puesto *m*; **action** ~**s!** MIL ¡a sus puestos! **5.** (*social position*) clase *f* social **II.** *vt* **1.** (*place*) colocar **2.** MIL destinar

stationary ['steɪʃənəri, *Am:* 'steɪʃəner-] *adj* inmóvil

stationer ['steɪʃənəʳ, *Am:* -ʃənə] *n Brit* dueño, -a *m, f,* de una papelería

stationery ['steɪʃənəri, *Am:* 'steɪʃəner-] *n no pl* artículos *mpl* de papelería

station master *n* jefe, -a *m, f* de estación **station wagon** *n Am, Aus* furgoneta *m*

statistics [stə'tɪstɪks] *n* estadística *f*

statue ['stætʃuː] *n* estatua *f*

stature ['stætʃəʳ, *Am:* -ə] *n* **1.** (*height*) estatura *f* **2.** (*reputation*) talla *f*

status ['steɪtəs, *Am:* -t̬əs] *n no pl* **1.** (*official position*) estatus *m* **2.** (*prestige*) prestigio *m*

status quo *n no pl* statu quo *m*

status symbol *n* signo *m* de prestigio social

statute ['stætjuːt, *Am:* 'stætʃuːt] *n*
LAW ley *f*

statutory ['stætjətəri, *Am:* 'stætʃətɔːr-] *adj* legal

staunch¹ [stɔːntʃ] *adj* incondicional

staunch² [stɔːntʃ] *vt* restañar

stave [steɪv] *n* **1.** MUS pentagrama *m*
2. (*piece of wood*) duela *f*
◆ **stave in** <stove in, stove in> *vt*
romper
◆ **stave off** <staved off, staved
off> *vt* (*postpone*) aplazar; (*prevent*) evitar

stay [steɪ] **I.** *n* estancia *f*, estada *f*
AmL **II.** *vi* **1.** (*remain present*) quedarse **2.** (*reside temporarily*) alojarse
◆ **stay behind** *vi* quedar atrás
◆ **stay in** *vi* quedarse en casa
◆ **stay on** *vi* quedarse
◆ **stay out** *vi* no volver a casa
◆ **stay up** *vi* no acostarse

staying power *n no pl* resistencia *f*

STD [ˌestiː'diː] *n* **1.** MED *abbr of* **sexually transmitted disease** ETS *f*
2. *Brit, Aus* TECH *abbr of* **subscriber
trunk dialling** *servicio de transferencias interurbanas;* ~ **code** prefijo
m

stead [sted] *n no pl* lugar *m;* **in his/
her** ~ en su lugar; **to stand sb in
good** ~ (**for sth**) ser útil a alguien
(para algo)

steadfast ['stedfɑːst, *Am:* -fæst] *adj*
firme

steady ['stedi] **I.** <-ier, -iest> *adj*
1. (*stable*) fijo, firme **2.** (*regular*)
regular **3.** (*boyfriend*) formal **II.** *vt*
1. (*stabilize*) estabilizar **2.** (*make
calm*) calmar

steak [steɪk] *n* bistec *m*, bife *m* *AmL;*
(*of lamb, fish*) filete *m*

steal [stiːl] <stole, stolen> *vt, vi*
robar, cachar *AmC*, apachar *Perú*

stealth [stelθ] *n no pl* sigilo *m;* **by** ~
con sigilo

stealthy ['stelθi] *adj* sigiloso

steam [stiːm] **I.** *n no pl* **1.** (*water vapour*) vapor *m* **2.** *fig* **to run out of** ~
perder vigor; **to do sth under one's
own** ~ hacer algo por sus propios
medios; **to let off** ~ desahogarse

II. *vi* (*produce steam*) echar vapor
III. *vt* GASTR cocer al vapor
◆ **steam up** *vi* **1.** (*become steamy*)
empañarse **2.** *inf* **to get steamed up
(about sth)** acalorarse (por algo)

steam engine *n* máquina *f* de vapor

steamer ['stiːmə*, *Am:* -ɚ] *n*
1. (*boat*) vapor *m* **2.** GASTR vaporera *f*

steamroller *n* apisonadora *f* **II.** *vt*
a. fig aplastar **steamship** *n* vapor *m*

steamy ['stiːmi] <-ier, -iest> *adj*
1. (*full of steam*) lleno de vapor
2. (*very humid*) húmedo

steel [stiːl] **I.** *n no pl* acero *m* **II.** *adj*
de acero

steelworks ['stiːlwɜːks, *Am:*
-wɜːrks] *n inv* planta *f* siderúrgica

steep¹ [stiːp] *adj* **1.** (*sharply sloping*)
empinado **2.** (*increase, fall*) pronunciado **3.** (*expensive*) exorbitante

steep² [stiːp] *vt* remojar

steeple ['stiːpl] *n* ARCHIT torre *f* con
aguja

steeplejack ['stiːpldʒæk] *n* reparador(a) *m(f)* de torres

steer [stɪə*, *Am:* stɪr] **I.** *vt* dirigir;
(*car*) conducir, manejar *AmL* **II.** *vi*
conducir, manejar *AmL;* **to** ~ **clear
of sth/sb** evitar algo/a alguien

steering *n no pl* dirección *f*

steering wheel *n* volante *m*, guía *f*
PRico

stem [stem] **I.** *n* (*of plant*) tallo *m;*
(*of glass*) pie *m* **II.** <-mm-> *vt* detener; (*blood*) restañar

stench [stentʃ] *n no pl* hedor *m*

stencil ['stensl] **I.** *n* **1.** (*cut-out pattern*) plantilla *f* **2.** (*picture drawn*)
patrón *m* **II.** *vt* dibujar utilizando
una plantilla

stenographer [stə'nɒgrəfə*, *Am:*
-'nɑːgrəfɚ] *n* estenógrafo, -a *m, f*

step [step] **I.** *n* **1.** (*foot movement*)
paso *m;* ~ **by** ~ paso a paso; **to take
a** ~ **towards sth** *fig* dirigirse hacia
algo; **to be in/out of** ~ llevar/no llevar el paso; *fig* estar/no estar al tanto
2. (*of stair, ladder*) peldaño *m*
3. (*measure*) **to take** ~**s** (**to do sth**)
tomar medidas (para hacer algo)
4. *pl, Brit* (*stepladder*) escalera *f*
II. <-pp-> *vi* pisar

◆ **step down** *vi* dimitir
◆ **step in** *vi* intervenir
◆ **step up** *vt* aumentar

stepbrother *n* hermanastro *m* **stepdaughter** *n* hijastra *f* **stepfather** *n* padrastro *m*

stepladder ['step,lædə', *Am:* -ə'] *n* escalera *f* de mano

stepmother ['step,mʌðə', *Am:* -ə'] *n* madrastra *f*

stepping stone ['stepɪŋstəʊn, *Am:* -stoʊn] *n* pasadera *f*

stepsister *n* hermanastra *f* **stepson** *n* hijastro *m*

stereo ['steriəʊ, *Am:* 'sterioʊ] I. *n* 1. *no pl* **in** ~ en estéreo 2. (*hi-fi system*) equipo *m* (estéreo) II. *adj* estéreo

stereotype ['steriətaɪp] I. *n pej* estereotipo *m* II. *vt pej* estereotipar

sterile ['steraɪl, *Am:* 'sterəl] *adj* estéril

sterilization [,sterəlaɪ'zeɪʃən, *Am:* ,sterəlɪ'-] *n no pl* esterilización *f*

sterilize ['sterəlaɪz] *vt* esterilizar

sterling ['stɜːlɪŋ, *Am:* 'stɜːr-] I. *n no pl* FIN (**pound**) ~ libra *f* esterlina II. *adj* (*silver*) de ley

stern¹ [stɜːn, *Am:* stɜːrn] *adj* severo

stern² [stɜːn, *Am:* stɜːrn] *n* NAUT popa *f*

steroid ['stɪərɔɪd, *Am:* 'sterɔɪd] *n* esteroide *m*

stethoscope ['steθəskəʊp, *Am:* -skoʊp] *n* MED estetoscopio *m*

stew [stjuː, *Am:* stuː] I. *n* estofado *m*, hervido *m AmS* II. *vt* estofar; (*fruit*) hacer compota de III. *vi* cocer

steward ['stjʊəd, *Am:* 'stuːəd] *n* 1. AVIAT auxiliar *m* de vuelo 2. (*at concert, demonstration*) auxiliar *mf*

stewardess [,stjʊə'des, *Am:* 'stuːə-dɪs] <-es> *n* azafata *f*, aeromoza *f Méx, AmS*

stick¹ [stɪk] *n* palo *m*; **walking** ~ bastón *m*; MIL porra *f*

stick² [stɪk] <stuck, stuck> I. *vi* 1. (*adhere*) pegarse 2. (*be unmovable: door, window*) atascarse 3. (*endure*) **to** ~ **in sb's mind** grabarse a alguien (en la mente) II. *vt* 1. (*affix*) pegar 2. *inf* (*tolerate*) aguantar 3. *inf*

(*put*) poner
◆ **stick around** *vi inf* quedarse
◆ **stick out** *vi* 1. (*protrude*) sobresalir 2. (*endure*) **to stick it out** aguantar
◆ **stick up** *vi* sobresalir
◆ **stick up for** *vt* defender

sticker ['stɪkə', *Am:* -ə'] *n* pegatina *f*

sticking plaster *n Brit* tirita® *f*, curita® *f AmL*

stickler ['stɪklə', *Am:* -lə'] *n* **to be a** ~ **for sth** insistir mucho en algo

stick-up ['stɪkʌp] *n inf* atraco *m*

sticky ['stɪki] <-ier, -iest> *adj* (*label*) adhesivo; (*surface, hands*) pegajoso

stiff [stɪf] *adj* 1. (*rigid*) rígido, tieso; (*brush*) duro; **to have a** ~ **neck** tener tortícolis 2. (*price*) exorbitante

stiffen ['stɪfn] I. *vi* 1. (*become tense*) ponerse tenso; (*muscles*) agarrotarse 2. (*become stronger*) hacerse más duro II. *vt* almidonar; (*exam*) hacer más difícil

stifle ['staɪfl] *vt* sofocar

stigma ['stɪgmə] *n* estigma *m*

stile [staɪl] *n* escalones que permiten pasar por encima de una cerca

stiletto [stɪ'letəʊ, *Am:* -'letoʊ] <-s> *npl* (*shoes*) zapatos *mpl* de tacón de aguja

stiletto heel *n* tacón *m* de aguja

still¹ [stɪl] I. *n* CINE, PHOT fotograma *m* II. *adj* 1. (*calm*) tranquilo, quieto 2. (*water*) sin gas

still² [stɪl] *adv* 1. (*even*) aún, todavía 2. (*nevertheless*) sin embargo

stillborn ['stɪl,bɔːn, *Am:* 'stɪlbɔːrn] *adj* nacido muerto

still life *n* ART naturaleza *f* muerta

stilt [stɪlt] *n* zanco *m*

stilted ['stɪltɪd, *Am:* -t̬ɪd] *adj* forzado

stimulant ['stɪmjələnt] *n* estimulante *m*

stimulate ['stɪmjəleɪt] *vt* estimular

stimulating *adj* estimulante

stimulation [,stɪmjə'leɪʃən] *n no pl* estímulo *m*

stimulus ['stɪmjələs] <-li> *n* estímulo *m*

sting [stɪŋ] I. *n* 1. (*organ*) aguijón *m*;

(*injury*) picada *f* **2.** (*pain*) escozor *m* **II.**<stung, stung> *vi* picar; (*eyes*) escocer **III.**<stung, stung> *vt* picar

stingy ['stɪndʒi] <-ier, -iest> *adj inf* tacaño, pijotero *AmL*

stink [stɪŋk] **I.** *n* mal olor *m* **II.**<stank *Am*, *Aus:* stunk, stunk> *vi* apestar, bufar *AmL*

stint[1] [stɪnt] *n* período *m*

stint[2] [stɪnt] *vt* escatimar; **to ~ one-self of sth** privarse de algo

stir [stɜːʳ, *Am:* stɜːr] **I.** *n* **1.** (*agitation*) **to give sth a ~** remover algo **2.** (*excitement*) conmoción *f;* **to cause a ~** causar revuelo **II.**<-rr-> *vt* **1.** (*coffee, sauce*) remover; (*fire*) atizar, avivar **2.** (*imagination*) estimular **III.**<-rr-> *vi* moverse

stirrup ['stɪrəp, *Am:* 'stɜːr-] *n* estribo *m*

stitch [stɪtʃ] **I.**<-es> *n* **1.** (*in knitting*) punto *m;* (*in sewing*) puntada *f* **2.** MED punto *m* (de sutura) **3.** (*pain*) flato *m* **II.** *vt* coser

stoat [stəʊt, *Am:* stoʊt] *n* armiño *m*

stock [stɒk, *Am:* staːk] **I.** *n* **1.** (*reserves*) reserva *f* **2.** COM, ECON existencias *fpl;* **to have sth in ~** tener algo en stock; **to be out of ~** estar agotado; **to take ~** hacer el inventario; *fig* hacer un balance **3.** FIN acción *f* **4.** ZOOL ganado *m* **5.** *no pl* (*line of descent*) linaje *m* **II.** *adj* (*model*) estándar; (*response*) típico **III.** *vt* **1.** (*keep in supply*) vender **2.** (*supply goods to*) suministrar

stockbroker ['stɒk,brəʊkəʳ, *Am:* 'staːk,broʊkɚ] *n* corredor(a) *m(f)* de bolsa

stock cube *n* cubito *m* de caldo

stock exchange *n* bolsa *f* **stock market** *n* mercado *m* bursátil

stockpile **I.** *n* reservas *fpl* **II.** *vt* almacenar **stockroom** *n* COM almacén *m*, bodega *f Méx* **stocktaking** *n* inventario *m*

stocky ['stɒki, *Am:* 'staːki] <-ier, -iest> *adj* bajo y fornido

stodgy ['stɒdʒi, *Am:* 'staːdʒi] <-ier, -iest> *adj* pesado

stoke [stəʊk, *Am:* stoʊk] *vt* atizar

stole[1] [stəʊl, *Am:* stoʊl] *pt of* **steal**

stole[2] [stəʊl, *Am:* stoʊl] *n* estola *f*

stolen [stəʊln, *Am:* stoʊln] *pp of* **steal**

stolid ['stɒlɪd, *Am:* 'staːlɪd] *adj* impasible

stomach ['stʌmək] **I.** *n* **1.** (*internal organ*) estómago *m* **2.** (*belly*) vientre *m* **II.** *vt inf* tolerar

stomach ache *n no pl* dolor *m* de estómago

stone [stəʊn, *Am:* stoʊn] **I.** *n* **1.** GEO piedra *f;* **to be a ~'s throw** (**away**) estar a tiro de piedra **2.** (*of fruit*) hueso *m*, carozo *m CSur* **3.** *Brit:* unidad de peso equivalente a 6,35 kg **II.** *adv* – **hard** duro como una piedra **III.** *vt* apedrear

stone-cold *adj* helado

stone-deaf [ˌstəʊn'def, *Am:* ˌstoʊn-] *adj* sordo como una tapia

stonework ['stəʊnwɜːk, *Am:* 'stoʊnwɜːrk] *n no pl* cantería *f*

stood [stʊd] *pt, pp of* **stand**

stooge [stuːdʒ] *n* compañero *m*

stool [stuːl] *n* taburete *m*

stoop [stuːp] **I.** *n no pl* **to have a ~** ser cargado de espaldas **II.** *vi* inclinarse; **to ~ to sth** rebajarse a algo

stop [stɒp, *Am:* staːp] **I.** *n* **1.** (*break in activity*) pausa *f;* **to put a ~ to sth** poner fin a algo **2.** (*halting place*) parada *f* **3.** *Brit* LING punto *m* **II.**<-pp-> *vt* **1.** (*cause to cease*) parar **2.** (*switch off*) apagar **3.** (*block*) rellenar, tapar **III.**<-pp-> *vi* pararse, detenerse; **to ~ doing sth** dejar de hacer algo

♦ **stop by** *vi* pasar por

♦ **stop off** *vi* detenerse un rato

♦ **stop up** *vt* (*hole*) tapar

stopgap ['stɒpgæp, *Am:* 'staːp-] **I.** *n* medida *f* provisional **II.** *adj* provisional

stopover ['stɒpəʊvəʳ, *Am:* 'staːpoʊvɚ] *n* (*on journey*) parada *f;* AVIAT escala *f*

stoppage ['stɒpɪdʒ, *Am:* 'staːpɪdʒ] *n* **1.** (*cessation of work*) interrupción *f* **2.** FIN, ECON retención *f*

stopper ['stɒpəʳ, *Am:* 'staːpɚ] **I.** *n* tapón *m* **II.** *vt* taponar

stop press *n* PUBL noticias *fpl* de últi-

S
s

ma hora **stopwatch** *n* cronómetro *m*

storage ['stɔ:rɪdʒ] *n no pl* almacenaje *m;* INFOR almacenamiento *m*

storage heater *n Brit* acumulador *m* (de calor) **storage space** *n* espacio *m* para guardar cosas **storage tank** *n* tanque *m* de almacenamiento

store [stɔ:ʳ, *Am:* stɔ:r] I. *n* 1. *Brit* (*storehouse*) almacén *m;* **what is in ~ for us?** *fig* ¿qué nos espera en el futuro? 2. *Am, Aus* (*shop*) tienda *f* 3. (*supply*) reserva *f* 4. *no pl* (*importance*) **to set ~ by sth** dar importancia a algo II. *vt* 1. (*put into storage*) almacenar 2. (*keep for future use*) guardar 3. INFOR guardar; (*data*) archivar

storeroom ['stɔ:rom, *Am:* 'stɔ:rru:m] *n* despensa *f*

storey ['stɔ:ri] *n Brit, Aus* piso *m*

stork [stɔ:k, *Am:* stɔ:rk] *n* cigüeña *f*

storm [stɔ:m, *Am:* stɔ:rm] I. *n* 1. METEO tormenta *f* 2. *fig* trifulca *f;* **to take sth by ~** asaltar algo II. *vi* (*speak angrily*) bramar III. *vt* asaltar

stormy ['stɔ:mi, *Am:* 'stɔ:r-] <-ier, -iest> *adj* tempestuoso

story[1] ['stɔ:ri] <-ries> *n* 1. (*account*) historia *f;* (*fictional*) cuento *m* 2. (*news report*) artículo *m*

story[2] ['stɔ:ri] *n Am s.* **storey**

storybook ['stɔ:ribʊk] *n* libro *m* de cuentos

stout [staʊt] I. *n* cerveza *f* negra II. *adj* (*person*) robusto; (*resistance*) tenaz

stove [stəʊv, *Am:* stoʊv] *n* 1. (*heater*) estufa *f* 2. *Am, Aus* cocina *f*

stove in [stəʊv -, *Am:* stoʊv -] *pt, pp of* **stave in**

stow [stəʊ, *Am:* stoʊv] *vt* guardar

stowaway ['stəʊəweɪ, *Am:* 'stoʊ-] *n* polizón *m*

straddle ['strædl] *vt* sentarse a horcajadas sobre

straggle ['strægl] *vi* 1. (*move in a disorganised group*) avanzar desordenadamente 2. (*lag behind*) rezagarse

straight [streɪt] I. *n* (*straight line*) recta *f* II. *adj* 1. (*not bent*) recto

2. (*honest*) honrado, franco; **to be ~ with sb** ser sincero con alguien 3. (*plain*) sencillo; (*undiluted*) solo 4. (*consecutive*) seguido 5. THEAT serio 6. (*traditional*) convencional 7. *inf* (*heterosexual*) heterosexual III. *adv* 1. (*in a direct line*) en línea recta; **to go ~ ahead** ir todo recto 2. (*at once*) **to get ~ to the point** ir directo al grano 3. (*tidy*) en orden; **to put sth ~** ordenar algo

straighten ['streɪtn] *vt* enderezar; (*arm, leg*) estirar

◆ **straighten out** *vt* (*problem*) resolver

straightforward [ˌstreɪt'fɔ:wəd, *Am:* -'fɔ:rwɚd] *adj* 1. (*honest*) honesto 2. (*easy*) sencillo

strain[1] [streɪn] I. *n no pl* 1. *no pl* (*pressure*) presión *f;* **to be under a lot of ~** tener mucho estrés 2. *no pl* PHYS deformación *f* 3. MED torcedura *f* II. *vi* esforzarse III. *vt* 1. (*stretch*) estirar 2. (*overexert*) **to ~ one's eyes** forzar la vista 3. (*coffee*) filtrar

strain[2] [streɪn] *n* 1. (*variety: of animal*) raza *f;* (*of virus*) cepa *f* 2. MUS tono *m*

strained [streɪnd] *adj* (*relation*) tenso; (*smile*) forzado

strainer *n* colador *m*

strait [streɪt] *n* 1. GEO estrecho *m* 2. (*bad situation*) **to be in dire ~s** estar en grandes apuros

straitjacket ['streɪtˌdʒækɪt] *n* PSYCH, MED camisa *f* de fuerza

straitlaced [ˌstreɪt'leɪst, *Am:* 'streɪtleɪst] *adj* mojigato

strand [strænd] *n* (*of wool*) hebra *f;* (*of rope*) ramal *m;* **a ~ of hair** un mechón de pelo

strange [streɪndʒ] *adj* 1. (*peculiar*) extraño, raro 2. (*unfamiliar*) desconocido

stranger ['streɪndʒəʳ, *Am:* -dʒɚ] *n* desconocido, -a *m, f*

strangle ['stræŋgl] *vt* estrangular

stranglehold ['stræŋglhəʊld, *Am:* -hoʊld] *n* dominio *m* total

strap [stræp] I. *n* correa *f;* (*of dress*) tirante *m* II. <-pp-> *vt* atar [*o* sujetar] con una correa

strapping ['stræpɪŋ] I. n (bandage) esparadrapo m II. adj inf robusto

strategic [strə'ti:dʒɪk] adj estratégico

strategy ['strætədʒi, Am: 'stræt̬-] <-ies> n estrategia f

straw [strɔ:, Am: strɑ:] n 1. no pl (dry stems) paja f 2. (for drinking) pajita f, popote m Méx, pitillo m And 3. fig to be the last ~ ser el colmo

strawberry ['strɔ:bəri, Am: 'strɑ:ˌberi] <-ies> n fresa f, frutilla f AmL

stray [streɪ] I. adj 1. (dog, cat) callejero 2. (hair) suelto; (bullet) perdido II. vi (wander) errar; (become lost) perderse

streak [stri:k] I. n 1. (stripe) raya f 2. (tendency) vena f; to be on a winning ~ tener una buena racha II. vt rayar; to have one's hair ~ed hacerse mechas III. vi ir rápido

streaker n persona que corre desnuda en un lugar público

stream [stri:m] I. n 1. (small river) arroyo m, estero m Chile, Ecua 2. (current) corriente f; to go against the ~ fig ir a contracorriente; to come on ~ (factory) entrar en funcionamiento 3. (flow) chorrito m; (of people) torrente m II. vi fluir III. vt Brit, Aus SCHOOL dividir en grupos de acuerdo con su aptitud académica

streamer ['stri:məʳ, Am: -məʳ] n serpentina f

streamline ['stri:mlaɪn] vt aerodinamizar; (method) racionalizar

streamlined adj aerodinámico

street [stri:t] n calle f; to be on the ~s hacer la calle

streetcar n Am tranvía m **streetlamp** n, **street light** n farola f

streetwise ['stri:twaɪz] adj espabilado

strength [streŋθ] n 1. no pl (power) fuerza f; (of alcohol) graduación f 2. (number of members) to be at full ~ tener el cupo completo; to be below ~ estar corto de personal

strengthen ['streŋθən] vt fortalecer, reforzar

strenuous ['strenjʊəs, Am: -juəs] adj (exercise) agotador; (supporter) acérrimo; (denial) rotundo

stress [stres] I. n no pl 1. (mental strain) estrés m 2. (emphasis) énfasis m inv 3. LING acento m 4. PHYS tensión f II. vt 1. (emphasise) recalcar 2. LING acentuar

stretch [stretʃ] I. <-es> n 1. GEO trecho m 2. (piece) trozo m; (of road) tramo m; (of time) período m II. vi estirarse III. vt 1. (extend) estirar; to ~ one's legs estirar las piernas 2. (demand a lot of) to ~ sb's patience poner a prueba la paciencia de alguien

stretcher ['stretʃəʳ, Am: -əʳ] n camilla f

stricken ['strɪkən] adj 1. (distressed) afligido 2. (wounded) herido 3. (afflicted) to be ~ with illness estar enfermo; she was ~ with remorse le remordía la conciencia

strict [strɪkt] adj (person) severo, fregado AmC; (control, orders) estricto

stride [straɪd] I. <strode, stridden> vi andar a trancos II. n 1. (long step) zancada f 2. fig to take sth in one's ~ tomarse algo con calma

strife [straɪf] n no pl lucha f

strike [straɪk] I. n 1. (military attack) ataque m 2. (withdrawal of labour) huelga f 3. (discovery) descubrimiento m 4. Am (in baseball) golpe m II. <struck, struck> vt 1. (collide with) golpear; to ~ a match encender una cerilla 2. (achieve) conseguir; to ~ a balance encontrar un equilibrio; to ~ a bargain with sb hacer un trato con alguien 3. (manufacture: coin) acuñar 4. (clock) marcar; the clock struck three el reloj dio las tres III. <struck, struck> vi 1. (hit hard) golpear; (attack) atacar 2. (withdraw labour) to ~ for sth hacer una huelga para conseguir algo

♦ **strike back** vi devolver el golpe

♦ **strike down** vt she was struck down by cancer fue abatida por el cáncer

◆ **strike off** vt Brit, Aus (lawyer, doctor) inhabilitar

◆ **strike out** vt borrar

◆ **strike up** vt (conversation) entablar; (friendship) trabar

striker ['straɪkər, Am: -kər] n 1. SPORTS ariete mf 2. (strike participant) huelguista mf

striking ['straɪkɪŋ] adj (beauty) impresionante; (resemblance) sorprendente

string [strɪŋ] I. n 1. (twine) a. MUS cuerda f; (on puppet) hilo m; **to pull ~s** fig mover hilos; **with no ~s attached** sin compromiso alguno 2. pl MUS instrumentos mpl de cuerda 3. INFOR secuencia f II.<strung, strung> vt poner una cuerda a

string bean n Am, Aus habichuela f

stringed instrument n instrumento m de cuerda

stringent ['strɪndʒənt] adj severo, riguroso

strip [strɪp] I. vt 1. (unclothe) desnudar 2. (dismantle) desmontar II. vi desnudarse III. n tira f; (of metal) lámina f; (of land) franja f

strip cartoon n Brit historieta f

stripe [straɪp] n 1. (coloured band) raya f 2. MIL galón m

striped adj, **stripey** adj rayado, a rayas

strip lighting n alumbrado m fluorescente

stripper ['strɪpər, Am: -ər] n persona f que hace striptease

strip-search [,strɪ'sɜːtʃ, Am: 'strɪpsɜːrtʃ] vt **to ~ sb** hacer desnudar a alguien para registrarle

strive [straɪv] <strove, striven o strived, strived> vi esforzarse; **to ~ to do sth** esmerarse en hacer algo

strode [strəʊd, Am: stroʊd] pt of **stride**

stroke [strəʊk, Am: stroʊk] I. vt acariciar II. n 1. (caress) caricia f 2. MED derrame m cerebral 3. (of pencil) trazo m 4. (in swimming: style) estilo m 5. (bit) **a ~ of luck** un golpe de suerte

stroll [strəʊl, Am: stroʊl] I. n paseo m; **to go for a ~** dar una vuelta II. vi

dar un paseo

stroller ['strəʊlər, Am: 'stroʊlər] n Am, Aus (pushchair) cochecito m

strong [strɒŋ, Am: strɑːŋ] I. adj 1. (powerful) fuerte 2. (physically powerful) robusto II. adv inf **to be still going ~** ir todavía muy bien

stronghold ['strɒŋhəʊld, Am: 'strɑːŋhoʊld] n (fortified place) fortaleza f; fig baluarte m

strongly adv fuertemente; (criticize) enérgicamente; **to be ~ opposed to sth** estar muy en contra de algo

strongroom ['strɒŋrʊm, Am: 'strɑːŋruːm] n cámara f acorazada

stroppy ['strɒpi, Am: 'strɑːpi] adj Brit, Aus, inf enfadado

strove [strəʊv, Am: stroʊv] pt of **strive**

struck [strʌk] pt, pp of **strike**

structural ['strʌktʃərəl] adj estructural

structure ['strʌktʃər, Am: -tʃər] I. n estructura f; (building) construcción f II. vt estructurar

struggle ['strʌgl] I. n esfuerzo m; **to be a real ~** suponer un gran esfuerzo II. vi esforzarse

strum [strʌm] <-mm-> vt MUS rasguear

strung [strʌŋ] pt, pp of **string**

strut¹ [strʌt] <-tt-> vi **to ~ about** pavonearse

strut² n puntal m

stub [stʌb] I. n 1. (of cheque) talón m; (of cigarette) colilla f II.<-bb-> vt **to ~ one's toe against sth** tropezar con algo

◆ **stub out** vt (cigarette) apagar

stubble ['stʌbl] n no pl 1. (beard growth) barba f de tres días 2. AGR rastrojo m

stubborn ['stʌbən, Am: -ən] adj terco

stuck [stʌk] I. pt, pp of **stick²** II. adj (jammed) atascado

stuck-up [,stʌk'ʌp] adj inf engreído

stud¹ [stʌd] n 1. (horse) semental m, garañón m AmL 2. (establishment) caballeriza f

stud² [stʌd] n 1. (small metal item) tachón m; **collar ~** gemelo m 2. Brit,

Aus (*on shoe*) taco *m*

student ['stju:dənt, *Am:* 'stu:-] *n* estudiante *mf*

student union *n* (*organization*) asociación *f* de estudiantes; (*meeting place*) club *m* de estudiantes universitarios

studio ['stju:diəʊ, *Am:* 'stu:dioʊ] <-s> *n* estudio *m*; (*of artist*) taller *m*

studious ['stju:diəs, *Am:* 'stu:-] *adj* estudioso

study ['stʌdi] I. *vt* estudiar; (*evidence*) examinar II. *vi* estudiar III. <-ies> *n* estudio *m*

stuff [stʌf] I. *n no pl* 1. *inf* (*things*) materia *f* 2. (*belongings*) cosas *fpl* 3. (*material*) material *m*; (*of cloth*) tela *f* II. *vt* 1. (*fill*) llenar; **to ~ sth into sth** meter algo en algo 2. (*preserve: animal*) disecar

stuffing ['stʌfɪŋ] *n no pl* relleno *m*

stuffy ['stʌfi] *adj* (*room*) mal ventilado; (*person*) tieso

stumble ['stʌmbl] *vi* 1. (*trip*) tropezar 2. (*while talking*) balbucear

stumbling block *n* obstáculo *m*

stump [stʌmp] I. *n* (*of plant*) tocón *m*; (*of arm*) muñón *m* II. *vt inf* desconcertar

stun [stʌn] <-nn-> *vt* 1. (*stupefy*) dejar pasmado 2. (*render unconscious*) dejar sin sentido

stung [stʌŋ] *pt, pp of* **sting**

stunk [stʌŋk] *pt, pp of* **stink**

stunning ['stʌnɪŋ] *adj* (*surprising*) aturdidor

stunt [stʌnt] *n* 1. (*acrobatics*) acrobacia *f* 2. (*publicity action*) truco *m* publicitario

stunted *adj* enano

stuntman ['stʌntmæn] *n* especialista

stupendous [stju:'pendəs, *Am:* stu:-] *adj* estupendo

stupid ['stju:pɪd, *Am:* 'stu:-] *adj* estúpido

stupidity [stju:'pɪdəti, *Am:* stu:'pɪdəʈi] *n no pl* estupidez *f*

sturdy ['stɜ:di, *Am:* 'stɜ:r-] *adj* robusto, fuerte

stutter ['stʌtəʳ, *Am:* 'stʌʈəʳ] I. *vi* (*stammer*) tartamudear, cancanear,

AmL II. *n* tartamudeo *m*

sty[1] [staɪ] *n* (*pigsty*) pocilga *f*

sty[2] [staɪ] *n*, **stye** *n* MED orzuelo *m*

style [staɪl] *n* 1. *a.* ART, ARCHIT estilo *m* 2. (*elegance*) elegancia *f* 3. (*fashion*) moda *f*

stylish ['staɪlɪʃ] *adj* 1. (*fashionable*) a la moda 2. (*elegant*) garboso

stylus ['staɪləs] <-es> *n* estilete *m*

suave [swɑːv] *adj* cortés; *pej* zalamero

sub [sʌb] *n* 1. *inf abbr of* **submarine** submarino *m* 2. *Brit, Aus, inf abbr of* **subscription** suscripción *f*

subconscious [ˌsʌb'kɒnʃəs, *Am:* -'kɑːnʃəs] I. *n no pl* subconsciente *m* II. *adj* subconsciente

subcontinent [ˌsʌb'kɒntɪnənt, *Am:* 'sʌbˌkɑːntɪnənt] *n* GEO subcontinente *m*; **the Indian ~** el subcontinente de la India

subcontract [ˌsʌb'kɒntrækt, *Am:* 'sʌbˌkɑːn-] *vt* subcontratar

subcontractor [ˌsʌbkən'træktəʳ] *n* subcontratista *mf*

subdue [səb'dju:, *Am:* -'du:] *vt* (*tame*) controlar; (*repress*) reprimir

subdued *adj* (*colour*) suave; (*person*) apagado

subject ['sʌbdʒɪkt] I. *n* 1. (*theme*) tema *m* 2. SCHOOL, UNIV asignatura *f* 3. POL súbdito, -a *m, f* II. *adj* POL subyugado; **~ to approval** pendiente de aprobación; **to be ~ to sth** estar sujeto a algo

subjective [səb'dʒektɪv] *adj* subjetivo

subject matter *n* tema *m*; (*of letter*) contenido *m*

sublet [sʌb'let] <sublet, sublet> *vt* subarrendar

submarine ['sʌbməˌriːn] *n* submarino *m inv*

submerge [səb'mɜːdʒ, *Am:* -'mɜːrdʒ] *vi, vt* sumergir(se)

submission [səb'mɪʃn] *n no pl* 1. (*acquiescence*) sumisión *f* 2. *no pl* (*of proposal*) presentación *f*

submissive [səb'mɪsɪv] *adj* sumiso

submit [səb'mɪt] <-tt-> I. *vt* entregar; (*proposal*) presentar II. *vi* someterse

Sₛ

subnormal [ˌsʌb'nɔːml, *Am:* -'nɔːr-ml] *adj* subnormal

subordinate [sə'bɔːdənət, *Am:* -'bɔːrdənɪt] I. *n* subordinado, -a *m, f* II. *adj* (*secondary*) secundario; (*lower in rank*) subordinado

subpoena [sə'piːnə] LAW I. *vt* citar II. *n* citación *f* (judicial)

subscribe [səb'skraɪb] *vi* 1. (*agree*) **to ~ to sth** suscribir algo 2. (*make susbscription*) suscribirse

subscriber [səb'skraɪbər, *Am:* -ə˞] *n* (*to magazine*) suscriptor(a) *m(f)*; (*to phone service*) abonado, -a *m, f*

subscription [səb'skrɪpʃn] *n* suscripción *f*; **to take out a ~ to sth** suscribirse a algo

subsequent ['sʌbsɪkwənt] *adj* posterior; **~ to** después de…

subsequently *adv* después

subside [səb'saɪd] *vi* 1. (*lessen*) disminuir 2. (*sink*) hundirse; (*water*) bajar

subsidence [səb'saɪdns] *n no pl* hundimiento *m*; (*of water*) bajada *f*

subsidiary [səb'sɪdɪəri, *Am:* -əri] I. *adj* secundario II. <-ies> *n* ECON filial *f*

subsidize ['sʌbsɪdaɪz, *Am:* -sə-] *vt* subvencionar

subsidy ['sʌbsədi, *Am:* -sə-] <-ies> *n* subvención *f*

subsistence [səb'sɪstəns] *n* subsistencia *f*

substance ['sʌbstəns] *n* 1. *no pl* (*matter*) sustancia *f* 2. (*essence*) esencia *f* 3. (*main point*) punto *m* más importante; **the ~ of the conversation** el punto esencial de la conversación

substantial [səb'stænʃl] *adj* sustancial; (*difference*) notable

substantially [səb'stænʃəli] *adv* considerablemente

substantiate [səb'stænʃɪeɪt] *vt* corrobar

substitute ['sʌbstɪtjuːt, *Am:* -stətuːt] I. *vt* sustituir; **to ~ margarine for butter, to ~ butter by** [*o* **with**] **margarine** sustituir la mantequilla por la margarina II. *n* 1. (*equivalent*) sustituto 2. *a.* SPORTS suplente

mf

substitution [ˌsʌbstɪ'tjuːʃn, *Am:* -stə'tuː-] *n a.* SPORTS sustitución *f*

subterranean [ˌsʌbtə'reɪnɪən] *adj* subterráneo

subtitle ['sʌbˌtaɪtl, *Am:* 'sʌbˌtaɪtl̩] I. *vt* subtitular II. *n* subtítulo *m*

subtle ['sʌtl, *Am:* 'sʌt̬-] *adj* sutil

subtlety ['sʌtlti, *Am:* 'sʌt̬lti] <-ies> *n* sutileza *f*

subtotal ['sʌbˌtəutl, *Am:* -ˌtoutl̩] *n* subtotal *m*

subtract [səb'trækt] *vt* sustraer

subtraction [səb'trækʃn] *n no pl* resta *f*, sustracción *f*

suburb ['sʌbɜːb, *Am:* -ɜːrb] *n* barrio *m* periférico; **the ~s** la periferia

suburban [sə'bɜːbən, *Am:* -'bɜːr-] *adj* periférico; (*train*) de cercanías

suburbia [sə'bɜːbɪə, *Am:* -'bɜːr-] *n no pl* barrios *mpl* periféricos

subversive [səb'vɜːsɪv, *Am:* -'vɜːr-] form I. *adj* subversivo II. *n* persona *f* subversiva

subway ['sʌbweɪ] *n* 1. *Brit, Aus* (*walkway*) paso *m* subterráneo 2. *Am* (*railway*) metro *m*, subte *m* *Arg*

succeed [sək'siːd] I. *vi* tener éxito; **to ~ in doing sth** lograr hacer algo II. *vt* suceder a

succeeding *adj* siguiente; **in the ~ weeks** en las próximas semanas

success [sək'ses] *n no pl* éxito *m*

successful [sək'sesfl] *adj* exitoso; **to be ~** (*person*) tener éxito; (*business*) prosperar

succession [sək'seʃn] *n no pl* sucesión *f*; **in ~** sucesivamente

successive [sək'sesɪv] *adj* sucesivo; **six ~ weeks** seis semanas seguidas

successor [sək'sesər, *Am:* -ə˞] *n* sucesor(a) *m(f)*

succinct [sək'sɪŋkt] *adj* sucinto

succulent ['sʌkjʊlənt] I. *adj* suculento II. *n* planta *f* carnosa

succumb [sə'kʌm] *vi form* sucumbir

such [sʌtʃ] I. *adj* tal, semejante; **~ great weather/a good book** un tiempo/un libro tan bueno; **~ an honour** tanto honor II. *pron* **~ is life** así es la vida; **people ~ as him**

las personas que son como él; **as ~** propiamente dicho

such-and-such ['sʌtʃənsʌtʃ] *adj inf* tal o cual

suchlike ['sʌtʃlaɪk] *pron* **cookies, chocolates and** ~ galletas, bombones y cosas por el estilo

suck [sʌk] *vt* succionar; (*with straw*) sorber; (*air*) aspirar; (*breast*) mamar

sucker ['sʌkə^r, *Am:* -ə-] *n* **1.** *Am* (*person*) bobo, -a *m, f* **2.** ZOOL ventosa *f*

suction ['sʌkʃən] *n no pl* succión *f*

Sudan [suː'dæn] *n* Sudán *m*

Sudanese [ˌsuːdə'niːz] *adj* sudanés

sudden ['sʌdən] *adj* (*immediate*) repentino, sorpresivo *AmL;* (*death*) súbito; (*departure*) imprevisto; **all of a ~** *inf* de repente

suddenly *adv* de repente

suds [sʌdz] *npl* jabonaduras *fpl*

sue [sjuː, *Am:* suː] <suing> *vt* demandar; **to ~ sb for damages** demandar a alguien por daños y perjuicios; **to ~ sb for divorce** poner a alguien una demanda de divorcio

suede [sweɪd] *n* ante *m*

suet ['suːɪt] *n no pl* sebo *m*

suffer ['sʌfə^r, *Am:* -ə-] I. *vi* sufrir; **the economy ~ed from ...** la economía se vio afectada por... II. *vt* **1.** (*undergo*) sufrir **2.** (*bear*) aguantar **3.** MED padecer

sufferer ['sʌfərə^r, *Am:* -ə-ə-] *n* enfermo, -a *m, f*

suffering ['sʌfərɪŋ] *n* sufrimiento *m*

suffice [sə'faɪs] *vi* bastar

sufficient [sə'fɪʃnt] *adj* suficiente

suffix ['sʌfɪks] *n* sufijo *m*

suffocate ['sʌfəkeɪt] *vi* asfixiarse

sugar ['ʃʊgə^r, *Am:* -ə-] I. *n no pl* azúcar *m* II. *vt* echar azúcar a

sugar beet *n* remolacha *f* azucarera

sugar cane *n* caña *f* de azúcar

suggest [sə'dʒest, *Am:* səg'-] *vt* **1.** (*propose*) proponer, sugerir; **to ~ (to sb) that ...** sugerir a alguien que... +*subj* **2.** (*hint*) insinuar; **what are you trying to ~?** ¿qué insinúas?

suggestion [sə'dʒestʃən, *Am:* səg-'dʒes-] *n* sugerencia *f;* **to make the ~ that ...** sugerir que...

suicide ['sjuːɪsaɪd, *Am:* 'suːə-] *n*

1. (*act*) suicidio *m;* **to commit ~** suicidarse **2.** *form* (*person*) suicida *mf*

suit [suːt] I. *vt* **1.** (*be convenient*) convenir; **that ~s me fine** eso me viene bien **2.** (*be right*) ir [*o* sentar] bien; **they are well ~ed (to each other)** hacen (una) buena pareja **3.** (*look attractive with*) quedar bien; **this dress ~s you** este vestido te sienta bien II. *n* **1.** (*jacket and trousers*) traje *m;* (*jacket and skirt*) traje *m* de chaqueta **2.** LAW pleito *m* **3.** GAMES palo *m*

suitable ['suːtəbl, *Am:* -t̬əbl] *adj* apropiado

suitcase ['suːtkeɪs] *n* maleta *f,* valija *f RíoPl,* petaca *f Méx*

suite [swiːt] *n* **1.** (*set of rooms*) suite *f* **2.** (*set of furniture*) juego *m* **3.** MUS suite *f*

suitor ['suːtə^r, *Am:* 'suːt̬ə-] *n a. iron* pretendiente *m*

sulfur ['sʌlfə^r] *n Am* CHEM azufre *m*

sulk [sʌlk] *vi* enfurruñarse

sulky ['sʌlki] <-ier, -iest> *adj* enfurruñado

sullen ['sʌlən] *adj* malhumorado

sulphur ['sʌlfə^r, *Am:* -fə-] *n no pl* azufre *m*

sultana [sʌl'tɑːnə, *Am:* -'tænə] *n* pasa *f* de Esmirna

sultry ['sʌltri] <-ier, -iest> *adj* **1.** (*weather*) bochornoso **2.** (*sensual*) sensual

sum [sʌm] *n* **1.** (*addition*) suma *f* **2.** (*total*) total *m*

summarize ['sʌməraɪz] *vt* resumir

summary ['sʌməri] I. *n* resumen *m* II. *adj* sumario

summer ['sʌmə^r, *Am:* -ə-] I. *n* verano *m* II. *adj* de verano, veraniego

summerhouse ['sʌməhaʊs, *Am:* '-ə-] *n* cenador *m*

summertime ['sʌmətaɪm, *Am:* '-ə-] *n no pl* (*season*) verano *m;* **in the ~** en verano

summit ['sʌmɪt] *n* cima *f; fig* cumbre *f*

summon ['sʌmən] *vt* (*people*) llamar; (*meeting*) convocar; LAW citar

♦ **summon up** *vt* **to ~ the courage/strength to do sth** armarse de valor/fuerzas para hacer algo

summons ['sʌmənz] *npl* llamamiento *m;* LAW citación *f;* **to serve sb with a** ~ entregar una citación a alguien

sump [sʌmp] *n* AUTO cárter *m*

sun [sʌn] *n* sol *m;* **to do/try everything under the** ~ hacer/probar de todo

sunbathe ['sʌnbeɪð] *vi* tomar el sol

sunburn ['sʌnbɜ:n, *Am:* 'sʌnbɜ:rn] *n* quemadura *f* de sol

sunburned *adj,* **sunburnt** *adj* quemado (por el sol)

Sunday ['sʌndeɪ] *n* domingo *m; s. a.* **Friday**

Sunday school *n* REL ≈ catequesis *f inv*

sundial *n* reloj *m* de sol **sundown** *n Am, Aus* puesta *f* de sol

sundry ['sʌndri] *adj* varios; **all and** ~ *inf* todo el mundo

sunflower ['sʌnˌflaʊəʳ, *Am:* -ˌflaʊɚ] *n* girasol *m,* maravilla *f Chile*

sung [sʌŋ] *pp of* **sing**

sunglasses ['sʌnˌglɑːsɪz, *Am:* 'sʌnˌglæsɪs] *npl* gafas *fpl* de sol

sunk [sʌŋk] *pp of* **sink**

sunlight ['sʌnlaɪt] *n no pl* luz *f* del sol

sunlit ['sʌnlɪt] *adj* soleado

sunny ['sʌni] <-ier, -iest> *adj* **1.** (*day*) soleado **2.** (*personality*) alegre

sunrise ['sʌnraɪz] *n* amanecer *m*

sunroof ['sʌnruːf] *n* techo *m* corredizo **sunscreen** *n* filtro *m* solar

sunset ['sʌnset] *n* puesta *f* de sol

sunshade ['sʌnʃeɪd] *n* sombrilla *f*

sunshine ['sʌnʃaɪn] *n no pl* sol *m*

sunstroke *n no pl* insolación *f,* asoleada *f Col, Chile, Guat*

suntan ['sʌntæn] *n* bronceado *m*

suntanned *adj* bronceado

suntan oil *n* aceite *m* bronceador

super ['suːpəʳ, *Am:* -pɚ] *adj inf* genial

superannuation ['suːpərˌænjuˈeɪ-ʃn, *Am:* ˌsuːpərˌænjuː'-] *n Brit, Aus no pl* pensión *f* (de jubilación)

superb [suːˈpɜːb, *Am:* səˈpɜːrb] *adj* magnífico

superficial [ˌsuːpəˈfɪʃl, *Am:* ˌsuː-pɚ'-] *adj* superficial

superfluous [suːˈpɜːfluəs, *Am:* -ˈpɜːr-] *adj* superfluo

superglue® ['suːpəgluː, *Am:* -pɚ-] *n* superglue® *m*

superhighway [ˌsuːpəˈhaɪweɪ, *Am:* 'suːpɚ'-] *n Am* autopista *f* (de varios carriles)

superimpose [ˌsuːpərɪmˈpəʊz, *Am:* -pɚɪmˈpoʊz] *vt* PHOT superponer

superintendent [ˌsuːpərɪnˈten-dənt, *Am:* ˌsuːpɚ-] *n* **1.** (*person in charge*) director(a) *m(f)* **2.** *Am* (*head of police department*) superintendente *mf*

superior [suːˈpɪəriəʳ, *Am:* səˈpɪriɚ] **I.** *adj* **1.** (*better, senior*) superior; **to be** ~ (**to sb/sth**) estar por encima de alguien/algo **2.** (*arrogant*) de superioridad **II.** *n* superior *mf*

superiority [suːˌpɪəriˈɒrəti, *Am:* səˌpɪriˈɔːrəţi] *n no pl* superioridad *f*

superlative [suːˈpɜːlətɪv, *Am:* sə-ˈpɜːrləţɪv] *n* superlativo *m*

superman ['suːpəmæn, *Am:* -pɚ-] *n* superhombre *m;* CINE Supermán *m*

supermarket ['suːpəmɑːkɪt, *Am:* -pɚˌmɑːr-] *n* supermercado *m*

supermodel ['suːpəˌmɒdəl, *Am:* 'suːpɚˌmɑːdəl] *n* supermodelo *f*

supernatural [ˌsuːpəˈnætʃərəl, *Am:* -pɚˈnætʃɚəl] *adj* sobrenatural

superpower ['suːpəpaʊəʳ, *Am:* 'suːpɚˌpaʊɚ] *n* POL superpotencia *f*

supersede [ˌsuːpəˈsiːd, *Am:* -pɚ'-] *vt* sustituir

supersonic [ˌsuːpəˈsɒnɪk, *Am:* -pɚ-ˈsɑːnɪk] *adj* AVIAT supersónico

superstar ['suːpəstɑːʳ, *Am:* 'suːpɚstɑːr] *n* superestrella *f*

superstition [ˌsuːpəˈstɪʃən, *Am:* -pɚ'-] *n* superstición *f*

superstitious [ˌsuːpəˈstɪʃəs, *Am:* -pɚ'-] *adj* supersticioso

superstore ['suːpəstɔːʳ, *Am:* -pɚ-stɔːr] *n* hipermercado *m*

supervise ['suːpəvaɪz, *Am:* -pɚ-] *vt* supervisar

supervision [ˌsuːpəˈvɪʒn, *Am:*

-pə-] n no pl supervisión f

supervisor [ˌsuːpəˈvaɪzər, Am: ˈsuː-pərvaɪzər] n 1. (person in charge) supervisor(a) m(f) 2. UNIV director(a) m(f)

supine [ˈsuːpaɪn, Am: suːˈ-] adj supino

supper [ˈsʌpər, Am: -ər] n cena f; **to have** ~ cenar

supple [ˈsʌpl] adj flexible

supplement [ˈsʌplɪmənt, Am: -lə-] I. n suplemento m II. vt complementar

supplementary [ˌsʌplɪˈmentəri, Am: -ləˈmenṯəri] adj adicional, suplementario

supplier [səˈplaɪər, Am: -ər] n proveedor(a) m(f)

supply [səˈplaɪ] I. <-ie-> vt 1. (provide) suministrar; (information) facilitar 2. COM proveer II. n 1. (act of providing; of electricity, water) suministro m 2. no pl ECON oferta f; ~ **and demand** oferta y demanda; **to be in short** ~ escasear

support [səˈpɔːt, Am: -ˈpɔːrt] I. vt 1. (hold up) sostener 2. (provide for) mantener; **to** ~ **oneself** ganarse la vida 3. (provide with money) financiar 4. (encourage) apoyar 5. Brit (follow) ser un seguidor de II. n 1. no pl (backing, help) apoyo m; **in** ~ **of sth** en apoyo de algo 2. (structure) soporte m

supporter n 1. (of cause) partidario, -a m, f 2. Brit SPORTS seguidor(a) m(f)

supporting adj Brit (role) secundario

supportive [səˈpɔːtɪv, Am: -ˈpɔːrṯɪv] adj comprensivo; **to be** ~ **of sth/sb** apoyar algo/a alguien

suppose [səˈpəʊz, Am: -ˈpoʊz] vt 1. suponer; **to** ~ (**that**) ... suponer que... 2. (obligation) **to be** ~**d to do sth** tener que hacer algo 3. (opinion) **the book is** ~**d to be very good** dicen que el libro es muy bueno

supposedly [səˈpəʊzɪdli, Am: -ˈpoʊ-] adv supuestamente

supposing conj ~ **that** ... suponiendo que...

suppress [səˈpres] vt reprimir

supreme [suːˈpriːm, Am: sə-] adj supremo; **Supreme Court** Tribunal m Supremo

surcharge [ˈsɜːtʃɑːdʒ, Am: ˈsɜːr-tʃɑːrdʒ] I. n recargo m II. vt aplicar un recargo a

sure [ʃʊər, Am: ʃʊr] I. adj 1. (certain) seguro; **to be** ~ **of sth** estar seguro de algo; **to make** ~ (**that**) ... asegurarse de que...; **I'm not** ~ **why/ how** no sé muy bien por qué/cómo; **for** ~ seguro 2. (confident) **to be** ~ **of oneself** estar seguro de sí mismo II. adv seguro; ~ **enough** en efecto

surely [ˈʃɔːli, Am: ˈʃʊrli] adv (certainly) sin duda; ~ **you don't expect me to believe that?** ¿no esperarás que me lo crea?

surety [ˈʃʊərəti, Am: ˈʃʊrəṯi] <-ies> n 1. (person) fiador(a) m(f); **to stand** ~ (**for sb**) ser fiador de alguien 2. (guarantee) fianza f

surf [sɜːf, Am: sɜːrf] n olas fpl

surface [ˈsɜːfɪs, Am: ˈsɜːr-] I. n superficie f; **on the** ~ fig a primera vista II. vi salir a la superficie III. vt (road) revestir

surface mail n by ~ por vía terrestre

surfboard [ˈsɜːfbɔːd, Am: ˈsɜːrf-bɔːrd] n tabla f de surf

surfeit [ˈsɜːfɪt, Am: ˈsɜːr-] n no pl, form exceso m

surfer [ˈsɜːfər, Am: ˈsɜːrfər] n surfista mf

surfing [ˈsɜːfɪŋ, Am: ˈsɜːr-] n no pl surf m

surge [sɜːdʒ, Am: sɜːrdʒ] I. vi abalanzarse II. n oleaje m

surgeon [ˈsɜːdʒən, Am: ˈsɜːr-] n cirujano, -a m, f

surgery [ˈsɜːdʒəri, Am: ˈsɜːr-] n 1. no pl (medical operation) cirugía f; **to undergo** ~ someterse a una intervención quirúrgica 2. Brit POL sesión durante la que un parlamentario atiende las consultas de sus electores

surgical [ˈsɜːdʒɪkl, Am: ˈsɜːr-] adj quirúrgico

Surinam(e) [ˈsʊənæm, Am: ˌsʊrɪ-ˈnɑːm] n Surinam m

S

Surinamese [ˌsʊənæˈmiːz] *adj* surinamés

surly [ˈsɜːli, *Am:* ˈsɜːr-] <-ier, -iest> *adj* hosco

surname [ˈsɜːneɪm, *Am:* ˈsɜːr-] *n* apellido *m*

surplus [ˈsɜːpləs, *Am:* ˈsɜːr-] **I.** *n* excedente *m;* FIN superávit *m* **II.** *adj* sobrante; **to be ~ to requirements** *Brit* estar de más

surprise [səˈpraɪz, *Am:* sɚ-] **I.** *n* sorpresa *f;* **to sb's ~** para sorpresa de alguien **II.** *vt* sorprender

surprising *adj* sorprendente

surprisingly *adv* sorprendentemente

surrealism [səˈrɪəlɪzəm, *Am:* -ˈriːə-] *n* surrealismo *m*

surrender [səˈrendəʳ, *Am:* -dɚ] **I.** *vi a.* MIL rendirse **II.** *vt form* entregar **III.** *n* **1.** *(giving up)* rendición *f* **2.** *no pl, form* entrega *f*

surreptitious [ˌsʌrəpˈtɪʃəs, *Am:* ˌsɜːr-] *adj* subrepticio, furtivo

surrogate [ˈsʌrəgɪt, *Am:* ˈsɜːr-] **I.** *adj* *(substitute)* sucedáneo **II.** *n* sustituto, -a *m, f*

surrogate mother *n* madre *f* de alquiler

surround [səˈraʊnd] **I.** *vt* rodear **II.** *n* *(frame)* marco *m*

surrounding *adj* de alrededor

surroundings *npl* alrededores *mpl*

surveillance [sɜːˈveɪləns, *Am:* sɚ-] *n no pl* vigilancia *f*

survey [səˈveɪ, *Am:* sɚ-] **I.** *vt* **1.** *(research)* investigar **2.** *(look at carefully)* contemplar **3.** *Brit (examine)* examinar **4.** GEO medir **5.** *(poll)* encuestar **II.** *n* **1.** *(poll)* encuesta *f* **2.** *(report)* informe *m* **3.** *(examination)* examen *m*

surveyor [səˈveɪəʳ, *Am:* sɚˈveɪɚ] *n Brit (property assessor)* tasador(a) *m(f)*

survival [səˈvaɪvl, *Am:* sɚ-] *n no pl* supervivencia *f*

survive [səˈvaɪv, *Am:* sɚ-] *vi, vt* sobrevivir (a)

survivor [səˈvaɪvəʳ, *Am:* sɚˈvaɪvɚ] *n* superviviente *mf*

susceptible [səˈseptəbl] *adj* susceptible; MED propenso

suspect¹ [səˈspekt] *vt* sospechar

suspect² [ˈsʌspekt] **I.** *n* sospechoso, -a *m, f* **II.** *adj* sospechoso

suspend [səˈspend] *vt* suspender

suspender [səˈspendəʳ, *Am:* -dɚ] *n* **1.** *Brit (strap)* liga *f* **2.** *pl, Am (braces)* tirantes *mpl*, suspensores *mpl AmL*, calzonarias *fpl Col*

suspender belt *n Brit, Aus* liguero *m*, portaligas *m inv AmL*

suspense [səˈspens] *n* **1.** *(uncertainty)* incertidumbre *f* **2.** CINE suspense *m*

suspension [səˈspentʃən] *n no pl* **1.** suspensión *f* **2.** SCHOOL, UNIV expulsión *f* temporal

suspension bridge *n* puente *m* colgante **suspension points** *npl* puntos *mpl* suspensivos

suspicion [səˈspɪʃən] *n* **1.** *(belief)* sospecha *f;* **to arrest sb on ~ of sth** arrestar a alguien como sospechoso de algo **2.** *no pl (mistrust)* recelo *m*, desconfianza *f* **3.** *(small amount)* pizca *f*

suspicious [səˈspɪʃəs] *adj* **1.** *(arousing suspicion)* sospechoso **2.** *(lacking trust)* desconfiado

sustain [səˈsteɪn] *vt* **1.** *(maintain)* sostener **2.** *(withstand)* aguantar

sustainable [səˈsteɪnəbl] *adj* sostenible

sustained [səˈsteɪnd] *adj* continuo

sustenance [ˈsʌstɪnənts, *Am:* -tnəns] *n no pl* sustento *m*

SW [ˌesˈdʌbljuː] *abbr of* **southwest** SO

swab [swɒb, *Am:* swɑːb] **I.** *n* MED tapón *m*, frotis *m inv* **II.** <-bb-> *vt* **1.** MED limpiar (con algodón) **2.** *(wash)* fregar

swagger [ˈswægəʳ, *Am:* -ɚ] **I.** *vi* pavonearse **II.** *n no pl* arrogancia *f*

swallow¹ [ˈswɒləʊ, *Am:* ˈswɑːloʊ] **I.** *vt* tragar, engullir **II.** *vi* tragar saliva **III.** *n* trago *m*

◆ **swallow up** *vt* *(absorb)* tragar

swallow² [ˈswɒləʊ, *Am:* ˈswɑːloʊ] *n* ZOOL golondrina *f*

swam [swæm] *vi pt of* **swim**

swamp [swɒmp, *Am:* swɑːmp] **I.** *n* pantano *m*, suampo *m AmC*,

wampa *f Méx* **II.** *vt* (*flood*) inundar
swan [swɒn, *Am:* swɑ:n] *n* cisne *m*
swap [swɒp, *Am:* swɑ:p] **I.**<-pp-> *vt* cambiar; **to ~ sth** (**for sth**) cambiar algo (por algo) **II.** *n* cambio *m*
swarm [swɔ:m, *Am:* swɔ:rm] **I.** *vi* (*move in large group*) aglomerarse **II.** *n* **1.** (*of bees*) enjambre *m* **2.** *fig* multitud *f*
swarthy ['swɔ:ði, *Am:* 'swɔ:r-] <-ier, -iest> *adj* moreno
swastika ['swɒstɪkə, *Am:* 'swɑ:stɪ-] *n* cruz *f* gamada
swat [swɒt, *Am:* swɑ:t] <-tt-> *vt* aplastar
sway [sweɪ] **I.** *vi* balancearse **II.** *vt* **1.** (*move from side to side*) balancear **2.** (*persuade*) persuadir **III.** *n* no pl **1.** *liter* (*influence*) influencia *f* **2.** *form* (*control*) control *m*; **to hold ~ over sth/sb** dominar algo/a alguien
Swazi ['swɑ:zi] *adj* swazilandés, -esa
Swaziland ['swɑ:zilænd] *n* Swazilandia *f*
swear [sweəʳ, *Am:* swer] <swore, sworn> **I.** *vi* **1.** (*take oath*) jurar; I **couldn't ~ to it** *inf* no pondría la mano en el fuego **2.** (*curse*) decir palabrotas **II.** *vt* jurar
◆ **swear in** *vt* LAW **to ~ sb** tomar juramento a alguien
swearword ['sweəwɜ:d, *Am:* 'swerwɜ:rd] *n* taco *m*
sweat [swet] **I.** *n* no pl sudor *m* **II.** *vi* sudar
sweat band *n* (*for head*) cinta *f*; (*for wrists*) muñequera *f*
sweater ['swetəʳ, *Am:* 'swetɚ] *n* jersey *m*
sweatshirt ['swetʃɜ:t, *Am:* -ʃɜ:rt] *n* sudadera *f*
sweaty ['sweti, *Am:* 'swet-] <-ier, -iest> *adj* sudado
swede [swi:d] *n Brit, Aus* GASTR colinabo *m*
Swede [swi:d] *n* sueco, -a *m, f*
Sweden ['swi:dn] *n* GEO Suecia *f*
Swedish ['swi:dɪʃ] *adj* sueco
sweep [swi:p] <swept, swept> **I.** *n* **1.** no pl (*cleaning action*) barrida *f* **2.** (*chimney cleaner*) deshollina-

dor(a) *m(f)* **3.** (*movement*) **with a ~ of her arm** con un amplio movimiento del brazo **4.** (*range*) alcance *m* **II.** *vt* **1.** (*clean with broom*) barrer **2.** (*remove*) quitar **III.** *vi* barrer
◆ **sweep away** *vt* **1.** (*remove*) erradicar **2.** (*carry away*) arrastrar
◆ **sweep up** *vt* barrer
sweeper *n* **1.** (*device*) barredera *f* **2.** (*person*) barrendero, -a *m, f*
sweeping *adj* (*gesture*) amplio; (*victory*) aplastante
sweet [swi:t] **I.**<-er, -est> *adj* **1.** (*like sugar*) dulce **2.** (*pleasant*) agradable **3.** (*smile*) encantador; (*person*) amable **II.** *n* **1.** *Brit, Aus* (*candy*) caramelo *m*, dulce *m Chile* **2.** *Brit, Aus* (*dessert*) postre *m*
sweet-and-sour [ˌswi:tən'saʊəʳ, *Am:* -ˌsaʊɚ] *adj* agridulce
sweetcorn ['swi:tkɔ:n, *Am:* -kɔ:rn] *n Am* maíz *m* (tierno)
sweeten ['swi:tən] *vt* endulzar
sweetener *n* GASTR sacarina *f*
sweetheart ['swi:thɑ:t, *Am:* -hɑ:rt] *n* **1.** (*term of endearment*) cariño *m* **2.** (*boyfriend, girlfriend*) novio, -a *m, f*
sweetness *n* no pl dulzor *m*
sweet pea *n* guisante *m* de olor
swell [swel] <swelled, swollen *o* swelled> **I.** *vt* **1.** (*size*) hinchar **2.** (*number*) engrosar **II.** *vi* **1.** (*get bigger*) hincharse **2.** (*increase*) aumentar **III.** *n* no pl (*of sea*) oleaje *m* **IV.**<-er, -est> *adj Am, inf* genial
swelling *n* hinchazón *m*
sweltering *adj* sofocante
swept [swept] *vt, vi* pt, pp of **sweep**
swerve [swɜ:v, *Am:* swɜ:rv] **I.** *vi* virar bruscamente **II.** *n* finta *f*; (*of car*) viraje *m* brusco
swift[1] [swɪft] *adj* (*fast-moving*) rápido; (*occurring quickly*) súbito
swift[2] [swɪft] *n* ZOOL vencejo *m*
swig [swɪg] *n inf* trago *m*
swill [swɪl] **I.** *n* no pl bazofia *f* **II.** *vt* **1.** (*swirl*) remover **2.** (*rinse*) baldear
swim [swɪm] **I.**<swam, swum> *vi* **1.** (*in water*) nadar **2.** (*be full of water*) estar inundado **3.** (*whirl*) **her head was ~ming** la cabeza le daba

vueltas **II.**<swam, swum> vt
1. (*cross*) cruzar a nado **2.** (*do*) **to ~
a few strokes** dar cuatro brazadas
III. n nado m; **I'm going to have a
~** voy a nadar

swimmer ['swɪmər, *Am:* -ər] n nada-
dor(a) m(f)

swimming n no pl natación f

swimming cap n gorro m de natación **swimming costume** n Brit,
Aus traje m de baño

swimmingly adv inf **to go ~** ir sobre
ruedas

swimming pool n piscina f, alberca f
Méx, pileta f Arg **swimming
trunks** npl traje m de baño (de caballero)

swimsuit ['swɪmsuːt] n Am bañador
m

swindle ['swɪndl] **I.** vt estafar **II.** n
estafa f

swine [swaɪn] n **1.** liter (*pig*) cerdo
m **2.** inf (*person*) cabrón, -ona m, f

swing [swɪŋ] **I.** n **1.** (*movement*)
vaivén m **2.** (*hanging seat*) columpio
m, burro m AmC **3.** (*sharp change*)
cambio m en redondo; POL viraje m
4. no pl MUS swing m **5.** fig **to get
(back) into the ~ of things** inf
coger el tranquillo a algo
II.<swung, swung> vi **1.** (*move
back and forth*) oscilar; (*move circu-
larly*) dar vueltas **2.** (*on hanging
seat*) columpiarse **III.**<swung,
swung> vt **1.** (*move back and
forth*) balancear **2.** inf (*influence*) influir

swing bridge n puente m giratorio
swing door n Brit, Aus puerta f giratoria

swingeing ['swɪndʒɪŋ] adj Brit
(*cut*) salvaje; (*criticism*) feroz

swipe [swaɪp] **I.** vt **1.** Brit (*swat*)
abofetear **2.** inf (*steal*) robar
3. (*card*) pasar **II.** n golpe m

swirl [swɜːl, *Am:* swɜːrl] **I.** vi, vt arre-
molinar(se) **II.** n remolino m

swish [swɪʃ] **I.** vi hacer frufrú
II.<-er, -est> adj inf elegante **III.** n
(*of cane*) silbido m; (*of dress*) frufrú
m

Swiss [swɪs] adj suizo

switch [swɪtʃ] **I.**<-es> n **1.** ELEC interruptor m, suiche m Méx
2. (*change*) cambio m **II.** vt cambiar;
to ~ sth for sth cambiar algo por
algo
◆ **switch off** vt apagar; (*water, electricity*) cortar
◆ **switch on** vt encender

switchboard ['swɪtʃbɔːd, *Am:*
-bɔːrd] n TEL centralita f

Switzerland ['swɪtsələnd, *Am:*
-sərlənd] n Suiza f

swivel ['swɪvəl] **I.** n plataforma f giratoria **II.**<*Brit:* -ll-, *Am:* -l-> vt girar

swollen ['swəʊlən, *Am:* 'swoʊ-]
I. pp of **swell II.** adj hinchado

swoon [swuːn] vi desvanecerse

swoop [swuːp] **I.** n **1.** (*dive*) caída f
en picado **2.** inf (*surprise attack*) redada f **II.** vi bajar en picado

swop [swɒp, *Am:* swɑːp] <-pp->
vt, vi Brit, Can s. **swap**

sword [sɔːd, *Am:* sɔːrd] n espada f

swordfish <-(es)> n pez m espada

swore [swɔː, *Am:* swɔːr] pt of
swear

sworn [swɔːn, *Am:* swɔːrn] **I.** pp of
swear II. adj jurado

swot [swɒt, *Am:* swɑːt] <-tt-> vi
Brit, Aus, inf hacer codos, mache-
tearse Méx

swum [swʌm] pp of **swim**

swung [swʌŋ] pt, pp of **swing**

syllabi ['sɪləbaɪ] n pl of **syllabus**

syllable ['sɪləbl] n sílaba f

syllabus ['sɪləbəs] <-es, form: sylla-
bi> n (*in general*) plan m de estudios; (*for specific subject*) programa
m

symbol ['sɪmbl] n símbolo m

symbolic(al) [sɪm'bɒlɪk(l), *Am:*
-'bɑːlɪk-] adj simbólico

symbolism ['sɪmbəlɪzəm] n no pl
simbolismo m

symbolize ['sɪmbəlaɪz] vt simbolizar

symmetrical [sɪ'metrɪkl] adj simétrico

symmetry ['sɪmətri] n no pl a. MAT
simetría f

sympathetic [ˌsɪmpə'θetɪk, *Am:*
-'θeṯ-] adj (*understanding*) com-

prensivo; (*sympathizing*) receptivo; **to be ~ towards sb/sth** apoyar a alguien/algo

sympathize ['sɪmpəθaɪz] *vi* mostrar comprensión; **to ~ with sb** simpatizar con alguien; (*feel compassion for*) compadecerse de alguien

sympathizer *n* simpatizante *mf*

sympathy ['sɪmpəθi] *n no pl* (*compassion*) compasión *f*; (*understanding*) comprensión *f*; **you have my deepest ~** le acompaño en el sentimiento

symphony ['sɪmfəni] *n* sinfonía *f*

symposium [sɪm'pəʊziəm, *Am:* -'poʊ-] <-s *o* -sia> *n form* simposio *m*

symptom ['sɪmptəm] *n* síntoma *m*

synagogue ['sɪnəgɒg, *Am:* -gɑ:g] *n* sinagoga *f*

syndicate ['sɪndɪkət, *Am:* -dəkɪt] *n* **1.** ECON consorcio *m* **2.** PUBL agencia *f* de noticias

syndrome ['sɪndrəʊm, *Am:* -droʊm] *n* síndrome *m*

synonym ['sɪnənɪm] *n* sinónimo *m*

synopsis [sɪ'nɒpsɪs] <-es> *n* sinopsis *f inv*

syntax ['sɪntæks] *n no pl* sintaxis *f inv*

synthetic [sɪn'θetɪk, *Am:* -'θeţ-] *adj* sintético

syphilis ['sɪfɪlɪs, *Am:* 'sɪflɪs] *n no pl* sífilis *f inv*

syphon ['saɪfn] *n* sifón *m*

Syria ['sɪriə] *n* Siria *f*

Syrian ['sɪriən] *adj* sirio

syringe [sɪ'rɪndʒ, *Am:* sə'-] *n* jeringuilla *f*

syrup ['sɪrəp] *n no pl* **1.** GASTR almíbar *m*, sirope *m AmC, Col* **2.** MED jarabe *m*

system ['sɪstəm] *n* sistema *m*; **to get something out of one's ~** *inf* quitarse algo de encima

systematic [ˌsɪstə'mætɪk, *Am:* -'mæţ-] *adj* sistemático

systems analyst *n* analista *mf* de sistemas

T t

T, t [ti:] *n* T, t *f*; **~ for Tommy** *Brit,* **~ for Tare** *Am* T de Tarragona

t *abbr of* **tonne** t (*Brit: 1,016 kilos; Am: 907 kilos*)

ta [tɑ:] *interj Brit, inf* gracias

TA *n Brit abbr of* **Territorial Army** ejército voluntario de reservistas británico

tab [tæb] *n* **1.** (*flap*) solapa *f*; (*on file*) lengüeta *f* **2.** (*label*) etiqueta *f*; **to keep ~s on sb** *fig* no perder de vista a alguien

tabby ['tæbi] *n* gato *m* atigrado

table ['teɪbl] *n* **1.** mesa *f*; **to set the ~** poner la mesa **2.** MAT tabla *f* **3.** (*list*) lista *f*; **~ of contents** índice *m*

tablecloth ['teɪblklɒθ, *Am:* -klɑ:θ] *n* mantel *m* **tablespoon** *n* (*spoon*) cucharón *m*; (*amount*) cucharada *f*

tablet ['tæblɪt] *n* (*pill*) comprimido *m*; (*of stone*) lápida *f*

table tennis *n no pl* ping-pong *m*

tabloid ['tæblɔɪd] *n* diario *m* sensacionalista

taboo [tə'bu:] **I.** *n* tabú *m* **II.** *adj* tabú

tacit ['tæsɪt] *adj* tácito

tack [tæk] **I.** *n* **1.** (*nail*) tachuela *f* **2.** (*approach*) **to try a different ~** intentar un enfoque distinto **II.** *vt* **1.** (*nail down*) clavar con tachuelas **2.** (*sew*) hilvanar **III.** *vi* NAUT virar

tackle ['tækl] **I.** *vt* **1.** (*in soccer*) entrar a; (*in rugby, US football*) placar **2.** (*deal with: issue*) abordar; (*problem*) atacar; **to ~ sb about sth** enfrentarse con alguien por algo **II.** *n no pl* **1.** (*in soccer*) entrada *f*; (*in rugby, US football*) placaje *m* **2.** (*equipment*) equipo *m*

tacky ['tæki] <-ier, -iest> *adj inf* (*showy*) vulgar

tact [tækt] *n no pl* tacto *m*

tactful ['tæktfl] *adj* discreto

tactic ['tæktɪk] *n* ~(**s**) táctica *f*

tactical ['tæktɪkl] *adj* táctico

tactile ['tæktaɪl, *Am:* -tl] *adj form* táctil

tactless ['tæktləs] *adj* falto de tacto

tadpole ['tædpəʊl, *Am:* -poʊl] *n* renacuajo *m*

tag [tæg] I. *n* 1. (*label*) etiqueta *f;* (*metal*) herrete *m* 2. *no pl* (*game*) **to play** ~ jugar al pillapilla II. <-gg-> *vt* etiquetar

tail [teɪl] I. *n* 1. ANAT, AVIAT cola *f;* (*of dog, bull*) rabo *m* 2. *pl* (*side of coin*) cruz *f* II. *vt* seguir

◆ **tail off** *vi* disminuir

tailback ['teɪlbæk] *n Brit* caravana *f* de coches

tailor ['teɪlər, *Am:* -lər] *n* sastre *m*

tailor-made [ˌteɪlə'meɪd, *Am:* -lər'-] *adj* hecho a medida

tailpipe ['teɪlpaɪp] *n Am* tubo *m* de escape

taint [teɪnt] *vt* (*food*) contaminar; (*reputation*) manchar

Taiwan [ˌtaɪ'wɑːn] *n* Taiwán *m*

Tajikistan [tɑːˈdʒiːkɪˌstɑːn] *n* Tayikistán *m*

take [teɪk] I. *n* PHOT, CINE toma *f* II. <took, taken> *vt* 1. (*accept*) aceptar; (*advice*) seguir; (*criticism*) soportar; (*responsibility*) asumir; (*medicine*) tomar; **to ~ sth seriously** tomar algo en serio; **to ~ one's time** tomarse su tiempo; **to ~ sth as it comes** aceptar algo tal y como es 2. (*hold*) coger, agarrar *AmL* 3. (*capture: prisoners*) prender; (*city*) conquistar; (*power*) tomar; **to ~ office** entrar en funciones 4. (*bring*) llevar 5. (*require*) requerir 6. (*have: decision, holiday*) tomar; **to ~ a rest** descansar 7. (*feel, assume*) **to ~ (an) interest in sth** interesarse por algo; **to ~ offence** ofenderse; **to ~ pity on sb** apiadarse de alguien; **I ~ it that ...** supongo que... 8. (*photograph*) sacar 9. (*bus, train*) coger, tomar *AmL*

◆ **take after** *vt* parecerse a

◆ **take apart** *vt* 1. (*disassemble*) desmontar 2. (*destroy*) despedazar

◆ **take away** *vt* (*remove*) quitar; MAT restar

◆ **take back** *vt* 1. (*return*) devolver 2. (*accept back*) aceptar 3. (*repossess*) recobrar 4. (*retract*) retractar

◆ **take down** *vt* 1. (*remove*) quitar; (*from high place*) bajar 2. (*write down*) apuntar

◆ **take in** *vt* 1. (*bring inside*) recoger, acoger (en casa) 2. (*deceive*) **to be taken in by sb** ser engañado por alguien 3. (*understand*) comprender

◆ **take off** I. *vt* 1. (*remove from*) retirar 2. (*clothes*) quitarse 3. *Brit* (*imitate*) imitar II. *vi* AVIAT despegar

◆ **take on** *vt* 1. (*accept*) aceptar 2. (*fight*) enfrentarse a

◆ **take out** *vt* 1. (*remove*) quitar; (*withdraw*) retirar 2. (*bring outside*) sacar

◆ **take over** *vt* 1. (*buy out*) comprar 2. (*seize control*) tomar el control de

◆ **take to** *vt* (*start to like*) coger simpatía a, encariñarse con *AmL;* **to ~ drink** darse a la bebida

◆ **take up** I. *vt* 1. (*bring up*) subir 2. (*start doing*) comenzar 3. (*adopt*) adoptar II. *vi* **to ~ with sb** relacionarse con alguien

taken *vt pp of* **take**

take-off ['teɪkɒf, *Am:* -ɑːf] *n* AVIAT despegue *m*

takeover ['teɪkˌəʊvər, *Am:* -ˌoʊvər] *n* POL toma *f* del poder; ECON adquisición *f*

takeover bid *n* oferta *f* pública de adquisición de acciones

taking ['teɪkɪŋ] *n* 1. *no pl* **it's yours for the ~** es tuyo si lo quieres 2. *pl* (*receipts*) ingresos *mpl*

talc [tælk] *n no pl* polvos *mpl* de talco

tale [teɪl] *n* cuento *m; to* **tell ~s** *fig* chivarse

talent ['tælənt] *n* talento *m*

talented *adj* talentoso

talk [tɔːk] I. *n* 1. (*conversation*) conversación *f,* plática *f Méx* 2. (*lecture*) charla *f* 3. *pl* (*discussions*) negociaciones *fpl* II. *vi* hablar; **look who's ~ing** *inf* ¡mira quién habla!

◆ **talk over** *vt* **to talk sth over** hablar algo

talkative ['tɔːkətɪv, *Am:* -t̬ɪv] *adj*

locuaz

talker *n* hablador(a) *m(f)*

talk show *n* programa *m* de entrevistas

tall [tɔːl] *adj* alto

tally¹ ['tæli] <-ie-> *vi* concordar

tally² <-ies> *n* cuenta *f*

talon ['tælən] *n* garra *f*

tambourine [ˌtæmbə'riːn] *n* pandereta *f*

tame [teɪm] *adj* **1.** (*domesticated*) doméstico; (*not savage*) manso **2.** (*unexciting*) soso

tamper with *vt* manosear

tan [tæn] **I.** <-nn-> *vi* broncearse **II.** <-nn-> *vt* **1.** (*make brown*) broncear **2.** (*leather*) curtir **III.** *n* bronceado *m*

tang [tæŋ] *n* olor *m* penetrante

tangent ['tændʒənt] *n* tangente *f*; **to go off at a ~** salirse por la tangente

tangerine [ˌtændʒə'riːn] *n* mandarina *f*

tangible ['tændʒbl] *adj* tangible

tangle ['tæŋgl] **I.** *n* **1.** (*in hair, string*) maraña *f* **2.** *fig* (*confusion*) enredo *m* **II.** *vt* enredar

tango ['tæŋgəʊ, *Am:* -goʊ] *n* tango *m*

tangy ['tæŋi] <-ier, -iest> *adj* fuerte

tank [tæŋk] *n* **1.** (*container*) depósito *m*; (*aquarium*) acuario *m* **2.** MIL tanque *m*

tanker ['tæŋkər, *Am:* -ə] *n* (*lorry*) camión *m* cisterna; (*ship*) buque *m* cisterna; **oil ~** petrolero *m*

tanned [tænd] *adj* bronceado

tanner ['tænər, *Am:* -ə] *n* curtidor(a) *m(f)*

tantalizing *adj* tentador

tantamount ['tæntəmaʊnt, *Am:* -t̬ə-] *adj* **to be ~ to sth** equivaler a algo

tantrum ['tæntrəm] *n* berrinche *m*, dengue *m Méx*; **to throw a ~** coger [*o* agarrar *AmL*] una rabieta

Tanzania [ˌtænzə'nɪə, *Am:* -'niːə] *n* Tanzania *f*

tap¹ [tæp] *n* **1.** *Brit* (*for water*) grifo *m*, bitoque *m Méx*, *RíoPl* **2.** TEL micrófono *m* de escucha

tap² [tæp] *n* golpecito *m*

tap dance ['tæpˌdɑːnts, *Am:* -ˌdænts] *n* claqué *m*

tape [teɪp] **I.** *n* **1.** (*adhesive strip*) cinta *f* adhesiva; MED esparadrapo *m* **2.** (*measure*) cinta *f* métrica **3.** (*cassette*) cinta *f*, tape *m RíoPl* **II.** *vt* **1.** (*fasten with tape*) poner una cinta a **2.** (*record*) grabar

tape measure *n* metro *m*

taper ['teɪpər, *Am:* -pə] *n* cerilla *f* ◆ **taper off** *vi* disminuir

tape recorder *n* grabadora *f*

tapestry ['tæpɪstri, *Am:* -əstrɪ] *n* **1.** (*art form*) tapicería *f* **2.** (*object*) tapiz *m*

tapeworm ['teɪpwɜːm, *Am:* -wɜːrm] *n* tenia *f*, solitaria *f*

tar [tɑːr, *Am:* tɑːr] *n no pl* alquitrán *m*

target ['tɑːgɪt, *Am:* 'tɑːr-] *n* blanco *m*

tariff ['tærɪf, *Am:* 'ter-] *n* ECON arancel *m*

tarmac® ['tɑːmæk, *Am:* 'tɑːr-] *n no pl, Brit* asfalto *m*

tarnish ['tɑːnɪʃ, *Am:* 'tɑːr-] *vt* deslustrar

tarpaulin [tɑː'pɔːlɪn, *Am:* tɑːr'pɑː-] *n* lona *f* impermeabilizada

tart¹ [tɑːt, *Am:* tɑːrt] *adj* (*sharp*) agrio; (*acid*) ácido

tart² [tɑːt, *Am:* tɑːrt] *n* GASTR tarta *f*

tartan ['tɑːtn, *Am:* 'tɑːrtn] *n* tartán *m*

task [tɑːsk, *Am:* tæsk] *n* tarea *f*, tonga *f Col*; **to take sb to ~** llamar la atención a alguien

taskforce *n* equipo *m* de trabajo

tassel ['tæsl] *n* borla *f*

taste [teɪst] **I.** *n* **1.** *no pl* sabor *m*; **to have a ~ of sth** probar algo **2.** (*liking*) gusto *m*; **to get a ~ for sth** tomar el gusto a algo **II.** *vt* **1.** (*food, drink*) saborear **2.** (*experience*) experimentar **III.** *vi* **to ~ of sth** saber a algo

tastebud ['teɪstbʌd] *n* papila *f* gustativa

tasteful ['teɪstfəl] *adj* con gusto

tasteless ['teɪstləs] *adj* **1.** (*food*) soso **2.** (*clothes, remark*) de mal

T t

gusto

tasty ['teɪsti] *adj* sabroso

tattered ['tætəd, *Am:* 'tæt̬əd] *adj* hecho jirones

tatters ['tætəʳz, *Am:* 'tæt̬əʳz] *npl* jirones *fpl;* **to be in** ~ estar hecho jirones

tattoo [tə'tuː, *Am:* tæt'uː] **I.** *n* (*on skin*) tatuaje *m.* **II.** *vt* tatuar

tatty ['tæti, *Am:* 'tæt̬-] <-ier, -iest> *adj pej* estropeado

taught [tɔːt, *Am:* tɑːt] *pt, pp of* **teach**

taunt [tɔːnt, *Am:* tɑːnt] *vt* burlarse de

Taurus ['tɔːrəs] *n* Tauro *m*

taut [tɔːt, *Am:* tɑːt] *adj* (*wire, string*) tensado; (*skin*) terso

tautology [tɔː'tɒlədʒi, *Am:* tɑː'tɑː-lə-] <-gies> *n* tautología *f*

tavern ['tævən, *Am:* -əʳn] *n* taberna *f,* estanquillo *m Ecua*

tawdry ['tɔːdri, *Am:* 'tɑː-] <-ier, -iest> *adj pej* hortera

tax [tæks] FIN **I.** <-es> *n* impuesto *m;* **to put a** ~ **on sth** gravar algo con un impuesto; **free of** ~ exento de impuestos **II.** *vt* gravar con un impuesto

taxable ['tæksəbl] *adj* imponible

tax allowance *n* desgravación *f* fiscal

taxation [tæk'seɪʃən] *n no pl* impuestos *mpl*

tax avoidance *n* evasión *f* de impuestos **tax collector** *n* recaudador(a) *m(f)* de impuestos **tax evasion** *n* evasión *f* de impuestos **tax-free** *adj* libre de impuestos **tax haven** *n* paraíso *m* fiscal

taxi ['tæksi] *n* taxi *m*

taxi driver *n* taxista *mf,* ruletero, -a *m, f AmC, Méx*

taxing *adj* difícil

taxi rank *n Brit,* **taxi stand** *n Am* parada *f* de taxis

taxonomy [tæk'sɒnəmi, *Am:* -'sɑː-nə-] *n* taxonomía *f*

taxpayer ['tæks,peɪəʳ, *Am:* -əʳ] *n* contribuyente *mf* **tax relief** *n* exención *f* de impuestos **tax return** *n* declaración *f* de renta **tax year** *n* año *m* fiscal

TB [,tiː'biː] *n abbr of* **tuberculosis** tuberculosis *f inv*

tea [tiː] *n* **1.** *no pl* (*drink*) té *m;* **a cup of** ~ una taza de té; **camomile** ~ infusión *f* de manzanilla; **not for all the** ~ **in China** ni por todo el oro del mundo **2.** *Brit* (*afternoon meal*) merienda *f; Aus* (*evening meal*) cena *f*

tea bag *n* bolsita *f* de té

teach [tiːtʃ] <taught, taught> *vt* enseñar; **to** ~ **sb a lesson** *fig* dar una lección a alguien

teacher ['tiːtʃəʳ, *Am:* -tʃəʳ] *n* profesor(a) *m(f)*

teacher training *n* formación *f* de profesorado

teaching *n* **1.** *no pl* (*profession*) docencia *f* **2.** *pl* (*doctrine*) enseñanza *f*

teacup *n* taza *f* de té

teak [tiːk] *n no pl* teca *f*

team [tiːm] *n* equipo *m*

◆ **team up** *vi* **to** ~ **with** asociarse con

team-mate *n* compañero, -a *m, f* **teamwork** *n* trabajo *m* en equipo

teapot ['tiːpɒt, *Am:* -pɑːt] *n* tetera *f*

tear¹ [tɪəʳ, *Am:* tɪr] *n* lágrima *f;* **to burst into** ~**s** echarse a llorar

tear² [teəʳ, *Am:* ter] **I.** *n* rotura *f* **II.** <tore, torn> *vt* rasgar; (*muscle*) distender; **to** ~ **a hole in sth** hacer un agujero en algo; **to be torn between two possibilities** no saber qué posibilidad elegir **III.** <tore, torn> *vi* rasgarse

◆ **tear apart** *vt* destrozar

◆ **tear down** *vt* derribar

◆ **tear into** *vt* arremeter contra

◆ **tear up** *vt* despedazar

teardrop ['tɪədrɒp, *Am:* 'tɪrdrɑːp] *n* lágrima *f*

tearful ['tɪəfəl, *Am:* 'tɪrfl] *adj* lloroso

tear gas *n* gas *m* lacrimógeno

tea room *n* salón *m* de té

tease [tiːz] **I.** *vt* **1.** (*make fun of*) tomar el pelo a **2.** (*provoke*) provocar; (*sexually*) tentar **3.** TECH cardar **II.** *n* bromista *mf;* (*sexually*) provocador(a) *m(f)*

teashop *n Brit* salón *m* de té **teaspoon** *n* (*spoon*) cucharita *f;* (*amount*) cucharadita *f*

teaspoonful ['tiːspuːnfʊl] *n* cucharadita *f*

tea-strainer ['tiːˌstreɪnəʳ, *Am:* -ɚ] *n* colador *m* para el té

teat [tiːt] *n* (*of animal*) teta *f*; (*of bottle*) tetina *f*

teatime ['tiːtaɪm] *n Brit* hora *f* del té

tea towel *n Brit* paño *m* de cocina

technical ['teknɪkəl] *adj* técnico

technicality [ˌteknɪ'kæləti, *Am:* -nə'kæləti] <-ies> *n* (*detail*) detalle *m* técnico

technician [tek'nɪʃn] *n* técnico, -a *m, f*

technique [tek'niːk] *n* técnica *f*

technological [ˌteknə'lɒdʒɪkl, *Am:* -'laːdʒɪ-] *adj* tecnológico

technology [tek'nɒlədʒi, *Am:* -'naːlə-] *n* tecnología *f*

teddy bear ['tedɪ-] *n* osito *m* de peluche

tedious ['tiːdiəs] *adj* aburrido, tedioso

tedium ['tiːdɪəm] *n no pl* tedio *m*

tee [tiː] *n* SPORTS tee *m*

teem [tiːm] *vi* **to ~ with** estar repleto de algo

teeming *adj* muy numeroso

teen ['tiːn] *n* adolescente *mf*

teenage(d) ['tiːneɪdʒ(d)] *adj* adolescente

teenager ['tiːneɪdʒəʳ, *Am:* -dʒɚ] *n* adolescente *mf*

teens [tiːnz] *npl* **to be in one's ~** no haber cumplido los veinte años

tee-shirt ['tiːʃɜːt, *Am:* -ʃɜːrt] *n* camiseta *f*

teeter ['tiːtəʳ, *Am:* -ţɚ] *vi* **to ~ (around)** tambalearse; **to ~ on the brink of sth** estar a punto de algo

teeth [tiːθ] *pl of* **tooth**

teetotal [tiː'təʊtl, *Am:* tiː'toʊţl] *adj* abstemio

tel. *abbr of* **telephone** tel.

telecommunications ['telɪkəˌmjuːnɪ'keɪʃnz] *npl* telecomunicaciones *fpl*

teleconference ['telɪˌkɒnfərəns, *Am:* -ˌkaːn-] *n* teleconferencia *f*

telegram ['telɪgræm] *n* telegrama *m*

telegraph ['telɪgrɑːf, *Am:* -græf] *n*

no *pl* telégrafo *m*

telegraph post *n Brit, Aus* poste *m* telegráfico

telepathy [tɪ'lepəθi, *Am:* tə'-] *n no pl* telepatía *f*

telephone ['telɪfəʊn, *Am:* -əfoʊn] **I.** *n* teléfono *m* **II.** *vt* llamar por teléfono **III.** *vi* telefonear

telephone book *n* guía *f* telefónica **telephone booth** *n,* **telephone box** *n Am* cabina *f* telefónica **telephone call** *n* llamada *f* telefónica **telephone directory** *n* guía *f* telefónica **telephone exchange** *n Brit* central *f* telefónica **telephone number** *n* número *m* de teléfono

telesales ['telɪseɪls] *n no pl* ventas *fpl* por teléfono

telescope ['telɪskəʊp, *Am:* -əskoʊp] **I.** *n* telescopio *m* **II.** *vi* plegarse

televise ['telɪvaɪz, *Am:* 'telə-] *vt* televisar

television ['telɪˌvɪʒən, *Am:* 'telə-vɪʒ-] *n* televisión *f*

television camera *n* cámara *f* de televisión **television program** *n Am, Aus,* **television programme** *n Brit* programa *m* de televisión **television set** *n* televisor *m*

tell [tel] <told, told> **I.** *vt* **1.** (*say*) decir; **to ~ sb of sth** comunicar algo a alguien; **I told you so** te avisé; **you're ~ing me!** *inf* ¡a mí me lo vas a contar! **2.** (*narrate*) contar **3.** (*command*) **to ~ sb to do sth** ordenar a alguien hacer algo; **do as you're told** *inf* haz lo que te mandan **4.** (*distinguish*) **to ~ sth from sth** distinguir algo de algo **5.** (*know*) **there is no telling** no hay manera de saberlo **II.** *vi* **1.** hablar; **to ~ of sth** hablar de algo **2.** (*know*) saber; **you never can ~** nunca se sabe; **who can ~?** ¿quién sabe?

◆ **tell apart** *vt* distinguir

◆ **tell off** *vt* **to tell sb off for sth** reñir a alguien por algo

◆ **tell on** *vt* **to ~ sb** chivarse de alguien

teller ['teləʳ, *Am:* -ɚ] *n* **1.** POL escrutador(a) *m(f)* **2.** FIN cajero, -a *m, f*

T_t

telling ['telɪŋ] *adj* 1.(*revealing*) revelador 2.(*significant*) contundente

telling-off ['telɪŋˈɒf, *Am:* ˌtelɪŋˈɑːf] <tellings-off> *n* to give sb a ~ for (doing) sth echar una bronca a alguien por (hacer) algo

telly ['teli] *n Brit, Aus, inf* tele *f*

temp [temp] I.*vi* trabajar temporalmente II.*n* trabajador(a) *m(f)* temporal

temp. *abbr of* **temperature** temperatura

temper ['tempəʳ, *Am:* -pɚ] *n* (*temperament*) temperamento *m*; (*mood*) humor *m*; good ~ buen humor; bad ~ mal genio; to get into a ~ ponerse como una fiera; to keep one's ~ no perder la calma; to lose one's ~ perder los estribos

temperament ['temprəmənt] *n* temperamento *m*

temperamental [ˌtemprəˈmentl, *Am:* -t̬l] *adj* caprichoso

temperate ['tempərət] *adj* (*moderate*) moderado; (*climate*) templado

temperature ['temprətʃəʳ, *Am:* -pɚətʃɚ] *n* temperatura *f*; to have a ~ MED tener fiebre

tempi ['tempiː] *n pl of* **tempo**

template ['templɪt] *n* plantilla *f*

temple ['templ] *n* REL templo *m*

tempo ['tempəʊ, 'tempiː, *Am:* -poʊ, -] <-s *o* -pi> *n* 1.MUS tempo *m* 2.(*pace*) ritmo *m*

temporal ['tempərəl] *adj form* temporal

temporarily ['temprərəli, *Am:* ˈtempəreɪli] *adv* temporalmente

temporary ['temprəri, *Am:* ˈtempəreri] *adj* (*improvement*) pasajero; (*staff, accommodation*) temporal; (*relief*) momentáneo

tempt [tempt] *vt* tentar; to ~ sb into doing sth tentar a alguien a hacer algo

temptation [tempˈteɪʃn] *n* 1.*no pl* (*attraction*) tentación *f*; to succumb to ~ ceder a la tentación 2.(*tempting thing*) aliciente *m*

tempting ['temptɪŋ] *adj* atractivo; (*offer*) tentador

ten [ten] *adj* diez *inv; s. a.* **eight**

tenacious [tɪˈneɪʃəs, *Am:* təˈ-] *adj* (*belief*) firme; (*person*) tenaz

tenacity [tɪˈnæsəti, *Am:* təˈnæsət̬i] *n no pl* tenacidad *f*

tenancy ['tenənsi] <-ies> *n* arrendamiento *m*

tenant ['tenənt] *n* (*of land*) arrendatario, -a *m, f*; (*of house*) inquilino, -a *m, f*

tend[1] [tend] *vi* 1.to ~ to do sth tender a hacer algo 2.(*usually do*) soler

tend[2] *vt* (*look after*) ocuparse de

tendency ['tendənsi] <-ies> *n* tendencia *f*

tender[1] ['tendəʳ, *Am:* -dɚ] *adj* (*not tough*) tierno; (*part of body*) sensible

tender[2] ['tendəʳ, *Am:* -dɚ] I.*n* COM oferta *f*; to put sth out for ~ *Brit* sacar algo a concurso II.*vt* (*offer*) ofrecer; (*apology*) presentar III.*vi* to ~ for sth hacer una oferta para algo

tenderness ['tendənɪs, *Am:* -ɚ-] *n no pl* 1.(*softness*) blandura *f* 2.(*sensitivity*) sensibilidad *f*

tendon ['tendən] *n* tendón *m*

tenement ['tenəmənt] *n* bloque *m* de pisos

tenet ['tenɪt] *n* principio *m*

tenfold ['tenfəʊld, *Am:* -foʊld] *adv* diez veces

tennis ['tenɪs] *n no pl* tenis *m*

tennis ball *n* pelota *f* de tenis **tennis court** *n* pista *f* de tenis **tennis player** *n* tenista *mf* **tennis racket** *n* raqueta *f* de tenis

tenor ['tenəʳ, *Am:* -ɚ] *n* 1.MUS tenor *m* 2.(*character*) tono *m*

tense[1] [tens] *n* LING tiempo *m*

tense[2] *adj* (*wire, person*) tenso

tension ['tentʃən] *n no pl* tensión *f*

tent [tent] *n* (*for camping*) tienda *f* de campaña, carpa *f AmL*; (*in circus*) carpa *f*

tentacle ['tentəkl, *Am:* -t̬ə-] *n* tentáculo *m*

tentative ['tentətɪv, *Am:* -t̬ət̬ɪv] *adj* (*person*) vacilante; (*decision*) provisional

tenth [tenθ] *adj* décimo

tenuous ['tenjʊəs] *adj* tenue

tenure ['tenjʊəʳ, Am: -jɚ] n no pl
1. (possession) posesión f, tenencia
f **2.** (period) ejercicio m
tepid ['tepɪd] adj tibio
term [tɜːm, Am: tɜːrm] I. n **1.** (label,
word) término m; ~ **of abuse** insulto
m; ~ **of endearment** expresión f
afectuosa; **in no uncertain** ~**s** en términos claros **2.** pl (conditions) condiciones fpl **3.** (limit) límite m; COM
plazo m **4.** (period) **in the short/
long** ~ a corto/largo plazo; **prison** ~
sentencia f de prisión **5.** Brit UNIV,
SCHOOL trimestre m **6.** pl **to be on
good/bad** ~**s with sb** llevarse bien/
mal con alguien II. vt calificar de
terminal ['tɜːmɪnl, Am: 'tɜːr-] I. adj
terminal; (boredom) mortal II. n
1. RAIL, AVIAT, INFOR terminal f **2.** ELEC
polo m
terminate ['tɜːmɪneɪt, Am: 'tɜːr-]
form I. vt poner fin a; (contract) rescindir II. vi terminarse
termination [ˌtɜːmɪ'neɪʃn, Am:
ˌtɜːr-] n no pl fin m; (of contract) rescisión f
termini ['tɜːmɪ'naɪ] n pl of **terminus**
terminology [ˌtɜːmɪ'nɒlədʒi, Am:
ˌtɜːrmɪ'nɑːlə-] n terminología f
terminus ['tɜːmɪnəs, Am: 'tɜːr-]
<-es o -i> n (station) estación f ter-
minal; (bus stop) última parada f
termite ['tɜːmaɪt, Am: 'tɜːr-] n termita f
tern [tɜːn, Am: tɜːrn] n golondrina f
de mar
terrace ['terəs] n **1.** a. AGR terraza f
2. Brit, Aus (row of houses) hilera f
de casas adosadas
terrain [te'reɪn] n terreno m
terrapin ['terəpɪn] <-(s)> n galápago m
terrestrial [tɪ'restrɪəl, Am: təˈ-] adj
form terrestre
terrible ['terəbl] adj **1.** (shocking)
terrible **2.** (very bad) espantoso
terribly ['terəbli] adv **1.** (very badly)
terriblemente **2.** (very) tremendamente
terrier ['terɪəʳ, Am: -ɚ] n terrier m
terrific [tə'rɪfɪk] adj inf tremendo

terrified adj aterrorizado
terrify ['terəfaɪ] <-ie-> vt aterrar
terrifying adj aterrador
territorial [ˌterɪ'tɔːrɪəl, Am: -əˈ-]
adj territorial
territory ['terɪtəri, Am: 'terətɔːri]
<-ies> n territorio m
terror ['terəʳ, Am: -ɚ] n no pl terror
m
terrorism ['terərɪzəm] n no pl terrorismo m
terrorist ['terərɪst] n terrorista mf
terrorize ['terəraɪz] vt aterrorizar
terse [tɜːs, Am: tɜːrs] adj lacónico
test [test] I. n **1.** SCHOOL, UNIV examen
m **2.** MED prueba f; **blood** ~ análisis
m inv de sangre **3.** (trial) **to put sth
to the** ~ poner algo a prueba II. vt
1. (examine) examinar **2.** MED analizar; **to** ~ **sb for sth** hacer a alguien
una prueba de algo **3.** (measure)
comprobar
testament ['testəmənt] n **1.** form
last will and ~ testamento y últimas
voluntades **2.** REL **the Old/New** ~ el
Antiguo/Nuevo Testamento
testicle ['testɪkl] n testículo m
testify ['testɪfaɪ] <-ie-> I. vi form **to**
~ **to sth** atestiguar algo II. vt **to** ~
that ... declarar que...
testimonial [ˌtestɪ'məʊnɪəl, Am:
-'moʊ-] n form **1.** (character reference) referencias fpl **2.** (tribute)
homenaje m
testimony ['testɪməni, Am: -moʊ-
ni] <-ies> n testimonio m
testing adj duro
test-tube baby n bebé m probeta
tetanus ['tetənəs] n no pl tétano m
tether ['teðəʳ, Am: -ɚ] I. n **to be at
the end of one's** ~ no aguantar más
II. vt amarrar
Teutonic [tju:'tɒnɪk, Am: tu:'tɑː-
nɪk] adj teutónico
Texan ['teksən] adj tejano
Texas ['teksəs] n Tejas m
text [tekst] n texto m
textbook ['tekstbʊk] n libro m de
texto
textile ['tekstaɪl] n pl tejidos mpl
textual ['tekstʃʊəl, Am: -tʃu-] adj
textual

T
t

texture ['tekstʃəʳ, *Am:* -tʃɚ] *n* textura *f*

Thai [taɪ] *adj* tailandés

Thailand ['taɪlənd] *n* Tailandia *m*

Thames [temz] *n no pl* **the** (**River**) ~ el Támesis

than [ðən, ðæn] *conj* que; **you are taller** ~ **she** (**is**) eres más alto que ella; **more** ~ **60** más de 60; **more** ~ **once** más de una vez; **no sooner had she told him,** ~ **...** en cuanto se lo dijo...

thank [θæŋk] *vt* agradecer; **to** ~ **sb** (**for sth**) dar las gracias a alguien (por algo); ~ **you** gracias; ~ **you very much!** ¡muchas gracias!; **no,** ~ **you** no, gracias

thankful ['θæŋkfəl] *adj* **to be** ~ **that ...** alegrarse de que... +*subj*

thankfully *adv* afortunadamente

thanks [θæŋks] *npl* gracias *fpl;* ~ **very much** muchísimas gracias; ~ **to** gracias a; **in** ~ **for ...** en recompensa por...; **no** ~ **to him** no fue gracias a él

that [ðæt, ðət] **I.** *adj dem* <**those**> ese, esa, eso; (*more remote*) aquel, aquella, aquello; ~ **table** esa mesa; ~ **book** ese libro **II.** *pron* **1.** *rel* que; **the woman** ~ **told me ...** la mujer

que me dijo...; **all** ~ **I have** todo lo que tengo **2.** *dem* **what is** ~**?** ¿eso qué es?; **who is** ~**?** ¿ése/ésa quién es?; **like** ~ así; **after** ~ después de eso; ~**'s it!** ¡eso es! **III.** *adv* tan; **it was** ~ **hot** hacía tanto calor **IV.** *conj* **1.** que; **I told you** ~ **I couldn't come** te he dicho que no puedo ir **2.** (*in order that*) para que +*subj*

thatch [θætʃ] *n no pl* (*roof*) techo *m* de paja

thaw [θɔ:, *Am:* θɑ:] **I.** *n* **1.** (*weather*) deshielo *m* **2.** (*in relations*) distensión *f* **II.** *vi* **1.** (*weather*) deshelar; (*food*) descongelarse **2.** (*relations*) volverse más cordial

the [ðə, *stressed, before vowel* ði:] **I.** *def art* el *m,* la *f,* los *mpl,* las *fpl;* **from** ~ **garden** del jardín; **at** ~ **hotel** en el hotel; **at** ~ **door** a la puerta; **to** ~ **garden** al jardín; **in** ~ **winter** en invierno **II.** *adv* (*in comparison*) ~ **sooner** ~ **better** cuanto antes mejor

theater *n Am,* **theatre** ['θɪətəʳ, *Am:* 'θi:əṭɚ] *n Brit, Aus* **1.** teatro *m* **2.** *Brit* **operating** ~ quirófano *m*

theatrical [θɪ'ætrɪkl] *adj* teatral

theft [θeft] *n* robo *m*

their [ðeəʳ, *Am:* ðer] *adj poss* su(s); ~ **house** su casa; ~ **children** sus hijos

theirs [ðeəz, *Am:* ðerz] *pron poss* (el) suyo, (la) suya, (los) suyos, (las) suyas; **this house is** ~ esta casa es suya; **they aren't our bags, they are** ~ no son nuestras bolsas, son suyas; **a book of** ~ un libro suyo

them [ðem, ðəm] *pron pers pl* **1.** (*they*) ellos, ellas; **older than** ~ mayor que ellos; **if I were** ~ si yo fuese ellos **2.** *direct object* los, las; *indirect object* les; **look at** ~ míralos; **I saw** ~ yo los vi; **he gave** ~ **the pencil** les ha dado el lápiz **3.** *after prep* ellos, ellas; **it's from/for** ~ es de/ para ellos

thematic [ˌθi:m'ætɪk, *Am:* θi:-'mæṭ-] *adj* temático

theme [θi:m] *n a.* MUS tema *m*

theme park *n* parque *m* temático

theme song *n no pl* sintonía *f*
themselves [ðəm'selvz] *pron*
1. *subject* ellos mismos, ellas mismas
2. *object, refl* se; **the children behaved** ~ los niños se portaron bien
3. *after prep* sí mismos, sí mismas;
by ~ solos
then [ðen] **I.** *adj form* (de) entonces
II. *adv* **1.** (*at aforementioned time*)
entonces; **before** ~ hasta entonces;
from ~ **on**(**wards**) a partir de entonces; **since** ~ desde entonces;
until ~ hasta aquel momento;
(**every**) **now and** ~ de vez en cuando **2.** (*after that*) después; **what** ~?
¿y qué? **3.** (*as a result*) por tanto; ~
he must be there entonces debe
estar ahí
thence [ðens] *adv form* de ahí
theologian [ˌθɪə'ləʊdʒən, *Am:*
ˌθiːə'loʊ-] *n* teólogo, -a *m, f*
theological [ˌθɪə'lɒdʒɪkl, *Am:* θiːə-
'lɑːdʒɪ-] *adj* teológico
theology [θɪ'ɒlədʒi, *Am:* -'ɑːlə-]
<-ies> *n* teología *f*
theorem ['θɪərəm, *Am:* 'θiːəˑəm] *n*
MAT teorema *m*
theoretical [θɪə'retɪkəl, *Am:* ˌθiːə-
'reṭ-] *adj* teórico
theorist ['θɪərɪst, *Am:* 'θiːəˑɪst] *n*
teórico, -a *m, f*
theorize ['θɪəraɪz, *Am:* 'θiːə-] *vi*
teorizar
theory ['θɪəri, *Am:* 'θiːə-] <-ies> *n*
teoría *f*; **in** ~ en teoría
therapeutic(**al**) [ˌθerə'pjuːtɪk(l),
Am: -ṭɪk-] *adj* terapéutico
therapist ['θerəpɪst] *n* terapeuta *mf*
therapy ['θerəpi] <-ies> *n* terapia *f*
there [ðeəʳ, *Am:* ðer] *adv* allí, allá;
here and ~ aquí y allá; ~ **is**/**are**
hay; ~ **will be** habrá; ~ **you are!**
¡ahí lo tienes!; ~ **is no one** no hay
nadie; ~ **and then** en el acto
thereafter [ðeər'ɑːftəʳ, *Am:* ðer-
'æftəˑ] *adv* a partir de entonces
thereby [ðeə'baɪ, *Am:* ðer'-] *adv
form* por eso
therefore ['ðeəfɔːʳ, *Am:* 'ðerfɔːr]
adv por (lo) tanto
therein [ðeər'ɪn, *Am:* ðer'-] *adv
form* ahí dentro

thermal ['θɜːməl, *Am:* 'θɜːr-] *adj*
térmico
thermometer [θə'mɒmɪtəʳ, *Am:*
θəˑ'mɑːməṭəˑ] *n* termómetro *m*
these [ðiːz] *pl of* **this**
thesis ['θiːsɪs] <-ses> *n* tesis *f inv*
they [ðeɪ] *pron pers* **1.** (*3rd person
pl*) ellos, -as; ~ **are my parents**/
sisters (ellos) son mis padres/(ellas)
son mis hermanas **2.** (*people in general*) ~ **say that ...** dicen que...
thick [θɪk] *adj* **1.** (*wall*) grueso;
(*coat*) gordo; (*hair*) abundante;
(*liquid*) espeso; **through ~ and thin**
a las duras y a las maduras **2.** (*stupid*) corto; **to be as ~ as two short
planks** *inf* no tener dos dedos de
frente
thicken ['θɪkən] **I.** *vt* espesar **II.** *vi*
espesarse
thicket ['θɪkɪt] *n* matorral *m*
thickness ['θɪknɪs] *n no pl* (*of wall*)
grosor *m*; (*of hair*) abundancia *f*; (*of
sauce*) consistencia *f*
thief [θiːf] <thieves> *n* ladrón, -ona
m, f
thigh [θaɪ] *n* muslo *m*
thimble ['θɪmbl] *n* dedal *m*
thin [θɪn] <-nn-> **I.** *adj* (*clothes*)
fino; (*person*) delgado; (*soup,
sauce*) claro; (*hair*) ralo **II.** <-nn->
vt (*dilute*) aclarar
thing [θɪŋ] *n* cosa *f*; **the best** ~ lo
mejor; **one** ~ **after another** una
cosa después de otra; **to be a** ~ **of
the past** ser algo del pasado; **to
know a** ~ **or two** saber algo; **if it's
not one** ~ **it's another** cuando no
es una cosa es otra; **it's the done** ~
es lo que hay que hacer; **the latest** ~
in shoes el último grito en zapatos;
all his ~**s** todas sus cosas; **as** ~**s
stand** tal como están las cosas; **you
lucky** ~! ¡qué suerte tienes!; **all** ~**s
being equal** si no sale ningún imprevisto
think [θɪŋk] <thought, thought>
I. *vt* **1.** (*believe*) pensar; **who would
have thought it!** ¡quien lo hubiese
pensado! **2.** (*consider*) **to** ~ **sb** (**to
be**) **sth** considerar a alguien como
algo; ~ **nothing of it!** ¡no merece la

T t

pena mencionarlo! **II.** *vi* pensar; **to ~ aloud** pensar en voz alta; **to ~ for oneself** pensar por sí mismo; **to ~ of doing sth** pensar en hacer algo; **to ~ about sth** pensar en algo

◆**think ahead** *vi* pensar de cara al futuro

◆**think back** *vi* **to ~ to sth** recordar algo

◆**think of** *vi* pensar en

◆**think through** *vt* estudiar detenidamente

◆**think up** *vt* inventar

thinker *n* pensador(a) *m(f)*

thinking I. *n no pl* **1.** (*thought process*) pensamiento *m* **2.** (*reasoning*) razonamiento *m* **II.** *adj* inteligente

think tank *n* gabinete *m* estratégico

third [θɜːd, *Am:* θɜːrd] *adj* tercero; *before n m sing:* tercer

thirdly *adv* en tercer lugar

third party *n* tercero *m* **Third World** *n* **the ~** el Tercer Mundo

thirst [θɜːst, *Am:* θɜːrst] *n* sed *f;* **to quench one's ~** apagar la sed; **~ for power** ansias *fpl* de poder

thirsty ['θɜːsti, *Am:* 'θɜːr-] <-ier, -iest> *adj* sediento; **to be ~** tener sed; **to be ~ for sth** *fig* estar ansioso por algo

thirteen [ˌθɜː'tiːn, *Am:* θɜːr'-] *adj* trece *inv; s. a.* **eight**

thirteenth [ˌθɜː'tiːnθ, *Am:* θɜːr'-] *adj* decimotercero; *before n m sing:* decimotercer

thirtieth ['θɜːtiəθ, *Am:* 'θɜːrtɪ-] *adj* trigésimo

thirty ['θɜːti, *Am:* 'θɜːrtɪ] *adj* treinta *inv; s. a.* **eighty**

this [ðɪs] **I.** <these> *adj def* este, esta; **~ car** este coche; **~ house** esta casa; **~ one** éste, ésta; **~ day** hoy; **~ morning** esta mañana; **~ time last month** hoy hace un mes **II.** <these> *pron dem* éste, ésta, esto; **who is ~?** ¿éste/ésta quién es?; **~ and that** esto y aquello; **~ is Ana (speaking)** (*on the phone*) soy Ana **III.** *adv* así; **~ late** tan tarde; **~ big** así de grande

thistle ['θɪsl] *n* cardo *m*

thorn [θɔːn, *Am:* θɔːrn] *n* espina *f*

thorny ['θɔːni, *Am:* 'θɔːr-] <-ier,

-iest> *adj* espinoso, espinudo *AmC, CSur;* (*issue*) peliagudo

thorough ['θʌrə, *Am:* 'θɜːrou] *adj* **1.** (*detailed*) exhaustivo **2.** (*careful*) minucioso

thoroughbred ['θʌrəbred, *Am:* 'θɜːrou-] *n* pura sangre *mf*

thoroughfare ['θʌrəfeəʳ, *Am:* 'θɜːroufer] *n form* vía *f* pública

thoroughly *adv* a fondo

those [ðəʊz, *Am:* ðoʊz] *pl of* **that**

though [ðəʊ, *Am:* ðoʊ] *conj* aunque; **as ~** como si +*subj;* **even ~** aunque

thought [θɔːt, *Am:* θɑːt] **I.** *pt, pp of* **think II.** *n* **1.** *no pl* (*process*) reflexión *f;* **on second ~s** tras madura reflexión; **without ~** sin pensar; **after much ~** tras mucho reflexionar; **to be deep in ~** estar ensimismado **2.** (*idea, opinion*) pensamiento *m;* **that's a ~** es posible

thoughtful ['θɔːtfl, *Am:* 'θɑːt-] *adj* **1.** (*pensive*) pensativo **2.** (*considerate*) amable

thousand ['θaʊznd] *adj* mil; **three ~** tres mil; **~s of birds** miles de pájaros

> ⚠ Después de cifras **thousand** se utiliza en singular: "Five thousand inhabitants."

thrash [θræʃ] *vt* **1.** (*beat*) apalear **2.** *inf* (*defeat*) dar una paliza a

thread [θred] **I.** *n* **1.** *no pl* (*for sewing*) hilo *m;* **to hang by a ~** pender de un hilo **2.** (*of screw*) rosca *f* **II.** *vt* (*needle*) enhebrar

threat [θret] *n* amenaza *f*

threaten ['θretən] *vt* amenazar

threatening *adj* amenazador

three [θriː] *adj* tres *inv; s. a.* **eight**

three-dimensional *adj* tridimensional

threshold ['θreʃhəʊld, *Am:* -hoʊld] *n* **1.** (*doorway*) umbral *m* **2.** (*limit*) límite *m*

threw [θruː] *pt of* **throw**

thrift [θrɪft] *n no pl* ahorro *m*

thrill [θrɪl] **I.** *n* estremecimiento *m* **II.** *vt* emocionar

thriller ['θrɪləʳ, *Am:* -ɚ] *n* (*book*) novela *f* de suspense; (*film*) película *f* de suspense

thrilling ['θrɪlɪŋ] *adj* emocionante

thrive [θraɪv] <thrived *o* throve, thrived *o* thriven> *vi* (*person, plant*) crecer mucho; (*business*) prosperar

thriving *adj* próspero

throat [θrəʊt, *Am:* θroʊt] *n* (*internal*) garganta *f;* (*external*) cuello *m;* **to be at each other's ~s** estar como el perro y el gato

throb [θrɒb, *Am:* θrɑːb] <-bb-> *vi* (*engine*) vibrar; (*heart*) palpitar

throes [θrəʊz, *Am:* θroʊz] *npl* **to be in the ~ of sth** estar de lleno en algo

throne [θrəʊn, *Am:* θroʊn] *n* trono *m*

throng [θrɒŋ, *Am:* θrɑːŋ] *n* multitud *f*

throttle ['θrɒtl, *Am:* 'θrɑːt̬l] I. *n* acelerador *m;* **at full ~** a todo gas *inf* II. <-ll-> *vt* estrangular

through [θruː] I. *prep* 1. (*spatial*) a través de, por; **to go right ~ sth** traspasar algo; **to go ~ the door** pasar por la puerta 2. (*temporal*) durante; **all ~ my life** durante toda mi vida 3. *Am* (*until*) **Monday ~ Friday** de lunes a viernes 4. (*by means of*) por (medio de) II. *adv* 1. (*of place*) de un lado a otro; **I read the book ~** leí el libro entero; **to go ~ to sth** ir directo a algo; **~ and ~** de cabo a rabo 2. (*of time*) **all day ~** de la mañana a la noche; **halfway ~** a medio camino 3. TEL **to put sb ~ to sb** poner a alguien con alguien

throughout [θruːˈaʊt] *prep* 1. (*spatial*) por todas partes de 2. (*temporal*) a lo largo de

throve [θrəʊv, *Am:* θroʊv] *pt of* **thrive**

throw [θrəʊ, *Am:* θroʊ] I. *n* lanzamiento *m; fig* su última oportunidad II. <threw, thrown> *vt* 1. (*propel*) tirar; (*ball, javelin*) lanzar; **to ~ oneself at sb** echar los tejos a alguien; **to ~ oneself into sth** entregarse de lleno a algo; **to ~ a**

party dar una fiesta 2. *inf* (*confuse*) desconcertar

◆ **throw away** *vt* tirar

◆ **throw out** *vt* 1. (*person*) echar; (*thing*) tirar 2. (*heat, light*) despedir

◆ **throw up** *vi inf* vomitar, buitrear *CSur,* revulsar *Méx*

throw-in ['θrəʊɪn, *Am:* 'θroʊ-] *n* (*in soccer*) saque *m* de banda; (*in baseball*) lanzamiento *m*

thrown *pp of* **throw**

thrush [θrʌʃ] *n* ZOOL tordo *m*

thrust [θrʌst] I. <-, -> *vt* empujar II. *n no pl* (*propulsion*) propulsión *f*

thud [θʌd] *n* golpe *m* sordo

thug [θʌg] *n* matón *m*

thumb [θʌm] *n* pulgar *m;* **to stand out like a sore ~** cantar como una almeja

thump [θʌmp] I. *vt* golpear II. *n* 1. (*blow*) porrazo *m* 2. (*noise*) golpe *m* sordo

thunder ['θʌndəʳ, *Am:* -dɚ] *n no pl* 1. METEO trueno *m,* pillán *m Chile;* **a clap of ~** un trueno 2. (*sound*) estruendo *m* 3. **to steal sb's ~** quitar las primicias a alguien

thunderous ['θʌndərəs] *adj* estruendoso

thunderstorm ['θʌndəstɔːm, *Am:* -dɚstɔːrm] *n* tormenta *f*

thunderstruck ['θʌndəstrʌk, *Am:* -dɚ-] *adj form* estupefacto

Thursday ['θɜːzdeɪ, *Am:* 'θɜːrz-] *n* jueves *m inv; s. a.* **Friday**

thus [ðʌs] *adv form* 1. (*therefore*) por lo tanto 2. (*like this*) de este modo

thwart [θwɔːt, *Am:* θwɔːrt] *vt* frustrar; (*plan*) desbaratar

thy [ðaɪ] *pron poss, liter* tu(s)

thyme [taɪm] *n no pl* tomillo *m*

tic [tɪk] *n* tic *m*

tick¹ [tɪk] *n* garrapata *f*

tick² I. *n* 1. (*sound*) tic-tac *m* 2. (*mark*) visto *m* II. *vi* hacer tic-tac; **I don't know what makes her ~** no acabo de entender su manera de ser III. *vt* marcar

◆ **tick off** *vt* 1. (*mark off*) marcar 2. *Brit, Aus, inf* (*scold*) echar una bronca a 3. *Am, inf* (*exasperate*) dar

T t

la lata a

◆**tick over** vi **1.** TECH ir al ralentí **2.** fig ir tirando

ticket ['tɪkɪt] n **1.** (for bus, train) billete m, boleto m AmL; (for cinema, concert) entrada f **2.** (tag) etiqueta f; **just the** ~ fig justo lo que hacía falta

ticket collector n revisor(a) m(f)

ticket office n RAIL ventanilla f de venta de billetes; THEAT taquilla f

tickle ['tɪkl] vt hacer cosquillas

tidal ['taɪdəl] adj de la marea

tidal wave n maremoto m

tide [taɪd] n **1.** (of sea) marea f; **high** ~ pleamar f; **low** ~ bajamar f **2.** (of opinion) corriente f; **to go against the** ~ ir a contracorriente

tidy ['taɪdi] I. adj <-ier, -iest> ordenado II. vt ordenar

tie [taɪ] I. n **1.** (necktie) corbata f **2.** (cord) atadura f **3.** pl (bond) lazos mpl; (diplomatic) relaciones fpl II. vt atar; (knot) hacer; **to be ~d by sth** estar limitado por algo

◆**tie down** vt atar; **to tie sb down to sth** fig comprometer a alguien a algo

◆**tie up** vt atar; (hair) recogerse; **to be tied up** fig estar ocupado

tier [tɪəʳ, Am: tɪr] n (row) hilera f; (level) grada f; (in hierarchy) nivel m

tiger ['taɪgəʳ, Am: -gɚ] n tigre m

tight [taɪt] I. adj **1.** (screw, knot) apretado; (clothing) ceñido; (rope, skin) tirante **2.** (condition, discipline) estricto; (budget) restringido; (schedule) apretado; **to keep a** ~ **hold on sth** mantener un control riguroso de algo; **to be** ~ **for time** ir escaso de tiempo **3.** (hard-fought) reñido II. adv **to close sth** ~ cerrar bien algo; **sleep** ~! ¡que duermas bien!

tighten ['taɪten] vt **1.** (make tight) apretar; (rope) tensar **2.** (restrictions) intensificar

tight-fitting adj ajustado

tightrope ['taɪtrəʊp, Am: -roʊp] n cuerda f floja

tights [taɪts] npl **1.** Brit (leggings) medias fpl **2.** Am, Aus (for dancing) mallas fpl

tile [taɪl] I. n (for roof) teja f; (for walls, floors) azulejo m II. vt (roof) tejar; (wall) poner azulejos a, alicatar; (floor) embaldosar

till¹ [tɪl] adv, conj s. **until**

till² n caja f

tilt [tɪlt] I. n inclinación f; (at) full ~ a toda máquina II. vt inclinar III. vi inclinarse

timber ['tɪmbəʳ, Am: -bɚ] n **1.** no pl, Brit (wood) madera f **2.** (beam) viga f

time [taɪm] I. n **1.** tiempo m; **to kill** ~ matar el tiempo; **to make** ~ hacer tiempo; **to spend** ~ pasar el tiempo; (how) ~ **flies** el tiempo vuela; **to be a matter of** ~ ser cuestión de tiempo; (only) ~ **can tell** (sólo) el tiempo lo dirá; **in** ~ a tiempo; **over** ~ con el tiempo; **after a** ~ al cabo de un tiempo; **all the** ~ continuamente; **a long** ~ **ago** hace mucho tiempo; **to have a good** ~ pasárselo bien; **most of the** ~ la mayor parte del tiempo; **in one week's** ~ dentro de una semana; **it takes a long** ~ se tarda mucho; **to give sb a hard** ~ inf hacerlas pasar canutas a alguien **2.** (clock) hora f; **what's the** ~? ¿qué hora es? **3.** (moment) momento m; **the right** ~ el momento oportuno; **at any** ~ a cualquier hora; **the next** ~ la próxima vez **4.** (occasion) vez f; **each** ~ cada vez; **from** ~ **to** ~ de vez en cuando **5.** (epoch) época f; **to be behind the** ~**s** estar anclado en el pasado **6.** SPORTS tiempo m II. vt **1.** SPORTS cronometrar, relojear Arg **2.** (choose best moment for) elegir el momento para

time bomb n bomba f de relojería

time-consuming ['taɪmkən,sjuːmɪŋ, Am: -,suː-] adj que exige mucho tiempo

timeless ['taɪmləs] adj eterno

time limit n límite m de tiempo

timely ['taɪmli] adj <-ier, -iest> oportuno

time-out [,taɪm'aʊt] n **1.** SPORTS tiempo m muerto **2.** (rest) descanso m

timer ['taɪməʳ, Am: -ɚ] n temporizador *m;* GASTR reloj *m* avisador

timescale ['taɪmskeɪl] *n* escala *f* de tiempo **timeshare** *n* multipropiedad *f* **timetable I.** *n* (*for bus, train*) horario *m;* (*for project, events*) programa *m* **II.** *vt* programar **time zone** *n* huso *m* horario

timid ['tɪmɪd] *adj* <-er, -est> tímido

timing ['taɪmɪŋ] *n no pl* cronometraje *m;* **that was perfect ~** ha sido el momento oportuno

tin [tɪn] *n* **1.** *no pl* (*metal*) estaño *m;* (*tinplate*) hojalata *f* **2.** (*container*) lata *f;* (*for baking*) molde *m*

tin can *n* lata *f*

tinder ['tɪndəʳ, *Am:* -dɚ] *n no pl* yesca *f*

tin foil *n* papel *m* de aluminio

tinge [tɪndʒ] **I.** *n* **1.** (*of colour*) tinte *m* **2.** (*of emotion*) dejo *m* **II.** *vt* **1.** (*dye*) teñir **2.** *fig* matizar

tingle ['tɪŋgl] **I.** *vi* estremecerse **II.** *n no pl* estremecimiento *m*

tinker ['tɪŋkəʳ, *Am:* -kɚ] **I.** *n Brit* gitano, -a *m, f* **II.** *vi* **to ~ with sth** tratar de reparar algo

tinkle ['tɪŋkl] **I.** *vi* tintinear **II.** *n* tintineo *m*

tin-opener *n Brit, Aus* abrelatas *m inv*

tinsel ['tɪnsl] *n no pl* oropel *m*

tint [tɪnt] *vt* teñir

tiny ['taɪni] *adj* <-ier, -iest> menudo, chingo *Col, Cuba*

tip¹ [tɪp] *n* punta *f;* **from ~ to toe** de pies a cabeza; **it's on the ~ of my tongue** lo tengo en la punta de la lengua

tip² [tɪp] **I.** <-pp-> *vt* **1.** *Brit, Aus* (*empty out*) verter **2.** (*incline*) inclinar; **to ~ the balance in favour of sb** inclinar la balanza a favor de alguien **II.** *n Brit* basurero *m*

tip³ [tɪp] **I.** *n* **1.** (*for service*) propina *f,* yapa *f Méx* **2.** (*hint*) aviso *m;* **to take a ~ from sb** seguir el consejo de alguien **II.** <-pp-> *vt* dar una propina a

◆ **tip off** *vt* avisar

◆ **tip over I.** *vt* volcar **II.** *vi* volcarse

tip-off ['tɪpɒf, *Am:* -ɑ:f] *n inf* soplo *m*

tipsy ['tɪpsi] *adj* <-ier, -iest> bebido, achispado *AmL*

tiptoe ['tɪptəʊ, *Am:* -toʊ] *n* **on ~(s)** de puntillas

tirade [taɪ'reɪd, *Am:* 'taɪreɪd] *n* diatriba *f*

tire¹ ['taɪəʳ, *Am:* 'taɪɚ] *n Am s.* **tyre**

tire² **I.** *vt* cansar **II.** *vi* cansarse

tired ['taɪəd, *Am:* 'taɪɚd] *adj* <-er, -est> (*person*) cansado; (*excuse*) trillado; **to be ~ of sth** estar harto de algo

tiredness ['taɪədnɪs, *Am:* 'taɪɚd-] *n no pl* cansancio *m*

tireless ['taɪəlɪs, *Am:* 'taɪɚ-] *adj* incansable

tiresome ['taɪəsəm, *Am:* 'taɪɚ-] *adj* molesto; (*person*) pesado, molón *Guat, Ecua, Méx*

tiring ['taɪrɪŋ] *adj* agotador, cansador *Arg*

tissue ['tɪʃuː] *n* **1.** *no pl* (*paper*) papel *m* de seda **2.** (*handkerchief*) Kleenex® *m* **3.** *no pl* ANAT, BIO tejido *m;* **a ~ of lies** una sarta de mentiras

tit [tɪt] *n vulg* teta *f*

title ['taɪtl, *Am:* -t̪l] **I.** *n* **1.** (*name*) título *m* **2.** *no pl* LAW derecho *m* **II.** *vt* titular

title role *n* papel *m* principal

titter ['tɪtəʳ, *Am:* 'tɪt̪ɚ] **I.** *vi* reírse disimuladamente **II.** *n* risa *f* disimulada

tittle-tattle ['tɪtl̩tætl, *Am:* 'tɪt̪l̩ˌtæt̪l] *n no pl, inf* chismorreo *m*

TNT [ˌtiːen'tiː] *n abbr of* **trinitrotoluene** TNT *m*

to [tuː] **I.** *prep* **1.** (*in direction of*) a; **to go ~ Spain/Oxford** ir a España/Oxford; **to go ~ the cinema** ir al cine; **~ the left** a la izquierda **2.** (*until*) hasta; **to count up ~ 10** contar hasta 10; **a quarter ~ five** las cinco menos cuarto **3.** *with indirect object* **to talk ~ sb** hablar con alguien; **to show sth ~ sb** mostrar algo a alguien; **this belongs ~ me** esto es mío; **to be kind ~ sb** ser amable con alguien **4.** (*in comparison*) a; **superior ~ sth** superior a algo **5.** (*by*) por; **known ~ sb** conocido por alguien **II.** *infin particle*

1. (*infin: not translated*) ~ **do/ walk/put** hacer/caminar/poner; **she wants** ~ **go** quiere irse **2.** (*wish, command*) **I told him** ~ **eat** le dije que comiera; **he wants me** ~ **tell him a story** quiere que le cuente un cuento **3.** (*purpose*) **he comes** ~ **see me** viene a verme; **to phone** ~ **ask sth** llamar para preguntar algo **4.** (*in consecutive acts*) para; **I came back** ~ **find she had left Madrid** volví para descubrir que se había ido de Madrid **5.** (*in ellipsis*) **he doesn't want** ~ **eat, but I want** ~ él no quiere comer, pero yo sí

toad [təʊd, *Am:* toʊd] *n* **1.** (*animal*) sapo *m* **2.** (*person*) esperpento *m*

toadstool ['təʊdstuːl, *Am:* 'toʊd-] *n* seta *f* venenosa

to and fro *adv* de un lado a otro

toast [təʊst, *Am:* toʊst] I. *n* **1.** *no pl* (*bread*) tostada *f;* **a piece of** ~ una tostada **2.** (*drink*) brindis *m inv* II. *vt* **1.** (*cook*) tostar **2.** (*drink*) brindar

toaster *n* tostadora *f*

tobacco [tə'bækəʊ, *Am:* -oʊ] *n no pl* tabaco *m*

tobacconist [tə'bækənɪst] *n* estanquero, -a *m, f*

toboggan [tə'bɒgən, *Am:* -'baː-gən] *n* tobogán *m*

today [tə'deɪ] *adv* (*this day*) hoy; (*nowadays*) hoy día

toddler ['tɒdlə', *Am:* 'taːdlɚ] *n* niño, -a *m, f* que empieza a caminar

toddy ['tɒdi, *Am:* 'taːdi] <-ies> *n* (**hot**) ~ ponche *m*

toe [təʊ, *Am:* toʊ] *n* ANAT dedo *m* (del pie); (*of sock*) punta *f;* (*of shoe*) puntera *f;* **to keep sb on their** ~**s** mantener a alguien en estado de alerta

toecap *n* puntera *f* **toenail** *n* uña *f* del dedo del pie

toffee ['tɒfi, *Am:* 'taːfi] *n* toffee *m*

together [tə'geðə', *Am:* -ɚ] *adv* **1.** (*jointly*) juntos, juntas; **all** ~ todos juntos, todas juntas; ~ **with sb** junto con alguien; **to live** ~ vivir juntos; **to get** ~ juntarse; **to get it** ~ *inf* organizarse **2.** (*at the same time*) a la vez

toggle ['tɒgl, *Am:* 'taːgl] *n* **1.** INFOR

tecla *f* de conmutación **2.** TECH palanca *f* acodada

toil [tɔɪl] I. *n no pl* labor *f* II. *vi* (*work hard*) afanarse

toilet ['tɔɪlɪt] *n* **1.** (*room*) cuarto *m* de baño **2.** (*appliance*) váter *m*

toilet bag *n* neceser *m* **toilet paper** *n* papel *m* higiénico

toilet roll *n Brit, Aus* rollo *m* de papel higiénico

token ['təʊkən, *Am:* 'toʊ-] I. *n* **1.** (*sign*) señal *f;* (*of affection*) muestra *f;* **by the same** ~ por la misma razón **2.** *Brit, Aus* (*coupon*) bono *m* **3.** (*for machines*) ficha *f* II. *adj* (*symbolic*) simbólico

told [təʊld, *Am:* toʊld] *pt, pp of* **tell**

tolerable ['tɒlərəbl, *Am:* 'taːlɚ-] *adj* soportable

tolerance ['tɒlərəns, *Am:* 'taːlɚ-] *n no pl* tolerancia *f*

tolerant ['tɒlərənt, *Am:* 'taːlɚ-] *adj* tolerante

tolerate ['tɒləreɪt, *Am:* 'taːlɚeɪt] *vt* **1.** (*accept*) tolerar **2.** (*endure*) soportar

toleration [ˌtɒlə'reɪʃn, *Am:* ˌtaːlə-'reɪ-] *n no pl* tolerancia *f*

toll [təʊl, *Am:* toʊl] *n* **1.** AUTO peaje *m* **2.** *Am* TEL tarifa *f* **3.** *no pl* (*damage*) número *m* de víctimas

toll-free *adv Am* gratis

tom [tɒm, *Am:* taːm] *n* (*cat*) gato *m* macho

tomato [tə'mɑːtəʊ, *Am:* -'meɪt̬oʊ] <-oes> *n* tomate *m*

tomb [tuːm] *n* tumba *f,* guaca *f AmL*

tombstone ['tuːmstəʊn, *Am:* 'tuːmstoʊn] *n* lápida *f* sepulcral

tome [təʊm, *Am:* toʊm] *n* librote *m*

tomorrow [tə'mɒrəʊ, *Am:* -'mɑː-roʊ] *adv* mañana; **the day after** ~ pasado mañana; **a week from** ~ de mañana en una semana; ~ **morning** mañana por la mañana

ton [tʌn] *n* tonelada *f* (*Brit: 1,016 kilos; Am: 907 kilos*); ~**s of** *inf* montones de

tone [təʊn, *Am:* toʊn] *n* **1.** (*sound*) tono *m;* (*of voice*) timbre *m* **2.** (*style*) clase *f* **3.** (*of colour*) matiz *f*

◆ **tone down** *vt* moderar

◆ **tone up** *vt* poner en forma

toneless ['təʊnləs, *Am:* 'toʊn-] *adj* monótono

toner ['təʊnəʳ, *Am:* 'toʊnəʳ] *n* **1.** (*for skin*) tonificante *m* **2.** (*for printer*) tóner *m*

tongs [tɒŋz, *Am:* tɑːŋz] *npl* tenazas *fpl*

tongue [tʌŋ] *n* **1.** ANAT lengua *f;* **to hold one's ~** callarse; **to stick one's ~ out (at sb)** sacar la lengua (a alguien); **to say sth ~ in cheek** decir algo irónicamente **2.** (*language*) idioma *m*

tongue twister *n* trabalenguas *m inv*

tonic ['tɒnɪk, *Am:* 'tɑːnɪk] *n* (*stimulant*) tónico *m*

tonic water *n* tónica *f*

tonight [tə'naɪt] *adv* (*evening*) esta tarde; (*night*) esta noche

tonnage ['tʌnɪdʒ] *n no pl* tonelaje *m*

tonne [tʌn] *n no pl* tonelada *f* (métrica)

tonsil ['tɒnsl, *Am:* 'tɑːn-] *n* amígdala *f*

tonsillitis [ˌtɒnsɪ'laɪtɪs, *Am:* ˌtɑːn-sə'laɪtɪs] *n no pl* amigdalitis *f*

too [tuː] *adv* **1.** (*overly*) demasiado **2.** (*also*) también **3.** (*moreover*) además

took [tʊk] *vt, vi pt of* **take**

tool [tuːl] *n* herramienta *f,* implemento *m AmL*

tool box *n* caja *f* de herramientas

tool kit *n* juego *m* de herramientas

toot [tuːt] *vi* pitar

tooth [tuːθ] <teeth> *n* (*of person, animal*) diente *m;* (*molar*) muela *f;* (*of comb*) púa *f;* (*of saw*) diente *m;* **to fight ~ and nail (to do sth)** luchar a brazo partido (para hacer algo)

toothache ['tuːθeɪk] *n* dolor *m* de muelas

toothbrush ['tuːθbrʌʃ] *n* cepillo *m* de dientes

toothpaste ['tuːθpeɪst] *n no pl* pasta *f* dentífrica

toothpick *n* palillo *m,* pajuela *f Bol, Col*

top¹ [tɒp, *Am:* tɑːp] *n* (*spinning top*) peonza *f*

top² I. *n* **1.** (*highest part*) parte *f* superior; (*of mountain*) cima *f;* (*of tree*) copa *f;* (*of head*) coronilla *f;* **to get on ~ of sth** *fig* llegar a lo más alto de algo; **from ~ to bottom** de arriba a abajo; **from ~ to toe** de pies a cabeza; **to be at the ~** *fig* estar en la cima; **at the ~ of one's voice** a grito pelado; **to go over the ~** *fig* exagerar **2.** (*surface*) superficie *f;* **on ~ of** encima de **3.** (*clothing*) top *m* **4.** (*end*) punta *f* superior; (*of table, list*) cabeza *f* **5.** (*of bottle*) tapón *m* II. *adj* **1.** (*highest, upper*) más alto **2.** (*best*) de primera calidad **3.** (*most successful*) exitoso **4.** (*most important*) mejor **5.** (*maximum*) máximo III. <-pp-> *vt* (*be at top of*) encabezar

◆ **top up** *vt* **1.** (*fill up again*) recargar **2.** (*add to*) completar

top hat *n* sombrero *m* de copa, galera *f AmL* **top-heavy** *adj* inestable

topic ['tɒpɪk, *Am:* 'tɑːpɪk] *n* tema *m*

topical ['tɒpɪkl, *Am:* 'tɑːpɪ-] *adj* de interés actual

top-level [ˌtɒp'levəl, *Am:* 'tɑːpˌlev-] *adj* de alto nivel

topography [tə'pɒɡrəfi, *Am:* -'pɑː-ɡrə-] *n no pl* topografía *f*

topping ['tɒpɪŋ, *Am:* 'tɑːpɪŋ] *n* GASTR cobertura *f*

topple ['tɒpl, *Am:* 'tɑːpl] I. *vt* derribar II. *vi* caerse

topsy-turvy [ˌtɒpsɪ'tɜːvi, *Am:* ˌtɑːpsɪ'tɜːr-] *adj inf* desordenado

torch [tɔːtʃ, *Am:* tɔːrtʃ] <-es> *n* **1.** *Aus, Brit* (*electric*) linterna *f* **2.** (*burning stick*) antorcha *f;* **to put sth to the ~** prender fuego a algo **3.** *Am* (*blowlamp*) soplete *m*

torchlight ['tɔːtʃlaɪt, *Am:* 'tɔːrtʃ-] *n no pl* (*electric*) luz *f* de linterna; (*burning*) luz *f* de antorcha

tore [tɔːʳ, *Am:* tɔːr] *vi, vt pt of* **tear**

torment ['tɔːment, *Am:* 'tɔːr-] I. *n* tormento *m* II. *vt* atormentar

torn [tɔːn, *Am:* tɔːrn] *vi, vt pp of* **tear**

tornado [tɔː'neɪdəʊ, *Am:* tɔːr'neɪ-dəʊ] *n* <-(e)s> tornado *m*

torpedo [tɔː'piːdəʊ, *Am:* tɔːr'piː-

T
t

dou] <-es> *n* torpedo *m*

torrent ['tɒrənt, *Am:* 'tɔːr-] *n* **1.** (*of water*) torrente *m* **2.** (*of complaints*) carga *f*

torrential [təˈrenʃl, *Am:* tɔːˈ-] *adj* torrencial, torrentoso *AmL*

torso ['tɔːsəu, *Am:* 'tɔːrsou] *n* torso *m*

tortoise ['tɔːtəs, *Am:* 'tɔːrtəs] *n* tortuga *f*

tortuous ['tɔːtjuəs, *Am:* 'tɔːrtʃuəs] *adj* tortuoso; (*reasoning*) enrevesado

torture ['tɔːtʃər, *Am:* 'tɔːrtʃər] I. *n* tortura *f* II. *vt* torturar; **to ~ oneself with sth** martirizarse con algo

Tory ['tɔːri] <-ies> *n Brit:* miembro de los conservadores británicos

toss [tɒs, *Am:* tɑːs] I. *n* lanzamiento *m;* **to win the ~** ganar a cara o cruz; **to argue the ~** *inf* discutir insistentemente; **I don't give a ~** *inf* me importa un pepino II. *vt* (*throw*) lanzar; **to ~ a coin** echar una moneda a cara o cruz

◆ **toss up** *vi* **to ~ for sth** echar algo a cara o cruz

tot [tɒt, *Am:* tɑːt] *n inf* (*child*) niño, -a *m, f* pequeño, -a

◆ **tot up** *vt inf* sumar

total ['təutl, *Am:* 'toutl̩] I. *n* total *m* II. *adj* total III. *vt* <*Brit:* -ll-, *Am:* -l-> **1.** (*count*) sumar **2.** (*amount to*) ascender a

totalitarian [ˌtəutælɪ'teəriən, *Am:* touˌtæləˈteri-] *adj* totalitario

totality [təuˈtæləti, *Am:* touˈtælə-ṭɪ] *n no pl* totalidad *f*

totally ['təutəli, *Am:* 'toutəl-] *adv* totalmente

totem pole ['təutəm-, *Am:* 'toutəm-] *n* tótem *m*

totter ['tɒtər, *Am:* 'tɑːṭər] *vi* tambalearse

toucan ['tuːkæn] *n* tucán *m*

touch [tʌtʃ] <-es> I. *n* **1.** *no pl* (*sensation*) tacto *m* **2.** (*act of touching*) toque *m* **3.** *no pl* (*communication*) **to be in ~** (**with sb**) estar en contacto (con alguien); **to lose ~ with sb** perder el contacto con alguien **4.** *no pl* (*skill*) **to lose one's ~** perder la destreza **5.** *no pl* (*small amount*) po-

quito *m;* (*of irony*) pizca *f* **6.** SPORTS **to go into ~** salir del campo II. *vt* **1.** (*feel*) tocar **2.** (*brush against*) rozar **3.** (*move emotionally*) conmover III. *vi* tocarse

◆ **touch down** *vi* AVIAT aterrizar

◆ **touch up** *vt* PHOT retocar

touchdown ['tʌtʃdaun] *n* **1.** AVIAT aterrizaje *m* **2.** (*American football*) touchdown *m;* (*rugby*) ensayo *m*

touching ['tʌtʃɪŋ] *adj* conmovedor

touchstone ['tʌtʃstəun, *Am:* -stoun] *n* piedra *f* de toque

touchy ['tʌtʃi] <-ier, -iest> *adj* (*person*) susceptible; (*issue*) delicado

tough [tʌf] *adj* **1.** (*fabric, substance*) fuerte; (*meat, skin*) duro **2.** (*person*) resistente **3.** (*strict*) estricto; **to be ~ on sb** ser severo con alguien **4.** (*difficult*) difícil; **~ luck** *inf* mala suerte

toughen ['tʌfən] *vt* endurecer

toughness *n no pl* (*strength*) resistencia *f;* (*of meat*) dureza *f*

toupée ['tuːpei, *Am:* tuːˈpei] *n* peluquín *m*

tour [tuər, *Am:* tur] I. *n* **1.** (*journey*) viaje *m;* **guided ~** excursión *f* guiada **2.** (*of factory*) visita *f* **3.** MUS gira *f* II. *vt* **1.** (*travel around*) recorrer **2.** (*visit*) visitar

tourism ['tuərɪzəm, *Am:* 'turɪ-] *n no pl* turismo *m*

tourist ['tuərɪst, *Am:* 'turɪst] *n* turista *mf*

tourist agency *n* agencia *f* de viajes
tourist guide *n* **1.** (*book*) guía *f* turística **2.** (*person*) guía *mf* **tourist information office** *n* oficina *f* de turismo

tournament ['tɔːnəmənt, *Am:* 'tɜːr-] *n* SPORTS torneo *m*

tour operator *n* operador *m* turístico

tousle ['tauzl] *vt* revolver

tout [taut] I. *n* revendedor(a) *m(f)* II. *vi* **to ~ for custom** buscar clientes

tow [təu, *Am:* tou] I. *n* remolque *m;* **to give sb a ~** remolcar a alguien; **to have sb in ~** *fig* llevar a alguien a cuestas II. *vt* remolcar

toward(s) [təˈwɔːd(z), *Am:*

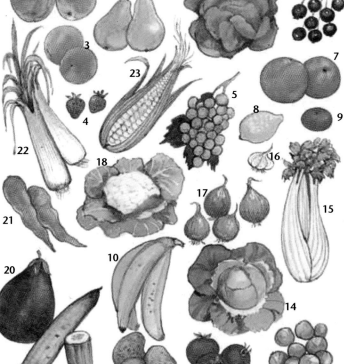

Fruit and vegetables

1	apple	manzana *f*
2	pear	pera *f*
3	peach	melocotón *m*
4	strawberry	fresa *f*
5	grapes	(racimo *m* de) uvas *fpl*
6	cherries	cerezas *fpl*
7	orange	naranja *f*
8	lemon	limón *m*
9	mandarin, tangerine	mandarina *f*
10	banana	plátano *m*, banana *f AmL*
11	potato	patata *f*, papa *f AmL*
12	tomato	tomate *m*
13	Brussels sprouts	coles *fpl* de Bruselas

Frutas y verduras

14	cabbage	col *f*
15	celery	apio *m*
16	garlic	ajo *m*
17	onion	cebolla *f*
18	cauliflower	coliflor *f*
19	cucumber	pepino *m*
20	aubergine *Brit*, eggplant *Am*	berenjena *f*
21	carrot	zanahoria *f*
22	leek	puerro *m*
23	corn cob, corn *Am*	mazorca *f*, panocha *f*
24	lettuce	lechuga *f*

tɔːrd(z)] *prep* **1.**(*in direction of*) hacia **2.**(*for*) por

towel ['taʊəl] *n* toalla *f;* **to throw in the** ~ tirar la toalla

towel rack *n Am,* **towel rail** *n Aus, Brit* toallero *m*

tower ['taʊər, *Am:* 'taʊər] *n* torre *f;* **a ~ of strength** un gran apoyo

◆ **tower above** *vi,* **tower over** *vi* **to ~ sb** ser mucho más alto que alguien

tower block *n Brit* edificio *m* de apartamentos

towering *adj* altísimo

town [taʊn] *n* (*large*) ciudad *f;* (*small*) pueblo *m;* **to go out on the** ~ salir de juerga

town centre *n Brit* centro *m* de la ciudad **town council** *n Brit* ayuntamiento *m* **town hall** *n* POL ayuntamiento *m* **town planning** *n* urbanismo *m*

township ['taʊnʃɪp] *n* **1.**Am, Can municipio *m* **2.** *South Africa* distrito *m* segregado

townspeople ['taʊnz,piːpl] *npl* ciudadanos *mpl*

tow truck *n Am* grúa *f*

toxaemia [tɒkˈsiːmɪə, *Am:* taːk-] *n,* **toxemia** *Am no pl* toxemia *f*

toxic ['tɒksɪk, *Am:* 'taːk-] *adj* tóxico

toxin ['tɒksɪn, *Am:* 'taːk-] *n* toxina *f*

toy [tɔɪ] *n* juguete *m;* **cuddly** ~ muñeco *m* de peluche

◆ **toy with** *vt* jugar con

toyshop *n* juguetería *f*

trace [treɪs] I. *n* **1.**(*sign*) rastro *m;* **to disappear without** ~ desaparecer sin dejar rastro **2.**(*slight amount*) pizca *f* II. *vt* **1.**(*locate*) localizar **2.**(*draw outline of*) trazar; (*with tracing paper*) calcar

tracing paper *n* papel *m* de calco

track [træk] I. *n* **1.**(*path*) senda *f* **2.**(*rails*) vía *f* **3.**Am (*in station*) andén *m* **4.**(*mark*) pista *f;* (*of animal*) huella *f;* **to cover one's** ~**s** borrar las huellas; **to be on the** ~ **of sb** seguir la pista a alguien; **to lose/ keep** ~ (**of sb**) perder/no perder de vista (a alguien); **to make** ~**s** *inf* largarse **5.**(*path*) camino *m;* **to be on**

the right ~ *fig* ir por buen camino; **to be on the wrong** ~ *fig* estar equivocado; **to be on** ~ (**to do sth**) *fig* estar en camino (de hacer algo); **to change** ~ *fig* cambiar de rumbo **6.**SPORTS pista *f* **7.**(*song*) canción *f* II. *vt* **1.**(*pursue*) seguir la pista de **2.**(*trace*) trazar

◆ **track down** *vt* localizar

track-and-field *n* atletismo *m*

tracking station ['trækɪŋˈsteɪʃn] *n* AVIAT, TECH centro *m* de seguimiento

track record *n* historial *m* **tracksuit** *n* chándal *m*

tract [trækt] *n* **1.**(*of land*) tramo *m* **2.**ANAT, MED sistema *m;* **digestive** ~ tubo *m* digestivo; **respiratory** ~ aparato *m* respiratorio

tractor ['træktər, *Am:* -tər] *n* tractor *m*

trade [treɪd] I. *n* **1.**no pl (*buying and selling*) comercio *m* **2.**(*profession*) oficio *m* **3.**(*swap*) intercambio *m* II. *vi* comerciar; **to ~ in sth** dedicarse al negocio de algo III. *vt* (*exchange*) intercambiar

◆ **trade on** *vt* aprovecharse de

trade agreement *n* acuerdo *m* comercial **trade association** *n* asociación *f* mercantil **trade barrier** *n* barrera *f* arancelaria **trade directory** *n* guía *f* mercantil **trade fair** *n* COM feria *f* de muestras **trade gap** *n* déficit *m* de la balanza comercial

trade-in ['treɪdɪn] *n* COM permuta *f*

trademark *n* marca *f*

trade-off ['treɪdɒf, *Am:* -aːf] *n* intercambio *m*

trader ['treɪdər, *Am:* -ər] *n* comerciante *mf*

trade route *n* ruta *f* comercial **trade secret** *n* secreto *m* profesional

tradesman ['treɪdzmən] <-men> *n* tendero *m*

trade surplus *n* excedente *m* comercial **trade union** *n* sindicato *m* **trade war** *n* guerra *f* comercial

trading ['treɪdɪŋ] *n no pl* comercio *m*

tradition [trəˈdɪʃən] *n* tradición *f;* **by** ~ por tradición

T
t

traditional [trəˈdɪʃənəl] *adj* tradicional

traditionalism [trəˈdɪʃənəlɪzəm] *n no pl* tradicionalismo *m*

traditionalist [trəˈdɪʃənəlɪst] *n* tradicionalista *mf*

traffic [ˈtræfɪk] **I.** *n no pl* **1.** (*vehicles*) tráfico *m*; **air ~** tráfico *m* aéreo **2.** (*movement*) tránsito *m*; **drug ~** tráfico *m* de drogas **II.** <trafficked, trafficked> *vi pej* **to ~ in sth** traficar con algo

traffic jam *n* atasco *m*

trafficker [ˈtræfɪkəʳ, *Am:* -ɚ] *n pej* traficante *mf*

traffic light *n* semáforo *m* **traffic warden** *n Brit* controlador(a) *m(f)* de estacionamientos

tragedy [ˈtrædʒədi] <-ies> *n* tragedia *f*

tragic [ˈtrædʒɪk] *adj* trágico

trail [treɪl] **I.** *n* **1.** (*path*) camino *m* **2.** (*track*) pista *f*; **a ~ of destruction** una estela de destrucción; **to be on the ~ of sb** seguir la pista de alguien **II.** *vt* **1.** (*follow*) seguir la pista de **2.** (*drag*) arrastrar

 ◆ **trail behind** *vi* ir detrás

 ◆ **trail off** *vi* esfumarse

trailblazer [ˈtreɪlˌbleɪzəʳ, *Am:* -zɚ] *n* pionero, -a *m, f*

trailer *n* **1.** (*wheeled container*) remolque *m* **2.** *Am* (*mobile home*) caravana *f* **3.** CINE tráiler *m*

trailer park *n Am* cámping *m* de caravanas

train [treɪn] **I.** *n* **1.** RAIL tren *m* **2.** (*series*) serie *f*; **~ of thought** hilo *m* del pensamiento **II.** *vi* entrenarse **III.** *vt* formar; (*animal*) amaestrar

train driver *n* maquinista *mf*

trained [ˈtreɪnd] *adj* formado; (*animal*) amaestrado

trainee [treɪˈniː] *n* aprendiz(a) *m(f)*

trainer *n* **1.** (*person*) entrenador(a) *m(f)* **2.** *Brit* (*shoe*) zapatilla *f* de deporte

training *n no pl* **1.** (*education*) formación *f* **2.** SPORTS entrenamiento *m*; **to be in ~ for sth** estar entrenando para algo

training camp *n* SPORTS campamento *m* de instrucción **training course** *n* curso *m* de formación

trait [treɪt] *n* rasgo *m*

traitor [ˈtreɪtəʳ, *Am:* -ţɚ] *n* traidor(a) *m(f)*

traitorous [ˈtreɪtərəs, *Am:* -ţɚ-] *adj pej, form* traicionero

trajectory [trəˈdʒektəri, *Am:* -təɪ] *n* trayectoria *f*

tram [træm] *n Brit, Aus* tranvía *m*

tramp [træmp] **I.** *vi* andar con pasos pesados **II.** *n* (*down-and-out*) vagabundo *m*

trample [ˈtræmpl] **I.** *vt* pisar; **to ~ sth underfoot** pisotear algo **II.** *vi* **to ~ on sth** pisar algo

trampoline [ˈtræmpəliːn] *n* trampolín *m*

tramway [ˈtræmweɪ] *n* tranvía *m*

trance [trɑːns, *Am:* træns] *n* trance *m*

tranquil [ˈtræŋkwɪl] *adj* tranquilo

tranquility [træŋˈkwɪləti, *Am:* -əţi] *n Am s.* **tranquillity**

tranquilize [ˈtræŋkwɪlaɪz] *vt Am s.* **tranquillize**

tranquilizer *n Am s.* **tranquillizer**

tranquillity [træŋˈkwɪləti, *Am:* -ţi] *n no pl* tranquilidad *f*

tranquillize [ˈtræŋkwɪlaɪz] *vt* MED tranquilizar

tranquillizer *n* tranquilizante *m*

transact [trænˈzækt] *vt* tramitar

transaction [trænˈzækʃn] *n* COM transacción *f*; transa *f RíoPl*

transatlantic [ˌtrænzətˈlæntɪk, *Am:* ˌtrænsæt-] *adj* transatlántico

transcend [trænˈsend] *vt* trascender

transcendent [trænˈsendənt] *adj* trascendente

transcendental [ˌtrænsenˈdentl, *Am:* -ţl] *adj* trascendental

transcontinental [ˈtrænzkɒntɪˈnentl, *Am:* ˌtrænskɑːntnˈen-] *adj* transcontinental

transcribe [trænˈskraɪb] *vt* transcribir

transcript [ˈtrænskrɪpt] *n* transcripción *f*

transcription [trænˈskrɪpʃn] *n* transcripción *f*

transept ['trænsept] *n* ARCHIT crucero *m*

transfer [træns'fɜː, *Am:* -'fɜːr] **I.** <-rr-> *vt* trasladar; (*power*) transferir; SPORTS traspasar **II.** *n* **1.** traslado *m*; SPORTS traspaso *m* **2.** (*picture*) cromo *m*

transferable [træns'fɜːrəbl] *adj* transferible

transfigure [træns'fɪgər, *Am:* -'fɪg-jəʳ] *vt* transfigurar

transfix [træns'fɪks] *vt form* **to be ~ed by sth** estar totalmente paralizado por algo

transform [træns'fɔːm, *Am:* -'fɔːrm] *vt* transformar

transformation [ˌtrænsfə'meɪʃn, *Am:* -fəʳ'-] *n* transformación *f*

transformer [træns'fɔːmər, *Am:* -'fɔːrməʳ] *n* ELEC transformador *m*

transfusion [træns'fjuːʒn] *n* transfusión *f*

transgress [trænz'gres] *form* **I.** *vt* transgredir; **to ~ a law** infringir una ley **II.** *vi* cometer una transgresión

transgression [trænz'greʃn] *n form* transgresión *f*

transient ['trænzɪənt, *Am:* 'trænʃnt] *adj form* pasajero

transistor [træn'zɪstər, *Am:* -təʳ] *n* ELEC transistor *m*

transit ['trænsɪt] *n no pl* tránsito *m*; **in ~** de paso

transition [træn'zɪʃn] *n* transición *f*

transitional [træn'zɪʃənl] *adj* (*period*) transitorio; (*government*) de transición

transitive ['trænsətɪv, *Am:* -t̬ɪv] *adj* LING transitivo

transitory ['trænsɪtəri, *Am:* -sətɔː-ri] *adj* pasajero

translate [trænz'leɪt, *Am:* træn-'sleɪt] **I.** *vt* LING traducir; **to ~ sth from English into Spanish** traducir algo del inglés al español **II.** *vi* LING traducir

translation [trænz'leɪʃn, *Am:* træn'sleɪ-] *n* traducción *f*

translator [trænz'leɪtər, *Am:* træn'sleɪt̬əʳ] *n* traductor(a) *m(f)*

transliterate [trænz'lɪtəreɪt, *Am:* træn'slɪt-] *vt* transliterar

transliteration [ˌtrænzlɪtə'reɪʃn, *Am:* træn,slɪt-] *n* LING *no pl* transliteración *f*

translucent [trænz'luːsənt] *adj* translúcido

transmission [trænz'mɪʃən] *n* transmisión *f*; **data ~** INFOR transmisión de datos

transmit [trænz'mɪt, *Am:* træn-'smɪt] <-tt-> *vt* transmitir

transmitter [trænz'mɪtər, *Am:* træn'smɪt̬əʳ] *n* transmisor *m*

transmute [trænz'mjuːt] *vt form* transmutar

transparency [træns'pærənsi, *Am:* træn'sper-] *n* <-ies> transparencia *f*

transparent [træns'pærənt, *Am:* træn'sper-] *adj* transparente

transpiration [ˌtrænspɪ'reɪʃn] *n no pl* transpiración *f*

transpire [træn'spaɪəʳ, *Am:* -'spaɪ-əʳ] *vi* **1.** (*happen*) tener lugar; **it ~ed that ...** ocurrió que... **2.** (*emit vapour*) transpirar

transplant [træns'plɑːnt, *Am:* træn'splænt] **I.** *vt* trasplantar **II.** *n* trasplante *m*

transplantation [ˌtrænsplɑːn'teɪʃn, *Am:* -splæn'-] *n no pl* trasplante *m*

transport [træn'spɔːt, *Am:* -'spɔːrt] **I.** *vt* transportar; *Brit* HIST deportar **II.** *n no pl* transporte *m*; **~ costs** gastos *mpl* de transporte

transportation [ˌtrænspɔː'teɪʃn, *Am:* -spəʳ'-] *n no pl* transporte *m*; *Brit* HIST deportación *f*

transport café <-s> *n Brit* cafetería *f* de carretera

transporter [træn'spɔːtər, *Am:* -'spɔːrt̬əʳ] *n* transportador *m*

transpose [træn'spəʊz, *Am:* -'spoʊz] *vt* transponer

transsexual [træns'seksjʊəl, *Am:* -'sekʃʊəl] *n* transexual *mf*

transverse ['trænzvɜːs] *adj* transversal

transvestite [træns'vestaɪt] *n* travestido *m*

trap [træp] **I.** *n* **1.** (*device*) trampa *f*; (*ambush*) emboscada *f*; **to set a ~** poner una trampa; **to fall into a ~**

T_t

caer en una emboscada **2.** *Brit, inf* **to shut one's** ~ cerrar el pico **II.** *vt* <-pp-> atrapar

trapdoor [ˌtræp'dɔːʳ, *Am:* 'træpdɔːr] *n* escotillón *m*

trapeze [trə'piːz, *Am:* træp'iːz] *n* trapecio *m*

trapezium [trə'piːzɪəm] <-s *o* -zia> *pl n Brit, Aus,* **trapezoid** ['træpɪzɔɪd] *n Am* MAT trapecio *m*

trappings ['træpɪŋz] *npl* **the** ~ **of power** el boato del poder

trash [træʃ] **I.** *n no pl* **1.** *Am* (*rubbish*) basura *f* **2.** *inf* (*people*) gentuza *f;* (*book, film*) basura *f* **3.** *inf* (*nonsense*) **to talk** ~ decir tonterías **II.** *vt inf* **1.** (*wreck*) destrozar **2.** (*criticize*) poner por los suelos

trashcan ['træʃkæn] *n Am* cubo *m* de la basura

trashy ['træʃi] *adj inf* malo

trauma ['trɔːmə, *Am:* 'traːmə] *n* trauma *m*

traumatic [trɔː'mætɪk, *Am:* traː-'mæt̬-] *adj* traumático

traumatise *vt Aus, Brit,* **traumatize** ['trɔːmətaɪz] *vt* traumatizar

travel ['trævəl] **I.** <*Brit:* -ll-, *Am:* -l-> *vi* **1.** (*make journey*) viajar; **to** ~ **by air/car** viajar en avión/coche; **to** ~ **light** viajar con poco equipaje **2.** (*light, sound*) propagarse **3.** (*be away*) estar de viaje **4.** *inf* (*go fast*) ir rápido **II.** <*Brit:* -ll-, *Am:* -l-> *vt* viajar por **III.** *npl* viajes *mpl*

travel agency *n* agencia *f* de viajes

travel agent *n* agente *mf* de viajes

traveler ['trævlər, *Am:* -lər] *n Am s.* **traveller**

travel expenses *n* gastos *mpl* de viaje **travel guide** *n* guía *f* turística

traveling *n no pl, Am s.* **travelling**

travel insurance *n* seguro *m* de viaje

traveller ['trævələr, *Am:* -ələr] *n Brit* viajero, -a *m, f*

traveller's cheque *n Brit,* **traveler's check** *n Am* cheque *m* de viaje

travelling *n no pl, Brit* viajar *m*

travelling allowance *n* dietas *fpl*

travelling salesman *n* viajante *mf* de comercio

travel sickness *n no pl* mareo *m*

traverse ['trævɜːs, *Am:* -ərs] *vt* atravesar

travesty ['trævəsti, *Am:* -ɪsti] <-ies> *n pej* parodia *f*

trawl [trɔːl, *Am:* traːl] *vi* pescar al arrastre; **to** ~ **through sth** *fig* rastrear algo

trawler ['trɔːlər, *Am:* 'traːlər] *n* pesquero *m* de arrastre

tray [treɪ] *n* bandeja *f,* charola *f AmS*

treacherous ['tretʃərəs] *adj* traicionero; (*road, weather*) peligroso

treachery ['tretʃəri] *n no pl* traición *f*

treacle ['triːkl] *n no pl, Brit* melaza *f*

tread [tred] **I.** <trod *Am:* treaded, trodden *Am:* trod> *vi* pisar; **to** ~ **on/in sth** pisar algo **II.** *n* **1.** (*step*) escalón *m* **2.** AUTO dibujo *m*

treadmill ['tredmɪl] *n* rueda *f* de andar; *fig* rutina *f*

treason ['triːzn] *n no pl* traición *f*

treasure ['treʒər, *Am:* -ər] **I.** *n* tesoro *m; fig* joya *f* **II.** *vt* atesorar

treasure hunt *n* caza *f* del tesoro

treasurer ['treʒərər, *Am:* -ər] *n* tesorero, -a *m, f*

treasury ['treʒəri] <-ies> *n* tesorería *f;* **the Treasury** Hacienda *f*

Treasury Secretary *n Am* ≈ Ministro, -a *m, f* de Hacienda

treat ['triːt] **I.** *vt* **1.** (*deal with, handle, discuss*) *a.* MED tratar; **to** ~ **sb badly** tratar mal a alguien **2.** (*pay for*) invitar **II.** *vi* **to** ~ **with sb** negociar con alguien **III.** *n* **1.** (*present*) regalo *m; it's my* ~ invito yo **2.** (*pleasure*) placer *m; it was a real* ~ ha sido un auténtico placer

treatise ['triːtɪz, *Am:* -t̬ɪs] *n* tratado *m*

treatment ['triːtmənt] *n* **1.** *no pl* trato *m;* **to give sb the** ~ *inf* hacer sufrir a alguien; **special** ~ tratamiento *m* especial **2.** MED tratamiento *m*

treaty ['triːti, *Am:* -t̬i] <-ies> *n* tratado *m;* **peace** ~ tratado de paz

treble ['trebl] **I.** *n* MUS tiple *mf* **II.** *vt* triplicar **III.** *vi* triplicarse

treble clef *n* clave *f* de sol

tree [triː] *n* árbol *m*

tree house *n* cabaña *f* en un árbol
tree-lined ['triːlaɪnd] *adj* arbolado
treetop *n* **in the ~s** en lo alto de los árboles **tree trunk** *n* tronco *m* del árbol
trek [trek] I.<-kk-> *vi* caminar II. *n* caminata *f* (larga)
trellis ['trelɪs] <-es> *n* espaldera *f*; (*for plants*) enrejado *m*
tremble ['trembl] I. *vi* temblar; **to ~ with cold** tiritar de frío; **to ~ like a leaf** temblar como un azogado II. *n* temblor *m*; **to be all of a ~** *Brit, inf* estar como un flan
tremendous [trɪ'mendəs] *adj* 1.(*enormous*) enorme; (*crowd, scope*) inmenso 2. *inf* (*extremely good*) estupendo
tremor ['tremə', *Am:* -ə'] *n* (*shake*) vibración *f*; (*earthquake*) temblor *m*; (*of fear, excitement*) estremecimiento *m*
tremulous ['tremjʊləs] *adj* trémulo
trench [trentʃ] <-es> *n* zanja *f*; MIL trinchera *f*
trench coat *n* trinchera *f*
trend [trend] *n* 1.(*tendency*) tendencia *f*; **downward/upward ~** tendencia *f* a la baja/alcista 2.(*fashion*) moda *f*; **to set a new ~** fijar una nueva moda
trendy ['trendi] <-ier, -iest> *adj* (*clothes, bar*) de moda; (*person*) moderno
trepidation [ˌtrepɪ'deɪʃn] *n no pl* ansiedad *f*
trespass ['trespəs] *vi* LAW entrar ilegalmente
trespasser ['trespəsə', *Am:* -pæsə'] *n* intruso, -a *m, f*
trestle table ['tresl] *n* mesa *f* de caballete
triad ['traɪæd] *n* tríada *f*
trial ['traɪəl] *n* 1. LAW proceso *m*; **to stand ~** ser procesado; **to be on ~ for one's life** ser acusado de un crimen capital 2.(*test*) prueba *f*; **clinical ~s** ensayos *mpl* clínicos; **~ of strength** prueba de fuerza; **to give sb a ~** poner a alguien a prueba 3.(*source of problems*) suplicio *m*; **~s and tribulations** tribulaciones

fpl
trial period *n* período *m* de prueba
triangle ['traɪæŋgl] *n* triángulo *m*
triangular [traɪ'æŋgjʊlə', *Am:* -lə'] *adj* triangular
tribal ['traɪbl] *adj* tribal
tribe [traɪb] *n* tribu *f*
tribulation [ˌtrɪbjʊ'leɪʃn, *Am:* -jə'-] *n form* tribulación *f*
tribunal [traɪ'bjuːnl] *n* tribunal *m*
tributary ['trɪbjʊt(ə)ri, *Am:* -teri] <-ies> *n* GEO afluente *m*
tribute ['trɪbjuːt] *n* homenaje *m*; **to pay ~ to sb** rendir tributo a alguien; **to be a ~ to sb** hacer honor a alguien
trick [trɪk] *n* 1.(*ruse*) truco *m*; **to play a ~ on sb** tender una trampa a alguien 2. GAMES mano *f* II. *adj* **a ~ question** una pregunta con trampa III. *vt* engañar
trickery ['trɪkəri] *n no pl* artimañas *fpl*
trickle ['trɪkl] I. *vi* salir en un chorro fino; (*in drops*) gotear; **to ~ out** (*people*) salir poco a poco; (*information*) difundirse poco a poco II. *n* (*of liquid*) hilo *m*; (*of people, information*) goteo *m*
tricky ['trɪki] <-ier, -iest> *adj* 1.(*crafty*) astuto 2.(*difficult*) complicado; (*situation*) delicado
tricycle ['traɪsɪkl] *n* triciclo *m*
trident ['traɪdnt] *n* tridente *m*
tried [traɪd] I. *vi, vt pt, pp of* **try** II. *adj* **~ and tested** probado con toda garantía
trifle ['traɪfl] *n* 1.(*insignificant thing*) bagatela *f* 2.(*small amount*) **a ~** un poquito 3. *Brit* (*dessert*) dulce *m* de bizcocho borracho
◆ **trifle with** *vt* jugar con
trifling *adj* insignificante
trigger ['trɪgə', *Am:* -ə'] I. *n* 1.(*of gun*) gatillo *m*; **to pull the ~** apretar el gatillo 2. *fig* detonante *m* II. *vt* (*reaction*) provocar; (*revolt*) hacer estallar
trigonometry [ˌtrɪgə'nɒmətri, *Am:* -'nɑːmə-] *n no pl* trigonometría *f*
trillion ['trɪlɪən, *Am:* -jən] *n* billón *m*

T_t_

trilogy ['trɪlədʒi] <-ies> n trilogía f

trim [trɪm] I. n 1. (state) to be in ~ (for sth) estar listo (para algo) 2. (hair) to give sb a ~ cortar las puntas del pelo a alguien 3. no pl (decorative edge) borde m II. adj (neat) aseado; (lawn) cuidado III. <-mm-> vt 1. (cut) cortar; to ~ one's beard cortarse la barba 2. (reduce) reducir

◆ **trim down** vt recortar

Trinidad ['trɪnɪdæd] n Trinidad f; ~ and Tobago Trinidad y Tobago

Trinity ['trɪnəti, Am: - t̬ɪ] n no pl Trinidad f; the (holy) ~ la (Santísima) Trinidad

trinket ['trɪŋkɪt] n baratija f

trio ['triːəʊ, Am: -oʊ] n a. MUS trío m

trip [trɪp] I. n 1. (journey) viaje m; (shorter) excursión f; business ~ viaje de negocios; to go on a ~ irse de viaje 2. inf (effect of drugs) viaje m 3. (fall) tropezón m II. <-pp-> vi (stumble) tropezar; to ~ on sth tropezar con algo III. <-pp-> vt to ~ sb (up) hacer tropezar a alguien

◆ **trip over** vi dar un tropezón

◆ **trip up** I. vi tropezar II. vt hacer tropezar

tripe [traɪp] n no pl 1. GASTR callos mpl, guata f Méx 2. pej, inf to talk ~ decir bobadas

triple ['trɪpl] I. vt triplicar II. vi triplicarse

triple jump n triple salto m

triplet ['trɪplɪt] n (baby) trillizo, -a m, f

triplicate ['trɪplɪkət, Am: -kɪt] adj triplicado; in ~ por triplicado

tripod ['traɪpɒd, Am: -paːd] n trípode m

trite [traɪt] adj tópico

triumph ['traɪʌmf] I. n triunfo m; a ~ of engineering un éxito de la ingeniería II. vi triunfar; to ~ over sb triunfar sobre alguien

triumphant [traɪ'ʌmfnt] adj (victorious) triunfante; (return) triunfal; to emerge ~ from sth salir triunfante de algo

trivia ['trɪvɪə] npl trivialidades fpl

trivial ['trɪvɪəl] adj (unimportant) irrelevante; (dispute, matter) trivial

trivialize ['trɪvɪəlaɪz] vt trivializar

trod [trɒd, Am: traːd] pt, pp of tread

trodden ['trɒdn, Am: 'traːdn] pp of tread

trolley ['trɒli, Am: 'traːli] n 1. Brit, Aus (small cart) carretilla f; drinks ~ carrito m de bebidas; luggage ~ carrito m para el equipaje; shopping ~ carrito m de la compra; to be off one's ~ estar chiflado 2. Am (trolley-car) tranvía m

trombone [trɒm'bəʊn, Am: traːm'boʊn] n trombón m

troop [truːp] I. n 1. pl MIL tropas fpl 2. (of people) grupo m II. vi to ~ in/out entrar/salir en tropel

troop carrier n avión m de transporte de tropas

trooper ['truːpəʳ, Am: -ə] n 1. MIL soldado m de caballería; to swear like a ~ soltar tacos como un carretero 2. Am (state police officer) policía mf

trophy ['trəʊfi, Am: 'troʊ-] n <-ies> trofeo m

tropic ['trɒpɪk, Am: 'traːpɪk] n trópico m; the ~s los trópicos

tropical ['trɒpɪkl, Am: 'traːpɪk-] adj tropical

trot [trɒt, Am: traːt] I. n trote m; on the ~ seguidos II. vi trotar

trotter ['trɒtəʳ, Am: 'traːt̬ə] n manita f de cerdo

trouble ['trʌbl] I. n 1. (difficulty) dificultad f, problema m; engine ~ avería f del motor; stomach ~ dolor m de estómago; to have ~ tener dificultades; to ask for ~ buscarse problemas; to get into ~ meterse en un lío; to be in ~ with sb tener problemas con alguien; to land sb in ~ meter en un lío a alguien; to stay out of ~ mantenerse al margen de los problemas 2. no pl (inconvenience) molestia f; to go to the ~ (of doing sth) darse la molestia (de hacer algo); to put sb to the ~ of doing sth molestar a alguien pidiéndole que haga algo; to be not worth the ~ no merecer la pena II. vt

1. *form* (*inconvenience*) molestar; **to ~ sb for sth** molestar a alguien por algo **2.** (*worry*) preocupar **III.** *vi* **to ~ to do sth** molestarse en hacer algo

troubled *adj* **1.** (*period*) turbulento **2.** (*worried*) preocupado

troublemaker ['trʌblˌmeɪkəʳ, *Am:* -kɚ] *n* alborotador(a) *m(f)*

troubleshooting ['trʌblˌʃuːtɪŋ] *n* localización *f* de problemas

troublesome ['trʌblsəm] *adj* molesto

trough [trɒf, *Am:* trɑːf] *n* **1.** (*receptacle*) abrevadero *m*; **feeding ~** comedero *m* **2.** (*low point*) punto *m* bajo **3.** METEO zona *f* de bajas presiones

troupe [truːp] *n* THEAT compañía *f*

trouser leg *n* pernera *f*

trousers ['traʊzəz, *Am:* -zɚz] *npl* pantalones *mpl;* **a pair of ~** un pantalón; **to wear the ~** *fig* llevar los pantalones

trout [traʊt] *n* <-(s)> trucha *f*

trowel ['traʊəl] *n* (*for building*) llana *f;* (*for gardening*) desplantador *m*

truancy ['truːənsi] *n no pl* falta *f* a clase

truant ['truːənt] *n Brit, Aus* **to play ~** hacer novillos

truce [truːs] *n* tregua *f*

truck [trʌk] **I.** *n* **1.** (*lorry*) camión *m;* **pickup ~** camioneta *f* de plataforma **2.** *Brit* (*train*) vagón *m* de mercancías **II.** *vt Am* transportar

trucker *n* camionero, -a *m, f*

truculent ['trʌkjʊlənt] *adj* agresivo

trudge [trʌdʒ] *vi* caminar penosamente

true [truː] *adj* **1.** (*not false*) cierto; **to ring ~** sonar convincente **2.** (*genuine, real*) auténtico; **~ love** amor *m* verdadero; **to come ~** hacerse realidad **3.** (*loyal*) fiel; **to remain ~ to sth** mantenerse fiel a algo; **to be ~ to one's word** mantener su palabra; **to be ~ to oneself** ser fiel a sí mismo **4.** (*accurate*) exacto

truffle ['trʌfl] *n* trufa *f*

truly ['truːli] *adv* **1.** (*sincerely*) sinceramente; **yours ~** un saludo **2.** (*as intensifier*) realmente

trump [trʌmp] *n* triunfo *m;* **to turn up ~s** *Brit* salvar la situación

trumpet ['trʌmpɪt, *Am:* -pət] *n* trompeta *f;* **to blow one's own ~** *inf* tirarse flores

trumpeter ['trʌmpɪtəʳ, *Am:* -pəṭɚ] *n* trompetista *mf*

truncate [trʌŋ'keɪt] *vt* truncar

truncheon ['trʌntʃən] *n Brit, Aus* porra *f*, macana *f AmL*

trundle ['trʌndl] *vi* rodar

trunk [trʌŋk] *n* **1.** ANAT, BOT tronco *m;* (*of elephant*) trompa *f* **2.** (*for storage*) baúl *m* **3.** *Am* (*of car*) maletero *f*, baúl *m AmL* **4. a pair of swimming ~s** un bañador

truss up [trʌs-] *vt* atar

trust [trʌst] **I.** *n* **1.** *no pl* (*belief*) confianza *f;* **to place one's ~ in sb** depositar su confianza en alguien; **to take sth on ~** aceptar algo con los ojos cerrados **2.** *no pl* (*responsibility*) responsabilidad *f;* **a position of ~** un puesto de responsabilidad **3.** FIN, COM consorcio *m* **II.** *vt* **1.** (*place trust in*) confiar en; **to ~ sb to do sth** confiar a alguien el hacer algo; **to ~ that …** esperar que +*subj* **2.** (*rely on*) dar responsabilidad a; **to ~ sb with sth** confiar la responsabilidad de algo a alguien **III.** *vi* **to ~ in sb** confiar en alguien

trusted ['trʌstɪd] *adj* (*friend*) leal; (*method*) comprobado

trustee [trʌs'tiː] *n* fideicomisario, -a *m, f*

trusting *adj* confiado

trustworthy ['trʌstˌwɜːði, *Am:* -ˌwɜːr-] *adj* (*person*) honrado; (*data*) fiable

trusty ['trʌsti] <-ier, -iest> *adj* leal

truth [truːθ] *n* verdad *f;* **a grain of ~** una pizca de verdad; **in ~** en realidad; **to tell the ~, …** a decir verdad,…

truthful ['truːθfəl] *adj* veraz; (*sincere*) sincero

try [traɪ] **I.** *n* **1.** (*attempt*) intento *m;* **to give sth a ~** intentar algo **2.** (*in rugby*) ensayo *m* **II.** <-ie-> *vi* esforzarse; **to ~ and do sth** *inf* intentar hacer algo **III.** <-ie-> *vt* **1.** (*attempt*) intentar; **to ~ one's best** esforzarse al máximo; **to ~ one's luck** probar suerte **2.** (*test*) experimentar **3.** (*annoy*) cansar **4.** LAW juzgar

♦ **try on** *vt*, **try out** *vt* probar

trying *adj* (*exasperating*) molesto; (*difficult*) difícil

tsar [zɑːʳ, *Am:* zɑːr] *n* zar *m*

T-shirt ['tiːʃɜːt, *Am:* -ʃɜːrt] *n* camiseta *f*, playera *f Guat, Méx,* polera *f Chile*

tub [tʌb] *n* cubo *m*; (*of ice-cream*) tarrina *f*; (*bathtub*) bañera *f*

tuba ['tjuːbə] *n* tuba *f*

tubby ['tʌbi] <-ier, -iest> *adj inf* rechoncho, requenete *Ven*

tube [tjuːb, *Am:* tuːb] *n* **1.** (*cylinder*) tubo *m*; **to go down the ~s** *fig* echarse a perder **2.** *no pl, Brit* RAIL metro *m* **3.** *Am, inf* TV tele *f*

tuber ['tjuːbəʳ, *Am:* 'tuːbə·] *n* tubérculo *m*

tuberculosis [tjuːˌbɜːkjʊ'ləʊsɪs, *Am:* tuːˌbɜːrkjə'loʊ-] *n no pl* tuberculosis *f inv*

TUC [ˌtiːjuː'siː] *n Brit abbr of* **Trades Union Congress** congreso *m* sindical

tuck in [tʌk-] *vi* comer con apetito

Tuesday ['tjuːzdeɪ, *Am:* 'tuːz-] *n* martes *m inv*; *s. a.* **Friday**

tuft [tʌft] *n* (*of hair*) mechón *m*; (*of grass*) mata *f*

tug [tʌg] **I.** *n* **1.** (*pull*) tirón *m* **2.** NAUT remolcador *m* **II.** <-gg-> *vt* tirar de; NAUT remolcar

tuition [tjuːˈɪʃən] *n no pl* enseñanza *f*

tulip ['tjuːlɪp, *Am:* 'tuː-] *n* tulipán *m*

tumble ['tʌmbl] **I.** *n* caída *f*; **to take a ~** caerse **II.** *vi* caerse

tumble drier *n*, **tumble dryer** *n* secadora *f*

tumbler ['tʌmbləʳ, *Am:* -blə·] *n* vaso *m*

tummy ['tʌmi] <-ies> *n childspeak* barriguita *f*

tumor *n Am*, **tumour** ['tjuːməʳ, *Am:* 'tuːmə·] *n Brit, Aus* tumor *m*

tumult ['tjuːmʌlt, *Am:* 'tuː-] *n no pl* (*uproar*) tumulto *m*; (*emotional*) agitación *f*

tumultuous [tjuːˈmʌltʃʊəs, *Am:* tuːˈmʌltʃuːəs] *adj* (*noisy*) tumultuoso; (*disorderly*) agitado

tuna ['tjuːnə, *Am:* 'tuː-] *n* <-(s)> atún *m*

tundra ['tʌndrə] *n no pl* tundra *f*

tune [tjuːn, *Am:* tuːn] **I.** *n* **1.** MUS melodía *f* **2.** *no pl* (*pitch*) **to be in ~** estar afinado; **to be out of ~** estar desafinado; **to be in ~ with sth** *fig* armonizar con algo; **to be out of ~ with sth** *fig* desentonar con algo **3.** **to change one's ~** cambiar de parecer **II.** *vt* **1.** MUS afinar **2.** AUTO poner a punto

♦ **tune in** *vi* **to ~ to a station** sintonizar una emisora

tuneful ['tjuːnfəl] *adj* melódico

tuneless ['tjuːnləs] *adj* disonante

tunic ['tjuːnɪk, *Am:* 'tuː-] *n* FASHION casaca *f*; HIST túnica *f*

Tunisia [tjuːˈnɪzɪə, *Am:* tuːˈniːʒə] *n* Túnez *m*

tunnel ['tʌnl] **I.** *n* túnel *m*; MIN galería *f* **II.** <*Brit:* -l-, *Am:* -ll-> *vi* hacer un túnel

turban ['tɜːbən, *Am:* 'tɜːr-] *n* turbante *m*

turbid ['tɜːbɪd, *Am:* 'tɜːr-] *adj* turbio

turbine ['tɜːbaɪn, *Am:* 'tɜːrbɪn] *n* turbina *f*

turbot ['tɜːbət, *Am:* 'tɜːr-] *n* <-(s)> rodaballo *m*

turbulence ['tɜːbjʊləns, *Am:* 'tɜːr-] *n no pl* turbulencia *f*

turbulent ['tɜːbjʊlənt, *Am:* 'tɜːr-] *adj* turbulento

turd [tɜːd, *Am:* tɜːrd] *n vulg* **1.** (*excrement*) zurullo *m* **2.** (*person*) cerdo, -a *m, f*

turf [tɜːf, *Am:* tɜːrf] <-s *o* -ves> *n* **1.** *no pl* BOT césped *m*; **a** (**piece of**) **~** un tepe **2.** (*territory*) territorio *m*

turgid ['tɜːdʒɪd, *Am:* 'tɜːr-] *adj pej* ampuloso

Turk [tɜːk, *Am:* tɜːrk] *n* turco, -a *m, f*

turkey ['tɜːki, *Am:* 'tɜːr-] *n* **1.** ZOOL pavo *m*; **to talk ~** *Am, inf* hablar claro **2.** *Am, Aus, inf* (*stupid person*) papanatas *mf inv*

Turkey ['tɜːki, *Am:* 'tɜːr-] *n* Turquía *f*

Turkish ['tɜːkɪʃ, *Am:* 'tɜːr-] I. *adj* turco II. *n* turco, -a *m, f*

turmoil ['tɜːmɔɪl, *Am:* 'tɜːr-] *n no pl* caos *m inv;* **to be thrown into** ~ estar sumido en el caos; **to be in a** ~ estar desconcertado

turn [tɜːn, *Am:* tɜːrn] I. *vi* 1. (*rotate*) girar; **to** ~ **on sth** girar sobre algo 2. (*switch direction*) volver; (*tide*) cambiar; (*car*) girar; **to turn around** dar media vuelta, voltearse *AmL;* **to** ~ **right/left** torcer a la derecha/izquierda 3. (*change*) cambiar; (*for worse*) volverse; (*leaves*) cambiar de color; (*milk*) agriarse II. *vt* 1. (*rotate*) hacer girar; (*key*) dar vuelta a 2. (*switch direction*) volver, voltear *AmL;* **to** ~ **one's head** volver la cabeza; **to** ~ **a page** pasar una página 3. *fig* **to** ~ **30** cumplir los 30; **it** ~**ed my stomach** se me revolvió el estómago; **to** ~ **sth upside down** dejar algo patas arriba III. *n* 1. (*change in direction*) cambio *m* de dirección; **to make a** ~ **to the right** girar hacia la derecha; **to take a** ~ **for the worse/better** mejorar/ empeorar; **the** ~ **of the century** el cambio de siglo 2. (*period of duty*) turno *m;* **it's your** ~ te toca a ti; **to speak out of** ~ hablar fuera de lugar 3. (*rotation*) rotación *f* 4. (*service*) favor *m;* **one good** ~ **deserves another** *prov* favor con favor se paga 5. (*shock*) **to give sb a** ~ dar un susto a alguien 6. THEAT número *m*

◆ **turn away** I. *vi* apartarse II. *vt* (*refuse entry*) no dejar entrar

◆ **turn back** I. *vi* retroceder II. *vt* (*send back*) hacer regresar

◆ **turn down** *vt* 1. (*reject*) rechazar 2. (*reduce volume*) bajar

◆ **turn in** *vt* (*hand over*) entregar

◆ **turn into** *vt* transformar en

◆ **turn off** *vt* 1. ELEC desconectar; (*light*) apagar; (*motor*) parar; (*gas*) cerrar 2. *inf* (*be unappealing*) repugnar

◆ **turn on** *vt* 1. ELEC conectar; (*light*) encender, prender *AmL;* (*gas*) abrir 2. (*excite*) excitar

◆ **turn out** I. *vi* salir; **it turned out**

to be true resultó ser cierto II. *vt* (*light*) apagar

◆ **turn over** *vt* (*change the side*) dar la vuelta a

◆ **turn round** I. *vi* volverse II. *vt* 1. (*move*) girar 2. (*change*) transformar

◆ **turn to** *vt* **to** ~ **sb** (**for sth**) recurrir a alguien (para algo)

◆ **turn up** I. *vi* (*arrive*) llegar II. *vt* 1. (*volume*) subir 2. (*find*) encontrar

turnaround ['tɜːnərˌaʊnd, *Am:* 'tɜːrnɚ-] *n* (*improvement*) mejora *f*

turning ['tɜːnɪŋ, *Am:* 'tɜːr-] *n* (*road*) bocacalle *f*

turning point *n* momento *m* decisivo

turnip ['tɜːnɪp, *Am:* 'tɜːr-] *n* nabo *m*

turn-off ['tɜːnɒf, *Am:* 'tɜːrnɑːf] *n* AUTO salida *f* de una calle; **to be a real** ~ *inf* ser repugnante

turnout ['tɜːnaʊt, *Am:* 'tɜːrn-] *n* número *m* de asistentes; POL número *m* de votantes

turnover ['tɜːnˌəʊvəʳ, *Am:* 'tɜːrnˌoʊvɚ] *n* 1. COM, FIN volumen *m* de negocios; (*sales*) facturación *f* 2. (*in staff*) rotación *f* 3. GASTR empanada *f*

turnpike ['tɜːnpaɪk, *Am:* 'tɜːrn-] *n Am* AUTO autopista *f* de peaje

turnstile ['tɜːnstaɪl, *Am:* 'tɜːrn-] *n* torniquete *m*

turntable ['tɜːnˌteɪbl, *Am:* 'tɜːrn-] *n* 1. MUS plato *m* giratorio 2. RAIL plataforma *f* giratoria

turn-up ['tɜːnʌp, *Am:* 'tɜːrn-] *n Brit* vuelta *f;* **to be a** ~ **for the book(s)** ser una gran sorpresa

turpentine ['tɜːpəntaɪn, *Am:* 'tɜːr-] *n no pl* trementina *f*

turquoise ['tɜːkwɔɪz, *Am:* 'tɜːr-] *n* (*color*) azul *m* turquesa

turret ['tʌrɪt, *Am:* 'tɜːr-] *n* (*tower*) torreón *m;* (*of tank, ship*) torreta *f*

turtle ['tɜːtl, *Am:* 'tɜːrtl̩] <-(s)> *n* tortuga *f*

turtledove ['tɜːtldʌv, *Am:* 'tɜːrtl̩-] *n* tórtola *f*

turves [tɜːvz, *Am:* tɜːrvz] *n pl of* **turf**

tusk [tʌsk] *n* colmillo *m*

tussle ['tʌsl] I. *vi* pelearse II. *n* pelea *f*

Tt

tut [tʌt] *interj* ~ ~! ¡vaya, vaya!

tutor ['tjuːtəʳ, *Am:* 'tuːtɚ] *n* profesor(a) *m(f)* (particular)

tutorial [tjuːˈtɔːrɪəl, *Am:* tuːˈ-] *n* clase *f* en grupo reducido

tuxedo [tʌkˈsiːdəʊ, *Am:* -doʊ] *n Am* esmoquin *m*

TV [ˌtiːˈviː] *n abbr of* **television** TV *f*

tweak [twiːk] I. *vt* pellizcar II. *n* pellizco *m*

tweed [twiːd] *n no pl* tweed *m*

tweezers ['twiːzəz, *Am:* -zɚz] *npl* (a **pair of**) ~ (unas) pinzas

twelfth [twelfθ] *adj* duodécimo

twelve [twelv] *adj* doce *inv; s. a.* **eight**

twentieth ['twentɪəθ, *Am:* -t̬ɪ-] *adj* vigésimo

twenty ['twenti, *Am:* -t̬ɪ] *adj* veinte *inv; s. a.* **eighty**

twerp [twɜːp, *Am:* twɜːrp] *n inf* imbécil *mf*

twice [twaɪs] *adv* dos veces

twiddle ['twɪdl] *vt* (hacer) girar; **to ~ one's thumbs** estar mano sobre mano

twig [twɪg] *n* ramita *f*

twilight ['twaɪlaɪt] *n* crepúsculo *m*

twin [twɪn] I. *n* gemelo, -a *m, f;* **identical ~s** gemelos idénticos II. *adj* gemelo III. *vt* <-nn-> hermanar

twine [twaɪn] *n no pl* cordel *m*

twinge [twɪndʒ] *n* punzada *f;* **a ~ of conscience** un remordimiento de conciencia

twinkle ['twɪŋkl] *vi* (*diamond, eyes*) brillar; (*star*) centellear

twinkling ['twɪŋklɪŋ] I. *adj* (*diamond, eyes*) brillante; (*star*) centelleante II. *n* **in the ~ of an eye** en un abrir y cerrar de ojos

twirl [twɜːl, *Am:* twɜːrl] I. *vi* girar II. *vt* dar vueltas a

twist [twɪst] I. *vt* **1.** (*turn*) dar vueltas a; **to ~ sth around sth** enrollar algo alrededor de algo; **to ~ sb's arm** *fig* presionar a alguien; **to ~ sb round one's little finger** manejar a alguien a su antojo **2.** (*distort: truth*) tergiversar II. *vi* **1.** (*squirm around*) (re)torcerse **2.** (*curve: path, road*)

serpentear; **to ~ and turn** dar vueltas III. *n* **1.** (*turn*) vuelta *f* **2.** (*unexpected change*) giro *m*

twisted ['twɪstɪd] *adj* (*cable, logic*) retorcido; (*ankle*) torcido

twit [twɪt] *n inf* imbécil *mf*

twitch [twɪtʃ] I. *vi* ANAT, MED moverse (nerviosamente); (*face*) contraerse II. *n* <-es> **to have a** (**nervous**) ~ tener un tic (nervioso)

two [tuː] I. *adj* dos *inv* II. *n* dos *m;* **that makes ~ of us** *inf* ya somos dos; **to put ~ and ~ together** *inf* sacar conclusiones; *s. a.* **eight**

two-dimensional [ˌtuːdɪˈmentʃənəl] *adj* bidimensional; *fig* superficial **two-faced** *adj pej* falso, falluto *RíoPl*

twofold ['tuːfəʊld, *Am:* -foʊld] *adv* dos veces

two-time *vt inf* poner los cuernos a

two-way [ˌtuːˈweɪ, *Am:* 'tuː-] *adj* de dos sentidos; (*process*) recíproco

tycoon [taɪˈkuːn] *n* magnate *m*

type [taɪp] I. *n a.* TYPO tipo *m;* **he's not her** ~ no es su tipo II. *vt, vi* escribir a máquina

typesetting ['taɪpˌsetɪŋ, *Am:* -ˌset̬-] *n no pl* composición *f* tipográfica

typewriter ['taɪpˌraɪtəʳ, *Am:* -t̬ɚ] *n* máquina *f* de escribir

typhoid (**fever**) ['taɪfɔɪd] *n no pl* fiebre *f* tifoidea

typhoon [taɪˈfuːn] *n* tifón *m*

typhus ['taɪfəs] *n no pl* tifus *m inv*

typical ['tɪpɪkəl] *adj* típico

typically *adv* típicamente

typify ['tɪpɪfaɪ] <-ie-> *vt* simbolizar

typing ['taɪpɪŋ] *n no pl* mecanografía *f*

typist ['taɪpɪst] *n* mecanógrafo, -a *m, f*

tyrannical [tɪˈrænɪkəl] *adj pej* tiránico

tyranny ['tɪrəni] *n no pl* tiranía *f*

tyrant ['taɪərənt, *Am:* 'taɪrənt] *n* tirano, -a *m, f*

tyre ['taɪəʳ, *Am:* 'taɪɚ] *n Aus, Brit* neumático *m*, caucho *m Col, Ven;* **spare** ~ neumático de repuesto

tzar [zɑːʳ, *Am:* zɑːr] *n* zar *m*

U u

U, u [juː] *n* U, u *f;* ~ **for Uncle** U de Uruguay

UAE [juːeɪˈiː] *npl abbr of* **United Arab Emirates** EAU *mpl*

ubiquitous [juːˈbɪkwɪtəs, *Am:* -wət̬əs] *adj* omnipresente

udder [ˈʌdəʳ, *Am:* -ə-] *n* ubre *f*

UEFA [juːˈeɪfə] *n abbr of* **Union of European Football Associations** UEFA *f*

UFO [juːefˈəʊ, *Am:* -ˈoʊ] *n abbr of* **unidentified flying object** OVNI *m*

Uganda [juːˈgændə] *n* Uganda *f*

Ugandan *adj* ugandés

ugh [ɜːh] *interj inf* uf

ugly [ˈʌgli] <-ier, iest> *adj* (*person*) feo, macaco *Arg, Méx, Cuba, Chile;* (*mood*) peligroso; (*weather*) horroroso; ~ **duckling** patito *m* feo; **to be ~ as sin** ser más feo que Picio

UHT [juːeɪtʃˈtiː] *adj abbr of* **ultra heat treated** UHT

UK [juːˈkeɪ] *n abbr of* **United Kingdom** RU *m*

Ukraine [juːˈkreɪn] *n* Ucrania *f*

Ukrainian *adj* ucraniano

ulcer [ˈʌlsəʳ, *Am:* -sə-] *n* (*stomach*) úlcera *f*, chácara *f Col;* (*in mouth, external*) llaga *f*

Ulster [ˈʌlstəʳ, *Am:* -stə-] *n no pl* Ulster *m*

ulterior [ʌlˈtɪərɪəʳ, *Am:* -ˈtɪrɪə-] *adj* (*motive*) oculto

ultimata [ˌʌltɪˈmeɪtə, *Am:* -t̬əˈmeɪt̬ə] *n pl of* **ultimatum**

ultimate [ˈʌltɪmət, *Am:* -t̬əmɪt] *adj* (*experience*) extremo; (*praise*) supremo; (*cost*) definitivo; (*cause*) primordial

ultimately [ˈʌltɪmətli, *Am:* -t̬ə- mɪt-] *adv* **1.** (*in the end*) finalmente **2.** (*fundamentally*) fundamentalmente

ultimatum [ˌʌltɪˈmeɪtəm, *Am:* -t̬əˈmeɪt̬əm] <ultimata *o* -tums> *n* ultimátum *m*

ultrasonic [ˌʌltrəˈsɒnɪk, *Am:* -ˈsɑː- nɪk] *adj* ultrasónico

ultrasound [ˈʌltrəsaʊnd] *n* ultrasonido *m*

ultraviolet [ˌʌltrəˈvaɪələt, *Am:* -lɪt] *adj* ultravioleta

Ulysses [ˈjuːlɪsiːz, *Am:* juːˈlɪs-] *n* Ulises *m*

umbilical cord [ʌmˈbɪlɪkl] *n* cordón *m* umbilical

umbrella [ʌmˈbrelə] *n* paraguas *m inv;* **beach ~** parasol *m;* **to do sth under the ~ of sth** *fig* hacer algo bajo el amparo de algo

umpire [ˈʌmpaɪəʳ, *Am:* -paɪə-] *n* árbitro *mf*

umpteenth [ˈʌmptiːnθ] *adj* enésimo

UN [juːˈen] *n abbr of* **United Nations** ONU *f*

unable [ʌnˈeɪbl] *adj* incapaz

unabridged [ˌʌnəˈbrɪdʒd] *adj* LIT no abreviado

unacceptable [ˌʌnəkˈseptəbl] *adj* inaceptable

unaccompanied [ˌʌnəˈkʌmpənɪd] *adj* sin compañía

unaccustomed [ˌʌnəˈkʌstəmd] *adj* **to be ~ to doing sth** no tener la costumbre de hacer algo

unacknowledged [ˌʌnəkˈnɒlɪdʒd, *Am:* -ˈnɑːlɪdʒd] *adj* no reconocido

unadventurous [ˌʌnədˈventʃərəs] *adj* poco atrevido

unadvisable [ˌʌnədˈvaɪzəbl] *adj* poco aconsejable

unaffected [ˌʌnəˈfektɪd] *adj* **1.** (*not changed*) inalterado **2.** (*down to earth*) sencillo

unambiguous [ˌʌnæmˈbɪgjʊəs] *adj* inequívoco

unanimity [juːnəˈnɪməti, *Am:* -t̬i] *n no pl, form* unanimidad *f*

unanimous [juːˈnænɪməs, *Am:* -əməs] *adj* unánime

unanswered [ʌnˈɑːnsəd, *Am:* -ˈænsə-d] *adj* sin contestar

unarmed [ʌnˈɑːmd, *Am:* -ˈɑːrmd] *adj* desarmado

unassuming [ˌʌnəˈsjuːmɪŋ, *Am:* -ˈsuː-] *adj* modesto

unattainable [ˌʌnəˈteɪnəbl] *adj* inasequible

unattractive [ˌʌnə'træktɪv] *adj* feo; (*personality*) antipático

unauthorized [ˌʌn'ɔ:θəraɪzd, *Am:* -'ɑ:-] *adj* no autorizado

unavailable [ˌʌnə'veɪləbl] *adj* inasequible

unavoidable [ˌʌnə'vɔɪdəbl] *adj* inevitable

unaware [ˌʌnə'weəʳ, *Am:* -'wer] *adj* **to be ~ of sth** ignorar algo

unawares [ˌʌnə'weəz, *Am:* -'werz] *adv* **to catch sb ~** coger a alguien desprevenido

unbalanced [ˌʌn'bælənst] *adj* desequilibrado

unbearable [ˌʌn'beərəbl, *Am:* -'berə-] *adj* insoportable

unbeatable [ˌʌn'bi:təbl, *Am:* -'bi:tə-] *adj* (*team, army*) invencible; (*value, quality*) inmejorable

unbeaten [ˌʌn'bi:tn] *adj* invicto

unbecoming [ˌʌnbɪ'kʌmɪŋ] *adj* **1.** (*dress, suit*) que sienta mal **2.** (*attitude, manner*) impropio

unbelievable [ˌʌnbɪ'li:vəbl] *adj* increíble

unbiased [ˌʌn'baɪəst] *adj* imparcial

unborn [ˌʌn'bɔ:n, *Am:* -'bɔ:rn] *adj* (*baby*) no nacido; (*foetus*) nonato

unbounded [ˌʌn'baʊndɪd] *adj* ilimitado

unbreakable [ˌʌn'breɪkəbl] *adj* indestructible

unbridled [ˌʌn'braɪdld] *adj* desenfrenado

unbroken [ˌʌn'brəʊkən, *Am:* -'broʊ-] *adj* **1.** (*not broken*) no roto **2.** (*continuous*) ininterrumpido **3.** (*record*) imbatible

unburden [ˌʌn'bɜ:dən, *Am:* -'bɜ:r-] *vt* **to ~ oneself of sth/to sb** desahogarse de algo/con alguien

unbusinesslike [ˌʌn'bɪznɪslaɪk] *adj* poco profesional

unbutton [ˌʌn'bʌtən] *vi, vt* desabrochar(se)

uncalled-for [ˌʌn'kɔ:ldfɔ:ʳ, *Am:* -fɔ:r] *adj* gratuito

uncanny [ˌʌn'kæni] *adj* <-ier, -iest> **1.** (*mysterious*) misterioso **2.** (*remarkable*) extraordinario

unceremonious [ˌʌnˌserɪ'məʊnɪəs,
Am: -'moʊ-] *adj* (*abrupt*) brusco

uncertain [ˌʌn'sɜ:tən, *Am:* -'sɜ:r-] *adj* **1.** (*unsure*) dudoso; **to be ~ of sth** no estar seguro de algo; **in no ~ terms** claramente **2.** (*unpredictable*) incierto

uncertainty [ˌʌn'sɜ:tənti, *Am:* -'sɜ:rtənti] <-ies> *n* **1.** (*unpredictability*) incerteza *f* **2.** *no pl* (*unsettled state*) incertidumbre *f* **3.** *no pl* (*hesitancy*) indecisión *f*

unchallenged [ˌʌn'tʃælɪndʒd] *adj* incontestado; **to go ~** pasar sin protesta

unchanged [ˌʌn'tʃeɪndʒd] *adj* inalterado

uncharacteristic [ˌʌnkærəktə'rɪstɪk, *Am:* -ˌkerɪktə-] *adj* poco característico

unchecked [ˌʌn'tʃekt] *adj* (*unrestrained*) desenfrenado

uncivil [ˌʌn'sɪvl] *adj form* grosero

uncle ['ʌŋkl] *n* tío *m*

unclean [ˌʌn'kli:n] *adj* sucio

unclear [ˌʌn'klɪəʳ, *Am:* -'klɪr] *adj* nada claro; **to be ~ about sth** no estar seguro de algo; **an ~ statement** una afirmación vaga

uncomfortable [ˌʌn'kʌmftəbl, *Am:* ʌn'kʌmpfɚtə-] *adj* (*situation*) molesto; (*person*) incómodo

uncommon [ˌʌn'kɒmən, *Am:* ʌn-'kɑ:mən] *adj* (*rare*) extraño

uncommunicative [ˌʌnkə'mju:nɪkətɪv, *Am:* ˌʌnkə'mju:nɪkətɪv] *adj* poco comunicativo

uncompromising [ˌʌn'kɒmprəmaɪzɪŋ, *Am:* ʌn'kɑ:m-] *adj* intransigente

unconcerned [ˌʌnkən'sɜ:nd, *Am:* -'sɜ:rnd] *adj* (*not worried*) despreocupado; **to be ~ about sth** no preocuparse por algo

unconditional [ˌʌnkən'dɪʃənl] *adj* incondicional

unconfirmed [ˌʌnkən'fɜ:md, *Am:* -'fɜ:rmd] *adj* no confirmado

unconnected [ˌʌnkə'nektɪd] *adj* desconectado

unconscious [ˌʌn'kɒntʃəs, *Am:* ʌn-'kɑ:n-] **I.** *adj* inconsciente; **to knock sb ~** dejar a alguien inconsciente; **to**

be ~ of sth (*unaware*) no ser consciente de algo **II.** *n no pl* PSYCH **the ~** el inconsciente

unconsciously *adv* inconscientemente

unconstitutional [ˌʌnˌkɒntstɪ'tju:-ʃənəl, *Am:* ʌnˌkɑ:ntstə'tu:-] *adj* inconstitucional

uncontrollable [ˌʌnkən'trəʊləbl, *Am:* -'troʊ-] *adj* incontrolable

uncontrolled [ˌʌnkən'trəʊld, *Am:* -'troʊld] *adj* descontrolado

uncontroversial [ˌʌnkɒntrə'vɜ:ʃl] *adj* no controvertido

unconvinced [ˌʌnkən'vɪnst] *adj* **to be ~ of sth** no estar convencido de algo

unconvincing [ˌʌnkən'vɪnsɪŋ] *adj* poco convincente

uncooked [ˌʌn'kʊkt] *adj* crudo

uncorroborated [ˌʌnkər'ɒbəreɪ-tɪd, *Am:* -'rɑ:bəreɪtɪd] *adj* no corroborado

uncouth [ʌn'ku:θ] *adj* basto

uncover [ʌn'kʌvər, *Am:* -'kʌvər] *vt* desvelar

uncritical [ʌn'krɪtɪkl, *Am:* -'krɪt̬-] *adj* **to be ~ of sth** no criticar algo

unctuous ['ʌŋktʃʊəs] *adj* zalamero

uncut [ʌn'kʌt] *adj* **1.** (*not cut*) sin cortar; **an ~ diamond** un diamante en bruto **2.** (*not shortened*) sin cortes

undated [ʌn'deɪtɪd, *Am:* -t̬ɪd] *adj* sin fecha

undaunted [ʌn'dɔ:ntɪd, *Am:* -'dɑ:nt̬ɪd] *adj* impertérrito; **to be ~ by sth** quedarse impávido ante algo

undecided [ˌʌndɪ'saɪdɪd] *adj* **1.** (*unresolved*) indeciso; **to be ~ about sth** estar indeciso ante algo **2.** (*not settled*) no decidido

undeclared [ˌʌndɪ'kleəd, *Am:* -'klerd] *adj* **1.** FIN no declarado; **~ income** ingresos *mpl* no declarados **2.** (*not official*) no oficial

undefined [ˌʌndɪ'faɪnd] *adj* indefinido

undemanding [ˌʌndɪ'mɑ:ndɪŋ] *adj* que exige poco esfuerzo; **to be ~** (*easy-going*) ser poco exigente

undemocratic [ˌʌndemə'krætɪk] *adj* antidemocrático

undemonstrative [ˌʌndɪ'mɒn-strətɪv, *Am:* -'mɑ:nstrət̬ɪv] *adj* *form* reservado

undeniable [ˌʌndɪ'naɪəbl] *adj* innegable

undeniably *adv* indudablemente

under ['ʌndər, *Am:* -dər] **I.** *prep* **1.** (*below*) debajo de; **~ the bed** debajo de la cama **2.** (*supporting*) bajo; **to break ~ the weight** romperse bajo el peso **3.** (*less than*) **to cost ~ 10 euros** costar menos de 10 euros; **those ~ the age of 30** aquellos con menos de 30 años de edad **4.** (*governed by*) **~ Charles X** bajo Carlos X **5.** (*in category of*) **to classify the books ~ author** clasificar los libros por autor **II.** *adv* debajo

underage [ˌʌndər'eɪdʒ, *Am:* -dər'-] *adj* menor de edad

undercarriage ['ʌndəˌkærɪdʒ, *Am:* -dərˌker-] *n Brit* AVIAT tren *m* de aterrizaje

undercharge [ˌʌndə'tʃɑ:dʒ, *Am:* -dər'tʃɑ:rdʒ] *vt* **to ~ sb** cobrar de menos a alguien

underclothes ['ʌndəkləʊðz, *Am:* -dərkloʊðz] *npl*, **underclothing** ['ʌndəˌkləʊðɪŋ, *Am:* -dərˌkloʊ-] *n no pl* ropa *f* interior

undercoat ['ʌndəkəʊt, *Am:* -dərkoʊt] *n no pl* primera capa *f* de pintura

undercover [ˌʌndə'kʌvər, *Am:* -dər'kʌvər] *adj* secreto

undercurrent ['ʌndəkʌrənt, *Am:* -dərkɜ:r-] *n* **1.** (*in sea*) corriente *f* submarina **2.** *fig* tendencia *f* oculta

undercut [ˌʌndə'kʌt, *Am:* -dər'-] *irr vt* vender más barato

underdeveloped [ˌʌndədɪ'veləpt, *Am:* -dərdɪ'-] *adj* subdesarrollado; **~ country** país *m* subdesarrollado

underdog ['ʌndədɒg, *Am:* -dər-dɑ:g] *n* desvalido, -a *m, f*

underdone [ˌʌndə'dʌn, *Am:* -dər'-] *adj* poco hecho

underequipped [ˌʌndər'kwɪpt] *adj* mal equipado

underestimate [ˌʌndər'estɪmeɪt, *Am:* -dər'estə-] *vt* subestimar

underfed [ˌʌndəˈfed, *Am:* -dəˈ-] *n* desnutrido, -a *m, f*

underfoot [ˌʌndəˈfʊt, *Am:* -dəˈ-] *adv* debajo de los pies

undergo [ˌʌndəˈgəʊ, *Am:* -dəˈgoʊ] *irr vt* **to ~ sth** experimentar algo; **to ~ a change** sufrir un cambio

undergraduate [ˌʌndəˈgrædʒʊət, *Am:* -dəˈgrædʒuət] *n* estudiante *mf* no licenciado, -a

underground [ˈʌndəgraʊnd, *Am:* -dəˈ-] **I.** *adj* subterráneo; *fig* clandestino **II.** *adv* bajo tierra; **to go ~** *fig* pasar a la clandestinidad **III.** *n no pl, Brit* (*subway train*) metro *m*

undergrowth [ˈʌndəgrəʊθ, *Am:* -dəˈgroʊθ] *n no pl* maleza *f*

underhand [ˈʌndəhænd, *Am:* ˌʌndəˈ-] **I.** *adj Brit* turbio **II.** *adv Am* (*underarm*) por debajo del hombro

underlay [ˌʌndəˈleɪ, *Am:* -dəˈ-] *n no pl, Brit, Aus* refuerzo *m*

underlie [ˌʌndəˈlaɪ, *Am:* -dəˈ-] *irr vt* **to ~ sth** subyacer a algo

underline [ˌʌndəˈlaɪn, *Am:* -dəˈ-] *vt a. fig* subrayar

underlying [ˌʌndəˈlaɪɪŋ, *Am:* -dəˈ-] *adj* subyacente

undermanned [ˌʌndəˈmænd, *Am:* -dəˈ-] *adj* sin plantilla suficiente

undermine [ˌʌndəˈmaɪn, *Am:* -dəˈ-] *vt* socavar; **to ~ sb's confidence** bajar la confianza de alguien

underneath [ˌʌndəˈniːθ, *Am:* -dəˈ-] **I.** *prep* debajo de **II.** *adv* por debajo **III.** *n no pl* **the ~** la superficie inferior

undernourished [ˌʌndəˈnʌrɪʃt, *Am:* -dəˈnɜːr-] *adj* desnutrido

underpaid [ˌʌndəˈpeɪd, *Am:* -dəˈ-] *adj* mal pagado

underpants [ˈʌndəpænts, *Am:* -dəˈ-] *npl* calzoncillos *mpl*

underpass [ˈʌndəpɑːs, *Am:* -dəˈpæs] <-es> *n* paso *m* subterráneo

underpay [ˌʌndəˈpeɪ, *Am:* -dəˈ-] *irr vt* pagar un sueldo insuficiente a

underperform [ˌʌndəpəˈfɔːm] *vi* rendir por debajo de lo suficiente

underprivileged [ˌʌndəˈprɪvəlɪdʒd, *Am:* -dəˈ-] *adj* sin privilegios

underrate [ˌʌndəˈreɪt, *Am:* -dəˈ-]

vt **to ~ sb** subestimar a alguien; **to ~ the importance of sth** infravalorar la importancia de algo

underscore [ˌʌndəˈskɔːʳ, *Am:* -dəˈskɔːr] *vt* subrayar; **to ~ a point** *fig* recalcar un punto

underseal [ˈʌndəsiːl, *Am:* -dəˈ-] *n Brit* impermeable *m*

undershirt [ˈʌndəʃɜːt, *Am:* -dəˈʃɜːrt] *n Am* camiseta *f*

underside [ˈʌndəsaɪd, *Am:* -dəˈ-] *n* superficie *f* inferior

undersigned [ˈʌndəsaɪnd, *Am:* ˈʌndəsaɪnd] *n form* **the ~** el/la abajofirmante

underskirt [ˈʌndəskɜːt, *Am:* -dəˈskɜːrt] *n* enaguas *fpl*

understaffed [ˌʌndəˈstɑːft, *Am:* -dəˈstæft] *adj* falto de personal

understand [ˌʌndəˈstænd, *Am:* -dəˈ-] *irr* **I.** *vt* entender, comprender; **to make oneself understood** hacerse entender; **to ~ sb's doing sth** entender que alguien haga algo; **as I ~ it** según tengo entendido **II.** *vi* entender

understandable [ˌʌndəˈstændəbl, *Am:* -dəˈ-] *adj* comprensible

understanding **I.** *n* **1.** *no pl* (*comprehension*) entendimiento *m*; **a spirit of ~** un espíritu de comprensión; **to do sth on the ~ that ...** hacer algo a condición de que...; **to not have any ~ of sth** no tener ni idea de algo **2.** (*agreement*) acuerdo *m*; **to come to an ~** llegar a un acuerdo **II.** *adj* comprensivo

understate [ˌʌndəˈsteɪt, *Am:* -dəˈ-] *vt* minimizar

understated *adj* sencillo

understatement [ˌʌndəˈsteɪtmənt, *Am:* ˌʌndəˈsteɪt-] *n* atenuación *f*

understudy [ˈʌndəˌstʌdi, *Am:* -dəˈ-] <-ies> *n* THEAT suplente *mf*

undertake [ˌʌndəˈteɪk, *Am:* -dəˈ-] *irr vt* **to ~ a journey** emprender un viaje; **to ~ to do sth** comprometerse a hacer algo

undertaker [ˈʌndəˌteɪkəʳ, *Am:* -dəˌteɪkə-] *n* director(a) *m(f)* de pompas fúnebres; **the ~'s** la funeraria

undertaking [ˌʌndəˈteɪkɪŋ, *Am:* ˌʌndəˈteɪ-] *n* **1.** (*project*) empresa *f* **2.** *form* (*pledge*) **to give an ~ that ...** prometer que...

undervalue [ˌʌndəˈvælju:, *Am:* -dəˈ-] *vt* subvalorar

underwater [ˌʌndəˈwɔ:tər, *Am:* -dəˈwɑ:tər] *adj* submarino

underwear [ˈʌndəweər, *Am:* -dəˈwer] *n no pl* ropa *f* interior

underweight [ˌʌndəˈweɪt, *Am:* -dəˈ-] *adj* de peso insuficiente

underworld [ˈʌndəwɜ:ld, *Am:* -dəˈwɜ:rld] *n* **1.** *no pl* (*criminal milieu*) hampa *m* **2.** (*afterworld*) **the Underworld** el infierno

underwrite [ˌʌndəˈraɪt, *Am:* ˈʌndəˈraɪt] *irr vt* (*insure*) asegurar

underwriter [ˈʌndəˌraɪtər, *Am:* -dəˈraɪtə] *n* asegurador(a) *m(f)*

undesirable [ˌʌndɪˈzaɪərəbl, *Am:* -ˈzaɪrəbl] *adj* indeseable

undeveloped [ˌʌndɪˈveləpt] *adj* ECON subdesarrollado

undisclosed [ˌʌndɪsˈkləʊzd, *Am:* -ˈkloʊzd] *adj* no revelado

undiscovered [ˌʌndɪsˈkʌvəd, *Am:* -əd] *adj* no descubierto

undisputed [ˌʌndɪˈspju:tɪd, *Am:* -tɪd] *adj* incontestable

undistinguished [ˌʌndɪˈstɪŋwɪʃt] *adj* mediocre

undivided [ˌʌndɪˈvaɪdɪd] *adj* íntegro; **sb's ~ attention** toda la atención de alguien

undo [ʌnˈdu:] *irr vt* **1.** (*unfasten*) soltar; **to ~ buttons** desabrochar botones; **to ~ a zipper** bajar una cremallera **2.** (*cancel*) anular; **to ~ the good work** deshacer el trabajo bueno

undoing *n no pl, form* ruina *f*

undoubted [ʌnˈdaʊtɪd, *Am:* -tɪd] *adj* indudable

undoubtedly *adv* indudablemente

undress [ʌnˈdres] *vi, vt* desnudar(se), desvestir(se) *AmL*

undressed *adj* desnudo, desvestido *AmL;* **to get ~** desnudarse, desvestirse *AmL*

undue [ˌʌnˈdju:, *Am:* -ˈdu:] *adj form*

indebido

undulating *adj form* ondulante

unduly [ʌnˈdju:li, *Am:* -ˈdu:-] *adv* indebidamente

undying [ʌnˈdaɪɪŋ] *adj liter* imperecedero

unearned [ʌnˈɜ:nd, *Am:* -ˈɜ:rnd] *adj* inmerecido

unearth [ʌnˈɜ:θ, *Am:* -ˈɜ:rθ] *vt* desenterrar; **to ~ the truth** descubrir la verdad

unearthly [ʌnˈɜ:θli, *Am:* -ˈɜ:rθ-] *adj* sobrenatural

unease [ʌnˈi:z] *n no pl* malestar *m*

uneasiness *n no pl* inquietud *f*

uneasy [ʌnˈi:zi] *adj* <-ier, -iest> (*person*) intranquilo; (*relationship*) inestable

uneconomic [ˌʌnˌiːkəˈnɒmɪk, *Am:* -ˌekəˈnɑːmɪk] *adj* poco lucrativo

uneducated [ʌnˈedʒʊkeɪtɪd, *Am:* -ˈedʒʊkeɪtɪd] *adj* inculto

unemotional [ˌʌnɪˈməʊʃənəl, *Am:* -ˈmoʊ-] *adj* impasible

unemployable [ˌʌnɪmˈplɔɪəbl] *adj* incapacitado para trabajar

unemployed [ˌʌnɪmˈplɔɪd] **I.** *n pl* **the ~** los desempleados **II.** *adj* parado

unemployment [ˌʌnɪmˈplɔɪmənt] *n no pl* **1.** (*condition*) desempleo *m;* **~ benefit** subsidio *m* de paro **2.** (*rate*) desocupación *f*

unending [ʌnˈendɪŋ] *adj* interminable

unenviable [ʌnˈenviəbl] *adj* poco envidiable

unequal [ʌnˈiːkwəl] *adj* desigual; **to be ~ to sth** no estar a la altura de algo

unequaled *adj Am,* **unequalled** *adj Brit* sin igual

unequivocal [ˌʌnɪˈkwɪvəkəl] *adj* inequívoco; **to be ~ in sth** ser claro en algo

unethical [ʌnˈeθɪkəl] *adj* poco ético

uneven [ʌnˈiːvən] *adj* **1.** (*not flat*) desnivelado **2.** (*unequal*) desigual **3.** (*of inadequate quality*) irregular

uneventful [ˌʌnɪˈventfəl] *adj* sin acontecimientos

unexceptional [ˌʌnɪkˈsepʃənəl] *adj*

corriente

unexciting *adj* **1.**(*commonplace*) trivial **2.**(*uneventful*) aburrido

unexpected [ˌʌnɪkˈspektɪd] *adj* inesperado

unexplained [ˌʌnɪkˈspleɪnd] *adj* inexplicado

unexpressive [ˌʌnɪkˈspresɪv] *adj* inexpresivo

unfailing [ʌnˈfeɪlɪŋ] *adj* indefectible

unfair [ˌʌnˈfeəʳ, *Am:* -ˈfer] *adj* injusto

unfaithful [ˌʌnˈfeɪθfʊl] *adj* **1.**(*adulterous*) infiel **2.**(*disloyal*) desleal

unfamiliar [ˌʌnfəˈmɪljəʳ, *Am:* -jə·] *adj* desconocido

unfashionable [ʌnˈfæʃənəbl] *adj* pasado de moda

unfasten [ˌʌnˈfɑːsən, *Am:* -ˈfæsn] *vt* desatar

unfavorable *adj Am*, **unfavourable** [ˌʌnˈfeɪvərəbl] *adj Brit, Aus* **1.**(*adverse*) adverso **2.**(*disadvantagous*) desfavorable

unfeeling [ʌnˈfiːlɪŋ] *adj* insensible

unfinished [ʌnˈfɪnɪʃt] *adj* inacabado

unfit [ʌnˈfɪt] *adj* **1.**(*unhealthy*) **I'm ~** no estoy en forma; **to be ~ for sth** no estar en condiciones para algo **2.**(*unsuitable*) no apto

unflagging [ʌnˈflægɪŋ] *adj* incansable

unflappable [ʌnˈflæpəbl] *adj inf* imperturbable

unfold [ʌnˈfəʊld, *Am:* -ˈfoʊld] **I.** *vt* desdoblar; *fig* revelar **II.** *vi* abrirse; *fig* revelarse

unforeseen [ˌʌnfɔːˈsiːn, *Am:* -fɔːrˈ-] *adj* imprevisto

unforgettable [ˌʌnfəˈgetəbl, *Am:* -fə·ˈget-] *adj* inolvidable

unforgivable [ˌʌnfəˈgɪvəbl, *Am:* -fə·ˈ-] *adj* imperdonable

unfortunate [ʌnˈfɔːtʃənət, *Am:* -ˈfɔːrtʃnət] *adj* desafortunado; **to be ~ that ...** ser lamentable que... +*subj*

unfortunately *adv* por desgracia

unfounded [ʌnˈfaʊndɪd] *adj* infundado

unfriendly [ʌnˈfrendli] *adj* <-ier, -iest> antipático

unfulfilled [ˌʌnfʊlˈfild] *adj* incum-

plido; (*frustrated*) frustrado

unfurl [ʌnˈfɜːl, *Am:* -ˈfɜːrl] *vt* desplegar

unfurnished [ʌnˈfɜːnɪʃt, *Am:* -ˈfɜːr-] *adj* desamueblado

ungainly [ʌnˈgeɪnli] *adj* <-ier, -iest> torpe

ungenerous [ʌnˈdʒenərəs] *adj* tacaño

ungovernable [ʌnˈgʌvənəbl, *Am:* ʌnˈgʌvə·nə-] *adj* ingobernable

ungraceful [ʌnˈgreɪsfəl] *adj* chabacano

ungracious [ˌʌnˈgreɪʃəs] *adj form* descortés

ungrateful [ʌnˈgreɪtfəl] *adj* ingrato

ungrudging [ʌnˈgrʌdʒɪŋ] *adj* generoso

unguarded [ʌnˈgɑːdɪd, *Am:* ʌnˈgɑːr-] *adj* sin vigilancia; **in an ~ moment** en un momento de descuido

unhappy [ʌnˈhæpi] *adj* <-ier, -iest> **1.**(*sad*) infeliz **2.**(*unfortunate*) desafortunado

unharmed [ʌnˈhɑːmd, *Am:* -ˈhɑːrmd] *adj* ileso

UNHCR [ˌjuːenetʃsiˈɑːʳ] *n no pl abbr of* **United Nations High Commission for Refugees** ACNUR *f*

unhealthy [ʌnˈhelθi] *adj* <-ier, -iest> **1.**(*sick*) enfermizo **2.**(*unwholesome*) nocivo

unheard [ʌnˈhɜːd, *Am:* -ˈhɜːrd] *adj* **1.**(*not heard*) desoído **2.**(*ignored*) desatendido

unhelpful [ʌnˈhelpfʊl] *adj* de poca ayuda

unhurt [ʌnˈhɜːt, *Am:* -ˈhɜːrt] *adj* ileso

UNICEF *n*, **Unicef** [ˈjuːnɪsef] *n abbr of* **United Nations International Children's Emergency Fund** UNICEF *f*

unicorn [ˈjuːnɪkɔːn, *Am:* -kɔːrn] *n* unicornio *m*

unidentified [ˌʌnaɪˈdentɪfaɪd, *Am:* -tə-] *n* **1.**(*unknown*) desconocido **2.**(*not made public*) no identificado

unification [ˌjuːnɪfɪˈkeɪʃən] *n no pl* unificación *f*

uniform [ˈjuːnɪfɔːm, *Am:* -nə-

fɔːrm] n uniforme m
uniformity [ˌjuːnɪˈfɔːməti, Am: -nəˈfɔːrməti] n no pl uniformidad f
unify [ˈjuːnɪfaɪ, Am: -nə-] vt unificar
unilateral [ˌjuːnɪˈlætrəl, Am: -nəˈlæt̬-] adj unilateral
unimaginable [ˌʌnɪˈmædʒnəbl] adj inimaginable
unimportant [ˌʌnɪmˈpɔːtənt, Am: -ˈpɔːr-] adj sin importancia
uninformed [ˌʌnɪnˈfɔːmd, Am: -ˈfɔːrmd] adj desinformado
uninhabitable [ˌʌnɪnˈhæbɪtəbl, Am: -t̬əbl] adj inhabitable
uninhabited [ˌʌnɪnˈhæbɪtɪd] adj desierto
uninhibited [ˌʌnɪnˈhɪbɪtɪd, Am: -t̬ɪd] adj desinhibido
uninjured [ˌʌnˈɪndʒəd, Am: -dʒɚd] adj ileso
uninsured [ˌʌnɪnˈʃʊəd, Am: -ˈʃʊrd] adj no asegurado
unintelligible [ˌʌnɪnˈtelɪdʒəbl] adj incomprensible
unintentional [ˌʌnɪnˈtentʃənəl] adj involuntario
uninterested [ʌnˈɪntrəstɪd] adj indiferente
uninteresting adj aburrido
uninterrupted [ʌnˌɪntərˈʌptɪd] adj ininterrumpido
union [ˈjuːnjən] n unión f; (trade ~) sindicato m
unionist [ˈjuːnjənɪst] n unionista mf; (member of a trade union) sindicalista mf
Union Jack n bandera del Reino Unido
unique [juːˈniːk] adj 1.(only one) único 2.(exceptional) excepcional
uniqueness n no pl unicidad f
unison [ˈjuːnɪsən, Am: -nə-] n no pl **to sing in ~** cantar al unísono; **to act in ~ with sb** obrar de acuerdo con alguien
unit [ˈjuːnɪt] n 1. a. INFOR, COM unidad f; ~ **of currency** unidad monetaria 2. + sing/pl vb (team) equipo m 3.(furniture) módulo m
unite [juːˈnaɪt] I. vt unir II. vi unirse, juntarse
united adj unido

United Arab Emirates npl **the** ~ los Emiratos Arabes Unidos **United Kingdom** n no pl **the** ~ el Reino Unido **United Nations** n no pl **the** ~ las Naciones Unidas **United States** n + sing vb **the** ~ (of America) los Estados Unidos (de Norteamérica)
unity [ˈjuːnəti, Am: -t̬i] n no pl unidad f
Univ. abbr of **University** Univ.
universal [ˌjuːnɪˈvɜːsəl, Am: -nəˈvɜːr-] adj universal
universe [ˈjuːnɪvɜːs, Am: -nəvɜːrs] n **the** ~ el universo
university [ˌjuːnɪˈvɜːsəti, Am: -nəˈvɜːrsət̬i] <-ies> n universidad f; **the** ~ **community** la comunidad universitaria
university education n no pl educación f universitaria **university lecturer** n profesor(a) m(f) universitario, -a **university town** n ciudad f universitaria
unjust [ʌnˈdʒʌst] adj injusto
unjustifiable [ʌnˌdʒʌstɪˈfaɪəbl] adj injustificable
unjustified [ʌnˈdʒʌstɪfaɪd] adj injustificado
unkempt [ʌnˈkempt] adj descuidado
unkind [ʌnˈkaɪnd] adj desagradable; **to be ~ to sb** tratar mal a alguien
unkindly adv cruelmente
unknown [ˌʌnˈnəʊn, Am: -ˈnoʊn] adj desconocido
unlawful [ˌʌnˈlɔːfəl, Am: -ˈlɑː-] adj ilegal
unleaded [ʌnˈledɪd] adj sin plomo
unleash [ʌnˈliːʃ] vt soltar
unless [ənˈles] conj a no ser que + subj; **he won't come ~ he has time** no vendrá a menos que tenga tiempo
unlike [ʌnˈlaɪk] prep 1.(different from) diferente 2.(in contrast to) a diferencia de
unlikely [ʌnˈlaɪkli] <-ier, -iest> adj improbable; **it's ~ that ...** es difícil que...
unlimited [ʌnˈlɪmɪtɪd, Am: -t̬ɪd] adj ilimitado

U

unload [ʌnˈləʊd, *Am:* -ˈloʊd] *vt* descargar; *inf* (*get rid of*) deshacerse de

unlock [ʌnˈlɒk, *Am:* -ˈlɑːk] *vt* abrir

unlucky [ʌnˈlʌki] *adj* desgraciado; (*at cards, in love*) desafortunado; **to be ~** tener mala suerte

unmarried [ʌnˈmærɪd, *Am:* -ˈmer-] *adj* soltero

unmask [ʌnˈmɑːsk, *Am:* -ˈmæsk] *vt* **to ~ sb as sth** desenmascarar a alguien como algo

unmentionable [ʌnˈmentʃənəbl] *adj* inmencionable

unmentioned [ʌnˈmentʃənd] *adj* indecible

unmistak(e)able [ˌʌnmɪˈsteɪkəbl] *adj* inconfundible

unmitigated [ʌnˈmɪtɪɡeɪtɪd, *Am:* -ˈmɪt̬əɡeɪt̬ɪd] *adj* absoluto; (*disaster*) total

unmoved [ʌnˈmuːvd] *adj* impasible

unnatural [ʌnˈnætʃərəl, *Am:* -əˈl] *adj* poco natural; (*affected*) afectado

unnecessary [ʌnˈnesəsəri, *Am:* -seri] *adj* innecesario

unnerve [ʌnˈnɜːv, *Am:* -ˈnɜːrv] *vt* **to ~ sb** poner nervioso a alguien

unnoticed [ˌʌnˈnəʊtɪst, *Am:* -ˈnoʊt̬ɪst] *adj* **to go ~** pasar inadvertido

unobtainable [ˌʌnəbˈteɪnəbl] *adj* inalcanzable

unobtrusive [ˌʌnəbˈtruːsɪv] *adj* discreto

unoccupied [ˌʌnˈɒkjəpaɪd, *Am:* -ˈɑːkjə-] *adj* **1.** (*uninhabited*) deshabitado **2.** (*chair, table*) libre

unofficial [ˌʌnəˈfɪʃəl] *adj* no oficial

unorthodox [ʌnˈɔːθədɒks, *Am:* -ˈɔːrθədɑːks] *adj* poco ortodoxo

unpack [ʌnˈpæk] *vi* deshacer el equipaje

unpaid [ʌnˈpeɪd] *adj* (*work*) no remunerado; (*bill*) pendiente

unpalatable [ʌnˈpælətəbl, *Am:* -t̬əbl] *adj* desagradable

unparalleled [ʌnˈpærəleld, *Am:* ʌnˈper-] *adj form* sin precedentes

unperturbed [ˌʌnpəˈtɜːbd, *Am:* ˌʌnpəˈtɜːrbd] *adj* **to be ~ by sth** quedarse impertérrito ante algo

unplanned [ʌnˈplænd] *adj* espon-

táneo

unpleasant [ʌnˈplezənt] *adj* desagradable

unplug [ʌnˈplʌɡ] <-gg-> *vt* desconectar

unpopular [ʌnˈpɒpjələʳ, *Am:* ʌnˈpɑːpjələ] *adj* impopular

unprecedented [ʌnˈpresɪdentɪd, *Am:* -ədentɪd] *adj* sin precedentes

unpredictable [ˌʌnprɪˈdɪktəbl] *adj* imprevisible

unpretentious [ˌʌnprɪˈtentʃəs] *adj* sin pretensiones

unprincipled [ʌnˈprɪntsəpld] *adj* sin principios

unproductive [ˌʌnprəˈdʌktɪv] *adj* improductivo

unprofessional [ˌʌnprəˈfeʃənəl] *adj* poco profesional

unprofitable [ʌnˈprɒfɪtəbl, *Am:* ʌnˈprɑːfɪt̬ə-] *adj* no rentable

unprovoked [ˌʌnprəˈvəʊkt, *Am:* ˌʌnprəˈvoʊkt] *adj* no provocado

unpublished [ˌʌnˈpʌblɪʃt] *adj* inédito

unqualified [ʌnˈkwɒlɪfaɪd, *Am:* ʌnˈkwɑːlə-] *adj* **1.** (*without qualifications*) sin título **2.** (*unlimited*) incondicional; (*support*) total

unquestionable [ʌnˈkwestʃənəbl] *adj* indiscutible

unravel [ʌnˈrævəl] <*Brit:* -ll-, *Am:* -l-> **I.** *vt* desenredar, desenmarañar **II.** *vi* deshacerse

unreal [ʌnˈrɪəl, *Am:* -ˈriːl] *adj* irreal

unrealistic [ˌʌnˌrɪəˈlɪstɪk] *adj* poco realista

unrealized *adj* sin explotar

unreasonable [ʌnˈriːzənəbl] *adj* poco razonable

unreasoning [ʌnˈriːzənɪŋ] *adj* irracional

unrecognised [ʌnˈrekəɡnaɪzd] *adj* no reconocido

unrefined [ˌʌnrɪˈfaɪnd] *adj* (*sugar, oil*) sin refinar

unrelated [ˌʌnrɪˈleɪtɪd, *Am:* -rɪˈleɪt̬ɪd] *adj* no relacionado

unrelenting [ˌʌnrɪˈlentɪŋ, *Am:* -rɪˈlent̬ɪŋ] *adj* implacable; (*pain, pressure*) incesante

unreliability [ˌʌnrɪlaɪəˈbɪlɪti, *Am:*

-rɪlaɪə'bɪləti] *n no pl* informalidad *f*
unreliable [ˌʌnrɪ'laɪəbl] *adj* informal
unremarkable [ˌʌnrɪ'mɑːkəbl, *Am:* -rɪ'mɑːrk-] *adj* normal
unremitting [ˌʌnrɪ'mɪtɪŋ, *Am:* -rɪ'mɪt̬-] *adj form* sin tregua
unrepeatable [ˌʌnrɪ'piːtəbl, *Am:* -t̬ə-] *adj* irrepetible
unresolved [ˌʌnrɪ'zɒlvd, *Am:* -rɪ'zɑːlvd] *adj* sin resolver
unrest [ʌn'rest] *n no pl* descontento *m*
unrestrained [ˌʌnrɪ'streɪnd] *adj* incontrolado
unrestricted [ˌʌnrɪ'strɪktɪd] *adj* ilimitado; (*access*) libre
unripe [ʌn'raɪp] *adj* verde
unruly [ʌn'ruːli] <-ier, -iest> *adj* indisciplinado; (*children*) revoltoso
unsafe [ʌn'seɪf] *adj* peligroso
unsatisfactory [ʌnˌsætɪs'fæktəri, *Am:* ʌnˌsæt̬-] *adj* insatisfactorio; (*answer*) poco convincente
unsatisfied [ʌn'sætɪsfaɪd, *Am:* -'sæt̬-] *adj* insatisfecho
unscathed [ʌn'skeɪðd] *adj* ileso
unscrupulous [ʌn'skruːpjələs] *adj* sin escrúpulos
unseemly [ʌn'siːmli] *adj form* impropio
unseen [ʌn'siːn] *adj* sin ser visto
unselfish [ʌn'selfɪʃ] *adj* generoso
unsettle [ʌn'setl, *Am:* -'set̬-] *vt* perturbar
unsettled [ˌʌn'setld, *Am:* -'set̬-] *adj* (*period*) agitado; (*weather*) inestable; (*person*) inquieto; (*issue*) no resuelto
unsettling *adj* inquietante
unsightly [ʌn'saɪtli] <-ier, -iest> *adj* feo
unskilled [ʌn'skɪld] *adj* **1.** (*not skilled*) no cualificado **2.** (*not requiring skill*) no especializado
unsociable [ʌn'səʊʃəbl, *Am:* -'soʊ-] *adj* insociable
unsold [ʌn'səʊld, *Am:* -'soʊld] *adj* sin vender
unsolicited [ˌʌnsə'lɪsɪtɪd, *Am:* -t̬ɪd] *adj* no solicitado
unsolved [ʌn'sɒlvd, *Am:* -'sɑːlvd]

adj sin resolver
unsophisticated [ˌʌnsə'fɪstɪkeɪtɪd, *Am:* -təkɪt̬ɪd] *adj* (*simple*) sencillo; (*person*) ingenuo
unsound [ʌn'saʊnd] *adj* (*unreliable*) de no fiar; **to be of ~ mind** ser mentalmente incapacitado
unspeakable [ʌn'spiːkəbl] *adj* indecible
unspecified [ʌn'spesɪfaɪd] *adj* no especificado
unspoken [ʌn'spəʊkən, *Am:* -spoʊ-] *adj* tácito
unstable [ʌn'steɪbl] *adj* inestable; *fig* voluble
unsubstantiated [ˌʌnsəb'stæntʃieɪtɪd, *Am:* -'stæntʃieɪt̬ɪd] *adj* no probado
unsuccessful [ˌʌnsək'sesfəl] *adj* fracasado; **to be ~ in sth** fracasar en algo
unsuitable [ʌn'suːtəbl, *Am:* -'suːtə-] *adj* inapropiado
unsung [ʌn'sʌŋ] *adj* olvidado
unsure [ʌn'ʃʊə, *Am:* -'ʃʊr] *adj* inseguro; **to be ~ about sth** no estar seguro de algo
unsuspecting [ˌʌnsə'spektɪŋ] *adj* confiado
unsustainable [ˌʌnsə'steɪnəbl] *adj* insostenible
unsympathetic [ˌʌnsɪmpə'θetɪk, *Am:* -'θet̬-] *adj* poco comprensivo
untangle [ʌn'tæŋgl] *vt* desenredar
untenable [ˌʌn'tenəbl] *adj* insostenible
untested [ʌn'testɪd] *adj* no probado
unthinkable [ʌn'θɪŋkəbl] *adj* inconcebible
unthinking [ʌn'θɪŋkɪŋ] *adj* irreflexivo
untidy [ʌn'taɪdi] <-ier, -iest> *adj* (*room*) desordenado; (*appearance*) desaliñado
untie [ˌʌn'taɪ] <-y-> *vt* desatar; **to ~ a knot** deshacer un nudo
until [ən'tɪl] **I.** *adv temporal* hasta; ~ **then** hasta entonces **II.** *conj* hasta que +*subj*; ~ **he comes** hasta que venga
untimely [ʌn'taɪmli] *adj* **1.** (*premature*) prematuro **2.** (*inopportune*)

Uu

inoportuno

untold [ˌʌnˈtəʊld, *Am:* -ˈtoʊld] *adj*
1. (*immense*) incalculable **2.** (*not told*) nunca contado

untouched [ʌnˈtʌtʃt] *adj* **1.** (*not affected*) intacto **2.** (*emotionally unmoved*) insensible

untoward [ˌʌntəˈwɔːd, *Am:* ˌʌnˈtɔːrd] *adj form* desfavorable

untreated [ʌnˈtriːtɪd, *Am:* -ˈtriːt̬ɪd] *adj* no tratado

untried [ʌnˈtraɪd] *adj* no probado

untroubled [ʌnˈtrʌbld] *adj* tranquilo

untrue [ʌnˈtruː] *adj* falso; **to be ~ to sb** ser infiel a alguien

untrustworthy [ʌnˈtrʌstˌwɜːði, *Am:* -ˌwɜːr-] *adj* indigno de confianza

unused [ʌnˈjuːzd] *adj* no usado

unusual [ʌnˈjuːʒəl, *Am:* -ʒuəl] *adj* insólito

unusually *adv* extraordinariamente

unveil [ʌnˈveɪl] *vt* (*uncover*) descubrir; (*present*) presentar

unwanted [ʌnˈwɒntɪd, *Am:* -ˈwɑːnt̬ɪd] *adj* no deseado

unwarranted [ʌnˈwɒrəntɪd, *Am:* -ˈwɔːrənt̬ɪd] *adj* injustificado

unwavering [ʌnˈweɪvərɪŋ] *adj* inquebrantable

unwelcome [ʌnˈwelkəm] *adj* (*guest*) importuno; (*information*) desagradable

unwell [ʌnˈwel] *adj* **to feel ~** sentirse mal

unwieldy [ʌnˈwiːldi] *adj* difícil de manejar

unwilling [ʌnˈwɪlɪŋ] *adj* no dispuesto; **to be ~ to do sth** no estar dispuesto a hacer algo

unwind [ʌnˈwaɪnd] *irr vi* (*relax*) relajarse

unwise [ʌnˈwaɪz] *adj* imprudente

unwittingly *adv* **1.** (*without realizing*) inconscientemente **2.** (*unintentionally*) de forma no intencionada

unworkable [ʌnˈwɜːkəbl, *Am:* -ˈwɜːr-] *adj* impracticable

unworthy [ʌnˈwɜːði, *Am:* -ˈwɜːr-] <-ier, -iest> *adj* indigno

unwrap [ʌnˈræp] <-pp-> *vt* desen-

volver

unwritten [ʌnˈrɪtən] *adj* no escrito

unyielding [ʌnˈjiːldɪŋ] *adj* inflexible

up [ʌp] I. *adv* **1.** (*movement*) (hacia) arriba; **~ here/there** aquí/allí arriba; **to look ~** mirar (hacia) arriba; **to get ~** levantarse; **to come ~** subir; **on the way ~** de subida; **to be ~ all night** no dormir en toda la noche **2.** (*limit*) **~ to** hasta; **~ to here** hasta aquí; **~ to now** hasta ahora; **~ to 100 euros** hasta 100 euros; **time's ~** se acabó el tiempo **3.** (*responsibility of*) **it's ~ to you** tú decides; **it's ~ to me to decide** me toca a mí decidir **4.** SPORTS **to be 2 goals ~** ir ganando por 2 goles **5.** (*phrases*) **to be ~ and about** estar en buena forma; **to be ~ against sth** habérselas con algo; **~ and down** arriba y abajo; **to be ~ for (doing) sth** estar listo para (hacer) algo; **~ for sale** a la venta; **to feel ~ to sth** sentirse capaz de algo; **this isn't ~ to much** esto no vale gran cosa; **what's ~?** ¿qué hay de nuevo?; **what's ~ with him?** ¿qué le pasa? II. *prep* encima de; **to climb ~ a tree** subir arriba de un árbol; **to go ~ the stairs** subir las escaleras; **to go ~ the street** ir por la calle III. <-pp-> *vi inf* **to ~ and do sth** ponerse de repente a hacer algo

upbeat [ˈʌpbiːt] *adj inf* optimista

upbringing [ˈʌpbrɪŋɪŋ] *n no pl* educación *f*

upcoming [ˈʌpˌkʌmɪŋ] *adj* venidero

update [ʌpˈdeɪt] *vt* poner al día; INFOR actualizar

upgrade[1] [ʌpˈɡreɪd] *vt* mejorar la calidad de; INFOR mejorar

upgrade[2] [ˈʌpɡreɪd] *n* **1.** (*improvement*) mejora *f* **2.** *Am* (*slope*) cuesta *f*; **to be on the ~** *fig* ir mejorando

upheaval [ʌpˈhiːvəl] *n* trastorno *m*

uphill [ʌpˈhɪl] I. *adv* cuesta arriba II. *adj* **1.** (*sloping upward*) ascendente **2.** (*difficult*) difícil

uphold [ʌpˈhəʊld, *Am:* -ˈhoʊld] *irr vt* sostener; **to ~ the law** defender la ley

upholstery *n no pl* tapicería *f*

upkeep [ˈʌpkiːp] *n no pl* mantenimiento *m*

upland ['ʌplənd] *n* the ~s las tierras altas

uplift [ʌp'lɪft] *vt* inspirar

uplifting [ʌp'lɪftɪŋ] *adj* positivo

upon [ə'pɒn, *Am:* -'pɑːn] *prep* **1.** (*on top of*) sobre; **to hang ~ the wall** colgar en la pared **2.** (*at time of*) ~ **her arrival** a su llegada; ~ **this** a continuación; **once ~ a time** érase una vez

upper ['ʌpər, *Am:* -ə·] *adj* (*further up*) superior; **the Upper House** POL la Cámara Alta

upper case *n no pl* TYPO letra *f* mayúscula **upper-class** *adj* de clase alta

uppermost *adj* más alto

upright ['ʌpraɪt] **I.** *adj* vertical; *fig* recto **II.** *adv* derecho

uprising ['ʌpraɪzɪŋ] *n* alzamiento *m*

uproar ['ʌprɔːr, *Am:* -rɔːr] *n no pl* alboroto *m*, batifondo *m CSur*, tinga *f Méx*

uproot [ʌp'ruːt] *vt a. fig* desarraigar

upset[1] [ʌp'set] **I.** *vt irr* **1.** (*overturn*) derrumbar; (*boat, canoe*) volcar **2.** (*unsettle*) trastornar **II.** *adj* (*distressed*) acongojado; **to get ~ about sth** enfadarse por algo; **to have an ~ stomach** tener el estómago revuelto

upset[2] ['ʌpset] *n no pl* (*trouble*) problema *m;* (*argument, quarrel*) discusión *f*; **stomach ~** trastorno *m* estomacal

upshot ['ʌpʃɒt, *Am:* -ʃɑːt] *n no pl* resultado *m*

upside down *adv* al revés; **to turn sth ~** poner algo del revés

upstage [ʌp'steɪdʒ] *vt* eclipsar

upstairs [ʌp'steəz, *Am:* -'sterz] **I.** *adj* de arriba **II.** *adv* arriba; **to go ~** ir arriba **III.** *n no pl* (**the**) ~ el piso de arriba

upstanding [ʌp'stændɪŋ] *adj form* íntegro

upstart ['ʌpstɑːt, *Am:* -stɑːrt] *n* arribista *mf*

upstream [ʌp'striːm] *adv* aguas arriba

upsurge ['ʌpsɜːdʒ, *Am:* -sɜːrdʒ] *n* aumento *m*

uptake ['ʌpteɪk] *n inf* **to be quick on the ~** cogerlas al vuelo; **to be slow on the ~** ser algo torpe

uptight [ʌp'taɪt] *adj inf* tenso; **to get ~ about sth** ponerse nervioso por algo

up-to-date [ˌʌptə'deɪt] *adj* **1.** (*contemporary*) moderno **2.** (*informed*) al día

upturn ['ʌptɜːn, *Am:* -tɜːrn] *n* mejora *f*

upward ['ʌpwəd, *Am:* -wəd] **I.** *adj* ascendente; ~ **mobility** ascenso *m* social **II.** *adv* (hacia) arriba

uranium [jʊə'reɪniəm, *Am:* jʊ-] *n no pl* uranio *m*

Uranus ['jʊərənəs, *Am:* 'jʊrənəs] *n* Urano *m*

urban ['ɜːbən, *Am:* 'ɜːr-] *adj* urbano

urbane [ɜː'beɪn, *Am:* ɜːr-] *adj* fino

urbanization [ˌɜːbənaɪ'zeɪʃən, *Am:* ˌɜːrbənɪ'-] *n no pl* urbanización *f*

urchin ['ɜːtʃɪn, *Am:* 'ɜːr-] *n iron* pilluelo, -a *m, f*

urge [ɜːdʒ, *Am:* ɜːrdʒ] **I.** *n* impulso *m* **II.** *vt* **to ~ sb to do sth** instar a alguien a hacer algo; **to ~ caution on sb** recomendar precaución a alguien
◆ **urge on** *vt* **to urge sb on to do sth** animar a alguien a hacer algo

urgency ['ɜːdʒənsi, *Am:* 'ɜːr-] *n no pl* urgencia *f*

urgent ['ɜːdʒənt, *Am:* 'ɜːr-] *adj* urgente; **to be in ~ need of sth** necesitar algo urgentemente

urgently *adv* urgentemente

urinal [jʊə'raɪnel, *Am:* 'jʊrənəl] *n* **1.** (*place*) urinario *m* **2.** (*vessel*) orinal *m*

urinate ['jʊərɪneɪt, *Am:* 'jʊrəneɪt] *vi* orinar(se)

urine ['jʊərɪn, *Am:* 'jʊrɪn] *n no pl* orina *f*

urn [ɜːn, *Am:* ɜːrn] *n* **1.** urna *f* **2.** (*for tea*) tetera *f*

Uruguay ['jʊərəgwaɪ, *Am:* 'jʊrəgweɪ] *n* Uruguay *m*

Uruguayan [jʊərə'gwaɪən, *Am:* jʊrə'gweɪ-] *adj* uruguayo

us [əs, *stressed:* ʌs] *pron pers* nos; *after prep* nosotros; **it's ~** somos nosotros; **older than ~** mayores que

U **u**

nosotros; **he saw** ~ (él) nos vió; **he gave the pencil to** ~ nos dio el lápiz
USA [ˌjuːesˈeɪ] *n abbr of* **United States of America** EE.UU. *mpl*
use I. [juːs] *n uso m;* **in** ~ en uso; **to be of** ~ **to sb** ser de utilidad para alguien; **to make** ~ **of sth** utilizar algo; **to put sth to** ~ poner algo en servicio; **to be out of** ~ estar fuera de servicio; **to come into** ~ empezar a utilizarse; **to go out of** ~ quedar en desuso; **it's no** ~ es inútil II. [juːz] *vt* **1.** (*make use of*) usar; (*skills*) hacer uso de; **to** ~ **logic** emplear la lógica; **to** ~ **sth to do sth** utilizar algo para hacer algo; **to** ~ **sth against sb** utilizar algo en contra de alguien; **to** ~ **common sense** emplear el sentido común **2.** (*consume*) consumir **3.** (*manipulate*) utilizar; (*exploit*) explotar III. [juːs] *aux* **he** ~**d to live in London** vivía en Londres
◆ **use up** *vt* agotar
used [juːzd] *adj* usado
used to [juːst tʊ] *adj* acostumbrado; **to be** ~ **sth** estar acostumbrado a algo; **to become** ~ **sth** acostumbrarse a algo; **to be** ~ **doing sth** tener la costumbre de hacer algo
useful [ˈjuːsfəl] *adj* útil
usefulness *n no pl* utilidad *f*
useless [ˈjuːsləs] *adj* inútil
user *n* usuario, -a *m, f;* (*of gas, electricity*) consumidor(a) *m(f);* **drug** ~ drogadicto, -a *m, f*
user-friendly *adj* INFOR fácil de utilizar
usher [ˈʌʃəʳ, *Am:* -ɚ] I. *n* ujier *m;* CINE, THEAT acomodador(a) *m(f)* II. *vt* **to** ~ **sb in** hacer pasar a alguien
usual [ˈjuːʒəl, *Am:* -ʒuəl] *adj* usual; **as** ~ como de costumbre
usually *adv* normalmente
usurp [juːˈzɜːp, *Am:* -ˈsɜːrp] *vt* usurpar
utensil [juːˈtensl] *n* utensilio *m*
uterus [ˈjuːtərəs, *Am:* -t̬ɚ-] <-ri *o* -es> *n* útero *m*
utilitarian [juːˌtɪlɪˈteəriən, *Am:* -əˈteri-] *adj* utilitario
utility [juːˈtɪləti, *Am:* -ti] <-ies> *n*

1. *form* (*usefulness*) utilidad *f;* ~ **room** trastero *m* **2.** (*public service*) empresa *f* de servicio público
utmost [ˈʌtməʊst, *Am:* -moʊst] I. *adj* mayor II. *n no pl* **the** ~ lo máximo
utopian *adj* utópico
utter[1] [ˈʌtəʳ, *Am:* ˈʌt̬ɚ] *adj* completo
utter[2] [ˈʌtəʳ, *Am:* ˈʌt̬ɚ] *vt* pronunciar; **without** ~**ing a word** sin mediar palabra
utterance [ˈʌtərənts, *Am:* ˈʌt̬-] *n* enunciado *m*
utterly *adv* completamente
U-turn [ˈjuːtɜːn, *Am:* ˈjuːtɜːrn] *n* giro *m* de ciento ochenta grados
Uzbekistan [ʌzˌbekɪˈstɑːn, *Am:* -ˈstæn] *n* Uzbekistán *m*

V

V, v [viː] *n* V *f*
V *abbr of* **volt** V
vacancy [ˈveɪkəntsi] <-ies> *n* **1.** (*room*) habitación *f* vacía **2.** (*job*) vacante *f;* **to fill a** ~ ocupar una vacante
vacant [ˈveɪkənt] *adj* vacío; (*job*) vacante
vacate [vəˈkeɪt, *Am:* ˈveɪkeɪt] *vt form* (*seat*) desocupar; (*room, building*) salir de; (*job*) dejar vacante
vacation [vəˈkeɪʃən, *Am:* veɪ-] I. *n Am* vacaciones *fpl;* **on** ~ de vacaciones II. *vi Am* estar de vacaciones
vaccinate [ˈvæksɪneɪt, *Am:* -səneɪt-] *vt* MED vacunar
vaccine [ˈvæksiːn, *Am:* vækˈsiːn] *n* vacuna *f*
vacillate [ˈvæsəleɪt] *vi* dudar
vacuous [ˈvækjuəs] *adj* bobo
vacuum [ˈvækjuːm] *n* vacío *m*
vacuum cleaner *n* aspiradora *f*
vagabond [ˈvægəbɒnd, *Am:* -bɑːnd] *n* vagabundo, -a *m, f*
vagina [vəˈdʒaɪnə] *n* vagina *f*

vagrant ['veɪgrənt] *n* vagabundo, -a *m, f*

vague [veɪg] *adj* **1.** (*promise*) vago; (*description*) impreciso; (*outline*) borroso **2.** (*absent-minded*) distraído

vain [veɪn] *adj* **1.** (*conceited*) vanidoso **2.** (*fruitless*) vano; **in ~** en vano

Valentine's Day ['væləntaɪn-] *n no pl* día *m* de los enamorados

valiant ['væliənt, *Am:* -jənt] *adj* valiente

valid ['vælɪd] *adj* válido; (*excuse*) legítimo; LAW vigente

validate ['vælɪdeɪt, *Am:* 'vælə-] *vt* **1.** (*ratify*) dar validez a **2.** (*authenticate: document*) validar; (*ticket*) sellar

validity [və'lɪdəti, *Am:* -ṭi] *n no pl* validez *f;* (*of excuse*) legitimidad *f;* (*of law*) vigencia *f*

valley ['væli] *n* valle *m*

valor *n no pl, Am,* **valour** ['vælər, *Am:* -ɚ] *n no pl, Brit, Aus, form* valor *m*

valuable ['væljuəbl] **I.** *adj* valioso **II.** *n pl* objetos *mpl* de valor

valuation [,vælju'eɪʃən] *n* tasación *f*

value ['vælju:] **I.** *n* valor *m;* **to be of ~ to sb** ser valioso para alguien; **to be good ~ (for money)** estar bien de precio; **to put a ~ on sth** poner precio a algo **II.** *vt* **1.** (*cherish*) apreciar **2.** (*estimate worth*) tasar

value-added tax *n Brit* impuesto *m* sobre el valor añadido

valued *adj form* apreciado

valve [vælv] *n* válvula *f*

vampire ['væmpaɪər, *Am:* -paɪɚ] *n* vampiro *m*

van [væn] *n* furgoneta *f*

vandal ['vændəl] *n* vándalo *m*

vandalism ['vændəlɪzəm] *n no pl* vandalismo *m*

vanguard ['vænga:d, *Am:* -ga:rd] *n no pl* vanguardia *f*

vanilla [və'nɪlə] *n no pl* vainilla *f*

vanish ['vænɪʃ] *vi* desaparecer

vanity ['vænəti, *Am:* -əṭi] <-ies> *n* vanidad *f*

vanquish ['væŋkwɪʃ] *vt* derrotar

vantage point ['va:ntɪdʒ-, *Am:* 'vænṭɪdʒ-] *n* mirador *m*

vapor *n Am,* **vapour** ['veɪpər, *Am:* -pɚ] *n Brit, Aus* (*steam*) vapor *m;* (*on glass*) vaho *m,* vaporizo *m Méx, PRico*

variability [,veəriə'bɪləti, *Am:* ,veriə'bɪləṭi] *n no pl* variabilidad *f*

variable ['veəriəbl, *Am:* 'veri-] **I.** *n* variable *f* **II.** *adj* variable

variance ['veəriənts, *Am:* 'veri-] *n* **1.** *no pl* (*difference*) discrepancia *f;* **at ~** en contradicción **2.** *no pl* (*variation*) variación *f*

variant ['veəriənt, *Am:* 'veri-] **I.** *n* variante *f* **II.** *adj* divergente

variation [,veəri'eɪʃən, *Am:* ,veri'-] *n no pl* variación *f*

varicose veins ['værɪkəʊs-, *Am:* 'verəkoʊs-] *npl* varices *fpl*

varied ['veərɪd, *Am:* 'verɪd] *adj* variado

variety [və'raɪəti, *Am:* -ṭi] <-ies> *n* (*diversity, type*) variedad *f;* **for a ~ of reasons** por varias razones; **~ is the spice of life** *prov* en la variedad está el gusto *prov*

various ['veəriəs, *Am:* 'veri-] *adj* **1.** (*numerous*) varios **2.** (*diverse*) diferentes

varnish ['va:nɪʃ, *Am:* 'va:r-] **I.** *n no pl* barniz *m;* (**nail**) ~ esmalte *m* de uñas **II.** *vt* barnizar

vary ['veəri, *Am:* 'veri] <-ie-> *vi, vt* variar

varying *adj* variable

vascular ['væskjələr, *Am:* -kjəlɚ] *adj no pl* vascular

vase [va:z, *Am:* veɪs] *n* (*for flowers*) florero *m;* (*ornamental*) jarrón *m*

vast [va:st, *Am:* væst] *adj* (*area, region*) vasto; (*quantity*) enorme; **the ~ majority** la gran mayoría

vat [væt] *n* tanque *m;* (*for wine, oil*) cuba *f*

VAT [,vi:eɪ'ti:] *n no pl, Brit abbr of* **value added tax** IVA *m*

Vatican ['vætɪkən, *Am:* 'væṭ-] *n no pl* **the ~** el Vaticano

vault¹ [vɔ:lt, *Am:* va:lt] *n* ARCHIT bóveda *f;* (*under church*) cripta *f;* (*in bank*) cámara *f* acorazada

vault² [vɔ:lt, *Am:* va:lt] **I.** *n* (*jump*) salto *m* **II.** *vi, vt* saltar

V
v

VCR [ˌviːsiːˈaːᵉ, Am: -ˈaːr] n abbr of **videocassette recorder** vídeo m

veal [viːl] n no pl ternera f

veer [vɪəᵉ, Am: vɪr] vi (vehicle) virar; (wind) cambiar de dirección; **to ~ towards sth** dar un giro hacia algo

vegetable [ˈvedʒtəbl] n verdura f

vegetable garden n huerto m **vegetable oil** n no pl aceite m vegetal

vegetarian [ˌvedʒɪˈteərɪən, Am: -əˈteri-] n vegetariano, -a m, f

vegetate [ˈvedʒɪteɪt, Am: -ˈ-ə-] vi vegetar

vegetation [ˌvedʒɪˈteɪʃən, Am: -əˈ-] n no pl vegetación f

vehement [ˈviːəmənt] adj vehemente

vehicle [ˈvɪəkl, Am: ˈviːə-] n 1. (method of transport) vehículo m 2. (channel) medio m

veil [veɪl] I. n velo m; **to draw a ~ over sth** fig correr un tupido velo sobre algo II. vt velar

veiled adj (criticism) velado; **thinly ~** apenas disimulado

vein [veɪn] n 1. ANAT, BOT vena f; GEO veta f, sirca f Chile 2. fig **to talk in a more serious ~** hablar más en serio; **in (a) similar ~** del mismo estilo

velocity [vɪˈlɒsəti, Am: vəˈlɑːsəṭi] <-ies> n form velocidad f

velvet [ˈvelvɪt] n no pl terciopelo m

vendetta [venˈdetə, Am: -ˈdeṭ-] n vendetta f

vendor [ˈvendɔːᵉ, Am: -dɚ] n vendedor(a) m(f)

veneer [vəˈnɪəᵉ, Am: -ˈnɪr] n chapado m

venerable [ˈvenərəbl] adj (person) venerable; (tradition) ancestral; (building, tree) centenario

venereal disease [vəˈnɪərɪəl-, Am: vəˈnɪri-] n enfermedad f venérea

Venezuela [ˌvenɪˈzweɪlə, Am: -əˈzweɪ-] n Venezuela f

Venezuelan adj venezolano

vengeance [ˈvendʒənts] n no pl venganza f; **to take ~ on sb** vengarse de alguien; **with a ~** fig con ganas

venison [ˈvenɪsən] n no pl (carne f de) venado m

venom [ˈvenəm] n no pl veneno m; fig malevolencia f

venous [ˈviːnəs] adj venoso

vent [vent] I. n 1. (outlet) conducto m de ventilación; **to give ~ to sth** fig dar rienda suelta a algo 2. FASHION abertura f II. vt **to ~ one's anger on sb** desahogarse con alguien

ventilate [ˈventɪleɪt, Am: -ṭəleɪt] vt ventilar

ventilation [ˌventɪˈleɪʃən, Am: -ṭəˈleɪ-] n no pl ventilación f

venture [ˈventʃəᵉ, Am: -tʃɚ] I. n 1. (endeavour) aventura f 2. COM empresa f; **joint ~** empresa conjunta II. vt 1. (dare) **to ~ to do sth** atreverse a hacer algo 2. (express: an opinion) aventurar

♦ **venture out** vi atreverse a salir

venture capital n FIN capital m de riesgo

venue [ˈvenjuː] n (of meeting) lugar m (de reunión); (of concert) lugar m (de celebración); (of match) campo m

Venus [ˈviːnəs] n no pl Venus m

veranda(h) [vəˈrændə] n veranda f

verb [vɜːb, Am: vɜːrb] n verbo m

verbal [ˈvɜːbəl, Am: ˈvɜːr-] adj 1. (oral) verbal; **~ agreement** acuerdo m verbal 2. (word for word) literal

verbally adv verbalmente

verbatim [vɜːˈbeɪtɪm, Am: vəˈbeɪtɪm] adv literalmente

verdict [ˈvɜːdɪkt, Am: ˈvɜːr-] n 1. LAW (of jury) veredicto m; (of magistrate, judge) fallo m; **to return a ~** (jury) emitir un veredicto; (magistrate, judge) dictar sentencia 2. (opinion) juicio m; **to give a ~ on sth** dar una opinión sobre algo

verge [vɜːdʒ, Am: vɜːrdʒ] n margen m; Brit (next to road) arcén m; **to be on the ~ of ...** fig estar al borde de...

♦ **verge on** vt rayar en

verify [ˈverɪfaɪ, Am: ˈ-ə-] <-ie-> vt 1. (corroborate) confirmar 2. (authenticate) verificar

veritable [ˈverɪtəbl, Am: -əṭə-] adj auténtico

vermin ['vɜːmɪn, *Am:* 'vɜːr-] *n* **1.** *pl* (*animals*) alimañas *fpl;* (*insects*) bichos *mpl* **2.** *pej* (*people*) gentuza *f*

vernacular [vəˈnækjələr, *Am:* vəˈnækjələr] *n* **1.** (*local*) lengua *f* vernácula **2.** (*everyday*) lengua *f* coloquial

verruca [vəˈruːkə] <-s *o* -ae> *n* verruga *f*

versatile ['vɜːsətaɪl, *Am:* 'vɜːrsətəl] *adj* (*tool, device*) versátil; (*person*) polifacético

versatility [ˌvɜːsəˈtɪləti, *Am:* ˌvɜːrsəˈtɪləţi] *n no pl* versatilidad *f*

verse [vɜːs, *Am:* vɜːrs] *n* (*of poem*) verso *m;* (*of song*) estrofa *f*

version ['vɜːʃən, *Am:* 'vɜːrʒən] *n* versión *f*

versus ['vɜːsəs, *Am:* 'vɜːr-] *prep* **1.** (*in comparison to*) frente a **2.** SPORTS, LAW contra

vertebra ['vɜːtɪbrə, *Am:* 'vɜːrţə-] <-ae> *n* vértebra *f*

vertebrate ['vɜːtɪbreɪt, *Am:* 'vɜːrtə-brɪt] **I.** *n* vertebrado *m* **II.** *adj* vertebrado

vertical ['vɜːtɪkəl, *Am:* 'vɜːrţə-] *adj* vertical

vertigo ['vɜːtɪgəʊ, *Am:* 'vɜːrţəgoʊ] *n no pl* vértigo *m*

verve [vɜːv, *Am:* vɜːrv] *n no pl* ímpetu *m;* **with** ~ con brío

very ['veri] **I.** *adv* muy; ~ **much** mucho; **not** ~ **much** no mucho; **the** ~ **best** lo mejor de lo mejor; **at the** ~ **least** por lo menos; **the** ~ **same** justo lo mismo; ~ **well** muy bien **II.** *adj* **the** ~ **next day** justo al día siguiente; **the** ~ **fact** el mero hecho

vessel ['vesəl] *n* **1.** (*any kind of boat*) embarcación *f;* (*large boat*) navío *m* **2.** (*container*) recipiente *m*

vest [vest] *n* **1.** *Brit* (*undergarment*) camiseta *f* **2.** *Am, Aus* (*outergarment*) chaleco *m*

vestige ['vestɪdʒ] *n* vestigio *m*

vestry ['vestri] <-ies> *n* sacristía *f*

vet¹ [vet] *n* veterinario, -a *m, f*

vet² *vt* <-tt-> examinar

veteran ['vetərən, *Am:* 'veţərən] *n* veterano, -a *m, f*

? La fiesta del **Veterans Day**, que se celebra el 11 de noviembre, fue creada, en un principio, para conmemorar el armisticio alcanzado entre Alemania y los EE.UU. en el año 1918. En realidad, ese día se honra a todos los veteranos de todas las guerras americanas.

veterinarian [ˌvetərɪˈneəriən, *Am:* -ˈneri-] *n Am* veterinario, -a *m, f*

veterinary ['vetərɪnəri, *Am:* -ner-] *adj* veterinario

veto ['viːtəʊ, *Am:* -ţoʊ] **I.** *n* <-es> veto *m* **II.** *vt* <vetoed> **1.** (*exercise a veto against*) vetar **2.** (*forbid*) prohibir

vex [veks] *vt* **1.** (*annoy*) sacar de quicio **2.** (*upset*) afligir

via ['vaɪə] *prep* por

viability [ˌvaɪəˈbɪləti, *Am:* -əţi] *n no pl* viabilidad *f*

viable ['vaɪəbl] *adj* viable

vibrant ['vaɪbrənt] *adj* (*person*) enérgico; (*music*) vibrante; (*economy*) en ebullición; (*colour*) radiante

vibrate [vaɪˈbreɪt, *Am:* 'vaɪbreɪt] *vi* vibrar

vibration [vaɪˈbreɪʃən] *n* vibración *f*

vicar ['vɪkər, *Am:* -ər] *n* vicario *m*

vicarage ['vɪkərɪdʒ] *n* vicaría *f*

vice¹ [vaɪs] *n* (*wickedness*) vicio *m*

vice² *n Brit, Aus* (*tool*) torno *m* de banco

vice-chairman <-men> *n* vicepresidente, -a *m, f* **vice-chancellor** *n Brit* UNIV rector(a) *m(f)* **Vice President** *n* vicepresidente, -a *m, f*

vice versa [ˌvaɪsiˈvɜːsə, *Am:* -sə-ˈvɜːr-] *adv* viceversa

vicinity [vɪˈsɪnəti, *Am:* vəˈsɪnəţi] <-ies> *n* **in the** ~ **of ...** en los alrededores de ...

vicious ['vɪʃəs] *adj* (*fighting*) salvaje; (*attack*) despiadado; (*pain*) atroz

victim ['vɪktɪm] *n* víctima *f;* **to be the** ~ **of sth** ser víctima de algo

victimize ['vɪktɪmaɪz, *Am:* -tə-] *vt*

V
v

discriminar

victor ['vɪktər, *Am:* -tər] *n* vencedor(a) *m(f)*

[?] La **Victoria Cross** fue creada en el año 1856 por la reina Victoria durante la guerra de Crimea como la condecoración militar más alta de la **Commonwealth**. Se concede a quien haya destacado por su valentía. La inscripción reza: **'For valour'** (Por el valor).

Victorian [vɪk'tɔ:riən] *adj* victoriano

victorious [vɪk'tɔ:riəs] *adj* victorioso

victory ['vɪktəri] <-ies> *n* victoria *f*

video ['vɪdiəʊ, *Am:* -oʊ] I. *n* 1. (*machine*) vídeo *m* 2. (*tape*) cinta *f* de vídeo II. *vt* grabar en vídeo

video camera *n* videocámara *f* **video conference** *n* videoconferencia *f* **video game** *n* videojuego *m* **videophone** *n* videoteléfono *m* **video recorder** *n* magnetoscopio *m*

vie [vaɪ] <vying> *vi* to ~ (with sb) for sth competir (con alguien) por algo

Vietnam [ˌvjet'næm, *Am:* ˌviːet'nɑːm] *n* Vietnam *m*

Vietnamese [ˌvjetnə'miːz, *Am:* viˌet-] *adj* vietnamita

view [vjuː] I. *n* 1. (*opinion*) punto *m* de vista; **exchange of ~s** intercambio *m* de opiniones; **to express a ~** expresar un parecer 2. (*sight*) vista *f*; **to come into ~** aparecer ante la vista; **to disappear from ~** perderse de vista; **to be on ~** estar expuesto; **in ~ of sth** *fig* en vista de algo; **with a ~ to sth** *fig* con vistas a algo II. *vt* 1. (*consider*) considerar 2. (*watch*) ver

viewer *n* 1. (*person*) telespectador(a) *m(f)* 2. (*device*) proyector *m* de diapositivas

viewpoint *n* punto *m* de vista

vigil ['vɪdʒɪl, *Am:* 'vɪdʒəl] *n* vela *f*

vigilance ['vɪdʒɪləns] *n no pl* vigilancia *f*

vigilant ['vɪdʒɪlənt] *adj* vigilante

vigor *n Am, Aus,* **vigour** ['vɪgər, *Am:* -ər] *n no pl* vigor *m*

vigorous ['vɪgərəs] *adj* enérgico; (*growth*) pujante

vile [vaɪl] *adj* (*shameful*) vil; (*weather*) asqueroso; **to be ~ to sb** portarse mal con alguien; **to smell ~** apestar

village ['vɪlɪdʒ] *n* pueblo *m*

villain ['vɪlən] *n* villano, -a *m, f*

vindicate ['vɪndɪkeɪt, *Am:* -də-] *vt* 1. (*justify*) justificar 2. (*clear of blame*) vindicar

vindictive [vɪn'dɪktɪv] *adj* vengativo

vine [vaɪn] *n* vid *f*; (*climbing*) parra *f*

vinegar ['vɪnɪgər, *Am:* -əgər] *n no pl* vinagre *m*

vineyard ['vɪnjəd, *Am:* -jərd] *n* viñedo *m*

vintage ['vɪntɪdʒ, *Am:* -t̬ɪdʒ] *n* cosecha *f*

vinyl ['vaɪnəl] *n no pl* vinilo *m*

viola [vi'əʊlə, *Am:* vi'oʊ-] *n* MUS viola *f*

violate ['vaɪəleɪt] *vt* violar; **to ~ sb's privacy** entrometerse en la vida privada de alguien

violence ['vaɪələns] *n no pl* violencia *f*

violent ['vaɪələnt] *adj* (*cruel*) violento; (*argument*) duro

violet ['vaɪələt, *Am:* -lɪt] I. *n* 1. BOT violeta *f* 2. (*colour*) violeta *m* II. *adj* violeta

violin [ˌvaɪə'lɪn] *n* violín *m*

violinist [vaɪə'lɪnɪst] *n* violinista *mf*

VIP [ˌviːaɪ'piː] *s.* **very important person** VIP *mf*

viper ['vaɪpər, *Am:* -pər] *n* víbora *f*

virgin ['vɜːdʒɪn, *Am:* 'vɜːr-] *n* virgen *f*

virginity [və'dʒɪnəti, *Am:* vər'dʒɪnəti] *n no pl* virginidad *f*

Virgo ['vɜːgəʊ, *Am:* 'vɜːrgoʊ] *n* Virgo *mf*

virile ['vɪraɪl, *Am:* -əl] *adj* viril

virility [vɪ'rɪləti, *Am:* və'rɪləti] *n no pl* virilidad *f*

virtual ['vɜːtʃuəl, *Am:* 'vɜːrtʃu-] *adj*
virtual

virtually *adv* prácticamente

virtual reality *n* realidad *f* virtual

virtue ['vɜːtjuː, *Am:* 'vɜːrtʃuː] *n*
1. (*moral quality*) virtud *f* **2.** (*advantage*) ventaja *f*; **by ~ of** *form* en virtud de

virtuous ['vɜːtʃuəs, *Am:* 'vɜːrtʃu-]
adj virtuoso

virulent ['vɪrʊlənt, *Am:* -jə-] *adj*
virulento

virus ['vaɪərəs, *Am:* 'vaɪ-] <-es> *n*
virus *m inv*

visa ['viːzə] *n* visado *m*

vis-à-vis [ˌviːzɑːˈviː, *Am:* ˌviːzəˈviː]
prep con relación a

viscount ['vaɪkaʊnt] *n* vizconde *m*

viscous ['vɪskəs] *adj* viscoso

vise [vaɪs] *n Am s.* **vice²**

visibility [ˌvɪzəˈbɪləti, *Am:* -əbɪləţi]
n no pl visibilidad *f*

visible ['vɪzəbl] *adj* visible

vision ['vɪʒən] *n* **1.** *no pl* (*sight*)
vista *f* **2.** (*image*) visión *f*

visit ['vɪzɪt] I. *n* visita *f*; **to pay a ~ to
sb** ir a ver a alguien II. *vt* visitar

visitor ['vɪzɪtər, *Am:* -ţər] *n* visitante
mf

visualize ['vɪʒuəlaɪz] *vt* visualizar

vital ['vaɪtəl, *Am:* -ţəl] *adj* vital; **~
ingredient** ingrediente *m* esencial

vitamin ['vɪtəmɪn, *Am:* 'vaɪţə-] *n*
vitamina *f*

vitriolic [ˌvɪtriˈɒlɪk, *Am:* -ˈɑːlɪk] *adj*
vitriólico

vivacious [vɪˈveɪʃəs] *adj* vivaz

vivid ['vɪvɪd] *adj* (*colour*) vivo; (*imagination*) fértil

vivisection [ˌvɪvɪˈsekʃən, *Am:* -əˈ-] *n
no pl* vivisección *f*

vocabulary [vəʊˈkæbjələri, *Am:*
voʊˈkæbjələr-] *n* vocabulario *m*

vocal ['vəʊkəl, *Am:* 'voʊ-] *adj* **1.** (*of
the voice*) oral **2.** (*outspoken*) vehemente

vocalist ['vəʊkəlɪst, *Am:* 'voʊ-] *n*
vocalista *mf*

vocation [vəʊˈkeɪʃən, *Am:* voʊˈ-] *n*
vocación *f*

vocational [vəʊˈkeɪʃənəl, *Am:*
voʊˈ-] *adj* vocacional

vociferous [vəʊˈsɪfərəs, *Am:* voʊˈ-]
adj vociferante

vogue [vəʊg, *Am:* voʊg] *n* moda *f*;
in ~ de moda

voice [vɔɪs] I. *n* voz *f*; **in a loud ~** en
voz alta; **to raise/lower one's ~**
levantar/bajar la voz; **to lose one's
~** quedarse afónico; **to give ~ to sth**
expresar algo II. *vt* expresar

void [vɔɪd] I. *n* vacío *m* II. *adj* **1.** inválido **2. to be ~ of sth** estar falto de
algo

vol *abbr of* **volume** vol.

volatile ['vɒlətaɪl, *Am:* 'vɑːləţəl]
adj volátil; (*situation*) inestable;
(*person*) voluble

volcanic [vɒlˈkænɪk, *Am:* vɑːlˈ-] *adj*
volcánico

volcano [vɒlˈkeɪnəʊ, *Am:* vɑːlˈkeɪnoʊ] <-(e)s> *n* volcán *m*

vole [vəʊl, *Am:* voʊl] *n* ratón *m* de
campo

volley ['vɒli, *Am:* 'vɑːli] I. *n* **1.** MIL
descarga *f*; **a ~ of insults** una sarta
de insultos **2.** SPORTS volea *f* II. *vi*
SPORTS volear

volleyball *n no pl* voleibol *m*

volt [vəʊlt, *Am:* voʊlt] *n* voltio *m*

voltage ['vəʊltɪdʒ, *Am:* 'voʊltɪdʒ]
n voltaje *m*

volume ['vɒljuːm, *Am:* 'vɑːljuːm] *n
no pl* volumen *m*; **to turn the ~ up/
down** subir/bajar el volumen; **to
speak ~s for sth** ser muy indicativo
de algo

voluntary ['vɒləntəri, *Am:* 'vɑːlənteri] *adj* voluntario

volunteer [ˌvɒlənˈtɪər, *Am:* ˌvɑːlənˈtɪr] I. *n* voluntario, -a *m, f* II. *vi, vt*
ofrecer(se)

vomit ['vɒmɪt, *Am:* 'vɑːmɪt] I. *vi, vt*
vomitar II. *n no pl* vómito *m*

voracious [vəˈreɪʃəs, *Am:* vɔːˈreɪ-]
adj voraz

vote [vəʊt, *Am:* voʊt] I. *vi* votar; **to
~ for/against sth** votar a favor/en
contra de algo; **to ~ on sth** someter
algo a votación II. *vt* **to ~ that ...**
proponer que... +*subj* III. *n*
1. (*choice*) voto *m*; **to have the ~**
tener derecho al voto **2.** (*election*)
votación *f*; **to put sth to the ~**

V
v

someter algo a votación
◆ **vote in** *vt* elegir (por votación)
◆ **vote on** *vt* aprobar (por votación)
voter *n* votante *mf*
voting *n* votación *f*
vouch [vaʊtʃ] *vi* to ~ **for sb** responder por alguien
voucher ['vaʊtʃəʳ, *Am:* -tʃɚ] *n* Aus, Brit 1. (*coupon*) vale *m* 2. (*receipt*) comprobante *m*
vow [vaʊ] I. *vt* jurar II. *n* voto *m*
vowel ['vaʊəl] *n* vocal *f*
voyage ['vɔɪɪdʒ] I. *n* viaje *m* II. *vi* viajar
vulgar ['vʌlgəʳ, *Am:* -gɚ] *adj* vulgar
vulgarity [vʌl'gærəti, *Am:* -'gerət̬i] *n no pl* vulgaridad *f*
vulnerable ['vʌlnərəbl, *Am:* 'vʌlnɚ-] *adj* vulnerable
vulture ['vʌltʃəʳ, *Am:* -tʃɚ] *n* buitre *m*

Ww

W, w ['dʌblju:] *n* W, w *f*
w *abbr of* **watt** W
W *n abbr of* **west** O
wad [wɒd, *Am:* wɑːd] *n* (*of cotton*) bola *f*; (*of banknotes*) fajo *m*
waddle ['wɒdl, *Am:* 'wɑːdl] *vi* anadear
wade [weɪd] *vi* to ~ **across sth** vadear algo; **to** ~ **into sb** *fig, inf* tomarla con alguien
wafer ['weɪfəʳ, *Am:* -fɚ] *n* 1. (*biscuit*) galleta *f* de barquillo 2. REL hostia *f*
waffle¹ ['wɒfl, *Am:* 'wɑːfl] *vi* Brit parlotear; (*in essay*) meter paja *fig*
waffle² *n* GASTR gofre *m*, waffle *m* AmL
waft [wɒft, *Am:* wɑːft] I. *vi* llegar (flotando) II. *vt* llevar por el aire
wag [wæg] <-gg-> *vt* menear; **to** ~ **one's finger at sb** amenazar a alguien con el dedo

wage [weɪdʒ] I. *vt* to ~ **war against sb** librar una batalla contra alguien; **to** ~ **a campaign for sth** emprender una campaña por algo II. *n* sueldo *m*
wager ['weɪdʒəʳ, *Am:* -dʒɚ] I. *n* apuesta *f* II. *vt* apostar
waggle ['wægl] I. *vt* mover II. *vi* moverse
waggon *n* Brit, **wagon** ['wægən] *n* 1. (*horse-drawn*) carro *m* 2. *Brit* RAIL vagón *m*
wail [weɪl] I. *vi* gemir II. *n* lamento *m*
waist [weɪst] *n* cintura *f*
waistband *n* cinturilla *f* **waistcoat** *n* Brit chaleco *m*
wait [weɪt] I. *vi* esperar; **to** ~ **for sb** esperar a alguien; **to keep sb** ~**ing** hacer esperar a alguien; **he cannot** ~ **to see her** está ansioso por verla; (**just**) **you** ~! ¡vas a ver! II. *vt* to ~ **one's turn** esperar su turno III. *n no pl* espera *f*; **to lie in** ~ **for sb** estar al acecho de alguien
◆ **wait about** *vi*, **wait around** *vi* to ~ **for sth** estar a la espera de algo
◆ **wait behind** *vi* quedarse
◆ **wait on** *vt* servir

? El **Waitangi Day** o **New Zealand Day** se celebra el 6 de enero. Ya que fue en ese día del año 1840 cuando 512 jefes de tribu de los **Maori** firmaron un acuerdo con el gobierno británico que significó el comienzo de Nueva Zelanda como nación.

waiter ['weɪtəʳ, *Am:* -t̬ɚ] *n* camarero *m*, garzón *m* AmL, mesero *m* Méx
waiting list *n* lista *f* de espera **waiting room** *n* sala *f* de espera
waitress ['weɪtrɪs] *n* camarera *f*, garzona *f* AmL, mesera *f* Méx
waive [weɪv] *vt form* renunciar a
wake¹ [weɪk] *n* NAUT estela *f*; **in the** ~ **of** tras, después de
wake² [weɪk] *n* velatorio *m*
wake³ [weɪk] <woke *o* waked, woken *o* waked> *vt* despertar

◆ **wake up** *vi, vt* despertar(se)
waken ['weɪkən] *vt form* despertar
Wales ['weɪlz] *n* Gales *m*
walk [wɔ:k, *Am:* wɑ:k] **I.** *n*
1. (*stroll*) paseo *m;* **to take a** ~ ir a
dar un paseo; **it's a five minute** ~
está a cinco minutos a pie **2.** (*gait*)
andar *m* **3.** (*walking speed*) paso *m*
4. ~ **of life** condición *f* **II.** *vt* andar;
(*distance*) recorrer a pie; **to** ~ **sb**
home acompañar a alguien a su
casa; **to** ~ **the dog** sacar a pasear el
perro **III.** *vi* andar; (*stroll*) pasear
walker ['wɔ:kəʳ, *Am:* 'wɑ:kɚ] *n* pa-
seante *mf;* (*as hobby*) excursionista
mf
walkie-talkie [ˌwɔ:ki'tɔ:ki, *Am:*
ˌwɑ:ki'tɑ:-] *n* walkie-talkie *m*
walking *adj* **it is within** ~ **distance**
se puede ir a pie; **to be a** ~ **encyclo-**
paedia ser una enciclopedia ambulante
walking-stick *n* bastón *m*
walkman® ['wɔ:kmən, *Am:*
'wɑ:k-] <-s> *n* walkman® *m*
walkway *n* pasarela *f*
wall [wɔ:l] **I.** *n* muro; (*interior sur-*
face) pared *f;* (*enclosing town*) muralla *f;* (*enclosing garden*) tapia *f;* **a**
~ **of silence** un muro de silencio;
to have one's back to the ~ *fig* estar
entre la espada y la pared; **to go to**
the ~ (*go bankrupt*) quebrar; **to go**
up the ~ – subirse por las paredes
II. *vt* (*garden*) cercar con un muro;
(*town*) amurallar
wall chart *n* gráfico *m* de pared
wallet ['wɒlɪt, *Am:* 'wɑ:lɪt] *n* cartera *f,* billetera *f AmL*
wallflower ['wɔ:lˌflaʊəʳ, *Am:*
-ˌflaʊɚ] *n* **1.** BOT al(h)elí *m* **2.** *fig* ≈
patito *m* feo
wallop ['wɒləp, *Am:* 'wɑ:ləp] *vt inf*
(*hit*) dar un golpetazo a
wallow ['wɒləʊ, *Am:* 'wɑ:loʊ] *vi* revolcarse; **to** ~ **in self-pity** sumirse
en la autocompasión; **to** ~ **in money**
nadar en el dinero
wallpaper **I.** *n* papel *m* pintado **II.** *vt*
empapelar
walnut ['wɔ:lnʌt] *n* **1.** (*nut*) nuez *f*
2. (*tree*) nogal *m*

walrus ['wɔ:lrəs] <walruses *o* wal-
rus> *n* morsa *f*
waltz [wɔ:ls, *Am:* wɔ:lts] <-es> **I.** *n*
vals *m* **II.** *vi* valsar
◆ **waltz in** *vi inf* entrar como si nada
◆ **waltz out** *vi inf* salir como si nada
wand [wɒnd, *Am:* wɑ:nd] *n* varita
f mágica
wander ['wɒndəʳ, *Am:* 'wɑ:ndɚ]
I. *vi* vagar; **to let one's thoughts** ~
dejar volar la imaginación **II.** *n inf*
paseo *m*
wane [weɪn] **I.** *vi* menguar **II.** *n* **to**
be on the ~ menguar
want [wɒnt, *Am:* wɑ:nt] **I.** *vt*
1. (*wish*) querer; **to** ~ **to do sth**
querer hacer algo; **to** ~ **sb to do sth**
querer que alguien haga algo
2. (*need*) necesitar; **he is** ~**ed by**
the police lo busca la policía **II.** *n* **to**
be in ~ **of sth** necesitar algo; **for** ~
of sth por falta de algo
wanting *adj* **to be** ~ **in sth** estar falto
de algo
WAP [wæp] *abbr of* **wireless appli-**
cation protocol WAP
war [wɔ:ʳ, *Am:* wɔ:r] *n* guerra *f;* **to**
be at ~ estar en guerra; **to declare**
~ **on sb** declarar la guerra a alguien;
to go to ~ entrar en guerra
war crime *n* crimen *m* de guerra
war cry *n* grito *m* de guerra
ward [wɔ:d, *Am:* wɔ:rd] *n* **1.** LAW
pupilo, -a *m, f;* **2.** (*in hospital*) sala *f*
3. *Brit* POL distrito *m* electoral
◆ **ward off** *vt* evitar
warden ['wɔ:dn, *Am:* 'wɔ:r-] *n*
guardián, -ana *m, f;* (*of prison*) al-
caide *m*
warder ['wɔ:dəʳ, *Am:* 'wɔ:rdɚ] *n*
celador *m*
wardrobe ['wɔ:drəʊb, *Am:* 'wɔ:rd-
roʊb] *n* **1.** (*cupboard*) (armario
m) ropero *m* **2.** (*clothes*) vestuario
m
warehouse ['weəhaʊs, *Am:* 'wer-]
n almacén *m*
wares [weəz, *Am:* werz] *npl inf*
mercancías *fpl*
warfare ['wɔ:feəʳ, *Am:* 'wɔ:rfer] *n*
no pl guerra *f*
warhead *n* cabeza *f* de guerra

W
w

warlike ['wɔ:laɪk, *Am:* 'wɔ:r-] *adj* belicoso

warlord *n* jefe *m* militar

warm [wɔ:m, *Am:* wɔ:rm] I. *adj* 1. caliente; (*climate, wind*) cálido; (*clothes*) de abrigo; **to be ~** (*person*) tener calor; (*thing*) estar caliente; (*weather*) hacer calor 2. (*affectionate*) afectuoso; **~ welcome** calurosa bienvenida; **to be ~** ser efusivo; **you're getting ~** *fig* ¡caliente, caliente! II. *vt* calentar

◆ **warm up** *vi* calentarse

warm-blooded *adj* de sangre caliente

warmly *adv* calurosamente

warmth [wɔ:mθ, *Am:* wɔ:rmθ] *n no pl* 1. (*heat*) calor *m* 2. (*affection*) calidez *f*

warm-up *n* (pre)calentamiento *m*

warn [wɔ:n, *Am:* wɔ:rn] *vt* avisar; **to ~ sb not to do sth** advertir a alguien que no haga algo; **to ~ sb of a danger** prevenir a alguien contra un peligro

warning [wɔ:nɪŋ, *Am:* wɔ:rnɪŋ] *n* aviso *m*; **a word of ~** una advertencia; **to give sb a ~** advertir a alguien; **without ~** sin previo aviso

warning light *n* luz *f* de advertencia

warp [wɔ:p, *Am:* wɔ:rp] I. *vi* torcerse II. *vt* torcer; **to ~ sb's mind** (re)torcer la mente de alguien III. *n* deformación *f*

warrant ['wɒrənt, *Am:* 'wɔ:r-] I. *n* LAW orden *f* II. *vt* (*justify*) justificar

warranty ['wɒrənti, *Am:* 'wɔ:rən-ţi] <-ies> *n* garantía *f*

warren ['wɒrən, *Am:* 'wɔ:r-] *n* 1. ZOOL conejera *f* 2. *fig* laberinto *m*

warrior ['wɒriəʳ, *Am:* 'wɔ:rjɚ] *n* guerrero, -a *m, f*

warship *n* barco *m* de guerra

wart [wɔ:t, *Am:* wɔ:rt] *n* verruga *f*; **~s and all** *inf* con sus virtudes y defectos

wartime *n no pl* **in ~** en tiempos de guerra

wary ['weəri, *Am:* 'weri] <-ier, -iest> *adj* (*not trusting*) receloso; (*watchful*) cauteloso; **to be ~ of sth** recelar de algo

was [wɒz, *Am:* wɑ:z] *pt of* **be**

wash [wɒʃ, *Am:* wɑ:ʃ] I. *vt* lavar; (*dishes, floor*) fregar; **to ~ one's hands** lavarse las manos II. *vi* 1. (*person*) lavarse 2. (*do the washing*) lavar la ropa III. *n* lavado *m*; **to be in the ~** (*clothes*) estar en la lavandería

◆ **wash down** *vt* lavar

◆ **wash up** I. *vt* (*dishes*) fregar II. *vi* 1. (*clean dishes*) fregar los platos 2. *Am* (*wash*) lavarse (las manos y la cara)

washed-out *adj* 1. (*bleached*) desteñido 2. (*tired*) cansado

washer ['wɒʃəʳ, *Am:* 'wɑ:ʃɚ] *n* 1. *Am* (*washing-machine*) lavadora *f* 2. TECH arandela *f*

washing ['wɒʃɪŋ, *Am:* 'wɑ:ʃɪŋ] *n no pl* lavado *f*; **to do the ~** hacer la colada

washing machine *n* lavadora *f*, lavarropas *m inv Arg* **washing powder** *n no pl, Brit* detergente *m* en polvo

Washington [,wɒʃɪŋtən, *Am:* ,wɑ:-ʃɪŋ-] *n* Washington *m*

Washington D.C. *n* Washington D.C.

[?] **Washington's Birthday** es un día de fiesta oficial en los EE.UU. Aunque George Washington en realidad nació el 22 de febrero de 1732, su cumpleaños se celebra desde hace algunos años siempre el tercer lunes del mes de febrero, para que se produzca así un fin de semana largo.

washing-up *n Brit* **to do the ~** fregar los platos **washing-up liquid** *n* detergente *m* líquido

washout ['wɒʃaʊt, *Am:* 'wɑ:ʃ-] *n inf* desastre *m*

washroom ['wɒʃrʊm, *Am:* 'wɑ:ʃ-ru:m] *n Am* aseos *mpl*, sanitarios *mpl AmL*

wasp [wɒsp, *Am:* wɑ:sp] *n* avispa *f*

wastage ['weɪstɪdʒ] *n no pl* desgaste *m*

waste [weɪst] **I.** *n* **1.** *no pl* (*misuse*) derroche *m*; **it's a ~ of money** es un derroche de dinero; **it's a ~ of time** es una pérdida de tiempo; **to go to ~** echarse a perder; **what a ~!** ¡qué pena! **2.** *no pl* (*unwanted matter*) residuos *mpl* **II.** *vt* malgastar; (*time*) perder; (*opportunity*) desaprovechar; **to ~ one's breath** *fig* hablar inútilmente; **to ~ no time in doing sth** apresurarse a hacer algo **III.** *vi* agotarse; **~ not, want not** *prov* quien guarda, halla *prov*
   ◆ **waste away** *vi* consumirse
wastebasket *n Am*, **wastebin** *n Brit* papelera *m*
wasteful ['weɪstfəl] *adj* derrochador
wasteland *n* yermo *m*
wastepaper basket *n* papelera *f*
watch [wɒtʃ, *Am:* wɑːtʃ] **I.** *n* **1.** *no pl* (*observation*) vigilancia *f*; **to be on the ~ for sth** estar a la mira de algo; **to keep a close ~ on sb** vigilar a alguien con mucho cuidado; **to be on ~** estar de guardia **2.** (*clock*) reloj *m* (de pulsera) **II.** *vt* mirar; **to ~ a film** ver una película; **to ~ the kids** vigilar a los niños; **to ~ one's weight** cuidar el peso; **~ it!** ¡cuidado! **III.** *vi* **to ~ as sb does sth** fijarse en cómo alguien hace algo
   ◆ **watch out** *vi* tener cuidado
watchdog *n* **1.** *Am* perro *m* guardián **2.** *fig* guardián, -ana *m, f*
watchful ['wɒtʃfəl, *Am:* 'wɑːtʃ-] *adj* vigilante; **to keep a ~ eye on sb** estar pendiente de alguien
watchmaker *n* relojero, -a *m, f*
watchman <-men> *n* guardián *m*
watchtower *n* atalaya *f* **watchword** *n* contraseña *f*
water ['wɔːtəʳ, *Am:* 'wɑːtəʳ] **I.** *n* agua *f*; **under ~** bajo agua; **by ~** por mar; **to pass ~** orinar; **~ on the brain** MED hidrocefalia *f*; **to be ~ under the bridge** *fig* ser agua pasada; **like ~ off a duck's back** como si oyera llover; **to pour cold ~ on sth** *fig* echar agua fría a algo; **to be in deep ~** *fig* estar metido en un lío; **still ~s run deep** *prov* no te fíes del

agua mansa *prov*; **to hold ~** *fig* ser consistente **II.** *vt* (*plants*) regar; (*livestock*) dar de beber a **III.** *vi* lagrimear
watercolor *Am*, **watercolour I.** *n* acuarela *f* **II.** *adj* de acuarela **watercress** *n no pl* berro *m* **waterfall** *n* cascada *f* **waterfront** *n* (*harbour*) puerto *m* **water heater** *n* calentador *m* de agua
watering can *n* regadera *f*
water level *n* nivel *m* del agua **water lily** <-ies> *n* nenúfar *m*
water-logged *adj* anegado
watermark *n* (*on paper*) filigrana *f* **watermelon** *n* sandía *f* **water pistol** *n* pistola *f* de agua **water polo** *n* waterpolo *m*, polo *m* acuático
waterproof ['wɔːtəpruːf, *Am:* 'wɑːtəʳ-] **I.** *adj* impermeable **II.** *n Brit* impermeable *m*
watershed ['wɔːtəʃed, *Am:* 'wɑːtəʳ-] *n* GEO divisoria *f* de aguas; **to mark a ~** *fig* marcar un punto decisivo
waterside *n no pl* orilla *f*
water-skiing *n no pl* esquí *m* acuático **water tank** *n* cisterna *f*
watertight ['wɔːtətaɪt, *Am:* 'wɑːtəʳ-] *adj* **1.** hermético **2.** *fig* irrecusable; (*agreement*) a toda prueba
waterway *n* canal *m* **waterworks** *n pl* reserva *f* de abastecimiento de agua; **to turn on the ~** *fig* echar a llorar
watery <-ier, -iest> *adj* aguado
watt [wɒt, *Am:* wɑːt] *n* ELEC vatio *m*
wave [weɪv] **I.** *n* **1.** (*of water*) ola *f*; (*on surface, of hair*) ondulación *f*; PHYS onda *f* **2.** **to make ~s** *fig* causar problemas **3.** (*hand movement*) **to give sb a ~** saludar a alguien con la mano **II.** *vi* **1.** (*make hand movement*) **to ~ at sb** saludar a alguien con la mano; **to ~ goodbye** decir adiós con la mano **2.** (*flag*) ondear **III.** *vt* **1.** (*move*) agitar **2.** **to have one's hair ~d** rizarse el pelo
wave-length *n* **to be on the same ~** *fig* estar en la misma onda
waver ['weɪvəʳ, *Am:* -vəʳ] *vi* **1.** (*lose determination*) vacilar **2.** (*be unable*

W
ᴡ

to decide) titubear

wavy ['weɪvɪ] <-ier, -iest> *adj* ondulado

wax¹ [wæks] **I.** *n no pl* cera *f*; (*in ear*) cerumen *m* **II.** *vt* **1.** (*polish*) encerar; (*shoes*) lustrar **2.** (*remove hair from*) depilar con cera

wax² *vi liter* (*moon*) crecer

way [weɪ] **I.** *n* **1.** (*route*) camino *m*; **to be on the ~** estar en camino; **to be out of the ~** estar en un lugar remoto; **to be under ~** estar en curso; **on the ~ to sth** de camino a algo; **to go out of one's ~ to do sth** *fig* tomarse la molestia de hacer algo; **to go one's own ~** *fig* irse por su lado; **to know one's ~ around sth** saber cómo moverse en algo; **to lead the ~** mostrar el camino; **to lose one's ~** equivocar el camino; **the right ~ round** del derecho; **the wrong ~ round** del revés; **all the ~** (*the whole distance*) todo el trayecto; (*completely*) completamente; **to be a long ~ off** estar muy alejado; **to have a (long) ~ to go** tener aún un (largo) trayecto por recorrer; **to have come a long ~** *fig* haber llegado lejos; **to go a long ~** *fig* ir lejos; **to be in sb's ~** estorbar a alguien; **in the ~** en el paso; **to get out of sb's/sth's ~** dejar el camino libre a alguien/algo; **to give ~** dar paso; *fig* dejar hacer; **to give ~ to sth** dar paso a algo; *fig* **2.** (*fashion*) manera *f*; **in many ~s** de muchas maneras; **in some ~s** en cierto modo; **there are no two ~s about it** no hay otra posibilidad; **the ~ to do sth** la manera de hacer algo; **sb's ~ of life** el estilo de vida de alguien; **to my ~ of thinking** tal como lo veo yo; **either ~** de cualquier forma; **no ~!** ¡de ninguna manera!; **to get one's own ~** *inf* salirse con la suya; **in a ~** en cierto modo **3.** *no pl* (*condition*) **to be in a bad ~** estar en mala forma **II.** *adv inf* **to be ~ past sb's bedtime** haber pasado con mucho de la hora de dormir

waylay [ˌweɪˈleɪ, *Am:* ˈweɪleɪ] <waylaid, waylaid> *vt* acechar

way out *n* salida *f*

way-out *adj inf* (*very modern*) ultramoderno; (*unusual*) fuera de serie

wayside *n* **to fall by the ~** *fig* quedarse en el camino

wayward ['weɪwəd, *Am:* -wəᵈd] *adj* díscolo

WC [ˌdʌbljuːˈsiː] *n abbr of* **water closet** WC *m*

we [wiː] *pron pers* nosotros, nosotras; **~'re going to Paris and ~'ll be back here tomorrow** vamos a París y volvemos mañana

weak [wiːk] *adj* **1.** (*not strong*) débil; (*coffee, tea*) claro; **to be ~ with hunger** estar sin fuerzas por el hambre; **~ spot** *fig* flaqueza *f* **2.** (*below standard*) flojo; **to be ~ at sth** estar flojo en algo

weaken ['wiːkən] *vi, vt* debilitar(se); (*diminish*) disminuir

weakling ['wiːklɪŋ] *n* enclenque *mf*

weakly ['wiːklɪ] *adv* **1.** (*without strength*) débilmente **2.** (*unconvincingly*) sin convicción

weak-minded [ˌwiːkˈmaɪndɪd] *adj* **1.** (*lacking determination*) indeciso **2.** (*stupid*) tonto

weakness ['wiːknɪs] <-es> *n* **1.** *no pl* (*lack of strength*) debilidad *f*; **to have a ~ for sth** tener debilidad por algo **2.** (*area of vulnerability*) punto *m* débil

weal [wiːl] *n* cardenal *m*

wealth [welθ] *n no pl* **1.** (*money*) riqueza *f* **2.** (*large amount*) abundancia *f*

wealthy ['welθi] **I.** <-ier, -iest> *adj* rico **II.** *the ~* los ricos

wean [wiːn] *vt* destetar; **to ~ sb off sth** *fig* desenganchar a alguien de algo

weapon ['wepən] *n* arma *f*

weaponry ['wepənri] *n no pl* armamento *m*

wear [weəʳ, *Am:* wer] <wore, worn> **I.** *vt* (*clothes, jewellery*) llevar **II.** *vi* **to ~ thin** desgastarse **III.** *n* **1.** (*clothing*) ropa *f* **2.** (*amount of use*) desgaste *m*; **to be the worse for ~** (*person*) estar desmejorado

◆ **wear down** *vt* gastar

◆ **wear off** vi desaparecer

◆ **wear out** vi, vt gastar(se)

weary ['wɪəri, Am: 'wɪri] I. <-ier, -iest> adj (very tired) extenuado; (unenthusiastic) desanimado; **to be ~ of sth** estar harto de algo II. vi (become tired) cansarse; (become bored) aburrirse

weasel ['wiːzl] n comadreja f

weather ['weðəʳ, Am: -ɚ] I. n no pl tiempo m; (climate) clima m; ~ **permitting** si lo permite el tiempo; **to make heavy ~** complicar algo; **to be under the ~** estar indispuesto II. vt **to ~ sth** hacer frente a algo; **to ~ the storm** fig capear el temporal

weather-beaten adj curtido

weather forecast n previsión f meteorológica

weatherman n hombre m del tiempo

weave [wiːv] <wove Am: weaved, woven Am: weaved> vi, vt tejer; **to ~ sth together** entrelazar algo

weaver ['wiːvəʳ, Am: -vɚ] n tejedor(a) m(f)

web [web] n 1. (woven net) tela f; **spider('s)** ~ telaraña f 2. (on foot) membrana f 3. INFOR **the ~** la red

webaddict n INFOR ciberadicto, -a m, f **web browser** n INFOR navegador m de internet **web camera** n INFOR cámara f web **webmaster** n INFOR administrador(a) m(f) de web **web page** n INFOR página f web **website** n INFOR sitio m web **web surfer** n INFOR internauta mf **webzine** n INFOR revista f electrónica

wed [wed] <wedded o wed, wedded o wed> form I. vt **to ~ sb** casarse con alguien II. vi casarse

wedded ['wedɪd] adj casado; **to be ~ to sth** fig estar unido a algo

wedding ['wedɪŋ] n boda f

wedding cake n no pl tarta f nupcial **wedding dress** n traje m de novia **wedding present** n regalo m de boda **wedding ring** n alianza f

wedge [wedʒ] I. n cuña f; **a ~ of cake** un trozo de pastel II. vt **to ~ the door open** mantener la puerta abierta (con una cuña); **to be ~d between sth** estar apretado entre algo

wedlock ['wedlɒk, Am: -lɑːk] n no pl matrimonio m; **to be born out of ~** nacer fuera del matrimonio

Wednesday ['wenzdeɪ] n miércoles m inv; s. a. **Friday**

wee [wiː] I. adj Scot, a. inf pequeñito; **a ~ bit** un poquito II. n no pl, childspeak, inf pipí m III. vi childspeak, inf hacer pipí

weed [wiːd] I. n 1. (plant) mala hierba f 2. Brit, pej, inf (person) enclenque mf II. vt desherbar

weedkiller n no pl herbicida m

weedy ['wiːdi] adj <-ier, -iest> Brit, inf flaco

week [wiːk] n semana f; (work period) semana f laboral; **last ~** la semana pasada; **once a ~** una vez por semana; **during the ~** durante la semana

weekday n día m laborable

weekend [ˌwiːk'end, Am: 'wiːkend] n fin m de semana; **at the ~(s)** Brit, Aus, **on the ~(s)** Am el fin de semana

weekly ['wiːkli] I. adj semanal II. adv semanalmente III. n <-ies> semanario m

weep [wiːp] vi <wept, wept> 1. (cry) llorar; **to ~ with joy** llorar de alegría 2. (secrete liquid) supurar

weeping willow n sauce m llorón

weigh [weɪ] I. vi pesar II. vt pesar; **to ~ oneself** pesarse; **to ~ one's words** medir las palabras; **to ~ sth against sth** fig contraponer algo a algo

◆ **weigh down** vt fig abrumar

◆ **weigh up** vt (calculate) calcular; (judge) juzgar

weight [weɪt] I. n 1. (amount) peso m; (metal object) pesa f; **to put on ~** engordar; **to lift ~s** levantar pesas; **to be a ~ off sb's mind** ser un alivio para alguien; **to pull one's ~** inf poner de su parte 2. no pl (importance) valor m; **to attach ~ to sth** dar importancia a algo II. vt cargar

weightlifter n levantador(a) m(f) de pesas

Ww

weight-lifting *n no pl* levantamiento *m* de pesas

weighty ['weɪti, *Am:* -t̬i] *adj* <-ier, -iest> **1.** (*heavy*) pesado **2.** (*important*) importante

weir [wɪə^r, *Am:* wɪr] *n* presa *f*

weird [wɪəd, *Am:* wɪrd] *adj* misterioso

welcome ['welkəm] **I.** *vt* **1.** (*greet*) dar la bienvenida a **2.** (*support*) aprobar **II.** *n* **1.** (*reception*) bienvenida *f* **2.** (*expression of approval*) aprobación *f*; **to give sth a cautious ~** dar una acogida contenida a algo **III.** *adj* grato; **to be ~** ser bienvenido; **a ~ change** un cambio esperado; **you are ~** (*response to thanks*) de nada **IV.** *interj* bienvenido

welcoming *adj* acogedor

weld [weld] *vt* soldar

welder *n* soldador(a) *m(f)*

welfare ['welfeə^r, *Am:* -fer] *n no pl* **1.** (*well-being*) bienestar *m* **2.** *Am* (*state aid*) asistencia *f* social; **to be on ~** vivir a cargo de la asistencia social

welfare state *n* estado *m* del bienestar

well¹ [wel] **I.** *adj* <better, best> bien; **to feel ~** sentirse bien; **to get ~** recuperarse; **to look ~** tener buen aspecto **II.** <better, best> *adv* **1.** (*satisfactorily*) bien; **~ enough** suficientemente bien; **~ done** bien hecho; **money ~ spent** dinero bien gastado; **that's all very ~, but ...** está muy bien, pero...; **just as ~** menos mal **2.** (*thoroughly*) completamente; **~ and truly** de verdad **3.** (*very*) muy; **to be ~ pleased with sth** estar muy satisfecho con algo **4.** (*reasonably*) justamente; **you might (just) as ~ tell her the truth** más valdría que le dijeras la verdad; **to leave ~ alone** no meterse en algo **5.** (*in addition*) **as ~** *Brit* también; **as ~ as** así como **III.** *interj* (*exclamation*) vaya; **very ~!** ¡muy bien!

well² *n* pozo *m*

◆ **well up** *vi* brotar

well-balanced *adj* bien equilibrado

well-behaved *adj* bien educado

well-being *n no pl* bienestar *m*

well-deserved *adj* merecido **well-developed** *adj* bien desarrollado

well-disposed *adj* **to be ~ towards sth** ser favorable a algo **well-earned** *adj* merecido **well-educated** *adj* culto **well-founded** *adj* fundado **well-heeled** *adj* ricacho **well-informed** *adj* **to be ~ about sth** estar bien informado sobre algo

wellington (**boot**) ['welɪŋtən(-)] *n* bota *f* de goma

well-kept *adj* (muy) cuidado **well-known** *adj* bien conocido; **it is ~ that ...** es bien sabido que... **well-meaning** *adj* bienintencionado **well-off** *adj* acomodado **well-organised** *adj* bien organizado **well-paid** *adj* bien pagado **well-proportioned** *adj* bien proporcionado **well-read** *adj* (*knowledgeable*) instruido **well-spoken** *adj* bienhablado **well-to-do** *adj* acaudalado **well-wisher** *n* simpatizante *mf* **well-worn** *adj* **1.** (*damaged by wear*) raído **2.** *fig* (*over-used*) trillado

welly ['weli] *n inf abbr of* wellington bota *f* de goma

Welsh [welʃ] *adj* galés

Welshman ['welʃmən] <-men> *n* galés *m*

Welshwoman ['welʃˌwʊmən] <-women> *n* galesa *f*

welt [welt] *n* (*from blow*) cardenal *f*

went [went] *pt of* **go**

wept [wept] *pt, pp of* **weep**

were [wɜː^r, *Am:* wɜːr] *pt of* **be**

west [west] **I.** *n* oeste *m*; **in the ~ of Spain** en el oeste de España; **the West** el Occidente; POL el Oeste **II.** *adj* del oeste, occidental **III.** *adv* al oeste

western ['westən, *Am:* -tərn] **I.** *adj* del oeste, occidental **II.** *n* CINE western *m*

westerly ['westəlɪ, *Am:* -stər-] **I.** *adj* del oeste **II.** *adv* (*towards*) hacia el oeste; (*from*) del oeste

westward(s) ['westwəd(z), *Am:* -wərd(z)] *adj* hacia el oeste

wet [wet] **I.** *adj* <-tt-> (*soaked*) mojado; (*not yet dry*) húmedo; **to get ~**

mojarse; ~ **through** mojado hasta los huesos; ~ **weather** tiempo lluvioso; **to be a ~ blanket** *fig* ser un aguafiestas II. <wet, wet> *vt* humedecer; **to ~ oneself** orinarse; **to ~ the bed** mojar la cama; **to ~ one's pants** mearse III. *n no pl* **the ~** (*rain*) la lluvia

wetsuit *n* traje *m* de neopreno

whack [hwæk] I. *vt* golpear II. *n* golpe *m;* **a fair ~** *fig, inf* una parte justa

whale [hweɪl] *n* ballena *f;* **to have a ~ of a time** pasarlo bomba

wham [hwæm] *interj inf* zas

wharf [hwɔːf, *Am:* hwɔːrf] <-ves> *n* muelle *m*

what [hwɒt, *Am:* hwʌt] I. *adj interrog* qué; ~ **kind of book?** ¿qué tipo de libro?; ~ **time is it?** ¿qué hora es?; ~ **an idiot!** ¡qué idiota! II. *pron* 1. *interrog* qué; ~ **can I do?** ¿qué puedo hacer?; ~ **does it matter?** ¿qué importa?; ~**'s up?** ¿qué hay?; ~**'s his name?** ¿cómo se llama?; ~ **about Paul?** ¿y Paul?; ~ **about a walk?** ¿te va un paseo?; **so ~?** ¿y qué? 2. *rel* lo que; ~ **I like is ...** lo que me gusta es...; ~ **is more** lo que es más

whatever [hwɒt'evə', *Am:* hwʌt-'evə'] I. *pron* 1. (*anything*) (todo) lo que; ~ **happens** pase lo que pase 2. (*any of them*) cualquier(a); ~ **you pick is fine** cualquiera (de los) que elijas está bien; **nothing ~** nada de nada II. *adj* 1. (*being what it may be*) cualquiera que; ~ **the reason** sea cual sea la razón 2. (*of any kind*) de ningún tipo; **there is no doubt ~** no hay ningún tipo de duda

whatsoever [ˌhwɒtsəʊ'evə', *Am:* ˌhwʌtsoʊ'evə'] *adv* sea cual sea; **to have no interest ~ in sth** no tener interés alguno en algo

wheat [hwiːt] *n no pl* trigo *m;* **to separate the ~ from the chaff** *fig* separar la cizaña del buen grano

wheatgerm *n no pl* germen *m* de trigo

wheel [hwiːl] I. *n* 1. (*of vehicle*) rueda *f;* **front/rear ~** rueda *f* delantera/trasera; **on ~s** sobre ruedas 2. TECH torno *m* 3. (*steering wheel*) volante *m* II. *vt* (*bicycle, pram*) empujar III. *vi* **to ~ and deal** *inf* hacer negocios sucios

◆ **wheel round** *vi* dar media vuelta

wheelbarrow *n* carretilla *f* **wheelchair** *n* silla *f* de ruedas **wheel clamp** *n* cepo *m*

wheeling ['hwiːlɪŋ] *n* ~ **and dealing** *inf* negocios *mpl* sucios

wheeze [hwiːz] I. <-zing> *vi* resollar II. *n Brit, inf* **a good ~** una buena idea

when [hwen] I. *adv* cuándo II. *conj* 1. (*time*) cuando; ~ **it snows** cuando nieva; **I'll tell her ~ she arrives** se lo diré cuando llegue 2. (*considering that*) si

whenever [hwen'evə', *Am:* -ə'] I. *conj* 1. (*every time that*) siempre que; ~ **I can** siempre que puedo 2. (*at any time that*) **he can come ~ he likes** puede venir cuando quiera II. *adv* cuando sea

where [hweə'] *adv* 1. *interrog* dónde 2. *rel* donde; **the box ~ he puts his things** la caja donde pone sus cosas

whereabout(s) ['hweərəbaʊt(s), *Am:* 'hwerə-] I. *n + sing/pl vb* paradero *m* II. *adv inf* dónde

whereas [hweər'æz, *Am:* hwer'-] *conj* 1. (*while*) mientras que 2. LAW considerando que

whereby [hweə'baɪ, *Am:* hwer'-] *conj form* por lo cual

wherein [hweər'ɪn, *Am:* hwer'-] *conj form* en donde

whereupon [ˌhweərə'pɒn, *Am:* 'hwerəˌpɑːn] *conj form* con lo cual

wherever [ˌhweər'evə', *Am:* ˌhwer-'evə'] I. *conj* dondequiera que; ~ **I go** dondequiera que vaya II. *adv* ~ **did she find that?** ¿dónde demonios encontró eso?

wherewithal ['hweəwɪðɔːl, *Am:* 'hwer-] *n no pl, liter* recursos *mpl*

whet [hwet] <-tt-> *vt* **to ~ sb's appetite** aguzar el deseo de alguien

whether ['hweðə', *Am:* -ə'] *conj* si; **she doesn't know ~ to buy it or**

not no sabe si comprarlo o no; I **doubt** ~ **he'll come** dudo que venga; ~ **rich or poor ...** sean ricos o pobres...; ~ **I go by bus or bike ...** vaya en autobús o en bicicleta...

which [hwɪtʃ] I. *adj interrog* ~ **one/ ones?** ¿cuál/cuáles? II. *pron* **1.** *interrog* cuál **2.** *rel* (el/la) que, (los/ las) que; **the book** ~ **I read** el libro que leí

whichever [hwɪtʃevəʳ, *Am:* -əʳ] I. *pron* cualquiera que; **you can choose** ~ **you like** puedes escoger el que quieras II. *adj* cualquier, el que; **you can take** ~ **book you like** puedes coger el libro que quieras

whiff [hwɪf] *n* olor *m;* **to catch a** ~ **of sth** percibir un olorcillo a algo; **a** ~ **of corruption** una sospecha de corrupción

while [hwaɪl] I. *n* rato *m;* **a short** ~ un ratito; **after a** ~ después de un tiempo; **once in a** ~ de vez en cuando II. *conj* **1.** (*during which time*) mientras **2.** (*although*) aunque
◆ **while away** *vt* pasar; **to** ~ **the time** hacer tiempo

whilst [hwaɪlst] *conj Brit s.* **while**

whim [hwɪm] *n* capricho *m;* **to do sth on a** ~ hacer algo por capricho

whimper ['hwɪmpəʳ, *Am:* -pəʳ] I. *vi* quejarse II. *n* quejido *m*

whine [hwaɪn] <-ning> *vi* **1.** (*complain*) gemir **2.** (*engine*) zumbar

whinge [hwɪndʒ] *vi inf* quejarse

whip [hwɪp] I. *n* **1.** (*lash*) látigo *m*, chicote *m AmL* **2.** POL persona encargada de la disciplina de partido II. <-pp-> *vt* **1.** (*strike*) azotar **2.** GASTR batir **3.** *Am, fig, inf* (*defeat*) **to** ~ **sb** dar una paliza a alguien
◆ **whip out** *vt* sacar de repente
◆ **whip up** *vt* (*encourage*) avivar; **to** ~ **support** conseguir apoyo

whipped cream *n* nata *f* montada

whippet ['hwɪpɪt] *n* lebrel *m*

whipping *n* (*punishment*) azotaina *f*

whipping-boy *n* cabeza *f* de turco

whipping cream *n no pl* nata *f* para montar

whirl [hwɜːl, *Am:* hwɜːrl] I. *vi* girar

rápidamente II. *vt* hacer girar III. *n* **to give sth a** ~ *fig* probar algo

whirlpool *n* remolino *m*

whirlwind *n* torbellino *m;* **a** ~ **romance** un idilio relámpago

whirr [hwɜːʳ, *Am:* hwɜːr] *vi* hacer ruido

whisk [hwɪsk] I. *vt* **1.** GASTR batir **2.** (*take*) **to** ~ **sb off somewhere** llevar a alguien a toda prisa a algún sitio **3.** (*sweep*) sacudir II. *n* batidora *f*

whisker ['hwɪskəʳ, *Am:* -kəʳz] *n* **1.** *pl* (*facial hair*) pelo *m* de la barba; (*of animal*) bigotes *mpl* **2.** *fig* **by a** ~ por un pelo; **within a** ~ (**of sth**) a dos dedos (de algo)

whiskey *n Irish, Am,* **whisky** ['hwɪski] *n* <-ies> *Brit, Aus* whisky *m*

whisper ['hwɪspəʳ, *Am:* -pəʳ] I. *vi* susurrar II. *vt* susurrar; **it is** ~**ed that ...** se rumorea que... III. *n* susurro *m;* **to speak in a** ~ hablar muy bajo; **the** ~ **of the leaves** el rumor de las hojas

whist [hwɪst] *n no pl* whist *m*

whistle ['hwɪsl] I. <-ling> *vi* (*of person*) silbar; (*of bird*) trinar II. <-ling> *vt* silbar III. *n* **1.** *no pl* (*sound*) silbido *m* **2.** (*device*) pito *m;* **to blow the** ~ **on sb** *fig* llamar al orden a alguien

whit [hwɪt] *n no pl, form* **not a** ~ ni pizca

white [hwaɪt] I. *adj* blanco; ~ **lie** mentira *f* piadosa II. *n* **1.** (*colour*) blanco *m;* (*of egg*) clara *f* **2.** (*person*) blanco, -a *m, f*

whitebait *n inv* chanquetes *mpl*

whitecollar worker *n* oficinista *mf*

white goods *npl* electrodomésticos *mpl* **White House** *n no pl* **the** ~ la Casa Blanca **white sauce** *n* besamel *f* **white spirit** *n no pl, Brit* trementina *f*

whitewash I. <-es> *n* **1.** *no pl* (*paint*) enjalbegue *m* **2.** (*coverup*) blanqueo *m* **3.** *inf* (*victory*) paliza *f* II. *vt* **1.** (*paint*) encalar **2.** (*conceal*) blanquear **3.** *inf* (*defeat*) dar un baño a

whither ['hwɪðə', *Am:* -ə·] *adv form* adónde

whiting ['hwaɪtɪŋ, *Am:* -t̬ɪŋ] *n* pescadilla *f*

Whitsun ['hwɪtsən] *n no pl* Pentecostés *m*

whittle ['hwɪtl, *Am:* 'hwɪt̬-] <-ling> *vt* tallar

◆ **whittle down** *vt fig* reducir gradualmente

whizz [hwɪz] *vi inf* to ~ **by** pasar como una bala

whizz kid *n inf* joven genio *m*

who [huː] *pron* 1. *interrog* quién, quiénes 2. *rel* que; **the people ~ work here** la gente que trabaja aquí; **it was your sister ~ did it** fue tu hermana quien lo hizo

WHO [ˌdʌbljuːeɪtʃ'əʊ, *Am:* -'oʊ] *n abbr of* **World Health Organization** OMS *f*

whoever [huːˈevə', *Am:* -ə·] *pron rel* quien, quienquiera que; ~ **said that doesn't know me** el que dijo eso no me conoce

whole [həʊl, *Am:* hoʊl] I. *adj* 1. (*entire*) todo; **the ~ world** el mundo entero 2. (*in one piece*) entero; **to swallow sth ~** tragarse algo entero 3. *inf* **a ~ lot of people** mucha gente; **to be a ~ lot faster** ser mucho más rápido II. *n* todo *m;* **as a ~** en su totalidad; **on the ~** en general; **the ~ of Barcelona** toda Barcelona

wholefood ['həʊlfuːd, *Am:* 'hoʊl-] *n Brit* alimentos *mpl* integrales

wholegrain ['həʊlgreɪn, *Am:* 'hoʊl-] *adj* integral

whole-hearted [ˌhəʊl'hɑːtɪd, *Am:* ˌhoʊl'hɑːrt̬ɪd] *adj* entusiasta

wholemeal ['həʊlmiːl, *Am:* 'hoʊl-] *adj Brit* integral

wholesale ['həʊlseɪl, *Am:* 'hoʊl-] I. *adj* 1. COM al por mayor 2. (*large-scale*) a gran escala II. *adv* COM al por mayor

wholesaler *n* mayorista *mf*

wholesome ['həʊlsəm, *Am:* 'hoʊl-] *adj* sano

whom [huːm] *pron* 1. *interrog* a quién, a quiénes; *after prep* quién,

quiénes 2. *rel* a quien, que; *after prep* quien, que

whoop [huːp] I. *vi* gritar II. *n* grito *m*

whoopee ['hwʊpi, *Am:* 'hwuːpi] *interj* estupendo

whooping cough ['huːpɪŋkɒf, *Am:* -kɑːf] *n no pl* tos *f* ferina

whoops [hwʊps] *interj inf* epa

whopper ['hwɒpə', *Am:* 'hwɑːpə·] *n* 1. (*thing*) cosa muy grande; **what a ~!** ¡qué enorme! 2. (*lie*) embuste *m*

whopping ['hwɒpɪŋ, *Am:* 'hwɑː-pɪŋ] *adj inf* enorme

whore [hɔː', *Am:* hɔːr] *n pej* puta *f*

whose [huːz] I. *adj* 1. *interrog* de quién, de quiénes 2. *rel* cuyo, cuya, cuyos, cuyas II. *pron poss* de quién, de quiénes

why [hwaɪ] I. *adv* por qué; ~ **not?** ¿por qué no? II. *n* **the ~s and wherefores of sth** el porqué de algo

wick [wɪk] *n* mecha *f;* **to get on sb's ~** *Brit, inf* hacer subir a alguien por las paredes

wicked ['wɪkɪd] *adj* malvado; **a ~ sense of humour** un sentido del humor mordaz

wicker ['wɪkə', *Am:* -ə·] *n no pl* mimbre *m*

wicket ['wɪkɪt] *n* SPORTS palos *mpl;* **to be on a sticky ~** *fig* estar en una situación difícil

wide [waɪd] I. *adj* (*broad*) extenso; (*measurement*) ancho; **it is 3 m ~** mide 3 m de ancho; **eyes ~ with fear** ojos muy abiertos de miedo; **a ~ range** una amplia gama; ~ **support** gran apoyo; **to be ~ of the mark** no acertar II. *adv* extensamente; **to be ~ apart** estar muy lejos (el uno del otro); ~ **open** (*eyes*) muy abierto; (*door*) abierto de par en par

widely *adv* extensamente; ~ **admired** muy admirado; ~ **differing aims** objetivos *mpl* muy diferentes

widen ['waɪdən] I. *vt* ensanchar; (*discussion*) ampliar II. *vi* ensancharse

wide-open *adj* 1. (*undecided*) abierto 2. (*exposed*) expuesto

widespread ['waɪdspred] *adj* extendido; *fig* general

widow ['wɪdəʊ, *Am:* -oʊ] *n* viuda *f*

widower ['wɪdəʊəʳ, *Am:* oʊəʳ] *n* viudo *m*

width [wɪdθ] *n no pl* anchura *f*; (*of clothes, swimming pool*) ancho *m*; **to be 3 cm in ~** medir 3 cm de ancho

wield [wiːld] *vt* manejar; (*weapon*) empuñar; (*power*) ejercer

wife [waɪf] <wives> *n* mujer *f*

wig [wɪg] *n* peluca *f*

wiggle ['wɪgl] *vt* menear; (*toes*) mover

wild [waɪld] **I.** *adj* **1.** (*animal, man*) salvaje; (*flower*) silvestre; (*landscape*) agreste; (*hair*) descuidado **2.** (*undisciplined*) indisciplinado; (*plan*) estrafalario; (*remarks*) delirante; (*guess*) disparatado **3.** (*stormy*) tormentoso **4.** *inf* (*angry*) furioso; **to drive sb ~** sacar de quicio a alguien; **to go ~** ponerse loco **5.** *inf* (*very enthusiastic*) emocionado **II.** *adv* **to grow ~** crecer libre; **to let one's imagination run ~** dejar volar la imaginación **III.** *n pl* **the ~s** la tierra virgen

wild boar *n* jabalí *m* **wild card** *n* comodín *m* **wildcat** *n* ZOOL gato *m* montés

wilderness ['wɪldənəs, *Am:* -dɚ-] *n no pl* (*desert*) páramo *m*; **to be in the ~** *fig* estar marginado

wildfire *n* **to spread like ~** extenderse como un reguero de pólvora **wildlife** *n no pl* fauna *f* y flora

wildly *adv* **1.** (*uncontrolledly*) como loco; **to behave ~** portarse como un salvaje; **to talk ~** hablar sin ton ni son **2.** (*haphazardly*) a lo loco **3.** *inf* (*very*) muy

wilful ['wɪlfəl] *adj Brit* **1.** (*deliberate*) deliberado **2.** (*obstinate*) obstinado

will¹ [wɪl] <would> **I.** *aux* **1.** (*to form future tense*) **I expect they'll come by car** supongo que vendrán en coche; **he'll win** ganará **2.** (*with tag question*) **you won't forget to tell him, ~ you?** no te olvidarás de-

círselo, ¿verdad?; **they ~ accept this credit card in France, won't they?** aceptarán esta tarjeta de crédito en Francia, ¿no? **3.** (*to express immediate future*) **we'll be off now** ahora nos vamos; **I'll answer the telephone** contesto yo al teléfono **4.** (*to express an intention*) **I ~ not be spoken to like that!** ¡no consiento que se me hable así! **5.** (*in requests and instructions*) **~ you let me speak!** ¡déjame hablar!; **just pass me that knife, ~ you?** pásame ese cuchillo, ¿quieres?; **~ you have a slice of cake?** ¿quiere un pedazo de tarta?; **who'll post this letter for me? – I ~** ¿quién me echa esta carta al buzón? – lo haré yo **6.** (*used to express a fact*) **the car won't run without petrol** el coche no funciona sin gasolina **7.** (*to express persistence*) **he ~ keep doing that** se empeña en hacer eso; **they ~ keep sending me those brochures** no dejan de mandarme estos folletos **8.** (*to express likelihood*) **they'll be tired** estarán cansados; **she ~ have received the letter by now** ya debe haber recibido la carta **II.** *vi form* **as you ~** como quieras

will² **I.** *n* **1.** *no pl* (*faculty*) voluntad *f*; (*desire*) deseo *m*; **the ~ of the people** la voluntad del pueblo; **to lose the ~ to live** perder las ganas de vivir; **at ~** a voluntad; **with the best ~ in the world** con la mejor voluntad del mundo; **to have a ~ of one's own** ser cabezón; **where there's a ~, there's a way** *prov* querer es poder *prov* **2.** (*testament*) testamento *m* **II.** *vt* **1.** (*try to cause*) sugestionar; **to ~ sb to do sth** sugestionar a alguien para que haga algo **2.** *form* (*ordain*) ordenar **3.** (*bequeath*) legar

willful *adj Am s.* **wilful**

willing ['wɪlɪŋ] *adj* **1.** (*not opposed*) dispuesto; **to be ~ to do sth** estar dispuesto a hacer algo **2.** (*compliant*) servicial

willingness *n no pl* **to show ~ to do sth** mostrar buena voluntad para hacer algo

willow ['wɪləʊ, *Am:* -oʊ] *n* sauce *m*

willpower *n no pl* fuerza *f* de voluntad

wilt [wɪlt] *vi* (*plants*) marchitarse; (*person*) languidecer

wily ['waɪli] <-ier, -iest> *adj* astuto

wimp [wɪmp] *n inf* endeble *mf*

win [wɪn] I. *n* victoria *f* II.<won, won> *vt* 1.(*be victorious*) ganar; **to ~ first prize** llevarse el primer premio; **to ~ the day** prevalecer 2.(*promotion, contract*) conseguir; (*recognition, popularity*) ganarse III.<won, won> *vi* ganar; **you (just) can't ~ with her** con ella, siempre llevas las de perder; **you ~!** ¡como tú digas!

◆ **win over** *vt* **to win sb over to sth** convencer a alguien para algo

◆ **win round** *vt s.* **win over**

wince [wɪns] *vi* 1.(*with pain*) hacer un gesto de dolor 2.(*with embarrassment*) estremecerse

winch [wɪntʃ] <-es> *n* torno *m*

wind¹ [wɪnd] I. *n* 1.(*current of air*) viento *m*; **gust of ~** ráfaga *f*; **to get ~ of sth** enterarse de algo; **to put the ~ up sb** *Brit, Aus* asustar a alguien; **to sail close to the ~** estar a punto de pasarse de la raya; **to take the ~ out of sb's sails** desanimar a alguien 2.*no pl* (*breath*) aliento *m*; **to get one's ~** recobrar el aliento 3.*no pl, Brit, Aus* MED gases *mpl*; **to break ~** ventosear II. *vt* dejar sin aliento

wind² [waɪnd] <wound, wound> I. *vt* 1.(*coil*) enrollar; (*wool*) ovillar; **to ~ sth around sth** enrollar algo alrededor de algo 2.(*wrap*) envolver 3.(*turn: handle*) hacer girar; (*watch*) dar cuerda a 4.(*film*) hacer correr II. *vi* serpentear

◆ **wind down** I. *vt* 1.(*lower*) bajar 2.(*gradually reduce*) disminuir progresivamente II. *vi* (*relax*) desconectar

◆ **wind up** I. *vt* 1.(*bring to an end*) acabar; (*debate, meeting, speech*) concluir 2.*Brit, Aus* COM liquidar 3.(*watch*) dar cuerda a; **to wind sb up** *Brit, fig* tomar el pelo a alguien

II. *vi* (*come to an end*) finalizar; **to ~ in prison** ir a parar a a la carcel

windbag *n inf* charlatán, -ana *m, f*

wind energy *n no pl* energía *f* eólica **windfall** *n fig* ganancia *f* imprevista **wind instrument** *n* instrumento *m* de viento **windmill** *n* molino *m* de viento

window ['wɪndəʊ, *Am:* -doʊ] *n* (*in building*) a. INFOR ventana *f*; (*of shop*) vidriera *f*; (*display*) escaparate *m*; (*of car, train, in envelope*) ventanilla *f*; **a ~ of opportunity** una oportunidad

window box <-es> *n* jardinera *f* **window cleaner** *n* limpiacristales *mf inv* **window display** *n* escaparate *m* **window ledge** *n* alféizar *m* **window-shopping** *n no pl* **to go ~** ir a mirar escaparates **window--sill** *n* repisa *f* de la ventana

windpipe *n* tráquea *f* **wind power** *n no pl* energía *f* eólica

windscreen *n Brit, Aus* parabrisas *m inv* **windscreen wiper** *n* limpiaparabrisas *m inv*

windshield *n Am* parabrisas *m inv* **windsock** *n* manga *f* de viento

windsurfer *n* surfista *mf*

windsurfing *n no pl* windsurf *m*

windswept ['wɪndswept] *adj* azotado por el viento

windy¹ ['wɪndi] <-ier, -iest> *adj* ventoso

windy² ['waɪndi] <-ier, -iest> *adj* sinuoso

wine [waɪn] I. *n no pl* vino *m* II. *vt* **to ~ and dine sb** dar a alguien muy bien de comer y de beber

wine glass <-es> *n* copa *f* para vino

wing [wɪŋ] I. *n* 1.ZOOL, AVIAT, ARCHIT, POL ala *f*; **to spread one's ~s** *fig* desplegar las alas; **to take sb under one's ~** *fig* hacerse cargo de alguien 2.(*side of field*) ala *f* exterior; (*player*) extremo, -a *m, f* 3.*pl* THEAT bastidores *mpl*; **to be waiting in the ~s** *fig* estar esperando su oportunidad 4.*Brit* AUTO guardabarros *m inv* II. *vt* (*wound*) herir en el ala

winger ['wɪŋəʳ, *Am:* -ɚ] *n* SPORTS extremo, -a *m, f*

W
w

wing nut *n* TECH palomilla *f*

wingspan *n* envergadura *f*

wink [wɪŋk] **I.** *n* guiño *m;* **to give sb a ~** guiñar el ojo a alguien; **to have forty ~s** *inf* echarse una siestecita; **not to sleep a ~** no pegar ojo; **in a ~** en un abrir y cerrar de ojos **II.** *vi* **1.** (*close one eye*) guiñar el ojo; **to ~ at sb** guiñar el ojo a alguien **2.** (*flash*) parpadear

winner ['wɪnər, *Am:* -ɚ] *n* **1.** (*person, team*) ganador(a) *m(f)* **2.** *inf* (*goal, point*) tanto *m* decisivo **3.** *inf* (*success*) éxito *m;* **to be on to a with sth** tener mucho éxito con algo

winning ['wɪnɪŋ] **I.** *adj* **1.** (*team*) ganador; (*ticket*) premiado **2.** (*charming*) encantador **II.** *n pl* (*money*) ganancias *fpl*

winter ['wɪntər, *Am:* -ţɚ] **I.** *n* invierno *m* **II.** *vi* (*animals*) invernar; (*person*) pasar el invierno

winter sports *npl* deportes *mpl* de invierno **wintertime** *n no pl* invierno *m*

wint(e)ry ['wɪntri] *adj* invernal

wipe [waɪp] **I.** *n* **1.** (*act of wiping*) limpieza *f;* **to give sth a ~** limpiar algo **2.** (*tissue*) toallita *f* **II.** *vt* **1.** (*remove dirt*) limpiar; (*floor*) fregar; (*one's nose*) sonarse; **to ~ sth dry** secar algo **2.** (*erase: disk, tape*) borrar

◆ **wipe out** *vt* (*population, species*) exterminar; (*debt*) liquidar

◆ **wipe up** *vt* limpiar

wire ['waɪər, *Am:* 'waɪɚ] **I.** *n* **1.** *no pl* (*metal thread*) alambre *m;* ELEC cable *m;* **to get one's ~s crossed** *inf* tener un malentendido **2.** (*telegram*) telegrama *m* **II.** *vt* **1.** (*fasten with wire*) sujetar con alambre **2.** ELEC conectar **3.** (*send*) **to ~ sb money** enviar un giro telegráfico a alguien

wire-cutters *npl* cortaalambres *m inv*, pinzas *fpl* de corte *Méx*

wireless *n* Brit *no pl* radio *f*

wiring ['waɪərɪŋ, *Am:* 'waɪɚ-] *n no pl* ELEC instalación *f* eléctrica

wiry ['waɪəri, *Am:* 'waɪɚ-] <-ier, -iest> *adj* (*hair*) áspero; (*build, per-son*) enjuto y fuerte

wisdom ['wɪzdəm] *n no pl* sabiduría *f;* (*of decision*) prudencia *f*

wisdom tooth <- teeth> *n* muela *f* del juicio

wise [waɪz] *adj* (*person*) sabio; (*words*) juicioso; (*decision, choice*) inteligente; **the Three Wise Men** los Reyes Magos; **to be ~ to sth** estar al tanto de algo

◆ **wise up** *vi* **to ~ to sth** ponerse al tanto de algo

wisecrack *n* **to make a ~ about sth** hacer un chiste sobre algo

wish [wɪʃ] **I.** <-es> *n* **1.** (*desire*) deseo *m;* **against my ~es** en contra de mi voluntad; **to make a ~** expresar un deseo **2.** *pl* (*greetings*) **give him my best ~es** dale muchos recuerdos de mi parte; (**with**) **best ~es** (*at end of letter*) un abrazo **II.** *vt* **1.** (*feel a desire*) desear; **I ~ he hadn't come** ojalá no hubiera venido **2.** *form* (*want*) **to ~ to do sth** querer hacer algo **3.** (*hope*) **to ~ sb luck** desear suerte a alguien; **to ~ sb happy birthday** felicitar a alguien por su cumpleaños **III.** *vi* desear; **if you ~** como quieras; **to ~ for sth** anhelar algo; (*make a wish*) desear algo

wishbone *n* espoleta *f*

wisp [wɪsp] *n* (*of hair*) mechón *m;* (*of straw*) brizna *f;* (*of smoke*) voluta *f;* (*of cloud*) jirón *m*

wistful ['wɪstfəl] *adj* melancólico

wit [wɪt] *n* **1.** *no pl* (*clever humour*) ingenio *m;* **to have a dry ~** ser mordaz **2.** (*practical intelligence*) inteligencia *f;* **to be at one's ~s' end** estar para volverse loco; **to frighten sb out of his ~s** dar a alguien un susto de muerte; **to keep one's ~s about one** andar con mucho ojo **3.** (*witty person*) chistoso, -a *m, f*

witch [wɪtʃ] <-es> *n* bruja *f*

witchcraft *n no pl* brujería *f*, payé *m CSur* **witch doctor** *n* brujo *m*, payé *m CSur* **witch-hunt** *n* caza *f* de brujas

with [wɪð] *prep* con; **~ me** conmigo; **~ you** contigo; **to replace sth ~ something else** reemplazar algo por otra cosa; **the man ~ the umbrella** el hombre del paraguas; **~ all his faults** (*despite*) a pesar de todos sus defectos; **to cry ~ rage** llorar de rabia; **to be pleased ~ sth** estar satisfecho con algo; **to fill up ~ fuel** llenar de gasolina; **to be angry ~ sb** estar enfadado con alguien; **he/she took it ~ him/her** lo llevó consigo

withdraw [wɪðˈdrɔː, *Am:* -ˈdrɑː] *irr* **I.** *vt* **1.** (*take out*) quitar; (*money*) sacar **2.** (*take back*) retirar **II.** *vi* **1.** *form* (*leave*) retirarse; **to ~ from public life** retirarse de la vida pública **2.** *fig* (*become unsociable*) recluirse

withdrawal [wɪðˈdrɔːəl, *Am:* -ˈdrɑː-] *n* **1.** *a.* MIL retirada *f*; **to make a ~** FIN sacar dinero **2.** *no pl* (*of consent, support*) supresión *f*

withdrawal symptoms *npl* síndrome *m* de abstinencia

wither [ˈwɪðəʳ, *Am:* -ɚ] *vi* **1.** (*plants*) marchitarse **2.** *fig* (*lose vitality*) debilitarse; **to allow sth to ~** dejar que algo pierda vida

withering [ˈwɪðərɪŋ] *adj* **1.** (*heat*) abrasador **2.** (*criticism, glance*) hiriente

withhold [wɪðˈhəʊld, *Am:* -ˈhoʊld] *irr vt* (*information*) ocultar; (*support*) negar; (*rent*) retener

within [wɪðˈɪn] **I.** *prep* dentro de; **~ 3 days** en el plazo de tres días; **~ 2 km of the town** a menos de 2 km de la ciudad; **~ the law** dentro de la ley **II.** *adv* dentro; **from ~** desde adentro

without [wɪðˈaʊt] *prep* sin; **~ warning** sin previo aviso; **to do ~ sth** apañárselas sin algo

withstand [wɪðˈstænd] *irr vt* resistir; (*heat, pressure*) soportar

witness [ˈwɪtnəs] **I.** *n* **1.** (*person*) testigo *mf*; **to be (a) ~ to sth** presenciar algo **2.** *no pl, form* (*testimony*) testimonio *m*; **to bear ~ to sth** dar fe de algo **II.** *vt* (*see*) ser testigo de; (*changes*) presenciar; **to ~ sb doing sth** observar a alguien haciendo algo

witness box <-es> *n Brit*, **witness stand** *n Am* tribuna *f* (de los testigos)

witty [ˈwɪti, *Am:* ˈwɪt̬-] <-ier, -iest> *adj* gracioso

wizard [ˈwɪzəd, *Am:* -ɚd] *n* mago, -a *m, f*

wizened [ˈwɪznd] *adj* (*fruit*) marchito; (*face, skin*) arrugado

wobble [ˈwɒbl, *Am:* ˈwɑːbl] **I.** *vi* tambalearse; (*voice*) temblar **II.** *n* tambaleo *m*

wobbly [ˈwɒbli, *Am:* ˈwɑːbli] <-ier, -iest> *adj* **1.** (*unsteady*) tambaleante; (*chair*) cojo **2.** (*note, voice*) tembloroso

woe [wəʊ, *Am:* woʊ] *n no pl, liter* desgracia *f*

woeful [ˈwəʊfəl, *Am:* ˈwoʊ-] *adj* lamentable

wok [wɒk, *Am:* wɑːk] *n* puchero *m* chino de metal

woke [wəʊk, *Am:* woʊk] *vt, vi pt of* **wake**

woken [ˈwəʊkən, *Am:* ˈwoʊ-] *vt, vi pp of* **wake**

wolf [wʊlf] **I.** <wolves> *n* lobo *m*; **a ~ in sheep's clothing** un lobo disfrazado de cordero; **to cry ~** dar una falsa alarma **II.** *vt inf* engullir

wolf whistle *n* silbido *m* de admiración

woman [ˈwʊmən] <women> *n* mujer *f*

womanizer *n* mujeriego *m*

womanly [ˈwʊmənli] *adj* (*not manly*) femenino; (*not girlish*) de mujer adulta

womb [wuːm] *n* útero *m*

womenfolk [ˈwɪmɪnfəʊk, *Am:* -foʊk] *npl* mujeres *fpl*

won [wʌn] *vt, vi pt, pp of* **win**

wonder [ˈwʌndəʳ, *Am:* -dɚ] **I.** *vt* preguntarse; **I ~ why he said that** me extraña que dijera eso **II.** *vi* preguntarse; **to ~ about sth** preguntarse algo; **to ~ at sth** maravillarse de algo **III.** *n* **1.** (*marvel*) maravilla *f*; **to do ~s** hacer maravillas; **it's a ~ (that)** ... es un milagro que ... +*subj* **2.** *no pl* (*feeling*) asombro *m*; **in ~** con estupefacción

wonderful [ˈwʌndəfəl, *Am:* -dɚ-] *adj* maravilloso

wont [wəʊnt, *Am:* wɔ:nt] *form*
I. *adj* **to be ~ to do sth** soler hacer
algo **II.** *n no pl* **as is her ~** como
suele hacer

woo [wu:] *vt* **1.** (*try to attract*) **to ~
sb** (*customers*) buscar atraer a alguien; (*voters*) buscar el apoyo de alguien **2.** (*court*) cortejar

wood [wʊd] *n* **1.** *no pl* (*material*)
madera *f;* (*fuel*) leña *f;* **to touch ~,
to knock on ~** *Am, fig* tocar madera
2. (*group of trees*) bosque *m*

woodcutter *n* leñador(a) *m(f)*

wooded ['wʊdɪd] *adj* boscoso

wooden ['wʊdn] *adj* **1.** (*made of
wood*) de madera; (*leg, spoon*) de
palo **2.** (*awkward*) rígido

woodpecker *n* pájaro *m* carpintero

woodwind *n* instrumentos *mpl* de
viento (de madera)

woodwork *n no pl* **1.** (*wooden parts
of building*) carpintería *f* **2.** *Brit* (*carpentry*) ebanistería *f* **woodworm** *n
inv* carcoma *f*

woody ['wʊdi] <-ier, -iest> *adj*
(*plant*) leñoso; (*flavour*) amaderado

wool [wʊl] *n no pl* lana *f;* **to pull the
~ over sb's eyes** *fig* dar a alguien
gato por liebre

woolen *adj Am,* **woollen** ['wʊlən]
adj Brit de lana

woolly *adj Brit,* **wooly** ['wʊli] <-ier,
-iest> *adj Am* **1.** (*made of wool*) de
lana **2.** (*wool-like*) lanoso **3.** (*vague*)
vago

word [wɜ:d, *Am:* wɜ:rd] **I.** *n* **1.** (*unit
of language*) palabra *f;* **to be a man
of few ~s** ser hombre de pocas palabras; **to not breathe a ~ of sth** no
decir ni pío de algo; **to be too ridiculous for ~s** ser tremendamente
ridículo; **in other ~s** en otros términos; **~ for ~** literalmente; **a ~ of advice** un consejo; **a ~ of warning**
una advertencia; **to say the ~** dar la
orden; **by ~ of mouth** de viva voz;
to put in a good ~ for sb interceder
por alguien; **to have ~s with sb** discutir con alguien; **my ~!** ¡caramba!
2. *no pl* (*news*) **to get ~ of sth** enterarse de algo; **to have ~ that …**
tener conocimiento de que… **3.** *no*

pl (*promise*) palabra *f* de honor; **to
keep one's ~** cumplir su promesa
4. *pl* (*lyrics*) letra *f* **II.** *vt* expresar

wording *n no pl* términos *mpl*

wordplay *n no pl* juego *m* de palabras

word processing *n no pl* tratamiento *m* de textos **word processor** *n*
procesador *m* de textos

wore [wɔ:ʳ, *Am:* wɔ:r] *vt, vi pt of*
wear

work [wɜ:k, *Am:* wɜ:rk] **I.** *n* **1.** *no pl*
(*useful activity*) trabajo *m;* **to set sb
to ~** poner a trabajar a alguien; **good
~!** ¡bien hecho!; **to make short ~ of
sth** despachar algo rápidamente
2. *no pl* (*employment*) empleo *m;* **to
be in/out of ~** estar en activo/en
paro **3.** *no pl* (*place of employment*)
lugar *m* de trabajo **4.** (*product*) a.
ART, MUS obra *f;* **~ of reference** libro
m de consulta **5.** *pl + sing/pl vb* (*factory*) fábrica *f;* **steel ~s** fundición *f*
de acero **II.** *vi* **1.** (*do job*) trabajar; **to
get ~ing** poner manos a la obra; **to ~
to do sth** dedicarse a hacer algo
2. (*function*) funcionar; (*be successful*) salir adelante; MED hacer efecto;
to ~ against sb obrar en contra de
alguien **3.** + *adj* (*become*) **to ~ free**
soltarse; **to ~ loose** desprenderse
III. *vt* **1.** (*make sb work*) **to ~ sb
hard** hacer trabajar duro a alguien;
to ~ oneself to death matarse trabajando; **to ~ one's way through
university** pagarse la universidad
trabajando **2.** (*operate*) hacer funcionar; **to be ~ed by sth** ser accio-
nado por algo **3.** (*move*) **to ~ sth
free** liberar algo; **to ~ sth loose** desprender algo **4.** (*bring about*) producir; (*miracle*) lograr **5.** (*shape*) tallar;
(*metal*) trabajar **6.** MIN explotar; AGR
cultivar

◆ **work off** *vt* (*frustration*) desahogar

◆ **work out I.** *vt* **1.** (*solve*) resolver
2. (*calculate*) calcular **3.** (*understand*) comprender **II.** *vi* **1.** (*give result*) salir **2. to ~ for the best** salir
perfectamente **3.** (*do exercise*) entrenarse

◆ **work over** *vt inf***to work sb over** dar una paliza a alguien

◆**work up** *vt* **1.** (*energy, enthusiasm*) estimular; **to work oneself up** emocionarse **2.** (*develop*) desarrollar

workable ['wɜːkəbl, *Am:* 'wɜːr-] *adj* factible

worker ['wɜːkəʳ, *Am:* 'wɜːrkəʳ] *n* trabajador(a) *m(f)*; (*in factory*) obrero, -a *m, f*

work ethic *n* ética *f* del trabajo
workforce *n + sing/pl vb* población *f* activa **workhorse** *n* bestia *f* de carga

working *adj* **1.** (*employed*) empleado; (*population*) activo; (*day, week*) laboral **2.** (*functioning*) que funciona; (*moving: model*) móvil; **to have a ~ knowledge of sth** tener conocimientos básicos de algo

working class <-es> *n* **the ~** la clase obrera **working-class** *adj* obrero

workload *n* (volumen *m* de) trabajo *m*

workman <-men> *n* obrero *m*
workmanship ['wɜːkmənʃɪp, *Am:* 'wɜːrk-] *n no pl* **1.** (*skill in working*) destreza *f* **2.** (*quality of work*) confección *f*

work of art *n* obra *f* de arte
workout *n* SPORTS entrenamiento *m*
work permit *n* permiso *m* de trabajo
workplace *n* lugar *m* de trabajo
works committee *n,* **works council** *n* comité *m* de empresa

worksheet *n* hoja *f* de trabajo **workshop** *n* (*place, class*) taller *m* **work station** *n* INFOR estación *f* de trabajo **worktop** *n Brit* encimera *f*

world [wɜːld, *Am:* wɜːrld] *n no pl* mundo *m*; **a ~ authority** una autoridad mundial; **the ~ champion** el campeón del mundo; **the animal ~** el mundo animal; **the best in the ~** el mejor del mundo; **the** (**whole**) **~** **over** en el mundo entero; **to see the ~** ver mundo; **to travel all over the ~** viajar por todo el mundo; **to be ~s apart** ser como la noche y el día; **to be out of this ~** *inf* ser fantástico; **to have the best of both ~s** nadar y

guardar la ropa; **to mean the ~ to sb** serlo todo para alguien; **to think the ~ of sb** tener un alto concepto de alguien; **it's a small ~!** ¡el mundo es un pañuelo!; **I wouldn't do such a thing for** (**all**) **the ~** no haría algo así por nada del mundo; **what in the ~ …?** ¿qué demonios…?

World Bank *n* **the ~** el Banco Mundial **world-class** *adj* de clase mundial **World Cup** *n* SPORTS **the ~** la Copa del Mundo **world-famous** *adj* de fama mundial

worldly ['wɜːldli, *Am:* 'wɜːrld-] *adj* mundano

world record *n* récord *m* mundial **world war** *n* HIST guerra *f* mundial **world-wide** **I.** *adj* mundial **II.** *adv* por todo el mundo

World Wide Web *n* INFOR Red *f* Mundial

worm [wɜːm, *Am:* wɜːrm] **I.** *n* gusano *m*; (*insect larva*) oruga *f*; (*earthworm*) lombriz *f* **II.** *vt* **to ~ oneself under sth** deslizarse por debajo de algo; **to ~ a secret out of sb** sonsacar un secreto a alguien

worn [wɔːn, *Am:* wɔːrn] **I.** *vt, vi pp of* **wear** **II.** *adj* desgastado; (*clothing*) raído

worn-out *adj* (*person, animal*) rendido; (*clothing*) raído

worried *adj* preocupado; **to be ~ about sth** estar preocupado por algo; **to be ~ sick about sth** estar preocupadísimo por algo

worry ['wʌri, *Am:* 'wɜːr-] **I.** <-ies> *n* preocupación *f*; **financial worries** problemas *fpl* económicos; **to be a cause of ~ to sb** dar problemas a alguien **II.** *vt* <-ie-, -ing> preocupar **III.** <-ie-, -ing> *vi* **to ~** (**about sth**) preocuparse (por algo); **don't ~!** ¡no te preocupes!

worrying *adj* preocupante

worse [wɜːs, *Am:* wɜːrs] **I.** *adj comp of* **bad** peor; **from bad to ~** de mal en peor; **to get ~** empeorar; **to get ~ and ~** ser cada vez peor; **to make matters ~ …** por si fuera poco… **II.** *n no pl* **the ~** el/la peor; **to change for the ~** cambiar para mal;

W
w

to have seen ~ haber visto cosas peores III. *adv comp of* **badly** peor; **to do sth** ~ **than ...** hacer algo peor que...

worsen ['wɜːsən, *Am:* 'wɜːr-] *vi, vt* empeorar

worship ['wɜːʃɪp, *Am:* 'wɜːr-] I. *vt* <-pp-, *Am:* -p-> *a.* REL adorar II. *vi* <-pp-, *Am:* -p-> REL hacer sus devociones III. *n no pl* adoración *f;* **Your Worship** Su Señoría

worst [wɜːst, *Am:* wɜːrst] I. *adj superl of* **bad the** ~ el/la peor; **the** ~ **soup I've ever eaten** la peor sopa que he comido (nunca); **the** ~ **mistake** el error más grave II. *adv superl of* **badly** peor; **to be** ~ **affected by sth** ser los más afectados por algo III. *n no pl* **the** ~ lo peor; **at** ~ en el peor de los casos; **to fear the** ~ temerse lo peor; **if** (**the**) ~ **comes to** (**the**) ~ en el peor de los casos

worth [wɜːθ, *Am:* wɜːrθ] I. *n no pl* (*of person*) valía *f;* (*of thing, money*) valor *m;* **to prove one's** ~ demostrar su valía II. *adj* **to be** ~ **...** valer...; **to be** ~ **it** valer la pena; **to be** ~ **millions** *inf* ser millonario; **to be** ~ **a mention** ser digno de mención; **it's not** ~ **arguing about!** ¡no vale la pena discutir por eso!; **it's** ~ **remembering that ...** conviene recordar que...; **it's** ~ **a try** vale la pena intentarlo; **for what it's** ~ *inf* por si sirve de algo

worthless ['wɜːθləs, *Am:* 'wɜːrθ-] *adj* **1.** (*valueless*) sin ningún valor **2.** (*useless*) inútil

worthwhile [ˌwɜːθ'hwaɪl, *Am:* ˌwɜːrθ-] *adj* que vale la pena

worthy ['wɜːði, *Am:* 'wɜːr-] <-ier, -iest> *adj* (*admirable*) encomiable; **a** ~ **cause** una noble causa; **to be** ~ **of sth** ser merecedor de algo

would [wʊd] *aux pt of* **will 1.** (*future in the past*) **he said he** ~ **do it later on** dijo que lo haría más tarde; **we thought they** ~ **have done it before** pensamos que lo habrían hecho antes **2.** (*intention*) **he said he** ~ **always love her** dijo que siempre la querría; **I** ~ **rather have**

beer prefiero beber cerveza; **I** ~ **rather die than do that** antes morir que hacer eso; **why** ~ **anyone want to do something like that?** ¿por qué nadie querría hacer algo así? **3.** (*possibility*) **I'd go myself, but I'm too busy** iría yo mismo, pero estoy demasiado ocupado **4.** (*conditional*) **what** ~ **you do if you lost your job?** ¿qué harías si te quedaras sin trabajo?; **I** ~ **have done it if you'd asked** lo habría hecho si me lo hubieras pedido **5.** (*polite request*) ~ **you mind saying that again?** ¿te importaría repetir eso?; ~ **you like ...?** ¿te gustaría...? **6.** (*regularity in past*) **they** ~ **help each other with their homework** solían ayudarse con los deberes **7.** (*typical*) **the bus** ~ **be late when I'm in a hurry** por supuesto, el autobús siempre llega tarde cuando tengo prisa; **he** ~ **say that, wouldn't he?** era de esperar que lo dijera, ¿no? **8.** (*opinion*) **I** ~ **imagine that ...** me imagino que...; **I** ~**n't have thought that ...** nunca habría pensado que... **9.** (*deduction*) **the guy on the phone had an Australian accent – that** ~ **be Tom, I expect** el chico con quien hablé por teléfono tenía acento australiano – debía de ser Tom

would-be *adj* **1.** (*wishing to be*) aspirante **2.** (*pretending to be*) supuesto

wound¹ [waʊnd] *vi, vt pt, pp of* **wind²**

wound² [wuːnd] I. *n* herida *f* II. *vt* herir

wounded *adj* herido

wove [wəʊv, *Am:* woʊv] *vt, vi pt of* **weave**

woven ['wəʊvən, *Am:* 'woʊv-] *vt, vi pp of* **weave**

wow [waʊ] *inf* I. *interj* caray II. *vt* **to** ~ **sb** volver loco a alguien

wrangle ['ræŋgl] I. <-ling> *vi* discutir II. *n* riña *f*

wrap [ræp] I. *n* (*robe*) bata *f;* **to keep sth under** ~**s** *fig* mantener algo en secreto II. *vt* <-pp-> envolver; **to ~ one's fingers around sth** agarrar algo con las manos

wraparound ['ræpə‚raʊnd] *adj* (*skirt, dress*) cruzado; (*sunglasses*) envolvente

◆ **wrap up** I. *vt* <-pp-> envolver; **to wrap oneself up against the cold** abrigarse para protegerse del frío; **that wraps it up for today** *fig* eso es todo por hoy II. *vi* (*dress warmly*) abrigarse; **to ~ warm** abrigarse bien; **to be wrapped up in sth** *fig* estar absorto en algo

wrapper ['ræpə^r, *Am:* -ə^r] *n* **1.** (*packaging*) envoltorio *m* **2.** *Am* (*robe*) bata *f*

wrapping paper *n* (*plain*) papel *m* de embalar; (*for presents*) papel *m* de regalo

wrath [rɒθ, *Am:* ræθ] *n no pl, liter* ira *f*

wreak [ri:k] <-ed, -ed *o* wrought, wrought> *vt form* **to ~ damage (on sth)** hacer estragos (de algo); **to ~ vengeance on sb** vengarse de alguien

wreath [ri:θ] <wreaths> *n* (*of flowers*) corona *f*; (*of smoke*) espiral *f*

wreathe [ri:ð] *vt liter* **to be ~d in sth** estar rodeado de algo; **to be ~d in smiles** no dejar de sonreír

wreck [rek] I. *vt* destrozar; (*hopes, plan*) arruinar; **to ~ sb's life** destrozar la vida de alguien II. *n* NAUT naufragio *m;* AUTO accidente *m;* **an old ~** (*car*) un cacharro; **to feel a complete ~** estar hecho polvo; **to be a nervous ~** tener los nervios destrozados

wreckage ['rekɪdʒ] *n no pl* (*of vehicle*) restos *mpl;* (*of building*) escombros *mpl*

wrecker ['rekə^r, *Am:* -ə^r] *n Am* AUTO camión-grúa *m*

wren [ren] *n* chochín *m*

wrench [rentʃ] I. *vt* arrancar; **to ~ oneself away** soltarse de un tirón; **to ~ one's ankle** torcerse el tobillo; **to ~ sb from sb** *fig* separar a alguien de alguien II. *n* **1.** (*jerk*) tirón *m,* jalón *m CSur;* (*injury*) torcedura *f*

2. (*emotional pain*) dolor *m* (*causado por una separación*) **3.** *Am* TECH llave *f* inglesa

wrestle ['resl] <-ling> *vi* luchar

wrestler *n* luchador(a) *m(f)*

wrestling *n no pl* lucha *f*

wrestling bout *n,* **wrestling match** *n* combate *m* de lucha

wretch [retʃ] <-es> *n* infeliz *mf*

wretched ['retʃɪd] *adj* (*life, person*) desdichado; (*house, conditions*) miserable; (*weather*) horrible; **to feel ~** (*sick*) estar muy mal; (*depressed*) estar muy abatido; **my ~ car's broken down again!** ¡este maldito coche se me ha vuelto a estropear!

wriggle ['rɪgl] <-ling> *vi* retorcerse; **to ~ out of sth** *fig, inf* escapar de un apuro

wring [rɪŋ] <wrung, wrung> *vt* retorcer; **to ~ one's hands** retorcerse las manos; **to ~ sb's neck** *inf* retorcer el cuello a alguien; **to ~ water out of sth** escurrir el agua de algo; **to ~ the truth out of sb** sacar la verdad a alguien

wringer ['rɪŋə^r, *Am:* -ə^r] *n* rodillo *m* para escurrir la ropa

wrinkle ['rɪŋkl] I. *n* arruga *f* II. <-ling> *vi* arrugarse III. <-ling> *vt* arrugar

wrist [rɪst] *n* **1.** ANAT muñeca *f* **2.** (*of shirt*) puño *m*

wristband *n* (*strap*) correa *f*; (*sweatband*) muñequera *f*

wristwatch <-es> *n* reloj *m* de pulsera

writ [rɪt] *n* orden *f* judicial; **to issue a ~ against sb** expedir un mandato judicial contra alguien

write [raɪt] <wrote, written, writing> I. *vt* **1.** escribir; **to ~ sb a cheque** extender un cheque a alguien **2.** MUS componer II. *vi* escribir; **to ~ to sb** *Brit,* **to ~ sb** *Am* escribir a alguien

◆ **write down** *vt* apuntar

◆ **write off** *vt* **1.** (*give up doing: attempt*) abandonar; (*project*) dar por perdido; **to write sb off as useless** descartar a alguien como inútil **2.** FIN

(*debt*) cancelar **3.** *Brit* AUTO destrozar
◆ **write out** *vt* escribir
◆ **write up** *vt* poner por escrito; (*article, report*) redactar
write-off *n Brit* **to be a complete ~** (*car*) ser declarado siniestro total; (*project, marriage*) ser un fracaso
writer ['raɪtəʳ, *Am:* -ţɚ] *n* **1.** (*person*) escritor(a) *m(f)* **2.** INFOR **CD-ROM/DVD ~** grabador *m* de CD-ROM/DVD
write-up *n* ART, THEAT, MUS crítica *f*
writhe ['raɪð] <writhing> *vi* retorcerse; **to make sb ~ with embarrassment** hacer pasar a alguien por una situación incómoda
writing ['raɪtɪŋ, *Am:* -ţɪŋ] *n no pl* **1.** (*handwriting*) letra *f*; **in ~** por escrito; **to put sth in ~** poner algo por escrito **2.** (*action*) **she likes ~** le encanta escribir **3.** (*written work*) obra *f*
writing paper *n* papel *m* de carta
written I. *vt, vi pp of* **write** II. *adj* escrito
wrong [rɒŋ, *Am:* rɑ:ŋ] I. *adj* **1.** (*not right: answer*) incorrecto; **to be ~ about sth** equivocarse en algo; **to be ~ about sb** juzgar mal a alguien; **to get the ~ number** equivocarse de número; **to prove sb ~** demostrar que alguien se equivoca **2.** (*not appropriate*) inoportuno; **to say the ~ thing** decir lo que no se debe **3.** (*bad*) malo; **is there anything ~?** ¿te pasa algo?; **what's ~ with you today?** ¿qué te pasa hoy?; **something's ~ with the television** el televisor no funciona bien; **it is ~ to do that** está mal hacer eso II. *adv* **1.** (*incorrectly*) incorrectamente; **to do sth ~** hacer algo mal; **to get sth ~** equivocarse en algo; **to get it ~** comprender mal; **to go ~** equivocarse; (*stop working*) estropearse, descomponerse *Méx;* (*fail*) salir mal **2.** (*morally reprehensible*) mal; **to do sth ~** hacer algo mal III. *n* **1.** *no pl a.* LAW, REL mal *m;* (*to know*) **right from ~** saber distinguir entre lo que está bien y lo que está mal; **to do ~** obrar mal; **he can do no ~** es inca-

paz de hacer nada malo; **to be in the ~** (*mistaken*) estar equivocado **2.** (*injustice*) injusticia *f;* **to right a ~** enderezar un entuerto
wrongful *adj* injusto
wrongly *adv* mal
wrote [rəʊt, *Am:* roʊt] *vi, vt pt of* **write**
wrought [rɔːt, *Am:* rɑ:t] *pt, pp of* **work III.4, 5., wreak**
wrought iron *n no pl* hierro *m* forjado
wrought-up *adj* nervioso; **to get ~ about sth** ponerse nervioso por algo
wrung [rʌŋ] *vt pt, pp of* **wring**
wry [raɪ] <wrier, wriest *o* wryer, wryest> *adj* irónico
WW *n abbr of* **World War** Guerra *f* Mundial
WWW *n abbr of* **World Wide Web** INFOR WWW *f*

X, x [eks] *n* X, x *f*
xerox, Xerox® ['zɪərɒks, *Am:* 'zɪrɑ:ks] *vt Am* fotocopiar
Xmas ['krɪstməs, 'eksməs] *n abbr of* **Christmas** Navidad *f*
X-ray ['eksreɪ] I. *n* (*photo*) radiografía *f;* **~s** rayos *mpl* X II. *vt* radiografiar
xylophone ['zaɪləfəʊn, *Am:* -foʊn] *n* xilófono *m*

Y, y [waɪ] *n* Y, y *f*
yacht [jɒt, *Am:* jɑ:t] *n* (*for pleasure*) yate *m;* (*for racing*) velero *m*

yachting *n no pl* **to go ~** navegar
yak [jæk] *n* yak *m*
yam [jæm] *n* **1.** (*vegetable*) ñame *m* **2.** *Am* (*sweet potato*) batata *f*, camote *m AmL*
yank [jæŋk] **I.** *vt inf* **to ~ sth** tirar de algo, jalar de algo *AmL* **II.** *n inf* tirón *m*, jalón *m AmL*
Yank [jæŋk] *n*, **Yankee** ['jæŋki] *n pej, inf* yanqui *mf*, gringo, -a *m, f AmL*
yap [jæp] <-pp-> *vi* (*bark*) ladrar
yard¹ [jɑːd, *Am:* jɑːrd] *n* (*3 feet*) yarda *f* (*0,91 m*)
yard² *n* **1.** (*paved area*) patio *m* **2.** *Am* (*garden*) jardín *m*
yardstick *n fig* criterio *m*
yarn [jɑːn, *Am:* jɑːrn] **I.** *n* **1.** *no pl* (*thread*) hilo *m* **2.** (*story*) cuento *m*; **to spin a ~** inventarse una historia **II.** *vi* inventar historias
yawn [jɔːn, *Am:* jɑːn] **I.** *vi* bostezar **II.** *n* bostezo *m*
yeah [jeə] *adv inf* sí
year [jɪəʳ, *Am:* jɪr] *n* **1.** (*twelve months*) año *m*; **~ in, ~ out** año tras año; **all ~ round** (durante) todo el año; **happy new ~!** ¡feliz año nuevo!; **I'm seven ~s old** tengo siete años **2.** SCHOOL, UNIV curso *m*
yearly **I.** *adj* anual **II.** *adv* anualmente
yearn [jɜːn, *Am:* jɜːrn] *vi* **to ~ to do sth** ansiar hacer algo; **to ~ after sth** anhelar algo; **to ~ for sth** añorar algo
yeast [jiːst] *n no pl* levadura *f*
yell [jel] **I.** *n* grito *m* **II.** *vi, vt* gritar
yellow ['jeləʊ, *Am:* -oʊ] **I.** *adj* **1.** (*colour*) amarillo **2.** *pej, inf* (*cowardly*) cobarde **II.** *n* **1.** (*colour*) amarillo *m* **2.** *Am* (*of egg*) yema *f* (de huevo)
yelp [jelp] **I.** *vi* aullar **II.** *n* aullido *m*
Yemen ['jemən] *n* Yemen *m*
Yemeni ['jemən] *adj* yemení
yep [jep] *adv inf* sí
yes [jes] *adv* sí
yesterday ['jestədeɪ, *Am:* -tə-] *adv* ayer; **~ morning** ayer por la mañana, ayer en la mañana *AmL*, ayer a la mañana *CSur;* **the day before ~** anteayer
yet [jet] **I.** *adv* **1.** (*up to a particular*

time) todavía; **it's too early ~ to ...** aún es muy pronto para...; **not ~** aún no; **as ~** hasta ahora; **have you finished ~?** ¿ya has terminado?; **the best is ~ to come** aún queda lo mejor **2.** (*in addition*) **~ again** otra vez más; **~ bigger/more beautiful** aún más grande/más bonito; **~ more food** todavía más comida **3.** (*despite that*) sin embargo; **we'll get there ~** llegaremos a pesar de todo **II.** *conj* a pesar de todo
yew [juː] *n* tejo *m*
yield [jiːld] **I.** *n* COM, FIN rendimiento *m;* AGR producción *f* **II.** *vt* (*results*) dar; AGR producir; COM, FIN proporcionar; **to ~ ground** ceder terreno; **to ~ responsibility** delegar responsabilidades **III.** *vi* **to ~ to temptation** ceder a la tentación; **to ~ to sb** (*give priority*) dar prioridad a alguien
◆ **yield up** *vt* entregar
yob [jɒb, *Am:* jɑːb] *n*, **yobbo** ['jɒbəʊ, *Am:* 'jɑːboʊ] <-s> *n Brit, Aus, inf* gamberro, -a *m, f*
yoga ['jəʊgə, *Am:* 'joʊ-] *n no pl* yoga *m*
yog(ho)urt ['jɒgət, *Am:* 'joʊgət] *n* yogur *m*
yoke [jəʊk, *Am:* joʊk] *n* **1.** AGR yugo *m* **2.** FASHION canesú *m*
yokel ['jəʊkl, *Am:* 'joʊ-] *n pej* paleto, -a *m, f*, pajuerano, -a *m, f Arg, Bol, Urug*
yolk [jəʊk, *Am:* joʊk] *n* yema *f* (de huevo)
you [juː] *pron pers* **1.** *2nd person sing* tu, vos *CSur;* *pl:* vosotros, vosotras, ustedes *AmL;* **I see ~** te/os veo; **do ~ see me?** ¿me ves/veis?; **it is for ~** es para ti/vosotros; **older than ~** mayor que tú/vosotros **2.** *2nd person sing, polite form* usted; *pl:* ustedes; **older than ~** mayor que usted/ustedes
young [jʌŋ] **I.** *adj* joven; **~ children** niños *mpl* pequeños; **a ~ man** un joven; **my ~er brother** mi hermano menor; **to be ~ at heart** ser joven de espíritu; **you're only ~ once!** ¡sólo se es joven una vez! **II.** *n pl* **1.** (*young*

X
x

Y
y

people) **the** ~ los jóvenes **2.** (*off-spring*) cría *f*

youngster ['jʌŋkstəʳ, *Am:* -stɚ] *n* joven *mf*

your [jɔːʳ, *Am:* jʊr] *adj poss* **1.** *2nd pers sing* tu(s); *pl:* vuestro(s), vuestra(s) **2.** *2nd pers sing and pl, polite form* su(s)

yours [jɔːz, *Am:* jʊrz] *pron poss* **1.** *sing:* (el) tuyo, (la) tuya, (los) tuyos, (las) tuyas; *pl:* (el) vuestro, (la) vuestra, (los) vuestros, (las) vuestras, el de ustedes *AmL,* la de ustedes *AmL* **2.** *polite form* (el) suyo, (la) suya, (los) suyos, (las) suyas

yourself [jɔːˈself, *Am:* jʊr-] *pron refl* **1.** *sing:* te; *emphatic:* tú (mismo/misma); *after prep:* ti (mismo/misma) **2.** *polite form:* se; *emphatic:* usted (mismo/misma); *after prep:* sí (mismo/misma)

yourselves *pron refl* **1.** os, se *AmL; emphatic, after prep:* vosotros (mismos), vosotras (mismas), ustedes (mismos/mismas) *AmL* **2.** *polite form:* se; *emphatic:* ustedes (mismos/mismas); *after prep:* sí (mismos/mismas)

youth [juːθ] *n* **1.** *no pl* (*period*) juventud *f* **2.** (*young man*) joven *m* **3.** *no pl* (*young people*) jóvenes *mpl*

youth centre *n,* **youth club** *n* club *m* juvenil

youthful ['juːθfəl] *adj* juvenil

youth hostel *n* albergue *m* juvenil

yucky [jʌki] *adj inf* asqueroso

Yugoslavia ['juːgəʊˈslɑːvɪə, *Am:* -goʊˈ-] *n* HIST Yugoslavia *f*

Yugoslavian *adj* HIST yugoslavo

Z z

Z, z [zed, *Am:* ziː] *n* Z, z *f*

Zaire [zaɪˈɪə, *Am:* -ˈɪr] *n* Zaire *m*

Zairean [zaɪˈɪən] *adj* zaireño

Zambia ['zæmbɪə] *n* Zambia *f*

Zambian ['zæmbɪən] *adj* zambiano

zany ['zeɪni] <-ier, -iest> *adj inf* (*person*) chiflado; (*idea*) loco

zeal [ziːl] *n no pl* celo *m*

zealot ['zelət] *n* fanático, -a *m, f*

zealous ['zeləs] *adj* ferviente

zebra ['zebrə, *Am:* 'ziːbrə] *n* cebra *f*

zebra crossing *n Brit, Aus* paso *m* de cebra

zenith ['zenɪθ, *Am:* 'ziːnɪθ] <-es> *n* ASTR cenit *m;* **to be at the** ~ **of sth** *fig* estar en el apogeo de algo

zero ['zɪərəʊ, *Am:* 'zɪrou] <-s *o* -es> *n* cero *m;* **below** ~ METEO bajo cero
◆ **zero in on** *vi* **to** ~ **sth** centrarse en algo

zest [zest] *n no pl* **1.** (*enthusiasm*) entusiasmo *m* **2.** (*rind*) corteza *f*

zigzag ['zɪgzæg] **I.** *n* zigzag *m* **II.** <-gg-> *vi* zigzaguear

Zimbabwe [zɪmˈbɑːbweɪ] *n* Zimbabue *m*

Zimbabwean [zɪmˈbɑːbwiən] *adj* zimbabuo

zinc [zɪŋk] *n no pl* cinc *m,* zinc *m*

zip [zɪp] **I.** *n* cremallera *f,* cierre *m* relámpago *Arg* **II.** <-pp-> *vt* **to** ~ **sth up** subir la cremallera de algo

zip code *n Am* código *m* postal

zip-fastener *n Brit,* **zipper** ['zɪpəʳ, *Am:* -ɚ] *n Am* cremallera *f,* cierre *m* relámpago *Arg*

zodiac ['zəʊdiæk, *Am:* 'zou-] *n no pl* zodíaco *m*

zombie ['zɒmbi, *Am:* 'zɑːm-] *n* zombi *mf*

zone [zəʊn, *Am:* zoʊn] *n* zona *f*

zoo [zuː] *n* zoo *m*

zoological [ˌzəʊəʊˈlɒdʒɪkəl, *Am:* ˌzoʊəˈlɑːdʒɪ-] *adj* zoológico

zoologist [zuˈɒlədʒɪst, *Am:* zoʊˈɑːlə-] *n* zóologo, -a *m, f*

zoology [zuˈɒlədʒi, *Am:* zoʊˈɑːlə-] *n no pl* zoología *f*

zoom [zuːm] **I.** *n* PHOT zoom *m* **II.** *vi inf* **to** ~ **past** pasar volando
◆ **zoom in** *vi* PHOT **to** ~ **on sth** enfocar algo en primer plano

zoom lens *n* zoom *m*

zucchini [zʊˈkiːni, *Am:* zuː-] <-(s)> *n inv, Am* calabacín *m,* calabacita *f AmL*

Apéndice II

Supplement II

▶ LOS VERBOS REGULARES E IRREGULARES ESPAÑOLES
SPANISH REGULAR AND IRREGULAR VERBS

▶ Abreviaturas:

pret. ind.	pretérito indefinido
subj. fut.	subjuntivo futuro
subj. imp.	subjuntivo imperfecto
subj. pres.	subjuntivo presente

▶ Verbos regulares que terminan en *-ar, -er* e *-ir*

▶ hablar

presente	imperfecto	pret. ind.	futuro	
hablo	hablaba	hablé	hablaré	**gerundio**
hablas	hablabas	hablaste	hablarás	hablando
habla	hablaba	habló	hablará	
hablamos	hablábamos	hablamos	hablaremos	**participio**
habláis	hablabais	hablasteis	hablaréis	hablado
hablan	hablaban	hablaron	hablarán	

condicional	subj. pres.	subj. imp.	subj. fut.	imperativo
hablaría	hable	hablara/-ase	hablare	
hablarías	hables	hablaras/-ases	hablares	habla
hablaría	hable	hablara/-ase	hablare	hable
hablaríamos	hablemos	habláramos/-ásemos	habláremos	hablemos
hablaríais	habléis	hablarais/-aseis	hablareis	hablad
hablarían	hablen	hablaran/-asen	hablaren	hablen

▶ comprender

presente	imperfecto	pret. ind.	futuro	
comprendo	comprendía	comprendí	comprenderé	**gerundio**
comprendes	comprendías	comprendiste	comprenderás	comprendiendo
comprende	comprendía	comprendió	comprenderá	
comprendemos	comprendíamos	comprendimos	comprenderemos	**participio**
comprendéis	comprendíais	comprendisteis	comprenderéis	comprendido
comprenden	comprendían	comprendieron	comprenderán	

condicional	subj. pres.	subj. imp.	subj. fut.	imperativo
comprendería	comprenda	comprendiera/-iese	comprendiere	
comprenderías	comprendas	comprendieras/-ieses	comprendieres	comprende
comprendería	comprenda	comprendiera/-iese	comprendiere	comprenda
comprenderíamos	comprendamos	comprendiéramos/-iésemos	comprendiéremos	comprendamos
comprenderíais	comprendáis	comprendierais/-ieseis	comprendiereis	comprended
comprenderían	comprendan	comprendiera/-iesen	comprendieren	comprendan

▶ recibir

presente	imperfecto	pret. ind.	futuro	
recibo	recibía	recibí	recibiré	**gerundio**
recibes	recibías	recibiste	recibirás	recibiendo
recibe	recibía	recibió	recibirá	
recibimos	recibíamos	recibimos	recibiremos	**participio**
recibís	recibíais	recibisteis	recibiréis	recibido
reciben	recibían	recibieron	recibirán	

condicional	subj. pres.	subj. imp.	subj. fut.	imperativo
recibiría	reciba	recibiera/-iese	recibiere	
recibirías	recibas	recibieras/-ieses	recibieres	recibe
recibiría	reciba	recibiera/-iese	recibiere	reciba
recibiríamos	recibamos	recibiéramos/-iésemos	recibiéremos	recibamos
recibiríais	recibáis	reciebierais/-ieseis	recibiereis	recibid
recibirían	reciban	recibieran/-iesen	recibieren	reciban

▶ Verbos con cambios vocálicos

▶ <e → ie> pensar

presente	imperfecto	pret. ind.	futuro	
pienso	pensaba	pensé	pensaré	**gerundio**
piensas	pensabas	pensaste	pensarás	pensando
piensa	pensaba	pensó	pensará	
pensamos	pensábamos	pensamos	pensaremos	**participio**
pensáis	pensabais	pensasteis	pensaréis	pensado
piensan	pensaban	pensaron	pensarán	

condicional	subj. pres.	subj. imp.	subj. fut.	imperativo
pensaría	piense	pensara/-ase	pensare	
pensarías	pienses	pensaras/-ases	pensares	piensa
pensaría	piense	pensara/-ase	pensare	piense
pensaríamos	pensemos	pensáramos/-ásemos	pensáremos	pensemos
pensaríais	penséis	pensarais/-aseis	pensareis	pensad
pensarían	piensen	pensaran/-asen	pensaren	piensen

▶ <o → ue>   contar

presente	imperfecto	pret. ind.	futuro	
cuento	contaba	conté	contaré	**gerundio**
cuentas	contabas	contaste	contarás	contando
cuenta	contaba	contó	contará	
contamos	contábamos	contamos	contaremos	**participio**
contáis	contabais	contasteis	contaréis	contado
cuentan	contaban	contaron	contarán	

condicional	subj. pres.	subj. imp.	subj. fut.	imperativo
contaría	cuente	contara/-ase	contare	
contarías	cuentes	contaras/-ases	contares	cuenta
contaría	cuente	contara/-ase	contare	cuente
contaríamos	contemos	contáramos/-ásemos	contáremos	contemos
contaríais	contéis	contarais/-aseis	contareis	contad
contarían	cuenten	contaran	contaren	cuenten

▶ <u → ue>   jugar

presente	imperfecto	pret. ind.	futuro	
juego	jugaba	jugé	jugaré	**gerundio**
juegas	jugabas	jugaste	jugarás	jugando
juega	jugaba	jugó	jugará	
jugamos	jugábamos	jugamos	jugaremos	**participio**
jugáis	jugabais	jugasteis	jugaréis	jugado
juegan	jugaban	jugaron	jugarán	

condicional	subj. pres.	subj. imp.	subj. fut.	imperativo
jugaría	juegue	jugara/-ase	jugare	
jugarías	juegues	jugaras/-ases	jugares	juega
jugaría	juegue	jugara/-ase	jugare	juegue
jugaríamos	juguemos	jugáramos/-ásemos	jugáremos	juguemos
jugaríais	juguéis	jugarais/-aseis	jugareis	jugad
jugarían	jueguen	jugaran/-asen	jugaren	jueguen

▶ <e → i>   pedir

presente	imperfecto	pret. ind.	futuro	
pido	pedía	pedí	pediré	**gerundio**
pides	pedías	pediste	pedirás	pidiendo
pide	pedía	pidió	pedirá	
pedimos	pedíamos	pedimos	pediremos	**participio**
pedís	pedíais	pedisteis	pediréis	pedido
piden	pedían	pidieron	pedirán	

condicional	subj. pres.	subj. imp.	subj. fut.	imperativo
pediría	pida	pidiera/-iese	pidiere	
pedirías	pidas	pidieras/-ieses	pidieres	pide
pediría	pida	pidiera/-iese	pidiere	pida
pediríamos	pidamos	pidiéramos/-iésemos	pidiéremos	pidamos
pediríais	pidáis	pidierais/-ieseis	pidiereis	pedid
pedirían	pidan	pidieran/-iesen	pidieren	pidan

▶ Verbos con cambios ortográficos

▶ <c → qu>   atacar

presente	imperfecto	pret. ind.	futuro	
ataco	atacaba	ataqué	atacaré	**gerundio**
atacas	atacabas	atacaste	atacarás	atacando
ataca	atacaba	atacó	atacará	
atacamos	atacábamos	atacamos	atacaremos	**participio**
atacáis	atacabais	atacasteis	atacaréis	atacado
atacan	atacaban	atacaron	atacarán	

condicional	subj. pres.	subj. imp.	subj. fut.	imperativo
atacaría	ataque	atacara/-ase	atacare	
atacarías	ataques	atacaras/-ases	atacares	ataca
atacaría	ataque	atacara/-ase	atacare	ataque
atacaríamos	ataquemos	atacáramos/-ásemos	atacáremos	ataquemos
atacaríais	ataquéis	atacarais/-aseis	atacareis	atacad
atacarían	ataquen	atacaran/-asen	atacaren	ataquen

▶ <g → gu>   pagar

presente	imperfecto	pret. ind.	futuro	
pago	pagaba	pagué	pagaré	**gerundio**
pagas	pagabas	pagaste	pagarás	pagando
paga	pagaba	pagó	pagará	
pagamos	pagábamos	pagamos	pagaremos	**participio**
pagáis	pagabais	pagasteis	pagaréis	pagado
pagan	pagaban	pagaron	pagarán	

condicional	subj. pres.	subj. imp.	subj. fut.	imperativo
pagaría	pague	pagara/-ase	pagare	
pagarías	pagues	pagaras/-ases	pagares	paga
pagaría	pague	pagara/-ase	pagare	pague
pagaríamos	paguemos	pagáramos/-ásemos	pagáremos	paguemos
pagaríais	paguéis	pagarais/-aseis	pagareis	pagad
pagarían	paguen	pagaran/-asen	pagaren	paguen

▶ \<z → c\>   cazar

presente	imperfecto	pret. ind.	futuro	
cazo	cazaba	cacé	cazaré	**gerundio**
cazas	cazabas	cazaste	cazarás	cazando
caza	cazaba	cazó	cazará	
cazamos	cazábamos	cazamos	cazaremos	**participio**
cazáis	cazabais	cazasteis	cazaréis	cazado
cazan	cazaban	cazaron	cazarán	

condicional	subj. pres.	subj. imp.	subj. fut.	imperativo
cazaría	cace	cazara/-ase	cazare	
cazarías	caces	cazaras/-ases	cazares	caza
cazaría	cace	cazara/-ase	cazare	cace
cazaríamos	cacemos	cazáramos/-ásemos	cazáremos	cacemos
cazaríais	cacéis	cazarais/-aseis	cazareis	cazad
cazarían	cacen	cazaran/-asen	cazaren	cacen

▶ <gu → gü> averiguar

presente	imperfecto	pret. ind.	futuro	
averiguo	averiguaba	averigüé	averiguaré	**gerundio**
averiguas	averiguabas	averiguaste	averiguarás	averiguando
averigua	averiguaba	averiguó	averiguará	
averiguamos	averiguábamos	averiguamos	averiguaremos	**participio**
averiguáis	averiguabais	averiguasteis	averiguaréis	averiguado
averiguan	averiguaban	averiguaron	averiguarán	

condicional	subj. pres.	subj. imp.	subj. fut.	imperativo
averiguaría	averigüe	averiguara/ -ase	averiguare	
averiguarías	averigües	averiguaras/ -ases	averiguares	averigua
averiguaría	averigüe	averiguara/ -ase	averiguare	averigüe
averiguaríamos	averigüemos	averiguáramos/ -ásemos	averiguáremos	averigüemos
averiguaríais	averigüéis	averiguarais/ -aseis	averiguareis	averiguad
averiguarían	averigüen	averiguaran/ -asen	averiguaren	averigüen

▶ <c → z>   vencer

presente	imperfecto	pret. ind.	futuro	
venzo	vencía	vencí	venceré	**gerundio**
vences	vencías	venciste	vencerás	venciendo
vence	vencía	venció	vencerá	
vencemos	vencíamos	vencimos	venceremos	**participio**
vencéis	vencíais	vencisteis	venceréis	vencido
vencen	vencían	vencieron	vencerán	

condicional	subj. pres.	subj. imp.	subj. fut.	imperativo
vencería	venza	venciera/-iese	venciere	
vencerías	venzas	vencieras/-ieses	vencieres	vence
vencería	venza	venciera/-iese	venciere	venza
venceríamos	venzamos	venciéramos/-iésemos	venciéremos	venzamos
venceríais	venzáis	vencierais/-ieseis	venciereis	venced
vencerían	venzan	vencieran/-iesen	vencieren	venzan

▶ <g → j>   coger

presente	imperfecto	pret. ind.	futuro	
cojo	cogía	cogí	cogeré	**gerundio**
coges	cogías	cogiste	cogerás	cogiendo
coge	cogía	cogió	cogerá	
cogemos	cogíamos	cogimos	cogeremos	**participio**
cogéis	cogíais	cogisteis	cogeréis	cogido
cogen	cogían	cogieron	cogerán	

condicional	subj. pres.	subj. imp.	subj. fut.	imperativo
cogería	coja	cogiera/-iese	cogiere	
cogerías	cojas	cogieras/-ieses	cogieres	coge
cogería	coja	cogiera/-iese	cogiere	coja
cogeríamos	cojamos	cogiéramos/-iésemos	cogiéremos	cojamos
cogeríais	cojáis	cogierais/-ieseis	cogiereis	coged
cogerían	cojan	cogieran/-iesen	cogieren	cojan

▶ <gu → g> distinguir

presente	imperfecto	pret. ind.	futuro	
distingo	distinguía	distinguí	distinguiré	**gerundio**
distingues	distinguías	distinguiste	distinguirás	distinguiendo
distingue	distinguía	distinguió	distinguirá	
distinguimos	distinguíamos	distinguimos	distinguiremos	**participio**
distinguís	distinguíais	distinguisteis	distinguiréis	distinguido
distinguen	distinguían	distinguieron	distinguirán	

condicional	subj. pres.	subj. imp.	subj. fut.	imperativo
distinguiría	distinga	distinguiera/-iese	distinguiere	
distinguirías	distingas	distinguieras/-ieses	distinguieres	distingue
distinguiría	distinga	distinguiera/-iese	distinguiere	distinga
distinguiríamos	distingamos	distinguiéramos/iésemos	distinguiéremos	distingamos
distinguiríais	distingáis	distinguierais/-ieseis	distinguiereis	distinguid
distinguirían	distingan	distinguieran/-iesen	distinguieren	distingan

▶ <qu → c> delinquir

presente	imperfecto	pret. ind.	futuro	
delinco	delinquía	delinquí	delinquiré	**gerundio**
delinques	delinquías	delinquiste	delinquirás	delinquiendo
delinque	delinquía	delinquió	delinquirá	
delinquimos	delinquíamos	delinquimos	delinquiremos	**participio**
delinquís	delinquíais	delinquisteis	delinquiréis	delinquido
delinquen	delinquían	delinquieron	delinquirán	

condicional	subj. pres.	subj. imp.	subj. fut.	imperativo
delinquiría	delinca	delinquiera/-iese	delinquiere	
delinquirías	delincas	delinquieras/-ieses	delinquieres	delinque
delinquiría	delinca	delinquiera/-iese	delinquiere	delinca
delinquiríamos	delincamos	delinquiéramos/-iésemos	delinquiéremos	delincamos
delinquiríais	delincáis	delinquierais/-ieseis	delinquiereis	delinquid
delinquirían	delincan	delinquieran/-iesen	delinquieren	delincan

► Verbos con desplazamiento en la acentuación

► <1. pres: envío> enviar

presente	imperfecto	pret. ind.	futuro	
envío	enviaba	envié	enviaré	**gerundio**
envías	enviabas	enviaste	enviarás	enviando
envía	enviaba	envió	enviará	
enviamos	enviábamos	enviamos	enviaremos	**participio**
enviáis	enviabais	enviasteis	enviaréis	enviado
envían	enviaban	enviaron	enviarán	

condicional	subj. pres.	subj. imp.	subj. fut.	imperativo
enviaría	envíe	enviara/-iase	enviare	
enviarías	envíes	enviaras/-iases	enviares	envía
enviaría	envíe	enviara/-iase	enviare	envíe
enviaríamos	enviemos	enviáramos/-iásemos	enviáremos	enviemos
enviaríais	enviéis	enviarais/-iaseis	enviareis	enviad
enviarían	envíen	enviaran/-iasen	enviaren	envíen

▶ <1. pres: continúo> continuar

presente	imperfecto	pret. ind.	futuro	
continúo	continuaba	continué	continuaré	**gerundio**
continúas	continuabas	continuaste	continuarás	continuando
continúa	continuaba	continuó	continuará	
continuamos	continuába-mos	continuamos	continuare-mos	**participio**
continuáis	continuabais	continuasteis	continuaréis	continuado
continúan	continuaban	continuaron	continuarán	

condicional	subj. pres.	subj. imp.	subj. fut.	imperativo
continuaría	continúe	continuara/-ase	continuare	
continuarías	continúes	continuaras/-ases	continuares	continúa
continuaría	continúe	continuara/-ase	continuare	continúe
continuaría-mos	continuemos	continuára-mos/-ásemos	continuáre-mos	continuemos
continuaríais	continuéis	continuarais/-aseis	continuareis	continuad
continuarían	continúen	continuaran/-asen	continuaren	continúen

▶ Verbos que pierden la *i* átona

▶ <3. pret: tañó> tañer

presente	imperfecto	pret. ind.	futuro	
taño	tañía	tañí	tañeré	**gerundio**
tañes	tañías	tañiste	tañerás	tañendo
tañe	tañía	tañó	tañerá	
tañemos	tañíamos	tañimos	tañeremos	**participio**
tañéis	tañíais	tañisteis	tañeréis	tañido
tañen	tañían	tañeron	tañerán	

condicional	subj. pres.	subj. imp	subj. fut.	imperativo
tañería	taña	tañera/-ese	tañere	
tañerías	tañas	tañeras/-eses	tañeres	tañe
tañería	taña	tañera/-ese	tañere	taña
tañeríamos	tañamos	tañéramos/-ésemos	tañéremos	tañamos
tañeríais	tañáis	tañerais/-eseis	tañereis	tañed
tañerían	tañan	tañeran/-esen	tañeren	tañan

▶ <3. pret: gruñó> gruñir

presente	imperfecto	pret. ind.	futuro	
gruño	gruñía	gruñí	gruñiré	**gerundio**
gruñes	gruñías	gruñiste	gruñirás	gruñendo
gruñe	gruñía	gruñó	gruñirá	
gruñimos	gruñíamos	gruñimos	gruñiremos	**participio**
gruñís	gruñíais	gruñisteis	gruñiréis	gruñido
gruñen	gruñían	gruñeron	gruñirán	

condicional	subj. pres.	subj. imp.	subj. fut.	imperativo
gruñiría	gruña	gruñera/-ese	gruñere	
gruñirías	gruñas	gruñeras/-eses	gruñeres	gruñe
gruñiría	gruña	gruñera/-ese	gruñere	gruña
gruñiríamos	gruñamos	gruñéramos/-ésemos	gruñéremos	gruñamos
gruñiríais	gruñáis	gruñerais/-eseis	gruñereis	gruñid
gruñirían	gruñan	gruñeran/-esen	gruñeren	gruñan

▶ Los verbos irregulares

▶ abolir

presente	subj. pres.	imperativo	
–	–		**gerundio**
–	–	–	aboliendo
–	–	–	
abolimos	–	–	**participio**
abolís	–	abolid	abolido
–	–	–	

▶ abrir

participio:	abierto

▶ adquirir

presente	imperativo	
adquiero		**gerundio**
adquieres	adquiere	adquiriendo
adquiere	adquiera	
adquirimos	adquiramos	**participio**
adquirís	adquirid	adquirido
adquieren	adquieran	

▶ agorar

presente

presente	
agüero	**gerundio**
agüeras	agorando
agüera	
agoramos	**participio**
agoráis	agorado
agüeran	

▶ ahincar

presente	imperfecto	pret. ind.	imperativo	
ahínco	ahincaba	ahinqué		**gerundio**
ahíncas	ahincabas	ahincaste	ahínca	ahincando
ahínca	ahincaba	ahincó	ahinque	
ahincamos	ahincábamos	ahincamos	ahinquemos	**participio**
ahincáis	ahincabais	ahincasteis	ahincad	ahincado
ahíncan	ahincaban	ahincaron	ahinquen	

▶ airar

presente

aíro	**gerundio**
aíras	airando
aíra	
airamos	**participio**
airáis	airado
aíran	

▶ andar

presente	pret. ind.	
ando	anduve	**gerundio**
andas	anduviste	andando
anda	anduvo	
andamos	anduvimos	**participio**
andáis	anduvisteis	andado
andan	anduvieron	

► asir

presente	imperativo	
asgo		**gerundio**
ases	ase	asiendo
ase	asga	
asimos	asgamos	**participio**
asís	asid	asido
asen	asgan	

► aullar

presente	imperativo	
aúllo		**gerundio**
aúllas	aúlla	aullando
aúlla	aúlle	
aullamos	aullemos	**participio**
aulláis	aullad	aullado
aúllan	aúllen	

► avergonzar

presente	pret. ind.	imperativo	
avergüenzo	avergoncé		**gerundio**
avergüenzas	avergonzaste	avergüenza	avergonzando
avergüenza	avergonzó	avergüence	
avergonza-mos	avergonza-mos	avergüence-mos	**participio**
avergonzáis	avergonzas-teis	avergonzad	avergonzado
avergüenzan	avergonza-ron	avergüencen	

▶ caber

presente	pret. ind.	futuro	condicional	
quepo	cupe	cabré	cabría	**gerundio**
cabes	cupiste	cabrás	cabrías	cabiendo
cabe	cupo	cabrá	cabría	
cabemos	cupimos	cabremos	cabríamos	**participio**
cabéis	cupisteis	cabréis	cabríais	cabido
caben	cupieron	cabrán	cabrían	

▶ caer

presente	pret. ind.	
caigo	caí	**gerundio**
caes	caíste	cayendo
cae	cayó	
caemos	caímos	**participio**
caéis	caísteis	caído
caen	cayeron	

▶ ceñir

presente	pret. ind.	imperativo	
ciño	ceñí		**gerundio**
ciñes	ceñiste	ciñe	ciñendo
ciñe	ciñó	ciña	
ceñimos	ceñimos	ciñamos	**participio**
ceñís	ceñisteis	ceñid	ceñido
ciñen	ciñieron	ciñan	

▶ cernir

presente	imperativo	
cierno		**gerundio**
ciernes	cierne	cerniendo
cierne	cierna	
cernimos	cernamos	**participio**
cernís	cernid	cernido
ciernen	ciernan	

▶ cocer

presente	imperativo	
cuezo		**gerundio**
cueces	cuece	cociendo
cuece	cueza	
cocemos	cozamos	**participio**
cocéis	coced	cocido
cuecen	cuezan	

▶ colgar

presente	pret. ind.	imperativo	
cuelgo	colgué		**gerundio**
cuelgas	colgaste	cuelga	colgando
cuelga	colgó	cuelgue	
colgamos	colgamos	colgamos	**participio**
colgáis	colgasteis	colgad	colgado
cuelgan	colgaron	cuelguen	

▶ crecer

presente	imperativo	
crezco		**gerundio**
creces	crece	creciendo
crece	crezca	
crecemos	crezcamos	**participio**
crecéis	creced	crecido
crecen	crezcan	

▶ dar

presente	pret. ind.	subj. pres.	subj. imp.	subj. fut.
doy	di	dé	diera/-ese	diere
das	diste	des	dieras/-eses	dieres
da	dio	dé	diera/-ese	diere
damos	dimos	demos	diéramos/-ésemos	diéremos
dais	disteis	deis	dierais/-eseis	diereis
dan	dieron	den	dieran/-esen	dieren

imperativo

da	**gerundio**
dé	dando
demos	
dad	**participio**
den	dado

▶ decir

presente	imperfecto	pret. ind.	futuro	
digo	decía	dije	diré	**gerundio**
dices	decías	dijiste	dirás	diciendo
dice	decía	dijo	dirá	
decimos	decíamos	dijimos	diremos	**participio**
decís	decíais	dijisteis	diréis	dicho
dicen	decían	dijeron	dirán	

condicional	subj. pres.	subj. imp.	subj. fut.	imperativo
diría	diga	dijera/-ese	dijere	
dirías	digas	dijeras/-eses	dijeres	di
diría	diga	dijera/-ese	dijere	diga
diríamos	digamos	dijéramos/-ésemos	dijéremos	digamos
diríais	digáis	dijerais/-eseis	dijereis	decid
dirían	digan	dijeran/-esen	dijeren	digan

▶ desosar

presente	imperativo	
deshueso		**gerundio**
deshuesas	deshuesa	desosando
deshuesa	deshuese	
desosamos	desosemos	**participio**
desosáis	desosad	desosado
deshuesan	deshuesen	

▶ dormir

presente	pret. ind.	imperativo	
duermo	dormí		**gerundio**
duermes	dormiste	duerme	durmiendo
duerme	durmió	duerma	
dormimos	dormimos	durmamos	**participio**
dormís	dormisteis	dormid	dormido
duermen	durmieron	duerman	

▶ elegir

presente	pret. ind.	imperativo	
elijo	elegí		**gerundio**
eliges	elegiste	elige	eligiendo
elige	eligió	elija	
elegimos	elegimos	elijamos	**participio**
elegís	elegisteis	elegid	elegido
eligen	eligieron	elijan	

▶ empezar

presente	pret. ind.	imperativo	
empiezo	empecé		**gerundio**
empiezas	empezaste	empieza	empezando
empieza	empezó	empiece	
empezamos	empezamos	empecemos	**participio**
empezáis	empezasteis	empezad	empezado
empiezan	empezaron	empiecen	

▶ enraizar

presente	pret. ind.	imperativo	
enraízo	enraicé		**gerundio**
enraízas	enraizaste	enraíza	enraizando
enraíza	enraizó	enraíce	
enraizamos	enraizamos	enraicemos	**participio**
enraizáis	enraizasteis	enraizad	enraizado
enraízan	enraizaron	enraícen	

▶ erguir

presente	pret. ind.	subj. pres	subj. imp.	subj. fut.
yergo	erguí	irga/yerga	irguiera/-ese	irguiere
yergues	erguiste	irgas/yergas	irguieras/-eses	irguieres
yergue	irguió	irga/yerga	irguiera/-ese	irguiere
erguimos	erguimos	irgamos	irgiéramos/-ésemos	irguiéremos
erguís	erguisteis	irgáis	irguierais/-eseis	irguiereis
yerguen	irguieron	irgan/yergan	irguieran/-esen	irguieren

imperativo

yergue	**gerundio**
yerga	irguiendo
yergamos	
erguid	**participio**
yergan	erguido

▶ errar

presente	pret. ind.	imperativo	
yerro	erré		**gerundio**
yerras	erraste	yerra	errando
yerra	erró	yerre	
erramos	erramos	erremos	**participio**
erráis	errasteis	errad	errado
yerran	erraron	yerren	

▶ escribir

participio :	escrito

▶ estar

presente	imperfecto	pret. ind.	futuro	
estoy	estaba	estuve	estaré	**gerundio**
estás	estabas	estuviste	estarás	estando
está	estaba	estuvo	estará	
estamos	estábamos	estuvimos	estaremos	**participio**
estáis	estabais	estuvisteis	estaréis	estado
están	estaban	estuvieron	estarán	

condicional	subj. pres.	subj. imp.	subj. fut.	imperativo
estaría	esté	estuviera/ -ese	estuviere	
estarías	estés	estuvieras/ -eses	estuvieres	está
estaría	esté	estuviera/ -ese	estuviere	esté
estaríamos	estemos	estuviéra- mos/-ésemos	estuviéremos	estemos
estaríais	estéis	estuvierais/ -eseis	estuviereis	estad
estarían	estén	estuvieran/ -esen	estuvieren	estén

▶ forzar

presente	pret. ind.	imperativo	
fuerzo	forcé		**gerundio**
fuerzas	forzaste	fuerza	forzando
fuerza	forzó	fuerce	
forzamos	forzamos	forcemos	**participio**
forzáis	forzasteis	forzad	forzado
fuerzan	forzaron	fuercen	

▶ fregar

presente	pret. ind.	imperativo	
friego	fregué		**gerundio**
friegas	fregaste	friega	fregando
friega	fregó	friegue	
fregamos	fregamos	freguemos	**participio**
fregáis	fregasteis	fregad	fregado
friegan	fregaron	frieguen	

▶ freír

presente	pret. ind.	imperativo	
frío	freí		**gerundio**
fríes	freíste	fríe	friendo
fríe	frió	fría	
freímos	freímos	friamos	**participio**
freís	freísteis	freíd	freído
fríen	frieron	frían	frito

▶ haber

presente	pret. ind.	futuro	condicional	subj. pres.
he	hube	habré	habría	haya
has	hubiste	habrás	habrías	hayas
ha	hubo	habrá	habría	haya
hemos	hubimos	habremos	habríamos	hayamos
habéis	hubisteis	habréis	habríais	hayáis
han	hubieron	habrán	habrían	hayan

subj. imp.	subj. fut.	imperativo	
hubiera/-iese	hubiere		**gerundio**
hubieras/-ieses	hubieres	he	habiendo
hubiera/-iese	hubiere	haya	
hubiéramos/-iésemos	hubiéremos	hayamos	**participio** habido
hubierais/-ieseis	hubiereis	habed	
hubieran/-iesen	hubieren	hayan	

▶ hacer

presente	pret. ind.	futuro	imperativo	
hago	hice	haré		**gerundio**
haces	hiciste	harás	haz	haciendo
hace	hizo	hará	haga	
hacemos	hicimos	haremos	hagamos	**participio**
hacéis	hicisteis	haréis	haced	hecho
hacen	hicieron	harán	hagan	

▶ hartar

participio :   hartado – *saturated*
harto (*only as attribute*): estoy harto – *I've had enough*

▶ huir

presente	pret. ind.	imperativo	
huyo	huí		**gerundio**
huyes	huiste	huye	huyendo
huye	huyó	huya	
huimos	huimos	huyamos	**participio**
huís	huisteis	huid	huido
huyen	huyeron	huyan	

▶ imprimir

participio :	impreso

▶ ir

presente	indefinido	pret. ind.	subj. pres.	subj. imp.
voy	iba	fui	vaya	fuera/-ese
vas	ibas	fuiste	vayas	fueras/-eses
va	iba	fue	vaya	fuera/-ese
vamos	íbamos	fuimos	vayamos	fuéramos/-ésemos
vais	ibais	fuisteis	vayáis	fuerais/-eseis
van	iban	fueron	vayan	fueran/-esen

subj. fut.	imperativo	
fuere		**gerundio**
fueres	ve	yendo
fuere	vaya	
fuéremos	vayamos	**participio**
fuereis	id	ido
fueren	vayan	

▶ jugar

presente	pret. ind.	subj. pres.	imperativo	
juego	jugé	juegue		**gerundio**
juegas	jugaste	juegues	juega	jugando
juega	jugó	juegue	juegue	
jugamos	jugamos	juguemos	juguemos	**participio**
jugáis	jugasteis	juguéis	jugad	jugado
juegan	jugaron	jueguen	jueguen	

▶ leer

presente	pret. ind.	
leo	leí	**gerundio**
lees	leíste	leyendo
lee	leyó	
leemos	leímos	**participio**
leéis	leísteis	leído
leen	leyeron	

▶ lucir

presente	imperativo	
luzco		**gerundio**
luces	luce	luciendo
luce	luzca	
lucimos	luzcamos	**participio**
lucís	lucid	lucido
lucen	luzcan	

▶ maldecir

presente	pret. ind.	imperativo		
maldigo	maldije		**gerundio**	
maldices	maldijiste	maldice	maldiciendo	
maldice	maldijo	maldiga		
maldecimos	maldijimos	maldigamos	**participio**	
maldecís	maldijisteis	maldecid	maldecido	*cursed*
maldicen	maldijeron	maldigan	maldito	*noun, adjective*

▶ morir

presente	pret. ind.	imperativo	
muero	morí		**gerundio**
mueres	moriste	muere	muriendo
muere	murió	muera	
morimos	morimos	muramos	**participio**
morís	moristeis	morid	muerto
mueren	murieron	mueran	

▶ oír

presente	pret. ind.	imperativo	subj. imp.	subj. fut.
oigo	oí		oyera/-ese	oyere
oyes	oíste	oye	oyeras/-eses	oyeres
oye	oyó	oiga	oyera/-ese	oyere
oímos	oímos	oigamos	oyéramos/-ésemos	oyéremos
oís	oísteis	oid	oyerais/-eseis	oyéreis
oyen	oyeron	oigan	eyeran/-esen	oyeren

gerundio	participio
oyendo	oído

▶ oler

presente	imperativo	
huelo		**gerundio**
hueles	huele	oliendo
huele	huela	
olemos	olamos	**participio**
oléis	oled	olido
huelen	huelan	

▶ pedir

presente	pret. ind.	imperativo	
pido	pedí		**gerundio**
pides	pediste	pide	pidiendo
pide	pidió	pidas	
pedimos	pedimos	pidamos	**participio**
pedís	pedisteis	pedid	pedido
piden	pidieron	pidan	

▶ poder

presente	pret. ind.	futuro	condicional	
puedo	pude	podré	podría	**gerundio**
puedes	pudiste	podrás	podrías	pudiendo
puede	pudo	podrá	podría	
podemos	pudimos	podremos	podríamos	**participio**
podéis	pudisteis	podréis	podríais	podido
pueden	pudieron	podrán	podrían	

▶ podrir (pudrir)

presente	imperfecto	pret. ind.	futuro	condicional
pudro	pudría	pudrí	pudriré	pudriría
pudres	pudrías	pudriste	pudrirás	pudrirías
pudre	pudría	pudrió	pudrirá	pudriría
pudrimos	pudríamos	pudrimos	pudriremos	pudriríamos
pudrís	pudríais	pudristeis	pudriréis	pudriríais
pudren	pudrían	pudrieron	pudrirán	pudrirían

imperativo

	gerundio
pudre	pudriendo
pudra	
pudramos	**participio**
pudrid	podrido
pudran	

▶ poner

presente	pret. ind.	futuro	condicional	imperativo
pongo	puse	pondré	pondría	
pones	pusiste	pondrás	pondrías	pon
pone	puso	pondrá	pondría	ponga
ponemos	pusimos	pondremos	pondríamos	pongamos
ponéis	pusisteis	pondréis	pondríais	poned
ponen	pusieron	pondrán	pondrían	pongan

gerundio	**participio**
poniendo	puesto

▶ prohibir

presente	imperativo	
prohíbo		**gerundio**
prohíbes	prohíbe	prohibiendo
prohíbe	prohíba	
prohibimos	prohibamos	**participio**
prohibís	prohibid	prohibido
prohíben	prohíban	

▶ proveer

presente	pret. ind.	
proveo	proveí	**gerundio**
provees	proveíste	proveyendo
provee	proveyó	
proveemos	proveímos	**participio**
proveéis	proveísteis	provisto
proveen	proveyeron	proveído

▶ querer

presente	pret. ind.	futuro	condicional	imperativo
quiero	quise	querré	querría	
quieres	quisiste	querrás	querrías	quiere
quiere	quiso	querrá	querría	quiera
queremos	quisimos	querremos	querríamos	queramos
queréis	quisisteis	querréis	querríais	quered
quieren	quisieron	querrán	querrían	quieran

gerundio	participio
queriendo	querido

► raer

presente	pret. ind.		
raigo/rao/ rayo	raí	**gerundio**	
raes	raíste	rayendo	
rae	rayó		
raemos	raímos	**participio**	
raéis	raísteis	raído	
raen	rayeron		

► reír

presente	pret. ind.	imperativo	
río	reí		**gerundio**
ríes	reíste	ríe	riendo
ríe	rió	ría	
reímos	reímos	riamos	**participio**
reís	reísteis	reíd	reído
ríen	rieron	rían	

► reunir

presente	imperativo	
reúno		**gerundio**
reúnes	reúne	reuniendo
reúne	reúna	
reunimos	reunamos	**participio**
reunís	reunid	reunido
reúnen	reúnan	

▶ roer

presente	pret. ind.	subj. pres.	subj. imp.	subj. fut.
roo/roigo	roí	roa/roiga	royera/-ese	royere
roes	roíste	roas/roigas	royeras/-eses	royeres
roe	royó	roa/roiga	royera/-ese	royere
roemos	roímos	roamos/ roigamos/ royamos	royéramos/ -ésemos	royéremos
roéis	roísteis	roáis/roigáis/ royáis	royerais/ -eseis	royereis
roen	royeron	roan/roigan	royeran/ -esen	royeren

imperativo

	gerundio
roe	royendo
roa/roiga	
roamos/ roigamos roed roan/roigan	**participio** roído

▶ saber

presente	pret. ind.	futuro	condicional	subj. pres.
sé	supe	sabré	sabría	sepa
sabes	supiste	sabrás	sabrías	sepas
sabe	supo	sabrá	sabría	sepa
sabemos	supimos	sabremos	sabríamos	sepamos
sabéis	supisteis	sabréis	sabríais	sepáis
saben	supieron	sabrán	sabrían	sepan

imperativo

	gerundio
sabe	sabiendo
sepa	
sepamos	**participio**
sabed	sabido
sepan	

▶ salir

presente	futuro	condicional	imperativo	
salgo	saldré	saldría		**gerundio**
sales	saldrás	saldrías	sal	saliendo
sale	saldrá	saldría	salga	
salimos	saldremos	saldríamos	salgamos	**participio**
salís	saldréis	saldríais	salid	salido
salen	saldrán	saldrían	salgan	

▶ seguir

presente	pret. ind.	subj. pres.	subj. imp.	subj. fut.
sigo	seguí	siga	siguiera/-ese	siguiere
sigues	seguiste	sigas	siguieras/-eses	siguieres
sigue	siguió	siga	siguiera/-ese	siguiere
seguimos	seguimos	sigamos	siguéramos/-ésemos	siguiéremos
seguís	seguisteis	sigáis	siguierais/-eseis	siguiereis
siguen	siguieron	sigan	siguieran/-esen	siguieren

imperativo

	gerundio
sigue	siguiendo
siga	
sigamos	**participio**
seguid	seguido
sigan	

▶ sentir

presente	pret. ind.	subj. pres.	subj. imp.	subj. fut.
siento	sentí	sienta	sintiera/-ese	sintiere
sientes	sentiste	sientas	sintieras/-eses	sintieres
siente	sintió	sienta	sintiera/-ese	sintiere
sentimos	sentimos	sintamos	sintiéramos/-ésemos	sintiéremos
sentís	sentisteis	sintáis	sintierais/-eseis	sintiereis
sienten	sintieron	sientan	sintieran/-esen	sintieren

imperativo

	gerundio
siente	sintiendo
sienta	
sintamos	**participio**
sentid	sentido
sientan	

▶ ser

presente	imperfecto	pret. ind.	futuro	
soy	era	fui	seré	**gerundio**
eres	eras	fuiste	serás	siendo
es	era	fue	será	
somos	éramos	fuimos	seremos	**participio**
sois	erais	fuisteis	seréis	sido
son	eran	fueron	serán	

condicional	subj. pres.	subj. imp.	subj. fut.	imperativo
sería	sea	fuera/-ese	fuere	
serías	seas	fueras/-eses	fueres	sé
sería	sea	fuera/-ese	fuere	sea
seríamos	seamos	fuéramos/-ésemos	fuéremos	seamos
seríais	seáis	fuerais/-eseis	fuereis	sed
serían	sean	fueran/-esen	fueren	sean

▶ soltar

presente	imperativo	
suelto		**gerundio**
sueltas	suelta	soltando
suelta	suelte	
soltamos	soltemos	**participio**
soltáis	soltad	soltado
sueltan	suelten	

▶ tener

presente	pret. ind.	futuro	condicional	imperativo
tengo	tuve	tendré	tendría	
tienes	tuviste	tendrás	tendrías	ten
tiene	tuvo	tendrá	tendría	tenga
tenemos	tuvimos	tendremos	tendríamos	tengamos
tenéis	tuvisteis	tendréis	tendríais	tened
tienen	tuvieron	tendrán	tendrían	tengan

gerundio	participio
teniendo	tenido

▶ traducir

presente	pret. ind.	imperativo	
traduzco	traduje		**gerundio**
traduces	tradujiste	traduce	traduciendo
traduce	tradujo	traduzca	
traducimos	tradujimos	traduzcamos	**participio**
traducís	tradujisteis	traducid	traducido
traducen	tradujeron	traduzcan	

▶ traer

presente	pret. ind.	imperativo	
traigo	traje		**gerundio**
traes	trajiste	trae	trayendo
trae	trajo	traiga	
traemos	trajimos	traigamos	**participio**
traéis	trajisteis	traed	traído
traen	trajeron	traigan	

▶ valer

presente	futuro	imperativo	
valgo	valdré		**gerundio**
vales	valdrás	vale	valiendo
vale	valdrá	valga	
valemos	valdremos	valgamos	**participio**
valéis	valdréis	valed	valido
valen	valdrán	valgan	

▶ venir

presente	pret. ind.	futuro	condicional	imperativo
vengo	vine	vendré	vendría	
vienes	viniste	vendrás	vendrías	ven
viene	vino	vendrá	vendría	venga
venimos	vinimos	vendremos	vendríamos	vengamos
venís	vinisteis	vendréis	vendríais	venid
vienen	vinieron	vendrán	vendrían	vengan

gerundio	participio
viniendo	venido

▶ ver

presente	imperfecto	pret. ind.	subj. imp.	subj. fut.
veo	veía	vi	viera/-ese	viere
ves	veías	viste	vieras/-eses	vieres
ve	veía	vio	viera/-ese	viere
vemos	veíamos	vimos	viéramos/-ésemos	viéremos
veis	veíais	visteis	vierais/-eseis	viereis
ven	veían	vieron	vieran/-esen	vieren

gerundio	participio
viendo	visto

▶ volcar

presente	pret. ind.	imperativo	
vuelco	volqué		**gerundio**
vuelcas	volcaste	vuelca	volcando
vuelca	volcó	vuelque	
volcamos	volcamos	volquemos	**participio**
volcáis	volcasteis	volcad	volcado
vuelcan	volcaron	vuelquen	

▶ volver

presente	imperativo	
vuelvo		**gerundio**
vuelves	vuelve	volviendo
vuelve	vuelva	
volvemos	volvamos	**participio**
volvéis	volved	volvido
vuelven	vuelvan	

▶ yacer

presente	subj. pres.	imperativo	
yazco/yazgo/ yago	yazca/yazga/ yaga		**gerundio** yaciendo
yaces	yazcas/ yazgas/yagas	yace/yaz	
yace	yazca/yazga/ yaga	yazca/yazga/ yaga	
yacemos	yazcamos/ yazgamos/ yagamos	yazcamos/ yazgamos/ yagamos	**participio** yacido
yacéis	yazcáis/ yazgáis/ yagáis	yaced	
yacen	yazcan/ yazgan/ yagan	yazcan/ yazgan/ yagan	

▶ VERBOS INGLESES IRREGULARES
ENGLISH IRREGULAR VERBS

Infinitive	Past	Past Participle
abide	abode, abided	abode, abided
arise	arose	arisen
awake	awoke	awaked, awoken
be	was *sing*, were *pl*	been
bear	bore	borne
beat	beat	beaten
become	became	become
beget	begot	begotten
begin	began	begun
behold	beheld	beheld
bend	bent	bent
beseech	besought	besought
beset	beset	beset
bet	bet, betted	bet, betted
bid	bade, bid	bid, bidden
bind	bound	bound
bite	bit	bitten
bleed	bled	bled
blow	blew	blown
break	broke	broken
breed	bred	bred
bring	brought	brought
build	built	built
burn	burned, burnt	burned, burnt
burst	burst	burst
buy	bought	bought
can	could	–
cast	cast	cast

Infinitive	Past	Past Participle
catch	caught	caught
chide	chided, chid	chided, chidden, chid
choose	chose	chosen
cleave[1] *(cut)*	clove, cleaved	cloven, cleaved, cleft
cleave[2] *(adhere)*	cleaved, clave	cleaved
cling	clung	clung
come	came	come
cost	cost, costed	cost, costed
creep	crept	crept
cut	cut	cut
deal	dealt	dealt
dig	dug	dug
do	did	done
draw	drew	drawn
dream	dreamed, dreamt	dreamed, dreamt
drink	drank	drunk
drive	drove	driven
dwell	dwelt	dwelt
eat	ate	eaten
fall	fell	fallen
feed	fed	fed
feel	felt	felt
fight	fought	fought
find	found	found
flee	fled	fled
fling	flung	flung
fly	flew	flown
forbid	forbad(e)	forbidden
forget	forgot	forgotten
forsake	forsook	forsaken
freeze	froze	frozen

Infinitive	Past	Past Participle
get	got	got, gotten *Am*
gild	gilded, gilt	gilded, gilt
gird	girded, girt	girded, girt
give	gave	given
go	went	gone
grind	ground	ground
grow	grew	grown
hang	hung, JUR hanged	hung, JUR hanged
have	had	had
hear	heard	heard
heave	heaved, hove	heaved, hove
hew	hewed	hewed, hewn
hide	hid	hidden
hit	hit	hit
hold	held	held
hurt	hurt	hurt
keep	kept	kept
kneel	knelt	knelt
know	knew	known
lade	laded	laden, laded
lay	laid	laid
lead	led	led
lean	leaned, leant	leaned, leant
leap	leaped, leapt	leaped, leapt
learn	learned, learnt	learned, learnt
leave	left	left
lend	lent	lent
let	let	let
lie	lay	lain
light	lit, lighted	lit, lighted
lose	lost	lost

Infinitive	Past	Past Participle
make	made	made
may	might	–
mean	meant	meant
meet	met	met
mistake	mistook	mistaken
mow	mowed	mown, mowed
pay	paid	paid
put	put	put
quit	quit, quitted	quit, quitted
read [ri:d]	read [red]	read [red]
rend	rent	rent
rid	rid	rid
ride	rode	ridden
ring	rang	rung
rise	rose	risen
run	ran	run
saw	sawed	sawed, sawn
say	said	said
see	saw	seen
seek	sought	sought
sell	sold	sold
send	sent	sent
set	set	set
sew	sewed	sewed, sewn
shake	shook	shaken
shave	shaved	shaved, shaven
stave	stove, staved	stove, staved
steal	stole	stolen
shear	sheared	sheared, shorn
shed	shed	shed
shine	shone	shone

Infinitive	Past	Past Participle
shit	shit, *iron* shat	shit, *iron* shat
shoe	shod	shod
shoot	shot	shot
show	showed	shown, showed
shrink	shrank	shrunk
shut	shut	shut
sing	sang	sung
sink	sank	sunk
sit	sat	sat
slay	slew	slain
sleep	slept	slept
slide	slid	slid
sling	slung	slung
slink	slunk	slunk
slit	slit	slit
smell	smelled, smelt	smelled, smelt
smite	smote	smitten
sow	sowed	sowed, sown
speak	spoke	spoken
speed	speeded, sped	speeded, sped
spell	spelled, spelt	spelled, spelt
spend	spent	spent
spill	spilled, spilt	spilled, spilt
spin	spun	spun
spit	spat	spat
split	split	split
spoil	spoiled, spoilt	spoiled, spoilt
spread	spread	spread
spring	sprang	sprung
stand	stood	stood
stick	stuck	stuck

Infinitive	Past	Past Participle
sting	stung	stung
stink	stank	stunk
strew	strewed	strewed, strewn
stride	strode	stridden
strike	struck	struck
string	strung	strung
strive	strove	striven
swear	swore	sworn
sweep	swept	swept
swell	swelled	swollen
swin	swam	swum
swing	swung	swung
take	took	taken
teach	taught	taught
tear	tore	torn
tell	told	told
think	thought	thought
thrive	throve, thrived	thriven, thrived
throw	threw	thrown
thrust	thrust	thrust
tread	trod	trodden
wake	woke, waked	woken, waked
wear	wore	worn
weave	wove	woven
weep	wept	wept
win	won	won
wind	wound	wound
wring	wrung	wrung
write	wrote	written

Para más información el usuario debe de consultar la entrada en el diccionario. En los casos en los que la palabra inglesa está fuera del orden alfabético ésta aparece en *cursiva*.

Readers should consult the main section of the dictionary for more complete translation information. When the English term appears out of alphabetical order, it is shown in *italics*.

Meaning(s) of the Spanish word:	falso amigo false friend		Significado(s) de la palabra inglesa:
	español	English	
1) enormous	abismal	abysmal	pésimo
1) present 2) current	actual	actual	verdadero
at the moment	actualmente	actually	en realidad
1) appropriate 2) fitting, suitable	adecuado, -a	adequate	1) suficiente 2) idóneo
1) diary 2) notebook 3) agenda	agenda	agenda	1) orden del día 2) agenda
bedroom	alcoba	alcove	nicho
1) entertainment 2) enjoyment	amenidad	amenities	comodidades
1) to attend (*vi*) 2) to help (*vt*)	asistir	to assist	ayudar
1) audience 2) (JUR) hearing, courtroom	audiencia	audience	1) público 2) audiencia
1) to notify 2) to warn 3) to call	avisar	*to advise*	aconsejar, asesorar
billion	billón	billion	mil millones
1) white 2) light 3) pale	blanco, -a	blank	1) en blanco 2) vacío 3) absoluto, completo

Meaning(s) of the Spanish word:	falso amigo false friend		Significado(s) de la palabra inglesa:
	español	**English**	
1) soft 2) mild 3) weak 4) gentle	**blando, -a**	**bland**	1) suave, blando 2) afable 3) insípido, insulso
1) excellent 2) brave 3) wild 4) rough	**bravo, -a**	**brave**	valiente
1) countryside 2) field 3) camp	**campo**	**camp**	1) campamento 2) grupo
1) shameless 2) cynical	**cínico, -a (adj)**	*cynical*	1) escéptico 2) cínico
1) shamelessness 2) cynicism	**cinismo**	**cynicism**	1) escepticismo 2) cinismo
1) understanding 2) tolerant 3) comprehensive	**comprensivo, -a**	**comprehensive**	exhaustivo, completo
1) commitment 2) promise 3) agreement 4) awkward situation	**compromise**	**compromise**	1) transigencia 2) arreglo
1) leader 2) driver	**conductor**	**conductor**	1) (MUS) director 2) (PHYS, ELEC) conductor 3) cobrador, interventor
1) lecture 2) conference 3) talk 4) call	**conferencia**	**conference**	congreso
estar constipado: to have a cold	**constipado, -a**	**constipated**	estreñido
1) to build 2) to construe	**construir**	**to construe**	interpretar
1) to check 2) to control	**controlar**	**to control**	1) dominar 2) controlar 3) erradicar

Meaning(s) of the Spanish word:	falso amigo false friend		Significado(s) de la palabra inglesa:
	español	English	
1) habit 2) custom	costumbre	costume	traje
disappointment	decepción	deception	1) engaño 2) fraude
to disappoint	decepcionar	*to deceive*	engañar
1) request 2) (COM) demand 3) (JUR) action	demanda	demand	1) exigencia 2) reclamación de un pago 3) demanda
1) to ask for 2) (JUR) to sue	demandar	to demand	1) reclamar 2) requerir 3) preguntar
1) to displease 2) to anger, to offend	disgustar	to disgust	1) dar asco 2) repugnar
1) displeasure 2) suffering 3) quarrel	disgusto	disgust	1) repugnancia 2) indignación
1) to divert 2) to entertain 3) to embezzle	distraer	to distract	distraer
1) pregnant 2) awkward	embarazado, -a	embarassed	avergonzado
1) escape 2) excursion	escapada	escapade	aventura
1) stage 2) scene	escenario	*scenery*	1) paisaje 2) decorado
1) possible 2) extra	eventual	eventual	1) final 2) posible
fortuitously, possibly	eventualmente	eventually	1) finalmente 2) con el tiempo
1) to incite 2) to irritate 3) to arouse	excitar	*to excite*	1) emocionar 2) estimular
success	éxito	exit	1) salida 2) desvío

Meaning(s) of the Spanish word:	falso amigo false friend		Significado(s) de la palabra inglesa:
	español	English	
1) strangeness 2) eccentricity	**extravagancia**	**extravagance**	1) derroche 2) lujo 3) prodigalidad 4) extravagancia
1) odd 2) eccentric	**extravagante**	**extravagant**	1) despilfarrador 2) lujoso 3) excesivo 4) extravagante
1) factory 2) masonry 3) building	**fábrica**	**fabric**	1) tejido 2) estructura
1) to manufacture 2) to build 3) to fabricate	**fabricar**	**to fabricate**	1) inventar 2) fabricar 3) falsificar
crème caramel	**flan**	**flan**	1) (*Brit*) tartaleta de frutas 2) (*Am*) flan
1) sentence 2) expression, saying 3) style 4) (MÚS) phrase	**frase**	*phrase*	1) locución 2) expresión
1) study 2) dressing room 3) office 4) (POL) cabinet	**gabinete**	*cabinet*	1) armario, vitrina 2) gabinete de ministros
1) brilliant 2) funny 3) great	**genial**	**genial**	afable
1) genius 2) stroke of genius	**genialidad**	**geniality**	afabilidad
1) pagan 2) dashing, elegant 3) considerate	**gentil (adj)**	**genteel**	distinguido
1) to be ignorant of 2) to ignore	**ignorar**	**to ignore**	no hacer caso a
uninhabitable	**inhabitable**	**inhabitable**	habitable

Meaning(s) of the Spanish word:	falso amigo false friend		Significado(s) de la palabra inglesa:
	español	English	
uninhabited	inhabitado, -a	inhabited	habitado
insult, harm	injuria	injury	1) lesión 2) herida
to insult, to injure	injuriar	*to injure*	1) herir 2) estropear 3) perjudicar
poisoning	intoxicación	intoxication	1) embriaguez 2) (MED) intoxicación
to poison	intoxicar	*to intoxicate*	1) embriagar 2) (MED) intoxicar
1) to insert 2) to put in	introducir	to introduce	1) presentar 2) iniciar 3) abordar 4) introducir
1) long 2) lengthy 3) shrewd	largo, -a	large	grande
1) reading 2) reading material 3) knowledge 4) interpretation	lectura	lecture	1) discurso, conferencia 2) sermón 3) consejo
1) bookshop 2) stationer's 3) library 4) bookcase	librería	library	1) biblioteca 2) collección
1) mask 2) fancy dress party 3) masquerade	máscara	mascara	rímel
1) poverty 2) pittance 3) stinginess 4) misfortune	miseria	misery	tristeza
to inconvenience, to annoy	molestar	to molest	1) atacar 2) agredir
1) slow to pay up 2) slow	moroso, -a	morose	taciturno, malhumorado

Meaning(s) of the Spanish word:	falso amigo false friend		Significado(s) de la palabra inglesa:
	español	English	
piece of news	**noticia**	**notice**	1) interés 2) letrero, anuncio 3) aviso
1) well-known 2) obvious	**notorio, -a**	**notorious**	de mala reputación
obvious	**ostensible**	**ostensible**	aparente
relative	**pariente**	**parent**	padre, madre
pretentious	**pedante**	**pedantic**	puntilloso
newspaper	**periódico**	**periodical**	1) boletín 2) revista
1) arrogant, conceited 2) insolent	**petulante**	**petulant**	enfurruñado
condom	**preservativo**	**preservative**	conservante
conceited	**presuntuoso, -a**	**presumptuous**	1) impertinente 2) osado
to aspire to to expect to mean to to try	**pretender**	**to pretend**	1) fingir 2) pretender
teacher	**profesor**	**professor**	1) (*Brit*) catedrático 2) (*Am*) profesor de universidad
1) to make real, to fulfil 2) to carry out, to make 3) (ECON) to realize 4) to produce	**realizar**	**to realize**	1) ser consciente de 2) realizar 3) cumplir
container, vessel	**recipiente**	**recipient**	destinatario
1) to remember 2) to remind	**recordar**	**to record**	1) archivar 2) registrar, grabar
saying	**refrán**	**refrain**	estribillo
importance	**relevancia**	**relevance**	1) pertinencia 2) importancia

Meaning(s) of the Spanish word:	falso amigo false friend		Significado(s) de la palabra inglesa:
	español	English	
1) important 2) outstanding	relevante	relevant	1) pertinente 2) importante 3) oportuno
to summarize	resumir	to resume	1) reanudar, proseguir con 2) volver a ocupar
1) insinuating 2) reluctant	reticente	reticent	reservado
reward, remuneration	retribución	retribution	castigo justo
health	sanidad	sanity	cordura
1) healthy 2) intact 3) wholesome	sano, -a	*sane*	1) cuerdo 2) sensato
1) sensitive 2) noticeable	sensible	sensible	1) sensato, prudente 2) práctico 3) consciente 4) notable
1) liking 2) friendliness	simpatía	*sympathy*	1) compasión, comprensión 2) simpatía
friendly	simpático, -a	*sympathetic*	1) comprensivo, receptivo 2) cordial 3) simpatizante
1) to stand 2) to support	soportar	to support	1) sostener, aguantar 2) ayudar 3) mantener
1) smooth 2) soft 3) gentle 4) mild	suave	suave	afable, cortés
1) poor suburb 2) slum area	suburbio	suburb	barrio periférico

Meaning(s) of the Spanish word:	falso amigo false friend		Significado(s) de la palabra inglesa:
	español	English	
1) to happen (*vi*) 2) to succeed (*vi*) 3) to follow on (*vi*) 4) to inherit (*vt*)	**suceder**	**to succeed**	1) tener éxito 2) suceder
1) event, incident 2) outcome	**suceso**	**success**	éxito
1) evocative 2) thought-provoking 3) attractive	**sugestivo, -a**	**suggestive**	1) indecente 2) sugestivo
1) commonplace 2) cliché	**tópico**	**topic**	tema
1) cruel 2) gruesome	**truculento, -a**	**truculent**	agresivo
1) dissolute 2) habit-forming 3) defective 4) spoilt	**vicioso, -a**	**vicious**	1) malo, salvaje 2) despiadado 3) feroz 4) atroz

▶ LOS NUMERALES
NUMERALS

▶ Los numerales cardinales
Cardinal numbers

cero	0	zero
uno (*apócope* un), una	1	one
dos	2	two
tres	3	three
cuatro	4	four
cinco	5	five
seis	6	six
siete	7	seven
ocho	8	eight
nueve	9	nine
diez	10	ten
once	11	eleven
doce	12	twelve
trece	13	thirteen
catorce	14	fourteen
quince	15	fifteen
dieciséis	16	sixteen
diecisiete	17	seventeen
dieciocho	18	eighteen
diecinueve	19	nineteen
veinte	20	twenty
veintiuno (*apócope* veintiún), -a	21	twenty-one
veintidós	22	twenty-two
veintitrés	23	twenty-three
veinticuatro	24	twenty-four
veinticinco	25	twenty-five
treinta	30	thirty
treinta y uno (*apócope* treinta y un) -a	31	thirty-one
treinta y dos	32	thirty-two
treinta y tres	33	thirty-three

cuarenta	40	forty
cuarenta y uno (*apócope* cuarenta y un) -a	41	forty-one
cuarenta y dos	42	forty-two
cincuenta	50	fifty
cincuenta y uno (*apócope* cincuenta y un) -a	51	fifty-one
cincuenta y dos	52	fifty-two
sesenta	60	sixty
sesenta y uno (*apócope* sesenta y un) -a	61	sixty-one
sesenta y dos	62	sixty-two
setenta	70	seventy
setenta y uno (*apócope* setenta y un) -a	71	seventy-one
setenta y dos	72	seventy-two
setenta y cinco	75	seventy-five
setenta y nueve	79	seventy-nine
ochenta	80	eighty
ochenta y uno (*apócope* ochenta y un) -a	81	eighty-one
ochenta y dos	82	eighty-two
ochenta y cinco	85	eighty-five
noventa	90	ninety
noventa y uno (*apócope* noventa y un) -a	91	ninety-one
noventa y dos	92	ninety-two
noventa y nueve	99	ninety-nine
cien	100	one hundred
ciento uno (*apócope* ciento un) -a	101	one hundred and one
ciento dos	102	one hundred and two
ciento diez	110	one hundred and ten
ciento veinte	120	one hundred and twenty
ciento noventa y nueve	199	one hundred and ninety-nine
dos cientos, -as	200	two hundred
dos cientos uno (*apócope* doscientos un) -a	201	two hundred and one

dos cientos veintidós	222	two hundred and twenty-two
tres cientos, -as	300	three hundred
cuatro cientos, -as	400	four hundred
quinientos, -as	500	five hundred
seiscientos, -as	600	six hundred
sietecientos, -as	700	seven hundred
ochocientos, -as	800	eight hundred
nuevecientos, -as	900	nine hundred
mil	1 000	one thousand
mil uno (*apócope* mil un) -a	1 001	one thousand and one
mil diez	1 010	one thousand and ten
mil cien	1 100	one thousand one hundred
dos mil	2 000	two thousand
diez mil	10 000	ten thousand
cien mil	100 000	one hundred thousand
un millón	1 000 000	one million
dos millones	2 000 000	two million
dos millones quinientos, -as mil	2 500 000	two million, five hundred thousand
mil millones	1 000 000 000	one billion
un billón	1 000 000 000 000	one thousand billion

► **Los numerales ordinales**
   Ordinal numbers

primero (*apócope* primer), -a	$1°$, 1^a	1st	first
segundo, -a	$2°$, 2^a	2nd	second
tercero (*apócope* tercer), -a	$3°$, 3^a	3rd	third
cuarto, -a	$4°$, 4^a	4th	fourth
quinto, -a	$5°$, 5^a	5th	fifth
sexto, -a	$6°$, 6^a	6th	sixth
séptimo, -a	$7°$, 7^a	7th	seventh
octavo, -a	$8°$, 8^a	8th	eighth
noveno, -a	$9°$, 9^a	9th	ninth
décimo, -a	$10°$, 10^a	10th	tenth
undécimo, -a	$11°$, 11^a	11th	eleventh
duodécimo, -a	$12°$, 12^a	12th	twelfth
decimotercero, -a	$13°$, 13^a	13th	thirteenth
decimocuarto, -a	$14°$, 14^a	14th	fourteenth
decimoquinto, -a	$15°$, 15^a	15th	fifteenth
decimosexto, -a	$16°$, 16^a	16th	sixteenth
decimoséptimo, -a	$17°$, 17^a	17th	seventeenth
decimoctavo, -a	$18°$, 18^a	18th	eighteenth
decimonoveno, -a	$19°$, 19^a	19th	nineteenth
vigésimo, -a	$20°$, 20^a	20th	twentieth
vigésimo, -a primero, -a (o vigesimoprimero, -a)	$21°$, 21^a	21st	twenty-first
vigésimo, -a segundo, -a (o vigesimosegundo, -a)	$22°$, 22^a	22nd	twenty-second
vigésimo, -a tercero, -a (o vigesimotercero, -a)	$23°$, 23^a	23rd	twenty-third
trigésimo, -a	$30°$, 30^a	30th	thirtieth
trigésimo, -a primero, -a	$31°$, 31^a	31st	thirty-first
trigésimo, -a segundo, -a	$32°$, 32^a	32nd	thirty-second
cuadragésimo, -a	$40°$, 40^a	40th	fortieth
quincuagésimo, -a	$50°$, 50^a	50th	fiftieth
sexagésimo, -a	$60°$, 60^a	60th	sixtieth
septuagésimo, -a	$70°$, 70^a	70th	seventieth

septuagésimo, -a primero, -a	71°, 71ª	71st	seventy-first
septuagésimo, -a segundo, -a	72°, 72ª	72nd	seventy-second
septuagésimo, -a noveno, -a	79°, 79ª	79th	seventy-ninth
octogésimo, -a	80°, 80ª	80th	eightieth
octogésimo, -a primero, -a	81°, 81ª	81st	eighty-first
octogésimo, -a segundo, -a	82°, 82ª	82nd	eighty-second
nonagésimo, -a	90°, 90ª	90th	nintieth
nonagésimo, -a primero, -a	91°, 91ª	91st	ninety-first
nonagésimo, -a noveno, -a	99°, 99ª	99th	ninety-ninth
centésimo, -a	100°, 100ª	100th	one hundredth
centésimo, -a primero, -a	101°, 101ª	101st	one hundred and first
centésimo, -a décimo, -a	110°, 110ª	110th	one hundred and tenth
centésimo, -a nonagésimo, -a quinto, -a	195°, 195ª	195th	one hundred and ninety-ninth
ducentésimo, -a	200°, 200ª	200th	two hundredth
tricentésimo, -a	300°, 300ª	300th	three hundredth
quingentésimo, -a	500°, 500ª	500th	five hundredth
milésimo, -a	1 000°, 1 000ª	1 000th	one thousandth
dosmilésimo, -a	2 000°, 2 000ª	2 000th	two thousandth
millonésimo, -a	1 000 000°, 1 000 000ª	1 000 000th	one millionth
diezmillonésimo, -a	10 000 000°, 10 000 000ª	10 000 000th	ten millionth

▶ Numeros fraccionarios (o quebrados)
  Fractional numbers

mitad; medio, -a	$^1/_2$	one half
un tercio	$^1/_3$	one third
un cuarto	$^1/_4$	one quarter
un quinto	$^1/_5$	one fifth
un décimo	$^1/_{10}$	one tenth
un céntesimo	$^1/_{100}$	one hundredth
un milésimo	$^1/_{1000}$	one thousandth
un millonésimo	$^1/_{1000000}$	one millionth
dos tercios	$^2/_3$	two thirds
tres cuartos	$^3/_4$	three quarters
dos quintos	$^2/_5$	two fifths
tres décimos	$^3/_{10}$	three tenths
uno y medio	$1\,^1/_2$	one and a half
dos y medio	$2\,^1/_2$	two and a half
cinco tres octavos	$5\,^3/_8$	five and three eighths
uno coma uno	$1,1$	one point one

▶ MEDIDAS Y PESOS
WEIGHTS AND MEASURES

▶ Sistema (de numeración) decimal
  Decimal system

mega-	1 000 000	M	mega
hectokilo	100 000	hk	hectokilo
miria-	10 000	ma	myria
kilo	1 000	k	kilo
hecto-	100	h	hecto
deca- (o decá-)	10	da	deca
deci- (o decí-)	0,1	d	deci
centi- (o centí-)	0,01	c	centi
mili-	0,001	m	milli
decimili-	0,000 1	dm	decimilli
centimili-	0,000 01	cm	centimilli
micro-	0,000 001	µ	micro

▶ Tablas de equivalencia

Damos el llamado **imperial system** en los casos en los que en el lenguaje cotidiano éste todavía se sigue usando. Para convertir una medida métrica en la imperial, se debe multiplicar por el factor en **negrita**. Asimismo dividiendo la medida imperial por ese mismo factor se obtiene el equivalente métrico.

▶ Conversion tables

Only imperial measures still in common use are given here. To convert a metric measurement to imperial, multiply by the conversion factor in **bold**. Likewise dividing an imperial measurement by the same factor will give the metric equivalent.

▶ Sistema métrico
Metric measurement

Sistema imperial
Imperial measures

Español	Métrico	Símbolo	Inglés	Factor	Imperial	Símbolo
milla marina	1 852 m	–	nautical mile			
kilómetro	1 000 m	km	kilometre *(Brit)*, kilometer *(Am)*	**0,62**	mile (=1760 yards)	m, mi
hectómetro	100 m	hm	hectometre *(Brit)*, hectometer *(Am)*			
decámetro	10 m	dam	decametre *(Brit)*, decameter *(Am)*			
metro	1 m	m	metre *(Brit)*, meter *(Am)*	**1,09** **3,28**	yard (= 3 feet) foot (= 12 inches)	yd ft
decímetro	0,1 m	dm	decimetre *(Brit)*, decimeter *(Am)*			
centímetro	0,01 m	cm	centimetre *(Brit)*, centimeter *(Am)*	**0,39**	inch	in
milímetro	0,001 m	mm	millimetre *(Brit)*, millimeter *(Am)*			
micrón, micra	0,000 001 m	μ	micron			
milimicrón	0,000 000 001 m	mμ	millimicron			
ángstrom	0,0000000001 m	Å	angstrom			

▶ Medidas de superficie
  Surface measure

kilómetro cuadrado	1 000 000 m²	km²	square kilometre	**0,386**	square mile (= 640 acres)	sq. m., sq. mi.
hectómetro cuadrado hectárea	10 000 m²	hm² ha	square hectometre hectare	**2,47**	acre (= 4840 square yards)	a.
decámetro cuadrado área	100 m²	dam² a	square decametre are			
metro cuadrado	1 m²	m²	square metre	**1.196** **10,76**	square yard (9 square feet) square feet (= 144 square inches)	sq. yd sq. ft
decímetro cuadrado	0,01 m²	dm²	square decimetre			
centímetro cuadrado	0,000 1 m²	cm²	square centimetre	**0,155**	square inch	sq. in.
milímetro cuadrado	0,000 001 m²	mm²	square millimetre			

▶ **Medidas de volumen y capacidad**
  Volume and capacity

kilómetro cúbico	1 000 000 000 m³	km³	cubic kilo-metre			
metro cúbico estéreo	1 m³	m³ st	cubic metre stere	**1,308** **35,32**	cubic yard (= 27 cubic feet) cubic foot (= 1728 cubic inches)	cu. yd cu. ft
hectolitro	0,1 m³	hl	hectolitre *(Brit)*, hecto-liter *(Am)*			
decalitro	0,01 m³	dal	decalitre *(Brit)*, decaliter *(Am)*			
decí-metro cúbico litro	0,001 m³	dm³ l	cubic deci-metre litre *(Brit)*, liter *(Am)*	**0,22** **1,76** **0,26** **2,1**	UK gallon UK pint US gallon US pint	gal. pt gal. Pt
decilitro	0,000 1 m³	dl	decilitre *(Brit)*, deciliter *(Am)*			
centilitro	0,000 01 m³	cl	centilitre *(Brit)*, centilter *(Am)*	**0,352** **0,338**	UK fluid ounce US fluid ounce	fl. Oz
centí-metro cúbico	0,000 001 m³	cm³	cubic centi-metre	**0,061**	cubic inch	cu. in.
mililitro	0,000 001 m³	ml	millilitre *(Brit)*, milliliter *(Am)*			
milí-metro cúbico	0,000 000 001 m³	mm³	cubic milli-metre			

▶ Pesos
  Weight

tonelada	1 000 kg	t	tonne	**0,98**	[long] ton *(Brit)* (= 2240 pounds)	t.
				1,1	[short] ton *(Am)* (= 2000 pounds)	
quintal métrico	100 kg	q	quintal			
kilogramo	1 000 g	kg	kilogram	**2,2**	pound (= 16 ounces)	lb
hectogramo	100 g	hg	hectogram			
decagramo	10 g	dag	decagram			
gramo	1 g	g	gram	**0,035**	ounce	oz
quilate	0,2 g	–	carat			
decigramo (o decagramo)	0,1 g	dg	decigram			
centigramo	0,01 g	cg	centigram			
miligramo	0,001 g	mg	milligram			
microgramo	0,000 001 g	µg, g	microgram			

Para convertir una temperatura indicada en grados centígrados a Fahrenheit se deben restar 32 y multiplicar por $^5/_9$. Para convertir una temperatura indicada en Fahrenheit a centígrados se debe multiplicar por $^9/_5$ y añadir 32.

To convert a temperature in degrees Celsius to Fahrenheit, deduct 32 and multiply by $^5/_9$. To convert Fahrenheit to Celsius, multiply by $^9/_5$ and add 32.

Notes

Notas

Notes

Notas

Notes

Notas

Notes

Notas

Notes

Notas

Notes

Notas

Notes

Símbolos y abreviaturas

Symbols and abbreviations

contracción	=	contraction
corresponde a	≈	equivalent to
cambio de inter- locutor	–	change of speaker
información gra- matical	!	grammatical in- formation
información cul- tural	?	cultural in- formation
marca registrada	®	trademark
	◆	phrasal verb
	a.	also
abreviación de	*abr de, abbr of*	abbreviation of
adjetivo	*adj*	adjective
administración	ADMIN	administration
adverbio	*adv*	adverb
agricultura	AGR	agriculture
	Am	American English
América Central	*AmC*	
América Latina	*AmL*	
América del Sur	*AmS*	
anatomía	ANAT	anatomy
Zona Andina	*And*	
Antillas	*Ant*	
arquitectura	ARCHIT, ARQUIT	architecture
República Argentina	Arg	
artículo	*art*	article
arte	ART	art
astronomía, astrología	ASTR	astronomy, astrology
aumentativo	*aum*	augmentative
	Aus	Australian English
automóvil y tráfico	AUTO	automobile, transport
verbo auxiliar	*aux*	auxiliary verb
aviación, tecno- logía espacial	AVIAT	aviation, aerospace, space technol- ogy
biología	BIO	biology
Bolivia	*Bol*	
botánica	BOT	botany
	Brit	British English
	Can	Canadian English
	CHEM	chemistry
Chile	*Chile*	
cine	CINE	cinema
Colombia	*Col*	
comercio	COM	commerce
comparativo	*comp*	comparative
conjunción	*conj*	conjunction

Costa Rica	*CRi*	
Cono Sur (Re- pública Argenti- na, Chile, Para- guay, Uruguay)	*CSur*	
Cuba	*Cuba*	
definido	*def*	definite
demostrativo	*dem*	demonstrative
deporte	DEP	
	dial	dialect
diminutivo	*dim*	diminutive
ecología	ECOL	ecology
economía	ECON	economics
Ecuador	*Ecua*	
electrotécnica, electrónica	ELEC	electricity, electronics
lenguaje ele- vado, literario	*elev*	
enseñanza	ENS	
	EU	European Union
feminino	*f*	feminine
	FASHION	fashion and sewing
ferrocarril	FERRO	
figurativo	*fig*	figurative
filosofía	FILOS	
finanzas, bolsa	FIN	finance, bank- ing, stock exchange
física	FÍS	
lenguaje formal	*form*	formal lan- guage
fotografía	FOTO	
	GAMES	games
gastronomía	GASTR	gastronomy
geografía, geolo- gía	GEO	geography, geology
Guatemala	*Guat*	
historia, histórico	HIST	history, historical
imperativo	*imper*	imperative
impersonal	*impers*	impersonal
indefinido	*indef*	indefinite
lenguaje informal	*inf*	informal language
infinitivo	*infin*	infinitive
informática	INFOR	computing
	insep	inseparable
interjección	*interj*	interjection
interrogativo	*interrog*	interrogative
invariable	*inv*	invariable
	Irish	Irish
irónico, humorístico	*iron, irón*	ironic, humorous
irregular	*irr*	irregular